ernsehempfänger
Box
12
alizer
NF-Endverstärker
Telefonadapter
Plattenspieler
Tonmischpult
Kopfhörer
Entzerrer-
vorverstärker

LEXIKON
UNTERHALTUNGSELEKTONIK

Peter Leue
Jürgen Starke
Rolf Weber

Lexikon UNTERHALTUNGS-ELEKTRONIK

transpress
VEB Verlag für Verkehrswesen
Berlin 1987

Bildquellen (einschließlich Zeichnungsvorlagen)

VEB Antennenwerke Bad Blankenburg (7), AKG acoustics – Wien (4), Archiv der Autoren (16), BASF (1), VEB Deutsche Schallplatten (Mirschel 2), JVC (9), VEB Kombinat Rundfunk und Fernsehen (9), Leue (307), Nordmende (8) Panasonic (8), Philips (13), Sanyo (10), Schlegel (2), Seidel (1), Sennheiser (8), Sony (6), Starke (180), Stellavox (2), VEB Stern Radio Sonneberg (5), Technics (3), transpress (2), Weber (229)

Hauptgutachter:

Karl-Heinz Finke

Leue, Peter:
Unterhaltungselektronik / Peter Leue;
Jürgen Starke; Rolf Weber. – 1. Aufl.
Berlin: Transpress, 1986. – 704: 750 Bilder
(z. T. farb.), 43 Tab.
(Transpress-Lexikon)
NE: 2. Verf.:; 3. Verf.:

ISBN 3-344-00103-5

1. Auflage
VLN 162-925/119/87
LSV 3537
Verlagslektor: Gisela Jaenchen
Einband und Schutzumschlag: Jürgen Schumann
Typografie: Richter/Reuter/Albertus
Printed in the German Democratic Republic
Lichtsatz: INTERDRUCK Graphischer Großbetrieb Leipzig – III/18/97
Druck: Bezirksdruckerei „E. Weinert“, Neubrandenburg
Buchbinderische Weiterverarbeitung: LVZ-Druckerei „Hermann Duncker“, Leipzig
Manuskript abgeschlossen: Januar 1985
Best.-Nr.: 566 710 8
03980

Vorwort

Die Unterhaltungselektronik hat sich in den letzten Jahren sprunghaft entwickelt. Es sind moderne Geräte und Systeme entstanden, die sich durch große Zuverlässigkeit, komfortable Bedienung, hohen Qualitätsstandard und lange Lebensdauer auszeichnen. Die Technik hat in ihrer Gesamtheit einen Stand erreicht, der eine noch vor wenigen Jahren für unmöglich gehaltene Ton- und Bildqualität erlaubt und Störbeeinflussungen weit in den Hintergrund drängt. So lassen z. B. Neuerungen bei Mikrofonen, Lautsprechern, Kopfhörern und Schallplatten-Abtastsystemen das Hörerlebnis sich dem Originalton weiter nähern. Das Fernsehbild gewinnt dank einer neuen Generation von Fernsehempfängern an Schärfe und Farbbrillanz. Richtungsweisend sind der Einsatz von Bauelementen der Mikroelektronik und der Übergang zur Digitaltechnik.
„Alte" Verfahrensvorschläge, die zur Zeit ihrer Entwicklung wegen fehlender technischer Voraussetzungen nicht verwirklicht werden konnten, gewinnen in unserer Zeit wieder an Aktualität, kann man doch durch ihre Nutzung zu mannigfaltigen Qualitätsverbesserungen gelangen. Dazu zählen z. B. der Schallplattenschnitt direkt in Metallfolie, die Nutzung moderner Reineisenbänder, die Kunstkopfstereofonie oder das Kabelfernsehen.
Die Produktion sowie das Angebot von Geräten und Systemen sind in den einzelnen Ländern unterschiedlich. Hierin kommen wie auf vielen Gebieten die unterschiedlichen gesellschaftlichen Interessen und Bedürfnisse, die der Produktion und Konsumtion zugrunde liegen, aber natürlich auch der technische Entwicklungsstand sowie Traditionen in der Unterhaltungselektronik-Industrie u. a. zum Ausdruck. Während in der DDR – so wie in den sozialistischen Ländern insgesamt – die Entwicklung der Nachrichtentechnik mit ihrem Spezialgebiet der Unterhaltungselektronik planmäßig in das gesamtgesellschaftliche Programm zum Wohle des ganzen Volkes eingeordnet ist, wird in kapitalistischen Ländern die Entwicklung auf gleichem Gebiet hauptsächlich vom Konkurrenzkampf um internationale Marktvorteile bei Geräten der Heimelektronik und von einer Kommerzialisierung der verschiedenen Funkdienste bestimmt. Es ist hervorzuheben, daß die bestimmenden Produzenten für Geräte der Unterhaltungselektronik in der DDR, wie der VEB Kombinat Rundfunk und Fernsehen, der VEB Stern-Radio Berlin, der VEB Fernsehgerätewerk Staßfurt, der VEB Mikroelektronik „Anna Seghers" Neuhaus, der VEB Nachrichtenelektronik Greifswald, der VEB Kombinat Robotron, immer besser die Nutzerinteressen auch mit Neuentwicklungen berücksichtigen.
Die Entwicklung hat zu vielen neuen Begriffen und einer Flut neuer Termini und Bezeichnungen auf dem Gebiet der Unterhaltungselektronik geführt. Die Autoren waren deshalb gezwungen, eine klare Abgrenzung im Stichwörtergut des Lexikons anzustreben. Dabei wurden Schwerpunkte auf die physikalisch-technischen Grundlagen der Ton- und Bildtechnik, die Geräte und Anlagen der Heimelektronik, die Amateur- und halbprofessionelle Technik gelegt. Demgegenüber konnten die Musikelektronik, die Filmtontechnik, die Studiotechnik und reine Schaltungstechnik keine Berücksichtigung finden. Trotz des ernsthaften Bemühens, ein möglichst umfassendes, international aktuelles Stichwortgut aufzunehmen, schließt die bisherige und die sich vollziehende Entwicklung eine Vollständigkeit in der Behandlung der Begriffe aus. Wenn zur Darstellung der internationalen Entwicklung auch auf konkrete Techniken eingegangen wurde, dann ging es den Autoren vor allem darum, Systeme, Prinzipien und Trends anschaulich zu machen.
In dem breit gefächerten Nachschlagewerk wurde auch auf die Erläuterung technologischer Zusammenhänge und die Zusammenhänge zwischen elektrischen Betriebswerten und Qualitätsparametern geachtet. Diesem Anliegen tragen auch die zahlreichen Tips und Hinweise für den Anwender (das „Kleingedruckte") in vielen Artikeltexten Rechnung. Mit ihnen werden zusätzliche, praxisnahe Informationen hinsichtlich Bedienung, Betreiben, Pflege oder Fehlerlokalisierung für Ton- und Bildanlagen gegeben. Die Autoren gehen mit ihren Tips und Hinweisen von praktischen, verallgemeinerten Erfahrungen aus. Bei deren Umsetzung darf der Nutzer deshalb nie die bei ihm herrschenden konkreten Bedingungen und die zu seiner Technik verbindlichen Herstellervorschriften außer acht lassen. In das Lexikon sind Artikel mit gesicherten Sachverhalten, über die auch allgemeine Nachschlagewerke Auskunft erteilen, zwar der Vollständigkeit halber aufgenommen worden; sie werden aber nur gestrafft oder unter dem Aspekt eines aktuellen Inhalts erläutert. Veraltete Termini und deren Begriffsinhalte werden nur dann dargelegt, wenn sie von allgemeiner und historischer Bedeutung für die Entwicklung der Unterhaltungselektronik sind.
Dieses Lexikon ist in erster Linie für Amateure und für die unterschiedlichen Anwender der Unterhaltungselektronik (Heimbereich, Klubs, Institutionen usw.) gedacht, die sich für deren Entwicklung, Funktionsprinzipien, technische Möglichkeiten und Grenzen interessieren. Es ist aber auch für den um-

fangreichen Kreis der Mitarbeiter im Handel, im Service, in der Unterhaltungskunst und für diejenigen Spezialisten geeignet, die sich einen Überblick über das Gesamtgebiet verschaffen wollen. Jedem Auszubildenden auf dem Gebiet der Elektronik kann es ebenfalls von Nutzen sein. Ausgesprochene Elektronikfachleute, die dieses Nachschlagewerk benutzen werden, bitten die Autoren um Nachsicht, daß sie viele Sachverhalte vereinfacht dargestellt haben. Es fällt solchen Nutzern sicher leichter, z. B. das vereinfachende Wort „Klangverfälschungen" zu verstehen, als den Laien, „lineare Verzerrungen" ohne weiteres Nachblättern in den laufenden Text einzuordnen. Auf diese Weise wurde versucht, das Stichwörtergut einem möglichst großen, elektronisch weniger vorgebildeten Leserkreis zu erschließen.

Für Vorschläge, Hinweise und Kritiken sind wir jederzeit dankbar.

Die Autoren

Hinweise für die Benutzung

Die Stichwörter des Lexikons sind vom ersten bis zum letzten Buchstaben nach dem Alphabet geordnet, auch wenn ein Stichwort aus mehreren Worten besteht. Eine Ausnahme bilden Zusammensetzungen mit den adjektivischen Beifügungen „elektronisch" und „automatisch". Diese Beifügungen werden dem Substantiv nachgestellt (z. B. „Schnitt, elektronischer"; „Bandstellenfindung, automatische").

Stichwörter (Fachtermini), die mit Ziffern beginnen und auch in dieser Form ins Lexikon aufgenommen werden, sind unter der Buchstabenschreibung der Ziffer zu suchen (z. B. „7-Segment-Anzeige" unter „Sieben ..."). Die Umlaute ä, ö und ü gelten in der alphabetischen Reihenfolge wie die Vokale a, o, u; ß gilt wie ss.

Im Artikeltext wird das Stichwort mit dem bzw. den Anfangsbuchstaben abgekürzt (z. B. „Ablenkjoch" mit „A.", „additive Farbmischung mit „a. F."; auch bei „Schnitt, elektronischer" mit „e. S.").

Bei Stichwörtern, hinter denen die dafür verwendete Abkürzung halbfett steht, wird im Artikeltext diese Abkürzung benutzt, z. B. AP für Arbeitspunkt.

Im Lexikon werden außerdem nur Abkürzungen aus dem Duden verwendet sowie „i. d. R." für „in der Regel".

Im Deutschen geläufige englische Termini und deren Abkürzungen werden als Artikelstichwort behandelt oder als Synonym bzw. Verweisungsstichwort angeboten. Relevante englische Fachwörter, soweit sie Bezug zur Unterhaltungselektronik haben, sind einschließlich ihrer deutschen Entsprechung im Anhang 2 zu finden.

An Verweisungen, gekennzeichnet mit dem Verweisungspfeil →, werden folgende Arten verwendet:

a) Bei einem Verweisungsstichwort wird ohne seine Erläuterung auf ein Grundstichwort verwiesen, das den Sachverhalt des betreffenden Begriffs mit einschließt.
b) In der textlichen Darstellung eines Stichworts enthaltene Verweise (Textverweise) führen den technisch weniger vorgebildeten Leser zu dem vorausgesetzten Grundwissen oder weiterführend zu wichtigen Zusatzerläuterungen des Sachverhalts, die für das Verständnis wesentlich sein können.
c) Verweisungen am Ende eines Artikels (Schlußverweise) führen den Leser zu Ergänzungen, Anwendungen oder Entsprechungen.

Die Vermerke „Abb." und „Tab." am Schluß des Artikels bedeuten, daß zum betreffenden Stichwort eine oder mehrere Abbildungen oder Tabellen gehören.

A

ABC: 1. Abk. für engl. **A**utomatic **B**eam **C**ontrol (automatische Strahlstromregelung): Einrichtung in Fernseh- bzw. Videokameras, die mit Bildaufnahmeröhren vom Vidikontyp bestückt sind, zur kurzzeitigen Erhöhung des Strahlstroms beim Auftreten von Spitzlichtern. Durch ABC wird die Umladeträgheit der Aufnahmeröhre partiell vermindert und dadurch → Ausflammen und → Blooming verhindert bzw. vermindert. – **2.** Abk. für engl. **A**utomatic **B**rightness **C**ontrol (automatische Helligkeitseinstellung): a) bei → Uhrenradios verwendete Automatik zur Anpassung der Helligkeit der Anzeige-LED an die Raumhelligkeit. ABC vermeidet insbesondere störend helle Anzeige in einem völlig dunklen (Schlaf-)Raum. b) bei Fernsehempfängern verwendete Automatik (Raumlichtautomatik) zur Anpassung von Helligkeit und Kontrast des Fernsehbilds an die Raumhelligkeit.

Abgleich: Einstellung der elektrischen Betriebswerte eines elektronischen Geräts nach Fertigstellung, Reparatur oder zur Anpassung an konkrete Betriebsbedingungen an den dafür vorgesehenen A.-Elementen (Trimmer, Spulenkerne, A.-Einsteller). → Kameraabgleich, → Weißabgleich

Abhebepunkt: Bereich innerhalb der Auslaufrille einer Schallplatte, in dem der Tragarm bei der Endabschaltung abhebt. → Schallplattenrille

Abhebevorrichtung: → Tragarmlift

ABL, Abk. für engl. **A**utomatic **B**lack **L**evel (Schwarzpegelautomatik): automatische Schwarzwertregelung in Farbbildaufnahmegeräten, insbesondere bei Farbkameras, die den Schwarzpegel unabhängig von den Beleuchtungsverhältnissen auf konstantem Wert hält. → Schwarzwertregelung, → Kameraaussteuerung

Ablenkeinheit (engl. Deflection Unit), auch Ablenksystem: für die magnetische → Ablenkung des Elektronenstrahls in → Bildaufnahmeröhren und → Bildwiedergaberöhren notwendiges Bauteil. Die aus → Ablenkspulen und → Ablenkjoch bestehende A. wird auf dem Röhrenhals befestigt und umschließt diesen. *a) A. für Bildaufnahmeröhren* sind durch eine im Vergleich zu ihrem Durchmesser (wenige Zentimeter) relativ große Länge (je nach Röhrentyp bis 20 cm) gekennzeichnet. Damit wird eine genaue Führung des Elektronenstrahls über eine lange Wegstrecke gewährleistet, es werden aber nur kleine → Ablenkwinkel (etwa 15°) erreicht. Im Ergebnis treten keine oder nur geringe → Ablenkfehler auf. *b) Für Bildwiedergaberöhren* müssen große Ablenkwinkel (üblich 110°) erreicht werden. Dies führt zu vergleichsweise kurzen Bauformen mit einer konusförmigen Erweiterung des Durchmessers in Richtung Bildröhrenkolben. Die bei diesen großen Ablenkwinkeln entstehenden Ablenkfehler sind relativ groß und werden durch entsprechende Verzerrung der Ablenkströme sowie zusätzliche

Ablenkeinheit (2) einer Bildwiedergaberöhre

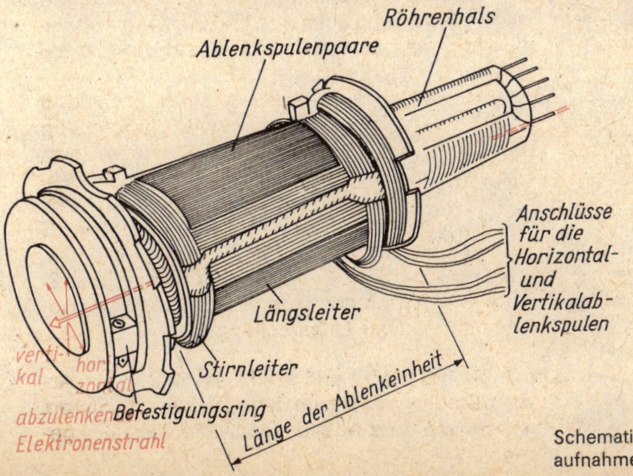

Schematische Darstellung der *Ablenkeinheit* (1) einer Bildaufnahmeröhre vom Vidikontyp

Permanentmagneten kompensiert. → Zeilensprungverfahren (Abb.)

Hinweis: Hochwertige → Farbbildwiedergaberöhren werden mit computergestützt ausgerichteten A. geliefert. Dabei ist die A. fest mit der Bildröhre verklebt, was eine nachträgliche Lageveränderung unmöglich macht.

Ablenkfehler: durch die → Ablenkung eines Elektronenstrahls in einer → Braunschen Röhre (Bildwandlerröhre, Elektronenstrahlröhre) verursachte Abweichung zwischen geschriebenem und vorgegebenem → Raster. Allgemein können in → Bildaufnahmeröhren und → Bildwiedergaberöhren die in der Abbildung dargestellten A. wirken, die als Geometriefehler im Fernsehbild erscheinen: → Kissenverzeichnung (objektiv durch Röhrenaufbau bedingt), Fehler in der → Bildlage, → Bildgröße, → Bildgeometrie (abhängig von den Größen der Ablenkströme oder auch der Anordnung der → Ablenkeinheit auf dem Röhrenhals), Ablenknichtlinearitäten wie Stauchungen, Dehnungen an den Bildrändern gegenüber der Bildmitte (abhängig von der Kurvenform des Ablenkstroms). Der Aufbau von → Farbbildwiedergaberöhren mit mehreren Strahlsystemen führt, da sie nur mit einer Ablenkeinheit arbeiten können und somit die Kraftfeldwirkung zur Ablenkung jedes Elektronenstrahls unterschiedlich ist, zum Entstehen weiterer A. (z. B. Ost-West-Verzeichnung, → Trapezfehler). Ablenkfehler dieser Art wirken sich immer als Farbdeckungsfehler aus. → Ablenkwinkel (Abb.)

Hinweis: Die konstruktionsbedingten A. werden durch entsprechende Schaltungsmaßnahmen (Entzerrungen, statische und dynamische Regelung) in den Videoaufnahme- und -wiedergabegeräten weitestgehend eliminiert. Für den Anwender besteht die Möglichkeit der Kontrolle mit → Testbildern, inwieweit A. auftreten (wichtig für den Kauf) oder im Einzelfall die Korrektur von Bildhöhe und -linearität mit z. B. an Fernsehempfängern herausgeführten Einstellern.

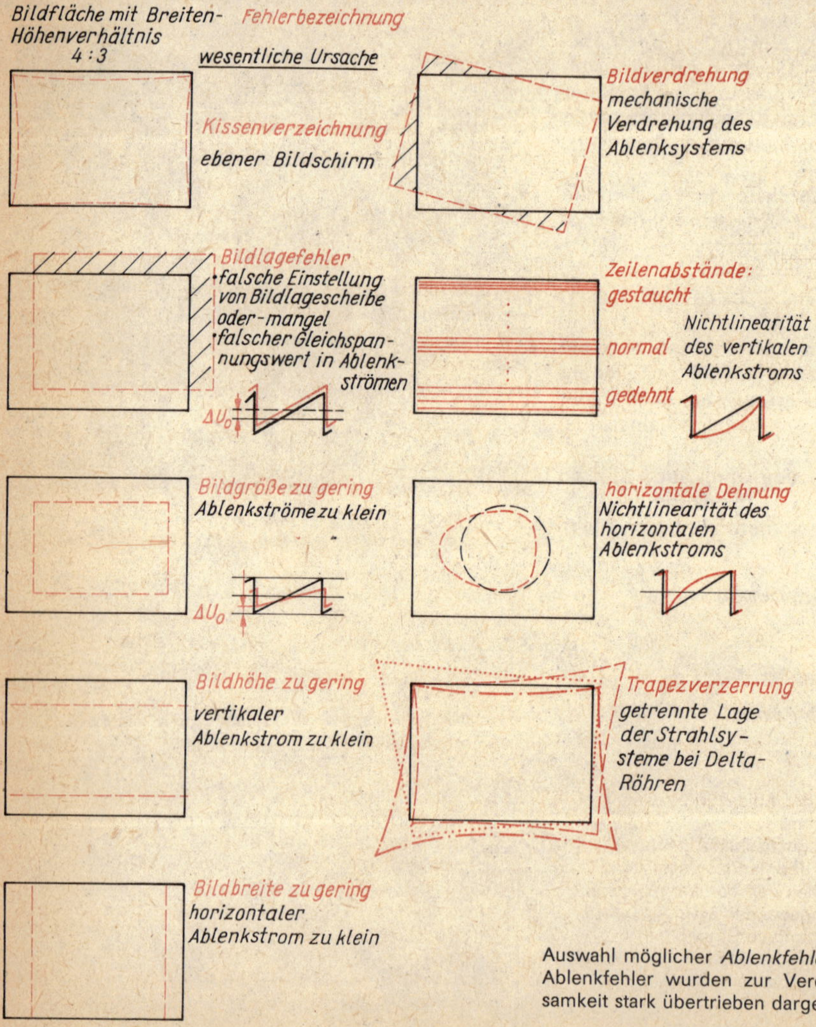

Auswahl möglicher *Ablenkfehler* und ihrer Ursachen (Die Ablenkfehler wurden zur Verdeutlichung ihrer Bildwirksamkeit stark übertrieben dargestellt)

Ablenkjoch: in → Ablenkeinheiten verwendeter Kern für die → Ablenkspulen. Das A. richtet die von den Ablenkspulen erzeugten Magnetfelder, so daß bei der → Ablenkung des Elektronenstrahls ein möglichst verzerrungsfreies → Raster entsteht.

Ablenkspule (engl. Deflection Coil): Teil der → Ablenkeinheit. Für die horizontale und vertikale magnetische → Ablenkung des Elektronenstrahls in Bildaufnahme- und Bildwiedergaberöhren ist je ein Spulenpaar vorhanden. Typische Bauformen sind vorzugsweise für die Horizontalablenkung *Sattelspulen* (rechteckig gewickelt, dann zylindrisch gebogen; die zur Strahlrichtung quer verlaufenden Leiter werden aus der Wickelebene herausgebogen) und für die Vertikalablenkung *Toroidspulen* (Ringkernspulen).

Ablenkstufe (engl. Deflection Stage), auch *Kippstufe*: Schaltungsordnung zur Erzeugung der für die → Ablenkung eines Elektronenstrahls in → Bildwandlerröhren erforderlichen Ablenkströme oder -spannungen. Bildaufnahme- und Bildwiedergabegeräte verfügen über je eine *horizontale* und *vertikale A.* Ihren Kern bilden die von den Horizontal- bzw. Vertikalsynchronimpulsen synchronisierten Generatoren, denen Leistungs-Ausgangsstufen nachgeschaltet sind. Die von den Generatoren gelieferten Ablenkströme werden in ihrer Kurvenform so verzerrt, daß bei der Bildsignalaufnahme und -wiedergabe ein exaktes Fernsehraster geschrieben wird. Die Verzerrung der Ablenkströme wird durch die auszugleichende → Rasterverzeichnung bestimmt. Die von den A. abgegebene Stromgröße ist ausschlaggebend für die → Bildgröße (horizontal: Bildbreite, vertikal: Bildhöhe). Der im Ablenkstrom enthaltene Gleichstromwert bestimmt die → Bildlage. → Ablenkfehler, → Bildlinearität, → Synchronsignal, → Horizontalkippgerät, → Vertikalkippgerät, → Ablenkspule, → Ablenkeinheit, → Zeilensprungverfahren, → Bildaufnahmeröhre, → Bildwiedergaberöhre

Ablenkung (engl. Deflection): horizontale (Horizontal-A.) und vertikale (Vertikal-A.) Bewegung des Elektronenstrahls in einer → Braunschen Röhre (Bildwandlerröhre, Elektronenstrahlröhre). Die A. wird durch auf den Elektronenstrahl einwirkende magnetische oder elektrostatische Kraftfelder bewirkt, die mit Hilfe von → Ablenkspulen oder Ablenkplatten erzeugt werden und in eine Kraft-Wechselbeziehung zum elektromagnetischen Feld des Elektronenstrahls treten (Abb.). Bei zueinander senkrechter Anordnung der Ablenkspulen bzw. -platten sowie zeitlicher Verkopplung der horizontalen und vertikalen Ablenkströme bzw. -spannungen schreibt der Elektronenstrahl ein → Raster nach dem → Zeilensprungverfahren. Dabei gelten folgende *allgemeine Zusammenhänge* zwischen Ab-

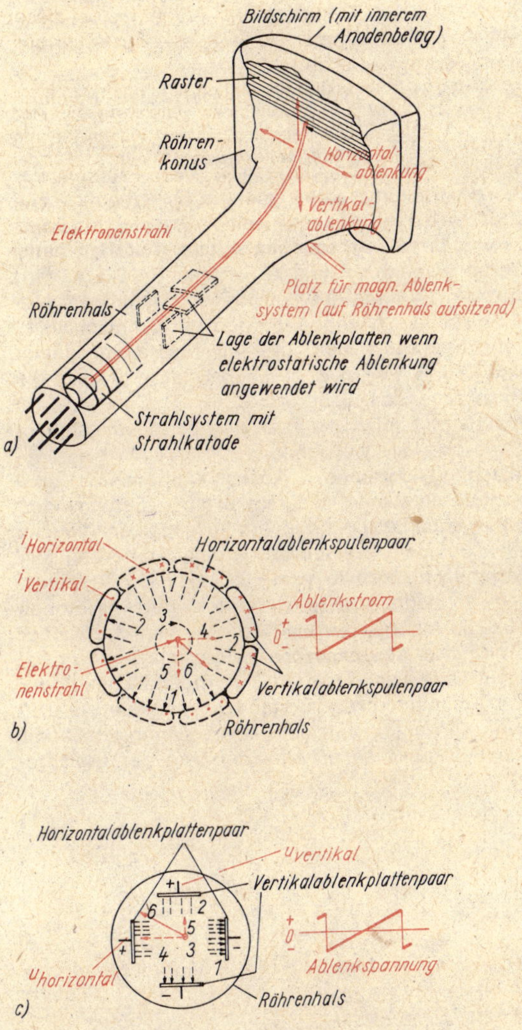

Ablenkung:
a) schematische Darstellung der Ablenkung bei einer Bildwiedergaberöhre
b) Veranschaulichung der magnetischen Ablenkung (1 Magnetfeldverlauf zwischen den Horizontalablenkspulen, 2 Magnetfeldverlauf zwischen den Vertikalablenkspulen, 3 den Elektronenstrahl umgebender Magnetfeldverlauf, 4 durch Kraftwechselbeziehung von 1 und 3 entstehende Horizontalablenkung, 5 durch Kraftwechselbeziehung von 2 und 3 entstehende Vertikalablenkung, 6 aus 4 und 5 resultierende Ablenkung)
c) Veranschaulichung der elektrostatischen Ablenkung (1 elektrischer Feldverlauf zwischen den Horizontalablenkplatten, 2 elektrischer Feldverlauf zwischen den Vertikalablenkplatten, 3 Feld der im Elektronenstrahl enthaltenen negativen Ladungsmenge, 4 durch Kraftwechselbeziehung von 1 und 3 entstehende Horizontalablenkung, 5 durch Kraftwechselbeziehung von 2 und 3 entstehende Vertikalablenkung, 6 aus 4 und 5 resultierende Ablenkung)

lenkstrom/-spannung und Raster: Amplitude – Rastergröße, Gleichspannungswert – Rasterlage, Kurvenform (unter Beachtung der erforderlichen Entzerrung) – Rasterlinearität. Die bei magnetischer Ablenkung gegebene Ablenkempfindlichkeit und das günstigere Frequenzverhalten sowie die gute Montierfähigkeit von Ablenkspulensätzen auf die Hälse von Elektronenstrahlröhren sind die Grundlage für deren dominierende Anwendung in Video- bzw. Fernsehgeräten mit Bildwandlerröhren. → Ablenkeinheit, → Ablenkwinkel, → Ablenkfehler, → Ablenkstufe, → Horizontalkippgerät, → Vertikalkippgerät, → Synchronisation (Abb.)

Ablenkwinkel (engl. Angle of Deflection): einheitliche Größenangabe für die → Ablenkung von Elektronenstrahlen. Speziell für → Bildwiedergaberöhren ist der *maximale A.* von Bedeutung. Er wird nach der Darstellung als der Winkel definiert, den der Elektronenstrahl zwischen seinen möglichen Grenzlagen in den *diagonal gegenüberliegenden Eckpunkten* (E) der abzutastenden oder ausnützbaren Fläche des Bildschirms einschließt. Dabei gilt als Scheitel der virtuelle (gedachte) Schnittpunkt (S) des abgelenkten und unabgelenkten Elektronenstrahls. → Ablenkfehler, → Kissenverzeichnung (Abb.)

Hinweis: Der maximale A. wird vielfach als typische Bildröhrengröße neben der Bildschirmdiagonale in den Prospekten von Fernsehempfängern angegeben. Dabei sind heute die Röhrentypen mit 110° dominierend.

A/B-Mikrofon: → Stereomikrofon

Abrieb, Bandabrieb, Schichtabrieb: aus der magnetischen Schicht eines Magnetbands durch mechanische Beeinflussung herausgelöste Teilchen.

Abschattung: 1. *(Funkempfang)* mangelhafte Funkversorgung eines Gebiets, weil die elektromagnetische Strahlung der Hoch- und Höchstfrequenzbereiche durch natürliche oder künstliche Hindernisse bei der → Wellenausbreitung behindert wird (z. B. durch Gebirge, metallische Großbehälter, Stahlbetonbauten). Die A. wird um so ausgeprägter, je größer die Ausdehnung des Hindernisses gegenüber der Wellenlänge der Strahlung ist. – **2.** *(Schallausbreitung)* Absperrung der höheren Schallfrequenzen durch Ecken, Pfeifer oder sonstige Hindernisse im Schallfeld, die zu einem dunkleren Klangbild hinter solchen Hindernissen führt. – **3.** *(Fernsehbildröhre)* auf einem Fernsehbildschirm auftretende, stetig verlaufende unerwünschte Helligkeitsänderung in horizontaler oder vertikaler Richtung (→ Bildabschattung).

Abschirmung, Schirmung, umgangssprachlich Schirm: Schutz für Geräteteile und Leitungen vor Störeinstrahlung über elektrische, magnetische oder elektromagnetische Felder, bzw. Schutzmaßnahme, um die Abstrahlung solcher innerhalb eines Geräts erzeugter Felder zu verhindern. Die A. wird durch Umhüllung des betroffenen Bauteils mit Metall erreicht. Leitungen werden mit Drahtschlauchgeflechten geschützt, die mit Masse verbunden sind. Zur A. vor magnetischen Feldern müssen die entsprechenden Baugruppen, z. B. Tonköpfe, in Werkstoffe hoher magnetischer Permeabilität dicht eingeschlossen werden.

Abschlußwiderstand, Abschlußimpedanz, Belastungswiderstand: Widerstand (auch Scheinwiderstand, Impedanz) mit dem ein Ausgang zum Zwecke einer optimalen → Anpassung belastet werden soll. Bestehen für den A. vom Hersteller Größenvorgaben, so nennt man ihn *Nenn-A.* Bei Mikrofonen wird normalerweise ein Nenn-A. von 3...5facher Größe des Ausgangsscheinwiderstands gefordert, damit keine Beeinflussung der Empfindlichkeit oder des Amplitudenfrequenzganges und kein zusätzlicher Klirrfaktor entsteht. Für Leistungsverstärker bildet der → Nennscheinwiderstand der Lautspre-

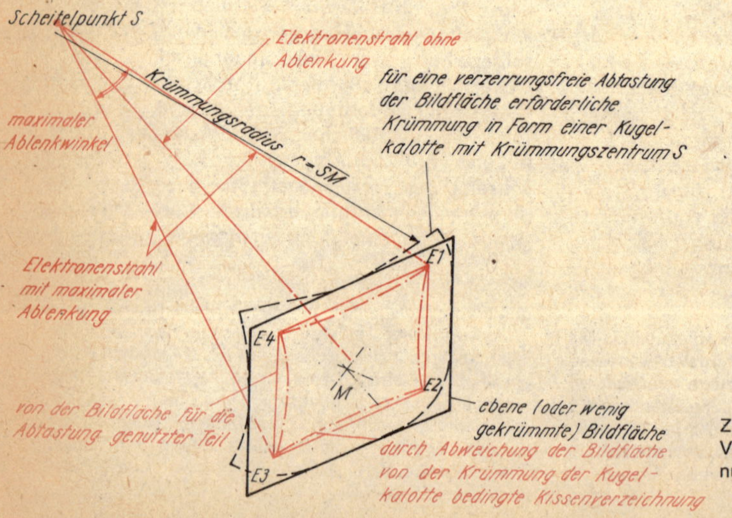

Zur Definition des *Ablenkwinkels* und Veranschaulichung der Kissenverzeichnungen cherboxen (Vorzugswert 4 Ω oder 8 Ω) den A. Mit dem Wert des → Wellenwiderstands werden Videogeräte und -leitungen (75 Ω), Empfangsantennen und Antennenkabel (75 Ω oder 240 Ω bzw. 300 Ω) abgeschlossen.

A/B-Signale: → Stereosignal

Abstimmanzeige (engl. Tuning Indication): Einrichtung an einem Rundfunk- oder Fernsehempfänger, um dessen exakte → Abstimmung kontrollieren zu können. Während bis in die 50er Jahre hauptsächlich *Abstimmanzeigeröhren* verwendet wurden (Abb. a, b), setzte sich danach das *Abstimminstrument* (engl. *Tuning Meter*) durch. Hauptgrund dafür war, daß nach Einführung der Transistoren die erforderliche hohe Betriebsspannung für Röhren nicht mehr im Empfänger zur Verfügung stand. In modernen Empfängern werden zur A. vorrangig *Leuchtdiodenketten* eingebaut. Bei Fernsehempfängern gibt es teilweise die Einblendung eines *Abstimmbalkens* auf dem Bildschirm (→ Bildschirmanzeige). Bei der *Feldstärkeanzeige*, die i. allg. von der Regelspannung des Empfängers gesteuert wird (→ Verstärkungsregelung, automatische), ergibt sich eine Doppelfunktion: Mit der Einstellung auf den Endwert der Anzeige (meist Maximum, seltener Minimum) erreicht man richtige Abstimmung auf den Sender, die Größe des Anzeigewerts ist dann ein relatives Maß für die Feldstärke des empfangenen Senders an der Antenne (Abb. c, d). Die Feldstärkeanzeige ist aber zur Feinabstimmung nur bedingt geeignet, weil besonders bei empfangsstarken Sendern sich die Anzeige in der Nähe der korrekten Abstimmung nur noch wenig ändert und damit zu ungenau ist. Eine wesentlich genauere Abstimmung auf die Empfangsfrequenz erlaubt die *Ratio-Mitte-Anzeige*, die aber nur bei UKW-Empfängern anwendbar ist. Bei ihr wird die Eigenschaft des FM-Demodulators (Ratiodetektor) ausgenutzt, je nach Abstimmabweichung relativ zur Empfangsfrequenz eine positive oder negative Gleichspannung (Richtspannung) abzugeben. Die Ratio-Mitte-Anzeige arbeitet entweder mit einem → Drehspulmeßinstrument mit Nullpunkt in der Skalenmitte oder mit einer Leuchtdiodenkette (Abb. e, f). Eine einzelne Leuchtdiode, die bei exakter Abstimmung aufleuchtet und meist zusammen mit einer Feldstärkeanzeige verwendet wird, heißt *Exakt-A.* (Abb. g, h). Die Feinabstimmung auf den Sender ist vollzogen, wenn das Umschlagen der Richtspannungspolarität (Nulldurchgang) von der Ratio-Mitte-Anzeige signalisiert wird. Abb.

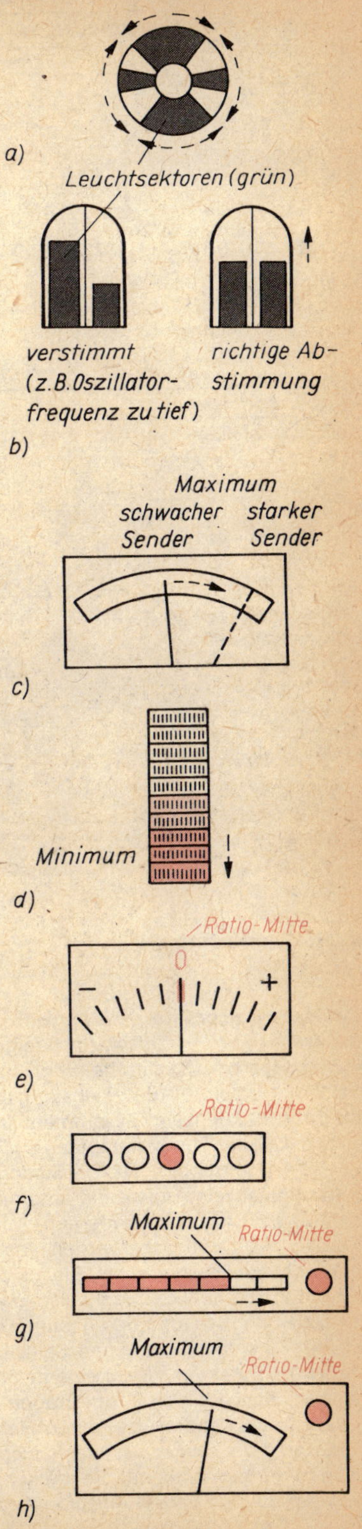

Verschiedene *Abstimmanzeiger*:
a, b) Abstimmanzeigeröhren magisches Auge und magische Waage (veraltet), c) Feldstärkeanzeige mit Drehspulmeßinstrument (Maximumanzeige), d) Feldstärkeanzeige mit LED-Kette (Minimumanzeige), e, f) Ratio-Mitte-Anzeige mit Drehspulmeßinstrument und Leuchtdioden, g, h) Exakt-Abstimmanzeige mit Leuchtdiode und Drehspulinstrument

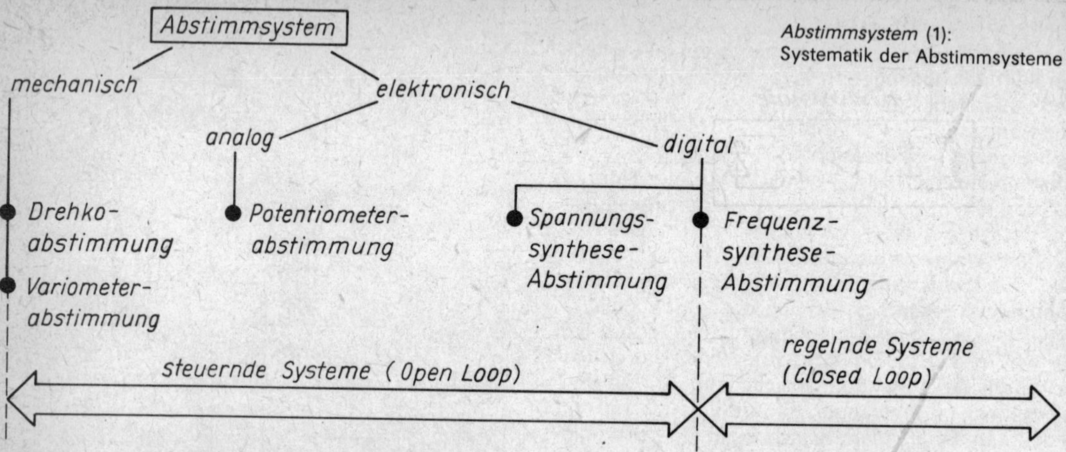

Abstimmsystem (1):
Systematik der Abstimmsysteme

Abstimmsystem (2):
Drehko-Abstimmung

Abstimmanzeigeröhre: → Magisches Auge
Abstimmbalken: → Bildschirmanzeige
Abstimmsystem: Gesamtheit der Bedienelemente und Baugruppen für die → Abstimmung einschließlich ihres funktionellen Zusammenwirkens in einem Rundfunk- oder Fernsehempfänger. Zum A. zählen auch die Baugruppen zur → Stationsanzeige und → Abstimmanzeige sowie die automatische Feinabstimmung (→ AFC). In modernen, mikrorechnergesteuerten Konzeptionen werden vom A. viele Nebenaufgaben übernommen. Bis in die 60er Jahre wurden ausschließlich mechanische A. verwendet, bei denen die Drehung des Abstimmknopfs anfänglich direkt, später über einen Seiltrieb auf die frequenzbestimmenden Bauelemente der abzustimmenden Schwingkreise übertragen wurde. Von diesem Antrieb, oder über einen Nebentrieb, wird gleichzeitig der Zeiger der mechanischen Skale zur Anzeige der empfangenen Sendestation bewegt. Je nach Art der variierten Abstimmelemente in den Schwingkreisen wird in *Drehko-Abstimmung* (Drehko: Abk. für → Drehkondensator) und *Variometerabstimmung* unterschieden (Variometer: Spule mit verschiebbarem Ferrit- oder Aluminiumkern). In den Anfängen des Rundfunks wurde jeder Schwingkreis mit einem eigenen Bedienelement abgestimmt, später wurden alle Abstimmelemente mechanisch miteinander gekoppelt. Während bei Rundfunkempfängern bis zur mittleren Klasse auch heute noch die Drehko-Abstimmung zu finden ist (auch bei einigen Spitzenempfängern mit 4 oder mehr abstimmbaren Kreisen wegen des günstigeren Gleichlaufs), dominierte bei Autoradios lange Zeit die Variometerabstimmung. Diese ist weniger anfällig gegen Erschütterungen, die bei Drehkondensatoren zum Schwingen der Platten, und damit zu Störgeräuschen führen (Mikrofonie). An Stelle mechanischer Zeigerskalen werden heute z. T. auch elektronische Skalen mit Leuchtpunkt oder -band (LED-Skale) oder → digitale Frequenzanzeigen verwendet. → Stationstasten waren beim mechanischen Antrieb bereits seit 1928 zu finden, wobei meist mehrere abgleichbare Kondensatorengruppen abwechselnd an die Schwingkreise geschaltet wurden. Erstmalig 1937 wurde ein Rundfunkempfänger gebaut, bei dem die Abstimmung mit Hilfe eines kleinen Elektromotors vorgenommen wurde *(Motorabstimmung)*. Mit einem solchen A. ließ sich auch ein einfacher → Sendersuchlauf erreichen. Ein bedeutender Schritt bei der Entwicklung der A. gelang mit der → *C-Dioden-Abstimmung*. Dadurch erhielt der Empfängeroszillator den Charakter eines (gleich)spannungsgesteuerten Oszillators (→ VCO), die Vor- und Zwischenkreise in der HF-Vorstufe wurden zu spannungsgesteuerten Filtern (→ VCF). An Stelle der mechanischen Antriebe konnte die elektronische Abstimmung mit einer Gleichspannung (Abstimmspannung) gesetzt werden. Bei den *analogen A.* wird die Abstimmspannung mit Potentiometern verändert. Stationstasten lassen sich ver-

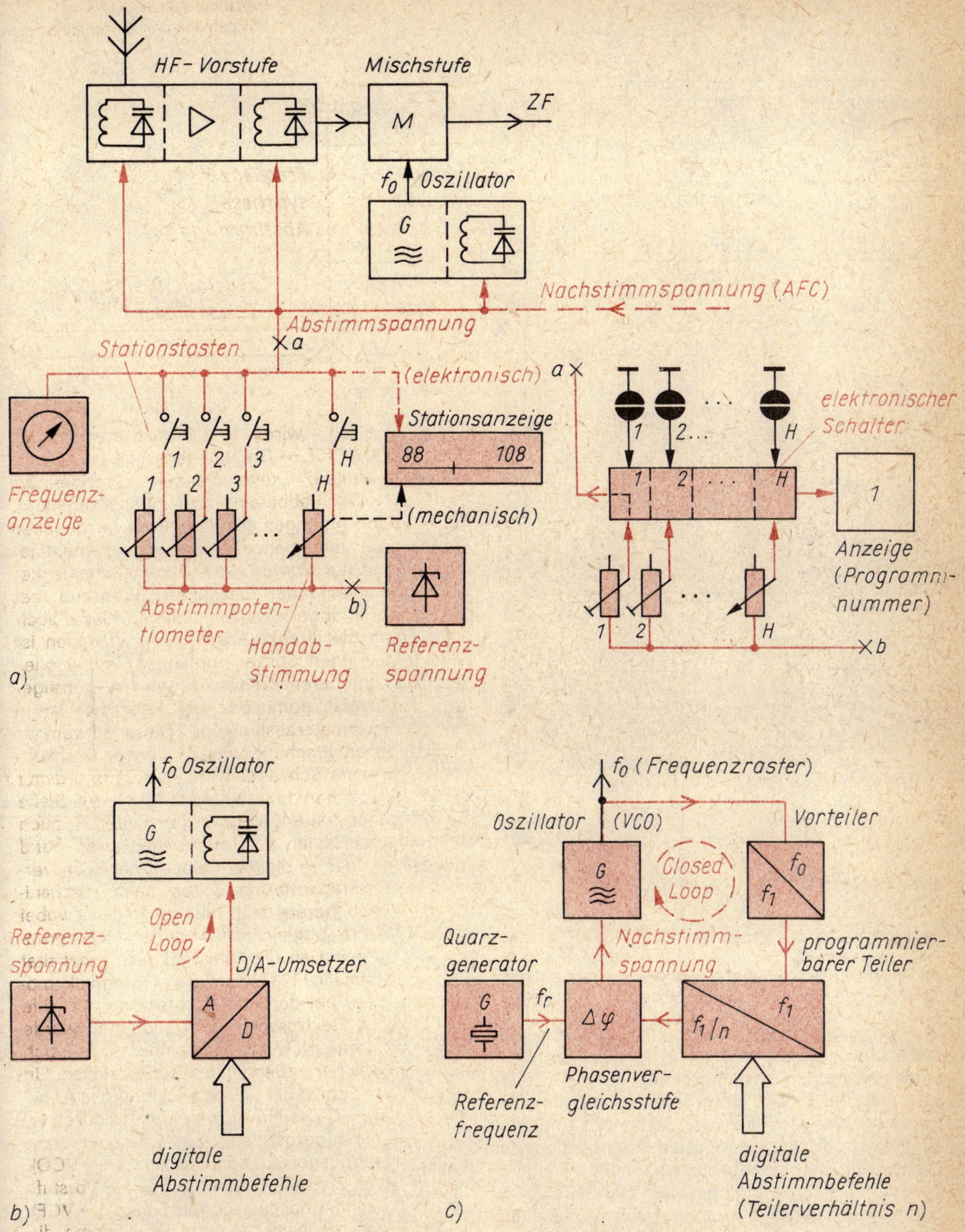

Abstimmsystem (3):
a) analoges Abstimmsystem mit C-Dioden-Tuner, b) Spannungssynthese (Open Loop), c) Frequenzsynthese (Closed Loop)

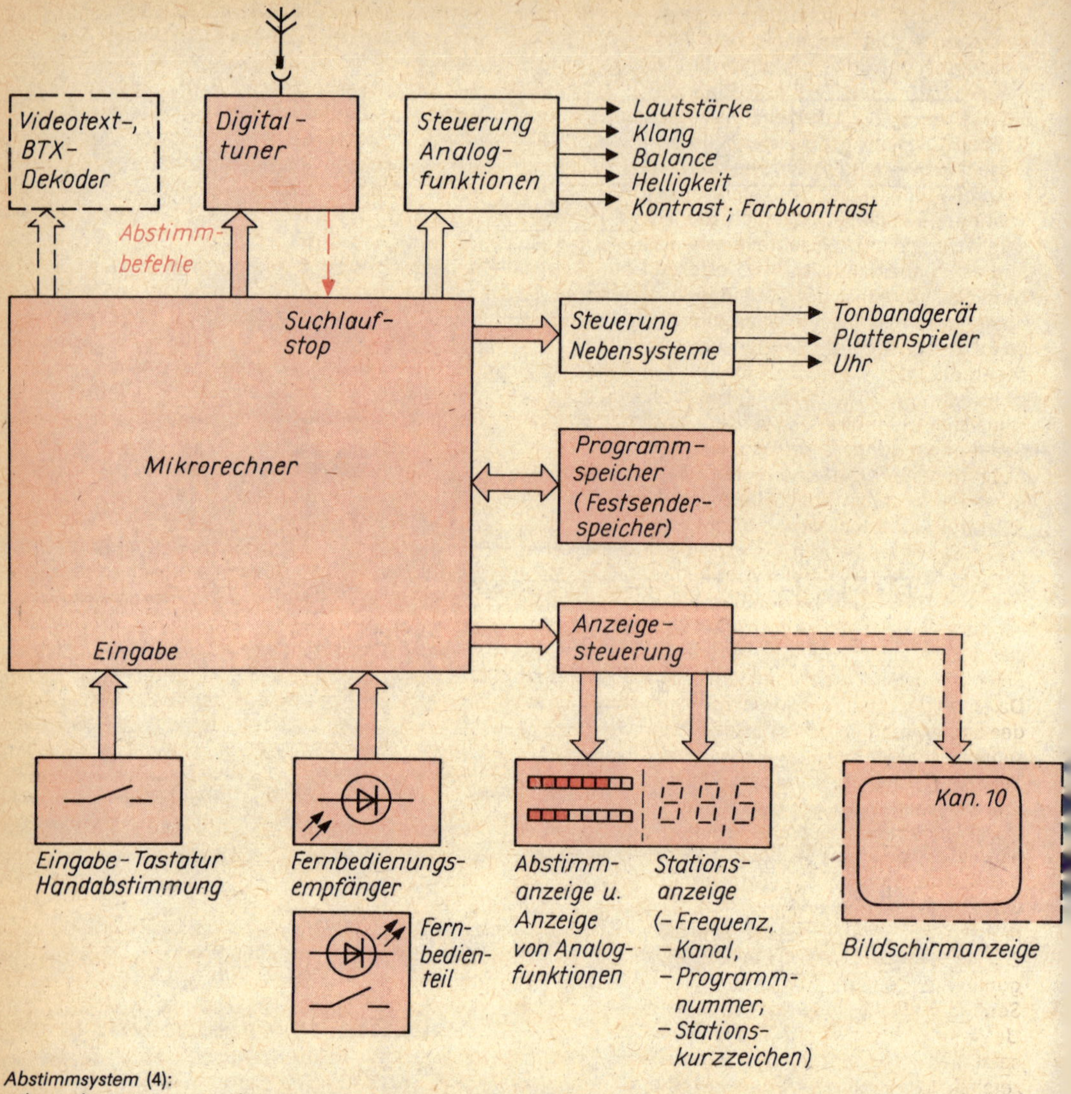

Abstimmsystem (4):
mikrorechnergesteuertes Abstimm- (rot) und Bedienungssystem

wenden, indem mehrere solcher Abstimmpotentiometer über elektromechanische Schalter wahlweise verschiedene Abstimmspannungen liefern (Abb. 3a). Bei Einsatz eines Schaltverstärkers (elektronischer Schalter) für jede Stationstaste können auch elektronische Sensortasten eingesetzt werden (Detail, Abb. 3a). Die Abstimmspannung kann auch zur Stationsanzeige herangezogen werden. Dazu ist ein in Empfangsfrequenzen geeichtes Drehspulinstrument, bzw. eine elektronische LED-Skale erforderlich. Das analoge A. läßt sich fernbedienen. Sein Hauptnachteil besteht in der relativ geringen Frequenzkonstanz, die außer von dem Temperaturverhalten sowie der Alterung der C-Dioden und anderen Schwingkreiselementen, besonders von der Konstanz der Abstimmspannung abhängig ist. Man muß diese daher aus einer hochkonstanten, stabilisierten Spannungsquelle (Referenzspannung) entnehmen. Das analoge A. ist bei Rundfunk- und Farbfernsehempfängern fast immer mit einer → AFC gekoppelt. Diese wirkt einer Verstimmung des Empfängers zwar entgegen, kann sie jedoch nicht völlig ausgleichen. Modernste elektronische A. arbeiten mit digitaler Steuerung. Man unterscheidet bei ihnen grundlegend nach dem Prinzip der *Spannungs-* und der *Frequenzsynthese*. Das A. mit Spannungssynthese wurde anfänglich nur in Fernsehempfängern verwendet. Die Befehlseingabe, -verarbeitung und -speicherung erfolgt digital mit Binärzahlen. Die mechanischen Abstimmpotentiometer des analogen A. sind durch eine digitale Steuerung ersetzt. Aus den Binärwerten wird mit Hilfe eines D/A-Umsetzers die Abstimmspannung für den Oszillator gewonnen. Sie ist aber auch in diesem Falle nur so stabil, wie die verwendete Referenzspannung (Abb. 3b). Darum hat das A. mit Spannungssynthese bezüglich der Frequenzgenauigkeit die gleichen Nachteile wie das analoge A., und es ist ebenfalls eine AFC erforderlich. Der wesentliche Vorteil ist der bedeutende Gewinn an Bedienungskomfort, wie er allen digitalen A. eigen ist. So kann z. B. auch die Bereichsumschaltung in Fernsehempfängern (VHF/Bereich I – Bereich III – UHF/Bereich IV/V) automatisch von der Digitalsteuerung übernommen werden. Weil beim A. mit Spannungssynthese, ebenso wie bei allen bisher beschriebenen Systemen, die Oszillatorfrequenz nicht im A. selbst kontrolliert und korrigiert, sondern nur eingestellt wird, spricht man auch von *offenen Systemen* (engl. *Open Loop*, offene Schleife). Dieser Nachteil wird beim A. mit Frequenzsynthese beseitigt. Die Oszillatorfrequenz wird in einem *geschlossenen System* (engl. *Closed Loop*, Regelsystem) kontrolliert, mit der Referenzfrequenz eines Schwingquarzes verglichen und ständig korrigiert. Damit ergibt sich eine quarzgenaue Abstimmung des Empfängers. In den meisten Fällen wird die Phasenregelschleife (→ PLL) verwendet, in die ein im Teilerverhältnis veränderbarer Frequenzteiler (programmierbarer Teiler) geschaltet ist (Abb. 3c). Durch schrittweises Weiterschalten des Teilerverhältnisses von einer digitalen Steuerung geschieht die Abstimmung der Oszillatorfrequenz auf den gewünschten Wert. I. allg. werden bei Rundfunkempfängern auf UKW Frequenzschritte von 50 oder 25 kHz (Frequenzraster) bevorzugt. Damit ist eine genügend genaue Abstimmung auch auf solche Sender möglich, die gegenüber dem üblichen UKW-Kanalraster von 300 kHz etwas frequenzversetzt betrieben werden (→ Rundfunk-Frequenzbereiche). In manchen Frequenzsynthesetunern wird aber auch eine feinere Rasterung von z. B. 10 kHz benutzt, um bei den wenigen, außerhalb des vereinbarten Rasters liegenden Sendern eine optimale Abstimmung zu erreichen, bzw. eine gewollte geringfügige Fehlabstimmung, wenn eine frequenzbenachbarte Sendestation den Empfang stört. Bei der Abstimmung der AM-Bereiche wird vorrangig ein Raster von 1 kHz verwendet. Bei A. mit Frequenzsynthese ist eine AFC nicht erforderlich. Dagegen ist die gelegentliche Auffassung, daß auf eine Abstimmanzeige verzichtet werden kann, nur teilweise richtig. Um auch dann exakt abstimmen zu können, wenn die Empfangsfrequenz des Senders nicht bekannt ist, werden bei vielen Ausführungen zusätzlich Exakt-Abstimmanzeigen eingebaut. A. mit Frequenzsynthese haben gegenüber solchen mit Spannungssynthese eine etwas geringere Abstimmgeschwindigkeit, die besonders beim Sendersuchlauf stören kann. Die digitalen Abstimmsignale für den programmierbaren Teiler erzeugen Eigenstörungen, die sich nur mit aufwendigen Filterschaltungen und sorgfältiger Abschirmung beseitigen lassen. Bei sehr hochwertigen Geräten ist nicht nur der Oszillator in die Regelschleife einbezogen, sondern auch der Gleichlauf der Abstimmkreise in der HF-Vorstufe wird kontrolliert. Wegen der umfangreichen Prozeßabläufe werden digitale A. immer mit einem Mikrorechner ausgestattet, der sich einschließlich der erforderlichen Speicher auch als → Einchipschaltung herstellen läßt. Dieser Mikrorechner führt zu erheblichen Bedienungsvereinfachungen und verleiht dem A. eine große Flexibilität (Abb. 4). Er ermöglicht es, eine große Zahl von Sendestationen zu speichern, die Programmierbarkeit der Speicherplätze wird erleichtert (→ Take-Over-Programmierung). Meist ist die Reihenfolge der abgespeicherten AM- und FM-Programme beliebig *(Intermix)*. Der Frequenzraster zur Steuerung des programmierbaren Teilers läßt sich auch variieren. Dadurch kann man die Abstimmgeschwindigkeit oder alternativ die Abstimmgenauigkeit der Art des Abstimmvorgangs anpassen (Handabstimmung, Suchlauf, Frequenzeingabe oder Abruf von Speicherplätzen). Es läßt sich einfacher Sendersuchlauf in beiden Abstimmrichtungen und „intelligenter" Suchlauf verwirklichen, der nur auf bestimmte Sender anspricht (z. B. Stereo- oder Verkehrsfunksender). Es kann eine beliebige Anzeigeart für die empfangene oder die gespeicherten Sendestationen gewählt werden, z. B. deren Frequenz, Kanal- oder Programmnummer auf einem LED- oder LCD-Display, bei Fernsehgeräten auch als Bildschirmeinblendung. Neben einer numerischen Frequenzeingabe für den gewünschten Sender über eine Zehnertastatur läßt sich auch Handabstimmung an einem Abstimmknopf verwirklichen. Auch die Bedienung zusätzlicher, nicht eigentlich zur Abstimmung gehörender Analogfunktionen ist unter Nutzung des Mikrorechners des A. möglich (Abb. 4). Optimalwerte (z. B. „Idealbild") können gespeichert und auf Tastendruck wieder abgerufen werden, z. T. sogar getrennt für verschiedene Sendestationen. Außerdem sind Nebensysteme anschließbar (z. B. eine Zeitschaltuhr). Weitere, an das Gerät mit dem A. angeschlossene Programmquellen, wie Plattenspieler oder Kassettengeräte können angeschaltet oder sogar mitbedient werden. Schließlich kann der Mikrorechner mit dem Bedienenden in Dialog treten, d. h., bestimmte Bedienschritte werden über die Anzeige vorgegeben, quittiert, oder es wird auf Fehlbedienungen hingewiesen. Alle mikrorechnergesteuerten A. sind umfassend fernbedienbar. Mit Hilfe des Mikrorechners ist es auch wieder möglich, bei der Stationsanzeige zu den Stationsnamen (Kurzzeichen) zurückzukehren, wie sie ähnlich auf älteren Zeigerskalen – allerdings von zweifelhaftem Wert, da kaum reproduzierbar – zu finden waren. So kann bei einigen Empfängern nach der Abstimmung auf den gewünschten Sender ein selbst festlegbares, sinnvolles Kurzzeichen für das Programm eingegeben werden (4stellig, aus Buchstaben und Ziffern bestehend). Dieses wird zusammen mit der Empfangsfrequenz im Programmspeicher abgelegt und bei Abruf des Speicherplatzes wieder angezeigt. Es ist weiterhin möglich, mit einem Mikrorechner eine *automatische Senderprogrammierung* (Abk. *ASPM*) vorzusehen. Normalerweise muß zum Abstimmen auf die gewünschten Sendestationen vor ihrem Ablegen im Programmspeicher die Frequenz oder der Kanal bekannt sein. Diese Kenntnis ist nicht mehr erforderlich, wenn die Frequenztabelle bereits bei der Herstellung im Empfänger elektronisch gespeichert wird. Es ist dann jedoch ein zusätzliches Unterscheidungskriterium erforderlich, weil je nach territorialem Standort des Empfängers verschiedene UKW- oder Fernsehsender im gleichen Kanal empfangen werden können. Dazu eignet sich z. B. die Postleitzahl des Orts, oder eine Kennzahl für den nächstgelegenen Sender, die dem Empfänger *einmalig* eingegeben wird. Bei einem solchen System sind dann nicht nur alle am Ort zu empfangenden Sendestationen automatisch im Programmspeicher abgelegt, sondern es kann außer der Sendefrequenz oder der Kanalnummer auch das Stationskurzzeichen angezeigt werden. Ein solches System läßt sich noch insofern erweitern, als der jeweils empfangsstärkste Sender mit dem entsprechenden Programm vom A. automatisch ausgesucht wird. Abb.

Abstimmung (engl. Tuning), umgangssprachlich *Senderwahl:* Einstellung eines Rundfunk- oder Fernsehempfängers auf die Frequenz des gewünschten Senders. Die A. entsteht durch Verändern der Oszillatorfrequenz auf die unterschiedlichste Weise (→ Abstimmsystem). Gleichzeitig erfolgt meist eine gekoppelte A. zusätzlicher Schwingkreise in der → HF-Vorstufe auf die Empfangsfrequenz. Dadurch wird die → Trennschärfe und die Unempfindlichkeit des Empfängers gegen → Spiegelfrequenzen erhöht. Die notwendige Übereinstimmung der Resonanzfrequenzen aller abstimmbaren Kreise eines Empfängers im gesamten Abstimmbereich heißt *Gleichlauf.* Ist er ganz oder teilweise gestört (z. B. durch Fehlabgleich des Empfängers oder Alterung von Bauelementen), so kommt es u. a. zu verminderter → Empfindlichkeit. Schwächer einfallende Sender sind verrauscht; es kommt zu Störungen durch unerwünschte Nachbarsender. Die exakte A. auf die Empfangsfrequenz heißt *Scharf-* oder *Fein-A.* Sie erfolgt entweder automatisch (→ AFC) oder kann bei Hand-A. an einer → *Abstimmanzeige* kontrolliert werden. Exakte A. ist sehr wichtig, um eine optimale Ton- bzw. Bildqualität beim Empfang zu erzielen. Bei ungenauer A. wird von *Fehl-A. (Verstimmung)* gesprochen. Man versteht darunter eine positive oder negative Abweichung der Oszillatorfrequenz von ihrem richtigen Wert, die zu einer ebenso großen Abweichung bei der → ZF führt. Die Seitenbänder der ZF werden dann im ZF-Verstärker teilweise unterdrückt oder ungleichmäßig verstärkt; es kommt zu Signalverzerrungen. Bei einem Rundfunkempfänger entstehen Klangverzerrungen, bei Stereoempfang wächst außerdem das Übersprechen und die Ungleichheit zwischen beiden Kanälen. Bei Fernsehempfängern wird das Bild je nach Lage der Verstimmung entweder unscharf oder körnig mit plastischen Konturen; es kommt zu Tonstörungen (→ Intercarrierbrummen). Bei Farbempfängern entstehen außerdem Farbverfälschungen.

Abstrahlcharakteristik: → Lautsprecher, → Richtcharakteristik

Abstrahlwinkel: Winkel, der ein i. allg. symmetrisch zur Hauptabstrahlrichtung liegendes Gebiet begrenzt, in das ein Lautsprecher annähernd gleichmäßig ohne Klangverfärbungen abstrahlt. → Schallbündelung

Abtasten, *Abtastung:* **1.** Stichprobenartige Entnahme von Momentanwerten eines Signals in regelmäßigen Zeitabständen. Durch A. wird aus einem kontinuierlichen Signal ein diskontinuierliches. Deshalb wird dieser Vorgang auch als Zeitquantisierung (→ Quantisierung) bezeichnet. Zum A. dient ein elektronischer Längsschalter, der vom Abtastimpuls im Rhythmus seiner Frequenz (→ Abtastfrequenz) jeweils nur kurzzeitig geschlossen wird und so nur schmale Ausschnitte des Signals durchläßt. Das so vorgenommene A. führt direkt zur Pulsamplitudenmodulation (PAM, → Modulation). Soll ein Signal nach dem A. weiter verarbeitet werden, z. B. in einem → Analog-Digital-Umsetzer, wie er für die Pulskodemodulation notwendig ist, dann muß der Abtastwert (Signalamplitude) für die Dauer der Verarbeitungs- oder Umsetzzeit konstant gehalten werden. Für diese Zwecke wird die einfache Abtastschaltung mit einem analogen Speicherelement (Kondensator) ergänzt, man nennt diese Schaltung dann Abtast-Halte-Schaltung. Das Ausgangssignal hat einen treppenförmigen Verlauf. → Pulskodemodulation (Abb.) – **2.** (Video) → Bildabtastung. – **3.** (Schallplatte) → Abtastsystem.

Abtaster: Bauteil oder Gerät zum Erfassen von Informationen. 1) *(Audio)* → Abtastsystem. 2) *(Video)* Bildaufnahmegerät zur Abtastung transparenter oder nichttransparenter ebener Bildvorlagen. A. gibt es für Filme (→ Filmabtaster) und Dias (→ Diaabtaster). Je nach verwendetem Bildaufnahmeverfahren unterscheidet man zwischen Kamera-A. und solchen mit → Punktlichtabtastung bzw. CCD-Zeilen-A. (→ Filmabtastung).

Abtastfähigkeit (engl. Tracking Ability): Eigenschaft des Abtastsystems für Schallplatten, bis zu einem Mindeswert der Auflagekraft die in der Rille gespeicherten Schallinformationen abzutasten, ohne daß

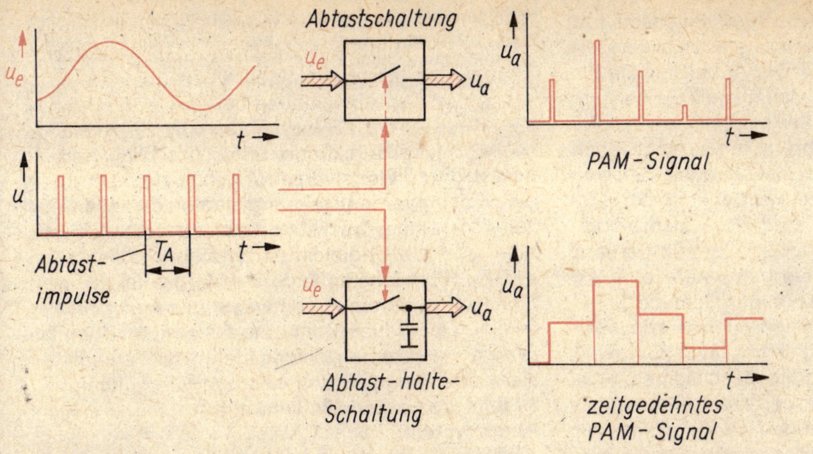

Möglichkeiten der Signal*abtastung*

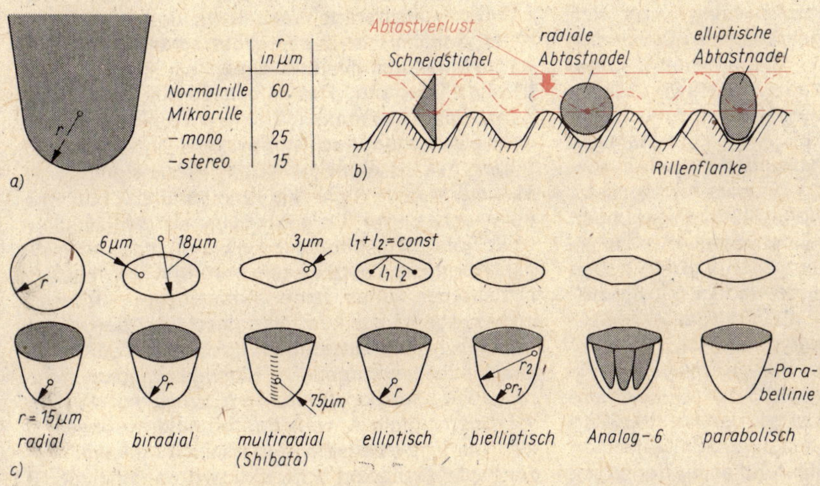

a) Verrundungsradius der radialen *Abtastnadel*, b) bei radialen Abtastnadeln entstehen bei hohen Frequenzen Pegelverluste, die sich mit elliptischen Abtastnadeln vermeiden lassen, c) verschiedene Nadelschliffe

der Kontakt zwischen Nadel und Rille verloren geht. Die A. geht vor allem bei hohen Frequenzen und großen Rillenauslenkungen zurück, weil sich bei diesen die Nadel mit der größten Geschwindigkeit bewegen muß und dadurch große Beschleunigungskräfte erfährt.

Abtastfrequenz (engl. Sampling Frequency): Impulsfolgefrequenz des Abtastimpulses für das → Abtasten kontinuierlicher, auf die Bandbreite ($B = f_{Smax}$) begrenzter Signale. Die A. (f_A) muß mindestens gleich der 2fachen maximalen Signalfrequenz (f_{Smax}) sein, damit eine eindeutige Rückübertragung des abgetasteten in ein kontinuierliches Signal möglich ist. Es gilt: $f_A = 2\,f_{Smax}$. Diese Aussage gilt als Abtasttheorem der Nachrichtentechnik. Ausgehend von der maximalen Signalfrequenz von 15 kHz bzw. 18 kHz für Heim- bzw. Rundfunkzwecke und von 20 kHz für Plattenstudios u. a. ergeben sich für Tonsignale A. von 32...50 kHz. Für Tonsignale gibt es keine internationale Standardisierung. Bei Bildsignalen richtet sich die A. nach der abzutastenden Signalart. Für FBAS-Signale ist eine A. vom 3- bzw. 4fachen der Farbträgerfrequenz notwendig. Bei PAL-FBAS-Signalen ist die A. 13,3 MHz bzw. 17,7 MHz. Für SECAM werden meist die gleichen oder in gleicher Größenordnung liegende A. wie für PAL verwendet. International standardisiert sind die A. für die sog. Komponentenkodierung (→ digitales Bildsignal) der einzelnen Bildsignale → Leuchtdichtesignal (13 MHz) und → Farbdifferenzsignale (je 6,5 MHz).

Abtastnadel, kurz Nadel: in spezieller Form geschliffener kegelförmiger Stift zur unmittelbaren Abtastung der Rilleninformation von Schallplatten. Die häufig benutzte Bezeichnung „Saphir" für eine A. allgemein ist nicht korrekt. A. werden entweder aus heute vorwiegend künstlich erzeugtem *Saphir (Korund)* oder aus Teilen eines natürlichen, z. T. auch künstlichen *Diamanten* geschliffen (für HiFi-Geräte ausschließlich Diamant-A.). Die A. ist mit einem Nadelträger aus Metall oder Kunststoff fest verbunden, der im Abtastsystem elastisch gelagert und meist auswechselbar ist. Die A. berührt die Rillenflanke etwa in der Mitte, daher muß der Verrundungsradius der Spitze größer sein als der des Rillengrunds (Abb. a). Die ursprünglich ausschließlich hergestellten *radialen (konischen) A.* mit kreisförmigem Querschnitt der Spitze wurden mit der Entwicklung der HiFi-Technik und der Quadrofonieschallplatten in den vielfältigsten Formen variiert. Ideal für den reinen Abtastvorgang wäre eine A., deren Querschnitt dem keilförmigen Schneidstichel beim Schallplattenschnitt entsprechen würde. Eine solche Form ist aber praktisch nicht brauchbar, weil deren scharfe Kanten die Rille beschädigen würden. Daher nähert man sich der dreieckigen Idealform durch verschiedenartigen *Nadelschliff* mit verrundeten Kanten an. Während die leichter herzustellende radiale A. bei der Abtastung kurzer Wellenlängen (besonders bei den kleineren Durchmessern der innenliegenden Rillen) relativ große → Spurverzerrungen und Pegelverluste verursacht, lassen sich durch optimalere Nadelformen diese deutlich verringern (Abb. b). Auch zum Abtasten von CD-4-Quadrofonieschallplatten werden spezielle Nadelformen benötigt (Shibata-A., Paroc-A., Pramanik-A.), damit die A. den Rillenauslenkungen bei dem bis 45 kHz reichenden Frequenzband sicher folgen kann. Im wesentlichen werden neben der radialen A. noch folgende Nadeln mit Spezialschliff unterschieden (Abb. c): *biradiale A., elliptische A., bielliptische A., multiradiale A. (Shibata-A.)* und weitere Sonderformen wie → *S-Nadel*, → *Paroc-Nadel*, Nadeln mit *Analog-6-Schliff*, → *van-den-Hul-Schliff* u. a. Nachteilig ist bei den nichtradialen A., daß die Berührungsflächen an den Rillenflanken z. T. erheblich kleiner werden und somit der Druck auf die Rille zunimmt. Dieser Erscheinung wird bei einigen Schliffformen entgegengewirkt, indem die Nadelspitze nicht mehr kreisförmig, sondern in einer Ellipsen- oder Parabellinie verrundet wird. Dadurch werden die Berührflächen zur Rille länglich, und der Druck nimmt wieder ab. Auch durch die ganz allgemein geringeren Auflagekräfte moderner Abtastsysteme wird diese Erscheinung gemildert. Die Bemühungen der Hersteller gehen neben einem optimalen Nadelschliff auch in Richtung von Gewichtsreduzierung der A., damit die → dynamische Nadelmasse klein bleibt. Sogenannte *Micro-Mass-A.* sind bis um 75 % leichter. Für Schellackplatten fertigen einige Hersteller auch Nadelträger mit Spezial-A. an, die eine größtmögliche Schonung dieser Platten garantieren. Sie werden an Stelle des Nadelträgers für Mikrorillenplatten in das Abtastsystem eingesetzt. Abb.

Hinweis: Durch die Reibung in der Rille unterliegen A. einem natürlichen Verschleiß (→ Nadelverschleiß) und müssen daher nach einer bestimmten Nutzungsdauer gewechselt werden. Das ist bei vielen Abtastsystemen selbst möglich, ohne daß eine Fachwerkstatt in Anspruch genommen zu werden braucht. Da besonders Diamant-A. leicht splittern können, sind sie vor harten Aufsetzstößen sorgsam zu schützen. Die Nadelreinigung bei einem anhaftenden „Staubbart" kann mit einem weichen Tuschpinsel vorgenommen werden, wenn man ihn sehr vorsichtig, möglichst nur in Richtung der Nadelträgerachse, über die A. führt.

Abtaströhre: Elektronenstrahlröhre zur Erzeugung eines Lichtpunkts großer konstanter Helligkeit, der zur Abtastung von Bildvorlagen nach dem Zeilensprungverfahren bewegt wird. Die Funktionsweise der A. entspricht einer Bildwiedergaberöhre ohne Signalansteuerung. A. haben einen kleinen Ablenkwinkel (ca. 40°) und magnetische Fokussierung zur Erzeugung eines verzerrungsfreien, scharfen Bildrasters mit einwandfreier Geometrie. → Elektronenstrahlröhre, → Punktlichtabtastung

Abtastsystem, Schallplatten-Abtastsystem (engl. *Pick Up*), umgangssprachlich *Tonabnehmer:* mechanisch-elektrischer Wandler zur Abtastung der in einer Schallplattenrille eingeschnittenen Schallinformationen und zu deren Umwandlung in ein elektrisches Tonsignal. Das A. besteht aus dem i. allg. punkt- oder schneidenförmig in einem Gummi- oder elastischem Kunststoffblock gelagerten *Nadelträger* mit → *Abtastnadel* und dem eigentlichen *Wandlersystem.* Teile des Wandlers, z. B. ein kleiner Magnet, eine Spule oder ein eisernes Plättchen bzw. Röhrchen, bei piezoelektrischen A. auch ein gabelförmiges Kopplungselement sind fest mit dem Nadelträger verbunden und übertragen die Nadelbewegung auf das Wandlersystem. Bei den heute üblichen A. können grob 2 Funktionsprinzipien unterschieden werden. *a) Schnellewandler* (*Geschwindigkeits-* oder *induktive Wandler*) arbeiten nach dem Induktionsprinzip. Sie sind so benannt, weil die antreibende Größe die Geschwindigkeit der Nadel (Schnelle) beim Abtastvorgang ist, die zu proportional großen Tonsignalspannungen führt. Da diese Geschwindigkeit mit wachsender Frequenz größer wird – es müssen mehr Schwingungszüge je Zeiteinheit durchlaufen werden – steigt auch die vom A. gelieferte Tonsignalspannung an. Der Amplitudenfrequenzgang entspricht weitestgehend dem Verlauf der → Schneidcharakteristik. Darum, und weil die von Schnellewandlern abgegebene Spannung sehr gering ist, muß ein → Entzerrervorverstärker nachgeschaltet werden. Zu den Schnellewandlern gehören das → *elektrodynamische Abtastsystem* und das → *elektromagnetische Abtastsystem. b)* Bei *Druckwandlern (Ausschlagswandlern)* wird fast immer der → piezoelektrische Effekt ausgenutzt. Man spricht dann auch von → *piezoelektrischen Abtastsystemen.* Ein Plättchen oder ein Streifen aus einem Material, das diesen Effekt zeigt, wird über die Nadel durch Biegung im Takt der Rilleninformation verformt und liefert die Tonsignalspannung. Bei Druckwandlern ist die abgegebene Spannung der Nadelauslenkung proportional. Da infolge der standardisierten Schneid-

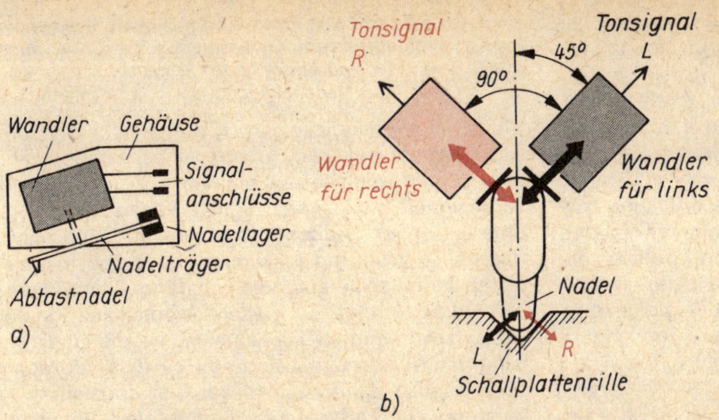

a) Wichtige Teile eines *Abtastsystems*
b) Schema eines Stereo-Abtastsystems

charakteristik bei tiefen, mittleren und hohen Frequenzen die Rillenauslenkungen etwa gleich groß sind, benötigt dieser Wandlertyp keinen Entzerrervorverstärker. Die abgegebene Spannung ist genügend groß, um dieses A. an einen NF-Verstärker oder Rundfunkempfänger unmittelbar anschließen zu können. A. können auch mit PVF_2-Folien (→ piezoelektrisches Polymer), unter Ausnutzung der Magnetostriktion oder der Abhängigkeit von Halbleitern gegenüber mechanischer Verformung, als kapazitiver Wandler (z. B. unter Verwendung eines → Elektreten) oder unter Ausnutzung des fotoelektrischen Effekts aufgebaut sein. Solche A. sind jedoch sehr selten zu finden. Bei den A. gibt es die vielfältigsten Konstruktionsformen, die sich z. T. im Preis und in der erzielbaren Tonqualität – auch bei gleichem Funktionsprinzip – beträchtlich unterscheiden können. Bei Stereo-A. werden 2 Systeme in einem gegenseitigen Winkel von 90° und unter einem Winkel von 45° gegenüber der Plattenoberfläche im A. angeordnet (Abb. b). Dadurch erhält jedes System die Informationen aus einer der beiden Rillenflanken über die gleiche Abtastnadel. Das ist möglich, weil sich die beiden Bewegungskomponenten der Nadel nach dem Superpositionsprinzip für Bewegungen und Kräfte ungestört überlagern können. Das Übersprechen zwischen den Stereokanälen wird in wesentlichem Maße vom A. bestimmt. Günstige Werte, die nach HiFi-Standard bei 1 kHz größer als 20 dB und zwischen 500 und 6 300 Hz größer als 15 dB sein sollen, können aber nur bei genauer Winkeljustierung des A. im Tragarm erreicht werden. Weil A. immer aus einem mechanischen und einem elektrischen Teil bestehen, ergeben sich Eigenresonanzen, die sowohl von den mechanischen Größen (→ dynamische Nadelmasse, → Compliance), wie auch von den elektrischen Werten abhängen. Diese Eigenresonanzen sollen im Sinne günstigen Impulsverhaltens und eines linearen Amplitudenfrequenzgangs möglichst gering ausgeprägt sein und in einem wenig störenden Frequenzbereich liegen (→ Tragarmresonanz). A. werden i. allg. so aufgebaut, daß sie mechanisch auch gegen andere Typen austauschbar sind (1/2-Zoll-Befestigung) und daß ein einheitlicher → vertikaler Spurfehlerwinkel von 15...20° eingehalten wird. Durch Einsatz elektrisch leitender Kunststoffe für das Gehäuse des A. können Abstoßungskräfte, hervorgerufen von elektrostatischen Aufladungen, verhindert werden, die sonst zu einer Veränderung der Auflagekraft führen könnten (→ Nadelspringen). Ein A. wird durch folgende wichtige Kenndaten charakterisiert: Übertragungsbereich und Kanalübersprechen, Auflagekraft (die von der Compliance abhängig ist), → Abtastfähigkeit, erforderlicher → Abschlußwiderstand (bei Schnellewandlern niederoder mittelohmig, bei piezoelektrischen A. hochohmig), Ausgangsspannung oder → Empfindlichkeit, Masse des A. und dynamische Nadelmasse (die Entwicklung geht in Richtung möglichst kleiner Werte) sowie Nadelmaterial und -schliff (→ Abtastnadel). Abb.

Abtastsystem-Halter, Systemträger (engl. Headshell): Vorrichtung am Tragarm zur Aufnahme eines austauschbaren Abtastsystems. Heute wird bevorzugt die „internationale Systembefestigung" mit einem Lochabstand von 1/2 Zoll (≈ 12,7 mm) verwendet. Die Befestigung des Abtastsystems geschieht mit 2 Schrauben M 2,6, der elektrische Anschluß über Steckkontakte.

Abtastung: → Abtasten

Abtastverzerrungen: → Spurverzerrungen

A/B-Test: → Hörvergleich

Accu Bias-System: elektronische Einrichtung zur manuellen Anpassung des → Vormagnetisierungsstroms bei einem Tonbandgerät an unterschiedliche Bandtypen. Zur Kalibrierung werden abwechselnd ein tiefer und ein sehr hoher Meßton auf dem betreffenden Band aufgezeichnet. Bei der anschließenden Wiedergabe wird der Pegel bei beiden Frequenzen mit den entsprechenden Aufzeichnungspegeln verglichen. Bei Abweichungen wird der Vormagnetisierungsstrom verändert. Es entsteht ein optimal linearer → Amplitudenfrequenzgang „über alles“, auch wenn bei dem benutzten Bandtyp der Arbeitspunkt stärker abweicht. → Arbeitspunktoptimierung, automatische

Achtercharakteristik-Mikrofon, auch Acht(er)mikrofon, umgangssprachlich „Acht“: Mikrofon mit 2 gegenüberliegenden bevorzugten Schallempfangsrichtungen (Abb.). A. werden dort verwendet, wo 2 Schallquellen gleichzeitig bei Unterdrückung seitlich einfallenden Störschalls aufgenommen werden sollen. Das ist z. B. der Fall, wenn sich 2 Solisten gegenseitig zusingen und die Signale eines seitlich stehenden Monitorlautsprechers nicht gleichzeitig aufgenommen werden sollen. Weitere Anwendungen ergeben sich als → Stereomikrofon. Abb.

Hinweis: Infolge der Schallbündelung des A. kann gegenüber einem Mikrofon mit Kugelcharakteristik der Abstand von der Schallquelle etwa 1,7mal so groß gewählt werden, ohne daß der Anteil des Raumschalls bei der Aufnahme zunimmt und darunter die Durchsichtigkeit leidet.

8 mm-Video: speziell für Kamerarecorder vorgesehenes Videokassettensystem, das in einigen Ländern einheitlich als 8-mm-Video-Norm angewendet wird. Es wird im → Schrägspurverfahren mit 2 rotierenden Videoköpfen ohne Trennspur (→ Azimut-Aufzeichnung) aufgezeichnet. Das 8 mm breite Videoband (Banddicke ca. 10 µm) umschlingt die Kopftrommel mit 221°. Damit ist es möglich, auf einer Schrägspur (Abb.) ein Fernsehhalbbild und 2 Tonsignale mit PCM (→ digitale Tonaufzeichnung) unterzubringen. Außerdem werden für eine dynamische Spurführung (→ dynamisches Spurfolgesystem) spuralternierend verschiedene Pilotfrequenzen aufgezeichnet. Als weitere Möglichkeit für die Tonaufzeichnung in HiFi-Qualität ist die Speicherung mit Tiefenmagnetisierung (→ HiFi-Videorecorder) möglich. Eine Längstonspur ist ebenfalls vorhanden. Zur Farbbildaufzeichung wird entweder → Chroma-Konvertierung oder → Timeplex angewendet. → Videokassette, → Videosystem, → magnetische Bildaufzeichnung (Abb.)

Acostic Dimension Compiler, Abk. **ADC**: elektronisches Verzögerungs- und Nachhallgerät für HiFi-Anlagen, mit dem sich der Raumeindruck wiedergabeseitig verändern läßt. Der ADC ist sowohl für monofone, als auch für stereofone Wiedergabe geeignet und gestattet die Nachbildung eines Raumeindrucks von sehr hallig bis trocken. → Nachhall

ACR, Abk. für engl. **A**utomatic **C**assette **R**ecorder: Kassettentonbandgerät mit → Aussteuerungsautomatik.

Action Track (engl., svw. Aktionsspur): Verfahren zur Darstellung eines sich schnell bewegenden Objekts (z. B. eines Golfballs) vor gleichbleibendem Hintergrund. A. arbeitet mit einem → digitalen Bildspeicher, in dem das Anfangsbild eines aufgenommenen Bewegungsvorgangs gespeichert wird. Die nachfolgenden Bilder werden bildpunktweise mit dem Speicherbild verglichen, und die Bilderteile, die sich vom Anfangsbild unterscheiden, werden vom Speicher übernommen. Originalbild und Speicherbild ergeben ein Fernsehbild mit der Bewegungsspur des Objekts.

Adapter: Anpaß- oder Zwischenstück, um Geräte, Baugruppen oder Bauelemente mit unterschiedlichen elektrischen Anschlußbedingungen (verschiedenartige Steckverbinder, abweichende Anschlußbelegung) oder mit nicht zueinander direkt passenden mechanischen Abmessungen miteinander verbinden zu können (→ Kopfhörersteckverbinder, → Mikrofonstecker, → Tonsignalsteckverbinder, → Minikassette). A. dienen auch zum Anpassen unterschiedlicher Signalarten (→ digitale Tonsignalspeicherung) oder um Baugruppen im Inneren

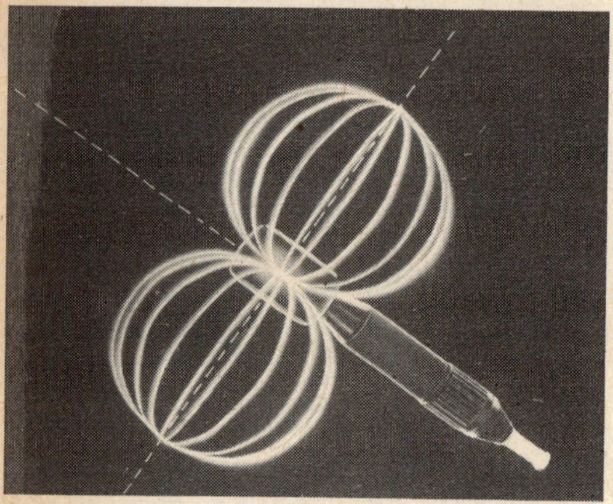

Mikrofon mit querliegender *Achtercharakteristik*

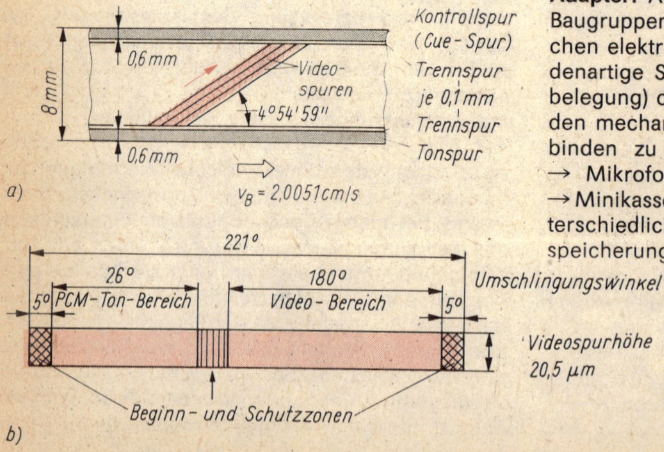

8 mm-Video:
a) Spurbild,
b) Aufteilung einer Videospur

eines Geräts für Meßzwecke zugänglicher zu machen (Meß-A.). Manche A. enthalten Filterschaltungen, um unerwünschte Störfrequenzen von den Anschlußbuchsen eines Geräts fernzuhalten (→ Entstöradapter).

Adaption: Anpassungsvorgang, besonders von Sinnesorganen, an sich ändernde Umweltbedingungen. A. führt zu vorübergehenden Empfindlichkeitsänderungen. Beim Gehör entsteht bei fortgesetzten lauten Reizungen eine vorübergehende Empfindlichkeitsverminderung (scheinbare Gewöhnung), die sich nach Ausbleiben der Reize wieder zurückbildet. Bei sehr leisen Umweltgeräuschen, z. B. nachts, adaptiert das Gehör auf große Empfindlichkeit; der Schall wird lauter empfunden. Auch das Auge ist adaptionsfähig. Es paßt sich sehr unterschiedlichen Lichtverhältnissen an. Bei geringer Helligkeit adaptiert das Sehorgan auf größte Lichtempfindlichkeit, wobei die Wahrnehmung von → Farben zurückgeht (bis letztendlich auf „unbunt").

additive Farbmischung: Fähigkeit des menschlichen Gehirns (*psychischer* Vorgang), die Wahrnehmung der 3 Grundfarben Rot, Grün und Blau zu einer einheitlichen Farbempfindung zu verbinden. Die a. F. ist an die Bedingungen gebunden, daß *a*) die Trennung eines breitbandigen Lichtreizes in seine Spektralbereiche (lang-, mittel-, kurzwelliges Licht) erst durch die unterschiedlich empfindlichen Rezeptoren im menschlichen Auge erfolgt und daß *b*) beim gleichzeitigen Einwirken mehrerer schmalbandiger Lichtreize auf die Rezeptoren die einzelnen Quellen der Lichtreize *nicht* getrennt wahrnehmbar sind. Die a. F. schafft die Voraussetzung, daß vom Menschen alle → Farben des Farbspektrums wahrgenommen werden können, da nach der → Dreifarbentheorie im menschlichen Auge zunächst alle einfallenden Lichtreize in ihre lang-, mittel- und kurzwelligen Anteile aufgeteilt werden. Im Ergebnis der a. F. entsteht immer eine *größere* Helligkeitsempfindung, daher die Bezeichnung „additiv". Der Gegensatz der a. F. ist die → subtraktive Farbmischung. Die → Farbfernsehverfahren sind optimal an die Fähigkeit des menschlichen Gehirns zur a. F. angepaßt. Zur Orientierung gelten die in der Tab. angegebenen Zusammenhänge zwischen Wellenlängenanteilen der ins Auge fallenden Lichtreize, Wahrnehmung der Grundfarben und Farbempfindung nach der a. F. Eine Variation der wirkenden Reizstärken läßt über die a. F. alle Nuancen in den Farbempfindungsbereichen entstehen, z. B. für Unbunt von Weiß (bei maximaler Reizstärke) über Grau bis Schwarz (bei minimaler Reizstärke). → Sehvorgang (Tab.)

Spektrum des Lichtreizes	Wahrnehmung der Grundfarben	Bereich der Farbempfindung
Langwellig	Rot	Rot
Mittelwellig	Grün	Grün
Kurzwellig	Blau	Blau
Lang- und mittelwellig	Rot und Grün	Gelb
Lang- und kurzwellig	Rot und Blau	Purpur (Magenta)
Mittel- und kurzwellig	Grün und Blau	Cyan (Blaugrün)
Lang-, mittel- und kurzwellig	Rot, Grün und Blau	Unbunt (Weiß ... Schwarz)

Add-on-Schnitt: → Assemble-Schnitt

ADES, Abk. für **a**kustisches **D**aten**e**rfassungs**s**ystem: → Spracherkennungssystem, das auch in der Unterhaltungselektronik, z. B. zur Bedienung von HiFi-Anlagen über gesprochene Befehle eingesetzt werden kann.

ADMS, *ADS*, Abk. für **a**utomatisches **D**e**m**agnetisierungs**s**ystem: Schaltung zur regelmäßigen automatischen Entmagnetisierung des Tonkopfs beim Betreiben eines Kassettentonbandgeräts.

ADR, Abk. für engl. **A**utomatic **D**istortion **R**eduction, automatische Verzerrungsminderung: bei Tonbandgeräten angewendete Schaltung, die eine veränderliche → Magnettonentzerrung im Aufzeichnungskanal bewirkt. ADR verhindert eine Übersteuerung des Bands bei hohen Frequenzen, wenn gleichzeitig große Signalpegel auftreten.

ADRES, Abk. für engl. **A**utomatic **D**ynamic **R**ange **E**xpander **S**ystem (automatisches dynamisches Einweg-Expandersystem): einkanaliger Sliding Band → Kompander, vorwiegend für Kassettentonbandgeräte. ADRES arbeitet mit einer dB-linearen Kompandierungskennlinie bei einem konstanten Kompressionsgrad von 1,5. Der Gewinn an Störabstand beträgt bis zu 30 dB. Bei der Wiedergabe von ADRESkompandierten Aufzeichnungen ergeben sich auch ohne Expanderteil nur geringe → Dynamikverzerrungen.

ADS: → ADMS

A/D-Umsetzer: → Analog-Digital-Umsetzer

AFC, Abk. für engl. **A**utomatic **F**requency **C**ontrol, automatische Frequenzeinstellung, auch *Automatic Fine Tuning*, Abk. *AFT, automatische Scharfabstimmung*: Automatik bei UKW- und Farbfernsehempfängern, die eine selbsttätige Feinabstimmung auf die Empfangsfrequenz nach Wahl des Senders bewirkt. Auch eine Frequenzänderung des Oszillators und damit Verstimmung des Empfängers durch Erwärmung oder Betriebsspannungsänderungen (Frequenzdrift) wird weitestgehend verhindert. Bei UKW-Empfängern wird aus dem → Demodulator eine Gleichspannung abgenommen, deren Größe und Richtung von der Verstimmung des Empfängers abhängt (*Richtspannung*, Abb.). Diese wird als Nachstimmspannung einer C-Diode im Oszillatorschwingkreis zugeführt und verändert dessen Schwingfrequenz so, daß sich die Verstimmung stark verringert; es verbleibt jedoch ein Restfehler. Bei Tunern mit → C-Dioden-Abstimmung werden alle abstimmbaren Kreise nachgestimmt. Bei Farb-

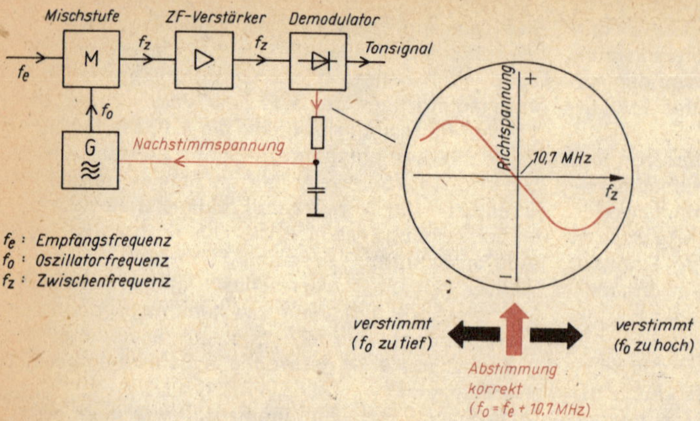

Prinzip der *AFC* (UKW-Empfänger)

fernsehgeräten, bei denen auf exakte Bildträgerfrequenz nachgestimmt werden muß, ist die AFC aufwendiger, weil am Videodemodulator keine Richtspannung zur Verfügung steht. Sie muß in einer zusätzlichen Baugruppe (Diskriminator) erst gewonnen werden. Mit *Fangbereich* bezeichnet man den Frequenzbereich positiver oder negativer Verstimmung, in dem die AFC bei ihrem Zuschalten den Oszillator auf die richtige Frequenz zu ziehen vermag (den Sender also „einfängt"). Der *Haltebereich* kennzeichnet die maximale Verstimmung, in der die AFC noch wirksam arbeiten kann (den Sender also „festhält"). Der Haltebereich ist immer größer als der Fangbereich. Eine AFC im Rundfunkempfänger sollte so bemessen sein, daß sie möglichst nur innerhalb der UKW-Kanalbreite von 300 kHz wirksam ist. Während des Abstimmvorgangs soll die AFC mit der entsprechenden *AFC-Taste* am Empfänger abgeschaltet werden. Das ist erforderlich, um *a)* die Abstimmung auch ohne AFC möglichst genau vornehmen zu können – der verbleibende Fehler wird auf diese Weise besonders klein – und um *b)* auch auf einen schwächeren Sender abstimmen zu können, ohne daß die AFC auf einen stärkeren, eng benachbarten Sender zieht. Bei einer *Computer-AFC* (*AFC-Logik, AFC-Automatik*, auch *Berührungs-AFC*) wird die AFC automatisch abgeschaltet, solange man mit der Hand den Abstimmknopf berührt, bzw. der Abstimmvorgang noch andauert. Eine nicht abschaltbare AFC *(Fest-AFC)* darf nur in einem sehr schmalen Bereich wirksam sein. Das wird schaltungstechnisch durch Begrenzung der Nachstimmspannung mit Dioden erreicht. Abb.

Hinweis: Die Funktion der AFC kann grob überprüft werden, indem man im abgeschalteten Zustand den Empfänger leicht verstimmt (der Ton klingt dann verzerrt; im Fernsehbild entstehen Farbverfälschungen). Nach Drücken der AFC-Taste muß sich bei intakter AFC die optimale Ton- bzw. Bildqualität einstellen.

AFM-Signal, Abk. für **A**udio **FM-Signal**: Signalbezeichnung für frequenzmodulierte Tonsignale, die insbesondere bei der →FM-Aufzeichnung von Tonsignalen verwendet wird. →HiFi-Videorecorder

AFT, Abk. für engl. **A**utomatic **F**ine **T**uning: automatische Scharfabstimmung. →AFC

AGC, Abk. für engl. **A**utomatic **G**ain **C**ontrol: →Verstärkungsregelung, automatische

AGFC, Abk. für engl. **A**utomatic **G**ain and **F**requency Response **C**ontrol, automatische Verstärkungs- und Frequenzregelung: Aussteuerungsautomatik für Tonbandgeräte, die zusätzlich zur Regelung des Aufzeichnungspegels auch eine pegelabhängige Korrektur der tieffrequenten Signalanteile vornimmt. Die AGFC wird besonders bei einigen Mikrofonen verwendet, um die durch den → Nahbesprechungseffekt auftretende Tiefenanhebung zu korrigieren.

AHD, Abk. von engl. **A**udio **H**igh Density **D**isc (svw. Schallplatte hoher [Speicher]dichte): kapazitive Digitalschallplatte (s. Tab. → Digitalschallplatte), die auf VHD-Bildplattenspielern mit nachgeschaltetem AHD-PCM-Dekoder abspielbar ist. →VHD (Abb.)

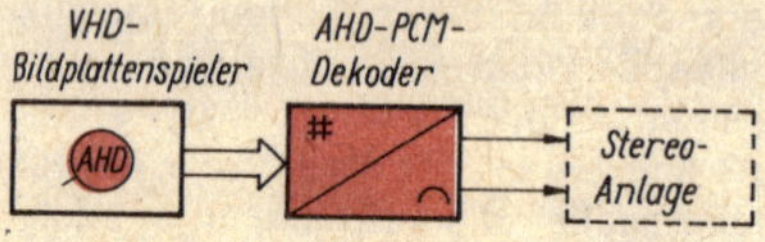

Gerätekombination für das Abspielen einer *AHD*-Digitalschallplatte

Air Check: Schaltung zur Überprüfung der Tonbandaufzeichnung mit einem im Tonbandgerät fest eingebauten 400-Hz-Tongenerator. Mit A. lassen sich Aussteuerung, Stereobalance und richtige Phasenlage bei Stereo kontrollieren (→ Phasenvertauschung).

AIS, Abk. für **a**utomatischer **I**nfo-**S**uchlauf: „intelligenter" →Sendersuchlauf in einem Autoradio, der nur bei Verkehrswarnfunksendern stoppt, deren Bereichskennung vorher in den Empfänger eingegeben wurde. Beim Verlassen des Empfangsgebiets wird ein Warnton hörbar. Bei erneutem Drücken der Suchlauftaste stellt das Gerät einen neuen Sender mit der gleichen Kennung ein. Verkehrswarnfunkdurchsagen werden auch dann laut wiedergegeben, wenn das Gerät leise gestellt, oder auf Kassettenwiedergabe geschaltet ist.

Akkumulator, umgangssprachlich Akku: → Sekundärelement, → Batterie

Aktionsfeld: Teil des → Fernsehbilds, der auf einem ordnungsgemäß eingestellten Fernsehempfänger mit Sicherheit wiedergegeben wird. Der gesamte für den Betrachter (Zuschauer) bestimmte Bildinhalt, z. B. Handlungsaktionen, muß innerhalb des A. aufgenommen bzw. erzeugt werden. → Titelfeld (Abb.)

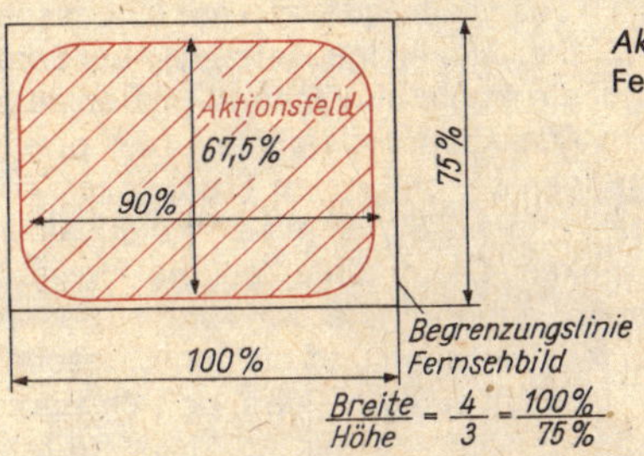

Aktionsfeld eines Fernsehbilds

Aktivbox: Lautsprecherbox (meist Mehrwegebox) mit eingebauter NF-Endstufe. A. eignen sich zum Anschluß an Empfänger mit Vorverstärker (Preceiver), oder zum Modernisieren älterer Rundfunkempfänger mit unbefriedigender Tonqualität bzw. unzureichender Ausgangsleistung. Sie werden auch zur Beschallung, z. B. in Musikelektronikanlagen, eingesetzt. → Cross Over, → Motional Feedback-System

aktives Bauelement: → Bauelement

aktives HiFi-System, auch *Sound Processor:* komplexe HiFi-Stereoanlage, die die Lücke zwischen Heimtonanlage und professioneller Tonregieanlage schließt. Es werden Elemente der herkömmlichen Tonstudiotechnik, wie Pegelsteller, Mikrofonverstärker, Richtungsmischer (Panoramasteller), verschiedene Filter, Equalizer usw. zu einer Anlage mit vielfältigen Tonbearbeitungsmöglichkeiten der Einzel- und Summensignale kombiniert. Das a. H. umfaßt außerdem i. allg. mehrere Kassettentonbandgeräte, Aussteuerungsmesser, die NF-Endstufen und Boxen sowie Einrichtungen zur automatischen Steuerung verschiedener Prozeßabläufe.

An die Anlage können zusätzlich herkömmliche Tonsignalquellen, wie Mono- und Stereomikrofone, Plattenspieler u. a. angeschlossen werden. Spezielle elektronische Systeme erlauben vielfältige Manipulationen des Klangbilds: Abbildung der Signale angeschlossener Quellen an beliebiger Stelle der Stereobasis, Hinzumischung selbst aufgenommener Solistenstimmen unter Auslöschung einer bereits auf der Aufnahme vorhandenen Stimme (in diesem Falle wird ein a. H. auch als *Karaoke Sound-System* bezeichnet, → Voice Fader), Veränderung der Stereo-Abbildungsbreite (→ Space Sound), Zumischung eines elektronisch erzeugten Echos und Klangfilterung bzw. Unterdrückung akustischer Rückkopplung oder von Störgeräuschen mit einem → Equalizer. Außerdem sind z. T. Band-zu-Band-Umzeichnungen unabhängig von den sonstigen Signalflüssen auf der Anlage möglich (→ Tape-to-Tape-Schaltung). Auch Kombinationsstart von mehreren Kassettengeräten bei der Umzeichnung, Endloswiedergabe vom Band, automatische → Bandstellenfindung und Vorprogrammierung von Ein- und Ausschaltzeiten sowie von Bandaufzeichnungen mit einer Zeitschaltuhr können vorgesehen sein.

aktive Zeile (engl. Active Line): jede → Zeile eines → Fernsehbilds, die direkt zur Übertragung von *Bildinformation* dient. Gegenüber der für ein Fernsehsystem festgelegten → Zeilenzahl, ist die Zahl der a. Z. pro Bild auf Grund der vertikalen → Austastung geringer. → Zeilensprungverfahren, → aktive Zeilendauer

aktive Zeilendauer: Zeitabschnitt einer Zeile im Fernsehbild, der unmittelbar der Übertragung von Bildinformation dient. Von den lt. → CCIR-Norm festgelegten 64 µs Dauer einer Zeile im Fernsehbild sind 52 µs aktiver Anteil. Sie liefern das für den Zuschauer sichtbare Fernsehbild. → Zeilensprungverfahren, → Austastung

Akustik: Lehre von Schwingungen und Wellen in elastischen Stoffen (→ Schall) und von Erscheinungen, die damit verbunden sind. Die A. wurde als wissenschaftliche Disziplin im Jahre 1700 von dem Pariser Mathematiker J. SAUVEUR eingeführt. Sie ist die wesentliche Grundlage jeder Art von Schallerzeugung und -ausbreitung, jeder Tonaufnahme, -übertragung, -speicherung und -wiedergabe. Auch die Vorgänge beim natürlichen Hören beschreibt die A. Wichtige Untergebiete sind die → *Elektroakustik*, die → *Raumakustik* und die *musikalische A.*, die die Zusammenhänge zwischen Hörempfindungen und den physikalischen Eigenschaften musikalischer Schallereignisse untersucht und beschreibt. Umgangssprachlich wird unter A. häufig nur das Teilgebiet Raum-A. verstanden.

akustische Atmosphäre: → Ambienz

akustische Laufzeitleitung (engl. Sound Transmission Line): rohrförmiges Lautsprechergehäuse, das in seiner wirksamen Länge l (Abb.) auf die Nennresonanzfrequenz des Lautsprechers abgestimmt ist. Mit der a. L. lassen sich sehr raumsparende Schallführungen verwirklichen, weil das Rohr gefaltet werden kann. Besonders günstig ist der Einsatz in Zweiton-Fernsehempfängern *(Bass Dynamic-System)*. Es ergibt sich eine niedrige untere Grenzfrequenz um 30 Hz. Die Resonanzamplitude des Lautsprechers wird bedämpft, und die Klangverzerrungen bleiben gering. Abb. S. 24

„akustische Linse“: gitterförmige Abdeckung vor einem Mittel- oder Hochtonlautsprecher zum Zerstreuen der höherfrequenten Schallanteile im Raum. Weil infolge zusätzlicher Reflexionen und In-

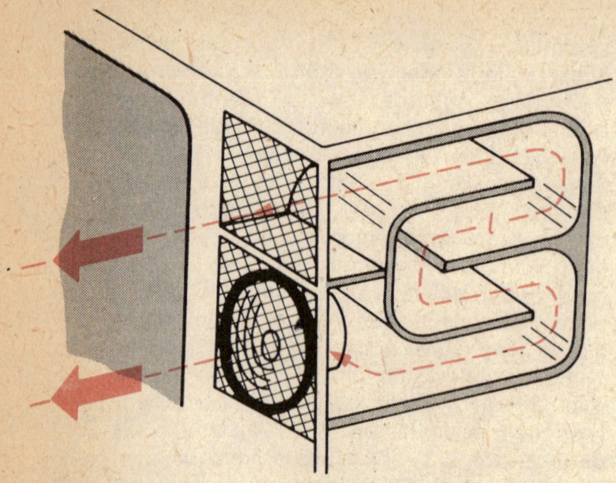

Akustische Laufzeitleitung: Bass Dynamic-System in einem Zweiton-Fernsehempfänger

terferenzen auch hörbare Klangverfälschungen auftreten können, verzichtet man bei hochwertigen Lautsprecherboxen meist auf a. L.

akustischer Kurzschluß: Schalldruckausgleich zwischen Vorder- und Rückseite einer Lautsprechermembran über den Rand. Der a. K. tritt bei Schallwellenlängen auf, die groß gegenüber dem Membrandurchmesser sind, er verhindert also eine wirksame Tiefenabstrahlung. Durch Einbau des Lautsprechers in eine Schallwand oder ein Gehäuse wird der a. K. nach tieferen Frequenzen hin verschoben oder völlig verhindert (→ Lautsprecherbox). Abb.

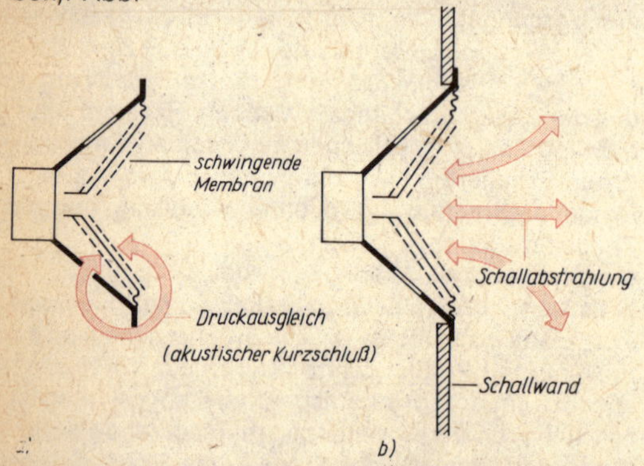

Lautsprecher a) ohne Schallführung, b) mit Schallführung zur Vermeidung des *akustischen Kurzschlusses*

akustische Rückkopplung, akustische Mitkopplung: heulende oder pfeifende Selbsterregung einer elektroakustischen Anlage ab einer bestimmten Wiedergabelautstärke. A. R. entsteht, wenn der auf ein Mikrofon oder Abtastsystem treffende Lautsprecherschall diese Wandler zusätzlich phasenrichtig erregt (→ Rückkopplung). Infolge des entstehenden Signalkreislaufs ergibt sich Mitkopplung. A. R. ist in Räumen schwerer zu unterdrücken als im Freien, weil sie in Räumen auch über Schallreflexionen entstehen kann. Am einfachsten läßt sich a. R. durch einen geringen Abstand zwischen Mikrofon und Schallquelle (z. B. Sprecher) vermeiden, weil dann genügend große Lautstärken im Raum auch ohne hohe Gesamtverstärkung erzielbar sind. Eine Abstandsvergrößerung zwischen Mikrofon und Lautsprecher ist nur im Freien sehr wirksam. Günstig ist der Einsatz von Richtmikrofonen (Abb.). Unter *Frequenzshiften* zur Vermeidung a. R. versteht man das Versetzen aller Tonsignalfrequenzen mit einem speziellen Gerät (Shifter) um einige Hertz, das bei Sprache relativ unbemerkt bleibt. Weiterhin ist es möglich, mit einem *Rückkopplungssucher* unter praktischen Bedingungen die störenden Frequenzen der a. R. zu ermitteln und das Signal mit einem Equalizer selektiv abzusenken. Die mitunter geübte Praxis, 2 dicht benachbart angeordnete Mikrofone gegenphasig zusammenzuschalten und nur eines beschallen zu wollen, ist nicht zu empfehlen, da sich starke Klangverfälschungen infolge der Auslöschung von Nutzschall einstellen. Abb.

Hinweis: Ein Betreiben der Anlage dicht an der Grenze der a. R. führt zu hallähnlichen Klangverfärbungen, und schon geringe Veränderungen der Raumgeometrie oder der Schallabsorption (Publikum, Dekoration) können zum schlagartigen Einsetzen der a. R. führen.

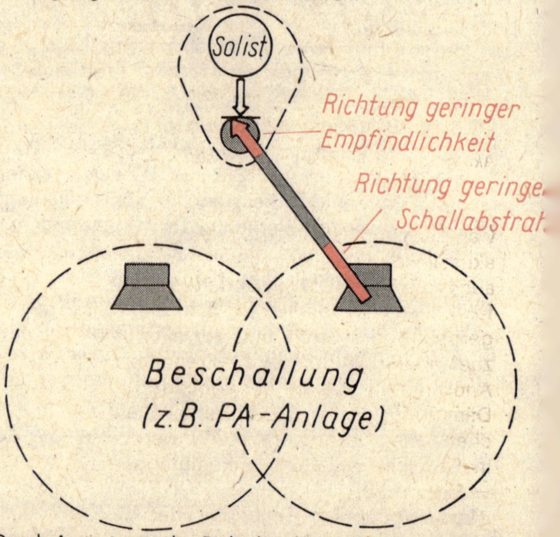

Durch Ausnutzung der Richtcharakteristik kann *akustische Rückkopplung* vermieden werden

akustisches Oberflächenwellenfilter, Abk. **AOW** oder **OFW**: frequenzselektives akustoelektronisches Bauelement, bei dem die Selektionswirkung durch Erzeugung und Ausbreitung von Schallwellen an der Oberfläche eines piezoelektrischen Materials erreicht wird. Durch fingerähnliche, ineinandergreifende Metallschichtelektroden (sog. Interdigital-

Allwellenempfänger mit digitaler Frequenzanzeige

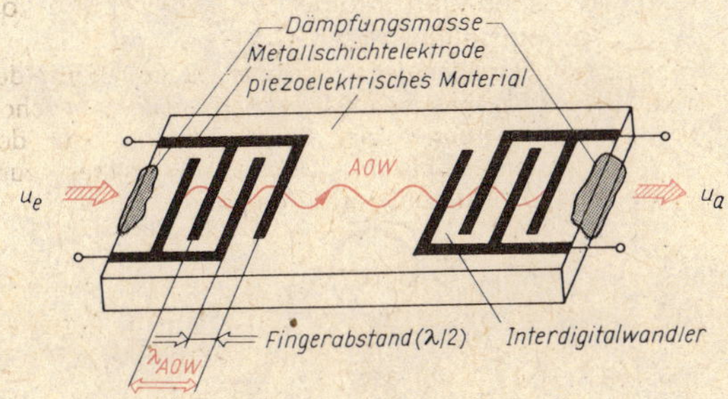

Akustisches Oberflächenwellenfilter

wandler) wird das elektrische Eingangssignal in eine akustische Oberflächenwelle umgewandelt und auch wieder zurückgewandelt (piezoelektrischer Effekt). Die Wandlerstruktur, d. h. die Anzahl der Fingerpaare, ihre Breite und vor allem ihre Abstände zueinander bestimmen die Frequenzselektivität der Anordnung. Die in der Abbildung dargestellten Dämpfungsmassen sollen Reflexionen von Oberflächenwellen verhindern. AOW werden als ZF-Filter in Fernseh- und Rundfunkempfängern verwendet. → Filter (Abb.)

Akustoelektronik: Teilgebiet der Elektronik, das sich mit der Erzeugung, Ausbreitung und Umwandlung akustischer Oberflächen- und Volumenwellen zur Realisierung elektronischer Funktionen, bes. der Signalverarbeitung befaßt. Die Grundlage der A. sind der → piezoelektrische Effekt und seine Umkehrung (elektrostriktiver Effekt). Von den Bauelementen der A. sind die → akustischen Oberflächenwellenfilter für die Unterhaltungselektronik bedeutungsvoll.

ALC: **1.** Abk. für engl. **A**utomatic **L**evel **C**ontrol, automatische Pegelregelung. → Aussteuerungsautomatik – **2.** Abk. für engl. **A**utomatic **L**ight **C**ompensation, svw. automatische Lichtwertsteuerung. → Lichtwertautomatik

ALI-System: → Verkehrswarnfunk

Allbereichstuner: → Tuner

Allstromempfänger: Rundfunk- oder Fernsehempfänger, der sich zum Anschluß an Gleich- und Wechselstromnetze eignet, heute veraltet.

Hinweis: Bei A. besteht keine → Netztrennung, daher darf ein nachträglicher Einbau von TA-, TB-, Lautsprecher- oder Kopfhörerbuchsen nur von einem Fachmann vorgenommen werden. Durch unsachgemäße Ausführung besteht bei der Berührung der angeschlossenen Geräte akute Lebensgefahr.

Allwellenempfänger, auch „Weltempfänger": hochwertiger Empfänger für Funkwellen des gesamten Lang-, Mittel- und Kurzwellen-, z. T. auch des UKW-Bereichs mit besonderen Empfangseigenschaften. Die Frequenzbereiche lassen sich entweder lückenlos, oder mit Ausnahme wenig interessierender Lükken durchstimmen. A. sind meist für verschiedene Funkbetriebsarten eingerichtet, neben dem Empfang normaler Hörfunksendungen ist auch der Empfang von Telefonie, Telegrafie oder von Sendungen nach dem → Einseitenbandverfahren vorgesehen. Stationäre A. bleiben Funkamateuren und kommerziellen Anwendern vorbehalten. Als weitere Besonderheiten werden in A. Abstimmhilfen wie → Bandspreizung, → Kurzwellenlupe, Ziffern-Frequenzanzeige u. a. eingebaut, die besonders bei Kurzwellenempfang sehr nützlich sind. Durch hochwirksame automatische Verstärkungsregelungen, einstellbare HF- und NF-Bandbreite, hohe Empfindlichkeit und Trennschärfe, eingebaute Störbegrenzer (→ ANL) u. ä. liefern A. auch unter ungünstigen Bedingungen überdurchschnittlichen Empfang. Abb.

Alpha-Umschlingung, α-Umschlingung: → Schrägspurverfahren

AM: Abk. für **A**mplituden**m**odulation. → Modulation

Amateurfernsehen: spezifische Form des *Amateurfunks,* deren Kennzeichen die Übertragung von Bild- und Toninformation (→ Fernsehen) ist. A. unterliegt in den Anwendungsländern strengen staatlichen Vorschriften bezüglich Betriebserlaubnis, Betriebsfrequenzen usw. Wesentlich ist dabei u. a., daß A. nicht öffentlich betrieben (keine dem → Fernsehrundfunk vergleichbare Ausstrahlung!) und nicht für kommerzielle Zwecke (bestimmend für Inhalt der Übertragung) angewendet werden darf. Im A. können die → Fernsehnormen (z. B. BRD: Norm B) oder spezielle Fernsehverfahren mit eingeschränkter Übertragungsbandbreite und -qualität (→ SSTV) Anwendung finden. → angewandtes Fernsehen

Ambienz, svw. *akustische Atmosphäre:* Empfindung bei einem Zuhörer, sich mit der Schallquelle zusammen in einem Raum zu befinden. Die A. entsteht durch den natürlichen Raumschall (diffuses Schallfeld) bzw. durch künstliche, mit elektroakustischen Mitteln erzeugte Umgebungsinformationen (ambiente Informationen). → Stereo-Ambiofonie

Ambiofonie: gewollte Veränderung der akustischen Raumeigenschaften (z. B. in Sälen) mit Hilfe elektroakustischer Einrichtungen. → Stereo-Ambiofonie

Ambisonics: Verfahren der raumbezogenen Stereofonie, das eine 3dimensionale Rauminformation über 3...4 Kanäle oder eine vollständige horizontale Runduminformation über nur 2 Kanäle zu übertragen erlaubt. A. wurde in Großbritannien als Alternative zur Quadrofonie entwickelt. Es ist bis auf die Ausstrahlung über einige lokale Sender bisher nicht zum Einsatz gekommen.

AM-Empfänger: Rundfunkempfänger zum ausschließlichen Empfang von Hörrundfunkprogrammen, die in amplitudenmodulierter Form auf Lang-, Mittel- oder Kurzwellen übertragen werden (→ Modulation).

Ampex-Verfahren: → Querspurverfahren

Amplitude: → Schwingung

Amplitudenfrequenzgang, svw. Übertragungskurve, Übertragungscharakteristik, ungenau Frequenzgang: grafische Darstellung der Signalgröße (Amplitude, Pegel) am Ausgang einer Baugruppe, eines Geräts oder Übertragungskanals als Funktion der Frequenz bei konstanter Größe des Eingangssignals. Damit beschreibt der A. das Verstärkungs- oder Dämpfungsverhalten des betrachteten Systems in Abhängigkeit von den Übertragungsfrequenzen (→ lineare Verzerrungen). Normalerweise werden nur die Abweichungen der Signalamplituden gegenüber einem 100 % (0 dB) gesetzten Wert bei einer → Bezugsfrequenz dargestellt (bei Tonsignalen meist 1 kHz, bei Bildsignalen vorzugsweise 0,5 MHz, Abb. a). Am A. werden eine *obere* und

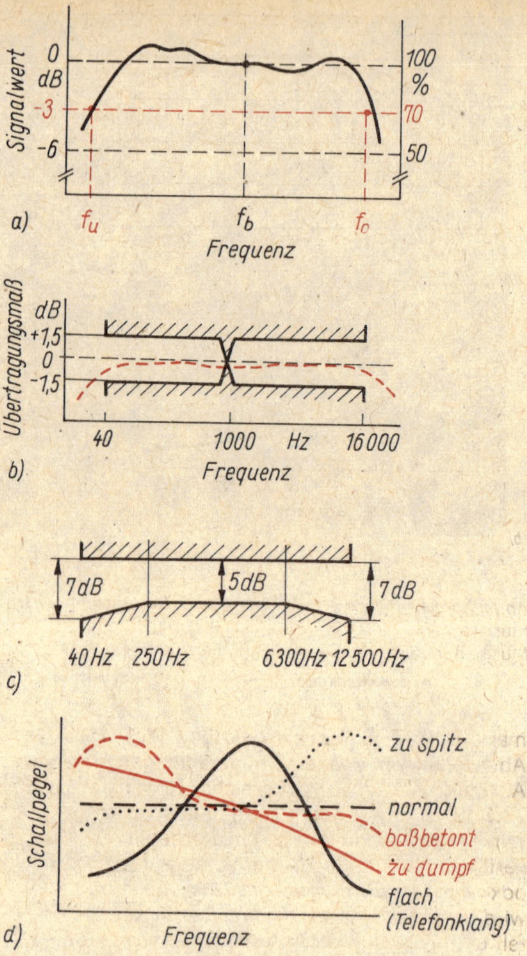

Amplitudenfrequenzgang: a) Übertragungsbereich und Grenzfrequenzen, b) Toleranzkanal (HiFi-NF-Verstärker), c) Toleranzkanal (HiFi-Tonbandgerät), d) stark klangverfälschende Amplitudenfrequenzgänge

eine *untere Grenzfrequenz* definiert, zwischen denen der *Übertragungsbereich* des Systems liegt. Die Grenzfrequenzen beziehen sich auf den Abfall der Signalamplitude auf 70 % (−3 dB) oder auf einen anderen, dann aber anzugebenden Abfall. Oft wird auch ein *Toleranzkanal* für den Übertragungsbereich angegeben, innerhalb dessen Grenzen der A. verlaufen muß, wenn das System den Anforderungen entspricht (Abb. b, c). Bei Magnettongeräten wird meist der *„A. über alles"* (auch *„Über-Band-A."*) angegeben, der den Aufzeichnungs- und Wiedergabekanal einschließlich Magnettonband umfaßt. Bei Stereokanälen dürfen sich die A. nur in geringen Grenzen voneinander unterscheiden, damit keine hörbare → Pegeldifferenz entsteht (maxi-

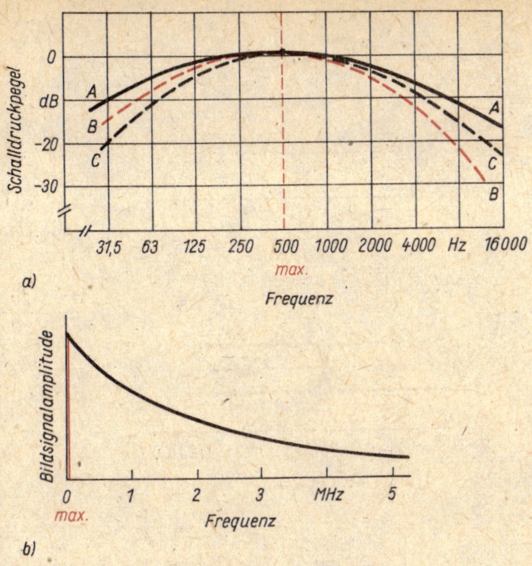

Amplitudenstatistik: a) nach Marquard für verschiedene Musikkategorien: A Jazz, Musical, B Orgel, C sinfonische Musik, b) eines durchschnittlichen Fernsehbilds

mal 2...3 dB im Bereich zwischen 250...6300 Hz). Abweichungen von einem geradlinigen (linearen) A. innerhalb des Hörbereichs führen ab etwa 2...3 dB zu wahrnehmbaren Klangverfärbungen, stärkere Abweichungen z. T. zu erheblichen Klangverfälschungen (Abb. d). Der A. einer Lautsprecherbox wird auch *Schallpegelkurve* genannt; diese wird unter bestimmten Abstrahlbedingungen ermittelt und verändert ihren Verlauf bei verschiedenen Wiedergaberäumen. Abb.

Amplitudenmodulation: → Modulation

Amplitudenschwankungen: → Pegelschwankungen

Amplitudensieb (engl. Sync Separator, Amplitude Clipper, Amplitude Separator): Schaltung zur Gewinnung des → Synchronsignals aus dem → vollständigen (Farb)Bildsignal. A. finden vielerorts im → Bildkanal Anwendung. Typisch ist der Einsatz von A. im Bildkanal der Fernsehempfänger (s. Abb. → Fernsehempfänger). Dem A. wird das vollständige (Farb)Bildsignal zugeführt. Im A. erfolgen die Unterdrückung des Bildsignalanteils und Formierung des erhaltengebliebenen Synchronsignalanteils, der dann an eine Impulstrennstufe zur Gewinnung der Horizontal- und Vertikalsynchronimpulse weitergeleitet wird.

Amplitudenstatistik: Ermittlung und Darstellung der durchschnittlichen Signalstärken bei den verschiedenen Frequenzen. 1) *Schall:* Die A. weist aus, daß bei Musik von Naturinstrumenten die durchschnittlich größten Amplituden bei mittleren Frequenzen um 550 Hz auftreten. Allerdings ist die Verteilung vom Charakter der Darbietung abhängig. Bei Geräuschen und elektronisch erzeugter Musik kann z. T. mit wesentlich größeren Amplituden bei höheren Frequenzen gerechnet werden. 2) *Bildsignal:* Die A. weist aus, daß bei üblichen Fernsehbildern die durchschnittlich größten Amplituden bei tiefen Frequenzen auftreten. Mit zunehmender Frequenz nimmt die Amplitudenhäufigkeit ab. Abb.

AMPS, Abk. für engl. **A**utomatic **M**usik **P**lay **S**ystem, automatisches Musikwiedergabesystem: Einrichtung bei Kassettenrecordern zum automatischen Auffinden von Titelanfängen mit Hilfe von Signalpausen, die auf das Band aufgebracht werden. → Bandstellenfindung, automatische

AM-Unterdrückung, Störbegrenzung: Vermögen eines UKW-Rundfunkempfängers, im ZF-Verstärker bzw. Demodulator HF-Störspitzen (z. B. Funkenstörungen) durch Begrenzung der Amplituden unwirksam zu machen.

Anaglyphenbrille: Brille mit rechts- und linksseitig unterschiedlichen Lichtfiltern. Die spektralabhängige Transparenz („Farbdurchlässigkeit") der Filter entspricht jeweils einer der beim → Anaglyphenverfahren verwendeten Farben.

Anaglyphenverfahren (von Anaglyphen, griechisch für halberhabene Bildhauerarbeiten, Relief): pseudo-stereoskopisches Verfahren zur dreidimensionalen Bildwiedergabe. Beim A. werden zwei ebene, unterschiedlich farbige Teilbilder eines räumlichen Gegenstands, die von benachbarten Standorten aufgenommen wurden, ineinandergedruckt, übereinanderprojiziert oder von einem gemeinsamen Bildschirm wiedergegeben. Wesentlich dabei ist, daß sich beide pseudo-stereoskopische Teilbilder durch Verwendung von 2 zueinander komplementären Farben deutlich voneinander unterscheiden. Betrachtet man das gemeinsame Bild durch eine *Anaglyphenbrille*, die rechts- und linksseitig über ein den verwendeten Farben entsprechendes Filter verfügt, so wird von jedem Auge nur ein Bild aufgenommen. Im weiteren Sehprozeß verschmelzen beide Teilbilder im Gehirn zu einem gemeinsamen, unbunten räumlichen Bildeindruck. Die Grundlage des A. wurden bereits 1850 von dem Deutschen ROLLMANN entdeckt. Erst viel später wurden damit Versuche im Fernsehen unternommen. Da das an sich wirtschaftliche A. zu den Fernsehverfahren jedoch nicht kompatibel ist, hat es im Fernsehen keine Bedeutung erlangt. → Stereofernsehen, → Kompatibilität, → Farbe, → Farbmischen, → additive Farbmischung, → subtraktive Farbmischung, → Sehvorgang

Analog-Digital-Umsetzer, Abk. **ADU** oder A/D-Umsetzer (engl. Analog Digital Converter, Abk. ADC), umgangssprachlich Analog-Digital-Wandler oder kurz A/D-Wandler: Funktionseinheit zur Umwandlung einer analogen Gleich- oder Wechselgröße in eine digitale Darstellungsform. ADU werden in digi-

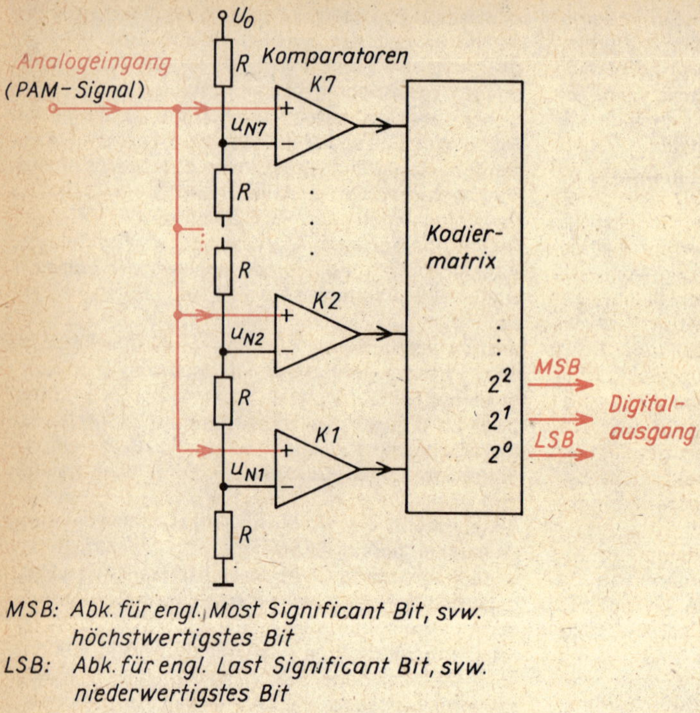

Analog-Digital-Umsetzer (1): Prinzip der Direktumsetzung

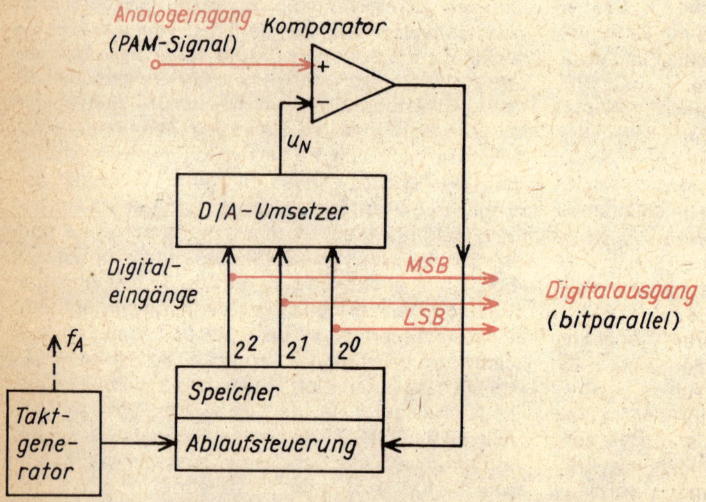

Analog-Digital-Umsetzer (2): Iterationsverfahren

talen Meßgeräten (z. B. Digitalvoltmeter), zur Analogeingabe bei →Mikrorechner und bei der →Pulskodemodulation zur Umsetzung eines analogen in ein digitales Signal angewendet. Im ADU wird zuerst das analoge Eingangssignal quantisiert (→Quantisierung), d. h., es wird festgestellt, welche Amplitudenstufen aus einem endlichen Bereich zulässiger Einzelwerte (Quatisierungsintervalle) der Eingangsamplitude am nächsten kommt und dann die Nummer der so ermittelten Amplitudenstufe digital als Kodewort verschlüsselt (→Kodierung). Die zeitliche Folge der Kodeworte bildet das digitale Ausgangssignal. Die Amplitudenbewertung erfolgt durch Vergleich mit einer Normal- oder Bezugsspannung, die nur die zulässigen diskreten Amplitudenwerte aufweist. Die Anzahl der Amplitudenwerte (Stufenanzahl) ist nach Zweierpotenzen gestaffelt und richtet sich nach dem Verwendungszweck des ADU. Sie spiegelt sich in der Kodewortlänge, die man in diesem Fall auch als Auflösung des ADU bezeichnet, wider (s. Tab. → Pulskodemodulation). Alle ADU benötigen für den Vergleich eine gewisse Zeit (Umsetzzeit), während der sich der Momentanwert des Eingangssignals nicht ändern darf. Diese Bedingung wird durch eine vor den ADU geschaltete Abtast-Halteschaltung (→ Abtastung), die ein zeitgedehntes PAM-Signal erzeugt, erfüllt. Der technische Aufbau von ADU kann durch diskrete Schaltungen oder integrierte Schaltkreise erfolgen, wobei verschiedenartige Verfahren angewendet werden. Für die Digitalisierung von Bild- und Tonsignalen sind 3 Verfahren von Bedeutung: Die *Direkt- oder Parallelumsetzung* (Abb. 1) ist das schnellste (Umsetzzeit einige Nanosekunden) und aufwendigste Verfahren. Es wird hauptsächlich für Bildsignale verwendet. Das PAM-Signal liegt parallel an beispielsweise 7 Spannungsvergleichern, sog. Komparatoren, an, die ihre Bezugsspannung (Vergleichsnormal: Mittelwert eines Quantisierungsintervalls) von einem Präzisionsspannungsteiler erhalten. In nur einem Vergleich wird festgestellt, welches Normal dem Momentanwert des Eingangssignals entspricht. Der momentane Zustand der Komparatorausgänge, wie er sich aus dem Vergleich ergibt, entspricht verschlüsselt der Amplitudenstufennummer, die durch binäre Umkodierung in diesem Beispiel als 3-Bit-Kodewort auf den Ausgang gelangt. Spricht kein Komparator an, dies ist bei 0 V am Eingang der Fall, wird das Kodewort „000" ausgegeben. Folglich sind mit 7 Vergleichern 8 Amplitudenstufen quantisierbar. Ein langsames Verfahren ist die *Zählmethode.* Dabei wird festgestellt, wie oft ein Vergleichsnormal, das dem Wert einer Amplitudenstufe entspricht, addiert werden muß, um den Eingangsspannungswert zu erreichen. Es sind so viel Zählschritte notwendig, wie Amplitudenstufen zugelassen sind. Ein Binärzähler zählt die ausgeführten Vergleichsschritte und gibt an seinen Ausgängen das Kodewort bitparallel ab. Am häufigsten angewendet wird die mittelschnelle *Iterations- oder Annäherungsmethode* (auch Wägekodierer oder Bewertungskodierer genannt, Abb. 2). Ein → Digital-Analog-Umsetzer, dessen Digitaleingänge nacheinander so eingestellt werden, daß seine Ausgangsspannung sich schrittweise dem Spannungswert des Eingangssignals angleicht, und ein Spannungskomparator sind die Hauptbestandteile dieses ADU. Die Ausgangsspannung des Digital-Analog-Umsetzers, die sich nur sprunghaft ändern kann, ist die Bezugsspannung zum Vergleich mit der Eingangsspannung. Der erste Digitaleingang (höchstwertiges Bit) trägt zur Ausgangsspannung des Umsetzers den halben Wert des maximalen Amplitudenbereichs, der zweite ¼ und der dritte ⅛ bei. In einem vom Taktgenerator gesteuerten Rhythmus wird zunächst das höchstwertige Bit auf logisch „1" gesetzt und abhängig vom Komparatorvergleich wieder zurückgenommen (logisch „0") oder nicht. Das Bit bleibt gesetzt, wenn der Komparator feststellt, daß die Eingangsspannung größer als die Bezugsspannung ist. Nachfolgend wird mit dem zweiten Bit und dem niederwertigsten Bit ebenso verfahren. Sind alle Bits geprüft, das ist in diesem Beispiel nach 3 Vergleichsvorgängen der Fall, dann steht an den Digitaleingängen, die gleichzeitig bitparallele Ausgänge des ADU sind, das richtige Kodewort zur Ausgabe bereit. Der Taktgenerator liefert auch die → Abtastfrequenz. Für die Digitalisierung von Tonsignalen wird häufig die Annäherungsmethode angewendet. → Pulskodemodulation, → Digital-Analog-Umsetzer, → Digitalisierung (Abb.)

analoger Schaltkreis: → Schaltkreis zur Verarbeitung → analoger Signale.

analoges Signal: Signal, das jeden beliebigen Wert (z. B. Amplitudenwert) zwischen 2 Grenzwerten (Maximalwerten) annehmen kann. Informationen über natürliche Ereignisse (Bild und Ton) entsprechen a. S. Zur Speicherung oder Übertragung werden a. S. häufig in → digitale Signale umgesetzt. → Analog-Digital-Umsetzer

Analogtechnik: Gesamtheit der Verfahren und Geräte, bei denen → analoge Signale verwendet werden. In der A. folgt die Ausgangsgröße stetig der Änderung der Eingangsgröße.

Andruckrolle, Gummiandruckrolle: gummibelegte, freilaufende Walze, die bei Aufzeichnung und Wiedergabe gegen die → Transportrolle eines Magnetbandlaufwerks gedrückt wird und die notwendige Reibung zum Transport des Bands erzeugt.

Hinweis: Die A. muß zur Transportrolle genau parallel stehen und darf nicht mit Bandabrieb oder Ölresten verschmutzt sein. Eine Reinigung ist mit Alkohol oder Spiritus möglich.

Angel: → Mikrofonhalterung

angewandtes Fernsehen, auch *technisches Fernsehen:* Übertragung von Bildinformationen – teilweise in Verbindung mit zusätzlichen Informationen (Zeit, Daten, Ton usw.) – mit fernsehtechnischen Mitteln für einen speziellen Teilnehmerkreis, z. B. Schüler *(Unterrichts-* oder *Schulfernsehen),* Aufsichts- und Leitungspersonal in Betrieben *(industrielles Fernsehen),* Wissenschaftler, Ärzte, Polizei usw. Gegenüber dem → Fernsehrundfunk reicht es vielfach aus, im a. F. mit einer geringeren Bildqualität (Bild- und Zeilenzahl, → Auflösung, → Farbe) zu arbeiten. → Fernsehen

Angrom: Magnettonband, speziell für → Mikrokassetten, mit einer sehr dünnen magnetisierbaren Schicht (Metallegierung auf Kobaldbasis), die der Trägerschicht aufgedampf ist. A. ist dünner als herkömmliches Band, so daß sich die Laufdauer der Mikrokassette um 50 % steigern läßt.

ANL, Abk. für engl. **A**utomatic **N**oise **L**imiter (automatischer Störbegrenzer): Baugruppe zur Begrenzung von hochfrequent eingekoppelten Störspitzen bei einem Empfänger, z. B. Knacken durch Kontaktfunken oder Gewitter.

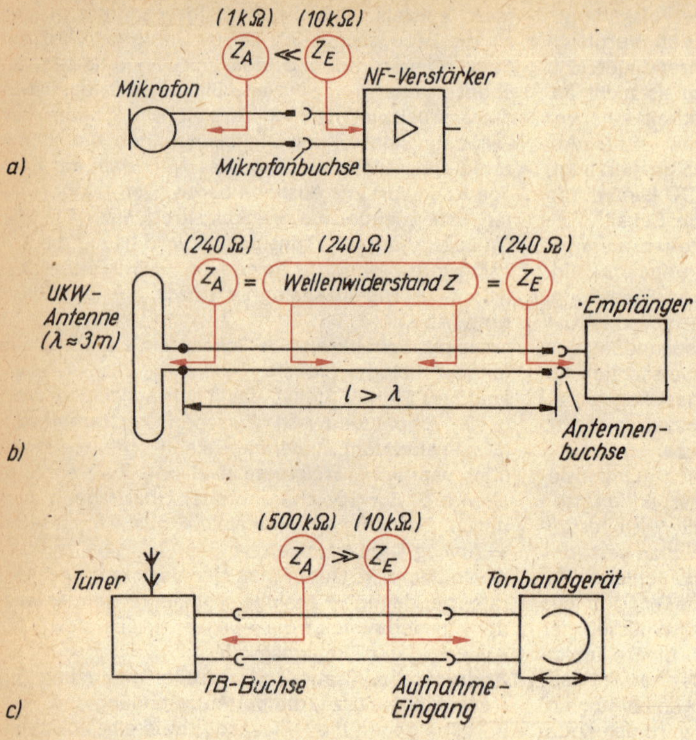

Anpassung (1):
a) Spannungsanpassung eines Mikrofons,
b) Leistungsanpassung einer UKW-Antenne an den Empfänger,
c) Stromanpassung bei einem Tonbandgerät (Werte in Klammern als Beispiel)

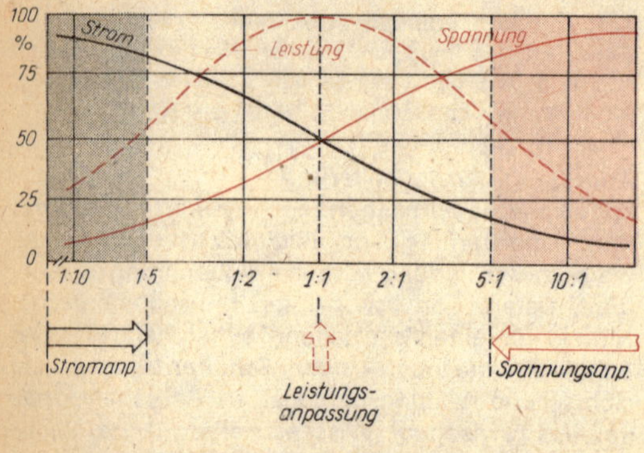

Anpassung (2):
Verlauf von Spannung, Leistung und Strom am Verbraucher gegenüber den möglichen Höchstwerten bei verschiedenen Anpassungsverhältnissen

Anode: letzte in Richtung der Elektronenbewegung liegende → Elektrode bei Elektronenröhren, Dioden und anderen Bauelementen. Die A. hat i. allg. positives Potential. Sie dient zum Aufnehmen von → Elektronen und Abführen des Stroms in den äußeren Stromkreis. In → Elektronenstrahlröhren dient die A. vor allem zur Beschleunigung der Elektronen.

Anpassung: Wahl des richtigen Verhältnisses zwischen Ausgangswiderstand einer Signalquelle und Eingangswiderstand des nachfolgend angeschlossenen Geräts. In der Nachrichtentechnik ist damit vorrangig das Verhältnis zwischen Ausgangsscheinwiderstand Z_A und Eingangsscheinwiderstand Z_E zweier aufeinanderfolgender Geräte gemeint. Es werden 3 Hauptfälle unterschieden: a) *Spannungs-A.* liegt vor, wenn Z_A sehr klein gegenüber Z_E ist. Der Ausgang wird durch das nachfolgende Gerät nur wenig belastet, die Ausgangsspannung bleibt konstant. Dieses A. hat Vorrang bei der Zusammenschaltung von Tongeräten, sie wird auch bei der Batteriestromversorgung angestrebt, um die Größe der Betriebsspannung unabhängig vom Stromverbrauch und vom langsam bei der Entladung ansteigenden Innenwiderstand der Spannungsquelle zu halten. b) Bei *Leistungs-A.* ist $Z_E = Z_A$. Diese A. wird gewählt, wenn größtmögliche Leistung zum Verbraucher gelangen soll, z. B. von einer Antenne zum Empfänger. Besonders strenge Forderungen bestehen, wenn die Länge einer die beiden Geräte verbindenden Leitung nicht mehr vernachlässigbar klein gegenüber der Wellenlänge der zu übertragenden Signale ist. Das betrifft besonders Antennen- und Videoleitungen. Diese müssen am Anfang und am Ende mit ihrem → Wellenwiderstand abgeschlossen werden *(Widerstands-A.)*. Wird das nicht beachtet, so treten Reflexionen an den Leitungsenden auf. Die Folge sind Leistungsverluste und Signalverzerrungen, die z. B.

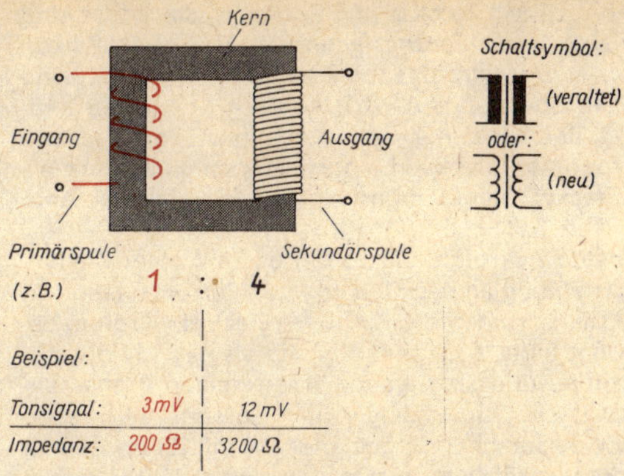

Prinzip des *Anpassungsübertragers*

im Fernsehbild zu Mehrfachkonturen führen können. c) Bei *Strom-A.* ist Z_E viel kleiner als Z_A. Diese A. wird selten angewendet, z. B. wenn ein konstanter, von Z_E unabhängiger Signalstrom gefordert wird (→TB-Anschlußbuchse). →Lautsprecheranpassung, → Kopfhöreranpassung, → Mikrofonanpassung, →Antennenanpassung (Abb.)

Hinweis: A. kann außer durch konstruktive Festlegung von Z_A und Z_E auch mit einem → Anpassungsübertrager oder → Impedanzwandler erreicht werden.

Anpassungsübertrager, svw. Signalübertrager: Transformator zur Vergrößerung oder Verkleinerung von Signalspannungen oder Impedanzen. Das *Übersetzungsverhältnis* ist das Verhältnis der Windungszahlen zueinander; es bestimmt auch das Verhältnis zwischen Eingangs- und Ausgangsspannung. Impedanzen werden mit dem Quadrat der Windungszahlen übersetzt. Der Kern eines A. besteht aus speziellen Magnetwerkstoffen, er ist für NF lamelliert, für HF meistens aus gepreßtem Eisenpulver oder fehlt gänzlich. Je größer die zu übertragende Leistung sein soll und je tiefer die Frequenz, um so größer wird der Magnetkern und damit der ganze A. Abb.

ANRS, Abk. für engl. **A**utomatic **N**oise **R**eduction **S**ystem (automatisches Rauschminderungssystem): einkanaliger Sliding Band → Kompander, vorwiegend für Kassettentonbandgeräte. Das ANRS ähnelt dem → Dolby B, ist mit diesem aber nicht kompatibel. Der Kompandierungsbereich beginnt bei

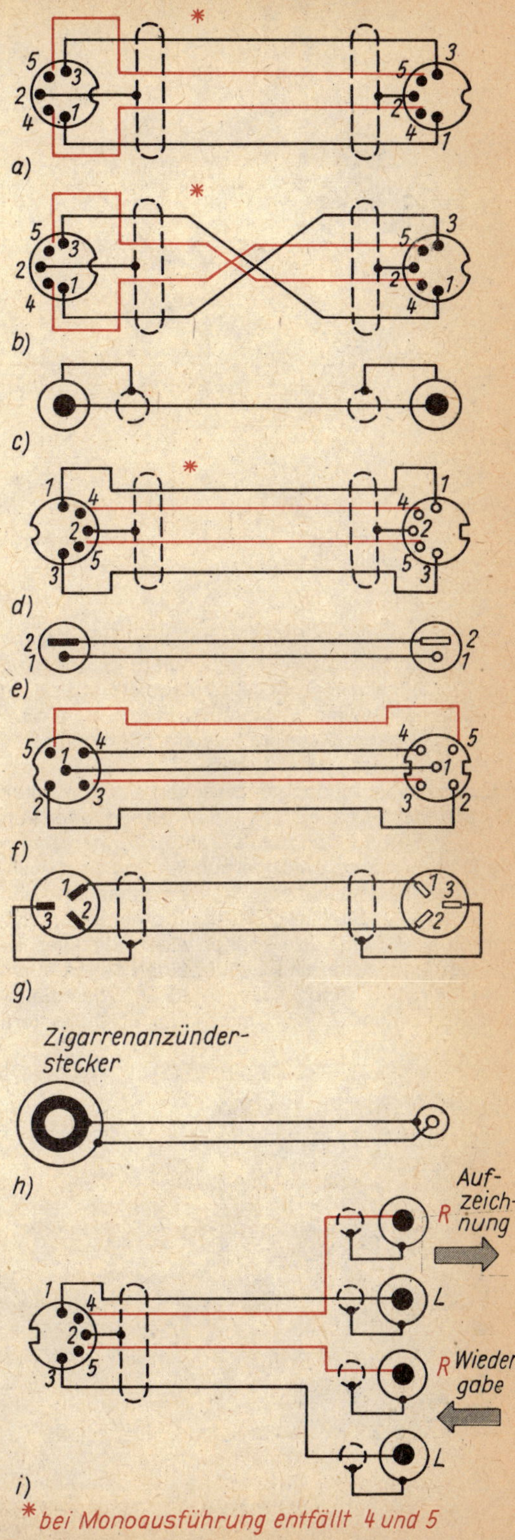

Anschluß- und Verlängerungs*leitungen*: a) Diodenkabel, b) Überspielkabel, c) Verbindungsleitung mit Cinch- und BNC-Steckern, d) Verlängerung für alle Leitungen mit Diodenstecker, auch als Anschlußleitung für Mikrofone mit Diodenstecker, e) Lautsprecher-Verlängerungsleitung, f) Kopfhörer-Verlängerungsleitung, g) Mikrofon-Anschluß- oder Verlängerungsleitung, h) DC-Adapter zum Anschluß von Batteriegeräten an das Kfz-Bordnetz, i) Adapteranschlußleitung (Übergang Cinch–Diodenstecker)

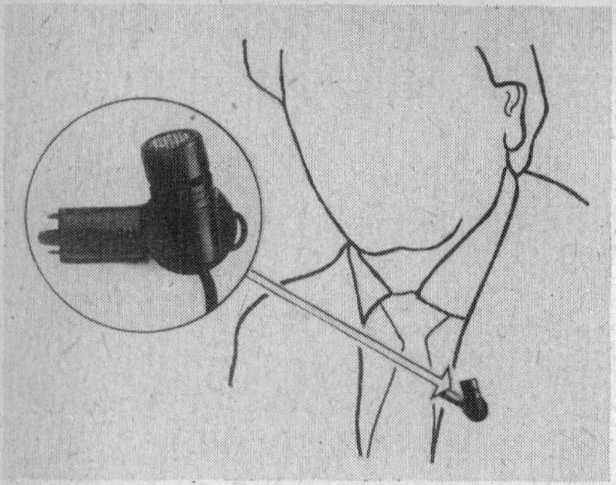

Ein *Ansteckmikrofon* mit Richtwirkung verhindert akustische Rückkopplung

500 Hz. Das *Super-ANRS* stellt eine Erweiterung dar: Durch zusätzliche Kompandierung höherfrequenter Signalteile großer Amplitude ergibt sich ein zusätzlicher Gewinn an Störabstand von ca. 6 dB.

Anschlußleitung: Kabel mit einem oder mehreren Steckverbindern, um lösbare Ton-, Bild- oder Steuersignalverbindungen zwischen elektronischen Geräten herzustellen, bzw. um Antennen- oder Versorgungsspannungen zuzuführen. A. können einseitig fest mit einem Gerät verbunden und an der anderen Seite mit einem Stecker versehen sein (Mikrofon-A., Lautsprecher-A., Kopfhörer-A., Plattenspieler-A.), oder sie können einen Steckverbinder auf jeder Seite haben. Auf beiden Seiten einen Stecker haben *Diodenkabel* (Abb. a), *Überspielkabel* (Abb. b) und A. mit Cinch- oder BNC-Steckern (Abb. c). Mit Stecker und Kupplungssteckdose sind alle → *Verlängerungsleitungen* (Abb. d–f), *Mikrofon-A.* für Mikrofone mit Einbaustecker (Abb. g) und *Gleichspannungs-A. (DC-.Adapter,* Abb. h) ausgerüstet. Bei *Adapter-A.* mit Übergang auf verschiedene Typen von Steckverbindern können auch mehr als 2 Steckverbinder angeschlossen sein (Beispiel: Abb. i). Abb. S. 31

Ansteckmikrofon: Mikrofon, das mit einer Klemmvorrichtung an der Kleidung von Personen (auch an Musikinstrumenten, s. Abb. → Elektretmikrofon) befestigt wird. A. arbeiten häufig als → drahtlose Mikrofone und sind wegen ihrer kleinen Abmessungen sehr unauffällig, für Gesangsübertragung jedoch nur bedingt geeignet. A. mit Richtwirkung, deren Herstellung erst in den letzten Jahren gelungen ist, sind besonders unempfindlich gegen → akustische Rückkopplung. Abb.

Anstellkombination, auch *Komponentensystem:* elektronische Heimanlage, die aus Einzelgeräten (Komponenten) mit aufeinander abgestimmtem Design und zusammenpassenden elektrischen Anschlußwerten besteht. Eine A. läßt sich schrittweise komplettieren und durch Geräte neuer Technik kostengünstig ergänzen oder modernisieren. Eine Reparatur kann am Einzelgerät erfolgen; es bleibt ggf. ein Teil der Anlage funktionstüchtig. Abb.

Antenne: → Empfangsantenne

Antennenanlage, Empfangssantennenanlage: Gesamtheit der Montageeinrichtungen, der Antennen einschließlich des Zubehörs und der meist erforderlichen Sicherheitseinrichtungen, um elektromagnetische Wellen empfangen und als Antennensignal einem oder mehreren Empfängereingängen zuleiten zu können. Die A. besteht aus dem → Antennentragwerk, einer oder mehreren → Empfangsantennen, der → Antennenzuleitung, der → Erdungsanlage und dem elektronischen Zubehör (→ Antennenverstärkern mit zugehörigem Netzteil, → Antennenweichen, → Antennenverteilern u. a.). Bei einer

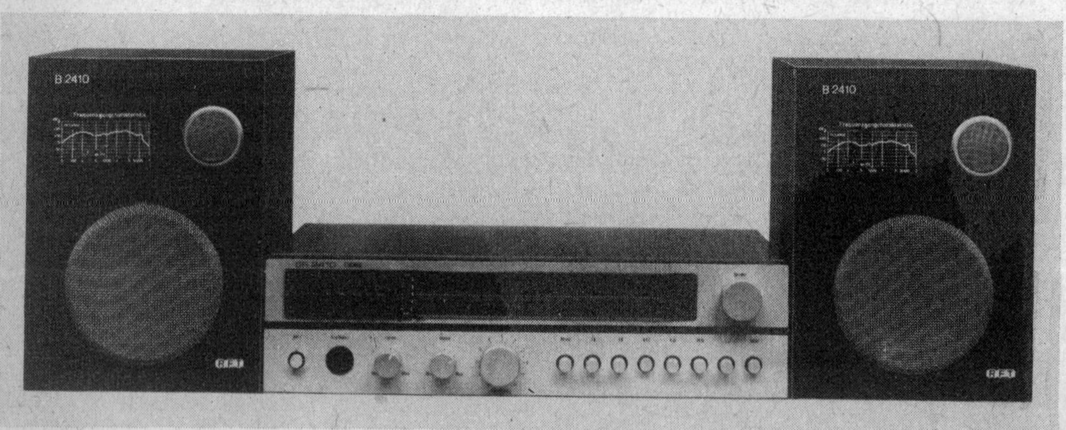

Anstellkombination (1), bestehend aus Tuner, NF-Verstärker und Boxen

Anstellkombination (2): der Gedanke der „Komponentenanlage" bestand schon 1923! Telefunken-Empfangsteil und -Verstärker im Baukastenprinzip

A. unterscheidet man *Einzel-A.* zum Anschluß nur eines Rundfunkteilnehmers und → *Gemeinschaftsantennenanlagen* (Abk. *GAA*) zur Versorgung mehrerer Rundfunkteilnehmer. Zum Fernempfang sind i. allg. Antennen außerhalb des Gebäudes erforderlich, wegen der geringen Feldverzerrungen oberhalb des höchstens Punkts des Dachs. Größere Antennenhöhe verbessert meistens den Empfang, vor allem bei VHF und UHF. Antennen unterhalb der Dachhaut erzeugen immer geringere Antennenleistung, es entstehen außerdem mehr Reflexionen; bei Schneebelag oder Nässe hat man mit einer Verschlechterung der Empfangsbedingungen zu rechnen. Meist werden mehrere Empfangsantennen für unterschiedliche Bereiche oder Empfangsrichtungen am gleichen Antennenmast montiert. Dann ist auf ausreichenden Abstanden der Empfangsantennen untereinander zu achten. Als Richtwert gilt ein Abstand von mindestens einer halben Wellenlänge des jeweils niedrigeren Frequenzbereichs; das entspricht der Dipollänge der größeren von beiden übereinander montierten Antennen. Wegen der örtlich meist unregelmäßigen Feldstärkeverteilung, vor allem im Nahbereich eines Senders, bei geringem Abstand vom Erdboden oder von Gebäudeteilen (besonders im oberen UHF-Bereich) ist vor der endgültigen Montage der Empfangsantennen ein Ort mit stabiler und großer Empfangsfeldstärke und mit geringen Reflexionen zu suchen. Bei der Montage am Mast muß die auf die Antennen wirkende

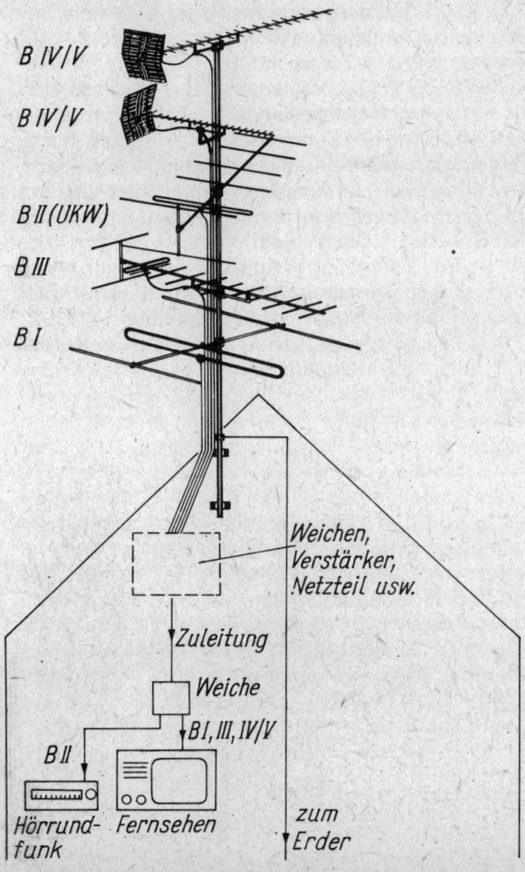

Antennenanlage für Hör- und Fernsehrundfunkempfang Bereich I...IV/V

Windlast berücksichtigt werden. Daher werden die größeren Antennen (VHF, Bereich I) unten, die kleinsten (UHF, Bereich IV/V) ganz oben am Mast installiert. Der Antennenmast darf nicht an Schornsteinen oder Lüftungseinrichtungen befestigt werden, er darf die freie Begehung des Dachs (z. B. durch den Schornsteinfeger) nicht behindern. Die Antennen müssen genügenden Abstand von Starkstromleitungen und anderen Freileitungen haben und dürfen diese auch bei Abknickung einzelner Elemente nicht berühren. Auf weichgedeckten Dächern, z. B. Schilfdeckungen, dürfen keine A. errichtet werden; es ist dann ein neben dem Gebäude aufgestellter Mast erforderlich. Das ist auch bei ungünstiger Empfangslage in gebirgiger Gegend sinnvoll. Der Mast kann den Empfang bei UHF-Antennen stören, wenn er zwischen den Elementen der Antenne hindurchgeht. Solche Antennen werden darum hinter der Reflektorwand befestigt, sehr lange UHF-Antennen auch an der Mastspitze. Vertikal polarisierte Antennen können seitlich vom Mast an einem Querträger montiert werden. In gebirgiger Gegend kann die elektromagnetische Strahlung durch Beugung auch schräg einfallen, daher lassen sich die Antennen unter einem bestimmten Winkel gegenüber der Horizontalen neigen. Abb.

Hinweis: Bei der Errichtung von A. sind umfangreiche sicherheitstechnische Bestimmungen zu beachten, die sich auf die Standfestigkeit der Antennentragwerke, auf den Blitzschutz und den Schutz gegenüber Starkstrom- und Fernmeldeleitungen beziehen. Daher sollten A. nur vom Fachmann installiert werden, der auch über geeignete Geräte zur Bestimmung des günstigsten Antennenstandorts und über Erfahrungen zur Auswahl der geeigneten Antennen unter den Bedingungen des Empfangsorts verfügt.

Antennenanpassung: Anschluß einer UKW- oder Fernsehantenne über die → Antennenzuleitung an den Empfängereingang unter Beachtung der Widerstandsverhältnisse (→ Wellenwiderstand) und der Symmetriebedingungen. Bei falscher A. am Anfang oder Ende der Antennenzuleitung können sich Reflexionen oder Energieverluste ergeben, die z. B. zu Mehrfachkonturen, plastisch wirkenden vertikalen Bildkanten und zu Farbverfälschungen auf dem Bildschirm führen können oder zu verstärktem Rauschen bei Ton und Bild. Weil Empfangsantennen einen Antennenwiderstand von 300 Ω bei symmetrischem Anschluß aufweisen, Antennenzuleitungen und Empfängereingänge aber sowohl symmetrisch (300 Ω), als auch unsymmetrisch (75 Ω) ausgelegt sein können, werden zur A. → Symmetrierglieder verwendet, die auch die richtige Widerstandsanpassung sichern. Abb.

Antennengewinn, kurz *Gewinn:* erwünschte Erscheinung, daß die von einer Richtantenne in Hauptempfangsrichtung aufgenommene (und an den Antenneneingang des Empfängers abgebbare) Signalenergie *(Antennenleistung)* um so größer ist, je stärker die Antenne bündelt; Maß für die Emp-

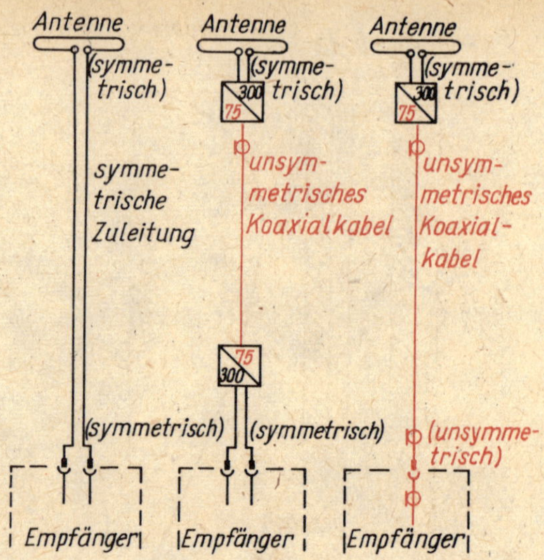

Verschiedene Varianten der *Antennenanpassung* zwischen Antenne, Antennenkabel und Empfängereingang

fangsergebnisse einer Antenne in Hauptempfangsrichtung. Um die A. verschiedener Antennen vergleichbar zu machen, wird die Antennenleistung in Hauptempfangsrichtung auf diejenige eines Halbwellendipols (→ Dipolantenne) oder, hauptsächlich für theoretische Betrachtungen, auf eine nur hypothetisch existierende Antenne ohne Richtwirkung (Kugel- oder Isotropstrahler) bezogen und in Dezibel angegeben. Bei Bezug auf den Halbwellendipol hat dieser selbst den A. „0 dB"; bei stärker bündelnden Empfangsantennen liegt er immer darüber (z. B. hat eine 5-Element-Yagi-Antenne/Bereich II einen A. von ca. 5 ... 7,5 dB, je nach empfangenem UKW-Kanal). Eine Verdopplung des Antennenaufwands, z. B. durch Verdopplung der Zahl der Direktoren, führt theoretisch zu einer Verdopplung der Antennenleistung; der A. steigt um 3 dB an. Vervierfachung der räumlichen Ausdehnung einer Antenne vergrößert den A. bereits um ca. 6 dB. Bei Bezug auf den theoretischen Kugelstrahler liegt der A. einer Empfangsantenne um 2,15 dB höher als bei Bezug auf den Halbwellendipol. Der sogenannte *Spannungsgewinn* einer Empfangsantenne ist keine exakte Meß- und Vergleichsgröße, da er einen genau definierbaren Antennenwiderstand voraussetzt, der i. allg. nicht gegeben ist. → Strahlungsdiagramm, → Gütefaktor, → Systemgüte (Abb.)

Antennenkabel: → Antennenzuleitung, → Koaxialkabel, → Flachbandkabel

Antennenleistung: → Antennengewinn

Antennenmast: → Antennentragwerk

Antennenrotor, Antennendreheinrichtung, auch *„Motorantenne":* vorwiegend über eine Kabelfernbedienung gesteuerte Einrichtung zum Drehen der Empfangsantenne. A. sind günstig mit Antennen

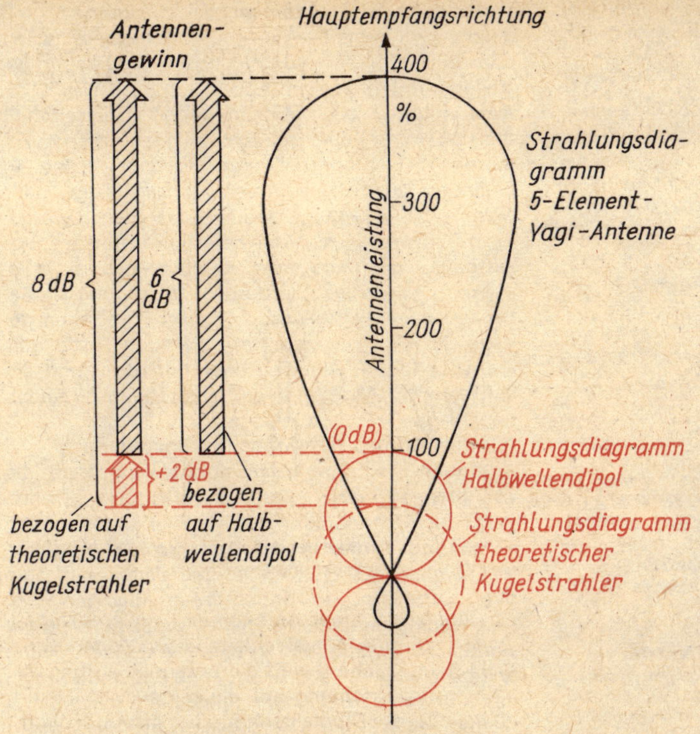

Antennengewinn (1) am Beispiel einer 5-Element-Yagi-Antenne, ermittelt aus dem Strahlungsdiagramm

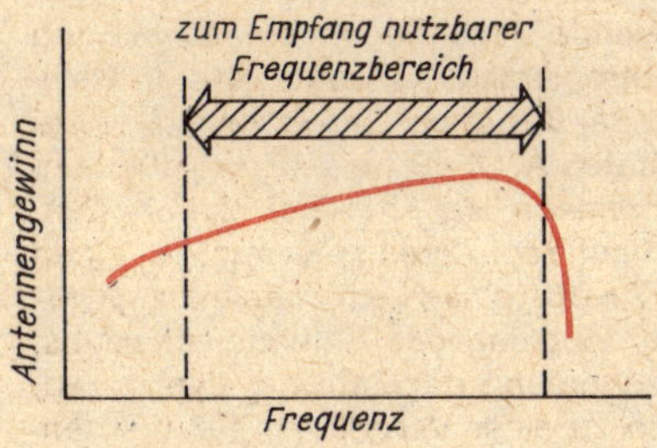

Antennengewinn (2):
typischer Verlauf in Abhängigkeit von der Frequenz der auftretenden HF-Strahlung

großer Richtwirkung anzuwenden, wenn mehrere UKW- oder Fernsehsender aus verschiedenen Richtungen zu empfangen sind. Sie sind auch dann von Vorteil, wenn bei Sendern im Nahbereich starke Reflexionen auftreten. Auf dem Fernbedienungsteil des A. wird i. allg. die Antennenrichtung, z. B. mit einem Zeiger, über einer Kompaßrose angezeigt. Auch Geräte mit Vorprogrammierung mehrerer fester Richtungen – z. T. kombiniert mit den Stationstasten am Empfänger – sind üblich.

Hinweis: Die optimale Einstellung der Richtung kann bei Fernsehempfang nach dem geringsten Bildrauschen (wenig „Schnee") in Verbindung mit minimalen Reflexionen (keine Doppelkonturen, keine Geisterbilder) vorgenommen werden, bei UKW-Empfang auf geringste Gleich- und Nachbarkanalstörungen (kein „Gurgeln", „Zwitschern" und „Brodeln", besonders bei Stereoempfang).

Antennensperrkreis: in eine Antennenzuleitung geschalteter Parallelschwingkreis, dessen Resonanzfrequenz auf die Frequenz eines besonders stark einfallenden, und damit → Kreuzmodulation erzeugenden Ortssenders abgestimmt ist und somit diese Frequenz schwächt oder unterdrückt. → Schwingkreis

Antennensteckverbinder: Kontaktbauelement für lösbare Verbindung in Antennenanlagen. A. werden zwischen Antennenzuleitung und Empfängereingang sowie zwischen dem Antennenzubehör (Antennenverstärker, -weichen, -verteiler u. a.) und den Antennenkabeln verwendet. Früher waren für Hörrundfunk- und Fernsehantennen die A. nach Abb. a üblich. Seit Ende der 60er Jahre werden für die Antenneneingänge an den Empfängern verwechslungssichere Steckverbinder nach IEC 169-3, getrennt für UKW- und LMK-Antennen (Hörrundfunk) und für VHF- und UHF-Antennen (Fernsehen) verwendet (Abb. b ... e). In modernen Antennenanlagen, einschließlich dem Verteilernetz, und bei neueren Empfängern werden *Koaxial-Steckverbinder* nach IEC 169-2 eingesetzt (Abb. f). Für Kfz-Antennen und -empfänger werden gesonderte A. nach Abb. g verwendet. Die wichtigsten Bauformen für A. sind *Einbausteckdose (-buchse)* und *Einbaustekker, gerader Stecker, Winkelstecker* und *Kupp-*

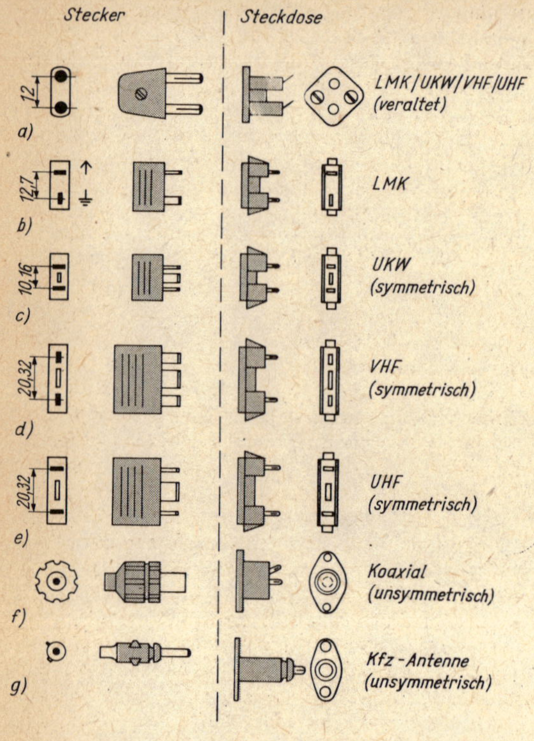

Antennensteckverbinder: a) für beliebige Rundfunkantennen (veraltet), b...e) symmetrische Steckverbinder nach IEC 169–3, f) unsymmetrischer Koaxialsteckverbinder nach IEC 169–2, g) unsymmetrischer Steckverbinder für Kfz-Antennen

lungssteckdose. Antennenstecker können mit einem → Symmetrierglied oder mit einem festen oder einstellbaren → Dämpfungsglied (Dämpfungssteller) kombiniert sein. Abb.

Antennentragwerk, Antennenträger: Gesamtheit der tragenden und stützenden mechanischen Teile, auf denen Empfangsantennen montiert werden. A. bestehen aus einem *Antennenmast (Trag- oder Standrohr)*, eventuell daran befestigten *Querträgern (Traversen)*, der *Mastbefestigung* und z.T. aus *Abspannungen (Pardunen)*. Für die mechanische Festigkeit des Mastes und dessen Befestigung an Gebäuden oder Aufstellung im Gelände bestehen genaue Sicherheitsvorschriften, die auch Festigkeitseinbußen durch Alterung oder Korrosion und die auftretenden Windlasten berücksichtigen. → Antennenanlage, → Erdungsanlage

Antennentrimmer: → Kraftfahrzeugantenne

Antennenverstärker: elektronische Baugruppe, die vor allem für eine möglichst verlustlose Übertragung der Antennenenergie zum Empfängereingang sorgen soll. A. dienen also vorrangig zum Ausgleich von Dämpfungsverlusten in den Antennenkabeln oder -verteilern. Sie können bei ungünstigen Empfangsbedingungen keine Hochleistungsantenne mit starker Bündelung und großem Antennengewinn ersetzen, weil Reflexionsstörungen und andere, von der Antenne aufgefangene Störsignale mitverstärkt werden. A. werden unterschieden in *Kanalverstär-*

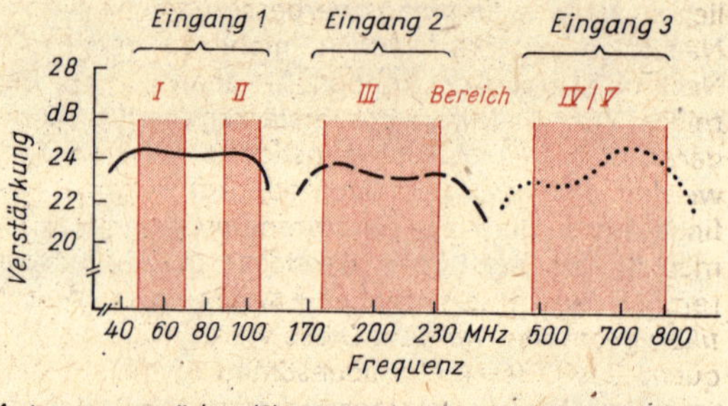

Antennenverstärker (2): Verstärkung in Abhängigkeit von der Empfangsfrequenz bei einem Mehrbereichsverstärker mit 3 Eingängen

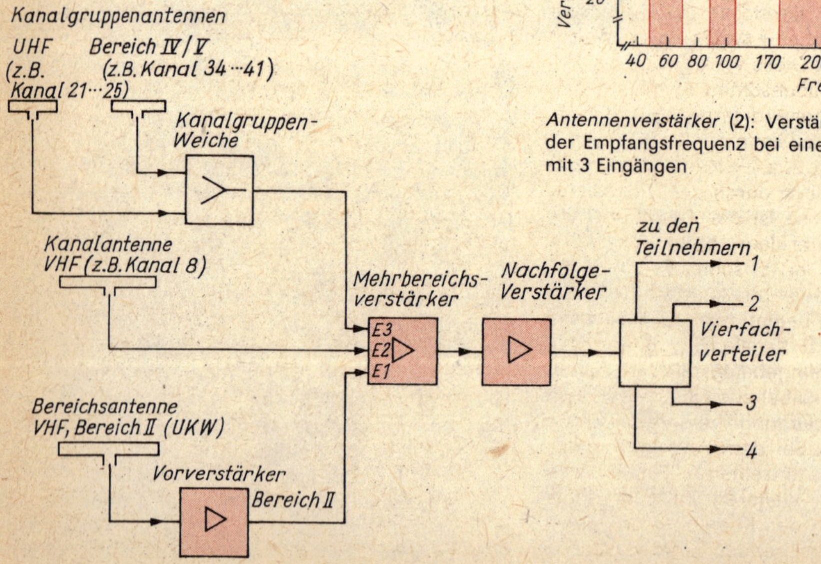

Antennenverstärker (1) in einer Anlage für 4 Teilnehmer (Beispiel)

ker für nur einen Fernsehkanal, *Bereichsverstärker* für jeweils einen VHF- oder UHF-Bereich oder günstigenfalls 2 nebeneinanderliegende Bereiche (z. B. Bereich I/II, III oder IV/V) und *Mehrbereichsverstärker (Breitband-A.)* für alle VHF- und UHF-Bereiche (UKW- und Fernsehempfang). Mehrbereichsverstärker haben mehrere getrennte Antenneneingänge für die verschiedenen Bereiche. Bereichs- oder Mehrbereichsverstärker werden angewendet, wenn an einem Empfangsort für alle interessierenden Sendestationen ungünstige Empfangsbedingungen bestehen oder wenn lange Antennenkabel zum Empfänger verlegt sind. *Antennen-Vorverstärker,* die meist für einen Fernsehkanal oder einen Bereich gebaut werden, dienen dazu, besonders schwache Antennensignale in diesem Kanal oder Bereich den Pegeln der anderen Antennen in der Anlage anzugleichen, bevor sie mit diesen auf einem gemeinsamen Antennenkabel zusammengefaßt werden. Vorverstärker müssen besonders geringes Eigenrauschen haben; sie werden direkt an der Antenne montiert. Damit wird der Störabstand im Antennensignal nicht verschlechtert und eventuelle Störeinstrahlungen auf das nachfolgende Antennenkabel wirken sich weniger stark aus. Zur Erhöhung der Teilnehmerzahl in Gemeinschaftsantennenanlagen oder bei sehr langen und verzweigten Teilnehmernetzen kann man hinter einem Mehrbereichsverstärker noch einen *Nachfolgeverstärker* montieren. In Anlagen, in denen diese Bedingungen nicht vorliegen, ist eine Empfangssverbesserung mit einem Nachfolgeverstärker jedoch nicht zu erwarten. Nachfolgeverstärker können – ebenso wie Bereichs- oder Mehrbereichsverstärker – auch an anderer, montagetechnisch günstiger Stelle installiert werden, z. B unter dem Dach oder im Hausflur. Befindet sich in der Nähe ein störender Ortssender, so müssen vor den Vor-, Bereichs- oder Mehrbereichsverstärker zusätzliche → *Kanalsperren (Sperrfilter)* geschaltet werden. Diese werden auf die Frequenz des Ortssenders abgestimmt und halten sie vom Verstärker weitestgehend fern. Wird ein solcher Einbau unterlassen, so kann der A. übersteuert werden, und es entsteht u. a. → Kreuzmodulation. Ist ein Vorverstärker jedoch durch den Ortssender noch nicht übersteuert, so ist die Zwischenschaltung der Kanalsperre hinter dem Vorverstärker günstiger. Dann wird das erwünschte Sendersignal nämlich nicht unnötig gedämpft. Auch starke UKW-Sender können einen A. beeinflussen. Dann entstehen besonders in den VHF-Kanälen 5 ... 8 Moiréstörungen. A. können ein eingebautes Netzteil haben oder über das Antennenkabel aus einem separaten Netzteil mit Betriebsspannung versorgt werden (→ Gleichstromweiche). Bei dem Antennensystem eines Herstellers sind die einzelnen A.-Typen untereinander und mit dem weiteren Zubehör abgestimmt. Durch Variation der Komponenten lassen sich optimal an die herrschenden Empfangsbedingungen angepaßte Antennenanlagen zusammenstellen. → Leitungsverstärker (Abb.)

Antennenverteiler: Antennenzubehör zur Aufteilung eines Antennensignals auf mehrere Teilnehmer. A. mit einem Eingang und 2 Ausgängen werden als *Zweifachverteiler,* A. mit 4 Ausgängen als *Vierfachverteiler* bezeichnet. Gegenseitige Beeinflussung der angeschlossenen Teilnehmer wird durch spezielle Schaltungsmaßnahmen vermieden. Beim Zweifachverteiler tritt eine Dämpfung von insgesamt ca. 3,5 ... 4 dB und beim Vierfachverteiler von 7 ... 8 dB ein. Diese setzt sich aus einer Durchgangsdämpfung von 0,5 ... 1 dB (1 ... 2 dB) und einer Verteilerdämpfung von 3 (6) dB zusammen. Normalerweise sind A. in allen VHF- und UHF-Bereichen verwendbar, also für UKW-Rundfunk und Fernsehen. Sie lassen sich zur Zusammenschaltung mehrerer gleicher Antennen auf einen gemeinsamen Anschluß (Gruppenantennen) auch umgekehrt (invers) betreiben. Dabei entsteht eine Gewinnerhöhung um ca. 3 dB bei 2 Antennen, bzw. um 6 dB bei 4 Antennen, abzüglich der Durchgangsdämpfung des A. Sind A. mit einem elektronischen Verstärker kombiniert *(elektronischer A.),* tritt keine Dämpfung auf; ein inverser Betrieb ist aber nicht möglich.

Antennenweiche: Baugruppe einer → Antennenanlage zum Zusammenschalten von Antennen für verschiedene Empfangsfrequenzen auf eine gemeinsame Antennenzuleitung. Durch die A. wird gesichert, daß sich die angeschlossenen Antennen nicht gegenseitig beeinflussen können; die → Antennenanpassung wird nicht gestört. Alle passiven A. lassen sich auch in umgekehrter Richtung (invers) als → Empfängerweiche betreiben. → Gleichstromweiche, → Kanalgruppenweiche, → Kanalselektivweiche

Antennenwiderstand: → Dipolantenne

Antennenzuleitung, auch Antennenableitung: Verbindungsleitung *(Antennenkabel)* zwischen Antennenanschlußklemmen und Antennenbuchse am Empfänger. Für Fernsehantennen wird vorrangig das unsymmetrische → *Koaxialkabel* mit dem Wellenwiderstand von 75 Ω verwendet, für UKW-Antennen meist symmetrische *Schlauchleitung* mit 300 Ω oder – bei geringen Ansprüchen – auch → *Flachbandkabel.* A. sollen möglichst verwitterungsfest sein, es dürfen nur möglichst geringe Energieverluste auftreten, und die Eingenschaften sollen sich auch bei äußerer Feuchtigkeit nicht wesentlich ändern. Man vermeidet bei A. unnötige Längen. Das gilt besonders für A. bei UHF-Antennen, weil die Kabeldämpfung mit wachsender Frequenz ansteigt. Eine A. kann bei einer Antennenanlage mit mehreren Antennen für jede getrennt gelegt werden (veraltet!), oder die Antennensignale werden über → Antennenweichen zusammengefaßt und über eine gemeinsame A. dem Empfänger zugeführt. In einem solchen Fall ist ein → Einbuchsenantenneneingang besonders günstig. Bei getrennten Anten-

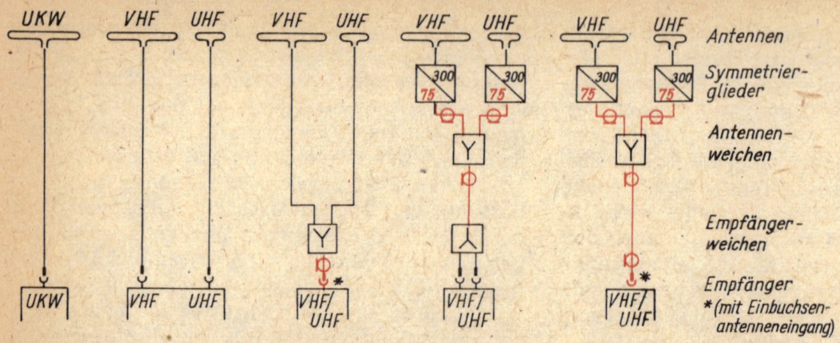

Schaltungsvarianten für *Antennenzuleitungen* (schwarz: symmetrische Abschnitte, rot: unsymmetrische Abschnitte)

nenbuchsen für die Empfangsbereiche VHF und UHF muß eine →Empfängerweiche verwendet werden. Weil heute für A. vorrangig das gegen Störeinstrahlung besonders unempfindliche Koaxialkabel verwendet wird, andererseits alle üblichen VHF- und UHF-Antennen einen symmetrischen Anschluß haben, wird ein Symmetrierglied am Antennenanschluß erforderlich. Die wichtigsten Varianten von A. zeigt die Abbildung. Abb.

Antiope, Abk. für franz. **A**cquisition **N**umérique et **T**élévisualisation d'**I**mages **O**rganisées en **P**ages d'**E**criture (svw. digitale Erzeugung und Bildschirmwiedergabe von Bildern in Form von Schrifttafeln): französisches Textkommunikationssystem, das auf kein spezielles Übertragungsmedium festgelegt ist und in der Systemorganisation stark an die Telegrafietechnik angelehnt ist. Mit Datenworten werden digital verschlüsselt (kodiert) alphanumerische Zeichen und Grafiksymbole übertragen, die dann im Empfangsdekoder (Zeichengenerator) die digitale Erzeugung entsprechender Signale (z. B. Farbwertsignale) bewirken und eine Bildwiedergabe kompletter Texttafeln mit grafischen Elementen ermöglichen. Da es sich um ein zeichenplatzorientiertes, zeilenungebundenes System handelt – zwischen Datenwortübertragung und Darstellung innerhalb der Textreihen besteht keine strenge Bindung – sind viele Format- und Positions-Steuerbefehle (Reihenanfang, Reihenende, Schriftgröße usw.) erforderlich. Andererseits werden dadurch freie Stellen im Text oder einer Grafik nicht durch Leerzeichen übertragen, und die Übertragungszeit einer Seite richtet sich hauptsächlich nach der Zeichendichte und ist kein festes Maß, wie bei zeilengebundenen Sytemen. Bei A. gibt es verschiedene Betriebsarten. *A.-Didon* (Abk. für franz. Diffuseur de donnés par paquetes, svw. Wiedergabe von im Fernsehrundfunk übertragenen Daten) ist die Fernsehrundfunkvariante, also ein Fernsehtextsystem. A.-Titan ist die Bildschirmtextversion. → Telekommunikation, →Fernsehtextsystem, →Bildschirmtext

Anti Rolling System (engl., svw. Anti-Schlinger-Mechanik): in einem Tonbandlaufwerk verwendetes Antriebssystem, das sich durch 2 gegenläufige Schwungmassen auszeichnet. Von außen auf das

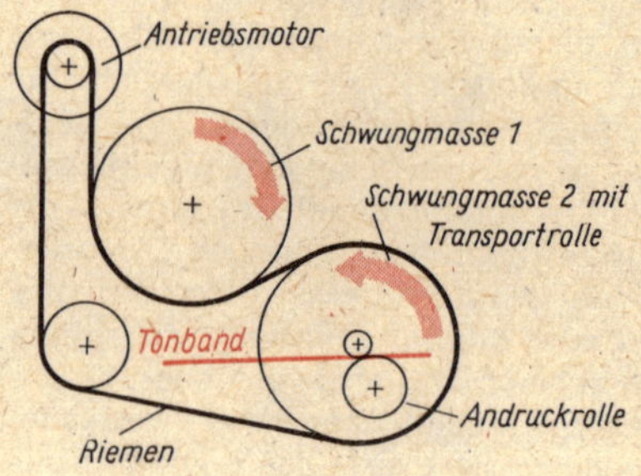

Antriebsprinzip beim *Anti Rolling System (1)*

Gerät einwirkende Bewegungskräfte greifen an beiden Schwungmassen gleichzeitig an und führen zu gegensinnigen Drehzahlveränderungen, die sich insgesamt weitestgehend gegeneinander aufheben. Dadurch entstehen gegenüber herkömmlichen Laufwerken mit nur einer Schwungmasse weitaus geringere Tonhöhenschwankungen, wenn das Gerät bewegt wird. A. werden darum vorrangig in tragbaren oder für den Autobetrieb vorgesehenen Kassettenrecordern eingebaut. Abb.

Antistatictuch: metallisiertes oder mit speziellen Mitteln behandeltes Tuch zum Entfernen von Staub bei Schallplatten und zur Ableitung → elektostatischer Aufladung. Im Laufe der Zeit, bzw. bei einer Wäsche verliert das A. seine Wirkung. →Schallplattenpflege

Antrieb: →Tonbandgeräte-Laufwerk, →Doppelcapstanantrieb, →Capstanantrieb, →Mehrmotorenantrieb, → Schallplattenlaufwerk, → Direktantrieb, →Riemenantrieb, →Reibradantrieb, →Videorecorderlaufwerk, → Kopfradantrieb, → Skalenantrieb, →Tachoregelung

Antriebsaggregat: →Schallplattenlaufwerk, →Kopfradantrieb

Antriebsmotor: Elektromotor, der das Magnetband bei Aufzeichnung und Wiedergabe (engl. *Capstan Motor*), bzw. bei Schallplattenlaufwerken den Plattenteller antreibt. Bei Tonbandgeräten ist an Stelle von A. die Bezeichnung *Tonmotor* gebräuchlicher. Z. T. werden *Wechselstrom-Synchronmotoren* ver-

Laufwerk mit *Anti Rolling System (2)* in schematischer Schnittdarstellung

wendet, die drehzahlstarr mit der Netzfrequenz laufen oder *Asynchronmotoren,* die gegenüber der Netzfrequenz einen belastungsabhängigen Schlupf bis zu ca. 5 % aufweisen. *Kollektor-Gleichstrommotoren* werden mit einem Fliehkraftregler oder einer elektronischen Steuerung gebaut, die ihre Drehzahl weitestgehend unabhängig von Belastung und Betriebsspannungsänderung halten. In hochwertigen Geräten – vorwiegend bei →Direktantrieben – sind auch *kollektor-* und *bürstenlose Gleichstrommotoren* mit ringförmigem permanentmagnetischen Rotor und elektronisch gesteuerter Statorwicklung zu finden. Die Zuordnung der wechselnden Ströme durch die Statorwicklung wird dabei z. B. von →Hall-Elementen gesteuert, die am Stator angeordnet sind und die Ist-Drehzahl des A. kontrollieren *(elektronische Kommutierung).* Die Drehzahl kann quarzgenau geregelt werden (→ Tachoregelung). → Motorregelschaltung

Antriebs- und Regelsystem: → Servosystem

Anzeigebauelement: Bauelement zur optischen Information, d. h. visuellen Signalisation über bestimmte Betriebszustände und Funktionen von elektrischen Schaltungen und Geräten. A. sind hauptsächlich *Signallampen, Leuchtdioden (→ Lumineszenzdiode), Flüssigkristallelemente, leuchtende Tasten.* Mit A. werden auch ganze Anzeigeanordnungen *(→ Display)* aufgebaut.

AOW-Filter: → akustisches Oberflächenwellenfilter

Apertur: Bezeichnung für den Öffnungswinkel des von der Blende freigelassenen Linsenbereichs eines Objektivs. Der Öffnungswinkel wird von den Randstrahlen des durchtretenden Lichtbündels gebildet, wobei der Scheitelpunkt der abzubildende Gegenstand ist.

Aperturkorrektur: elektrische Signalkorrektur in Bildaufnahmegeräten zur Verbesserung der Bildschärfe. Die A. gleicht die im Videosignal von Bildwandlern (z. B. infolge unzureichender elektronenoptischer Schärfe von Bildaufnahmeröhren) mit steigender Signalfrequenz auftretende Verminderung der → Modulationstiefe aus. Die Abbildung zeigt das Prinzip der A. Aus dem Eingangssignal (u_e) wird ein Korrektursignal (u_k) erzeugt, das, mit dem

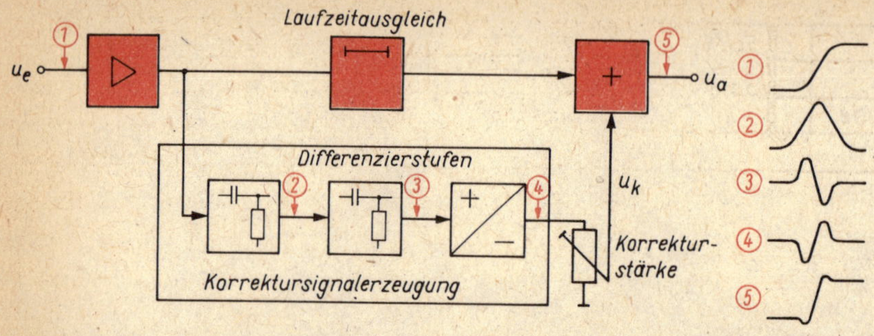

Aperturkorrektur mit Differenzierentzerrer

ursprünglichen (verzögerten) Videosignal gemischt, das Ausgangssignal (u_a) ergibt. Für die Korrektursignalerzeugung werden unterschiedliche Schaltungsvarianten (Differenzierentzerrer, Cosinusentzerrer) angewendet. Das Korrektursignal hat stets eine solche Form, daß eine Versteilerung der Videosignalsprünge (Verminderung der Anstiegszeit) von Schwarz-Weiß-Sprüngen auftritt. Das ist gleichbedeutend mit einer Verstärkungszunahme bei steigender Signalfrequenz, wobei die Phasenbeziehungen der einzelnen Schwingungen im Signal zueinander unverändert bleiben. Abb.

APF, Abk. für **A**utomatische **P**rogramm- **F**indung: in Videorecordern vorhandene Einrichtung, die zum Markieren und zur automatischen Bandstellenauffindung von Stückanfang und Stückende dient. → Bandstellenfindung, automatische

APLD, Abk. für engl. **A**uto **P**rogram **L**ocate **D**evice (svw. Programmsuchautomatik): Einrichtung bei Kassettenrecordern, mit deren Hilfe Leerstellen zwischen den einzelnen Titeln aus schnellem Vor- oder Rücklauf aufgefunden werden. Durch Überspringen mehrerer Leerstellen ist das automatische Auffinden bis zu 20 beliebiger Titel auf dem Band möglich. Die Auswahl erfolgt durch einfaches Drücken von Tasten, wobei die Tastennummer der Anzahl der zu überspringenden Titel entspricht. APLD ist auch bei Automatik-Plattenspielern anwendbar. → Bandstellenfindung, automatische

APM, Abk. für engl. **A**ccurate **P**istonic **M**otion (Präzisions-Kolbenbewegung): → Wabenscheiben-Flachmembran

APMS, Abk. für engl. **A**uto **P**rogrammable **M**usic **S**elector: automatisches, programmierbares Titelsuchsystem für Automatikplattenspieler und Tonbandgeräte, das eine Wiedergabe der gespeicherten Titel in beliebiger Reihenfolge erlaubt. → Bandstellenfindung, automatische

APS, Abk. für **A**utomatisches **P**rogramm-**S**uchsystem: bei Videorecordern angewendetes System zur wahlweisen Wiedergabe bestimmter Programmstücke, die im Gegensatz zum → APSS durch eine elektronische Markierung auf dem Videoband jeweils am Stückanfang gekennzeichnet sind. → Bandstellenfindung, automatische

APSS, Abk. für engl. **A**utomatic **P**rogram **S**earch **S**ystem (automatisches Programmsuchsystem): bei Kassettenrecordern angewendetes System, vorwiegend zur Wiederholung oder zum Überspringen von aufgezeichneten Titeln. Das eingeschaltete APSS wirkt bei schnellem Vor- und Rücklauf. Das Signal wird vom Wiedergabekopf abgetastet. Bleibt es zwischen 2 Titeln aus, so löst ein Zugmagnet automatisch die gedrückte APSS-Taste oder Umspultaste mit APSS-Funktion, und das Umspulen wird sofort unterbrochen. Das Band läuft in Wiedergabe weiter oder bleibt bei zusätzlich gedrückter Pausentaste stehen.

Hinweis: Eine einwandfreie Funktion von APSS erfordert Signallücken von ca. 3 s zwischen 2 Titeln, die bereits bei der Aufzeichnung geschaffen werden müssen (→ Muting-Schaltung 4). Bei Sprachaufzeichnungen ist APSS wenig geeignet, weil es funktionsbedingt auch auf kurze Sprechpausen reagieren kann. APSS läßt sich bei einer stückweisen Mitzeichnung von Rundfunkprogrammen vorteilhaft verwenden: Nach Unterbrechung der Aufzeichnung während eines unerwünschten Titels wird das Band mit APSS (im Rücklauf) präzise zum Aufzeichnungsanfang zurückgeführt.

Arbeitspunkt, Abk. **AP:** Punkt auf der → Kennlinie eines Bauelements oder Systems zur Einstellung der optimalen Betriebsbedingungen. Der AP wird i. allg. durch eine entsprechende Wahl der Hilfsgleichspannungen festgelegt, bei Magnettonbändern durch die Größe des → Vormagnetisierungsstroms. Schaltungstechnische Maßnahmen, um den AP auch bei wechselnden Betriebsbedingungen (z. B. Schwankung der Magnetbandqualität) automatisch an die günstigste Stelle der Kennlinie zu rücken, nennt man *AP-Optimierung.* Vorkehrungen, die den AP bei schwankenden Umwelteinflüssen (Temperatur, Betriebsspannung u. a.) an der gewählten Stelle festhalten, heißen *AP-Stabilisierung.*

Arbeitspunktoptimierung, automatische: → ATRS

Arbeitsspalt: → Magnettonkopf, → Löschkopf, → Videokopf, → Spaltversatz, → Kopfabschliff

ARC, Abk. für engl. **A**utomatic **R**eception **C**ontrol (automatische Empfangssteuerung): → Mono/Stereo-Umschaltung, automatische

Archivierung: sachgemäße Lagerung von Schallplatten, Magnetbändern auf Spulen und Magnetbandkassetten, um Qualitätsminderung zu vermeiden, sowie das übersichtliche Katalogisieren, um eine ständige Übersicht über die vorhandenen Ton-

026	Kassette	×	Seite: A	Mono:		4,76	×	Kompander:
	Band		Spur: %	Stereo:	×	9,35		Dolby B
	Schallplatte			Kunstkopf		19,05		

Nr.	Titel / Interpret	Dauer	Adresse	Datum
1.	Ouvertüre zu Rusalka Staatskapelle Dresden	3' 30"	0	12. 8. 82
2.	Aus: Die verkaufte Braut, Arie der Marie „Gern ja will ich dir vertrauen"/ Sonja Schöner (Sopran)			16. 9. 82
⋮	⋮	⋮	⋮	⋮

a)

A	Interpret: Gruppe ABBA	Zusätzliche Information:

Titel	Tonträger	Seite / Spur	Adresse / Titel-Nr.	Bandgeschw. Drehzahl	Dauer	Jahr
Arrival	T62	B	5	33 U/min	3' 00"	1982
Dancing Queen	T34	1	336	4,76	3' 50"	1981
Dum Dum Diddle	T29	2/4,2	683	19,05	2' 53"	1981
Take a Chance on Me	T66	A	2	33 U/min	4' 05"	1978
The Winner Takes it All	T64	A	1	45 U/min	4' 56"	1982
⋮	⋮	⋮	⋮	⋮	⋮	⋮

b)

Archivierung: Katalogisieren von Tonträgern a) Tonträger-Karteiblatt, b) Interpreten-Karteiblatt und Bildaufzeichnungen zu gewährleisten und die Zugriffzeit klein zu halten. *a) Lagerung:* Bei allen Informationsträgern ist der Staubschutz ein vorrangiges Erfordernis. Daher sind Schallplatten immer in ihren Hüllen, Kassetten in ihren Schachteln und Spulenbänder in ihren Bandkartons, eventuell zusätzlich in einem Folienbeutel verpackt, unterzubringen. Sie sind außerdem möglichst in einem geschlossenen Fach zu lagern. Das trifft besonders für Videobänder zu. Die günstigste Lagertemperatur liegt für alle Informationsträger bei etwa 18 ... 20 °C, die mittlere Luftfeuchte soll ca. 40 ... 60 % betragen. Da moderne Schallplatten aus einem Kunststoff bestehen, der bei Temperaturen über 30 °C plastisch verformbar ist, können sie bei unsachgemäßer Lagerung und höheren Temperaturen wellig werden. Beim Abspielen entsteht dann Höhenschlag (→ Schallplattenpflege, → Nadelspringen). Diese Welligkeit kann auch bei normalen Lagertemperaturen auftreten, wenn die Schallplatten unvorteilhaft untergebracht sind. Schallplatten gleichen Durchmessers sollen daher entweder in Stapeln bis zu 20 Stück auf völlig ebener Unterlage waagerecht liegen, wobei die Öffnungen der Hüllen nach jeweils 5 Platten um 90° zu drehen sind. Besser ist eine senkrechte Unterbringung in geeignet abgeteilten Fächern mit Blöcken von etwa 15 Platten, wobei einzelne Platten eine maximale Schräglage von 10 ... 15° einnehmen dürfen. Diese A. ermöglicht auch den besten Zugriff zu einer bestimmten Schallplatte. Schallplattentaschen, -alben, -kassetten u. ä. sollten nur dann für eine ständige Unterbringung verwendet werden, wenn sie eine absolut plane waagerechte oder senkrechte Lage der Platten garantieren. Magnetbänder auf Spulen werden am besten senkrecht gelagert, Kassetten auch in geeigneten Schatullen, drehbaren Kassettenständern, Tragekoffern usw. Obwohl die heute verwendeten Magnetbänder aus Polyester weit weniger wärmeempfindlich sind, als die bis in die 60er Jahre hinein hergestellten Bänder auf der Basis von Azetylzellulose, kann doch – besonders bei ungleichmäßigen Bandwickeln – Kantenwelligkeit entstehen, oder es kann zu einer Begünstigung des → Kopiereffekts kommen, selbst wenn die Bänder nur kurzzeitig höheren Temperaturen ausgesetzt werden. Bespielte Bänder dürfen außerdem nicht in unmittelbarer Nähe von magnetischen Gleich- oder Wechselfeldern gelagert werden (z. B. in der Nähe von Fernsehgerät oder Lautsprecherbox). Es kann sonst zu einer teilweisen Löschung kommen, oder die hohen Frequenzen der Aufzeichnung werden beeinflußt. Rauschen oder Pegelschwankungen bei der Wiedergabe treten auf; Tonaufnahmen sind ohne Brillanz und klingen stumpf. Videobänder liefern flaue, verrauschte Bilder, im Extremfall entstehen Synchronisationsfehler und Bildausfälle. *b) Katalogisierung:* Die Titelfolge auf Schallplatten und industriell bespielten Bändern liegt fest und ist nicht zu beeinflussen. Bei Eigenaufzeichnungen auf Tonbändern für Privatgebrauch ist eine Mischung von Titeln unterschiedlicher Interpreten und musikalischer Stilrichtungen, wie sie normalerweise bei der Tonmitzeichnung vom Rundfunk auch entsteht, einer Sortierung nach gleichem Interpreten oder einheitlicher Stilrichtung meist vorzuziehen. Letzteres wirkt auf Dauer eintönig und bereitet außerdem viel Arbeit beim Umsortieren durch → Umzeichnen oder → Cuttern. Bei Spulentonbändern sollte auf jedem Band mit einheitlicher Bandgeschwindigkeit, auf Vierspurgeräten außerdem mit einheitlicher Spurlage gearbeitet werden (keine gemischten Zweispur-Stereo- und Vierspur-Monoaufzeichnungen). Zur Katalogisierung der Titel sind entweder Karteikarten A 5 oder eine Klemmappe mit herausnehmbaren Blättern günstig. Während die meisten Amateure eine *Titelkartei* bevorzugen – jedes Karteiblatt trägt dabei die Kennzeichnung des zugehörigen Informationsträgers (Abb. a) –, kann es für Diskobetrieb, Bildvertonung oder für Sammler bestimmter Interpreten, Gruppen, Komponisten oder Musikstilrichtungen vorteilhaft sein, eine Zusatzkartei nach dieser Sortierung anzulegen (Abb. b). Auf solchen Karteien werden Titel zusammengefaßt, die sich auf verschiedenen Informationsträgern befinden können. Hinter dem jeweiligen Titel können je nach Charakter der Kartei noch zusätzliche Angaben zur Laufdauer des Titels, zu Seite, Spur, Bandgeschwindigkeit oder Drehzahl, zum Aufnahmedatum u. ä. gemacht werden. In der Spalte *Adresse* wird die Ziffernfolge des Bandzählwerks am Titelanfang, bezogen auf Zählernull am Bandanfang eingetragen. Während bei unsortierten Sammlungen fortlaufende Ziffern zur Unterscheidung der Informationsträger genügen, empfiehlt es sich beim Sammeln verschiedener Genres, einen persönlichen Kode aus Buchstaben oder Farben festzulegen und den einzelnen Informationsträgergruppen zuzuordnen (z. B. O: Oper, T: Tanzmusik, M: Musical, H: Hörspiel usw.). Dieser Kode, verbunden mit der fortlaufenden Ziffer in dieser Gruppe wird auf jedem Karteiblatt und zusätzlich auf jedem Informationsträger vermerkt (auf Vorspannband und Bandkarton, auf Kassettenaufkleber und -schachtel, auf der Schallplattentasche). Sinngemäß gilt für Videobänder das gleiche Verfahren. Die Angaben zum Titel, sowie die Vermerke in der Kopfleiste der Karteikarten können nach eigenen Vorstellungen variiert werden. Abb.

Hinweis: Eine Katalogisierung ist nur dann von dauerhaftem Wert, wenn die Sammlung eine größere Zahl von Informationsträgern umfaßt und ständig aktualisiert wird. Neuaufzeichnungen sind sofort in die Kartei zu übertragen, gelöschte Aufnahmen unverzüglich zu streichen.

Arco, Georg Graf von: deutscher Physiker und Pionier der drahtlosen Nachrichtentechnik (30. 8. 1869 – 5. 5. 1940); Assistent von Prof. SLABY. A. baute den ersten, in Nauen stationierten *Hochfrequenz-*

Georg Graf von Arco

Maschinensender für den telegrafischen Überseeverkehr. Nach Beginn des Rundfunks in Deutschland am 29. Oktober 1923 trat A. als engagierter Förderer und technischer Ratgeber bei diesem neuen Medium in Erscheinung. Abb.

ARD: Abk. für **A**rbeitsgemeinschaft der Öffentlich-Rechtlichen **R**undfunkanstalten der Bundesrepublik **D**eutschland, eine durch Staatsvertrag der Länder der BRD gebildete überregionale Organisation der Landesrundfunkanstalten zur Koordinierung von Programmvorhaben, Produktion und Ausstrahlung von Rundfunkprogrammen (darunter das DFS: »Deutsches Fernsehen«, Gemeinschaftsprogramm der neun Landesrundfunkanstalten, auch 1. Programm der BRD). Die ARD ist dezentralisiert strukturiert, d. h., die Landesrundfunkanstalten haben neben der regionalen Fernsehprogrammproduktion und -ausstrahlung (z. B. in den 3. Programmen der BRD) auch die Verantwortung für die Produktion und Übertragung von Fernsehsendungen im Gesamtmaßstab der BRD und über deren Grenzen hinaus. Für die Fernsehprogammübertragung nutzt die ARD technische Einrichtungen der Bundespost.

Ardenne, Manfred von, Prof. Dr. rer. nat. h. c. Dr. med. h. c.: vielseitiger deutscher Wissenschaftler (geb. 20. 1. 1907). A. hat in den 20er und 30er Jahren maßgeblich zur Entwicklung der elektronischen *Fernsehverfahren* beigetragen. Seine bedeutendsten Leistungen auf diesem Gebiet waren: *a)* Entwicklung einer Elektronenstrahlröhre mit erheblichen Verbesserungen gegenüber anderen Formen der Braunschen Röhre durch Einbau einer Lichtsteuerelektrode (Wehnelt-Zylinder) und mit 200fach erhöhter Schirmhelligkeit (1928). Später kamen hierzu erste Formen von Elektronenlinsen (→ Elektronenoptik). *b)* Einsatz der Elektronenstrahlröhre für Bildaufnahme und -wiedergabe. Damit wurde faktisch das erste elektronische Fernsehverfahren entwickelt (1930 Leuchtfleckabtaster, 1931 elektronischer Filmabtaster und elektronische Fernsehbildwiedergabe). *c)* Parallel zu → SCHRÖTER führte A. das Zeilensprungverfahren im Fernsehen ein (22. 12. 1930). *d)* Nutzung des Pockel-Effekts beim Bau eines Projektions-Elektronenstrahlrohrs und Kristall-Lichtrelaisschirms. A. ist Inhaber vieler Patente auf den Gebieten der Physik und Medizin. Das von ihm in den 50er Jahren gegründete und geleitete Forschungsinstitut in Dresden erlangte durch seine Leistungen Weltgeltung.

ARI-System, Abk. für **A**utofahrer-**R**undfunk-**I**nformation: Verkehrswarnfunksystem in der BRD, das UKW-Hörrundfunksender benutzt. Beim A. handelt es sich um → Kennfrequenzfunk. UKW-Sender, die auch Verkehrsdurchsagen übertragen, strahlen ständig einen zusätzlichen Hilfsträger mit der 3fachen Frequenz des Stereo-Pilottons, also mit 57 kHz ab *(Senderkennung).* Während der Dauer einer Verkehrsdurchsage wird dieser Hilfsträger mit einer 125-Hz-Schwingung amplitudenmoduliert *(Durchsagekennung).* Außerdem ist eine Modulation des Hilfsträgers mit 6 verschiedenen Frequenzen zwischen ca. 20 Hz und 60 Hz möglich *(Bereichskennung A … F).* Diese dienen zur Unterscheidung von Sendestationen, deren Verkehrsdurchsagen für 6 regional begrenzte Verkehrsbereiche Gültigkeit haben. Der in einem Autoempfänger eingebaute *Verkehrswarnfunkdekoder* (Abk. *VF-Dekoder)* wertet die Kennungen aus und nimmt im Empfänger entsprechende Umschaltungen vor. Im einfachsten Fall wird die Senderkennung dazu benutzt, über eine Leuchtdiode die Sender mit Verkehrsdurchsagen kenntlich zu machen. Es ist aber auch möglich, den Empfänger so zu schalten, daß er nur auf Verkehrswarnfunksender abstimmbar ist und alle anderen Sendestationen unterdrückt. Auch der automatische → Sendersuchlauf kann nur auf Verkehrswarnfunksender ansprechbar gemacht werden. Die Durchsagekennung wird z. B. dazu benutzt, einen eingeschalteten, aber leise betriebenen oder stumm geschalteten Empfänger mit VF-Dekoder während der Verkehrsdurchsage laut zu steuern oder während Kassettenwiedergabe auf die Durchsage umzuschalten. Die Bereichskennung schließlich kann zur automatischen Auswahl nur derjenigen Sender herangezogen werden, die für das gerade durchfahrene Verkehrsgebiet gültige Durchsagen bringen. Hochwertige Autoempfänger mit umfangreichem Programmspeicher schalten sich automatisch auf den empfangsstärksten Sender entsprechend der am Empfänger eingegebenen Bereichskennung um. Es sind auch Schaltungen bekannt, bei denen ein anschwellender Warnton hörbar wird, wenn das Fahrzeug das Empfangsgebiet des eingestellten Senders verläßt und der Empfang zu schwach wird. → Verkehrswarnfunk

Array: mosaikförmige Anordnung gleicher → Bauelemente (z. B. Dioden und Transistoren) auf einem gemeinsamen → Chip, deren Elektrodenanschlüsse von außen zur Verdrahtung zugänglich sind. Abb. → Lichtemitter-Anzeigebauelement

ASA: Abk. für engl. **A**merican **S**tandard **A**ssociation, Vereinigung für Standardisierung in den USA.

ASCII-Kode (ASCII Abk. für **A**merican **S**tandard **C**ode of **I**nformation **I**nterchange): amerikanischer Standardkode für den Informationsaustausch. Der A. dient der Kodierung von alphanumerischen Zeichen, Ziffern und Befehlsworten nach einem festen Normschlüssel. Er findet im internationalen Maßstab bei der Programmierung von Computern breite Anwendung.

A-Signal: → Austastsignal

ASL: 1. Abk. für engl. **A**utomatic **S**tereo **L**evel, svw. automatische Stereoumblendung (→ Mono/Stereo-Umschaltung, automatische). – **2.** Abk. für automatischer Sendersuchlauf (→ Sendersuchlauf).

ASMW, Abk. für **A**mt für **S**tandardisierung, **M**eßwesen und **W**arenprüfung: Organ des Ministerrats der DDR zur Leitung und Planung der → Standardisierung, des Meßwesens und für die staatliche Qualitätskontrolle, Sitz Berlin. Das ASMW kontrolliert auch die Einbeziehung der → RGW-Standards in das staatliche Standardwerk und erteilt Gütezeichen für Produkte der Wirtschaft. Im ASMW werden die nationalen Urnormale wichtiger SI-Einheiten und andere Vergleichsnormale, z. B. Vergleichsbänder zur Festlegung der mechanischen und elektroakustischen Daten neuer Tonbandtypen aufbewahrt.

ASPM: Abk. für automatische Senderprogrammierung. → Abstimmsystem

Assemble-Schnitt, Anfügungs-Schnitt; *Add-on-Schnitt:* elektronische *Schnittart* bei Videorecordern. Der A. ermöglicht das bildgenaue Ansetzen eines Takes an einen anderen, bereits aufgezeichneten. Dabei kann eine Szene (Bild und Ton) oder eine Bildfolge (nur Bild ohne Ton) angefügt werden (Abb.). Beim A. wird stets eine neue Kontrollspur

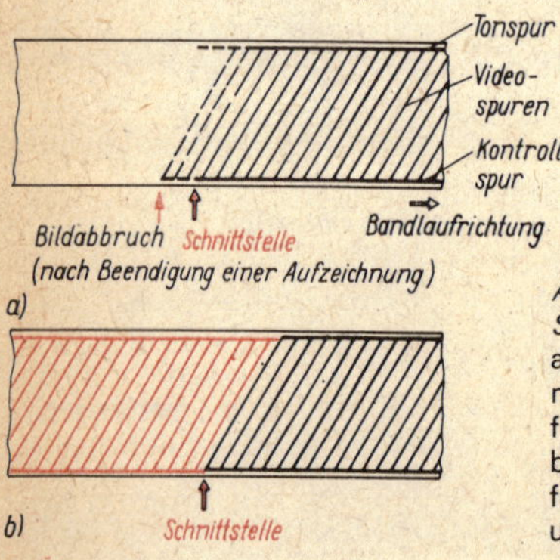

Assemble-Schnitt: a) Aufzeichnung nach der Stoppfunktion, b) sauberes Anfügen von Bild und Ton

aufgezeichnet. Um einen störungsfreien Übergang an der Schnittstelle zu gewährleisten, ist vor dem Schnitt die bestmögliche Einstellung der Spurlage auf die alte Aufzeichnung erforderlich (→ Spurlageeinsteller). Bei der Schnittstellenfestlegung, die der beim → Insert-Schnitt (Einstieg) entspricht, ist darauf zu achten, daß diese kurz vor dem Bildabbruch der alten Aufzeichnung liegen muß. Deshalb muß die vorherige Szene stets etwas länger als notwendig sein. Zur fortlaufenden Aufzeichnung einzelner Takes sind vor allem tragbare Videorecorder für den sog. *Auto-A.* ausgelegt. Nach Beendigung einer Takeaufzeichnung spult der Recorder das Videoband automatisch um einen bestimmten Betrag zurück *(Preroll-Funktion)* und fügt eine neue Aufzeichnung mit A. ohne Unterbrechung an. → Schnitt, elektronischer (Abb.)

ASU, Abk. für **au**tomatische **S**tör**u**nterdrückung: → Störaustastung

ATF, Abk. für engl. **A**utomatic **T**rack **F**ollowing: automatisch und damit dynamisch arbeitendes Spurfolgesystem in Videorecordern. → dynamisches Spurfolgesystem

ATRS, Abk. für engl. **A**utomatic **T**ape **R**esponse **S**ystem (svw. *automatische Arbeitspunktoptimierung):* vollautomatisches elektronisches System in einem Kassettenrecorder zur Kalibrierung auf den günstigsten Arbeitspunkt (→ Vormagnetisierungsstrom) und die Empfindlichkeit verschiedener Tonbänder sowie auf einen möglichst geradlinigen → Amplitudenfrequenzgang „über alles". Das von der japanischen Firma Hitachi entwickelte ATRS arbeitet mit einem Mikrorechner, der während eines 25-s-Banddurchlaufs mit Hilfe von aufgezeichneten Meßsignalen die Eigenschaften der Bandsorte feststellt und die elektrischen Werte des Recorders entsprechend optimiert. Weil diese Optimierung so erfolgt, daß sich bei 5 kHz die höchste Wiedergabespannung einstellt, verbessert sich auch der Störabstand gegenüber dem bei mittleren und hohen Frequenzen besonders störenden → Bandrauschen. Für 3 beliebige Bandtypen lassen sich die ermittelten Meßwerte auch speichern, so daß bei einer späteren Verwendung keine erneute Kalibrierung mehr erforderlich ist. Kassettenrecorder mit ATRS nutzen die mögliche Speicherqualität der verschiedenen Bandtypen optimal aus; die klanglichen Abweichungen bei Wiedergabe sind so gering wie überhaupt möglich. Abb.

ATS, Abk. für **a**utomatisches **T**unerabgleich**s**ystem: in Fernsehempfängern angewendete Schaltungskonzeption, bei der den C-Dioden der abgestimmten Kreise des Tuners getrennte Abstimmungsspannungen zugeführt werden. Dabei ähnelt die Feinabstimmung des Oszillatorkreises der → AFC. Die Größen der restlichen Abstimmungsspannungen werden von einem Prozessor so festgelegt, daß sich außerdem ein exakter Gleichlauf aller abgestimmten Kreise des Tuners einstellt.

Audio (lat. *audire,* hören): im Sinne der Unterhaltungselektronik den Ton betreffend, auf den Ton bezogen.

Audio Dub: → Nachvertonung

Audiofilecard: optischer Tonspeicher, ähnlich einer digitalen, laserabgetasteten Schallplatte, bei dem jedoch die ruhende Speicherplatte von einem rotie-

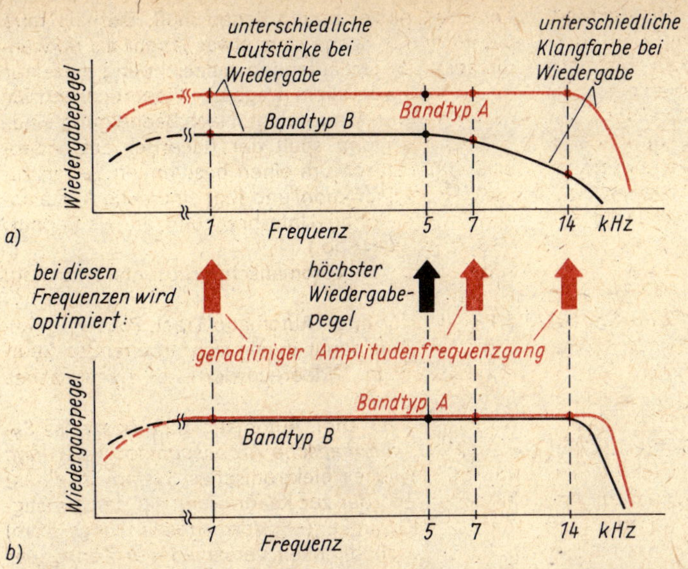

Wirkungsweise des *ATRS:*
a) ohne und b) mit ATRS

renden Laserpunkt abgetastet wird. Auf der ca. 10 cm × 12,5 cm großen Platte lassen sich 45 min Stereoinformation speichern.

Audiokassette: → Tonbandkassette

Audio-Vision-Modular: aufeinander abgestimmtes Audio-Video-Gerätesystem, das u. a. Video-Tuner, Video-Monitor, Video-Recorder, Hifi-Anlage umfaßt. Dabei besteht die Möglichkeit der zentralen Fernbedienung für alle Einzelgeräte. → AV, → Videocenter

audiovisuell: → AV

Aufbauantenne: → Kraftfahrzeugantenne, deren Antennenstab sich oberhalb der Karosserieoberfläche befindet.

Auflagekraft: an der Spitze der Abtastnadel auf die Schallplattenrille wirkende vertikale Kraft. Der Maximalwert von 60 mN (alt: 6 p) sollte nicht überschritten werden, damit die Rille nicht zu stark beansprucht wird und die Schallplatte nicht vorschnell verschleißt. Der heute erreichbare Minimalwert von ca. 7,5 mN (alt: 0,75 p) hängt von der Weichheit der Nadeleinspannung im Abtastsystem ab (→ Compliance). Wird ein vom Hersteller angegebener Wert der A. unterschritten, so entstehen Klangverzerrungen, und es kann zu → Nadelspringen kommen. Die Hersteller bemühen sich um Abtaster, die eine möglichst geringe A. erfordern, weil dadurch Klangverzerrungen besonders klein gehalten werden können und Nadel sowie Platte geschont werden. Übliche Werte liegen bei modernen Abtastern zwischen 7,5 ... 40 mN. → Tragarmwaage

Hinweis: Beim Umrüsten eines Tragarms auf ein anderes Abtastsystem muß die A. diesem angepaßt werden. Das geschieht i. d. R. mit Hilfe eines verschiebbaren Gewichts am Tragarm, seltener durch veränderbare Federkraft. Abtastsysteme mit geringer A. erfordern auch einen möglichst leichten Tragarm mit leichtgängiger Lagerung.

Auflagekante: am unteren, feststehenden Teil der Kopftrommel eines Videorecorders schräg verlaufende Kante zur Videobandführung (Höhenführung). Schon geringe Schmutzablagerungen auf der A. verändern die Abtastbedingungen und damit die Bildwiedergabequalität. Eine Reinigung muß äußerst vorsichtig erfolgen (kein scharfkantiges Werkzeug benutzen, Videoköpfe nicht berühren). → Kopftrommel

Auflagemaß: Abstand vom Objektivanschlag an das Kameragehäuse bis zur Bildebene (Fotoschicht des Bildwandlers). Das A. ist für bestimmte Bildformate und Objektivfassungen standardisiert. Für die bei Videokameras meistens verwendete Gewindefassung (C-Mount) beträgt das A. 17,526 mm.

Auflösung: Beschreibung der Eigenschaft, Bilddetails unterschiedlicher Farbe oder Helligkeit voneinander getrennt wahrzunehmen bzw. abzubilden. a) Der Mensch kann bei einem bestimmten Betrachtungsabstand von einer Bildvorlage zwei helle, darin enthaltene Punkte auf dunklem Grund bzw. farbige Punkte nur dann unterscheiden, wenn deren Abstand einen *Mindestwert* a_{min} nicht unterschreitet. Je geringer dieser Mindestwert ist, desto größer ist das Vermögen des betreffenden Menschen, Helligkeitssprünge bzw. Farbunterschiede in einem Bild aufzulösen (Sehschärfe des Menschen). Für den normalsichtigen Menschen wird der Mindestabstand der beiden Punkte bei normaler *Helligkeit* durch einen Winkel von 1 bis 1,5 Bogenminuten (Grenzwinkel α_g, Abb. a) bestimmt. In diesem Fall stehen A. und der Eindruck der Bildschärfe in direktem Zusammenhang. Zu beachten ist grundsätzlich, daß das A.vermögen für Helligkeitssprünge wesentlich größer ist als für vergleichbare Übergänge in der → Farbart. Diesen Sachverhalt nutzen insbesondere die → Farbfernsehverfahren

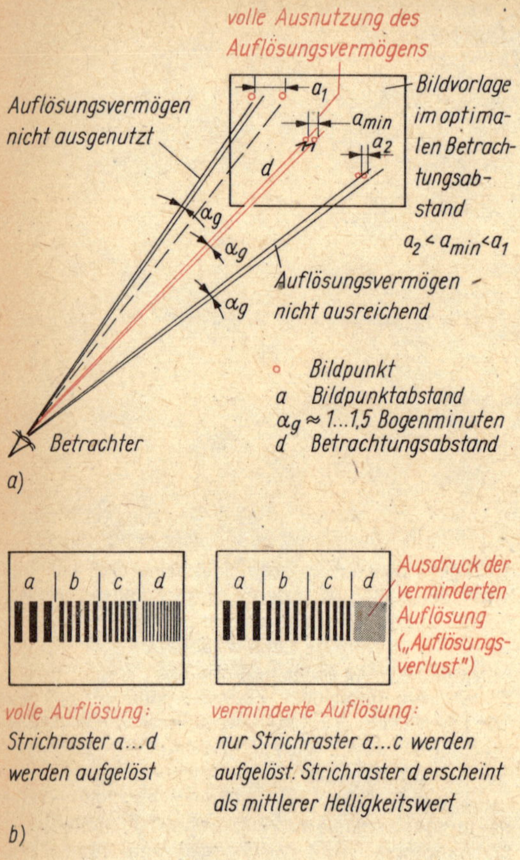

Beschreibung der *Auflösung:* a) Zusammenhang Auflösungsvermögen, Bildpunkt- und Betrachtungsabstand, b) Auflösung von zwei Fernsehbildern bei gleicher Bildvorlage, aber unterschiedlicher Übertragungsqualität

aus, indem sie für die → Farbdifferenzsignale mit eingeschränkten Bandbreiten arbeiten. b) Die A. im Fernsehbild gibt an, wie breit darin enthaltene weiße und schwarze Linien eines Strichrasters *gleicher Breite* mindestens sein müssen, damit für den Betrachter ein Leuchtdichteunterschied wahrnehmbar wird (Abb. b). Dabei wird vorausgesetzt, daß das A.vermögen des menschlichen Auges nicht überfordert wird. Die A. eines Fernsehbilds in vertikaler Richtung wird grundsätzlich durch die → Zeilenzahl lt. Fernsehstandard vorgegeben, die in horizontaler Richtung wird maßgeblich durch die verfügbare Videobandbreite bestimmt. → Fernsehen, → Zeilensprungverfahren, → Bildpunkt, → Kellfaktor, → Sendetestbild, → Modulationstiefe, Abb. → Bildgröße (Abb.)

Hinweis: Die A. bietet für den Videoamateur und auch den Käufer eines Fernsehgeräts eine wichtige Grundlage zur Beurteilung der Gerätequalität. Eine hohe A.qualität ist dann gegeben, wenn die im Testbild vorhandenen feinsten Strichraster exakt aufgelöst werden. Ist im Fernsehbild die A. der Helligkeitssprünge gewährleistet, trifft dies i.d.R. automatisch auch für die Farb-A. zu!

Aufnahme: → Tonaufnahme, → Mikrofonaufnahme, → Magnettonverfahren, → Schallplattenherstellung, → Bildaufnahme, → magnetische Bildaufzeichnung, → Mitzeichnung, → Umzeichnen

Aufnahmeeinsteller, Aufnahmepegelsteller, veraltet Aufnahmeregler: Bedienelement eines Tonbandgeräts zur Einstellung der → Aussteuerung. Bei Stereogeräten wird je Kanal ein A., vorteilhafterweise Schiebeeinsteller, verwendet. Mechanisch starr gekoppelte A. sind nur bei einfachen Geräten zu finden.

Aufnahmeentfernung: Abstand zwischen aufzunehmendem Objekt und Bildebene (bei Video- und Fernsehkameras gleich der Bildwandlerelektrode der Bildaufnahmeröhren). Die für Video- und Fernsehkameras möglichen A. werden wesentlich durch die eingesetzten → Objektive bestimmt, da durch ihren konstruktiven Aufbau, die Größen, → Brennweite und Bildwinkel, aber auch die Lichtstärken vorgegeben sind (s. Tab. → Objektiv). Der Einsatz moderner → Varioobjektive, ggf. in ihrer Wirkung durch entsprechende Zusatzeinrichtungen (→ Brennweitenverlängerer, → Makroobjektiv) ergänzt, ermöglicht die Fernsehbildaufnahme im A.-Bereich von nahe 0 Meter bis theoretisch unendlich. → Bildweite

Aufnahmelichtart: durch eine spezifische → Farbtemperatur gekennzeichnete Lichtart bei der Bildsignalaufnahme. → Licht, → Lampe, → Normlichtart

Aufprojektion: → Fernsehprojektion

Aufsetzpunkt: Bereich innerhalb der Einlaufrille einer Schallplatte, in dem die Abtastnadel beim Absenken des Tragarms die Rille berührt. Der A. muß bei Automatikplattenspielern besonders eng toleriert sein, damit keine Zerstörung der Nadel beim automatischen Aufsetzvorgang eintritt. Der optimale A. liegt bei Langspielplatten 147 ... 148 mm vom Mittelpunkt entfernt, bei Singles 84,5 ... 86 mm. → Schallplattenrille

Aufsetzsperre: Einrichtung, die das Absenken des Tragarms verhindert, wenn keine Platte auf dem Plattenteller liegt. Die A. beugt somit einer Beschädigung der Abtastnadel bei Fehlbedienung vor.

Aufzeichnung: → Magnettonverfahren, → magnetische Bildaufzeichnung

Aufzeichnungskopf: Magnetkopf für Magnetbandaufzeichnung. → Magnettonkopf, → Videokopf

Aufzeichnungssperre: Schutzeinrichtung an Magnetbandgeräten oder Kassetten, die eine unbeabsichtigte Aufzeichnung und damit Löschung der bereits auf dem Magnetband aufgezeichneten Informationen bei Fehlbedienung verhindert. Meist wird die Aufzeichnungstaste so verriegelt, daß sie nur zusammen mit einer anderen Taste gedrückt werden kann (häufig Wiedergabetaste). Bei Kassetten

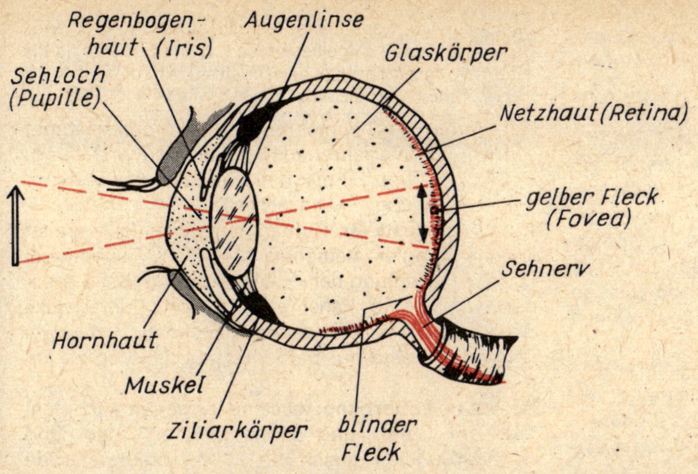

Auge

besteht außerdem die Möglichkeit, die Aufzeichnungstaste im Gerät generell zu blockieren. Bei einer Video- oder Kompaktkassette ist dazu die am rückwärtigen oder seitlichen Kassettenrand befindliche Plastzunge *(Löschsperre, Löschsicherung)* herauszubrechen. Die Aufzeichnungen in beiden Bandlaufrichtungen können getrennt geschützt werden. Die zugehörige Zunge befindet sich bei der Kompaktkassette auf der abwickelnden Seite.

Hinweis: Soll auf einer Kassette mit herausgebrochener Löschsperre wieder aufgezeichnet werden, so muß die Öffnung mit einem dünnen Folienstreifen verschlossen werden. Achtung: Die danebenliegende, zur Mitte zeigende Öffnung bei CrO_2-Kompaktkassetten darf nicht mit überklebt werden; sie dient der Umschaltung des Recorders auf CrO_2-Band! Auch bei Videokassetten dürfen die zusätzlichen mechanischen Markierungen für Bandsorten, Spieldauer und andere Steuerfunktionen nicht überklebt werden.

Aufzeichnungsverstärker: Baugruppe eines Magnetbandgeräts, um das Eingangssignal in ein aufzeichnungsfähiges Signal umzuwandeln. Am Ausgang des A. ist der Aufzeichnungskopf angeschlossen. → Magnettonverfahren, → Magnettonentzerrung, → magnetische Bildaufzeichnung

Auge: Sinnesorgan zur Wahrnehmung von Licht, besonders die bildhafte Wahrnehmung der Umwelt. Die Abbildung zeigt einen Längsschnitt des menschlichen A. Durch das optische System, bestehend aus *Hornhaut, A.linse* und *Glaskörper*, wird eine Abbildung des durch den einfallenden Lichtreiz übertragenen Bilds auf der Netzhaut entworfen. Um Objekte in unterschiedlichen Entfernungen vom A. scharf abbilden zu können, wird die Krümmung der elastischen bikonvexen Linse selbständig geändert und damit auch die Brennweite des A. Durch instinktive Veränderung des Durchmessers der Pupille (Irisblende) paßt sich das A. an die Stärke des einfallenden Lichtreizes an. Andererseits ist aber die Empfindlichkeit der Netzhaut selbst von der auftreffenden Lichtmenge abhängig. Bei kleiner Helligkeit wächst die Empfindlichkeit des A. und umgekehrt (→ Adaption). Auf der *Netzhaut* befindet sich ein feiner Raster aus vielen lichtempfindlichen Nervenzellen, den Rezeptoren. Es gibt davon 2 Arten, die *Stäbchen* und die *Zäpfchen*. Die Zäpfchen (ca. 7 Mill.) sind hauptsächlich im Sehzentrum (gelber Fleck) konzentriert und ermöglichen das gezielte und farbige Sehen (→ Farbsehen). Die Stäbchen (ca. 100 Mill.) sind vorwiegend außerhalb des Sehzentrums auf der Netzhaut verteilt, sie können nur Helligkeitsunterschiede wahrnehmen. Die Stäbchen haben eine größere Lichtempfindlichkeit als die Zäpfchen (→ Helligkeitssehen). Sie reagieren aber nur bei vergleichsweise geringeren Beleuchtungsstärken. Die Verbindung der Rezeptoren mit den Nervenfasern des Sehnervs (ca. 1 Mill.) ist sehr kompliziert. Im Prinzip sind die Zäpfchen der Fovea, Zentrum des gelben Flecks, einzeln mit Nervenfasern verbunden, dagegen sind die Stäbchen zu unterschiedlich großen Gruppen zusammengefaßt. → Sehvorgang (Abb.)

Ausflammen, *Fackeleffekt:* störende Bilderscheinung infolge einer Übersteuerung von → Bildaufnahmeröhren durch Spitzlichter in der aufgenommenen Szene. A. ist ein im Fernsehbild störender, scharf begrenzter weißer oder farblich verfälschter Schweif *(Kometenschweif)*, der hinter sich bewegenden hellen Bildstellen (z. B. Lichtreflektionen an spiegelnden Flächen) erscheint. Seine Ausdehnung verläuft stets entgegen der Bewegungsrichtung. Im Gegensatz dazu erfolgt das → Nachziehen stets in Abtastrichtung, also in Zeilenrichtung. Das A. wird durch die Umladeträgheit (→ Trägheit) der verwendeten Aufnahmeröhre bestimmt und ist außerdem von der → Strahlstromeinstellung abhängig. Bei den einzelnen Aufnahmeröhrentypen ist das A. unterschiedlich stark ausgeprägt. → Blooming, → Einbrennen

Ausgang (engl. Output): Anschlußbuchse oder Leitung mit Stecker, über die einem elektronischen

Gerät ein Signal entnommen werden kann. Wichtige Kenngrößen für einen A. sind → Ausgangsspannung, → Ausgangsleistung und → Ausgangsscheinwiderstand.

Ausgangsleistung: die von einem NF-Verstärker je Kanal an den Lautsprecher abgegebene Tonsignalleistung *(NF-Leistung)* in Watt. Die maximal abgebbare A. bei 1 000 Hz (Sinusleistung), wobei ein vorgegebener Klirrfaktor nicht überschritten werden darf, wird *Nenn-A.* genannt. Sie muß von einem HiFi-Verstärker mindestens 10 min lang bei einer Umgebungstemperatur zwischen 15 ... 35 °C abgegeben werden können. → Musikleistung, → Sinusleistung

Ausgangsscheinwiderstand, Ausgangsimpedanz; kurz Ausgangswiderstand: frequenzabhängiger Widerstand zwischen den Klemmen eines Signalausgangs. Der A. wird bei Audiogeräten für eine Frequenz von 1 kHz angegeben. Die Kenntnis des A. ist wichtig, um die Geräte untereinander richtig zusammenschalten zu können. → Anpassung

Ausgangsspannung: Größe der Signalspannung an einem Ausgang. Sie verändert sich beim Anschluß eines Geräts nur wenig, wenn die Zusammenschaltung in Spannungsanpassung erfolgt (→ Anpassung). Die A. bildet gleichzeitig die Eingangsspannung des angeschlossenen Geräts. In anderen Ländern wird der Maximalwert der A. im → Pegelmaß teilweise auch mit *MOL,* Abk. für engl. *M*aximum *O*utput *L*evel, bezeichnet.

Auslaufrille: → Schallplattenrille

Ausleuchten: dem Zweck entsprechender, richtiger Einsatz des → Lichts zur Beleuchtung von Flächen, Räumen, Körpern, Personen, Szenen usw. Das A. erfolgt u.a. nach ästhetischen, künstlerischen, technischen, funktionsbezogenen Gesichtspunkten. Für die Video- und Fernsehbildaufnahme treffen o. g. Aspekte komplex zu. Eine der Aufgabe angemessene Lichtgestaltung (z. B. durch → Farbtemperatur, → Beleuchtungsstärke, konzentriertes oder diffuses Licht) und die Wahl der richtigen Standorte der eingesetzten → Leuchten (→ Flächenleuchte, → Scheinwerfer, → Spotscheinwerfer) ist Voraussetzung für eine gute Bildqualität im Fernsehen und beim Videografieren. → Ausleuchtung (Abb.)

Hinweis: Das A. erfordert viel künstlerisches Einfühlungsvermögen und persönliche Erfahrung. Um zu den gewünschten Ergebnissen beim A. zu kommen, ist eine stetige Kontrolle der Lichtwirkung auf dem Bildschirm und ggf. eine Korrektur der einzelnen Arbeitsschritte erforderlich. Wird beim A. diffuses Licht benötigt, so wird ein Filter oder im einfachsten Fall Pergamentpapier auf einem Rahmen dem Scheinwerfer vorgesetzt. Indirektes und weiches Licht erhält man, indem ein Umweg des Lichts von der Quelle zum Objekt (z. B. zusätzlicher Reflektor vor dem Scheinwerfer) geschaffen wird. Diese Methoden sind wichtig für blendfreies Licht und das Verhindern unerwünschter Schatten. Die Regelung der Lichtstärke kann mit einem *Dimmer* (Lichtsteller) erfolgen. Hierbei muß aber unbedingt die von der Einstellung abhängige Farbtemperaturänderung beachtet werden.

Ausleuchtung: Lichtgestaltung für eine spezifische Aufgabe oder Anforderung. Eine den Anforderungen der Video- und Fernsehaufnahmetechnik gerecht werdende A. wird bei komplexem Einsatz der Lichtarten erreicht. → Ausleuchten

Ausleuchtungsgebiet: → Versorgungsgebiet eines

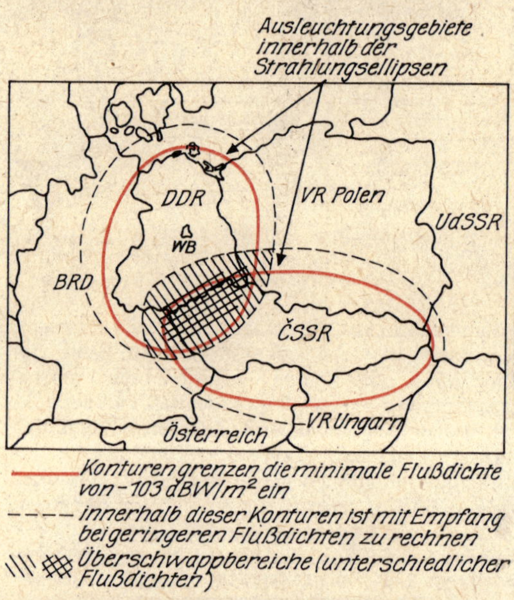

Eingrenzen der *Ausleuchtungsgebiete* durch Strahlungsellipsen

Beim *Ausleuchten* eingesetzte Lichtarten in der Anordnung Lichtquelle–Fernsehkamera

1 Das gleichmäßige Licht soll den Raum möglichst ohne Schatten ausleuchten.

2 Spotlicht wird direkt auf das aufzuhellende Objekt gerichtet. Es wirft je nach eingeschaltetem Spot Schatten rechts oder links.

3 Das zusätzliche Anleuchten von hinten dient zur Verbesserung der Konturen. Das Licht von S_{hinten} ist schwächer als Haupt- und Führungslicht. Es darf nicht in die Kamera einfallen.

4 Es wird flächenhaftes Licht zum Aufhellen der vom Führungslicht erzeugten Schatten genutzt.

5 Die Scheinwerfer sind hinter dem Objekt angeordnet, sie hellen den Hintergrund auf.

6 Genutzt wird Spotlicht geringer Stärke. S_{Kamera} wird dicht bei der Kamera positioniert und bei einer Kamerabewegung mitgeführt. Es dient als zusätzliches Füll-Licht und als zusätzliche Aufhellung.

7 Neben diesen Grundpositionen existieren weitere, z. B. Halbseitenlicht.

Beachte: Die Verwendung einzelner Lichtarten führt zu Schattenbildung; in der Kombination der Lichtarten wird Schattenbildung fast völlig vermieden. Für eine normale Kameraeinstellung ist ein schwacher Objektschatten gewünscht. Möglichkeiten zur gewünschten Schattenbildung bieten zusätzliche Scheinwerfer oder Aufheller.

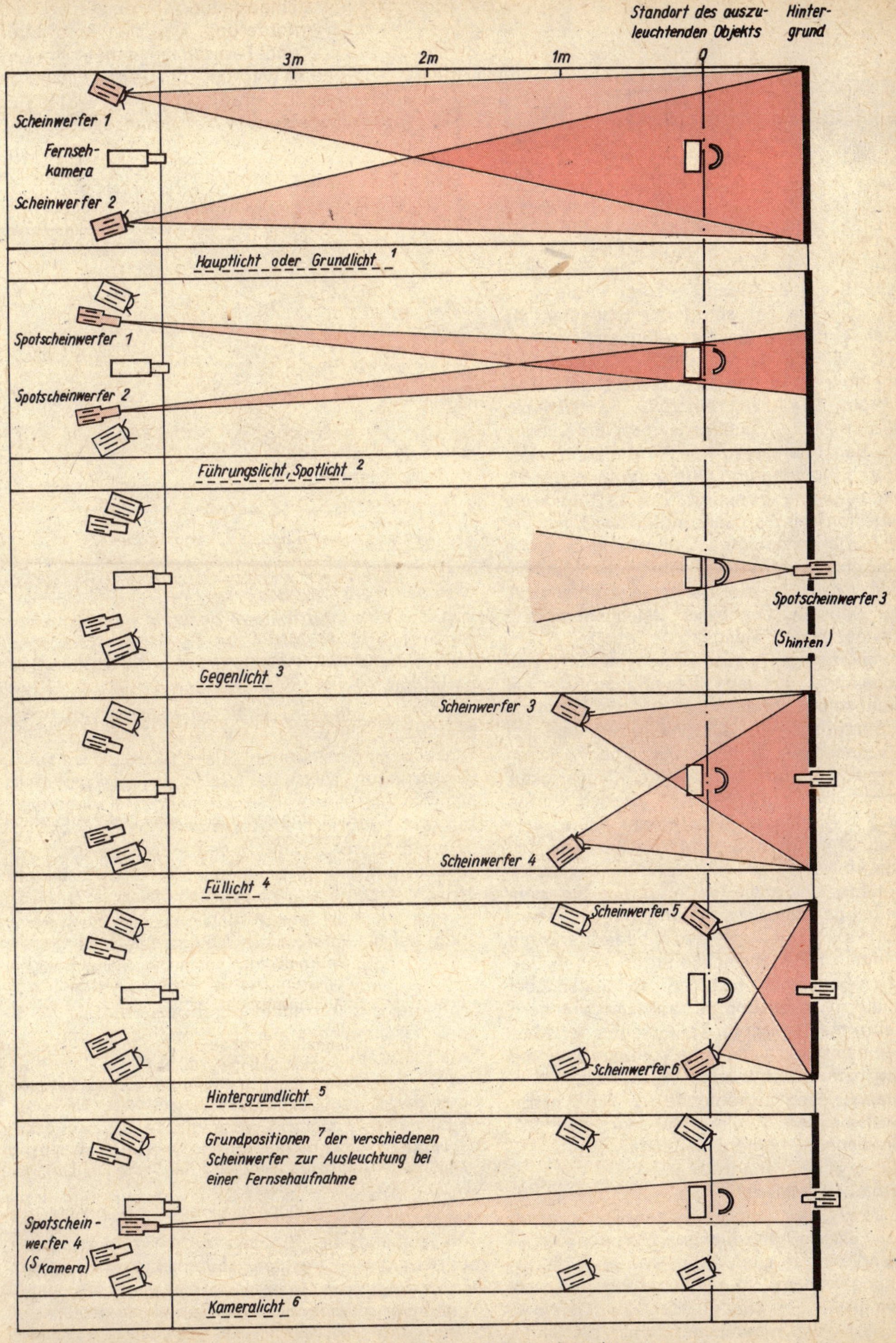

Beim Ausleuchten eingesetzte Lichtarten in der Anordnung Lichtquelle - Fernsehkamera

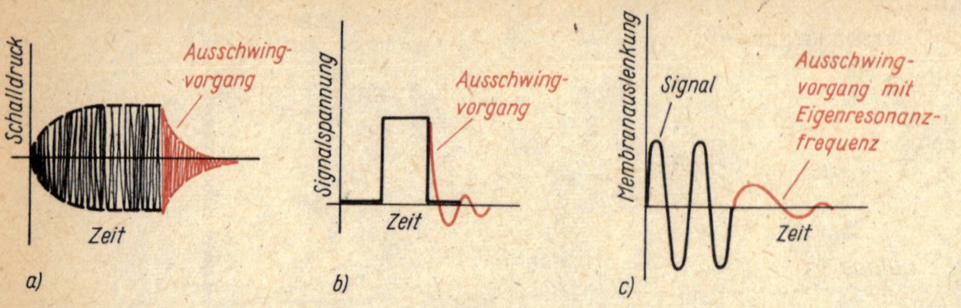

Ausschwingvorgänge:
a) Musikinstrument,
b) Impuls,
c) Lautsprechermembran

→ Fernsehrundfunksatelliten. Für die einzelnen Staaten sind bei einer Gesamtversorgung die A. so festgelegt, daß die Fernsehrundfunksatelliten die kleinste das Territorium des betreffenden Staats einschließende Ellipse »ausleuchten«. Damit sind Überschneidungen in den Grenzbereichen unvermeidbar (Abb.). Die A. für *regionale → Satellitensysteme* (s. auch Abb. → Satellitensystem) unterliegen den nationalen Interessen. Die Ausdehnung eines A. wird durch Richtung und Öffnungswinkel der Satellitensendeantenne (praktisch bis 18°) und die → Orbitposition des Fernsehrundfunksatelliten bestimmt. Für die festgelegten Versorgungsbereiche wurden durch die → WARC einheitliche Mindestflußdichten (Maß für die minimale Empfangsleistung, die einen störungsfreien Satellitenempfang sichert) festgelegt. → Satellitenfunk (Abb.)

Ausschwingvorgang, Ausschwingen; svw. Abklingen: Erscheinung, daß eine Schwingung oder ein Impuls nicht sofort, sondern erst gewisse Zeit nach Ende der Anregung – der *Ausschwingzeit* – auf den Endwert abgesunken ist. Musikinstrumente haben A., die typisch für die betreffende Klangstruktur sind und darum nicht verfälscht werden dürfen (→ Klang 2.). Auch der A. in einem Raum, sein → *Nachhall,* ist i. allg. erwünscht. In einem Übertragungskanal können A. zu einer Veränderung der Signalform führen: Normalerweise abrupte Signaländerungen bei der Schallabstrahlung klingen verwaschen, vertikale Kanten in Fernsehbildern werden plastisch oder mit Mehrfachkonturen abgebildet. Bei der Tonübertragung treten A. vorwiegend bei Schallwandlern, insbesondere bei Lautsprechern auf, weil ihre mechanischen Teile wegen der Massenträgheit nicht gleich zur Ruhe kommen bzw. mit Eigenresonanzfrequenz ausschwingen. Abb.

Außenantenne: Empfangsantenne, die sich ganze oder teilweise außerhalb eines Gebäudes befindet. → Fensterantenne, → Antennenanlage

Außenrille: → Schallplattenrille

Aussteuerbarkeit: Maß dafür, wie weit sich ein Tonband bei der Aufzeichnung aussteuern läßt, ohne daß sich unzulässig hohe Klangverzerrungen ergeben, letztendlich also auch dafür, wie groß die Signalspannung maximal bei Wiedergabe werden kann; Kenngröße der Bandqualität. Die *Tiefen-A.* charakterisiert das Verhalten des Bands bei tiefen und mittleren Frequenzen. Bei Heimtonbandgeräten

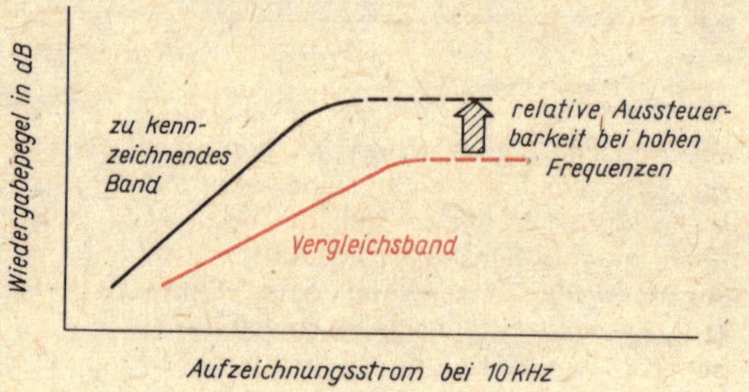

Relative *Aussteuerbarkeit* bei hohen Frequenzen

wird dabei ein Klirrfaktor von 5 % (bei HiFi-Geräten von 3 %) zugrunde gelegt, bezogen auf die → Bezugsfrequenz. Ein Maß für die Tiefen-A. ist der *Nennflußabstand* in Dezibel. Er ist der 20fache Logarithmus des Verhältnisses von Nennfluß zu Bezugsfluß (→ Bandfluß). Je größer sein Wert für einen Bandtyp ist, um so geringer sind bei einem auf Bezugsfluß eingemessenen Tonbandgerät die Klangverzerrungen. Wird das Gerät dagegen auf den Nennfluß der einsprechenden Bandsorte eingemessen (das entspricht einer um den Nennflußabstand höheren Aussteuerung), so verbessert sich der Störabstand um den gleichen Wert, die Verzerrungen erreichen aber 5 % (3 %). Das Bandrauschen tritt weniger störend in Erscheinung. Die *Höhen-A.* wird i. allg. bei 10 kHz ermittelt. Weil man aber bei dieser hohen Frequenz Verzerrungen nur schwer messen kann, bedient man sich eines indirekten Wegs: Bei Erhöhung des Aufzeichnungsstroms steigt die Wiedergabespannung zunächst proportional mit. Die Entstehung von Signalverzerrungen infolge magnetischer Bandsättigung erkennt man daran, daß ab einer bestimmten Größe die Wiedergabespannung nicht weiter ansteigt. Dieser maximal erreichbare Wert dient zur Kennzeichnung der Höhen-A. Unter *relativer A. bei hohen Frequenzen (kleinen Wellenlängen)* versteht man die Differenz zwischen dem maximalen Wiedergabepegel des zu beschreibenden Tonbands bei 10 kHz und dem maximalen Pegel, den das → Vergleichsband unter den selben Meßbedingungen liefert. Sie macht verschiedene Tonbänder miteinander vergleichbar. Je größer die Höhen-A. eines Tonbands ist, um so besser können die hohen Tonlagen unverzerrt und ohne störendes

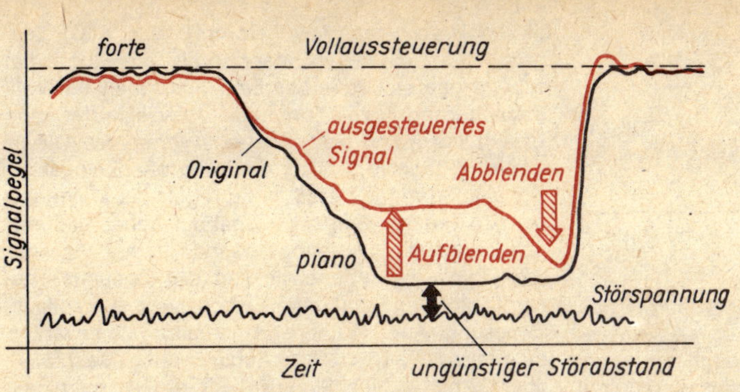

Dynamikverringerung mit Hand*aussteuerung* bei einem Musikstück mit großer Dynamik

Bandrauschen gespeichert werden. Der Übertragungsbereich läßt sich an seiner oberen Grenze erweitern. Die A. ändert sich mit dem eingestellten → Vormagnetisierungsstrom. Abb.

Aussteuerung: Einstellung einer Signalspannung (z. B. Ton- oder Videosignal), so daß die Spanne zwischen einem zulässigen Höchstwert *(Voll-A., Maximal-A.)* und einem Mindestwert *(Minimal-A.)* jederzeit eingehalten wird. Richtige A. ist besonders wichtig bei der Magnetbandaufzeichnung, weil das Magnetband infolge der magnetischen Sättigung einerseits und des Bandrauschens andererseits nur eine relativ geringe A.spanne zuläßt. Man unterscheidet zwischen *Hand-A. (manueller A.)* mit Hilfe eines Einstellers und *Automatik-A.* durch eine → Aussteuerungsautomatik. Während die A. der Bildsignale in Videogeräten fast immer von Automatiken kontrolliert wird (→ Weißwertregelung, → Schwarzwertregelung, → Blendenautomatik), hat bei Tonsignalen die Hand-A. noch größere Bedeutung. Überschreiten die Signale den zulässigen Höchstwert, so spricht man von Übersteuerung. Sie führt bei Tonsignalen zu Klangverzerrungen und bei Bildsignalen zu falschen Helligkeitsabstufungen, z. B. werden helle Bildflächen „kalkig", verlieren an Durchzeichnung oder entarten zu hellen Flecken. Untersteuerung liegt vor, wenn der vorgeschriebene Höchstwert des Signals (Vollaussteuerung) ständig unterschritten wird. Bei Ton- oder Bildsignalen treten Störspannungen verstärkt hervor. Es kommt zu Rauschen, im Fernsehbild auch als „Schnee" oder „Grieß" bezeichnet; die Bilder wirken außerdem flau. Besonders wichtig, weil vom Bedienenden bei Handaussteuerung auch zu beeinflussen, ist die richtige A. von Magnettonaufzeichnungen. Sie wird am → Aussteuerungsmesser kontrolliert. Rundfunksendungen und Schallplattenaufnahmen werden bereits im Studio richtig ausgesteuert. Daher ist bei Aufzeichnung von einer solchen Programmquelle lediglich die Voll-A. an einer lauten Stelle einmal so einzustellen, daß der A.messer 0 dB (0 VU oder 100 %) anzeigt. Bei eigenen Mikrofonaufnahmen muß die A. dagegen ständig kontrolliert und korrigiert werden, weil die Lautstärkespanne natürlicher Schallquellen (→ Dynamik) meist viel größer ist als der Bereich, in dem Tonsignale qualitätsgerecht aufgezeichnet werden können. Bei solchen Aufnahmen ist daher Automatik-A. vorteilhaft.

Hinweis: Eine ständige Korrektur der A. empfiehlt sich auch beim Aufzeichnen von Musik mit großer Dynamik (z. B. Ernste Musik), wenn dazu ein einfaches Tonbandgerät mit ungünstigem Störabstand (< 50 dB) verwendet wird. Leise Passagen werden durch gefühlvolles Aufblenden am Aufnahmeeinsteller etwas hervorgehoben. Allerdings ist bei solcher Verfahrensweise die Kenntnis des Musikstücks vonnöten, weil bereits einige Zeit vor einer Forte-Stelle zur Vermeidung einer Übersteuerung der Pegel wieder etwas vermindert werden muß (Abb.).

Eine richtige Anzeige am A.messer ist noch keine Garantie für eine exakte A. Diese wird u. a. vom dynamischen Verhalten des A.messers (dessen Ansprechzeit), von den Eigenschaften der verwendeten Magnettonbänder (Höhenaussteuerbarkeit, Empfindlichkeit, Arbeitspunkt) und vom genauen Bandlauf am Tonkopf beeinflußt. Besonders bei sehr obertonreicher Musik und bei Verwendung von Tonbändern oder Kassetten, auf die das Tonbandgerät nicht eingestellt ist, kann es zu fehlerhafter A. kommen. Übersteuerungen werden an Klangverzerrungen erkannt. Meist sind die hohen Töne zuerst betroffen: Laute Schlagzeugpassagen werden stumpf oder zischend wiedergegeben, Triangelschläge klingen klirrend. Untersteuerungen, wie sie vor allem bei Bändern mit geringer Empfindlichkeit auftreten, führen zum verstärkten Hervortreten der Störspannungen (Bandrauschen) bei der Wiedergabe. → Tonmischung (Abb.)

Hinweis: In den geschilderten Fällen kann eine A. auf eine etwas geringere bzw. höhere Anzeige am A.messer die Mängel bereits mildern. Besser ist jedoch, man läßt das Tonbandgerät auf den tatsächlich verwendeten Bandtyp einmessen, weil außer der → Aussteuerbarkeit und der → Empfindlichkeit des Bands, die lediglich eine Neukalibrierung des A.messer verlangen würden, auch dessen Arbeitspunkt abweichen kann. In diesem Fall ist außerdem der → Vormagnetisierungsstrom in einer Werkstatt neu einzustellen.

Aussteuerungsanzeiger: → Aussteuerungsmesser

Aussteuerungsautomatik, Aufnahmepegelautoma-

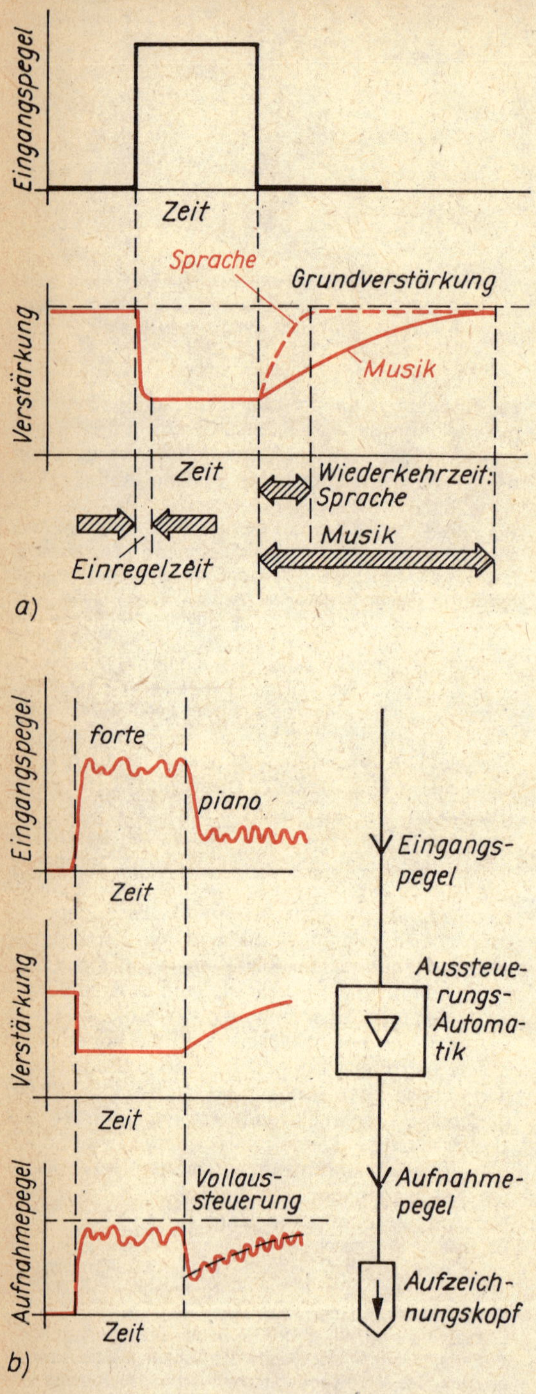

a) Einregel- und Wiederkehrzeiten bei einer *Aussteuerungsautomatik*,
b) Wirkungsweise einer Aussteuerungsautomatik auf das Musiksignal

tik (engl. Automatic Level Control, Abk. ALC): Baugruppe in einem Tonbandgerät, die auch bei schwankender Größe des Eingangssignals die Vollaussteuerung des Tonbands gewährleistet und Übersteuerungen weitestgehend vermeidet. Die A. ist ein → Regelverstärker, der bei großem Eingangssignal auf geringe Verstärkung regelt, bei kleinerem oder fehlendem Eingangssignal auf hohe. Dadurch übersteigt die Ausgangsspannung der A., die schließlich die Magnetisierung des Tonbands bewirkt, nicht den zulässigen Höchstwert für Vollaussteuerung. Auch kleinere Eingangssignale bewirken eine ausreichend kräftige Aufzeichnung. Bei plötzlichem Anstieg des Signals muß die A. möglichst schnell reagieren *(Einregelzeit)*, damit zu Beginn der Aufzeichnung oder bei Pegelspitzen das Tonband nicht übersteuert wird. Sinkt die Signalstärke dagegen, z. B. beim Übergang von einer Forte-Stelle auf piano, so ist bei Musik eine sehr langsame Regelung auf wieder höhere Verstärkung günstig. Diese *Ausregel-* oder *Wiederkehrzeit* muß etwa 1 ... 5 min betragen, damit die Dynamik der Musik nicht unnötig stark verändert wird. Trotzdem werden länger anhaltende leise Stellen im Laufe der Wiederkehrzeit mit immer größer werdendem Aufnahmepegel aufgezeichnet, bei der Wiedergabe nähert sich ihre Lautstärke allmählich der einer Forte-Stelle an. Bei fehlendem Eingangssignal (Tonpause) regelt die A. langsam auf volle Verstärkung, und das Grundgeräusch kann störend anschwellen. Leise beginnende Musikstücke liefern zunächst einen zu hohen Aufnahmepegel, sie beginnen daher bei der Wiedergabe zu laut. Zur Aufzeichnung von Sprache (z. B. bei eigenen Tonaufnahmen) ist eine kürzere Wiederkehrzeit von ca. 2 ... 10 s günstiger, hochwertige A. lassen sich darum zwischen Sprache und Musik umschalten (→ Dynamiktaste). Bei einfacheren, nicht umschaltbaren A. wurde für die Wiederkehrzeit eine Kompromißeinstellung gewählt, die weder bei Sprache, noch bei Musik optimale Ergebnisse liefert. In Stereogeräten ist die A. so aufgebaut, daß jeweils das aktuell lautere Signal die parallele Regelung beider Kanäle übernimmt. Das ist erforderlich, damit ein gewollter Pegelunterschied zwischen beiden Kanälen, wie er bei Seitenschallquellen auftritt, nicht von der A. zunichte gemacht wird. → Kameraausteuerung (Abb.)

Hinweis: A. sind von anspruchsvollen Tonamateuren nur dann zu akzeptieren, wenn sie sich abschalten und durch Handaussteuerung (→ Aussteuerung) ersetzen lassen. Eine A. erlaubt zwar problemloses Aufzeichnen, sie ist aber in jedem Fall eine Quelle zusätzlicher Tonsignalmängel, weil immer die → Dynamik des Signals verfälscht wird, und ein Ein- und Ausblenden i. allg. nicht möglich ist (Ausnahme: → Blendautomatik). In Tonbandgeräten, die keine Umschaltung auf Handaussteuerung erlauben, ist auch ein Aussteuerungsmesser überflüssig. Da er bestenfalls einen Gerätedefekt signalisieren kann, ist die zusätzliche Verteuerung des Geräts nicht gerechtfertigt.

Aussteuerungsmesser (engl. Level Meter): Einrich-

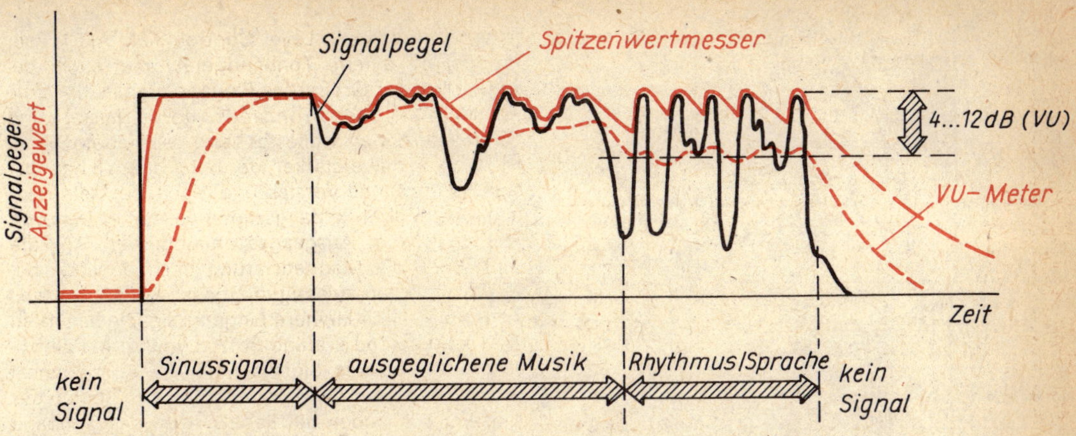

Aussteuerungsmesser (2): Zeitverlauf der Anzeige bei einem Spitzenwertmesser und einem VU-Meter

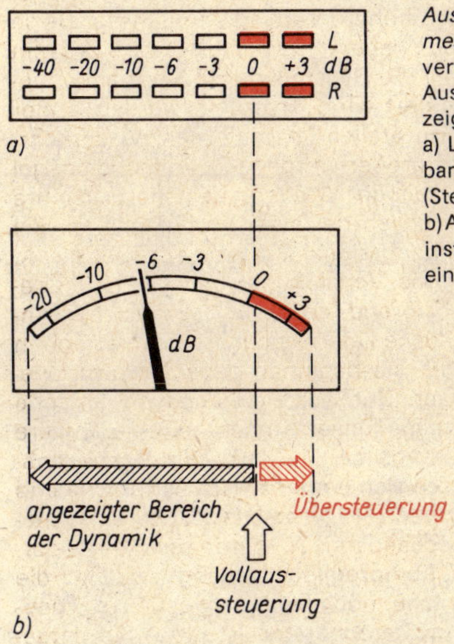

Aussteuerungsmesser (1) – verschiedene Aussteuerungsanzeiger: a) Leuchtdiodenband, 2kanalig (Stereo), b) Aussteuerungsinstrument für einen Kanal

tung an Magnetbandgeräten, Tonmischpulten oder NF-Verstärkern zur Kontrolle der Signalgröße (meist der Tonsignalspannung). Der A. besteht aus einer Baugruppe zur Gleichrichtung der Signalspannung, in der auch die *Ansprechzeit (Einschwingzeit)* und die *Abklingzeit (Ausschwingzeit)* der Anzeige beeinflußt und ggf. eine Frequenzbewertung der Anzeige vorgenommen wird und dem *Aussteuerungsanzeiger.* Während die Ansprechzeit des A. sehr kurz sein soll (bei professionellen A.: 3 ... 10 ms), damit schnelle Pegelerhöhungen (Pegelspitzen) richtig angezeigt werden, muß die Abklingzeit länger sein (0,7 ... 1,8 s), um eine gut ablesbare Anzeige zu erhalten. Als Aussteuerungsanzeiger werden heute z. T. noch Zeigerinstrumente (→ Drehspulmeßinstrumente), weitaus häufiger jedoch Leuchtdiodenbänder *(Bargraphanzeige)* verwendet.

Die Anzeige umfaßt i. allg. einen Bereich von −20 ... +3 dB (10 ... 140 %) bezogen auf Vollaussteuerung 0 dB (100 %), der bei Leuchtdiodenbändern nach negativen Pegelwerten auch weiter ausgedehnt sein kann. Der Übersteuerungsbereich oberhalb 0 dB (100 %) wird meist rot markiert (Abb.).

Hinweis: Weil der Anzeigebereich der meisten A. kleiner ist als die → Dynamik von Orchestermusik, kann es vorkommen, daß der A. bei sehr leisen Stellen nicht anspricht. Es handelt sich dabei nicht um einen Fehler.

In älteren Tonbandgeräten mit Elektronenröhren wurden als A. Anzeigeröhren mit Leuchtschirm (magisches Auge, magischer Fächer, magischer Strich) verwendet, oder Glimmlampen, die bei Vollaussteuerung aufleuchteten. Derartige Anzeigeeinrichtungen werden besser als *Aussteuerungsindikatoren* bezeichnet. Sie sind bei einfachen Tonbandgeräten oder bei NF-Verstärkern auch heute noch in Form einer Leuchtdiode zu finden. Diese wird mitunter auch zusätzlich zu einem Zeigerinstrument eingebaut und zeigt Pegelspitzen an, denen der Zeiger wegen seiner Massenträgheit nicht folgen kann. Bei Stereogeräten werden i. allg. 2 A. eingebaut. Wird in einfachen Geräten nur einer verwendet, so zeigt er die Aussteuerung des Kanals mit dem jeweils größeren Signal an. Bei A. wird in *Spitzenwertmesser* und *VU-Meter* (VU, Abk. für engl. Volume Unit, Volumeneinheit; 1 VU = 1 dB), auch *Mittelwertmesser* genannt, unterschieden. Spitzenwertmesser folgen exakt dem Pegelverlauf des Tonsignals, auch Pegelspitzen werden angezeigt; für sie gelten die angegebenen Ansprech- und Abklingzeiten. Übersteuerungen können gut erkannt und somit auch vermieden werden, jedoch wird bei Aufnahmen, die nach Spitzenwertmesser ausgesteuert wurden, Sprache gegenüber Musik subjektiv als leiser empfunden. VU-Meter zeigen dagegen den lautstärkebestimmenden Durchschnittswert des Signals an (Effektivwert), sie arbeiten gewissermaßen „träger" (Ansprech- und Abklingzeit ≈ 300 ms). Nach

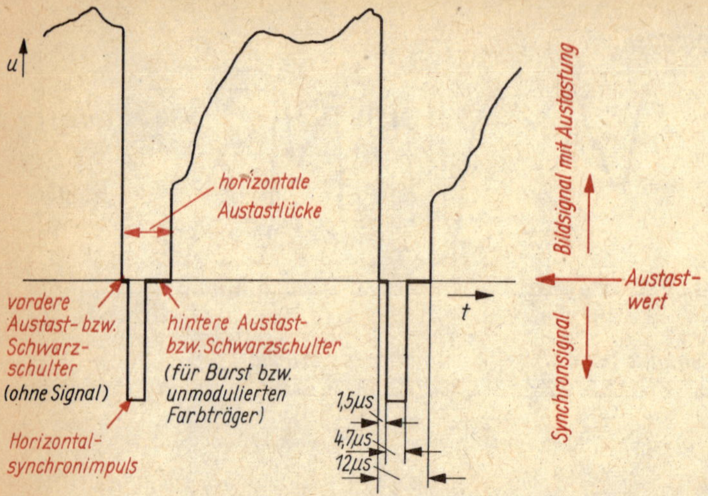

Ausschnitt aus dem vollständigen Bildsignal zur Veranschaulichung der Lage der *Austastschultern*

VU-Meter ausgesteuerte Aufnahmen klingen lautstärkeausgeglichen, jedoch können bei starken Pegelspitzen, wie sie bei Sprache oder rhythmusbetonter Musik auftreten, Übersteuerungen entstehen. Man eicht daher in professionellen Geräten das VU-Meter so, daß es gegenüber einem Spitzenwertmesser generell etwas mehr anzeigt (Anzeige von +8 VU entspricht Vollaussteuerung des Bands bei einem Sinussignal). Dadurch wird eine ausreichende Übersteuerungsreserve auch bei Pegelspitzen gesichert. Die A. in Heimtongeräten lassen sich meist keinem der beiden Typen exakt zuordnen; ihre Anzeigeeigenschaften liegen dazwischen. Das gilt besonders für Zeigerinstrumente, mit denen sich wegen der Massenträgheit des Anzeigeorgans kein echter Spitzenwertmesser aufbauen läßt. Real erreichbare Ansprechzeiten liegen bei solchen A. um 200 ms. → Spektral-Analysator, → Aussteuerungsautomatik, → Aussteuerung (Abb.)

Austastlücke: im Ergebnis der → Austastung entstandene Unterbrechung im Fluß des Nachrichtensignals, speziell des → Bildsignals. Die A. zeichnet sich durch einen informationsunabhängigen konstanten Signalpegel aus (→ Austastwert), der lt. Fernsehnorm festgelegt ist. Die im Bildsignal vorhandenen A. sichern, daß die Zeilen- und Bildrückläufe im Fernsehbild nicht sichtbar werden. Sie ermöglichen gleichzeitig die Übertragung *a)* des → Synchronsignals, *b)* der verfahrensabhängigen Kennsignale für die Farbfernsehübertragung (Burst beim → PAL-Farbfernsehverfahren, Indentifikationsimpulse und unmodulierter Farbträger beim → SECAM-Farbfernsehverfahren), *c)* von Prüfsignalen zur rationellen Beurteilung des Übertragungsverhaltens des Signalwegs (→ Prüfzeilen), *d)* von → Datenzeilen mit spezifischen Informationen des Fernsehrundfunks (→ Synchronsteuerung) oder zusätzlicher Informationsdienste für den Zuschauer (→ Fernsehtextsystem u. ä.) und *e)* von Fernsehtonsignalen im Synchronsignal (Sound In Sync) innerhalb des Nachrichtenkanals für das Bild- bzw. Fernsehsignal. Während der Dauer der A. können Schaltungen zur Regenerierung einzelner Parameter auf das Bildsignal einwirken, ohne daß sich daraus für den Zuschauer Störungen im Fernsehbild ergeben (→ Klemmschaltungen u. a.). Entsprechend der Lage der A. bezogen auf den Zeilen- bzw. Halbbildwechsel spricht man von der *horizontalen A.* (H-Lücke) bzw. der *vertikalen A.* (V-Lücke).

Hinweis: Die im Bildsignal entstehenden Austastlücken sind bei einem richtig eingestellten und exakt arbeitenden Fernsehgerät für den Zuschauer nicht sichtbar. Als örtlich feststehende dunkle Streifen an den Bildrändern sichtbare Austastlücken lassen auf → Ablenkfehler, im Bild horizontal bzw. vertikal durchlaufende Austastlücken lassen auf → Synchronisationsfehler schließen.

Austastschulter: beschreibt einen Zeitabschnitt der → Austastung im → vollständigen Bildsignal (BAS-Signal) bzw. Farbbildsignal (FBAS-Signal). Bezug nehmend auf die zeitliche Lage vor oder hinter dem → Horizontalsynchronimpuls spricht man von der *vorderen* und der *hinteren A.* Entsprechend der Funktion der Austastung (Schwarzsteuerung des Bilds während der Zeilen- und Bildrückläufe) wird für A. auch synonym *Schwarzschulter* verwendet. Die Dauer der hinteren A. wird für die Arbeit der → Klemmschaltung und Übertragung des → Burst (→ PAL-Farbfernsehverfahren, → NTSC-Farbfernsehverfahren) bzw. unmodulierten Farbträgers (→ SECAM-Farbfernsehverfahren) genutzt. Abb.

Austastsignal, *A-Signal:* Impulsfolge zur → Normaustastung von → Bildsignalen. Das A. schafft Lücken im Bildsignal, so daß bestimmte Vorgänge, z. B. horizontaler und vertikaler Strahlrücklauf beim → Zeilensprungverfahren, die Übertragung von Gleichlaufsignalen (→ Synchronsignal, → Farbsyn-

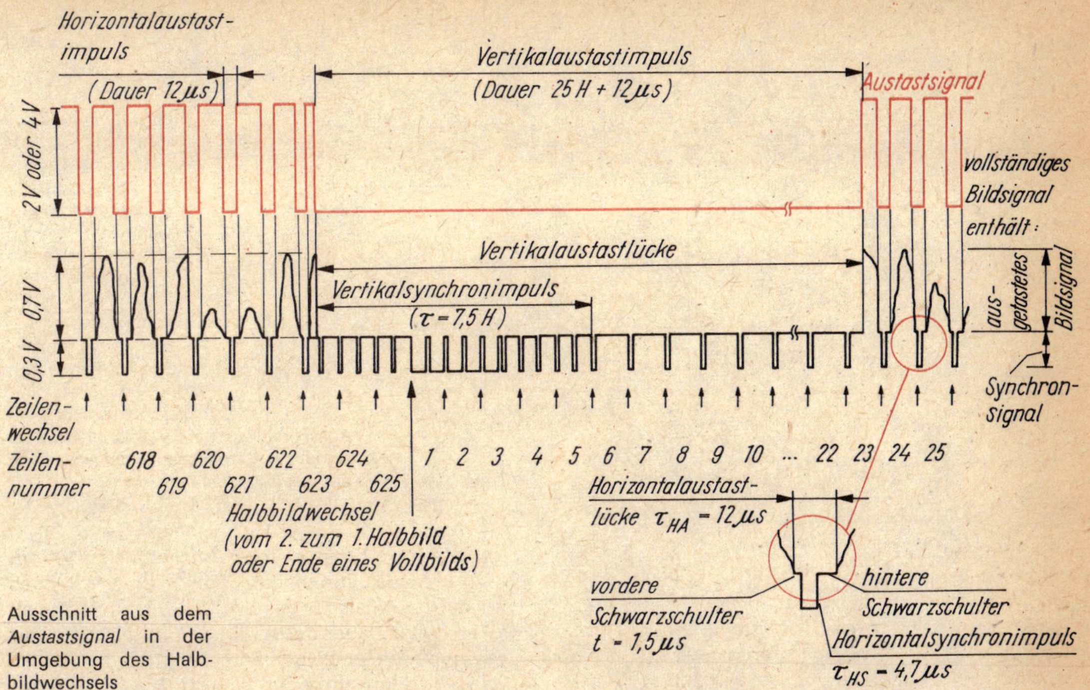

Ausschnitt aus dem *Austastsignal* in der Umgebung des Halbbildwechsels

chronsignal) im Bildsignal usw. für den Fernsehzuschauer nicht sichtbar werden (→ Austastlücke). Durch additive Überlagerung wird das A. zum Bestandteil der von den Bildsignalquellen abgegebenen Bildsignale. A. werden in → Fernsehimpulsgebern erzeugt. Sie bestehen aus → Horizontalaustastimpulsen und → Vertikalaustastimpulsen. Abb.

Austastung: 1. I. w. S. *gesteuerte Unterbrechung* eines Informationsflusses bzw. Signalflusses. Im Ergebnis der A. entstehen im jeweiligen Fluß definierte Lücken, die frei von der ursprünglichen Information bzw. dem zugehörigen Nachrichtensignal sind. Bezogen auf einen Nachrichtensignalfluß spricht man von → Austastlücken. – **2.** I. e. S. bedeutet A. im Fernsehen die Unterbrechung des → Bildsignals mittels → Austastsignal (→ Voraustastung, → Normaustastung) in speziellen elektronischen Schaltungen. Abb. S. 56

Austastwert: Spannungswert oder Pegel des → Bildsignals während der → Austastlücke. Dieser ist von der Bildinformation sebst unabhängig. Der A. bildet den Bezugswert für alle weiteren Spannungs- bzw. Pegelwerte (→ Weißwert, → Schwarzwert, → Synchronwert) im Bildsignal.

Autoantenne: → Kraftfahrzeugantenne

Auto-Assemble-Schnitt: → Assemble-Schnitt

Auto-Batterie-Adapter, DC-Adapter (DC Abk. für engl. Direct Current, Gleichstrom): Anschlußteil zur Spannungsversorgung eines Batteriegeräts aus dem Kfz-Bordnetz. Stimmen Betriebsspannung des Geräts und Bordspannung des Kfz überein, so besteht der A. lediglich aus einem 2adrigen Kabel, das auf der einen Seite einen Zigarettenanzünder- oder Kfz-Gleichspannungsstecker trägt, auf der anderen einen Betriebsspannungsstecker. Wird eine kleinere Betriebsspannung benötigt, so enthält der A. eine zusätzliche Baugruppe zur Spannungsreduzierung, mitunter umschaltbar auf verschiedene Spannungen. → Gleichspannungsstecker (Abb. S. 56)

Autobias: → Bandsortenumschaltung

Auto-Focus: System in Videokameras zur automatischen optischen Scharfeinstellung des Kameraobjektivs auf das Aufnahmeobjekt. A. arbeitet vorwiegend mit Ultraschall oder Infrarotlichtstrahlen (Abb.). Von einem Infrarotlichtsender (IR-LED), der sich vorn in der Kamera befindet, wird ein Infrarotlichtstrahl ausgesendet und vom Aufnahmeobjekt reflektiert. Der in 2 Bereiche geteilte Lichtempfänger (IR-Fotodioden) empfängt den reflektierten Strahl. Eine Steuerlogik berechnet den Abstand zwischen Aufnahmeobjekt und Kamera und veranlaßt den Schärfemotor, das Kameraobjektiv auf die optimale Bildschärfe einzustellen. Abb. S. 57

Auto-Kassetten-Radio, Autoradio-Kassetten-Kombination: Kombination eines → Kassetten-Abspielgeräts mit einem → Kraftfahrzeugempfänger, meist in einem gemeinsamen Gehäuse. A. sind i. allg. für stereofone Tonwiedergabe von Kassetten und monofone oder stereofone Wiedergabe vom Rundfunkteil ausgelegt. Rundfunkaufzeichnungen sind

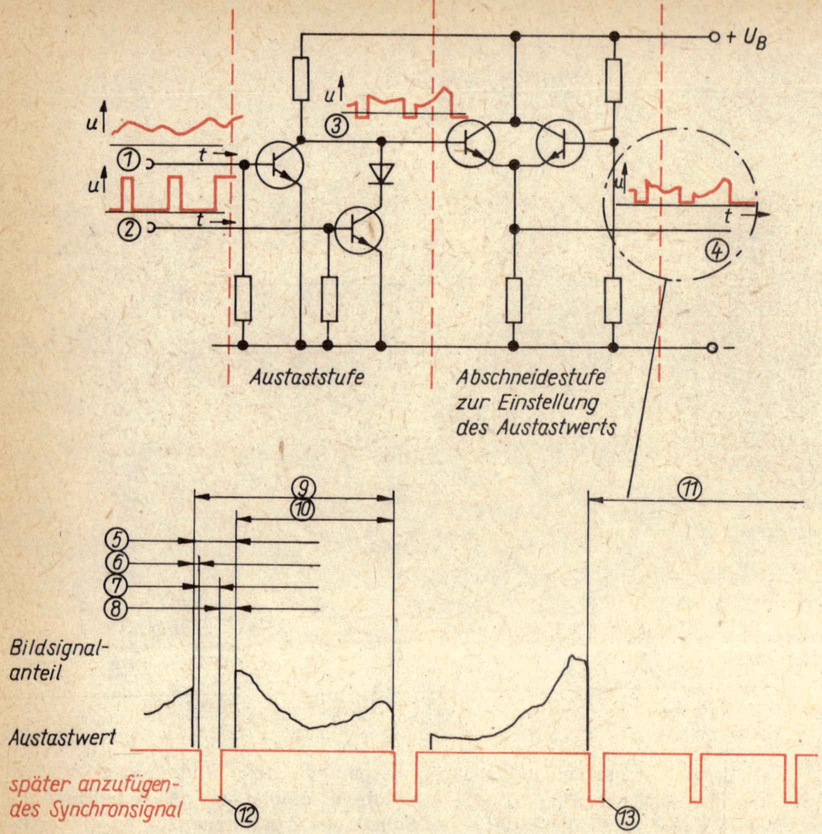

Funktionsschaltbild zur *Austastung* eines Bildsignals

1 Bildsignal ohne Austastung
2 Austastsignal (positiv, mit HA-Impuls und beginnendem VA-Impuls)
3 durch Austastsignal unterbrochenes Bildsignal
4 ausgetastetes Bildsignal (aufbauend auf exakt eingestellten Austastwert)
5 horizontale Austastung ($t_{HA} = 12\mu s$)
6 vordere Schwarzschulter ($t_{vs} = 1{,}5\mu s$)
7 Horizontalsynchronimpuls ($t_{HS} = 4{,}7\mu s$)
8 hintere Schwarzschulter ($t_{hs} \approx 5{,}8\mu s$)
9 Zeilendauer ($t_H = 64\mu s = H$)
10 aktive Zeilendauer, sichtbarer Bildinhalt pro Zeile ($t_{aH} = 52\mu s$)
11 Beginn der vertikalen Austastung bzw. der vertikalen Austastlücke (mit $t_{VA} = 25\ H + 12\mu s$)
12 Horizontalsynchronimpuls
13 mit 1. Vorausgleichsimpuls beginnender Vertikalsynchronimpuls

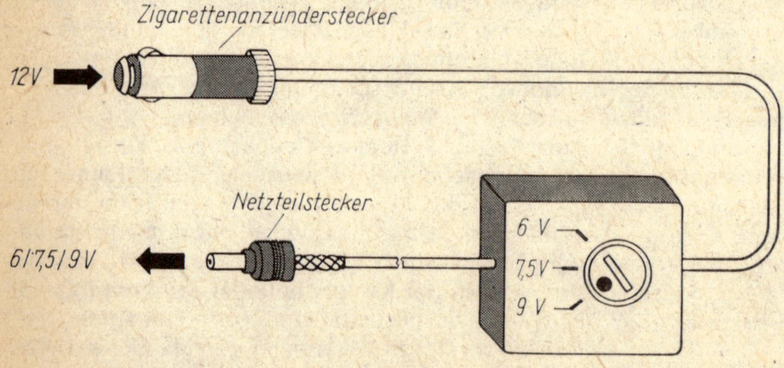

Auf verschiedene Betriebsspannungen umschaltbarer *Auto-Batterie-Adapter*

wegen der wechselnden und meist ungünstigen Empfangsbedingungen im Pkw nicht vorgesehen. Es müssen industriell bespielte Kassetten verwendet werden, oder dem Betreiber des A. muß eine andere Aufzeichnungsmöglichkeit, möglichst in Stereo, zur Verfügung stehen. Bei vielen Geräten wird am Kassettenende automatisch auf den Rundfunkteil umgeschaltet, z. T. auch die Kassette ausgeworfen. Bei einfacheren Geräten blinkt lediglich eine Leuchtdiode, die leicht übersehen werden kann. Bei A. mit Verkehrswarnfunkdekoder werden Verkehrsfunkdurchsagen z. T. auch bei Kassettenwiedergabe mit Vorrang wiedergegeben. Auch A. mit → Auto-Reverse-Laufwerk werden hergestellt. Abb.

Autolautsprecher, Autolautsprecherbox: speziell für den Einbau in Kfz vorgesehene Lautsprecher(boxen). Es werden Ein-, Zwei- oder Dreiwegeboxen (auch als → Koaxiallautsprecher) in vielfältigen Gehäusevarianten, meist mit schwenkbarer Halterung verwendet, um die Schallabstrahlrichtung der Sitz-

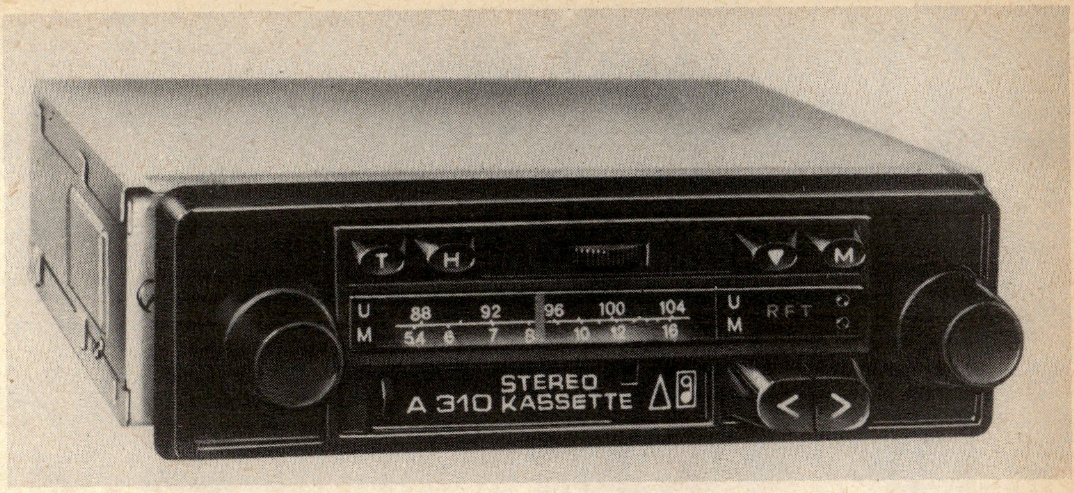

Auto-Kassetten-Radio

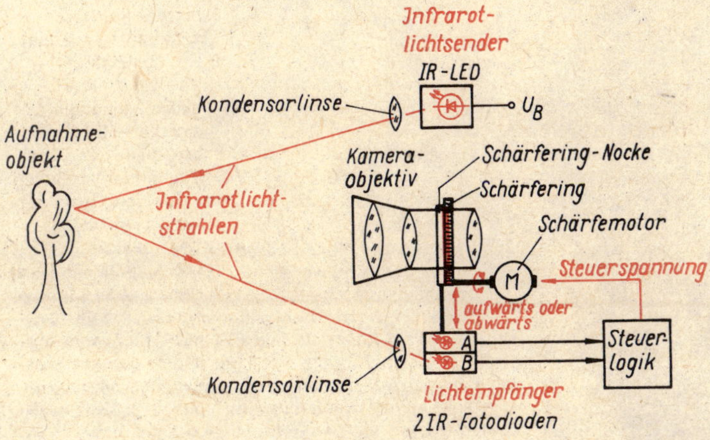

Infrarot-Auto-Focus

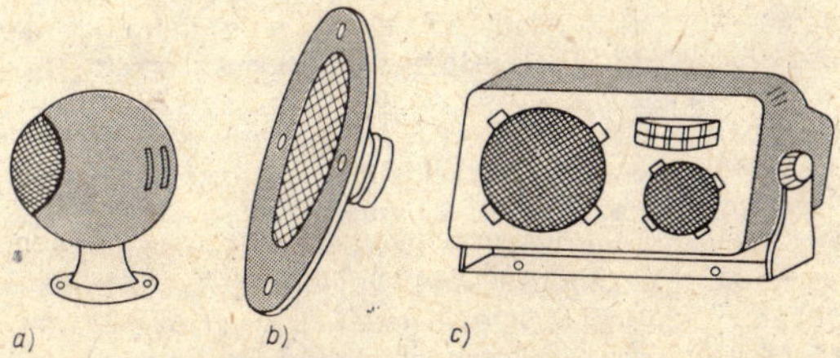

Autolautsprecherbox (1) – Ausführungsformen: a) Kugelbox mit Fuß, b) Einbaulautsprecher für Türen oder Armaturenbrett, c) schwenkbarer Mehrwege-Aufbaulautsprecher

verteilung im Kfz optimal anpassen zu können. Die Nennbelastbarkeit kann bis zu 50 W betragen. Bei einfacheren Ausführungen kleinerer Leistung dominieren Kugelboxen (Abb. a). Für den Einbau in Türen und Armaturenbrettern werden Lautsprecher in besonders flacher Bauform hergestellt (ca. 3 cm, Abb. b). Sie erreichen ihre volle Klangwirkung erst nach dem Einbau. Die Mehrwege-Ausführungen werden meist als Aufbau-A. gefertigt (Abb. c). Sie wirken je nach Konstruktion als Kompakt-, Baßreflex- oder offene Box (→ Lautsprecherbox). Auch in die Kopfstützen werden z. T. 2 Stereolautsprecher eingebaut. Ihr Hauptvorteil ist, daß sich die Lautstärke individuell auf die Person im Sitz abstimmen läßt. Manche A. lassen zusätzlich den Anschluß von einem oder 2 Stereokopfhörern zu, wobei die Lautsprecherwiedergabe wahlweise abgeschaltet werden kann. → Kraftfahrzeugempfänger (Abb.)

Hinweis: Für die Lautsprecheranordnung im Pkw gibt es vielfältige Varianten, die besonders bei Stereowiedergabe für günstige Klangwirkung und gute stereofone Auflösung bedeutsam sein können. Weil in neueren Pkw die Armaturenbretter z. T. recht schmal gehalten werden, ist häufig nur ein horizontaler Lautsprechereinbau mit Abstrahlung in Richtung der Windschutzscheibe möglich. Der Schall wird daran reflektiert und gelangt in den Fahrgastraum. Günsti-

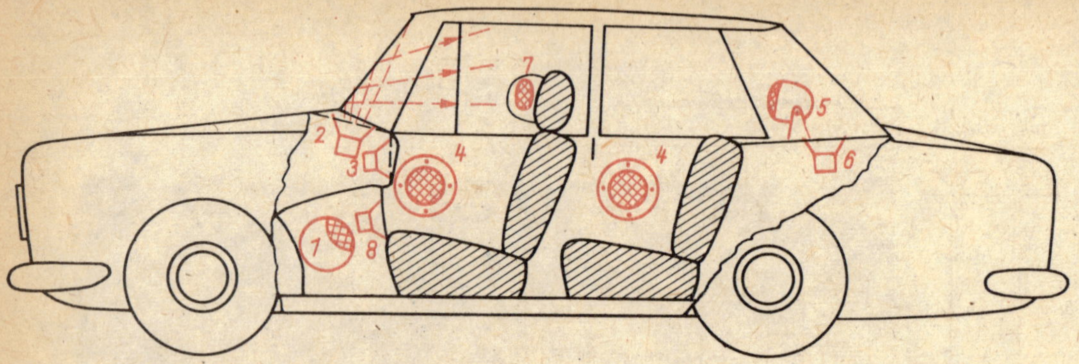

1 oberer Fußraum (auch kombiniert mit 5 oder 6)
2 Armaturenbrett, Abstrahlung über die Scheibe
3 Armaturenbrett, Abstrahlung direkt (meist nur Mono möglich)
4 Türlautsprecher, vorn - hinten (auch kombiniert mit Überblendeinsteller)
5 Aufbaulautsprecher auf Hutablage
6 Einbaulautsprecher von unten in Hutablage, Abstrahlung wie 2
7 Kopfstützenlautsprecher, getrennt für jede Person
8 Einbaulautsprecher in Mittelkonsole (meist nur Mono möglich)

Autolautsprecherbox (2): Einbauvarianten von Lautsprechern in einem Pkw

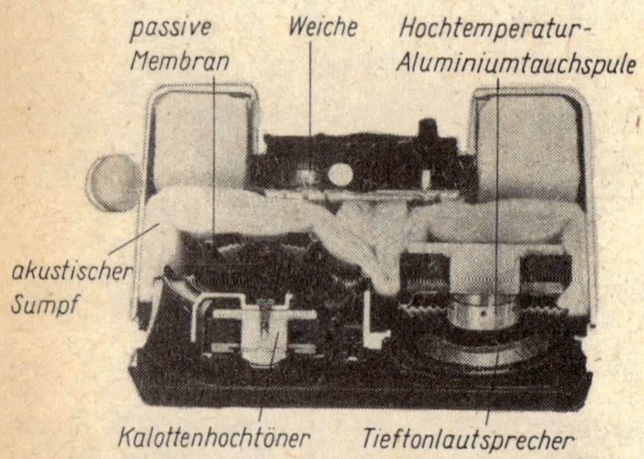

Zweiwege-*Autolautsprecherbox* (3) mit passiver Tieftonmembran und Schalter zur Pegelanpassung (gleichmäßige Lautstärkebalance im Pkw)

ger und mechanisch weniger aufwendig ist der Einbau von 2 A. rechts und links im vorderen oberen Fußraum. Dort stören sie kaum, und wegen geringer Schallreflektionen erzielt man eine günstige Klangwirkung. Lautsprecher in den Türen des Pkw erfordern unbedingt einen Spritzwasserschutz auf der Rückseite und flexible Leitungen zwischen Karosserie und Tür, die nicht gequetscht werden dürfen. Weil das ganze Türvolumen als Lautsprechergehäuse wirksam sein kann, ergibt sich eine kräftige Baßwiedergabe. 2 Stereoboxen auf der Heckablage führen zu der gewöhnungsbedürftigen Schallwahrnehmung von hinten, sie werden außerdem von den Fondpassagieren meist als unangenehm laut empfunden. Ein Einbau von unten in die Heckablage mit Schallabstrahlung über die schräge Heckscheibe beansprucht zwar wenig Raum, im Lautsprecher können sich jedoch Fremdkörper ansammeln (Staub, Krümel) und zu Kratz- und Rasselgeräuschen oder zu Klangverzerrungen führen. Werden ein oder 2 Lautsprecher im Rükken der Fahrgäste, zusätzlich zu den vorderen Stereolautsprechern, angebracht und in → Pseudoquadrofonie betrieben, so läßt sich auch mit dieser Variante der Stereoeffekt im Pkw überraschend verbessern.

Automatic Music Sensor (engl., automatischer Musikfinder): Einrichtung bei einem Kassettentonbandgerät, die eine programmierbare, automatische Wiedergabe der auf einem Band aufgezeichneten Titel in beliebiger Reihenfolge erlaubt. → Bandstellenfindung, automatische

Automatik-Plattenspieler, *Fonoautomat:* Schallplatten-Abspielgerät mit automatischer Steuerung der Bedienungsfunktionen. Beim *halbautomatischen Plattenspieler* werden nach dem Auflegen der Platte

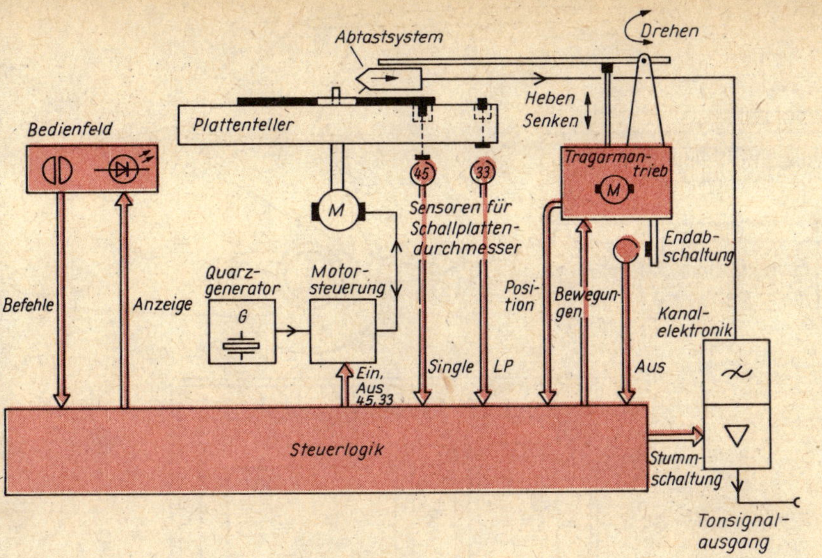

Funktionsschaltbild eines *Automatik-Plattenspielers* (rot: Steuerung)

und der Wahl der Drehzahl lediglich die Tragarmbewegungen automatisch gesteuert *(Tragarmautomatik)*. Der Tragarm wird entriegelt, läuft zum → Aufsetzpunkt, senkt ab und kehrt nach dem Abheben in die Ruhelage zurück. Das Gerät schaltet ab. Der Abspielvorgang kann an beliebiger Stelle unterbrochen und auch wiederholt werden. Beim *vollautomatischen Plattenspieler* wird zusätzlich entsprechend dem Durchmesser der Platte die Drehzahl automatisch eingestellt (auch manuell möglich für Platten, deren Durchmesser vom Standard abweicht). Die Bedienung vereinfacht sich zum einfachen Plattenauflegen und Einleiten der Startfunktion. Solche A. erlauben darüber hinaus z. T. Titelwiederholungen bzw. -überspringen oder die Wiedergabe der Titel einer Platte in beliebiger, vorprogrammierbarer Reihenfolge *(Music Selector)*. Auch Fehlbedienungen, z. B. der Start bei fehlender Platte, werden verhindert. Zur Auslösung der Bedienungsmöglichkeiten werden beim A. größtenteils Berührungs- oder Tiptasten verwendet, die Befehlsverarbeitung erfolgt digital in mikroelektronischen Logikbausteinen. Die Tragarmbewegungen werden motorisch gesteuert. Abb.

Auto-Portable: Rundfunkempfänger, der auf Grund seiner Konstruktion sowohl als Reiseempfänger, als auch als Kraftfahrzeugempfänger in einer entsprechenden Halterung am Armaturenbrett betrieben werden kann. Häufig wird für den Kfz-Betrieb ein zusätzlicher Leistungsverstärker (→ Power Booster) verwendet. Beim Einsetzen des A. in die Halterung wird automatisch auf die Bordspannung des Kfz umgeschaltet. Die eingebauten Antennen werden bei hochwertigen A. abgeschaltet und durch die Kfz-Antenne ersetzt, damit keine unnötigen Zündstörungen aufgenommen werden.

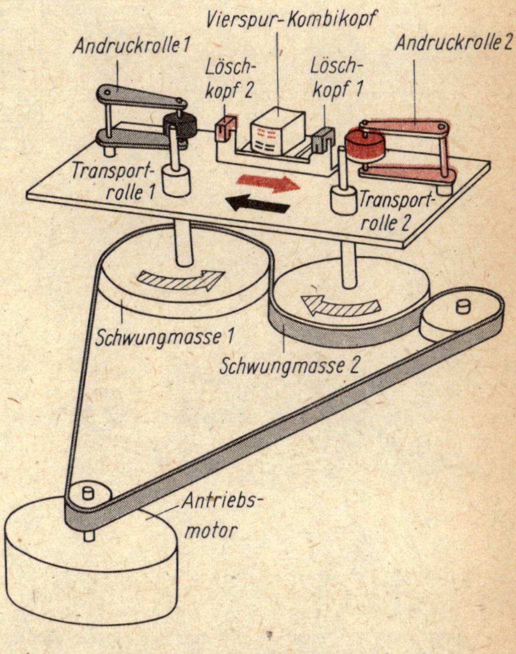

Prinzipieller Aufbau eines *Auto-Reverse-Laufwerks*

Autoradio: → Kraftfahrzeugempfänger

Auto Repeat (engl., automatische Wiederholung): Betriebsart eines Kassettenlaufwerks, bei dessen Einschaltung das Band, an seinem Ende angelangt, automatisch zum Anfang zurückgespult und beliebig oft nochmals wiedergegeben wird.

Auto-Reverse-Laufwerk: Laufwerk, vorwiegend für Kassettenbandgeräte mit Wendekassetten, das

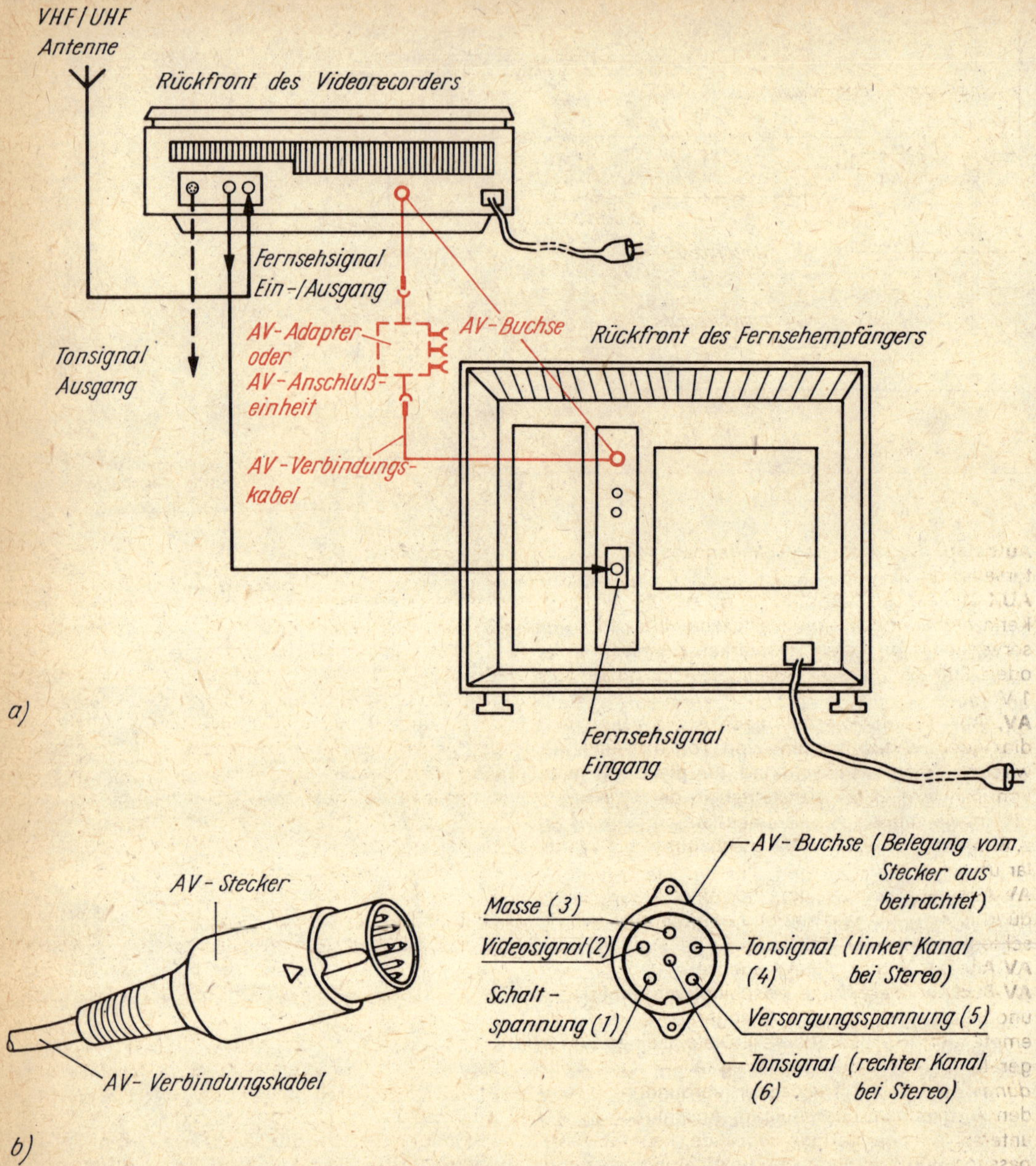

Herstellen einer *AV-Verbindung* durch den Einsatz von AV-Steckverbindern: a) AV-Verbindung zwischen Videorecorder und Fernsehempfänger, b) AV-Stecker und AV-Buchse nach DIN

einen Betrieb in beiden Bandlaufrichtungen gestattet, ohne die Kassette umlegen zu müssen. Die Umschaltung der Bandlaufrichtung und der Kanalelektronik auf die Gegenspuren erfolgt dabei meist automatisch am Bandende. Teilweise wird die aktuelle Bandlaufrichtung mit Leuchtpfeil oder einer blinkenden LED-Kette angezeigt. Mit A. ist z. T. auch Endlosbetrieb möglich (→ Continous Play). A. für Kompaktkassetten erfordern Tonköpfe mit 4 übereinander eingebauten Wandlern oder einen → Roto-Bilateral-Kopf, 2 getrennte Löschköpfe und 2 gegenläufige Bandantriebe. Auch Videorecorder nach dem System 2000 (Wendekassette!) werden mit A. gebaut. Weil der Laufrichtungswechsel nur ca. 1 s dauert, ist praktisch ununterbrochene Aufzeichnung von max. 16 h möglich. → UDAR (Abb.)

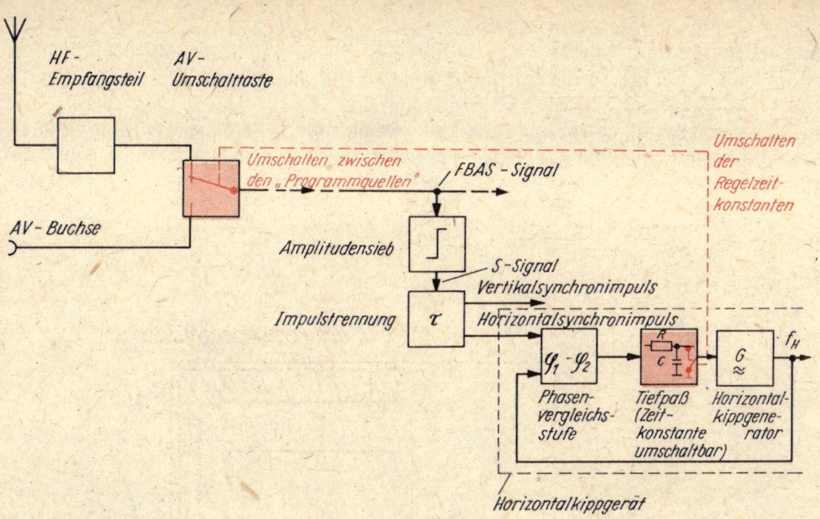

Wirkung der *AV-Umschaltung*

Autostop, Auto Shutoff: → Bandendabschaltung, automatische

AUX-Buchse (AUX Abk. für engl. Auxiliary, Hilfs-): Kennzeichnung für eine zusätzliche Hilfs- oder Reservebuchse an einem Verstärker zum Einspeisen oder Entnehmen hochpegeliger Tonsignale (um 1 Volt).

AV, Abk. für *audiovisuell,* auch Audio-Vision, Audio/Video: Zusammenhang von Ton und Bild. AV wird als Sammelbezeichnung für die Darbietung von Ton- und Bildinformationen in der Videotechnik in vielfältigsten Zusammenhängen gebraucht, z. B. → AV-Buchse, → AV-Umschaltung, AV-Modular usw.

AV-Adapter: Einrichtung, die eine Signalverbindung über → AV-Buchsen und → AV-Stecker unterschiedlicher Art ermöglicht.

AV-Anschlußeinheit: → AV-Buchse

AV-Buchse: mehrpolige Anschlußbuchse für Ton- und Bildsignale (→ AV) an Videogeräten (→ Fernsehempfänger, → Videorecorder). Die einzelnen Videogeräte werden über den Weg A. – *AV-Verbindungskabel* – A. miteinander verbunden. Liegen den A. (mechanischer Aufbau, Anschlußbelegung) unterschiedliche Normen zugrunde, kann eine Anpassung durch entsprechende *AV-Adapter* bzw. in größerem Umfang auch *AV-Anschlußeinheiten* erfolgen. Drei der heute üblichen AV-Verbindungsmöglichkeiten bestehen über → SCART-Steckverbinder, → Hondabuchse – Hondastecker und AV-Steckverbinder nach DIN. → AV-Umschaltung (Abb.)

Hinweis: Der Großteil der modernen Fernsehempfänger ist mit A. ausgerüstet bzw. für deren Einsatz vorbereitet.

AVC, Abk. für engl. **A**utomatic **V**olume **C**ontrol: automatische Lautstärkeregelung, wie sie u. a. bei Rundfunk- und Fernsehempfängern (→ Verstärkungsregelung, automatische) oder Tonbandgeräten (→ Aussteuerungsautomatik) eingebaut wird.

AV-Programmtaste: → AV-Umschaltung

AVR, Abk. für **a**utomatische **V**erstärkungs**r**egelung: → Verstärkungsregelung, automatische

AVR-Gütezahl: Kennwert eines Rundfunkempfängers, dessen Größe die Wirksamkeit der automatischen Verstärkungsregelung angibt. Die A. gibt an, um wieviel Dezibel der HF-Pegel am Antenneneingang verringert werden kann, bis die Ausgangsleistung des Empfängers auf 10 % des ursprünglichen Werts (um 10 dB) abgesunken ist. Günstige Werte liegen um 60 dB.

AV-Stecker: Gegenstück zur → AV-Buchse.

AV-Taste: → AV-Umschaltung

AV-Umschaltung: Umschaltung des → Fernsehempfängers zwischen Fernsehempfang und AV-Betrieb (Wiedergabe einer Fernsehsendung vom → Videorecorder). Die A. bewirkt neben der eigentlichen Umschaltung zwischen den unterschiedlichen „Programm-Quellen" (Fernsehsender, Videorecorder) insbesondere im Fernsehempfänger eine Umschaltung der Regelzeitkonstanten der Synchronisationsschaltung im → Horizontkippgerät (Abb.). Durch Verkürzung der Regelzeitkonstanten beim AV-Betrieb gegenüber dem Fernsehempfang werden Zeitverschiebungen der Horizontalsynchronimpulse (verursacht durch Gleichlaufstörungen), die sich aus der Aufnahme/Wiedergabe mittels Videorecorder ergeben und zu Bildstörungen führen können, ausgeglichen. Die A. erfolgt bei Betätigen der *AV-Programmtaste* oder *AV-Taste* (i. allg. Taste „0" oder auch letzte Programmtaste am Senderschnellwahlaggregat oder der Gerätefernbedienung). Moderne Fernsehempfänger sind mit einer AV-Taste ausgerüstet. Abb.

AV-Verbindungskabel: → AV-Buchse

Azimut-Aufzeichnung: magnetische Signalspeicherung, bei der mit geneigtem Arbeitsspalt *(Azimutwinkel)* des Magnetkopfs gearbeitet wird. Die A. wird in Videorecordern angewendet, bei denen die Videospuren ohne Trennspur *(→ Dichtspeichertechnik)* aufgezeichnet werden. Zur Vermeidung störender Übersprecheffekte benachbarter Videospuren wird von Spur zu Spur mit entgegengesetztem

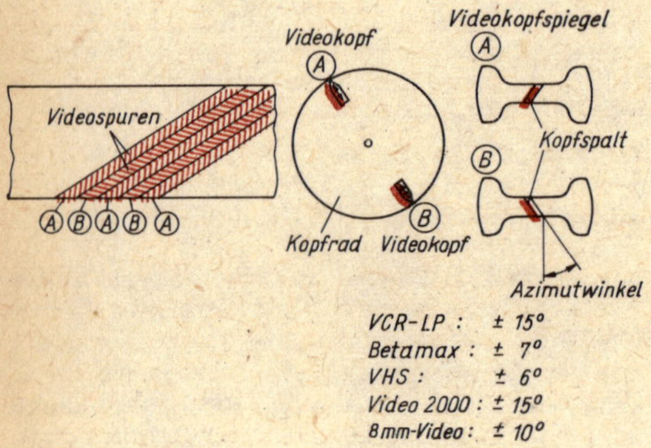

Azimut-Aufzeichnung

Spaltneigungswinkel (z. B. ± 15°) aufgezeichnet. Zwischen den Spuren tritt eine Winkeldifferenz des doppelten Azimutwinkels auf (z. B. 30°). Da die Übersprechdämpfung mit der gespeicherten Frequenz steigt, wirkt sich die durch A. erzielte Übersprechdämpfung bei Farbsignalaufzeichnungen – vorausgesetzt → Chroma-Konvertierung wird angewendet – hauptsächlich auf das Luminanzsignal aus. Für das konvertierte Chrominanzsignal sind zusätzliche Maßnahmen zur Kompensation des Übersprechens notwendig. Abb.

Azimutfehler: → Taumelung

Azimutwinkel: 1. *(magnetische Aufzeichnungstechnik) Spaltneigungswinkel:* unerwünschte (Audio) oder bewußt eingestellte (Azimut-Aufzeichnung bei Video) Winkelabweichung des Kopfspalts *(Kopf-*

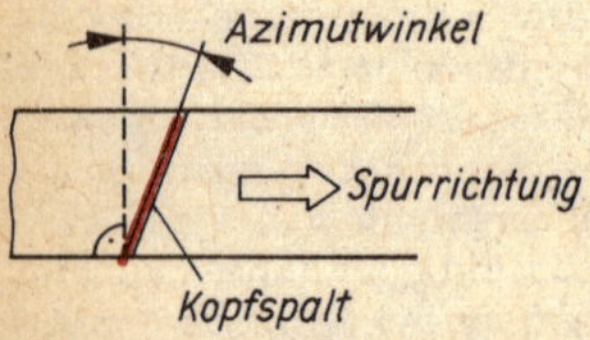

Azimutwinkel bei der magnetischen Aufzeichnungstechnik

spaltwinkel) gegenüber dem Lot auf die Spurrichtung (Abb.). → Taumelung, → Azimut-Aufzeichnung – **2.** *(Satellit)* Winkel auf dem Horizont, gemessen zwischen dem Satelliten-Punkt auf dem Höhenkreis und der Südrichtung. Der A. wird über Osten oder Westen angegeben.

B

„Babyzelle": elektrochemische Rundzelle R 14. → Primärelement

Back-Elektretmikrofon: → Elektretmikrofon

Backfireantenne: → Mehrelementantenne, bei der der letzte Direktor durch eine zusätzliche Reflektor-

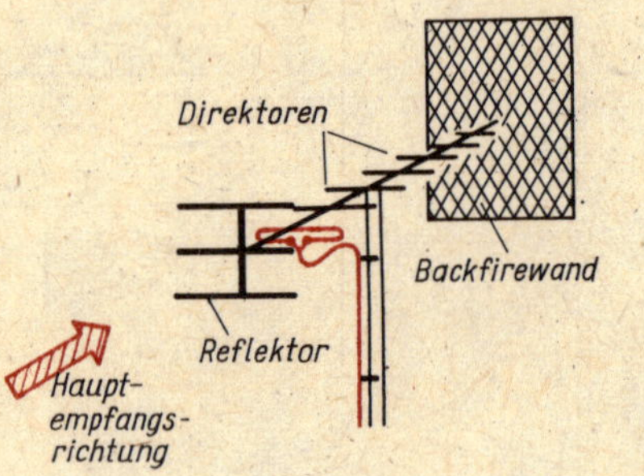

Aufbau einer *Backfireantenne*

wand *(Backfirewand)* ersetzt ist. Die B. hat etwa die gleichen Eigenschaften wie eine Yagi-Antenne doppelter Baulänge. Abb.

Back-Record: Schalteinrichtung in einem NF-Verstärker, die das Abhören einer beliebigen angeschlossenen Tonsignalquelle (z. B. Schallplatte) bei gleichzeitiger Rundfunkmitzeichnung auf Tonband erlaubt.

Backward-Diode: → Tunneldiode

Baird, John Logie: schottischer Physiker und Techniker (13. 8. 1888 – 14. 6. 1946), der bereits 1924 die erste öffentliche Fernsehübertragung der Welt startete. B. arbeitete mit der Britischen Rundfunkgesellschaft, später auch mit der Deutschen Reichsrundfunkgesellschaft zur Entwicklung des → Fernsehens zusammen. Bis in die 30er Jahre waren seine Arbeiten in der Fernsehtechnik auf die Anwendung elektromechanischer Abtaster mit Spiegelrad, einer Nachfolgeentwicklung der → Nipkowscheibe orientiert. Das Vorbild der 1930 in Deutschland erfundenen vollelektronischen Fernsehbildübertragung, insbesondere die demgegenüber geringere Bildqualität elektromechanischer Verfahren, zwingen schließlich auch die Firma B. (Baird Television Co. Ltd., London), den neuen Weg der elektronischen Bildaufnahme und -wiedergabe zu beschreiten. B. arbeitet des weiteren erfolgreich auf den Gebieten der Bildtelegrafie und der Anwendung infraroter Strahlen für Sichtgeräte.

Balanceeinsteller, veraltet Balanceregler: **1.** *(Audio)* Dreh- oder Schiebeeinsteller zum Ausgleich einer → Pegeldifferenz zwischen den Stereokanälen, die zu einer seitlichen Verschiebung des Stereoklangbilds führt (→ Stereobalance). Ein häufig verwendetes Schaltungsprinzip beruht auf einem Potentiometer, das zu 2 gegenläufig auf die Signale wirkenden

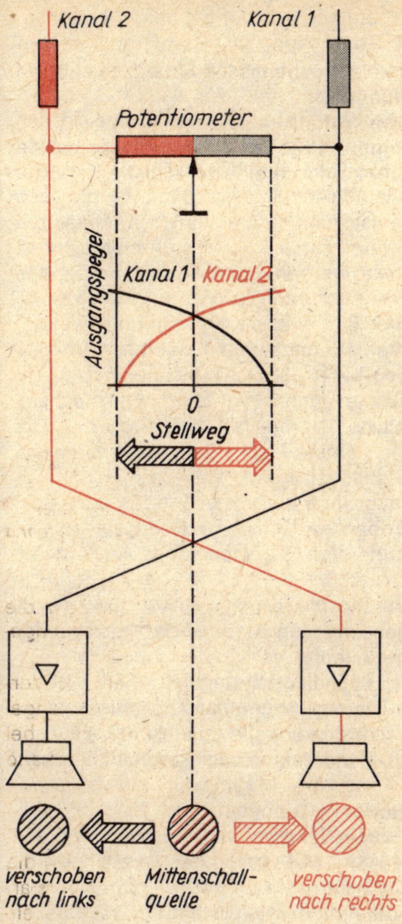

Prinzip eines *Balanceeinstellers*

Spannungsteilern erweitert wird. Bei getrennten Lautstärkeeinstellern für die Stereokanäle kann auf einen B. verzichtet werden. B. können auch fernsteuerbar sein. → Gleichspannungssteuerung, → Fernbedienung – **2.** *(Video)* Einsteller zum Angleich der Videosignalspannungen und damit der Bildhelligkeiten verschiedener Bildquellen (→ Bildmischer). Abb.

Ballasttriode: in der älteren Schaltungstechnik zur Stabilisierung von Gleichspannungen bei starkem Lastwechsel in der Spannungsquelle eingesetzte Elektronenröhre. B. werden parallel zum Spannungsversorgungsgerät geschaltet und übernehmen als „Ballast" die von diesem bereitgestellte Energie, die zeitweilig nicht von der eigentlich zu versorgenden Schaltung abgefordert wird. Auf diese Weise besteht, ohne die Spannungsquelle unterschiedlich zu belasten, eine frei verfügbare Energiereserve, so daß die versorgten Schaltungen jederzeit stabil arbeiten können. Ein verbreitetes Anwendungsgebiet war die → Strahlstromstabilisierung in röhrenbestückten Farbfernsehempfängern.

Ballempfänger: hochwertiger Fernseh- oder Hörrundfunkempfänger, der das empfangene Signal zur Bearbeitung und Wiederausstrahlung durch einen am Empfangsort befindlichen Sender bereitstellt (Ballsendung). Unter diesem Aspekt kommen B. ohne Wiedergabeteil aus.

Hinweis: Die Methode Ballempfang-Ballsendung (Zuspiel/Weitergabe der Information wie ein „Ball") wird angewendet, wo eine Versorgung des Senders über Richtfunk und Kabel nicht oder nur mit hohem Aufwand möglich ist.

Band: **1.** Frequenzbereich zwischen 2 definierten Grenzfrequenzen, z. B. Kurzwellenband (→ Bandbreite). – **2.** Bandförmiger Informationsträger (→ Magnettonband, → Videoband).

Bandbreite B: **1.** *(Übertragung)* auch *Frequenzbandbreite:* Frequenzabstand zwischen einer unteren Frequenz f_u und einer oberen Frequenz f_o (Grenzfrequenzen) bei einem Signal oder Übertragungskanal; $B = f_o - f_u$. Die B. wird auch für einzelne Geräte oder Baugruppen eines Übertragungskanals angegeben, z. B. Filter. Da sich die B. eines Signals – und damit die eines erforderlichen Übertragungskanals – bei Modulation oder Kodierung z. T. beträchtlich erhöhen kann, unterscheidet man zwischen *Basisbandbreite* für das ursprüngliche Ton- oder Bildsignal und *HF-B.* für das modulierte Signal. – **2.** *(Magnetband)* Breite (auch die Bezeichnung Höhe ist üblich) von Magnetbändern (→ Magnetbandbreite).

Bandbreiteneinstellung, veraltet Bandbreitenregelung: an hochwertigen AM-Rundfunkempfängern (Kurz-, Mittel- und Langwelle) vorgesehene Möglichkeit zur Veränderung der ZF-Bandbreite. Bei Einstellung auf *schmalbandig* steigt die Trennschärfe, jedoch vermindert sich gleichzeitig die NF-Bandbreite (Klang wird dunkler). *Breitbandige* Einstellung führt, wenn keine Nachbarkanalsender stören, zu einer besseren Tonqualität. → FCCS

Bändchenlautsprecher: Sonderbauform des → elektrodynamischen Lautsprechers mit einer bändchenförmigen, leichten Membran zwischen den Polen eines starken Permanentmagneten (→ Bändchenmikrofon). Der B. wird heute als Hochtonlautsprecher mit einer sehr dünnen, aluminiumbedampften Kunststoffmembran gefertigt. Er hat ein ausgezeichnetes Impulsverhalten und einen extrem weiten Übertragungsbereich bis über 100 kHz.

Bändchenmikrofon: Sonderbauform des → dynamischen Mikrofons. Beim B. wird ein nur wenige Mikrometer dünnes, geriffeltes Aluminiumbändchen zwischen den Polen eines starken Magneten lose aufgespannt. Dieses Bändchen bildet Membran und Leiter zugleich. Dadurch wird das B. äußerst niederohmig und benötigt in jedem Falle einen (eingebauten) Anpassungsübertrager. Mit B. läßt sich eine ausgezeichnete Tonqualität erzielen, sie werden da-

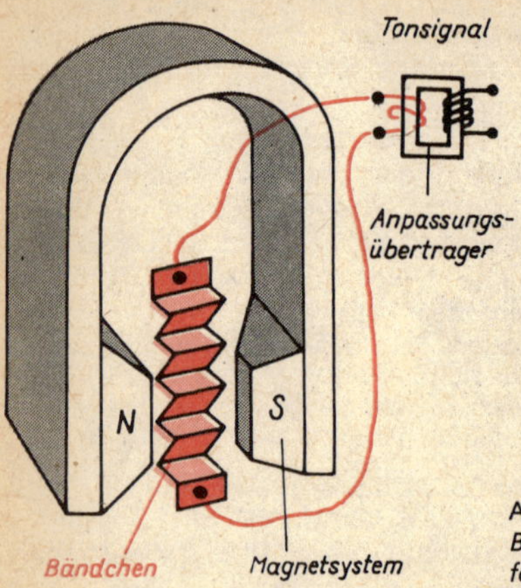

Aufbau eines *Bändchenmikrofons*

her sogar für Orchesteraufnahmen eingesetzt. Abb.

Banddehnung: **1.** *(Magnetband)* in Längsrichtung entstandene Deformation eines Magnetbands, die vor allem durch falsche Bandzugkraft und zu stark greifende Laufwerksbremsen entsteht. B. äußert sich zuerst als Welligkeit der Bandkanten. Sie führt bei Tonbändern zu → Bandlaufstörungen, die sich durch Aussetzer und Pegelschwankungen (z. T. nur in den Höhen), bei stark gedehnten Bändern auch in → Tonhöhenschwankungen zeigen. Bei Videorecordern führt B. besonders zu → Spurlagefehlern und in deren Folge zu → Zeitfehlern und erhöhtem Übersprechen. Die Auswirkungen sind u. a. → Zeilenjitter, Störstreifen und stärkeres Bildrauschen. Bei B. entstehen bei allen Magnetbändern ungleichmäßige Wickel (→ Cinching). – **2.** *(Frequenzband)* → Bandspreizung.

Bandendabschaltung, automatische: Automatik bei Magnetbandgeräten, die den Bandantrieb am Bandende, bei einigen Ausführungen auch am Bandanfang nach schnellem Rückspulen oder bei Bandlaufstörungen bzw. Bandriß außer Betrieb setzt *(Autostop,* Auto Shutoff). Viele B. arbeiten elektromechanisch mit einem Fühlhebel (Abb. a), der nur bei straff gespanntem Band an der Vorwickelspule einen Kontakt schließt, und der bei Bandriß oder am Bandende die Abschaltung vornimmt. Andere Verfahren, vor allem bei Videorecordern, benutzen ein kurz hinter Bandanfang und vor Bandende aufgeklebtes → Schaltband (Abb. b). Auch optoelektronische Abschaltung über lichtreflektierende Folien (Abb. c) oder mit Hilfe einer Lichtschranke im vorbeilaufenden Band (Abb. d) sind üblich. B., die auch bei → Bandlaufstörungen funktionieren, reagieren i. allg. auf erhöhten Bandzug oder stehenbleibenden Vorwickel. Dazu werden von der sich drehenden Vorwickelachse nach dem Tachoprinzip Impulse erzeugt, die einer Steuerschaltung zugeführt werden (Abb. e). Bleiben sie bei stehenbleibendem Vorwickeltrieb aus, so kehrt die Laufwerkssteuerung (einschließlich der eventuell vorhandenen mechanischen Bedientasten) in die Halt-Position zurück. Die B. wird z. T. mit einem Flackerlicht oder durch ein akustisches Signal angezeigt. Abb.

Bandfilter: Baugruppe aus meist 2 oder mehr miteinander gekoppelten Schwingkreisen zur selektiven Ausfilterung von Signalen eines bestimmten Frequenzbands (z. B. → ZF) aus einem breiten Frequenzspektrum. In modernen Fernseh- und Rundfunkempfängern werden dafür auch → akustische Oberflächenwellenfilter verwendet.

Bandflattern: → Bandlaufstörungen

Bandfluß: auf einem Magnetband im Takt des Signals örtlich gespeicherter magnetischer Wechselfluß. Nur ein Teil dieses von den Magnetteilchen erzeugten B. kann die Magnetschicht verlassen. Dieser Teil gelangt als sogenannter *Kurzschluß-B.* in den Kern des Wiedergabekopfs und bewirkt in dessen Spule eine Induktionsspannung. Mit sinkender Wellenlänge schließt sich ein Teil der Feldlinien bereits innerhalb der Magnetschicht. Diese als Selbstentmagnetisierung bezeichnete Erscheinung führt zur sogenannten *B.dämpfung*, die sich besonders bei langsamlaufenden Tonbandgeräten in einer mit steigender Frequenz sinkenden Signalspannung am Wiedergabekopf zeigt (→ Magnettonentzerrung). Um Tonbänder auf verschiedenen Geräten bespielen und wiedergeben zu können, ist der Amplitudenfrequenzgang des Kurzschluß-B. in Ab-

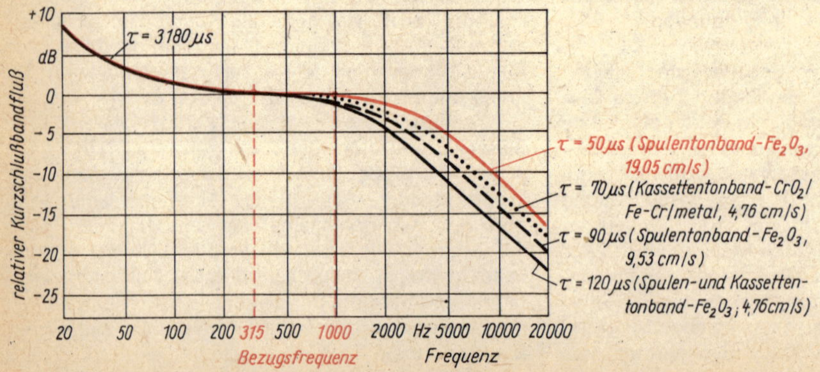

Standardflußverläufe bei verschiedenen Bandgeschwindigkeiten und Bandsorten

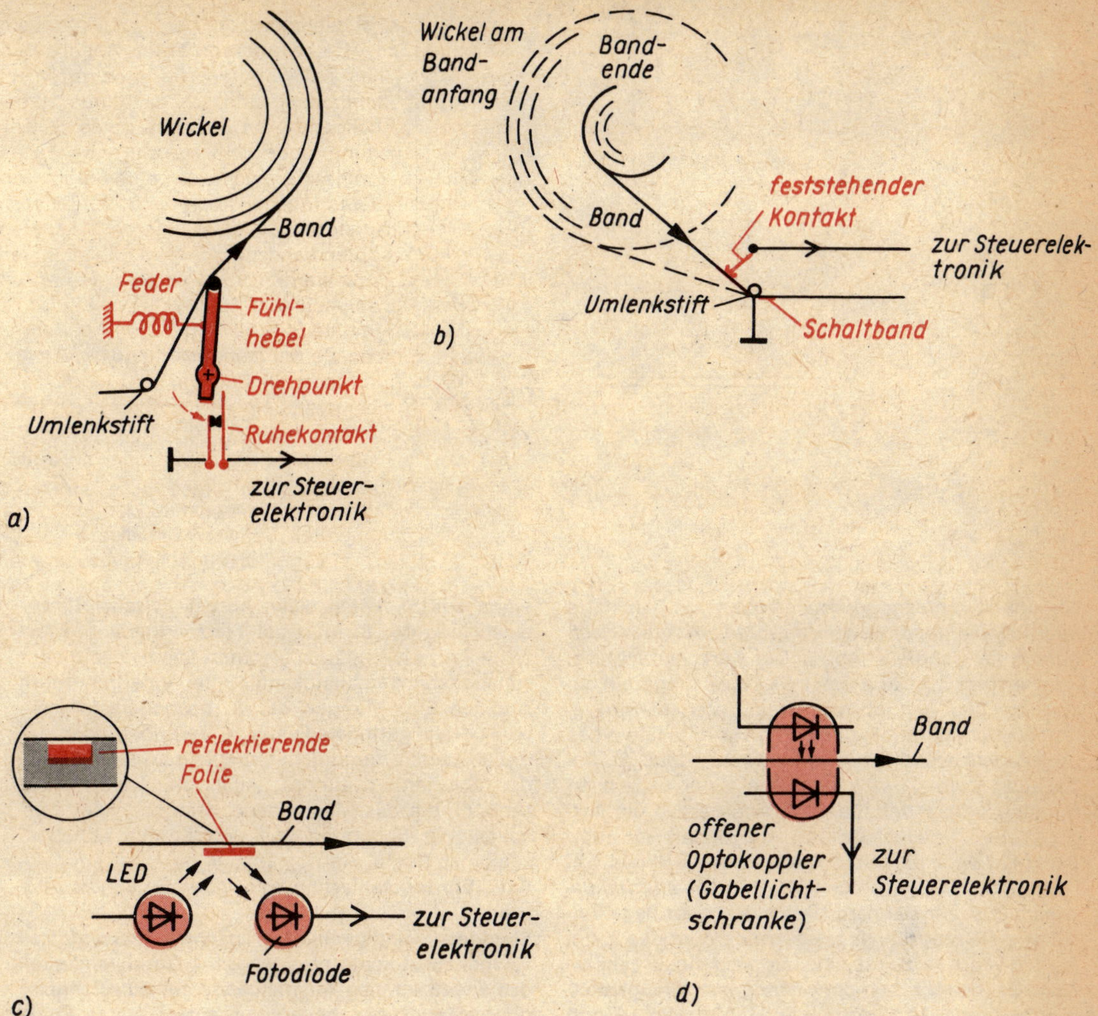

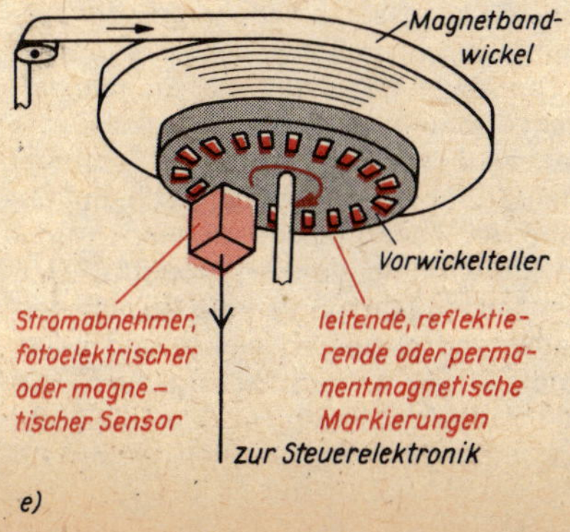

Verschiedene Verfahren zur *automatischen Bandendabschaltung:* a) Fühlhebel, b) Schaltband, c) reflektierende Folie, d) Lichtschranke, e) mit Drehzahlsensor unter dem Vorwickelteller

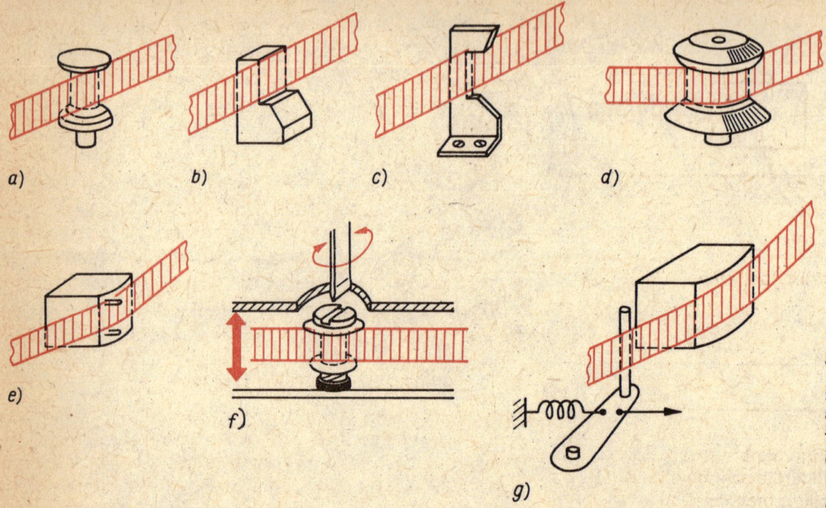

Verschiedene *Bandführungen:*
a...c) feststehende Bandführungen,
d) Bandführungsrolle (Umlenkrolle),
e) Führungsstifte am Kassetten-Tonkopf,
f) Skew-Einsteller,
g) Bandabheber

hängigkeit von Bandgeschwindigkeit und Bandsorte international genormt worden *(Standardflußverlauf, genormter Bandfluß,* Abb.). Die Kurzcharakterisierung erfolgt mit Hilfe einer → Entzerrungszeitkonstanten τ. Auf den entsprechenden Verlauf wird jedes Tonbandgerät bei der Fertigung mit Hilfe eines → Bezugsbands eingestellt. Unter *Nennfluß (B. bei Vollaussteuerung)* wird der B. bei einer → Bezugsfrequenz verstanden, bei dem sich gerade ein vorgegebener Teilklirrfaktor (→ Klirrfaktor) einstellt. Bei HiFi-Tonbandgeräten sind das $k_3 = 3$ % (bei Geräten ohne HiFi-Anspruch 5 %). Der *(spezifische) Bezugsfluß* ist ein standardisierter, auf dem Pegeltonteil des → Bezugsbands festgelegter Wert des B. bei Bezugsfrequenz zum Einstellen des Wiedergabekanals. Er beträgt bei den Bandgeschwindigkeiten $v_B = 38{,}1$ und 19,05 cm/s genau 320 pWb je mm Spurbreite und bei $v_B \leqq 9{,}53$ cm/s 250 pWb je mm. Abb.

Bandflußdämpfung: → Bandfluß, → Magnettonentzerrung

Bandführung: mechanische Einrichtung, um bei Magnetbandlaufwerken das Band in seiner vorgesehenen Position an den Köpfen zu führen und eine ständige oder schwankende Querverschiebung (Bandflattern) zu verhindern. Z. T. wird auch die Art und Weise, wie das Band die Köpfe oder die Kopftrommel umschlingt, als B. bezeichnet *(→ Isolated Loop-Bandführung).* Es werden *B.-Bolzen, B.-Böcke* und *B.-Bleche* (Abb. a ... c), z. T. auch mitlaufende Rollen mit Nut *(B.-Rollen,* Abb. d) verwendet, die hauptsächlich in der Nähe der Magnetköpfe angeordnet sind. Bei Kassettentonbandgeräten muß die Kassette selbst, unterstützt durch 2 Stifte am Tonkopf, die B. übernehmen (Abb. e). In hochwertigen Tonbandkassetten sind zusätzliche, verstellbare B. eingebaut (*Skew-Einsteller,* Abb. f). Falsche Höheneinstellung der B. führt bei Tonbandgeräten direkt zu → Spurfehlern, zu schlechten Bandwickeln oder zu abgeknickten Bandkanten. Bei Videorecordern sind die Einstellungen der B. besonders kritisch, weil bereits geringste Fehler zu Veränderungen der → Bandzugkraft und damit ebenfalls zu sehr störenden Spurfehlern führen. Auch die *Bandabheber* (Abb. g), die das Magnetband beim schnellen Umspulen zur Schonung von den Köpfen abheben, zählen zu den B. Abb.

Bandführungsfehler: → Spurfehler, → Bandlaufstörungen

Bandgeschwindigkeit, *Transportgeschwindigkeit* v_B: möglichst konstante, genormte Geschwindigkeit des angetriebenen Magnetbands bei Aufzeichnung oder Wiedergabe gegenüber einem festen Punkt des Laufwerks. Die B. von Tonbandgeräten leiten sich aus dem engl. Zoll, ausgehend von 3"/s durch jeweiliges Halbieren ab und stellen bei → Längsaufzeichnung gleichzeitig die speicherwirksamen *Aufzeichnungs-* oder *Arbeitsgeschwindigkeiten* v_S zwischen Magnetkopf und Band dar. Da Videobandgeräte i. allg. nicht mit Längsaufzeichnung arbeiten, ist die Aufzeichnungsgeschwindigkeit sehr viel größer als die B. Bei Tonbandgeräten ist die B. unmittelbar qualitätswirksam; höhere B. vergrößert insbesondere den Übertragungsbereich zu hohen Frequenzen hin und den Störabstand, hat aber auch Einfluß auf die Senkung der Tonhöhenschwankungen und auf geringere Störwirkung von → Dropouts. Erst nachdem in den letzten Jahrzehnten die Qualität der Tonbänder bedeutend gesteigert wurde und neue Bandsorten zum Einsatz kamen, gelang auch mit niedrigen B. die Aufzeichnung in HiFi-Qualität (z. B. auf Kompaktkassette). Tab., Abb.

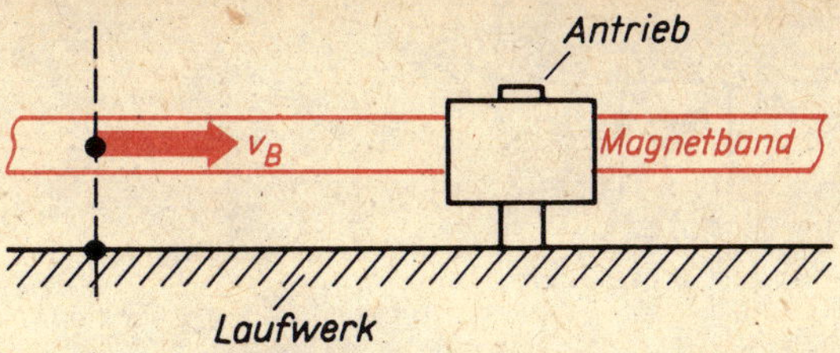

Bandgeschwindigkeit (als Vektor) bei einem Magnetband

Bandgeschwindigkeiten

v_B in cm/s	Anwendung
1. Audio	
76,2 (= 3"/s)	Studiotonbandgeräte bis etwa 1963
38,1	Studiotonbandgeräte schrittweise ab ca. 1961, ältere halbprofessionelle Tonbandgeräte
19,05	Spulengeräte für höchste Ansprüche
9,53	Spulengeräte für hohe Ansprüche, Elcaset, Cartridge
4,75	Spulengeräte für geringere Ansprüche, Kompaktkassette
2,38	Spulengeräte für Sprache, Diktiergeräte, Mikrokassette
1,2	Mikrokassette
2. Video[1]	
400	System LVR (Längsaufzeichnung! $v_B = v_S$)
16,32	Japan-Standard 1
14,29	System VCR
9,53	System U-Matic
6,56	System VCR-Longplay
3,95	System SVR
2,44	System Video 2000
2,34	System VHS
2,25	System CVC
2,0051	8-mm-Video
1,873	System Betamax

[1] bezogen auf die CCIR-Norm mit 625 Zeilen

Bandlaufstörungen: Gesamtheit der Unregelmäßigkeiten beim Transport des Magnetbands auf dem Laufwerk, z. T. verbunden mit Schwankungen des Band-Kopf-Abstands, die zu Mängeln der Ton- oder Bildqualität oder zu Schäden an den Bändern, bzw. Teilen des Laufwerks führen können. 1) *Tonbandgeräte:* B. können sowohl bei Spulen-, als auch Kassettengeräten auftreten. Sie können bei Aufzeichnung und Wiedergabe wirken oder das Umspulen beeinträchtigen. Kassette und Laufwerk sind bei der Entstehung von B. als Einheit aufzufassen, so daß die Herkunft der B. nicht immer eindeutig ist. Häufig addieren sich geringfügige Kassetten- und Laufwerksmängel, vor allem, wenn die Kassettenabmessungen an der Toleranzgrenze liegen. Tonbandkassetten können auf dem einen Laufwerk durchaus fehlerfrei laufen, auf einem anderen dagegen nicht. K 90-Kassetten zeigen insgesamt etwas höhere Tonhöhenschwankungen als K 60-Kassetten vom gleichen Hersteller. Die Ursache ist hauptsächlich in der größeren Zahl von Wickellagen und der damit verbundenen Möglichkeit der Ausbildung ungleichmäßiger Wickel zu suchen. Bei der Ausfallhäufigkeit infolge von B., bezogen auf die Anzahl der Durchläufe einer Kassette, verhalten sich beide Kassettenarten jedoch etwa gleich. Damit liegt, bezogen auf die Gesamtlaufdauer bis zu einem Ausfall, die K 90-Kassette sogar um ca. 50% günstiger. K 120-Kassetten neigen i. allg. wegen des sehr dünnen Bands relativ häufig zu B. Die B. kann man grob auf *Bandfehler, Bandführungsfehler* und *Bandtransportfehler* (einschließlich falschem Bandzug und mechanischer Hemmung des Bands) zurückführen. Diese Fehler gehen z. T. ineinander über, oft bedingen sie einander. So sind Bandfehler (zerknitterte, gedehnte, gewellte oder zerkratzte Stellen), wenn kein Herstellungsfehler vorliegt, fast immer auf Bandführungsfehler oder Bandtransportfehler zurückzuführen. Sie verursachen nach ihrer Entstehung wiederum neue B. Bandfehler führen zu stotteriger oder schwankender Tonwiedergabe. Sind nur die Ränder des Bands betroffen, so entstehen die Mängel nur im linken Stereokanal. Solche Teile des Bands sind für eine ordnungsgemäße Signalspeicherung nicht mehr brauchbar und daher aus dem Band herauszutrennen. Bandführungsfehler entstehen durch falsche mechanische Lage von Köpfen, Bandführungen, Andruckfilzen (Abb. a), oder durch schräglaufendes Band in einer Kassette (Abb. b). Sie werden auch von schiefstehenden Transport- oder Andruckrollen und durch fehlerhaften Bandzug hervorgerufen oder zumindest begünstigt. Das Band läuft quer zur Transportrichtung aus dem Bandlauf heraus oder pendelt (Abb. c). Solche Schwankungen nennt man *Bandflattern.* Es entstehen → Spurfehler, oder das Band nimmt relativ zum Spalt des Tonkopfs eine schräge Lage ein. Die Folge sind Höhenverluste, die z. T. schwanken, Übersprechen aus benachbarten Spuren und allgemeine Pegelschwankungen. Bandtransportfehler entstehen durch ungleichmäßigen Bandantrieb (z. B. exzentrischer Lauf von Transport- oder Andruckrolle, verformte Gummizwischenräder, schwergängige Lagerstellen oder rutschende Antriebsriemen), durch Hemmung des freien Bandlaufs oder zu starken Bandzug und damit verbundenem erhöhten → Schlupf an der Transportrolle. Auch nicht ordnungsgemäß arbeitende Bremsen können diese Fehler hervorrufen. Es entstehen Gleichlauffehler, die zu → Tonhöhenschwankungen führen. In Extremfällen kommt es zum Stillstand des Bands oder zu seiner Beschädigung. Hemmungen des freien Bandlaufs entstehen meist bei Kassetten infolge erhöhter Reibungsmomente der Wickel im Gehäuse. Sie lassen sich u. a. auf hervorstehende Wickellagen, gewölbte Wickel, verzogene Kassettenschalen oder Herstellungsfehler verschiedener Art zurück-

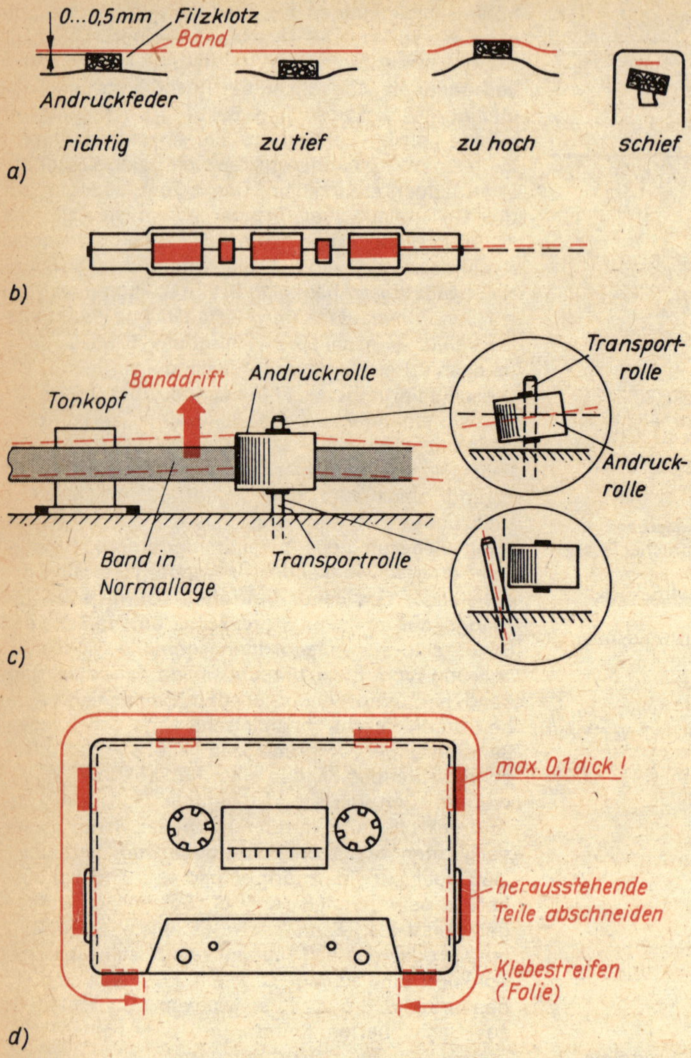

Bandlaufstörungen:
a) Lage des Andruckfilzes in einer Kompaktkassette,
b) schräger Bandlauf in einer Kassette,
c) Bandführungsfehler,
d) „Spreizen" eines Kassettengehäuses

Häufigste Bandlaufstörungen bei Kassetten- und Spulentonbandgeräten

Fehler	Häufigste Fehlerursachen	Beseitigung, Abhilfe
1. Jaulen (Wow), im Extremfall stehenbleibendes Band, Autostop schaltet ab. Ungleichmäßig schnell laufendes oder stehenbleibendes Band beim Umspulen	durch Hitzeeinwirkung oder infolge eines Herstellungsfehlers verzogene Kassettenschalen	Kassettenschalen spreizen[1] (s. Text)
	herausstehende Wickellagen, weil durch zu hohen Bandzug das Band gedehnt oder gewellt wurde. Bei Spulengeräten auch bei Verwendung eines ungeeigneten (zu dünnen) Bandtyps. Häufiges Starten/Stoppen/Rückspulen bei stückweiser Aufzeichnung	Bandzug neu einstellen[2] defektes Bandstück herausschneiden[3] vorgeschriebenen Bandtyp verwenden[1] Kassette vollständig umspulen[1]
	infolge Herstellungsfehlers oder ausgezogenem Band schiefe oder gewölbte Wickel	Kassette aussondern[3]
	durch Verschmutzung oder Herstellungsfehler schwergängige Umlenkröllchen in der Kassette	Kassette öffnen, Rollen gängig machen[1]

Fehler	Häufigste Fehlerursachen	Beseitigung, Abhilfe
	Band von Wickel oder Umlenkrollen gesprungen und in der Kassettenmechanik verklemmt	Kassette öffnen, defektes Bandstück herausschneiden[1]
	verbogene Andruckfeder mit Filzklötzchen, dadurch zu großer Bandandruck	**Kassette:** Feder richten[1] (s. Abb. d) **Spulengerät:** Andruckmechanismus justieren[2]
	zu großer Bandzug, weil Rutschkupplungen zu fest eingestellt	Bandzug neu einstellen[2]
	schwergängige Laufwerksteile wegen verharzter oder verklebter Lagerstellen (Staub, Bandabrieb mit Öl oder Feuchtigkeit)	turnusmäßige Wartung nachholen[2]
	durch natürliche Alterung gedehnter oder verhärteter Antriebsriemen rutscht	Riemen auswechseln[1] [2]
	infolge natürlichen Verschleißes oder Verschmutzung lösen Bremsen im Laufwerk ungenügend	Bremsen instandsetzen[2]
2. periodisches kurzes Jaulen	Andruckrolle oder Gummizwischenrad verformt, weil Gerät mit gedrückter Wiedergabetaste vom Netz getrennt und abgestellt wurde	Teil auswechseln[2], Gerät vor dem Ausschalten oder Ziehen des Netzsteckers immer auf Halt schalten[1]
	durch unsachgemäße Lagerung (Druck oder Hitze) verbogene Bandspule	Spule wechseln[1]
	durch äußere Gewaltanwendung verbogene Wickelachse mit Spulenhalterung	instandsetzen[2]
3. trillernde Wiedergabe (Flutter)	durch unsachgemäße Reinigung oder eingedrehtes Tonband verbogene Transportrolle	Antriebselemente auswechseln[2]
4. kratzige Wiedergabe durch Bandlängsschwingungen (Scrape Flutter), u. U. auch hoher Ton hörbar	verbogene Führungsstifte am Kassettentonkopf infolge unsachgemäßer Kopfreinigung	Stifte richten[2]. Beim Reinigen der Köpfe keinen starken Druck anwenden![1]
	zu großer Bandandruck, weil Andruckfeder mit Filz verbogen	**Kassette:** Feder richten[1] (s. Abb. d) **Spulengerät:** Andruckmechanismus justieren[2]
5. Bandschlaufen nach Stop	verölte oder verschlissene Bremsen greifen nicht ordnungsgemäß	Verschleißteile wechseln und Bremsen einstellen[2]
6. Autostop schaltet ab, danach Bandschlaufen. Im Extremfall in die Transportrolle eingedrehtes Band („Bandsalat")	Wickelkupplung zu lose, verschlissen, verölt, daher zu geringer Bandzug auf der Abwickelseite	Verschleißteile wechseln und Bandzug neu einstellen[2]
	klemmender Vorwickel, weil Kassettenschalen verzogen, oder durch häufiges Starten/Stoppen/Rückspulen herausstehende Bandlagen	Kassette spreizen[1] (→ Text) Kassette öfter vollständig umspulen[1], Schlaufen in die Kassette zurückdrehen, geknitterte Bandstücken entfernen[3]
7. stotterige Wiedergabe	durch vorhergegangene Bandlaufstörungen oder harte Ablagerungen an Köpfen oder Bandführungen wurde Tonband wellig, zerknittert oder zerschrammt	beschädigte Bandteile herausschneiden[3] scharfe Ablagerungen mit Alkohol oder Spiritus entfernen[1]
	zu geringer Bandandruck, weil Andruckfeder mit Filz verbogen	**Kassette:** Feder richten (s. Abb. d) **Spulengerät:** Andruckmechanismus justieren[2]
	zu geringer Bandzug auf abwickelnder Seite, weil Wickelkupplung zu lose, verschlissen, verölt	Verschleißteile wechseln und Bandzug neu einstellen[2]

Fehler	Häufigste Fehlerursachen	Beseitigung, Abhilfe
8. ungenügende oder schwankende Höhenwiedergabe, Pegelschwankungen allgemein	wie Pkt. 7.	wie Pkt. 7.
	Bandflattern oder ständige Querverschiebung des Bands am Tonkopf. Ursachen: ausgelaufenes Transportrollenlager, schiefstehende Andruckrolle oder mechanisch aus der Normallage verschobener Kopf durch unsachgemäße Reinigung oder eingedrehtes Band	Verschleißteile wechseln, Kopf neu justieren[2]
9. Höhen- oder allgemeine Pegelschwankungen nur im linken Stereokanal, oft nur in einer Bandlaufrichtung	Randwelligkeit des Tonbands infolge unsachgemäßer Lagerung von Spulentonbändern mit herausstehenden Wickellagen	defektes Bandstück entfernen[3], Band mit herausstehenden Wickellagen vor der Einlagerung vollständig umspulen[1]
	umgeknickte Bandkante durch verbogenen Führungsstift am Kassettentonkopf oder infolge von Bandflattern	defektes Bandstück entfernen[3] Stifte richten[2] Instandsetzung nach Pkt. 7. oder 8.
10. Quietschgeräusche, Pfeifen	verbogene Führungsstifte am Kassettentonkopf	Stifte richten[2]
	zu breites Tonband, Herstellungsfehler	Band aussondern[3]
	trocken laufende Lagerstellen im Laufwerk	turnusmäßige Wartung nachholen[1] [2]
	infolge natürlichen Verschleißes rutschender Antriebsriemen	Riemen wechseln[1] [2]
	infolge eines Herstellungsfehlers quietscht Band in der Kassette durch Reibung	i. allg. keine Abhilfe möglich! eventuell Kassette spreizen[1] (s. Text)
11. Kassette läuft bei Start nicht an	herausstehende Wickellagen infolge gewellten Bands oder nach häufigem Starten/Stoppen der vorher gelaufenen Seite	Kassette auf Handballen aufklopfen, in hartnäckigen Fällen vollständig umspulen[1]
12. herausstehende Wickellagen nach schnellem Umspulen	ausgezogenes oder welliges Band, weil Typ für das Bandgerät ungeeignet (zu dünn) oder Bandzug zu groß	richtigen Bandtyp verwenden[1] Bandzug neu einstellen[2]
	statische Aufladungen des Bands durch Reibung an den Umlenkstiften oder der Gleitfolie der Kassette	abhängig vom Bandtyp und Material der Gleitfolie[3]

Hinweise zur Fehlerbeseitigung: [1] Selbsthilfe empfohlen, [2] Fachwerkstatt, da spezielle Meßmittel und Erfahrungen erforderlich, [3] keine Abhilfe möglich

führen. B., die nur beim Starten des Geräts kurzzeitig auftreten (Anjaulen, Pegelabsenkungen, Zerknittern des Bands), deuten auf Fehler wie falscher Bandzug, schiefe Transport- oder Andruckrolle oder einen abgeschliffenen oder schiefen Andruckfilz hin. Entstehen sie vorrangig am Bandanfang, so kann auch ein schief oder versetzt angeklebtes Vorspannband die Ursache sein. → Tonbandgeräte-Laufwerk, → Tonkopfreinigung, → SM-Kassette Tab., Abb.

Hinweis: Mitunter lassen sich Hemmungen des Kassettenlaufs („klemmende Kassetten") durch geringfügiges Spreizen des Kassettengehäuses beheben. Dazu werden die Schrauben gelöst oder verschweißte Plastschalen mit einen heißen Messer getrennt. Das eigentliche Spreizen wird durch Einschieben einiger Distanzstreifen (max. etwa Postkartenstärke) in den Schlitz zwischen den Kassettenschalen vorgenommen (Abb. d). Anschließend werden die Schalen wieder verschraubt, bzw. der Kassettenrand wird mit einem schmalen Folienklebestreifen umschlossen. Um laufwerksbedingten B. vorzubeugen, empfielt es sich, ein Tonbandgerät etwa alle 2 ... 5 Jahre, je nach Benutzungshäufigkeit und Einsatzbedingungen (stärkere Verschmutzung beim Betrieb im Freien), einer Fachwerkstatt zwecks Wartung zuzuführen.

2) *Videorecorder:* → Zeitfehler

Bandpaß: Filter, das Signale eines Frequenzbands durchläßt, alle anderen Signale mit Frequenzen ober- und unterhalb der Grenzfrequenzen sperrt; auch Bandfilter genannt. → Filter

Bandrauschen: aus einzelnen, sich in statistischer Zufallsfolge ständig ändernden Impulsen und Schwingungen zusammengesetztes Störsignal (Rauschen) bei der Wiedergabe eines Magnetbands. Das B. ist abhängig vom Bandtyp, der Bandgeschwindigkeit und dem eingestellten Arbeitspunkt (→ Vormagnetisierungsstrom). Bei Tonaufzeichnungen stört es besonders an leisen Stellen oder in Tonpausen. B. ist nicht unter allen Bedingungen gleich. Man unterscheidet darum „jungfräuliches

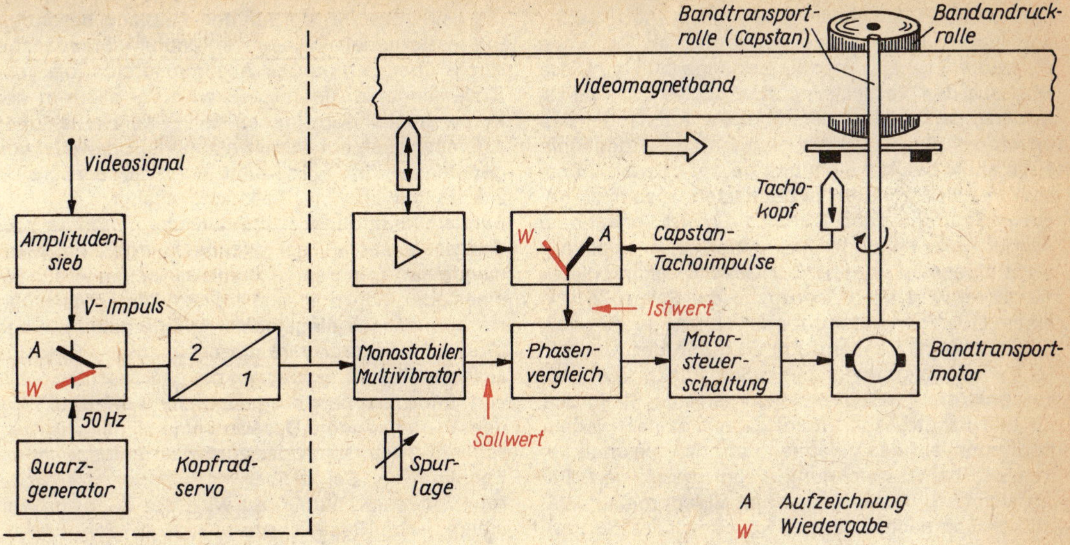

Blockschaltbild *Bandservo*

B." (Ruherauschen), Betriebsrauschen, Gleichfeldrauschen und Modulationsrauschen. Das *Ruherauschen* tritt bei noch unbenutztem Magnetband auf. Es besteht vorrangig aus höherfrequenten Anteilen. Weil es von den winzigen magnetischen Bezirken in der Magnetschicht erzeugt wird, die noch völlig regellos durcheinanderliegen und deren Wirkung sich nach außen weitestgehend aufhebt, ist es sehr gering. Wird das Band einem Vormagnetisierungsstrom ausgesetzt, so steigt das B. etwas an (etwa 4 ... 5 dB). Das entspricht dem praktischen Fall bei der Magnettonspeicherung, darum wird von *Betriebsrauschen* gesprochen. *Gleichfeldrauschen* entsteht nur nach Einwirkung eines magnetischen Gleichfelds auf das Band. Infolge von Inhomogenitäten, unterschiedlicher Korngröße der Magnetteilchen und schwankendem Band-Kopf-Abstand – der auf Grund der Rauhigkeit der Magnetschicht entsteht – werden die Teilchen unterschiedlich stark aufmagnetisiert und liefern bei der Wiedergabe ein kräftiges statistisches Störgeräusch mit vielen tieffrequenten Anteilen. Gleichfeldrauschen klingt daher dunkler als das Betriebsrauschen. Die Ursache kann in unsauberer Schwingungsform von Lösch- und Vormagnetisierungsstrom liegen, Laufwerksteile aus Stahl (z. B. Bandführungen oder Transportrolle) oder die Magnetköpfe können eine permanente Magnetisierung angenommen haben und auf das vorbeilaufende Band übertragen.

Hinweis: Gleichfeldrauschen ist weitestgehend vermeidbar, da eine servicegemäße oder automatische → Entmagnetisierung möglich ist (→ADMS). Es muß aber unbedingt vermieden werden, daß Teile des Laufwerks, vor allem die Köpfe, mit stählernen, immer leicht magnetischen Werkzeugen in Berührung kommen (beim Cuttern oder der Tonkopfreinigung). Es kann sonst passieren, daß alle an einem solchen aufmagnetisierten Teil vorbeilaufenden Bandaufzeichnungen völlig unbrauchbar werden.

Schließlich erzeugt das gespeicherte Tonsignal selbst eine stückchenweise Gleichfeldmagnetisierung des Bands, jeweils im Bereich einer halben gespeicherten Wellenlänge (positive bzw. negative Halbwelle des Signals). Dadurch entsteht das *Modulationsrauschen,* das nur gemeinsam mit dem Nutzsignal auftritt und besonders bei kräftigen Signalen eine gewisse Rauhigkeit im Ton erzeugt. → Ruhegeräuschspannungsabstand

Bandregelkreis: → Bandservo

„Bandsalat": umgangssprachlich für durcheinandergeratenes, verknäueltes oder zerknittertes Magnetband, wie es bei → Bandlaufstörungen oder unsachgemäßem Hantieren mit den Bändern entstehen kann.

Bandselektor: → Bandsortenumschaltung

Bandservo, *Bandregelkreis* (engl. *Capstan Servo*): Servosystem für den Antrieb der Bandtransportrolle eines Magnetbandgeräts. Der B. soll bei Aufzeichnung und bei normaler Wiedergabe den exakten Transport des Magnetbands mit vorgeschriebener konstanter Bandgeschwindigkeit gewährleisten. Während bei hochwertigen Audiogeräten nur eine Frequenzregelung nach dem Prinzip der → Tachoregelung erforderlich ist, muß bei Videorecordern auch die Phase des Bandantriebs, d. h. die Bandlängsausrichtung in bezug auf das Kopfrad nachgeregelt werden. Der B. bei Videorecordern funktioniert ähnlich wie deren → Kopfradservo. Damit bei Aufzeichnung die → Videospuren mit vorgegebenem Videospurwinkel und genauer Videospurhöhe (→ Videosystem) gleichmäßig aufgezeichnet werden, erhält der Phasenvergleich des B. (Abb.) neben dem Capstan-Tachoimpuls (Istgröße) als Sollgröße die durch 2 geteilte Vertikalfrequenz (50 Hz). Diese wird aus den Vertikalsynchronimpulsen des aufzuzeichnenden Videosignals über ein Amplitudensieb gewonnen. Bei Wiedergabe müssen die Videoköpfe optimal die bei Aufzeichnung geschriebenen Videospuren „wiederfinden" und abtasten, ansonsten treten → Spurfehler auf. Durch die meist verwendete Azimut-Aufzeichnung kann jeder Videokopf nur seine eigene Spur lesen. Zur Gewährleistung dieser Aufgaben wird bei Wiedergabe die Sollgröße von einem Quarzgenerator oder der Netzfrequenz gebildet, die verglichen wird mit dem von der Kontrollspur wiedergegebenen 25-Hz-Signal (Istgröße). Das Ergebnis des Phasenvergleichs ist eine Stellgröße für den Bandtransportmotor. Somit ist nach jedem Kopfradumlauf das Videoband um den gleichen Betrag wie bei Aufzeichnung weitertransportiert. Bei Geräten (z. B. Video 2000, 8 mm-Video) mit automatischer Spurnachführung (→ dynamisches Spurfolgesystem) wird kein 25-Hz-Kontrollspursignal aufgezeichnet. Man arbeitet hier mit zusätzlich aufgezeichneten Hilfsfrequenzen, deren Auswertung u. a. zur Steuerung des Bandmotors dient. → Kontrollspur, → Tachoimpuls, → Tachokopf, → Spurlage, → Spurlageeinsteller, → Servosystem, → Kopfradservo (Abb.)

Bandsortenumschaltung, Bandselektor (engl. *Tape Selector*): Einrichtung an einem Magnetbandgerät, um es verschiedenen Bandsorten anpassen zu können. Die B. kann manuell über Schalter betätigt werden, bei Kassettengeräten auch automatisch durch die Kassette selbst *(Autobias)*. Dazu sind z. B. bei der Chromdioxid- und der Metallbandkassette zusätzliche Öffnungen oder andere mechanische Markierungen an der Gehäuserückseite angebracht. Diese bewirken die Umschaltung über Kontaktsätze im Magnetbandgerät. Die B. bezieht sich bei Tonbändern auf 2 voneinander verschiedene Vorgänge. Zum einen muß bei Aufzeichnung der → Vormagnetisierungsstrom an die unterschiedlichen Arbeitspunkte der Bandsorten angeglichen werden, zum anderen geschieht eine Anpassung der → Magnettonzerrung bei Aufzeichnung und Wiedergabe. Dazu sind den Bandsorten unterschiedliche → Entzerrungszeitkonstanten zugeordnet (Normalband: $\tau = 120\ \mu s$, Chromdioxid-, Ferrochrom- und Reineisenband: $\tau = 70\ \mu s$). Bei der manuellen B. können beide Umschaltfunktionen in einem Schalter kombiniert sein, es können aber auch 2 getrennte Schalter vorgesehen sein, die meist mit → Bias und → EQ kenntlich gemacht sind. → Bandfluß, → ATRS, → EE-Band, → Accu Bias-System

Bandsperre: Filter, das im Gegensatz zum Bandpaß Signale eines bestimmten Frequenzbereichs unterdrückt. → Kanalsperre, → Filter

Bandspreizung, *Banddehnung:* Bedienungserleichterung zum Abstimmen von Rundfunkempfängern, die darin besteht, die für den Empfang besonders interessierenden Teile eines Rundfunk-Frequenzbereichs über den ganzen Abstimmbereich (die volle Skalenlänge) zu dehnen. B. wird vor allem in den Kurzwellenbändern (neben der → Kurzwellenlupe), z. T. aber auch auf Mittelwelle (→ Europawelle) vorgenommen; oft wird auch ein Frequenzbereich, z. B. Mittelwelle, in 2 Teile aufgespaltet.

Bandstellenfindung, automatische, *automatische Bandstellensuche:* bei Magnetbandgeräten angewendetes Verfahren zum automatischen Auffinden eines oder mehrerer Titel auf dem Band *(Titelsuche)* mit automatisch eingeleiteter Wiedergabe. Bei den *direkten Verfahren* wird der automatische Bandstop aus schnellem Umspulen an der gewünschten Stelle von Informationen ausgelöst, die sich direkt auf dem Band befinden. Das kann eine Signalpause zwischen 2 Titeln sein oder zusätzlich aufgezeichnete Kennimpulse. Bei den etwas weniger „treffsicheren" *indirekten Verfahren* wird der Bandstop von einem beim Bandtransport mitlaufenden Bauteil, z. B. über das → Bandzählwerk ausgelöst (→ Memory). Die einfachsten direkten Verfahren, die nur geringen elektronischen Aufwand erfordern, reagieren auf die nächstfolgende Signalpause in der Tonspur beim schnellen Umspulen (→ APSS, → Music Scan). A. B. zum Auswählen eines einzelnen, aber beliebigen Titels auf der Basis von Signalpausen erfordern bereits höheren elektronischen Aufwand, weil die übersprungenen Leerstellen elektronisch gezählt werden müssen. Außerdem ist eine Programmeingabe, z. B. über eine Tastatur, und ggf. eine Kontrollanzeige notwendig (→ APLD). Nachteilig ist, daß u. U. sehr leise Musikpassagen wie Leerstellen mitgezählt werden und dann die a. B. völlig durcheinanderbringen. Verfahren, die eine programmierbare Wiedergabe mehrerer Titel in beliebiger Reihenfolge – auch mit Titelwiederholung – erlauben, erfordern Mikrorechnersteuerung. Die a. B. wird dabei entweder indirekt über ein elektronisches Bandzählwerk gesteuert, das am Bandanfang auf Null gesetzt werden muß, oder direkt über unterschiedliche, auf dem Band am Titelanfang aufgezeichnete Kennimpulse (→ CCS). Das Band wird bei diesen Verfahren beim schnellen Umspulen automatisch gestoppt, wenn die eingegebene Adresse (die Titelnummer) mit den zugehörigen Kennimpulsen auf dem Band, bzw. mit dem Zählerstand, übereinstimmt. Bei Verwendung von Kennimpulsen muß die Kassette nicht an den Bandanfang zurückgespult werden; die a. B. kann von beliebiger Stelle aus erfolgen. Weil alle interessierenden Bandstellen vor der eigentlichen a. B. aber erst über eine Tastatur elektronisch markiert werden müssen, sind solche Systeme häufig etwas komplizierter zu bedienen.

Bandstellensuche, automatische: → Bandstellenfindung, automatische

Bandsuchautomatik: svw. → Bandstellenfindung, automatische.

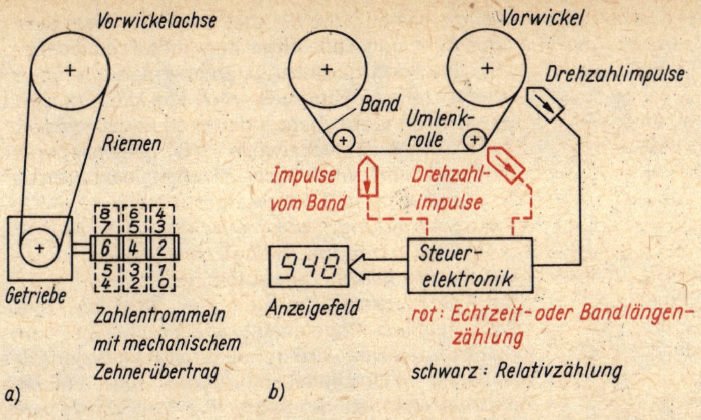

a) Mechanisches *Bandzählwerk*, b) elektronisches Bandzählwerk

Bandwickel: auf einer Bandspule oder einem Wikkelkern (z. B. in einer Kassette) aufgespultes Magnetband. Der B. soll möglichst gleichmäßig sein, es dürfen sich keine Wellen oder Löcher bilden (→ Cinching) und keine einzelnen Bandlagen herausstehen. Ungleichmäßige B. entstehen hauptsächlich durch gedehntes oder gewelltes Magnetband, durch häufiges Starten und Stoppen, sowie beim Umspulen infolge elektrostatischer Aufladungen des Bands. Damit sich gleichmäßige B. ausbilden können, wird bei manchen Bandtypen die Rückseite bei der Herstellung aufgerauht oder mit einer Spezialschicht versehen.

Bandzählwerk, Bandzähler (engl. Tape *Counter*): vom Antrieb eines Magnetbandlaufwerks gesteuerte Anzeigeeinrichtung, die i. allg. mit Ziffern die transportierte Bandmenge anzeigt. B. dienen somit primär dem Auffinden interessierender Bandstellen. Sie lassen sich mit einer Taste an beliebiger Stelle des Bands manuell auf Null setzen (Bezugspunkt des Zählvorgangs). Das geschieht bei einigen Geräten auch automatisch am Bandanfang. Die meisten B. bei Tonbandgeräten sind mechanisch wirkende, mehrstellige dekadische *Walzenzähler,* die meist über einen Riemen von einer Wickelachse aus angetrieben werden (Abb. a). Die angezeigte Zahl ist bei solchen B. nicht mit der Bandlänge oder Laufdauer identisch *(Relativanzeige),* kann aber über eine Eichkurve damit verknüpft werden. Sogenannte *Echtzeitzähler* zeigen die Bandlaufzeit in Stunden, Minuten und Sekunden an. Mechanische Ausführungen werden von einer vom Magnetband in Drehung versetzten Rolle (z. B. Umlenkrolle) angetrieben. *Bandlängenzähler* arbeiten nach dem gleichen Prinzip, sie sind aber nach der transportierten Bandlänge, z. B. in Metern, geeicht. *Elektronische B.* werden mit Impulsen angesteuert (Abb. b). Werden diese von einer bandgetriebenen Rolle, z. B. mit einem Drehzahlsensor, abgenommen, oder sind sie zusätzlich zum Signal oder auf einer getrennten Spur auf dem Magnetband aufgezeichnet, so kann das elektronische B. in Echtzeit oder Bandlänge geeicht werden. Bei Relativanzeige werden die Impulse von einer Wickelachse abgenommen. Die Anzeige bei elektronischen B. erfolgt i. allg. auf einem LED- oder LCD-Zifferndisplay. Elektronische B. lassen sich besonders günstig mit automatischer → Bandstellenfindung kombinieren. Sie gestatten in Verbindung mit einer Zeitschaltuhr das vorprogrammierbare Aufzeichnen oder Wiedergeben von bestimmten Bandstellen zu einem wählbaren Zeitpunkt. Alle B. arbeiten nicht völlig schlupffrei, außer wenn sie von aufgezeichneten Impulsen gesteuert werden, so daß immer mit einer geringfügigen Mißweisung gerechnet werden muß. Abb.

Bandzug, Bandzugkraft: in Längsrichtung des Magnetbands wirkende Zugkraft beim Bandtransport. Während die Größe des B. an der aufwickelnden Seite weniger kritisch ist – sie beeinflußt vorrangig den → Schlupf an der Transportrolle –, muß der B. an der abwickelnden Seite eine definierte Größe haben und darf nur geringen Schwankungen unterworfen sein. Zu geringer B. verschlechtert den Band-Kopf-Kontakt und führt zu Pegelschwankungen und störenden Dropouts, zu starker fördert übermäßigen Kopfabschliff oder führt sogar zur Überdehnung der Bänder. Der B. vergrößert sich mit abnehmendem Wickelradius (Abb.), er muß daher bei hochwertigen Laufwerken durch geeignete Regelmechanismen korrigiert werden *(Bandzugregelung).* Das kann auf recht einfache Weise dadurch geschehen, daß eine gewichtsabhängige Rutschkupplung durch den Bandwickel belastet wird. Bei abnehmendem Wickelvolumen verringert sich auch der Druck auf den Kupplungsbelag, und das abwickelnde Drehmoment wird im gleichen Sinne kleiner. Dieses Prinzip funktioniert nicht bei Laufwerken mit Senkrechtbetrieb. Bei solchen verwendet man daher meist eine mechanische Bandzugregelung, bei der ein Fühlhebel den B. abtastet und eine Band- oder Backenbremse am Wickelteller so betätigt, daß sich ein konstanter B. einstellt. Moderne Laufwerke mit getrennten Wickelmotoren arbeiten mit elektronischen Regelungen, bei denen

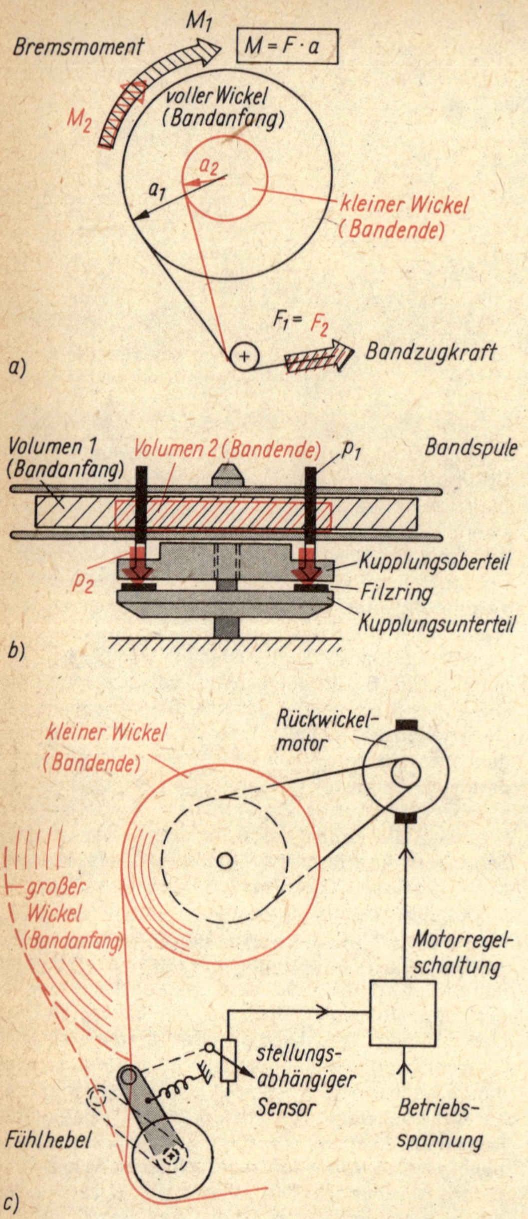

a) Zur Konstanthaltung der *Bandzugkraft* muß bei abnehmendem Wickelradius auch das wirksame Bremsmoment verringert werden, b) mechanische Bandzugregelung mit gewichtsabhängiger Rutschkupplung, c) elektronische Bandzugregelung mit Bandfühlhebel

der B. durch einen oder mehrere Sensoren (z. B. Fühlhebel) abgetastet wird. Die Spannung an den Wickelmotoren wird dabei so beeinflußt, daß sich ein konstanter B. einstellt. Das ist besonders wichtig bei Videorecordern, weil schon geringste Abweichungen vom erforderlichen B. zu → Spurfehlern führen. Auch beim schnellen Umspulen und Stoppen des Bands darf der B. einen Höchstwert nicht überschreiten, damit besonders die dünneren Magnetbänder nicht überdehnt werden oder sogar reißen. Das wird durch definierte Gegenzugkräfte beim Umspulen, weiches Greifen der Bremsen beim Bandstop und durch Stoßkupplungen (→ Wikkelkupplung) erreicht. → Bandlaufstörungen (Abb.)

Bandzugregelung: → Bandzug

Bardeen, John: amerikanischer Physiker (geb. 23. 5. 1908), der gemeinsam mit BRATTAIN in den Bell-Laboratories (USA) bei Untersuchungen der Halbleitereigenschaften von Germanium 1947 den Spitzentransistor erfand. Am 26. 2. 1948 wurde diese Erfindung in den USA unter der Nr. 2524035 patentiert. Dieses Patent gilt als „Geburtsurkunde" der Mikroelektronik. 1956 erhielt B. zusammen mit BRATTAIN und SHOCKLEY den Nobelpreis.

Bargraph: → Leuchtdiodenband

Barkhausen, Heinrich: deutscher Physiker (2. 12. 1881 – 20. 2. 1956), der maßgeblich an der Entwicklung der Schwachstromtechnik beteiligt war. Er entdeckte die grundlegende Berechnungsformel für alle Elektronenröhren (B.sche Röhrengleichung), 1919 den B.effekt (Rauscherscheinung bei Magnetisierungsvorgängen) u. a. B. war seit 1911 Professor an der Technischen Hochschule Dresden. B. gilt als Pionier der Schwachstromtechnik und damit als Wegbereiter heutiger Elektronik.

BA-Signal: Kurzbezeichnung für **B**ildsignale mit → **A**ustastlücken ohne → Synchronsignal. Es wird begrifflich in der Schwarz-Weiß-Fernsehtechnik und im übertragenen Sinne für das → Leuchtdichtesignal (Y-Signal) im Farbfernsehen angewendet. Es entsteht durch → Normaustastung der in Video-, Fernsehkameras oder anderen Bildaufnahmegeräten erzeugten Bildsignale. I. d. R. wird außerhalb dieser Geräte immer mit vollständigen Bildsignalen (→ BAS-Signal, → FBAS-Signal) zu rechnen sein.

Basis: → Stereobasis, → Transistor

Basisbreite: Abstand der beiden Stereo-Lautsprecherboxen bei raumbezogener Stereofonie. Innerhalb der B. kann das stereofone Klangbild geortet werden. Allerdings entspricht nicht in jedem Fall die empfundene Breite *(Abbildungsbreite)* auch der B. Bei stärkerem → Übersprechen der Stereo-Signale verringert sich die Abbildungsbreite. Auch eine Verbreiterung des Stereoklangbilds über die B. hinaus ist in gewissen Grenzen möglich *(Überbasis)*. → Basisbreitensteuerung

Basisbreitensteuerung: ungenau für Veränderung der Stereo-Abbildungsbreite (→ Basisbreite) mit elektronischen Mitteln. Bei gleichphasigem → Übersprechen zwischen den Stereokanälen verringert sich die Abbildungsbreite, gegenphasiges Übersprechen führt zu einer Verbreiterung des Stereoklangbilds über die Basisbreite hinaus. Allerdings

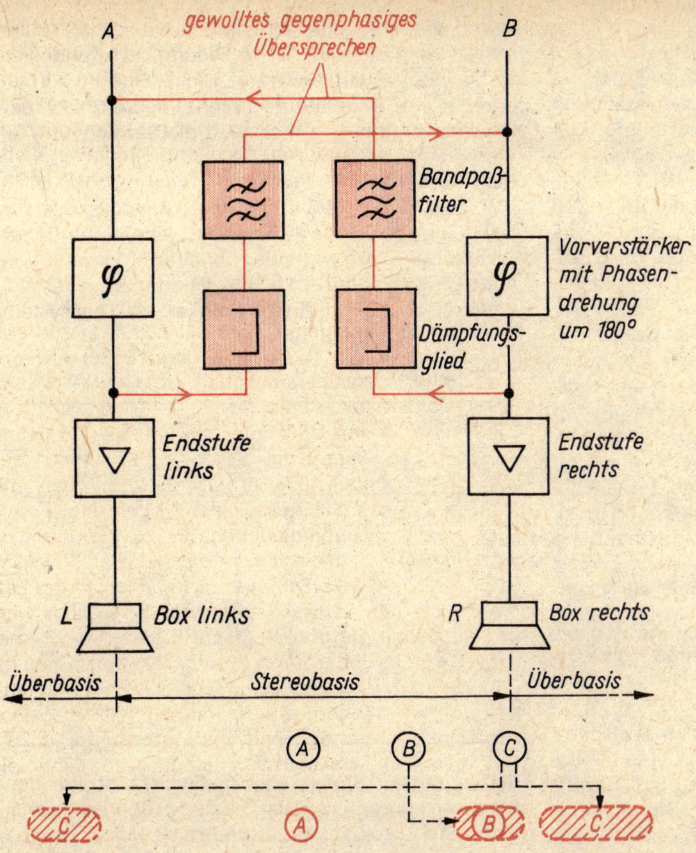

Basisbreitensteuerung: Verbreiterung der Stereobasis durch künstlich erzeugtes, gegenphasiges Übersprechen und die dabei auftretende Veränderung einer Schallquelle Ⓐ „Mitte", Ⓑ „Halbrechts" und Ⓒ „Rechts"

sind außerhalb der Stereobasis dann keine Schallquellen mehr exakt zu orten. Signale, die nur im linken oder rechten Kanal auftreten, reproduzieren dann auch keine punktförmigen Schallquellen links oder rechts, sondern sie werden breitgezogen und verschwommen abgebildet. Diesen Effekt kann man mildern, wenn man das gewollte gegenphasige Übersprechen nur auf einen bestimmten mittleren Frequenzbereich begrenzt. Künstliche Vergrößerung der Abbildungsbreite, auch als *Stereo Wide-Schaltung, Spatial Sound, Wide, „Stereo-Weitwinkel"* oder *Ambience Sound* bezeichnet, wird vor allem bei Stereoportables oder Zweiton-Fernsehempfängern mit geringem Lautsprecherabstand angewendet. Abb.

Hinweis: Die Schaltung kann aus den genannten Gründen keine durch weiteren Lautsprecherabstand geschaffene, größere Abbildungsbreite ersetzen.

BASP-Signal: Kurzbezeichnung für das vollständige Bildsignal (→ **BAS**-Signal) mit **P**rüfzeilensignal (P-Signal). Durch Einfügen von Prüfzeilensignalen in die vertikale → Austastlücke des BAS-Signals (lt. → CCIR jeweils 4 unterschiedliche pro Bild in den Zeilen 17 und 18 bzw. 330 und 331) werden im → Fernsehrundfunk günstige Voraussetzungen zur objektiven Beurteilung der Signalübertragungsqualität vom Fernsehstudioausgang bis zur Bildwiedergabe im Fernsehempfänger während des laufenden Fernsehprogramms geschaffen.

Hinweis: Da Prüfzeilensignale alle wesentlichen Bestandteile zur Beurteilung der Qualität von Übertragungseinrichtungen beinhalten (Treppen-, Sprung-, Sinussignale usw.), können sie dem versierten Amateur wertvolle Hilfe bei der dynamischen Fehlersuche in seinen Bildwiedergabe- oder Aufzeichnungsgeräten sein. Der weniger versierte Amateur sollte es bei der Beurteilung der Gerätequalität mit Hilfe des → Sendetestbilds belassen und die Beseitigung festgestellter Mängel dem Fachmann übertragen. Bei zu gering eingestellter Bildhöhe am Fernsehempfänger sind die Prüfzeilen am *oberen Bildrand* deutlich erkennbar.

Baßabschwächer: → Nahbesprechungseffekt

Bass Dynamic-System (engl., dynamisches Tieftonsystem): → akustische Laufzeitleitung

BAS-Signal: Kurzbezeichnung für das *vollständige Bildsignal,* das durch Addition eines normausgetasteten Bildsignals (→ **BA**-Signal) und dem zugehörigen → Synchronsignal (**S**-Signal) gebildet wird. Das B. enthält alle zur Wiedergewinnung eines Schwarz-Weiß-Fernsehbilds notwendigen Informationen.

Baßreflexbox: → Lautsprecherbox

Batterie: **1.** I. e. S. Reihenschaltung mehrerer → *Primärelemente* oder → *Sekundärelemente* (Zellen) zu einer Spannungsquelle höherer Klemmenspannung gegenüber der Einzelzelle. Wichtigste Bauformen sind die *4,5-V-Flachbatterie* 3 R 12 *(Taschenlampen-B.)* und der *9-V-Energieblock* 6 F 22. Auch Kfz-Akkumulatoren mit 6 Bleizellen (12 V), seltener mit 3 Zellen (6 V) sind B. – **2.** Umgangssprachliche Bezeichnung für eine beliebige chemische Spannungsquelle, auch einzelne Zelle.

Batteriebetrieb, *Batteriestromversorgung:* Spannungsversorgung eines elektronischen Geräts aus Batterien, aus Kfz-Akkumulatoren oder sonstigen chemischen Spannungsquellen. Der B. ist teurer als Netzbetrieb, ermöglicht aber Netzunabhängigkeit. Bei B. sinkt mit wachsender Betriebsdauer die Klemmenspannung ab, und die technischen Kennwerte, hauptsächlich NF-Ausgangsleistung und der Gleichlauf bei Tonbandgeräten, verschlechtern sich in zunehmendem Maße. Schäden durch Unterspannung können am Gerät i. allg. nicht auftreten.

Hinweis: Verbrauchte Batterien sind wegen der Gefahr des Auslaufens sofort aus dem Gerät zu entnehmen. Bei B. ist immer auf richtige Polung (+ an + und – an –) zu achten. Beim B. in Kfz kann außer dem direkten Anschluß bei festem Einbau auch ein → Auto-Batterie-Adapter verwendet werden.

Batteriekapazität: Kenngröße für den elektrischen Energiegehalt chemischer Spannungsquellen; Entladestrom multipliziert mit der Gesamt-Entladezeit, angegeben in Amperestunden (Ah). Die B. sinkt außer bei Lithium- und bei Mangan-Alkali-Zellen z. T. erheblich mit der Temperatur ab. Sie ist außerdem bei dem sehr verbreiteten Leclancé-Element („Kohle-Zink-Element") stark von der Art der Entladung abhängig. Günstig ist unterbrochener Betrieb mit längeren Erholungspausen (s. Abb. → Sekundärelement).

Hinweis: Die B. bleibt länger erhalten, wenn man bei einer Lagerung kühle und trockene Bedingungen schafft.

Bauelement: Einzelteil einer elektronischen Schaltung. Man unterscheidet: a) *passives B.:* B., das einen Energie- bzw. Signalfluß ermöglicht und entsprechend seines elektrischen Werts beeinflußt. Zu diesen B. gehören u. a. Widerstände, Spulen und Kondensatoren. b) *aktives B.:* Elektronisch steuerbares B., mit dessen Hilfe ein Energie- bzw. Signalfluß gesteuert werden kann. Ein einzelnes B. wird *diskretes B.* genannt.

Baugruppe: konstruktive Einheit aus mehreren → Bauelementen oder Teil eines Geräts. → Leiterplatte

BBD, Abk. für engl. **B**ucket **B**rigade **D**evice (svw. *Eimerkettenschaltung*): Ladungsverschiebeschaltung, die in diskreter oder integrierter Form entweder mit bipolaren Transistoren oder meistens mit MOSFET als Schalter zwischen jeweils 2 benachbarten Speicherelementen (Kondensatoren) aufgebaut ist. Durch Steuerung der Schalttranistoren mit Taktimpulsen wird die elektrische Ladung von Kondensator zu Kondensator weitergereicht. Eine BBD-Kette arbeitet wie eine Löschwasser-Eimerkette bei der Brandbekämpfung, daher auch die Bezeichnung Eimerkettenschaltung. → CTD

BCD-Kode (BCD Abk. für engl. **B**inary **C**oded **D**ecimal, binär kodierte Dezimalzahl): Standardkode zur Darstellung von Dezimalziffern. Jede Ziffer einer Dezimalzahl wird mit einem binären Kodewort von 4 Bit Länge kodiert. Die Stellenwertigkeit jedes Kodeworts entspricht der Wertigkeit im Dualsystem (→ digitales Signal). Tab.

BCD-Kode

Dezimalziffer	Kodewort			
	2^3	2^2	2^1	2^0 (Wertigkeit)
0	0	0	0	0
1	0	0	0	1
2	0	0	1	0
3	0	0	1	1
4	0	1	0	0
5	0	1	0	1
6	0	1	1	0
7	0	1	1	1
8	1	0	0	0
9	1	0	0	1

Bedienungsanleitung: Informationsschrift für den Benutzer eines Geräts als Teil der → Serviceunterlagen. Eine B. soll das Gerät und seine Möglichkeiten verständlich und umfassend beschreiben. Die B. enthält im Normalfall Hinweise zur Aufstellung, zum Anschluß und zur gefahrlosen und richtigen Bedienung des Geräts. Sie wird ergänzt durch eine Zusammenstellung der → technischen Daten, durch Wartungshinweise und Empfehlungen für Zubehör (z. B. Magnetband- und Batterietyp, anschließbare Mikrofone, Zusatzlautsprecher, auswechselbare Teile usw.).

Bedienungselement: von außen an einem Gerät ohne Hilfsmittel zu betätigendes, mechanisch oder elektrisch wirkendes Element, wie Einsteller, Sensor, Taste, Hebel, Pedale oder Kurbel, zur Veränderung bestimmter Betriebsfunktionen oder -eigenschaften. B. sollen leichtgängig und griffig sein, logisch und übersichtlich angeordnet und eindeutig bezeichnet (s. Anhang 4). → Fernbedienung

Hinweis: Bei Einhaltung der vorgeschriebenen äußeren Anschlußbedingungen (Betriebs- oder Netzspannung, Eingangsspannungen, Anpassungsbedingungen usw.) und Verwendung des Geräts für den vorgesehen Zweck dürfen bei gewaltloser Betätigung der B. keine Schäden entstehen.

Begrenzer (engl. Limiter), exakt Amplitudenbegrenzer: elektronische Baugruppe, an deren Ausgang Signalamplituden nur innerhalb bestimmter Grenzen auftreten, auch wenn sich die Signalgröße am Ein-

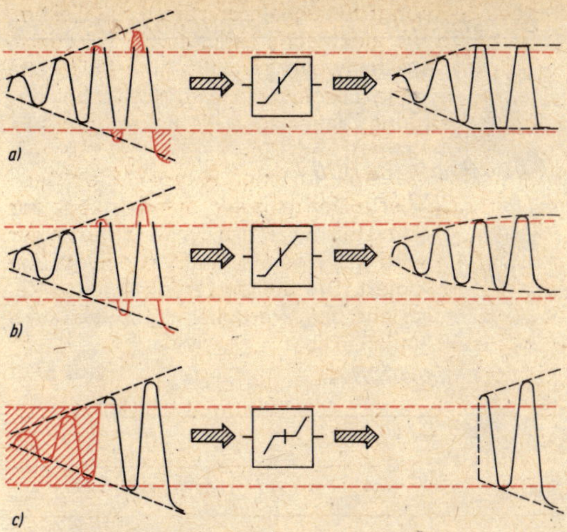

a) Maximalwert*begrenzer* mit Abschneidung, b) Maximalwertbegrenzer mit Kompression, c) Minimalwertbegrenzer

gang stärker ändert. Bei einem *Maximalwert-B.* wird ein vorgegebener Höchstwert der Ausgangsspannung nicht überschritten, bei einem *Minimalwert-B.* führen Eingangssignale unterhalb einer bestimmten Schwelle zu keinem Ausgangssignal. Die Begrenzung kann durch Abschneiden der Signalspitzen erfolgen oder durch Kompression. Ein wichtiges Anwendungsgebiet des B. ist in einem UKW-Empfänger das Abschneiden von HF-Störspitzen im Rundfunksignal. Zu den B. mit Kompressionsverhalten zählt u. a. die → Aussteuerungsautomatik. Ein Minimalwert-B. ist die → Muting-Schaltung. → Weißwertbegrenzer (Abb.)

Behelfsantenne: nicht optimal auf die zu empfangende Wellenlänge abgestimmte, nicht am günstigsten Ort angeordnete oder an den Empfängereingang nicht richtig angepaßte Empfangsantenne. Zu den B. zählen u. a. im Empfängergehäuse befestigte Teleskopantennen, Metallfolien oder Drähte, Zimmer-, Balkon- oder Fensterantennen und Provisorien auf Campingplätzen. Bei Verwendung einer B. ist besonders bei größeren Senderentfernungen immer mit Einschränkungen der Ton- oder Bildqualität zu rechnen.

Beleuchtungsstärke: Quotient aus dem auf eine Fläche auftreffenden → Lichtstrom und der Größe dieser Fläche, angegeben in lm/m^2 oder Lux (lx). Die B. gewährleistet eine einheitliche Aussage darüber, welcher Anteil der von einer → Lichtquelle erzeugten Strahlungsleistung an einem zu beleuchtenden Objekt (grafische Bildvorlage, Dekoration, Person u. a.) ankommt. Wichtig ist zu beachten, daß die B. mit dem Quadrat des Abstands zwischen Strahler und beleuchteter Fläche und in Abhängigkeit des Auftreffwinkels (Kosinusfunktion) abnimmt. → Blende (Abb. S. 78)

Hinweis: Bei Bildaufnahmen mit Video- und Fernsehkameras ist zu beachten, daß die B. nicht unmittelbar auf die Speicherplatte der Bildwandlerröhre wirkt. Sie wird durch Lichtverluste auf dem Weg Bildvorlage – Bildaufnahmeröhre (Reflexionen, Lichtstärke der Optik), den Standort der Kamera zum Objekt u. a. Faktoren zusätzlich beeinflußt.

Belt Drive: → Riemenantrieb

Bereichskennung: → ARI-System

Bereichsverstärker: → Antennenverstärker

Bereitschaftsbetrieb, *Stand-by-Betrieb:* vorbereitender Betriebszustand eines Geräts, der den Übergang in eine bestimmte Betriebsart mit stabiler Funktionsweise innerhalb kürzester Zeit gestattet. Dazu sind die Geräte mit geeigneten Mechanismen (z. B. → Pausentaste bei Magnetbandgeräten) und/oder *Bereitschaftschaltungen* ausgerüstet. Fernsehempfänger, die auch ohne spezielle Bildwiedergaberöhren unmittelbar nach dem Einschalten ein Bild erzeugen *(Sofortbild),* heizen im B. die Bildröhre mit verminderter Heizspannung vor.

Bereitschaftsschaltung: elektrische Schaltung, die den → Bereitschaftsbetrieb eines Geräts ermöglicht.

Berliner, Emil: in Hannover gebürtiger Erfinder der Schallplatte (20. 5. 1851–3. 8. 1929). B. wanderte mit 20 Jahren in die USA aus, arbeitete aber zwischendurch auch wieder einige Jahre in Deutschland. Als Autodidakt entwickelte er in mehreren Jahren zäher Arbeit einen scheibenförmigen Informationsträger

Emil Berliner

aus Zink mit einer dünnen Wachsschicht, auf dem Schallschwingungen in einer ebenen Rillenspirale in Seitenschrift gespeichert werden konnten. Zu dieser → *Schallplatte* passend konstruierte B. ein handbetriebenes Abspielgerät („Kaffeemühlengrammophon"). Für seine Erfindung wurde ihm am 8. 11. 1887 das Deutsche Patent Nr. 12631 erteilt. Der größte Vorteil des neuen Verfahrens zur Schallspeicherung lag in der bis dahin noch nicht bestehenden Möglichkeit, die Aufnahmen beliebig oft zu kopieren. Aber erst ab 1889 wurden B. Apparate in

Bedingung	durchschnittliche Beleuchtungsstärke
Sonnenlicht: Sommer, unbewölkt (Winter, unbewölkt)	20000 bis 100000 lx (bis 10000 lx)
Sonnenlicht: Sommer, bewölkt (Winter, bewölkt)	5000 bis 20000 lx (bis 2000 lx)
hinter dem Fenster im Raum, bei günstigen Bedingungen für Lichteinfall	2500 lx
Leuchte mit Halogenlampe Abstand ca. 1 m	2000 bis 4000 lx
gut beleuchteter Arbeitstisch	750 lx
Sonnenaufgang	500 lx
Beleuchtung eines Tischs mit einer Glühlampe, Abstand ca. 1 m	150 lx
normale Straßenbeleuchtung	20 lx
Vollmond, klare Nacht	0,2 lx

a)

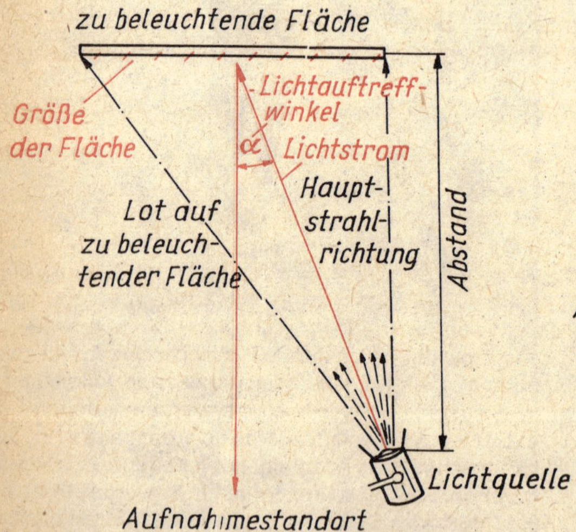

Aufnahmestandort
(bringt bei Abweichung von der Lotrichtung eine Reduzierung der vom Bildwandler aufgenommenen Beleuchtungsstärke)
b)

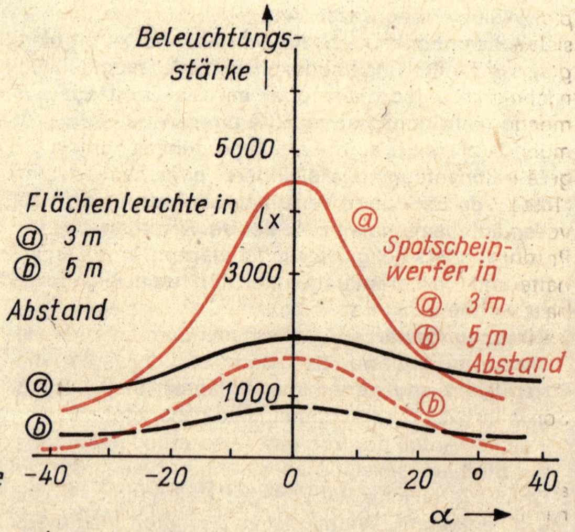

c)

Betamax (2): Videorecorder mit Videokassette

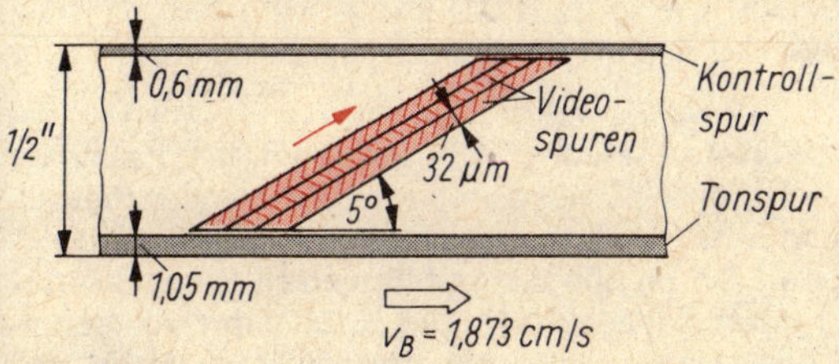

Betamax (1): Spurbild

Deutschland in erwähnenswerter Stückzahl abgesetzt. Zur besseren kommerziellen Auswertung seiner Erfindung gründete B. in Washington (USA) eine Firma, die *United States Grammophone Company.* Seine Grammophone und Platten konnten sich aber neben dem walzenbetriebenen → *Phonographen* EDISONs erst konkurrenzfähig behaupten, nachdem B. die *Schellackplatte* aus einem Gemenge von Schellack mit Füllstoffen wie Gesteinsmehl und Ruß entwickelt und in seinen Apparat ein geräuschlos laufendes Uhrwerk eingebaut hatte (1896). Der Siegeszug der Schallplatte war endgültig vollendet, nachdem die führende Firma 1912 die Produktion von Phonographenwalzen eingestellt hatte und 1929 der letzte EDISON-Phonograph gebaut worden war. Abb.

Berührungsschalter: → Sensortaste

Betacam: s. Tab. → Kamerarecorder

Betamax, Beta-Format: von der japanischen Firma Sony entwickeltes Videokassettenrecordersystem mit 1/2" breitem Videoband. Bei B. wird die Schrägspuraufzeichnung nach dem Zweikopfverfahren angewendet. Die Bezeichnung (japanisch „Beta", svw. dicht an dicht) kennzeichnet das verwendete Aufzeichnungsverfahren; die Videospuren werden dicht an dicht ohne Trennspur (Abb. 1) aufgezeichnet (→ Dichtspeichertechnik). Dieses Verfahren wurde bei B. erstmals praktiziert. Das Videoband wird mit → U-Ladesystem eingefädelt und umschlingt die → Kopftrommel etwas mehr als 180°. Dadurch ergibt sich ein Überlappungsbereich der Videospurinhalte von 3 ... 5 Zeilen. Wiedergabeseitig wird mit elektronischer Kopfumschaltung gearbeitet (→ magnetische Bildaufzeichnung). Die Audiospur (Spurhöhe 1,05 mm) wird bei Stereo- oder Zweitonaufzeichnung in 2 Spuren geteilt. Auf Grund der geringen Bandtransportgeschwindigkeit von 1,87 cm/s erreicht man beim Ton nur eine obere Grenzfrequenz von ca. 8 kHz. Zur Unterdrükkung des Übersprechens der schmalen, dicht benachbarten Videospuren wird → Azimut-Aufzeichnung angewendet. Zur Verringerung des Farbübersprechens wird von Halbbild zu Halbbild, also von Videospur zu Videospur, mit unterschiedlichen Farbträgerfrequenzen (→ Chroma-Konvertierung) gearbeitet. Bei Wiedergabe erfolgt die Übersprechkompensation für das Farbsignal mit Hilfe eines → Kammfilters. Da sich der Bildinhalt von Zeile zu Zeile und von Halbbild zu Halbbild allgemein nur geringfügig ändert, wird die wirksame Farbträgerspannung aus dem momentan abgetasteten Farbträger und dem 2 Zeilen vorher gespeicherten Farbträger (Verzögerungszeit 124 µs) zusammengesetzt. Dabei kompensiert sich das unerwünschte Übersprechen zwischen den Nachbarspuren automatisch, denn die Störanteile haben andere Phasenlage wegen der unterschiedlichen Farbträgerfrequenz oder bei anderen Videosystemen durch eine gezielte Phasenumschaltung bei der Aufzeichnung. → Videokassette, → Videosystem, → Schrägspurver-

a) Abhängigkeit der *Beleuchtungsstärke* von verschiedenen Beleuchtungsarten, b) für die Beleuchtungsstärke bedeutsame Größen, c) qualitativer Funktionsverlauf für die Beleuchtungsstärke in Abhängigkeit vom Abstand Lichtquelle – zu beleuchtende Fläche, dem Lichtauftreffwinkel und der durch unterschiedliche Leuchtenart bestimmten Lichtströme

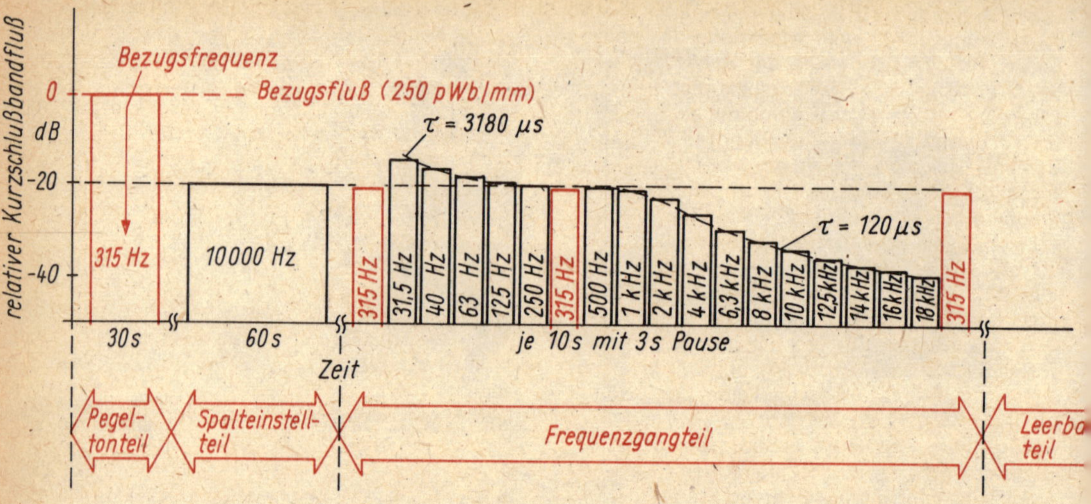

Aufzeichnungen auf einem *Bezugsband* für 4,76 cm/s Bandgeschwindigkeit (Fe_2O_3-Spulen- und Kassettentonband)

fahren, → Kamerarecorder, → HiFi-Videorecorder (Abb.)

Betamovie: s. Tab. → Kamerarecorder

Betrachtungsabstand (engl. Viewing Distance): Distanz zwischen Fernsehzuschauer und -bild. Der *normale B.* sollte so gewählt werden, daß die Zeilenstruktur des Fernsehbilds nicht mehr wahrzunehmen ist und der Blickwinkel nicht wesentlich mehr als das Fernsehbild erfaßt. Dies ist bei B. von ca. 4- bis 7mal der Bildhöhe der Fall. → Zeilenzahl, Abb. → Bildformat

Betriebsleistung: NF-Leistung, die einer Lautsprecherbox oder einem Kopfhörer (je Kapsel) zugeführt werden muß, um einen bestimmten vorgegebenen Schallpegel, den → Nennschalldruckpegel, zu erzeugen. Dieser beträgt bei HiFi-Lautsprechern 96 dB in 1 m Entfernung auf der Bezugsachse.

Hinweis: Je kleiner die angegebene B. ist, um so geringere NF-Leistung benötigt eine Box oder ein Kopfhörer für eine bestimmte Lautstärke. Die B. ist immer kleiner, höchstens gleich der → Nennbelastbarkeit.

Betriebsspannung: Gleichspannung zur Versorgung einer Baugruppe oder eines elektronischen Geräts. Die B. wird entweder Batterien entnommen (→ Batteriebetrieb) oder bei Netzbetrieb in einem → Netzteil gewonnen. Bei modernen halbleiterbestückten Heimgeräten sind die B. mit wenigen Ausnahmen ungefährliche Kleinspannungen, wegen der vorrangigen Benutzung von Monozellen meistens Vielfache von 1,5 Volt. → Polarisationsspannung, → Hochspannung, → Transverter

Betriebsstundenzähler: Einrichtung zum Zählen und zur Anzeige der Stunden, die ein Gerät oder eine wichtige Baugruppe in einem Gerät insgesamt in Betrieb war. Hochwertige Videorecorder haben einen B. für die → Kopftrommel.

BEVR: → EVR

bewertete Messung: Meßverfahren, hauptsächlich für Störgrößen, bei dem diese eine Frequenzbewertung erfahren. Dabei wird mit einem Bewertungsfilter die Ohrempfindlichkeit für verschiedene Störfrequenzen nachgebildet. Die b. M. führt zu technischen Daten, die bei geschickter Wahl der Filtercharakteristik eine gute Aussage über das Maß der Lästigkeit von Störgrößen ergeben. Die Vergleichbarkeit so gewonnener Daten ist jedoch kaum möglich, wenn die standardisierten Meßverfahren voneinander abweichen. → Störspannung, → Störabstand, → Rumpel-Störspannungsabstand, → Tonhöhenschwankungen

Hinweis: Im Zuge von Normangleichungen wurden die Vereinbarungen über die Charakteristik bestimmter Bewertungsfilter geändert (z. B. für Störspannungsmessung), so daß Daten mit b. M. von Geräten unterschiedlicher Produktionszeiträume oft auch dann nicht vergleichbar sind, wenn sie vom selben Hersteller und aus dem gleichen Land stammen.

Bezugsachse, Hauptachse, Systemachse: gedachte Linie größter Empfindlichkeit bei Mikrofonen und Antennen und maximaler Schallabstrahlung bei Lautsprechern. Bei Mikrofonen ist die B. Hauptansprechrichtung, bei Lautsprechern Hauptabstrahlrichtung. In beiden Fällen ist sie die Senkrechte auf die Membranebene. Bei Empfangsantennen ist die B. die Hauptempfangsrichtung, wobei die Achse des Dipols oder der Ferritstabantenne dazu quer steht.

Bezugsband: Magnettonband mit Aufzeichnungen zur Einstellung des Wiedergabekanals eines Tonbandgeräts bei einer bestimmten Bandgeschwindigkeit. Das B. trägt als erste Aufzeichnung den *Pegeltonteil,* auf dem ein Meßton mit Bezugsfrequenz und normiertem Bezugsfluß aufgezeichnet ist (v_B = 38,1/19,05 cm/s: 1 kHz, 320 pWb/mm;

$v_B \leqq 9{,}53$ cm/s: 315 Hz, 250 pWb/mm). Er dient der Kalibrierung der Ausgangsspannung des Tonbandgeräts. Es folgt auf dem B. der *Spalteinstellteil* zur → Taumelung des Wiedergabekopfs. Dieser Teil trägt eine 10-kHz-Aufzeichnung mit exakter Magnetisierungslage senkrecht zur Bandlaufrichtung. Auf dem nachfolgenden *Frequenzgangteil* sind Einzelfrequenzen aufgezeichnet, deren Amplituden dem Standardflußverlauf folgen (→ Bandfluß). Dieser Teil erlaubt es, die wiedergabeseitige → Magnettonentzerrung genau einzustellen. Für Kassettengeräte gibt es 2 verschiedene B. in Meßkassetten für Normal- und für Chromdioxid- bzw. Reineisenband. Schließlich enthalten die meisten B. noch ein Bandstück des → Vergleichsbands ohne Aufzeichnung. Dieser *(Referenz-)Leerbandteil* dient der Einstellung des Aufzeichnungskanals. Abb.

Bezugsfluß: → Bandfluß, → Bezugsband

Bezugsfrequenz: vereinbarte Frequenz, bei der frequenzabhängige Kennwerte von Geräten oder Informationsträgern gemessen und angegeben werden (auch *Meßfrequenz*), oder auf die in Frequenzgängen der Kurvenverlauf bezogen wird. Als B. wird ein Mittelwert im Frequenzbreich bevorzugt, in dessen Nähe die betrachteten Größen (z. B. Eingangswiderstand, Ausgangspegel, Bandfluß, Schalldruckpegel usw.) konstant sind oder sich zumindest möglichst wenig ändern. → Amplitudenfrequenzgänge werden i. allg. so dargestellt, daß die Kurve bei B. durch 0 dB, 1 oder 100 % geht. Die B. beträgt bei Audio i. allg. 1 kHz, bei Tonbändern für die Bandgeschwindigkeit $v_B \leqq 9{,}53$ cm/s jedoch 315 Hz. Bei Frequenzdarstellungen im Videobereich wird meist 0,5 MHz gewählt.

Bezugsweiß (engl. Reference White): → Farbart, in der unbunte Objekte auf dem *Farbfernsehbildschirm* wiedergegeben werden. Da die Bezeichnung „Weiß" auf Grund ihrer subjektiven Verwendung nicht eindeutig ist, wurden Festlegungen eines in bestimmten Bereichen zu verwendenden B. getroffen, z. B. E-Weiß (Gleichenergieweiß, d. h. alle Spektralfarben sind mit gleicher Strahlungsenergie vorhanden, → IBK), C-Weiß (Farbwerte der Empfängergrundfarben Rot, Grün, Blau sind gleich; → Farbfernsehen, → Farbbildröhre). Heute wird im Farbfernsehen überwiegend mit dem D-Weiß gearbeitet, das sich nur gering vom C-Weiß unterscheidet, aber auf Grund eines höheren Farbwerts Rot subjektiv als angenehmer empfunden wird.

Hinweis: Die Kontrolle der richtigen B.-Wiedergabe bei einem Farbfernsehgerät erfolgt durch Vergleich mit einer auf dem Bildschirm aufzusetzenden C- bzw. D-Weiß-Leuchte; in Service-Werkstätten vorhanden. Der Angleich des Fernsehbilds an das Bezugsweiß erfolgt durch Verstärkungskorrektur im Rot-, bzw. Grün-, bzw. Blaukanal des Geräts.

BFA: → Bildfilmaufzeichnung

Bias (engl., svw. Arbeitspunkt): Kennzeichnung an einem Bedienelement (meist Schalter) zur manuellen Umschaltung des Vormagnetisierungsstroms eines Tonbandgeräts, um ihn unterschiedlichen Bandsorten anpassen zu können (CrO_2-, Fe_2O_3-, Fe-Cr-, Reineisenband). Die Einstellung ist nur bei Aufzeichnung wirksam. Eine Falscheinstellung führt hauptsächlich zu Verzerrungen und Klangveränderungen in den hohen Tonlagen. Unter *B.-Einsteller* wird ein Bedienungselement verstanden, an dem sich der → Vormagnetisierungsstrom von außen um einen gewissen Betrag verändern läßt. Der Wert eines solchen Einstellers ohne zusätzliche Hilfsmittel zur Kalibrierung ist allerdings anzuzweifeln, weil seine sinnvolle Betätigung genaue Kenntnisse über den Arbeitspunkt des benutzten Bandtyps voraussetzt. → Accu Bias-System, → Bandsortenumschaltung

Bildabschattung: bei einem Fernsehbild fehlerhafte, vorwiegend stetig verlaufende Leuchtdichteänderung in vertikaler und/oder horizontaler Richtung. B. entstehen hauptsächlich durch innere Störsignale der Bildaufnahmeröhre, sie können durch die → Störsignalkompensation behoben werden. B. entsteht auch durch nicht genügend niedrige untere Grenzfrequenz bzw. durch fehlende oder gestörte → Schwarzwerthaltung in Videogeräten.

Bildabtastung: Vorgang zum Zwecke der Bildsignalerzeugung (optisch-elektrische Wandlung nach dem → Zeilensprungverfahren). Möglichkeiten: *a)* Eine in ein elektrisches Ladungsbild auf der Speicherplatte einer → Bildaufnahmeröhre umgewandelte Bildvorlage wird durch einen Elektronenstrahl zeilen- und halbbildweise abgetastet (→ Halbbildverfahren). *b)* Ein Elektronenstrahl schreibt nach dem Zeilensprungverfahren einen → Raster konstanter Leuchtdichte auf dem Bildschirm einer speziell aufgebauten → Bildwiedergaberöhre. Das von dem Bildschirm ausgehende *Punktlicht* durchleuchtet eine transparente Bildvorlage oder beleuchtet eine grafische Bildvorlage. Dabei wird der Lichtstrahl in seiner Intensität und spektralen Zusammensetzung beeinflußt. Fängt man den punktförmigen Lichtstrahl in einer Fotozelle auf, wirkt sich die erfolgte Beeinflussung als Signalspannungsänderung aus. Die Spannungsänderung folgt zeitlich genau dem zeilen- und halbbildweisen Verlauf bei der Erzeugung des Punktlichts.

Bildaufnahme: Umwandlung optischer Bilder in übertrag- und speicherbare elektrische Signale, in → Bildsignale. Im allgemeinen Sprachgebrauch wird in Anlehnung an die Filmtechnik, bei der die B. unmittelbar eine Belichtung des Films und damit eine Speicherung zur Folge hat, nicht zwischen B. und Bildaufzeichnung unterschieden. In der Videotechnik wird zwischen B. und Speicherung deutlich unterschieden, da die Bildsignale eine sofortige Bildwiedergabe ermöglichen. Die Bildaufzeichnung (→ Bildspeicherung) erfolgt mit dem Ziel einer späteren und beliebig oft wiederholbaren Bildwieder-

Bildaufnahmeröhren (1) (von links: 2 verschiedene Super-Ikonoskope, Superorthikon, 2 Plumbikons, Vidikon)

gabe. Die B. erfolgt mit → Bildaufnahmegeräten und nach unterschiedlichen → Bildaufnahmeverfahren.

Bildaufnahmegerät: Gerät zur Umwandlung der Helligkeits- und Farbwerte eines Szenenbilds (→ Videokamera) oder einer ebenen Bildvorlage (→ Abtaster) in entsprechende → Bildsignale.

Bildaufnahmeröhre, Kameraröhre, Bild-Signalwandlerröhre: Elektronenstrahlröhre zur Umwandlung optischer Bilder in elektrische Bildsignale. Die B. ist das wichtigste Bauteil der meisten → Videokameras und → Fernsehkameras. Es gibt eine große Vielzahl verschiedener B., deren grundsätzlicher Wirkungsmechanismus aber gleich ist. Durch das Kameraobjektiv wird das aufzunehmende Objekt bzw. die Szene optisch scharf auf einer Fotoschicht (lichtempfindliche Schicht) abgebildet. In der Fotoschicht erfolgt durch den → fotoelektrischen Effekt die Umwandlung der Lichtwerte in elektrische Werte (z. B. elektrische Ladungen). Da nicht alle elektrischen Werte des Gesamtbilds gleichzeitig übertragen werden können ist die *Bildzerlegung* in Zeilen, meist nach dem → Zeilensprungverfahren, notwendig. Dazu werden in der Phase der Bildsignalerzeugung durch einen feinen Elektronenstrahl die elektrischen Werte des vorliegenden Bilds zeilenweise nacheinander abgetastet. Dadurch entsprechen die im Signalstrom der B. zeitlich aufeinanderfolgenden Amplitudenwerte den Helligkeitswerten nebeneinanderliegender Bildpunkte. Der Elektronenstrahl (Abtaststrahl) wird im → Strahlsystem der B. erzeugt. B. sind speichernde Bild-Signalwandler. Das Speicherprinzip beruht darauf, daß die sich ergebenden elektrischen Werte parallel und damit bildgetreu auf eine *Speicherschicht,* die auch als *Speicherplatte* bezeichnet wird, überführt und für die Dauer eines Fernsehvollbilds (lt. CCIR- und OIRT-Norm 40 ms) gespeichert werden. Die erste B. war das *Ikonoskop,* das ab 1931 auf der Grundlage eines Patents von → ZWORYKIN aus dem Jahre 1923 entwickelt wurde. Mitte der 30er Jahre wurden damit die ersten elektronischen Kameras gebaut. Die verbesserte Form dieser B., das *Superikonoskop,* wurde bis in die 50er, teilweise auch bis in die 60er Jahre in den Fernsehkameras der Fernsehanstalten verwendet. Danach wurde das 1939 entwickelte → Superorthikon (3″- bzw. 4 1/2″-B.) die dominierende Röhre in den Schwarz-Weiß-Fernsehkameras. Für den Videoamateur und den Fernsehrundfunk haben heute nur Halbleiter-B., die es in großer Typenvielfalt mit jeweils unterschiedlichen Güteklassen (Tab.) und Größen gibt, praktische Bedeutung. Der Grundtyp dieser B. ist das → *Vidikon.* Wesentliche Merkmale von B. sind: → Auflösung, Lichtempfindlichkeit (→ Empfindlichkeit), → Spektralempfindlichkeit, → Trägheit, → Dunkelstrom, Gammawert (→ Gradation) und → Einbrennen. Der Durchmesser, meist in Zoll angegeben, ist Kennzeichen für die Röhrengröße, es gibt die 1 1/4″-, 1″-, 2/3″- und 1/2″-Röhre mit unterschiedlicher Bildgröße (Abtastfläche) auf der Speicherschicht (Abb. 2). Tab., Abb.

Hinweis: B. niemals mit der Speicherplatte nach unten abstellen! Feine Glas- und Katodenteilchen können innen auf die Speicherschicht fallen und diese beschädigen. Eine Zunahme der Flecken, teils von erheblicher Größe, kann die Bildqualität störend beeinträchtigen. Eine B. darf niemals starken Lichtquellen ausgesetzt werden. Dabei ist es gleich, ob sie in der Videokamera eingesetzt und in Betrieb befindlich ist oder nicht. Eine Zerstörung der Speicherplatte kann die Folge sein.

Bildaufnahmeverfahren: elektronisches Verfahren

Güteklassen von Bildaufnahmeröhren

Güteklasse	Kennzeichen und Einsatz
Klasse 1	Für höchste Ansprüche an die Bildqualität. Besonders ausgesucht nach gleichmäßiger, fleckenfreier Speicherschicht. Große Lichtempfindlichkeit und geringe Trägheit.
Klasse 2	Für universelle Anwendung. Normalausführung mit geringen, die Bildqualität kaum beeinträchtigenden Flecken auf der Speicherschicht. Mittlere Lichtempfindlichkeit und Trägheit.
Klasse 3	Für Beobachtungs- und Überwachungsaufgaben im halbprofessionellen Bereich. Fleckenanzahl und Trägheit der Speicherschicht größer und Lichtempfindlichkeit kleiner als bei Klasse 2.
Klasse 4	Für einfachste Beobachtungsaufgaben bei verminderten Qualitätsansprüchen. Schlechtere Eigenschaften als Klasse 3.

zur Erzeugung elektrischer Bildsignale von bewegten oder unbewegten Bildern. Man unterscheidet 3 B.: a) B. mit → Bildaufnahmeröhren, vorwiegend zur direkten Bildaufnahme von bewegten Szenenbildern. Es wird bei → Fernsehkameras bzw. → Videokameras angewendet. b) → Punktlichtabtastung ist für ebene, vor allem transparente Bildvorlagen (Dia, Film) gut geeignet und wird in Abtastern angewendet. c) B. mit → Festkörperbildsensoren wird in modernen Abtastern und zunehmend auch in elektronischen Kameras, vorrangig in Videokameras und professionellen Reportagekameras, angewendet. Jedes B. muß 3 Funktionen erfüllen, damit ein elektrisches Bildsignal entsteht: 1. *optische Abbildung* des aufzunehmenden Bilds, 2. *Bildzerlegung* (→ Zeilensprungverfahren), 3. *Lichtelektrische Umwandlung* der Helligkeits- und Farbwerte des abgebildeten Originalbilds durch die Anwendung des → fotoelektrischen Effekts. → Bildaufnahmegerät

Bildaufzeichnung, *Bildspeicherung:* Speichern von Bildinformationen oder Bildfolgen auf einem Aufzeichnungsträger, z. B. fotografischer Film, Kunststoffilm, Bildplatte oder Videoband (Bildsignalspeicherung). Die B. ermöglicht Bildbearbeitung, zeitversetzte und beliebig oft wiederholbare Bildwiedergabe, Standbild, Zeitlupen- und Zeitraffereffekte sowie Archivierung. Die *Bildsignalaufzeichnung* geschieht in → Videospeichergeräten nach verschiedenen → Videospeicherverfahren. → magnetische Bildaufzeichnung

Bildblende: Gestaltungsmittel für Szenenübergänge. Langsamer Übergang von einem Bild auf ein anderes oder von und nach Schwarzbild (Auf- und Abblende). B. werden hauptsächlich durch → Bildmischung ausgeführt.

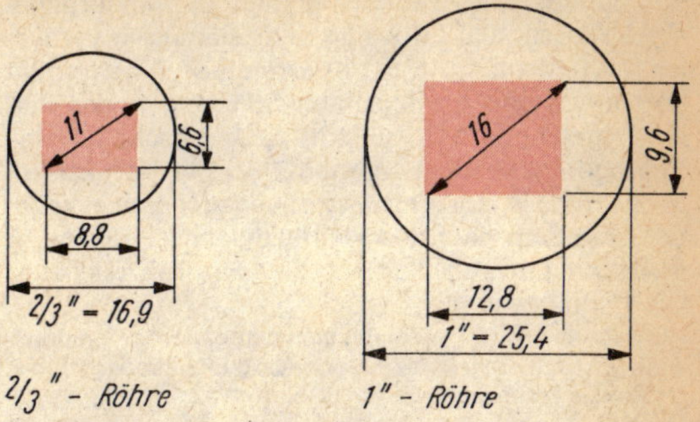

Abtastflächen von *Bildaufnahmeröhren* (2)

Hinweis: B. können auch mit einer → Videokamera und einfachen Hilfsmitteln bei der Bildaufnahme gemacht werden. Wird eine schwarze Pappe langsam vor das Objektiv geschwenkt, so verschwindet die Szene in der Dunkelheit (Abblende). Durch Wegschwenken wird die neue Szene aufgeblendet.

Bildbrummen: durch galvanische, induktive oder kapazitive Einkopplung von Brummspannungen hervorgerufener Bildfehler, der sich durch einen (50 Hz) oder 2 (100 Hz) breite dunkle Streifen quer über das Fernsehbild auswirkt. Die *Brummstreifen* können feststehen oder senkrecht durchlaufen. Auch schlechte Masseverbindungen, fehlende Erdung oder → Erdschleifen bei Videoübertragung oder im Empfänger können zu B. führen.

Bilddauer: Zeit für die Abtastung eines vollständigen Fernsehbilds (→ Bildabtastung). In Fernsehsystemen, die nach dem → Zeilensprungverfahren arbeiten, umfaßt die B. 2 Halbbilder. Nach → CCIR-Norm ist für die B. $T_B = 40$ ms festgelegt. Verschiedene → Fernsehnormen gehen von anderer B. aus.

Bildebene: Fläche, auf der beim Auftreffen des durch eine Optik fallenden Lichts ein scharfes Abbild eines aufzunehmenden Objekts entsteht. Die B. liegt im Abstand der → Bildweite hinter der Hauptebene eines → Objektivs. → Brennweite, → Varioobjektiv

Bildendstufe, auch *Vertikal-Endstufe* (engl. Field Sweep Output Stage): Funktionseinheit in den → Vertikalkippgeräten von Bildmonitoren und Fernsehempfängern. Die B. sichert die für die vertikale → Ablenkung des Elektronenstrahls in den Bildwiedergaberöhren erforderliche Leistungsverstärkung der vom Vertikalfrequenzgenerator anliegenden Kippspannungen. → Zeilenendstufe, Abb. → Vertikalkippgerät

Bildfang: Herstellen des Gleichlaufs (Synchronität) zwischen den in den Vertikalfrequenzgeneratoren der → Vertikalkippgeräte von Bildwandlereinrichtungen erzeugten Schwingungen (lt. CCIR- und OIRT-Norm $f_v = 50$ Hz) und den zugeführten → Vertikalsynchronimpulsen. Ist der Gleichlauf gestört oder fehlt er gänzlich, „läuft" oder „rollt" das vom

Bildmonitor oder Fernsehempfänger wiedergegebene Fernsehbild zeitweilig oder ständig in vertikaler (Bild-)Richtung. Erst bei erreichter Synchronität kommt es zum gewünschten Stillstand – das Bild wird „gefangen". Der B. tritt nach Einschalten des Videogeräts ab dem Moment, wo die Vertikalsynchronimpulse am Vertikalfrequenzgenerator anliegen, mit dem nächsten Halbbildwechsel ein. Er ist in dieser Kurzzeitigkeit für den Fernsehzuschauer i. d. R. nicht sichtbar.

Hinweis: B. und →Zeilenfang sind gemeinsame Voraussetzung für ein in Bild- und Zeilenrichtung unveränderlich fest stehendes Fernsehbild.

Bildfehler: Gesamtheit aller Abweichungen eines Fernsehbilds vom Originalbild des aufgenommenen Objekts bzw. vom elektronisch erzeugten Bild. B. sind wiedergabeseitig sichtbare Qualitätsminderungen von Bildsignalen. Bildsignale sind im Bildkanal vielfältigen Störbeeinflussungen ausgesetzt, die zu Signalverfälschungen und damit zu B. führen. B. können eingeteilt werden in: a) *Signal-Amplitudenänderung:* → Gradationsfehler, → Plastikeffekt, → Bildabschattung, → Farbstich, → Fahnen, →Streulicht, →Dropout, b) *zusätzliche Störsignale:* →Störmuster, →Geisterbild, →Einschwingstreifen, Übersprechen (→Cross-Luminanzstörung), →Störstreifen, c) *Änderung im Zeitmaßstab:* →Zeitfehler, → Spurfehler, → Farbversatz, d) *Abbildungsfehler* der elektronen-optischen Systeme der Bildaufnahme- und -wiedergabeseite: → Ablenkfehler, → Bildunschärfe, → Geometrieverzerrungen, → Konvergenzfehler, e) *Synchronisationsstörungen:* → Bildzittern, → Bildstandsschwankungen, →Bildzerfall.

Bildfilmaufzeichnung, Abk. **BFA:** Bildspeicherverfahren auf fotografischem Film (Schwarz-Weiß- oder Farbfilm, mit 16- oder 35-mm-Format). Die BFA beruht im Prinzip auf dem „Abfilmen" des Fernsehbilds von einem Bildmonitor höchster Qualität mit geeigneten Filmkameras. Durch besondere Maßnahmen (z. B. Wobbelung) wird dafür gesorgt, daß die Filmbilder keine Zeilenstruktur aufweisen. Neben der fotografischen BFA gibt es auch elektronische BFA (→EVR). Die Wiedergabe erfolgt mit üblichen Methoden der →Filmabtastung.

Bildfolgefrequenz: →Bildfrequenz

Bildformat: Kennzeichnung des Verhältnisses der horizontalen zu den vertikalen Bildabmessungen. Die horizontale Bildabmessung beschreibt den „sichtbaren Teil des Fernsehbilds in der Mitte der Bildschirmhöhe" *(Bildbreite),* die vertikale den „sichtbaren Teil des Fernsehbilds in der Mitte der Bildschirmbreite" *(Bildhöhe).* Ausgehend von den Gesichtswinkeln des Menschen (horizontaler Gesichtswinkel ca. 11°, vertikaler Gesichtswinkel ca. 8°) arbeitet derzeit das Fernsehen prinzipiell mit rechteckigen Bildformaten mit Verhältnissen von Bildbreite zu Bildhöhe von 4:3. Diese Festlegung gilt unabhängig von der →Bildgröße! Den richtigen

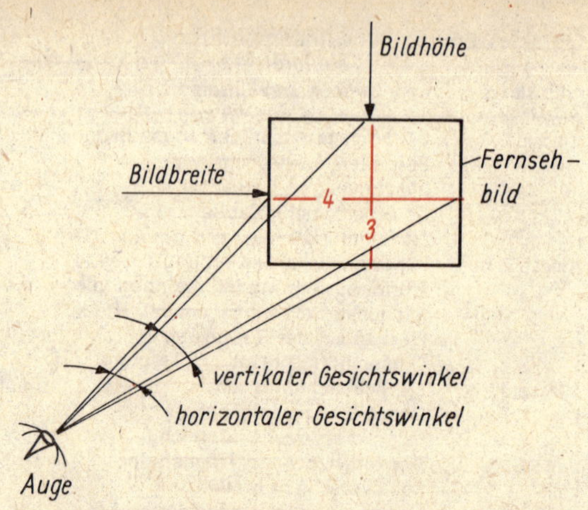

Format des Fernsehbilds in seiner Abhängigkeit von den Gesichtswinkeln des Menschen

Betrachterabstand vorausgesetzt (ca. 4- bis 7mal Bildhöhe) sichert das gewählte B., daß der Fernsehzuschauer alle Details im Fernsehbild ohne ständige Blickrichtungsänderung scharf wahrnehmen kann und nicht durch das Bildumfeld übermäßig abgelenkt wird. Abb.

Bildfrequenz, auch *Bildfolgefrequenz:* Anzahl der vollständigen Fernsehbilder oder auch Filmbilder pro Sekunde (→Bildabtastung, →Zeilensprungverfahren). Die Größe der B. wird wesentlich bestimmt durch: *a)* Sicherung der mindestens notwendigen Einzelbildfolge pro Sekunde, damit übertragene Bewegungsabläufe trotz Einzelbildwiedergabe für den Betrachter zu harmonischen Abläufen verschmelzen. *b)* Streben nach möglichst geringstem Aufwand (Bandbreite des → Bildsignals, Filmmenge usw.) zur Bildübertragung. Einer weiteren wesentlichen Bedingung, →Flimmerfreiheit trotz Einzelbildübertragung, begegnet man durch *scheinbare* Dopplung der Bildfrequenz (Fernsehen: → Zeilensprungverfahren, Film: Doppelprojektion). Die B. ist der Kehrwert der →Bilddauer, sie steht in unmittelbarer Beziehung zu → Halbbilddauer, → Halbbildfrequenz (Vertikalfrequenz), →Zeilendauer, →Zeilenfrequenz. Lt. → CCIR ist für die B. $f_B = 25$ Hz festgelegt.

Bildgeometrie: Qualitätskriterium eines Fernsehbilds, das sich auf die örtliche Lage der einzelnen Bildelemente (Bildpunkte) bezieht. Gleichförmige Verteilung aller Bildelemente in horizontaler und vertikaler Richtung auf der Bildfläche (Bildschirm) mit normgerechtem Bildformat (→Bildgröße) ergibt einwandfreie B., wobei senkrechte und waagerechte Linien absolut gerade sind und an jedem Punkt der Bildfläche senkrecht aufeinanderstehen. Die B. wird wesentlich von exakter → Ablenkung bestimmt. → Geometrieverzerrungen, → Bildzittern

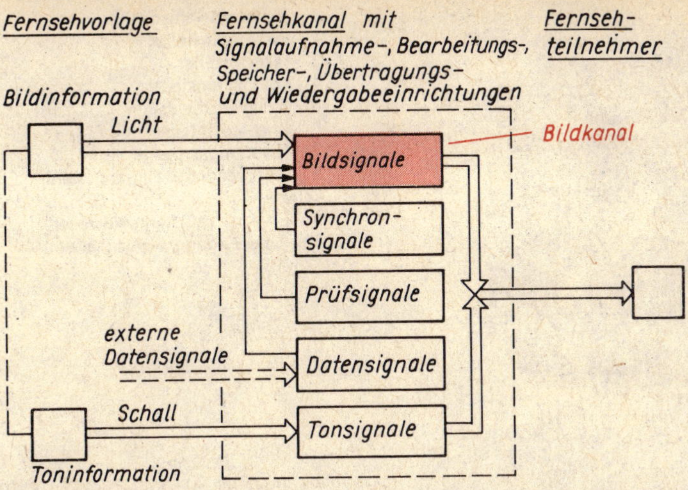

Bildkanal als Teil des Fernsehkanals

Bildgleichrichter: → Videodemodulator, → Videogleichrichter

Bildgröße: Abmessungen des elektrischen Ladungsbilds in den → Bildaufnahmeröhren und des Fernsehbilds von → Bildwiedergaberöhren auf der Grundlage des lt. → Fernsehnorm vorgegebenen Verhältnisses von Bildbreite – Bildhöhe 4:3 (in Geräten mit 90° Schwarz-Weiß-Bildröhren teilweise auch 5:4). → Ablenkung, → Bildgröße-Stabilisierung, → Bildformat, → Bildschirmdiagonale, → Betrachtungsabstand

Hinweis: Das von einer Bildwiedergaberöhre geschriebene Fernsehbild muß „schirmfüllend" sein. Zur Beurteilung der richtig eingestellten B. sollte das → Sendetestbild herangezogen werden (s. Farbanhang). Während ältere Fernsehgeräte bei Abweichungen der B. vom gewünschten Maß eine manuelle Korrektur der B. von außen (i. d. R. Rückfront des Geräts) zuließen, verfügen moderne Geräte über eine Bildgröße-Stabilisierung. Treten Abweichungen der B. auf, macht sich in diesem Fall ein Eingriff durch den Fachmann ins Gerät erforderlich. Eine mit der Bildhelligkeit schwankende B. deutet vielfach auf Fehler im Hochspannungsteil des Fernsehgeräts hin und sollte Veranlassung sein, eine Service-Werkstatt zu konsultieren.

Bildgröße-Stabilisierung (engl. Frame Size Stabiliser): schaltungstechnische Maßnahme in Fernsehempfängern und Bildmonitoren, die gleichzeitig die Stabilisierung der *Bildhöhe und Bildbreite* des Fernsehbilds umfaßt. Die Stabilisierung der Bildhöhe erfolgt i. d. R. durch die Stabilisierung der Betriebsspannungen für das Vertikalkippgerät. Die Stabilisierung der Bildbreite ist auf Grund der schaltungstechnischen Verbindung von Horizontalkippgerät und → Hochspannungserzeugung in den meisten Fernsehempfängern aufwendiger. Da die Belastung der Hochspannungsstufe mit der Strahlstromstärke in der Bildwiedergaberöhre schwankt, können sich bei extremen Strahlstromänderungen Rückwirkungen auf das Horizontalkippgerät ergeben. Um diese auszugleichen, wird eine Regelspannung für den horizontalen Ablenkstrom vom Hochspannungsteil zum Verstärker der Horizontalkippstufe zurückgeführt. → Bildgröße

Bild im Bild: in ein Fernsehbild eingefügtes verkleinertes zweites Fernsehbild oder ein eingefügter Ausschnitt davon. B. kann Ergebnis der Bildmischung und der Anwendung → digitaler Videoeffekte sein. Verschiedene Fernsehempfänger ermöglichen am Rand im Farbfernsehbild des empfangenen Hauptprogramms ein verkleinertes Schwarz-Weiß-Bild eines anderen Programms gleichzeitig darzustellen. Für diese B.-Darstellung benötigt der Empfänger ein zweites Empfangsteil (Tuner) und einen Zwischenspeicher (→ CTD oder digitaler Bildspeicher) in den das Zweitbildsignal eingelesen und mit anderer Geschwindigkeit (Bildverkleinerung) synchron zum Hauptbildsignal, d. h. von diesem gesteuert, ausgelesen wird.

Bildkanal: zur Übertragung des → Fernsehbilds erforderlicher Teil des Fernsehübertragungskanals. Der B. beginnt bei der Umwandlung der in den einzelnen Punkten einer Bildvorlage (graphische Vorlage, Szene u. a.) enthaltenen → Farben in ein elektrisches Signal (→ Bildsignal), umfaßt dessen Übertragung zum Fernsehteilnehmer und endet bei der Umwandlung des Signals in ein → Farbfernsehbild. → Fernsehen, → Schwarz-Weiß-Fernsehen, → Farbfernsehen, → Farbfernsehverfahren (Abb.)

Bildkarte: rechteckiger dünner Informationsträger zur Speicherung von Ton- und/oder Bildinformation. Bei der B. handelt es sich um eine besonders geformte → Bildplatte. Eine magnetische B. wird bei → Mavicard verwendet.

Bildkontrollempfänger, auch *Bildmonitor, Fernsehmonitor,* kurz *Monitor* (engl. Picture Monitor): Bildkontrollgerät zur *visuellen Beurteilung* der Qualität von Schwarz-Weiß- und/oder Farbfernsehbildern. Der Schaltungsaufbau eines B. ist mit einem → Fernsehempfänger ohne Hochfrequenz- und Tonwie-

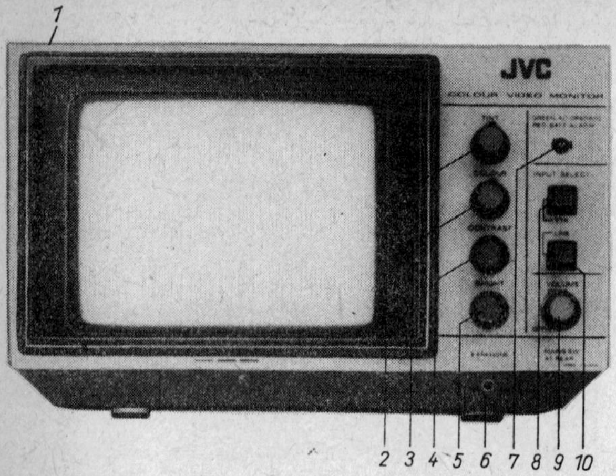

1 Funktionswahlschalter
2 Farbtoneinsteller
3 Farbeinsteller
4 Kontrasteinsteller
5 Helligkeitseinsteller
6 Ohrhörerbuchse
7 Spannungsanzeige
8 Videorecorder-Eingangswahlschalter
9 Ein/Aus, Lautstärkeeinsteller
10 Line-Eingangswahlschalter

Frontansicht eines *Bildkontrollempfängers* (1)

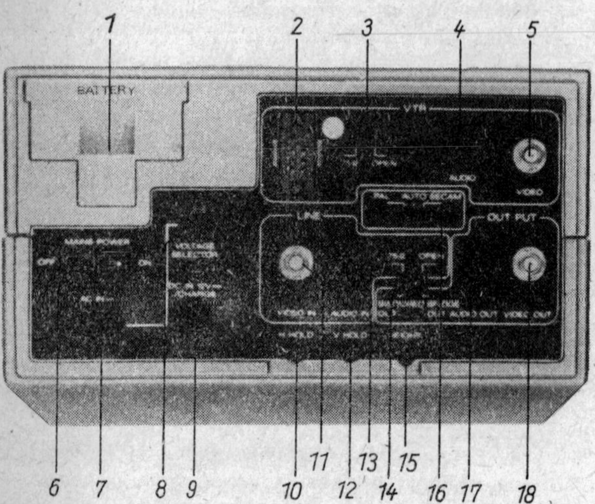

1 Batteriefach
2 Anschluß Videorecorder
3 Schalter für 75 Ω-Anschluß
4 Anschlußbuchse für Tonsignale (Ein-/Ausgang)
5 Anschlußbuchse für Videosignale (Ein-/Ausgang)
6 Netzschalter
7 Netzeingang
8 Spannungswahlschalter
9 Gleichspannung (Eingang)
10 Bildfang (horizontal)
11 Video-Line-Eingang
12 Bildfang (vertikal)
13 Ton-Line-Eingang
14 Ausgangswahlschalter
15 Einsteller „Bildhöhe"
16 Wahlschalter „Farbfernsehverfahren"
17 Ausgangsbuchse Ton
18 Ausgangsbuchse Video

Rückansicht eines *Bildkontrollempfängers* (2)

dergabeteil vergleichbar. Es werden beim B. jedoch wesentlich höhere Qualitätsansprüche (z. B. Amplituden- und Phasenfrequenzgang, Linearität der Ablenkschaltungen, Zahl der Einstellmöglichkeiten von außen) gestellt, insbesondere an die verwendete Bildwiedergaberöhre (Strahlschärfe, Kontrast, Helligkeit, Konvergenz usw.). B. verfügen i. d. R. über Bildröhren bis 50 cm → Bildschirmdiagonale (vielfach 37 cm). Für höchste Ansprüche bezüglich der Auflösung werden B. mit gegenüber der → Fernsehnorm doppelter Zeilenfrequenz eingesetzt. Abb.

Hinweis: Mit B. sind solche visuell zu beurteilenden Größen wie Helligkeit, Kontrast, Auflösung, Bildgeometrie, Bildlinearität, Gradation usw. zu kontrollieren. Das setzt das exakte Eintesten des B. unter Nutzung von → Testbildern voraus. Um eine hohe Qualität der Bildaufnahme und -wiedergabe zu sichern, sind parallel zum B. Fernsehpegeloszillographen zur Kontrolle der elektrischen Signalparameter einzusetzen. Als Monitore bezeichnete „→ Sucher" von Fernseh- und Videokameras genügen nicht den Qualitätsansprüchen an einen B.

Bildlage (engl. Picture Position): Stellung des → Fernsehbilds in bezug auf die Begrenzung des Fernsehbildschirms. Die B. wird durch die in den

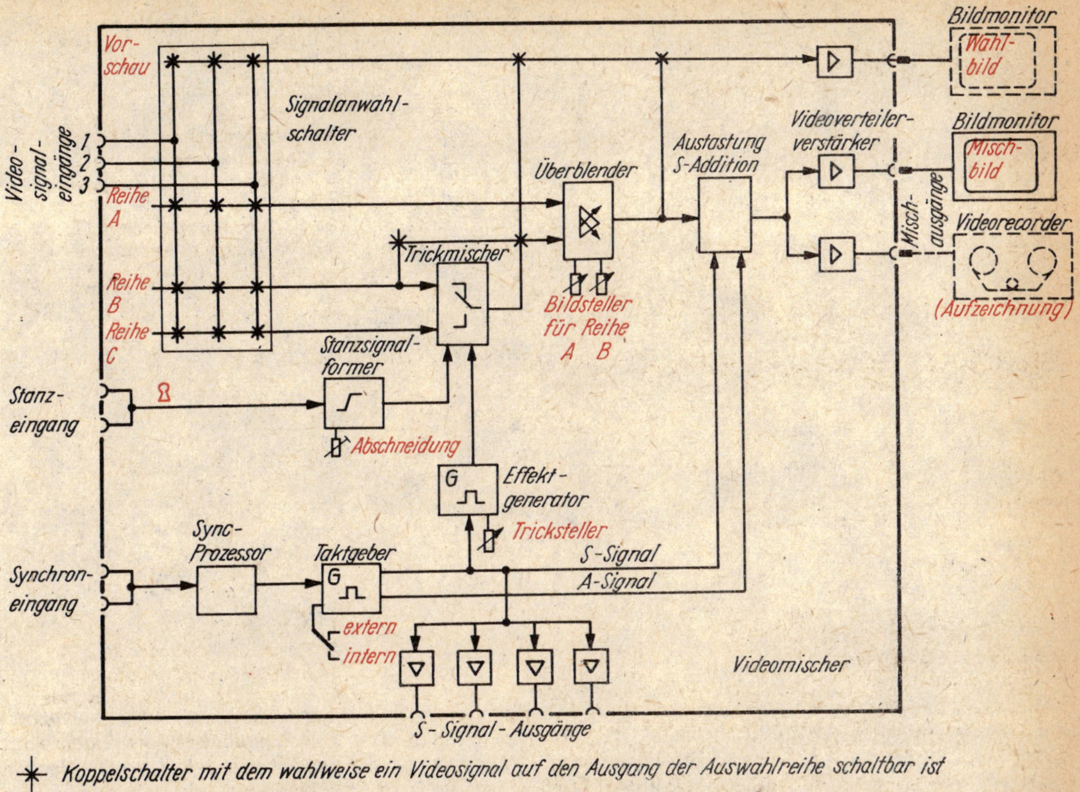

Bildmischer (1): Blockschaltbild eines Videomischers

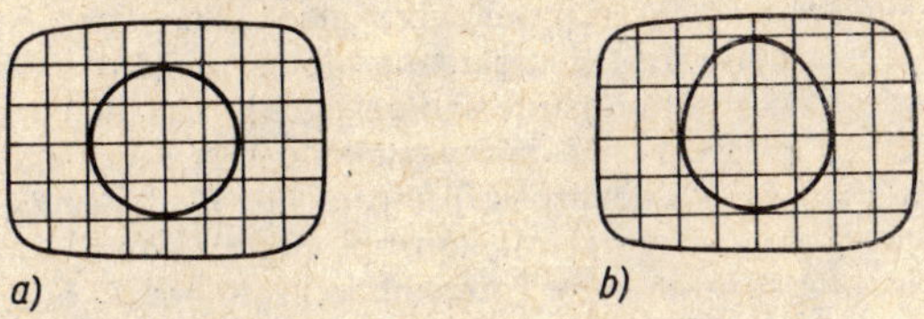

Fernsehbild a) ohne, b) mit *Bildlinearitätsfehler*

horizontalen und vertikalen Ablenkströmen enthaltenen Gleichstromanteile bestimmt (Abb. → Ablenkfehler). Sie kann durch Fremdfehler, die auf die Elektronenstrahlen in Bildwandlerröhren einwirken, beeinflußt oder auch verfälscht werden. → Bildlagemagnet, → Ablenkung

Bildlagemagnet (engl. Picture Position Magnet): zur Justierung der → Bildlage auf dem Röhrenhals von Schwarz-Weiß-Bildwiedergaberöhren angebrachter, besonders geformter Magnet.

Bildlinearität: Maß für die Gleichmäßigkeit der Bildpunktabstände in der Zeile *(Horizontal- oder Zeilenlinearität)* und des Zeilenabstands *(Vertikallinearität)*. Als B. i. e. S. bezeichnet man die Vertikallinearität.

Bildlinearitätsfehler: Bildfehler, bei dem das Fernsehbild in der Horizontal- und/oder Vertikalrichtung gestaucht oder gedehnt erscheint. B. i. e. S. bezeichnet Linearitätsfehler in Vertikalrichtung. B. zählen zu den → Geometrieverzerrungen und → Ablenkfehlern und entstehen durch nichtlineare Ablenkung bei der Bildaufnahme und/oder -wiedergabe. Abb.

Hinweis: Zur Korrektur von B. haben die Ablenkstufen der Bildaufnahme- und Bildwiedergabegeräte, die mit Elektronenstrahlröhren arbeiten, Einsteller für die horizontale und vertikale Linearität.

Bildmischer, Bildmischpult: technische Einrichtung für die → Bildmischung. Mit B. werden 2 oder mehrere Bilder zu einem Endbild, dem sog. *Mischbild* kombiniert. Dazu müssen die zur Mischung vorgesehenen Videosignale dem B. über getrennte Eingänge zugeführt werden. Am B.-Ausgang wird das gemischte Videosignal abgenommen und einem Bildmonitor zur direkten Mischbildwiedergabe zugeführt oder bei Videoproduktionen gleichzeitig mit einem Videorecorder aufgezeichnet. Die Mischung von Videosignalen ist technisch sehr aufwendig, dies gilt für die Mischung von Farbbildsignalen und vor allem für FBAS-Signale des SECAM-Farbfernsehverfahrens. Im Gegensatz zu PAL- können SECAM-kodierte Signale wegen der Frequenzmodula-

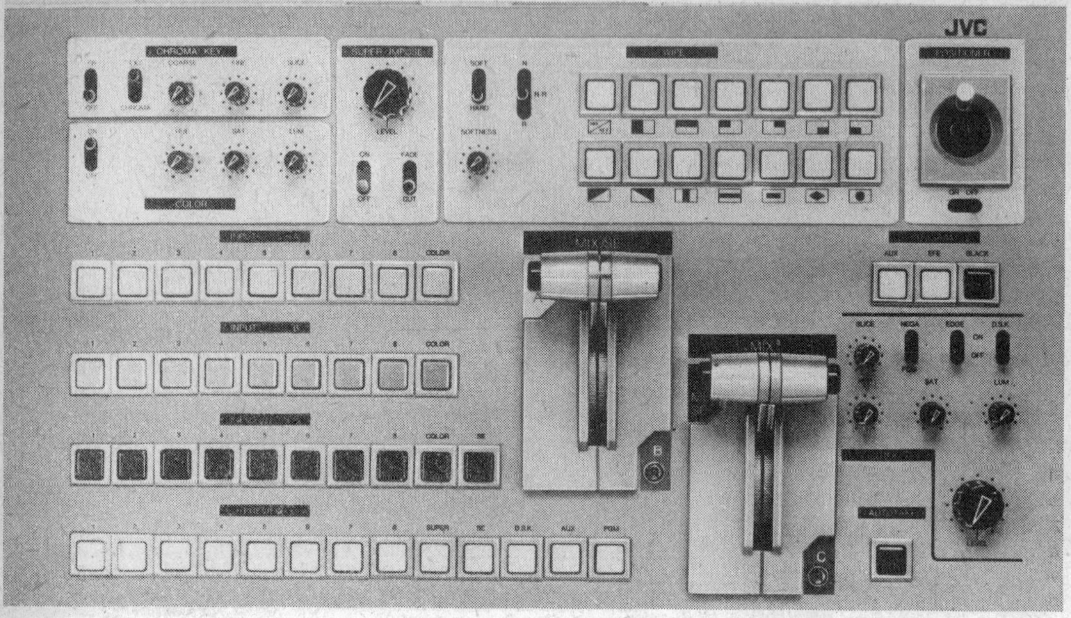

Bedienfeld eines *Bildmischers* (2)

tion des Farbträgers nicht direkt gemischt werden. Vor der eigentlichen Bildmischung muß das SECAM-FBAS-Signal demoduliert und teilweise dekodiert werden, um so mischbare videofrequente Signale (Leuchtdichtesignal und Farbdifferenzsignale) zu erhalten. Nach der in parallelen Kanälen getrennt ablaufenden Mischung müssen die Einzelsignale zu einem vollständigen FBAS-Signal neu kodiert werden. Für eine störungsfreie Bildmischung müssen grundsätzlich alle zu mischenden Videosignale gleichzeitig verschiedene Bedingungen erfüllen. Alle Videosignale müssen untereinander synchron sein (frequenz- und zeitgleich), gleiche Laufzeit aufweisen, nach gleicher → Farbfernsehnorm kodiert sein und die gleiche Farbschaltphase aufweisen.

Hinweis: Um diese Forderungen zu erfüllen, müssen die verwendeten Bildsignalquellen (Videokameras) vom B. oder einem separaten → Fernsehimpulsgeber aus synchronisierbar sein und mit der gleichen Kabellänge am B. angeschlossen werden. Wegen der besonders aufwendigen Elektronik sind Farbmischpulte kostspieliger als Schwarz-Weiß-Geräte und meist nur im Zusammenhang mit zusätzlichen Geräten, z. B. Fernsehimpulsgebern, funktionsfähig. PAL- und SECAM-B. sind genau wie die Farbfernsehverfahren selbst nicht kompatibel. Mit beiden Geräten können aber Schwarz-Weiß-Signale gemischt werden.

Ein B. besteht aus mehreren Baugruppen. Vom Bedienpult aus werden mit Tasten, Dreh- und Schiebestellern alle Umschalt- und Mischvorgänge mit Hilfe von Gleichspannungen gesteuert. Eine unmittelbare Mischung mit Schiebestellern, wie sie bei Tonsignalen üblich ist, funktioniert mit Videosignalen vor allem aus Gründen der Anpassung und Signalverzerrung nicht. Der Mischverstärker, die eigentliche Mischelektronik, besteht aus dem *Überblender* für Auf-, Ab- und Überblendung und dem → *Trickmischer* für Trickschnitte und -blenden. Harte Schnitte werden mit Videoumschaltern oder → Videokreuzschienen durchgeführt, die meist störungsfrei während der vertikalen Bildaustastung umschalten. Ein → Effektgenerator erzeugt das für die Trickmischung notwendige Tricksignal. Weitere Baugruppen dienen der Verteilung des Ausgangssignals (→ Videoverteiler) und der → Synchronisation, die je nach Gerätekonzept intern, extern von einem separaten → Fernsehimpulsgenerator oder auch umschaltbar intern/extern erfolgt. Außerdem ist meist ein *Stanzsignalformer* vorhanden, der aus einem Videosignal ein Tricksignal zum Helligkeitsstanzen formiert.

Hinweis: Das für das elektronische Stanzen vorgesehene Videosignal muß über den Stanzsignaleingang dem B. zugeführt werden. Soll dieses Signal mitgemischt werden, so muß es zusätzlich einem Mischeingang zugeführt werden.

Einfache B. *(Videomischer)* haben meist 2 oder 3 Mischeingänge und ermöglichen harte Schnitte, Auf-, Ab- und Überblende, Eckenschnitte, horizontale und vertikale Bildteilung sowie Stanzen mit Schablonenvorlagen. Einige Geräte verfügen außerdem auch über weitere elektronische Gestaltungsmöglichkeiten, z. B. zur → Bildverfremdung. Die Videomischer sind oft nur für die Mischung von zeitstabilen Videosignalen, also von Kamerasignalen, ausgelegt. Von einem Videorecorder wiedergegebene Signale können nicht ohne weiteres mitgemischt werden. Diese Signale sind durch Zeitfehler, Jitter, Dropouts, Rauschen usw. beeinträchtigt. Vor der Bildmischung müssen Recordersignale mit → Sync-Restorern aufbereitet werden. Anspruchsvolle B. haben zur Mischung eines Recordersignals einen → Sync-Prozessor und einen eigenen Taktgeber eingebaut, der vom regenerierten S-Signalanteil des Videorecordersignals synchronisiert wird. *Balanceeinsteller* bei Mischpulten dienen der Videosignalspannungs- und damit der Helligkeitsanpassung zweier zu mischender Videosignale. Eine evtl. vorhandene Positiv/Negativ-Umschaltung gestattet die Umkehrung eines Videosignals, d. h. die Vertauschung von Schwarz und Weiß im Bild. Bei Schrifteinmischung kann dies vorteilhaft sein, um Schriftzeichen im Mischbild deutlich hervortreten zu lassen. Mit *Vorschau*-Schaltungen *(Preview)* kann jedes Eingangssignal zur Darstellung auf einen zusätzlichen Bildmonitor vorgewählt werden *(Wahlbild);* die Bildmischungen sind zum Ausprobieren voreinstellbar, ohne das Ausgangssignal des B. zu beeinflussen. In professionellen Fernsehstudios werden sog. *(Bild-)Regiepulte* mit bis zu 20 Mischeingängen verwendet, die mehrere B. in sich vereinigen und dadurch eine Vielzahl unterschiedlicher Bildkombinationen ermöglichen. → Farbstanzen, → digitaler Videoeffekt (Abb.)

Bildmischpult: → Bildmischer

Bildmischung: technisch-künstlerische Gestaltung der zeitlichen Abfolge von Fernsehbildern für eine Fernsehsendung oder Videoproduktion durch Umschalten und Zusammenfügen von 2 oder mehr Videosignalen. Die Reihenfolge und die Art der Bildübergänge und damit auch der Szenenübergänge sowie die *Bildkombination* sind vom Programminhalt und der gewünschten Aussage abhängig. Für die B. ist ein → Bildmischer notwendig, der die gleichzeitig notwendigen Videosignale (z. B. von Fernseh- oder Videokamera) zugeführt bekommt. Nach der visuellen Wirkung des *Mischbilds (Kombinationsbild, Ausgangsbild)* werden 3 grundsätzliche *Bildmischarten* unterschieden. a) Additive Mischung *(Simultanmischung):* B. durch Amplitudenänderung der Videosignale. Die am meisten angewendete und technisch einfachste Art des Zusammenfügens von 2 Fernsehbildern ist der harte Schnitte *(Cut-Schnitt).* Durch störungsfreies Umschalten von 2 Videosignalen in der vertikalen Austastlücke verschwindet schlagartig das eine Fernsehbild und das andere wird ohne erkennbaren Übergang sichtbar. Dieser Bildübergang wird bei einer nicht unterbrochenen Handlung angewendet. Vor allem wird während einer Bewegung oder anderen auffälligen Handlung geschnitten und so die Handlung mit ihrem Rhythmus und Tempo in Bildfolgen umgesetzt. Die *Aufblende* kennzeichnet immer einen Beginn oder Neubeginn im Handlungsablauf. Beim Aufblenden erscheint ein Fernsehbild durch Zunahme der Helligkeit aus dem Dunkeln bis zur vollen Sichtbarkeit, d. h., der Videosignalpegel wird langsam von Null auf Normwert gestellt. Bei der *Abblende* (Ausblende) wird ein Fernsehbild durch Abnahme der Helligkeit langsam dunkler, bis es völlig verlöscht. Das Abblenden kennzeichnet i. allg. das Ende einer Handlung. bei der *Bildumblende* über Schwarz, also mit Dunkelpause, erfolgt nach der Abblende eines Fernsehbilds die Aufblende eines anderen. Die Kopplung von Ab- und Aufblende bewirkt eine Gedankenpause beim Betrachter und suggeriert einen Zeitsprung („Zeitblende") oder einen Ortswechsel in der Handlung. Beim *Überblenden (Crossfading)* verschwindet das eine Fernsehbild langsam und gleichzeitig wird das andere durch Zunahme der Helligkeit immer besser sichtbar. Dieser weiche Bildübergang *(weicher Schnitt)* entsteht durch kombinierte Anwendung von Ab- und Aufblende. Entsprechend dem Zeitverlauf der Videosignalpegel nennt man diese Bildblende auch X-Schnitt. Das Überblenden wird angewendet, wenn aus der Handlungsdarstellung ein Teil aus zeitlichen Gründen weggelassen werden muß oder wenn zeitgleich, aber an einem anderen Ort, eine zweite Handlung abläuft. Durch diese Blende wird in Gedanken Zeit und Raum verbunden.

Hinweis: Die Überblendung sollte mindestens 2 s dauern. Eine schnellere Überblendung läßt beim Betrachter den gewünschten zeitlichen oder räumlichen Übergang nicht entstehen. Allgemein gilt für alle Blendvorgänge: Die Länge, d. h. die zeitliche Dauer der Blende, richtet sich nach dem Charakter des Handlungsablaufs der Szene.

Bei der *Einblendung (Simultane)* wird dem Hauptbild mindestens ein weiteres Fernsehbild hinzugefügt, so daß die Bilder gleichzeitig übereinander sichtbar sind. Diese Variante der B. eignet sich besonders für Traumdarstellungen, Rückerinnerungen, Angstzustände u. ä., aber auch für Zusatzinformationen in Form von Schrifttext *(Schrifteinblendung).* Bei der technischen Ausführung muß der Videosignalpegel des Hauptbilds um den gleichen Anteil vermindert werden, wie der Videosignalpegel des zweiten Fernsehbilds vergrößert wird. b) Trickmischung: Effektmischung von Fernsehbildern durch getastete Umschaltung von 2 oder mehr Videosignalen. Innerhalb eines Fernsehbilds wird eine bestimmte Fläche (Trickfigur) ausgetastet, sozusagen „ausradiert", und darin ein anderes Bild eingesetzt. Im Trickmischbild sind beide Bilder mit voller Helligkeit, aber nur in Ausschnitten entsprechend der Form und Größe der Trickfigur, gleichzeitig sichtbar. Mit der Trickmischung ist eine *Bild in Bild-Darstellung* möglich, wobei die Grenzen zwischen beiden Bildern nach einer ausgewählten Trickfigur verlaufen. Grundsätzlich ist jede beliebig geformte Figur möglich, vorausgesetzt, ein elektrisches *Tricksignal,* das der gewünschten geometri-

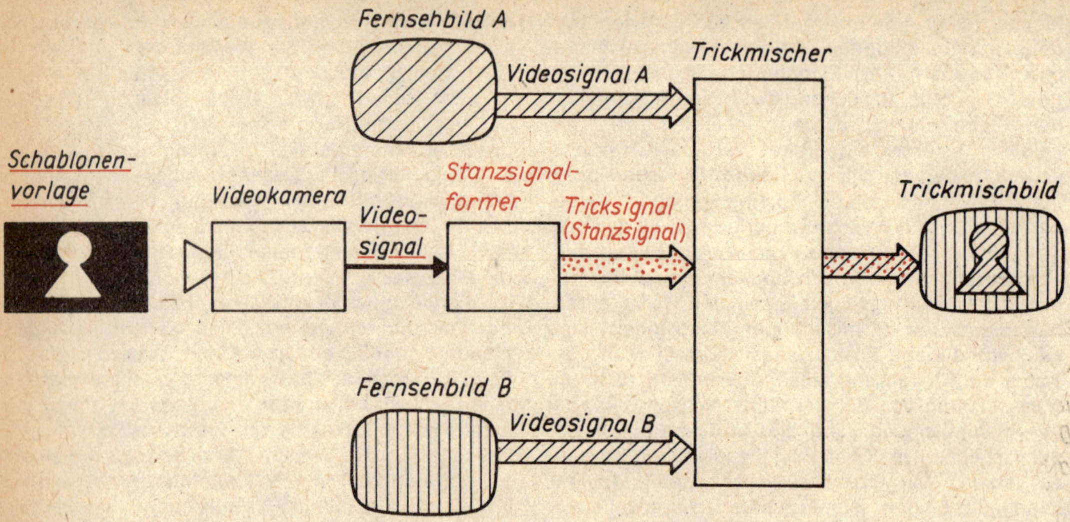

Bildmischung (1): Trickmischung (elektronisches Stanzen)

Bildmischung (2): Trickfiguren (1 horizontale Rollblende, 2 vertikale Rollblende, 3 Eckenschnitt, 4 Diagonalblende, 5 Kreuztrick, 6 Jalousietrick, 7 Kastenblende, 8 Rhombusblende, 9 Kreistrickblende, 10 zweiseitiger Zackentrick, 11 Mehrfachzackentrick, 12 zweiseitiger Mehrfachzackentrick)

schen Form entspricht, kann erzeugt werden. Dieses Tricksignal (auch *Tast-*, *Schalt-*, *Stanz-*, *Schlüssel-* oder *Schablonensignal* genannt) bewirkt im → Trickmischer die Umschaltung der Videosignale (Abb. 1). Die Trickmischarten werden nach der Erzeugung des Tricksignals unterschieden in *Standardtrick* und *Inserttrick*. Für einfache geometrische Trickfiguren wird das Tricksignal synthetisch in einem → Effektgenerator gebildet. Die Trickmischung mit exakten geometrischen Trickfiguren wird als *Einfachtrick* oder *Standardtrick* bezeichnet. Einfache Geräte ermöglichen meist nur die Trickfiguren 1 bis 3 der Abb. 2. Damit sind horizontale und vertikale Bildteilung und Eckenschnitte möglich. Der Eckenschnitt kann wahlweise an allen 4 Ecken erfolgen.

Hinweis: Diese Bildteilung kann zur Darstellung von 2 Handlungen verwendet werden, wenn diese zur gleichen Zeit an verschiedenen Orten stattfinden. Zusätzliche Informationen oder Details vom Hauptbild können mit dem Eckenschnitt besonders hervorgehoben und auffällig dargestellt werden.

Die großen Trickmischgeräte der Fernsehanstalten ermöglichen neben den hier dargestellten Trickfiguren ein noch größere Anzahl ähnlicher Figuren. Die Größe jeder Trickfigur ist auf elektronischem Wege kontinuierlich veränderbar. Wird die Größe voreingestellt und anschließend der Trickmischer hart auf den Mischpultausgang geschaltet, dann entsteht ein *Trickschnitt.* Eine *Trickblende* ist eine geometrische Bildüberblendung. Sie entsteht, wenn die Trickfigurengröße mit dem Trickregler (meist ein Schiebesteller) von Null beginnend bis bildfüllend geändert wird. Mit den Trickfiguren 1, 2 bzw. 4. der Abb. 2 ergeben sich *Schiebe-* oder *Wischblenden,* die den Eindruck vermitteln, das eine Bild

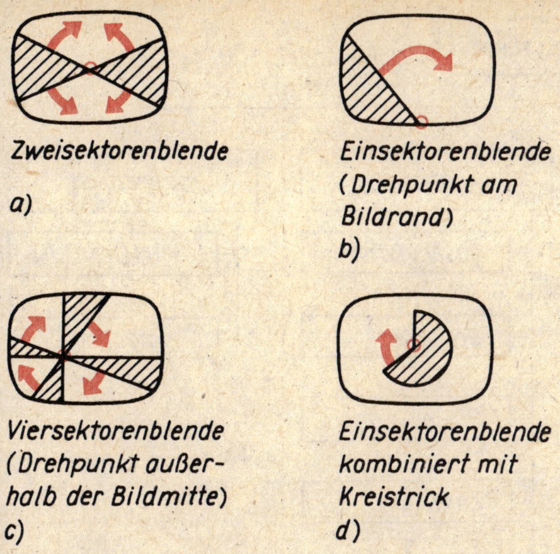

Bildmischung (3): Rotationstrick

Bildmischung (4): Quad-Split-Trick

werde durch das andere seitlich oder diagonal verdrängt. Mit dem *Trickschieber (Joystickregler)* ist die Lage zentralsymmetrischer Trickfiguren (Abb. 2: 7, 8, 9 u. ä.) innerhalb der Bildfläche beliebig verschiebbar *(Trickverschiebung)*. Die Kanten der Trickfiguren (Schnittkanten) können bei Trickschnitten und -blenden zur Verstärkung des künstlerischen Bildeindrucks zusätzlich beeinflußt werden. Dazu gehören vor allem die Weichzeichnung der Schnittkanten *(→ Soft Edge)*, die *→ Umrandung* und die *→ Schnittkantenmodulation*. Besondere Möglichkeiten der Trickgestaltung bieten die *Rotationstrickblenden* (Abb. 3), bei denen sich die Trickschnittkanten um einen festen Punkt innerhalb oder am Rand der Bildfläche drehen. Der Drehpunkt läßt sich über den gesamten Bildschirm verschieben. Man unterscheidet zwischen Ein-, Zwei- und Viersektorenblenden. Durch Kombination mit Standardtrick ergibt sich eine zusätzliche Vielfalt. Beim *Quad-Split-Trick* handelt es sich um eine Vierteilung des Bilds. In jedem Viertel (Quadranten) ist ein Teil eines anderen Fernsehbilds (A ... D) sichtbar (Abb. 4). Es kann damit z. B. eine szenische Aktion dem Betrachter gleichzeitig von 4 verschiedenen Kamerapositionen sichtbar gemacht werden. Die vertikalen und horizontalen Schnittkanten lassen sich einzeln verschieben.

Hinweis: Für die Anwendung des Standardtricks gibt es selten eine dramaturgische Notwendigkeit. Diese Art der B. dient der Darstellung unwirklicher oder verfremdeter Handlungsabläufe, vor allem aber zur Erzielung besonderer Showeffekte bei Musikprogrammen und anderen Videoproduktionen mit Unterhaltungscharakter. Vor der Verwendung von elektronischen Bildtricks sollte vorher genau geprüft werden, wie diese auf den Betrachter wirken. Zu häufig angewandte Trickblenden und zu lange stehenbleibende Trickschnitte wirken oft sehr verspielt oder gar störend und lenken zu stark vom Inhalt des Dargebotenen ab.

Der *Inserttrick (Einfügungstrick)* ermöglichst beliebig geformte Trickfiguren; denn das Tricksignal wird aus Videosignalen gewonnen. Wegen der mit dem Stanzverfahren der Filmtechnik vergleichbaren Bildwirkung wird diese Trickmischart auch als *elektronisches Stanzen* (Austastverfahren) bezeichnet. Je nachdem, aus welchen Videosignalen das Tricksignal gewonnen wird, unterscheidet man das Helligkeitsstanzen und das Farbstanzen. Beim *Helligkeitsstanzen (Inlay-Trick, Einlagetrick)* verwendet man eine von den beiden zu mischenden Videosignalen unabhängige dritte Bildsignalquelle (meist Videokamera), mit der eine Schablonenvorlage, die der gewünschten Trickfigur entsprechen muß, aufgenommen wird. Die Kontur der Schablonenvorlage ist für das Ineinanderschachteln, d. h. das Ausradieren oder Austasten und Neueinlegen der beiden zu mischenden Fernsehbilder zuständig.

Hinweis: Als Schablone eignen sich ebene grafische Vorlagen (Masken, Schriftgrafiken usw.) aber auch elektronisch erzeugte Schlüsselsignale von Schrift- oder Grafikgeneratoren (→ Zeichengenerator). Das Helligkeitsstanzen ist besonders für Schrifteinblendung geeignet, da sich das Schriftbild durch das Einstanzen gut vom Untergrundbild abhebt. Diese Variante der B. ist aber nur anwendbar, wenn der Trickmischer oder Effektgenerator über einen Stanzeingang verfügt. Für saubere Trickschnittkanten ist ein exaktes Tricksignal notwendig, und dazu muß die Schablonenvorlage einen genügend großen Schwarz-Weiß-Kontrast aufweisen. Verblüffende Bildwirkung erreicht man, wenn als Schablone bewegte Bilder oder auch eines der zu mischenden Bilder selbst verwendet werden.

Das → Farbstanzen ist eine weitere, vor allem in professionellen Fernsehstudios angewendete Inserttrickart. c) Nichtadditive Mischung, Abk. *NAM:* B. durch gegenseitig pegelabhängige Umschaltung von 2 Videosignalen. Von beiden zu mischenden Signalen werden die Anteile mit dem jeweils größeren Videosignalpegel durchgelassen, während die niedrigen Signalanteile des anderen Signals vollständig unterdrückt werden. Innerhalb eines Bilds werden alle Stellen „ausradiert“, die im Vergleich zum anderen Bild dunkler sind und durch die entsprechend helleren Stellen des zweiten Bilds ersetzt. Mit der NAM wird eine helligkeitsabhängige, konturengesteuerte gegenseitige Durchdringung von 2 Fernsehbildern mit ungewohnter, fremdartiger Bildwirkung erreicht. Diese B. wird relativ selten angewendet; meist nur zur Schrifteinmi-

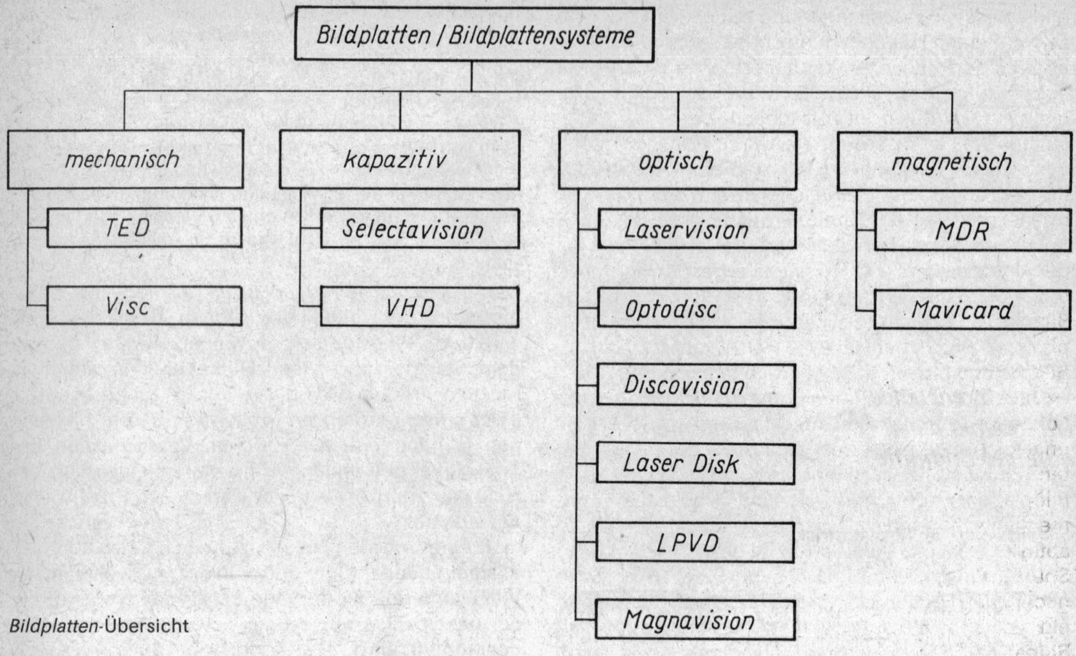

Bildplatten-Übersicht

schung. →digitaler Videoeffekt, →Bildverfremdung (Abb.)

Bildmonitor: →Bildkontrollempfänger

Bildmustergenerator: Gerät zur elektronischen Erzeugung von Testsignalen der Fernsehtechnik, die bei der Bildwiedergabe ein festes, nach bestimmten Kriterien aufgebautes *Bildmuster* (→ Testbild, →Universaltestbild, →Farbtestbild usw.) erzeugen. Vergleichbar mit B. sind die *Testbildgeneratoren* im Fernsehrundfunk.

Bildplatte: 1. *(Audio)* engl. *Picture Disk:* besonders von Sammlern bevorzugte Schallplatte aus farbiger Preßmasse mit ganzflächig eingelagerter Abbildung der Interpreten oder mit sonstiger grafischer Gestaltung. Neuere B. ab etwa 1979 weisen kaum mehr schlechtere Tonqualität und stärkere Abnutzung auf als Schallplatten aus herkömmlicher schwarzer Preßmasse. – **2.** *(Video) Videoplatte,* engl. *Video Disk:* scheibenförmiger Informationsträger, der in einer meist spiralförmig verlaufenden Spur oder Rille Bild- und zugehörige Toninformationen sowie Zusatzinformationen trägt. Die B. ist entscheidender Bestandteil von Systemen zur Speicherung, anschließenden Vervielfältigung und Wiedergabe audiovisueller Informationen und hauptsächlich für die individuelle Wiedergabe gespeicherter Programme (Videosoftware) bestimmt. Die Möglichkeit der Eigenaufzeichnung ist nur bei magnetischen B. problemlos gegeben, obwohl es auch bei optischen B. entsprechende Entwicklungen gibt. B. haben ähnlich wie Schallplatten den Vorteil einer relativ leichten Vervielfältigung – mit Ausnahme der magnetischen B. – und kurzer Zugriffszeit auf ein gewünschtes Programmstück. B. sind nicht wie Schallplatten international einheitlich genormt. Es gibt unterschiedliche *B.-Systeme* mit verschiedenartigen Informationsspeicher- und/oder Abtastprinzipien. Grundsätzlich wird zwischen mechanischen, kapazitiven, magnetischen und optischen B. bzw. B.-Systemen unterschieden. Innerhalb dieser 4 Gruppen gibt es eine Vielzahl untereinander nicht kompatibler B. (Abb.). Unterscheidungsmerkmale sind: Plattenmaterial und -abmessung, Drehzahl (konstant oder variabel), ein- oder zweiseitige Aufzeichnung, Spieldauer, Abtastung mit oder ohne Plattenberührung, rillengeführte oder servogesteuerte automatische Abtasterbewegung und Spur- bzw. Rillenverlauf (von innen nach außen oder umgekehrt). Daher erfordert eine B. in jedem Fall einen speziellen, systemeigenen Bildplattenspieler. Bild- und Toninformation bilden zusammen ein Multiplexsignal und sind – ähnlich wie bei der →magnetischen Bildaufzeichnung auf Videobändern – frequenzmoduliert aufgezeichnet. Dabei wird die Frequenzmodulation auf das komplette FBAS-Signal (beste Bildqualität, aber auch große Frequenzbandbreite notwendig) oder nur auf das Helligkeitssignal (BAS-Signal) angewendet und die Farbinformation mit einem anderen Farbaufzeichnungsverfahren (Abb. 4 → magnetische Bildaufzeichnung) gespeichert. Die Trägerfrequenzen und Frequenzhübe unterscheiden sich bei den einzelnen Systemen. Die Tonsignale sind entweder pulsamplituden- bzw. pulskodemoduliert innerhalb der Austastlücken des

Bildsignals eingeschachtelt und mit diesem gemeinsam auf einer Trägerfrequenz oder separat auf eigenen Trägerfrequenzen moduliert. Von den bisher entwickelten vielfältigen B.-Systemen dominieren neben kapazitiven hauptsächlich optische B.-Systeme. Dies ist insbesondere durch Fortschritte auf dem Gebiet der Lasertechnik und der Optoelektronik begründet. Der Entwicklungstrend geht zur weiteren Erhöhung der Speicherdichte und damit der Spieldauer. Das Ziel ist die „reine" digitale B., bei der digitale Bild- und Tonsignale gespeichert werden. → magnetische Bildplatte, → mechanische Bildplatte, → kapazitive Bildplatte, → optische Bildplatte, → Bildplattenspieler, → Drehzahl (Abb.)

Bildplattenspieler: Wiedergabeeinrichtung für → Bildplatten. Die B. unterscheiden sich im wesentlichen im Antriebs- und Abtastsystem sowie der Signalaufbereitung, die auf das System der verwendeten Bildplatte abgestimmt sein müssen. Je nach Bildplattensystem wird optische, kapazitive oder mechanische Abtastung verwendet. Der Bildplattenabtaster wird dabei von der Rille geführt oder durch Spurführungssysteme der Spur servogesteuert nachgeführt. In jedem B. folgt dem Abtastsystem ein Vorverstärker und eine technisch aufwendige Signal- und Steuerelektronik, die die Signalaufbereitung vornimmt, die entsprechenden Steuersignale für den Antriebsmotor und die Abtasterbewegung bereitstellt, das wiedergegebene Multiplexsignal in Bild- und Tonanteil trennt und die Demodulation der FM-Signale in analoge Bild- und Tonsignale vornimmt. B. sind meist mit hohem Bedienungskomfort ausgestattet, wie Titelsuch- oder Kapitelsuch- und -wiederholautomatiken, programmierbare Wiederholung durch Start- und Ende-Eingabe u. a. Mit Bildschirmanzeige können im wiedergegebenen Bild wahlweise die Bild- oder Kapitelnummer bzw. Spielzeitinformationen oder eine Titelanzeige eingeblendet werden. Die dafür erforderlichen Zusatzinformationen sind in kodierter Form auf der Bildplatte enthalten. Neben der normalen Wiedergabe kann der B. – vorausgesetzt die verwendeten Bildplatten sind dafür geeignet – Sonderfunktionswiedergabe wie Standbild-, Zeitraffer-, Rückwärtswiedergabe, sichtbarer Bildsuchlauf oder Einzelbildweiterschaltung ausführen. B. gibt es als Front- oder Toplader, sie können drahtgebunden fernbedient werden oder verfügen über drahtlose Infrarotfernbedienung. B. werden genau wie stationäre Heimvideorecorder (Ton- und Bildsignal über separate oder AV-Steckverbinder bzw. HF-Fernsehsignal über Antenneneingangsbuchse) am Fernsehgerät angeschlossen. → SWS

Bildpunkt: kleinste Flächeneinheit in einer ebenen Bildvorlage, innerhalb der vom Betrachter kein Helligkeitssprung mehr aufgelöst werden kann. Ausschlaggebend für die Bestimmung der B.größe sind die Sehschärfe des Menschen und der Betrachtungsabstand von der Bildvorlage. Abhängig vom jeweiligen Fernsehsystem ist ein B. der kleinste übertragbare Teil der Fläche eines Fernsehbilds. Optimale Bedingungen im Fernsehen vorausgesetzt (normale Sehschärfe des Zuschauers, Betrachtungsabstand zum Fernsehbild ca. 4- bis 7mal die Bildhöhe, Einhaltung der Bildsignalparameter), sichert ein Fernsehverfahren mit ca. 400 000 B. pro Bild eine hohe → Auflösung bzw. subjektiv für den einzelnen Betrachter den Eindruck einer hohen → Bildschärfe.

Bildrauschen: anhaltende, in statistischer Zufallsfolge über das gesamte Fernsehbild verteilte Schwankungen der Leuchtdichte. Flimmernde Punkte und Flocken geben dem Bild einen körnigen Charakter. Schwaches B. erweckt beim Betrachter den Eindruck von *„Grieß"* und starkes B. von *„Schnee"* auf dem Bildschirm. B. besteht aus zufälligen Amplitudenschwankungen aller im videofrequenten Bereich vorkommenden Frequenzen (→ Rauschen) bei zu geringem → Störabstand (Tab., Abb.).

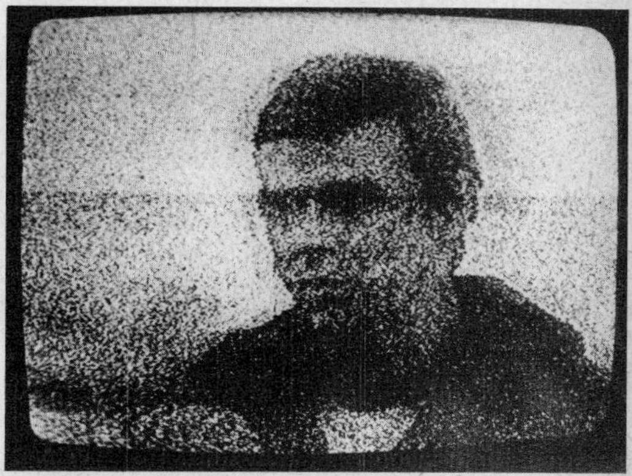

Bildrauschen (Grieß)

Bildrauschen

Störabstand	Bildeindruck
15 dB	Schneegestöber
15...25 dB	Grieß
25...35 dB	befriedigend
35...42 dB	gut
42 dB	sehr gut

Hinweis: Ursache für B. beim normalen Fernsehempfang ist häufig zu geringe Antennenspannung. Bei Videoaufnahmen ist unzureichende Ausleuchtung des Aufnahmeobjekts der Grund für B. Verschmutzte Videoköpfe von Videorecordern und/oder schlechte Videobandqualität verursachen verrauschte Aufzeichnungen bzw. bei Wiedergabe einwandfreier Videoaufzeichnungen B. Auch Kabel- und Steckverbindungen können Ursache für B. sein. Rauschstörungen machen sich im Farbfernsehbild *(Farb-B.)*

stärker als im Schwarz-Weiß-Bild bemerkbar. Die gröberen *„Farbflocken"*, auch *„Konfettiregen"* genannt, treten störender in Erscheinung als feiner Grieß (Tab., Abb.).

Bildröhre: → Elektronenstrahlröhre zur Umwandlung eines elektrischen Signals in ein optisches Bild; i. e. S. → Bildwiedergaberöhre. Die Bezeichnung B. wird auch für die Elektronenstrahlröhren in Oszilloskopen, Radarsichtgeräten, Datenterminals u. a. sowie umgangssprachlich für → Bildaufnahmeröhren benutzt.

Bildröhrenentmagnetisierung: Schaltungsmaßnahme in Farbfernsehgeräten, um Restmagnetisierungen an → Farbbildwiedergaberöhren, die Farbfehler verursachen, zu beseitigen. Die B. erfolgt bei jedem Einschalten des Farbfernsehgeräts *(automatische Entmagnetisierung)*. Dabei durchfließt kurzzeitig ein netzfrequenter Strom abklingender Amplitude die bei oder an der Farbbildröhre vorhandenen Entmagnetisierungsspulen und bewirkt die Entmagnetisierung der ferrometallischen Bildröhrenteile (z. B. Abschirmhaube, Schattenmaske, Metallarmierung). → Entmagnetisierung

Bildröhrenimplosion: Zerstörung einer → Bildwiedergaberöhre durch plötzliches Aufheben ihres Hochvakuums. Durch den Druckunterschied zwischen Bildröhreninnerem und der Umgebung muß die Außenhaut einer Kraft von mehr als 10^3 N standhalten. Ein durch Schlag, Stoß oder Fall herbeigeführter Glasbruch der Bildwiedergaberöhre kann einen plötzlichen Druckausgleich nach sich ziehen, in dessen Folge sich Glasteilchen geschoßartig im Raum verteilen und dabei starke Zerstörungen in ihrem Umfeld anrichten. Deshalb sind Bildwiedergaberöhren mit einem → Implosionsschutz versehen.

Hinweis: Eine B. (ursächliche Wirkungsrichtung nach innen) ist in ihren Auswirkungen vergleichbar mit einer Explosion (ursächliche Wirkungsrichtung nach außen). Da die Gefahr einer B. insbesondere beim Umgang mit nicht eingebauten Bildwiedergaberöhren besteht, existieren hierfür spezielle Arbeitsschutzvorschriften, die im Sinne der Gesunderhaltung strikt einzuhalten sind (Gesichts-, Hals-, Pulsschutz tragen). Für den Fernsehzuschauer besteht das Erfordernis erhöhter Vorsicht beim Transport seines Geräts. Insbesondere aber sollten Kinder hinsichtlich des Umgangs mit Altgeräten gewarnt werden.

Bildrücklauf: Weg oder auch zeitlicher Verlauf, den Elektronenstrahlen bei der Bildsignalwandlung in Bildaufnahme- oder Bildwiedergaberöhren *vom unteren zum oberen Bildrand* nehmen. Der B. tritt immer im Zusammenhang mit einem Halbbildwechsel (s. Abb. → Zeilensprungverfahren) auf. Bei Bildsignalwandlern, die ohne die Anwendung von Elektronenstrahlen arbeiten, wird die Bezeichnung B. im übertragenen Sinne für den Übergang von Halbbild zu Halbbild angewendet.

Bildschärfe: subjektive Bewertung der in einem Bild enthaltenen Detailabgrenzung zwischen hellen und dunklen Bildübergängen. → Auflösung, → Modulationstiefe

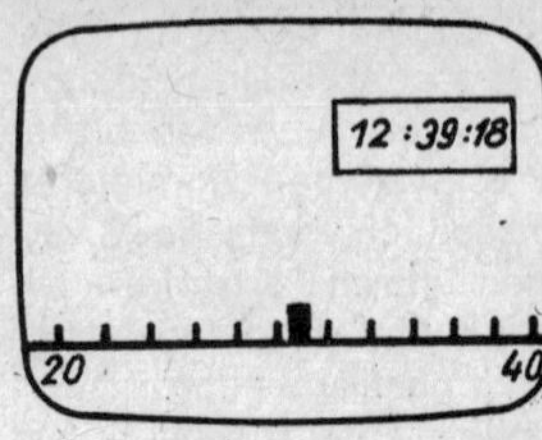

Bildschirmanzeige von Uhrzeit (oben) und Abstimmskala (unten)

Bildschärfeverbesserung: Schaltungsmaßnahmen im Videokanal, die im Ergebnis zu einer Erhöhung der → Bildschärfe führen. Eine B. wird u. a. durch → Aperturkorrektur, → Crispening, → Klarzeichner erreicht. In einzelnen → Fernsehempfängern wird zur B. eine spezielle → Ablenkeinheit mit einer zusätzlichen horizontalen → Ablenkspule genutzt. Der diese Spule durchfließende Strom wird aus den „Pegelsprüngen" im → Bildsignal abgeleitet, die den Hell-Dunkel-Übergängen im Fernsehbild entsprechen. Damit erfährt der Elektronenstrahl bei seiner normalen horizontalen Ablenkung eine *Geschwindigkeitsmodulation* (→ Strahlablenkgeschwindigkeitsmodulation). Im Ergebnis verbessert sich die Kantenschärfe der vertikalen Bildstrukturen und damit der Schärfeeindruck des Fernsehbilds. Diese Maßnahme wird insbesondere in Fernsehempfängern angewendet, die häufig zur Schriftwiedergabe genutzt werden. → Auflösung, → Modulationstiefe

Bildschirm (engl. Screen): → Bildwiedergaberöhre

Bildschirmanzeige: Darstellung von Zusatzinformationen durch Einblenden alphanumerischer Zeichen (Buchstaben, Ziffern) und/oder grafischer Symbole in ein Fernsehbild, mit oder ohne Abschwächung des Hauptbilds. Geräteinterne (senderunabhängige) Zusatzinformationen werden elektronisch erzeugt (z. B. Uhrzeit) oder von bestimmten Betriebszuständen, Einstellungen bzw. dem Speicherstand der Fernbedienung, d. h. der Stellung der „elektronischen Einsteller", abgeleitet. I. allg. wird die Bedienung der Geräte durch B. erleichtert. Bei Fernsehempfängern kann durch B. z. B. die Uhrzeit, die Programm- oder Fernsehkanalnummer numerisch dargestellt werden, die Abstimmung durch einen über die gesamte Breite des Bildschirms eingeblendeten *Abstimmbalken* bzw. eine *Abstimmskala* (Abstimmanzeige) und/oder die Empfangsfeldstärke, die Lautstärke-, die Helligkeits- bzw. Farbsättigungseinstellung durch einen in der Größe veränderbaren Balken oder andere Symbole numerisch/grafisch dargestellt werden. In Videokameras mit elektronischem Sucher (Bildmonitor) können verschiedene Einstellungen (z. B. Brennweite, Blendenwert) oder Abgleichvorgänge (z. B. Weißabgleich)

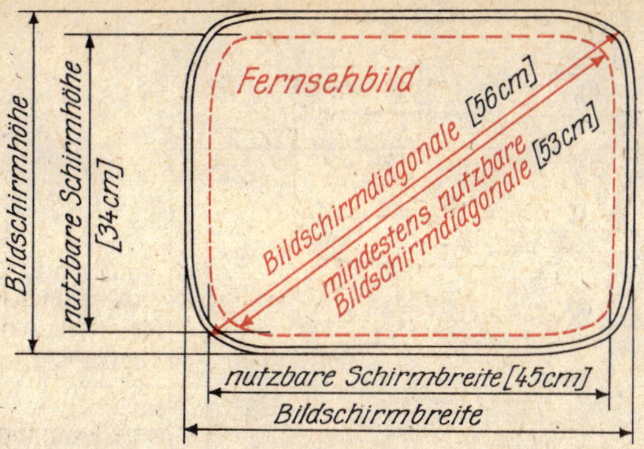

Zur Angabe der *Bildschirmdiagonale* (die Klammerwerte entsprechen etwa einer 56 cm/110° In-Line-Farbbildröhre)

durch B. sichtbar gemacht werden. → Einblendung (Abb.)

Bildschirmdiagnose: Erkennen von Fehlern im → Bildsignal aus dem wiedergegebenen Fernsehbild, verbunden mit dem Schluß auf die möglichen Fehlerursachen und deren Entstehungsort. Beispiele für die B. sind u. a.: ein verrauschtes Fernsehbild läßt auf eine zu geringe Empfangsfeldstärke bzw. eine unzureichende oder fehlerhafte Antennenanlage schließen; eine mit der Bildhelligkeit schwankende → Bildgröße deutet auf Fehler im Hochspannungsteil des Fernsehgeräts hin usw. → Ablenkfehler, → Bildfehler

Hinweis: Besteht der Verdacht, daß am Fernsehgerät ein Defekt vorliegt, empfiehlt sich die B. mit dem → Sendetestbild. Sollen Fehler auf dem Weg Videokamera, Videorecorder usw. bis zum Empfänger ermittelt werden, setzt das einen intakten, richtig eingestellten (eingetesteten) Fernsehempfänger bzw. Bildmonitor voraus.

Bildschirmdiagonale (engl. Screen Diagonal): in Zentimeter oder Zoll angegebene Strecke zwischen zwei diagonal gegenüberliegenden Eckpunkten des Bildschirms von → Bildwiedergaberöhren. Die B. ist neben dem → Ablenkwinkel die typische Größe zur Charakterisierung von Bildwiedergaberöhren. Abb.

Hinweis: Die nutzbare B. (Useful Screen Diagonal) beträgt etwas weniger als die mit dem Röhrentyp angegebene B. (Abb.). International existieren weitestgehend einheitliche Standards für die B. von Bildmonitorröhren (z. B. 22 cm/70°, 33 cm/90°, 50 cm/110°) sowie Röhren für Portables (z. B. 31 cm/110°, 36 cm/110°) und Heimgeräte (z. B. 51 cm/110°, 56 cm/110°, 61 cm/110°, 67 cm/110°). Bei Umrechnungen beachten: 1 Zoll = 2,54 cm.

Bildschirmfoto: Farb- oder Schwarz-Weiß-Fotoaufnahme eines Fernsehbilds direkt vom Bildschirm. Ein B. kann von einem „stehenden" Fernsehbild (z. B. → Testbild, s. Farbanhang) oder auch als „Einzelbild" aus einer Fernsehsendung angefertigt werden. → Helligkeitseinstellung, → Kontrasteinstellung, → Farbkontrast

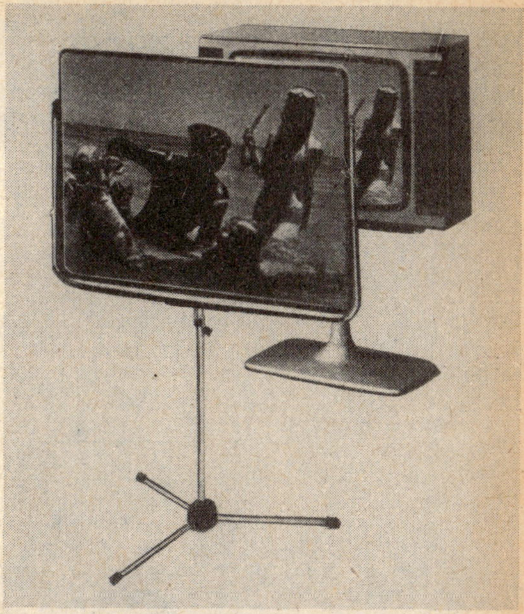

Vergrößerung eines Fernsehbilds durch Einsatz einer *Bildschirmlinse*

Hinweis: Zur Anfertigung eines B. sind folgende Grundregeln zu beachten, um eine gute Qualität des B. zu erreichen: keine Kamera mit horizontalem Verschlußverlauf verwenden oder Kamera so aufstellen, daß Verschluß vertikal von oben nach unten verläuft (Problem: Bildformat), Kamera auf Stativ, Filmbildformat in Übereinstimmung mit Fernsehbildformat (Breite – Höhe 4:3) möglichst bildfüllend (eventuell Zwischenringe verwenden), Raum um den Fernsehempfänger abgedunkelt, kein Streulicht oder Lichtreflexionen im Bereich Bildschirm – Kamera, Fernsehbildhelligkeit und -kontrast (einschließlich Farbkontrast) nach → Sendetestbild voreingestellt, Belichtungszeit (unbedingt länger als 1/30 s – daraus folgt, daß schnelle Bewegungen im Bild nicht fotografierbar sind!) und Blende durch Belichtungsmesser oder Innenlichtmessung der Kamera bestimmen. Wie bei vielen technischen Problemen sollte der Amateur, wenn er häufiger B. anfertigen will, die für seine Bedingungen günstigsten Einstellungen unter Beachtung der genannten Grundregeln durch Variation der Einstellwerte erproben.

Bildschirmlinse: mit entsprechendem Abstand vor dem Bildschirm einer → Bildwiedergaberöhre montierte (Halterung, Stativ) oder direkt mit dem Glas des Kolbenbodens verbundene Linse zur optischen Vergrößerung des Fernsehbilds. Die erreichbaren Wirkungen sind begrenzt. Abb.

Bildschirmspiel, auch *Videospiel, Telespiel:* spezielles Steuergerät für Bildwiedergabeeinrichtungen; auch kombinierter Einsatz eines programmierbaren Kleincomputers und Bildmonitors bzw. Fernsehempfängers für Unterhaltungs- und Lernspiele. In der Abbildung ist der prinzipielle Aufbau eines B.

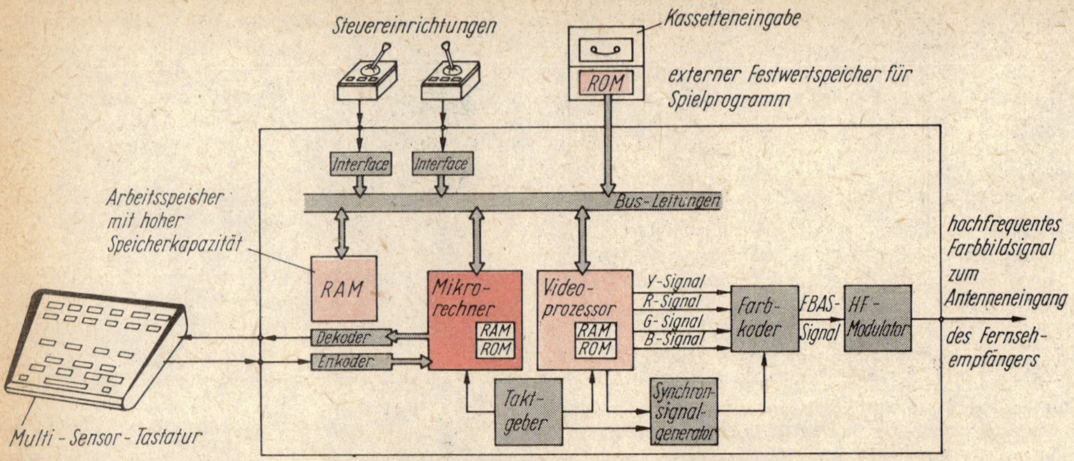

Bildschirmspiel (1)

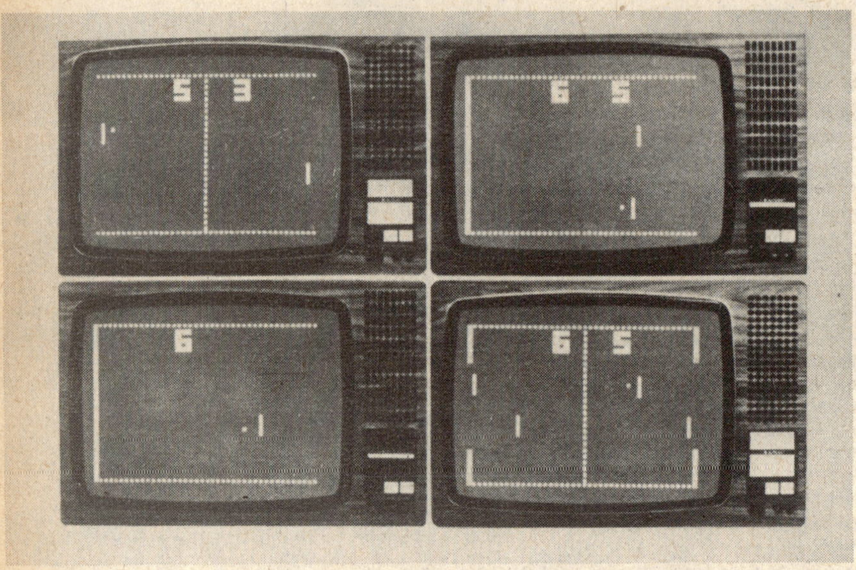

Bekannte *Bildschirmspiele* (2)

dargestellt. Der zentrale Baustein ist ein *Mikrorechner*, der je nach Programmeingabe und Bedienung der Steuerelemente den Spielablauf steuert. Der Mikrorechner wird in Verbindung mit speziellen Bedienungselementen, *Arbeitsspeichern (RAM)* und *Festwertspeichern (ROM)* im Anwendungsgebiet der B. betrieben. Mikrorechner für die B. verfügen bereits über interne Arbeits- und Festwertspeicher. Deren Kapazität, und damit der Leistungsumfang des Mikrorechners insgesamt, kann durch externe Speicher (Kassetten, Disketten) um ein Vielfaches erweitert werden. Die Festwertspeicher beinhalten das „Betriebsprogramm" des Mikrorechners und die eigentlichen „Spielprogramme". Durch die externe Eingabe von Spielprogrammen auf Kassetten ist die Zahl der Spielarten beliebig zu erweitern. Mit Hilfe der Arbeitsspeicher werden die für den Spielablauf jeweils benötigten kodierten Datensignale zwischengespeichert. Sie sind entsprechend der Bildpunktverteilung auf dem Fernsehbildschirm adressiert und werden im einfachen Fall zur Steuerung von Zeichen- und Grafikgeneratoren eingesetzt, die das gewünschte Bildsignal erzeugen. Eine höhere Qualität und Vielfalt wird erreicht, wenn die zwischengespeicherten Datensignale zur Steuerung eines *Videoprozessors* eingesetzt werden. Dieser wird in Verbindung mit Voll- bzw. Halbbildspeichern betrieben, die die adressierten, sich mit dem Spielverlauf ständig ändernden Daten aufnehmen. Gesteuert vom Taktsignal erfolgt das Auslesen nach der jeweiligen → Fernsehnorm. Allgemein können mit dem Videoprozessor (spezieller Mikroprozessorbaustein) eine hohe Zahl von Standardsymbolen (Figuren, Ziffern, Buchstaben usw.) erzeugt werden, die wiederkehrend in den verschiedensten Spielarten benötigt werden. Diese werden dann jeweils nur aufgerufen und positioniert, wodurch sich der notwendige Datenfluß vom Mikrorechner zum Videoprozessor verringert. Nach dem Zeichen- und Grafikgenerator bzw. Videoprozessor stehen „synthetisch" erzeugte → Bildsignale (je nach Programmierung ein Leuchtdichtesignal oder 3 Farbwertsignale) zur Verfügung. Über einen → *Farbkoder* (SECAM, PAL oder NTSC) und einen *HF-Modulator* (VHF- oder UHF-Bereich) wird ein hochfrequentes Farbbildsignal erzeugt, das jedem Fernsehempfänger über den Antenneneingang zugeführt werden kann. Der Fernsehbildschirm übernimmt dabei die Funktion der optischen Anzeige für den Spielverlauf. Wie in der Abbildung dargestellt ist, erfolgt die Verbindung der einzelnen Baueinheiten über *BUS-Leitungen* (Daten- und Adressübertragung). Die *Steuereinrichtungen* (Handregler, Steuerknüppel, „Joystick", Cockpit usw.) werden über *Interface* (Anpassung) angeschaltet. Für eine alphanumerische Steuerung von B. können auch Tastaturen verwendet werden, die über entsprechende *Enkoder* und *Dekoder* (Umsetzung der Tastatursymbole in die „Rechnersprache" bzw. umgekehrt) anzuschließen sind. Im Anfangsstadium wurden B. i. allg. von traditionellen Brettspielen (Schach, Halma usw.), Kombinationsspielen (z. B. „Jäger und Hase"), Sportarten (Baseball, Tennis, Squash u. a.), Varianten mechanischer Spielautomaten (Flipper, Autorennen usw.) abgeleitet und modifiziert. Heute bieten Heimcomputer mit hohen Speicherkapazitäten auch vielfältigste B.-Möglichkeiten hinsichtlich Spielart, Zahl der Mitspieler, wirklichkeitsnahe synthetische Bildgestaltung, zum Bild passende Tonuntermalung usw. an. → Videocomputerspiel, → Schachcomputer (Abb.)

Bildschirmtext, Abk. **BTX** oder **Btx**: Telekommunikationsdienst, der es ermöglicht, aus einem EDV-gestützten Informationsspeicher (BTX-Zentrale) gezielt Informationen abzurufen (Abrufdienst) und/oder einzugeben.

Hinweis: Die Bezeichnung B. wird in einzelnen Ländern auch als Systembezeichnung verwendet.

Die Informationen werden bei BTX digital verschlüsselt (kodiert) über den Fernmeldekanal (Fernsprechnetz) übertragen und in Form stehender Text-Grafik-Bilder (Textseiten, Tafeln) auf einem Farbfernsehempfänger (Heimsektor) – vorausgesetzt, er ist mit einem BTX-Dekoder ausgestattet – oder einem Bildschirmgerät (Büro) dargestellt. Bei den BTX-Teilnehmern unterscheidet man *Anbieter* – sie stellen Abrufinformationen für Teilnehmer oder Teilnehmergruppen bereit, indem sie entsprechende Textseiten eingeben oder eingeben lassen – und *Nutzer* – sie rufen bei Bedarf diese Tafeln im Dialog mit dem Rechner der BTX-Zentrale ab –. Abbildung 1 gibt eine Übersicht der Anwendungsmöglichkeiten von BTX. Für die technische Verfahrens-

Bildschirmtextsysteme

Systembezeichnung	Auswahl der Anwenderländer
Antiope-Titan, -Télétel	Frankreich
Bildschirmtext	BRD, Österreich
Captain	Japan
Data-Vision	Schweden
Prestel	Großbritannien
Telidon	Kanada
Videotext	Schweiz
Viewdata	Niederlande

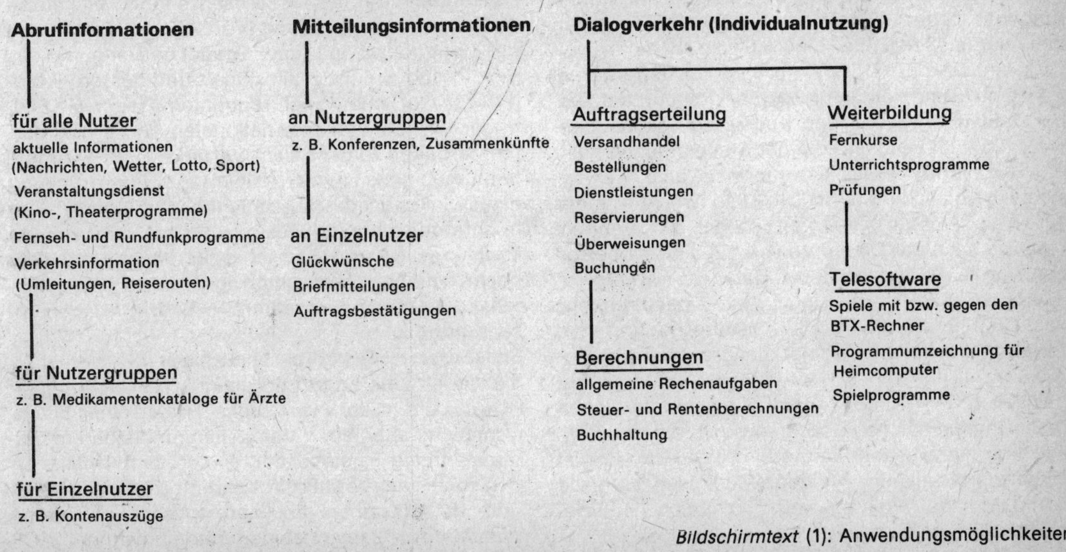

Bildschirmtext (1): Anwendungsmöglichkeiten

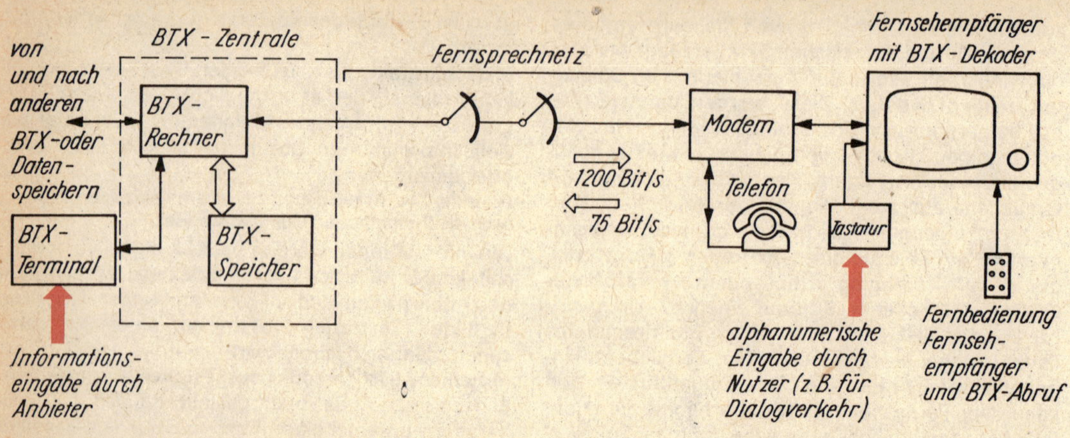

Bildschirmtext (2): Übertragungsprinzip

weise gibt es unterschiedliche *BTX-Systeme*, diese haben meist eine eigene Bezeichnung, beruhen aber oft auf dem gleichen System (Tab.). BTX wurde 1975 zuerst aus Großbritannien bekannt. Die Systembezeichnung war *Viewdata* und ab 1978 *Prestel*. In der BRD wurde BTX 1977 erstmals öffentlich präsentiert und bis 1983 regional im Versuchsbetrieb nach dem Prestel-System erprobt. Im gleichen Zeitraum sind weitere BTX-Systeme vorgeschlagen, erprobt und teilweise eingeführt worden. Zu den wichtigsten Systemen gehören in Frankreich Antiope-Titan (→ Antiope) und *Télétel*, das kanadische System *Telidon* und das japanische *Captain*. 1983 wurde von der → CEPT ein BTX-Standard als Empfehlung verabschiedet, in der Teile der Systeme Prestel und Télétel (Antiope-Télétel) enthalten sind. Sie findet einheitlich in Westeuropa Anwendung, so z. B. in der BRD, wo im gleichen Jahr mit der Einführung des neuen BTX-Standard nach CEPT begonnen wurde. Seit Ende 1984 ist er dort landesweit wirksam. Der CEPT-Standard baut auf den internationalen Normen (ISO) für Textübertragung auf, wobei Datenübertragung und Kodierung der Zeichensätze nach ISO 646 und die der Steuerzeichen nach ISO 2022 erfolgt. Das Grundprinzip aller BTX-Systeme ist gleich (Abb. 2). Die Datenworte – meist 10 Bit je Zeichen – werden von der BTX-Zentrale bitweise mit einer Datenrate von 1200 Bit/s übertragen, wobei die logische 1 des Datenworts einer Frequenz von 2100 Hz, die logische 0 einer Frequenz von 1300 Hz entspricht. Die Rückübertragung vom Teilnehmeranschluß erfolgt langsamer mit nur 75 Bit/s (1 entspricht 450 Hz und 0 entspricht 390 Hz). Im → Modem werden die empfangenen Daten in eine solche Form umgesetzt, die der *BTX-Dekoder* verarbeiten kann. Ein BTX-Dekoder ist komplizierter als ein → Videotextdekoder, aber die grundsätzliche Wirkungsweise ist gleich. → Telekommunikation (Tab., Abb.)

Bildschnitt: technisch-künstlerische Arbeitsphase bei der inhaltlichen Gestaltung von Video- und Fernsehproduktionen. Durch den B. werden Fernsehbilder verschiedener Bildquellen entsprechend der im Drehbuch geforderten Reihenfolge aneinander gefügt und durch → Bildmischung zu Bildkombinationen ineinandergefügt. → Schneiden, → Schnitt, elektronisch

Hinweis: Mit dem Rhythmus der Bildfolge, der Art der Bildübergänge und der Bildkombination wird das Tempo, die innere Dynamik und der dramaturgische Aspekt des Programms maßgeblich bestimmt.

Für die technische Ausführung des B. ist ein elektronischer → Bildmischer notwendig. B. i. e. S. ist ein plötzlicher Bildwechsel durch harten Schnitt bei der Bildmischung oder durch elektronischen Schnitt mit Videorecordern.

Bildsender: Teil des → Fernsehsenders. Er hat die Aufgabe der Aufbereitung (Verstärkung, Entzerrung des Frequenzgangs und Gradationsverlaufs) des → vollständigen (Farb)Bildsignals und dessen → Modulation auf einen hochfrequenten Träger (→ Bildträger). Nach den internationalen → Fernsehnormen arbeiten B. nach dem Verfahren der → Amplitudenmodulation mit teilweiser Unterdrückung eines Seitenbands (Restseitenbandverfahren). Das hochfrequente (Farb)Bildsignal vom B. wird zur Abstrahlung über die Fernsehsendeantenne mit dem hochfrequenten Fernsehtonsignal vom → Fernsehtonsender zusammengeführt. → Bildsignal, → Fernsehrundfunk

Bildsensor: → Festkörperbildsensor

Bildsignal: Oberbegriff für elektrische Nachrichtensignale, die in der Hauptsache Träger einer Bildinformation, aber auch damit in unmittelbarem Zusammenhang stehender Zusatzinformationen (→ Synchronisation, Prüf-, Kenninformationen usw.) sind. B. entstehen bei der optisch-elektrischen Wandlung in Bildaufnahmegeräten sowie auf elek-

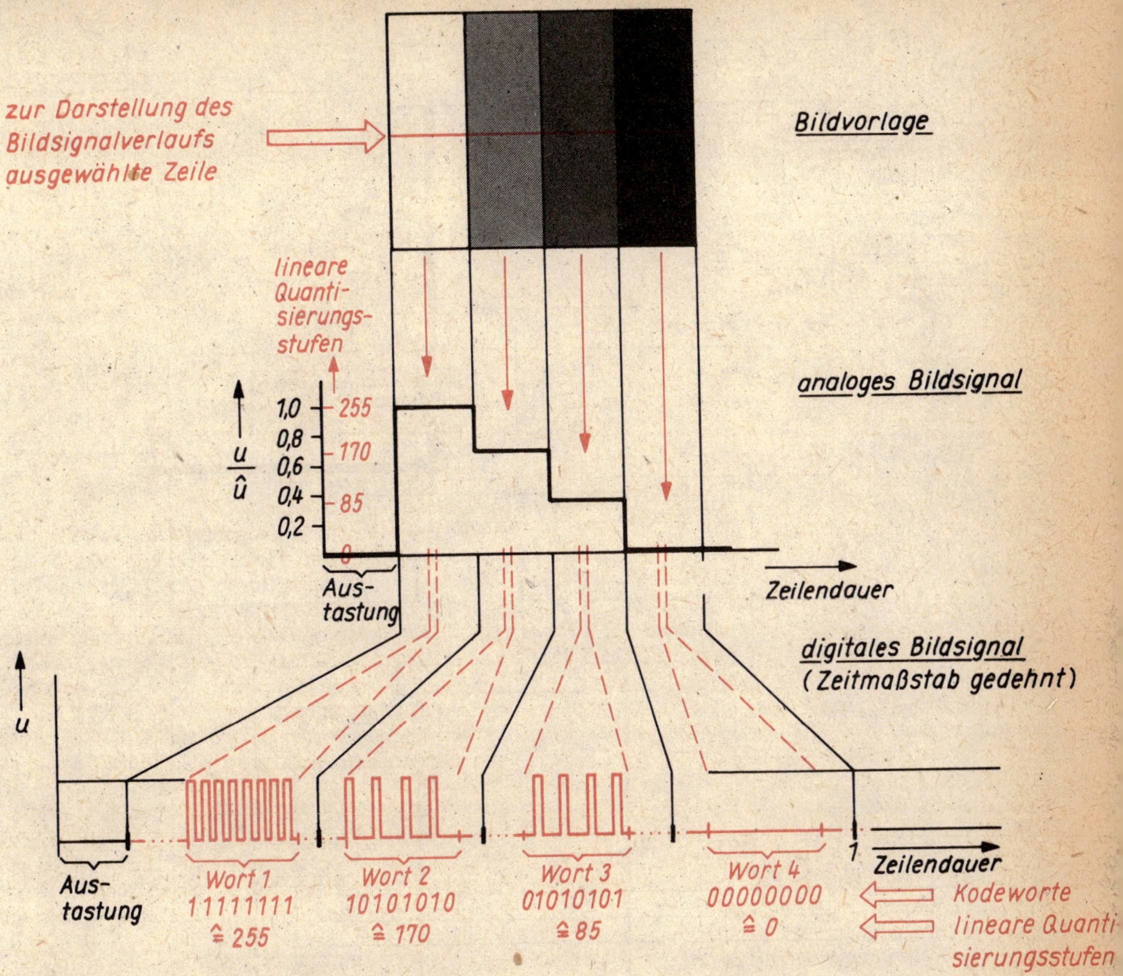

Bildsignal (1): Zusammenhang Bildvorlage–Bildsignal

tronischem Weg in B.generatoren und dienen nach ihrer Bearbeitung, Speicherung, Übertragung zur Ansteuerung der Bildwiedergaberöhren in → Fernsehempfängern bzw. → Bildmonitoren. Je nach *Art* der zur B.aufnahme, -bearbeitung, -übertragung und -wiedergabe eingesetzten Nachrichtentechnik unterscheidet man grundsätzlich zwischen *analogen* und → *digitalen Bildsignalen.* Die Entwicklung der Fernseh- und Videotechnik ist derzeit durch einen weltweiten Übergang von den historisch entstandenen analogen B. zu den digitalen B. gekennzeichnet. Die Abb. 1 zeigt für eine einfache Bildvorlage den grundlegenden Aufbau eines analogen und eines digitalen B. Dabei wurde zur Signaldarstellung jeweils nur eine Zeile aus dem Bild ausgewählt und auf die Darstellung der durch Zusatzinformationen bedingten Signalanteile verzichtet. Bei der vorgegebenen Bildvorlage entspricht jeder Grauwert einer Stufe des treppenförmigen analogen B. Im digitalen B. wird jeder quantisierte Grauwert durch ein äquivalentes Kodewort übertragen. Dabei wird die Zahl der Kodeworte pro Zeiteinheit durch die gewählte Abtastfrequenz bei der digitalen B.erzeugung bestimmt. Eine weitere wichtige Unterscheidung der B. ist durch den *Ort* ihres Auftretens und damit bedingt durch ihren *Informationsinhalt* gegeben. Die Abb. 2 gibt unter diesem Aspekt einen Überblick über die speziell gekennzeichneten B. Dabei muß die Mehrfachverwendung der B.bezeichnung genau beachtet werden. Die Abb. 2 zeigt auch, daß über den gesamten Bereich der Anwendung *niederfrequenter B.*, d. h. der B. in ihrem Grundfrequenzband, die Bezeichnung *Videosignal* gleichbedeutend für B. genutzt wird. Für alle einzelnen in der Abb. 2 enthaltenen B. legen die jeweiligen Standards und Normen die Signalparameter

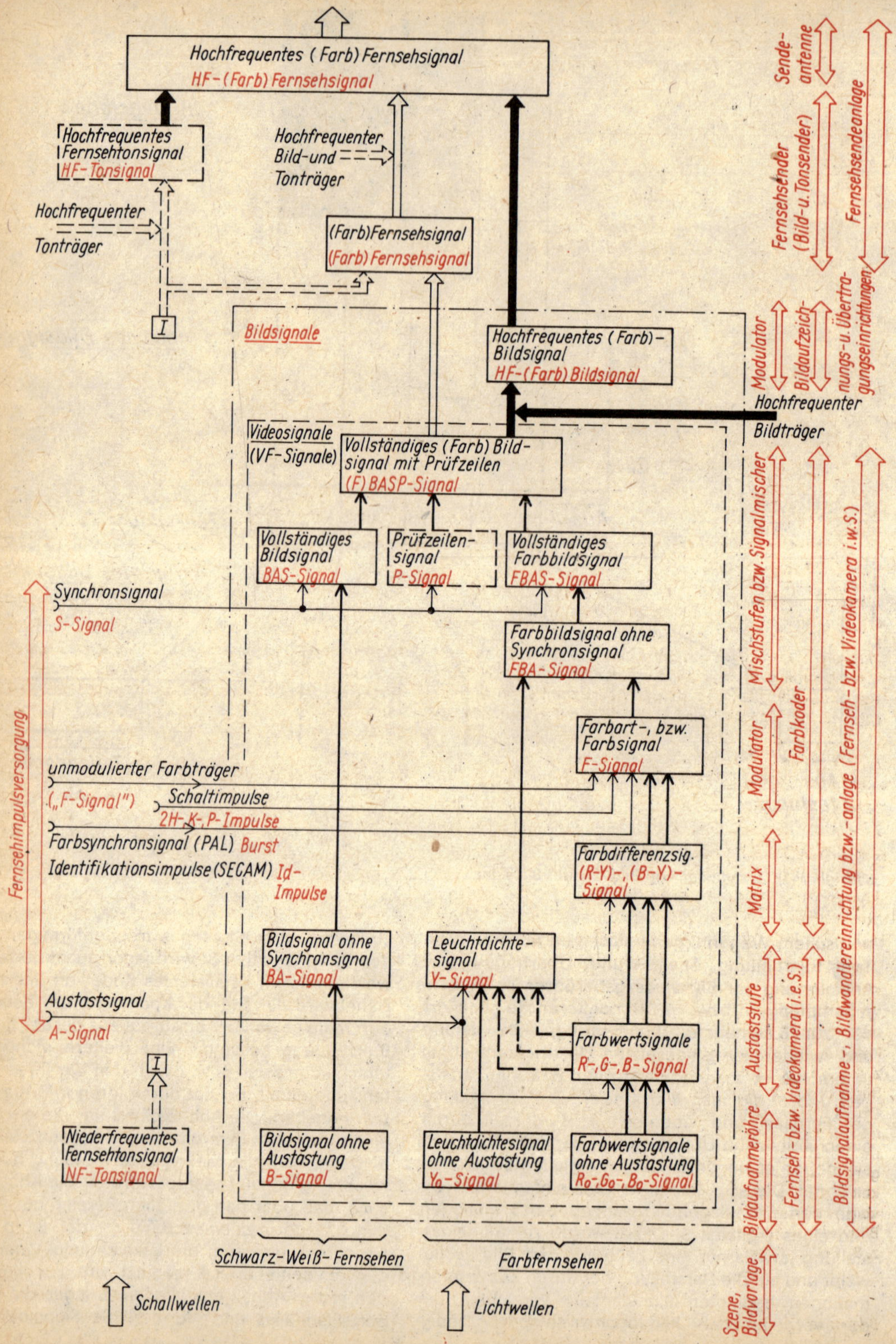
Hochfrequentes (Farb) Fernsehsignal
HF-(Farb) Fernsehsignal
Hochfrequentes Fernsehtonsignal
HF-Tonsignal
Hochfrequenter Bild-und Tonträger
Hochfrequenter Tonträger
(Farb)Fernsehsignal
(Farb) Fernsehsignal
I
Bildsignale
Hochfrequentes (Farb)-Bildsignal
HF-(Farb) Bildsignal
Hochfrequenter Bildträger
Videosignale (VF-Signale)
Vollständiges (Farb) Bildsignal mit Prüfzeilen
(F) BASP-Signal
Vollständiges Bildsignal
BAS-Signal
Prüfzeilensignal
P-Signal
Vollständiges Farbbildsignal
FBAS-Signal
Synchronsignal
S-Signal
Farbbildsignal ohne Synchronsignal
FBA-Signal
Farbart-, bzw. Farbsignal
F-Signal
unmodulierter Farbträger
(„F-Signal")
Schaltimpulse
2H-, K-, P-Impulse
Farbsynchronsignal (PAL) Burst
Identifikationsimpulse (SECAM) Id-Impulse
Farbdifferenzsig.
(R-Y)-, (B-Y)-Signal
Bildsignal ohne Synchronsignal
BA-Signal
Leuchtdichtesignal
Y-Signal
Austastsignal
A-Signal
Farbwertsignale
R-, G-, B-Signal
I
Niederfrequentes Fernsehtonsignal
NF-Tonsignal
Bildsignal ohne Austastung
B-Signal
Leuchtdichtesignal ohne Austastung
Y₀-Signal
Farbwertsignale ohne Austastung
R₀-, G₀-, B₀-Signal
Schwarz-Weiß-Fernsehen
Farbfernsehen
Schallwellen
Lichtwellen
Fernsehimpulsversorgung
Sendeantenne
Fernsehsender (Bild-u. Tonsender)
Fernsehsendeanlage
Modulator
Bildaufzeichnungs-u. Übertragungseinrichtungen
Mischstufen bzw. Signalmischer
Modulator
Farbkoder
Matrix
Austaststufe
Fernseh-bzw. Videokamera (i.e.S.)
Fernseh-bzw. Videokamera i.w.S.)
Bildaufnahmeröhre
Bildsignalaufnahme-, Bildwandlereinrichtung bzw.-anlage (Fernseh-bzw. Videokamera i.w.S.)
Szene, Bildvorlage

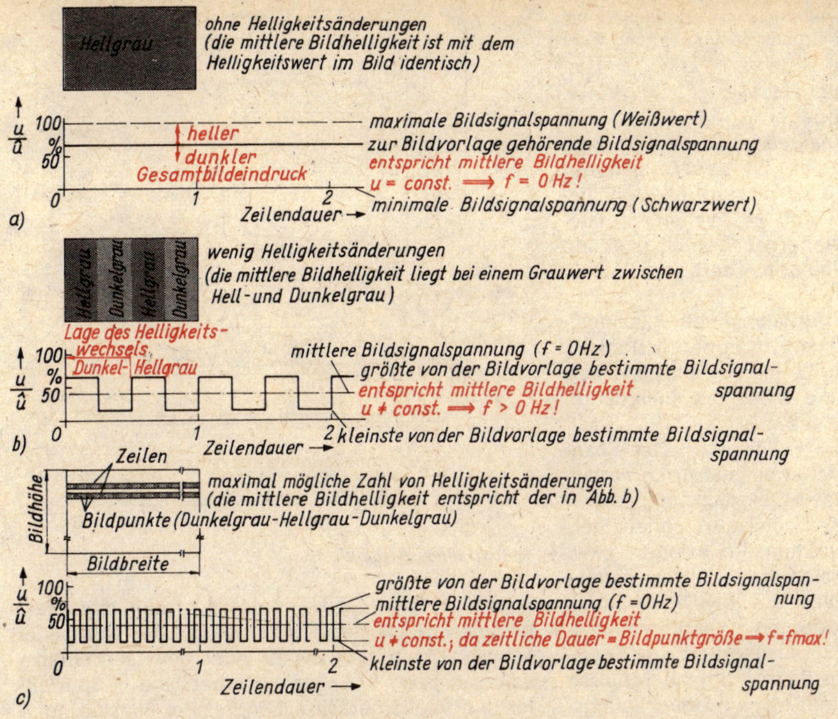

Bildsignal (3) – Einfluß des Bildinhalts auf die analoge Bildsignalspannung: a) Bildsignal für den Fall, daß eine Bildvorlage ohne Helligkeitsänderungen übertragen wird, b) Bildsignal für den Fall, daß eine Bildvorlage mit einer geringen Anzahl von Helligkeitswechseln übertragen wird, c) Bildsignal für den Fall, daß eine Bildvorlage mit der maximal möglichen Anzahl von Helligkeitswechseln übertragen wird

exakt fest. Das betrifft für die analogen B. insbesondere die B.amplitude, bzw. den B.pegel, die B.bandbreite und den Nullphasenwinkel im B. Für die digitalen B. sind es hauptsächlich die Kodierungsart (i. d. R. → Pulskodemodulation) und der zur Anwendung kommende Kode (Zahl, Inhalt, Aufbau der Kodewörter) sowie der daraus resultierende Bandbreitebedarf, die der Standardisierung unterliegen. → Fernsehen, → Fernsehnorm → Farbfernsehverfahren, → Auflösung, → Modulationstiefe, → Bandbreite, → Bildaufnahmeröhre, → Amplitudenstatistik, Abb. → Videopegel (Abb.)

Hinweis: Für die *analogen B.* läßt sich der Zusammenhang zwischen der zu einer Bildvorlage bzw. Szene gehörenden Bildinformation und den typischen Signalparametern als Grundorientierung angeben: a) → *Farbe* mit ihren Komponenten → Farbton, → Farbsättigung, → Helligkeit wird i. e. S. durch die *Signalamplitude* bzw. den *B.pegel* übertragen. Besteht dabei der Zusammenhang: eine große Helligkeit entspricht einer großen Signalamplitude – spricht man vom *positiven B.*, andernfalls vom negativen. Da in jeder Bildvorlage mindestens ein begrenzender Extremwert – z. B. Weiß, Schwarz, Unbunt – enthalten ist, baut sich das B. von diesem Extremwert in nur einer Richtung auf. Das B. ist ein *unsymmetrisches Signal.* Praktisch bewährt hat sich der Bezug auf „Bildschwarz". b) Die *Zahl* der *Farb-* bzw. *Helligkeitswechsel* im Bild bestimmt die *B.frequenz* (s. Abb. 3). Kein Farb- bzw. Helligkeitswechsel hat die B.frequenz 0 Hz zur Folge. Die maximale Signalfrequenz liegt vor, wenn von → Bildpunkt zu Bildpunkt ein Farbwechsel auftritt. Die Spanne 0 Hz bis maximale B.frequenz ist die B.bandbreite. c) Die *Lage* der *Farb-* bzw. *Helligkeitswechsel* im Bild wird auf den *Nullphasenwinkel* der B. abgebildet. Da der Abtastvorgang bei der B.erzeugung einer *zeitlichen Festlegung* folgt, wird statt des Nullphasenwinkel sinnvollerweise der zeitliche Bezug zum Zeilen- bzw. Halbbildwechsel gewählt. d) Der *Charakter* des *Farb-* bzw. *Helligkeitswechsels* bestimmt die *Signalform.* Ein plötzlicher Wechsel wird sich als Spannungssprung, z. B. als Teil einer Rechteckspannung, ein allmählicher Wechsel wird sich als Spannungsanstieg, z. B. als aufsteigende Phase einer Sägezahnspannung usw., ausdrücken. Die möglichen Signalformen sind vom Bildinhalt abhängig und damit unbegrenzt. Es existieren jedoch typische Signalformen, die Grundlage der Testsignale sind. Obwohl eine solche Darstellung lt. Abb. 3a) bis c) nicht schematisch anwendbar ist, ermöglicht sie dem Praktiker jedoch, eine gedanklich Verbindung zwischen Bildvorlage – B. – Fernsehbild und umgekehrt herzustellen, die u. a. bei der Beurteilung der vom Gerätehersteller angegebenen Parameter eines Videogeräts, bei der Fehlereingrenzung und -suche in Videogeräten von Nutzen

Bildsignal (2): System der Bildsignalbezeichnungen

sind. Eine vergleichbare Beziehung zwischen Bildinformation und digitalem B. ist auf Grund der → Kodierung nicht darzustellen.

Bildsignalgeber: → Bildsignalquelle

Bildsignalpegel: → Videopegel

Bildsignalquelle, *Bildsignalgeber:* Gerät, das Bildsignale erzeugt und abgibt. Zu den B. gehören → Bildaufnahmegeräte, elektronische Bildsignalgeneratoren (z. B. Testbild- und → Zeichengeneratoren), i. w. S. auch in Wiedergabebetrieb laufende Bildspeichergeräte (→ Videorecorder) und → Bildplattenspieler.

Bildsignal-Störabstand: Verhältnis von Bildsignalamplitude zum Spannungswert von Störsignalen jeglicher Art und Herkunft, die im Bildsignalweg auftreten. Dabei umfaßt die Bildsignalamplitude immer die Spannungsdifferenz zwischen → Austastwert und Weißwert des → Bildsignals. Der Spannungswert der Störsignale ist bei statistisch verteilten Störsignalen (z. B. → Bildrauschen) deren Effektivwert und bei periodisch auftretenden Störsignalen (z. B. → Bildbrummen, Reflexionen) bzw. impulsförmigen Störsignalen (z. B. Radareinstrahlung) der Spitze-Spitze-Wert des jeweiligen Störsignals. Der B. wird als logarithmiertes Spannungsverhältnis in Dezibel (dB) ausgedrückt (→ Pegelmaß). Von der Größe des B. sind direkte Schlüsse auf die Qualität der Geräte, Anlagen, Übertragungseinrichtungen möglich.

Hinweis: B. werden für einzelne Geräte, Übertragungsabschnitte usw. speziell festgelegt. Als Orientierung kann der für das Rauschen im Fernsehbild ermittelte B. gelten: Erkennbarkeitsgrenze 46 dB, Erträglichkeitsgrenze 34 dB.

Bildspeicherung: → Bildaufzeichnung, → Bildplatte, → Bildfilmaufzeichnung, → Holografische Bildaufzeichnung, → digitaler Bildspeicher

Bildstandsschwankungen (engl. Jitter): unerwünschte Schwankungen, vor allem der vertikalen Lage eines Fernsehbilds auf dem Bildschirm. Schnelle B. bezeichnet man als → Bildzittern.

Bildstudioanlage (engl. Video Studio Equipment): Gesamtheit der zur Erzeugung → vollständiger (Farb)Bildsignale erforderlichen Geräte einer Fernsehstudioanlage oder eines Fernsehübertragungswagens (i. e. S. Bildübertragungswagen). Fernsehstudioanlage und -übertragungswagen umfassen begrifflich neben der B. auch die zur Fernsehproduktion notwendige *Tonstudioanlage*. Diese Abgrenzung ist technologisch im Fernsehen erforderlich, für den Videoamateur i. allg. aber ohne Bedeutung.

Bildsuchlauf (engl. *Picture Search* oder *Visible Search*): Spezialeffektwiedergabe bei Videorecordern und Bildplattenspielern zum schnellen Suchen und Auffinden einer gespeicherten Bildsequenz, bei der das Videoband bzw. der Bildplattenabtaster im schnellen Vor- und Rücklauf (Multispeed- oder Hochgeschwindigkeitswiedergabe) transportiert wird (Zweiwege-B., engl. *Shuttle Search*). Die Suchgeschwindigkeit ist bei Videorecordern meist fest eingestellt (z. B. das 7- oder 9fache der Normalgeschwindigkeit) oder bis zu einer gewissen Grenze wählbar. Beim B. entstehen erhebliche → Spurfehler und folglich entsprechend starke Bildstörungen (Störstreifen). Störungsfreie Bildwiedergabe gewährleisten Geräte mit → dynamischem Spurfolgesystem (z. B. Video 2000, 8 mm-Video) und solche mit zusätzlichen Hilfsvideoköpfen.

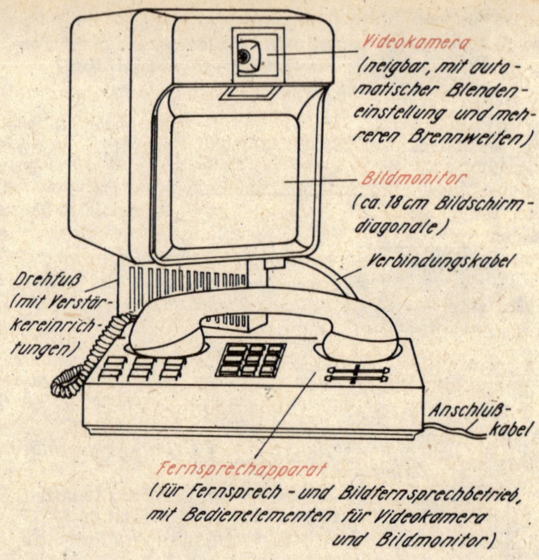

Aufbau eines *Bildtelefons*

Bildtelefon, auch Videotelefon: Gerätekombination von → Videokamera, → Bildmonitor und Fernsprechapparat. B. ermöglichen, daß sich die Fernsprechteilnehmer bei freier Teilnehmerwahl ergänzend zur Sprachkommunikation sehen können (i. d. R. Porträtbild). B. können aber auch zur Sofortübertragung beliebiger Standbilder (Fotos, Druckvorlagen u. a.) zwischen den B.-Partnern genutzt werden. Für die *Übertragung und Vermittlung* von B.-Signalen sind Breitbandnachrichtensysteme erforderlich, da für einen Bildkanal zwischen den Sprechstellen mindest 1,0 MHz Bandbreite bei minimalen Qualitätsansprüchen (z. B. Zeilenzahl um 300) benötigt werden. Das macht die Errichtung und den Betrieb von B.-Netzen in großem Maßstab heute noch viel zu teuer. → Breitbandkommunikation, → Videobandbreite (Abb.)

Bildträger (engl. Vision Carrier): hochfrequente Schwingung, auf die durch → Modulation im → Bildsender das → vollständige (Farb)Bildsignal zum Zweck der Übertragung im → Bildkanal aufgeprägt wird. Der modulierte B. wird als HF-Bildsignal bezeichnet. → Bildsignal, → Fernsehsender, → Tonträger, → Träger

Bildträger-Tonträger-Abstand (engl. Vision-to-Sound Carrier Spacing): Frequenzabstand zwischen → Bildträger und → Tonträger des hochfrequenten

Fernsehsignals innerhalb eines → Fernsehkanals. Der B. ist lt. → Fernsehnorm festgelegt. → Fernsehsender, → Bildsignal, → Fernsehtonsender

Hinweis: Der unterschiedliche B. zwischen → CCIR-Norm (5,5 MHz) und → OIRT-Norm (6,5 MHz) ist bestimmend dafür, daß normale → Fernsehempfänger nicht ohne schaltungstechnische Änderungen für beide o. g. Normen anwendbar sind. In grenznahen Gebieten, wo Fernsehsignale unterschiedlichen B. zu empfangen sind, sollte bei vorliegendem Interesse ein Zweinormempfänger (→ Mehrnormempfänger) angeschafft werden.

Bildunschärfe: Bildfehler, der bei ungenügender optischer und/oder elektrischer Fokussierung auftritt und durch Fehlen feiner Bildeinzelheiten gekennzeichnet ist. B. tritt auch bei zu kleiner Frequenzbandbreite von Übertragungseinrichtungen bzw. Videogeräten auf. Auch durch Fehlabstimmung kann bei Fernsehempfängern B. auftreten. Es gibt schärfeverbessernde Schaltungsanordnungen, z. B. → Crispening.

Bildverbesserung: i. allg. schaltungstechnische Maßnahmen, deren Anwendung zu einer subjektiv empfundenen Qualitätssteigerung im Fernsehbild führt. Bestimmend für die B. nach heutigen Maßstäben sind die → *Aperturkorrektur* und das → *Crispening*, die zu einer subjektiv empfundenen Bildschärfeerhöhung führen. Durch Maßnahmen zur *Rauschminderung* und *Rauschunterdrückung* im Bildsignalweg werden gute Fernsehbilder auch bei ungünstigen Aufnahmebedingungen (z. B. geringes Licht) oder Empfangsbedingungen (z. B. geringe Feldstärken) möglich. Hier bieten vor allem digitale Schaltungen (z. B. im Digital-Fernsehempfänger) zukunftsträchtige Möglichkeiten.

Bildverfremdung: Veränderung von Fernsehbildern durch gezielte Einflußnahme auf den Bildinhalt. Originalbilder werden in Form, Farbe und Bewegungsabläufen verfremdet. Die Bildveränderungen werden vorwiegend auf elektronischem Wege durch verschiedene Methoden der Bildsignalbearbeitung erreicht. → Einfärbung, → Farbtrickgenerator, → Action Track, → digitaler Videoeffekt

Bildverstärker: mehrstufiger Breitbandsignalverstärker für Bild(Video-)Signale (→ Videoverstärker). Die Bezeichnung B. wird i. e. S. im Zusammenhang mit der Schaltungstechnik für → Fernsehempfänger genutzt. Beim Schwarz-Weiß-Fernseher bezeichnet man als B. die Schaltung, die das vom → Videogleichrichter abgegebene Bildsignal auf die erforderliche Spannungsgröße für die Ansteuerung der Bildwiedergaberöhre (bis 100 V) verstärkt. Diese Aufgabe besteht im → Farbfernsehempfänger analog für die drei vom → Farbdekoder abgegebenen Farbwertsignale in getrennten Signalwegen.

Bildverzeichnung: i. w. S. Gesamtheit aller Abbildungsfehler und Bildverzerrungen, die ein Fernsehbild gegenüber dem Originalbild aufweisen kann. B. i. e. S. sind → Geometrieverzerrungen 2.

Bildwand: Projektionsfläche für Film- oder Fernsehbilder. B. für die → Fernsehprojektion können eben (z. B. gespannte Folien) oder leicht konkav gewölbt sein (z. B. beschichtete Aluminiumschirme). I. allg. wird von B. eine diffuse Reflexion des projizierten Bilds gefordert, wobei möglichst wenig Lichtverluste und keine Verfälschung des Licht-Wellenspektrums auftreten dürfen. Grenzen für die Größe der B. werden insbesondere durch die → Zeilenzahl des Fernsehverfahrens, die Lichtstärke der Projektionseinrichtung und die angestrebte Bildqualität (→ Bildschärfe, → Kontrast, → Helligkeit) gesetzt. B. bis 5 m Schirmdiagonale – bei Eidophor-Anlagen auch darüber hinaus – finden in der Praxis Anwendung. → Projektionsfernsehempfänger, → Eidophor-Verfahren, Abb. → Fernsehkompaktprojektor

Hinweis: Sogenannte „Perlwände" reflektieren das projizierte Licht in einem schmalen Raumwinkel, wodurch eine hohe Lichtausbeute erreicht wird.

Bildwandler: Baugruppe oder komplexes Bauelement zur Umwandlung der Helligkeits- und Farbwerte optischer Bilder in → Bildsignale. Zu den B. gehören → Festkörperbildsensoren und vor allem → Bildaufnahmeröhren. B. i. e. S. sind die → Fotokatode und die Speicherschicht in Bildaufnahmeröhren. → Bildaufnahmeverfahren

Bildwandlerröhre: allgemeine Bezeichung der → Elektronenstrahlröhren für die Einsatzgebiete: *a)* → *Bildaufnahmeröhre:* B. zur Erzeugung von → Bildsignalen aus optischen Bildvorlagen und *b)* → *Bildwiedergaberöhren:* B. zur Erzeugung von Fernsehbildern, die dem steuernden Bildsignal entsprechen.

Bildweite: Abstand von der Hauptebene eines → Objektivs bis zur → Bildebene (s. Abb. → Brennweite). Dabei ist die Hauptebene des Objektivs eine charakteristische, durch dessen Aufbau bestimmte Größe. Eine richtige Schärfeeinstellung vorausgesetzt, sind speziell bei Video- und Fernsehkameras die Bildebene und Bildwandlerelektrode der Bildaufnahmeröhren identisch. → Brennweite, → Videoobjektiv

Bildwiedergaberöhre, auch Fernsehbildröhre, Bildröhre (eng. Picture Tube): → Elektronenstrahlröhre zur Umwandlung von → Bildsignalen in Fernsehbilder. Es sind → Schwarz-Weiß-Bildwiedergaberöhren und → Farbbildwiedergaberöhren zu unterscheiden. Die Funktion der B. beruht darauf, daß ein Elektronenstrahl vom Videosignal in seiner Intensität gesteuert und durch magnetische → Ablenkung zeilenweise über den Bildschirm geführt wird. Die Strahlführung erfolgt nach dem → Zeilensprungverfahren, wobei der Elektronenstrahl beim Zeilen- und Halbbildrücklauf jeweils unterdrückt wird. Beim Aufprallen des Elektronenstrahls auf den Leuchtstoff des Bildschirms wird die Strahlenergie in sichtbares → Licht umgewandelt (→ Phosphoreszenz). Die spektrale Zusammensetzung des Lichts hängt von der chemischen Zusammensetzung des verwendeten Leuchtstoffmaterials ab. In der Abbil-

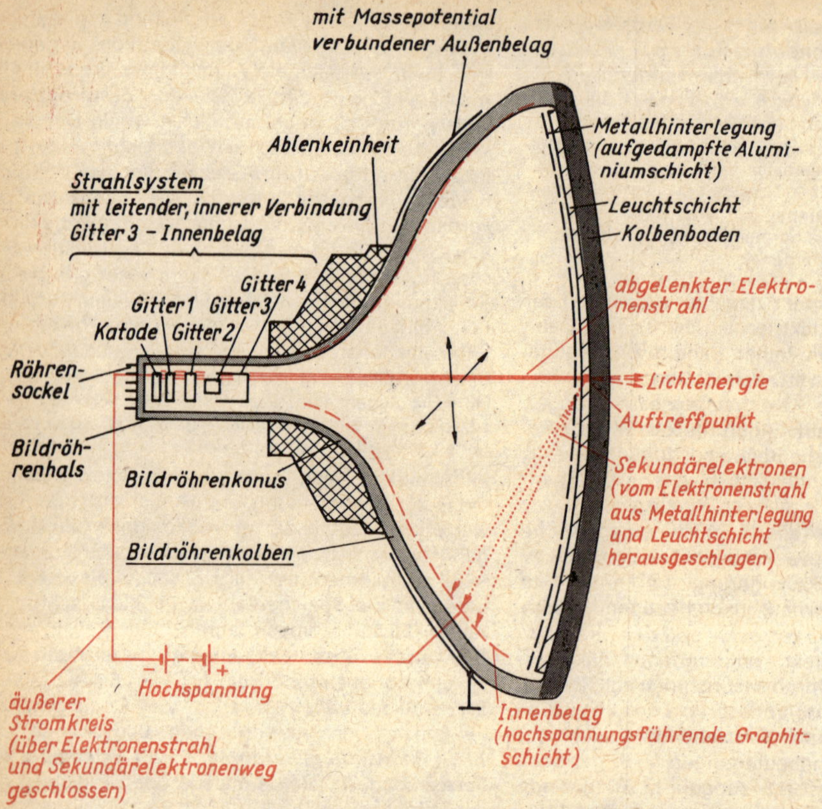

Bildwiedergaberöhre

dung ist der Stromverlauf im Inneren der B. und ihr Aufbau dargestellt. Das Strahlsystem – bestimmend für Elektronenstrahlerzeugung, -steuerung und -fokussierung – befindet sich im Inneren des Röhrenhalses. Am Übergang Röhrenhals – Röhrenkolben wird von außen das → Ablenksystem für die horizontale und vertikale Ablenkung aufgesetzt. Die nahezu rechteckige Stirnfläche des B.-Kolbens (Kolbenboden) ist vergleichbar einer Kugelkalotte sphärisch nach außen gewölbt. Sie trägt auf der Innenseite den Leuchtstoff (eigentlicher Bildschirm oder *Leuchtschirm*). Das Glas des Kolbenbodens ist i. d. R. grau gefärbt (Transparenz 50 % bis 80 %). Mit dieser Maßnahme wirkt man einer Kontrastminderung entgegen, die bei Aufhellung der Leuchtschicht durch auffallendes Fremdlicht entstehen würde; man muß damit aber einen Helligkeitsverlust in Kauf nehmen. Die Leuchtschicht ist mit einer dünnen Metallschicht hinterlegt, wodurch der Eintritt des erzeugten Lichts in das Bildröhreninnere verhindert wird. Diese Maßnahme führt zu einer Erhöhung der Lichtausbeute und zur Verbesserung des Kontrasts im Fernsehbild. Um die Energie der fliegenden Elektronen und damit die erreichbare Lichtausbeute zu erhöhen, wird die Metallhinterlegung an die Hochspannung angeschlossen (vor allem bei Farbbildröhren). Damit wird gleichzeitig der Stromkreis Katode – Strahlstrom – Metallhinterlegung – Hochspannungsstufe direkt geschlossen. Der Innenbelag des Kolbens der B. nimmt die Sekundärelektronen auf, die beim Auftreffen des Elektronenstrahls auf die Leuchtschicht, teilweise auf die Metallhinterlegung, herausgelöst werden. Durch eine leichte Mattierung der Glasoberfläche können störende Lichtreflexionen auf dem Bildschirm vermindert werden. Infolge des Vakuums der Röhre wirkt die umgebende Lufthülle mit einer sehr großen Kraft (mehr als 10^3 N) auf die B. ein, was die Gefahr der Zerstörung – *Bildröhrenimplosion* – in sich birgt. Mit der Entwicklung der heute fast ausnahmslos angewendeten implosionsgeschützten B. wird dieser Gefahr begegnet. Die Anwendung implosionsgeschützter B. ermöglichte die sogenannte „Durchstecktechnik" (im Gegensatz zu früheren B. hinter Schutzglas), bei der die B. etwas an der Frontseite des Fernsehgeräts herausragt; damit wird die Bautiefe verkleinert. Heute existieren auch Sonderformen von B., deren Aufbau und Wirkungsweise im Detail von der Darstellung abweichen. → Implosionsschutz, → Luminophore,

→ Hochspannungserzeugung, → Strahlstromeinstellung, → Regenerierung (Abb.)
Hinweis: Um Überlastungen zu vermeiden, sollte bei B. nie unnötig große Helligkeit eingestellt werden.

Bildzentrierung: exakte Einstellung der Ruhelage der Elektronenstrahlen von → Bildwandlerröhren, i. w. S. des gesamten Fernsehbilds in bezug auf die Bildröhrenachse und Bildbegrenzung. Die B. ist für jede einzelne Bildaufnahme- und Bildwiedergaberöhre notwendig, da bedingt durch Fertigungstoleranzen beim Einfügen der Strahlsysteme in den Röhrenhals, Fertigungstoleranzen der Ablenkeinheiten, Lage der Ablenkeinheiten auf dem Röhrenhals usw., ein genau zentriertes Bild i. allg. nicht vorausgesetzt werden kann. Die B. erfolgt durch Verschieben und Verdrehen der Ablenkeinheit auf dem Röhrenhals sowie durch Überlagerung von einstellbaren Gleichströmen zu den horizontalen und vertikalen Ablenkströmen. Eine B. bei → Farbbildwiedergaberöhren mit mehreren Strahlsystemen ist immer unter dem Aspekt der → Konvergenz und → Farbreinheit zu sehen. Bei Bildaufnahmeeinrichtungen mit mehreren Bildaufnahmeröhren muß die B. aller Einzelkanäle identisch sein, um die → Farbdeckung zu sichern.

Bildzerfall: durch fehlende oder gestörte Horizontalsynchronisation bzw. falsche Zeilenfrequenz hervorgerufene Bildstörung, bei der das Fernsehbild in mehr oder weniger schräge, stillstehende oder durchlaufende Streifen zerfällt.

Bildzerlegung, auch Bildfeldzerlegung: Aufteilung eines vorgegebenen Bilds in einzelne Elemente (→ Bildpunkt, → Zeile). Das → Fernsehen wendet die B. als grundlegende Methode an, um mit Hilfe eines technischen Systems, die in Bildvorlagen oder Bildereignissen enthaltenen Informationen in zeitabhängige Spannungsverläufe umzuwandeln, zu bearbeiten und zu übertragen. Der aufnahmeseitigen B. steht am Ende des Übertragungswegs ein synchron ablaufender Bildaufbau gegenüber. → Zeilensprungverfahren, → Synchronisation, Abb. → Fernsehen, Abb. → Nipkow-Scheibe

Bildzittern: unerwünschtes Zittern des Fernsehbilds oder eines Teils davon, insbesondere in vertikaler Richtung, das durch abrupte Schwankungen der Bildlage und/oder Bildhöhe auftritt. B. entsteht z. B. als Folge von Synchronisationsstörungen oder Wakkelkontakten in der Bildablenkung. → Bildstandsschwankungen

Binärsignal: → digitales Signal

binaurales Hören: zweiohriges Hören. → räumliches Hören, → intelligentes Hören

Binauralkonverter: Baugruppe zur Verbesserung der Wiedergabe → raumbezogener Stereofonie über Kopfhörer. In dem B. werden das normalerweise beim Abhören über Lautsprecher auftretende akustische Übersprechen (linkes Signal zum rechten Ohr und umgekehrt) und die entstehenden Laufzeitunterschiede des Signals an beiden Ohren mit elektronischen Mitteln nachgebildet. Es ergibt sich abhängig von der Art des Schallereignisses und der Stereo-Aufnahmetechnologie eine bessere Verteilung der Schallquellen und bei einigen Schaltungen auch eine deutliche Verminderung der Im-Kopf-Lokalisation. → Kopfhörerwiedergabe

Biotracer: mit elektronischer Steuerung zur Unterdrückung der tieffrequenten Tragarmresonanzen versehener → Tangentialtragarm. Von Sensoren wird Höhenschlag und Exzentrizität der Schallplatte erkannt, und der Tragarm wird durch 2 Motoren in gegenläufiger Bewegung gesteuert. Es verringern sich die von der Platte verursachten Tonhöhenschwankungen und das Rumpeln; die Baßwiedergabe wird verbessert.

Biphonic: elektronisches Verfahren, das die Lautsprecherwiedergabe von Aufnahmen in (modifizierter) kopfbezogener Stereofonie ermöglicht. Dabei soll sich gegenüber raumbezogener Stereofonie die Abbildungsbreite vergrößern. B. erfordert nach einem besonderen Verfahren aufgenommene Musikkassetten und im Wiedergabeteil des Kassettentonbandgeräts eine spezielle Baugruppe.

Bipolar-Transistor: → Transistor

bit: **1.** Maßeinheit für die Speicherkapazität. → Halbleiterspeicher – **2.** Maßeinheit für den Informationsgehalt einer Signalquelle.

Bit, Abk. für engl. **Bi**nary Digi**t** (svw. zweiwertige Ziffer): Zeichen eines Binärsignals *(Binärzeichen)* mit den Werten „0" oder „1". → digitales Signal

Bitrate, Bitfrequenz: Anzahl der Binärzeichen je Sekunde in einem → digitalen Signal. Die B. wird in bit/s angegeben. Für die digitale Signalverarbeitung oder -speicherung muß die Kanalkapazität größer, jedoch mindestens gleich der B. sein.

Black-Strip-Technik (engl. für „Schwarz-Streifen-Technik): Trennung der einzelnen Farbstreifen bei → *In-Line-Bildröhren* durch schwarzmattierte Carbon-Streifen. Hierdurch wird eine exakte Abgrenzung der Primärfarben beim Auftreffen der zugeordneten Elektronenstrahlen gewährleistet. Die Anwendung der B. führt zu einer höheren „Farbbrillanz" (Auflösung und Kontrast) im Fernsehbild gegenüber Bildröhren ohne diese Technik. → Schlitzmaskenröhre (Abb. Farbanhang)

Blaulagemagnet (engl. Blue Lateral Magnet), auch Lateralmagnet, Tangentialmagnet: Dauermagnet zur *horizontalen Verschiebung* des „blauen" Elektronenstrahls von → Lochmaskenröhren gegenüber den „roten" und „grünen" Elektronenstrahlen. Der B. ist für die Einstellung der statischen Konvergenz wichtig. → Konvergenzeinstellung, → Konvergenz

Blauwandtechnik: → Farbstanzen

BLC, Abk. für engl. **B**ack**l**ight **C**ompensation, Gegenlichtkompensation: bei Farbkameras vorhandene Möglichkeit, den durch → Blendenautomatik normalerweise ermittelten Blendenwert um ± 1/2 zu ändern, damit z. B. Objekte vor ausgedehntem

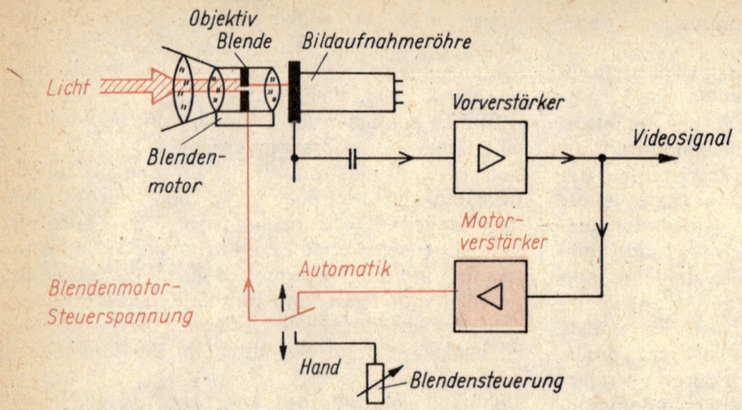

Blendenautomatik

hellem Hintergrund nicht zu dunkel wiedergegeben werden bzw. umgekehrt.

Bleioxid-Vidikon: → Plumbikon

Blendautomatik: Baugruppe in einem Tonbandgerät, die ein automatisches, weiches Ein- und Ausblenden der Tonsignale bei der Aufzeichnung im Zusammenhang mit einer → Aussteuerungsautomatik ermöglicht. Die Blende erfolgt auf Tastendruck, z. B. in Verbindung mit der Pausentaste, und wird von einer Zeitgeberschaltung gesteuert. Mit *VAT* (Abk. für variable Ausblendtechnik) wird eine Einrichtung bezeichnet, bei der die Aufzeichnungstaste des Kassettenrecorders mit einer *Ausblendtaste* kombiniert ist. Diese betätigt einen Schiebewiderstand.

Blende: Übergang zwischen einzelnen Zuständen einer physikalischen Größe (Schall, Licht usw.) oder auch für die Einrichtungen, mit denen diese Veränderung technisch bewirkt wird. 1) *Optik:* mechanische Einrichtung im → Objektiv, mit der der Lichteinfall reguliert wird *(→ Objektivblende).* 2) *Ton- und Bildmischung:* kontinuierlicher („weicher") Übergang zwischen 2 Zuständen eines Ton- bzw. Bildsignals (von 0 auf Maximalwert: „Aufblenden" oder umgekehrt: „Abblenden") oder zwischen verschiedenen Ton- bzw. Bildsignalen („Überblenden"). → Tonmischung, → Bildblende, → Bildmischung

Blendenautomatik: Einrichtung in Fernseh- und Videokameras zur automatischen, motorisch gesteuerten → Blendeneinstellung. Die Steuerung erfolgt auf einen solchen Blendenwert (Blendenzahl), mit dem ein normgerechter Videosignalpegel (→ Weißwert) erreicht wird. Die B. erleichtert die Bedienung einer Videokamera wesentlich, besonders dann, wenn in der aufzunehmenden Szene wechselnde Beleuchtungsverhältnisse herrschen. Die Blendenmotor-Steuerspannung wird von der Maximalamplitude des erzeugten Videosignals abgeleitet (bei Farbkameras wird dazu meist das grüne Farbwertsignal verwendet). → BLC (Abb.)

Hinweis: Die B. mittelt über das gesamte Bildfeld und kann nicht zwischen wichtigen und unwichtigen Bilddetails unterscheiden. Dadurch können interessierende bildwichtige Stellen über- oder unterbelichtet sein. Für diese Fälle ist es günstig, auf manuelle → Blendensteuerung, durch Ausschalten der B. überzugehen oder eine eventuell vorhandene → Lock-Einstellung zu benutzen.

Blendeneinstellung: manuelle Veränderung der → Objektivblende. Mit der B. wird der Lichtdurchlaß (→ Lichtstrom) eines Aufnahmeobjektivs, z. B. einer Videokamera, eingestellt und damit auch der Pegel des erzeugten Videosignals. Die B. erfolgt durch Drehen des Blendenrings am Objektiv, der mit den Blendenzahlen markiert ist.

Hinweis: Je weniger Licht in der Szene, um so größer muß die Blendenöffnung sein, desto kleiner die Blendenzahl und umgekehrt. Mit der B. ändert sich auch die → Tiefenschärfe, sie ist um so größer je größer die Blendenzahl ist.

Blendensteuerung: elektrisch gesteuerte, motorische → Blendeneinstellung von Aufnahmeobjektiven, die in Abhängigkeit der Szenenbeleuchtung und Lichtempflindlichkeit (→ Empfindlichkeit) der verwendeten Bildaufnahmeröhre mit dem Ziel erfolgt, pegelrichtige Bildsignale zu erzeugen. Für die B. sind Objektive notwendig, bei denen die Verstellung der Objektivblende durch einen eingebauten Elektromotor erfolgt. Die Bedienung erfolgt durch manuelles Betätigen eines Dreh- bzw. Schiebe-Einstellers oder eines Wippschalters mit Ruhestellung (Öffnen, Ruhe, Schließen) entweder direkt an der Videokamera oder von einem abgesetzten Fernbediengerät aus. → Kameraaussteuerung

Hinweis: Die Bezugsgröße für die B. ist der Weißwert des Kameraausgangssignals. Bei → Fernsehkameras ist dies relativ einfach. Auf dem Kontrollgerät (Fernsehpegeloszilloskop) wird das Oszillogramm (→ Elektronenstrahlröhre) des Ausgangssignals dargestellt. Anders bei Videokameras, da muß man sich nach der Helligkeit des wiedergegebenen Bilds auf dem elektrischen Sucher richten. Dieses Verfahren ist ungenau und bei optischen Suchern ohnedies nicht möglich. Zur Bedienungserleichterung der B. ist im Sucher meist eine LED-Anzeige vorhanden, die bei Übersteuerung aufleuchtet oder bei komfortablen Kameras werden alle Bildstellen mit zu großem Weißwert im Sucherbild selbst besonders gekennzeichnet, z. B. durch ein Streifenmuster. Noch besser kann eine → automatische B. sein. (→ Blendenautomatik)

Blendenzahl F: Größenangabe für die *Lichtstärke* eines → Objektivs. Die B. wird als Quotient von → Brennweite und Objektivdurchmesser berechnet. Die B. sind genormt. Die in der Abbildung dargestellte Reihe der B. bedeutet, daß von Blendenstufe zu Blendenstufe jeweils der Öffnungsdurchmesser mit dem Faktor $1/\sqrt{2}$ verkleinert wird, wodurch sich die Lichtdurchtrittsfläche und damit der durchgelassene Lichtstrom halbiert. → Blende, → Objektivblende, → Beleuchtungsstärke, → Tiefenschärfe (Abb.)

Hinweis: Abhängig vom einzelnen Hersteller treten auch Abweichungen von der internationalen Blendenreihe auf.

Blitzschutz: gesetzlich vorgeschriebene Schutzmaßnahmen gegen gefährliche Auswirkungen von Blitzschlag oder atmosphärische Überspannungen bei Gewittern, besonders für Empfangsantennenanlagen. → Erdungsanlage, → Überspannungsableiter

Blockschaltbild, Signalflußbild, svw. Blockschaltplan, Signalflußplan: Übersichtsschaltbild zur vereinfachten Darstellung der Funktionsweise eines Geräts oder Geräteteils mit Hilfe von Symbolen (→ Schaltkurzzeichen). Die Symbole sind durch Linien oder Pfeile verbunden, die den Wirkungsweg, bes. den Signalverlauf kennzeichnen.

Blooming (engl., aufblühend): Übersteuerungserscheinung in einem Fernsehbild, das von einem Bildaufnahmegerät mit Halbleiter-Bildwandlern stammt. Das B. macht sich als „Aufblühen", d. h. flächenhafte Vergrößerung von Spitzlichtern und anderen sehr hellen Bildstellen, die die sonst im Bild vorhandene Spitzenhelligkeit übersteigen, bei Wiedergabe auf dem Bildschirm bemerkbar. Dieser Effekt ist bei einigen Bildaufnahmeröhren (z. B. → Plumbikon, → Newikon) deutlich wahrnehmbar. Er kommt dadurch zustande, daß in der lichtempfindlichen Halbleiterschicht ein sehr hohes Potential entsteht und der Abtaststrahl in der Bildaufnahmeröhre dadurch eine zusätzliche Ablenkung erfährt bzw. in → Festkörperbildsensoren benachbarte Bildpunkte gewissermaßen überschwemmt werden. Dadurch wird der lineare Zusammenhang zwischen Zeit und Ort bei der Bildzerlegung gestört und im Ergebnis die Stellen mit der extremen Beleuchtungsstärke größer wiedergegeben als sie in Wirklichkeit sind. B. ist bei den verschiedenen → Bildwandlern unterschiedlich stark ausgeprägt. → Ausflammen, → Einbrennen

„Blubbern": → Motor Boating-Effect

Blue Screen: → Farbstanzen

BNC-Steckverbinder: häufig verwendeter koaxialer Videosteckverbinder mit einrastender Bajonettverriegelung. Abb. S. 108

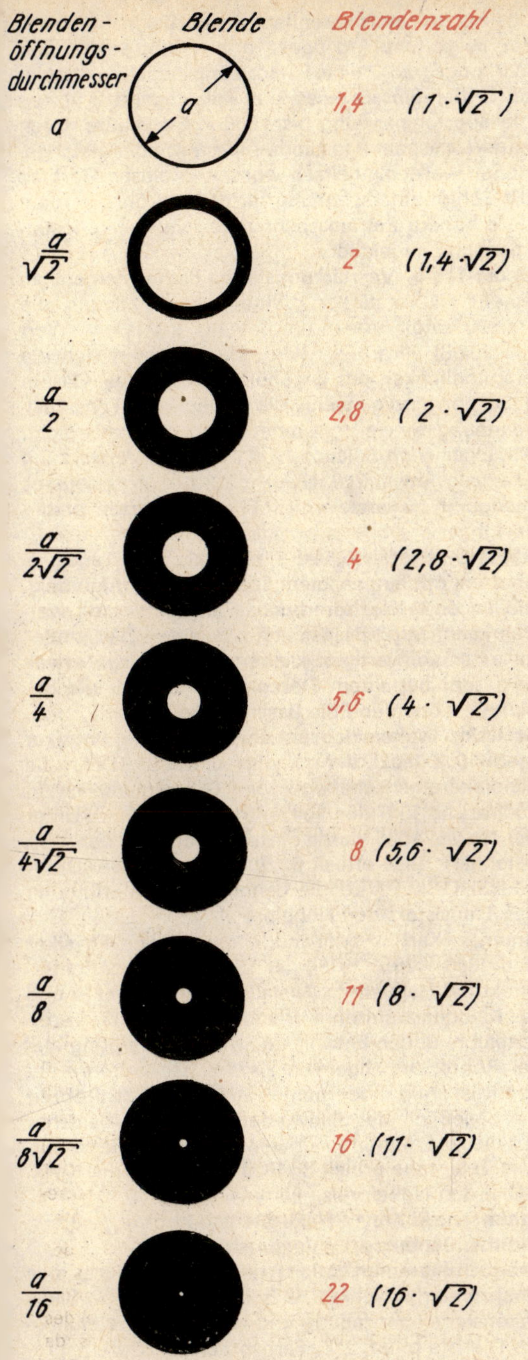

Reihe der internationalen *Blendenzahlen*

BNC - Stecker BNC-Buchse BNC-Steckverbinder

BNR, Abk. für engl. **B**eta **N**oise **R**eduction (Beta-Geräuschverminderung): Verfahren zur Vergrößerung des Störabstands für den aufgezeichneten Begleitton bei Videorecordern. BNR arbeitet ähnlich wie →High Com. Es vermindert Brummanteile um etwa 12 dB und Rauschen oberhalb von 500 Hz um ca. 30 dB. Insgesamt wird durch BNR ein Störabstand von etwa 60 dB im Tonkanal eines Videorecorders erzielt.

Bodenstation: auch *Erdefunkstelle* in nichtterrestrischen Nachrichtennetzen (Sende-, Empfangs-, → Relaisstation im → Satellitenfunk). Sie bildet mit ihren Sende- und Empfangsanlagen die Gegenstelle zu den Nachrichtensatelliten bei der gerichteten Ausstrahlung von Funksignalen in →Satellitensystemen. I. allg. werden einer B. die zu übertragenden Nachrichtensignale über →Richtfunk oder ein Breitbandkabelsystem zugeführt. Die Sendeanlage setzt die Signale in das 6-GHz-Band um und strahlt es mit ca. 1 kW Sendeleistung über eine Parabolspiegelantenne (10 m bis 25 m Durchmesser) gerichtet auf die Empfangsantenne des Nachrichtensatelliten ab. In den Empfangsanlagen werden die von einem Nachrichtensatelliten gerichtet über die Antenne anliegenden Signale (4-GHz-Band) in das Grundband umgesetzt und in den angeschlossenen Nachrichtennetzen weitergeleitet. Hierbei sind insbesondere schaltungstechnische Aufwendungen zur rauschfreien Verstärkung der i. d. R. nur mit 10^{-12} W Empfangsleistung anliegenden Antennensignale zu machen. Bewegungen des mit der B. zusammenarbeitenden → Satelliten werden durch automatische Nachführung der Antenne der B. mit einer Genauigkeit von 0,003° ausgeglichen. Dies erfolgt in B., die in Satellitensystemen mit umlaufenden Satelliten arbeiten, durch Langzeit-Rechnerprogramme gesteuert. B. können im Gegensatz zu Funkstellen des terrestrischen (erdnahen) → Richtfunks in ebenen Geländeabschnitten, sogar in Tälern errichtet werden, da die Funkrichtung von der Erdoberfläche wegweist. →Elevationswinkel, s. Abb. →Satellitenfunk

Hinweis: Die Nutzung höherer Frequenzbereiche (z. B. B.–Satellit: 17,3 bis 18,16 GHz und Satellit–Empfangsanlage auf der Erde: 11,7 bis 12,5 GHz) zur Satellitenübertragung wird schrittweise ausgebaut.

Bodenwelle: →Wellenausbreitung

Boosterkondensator: Kondensator in →Horizontalkippgeräten, der beim Zeilenrücklauf die in den Ablenkspulen freiwerdende Energie aufnimmt. Die dabei auftretende Spannung *(Boosterspannung)* hat, da der B. schaltungstechnisch in Reihe zur Betriebsspannungsquelle liegt (s. Abb. a →Hochspannungserzeugung), eine Erhöhung der Ablenkleistung und des zu transformierenden Zeilenrücklaufimpulses zur Folge (engl. *to boost,* d. h. hochtreiben). Der Wirkungsgrad einer Horizontalendstufe steigt durch den Einsatz eines B. In Röhrengeräten betrug die Boosterspannung bis 1000 V. Sie mußte durch eine Hochspannungsdiode *(Boosterdiode)* gleichgerichtet werden. Vielfach wurden in diesen Geräten die Schirmgitterspannung für die Bildröhre und andere höhere Betriebsspannungen von der Boosterspannung abgeleitet.

Boost-Taste, Verstärkungstaste: Bedienelement an einem NF-Verstärker, bei dessen Betätigung die Verstärkung linear um einen gewissen Wert (8...20 dB) vergrößert wird. Dabei erhöht sich die Empfindlichkeit des zugehörigen Eingangs. Das ist z. B. notwendig, wenn die anliegende Tonsignalspannung für → Vollaussteuerung nicht ausreicht. Mit einer *High-B.* (auch *Hi-B.*) wird die Verstärkung oberhalb etwa 200 Hz erhöht, um ein helleres Klangbild zu erzielen (z. B. bei Gitarrenverstärkern).

Boost-Up-Lautsprecher: i. allg. kleinere Lautsprecherbox mit eingebautem Endverstärker (Aktivbox), die an eine Kopfhörerbuchse angeschlossen werden kann. Mit 2 B. läßt sich z. B. ein → „Walkman" zu einer vollwertigen kleinen Stereoanlage erweitern oder bei einem Stereo-Radiorecorder die Leistung erhöhen und die Basis verbreitern.

Brattain, Walter Houser: amerikanischer Physiker (geb. 10. 2. 1902), der gemeinsam mit BARDEEN die Halbleitereigenschaften von Germanium untersuchte und 1947 den Spitzentransistor erfand. Unter der Nr. 2 524 035 wurde diese Erfindung in den USA patentiert. 1956 erhielt B. zusammen mit BARDEEN und SHOCKLEY für die bahnbrechende Erfindung des Transistors den Nobelpreis.

Braun, Karl Ferdinand: deutscher Physiker (6. 6. 1850 – 20. 4. 1918), der 1874 den Gleichrichtereffekt bei Halbleitern (Metallsulfide) entdeckte und die Katodenstrahlröhre erfand. Am 15. 2. 1897 veröffentlichte B. den Entwurf und die Beschreibung dieser Röhre, die allgemein als *Braunsche Röhre* bekannt ist. Alle modernen → Elektronenstrahlröhren einschließlich der Bildwiedergaberöhren basieren auf dieser Erfindung. Für seine Arbeiten über drahtlose Telegrafie erhielt B. 1909 zusammen mit MARCONI den Nobelpreis.

Braunsche Röhre: →Elektronenstrahlröhre, →Braun

Breitbandantenne: →Vorzugsbereich

Breitbandkommunikation: universellste Form des Nachrichtenverkehrs. Die B. umfaßt die Ton-, Bild-, Datensignalübertragung und ist damit für vielfältigste Dienste offen, z. B. Fernsprechen, Bildfernsprechen, Telex, Bildfunk, Rundfunk-, Fernsehübertragung, verschiedene Informations-, Überwachungs- und Datendienste. B. kann von einer Zentrale zu vielen Teilnehmern und umgekehrt, aber auch zwischen den Teilnehmern nach freier Wahl erfolgen. Sie setzt → Breitbandsysteme zur Übertragung der

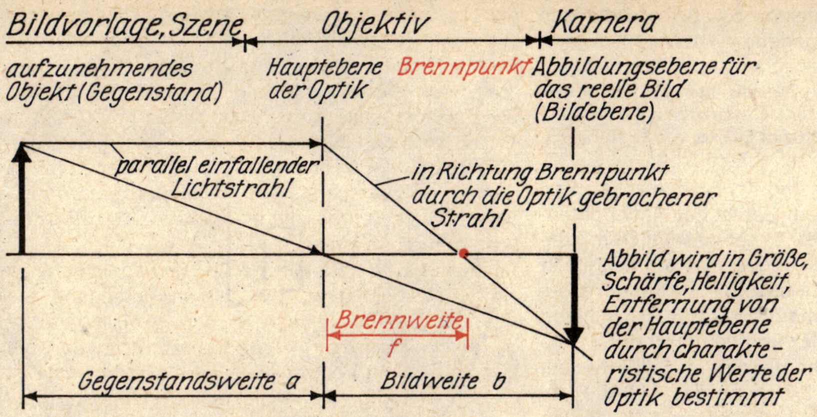

$$\frac{1}{f} = \frac{1}{a} + \frac{1}{b}$$

Zur Definition der *Brennweite*

Vielzahl von Nachrichten voraus. Diese werden im wesentlichen mit → Zeitmultiplex arbeiten.

Hinweis: Bereits heute existieren Vorstellungen von digitalen Nachrichtensystemen zur B. Diese müßten im vollen Ausbaustadium über eine Kanalkapazität von etwa 300 Mbit/s verfügen.

Breitbandlautsprecher: Lautsprecher zur Abstrahlung möglichst des gesamten Frequenzbereichs von Hörschall. B. sind → elektrodynamische Lautsprecher mit Konusmembran, z. T. mit ovalem Querschnitt (Ovallautsprecher). Die Abstrahlung der hohen Frequenzen wird dadurch verbessert, daß in der Membranmitte eine zusätzliche Kalotte oder eine kleine steife Zusatzmembran (Hochtonkegel) eingebaut ist. Trotzdem sind nur begrenzte Ansprüche an die Tonqualität zu stellen; eine HiFi-Box ist mit einem B. nicht aufzubauen. Der B. wird vorrangig als Einbaulautsprecher verwendet.

Breitbandnetzfilter, kurz Netzfilter: Sperrfilter gegen Störstrahlung in einem breiten Frequenzbereich, die besonders aus einem Schaltnetzteil (→ Netzteil) rückwärts ins Energienetz gelangt und in anderen elektronischen Geräten zu Hochfrequenzstörungen führen kann.

Breitbandsystem: System zur Übertragung sehr breitbandiger Nachrichtensignale zwischen Signalquellen und -empfängern. B. beinhalten Einrichtungen für die Erzeugung, Formierung, Verteilung, Verstärkung, Übertragung und Wiedergabe der Breitbandsignale. Allgemein kann bereits der → Bildkanal als B. betrachtet werden. I. e. S. versteht man unter B. jedoch Übertragungssysteme für Nachrichtensignale im → Frequenzmultiplex oder → Zeitmultiplex, z. B. *terrestrische B.*: Kabelsysteme sowie Richtfunkverbindungen; *kosmische B.*: Satellitenfunk über → Satelliten. → Breitbandkommunikation

Brennfleck: → Einbrennen

Brennweite f: Abstand (in Millimeter) zwischen der Hauptebene und dem Brennpunkt eines → Objektivs (Abb.). Bei Optiken mit nur einer Linse ist die B. einfach zu bestimmen. Hier ist die Linsenmitte mit der Hauptebene identisch und der Brennpunkt entspricht dem Schnittpunkt aller achsenparallel in die Optik einfallenden und von dieser in der Richtung veränderten Lichtstrahlen. Für die hochwertigen Objektive der Video- und Fernsehkameras wird die B. vom Hersteller vorgegeben. Sie entspricht einer charakteristischen, vom Aufbau der einzelnen Optik abhängigen Größe und bestimmt wesentlich die Einsetzbarkeit des Objektivs (s. Tab. → Objektiv). Dabei gilt folgende allgemeingültige Gesetzmäßigkeit: *Weitwinkelobjektive* sind durch kurze B. und große Bildwinkel, Teleobjektive sind durch lange B. und kleine Bildwinkel gekennzeichnet. Die Grenze zwischen ihnen wird durch die *Normalobjektive* (B. ≈ 12,5 mm in der Videotechnik, Bildwinkel 45° entsprechend des menschlichen Sehwinkels) bestimmt. → Tiefenschärfe, → Brennweitenverlängerer, → Vorsatzlinse, → Makroobjektiv, → Varioobjektiv (Abb.)

Hinweis: Beim Vergleich der B. zwischen Objektiven gleicher Bildwinkel für die Videotechnik und Fototechnik sind die unterschiedlichen Bildgrößen zu beachten, z. B. beim Bildwinkel 47,5°: B. Videokamera ≈ 12,5 mm, B. Kleinbildfotoapparat ≈ 50 mm.

Brennweitenverlängerer (engl. *Range Extender*): optische Linse bzw. Linsengruppe, die zwischen → Objektiv und Bildebene angeordnet wird. Im Ergebnis erhöht sich die → Brennweite des gesamten optischen Systems gegenüber einem normalen Objektiv, da sich bei geeigneter Linsenform die → Bildweite erhöht. Als B. kommen *Konverterlinsen* (zum Einfügen zwischen Objektiv und Kamera) oder die in einzelnen → Varioobjektiven enthaltenen „zweiten Varioteile" zum Einsatz. Die Wirkung des B.

wird als Verlängerungsfaktor zur Brennweite des Objektivs ohne B. angegeben. Abb. → Brennweite

Hinweis: B. beeinflussen die Objektiveigenschaften. Insbesondere sind die Abnahme der Lichtstärke und die beachtliche Zunahme des Gewichts beim Einsatz von B. zu beachten.

Bruch, Walter, Prof. Dr.-Ing. h. c.: deutscher Forscher und Erfinder auf dem Gebiet der Nachrichtenelektronik (geb. 2. 3. 1908). Er hat wesentlich mit die grundlegende Entwicklung der Fernsehtechnik in den 20er und 30er Jahren unseres Jahrhunderts bestimmt und seitdem ständig an deren qualitativen Verbesserung und Entwicklung technischer Einrichtungen für das Fernsehen gearbeitet. Seine bedeutendste Leistung ist die Erfindung des → PAL-Farbfernsehverfahrens, das 1963 erstmals öffentlich vorgeführt und danach zum Standard für das → Farbfernsehen in der BRD und vielen anderen Ländern der Welt erhoben wurde.

Brummen, Brumm: Störsignal mit einer Grundfrequenz von i. allg. 50 Hz oder 100 Hz. B. gelangt als Restwelligkeit der Betriebsspannung *(Netz-B.)* oder über magnetische, seltener elektrische Felder in einen Übertragungskanal (→ magnetische Einstreuung). Besonders gefährdet sind hochohmige oder lange Leitungen (z. B. Mikrofonanschlußleitungen). Batteriegeräte neigen weniger zu B. als netzbetriebene, allerdings läßt sich auch bei letzteren das B. soweit vermindern, daß es nicht mehr stört. B. im Bildsignal wird als horizontaler Streifen oder als stillstehende oder wandernde Hell-Dunkel-Zone auf dem Bildschirm erkennbar. B. erzeugt auch Störungen der → Bildgeometrie.

Brummschleife: → Erdschleife

B-Signal: häufig verwendete Abk. für Farbwertsignal-Blau oder → E_B-Signal, → Farbwertsignal, Abb. → Farbauszug

Hinweis: Häufig steht B-Signal auch für → *Bildsignal* allgemein. Diesbezüglich ist eine klare Trennung zum genannten Begriffsinhalt zu sichern.

BTX: Abk. für → Bildschirmtext.

Buchse: → Steckverbinder

Bündelung: → Schallbündelung, → Empfangsantenne

Bündelungsgrad: vorrangig bei Mikrofonen und Lautsprechern angegebene reine Zahlengröße zur Beschreibung der → Schallbündelung. Der B. gibt an, um wieviel mal mehr räumlich verteilte Schalleistung ein Mikrofon aufnehmen oder ein Lautsprecher abstrahlen würde, wenn er nicht bündelte. So bedeutet z. B. der B. von 3 bei einem (idealen) Nierenmikrofon, daß es 3mal weniger Raumschalleistung aufnimmt, als ein entsprechendes Kugelmikrofon. Der B. steigt bei Lautsprechern und Mikrofonen mit wachsender Frequenz in unerwünschtem Maße an, besonders bei solchen mit starker Richtwirkung. Abb.

Burst (engl.): i. allg. Bezeichnung für Impulsfolge. In diesem Sinn wird auch das → Farbsynchronsignal beim → PAL-Farbfernsehverfahren und → NTSC-Farbfernsehverfahren als B. bezeichnet. Der B. ist Bestandteil des vollständigen Farbbildsignals (FBAS-Signal). Er gewährleistet die synchrone Arbeitsweise aller → Farbdekoder bezogen auf den → Farbkoder. Wie die Abbildung zeigt, wird der B. auf der hinteren → Schwarzschulter des FBAS-Signals als Folge von ca. 10 Schwingungen des unmodulierten → Farbträgers während jeder Zeile übertragen. Eine

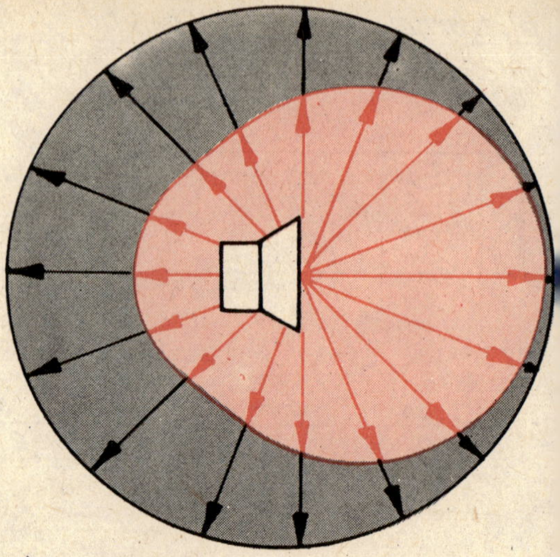

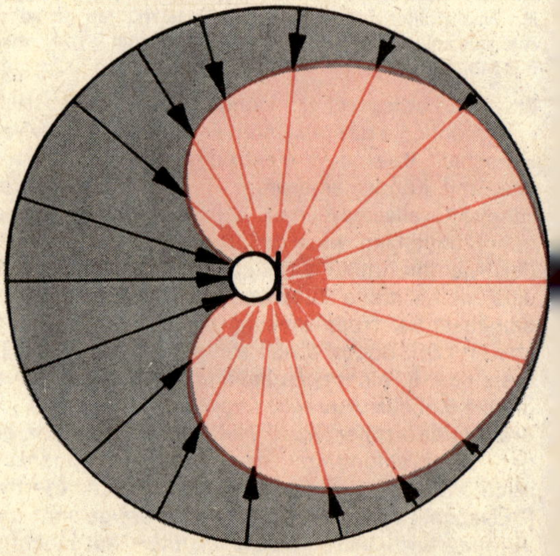

Bündelungsgrad von a) Lautsprecher, b) Mikrofon mit Nierencharakteristik

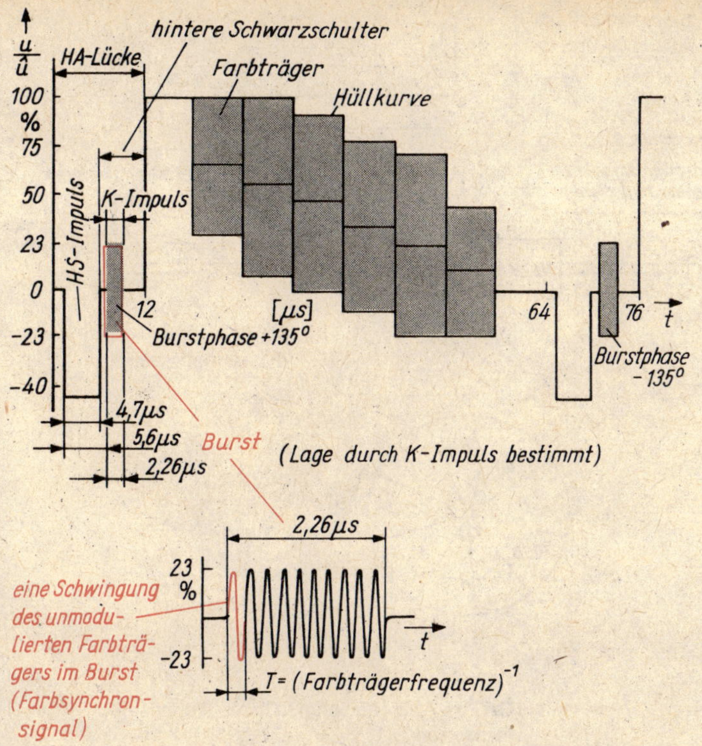

FBAS-Signal des Farbbalkens mit *Burst*

Ausnahme hiervon bilden nur die der Farbsignalaustastung unterliegenden Zeilen. Die zeitliche Lage des B. (bestimmt durch die → Koderkennimpulse) und die Phase des B. wird bei der Bildung des → Farbartsignals im Farbkoder exakt festgelegt. Aus Gründen der Übertragungsoptimierung ist die B.-Phase speziell bei PAL gegenüber der Nullphase des Farbträgers grundsätzlich um 135° verschoben. Gesteuert von den → PAL-Kennimpulsen wechselt die B.-Phase von Zeile zu Zeile zwischen +135° und −135°, der B. tritt als *alternierender Burst* auf. Hierdurch wird der für das PAL-Farbfernsehverfahren charakteristische Phasenwechsel im Farbartsignal signalisiert. Im wesentlichen erfüllt der B. *in den Farbdekodern* folgende Funktionen: a) Öffnen des Farbkanals (pegelabhängig), b) Synchronisation des Farbträgergenerators zur Durchführung der synchronen → Demodulation des Farbartsignals (abhängig von der Absolutphase des B.), c) Aufhebung der zeilenweisen, zur Verbesserung der Übertragungsqualität im Farbkoder herbeigeführten Phasenumkehr im V-Kanal (nur bei PAL, abhängig von der B.-Phase +135° oder −135°). Abb.

Hinweis: Aus den Funktionen des B. folgt speziell für Farbfernsehempfangsanlagen, daß bei zu geringen oder stark schwankenden Empfangsfeldstärken die Farbe im Fernsehbild nicht zugeschaltet wird oder während der Sendungen häufig eine Zu- und Abschaltung der Farbe erfolgt. Hiergegen schaffen verbesserte Empfangsbedingungen (Antennen mit größerem Gewinn, Antennenverstärker, kürzere Leitungswege, ggf. Ersatz verschlissener Elemente der Antennenanlage) Abhilfe. Speziell für den Videoamateur steht die Forderung, daß gemeinsam nur solche FBAS-Signale verarbeitet werden können, deren B. durch eine gleich Absolutphase und die gleiche Folge des Phasenwechsels ±135° gekennzeichnet sind. Eine Nichtbeachtung dieses Grundsatzes führt unweigerlich zu bildwirksamen Störungen bei der Signalmischung.

Burst-Einblendimpulse: → Koderkennimpulse

Bus: Sammelleitung, an die mehrere Signalquellen und -empfänger (Funktionsgruppen, Bausteine, aber auch Geräte) angeschlossen und so miteinander verbunden sind. Voraussetzung für die Verwendung eines Bus-Systems ist eine genormte *Schnittstelle*, d.h., alle beteiligten Komponenten haben ein gemeinsames Anschlußbild der Leitungen und eine gemeinsame „Sprache". Bei → Mikrorechnern wird zwischen Adreß-, Daten- und Steuerbus unterschieden.

(B-Y)-Signal: Kurzform für → Farbdifferenzsignal Blau. → Bildsignal

Byte: Folge von zusammengehörigen Binärzeichen (meistens 8) zur verschlüsselten Darstellung von Informationen. Ein B. mit 8 bit kann $2^8 = 256$ verschiedene Zeichen darstellen. → digitales Signal

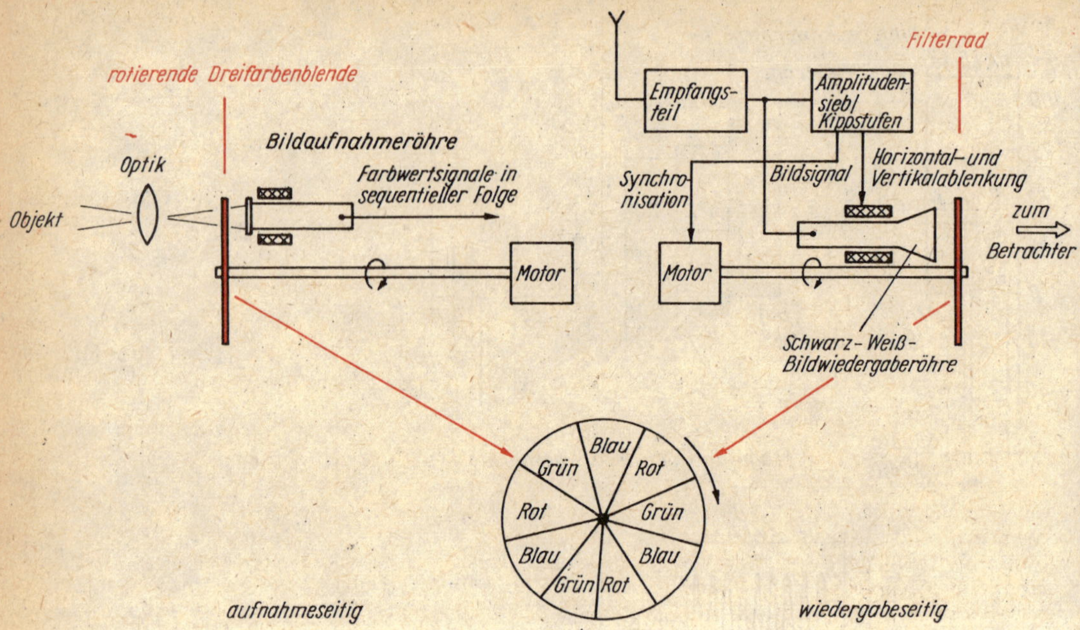

Prinzip des *CBS*-Verfahrens

C

Caddy: Schutzhülle (technische Innentasche) für eine Bildplatte, mit der diese in den Bildplattenspieler eingeführt wird. Mit C. wird die direkte Berührung der Bildplatte vermieden und guter Staubschutz gewährleistet. Bildplatten, auch die ohne C., werden wie Schallplatten in Plattenhüllen untergebracht.

Capstanantrieb: Antriebsprinzip mit starrer Verbindung zwischen Antriebsmotor und Transportrolle bei einem Magnetbandlaufwerk. Auch der → Direktantrieb bei Plattenspielern wird z. T. als C. bezeichnet.

Capstan Servo: → Bandservo

Cardioid-Mikrofon: → Nierencharakteristik-Mikrofon

Cartridge, 8-Track-Cartridge (engl., 8-Spur-Kassette): Endlos-Tonbandkassette mit 6,3 mm breitem Band für eine Bandgeschwindigkeit von 9,53 cm/s. Die aus den USA stammende C. erlaubt auf 8 jeweils 0,56 mm breiten Spuren die Speicherung einer quadrofonen Schallinformation (4 Kanäle) mit einer Laufdauer von insgesamt 32 min. Bei Stereosignalspeicherung verdoppelt sich die Laufdauer. Die C. ist im europäischen Raum kaum zu finden.

Casseiver: Kunstwort aus **Cassettendeck** und **Receiver** zur Bezeichnung der Kombination eines Hörrundfunkempfängers mit einem Kassettentonbandgerät.

Cassette (engl.): → Magnetbandkassette, → Tonbandkassette, → Videokassette

CATV, Abk. für engl. **Cable Television:** → Kabelfernsehen

CAV: → Laservision

CBS-Verfahren (CBS Abk. für engl. **Columbia Broadcasting System**): früheres amerikanisches → Farbfernsehverfahren mit mechanisch gesteuerter Farbteilung. Beim C. wird bildaufnahmeseitig eine „rotierende Dreifarbenblende" in den Lichtweg vom Objekt zur Bildaufnahmeröhre geschaltet. Bei einem zur Bildabtastung synchronen Umlauf dieser Blende entstehen am Ausgang der Bildaufnahmeeinrichtung → Farbwertsignale in sequentieller Folge. Zur Farbbildwiedergabe konnte anfangs ein synchron rotierendes Filterrad mit drei entsprechenden Farbfiltern vor einer Schwarz-Weiß-Bildwiedergaberöhre, später eine → Farbbildwiedergaberöhre benutzt werden. Das C. war das erste in der Praxis angewendete Farbfernsehverfahren (Beginn der Ausstrahlung von Farbfernsehsendungen in den USA – September 1951). Auf Grund des durch die Mechanik bedingten Aufwands und des relativ starken Farbflimmerns, das durch die begrenzte Rotationsgeschwindigkeit bedingt war, konnte sich das C. nicht durchsetzen. Es wurde durch vollelektronische Farbfernsehverfahren – in den USA das → NTSC-Farbfernsehverfahren (1953) – abgelöst. Abb.

CC: Abk. für engl. **Compact Cassette.** → Tonbandkassette

CCD, Abk. für engl. **Charge Coupled Device** (svw. ladungsgekoppelte Bauelementeanordnung): Ladungsverschiebeschaltung, die aus einer Reihe

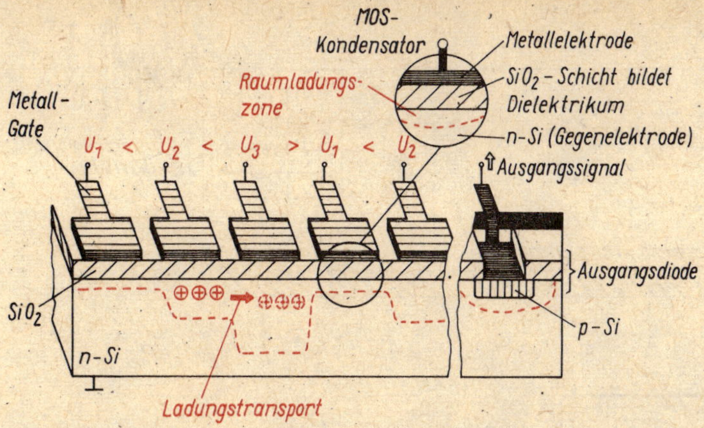

Aufbau einer *CCD*-Kette

dicht benachbarter Speicherelemente (MOS-Kondensatoren mit Metallelektroden, Gate) besteht (Abb.) und als integrierter Schaltkreis hergestellt wird. Durch Anlegen von Taktimpulsen unterschiedlicher Spannungswerte lassen sich Ladungen von einem MOS-Kondensator zum nächsten taktweise verschieben. Normalerweise findet der Ladungstransport an der Oberfläche des Halbleitermaterials (z. B. n-Si) statt. Hierbei treten jedoch oft sog. Traps oder Haftstellen auf, wodurch Ladungen zurückgehalten und nicht weitergeschoben werden; die zu übertragende Information wird verfälscht. Bessere Ergebnisse liefern *BCCD* (Abk. von engl. Buried CCD), bei denen der Ladungstransport im Inneren des Halbleitermaterials, gewissermaßen in einem „vergrabenen" Übertragungskanal, stattfindet. CCD dienen zur Speicherung und Verzögerung analoger oder digitaler Signale. CCD-Elemente bilden die Grundlage der meisten → Festkörperbildsensoren. → CTD (Abb.)

CCD-Bildsensor, CCD-Bildwandler: Festkörperbildsensor mit einer flächenhaften Anordnung aus MOS-Kondensatoren (→ CCD). C. sind Halbleiterbildwandler. Sie werden in → Festkörperkameras zur Bildaufnahme verwendet. Die Wirkungsweise entspricht der von → CCD-Zeilensensoren, wobei stets ein *Foto-CCD* und ein separater *Speicher-* bzw. *Auslese-CCD* vorhanden sind. Das Auslesen von C. ist komplizierter als bei Zeilensensoren. Die Anordnung und Organisation des Zusammenwirkens von Foto- und Auslese-CCD richtet sich nach dem verwendeten Ausleseprinzip: Bildübertragungsprinzip (→ FT-Sensor), Zeilenübertragungsprinzip (→ LT-Sensor) oder Zwischenzeilenprinzip (→ ILT-Sensor). → Festkörperbildsensor

CCD-Kamera: → Festkörperkamera

CCD-Zeilensensor: Festkörperbildsensor mit einer Reihe dicht benachbarter MOS-Kondensatoren (CCD-Kette, → CCD) zur lichtelektrischen Umwandlung einer Zeile von einem aufzunehmenden optischen Bild. In den MOS-Kondensatoren – sie bilden die einzelnen Bildelemente – sammeln sich die durch Lichteinfall entstehenden Ladungsträger (je nach Halbleiterstruktur Elektronen oder Löcher). Die jeweilige Ladungsmenge ist proportional der auftreffenden Lichtstärke. Die so entstandenen Bildelementeladungen können durch Taktimpulse an den einzelnen Anschlüssen der MOS-Kondensatoren innerhalb der CCD-Kette verschoben werden und ergeben am Ende der Kette als bildpunktsequentielle Folge das Bildsignal. Bei den meisten C. wird nicht direkt ausgelesen, sondern das Ladungsbild der lichtempfindlichen CCD-Kette *(Foto-CCD)* in 2 benachbarte lichtunempfindliche CCD-Ketten *(Auslese-CCD)* schnell übernommen, zwischengespeichert und ausgelesen. Die Übernahme in den Auslese-CCD erfolgt mit einem Transfer- oder Übertragungsgate. → Festkörperbildsensor, → Filmabtastung

CCIR, Abk. für franz. **C**omité **C**onsultatif **I**nternational des **R**adiocommunications, Internationaler Beratender Ausschuß für das Funkwesen: Unterausschuß der UIT (Abk. für franz. Union Internationale des Télécommunications, Internationale Fernmeldeunion, IFU) als Spezialorganisation der Vereinten Nationen, Sitz Genf (Schweiz). Die Hauptaufgabe des CCIR besteht in der Anfertigung von Studien und der Herausgabe von Empfehlungen zu technischen, terminologischen und betriebstechnologischen Problemen des Hör- und Fernsehrundfunks, um die zwischenstaatliche Zusammenarbeit auf diesem Gebiet zu fördern und zu koordinieren. Die DDR ist Mitglied der CCIR. → CCIR-Norm, → OIRT

CCIR-Norm: eine von derzeit 13 im Weltmaßstab geltenden → Fernsehnormen bzw. TV-Standards für die *Grundwerte* der Fernsehverfahren bzw. von 4 international bedeutenden Fernsehausstrahlungsnormen, die vom → CCIR festgelegt wurde. Die Werte der C. (Normcode B für VHF oder G für UHF)

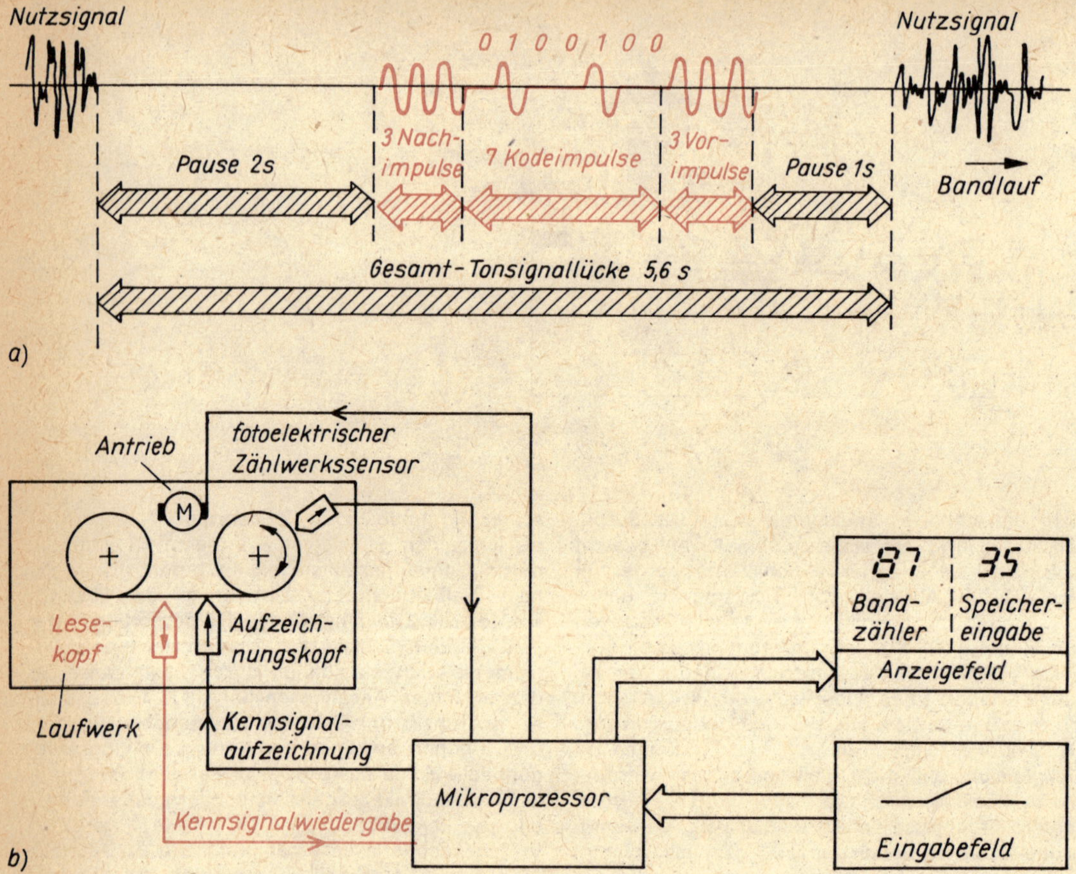

CCS (1):
a) Kennimpulse,
b) Prinzip

für die wesentlichen Größen der Fernsehverfahren sind: → Zeilenzahl 625; → Halbbildfrequenz 50 Hz; Breite eines → Fernsehkanals 7 MHz (B) bzw. 8 MHz (G); → Bildträger-Tonträger-Abstand 5,5 MHz; → Zwischenfrequenz (Bild) 38,9 MHz; Leistungsverhältnis Bild–Tonträger 10:1 bzw. 20:1. Sie gelten für das PAL- und SECAM-Farbfernsehverfahren in vielen europäischen Ländern (u. a. BRD, DDR), sowohl für den → Fernsehrundfunk als auch die Herstellung der Videogeräte. → OIRT-Norm, → Normwandler, → Bildträger, → Tonträger

CCS: 1. *(Magnettontechnik)* Abk. für **c**omputer**c**odiertes **S**uchsystem: von der Firma Philips entwickeltes, mikrorechnergesteuertes System zur automatischen → Bandstellenfindung bei einem Kassettentonbandgerät. CCS arbeitet mit zusätzlich auf den Tonspuren aufgezeichneten Kennimpulsen und läßt daher bei großer Variabilität eine hohe Genauigkeit beim Auffinden der gewünschten Bandstellen zu. Das komplette Kennsignal besteht aus maximal 13 Impulsen (Abb. 1a) mit einer Folgefrequenz von 5 Hz, ist also 2,6 s lang. Hinzu kommen je eine Pause von 1 bzw. 2 s am Anfang und Ende des Kennsignals. Diese werden zu einem sicheren Bandstop aus schnellem Umspulen benötigt. Insgesamt entsteht demnach eine Pause von 5,6 s zwischen 2 Titeln. Die 13 Impulse der Folge setzen sich aus je 3 Synchronimpulsen am Anfang und Ende zusammen und aus 7 darin eingeschlossenen Kodeimpulsen. Damit sind $2^7 = 128$ verschiedene Möglichkeiten gegeben, von denen zur Kodierung von Bandstellen allerdings nur maximal 51 genutzt werden können. Das Setzen der Impulsfolge (Programmieren der Bandstelle) erfolgt beim Aufzeichnen über eine Tastatur, jeweils am Anfang des aufzuzeichnenden Titels. Die 5-Hz-Impulse werden mit dem üblichen Tonkopf aufgezeichnet, können aber wegen ihrer niedrigen Frequenz von diesem nicht wiedergegeben werden. Dazu ist ein spezieller Lesekopf erforderlich, der nicht die Flußänderungen

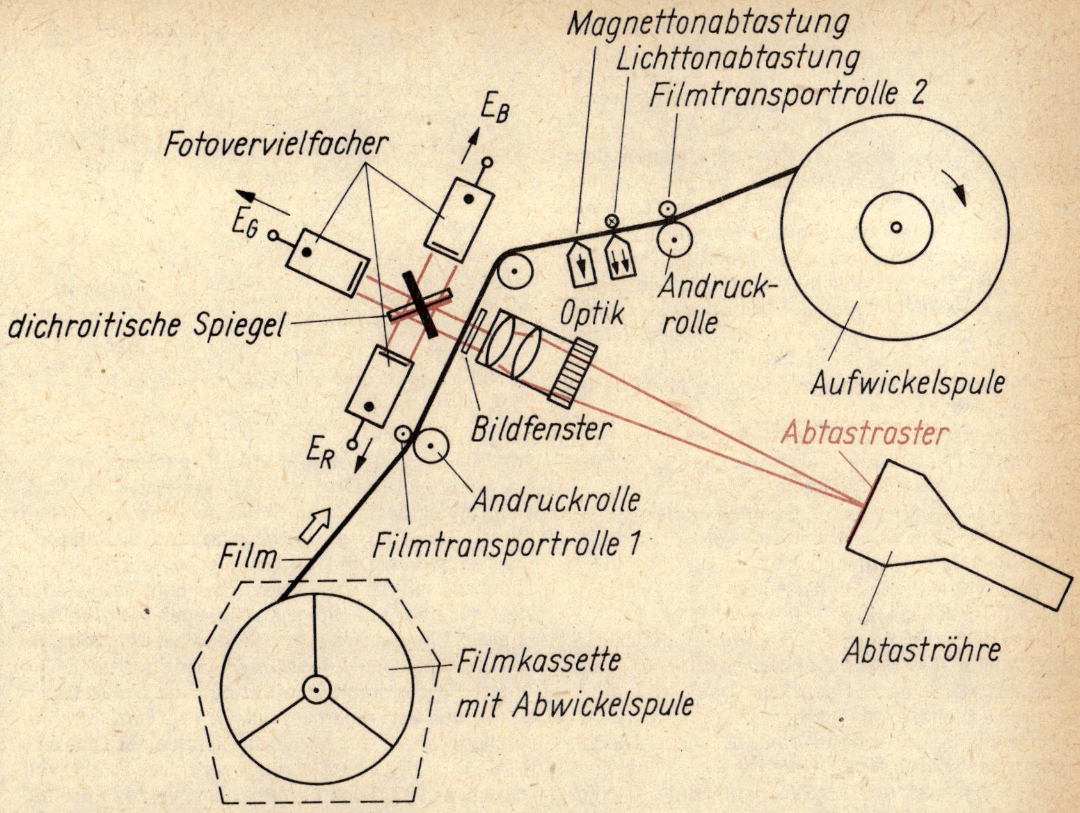

CCS (2):
Funktionsschema eines Filmabtasters

des vorbeilaufenden Bands abtastet, sondern den Fluß selbst. Dieser Kopf wird bei Wiedergabe in die kleine Kassettenöffnung zwischen Ton- und Löschkopf eingeschoben und tastet die Impulsfolgen berührungsfrei ab. Für den Wiedergabekanal bleiben sie im unhörbaren Bereich. Die vom Lesekopf abgegebenen Impulse werden im Mikrorechner mit den eingegebenen Suchbefehlen verglichen und erlauben folgende, über die Tastatur programmierbare Möglichkeiten: *a)* automatisches Aufsuchen eines gewünschten Titels auf dem Band, *b)* laufende Wiederholung der gesamten Kassette, *c)* Wiedergabe nur eines Teils der Titel, wobei auch Wiederholungen möglich sind und *d)* Wiedergabe beliebiger Titel in frei wählbarer Reihenfolge. Zusätzlich besteht die Möglichkeit, bestimmte Bandstellen über das elektronische → Bandzählwerk aufzusuchen. Diese Betriebsart ist besonders nützlich beim Abspielen von Kassetten ohne CCS-Kennung. Das CCS läßt sich von einer beliebigen Bandstelle aus starten; die Kassette muß also nicht zum Bandanfang zurückgespult werden. Abb. 1 – **2.** *(Video)* Abk. für **C**olorvision **C**onstant **S**peed: Systembezeichnung für elektronische Filmabtastung von Super 8-Farbfilmen und -Schwarz-Weiß-Filmen mit kontinuierlichem Filmlauf (Constant Speed), die in von der Firma Nordmende entwickelten Heimfilmabtastern angewendet wird. Der erstmals 1969 gezeigte CCS-Filmabtaster arbeitet mit → Punktlichtabtastung. Auf der *Abtaströhre* wird ein springender Abtastraster nach dem Jump Scan-Verfahren (s. Abb. 2 → Filmabtastung) geschrieben und mit einem Objektiv auf das Filmbild projiziert. Die hindurchtretenden Lichtstrahlen passieren den Lichtteiler aus dichroitischen Spiegeln und werden dabei in ihre Komponenten Rot, Grün und Blau zerlegt. Mit den

3 *Fotovervielfachern* werden die 3 Farbwertsignale aus den optischen Signalen gewonnen, die dann in Videoverstärkern bearbeitet und in einem Farbkoder zum vollständigen Farbbildsignal (FBAS-Signal) aufbereitet werden. Die Tonwiedergabe ist auf Licht- oder Magnetton umschaltbar. Neben dem NF-Ton- bzw. videofrequenten VF-Bild-Ausgang verfügt das Gerät über einen HF-Ausgang (Ton- und Bildsignal auf einem bestimmten Fernsehkanal) zum direkten Anschluß eines oder mehrerer Fernsehempfänger. Die Filmgeschwindigkeit ist umschaltbar (16⅔ oder 25 Bilder/s). Bei Standbildwiedergabe wird der Abtastraster auf normalen Zeilensprungraster umgeschaltet, da hierbei der Filmlauf nicht zur Vertikalabtastung beitragen kann. → Filmabtaster (Abb. 2 und 3)

CCTV: System von Farb- und Schwarz-Weiß-Fernsehgeräten (Videokameras für Life- und Epiaufnahmen, Filmabtaster, Regiepult, Monitore, Normwandler usw.) für das → Schmalbandfernsehen. CCTV wird im → angewandten Fernsehen (z. B. Schulfernsehen) genutzt.

CD: → Compact Disc Digital Audio

C-Diode: → Kapazitätsdiode

C-Dioden-Abstimmung: Veränderung der Resonanzfrequenz eines Schwingkreises zur → Abstimmung mit Hilfe von → *Kapazitätsdioden (C-Dioden, Varicaps).* Nahezu alle modernen Rundfunk- und Fernsehempfänger arbeiten mit C. Die C-Dioden bilden dabei den frequenzbestimmenden Schwingkreiskondensator, dessen Wert mit einer Gleichspannung *(Abstimmspannung)* verändert wird (Abb.). Diese liegt normalerweise im Bereich zwischen 4...30 V. Bei speziellen C-Dioden werden nur ca. 8 V benötigt (wichtig für Batteriegeräte). Die besonderen Vorteile der C. gegenüber der Abstimmung mit den klassischen Bauelementen Drehkondensator und veränderbare Spule (Variometer) sind: *a)* Es sind keine umfangreichen mechanischen Antriebe erforderlich. *b)* Sie ist auf kleinstem Raum unterzubringen, wobei sich die Schwingkreise an schaltungstechnisch günstiger Stelle, die Bedienelemente dagegen an bedientechnisch vorteilhaftem Platz anordnen lassen. *c)* Der Einsatz von digital arbeitenden → Abstimmsystemen und von Fernbedienungen ist möglich. *d)* Die C-Diode ist absolut unempfindlich gegen Erschütterungen (besonders wichtig bei Autoradios!). Abb.

CD-Plattenspieler (engl. CD-Player): Wiedergabeeinrichtung für Compact Discs (→ Compact Disc Digital Audio). Der C. besteht aus den Hauptfunktionsgruppen Antrieb, optisches Abtastsystem und Dekoder einschließlich der Steuerelektronik für Motordrehzahl und Spurnachführung des Abtasters. Um eine lineare Relativgeschwindigkeit von 1,25 m/s zwischen Spur auf der Platte und Abtaststrahl zu erzielen, wird die Platte mit variabler Drehzahl angetrieben. Die Abtastung erfolgt von innen nach außen, wobei die Plattendrehzahl allmählich

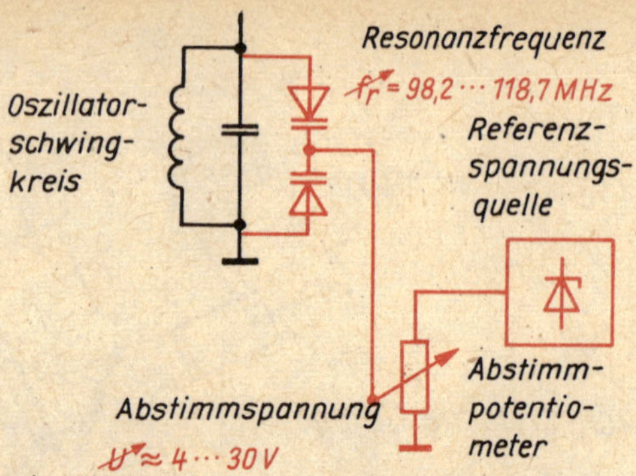

C-Dioden-Abstimmung mit Abstimmpotentiometer (Beispiel: FM-Oszillator)

von 500 auf 200 U/min absinkt. Die Information dafür, mit welcher Drehzahl sich die Platte bei Abtastung einer bestimmten Stelle der Spur zu drehen hat, ist verschlüsselt im abgetasteten digitalen Signal enthalten. Die Drehzahl-Feinsteuerung erfolgt dabei so, daß die abgetasteten Synchronisationsbits stets mit einer quarzgenau gehaltenen Taktfrequenz übereinstimmen. Dadurch werden bereits geringste Gleichlaufschwankungen unwirksam gemacht. Die Abtastung der Information erfolgt mit einem Laserstrahl, der von einem Aluminium-Gallium-Arsenid-Halbleiterlaser geringer Leistung mit einer Lichtwellenlänge von 0,78 µm erzeugt wird. Der Strahl wird mit einem Lichtfleckdurchmesser von ca. 1 µm auf die Informationsspur der Platte fokussiert. Trifft dieser Laserfleck auf die spiegelnde Schicht der Platte, so wird er reflektiert und gelangt über einen Polarisations-Strahlenteiler auf eine Fotodiode. Trifft er dagegen eine lochförmige Vertiefung (Pit), so wirkt diese wie ein schmaler Spalt (die Breite der Pits liegt mit ca. 0,4 µm in der Größenordnung der Wellenlänge des Laserlichts): Der im Lochgrund reflektierte Laserstrahl wird an den Kanten des Pits gebeugt und dadurch teilweise zerstreut. Der zur Fotodiode gelangende Strahl wird in diesem Falle deutlich schwächer, ihr Signalstrom somit kleiner. Auf diese Weise wird der reflektierte Laserstrahl – und damit der Signalstrom der Fotodiode – im Rhythmus der unter dem Laserstrahl vorbeilaufenden Pits moduliert. Die Erscheinung, daß sich der rücklaufende Strahl im Falle eines Pits verdunkelt, wird dadurch unterstützt, daß auf Grund der gewählten Pittiefe von ca. ¼ der Laserwellenlänge der aus dem Lochgrund zurücklaufende Strahl gegenüber dem an der Oberfläche reflektierten Anteil um 180° phasenverschoben ist. Dadurch entsteht eine zusätzliche Auslöschung durch Interferenz der beiden zurücklaufenden Anteile. Eine elektronische Steuerung sorgt dafür, daß einesteils der Laserstrahl ständig auf die spiegelnde Schicht fokussiert bleibt (so wird auch geringe Plattenwelligkeit ausgeglichen), andererseits aber auch der Spur ständig

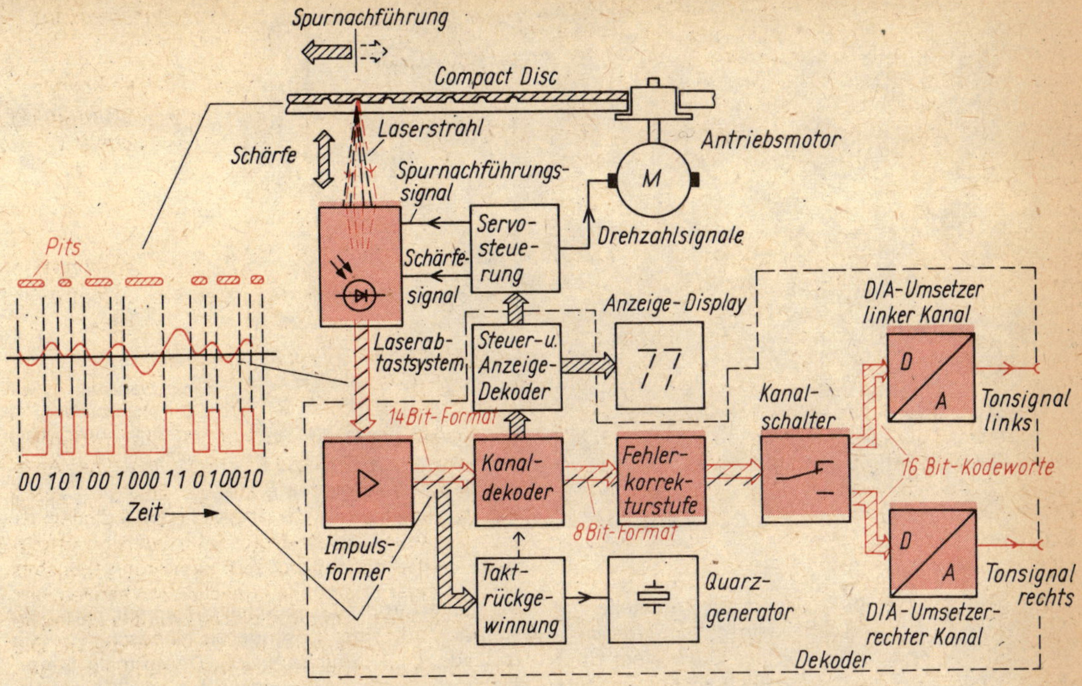

Baugruppen und Funktionsschema des *CD-Plattenspielers* (1)

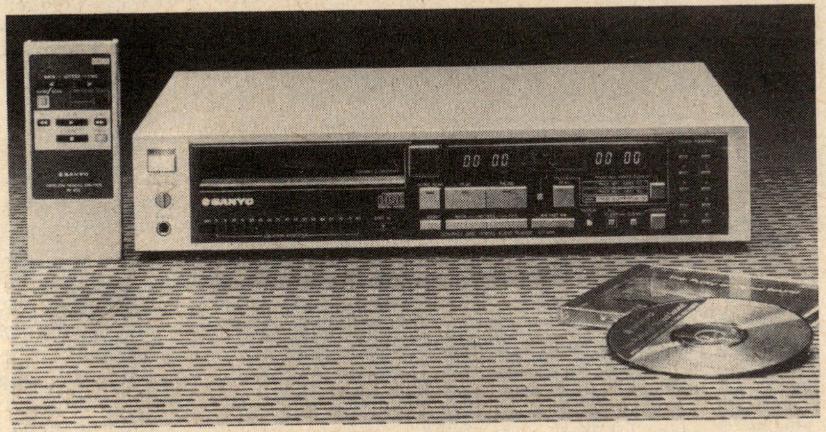

CD-Plattenspieler (2) mit Fernsteuerung

exakt nachgeführt wird. Das von der Fotodiode abgegebene elektrische Digitalsignal wird im Dekoder auf verfälschte Informationsanteile hin kontrolliert, diese werden korrigiert (→ digitale Tonsignalspeicherung), und das PCM-Signal wird in die analogen Stereosignale zurückgewandelt. Diese stehen an den Ausgängen des C. hochpegelig zur Verfügung. Die einzelnen Funktionsschritte im Dekoder sind der Abb. b zu entnehmen. Die Teilprozesse von Steuerung, Regelung, Bedien- und Anzeigefunktionen werden in einem Mikrorechner im C. kontrolliert. I. allg. ist auch Titelsuche und -wiederholung, bzw. die Wiedergabe der auf der Platte befindlichen Titel in beliebiger, frei wählbarer Reihenfolge möglich. Auf einem Anzeigefeld können Nummer oder Name des Titels, der Interpreten, die Laufdauer, Titellänge u. ä. angezeigt werden. Die dafür erforderlichen Informationen sind in den Einlaufspuren der Platte gespeichert, bzw. verschlüsselt im laufend abgetasteten Digitalsignal. Das Auffinden

Einsatzvarianten von *CD-Plattenspielern* (3) von links oben nach rechts unten: im HiFi-Rack, als Portable, im Pkw, als Anstellkomponente

einer gewünschten Stelle dauert nur Bruchteile von Sekunden. C. können sehr klein gebaut werden – das Laufwerk entspricht in seiner Größe dem eines Kassettengeräts –, so daß sie auch als Komponente einer Mini-Heimtonanlage, als Portable oder für Kraftfahrzeugbetrieb konzipiert werden können. Die Geräte lassen sich ebenso einfach bedienen wie ein herkömmlicher Automatik-Plattenspieler, sind z.T. fernbedienbar und unterliegen fast keinem Verschleiß. Infolge der berührungs- und trägheitslosen optischen Abtastung entsteht auch keine Abnutzung des Abtastsystems, und auch mechanische Resonanzen bei der Abtastung entfallen. Die günstigen, von der Compact Disc für das Tonsignal garantierten Qualitätskennwerte können ohne Einschränkungen reproduziert werden. Abb. s. auch Farbanhang

CD-Schallplatte: → Compact Disc Digital Audio

CD-4-System, Abk. für engl. **C**ompatible **D**iscrete **4**-Channel-**System** (kompatibles diskretes 4-Kanal-System): diskretes Verfahren der → Quadrofonie, speziell für CD-4-Schallplatten. Beim C. werden vom rechten vorderen und rechten hinteren Kanal das Summensignal RV+RH sowie das Differenzsignal RV−RH gebildet. Das Differenzsignal wird einem Hilfsträger von 30 kHz aufmoduliert und zum Summensignal addiert. Es entsteht ein Signal mit einer Bandbreite von ca. 45 kHz, das in einer Rillenflanke der CD-4-Schallplatte in Flankenschrift gespeichert wird. Das Signal für die linken Kanäle wird in gleicher Weise zusammengesetzt und in der anderen Rillenflanke gespeichert. Bei der Wiedergabe werden die 4 ursprünglichen Signale durch Demodulation und Dematrizierung zurückgewonnen und den Lautsprechern zugeführt. Auf Grund der erwähnten hohen Bandbreite der gespeicherten Signale erfordern CD-4-Schallplatten auch spezielle Abtaster mit einer besonderen elliptischen → Abtastnadel (z. B. *Shibata*-Nadel). Da normale Stereo-Plattenspieler nur Frequenzen bis ca. 20 kHz abtasten können, erfassen sie nur die Summensignale und lassen die modulierten Differenzsignale unberücksichtigt. Das Verfahren ist also kompatibel. Das C. ermöglicht von allen Quadrofonieverfahren die beste Tonqualität; es ist jedoch technisch sehr aufwendig und eignet sich auch nicht ohne weiteres für eine Rundfunkübertragung. Abb.

CED: → Selectavision 3.

Ceefax (von engl. to see, svw. sehen und Faksimile): von der britischen Fernsehgesellschaft BBC (Abk. für British Broadcasting Corporation) 1972 entwickeltes Fernsehtextsystem. → Teletext, → Fernsehtextsystem

CENELEC-Steckverbinder: → SCART-Steckverbinder

CEPT, Abk. für franz. **C**onférence **E**uropéene des Administrations des **P**ostes et des **T**élécommunications: Konferenz der europäischen Verwaltungen für Post- und Fernmeldewesen, an der 30 Mitgliedsverwaltungen aus 26 vorwiegend westeuropäischen Ländern teilnehmen. Die CEPT gibt Empfehlungen heraus, die der Einheitlichkeit und Zusammenarbeit auf postalischem und fernmeldetechnischem Gebiet dienen, z. B. für → Bildschirmtext.

C-Gewinde, auch *C-mount-Gewinde:* Normanschluß für Kamerawechselobjektive der Foto- und Videotechnik. → Objektive mit C. gestatten auf Grund ihrer charakteristischen Werte (Durchmesser und Steigung des metrischen Gewindes, Auflagemaß) den variablen Einsatz an Foto- und Videokameras. Neben dem C. mit den in der Abbildung angegebenen charakteristischen Werten existieren

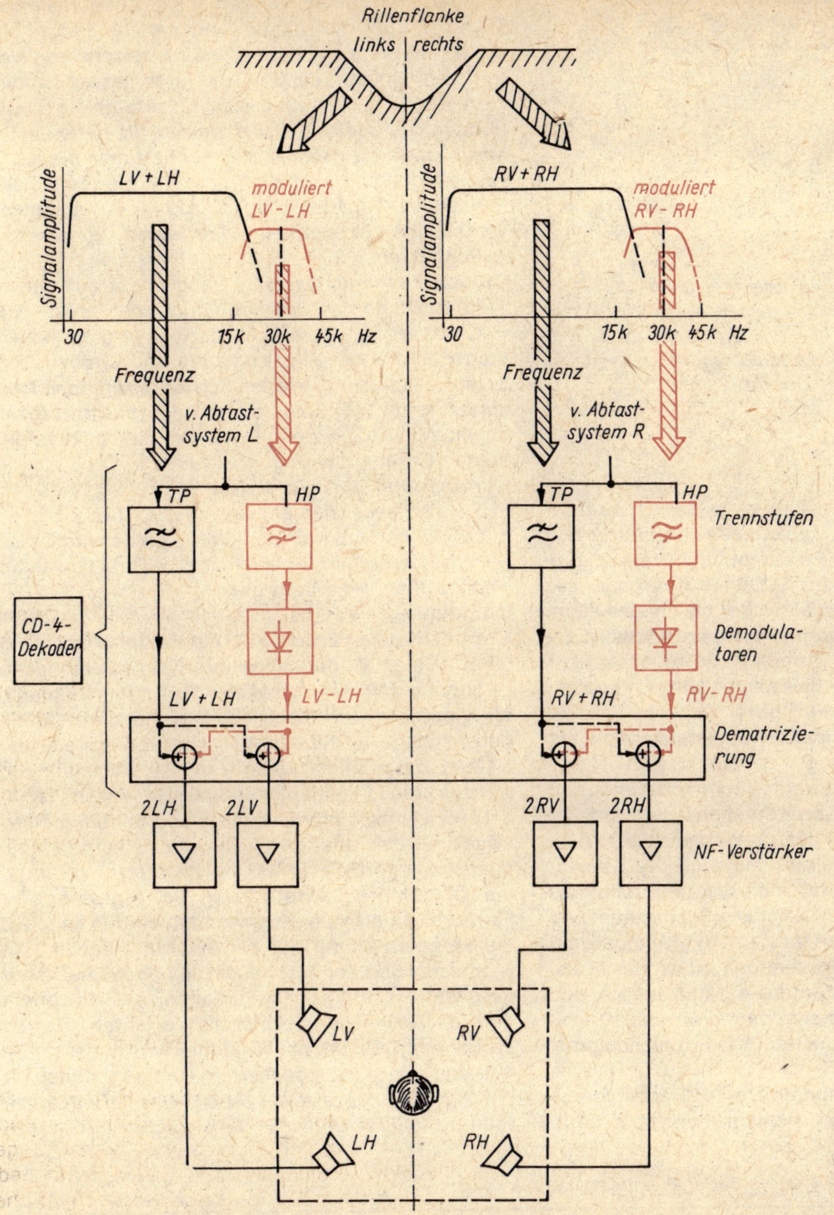

Rückgewinnung der 4 Quadrofoniesignale aus den Rillenflanken einer *CD-4-Schallplatte*

weitere Gewindearten, die nicht oder nur bedingt variabel einsetzbar sind. → Bildweite, → Brennweite (Abb. S. 120).

Hinweis: Beim Objektivwechsel ist zu beachten, daß trotz optischer und gewindemäßiger Paßfähigkeit Probleme auftreten können, wenn die hintere Linse des Objektivs über den Gewindeabschluß hinausragt. Ein Aufstoßen dieser Linse auf Filter im optischen Weg der Kamera muß vermieden werden! Normalerweise nicht paßfähige Gewindearten können über einen Flansch angepaßt werden. Dieser muß neben der gewindemäßigen Anpassung auch die des Auflagemaßes sichern. Hierzu ist eine Zusatzlinse erforderlich. Objektive der Fernsehkameras werden nicht über Gewinde, sondern mit speziellen mechanischen Halterungen befestigt.

Chalnikon, *Pasekon:* Bildaufnahmeröhre, deren Aufbau und grundsätzliche Funktion dem → Vidikon entspricht. Als → Speicherplatte hat das C. eine Halbleiterschicht aus Cadmium-Selen, die genau wie beim → Plumbikon im Sättigungsbereich betrieben wird. Deshalb ist beim C. keine → Lichtwertau-

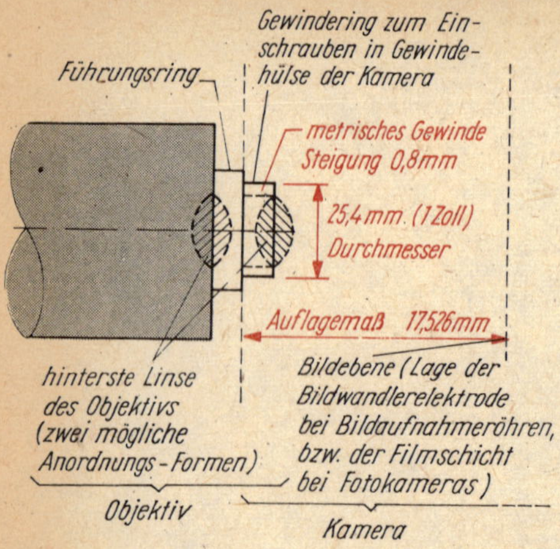

Objektiv mit *C-Gewinde*

tomatik möglich. Das C. zeichnet sich durch große Lichtempfindlichkeit (→ Empfindlichkeit), gute → Auflösung und kleinen → Dunkelstrom aus. Die → Trägheit ist ca. zehnmal größer als die des Plumbikons, aber deutlich kleiner als beim Vidikon. Bei Überbelichtung des C. kommt es zu recht starkem → Ausflammen und → Blooming. Beim C. besteht auch die Gefahr des → Einbrennens. Es wird in → Farbkameras verwendet. → Spektralempfindlichkeit, → Blendensteuerung

Character Rounding (engl., Buchstabenrundung): elektronische Zeichenabrundung für die Fernsehbildwiedergabe. Durch das C. wird die Lesbarkeit alphanumerischer Zeichen merklich verbessert. Das C. beruht darauf, daß man diagonal steigende oder fallende Teile von Zeichen, Buchstaben und Symbolen, die nach der Rasterpunkt-Methode gebildet werden, durch Hinzufügen eines viertel Rasterpunkts verfeinert. Für das C. sind in den entsprechenden → Zeichengeneratoren zusätzliche Steuerbefehlsgeber enthalten. Abb. → Zeichengenerator (Abb.)

Chip: 1. Halbleiterplättchen mit einer Fläche von einigen mm^2, das eine vollständige Schaltung trägt. Bei der Herstellung werden gleichzeitig mehrere 100 C. mit Abmessungen von ca. $1 \times 1\,mm^2$ bis $6 \times 6\,mm^2$ auf einer dünnen Halbleiterscheibe (Wafer) von einigen Zentimeter Durchmesser produziert. Nach der Prüfung aller C. erfolgt die Trennung in Einzelstücke. Dabei werden die defekten C. ausgesondert. Anschließend montiert man die funktionsfähigen C. zu kompletten → integrierten Schaltkreisen in Gehäuse. Abb. S. 122 – **2.** umgangssprachliche Bezeichnung für einen kompletten → Schaltkreis.

Chipbauelement: diskretes Bauelement auf einem Trägerplättchen von wenigen mm^2, das ähnlich wie → Chips für Schaltkreise hergestellt wird. C. haben gute Hochfrequenzeigenschaften und ermöglichen zusätzlich zu → integrierten Schaltkreisen hohe Packungsdichten (→ Integrationsgrad) elektronischer Schaltungen. C. werden in kleinen, kompakt aufgebauten Geräten benötigt.

Chromakanal, auch Farbartkanal: Übertragungsweg in Farbfernsehsystemen, der speziell der Übertragung der Farbartinformation vorbehalten ist. → Farbe, → Farbart, → Luminanz, → Farbfernsehen, → Bildsignal, → Farbartsignal

Chroma-Key: → Farbstanzen

Chroma-Konvertierung, Farbträger-Umsetzung (engl. Color Under): Verfahren der Farbbildaufzeichnung mit herabgesetzter Farbträgerfrequenz, für Videorecorder und Bildplatten, bei dem das Videosignal mit verminderter Frequenzbandbreite (ca. 3 MHz) gespeichert wird. Vor der Aufzeichnung werden die Original-Farbträgerfrequenzen (z. B. 4,43 MHz) durch Frequenzmischung mit einer Hilfsträgerfrequenz oder durch Frequenzteilung auf Frequenzen unterhalb 1 MHz herabgesetzt. Während die C. mit Frequenzmischung bei Signalen aller Farbfernsehverfahren angewendet werden kann, ist die Frequenzteilung nur bei SECAM möglich. Die Modulationsart der Farbträger bleibt beim heruntergesetzten Farbträger (f_C) erhalten, sie entspricht dem der jeweiligen Farbfernsehverfahren. Das so entstandene Farbsignal (C-Signal) wird zusammen mit dem frequenzmodulierten Luminanzsignal (Y-FM-Signal) aufgezeichnet (Abb.). Das Y-FM-Signal, seine Amplitude wird ca. 10mal größer als die des

Farbträgerfrequenzen (f_C) verschiedener Videosysteme

Videosystem	VCR	Betamax	VHS	Video 2000	8-mm-Video
f_C in kHz	562,5	A: 685,546 B: 689,453	626,95	625	732,422
Frequenzverkopplung	$36.f_H$	A: $\left(44 - \frac{1}{8}\right) \cdot f_H$ B: $\left(44 + \frac{1}{8}\right) \cdot f_H$	$\left(40 + \frac{1}{8}\right) \cdot f_H$	$40 \cdot f_H$	$\left(47 - \frac{1}{8}\right) \cdot f_H$

Die Werte beziehen sich auf das PAL-Farbfernsehverfahren.
f_H: Zeilenfrequenz = 15 625 Hz

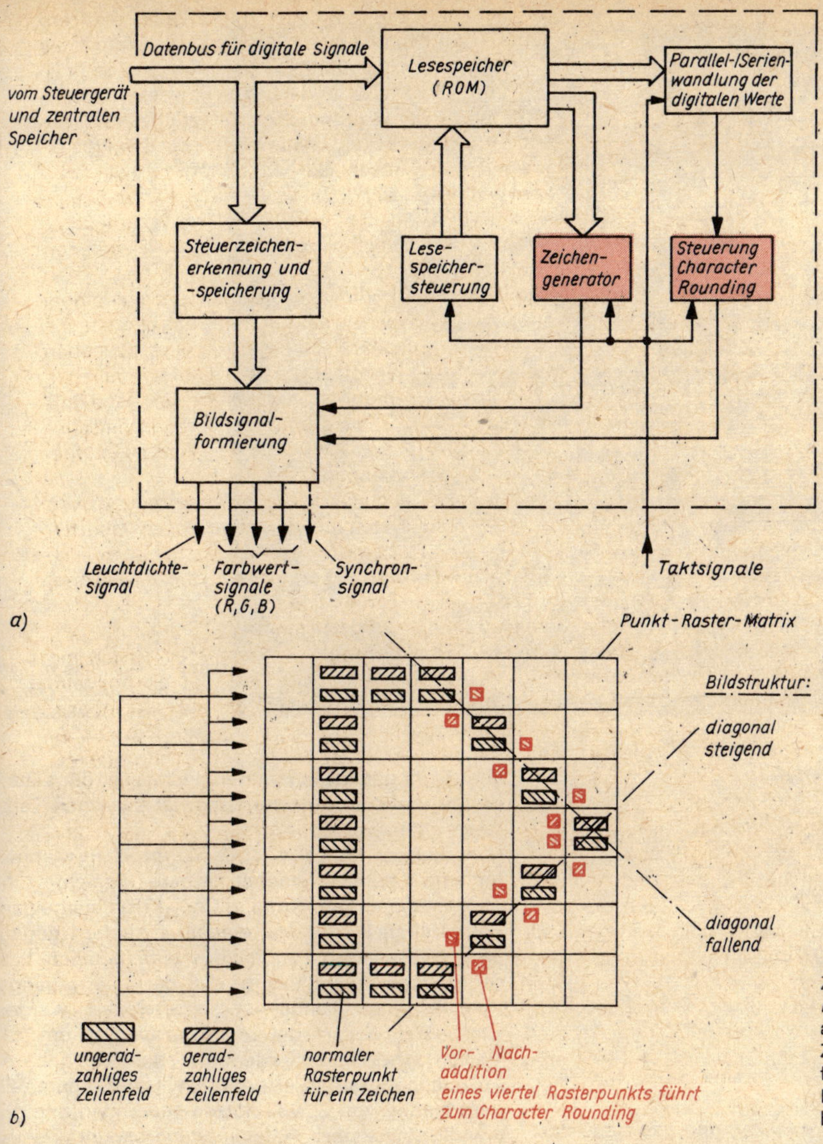

Zeichengenerator mit *Character Rounding:*
a) Funktionsschaltbild eines Zeichengeneratormoduls für die Erzeugung von Punkt-Raster-Zeichen,
b) Zeichenveränderung

C-Signals eingestellt, wirkt für die Farbsignalaufzeichnung als Vormagnetisierung. Die heruntergesetzte Farbträgerfrequenz ist bei den verschiedenen Videosystemen unterschiedlich (Tab.) und meist mit der Zeilenfrequenz (f_H) verkoppelt. Man kann auch mit mehreren Farbträgerfrequenzen arbeiten (z. B. → Betamax). Durch bestimmte Phasenbedingungen (Phasenverschiebung, Phasenumschaltung) zwischen Farbträgersignal und Vielfachem der Zeilenfrequenz wird geringste Störwirkung im wiedergegebenen Farbbild erreicht und → Zeitfehler sowie Übersprechanteile von den Nachbarspuren, wie sie besonders bei → Dichtspeichertechnik auftreten, werden kompensierbar. Bei der Rückkonvertierung werden Zeitfehler in ihrem Einfluß auf die Stabilität von Frequenz und Phase des Farbträgers kompensiert *(LIR-Verfahren).* → Azimut-Aufzeichnung, → magnetische Bildaufzeichung (Tab., Abb. S. 123).

chromatische Aberration: Abbildungsfehler einer optischen Linse, auch des Auges. Lichtstrahlen verschiedener Wellenlänge werden von einer Linse verschieden stark gebrochen. Durch eine Sammellinse erleidet rotes Licht (größte Wellenlänge) die kleinste Ablenkung, blaues Licht (kleinste Wellenlänge) die größte Ablenkung. Das rote Bild liegt von

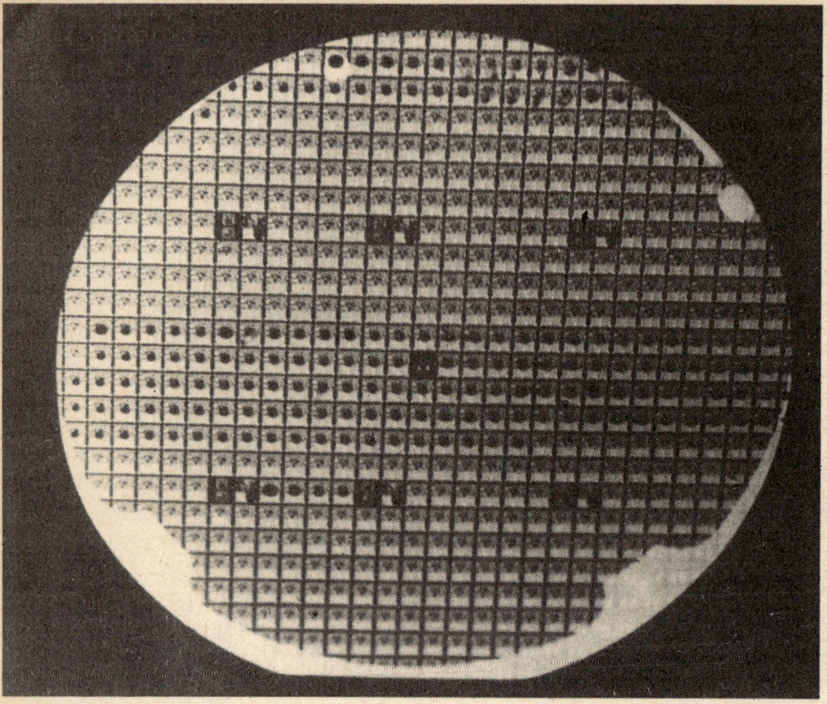

Wafer
(mit Randfehlern un
durch Punkte gekenn
zeichnete, defekte Chips

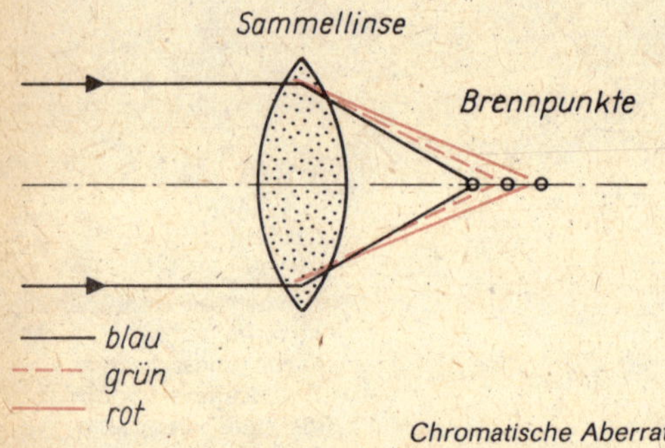

Chromatische Aberration

der Linse am weitesten entfernt, und das blaue der Linse am nächsten. Eine Zerstreuungslinse verhält sich genau umgekehrt. Eine Linse hat daher für jede Farbe einen anderen Brennpunkt. Die Konturen einer Abbildung weisen durch die c. A. farbige Säume auf, die auch zu Unschärfe führen können. Abb.

Chromatron: → Farbbildwiedergaberöhre mit horizontaler Streifenstruktur der einzelnen Leuchtstoffe für die Primärfarben Rot, Grün, Blau. Beim C. ist der Leuchtschicht ein → Farbsteuergitter vorgelagert. Das von diesem erzeugte elektrische Feld steuert das richtige Auftreffen des Elektronenstrahls auf dem jeweils zugeordneten Leuchtstoffstreifen. Es wurden das → Dreistrahlchromatron und das → Einstrahl-Chromatron entwickelt, die sich in der Praxis aber nicht dursetzen konnten (Instabilität der Gitterdrähte, hohe elektrische Kapazität zwischen Farbsteuergitter und Schirm).

Chromdioxid-Tonband, *CrO_2-Tonband:* → Magnettonband, dessen magnetisierbare Schicht sehr gleichmäßige, nadelförmige CrO_2-Kristalle in einem organischen Bindemittel enthält. C. liefern gegenüber → Eisenoxid-Tonbändern eine deutlich bessere Höhenwiedergabe, so daß der Übertragungsbereich eines Tonbandgeräts erweitert werden kann. Der Bedarf an Löschenergie ist um ca. 40...50 % höher; außerdem ist auch ein höherer Aufzeichnungsstrom erforderlich. Um die guten Eigenschaften von C. voll nutzen zu können und die etwas ungünstigere Tiefenaussteuerbarkeit (→ Aussteuerbarkeit) zu kompensieren, muß der → Vormagnetisierungsstrom gegenüber Eisenoxid-Tonbändern erhöht werden. Außerdem ist eine veränderte → Magnettonentzerrung erforderlich ($\tau = 70\,\mu s$). Daraus resultiert, daß Tonbandgeräte, auf denen beide Bandsorten benutzt werden sollen, elektrisch umschaltbar sein müssen (→ Bandsortenumschaltung). Mit C. wird auch bei Kassettengeräten HiFi-Qualität erreicht. → Videoband

Hinweis: Die Wiedergabe von C. ist auch auf Kassettenrecordern möglich, die keine → Bandsortenumschaltung haben. Es ergibt sich eine Überbetonung der hohen Töne, die mit dem Höheneinsteller korrigiert werden kann.

Chrominanzsignal: → Farbartsignal

CID-Bildsensor (CID Abk. für engl. Charge Injek

tion Devise, svw. Ladungsinjektionsschaltung): flächenhafter Festkörperbildsensor *(Kamerasensor)*, bei dem jedes Bildelement aus 2 benachbarten MOS-Kondensatoren (→ CCD) besteht, von denen einer an einer Zeilen- und der andere an einer Spaltenleitung angeschlossen ist, so daß jedes Bildelement einzeln adressiert werden kann (XY-Adressierung). Solange mindestens eine der beiden Adreßleitungen eines Bildelements Spannung führt, werden die durch Lichteinfall freigesetzte Ladungsträger in ihm gesammelt. Das Bildsignal entsteht durch bildpunktserielles Auslesen der einzelnen Bildelemente. Da beim Auslesen die Ladung der MOS-Bildelemente nicht zerstört wird, erfolgt ein nachträgliches Löschen mit Hilfe eines Signals über die Spaltenleitung. →Festkörperbildsensor (Abb.)

CIE-Farbdreieck: international verwendetes →Farbdreieck, dem die von der CIE (franz. **C**ommision **I**n-

CID Bildsensor

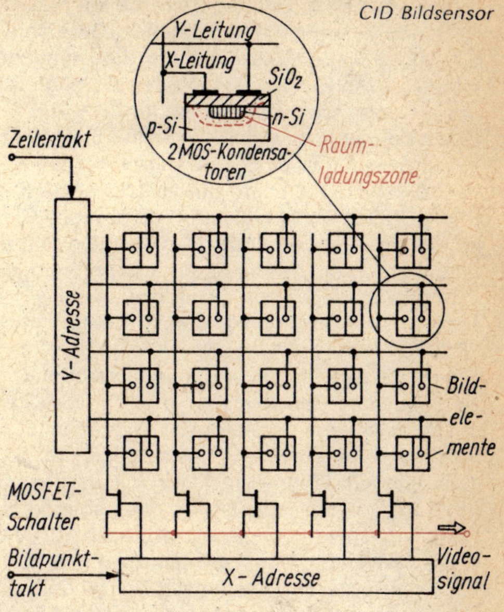

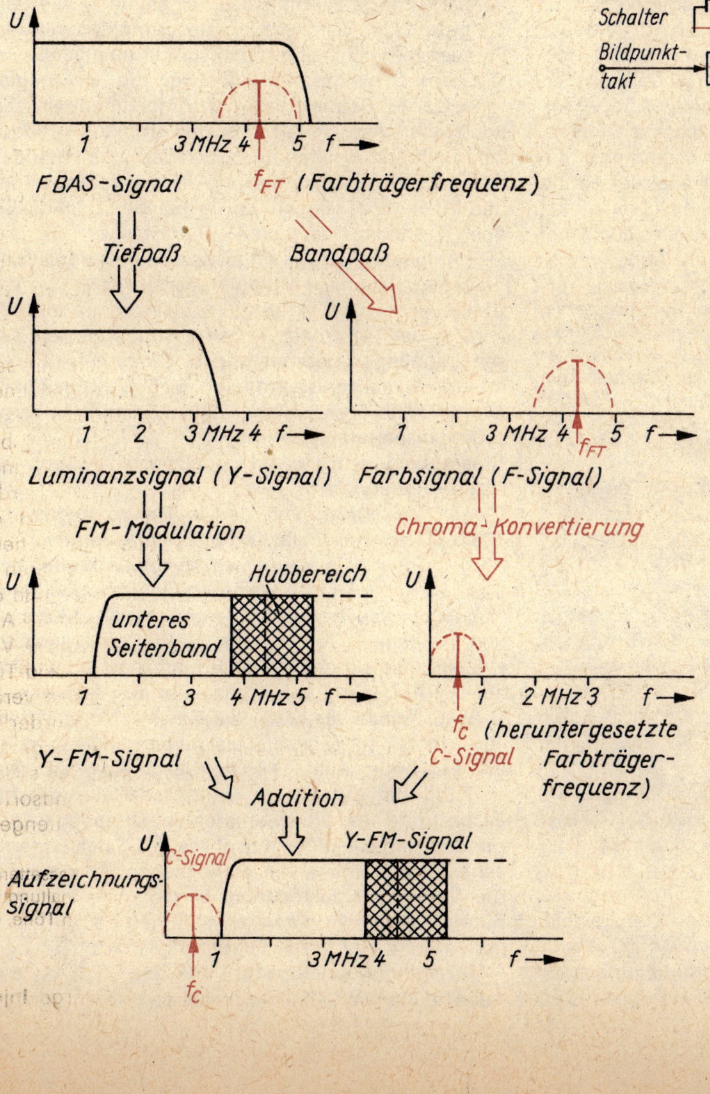

Frequenzbereiche bei der *Chroma-Konvertierung*

ternationale de l' **E**clairage) erarbeiteten Farbtafeln zugrunde liegen. Anderslautende Bezeichnungen für CIE sind IBK (Internationale Beleuchtungskommission, s. Abb. → IBK-Tafel) oder ICI (engl. **I**nternational **C**ommission on **I**llumination).

Cinching (engl., svw. Fensterbildung): gegenseitige Verschiebung der einzelnen Lagen im Magnetbandwickel (Wickelrutschen) die zu Löchern im Wickel und zu Falten und Knicken im Band führt. C. ist auf zu niedrige Bandzugkraft beim Wickeln, auf plötzliche Temperaturänderungen oder falsch eingestellte Laufwerksbremsen zurückzuführen.

Hinweis: Bei C. ist das Band sofort vollständig umzuspulen, wenn keine bleibenden Deformationen entstehen sollen.

Cinch-Steckverbinder, RCA-Steckverbinder: axialsymmetrischer Steckverbinder nach USA-Standard mit stiftförmigem Mittelkontakt (Signal) und kragenförmigem Außenkontakt (Masse, gleichzeitig Abschirmung und Signalrückleiter). C. werden vorwiegend in Geräten japanischer oder amerikanischer Fertigung sowohl für Ton-, als auch für Videosignale verwendet. Zum Übergang auf → BNC-Steckverbinder oder → Diodensteckverbinder werden Adapteranschlußleitungen verwendet (s. Abb. → Anschlußleitung). C. sind sehr kontaktsicher, unempfindlich gegen Übersprechen und Brummeinstreuung (getrennte Abschirmung und Signalrückleitung in jedem Kanal). Da sie in beliebigem Drehwinkel eingesteckt werden können, sind sie auch bei schlechter Sicht leicht zu handhaben. Abb.

Hinweis: Da C. sowohl für hoch- und niederpegelige Tonsignaleingänge, als auch für Ausgänge (Lautsprecheranschluß!) verwendet werden, und außerdem jeder Stereokanal einen eigenen C. benötigt, ist beim Schalten der Verbindungen besonders bedachtsam zu verfahren, um Verwechslungen auszuschließen. Es besteht sonst die Gefahr unerwünschter Rückkopplungen, Übersteuerungen oder → Seitenvertauschung bei Stereo.

Anschlußfeld mit *Cinch-Steckverbindern*

Clamping: → Schwarzwerthaltung, → Klemmschaltung

Clear-Taste (engl., Lösch-Taste): Bedienungstaste an Geräten oder Fernbedienungen, mit deren Hilfe der Löschvorgang für gespeicherte Größen ausgelöst wird. C. findet man insbesondere im Zusammenhang mit Mikrocomputern (Bildschirmspiele, elektronische Programmspeicher, elektrische Schaltuhren usw.). Durch Betätigung der C. kann hier ein falsch eingegebener oder zeitlich überholter Befehl gelöscht werden, um Raum für eine Neuprogrammierung zu schaffen.

Clipper (engl., Begrenzer): Schaltungsanordnung zur Begrenzung des Amplitudenumfangs von Nachrichtensignalen, teilweise unter gleichzeitiger Einengung der Bandbreite. I. allg. bestehen C. schaltungstechnisch aus der Hintereinanderschaltung von Vorverstärker (Ansteuerung der C.-Stufen), Hochpaß und Amplitudenbegrenzer (Festlegung der Signalpegel-Grenzwerte), Tiefpaß (i. allg. Festlegung der oberen Frequenzbandgrenze, speziell auch Unterdrückung der durch die Amplitudenbegrenzung auftretenden Oberwellen) und Ausgangsverstärker (Ansteuerung der Folgestufen). Werden C. gezielt zur Eingrenzung des Amplituden- und Frequenzbereichs eingesetzt, spricht man auch von *C-Filtern.* C. werden im Signalweg u. a. in Modulatoren (z. B. Begrenzung des Amplitudenbereichs von Nachrichtensignalen vor der Amplitudenmodulation mit großen Modulationsgraden) und nach der Demodulation zur Formierung des wiedergewonnenen Nachrichtensignals sowie bei der pegelmäßigen Trennung multiplex übertragener Signale (→ Amplitudensieb) eingesetzt. → Modulation, → Demodulation, → Multiplex-Verfahren

Clock: engl. für Takt oder → Synchronisation. C. wird in der Elektronik in den verschiedensten Zusammenhängen gebraucht, z. B. *Clock-Pulse* (Taktimpuls, Synchronisierimpuls; → Synchronsignal), *Clock-Timer* (Zeitschalter, Zeittaktgeber; → Fernsehimpulsgenerator).

Closed Loop-Antrieb: → Doppelcapstanantrieb

CLV: → Laservision

C-MAC-Verfahren: von der britischen Regierung 1982 durch Beschluß festgelegte Ausstrahlungsnorm für britische → Fernsehrundfunksatelliten. Das „C" steht für das vorgesehene Tonsignalübertragungsverfahren; „MAC" leitet sich von „Multiplexed Analogue Components", Multiplex (genauer → Zeitmultiplex) der analogen Signalkomponenten, ab. Die Abbildung veranschaulicht den Aufbau des C-MAC-Signals. Es bietet die Gewähr für eine bessere Übertragungsqualität als mit den SECAM- oder PAL-kodierten Analogsignalen erreichbar ist. Die → CCIR hat das C. als einheitliche europäische Fernsehsatelliten-Norm empfohlen. Dennoch ist zumindest in der Einführungsphase des Satellitenfernsehens nicht mit einer einheitlichen Anwendung des Verfahrens zu rechnen. Es gibt z. B. Entscheidungen der Nachrichtenverwaltungen der BRD und Frankreichs, daß in der Einführungsphase nach den → Fernsehnormen Standard-PAL bzw. SECAM die Ausstrahlung im Satellitenfernsehen erfolgt. Abb.

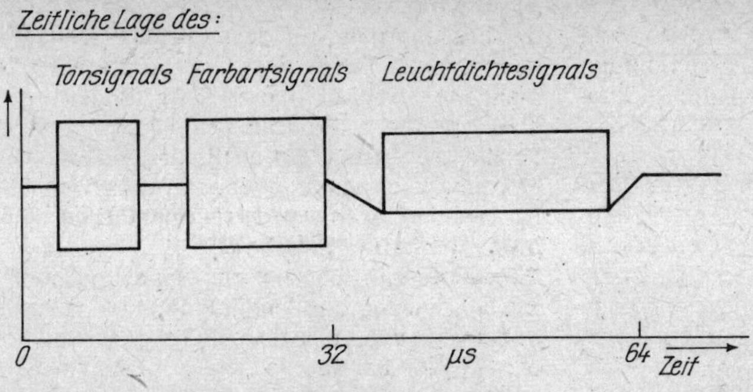

C-MAC-Verfahren: qualitative Darstellung des C-MAC-Paketsignals (64 µs entsprechen einer Zeilendauer lt. CCIR- und OIRT-Norm)

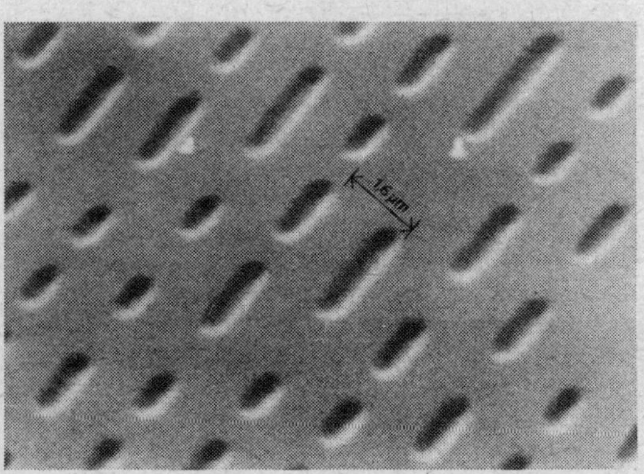

Muster der Pits auf einer *Compact Disc* (1)

CMOS-Schaltkreis, Abk. für **C**omplementary **MOS-Schaltkreis:** → integrierter Schaltkreis, der als aktives Bauelement sowohl p-Kanal- als auch n-Kanal-MOSFET (→ Transistor) in komplementärer Zusammenschaltung enthält. Da in Komplementärstufen immer einer der beiden Transistoren (entweder der p-, oder der n-MOS-Transistor) abgeschaltet ist, kann kein Gleichstrom von der Versorgungsspannung in die Schaltung fließen, und deshalb ist die Leistungsaufnahme der C. äußerst gering. C. gibt es als Standardschaltkreise für Digitalschaltungen, vor allem als Uhren- und (Taschen-)Rechnerschaltkreise.

Cocktailparty-Effekt: → intelligentes Hören

Code: → Kode

Codec: → Kodek

Coder: → Koder (→ Kodierung)

Colorantenne, Colourantenne: → Empfangsantenne

Color Under: → Chroma-Konvertierung

Colorvidikon: → Farbstreifenvidikon

Colour Pattern: → Farbtestbild

Compact Disc Digital Audio, kurz Compakt Disc, Abk. **CD** (engl., svw. kompakte Digitalschallplatte): scheibenförmiger Informationsträger, bei dem die → digitalen Tonsignale in einer spiralig von innen nach außen verlaufenden Spur als lochförmige Vertiefungen („Pits" von ca. 0,12 µm Tiefe und 0,4 µm Breite) in einer verspiegelten Fläche eingeprägt sind (Abb. 1). Während bei einer herkömmlichen Langspielplatte auf jeden Millimeter etwa 10 Rillen entfallen, sind es bei der CD über 600 Spuren! Zur Kodierung wird die → Pulskodemodulation angewendet (Abk. PCM). Dem Zustand 0 eines Binärzeichens (Bits) im digitalen Signal entspricht in der Spur die Vertiefung, dem Zustand 1 die ebene Oberfläche. Die Fläche mit der Informationsspur ist auf der Abspielseite durch eine lichtdurchlässige Kunststoffschicht und auf der Rückseite durch eine Lackschutzschicht mit aufgedrucktem Etikett vor Beschädigungen und Verunreinigungen geschützt (Abb. 2). Die digitalen Informationen sind in der Spur zu Blöcken von je 588 Kanalbits zusammengefaßt (Abb. 3). Neben den eigentlichen Signalbits für die beiden Stereokanäle enthält jeder Block weitere Informationen zu Kontroll- und Anzeigezwecken (Titel-, Interpreten-, Laufdaueranzeige u. ä. auf einem Display des Abspielgeräts), zur Synchronisation (Drehzahl der Platte und Spurnachführung des Abtasters) sowie zur wiedergabeseitigen Fehlerkorrektur des digitalen Signals. Alle zu speichernden Informationen werden in einem speziellen Kodierungsverfahren – *EFM* (Abk. für engl. *Eight-to-Fourteen Modulation*) – den Kanaleigenschaften der CD angepaßt. Dabei werden Blöcke von je 8 Signal-, Prüf- oder sonstigen Bits zu Impulsfolgen mit 14 Bit umkodiert. Durch dieses Verfahren wird eine sehr hohe Fehlersicherheit erreicht: Selbst Serien bis zu 4000 aufeinanderfolgenden verfälschten Bits in der Spur werden vollständig korrigiert (das entspricht einer Spurlänge von ca. 2,5 mm). Die Abtastung der Informationsspur geschieht bei der Wiedergabe berührungslos mit einem Laserstrahl, der auf die verspiegelte Schicht mit einem Leuchtfleckdurchmesser von etwa 1 µm fokussiert ist. Dadurch tritt bei der Plattenabtastung einesteils kein Plattenverschleiß auf, andererseits können Staub und Kratzer auf der Oberfläche der durchsichtigen Schutzschicht keinerlei Signalbeeinflussung hervorrufen, weil der Laserstrahl beim Durchtritt durch diese Fläche noch unscharf ist (Abb. s. Farbanhang). CD sind nur einseitig bespielt. Da sie aber eine ununterbrochene

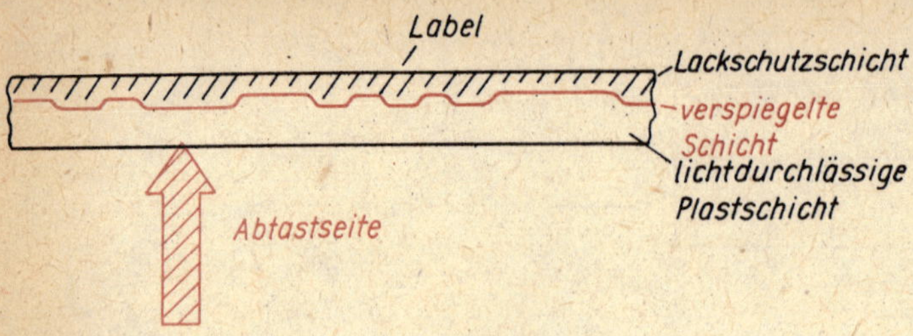

Schnitt durch eine *Compact Disc* (2) (nicht maßstäblich)

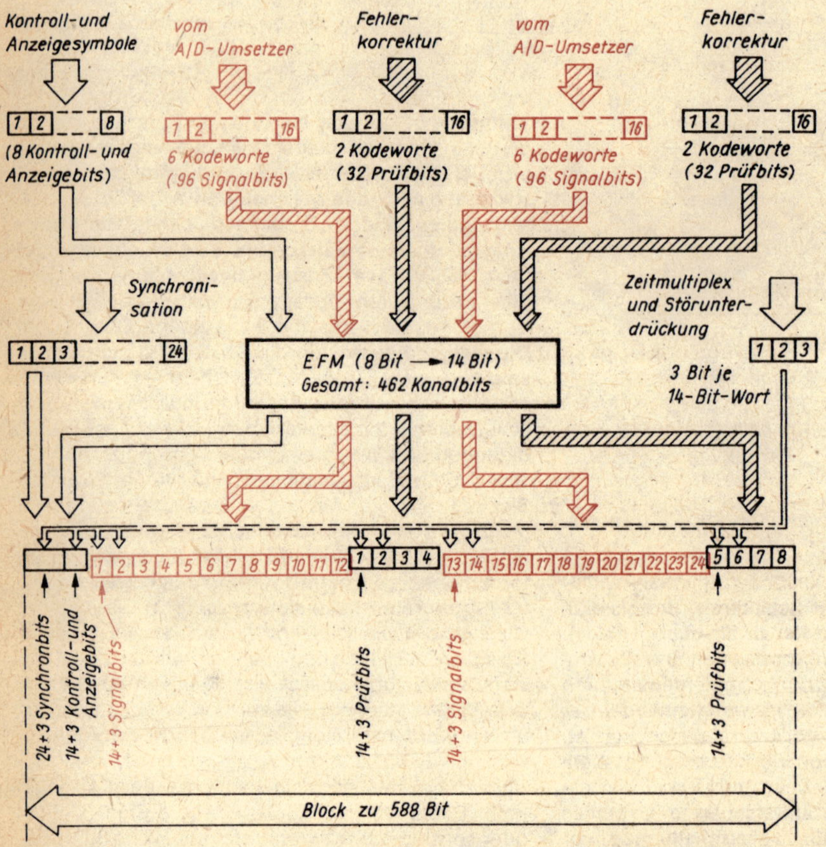

Zusammensetzung des Kanalblocks im digitalen Signal der *Compact Disc* (3)

Wiedergabe von 60 min Stereoton bei einem Durchmesser von nur 120 mm erlauben, liegt die wirksame flächenbezogene Speicherdichte etwa 6mal höher, als die einer herkömmlichen Langspielplatte. Weil außerdem keine besondere Anforderungen an eine staubgeschützte Unterbringung gestellt werden müssen, wird eine einfache Archivierung auf kleinstem Raum möglich (die CD einschließlich ihrer schieberförmigen Kassette hat eine Dicke von 4,3 mm, d.h., 100 CD beanspruchen nur ein Archivvolumen von etwas über 6 dm³. Die CD erfordert zur Wiedergabe einen speziellen → CD-Plattenspieler. Es kommen alle Vorteile der → digitalen Tonsignalspeicherung voll zur Geltung; die erreichbare Tonqualität liegt in allen wichtigen Parametern unterhalb der Wahrnehmbarkeitsschwelle hörbarer Mängel (s. Tab.). Auch die bei der herkömmlichen Schallplatte sehr störenden elektrostatischen Aufladungen, die zu Staubablagerungen und Knackgeräuschen führen, sind bei der CD völlig unkritisch. Rumpeln und Kopiereffekte entfallen gänzlich. Alle Probleme, die sich bei anderen Schallplatten aus der Wechselbeziehung zwischen Nadel und Rille ergeben (Spurfehlerwinkel, Skatingkraft, Rillenüberspringen u. a.), sowie ein Verschleiß des Abtasters, sind bei der CD unbekannt. Die CD wurde von der niederländischen Firma Philips in Zusammenarbeit mit SONY (Japan) auf der Basis der → *Laservision*

:enndaten der Compact Disc

ʌaterial	transparente PVC-Scheibe mit reflektierender Aluminiumverspiegelung und versiegelter Rückseite (Lackschutzschicht)
›urchmesser	120 mm
›icke	1,2 mm (mit Kassette 4,3 mm)
›rehzahl	innen: 500 U/min, außen: 200 U/min
purgeschwindigkeit	1,25 m/s, konstant
ıaximale Laufdauer	60 min
.analzahl	2 (oder 4, dann reduzierte Laufdauer)
.btastfrequenz	44,1 kHz
odewortlänge	16 bit/Kanal (lineare Quantisierung)
:trate in der Spur	4,3218 Mbit/s
·bertragungsbereich	20 Hz...20 kHz, linear
törabstand	> 90 dB
analübersprechen	> 90 dB
lirrfaktor	< 0,05 %
›onhöhenschwankungen	quarzgenau (unhörbar)

ntwickelt und im März 1983 von mehreren westeu-ɔpäischen und japanischen Firmen auf den Markt ebracht. →Schallplattenherstellung (Tab., Abb.)

:ompliance (engl.), *Nachgiebigkeit,* Nadelweich-eit: Maß dafür, mit welcher Auslenkung eine Ab-ıstnadel auf eine an der Nadelspitze angreifende orizontale und vertikale Kraft reagiert. Die C. wird ı µm/mN (veraltet cm/dyn) gemessen (Umrech-ung: 1 µm/mN = 10^{-6} cm/dyn). Je größer die C. :t, um so leichter kann die Nadel den Rillenauslen-ungen folgen, und um so geringer kann darum die › Auflagekraft gewählt werden. Nach dem HiFi-tandard wird ein (statisch gemessener) Mindest-ert der C. von 8 µm/mN in horizontaler und verti-aler Richtung gefordert. Piezoelektrische Abtastsy-:eme haben funktionsbedingt eine relativ geringe . von etwa 10 µm/mN, magnetische und dynami-che Systeme liegen mit ca. 25 µm/mN viel günsti-er. Spitzenprodukte erreichen eine C. von über 5 µm/mN.

:omputer (engl., Rechner): programmgesteuerte, ıtomatisch arbeitende Rechenanlage. Die meisten :. arbeiten nach dem Digitalprinzip. → Mikrorech-er

:omputer-AFC: → AFC

:omputergrafik: → Fernsehgrafik

:ontinous Play (engl., Dauerwiedergabe): bei Ton-andgeräten, vorrangig Kassettentonbandgeräten ıit Auto-Reverse-Laufwerk, mögliche Betriebsart er Dauerwiedergabe. Die Wiedergabe erfolgt ab-echselnd in beiden Laufrichtungen so lange, bis ie Haltetaste gedrückt wird.

osvicon (Kunstwort aus engl. **Co**lor **S**tripe **Vi**di-**on**): Farbstreifenvidikon, bei dem der integrierte arbstreifenfilter eine vertikale Streifenstruktur (z. B. yan-, Blau- und Weißfilterstreifen nebeneinander) hat. Im Ausgangssignal des C. sind nach dem Frequenzmultiplexverfahren 2 Farbkomponentensignale auf Trägerfrequenzen – sie sind abhängig von der verwendeten Breite der Filterstreifen – amplitudenmoduliert und das Helligkeitssignal enthalten. C. werden in Einröhren-Farbvideokameras verwendet. Wenn das C. anstatt mit einer Vidikonhalbleiterschicht mit einer solchen vom → Newvikon ausgestattet ist, nennt man es *Newcosvicon.*

Counter: 1. Elektronische Baugruppe, die an ihrem Eingang liegende Impulse vorwärts und rückwärts zählen kann. – **2.** → Bandzählwerk

Cover: bedruckte Schallplattenhühle, Einlegeblatt oder Aufkleber für Kassettenschachteln bzw. Kassetten mit Titel der Platte oder Kassette, grafischer Gestaltung, Fotos der Interpreten und z. T. Angaben über die aufgezeichneten Stücke.

Cox Box: → Einfärbung

CPU, Abk. für engl. **C**entral **P**rocessing **U**nit: Zenrale Verarbeitungseinheit (ZVE) eines Digitalrechners. In der Mikroelektronik ist die CPU meist nur ein integrierter Schaltkreis, ein → *Mikroprozessor.*

Crispening (engl., svw. schärfeverbessernd): Schaltungsanordnung zur Verbesserung der Bildschärfe bei Videosignalen mit begrenzter Bandbreite von beispielsweise 3,5 MHz. C. bewirkt eine Versteilerung der Impulsflanken. Die Versteilerung der Signalsprünge, d. h. die Verminderung der Anstiegszeit von Schwarz-Weiß-Sprüngen, und damit die Verbesserung der Kantenschärfe (Konturkorrektur), erfolgt durch Bildung zusätzlicher Oberwellen der im zu korrigierenden Videoeingangssignal enthaltenen sinusförmigen Grundschwingungen. Obwohl die Schaltungstechnik mit derjenigen für eine → Aperturkorrektur vergleichbar ist, erfolgt bei C. keine Vergrößerung der → Modulationstiefe. C. wird. z. B. im Wiedergabekanal eines Videorecorders oder in SECAM-Bildmischern angewendet.

Hinweis: Mit Bildschärfereglern von Videorecordern wird in der C.stufe die Stärke der Konturkorrektur (Versteilerung) eingestellt. Je stärker die Korrektur, um so mehr nimmt der Rauschanteil zu und der Störabstand im Videosignal ab.

Cross-Color-Störung: durch Eindringen hochfrequenter Luminanzanteile (ca. 4,4 MHz) in den Chrominanzkanal hervorgerufener Bildfehler, der sich als farbiges Störmuster und niederfrequentes Farbflackern auswirkt. Die C. tritt häufig in gleichmäßig feinstrukturierten Bildstellen (senkrechte Streifen, Diagonalmuster) und an Schwarz-Weiß-Kanten auf.

Cross Field-Verfahren (engl., gekreuztes Feld): **1.** *(Kopfhörer)* auch Cross Feed (gekreuzte Zuführung); kreuzweises, um 180° phasenverschobenes Einspeisen von Anteilen der Stereosignale L und R in das Kopfhörersystem des jeweils entgegengesetzten Kanals, damit gewolltes gegenphasiges Übersprechen entsteht. Es ergibt sich gegenüber der üblichen Im-Kopf-Lokalisation eine ungewohnte, aber ebenfalls unnatürliche Abbildung der Schallquellen. – **2.** *(Magnettontechnik)* zusätzliche Vormagnetisierung eines Tonbands von dessen Rückseite her mit einem zusätzlichen Magnetkopf, der dem Aufzeichnungskopf gegenübersteht. Bei der Aufzeichnung entsteht eine sehr schmale Magnetisierungszone im Bereich der Magnetschicht; das entspricht einer sehr geringen und damit günstigen Breite des Aufzeichnungsspalts. Die obere Grenzfrequenz kann beim aufgezeichneten Signal erhöht werden. Außerdem verbessert sich der Störabstand.

Cross-Luminanz-Störung: durch Eindringen des Farbartsignals in den Luminanzkanal hervorgerufener Bildfehler, der sich in einem Schwarz-Weiß-Fernsehbild durch feinstrukturiertes Störmuster (bei PAL unterschiedlicher und bei SECAM gleichmäßiger Intensität) auswirkt.

Cross Over (engl., Überleiten), svw. aktive Frequenzaufteilung: bei → Aktivboxen angewendete Aufteilung des Tonsignals mit aktiven → Filtern in mehrere Frequenzbereiche (Wege), die getrennten NF-Endstufen mit zugehörigen Lautsprechern zugeleitet werden. Vorteile sind außer einer günstigen Frequenzaufteilung auf geeignete Lautsprechersysteme (Tief-, Mittel- und Hochtonlautsprecher) auch eine vorteilhafte Leistungsverteilung, die Überlastungsausfälle einzelner Lautsprecher ausschließt, sowie kleinvolumigere Frequenzweichen, die keine kupferintensiven Spulen enthalten. Abb.

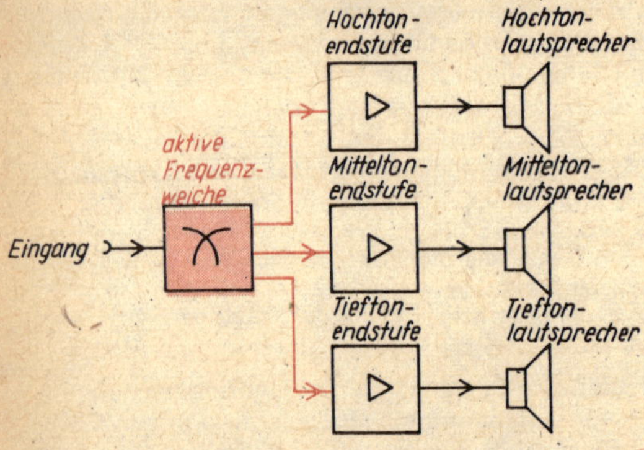

Aktive Frequenzaufteilung *(Cross Over)* bei einer Lautsprecherbox

CrO_2-Tonband: → Chromdioxid-Tonband

CTD, Abk. für engl. **C**harge **T**ransfer **D**evice, svw. Ladungsverschiebeschaltung: Schaltungsanordnung von Speicherelementen nach Art eines → Schieberegisters, bei der durch Steuerung mit Taktimpulsen eine elektrische Ladung von Speicherelement zu Speicherelement „geschoben" wird. Mit CTD können analoge oder digitale Signale gespeichert und verzögert werden. CTD werden als

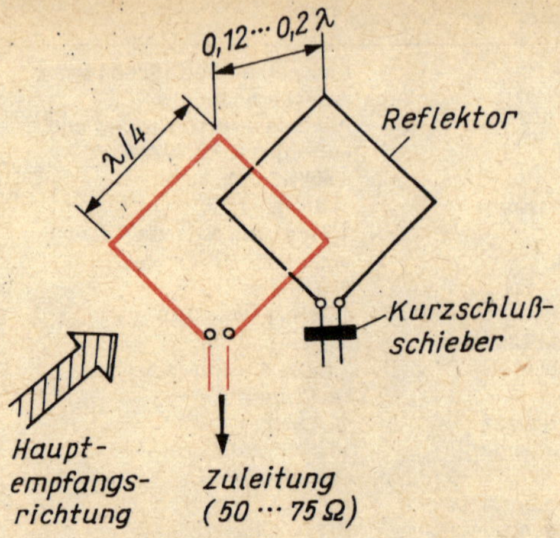

Cubical Quad-Antenne

integrierte Schaltkreise gefertigt. Man unterscheidet → BBD und → CCD.

Cubical Quad-Antenne (engl., svw. kubische Viereckantenne): vorrangig für Amateur-Kurzwellenempfang verwendete Spezialantenne. Die hintere, als Reflektor wirkende Schleife kann mit einem Kurzschlußschieber auf größten Gewinn (etwa 3 dB gegenüber einem Halbwellendipol) abgestimmt werden. Ähnlich aufgebaut ist die *Ring Beam-Antenne* (engl., Ringstrahlerantenne), die aus kreisförmigen Elementen besteht. Abb.

Cubic Sound: Schallwiedergabe bei Stereoradiorecordern, wobei die Abstrahlung je Kanal über 2 in der Abstrahlrichtung um 90° versetzte Breitbandlautsprecher erfolgt. Dabei strahlt je Kanal ein Lautsprecher in Richtung der Zuhörer, der andere nach oben. Es sind aber auch andere Abstrahlvarianten möglich. Mit C. wird versucht, die räumliche Klangwirkung zu verbessern und die Stereo-Abbildungsbreite zu vergrößern. Die Bezeichnung C. leitet sich von der mehrdimensionalen Klangabstrahlung und von den abnehmbaren, würfelförmigen Boxen ab, in denen die beiden Breitbandlautsprecher (z. T. zusätzlich noch ein Hochtonlautsprecher) in 2 zusammenstoßenden Seitenflächen untergebracht sind. Abb.

Cue, auch Cueing: Betriebsart bei einem dafür eingerichteten Audiokassetten- oder Videorecorder, die im informativen Mithören der Tonaufzeichnung oder in einer beschleunigten, aber erkennbaren Bildwiedergabe ohne Ton beim schnellen Vorspulen besteht. Dazu muß i. allg. die Wiedergabetaste und zusätzlich die Taste für schnellen Vorlauf gedrückt werden, die dann nicht einrastet. Wird sie wieder losgelassen, so läuft der Recorder in Wiedergabe weiter. C. dient, wie auch die Betriebsart → Review, dem schnellen Auffinden bestimmter Bandstellen, vorrangig zum Überspringen eines Teils der Bandaufzeichnung.

Stereo-Kassettenrecorder mit abnehmbaren Boxen *(Cubic Sound)*

Hinweis: Laufendes Wechseln zwischen C. und Review, auch als *Rangieren* bezeichnet, kann zum Herantasten an eine gesuchte Bandstelle vorteilhaft sein.

Cue-Marke: auf einem Magnetband aufgezeichnete Marke, die zur Kennzeichnung einer bestimmten Bandstelle, insbesondere zur Markierung der Schnittstelle *(Schnittmarkierung)* dient. → Cue-Schnitt

Cue-Schnitt: elektronischer Schnitt bei Videorecordern, der an einer vorher aufgezeichneten *Schnittmarkierung* (Cue-Marke) ausgelöst, bzw. beendet wird. Der C. wird hauptsächlich bei hochwertigen Schnittrecordern angewendet. →Schnitt, elektronischer

C-Umschlingung: →Einfädelmechanismus, →VCR

Cut-Schnitt, svw. *harter Schnitt:* plötzlicher Wechsel von einem Fernsehbild zu einem anderen Fernsehbild. →Bildschnitt

Cuttern (von engl. to cut, schneiden): Bearbeitung von Magnettonbändern (auch Filmen) durch mechanisches Zerschneiden und Wiederzusammensetzen in veränderter Folge oder verkürzter Form, um die technische und künstlerische Qualität der Aufzeichnung zu vervollkommnen. In modernen Magnetbandgeräten, vor allem bei Videobändern, wird diese Aufgabenstellung elektronisch ohne mechanische Trennung des Informationsträgers gelöst (→Schnitt, elektronischer). C. ist nur bei Spulentonbändern zweckmäßig. Bei Bändern, die für 2- oder 4spurige Aufzeichnung vorgesehen werden, läßt sich nur die zuerst aufgenommene Spur oder ein Spurpaar (Stereoaufzeichnung) cuttern. Man unterscheidet beim C. das *Auffinden* der zu cutternden Stelle, den *Schnitt* und das eigentliche *Kleben*. Die Schwierigkeiten wachsen bei sinkender Bandgeschwindigkeit, weil die gleiche Wort-, Satz- oder

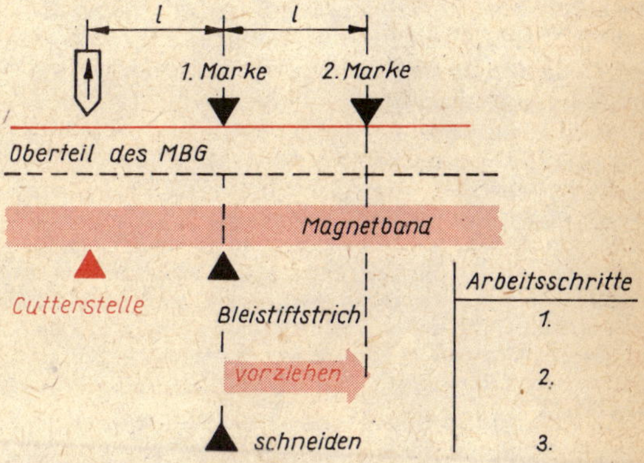

Cuttern (1):
Markierungen am Laufwerk erleichtern das Auffinden der zu cutternden Stelle

Taktlänge auf jeweils einem kürzeren Bandstück gespeichert ist.

Hinweis: Zum Aufsuchen der zu cutternden Stelle wird das Tonband bei gedrückter Wiedergabe- und Pausentaste durch Drehen an den Bandspulen oder durch Vorbeiziehen am Wiedergabekopf bewegt. Ist die Schnittstelle gefunden, so wird sie am Spalt des Wiedergabekopfs durch einen Bleistiftstrich leicht markiert. Ist der Kopf nicht zugänglich, so können am Laufwerk geeignete Hilfsmarkierungen in definierten Abständen vom Kopfspalt angebracht werden (Abb.). Musik wird in einer Tonpause oder auf Takt markiert. Dabei ist darauf zu achten, daß Nachhall und Ausschwingvorgänge erhalten bleiben. Bei Sprache ist die Schnittstelle in Satz- oder Wortzwischenräumen anzuzeichnen. Hauchlaute, Atemholen und Wortendungen dürfen nicht verlorengehen, und auch der Sprechrhythmus soll erhalten bleiben.

Der Schnitt erfolgt mit einer unmagnetischen, scharfen Schere, ohne daß der Wiedergabekopf berührt werden darf. Geschnitten wird entweder in einem Winkel von 90° zur Bandlaufrichtung oder schräg bis zu 45°. Während 90°-Schnitte eine sehr genaue Schnittposition erlauben, können mit schrägem Schnitt, vor allem bei niedrigen Bandgeschwindigkeiten, weichere Tonübergänge erzielt werden. Bei exaktem Arbeiten bleibt die Schnittstelle in beiden Fällen meist unhörbar.

Hinweis: Bei Benutzung einer Schere mit Restmagnetismus kann es zu einem Rauschimpuls an der Schnittstelle kommen, bei zufälliger Berührung des Kopfs zu ständigem erhöhtem Bandrauschen (→ Entmagnetisierung, → Bandrauschen).

Zum Kleben werden die beiden Enden des Magnettonbands auf Stoß in eine Klebeschiene gelegt, ein ca. 20 mm langes Stück Hinterklebeband wird auf der Bandrückseite aufgebracht und festgedrückt. Häufige Klebefehler sind ungleiche Schnittwinkel an beiden Bandenden, Zwischenraum oder Überlappung, eine schiefe oder stufenförmige Klebestelle oder überstehendes Hinterklebeband (Abb.). Diese Fehler werden entweder als Pegelsprung, Aussetzer oder kurzzeitig dumpfe Wiedergabe hörbar, oder sie führen zu → Bandlaufstörungen. Auch bei Neuaufzeichnung auf einem fehlerhaft geklebten Band entstehen hörbare Störungen. Abb.

Hinweis: Zusätzlich ist beim C. zu beachten: a) möglichst eine einheitliche Bandcharge bei den zum C. bestimmten Aufzeichnungen verwenden, um hörbare Klangveränderungen an der Klebestelle – auch bei einer späteren Neuaufzeichnung – zu vermeiden, b) beim Einkleben zusätzlicher kurzer Pausen nur gelöschtes Band, niemals unbenutztes Band oder → Kennband verwenden, weil sonst das Grundgeräusch an dieser Stelle störend aussetzt, c) keine herausgeschnittenen Bandreste vor Beendigung der gesamten Arbeit fortwerfen.

CVC, Abk. für **C**ompact **V**ideo **C**assette: speziell für tragbare Videorecorder und Kamerarecorder in Japan entwickelte Videokassette mit 1/4" (6,25 mm) breitem Videoband. Die CVC (auch *Funai-Kassette* genannt) mit den Abmessungen 106 × 12 × 68 mm ist kaum größer als die Audio-Compact-Kassette. Sie wird hauptsächlich in transportablen Gerätesystemen benutzt. → Videokassette

CX-System, Abk. für engl. **C**ompatible E**x**pansion-**System** (kompatibles Expandersystem): einkanaliger Sliding Band-Kompander (→ Kompander) für Tonaufzeichnungen auf Schallplatten. Das C. wurde erstmalig im Jahre 1981 von der Firma CBS (USA) der Öffentlichkeit vorgestellt, um einen der Digitalschallplatte äquivalenten Störabstand auch bei herkömmlichen Schallplatten zu erreichen (bis zu 85 dB), ohne daß eine völlig neue Herstellungs- und Wiedergabetechnologie eingeführt zu werden braucht. Während der Kompressor des C. beim Schallplattenschnitt eingesetzt wird, ist der zugehörige Expander eine Baugruppe des CX-Plattenspielers. Er kann auch als externes Gerät erworben werden, das einem herkömmlichen Plattenspieler nachgeschaltet wird. Der Gewinn an Störabstand

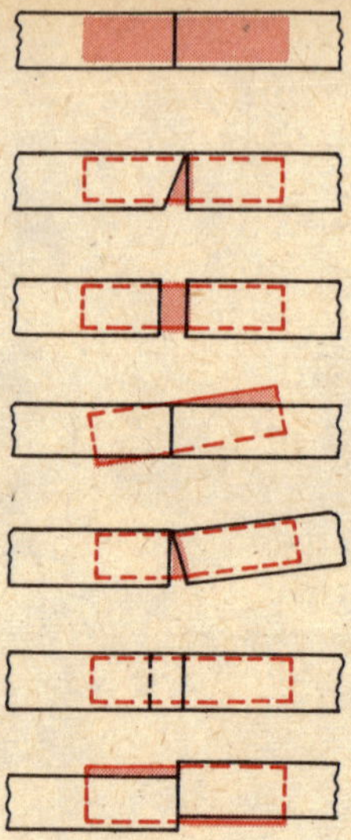

Cuttern (2): Klebefehler beim Cuttern, auf die Schichtseite des Bands gesehen (oben: richtige Klebestelle, Bandrückseite)

beträgt etwa 20 dB, auch das Rumpeln wird wirkungsvoll vermindert. Mit C. aufgenommene Schallplatten lassen sich auch auf Plattenspielern ohne CX-Expander kompatibel wiedergeben, allerdings dann ohne Gewinn an Störabstand. Bei Wechsel des Abtastsystems in einem CX-Plattenspieler muß der CX-Expander neu geeicht werden.

D

DAC: → Digital-Analog-Umsetzer

Dämpfung: 1. allmähliches Absinken der Amplituden einer freien Schwingung. – **2.** erwünschte oder unerwünschte Schwächung der Signale (z. B. der Spannung) in einem Übertragungskanal, einer Leitung oder Baustufe (→ Dämpfungsglied). – **3.** Größe der Signalabschwächung nach 2. in dB (→ Pegelmaß), auch als *Dämpfungsmaß* bezeichnet. – **4.** Abschwächung bestimmter Frequenzbereiche von Schall durch akustisch wirksame Dämpfstoffe, sogenannte *Reibungsdämpfungen* (Watte, Filz, Schaumstoff u. a.) bei Schallwandlern.

Hinweis: Bei der akustisch wirksamen Verkleidung von Raumwänden spricht man besser von Schallabsorption.

– **5.** absichtlich verlangsamter Zeigerrückgang bei einem Aussteuerungsmesser.

Dämpfungsglied: Schaltungsanordnung zur erwünschten, möglichst frequenzunabhängigen Verminderung der Signalgröße. Meist werden ohmsche Widerstände verwendet, die als Spannungsteiler geschaltet sind. D. werden eingesetzt, wenn Signalspannungen zu groß sind, so daß bestimmte Verstärkerstufen – meist Eingangsstufen oder Vorverstärker – nicht mehr verzerrungsfrei arbeiten

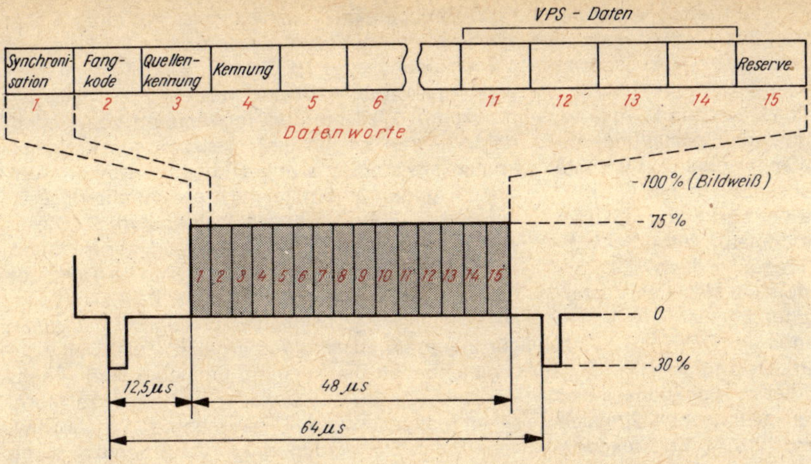

Datenzeile

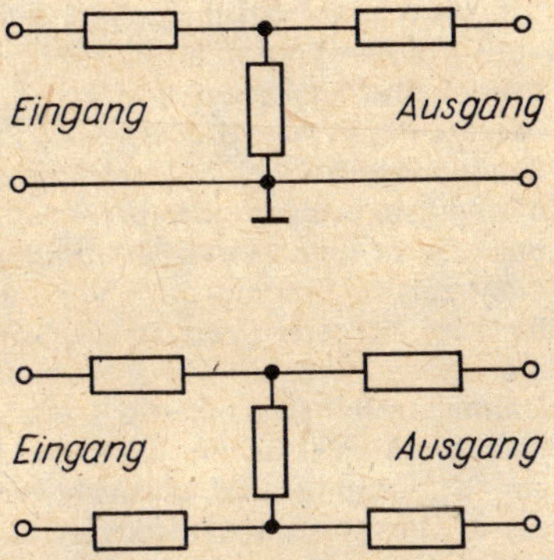

Dämpfungsglied, aufgebaut aus ohmschen Widerständen:
a) unsymmetrisch (T-Schaltung),
b) symmetrisch (H-Schaltung)

können und die Signale verformen. So lassen sich zu große Antennenspannungen, wie sie bei Ortssendern auftreten können, mit einem D. vermindern (→ Nah-Fern-Buchse). Einstellbare D., z. B. für Antennenanlagen, heißen *Dämpfungssteller*. Ein D. zur Verringerung der Mikrofonspannung wird auch *Mikrofonabschwächer* genannt. Abb.

Datenvergleich: Vergleich der technischen Daten unterschiedlicher Gerätetypen einer Gerätegruppe, auch von unterschiedlichen Herstellern. Ein D. ist nur dann sinnvoll und ermöglicht Schlüsse auf das bessere Gerät, wenn bei der Ermittlung der zu vergleichenden Daten das gleiche standardisierte Meßverfahren angewandt wurde. Das trifft mit Sicherheit nur für dasselbe Land und den gleichen Produktionszeitraum zu.

Hinweis: Vorsicht ist besonders bei Importgeräten geboten, bei denen die angewendeten Meßverfahren erheblich abweichen können.

Datenwort: Gruppe von zusammengehörigen Binärzeichen (→ digitales Signal), die auf Grund von vereinbarten Abmachungen eine → Information darstellt. Im Sinne der Datenverarbeitung kann auch ein Verarbeitungs- oder Steuer-Befehl (→ Programm) ein D. sein. Die *Wortlänge* richtet sich nach dem verwendeten Rechner. Bei → Mikrorechnern beträgt die Wortlänge meist 8, 16, oder 32 bit.

Datenzeile, Abk. **DZ:** eine für die Bildübertragung nicht benötigte Zeile der vertikalen Austastlücke, in der digital verschlüsselte Daten eingefügt sind. Als DZ ist die Zeile 16 im ersten Halbbild und die Zeile 329 im zweiten Halbbild international genormt. Von den 15 Datenworten zu je 8 Bit (= 1 Byte) dienen die ersten beiden dem Einlauf (Synchronisation) und dem Start (Erkennungszeichen, Fangkode) eines DZ-Dekoders. Ab drittem Byte folgen die eigentlichen Informationen, beginnend mit einer Quellenkennung der sendenden Fernsehanstalt. Nachfolgend werden vor allem rundfunkinterne Informationen wie Ort der Prüfzeileneinmischung, Schalt- und Steuerbefehle, Meßübertragung, Programmkennung, Programmart, Tonangaben, (Mono, Stereo, Zweiton) usw. übertragen. In den freien Datenworten 11...14 können VPS-Datenworte übertragen werden. DZ i. w. S. sind alle die Zeilen, in denen digitale Daten übertragen werden, unabhängig wofür diese bestimmt sind, z. B. → Fernsehtextsystem, Synchronsteuerinformationen für Regionalstudios und Fernsehübertragungswagen. → VPS (Abb.)

D/A-Umsetzer: → Digital-Analog-Umsetzer

DBS: Abk. für **D**irect **B**roadcasting **S**atellit. → Fernsehrundfunkstellit

dbx: einkanaliger Breitbandkompander für Tonbandgeräte und Schallplatten. Der dbx arbeitet mit dB-linearer Kompandierungskennlinie bei einem konstanten Kompressionsgrad von 2 (→ Kompander). Der Gewinn an Störabstand beträgt bis zu 30 dB. Der dbx wird teilweise auch bei der Schallplattenaufnahme angewendet; solche Schallplatten lassen sich auch über den Expanderteil eines mit dbx ausgestatteten Tonbandgeräts wiedergeben.

DC-Adapter: → Anschlußleitung, → Auto-Batterie-Adapter

DDL, Abk. für engl. **D**istortion **D**etection **L**oop (svw. verzerrungsfindende Regelung): Schaltung in einem UKW-Rundfunkempfänger, die ähnlich wie eine automatische Scharfabstimmung (→ AFC) arbeitet, jedoch Unsymmetrien der Durchlaßkurve von ZF-Verstärker und Demodulator mitberücksichtigt. DDL regelt über die Frequenz des Oszillators die ZF auf einen Wert, bei dem die kleinsten Verzerrungen im HF-Signal entstehen.

DDR-Fernsehen: → Fernsehen der DDR

Deemphasis: → Preemphasis-Deemphasis

Dekoder, Decoder, Dekodierer: Funktionseinheit mit der → Kodierungen von elektrischen Signalen rückgängig gemacht werden. → Farbdekoder, → ARI-System, → Stereodekoder, → Fernsehtextdekoder, → Zweitondekoder

Dekodierung: Umwandlung eines kodierten Signals in die ursprüngliche Form; Umkehrung der → Kodierung. Baugruppen für die D. sind die → Dekoder.

Delay-PAL: dekoderseitig im → PAL-Farbfernsehverfahren angewendete Methode, um die Umwandlung des übertragungsbedingten Farbtonfehlers in einen weniger störenden Farbsättigungsfehler auf elektronischem Weg herbeizuführen. Den Kern dabei bildet die Verbindung des unmittelbar übertragenen und des um eine Zeilendauer in einer Laufzeitkette verzögerten (engl. delay) Farbsignals vor dessen Demodulation (s. Abb. → PAL-Farbfernsehverfahren, Standard-PAL-Dekodierung). → Simpel-PAL

Delta-Farbbildröhre: → Lochmaskenröhre, → Farbbildwiedergaberöhre

Deltamodulation: digitales Modulationsverfahren, bei dem im Gegensatz zur → Pulskodemodulation nur die Art der Änderung des Momentanwerts (größer- bzw. kleinerwerdend) des zu übertragenden Signals in kodiert modulierte Einzelimpulse umgesetzt wird.

Demodulator: Baugruppe zur Rückgewinnung des ursprünglichen Ton-, Bild- oder Hilfssignals aus einer modulierten HF-Schwingung; *Demodulation* ist die Umkehrung der → Modulation. In → Rundfunkempfängern wird dem D. die → ZF zugeführt, er liefert unmittelbar das elektrische Ton- oder Bildsignal. *AM-D.* sind einfach aufgebaut, i. allg. genügt eine Diode zur Gleichrichtung der amplitudenmodulierten HF-Schwingung und ein Kondensator zur Ableitung der HF-Reste (Abb. a). In herkömmlichen *FM-D.* muß dagegen die frequenzmodulierten Schwingung von ihrer Gleichrichtung zunächst in eine amplitudenmodulierte umgewandelt werden (Abb. b). Als FM-D. werden verschiedene Schaltungen verwendet. Am verbreitetsten ist der im Jahre 1945 von dem US-Amerikaner St. W. SEELEY erfundene *Ratiodetektor (Verhältnisgleichrichter).* Er hat als besonderen Vorteil begrenzende Wirkung auf die Amplituden des HF-Signals, so daß Störspitzen wirkungsvoll unterdrückt werden *(→ AM-Unterdrückung).* Weil bei der Verwendung von Gleichrichterdioden wegen ihrer gekrümmten Kennlinie immer gewisse Signalverzerrungen entstehen, werden in modernen Empfängern gleichrichterlose D. verwendet. Dazu rechnet u. a. der *Zähl-D.* Dieser wertet die Lage der Nulldurchgänge einer frequenzmodulierten Schwingung aus, die sich im Takte des aufmodulierten Signals ändern. Der Zähl-D. erzeugt nur sehr geringe Signalverzerrungen, hat einen günstigen Störabstand und arbeitet – weil keine abzugleichenden Bauelemente enthalten sind – sehr langzeitstabil. Im PAL-Dekoder (z. B. im → Farbfernsehempfänger) werden sogenannte *Synchron-D.* verwendet. Sie werden immer dann benutzt, wenn phasenwinkel- oder amplitudenmodulierte Signale mit unterdrücktem Trägersignal zu demodulieren sind (→ PAL-Farbfernsehverfahren, → Burst). Im Synchron-D. wird dem Signal vor der Demodulation ein regeneriertes Trägersignal zugesetzt, das synchron zum ursprünglichen, bei der Modulation verwendeten Träger ist. Abb.

Demonstrationskassette, *Einführungskassette:* mit hochwertigen Musikaufnahmen, Erläuterungen zur Funktionsweise eines Kassettengeräts oder mit Bedienungshinweisen bespielte Kassette. Die D. wird dem Gerät vom Hersteller meist mitgegeben und dient zur Vorführung beim Verkauf oder dem Käufer zum besseren Verständnis komplizierterer Bedienungsfunktionen; das Gerät erklärt sich selbst!

Demonstrationsschallplatte: mit speziell ausgewählten Musikstücken bespielte Schallplatte, die zur Vorführung und Auswahl von HiFi-Anlagen dient. Die Musikstücke müssen in besonders perfekter Tonqualität aufgezeichnet sein und das Typische der Klangreproduktion und deren Natürlichkeit erkennen lassen (Baßwiedergabe, hohe Passagen von Schlagzeug oder Triangel, Obertonreichtum, Zusammenklang von Orchesterstimmen, Vokalmusik). Effektmusik, wie Synthesizer- oder Vocoderaufnahmen sind für D. kaum geeignet, weil dem Hörer der Vergleich mit dem Original fehlt. Günstig sind klassische Stücke mit breitem Klangumfang und großer Dynamik.

Descrambler: Gegengerät zum → Scrambler.

Detektorempfänger: → Rundfunkempfänger 2.

Dezibel, Abk. **dB:** Pseudoeinheit, die dem Zahlenwert von → Pegelmaßen nachgestellt wird, um sie als solche kenntlich zu machen. 10 dB = 1 B (B, Bel, benannt nach dem amerikanischen Erfinder Alexander Graham BELL).

DF: → Differenzträgerfrequenz

DF-Verstärker, Differenzträgerfrequenzverstärker (engl. Differential Frequency Amplifier): Funktionseinheit in Fernsehempfängern, die nach dem → Differenzträgerfrequenzverfahren arbeiten. Auf-

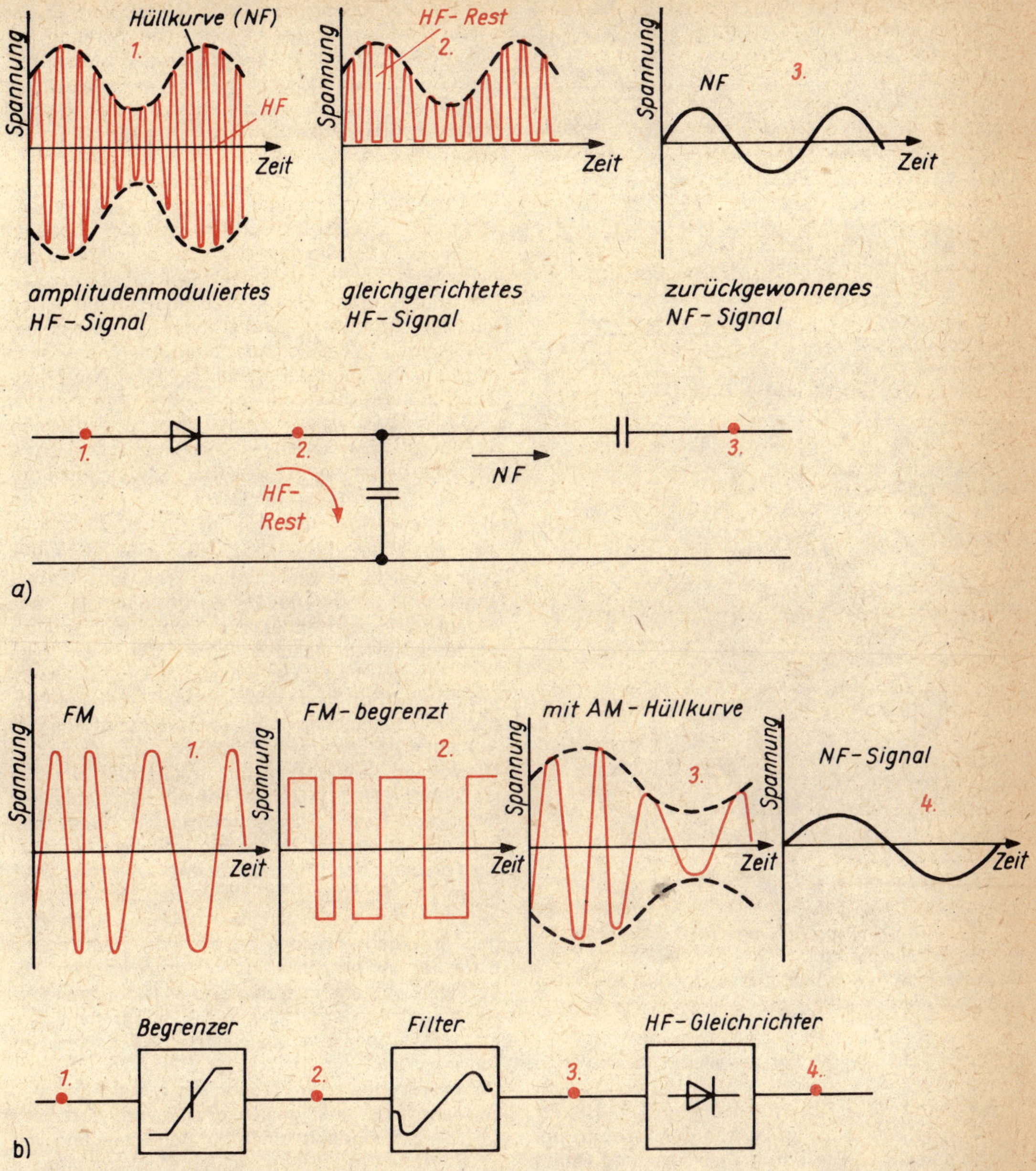

Demodulatoren: a) AM-Demodulator, b) Prinzip des FM-Demodulators

gabe der D. ist die selektive Verstärkung des Differenzträgerfrequenzsignals, das am Ausgang des → Videogleichrichters abgenommen und zum Demodulator im Tonsignalweg weitergeleitet wird. → Differenzträgerfrequenz

Diaabtaster: Bildaufnahmegerät für transparente ebene Bildvorlagen (Diapositive, Dias). D. der Fernsehgesellschaften arbeiten meist mit → Punktlichtabtastung. Abb. S. 134

Hinweis: Für das angewandte Fernsehen gibt es relativ einfache Zusatzgeräte (Diavorsatz, DP-Adapter (s. Abb.) oder sog. → Telecine-Adapter), die in Verbindung mit Videokameras Diaabtastung ermöglichen. Auch andere einfache Methoden, wie sie für die → Filmabtastung verwendet werden, sind für Diaabtastung geeignet.

Diamant-Abtastnadel: → Abtastnadel

dichroitischer Spiegel: speziell beschichteter Spiegel mit der Eigenschaft, Teile des auftreffenden

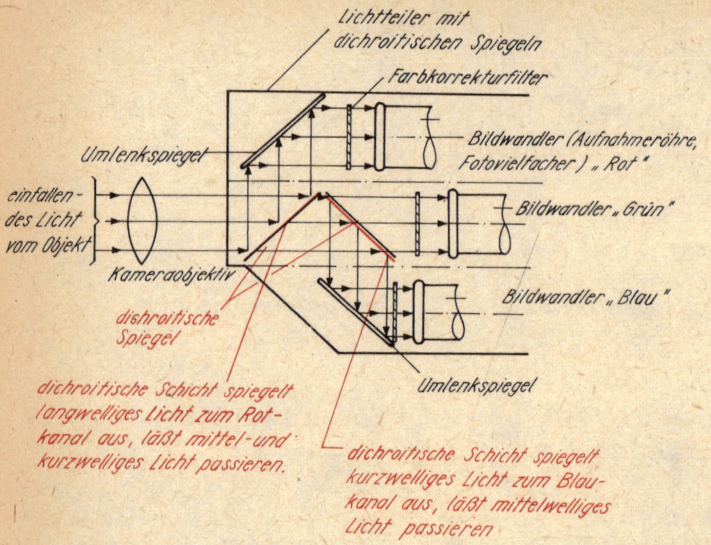

Einsatz *dichroitischer Spiegel* zur Lichtteilung

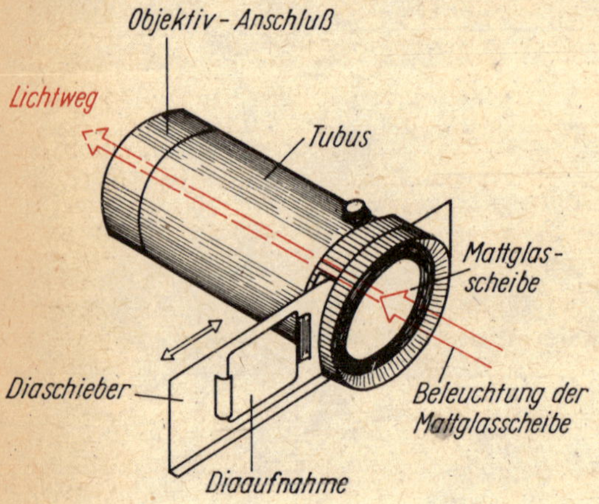

Diaabtaster: DP-Adapter, der direkt auf das Kameraobjektiv geschraubt werden kann

Lichts in Abhängigkeit der jeweiligen Wellenlänge zu reflektieren bzw. ungehindert hindurchtreten zu lassen. Durch diese Eigenschaft eignen sich d. S. für den Aufbau von → Lichtteilern in der Farbfernsehaufnahmetechnik. Die durch Ausspiegelung (Abb.) erzeugten Teilspektren des Lichts müssen durch nachgeschaltete Filter entsprechend der gültigen Primärvalenzen korrigiert werden. Im Lichtweg enthaltene Kondensorlinsen bündeln die durch die Spiegelung divergierenden Lichtstrahlen in Richtung Bildaufnahmeröhre. Nachteilig bei Lichtteilern mit d. S. ist der im Vergleich zu den → Prismenteilern höhere Platzbedarf. Abb.

Dichtspeichertechnik: 1. *(Allgemein)* Speicherverfahren mit großer Speicherdichte (Informationsmenge pro Fläche bzw. Volumen). – **2.** *(Videorecorder)* Aufzeichnungsverfahren, bei dem die Videospuren „dicht an dicht" ohne Trennspur (Rasen) angeordnet sind. Die D. wurde erstmals beim Videokassettensystem Betamax angewandt. In allen modernen Heimvideorecordern, die nach dem → Schrägspurverfahren aufzeichnen, wird die D. praktiziert. Zur Verminderung von Übersprechen der dicht benachbarten Videospuren wird von der → Azimut-Aufzeichnung Gebrauch gemacht.

Dieckmann, Max, Prof. Dr.: deutscher Physiker (5. 7. 1882 – 28. 7. 1960), der auf auf dem Gebiet der drahtlosen Nachrichtentechnik, insbesondere dem Flugfunkwesen, der Navigation und dem Bildfunk, als Forscher und Hochschullehrer arbeitete. 1906 nahm er in München Versuche auf, mit der → Braunschen Röhre Strichzeichnungen zu übertragen. Im Ergebnis gelang ihm die erste Übertragung einfacher Schwarz-Weiß-Schrift im Fernsehen. Dabei setzte er aufnahmeseitig eine Metallbürstenabtastung und wiedergabeseitig die Braunsche Röhre ein. Auf D. geht somit die elektrische Bildschreiberröhre zurück.

Differenzfrequenz: im Ergebnis der Mischung von zwei elektrischen Signalen entstehende Frequenz f_1-f_2. D.-Bildungen kommen bei der Erzeugung von → Zwischenfrequenzen in Rundfunkempfängern und speziell beim → Differenzträgerfrequenzverfahren in der Fernsehempfangstechnik zur Anwendung. → Differenzträgerfrequenz, → Modulation

Hinweis: Aus dem breiten Spektrum der bei einer Signalmischung (→ Frequenzmischung) entstehenden Produkte mit $m \cdot f_1 \pm n \cdot f_2$ wird die D. durch Filter herausgelöst.

Differenzsignal: 1. *(Stereofonie)* → S-Signal 1. – **2.** *(Farbfernsehen)* → Farbdifferenzsignal.

Differenzträgerfrequenz (engl. Sound Intermediate Frequency), Abk. **DF:** durch die Mischung von Bild- und Tonträger im → Fernsehempfänger entste-

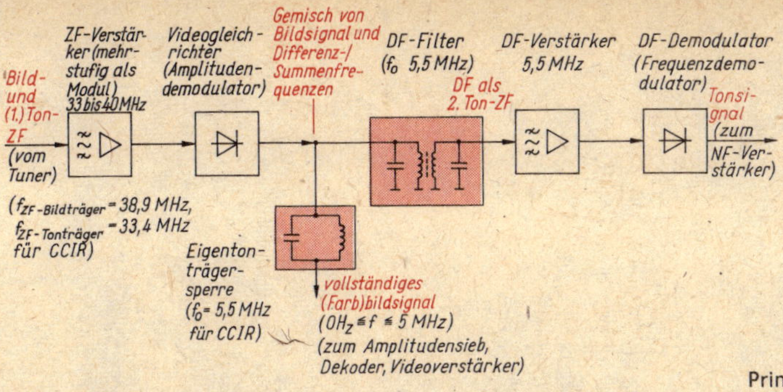

Prinzip des *Differenzträgerfrequenzverfahrens*

hende zweite Zwischenfrequenz (zweite ZF-Lage) für das Fernsehtonsignal. Sie beträgt für die CCIR-Norm 5,5 MHz und für die OIRT-Norm 6,5 MHz. → Differenzträgerfrequenzverfahren, → Fernsehnorm

Hinweis: Fernsehempfänger sind i. allg. für eine Fernsehnorm ausgelegt. Demzufolge ist bei einem Einsatz von OIRT-Norm-Empfängern zum Empfang von Fernsehsignalen der CCIR-Norm und umgekehrt eine Umstimmung im DF-Weg erforderlich.

Differenzträgerfrequenzverfahren (engl. Intercarrier System), auch Differenztonträgerverfahren, Differenzträgerverfahren, *Intercarrierverfahren:* Verfahren zur Gewinnung des zum Fernsehbild gehörenden Tonsignals im → Fernsehempfänger. Bei dem D. werden Bild- und Ton-ZF-Signal in einem *gemeinsamen ZF-Verstärker* des Fernsehempfängers verstärkt. Im Ergebnis der sich daran anschließenden Bildsignaldemodulation im → Videogleichrichter entstehen neben dem → vollständigen Bildsignal auch die verschiedensten Summen- und Differenzfrequenzen von Bild- und Ton-ZF-Signal. Durch ein genau auf die Differenz der Trägerfrequenzen (DF lt. CCIR: 5,5 MHz, OIRT: 6,5 MHz) abgestimmtes Filter wird das DF-Signal als *zweite Ton-ZF* aus dem Signalweg ausgekoppelt und über den → DF-Verstärker dem Tonsignaldemodulator zugeführt. Die im Videosignalweg eingeschaltete → Eigentonträgersperre unterdrückt alle Summen- und Differenzfrequenzen, so daß im wesentlichen nur das vollständige (Farb)-Bildsignal weitergelangt. Die Anwendung des D. ist an folgende Bedingungen geknüpft: *a) senderseitig:* Amplitudenmodulation des Bildträgers, Frequenzmodulation des Tonträgers; kein Modulationsgrad von 100 % des Bildträgers bei maximalem → Videosignalpegel (vgl. CCIR: Negativmodulation, 10 % HF-Signalpegel bei Weißbild), eine gegenüber dem → Bildsender geringere Leistung des → Tonsenders (Praxis ca. 10 : 1). *b) empfängerseitig:* eine spezielle Durchlaßkurve des ZF-Verstärkers (→ Tontreppe). Das D. bietet zwei wesentliche Vorteile. Die gemeinsame Bildung und Übertragung der Zwischenfrequenzen macht das D. gegen Oszillatorverstimmungen im HF-Teil des Fernsehempfängers relativ unempfindlich. Ein separater ZF-Tonsignalweg wird eingespart (bedeutsam vor allem z. Z. der Röhrentechnik). Qualitativ ist das D. dem → Paralleltonverfahren und dem → Quasiparalleltonverfahren durch das auftretende → Intercarrierbrummen unterlegen. Außerdem birgt das D. in sich stets die Gefahr, daß trotz Eigentonträgersperre Tonsignalanteile als Störmuster im Fernsehbild wirksam werden. Das gilt insbesondere im Farbfernsehen, wo entstehende Differenzfrequenzen zwischen Tonträger und → Farbträger unmittelbar im Videoband liegen. → Fernsehsender, → Fernsehnorm (Abb.)

Hinweis: Beim Ausfall des Bildsenders im Fernsehrundfunk kann dieser Sachverhalt dem Fernsehzuschauer auch nicht über den Fernsehtonkanal mitgeteilt werden, da beim D. zur Bildung der zweiten Ton-ZF der Bildträger unabdingbar benötigt wird. Dieses Problem besteht beim Parallel- und Quasiparalleltonverfahren nicht. Das D. kann auch für die Mehrtonkanalübertragung angewendet werden. Entgegen der Abbildung werden dann mehrere getrennte DF-Wege (z. B. für das Zwei-Tonträger-Verfahren: erster Tonträger 5,5 MHz und zweiter Tonträger 5,742 MHz über dem Bildträger – entsprechend sind die Werte der ersten und zweiten DF) dem Videogleichrichter nachgeschaltet (→ Zweitonempfänger). Allgemein sollte beachtet werden, daß Tonsignalaufzeichnungen von Fernsehempfängern, die mit dem D. arbeiten, immer mit dem Mangel des Intercarrierbrummens behaftet sein können.

Digital-Analog-Umsetzer, Abk. **DAU** oder D/A-Umsetzer (engl. Digital Analog Converter, Abk. DAC), umgangssprachlich Digital-Analog-Wandler oder kurz D/A-Wandler: Funktionseinheit zur Umwandlung eines digitalen in ein analoges Signal. DAU werden in mikroprozessorgesteuerten Geräten zum Umsetzen der digitalen Ausgangswerte eines → Mikrorechners in analoge Größen (z. B. für Stellglieder bei digitaler Steuerung) und für die Rückwandlung (Dekodierung) pulskodemodulierter digitaler Signale in analoge Signale benötigt. In einem ersten Schritt werden im DAU aus der zeitlichen Folge der Kodeworte (sie beinhalten verschlüsselt den Amplitudenwert) des digitalen Eingangssignals die ursprünglichen quantisierten (→ Quantisierung) Amplitudenwerte zurückgewonnen. Die dekodierten Werte unterscheiden sich grundsätzlich vom eigentlichen Signal um den im → Analog-Digital-

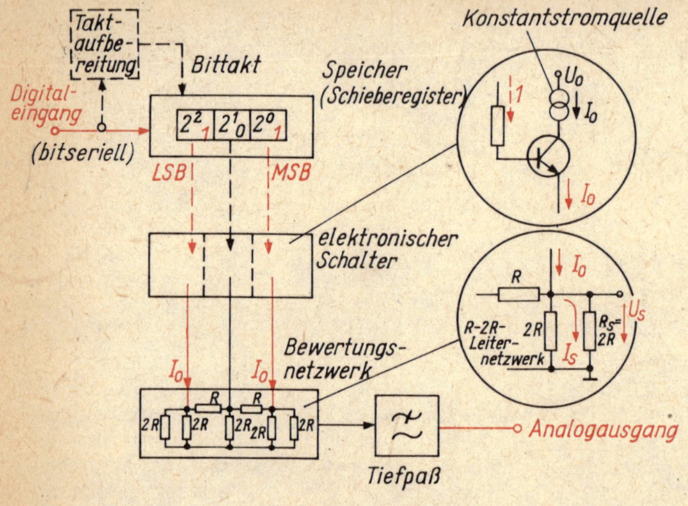

Digital-Analog-Umsetzer: Bewertungsdekodierer

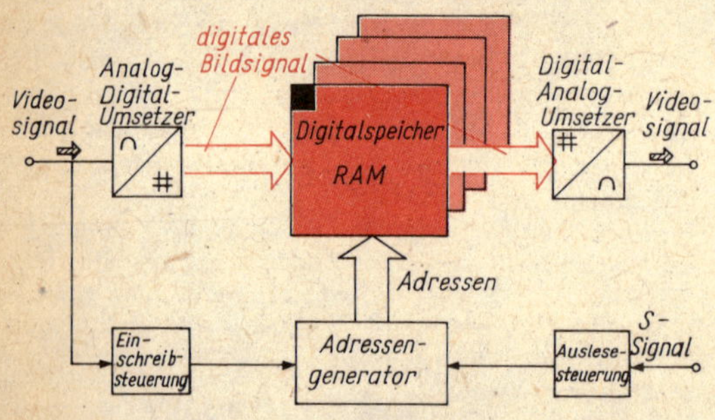

Digitaler Bildspeicher

Umsetzer entstandenen Quantisierungsfehler. Der erste Schritt liefert, je nach Arbeitsweise des DAU, meist ein PAM-Signal, also ein amplituden- und zeitdiskretes Signal. In einem zweiten Schritt erfolgt durch einen Tiefpaß die Demodulation des PAM-Signals, d. h. die Glättung des Amplituden-Zeit-Verlaufs (Dequantisierung). Der technische Aufbau von DAU kann durch diskrete Schaltungen oder integrierte Schaltkreise erfolgen, wobei verschiedene *Dekodierverfahren* möglich sind. Zu jedem Verfahren der Analog-Digital-Umsetzung gibt es entsprechende Dekodierverfahren. Für die Rückwandlung pulskodemodulierter Signale wird häufig der Bewertungsdekodierer (Gegenstück zum Bewertungskodierer des → Analog-Digital-Umsetzers) angewendet. Die Abbildung zeigt diesen DAU für 3 Bit lange Kodeworte. Das ankommende Digitalsignal wird wortweise in einem → Schieberegister aus bitserieller in bitparallele Form gewandelt. Jeder Ausgang des Schieberegisters und damit indirekt jedes Bit des Kodeworts betätigt einen elektronischen Schalter, der eine Konstantstromquelle (Vergleichsnormal) an ein Bewertungsnetzwerk anschaltet. Ein Schalter wird geschlossen, wenn das zugehörige Bit „1" ist und bleibt bei „0" offen. Durch das Bewertungsnetzwerk werden die gleichgroßen Teilströme binär gewichtet addiert. Das Bewertungsnetzwerk ist im dargestellten DAU aus R und 2R großen Widerständen aufgebaut (Leiternetzwerk). Aus der Summe der gewichteten Ströme erhält man an einem gemeinsamen Widerstand (R_S) am Ende des Leiternetzwerks den zu dem Kodewort gehörenden analogen Amplitudenwert. Nach dem Tiefpaß steht das analoge Ausgangssignal zur Verfügung. Bewertungsdekodierer nach dem Stromschaltprinzip mit Leiternetzwerk sind die genauesten und schnellsten DAU mit der kürzesten Umsetzzeit. → Pulskodemodulation (Abb.)

digitale Frequenzanzeige, numerische Frequenzanzeige: Abstimmhilfe bei Rundfunkempfängern, wobei die eingestellte Empfangsfrequenz mit Ziffern angezeigt wird (meist mehrstellige 7-Segment-LCD-Anzeige). Kennt man die Frequenz des gewünschten Senders, so ist dieser leicht mit Hilfe der d. F. auffindbar. Hochwertige Kurz- oder → Allwellenempfänger sind wegen der großen Senderdichte auf Kurzwelle daher oft mit d. F. ausgestattet. Die d. F. beruht auf der quarzgenauen Auszählung der Oszillatorschwingungen eines Empfängers in einem bestimmten kurzen Zeitraum *(Frequenzzählung)*. Weil die Oszillatorfrequenz um den Betrag der Zwischenfrequenz über der Empfangsfrequenz liegt (→ Superhet), ergibt sich nach Abzug der Zwischenfrequenz von der ausgezählten Oszillatorfrequenz unmittelbar die zur Anzeige gelangende Empfangsfrequenz.

digitaler Bildspeicher: Schreib-Lese-Speicher (→ RAM) für → digitale Bildsignale, der je nach Verwendungszweck die Informationsmenge einer oder mehrerer Zeilen, eines oder mehrerer Halb- oder Vollbilder aufnehmen kann. Der d. B. bildet das Kernstück digitaler Videogeräte und Fernsehemp-

Beispiele für *digitale Videoeffekte*: a) Originalbild, b) Bildwiederholung, c) Spiegeltrick, d) Echobild, e) Verkleinerung

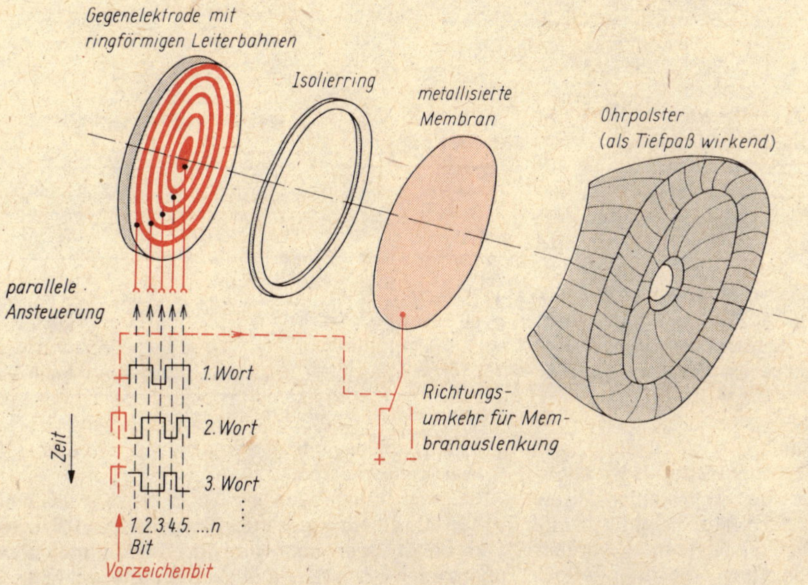

Digitaler Kopfhörer nach dem elektrostatischen Prinzip (vereinfacht) und seine Ansteuerung mit einem PCM-Signal

fänger (→ Digivision) zur Signalver- oder -bearbeitung, zur Signalverzögerung oder Bildmanipulation. Jeder Speicherplatz des d. B. ist durch seine Adresse anwählbar und kann dadurch gezielt eingeschrieben oder zerstörungsfrei, d. h. ohne Löschen des Speicherinhalts, ausgelesen werden. Die Einschreibadresse wird vom Eingangs-Videosignal abgeleitet. Dadurch wird jedem einzelnen abzuspeichernden Bildpunkt eine Adresse fest zugeordnet (Einschreibsteuerung). Dies hat zur Folge, daß der ursprünglich starre Zusammenhang von Zeit und Bildpunktelement aufgehoben ist und das im d. B. abgespeicherte Bild eine elektronische Zwischenabbildung darstellt. Der Informationsinhalt des d. B. wird entsprechend dem ankommenden Videosignal ständig erneuert. Das Auslesen wird vom Synchronsignal eines → Fernsehimpulsgebers über die Auslesesteuerung, die die entsprechenden Adressen bildet, gesteuert. Beim Einschreiben oder Auslesen ist es möglich, die Folge der Adressen beliebig zu variieren und somit verschiedene Bildmanipulationen, z. B. Bildverkleinerung und auch Bildvergrößerung, *elektronischer Zoom* genannt, vorzunehmen. Auf diese Art und Weise erhält man auch → digitale Videoeffekte und den → Action Track. Wird das Einschreiben unterbrochen, so kann der d. B. ein Standbild erzeugen, vorausgesetzt seine Speicherkapazität beträgt mindestens ein Halbbild. Abb.

digitaler Bildtrick: → digitaler Videoeffekt

digitaler Kopfhörer: ohne Zwischenschaltung eines D/A-Umsetzers direkt mit digitalisierten Tonsignalen betreibbarer Kopfhörer. Auf der Gegenelektrode sind gegeneinander isolierte, konzentrische Leiterbahnen angeordnet, wobei jeder dieser Ringe auf die Wertigkeit eines Bits des PCM-Worts abgestimmt ist. Alle als Teilelektroden aufzufassenden Ringe stehen einer gemeinsamen Membran gegenüber, die z. B. nach dem elektrostatischen Prinzip angetrieben wird. Die Erregung der Ringe erfolgt parallel durch die einzelnen Bits des PCM-Worts und führt zu einer entsprechenden Gesamtauslenkung der Membran. Die erforderliche Tiefpaßstruktur, um ein kontinuierliches Schallsignal zu erhalten, wird mechanisch durch ein weiches Dämpfungselement vor der Membran, bzw. durch das Ohr selbst erzeugt. Abb.

digitaler Schaltkreis: → Schaltkreis zur Verarbeitung → digitaler Signale.

digitaler Videoeffekt, Abk. **DVE:** Erzeugung von Effektbildern durch geometrische und/oder zeitliche Veränderung von Fernsehbildern mit digitalen Mitteln. DVE ermöglichen Bildeffekte, die bei analoger

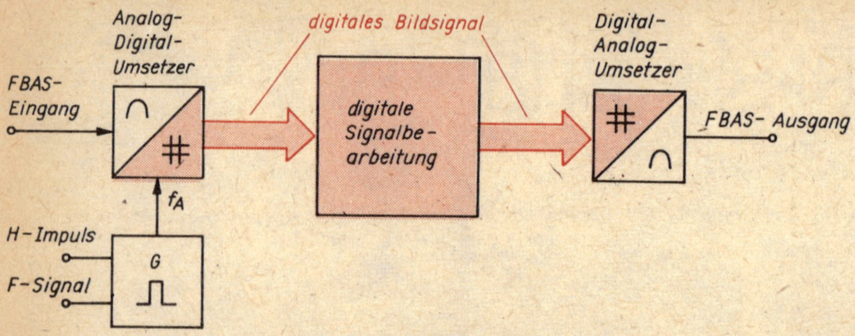

Digitales Bildsignal (1): geschlossene Kodierung

Bildsignalbearbeitung, z. B. →Trickmischung, nicht möglich sind. Mit → digitalen Bildspeichern – sie bilden das Kernstück *digitaler Effektgeräte* – ist der wahlfreie Zugriff zu den gespeicherten Bildinformationen punktweise möglich. Dadurch können fast beliebige Manipulationen mit dem Fernsehbild durchgeführt werden, z. B. Einfrieren (Standbild), Verkleinern oder Vergrößern in horizontaler und/oder vertikaler Bildrichtung, Spiegelungen, Verschieben, Wiederholen (Echoeffekt), Verdrehen, Taumelbewegung, scheinbares Abwickeln über einen räumlichen Körper u. v. a. Abb.

digitales Bildsignal: digitales Signal, das verschlüsselt Bildinformationen enthält und durch Digitalisierung mit Hilfe der Pulskodemodulation oder ähnlichen Verfahren aus einem oder mehreren analogen Videosignalen gewonnen wird. Für die Umsetzung aus dem analogen in das digitale Format werden Analog-Digital-Umsetzer in Form von integrierten Schaltkreisen verwendet. Da es verschiedenartige → Videosignale gibt, existieren auch unterschiedliche Arten der (Quellen-)Kodierung für d. B., die alle mit linearer Quantisierung arbeiten. Bei der *geschlossenen Kodierung* wird das vollständige Bildsignal (FBAS-Signal) digitalisiert (Abb. 1). Die Stufenzahl der Quantisierung (s) beträgt 128, meist 256 oder 512, was einer Bitanzahl pro Kodewort von 7 bit, 8 bit oder 9 bit (Abb. 2) entspricht. Die Abtastfrequenz ist mit der Zeilen- oder Farbträgerfrequenz verkoppelt. Beim Farbfernsehverfahren PAL und NTSC beträgt sie meist das 3- oder 4fache der Farbträgerfrequenz. Für SECAM verwendet man entweder die gleiche Abtastfrequenz wie für PAL oder eine zeilenverkoppelte Frequenz in vergleichbarer Größe (Tab.). Die geschlossene Kodierung wird für → digitale Übertragung, digitale magnetische Bildaufzeichnung und für die Signalbearbeitung, die lediglich auf gesteuerter Zeitverzögerung beruht (Synchronisator, Standbilderzeugung, Zeitfehlerausgleich), angewendet. Die Basis derartiger, vor allem im Fernsehbetrieb eingesetzter Bearbeitungsgeräte bildet ein → digitaler Bildspeicher. Bei der *Komponentenkodierung* wird das Leuchtdichtesignal (E_Y) und eine oder mehrere Chrominanzkomponenten getrennt digitalisiert *(getrennte Kodierung)* und auf getrennten, parallelen Wegen verarbeitet oder nacheinander (im Zeitmultiplex) übertragen (Abb. 3). Die Abtastfrequenz und Quantisierungsstufenzahl kann für die einzelnen Komponenten unterschiedlich, entsprechend ihrer Bandbreite und je nach Anwendungsfall gewählt werden. Die Komponentenkodierung ist unabhängig von einem Farbfernsehverfahren. Sie gewährleistet ein universell verwendbares digitales Format vor allem für die digitale Signalspeicherung und Signalverarbeitung, bei der die einzelnen Bildelemente aus ihrem ursprünglichen Zeitrahmen genommen werden, also vertauscht, versetzt oder wiederholt werden (→digitaler Videoeffekt) und ergibt bei digitaler magnetischer Bildaufzeichnung die beste Bildqualität. Die Komponentenkodierung ist seit 1982 international genormt. Neben dem Leuchtdichtesignal werden 2 normierte Farbdifferenzsignale, $E_{CR} = 0{,}713\ (E_R - E_Y)$ und $E_{CB} = 0{,}564\ (E_B - E_Y)$, digitalisiert (Abb. 4). Für das Leuchtdichtesignal beträgt die Abtastfrequenz 13,5 MHz und für die beiden Farbdifferenzsignale je 6,75 MHz. Die Quantisierungsstufenzahl ist einheitlich 256, und damit beträgt die einzelne Kodewortlänge 8 bit. Die Bitrate für das gesamte d. B. beträgt 216 Mbit/s. Die *quasigeschlossene Kodierung* ist eine Kombination aus geschlossener, also FBAS-Kodierung und anschließender digitaler Signaltrennung in Leuchtdichte- und Chrominanzkomponenten sowie deren ge-

Bitraten in Mbit/s bei geschlossener Kodierung (8-Bit-Kode)

Abtastfrequenz[1] in MHz	BAS-Signal	FBAS-Signal		
		NTSC	PAL	SECAM
$768\,f_H = 12$	96	–	–	–
$3\,f_{SC} = 13{,}3$	–	85,6	106,4	–
$853\,f_H = 13{,}3$	–	–	–	106,5
$4\,f_{SC} = 17{,}73$	–	114,2	141,8	–
$1136\,f_H = 17{,}75$	–	–	–	142,0

[1] Die Angaben in MHz beziehen sich auf die europäische 625-Zeilen-Norm
f_H Zeilenfrequenz
f_{SC} Farbträgerfrequenz

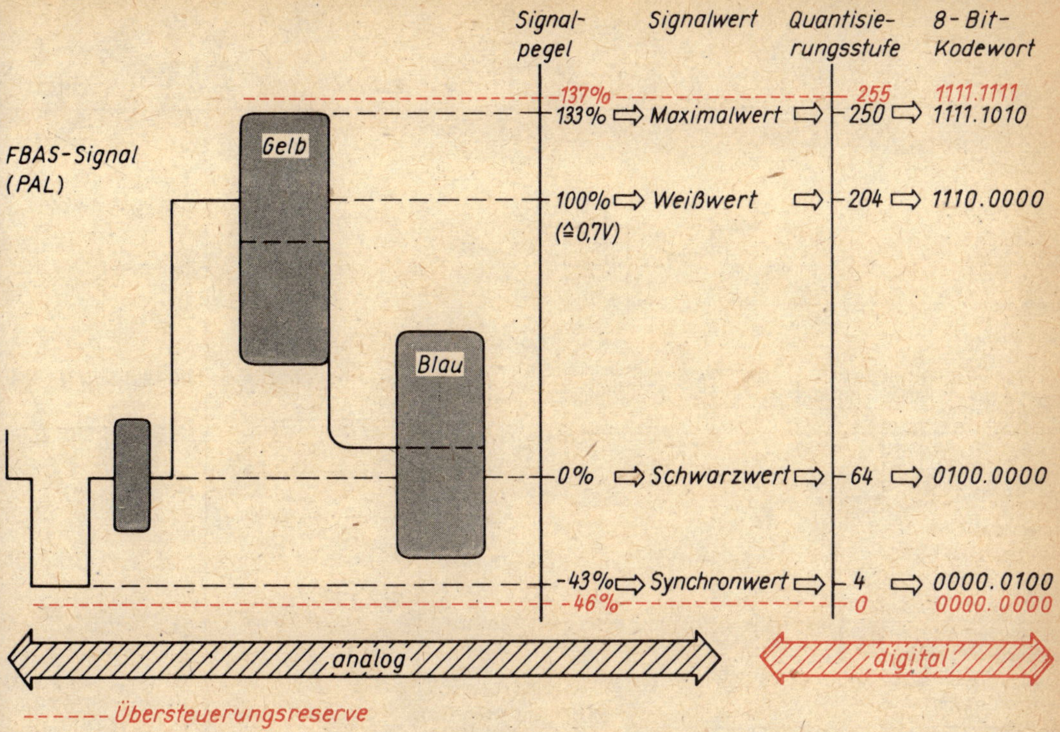

Digitales Bildsignal (2): Quantisierung eines FBAS-Signals (8-Bit-Kode)

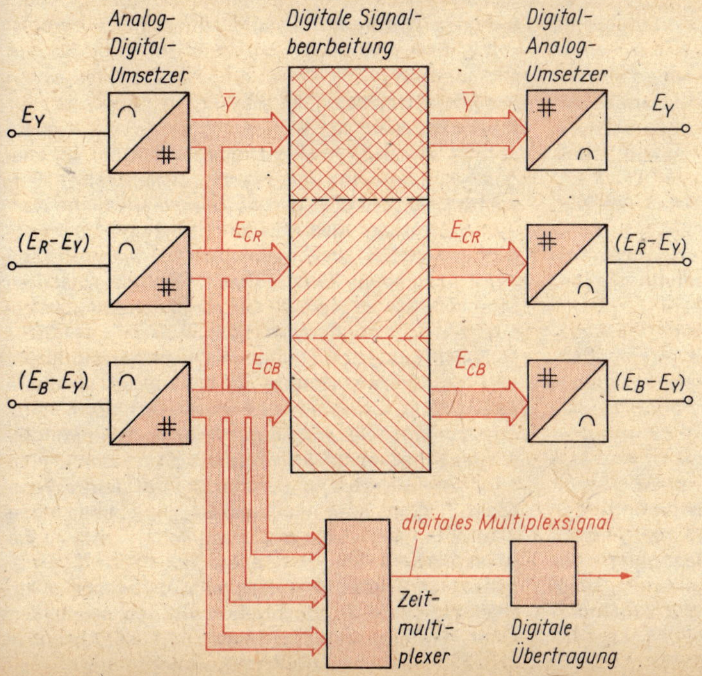

Digitales Bildsignal (3): Komponentenkodierung

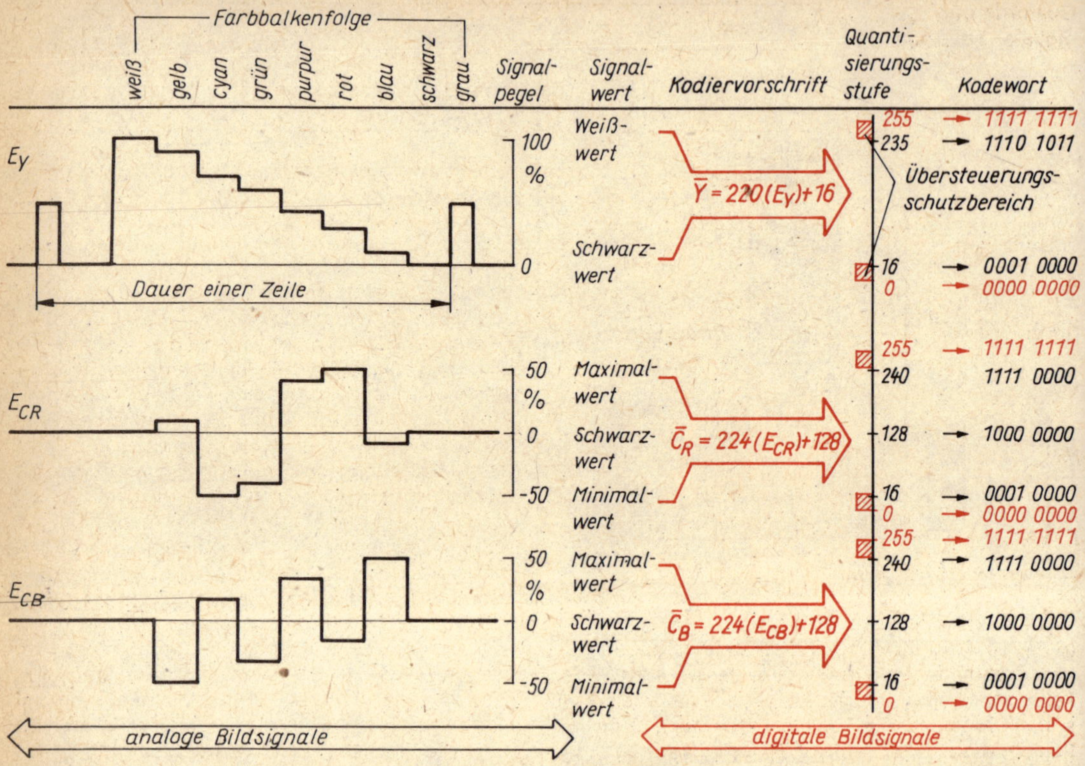

Digitales Bildsignal (4): Quantisierungsstufen der genormten Komponentenkodierung

trennte Ver- und Bearbeitung. Diese Methode ist bei PAL-FBAS-Signalen leicht anwendbar, wenn diese mit der 4fachen Farbträgerfrequenz abgetastet werden. Die Bitrate von d. B. und damit auch die Mindestbandbreite ist extrem groß. Deshalb wird besonders bei einkanaliger → digitaler Übertragung eine Bitratenreduktion durch → DPCM, Digitalisierung der Signale nur für die wirksame Bildfläche, also ohne Zeilen- und Bildaustastlücken und andere redundanzmindernde Verfahren, vorgenommen. → Quantisierung, → Pulskodemodulation, → digitaler Bildspeicher (Tab., Abb.)

digitales Signal: Signal, das nur endlich viele, genau festgelegte, diskrete Werte (z. B. Amplitudenwerte) annehmen kann. Sind nur 2 Werte zugelassen, dann ist das d. S. ein *Binärsignal.* In der Digitaltechnik wird fast ausnahmslos mit Binärsignalen gearbeitet, deshalb bezeichnet man diese einfach, aber ungenau als d. S. Eine 2wertige Darstellung ist elektrisch leicht möglich: Spannung oder Strom eingeschaltet bedeutet Signalpegel „Hoch", engl. High (H), Binärzeichen „1", Spannung oder Strom ausgeschaltet bedeutet Signalpegel „Tief", engl. Low (L), Binärzeichen „0". Für die *Zahlendarstellung* mit d. S. wird das Dualsystem, es beruht auf Potenzen zur Basis 2, verwendet. Abb.

digitales Tonsignal: digitales Signal, das verschlüsselt Schallschwingungen enthält und i. allg. durch Digitalisierung mit Hilfe der Pulskodemodulation aus einem analogen Tonsignal gewonnen wird. Für die Umsetzung aus dem analogen in das digitale Format werden Analog-Digital-Umsetzer, vorwiegend in Form von integrierten Schaltkreisen verwendet. Für das d. T. gibt es keine einheitliche Normung; vielmehr wird Abtastfrequenz und Quantisierungsart (linear bzw. nichtlinear, Stufenzahl; Tab.) dem jeweiligen Zweck, bes. dem gewünschten Störabstand, angepaßt. Gebräuchliche Abtastfrequenzen sind: $f_A = 31{,}25/32/44{,}1$ (44,056)/ 44,33/48/50 kHz. Nichtlineare Quantisierung ergibt eine geringere → Bitrate als lineare bei gleichem Störabstand, erfordert aber einen technisch höheren Aufwand. Sie wird darum nur dort verwendet, wo eine begrenzte Kanalkapazität und damit eine geringere Bandbreite zur Verfügung steht. Wenn das d. T. zusammen mit einem Bildsignal übertragen oder auf einem Videogerät gespeichert wird, ist die Abtastfrequenz mit der Zeilen- oder Farbträgerfrequenz des Bildsignals verkoppelt. Als typisches Beispiel soll das d. T. beschrieben werden, wie es auf einer → Compact Disc gespeichert ist: Abtastfrequenz $f_A = 44{,}1$ kHz, Kodewortlänge $n = 16$ bit

Quantisierung digitaler Tonsignale

Störabstand		72 dB	84 dB	96 dB
Lineare Quantisierung	s	$2^{12} = 4096$	$2^{14} = 16384$	$2^{16} = 65536$
	n	10 bit	14 bit	16 bit
Nichtlineare Quantisierung	s		$2^{10} = 1024$	$2^{12} = 4096$
	n		10 bit	12 bit

s Stufenzahl der Quantisierung
n Bitanzahl je Kodewort (Kodewortlänge)

$5 = 0 \cdot 10^1 + 5 \cdot 10^0$ (Dezimalsystem)
$5 = 0 \cdot 2^3 + 1 \cdot 2^2 + 0 \cdot 2^1 + 1 \cdot 2^0$ (Dualsystem)
0 1 0 1 (Dualzahl)

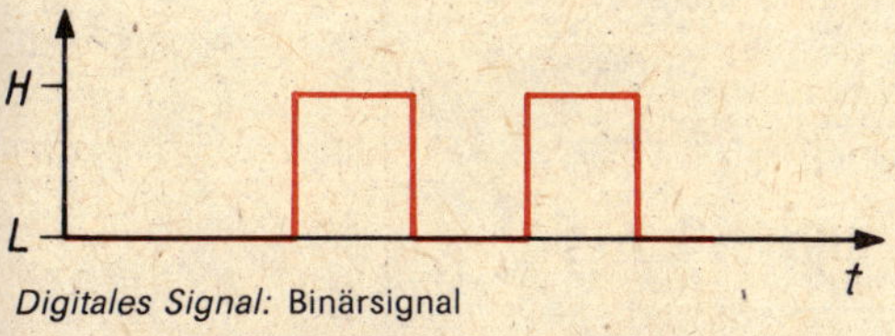

Digitales Signal: Binärsignal

(≙ 65 536 Quantisierungsstufen), lineare Quantisierung. Ohne zusätzliche Kanalkodierung und ohne Fehlerschutz läßt sich daraus formal eine Bitrate von $s \cdot f_A$ = 705 600 bit/s je Tonkanal errechnen. Zu ihrer Speicherung wäre eine Mindestbandbreite von rund 350 kHz erforderlich. Schon daraus ist ersichtlich, daß die Bandbreite bei der → digitalen Übertragung und Speicherung wesentlich größer als bei analoger sein muß. Tatsächlich steigt die Bitrate bei der Compact Disc für 2 Stereokanäle durch Kanalkodierung, Fehlerschutz und Zusatzinformationen auf 4,321 8 Mbit/s, d. h. auf etwa das 3fache des minimal erforderlichen Werts an. → Quantisierung, → Pulskodemodulation (Tab.)

digitale Tonsignalspeicherung: Aufzeichnung, Speicherung und Wiedergabe von digitalen Tonsignalen. Auf einem Magnetband erfolgt die Speicherung in Form von magnetischen Zuständen, die die logischen Wertigkeiten 0 und 1 des digitalen Signals repräsentieren. Bei Digitalschallplatten werden in die informationstragende Fläche entsprechende lochförmige, spiralig in einer Spur angeordnete Vertiefungen *(Pits)* eingeprägt. Das → digitale Tonsignal wird mit Hilfe der → Pulskodemodulation aus den analogen Signalen gewonnen. Bei der d. T. ergeben sich gegenüber den herkömmlichen (analogen) Schallspeicherverfahren folgende Vorteile: a) bedeutende *Verbesserung des Störabstands,* der nicht mehr von den auf den Kanal einwirkenden Störgrößen (z. B. Bandrauschen, Brummen, Knistern) abhängt, sondern durch die Anzahl der Intervalle bei der → Quantisierung vom Hersteller in zweckmäßiger Größe festgelegt werden kann, b) sehr *geringe Klangverzerrungen,* da Übersteuerungen des Informationsträger (z. B. Bandsättigung) keinen Einfluß auf das digitale Signal haben, c) *großer Übertragungsbereich,* der durch die → Abtastfrequenz festgelegt wird, bei absolut linearem Amplitudenfrequenzgang; daher sehr klanggetreue Reproduktion des Originalschalls, d) Möglichkeit der *Speicherung mehrerer Signale* (Stereo-, Quadro-), die im Zeitmultiplexverfahren im digitalen Signal verschachtelt werden. Dabei entsteht keinerlei gegenseitige Beeinflussung der Einzelsignale (kein Kanalübersprechen) und nur sehr geringe → Phasendifferenzen, e) *keine Beeinflussung des wiedergegebenen Signals durch → Kopiereffekt oder → Rumpeln,* f) *Gleichlaufschwankungen* beim Antrieb des Informationsträgers werden durch quarzgenaue Rückgewinnung des Impulstakts beim wiedergegebenen digitalen Signal *ausgeglichen,* g) *keine Pegelschwankungen* im wiedergegebenen Signal, h) Möglichkeit der *Einschachtelung digital kodierter Zusatzinformationen* zwischen den Nutzdaten, z. B. für Titelanzeige, Titelsuche, Steuerung von Funktionen der Wiedergabeeinrichtung u. a., i) nahezu *beliebig häufiges Umzeichnen* digital gespeicherter Tonsignale ohne merklichen Qualitätsverlust. Diese entscheidenden Vorteile müssen durch eine gegenüber dem analogen Tonsignal bedeutend angestiegene Informationsmenge je Zeiteinheit, nämlich durch eine Bitrate von ca. 500...800 kbit/s erkauft werden, die zu einer sehr hohen Aufzeichnungsdichte auf dem Informationsträger führt. Daraus ergibt sich ein weiteres Problem: Wenn der Informationsträger Störstellen aufweist (z. B. Schichtfehler in Magnetbändern, Staub oder Preßlunker bei Platten), so führen diese zu → Dropouts bei der Wiedergabe, die sich u. a. als unangenehm scharfe Knackgeräusche darstellen. Weil auf dem Informationsträger i. d. R. jedes Bit nur eine Länge in der Größenordnung von Mikrometern beansprucht, verfälschen bereits kleinste Störstellen das digitale Signal. Darum werden in die Folge der *Signalbits* außerdem sog. *Prüfbits* eingeschachtelt, die aus dem Nutzsignal abgeleitet sind. Dadurch steigt zwar die zu speichernde Informationsmenge weiter an, es ergibt sich aber ein sehr guter Fehlerschutz, da bei der Wiedergabe die verfälschten Signalbits mit Hilfe der Prüfbits herausgefunden und korrigiert werden können. Bei der Verfälschung ganzer Bitfolgen, wie sie bei größeren

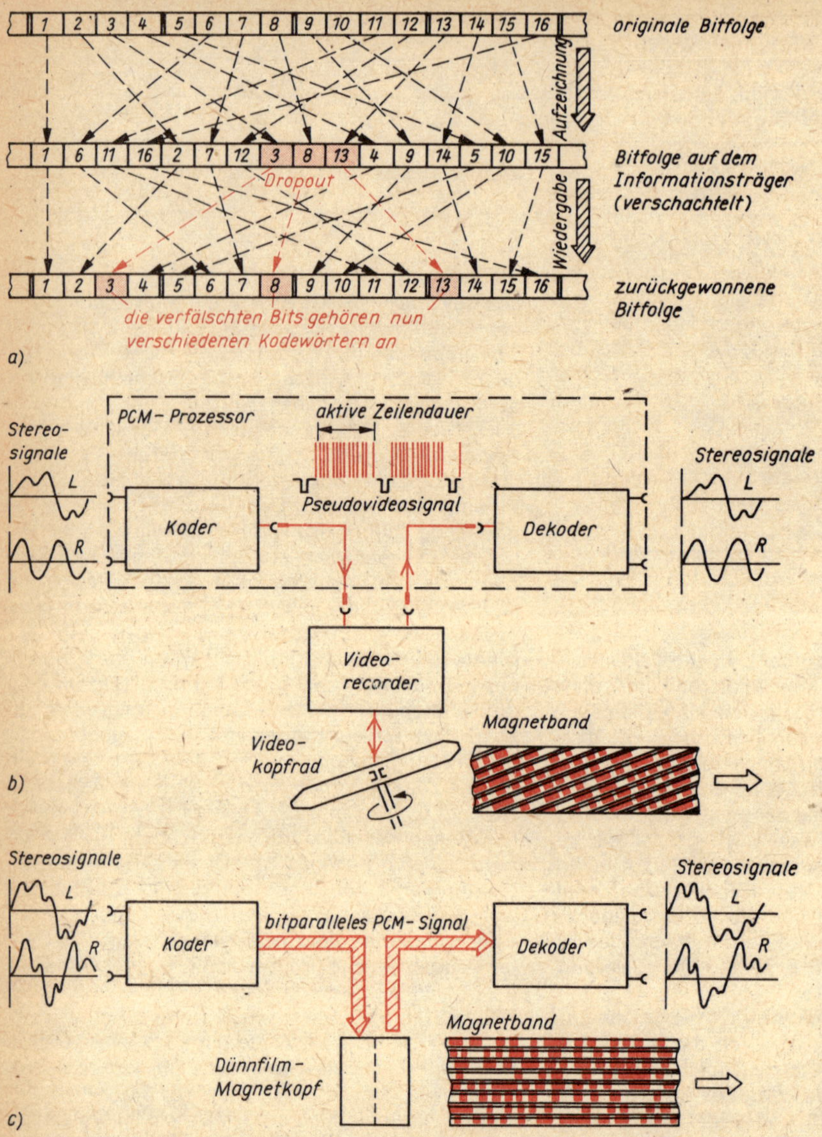

Digitale Tonsignalspeicherung:
a) Prinzip der Kodespreizung zur Fehlerzerstreuung bei einem PCM-Signal,
b) digitale Tonsignalspeicherung im Schrägspurverfahren,
c) im Längsspurverfahren

Störstellen entsteht, reicht aber diese Maßnahme allein nicht aus. Man wendet daher zum Fehlerschutz zusätzliche Verfahren an, z. B. die *Kodespreizung*. Dabei werden die zeitlich unmittelbar aufeinanderfolgenden Bits mehrerer Kodewörter vor ihrer Aufzeichnung untereinander verschachtelt und dadurch auf weiter auseinanderliegende Stellen des Informationsträgers verteilt. Bei der Wiedergabe muß diese Verschachtelung wieder rückgängig gemacht werden. Dabei wird eine evtl. durch Dropouts verfälschte Bitfolge auf mehrere Kodewörter verteilt *(Fehlerzerstreuung)* und kann so mit Hilfe der Prüfbits leichter korrigiert werden (Abb. a). Ein wirksamer Fehlerschutz ist eine unbedingte Voraussetzung jeder d. T., stellt aber auch deren größtes technisches Problem dar. Durch den Fehlerschutz und die Übertragung von Zusatzinformationen kann die angegebene Bitrate von 500...800 kbit/s je nach Kanalkodierung bis auf 1,8...4,5 Mbit/s ansteigen. Ein solcher Datenstrom läßt sich weder auf einem normalen Tonbandgerät, noch auf einer herkömmlichen Schallplatte aufzeichnen; es werden spezielle Geräte und Verfahren erforderlich. Bei der d. T. auf Magnetband werden im wesentlichen 2 Verfahren unterschieden. Bei der *Schrägspuraufzeichnung* mit rotierenden Magnetköpfen (Abb. b) können normale Videorecorder verwendet werden, da sie eine Speicherung der angegebenen Bitrate erlauben. Die beiden zu speichernden Stereosignale werden einem Zusatzgerät zugeführt *(PCM-(Audio-)Adapter*, auch *PCM-Prozessor)*, in dem sie in ein komplexes digitales Signal mit Toninformationen, Fehlerschutzdaten und Zusatzinformationen umgewandelt werden. Es entsteht ein sogenanntes *Pseudovideosignal* oder *-format* in der Fernsehnorm, für die auch der verwendete Videorecorder ausgelegt ist. Das digitale Signal, einschließlich seiner während der Austastzeit des Videosignals anfallenden Daten, ist im Videosignal während der aktiven Zeilendauer eingeschachtelt. Das Pseudovideosignal wird von dem Videorecorder wie ein normgerechtes Bildsignal aufgezeichnet und wiedergegeben. Seine Rückwandlung in die analogen Stereosignale geschieht wiederum im angeschlossenen PCM-Prozessor. Vorteilhaft bei diesem Verfahren ist, daß normale Videorecorder ohne Eingriff in die Schaltung sofort zur d. T. genutzt werden können; allerdings ist gleichzeitig keine Bildaufzeichnung mehr möglich. Die anfallenden Bandkosten sind i. allg. wesentlich geringer als bei herkömmlichen Kassettentonbandgeräten; außerdem erhöht sich die Spieldauer. Nachteilig ist, daß die Bänder nicht gecuttert werden können. Es werden auch Geräte mit Schrägaufzeichnung und integriertem PCM-Prozessor gebaut *(PCM-Digitalrecorder)*, allerdings entfällt bei den meisten die Möglichkeit der Fernsehbildaufzeichnung. Mit PCM-Digitalrecordern wurden im Schrägspurverfahren bereits Speicherdichten von ca. 18,5 Mbit/cm^2 auf Reineisenband erzielt, d. h., bei 3,81 mm breitem Magnetband ist für eine hochwertige d. T. bereits eine Bandgeschwindigkeit von 6 mm/s (!) ausreichend. Das Schrägspurverfahren gilt als technisch ausgereift, entsprechende Geräte werden seit mehreren Jahren industriell hergestellt. Durch Normvereinbarungen für das digitale Signal sind Bänder mit d. T. im gleichen Recordersystem austauschbar. Eine besondere Methode der d. T. auf Videoband wird beim *Standard → 8 mm-Video* verwendet. Bei diesem Verfahren ist vorgesehen, das digitale Tonsignal (2 Stereokanäle) wahlweise an Stelle analoger Aufzeichnung im Schrägspurverfahren auf einem Teil der Videospur aufzuzeichnen. Damit ist Videoaufzeichnung und d. T. auf einem Magnetband gleichzeitig möglich. Bei dem zweiten Verfahren der d. T. auf Magnetband, der *Längsspuraufzeichnung* mit festehenden Magnetköpfen (Abb. c) ist die hohe Aufzeichnungsdichte besonders problematisch. Darum wird, um nicht zu hohe Bandgeschwindigkeiten verwenden zu müssen, das digitale Signal auf mehrere parallele Magnetspuren aufgeteilt. Praktisch ausgeführte Geräte arbeiten u. a. mit 10 parallelen Spuren mit je 0,18 mm Breite auf Kompaktkassette, bzw. mit 16 Spuren auf → Elcaset. Um die vielen und sehr schmalen Spuren auf dem Band gleichzeitig aufzeichnen zu können, werden spezielle → *Dünnfilm-Magnetköpfe* verwendet oder Spezial-Ferritköpfe mit extrem geringer Spalthöhe. Wegen der sehr schmalen Spuren wirken sich bereits geringfügige Spurfehler stark aus. Die Längsspuraufzeichnung hat vor allem in Rundfunk- und Schallplattenstudios Bedeutung. Es werden dabei *PCM-Studiotonbandgeräte* mit den gleichen Laufwerken, der gleichen Bandgeschwindigkeit und denselben Bandwickeln verwendet, wie sie auch die herkömmlichen Studiotonbandgeräte haben. Wichtig ist, daß bei diesem Verfahren die Bänder auch gecuttert werden können. Die d. T. auf Magnetband hat in der Heimelektronik bisher nur untergeordnete Bedeutung. Das liegt hauptsächlich daran, daß Heimtonbandgeräte vorrangig zum Mitzeichnen von Rundfunkprogrammen und zur Umzeichnung von Band und herkömmlicher Schallplatte verwendet werden. Diese Programmquellen liefern aber z. Z. noch analoge Tonsignale, so daß ein hochwertiger Kassettenrecorder mit Rauschminderungssystem fast immer den Ansprüchen genügt. Auch wegen der fehlenden allgemeinen internationalen Normung des digitalen Signals wäre eine größere Verbreitung dieser noch sehr jungen und sicher nicht in allen Details ausgereiften Technik z. Z. verfrüht. Von den vielfältigen vorgeschlagenen und erprobten → *Digitalschallplatten* konnte sich bisher nur die 1983 auf dem kapitalistischen Markt erschienene → *Compact Disc* stärker durchsetzen. Abb.

digitale Tonübertragung: → Tonsignalübertragung

digitale Übertragung: Übermittlung von Informationen zwischen 2 voneinander entfernten Orten mit digitalen Signalen. Die zu übermittelnden Informationen müssen in digitaler Form bereitstehen oder, wenn sie als analoges Signal vorliegen, in ein → digitales Signal umgesetzt werden. Bevorzugtes Mittel der Umsetzung ist die → Pulskodemodulation. Die d. Ü. wird überall dort angewendet, wo von den Signalquellen unmittelbar digitale Signale erzeugt werden. Dazu gehören vielfältige Verfahren der Datenübertragung, z. B. Datenaustausch zwischen → Computern (Datennetze), → Datenzeile im Fernsehsignal, → Fernbedienung von Geräten der Unterhaltungselektronik, → Fernsehtextsystem, → Bildschirmtext. Zunehmende Bedeutung erlangt die d. Ü. bei der Bild- und Tonsignalübertragung und auch auf anderen Gebieten, wo bislang noch analoge Verfahren vorherrschen. Neben dem schon verbreiteten Einsatz der d. Ü. im Fernsprechverkehr zählen hierzu die d. Ü. von Ton- und Bildsignalen zwischen Studios und zwischen Studio und Sender, über Richtfunkstrecken oder Satellitenverbindungen von Punkt zu Punkt, die sog. PCM-Übertragung von Hörrundfunkprogrammen über Rundfunksatelliten sowie einige Verteilernetze des → Kabelfernsehens. Vorteile der d Ü. ist eine rausch- und störungsarme Übertragung auf Grund der Regenerierbarkeit digitaler Signale. Der Störabstand des übertragenen Signals ist nicht vom Störabstand im Übertragungskanal abhängig, sondern nur von der

Bitraten bei digitaler Übertragung

Signalart	Digitalisierungsart		Bitrate
	Abtastfrequenz	Bitanzahl pro Kodewort	
Fernsprechsignal	international genormt		
	8 kHz	8 bit	64 kbit/s
Tonsignal	keine Normung		
	32 kHz	10 bit	320 kbit/s
	50 kHz	16 bit	800 kbit/s
Bildsignale			
FBAS (PAL)	keine Normung		
	17,73 MHz	8 bit	141,8 Mbit/s
Komponentenkodierung	international genormt		
E_Y	13,5 MHz	8 bit	
$(E_R - E_Y)/(E_B - E_Y)$	6,75 MHz	8 bit	216 Mbit/s

Stufenzahl, die bei der Digitalisierung gewählt wird und damit von der Bitanzahl des Kodeworts im Digitalsignal selbst (s. Tab. → Quantisierung). Dies gilt aber nur, solange der Störabstand des Übertragungskanals oberhalb einer Mindestschwelle bleibt, die ca. bei 20 dB liegt. Außerdem ist das digitale Signal unempfindlich gegenüber nichtlinearen Verzerrungen, die in jedem Übertragungskanal auftreten, und gegen → Übersprechen. Nachteilig ist die wesentlich größere Bandbreite, die für die d. Ü. im Vergleich zur analogen Übertragung notwendig ist. Die Mindestbandbreite beträgt, binäres Digitalsignal ohne zusätzlichen Fehlerschutz vorausgesetzt, die Hälfte der → Bitrate (Tab.). Für die d. Ü. sind Breitbandübertragungskanäle erforderlich. Besonders geeignet sind → Lichtleiter. Meist werden bei digitaler Übertragung mehrere, voneinander unabhängige Signale zeitlich ineinandergeschachtelt über den gleichen Kanal übertragen *(Zeitmultiplexbetrieb)*. Tab.

Digitalisierung: Umsetzen von Informationen und Signalen (Nachrichtensignal und Steuersignale) aus analoger Darstellungsform in digitale Form (→ digitales Signal). Die D. erfolgt mit → Analog-Digital-Umsetzern. Die wichtigste Methode für die D. von Signalen ist die → Pulskodemodulation.

Digital Master Recording (engl., digitale Urbandaufzeichnung): Schallplattenaufnahme mit digitaler Zwischenspeicherung auf einem → Masterband. Diese erfolgt mit einem Studiotonbandgerät mit digitaler Längsaufzeichnung oder auch mit einem Videorecorder unter Zuhilfenahme eines PCM-Adapters (→ digitale Tonsignalspeicherung). Die vorteilhaften Bearbeitungsmöglichkeiten der Bandaufzeichnung bleiben weitestgehend erhalten, ohne daß die Qualitätsminderungen der herkömmlichen Tonbandspeicherung in Kauf genommen werden müssen. Es entstehen Schallplatten mit wesentlich geringerem Rauschen, so daß sich die Dynamik auf Werte von über 60 dB steigern läßt. Schallplatten, die unter Anwendung des D. hergestellt worden sind, werden mitunter irreführend als „digitale Schallplatte" oder „digital geschnittene Schallplatte" bezeichnet. → Schallplattenherstellung

Digitalmikrofon: zur direkten Umwandlung von Schall in ein Digitalsignal bestimmtes Spezialmikrofon. D. existieren z. Z. nur als Versuchsmuster. Nach Bereitstellung einer produktionsreifen Ausführung läßt sich die Schallübertragung mit digitalen Signalen bedeutend vereinfachen, weil dann keine aufwendigen A/D-Umsetzer mehr notwendig sind. → digitaler Kopfhörer

Digitalplattenspieler: Wiedergabeeinrichtung für → Digitalschallplatten. Die D. unterscheiden sich im wesentlichen im Antriebs- und Abtastsystem sowie im Dekoder für das digitale Signal. Diese Baugruppen müssen zum System der verwendeten Digitalschallplatte passen. Für die rillenlose → Compact Disc wird ein D. mit *optischer Abtastung* verwendet. Ein Laserstrahl ist auf die verspiegelte Fläche der Informationsspur fokussiert, wird daran reflektiert und ist danach mit dem digitalen Signal der Platte moduliert (→ CD-Plattenspieler). Die berührungslose Abtastung garantiert äußerst lange Lebensdauer von Platte und Abtastsystem. Bei der Digitalschallplatte nach dem System → AHD wird die *kapazitive Abtastung* mit einer Abtastelektrode angewendet. Auch bei diesem System muß der Abtaster der Spur elektronisch nachgeführt werden. Bei der Mini-Disc mit Rille wird *mechanische Abtastung* angewendet. Das piezoelektrische Abtastsystem mit Diamantnadel befindet sich an einem Tangentialtragarm, der, gesteuert von der Plattendrehzahl, das Abtastsystem der Rille nachführt. Die Feinkorrektur der Nadelführung wird jedoch von der Rille vorgenommen. Durch z. T. schwimmende Lagerung der Diamantnadel (Micro Float) ist man bemüht, auch bei diesem System die Abnutzung von Abtaster und Nadel sehr klein zu halten. In jedem D. folgt dem Abtastsystem ein technisch sehr aufwendiger Dekoder, der die Fehlerkorrektur des Digitalsignals vornimmt, die entsprechenden Steuersignale für den Antriebsmotor und die Nachführung des Abtasters bereitstellt, aus dem PCM-Signal die

Kenndaten von 3 Digitalschallplatten

System	Compact Disc (CD)	Audio High Density (AHD)	Mini-Disc (MD)		
Entwickler	Philips/SONY	JVC	AEG-Telefunken		
Abtastung	optisch mit Laser, berührungslos	kapazitiv mit Abtastelektrode gegenüber der Plattenoberfläche aus stromleitendem PVC	mechanisch (piezoelektrischer Abtaster mit Diamant), z. T. auf Flüssigkeitsfilm schwimmend (Micro Float)		
Drehzahl/ U/min	500...200 (konstante Spurgeschwindigkeit)	900	300		
Durchmesser/mm	120	300	70	125	135
Laufdauer/ min	60 (einseitig bespielt)	2 × 60	2 × 8	2 × 60	2 × 60
Kanalzahl	2 (oder 4, dann verminderte Laufdauer	2	2	2	4

im Zeitmultiplexverfahren verschachtelten Stereo- bzw. Quadrofoniesignale auf die entsprechenden 2 oder 4 Kanäle schaltet und schließlich die Umsetzung in analoge Tonsignale vornimmt (→ Digital-Analog-Umsetzer). D. sind meist mit hohem Bedienungskomfort ausgestattet, wie Titelsuch- und -wiederholautomatiken, Titelanzeige u. a. Die dafür erforderlichen Zusatzinformationen sind kodiert auf der Digitalschallplatte enthalten. → digitales Tonsignal, → digitale Tonsignalspeicherung

Digitalschallplatte, PCM-Schallplatte: scheibenförmiger Informationsträger aus PVC-Material, der in einer spiralförmig verlaufenden Spur mit Hilfe der → Pulskodemodulation (Abk. PCM) kodierte Tonsignale sowie Zusatzinformationen trägt. Nur bei wenigen D. ist auch eine Rille vorhanden, bei den meisten Systemen ist die Information lediglich in Form lochförmiger Vertiefungen *(Pits)* entlang der Spur in die Fläche eingeprägt. Die Bits des digitalen Signals mit ihren logischen Wertigkeiten 0 und 1 werden dabei von den Vertiefungen bzw. den dazwischen verbleibenden Stegen repräsentiert. D. erlauben gegenüber herkömmlichen Schallplatten eine bedeutende Steigerung der Tonqualität – die subjektiven Wahrnehmbarkeitsgrenzen für die wesentlichen Tonsignalmängel werden z. T. weit unterschritten (→ digitale Tonsignalspeicherung) –, erfordern aber in jedem Falle ein spezielles, systemeignes Abspielgerät (→ Digitalplattenspieler, → CD-Plattenspieler). Von den bisher entwickelten vielfältigen Systemen von D., die sich vor allem in Kodierungsart, mechanischen Abmessungen, Drehzahl und im Abtastprinzip unterscheiden, konnte sich bisher nur die → Compact Disc in stärkerem Umfange durchsetzen. Eine völlige Ablösung der herkömmlichen Schallplatten ist jedoch erst auf längere Sicht zu erwarten. Die Kenngrößen von 3 typischen Vertretern der D. sind in der Tabelle zusammengestellt. Tab.

Digitaltechnik: Gesamtheit der Verfahren und Geräte, bei denen → digitale Signale verwendet werden. Die D. gewinnt wegen ihrer Vorzüge (beliebig genaue Signalverarbeitung, Signalregenerierung, keine Ansammlung von Rauschanteilen im Nutzsignal usw.) gegenüber der → Analogtechnik auch in der Unterhaltungselektronik zunehmend an Bedeutung.

Digitaltuner: → Synthesizer-Tuner

Digitaluhr: Uhr mit einer digital gesteuerten Ziffernanzeige der Zeit. Charakteristisch für eine D. heutiger Ansprüche ist der Aufbau als → Quarzuhr unter Verwendung spezieller *Uhrenschaltkreise* (engl. Clock-IC; beinhaltet Quarzoszillator, Frequenzteiler, Funktionseinheiten für verschiedene Zusatzfunktionen wie Datum, Wochentag, Alarm, Stoppuhr und Ansteuerschaltung für das Anzeigedisplay). Für die Ziffernanzeige werden heute meist Flüssigkristall-Anzeigebauelemente eingesetzt. → Zeitschalter, → Schaltuhr

Digivision: Firmenbezeichnung für einen → Farbfernsehempfänger mit *digitaler Signalverarbeitung.* Nach Tuner und ZF-Kanal werden Ton-, Bild- und Steuersignale durch den Einsatz hochintegrierter Schaltkreise ausschließlich in digitaler Form verarbeitet. Hierdurch lassen sich alle Anforderungen an einen HiFi-Farbfernsehempfänger mit hohem Bedienungskomfort verwirklichen. Dieser drückt sich u. a. darin aus, daß bereits vom Hersteller die „Idealwerte" für Helligkeit, Kontrast, Farbsättigung, Lautstärke, Stereo-Balance, Höhen, Bässe in die Steuerschaltungen eingespeichert werden, die dann unabhängig von Einsatzbedingungen, Gerätealterung usw. stets wirksam bleiben. Die digitale Schaltungskonzeption ermöglicht eine ständige Erweiterung der Leistungen des D. entsprechend des sich entwickelten Anspruchsniveaus, z. B.: Empfangsmöglichkeit für digitale Fernsehsignale. „Flimmerfreiheit" des Fernsehbilds durch Signalzwischenspeicherung und hochzeilige Bildwiedergabe, automatische Unterdrückung von Geisterbildern, Bild-in-Bild-Technik, Standbildwiedergabe. Die vom Gerätehersteller des D. verfolgte Schaltungskonzeption bildet in ähnlicher Form heute bei vielen TV-Geräteproduzenten die Grundlage von zukunftsweisenden Fernsehempfängerentwicklungen.

Diktiergerät: besonders kleines Tonbandgerät mit Mikrofon zur Aufzeichnung und Wiedergabe von Sprache, meist mit Fernbedienung und Kopf- oder Ohrhöreranschluß. Weil es ausschließlich auf Sprachverständlichkeit ankommt, genügt ein eingegrenzter Übertragungsbereich, im Extremfall bis 4 kHz. Günstig ist die Anschlußmöglichkeit für einen → Telefonadapter.

Hinweis: Jedes Tonbandgerät mit Mikrofon- und Fernstartanschluß und jeder Kassettenrecorder mit Einbaumikrofon und Pausentaste läßt sich als D. verwenden. Zur Wiederholung von Textpassagen bei der Wiedergabe ist die Betriebsart → Review besonders günstig. Bei Spulentonbandgeräten genügt die Einschaltung der niedrigsten Bandgeschwindkeit.

Diktiermikrofon: → Schaltmikrofon

DIN: früher Abk. für **D**eutsche **I**ndustrie-**N**orm, später auch für **„Das ist Norm"**, seit 1975 nur noch für **D**eutsches **I**nstitut für **N**ormung e. V. (BRD) und als Symbol (DIN) für die von diesem Institut herausgegebenen Standards. Seit 1971 erscheinen auch die vom *Verein Deutscher Elektrotechniker* (BRD) herausgegebenen VDE-Bestimmungen mit einer zusätzlichen DIN-Nummer. Diese Standards tragen empfehlenden Charakter für den Geltungsbereich BRD und Westberlin. → Standard, → HiFi

Diode: Bauelement mit Ventilwirkung für elektrischen Strom. 1) *Vakuumdiode:* → Elektronenröhre. 2) *Halbleiterdiode:* nichtlineares Halbleiterbauelement mit einem → pn-Übergang, im Plast-, Glas- oder Metallgehäuse. Das p-Gebiet bildet die → Anode, das n-Gebiet die → Katode. Der elektrische Strom kann nur in Durchlaßrichtung (positiver Pol an Anode) fließen, da der pn-Übergang dann mit Ladungsträgern überschwemmt und leitend ist (→ Halbleiter). In Sperrichtung werden freie Ladungsträger zu den Anschlüssen hin abgesaugt, wodurch die Sperrschicht (→ pn-Übergang) nur sehr schwach leitet. Es kann nur ein sehr kleiner Sperrstrom (I_R) fließen (Abb. 1).

D. gibt es, dem inneren Aufbau entsprechend, als *Spitzen-D.* oder *Flächen-D.* (Abb. 2). Bei der Spitzen-D. berührt eine Metallspitze die Oberfläche eines Halbleiterplättchens. Die kleine Fläche des so entstehenden pn-Übergangs führt zu sehr guten HF-Eigenschaften. Bei Flächen-D. ist die Sperrschicht durch Legieren oder Diffundieren von Akzeptoratomen in ein n-leitendes Halbleiterplättchen (Substrat) entstanden. Die verhältnismäßig große Fläche der Sperrschicht läßt beachtliche Ströme zu. D. werden z. B. zur Gleichrichtung, Stabilisierung, Begrenzung, als Schalter, veränderliche Kapazität oder Lichtwandler eingesetzt. Dementsprechend gibt es viele Sonderformen von Dioden (Abb. 3). Abb.

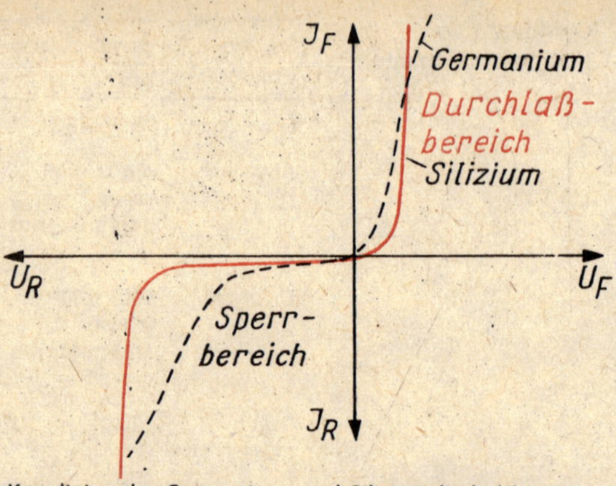

Kennlinien der Germanium- und Silizium*diode* (1)

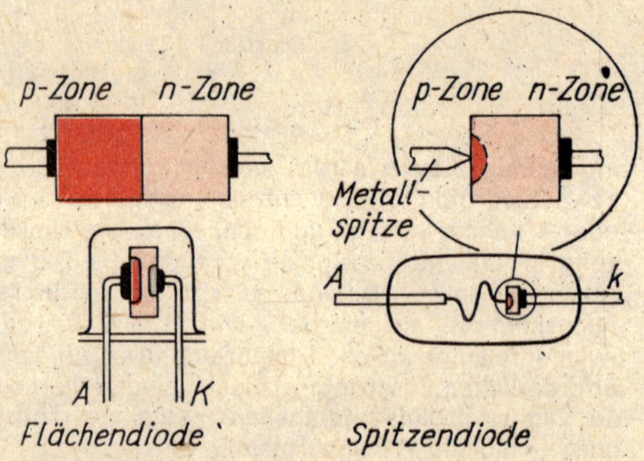

Aufbau von *Dioden* (2)

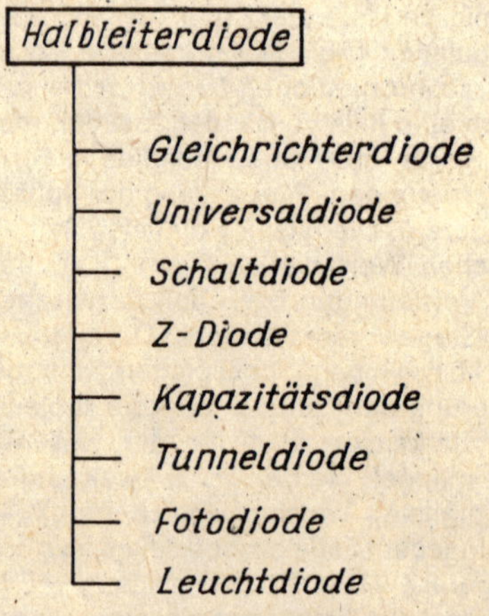

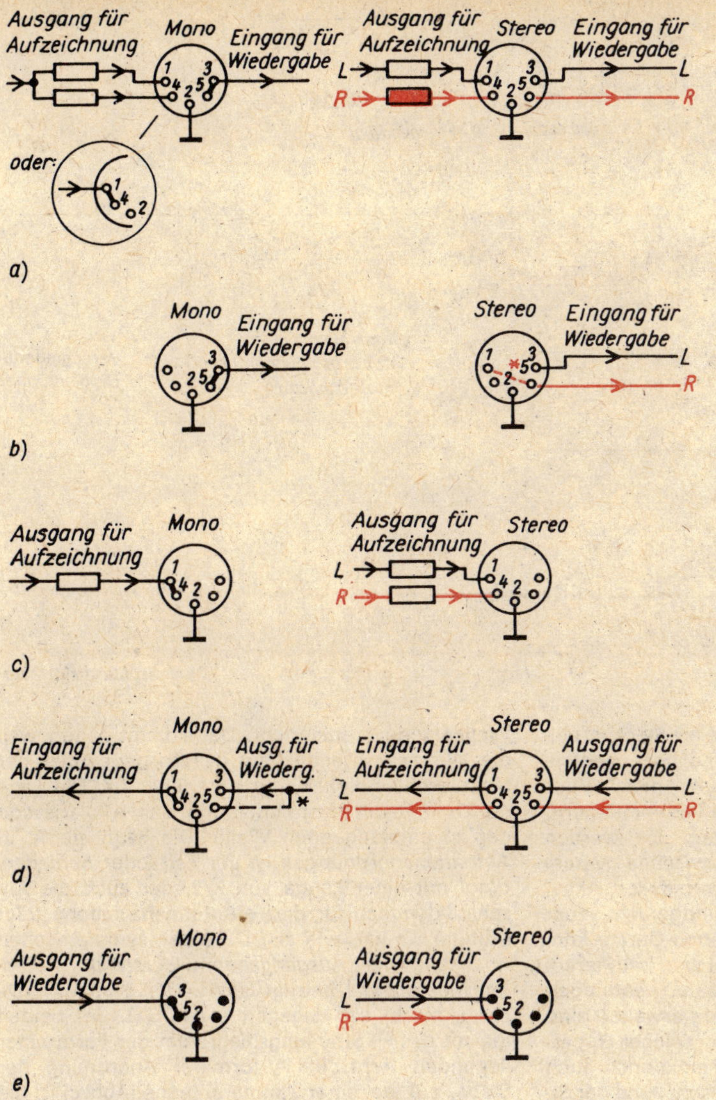

*Brücke z.T. vorhanden für Anschluß älterer Plattenspieler mit 3poligem Stecker
*nur in Betriebsart Wiedergabe Kontakt 3 mit 5 verbunden

Beschaltung von *Diodensteckverbindern*:
a) TB-Anschlußbuchse am NF-Verstärker/Rundfunkempfänger/Tonmischpult,
b) TA-Eingangsbuchse am NF-Verstärker/Rundfunkempfänger/Tonmischpult,
c) TB-Anschlußbuchse am Fernsehempfänger,
d) Ein-/Ausgangsbuchse am Tonbandgerät,
e) Stecker (auch Buchse) am Schallplatten-Abspielgerät/Tuner/elektronischem Musikinstrument

„Diodenanschluß", Diodenbuchse: verbreitete, inzwischen veraltete Bezeichnung für einen →TB-Anschluß. Sie stammt aus den 50er Jahren, als von den hochpegeligen Signalen des Lautsprecherausgangs zur Tonaufzeichnung auf das niederpegelige Signal am Demodulatorausgang des Rundfunkempfängers („Diodengleichrichter") übergegangen wurde. →Diodensteckverbinder

Diodenkabel: →Anschlußleitung

Diodensplittransformator: modulartiges Bauelement zur Erzeugung der →Hochspannung für Farbbildröhren. Der D. ist eine Kombination aus Zeilentransformator und Gleichspannungsvervielfacher (Hochspannungskaskade). Beim D. sind die Hochspannungsgleichrichter unmittelbar im Hochspannungswickel (Sekundärseite des Zeilentransformators) eingebaut. Die Ladekondensatoren (C_L) werden durch die Kondensatorwirkung der einzelnen Wickellagen gebildet. Abb. S. 148

Diodensteckverbinder: umgangssprachlich für 3-

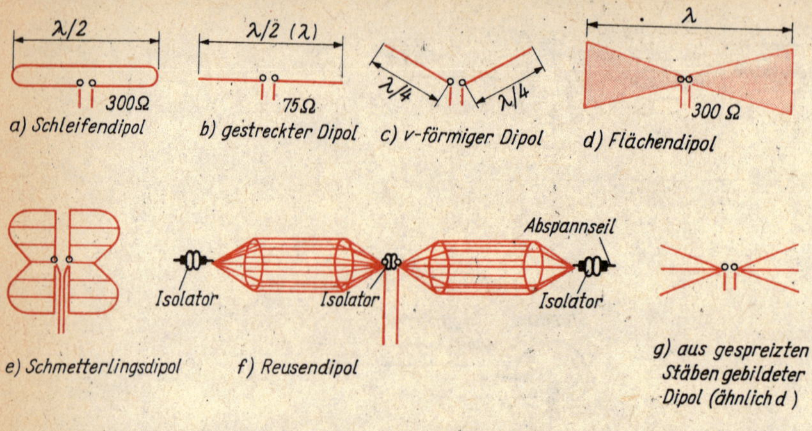

Verschiedene Dipolantennen

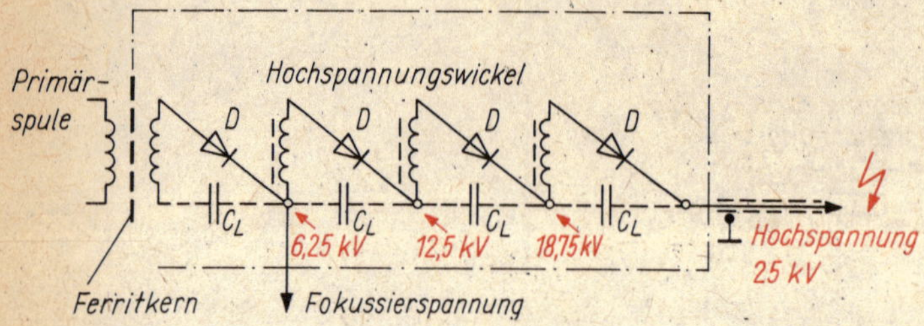

Diodensplittransformator

oder 5poligen Rundsteckverbinder (→ Steckverbinder) nach IEC 130-9 für nieder- und hochpegelige Tonsignale. D. dienen vorrangig zum Anschluß der Signalquellen an die Eingänge von NF-Verstärkern, Steuergeräten und Tonmischpulten. Sie werden auch für Verbindungsleitungen zwischen Mischpult, NF-Verstärker, Vor- und Endverstärker, Aktivboxen oder zwischen 2 Tonbandgeräten zum → Umzeichnen verwendet. Für Mono-Geräte können 3- oder 5polige D. benutzt werden, bei Stereogeräten immer 5polige. Für Sonderanwendungen gibt es D., die auf 7 oder 8 Kontakte erweitert sind (→ Mikrofonstecker). In die Buchsen solcher D. passen ohne Gewährung der Sonderfunktionen auch die 3- und 5poligen Stecker. Die Beschaltung der Signalkontake 1...5 richtet sich bei den D. nach dem Verwendungszweck: 1 bzw 3 ist immer der linke Stereokanal oder Mono, 4 bzw. 5 ist der rechte Stereokanal. Kontakt 2 liegt immer an Masse und wirkt als gemeinsamer Signalrückleiter. → TA-Eingang, → TB-Anschluß, → Anschlußleitung (siehe Abb. S. 147)

Dipolantenne, kurz Dipol: aus elektrisch leitenden Stäben bestehendes, auf die zu empfangende Wellenlänge λ abgestimmtes Grundelement der meisten Empfangsantennen für den VHF- und UHF-Bereich, z. T. auch für Amateur-Kurzwellenempfang. Die wirksame Länge beträgt λ/2 *(Halbwellendipol)*, bei UHF-Antennen meist λ *(Ganzwellendipol)*. Die mechanische Länge ist, abhängig von der Stabdicke, stets etwas kürzer, als es der elektrischen Wellenlänge λ entspricht. Das kommt daher, weil die Wellenausbreitung auf Leitern gegenüber der Lichtgeschwindigkeit etwas geringer ist. Die Lage der D. im Raum entspricht immer der → Polarisation der zu empfangenden Welle. Die häufigste D. in Antennenanordnungen ist der *Falt-* oder *Schleifendipol* mit einer Länge von λ/2, der auch die Anschlußklemmen für die → Antennenzuleitung trägt (Abb. a). Er hat, wie alle D., einen symmetrischen Anschluß; der *Ausgangsnennwiderstand („Antennenwiderstand")* beträgt 300 Ω. Der *gestreckte Dipol* (Abb. b) hat dagegen etwa 75 Ω. Bei beiden gleicht das → Strahlungsdiagramm der Form einer liegenden Acht. Bei V-förmiger Anordnung der Stäbe, z. B. bei einer Zimmerantenne (Abb. c) ist die Richtwirkung weniger ausgeprägt. Auch ein *Flächendipol* (Abb. d) mit einer Länge λ wird häufig im UHF-Bereich verwendet; auch er hat einen Ausgangsnennwiderstand von 300 Ω. Er ermöglicht den Empfang eines größeren Frequenzbereichs (Breitbandantenne). Weitere breitbandige D. sind der Schmetterlingsdipol, der Reusendipol (vorwiegend für Kurzwellenempfang) und der aus gespreizten Stäben gebildete Dipol. In Sendernähe, besonders für UKW-Empfang, ist eine D. meist ausreichend, bei komplizierteren Empfangsverhältnissen wird die D. durch zusätzliche Stäbe, Gitter u. ä. Elemente oder durch Kombination mehrerer D. zur stärker bündelnden → Mehrelementantenne mit größerem → Antennengewinn erweitert. → Kreuzdipol, → Ringdipol (Abb.)

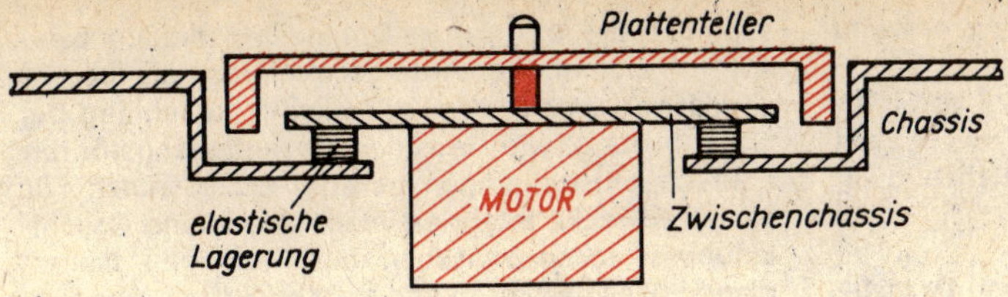

a)

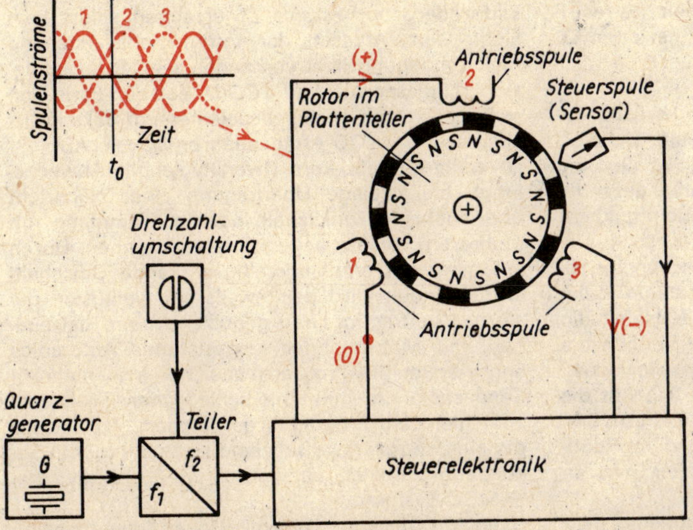

b)

Direktantrieb:
a) Aufbau,
b) Funktionsprinzip des Linearantriebs (vereinfacht)

Direct Control-System: → Tachoregelung
Direct Drive: → Direktantrieb
Direktantrieb, Zentralantrieb, *Capstanantrieb* (engl. *Direct Drive*): sehr modernes Antriebsprinzip bei Plattenspielern und Magnetbandgeräten, bei dem der Antriebsmotor starr mit Plattenteller oder Transportrolle verbunden, oder der Plattenteller selbst Teil dieses Motors ist. Bei Plattenspielern werden kollektorlose Gleichstrommotoren, mehrpolige Synchronmotoren mit außenliegendem Rotor oder andere Spezialkonstruktionen verwendet, die wegen der sehr niedrigen Plattentellerdrehzahl alle mit aufwendigen elektronischen Regelschaltungen zusammenarbeiten. D., bei denen der Plattenteller selbst als Rotor des Antriebsmotors ausgebildet ist, werden auch als *Linearantriebe* bezeichnet. Die Pole werden als Permanentmagnete ringförmig außen an der Plattenteller-Unterseite verteilt – dadurch ist eine für guten Gleichlauf günstige, große Anzahl möglich –, darunter sind die Antriebsspulen und die zur elektronischen Regelung erforderlichen Sensoren fest angeordnet. Für einen guten Gleichlauf sind außerdem schwere Plattenteller mit großem Massenträgheitsmoment unumgänglich. D. lassen sich quarzgenau regeln *(Quartz Control)*, jeglicher → Schlupf entfällt. Weil keine Verschleißteile vorhanden sind, behalten D. über sehr lange Zeit ihre guten Eigenschaften. Mit dem D. lassen sich die besten Ergebnisse von allen Antriebsarten erzielen, sie werden darum in hochwertigen HiFi-Plattenspielern eingebaut. Die Tonhöhenschwankungen lassen sich unter 0,05 % drücken, Werte, die bereits unter denen liegen, wie sie in Folge der zulässigen Exzentrizität des Schallplatten-Mittellochs (≦ 0,2 mm) entstehen können. Der Rumpel-Geräuschspannungsabstand liegt i. allg. über 70 dB. Abb.
Direktsatellit: → Fernsehrundfunksatellit
Direktschnitt (engl. Direct to Disk Recording): Schallplattenschnitt unter Umgehung der Zwischenspeicherung des Tonsignals auf Magnettonband (→ Schallplattenherstellung). Beim D. sind alle sonst durch die Zwischenspeicherung entstehenden Qualitätsminderungen ausgeschaltet. Der Störabstand der Ursprungsaufnahme wird nicht verschlechtert. Auf der Schallplatte läßt sich eine → Dynamik bis zu ca. 50 dB erzielen. Nachteilig ist, daß eine zusätzliche Bearbeitung der Aufnahme, z. B. durch Cuttern, nicht möglich ist; die komplette Tonaufnahme muß in einem Zuge gemacht werden. Außerdem ist

keine → pegelabhängige Rillensteuerung anwendbar und kein → Playback möglich.

Direktsendung: Form der Übertragung von Ton- und Bildsignalen im → Hörrundfunk bzw. → Fernsehrundfunk. Bei einer D. besteht Gleichzeitigkeit zwischen der Programmproduktion (Signalaufnahme) an einem beliebigen Aufnahmeort und deren Wiedergabe. Große Bedeutung haben D. insbesondere bei der → Direktübertragung aktuell-politischer Ereignisse, von Unterhaltungs- und Sportsendungen. Die heute im internationalen Maßstab zur Verfügung stehenden Nachrichtenkanäle (terrestrischer → Richtfunk, → Satellitenfunk) gestatten D. faktisch von jedem beliebigen Punkt der Erde.

Direktor: → Mehrelementantenne

Direktübertragung, Abk. **DÜ:** Form der Übertragung von Ton- und Bildsignalen. Bei einer DÜ werden die am Aufnahmeort produzierten Signale ohne zwischengeschaltete Signalspeichergeräte auf möglichst kurzen Signalwegen (Kabel, Richtfunk) zu ihrem Bestimmungsort übertragen. Dies ist im einfachsten Fall unmittelbar die Wiedergabeeinrichtung, i. d. R. aber ein Ton- und Videostudio (beim Amateur) bzw. ein Rundfunk- oder Fernsehstudio (im Hör- bzw. Fernsehrundfunk). Hier können die Signale mit anderen gemischt, bearbeitet usw., aber auch nur weitergeleitet werden. Schließt die DÜ die Verbreitung der Signale im Rundfunk ein, spricht man i. w. S. von → *Direktsendung*. Im Rundfunk werden DÜ auch über die nationalen Grenzen hinaus durchgeführt.

Discofilm, Record Film: → Schallplattenpflege

Discovision: optisches Bildplattensystem, das ähnlich wie das System → Laservision arbeitet und auf das NTSC-Farbfernsehverfahren ausgerichtet ist. D. wurde von der amerikanischen Firma MCA entwikkelt. Die D.-Bildplatte mit einem Durchmesser von 30 cm war ursprünglich (1973) nur einseitig bespielt, hatte eine Spielzeit von 40 min und wurde von außen nach innen abgetastet. Infolge der Weiterentwicklung und vertraglicher Bindung besteht heute zwischen D. und Laservision praktisch Kompatibilität. → Bildplatte

Disk, auch Disc: engl. für → Schallplatte.

diskretes Bauelement: → Bauelement

diskrete Schaltung: elektronische Schaltung, die neben den Leitungsverbindungen vorwiegend aus einzelnen (diskreten) → Bauelementen aufgebaut ist.

Display (engl., Darstellung), svw. Anzeigesystem: aus einzelnen Anzeigebauelementen zusammengesetzte oder als komplexe Anzeigeeinheit aufgebaute Baugruppe zur optischen Darstellung der Informationen elektrischer Signale. Die Information wird vorwiegend mit Ziffern (numerisch) oder mit Ziffern, Zeichen und Buchstaben (alphanumerisch) dargestellt, wobei diese aus flächenhaften Bildpunkten oder Segmenten zusammengesetzt werden. *Aktive D.* erzeugen selbst Licht. Dazu gehören das sog. *LED-D.*, das auf → Lumineszenzdioden bzw. auf → Lichtemitter-Anzeigebauelementen beruht und das *Plasma-D.*, das die Leuchterscheinung bei Gasentladung, wie sie von → Gasentladungsröhren oder Leuchtstofflampen bekannt ist, ausnutzt. Für Anzeigezwecke integriert man viele kleine Gasentladungsstrecken zwischen durchsichtigen Isolierplatten (Plasmaschirm) und stellt so Ziffern, Buchstaben und andere Zeichen dar. Diese Plasmaschirme bilden eine vielversprechende Grundlage für die Entwicklung des flachen Bildschirms für die farbige Bildwiedergabe. *Passive D.* erzeugen selbst kein Licht. Zum Ablesen der Informationsdarstellung muß Umgebungslicht vorhanden sein. Die wichtigsten D. dieser Art sind *LCD-D.* auf der Basis von → Flüssigkristall-Anzeigebauelementen. Bekannt ist allgemein das LCD-Armbanduhren-D. → FLAD

Diversity-Betrieb, kurz Diversity (engl., Abwechslung): gleichzeitige Übertragung einer Nachricht über mehrere Funkkanäle oder der Empfang mit mehreren, versetzt angeordneten Antennen. Durch automatische, empfangsseitig wirkende Umschalteinrichtungen wird der jeweils am wenigsten gestörte Übertragungsweg genutzt. D. wird bei einigen, mit Mikrorechner ausgestatteten Autoradios angewendet. Im Programmspeicher sind mehrere Sendestationen mit unterschiedlicher Frequenz, aber gleichem Programm gespeichert. Auf jeweils die empfangsstärkste schaltet der Empfänger in Sekundenbruchteilen automatisch um (→ PCI-System, → MCC-System).

DLD, Abk. für engl. **D**ynamic **L**inear **D**rive (dynamische Linearsteuerung): Schaltungsvariante eines HiFi-NF-Verstärkers, bei der jeder Kanal 2 getrennte Endstufen enthält. Eine Endstufe mit geringer Leistung ist bei kleinen und mittleren Lautstärken wirksam, bei großen Lautstärken schaltet sich die Endstufe größerer Leistung automatisch dazu. Dadurch wird insgesamt weniger Energie verbraucht, der Wirkungsgrad des Verstärkers steigt.

DLL, Abk. für engl. **D**irect **L**oad and **L**ock (svw. direktes Einlegen und Verriegeln): System bei Kassettenrecordern, das ein unmittelbares Einlegen der Kassette in eine offene Halterung und die direkte Entnahme *während des laufenden Betriebs* erlaubt. Bei Entnahme der Kassette werden 2 Tastflächen rechts und links seitlich der Kassette berührt oder 2 Infrarot-Lichtschranken unterbrochen, die in Sekundenbruchteilen die Abschaltung des Antriebs und die Rückführung der Köpfe in die Ruheposition bewirken. Ein Kassettenwechsel wird in Sekundenschnelle möglich; die neu eingelegte Kassette läuft sofort in der gleichen Funktion weiter, wie die entnommene gelaufen ist (z. B. Wiedergabe). DLL wird auch in Verbindung mit → Auto-Reverse-Laufwerken verwendet. Vorteilhaft ist auch der gut sichtbare Bandlauf und die leichte Zugänglichkeit der Köpfe zur Reinigung. Nachteilig können erhöhte

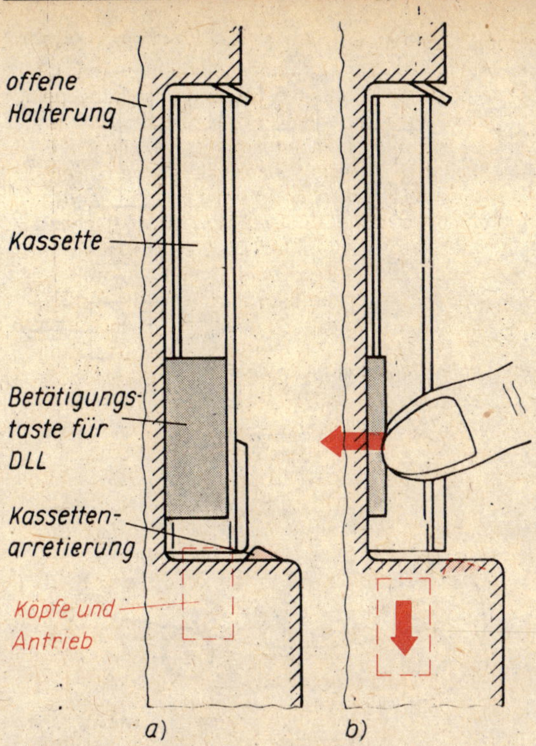

Wirkungsweise von *DLL* (Seitenansicht): a) bei Bandlauf, b) Entnahme der Kassette

Staubablagerungen und störende Laufgeräusche der Kassette sein. Abb.

DLPF, Abk. für engl. **D**ynamic **L**ow **P**ass **F**ilter (dynamisches Tiefpaßfilter): → dynamisches Rauschfilter zur Verminderung des Rauschens in beliebigen Tonsignalen. Das DLPF ist in seiner Funktion dem → DNL ähnlich.

DMM, Abk. für engl. **D**irect **M**etal **M**astering: von der Firma TELDEC (Berlin West) entwickeltes Verfahren zum direkten Schnitt der Schallplattenrille in einen metallischen Aufzeichnungsträger (Kupferschicht von 90 µm Dicke auf einer Stahlplatte). Der Gedanke des direkten Schnitts in Metallfolien ist nicht neu. Bereits im Jahre 1891 schlugen. J. ROSENTHAL und S. FRANCK ein auf rein mechanischer Basis fußendes Verfahren vor. Beim DMM entsteht der Vorteil dadurch, daß von der geschnittenen Aufnahme direkt Preßmatritzen zur → Schallplattenherstellung gefertigt werden können, ohne daß der Umweg über „Vater-" und „Muttergalvanos" gegangen werden muß. Es werden Fehlerquellen durch Staubeinschlüsse vermieden, die Tonqualität kann erheblich gesteigert werden. Die Herstellungszeit der Schallplatte verkürzt sich. Es entstehen Schallplatten mit weit weniger Knack-, Knister- und sonstigen Grundgeräuschen. Weil die Kupferfolie frei von Rückfederungsverformungen ist, kann auch impulsartiger Schall ohne Verfälschungen gespeichert werden, und die Neigung zu Vor- oder Nachechos (→ Kopiereffekt) wird wesentlich geringer. Die Rillenabstände können verkleinert werden, so daß sich die Laufdauer der Schallplatte um etwa 10...15 % erhöht. Weil das DMM ausschließlich aufnahmeseitig zur Anwendung kommt, sind keinerlei Zusatzeinrichtungen bei den herkömmlichen Plattenspielern erforderlich. DMM kommt besonders bei Schallplatten zur Geltung, die entweder im → Direktschnitt hergestellt, oder von einem Urband mit Digitalaufzeichnung geschnitten werden (→ Digital Master Recording).

DNL, Abk. für engl. **D**ynamic **N**oise **L**imiter (dynamischer Rauschbegrenzer): Baugruppe zur nachträglichen Verminderung störenden Rauschens bei beliebigen Tonsignalen; → dynamisches Rauschfilter. Mit einem DNL wird eine Abschwächung aller Stör-, aber auch Nutzsignale über 5 kHz vorgenommen, wenn die Nutzsignale in diesem Frequenzbereich eine bestimmte Größe unterschreiten und das Rauschen besonders stören würde. Die Absenkung kann oberhalb 10 kHz Werte bis zu 20 dB annehmen. Bei obertonreichen lauten Passagen bleibt das Nutzsignal und das Rauschen unbeeinflußt.

DOK: → Dropoutkompensator

Dolby B, Dolby-Stretcher (B), Dolby NR-System: einkanaliger Sliding Band-Kompander (→ Kompander), vorwiegend für Kassettentonbandgeräte. D. wurde im Jahre 1965 von dem US-Amerikaner Ray M. DOLBY entwickelt und als erstes Kompandersystem der Welt über Lizenzen umfassend eingeführt. Der D. arbeitet mit nichtlinearer Kennlinie bei einem maximalen Kompressionsgrad von 2 und wirkt nur auf Tonsignale ab etwa 1 kHz. Der Gewinn an Störabstand beträgt etwa 8...10 dB.

Hinweis: Aufzeichnungen über D. müssen besonders sorgfältig ausgesteuert werden, es empfiehlt sich, nur den angegebenen Bandtyp zu verwenden. Über D. aufgezeichnete Tonsignale können notfalls auf Geräten ohne diese Einrichtung wiedergegeben werden (z. B. über ein Kassetenabspielgerät im Kfz), die dann überbetonten Höhen lassen sich mit dem Höheneinsteller abschwächen.

Der D. in seiner ursprünglichen Schaltung wird mehr und mehr von moderneren, wirksameren Modifikationen abgelöst. → Dolby C, → Dolby HX

Dolby C: einkanaliger Breitbandkompander, vorwiegend für Kassettentonbandgeräte. Der D. besteht im wesentlichen aus 2 in Reihe geschalteten → Kompandern des Typs → Dolby B, wobei die zweite Baustufe so bemessen ist, daß eine Kompandierung bereits ab 200 Hz mit pegelabhängig gleitender Frequenzgrenze einsetzt. Die Empfindlichkeit gegenüber Band- und Gerätetoleranzen bleibt in vertretbaren Grenzen, der Gewinn an Störabstand beträgt ca. 20 dB. Der D. läßt sich wahlweise auch auf Dolby B-Funktion umschalten, außerdem können mit D. aufgezeichnete Signale ohne bedeutende → Dynamikverzerrungen auch über einen Dolby B wiedergegeben werden.

Dolby HX (HX Abk. für engl. Headroom Extension; erweiterter Aussteuerungsspielraum): elektronische Baugruppe zur Verbesserung der Höhenaussteuerung von Kassettentonbändern, die zur Rauschminderung führt. Der D. ist kein eigentlicher → Kompander, arbeitet aber mit einem → Dolby B zusammen. Er kann nicht als selbständige Baugruppe in einem Tonbandgerät eingebaut werden. Die Wirkung entsteht ausschließlich aufnahmeseitig: Bei Musikstücken mit vielen hohen Frequenzanteilen großer Amplitude wird der → Vormagnetisierungsstrom gleitend verringert, gleichzeitig werden die Höhen bei der Aufzeichnung weniger stark angehoben. Das ist erforderlich, damit der Über-alles-Amplitudenfrequenzgang des Kassettengeräts linear bleibt; denn bei vermindertem Vormagnetisierungsstrom ändert sich die Höhenempfindlichkeit des Bands. Es kann mit einem höheren Aufnahmepegel gearbeitet werden, so daß sich ein Gewinn an Störabstand (zusätzlich zum Dolby B) von maximal 10 dB, also insgesamt 18...20 dB ergibt. Besonders bei Bändern mit großer Höhenaussteuerbarkeit wird die Qualität optimal genutzt. Der D. ist z. Z. noch wenig verbreitet, könnte aber bei Mikrokassettengeräten HiFi-Qualität ermöglichen. Abb.

Dolly: → Kamerastativ

Dome Tweeter: engl. für → Hochtonlautsprecher mit Kalottenmembran.

Doppelcapstanantrieb, Dual Capstan, *Closed Loop-Antrieb:* Antriebsprinzip bei Tonbandgeräten, bei dem das Band vor und hinter den Köpfen durch gleichsinnig laufende Transportrollen (Capstans) angetrieben wird. Der Andruck des Bands geschieht dabei mit 2, meist über eine Wippe gleichzeitig betätigte Gummiandruckrollen. Beide Transportrollen haben eine eigene, z. B. über einen gemeinsamen Riemen angetriebene Schwungmasse. Die in Zugrichtung des Riemens näher zum Motor liegende Schwungmasse wird infolge der etwas größeren Riemenspannung und des daher geringeren Schlupfs ein wenig schneller angetrieben als die andere. Dadurch bleibt das Band automatisch zwischen den beiden Transportrollen straff gespannt. Der Vorteil des D. ist ein besonders gleichmäßiger Bandlauf mit konstantem Bandandruck an den Köpfen und geringen Bandlängsschwingungen. Tonhöhenschwankungen und stotterige Wiedergabe infolge schwankenden Band-Kopf-Kontakts werden verringert. Es werden auch D. mit 2 getrennten, elektronisch gesteuerten Antriebsmotoren gebaut. Der D. darf nicht mit dem Antrieb in → Auto-Reverse-Laufwerken verwechselt werden, bei dem 2 *gegensinnig* laufende Transportrollen *abwechselnd* je nach Bandlaufrichtung in Funktion sind. Abb.

Doppellaufwerk-Recorder, Doppel-Kassettendeck: Kassettentonbandgerät mit 2 Laufwerken und zugehöriger Kanalelektronik. Aufzeichnung ist i. allg. nur auf einem der beiden Teilgeräte möglich. D. können zum Kopieren von Kassetten, z. T. auch mit erhöhter Bandgeschwindkeit (→ Schnellkopieren), zum Umsortieren der Beiträge bei der Umzeichnung, zur pausenlosen Wiedergabe von Tonaufzeichnungen oder zur gleichzeitigen Wiedergabe von 2 Kassetten für → Tonmischungen benutzt werden. Es gibt auch D. für verschiedene Kassettensysteme, z. B. für Kompakt- und Mikrokassette. Abb.

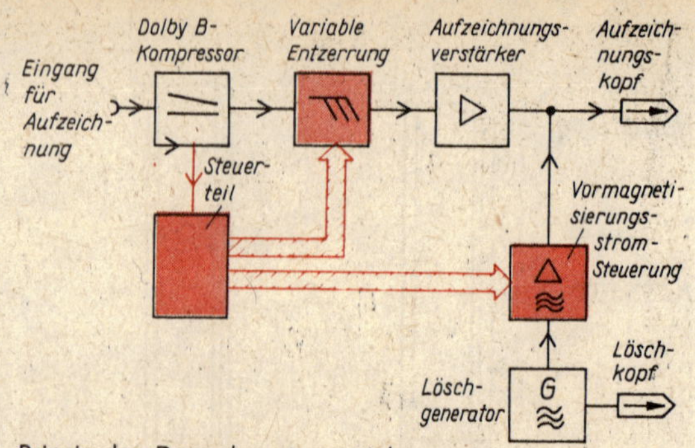

Prinzip des *Doppelcapstanantriebs*

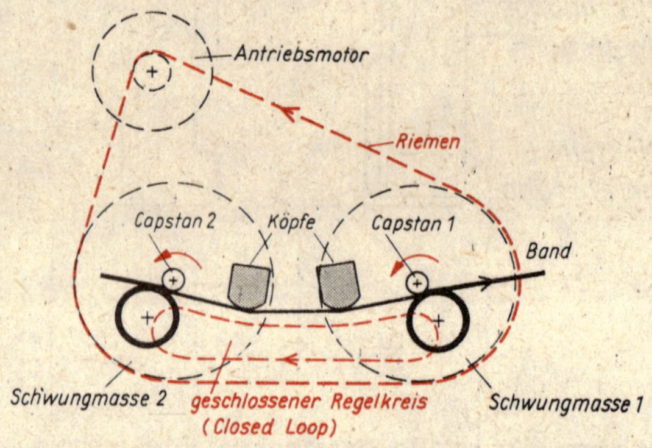

Prinzipschaltbild des *Dolby HX*-Systems

Doppelmembranmikrofon: 1. *(Kondensatormikrofon)* Mikrofonkapsel mit 2 gegenüberliegenden Membranen. Durch Anlegen von → Polarisationsspannungen unterschiedlicher Polung und Größe läßt sich das D. auf verschiedene Mikrofoncharakteristiken umschalten. Die so erzielbare Kugelcharakteristik ist außerdem frequenzunabhängig. Das D. kann darum auch seitlich oder von hinten ohne Höhenverluste beschallt werden. – **2.** *(piezoelektrisches Folienmikrofon)* Mikrofonsystem, das aus 2 gegenüberliegenden Membranen eines → piezoelektrischen Polymers gebildet wird. Beide Membranen sind konvex gebogen. Trifft Schall durch gegenüberliegende Gehäuseöffnungen auf die Doppelmembran, so bewegen sich beide Folien in gegensinniger Richtung. Durch geeignete elektrische Zusammenschaltung führt das zu einem gleichphasigen Tonsignal. Auf das D. einwirkende mechanische Erschütterungen beeinflussen die

Stereo-Radiorecorder mit *Doppellaufwerk*

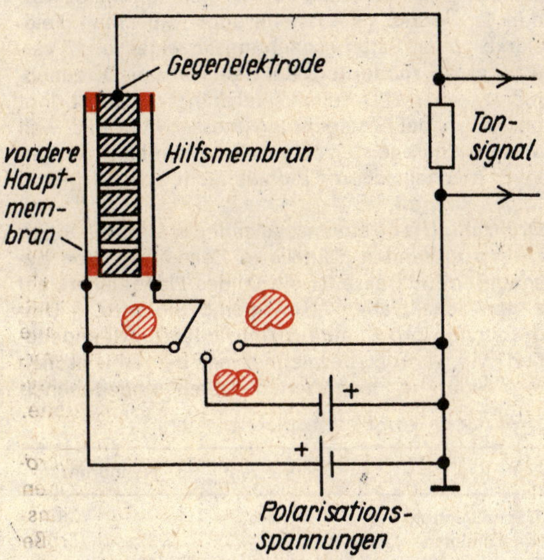

Beim *Doppelmembranmikrofon* läßt sich die Mikrofoncharakteristik durch Anlegen bestimmter Polarisationsspannungen an der rückwärtigen Membran umschalten

Membranen dagegen in gleichsinniger Richtung; diese Wirkungen heben sich also im Tonsignal auf. Das D. ist besonders als Einbaumikrofon in Kassettengeräten geeignet, da es auf Laufgeräusche nicht anspricht. Abb.

Doppelnetzteil: bei hochwertigen Stereo-NF-Verstärkern verwendetes, 2teiliges Netzteil mit getrennter Betriebsspannungserzeugung für jeden Kanal. Bei starker Belastung (großer Lautstärke) in nur einem Stereokanal sinkt die Betriebsspannung ab. Mit dem D. wird ein Einfluß dieser Erscheinung auf den anderen Kanal verhindert.

Doppelspalt-Löschkopf: → Löschkopf

Doppelspalt-Tonkopf: → Verbundkopf

Doppelspielband: → Magnettonband, Tab.; → Laufdauer

Doppelspuraufzeichnung: → Zweispuraufzeichnung

Doppelsuper: → Superhet

Dopplerverzerrungen: mechanische Frequenzmodulation hoher Signalfrequenzen durch Bässe großer Amplitude, wenn beide von der gleichen Lautsprechermembran abgestrahlt werden. Durch den im Baßrhythmus wechselnden Dopplereffekt entsteht ein rauher Klang. Getrennte Lautsprecher für hohe und tiefe Frequenzen vermeiden die Entstehung von D. → Mehrwegebox

DOR-Verfahren, Abk. für engl. **D**igital **O**ptical **R**ecording-**Verfahren:** optoelektronisches Speicherverfahren, bei dem Bild- und Toninformationen oder Daten beliebiger Art, z. B. mit Hilfe eines Lasers, in dünne Fotolack- oder Metallschichten – die auf einer Trägerplatte aufgetragen sind – als → Pits und damit digital aufgezeichnet werden. Die dabei entstehende Matrize kann Ausgangspunkt zur Herstellung optischer Bildplatten sein.

DPCM, Abk. für engl. **D**ifference **P**ulse **C**ode **M**odulation (Differenzpulskodemodulation): Sonderfall der → Pulskodemodulation (PCM). Im Gegensatz zur normalen PCM wird bei der DPCM nur die Differenz zwischen 2 meist aufeinanderfolgenden Abtastwerten kodiert übertragen. Die DPCM wirkt durch die Differenzbildung redundanzmindernd (→ Signal) und ist daher für die Übertragung und digitale Speicherung redundanzbehafteter Signale (z. B. Bildsignale) besonders geeignet. Die → Bitrate bei DPCM ist wesentlich geringer als bei PCM. Ein digitales Bildsignal mit einer Bitrate von 240 Mbit/s kann durch DPCM auf 30 ... 40 Mbit/s reduziert werden. → Deltamodulation

drahtloser Kopfhörer: Kopfhörer, dem das Tonsignal über Lichtwellen oder ein magnetisches Induktionsfeld zugeführt wird. Der d. K. ermöglicht größere Bewegungsfreiheit, zum Aussenden des Signals ist allerdings ein spezielles Gerät erforderlich. Bei der → Infrarot-Tonübertragung wird unsichtbares, mit dem Tonsignal helligkeitsmoduliertes Licht (Wellenlänge um 940 nm) augesendet und am Kopfhörer wieder aufgefangen. Nach Demodulation und Verstärkung wird das Signal zur Ansteuerung der Hörkapseln verwendet. Bei der Übertragung nach dem Induktionsprinzip wird sendeseitig eine Drahtschleife mit dem Tonsignal gespeist. Im d. K. befindet sich eine Induktionsspule für das informationsmittelnde magnetische Feld. Nach Verstärkung wird das Signal im Kopfhörer wiedergegeben. Dieses Prinzip ist auch für Schwerhörigengeräte geeignet. Jeder d. K. benötigt eine Batteriespannungsversorgung.

drahtloses Mikrofon, auch Mikroport, Bühnensender-Mikrofon: Mikrofon mit zugehörigem batteriegespeistem UKW-FM-Sender zur drahtlosen Übertragung des Tonsignals zu einem Spezialempfänger im Bühnenbereich. D. M. werden vorrangig bei Fernsehtonaufnahmen benutzt. Die Verwendung des d. M. ist an eine Funkbetriebserlaubnis der Deutschen Post gebunden und nur in bestimmten freigegebenen Sendekanälen erlaubt.

Drehbuch: wichtiges Arbeitsmittel bei der Film-, Video- oder Fernsehprogrammproduktion. Der Inhalt des D. basiert auf dem Thema und der dramaturgischen Konzeption einer Produktion unter Beachtung der künstlerisch-gestalterischen und technischen Möglichkeiten. Er soll Aufschluß über den gewünschten Bild- und Toneindruck jeder → Einstellung, deren zeitliche und dramaturgische Einordnung in den Gesamtrahmen geben. I. w. S. kann man ein D. als „Arbeitsanweisung" für den Regisseur bezeichnen, die alles Wesentliche für die gestalterische Umsetzung eines Themas beinhaltet.

Hinweis: Jeder Film- und Videoamateur (Produzent und Regisseur in einer Person) sollte, wenn er ernsthaft eine erfolgreiche Produktion anstrebt, seiner Arbeit ein D. zugrunde legen. Die Erarbeitung wird anfangs auf Grund der Komplexität der zu beachtenden Probleme schwierig sein. Sie sollte von der Vorgabe des Themas und der Zielgruppe für die Produktion ausgehen. Möglichst viele Ideen für die Umsetzung sind zu sammeln (Empfehlung: mit Freunden, Familienangehörigen Ideenkonferenz durchführen), auf ihre Verwertbarkeit zu prüfen, zeitlich und dramaturgisch zu ordnen, durch die verfügbare Technik zu untersetzen. Dabei empfiehlt sich eine Zweispaltenanordnung Bild/Ton für das D. Erste und wesentliche Voraussetzung für die Erarbeitung und wirkungsvolle Umsetzung des D. für eine Produktion bildet die sichere Beherrschung der Technik selbst, aber auch Erfahrung und das Lernen von den „Film- und Fernsehprofis".

Dreheinsteller, veraltet Drehregler: Einsteller, der durch drehende Bewegung an einem Einstellknopf betätigt wird. Der Drehwinkel beträgt normalerweise 270°. Die vorrangige Anwendung erfolgt als D. für Lautstärke, Klang, Kontrast, Helligkeit usw. Als Misch- und Aufnahmeeinsteller sind D. weniger gut geeignet, weil sich eine kontinuierliche Betätigung über den ganzen Drehbereich kaum erreichen läßt.

Drehko-Abstimmung: → Abstimmsystem

Drehkondensator: → Kondensator mit mechanisch veränderbarem Kapazitätswert. D. bestehen aus 2 einander gegenüberstehenden Plattenpaketen. Ein Paket ist in das andere eindrehbar. Dadurch verändert sich die wirksame Fläche und damit die Kapazität des D. D. dienen zur → Abstimmung in → Rundfunkempfängern. D. werden durch → Kapazitätsdioden verdrängt.

Drehspulmeßinstrument, Drehspulmesser: nach dem elektrodynamischen Prinzip arbeitendes Zeigerinstrument. D. haben eine lineare Skalenteilung. Sie können Gleichspannung direkt anzeigen, Wechselspannungen müssen vorher gleichgerichtet werden. D. werden als Aussteuerungs-, Abstimm-, Feldstärke- oder Batteriespannungsanzeiger u. a. verwendet. In modernen Geräten werden D. zunehmend von LED-Ketten verdrängt. Das bringt besonders bei Aussteuerungsmessern Vorteile, weil diese auch Pegelspitzen anzeigen, denen D. wegen ihrer mechanischen Trägheit nicht schnell genug folgen können.

Drehzahl, Drehfrequenz: Anzahl der Umdrehungen eines rotierenden Bauteils je Zeiteinheit. Von besonderem Interesse ist die D. des Plattentellers bei einem Schallplatten-Abspielgerät. Sie wird in Umdrehungen pro Minute (U/min oder UpM) angegeben. Mit *Nenn-D.* bezeichnet man den an Umschaltern oder in technischen Daten angegebenen

Drehzahlen von Plattenspielern

Plattentyp	Solldrehzahl	Nenndrehzahl
1. Schallplatten		
Langspielplatte (LP)	33⅓	33
Einfachspielplatte (Single)	45,11	45
Normalrillenplatte (veraltet)	77,92	78
Pikorillenplatte (nicht verbreitet)	16⅔	16
Compact Disc Digital Audio (CD)	500...200 (radiusabhängig)	–
2. Bildplatten[1]		
TED	1500	–
CED	375	–
VHD	750	–
Laservision CAV	1500	–
Laservision CLV	1500...500 (radiusabhängig)	–

[1] gültig für die europäischen 625-Zeilen-Normen (CCIR, OIRT)

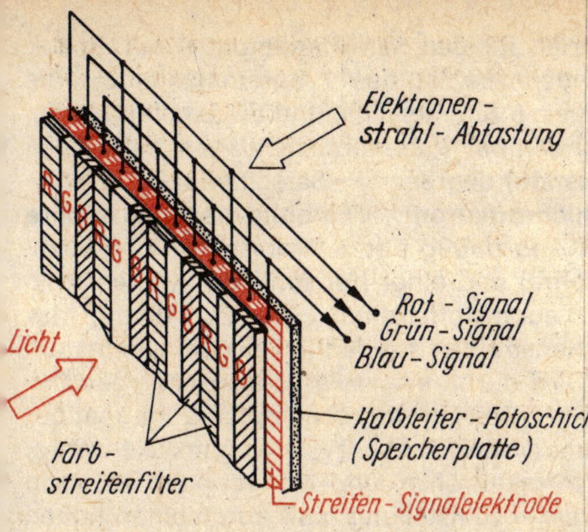

Streifenanordnung einer *Dreielektrodenröhre* für die Farbbildaufnahme

gerundeten Wert der *Soll-D.* Die D. ist bei einfachen Geräten mit der Netzfrequenz verkoppelt, bei modernen Antrieben wird sie meist quarzstabilisiert. Tab.

Drehzahlabweichung: Abweichung der mittleren, tatsächlichen Drehzahl vom Sollwert in Prozent. Eine D. führt bei der Wiedergabe von Schallplatten zu →Tonhöhenverschiebung und zur Veränderung der Laufdauer. D. dürfen daher bei HiFi-Plattenspielern höchsten −1 % und +1,5 % betragen. Die Korrektur von D. erfolgt durch →Drehzahlfeinregulierung.

Drehzahlfeinregulierung, *Drehzahlregulierung,* auch „Tonhöhenabstimmung" (engl. Pitch Control): Einrichtung zur Veränderung der Drehzahl eines Antriebsmotors, um die Drehzahl eines Plattentellers oder die Bandgeschwindigkeit eines Tonbandgeräts dem Sollwert anpassen zu können. Eine D. wird in vielen Fällen bei indirekten Antrieben vorgesehen, um den →Schlupf ausgleichen zu können (→Stroboskopeinstellung). Bei quarzgesteuerten Direktantrieben ist eine D. nicht erforderlich. Die D. wird bei Plattenspielern mit einem Einstellbereich bis etwa ±6 % ausgelegt, das entspricht insgesamt etwa 2 musikalischen Halbtönen. Bei Kassettentonbandgeräten dient zur D. des Antriebsmotors – und damit zur Korrektur der Bandgeschwindigkeit – ein Einsteller in der Motorregelschaltung. Dieser ist i. allg. nur nach Öffnen des Geräts zugänglich.

Drehzahlregulierung: →Drehzahlfeinregulierung

Drehzahlschwankungen: →Gleichlaufschwankungen

Drehzahlumschaltung: mechanisch oder elektronisch arbeitende Einrichtung bei einem Plattenspieler zur stufenweisen Veränderung der Plattenteller-Nenndrehzahl auf die vorgesehenen Werte (33, 45, z. T. 78 U/min). Auch der Vorgang des Drehzahlwechsels wird D. genannt. Er erfolgt entweder von Hand, bei →Automatik-Plattenspielern auch vollautomatisch, abgeleitet vom Durchmesser der aufgelegten Platte. →Reibradantrieb, →Riemenantrieb, →Direktantrieb

3 D-Fernsehen: →Stereofernsehen

3 D-Ton: →Raumton

Dreielektrodenröhre: 1. *(Allgemein)* Triode, →Elektronenröhre. – **2.** *(Video)* Farbbildaufnahmeröhre vom Vidikontyp mit dreigeteilter Signalelektrode und Farbstreifenfilter; Ausführungsform eines →Farbstreifenvidikons für die gleichzeitige Erzeugung (Simultanverfahren) der 3 Farbwertsignale. Hinter der Glasfrontplatte der D. befindet sich der Farbstreifenfilter. Er besteht aus senkrecht nebeneinander abwechselnd angeordneten roten, grünen und blauen Farbstreifen. Diese tragen lichtdurchlässige gegeneinander isolierte Elektrodenstreifen (dreigeteilte Signalelektrode). Die zu einer Farbe gehörigen Elektroden sind außerhalb des Bildfelds leitend miteinander verbunden und an 3 äußere Kontakte geführt. Die älteste Bildaufnahmeröhre dieser Art für Einröhren-Farbkameras ist das 1955 von der USA-Firma RCA gebaute *Tricolor-Vidikon.* Die Herstellung von D. ist kompliziert; die Filterstreifen werden vorwiegend durch Hochfrequenz-Sprühverfahren aufgebracht. →Einröhrenkamera, →Farbkamera (Abb.)

Dreifachspielband: →Magnettonband, Tab.; →Laufdauer

Dreifarbendiode: verschiedenfarbiges Licht emittierende Halbleiterdiode. Besondere Form einer →Lumineszenzdiode mit 2 oder 3 pn-Übergängen. Bei einer D. mit 2 pn-Übergängen emittiert ein Übergang rotes und der andere grünes Licht. Je nach Ansteuerung wird einer der beiden Übergänge oder werden beide gemeinsam aktiviert. Bei gleichzeitiger Lichtemission entsteht durch additive Farbmischung die Farbe gelb. Durch getrennte Einstellung der Diodenströme kann die Farbe von rot über orange und gelb bis grün kontinuierlich verändert werden. Bei einer anderen Ausführungsform sind 3 Halbleiterchips, d. h. 3 pn-Halbleiterstrukturen, die unterschiedliche Lichtfarben (meist rot, gelb und grün) aussenden, in einem gemeinsamen Gehäuse untergebracht. Jeder davon ist separat ansteuerbar.

Dreifarbentheorie: Grundlage zur Erklärung des Farbensehens beim Menschen. Nach der D. beruht das Sehen aller natürlichen Farben auf der Wahrnehmung der 3 Grundfarben Rot, Grün und Blau, die im Gehirn über die →additive Farbmischung zur geschlossenen Farbempfindung verschmelzen. Der Veranschaulichung dieser Aussage dienen u. a. die Farbmischkurven. Die D. basiert auf der in der Praxis bestätigten Hypothese von HELMHOLTZ (deutscher Physiker und Physiologe), daß im menschlichen Auge Empfängerorgane (Rezeptoren, speziell Zäpfchen) mit unterschiedlicher Empfindlichkeit für 3 aneinandergrenzende Wellenlängenbereiche des sichtbaren Lichts existieren. Demzufolge werden, wenn ein Lichtreiz auf die Zäpfchen in der Netzhaut des Auges wirkt, über den Weg Rezeptoren-Nervenbahnen-Gehirn im Gehirn ursäch-

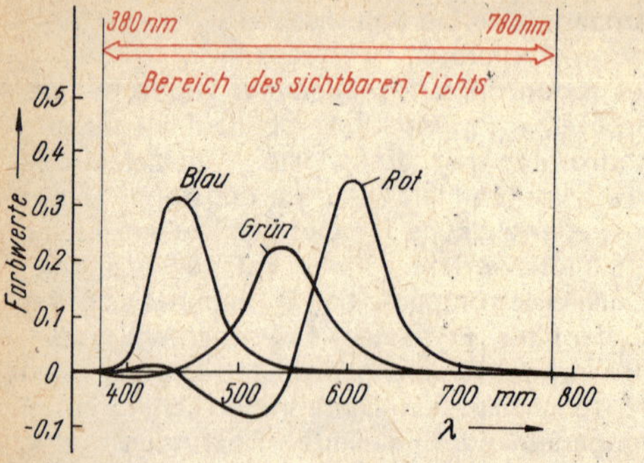

Dreifarbentheorie:
Farbmischkurven für einen Normalbetrachter

lich auch 3 unterschiedliche Farbempfindungen ausgelöst. Dies sind für *langwelliges Licht* die Farbempfindung „Rot", für *mittelwelliges Licht* die Farbempfindung „Grün" und für *kurzwelliges Licht* die Farbempfindung „Blau". Das menschliche Gehirn verbindet die den einzelnen Wellenlängenbereichen zughörigen Farbempfindungen (→ Primärfarben, Grundfarben) stets wieder zu einer einheitlichen Farbempfindung (→ additive Farbmischung). Nach der D. hat jede Farbe 3 voneinander unabhängige Bestimmungsgrößen (→ Farbe). Von diesem Sachverhalt macht man sowohl bei den verschiedenen mathematischen Beschreibungsformen für die Farben als auch bei der Farbbildübertragung im Fernsehen Gebrauch. → Farbfernsehen, → Farbauszug (Abb.)

Dreikanalstereofonie: Stereo-Übertragungsverfahren, bei dem Richtung und Raumeindruck über 3 Kanäle übertragen werden. Echte D., auch *Trifonie* genannt, wurde zwar experimentell untersucht, ist aber praktisch wegen des hohen Aufwands noch nicht eingesetzt worden. In der einfachsten Form könnten die beiden Stereo-Signale A und B, sowie ein Raumsignal übertragen werden (Abb. a). Bei der unechten D. wird wiedergabeseitig ein zusätzliches Pseudosignal aus den 2 übertragenen Stereo-Signalen gewonnen und in geeigneter Weise abgestrahlt (→ Phantomkanal), so z. B. bei dem finnischen OP-System (Orthoperspecta), Abb. b.

Dreikomponentensehen: → Farbsehen

Dreimotorenantrieb: → Mehrmotorenantrieb

3poliger Rundsteckverbinder: → Diodensteckverbinder, → Mikrofonstecker

Dreiröhrenkamera: Farbkamera mit 3 Bildaufnahmeröhren, die 3 Farbwertsignale *(RGB-Kamera)* oder neben dem roten und blauen Farbwertsignal ein Weißsignal *(WRB-Kamera)* erzeugt. → Farbkamera

3 Sat: Gemeinschafts-Satellitenfernsehen der Österreichischen Rundfunk-Gesellschaft mbH (ORF), der Schweizerischen Radio- und Fernsehgesellschaft (SRG) und des Zweiten Deutschen Fernsehens (ZDF) der BRD. 3 Sat nahm am 1. 12. 84 seinen regulären Betrieb für den Satellitenempfang auf. In der Einführungsphase ist das Programmangebot, die Sendedauer (6 Std. am Tag) und die Empfangsmöglichkeit (nur über Kabelfernsehanlagen mit Satellitenkopfstation) begrenzt. → Satellitenfunk

Dreistrahlchromatron: → Farbbildwiedergaberöhre mit *Delta-Anordnung* der 3 Strahlsysteme (→ Lochmaskenröhre) und einer horizontalen Streifenstruktur der Leuchtstoffstreifen. Die Zuordnung der 3 Elektronenstrahlen auf den jeweiligen Leuchtstoffstreifen wird durch ein → Farbsteuergitter gewährleistet. Der Gewinn an Leuchtdichte gegenüber Schattenmaskenröhren (→ Lochmaskenröhre, → Schlitzmaskenröhre) und ein geringer Aufwand zur Konvergenzeinstellung muß durch einen hohen Steueraufwand, verminderte vertikale Bildauflösung und schlechtere Farbqualität erkauft werden. Da insgesamt die erreichbare Bildqualität nicht den Erwartungen entsprach, konnte sich das D. in der Praxis nicht durchsetzen. → Bildwiedergaberöhre, Einstrahlchromatron

Dreistrahlröhre: i. allg. → Farbbildwiedergaberöhre mit 3 getrennten Strahlsystemen. → Lochmaskenröhre, → In-Line-Bildröhre

Dreiwegebox: Lautsprecherbox mit 3 Frequenzbereichen. → Mehrwegebox

Drift: 1. *(Magnetband)* Langsam verlaufende Änderung der Bandgeschwindigkeit während des Aufzeichnungs- und Wiedergabevorgangs infolge von → Schlupf. D. führt wegen des sehr langsamen Verlaufs zu keiner hörbaren Tonhöhenverschiebung, jedoch können nach einer Cutterbearbeitung, wenn Stücke eines Magnettonbands an eine andere Stelle im Bandwickel gelangen, doch Tonhöhensprünge entstehen. – **2.** *(Schallplattenabtastung)* Bestreben des Tragarms, auf Grund der Skatingkraft (→ Skatingkorrektur) zum Mittelpunkt der Platte laufen zu wollen. – **3.** *(Empfänger)* auch *Frequenz-D.:* unerwünschtes Abwandern der Oszillatorfrequenz vom Sollwert der Abstimmfrequenz, meistens auf Grund thermischer Einflüsse im Tuner (→ Abstimmung). D. wird durch automatische Nachstimmschaltungen vermindert oder beseitigt (AFC, Frequenzsynthesetuner).

Driftkompensation: → Skatingkorrektur

Dropout: kurzzeitiger Pegelabfall oder Aussetzer im wiedergegebenen Signal eines Magnetbandgeräts, der auf Unregelmäßigkeiten in der magnetischen Schicht, auf Bandverunreinigungen oder -beschädigungen (Staub, Kratzer usw.) zurückzuführen ist. D. wirken um so störender, je geringer die Spurhöhe und die Spurgeschwindigkeit (→ Bandgeschwindigkeit) ist. D. lassen sich bei der analogen Tonsignalspeicherung nicht, bei der Videosignalspeicherung aber mit einem → *Dropoutkompensator* korrigieren. → digitale Tonsignalspeicherung

Dropoutkompensator, Abk. **DOK:** Schaltungskomplex im Wiedergabekanal von Videorecordern, mit dem Bildstörungen (verrauschte Zeilen oder Zeilen-

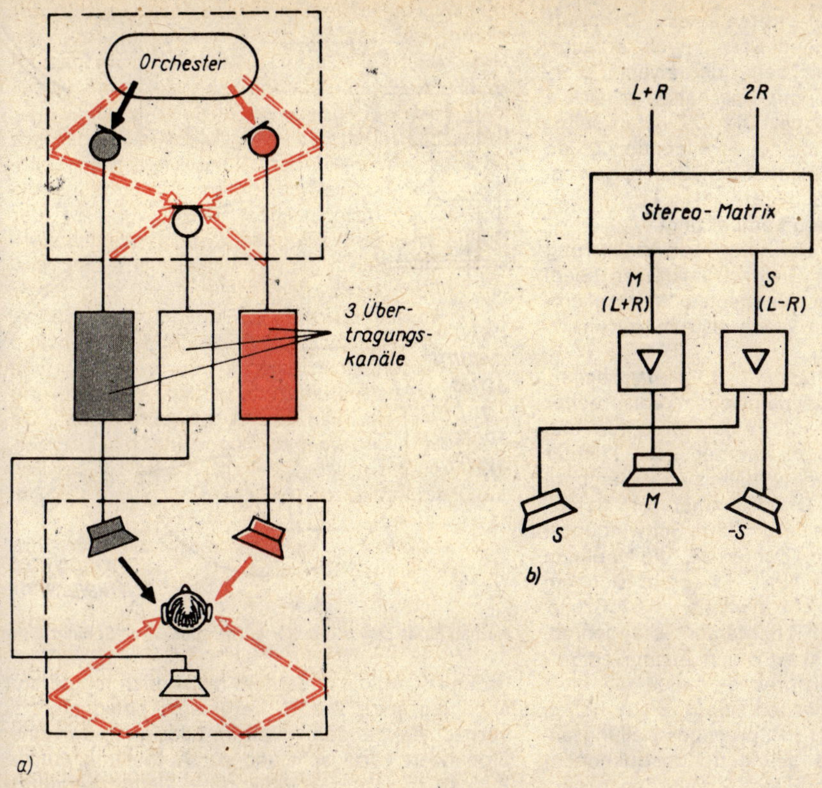

Echte und unechte *Dreikanalstereofonie*:
a) Trifonie,
b) Wiedergabe nach dem OP-System

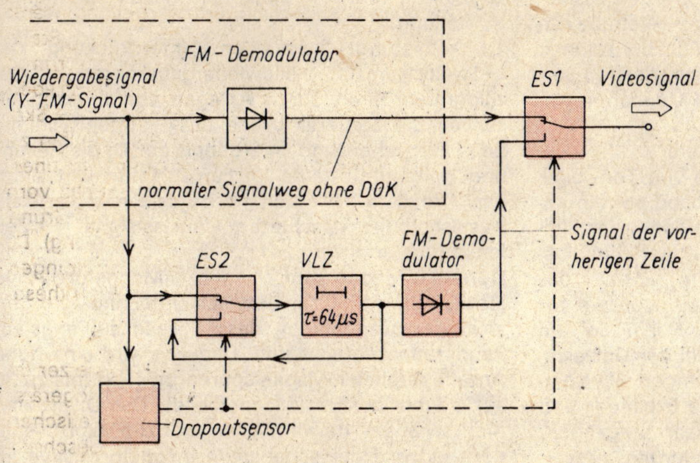

Dropoutkompensator (DOK: Dropoutkompensator, ES1: elektronischer Schalter 1, ES2: elektronischer Schalter 2, VLZ: Verzögerungsleitung

anteile) unsichtbar bzw. unwirksam gemacht werden, die bei kurzzeitigem starken Pegelabfall des wiedergegebenen FM-Signals entstehen. Der D. kann nicht das gestörte Wiedergabesignal regenerieren, sondern ersetzt die Information einer gestörten Zeile durch die einwandfreie von vorhergehenden Zeilen. In Heimvideorecordern wird nur das Helligkeitssignal ausgebessert; für das Farbsignal ergibt sich bei der häufig im Farbwiedergabeteil angewendeten Kammfiltertechnik automatisch ein gewisser Überdeckungseffekt der gestörten Zeile. Die Abbildung zeigt das Blockschaltbild eines DOK. Der elektronische Schalter (ES1) erhält das direkte und das in einer Verzögerungsleitung (VZL) um eine Zeile (64 µs) verzögerte Videosignal. Bei Ausfall des direkten Signals schaltet ES1 auf das verzögerte Signal um. ES1 wird vom *Dropoutsensor* oder Dropoutdetektor (am einfachsten ein Schwellwertschalter) gesteuert, der beim Auftreten eines → Dropouts einen entsprechend langen Schaltimpuls erzeugt. Da der Schaltimpuls gleichzeitig den zweiten elektronischen Schalter (ES2) mit umschaltet, erhält die VZL nie ein gestörtes Signal. Die VZL liefert selbst bei Störung mehrerer aufeinanderfolgender Zeilen einwandfreie, aus vorhergehenden Zeilen gewonnene Videosignale an ES1. Abb.

Dropoutsensor: → Dropoutkompensator

Drossel: Spule mit oder ohne Kern zur Absperrung von Wechselströmen in Gleichstromkreisen (Siebschaltung) bzw. von hochfrequenten Wechselströmen in niederfrequenten Wechselstromkreisen. D. dienen zur → Entstörung.

Druckkammerlautsprecher, *Hornlautsprecher,* Hornstrahler: → elektrodynamischer Lautsprecher mit kalotten- oder kolbenförmiger Membran und vorgesetzter Kompressionskammer mit Trichter (Horn). Durch das Flächenverhältnis von Membran zu Austrittsöffnung der Druckkammer zum Schalltrichter hin entsteht eine vergrößerte Schwingungsamplitude des Schalls im Trichterhals, die zu einem Schallverstärkungseffekt führt. Es ergibt sich ein Wirkungsgrad bis zu 30 %(!). Weil die untere Grenzfrequenz des D. von den Trichterabmessungen abhängt, lassen sich bei akzeptablen Ausmaßen nur Mittel- und Hochtonlautsprecher bauen (ab etwa 300 Hz). Der D. wurde wegen seiner relativ hohen Verzerrungen früher nur in Sprachbeschallungsanlagen eingesetzt, heute gelingen Konstruktionen, die den HiFi-Standard erfüllen. Sie werden zusammen mit Tieftonboxen sehr großer → Nennbelastbarkeit verwendet. Ein D. wird in Funktionseinheit mit Mikrofon, NF-Verstärker und Batteriestromversorgung auch als elektroakustisches Megaphon eingesetzt. Abb.

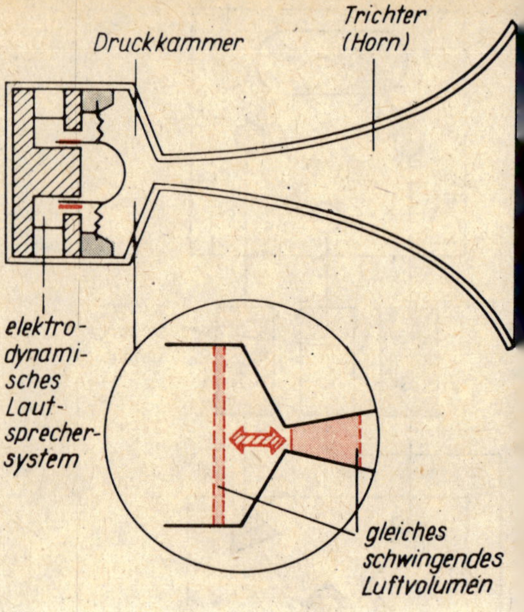

Aufbau eines *Druckkammerlautsprechers* mit Schalltrichter

DTF: → dynamisches Spurfolgesystem

Dubbing: 1. I. w. S. → Umzeichnen von Ton- oder Bildaufnahmen von einem Magnetband auf ein anderes. – **2.** I. e. S. Umzeichnen von Ton- oder Bildaufnahmen unter Vermeidung unnötiger Signalbeeinflussung. So wird z. B. beim *FM-D.* das frequenzmodulierte Signal des Videorecorders zur Umzeichnung benutzt, ohne es vorher in ein → FBAS-Signal zurückzuwandeln. Bei der Umzeichnung komprimierter Tonaufzeichnungen (→ Kompander) wird der wiedergabeseitige Expander und der aufzeichnungsseitige Kompressor umgangen, um eine unnötige Doppelkompandierung zu vermeiden. Dabei ist gleicher Kompandertyp bei beiden Geräten jedoch Voraussetzung. – **3.** *(Audio Dub)* → Nachvertonung.

Dunkelstrom: Strom durch unbeleuchtete optoelektronische Bauelemente, die funktionsgemäß den inneren → fotoelektrischen Effekt nutzen (z. B. Fotowiderstand, → Fototransistor). Der D. tritt auch bei allen Halbleiter-Bildaufnahmeröhren auf und stellt bei diesen ein besonderes Merkmal dar. Die verschiedenen Röhrentypen weisen unterschiedlich große D. auf, die außerdem meist noch temperaturabhängig sind. Der D. verursacht einen nicht zu vernachlässigenden Anteil im Bildsignal, der einen Signalwert vortäuscht und zur Aufhellung dunkler Bildpartien führt. → Vidikon, → Plattenspannungseinstellung

Dunkeltastung: kurzzeitige Unterdrückung des → Strahlstroms in → Bildwiedergaberöhren und Oszillografenröhren durch Anlegen von Sperrimpulsen an die Steuerelektrode des → Strahlsystems. Beim Fernsehen sind im Ergebnis der D. die Zeilen- und Halbbildrückläufe im Fernsehbild nicht sichtbar. Die D. wird durch horizontale und vertikale Austastimpulse gesteuert. → Austastsignal, → Zeilensprungverfahren

Dünnfilm-Magnetkopf (engl. Magnetoresistive Head, Abk. MRH): in Dünnschichttechnologie herstellbarer Magnetkopf, dessen Teile auf engstem Raum untergebracht sind. Dadurch wird eine hohe Anzahl paralleler Magnetspuren möglich (bis zu 3C auf 6,3 mm breitem Magnetband). Der D. arbeitet nicht wie ein gewöhnlicher Induktionskopf, sondern es wird der sogenannte magnetoresistive Effekt ausgenutzt: Ein einwirkendes Magnetfeld ändert die magnetische Leitfähigkeit in einem speziellen Kernmaterial (meist Nickel-Eisen-Legierung) Dadurch wird der magnetische Fluß verstärkt. Die eigentliche Spule besteht nur noch aus einer einzigen Leiterbahn. Trotzdem ist der D. genügend empfindlich. Er läßt sich mit sehr schmalem Arbeitsspalt herstellen und ist für Signale mit einer Frequenz bis über 50 MHz brauchbar. Das Hauptanwendungsgebiet des D. ist die Längsaufzeichnung digitaler Si

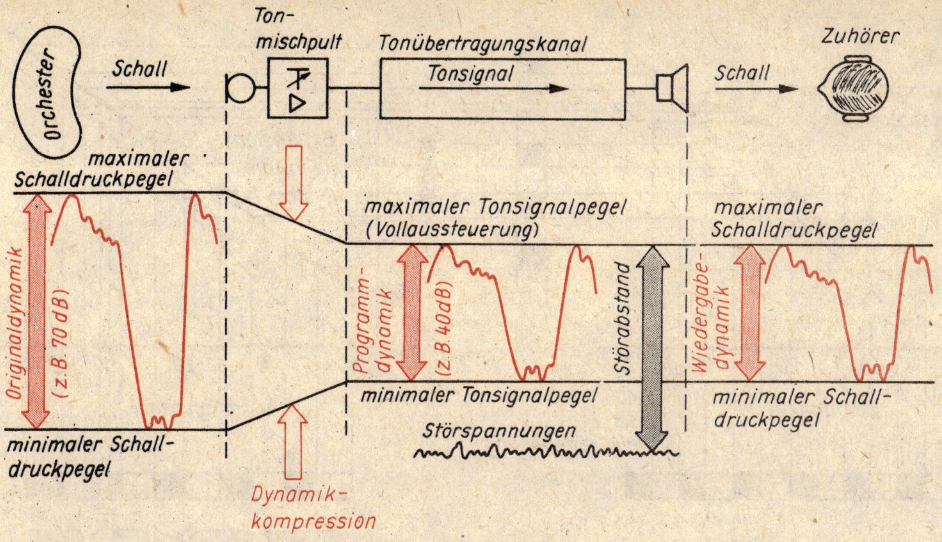

Einengung der natürlichen *Dynamik* bei der Tonsignalübertragung

gnale auf parallelen Spuren. → digitale Tonsignalspeicherung

Duoplay: → Playback

Duplexabstimmung: Abstimmsystem in einem Rundfunkempfänger, bei dem die Abstimmung auf verschiedenen Empfangsbereichen (meist KML und UKW) an 2 getrennten Abstimmknöpfen vorgenommen wird und die Stationsanzeige auf 2 getrennten Skalen erfolgt.

Durchlaßrichtung, svw. Vorwärtsrichtung, Flußrichtung: diejenige Richtung des elektrischen Stroms (von 2 möglichen Richtungen), für die Dioden und andere Bauelemente mit Ventilwirkung den kleineren Widerstandswert haben. → pn-Übergang

Durchsagekennung: → ARI-System

Durchsichtigkeit: Vermögen, zeitlich aufeinanderfolgende Töne und gleichzeitig gespielte Instrumente trotz überlagertem → Nachhall unterscheiden zu können.

Dynamik: Verhältnis zwischen lautester und leisester Stelle einer Tondarbietung. Zur Kennzeichnung benutzt man im Schallfeld den Unterschied der entsprechenden Schalldruckpegel, bezogen auf den gleichen Ort, beim Tonsignal das Verhältnis zwischen maximaler und minimaler Nutzsignalspannung in Dezibel (→ Pegelmaß). Damit ist die D. eindeutig ein Signalkennwert, wie etwa Schalldruck- oder Tonsignalpegel. Musik großer Sinfonieorchester hat eine *natürliche D. (Original-D.)* um 70 dB. Bei Popmusik ist sie wesentlich geringer (i. allg. unter 20 dB). Bei künstlerischem Wort (Rezitationen, Sprechtheater, Hörspiel) wird eine D. bis zu 45 dB erreicht; sehr geringe Werte treten bei einem Rundfunksprecher auf. Damit ein Tongerät von den größten Tonsignalpegeln nicht übersteuert wird, bzw. die kleinsten Pegel nicht in den Störspannungen untergehen, muß die *übertragene D. (Programm-D., Betriebs-D.)* immer kleiner sein als der → Störabstand im Übertragungskanal (Abb.). Daher wird die D. schon während der Tonaufnahme bei Rundfunk und Schallplatte durch ausgeglichene Spielweise des Orchesters, durch Aussteuerung der Tonsignale am Mischpult oder mit D.-Kompressoren eingeengt. Die Programm-D. beträgt beim Hörrundfunk nach internationalen Vereinbarungen 40 dB. Dieser Wert stellt sich praktisch auch bei der Schallwiedergabe ein, weil wiedergabeseitig in Tonanlagen i. allg. keine Einrichtungen zur D.veränderung vorgesehen sind. Schallplatten, besonders im Direktschnitt hergestellte oder nach dem → CX-System aufgenommene, lassen eine höhere Programm-D. (bis zu ca. 50 dB) zu. Bei Anwendung der → digitalen Tonsignalspeicherung ließe sich die D. in ihrem natürlichen Umfang aufrechterhalten. Allerdings würde bei der Schallwiedergabe in Wohnräumen ein solcher Lautstärkebereich (praktisch dann „wie im Konzertsaal") nur in den seltensten Fällen ohne Lärmbelästigung reproduzierbar sein. Daher wird die Programm-D. z. B. auch bei der Compact Disc auf ca. 40 ... 50 dB begrenzt. Oft wird die Bezeichnung „D." (auch *D.-Bereich, Störspannungs-D.* oder *System-D.*) als Gerätekennwert verwendet. Diese Angabe ist i. allg. identisch mit dem → Störabstand; sie ist daher überflüssig, sogar irreführend und sollte vermieden werden. → Dynamik-Expander, → Dynamikkompression, → Dynamikverzerrungen (Abb.)

Dynamik-Expander: Gerät oder Baugruppe zur Vergrößerung eingeengter → Dynamik. D. sind entweder Bestandteil eines → Kompanders oder ein Zu-

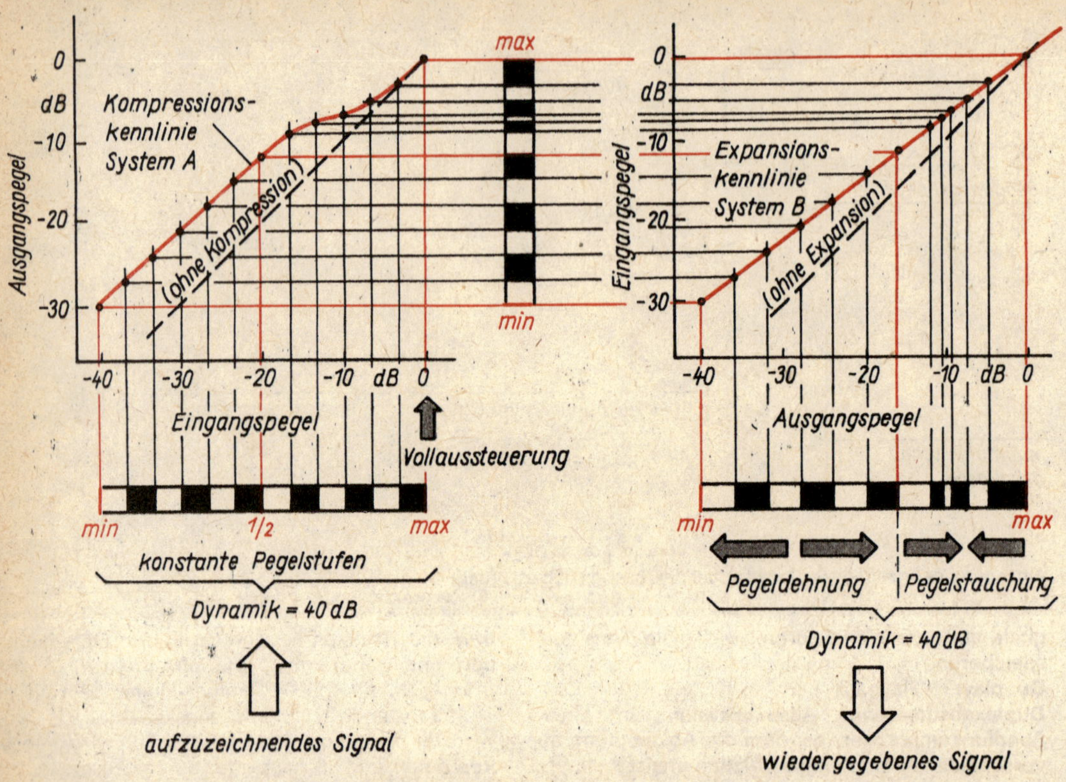

Dynamikverzerrungen, wenn Kompressions- und Expansionskennlinie nicht übereinstimmen (verschiedene Kompandersysteme)

satzgerät, mit dem versucht wird, die aufnahmeseitig bei Hörrundfunk und Schallplatte erfolgte Dynamikkompression wieder rückgängig zu machen. → CX-System, → Dynamikkompression

Dynamikkompression, Dynamikpressung: Verfahren zur Verminderung der → Dynamik. 1) *natürliche Schallereignisse:* Verfahren, um den Lautstärkebereich von natürlichem Schall aufnahmeseitig dem Störabstand des Tonkanals anzupassen. Eine entsprechende Expansion auf der Wiedergabeseite ist nicht vorgesehen. 2) *Tonsignale:* Verfahren zur Verbesserung des Störabstands, vorrangig bei der Magnettonspeicherung (→ Kompander). Die D. setzt eine anschließende komplementäre Dynamikexpansion voraus, damit keine → Dynamikverzerrungen entstehen. Bei allen Aussteuerungsautomatiken entsteht zusätzlich eine D., die nicht wieder rückgängig gemacht werden kann. Bei der AM-Hörrundfunkübertragung wird mitunter eine senderseitige D. zur Erhöhung der Senderreichweite angewandt, bei einigen ausländischen Rundfunksendern auch bei der UKW-FM-Übertragung.

Dynamiktaste, Sprache-Musik-Schalter: Umschalteinrichtung zur Anpassung einer → Aussteuerungsautomatik an Sprach- oder Musikaufzeichnung. Bei Stellung Sprache wir die Wiederkehrzeit der Automatik gegenüber Musik auf ca. 10 % verkürzt, und der Regelvorgang erfolgt schneller. Das Ergebnis ist stärkere → Dynamikkompression bei Sprache; größere Lautstärkeunterschiede werden ausgeglichen.

Dynamikverzerrungen: Veränderung der Lautstärkeproportionen von natürlichem Schall bei einer Tonübertragung. D. lassen sich nicht völlig vermeiden, da bereits aufnahmeseitig eine Dynamikpressung vorgenommen wird. Diese ist aber von geschultem Personal (Tonmeistern) nach musikästhetischen Gesichtspunkten überwacht, so daß dabei entstehende D. wiedergabeseitig nicht zu stören brauchen. Kritischere Verhältnisse ergeben sich, wenn bei Kompandersystemen das Komplementärverhalten von Kompressor- und Expanderteil gestört ist. Das tritt ein, wenn bei der Tonaufzeichnung ein anderes Kompandersystem verwendet wird als bei der Wiedergabe oder wenn solche Tonträger auf Geräten ohne Kompander abgespielt werden. Bei einigen Kompandersystemen in Tonbandgeräten (z. B. Dolby) können sich D. bereits bei Verwendung eines nicht vorgeschriebenen Bandtyps ergeben. Schließlich entstehen D. in ungünstig

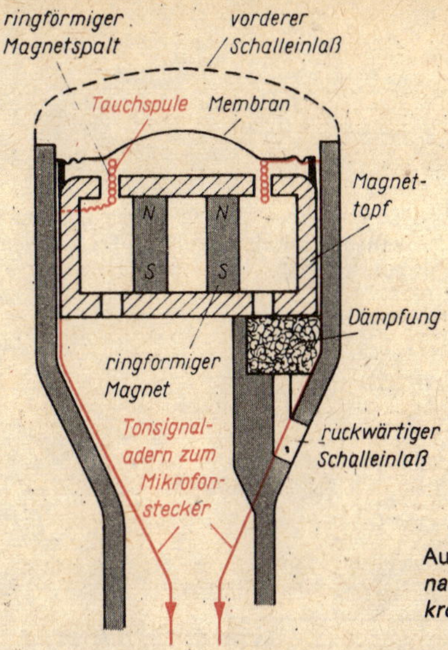

Aufbau eines *dynamischen Mikrofons*

bemessenen Aussteuerungsautomatiken oder wenn diese mit zu großen Tonsignalen betrieben werden. D. äußern sich im Klangbild als gepreßter oder gestauchter Lautstärkeverlauf, als abrupte Pegelübergänge oder als Klangfarbenänderungen, die mit der Lautstärke schwanken. Letztere lassen sich nur begrenzt mit den Klangeinstellern korrigieren. → Dynamik (Abb.)

dynamische Konvergenzfehler: in Richtung der Bildränder der → Farbbildwiedergaberöhren auftretende → Konvergenzfehler. Entsprechend ihres Auftretens wird zwischen *vertikalen d. K.* (treten in der mittleren senkrechten Zone des Bildschirms auf; werden durch vertikalfrequente Magnetfelder korrigiert) und *horizontalen d. K.* (treten in der mittleren waagerechten Zone des Bildschirms auf; werden durch horizontalfrequente Magnetfelder korrigiert) unterschieden. → statische Konvergenzfehler, → Konvergenz, → Konvergenzeinstellung

dynamische Nadelmasse: *effektive Nadelmasse:* auf die Spitze der Abtastnadel bezogene Masse aller bewegten Teile eines Abtastsystems. Die d. N. bestimmt die gegenüber der Rillenflanke wirkende Kraft, die erforderlich ist, die Nadel zu bewegen und zu beschleunigen. Je kleiner diese Kraft wird, um so vollkommener kann die Nadel auch den Rillenauslenkungen folgen. Es ergeben sich geringere Klangverzerrungen, vor allem bei Impulsschall. Außerdem wird die Platte mehr geschont. Die d. N. soll nicht größer als 2 mg sein. Hochwertige HiFi-Abtastsysteme erreichen Werte um 0,5 mg, Spitzenprodukte weniger als 0,15 mg.

dynamischer Lautsprecher: elektrodynamischer Lautsprecher

dynamisches Abtastsystem: → elektrodynamisches Abtastsystem

dynamisches Mikrofon, *elektrodynamisches Mikrofon, Tauchspulmikrofon:* Mikrofon, bei dem die Umwandlung des Schalls in ein Tonsignal nach dem elektrodynamischen Prinzip erfolgt. Die Mikrofonmembran trägt eine verklebte Spule, die in den ringförmigen Spalt eines Topfmagneten eintaucht. Die Größe des Tonsignals hängt von der Bewegungsgeschwindigkeit der Spule im Magnetfeld ab, also von der Stärke des auftreffenden Schalls. Außerdem haben die Stärke des Magneten und die Windungszahl der Spule Einfluß auf die Größe des Signals. D. M. geben nur relativ kleine Ausgangsspannungen ab, abhängig vom Ausgangsscheinwiderstand, der konstruktiv durch die Spule festgelegt wird. Seine nachträgliche Veränderung zum Zwecke der → Mikrofonanpassung ist mit einem → Anpassungsübertrager möglich. D. M. können mit allen Richtcharakteristiken gebaut werden. Sie verarbeiten auch sehr lauten Schall verzerrungsfrei und benötigen keine Betriebsspannung. D. M. sind, auch aufgrund der günstigen Qualitäts-Preis-Relation, die meistbenutzten Mikrofone der Heim- und Kapellenelektronik. Abb.

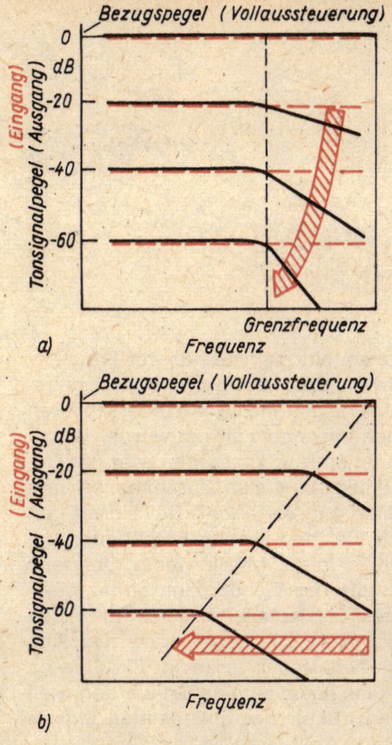

Filtercharakteristik verschiedener *dynamischer Rauschfilter:*
a) veränderliche Steilheit,
b) veränderliche Grenzfrequenz

dynamische Spurnachführung: → dynamisches Spurfolgesystem

dynamisches Rauschfilter: vom Tonsignal gesteuerter Tiefpaß (→ Filter) mit veränderlicher Grenzfrequenz oder Flankensteilheit zur nachträglichen Verminderung störenden Rauschens in Tonsignalen von beliebigen Quellen. Von einem d. R. werden

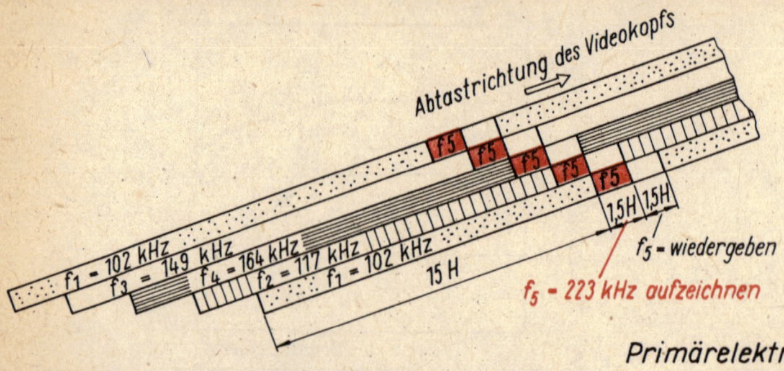

Dynamisches Spurfolgesystem: Spurschema mit Pilot- und f_5-Frequenzen (Video 2000)

alle Stör-, aber auch Nutzsignale höherer Frequenz abgeschwächt, wenn die Nutzsignale in diesem Frequenzbereich eine bestimmte Größe unterschreiten und das Rauschen besonders stören würde. Vor allem bei obertonarmen Musikpassagen wird das Original je nach seiner spektralen Zusammensetzung z. T. erheblich im Klang verfälscht. Der Einsatz von d. R. wird durch die theoretische Begründung gerechtfertigt, daß in leiser Musik wenig Obertöne vorkommen, für die das Gehör dann ohnehin unempfindlicher sei. Bei lauten Passagen mit vielen Obertönen bleibt das d. R. unwirksam; das Rauschen wird vom Nutzsignal verdeckt. Ein Gewinn an Störabstand kann kaum angegeben werden, weil er von der Klangstruktur des anliegenden Signals abhängt. Abb.

dynamisches Spurfolgesystem, Abk. **DTF** für engl. **D**ynamic **T**rack **F**ollowing: in Videorecordern, z. B. der Videosysteme Video 2000 und 8 mm-Video eingebautes Servosystem zur dynamischen *Spurnachführung,* wodurch sich eine *automatische Spurfehlerkorrektur* ergibt. Voraussetzung für ein DTF sind in der Höhenposition, also quer zu den Videospuren, elektrisch nachsteuerbare Videoköpfe. Video 2000 verwendet dazu sog. PXE-Elemente (s. Abb. 5 → Video 2000). Für das Nachsteuersystem werden 4 verschiedene Pilotfrequenzen (f_1 ... f_4) in aufeinanderfolgenden Spuren (Abb.) verwendet. Ein Videokopf tastet sowohl die Frequenz seiner eigenen Spur, als auch, durch Spurfehler bedingt, die Frequenzen der Nachbarspuren ab. Durch Mischen der spureigenen Frequenz mit denen der Nachbarspuren entstehen die Differenzfrequenzen 47 kHz und 15 kHz. Die Amplitudendifferenz (Meßgröße) der beiden Differenzfrequenzen ist ein Maß für die Spurabweichung und wird zur Videokopfnachsteuerung herangezogen. Weiterhin dient die Meßgröße für die Motorsteuerung des Bandtransports (→ Bandservo) und damit für die automatische Spurlageeinstellung. Deshalb haben Geräte mit DTF keinen → Spurlageeinsteller. Auch bei Aufzeichnung ist die automatische Spurnachführung notwendig. Dazu wird bei Video 2000 für die Dauer von 1,5 Zeilen in der vertikalen Austastlücke eine konstante Frequenz (f_5) aufgezeichnet. In den nachfolgenden 1,5 Zeilen wird die Aufzeichnung unterbrochen,

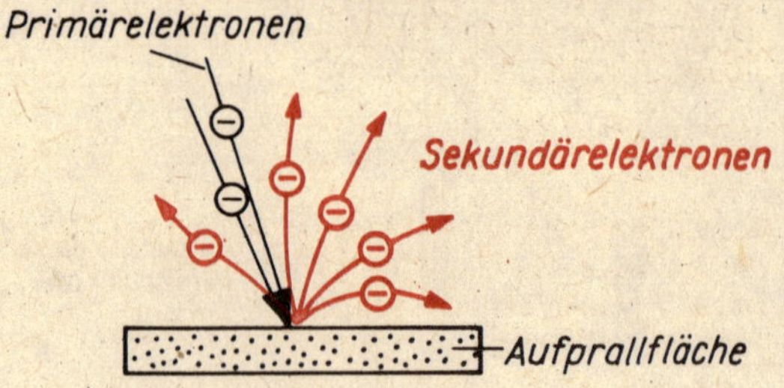

Dynode: Sekundärelektronenemission

und der Videokopf liest für diese Zeit die Frequenz f_5 der Nachbarspur. Das Ergebnis der Auswertung dient der Kopfhöheneinstellung, die für die gesamte Videospur beibehalten wird. Abb.

Dynode, Prallelektrode: eine → Elektrode mit bes. emissionsfähiger Schicht, auf der aufprallende → Elektronen eine Sekundäremission (Sekundärelektronen) hervorrufen. Abb.

E

E_B-Signal: Abk. für Farbwertsignal-Blau oder B-Signal. → Farbwertsignal, Abb. → Farbauszug

Hinweis: In Übersichts- oder Funktionsschaltbildern sowie in mathematischen Funktionen wird zur Kennzeichnung des Farbwertsignals-Blau nur E_B im Sinne einer Spannungsgröße verwendet.

EBU, Abk. für engl. **E**uropean **B**roadcasting **U**nion, Union der Europäischen Rundfunkanstalten, Abk. *UER:* im Jahre 1950 gegründete Rundfunkorganisation westeuropäischer Staaten, einiger Länder Nordafrikas und des Nahen Ostens, Sitz Genf (Schweiz). Hauptaufgaben sind die Untersuchung und Koordinierung aller mit dem Rundfunk zusammenhängenden Fragen, die Schlichtung von Meinungsverschiedenheiten und der Programmaustausch über die von der EBU unterhaltene → *Eurovision.* Die EBU tritt turnusmäßig zusammen, um spezifische Fragen zu beraten. Hierzu werden von ständigen oder zeitweiligen Arbeitsgruppen Lösungsvorschläge zu eingegrenzten Fragen des Rundfunks erarbeitet (Normung, Frequenzplanung

Thomas Alva Edison

usw.). Ein wesentliches Beispiel für eine solche Arbeit war u.a. die Bildung der „Ad-Hoc Group Television" – einer Expertengruppe, die vor Einführung der → Farbfernsehverfahren in Westeuropa wirksam wurde. Derzeitig anstehende Probleme sind insbesondere die Normungen für das Hochzeilenfernsehen, die Zweitonübertragung im Fernsehen und die Übertragungsform im Satellitenfernsehen. Die EBU unterhält Verbindungen zu anderen Rundfunkorganisationen, z. B. zur → OIRT.

Echo: 1. *(Raumakustik)* Einzelne Schallreflexionen hoher Energie, die von einem Zuhörer getrennt vom Originalschall wahrgenommen werden. Ein E. entsteht bereits dann, wenn ein Schallanteil gegenüber dem Direktschall um 50 ... 100 ms (oder länger) verzögert ist (→ Schallreflexion). E. können auch durch Lautsprecher entstehen, wenn diese in zu großer Entfernung von Redner oder Kapelle aufgestellt wurden oder wenn sie auf weiter entfernte Wände hoher Schallreflexion strahlen. E. werden bei Sprachdarbietungen störender empfunden als bei Musik. In der Popmusik werden ein- oder mehrfache E. elektronisch erzeugt und als Spezialeffekt den Tonsignalen zugemischt (→ Shatter). – **2.** *(Speichertechnik)* Schallimpuls vor oder nach lauten Stellen bei der Schallplatten- oder Tonbandwiedergabe, auch *Kopierecho* genannt (→ Kopiereffekt).

Echobild: Doppel- oder Mehrfachbilder, die als bildgestalterisches Element durch optische Rückkopplung oder als → digitaler Videoeffekt bewußt erzeugt werden oder ungewollt als Bildfehler (→ Geisterbild) auftreten.

„Echomatratze": → Verhallung

ECS: Europäischer Kommunikationssatellit, → Verteilsatellit.

Edison, Thomas Alva: US-amerikanischer Erfinder und Entdecker, Autodidakt (11. 2. 1847 – 18. 10. 1931). E. galt als genialster und vielseitigster Erfinder seiner Zeit, der sich durch Zähigkeit, Opferbereitschaft und Besessenheit bei seiner Arbeit auszeichnete. Er war Inhaber von über 1 000 Patenten. So entwickelte oder vervollkommnete E. u. a. das Kohlemikrofon, die Glühlampe, den Röntgenbildschirm und den Stahlakkumulator. Als seine bedeutendste Erfindung gilt jedoch die *„Sprechmachine„ (→ Phonograph)*, für die er am 19.2.1878 das US-Patent Nr. 200.521 erhielt. E. Phonograph legte den Grundstein für alle mechanischen Schallspeicherverfahren. Abb.

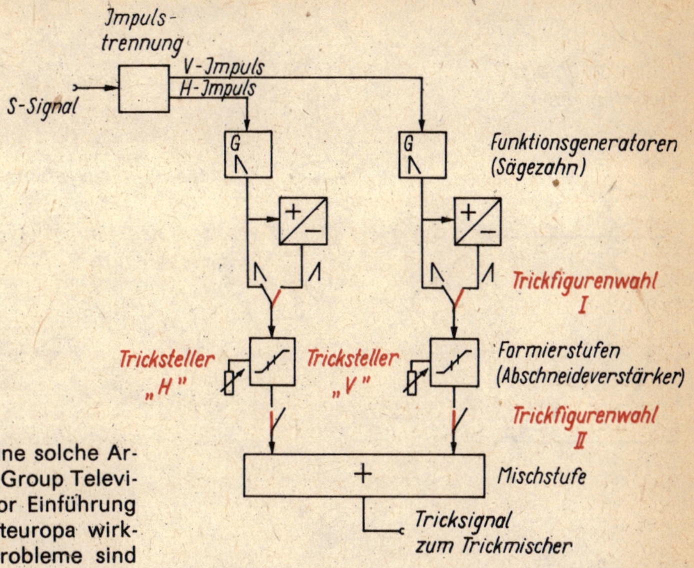

Einfacher *Effektgenerator* für Bildteilung und Eckenschnitt

EE-Band (EE Abk. für engl. **E**xtra **E**fficiency, besonders wirksam): Spulentonband mit einer magnetisierbaren Schicht auf Chromdioxidbasis (CrO_2), besonders für Bandgeschwindigkeiten $v_B \leqq 9{,}53$ cm/s. Mit E. läßt sich ein besserer Störabstand erreichen, so daß auch bei niedriger Bandgeschwindigkeit HiFi-Qualität möglich ist. Die Bänder benötigen allerdings eine spezielle Arbeitspunkteinstellung (→ Vormagnetisierungsstrom) und eine besondere → Magnettonentzerrung. Beim Abspielen von E. auf herkömmlichen Spulentonbandgeräten werden die hohen Töne überbetont wiedergegeben.

EE-Betrieb, Abk. für **E**lektronik zu **E**lektronik-**Betrieb:** in Videorecordern enthaltene Schaltung, die bei Aufzeichnungs-Betrieb auch ohne echte → Hinterbandkontrolle eine „Mitsehkontrolle" am Ausgang des Geräts ermöglicht. Das Videosignal durchläuft bei Aufzeichnung alle Stufen von Geräteeingang bis zum Ausgang des Wiedergabekanals.

Effektgenerator, Trickgenerator: Baugruppe zur Erzeugung von Tricksignalen, die als Hilfssignale für die Trickmischung von Fernsehbildern in einem → Bildmischer notwendig sind. Mit einem E. können nur Tricksignale erzeugt werden, die im Fernsehbild einfache geometrische Trickfiguren ergeben. Durch Abschneidung und Kombination (Mischung) von horizontal- und vertikalfrequenten

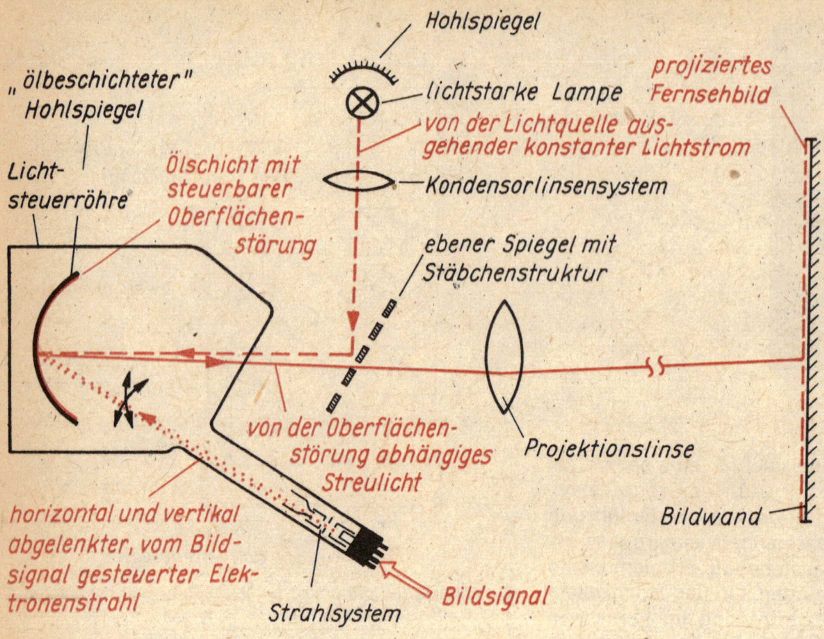

Prinzip des *Eidophor-Verfahrens*

Funktionsspannungen (Sägezahn-, Dreieckspannung usw.) sind Tricksignale für eine Vielzahl unterschiedlicher Trickfiguren möglich. Abb.

effektive Nadelmasse: → dynamische Nadelmasse

Effektivwert: quadratischer Mittelwert einer Wechselgröße mit beliebigem Schwingungsverlauf (Spannung, Strom, Schalldruck usw.). Die Definition des E. stammt aus der Elektrotechnik, läßt sich aber auch auf andere Energieformen (z. B. Schall) übertragen: Der E. einer Wechselspannung erzeugt an einem ohmschen Widerstand die gleiche Wärmemenge wie eine ebenso große Gleichspannung. Nur bei sinusförmigen Schwingungen ist der E. leicht rechnerisch zu bestimmen, er beträgt dann etwa das 0,7fache des Spitzenwerts (Amplitude). Wechselgrößen (auch Tonsignal- und HF-Spannungen) werden i. allg. als E. erfaßt und angegeben.

Effektmischung: → Trickmischung

EFM, Abk. für engl. **E**ight-to-**F**ourteen **M**odulation: Verfahren der Kanalkodierung bei der Compact Disc (→ Compact Disc Digital Audio).

E_G-Signal: Abk. für Farbwertsignal-Grün oder G-Signal. → Farbwertsignal, Abb. → Farbauszug

Hinweis: In Übersichts- oder Funktionsschaltbildern sowie in mathematischen Funktionen wird zur Kennzeichnung des Farbwertsignals-Grün nur E_G im Sinne einer Spannungsgröße verwendet.

EHF, Abk. für engl. **E**xtremly **H**igh **F**requency: → Wellenbereich

EIA, Abk. für engl. **E**lectronic **I**ndustries **A**ssociation (Vereinigung der Elektroindustrie): Gesellschaft für Standardisierung in der Elektrotechnik/Elektronik in den USA.

Eichschallplatte: Schallplatte mit speziellen Aufzeichnungen zum Einstellen des CX-Expanders (→ CX-System); auch als Synonym für die → Testschallplatte oder bestimmte andere → Meßschallplatten.

Eidophonie: experimentell erprobtes Tonübertragungsverfahren der raumbezogenen Stereofonie, das bei gleicher Kanalbreite wie bei Zweikanalstereofonie eine Übertragung der gesamten horizontalen Richtungsinformation zuläßt. Das Verfahren beruht auf einer schnellen Rotation der Richtcharakteristik des Aufnahmemikrofons in der horizontalen Ebene und einer dazu synchronen Umschaltung mehrerer, um den Zuhörer verteilter Wiedergabelautsprecher.

Eidophor-Verfahren: klassische Methode der *Großbildprojektion* im Fernsehen (Abb.). In einer → Lichtsteuerröhre befindet sich ein Hohlspiegel, der mit einer im Ruhezustand homogenen dünnen Ölschicht bedeckt ist. Durch den abgelenkten, vom → Bildsignal gesteuerten Elektronenstrahl wird ein Reliefbild (entspricht einer jeweils über ca. eine Halbbildperiode erhalten bleibender Oberflächenstörung) in die Ölschicht eingeprägt. Dieses Reliefbild entsteht im Ergebnis des Zusammenwirkens der Oberflächenspannung der Ölschicht mit den sich ändernden elektrischen Anziehungskräften, die durch die unterschiedliche Elektronendichte auf der Ölschicht hervorgerufen wird. Die unterschiedliche Elektronendichte auf der Ölschicht entspricht beim Schwarz-Weiß-Fernsehen der Helligkeitsverteilung, beim Farbfernsehen der Verteilung der einzelnen Farbwerte im Fernsehbild. Sie wird vorzugsweise durch eine vertikal wirkende Defokussierung des steuernden Elektronenstrahls erreicht (bei → Bildwiedergaberöhren im Gegensatz dazu: Amplitudenmodulation der Elektronenstrahlstärke). Fällt das Licht einer Lampe mit hoher Lichtstärke (z. B. Xenonlampe) über den ebenen, aber durch Lücken geteilten Spiegel in den Hohlspiegel, wird es abhängig von der vorhandenen Oberflächenstörung zerstreut. Im Ergebnis dessen ändert sich die Stärke des Lichts, das durch die Lücken des ebenen Spiegels über eine Linse auf die Bildwand projiziert wird. Mit dem E. erreicht man eine relativ hohe Lichtstärke des projizierten Fernsehbilds. Diese ist grundsätzlich durch die Lichtstärke der eingesetzten Lampenart vorbestimmt. Da die Ölschicht durch eine bestimmte Viskosität gekennzeichnet ist, tritt zusätzlich eine Speicher- und damit auch Verstärkungswirkung ein, da die eingeprägte Oberflächenstörung etwa über eine Halbbildperiode erhalten bleibt. Werden 3 getrennte Systeme in einer Lichtsteuerröhre oder drei einzelne Lichtsteuerröhren verwendet, die getrennt von den Farbwertsignalen Rot, Grün und Blau gesteuert werden, kann das E. auch für die Projektion von Farbfernsehbildern eingesetzt werden. Bedingung hierfür ist, daß die einzelnen Lichtwege durch Farbfilter an die Primärfarben angepaßt und durch entsprechende Optiken auf der Bildwand zur Deckung gebracht werden. Erreichbarer Projektionsabstand und Bildgröße entsprechen in etwa den Kinoverhältnissen. Jedoch wird die Bildqualität des Kinos nicht erreicht. Die im Hohlspiegel vorhandene Ölschicht muß während des Betriebs laufend erneuert und mechanisch geglättet werden, um die maximale Projektionsqualität zu gewährleisten. Das erfordert hohe mechanische Präzision für den Aufbau und Betrieb von Eidophor-Großbildprojektoren. → additive Farbmischung, → Farbwertsignale (Abb.)

Eigenresonanz, Eigenresonanzfrequenz, auch Eigenfrequenz: Resonanzfrequenz eines schwingfähigen mechanischen oder elektromechanischen Systems, besonders bei Schallwandlern, aber auch bei Räumen und Musikinstrumenten. → Nennresonanzfrequenz, → Raumresonanzen, → Tragarmresonanz, → Schallquelle, → Abtastsystem

Eigentonträgersperre (engl. Sound Disadvantage Trap): Filterschaltung, die in → Fernsehempfängern nach dem → Videogleichrichter (→ Videodemodulator) eingesetzt wird, um den Tonträger des eingestellten Fernsehkanals im weiteren Bildsignalweg zu unterdrücken (s. Abb. → Differenzträgerfrequenzverfahren). Die Aufgabe der E. besteht darin, eine Aussteuerung der → Bildwiedergaberöhre durch das Tonsignal bzw. seine höherfrequenten Mischprodukte mit dem Bildsignal zu verhindern, da diese zu einer feinstrukturierten Bildstörung führen würden. Die Wirkung der E. wird durch das Leistungsverhältnis Bild- : Tonsender im → Fernsehsender und die Übertragungscharakteristik des ZF-Wegs im Fernsehempfänger (→ Tontreppe) begünstigt. Dennoch ist eine vollständige Verhinderung von Ton-Bildstörungen – insbesondere bei Empfängern nach dem Intercarrierverfahren – nicht gewährleistet.

Eimerkettenschaltung: → BBD

Einbauantenne: in einem Rundfunkempfänger eingebaute Empfangsantenne. Besteht sie aus Metallfolien oder rundum verlegten Drähten in Form eines Dipols (z. B. aus Flachbandkabel), so hat sie behelfsmäßigen Charakter und ist nur in Senderrnähe verwendbar. *Stab-* oder *Teleskopantennen* werden vorrangig in tragbaren Empfängern für Kurz- und Ultrakurzwellenempfang, bzw. für Bereich I und III bei tragbaren Fernsehempfängern eingebaut. → *Ferritantennen* sind in stationären und in tragbaren Empfängern für Kurz-, Mittel- und Langwellenempfang zu finden. Eine am Gehäuse des Empfängers befestigte E. wird auch *Gehäuseantenne* genannt.

Einbaulautsprecher: in Rundfunkempfängern, Fernseh-, Tonband- oder anderen Tongeräten und Autos fest eingebauter Lautsprecher. Häufig wird ein → Breitbandlautsprecher, aus Raumgründen mitunter mit ovalem Membranquerschnitt *(Ovallautsprecher)* verwendet, aber auch getrennte Lautsprecher für Tief- und Hochtonwiedergabe. Da E. nicht immer den Qualitätsanspruch voll befriedigen können, sind meist parallele Lautsprecherausgänge zum Anschluß hochwertiger Zusatzlautsprecher vorgesehen.

Einbaumikrofon: in ein Kassettentonbandgerät oder einen Kamerarecorder eingebautes Mono- oder Stereo-Mikrofon. E. müssen besonders körperschallunempfindlich sein. Die Mehrzahl ist nur für die Aufnahme von Sprache oder Geräuschen geeignet. → Elektretmikrofon, → Doppelmembranmikrofon, → Niederspannungs-Kondensatormikrofon

Einblendautomatik: Schaltung bei einem Tonbandgerät mit Aussteuerungsautomatik, die ein automatisches weiches Einblenden des Signals zu Beginn der Aufzeichnung vornimmt. → Blendautomatik

Einblendung: 1. *(Audio)* → Tonmischung – **2.** *(Video)* Hinzufügen von Informationen zu einem Fernsehbild meist in Form alphanumerischer Zeichen (Buchstaben, Zahlen) mit oder ohne Abschwächung des Hauptbilds. Z. B. werden bei fremdsprachigen Programmbeiträgen am unteren Bildrand *Untertitel* eingeschrieben. E. mehrstelliger Zahlen erfolgt zur Zeitangabe im Fernsehen (Fernseh-Digitaluhr) oder zur Zeitnahme (elektronische Stoppuhr) bei Sportübertragungen. Bei verschiedenen Fernsehempfängern wird die E. von grafischen Symbolen und Zahlen zur Anzeige (→ Bildschirmanzeige) der Empfängereinstellungen (Abstimmung, Kontrast, Lautstärke u. a.) genutzt. → Bildmischung

Einbrennen: Schädigung von Elektronenstrahlröhren durch Überlastung. 1) bei *Bildaufnahmeröhren:* Durch Einwirkung überhöhter Beleuchtungsstärken eines aufgenommenen Bilds (Reflexion von Sonnen-

licht oder Lampen in Fenstern, Spiegeln usw.) kann das Bild oder Teile davon auf der → Speicherplatte eingebrannt werden. Das E. ist bei den verschiedenen Halbleiter-Bildaufnahmeröhren unterschiedlich stark ausgeprägt und äußert sich darin, daß bei neuen Aufnahmen das eingebrannte Bild zusätzlich sichtbar bleibt.
Das E. bei Bildaufnahmeröhren ist um so stärker, je heller das Licht ist und je länger die Aufnahmezeit unter diesen Bedingungen dauert. Leichte Einbrennschäden verschwinden nach einiger Zeit wieder. Starkes E. ist eine bleibende Schädigung der Aufnahmeröhre.
Hinweis: Um ein E. zu vermeiden, ist folgendes zu beachten: a) Kamera nicht direkt in die Sonne oder Scheinwerfer halten, b) kontrastreiche Motive nicht längere Zeit im Stillstand aufnehmen, c) keine sehr hellen Gegenstände im schwach beleuchteten, dunklen Umfeld aufnehmen, d) Kamera nie ohne Objektivschutz, auch nicht im ausgeschalteten Zustand, abstellen. – Sollte dennoch ein Bild schwach eingebrannt sein, kann manchmal eine „Roßkur" helfen: Die eingeschaltete Kamera ohne Objektiv oder mit völlig geöffneter Blende ca. 5 min einer gleichmäßigen hellen Beleuchtung aussetzen, z. B. kräftig beleuchtete weiße Wand. Das Objektiv ist dabei unscharf zu stellen.

2) bei *Bildwiedergaberöhren:* Durch Gerätefehler (z. B. schlechte Leuchtpunktunterdrückung) entsteht beim Ausschalten ein Leuchtpunkt (Nachleuchtpunkt) in der Mitte des → Bildschirms, der sich schnell einbrennen kann, wenn der Gerätedefekt nicht rechtzeitig beseitigt wird.
Hinweis: Ein einmal eingebrannter Fleck *(Brennfleck)* läßt sich nicht wieder beseitigen und kann auch bei abgeschaltetem Fernsehgerät als dunkler Punkt auf dem Bildschirm sichtbar sein.

Einbuchsenantenneneingang: gemeinsamer Antenneneingang für mehrere Empfangsbereiche, z. B. VHF und UHF an einem Fernsehempfänger. Bei einer gemeinsamen Antennenzuleitung für diese Bereiche wird keine Empfängerweiche vor dem E. benötigt, sondern die Aufteilung erfolgt im Gerät. Bei getrennten Antennenkabeln von VHF- und UHF-Antenne ist eine umgekehrt betriebene → Empfängerweiche oder eine Antennenweiche vor dem E. erforderlich.

Einchipschaltung: wesentliche Baugruppen eines elektronischen Geräts, zusammengefaßt in einem einzigen integrierten Schaltkreis. Es werden lediglich wenige zusätzliche Bauelemente benötigt, die sich nur schwer oder nicht integrieren lassen (Widerstände höherer Leistung, Spulen, Einsteller, Batterien, Lautsprecher u. ä.). Auch Rundfunkempfänger, Taktgeber und Mikrorechner lassen sich bereits komplett integrieren (z. B. *Einchipradio*).

Einfädelmechanismus: mechanische Vorrichtung in *Videokassettenrecordern*, die das Videoband aus der *Videokassette* herauszieht, in das Gerät einfädelt und um die *Kopftrommel* herumführt. Der E. wird von einem kleinen Elektromotor (Lade- bzw. Fädelmotor) angetrieben, der automatisch anläuft, sobald die Videokassette in das Kassettenfach gegeben wird und stoppt, wenn das Band vollständig eingefädelt ist. Vor der Kassettenentnahme (→ Eject-Taste) funktioniert der E. umgekehrt als Ausfädelautomatik. Abb.

Einfärbung: elektronische Erzeugung eines künstlichen Farbbilds aus einem unbunten Fernsehbild. Die E. stellt eine → Bildverfremdung dar und dient als Gestaltungsmittel bei Videoproduktionen. Die hellen Anteile eines Fernsehbilds werden in einem *Einfärbgerät*, auch *Cox-Box* genannt, mit der einen und die dunklen Bildpartien mit einer anderen Farbe versehen. Bei der E. sind Farbton, Farbsättigung und auch Helligkeit frei wählbar. → Farbtrickgenerator
Hinweis: Auch bei Bildaufnahmen mit der Videokamera kann man E. durch bewußt falsch eingestellten → Weißabgleich erzielen.

Einführungskassette: → Demonstrationskassette

Eingang (engl. Input): Anschlußbuchse oder Leitung mit Stecker, über die einem elektronischen Gerät ein hoch- oder niederfrequentes Signal zugeführt werden kann. *Hochpegelige E.* heißen solche, an denen hohe Signalspannungen von ca. 100 mV bis zu mehreren Volt angelegt werden müssen. Zu ihnen zählen die → AUX-Buchse, der E. für Tonsignale von Tuner, Tonbandgerät, Kristall- oder Keramikabtaster und für Videosignale. An *niederpegeligen E.* genügen kleine Signalspannungen im µV- oder mV-Bereich. Dazu zählen Mikrofon-E., Antennenbuchse und TA-E. für magnetische und dynamische Abtaster. Da letzteren ein → Entzerrervorverstärker folgt, werden sie auch *entzerrte* oder *entzerrende E.* genannt. → Nenneingangsspannung, → Eingangsscheinwiderstand, → TA-Eingang, → TB-Anschluß, → Tonmischpult

Eingangsempfindlichkeit: → Empfindlichkeit 1., 5.

Eingangsscheinwiderstand, Eingangsimpedanz, kurz Eingangswiderstand: frequenzabhängiger Widerstand zwischen den Klemmen eines Signaleingangs. Der E. wird bei Audiogeräten meistens für eine Frequenz von 1 kHz angegeben. Die Kenntnis des E. ist wichtig, um Geräte untereinander richtig zusammenschalten zu können. → Anpassung

Eingangsspannung: Größe der Signalspannung an einem → Eingang. Beim Anschluß von Tonsignalquellen muß deren Ausgangsspannung mindestens so groß wie die → Nenneingangsspannung sein, damit Vollaussteuerung erreicht werden kann.

Einknopfbedienung: Betätigung mehrerer Einstell- oder Schaltfunktionen eines elektronischen Geräts an einem gemeinsamen Bedienelement. Die E. wurde z. B. bei Kassettentonbandgeräten an Stelle mehrerer Bedientasten verwendet. Durch Verschieben eines tasten- oder hebelartigen Knopfs in mehreren Richtungen konnten die verschiedenen Laufwerksfunktionen mechanisch und elektrisch eingeschaltet werden. Auch bei Rundfunkempfängern (vorrangig Autoradios) wird die E. für jeweils 2 Be-

Einfädelmechanismus (1) in Ruhestellung, Kassettenschacht leer

Einfädelmechanismus (2): Kassette eingelegt, Band vollständig eingefädelt

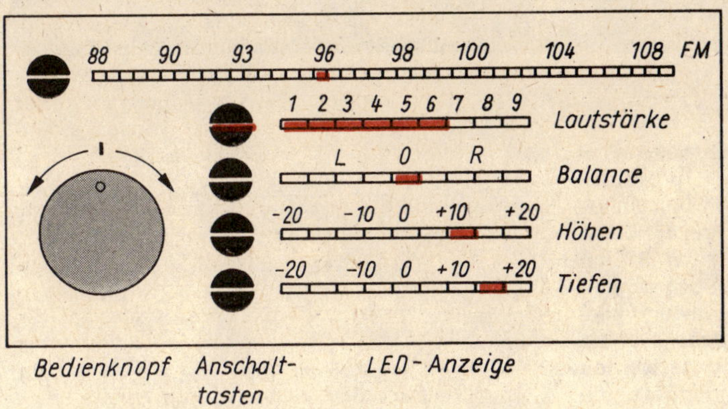

Mikrorechnergesteuerte *Einknopfbedienung* an einem UKW-Empfänger

dienfunktionen verwendet: Beim Drehen eines Knopfs wird z. B. die Lautstärke verändert, beim gleichzeitigen Hineindrücken die Klangfarbe. Im Zusammenhang mit einem Mikrorechner läßt sich die E. auf elektronischem Weg auf beliebig viele und unterschiedliche Einstell- und Schaltfunktionen erweitern. Neben dem eigentlichen Bedienknopf sind Anschalttasten für die Funktionen und z. T. jeweils eine zugeordnete LED-Kette vorhanden, auf der die aktuelle Einstellung gut sichtbar angezeigt wird. Abb.

Einlaufrille: → Schallplattenrille

Einplatinenchassis: als Grundplatte dienende → Großplatine zur Befestigung und elektrischen Verbindung aller Bauelemente, → Module und sonstigen Aufbauteile. Vor allem in Fernseh- und Rundfunkempfängern werden E. verwendet. Abb. S. 168

Einpunkt-Mikrofon: → Stereomikrofon

Einröhrenkamera: Video- bzw. Fernsehkamera mit einer Bildaufnahmeröhre. Jede Schwarz-Weiß-Röhren-Kamera ist eine E. Bei E. zur Farbbildaufnahme gibt es verschiedene Verfahren, die Helligkeits- und Farbwerte des aufzunehmenden Bilds in entsprechende elektrische Videosignale umzuwandeln. Die einzelnen Verfahren unterscheiden sich in Art und Weise der Farbaufteilung und daraus folgend in der

Einplatinenchassis eines Farbfernsehempfängers

weiteren Signalaufbereitung und -verarbeitung zu normgerechten Leuchtdichte- und Farbwertsignalen. *a) Teilbildsequenzverfahren:* Die Lichtteilung erfolgt durch eine synchron mit der Halbbildfrequenz rotierende Farbfilterscheibe (z. B. mit gleichgroßen roten, grünen und blauen Segmenten) im Strahlengang der E. zwischen Objektiv und Bildaufnahmeröhre (Abb. 1). *b) Zeilensequenzverfahren:* Mit Hilfe eines Strahlenteilerprismas werden auf die Fotoschicht der Bildaufnahmeröhre die 3 Farbauszugsbilder nebeneinander projiziert. Diese 3 Einzelbilder werden zeilensequentiell nacheinander abgetastet, dazu wird dem zeilenfrequenten sägezahnförmigen Ablenkstrom ein Treppensignal zur horizontalen Verschiebung überlagert (Abb. 2). *c) Punktsequenzverfahren:* Ein Farbstreifenfilter im optischen Strahlengang der E. oder direkt in der Bildaufnahmeröhre (→ Farbstreifenvidikon) vor der Signalelektrode zerlegt jeden Punkt des aufgenommenen Bilds in 3 unterschiedliche Licht-Spektralbereiche (z. B. Rot, Grün und Blau oder Rot, Grün und Weiß). Auf der Fotoschicht der Bildaufnahmeröhre entsteht eine farbverschlüsselte Helligkeitsverteilung (optische Kodierung). Bei der elektronischen Abtastung entsteht daraus an der Si-

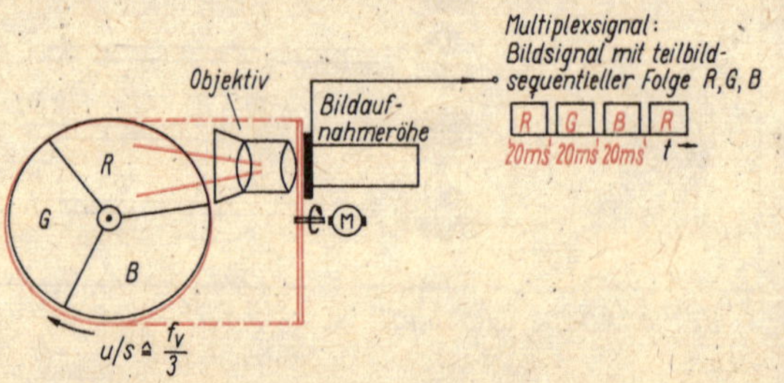

Einröhrenkamera (1): Teilbildsequenzverfahren

gnalelektrode ein elektrisches Multiplexsignal. Abb. 3 zeigt eine Anordnung dieses Verfahrens – rote, grüne und blaue Farbstreifen sind senkrecht nebeneinander angeordnet. Das Ausgangssignal (Multiplexsignal) der Aufnahmeröhre enthält in schneller Folge die zu jeweils einem Farbauszug gehörigen Farbsignale. Bei allen Sequenzverfahren, ganz besonders bei dem punktsequenziellen Verfahren, besteht das Problem der Trennung des Multiplexsignals in die einzelnen Signalanteile. In der dargestellten Anordnung folgt jedem Farbstreifentrio ein lichtundurchlässiger schwarzer Indexstreifen

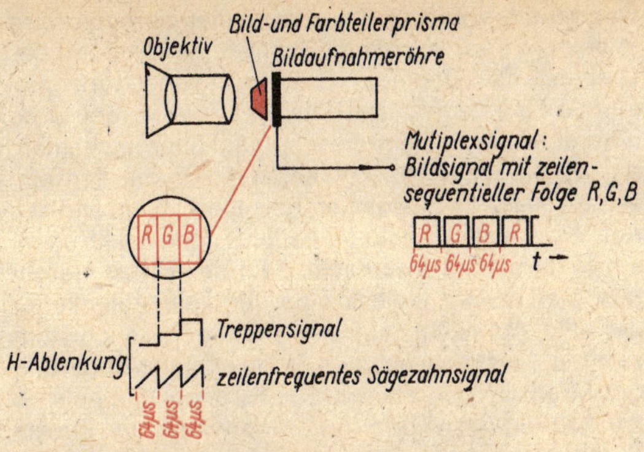

Einröhrenkamera (2): Zeilensequenzverfahren

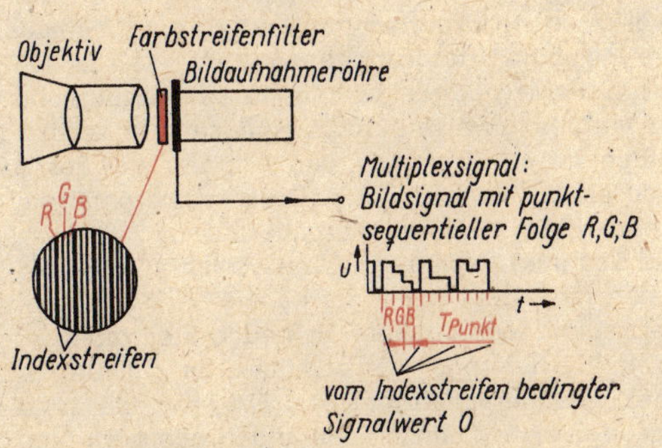

Einröhrenkamera (3): Punktsequenzverfahren

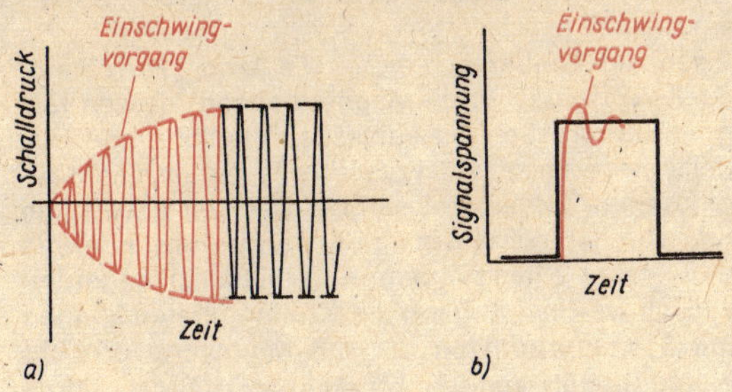

Einschwingvorgänge: a) Musikinstrument, b) Impuls

(Indexröhre), der stets den Signalwert 0 liefert und zur Synchronisation des elektronischen Schalters dient. Andere Methoden der Signaltrennung, stets in Verbindung mit entsprechender Streifenfilterstruktur, verwenden andere Index-, d. h. Erkennungsmethoden (→ Trinicon) oder Frequenz- bzw. Phasenmultiplextechnik. Ein weiteres Problem aller Sequenzverfahren besteht darin, daß die Bildaufnahmeröhre die einzelnen Farb- bzw. Helligkeitssignale zeitlich nacheinander (zeitsequentiell) abgibt, die aber zur Farbbildübertragung und -wiedergabe gleichzeitig (simultan) benötigt werden. Mit Hilfe von Signalspeichern und beim Punktsequenzverfahren mit Tiefpässen erfolgt eine Umwandlung in Simultansignale. *d) Simultanverfahren:* Die 3 Farbwertsignale werden gleichzeitig an einer dreigeteilten Signalelektrode der Bildaufnahmeröhre abgenommen, vor der entsprechende Farbstreifenfilter angebracht sind. Bildaufnahmeröhren dieser Art nennt man → Dreielektrodenröhre. Die meisten Farbvideokameras sind E., die nach dem Punktsequenz- oder Simultanverfahren arbeiten und eine Bildaufnahmeröhre mit Farbstreifenfilter vom Vidikontyp (→ Farbstreifenvidikon) verwenden. Das Auflösungsvermögen von E. beträgt meist nur 2,5 ... 3,7 MHz. → Farbkamera, → Spektraplexverfahren (Abb.)

Einschaltverzögerungsschaltung: elektronische Schutzschaltung an einem NF-Verstärker, die die Ausgangsspannung erst kurze Zeit nach dem Einschalten der Betriebsspannung an die Lautsprecher gelangen läßt. Dadurch wird der Einschaltstromstoß von den Lautsprechern ferngehalten („Einschaltknall"), der ihre elektromechanischen Teile gefährden könnte. E. lassen sich z. B. mit zeitverzögert ansprechenden Relais aufbauen. Ein Schaltnetzteil mit Softanlauf *(→ Netzteil)* verhindert einen Einschaltstromstoß ebenfalls.

Einschwingstreifen, *Gardineneffekt:* unerwünschte senkrechte Streifen am linken Bildrand bei Fernsehbildern. E. werden durch Einschwingvorgänge (*Partialschwingungen,* wilde Eigenschwingungen) in der Zeilen-Ablenkstufe hervorgerufen.

Einschwingvorgang, Einschwingen: Erscheinung, daß eine Schwingung oder ein Impuls nicht sofort, sondern erst gewisse Zeit nach Beginn der Anregung – der *Einschwingzeit* – die endgültige Größe erreicht. Musikinstrumente haben charakteristische E., die wesentlich zur Klangformung beitragen (→ Klang 2.). Bei impulsartigen Signaländerungen in einem Übertragungskanal können E. zu einer unerwünschten Veränderung der Signalform führen: Harte Schallstöße klingen verwaschen, vertikale Kanten in Fernsehbildern werden unscharf, plastisch oder mit Mehrfachkonturen abgebildet. Außerdem können Fehler bei der → Synchronisation entstehen. Bei der Tonübertragung entstehen E. vorwiegend bei Lautsprechern, aber auch in anderen Wandlern, deren mechanische Teile (Membranen, Abtastnadeln usw.) wegen ihrer Trägheit schnellen Signaländerungen oft nicht in der erforderlichen Weise folgen können oder zu Eigenresonanz angeregt werden. Abb.

Einseitenbandverfahren, EB-Verfahren (engl. Single Side Band-System, Abk. SSB): Übertragungsverfahren für amplitudenmodulierte Funkwellen, bei dem nur eines der beiden Seitenbänder vollständig übertragen wird. Beim E. geht man davon aus, daß alle Informationen bei AM in einem Seitenband vollständig enthalten sind (→ Modulation). Die gebräuchlichen E. arbeiten daher mit der Unterdrückung eines, meist des oberen Seitenbands und z. T. auch der Trägerfrequenz. Mitunter wird ein Träger mit

2 Seitenbändern verschiedener Signale belegt. Vorteile des E. sind vor allem eine rationellere Ausnutzung der vorhandenen Frequenzbereiche, da nur die Hälfte der Kanalbreite gegenüber der normalen (Zweiseitenband-) Übertragung und geringere Sendeenergie benötigt wird, weil die im unterdrückten Seitenband und z. T. im Träger steckende Sendeleistung eingespart wird. E. führt außerdem zu besserer Nachbarkanalselektion und zu einer Verminderung der Verzerrungen bei selektivem →Schwund. Das E. wird heute fast nur bei kommerziellen Funkdiensten und beim Amateurfunk verwendet; angestrebt wird aber auch eine Einführung in dem Mittel- und Lang-, vor allem aber im Kurzwellenbereich des Hörrundfunks. Dabei bereitet allerdings die Unverträglichkeit des E. mit den vorhandenen Empfängern noch erhebliche Probleme. Ein Sonderfall des E. ist die beim Fernsehen übliche →Restseitenbandübertragung.

Einspulenkassettensystem: Gesamtheit von Magnetbandkassette, in der eine Bandspule den gesamten Magnetbandvorrat trägt, und zugehörigem Kassettenmagnetbandgerät, in dem sich die Aufwickelspule befindet. Nach dem Einlegen der Kassette in das Gerät wird das Band meist automatisch eingefädelt. Vor dem Herausnehmen der Kassette muß das Band vollständig in Anfangsstellung zurückgespult werden. E. gibt es für Audio (→Cartridge) und Video. Vor allem Videorecordersysteme, die das → Längsspurverfahren verwenden, sind E. (z. B. →LVR), aber auch für das →Schrägspurverfahren, z. B. für den Japan-Standard 1 gibt es E. *(Video Cartridge Recorder).*

Einsteller, Potentiometer: passives Bauelement mit mechanisch veränderbarem → Widerstand. Durch einen Schleifkontakt kann der Widerstandswert zwischen 0 und Maximalwert stufenlos eingestellt werden. E. gibt es als →Dreheinsteller und →Schiebeeinsteller.

Einstellung: Bezeichnung in der Fernseh-, Video- und Filmproduktion für die kleinste, ohne Unterbrechung aufgenommene Bild-, bzw. Szenenfolge. Demzufolge setzt sich jede Produktion aus mehreren E. (Kameraschwenks, -fahrten usw.) zusammen, die, um gewünschte Aussagen zu erhalten, aufeinander abgestimmt sein müssen. In der Praxis ist zwischen unterschiedlichen Bild-E. zu unterscheiden: *Totale* (z. B. Überblick über den Ort der Handlung), *Nah* (z. B. Personenaufnahme), *Halbnah* (Brustbild eines Menschen), *Groß* (z. B. Kopf einer Person, Detail eines Objekts). Zwischen den genannten E. bestehen viele Zwischenstufen. →Drehbuch

Hinweis: Da jede einzelne E. den verschiedensten gestalterischen, technischen, zeitlichen u. a. Bedingungen unterliegt, sollte sich auch jeder Film- und Videoamateur wie ein „Fernseh- oder Filmprofi" in Form eines „Drehbuchs" ein klares Konzept für seine Produktion aufstellen. Darin ist eine wesentliche Voraussetzung zu sehen, daß die gewünschte Aussage der Produktion auch wirklich erreicht wird.

Einstrahlchromatron: → Farbbildwiedergaberöhre mit einem Strahlsystem horizontaler Anordnung der Leuchtstoffstreifen Rot, Grün, Blau und horizontalem → Farbsteuergitter. Die Elektronenstrahlstärke wird über einen elektronischen Schalter nacheinander, in kurzer wiederkehrender Folge mit den einzelnen →Farbwertsignalen gesteuert. Während seiner Horizontalablenkung erfährt der Elektronenstrahl durch das elektrische Feld des Farbsteuergitters gleichzeitig jeweils eine vertikale Ablenkung, die sein Auftreffen auf dem richtigen Leuchtstoffstreifen – synchron zur Farbwertsignalsteuerung der Strahlstärke – sichert. Die Farbdeckung beim E. ist 100 %ig gewährleistet. Unerwünschte Effekte durch auftretende Sekundärelektronen im Bereich Farbsteuergitter-Bildschirm (führen zur Farbartverfälschung, Kontrastminderung), die mechanische Instabilität des Farbsteuergitters, erforderlich hohe Schaltleistungen für die Farbsteuerung und eine vergleichsweise geringe Auflösung in vertikaler Richtung verhinderten, daß sich E. in der Praxis durchsetzen konnten. → Dreistrahlchromatron, →Indexröhre, →Bildwiedergaberöhre

1-2-2-Technik: Tonübertragungsverfahren, charakterisiert nach der Anzahl der Kanäle bei Aufnahme-Übertragung-Wiedergabe. →Pseudo-Stereofonie

Einzelbildschaltung: →Einzelbildweiterschaltung

Einzelbildweiterschaltung, *Einzelbildschaltung* (engl. *Frame Advance*): bei Videorecordern und Bildplattenspielern mit Standbildwiedergabe bestehende Möglichkeit, schrittweise *(Jogging-Betrieb)* auf jeweils das nächste oder vorherige Bild weiterzuschalten.

Eisenoxid-Tonband, Fe_2O_3-, Fe-Band, Ferroband, auch *Normalband:* →Magnettonband, dessen magnetisierbare Schicht kubische, längliche oder nadelförmige Eisenoxidkristalle (γ-Fe_2O_3) in einem organischen Bindemittel enthält. Das seit etwa Mitte der 30er Jahre hergestellte E. konnte besonders in den letzten 2 Jahrzehnten in der Qualität weiterentwickelt werden. Sogar bei Kassettengeräten können mit Spitzenprodukten die HiFi-Kennwerte erreicht werden. →LH-Band, →LN-Band, →HD-Magnettonband

Eject-Taste: Betätigungstaste zum Öffnen des Kassettenfachs und Ausgeben des Informationsträgers (Magnetbandkassette, Bild- oder Schallplatte). →Soft Eject

Elcaset, Elkassette: Tonbandkassette mit 6,3 mm breitem Band, die für eine Bandgeschwindigkeit von 9,53 cm/s vorgesehen ist. Bei der Mitte der 70er Jahre von der japanischen Firma SONY entwickelten E. wird das Band im zugehörigen Recorder aus der Kassette herausgezogen und auch außerhalb derselben angetrieben. Dadurch ergibt sich ein stabiler Bandantrieb, der weitestgehend unabhängig von den Kassetteneigenschaften ist. Die E. ermöglicht durch ihre Konzeption gegenüber der Kompaktkassette einen besseren Störabstand, gün-

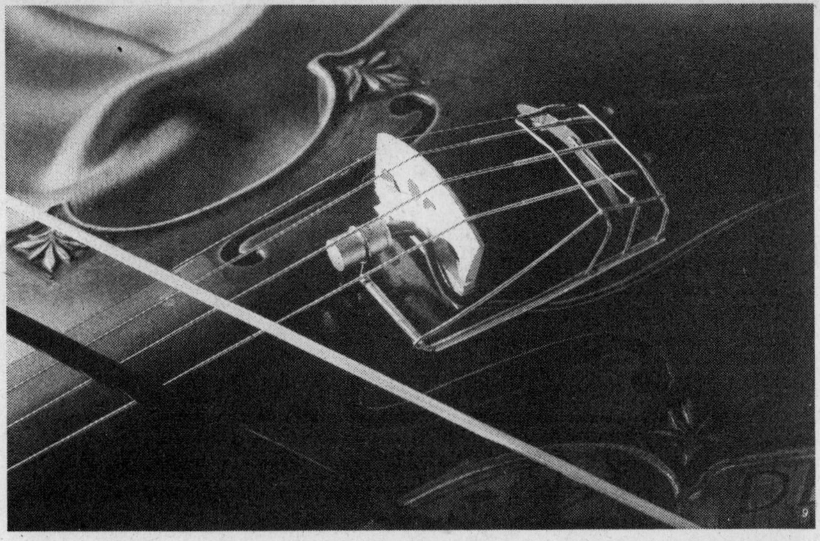

Elektretmikrofon als Solistenmikrofon auf einer Violine

stigeren Gleichlauf und einen breiteren Übertragungsbereich. Da sie relativ spät und erst nach der weltweiten Verbreitung der Kompaktkassette entwickelt wurde, konnte sie sich bisher in der Heimelektronik nicht überzeugend durchsetzen. Bedeutung kann die E. ggf. bei der → digitalen Tonsignalspeicherung erlangen. Es ist bereits gelungen, im → Längsspurverfahren auf 16 parallelen Spuren einer E. digitale Tonsignale zu speichern.

Elektret: spezielles Material mit fest eingebrachter dielektrischer Polarisationsspannung. E. werden hergestellt, indem bestimmte, sehr dünne Folien mit äußerst geringer elektrischer Leitfähigkeit (z. B. das Copolymer PTEE) bei erhöhter Temperatur einem starken elektrischen Feld ausgesetzt werden. Die zurückbleibende Zwangspolarisation ist mit dem permanenten Feld eines Dauermagneten vergleichbar. E. werden bei elektrostatischen (kapazitiven) Wandlern eingesetzt und ersparen die Zuführung einer Polarisationsspannung von außen. Anwendungsgebiete sind u. a. E.mikrofone, E.-Schallplattenabtaster, E.kopfhörer und E.lautsprecher. Auch kontaktlose Tastenschalter lassen sich mit E. herstellen. Herkömmliche E. weisen normalerweise nur negative Ladungen auf, jedoch ist es gelungen, sogenannte *komplementäre E.* herzustellen, in denen positive und negative Ladungen gespeichert sind. Sie erlauben eine Verdopplung der Wandlerempfindlichkeit.

Elektretmikrofon: → Kondensatormikrofon, bei dem die herkömmliche Membran durch eine Elektretfolie ersetzt ist (→ Elektret). Daher braucht keine Polarisationsspannung von außen zugeführt zu werden. E. sind sehr klein und relativ preiswert. Sie sind unempfindlich gegen Körperschall. Sie verdrängen die herkömmlichen Kondensatormikrofone bei vielen Anwendungsfällen und erschließen ihnen neue Einsatzgebiete (Abb.). E. sind auch als Amateurmikrofone verbreitet. Da Elektretfolien keine sehr günstigen mechanischen Eigenschaften als Mikrofonmembran haben, verlegt man neuerdings den Elektreten auf die Gegenelektrode *(Back-E.)* und fertigt die Membran aus mechanisch geeigneterem Material, z. B. aus goldbedampfter Polyesterfolie. Abb.

Elektroakustik: Untergebiet der Akustik, das die Erzeugung von → Schall, dessen Aufnahme, Übertragung, Speicherung und Wiedergabe mit elektrischen, magnetischen, elektromagnetischen, elektromechanischen und elektronischen Mitteln untersucht und beschreibt.

Elektrode: elektrisch leitendes Bauteil, über das in einem → Bauelement die Zuführung, Abführung oder Beeinflussung der elektrischen Ladungsträger und damit des elektrischen Stroms vorgenommen wird.

elektrodynamischer Lautsprecher, *dynamischer Lautsprecher,* Tauchspullautsprecher, MC-Lautsprecher (MC Abk. für engl. Moving Coil, bewegte Spule): Lautsprecher mit Umwandlung des Tonsignals in Schall nach dem → elektrodynamischen Prinzip. Der e. L. besteht aus einem tragenden Konstruktionselement, dem *Korb,* einem radialsymmetrischen *Magnetsystem* und der *Membran* mit *Tauchspule (Schwingspule),* die sich im ringförmigen Luftspalt des Magnetsystems mit radialsymmetrischem Feldlinienverlauf frei bewegen kann. Früher wurde das Magnetfeld auch durch Elektromagnete erzeugt (elektromagnetische Erregung), heute verwendet man ausschließlich starke Permanentmagnete, um einen hohen Wirkungsgrad zu erzielen. Wird an die Spule ein Tonsignal angelegt, so

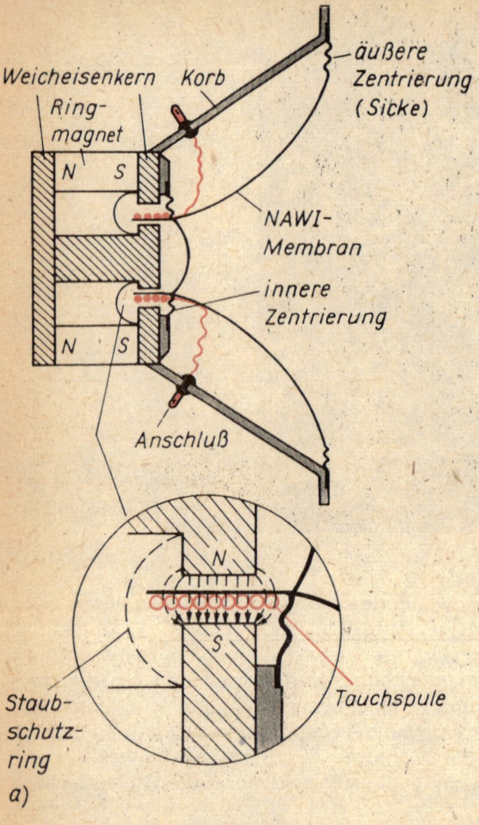

schwingt sie wegen der Kraftwirkung der stromdurchflossenen Spule im Magnetfeld im Takt dieses Signals und mit ihr die Membran. Führungselemente *(Zentrierungen)* am Rande der Membran aus weichem Gummi, Gewebe oder in Form ring- oder balgenförmiger Sicken im Membranwerkstoff sowie in der Nähe der Schwingspule sorgen dafür, daß die Membran nur kolbenförmig in Richtung der Symmetrieachse des e. L. schwingen kann. Dabei sollen in der Membran keine Durchbiegungen entstehen oder sich Teilgebiete mit unkontrollierten Eigenschwingungen *(Partialschwingungen)* bilden, die zu Klangverzerrungen oder gar zu vorzeitiger Zerstörung der Membran führen können. Darum fordert man von der Lautsprechermembran, daß sie steif ist und ein hohes Elastizitätsmodul aufweist. Um ein günstiges Impulsverhalten zu erzielen, soll die Membran außerdem sehr leicht sein. Als Membranform wird beim e. L. die *Konusmembran* (Abb. a) verwendet, die aus Spezialpappe gepreßt wird und z.T. auch mit eingelagerten Kohle- oder Glasfasern versehen wird. In modernen Konstruktionen wird auch Metall oder Kunststoff verwendet. Um eine hohe Steife zu erzielen, werden Konusmembranen meist in exponentieller Trichterform gepreßt. Da eine solche Membran in der Ebene *n*icht *a*b*wi*ckelbar ist, wird sie mit NAWI-Membran abgekürzt. *Kalottenmembranen* (Abb. b) werden aus Kunststoff, Gewebe, Pappe oder Metall gefertigt. Sie eigenen sich besonders gut für Mittel- und Hochtonlautsprecher ab etwa 300 Hz. Da ihr Durch-

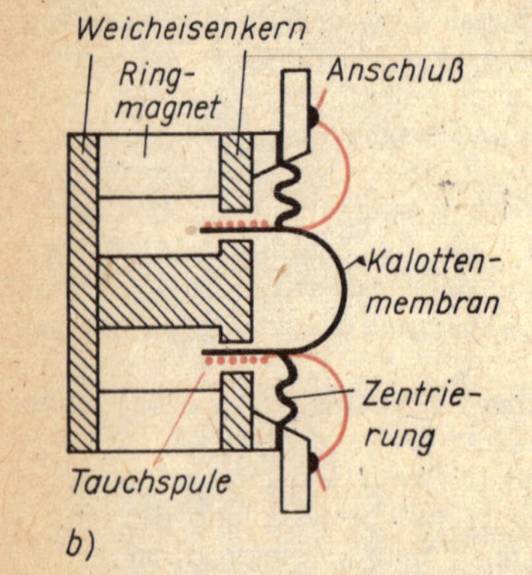

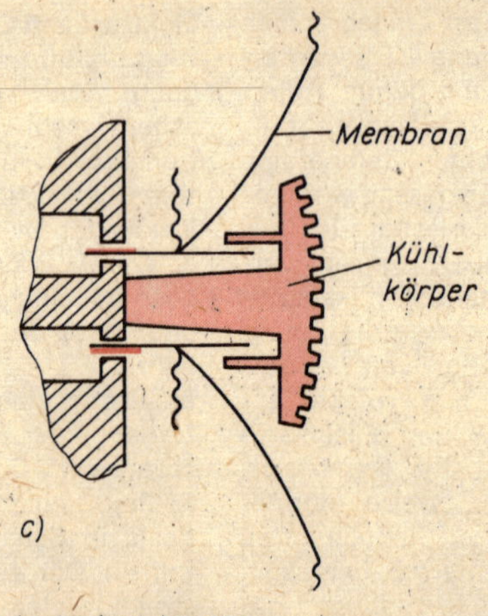

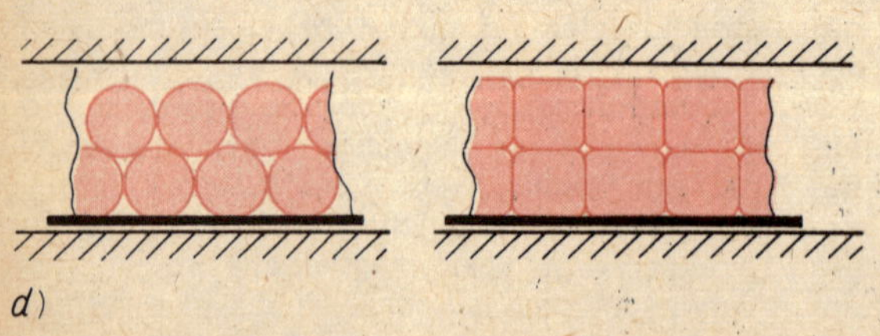

Elektrodynamischer Lautsprecher: a) mit Konusmembran (NAWI), b) mit Kalottenmembran, c) Kühlkörper bei einem Tieftonsystem, d) runder und quadratischer Drahtquerschnitt bei einer Tauchspule im Vergleich

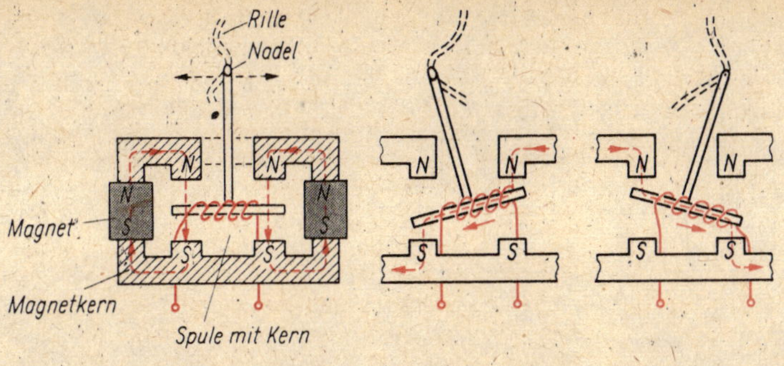

Aufbau und Funktionsprinzip des *elektrodynamischen Abtastsystems*

messer i. allg. kleiner als die abzustrahlende Wellenlänge gewählt wird – und wegen ihrer halbkugelförmigen Oberfläche –, zerstreuen sie den Schall besser als Konusmembranen. Wegen ihrer hohen Steife und geringen Masse zeigen sie ausgezeichnetes Impulsverhalten. Neuerdings werden auch *Flachmembranen (Planarmembranen)* beim e. L. verwendet (→ Wabenscheiben-Flachmembran). Bei den e. L. für den Baßbereich mit hoher Nennbelastbarkeit kann erhebliche Verlustwärme entstehen, die von dem System abgeführt werden muß. Dazu werden z. B. Kühlkörper in der Nähe des Luftspalts auf das Magnetsystem aufgesetzt (Abb. c). Auch quadratische Drahtquerschnitte für die Tauchspulen werden verwendet, so daß sich bei gleicher Luftspaltbreite eine geringere Stromdichte und ein besserer Wärmeübergang von der Spule zum Magnetsystem einstellen (Abb. d). Konusmembranen schwingen nur bei tiefen Frequenzen vollflächig; die Höhen werden nur von den inneren Membranbezirken abgestrahlt. Es ist daher sehr schwierig, e. L. mit gleichmäßiger Abstrahlung aller Frequenzen des Hörbereichs zu bauen (→ Mehrwegebox, → Breitbandlautsprecher). Nach sehr tiefen Frequenzen hin wird die Schallabstrahlung durch die Eigenfrequenz des schwingenden Systems begrenzt, die bei Tieftonlautsprechern darum konstruktiv möglichst niedrig gelegt wird (→ Nennresonanzfrequenz). Sonderbauformen des e. L. sind → Druckkammerlautsprecher und → Bändchenlautsprecher. Abb.

elektrodynamisches Abtastsystem, *dynamisches Abtastsystem* (engl. Moving Coil-System, Abk. MC): nach dem Induktionsprinzip arbeitendes → Abtastsystem für Schallplatten mit einer in einem permanenten Magnetfeld bewegten Spule. Bei Bewegung der Nadel und damit der Spule ändert sich der magnetische Fluß durch die Spule (Abb.). Es wird eine der Nadelgeschwindigkeit (Schnelle) proportionale Tonsignalspannung induziert. Da diese Spannung mit steigender Signalfrequenz gemäß der → Schneidcharakteristik anwächst, ist dem e. A. ein → Entzerrervorverstärker nachgeschaltet. Damit die → dynamische Nadelmasse nicht zu groß wird, muß die Spule sehr leicht und klein sein. Sie besteht meist nur aus wenigen Windungen und ist sehr niederohmig (2 ... 200 Ω). Aus diesem Grund ist auch die Tonsignalspannung sehr klein. Sie beträgt bei den meisten e. A. nur etwa 0,1 ... 0,5 mV bei 1 kHz. Daher wird außer dem Entzerrervorverstärker noch ein *Vor-Vorverstärker* oder ein Anpassungsübertrager benötigt. Weil wegen der Niederohmigkeit des e. A. häufig Erdungsprobleme mit Brummstörungen auftreten (→ Erdschleife), werden oft getrennte Masseleitungen verwendet, die an der entsprechenden Klemme des Vor-Vorverstärkers oder Übertragers (Ground, GND) angeschlossen werden müssen. Das e. A. ist relativ schwer und außerdem sehr empfindlich gegen → magnetische Einstreuung. Ein Nadelwechsel kann i. allg. nicht selbst vorgenommen werden. Hochwertige, aber meist auch recht teure Ausführungen erbringen letzte Feinheiten einer möglichen Klangreproduktion. Abb.

elektrodynamisches Mikrofon: → dynamisches Mikrofon

elektrodynamisches Prinzip: umkehrbares Prinzip zur Umwandlung von elektrischer Energie in mechanische, dadurch gekennzeichnet, daß eine bewegliche Spule in einem konstanten Magnetfeld angeordnet ist. Befindet sich eine zylinderförmige Tauchspule im ringförmigem Luftspalt eines Magnetsystems mit radialem homogenem Feldlinienverlauf, so spricht man von *Tauchspulprinzip* (s. Abb. → elektrodynamischer Lautsprecher). Das e. P. wird bei den meisten Lautsprechern und Kopfhörern zur Umwandlung von Tonsignalen in Schallschwingungen und in seiner Umkehrung bei Mikrofonen und Abtastsystemen angewendet.

Elektrolytkondensator: → Kondensator mit dem größten Verhältnis von Kapazität zu Volumen des Bauelements. Eine Elektrode des E. besteht aus einer Metallfolie oder gesintertem Metallpulver (Aluminium oder Tantal), die zweite Elektrode wird von einem festen oder pastenförmigen Elektrolyten gebildet. Eine elektrochemisch erzeugte Metalloxidschicht bildet das Dielektrikum (→ Kondensator). E. werden i. d. R. gepolt betrieben (positiver Pol des Kondensators verbunden mit positiver Betriebsspannung). Bei Fehlanschluß besteht die Gefahr der Zerstörung. *Tantal-E.* haben längere Lebensdauer, größere Kapazitätskonstanz, arbeiten verlustfreier, sind kleiner und betriebssicherer als Aluminium-E.

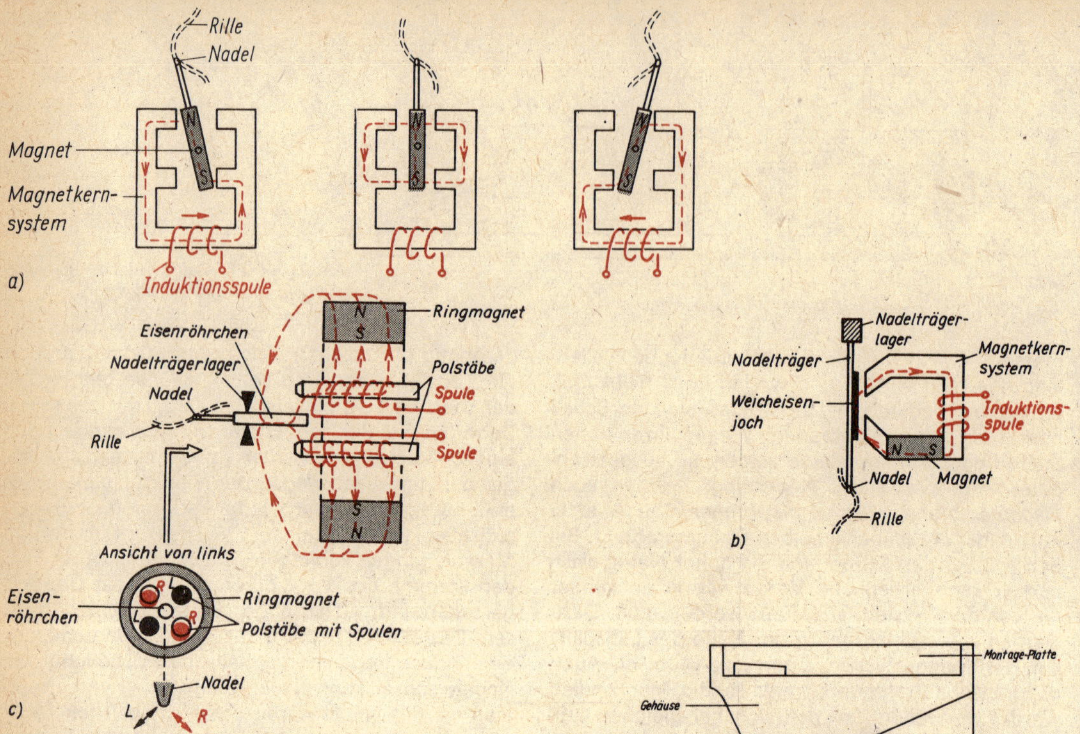

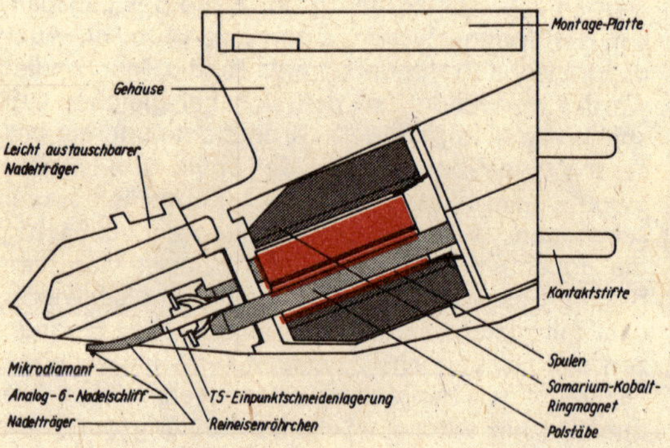

Elektromagnetisches Abtastsystem (1): a) Aufbau und Funktionsprinzip (MM-System), b) MI-System mit Änderung der Luftspaltbreite, c) Abtastsystem nach dem Prinzip des induzierenden Magneten und Lage der Spulen beim Stereosystem
Elektromagnetisches Abtastsystem (2) nach dem Prinzip des induzierenden Magneten

E. werden vor allem als Siebmittel (→ Netzteil) und als Koppelkondensatoren verwendet.

elektromagnetische Induktion, kurz Induktion: Erregung einer elektrischen Spannung an einer Leiterschleife (z. B. Drahtspule) durch ein sich änderndes, die Spule durchsetzendes Magnetfeld. Die erzeugte Spannung ist der Stärke des Magnetfelds und der Geschwindigkeit seiner Änderung proportional. Dynamische und magnetische Abtastsysteme, sowie die Wiedergabeköpfe bei der Magnetbandspeicherung arbeiten z. B. nach dem Prinzip der e. I., wobei die Magnetfeldänderungen, und damit die entstehende Wechselspannung, dem jeweiligen Signalverlauf entsprechen. Da mit wachsender Frequenz die Änderungsgeschwindigkeit zunimmt, steigt die Ausgangsspannung des Wandlers an (→ Omegagang), so daß Entzerrer erforderlich werden.

elektromagnetisches Abtastsystem, *magnetisches Abtastsystem:* nach dem Induktionsprinzip arbeitendes → Abtastsystem für Schallplatten, bei dem eine feststehende Spule von einem sich ändernden Magnetfeld durchsetzt wird. Man unterscheidet bei den e. A. Ausführungen, bei denen von der Abtastnadel ein kleiner Magnet bewegt wird (engl. *Moving Magnet-System,* Abk. MM-System) und andere, bei denen der Magnet unbewegt bleibt, von der Nadel aber ein im magnetischen Kreis angeordnetes Eisenplättchen oder -röhrchen bewegt wird (engl. *Moving Iron-System,* Abk. MI-System). In jedem Fall entstehen Flußänderungen in der den magnetischen Kreis umschließenden Spule. Diese schwanken im Takt der Rilleninformationen und induzieren in der Spule das Tonsignal (Abb. 1a, b). Ein e. A., das nach dem *Prinzip des induzierenden Magneten* arbeitet (Abb. 1c), ist eine Sonderbauform des MI-Systems. Die Feldlinien eines starken, meist ringförmigen Magneten werden über ein Reineisenröhrchen auf verschiedene Spulen verteilt. Wird das Röhrchen von der Abtastnadel bewegt, so ändert sich die Feldlinienverteilung im Takt der Ril-

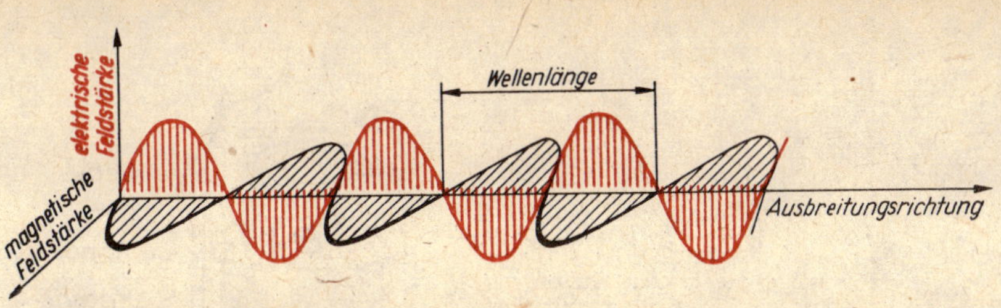

Elektromagnetische Welle (1) mit ihren Komponenten elektrische und magnetische Feldstärke

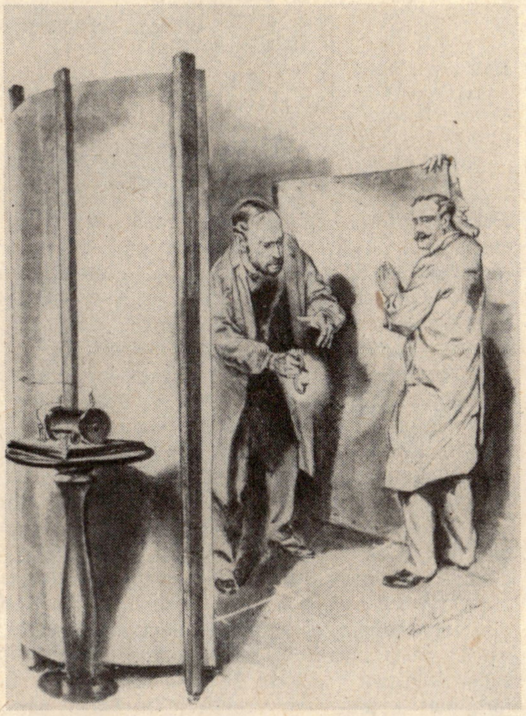

Elektromagnetische Welle (2): Heinrich Hertz, links, bei seinem historischen Versuch zum Nachweis der elektromagnetischen Wellen (zeitgenössische Darstellung). Durch Lageverschiebung des Reflexionsschirms wurde die Wellenlänge ermittelt

leninformation, und in den Spulen werden entsprechende Tonsignalspannungen induziert. Solche modernen e. A. (Abb. 2) arbeiten wegen der sehr geringen → dynamischen Nadelmasse (< 0,4 mg) außerordentlich impulstreu und erzeugen auch sonst kaum Klangverzerrungen. Weil die beiden Halbspulen gegenläufig gewickelt sind, wirken sich → magnetische Einstreuungen kaum aus. Die e. A. sind i. allg. mittelohmig und erfordern einen definierten Abschlußwiderstand von 47 kΩ. Die abgegebene Tonsignalspannung liegt in der Größenordnung von einigen Millivolt bei 1 kHz. Alle e. A. benötigen einen → Entzerrervorverstärker (→ elektrodynamisches Abtastsystem). Sie können mit sehr weicher Nadeleinspannung hergestellt werden, die erforderliche Auflagekraft ist darum sehr gering (bis herunter zu Werten von 7,5 mN). E. A. sind die am häufigsten bei HiFi-Plattenspieler verwendeten Systeme. Abb.

elektromagnetisches Prinzip: 1. Erzeugung einer *Induktionsspannung* durch Änderungen des magnetischen Flusses einer feststehenden Spule. Der immer von einem Permanentmagneten stammende Fluß kann dadurch geändert werden, daß der Magnet selbst bewegt wird (engl. Moving Magnet, Abk. MM, bewegter Magnet). Es läßt sich aber auch die Breite eines in ein Magnetkernsystem eingebrachten Luftspalts verändern. Auch dann ändert sich der magnetische Fluß im Kern proportional mit und induziert in einer den Kern umschließenden Spule eine Spannung (engl. Moving Iron, Abk. MI, bewegtes Eisen). Das e. P. wird vorrangig bei → elektromagnetischen Abtastsystemen angewendet. – **2.** Erzeugung von *Bewegung* einer dünnen Stahlmembran oder einer beweglichen Stahlzunge (Anker) durch einen mit Wechselströmen erregten Elektromagneten. Um eine Frequenzverdopplung zu vermeiden, muß zur Umwandlung von Tonsignalen in proportionale Membranbewegungen, und damit in Schall, die Wirkung des Elektromagneten der eines Permanentmagneten überlagert werden. Das Prinzip ist veraltet und wird nur noch bei Telefonhörern und bei einfachen magnetischen Ohrhörern angewendet.

elektromagnetische Welle, elektromagnetische Strahlung: wellenförmige Ausbreitung eines voneinander abhängigen elektrischen und magnetischen Wechselfelds im Raum. Die Schwingungsrichtungen der elektrischen und magnetischen → Feldstärke stehen 90° aufeinander und liegen quer zur Ausbreitungsrichtung (Transversalwelle). Die Richtung der elektrischen Feldstärke bestimmt die → Polarisation der e. W. Die Ausbreitung kann sowohl in Leitern als auch in Isolatoren geschehen; im Gegensatz zu Schallwellen ist sie an keinen Stoff gebunden. Sie findet auch im Vakuum statt, daher sind e. W. zur drahtlosen Übertragung von Informationen geeignet (→ Modulation). Die Ausbreitungsgeschwindigkeit beträgt rund $3 \cdot 10^8$ m/s. E. W. haben je nach Schwingungsfrequenz Wellenlängen von vielen Kilometern bis zu Bruchteilen von Mikrometern. Die Gesamtheit der e. W. wird auch als *Spektrum der e. W.* bezeichnet.

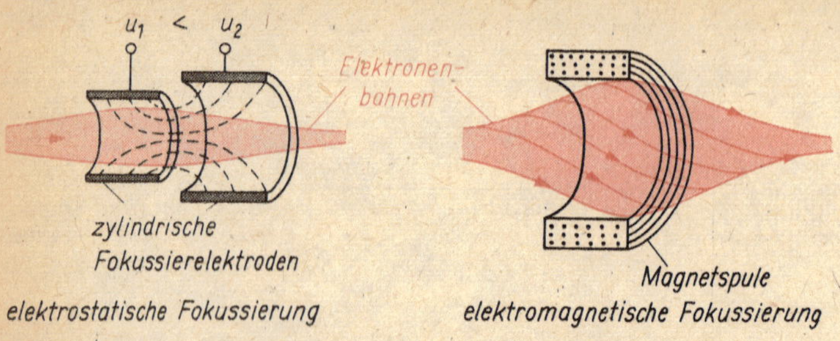

Elektronenoptik

Geschichtliches: Die Existenz der e. W. wurde von dem englischen Physiker → MAXWELL theoretisch vorausgesagt und von dem deutschen Forscher → HERTZ 1888 experimentell bestätigt. Der Empfang von e. W. mit Hilfe einer Drahtantenne gelang erstmalig 1895 dem russischen Physiker → POPOW. Praktische Bedeutung für die Funktechnik (Telegrafie mit Morsezeichen) erlangten die e. W. durch die Experimente des Italieners → MARCONI im selben Jahr. Bereits 1901 wurde von ihm der Atlantik mit drahtlos übertragenen Telegrafiezeichen überbrückt. Wenige Jahre später gelang auch die experimentelle Übertragung von Sprache und Musik. Dem öffentlichen Unterhaltungsrundfunk wurden die e. W. ab Anfang der 20er Jahre systematisch erschlossen (→ Hörrundfunk, s. Anhang 1). → Wellenbereich, → Rundfunk-Frequenzbereiche (Abb.)

Elektron: Elementarteilchen mit negativer Elementarladung ($e = 1{,}6 \cdot 10^{-19}$ C). E. umkreisen als Teilchen der Atomhülle den Atomkern in unterschiedlichen Bahnen. Die äußeren E. sind am leichtesten vom Atomverband abtrennbar. Als *Leitungselektronen* sind sie dann Träger des elektrischen Stroms und bestimmen die Leitfähigkeit von Stoffen. E. können nur unter bestimmten Bedingungen aus dem Leitermaterial austreten (→ Elektronenemission).

Elektronenemission: Austritt von Leitungselektronen (→ Elektron) aus Festkörpern in ein umgebendes Vakuum. Das Lösen der → Elektronen aus dem Festkörperverband erfolgt durch Energiezufuhr oder Verringerung der Bindungskräfte (Anlegen einer starken elektrischen Spannung). Die Energiezufuhr kann durch Erhitzen *(Glühemission)* oder Bestrahlung mit Licht (*Fotoemission:* → fotoelektrischer Effekt) erfolgen. E. ist die Grundlage für die Arbeitsweise von → Elektronenröhren.

Elektronenlinse: → Elektronenoptik

Elektronenoptik: Teilgebiet der Elektronik, das sich mit der Fokussierung (Schärfebündelung) und → Ablenkung von Elektronenstrahlen durch elektrische und magnetische Felder zum Herstellen elektronenoptischer Abbildungen beschäftigt. Da die Gesetze der geometrischen Optik im übertragenen Sinne auch für elektronische Systeme gelten, nennt man Anordnungen mit Linsenwirkung auf Elektronenstrahlen *Elektronenlinsen* oder i. e. S. E. Abb.

Elektronenröhre: Aufbau einer Miniaturröhre (Triode)

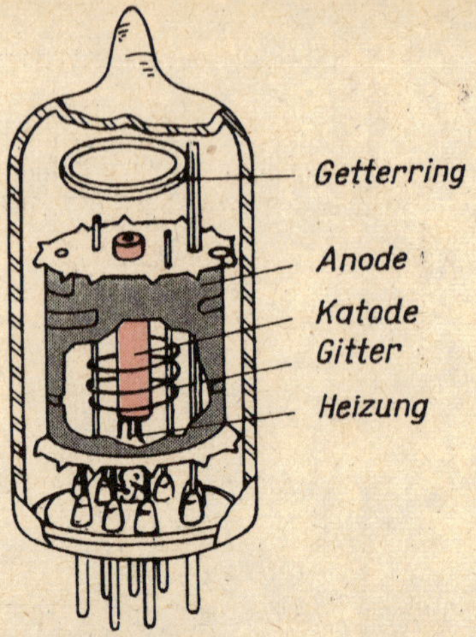

Elektronenröhre: aktives Bauelement, bestehend aus einem gasdicht abgeschlossenen Glas- oder Metallgefäß *(Röhrenkolben)*, in dem elektrische Stromleitung durch → Elektronen im Hochvakuum *(Hochvakuumröhre)* oder in einer Gasfüllung *(→ Gasentladungsröhre)* erfolgt. Innerhalb des Röhrenkolbens befinden sich die → Elektroden, die das Röhrensystem bilden und mit den äußeren Röhrenanschlüssen (z. B. Sockelstiften) verbunden sind. Das Hochvakuum wird bei E. durch Verdampfung eines Gasreste chemisch bindenden Metalls (Gettermetall) erzeugt. Das Gettermetall gibt man vor Aufsetzen des Röhrenkolbens auf einen Getterträger. Nach dem Abpumpen der Luft wird durch induktive Erwärmung das Metall verdampft. In *Hochvakuumröhren* werden die Elektronen meist von elektrisch geheizten → *Katoden* emittiert. Die Elektronen gelangen durch die Wirkung eines elektrischen Felds zur → *Anode*. Zwischen der meist stabförmigen Katode und der sie in Form eines Hohlzylinders umgebenden Anode befinden sich weitere maschengitterartige Elektroden *(Gitter)*, die bei angelegter Spannung das elektrische Feld und den Elektronenstrom beeinflussen. Die Möglichkeit mit einer elektrischen Spannung die Stärke des zur Anode fließenden Stroms nahezu trägheitslos zu steuern, macht die Bedeutung der E. aus, z. B. für die Erzeugung und Verstärkung von Wechselspannungen und -strömen. Hochvakuumröhren werden in 3 Hauptgruppen unterteilt: dichtegesteuerte E., geschwindigkeitsgesteuerte oder Laufzeitröhren (hauptsächlich Mikrowellenröhren), Elektronenstrahlröhren. Die bekanntesten → *Elektronenstrahlröhren* sind die → Bildwiedergaberöhren in Fernsehempfängern und die → Bildaufnahmeröhren. *Mikrowellenröhren* werden im Höchstfrequenzbereich eingesetzt (Richtfunk, Satellitenfunk).

Die *dichtegesteuerten E.* waren über viele Jahrzehnte Basis der Unterhaltungselektronik. Sie wurden aber seit den 60er Jahren nach und nach von

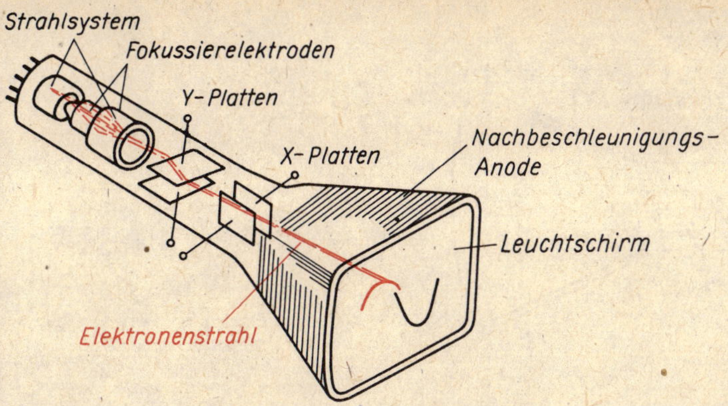

Prinzipieller Aufbau der *Elektronenstrahlröhre* (1) (Braunsche Röhre)

→ Halbleiterbauelementen abgelöst. Dichtegesteuerte E. werden nach der Anzahl der Elektroden unterschieden: *Dioden* (genauer Vakuumdioden) sind die einfachsten E. Sie haben Katode und Anode. Ein Elektronenstrom kann nur dann fließen, wenn an der Anode eine gegenüber der Katode positive Spannung anliegt. Diese Eigenschaft der Dioden dient zur Gleichrichtung von Wechselspannung. *Trioden* haben Katode, Anode und Steuergitter. Zwischen Anode (positiver Pol) und Katode liegt die Anodenspannung U_a und zwischen Steuergitter und Katode die Gittervorspannung U_g. Bei Änderung von U_g oder U_a wir die Dichte des Elektronenstroms *(Dichtesteuerung)* in der E. und damit auch der außerhalb der Röhre zwischen Anode und Katode fließende Anodenstrom I_a geändert. Mit U_a und U_g wird der → Arbeitspunkt der E. und damit auch die Stärke von I_a bestimmt. Wird der Gittervorspannung eine Wechselspannung überlagert, dann ändert sich der Elektronenstrom und damit auch I_a im Takt der Eingangswechselspannung. Fließt I_a über einen Widerstand (Arbeitswiderstand R_a), so entsteht an diesem eine gegenüber dem Eingang verstärkte Ausgangswechselspannung. Diese verstärkende Wirkung weisen auch die *Mehrgitterröhren* auf. *Tetroden* (Schirmgitterröhren) enthalten zwischen Steuergitter und Anode als vierte Elektrode das Schirmgitter. *Pentoden* haben eine fünfte Elektrode zwischen Schirmgitter und Anode. Sie waren wegen ihres großen Verstärkungsfaktors und anderer günstiger Eigenschaften die am meisten verwendeten E. → Magisches Auge

Geschichtliches: Bei Versuchen mit Kohlefadenlampen erkannte 1881 T. A. EDISON, daß bei Erhitzung von Metallen Elektronen frei werden und im Vakuum eine Elektronenleitung möglich ist. 1902 unternahm C. HEWITT Versuche zur Verstärkung mit elektromagnetisch gesteuerten Kaltelektrodenröhren (→ Gasentladungsröhre). WEHNELT und J. A. FLEMING führten unabhängig voneinander 1904 die Glühkatode ein. 1904 entwickelte J. A. FLEMING eine Diode für Empfangszwecke („Ventilröhre"). R. v. LIEBEN untersuchte 1906 die Steuerung des Elektronenstroms zwischen Katode und Anode durch ein äußeres Magnetfeld („Katodenstrahlrelais"). Im gleichen Jahr meldete Lee de FOREST in den USA das Patent für eine E. zur Verstärkung an. Diese E. war aber nicht zufriedenstellend funktionsfähig. Ein Jahr später konstruierte Lee de FOREST eine Dreielektrodenröhre für Empfangszwecke, indem er ein Gitter in die bekannte Diode einbaute („Audionröhre"). Diese E. wurden erst nach 1912 in Europa bekannt. 1910 benutzte R. v. LIEBEN das Steuergitter in E. für Verstärkungszwecke. 1913 begann die fabrikmäßige Fertigung von Hochvakuum-E. und 1930 die Fließbandproduktion. Abb.

Elektronenstrahlröhre, *Katodenstrahlröhre:* → Elektronenröhre zur Umwandlung von elektrischen Signalen in optische Bilder (Signal/Bild-Wandlerröhre) oder umgekehrt (→ Bildaufnahmeröhre). Zu den *Signal/Bild-Wandlerröhren* gehören → *Bildwiedergaberöhren* für Fernsehen und *Oszilloskopröhren* (Oszillografenröhren), die nach ihrem Erfinder auch *Braunsche Röhren* genannt werden (Abb. 1). Der im → Strahlsystem der E. erzeugte und durch die Fokussierung gebündelte Elektronenstrahl trifft auf den → Bildschirm und erzeugt dort durch → Fluoreszenz einen Leuchtfleck mit veränderbarer Helligkeit. Auf dem Weg zum Bildschirm wird der Elektronenstrahl magnetisch oder elektrostatisch abgelenkt (Abb. 2). Nachdem der Elektronenstrahl fokussiert und abgelenkt ist, erfolgt die Strahlbeschleunigung (Nachbeschleunigung) mit Anodenspannungen von 0,5...25 kV, um einen ausreichend hellen Leuchtfleck zu erhalten. Die Leuchtfleckbewegung ergibt eine sichtbare Spur auf dem Bildschirm; es entsteht eine bildliche Darstellung. Bei der Oszilloskopröhre wird die elektrostatische Ablenkung bevorzugt. Sie ist fast leistungs- und nahezu trägheitslos. Diese Ablenkung geschieht durch zwei zueinander senkrecht stehende Plattenpaare. Die Y-Platten dienen der Vertikalablenkung. An die X-Platten (Zeitplatten) für die horizontale Ablenkung wird meist eine zeitproportionale sägezahnförmige Spannung gelegt. Die E. dient in speziellen Meßgeräten, den Oszilloskopen, zur bildlichen Darstellung

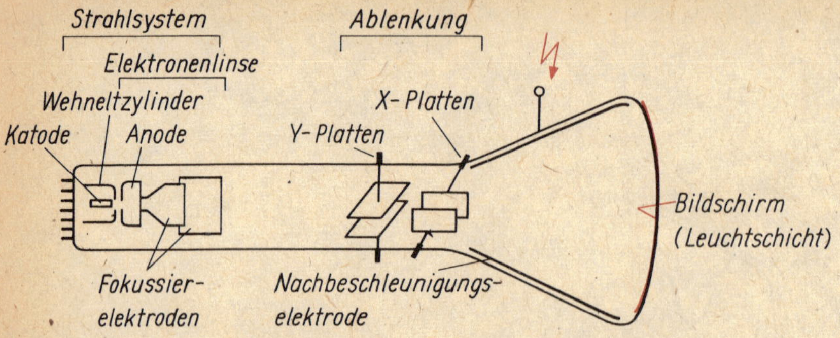

Elektroden einer *Elektronenstrahlröhre* (2)

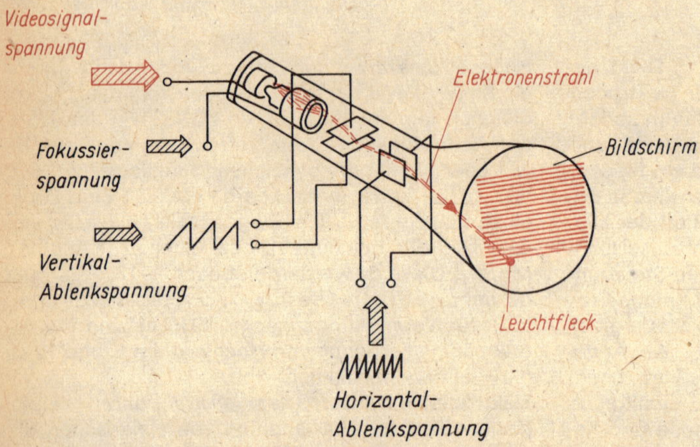

Elektronenstrahlröhre (3) zur Fernsehbildwiedergabe

von Signalverläufen (Oszillogramme). Die darzustellende Signalspannung wird an die Y-Platten, die man in dem Fall auch Meßplatten nennt, angelegt. Für die Fehlersuche, Reparatur und Messung elektronischer Geräte sind Oszilloskope unentbehrliche Hilfsmittel. In → Videokameras mit elektronischem Sucher werden kleine Oszilloskopröhren mit ca. 4 cm Bildschirmdurchmesser zur Bildwiedergabe verwendet (Abb. 3). Für die Fernsehbildwiedergabe ist die Signalzuführung zur E. anders als für eine Oszillogrammdarstellung (→ Bildwiedergaberöhre). Abb.

elektrostatische Aufladung, kurz statische Aufladung: vorrangig durch Reibung verursachte elektrische Aufladung von Nichtleitern (hauptsächlich hochisolierenden Kunststoffen) auf sehr hohe Spannungspotentiale gegenüber Erde (bis über 20 kV), vor allem bei geringer relativer Luftfeuchte im Raum. Bei Schallplatten führt e. A. hauptsächlich infolge der Nadelreibung oder durch zu schnelles Herausziehen aus der Hülle zu elektrostatischen Anziehungskräften, die Staub auf der Platte binden oder zu Überschlägen, die beim Abspielen als Knistern oder Knacken wahrgenommen werden. Solche e. A. können gleichzeitig mit dem Entfernen des Staubs von der Platte beseitigt werden (→ Schallplattenpflege). Sogenannte *antistatische Matten* zwischen Schallplatte und Plattenteller verhindern sie zum Teil. Abstoßungskräfte, die infolge e. A. zwischen Schallplatte und Abtastsystemen mit Kunststoffgehäuse entstehen, können bei geringen Auflagekräften zu einer Verringerung der → Abtastfähigkeit oder sogar zum Nadelspringen führen. Bei Tonbändern können e. A., die beim schnellen Umspulen entstehen, zu ungleichmäßigen Bandwickeln mit herausstehenden Lagen führen. Auch durch Antriebsriemen, besonders in Verbindung mit Plasteteilen eines Laufwerks, können sich e. A. bilden, die als Knacken zu hören sind.

elektrostatischer Kopfhörer: → Kopfhörer

elektrostatischer Lautsprecher, *Kondensatorlautsprecher,* umgangssprachlich „Elektrostat": Lautsprecher, ähnlich einem vergrößerten Kondensatormikrofon, mit schwingfähiger metallisierter Folienmembran und feststehender Gegenelektrode. Der e. L. ist als Mittel- und Hochtonlautsprecher geeignet und zeigt wegen seiner sehr leichten Membran gutes Impulsverhalten. Nachteilig ist die große, zur Ansteuerung erforderliche Tonsignalspannung (über 100 V) und eine zusätzliche Gleichspannung zur Polarisation von z. T. mehreren 1000 V, die ein Zusatzgerät erfordern. Abb.

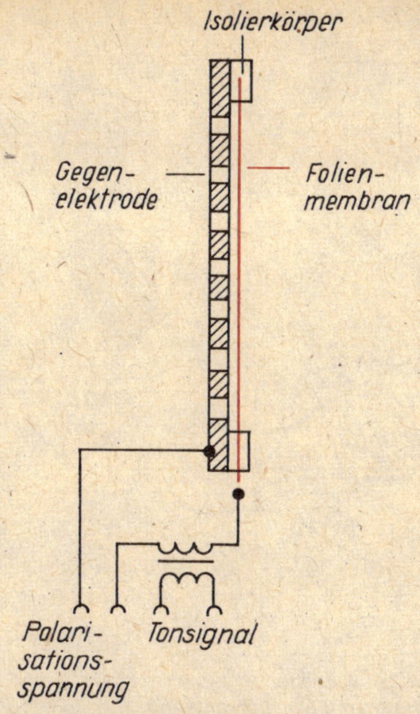

Aufbau eines *elektrostatischen Lautsprechers*

Element: → Primärelement, → Sekundärelement, → Mehrelementantenne

Elevationseffekt: hörpsychologische Erscheinung, die darin besteht, daß vornehmlich die höheren Frequenzanteile des Stereoklangbilds räumlich über der Basislinie geortet werden. Wegen des E. ordnet man Boxen gegenüber der Ohrhöhe besser etwas niedriger an als zu hoch.

Elevationswinkel, auch Höhenwinkel, *Erhebungswinkel*: Winkel zur Bestimmung der Höhe eines einzumessenden Objekts über der Erdoberfläche. Beim Satellitenfunk wird der E. durch den von einer Antenne ausgehenden Energiestrahl in bezug auf die Ebene der Erdoberfläche gebildet. Analog dazu ist der E. von Empfangsantennen durch den Mittelstrahl der Empfangskeule (→ Sende-/Empfangskeule) definiert. → Azimutwinkel, → Satellitenfunk, → geostationärer Satellit

elliptische Abtastnadel: Abtastnadel, die zwecks Verringerung der Spurverzerrungen und zur Verbesserung der Abtastung von Aufzeichnungen kurzer Wellenlängen mit elliptischem Querschnitt der Spitze hergestellt wird. → Abtastnadel

Empfang: 1) I. w. S. Rückgewinnung eines Signals nach erfolgter drahtloser oder drahtgebundener Übertragung (vorrangig über elektromagnetische Wellen) mit dem Ziel der Konsumtion oder Weiterverarbeitung der im Signal enthaltenen Information. **2)** *(Rundfunk)* Auffangen der Rundfunkwellen mit einer Empfangsantenne, Rückgewinnung des Ton- bzw. Bildsignals in einem entsprechenden Empfänger und Wiedergabe als Schall bzw. Fernsehbild.

Empfänger: → Rundfunkempfänger, → Fernsehempfänger, → Lichtempfänger

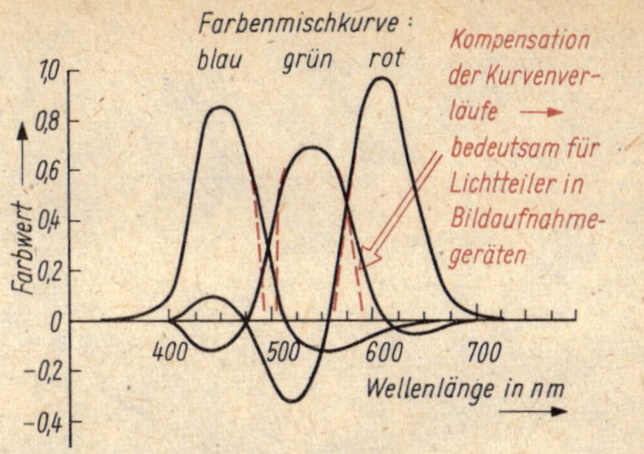

Qualitativer Verlauf der Farbmischkurven, bezogen auf die *Empfängerprimärfarben*

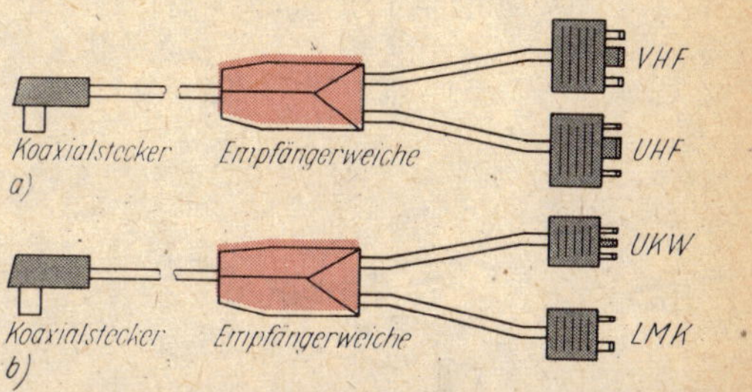

Empfängerweiche im Anschlußkabel (für Gemeinschaftsantennenanlagen): a) für Fernsehempfänger mit getrennten Antennenbuchsen VHF/UHF, b) für Hörrundfunkempfänger

Empfängerprimärfarben: durch die spektralen Strahlungseigenschaften der Leuchtstoffe von → Farbbildröhren bestimmte → Primärfarben. Die zu den einzelnen E. gehörenden Wellenlängen (Rot: λ = 610 nm; Grün: λ = 540 nm; Blau: λ = 470 nm) unterscheiden sich von den durch die Internationale Beleuchtungskommision (IBK) allgemein für die Primärfarbreize festgelegten Wellenlängen. Die Wellenlängen der E. wurden speziell unter dem Aspekt einer hohen Qualität der Farbfernsehbilder ausgewählt und gelten einheitlich für alle → Farbfernsehverfahren. Sie sind die Grundlage zur Bemessung der → Lichtteiler in den Bildaufnahmegeräten und der Auswahl der Leuchtstoffe in Farbbildröhren. → IBK-Tafel, → Farbdreieck (Abb.)

Empfängerweiche: Frequenzweiche zur Aufteilung der über ein gemeinsames Antennenkabel geleiteten Antennensignale mehrerer Empfangsbereiche auf verschiedene Antenneneingänge eines Empfängers (z. B. Fernsehen: UHF-, VHF-Buchse; Rundfunk: UKW-, LMK-Buchse). E. lassen sich auch in umgekehrter Richtung (invers) als → Antennenweiche betreiben. → Einbuchsenantenneneingang, → Antennenzuleitung (Abb.)

Empfangsantenne, kurz *Antenne*: Anordnung zum Umwandeln elektromagnetischer Wellen (Strahlungsenergie) in eine leitungsgebundene Energieform (Antennensignal als Antennenleistung oder

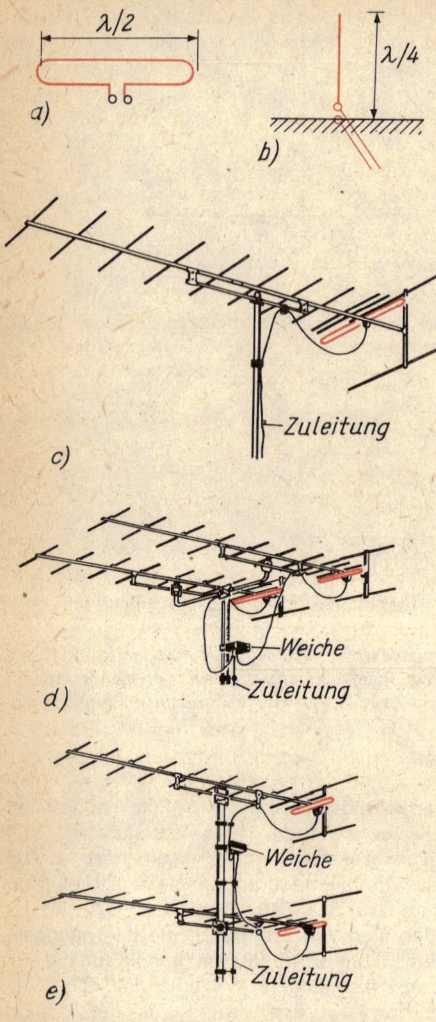

Verschiedene abgestimmte *Empfangsantennen* (1) (rot: Empfangsdipol): a) λ/2-Dipol, b) λ/4-Stabantenne, c) Yagi-Uda-Antenne, d) Antennenzeile, e) Antennenspalte

-spannung), um sie dem Antenneneingang eines Empfängers zuführen zu können. Die E. besteht aus einer Anordnung elektrisch leitender Stäbe, Drähte, Flächen oder Gittern bestimmter Form und Größe, sowie den zugehörigen Verbindungs-, Halte- und Anschlußteilen. Sie wird über eine Antennenzuleitung (Antennenkabel) mit dem HF-Eingang des Empfängers (meist Rundfunk- oder Fernsehempfänger) verbunden. Die E. soll eine genügend hohe und von Störsignalen freie Antennenleistung beim Empfang des gewünschten Senders erzeugen. Sie soll dagegen störende Nebenwirkungen, wie den Empfang von Reflexionen, HF-Störstrahlung und unerwünschten Sendern im gleichen Kanal und in Nachbarkanälen unterdrücken. Das ist jedoch nur dann

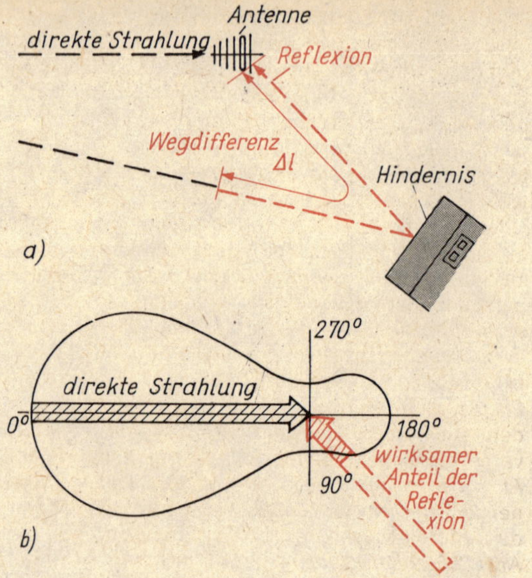

Empfangsantenne (2): a) Entstehung einer Reflexion und b) deren Ausblendung an einer Richtantenne

möglich, wenn diese unerwünschten Signale nicht aus der gleichen Richtung wie der erwünschte Sender auf die E. einwirken. In den Anfangsjahren des Rundfunks wurde der Satz geprägt: „Die E. ist der beste Hochfrequenzverstärker", der auch noch heute unumschränkte Gültigkeit hat, weil eine gut bemessene E. eine größere Antennenergie erzeugt, ohne daß das Rauschen unnötig anwächst. Man unterscheidet *unabgestimmte* und *abgestimmte E.* Bei der unabgestimmten E. ist die wirksame Antennenlänge stets wesentlich kleiner als die Wellenlänge λ der zu empfangenen elektromagnetischen Welle. Solche E. werden als *Hörrundfunkantennen* für Lang- und Mittelwellen, in der Heimelektronik auch für Kurzwellen benutzt. Obwohl die Antennenspannung nicht ihren maximal möglichen Wert erreicht, garantiert die Empfindlichkeit moderner Rundfunkempfänger trotzdem einen ausreichend störungsfreien Empfang. Eine E., deren Länge ein bestimmtes Verhältnis zur Wellenlänge der zu empfangenden elektromagnetischen Wellen hat, heißt abgestimmte E. Diese entnimmt dem elektromagnetischen Feld größtmögliche Energie. Als Grundelement für den Empfang von UKW-Hörrundfunk- und Fernsehprogrammen werden meist Halb- und Ganzwellendipole verwendet, d. h., deren Länge beträgt λ/2 oder λ (→ Dipolantenne; Abb. 1a). Die Antennenenergie steht bei den Dipolen symmetrisch zwischen den beiden Anschlußklemmen, am sogenannten *Fußpunktwiderstand,* zur Verfügung. Auch die unsymmetrische, λ/4- oder λ/2-lange Stabantenne gehört zu den abgestimmten E. Bei ihr entsteht die Antennenergie gegenüber der leitenden

Fläche, auf der sie isoliert montiert ist, z. B. gegenüber Erde oder dem Karosserieblech eines Pkw (Abb. 1b). Weil die Dipole i. allg. für die meisten Empfangszwecke keine ausreichend große Antennenleistung liefern und vor allem zu wenig bündeln, werden sie fast immer durch zusätzliche Stäbe, Gitter, Flächen usw. zur → *Mehrelementantenne* erweitert. Die verbreitetste Bauform ist die → Yagi-Uda-Antenne (Abb. 1c). Mehrere Antennen können zu einer *Gruppenantenne* (auch *Antennengruppe*) zusammengefaßt werden. Ordnet man 2 Mehrelementantennen nebeneinander an, so erhält man eine *Antennenzeile*, bei Anordnung übereinander eine *Antennenspalte* (in der BRD sind z. T. auch die produktgebundenen Bezeichnungen *Zwillings-* und *Etagenantenne* üblich). Bei Gruppenantennen werden die Einzelantennen elektrisch untereinander verbunden und arbeiten auf einem gemeinsamen Antennenanschluß (Abb. 1d und e). Bei der Antennenzeile steigt die Bündelung in horizontaler, bei der Antennenspalte in vertikaler Ebene an. Auch die Antennenleistung wächst (bei 2 gleichen Antennen in einer Gruppe etwa um 2,5 dB, bei 4 Antennen um ca. 5 dB).

E. werden nach dem gewünschten Verwendungszweck ausgesucht; entscheidende Kennwerte dabei sind die Frequenz des zu empfangenden Senders bzw. die gewünschten Kanäle (→ Vorzugsbereich), der → Antennengewinn und der Öffnungswinkel (→ Strahlungsdiagramm). E. mit Richtwirkung (Bündelung) heißen *Richtantennen*. Die Richtwirkung, d. h. das Vermögen einer E., elektromagnetische Strahlung aus der Hauptempfangsrichtung bevorzugt aufzunehmen, ist oft von entscheidender Bedeutung, denn sie ermöglicht die Ausblendung des Empfangs unerwünschter Signale aus anderen Richtungen. Im UHF- und VHF-Bereich erreicht die Sendeenergie die E. i. allg. auf direktem, also kürzestem Wege. Da sich die Sendeenergie aber räumlich ausbreitet, können Anteile davon an Hindernissen reflektiert werden und – etwas verzögert – aus einer anderen Richtung als die direkte Strahlung bei der E. eintreffen. Solche Anteile bezeichnet man als *Reflexionen* (Abb. 2). Sie führen häufig zu Empfangsstörungen, z. B. zu Mehrfachkonturen, Geisterbildern oder Farbverfälschungen auf dem Fernsehbildschirm, bei UKW-Empfang zu Klangverzerrungen oder zu Übersprechen bei Stereo. Reflexionen lassen sich mit einer Richtantenne meist wirksam vermindern. Je stärker aber eine E. bündelt, um so genauer muß sie auch auf den gewünschten Sender ausgerichtet werden. Die Richtwirkung einer E. ist in horizontaler und vertikaler Ebene unterschiedlich (→ Strahlungsdiagramm). Während durch die horizontale Richtwirkung außer Reflexionen auch noch unerwünschte Sender aus anderer Richtung unterdrückt werden – auch im gleichen Kanal arbeitende –, sorgt die vertikale Richtwirkung vorwiegend für die Unterdrückung von bodennaher HF-Störeinstrahlung (z. B. Kfz-Zündstörungen), von Bodenreflexionen sowie von Reflexionen aus der Höhe (z. B. an vorbeifliegenden Flugzeugen). Die Richtwirkung der üblicherweise bei horizontaler → Polarisation betriebenen E. ist in vertikaler Richtung meist kleiner als in horizontaler. Mit steigender Richtwirkung einer E. wird die verfügbare Antennenenergie größer (→ Antennengewinn).

Hörrundfunk- und Fernsehantennen für VHF, Bereich I, II oder III, heißen *VHF-Antennen*. Für den Bereich I werden sie wegen ihrer großen Abmessungen ($\lambda/2 = 2{,}35\ldots2{,}95$ m, das entspricht etwa der Dipollänge!) i. allg. nur mit wenigen Elementen, und daher auch nur mit geringer Richtwirkung hergestellt. Die Ausblendung von Reflexionen ist darum meist schwierig. E. für den Bereich I werden vorrangig nur für den Empfang jeweils eines Kanals gebaut (Kanalantenne). Der Schwarz-Weiß-Empfang starker Fernsehsender ist im Bereich I und III bis maximal 100...120 km Entfernung möglich. Fernsehantennen für die UHF-Bereiche IV/V heißen *UHF-Antennen*. Ihre Elemente haben viel kleinere Abmessungen als bei VHF-Antennen, darum lassen sie sich auch mit bedeutend mehr Elementen aufbauen. Dadurch steigt die Bündelung an, was in 2facher Hinsicht vorteilhaft ist: Zum einen lassen sich Reflexionen sehr wirkungsvoll ausblenden, zum anderen wird durch den größeren → Antennengewinn ein gewisser Ausgleich dafür erzielt, daß die kürzeren Dipole der UHF-Antennen dem elektromagnetischen Feld auch nur geringere Strahlungsenergie entnehmen können. Ohne den größeren Gewinn wäre die Antennenleistung bei größeren Senderentfernungen teilweise schon zu gering, um einen rauschfreien Fernsehempfang zu ermöglichen.

Hinweis: Je mehr und je stärker Reflexionen am Empfangsort auftreten, um so mehr muß die E. bündeln, also um so größere räumliche Ausdehnungen muß sie haben! Eine E. mit starker Bündelung kann auch beim Empfang des Ortssenders günstig sein, weil es bei Nahempfang erfahrungsgemäß oft zu besonders störenden Reflexionen kommt. Allerdings muß dann auch die Antennenspannung durch ein → Dämpfungsglied vermindert werden, damit der Empfängereingang nicht übersteuert wird.

Spezielle *Farbfernseh-* oder *Colorantennen* gibt es nicht. Es werden die gleichen E., wie für Schwarz-Weiß-Empfang verwendet. Weil jedoch ein Farbfernsehempfänger eine etwas größere Antennenspannung benötigt, ist ungestörter Farbempfang meist nur bis etwa 60...80 km Senderentfernung aussichtsreich. Generell gilt: Ist mit einer Fernsehantenne ein einwandfreier Schwarz-Weiß-Empfang ohne „Schnee", „Grieß" oder Reflexionen im Bild gegeben, dann kann an der gleichen E. auch ein Farbfernsehempfänger störungsfrei betrieben werden. Als *Hörrundfunkantennen* für Bereich II (UKW) werden in Sendernähe einfache → Dipolantennen, auch → Kreuzdipole oder → Ringdipole verwendet. Sollen auch ferne Sender empfangen werden (Maximalentfernung ca. 200 km), so benötigt man stark bündelnde Mehrelementantennen mit großem Gewinn. Sie werden auf die Fernsender ausgerichtet und liefern i. allg. auch bei den Ortssendern ausreichende Empfangsergebnisse. Für *Stereoempfang* müssen an die E. wesentlich höhere Ansprüche gestellt werden, weil eine etwa 10fach höhere Antennenspannung gegenüber Monoempfang benötigt wird. Daher ist in den meisten Fällen ein Stereo-Fernempfang über größere Entfernungen als etwa 60 km ohne Rauschstörungen wenig aussichtsreich. →Antennenanlage, →Antennenzuleitung, →Antennenanpassung, → Zimmerantenne, → Fensterantenne, → Gemeinschaftsantennenanlage, → Ferritantenne, → Stabantenne, → Kraftfahrzeugantenne, →Parabolantenne (Abb.)

Empfangsbereich, auch Abstimmbereich: der von einem Hör- oder Fernsehrundfunkempfänger bei voller Ausnutzung der Abstimmelemente überstrichene Frequenzbereich (z. B. bei handabgestimmten Empfängern nach gänzlichem Durchdrehen des Abstimmknopfs). Jeder Rundfunkempfänger hat mindestens einen, meist mehrere E., die sich i. allg. mit den wichtigsten →Rundfunk-Frequenzbereichen mit geringen zulässigen Toleranzen dekken. Bei in der DDR betriebenen Rundfunkempfängern dürfen die Lücken zwischen Lang- und Mittelwellen, sowie zwischen Mittel- und Kurzwellen nicht mit E. belegt werden; in der BRD sind von 150 kHz bis 26,1 MHz durchgehende E. zulässig. Vorwiegend im Kurzwellenbereich werden die E. oft mit → Bandspreizung versehen. → Allwellenempfänger haben häufig zusätzliche E., mit denen der Empfang von Amateurfunkstationen, zusätzlicher Kurzwellenbänder oder des UKW-FM-Bands nach OIRT möglich ist (→ Ultrakurzwelle).

Empfangskeule: →Sende-/Empfangskeule

Empfangsreichweite: →Empfangsantenne, →Kraftfahrzeugempfänger, →Wellenausbreitung

Empfangsstörungen: → Funkstörungen, → Überreichweite, →Schwund, →Bildfehler

Empfangsteil: →Tuner 2), 3)

Empfindlichkeit: 1. *(Rundfunkempfänger)*, auch *HF-E., Eingangs-E.*: HF-Spannung am Antenneneingang, um ein Ton- oder Bildsignal mit vorgegebenen Eigenschaften zu erzeugen (→rauschbegrenzte Empfindlichkeit, →verstärkungsbegrenzte Empfindlichkeit, → synchronisationsbegrenzte Empfindlichkeit. – **2.** *(Magnetband)* Verhältnis der verbleibenden Magnetisierung auf einem Magnetband zu der während des Aufzeichnens wirkenden magnetischen Feldstärke am Spalt (die vom Aufzeichnungsstrom durch den Magnetkopf herrührt). Die E. von Tonbändern ist vom eingestellten →Vormagnetisierungsstrom abhängig (→ Höhenempfindlichkeit). – **3.** *(Mikrofon)* Verhältnis der am Mikrofonausgang entstehenden Tonsignalspannung zum auftreffenden Schalldruck (→ Feld-Leerlauf-Übertragungsfaktor). – **4.** *(Schallplatten-Abtastsystem)* Verhältnis der Tonsignalspannung an den Ausgangsklemmen zur Amplitude der Nadelauslenkung (bei Ausschlagswandlern, → Abtastsystem) oder zur Geschwindigkeit (Schnelle) der Nadelspitze (bei Schnellewandlern). – **5.** *(NF-Eingang)*, auch *Eingangs-E.*: kleinste Tonsignalspannung an einem Eingang, bei der Vollaussteuerung bzw. die Nennausgangsleistung noch erreicht werden kann (bei voll geöffnetem Aufnahme- oder Lautstärkeeinsteller). – **6.** *(Lautsprecher)* Schalldruck in einer bestimmten Entfernung auf der Bezugsachse im Verhältnis zur zugeführten Tonsignalspannung oder -leistung (→ Kennempfindlichkeit). – **7.** *(Videokamera)*, auch *Licht-E.*: Lichtbedarf zur Erzeugung eines Bildsignals mit bestimmten Eigenschaften (Störabstand, Auflösung). Dieser wird oft durch Angabe der notwendigen Beleuchtungsstärke und konkreter Aufnahmebedingungen umschrieben (z. B. Blendenzahl und Reflexionsgrad für Bildweiß). Die Licht-E. wird entscheidend von der E. der Bildsensoren bzw. Bildaufnahmeröhren in der Kamera bestimmt – dem Verhältnis von Signalstrom am Röhrenausgang zu auftreffendem Lichtstrom.

Encoder: engl. für →Koder.

Endabschaltung, automatische: 1. *(Plattenspieler)* Abschaltung des Plattentellerantriebs, wenn die Abtastnadel den Abhebepunkt erreicht. Nicht alle Plattenspieler – auch hochwertige HiFi-Geräte sind darunter – verfügen über eine E.; die Platte wird dann bei laufendem Plattenteller gewechselt. Mechanisch wirkende E. sind rillensteigungsabhängig. Über ein Hebelsystem wird vom sich drehenden Plattenteller ein Kontakt geöffnet, wenn der Tragarm die Abschaltrille mit ihrer größeren Steigung erreicht. Bei modernen E., die sich auch für Automatik-Plattenspieler eignen, wird von einer Lichtschranke oder einem Magnetsensor ein Signal an die Steuerelektronik gegeben. Die Auslösung erfolgt auch hier vom Tragarm, wenn die Nadel in die Auslaufrille gelangt. – **2.** *(Tonbandgerät)* → Bandendabschaltung, automatische.

Endikon: →Vidikon

Endlosband-Kassette: Magnetbandkassette für Spezialzwecke, in der eine Bandschleife mechanisch so geführt wird, daß Endloswiedergabe der gespeicherten Information möglich ist. Dazu wird das Band von innen aus dem Wickel gezogen, über diesen geleitet und nach dem Vorbeilaufen an den Köpfen wieder auf dem gleichen Wickel außen aufgespult. Kompaktkassetten gibt es als E. mit einer Laufdauer von ca. 0,5 bis 3 Minuten. Sie werden z. B. zum Einstudieren von Fremdsprachen oder Texten, auch zum Zwecke eines späteren lippensynchronen →Playbacks, für Kennungen (z. B. Stations- oder Pausenzeichen) oder zum Abspielen von längeren monotonen Geräuschen (z. B. Natur- oder Verkehrsgeräusche) bei einer →Tonmischung verwendet. E. werden auch für die Videoaufzeichnung im Längsspurverfahren benutzt. →Cartridge

Endrille: →Schallplattenrille

Endstufe, auch Ausgangsstufe, Leistungsstufe: letzte Baustufe eines Verstärkers in Signal- bzw. Stromflußrichtung betrachtet. Durch E. erfolgt i. d. R. eine Leistungsverstärkung der übertragenen Größe (z. B. Tonsignal im → Rundfunkempfänger, Bildsignal und Ablenkströme im → Fernsehempfänger) und eine → Anpassung zwischen Verstärker und weiterführendem Signalweg. Nach dem schaltungstechnischen Aufbau und der Einstellung des Arbeitspunkts ist zwischen verschiedenen E. zu unterscheiden. → Niederfrequenz-Endstufe, → Bildendstufe, → Zeilenendstufe, → Videoendstufe
Endverstärker: → NF-Verstärker
Entfernungshören: → räumliches Hören
Entmagnetisierung: Beseitigung von unerwünschtem Restmagnetismus aus ferromagnetischen Geräte- oder Bauelementeteilen. 1) *(Magnettontechnik)* E. des Tonbandlaufwerks (z. B. Umlenkstifte, Transportrolle), von Magnettonköpfen oder Scheren, die zum → Cuttern verwendet werden sollen. Würde ein bespieltes Magnettonband aufmagnetisierte Teile berühren, so könnte sich dieser Magnetismus auf das Band übertragen. Ohne E. käme es bei der Wiedergabe zu Rauschen (→ Bandrauschen) sowie zu einer irreversiblen Schwächung der hohen Töne. Eine E. wird mit speziellen Drosselspulen vorgenommen (→ *Entmagnetisierungsspule*, auch *Löschpinsel*), die mit Wechselstrom betrieben werden. Gelangen die zu entmagnetisierenden Teile in das magnetische Wechselfeld einer solchen Drosselspule und wird dessen Wirksamkeit anschließend durch langsames Entfernen der Drosselspule verringert, so geht der Restmagnetismus in den Teilen alternierend auf Null zurück. Automatisch kann bei einem Tonbandgerät die E. des Tonkopfs dadurch erreicht werden, daß bei jedem Halt ein mit Gleichspannung aufgeladener Kondensator an die Kopfspule geschaltet wird. Mit dieser bildet der Kondensator einen Schwingkreis. Die entstehende gedämpfte Schwingung entmagnetisiert den Tonkopf. In Ferrittonköpfen bleibt so gut wie kein Restmagnetismus zurück. → ADMS 2) *(Farbbildwiedergaberöhre)* E. von Teilen innerhalb und in der Umgebung der Bildröhre (Loch- bzw. Schlitzmaske, Implosionsschutzrahmen oder -band, Abschirmhaube). Eine fehlende oder ungenügende E. bei → Farbbildwiedergaberöhren hätte eine ungewünschte → Ablenkung der Elektronenstrahlen und dadurch → Farbreinheitsfehler zur Folge. Die E. erfolgt hier dadurch, daß ein örtlich in der Umgebung der zu entmagnetisierenden Teile fest angeordnetes magnetisches Wechselfeld allmählich in seiner Stärke bis auf Null verringert wird. Damit wird eine vergleichbare Wirkung wie bei der E. in der Magnettontechnik erreicht. Die E. wird automatisch bei jedem Einschalten eines Farbfernsehgeräts oder Bildmonitors durchgeführt. → Entmagnetisierungsspule, → Bildröhrenentmagnetisierung
Entmagnetisierungskassette: Spezialkassette zur → Entmagnetisierung von Tonköpfen in Kassettentonbandgeräten.

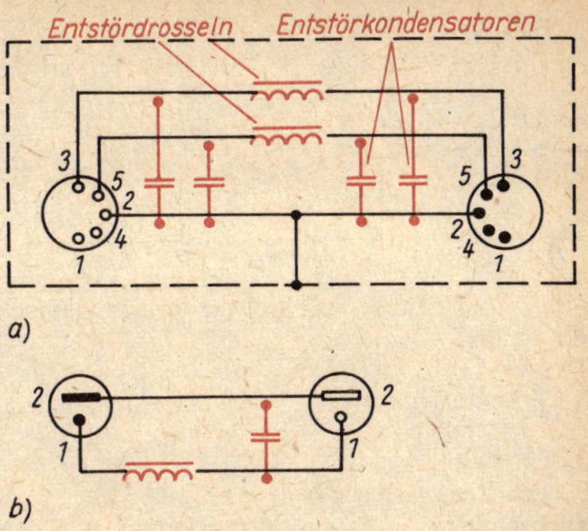

Entstöradapter für einen a) TA-Eingang, b) Lautsprecherausgang

Entmagnetisierungsspule: 1. *(Magnetbandtechnik)* auch *Löschdrossel*, umgangssprachlich *„Löschpinsel"*: Magnetkern mit Spule zum Anschluß an das 220-V-Wechselstromnetz zur servicemäßigen → Entmagnetisierung von Laufwerksteilen und Tonköpfen bei Magnetbandgeräten, früher auch zum Löschen von Magnettonbändern. – **2.** *(Farbfernsehempfänger)*: im Innern des Geräts in der Nähe des Bildschirms fest eingebaute große Spule zur automatischen Entmagnetisierung der Schattenmaske bei jedem Einschaltvorgang, auch mobile Spule zur servicegerechten Entmagnetisierung von außen.
Entstöradapter: zwischen eine Anschlußleitung (z. B. TA, TB, Mikrofon, Lautsprecher, Kopfhörer) und Ein- bzw. Ausgangsbuchse eines heimelektronischen Geräts einzufügendes Zwischenstück, das ein Eindringen von Funkstörungen, speziell → HF-Einstreuungen in das Gerät über diesen Anschluß verhindern soll. E. können z. B. in unmittelbarer Nähe starker Rundfunk- oder Fernsehsender erforderlich werden, wenn deren Störwirkung auf andere Weise nicht unterbunden werden kann. Abb.
Entstörung: → Kfz-Störung, → Funk-Entstörungsdienst, → Entstöradapter
Entzerrer: 1. elektronische Baugruppe, mit der Abweichungen vom linearen Amplitudenfrequenzgang in einem Übertragungskanal ausgeglichen werden können. Ein E. ist auch dann notwendig, wenn ein Signal am Kanaleingang zur Anpassung an die Kanaleigenschaften mit einem → Verzerrer frequenzbewertet wurde. – **2.** Gerät oder Baugruppe mit wählbarem Amplitudenfrequenzgang zur gewollten Klangfarbenänderung bei der Tonwiedergabe. → Equalizer (Abb. S. 184)
Entzerrervorverstärker, *Phono-Entzerrer*: Baugruppe oder Gerät, das einem dynamischen oder

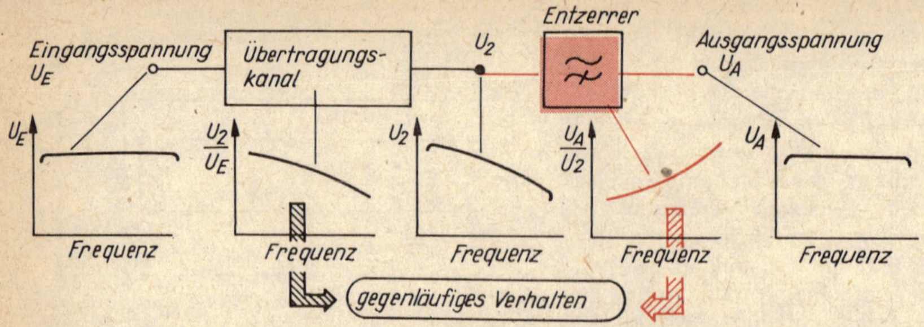

Entzerrer mit Hochpaßverhalten zur Korrektur des Amplitudenfrequenzgangs eines Übertragungskanals

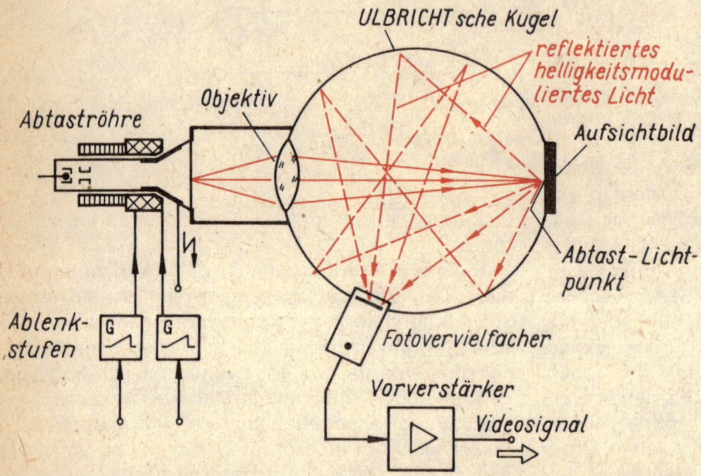

Epiabtaster

magnetischen Abtastsystem nachgeschaltet wird, und außer der Verstärkung der schwachen Tonsignale auch die Entzerrung der →Schneidcharakteristik der Schallplatte übernimmt. Der Amplitudenfrequenzgang des E. *(Entzerrungskennlinie)* verläuft dazu spiegelbildlich (s. Abb. → Schneidcharakteristik). Der E. kann bereits im Plattenspieler eingebaut oder Bestandteil des nachfolgenden NF-Verstärkers sein *(entzerrter Eingang).* Für den E. wird ein Eingangsscheinwiderstand von 47 kΩ ± 20 % gefordert. Der Verstärkungspegel (→ Pegelmaß) liegt i. allg. zwischen 40 und 50 dB.

entzerrter Eingang: → Eingang

Entzerrungskennlinie: → Entzerrervorverstärker, → Schneidcharakteristik

Entzerrungszeitkonstante τ: Größe zur einfachen zahlenmäßigen Beschreibung eines standardisierten Amplitudenfrequenzgangs (z. B. → Schneidcharakteristik, → Bandfluß, Preemphasis-Deemphasis). Weil sich unter bestimmten Bedingungen solche Verläufe mit einem Kondensator C und einem Widerstand R nachbilden lassen, gibt man als E. das Produkt $\tau = R \cdot C$ in µs an. → Bandsortenumschaltung

Epiabtaster: Bildaufnahmegerät für nichttransparente Bildvorlagen, z. B. Fotos, Grafiken, Schriftvorlagen, Klapp- und Rolltitel, Fernsehuhr. Die E. der Fernsehgesellschaften arbeiten für Schwarz-Weiß-Sendungen mit → Punktlichtabtastung; für Farb-Sendungen werden dagegen meist Kameraabtaster verwendet. Die Abbildung zeigt einen Punktlichtabtaster für Epivorlagen (Schwarz-Weiß-E.). Der Bildraster der → Abtaströhre wird mit dem Objektiv auf der Bildvorlage abgebildet, und das von ihr diffus reflektierte Licht wird in der sog. ULBRICHTschen Kugel (die die gesamte Anordnung vor Fremdlicht abschirmt) mehrfach reflektiert und erzeugt im → Fotovervielfacher das Videosignal. Abb.

Hinweis: Auch relativ einfache Zusatzgeräte (z. B. → Video-Titelgerät) gestatten in Verbindung mit Videokameras die Abtastung von Aufsichtbildern.

EPM, Abk. für engl. **E**lectronic **P**rogram **M**emory, svw. elektronische Programmspeicherung: spezielles → Abstimmsystem mit Spannungssynthese.

EQ; Abk. für engl. **Eq**ualization, Entzerrung: Beschriftung auf Tonbandkassetten und an dem Umschalter des Tonbandgeräts (Bandsortenumschalter, engl. *Equalizer Select Switch*) zur Kennzeichnung der vorgesehenen → Entzerrungszeitkonstanten (z. B. *EQ 120* µs bei Normalband). → Bandsortenumschaltung, → Magnettonentzerrung

Hinweis: Die Schalterstellung EQ muß bei Aufzeichnung und Wiedergabe mit dem Kassettentyp übereinstimmen. Falsche Einstellung führt zu überbetonter oder mangelhaf-

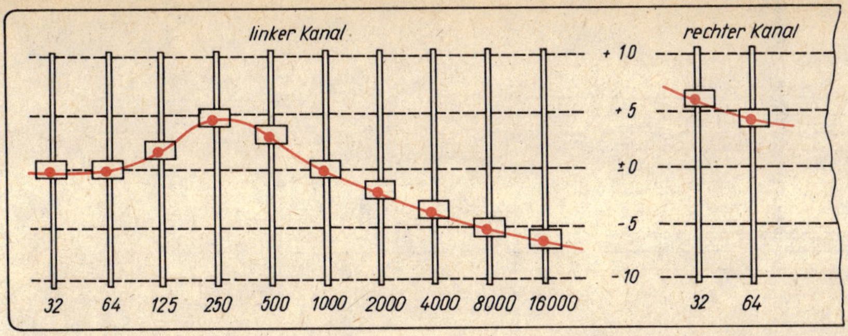

Equalizer mit anschaulicher Erkennbarkeit des eingestellten Amplitudenfrequenzgangs (Graphic-Equalizer)

ter Höhenwiedergabe (bis zu 4 dB), teilweise zu verstärktem Rauschen oder zu Klangverzerrungen bei hohen Tönen.

Equalizer: 1. I. w. S. engl. für → Entzerrer, Angleichfilter. – **2.** I. e. S. elektronische Baugruppe oder Gerät zur Klangbeeinflussung bei der Tonwiedergabe in einem weiten Pegel- und feinstufigen Frequenzbereich. Wegen der übersichtlich angeordneten Bedienelemente, die gut erkenn- und reproduzierbare Einstellungen zulassen, ist auch die Bezeichnung *Graphic-E.* üblich (graphic-, engl. für anschaulich, genau). Ein E. ist entweder Bestandteil eines Vorverstärkers, oder er wird als selbständiges Gerät vor einem Endverstärker oder einer Aktivbox in den Tonsignalweg geschaltet. Er besteht aus einer Anzahl schmalbandiger, meist aktiver → Filter, deren Durchlaßbereiche über den Übertragungsbereich verteilt sind. Beim *Festfrequenz-E.* liegen die Durchlaßbereiche bei konstanten Frequenzen, bei einem *durchstimmbaren E.* lassen sie sich in bestimmten Grenzen verschieben. Das kann Vorteile bringen, wenn mit einem E. eine bestimmte Störfrequenz herausgefiltert werden soll, z. B. zur Verhinderung akustischer Rückkopplung. Die Aufteilung des Tonsignals erfolgt bei üblichen E. in 5...12 Wege. Verbreitet sind *5-Wege-E.* für Pkw oder einfachere Anlagen und *10-Wege-E.* in Spitzengeräten. Bei einem 10-Wege-E. sind die Durchlaßbereiche i. allg. beginnend bei 32 Hz aufsteigend im Abstand jeweils einer Oktave über den Übertragungsbereich verteilt (Abb.). Die Signalpegel lassen sich bei den meisten E. je Durchlaßbereich um ± 7...10, seltener um ± 15 dB variieren. Die Einstellung erfolgt über parallele, vertikal angeordnete Flachbahnsteller, meistens getrennt für jeden Stereokanal. Um die Erkennbarkeit des eingestellten Verlaufs zu erhöhen, wird häufig in jedem Schiebestellknopf eine Leuchtdiode eingebaut. Als *Quasi-E.* bezeichnet man Mehrfachklangeinsteller mit 4...6 Wegen und Drehknöpfen, getrennt für den linken und rechten Stereokanal. E. dienen hauptsächlich zur optimalen Anpassung des Klangbilds bei → Lautsprecherwiedergabe. Sie können außerdem zur Schwächung einzelner Störfrequenzen oder als Effektfilter (Musikelektronik) eingesetzt werden. Abb.

Erdefunkstelle: → Bodenstation

Erdfeldabschirmung (engl. Screening of Terrestrial Magnetism): Schutz von → Farbbildwiedergaberöhren gegen äußere magnetische Felder, i. e. S. gegen das Erdfeld. Die E. besteht aus einem am oder im Kolben der Bildröhre angebrachten Stahlblechmantel. Durch diese magnetische Abschirmung werden → Farbreinheitsfehler und → Konvergenzfehler im Farbbild durch unerwünschte Fremdfelder verhindert bzw. auf ein Minimum reduziert.

Erdschleife, *Brummschleife*: durch mehrfache Erd- bzw. Masseverbindung zwischen 2 elektronischen Geräten entstehende, ringförmig geschlossene Leiterverbindung, in der bei Vorhandensein eines äußeren Störfelds ein Störstrom fließen kann. Es entstehen Störspannungen, die sich dem Nutzsignal überlagern (Abb. a). Da äußere Störfelder meist mit Netzfrequenz 50 Hz auftreten, entstehen Brummspannungen im Signal. Sie werden entweder als Brummen hörbar oder stellen sich in einem Fernsehbild als waagerechter, stillstehender oder langsam wandernder Helligkeitsbalken dar. E. können z. B. entstehen, wenn verschiedene Signale (z. B. Stereosignale rechts/links, Bildsignale) über verschiedene Leitungen mit eigener Abschirmung geführt werden und diese Abschirmungen gleichzeitig als Signalrückleiter wirken (z. B. bei Cinch- oder BNC-Steckern). Auch zusätzlich zwischen Geräten bestehende Erd- bzw. Masseleitungen – z. B. bei Schutzerdung der einzelnen Geräte – können zu einer E. führen. Eine Brummstörung tritt i. allg. nicht auf, wenn die Leitungen gleichlang sind, eng beieinander liegen oder sogar verdrillt sind; die Störströme heben sich gegenseitig auf (Abb. b). Besonders kritisch sind E. bei sehr kleinen Signalen, z. B. beim Anschluß eines → elektrodynamischen Abtastsystems an den Vor-Vorverstärker. In solchen Fällen sind daher die Abschirmungen einseitig vom Stecker abgetrennt, und als gemeinsamer Rückleiter wird eine kräftige Masseleitung verwendet (Abb. c). Diese Maßnahme hilft auch bei anderen, durch Geräteverbindung entstehenden Brummstörungen oder bei → HF-Einstreuung. Abb. S. 186

Erdung: leitende Verbindung zwischen Teilen eines elektronischen Geräts und dem Erdreich. Man un-

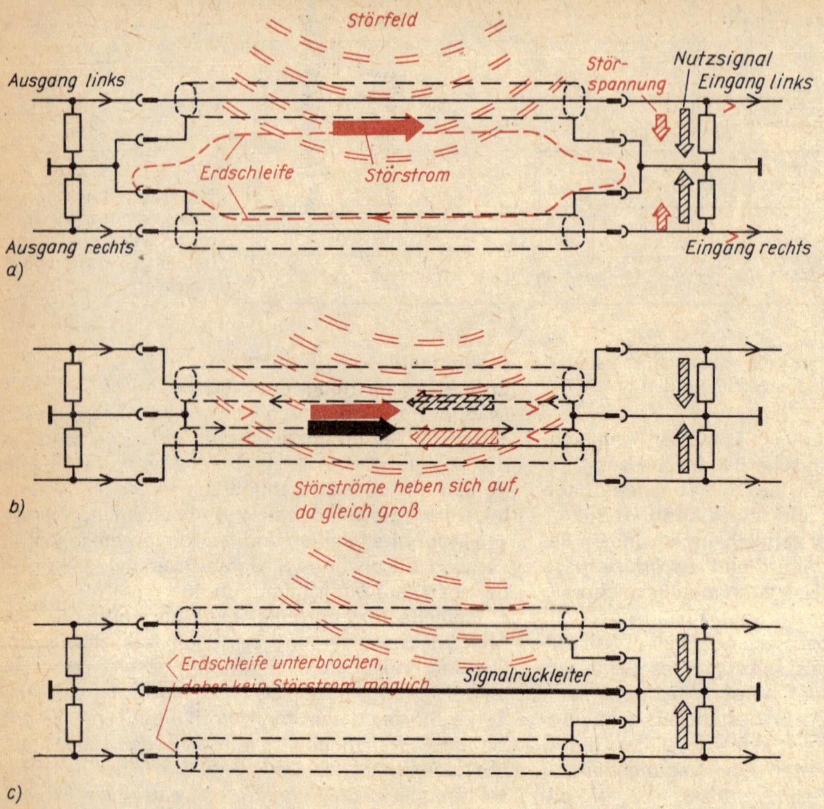

a) Entstehung einer *Erdschleife,*
b) Erdschleife mit gegenläufigen, sich aufhebenden Erdströmen,
c) eine aufgetrennte Erdschleife verhindert Brummspannungen

terscheidet zwischen *Schutz-E.* zum Ableiten gefährlicher Spannungen von leitenden, der Berührung zugänglichen Geräteteilen gegen Erde und *Betriebs-E.*, wenn das Erdreich als Stromrückleiter verwendet wird. → Erdungsanlage

Erdungsanlage: 1. I. w. S. alle Teile einer elektrischen oder elektronischen Anlage, die eine gut leitende Verbindung mit dem Erdreich bewirken (→ Erdung). – **2.** *(Empfangsantennenanlage)* gesetzlich vorgeschriebene Einrichtung, die eine elektrisch gut leitende Verbindung aller leitfähigen Teile der Antennenanlage mit dem Erdreich herstellt. Durch die E. sollen eine Gefährdung des Menschen durch atmosphärische Überspannungen (z. B. bei Gewitter) oder Spannungsübertritt aus elektrischen Installationen ausgeschlossen und Schäden an der Antennenanlage und den angeschlossenen Empfängern möglichst verhindert werden. Die E. schließt die Abschirmung der Antennenzuleitungen und die Gehäuse des Antennenzubehörs ein (z. B. auch die innerhalb von Gebäuden angeordneten Antennenverstärker). Können leitende Teile der Anlage aus Funktionsgründen nicht unmittelbar an die E. angeschlossen werden, so sind → *Überspannungsableiter* einzubauen. Die technische Ausführung von E. ist in gesetzlichen Bestimmungen geregelt; sie ist für ortsfeste Antennenanlagen (auch an beweglichen Einrichtungen, die vorübergehend ortsfest sind, z. B. Campingwohnwagen) Vorschrift. Nur in festgelegten Ausnahmefällen darf auf eine E. verzichtet werden. Zu diesen festgelegten Ausnahmefällen zählen Zimmerantennen und Einbauantennen, sowie unter bestimmten Einschränkungen auch Fenster- und Unterdachantennen, wenn ihre Antennenzuleitungen innerhalb des Gebäudes verlaufen. Abb.

Hinweis: Für die Einhaltung der Sicherheitsbestimmungen bei der E. ist der Betreiber der Anlage verantwortlich, der auch für Schäden bei Nichteinhaltung haftet. E. sind in dem geforderten Zustand zu erhalten, sie dürfen also nicht durch Alterung oder Korrosion in ihrer Funktion beeinträchtigt sein.

Erhebungswinkel: → Elevationswinkel

Ersatzlautstärke: angenommener Störlautstärkepegel am Ort eines Mikrofons, der am Mikrofonausgang ein ebensogroßes Störsignal erzeugen würde, wie es die Geräuschspannung der elektrischen Mikrofonschaltung tatsächlich erzeugt. Damit gibt die E. bei einem Mikrofontyp direkt an, bis zu welcher Mindestlautstärke man noch Tonaufnahmen machen kann, ohne daß das Tonsignal im Störsignal versinkt.

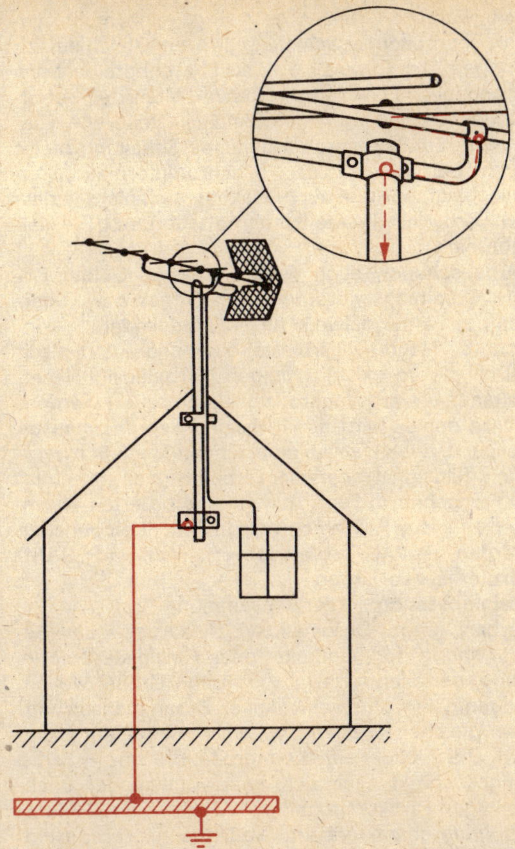

Erdungsanlage (1) für eine Außenantenne. Die Antennen selbst sind i. allg. bereits über ihre Befestigungselemente mit dem Mast verbunden, also ebenfalls geerdet

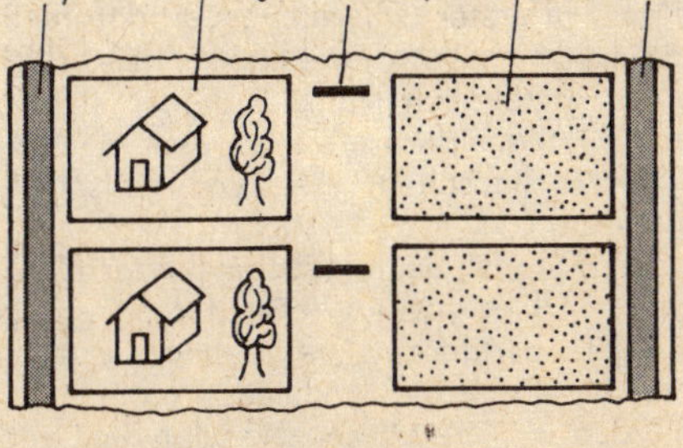

Spuranordnung auf einem *EVR*-Film

E$_R$-Signal: Abk. für Farbwertsignal Rot oder R-Signal. → Farbwertsignal, Abb. → Farbauszug

Hinweis: In Übersichts- oder Funktionsschaltbildern sowie in mathematischen Funktionen wird zur Kennzeichnung des Farbwertsignals-Rot nur E_R im Sinne einer Spannungsgröße verwendet.

„Europastecker": → Kopfhörersteckverbinder

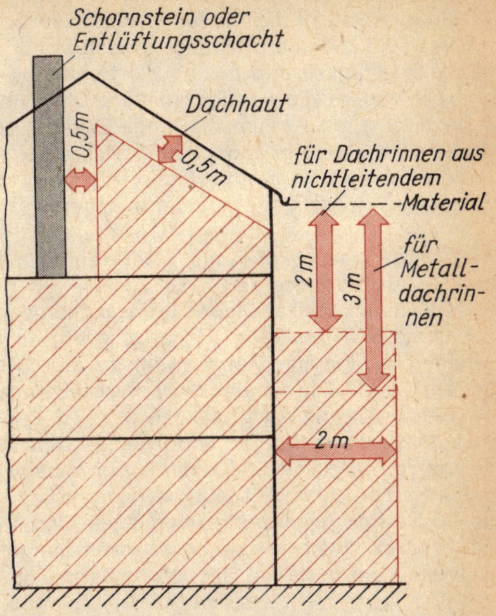

Innere und äußere Gebiete bei einem Gebäude (rot schraffiert), in denen eine Empfangsanlage ohne *Erdungsanlage* (2) in Betrieb genommen werden darf (nach TGL 200-7051/02)

Europa-Steckverbinder: → SCART-Steckverbinder, → Kopfhörersteckverbinder

Europawelle: Mittelwellenbereich von ca. 1415...1600 kHz, in dem viele europäische, auch deutschsprachige Sendestationen konzentriert sind.

Eurovision: internationale Organisation für den Austausch von Fernsehprogrammen. Die E. wurde 1954 gegründet. Ihr gehören insgesamt 39 Rundfunk- und Fernsehanstalten aus 31 europäischen Ländern aber auch außereuropäischen Ländern (insbesondere Mittelmeerraum) als aktive Mitglieder an (Stand Januar 1985). Über 70 Stationen sind darüber hinaus mit der E. assoziiert. Die E. wirkt im Rahmen des *Europäischen Rundfunkvereins (UER, EBU)*. Die Programmkoordination für die E. obliegt dem Verwaltungsbüro in Genf, die Koordination der technischen Mittel dem Technischen Zentrum in Brüssel. Die E. pflegt einen regen Programmaustausch mit denen der anderen Fernsehorganisationen – insbesondere mit USA, Japans und der → Intervision.

EVR; Abk. für engl. **E**lectronic **V**ideo **R**ecording, svw. elektronische Videoaufzeichnung: Videospeicherverfahren, bei dem auf elektronischem Weg Bildinformationen auf einen Spezialfilm aufgezeichnet werden. Bei der Aufzeichnung wirkt der mit einem Videosignal modulierte, scharf gebündelte Elektronenstrahl auf den im Vakuum laufenden Film ein und zeichnet dabei eine bzw. bei Farbe 2 benachbarte Bildspuren (Abb.) auf. Nach der Filmentwicklung erscheint die Videoinformation in Gestalt unterschiedlicher Schwärzung. Eine Bildspur enthält die Helligkeitsinformation als sichtbares Bild und die andere die Farbinformation. Die Wiedergabe erfolgt mit → Filmabtastung. EVR hat keine große Verbreitung erlangt. Das ähnlich arbeitende *BEVR-Verfahren* ist für professionelle Fernsehanwendung gedacht. → Videospeicherverfahren (Abb.)

Exakt-Abstimmanzeige (engl. Exact Tuning Indication): → Abstimmanzeige

ExKo-System: einkanaliger Breitbandkompander der Firma BRG (Budapest, Ungarische VR) für Kassettentonbandgeräte. Der Gewinn an Störabstand beträgt etwa 8...10 dB, das System ist mit anderen → Kompandern nicht kompatibel.

externe Synchronisation: Form der → Gleichlaufsteuerung, durch die Videogeräte von einem zentralen → Fernsehimpulsgeber synchronisiert werden oder sich gegenseitig über einen Signalweg, der nur zu Synchronisationszwecken aufgebaut wurde, synchronisieren. Das ist zum Beispiel immer der Fall, wenn mehrere Videokameras parallel betrieben werden sollen. In Fernsehstudiokomplexen dominiert die e. S. Den Gegensatz zur e. S. bildet die → interne Synchronisation.

E_Y-Signal: Kurzbezeichnung für → Leuchtdichtesignal.

F

Fackeleffekt: → Ausflammen

Fading: engl. für → Schwund.

Fahnen: Bildfehler, der als Leuchtdichteänderung hinter Schwarz-Weiß-Sprüngen im Fernsehbild sichtbar ist und vorwiegend durch lineare Verzerrungen in Übertragungseinrichtungen bzw. Videogeräten verursacht wird. Die entsprechende Erscheinung – von Bildaufnahmeröhren verursacht – nennt man → Nachziehen.

Familienstecker: Kopfhörerstecker mit zusätzlicher Buchse gleicher Art an der Rückseite, so daß mehrere Kopfhörer an einem Ausgang gleichzeitig betrieben werden können. → Kopfhörersteckverbinder

FAM-Verfahren, Abk. für **F**requenz-**A**mplituden-**M**odulation-**Verfahren:** von N. MAYER entwickeltes Farbfernsehverfahren, bei dem das rote Farbdifferenzsignal den Farbträger amplitudenmoduliert und das blaue Farbdifferenzsignal den Farbträger frequenzmoduliert. → magnetische Bildaufzeichnung

Fangbereich: spezieller Teil des Arbeitsbereichs der Regelkennlinie von elektronischen Schaltungen (Phasenregelstufen, Phasenvergleichsschaltungen) zur → Gleichlaufsteuerung. Der F. gibt an, innerhalb welcher Grenzen es gelingt, eine nicht synchron arbeitende Schaltung in den Gleichlauf zu bringen. Der F. wird i. d. R. als Phasenbereich $\Delta\varphi/\varphi$ angegeben. Er wird vom Zeitverhalten der betreffenden Schaltung zur Gleichlaufsteuerung bestimmt. Eine synchron arbeitende Schaltung bleibt auch bei Wegfall der Synchroninformation im Gleichlauf, solange der → Haltebereich nicht verlassen wird. → indirekte Synchronisation, Abb. → Haltebereich

Farbabschalter, auch *Farbkiller* (engl. Colour Killer): Schaltungsanordnung zum Öffnen bzw. Sperren des Farbsignalwegs im → Farbdekoder. F. können von Hand (→ Farbtaste) oder/und automatisch durch die im → vollständigen (Farb)Bildsignal enthaltenen → Farbsynchronsignale gesteuert werden. Durch den F. wird der Farbsignalweg automatisch gesperrt, wenn an seinem Eingang ein Schwarz-Weiß-Bildsignal oder ein Farbbildsignal „falscher" → Fernsehnorm liegt, bzw. die geforderten Normwerte für das Farbsynchronsignal nicht eingehalten werden. → PAL-Farbfernsehverfahren, → SECAM-Farbfernsehverfahren

Farbanpassung: → Farbumstimmung

Farbart (engl. Chromaticity): Ausdruck oder Beschreibung der Buntheits- oder *Farbigkeitsempfindung*, den Lichtreize (physikalische Größe) wellenlängenmäßig unterschiedlicher Zusammensetzung, aber gleicher Reizstärke bei einem Betrachter auslösen. Die F. bildet eine Kenngröße, die eine → Farbe eingeschränkt nach den zwei voneinander unabhängigen Farbkomponenten → *Farbton und* → *Farbsättigung* charakterisiert. Die Dritte zur Farbbestimmung notwendige Komponente → Helligkeit bleibt außer Betracht. Zur einheitlichen F.beschreibung eignen sich die zweidimensionalen Farbtafeln und das Farbdreieck, die durch normierte Darstellung der drei Farbwertgrößen R, G, B entstehen. Die Abbildung zeigt, Träger der F.information im → Farbfernsehen sind in erster Linie die → Farbdifferenzsignale, die abhängig vom jeweiligen → Farbfernsehverfahren letztendlich zum *F.-Signal* (Farb-, Chrominanz-, F-Signal) formiert werden. → IBK-Farbtafel, → Farbmischen, → Synchronisation, → Bildsignal (Abb.)

Farbartsignal, F-Signal, auch Farbsignal oder *Chrominanzsignal*: → Bildsignal im → Farbfernsehen. Es ist Träger der Farbartinformation. Gebildet wird es im → Farbkoder durch die Modulation eines Farbträgers mit den → Farbdifferenzsignalen Rot und Blau sowie den farbfernsehverfahrensabhängigen → Farbsynchronsignalen (Burst beim → PAL-Farbfernsehverfahren und → NTSC-Farbfernsehverfahren; Identifikationsimpulse beim → SECAM-Farbfernsehverfahren). In der dabei angewendeten Methodik unterscheiden sich letztendlich die einzelnen Farbfernsehverfahren. Entsprechend sind auch die F. nicht zwischen den einzelnen Farbfernsehverfahren kompatibel. Im Farbkoder wird durch Ad-

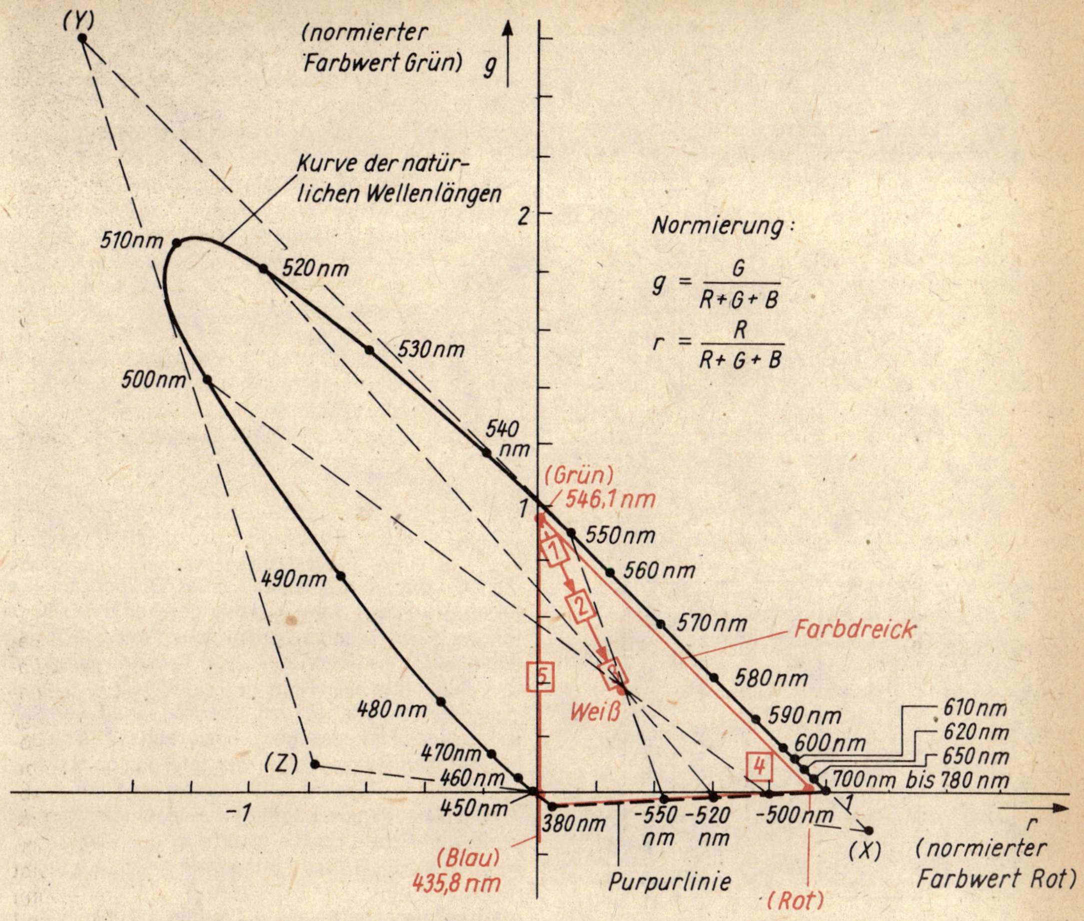

Beispiele zur Veränderung der Farbart □

Punkt	Farbart: Farbsättigung	Farbart: Farbton
1	sehr hoch	Grün
2	mittel	Grün
3	null	Unbunt, Weiß
4	sehr hoch	Rot
5	maximal	Blaugrün, Cyan

Normiertes Farbdreieck im r-g-Diagramm (die Werte R, G, B werden bei unterschiedlicher spektraler Zusammensetzung, aber gleicher Reizstärke des Lichts für definierte Wellenbereiche gemessen; X, Y, Z sind die der Aufstellung der IBK-Tafel zugrunde liegenden Werte)

dition des F. zum → Leuchtdichtesignal und → Synchronsignal das vollständige Farbbildsignal (→ FBAS-Signal) formiert. Erst im → Farbdekoder wird das F. wieder aus dem FBAS-Signal herausgelöst, so daß im → Bildkanal zwischen Farbkoder und Farbdekoder das F. nie separat auftritt. → Kompatibilität, → Modulation, → Synchronisation, → Farbe, → Farbart, → Farbton, → Farbsättigung

Farbauflösungsvermögen: Erkennbarkeit farbiger Details (Bildfeinheiten). Infolge der spezifischen Eigenschaften des menschlichen Sehorgans ist das F. für Bilddetails, die sich nur in der → Farbart und nicht in der → Helligkeit unterscheiden, deutlich geringer als für solche mit großem Helligkeitsunterschied. Die Abbildung (Farbanhang) aus 3 m Entfernung betrachtet, veranschaulicht diese Aussage.

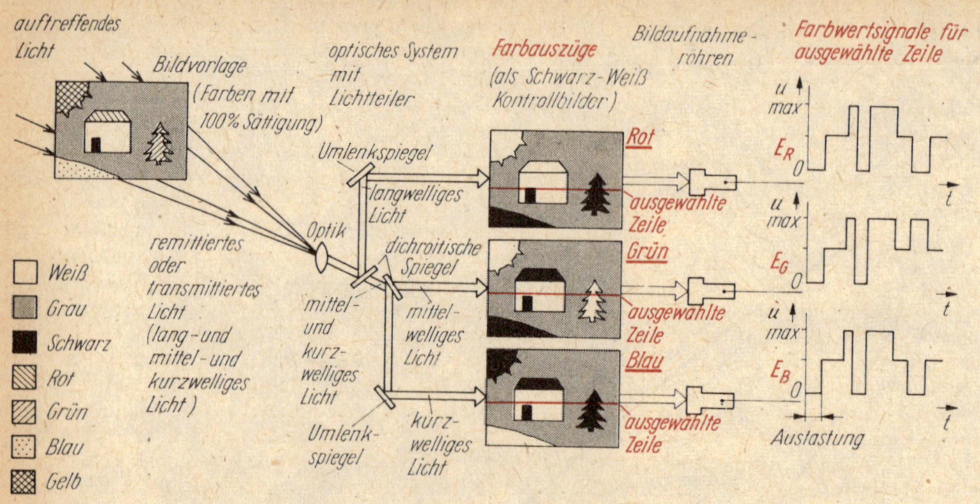

Zusammenhang zwischen Bildvorlage – *Farbauszug* – Farbwertsignal

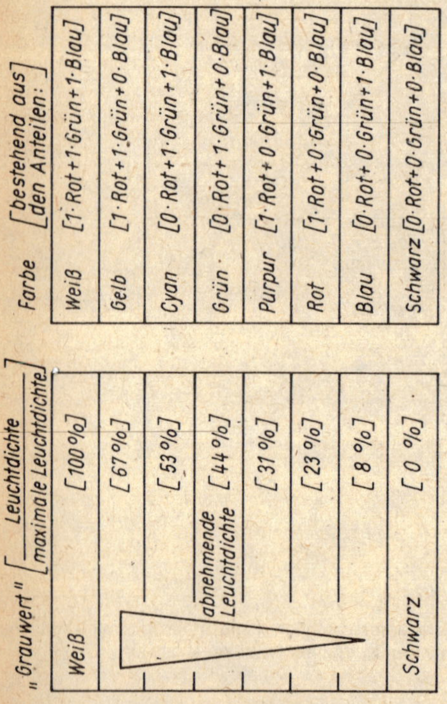

8stufiger *Farbbalken* und zugehöriger Graukeil mit 75 % Farbwertsignalamplitude in den Farben

Dieses unterschiedliche Auflösungsvermögen ist bei den → Farbfernsehverfahren berücksichtigt worden, indem die Farbartinformation mit verminderter Bandbreite übertragen wird. Abb. s. Farbanhang

Farbauszug: ausschließlich einer Grundfarbe (Rot oder Grün oder Blau) zugehöriger Teil eines Bilds. Im → Farbfernsehen entsprechen die nach der Lichtteilung in der Video- bzw. Fernsehkamera auf die Bildaufnahmeröhren der einzelnen Farbkanäle fallenden Anteile des zu übertragenden Fernsehbilds den Farbauszügen. Entsprechend sind die → Farbwertsignale Träger der Information aus dem F. Bei einer Schwarz-Weiß-Wiedergabe der F. wie in der Abbildung entspricht die Leuchtdichteverteilung der Größe der Farbwerte in der Bildvorlage. → Farbe, → Dreifarbentheorie, → dichroitischer Spiegel (Abb.)

Farbbalken: spezielles → Testbild zur Beurteilung und Einstellung der Arbeitskennlinien von Bildwandlereinrichtungen, Farbkodern, Farbdekodern, Verstärkern, Entzerrern u.a. bezüglich ihres Verhaltens bei der Farbbildübertragung. Der F. ist eine Grundlage zur Einstellung wesentlicher bildschirmwirksamer Parameter der Farbfernsehverfahren wie Sauberkeit horizontaler Farbübergänge, → Gradation, → Farbton, → Farbsättigung, → Helligkeit des Fernsehbilds. Z. B. sind letztere 2 auch über Einsteller an Farbfernsehgeräten von außen in Grenzen beeinflußbar. Der standardisierte F. verfügt über 8 Balken, die nach fallender bzw. steigender Leuchtdichte geordnet sind. Damit kann er auch als Graukeil im Schwarz-Weiß-Fernsehen Anwendung finden. Um Übersteuerungen durch das → Farbsignal zu vermeiden, wird nur der weiße Balken mit 100 %, alle anderen Balken mit 75 % Farbwertsignalpegel erzeugt und übertragen. Die Erzeugung erfolgt in *Farbbalkengeneratoren*, verkoppelt mit den Impulsen des → Fernsehimpulsgenerators. Für spezielle Aufgaben existieren F. mit höherer Stufenzahl. F. sind auf Grund ihrer Bedeutung stets Bestandteil komplexer → Farbtestbilder. Abb.

Farbbildröhre: → Farbbildwiedergaberöhre

Farbbildsignal (engl. Colour Picture Signal): → Bildsignal der → Farbfernsehverfahren. Es entsteht durch Addition des → Leuchtdichtesignals und des → Farbartsignals. Diese Form des F. wird genauer als *Farbbildsignal ohne Synchronsignal*, FBA-Signal (engl. Colour Picture Signal without Synchronizing Signal), bezeichnet. Ergänzt man dieses Signal durch Addition des → Synchronsignals, entsteht das *vollständige Farbbildsignal*, FBAS-Signal (engl. Colour Picture Signal Composite). Dieses Bildsignal enthält alle zur Erzeugung eines Farbfernsehbilds notwendigen Informationen. Es wird in den → Farbkodern der Bildgeberanlagen aus den einzelnen Signalkomponenten (→ Farbwertsignale, → Synchronsignale, → Farbträger) erzeugt und liegt am Ausgang der → Videokameras und Fernsehkameras zur weiteren Bearbeitung, Aufzeichnung, Übertragung an. Zwischen den einzelnen → Fernsehnormen und Farbfernsehverfahren unterscheiden sich die F., sie sind demzufolge *nicht beliebig austauschbar.* → Farbsynchronsignal, → Identifikationsimpuls, → Bildsignalpegel

Hinweis: Letztgenannter Feststellung muß man z. B. bei der Konzipierung einer kompletten Videoanlage oder beim Kauf eines → Farbfernsehempfängers Rechnung tragen. Die spezielle Art des F. ist bestimmend für die Wahl des einzelnen Gerätetyps. Z. B. kann trotz einheitlicher → CCIR-Norm in Mitteleuropa ein nach dem → SECAM-Farbfernsehverfahren kodiertes F. nicht zu einer Farbbildwiedergabe auf dem Bildschirm eines für das → PAL-Farbfernsehverfahren ausgerüsteten Farbfernsehgeräts führen, da sich die F. in wesentlichen Details unterscheiden. In diesem Fall sichert die → Kompatibilität lediglich die Wiedergabe eines Schwarz-Weiß-Fernsehbilds.

Farbbildwiedergaberöhre, auch *Farbbildröhre* (engl. Colour Picture Tube): → Bildwiedergaberöhre zur Umwandlung von → Farbwertsignalen in ein farbiges oder auch unbuntes Fernsehbild. Für die Ansteuerung der F. bestehen je nach Röhrentyp unterschiedliche Möglichkeiten: direkte Steuerung mit den Farbwertsignalen (heute dominierend), getrennte Steuerung an Katode und Steuergitter mit → Farbdifferenzsignal und → Leuchtdichtesignal („Dematrizierung" bei der Bildwiedergabe; heute wenig angewendet), parallele Steuerung der F. mit 3 Strahlsystemen, bzw. sequentielle Steuerung bei F. mit einem Strahlsystem. Um die für das → Farbfernsehen genormten → Primärfarben (Rot, Grün, Blau) gleichzeitig in einer Bildwiedergaberöhre erzeugen zu können, werden an das Wirkungsprinzip, den konstruktiven Aufbau und die Fertigungsgenauigkeit von F. höchste Anforderungen gestellt. Dies macht die F. auch heute noch zu dem kompliziertesten und teuersten Bauelement in einem Farbbildmonitor oder Farbfernsehempfänger. Trotz Beibehaltung des allgemeinen Prinzips jeder Fernsehbilderzeugung (s. Abb. → Bildwiedergaberöhre) ist die F. durch ganz spezielle Merkmale gekennzeichnet. Das Wesentliche ist, daß auf dem Kolbenboden der F. 3 unterschiedliche Leuchtstoffe getrennt voneinander aufgetragen sind, die bei Anregung durch einen Elektronenstrahl Licht im Spektrum einer der 3 Primärfarben aussenden. Die Anordnung dieser Leuchtstoffe (schichtenweise, punkt- oder streifenförmig) ist ein erstes Unterscheidungskriterium für F.-Arten. Ein zweites Unterscheidungskriterium besteht in der Art, wie die Zuordnung zwischen jeweils steuerndem Farbwertsignal und zugehörigem Leuchtstoff gelöst wird. Bei *F. mit 3 getrennten Elektronenstrahlsystemen* existiert eine feste Zuordnung zwischen Farbwertsignal-Elektronenstrahl-Leuchtstoff. Die 3 Elektronenstrahlen für die Primärfarben Rot, Grün, Blau werden getrennt erzeugt und gesteuert, aber in einem gemeinsamen magnetischen Feld abgelenkt. Es erfolgt eine exakte Fokussierung der Elektronenstrahlen. Konstruktiv und durch Korrekturmaßnahmen beim Betrieb der F. muß gewährleistet werden, daß der einzelne Elektronenstrahl nur den ihm zugeordneten Leuchtstoff anregt. Hierzu werden den Leuchtschirmen Masken (→ Schattenmasken) oder → Farbsteuergitter vorgelagert, die die einzelnen Elektronenstrahlen beim Übergang über nicht zugeordnete Leuchtstoffe ausblenden (abschatten). Den durch den Aufbau jeder Bildröhre, aber insbesondere durch die örtlich getrennte Anordnung der Strahlsysteme im Bildröhrenhals objektiv bedingten → Rasterverzeichnungen wird durch entsprechende statische und dynamische Korrekturmaßnahmen (→ Konvergenzeinstellung, → Farbreinheitsmagnet) entgegengewirkt. Bei *F. mit nur einem Strahlsystem* ist ein relativ hoher Aufwand zur „Farbsteuerung" erforderlich, jedoch entfallen jegliche Farbdeckungsfehler. Für jeweils einen kurzen Zeitabschnitt wird der Elektronenstrahl von einem Farbwertsignal gesteuert, dann wird auf das nächste umgeschaltet. In dieser Zeit muß der Elektronenstrahl jeweils so zum Bildschirm geführt werden, daß er genau den zugehörigen Leuchtstoff trifft. Der durch die sequentielle Methode (zeitliche Aufeinanderfolge in der Steuerung durch die einzelnen Farbwertsignale) und die Genauigkeitsgrenzen der Strahlführung bedingte Auflösungsverlust machen die Einstrahl-F. den Dreistrahl-F. unterlegen. Demzufolge überwiegt in der Praxis heute auch der Einsatz der Dreistrahl-F. Diese werden je nach *Anordnungsform der drei Strahlsysteme* bezeichnet: a) in den Eckpunkten eines gleichschenkligen Dreiecks: *Delta-F.* und b) in einer horizontalen Linie: → *In-Line-Bildröhre.* Als erste F. wurde 1952 in den USA die → Lochmaskenröhre entwickelt. Sie war bis Mitte der 70er Jahre die meist produzierte F. in der Welt. In der Unterhaltungselektronik wurde sie mehr und mehr durch die 1966 entwickelte → Schlitzmaskenröhre ersetzt. Speziell in Japan hat das → Trinitron, eine F. mit → Gittermaske, Bedeutung erlangt. Eine Entwicklung bei F. zeichnet sich derzeit durch den verstärkten Übergang zu Bildröhren mit fast ebenem Bild-

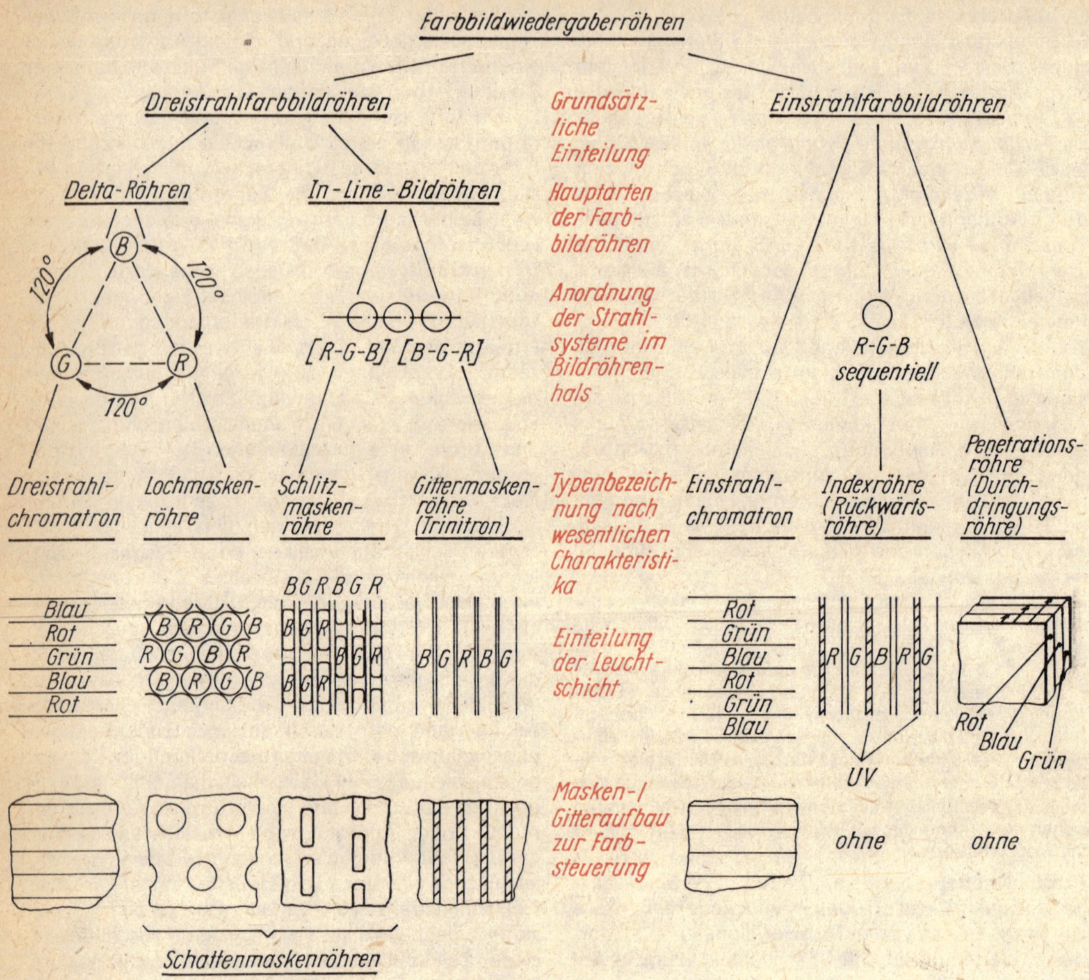

Einteilung der *Farbbildwiedergaberöhren* (der angegebenen Strahlsystemanordnung und Einteilung der Leuchtschichten liegt die Blickrichtung vom Strahlsystem zum Bildschirm zugrunde)

fenster und ausgeprägten Ecken ab. Bezeichnungen für F. dieser Bauart sind: *Flat Square Tube, Full Square Tube, Square Planar Tube, Square Tube.* → FLECHSIG, → Chromatron (Abb. s. auch Farbanhang)

Farbdeckung: Rasterdeckung der einzelnen → Farbauszüge eines Farbfernsehbilds. Eine exakte F. ist eine der grundlegenden Voraussetzungen für scharfe Übergänge zwischen verschiedenen Farben. Die Genauigkeit der F. wird maßgeblich durch die Rasterdeckung der einzelnen Farbauszüge bei der mehrkanaligen Bildsignalaufnahme (beeinflußt durch Unterschiede in den einzelnen optischen Wegen und Verwendung getrennter Ablenksysteme für jede Bildaufnahmeröhre) und durch die → Konvergenz bei der Farbbildwiedergabe bestimmt. → Raster, → Rasterverzeichnung, → Konvergenzfehler, → Bildschärfe, → Konvergenzeinst., → Farbe

Hinweis: Bei → Videokameras mit einer Bildaufnahmeröhre ist aufnahmeseitig die Farbdeckung gewährleistet. Bei → Fernsehkameras ohne separaten Leuchtdichtekanal führen Fehler in der Rasterdeckung gleichzeitig zum Auflösungsverlust, da das Y-Signal aus den drei Farbwertsignalen matriziert wird.

Farbdekoder (engl. Colour Decoder): Baugruppe oder Gerät beim → Farbfernsehen, in der aus dem vollständigen → Farbbildsignal die → Farbwertsignale oder das Leuchtdichte- und die → Farbdifferenzsignale erzeugt werden. Dieser Vorgang wird als → Dekodierung im Farbfernsehen bezeichnet, worauf die Gerätebezeichnung F. zurückzuführen ist. Wesentliche Aufgaben des F. sind die frequenzmäßige Trennung von Leuchtdichte- und → Farbartsignal, die → Demodulation des Farbartsignals und die → Matrizierung (im F. auch als *Dematrizierung* bezeichnet) der Farbdifferenz-, bzw. Farbwertsi-

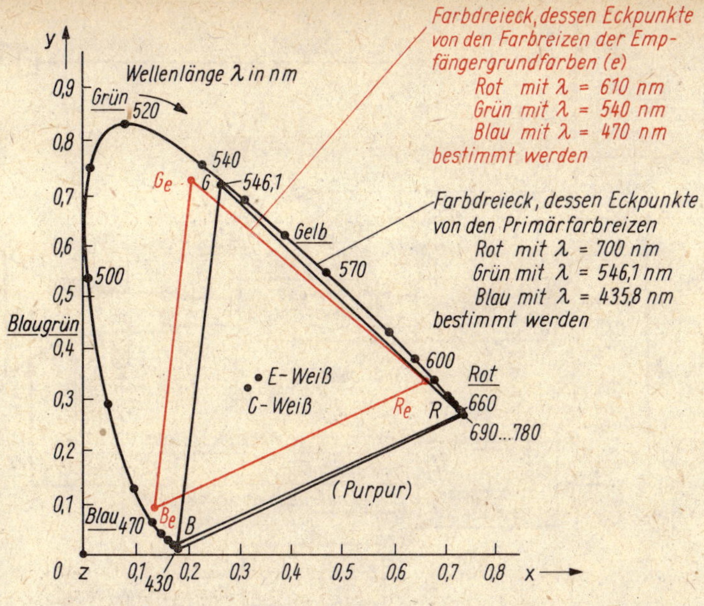

Farbdreiecke in der IBK-Tafel

gnale. Die exakte Arbeitsweise des F. wird durch die im vollständigen Farbbildsignal enthaltenen → Synchronsignale, insbesondere → Farbsynchronsignale, gewährleistet. Da sich die vollständigen Farbbildsignale der einzelnen → Farbfernsehverfahren (NTSC, PAL, SECAM) grundlegend voneinander unterscheiden, bedarf es zu ihrer Dekodierung auch unterschiedlicher F. Sie bilden das Gegenstück zum → Farbkoder und kommen im wesentlichen in Bildwiedergabeeinrichtungen (z. B. als Baugruppe im → Fernsehempfänger oder als separates Gerät am → Bildmonitor) zum Einsatz. → Video-Codec, → Bildsignal

Farbdifferenzsignal (engl. Colour Difference Signal): → Bildsignal bei → Farbfernsehverfahren, das durch Subtraktion des → Leuchtdichtesignals von einem der drei → Farbwertsignale gebildet wird. Entsprechend treten im Farbfernsehen die drei F. Rot, Grün und Blau auf, die in ihrer Kurzform als *(R-Y)-*, *(G-Y)-* und *(B-Y)-Signale* bezeichnet werden. F. treten aufnahmeseitig im → Farbkoder und wiedergabeseitig nach der Demodulation des → Farbartsignals im → Farbdekoder auf. Die 3 F. sind Träger der *Farbartinformation*, sie bewirken demzufolge die → Kolorierung des durch das Leuchtdichtesignal geschriebenen Helligkeitsbilds auf dem Fernsehbildschirm. Selbst tragen sie nicht zur Leuchtdichteverteilung im Fernsehbild bei. Damit haben sie auch keinen Anteil an der → Bildschärfe und → Auflösung des Leuchtdichtebilds. Da die für die reine Kolorierung notwendige Auflösung weit unter der für die Leuchtdichteverteilung liegt, können die F. gegenüber dem Leuchtdichtesignal mit verminderter Bandbreite übertragen werden. Durch subjektive Tests wurde ein linearer Übertragungsbereich von 0 Hz bis max. 1,5 MHz in den Signalwegen der F. als ausreichend ermittelt. Typisch für alle Farbfernsehverfahren ist, daß außer dem Leuchtdichtesignal mit voller Videofrequenzbandbreite nur zwei der F., nämlich das (R-Y)- und (B-Y)-Signal, mit verminderter Bandbreite übertragen werden. Das (G-Y)-Signal kann im Farbdekoder durch → Matrizierung gebildet werden. Diese Gegebenheiten waren wesentlich für die Entwicklung kompatibler Farbfernsehverfahren. → Farbart, → Kompatibilität

Farbdreieck: Dreieck in der Farbtafel (→ IBK-Tafel), dessen Eckpunkte durch die → Farbarten von drei vorgegebenen → Primärfarben (im Farbfernsehen Rot, Grün, Blau) bestimmt sind. Entlang der Dreiecksschenkel liegen alle *gesättigten* → *Farben* in den Farbtönen der Spektralfarben, wie sie zu dem hufeisenförmig dargestellten Wellenspektrum zugeordnet sind. Zur Dreiecksmitte hin nimmt die → Farbsättigung bis zur völligen Entsättigung (unbunt) ab. Die zu einer Farbe gehörige → Helligkeit wird im F. nicht angegeben. Das F. ist eine zweckmäßige Darstellungsform in der Farbenlehre und → Farbmetrik, weil es anschaulich und in den Werten x, y exakt bestimmt alle durch → additive Farbmischung der Primärfarben herstellbaren Farbarten umfaßt. → CIE-Farbdreieck (Abb.)

Hinweis: Das F. ist eine wichtige gedankliche Stütze für ein zielgerichtetes Vorgehen beim Einstellen von → Videokameras und Farbbildwiedergabeeinrichtungen (→ Weißabgleich, Einstellung → Farbton usw.). Z. B. erfordert die Umstimmung von C- nach E-Weiß eine Verringerung von Blau zugunsten von Rot und Grün in der Mischfarbe.

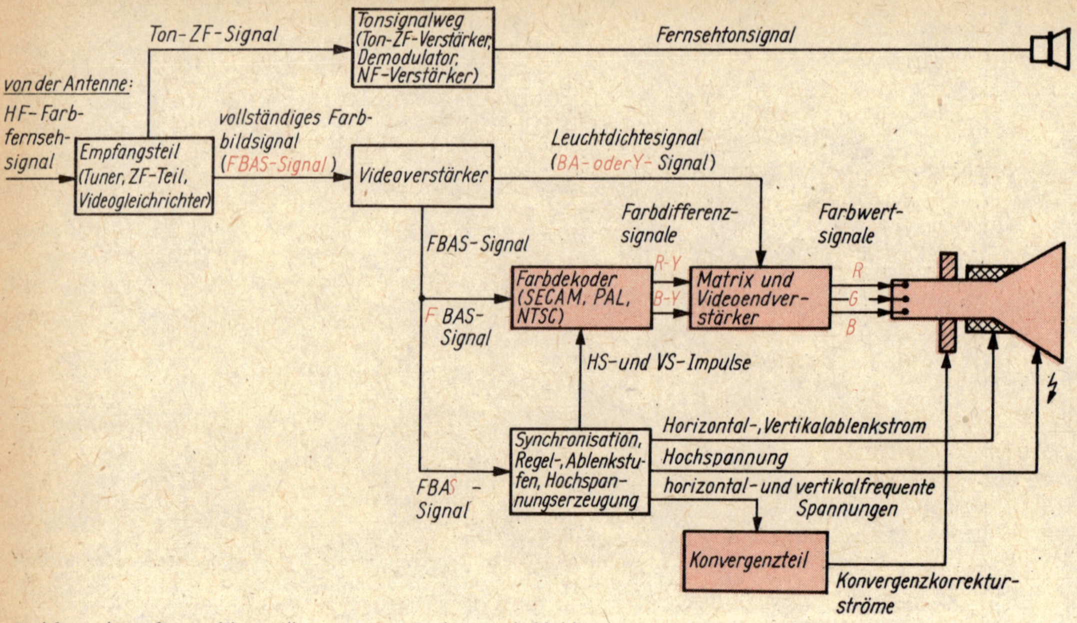

Farbfernsehempfänger (1): verallgemeinertes Funktionsschaltbild

Farbe: verbale Beschreibung für die Empfindung, die ein auf die Netzhaut des Auges wirkender Lichtreiz im Gehirn des Menschen auslöst. Da der Lichtreiz als physikalische Größe durch seinen Betrag (Intensität, Stärke) und seine wellenlängenmäßige (spektrale) Zusammensetzung gekennzeichnet ist, werden im Ergebnis seiner Wirkung beim einzelnen Menschen gleichzeitig mehrere Empfindungsbereiche angesprochen. Es sind dies die → Helligkeit und die → Farbart (→ Farbton und → Farbsättigung). Der Mensch beschreibt die ausgelöste Empfindung sprachlich durch die Verwendung der sich historisch herausgeprägten Begriffe für die F.; z. B. Rot, helles Rot, dunkles Grün, gesättigtes Blau usw. Da die Charakterisierung von F. nach dieser Art sehr allgemein und subjektiv ist, verwendet man in technischen, künstlerischen u. a. Bereichen Farbtafeln, -atlanten, -nummern zur exakten Beschreibung von F. → Farbvalenz, → Primärfarben, → IBK-Tafel

Farbempfindlichkeit: → Farbsehen

Farbfernsehantenne: → Empfangsantenne

Farbfernsehempfänger (engl. Colour Television Receiver), auch Farbfernsehrundfunkempfänger, Farbempfänger: → Fernsehempfänger zum Empfang und zur Wiedergabe der Bild- und Toninformationen von vorzugweise Farb-, aber auch Schwarz-Weiß-Fernsehsendungen des → Fernsehrundfunks. Da die im Fernsehrundfunk angewendeten → Farbfernsehverfahren kompatibel zum Schwarz-Weiß-Fernsehverfahren sind, können vom Grundsatz her auch gleiche HF- und ZF-Schaltungen, Schaltungen im Fernsehtonsignalweg sowie Synchronisier- und Kippschaltungen in den Fernsehempfängern genutzt werden (s. Abb. → Fernsehempfänger). Grundlegend unterscheidet sich der F. vom Schwarz-Weiß-Fernsehempfänger durch den im Bildsignalweg enthaltenen → Farbdekoder, die Verwendung einer → Farbbildwiedergaberöhre und deren besondere Ansteuerung sowie die zusätzlichen Maßnahmen zur Gewährleistung der → Farbreinheit und die Schaltungen zur → Konvergenzeinstellung. In Abb. 1 ist das verallgemeinerte Funktionsschaltbild eines F. mit einer Dreistrahlfarbbildröhre dargestellt. Beim Einsatz einer Einstrahlfarbbildröhre oder Flüssigkristallbildröhre kämen hierzu die erforderlichen Steuereinrichtungen. Abb. 2 enthält ein umfassendes Funktionsschaltbild für einen F. bei Anwendung des → Quasiparalleltonverfahrens. Das von der Antennenanlage kommende HF-Farbfernsehsignal wird im *VHF/UHF-Tuner* in die ZF-Lage (Bildträger: 38,9 MHz, Tonträger: 33,4 MHz) umgesetzt. Der im Tuner arbeitende Oszillator muß über eine hohe Frequenzstabilität verfügen, damit das ZF-Signal innerhalb der Selektionskurve der *ZF-Verstärker* bleibt. In diesem Zusammenhang erhält der Einsatz einer → AFC eine wesentliche Bedeutung. Nach dem gemeinsamen ZF-Verstärker werden Ton- und Bildsignalweg getrennt. Im *Tonsignalweg* wird der ZF-Bildträger ausgefiltert und zur Differenzbildung mit dem Ton-ZF-Signal einer Mischstufe zugeführt. Während bei der verbreiteten und auch in der DDR angewendeten Einkanalfernsehtonübertragung nur die Differenzfrequenz zwischen ZF-Bildträger- und ZF-Tonträgerfrequenz (5,5 MHz)

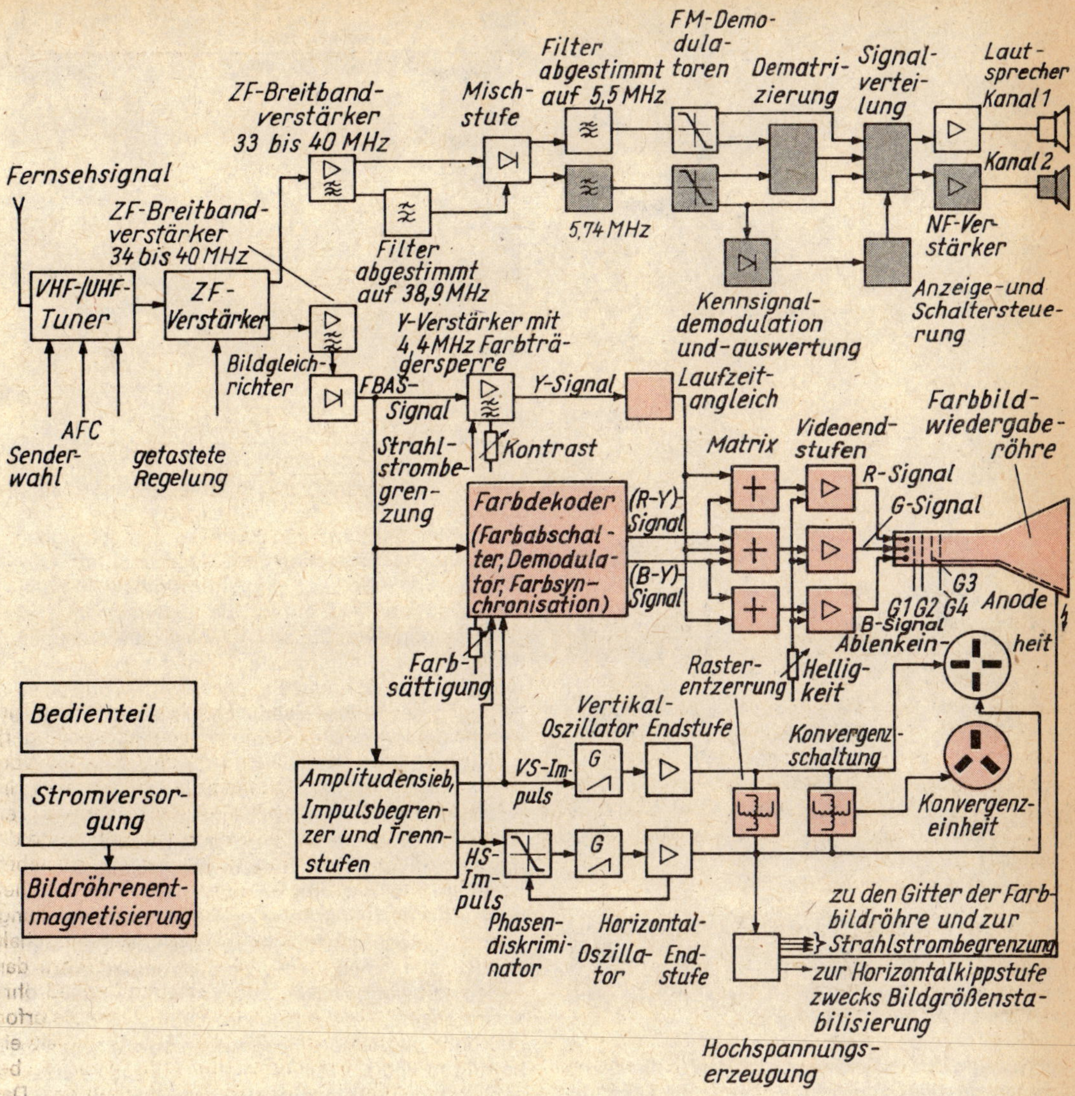

Farbfernsehempfänger (2): Funktionsschaltbild eines Quasiparallelton-Farbfernsehempfängers für Zweitonempfang

entsteht, werden bei Geräten für die → Zweitonübertragung 2 Differenzfrequenzen (5,5 MHz/5,74 MHz) als jeweils neue Ton-ZF (DF) gebildet. Diese werden getrennt ausgefiltert. Nach den FM-Demodulatoren stehen die NF-Fernsehtonsignale und das Kennungssignal zur Steuerung des Zweitondekoders zur Verfügung. Im *Bildsignalweg* wird eingangs die Ton-ZF unterdrückt. Nach dem → Bildgleichrichter steht das → vollständige (Farb)Bildsignal zur Verfügung, das dem Y-Verstärker, dem Farbdekoder und dem Amplitudensieb zugeführt wird. Im *Y-Verstärker* verhindert ein auf die Farbträgerfrequenz abgestimmter Sperrkreis (→ Kammfilter, → Kerbfilter) störendes Übersprechen des → Farbsignals in den Leuchtdichtekanal. Hier wird durch Verstärkungsregelung die Kontrasteinstellung vorgenommen und bei Erfordernis durch Pegelabsenkung die → Strahlstrombegrenzung gesteuert. Mit dem anschließenden Laufzeitangleich (ca. 1 µs) paßt man den „kürzeren" Y-Signalweg an den Farbsignalweg an, wodurch Koinzidenzfehler im Fernsehbild (Versatz zwischen Leuchtdichte- und Farbartinformation im Bild) verhindert werden. In den *Farbdekoder* wird über ein Bandfilter (f_0: Farbträgerfrequenz) das Farbsignal eingespeist. Der eingesetzte Farbdekoder (SECAM, PAL, NTSC oder Kombidekoder) ist bestimmend für das empfangbare → Farbfernsehverfahren. In ihm erfolgt die

a)

b)

c)

Ausführungsformen von *Farbfernsehempfängern* (3), Auswahl: a) Farbfernsehempfänger-Tischgerät mit Infrarot-Fernbedienung, b) Farbfernsehempfänger-Tischgerät für Stereo/Zweitonempfang, c) Farbfernsehempfänger-Standgerät (Stereo, mit Fernbedienung)

Auswertung der →Farbsynchronsignale, die Demodulation des Farbsignals und die Verstärkung der dabei gewonnenen →Farbdifferenzsignale Rot und Blau. Ein Fehlen oder Störungen des Farbsynchronsignals führen zum Sperren des Farbsignalwegs durch den →Farbabschalter. In der → *Matrix* werden die →Farbwertsignale Rot, Grün, Blau gebildet (im Einzelfall auch das Farbdifferenzsignal Grün). Die Farbwertsignale werden in → *Videoendstufen* auf die zur Ansteuerung der →Farbbildwiedergaberöhre erforderlichen Größen (ca. 100 V) verstärkt. Die einzelnen Stufen sind so eingestellt, daß der → Sperrpunktabgleich und eine gleichmäßige Aussteuerung der einzelnen Strahlsysteme gewährleistet ist. Zur dargestellten Ansteuerungsform (Katodenansteuerung durch Farbwertsignale) existieren Alternativen (Gittersteuerung durch Farbwertsignale oder Gittersteuerung durch Farbdifferenzsignale / Katodensteuerung durch Leuchtdichtesignal), die heute praktisch ohne Bedeutung sind. Im → *Amplitudensieb* wird das →Synchronsignal vom FBAS-Signal getrennt. Es erfolgt die → Synchronisation der →Kippgeräte, die die Ablenkströme erzeugen. Abhängig vom eingesetzten Typ der Farbbildwiedergaberöhre ist unterschiedlicher Aufwand zur Beseitigung der →Rasterverzeichnungen und →Konvergenzfehler erforderlich (→ Lochmaskenröhre: → Nord-Süd-Korrektur und → Ost-West-Korrektur; → In-Line-Bildröhre: nur Ost-West-Korrektur; bei Farbbildröhren mit → Selbstkonvergenz geringster Aufwand). An die → *Hochspannungserzeugung* werden in F. erhöhte Forderungen gestellt. Die stabile Bereitstellung von ungefähr 25 kV Hochspannung erfordert eine Reihe von Stabilisierungsmaßnahmen (Regelschaltungen, → Ballasttriode) und Schutzmaßnahmen (→ Strahlstrombegrenzung, →Schutzfunkenstrecken, →Soft-Flash-Technik, Abschirmungen), um das Hochspannungsteil, die Farbbildröhre und andere Baugruppen vor Schäden zu bewahren und ein Farbbild hoher Brillanz zu erzeugen. Neben der magnetischen Abschirmung der Farbbildröhren ist in F. stets eine Schaltung zur → *Bildröhrenentmagnetisierung* enthalten, die bei jedem Einschalten des F. wirkt. Neben dem allgemeinen Ausstattungsgrad von Fernsehrundfunkempfängern sind heute im internationalen Maßstab für F. auch charakteristisch: selbstkonvergierende Systeme, Hi-Bri-Bildröhren, Black Strip-Technik, mikroprozessorgesteuerte, fernbedienbare Abstimm- und Bedienfunktionen, Zweiton-/Stereotonwiedergabe mit hochwertigen Frontlautsprechern und schaltbarer Stereo-Basisverbreiterung, AV-Betrieb und Zusammenschaltbarkeit mit verschiedenen Kommunikationsdiensten, Übergang zum →Stereofernsehen. Die Schaltungskonzeptionen basieren auf integrierter Schaltungstechnik mit zunehmendem Integrationsgrad und fortschreitender Digitalisierung. →Digivision, →Kombidekoder, →SECAM-PAL-Adapter, →PAL-SECAM-Konverter, →Paralleltonverfahren, → Intercarrierverfahren, → Farbsynchronisation, → Zweitonempfänger, Abb. b → SECAM-Farbfernsehverfahren, Abb. b → PAL-Farbfernsehverfahren (Abb.)

Hinweis: Für einen störungsfreien und allen Qualitätserwartungen entsprechenden Farbfernsehempfang ist eine gute Empfangsantennenanlage die erste Voraussetzung. Wesentlich wird die Farbbildqualität von der Farbbildwiedergaberöhre bestimmt. Dem heutigen Stand der Technik entsprechend, bieten die In-Line-Bildröhren im Zusammenhang mit der Selbstkonvergenz die besten Vorausetzungen für eine gute Farbbildqualität bei Heim-F. Beim Kauf eines F. sollte stets auch das Fernsehraster ohne Bildinhalt (Kanalwähler auf nicht belegten Fernsehkanal) und das kompatible Schwarz-Weiß-Bild (Farbtaste, Farbsättigungseinstellung auf „aus") betrachtet werden, weil hierbei Farbfleckigkeit der Farbbildröhre, Bildschärfe und Gradation am besten zu beurteilen sind. Die Grundeinstellung des F. sollte nach dem → Sendetestbild so erfolgen, daß zuerst Helligkeits- und Kontrasteinstellung des Schwarz-Weiß-Bilds vorgenommen werden und erst danach die Farbart dem Bild zugesetzt wird. Die subjektiv angenehmste Einstellung der „Farbe" kontrolliert man an den Gesichtsfarben gut ausgeleuchteter Fernsehproduktionen (z. B. Nachrichtensprecher, Ansage).

Farbfernsehen: Form des →Fernsehens zur elektronischen Übertragung der in bewegten oder unbewegten Objekten (Bildvorlagen) enthaltenen *Farbinformation.* Die im F. angewendeten →Farbfernsehverfahren ermöglichen es im Gegensatz zum → Schwarz-Weiß-Fernsehen, die → Farbe einer Bildvorlage in ihrer Einheit von → Helligkeit und → Farbart, d. h. Helligkeit und → Farbton und → Farbsättigung zu übertragen. Der zu einer Bildvorlage gehörende Raumeindruck geht auch im F. noch verloren (→Stereofernsehen). Das F. ist in seiner Entwicklung aus dem Schwarz-Weiß-Fernsehen hervorgegangen und nutzt die bewährten Methoden und Verfahren aus der Schwarz-Weiß-Fernsehtechnik. Bei der Entwicklung des F. wurden von Beginn an zwei Aspekte berücksichtigt und miteinander in Übereinstimmung gebracht. a) F. und Schwarz-Weiß-Fernsehen müssen miteinander kompatibel sein, weil u. a. gesendete →Farbbildsignale auch von noch in Betrieb befindlichen Schwarz-Weiß-Fernsehempfängern als Schwarz-Weiß-Fernsehbild wiedergegeben werden sollen (→Kompatibilität) und umgekehrt, ein F.empfänger in der Lage sein muß, ein empfangenes →Bildsignal der Schwarz-Weiß-Fernsehtechnik als Helligkeitsbild wiederzugeben (Rekompatibilität). Aus dieser technisch, wirtschaftlich und gesellschaftspolitisch begründeten Forderung heraus gelten im F. die gleichen →Fernsehnormen wie im Schwarz-Weiß-Fernsehen, allerdings durch die spezifischen Elemente der einzelnen Farbfernsehverfahren erweitert. b) Die Erkenntnisse über das → Farbsehen besagen, daß annähernd alle Farbeindrücke durch die →additive Farbmischung der drei →Primärfarben (Rot, Grün, Blau) entstehen können. Eine Schlüsselrolle nimmt dabei das menschliche Auge ein, wo unabhängig von der spektralen Zusammensetzung des einfallendes Lichts eine Aufspaltung in dessen kurz-, mittel- und langwellige Anteile erfolgt. Damit wird es unnötig, daß die von einem *Farbfernsehbild* ausgehende Lichtstrahlung die gleiche spektrale Zusammensetzung hat, wie die von der Bildvorlage ausgehende. Dennoch wird das Originalbild und das Fernsehbild bei einem Betrachter annähernd den gleichen Farbeindruck hervorrufen (Abb. s. Farbanhang). Das Bildaufnahmegerät (z. B. → Videokamera oder →Fernsehkamera) wirkt wie das menschliche Auge, indem es das einfallende Licht in 3 Farbauszüge und deren Leuchtdichteverteilung in Bildsignale (→ Farbwertsignale) umwandelt. Hierbei kommen voll die aus der Schwarz-Weiß-Fernsehtechnik bekannten Methoden der Bildsignalerzeugung zur Anwendung. Um im weiteren mit *einem Signalweg* auszukommen, werden die einzelnen Bildsignale in einem →Farbkoder zusammengefaßt. Vor der Farbbildwiedergabe ist die einkanalige Form der Übertragung durch einen → Farbdekoder wieder aufzuheben. Die dabei gewonnenen Bildsignale steuern die einzelnen Strahlsysteme einer → Farbbildwiedergaberöhre, die stark vereinfacht als drei ineinandergefügte Bildwiedergaberöhren mit in den jeweiligen Primärfarben strahlenden Leuchtstoffen aufgefaßt werden kann. Beim Betrachter verschmelzen die Einzelbilder, die den Farbauszügen aus dem Original entsprechen, zum Farbbild. Die grundsätzlichen Überlegungen zum F. gehen auf Vorleistungen in den USA zurück. Dort befaßte man sich bereits in den 40er Jahren mit Versuchen im F. Um zu einem nationalen Standard zu kommen und darauf aufbauend das F. zügig einführen zu können, wurde das National Television System Committee (NTSC) gebildet und mit der nationalen Koordinierung aller Arbeiten beauftragt. Im Dezember 1953 führten die USA das →NTSC-Farbfernsehverfahren als erstes Land im öffentlichen Fernsehrundfunk ein. Wesentliche Erkenntnisschritte bis zu diesem Zeitpunkt waren u. a., daß ausgezeichnete Farbfernsehbilder auch entstehen, wenn zeichnungsscharfe Helligkeitsbilder (Schwarz-Weiß-Fernsehbild hoher → Auflösung) ihre Farbigkeit (→Farbart) parallel als →Kolorierung erhalten. Da diese eine wesentlich geringere Bildschärfe erfordert, kann das → Farbartsignal mit stark eingeschränkter Bandbreite gegenüber dem →Leuchtdichtesignal und daraus folgend als Zusatzinformation auf einen →Farbträger moduliert innerhalb des Leuchtdichtesignals übertragen werden. Diese Erkenntnis machte die geforderte →Kompatibilität im Grundsatz erreichbar. Weitere Farbfernsehverfahren wurden speziell zur Verbesserung einiger Detailfragen des NTSC-Verfahrens in Europa entwickelt. Die Firma *Philips* entwickelte ein Zweiträgerverfahren (TSC). 1957 folgte das französische

Henri-de-France-Verfahren, das heutige → SECAM-Farbfernsehverfahren (*S*équentiel *E*n *C*oleur *A*vec *M*émoire). Prof. Dr. → BRUCH entwickelte in der BRD das → PAL-Farbfernsehverfahren (*P*hase *A*lternation *L*ine) und führte hierzu bis Anfang der 60er Jahre umfangreiche praktische Erprobungen durch. Weitere Verfahren wurden entwickelt und popularisiert, konnten sich aber in der Praxis nicht durchsetzen. Um im Sinne eines reibungslosen Programmaustauschs aber auch einer wirtschaftlichen Produktion von Videotechnik zu einheitlichen Standards zu kommen, berief 1962 die Europäische Rundfunkunion (engl. European Broadcasting Union, EBU; franz. Union Européenne de Radiodiffusion, UER) eine Expertengruppe (Ad-Hoc Group on Colour Television). Diese führte umfangreiche experimentelle Untersuchungen zu den Farbfernsehverfahren durch. Im Ergebnis dieser Untersuchungen und eigener Erfahrungen bei der Erprobung der Farbfernsehverfahren sowie wirtschaftlicher und politischer Erwägungen entschieden sich die einzelnen Länder für die Anwendung eines der drei bedeutenden Farbfernsehverfahren. Während die BRD sich mit den meisten westeuropäischen Ländern für PAL entschieden hat, übernahmen die DDR und weitere sozialistische Staaten das in Frankreich angewendete SECAM-Verfahren. Das NTSC-Verfahren hat in den Ländern des amerikanischen Kontinents, in Japan und vielen Staaten des pazifischen Raums Anwendung gefunden. Während heute noch analoge Verfahren im F. dominieren, ist der Übergang zum digitalen F. in Zukunft zu erwarten. Eine vollständige Digitalisierung von der Bildaufnahme bis zur -wiedergabe wird sicher mit einem Abrücken von den historisch entstandenen Methoden der Bildsignalerzeugung verbunden sein. → Timeplex, → Tripal (Abb. s. Farbanhang)

Farbfernsehnormen: enthalten speziell die für → Farbfernsehverfahren festgelegten *technischen Parameter*. F. bilden gemeinsam mit den standardisierten Grundwerten eines Fernsehverfahrens und der hochfrequenten Ausstrahlungsnorm im → Fernsehrundfunk die jeweilige → Fernsehnorm (TV-Standard). Die Tabelle gewährt einen Überblick über wesentliche Werte der F. für die in Europa bedeutsamen Farbfernsehverfahren PAL (→ Standard-PAL) und SECAM lt. → CCIR-Norm (Normcode B und G) und → OIRT-Norm (Normcode D und K). Tab. → Fernsehnorm, Abb. → PAL-Farbfernsehverfahren, Abb. d → SECAM-Farbfernsehverfahren (Tab.)

Farbfernsehsender: → Fernsehsender

Farbfernsehverfahren, umgangssprachlich auch *Farbsystem* oder Farbfernsehsystem: Fernsehverfahren zur elektronischen Übertragung farbiger optischer Bilder. Das in Abb. a) und b) dargestellte Prinzip kann als das Typische aller *analoger F.* angesehen werden. Diese sind unter Beibehaltung der im → Schwarz-Weiß-Fernsehen angewandten Methoden der Bildübertragung (→ Zeilensprungverfahren) und unter Einhaltung der Forderung nach → Kompatibilität zwischen Schwarz-Weiß-Fernsehverfahren und F. entwickelt worden. Bei der → Bildaufnahme im → Farbfernsehen erfolgt eine Lichtteilung. Es werden die → Farbwertsignale (E_R, E_G, E_B), in einigen Bildaufnahmegeräten auch das → Leuchtdichtesignal (E_Y) durch optisch-elektrische Wandlung erzeugt. Zwischen diesen Signalen besteht die Verknüpfung: $E_Y = 0{,}3\,E_R + +0{,}59\,E_G + 0{,}11\,E_B$. Die angegebenen Zahlenfaktoren widerspiegeln die unterschiedliche *Helligkeitsempfindung* des Menschen für die einzelnen Farbwerte. Wesentlich ist, daß das die → Auflösung des Fernsehbilds bestimmende → Leuchtdichtesignal, das auch die Kompatibilität zum Schwarz-Weiß-Fernsehen sichert, über die volle → Videobandbreite verfügt, und daß es immer mit den Signalen im Farbkanal in richtiger zeitlicher Relation steht. Die → Farbdifferenzsignale ($E_{DR} = E_R - E_Y$, $E_{DG} = E_G - E_Y$, $E_{DB} = E_B - E_Y$), die Träger der Information über die → Farbart des Fernsehbilds sind, werden durch Matrizierung gebildet. Auf Grund ihrer Verknüpfung mit dem Leuchtdichtesignal ist die Übertragung von nur zwei Farbdifferenzsignalen ausreichend, das dritte kann jederzeit in Verbindung von Leuchtdichtesignal und zwei Farbdifferenzsignalen matriziert werden. Für alle F. wurde einheitlich die Übertragung von E_{DR} und E_{DB} festgelegt. Die im Farbfernsehen angewendete → Kolorierung, d. h. „flächenhafte" Einfärbung des Leuchtdichtebilds, erlaubt, die Bandbreite der Farbdifferenzsignale auf 1 MHz bis 1,5 MHz zu begrenzen. Beide Farbdifferenzsignale werden nach der Bandbegrenzung *einem* → *Farbträger* aufgeprägt. In der dabei angewendeten Methode (*simultan*, d. h. beide Farbdifferenzsignale gleichzeitig, oder *sequentiell*, d. h. beide Farbdifferenzsignale zeitlich aufeinanderfolgend) und der Art der → Modulation (→ Quadraturmodulation, → Frequenzmodulation) unterscheiden sich die einzelnen F. Das im Ergebnis der Modulation entstehende Farbsignal (Farbartsignal) ist gleichzeitig Träger der verfahrensspezifischen Farbsynchroninformation) (→ Burst, → Identifikationsimpulse). Es wird in einer Addierstufe dem Leuchtdichtesignal zugeführt. Das so entstandene → Farbbildsignal wird durch das → Synchronsignal zum → vollständigen (Farb)Bildsignal ergänzt. Der im Prinzip in Abb. a) dargestellten Bildsignalerzeugung und Kodierung in einem Bildaufnahmegerät folgen nach der Bearbeitung und Übertragung des vollständigen Farbbildsignals als letzter Abschnitt der F. die Dekodierung und Bildsignalwiedergabe in einer Wiedergabeeinrichtung (→ Bildmonitor, → Farbfernsehempfänger). Die Abb. b) veranschaulicht, daß dabei in umgekehrter Schrittfolge wie bei der Formierung des vollständigen Farbbildsignals vorgegangen wird. → Filter (Bandpaß, -sperre), die auf das Farbsignal abgestimmt sind, lösen dieses aus dem vollständigen Farbbildsignal heraus und

Werte der für Europa bedeutsamen Farbfernsehnormen

Farbfernseh-verfahren	PAL (Standard-PAL)	SECAM (auch SECAM IIIb, SECAM optimal)
Zutreffend für Norm-code	B, G (CCIR-Norm)	B, G (CCIR-Norm) und D, K (OIRT-Norm)
Leuchtdichtesignal	$E'_Y = 0{,}3\,E'_R + 0{,}59\,E'_G + 0{,}11\,E'_B$	$E'_Y = 0{,}3\,E'_R + 0{,}59\,E'_G + 0{,}11\,E'_B$
Farbdifferenzsignale	$E'_U = 0{,}493\,(E'_B - E'_Y)$ $E'_V = 0{,}877\,(E'_R - E'_Y)$	$D'_R = -1{,}9\,(E'_R - E'_Y)$ $D'_B = 1{,}5\,(E'_B - E'_Y)$
Korrektur der Farb-differenzsignale	ohne	$D'^{*}_R = A \cdot D'_R$, $D'^{*}_R = A \cdot D'_B$ mit $A = \left\| \frac{1 + jf_R/85\,\text{kHz}}{1 + jf_B/255\,\text{kHz}} \right\|$ Funktion der Videopreemphasis
Farbträgerfrequenz (Beziehung zur Horizontal-frequenz f_H)	$f_F = 4433618{,}75 \pm 5\,\text{Hz}$ $\left(f_F = \left(\frac{1135}{4} + \frac{1}{625}\right) \cdot f_H\right)$	$f_{OR} = 4406250 \pm 2000\,\text{Hz}$ $(f_{OR} = 282 \cdot f_H)$ $f_{OB} = 4250000 \pm 2000\,\text{Hz}$ $(f_{OB} = 272 \cdot f_H)$
Modulationsart (Spezifik)	Quadraturmodulation (mit unterdrücktem Farbträger und zeilenweisem Wechsel der Farbsignalphase)	Frequenzmodulation (mit sequentieller Folge der modulierten Signale und Wechsel der Farbträgerfrequenz)
Bandbreite/ Hub des Farbsignals	$(f_F - 1300\,\text{kHz})$ bis $(f_F + 570\,\text{kHz})$	Übertragung D_R – Nennfrequenzhub: $\Delta f_{OR} = 280 \pm 28\,\text{kHz}$ – maximaler Frequenzhub: $+350 \ldots -506\,\text{kHz}$ Übertragung D_B – Nennfrequenzhub: $\Delta f_{OB} = 230 \pm 23\,\text{kHz}$ – maximaler Frequenzhub: $+506 \ldots -350\,\text{kHz}$ Frequenzhubbegrenzung: minimal: 3,9 MHz maximal: 4,75 MHz
Farbträgeramplitude	$\sqrt{E_U'^2 + E_V'^2}$	Beeinflußt durch HF-Preemphasis: G/dB – bei $f_0 = 4286\,\text{kHz}$: $u_F = 23\,\%$ der maximalen Bildsignal-amplitude – mit $G/\text{dB} = 10 \lg \frac{1 + 356\left(\frac{f_{R,B}}{f_0} - \frac{f_0}{f_{R,B}}\right)^2}{1 + 1{,}6\left(\frac{f_{R,B}}{f_0} - \frac{f_0}{f_{R,B}}\right)^2}$
Farbsynchronisation	Burst: 10 ± 1 Schwingungen +135° kennzeichnend für ungeradzahlige Zeilen im 1. und 2. Halbbild sowie geradzahlige Zeilen im 3. und 4. Halbbild von 2 aufeinanderfolgenden Fernsehbildern	Identifikationssignal: 9 Id-Impulse in sequentieller Folge, beginnend mit D_R in Zeile 7 des 1. Halbbilds; die Folge D_R-D_B-D_R- … führt zu einer Identität der Lage der Id-Impulse nach 4 aufeinanderfolgenden Halbbildern

Bemerkung:
Als Signale kommen stets die gradationsentzerrten Signale (gekennzeichnet mit ') zur Anwendung!

führen es dem Farbkanal zu bzw. unterdrücken es im Leuchtdichtekanal. Wesentlich für die Öffnung des Farbkanals im Dekoder ist das Vorhandensein des verfahrenstypischen → Farbsynchronsignals im Farbsignal. Fehlt dieses (dem ankommenden Bildsignal liegt ein F. zugrunde, wofür der Dekoder nicht passend ist, oder es liegt nur ein kompatibles Schwarz-Weiß-Bildsignal vor), bleibt der Farbkanal

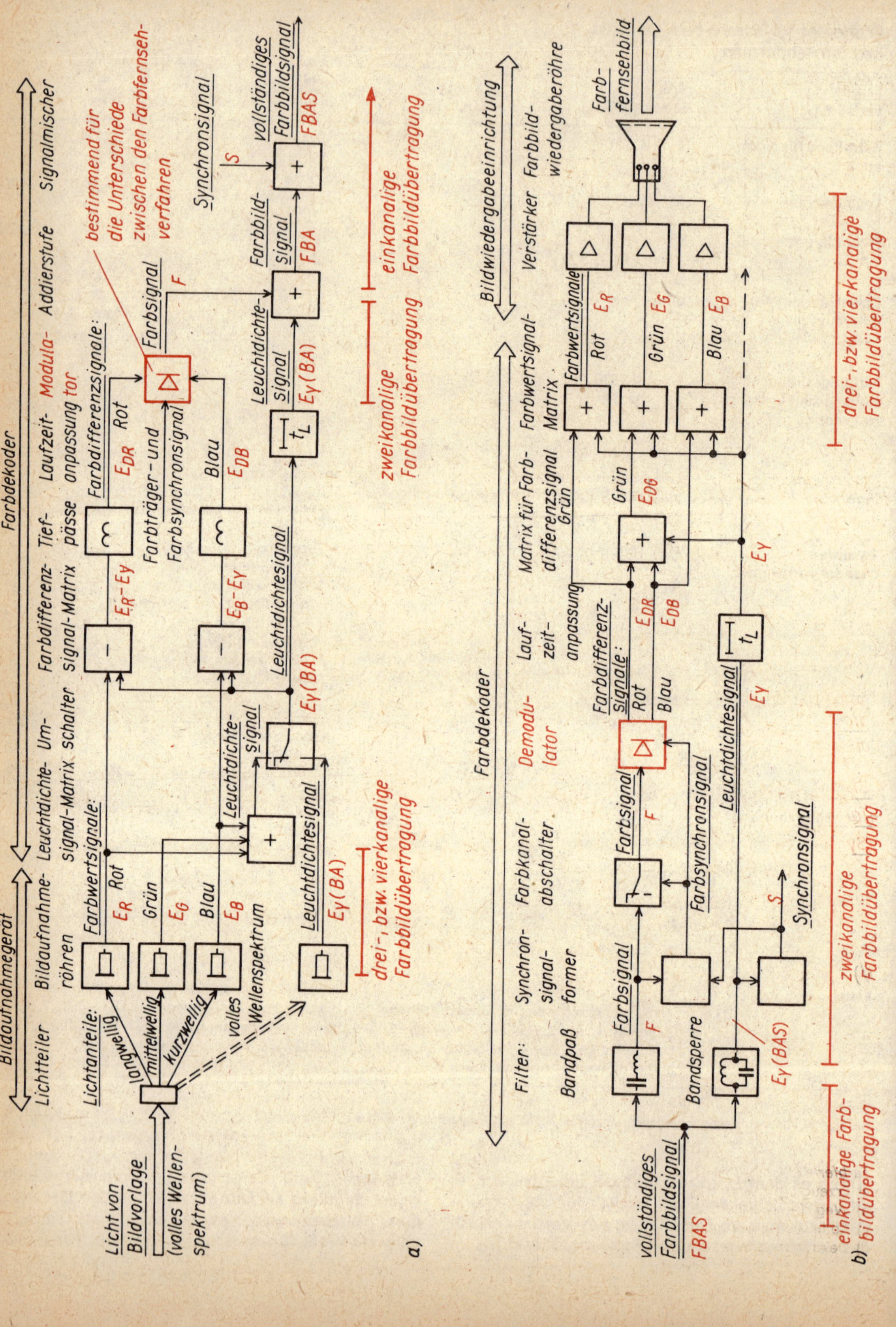
Bildaufnahmegerät
Farbdekoder
Lichtteiler
Bildaufnahmeröhren
Leuchtdichte-signal-Matrix
Umschalter
Farbdifferenz-signal-Matrix
Tiefpässe
Laufzeitanpassung
Modulator
Addierstufe
Signalmischer
Licht von Bildvorlage (volles Wellenspektrum)
Lichtanteile:
langwellig
mittelwellig
kurzwellig
volles Wellenspektrum
Farbwertsignale:
E_R Rot
Grün E_G
Blau E_B
Leuchtdichtesignal
$E_Y(BA)$
Leuchtdichte-signal
$E_R - E_Y$
$E_B - E_Y$
Farbdifferenzsignale:
E_{DR} Rot
Blau E_{DB}
Farbträger- und Farbsynchronsignal
bestimmend für die Unterschiede zwischen den Farbfernsehverfahren
Farbsignal F
Farbbild-signal FBA
Synchronsignal S
vollständiges Farbbildsignal FBAS
drei-, bzw. vierkanalige Farbbildübertragung
zweikanalige Farbbildübertragung
einkanalige Farbbildübertragung
a)
Farbdekoder
Bildwiedergabeeinrichtung
Filter:
Bandpaß
Bandsperre
Synchronsignalformer
Farbkanalabschalter
Demodulator
Laufzeitanpassung
Matrix für Farbdifferenzsignal Grün
Farbwertsignal-Matrix
Verstärker
Farbbildwiedergaberöhre
vollständiges Farbbildsignal FBAS
Farbsignal F
$E_Y(BAS)$
Synchronsignal S
Farbsynchronsignal
Leuchtdichtesignal
E_Y
Farbdifferenzsignale: Rot Blau
E_{DR}
E_{DB}
Grün E_{DG}
Farbwertsignale
Rot E_R
Grün E_G
Blau E_B
Farbfernsehbild
einkanalige Farbbildübertragung
zweikanalige Farbbildübertragung
drei-, bzw. vierkanalige Farbbildübertragung
b)

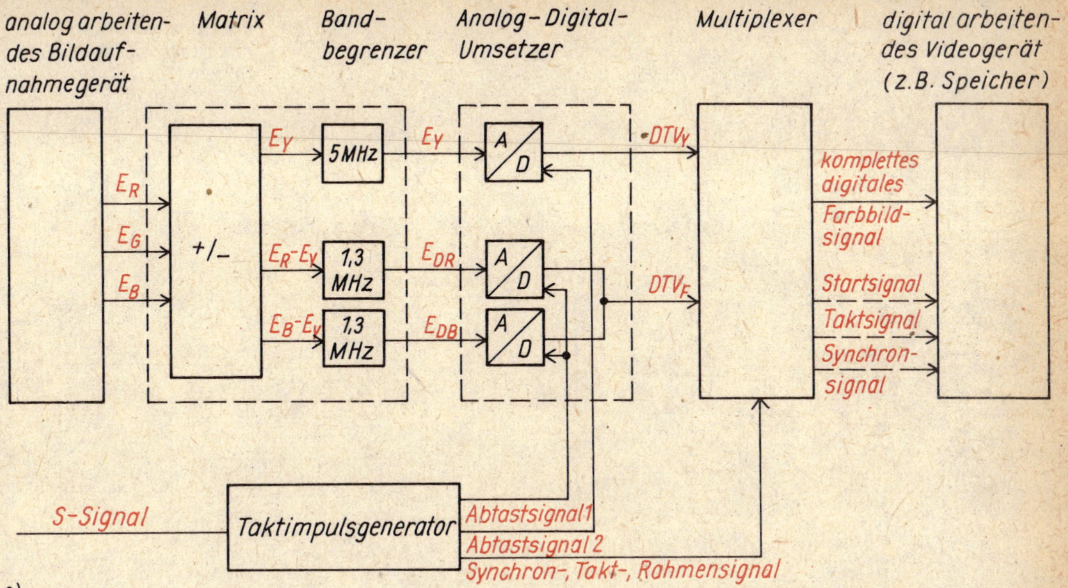

c)

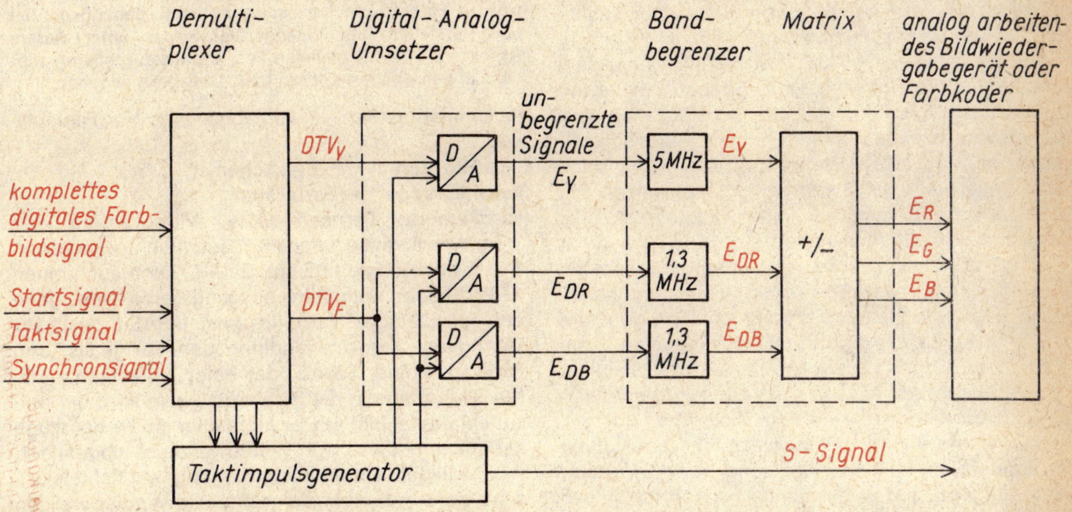

d)

Farbfernsehverfahren:
a) Erzeugung des vollständigen Farbbildsignals,
b) Weg des vollständigen Farbbildsignals empfangsseitig,
c) Kodierung eines digitalen Farbbildsignals,
d) Dekodierung eines digitalen Farbbildsignals

gesperrt, und es kommt nur zur Wiedergabe eines Schwarz-Weiß-Fernsehbilds. Öffnet der Farbkanal, kann das Farbsignal demoduliert werden. Wesentliche Funktionen übernimmt hierbei das Farbsynchronsignal bei der richtigen Einstellung der Demodulatorschaltung. Im Ergebnis der → Demodulation entstehen die zwei Farbdifferenzsignale Rot und Blau, aus denen in Verbindung mit dem Leuchtdichtesignal das Farbdifferenzsignal Grün und in einem weiteren Schritt die Farbwertsignale matriziert werden. Abhängig vom Typ der Wiedergabeeinrichtung kann die Ansteuerung der → Farbbildwieder-

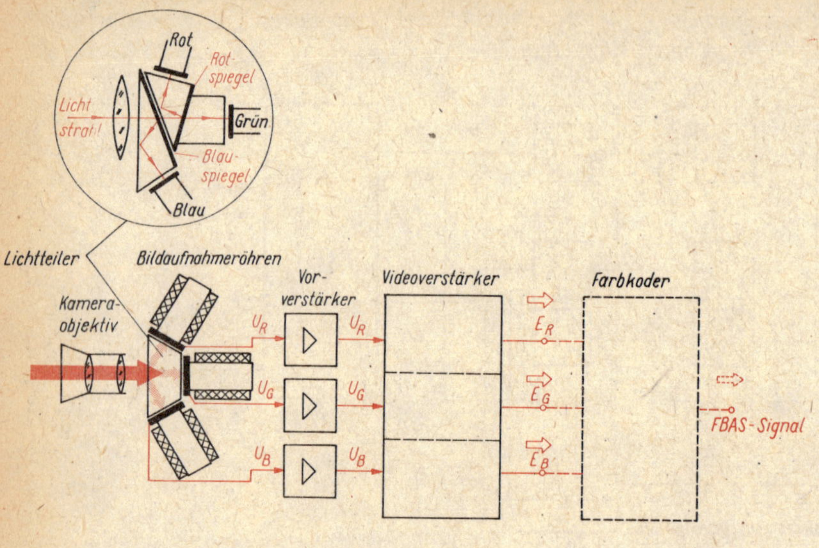

Prinzip einer RGB-*Farbkamera* (mit 3 Bildaufnahmeröhren) (1)

gaberöhre mit den drei Farbwertsignalen oder dem Leuchtdichte- und den drei Farbdifferenzsignalen erfolgen. Heute sind drei F. von praktischer Bedeutung: → NTSC-Farbfernsehverfahren, → PAL-Farbfernsehverfahren, → SECAM-Farbfernsehverfahren. Beide letztgenannte F. gehen in ihren Grundzügen voll auf das NTSC-F. zurück. Sie wurden als Alternativen, um eine höhere Bildqualität zu erreichen, entwickelt. Weitere, in den Jahren nach 1950 entwickelte F. (Zweiträger-F., Verfahren mit gleichzeitiger Amplituden- und Frequenzmodulation eines Farbträgers) haben sich praktisch nicht durchgesetzt. Den drei heute weltweit verbreiteten F. sind Kompromisse zwischen Übertragungsaufwand und erreichbarer Farbbildqualität eigen, die erst beim Übergang zu durchgängig digitalen F. zugunsten einer noch höheren Qualität und Stabilität im Farbfernsehen zu lösen sind. Obwohl gegenwärtig eine durchgängige → Digitalisierung von der Bildaufnahme bis zur -wiedergabe und eine damit verbundene einheitliche Normung in den F. noch nicht vorliegt, gibt es merkliche Fortschritte in der Digitalisierung auf Einzelgebieten der Videotechnik. Schwerpunkt ist gegenwärtig noch die Anpassung digitaler Geräte zur Bildsignalbearbeitung und -speicherung an analog arbeitende Bildaufnahme- und Wiedergabegeräte. Hierzu veranschaulicht Abb. c) die Methoden der Kodierung und Abb. d) die der Dekodierung digitaler Farbbildsignale (DTV). Eine andere, speziell für die Fernsehübertragungstechnik bedeutsame Form besteht heute in der kompletten Digitalisierung eines vollständigen Farbbildsignals, das nach den genannten analogen F. gebildet wurde. → Fernsehnorm, → Fernsehrundfunk, → digitales Signal, → Analog-Digital-Umsetzer, → Digital-Analog-Umsetzer (Abb. s. Farbanhang)

Hinweis: Farbbildaufnahme- und Wiedergabeeinrichtungen werden erst in der Schaltungseinheit mit → Farbkoder bzw. → Farbdekoder an ein spezielles F. gebunden. Von den Herstellern der Videogeräte werden unter diesem Aspekt auch Geräte gleichen Typs mit austauschbaren oder parallel betriebenen Kodern bzw. Dekodern angeboten.

Farbfilmabtaster: → Filmabtastung, → Filmabtaster

„Farbflocken“: → Bildrauschen

Farbhilfsträger: → Farbträger

Farbkamera: Fernseh- bzw. Videokamera, die 3 Farbwertsignale oder ein Leuchtdichtesignal und 3 Farbwertsignale erzeugt. Eine F. kann auch einen → Farbkoder enthalten; ausgangsseitig steht dann ein vollständiges Farbbildsignal (FBAS-Signal) zur Verfügung. Zur Umwandlung der Helligkeits- und Farbwerte einer Szene oder einer beliebigen anderen Bildvorlage in die Farbwertsignale wird das aufzunehmende Bild im → Lichtteiler in Farbauszüge zerlegt und diese auf → Bildwandlern abgebildet, wo die Bildabtastung (Bildzerlegung und lichtelektrische Umwandlung) erfolgt. Als Bildwandler werden 1, 2, 3 oder 4 Bildaufnahmeröhren vorwiegend vom Vidikontyp bzw. 1, 2 oder 3 Festkörperbildsensoren verwendet. Die erreichbare Bildqualität hängt hauptsächlich von Art und Anzahl der Bildwandler, von optischer und mechanischer Präzision und vom Aufwand, der bei der Signalbearbeitung in der F. betrieben wird, ab. Professionelle F. *(Farbfernsehkameras)* erzielen die höchste Bildqualität. Geringere Ansprüche besonders an Auflösung, spektrales Farbverhalten und Störabstand werden an *Farbvideokameras* für den halbprofessionellen und den Heimsektor gestellt. Als klassische F. gilt die *RGB-F.* mit 3 Bildaufnahmeröhren. Abb. 1 zeigt das Prinzip dieser F. Mit dem Kameraobjektiv, meist ein

Geöffnete Dreiröhren-*Farbkamera* (2)

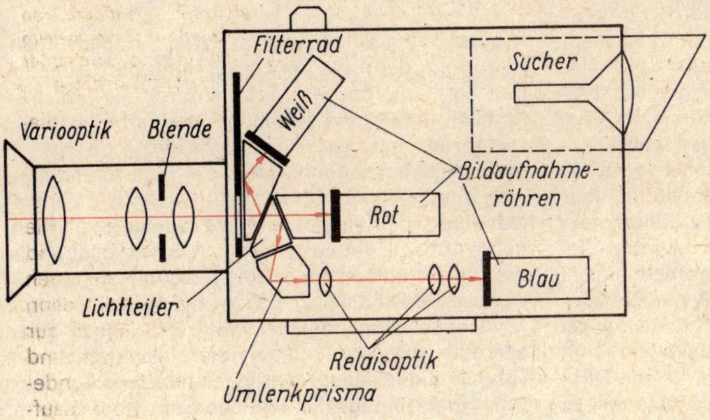

Farbkamera (3): WRB-Kamerakopf

Varioobjektiv, wird das aufgenommene Bild direkt durch den Lichtteiler hindurch optisch scharf auf den Fotoschichten der 3 Bildaufnahmeröhren abgebildet (Direktabbildung). Der Lichtteiler (Farbteilerprisma) zerlegt das durchtretende Licht in die 3 Spektralbereiche Rot, Grün und Blau, so daß jede Bildaufnahmeröhre nur ein Farbauszugsbild erhält und das entsprechende Farbwertsignal (E_R, E_G oder E_B) erzeugen kann. Damit die → Spektralempfindlichkeit der 3 Farbkanäle dem festgelegten Kurvenverlauf (s. Abb. → Empfängerprimärfarben) entspricht, sind am Lichtteiler zur Feinkorrektur zusätzlich noch Farbfilter angebracht. Unmittelbar an den Ablenkpatronen (→Fernsehkamera) der Bildaufnahmeröhren befinden sich die Vorverstärker (Abb. 2). Von denen gelangen die Signale in den dreikanaligen Videoverstärker, wo sie in getrennten parallelen Wegen zu normgerechten Farbwertsignalen aufbereitet werden (→ Kamerabetriebsgerät). Jeder Farbkanal muß die gleiche Videobandbreite aufweisen (mindestens 5 MHz). Da die Bildschärfe des Fernsehbilds von der → Modulationstiefe des Leuchtdichtesignals abhängt, müssen alle Abtastraster sehr genau übereinstimmen (Farbdeckung). Dafür sind an den Kippgeräten getrennte Einstellmöglichkeiten für Lage, Amplitude, Linearität und Rhombusentzerrung (Skew) vorhanden. Farbdeckungsfehler führen bei RGB-F. zu Farbsäumen und Bildschärfeverlust. Die Farbdeckungseinstellung erfolgt manuell oder automatisch (Farb- oder Rasterdeckungsautomatik). In Röhren-F. werden meistens Plumbikons (1¼"; 1"; ⅔" oder ½") verwendet. Seit Ende der 70er Jahre gewinnt das Satikon an Bedeutung. Für den Heimbereich gibt es technisch vereinfachte Ausführungen mit 3 Vidikons; Auflösung ca. 3,7 MHz. Die *YRGB-F.* ist eine *Vierröhrenkamera* mit 3 Bildaufnahmeröhren zur Erzeugung der Farbwertsignale und einer Bildaufnahmeröhre zur Erzeugung des Leuchtdichtesignals (Y-Signal). Im Lichtteiler wird ca. 20 % des einfallenden Lichts vor der Farbteilung ausgespiegelt und der Y-Röhre zugeführt. Die Bildschärfe ist unabhängig von der Farbdeckungseinstellung. Die Farbkanäle sind bei ca. 2 MHz bandbegrenzt. Die Vorteile dieser F. wiegen die Nachteile (groß, schwer, aufwendig durch die vierte Bildaufnahmeröhre usw.) nicht auf. Vierröhren-F. gelten als technisch veraltet und werden nicht mehr hergestellt. Häufig sind Farbfernsehkameras nach dem WRB-Prinzip aufgebaut. Die *WRB-F.* erzeugt neben dem roten und blauen Farbwertsignal ein Weißsignal. Die Spektralfunktion des Weißkanals ist breiter als die des Grünkanals einer RGB-Kamera, aber nicht so breit wie die Hellempfindlichkeitskurve des Auges (s. Abb. → Helligkeitssehen). Durch Matrizierung werden bei der WRB-F. ausgangsseitig das Leuchtdichtesignal und die Farbwertsignale Rot, Grün und Blau bereitgestellt. Die Abb. 3 zeigt den Aufbau einer WRB-F. Das Filterrad enthält Neutralgraufilter und → Konversionsfilter zur Anpassung der F. an unterschiedliche Beleuchtungsverhältnisse und Farbtemperaturen. Sucher von Farbfernsehkameras sind kleine Schwarz-Weiß-Bildmonitore mit einer Bildschirmdiagonale von wenigen Zentimetern. Der Weiß- und der Rot-Farbauszug werden nach dem Prinzip der Direktabbildung und der Blau-Farbauszug nach dem Prinzip der Zwischenabbildung über Umlenkprisma und Relaisoptik aufgenommen. Durch diese Art der Lichtteilung gelangt ein größerer Teillichtstrom zum Leuchtdichtekanal als bei einer YRGB-F., und daher ist die WRB-F. auch lichtempfindlicher als die Vierröhren-F. In Farbvideokameras (→ Videokamera) dominieren Systeme mit nur einer Bildaufnahmeröhre, die alle für die Farbbildübertragung notwendigen Signale erzeugt. Es gibt verschiedene Verfahren der Farbsignalerzeugung mit *Einröhren-F.* Am meisten angewendet wird die sog. Streifenfiltertechnik (→ Farbstreifenfilter, → Farbstreifenvidikon). Mit einer Farbbildaufnahmeröhre, die nur eine Signalelektrode hat (Farbstreifenvidikon), können Signale für die einzelnen Farbanteile nur zeitlich nacheinander (zeitsequentiell) erzeugt werden. Da die Farbwertsignale aber gleichzeitig (simultan) abgegeben werden müssen, ist zusätzlicher Schaltungsaufwand einerseits zur Umwandlung der sequentiellen in simultane Signale (Signalspeicher) und andererseits zur Trennung der einzelnen Farbsignalanteile aus der gemeinsamen Farbsignalspannung (Multiplexsignal) der Aufnahmeröhre erforderlich (Abb. 4). Die angewendeten Methoden der Signaltrennung sind recht unterschiedlich und meist von den Herstellern speziell entwickelt. Diese Unterschiede beziehen sich

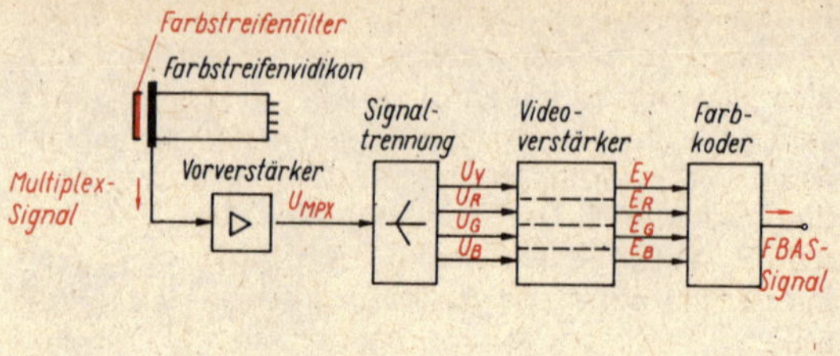

Einröhren-*Farbkamera* (4)

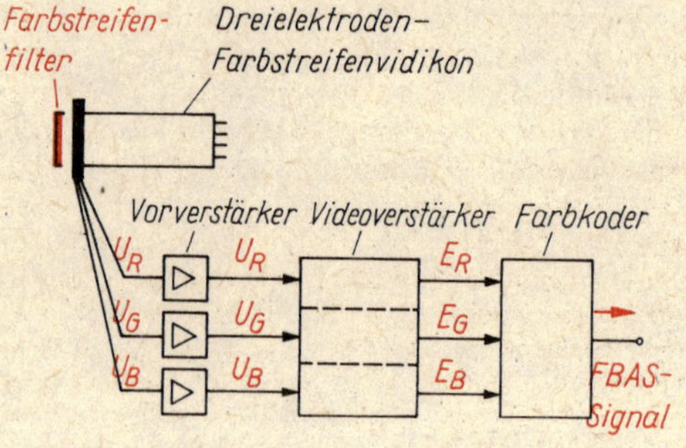

Farbkamera (5) mit Dreielektrodenröhre

hauptsächlich auf die eingesetzten Farbbildaufnahmeröhren, denn die Verschlüsselung der Grundfarben Rot, Grün und Blau erfolgt durch die Farbstreifenfilter (optische Kodierung). Bei Farbbildaufnahmeröhren mit geteilter Signalelektrode (z. B. → Dreielektrodenröhre) wird für jede Grundfarbe eine eigene Elektrode benutzt; hier entfällt die aufwendige Trennung des Multiplexsignals (Signaltrennung Abb. 5). Bei Einröhren-F. gibt es keine Farbdeckungsprobleme, aber die Auflösung ist meist auf ca. 3...3,7 MHz begrenzt. Es gibt jedoch auch hochauflösende Farbaufnahmeröhren, z. B. HBMF-Trinicon oder Röhren mit dem → Interplexverfahren, die vorwiegend für die professionelle Verwendung, vor allem in Reportagekameras bestimmt sind. Obwohl sie nahezu volle Auflösung bringen, ist die Bildqualität von Dreiröhren-F. nicht erreichbar. Eine Zweiröhren-F. ist ähnlich wie die YRGB-F. mit separatem Helligkeitskanal mit eigener Bildaufnahmeröhre und mit einem Farbkanal mit Farbstreifenvidikon ausgestattet. Die Auflösung ist nicht von der Struktur des Farbstreifenfilters begrenzt, sie kann bis 5 MHz betragen. Eine lichtstärkere Zweiröhren-F. ist die *G-RB-F.* Hierbei wird die Lichtteilung so vorgenommen (grünreflektierender dichroitischer Spiegel), daß der Grünanteil mit einer Bildaufnahmeröhre und Rot und Blau mit einem entsprechenden Farbstreifenvidikon aufgenommen wird. Die höherfrequenten Luminanzanteile werden aus dem Signal der Grünröhre gewonnen. Farbdekkungsfehler zwischen Grün und Rot/Blau wirken sich kaum als Bildschärfeverluste aus. Nur wenige Farbvideokameras sind Zweiröhren-F.

F., bei denen an Stelle der Bildaufnahmeröhren → Festkörperbildsensoren verwendet werden, sind klein, leicht und haben gegenüber Röhrenkameras sehr geringe Leistungsaufnahme. *Festkörper-F.* gibt es mit 3 Sensoren, je einer für Rot, Grün und Blau, die ähnlich wie die Bildaufnahmeröhren bei einer RGB-F. direkt am Lichtteiler angebracht sind. Eine mit der Einröhrenkamera vergleichbare Ausführung arbeitet mit einem Sensor, bei dem sich ein mosaikförmiger Lichtteiler auf dem Halbleiterchip des Sensors selbst befindet. Die Lichtempfindlichkeit (→ Empfindlichkeit) von F. ist etwas geringer als die von Schwarz-Weiß-Kameras und damit die erforderliche Mindestbeleuchtungsstärke größer. Sie beträgt für Farbvideokameras allgemein ca. 100 lx. → Fernsehkamera, → Videokamera, → Einröhrenkamera, → Festkörperkamera, → Weißabgleich, → Kameraabgleich (Abb.)

Hinweis: Vor jeder Farbbildaufnahme sollte die F. sorgfältig abgeglichen werden, ganz besonders wichtig ist der Weißabgleich (auch für Einröhren-F.). Bei Unterschreiten der Mindestbeleuchtungsstärke werden die Fernsehbilder unansehnlich verrauscht. Ausreichendes Licht gewährleistet gute Fernsehbilder.

Farbkiller: → Farbabschalter

Farbkoder (engl. Colour Coder): Baugruppe oder Gerät im → Farbfernsehen, worin aus den → Farbwertsignalen und dem Leuchtdichtesignal sowie dem → Farbsynchronsignal, → Synchronsignal und → Austastsignal das → vollständige (Farb)Bildsignal erzeugt wird. Die Bezeichnung F. leitet sich aus der Art und Weise der Bildung des vollständigen Farbbildsignals ab, die auf einer „Verschachtelung" (→ Kodierung) der einzelnen Farbbildsignalanteile beruht und als wesentliche Arbeitsschritte die → Matrizierung und → Modulation beinhaltet. Da sich hierin die einzelnen Farbfernsehverfahren (NTSC, PAL, SECAM) grundlegend unterscheiden, ist der F. im Bildsignalweg die technische Einrichtung, die bestimmend für das zur Anwendung kommende Farbfernsehverfahren ist. Entsprechend seiner Funktion ist der F. den Bildaufnahmegeräten zugeordnet (z. B. als Baugruppe in → Videokameras oder als separates Gerät bei → Fernsehkameras). F. werden zur Sicherung einer exakten Arbeitsweise vom → Fernsehimpulsgenerator synchronisiert. → Synchronisation, → Farbdekoder, → Video-Codec, → Bildsignal

Hinweis: Die Verarbeitung von Farbbildsignalen unterschiedlicher Bildquellen setzt zwingend die Anwendung gleichartiger F. und deren Synchronisation untereinander voraus.

Farbkontrast: Verhältnis der Farbsättigungswerte (→ Farbsättigung) zweier beliebiger, in Bezug gesetzter Stellen eines Bilds. Der erreichbare F. im Fernsehen wird wesentlich durch die farbliche Gestaltung der Bildvorlage bei der Bildaufnahme bestimmt. Obwohl bei richtiger Aussteuerung der Bildaufnahmegeräte der F. optimal der Bildvorlage entspricht, bieten die → Farbfernsehempfänger Möglichkeiten zur F.einstellung nach individuellen Vorstellungen und herrschender Umgebungshelligkeit. → Farbe, → Farbdreieck, → Kontrast, → Helligkeit

Hinweis: Die F.einstellung ist schaltungstechnisch getrennt von der → Helligkeitseinstellung und → Kontrasteinstellung des Fernsehempfängers. Sie sollte, nachdem Helligkeit und Kontrast des Fernsehempfängers an Hand des Graukeils im → Sendetestbild (ggf. mit dem Farbbalken bei ausgeschaltetem Farbkanal; → Farbtaste) eingestellt wurden, erfolgen. Objektives Maß für die F.einstellung ist die farbrichtige Wiedergabe der Farben im → Farbbalken des Sendetestbilds. Subjektiv sollte der F. so eingestellt werden, daß die *Hautfarben von Personen* im Farbfernsehbild natürlich wiedergegeben werden.

Farbmetrik: Methoden und Verfahren zur meßtechnischen Bestimmung der Farbwerte und Spezifizierung der → Farben. Mit Hilfe farbmetrischer Verfahren (Farbtemperatur-, Gleichheits- und Helligkeitsverfahren) werden die Farbempfindungen (subjektiv-psychische Größen) möglichst genau und eindeutig durch physikalische Größen bestimmt. Die farbmetrischen Verfahren bilden die Grundlage zur Aufstellung von Farbtafeln, Farbkarten, Farbatlanten, Farbmischkurven u. a. Darstellungsformen. → IBK-Farbtafel, → CIE-Farbdreieck, → Farbart

Farbmischen: Oberbegriff für Methoden und Verfahren, die zur Erzeugung von → Farben eingesetzt werden. Da das F. auf zwei grundlegend unterschiedlichen Arten basiert, sollte es im Sprachgebrauch stets durch seine Kennzeichnung → subtraktives Farbmischen oder → additives Farbmischen präzisiert werden. Abb. s. Farbanhang

Farbportable: → Kofferfernsehgerät zum Empfang von Farbfernsehsignalen. Typisch für F. ist derzeit ihre Ausstattung mit → In-Line-Bildröhren (→ Bildschirmdiagonalen i. d. R. bis 40 cm). Mit hoher Wahrscheinlichkeit ist in naher Zukunft bei F. der schrittweise Übergang zum flachen Bildschirm auf der Basis von → Flüssigkristallbildschirmen zu erwarten.

Farbreinheit (engl. Colour Purity): Güteparameter der Farbbildwiedergabe. F. ist im Farbfernsehbild gegeben, wenn bei konstanter Ansteuerung der → Farbbildwiedergaberöhre die gesamte Bildschirmfläche eine homogene Färbung ohne Farbartänderung aufweist. Für eine gute F. ist Voraussetzung, daß die von den einzelnen → Strahlsystemen einer Farbbildwiedergaberöhre ausgehenden Elektronenstrahlen nach ihrem Durchtritt durch die → Schattenmaske nur die zugeordneten → Leuchtstoffe zur Strahlung anregen. Die für ein Farbfernsehbild notwendige F. wird grundsätzlich durch eine hohe Präzision bei der Produktion von Farbbildwiedergaberöhren gesichert. Durch entsprechende Maßnahmen im Farbfernsehempfänger (→ Entmagnetisierung, → Farbreinheitsmagnet) werden produktionstechnisch nicht erfaßbare oder durch magnetische Fremdfelder verursachte → Farbreinheitsfehler ausgeglichen. → Bildröhren-

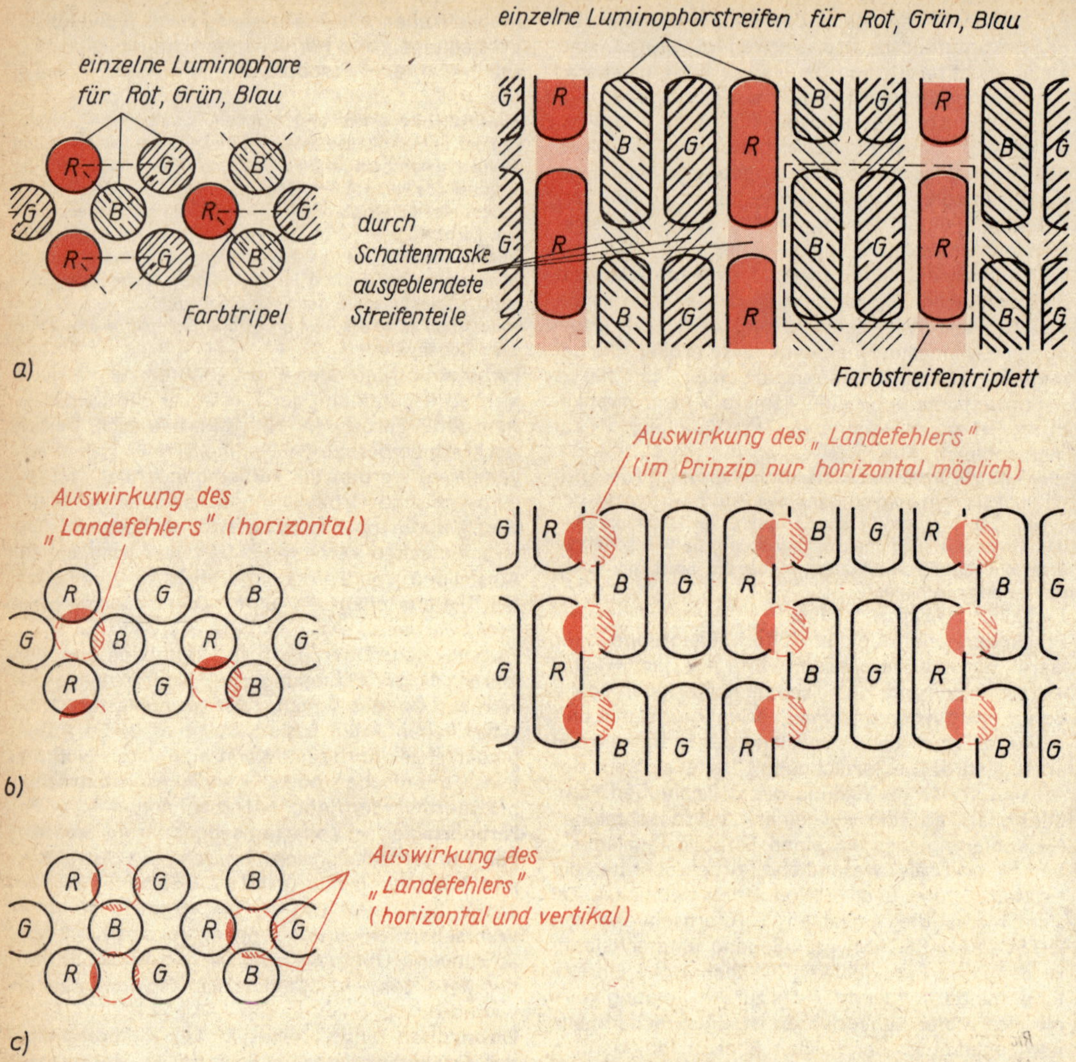

Farbreinheit und Abweichungen davon (in Strahlrichtung, d. h. von den Katoden aus zum Bildschirm gesehen, dargestellt): a) Farbreinheit: alle Elektronenstrahlen treffen exakt die ihnen zugeordneten Leuchtstoffe (links Lochmaskenröhre, rechts In-Line-Röhre), b) Farbreinheitsfehler: der Elektronenstrahl des Rotsystems regt auch Teile der Luminophore „Blau" an. Infolgedessen entsteht die Mischfarbe „Purpur" (links Lochmaskenröhre, rechts In-Line-Röhre), c) extremer Farbreinheitsfehler: der Elektronenstrahl des Rotsystems regt auch Teile der Luminophore „Blau" und „Grün" an. Infolgedessen entsteht eine Entsättigung (am Beispiel Lochmaskenröhre)

entmagnetisierung, → Lochmaskenröhre, → In-Line-Bildröhre (Abb. s. auch Farbanhang)

Hinweis: Die F. ist am besten in einfarbigen und unbunten Fernsehbildern zu beurteilen. Einfarbige Bilder können bei Bildmonitoren mit einer Abschaltmöglichkeit für einzelne Strahlsysteme leicht erzeugt werden. Da dies bei Fernsehgeräten nicht möglich ist, sollte hier zur Beurteilung der F. ein unbuntes Bild (→ Farbtaste auf „Aus", Farbeinsteller auf minimale Sättigung) bei hoher Bildhelligkeit gewählt werden.

Farbreinheitsfehler (engl. Purity Distortion): Verfälschung der → Farbreinheit eines Farbfernsehbilds. F. entstehen durch ein örtlich falsches Auftreffen der Elektronenstrahlen, die von den einzelnen → Strahlsystemen der → Farbbildwiedergaberöhren ausgehen, nach ihrem Durchtritt durch die → Schattenmaske auf dem Leuchtschirm (s. Abb. → Farbreinheit). F. kommen als inhomogene Farbigkeit gleichfarbiger Flächen oder durch farbige Flecken im Weißbild deutlich zum Ausdruck. Ursachen von

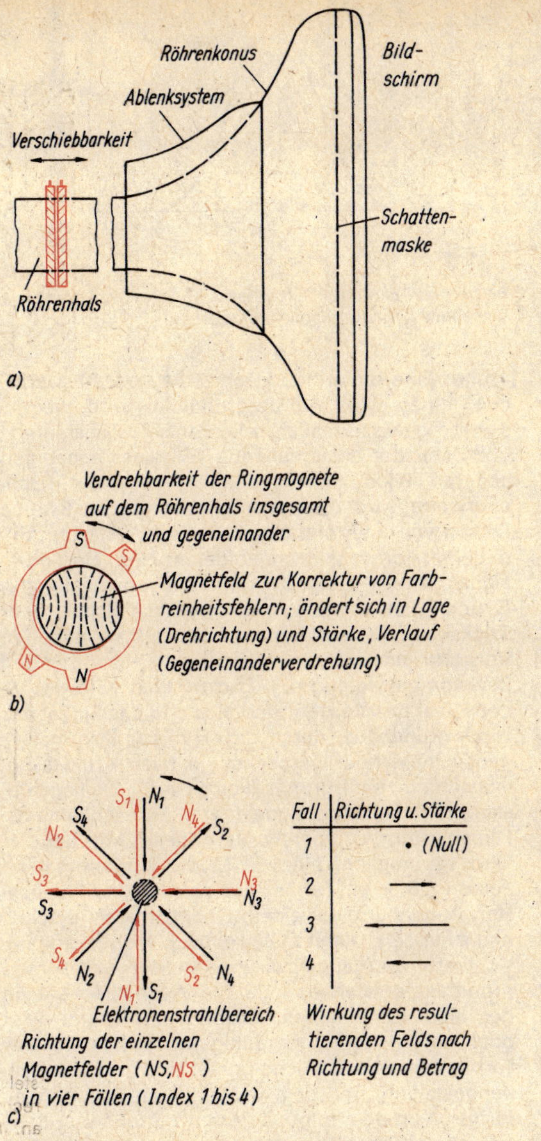

Farbreinheitsmagnet: a) Anordnung auf dem Röhrenhals, b) Aufbau, c) Bildung des resultierenden Felds

F. können sein: Fertigungsfehler bei der Bildröhrenproduktion, thermische Ausdehnung der → Schattenmaske infolge zu hoher Strahlströme, magnetische Fremdfelder, Restmagnetismus der ferromagnetischen Teile in der Umgebung der Farbbildwiedergaberöhre. Diesen Ursachen wird grundsätzlich durch entsprechende technische Aufwendungen bei der Bildröhrenproduktion (→ Lochmaskenröhre, → In-Line-Röhre, → Präzisions-In-Line-Röhre) und darüber hinaus durch weitere Maßnahmen wie z. B. → Bildröhrenentmagnetisierung, → Erdfeldabschirmung, → Farbreinheitsmagnet entgegengewirkt. → Konvergenz, Abb. → Farbreinheit (Abb. s. Farbanhang)

Hinweis: Beim Kauf eines Fernsehgeräts sollte dem Nichtvorhandensein von F. besondere Aufmerksamkeit gewidmet werden. Da die modernen Gerätekonzepte das Auftreten von F. durch äußere Einflüsse weitestgehend ausschließen, lassen dennoch auftretende F. auf grundsätzliche, auch durch Service-Einstellungen nicht zu behebende Mängel schließen.

Farbreinheitsmagnet (engl. Purity Magnet): auf dem Hals einer → Farbbildwiedergaberöhre aufgesetztes Magnetsystem zur Einstellung der → Farbreinheit. Durch F. wird die Ablenkung der von den einzelnen → Strahlsystemen einer Farbbildwiedergaberöhre ausgehenden Elektronenstrahlen so beeinflußt, daß „Landefehler" auf den nicht zugeordneten → Luminophoren verhindert bzw. auf ein Minimum reduziert werden. Als F. kommen zwei ringförmige Dauermagnete zum Einsatz. Zur Einstellung der Farbreinheit werden sie miteinander und gegeneinander verdreht, bis ein Minimum an → Farbreinheitsfehlern auf der gesamten Bildfläche erreicht ist. Abb. s. auch Farbanhang

Farbsättigung (engl. Colour Saturation): Kenngröße in der Farbenlehre, die gemeinsam mit dem → Farbton die → Farbart bestimmt. Als gesättigt bezeichnet man solche Farben, deren Empfindung durch einen Lichtreiz eines eng begrenzten Wellenspektrums (z. B. einzelne → Spektralfarben) hervorgerufen wird oder die im Ergebnis der → additiven Farbmischung von zwei → Primärfarben entsteht. Lichtreize mit einem breiten Wellenspektrum oder die additive Farbmischung von drei Primärfarben führen zu einer Entsättigung der Farbe. „Unbunt" (völlige Entsättigung) liegt vor, wenn in dem vom Auge aufgenommenen Lichtreiz alle spektralen Anteile des Bereichs vom sichtbaren Licht mit annähernd gleicher Energie vorhanden sind oder wenn die additive Farbmischung der drei Primärfarben zu gleichen Anteilen erfolgt. Dieser Sachverhalt wird durch die → Farbmetrik meßtechnisch erfaßt und in den entsprechenden Farbtafeln dargestellt. → IBK-Tafel (Abb. s. Farbanhang)

Farbsäume: unerwünschte Farbabweichung an Farbübergängen oder auch an Schwarz-Weiß-Übergängen (Bildkonturen) in einem Farbfernsehbild. F. werden hauptsächlich durch → Konvergenzfehler hervorgerufen. Abb. s. Farbanhang

Farbschaltimpulse: Oberbegriff für die Impulse in der Farbfernsehtechnik, die eine synchrone Arbeitsweise der Koder und Dekoder sichern. Hierzu rechnen für das → SECAM-Farbfernsehverfahren die → 2H-Impulse und für das → PAL-Farbfernsehverfahren die → PAL-Kennimpulse. Fehlerhafte oder fehlende F. führen in der Endkonsequenz zu unbrauchbaren Farbfernsehbildern (Vertauschung der Original- zu den Komplementärfarben).

Farbschaltphase: Kennzeichen in → Farbfernsehverfahren für den Phasenzustand und damit für den Informationsinhalt der → Farbbildsignale. Die F. ist bedeutsam für Farbfernsehverfahren, die mit zeilenweise alternierendem Phasenwechsel im Farbsignal (→ PAL-Farbfernsehverfahren: zeilenweiser Wechsel zwischen +V- und −V-Komponente) oder mit einer sequentiellen Farbdifferenzsignalübertragung (→ SECAM-Farbfernsehverfahren: zeilensequentiell wechselnde Übertragung D_R-, D_B-Signal) arbeiten. Die F. muß zwischen allen gemeinsam arbeitenden → Farbkodern mit → PAL-Kennimpulsen bzw. → 2H-Impulsen sowie zwischen Farbkodern und allen angeschlossenen → Farbdekodern mit → Burst bzw. den Identifikationsimpulsen synchronisiert werden. → Synchronisation

Hinweis: Der Ausfall der Synchronisation der F. führt zum häufigen Wechsel der Farbart im Farbfernsehbild. Ursachen dafür können bei Empfangsanlagen zu geringe Antennenspannungen, bei Videokameras, -recordern u. ä. eine fehlerhafte → Austastung sein. Im Extremfall ist die F. vertauscht, was im Farbfernsehbild die Wiedergabe der zu den Originalfarben komplementären Farben zur Folge hat.

Farbsehen, svw. Farbempfindung: Fähigkeit des Menschen, innerhalb des sichtbaren Bereichs verschiedene Wellenlängen einer Lichtstrahlung separat wahrzunehmen. Der bei diesem → Sehvorgang entstehende Sinneseindruck ist die Empfindung der „Farbe". Zur Erklärung des F. gibt es verschiedene Theorien. Für das F. sind die Zäpfchen der Netzhaut des → Auges zuständig. 1852 stellten der englische Physiker Thomas YOUNG und der deutsche Physiker Hermannn von HELMHOLTZ die Hypothese von der Existenz 3 verschiedener Zäpfchengruppen auf. Die eine ist für langwelliges (Rotbereich), die andere für mittelwelliges (Grünbereich) und die dritte für kurzwelliges (Blaubereich) Licht empfindlich (Dreikomponentensehen). Die Zäpfchen führen somit eine spektrale, wellenlängenabhängige Aufteilung der Lichtstrahlung aus. Jede Zäpfchengruppe übermittelt dem Gehirn Nervenreize, die der Helligkeit der zu ihrem Bereich gehörenden Farben entsprechen. Dort werden die 3 spektralen Reize zu einer geschlossenen Farbempfindung vermischt (→ additive Farbmischung). Werden z. B. benachbarte Zäpfchengruppen für Rot und Grün gleichzeitig oder schnell nacheinander gereizt, dann entsteht die Empfindung „Gelb". Werden hingegen alle 3 gleich stark gereizt, dann entsteht die Empfindung „Unbunt" (Weiß, Grau, Schwarz). Die unterschiedliche *Farbempfindlichkeit* (Farbempfindlichkeitskurven des Auges) zeigt die Abbildung. Zäpfchen brauchen eine Mindesthelligkeit, bis sie voll funktionsfähig sind. Dies bedeutet, F. ist erst bei hinreichender Helligkeit möglich. Abb.

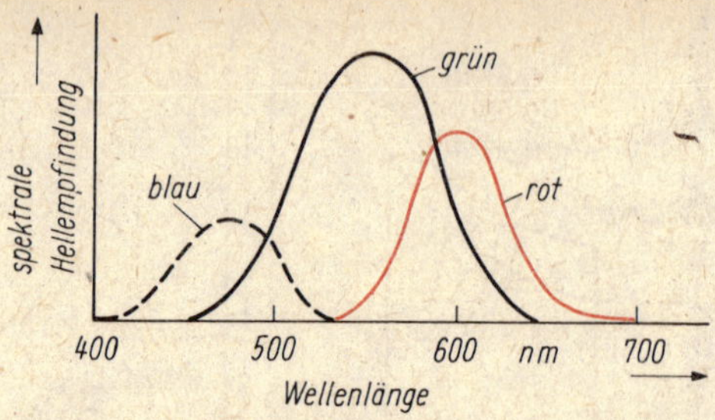

Farbsehen: Empfindlichkeitsbereiche des Dreikomponentensehens (Farbempfindlichkeitskurven)

Farbstanzen: Inserttrickart der → Bildmischung; Verfahren zur elektronischen Gestaltung von Fernsehbildern, insbesondere zur freien Hintergrundwahl und -veränderung bei gleichem Bildvordergrund. Eine einfarbige Fläche, die sog. Austastfläche, eines Bilds (Vordergrundbild) wird weggestanzt, gewissermaßen elektronisch „ausradiert" und dafür der entsprechende Teil eines beliebigen anderen Bilds (Hintergrundbild) eingefügt. Üblicherweise wird die Vordergrundszene, z. B. eine Person vor einer einfarbigen Wand (Austastfläche), mit einer Fernsehkamera aufgenommen. Ein *Schaltsignalformer* erzeugt aus den Farbwertsignalen (E_R, E_G und E_B) der Vordergrundkamera das Schalt- oder Tricksignal, das den Konturen des aufgenommenen Vordergrunds z. B. einer Person entspricht und den Bewegungen folgt. Im → Trickmischer wird das Videosignal des Vordergrundbilds und das Signal des Hintergrundbilds, durch das Tricksignal konturengenau ineinander geschaltet. Je nach Art des gewünschten Hintergrunds (Foto, Grafik, Bewegtbild) stammen die Videosignale von Fernsehkameras, Filmabtastern, Videorecordern usw. Mit dem F. wird es möglich, eine im Studio aufgenommene Person z. B. in ein Fußballtor zu stellen und im nächsten Augenblick vor einem Gebirgsmassiv erscheinen zu lassen. Damit saubere, nach Möglichkeit unsichtbare Übergänge zwischen Vorder- und Hintergrundbild entstehen, muß die Austastfläche eine gesättigte Farbe haben, die im Vordergrund nicht oder nur mit geringer Sättigung vorkommt. Der Farbton der Austastfläche richtet sich nach der Szenengestaltung und dem verwendeten Schaltsignalformer, von dem folgende Arten bestehen: a) *Bluebox*: Als Austastfläche wird eine blau angestrahlte oder angestrichene Wand verwendet. Deshalb trägt dieses Verfahren auch die Bezeichnung *Blue Screen* (engl. svw. *Blauwandtechnik*). b) *Chroma-Key:* Die Austastfläche kann jeden beliebigen Farbton haben, nur darf er im Vordergrund nicht enthalten sein. Das F. wird hauptsächlich von Fernsehanstalten bei Nachrichten- und Sportsendungen, aber auch zur Erzeugung von → Trickbildern angewendet. Abb. s. auch Farbanhang

Farbsteuergitter: Gitter in → Farbbildwiedergaberöhren des Typs → Chromatron. Das F. besteht aus einer Vielzahl von horizontalen Gitterdrähten, die in einer Ebene und genau parallel zu den streifenförmig angeordneten → Luminophoren (Rot, Grün,

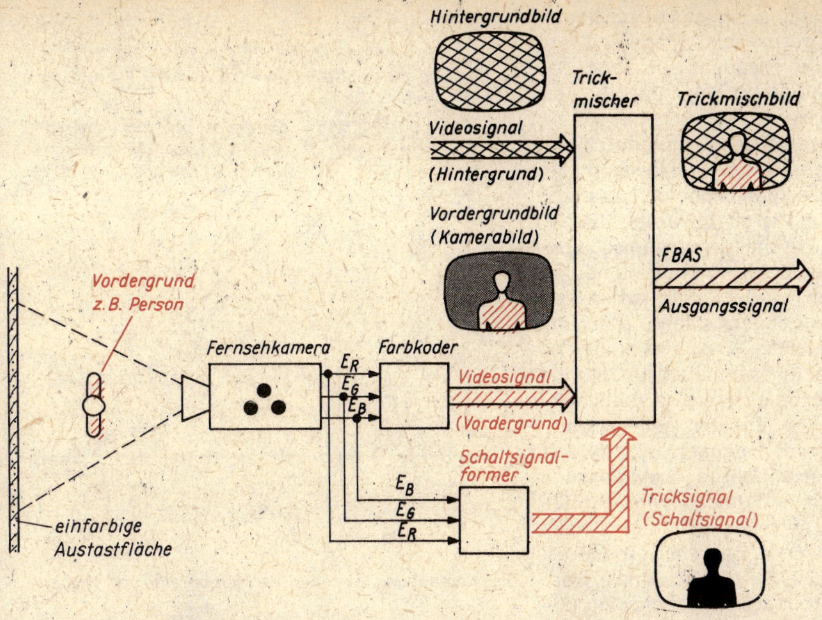

Prinzip des *Farbstanzens*

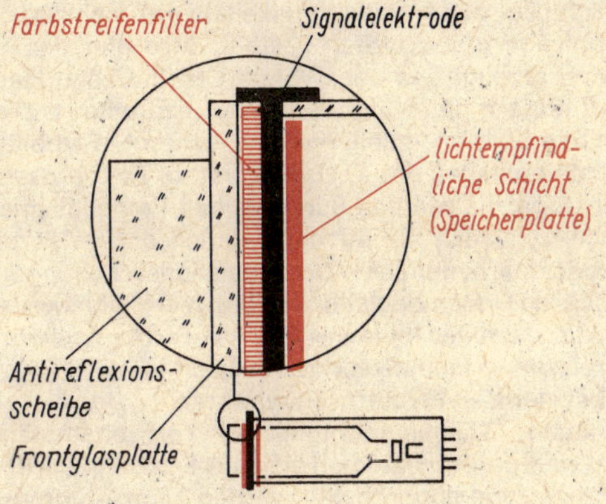

Farbstreifenvidikon

Blau) dicht vor dem Bildschirm verlaufen. Ihre Aufgabe ist die Ablenkung des jeweiligen Elektronenstrahls genau auf den zugeordneten Farbstreifen. Die Gitterdrähte sind zur Erhöhung der mechanischen Stabilität kreuzweise mit dünnen, quer zur Gitterrichtung verlaufenden Drähten verschweißt. Durch den Einsatz von F. steigt gegenüber → Schattenmasken die Lichtausbeute der Farbbildröhre. Allerdings sinkt die mechanische Stabilität mit steigender Bildschirmgröße. → Schattenmaske, → In-Line-Bildröhre, → Lochmaskenröhre, → Trinitron

Farbstich: vom Originalbild abweichende Farbwiedergabe, die das gesamte Farbfernsehbild betrifft. F. entsteht durch falschen → Weißabgleich oder durch Farbreinheitsfehler der Bildwiedergaberöhren. Abb. s. Farbanhang

Farbstreifenfilter: optisches Farbfilter für Einröhren-Farbkameras zur spektralen Lichtteilung. Das F. wird im optischen Strahlengang vor oder innerhalb der Bildaufnahmeröhre vor der Signalelektrode angebracht (→ Farbstreifenvidikon). Es werden i. allg. 3 verschiedenfarbige Streifen verwendet, die senkrecht nebeneinander oder schräg zueinander angeordnet sind. → Einröhrenkamera

Farbstreifenvidikon, *Streifenfiltervidikon*, Farbkodierröhre, *Farbvidikon, Colorvidikon*: Bildaufnahmeröhre vom Vidikontyp, die mit einem Farbstreifenfilter ausgestattet ist und alle zur Farbbildübertragung notwendigen Signale gleichzeitig *(Simultanverfahren)* oder verschlüsselt in einem Multiplexsignal *(Punktsequenzverfahren)* erzeugt. F. werden in Einröhren- und Zweiröhren-Farbkameras verwendet. Der grundsätzliche Aufbau entspricht dem Vidikon (s. Abb. → Vidikon). Für die lichtempfindliche Schicht (Speicherplatte) werden die gleichen Materialien verwendet wie für die verschiedenen Schwarz-Weiß-Vidikon-Typen (z. B. Satikon). Das Farbstreifenfilter ist direkt vor der lichtdurchlässigen Signalelektrode angebracht (Abb.). Das Licht der aufgenommenen Szene wird durch den Streifenfilter in verschiedene Spektralbereiche (z. B. Rot, Blau und Weiß) geteilt, so daß auf der Speicherplatte eine räumliche Helligkeitsverteilung entsteht, die selbstverständlich von der Helligkeits- bzw. Farbverteilung in der Szene abhängig ist, aber andererseits sehr wesentlich von der Struktur und Farbtransparenz (optische Kodierung) des Streifenfilters bestimmt wird. Bei der zeilenweisen Abtastung der Speicherplatte werden die einzelnen Farbstreifen gewissermaßen punktsequentiell abgefragt, und es entsteht dadurch an der Signalelektrode ein elektrisches Multiplexsignal. Es enthält ein Leuchtdichtesignal und periodische Trägerschwingungen (Farbträger), deren Frequenz von der Farbstreifenbreite abhängt und deren Amplitude von der Intensität des durchgelassenen farbigen Lichts moduliert ist. Das Multiplexsignal des F. muß durch die Kameraeklektronik in seine einzelnen Bestandteile getrennt und zu normgerechten Leuchtdichte- und/oder Farbwertsignalen aufbereitet werden. Dafür gibt es verschiedene, teils schaltungstechnisch aufwendige Methoden, die aber stets in Verbindung mit der Struktur und den verwendeten Farben (oft cyan und gelb) des Streifenfilters stehen. Man unterscheidet frequenzgeteilte (Frequenzmultiplex) und frequenzverkämmte (Phasenmultiplex) Methoden. Ein häufig angewendetes Frequenzmultiplexverfahren ist das sog. → Spektraplexverfahren. Auch beim → Cosvicon wird Frequenzmultiplex angewendet. Das → Interplexverfahren ist ein Phasenmultiplexverfahren. Beim → Trinicon wird zur Signaltrennung des über eine zweigeteilte Signalelektrode gewonnenen Multiplexsignals ein besonderes Indexsignal verwendet. Die 3 Farbwertsignale werden bei der → Dreielektrodenröhre gleichzeitig (Simultanverfahren) erzeugt. Bei allen F. besteht die Gefahr der Cross-Color-Störung, wenn ein feines Strichraster der Bildvorlage bei der Abbildung auf der Fotoschicht die gleiche Breite wie die der Farbstreifen einnimmt. Abhilfe schafft ein → optischer Tiefpaß, der zwischen Kameraobjektiv und F. angeordnet wird. Dadurch wird aber auch die Auflösung begrenzt. F. verschiedener Art und unterschiedlichen Durchmessers sind die dominierenden Bildwandler fast aller Farbvideokameras. → Einröhrenkamera, → Farbkamera, → Videokamera (Abb.)

Hinweis: Die verschiedenen Methoden und Verfahren, die bei F. angewendet werden, sind nicht genormt, vielmehr herstellerspezifische Entwicklungen. Bei einem notwendigen Wechsel der Bildaufnahmeröhre kann meist nur der vom Kamerahersteller vorgesehene, ganz spezielle Typ verwendet werden.

Farbsynchronsignal, F-Signal: sinusförmiges Signal sehr hoher Konstanz mit Farbträgerfrequenz. Es sichert die Stabilität einzelner Generatoren bzw. den Gleichlauf parallel arbeitender Generatoren zur Erzeugung von Farbträgerschwingungen in → Farbkodern und → Farbdekodern bezüglich der Absolutphase des Farbträgers für das → PAL-Farbfernsehverfahren und das → NTSC-Farbfernsehverfahren. a) *Bildaufnahmeseitig* werden F. in → Fernsehimpulsgebern quarzstabilisiert erzeugt ($\Delta f/f < 10^{-6}$). Sie bilden damit gleichzeitig die Bezugsbasis für alle weiteren Gleichlaufsignale. In Geräten mit eingebautem Fernsehimpulsgeber und Farbkoder (z. B. Videokamera) erfolgt die Versorgung intern. Arbeiten mehrere Videokameras parallel, sind diese zur Sicherung einheitlicher Absolutphasen ihrer Farbträger über das F. zu koppeln. Das ist für eine weitere störfreie Bearbeitung der Farbbildsignale uner-

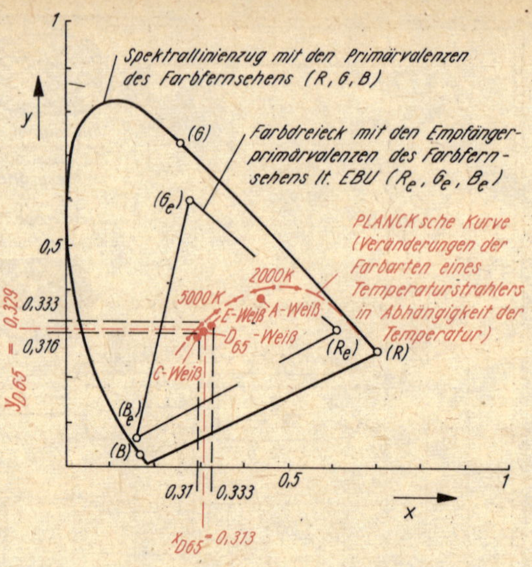

Zusammenhang zwischen *Farbtemperatur* und Farbart

läßlich. Da diese Notwendigkeit in Fernsehstudiokomplexen grundsätzlich besteht, wird hier das F. zentral erzeugt und über Verstärker und Leitungen allen Kodern der Bildquellen extern zugeführt. Die von den Bildsignalquellen abgegebenen → Farbbildsignale enthalten das F. als → Burst. b) *Farbfernsehempfänger* nutzen den Burst aus den Farbbildsignalen (PAL, NTSC) zur Synchronisation der im Farbdekoder arbeitenden Demodulationsschaltungen (synchrone Demodulation). Eine vergleichsweise Funktion erfüllen beim → SECAM-Farbfernsehverfahren die → Identifikationsimpulse.

Farbsystem: → Farbfernsehverfahren

Farbtaste: Schalteinrichtung an Fernsehempfängern, mit deren Hilfe die Farbe im Fernsehbild von Hand zu- und abgeschaltet werden kann – vorausgesetzt, es liegt am Empfänger ein Farbfernsehsignal der richtigen → Fernsehnorm an. Die F. wirkt über den → Farbabschalter und wird durch dessen Automatik-Funktion bei eingeschalteter Farbe ergänzt.

Hinweis: Bei einem stark verrauschten Farbfernsehbild oder einem häufigen automatischen Wechsel „Farbe/Schwarz-Weiß" bietet die F. i. d. R. die Möglichkeit, eine Sendung in akzeptabler Schwarz-Weiß-Qualität zu Ende zu sehen. Grundsätzlich notwendig ist in diesem Fall jedoch, die Leistungsfähigkeit der Empfangsantennenanlage zu erhöhen.

Farbteiler: → Lichtteiler

Farbtemperatur: Größe zur Beschreibung einer → Farbart, angegeben in Kelvin (K). Die F. jeglicher Lichtstrahlung (original von Lichtquellen, durch Objekte hindurchtretend oder von ihnen zurückgeworfen) kann durch Vergleich mit der von einem speziellen Temperaturstrahler („PLANCKscher-" oder

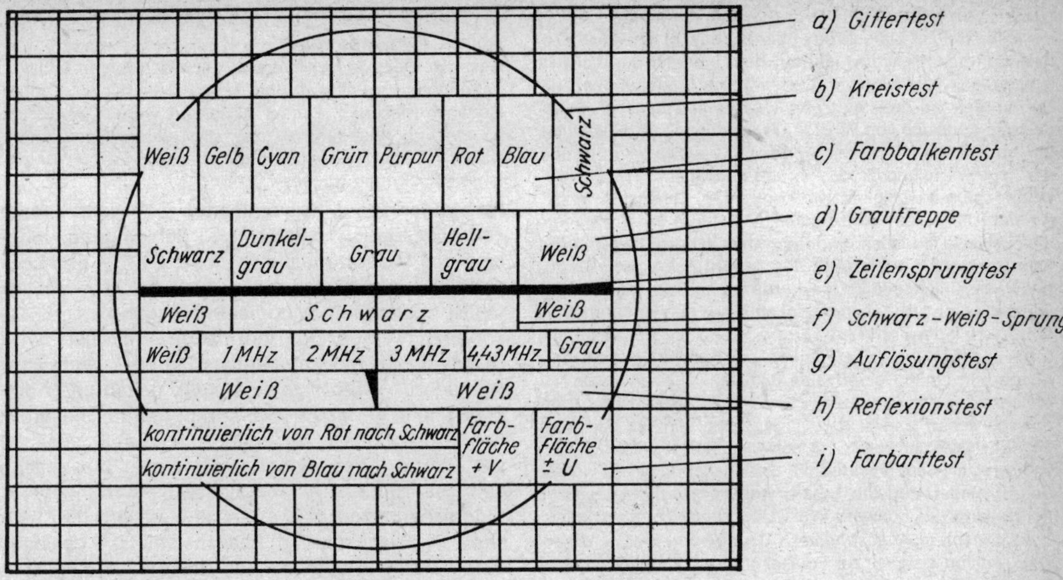

Farbtestbild für das PAL-Farbfernsehverfahren

„Schwarzer Strahler") ausgehenden Lichtstrahlung bestimmt werden. Die F. hat insbesondere für das → Farbfernsehen zur einheitlichen Charakterisierung der Farbart „unbunt" Bedeutung. In der Abbildung sind für verschiedene F. typische „Weißarten" des Farbfernsehens angegeben. Es ist dabei zu erkennen, daß bei niedrigen F. die Lichtstrahlung durch einen höheren Rotanteil gekennzeichnet ist und mit steigender F. der Blauanteil steigt. Beispiele für einige F. sind: Sonnenaufgang und -untergang bei trübem Wetter (1000 K), Kerzenlicht (2000 K), Glühlampenlicht (2850 K), Halogenlicht (3200 K), Neonlicht (4500 K), Xenonlampenlicht (6100 K), Tageslicht (mit abnehmender Bewölkung, abhängig von Tageszeit und Witterung von 5800 K bis 25000 K). → additive Farbmischung, → Farbdreieck, → Normlichtart, → Konversionsfilter, → Licht (Abb.)

Hinweis: Werden Farbbilder unter verschiedenen Lichtbedingungen aufgenommen, muß eine Abstimmung der F. (Einsatz von Konversionsfiltern, elektrischer Abgleich über die Größe der Farbwertsignale) erfolgen. Bezugsbasis sind hierbei insbesondere die Gesichtsfarben der aufzunehmenden Personen. Die F., die auf dem Schirm von → Farbbildwiedergaberöhren reproduziert werden, sind ursächlich von den Leuchtstoffen abhängig. Sie können durch Veränderung der Ansteuerung für die einzelnen Strahlsysteme (Vergleich mit entsprechender *Weißleuchte* beim Gerätehersteller bzw. in der Service-Werkstatt) exakt für das Farbfernsehen eingestellt werden. Lassen sich mit den Bedienungselementen Helligkeit, Kontrast, Farbe bzw. Farbsättigung des Farbfernsehempfängers keine natürlichen Gesichtsfarben einstellen oder wirkt das Farbfernsehbild insgesamt „farbstichig", ist die F. des Geräts falsch eingestellt.

Farbtestbild: spezielles → Testbild zur komplexen Beurteilung und Einstellung des Übertragungsverhaltens von Bildwandlereinrichtungen, Farbkodern, -dekodern, Verstärkern, Entzerrern, Leitungswegen u. a. (→ Universaltestbild). Da im F. der Gittertest überwiegt, nutzt man als Bezeichnung auch häufig *Colour Pattern.* Enthält das F. eine Stationskennung, kann es als → Sendetestbild Anwendung finden. Insofern hat es eine wesentliche Bedeutung für die Einstellung der → Fernsehempfänger beim Service oder durch den Besitzer selbst. F. werden i. d. R. elektronisch in Testbildgeneratoren erzeugt (→ Bildmustergenerator). Diese bestehen aus Generatoren für die jeweiligen Einzelsignale und Taststufen für deren Verknüpfung entsprechend dem komplexen Bildaufbau. F.generatoren werden von den Signalen der → Fernsehimpulsgeneratoren synchronisiert. Obwohl in der Praxis eine Reihe unterschiedlicher F. existieren, sind deren bestimmende Elemente gleich (Abb.)

Hinweis: Unterschiede in den F. resultieren aus der Bindung an ein → Farbfernsehverfahren (PAL, SECAM) und der für gleiche Tests nutzbaren verschiedenen Bildanteile (Zahl und Anordnung der Tests). Einzelne Funktionen können auch von anderen als den angegebenen Bestandteilen des F. erfüllt werden. Solche Fehler wie Farbfleckigkeit, -stichigkeit u. a. sind ebenfalls über das F. zu erkennen, aber keinem seiner Bestandteile zuzuordnen. a) *Gittertest* (→ Gittertestbild): Kontrolle der Bildgröße, -lage und des -seitenverhältnisses (Breite : Höhe) sowie der Konvergenz. Oberhalb und unterhalb des Kreises muß jeweils eine horizontale Linie, rechts und links vom Kreis müssen jeweils 3 vertikale Linien des Gitters voll sichtbar sein – das F. muß das gesamte Bildfeld ausfüllen. Die Exaktheit der Konvergenz ist am Bildrand durch das vollständige Gitternetz, in der Bildmitte am Linienkreuz überprüfbar. b) *Kreistest:* Die Exaktheit der Kreisform läßt auf die Linearität der Ablenkschaltungen schließen, es dürfen keine Stauchungen und Dehnungen am Kreis auftreten. c) *Farbbalkentest* (→ Farbbalken): Kontrolle von Farbton, Farbsättigung und Exaktheit der horizontalen Farbübergänge. d) *Grautreppe:* Kontrolle der Pegelwerte und Gradation; das betrifft am Fernsehempfänger speziell Helligkeit und Kontrast. e) *Zeilensprungtest:* An der Dicke der horizontalen Mittellinie im Kreis, vergleichsweise zu allen anderen horizontalen Gitterlinien, kann man auf die Exaktheit des Zeilensprungs beim Halbbildwechsel schließen. Eine Verdünnung bzw. Verdickung weist deutlich auf Zeilenpaarigkeit hin (→ Zeilensprungverfahren). f) *Schwarz-Weiß-Sprung:* Kontrolle der Pegelhaltung und Exaktheit der Flanken bei Schwarz-Weiß-Übergängen. In einem fehlerfreien Bild muß der schwarze Teil gleichmäßig schwarz sein, die Schwarz-Weiß-Übergänge müssen scharf und sauber abgegrenzt sein, es darf kein Fahnenziehen auftreten. Im schwarzen Teil wird bei Verwendung als Sendetestbild die Stationskennung mit weißer Schrift eingetastet. Sie schafft weitere Möglichkeiten zur Beurteilung der Schwarz-Weiß-Übergänge (Fahnenziehen, Reflexionen). g) *Auflösungstest:* Gruppe von Frequenzmarken (Multiburstsignal) zur Beurteilung des Amplituden- und Phasenfrequenzgangs von Übertragungseinrichtungen und der Auflösung von Bildwandlereinrichtungen. Bezüglich der Auflösung müssen im Schwarz-Weiß-Fernsehbild bis 4,43 MHz alle Frequenzmarken als saubere Schwarz-Weiß-Sprünge erkennbar sein. Im Farbfernsehbild spiegelt die Abbildung der höherfrequenten Marken z. B. die exakte Arbeitsweise des Dekoders im Farbfernsehempfänger (Nullpunkteinstellung, Cross-Colour) wider. h) *Reflexionstest:* Das schwarze Dreieck auf weißem Grund wird bei exaktem Impulsverhalten so wie in der Abbildung wiedergegeben. Treten Störungen – beim Heimempfang meist Reflexionen bedingt durch Mehrwegeempfang, schlechte Antennenanlagen u. a. – auf, sind die Schwarz-Weiß-Übergänge unsauber oder das Dreieck wird mehrfach abgebildet. Die relativ große Weißfläche kann zur Beurteilung der Arbeit der Farbkoder bzw. -dekoder dienen. Im Weiß darf weder Farbe noch ein störendes Muster (→ Moiré) auftreten. i) *Farbarttest:* Die hier enthaltenen Anteile sind ausschließlich für das → PAL-Farbfernsehverfahren, speziell für Farbkoder und -dekoder, von Bedeutung. Auftretende Abweichungen (z. B. → Jalousie-Effekt) weisen auf eine fehlerhafte Stelle im Übertragungsweg hin.

Farbton (engl. Hue): Kenngröße in der Farbenlehre, die gemeinsam mit der → Farbsättigung die → Farbart bestimmt. In der → Farbmetrik wird der F. durch die farbtongleiche Wellenlänge und im allgemeinen Sprachgebrauch durch die Namen der zugehörigen → Spektralfarben bezeichnet. Dabei besteht folgender Zusammenhang:

Wellenlängenbereich in nm	Farbempfindung – verbal ausgedrückt durch die Farbtöne
380 bis 436	Violett
436 bis 495	Blau
495 bis 566	Grün
566 bis 589	Gelb
589 bis 627	Orange
627 bis 780	Rot

→ Farbe, → IBK-Tafel, → Farbfernsehen (Tab., Abb. s. Farbanhang)

Hinweis: Der Mensch hat bezüglich des F. von Objekten gegenüber → Helligkeit und → Farbsättigung eine höhere Gedächtnisleistung. Darauf basierend werden verfälschte F. von ihm unangenehm und stark störend empfunden. Diesem Sachverhalt müssen die einzelnen Farbfernsehverfahren Rechnung tragen.

Farbträger (engl. Chrominance Subcarrier), auch *Farbhilfsträger:* sinusförmige Schwingung innerhalb des Videofrequenzbereichs, die bei den kompatiblen → Farbfernsehverfahren (NTSC, PAL, SECAM) nach einem Modulationsvorgang im → Farbkoder zum Träger der Information „→ Farbart" wird. Da der F. für ein kompatibles Schwarz-Weiß-Fernsehbild ein → Störsignal darstellt, gelten unter dem Blickwinkel geringster Störwirkungen für die einzelnen Größen des F. folgende Regeln: a) Pegel – wesentlich geringer als der maximale → Bildsignalpegel, b) Frequenz – möglichst nahe der oberen Videofrequenzgrenze, c) Phase – zeilen- und halbbildweise wechselnd, d) Phasenstabilität – gesichert durch Verkopplung mit den Signalen des → Fernsehimpulsgenerators. → Videobandbreite, → Farbträgerverkopplung, → Farbträgeraustastung, → Farbträgerfrequenz, → Farbträgersperre, → Farbartsignal, → Farbbildsignal, Abb. → Bildsignal

Hinweis: Bei Wiedergabe einer Farbfernsehsendung auf einem Schwarz-Weiß-Bildschirm ist der F. beim Betrachten des Bilds aus geringer Entfernung als → Moiré erkennbar. Die unter a) bis d) genannten Maßnahmen verhindern jedoch bei normalen Sehbedingungen eine Störwirkung des F. im Schwarz-Weiß-Fernsehbild.

Farbträgeraustastung: elektronisch gesteuerte Unterdrückung des → Farbträgers während der lt. Standard bzw. Fernsehnorm festgelegten Zeiten innerhalb der horizontalen bzw. vertikalen → Austastlücken. Die F. erfolgt im → Farbkoder mit speziell dafür aus dem → Synchronsignal oder → Austastsignal abgeleiteten Impulsen. Ihr Ziel besteht im wesentlichen darin, die Synchronsignalübertragung störungsfrei von anderen Signalen zu gestalten. → Austastung, → NTSC-Farbfernsehverfahren, → PAL-Farbfernsehverfahren, → SECAM-Farbfernsehverfahren, → Bildsignal (Abb.)

Farbträgerfrequenz: lt. Standard oder Fernsehnorm festgelegte Ruhefrequenz des unmodulierten → Farbträgers. Für die F. aller kompatiblen → Farbfernsehverfahren ist typisch, daß sie im oberen Bereich der Videofrequenzen festgelegt wurden (PAL, SECAM ca. 4,4 MHz) und daß sie mit der → Zeilenfrequenz sowie → Halbbildfrequenz verkoppelt sind. Dadurch erhält das durch den Farbträger im kompatiblen Schwarz-Weiß-Fernsehbild verursachte Störmuster eine sehr feine, unter normalen Sehbedingungen nicht störende Struktur. Für die in Europa vorherrschenden Farbfernsehverfahren gelten die F.: PAL: $f_{sc} = 4{,}43361875$ MHz und SECAM: $f_{OR} = 4{,}404$ MHz bzw. $f_{OB} = 4{,}25$ MHz (alternierend im Zeilenrhythmus). → Farbträgerverkopplung

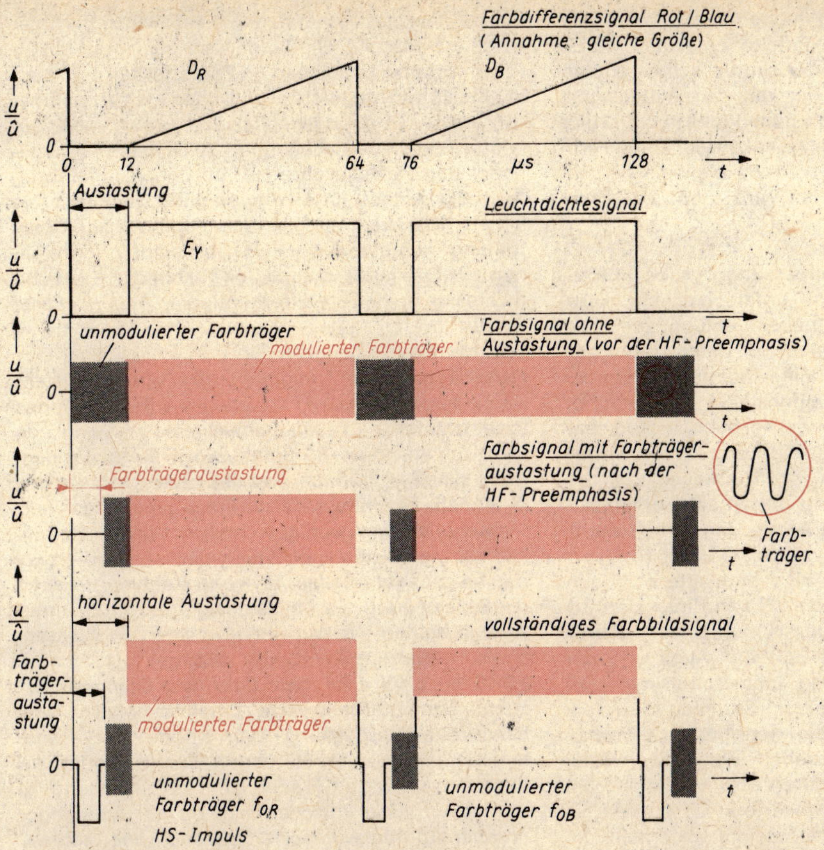

Farbträgeraustastung des SECAM-Farbbildsignals

Farbträgersperre; auch *Farbträgerunterdrückung:* speziell auf die Frequenz des → Farbbildsignals abgestimmte Filterschaltungen (z. B. → Kammfilter) zur Unterdrückung oder selektiven pegelmäßigen Absenkung des unmodulierten oder modulierten → Farbträgers gegenüber dem Leuchtdichtesignal im Bildsignalweg. F. werden im Videokanal eingesetzt, um die Sichtbarkeit des Farbträgers im Fernsehbild, die einer Bildstörung gleichkommt, zu verhindern oder zumindest auf ein Minimum zu reduzieren. Ihr Haupteinsatzgebiet sind die Wege des Leuchtdichtesignals in den Bildwiedergabeeinrichtungen. → SECAM-Farbfernsehverfahren, → PAL-Farbfernsehverfahren, → Farbfernsehempfänger, → Farbdekoder

Farbträgerunterdrückung (engl. Colour Subcarrier Suppression): → Farbträgersperre

Farbträgerverkopplung: zur Gewährleistung einer hohen Frequenz- und Nullphasenstabilität der → Farbbildsignale werden die → Farbträger in den einzelnen → Farbkodern mit den Signalen eines → Fernsehimpulsgenerators phasenstarr verkoppelt. Damit erhalten die Farbträger die den Signalen eines Fernsehimpulsgenerators eigene Quarzgenauigkeit. Da in der Phase des Farbbildsignals, d. h. des modulierten Farbträgers, die Information → Farbart enthalten ist, sichert die F. die richtige Farbartübertragung. Höchste Anforderungen an die F. werden in den quadraturmodulierten → Farbfernsehverfahren (NTSC, PAL) gestellt, weil hier Farbträgerphase und → Farbton aufs engste verbunden sind, und der Mensch auf fehlerhafte Farbtöne besonders kritisch reagiert. Die F. sichert, daß der hohe Aufwand zur Stabilisierung der Farbträgerphase nicht in jedem Farbkoder betrieben werden muß und daß die in verschiedenen Farbkodern erzeugten Farbbildsignale, das gleiche Farbfernsehverfahren vorausgesetzt, problemlos mischbar sind. → Modulation, → Quadraturmodulation

Farbtrickgenerator: Gerät zur elektronischen Verfremdung von Fernsehbildern (→ Bildverfremdung). Mit einem F. kann ein beliebiges Eingangsbild auf vielfältige Weise verändert werden. Durch unterschiedliche Bearbeitungsmöglichkeiten des Videosignals, die einzeln oder kombiniert angewendet werden können, entstehen effektvoll verfremdete Fernsehbilder. Ein Umrißzeichner wandelt das Eingangsbild in ein *Umrißbild,* eine Art Strichzeichnung, um. Das Originalbild und/oder Umrißbild kann in ein *Negativbild* umgekehrt werden, beide lassen sich unabhängig voneinander einfärben (→ *Einfärbung).* Weitere Effekte entstehen durch Modulation des Farbtons der synthetisch erzeugten Farbe mit Tonsignalen oder mit dem Videosignal selbst. Die Modulation mit dem Videosignal ergibt eine pegelabhängige, d.h. helligkeitsabhänige Farbtonänderung, wobei von schwarz bis weiß der gesamte Farbkreis durchlaufen wird. Abb. s. Farbanhang

Farbtripel: → Luminophore

Farbumstimmung, Farbanpassung: grobe Anpassung einer Farbkamera an unterschiedliche Farbtemperaturen der Aufnahmebeleuchtung. Die F. erfolgt optisch durch → Konversionsfilter, die in den Strahlengang der Kamera (Filterrad) geschaltet oder auf das Kameraobjektiv aufgesteckt werden und/oder elektrisch durch einen Farbtemperaturschalter, der eine Verstärkungsänderung in den einzelnen Farbkanälen und bei Dreiröhrenkameras teilweise auch eine Änderung der Strahlstromeinstellung bewirkt. Eine exakte Anpassung erfolgt durch den → Weißabgleich.

Farbvalenz: Bezeichnung für festgelegte oder ausgewählte → Farben. Mit den F. kann man den Zusammenhang zwischen der Wirkung von Farbreizen (physikalische Größe) auf das Auge und der → additiven Farbmischung (physisch-psychischer Prozeß) eindeutig beschreiben. Stimmen die F. mit den → Primärfarben überein, nennt man sie *Primärvalenzen* – im Farbfernsehen Rot, Grün, Blau. Wertmäßig wird eine F. durch drei Maßzahlen (im Farbfernsehen die drei Farbwerte R, G, B) exakt bestimmt, z. B.: R = G = B entspricht allgemein unbunt, R = G = B = 1 entspricht Weiß, R = G = B = 0,5 entspricht mittlerem Grau, R = G = 1 und B = 0 entspricht hellem, voll gesättigtem Gelb usw. Hierin kommt zum Ausdruck, daß die Farbempfindung „unbunt", die von Licht gleicher Energiedichte im Bereich 380 nm bis 780 nm hervorgerufen wird, auf der additiven Farbmischung der 3 F. Rot, Grün, Blau zu gleichen Anteilen beruht. Demgegenüber führt eine ungleiche Energieverteilung im Lichtspektrum bzw. eine Addition der einzelnen F. zu ungleichen Anteilen zu unterschiedlichen Farbempfindungen. → Farbe, → Farbart, → Farbwertsignal, → CIE-Farbdreieck, → IBK-Farbtafel

Farbversatz: Bildfehler, bei dem die Farbe eines Farbfernsehbilds gegenüber dem zugehörigen Helligkeitsbild meist nach rechts versetzt ist.

Farbvidikon: → Farbstreifenvidikon

Farbwertsignal: → Bildsignal im → Farbfernsehen, das Träger der in den → Farbauszügen Rot bzw. Grün bzw. Blau enthaltenen Bildinformation ist. Alle → Farbfernsehverfahren arbeiten mit 3 F., dem F.-Rot (R-Signal, E_R), dem F.-Grün (G-Signal, E_G) und dem F.-Blau (B-Signal, E_B). Bezogen auf das gesamte Fernsehbild enthalten die F. jeweils die Information über die relative Leuchtdichteverteilung der Bildelemente des sie bestimmenden Farbwerts (farbmetrisch gemessene Größe der an der → additiven Farbmischung beteiligten → Primärfarbe). F. treten in Bildaufnahmegeräten zwischen Bildaufnahmeröhre bzw. Fotovervielfacher und → Farbkoder sowie in Bildwiedergabegeräten zwischen → Farbdekoder und Farbbildröhre auf. Ihr linearer Bandbreitebereich umfaßt für eine hohe Bildqualität 0 Hz bis 5 MHz. Man kann sie als Grundlage der zur Übertragung kommenden → Farbbildsignale bezeichnen. → Dreifarbentheorie, → Farbbild, → Leuchtdichtesignal, → Farbdifferenzsignal, Abb. → Farbauszug

Fast Motion: → Zeitraffer

FBAS-Signal: vollständiges Farbbildsignal, entsteht durch Addition des → Farbartsignals (F-Signal), des ausgetasteten → Leuchtdichtesignals (Y-Signal, da identisch mit dem BA-Signal, wird diese Bezeichnung synonym benutzt) und des → Synchronsignals (S-Signal). Es enthält alle zur Erzeugung eines Farbfernsehbilds notwendigen Informationen. Das F. kann als → vollständiges Bildsignal im → Farbfernsehen bezeichnet werden; teilweise steht hierfür auch die Bezeichnung „Farbbildsignalgemisch". Es unterliegt in seinen Werten der jeweiligen → Fernsehnorm. → Bildsignal, → Bildsignalpegel

FCCS, Abk. für engl. **F**ield **C**ondition **C**omputer **S**ystem: computergesteuerte Empfindlichkeits- und Bandbreitenumschaltung bei einem UKW-Rundfunkempfänger, um Störungen durch Sender auf dicht benachbarten Frequenzen weitestgehend zu verringern. Eine Entscheidung, ob der Empfänger breitbandig und weniger empfindlich oder schmalbandig und gleichzeitig empfindlicher geschaltet wird, trifft ein Mikroprozessor auf Grund der vorhandenen Störfrequenzen beim Empfang. → rauschbegrenzte Empfindlichkeit

FDM: → Frequenzmultiplex

FD-Röhre (FD von engl. Flat Display): flache → Bildwiedergaberöhre mit Anordnung des → Strahlsystems an der unteren Bildkante. Die → Ablenkung des Elektronenstrahls erfolgt bei diesem Röhrentyp in horizontaler Richtung magnetisch und in vertikaler Richtung elektrostatisch. Zur Verbesserung der Bildauflösung wird eine automatische Nachfokussierung für den Elektronenstrahl in vertikaler Richtung eingesetzt. Der Leuchtstoff ist bei der F. auf dem Boden der Röhrenwanne aufgetragen; die Frontseite ist mit durchsichtigen Elektroden zur Aufnahme der Sekundärelektronen versehen. → Flachbildschirm, → Sinclair-Flachbildröhre

Fe-Cr-Band: → Zweischichtband

Federhallgerät: → Verhallung

Fehlwinkel: → horizontaler Spurfehlerwinkel, → vertikaler Spurfehlerwinkel

Feldeffekttransistor: → Transistor

Feld-Leerlauf-Übertragungsfaktor, kurz *Übertragungsfaktor,* svw. *Mikrofonempfindlichkeit:* Quotient aus Mikrofon-Tonsignalspannung zu einwirkendem Schalldruck unter bestimmten Meßbedingungen. Die Angabe erfolgt in mV/Pa, veraltet in mV/µbar. Es gilt folgende Umrechnung: 10 mV/Pa = 1 mV/µbar. Angegeben wird der F. als Kennwert bei 1 kHz auf der Bezugsachse, oder er wird abhängig von der Frequenz als Kurve dargestellt und zeigt dann den Amplitudenfrequenzgang des Mikrofons (Übertragungscharakteristik).

Hinweis: Der Zahlenwert des F. gibt direkt die Tonsignalspannung des zugehörigen Mikrofontyps an, wenn dieses einem Schalldruck von 1 Pa ausgesetzt wird. Das entspricht in grober Näherung lautem Singen oder Ansprechen aus kürzester Entfernung.

Feldplatte: magnetfeldabhängiger Halbleiterwiderstand auf der Grundlage des → Hall-Effekts. Durch Annähern oder Entfernen eines Dauermagneten ist der elektrische Widerstand der F. kontaktlos steuerbar. F. werden auch wie → Hall-Elemente zur kontakt- und berührungslosen Positionsbestimmung bewegter Teile eingesetzt.

Feldstärke: Maß für Stärke und Richtung von elektrischen oder magnetischen Erscheinungen im Raum (Felder). Von besonderer Wichtigkeit ist die *elektrische F.* der elektromagnetischen Welle am Ort der Empfangsantenne. Sie bestimmt unmittelbar die Größe der Antennenspannung. Die elektrische F. nimmt mit wachsender Entfernung vom Sender ab. Sie ist als Spannungsunterschied je Längeneinheit definiert und wird in V/m gemessen. → Polarisation

Feldstärkeanzeige: → Abstimmanzeige

Fensterantenne, auch Balkonantenne: an der Außenwand eines Gebäudes, vorwiegend am Fenster oder auf dem Balkon angebrachte Empfangsantenne. Die F. ermöglicht in Sendernähe, besonders bei Montage in den oberen Etagen, guten Empfang. Zwischen Sender und F. sollen sich aber möglichst keine größeren Hindernisse befinden, daher ist auch eine Anbringung an der senderabgewandten Seite eines Gebäudes wenig sinnvoll. Die Empfangsergebnisse sind gegenüber einer ordnungsgemäß errichteten Dachantennenanlage i. allg. ungünstiger. F. benötigen unter bestimmten Bedingungen keine → Erdungsanlage (s. dort Abb. 2).

Fernbedienung (engl. Remote Control): Steuerung der verschiedenen Funktionen von Geräten ohne manuelle Einstellung direkt am Gerät. In der Unterhaltungselektronik benutzt man die Bezeichnung F. sowohl für den Vorgang als auch die technische Baugruppe. F. können *drahtgebunden* (Verwendung von mehradrigen Kabeln mit einer getrennten → Gleichspannungssteuerung und einadrigen Kabeln mit frequenz- bzw. zeitmultiplexer Übertragung der einzelnen Steuerbefehle) oder *drahtlos* (hauptsächlich → Infrarotfernbedienung und → Ultraschallfernbedienung, teilweise auch HF-F.) aufgebaut sein. Mit F. können beliebige *Schaltfunktionen* (z. B. Ein/Aus bei allen Geräten, Vor-/Rücklauf/Pause/Stop bei Recordern und Tonbandgeräten), *Analogfunktionen* (Einstellen von Lautstärke, Klang, Balance bei Rundfunkempfängern und darüber hinaus Helligkeit, Kontrast, Farbsättigung bei Fernsehempfängern), *Sender- bzw. Kanalwahl* bei Rundfunkempfängern usw. eingestellt werden. Bei der Sender- bzw. Kanalwahl ist zwischen dem Ringzählerprinzip (die Kanäle werden fortlaufend bis zum gewünschten durchgeschaltet) und der Direktwahl (der gewählte Kanal wird sofort bei der Wahl eingestellt) zu unterscheiden. Elektronische F. sind vielfach mit einem *Standby-Schalter* ausgestattet, der die Betriebsbereitschaft der F. unabhängig vom Betriebszustand des zu steuernden Geräts sichert. Für die Einstellung bestimmter Optimalwerte können systemabhängige separate Tasten an der F. vorgesehen sein, mit denen das Zu- und Abschalten entsprechender Automatiken im zu steuernden Gerät erfolgt. Dem fortgeschrittenen Stand der F.-Technik entspricht, daß F.-Einrichtungen kombiniert mit mikrorechnergesteuerten → Abstimmsystemen bzw. Programmwahleinrichtungen der verschiedenen Geräte der Unterhaltungselektronik arbeiten können, oder daß sie die F. einzelner Geräte einer komplexen Anlage übernehmen, die selbst nicht von der Mikrorechnersteuerung erfaßt werden. → Bereitschaftsbetrieb, → Spracherkennungssystem, → Videorecorder, → Fernsehempfänger

Fernsehantenne: → Empfangsantenne

Fernsehaufzeichnung: → Fernsehmitschnitt

Fernsehband: → Fernsehbereich

Fernsehbandgerät: → Fernsehspeichergerät

Fernsehbereich; auch *Fernsehband:* durch den UIT/ITU (franz. *U*nion *I*nternationale des *T*elecommunications, Internationaler Fernmeldeverein) festgelegte Frequenzbereiche, die für *öffentliche Fernsehdienste* zur Verfügung stehen. F. werden nach internationaler, jedoch regional begrenzter Vereinbarung in → Fernsehkanäle eingeteilt (s. Tab. → Fernsehkanal). Die international am häufigsten für den Fernsehrundfunk genutzten F. sind die Bereiche III bis V; sie sind auch die bestimmenden in Mitteleuropa. Der F. I wird in Mitteleuropa hauptsächlich genutzt, um in begrenzten Gebieten Versorgungslücken zu schließen. Für die Einführung des Satellitenfernsehens (→ Satellitenfunk) wird hauptsächlich der F. VI genutzt werden.

Fernsehbild: auf einem Bildschirm wiedergegebene Abbildung eines elektronisch aufgenommenen, übertragenen und/oder gespeicherten optischen Bilds. → Fernsehen

Fernsehempfänger, auch *Fernsehrundfunkempfänger, Fernsehgerät,* umgangssprachlich „Fernseher" (engl. Television Receiver): Gerät zum Empfang und zur Wiedergabe der Bild- und Toninformation von Sendungen des → Fernsehrundfunks. Entsprechend dieser Aufgabe und der bestehenden → Fernsehnormen enthält jeder F. ein Empfangsteil zur Überführung des hochfrequenten Fernsehsignals in seine Bestandteile: Bildsignal und Fernsehtonsignal

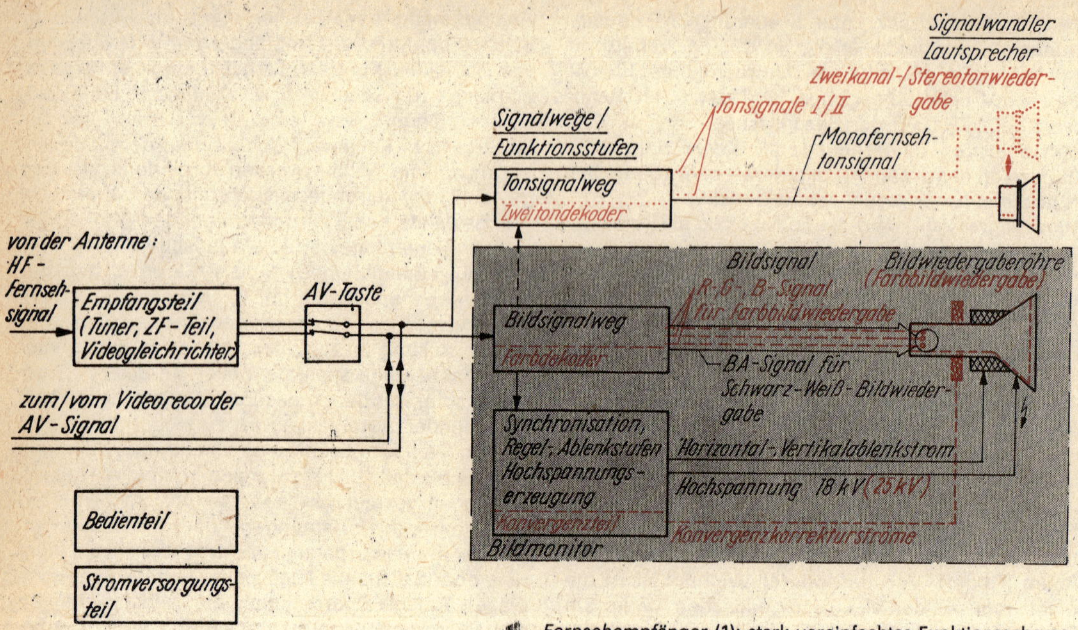

Fernsehempfänger (1): stark vereinfachtes Funktionsschema

(Abb. 1). Diese werden getrennt zur Wiedergabe aufbereitet und über Wandler in Bild- bzw. Toninformationen umgesetzt. Um ein dem Original entsprechendes Fernsehbild erzeugen zu können, ist unbedingt eine Synchronisation des Bildwiedergabevorgangs in bezug auf die Bildaufnahme vorzunehmen. Dieses allgemeine Grundprinzip gilt für das →Schwarz-Weiß-Fernsehen. Durch Einschalten entsprechender Dekoder in die Signalwege und Verwendung geeigneter Wandler gewinnt dieses Grundprinzip – unter der Voraussetzung, daß die →Kompatibilität der Fernsehsignale gesichert ist – auch Gültigkeit für das →Farbfernsehen, die Zweiton- bzw. Stereotonwiedergabe im Fernsehen und das 3-D-Fernsehen. In Abb. 2 ist das Funktionsschaltbild eines F. dargestellt. Es bezieht sich auf das Intercarrierverfahren, das bestimmend für die Schwarz-Weiß-F. ist, aber auch in Farb-F. angewendet werden kann. Andere Möglichkeiten für den Schaltungsaufbau werden durch das →Paralleltonverfahren und das →Quasiparalleltonverfahren geboten. Im → *Tuner* (VHF- und UHF- bzw. Allbereichstuner) erfolgt eine selektive Verstärkung des von der Antenne kommenden HF-Fernsehsignals. Dabei kann die Auswahl der einzelnen →Fernsehkanäle auf verschiedene Art erfolgen: manuelles Durchstimmen und Umschalten des Kanalwählers, elektronische Abstimmung durch Sendersuchlauf, Programmspeichersteuerung usw. Im Tuner werden durch Mischung des Eingangssignals mit einer eigenen Oszillatorschwingung, deren Frequenz jeweils um den Betrag der Bild-ZF über der Bildträgerfrequenz des eingestellten Fernsehkanals liegt, die Zwischenfrequenzen erzeugt: Bildträger (ZF-Lage): 38,9 MHz, Tonträger (ZF-Lage): 33,4 MHz. Im nachfolgenden mehrstufigen *ZF-Verstärker* erfolgt die Hauptselektion (Trennung des eingestellten von benachbarten Fernsehkanälen). Charakteristisch für die Selektionskurve sind → Nyquistflanke und → Tontreppe. Die Amplitudenmodulation der Bild-ZF wird im →Bildgleichrichter (→Videodemodulator) aufgehoben. Dabei entsteht neben dem (F)BAS-Signal als zweite Ton-ZF das Differenzfrequenz-Signal (DF-Signal: 5,5 MHz). Während (F)BAS- und DF-Signal den folgenden Verstärkerstufen zugeführt werden, erfolgt durch Filter eine Unterdrückung unerwünschter Signalanteile (Tonträgerfalle, DF-Sperre). Das DF-Signal gelangt über *DF-Verstärker* und *Amplitudenbegrenzer* zum *FM-Tonsignaldemodulator*. Hier wird die Frequenzmodulation der zweiten Ton-ZF aufgehoben. Das entstehende Fernsehtonsignal wird über *NF-Verstärker* (Lautstärke-, z. T. Tonhöhen-, Klangeinstellung) und *Tonsignalendstufe* zum Lautsprecher geleitet. Das (F)BAS-Signal wird über *Videoverstärker* und *Videoendstufe* der → *Bildwiedergaberöhre* zugeführt. Dabei müssen zur vollen Aussteuerung der Bildwiedergaberöhre Signalamplituden von 60 bis 100 V erreicht werden. Durch Anlegen vertikal- und horizontalfrequenter Austastimpulse an das Steuergitter (G 1) der Bildwiedergaberöhre werden die Bild- und Zeilenrückläufe im Bild dunkelgesteuert. Wesentlich wird die Bildqualität durch die →Helligkeitseinstellung (Einstellung des Gleichspannungs-

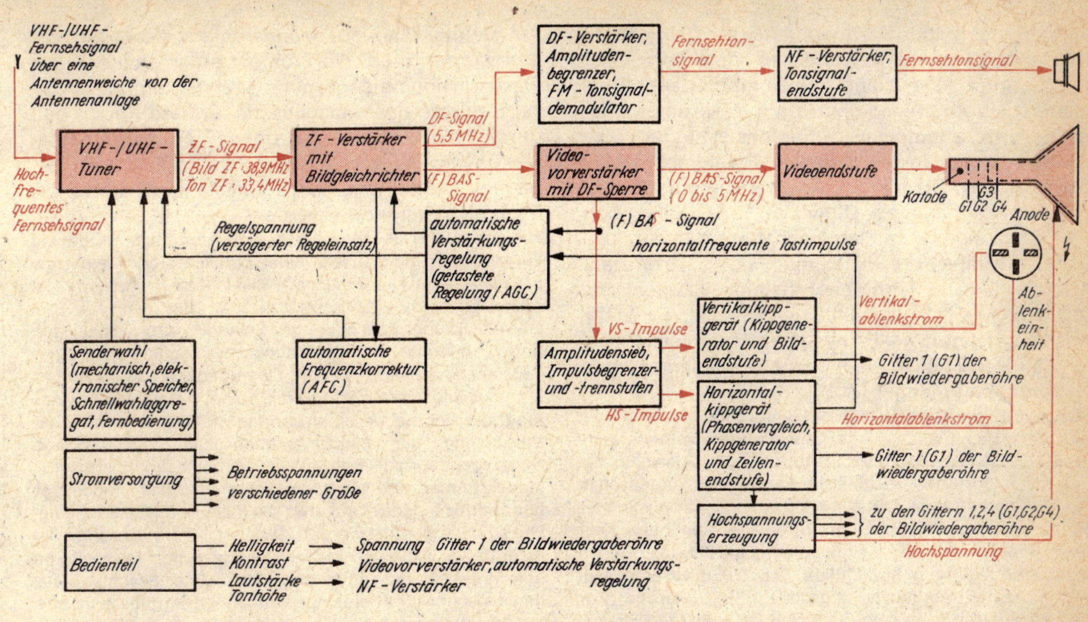

Fernsehempfänger (2): Funktionsschaltbild nach dem Intercarrierverfahren

potentials am Steuergitter der Bildwiedergaberöhre) und → Kontrasteinstellung (Einstellung der Verstärkungsgröße im Bildsignalweg) beeinflußt. Um ständig eine gute Bildqualität zu sichern, werden vielfach Automatiken eingesetzt, die Helligkeit und Kontrast abhängig von den Empfangsbedingungen und der Stabilität der Empfängerschaltungen (*automatische Verstärkungsregelung* in Form einer → getasteten Regelung, → *AFC*) und in Abhängigkeit der Raumlichtverhältnisse (→ Raumlichtautomatik) regeln. Einen großen Schaltungsaufwand erfordert die → Synchronisation, → Ablenkung und Erzeugung des → Strahlstroms. Durch ein → *Amplitudensieb* wird vom (F)BAS-Signal das Synchronsignal abgetrennt. Daraus werden die Vertikal- und Horizontalsynchronimpulse gewonnen. Mit diesen Impulsen werden → *Vertikalkippgerät* bzw. → *Horizontalkippgerät* synchronisiert. Von den Endstufen dieser Kippgeräte werden die Ablenkströme für die *Ablenkeinheit* bereitgestellt. Die Stufe zur → *Hochspannungserzeugung* wird i. d. R. vom Horizontalkippgerät aus angesteuert. Neben der Hochspannung selbst, die zum Anodenanschluß der Bildwiedergaberöhre geführt wird, liefert die Hochspannungsstufe Betriebsspannungen für verschiedene Baustufen und die Bildwiedergaberöhre. An die Stabilität ihrer Größen werden hohen Forderungen gestellt, da sie Einfluß auf die Strahlstärke (bestimmt die Bildhelligkeit) und die Fokussierung des Elektronenstrahls (bestimmt die Bildschärfe) haben. Die Erzeugung und Fortleitung der Hochspannung erfordert im F. verschiedenartige Maßnahmen zum Schutz vor → Hochspannungsüberschlag. Die Entwicklung bei F. hat sich in relativ kurzer Zeit vom röhrenbestückten über den transistorisierten F. in monolithischer Bauweise, über die Modulbauweise zum F. mit integrierter Schaltungstechnik vollzogen. Als Trend zeichnet sich der Übergang von der analogen zur digitalen Schaltungstechnik ab. Die Digitalisierung und der Einsatz von Flüssigkristallbildschirmen wird den Aufbau der F. (insbesondere den Synchron- und Ablenkteil) grundlegend verändern. Gegenwärtig besteht international eine Vielfalt im Angebot der F., die sich in Aufbau und Verwendungszweck (Standgerät, Tischgerät, Portable), Größe der Bildwiedergaberöhre (Bildschirmdiagonalen von 7 cm bis 90 cm), Bedienungskomfort (mechanische Bedienelemente, Sensortasten, Senderschnellwahlaggregat, Fernbedienung u. a.), Anschlußmöglichkeiten für audio-visuelle Zusatzeinrichtungen (Tonbandgerät, Videorecorder, Bildplattenspieler, Heimcomputer, Bildschirmspiele, Telekommunikationseinrichtungen) usw. ausdrückt. Einige allgemeine Charakteristika für die heutige F.-Generation sind: → Sofortbild, → Infrarotfernbedienung, Anschlußmöglichkeit über → AV-Buchse und damit auch Nutzung als → Bildmonitor, Anschlußmöglichkeiten für Kopfhörer, Zusatzlautsprecher und Tonbandgerät. → Farbfernsehempfänger werden vielfach als Mehrnormempfänger (z. B. SECAM/PAL) aufgebaut. Der Einsatz von Dekodern in F. für den Zweiton- bzw. Stereoempfang, für verschiedenartige Kommunikationsdienste und die Anschlußmöglichkeiten an das → Kabelfernsehen gewinnen international zunehmend an Gewicht. Im internationalen Maßstab werden viele Funktionen des F. unter Ausnutzung der Computertechnik gesteuert („Programmcomputer"; d. h. programmierbare Einschaltautomatik, Stationswahl für über 30 Fernsehkanäle, → Wunschbildautomatik, LED-Anzeige usw. bis hin zur Ausschaltautomatik nach Programmende). → Digivision, → Fernsehen, → Fernsehnorm, → Klemmschaltung, → Strahlsystem, → Strahlstromeinstellung, → Strahlstromstabilisierung, → Strahlstrombegrenzung, → Zeilentransformator, → Kompatibilität, → Testbild, → Mehrnormempfänger, → Fernsehempfängeraufstellung, → Bildschirmlinse, → Farbfernsehempfänger, → Zweitonempfänger (Abb.)

Hinweis: F. sind und bleiben auf lange Sicht hochwertige, teure und damit längerlebige Konsumgüter. In ihnen kommen auf Grund massenhafter Nutzung und Vielschichtigkeit der integrierten Technik die neuesten Errungenschaften des technischen Fortschritts in der Elektronik immer wieder neu zur Anwendung. Deshalb sollten beim Kauf eines F. neben Preis- und allgemeinen Qualitätsansprüchen auch Überlegungen hinsichtlich der Zukunftsträchtigkeit des einzelnen Gerätetyps zugrunde gelegt werden. Zur Qualitätsüberprüfung beim Kauf und der richtigen Einstellung des F. sollte das → Sendetestbild genutzt werden. Da in allen F. die Bildwiedergaberöhre das teuerste Bauelement ist, sollte alles zum Erhalt ihrer Lebensdauer getan werden (Kontrast, Helligkeit so gering wie für ein gutes Fernsehbild erforderlich, Vermeiden von Kratzern beim Reinigen des Bildschirms u. ä.).

Fernsehempfängeraufstellung: Wahl des Standorts eines → Fernsehempfängers, einschließlich der dabei zu beachtenden grundsätzlichen Regeln, unabhängig vom Gerätetyp (→ Standgerät, → Tischgerät, → Kofferfernsehgerät). Die F. geht generell von einem festen Standort aus. Dieser ist so zu wählen, daß *a)* möglichst kein Gegenlicht (Lichtstrahlung durch Fenster oder von Lampen) bzw. dessen Reflexionen den Bildschirm aufhellen können, daß *b)* der Abstand von Wandflächen mindestens 10 cm beträgt sowie die durch die Gerätefüße vorgegebene Bodenfreiheit und die Freiheit aller Lüftungsschlitze an der Empfängerrückwand voll gewährleistet ist, um eine einwandfreie Kühlung der Bauelemente und dadurch eine hohe Betriebssicherheit zu erreichen, daß *c)* der optimale → Betrachtungsabstand eingehalten wird, im Blickfeld keine Gegenstände Teile des Bildschirms verdekken und die Aufstellungshöhe der Augenhöhe angemessen ist, daß *d)* eine günstige Bedienbarkeit des Geräts gewährleistet wird, daß *e)* der Schallweg vom Lautsprecher zum Fernsehzuschauer möglichst ungehindert ist (Problem: bei seitlich angeordneten Lautsprechern sollte bei der F. beachtet werden, daß sich in unmittelbarer Nähe des Lautsprechers möglichst keine Gardinen, Möbel u. a. befinden). Für Farbfernsehgeräte gilt darüber hinaus, daß an ihrem Standort die Wirkungsmöglichkeit fremder magnetischer Kraftfelder (z. B. von Netzteilen anderer Heimgeräte, Spannungsreglern usw.) vermieden werden muß. Ein Problem ergab sich z. B. bei Farbfernsehempfängern mit Lochmaskenröhren bereits durch das magnetische Erdfeld, dem ggf. durch eine *standortbezogene Einstellung* der → Konvergenz durch einen Service-Techniker begegnet werden mußte (Gerätestandort durfte danach nicht verändert werden!).

Hinweis: Unter Beachtung der genannten Regeln sollte ein Fernsehgerät möglichst in einer parallelen oder leicht geneigten Ebene zum Fenster – Bildschirm *in Richtung mit dem Lichteinfall* – aufgestellt werden. Bei mehreren Fenstern (z. B. über Eck) sollte der Standort durch Probe, ggf. unter Zuhilfenahme von Abdunklungsmöglichkeiten eines Fensters ausgewählt werden. Eine unnötige äußere Aufhellung des Bildschirms erfordert eine hohe Helligkeitseinstellung, die sich neben einer geringeren Bildqualität in einer Verkürzung der Bildröhrenlebensdauer niederschlägt. Demgegenüber sollte im dunklen Zimmer beim Fernsehen jedoch immer eine „Fernsehleuchte", die das Umfeld des Bildschirms blendfrei auf etwa die mittlere Bildschirmhelligkeit aufhellt, benutzt werden. Die Regel, Farbfernsehgeräte nicht in der Nähe von Magnetfeldern zu betreiben, gilt im übertragenen Sinne auch umgekehrt. Unter Beachtung des magnetischen Kraftfelds der Entmagnetisierungsspule sollten Magnetbänder nicht auf bzw. unter dem Farbfernsehgerät gelagert werden. Eine Beeinflussung ist nicht auszuschließen.

Fernsehen (engl. *Television*): spezielles Gebiet der elektronischen Nachrichtentechnik, das sich i. e. S. mit der Aufnahme, Bearbeitung, Übertragung und Wiedergabe von Bildinformationen beschäftigt. Umgangssprachlich ist der Begriff des F. weiter gefaßt. Er schließt z. B. unter dem Aspekt des → Fernsehrundfunks die zum Fernsehbild gehörende Tonübertragung mit ein. Weitere begriffliche Differenzierungsmöglichkeiten ergeben sich hinsichtlich der Anwendungsbereiche (→ Fernsehrundfunk, → technisches Fernsehen, kommerzielles F. usw.), der Art des F. (→ Schwarz Weiß-Fernsehen, → Farbfernsehen, → Stereofernsehen, → Hochzeilenfernsehen usw.), der angewandten Übertragungsverfahren (→ Zeilensprungverfahren, → PAL-Farbfernsehverfahren, → SECAM-Farbfernsehverfahren, → NTSC-Farbfernsehverfahren), der eingesetzten → Fernsehtechnik (analog und digital arbeitende Geräte, Anlagen, Systeme), der genutzten Übertragungsmedien (→ Kabelfernsehen, terrestrische Fernsehübertragung, → Satellitenfernsehen) usw. Seit vielen Generationen bedienen sich die Menschen verschiedenster Hilfsmittel (Überbringen von „Bildern" durch Boten, Fernrohr, Fernglas usw.), um in die „Ferne" zu sehen. Die Entwicklung der Elektrotechnik, erster elektronischer Bauelemente (z. B. Selenplatten) und speziell der elektrischen Nachrichtentechnik im 19. Jahrhundert brachte zwangsläufig auch den Gedanken mit sich, diese neuen Möglichkeiten für die Übertragung von Bildern, die außerhalb der natürlichen Sehweite des Menschen liegen, zu nutzen. Beginnend 1843 mit dem Vorschlag des Schotten BAIN, Bilder nach

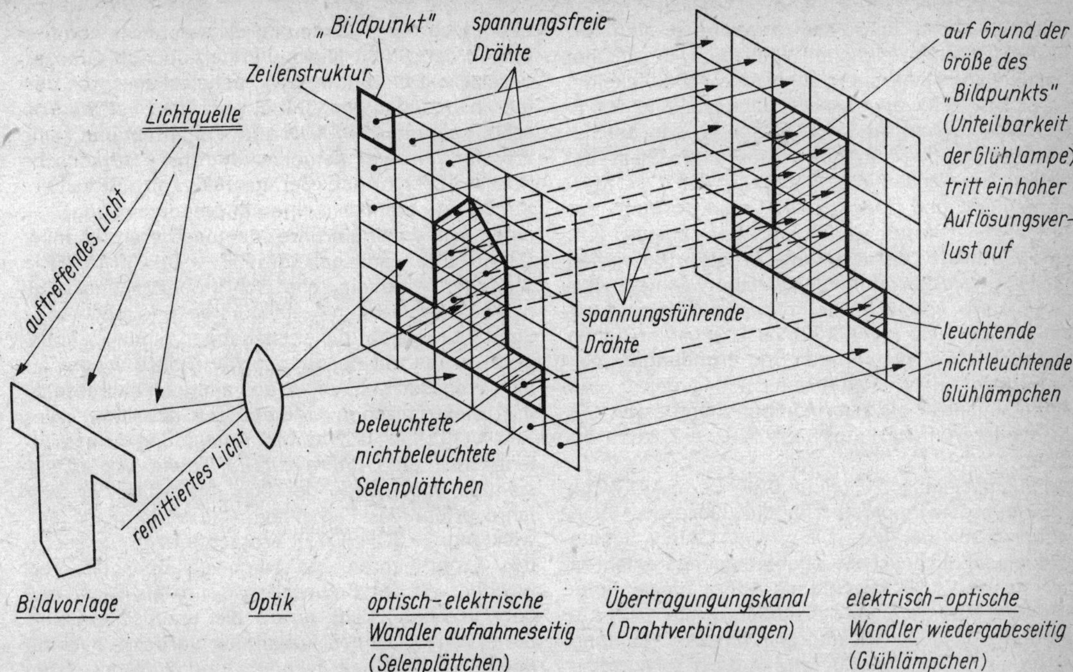

Fernsehen (1): auf Bain zurückgreifende Methode der elektrischen Bildsignalübertragung

Fernsehen (2): Fernsehempfänger „Televisor" (J. L. Baird 1930)

Fernsehen (3): Einrichtung zur Aufnahme von Fernsehbildern (J. L. Baird 1924)

einer Zeilenstruktur in einzelne Punkte zu zerlegen und deren Helligkeitswerte als Signalspannungen über Drahtwege zu übertragen, haben sich unsere heutigen elektronischen Fernsehverfahren entwikkelt. Diese zeichnen sich insgesamt gegenüber dem allgemein „in die Weite sehen" durch folgende Eigenschaften aus: *a)* die überbrückbare Entfernung von der Bildvorlage *zum* Sehenden ist unbegrenzt; *b)* die Bildvorlage kann einem beliebig großen Kreis von Sehenden an unterschiedlichen Orten zugänglich gemacht werden; *c)* durch Nutzung technischer Mittel kann die Zeitspanne zwischen Bilderеignis und Sehen beliebig gestaltet werden, das schließt die Unmittelbarkeit, Verzögerung und Reproduzierbarkeit des Vorgangs ein. Gegenwärtig noch bestehende Probleme, wie z. B. fehlender Raumeindruck, eingeschränkte Bildauflösung u. a., werden durch die Einführung neuer Fernsehverfahren (3-D-F., Hochzeilen-F. u. a.) zu lösen sein. Das F. wird durch technische Einrichtungen, die zwischen

Bildereignis und Betrachter angeordnet sind, ermöglicht. Damit entstehen vielfältige inhaltliche, künstlerisch-ästhetische, technische Möglichkeiten für eine zuschauerwirksame Bildgestaltung im F. Dies unterstreicht die herausragende, von den Interessen der herrschenden Klasse im Staat bestimmte gesellschaftliche Bedeutung des F. als Massenmedium und die große Verantwortung der Fernsehschaffenden gegenüber den Zuschauern. Mit Hilfe des F. werden heute in vielen Bereichen (Medizin, Weltraumforschung, Überwachung verschiedenster Prozesse u. a.) früher unlösbare Aufgaben erfüllt. Viele namhafte Wissenschaftler haben sich durch ihre Forschungen und Erfindungen bleibende Verdienste um die Entwicklung des F. von seinen Anfängen bis zum heutigen Stand erworben und weitere Entwicklungswege für die Zukunft eröffnet.

Geschichtliches: 1851 stellten BAIN und BAKEWELL in Paris je eine Apparatur für die Bildzeichenübertragung nach der Idee Bains aus. CAREY schlug 1875 ein ähnliches Fernsehübertragungsverfahren vor und de PAIVA brachte als Aufnahmeelemente für dieses Übertragungsprinzip Selenplatten zur Anwendung. Die Entwicklung in dieser Richtung wurde zu Beginn des 20. Jahrhunderts fortgesetzt. Das Verfahren krankte jedoch prinzipiell an der fehlenden Möglichkeit, bewegte Bilder zu übertragen und auf Grund der begrenzten Übertragungskapazitäten an einer äußerst mangelhaften → Auflösung. Die Generalidee für unser heutiges Fernsehverfahren geht auf → NIPKOW zurück, der vorschlug für das Fernsehen eine *spiralgelochte Bildzerlegungsscheibe* aufnahme- und wiedergabeseitig einzusetzen. Diese sogenannte → *Nipkowscheibe* ermöglichte die sich stetig wiederholende punktweise Abtastung von Bildvorlagen nach einem Zeilenraster. Da die einzelnen Bildpunkte nacheinander abgetastet werden, ihre zugehörigen Signalspannungen demzufolge auch nacheinander entstehen, ist eine *einkanalige Signalübertragung* möglich. Gleichzeitig entsteht hierbei jedoch auch das Erfordernis der → Synchronisation zwischen Bildzerlegung und Bildaufbau. Nach vielen Detailverbesserungen gelang → BAIRD auf der Basis des von NIPKOW aufgezeigten Prinzips *1924 die erste öffentliche Fernsehübertragung der Welt* in England. Dem schloß sich KAROLUS an, der betriebsmäßig ein 96-Zeilen-F. vorstellte. Er setzte dabei das *Spiegelrad,* einen Nachfolger der Nipkowscheibe, ein und erreichte eine bemerkenswerte Bildgröße von 75 cm × 75 cm. Auf der fünften Berliner Funkausstellung stellten → MIHÁLY und BAIRD das F. einer breiteren Öffentlichkeit vor und lösten damit Aufsehen sowie reges Interesse aus. Einen weiteren verbesserten Nachfolger der Nipkowscheibe bildete der von MECHAU für die Filmabtastung entwickelte und aufnahmeseitig eingesetzte *Linsenkranz* (Anlagen dieser Art wurden bis in die 50er Jahre betrieben.). Insgesamt wurden durch die aufwendige Mechanik nach dem Nipkow-Prinzip jedoch Grenzen gesetzt, die die Entwicklung vollelektronischer Verfahren begünstigten. Dabei griff man auf die Forschungen von → BRAUN zum Fotoeffekt und seine Erfindung der Katodenstrahlröhre (Braunsche Röhre, 1887) zurück. Bereits 1897 hatte BRAUN in Straßburg erstmals eine Kurvendarstellung mit einer Katodenstrahlröhre demonstrieren können. Darauf aufbauend gelang 1906 → DIECKMANN in München eine einfache Schriftübertragung. Aufnahmeseitig tasteten Metallbürsten eine metallische Schriftvorlage ab, die entstehenden Signalspannungen wurden mit der Braunschen Röhre wieder als Bild umgesetzt. Einen Weg, auch aufnahmeseitig mit elektronischen Mitteln zu arbeiten, wies → ZWORYKIN 1923 durch Anmeldung seines Patents über eine *Röhre zur Zerlegung des abzutastenden Bilds.* Ende der 20er bis Mitte der 30er Jahre erfuhr das Fernsehen eine sprunghafte Entwicklung. → SCHRÖTER erbrachte nach umfassenden Experimenten den Nachweis über die Verwendbarkeit der Braunschen Röhre als Bildschreiber (1927/28). 1928 wurde die Braunsche Röhre durch → ARDENNE wesentlich verbessert (Einfügen eines Wehnelt-Zylinders und 200fache Erhöhung der Schirmhelligkeit). 1930 stellte M. v. ARDENNE den ersten *Leuchtfleckabtaster* zur elektronischen Bildzerlegung im Labor fertig, und ZWORYKIN stellte als erste elektronische Bildaufnahmeröhre der Welt sein *Ikonoskop* in der Öffentlichkeit vor. Im gleichen Jahr (27.9.) veröffentlichte SCHRÖTER als erster seine Arbeiten zum → Zeilensprungverfahren. Hierdurch wurde mit geringstem Aufwand das → Flimmern des Fernsehbilds reduziert und damit eine wesentliche Bildqualitätsverbesserung erreicht. Bereits 1931 konnte M. v. ARDENNE durch aufnahmeseitigen Einsatz eines Leuchtfleckabtasters (für Filmabtastung) und wiedergabeseitigen Einsatz der Braunschen Röhre die erste vollelektronische Fernsehübertragung auf der Basis des Zeilensprungverfahrens demonstrieren. Damit waren alle Voraussetzungen für unser heutiges F. geschaffen und in der Praxis bestätigt. Einher mit dieser Entwicklung gingen die Normung für das F. (1931: erste deutsche Fernsehnorm mit 30 Zeilen/Bild und 12,5 Bildern/s) und später die Aufnahme regelmäßiger Fernsehprogrammabstrahlungen. (Nachdem 1934 der offizielle Versuchsbetrieb in Deutschland begann, nahm Berlin am 22.3.1935 die ersten regelmäßigen Fernsehprogrammabstrahlungen mit 180-Zeilen-Norm auf.) Annähernd zeitgleich zur Entwicklung des F. in Deutschland verlief diese auch in England und Frankreich. Sehr vielfältig war der Aufbau und Einsatz neuer Geräte und Anlagen für das F. (z. B. wurde 1936 die erste elektronische Ikonoskop-Fernsehkamera auf der Olympiade in Berlin eingesetzt). Der zweite Weltkrieg brachte in Europa ein jähes Ende dieser für das F.

so bedeutsamen Entwicklung. Ende der 40er Jahre wurden Schritte eingeleitet, das F. als echtes Massenkommunikationsmittel in Europa nutzbar zu machen. Es erfolgten auf internationaler Ebene Normabsprachen, die bis heute Gültigkeit haben (→ CCIR-Norm, → OIRT-Norm usw.). Man begann mit öffentlichen Programmabstrahlungen. Z. B. begann das Fernsehzentrum der DDR in Berlin-Adlershof am 21. 12. 1952 als fünfte Station in Europa mit Ausstrahlungen öffentlicher Versuchsprogramme, die 1953 zum offiziellen Programmbetrieb überleiteten. Auch die BRD nahm bereits 1952 den regelmäßigen Betrieb im Fernsehrundfunk auf. Demgegenüber wurde in den USA bereits mit Intensität an der Entwicklung des → Farbfernsehens gearbeitet. Schon 1940 wurden in den USA erste Farbfernsehsendungen ausgestrahlt. 1953 wurde das → NTSC-Farbfernsehverfahren zur verbindlichen Norm in den USA erklärt. Hierauf aufbauend wurden später in Frankreich auf Anregung von de FRANCE das SECAM-Farbfernsehverfahren und in der BRD durch → BRUCH das PAL-Farbfernsehverfahren entwikkelt. Weitere Verfahren zur Übertragung von Farbbildern blieben ohne praktische Bedeutung. Der gegenwärtige Trend im F. geht schwerpunktmäßig zur Digitalisierung, zur Erschließung weiterer Übertragungsmedien, zur Einsparung von Übertragungskapazitäten und zu einer weiteren Qualitätsverbesserung. → Fernsehnorm (Abb.)

Fernsehen der DDR, Abk. **DDR-F**, auch *DDR-Fernsehen:* staatliche Institution, die für die Planung, Produktion und Ausstrahlung des 1. und 2. Programms des Fernsehrundfunks in der DDR verantwortlich ist. Das DDR-F wird vom *Staatlichen Komitee für Fernsehen beim Ministerrat der Deutschen Demokratischen Republik* geleitet. Das DDR-F ist zentral strukturiert, d. h., alle Programmvorhaben werden zentral geplant und unabhängig vom Produktionsort über das Fernsehzentrum Berlin-Adlershof dem Fernsehsendernetz der DDR zugeführt. Neben dem über eine Vielzahl von Fernsehproduktionsstudios verfügenden Fernsehzentrum Berlin-Adlershof unterhält das DDR-F Fernsehstudios in Rostock, Karl-Marx-Stadt, Halle, Leipzig und Dresden mit unterschiedlichem Ausstattungsgrad. Die Nachrichtentechnik für die Programmproduktion (stationär und mobil) und Übertragung wird im Fernsehrundfunk der DDR insgesamt durch die Deutsche Post bereitgestellt und von deren Mitarbeitern bedient, gewartet und instandgehalten.

Fernsehfilm: Art der eigenständigen künstlerischen Werke des Fernsehens (Fernsehdramatik). Künstlerische Charakteristika für einen F. sind, daß die Handlung i. d. R. von vielen Personen getragen wird, der Rahmen der Handlung und Schauplätze weit gespannt ist (Unterschied zum → Fernsehspiel). Dadurch können die Möglichkeiten der „Bildsprache" ähnlich wie im Spielfilm gegenüber dem Dialog umfassend genutzt werden. Ein F. muß gegenüber dem Spielfilm der Größe des Bildschirms Rechnung tragen. Im F. überwiegen demzufolge der Einsatz von Groß- und Nahaufnahmen bis ins Detail, während Massenszenen, Totale u. ä. (Spielfilm) nur sparsam Anwendung finden. F. werden mit elektronischer Bildaufnahmetechnik, aber auch herkömmlicher Filmtechnik produziert.

Fernsehgerät: → Fernsehempfänger

Fernsehgrafik: Erzeugung von stehenden oder bewegten Fernsehbildern durch Einsatz grafischer Mittel. Die früher übliche Methode „Zeichnen – Abfotografieren" wurde durch die *Computergrafik* im → Fernsehen überwiegend abgelöst. Durch Einsatz von Grafik-Computern (Mikroprozessor als Zentraleinheit, Videoprozessor für Bildsignalerzeugung, Speicher großer Kapazität, Steuer- und Befehlsteil; s. Abb. → Bildschirmspiel) werden Bildpunkt für Bildpunkt komplette Fernsehbilder synthetisch erzeugt. Hierzu ist bei Fernsehbildern mit vielen Details und verschiedenartigen Bewegungsabläufen vom Grundsatz her die Programmierung von Rechenoperationen in Millionenhöhe erforderlich. Durch Verwendung wiederkehrender Grundstrukturen für das Fernsehbild kann der Programmieraufwand wesentlich gesenkt werden. Die F. ist ein wichtiges gestalterisches Mittel. Sie bietet u. a. die Möglichkeit, einen Bewegungsfluß von Fernsehbildern nach besonderem Rhythmus und Ablauf (bewegte Grafik) sowie den Eindruck der Dreidimensionalität des Fernsehbilds zu erzeugen. Da die Programme speicherbar sind, lassen sich die grafischen Fernsehbilder beliebig reproduzieren. → Videocomputerspiel

Fernsehhilfsstation (engl. Secondary Transmitter Station): → Fernsehumsetzerstation oder → Fernsehumlenkanlage.

Fernsehimpulsgenerator: Quelle aller für die Bildsignalerzeugung und -bearbeitung erforderlichen Gleichlauf- und Austastsignale. Aus dieser Aufgabenstellung leiten sich auch die synonym verwendeten Bezeichnungen *Synchronisiergenerator, Taktgeber, Impulsgeber* ab. Der in der Abbildung dargestellte Prinzipstromlaufplan gilt im Grundsatz für alle F. Damit wird eine phasenstarre Kopplung aller Ausgangssignale mit dem Muttersignal gewährleistet. F. für das → Farbfernsehen arbeiten generell mit quarzstabilisierten Muttersignalgeneratoren, um die lt. → Fernsehnorm geforderte Frequenzkonstanz zu sichern. Die in F. angewandten Schaltungen können auf analoger oder digitaler Basis beruhen. In Fernsehstudios arbeiten F. als zentrale Einheiten. Ihnen sind zum Zwecke der impulsmäßigen Versorgung der verschiedensten Videogeräte und Anlagen (elektronische Fernsehkameras, Diaabtaster, Testbildgeneratoren, Kontrollgeräte usw.) Impulsverteilersysteme nachgeschaltet. Demgegenüber verfügen z. B. elektronische Fernsehkameras der Heimelektronik und für Reportagezwecke über eigene, d. h. eingebaute F. Die

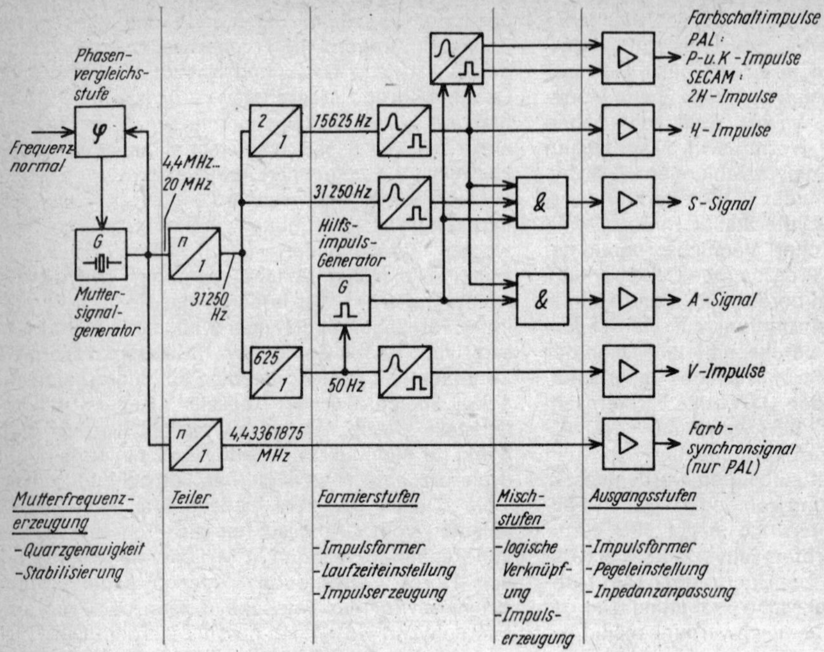

Prinzipstromlaufbahn eines *Fernsehimpulsgenerators*

Fernsehkamera (1) von 1936 (Olympiakamera)

Impulsversorgung ist hier intern, auf kürzestem Wege. Der Aufwand für die Impulsverteilung ist gering (→ Kamerasynchronisation). Meistens sind F. so aufgebaut, daß sie "fremd" gesteuert werden können. Das ist die Basis für die Zusammenarbeit mehrerer Produktionskomplexe im Fernsehrundfunk und für die parallele Einsetzbarkeit verschiedener Videokameras mit eigenem F. → Synchronsteuerung (Abb.)

Fernsehkamera: Bildaufnahmegerät zur Umwandlung der Helligkeits- und Farbwerte einer Szene oder einer beliebigen Bildvorlage in elektrische Bildsignale. Herzstück jeder F. ist der Bildwandler für die Bildzerlegung und licht-elektrische Umwandlung des aufgenommenen Bilds. Es werden vor allem Bildaufnahmeröhren, zunehmend auch Festkörperbildsensoren (→ Festkörperkamera) verwendet. Der eingesetzte Bildwandler bestimmt sehr wesentlich Größe, Gewicht, Leistungsaufnahme, Schaltungsaufwand der Kameraelektronik und ganz besonders die erzielbare Bildqualität. Je nach Verwendungszweck gibt es F. in verschiedenen Ausführungsformen und Güteklassen. An F. für den professionellen Einsatz im Fernsehbetrieb *(Fernsehstudiokamera)* werden höchste Qualitätsansprüche gestellt. F. der halbprofessionellen Technik und der Heimvideotechnik müssen meist nur geringeren Ansprüchen genügen, z. B. bezüglich Auflösung, Störabstand, spektrales Farbverhalten, Trägheit. Es sind kleine, kompakt aufgebaute, der jeweiligen Verwendung angepaßte, wenig aufwendige, leicht handhabbare Kameras, die man i. allg. mit → *Videokamera* bezeichnet. Grundsätzlich ist zu unterscheiden zwischen *Schwarz-Weiß-F.*, die nur die Helligkeitswerte einer Szene in ein Bildsignal (BAS-Signal) umwandelt, und *Farbkamera*, die zusätzlich noch die Farbart der aufgenommenen Szene überträgt. Die erste elektronische F., es war eine Schwarz-Weiß-Kamera, wurde 1934/35 mit einem Ikonoskop als Bildaufnahmeröhre gebaut. Später wurde das 100mal lichtempfindlichere Superorthikon für viele Jahre die dominierende Bildaufnahmeröhre, bis sie von verschiedenen Vidikontypen abgelöst wurde.
Ein F. i. e. S. ist Teil einer *Fernseh(studio)kameraanlage*, die aus dem *Kamerakopf*, der eigentlichen F., dem → *Kamerabetriebsgerät* und → *Kamerakabel*

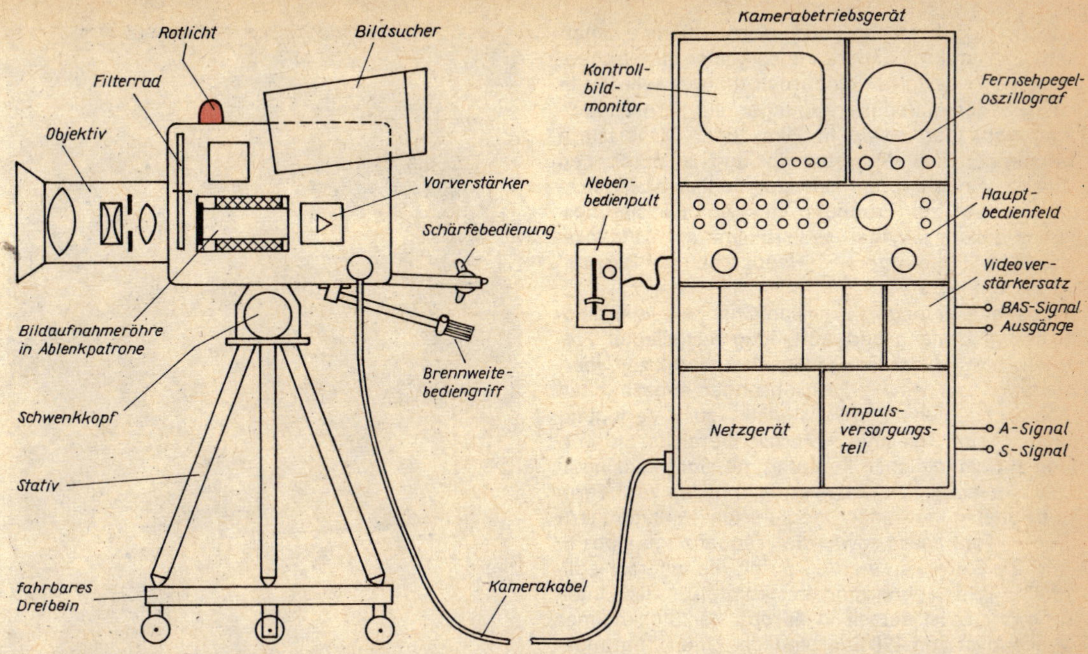

Prinzipaufbau einer *Fernsehkamera* (2)

besteht. Die Abb. 2 zeigt den grundsätzlichen Aufbau einer F.anlage und ihre wesentlichen Bestandteile. Mit dem Kameraobjektiv, meist ein →Variobjektiv (früher mehrere Einzelobjektive unterschiedlicher Brennweite auf drehbarem Objektivrevolver, Abb. 3) wird die aufzunehmende Szene optisch scharf auf der Fotoschicht der Bildaufnahmeröhre abgebildet. Die Bildaufnahmeröhre liefert ein vorausgetastetes Bildsignal ohne normgerechte Austastung, diese erfolgt auf elektronischem Wege im Videoverstärker. Die Ablenk-, Fokussier- und Ausrichtspulen bilden die sog. Ablenkpatrone, ein zylinderartiges Bauteil, das die Bildaufnahmeröhre umfaßt. Das Bildsignal wird im Vorverstärker etwa auf Normwert verstärkt und über das Kamerakabel zum Betriebsgerät übertragen, wo es im Videoverstärker zu einem normgerechten BAS-Signal aufbereitet wird. Im Kamerakopf sind das → Horizontalkippgerät und → Vertikalkippgerät (→ Ablenkstufe) für die Bildaufnahmeröhre, der elektrische → Sucher und weitere Baugruppen (Hilfselektronik) enthalten. Der Sucher erhält sein Bildsignal vom Betriebsgerät. Je nach Anwahl zeigt er das eigene Kamerabild oder ein anderes Fernsehbild, z. B. das Mischbild eines Bildmischers. Das Varioobjektiv wird vom Kameramann mit 2 Bediengriffen für optische Schärfe und Brennweite (meist linker Handgriff) betätigt. Diese wirken elektromotorisch oder mechanisch auf die entsprechende Linsenverstellung im Objektiv. Der Schwenkneigekopf, er ist auf einem Kamerastativ (auch in der Höhe verstellbare Pumpstative sind üblich) ggf. mit fahrbarem Dreibein, Kamerawagen (Dolly) oder -kran montiert, ermöglicht leichte Handhabung bei horizontalen und vertikalen Schwenks. Das Filterrad im optischen Strahlengang der F. enthält Neutralgraufilter unterschiedlicher Lichtdurchlässigkeit zur groben Anpassung an stark unterschiedliche Beleuchtungsverhältnisse. Farbkameras haben außerdem noch → Konversionsfilter. Das Filterrad wird von Hand oder vom Bedienfeld aus elektromotorisch betätigt. Vor Aufnahmebeginn muß die F. sehr genau eingestellt und abgeglichen werden (→ Kameraabgleich). Dies erfolgt vorwiegend vom Hauptbedienfeld aus an Hand der Bildwiedergabe (Kontroll-Bildmonitor) und des Bildsignal-Oszillogramms (Fernsehpegeloszilloskop, → Elektronenstrahlröhre). Die Kontrollgeräte können an verschiedene Punkte des Bildsignalwegs angeschaltet werden. Wichtige Hilfsmittel beim Abgleich sind verschiedene → Testbilder und elektrische Test- und Meßsignale. Während der laufenden Produktion erfolgt die → Kameraaussteuerung (Blende und Schwarzwert) vom Nebenbediengerät aus ebenfalls wieder an Hand der optischen und elektrischen Signalkontrolle mit den Kontrollgeräten. Für die Verständigung zwischen Kameramann, Regisseur und anderen Beteiligten enthält die Kameraanlage Sprechverbindungs-, Kommando- und Lichtsignaleinrichtungen. Das Rotlicht an der F. zeigt an, daß das Bildsignal dieser Kamera auf den Sendeweg oder zur Bildaufzeichnung geschaltet ist. Man sagt dazu: die F. ist „Auf Sender". Da stets die

Möglichkeit bestehen muß, Kamerasignale untereinander und mit anderen Bildsignalen zu mischen, haben F. → externe Synchronisation. F. werden in Studios, für Außenübertragungen auf Fernsehübertragungswagen sowie in Film- oder Diaabtastern verwendet. Die Weiterentwicklung ist durch den Einsatz von Mikrorechnern zur Bedienungserleichterung und zur Erhöhung des Automatisierungsgrads gekennzeichnet. → Farbkamera, → Videokamera, → Studiokamera, → Handkamera, → Reportagekamera (Abb.)

Fernsehkanal (engl. Television Channel): international nach Umfang und Aufteilung festgelegter Frequenzbereich, der im → Fernsehrundfunk zur Übertragung des vom → Fernsehsender abgestrahlten hochfrequenten Fernsehsignals zur Verfügung steht. F. sind Teil eines → Fernsehbereichs. Sie werden zur einheitlichen Kennung mit einer Kanalnummer versehen. Die F.belegung mit den zum Fernsehsignal gehörenden modulierten → Bildträgern und → Tonträgern sowie die Frequenzlage eines F. und die F.grenzen werden durch die unterschiedlichen → Fernsehnormen bestimmt. Für die Einteilung der F. ist derzeit in *Europa* der Stockholmer Wellenplan von 1961 verbindlich. Unter Zugrundelegung der → CCIR-Norm gelten damit für die DDR, BRD u. a. Länder die in der Tabelle und in der Abbildung enthaltenen Werte. → Bild-Tonträger-Abstand, → Seitenband, → Bildsender, → Tonsender, → Farbträger, Abb. → Bildsignale (Tab., Abb.)

Hinweis: In Fernsehkanälen mit 8 MHz → HF-Fernsehkanalbreite werden teilweise das Restseitenband bis an die untere Kanalgrenze ausgedehnt und auch die Grenze des oberen Seitenbands zur Erhöhung der Farbsignalbandbreite erweitert. In Nachbarländern, aber auch innerhalb eines Landes können verschiedene Fernsehsender im gleichen F. arbeiten, wenn die von einem Sender abgestrahlten Fernsehsignale nicht in den Versorgungsbereich eines mit gleicher Kanalnummer arbeitenden anderen Senders gelangen. Probleme entstehen immer dann, wenn ein zufälliger → Weitempfang auftritt.

Fernsehkennungssystem: Gesamtheit der Kennzeichnung von Fernsehorganisation (→ Stationskennung), Programmart und Programmbeitrag (→ Programmkennung). → VPS

Fernsehkompaktprojektor: Fernsehprojektionsgerät, das → Fernsehprojektor (→ Projektionsfernsehempfänger bzw. die Einzelgeräte Projektor-, Leistungs- und Bedieneinheit) und → Bildwand (Schirm mit mechanischer Haltevorrichtung) in sich vereinigt. Kleinste F. für Farbfernsehbilder werden heute bereits im Aktentaschenformat (einzelne, leistungsstarke Projektionsröhren mit Bildschirmdiagonalen von ca. 5 cm für die Farbwertsignale Rot, Grün, Blau und Vorsatzlinsen zur Bildvergrößerung; einklappbarer Projektionsschirm mit ca. 160 mm Bildschirmdiagonale) gefertigt. Sie bilden eine Alternative zum Portable. Für den stationären Einsatz stehen F. mit Projektionsschirmen (Schirmdiagonale bis 2 m) zur Verfügung. Unter Nutzung der Vorteile der Video-

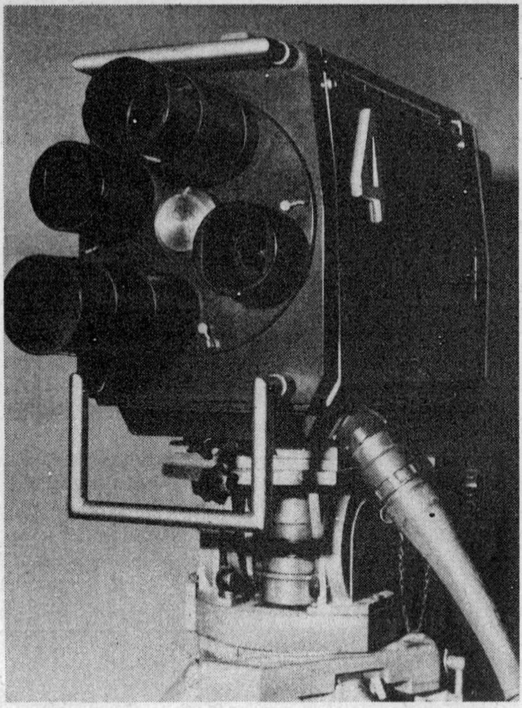

Schwarz-Weiß-*Fernsehkamera* (3) mit Objektivrevolver

Kanaleinteilung

Frequenzgebiet	Bereichs-Nr.	Frequenz in MHz	Kanal-Nr.	Kanalbandbreite	Bemerkung
VHF	I	(41) 47 bis 68	(1) 2 bis 4	(6) 7 MHz	Fernsehrundfunk
UHF	III	174 bis 230	5 bis 12	7 MHz	Fernsehrundfunk
	IV	470 bis 606	21 bis 37	8 MHz	
	V	606 bis 960	38 bis 81	8 MHz	
SHF	VI	11700 bis 12760	1 bis 40	27 MHz	Satellitenfunk
		68 bis 89		7 MHz	Sonderkanäle des Kabelfernsehens
		104 bis 174	S 1 bis S 10	7 MHz	
		230 bis 300	S 10 bis S 20	7 MHz	

Bemerkung: Der Kanaleinteilung VHF- und UHF-Gebiet liegt die CCIR-Norm zugrunde, s. auch → Rundfunk-Frequenzbereiche.

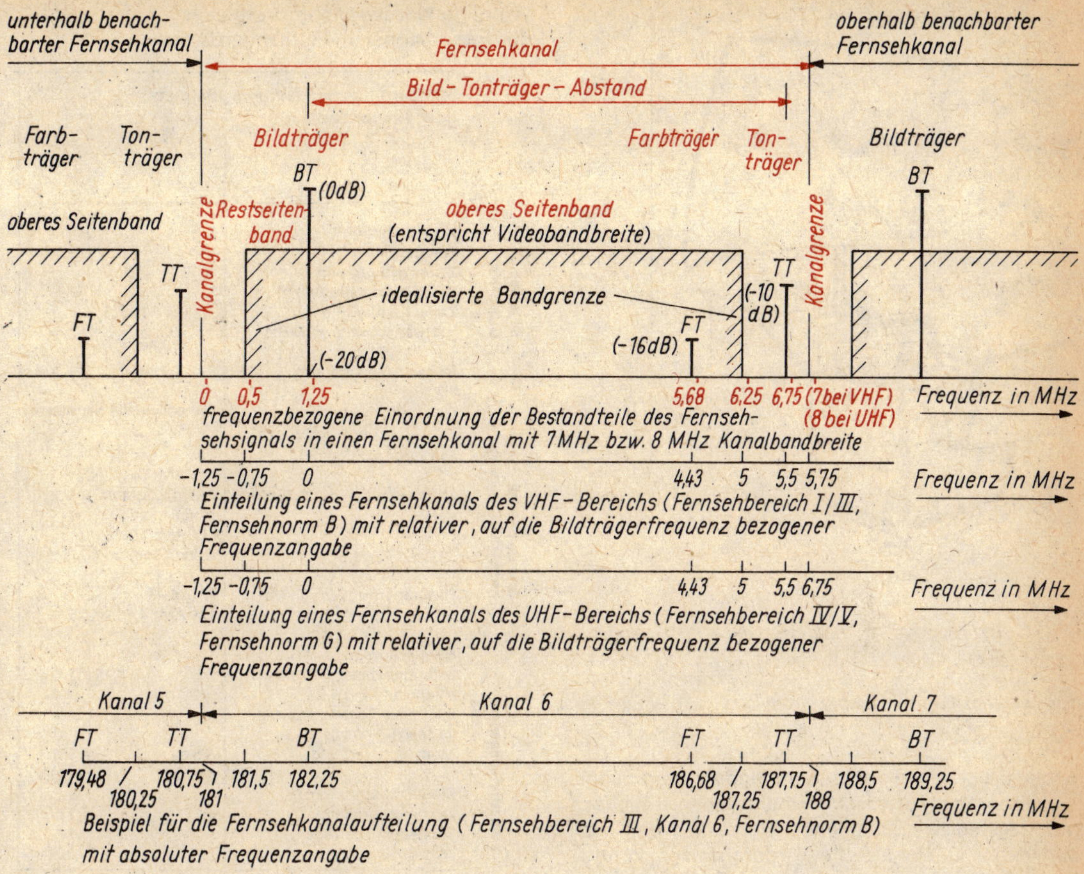

Frequenzmäßige Einteilung eines *Fernsehkanals* (Fernsehnorm B und G)

technik (Sofortbild, Aufzeichnung–Wiedergabe mit nur geringem Zeitverzug, Nutzung von Videos usw.) kann das Fernsehbild mit stationären F. in großen Räumen für viele Zuschauer gleichzeitig sichtbar gemacht werden. → Fernsehprojektion, → Bildwand (Abb.)

Fernsehmitschnitt, auch *Fernsehaufzeichnung:* Bild- und Tonsignal-Aufzeichnung der im → Fernsehrundfunk ausgestrahlten oder im → Kabelfernsehen übertragenen Programme. F. sind prinzipiell durch die → magnetische Bildaufzeichnung oder durch parallele Film- und Tonaufzeichnung möglich. Heute dominiert in allen Anwendungsbereichen die magnetische Bildaufzeichnung. Der Videoamateur oder Fernsehzuschauer wird für einen F. generell einen → Videorecorder einsetzen. Deren moderne Typen ermöglichen F.: *a)* der laufenden Fernsehsendung während ihrer Wiedergabe, *b)* einer Fernsehsendung z. B. des 2. Programms, während die des 1. Programms angesehen wird, *c)* einer Sendung zu beliebiger vorprogrammierter Zeit, auch bei Abwesenheit des Gerätebetreibers. → Videomitschnitt

Hinweis: Bei der Nutzung und Weiterverwendung eines F. sind die geltenden Schutzrechte für die Fernsehsendungen unbedingt einzuhalten.

Fernsehmonitor: → Bildkontrollempfänger

Fernsehnorm, *Fernsehstandard* (engl. Television Standard), kurz TV-Standard: Gesamtheit aller für ein Fernsehverfahren festgelegten *technischen Parameter.* Die F. haben sich historisch mit der Entwicklung des → Fernsehens herausgebildet. Dabei spielte vorrangig der Zwang eine Rolle, durch verbindliche nationale Festlegungen bei Einführung eines öffentlichen Fernsehens die Voraussetzungen zum Bau der benötigten Anlagen und Geräte sowie zur Errichtung der notwendigen Übertragungssysteme nach einheitlichen Grundwerten zu schaffen. In der heutigen Zeit wird die Forderung nach einheitlichen F. noch durch die Internationalisierung der Fernsehprogrammproduktion und der Geräteherstellung (Videokameras, -recorder, Fernsehemp-

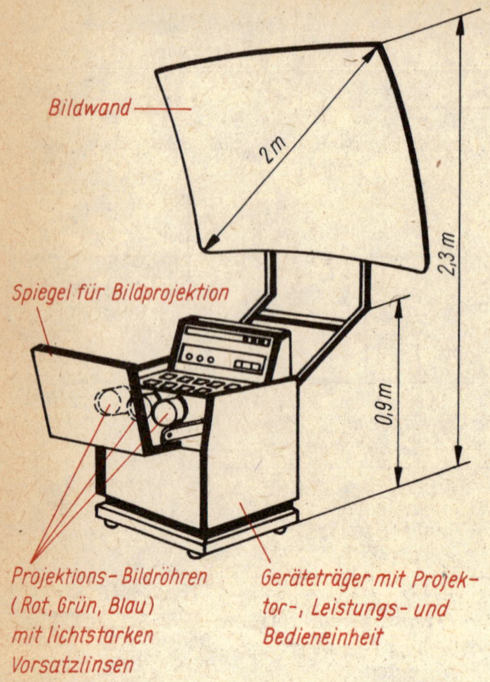

Beispiel eines *Fernsehkompaktprojektors*

fänger usw.) sowie den zunehmenden internationalen Programmaustausch unterstrichen. Vielfach verhinderten wirtschaftliche Interessen, daß sich weltweit eine einheitliche F. durchsetzen konnte. Diese Entwicklung war bei der Einführung des → Schwarz-Weiß-Fernsehens und des → Farbfernsehens zu verzeichnen. Sie ist auch heute noch spürbar, wo es um die mögliche zukünftige Einführung des → Hochzeilenfernsehens, → Stereofernsehens und die → Digitalisierung im Fernsehen geht. Derzeit existieren 13 verschiedene internationale F. Ihnen allen liegen im Prinzip die gleichen Erkenntnisse und Grundprinzipien zugrunde. Die F. werden u. a. wesentlich bestimmt durch: a) Physiologie des Gesichtssinns – mittleres Auflösungsvermögen 1′ (Minute im Bogenmaß); optimaler Bildwinkel 10°; optimale Zeilenzahl 10°/1′ = 600; Bildfolge ohne Bewegungsunschärfe größer 12/s; Bildfolge ohne Flimmern größer 50/s. b) Psychologie des Sehens – Verschmelzung von Einzellichtreizen beim Betrachter zu einem Bildeindruck; Dreikomponentensehen; additive Farbmischung; Helligkeits- und Farbsehen. c) technische Möglichkeiten – zeilenweise Abtastung der Bilder zur Sicherung der einkanaligen Übertragung in analogen Fernsehverfahren; optimale Ausnutzung der *verfügbaren Bandbreite* durch Zeilensprungverfahren, Wahl einer optimalen Zeilenzahl, Kellfaktor u. a.; Anpassung an die Frequenzen der *Landesenergienetze*; Gewährlei-

Wichtige Normwerte im Vergleich der internationalen TV-Standards

	Standard (Bezeichnung oder Anwenderland)	Belgien
allgemeine Grundwerte	Normcode	C H
	Frequenzbereich	VHF UHF
	Zeilenzahl pro Bild	625
	Halbbildfrequenz (in Hz)	50
	Zeilenfrequenz (in Hz)	15625
	Videobandbreite (in MHz)	5
	Farbfernsehverfahren	PAL und SECAM
	Leuchtdichtesignal	**einheitlich alle Standards:**
Grundwerte zur Farbbildübertragung	Farbdifferenzsignale	PAL: E_U und E_V SECAM: D_R und D_B
	Modulationsart des Farbträgers	PAL: Quadraturmodulation SECAM: Frequenzmodulation
	Farbträgerfrequenz (in MHz)	PAL: 4,43 SECAM: 4,406/4,25
Ausstrahlungsnorm	HF-Kanalbreite (in MHz)	7 8
	Bildträgerabstand vom Kanalanfang (in MHz)	+1,25
	Bildträger-Tonträgerabstand (in MHz)	+5,5
	Modulationsart Bild	A 5 c positiv / A 5 c negativ
	Modulationsart Ton	A 3 F 3
	Leistungsverhältnis Bildträger: Tonträger	4:1 / 5:1 bis 10:1
	Beispiele für Anwenderländer (unvollständige Auswahl)	Australien H (PAL) Belgien H (PAL) Luxemburg C (PAL/SECAM) Marokko H(SECAM)

CCIR	FCC	Frankreich	Französische Gebiete	Großbritannien	OIRT	Südamerikanischer Raum
B G VHF UHF 625 50 15 625 5	M VHF/UHF 525 60 15 750 4,2	E[2] L VHF VHF/UHF 819 625 50 50 20 475 15 625 10 6	K1 VHF/UHF 625 50 15 625 6	A[1] I VHF VHF/UHF 405 625 50 50 10 125 15 625 3 5,5	D K VHF UHF 625 50 15 625 6	N VHF/UHF 625 50 15 625 4,2
PAL und SECAM	NTSC und PAL	– SECAM	SECAM	– PAL	SECAM	PAL

$$E_Y = 0{,}3\,E_R + 0{,}59\,E_G + 0{,}11\,E_B$$

PAL: E_U und E_V SECAM: D_R und D_B	NTSC: E_I und E_Q PAL: E_U und E_V	– D_R und D_B	D_R und D_B	– E_U und E_V	D_R und D_B	E_U und E_V
PAL: Quadraturmodulation SECAM: Frequenzmodulation	NTSC: Quadraturmodulation PAL: Quadraturmodulation	Frequenzmodulation	Frequenzmodulation	Quadraturmodulation	Frequenzmodulation	Quadraturmodulation
PAL: 4,43 SECAM: 4,406/4,25	NTSC: 3,579 PAL: 3,576	4,406/4,25	4,406/4,25	4,43	4,406/4,25	3,582
7 8 +1,25 +5,5	6 +1,25 +4,5	14 8 +2,83 +1,25 (+ 11,17[3]) ± 11,75[3] +6,5	8 +1,25 +6,5	5 8 +3,75 +1,25 −3,5 +6	8 +1,25 +6,5	6 +1,25 +4,5
A 5 c negativ	A 5 c negativ	A 5c positiv A 5 c negativ	A 5c negativ	A 5 c positiv A 5 c negativ	A 5 c negativ	A 5 c negativ
F 3 10:1 bis 20:1	F 3 10:1 bis 2,9:1	A 3 F 3 10:1	F 3 10:1	A 3 F 3 4:1 5:1	F 3 10:1 bis 5:1	F 3 10:1 bis 5:1
Australien B (PAL) Belgien B (PAL) BRD B/G (PAL) DDR B/G (SECAM) Finnland B/G (PAL) Griechenland B/G (SECAM) Iran B/G (SECAM) Jugoslawien B/G (PAL) Österreich B/G (PAL) Zypern B/G (SECAM)	Brasilien M (PAL) Costa Rica M (NTSC) Japan M (NTSC) Kanada M (NTSC) Mexiko M (NTSC) USA M (NTSC)	Frankreich L (SECAM) Luxemburg L (PAL/SECAM)	Elfenbeinküste K 1 (SECAM) Gabun K 1 (SECAM)	Großbritannien I (PAL) Irland I (PAL)	Bulgarien D/K (SECAM) ČSSR D/K (SECAM) Polen D/K (SECAM) Rumänien D/K (SECAM) UdSSR D/K (SECAM) Ungarn D/K (SECAM)	Argentinien N (PAL)

Bem.: (1) alte Norm (Schwarz-Weiß-Fernsehen); Umstellung im VHF-Bereich auf Normcode I ist fast abgeschlossen
(2) alte Norm (Schwarz-Weiß-Fernsehen); Umstellung im VHF-Bereich auf Normcode L ist fast abgeschlossen
(3) Inversion der Frequenzlagen von Bildsender und Tonsender im Fernsehkanal

stung der *Kompatibilität* durch Anwendung des Prinzips der Kolorierung im Farbfernsehen; Gewährleistung der *Normwandlung* bei internationalem Programmaustausch. Die Tabelle über die F. zeigt, daß in vielen Werten der F. Übereinstimmung besteht. Wesentliche Unterschiede zeichnen sich in den Ausstrahlungsnormen ab. Die praktischen Erfahrungen belegen, daß die F. mit 625 Zeilen (GERBER-Norm) und einer HF-Fernsehkanalbreite von 8 MHz heute den günstigsten Kompromiß zwischen technischem Aufwand und erreichbarer Bildqualität in der analogen Fernsehtechnik darstellen. Das hat in den letzten Jahren zu Veränderungen in einzelnen nationalen Normen (England und Frankreich im → Fernsehbereich IV und V) geführt. Durchgängig sind die F.-Unterschiede nur schwer zu überwinden, da ein Angleich mit immensen Aufwendungen für das Fernsehsendernetz und Veränderungen in Millionen Fernsehempfängern verbunden wäre. → Farbfernsehverfahren, → NTSC-Farbfernsehverfahren, → PAL-Farbfernsehverfahren, → SECAM-Farbfernsehverfahren, → CCIR-Norm, → OIRT-Norm, → Farbfernsehnorm, → Modulation, → Fernsehkanal, → Bildsignal (Tab.)

Hinweis: Auf dem Gebiet der Videogeräte zeichnet sich erfreulicherweise der Trend zur Vereinheitlichung ab. Dies wird durch entsprechende Wahlbausteine in den Grundgeräten und durch den Übergang zu digitalen Videogeräten begünstigt.

Fernsehorganisation: nationale und internationale Vereinigung von Rundfunk- und Fernsehanstalten zur Koordinierung des Programmaustauschs sowie des Einsatzes technischer Mittel bei Fernsehproduktionen und -übertragungen. Im europäischen Raum sind insbesondere die → *Eurovision* und → *Intervision* als F. bekannt.

Fernsehprojektion, auch *Großbildprojektion* (engl. Projection Television): Abbildung von Schwarz-Weiß- oder Farbfernsehbildern auf *Projektionsschirmen* (Projektionsflächen, → Bildwand), deren Größe die Bildschirmabmessungen von → Bildwiedergaberöhren um ein Vielfaches überschreiten kann. Durch die F. werden vergleichbare Bedingungen zum Kino geschaffen. Dabei wirken sich neben vielen allgemeinen Vorteilen (Erhöhung von Bildgröße und Betrachtungsabstand, Lösung des Bilds vom Fernsehgerät usw.) insbesondere die bessere physiologische Anpassung des Fernsehbilds z. B. an eine Stereotonwiedergabe, die Zugänglichkeit des Fernsehbilds für eine große Zuschauerzahl (z. B. im Unterricht), die unmittelbare Reproduzierbarkeit von Video- gegenüber Kinofilmproduktion usw. aus. Hauptsächliche Einschränkungen der F. gegenüber der Bildwiedergabe vom Fernsehschirm oder auch der Kinofilmprojektion sind heute immer noch in der geringeren Lichtstärke der projizierten Fernsehbilder zu sehen. Für die F. haben sich in der Praxis zwei Verfahren durchgesetzt. Dies sind das auf dem Einsatz von → Lichtsteuerröhren beruhende

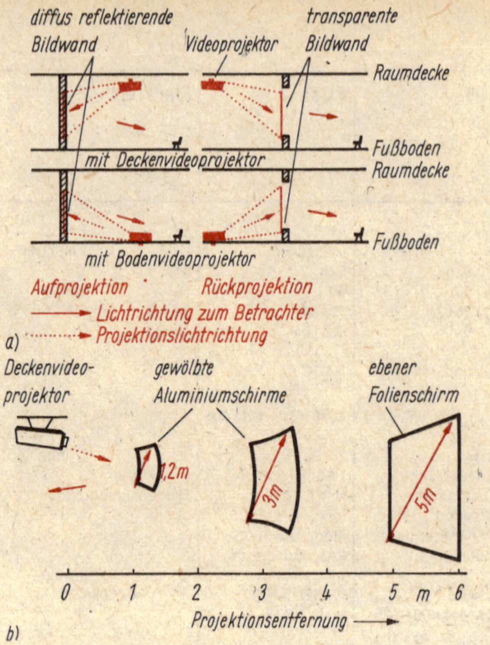

Fernsehprojektion: a) Möglichkeiten der Fernsehprojektion, b) Schirmgröße und Projektionsentfernung

→ *Eidophor-Verfahren* (relativ aufwendige technische Apparatur, begrenzte Bildschärfe, vergleichsweise hohe Lichtstärke) und die mit Projektionsröhren im Videoprojektor (s. Abb. → Fernsehprojektor), → Kompaktprojektor oder → Fernseh-Projektionsempfänger vorgenommene *direkte F.* (Auflösung im wesentlichen dem Fernsehbild entsprechend, sehr gute Bildschärfe bei Anwendung des Hochzeilenfernsehens, Lichtstärke durch Projektionsröhre begrenzt). Neben den Bildwandlern (Lichtsteuer-, Projektionsröhre) enthalten die → Fernsehprojektoren aufwendige optische Einrichtungen (Spiegeloptiken, → Schmidt-Optiken), um das projizierte Bild scharf auf der Bildwand abbilden zu können. Dies gilt insbesondere für die Farbbildprojektion, bei der die Farbdeckung der drei Einzelraster der Farbauszüge gewährleistet werden muß. Je nach Standort des Fernsehprojektors zur Projektionsfläche ist zwischen *Aufprojektion* und *Rückprojektion* zu unterscheiden. Wie die Abbildung veranschaulicht, setzt die Rückprojektion eine transparente Projektionsfläche voraus. Die Bilddiagonale der mit Projektionsröhren projizierten Fernsehbilder kann abhängig von der Projektionstechnik und den Raumbedingungen (völlig oder teilweise abgedunkelt) bis 5 m betragen (Projektionsabstand bis 6 m). Abhängig von den Optiken können normale Bildformate (B : H = 4 : 3) oder davon abweichende Formate bis hin zum Breitwandformat abgebildet werden. Die Betrachtungsabstände können bis 25 m betragen.

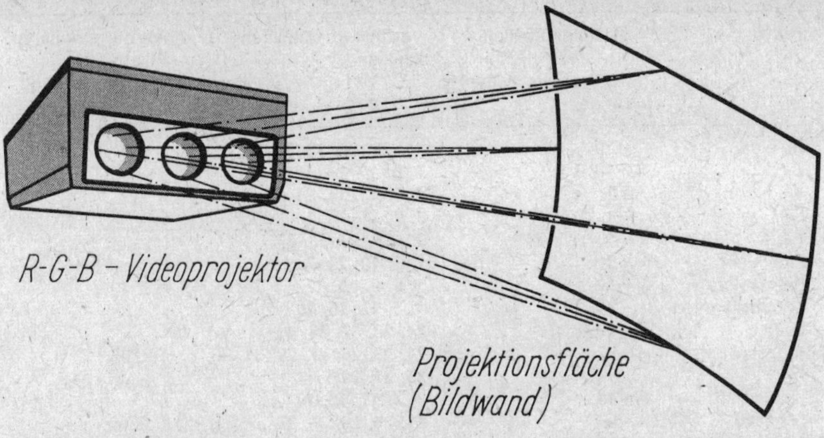

Fernsehprojektor
für Farbfernsehbilder

Beim Einsatz von Eidophor-Anlagen erreichen die Bildwände das Format einer Kinoleinwand. Damit ist der Einsatz dieser Technik in großen Sälen, bei öffentlichen Veranstaltungen usw. möglich. Abb.

Fernseh-Projektionsempfänger, auch *Projektionsfernsehempfänger* (engl. Projection Television Receiver): → Fernsehempfänger für die Fernsehbildwiedergabe auf einer Projektionsfläche (→ Bildwand), deren Größe die Abmessungen herstellbarer → Bildwiedergaberöhren um ein Vielfaches überschreiten kann. Die Vergrößerung des Fernsehbilds von der Bildschirmgröße auf die Größe der Projektionsfläche erfolgt beim F. mit Hilfe eines optischen Linsensystems. Wesentlich unterscheidet sich der F. vom → Fernsehempfänger und → Farbfernsehempfänger durch die eingesetzten Schwarz-Weiß- oder Farbbildwiedergaberöhren. Als Wiedergaberöhren im F. kommen spezielle *Projektionsröhren* mit relativ kleinen Bildschirmdiagonalen (ca. 5 cm bis 20 cm) und sehr hoher Leuchtdichte auf dem Bildschirm zum Einsatz. Da zur Erzeugung der für eine Projektion ausreichenden Leuchtdichte extrem hohe Anodenspannungen (→ Hochspannung ca. 75 kV) und → Strahlströme bis zu 5 mA erforderlich sind, werden an den Aufbau der Projektionsröhren (Hochspannungsfestigkeit; Dauerleistungsfähigkeit des Strahlsystems; Belastbarkeit des Bildschirms, ohne daß eine Sättigung, zu hohe Erwärmung der Leuchtschicht auftritt oder starke Röntgenstrahlen entstehen) hohe produktionstechnische Anforderungen gestellt. Der von der Projektionsröhre ausgehende Lichtstrom gelangt über eine sehr lichtstarke Spiegeloptik auf die Bildwand und erzeugt dort das projizierte Fernsehbild. Beim Einsatz von drei Projektionsröhren mit rot-, grün- und blauleuchtenden Luminophoren können Farb-F. aufgebaut werden, wenn über optische Systeme die Einzelbilder auf der Projektionsfläche zur Deckung gebracht werden. → additive Farbmischung, → Fernsehprojektor, → Kompaktprojektor, → Eidophor-Verfahren

Fernsehprojektor: Gerät für die Projektion von Fernsehbildern mit Hilfe von speziellen → Bildwiedergaberöhren *(Projektionsröhren)* oder → Lichtsteuerröhren über entsprechende optische Einrichtungen (→ Schmidt-Optik, Spiegeloptik) auf eine Projektionsfläche (→ Bildwand). → Fernseh-Projektionsempfänger, → Kompaktprojektor, → Eidophor-Verfahren, → Fernsehprojektion (Abb.)

Fernsehprüfempfänger: spezieller → Fernsehempfänger zur Kontrolle bzw. Überprüfung der Qualität des Fernsehempfangs nach der hochfrequenten Fernsehsignalübertragung. F. können z. B. durch die Nachrichtenverwaltungen zur Beurteilung der örtlichen Empfangsbedingungen für den Fernsehrundfunk oder durch Antennenbaufirmen zur Ausrichtung und Gütekontrolle von Fernsehempfangs-Antennenanlagen u. ä. eingesetzt werden.

Fernsehrundfunk: Funkdienst zur Verbreitung von Fernsehprogrammen unterschiedlichsten Genres in der *Einheit von Bild- und Toninformation* für die Allgemeinheit, insbesondere die Bevölkerung eines Landes oder Landesteils. → Rundfunk, → Fernsehrundfunkübertragungen, → Satellitenfunk, → Fernsehen, → Fernsehsender, → Hörrundfunk

Fernsehrundfunkempfänger: → Fernsehempfänger

Fernsehrundfunksatellit, auch Rundfunksatellit oder *Direktsatellit* (engl. Direct Broadcasting Satellite, DBS): für die Direktversorgung der Bevölkerung mit Fernseh- und Rundfunkprogrammen *(Satellitendirektempfang)* eingesetzter Nachrichten- oder Fernmeldesatellit (i. e. S. → Fernsehsatellit). F. können ihre Signale zur weiteren Verbreitung über terrestrische Sendernetze oder Kabelnetze zu entsprechenden Bodenstationen und für den Direktempfang mit Gemeinschafts- oder Individualempfangsanlagen ausstrahlen. Der Arbeitsbereich von F. lag bisher hauptsächlich im Bereich 4 ... 6 GHz (C-Band). Er wird sich jedoch mit zunehmender internationaler Anwendung von F. im → Satellitenfunk in den → Fernsehbereich VI (12-GHz-Bereich) verla-

Satellitenstandorte, -versorgungsbereiche und Kanalzuteilung nach WARC 77 (Auswahl)

Land	Satellitenposition +: Grad östlicher −: Grad westlicher Länge	Verfügbare Satellitenkanäle	Art der zirkularen Polarisation r: rechtsdrehend l: linksdrehend
Belgien	−19	21, 25, 29, 33, 37	r
BRD	−19	2, 6, 10, 14, 18	l
Bulgarien	−1	4, 8, 12, 16, 20	l
ČSSR	−1	3, 7, 11, 15, 19	l
DDR	−1	21, 25, 29, 33, 37	l
Finnland	+5	2, 6, 10, 22, 26	l
Frankreich	−19	1, 5, 9, 13, 17	r
Großbritannien	−31	4, 8, 12, 16, 20	r
Italien	−19	24, 28, 32, 36, 40	l
Jugoslawien	−7	21, 23, 25, 27, 29, 31, 33, 35, 37, 39	r
Luxemburg	−19	3, 7, 11, 15, 19	r
Monaco	−37	21, 25, 29, 33, 37	r
Niederlande	−19	23, 27, 31, 35, 39	r
Norwegen	+5	14, 18, 28, 32, 38	l
Österreich	−19	4, 8, 12, 16, 20	l
Polen	−1	1, 5, 9, 13, 17	l
Schweiz	−19	22, 26, 30, 34, 38	l
Ungarn	−1	22, 26, 30, 34, 38	r

gern. Die auszustrahlenden Signale erhalten die F. über gerichtete Satellitenverbindungen von → Bodenstationen zugespielt (s. Abb. → Satellitenfunk). Die empfangenen Signale werden im → Transponder regeneriert, zur Sendung aufbereitet und in Richtung des Versorgunsbereichs des jeweiligen F. abgestrahlt. Die dafür notwendige Energie wird über eine große Zahl von Solarzellen auf der Satellitenoberfläche und zusätzliche „Sonnenpaddel" bereitgestellt. Als F. kommen hauptsächlich geostationäre → Satelliten zum Einsatz. Ihre Sendekeule (→ Sende-/Empfangskeule) wird durch besondere Stabilisierungsmaßnahmen für die Satellitenlage stets auf das gleiche Territorium (Land, festgelegter Landesteil) konzentriert. Liegt dieses außerhalb der Äquatorebene, umfaßt der Strahlungskegel des F. eine elliptische Auftrefffläche. Diese ist so bemessen, daß sie das vorgesehene Versorgungsgebiet in seiner maximalen Nord-Süd- und Ost-West-Ausdehnung einschließt. Hier können die Signale der F. mit Satellitten-TV-Direktempfangsantennen (i. d. R. für Gemeinschaftsanschlüsse, Kopfstationen für → Kabelfernsehen) jederzeit empfangen werden. Bedingt durch die Ausdehnung der einzelnen Strahlungsellipsen kann dabei ein „Überschwappen"-(Spill Over) in benachbarte Territorien auftreten (s. Abb. → Überschwappbereich). In einigen Ländern mit weit vom Äquator entfernten Versorgungsbereichen (z. B. UdSSR) werden auch F. auf elliptischer Umlaufbahn eingesetzt. Dies ist erforderlich, um mit den verfügbaren Sendeleistungen der F. noch ausreichend große Empfangsfeldstärken zu sichern. In diesem Fall ist eine Nachführung der Antennen für den Satelliten-TV-Direktempfang notwendig. Allgemeine Merkmale für F. sind: Frequenzmodulation des hochfrequenten Trägers mit dem → Bildsignal bei einem Frequenzhub von 8 MHz, Sendeleistungen von 100 Watt bis einige Kilowatt, Antennen mit zirkularer → Polarisation. Die Abmessungen von F. liegen in Größenordnungen bis 10 m Höhe und 2 m Durchmesser; hierzu kommen die Abmessungen der äußeren Elemente der F., z. B. Antennen, Sonnenpaddel (von der Sendeleistung abhängig bis 30 m Spannweite). Spezielle Kenndaten für F. hängen vom jeweiligen Typ ab. Die für den Einsatz von F. international bedeutsamen Daten (Standort, Strahlungsgebiet, Kanalzahl, Kanalbreite usw.) wurden 1977 auf der Genfer Satellitenkonferenz (→ WARC 77) mit Gültigkeit ab 1. 1. 1979 für die Dauer von 15 Jahren vereinbart. Die Tabelle gewährt einen Überblick über die für Europa festgelegten Daten. → Satellit, → Fernsehsatellit, → Satellitensystem, → Satellitenfunk, → Satellitenübertragung, → Satellitenkanal (Tab.)

Hinweis: Breite Anwendung finden auf Grund der territorialen Größe F. heute bereits in der UdSSR (z. B. Typen: Molnija, Raduga, Stationar, Ekran) und in den USA (z. B. Typen: Galaxy-I, Anik-2). In einigen Regionen der Erde wurden aus sozialen und bildungsseitigen Erwägungen Versuche mit F. unternommen, z. B. UNESCO-Experiment 1975 in Indien mit den F. SITE. In Westeuropa ist im Zeitraum bis 1990 die Nutzung von F. in einzelnen Ländern vorgesehen. Hier spielen hauptsächlich kommerzielle Gründe eine dominierende Rolle. Da die DDR über ein hochentwickeltes, den gesellschaftlichen Bedürfnissen entsprechendes terrestrisches Fernsehnetz verfügt, werden hier die Schwerpunkte zur weiteren Entwicklung des Fernsehrundfunks gegenwärtig nicht auf den Einsatz von F. gelegt.

Fernsehrundfunkübertragung: Abschnitt oder auch technologische Stufe im → *Fernsehrundfunk* (→ *Fernsehen).* Entsprechend der Aufgabenstellung des → *Rundfunks* beinhaltet die F. die Übertragung der → Fernsehsignale für die Allgemeinheit (Bevölkerung). Die F. schließt sich der geistig-konzeptionellen und materiellen Vorbereitung der Fernsehsendungen, der Bild- und Tonsignalaufnahme, -aufzeichnung und -bearbeitung an und bildet faktisch das Bindeglied zwischen dem Fernsehstudiokomplex und den Fernsehrundfunkempfängern. Durch die F. werden die unmittelbar zu einer Fernsehsendung gehörenden Bild- und Toninformationen sowie eine Reihe von notwendigen oder ergänzenden Zusatzinformationen (→ Synchronisation, → Sendetestbild, → Prüfzeile, → Fernsehtextsystem) der Allgemeinheit durch verschiedenartige Übertragungsarten direkt zugänglich gemacht. Traditionell bedient man sich der *terrestrischen F.:* Das Bildsignal und Fernsehtonsignal werden über Kabel- oder Richtfunknetze (→ Richtfunk) zum Fernsehsendernetz (→ Senderkette, → Fernsehsender) übertragen. Von hier erfolgt die Abstrahlung eines hochfrequenten Fernsehsignals nach den Prinzipien des Rundfunks. Es können pro Fernsehsender Bereiche von ca. 100 ... 120 km Umkreis versorgt werden. Die durch Fernsehsender nicht zu schließenden Versorgungslücken werden durch → Fernsehumsetzerstationen und → Fernsehumlenkanlagen geschlossen. Die zukunftsweisende Form der F. ist die *Satellitendirektversorgung.* Mit Hilfe von → Fernsehsatelliten (i. e. S. → Fernsehrundfunksatelliten), denen die abzustrahlenden Programme über Richtverbindungen zugeleitet werden, können festgelegte Territorien (Versorgungsbereiche) mit einer großen Zahl von Fernsehprogrammen auf effektive Weise versorgt werden. Diese Problematik steht heute hauptsächlich für Länder und Regionen mit wenig entwickelten terrestrischen Fernsehsendernetzen. Obwohl das → *Kabelfernsehen* nicht auf der drahtlosen Funkübertragung beruht, bildet es ein wesentliches Element der F. Durch Breitbandkabelnetze wird in Territorien, die für eine Funkübertragung keine günstigen Voraussetzungen bieten, die Versorgung der Bevölkerung mit Fernsehsignalen gewährleistet. Seit Jahren – heute in zunehmendem Maße – werden hierzu Gemeinschafts- und Großgemeinschaftsantennenanlagen eingesetzt. Die Einführung neuer Kommunikationsarten, das Streben nach höherer Übertragungsqualität u. v. a. führen zusätzlich zu einem breiteren Einsatz des Kabelfernsehens. Für die F. bilden die → Fernsehnormen hinsichtlich der Grundnormen des Fernsehens, des festgelegten → Farbfernsehverfahrens und der hochfrequenten Ausstrahlungsnorm in den einzelnen Ländern verbindliche Grundlagen. Bezüglich der für die F. durch die einzelnen Länder nutzbaren Übertragungsbereiche und → Fernsehkanäle (s. Tab. → Fernsehkanal, → Satellitenkanal) bestehen Festlegungen im internationalen Rahmen. Diese sind erforderlich, da national willkürlich festgelegte Übertragungskanäle zu Doppelbelegungen in angrenzenden Territorien und infolgedessen zu Störungen durch → Überschwappbereiche führen könnten. Die für die F. in der DDR genutzten Frequenzbereiche und Fernsehkanäle sind in bezug auf die Hauptsender-Standorte im Anhang 5 enthalten. → Fernsehempfänger, → Farbfernsehempfänger, → Pay-TV-System, → UHF, → VHF, → CCIR-Norm, → OIRT-Norm, → WARC, → Rundfunkfrequenzbereiche

Fernsehsatellit: Nachrichtensatellit, der speziell der Übertragung von Fernsehsignalen dient. Nach den Funktionsweisen unterscheidet man zwischen *passiven F.* (ausschließlich gerichtete Reflexion des dem F. von einer → Bodenstation zugestrahlten Funksignals zu einer anderen) und den bedeutenderen *aktiven F.* (Empfangen, Regenerieren, Senden von Funksignalen). F. sind mit kompletten Empfangs- und Sendeanlagen ausgerüstet, die über Solarzellen mit Energie versorgt werden. Die Aufgabenstellung für F. läßt eine Unterscheidung nach *Relais-Satelliten* unterschiedlichen Leistungsumfangs für kosmische Nachrichten-Weitverkehrsverbindungen zwischen den Bodenstationen eines → Satellitensystems und → *Fernsehrundfunksatelliten* für die Fernsehdirektversorgung zu. Nach ihrer Umlaufbahn sind die F. in *geostationäre Satelliten* (Synchron-F.) und *Satelliten auf elliptischer Umlaufbahn* (Asynchron-F.) zu unterscheiden (s. Abb. → Satellit). F. müssen unabhängig von ihrer Aufgabe und Art in ihrer Lage stabilisiert werden, damit die gerichtete Funkverbindung und die günstigste Ausrichtung der Sonnenpaddel gewährleistet ist. Die große Breitbandigkeit eines über F. übertragbaren Nachrichtensignals erlaubt die gleichzeitige oder ersatzweise Übertragung von Fernseh-, Ton-, Bildfunk-, Telegrafie-, Telefonie- und Datensignalen im Multiplexverfahren. Diese vielseitige Nutzbarkeit führt i. w. S. zur Bezeichnung *Fernmeldesatellit.* → Satellit, → Satellitensystem, → Satellitenfunk, → Satellitenübertragung

Fernsehsender (engl. Television Transmitter): Einrichtung zur Abstrahlung von hochfrequenten Fernsehsignalen. Der F. umfaßt → Bildsender, → Fernsehtonsender und Fernsehsendeantenne. Nach getrennter Aufbereitung und → Modulation von vollständigem (Farb)-Bildsignal und Fernsehtonsignal werden diese zur gemeinsamen Abstrahlung über die Fernsehsendeantenne zusammengeführt. Dabei liegen die Verhältnisse von Bildsender zu Fernsehtonsenderleistung entsprechend der unterschiedlichen → Fernsehnormen zwischen 20 : 1 und 4 : 1 (CCIR-Norm und OIRT-Norm 20 : 1 oder 10 : 1). Für den Frequenzabstand (→ Bild-Tonträger-Abstand) schreiben die Fernsehnormen Werte zwischen −3,5 MHz und 11,5 MHz (CCIR-Norm 5,5 MHz und OIRT-Norm 6,5 MHz) vor (Mehrtonübertragung, → Fernsehtonsender). F. arbeiten in den Frequenzbereichen VHF (Very High Frequency) und UHF (Ultra High Frequency) auf international

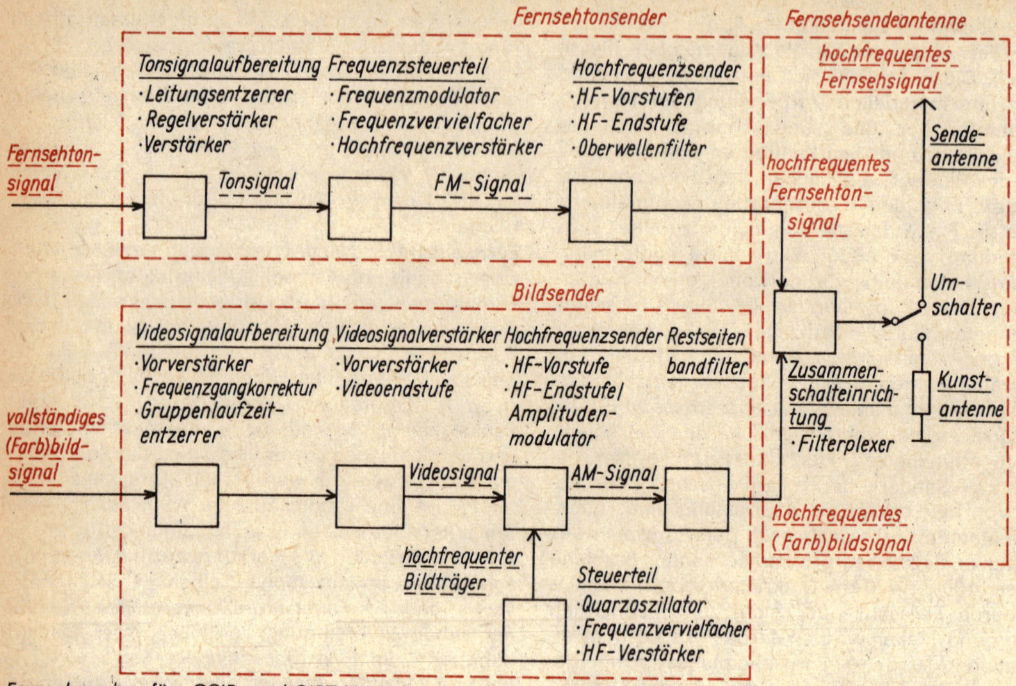

Fernsehsender für CCIR- und OIRT-Norm

vereinbarten Frequenzen (→ Fernsehkanal). In diesen Bereichen werden auf Basis der Bildsenderleistungen in Größenordnungen von 100 kW Empfangsbereiche bis maximal 120 km im Radius durch den F. versorgt. → Fernsehrundfunk, → Bildsignal, → Fernsehturm, → Fernsehumlenkanlage, → Fernsehumsetzerstation, → Füllsender, → Versorgungsbereich, → Senderkette, → Fernsehhilfsstation (Abb.)

Fernsehsignal: → *Bildsignal* und → *Tonsignal* im → Fernsehrundfunk. → Bildsender, → Tonsender

Fernsehspeichergerät, Abk. **FSG:** Videospeichergerät vorwiegend für Studiozwecke nur zum Aufzeichnen (→ Bildfilmaufzeichnung) oder zum Aufzeichnen und Wiedergeben von Fernsehbildern und zugehörigen Informationen (Fernsehton). FSG arbeiten nach unterschiedlichen Speicherverfahren. Die wichtigsten FSG für den laufenden Studiobetrieb sind Studio-Videorecorder *(Fernsehbandgerät)*, die mit magnetischer Bildaufzeichnung (MAZ) auf 2″ (→ Querspurverfahren) oder 1″ breiten Videobändern (→ Schrägspurverfahren) oder mit Magnetplatten (Zeitlupen-MAZ) arbeiten und allgemein mit MAZ-Anlagen bezeichnet werden. → VTR

Fernsehspiel: Art der eigenständigen künstlerischen Werke des Fernsehens (Fernsehdramatik). Künstlerisch charakteristisch für das F. ist, daß es handlungsmäßig äußerst konzentriert ist, i. d. R. mit wenigen handelnden Personen auskommt und wenige Handlungsschauplätze in sich vereint. Somit unterscheidet es sich wesentlich von anderen Genres der Kunst – auch vom → Fernsehfilm. F. werden vorwiegend mit elektronischer Technik in Studios produziert. Inhaltlich werden F. durch filmische Anschlußszenen sowie den Einsatz von Dokumentar-, Archivteilen u. ä. ergänzt.

Fernsehstandard: → Fernsehnorm

Fernsehtechnik (engl. Television Engineering): Gesamtheit der für die Aufnahme, Bearbeitung, Speicherung, Übertragung sowie Wiedergabe optischer Bilder und des dazugehörigen Tons angewendeten technischen Verfahrens, einschließlich der dabei eingesetzten elektronischen Geräte, Anlagen und Systeme. Als Wissensgebiet ist die F. Teil der Nachrichtentechnik/Informationstechnik.

Fernsehtextdekoder: (Zusatz-)Baugruppe eines Fernsehempfängers (Abb. 1), der die Darstellung von Fernsehtextseiten auf dem Bildschirm ermöglicht. Ein F. ist grundsätzlich aus hochintegrierten Schaltkreisen aufgebaut. Er separiert mit einem Videoprozessor die (Daten-)Zeilen aus dem empfangenen FBAS-Signal. Die seriell ankommenden einzelnen Datenworte wandelt der F. in ein bitparalleles Format um und liest diese – Übereinstimmung von angewählter und übertragener Seitennummer vorausgesetzt – in den Seitenspeicher (RAM) ein. Je nach Speicherkapazität kann dieser eine oder mehrere Seiten abspeichern. Die im Seitenspeicher abgelegten Informationen werden im Takt des Bildsignals an den Zeichengenerator – in ihm sind die

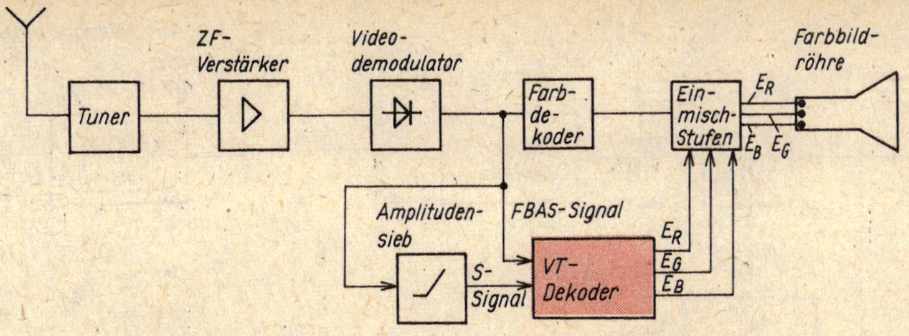

Fernsehtextdekoder (1) im Farbfernsehempfänger

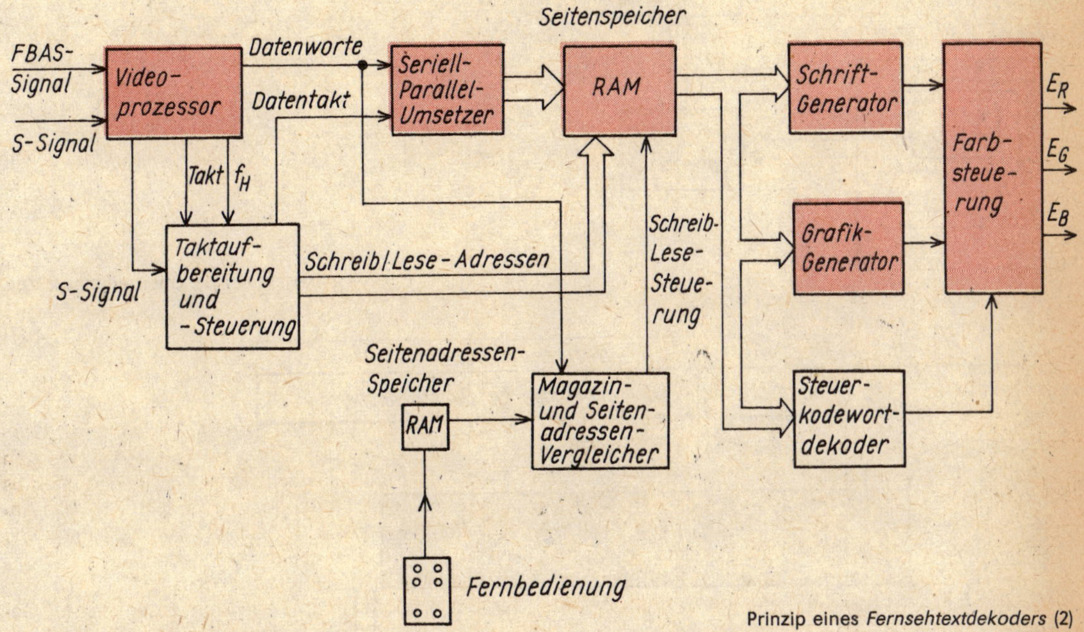

Prinzip eines *Fernsehtextdekoders* (2)

entsprechend dem verwendeten Kode vereinbarten Bildmuster in einem ROM-Teil festgelegt – weitergegeben, der Farbwertsignale erzeugt (elektronische Bildsignalerzeugung) und an die Einmischstufe zur Ansteuerung der Farbbildwiedergaberöhre weiterleitet. → Fernsehtextsystem (Abb.)

Fernsehtextsystem: Gesamtheit der Verfahren und technischen Einrichtungen zur Übermittlung von Zusatzinformationen in einem Fernsehkanal *(Informationsdienst)*, bei denen Texte und Grafiken in kodierter Form in freien, für die (Programm-)Bildübertragung ungenutzten Zeilen des Fernsehsignals übertragen werden, einschließlich der dafür gültigen Standards. Ein F. ermöglicht den Fernsehzuschauern zusätzlich zu dem Fernsehprogramm programmbezogene Informationen (z. B. Untertitel, Programmhinweise) oder solche von allgemeinem Interesse (z. B. wichtige Nachrichten, aktuelle Sportinformationen, Wetter- und Verkehrsberichte, komplette Textseiten) abzurufen und auf dem Bildschirm in Form stehender Text-Grafik-Bilder (Tafeln oder Textseiten) wahrzunehmen. Die von den Sendeanstalten laufend aktualisierten Texttafeln kann der Nutzer eines F. beliebig lange anzeigen lassen. Die in verschlüsselter Form über die Fernsehsender von den Sendeanstalten aus übertragenen Tafeln sind im Fernsehbild direkt nicht sichtbar. Erst ein entsprechender Dekoder, der in einem Fernsehempfänger eingebaut sein muß, entschlüsselt die F.-(Datenzeilen-)Signale und bereitet sie so auf (elektronische Bildsignalerzeugung), daß sie an Stelle des (Programm-)Fernsehbilds oder wahlweise auch im weiterlaufenden Fernsehbild eingeblendet (z. B. Untertitel, letzte Nachrichten) sichtbar werden. Das jeweilige Angebot an Tafeln wird in einem bestimmten Zyklus übertragen, wobei wichtige Tafeln, z. B. für die Untertitel, öfters gesendet werden. Nach Aufruf einer bestimmten Tafel erscheint diese komplett erst dann auf dem Bildschirm, wenn alle Daten für diese Tafel übertragen sind. Die dabei auftre-

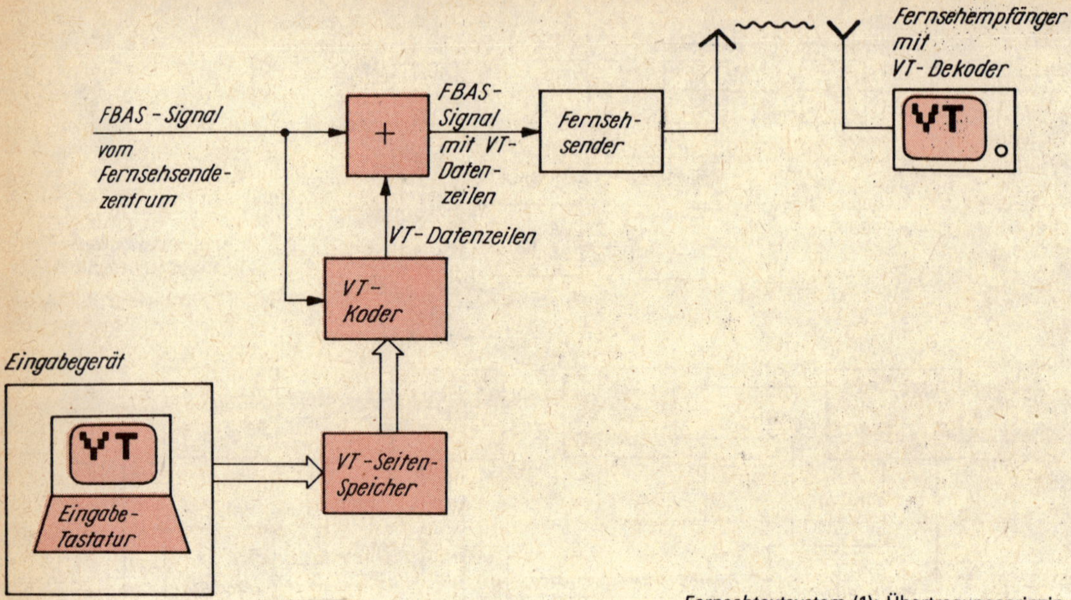

Fernsehtextsystem (1): Übertragungsprinzip

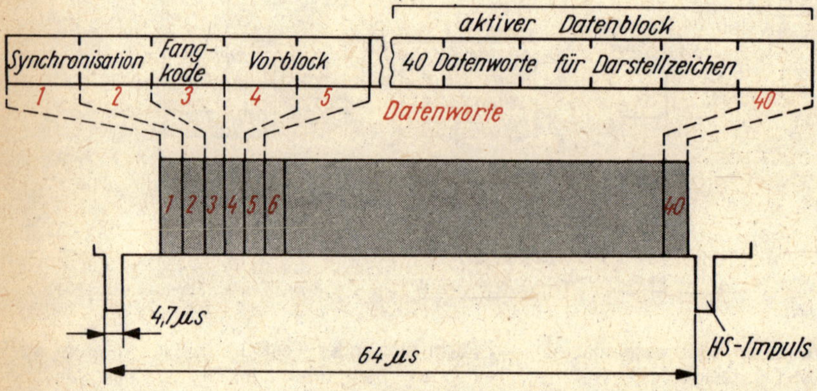

Fernsehtextsystem (2): Struktur einer Datenzeile

tende Wartezeit bis die gewünschte Seite wieder übertragen wird, hängt von der Anzahl des Angebots an F.Tafeln, vom Anwahlmoment und von der Anzahl der in der vertikalen Austastlücke übertragenen F.-Datenzeilen ab. Abbildung 1 zeigt das Übertragungsprinzip von F. Text und Grafik der einzelnen im F. zu übertragenden Seiten werden auf einer speziellen Tastatur eines Eingabegeräts geschrieben, digital aufbereitet (kodiert), zu Magazinen von meist 100 Seiten zusammengestellt und in einen elektronischen Speicher eingegeben. Bei der Übertragung fügt der Computer des *Koders* für das F., gesteuert vom Synchronsignal des FBAS-Signals, in dessen vorgesehene Leerzeilen in der vertikalen Austastlücke die gespeicherten Informationen in Form von F.-Datenzeilen ein. Auch der F.dekoder enthält einen Speicher (RAM), in den die ausgewählte Seite beim Empfang eingeschrieben und so lange wie gewünscht ständig ausgelesen wird. Eine F.-Datenzeile besteht aus einzelnen Datenworten von je 8 Bit (1 Byte), die meist den gesamten aktiven Teil einer Fernsehzeile (52 µs) einnimmt und mit einem Synchronisationswort beginnt, dem ein Fangkodewort für den Start des Dekoders für F. und ein Vorblock (Präfix) für Adressen- und Steuerinformationen (Abb. 2) folgt. Der aktive Datenblock ist für die eigentliche Zeichenübertragung bestimmt, kann aber auch weitere Adressen und Steuerbefehle enthalten. Im Laufe der Entwicklung – sie begann 1972 mit → Ceefax und → Oracle, die man 1975 zu dem einheitlichen britischen *F.Telextext* (UK-Telextext) zusammengefaßt hat – wurde eine Vielzahl verschiedenartiger F. vorgeschlagen, einige in verschiedenen Ländern in Testsendungen

Fernsehtextsysteme

Land	Bezeichnung bzw. Programmname
Belgien	Perceval
Bulgarien	Bultext
BRD	Videotext
Finnland	Teksti-TV
Frankreich	Antiope-Didon
Großbritannien	Teletext
	Ceefax
Italien	Televideo
Kanada	Broadcast-Telidon
Japan	Cibs
	Teletext
Niederlande	Teletext
Norwegen	Teletext
Österreich	Teletext
Schweden	Text-TV
Ungarn	Teletext
Schweiz	Fernseh-Bildschirmtext
	Teletext

und Feldversuchen erprobt und auch als ständige Informationsdienste eingeführt (Tab.). Verschiedene Namen stehen häufig für das gleiche technische System. Die einzelnen F. unterscheiden sich durch: a) Aufteilung der zur Darstellung vorgesehenen Bildfläche (zeichenplatzorientierte oder bildpunktgemäße Aufteilung), b) unterschiedliche Zeichenzuordnung zu den innerhalb der F.-Datenzeilen übertragenen Kodewörter (zeilengebundene oder zeilenungebundene Zeichenzuordnung), c) unterschiedliche Verfahren der Quellenkodierung für Text- und Grafikzeichen (während für die alphanumerischen Textzeichen allgemein übereinstimmend ein 7-Bit-Kode auf der Grundlage des → ASCII-Kode angewendet wird, unterscheidet sich das Übertragungs- und Kodierverfahren für Grafikinformationen je nach Darstellungsverfahren erheblich), d) Umfang des Zeichenvorrats (ein oder mehrere Alphabete mit lateinischer und/oder kyrillischen Buchstaben sowie entsprechende nationale Sonderzeichen, z. B. „ß"), e) Farbgestaltungsmöglichkeiten, f) Darstellungsmodi (z. B. Blinken, automatisches Seitenumblättern), g) unterschiedliche Fehlererkennungs- und Fehlerkorrekturmaßnahmen und h) Übertragungs-Bitraten. Keinen Unterschied gibt es bei der Kanalkodierung. Das britische F. Teletext, das 1977 in Großbritannien offiziell eingeführt wurde, bildet die Grundlage von F. vieler Länder. Die Störanfälligkeit von F. wirkt sich anders als die von Fernsehbildern im allgemeinen aus, obwohl ein gemeinsamer Übertragungsweg benutzt wird. Mit sinkendem Störabstand des empfangenen Fernsehsignals verschlechtert sich die Bildqualität allmählich (→ Bildrauschen). Auf Grund der digitalen Datenübertragung bei F. nimmt die Fehlerrate um den Faktor 10000 zu bei einer Verschlechterung des Störabstands von 25 dB auf 20 dB. Dies bedeutet einen sehr abrupten Übergang von wenig oder nicht fehlerhafter zu stark gestörter Zeichendarstellung auf dem Bildschirm. Der gleiche Effekt kann aber auch bei Reflexionen durch Mehrwegeempfang hervorgerufen werden (→ Geisterbild), obwohl der Störabstand >35 dB ist und eine einwandfreie Wiedergabe für das F. gewährleisten würde. Die Entwicklung der F. bezieht sich vor allem auf erweiterte Darstellungsmöglichkeiten, die von größerem Zeichenvorrat und zusätzlichen Darstellungsattributen über die Einbeziehung frei definierbarer Zeichen bis hin zu verbesserten Grafikmöglichkeiten mit erweitertem Raster-Grafik-Repertoire (Schrägmosaik- und Strichgrafikzeichen) und Nutzung der alphageometrischen und alphafotografischen Übertragungsmethode gekennzeichnet sind. Wobei allseits eine Übereinstimmung insbesondere der Darstellungsmöglichkeiten und Kodierungsart mit dem Standard für → Bildschirmtext angestrebt wird. Weiterhin soll ein zukünftiger internationaler Standard für neue F. abwärtskompatibel zu den bestehenden sein, d. h., heutige Basissysteme sind als Untermenge im Standard enthalten und die vorhandenen Dekoder der F. können weiterhin genutzt werden, allerdings ohne die neuen Darstellungsmöglichkeiten. → Telekommunikation, → Datenzeile, → Teletext (Tab., Abb.)

Fernsehton: alle zum Fernsehbild gehörenden akustischen Informationen (Sprache, Musik, Geräusche). Entscheidend ist in jedem Fall, daß Bild- und Toninformation als in sich geschlossene Einheit auf den Konsumenten von Fernseh- oder Videoproduktionen wirken. Informationsträger des F. ist das Fernsehtonsignal. Im Fernsehrundfunk gelangt es nach i. d. R. paralleler Bearbeitung und Übertragung zum Bildsignal als hochfrequentes Fernsehtonsignal über den → Fernsehsender zur Ausstrahlung. Für den Videoamateur steht das Fernsehtonsignal auf den Tonspuren seines → Videorecorders für Bearbeitung und Wiedergabe zur Verfügung. → Bildsignal, → Tonträger, → Fernsehtonsender, → Fernsehnorm

Hinweis: Die Qualität des F. wird im wesentlichen unmittelbar bei der Tonaufnahme bestimmt. Hier verursachte Qualitätsmängel sind nur begrenzt behebbar (Kopplung an Bildinhalt!). Die für die F.signale geltenden Normen gewährleisten annähernd die Qualität des UKW-Hörrundfunktons. Letzteres gilt insbesondere bei Anwendung des Parallel- oder des Quasiparalleltonverfahrens in Fernsehempfängern.

Fernseh-Tonanschluß: TB-Anschlußbuchse in einem Fernsehempfänger, bei der häufig nur der Ausgang für Aufzeichnung beschaltet ist. s. Abb. c → Diodensteckverbinder

Hinweis: Ein nachträglicher Einbau eines F. darf nur vom Fachmann vorgenommen werden!

Fernsehtonsender: Teil des → Fernsehsenders. Er hat die Aufgabe der Aufbereitung (Verstärkung, Entzerrung des Frequenzgangs) des Fernsehtonsignals und dessen → Modulation auf einen hochfrequenten Träger (Tonträger). Nach den international bestimmenden → Fernsehnormen (CCIR, OIRT, FCC) arbeiten die F. mit → Frequenzmodulation (F 3). Andere Normen sehen für die F. → Amplitudenmodulation (A 3) vor. Das hochfrequente Fernsehtonsignal vom F. wird zur Abstrahlung über die *Fernsehsendeantenne* mit dem hochfrequenten (Farb)Bildsignal vom → Bildsender zusammengeführt. → Bildsender, → Fernsehrundfunk, → Bildsignal, → Bildträger-Tonträger-Abstand, → Zweitonübertragung

Fernsehtonsignal: → Fernsehton

Fernsehturm: Bauwerk zur Aufnahme aller technischen Einrichtungen von → Fernsehsendern und teilweise von Anlagen des → Richtfunks. Da die erreichbaren Übertragungsentfernungen in den Frequenzbereichen des → Fernsehrundfunks (VHF, UHF) und → Richtfunks (UHF, SHF) wesentlich von der Antennenhöhe der Sendeanlage abhängen, nutzt man F. als optimale Bauform zur Fernsehversorgung der Bevölkerung und als Teil in *stationären Richtfunknetzen* der Nachrichtenverwaltungen.

Hinweis: Der Standort von F. wird durch die Bevölkerungsdichte im Versorgungsbereich (Ballungszentren), die natürliche Vergrößerung der Antennenhöhe durch Nutzung vorhandener Bodenerhebungen, Störfreiheit in bezug auf örtliche Bedingungen (z. B. Flugverkehr) u. a. Gesichtspunkte bestimmt. Die typische „Keulenform" der meisten F. ergibt sich in erster Linie aus der Notwendigkeit, die Signalwege zwischen Senderendstufen und Antennenanlage möglichst kurz zu halten, also die *umfangreichen* technischen Einrichtungen des → Fernsehsenders möglichst nahe an die Antennenlage heranzubringen.

Fernsehübertragungswagen: → Übertragungswagen für die Produktion von Farb- oder Schwarz-Weiß-Fernsehprogrammen. F. sind mit einer kompletten Fernsehstudioanlage (zwei bis fünf Fernsehkameras), mit den zugehörigen technischen Einrichtungen, Ton- und Bildmischtechnik sowie weiteren Betriebs-, Kontroll- und Meßgeräten (Fernsehimpulsversorgung, Verstärker, Farbkoder, Ballempfänger, Bildmonitore, Abhöreinrichtungen, Oszilloskope, Schalttechnik usw.) ausgerüstet. Die Größe des Fahrzeugs wird durch den Umfang der eingesetzten Technik und die im F. erforderlichen Arbeitsplätze bestimmt. Für aufwendige Produktionen arbeiten am Übertragungsort mehrere F. oder F. und Tonübertragungswagen als Produktionseinheiten zusammen. Ergänzend zu den F. werden vielfach am Übertragungsort MAZ-Wagen (magnetische Aufzeichnungen der produzierten Signale), Richtfunkwagen (Überspiel der produzierten Signale zum stationären Leitungs- oder Richtfunknetz), Fahrzeuge mit Netzersatzanlagen und zusätzlichem technischen Gerät eingesetzt. Abweichend zur dargestellten Raumeinteilung eines F. existieren eine Reihe verschiedener Varianten. Bemerkenswert ist, daß mit Verkleinerung der Videotechnik bei gleichzeitiger Erweiterung der technischen Möglichkeiten ein differenzierter Einsatz der mobilen Übertragungstechnik für „große" Produktionen,

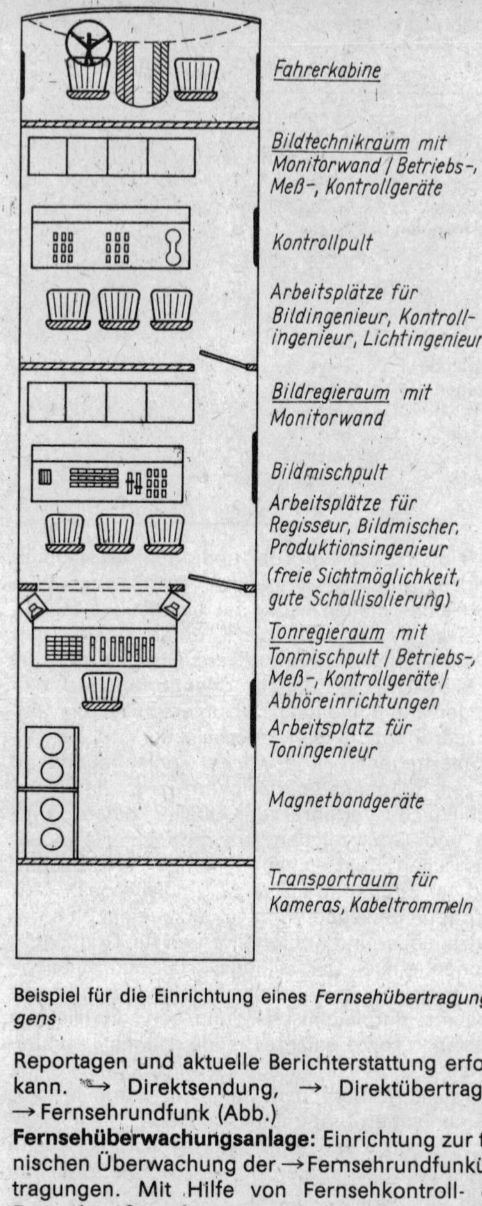

Beispiel für die Einrichtung eines *Fernsehübertragungswagens*

Reportagen und aktuelle Berichterstattung erfolgen kann. → Direktsendung, → Direktübertragung, → Fernsehrundfunk (Abb.)

Fernsehüberwachungsanlage: Einrichtung zur technischen Überwachung der → Fernsehrundfunkübertragungen. Mit Hilfe von Fernsehkontroll- oder Fernsehmeßempfängern werden die Fernsehsignale der einzelnen → Fernsehsender im Bereich der F. aufgenommen. Die Überwachung der Qualitätsparameter kann dabei subjektiv (Beurteilung des Fernsehbilds und -tons durch eine Fachkraft) oder automatisch durch elektronische Einrichtungen erfolgen. Neben den F. werden im Funkwesen weitere Überwachungsanlagen eingesetzt, z. B. für den Hörrundfunk, kommerzielle Funkdienste. → Rundfunk, → Fernsehrundfunk

Fernsehumlenkanlage: Fernsehhilfsstation im → Fernsehrundfunk, die das hochfrequente Fern-

Drehbare *Ferritantenne* (1) in einem Rundfunkempfänger

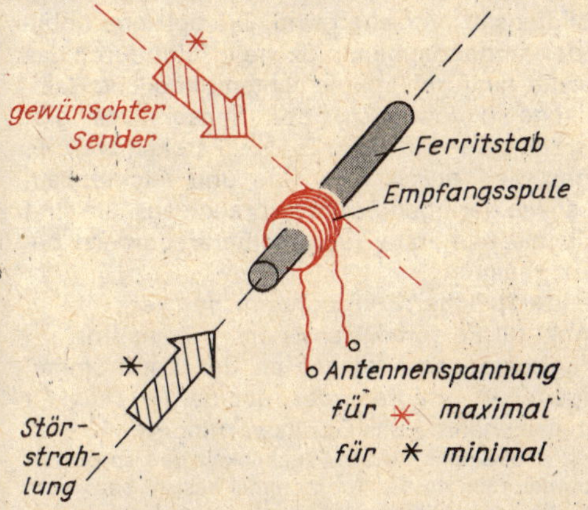

Ferritantenne (2) mit Richtung maximaler und minimaler Empfindlichkeit

sehsignal eines → Fernsehsenders empfängt und auf dem *gleichen* → *Fernsehkanal* in ein eingegrenztes Versorgungsgebiet abstrahlt. Ihre spezielle Aufgabe besteht darin, Lücken in Gebieten, die aufgrund ihrer *geografischen Beschaffenheit* nicht von den Grundnetzsendern (Großsender, → Füllsender) des Fernsehrundfunks versorgt werden können, zu schließen. In diesen Gebieten dürfen die Originalsignale selbst nicht auftreten (Überlagerungsgefahr!). In F. können Signale regeneriert, verstärkt und abgestrahlt (Nennleistungen i. d. R. bis 100 W) oder im einfachsten Fall nur durch Empfangs- und Sendeantennenkombination in ihrer Richtung geändert werden. → Fernsehumsetzerstation

Fernsehumsetzerstation: Fernsehhilfsstation im → Fernsehrundfunk, die das hochfrequente Fernsehsignal eines → Fernsehsenders empfängt, regeneriert, frequenzmäßig in einen *anderen* → *Fernsehkanal* umsetzt und in ein eingegrenztes Versorgungsgebiet abstrahlt (Nennleistungen i. d. R. bis 100 W). Ihre spezielle Aufgabe besteht darin, Lücken in Gebieten, die auf Grund ihrer geografischen Beschaffenheit *nicht qualitätsgerecht* von den Grundnetzsendern (Großsender, → Füllsender) des Fernsehrundfunks versorgt werden können, zu schließen. → Fernsehumlenkanlage

Fernstart: bei Magnetbandgeräten vorgesehene Einrichtung zum Starten und Stoppen des Bandlaufs von einem Diktatmikrofon, einer Fernbedieneinheit oder einer Videokamera aus. → Mikrofonstecker, → Schaltbuchse

Ferrit: gesinterter magnetischer Werkstoff aus Mischkristallen von Metalloxiden und ferromagnetischem Eisenoxid. a) *Weichmagnetische F.* zeigen nach außen hin geringes magnetisches Verhalten. Die Kraftwirkung eines äußeren magnetischen Felds wird aber durch F. wesentlich erhöht. Weichmagnetische F. werden als Kernmaterial in Wechselfeldern hoher Frequenz eingesetzt, z. B. bei Antennen (→ Ferritantenne), in Bandfiltern, aber auch bei Magnetköpfen für Audio- und Videoaufzeichnung. b) Für Lautsprechermagnete werden vorwiegend *hartmagnetisches F.* (Barium-F. mit der chemischen Zusammensetzung $BaO \cdot 6Fe_2O_3$, „Maniperm" genannt) verwendet. Sie haben eine Kristallstruktur mit magnetischer Vorzugsrichtung. Von diesen Dauermagnet-F. wird außer Unempfindlichkeit gegenüber Erschütterungen und magnetischen Fremdfeldern vor allem eine hohe magnetische Flußdichte (ein starkes Magnetfeld) gefordert.

Ferritantenne, Ferristab(antenne): ein als Richtantenne wirkender Stab aus ferromagnetischem Preßwerkstoff *(Ferritstab)* mit einer aufgewickelten Spule. Die F. ist für den Empfang von Mittel- und Lang-, bedingt auch von Kurzwellen, geeignet. Sie empfängt den magnetischen Anteil (H-Anteil) einer elektromagnetischen Welle, der bei der vertikal-polarisierten Strahlung der AM-Bereiche horizontal liegt. Der Stab muß für beste Empfangswirkung also waagerecht liegen und quer zur Richtung auf den Sender stehen. Die Ausrichtung geschieht bei stationärem Heimempfängern zum Teil über eine von außen zu betätigende Dreheinrichtung, bei tragbaren Empfängern durch Schwenken des ganzen Geräts. Mit einer F. lassen sich HF-Störstrahlung oder störende Sender, die auf der gleichen Frequenz wie der gewünschte Sender arbeiten, aber aus anderer Richtung einfallen, wirkungsvoll ausblenden. Abb.

Ferrit-Magnetkopf: → Langlebensdauerkopf, → Löschkopf

Festkörperbildsensor, *Halbleiterbildsensor, Halbleiterbildaufnehmer,* Image Sensor: in Form eines integrierten Schaltkreises hergestellter → Bildwandler, der aus einer zeilenförmigen *(Zeilen-* oder *Linearsensor)* oder matrixförmigen (flächenhaften) Anordnung (*Bild-* oder *Kamerasensor*) von Lichtwandlerelementen besteht. Die Lichtwandlerelemente verkörpern einzelne Bildpunkte und werden je nach Typ des F. aus *Fotodioden* (Fotodiodenarray) oder *MOS-Kapazitäten* gebildet (→ CCD-Bildsensor bzw. → CCD-Zeilensensor und → CID-Bildsensor). Alle Lichtwandlerelemente zusammen bilden den lichtempfindlichen *Fototeil* (Lichtwandlerfläche) des F., auf dem das aufzunehmende Bild bzw. davon eine

Zeile optisch scharf abgebildet wird. Die Anzahl der Lichtwandlerelemente – ihre Kantenlänge beträgt ca. 10...15 µm – bestimmt die erreichbare Auflösung. Zeilensensoren haben bis zu 2048 Elemente, sie werden z. B. in Bildabtastern zur → Filmabtastung verwendet. F. für Kameras (→ Festkörperkameras) haben 150000 bis 600000 Lichtwandlerelemente. Mit 200000 Lichtwandlerelementen wird eine Auflösung erreicht, die der von Einröhrenfarbkameras entspricht. Die Bildgröße der Lichtwandlerfläche ist meist an die Größe der Abtastflächen von 1¼"-, 1"- oder ⅔"-Röhren angepaßt (s. Abb. 2 → Bildaufnahmeröhre) oder entspricht dem Super 8-Schmalfilmformat. Zur Farbbildaufnahme verwendet man 3 oder 2 F. und Lichtteiler, ähnlich einer Drei- bzw. Zweiröhrenfarbkamera, oder einen F. mit integriertem Farbteiler *(Ein-Chip-Farbsensor)*. Der Farbteiler besteht aus einem Mosaik kleinster Flächen mit unterschiedlicher Farbdurchlässigkeit, z. B. in den 3 Grundfarben Rot, Grün und Blau. Die Lichtwandlerelemente eines F. wandeln optische Informationen in elektrische Informationen (elektrische Ladung) um, wobei die Ladungsträgeranzahl mit der Lichtstärke zunimmt. Das so gewonnene, aus vielen Bildpunktinformationen bestehende Ladungsbild muß zur Gewinnung des Bildsignals bildpunktweise ausgelesen werden. Das Auslesen erfolgt bei F. nach 2 Prinzipien: a) Jedes Lichtwandlerelement wird einzeln nach dem *Prinzip der XY-Adressierung* angesteuert und ausgelesen. Hierbei wird über eine Zeilen- und eine Spaltenleitung ein im Kreuzungspunkt liegendes Lichtwandlerelement adressiert. Dieses Adressierungsprinzip wird bei Fotodiodenarrays und bei → CID-Bildsensoren angewendet. Das Auslesen der Bildinformation erfolgt bei CID-Bildsensoren über Adreßleitungen selbst und bei Fotodiodenarrays durch Anschalten des adressierten Bildelements an eine gemeinsame Bildausgangsleitung. Das Anschalten wird über Mikrokondensatoren oder meistens mit MOSFET als Schalter vorgenommen. Nach der Struktur dieser Schalter nennt man derartige F. *MOS-Bildsensoren*. b) Das Auslesen erfolgt durch taktgesteuerten *Ladungstransport* mit Ladungsverschiebeschaltungen (→ CTD). Alle CCD-Sensoren arbeiten grundsätzlich so, denn CCD-Strukturen sind selbst Ladungsverschiebeschaltungen. Praktisch wird aber mit getrenntem CCD-Fototeil und CCD-Ausleseteil (zugleich Zwischenspeicher) gearbeitet. Dadurch können für beide Teile optimale Bedingungen geschaffen werden. Auch F. mit Fotodioden haben einen getrennten Zwischenspeicher- und einen Transportteil zum Auslesen durch Ladungstransport. Für das Auslesen der Zwischenspeicher von zweidimensionalen Bildsensoren gibt es verschiedene Prinzipien: Bildübertragungsprinzip *(→ FT-Sensor)*, Zeilenübertragungsprinzip *(→ LT-Sensor)* oder Zwischenzeilenprinzip *(→ ILT-Sensor)*. Vorteil aller F. gegenüber herkömmlichen Bildwandlern ist ihr geringes Gewicht und Volumen, geringer Energieverbrauch, sehr große Lebensdauer und keine Geometrie- bzw. Farbdeckungsfehler, da jeder Bildpunkt genau durch die innere Struktur vorbestimmt festliegt.

Festkörperkamera, Halbleiterkamera: Video- bzw. Fernsehkamera, bei der → Festkörperbildsensoren zur Umwandlung der Helligkeits- und Farbwerte des aufgenommenen Bilds in elektrische Bildsignale verwendet werden. Es gibt unterschiedliche Festkörperbildsensoren (Kamerasensoren); vielfach werden CCD-Bildsensoren verwendet. Die Festkörperbildsensoren sind hochintegrierte Halbleiterschaltkreise, die mit einer Lichteintrittsöffnung, dem Bildfenster, versehen sind. Die optische Abbildung der aufgenommenen Szene erfolgt durch das Bildfenster hindurch auf die lichtempfindliche Halbleiterfläche (Fotobereich) des Sensors. Es gibt Schwarz-Weiß- und Farb-F. (→ Farbkamera). F. zeichnen sich durch kompakte und leichte Bauweise sowie geringen Stromverbrauch aus. Sie sind deshalb als Kamerateil von Kamerarecordern besonders geeignet.

Festsenderspeicher: → Programmspeicher

FET, Abk. für **F**eld**e**ffekt**t**ransistor: → Transistor

Feuchtigkeitssensor: Sensor an der Kopftrommel verschiedener Videorecorder, der bei Feuchtigkeit die Inbetriebnahme des Geräts verhindert.

Hinweis: Die Gefahr großer Feuchtigkeit und sogar von Schwitzwasserfilm an der Kopftrommel besteht besonders dann, wenn der Videorecorder bei niedrigen Außentemperaturen (Kälte) transportiert und dann in ein geheiztes Zimmer gebracht wird. Erhebliche Funktionsstörungen oder gar Ankleben des Videobands an der Kopftrommel mit Zerstörungsgefahr für Band und Videoköpfe kann die Folge sein! Vom F. wird erst nach Verdunsten der Feuchtigkeit die Inbetriebnahme freigegeben. Einige Videorecorder (z. B. VHS-Geräte) sind dazu mit einer elektrischen Heizung ausgestattet, die ebenfalls vom F. ein- und ausgeschaltet wird.

Filmabtaster: Bildaufnahmegerät zur → Filmabtastung mit zusätzlicher Abtastvorrichtung für den Filmbegleitton. F. für den Fernsehbetrieb und den professionellen Bereich (z. B. bei der Produktion von Videoprogrammkassetten oder Bildplatten) sind hauptsächlich für 35-mm- und 16-mm-Filme ausgelegt, *Heim-F.* (z. B. → CCS) dagegen für Super-8-Filme. Die Hauptbestandteile eines F. sind: a) *Filmlaufwerk* (Projektor) für den Filmtransport, b) *Videoteil* mit Bildwandler und Videoverstärker und c) *Tonteil* mit im Filmlaufwerk eingebautem Filmtongerät, das aus Tonabtaster für Licht- und/oder Magnetton und Tonverstärker besteht, und/oder separatem, dem F. zugeordneten und mit ihm verkoppelten, synchron laufendem *Magnetfilmgerät*. Das Magnetfilmgerät ist dann notwendig, wenn die Filmwiedergabe im *Zweistreifenverfahren* erfolgt, wie es in den Fernsehanstalten üblich ist. Hierbei ist der Filmbegleitton auf der Mittenspur eines Magnetfilms mit gleichem Format, gleicher

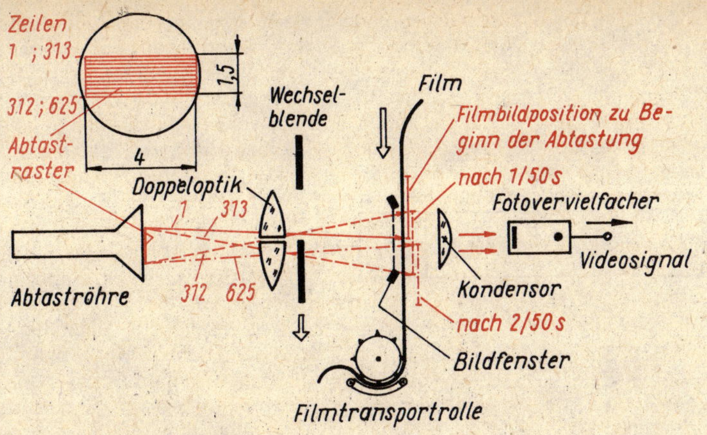

Punktlicht-*Filmabtastung* (1) mit Doppeloptik

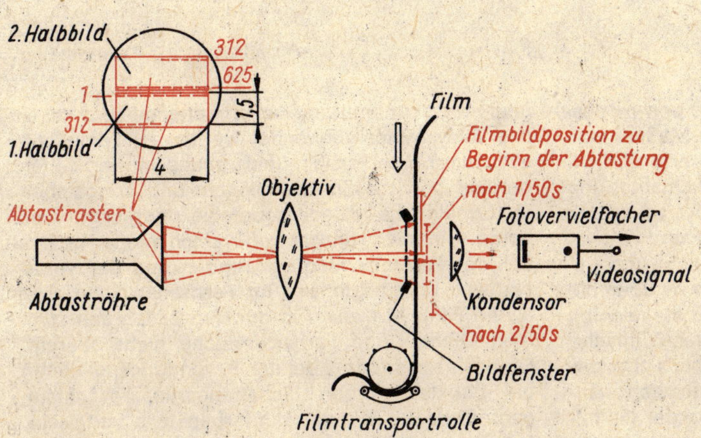

Filmabtastung (2): Jump Scan-Verfahren

Perforation und Länge wie der Bildfilm aufgezeichnet. Gleichzeitig ist der Filmton noch als Randspur auf dem Bildfilm aufgezeichnet. Je nach verwendetem Bildaufnahmeverfahren gibt es *Kamera-, Punktlicht- oder Zeilen-F.*, wobei man zwischen Schwarz-Weiß- oder *Farbfilmabtastern* unterscheidet. Da bei Punktlicht- und Zeilenabtastern keine Farbdekkungsprobleme auftreten, werden diese zur Farbfilmabtastung vorrangig verwendet.

Filmabtastung: Verfahren zur Umwandlung optischer Filmbilder in elektrische Bildsignale. Die F. dient der Filmwiedergabe im Fernsehen und der Umzeichnung von Film auf Videoband, z. B. zur Herstellung von Videosoftware (Programmkassetten). Für die F. ist eine Kombination notwendig, die aus *Filmlaufwerk (Laufbildprojektor)* und *Bildwandlern* zur lichtelektrischen Umwandlung der Filmbilder in elektrische Bildsignale besteht. Der qualitätsentscheidende Teil ist der optoelektronische Bildwandler mit der nachfolgenden Signalbearbeitung im Videoverstärker. Für die F. gibt es verschiedene Verfahren, die nach Art der optoelektronischen Bildwandlung und des Filmtransports unterschieden werden. Bei der *Kameraabtastung* wird das Filmbild von einer Projektionslampe durchleuchtet und auf der Fotoschicht eines Bildwandlers (Bildaufnahmeröhre meist vom Vidikontyp oder Festkörperbildsensor einer Fernseh- bzw. Videokamera) abgebildet.

Bei der *Punktlichtabtastung* ist der Filmtransport fest mit der Vertikalfrequenz 50 Hz verkoppelt. Der Film kann ruckweise (intermittierend) oder kontinuierlich mit konstanter Geschwindigkeit (Constant Speed-Verfahren) transportiert werden. Abb. 1 zeigt ein Beispiel dieses Filmabtastverfahrens mit kontinuierlich laufendem Film. Der Raster der Abtaströhre wird durch 2 übereinanderliegende Halbobjektive (Doppeloptik) zweimal hintereinander im Halbbildrhythmus auf den Film projiziert. Damit keine Doppelabbildungen entstehen, wird mit der Wechselblende jeweils nur ein Halbobjektiv freigegeben. Die Richtung des Rasteraufbaus läuft dem bewegten Film entgegen. Jedes Filmbild wird in der ersten 1/50 s vom Punktlicht durch das obere Halbobjektiv und in der folgenden 1/50 s durch das untere Halbobjektiv abgetastet. Damit die Halbbilder genau

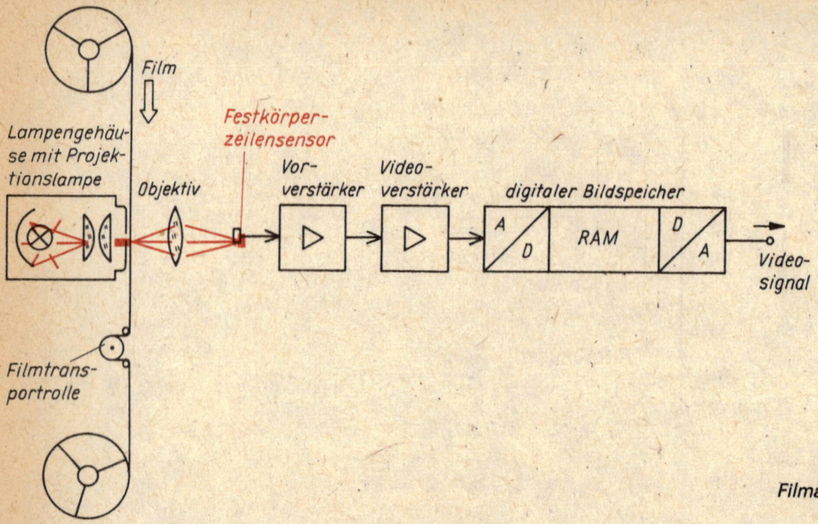

Filmabtastung (3): Zeilenabtaster

ineinander passen, sind hohe optische und mechanische Präzision, sowie besondere Maßnahmen zum Ausgleich der Filmschrumpfung erforderlich. Eine andere Möglichkeit der Punktlichtabtastung bei kontinuierlich laufendem Film ist das sog. *Jump Scan-Verfahren* (Abb. 2). Auf der Abtaströhre werden die Raster beider Halbbilder getrennt übereinander geschrieben. Die erste Zeile wird über die Mitte der Abtaströhre geschrieben und die nachfolgenden darunter. Am unteren Rand der Bildfläche liegt die letzte Zeile des ersten Halbbilds. Da der Film kontinuierlich bewegt wird, hat er sich während einer Halbbilddauer um die Hälfte der (Film-)Bildhöhe fortbewegt, und da die Rasterhöhe eines Halbbilds auch nur die Hälfte beträgt, haben alle Zeilen des ersten Halbbilds die gesamte Filmbildfläche ausgefüllt, jedoch mit fehlenden Zwischenzeilen. Am Ende des ersten Halbbilds springt der Abtaststrahl um die gesamte (Film-)Bildhöhe nach oben und schreibt den Raster des zweiten Halbbilds, bezogen auf das Filmbild exakt um einen Zeilenabstand versetzt. Die beiden Halbraster müssen genau gleiche Abmessungen und Geometrie, sowie einen genau definierten Abstand zueinander haben, was für die Zwischenzeilenlage ausschlaggebend ist. Diese Bedingungen verlangen eine sehr große elektronenoptische Genauigkeit. Beim Zeilenabtaster läuft der Film kontinuierlich (25 Bilder/s) an einem Festkörperbildsensor (z. B. *CCD-Zeilensensor)* für nur eine Fernsehzeile vorbei (Abb. 3). Dadurch wird die vertikale Abtastung vollständig vom Filmtransport übernommen. Mit dieser einfachen Anordnung erhält man ein Vollbild ohne Zeilensprung. Die Umwandlung des Vollbilds in normgerechte Halbbilder und damit normgerechte Bildsignale (Zeitfolge nach dem Zeilensprungverfahren) wird mit einem digitalen Bildspeicher vorgenommen. Alle genannten Abtaster sind auch für die Farb-F. (→ Farbfilmabtaster) geeignet, nur müssen entsprechende Lichtteiler und Bildwandler verwendet werden (→ Punktlichtabtastung). Die Farbfilmübertragung im Fernsehen bereitet gewisse Schwierigkeiten und bringt auch unvermeidliche Wiedergabefehler mit sich, weil beide Medien grundsätzlich verschiedene Verfahren der Farbmischung verwenden und der verarbeitbare Kontrastumfang im Fernsehen kleiner ist als im Film. Vor allem in dunklen Bildpartien stimmen Dichte- und Farbartbereiche nicht überein. Dies führt besonders bei der F. von Kinospielfilmen bei dunklen Farben (Schattenpartien, Nachtaufnahme) dazu, daß die Filmfarben teils verfälscht, teils stark entsättigt reproduziert werden. Wenn alle Licht- und Schattenpartien in ihrer Grauabstufung richtig und farblich unverfälscht wiedergegeben werden sollen, darf das Filmbild keinen größeren Kontrastumfang als 50:1 aufweisen. Bei der Herstellung von Fernsehfilmen wird dies weitgehend berücksichtigt. Die F. bietet die Möglichkeit der elektronischen, manuellen oder automatischen Farbfilmkorrektur (z. B. Farbton- und Farbsättigungseinstellung getrennt in dunklen, mittelhellen und hellen Bildstellen) und der elektronischen Farbumkehr von Negativfarbfilm. Alte verblaßte oder farbstichige Filme können dadurch mit erstaunlich guter Farbwiedergabe abgetastet werden. Die Entzerrung von Breitwandfilmen, z. B. Cinemascop, ist bei der F. relativ einfach. Zwangsläufig ergeben sich aber dabei schwarze Streifen am oberen und unteren Bildrand des Fernsehbilds, da der Bildschirm etwa dem Normalformat von 4:3 entspricht. 70-mm-Filme können nicht abgetastet werden; man muß sie vor der F. im Fernsehen auf ein Breitwandverfahren umkopieren.

Nebem dem Gebrauch von kleinen Heimfilmabtastern (z. B. → CCS) besteht für nicht allzu hohe Qualitätsansprüche mit der Kombination Videokamera

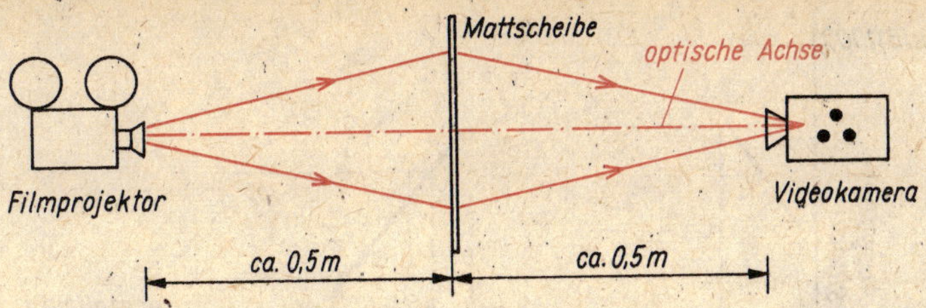

Filmabtastung (5) mit Zwischenbild auf einer Mattscheibe

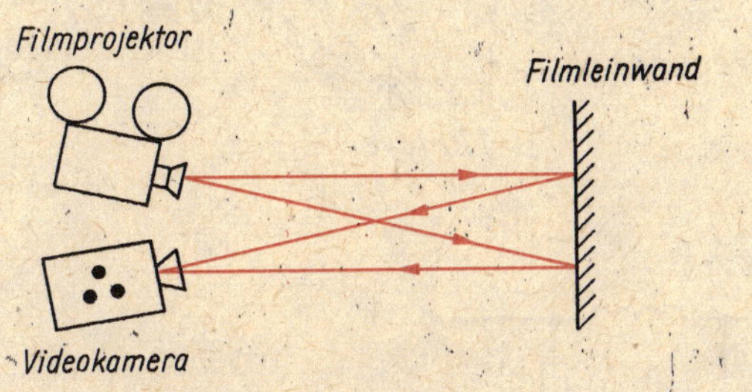

Einfache Methode der *Filmabtastung* (4)

und normalem (Super 8-)Filmprojektor die Möglichkeit der Filmprojektion auf eine Filmleinwand und die Aufnahme mit einer Videokamera (Abb. 4). Mit Diapositiven kann analog verfahren werden.

Hinweis: Um Parallaxenfehler klein zu halten, müssen Kamera und Projektor so dicht wie möglich nebeneinander oder hintereinander in gleicher Höhe stehen. Je länger die Brennweite von Kamera- und Projektorobjektiv ist, um so kleiner sind Abbildungsfehler. Stehen beide Geräte zu dicht zusammen, kann leicht Wärmeflimmern auftreten.

Ein direktes Einprojizieren des Films in das Kameraobjektiv ist nicht möglich, im Strahlengang Projektor-Kamera muß eine optische Zwischenabbildung erfolgen. Dies kann mit einer Mattglasscheibe (Abb. 5) senkrecht zur optischen Achse von Videokamera und Projektor erreicht werden.

Hinweis: Bei genauer optischer Ausrichtung gibt es keine Bildverzerrungen durch Parallaxenfehler. Die Helligkeit kann zum Bildrand hin abnehmen, da die Mattglasscheibe das Licht nicht vollkommen diffus streut. Eine Verbesserung bringt eine spezielle Mattscheibe mit Fresnellinse, die das einfallende Licht gleichmäßig streut. Nachteilig ist, daß diese Anordnung seitenverkehrte Bilder liefert. Durch Einfügen eines Spiegels in den Lichtweg ergeben sich seitenrichtige Bilder.

Bessere Ergebnisse der F. bringen sog. → Telecine Adapter, die zum Zubehör von Videokameras zählen. Abb.

Filmzeitlupe: → Zeitlupe

Filter: **1.** *(Elektronik)* auch Frequenzfilter: elektronische Baugruppe oder Gerät mit vorgegebenem frequenzabhängigen Übertragungsverhalten. Von einem F. werden bestimmte Frequenzbereiche unterdrückt (*Sperrbereiche,* Abk. *SB*), andere Frequenzen können das F. ungehindert passieren (*Durchlaßbereiche,* Abk. *DB*). Je nach Lage dieser Bereiche unterscheidet man 4 Grundtypen von F. mit den Filtercharakteristiken *Hochpaß (HP), Tiefpaß (TP), Bandpaß (BP)* und *Bandsperre (BS)* (Abb. a bis d). Als *Grenzfrequenz* eines F. bezeichnet man die Frequenz beim Übergang zwischen DB und SB, bei der eine Dämpfung von 3 dB (≙70 % der Signalamplitude im DB) auftritt. Die *Flankensteilheit* dieses Übergangs wird in dB/Oktave angegeben (Abb. e). Üblich sind bei einfach aufgebauten Filtern 6 dB/Oktave, bei aufwendigeren Schaltungen 12 dB/Oktave oder mehr. *Passive F.* sind vorwiegend aus Kondensatoren, Spulen und ohmschen Widerständen zusammengesetzt, in *aktiven F.* werden verstärkende Bauelemente (auch → Schaltkreise) in Rückkopplungsschaltungen verwendet. Aktive F. können auch bei großer Flankensteilheit *ohne Spulen* aufgebaut werden, die bei niedrigen Grenzfrequenzen sonst besonders groß und schwer sind (Abb. f). F. mit besonders steilen Flanken lassen sich mit Filterquarzen aufbauen (→ Schwingquarz), dabei wird die mechanische Resonanz ausgenutzt. Mechanisch arbeiten auch F., bei denen nach einer Umwandlung des elektrischen Signals in Schall dieser durch einen akustischen Wellenleiter geschickt, und anschließend wieder in ein elektrisches Signal zurückgewandelt wird (→ akustisches Oberflächenwellenfilter, → Piezo-Filter). Der Einsatz von F. ist sehr vielseitig. Zur Veränderung bzw. Linearisierung des Amplitudenfrequenzgangs werden sie als → Verzerrer und → Entzerrer eingesetzt; die Filterkurve muß dann einen definierten, dem Verwendungszweck angepaßten Verlauf haben. Bei Tonsignal-F. (Klangeinsteller, Equalizer) ist die Filtercharakteristik in einer Variationsbreite bis zu ±20 dB stufenlos einstellbar. Das Herausheben eines bestimmten, meist des mittleren Frequenzbereichs bei Tonsignalen wird dabei als *Präsenz,* eine entsprechende Absenkung als *Absenz* bezeichnet. Zur Sperrung unerwünschter Frequenzbereiche, wie es z. B. mit einem Rausch-, Rumpel-, Roll-Off-, Subsonic-, Pilotton- oder MPX-F. geschieht, soll die Flankensteilheit möglichst groß sein. F. zum Durchlassen nur einer bestimmten Frequenz oder eines schmalen Frequenzbands sollen außer großer Flankensteilheit eine exakte Breite des DB aufweisen. Mit mehreren aufeinander abgestimmten F. lassen sich auch Frequenzgemische in mehrere Frequenzbereiche aufteilen. Solche Kombinationsfilter werden auch *Frequenzweichen* genannt (→ Kammfilter, → Kerbfilter). – **2.** *(Optik)* auch *Lichtfilter:* Vorrichtung zur Beeinflussung des hindurchtretenden Lichts, vor-

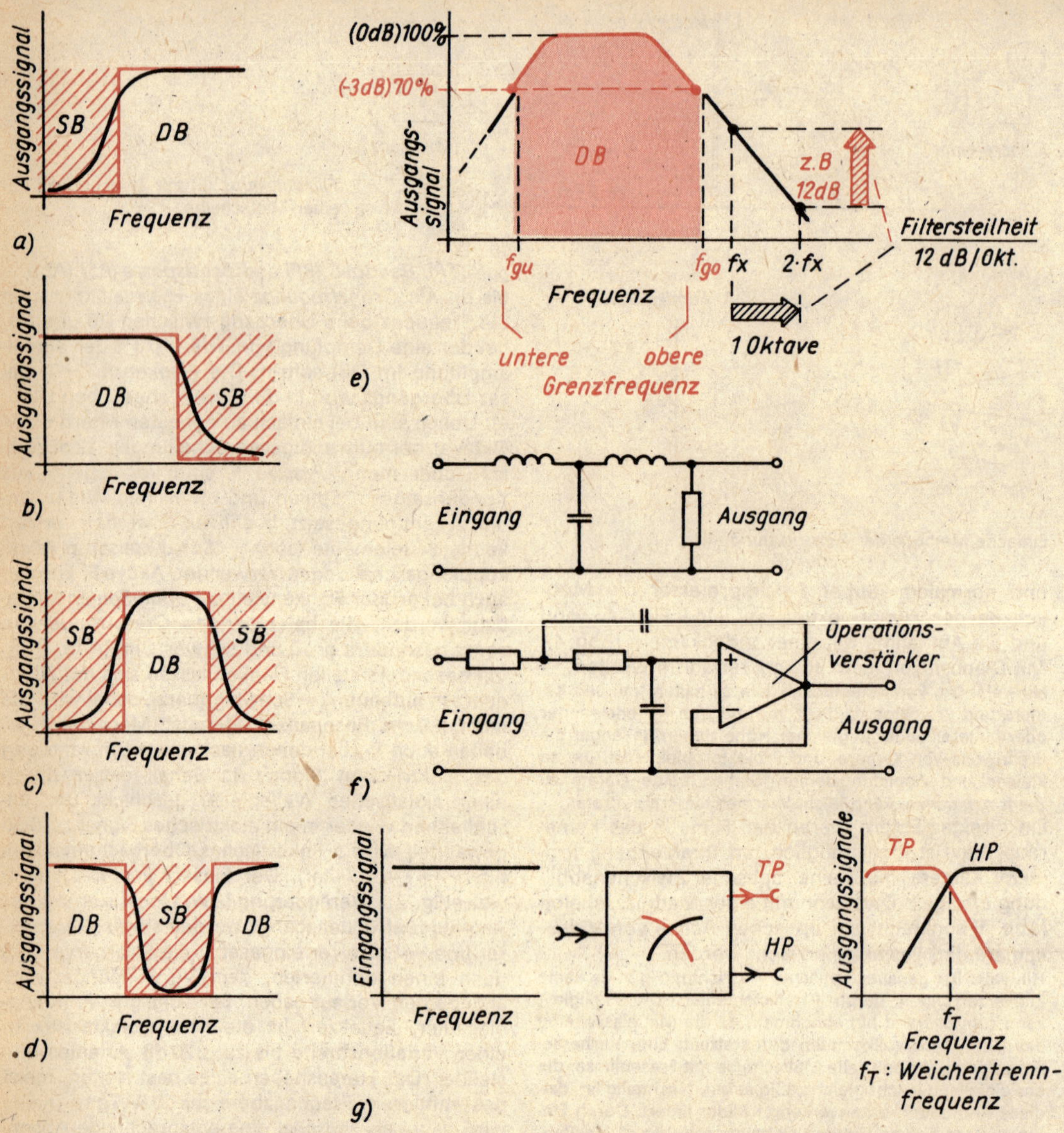

Frequenz*filter:* a) Hochpaß, b) Tiefpaß, c) Bandpaß, d) Bandsperre (rot: idealer, schwarz: realer Verlauf), e) Definition der Grenzfrequenz f_g, der Mittenfrequenz f_o und der Flankensteilheit am Beispiel des Bandpasses, f) passiver und aktiver Tiefpaß, g) Beispiel für eine Frequenzweiche

wiegend als austauschbarer Bestandteil des optischen Systems einer Fernseh- oder Videokamera. *Grau-F.* mindern das hindurchtretende Licht in seiner Stärke, unabhängig von der spektralen Zusammensetzung. Sie bestehen i. allg. aus gleichmäßig abgedunkeltem Glas oder aus Flüssigkeiten, die in einem lichtdurchlässigen Behältnis untergebracht sind, und deren Lichtstromdämpfung steuerbar ist. *Farb-F.* entziehen dem Licht bestimmte, darin enthaltene Spektralanteile oder schwächen sie ab. Sie bestehen aus eingefärbten Gläsern oder Gelatine- bzw. Interferenzschichten auf lichtdurchlässigen Trägermaterialien. So sperren *UV-F.* den Anteil ultravioletter Strahlung im Licht ab, → *Konversionsfilter* dienen der Anpassung von Fernseh- oder Videokameras an die verschiedenen Lichtzusammensetzungen der Szenenbeleuchtung (→ Farbtemperatur). → *Polarisationsfilter* sondern aus der Gesamtstrahlung des auftreffenden Lichts bestimmte Polarisationsebenen aus (Ebenen der gleichen Schwin-

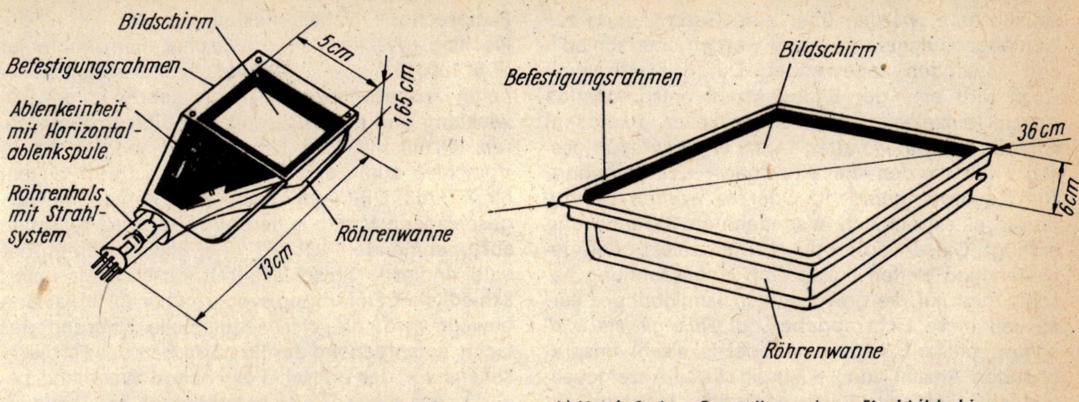

a) Vereinfachte Darstellung der FD-Röhre b) Vereinfachte Darstellung eines Flachbildschirms

*Flachbildschirm*ausführungen (Maße zur Verdeutlichung der Relationen)

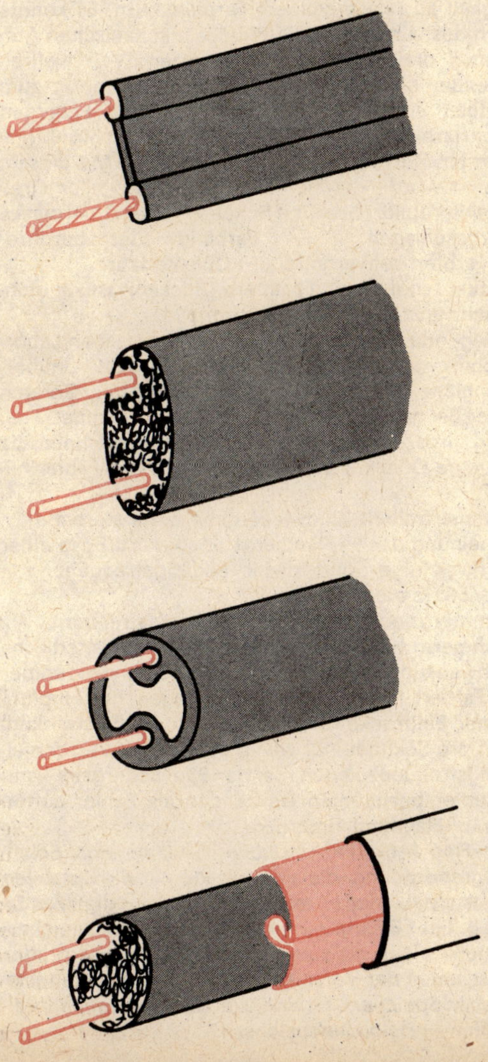

gungsrichtung der Lichtwellen). *Effekt-F.* dienen dazu, bestimmte gestalterische Bildwirkungen zu erzielen (→ Weichzeichner-Filter, → Sterneffektfilter).

FIM: Abk. für → **Frequenzintermodulation.**

Fine Tuning: engl. für Feinabstimmung. → Kurzwellenlupe

Flachbahnsteller: → Schiebeeinsteller

Flachbandkabel, *Stegleitung:* symmetrische Doppelleitung aus Kupferlitze oder -draht, z. T. versilbert, die von einem stegförmig ausgeformten Isoliermaterial auf konstantem Abstand gehalten wird. F. wurde früher viel für → Antennenzuleitungen, vorwiegend für UKW-Antennen verwendet, kommt aber heute wegen der stark witterungsabhängigen Dämpfung nur noch wenig zum Einsatz. Dafür verwendet man symmetrische ovale *Schaumstoffleitung* oder *Schlauchleitung.* Auch bei diesen nimmt die Dämpfung durch Schmutzablagerungen auf der Außenhülle im Laufe der Zeit zu. In einer Ausführung mit Polyethylenschaum als Isoliermaterial und einer Abschirmung, die vor Störeinstrahlung schützt, erreichen sie die günstigen Eigenschaften von → Koaxialkabeln. Bei allen F. und Schlauchleitungen wird der → Wellenwiderstand durch Dicke und Abstand der beiden Leiter auf 240 bzw. 300 Ω festgelegt. Abb.

Flachbildschirm: i. allg. Bildschirm geringer Bautiefe. Der Bilderzeugung liegen bei F. unterschiedliche Prinzipien zugrunde: *a) Flachbildröhre:* → Bildwiedergaberöhre mit einem am Bildschirmrand angebrachten → Strahlsystem. Beispiele hierfür sind die → Sinclair-Flachbildröhre und die → FD-Röhre. *b) Gasentladungsflachbildröhre:* die einzelnen → Pi-

Symmetrische Antennenkabel: a) *Flachbandkabel* (Stegleitung), b) ovale Schaumstoffleitung, c) Schlauchleitung mit Lufthohlraumisolierung, d) Schlauchleitung mit Schaumisolierung und Abschirmung xel dieses F. werden über eine Gasentladung zur Lichtabgabe angeregt. Dabei werden unterschiedliche Methoden angewendet. Durch Matrixsteuerung wird eine der Bildpunktzahl entsprechende Anzahl einzelner Gasentladungszellen (-katoden) zur Abgabe *ultravioletten Lichts* angeregt. Mit dessen Hilfe werden die einzelnen → Luminophore zum Leuchten gebracht. Oder es werden *Elektronen* in einer räumlich ausgedehnten Gasentladung erzeugt. Diese werden durch Matrixelektroden gesteuert und treffen durch eine Hochspannung beschleunigt auf die gewünschten Luminophore auf, so daß diese Licht abgeben. *c) Flüssigkristallbildschirm:* dieser F. ist aus einer der Pixelzahl entsprechenden Anzahl von → Flüssigkristall-Anzeigebauelementen aufgebaut, die nach dem Matrixprinzip gesteuert werden. → Bildpunkt, → Lumineszenz (Abb.)

Hinweis: F. werden auf Grund ihrer geringen Bautiefe, ihres geringen Energiebedarfs hauptsächlich in Portables eingesetzt. Derzeit erreicht man mit F. nur begrenzt die Qualitätsmerkmale traditioneller Bildwiedergaberöhren.

Flächenantenne: → Querstrahler

Flächenflimmern: auf Bildflächen großer Helligkeit auftretende Flimmererscheinung. F. ist ein technisch bedingter Nachteil heutiger Fernsehsysteme und beruht auf der niedrigen Bildwechselfrequenz von 25 Hz bzw. 30 Hz.

Flächenleuchte: → Leuchte, deren spezielle Bauform eine annähernd gleichmäßige → Ausleuchtung einer Studiofläche, Szene, Bildvorlage usw. gewährleistet. Die gewünschte Strahlungscharakteristik von F. wird durch die Form der verwendeten Reflektoren in Verbindung mit den eingesetzten Lampentypen erreicht. Als F. für Video- und Fernsehaufnahmen eignen sich insbesondere Halogenleuchten mit schalenförmig gekrümmtem Reflektor, da die → Halogenlampen über eine vergleichsweise große Strahlerfläche, eine hohe Lichtausbeute, gute Eigenschaften bezüglich der → Farbtemperatur und eine hohe Lebensdauer verfügen.

Hinweis: *Fokussierbare* → *Scheinwerfer* sind auf Grund ihrer Variationsmöglichkeiten von Punkt- zu Flächenlicht auch als F. einsetzbar.

FLAD, Abk. für engl. **F**luorescence**a**ctivated **D**isplay (fluoreszenzaktivierende Anzeige): mit einer Fluoreszenzplatte kombiniertes → Flüssigkristall-Anzeigebauelement. Die Fluoreszenzplatte nimmt einfallendes Umgebungslicht auf und erzeugt dadurch ihrerseits Fluoreszenzlicht (→ Fluoreszenz), das über geeignete Öffnungen zu den Anzeigebereichen der Flüssigkeitszelle geführt wird. Damit ist die Lesbarkeit von FLAD vor allem bei geringer Umgebungshelligkeit wesentlich besser als die einfacher Flüssigkeitsanzeigen.

Flankenschrift, Stereoschrift, Zweikomponentenschrift: → Schriftart

Flat Square Tube, Abk. FST: → Farbbildwiedergaberöhre

Flatterecho: → Schallreflexion

Flechsig, Werner, Dr.: deutscher Fernsehpionier (8. 6. 1900, Köln – 12. 10. 1981, Wolfenbüttel). F. arbeitete insbesondere in den 30er Jahren an der Entwicklung und Verbesserung von Bildaufnahmeröhren (Orthikon). Von ihm stammt aber auch ein Vorschlag zum „Senden von Farbbildern" (Patent Nr. 752763, DRP vom 12. 7. 1938). Die von ihm vorgeschlagene Methode beruht darauf, daß zwischen aufzunehmendem Objekt und Bildaufnahmeröhre eine endlose Filmschleife mit Abschnitten unterschiedlicher Einfärbung synchron zur Bildabtastung bewegt wird, die eine sequentielle Filterung des Lichts entsprechend der Primärfarben des Farbfernsehens vor der optisch-elektrischen Wandlung bewirkt. Auf diese Weise entstehen in sequentieller Folge → Farbwertsignale. Dieses Verfahren führt jedoch auf Grund der begrenzten Wechselgeschwindigkeit zu relativ starkem Farbflimmern. Es konnte sich deshalb und auf Grund des mechanischen Aufwands praktisch nicht durchsetzen. Von weitreichender Bedeutung ist der Vorschlag von F. zum Aufbau einer „Katodenstrahlröhre zum Erzeugen mehrfarbiger Bilder auf einem Leuchtschirm" (Patent Nr. 736575, DRP vom 12. 7. 1938). Mit diesem Patent wurde durch F. die Grundform aller Dreistrahlfarbbildröhren mit Schatten- oder Gittermaske vorgeschlagen. → Farbbildwiedergaberöhre, → Farbfernsehverfahren, → CBS-Verfahren

Flicker (engl., svw. Flimmern, Zucken): Leuchtdichteschwankungen eines Fernsehbilds.

„fliegende Strippen": aus der elektronischen Labortechnik stammender Fachjargon, der eine unübersichtliche, improvisierte Verkabelung von Geräten oder Baugruppen untereinander kennzeichnet. F. S. sind in der Unterhaltungselektronik abzulehnen, da sie eine Quelle ständiger Störungen und Fehler bilden.

Flimmerfreiheit: Bildwiedergabe ohne störende Erscheinung des → Flimmerns. I. allg. tritt F. ab einer Lichtreizfolge- und damit Bildfolgefrequenz von 48...50 Hz nicht mehr auf.

Flimmerfrequenz: → Verschmelzungsfrequenz

Flimmern: bei einem Beobachter durch periodische Schwankungen der → Leuchtdichte und/oder der → Farbart hervorgerufener, unangenehm empfundener Eindruck. F. tritt auf, wenn die Schwankungen pro Sekunde nur wenig über der → Verschmelzungsfrequenz liegen. Bei der Bildwiedergabe kann F. unter bestimmten Umständen als Fehler auftreten. → Flächenflimmern

Flip-Flop (Abk. **FF**), *bistabiler Multivibrator:* Schaltungsanordnung, die am Ausgang nur die 2 stabilen Zustände (L oder H) annehmen kann (→ digitales Signal). Ein FF kann ein Bit speichern. Der Speicherzustand bleibt bis zum erneuten Einspeichern oder Abschalten der Versorgungsspannung erhalten *(statischer Speicher).* FF sind u. a. *Speicherzellen* in digitalen → Halbleiterspeichern.

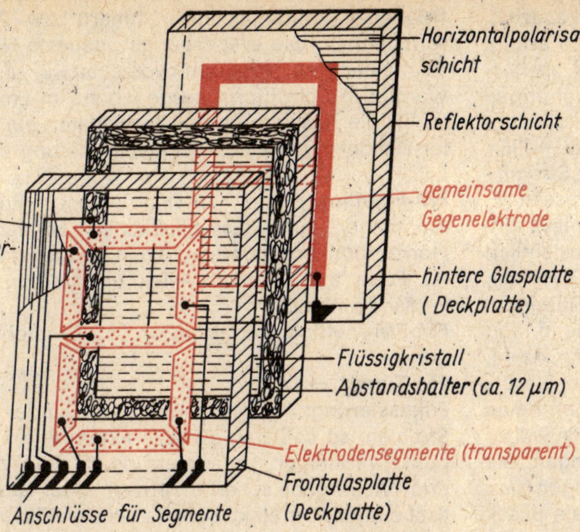

Flüssigkristall-Anzeigebauelement: LCD-Anzeige für Reflexionsbetrieb

Fluoreszenz: besondere Form der → Lumineszenz. Kaltes Leuchten, solange ein Stoff von Elektronen- oder anderen Strahlen getroffen wird.

Flüssigkristall: eine Substanz aus organischen Verbindungen, die einen flüssigen Zustand und die optischen Eigenschaften von kristallinen Festkörpern aufweist. Die besonderen Eigenschaften des F. beruhen auf der relativ beständigen Ordnung der stabförmigen Moleküle zueinander. Durch Anlegen eines elektrischen Felds kann die Molekülordnung und damit auch die optische Eigenschaft, vor allem die Lichtdurchlässigkeit, verändert werden. → Flüssigkristall-Anzeigebauelement, → Flüssigkristallbildschirm, → Flüssigkristall-Lichtröhre

Flüssigkristall-Anzeigebauelement (engl. Liquid Crystal Display, Abk. LCD): Bauelement zur Anzeige von Ziffern, Buchstaben und Zeichen beliebiger Gestalt auf der Basis von → Flüssigkristallen. Die Abbildung zeigt den Aufbau einer F.zelle. 2 Deckplatten (Glas) bilden zusammen mit den Abstandhaltern ein hermetisch abgeschlossenes Gefäß, in dem sich die kristalline Flüssigkeit befindet. Auf der Innenseite der Glasplatten sind die lichtdurchlässigen Elektroden in Form der darzustellenden Zeichen aufgebracht. Verbreitet sind → 7-Segment-Anzeigen und andere Symbolanzeigen (→ Display). F. sind passive Anzeigen, die selbst kein Licht erzeugen, sondern Fremdlicht steuernd beeinflussen. Deshalb brauchen F. zu ihrer Funktion Umgebungslicht oder eine Fremdlichtquelle. In Abhängigkeit der an den Elektroden angelegten Spannung ändert sich die Lichtdurchlässigkeit der F.schicht oder die Polarisation einfallenden Lichts. F. können im Reflexions- oder Transmissionsbetrieb arbeiten. Für die Lichtsteuerung werden in den verschiedenen Bauelementen unterschiedliche Effekte ausgenutzt. Bei F., die auf dem Streueffekt beruhen, entsteht nach Anlegen einer Wechselspannung (dynamische Steuerung) in der Flüssigkeit Turbulenz, und einfallendes oder durchfallendes Licht wird mehrfach gebrochen und zerstreut. Die zuvor klare F.zelle erscheint im Bereich der angesteuerten Elektroden nach Überschreiten der Schwellspannung (15...30 V) bei Reflexionsbetrieb milchig weiß und bei Transmissionsbetrieb lichtundurchlässig, also schwarz. In F. wird am meisten der Feldeffekt, auch Twisteffekt genannt, angewendet. Die Elektroden sind so vorbehandelt, daß ohne Betriebsspannung die Flüssigkeitsmoleküle innerhalb der Zelle eine Verdrehung von 90° (Twist) aufweisen. Die Glasplatten tragen → Polarisationsfilter, deren Polarisationsrichtung um 90° gegeneinander gedreht ist. Bei F. für Reflexionsbetrieb (Abb.) ist auf der Rückseite eine Reflektorschicht angebracht. Fällt ein Lichtstrahl auf das F. ohne Steuerspannung, so wird er am ersten Polarisator polarisiert und beim Durchlaufen der Zelle um 90° in seiner Polarisationsrichtung gedreht, passiert den zweiten Polarisator, wird vom Reflektor reflektiert und durchläuft in entgegengesetzter Richtung erneut die Flüssigkristallzelle. Das F. ist nach wie vor durchsichtig. Wird eine Steuerspannung angelegt, so wird die Verdrehung der Flüssigkristalle aufgehoben. Das einfallende Licht kann den zweiten Polarisator nicht mehr passieren und wird in der Zelle absorbiert. Die angesteuerten Segmente erscheinen dunkel vor hellem Hintergrund. Derartige F. haben Schwellspannungen von 1...5 V und werden wegen ihrer extrem geringen Leistungsaufnahme (einige Mikrowatt) besonders bei batterie- oder solarzellenbetriebenen Geräten verwendet. → FLAD (Abb.)

Flüssigkristallbildschirm: → Flachbildschirm auf der Basis einer Vielzahl matrixförmig angeordneter → Flüssigkristall-Anzeigebauelemente. Diese sind in Form eines Punktrasters auf ein Glassubstrat aufgedampft. Jede Rasterzelle beinhaltet einen Dünnschichttransistor und eine Zellenspeicherkapazität. Über die einzelnen Dünnschichttransistoren erfolgt nach dem Matrixprinzip eine zeilen- und spaltenweise gekoppelte Stromsteuerung der zugehörigen Zellenspeicherkapazitäten. Das Dielektrikum der Zellenspeicherkapazitäten wird von einem → Flüssigkristall gebildet, der die eingespeiste „Strominformation" in eine optische Information umsetzt. F. werden derzeit hauptsächlich in Datendisplays eingesetzt. Eine Weiterentwicklung der F. hinsichtlich der integrierten Rasterzellenzahl (LSDI-Technik), der verfügbaren Strahlungsspektren der Flüssigkristalle und ihrer Steuerbarkeit entsprechend den Maßstäben der Fernsehverfahren (Bildpunktzahl, Primärfarben, Kontrastumfang) wird ihren Einsatz im Fernsehen begünstigen. Dabei sind schon heute von entscheidendem Vorteil: die flache Bauweise, die Vermeidung von → Rasterverzeichnungen, die vergleichsweise niedrigen Steuerspannungen und die gute Anpassungsfähigkeit an die digitale Bildsignalübertragung.

Flüssigkristall-Lichtröhre: flache Bildwandlerröhre mit → Flüssigkristallen zur elektrisch-optischen Wandlung. Je nach Anzahl der eingesetzten, seriell oder parallel getrennt steuerbaren Flüssigkristalle können F. zur Datenanzeige, Abbildung von Kurvenverläufen bis hin zur Bildwiedergabe verwendet werden. → Flüssigkristallbildschirm, → LSDI-Flachbildschirm, → Flachbildschirm

Flutter (engl., Flattern), umgangssprachlich auch Schwirren, Trillern: schnelle → Tonhöhenschwankungen mit einer Schwankungsfrequenz von etwa 10...100 Hz. F. wird bei langsamen Schwankungen zunächst als Wimmern, Flattern oder Trillern des Tons empfunden, oberhalb 20 Hz schließlich als Tonrauhigkeit. Es ist dann von schnellen → Pegelschwankungen nicht mehr zu unterscheiden. F. entsteht vorwiegend auf Grund unrunder, verformter oder verschmutzter rotierender Antriebsteile besonders bei Magnettongeräten (Antriebswelle, Andruckrolle), seltener bei Schallplattenlaufwerken.

Flying Spot-Abtastung: → Punktlichtabtastung

Flying Start: Möglichkeit des direkten Umschaltens von Wiedergabe auf Aufzeichnung bei einem Tonbandgerät, ohne dazwischen die Stoptaste drücken zu müssen. → Intermix 1.

FM: Abk. für **F**requenz**m**odulation. → Modulation

FM-Aufzeichnung: bei der magnetischen Bild- und Tonaufzeichnung sowie bei Bildplatten angewendetes Aufzeichnungsprinzip. Die zu speichernden Signale werden mit Frequenzmodulation (FM) in ein trägerfrequentes Signal umgewandelt und aufgezeichnet. → magnetische Bildaufzeichnung

FM-Datenrundfunk: möglicher Zusatzdienst beim UKW-Hörrundfunk, bei dem zusätzlich zum normalen Stereoprogramm unter Verwendung eines zweiten .Hilfsträgers (57 kHz) im → MPX-Signal bestimmte Daten übertragen werden können. Dazu zählen Kennwerte der empfangenen Station (Sendefrequenz, Programm, Programmart) bzw. Zusatzinformationen, wie Wetterbericht, neueste Nachrichtenmeldungen, Programmvorschau u. a. Diese werden in Schriftform ausgegeben. Im Empfänger ist für die Auswertung der Zusatzdaten ein spezieller Dekoder und eine Anzeigeeinrichtung erforderlich.

FM-Empfänger, svw. *UKW-Empfänger:* Rundfunkempfänger zum ausschließlichen Empfang von Hörrundfunkprogrammen, die in frequenzmodulierter Form auf Ultrakurzwellen übertragen werden (→ Modulation).

FM-FM-Multiplexverfahren: → Zweitonübertragung

FM-Tuner: → Tuner

Fokussierung: Konzentrierung und Bündelung von Strahlen, so daß sich diese in einem Punkt (Brennpunkt) vereinigen. Voraussetzung für die Erzeugung und Wiedergabe scharfer Fernsehbilder ist eine optische und/oder elektrische F. bei der Bildaufnahme und -wiedergabe. Die *optische F.* erfolgt durch das → *Objektiv* der Videokamera. Für die *elektrische F.* haben Bildaufnahme- und Bildwiedergaberöhren *Elektronenlinsen* (→ Elektronenoptik) und zusätzlich noch eine *magnetische F.* mit F.magneten oder F.spulen (→ Vidikon). → Auto-Fokus

Fonoautomat: → Automatik-Plattenspieler

Fonogerät: → Schallplatten-Abspielgerät

Forest, Lee de: US-amerikanischer Hochfrequenz-Ingenieur und Radiotechniker (28. 8. 1873 – 30. 6. 1961), der 1906 eine mit Gitter versehene Audionröhre (Vorläufer der Triode), zum Patent anmeldete. F. war am Bau der ersten Funkstellen Amerikas beteiligt.

Formanten: → Klang 2.

Fotodiode, Abk. **FD:** Halbleiterflächendiode (→ Diode), die so beschaffen ist, daß Lichtstrahlung (Energiezufuhr) auf den pn-Übergang einwirken kann. Dadurch entstehen freie Elektronen und Löcher. Sie wandern zur Sperrschicht und erhöhen den Strom (Fotostrom) der in Sperrichtung betriebenen Diode proportional zur Beleuchtungsstärke. FD dienen zur licht-elektrischen Umwandlung. Sie werden auf vielen Gebieten der → Optoelektronik als → Lichtempfänger angewendet, z. B. bei der Infrarotfernbedienung. → PIN-Diode

fotoelektrischer Effekt, kurz *Fotoeffekt:* physikalische Erscheinung in bestimmten Stoffen, bei der durch Lichteinwirkung (Energiezufuhr durch Lichtstrahlung) frei bewegliche Ladungsträger, meist Elektronen, entstehen. Man unterscheidet den äußeren und inneren f. E. Beim *äußeren f. E.* werden aus der Oberfläche eines festen Stoffs, meist einer Metallschicht (→ Fotokatode), Elektronen ausgelöst. Beim *inneren f. E.* werden vor allem in Halbleitermaterialien Elektronen und Löcher (Paarbildung) als freie Ladungsträger gebildet. Der innere f. E. bewirkt eine Leitfähigkeitsänderung des Materials, die proportional zum einfallenden Lichtstrom ist. Dieser

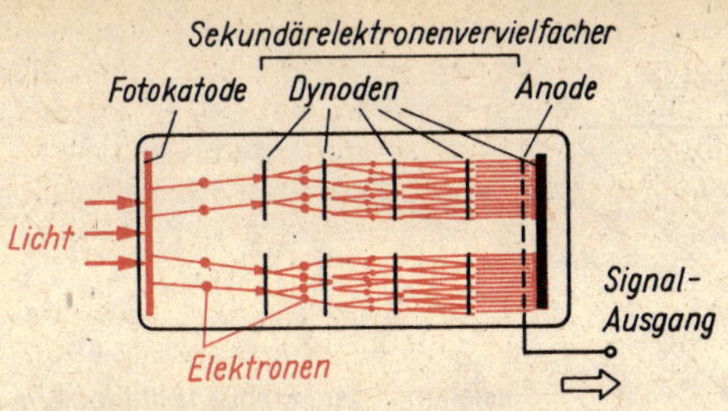

Funktionsprinzip eines *Fotovervielfachers*

f. E. wird bei den meisten → Bildaufnahmeröhren zur lichtelektrischen Umwandlung und in vielen optoelektronischen Bauelementen (→ Fototransistor usw.) angewendet.

Fotokatode: flächige hauchdünne, meist durchsichtige Metallschicht, aus deren Oberfläche bei Lichteinwirkung Elektronen in ein Vakuum austreten. Die Elektronenemission kommt infolge des äußeren → fotoelektrischen Effekts zustande und ist dem auftreffenden Lichtstrom direkt proportional. F. werden in → Fotozellen und bestimmten → Bildaufnahmeröhren zur licht-elektrischen Umwandlung angewendet.

Fototransistor: bipolarer Transistor, der so beschaffen ist, daß Licht durch ein Fenster oder eine Linse auf den Basis-Kollektor-pn-Übergang einstrahlen kann. Der F. verhält sich wie eine → Fotodiode mit eingebautem Verstärker und wird zur licht-elektrischen Umwandlung verwendet. → Lichtempfänger

Fotovervielfacher: Elektronenröhre zur Lichtsignal-Wandlung, die aus großflächiger Fotokatode und → Sekundärelektronenvervielfacher besteht. Die Fotokatode, eine hauchdünne Metallschicht auf der Innenseite des Röhrenkolbens, emittiert proportional zum auftreffenden Lichtstrom Elektronen (äußerer → fotoelektrischer Effekt). Ihre Anzahl wird durch den Sekundärelektronenvervielfacher erhöht (Stromverstärkung). An der Anode des F. steht das elektrische Signal zur Verfügung. F. werden in Bildaufnahmegeräten, die mit → Punktlichtabtastung arbeiten, verwendet. Abb.

Fotozelle: fotoelektrisches Bauelement. Die F. hat eine großflächige Katode (→ Fotokatode) und eine netzartige Anode. Bei Lichteinstrahlung kommt es durch den äußeren → fotoelektrischen Effekt zur Fotoemission von Elektronen, die vom positiven Potential angezogen zur Anode gelangen und so einen der Beleuchtungsstärke proportionalen Fotostrom hervorrufen. F. werden z. B. zur Tonfilmabtastung verwendet. → Fotovervielfacher

Frame Advance: → Einzelbildweiterschaltung

Freischwinger: → Lautsprecher

Fremdsignale: → Spurfehler, → HF-Einstreuung, → Übersprechen, → Überreichweite, → „wilde Schwingung", → Schwebung, → Tonsignalmängel, → Bildfehler, → Funkstörungen, → Erdschleife, → Brummen, → Rauschen, → Knackstörungen, → Pfeifstörung

Fremdspannung: → Störspannung

Fremdspannungsabstand: → Störabstand

Frequenz f: Anzahl der Schwingungen je Sekunde, Einheit ist 1/s = Hz (Hertz, benannt nach dem deutschen Physiker H. HERTZ). Häufig vorkommende Vielfache der F. sind:

1 kHz (Kilohertz) = 1 000 Hz = 10^3 Hz
1 MHz (Megahertz) = 1 000 000 Hz = 10^6 Hz
1 GHz (Gigahertz) = 1 000 000 000 Hz = 10^9 Hz.

Frequenzbereich, *Frequenzband:* durch eine untere und eine obere Frequenz angegebene Spanne, in der Signalfrequenzen auftreten können oder innerhalb derer in einem Übertragungskanal Signale übertragen werden können. Bei Kanälen heißt der F. auch *Durchlaß-* oder *Übertragungsbereich.* Die Angabe des F. kann bei definierten Begriffen auch indirekt erfolgen, z. B. „Stereo-MPX-Signal" (F.: 30 Hz...53 kHz) oder „UKW-Empfangsbereich nach CCIR" (F.: 87,5...108 MHz). Wichtige F. sind → Niederfrequenz, → Hochfrequenz, → Höchstfrequenz. → Wellenbereich, → Empfangsbereich

Frequenzgang: Darstellung eines Signalparameters oder Gerätekennwerts als Funktion der Frequenz (Amplitude, Phase, Phasendifferenz, Pegeldifferenz, Übersprechen, Störspannung, Verstärkung, Dämpfung usw.). Die umgangssprachliche Verwendung der Bezeichnung F. für den → Amplitudenfrequenzgang ist daher nicht eindeutig.

Frequenzhub Δf: vom modulierenden Signal bei FM (→ Modulation) bewirkte Änderung der Trägerfrequenz um ihren Mittelwert. Der festgelegte F. beträgt bei FM-Hörrundfunk maximal ±75 kHz und beim Fernsehton ±50 kHz.

Frequenzintermodulation, Abk. **FIM:** Klangverzerrungen, die bei der Abtastung von Schallplatten entstehen und ihre Ursachen in den Geometrieverhältnissen an der Abtastnadel haben. Bei der Abtastung der vertikalen Komponente der Flankenschrift beschreibt die Nadelspitze einen Kreisbogen um das Nadellager (Abb.). Wegen des → vertikalen Spurfehlerwinkels wird die Relativgeschwindigkeit zwischen Nadel und Rille beim Heben der Nadel etwas geringer, beim Absenken größer. Es entsteht eine unerwünschte mechanische Frequenzmodulation der höheren Frequenzen des Signals durch gleichzeitig auftretende tiefe Frequenzen großer Amplitude: Die hohen Töne vibrieren im Takt der Bässe und klingen daher unsauber. Mit einem Spezialgerät beim Schallplattenschnitt (Tracking-Simulator) lassen sich die F. deutlich verringern, aber auch eine sorgfältige Konstruktion des Abtastsystems hat entscheidenden Einfluß. Gute HiFi-Abtastsysteme erreichen bei der F. Werte um 0,6 %, Spitzenprodukte unter 0,3 %. Die Bezeichnung F. stammt lediglich daher, daß das gleiche Meßverfahren benutzt wird, wie zur Bestimmung der Intermodulationsverzerrungen bei Verstärkern. Abb. S. 248

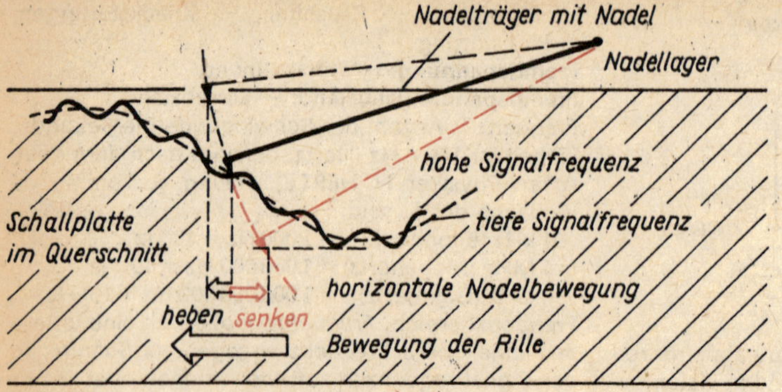

Entstehung der *Frequenzintermodulation* bei der Abtastung der Tiefenschriftkomponente in der Schallplattenrille (übertriebene Darstellung)

Frequenzkurve: → Frequenzgang, → Amplitudenfrequenzgang

Frequenzmischung, kurz Mischung: Zusammenführung von 2 Schwingungen mit unterschiedlichen Frequenzen f_1 und f_2 an einem Bauelement mit gekrümmter Kennlinie. Als Ergebnis entsteht AM (→ Modulation). Da außer den ursprünglichen Frequenzen f_1 und f_2 u. a. noch deren Summen- und Differenzfrequenz $f_1 + f_2$ und $f_1 - f_2$ entstehen, ist die Umsetzung einer Frequenz (oder eines Frequenzbands) in einen anderen Frequenzbereich möglich. Hat eine der beiden Frequenzen Seitenbänder, so sind diese auch wieder im Summen- oder Differenzsignal enthalten. Von der F. wird u. a. im → Superhet Gebrauch gemacht. → Mischstufe, → ZF

Frequenzmodultion: → Modulation

Frequenzmultiplex (engl. Frequency Division Multiplex, Abk. FDM): frequenzmäßig aufeinanderfolgende Einordnung mehrerer i. d. R. gleichzeitig entstehender analoger Nachrichtensignale in einen Übertragungskanal. Bei Anwendung des F. in der Übertragungstechnik werden verschiedene Träger, die in einem festgelegten Frequenzabstand zueinander stehen, jeweils mit einem zu übertragenden Nachrichtensignal moduliert und zu Frequenzgruppen oder -bändern zusammengeschlossen. Bedingung für eine Übertragung nach dem F. ist die Verfügbarkeit über breitbandige Übertragungskanäle. Der Vorteil des F. liegt in der hohen Auslastbarkeit der Übertragungskanäle, die bei Anwendung von Einseiten- oder Restseitenbandverfahren noch steigt. Qualitätsgrenzen werden hauptsächlich durch die Anwendung analoger Nachrichtentechnik gesetzt. I. e. S. ist das F.-Verfahren mit den in der Übertragungstechnik (Weitverkehr) angewendeten Trägerfrequenzverfahren (TF-Verfahren) identisch. Im übertragenen Sinne könnte man aber auch die z. B. im Fernsehrundfunk praktizierte Methode der einkanaligen Bild- und Tonsignalübertragung mit einem Bild- und einem Tonträger (bzw. 2 bei Stereoton) als F. bezeichnen. Die Abbildung zeigt in stark vereinfachter Form die Entstehung des F. Die Auflösung erfolgt gegenläufig unter Einsatz von Demultiplexern und Demodulatoren. Abb.

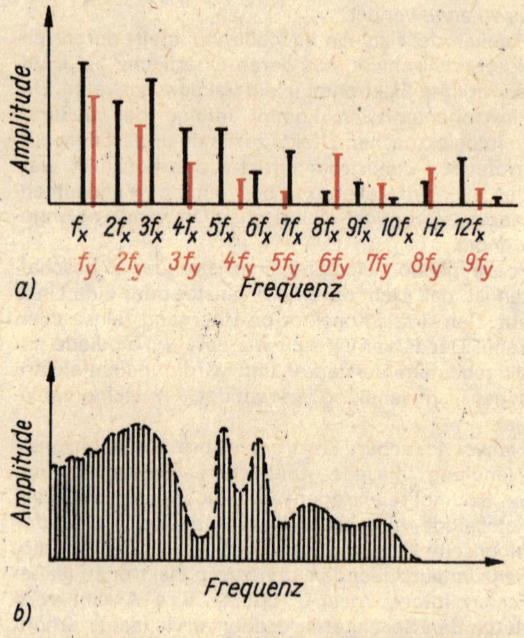

Frequenzspektrum – Spektraldarstellung komplizierter Schwingungen: a) Linienspektrum eines Klanggemischs mit den Grundtönen f_x und f_y, b) kontinuierliches Spektrum eines Geräuschs

Frequenzspektrum, *Spektrum:* Darstellung der Stärke (Intensität, Spannung, Pegel usw.) der einzelnen Frequenzanteile eines von der Sinusform abweichenden Schwingungsverlaufs als Funktion der Frequenz. Man unterscheidet zwischen *Linienspektrum (diskretes F.),* das sich bei Klängen, Klanggemischen und Bildsignalen ergibt, und *kontinuierlichem F.,* das bei allen Geräuschen auftritt. Im letzteren Fall wird die Einhüllende einer Vielzahl von Spektrallinien gezeichnet. Diese verbindet die Durchschnittswerte der Einzelschwingungen, die sich in statistischer Schwankung ständig verändern. Im kombinierten F. treten Linienspektrum und kontinuierliches F. gemeinsam auf (→ Klang 2.). Abb.

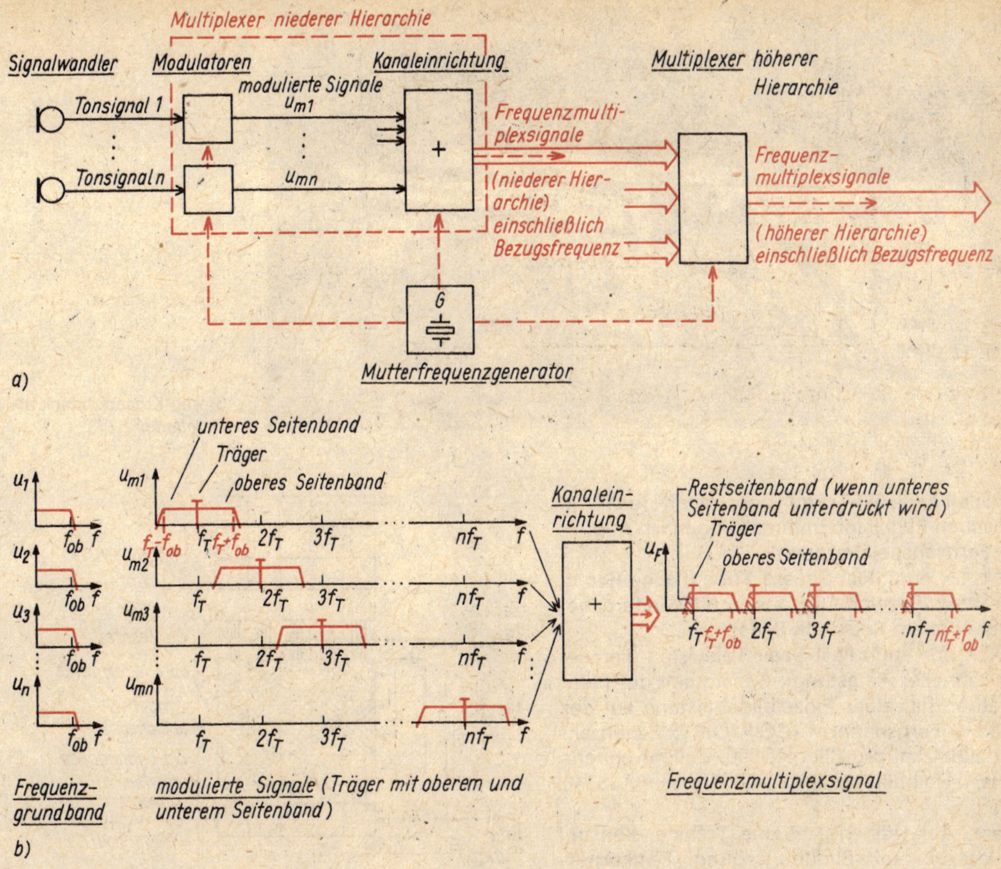

Frequenzmultiplex: a) Übersichtsschaltplan, b) Formierung des Frequenzmultiplexsignals

Frequenzsynthese: → Abstimmsystem, → PLL

Frequenzüberlagerung: elektrische Zusammenführung von 2 oder mehreren Schwingungen an einem ohmschen Widerstand. Dadurch addieren sich die Schwingungen zwar zu einer neuen Schwingungsform, lassen sich aber mit einfachen Mitteln, z. B. Filtern, wieder vollständig trennen. Mitunter wird unter F. auch die → Frequenzmischung verstanden (z. B. beim Überlagerungsempfänger, → Superhet).

Frequenzumsetzer: 1. I. w. S. elektronische Baugruppe zur Verlagerung einer Frequenz oder eines Frequenzbands in einen anderen Frequenzbereich. Frequenzumsetzung kann durch *Frequenzvervielfachung, Frequenzteilung, Modulation* oder *Frequenzmischung* erfolgen. – **2.** *(Antennenanlage)* Kanalumsetzer, Konverter: Baugruppe zur Verlagerung eines höheren UHF-Fernsehkanals in einen niedrigeren oder in einen VHF-Kanal. Der F. wird am Anfang der Antennenzuleitung montiert, um die höhere Kabeldämpfung im UHF-Bereich zu umgehen oder um mögliche Nachbarkanalstörungen auszuschalten. Er wird besonders in Gemeinschaftsantennenanlagen eingesetzt. – **3.** *(Rundfunkversorgung)* Fernsehsender kleiner Leistung, auch *Hilfs-* oder *Füllsender* genannt, der zur Versorgung von Gebieten dient, in denen der Hauptsender dieses Versorgungsgebiets nicht ausreichend empfangen werden kann, z. B. in gebirgiger Gegend. Der F. wird an geeigneter, erhöhter Stelle im Gelände montiert, er empfängt das Programm des Hauptsenders und strahlt es auf einem anderen Kanal wieder ab. Das ist erforderlich, um Überlagerungsstörungen der elektromagnetischen Strahlung von Haupt- und Hilfssender zu vermeiden.

Frequenzweiche: → Filter, → Mehrwegebox, → Antennenweiche, → Empfängerweiche

Frequenzzählung: → digitale Frequenzanzeige

Friktionsantrieb: → Reibrandantrieb

Frontlader (engl. Frontloader): Kassettengerät, dessen Kassettenfach (und die Bedienelemente) sich auf der senkrechten Vorderseite des Geräts befinden. Dem F. wird gegenüber dem → Toplader heute meist der Vorzug gegeben, weil diese Bau-

Stereo-Kassettendeck als *Frontlader*

form stapelbar (HiFi-Turm) oder auch leicht in einem flachen Regalfach unterzubringen ist. Abb.

FSG: → Fernsehspeichergerät

FST, Abk. für engl. **F**lat **S**quare **T**ube (flache Rechteckbildröhre): Bezeichnung einer Bildwiedergaberöhre mit ebenem Rechteck-Bildschirm.

FSTV, Abk. für engl. **F**ast **S**can **T**ele**v**ision (Fernsehen mit schneller Abtastung): Gesamtheit der Fernsehverfahren mit einer Einzelbildabtastung auf der Basis der → Fernsehnorm (CCIR/OIRT: Zeilenzahl 625, Bildpunktzahl pro Bild 400000, Zeilenfrequenz 15625 Hz, Halbbildfrequenz 50 Hz). → SSTV, → HDTV

FT-Sensor, Abk. für engl. **F**rame **T**ransfer-**Sensor,** svw. Bildsensor mit Bildübertragung: Festkörperbildsensor (z. B. → CCD-Bildsensor) mit getrenntem lichtempfindlichen Foto- und lichtunempfindlichen Ausleseteil, der zugleich für eine Zwischenspeicherung dient. Im Fototeil erfolgt die licht-elektrische Umwandlung des aufgenommenen optischen Bilds in ein elektrisches Ladungsbild. Der Ausleseteil des Sensors besteht aus Ladungsverschiebeschaltungen (→ CTD). Kennzeichnend für einen F. ist die sehr schnelle Übertragung der gesamten Bildinformation (Ladungsbild) aus dem Fototeil in den Zwischenspeicher während der vertikalen Austastlücke. Der Zwischenspeicher hat genau soviel Speicherlemente wie der Fototeil Bildelemente. Das Auslesen des Zwischenspeichers erfolgt während der jeweils folgenden Halbbilddauer taktgesteuert zeilenweise in das Zeilenausgangsregister. Dieses wird während der aktiven Zeilendauer (52 µs) ausgelesen. Am Ausgang steht das Bildsignal als bildpunktserielle Folge zur weiteren Verarbeitung bereit. Mit F. kann das Zeilensprungverfahren relativ einfach ausgeführt werden. Der Ausleseteil liegt außerhalb der Bildfläche des Fototeils, so daß sich eine hohe Empfindlichkeit ergibt. → Festkörperbildsensor (Abb.)

FuBK-Testbild: elektronisch erzeugtes, durch die **Fu**nkbetriebs**k**ommission (BRD; Arbeitsgruppe mit

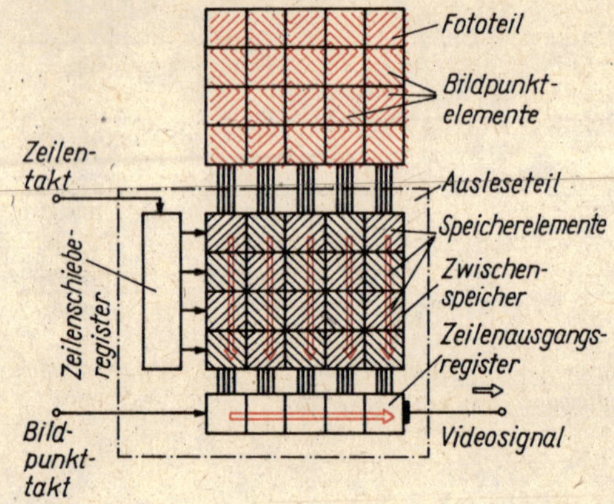

FT-Sensor

Vertretern der Deutschen Bundespost, der Rundfunkorganisationen, der Industrie) zur breiten Anwendung im Fernsehrundfunk, Service und Handel der BRD bestätigtes → Farbtestbild. → Sendetestbild, → Testbild (Abb. → Farbtestbild und im Farbanhang)

Füllschriftverfahren: → pegelabhängige Rillensteuerung

Füllsender (engl. Local Transmitter): → Fernsehsender kleiner Nennleistung (Nennleistung des → Bildsenders i. d. R. 100 W bis 1 kW). Die spezielle Aufgabe der F. besteht darin, Lücken in Gebieten, die auf Grund ihrer *geografischen Beschaffenheit* nicht von den Grundnetzsendern des → Fernsehrundfunks (Fernsehgroßsender) versorgt werden können, zu schließen.

Full Square Tube, Abk. FST: → Farbbildwiedergaberöhre

5poliger Rundsteckverbinder: → Diodensteckverbinder, → Mikrofonstecker

5-V-Anschlußtechnik: → Kopfhöreranpassung

Funk-Entstörung: Gesamtheit der Maßnahmen zur

Verhütung, Verminderung oder Beseitigung von → Funkstörungen. → Funk-Entstörungsdienst, → Kfz-Entstörung

Funk-Entstörungsdienst, Abk. **FuED:** Einrichtung im Aufgabenbereich der Deutschen Post, die sich vor allem mit der Ermittlung und Beseitigung von → Funkstörungen beschäftigt. Beim Auftreten einer Funkstörung nimmt i. allg. das zuständige Postamt den Antrag auf Bearbeitung vom Rundfunk- oder Fernsehteilnehmer entgegen. Der FuED ermittelt die Quelle der Störung und erteilt Auflagen zur Entstörung an den Rechtsträger oder Besitzer der störenden Anlage. Diesem obliegt die Pflicht zur Entstörung seiner Anlage *(Entstörungspflicht)* und die Pflicht zur Wartung und Instandhaltung vorhandener Störschutzmaßnahmen.

Hinweis: Viele der gemeldeten Funkstörungen stellen sich bei der Überprüfung als Mängel an der Rundfunk-Empfangsanlage heraus (Antennenfehler, z. T. auf vernachlässigte Wartung zurückzuführen; ungeeignete Antenne; Defekte am Empfänger). In diesen Fällen ist der FuED nicht zuständig, berät aber die Rundfunk- und Fernsehteilnehmer. Ebenso ist es möglich, ein Gutachten zur Errichtung einer Antennenanlage einzuholen.

Funkstörungen: erkennbare Beeinträchtigungen der Ton- bzw. Bildqualität durch unerwünschte hochfrequente Strahlung *(Funkstörschwingungen).* F. äußern sich beim Ton als prasselnde, knatternde, surrende oder pfeifende Geräusche, auf dem Fernsehbild als Gitter- oder Streifenmuster (Moiré), Helligkeitsblitze, „Perlenschnüre", waagerechte Striche oder Streifen mit zerfallenem Bildinhalt, als Farb- oder Synchronstörungen. F. gelangen meist über den Antenneneingang oder das Netzanschlußkabel, seltener über andere Anschlußleitungen oder auf direktem Luftweg in den Empfänger; sie können aber auch in ihm selbst entstehen (→ „wilde Schwingung"). F. haben im wesentlichen folgende Ursachen: a) *Funken-* oder *Lichtbogenentladungen,* wie sie an elektrischen Schaltkontakten, Kollektoren und Schleifringen von Elektromotoren, Stromabnehmern bei elektrischen Bahnen, elektrischen Klingeln, industriellen Lichtbogenschmelzöfen, Kfz-Zündanlagen, aber auch bei Gewitterentladungen entstehen; b) nicht zur Signalübertragung vorgesehene *HF-Schwingungen* (z. B. medizinische Kurzwellengeräte); c) *oberwellenreiche Schwingungen* aus elektrischen Baugruppen (z. B. Impulse, Sägezahnschwingungen); d) unerwünscht von einem Gerät aufgenommene *Funkfrequenzen.* Durch ständig wachsende Industrialisierung, steigendes Nachrichtenverkehrsbedürfnis und hohe Empfindlichkeit der Empfangsgeräte nimmt die Möglichkeit für F. ständig zu. Eine starke Beeinflussung des Empfangs entsteht besonders in der Nähe großer Industriegebiete und starker Sendestationen. Eine bedeutende Quelle der F. ist die parasitäre Strahlung von elektrischen und elektronischen Anlagen *(„Störnebel"),* die für ihre Funktion nicht erforderlich ist und daher ohne Schaden unterbunden werden kann. F., hervorgerufen durch HF-Strahlung, die für die Nachrichtenübertragung vorgesehen ist, können nur durch überlegte Frequenzverteilungspläne für die einzelnen Funkdienste, die Erschließung neuer Frequenzbereiche und durch empfangsseitige Selektionsmaßnahmen gemildert werden. → Funk-Entstörung, → Kfz-Entstörung

G

GAA: Abk. für → Gemeinschaftsantennenanlage.

„Galgen": → Mikrofonhalterung

Gardineneffekt: → Einschwingstreifen

Gasentladungsröhre: mit Edelgas oder Quecksilberdampf gefüllte Elektronenröhre, in der zwischen Katode (kalt oder geheizt) und Anode oder weiteren Steuerelektroden (Zünd-, Vorionisationselektrode)

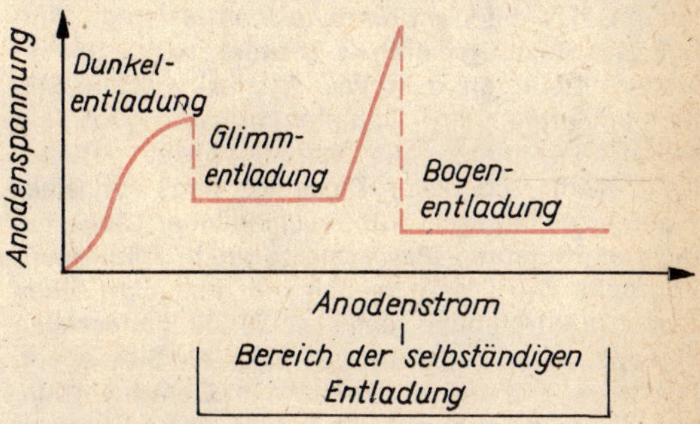

Gasentladungsröhre

eine Gasentladung durch Ionisation des Füllgases erfolgt. G. dienen u. a. zum Spannungsnachweis (→ Glimmlampe), zur optischen Signalanzeige (→ Ziffernanzeigeröhre) sowie zur Spannungsstabilisierung (veraltet). Abb.

gedruckte Schaltung: Baugruppe aus einer Kombination von (gedruckter) → Leiterplatte mit Bauelementen und/oder Bausteinen. Die Bauelemente stecken mit ihren Anschlüssen in vorbereiteten Bohrungen der Leiterplatte (häufig automatische Bestükkung) und sind durch Tauchlötung mit den Leiterzügen der Leiterplatte verbunden. G. S. werden in elektronischen Geräten in großem Umfang eingesetzt.

Gegenkopplung: → Rückkopplung

Gehäuseantenne: → Einbauantenne

Gehör, Hörorgan: Organ des Menschen zur Umformung des Schallreizes in eine Hörempfindung. Zum G. zählen das *Ohr* mit seinen Teilen *Außen-, Mittel-* und *Innenohr,* die Reizleiter (Hörnerven) sowie Teile des Gehirns *(Hörzentrum).* Das Außenohr besteht aus Ohrmuschel und Gehörgang und wird vom *Trommelfell,* einer dünnen, elastischen Mem-

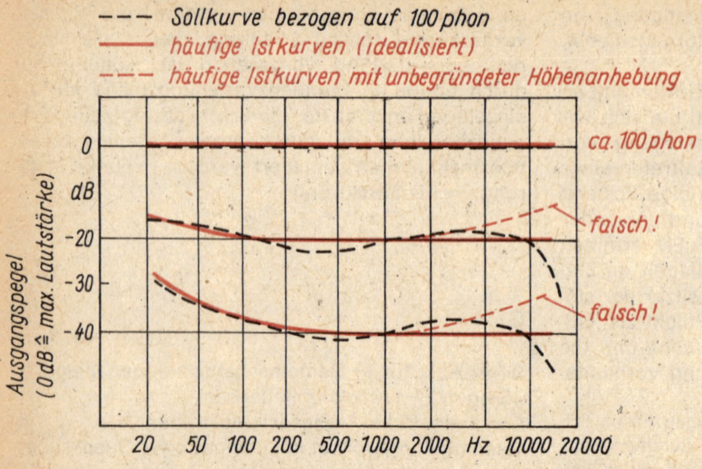

Kurven für die gehörrichtige *Lautstärkeeinstellung*

bran, abgeschlossen. Daran schließt sich das Mittelohr an, das die *Gehörknöchelchen* Hammer, Amboß und Steigbügel enthält. Letzterer wirkt auf eine weitere Membran, das *ovale Fenster* zwischen Mittel- und Innenohr. Dahinter befindet sich ein schneckenförmiger, mit Lymphflüssigkeit gefüllter Gang *(Gehörschnecke)*. Dieser ist längs von einer aus sehr vielen Fasern unterschiedlicher Länge gebildeten Membran *(Basilarmembran)* in 2 Kammern unterteilt. Die Fasern stehen mit dem *Cortischen Organ* in Verbindung, das etwa 23500 Sinneszellen (Rezeptoren) trägt. Diese sind durch ein Bündel von Hörnerven mit dem Hörzentrum im Gehirn verbunden. Gelangt Schall auf das äußere Ohr, so wird er über den Gehörgang zum Trommelfell geleitet, und dieses gerät in Schwingungen. Von den Gehörknöchelchen werden diese Schwingungen zum Innenohr übertragen, wobei sich der Schalldruck auf den 60fachen Wert erhöht. Über das ovale Fenster wird der Schall in die obere Kammer der Gehörschnecke geleitet und breitet sich je nach Frequenz unterschiedlich aus. Während höhere Frequenzen in unmittelbarer Nähe des ovalen Fensters über die Basilarmembran in die untere Kammer übertreten, laufen die tiefen ungedämpft über die Lymphe bis ans Ende der oberen Kammer und gelangen erst dann in die untere. Hohe und tiefe Frequenzen erregen also andere Bezirke der Basilarmembran und damit auch unterschiedliche Rezeptorengruppen. In diesen findet die Reizumwandlung statt: Die mechanischen Schwingungen des Schalls werden in bioelektrische Impulse unterschiedlicher Folgedauer umgeformt und über eine Vielzahl von Schaltstellen in den Hörnerven zum Gehirn geleitet. Schwache Reize (geringe Schallintensität) ergeben wenige Impulse je Zeiteinheit, starke dagegen eine höhere Zahl. Unterschreitet die Intensität eine bestimmte Schwelle, so werden von den Rezeptoren keine Impulse mehr ausgesandt, und die Hörempfindung hört auf (→ Hörschwelle). Während das Mittelohr nur der Anpassung des Luftschalls an den Flüssigkeitsschall des Innenohrs dient, ist das Außen- und Innenohr maßgeblich an der Zerlegung und Bewertung der eintreffenden Schallreize beteiligt. Speziell die Ohrmuscheln mit ihrer charakteristischen Form haben Anteil an der Richtungs- und Entfernungserkennung; das Innenohr analysiert Stärke und klangliche Zusammensetzung des Schalls. Erst im Gehirn wird die subjektive Schallempfindung, die *Hörempfindung* gebildet. Sie ist nicht mehr, wie es beim Schallereignis möglich ist, mit physikalischen Größen definierbar, sondern muß mit ausschließlich subjektiven Begriffen beschrieben werden. Diese hängen von den Hörerfahrungen und der momentanen psychologischen Situation des Hörenden ab. Kategorien der Hörempfindung sind → *Tonhöhe*, → *Klangfarbe*, → *Lautstärke*, *Richtungs-* und *Entfernungshören* (→ räumliches Hören) und → *Raumeindruck*.

gehörrichtige Lautstärkeeinstellung, *physiologische Lautstärkeeinstellung*, Contur, Loudness-Schaltung: Lautstärkeeinstellung, die zusätzlich den lautstärkeabhängigen Frequenzgang des Gehörs korrigiert. Wie aus den Ohrkurven (s. Abb. → Lautstärke) hervorgeht, müssen die tiefen Frequenzen unterhalb etwa 500 Hz um so stärker angehoben werden, je leiser man ein Musikstück gegenüber der Originallautstärke wiedergibt. Diese Tiefenanhebung erfolgt bei der g. L. automatisch beim Einstellen einer geringeren Lautstärke. Eine Korrektur bei den hohen Frequenzen ist schaltungstechnisch aufwendiger, weil die entsprechenden Kurven komplizierter verlaufen. Trotzdem werden bei vielen Schaltungen zur g. L. fälschlicherweise die Höhen nur angehoben. Abb.

Hinweis: G. L. arbeiten dann einigermaßen exakt, wenn Eingangspegel des NF-Verstärkers, Stellung des Lautstärkeeinstellers und Lautstärke im Wiedergaberaum in einem de-

Geisterbild

finierten Verhältnis zueinander stehen. Bei zu kleinen Eingangssignalen, sehr starker Schallabsorption des Raums oder schlechtem Wirkungsgrad der Boxen steht der Lautstärkeeinsteller bereits bei mittleren Lautstärken im oberen Bereich, und die Korrektur der Bässe ist zu gering.
Die g. L. läßt sich bei manchen Geräten mit einem *Loudness-Schalter* ausschalten, so daß ein für sehr lautes Hören von Musik günstiger linearer Amplitudenfrequenzgang verbleibt.

Geisterbild: Bildfehler durch Doppel- oder Mehrfachbildwiedergabe eines Fernsehbilds. G. werden durch Laufzeitunterschiede im Bildsignalweg infolge von Reflexionen oder Mehrwegeübertragung hervorgerufen. Mehrwegeübertragung liegt z. B. vor, wenn von der Empfangsantenne außer der direkten Trägerwelle noch ein- oder auch mehrmals über Umwege, durch Reflexionen an Gebäuden, Stahlkonstruktionen usw., indirekte Wellen (Echowellen) empfangen werden. Das G. erscheint meist rechts neben dem Hauptbild. Ein „Vorgeist", links vom Hauptbild, tritt nur dann auf, wenn die Echowelle stärker als die direkte Trägerwelle einfällt. In Gemeinschaftsantennenanlagen entstehen „Vorgeister" bei zusätzlicher direkter Sendereinstrahlung auf den Empfängereingang. Abb.

Hinweis: G. können meist durch Drehen oder Versetzen der Empfangsantenne vermindert oder ganz beseitigt werden. In Großstädten ist es oft sehr schwierig, G. zu beseitigen. In vielen Fällen kann nur eine hoch aufgestellte Antenne mit starker Richtwirkung helfen. Vor allem bei Zimmer- und Dachbodenantennen kann das Auftreten von G. stark wetterabhängig sein.

Gemeinschaftsantennenanlage, Abk. **GAA:** → Antennenanlage mit Verteilernetz zur Versorgung mehrerer Rundfunk- und Fernsehteilnehmer. Kleine GAA für 2...10 Teilnehmer werden z. B. in Zweifamilien- oder mittleren Wohnhäusern installiert. Größere, z. B. in Hochhäusern, lassen einen Anschluß bis zu etwa 100 Teilnehmern zu. GAA ab etwa 100 bis zu 20000 Teilnehmern zur Versorgung ganzer Stadtteile, Siedlungsgebiete oder Regionen werden als *Groß-GAA (GGA)* bezeichnet. Bei der Errichtung von GAA lassen sich optimale Lösungen auch bei ungünstiger Empfangslage finden, weil der erhöhte Antennenaufwand nur einmal betrieben werden muß. Die Zahl der Antennen auf den Dächern („Antennenwald") mit ihrer z. T. gegenseitigen Empfangsbeeinflussung kann beträchtlich eingeschränkt werden. Die Kosten für die Errichtung und Wartung

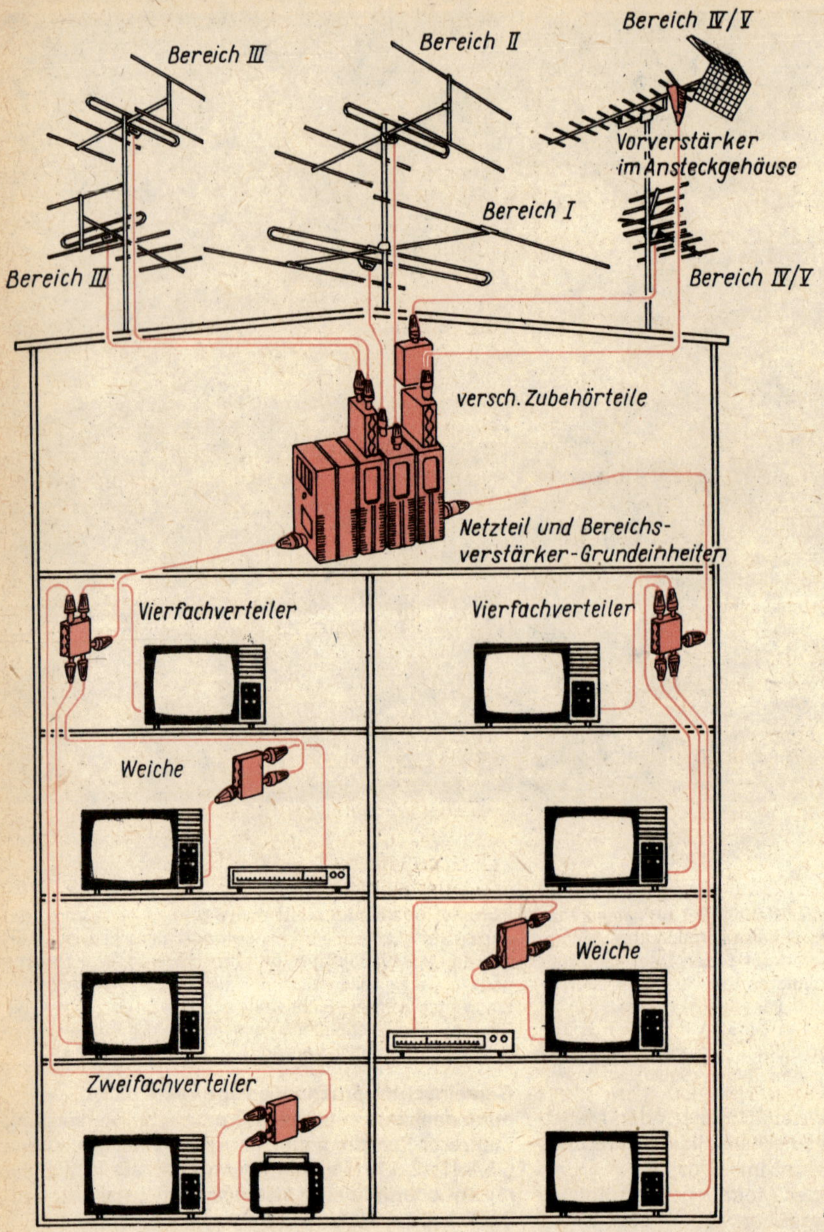

Beispiel für eine kleine *Gemeinschaftsantennenanlage*

reduzieren sich gegenüber einer Einzelanlage je nach Teilnehmerzahl auf etwa 55 bis zu 15 %. Die Besonderheit einer GAA besteht in ihrem HF-Verteilernetz zu den einzelnen Teilnehmern, das eine gegenseitige Störbeeinflussung ausschließen muß. Wegen der in den längeren Kabelwegen und in den Antennenverteilern auftretenden Dämpfungsverluste sind zusätzlich Antennenverstärker *(Leitungsverstärker)* erforderlich. Die Antennensignale – meist getrennt nach Hör- und Fernsehrundfunk – werden den Teilnehmern an einer Anschlußdose mit Koaxialsteckverbindern zur Verfügung gestellt. Der Anschluß an die Empfänger erfolgt entweder über einfache Anschlußkabel mit Koaxialsteckverbindern (Einbuchsenantenneneingang) oder über →Empfängerweichen. GAA können auch nachträglich ohne größere Kosten auf leistungsfähigere Antennen oder neue Funkdienste erweitert werden. Abb.

Hinweis: Die Errichtung und das Betreiben von GAA ist in der DDR genehmigungspflichtig.

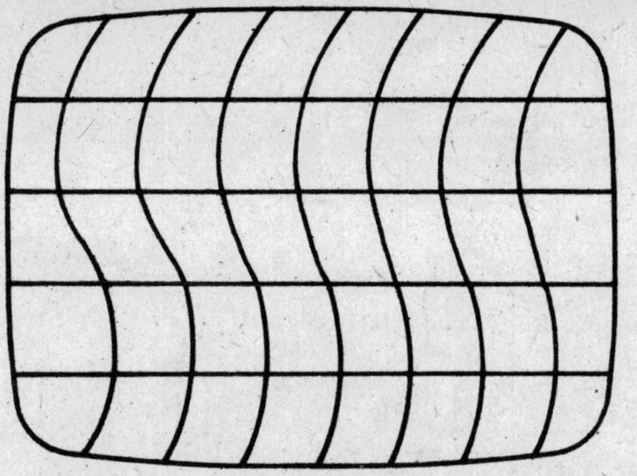

Geometrieverzerrung: S-Verzeichnung

Generator: **1.** I. w. S. Apparatur zur Erzeugung elektrischer Spannungen und Ströme. – **2.** I. e. S. elektronische Baugruppe oder Gerät zur Erzeugung sinusförmiger, oder anders geformter Schwingungen. Ein G. für Hochfrequenzschwingungen wird → *Oszillator* (auch *HF-G.*) genannt, zur Erzeugung von niederfrequenten Spannungen in einem Bereich von etwa 20 Hz...20 kHz heißt er *Tongenerator.* In der Fernsehtechnik – aber auch bei elektronischen Musikinstrumenten und in der Digitaltechnik – werden Impuls-, Sägezahn-, Treppen- u. a. G. zur Erzeugung der entsprechenden Signalformen verwendet. *Rausch-G.* benutzt man zur Erzeugung eines Rauschsignals in elektronischen Orgeln, Schlagzeugen und Musiksynthesizern.

Genfer Satellitenkonferenz: → WARC

Geometrieverzerrungen: **1.** *(Schallplattenabtastung)* Gesamtheit der Klangverzerrungen, die infolge der geometrischen Verhältnisse zwischen Schallplattenrille, Abtastsystem und Tragarm hervorgerufen werden. → Frequenzintermodulation, → horizontaler Spurfehlerwinkel, → Skatingkorrektur – **2.** *(Fernsehbild)* Bildfehler durch Lageverschiebung der Bildelemente (Bildpunkte) von ihrer Sollage *(Bildgeometrieverzeichnung).* G. entstehen vor allem durch → Ablenkfehler und Abbildungsfehler der elektronenoptischen Systeme bei Bildaufnahme und/oder -wiedergabe. Man unterscheidet dabei → Kissenverzeichnung, → Tonnenverzeichnung, → Bildlinearitätsfehler, S-Verzeichnungen vertikaler Linien (Abb.), → Schnauzbarteffekt und Parallelogrammverzeichnung (→ Skew). Abb.

Hinweis: S-Verzeichnung wird vor allem durch Brummeinstreuung (→ Bildbrummen) hervorgerufen und ist dann mit zusätzlichen Helligkeitsänderungen verbunden. Zur Kontrolle und Beurteilung von G. eignet sich ein → Gittertestbild oder ein Universaltestbild mit Kreis und Gitter (→ Sendetestbild) besonders gut.

geostationärer Satellit: → Satellit

Geradeausempfänger: → Rundfunkempfänger 2.

Gerätechassis, kurz Chassis: tragendes Konstruktionsteil zum mechanischen und elektrischen Aufbau der Baugruppen, -einheiten, -teile bzw. -elemente eines elektronischen Geräts. → Masse

Geräusch: **1.** *(physikal.-akust.)* nicht näher zu bestimmendes Schallereignis, meistens ohne Zweckbestimmung. Ein G. besteht aus sehr vielen Einzeltönen unregelmäßig verteilter Frequenz; ihm kann keine bestimmte Tonhöhe zugeordnet werden, bestenfalls eine → Klangfarbe. G. können eine Tonaufnahme stören, sie sind dann dem → Lärm zuzuordnen. Ein stoßartiges G. sehr kurzer Dauer heißt *Knall.* – **2.** *(gestalterisch)* Schall zur Unterstützung des Handlungsablaufs szenischer Tonaufnahmen mit Ausnahme gestalterisch eingesetzter Musik (→ Geräuschkulisse).

Geräuschaufnahme: → Mikrofonaufnahme

Geräuschkulisse, akustischer Hintergrund: Gesamtheit des Schalls zur Unterstützung szenischer Handlungsabläufe bei Film, Funk und Theater (mit Ausnahme gestalterisch eingesetzter Musik). G. bestehen aus Naturklängen und -geräuschen, aus deren Nachbildungen oder aus elektronisch erzeugten, z. T. verfremdeten Geräuschen. Bei einer Tonaufnahme gewinnt man die G. entweder direkt, oder man mischt sie aus Archivmaterial (Tonbänder) bei der Montage der endgültigen Tonfassung am Mischpult zu. Bei den kommerziellen Medien Hör- und Fernsehfunk sind für die möglichst naturgetreue Nachbildung der G. spezielle Mitarbeiter verantwortlich, die *Geräuschmacher.*

Geräuschschallplatte: mit speziellen Geräuschen bespielte Schallplatte als Quelle von Hintergrund- und Handlungsgeräuschen bei Tonmischungen mit amateurmäßigen Mitteln (→ Geräuschkulisse).

Geräuschschalter: elektronische Schalteinrichtung, die auf bestimmte Geräusche, z. B. Händeklatschen, anspricht und zum Ein- und Ausschalten von Anlagen oder zum Start-Stop von Tonbandgeräten verwendet werden kann.

Geräuschspannungsabstand: → Störabstand

German Space Operations Centre, Abk. **GSOC:** Überwachungs- und Steuerzentrum für → Fernsehsatelliten der BRD in Oberpfaffenhofen.

geschirmtes Antennensystem: aufeinander abgestimmtes System von Antennenzubehör (Verstärker, Weichen, Verteiler, Steckverbinder u. a.) für Einzel- und Gemeinschaftsantennenanlagen, bei dem eine durchgehende HF-Abschirmung von den Antennenklemmen bis zum Antenneneingang am Empfänger einschließlich der Steckverbinder besteht. Als Antennenzuleitung werden → Koaxialkabel verwendet, deren Außenleiter die Abschirmung bildet. Durch ein g. A. wird erreicht, daß hinter der Empfangsantenne keine Strahlung von HF-Störern oder starken Ortssendern auf die Antennenanlage gelangen kann und daß auch keine störende Strahlung aus dem System nach außen dringt und den Empfang anderer Rundfunkteilnehmer beeinflußt. Um große Wirksamkeit zu erreichen, müssen alle Baugruppen des

g. A. möglichst dicht metallisch umschlossen sein. Außerdem müssen die Übergangswiderstände zwischen den Abschirmungen der einzelnen Komponenten – auch zwischen Kabelschirm und Anschlußbuchsen – möglichst klein sein. Das g. A. gewinnt zunehmend an Bedeutung, weil sich die Anzahl der HF-Störer ständig vergrößert. Abb.

geschlossene Box: → Lautsprecherbox

geschlossener Kopfhörer: → Kopfhörer

Geschwindigkeitsabweichung: Abweichung der tatsächlichen, mittleren Bandgeschwindigkeit vom Sollwert in Prozent. Eine G. führt bei der Magnettonwiedergabe zu → Tonhöhenverschiebung, wenn sie bei Aufzeichnung und Wiedergabe verschieden groß ist. Daher bleiben erhebliche G. eines Geräts häufig unbemerkt, wenn mit diesem Gerät bespielte Bänder oder Kassetten nicht auf anderen Geräten wiedergegeben, oder auf diesem Gerät keine Musikkassetten abgespielt werden. G. führen außerdem zu einer Veränderung der Laufdauer eines bestimmten Magnetbandvorrats. Sie entstehen durch falsche Drehzahl des Antriebsmotors oder infolge von → Schlupf im Antrieb oder an der Antriebsrolle. Bei HiFi-Tonbandgeräten sind G. von ±1,5 % als Höchstgrenze zulässig.

Geschwindigkeitsschwankungen: → Gleichlaufschwankungen, → Tonhöhenschwankungen

Geschwindigkeitsumschaltung: Einrichtung zur stufenweisen Veränderung der Drehzahl des Plattentellers oder der Bandgeschwindigkeit eines Tonbandgeräts. Auch der Vorgang des *Geschwindigkeitswechsels* wird G. genannt. Die G. wird bei indirekten Antrieben entweder mechanisch durch Änderung des Übersetzungsverhältnisses (→ Reibradantrieb, → Tonbandgeräte-Laufwerk, → Riemenantrieb) oder elektronisch durch Verändern der Drehzahl des Antriebsmotors erreicht. Bei → Direktantrieben muß die G. immer elektronisch, z. B. durch Verändern der Frequenz der Motorspannung, vorgenommen werden.

Gesichtswinkel, svw. Blickwinkel: Winkelbereich, in dem der Mensch scharf sehen kann. Der horizontale G. α_H beträgt ca. 11°, der vertikale G. α_V dagegen nur ca. 8°. Auf diesem Verhältnis beruht das → Bildformat des Fernsehens. Der Mensch erfaßt durch unbewußt ablaufende Augenbewegungen bildwichtige Details innerhalb des G. so, daß sie im Sehzentrum des Auges abgebildet werden, während die Aufnahme von Objekten außerhalb des G. einer Blickrichtungsänderung bedarf.

getastete Regelung (engl. Keyed Automatic Gain Control): spezifische, in → Fernsehempfängern angewendete Form der AVR, bzw. AGC (→ Verstärkungsregelung, automatische). Kennzeichen der g. R. ist, daß die Regelspannung für die AVR nur während der Dauer der → Horizontalsynchronimpulse (zeitlich begrenzt, „getastet") aus dem → vollständigen (Farb)Bildsignal abgeleitet wird und auf die Verstärkungsgröße des HF- und ZF-Wegs im

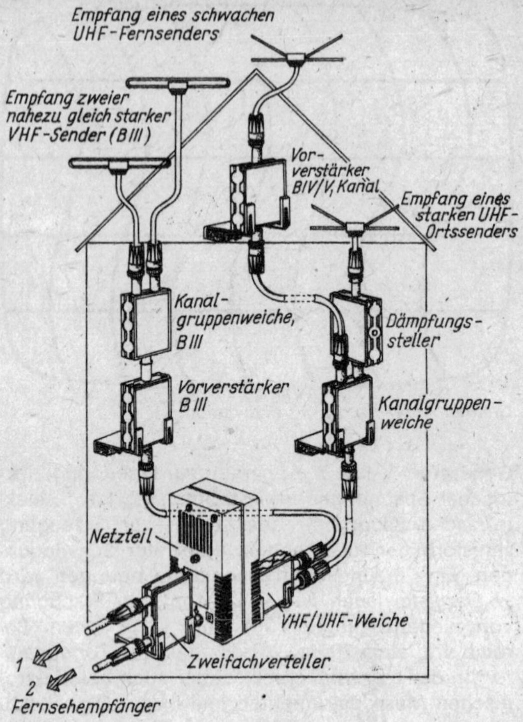

Geschirmtes Antennensystem: Empfangsantennenanlage für 2 Teilnehmer in geschirmter Technik (B Bereich)

Empfänger einwirkt. Die für die g. R. notwendige Regelspannung wird nach dem → Videogleichrichter aus dem vollständigen (Farb)Bildsignal gewonnen (s. Abb. → Fernsehempfänger). Die Regelspannung bewirkt im ZF-Verstärker eine direkte und im Tuner eine verzögerte Verstärkungsregelung. Eine begünstigende Voraussetzung für die g. R. schafft die nach CCIR- und OIRT-Norm angewendete *Negativ-Amplitudenmodulation* für das hochfrequente Fernsehsignal. Hierdurch kann die Regelgröße vom höchsten HF-Signalpegel, dem bildunabhängig konstanten Synchronpegel, abgeleitet werden. Insgesamt bietet die g. R. gegenüber anderen Formen der AVR folgende Vorteile: die Regelspannung ist unabhängig vom übertragenen Bildinhalt; Störimpulse im Signalweg werden nur regelwirksam, wenn sie zufällig zeitgleich zu den HS-Impulsen auftreten; der Regelkreis kann mit kleiner Regelzeitkonstante arbeiten, da auf Siebschaltungen verzichtet werden kann. → Taststufe

Gewinn: → Antennengewinn

Gewittergefährdung: infolge atmosphärischer Überspannungen oder von direktem Blitzeinschlag in die Antennenanlage bzw. eine Energieleitung auftretende Funktions- oder Brandgefährdung bei elektronischen Geräten. Eine G. ist auch bei einer ord-

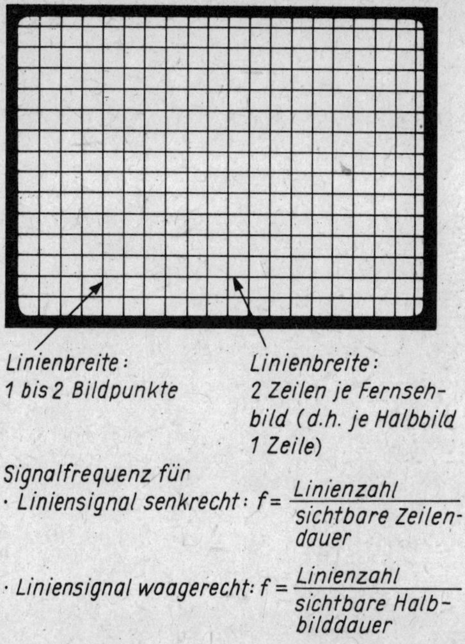

Gittertestbild mit 19 senkrechten Linien und 14 waagerechten Linien

nungsgemäß errichteten Empfangsantennenanlage mit → Erdungsanlage und → Überspannungsableiter nicht vollständig auszuschließen.
Hinweis: Um Schäden vorzubeugen, empfiehlt es sich, bei herannahendem Gewitter oder bei längerer Abwesenheit die Antennenstecker an den Rundfunk- und Fernsehempfängern und die Netzstecker aller elektronischen Heimgeräte herauszuziehen. Die Erdung eines Empfängers vermindert die G. nicht!

Gittermaskenröhre: → Trinitron

Gittertestbild: spezielles → Testbild zur Beurteilung und Einstellung der *Linearität* von *Ablenkschaltungen* (wichtig für bildgeometrische Größen wie Bildgröße, -seitenverhältnis, -dehnung bzw. -stauchung u. a.) und der *Konvergenz* in Bildaufnahme- und Bildwiedergabegeräten. Da der Gittertest Bestandteil der Sendetestbilder ist, bestehen für jeden Fernsehzuschauer gute Voraussetzungen, o. g. Parameter beim Kauf eines Fernsehgeräts oder bei der Kontrolle des eigenen schnell zu beurteilen. Abb.
Hinweis: a) Die Exaktheit des Gittertests läßt grundlegende Aussagen zur Qualität von Fernsehgeräten zu. b) Videoamateure können sich durch grafische Gittervorlagen einfach Voraussetzungen zum Testen ihrer Anlagen schaffen (Kameratest, Testsignalerzeugung).

Gitterwandantenne: → Querstrahler

Glasfaserkabel: → Lichtleiter

Gleichfeldrauschen: durch Einwirkung eines magnetischen Gleichfelds (permanentmagnetisches Feld) hervorgerufenes → Bandrauschen.

Gleichkanalselektion, Gleichwellenselektion: Vermögen eines Rundfunkempfängers, einen im gleichen Kanal arbeitenden, unerwünschten Sender zu unterdrücken, wenn dieser gegenüber dem erwünschten Sender schwächer empfangen wird. Auf hohe G. wird besonderer Wert gelegt, um Störungen durch → Überreichweiten zu verringern.

Gleichlaufschwankungen, *Geschwindigkeitsschwankungen:* kurzzeitige Abweichungen von der mittleren Bandgeschwindigkeit bei Magnetbandgeräten, bzw. von der mittleren Drehzahl bei Plattenspielern, angegeben in Prozent. Bei der Wiedergabe analoger Tonsignale entstehen → Tonhöhenschwankungen, darum gelten für HiFi-Geräte Mindestanforderungen für die G. So wird in TGL 28660 gefordert, daß bei Tonbandgeräten G. von ±0,2 % und bei Plattenspielern von ±0,15 % nicht überschritten werden. DIN 45500 erlaubt für beide Geräte maximal ±0,2 %. Von Spitzengeräten werden diese Werte deutlich unterschritten, jedoch genügen für geringe Ansprüche auch Werte ≦0,5 %. Bei der → digitalen Tonsignalspeicherung wirken sich G. in weiten Grenzen nicht hörbar aus. Bei der Wiedergabe von Videosignalen entstehen ebenfalls zeitliche Schwankungen und damit → Zeitfehler im Signal. Außer der Abweichung der Horizontalfrequenz von ihrem richtigen Wert (→ Zeilenjitter) treten auch zeitliche Schwankungen der Farbträgerfrequenz auf, die auf dem Bildschirm zu Farbverfälschungen (Farbartfehlern) führen können. Im Extremfall ist keine saubere Farbbildwiedergabe mehr möglich; die Farbe im Bild zerfällt. Außer von Laufwerksmängeln können diese Fehler auch von Rotationstoleranzen des Videokopfrads herrühren.

Gleichlaufsteuerung: → Synchronisation

Gleichspannungskomponente, Gleichspannungsanteil: einer Wechselspannung, speziell einem Ton- oder Bildsignal überlagerter Anteil einer Gleichspannung. Videosignale weisen immer eine G. auf, die von dem aufgenommenen Bild abhängig ist. Sie bestimmt bei der Bildwiedergabe die mittlere Bildhelligkeit. Eine G. im Lösch- oder Vormagnetisierungsstrom eines Tonbandgeräts verursacht Rauschen und Klangverzerrungen. Ist eine G. an einem Lautsprecherausgang vorhanden, so kann der angeschlossene Lautsprecher i. allg. nicht optimal arbeiten, weil die Schwingspule aus ihrer Ruhelage vorausgelenkt wird.
Hinweis: Dynamische Kopfhörer, die an einen nicht gleichspannungsfreien Lautsprecherausgang direkt angeschlossen werden, können zerstört werden!

Gleichspannungsstecker, Batteriestecker: Stecker zum Zuführen externer Betriebsspannungen bei einem elektronischen Heimgerät bzw. zur Entnahme der Gleichspannung aus dem Kfz-Bordnetz. *Betriebsspannungsstecker* (auch *Netzgeräte-* oder *Netzteilstecker*) mit 2,1 mm bzw. 2,4 mm Durchmesser dienen zur Fremdeinspeisung von Gleichspannungen in batteriebetriebene Geräte. Zur Entnahme der Spannung aus dem Kfz-Bordnetz dienen entwe-

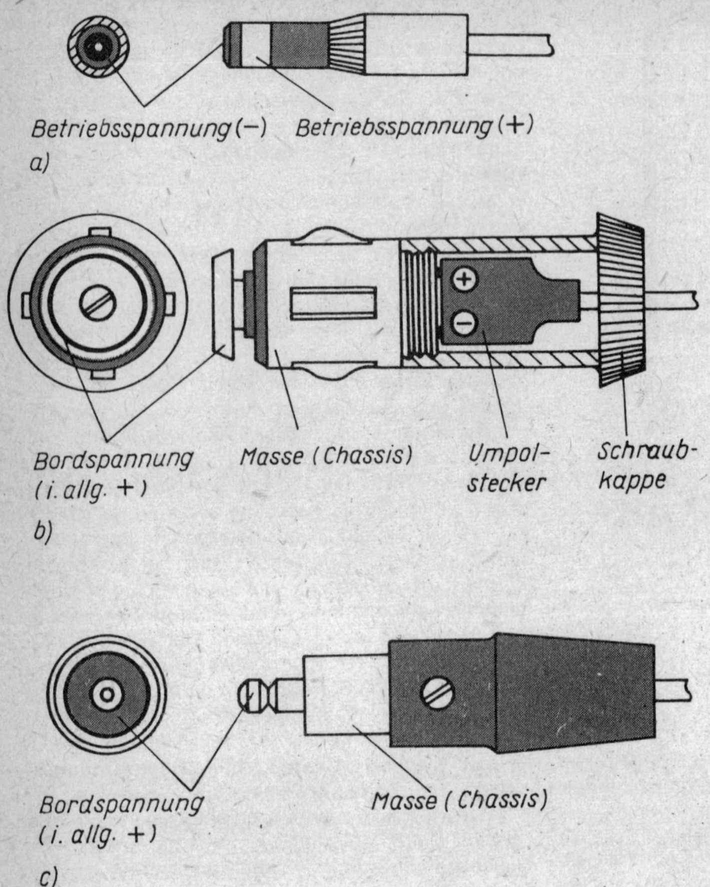

Gleichspannungsstecker:
a) Betriebsspannungs- oder Netzgerätestecker,
b) Zigarettenanzünderstecker,
c) Kfz-Gleichspannungsstecker (Handlampenstecker)

der *Zigarettenanzünderstecker,* die an Stelle des Anzünders in die Buchse am Kfz passen oder *Kfz-Gleichspannungsstecker (Autostecker)* für 2polige Auto-Handlampensteckdosen. Abb.

Hinweis: Bei der Beschaltung der G. ist unbedingt auf die vorgeschriebene Polarität zu achten, da falsche Polung zu Kurzschlüssen bzw. zu ernster Beschädigung des angeschlossenen Geräts führen kann.

Gleichspannungssteuerung: Einstellung von z. B. Lautstärke, Kontrast, Klang, Balance, Senderwahl u. a. bei elektronischen Heimgeräten mit Hilfe veränderlicher Gleichspannungen. Bei G. von Signalen werden diese nicht direkt von den Einstellpotentiometern beeinflußt, sondern es werden integrierte Einsteller, sogenannte *elektronische Potentiometer* (z. B. spannungsgesteuerte Verstärker) verwendet, deren Einfluß auf das Signal mit einer variablen Gleichspannung gesteuert wird. Diese elektronischen Potentiometer liegen an einer günstigen Stelle der Schaltung unmittelbar im Signalweg und sind leicht fernzusteuern. Außerdem können mehrere Einsteller mit einer Gleichspannung gesteuert werden (z. B. Stereokanäle), und man vermeidet Doppelpotentiometer als Bedienelement. G. zur Senderwahl erfordert Kapazitätsdioden in den Abstimmschwingkreisen und wird bei modernen HiFi-Tunern und Fernsehempfängern angewendet (→ C-Dioden-Abstimmung). Abb.

Gleichspannungsverstärker: Verstärker mit der unteren Grenzfrequenz 0 Hz (Gleichspannung). G. zeichnen sich durch sehr linearen → Amplitudenfrequenzgang aus. Sie übertragen auch impulsartige Signale ohne Verfälschung. Zur Stabilisierung ihrer Arbeitsweise ist besonderer schaltungstechnischer Aufwand erforderlich. G. werden auch als → NF-Verstärker gebaut.

Gleichstromlöschung: → Löschung

Gleichstromvormagnetisierung: → Vormagnetisierungsstrom

Gleichstromweiche: Baugruppe in einer Antennenanlage, um die über das Antennenkabel zugeführte Betriebsspannung U_B für einen Antennenverstärker an Antennenweichen oder -verteilern vorbeileiten zu können. Diese würden sonst für die Betriebsspannung einen Kurzschluß oder Unterbrechung bedeuten. G. können in einer Antennenweiche bereits eingebaut sein. Abb.

Gleichwellensender: territorial verteilte Gruppe

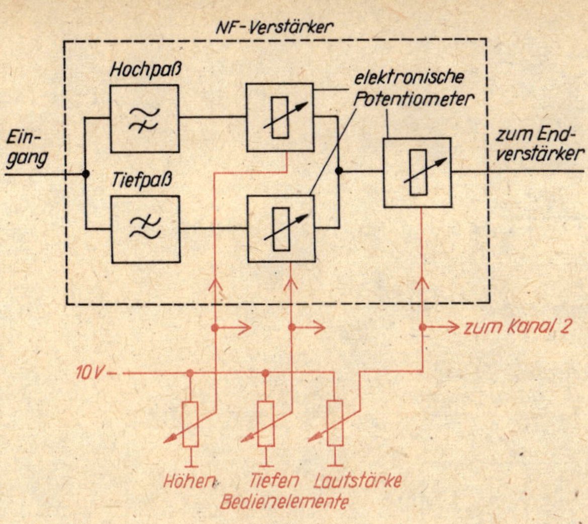

Gleichspannungssteuerung der Analogfunktionen bei einem NF-Verstärker (vereinfacht)

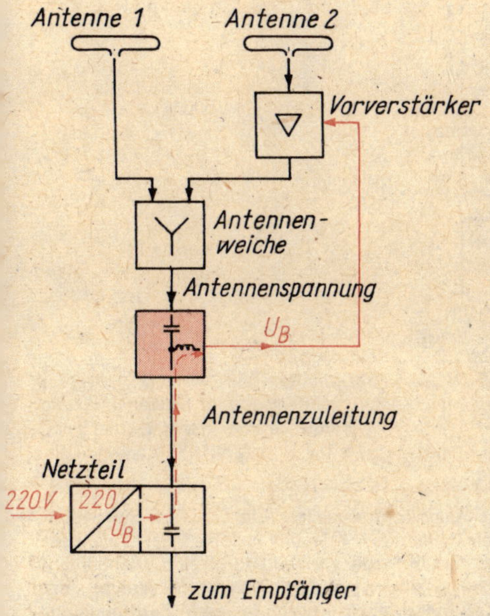

Einsatz der *Gleichstromweiche* in einer Antennenanlage

von AM-Hörrundfunksendern mit gleichem Programm, die auf der selben Sendefrequenz arbeiten und einen Verbund für ein größeres → Versorgungsgebiet bilden.

Glimmlampe, Glimmdiode: Glimmentladungsröhre (→ Gasentladungsröhre) mit 2 dicht beieinander angeordneten Elektroden. G. dienen in vielen Ausführungsformen zur Anzeige von Betriebszuständen elektrischer Geräte und sind meist mit Neon-Helium-Gemisch gefüllt. Der zur Strombegrenzung erforderliche Widerstand ist häufig im Sockel der G. eingebaut. Sie werden zum Nachweis von Gleich- und Wechselspannung über 100 V (Spannungsprüfer) benutzt. Während bei Wechselspannungsbetrieb beide Elektroden orangefarbig aufleuchten, überzieht sich bei Gleichstrombetrieb nur die mit dem negativen Pol verbundene Elektrode (Katode) mit Glimmlicht.

„Gnomzelle“: elektrochemische Rundzelle R 6. → Primärelement

GOST, Abk. für russ. Gossudarstwenny Obschtschesojusny Standart (Staatlicher Unionsstandard): für das Territorium der UdSSR verbindlicher → Standard. Verantwortliches Organ ist das Staatliche Komitee für Standardisierung des Ministeriums der UdSSR (GOSTANDART). Weil für eine enge wirtschaftliche Zusammenarbeit und für den Warenaustausch die Übereinstimmung von GOST und TGL große Bedeutung hat, werden diese Standards, soweit dies technisch und ökonomisch zweckmäßig ist, in wachsendem Umfang aufeinander abgestimmt; so auch auf dem Gebiet der Unterhaltungselektronik.

Gradation: ein Maß für die Abstufung der Leuchtdichtewerte der Bildelemente einer Bildvorlage oder eines Fernsehbilds, als mathematische Größe der Anstieg der Schwärzungsfunktion. Sie wird wertmäßig mit Gamma (γ) angegeben. Einfluß auf die G. haben speziell in der Fernsehtechnik die unterschiedlich verlaufenden Übertragungsfunktionen bzw. Kennlinien von Bauelementen, Geräten usw. (linearer Verlauf: $\gamma = 1$, gekrümmter Verlauf: $\gamma \neq 1$). Bei der Fernsehübertragung oder Videoproduktion muß die G. zwischen Bildvorlage und Fernsehbild exakt gewahrt bleiben. Deshalb wird für den Weg des Bildsignals von dessen Erzeugung bis zur Wiedergabe der G.wert $\gamma = 1$ gefordert. Dabei können einzelne Übertragungsabschnitte durchaus von $\gamma = 1$ abweichen. Unter Beachtung der Gesetzmäßigkeit, daß sich die Gesamt-G. des Bildkanals als

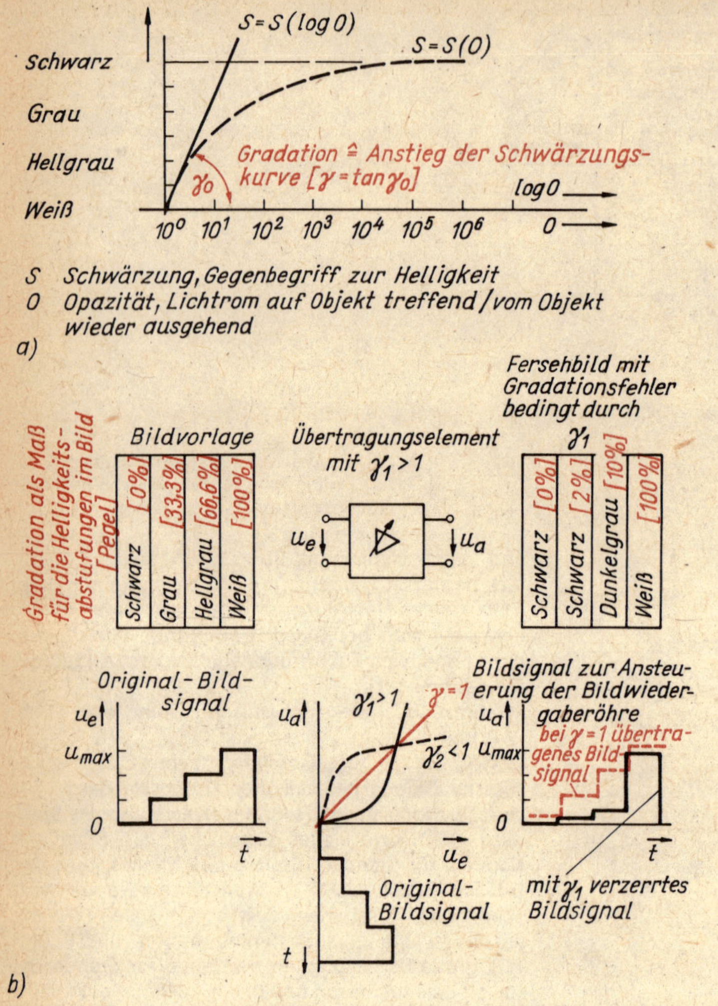

Gradation:
a) Definition,
b) Beeinflussung im Bildkanal (für die gewählte Gradationsdarstellung gilt $\gamma_1 = 1/\gamma_2$ und damit $\gamma = \gamma_1 \cdot \gamma_2 = 1$)

Produkt aller einzelnen *Gammawerte* ergibt, können durch reziproke Verläufe von Übertragungskennlinien an einzelnen Stellen im Bildkanal Abweichungen von $\gamma = 1$ kompensiert werden. Ein Beispiel dafür ist die G.einstellung bei der Bildsignalaufnahme; da Bildwiedergaberöhren physikalisch-technisch bedingt eine G. von $\gamma \approx 2{,}4$ aufweisen, müssen die Bildsignale bei ihrer Erzeugung mit $\gamma = 1/2{,}4$ vorentzerrt werden. → nichtlineare Verzerrungen, → Gradationsfehler (Abb.)

Hinweis: *a)* Der sicheren Erkennung einer richtig eingestellten G. dient jedes → Testbild mit Graukeil (Grautreppe). Dies kann für Videokameras eine grafische Vorlage, für Fernsehgeräte die im → Sendetestbild enthaltenen Graufelder oder der → Farbbalken (Farbkontrast beim Farbfernsehempfänger auf Null!) sein. Bei der Betrachtung des Fernsehbilds müssen – eine richtig eingestellte G. vorausgesetzt – alle Graustufen als sich linear aufbauende Helligkeitstufen wahrzunehmen sein. Beim Fernsehempfänger kann der Zuschauer durch wechselseitige Einstellung des Helligkeits- und Kontraststellers die G. selbst nach dem Testbild einstellen. *b)* → Gradationsfehler bei laufendem Programm sind im Farbfernsehbild durch sich in Abhängigkeit von der Helligkeit ändernde Farbtöne (Fehler liegt i. d. R. aufnahmeseitig) oder durch fehlende Zeichnung der Fernsehbilder in einzelnen Helligkeitsbereichen zu erkennen. In diesem Falle wirken die Bilder flau oder kalkig, mittlere Helligkeitswerte fehlen, das Bild ist überstrahlt oder die Mehrzahl der Bildpartien versinkt im Dunkel. Versagt hier ein Vorgehen nach a), ist die Service-Werkstatt zu konsultieren. *c)* Bei Videokameras ist der G.wert entsprechend der verwendeten Bildaufnahmeröhre i. d. R. fest eingestellt. Eine Korrektur fällt hier generell in den Service-Bereich.

Gradationsfehler: Abweichung der Helligkeitsabstufung (Gradation) eines Fernsehbilds gegenüber dem Originalbild. G. entstehen durch nichtlineare Verzerrungen bei der Bildübertragung, Fehleinstellungen am Fernsehgerät, fehlende oder falsche Gradationsentzerrung in Videokameras oder Übersteuerung von Bildaufnahmeröhren bzw. Videospeichergeräten mit nachfolgend einsetzender Weißbegrenzung. Allgemein sind G. Merkmale von verbrauchten Bildröhren.

Grauabgleich: Schwarzabgleich: Einstellung bei Farbbildaufnahme- und -Wiedergabegeräten mit dem Ziel, in dunklen bzw. schwarzen Bildstellen unbuntes, nicht verfärbtes Grau bzw. Schwarz zu erreichen. Bei Bildaufnahmegeräten erfolgt der G. durch Schwarzwertregelung und ggf. Gradationseinstellung der 3 Farbkanäle auf gleiche Werte. Bei Farbbildröhren wird der G. durch →Sperrpunktabgleich erreicht. →Weißabgleich

Graufilter, Neutralgraufilter: →Kameraaussteuerung, →Fernsehkamera, →Videokamera

Grenzbelastbarkeit: →Höchstbelastbarkeit

Grenzflächenmikrofon (engl. Pressure Zone Microphone, Abk. PZM): Spezialmikrofon, das so angeordnet wird, daß seine Membranebene mit einer ausgedehnten schallharten Fläche *(Grenzfläche,* z. B. massive Platte, Fußboden) zusammenfällt. Das G. erzeugt fast keine Klangverfälschungen, weil an der Grenzfläche entstehende Schallreflexionen am Mikrofon nicht wirksam werden können.

Grenzfrequenzen, Eckfrequenzen: niedrigste und höchste Signalfrequenz, die in einem Übertragungskanal noch wirksam übertragen werden kann. →Amplitudenfrequenzgang

Grenzschalldruck: maximaler Schalldruck, den ein Mikrofon ohne nennenswerte Verzerrungen verarbeiten kann; Maß für seine Übersteuerungsfestigkeit. Der G. liegt bei dynamischen Mikrofonen meist so hoch, daß er nicht mehr angegeben zu werden braucht. Bei Kondensatormikrofonen kann es bei sehr hohen Schalldrücken zu Übersteuerung des elektrischen Teils kommen; bei hochwertigen Typen liegt der G. bei 20...40 Pa. HiFi-Mikrofone müssen einen G. von 10 Pa im Frequenzbereich von 250...8000 Hz vertragen (das entspricht einem Schallpegel von 114 dB), ohne daß ihr Klirrfaktor 1 % übersteigt.

Grenzwellen: Wellenbereich zwischen Mittel- und Kurzwelle von etwa 1605 kHz...4000 kHz, der in Europa vorrangig von den kommerziellen Funkdiensten (Seefunkdienst) genutzt wird. Der Terminus „Grenzwellen"wird heute amtlich nicht mehr verwendet.

„Grieß": →Bildrauschen

Griffel, elektronischer: →Lichtgriffel

Großbildprojektion: →Fernsehprojektion

Großplatine: großformatige →Leiterplatte

Grundhelligkeit (engl. Background Brightness): dem → Schwarzwert des Bildsignals entsprechende →Helligkeit eines Fernsehbilds. Die G. kann durch die →Helligkeitseinstellung eines Bildmonitors oder Fernsehempfängers verändert werden. Abb. →Helligkeitseinstellung

Grundton: →Klang 1., →Ton 2.

Gruppenlaufzeit: wichtige Größe zur Beschreibung des Übertragungsverhaltens von Nachrichtengeräten. Jedes breitbandige Nachrichtensignal wird aus einer „Gruppe" von einzelnen Signalanteilen unterschiedlicher Frequenz gebildet, die in fester phasenmäßiger Relation zueinander stehen. Diese darf bei der Übertragung nicht verlorengehen. Deshalb wird für hochwertige Nachrichtengeräte, i. w. S. Übertragungswege (z. B. → Bildkanal), eine konstante G. gefordert; d. h., alle Signalanteile müssen mit gleicher Laufzeit übertragen werden. Wird diese Forderung nicht eingehalten, spricht man von *Gruppenlaufzeitfehlern,* die sich bei der Signalwiedergabe als Informationsfehler (z. B. verzerrte Tonwiedergabe, vor allem bei Impulsschall; keine sauberen Kanten im Fernsehbild) auswirken.

G-Signal: häufig verwendete Abkürzung für Farbwertsignal-Grün oder →E_G-Signal. →Farbwertsignal, Abb. →Farbauszug

GSOC: →**G**erman **S**pace **O**perations **C**entre

Gummiandruckrolle: →Andruckrolle

Gummilinse: →Varioobjektiv

Gütefaktor: in der Satellitenempfangstechnik gebräuchliche Größe, mit der die Antenneneigenschaften in bezug auf die Empfindlichkeit des Empfängers zum Ausdruck gebracht werden. Für einen ungestörten Satellitenempfang muß die erreichbare Nutzleistung (wesentlich bestimmt vom → Antennengewinn) deutlich über der Rauschleistung des Empfängers (wesentlich bestimmt von dessen Rauschzahl) liegen.

Hinweis: Für Empfangsanlagen mit geringem technischen Aufwand ist ein G. von minimal 6 dB/K und für Gemeinschaftsempfangsanlagen mit höherem technischen Aufwand von minimal 14 dB/K festgelegt.

(G–Y)-Signal: Kurzform für →Farbdifferenzsignal Grün. →Bildsignal

H

H: abgeleitet von **h**orizontal; im Fernsehen zur Kennzeichnung zeilenperiodischer Vorgänge und Größen (z. B. H-Ablenkung, H-Frequenz) sowie direkt als Zeitwertangabe (1 H = 64 µs) angewendet. →Zeilensprungverfahren

HA-Impuls: →Horizontalaustastimpuls

Halbbild (engl. Field): Teil eines Fernsehbilds, das genau 50 % der lt. Fernsehstandard pro Bild festgelegten Zeilenzahl umfaßt. Bei der Anordnung der Zeilen im H. passen die zu einem Fernsehbild gehörenden beiden H. kammförmig ineinander. Dadurch kann der Fernsehzuschauer die Aufteilung des Gesamtbilds in 2 H. nicht wahrnehmen. →Halbbildverfahren, Abb. →Zeilensprungverfahren

Hinweis: Das H. ist vergleichsweise wie →Bildpunkt, →Zeile kennzeichnend für Grundstrukturen im Fernsehen. Deshalb wird das H. bei speziellen Verfahren oder Systemen als Bezugsgröße für die Dimensionierung oder Beschreibung gewählt (z. B. →magnetische Bildaufzeichnung:

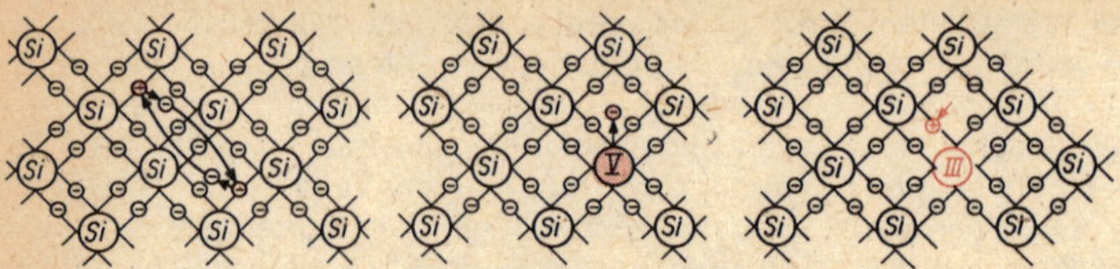

Halbleiterstruktur (Si, rein) Eigenleitung — *(Si mit Donator) n-Leitung* — *(Si mit Akzeptor) p-Leitung*

Leitungsarten bei *Halbleitern*

Speicherung von einem H. pro Spur; → digitale Bildspeicherung: Halbbildspeicher usw.). I. d. R. unterscheidet sich der Bildinhalt aufeinanderfolgender H. während der Übertragung nicht oder nur unwesentlich. Hieraus kann man in digitalen Fernsehsystemen Nutzen für Redundanzminderung, Bildmanipulation u. a. ziehen.

Halbbilddauer: Zeitraum von Beginn bis Ende des Abtastvorgangs für ein → Halbbild; lt. → CCIR-Norm ist die H. mit T = 20 ms festgelegt. → Halbbildverfahren, → Bilddauer, Abb. → Zeilensprungverfahren

Halbbildfrequenz: Zahl der pro Sekunde übertragenen → Halbbilder in Fernsehsystemen, die → Halbbildverfahren anwenden. Statt H. wird häufig der Begriff *Vertikalfrequenz* benutzt. Die H. beträgt lt. → CCIR-Norm $f_v = 50$ Hz. → Bildfrequenz, Abb. → Zeilensprungverfahren

Hinweis: Vielfach stimmt die H. mit der Netzfrequenz der jeweiligen Stromnetze überein (Europa: 50 Hz, USA: 60 Hz). Diese Verbindung resultiert u. a. historisch aus Gründen der Qualität der Siebschaltungen in Fernsehgeräten. Farbfernsehverfahren erfordern für die H. Quarzstabilität (→ Synchronisation).

Halbbildverfahren: Fernsehverfahren, in dem jedes Fernsehbild in Form von 2 unmittelbar aufeinanderfolgenden und ineinander verkämmten Halbbildern übertragen wird. Dabei umfaßt jedes → Halbbild 50 % der lt. → Fernsehnorm festgelegten → Zeilenzahl eines Fernsehbilds. Der Anwendung des H. liegen folgende Gedanken zugrunde: Fernsehbilder hoher Qualität verlangen eine bestimmte Zeilenzahl (→ Auflösung) und Bildfolgefrequenz (→ Verschmelzungsfrequenz). Diese Größen bestimmen direkt den zur Fernsehübertragung notwendigen technischen Aufwand. Zerlegt man unter Beibehaltung aller anderen Kenngrößen für ein Fernsehverfahren jedes Bild in 2 Halbbilder, verdoppelt sich für den Betrachter die Bildfolgefrequenz (in Wirklichkeit Halbbildfrequenz). Auf diesem Weg erreicht man eine hohe → Flimmerfreiheit der Fernsehbilder. Technisch basiert das H. auf dem → Zeilensprungverfahren. Es ist das gegenwärtig weltweit bedeutsame Fernsehverfahren.

Halbleiter: Festkörper mit elektrischer Leitfähigkeit, die zwischen der von Leitern und Nichtleitern (Isolatoren) liegt. H. bilden die Grundlage für → Halbleiterbauelemente und → integrierte Schaltkreise, sie sind für die → Mikroelektronik von größter Bedeutung. Von der Vielzahl der Stoffe mit H.-Eigenschaften haben die Elemente → Silizium, Germanium, Selen, bestimmte chem. Schwefelverbindungen und sog. III-V-Verbindungen, die aus je einem Element der 3. und 5. Hauptgruppe des Periodensystems (Indium, Arsen u. a.) bestehen, sowie einige Oxide und Karbide praktische Bedeutung erlangt. Die *Leitfähigkeit* hängt von der Anzahl frei beweglicher Ladungsträger ab. Reine H. sind bei tiefen Temperaturen nichtleitend. Es fehlen freie Ladungsträger, da alle Valenzelektronen (Elektronen der äußeren Atomschale) eine stabile Bindung zwischen benachbarten Atomen (Kristallstruktur) bilden. Durch Energiezufuhr (Wärme, Licht) können Elektronen herausgerissen werden und sich im Kristall frei bewegen. Jedes herausgerissene (freie) Elektron hinterläßt ein Loch, das durch ein *freies Elektron* wieder besetzt werden kann, das seinerseits an anderer Stelle ein Loch hinterläßt. Ein *Loch* ist daher ähnlich beweglich wie ein freies Elektron, deshalb wird es auch als *Defektelektron* bezeichnet. Für H. charakteristisch sind also 2 Ladungsträger- und damit 2 Leitungsarten. Sind beide Leitungsarten gleichermaßen am Leitungsmechanismus beteiligt, spricht man von *Eigenleitung* des H. Durch Einbringen von Fremdatomen (Dotieren) werden Störstellen im H.-Kristallgitter geschaffen, die eine der beiden Leitungsarten überwiegen lassen (Störstellenleitung). 5wertige Fremdatome (Elektronenspender, Donator) bilden H. mit n-Leitung. H. mit p-Leitung entstehen durch 3wertige Elemente (Elektronenfänger, Akzeptoren). Die Fremdatomkonzentration bestimmt die elektrischen und optischen Eigenschaften von H. Die Möglichkeit, in einem H. Gebiete mit p- und n-Leitung aneinandergrenzen zu lassen

Leitungsarten von Halbleitern

Ladungsträger	Leitungsart
negativ:	*Elektronenleitung*
freies Elektron	negative Leitung, *n-Leitung*
	Überschußleitung
positiv:	*Löcherleitung*
Loch	positive Leitung, *p-Leitung*
Defektelektron	Defektelektronenleitung
Fehlstelle	Fehlstellenleitung
	Mangelleitung

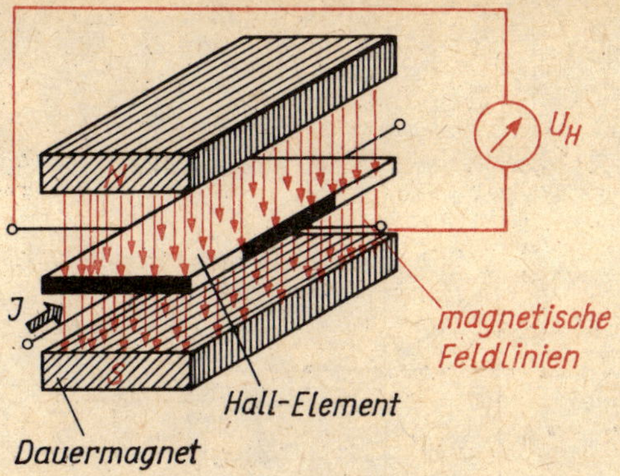

Funktionsprinzip des *Hall-Elements* (1)

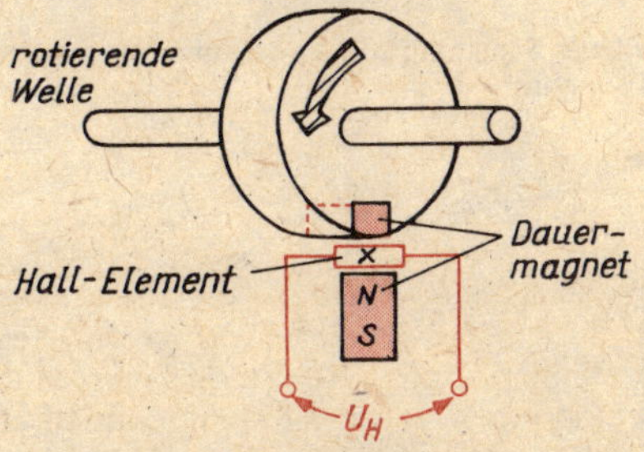

Positionsbestimmung einer rotierenden Welle mit einem *Hall-Element* (2): Bei jeder Umdrehung gibt das Hall-Element in der gezeichneten Position einen Spannungstoß ab

(→ pn-Übergang), macht die besondere Bedeutung der H. aus. Tab., Abb.

Halbleiterbauelement: passives oder aktives → Bauelement, dessen funktionsbestimmendes Material ein → Halbleiter ist. Wichtige H. sind → Diode, → Transistor und → Thyristor.

Halbleiterbildaufnehmer: → Festkörperbildsensor

Halbleiterbildsensor: → Festkörperbildsensor

Halbleitergleichrichter: Halbleiterbauelement für die Netzgleichrichtung (Leistungsgleichrichter). Der erste technisch nutzbare H., der Kupferoxidulgleichrichter, wurde um 1920 entwickelt. Er wurde lange Zeit in → Netzteilen verwendet. Seit 1940 steht der Selengleichrichter zur Verfügung. Je nach Stromstärke werden unterschiedlich große Selengleichrichterplatten verwendet. Es können je nach Plattenanzahl bis zu einigen Kilovolt gleichgerichtet werden (→ TV-Stab). Die klassischen H. sind von Silizium-Flächendioden verdrängt worden, die man umgangssprachlich einfach Gleichrichter nennt. I. w. S. sind alle Halbleiterdioden H.

Halbleiterkamera: → Festkörperkamera

Halbleiterlaser: → Laserdiode

Halbleiterspeicher: aus Halbleiterbauelementen aufgebauter Speicher für Informationen mit vorwiegend digitaler Signalform. H. bestehen aus einzelnen Speicherzellen, z. B. → Flip-Flop. Wichtigste Kenngröße von H. ist die Speicherkapazität, d. h. das Fassungsvermögen, angegeben in → bit. H. werden fast ausschließlich als → integrierte Schaltkreise hergestellt. → RAM, → ROM, → Schieberegister, → CTD

halboffener Kopfhörer: → Kopfhörer

halbprofessionelle Technik, *semiprofessionelle Technik:* Geräte und Anlagen der Audio- und Videotechnik, die für den Einsatz bei anspruchsvollen Amateuren, in der Unterhaltungskunst (Kapellen, Diskotheken usw.), Industrie, Medizin u. a. vorgesehen sind. Die h. T. genügt hohen oder höchsten Ansprüchen bei der technischen Ausführung sowie der Ton- und Bildqualität, ohne die Qualitäts*reserven* der Geräte in → professioneller Technik zu besitzen. Die Übergänge sind aber fließend.

Halbspuraufzeichnung: → Zweispuraufzeichnung

Halbwellendipol: → Dipolantenne

Hall: → Nachhall

Hall-Effekt: von dem amerikanischen Physiker Edwin Herbert HALL 1879 entdeckte Erscheinung, daß an einem stromdurchflossenen Leiter, der einem senkrecht zur Stromrichtung orientierten Magnetfeld ausgesetzt ist, quer zur Stromrichtung eine elektrische Spannung, die sog. Hall-Spannung, auftritt. Ihre Größe ist abhängig von der Leiterdicke in Feldlinienrichtung, einer Materialkonstanten (Hall-Konstante) und ansonsten direkt proportional der magnetischen Feldstärke und der Stromstärke. Der H. wird heute vielfältig ausgenutzt. → Hall-Element, → Feldplatte

Hall-Element, svw. Hallgenerator: Bauelement auf der Grundlage des → Hall-Effekts, das aus einem Leiterplättchen, meist aus Halbleitermaterial, mit entsprechenden Kontaktflächen und Anschlüssen besteht und mit einem Gehäuse versehen ist. Integrierte Bauelemente haben neben dem eigentlichen H. eine stabilisierte Stromquelle und eine Auswerteschaltung für die Hallspannung (Verstärker, Schwellwertschalter). Je nach Konstruktion und Anwendung dienen H. zum Nachweis der magnetischen Feldstärke *(Hallsensor),* zur Modulation elektrischer Signale, zur berührungslosen Positions- und Wegebestimmung (z. B. Drehwinkel- und Drehzahlbestimmung von rotierenden Wellen, → Tachoregelung), zur kontaktlosen Stromübertragung bei kollektorlosen Gleichstrommotoren (z. B. für den Direktantrieb des Plattentellers oder für Wickelmotoren) oder als magnetisch betätigte verschleiß- und prellfreie Schalter für Tastenfelder z. B. von Mikrorechnern. H. werden auch im Audiobereich z. B. für das kontaktlose Auskoppeln des NF-Signals aus dem Streufeld eines Übertragers (selten) oder als Wiedergabe-Tonköpfe verwendet. Abb.

Halogenlampe, auch Halogen-Quarzlampe: unter Ausnutzung des Temperaturstrahlerprinzips (Glühlampe) und Jodkreisprozesses arbeitende → Lampe. Beim *Jodkreisprozeß* verbindet sich das bei hohen

Betriebstemperaturen vom Glühwendel der Lampe abdampfende Wolfram mit dem im evakuierten Lampenkolben enthaltenen Jod (wesentlicher Unterschied zur Glühlampe) zu Wolframjodit, das nach Niederschlag auf dem Glühwendel wieder zu Wolfram und Jod umgesetzt und erneut in den Kreislauf eingeführt wird. Die dabei wiederholt ablaufende Salzbildung war bestimmend für die Bezeichnung der Lampenart (halogen, d. h. salzbildend). Im Vergleich zur Glühlampe werden bei H.: *a)* die Lichtausbeute durch die Möglichkeit wesentlich höherer Betriebstemperaturen bedeutend gesteigert (Lampenkörper aus Quarzglas erforderlich), *b)* Schwärzungen des Glaskolbens durch abgedampftes Wolfram vermieden, *c)* die → Farbtemperatur nicht wesentlich verändert (ca. 3200 K, bleibt während der gesamten Lebensdauer annähernd gleich), *d)* die Baugröße bezogen auf die Leistung reduziert, *e)* eine Gebrauchsdauer von ca. 2000 Stunden und *f)* die Anschlußmöglichkeit an normale Netzspannungen gewährleistet. Von der Industrie werden H. in Stab- bzw. Soffittenform für unterschiedliche Leistungen und Einsatzgebiete gefertigt. → Leuchten mit H. eignen sich auf Grund ihrer kompakten Bauweise und großen Leuchtstärke sowie der spezifischen Farbtemperatur (→ Mischlicht) ausgezeichnet für die Szenen-Ausleuchtung bei Video- und Fernsehaufnahmen. Sie finden darüber hinaus in vielen anderen Bereichen (Flutlichtanlagen, Fahrzeugscheinwerfer, Projektoren) Anwendung. → Ausleuchtung, → Flächenleuchte

Hinweis: H. dürfen erst nach Abkühlen transportiert werden (Gefahr, daß Glühfaden reißt). Das Anfassen des Glaskörpers mit bloßen Händen (Abdrücke brennen ein) sowie unnötiges Ein- und Ausschalten (verringert die Lebensdauer) sind zu vermeiden. Die zu einer Halogenleuchte gehörende Schutzscheibe ist unbedingt zu verwenden (Gefahr der Explosion der H. bei Durchbrennen des Glühfadens).

Haltebereich: wirksamer Teil des Arbeitsbereichs der Regelkennlinie von elektronischen Schaltungen (Phasenregelstufen, Phasenvergleichschaltungen) zur → Gleichlaufsteuerung. Der H. gibt an, innerhalb welcher Grenzen einer Frequenzabweichung $\Delta f/f$ bzw. Phasenabweichung $\Delta\varphi/\varphi$ der Gleichlauf erhalten bleibt, auch wenn kurzzeitig das synchronisierende Signal ausfällt. Dies ist für die Fernsehtechnik insofern von Bedeutung, weil die horizontal- und vertikalsynchronisierenden Signale bezogen auf die Zeilen- bzw. Halbbilddauer nur kurzzeitig aktiv wirken (→ Horizontalimpuls und → Horizontalsynchronimpuls bzw. → Vertikalimpuls und → Vertikalsynchronimpuls). Der Umfang des H. beinhaltet den → Fangbereich (→ indirekte Synchronisation). Er wird bestimmt vom Zeitverhalten der betreffenden Schaltung zur Gleichlaufsteuerung. Abb.

Handaussteuerung: → Aussteuerung

Handkamera: kleine, leichte Video- bzw. Fernsehkamera, die mit einem Handgriff geführt und getragen bzw. auf der Schulter getragen werden kann. H. in kompakter Bauweise (→ Kompaktkamera) beinhalten die gesamte zum Betrieb notwendige Kameraelektronik und sind vorwiegend mit einem kleinen elektronischen Sucher ausgestattet. Sie werden meist in Zusammenhang mit einem tragbaren Aufzeichnungsgerät (Videorecorder) verwendet. Die meisten → Videokameras sind netzunabhängige, mit eigener Batterie betriebene oder vom Videorecorder versorgte H. Auch die auf der Schulter tragbaren Kameraköpfe von Studiokameras (s. Abb. → Studiokamera) werden als H. bezeichnet.

Hinweis: Jede H. kann auch auf einem → Kamerastativ aufgeschraubt oder auf einem Schulterstativ montiert werden. → Reportagekamera

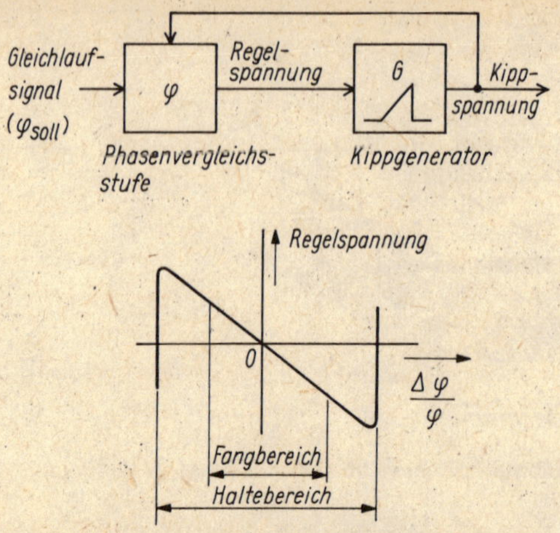

Regelkennlinie einer Schaltung zur Gleichlaufsteuerung bei der indirekten Synchronisation

Hängemikrofon

Hängemikrofon, *Hänger:* hängende Mikrofonanordnung, bei der das Mikrofonkabel selbst dazu benutzt wird, das Mikrofon in die richtige Position zu bringen. Abb.

Hardware: Sammelbezeichnung für alle Schaltungen, Bausteine und Geräte eines Mikrorechnersystems.

harter Schnitt: → Cut-Schnitt

Hauptempfangsrichtung: → Strahlungsdiagramm

HBST: → Trinicon

HD-Magnettonband (HD Abk. für engl. **H**igh **D**ynamic, große Dynamik oder **H**igh **D**ensity, große Dichte): hochwertiges Magnettonband für Kassetten, dessen Magnetkristalle in der Schicht besonders klein sind und dadurch eine größere Packungsdichte erlauben. Dadurch ergibt sich gegenüber – → LH-Bändern außer einem geringeren Bandrauschen auch eine höhere → Aussteuerbarkeit (ca. 3 dB), also insgesamt ein besserer Störabstand. Durch die besonders glatte Oberfläche von H. werden die Tonköpfe geschont.

HDTV, Abk. von engl. **H**igh **D**efinition **T**ele**v**ision (hochauflösendes Fernsehen): Fernsehverfahren mit einer sehr hohen Abtastfolge für die einzelnen Fernsehbilder. Durch das HDTV wird insbesondere eine sehr hohe → Bildschärfe, → Auflösung und → Flimmerfreiheit der Fernsehbilder gewährleistet. Die erreichbare Bildqualität (Abbildung annähernd originalgetreu zur Bildvorlage) berechtigt zum Gebrauch der Bezeichnung → HiFi-Fernsehen im Vergleich zum → FSTV. Man kann davon ausgehen, daß mit dem HDTV die Bildqualität des 35-mm-Films bei höherer Wirtschaftlichkeit gegenüber der Filmproduktion erreicht wird. Mit der Entwicklung des HDTV wurden verschiedene Normvorschläge erarbeitet, u.a. für die Zeilenzahl pro Fernsehbild (1035, 1125 oder 1249), Halbbildfrequenz (80 Hz, 60 Hz oder 50 Hz), Verhältnis Bildbreite : Bildhöhe (5 : 3 oder 4 : 3), Zeilensprung 2 : 1. Diese Werte bedingen eine Erhöhung der Bandbreite des Bildsignals bis ca. 20 MHz, einen steigenden Lichtbedarf für die Bildsignalaufnahme, einen höheren Bandbedarf für die magnetische Bildsignalaufzeichnung, eine Erhöhung der allgmeinen Kosten für die Videogeräte usw. Die Veränderung der Grundnormwerte des HDTV gegenüber dem FSTV erfordert zwangsläufig auch Veränderungen der → Farbfernsehverfahren, der hochfrequenten drahtlosen Fernsehübertragung usw. Alle diese Faktoren sind bei der endgültigen Normung hinsichtlich der erreichbaren Qualitätsverbesserung abzuwägen. Möglich erscheint aus heutiger Sicht die perspektivische Einführung des HDTV im Fernsehrundfunk über ein 2kanaliges kompatibles Fernsehverfahren – erster Kanal: Übertragung der zur heutigen Fernsehnorm kompatiblen Bildinformation, zweiter Kanal: Übertragung des für HDTV zusätzlich erforderlichen Bildanteils. → HDVS, → Hochzeilenfernsehen, → SSTV, → Fernsehnorm

HDVS, Abk. für engl. **H**igh **D**efinition **V**ideo-**S**ystem (hochauflösendes Fernsehsystem): Komplex einzelner Videogeräte (Hochzeilen-Fernseh- bzw. Videokamera, Breitband-Videorecorder, Hochzeilen-Fernsehempfänger bzw. -Bildmonitor, Hochzeilen-Fernsehprojektor usw.) für das → HDTV. → Hochzeilenfernsehen

Hinweis: An der Entwicklung von HDVS bis zur Serienreife wird bei vielen Elektronikfirmen gearbeitet. Z.B. konnte bereits 1982 die japanische Firma Sony den Prototyp eines HDVS mit Geräten (1125 Zeilen, 60 Halbbilder pro Sekunde) für Farbwertsignalaufnahmen, -aufzeichnung und -wiedergabe vorstellen.

Heimcomputer: kleiner, transportabler, für häusliche Verwendung bestimmter Digitalrechner. Der H. ist ein in einem Gehäuse installierter → *Mikrorechner,* genauer ein Universal-Mikrorechner-System, dessen → Hardware und → Software für den individuellen Gebrauch ausgerichtet ist. Zur Bedienung und Dateneingabe dient eine mit Ziffern, Zeichen und Buchstaben versehene Tastatur (alphanumerische Eingabe) und ein *Datensichtgerät* in Form einer eingebauten Bildschirmeinheit oder eines am H. anzuschließenden Fernsehempfängers. Was ein H. leisten kann, bestimmen die → Programme und die, je nach Ausstattungsgrad sehr unterschiedlichen, eingebauten oder anschließbaren *Peripheriegeräte* (Drucker, Magnetfolienspeicher oder Kassettentonbandgerät als externer Daten- und Programmspeicher, Akustokoppler zum Datenverkehr über das Fernsprechnetz).

Heimelektronik: Gesamtheit der Forschung, Entwicklung, industriellen Fertigung, Bedienung, Wartung und Reparatur elektronischer Geräte für überwiegend privaten Gebrauch; Teilgebiet der Elektrotechnik/Elektronik. Der Terminus H. wird fälschlich auch für → Heimgerät, elektronisches gebraucht.

Heimgerät, elektronisches: elektronisches Gerät zum Empfang, zur Speicherung, Aufnahme oder Wiedergabe von Bild- oder/und Toninformationen, vorzugsweise zum privaten Gebrauch; auch elektronisches Hilfsgerät (Zeitschaltuhr, Fernbedienungsteil usw.). Die Gesamtheit der H. in ihrem funktionellen Zusammenwirken bildet die *elektronische Heimanlage.*

Heimstudiotechnik: → HiFi.

Heimtonanlage: Gesamtheit der untereinander elektronisch verbundenen elektronischen → Heimgeräte (Audio). Die H. besteht i. allg. aus einer → Anstellkombination, einem HiFi-Turm oder einer Kompaktanlage. Für Rundfunk- oder Fernsehempfang wird eine → Empfangsantennenanlage benötigt. Die H. kann mit einem Fernsehempfänger für → Zweitonübertragung bzw. mit einem Tonfilmprojektor gekoppelt sein oder durch → Tonmischpult und → Mikrofone ergänzt werden. → aktives HiFi-System

Heimvideoanlage: spezifische Ausrüstung eines Fernsehzuschauers bzw. Videoamateurs mit → Heimvideotechnik.

Hinweis: Der Aufbau einer umfangreichen H. sollte nach einem klaren Konzept erfolgen, das alle Fragen von der Paßfähigkeit der Einzelgeräte zueinander (Pegel, Anschlüsse, Design u.a.), über deren sinnvolle Anordnung im Raum (Standort, Bedienbarkeit, Verkabelung usw.) bis hin zu einer zweckmäßigen Lagerung des Zubehörs und Einrichtung des Archivs berücksichtigt.

Heim-Videorecorder: → Videorecorder

Heimvideotechnik: Gesamtheit der für Fernsehzuschauer bzw. Videoamateure bestimmten → Videotechnik. Zur H. zählen insbesondere: → Videokamera (auch zur Film- und Diaabtastung), → Videorecorder, → Bildplattenspieler, → Fernsehempfänger mit Anschlußmöglichkeiten für → Bildschirmspiele, → Bildschirmtext, → Fernsehtextsystem → Schachcomputer, Datenterminals, aber darüber hinaus auch die zugehörige Tontechnik, Mischeinrichtungen, Kommutierungseinrichtungen (z. B. → Videokreuzschienen, Adapter, Verteiler), Kabel usw.
Heißleiter: → Thermistor
Helical Scan-Verfahren: → Schrägspurverfahren
Helium-Neon-Laser: → Laser
Helligkeit, Bildhelligkeit: subjektive Empfindung des Menschen, die durch die vom Auge aufgenommenen Lichtreize nach Ablauf psychisch-physischer Vorgänge im Gehirn ausgelöst wird. Die H. ist neben den Empfindungen → Farbton und → Farbsättigung Teil der Farbempfindung. Sie entspricht der physikalischen Größe → Leuchtdichte. Differenzierende Bezeichnungen für den Grad unterschiedlicher H.empfindungen sind u. a. hell, dunkel bzw. weiß, grau, schwarz. → Helligkeitssehen, → Farbe, → Grundhelligkeit, → Helligkeitseinstellung, → Schwarz-Weiß-Fernsehen, → Leuchtdichtesignal
Helligkeitseinstellung (eng. Brightness Control): Verändern der von einer → Bildwiedergaberöhre erzeugten → Grundhelligkeit. Die H. am Fernsehempfänger erfolgt durch Verändern des Gleichspannungspotentials zwischen Steuergitter und Katode der Bildwiedergaberöhre, in deren Folge der Strahlstromwert und damit die → Leuchtdichte des Bildschirms verändert wird. Bei → Farbbildwiedergaberöhren mit mehreren Strahlsystemen muß die H. bei allen Systemen völlig deckungsgleich verlaufen, da ansonsten Farbreinheitsfehler – speziell Farbstichigkeit – in Abhängigkeit der sich ändernden → Helligkeit entstehen. → Strahlstrombegrenzung, → Raumlichtautomatik, → Sperrpunktabgleich (Abb.)
Hinweis: Die H. ist so zu wählen, daß sich die Helligkeit des Fernsehbilds optimal von dessen Umgebungshelligkeit abhebt. Bei einer unnötig hohen Bildhelligkeit unterliegt die Bildröhre durch die notwendigen Strahlstromstärken einem vorzeitigen, vermeidbaren Verschleiß. Um → Gradationsfehler im Fernsehbild zu vermeiden, ist der Zusammenhang zwischen H. und → Kontrasteinstellung zu beachten. In der Abbildung sind Beispiele für richtig und falsch gewählte H. dargestellt.
Helligkeitssehen, svw. Hellempfindung: Empfindung (hell oder dunkel), die von der Intensität und Wellenlänge der vom → Auge aufgenommenen Lichtstrahlung abhängt. Der sichtbare Wellenlängenbereich reicht von 380 … 780 nm. Licht einzelner Wellenlängen wird, gleiche Strahlungsenergie vorausgesetzt, verschieden hell empfunden. Das bedeutet, daß unser Sehen mit einer spektralen Hellempfindung verbunden ist. Die Abbildung gibt die international genormte Kurve der Hellempfindung V (λ) eines Normalbetrachters wieder. Diese Kurve gilt für das helladaptierte Auge, d. h. für normale Helligkeit (Tageslicht), wobei nur die Zäpfchen am → Sehvorgang beteiligt sind. Bei geringer Helligkeit (Dämmerung) übernehmen die lichtempfindlicheren Stäbchen das H. Dabei verschiebt sich das Maximum der Empfindlichkeit nach kurzen Wellenlängen, also blauem Licht. Für das so angepaßte Auge (Dunkeladaption) gilt die V' (λ)-Kurve. → Farbsehen (Abb.)

Heinrich Rudolf Hertz

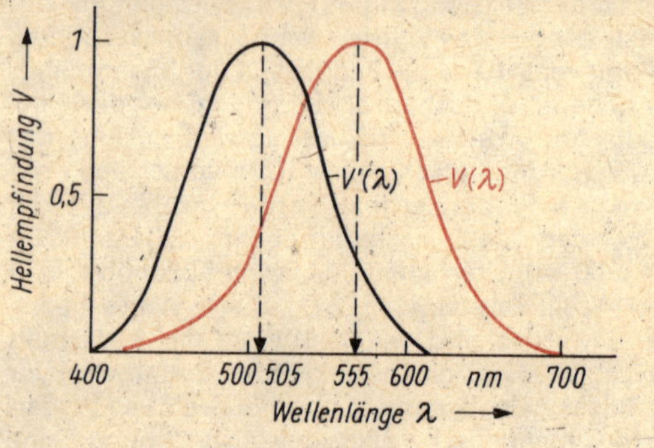

Hellempfindlichkeitskurve für Dunkel- und Helladaption

Herstellerangaben: → technische Daten
Hertz, Heinrich Rudolf: deutscher Physiker (22. 2. 1857 – 1. 1. 1894), der im Jahre 1888 den experimentellen Nachweis zur Ausbreitung → elektromagnetischer Wellen im Raum erbrachte. H. wurde zu seinen Versuchen durch die theoretische Voraussage dieser Wellen von → MAXWELL angeregt, die im Jahre 1879 zu einer Preisaufgabe der Berliner Akademie mit dem Ziel führte, diese Wellen praktisch zu erzeugen. Trotz erfolgreicher Versuche glaubte H. nicht an die Möglichkeit einer technischen Nut-

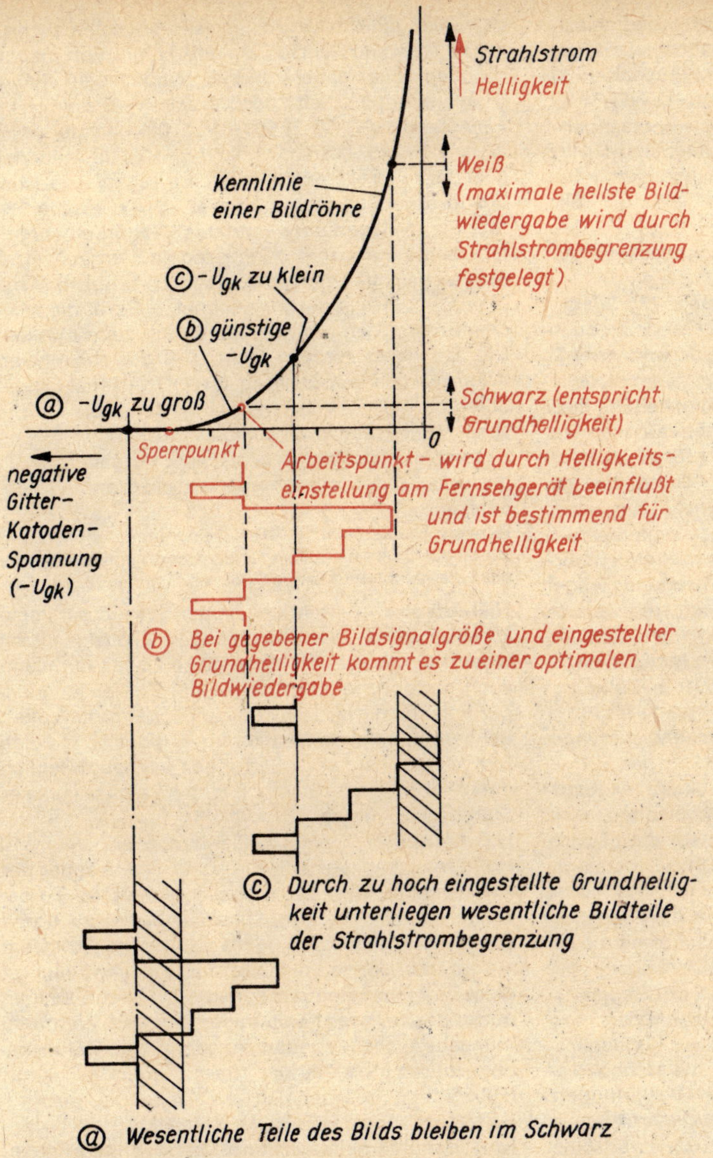

Einfluß der *Helligkeitseinstellung* auf die Bildqualität

zung der elektromagnetischen Wellen (nun auch *HERTZsche Strahlen* genannt). Erste Anwendungen zur Nachrichtenübermittlung blieben den Forschern → POPOW und → MARCONI vorbehalten. Zu Ehren von H. wurde die Einheit der Frequenz mit *Hertz* (Hz) benannt. Abb.

HF: Abk. für → **Hochfrequenz.**

HF-Einstreuung: direkte Einwirkung eines starken, nahegelegenen Senders auf ein elektronisches Heimgerät oder dessen Anschlußleitungen, so daß dieser Sender unerwünscht „durchschlägt«. Sein Programm kann entweder zusätzlich hörbar werden oder bei einem Fernsehgerät zu → Bildfehlern führen. Radarstationen erzeugen ein periodisch auftretendes Summen oder schlangenartige Moiréstörungen im Bild.

Hinweis: Abhilfe kann in vielen Fällen durch einen Standortwechsel des betroffenen Geräts, durch möglichst kurze oder sorgfältig abgeschirmte Anschlußleitungen oder → Entstöradapter geschaffen werden. In hartnäckigen Fällen helfen nur zusätzliche Entstörmaßnahmen im Gerät selbst, die von einer Fachwerkstatt ausgeführt werden müssen.

HF-Fernsehkanalbreite: zur Übertragung eines hochfrequenten → Fernsehsignals verfügbare → Bandbreite des → Fernsehkanals. Die H. ist durch die Fernsehnormen international verbindlich festgelegt. Sie beträgt für die → CCIR-Norm im → Fernsehbereich I und III (→ VHF) 7 MHz (Ausnahme Kanal 1), im Fernsehbereich IV und V (→ UHF) 8 MHz und für die → OIRT-Norm in allen Fernsehbereichen 8 MHz. Für den → Satellitenfunk sind H. von 27 MHz vorgesehen. → Fernsehsender, Tab. → Fernsehkanal, Abb. → Fernsehkanal und → Bildsignal

HF-Kabel: → Koaxialkabel, → Antennenzuleitung

HF-Löschung: → Löschung

HF-Modulator (kurz für Hochfrequenz-Modulator): elektronische Schaltung, in der ein niederfrequentes Nachrichtensignal oder eine niederfrequente Signalgruppe einer hochfrequenten Trägerschwingung aufgeprägt und damit unter Beibehaltung ihrer absoluten Frequenzabstände in einen höheren Frequenzbereich verschoben wird. Der für einen H. zu wählende Schaltungsaufbau wird durch die gewünschte Modulationsart bestimmt (Grundarten: Amplituden-, Frequenz-, Nullphasenwinkelmodulation; Spezifika: Einseitenband-, Restseitenbandmodulation, Modulation mit unterdrücktem Träger usw.). Schaltungsaufbau und -wirkung sind vielfach für eine engere Namensgebung der H. bestimmend (z. B. Ring-, Gegentaktmodulator). → Modulation

H-Frequenz, Horizontalfrequenz, f_H: → Zeilenfrequenz

HF-Vormagnetisierung: → Vormagnetisierungsstrom

HF-Vorstufe: erste Baugruppe in einem → Rundfunkempfänger oder → Fernsehempfänger nach dem Antenneneingang; HF-Vorverstärker. Durch Auswahl spezieller Bauelemente und Schaltungstechnik muß das Eigenrauschen der H. besonders klein gehalten werden, weil es in allen folgenden Verstärkerstufen mitverstärkt wird und somit die erreichbare → rauschbegrenzte Empfindlichkeit bestimmt. Die H. enthält fast immer auf die Empfangsfrequenz abstimmbare Schwingkreise *(Vor- und Zwischenkreise).* Dadurch können → Spiegelfrequenzen unterdrückt werden, und die Nachbarkanalselektion wird verbessert. Die H. verhindert außerdem eine Rückwirkung der Oszillatorfrequenz auf die Antennen und damit eine unerwünschte Störabstrahlung. → Intermodulationsfestigkeit

Hi-Bri-Farbbildröhre (Hi-Bri Abk. für engl. „**High-Bri**ghtness"): → In-Line-Bildröhre mit hoher Bildhelligkeit (Brightness) und Fabbrillanz. Die H. ist konstruktiv so aufgebaut, daß zum Erzeugen einer normalen Bildhelligkeit im Vergleich zu anderen In-Line-Bildröhren geringere Strahlströme ausreichen. Diese Besonderheit kommt auf dem Bildschirm in einer deutlich erhöhten → Bildschärfe zum Ausdruck.

HiFi, Abk. für engl. **High Fi**delity, *Heimstudiotechnik:* hohe Wiedergabetreue (im Vergleich zum Original), vorwiegend bei Audiotechnik verwendet. Ursprünglich wurde HiFi aus Werbegründen etwa seit den 30er Jahren für den jeweils höchsten technischen Aufwand bei Geräten und Tonträgern (hauptsächlich Schallplatten) und als Synonym für Klangtreue benutzt. Seit der strengen Fassung im *HiFi-Standard* (TGL 28660/01 ... 08) und der *HiFi-Norm* (DIN 45500/Bl. 1 ... 10) legt HiFi ab Mitte der 60er Jahre exakt reproduzierbare technische Mindestforderungen fest, die für elektroakustische Geräte und Anlagen vorwiegend in Wohnräumen gelten. Beide Standards orientieren sich an vertretbarem technischen Aufwand; sie fordern nur, daß bei einem mit „HiFi" gekennzeichneten Gerät die Mindestforderungen vollständig erfüllt sein müssen. Die Standards fordern nicht, daß die subjektiven Wahrnehmbarkeitsgrenzen für → Tonsignalmängel unterschritten werden. Jedoch gestattet die technische Weiterentwicklung heute ausnahmslos eine Unterschreitung der technischen Vorgaben, z. T. bis unter die Wahrnehmbarkeitsgrenzen. → Tonqualität

Hinweis: Die Bezeichung HiFi sollte nur im Zusammenhang mit einem Gerät, nicht aber für ein Übertragungsverfahren oder die natürliche Klangreproduktion verwendet werden.

HiFi-Adapter: Verbindungsmittel zum Zusammenschalten eines Fernsehempfängers (Tonsignal) mit einer HiFi-Anlage. H. ermöglichen aber nur dann auch hohe Tonqualität, wenn der Fernsehempfänger nach dem → Quasiparalleltonverfahren arbeitet. Bei herkömmlichen Empfängern ergibt sich in Folge fernsehspezifischer Störungen, hauptsächlich durch die Synchronimpulse, nur ein maximaler Störabstand von ca. 40 ... 44 dB.

HiFi-Fernsehen: → Hochzeilenfernsehen

HiFi-Freak (engl., svw. HiFi-Phantast): Anhänger der HiFi-Technik, der übertriebene technische Forderungen stellt oder klangliche Feinheiten zu hören glaubt, die tatsächlich nicht existieren. Trotzdem stellen sich einige Hersteller von HiFi-Anlagen auf diese überspannten Ansichten ein. Davon zeugen übertriebene, weil weit außerhalb des Wahrnehmungsbereichs liegende Angaben wie „Übertragungsbereich bis 100 kHz" oder „Klirrfaktor kleiner 0,005 %".

HiFi-Turm (engl. HiFi-Rack): kompakte HiFi-Tonanlage mit übereinander turmförmig angeordneten Geräten; auch ein Gestell zum Einsetzen passender HiFi-Komponenten oder eine aus stapelbaren, z. T. miteinander mechanisch verriegelbaren Einzelgeräten zusammengesetzte Einheit. Der H. umfaßt i. allg. → Tuner, → NF-Verstärker, → Kassettendeck (Frontlader) und → Schallplatten-Abspielgerät. Raumsparend sind sogenannte *Minitürme* (Abb.).

Hinweis: Vor dem Erwerb eines H. ist zu bedenken, daß eine spätere Teilmodernisierung kaum möglich ist und im Störungsfall die komplette Anlage in die Werkstatt muß.

HiFi-Videorecorder: Videorecorder, der Tonsignalaufzeichnung und -wiedergabe in HiFi-Qualität (20 Hz ... 20 kHz) gewährleistet. In H. werden zusätzlich zur üblichen Tonaufzeichnung auf Längs-

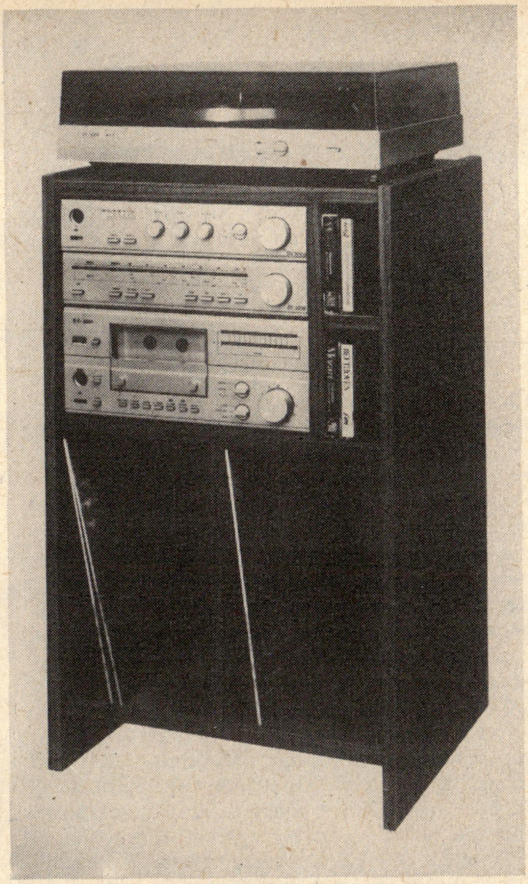

Mini-HiFi-Turm (1): Tischgerät

Großer *HiFi-Turm* (2) als Standgerät

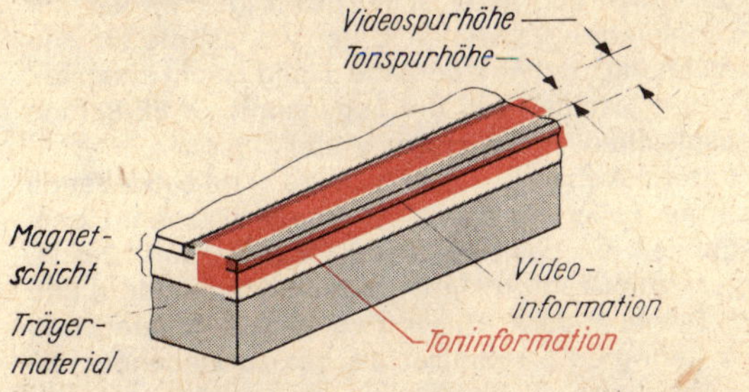

Tonaufzeichnung durch Tiefenmagnetisierung bei *HiFi-Videorecordern*

spuren – wegen der geringen Bandtransportgeschwindigkeit von ca. 2 cm/s sind NF-Frequenzen nur bis ca. 8 kHz speicherbar – ein oder 2 Tonkanäle auf den (Video-)Schrägspuren gespeichert. Bei H. der Videosysteme Betamax, VHS, Video 2000 und 8 mm-Video werden 2 Tonsignale (Stereo bzw. Zweiton) mit Hilfe zweier frequenzmodulierter Trägerschwingungen (Trägerfrequenzen liegen im Übergangsbereich zwischen C-Signal und Y-FM-Signal, s. Abb. → Chroma-Konvertierung) in *Tiefenmultiplex* mit den Bildinformationen auf den Videospuren aufgezeichnet, d. h. in die tiefen Lagen der Magnetschicht *(Tiefenmagnetisierung)* des Videobands hineingeschrieben (Abb.). Diese Aufzeichnungsmethode ist möglich, da die Bildinformation wegen der hohen Frequenzen nur an der Oberfläche der Magnetschicht gespeichert wird. Die niederfrequenteren Ton-FM-Signale, auch *AFM-Signale* genannt, magnetisieren vor allem die bisher nicht genutzten tieferen Lagen, ohne daß die Bildinformation dadurch wesentlich beeinflußt wird. Dazu sind auf dem Kopfrad 2 zusätzliche Tonköpfe – mit kleinerer Spalthöhe als die der Videoköpfe – montiert. Die Bild- und Toninformation wird zwar getrennt, aber an der gleichen Stelle des Videobands aufgezeichnet *(„Huckepack-HiFi")*, d. h. auf den Videospuren untereinander geschichtet. Um gegenseitige Störungen zu vermeiden wird mit → Azimut-Aufzeichnung gearbeitet, wobei die Video- und

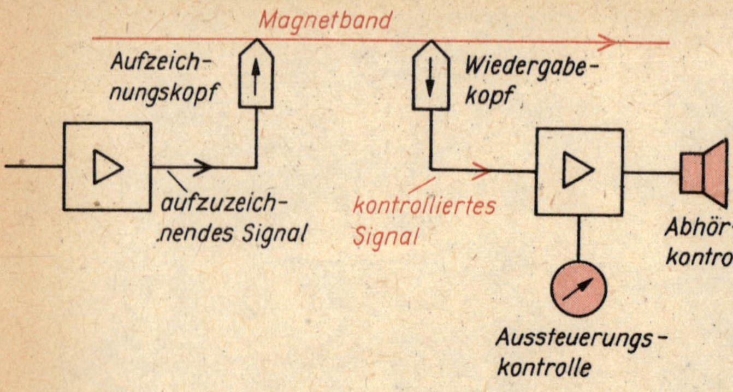

Prinzip der *Hinterbandkontrolle*

Tonköpfe der gleichen Videospur unterschiedliche Azimutwinkel haben. Beim System 8 mm-Video gibt es zusätzlich die Möglichkeit mit PCM die Tonsignale auf einem eigenen Spurabschnitt der Schrägspuren aufzuzeichnen (s. Abb. →8 mm-Video). Abb.

High Com, Abk. für engl. **High** Fidelity **Compander:** Breitbandkompander, vorwiegend für Kassettentonbandgeräte. Der H. ist ein einkanaliger →Kompander. Er arbeitet mit dB-linearer Kompandierungskennlinie bei einem Kompressionsgrad von 2; der Gewinn an Störabstand beträgt 20 dB. Der H. ist unempfindlich gegen falsche Aussteuerung. Auch tieffrequente Störsignale (z. B. Brummen) werden unterdrückt. Es existiert auch eine zweikanalige Variante (Zweiwegkompander) mit der Bezeichnung *H.-II,* die besonders arm an störenden Nebenerscheinungen ist. Auf Grund einer speziellen Schaltungstechnik kann der H. gut als integrierter Schaltkreis hergestellt werden.

High Com FM: an den Einsatz im FM-Rundfunk angepaßter → Kompander des Typs *High Com.* Bei Anwendung des H. zur Hörrundfunkübertragung verringert sich das Rauschen (dadurch ließe sich auch die übertragbare → Dynamik erhöhen), vergrößert sich die Reichweite, vor allem von Stereosendern, bei der Fernsehtonübertragung lassen sich Intercarrierstörungen reduzieren. Die Übertragung mit H. erfordert im Empfänger einen zusätzlichen Expander. H. arbeitet mit dB-linearer Kompandierungskennlinie und einem Kompressionsgrad von 2. Der Gewinn an Störabstand beträgt 10 dB.

High-Energie-Band: hochaussteuerbares Eisenoxid-Magnetband, das als Ton- oder Videoband verwendet wird.

High Fidelity: →HiFi

High-Low-Frequency-Driver (engl., svw. hochabgestimmter Tieftonlautsprecher): Speziallautsprecher für den Tieftonbereich mit mehreren Membranen, die von einer gemeinsamen Schwingspule angetrieben werden. Beim H. wurde die Eigenresonanzfrequenz oberhalb des Übertragungsbereichs (auf ca. 4 kHz) gelegt. Dadurch ergibt sich gleichmäßige Schallabstrahlung und klanggetreue Wiedergabe von Impulsschall.

High Speed Dubbing: →Schnellkopieren

Hilfsträger: →MPX-Signal, →Zweitonübertragung, →Farbträger, →ARI-System, →CD-4-System

H-Impuls: →Horizontalimpuls

Hinterbandkontrolle: Kontrolle des auf einem Magnetband aufgezeichneten Signals noch während des Aufzeichnungsvorgangs. H. wird bei Tonbandgeräten der Spitzenklasse angewendet und setzt getrennte Tonköpfe für Aufzeichnung und Wiedergabe, bei Kassettengeräten einen → Verbundkopf voraus. Außerdem müssen separate Verstärker im Aufzeichnungs- und Wiedergabekanal vorhanden sein. Vorteil der H. ist, daß eine Bandaufzeichnung sofort kontrolliert und mit dem Original unmittelbar verglichen werden kann. Dadurch wird auch schlechte Bandqualität deutlicher. Außerdem läßt sich die Aussteuerung wiedergabeseitig überprüfen und bei Bedarf sofort korrigieren. Aufzeichnungsmängel, z. B. durch verschmutzte Kopfspalte, Schichtfehler im Band, unsachgemäße Klebestellen oder Bandlaufstörungen, werden sofort erkannt. Bei Heimvideorecordern ist H. des Bildes wegen der kombinierten Verwendung der Videoköpfe für Aufzeichnung und Wiedergabe i. allg. nicht möglich. Diesen Nachteil soll der sogenannte → EE-Betrieb ausgleichen. →Tri-Tracer (Abb.)

Hinterklebeband: bandförmige, selbstklebende dünne Folie mit ähnlichen mechanischen Eigenschaften wie das zu klebende Magnetband. Das H. dient auch zum Ankleben von →Kennbändern und →Trennbändern. H. wird auf Rollen geliefert und ist geringfügig schmaler als das zu klebende Magnettonband.

Hinweis: Müssen (schmalere) Kassettentonbänder geklebt werden, so empfiehlt sich nach dem exakten senkrechten Abschneiden der Bandenden ein Queraufkleben des H. und anschließendes Abschneiden der überstehenden Enden mit einer Rasierklinge.

Hinterkleben: →Cuttern

Hochfrequenz, Abk. **HF:** Frequenzbereich von etwa 20 kHz ... ca. 30 MHz, der mit dem Ultraschallgebiet beginnt und die Hörrundfunkfrequenzen einschließlich der Kurzwellen umfaßt. →Vormagnetisierungsstrom, →Modulation, →Wellenbereich

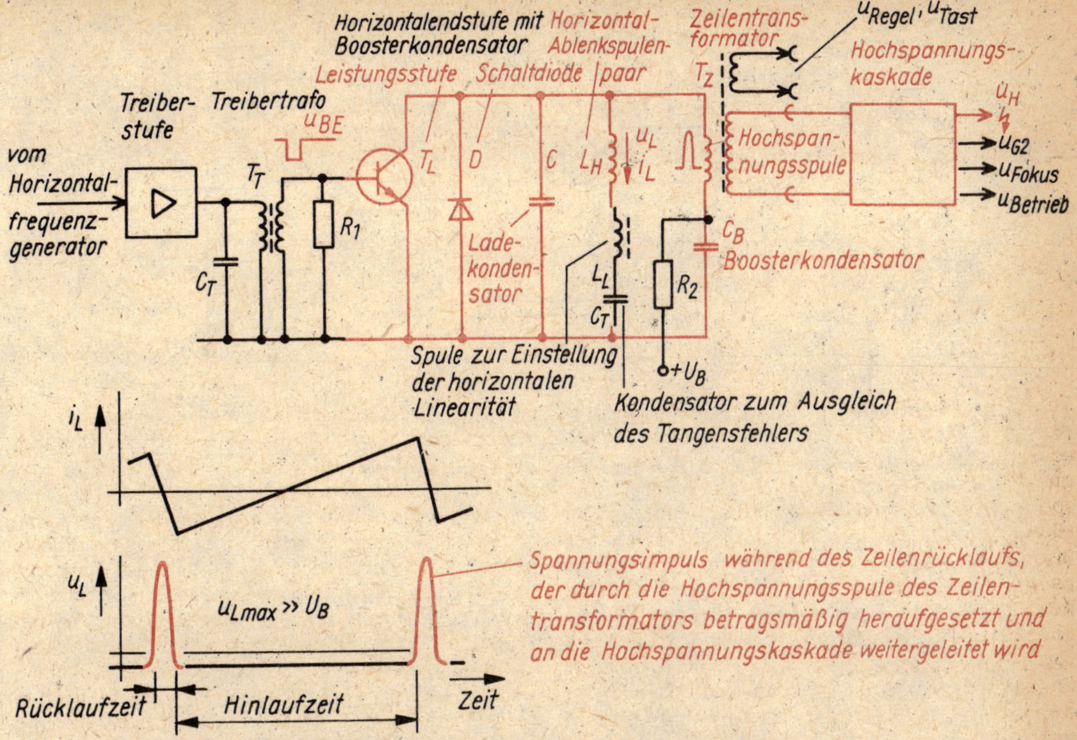

Möglichkeit der *Hochspannungserzeugung* (1) in der Horizontalendstufe

Hochfrequenzstörung: → Funkstörung, → Bildfehler, → HF-Einstreuung

Hochgeschwindigkeitsverfahren: → Längsspurverfahren

Hochpaß: → Filter

Hochspannung (engl. High Voltage): alle Spannungen mit Größen von i. d. R. über 1 kV. In Bildwandlereinrichtungen der Videotechnik sind H. speziell als Beschleunigungsspannungen für die Elektronenstrahlen (→ Strahlstrom) in → Bildaufnahmeröhren (Vidikontypen: bis 1 kV, Superorthikon: bis 1,5 kV) und → Bildwiedergaberöhren (Schwarz-Weiß: bis 15 kV, Farbe: bis 25 kV) notwendig. Darüber hinaus findet man H. höherer Werte vielerorts in der → Fernsehtechnik, insbesondere der Fernsehsendetechnik. → Hochspannungserzeugung

Hinweis: Die Berührung von hochspannungsführenden Teilen ist lebensgefährlich. Deshalb sind auch alle diesbezüglichen mit dem Erwerb von Videogeräten verbundenen Hinweise (z. B. für den Laien: keine Rückwand von Fernsehempfängern öffnen) oder die für deren Instandsetzung geltenden Arbeitsschutzvorschriften strikt einzuhalten. Es ist zu beachten, daß die Ladung hochspannungsführender Teile in Videogeräten auch nach deren Abschalten noch längere Zeit erhalten bleibt.

Hochspannungserzeugung: Erzeugung von Spannungen mit Werten über 1000 V, i. d. R. durch Transformieren der in Generatoren erzeugten Spannungen geringerer Größe. Die H. ist besonders für Fernsehempfänger wichtig, da hier Anodengleichspannungen von 15 kV bzw. 25 kV für die → Bildwiedergaberöhren benötigt werden. Je nach Schaltungskonzeption erfolgt die H. unmittelbar in der Horizontalendstufe (Abb. 1) oder in einer getrennten Hochspannungsstufe (Abb. 2). In jedem Fall wird dabei der während des Zeilenrücklaufs auftretende hohe Spannungsimpuls oder eine seiner Oberwellen auf Werte von mehreren Kilovolt transformiert. In Röhrenschaltungen zur H. wird die Gleichrichtung der transformierten Spannung direkt in einer Hochspannungsdiode oder mit einem „Gleichrichterstab" vorgenommen. Moderne Schaltungskonzepte basieren auf der Anwendung von *Hochspannungskaskaden* (Abb. 3). Diese bewirken durch wiederholte Folge von Halbleiterdiode und Kondensator außer der Gleichrichtung gleichzeitig eine Spannungsvervielfachung, so daß der transformierte Hochspannungswert bei 4 ... 6 kV liegen kann. In beiden Fällen muß die erzeugte Hochspannung stabilisiert werden (Röhrenschaltungen mit → Ballasttriode, Halbleiterschaltungen mit Regelstu-

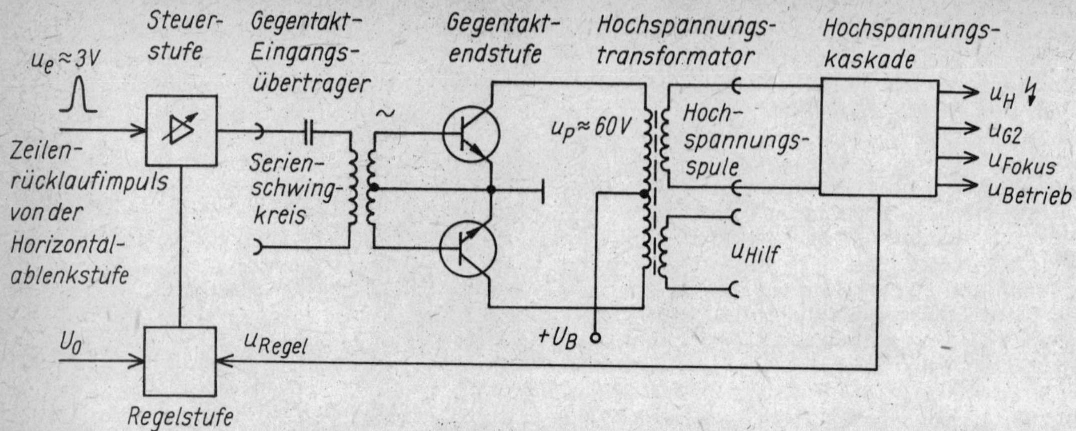

Möglichkeit der *Hochspannungserzeugung* (2) in getrennter Hochspannungsstufe

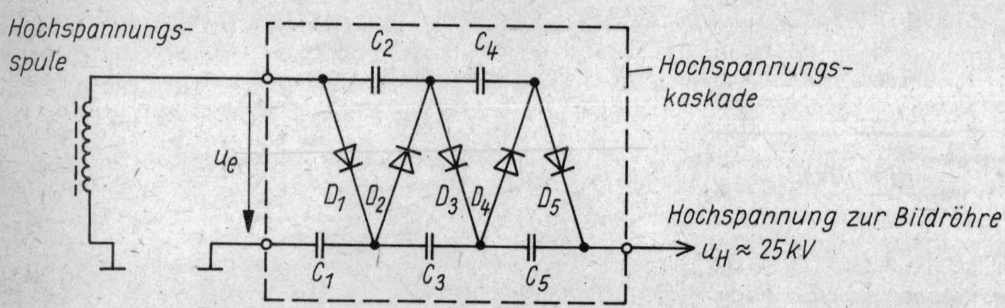

Hochspannungserzeugung (3): Beispiel einer 5stufigen Hochspannungskaskade

fen). Die Stabilisierung der H. ist i. allg. notwendig, um Bildbreiten-, Bildhöhen-, Bildschärfe- sowie Farbreinheitsfehler in Farbfernsehgeräten (speziell Konvergenzfehler bei Farbbildröhren mit mehreren Strahlsystemen) durch strahlstromabhängig schwankende Hochspannungswerte zu verhindern. Die H. wird i. allg. gleichzeitig mit der Fokussier- und Schirmgitterspannungserzeugung für die Bildröhre und der Erzeugung der Betriebsspannung der Videoendstufen verbunden. Hierzu werden z. B. an den entsprechenden Stellen der Hochspannungskaskade die gewünschten Spannungswerte abgegriffen. → Hochspannung, → Horizontalkippgerät, → Zeilenendstufe, → Hochspannungsüberschlag, → Schutzfunkenstrecke, → Boosterkondensator, → Strahlstrom, → Strahlstrombegrenzung, → Strahlstromstabilisierung, → Zeilentransformator, → Diodensplittransformator (Abb.)

Hinweis: Auf Grund der genannten vielseitigen Funktionen besteht eine hohe Belastung der Schaltungen zur H. (in älteren Farbfernsehgeräten bis 50 Watt), die zu einer im Vergleich mit anderen Stufen höheren Ausfallrate führen kann. Fehler im Fernsehgerät, die ihre Ursache in der H. haben, deuten sich i. d. R. längerfristig an (z. B. durch „Auseinanderfließen" (Gummilinseneffekt) des Bilds bei steigender Bildhelligkeit) und sind auf Grund ihrer komplexen Auswirkungen relativ schnell zu orten.

Hochspannungsüberschlag: plötzlicher Ladungsausgleich zwischen Spannungspotentialen hoher Größendifferenz. In Bildaufnahme- und Fernsehgeräten können unerwünschte H. durch mangelhafte Isolation der hochspannungsführenden Schaltungselemente (Hochspannungsspule, Hochspannungskaskade, Leitungen, Innenbelag der Bildröhre) gegenüber Massepotential oder durch fehlerhaft auftretende Spannungsspitzen bei der → Hochspannungserzeugung entstehen. Bei einem H. wird die Hochspannungsstufe auf Grund des kurzzeitig fließenden Spitzenstroms extrem belastet. Die beim H. frei werdende hohe Energie kann irreparable mechanische Zerstörungen am Ort des Überschlags bewirken. → Hochspannung, → Schutzfunkenstrecke

Hinweis: Feuchtigkeit an hochspannungsführenden Teilen (bereits eine sehr hohe Luftfeuchtigkeit), auch deren starke Verschmutzung können H. verursachen. Entsprechende Hinweise der Gerätehersteller sollten deshalb unbedingt eingehalten werden. Oft sind Sprüherscheinungen der

Hochspannung (erkennbar an anhaltendem Knistern oder Zischen im Gerät) Vorläufer eines H.

Höchstbelastbarkeit (TGL), *Musikbelastbarkeit,* auch *Grenzbelastbarkeit* (DIN): NF-Leistung eines sinusförmigen Signals, das ein Lautsprecher kurzzeitig (2 s) verträgt, ohne daß schwingende Teile (z. B. Membran oder Tauchspule) hörbar anstoßen oder beim Lautsprecher mechanische oder thermische Schäden zurückbleiben. Die H. berücksichtigt Pegelspitzen und impulsförmige Änderungen, wie sie im Signal kurzzeitig auftreten können. Sie soll bei HiFi-Lautsprechern mindestens 10 Watt betragen.

Höchstfrequenz: Frequenzbereich oberhalb 30 MHz mit nicht klar definierter oberer Frequenzgrenze. Im Sprachgebrauch wird die Bezeichnung H. für alle Frequenzen benutzt, denen die Wellenbereiche VHF, UHF, SHF und EHF zugeordnet sind, die auch unter der Bezeichnung *Mikrowellen* zusammengefaßt werden. Zur Erzeugung und Verstärkung von H.-Signalen sind z. T. spezielle Bauelemente erforderlich. Zur H.-Übertragung wird nur relativ geringe Sendeenergie benötigt, da sich die zugehörigen elektromagnetischen Wellen um so leichter bündeln lassen, je höher die Frequenz wird.

Hochtonlautsprecher, Diskantlautsprecher, umgangssprachlich „Hochtöner" (engl. Tweeter): Lautsprecher zum Abstrahlen von Hörschall im oberen Frequenzbereich. Der H. setzt je nach Typ bei ca. 1 ... 5 kHz ein und strahlt Frequenzen bis ca. 20 kHz ab; einige Fabrikate weit darüber hinaus. Es werden → elektrodynamische Lautsprecher mit kleiner Kalottenmembran, seltener Konus- oder Planarmembranen verwendet. Auch elektrostatische, piezoelektrische oder Bändchenlautsprecher kommen zum Einsatz. Kalotten-H. werden auch als *Dome Tweeter* oder *Dome Squawker* bezeichnet.

Hochzeilenfernsehen: Fernsehverfahren mit einer Zeilenzahl über 1000 pro Fernsehbild. Mit der Bezeichnung H. erfolgt die Abgrenzung zu den weltweit verbreiteten → Fernsehnormen mit 625 bzw. 525 Zeilen. → HDTV, → HDVS

Höhenaussteuerbarkeit: → Aussteuerbarkeit

Höheneinsteller: → Klangeinsteller zur Beeinflussung der hohen Frequenzen im Tonsignal. → Klangblende

Höhenempfindlichkeit: bei Tonbandwiedergabe erzeugte Signalspannung(-pegel) hoher Frequenzen im Verhältnis zum dafür erforderlichen Aufzeichnungsstrom; Kenngröße der Tonbandqualität. Unter *relativer H.* wird die bei der Wiedergabe entstehende Differenz der Signalpegel einer Aufzeichnung von 10 kHz und → Bezugsfrequenz unter sonst gleichen Bedingungen verstanden (gleicher Aufzeichnungs- und Vormagnetisierungsstrom). Werden auf einem Tonbandgerät abweichend vom vorgeschriebenen Typ Bänder mit geringerer/größerer H. verwendet, so werden die hohen Tonlagen zu schwach/stark wiedergegeben. Dieser Mangel läßt sich durch eine Neueinstellung des Geräts oftmals ausgleichen. Allerdings weisen viele Bänder mit geringer H. auch eine schlechte → Aussteuerbarkeit bei hohen Frequenzen auf, so daß der Höhenwiedergabe durch magnetische Sättigung des Bands Grenzen gesetzt sind. Gute H. bedeutet wiederum meist auch günstige Höhenaussteuerbarkeit. Solche Bänder lassen demnach in jedem Fall eine bessere Höhenwiedergabe zu. Die H. ändert sich relativ stark mit dem eingestellten → Vormagnetisierungsstrom. Daher ist bei Bändern mit abweichendem Arbeitspunkt eine unzureichende Höhenwiedergabe noch kein Zeichen schlechter H. oder Höhenaussteuerbarkeit.

Holografie: optisches Aufzeichnungs- und Wiedergabeverfahren, das unter Verwendung kohärenten Lichts (Lichtstrahlung von nur einer Wellenlänge und Schwingungsebene, z. B. Laserlicht) außer beliebiger Informationsspeicherung (H.-Speicher) auch die Möglichkeit bietet, die dreidimensionale Struktur eines Aufnahmeobjekts zu speichern und wiederzugeben. Möglicherweise bildet die H. die Grundlage künftiger Stereofernsehverfahren.

Holografische Bildaufzeichnung: Videospeicherverfahren, bei dem die Bildinformation mit holografischen Methoden und mit Anwendung der Lasertechnik auf Spezialfilm (Kunststoffilm) erfolgt. → Selectavision 1.

Hologramm: durch Holografie auf einer Fotoplatte oder thermoplastischem Spezialfilm (Relief-H.) erzeugtes Speicherbild. Das H. ist keine real sichtbare optische Abbildung, sondern eine durch Interferenz enstandene virtuelle Bildstruktur (Interferenzmuster).

Holophonie: Tonwiedergabeverfahren, bei dem mit einem speziellen Gerät aus den Stereosignalen ein räumliches, für den Zuhörer weitestgehend vom Abhörplatz unabhängiges Klangbild gewonnen werden kann. H. arbeitet hauptsächlich mit Verzögerungsschaltungen, von denen Stereosignalanteile, entsprechend der Schallgeschwindigkeit verzögert, auf eine rund um die Zuhörer aufgestellte Lautsprecherkette geleitet werden, die zusätzlich zu den üblichen 2 Stereoboxen angeordnet wird.

Hondabuchse, 8polige AV-Buchse, VTR-Buchse, *Japan-1-Buchse:* 8polige Steckdose für getrennte Ein- und Ausgänge von Ton- und Videosignalen (Kombibuchse). Die H. wird vor allem bei japanischen Videogeräten verwendet. Der zugehörige Hondastekker ist an dem Verbindungskabel montiert. Abb. S. 274

Hörabstand: kürzeste Entfernung eines Zuhörers von der Stereobasis. Der H. soll nicht kleiner als etwa 80 % der Basisbreite sein. → Stereo-Lautsprecheraufstellung

Hörbereich: Frequenz- und Lautstärkebereich, in dem das gesunde Gehör Schall aufzunehmen imstande ist. Die Frequenzen des H. umfassen den Be-

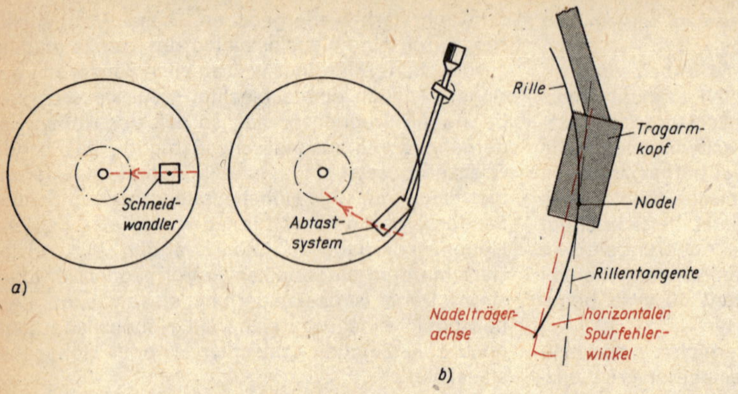

Horizontaler Spurfehlerwinkel: a) Weg des Schneidstichels und der Abtastnadel über die Rillen einer Schallplatte, b) horizontaler Spurfehlerwinkel (übertrieben)

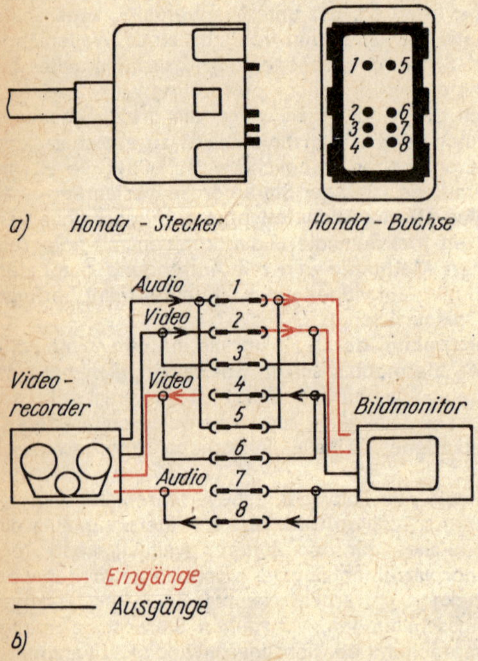

Hondabuchse: a) Honda-Steckverbinder (1 Audio-Ein/Ausgang, 2 Video-Ein/Ausgang, 3 Video-Masse, 4 Video-Aus/Eingang, 5 Audio-Masse, 6 Video-Masse, 7 Audio-Aus/Eingang, 8 Audio-Masse, b) Kontaktbelegung der Ein- und Ausgänge

reich 16 Hz ... 20 kHz; die obere Grenze sinkt mit steigendem Alter des Zuhörers (bis zu 8 kHz). Der Lautstärkebereich liegt zwischen → Hörschwelle (4 phon) und → Schmerzgrenze (120 ... 140 phon).

Horizontalablenkung: waagerecht, beim → Zeilensprungverfahren in Zeilenrichtung (deshalb auch oft als *Zeilenablenkung* bezeichnet), verlaufende → Ablenkung des Elektronenstrahls in Bildwandlerröhren. → Ablenkeinheit, → Horizontalkippgerät, → Vertikalablenkung

Horizontalaustastimpuls, *HA-Impuls:* Bestandteil des → Austastsignals zur zeilengebundenen → Normaustastung des Bildsignals. Nach → CCIR-Norm gelten für H. folgende Normwerte: Folgefrequenz $f_H = 15\,625$ Hz, Periodendauer $T = 64\ \mu s \mathrel{\hat{=}} H$, Impulsdauer $\tau = 1{,}2\ \mu s \mathrel{\hat{=}} 18\,\%$ von H (Dauer der horizontalen → Austastlücke), Vorlaufzeit gegenüber → Horizontalsynchronimpuls $t_{vor} \approx 1{,}5\ \mu s$ (Dauer der vorderen Austastschulter).

Horizontal-Endstufe: → Zeilenendstufe

horizontaler Spurfehlerwinkel, tangentialer Spurfehlerwinkel, horizontaler Abtastwinkel: unerwünschter Winkel, den die Achse des Nadelträgers beim Abtastsystem mit der Rillentangente bildet. Der h. S. entsteht bei einem Drehtragarm dadurch, daß sich die Nadel im Laufe der Abspielung auf einem Kreisbogen über die Platte bewegt, der Schneidstichel beim Schallplattenschnitt dagegen auf einer geraden Linie zum Mittelpunkt der Schallfolie geführt wurde. Der h. S. ist eine Quelle von Klangverzerrungen und muß darum möglichst klein gehalten werden. Das wird konstruktiv durch Abwinkelung des Tragarmkopfs und geschickte Wahl des Tragarm-Lagerpunkts erreicht. Der h. S. pendelt während des Wegs der Abtastnadel über die Platte um den Wert Null, praktisch erreichbare Werte liegen unter ±2°. Bei → Tangentialtragarmen tritt kein h. S. auf. Abb.

horizontale Spurverzerrungen: → Klemmeffekt

Horizontalfrequenz, H-Frequenz, f_H: → Zeilenfrequenz

Horizontalimpuls, *H-Impuls:* Synchronimpuls im Fernsehen. Eine Folge von H-Impulsen sichert den Gleichlauf horizontalfrequent arbeitender Schaltungen in der Fernsehtechnik. Das Einsatzgebiet der H. ist im wesentlichen auf die → externe Synchronisation von Geräten und Anlagen innerhalb eines Fernsehstudiokomplexes begrenzt. H. werden im → Fernsehimpulsgeber erzeugt und über Verstärker und Leitungen verteilt.

Horizontalkippgerät (engl. Line Deflection Stage, Line Sweep Stage): Schaltungsanordnung zur Erzeugung, Verstärkung und Anpassung des für die hori-

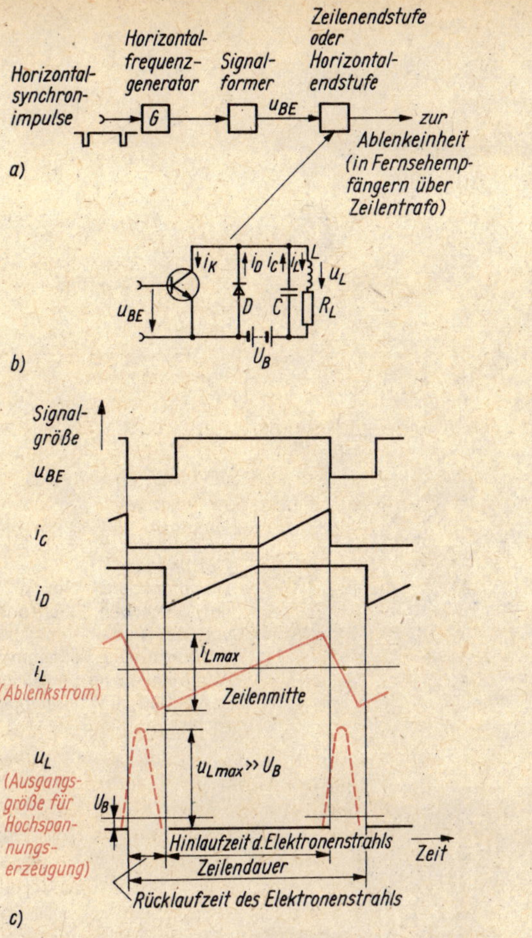

Horizontalkippgerät: a) Übersichtsschaltplan, b) vereinfachtes Wechselstromersatzschaltbild der Horizontalendstufe, c) Strom- und Spannungsverläufe in der Horizontalendstufe

zontale → Ablenkung des Elektronenstrahls in → Bildaufnahmeröhren und → Bildwiedergaberöhren erforderlichen Ablenkstroms. Die Einhaltung der normgerechten Kippfrequenz wird von Horizontalsynchronimpulsen gesteuert. Von den Ausgangsübertragern in den Endstufen der H. werden für den Betrieb in Fernsehempfängern benötigte Spannungen höherer Werte und Regelspannungen abgeleitet (Hochspannung, Fokussierspannung, Schirmgitterspannung für die Bildröhre sowie Strahlstrombegrenzung, Bildgrößenstabilisierung, getastete Regelung). → Ablenkstufe, → Synchronsignal, → Ablenkspule (Abb.)

Hinweis: Bildausfälle in Fernsehempfängern sind auf Grund der komplexen Funktion der H. häufig auf Störungen in diesen oder ihnen nachfolgenden Schaltungen zurückzuführen.

Horizontalsynchronimpuls, *HS-Impuls:* Bestandteil des → Synchronsignals, der für die Synchronisation der elektronischen Schaltungen, die *horizontalfrequent* arbeiten, sorgt. H. sichern beispielsweise den Gleichlauf der Horizontalkippstufen in Videokameras und Fernsehempfängern. Die in diesen Geräten vorhandenen Impulstrennstufen lösen die H. aus dem Synchronsignal (→ externe bzw. → interne Synchronisation) heraus. Da H. indirekt auch im → Vertikalsynchronimpuls enthalten sind, kann ihre Übertragung in der zeitlichen Umgebung der Halbbildwechsel entfallen (Abb. → Synchronsignal). Nach CCIR gelten für die H. folgende Normwerte: Folgefrequenz $f_H = 15\,625$ Hz, Periodendauer $T = 64\,\mu s \mathrel{\hat{=}} H$, Impulsdauer $\tau = 4{,}7\,\mu s \mathrel{\hat{=}} 7\,\%$ von H. Abb. → Austastsignal

Hörkopf: umgangssprachlich für einen → Magnettonkopf zur Wiedergabe.

Hornlautsprecher, *Hornstrahler:* → Druckkammerlautsprecher

Hörrundfunk, Tonrundfunk, Hörfunk: Rundfunkdienst, der ausschließlich Toninformationen übermittelt (→ Rundfunk). Der H. zählt neben Presse und → Fernsehrundfunk zu den bedeutensten Massenmedien eines jeden Staats.

Geschichtliches: Grundlegende Voraussetzung des H. sind die von → HERTZ im Jahre 1888 entdeckten → elektromagnetischen Wellen, die von → POPOW und → MARCONI erstmalig zur Nachrichtenübermittlung genutzt wurden. Die ersten Sender strahlten lediglich durch Funkenschlag erregte, gedämpfte HF-Schwingungen ab, die sich nur zur Übertragung von Zeichen *(Telegrafie)* eigneten. Eine Verstärkung der empfangenen Zeichen war nicht möglich. Erst kurz nach der Jahrhundertwende gelang auch die Übertragung von Sprache und Musik *(Telefonie).* Der Begriff „Rundfunk" wurde zunächst nur für telegrafisch „in die Runde gefunkte" Presseinformationen geprägt (1919) und ab 1921 auch für die drahtlose Telefonie verwendet. Eine Entwicklung zum „Rundfunk für die Allgemeinheit" *(Unterhaltungsrundfunk)* konnte jedoch erst nach der Erfindung und industriellen Massenherstellung der → Elektronenröhre vonstatten gehen. So entwickelten sich erste Rundfunkstationen in den Jahren 1920/22 in der RSFSR, den USA, den Niederlanden, in Frankreich, Großbritannien und anderen europäischen Ländern. Nach mehreren Vorversuchen – u.a. wurden bereits von einer Versuchsstation der C. Lorenz A. G. in den Jahren von 1919 bis 1923 in Eberswalde bei Berlin „drahtlose Konzerte" gesendet – begann auch in Deutschland der offizielle Rundfunk. Am *29. Oktober 1923* meldete sich die *Radiostunde A. G.* mit ihrer ersten Sendung aus dem Voxhaus Berlin. Bereits am 1. Januar 1926 wurden 1 Mill. Hörer registriert, die mit z. T. primitivsten Apparaten die ausgestrahlten Programme empfingen (→ Rundfunkempfänger). Der weitere Ausbau des Sendernetzes mit Inbetriebnahme vieler und z. T. recht starker Sender (bis

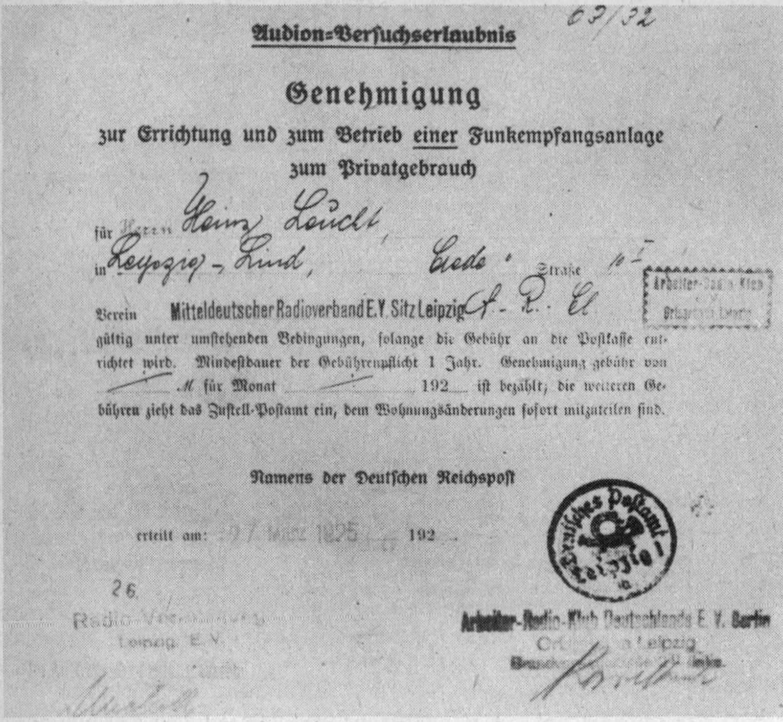

63/32

Audion=Versuchserlaubnis

Genehmigung

zur Errichtung und zum Betrieb einer Funkempfangsanlage

zum Privatgebrauch

für Herrn Heinz Leucht

in Leipzig-Lind., Lede Straße 10 I

Verein Mitteldeutscher Radioverband E.V. Sitz Leipzig A.-R.-Kl.

gültig unter umstehenden Bedingungen, solange die Gebühr an die Postkasse entrichtet wird. Mindestdauer der Gebührenpflicht 1 Jahr. Genehmigungsgebühr von —— M für Monat —— 192__ ist bezahlt; die weiteren Gebühren zieht das Zustell-Postamt ein, dem Wohnungsänderungen sofort mitzuteilen sind.

Namens der Deutschen Reichspost

erteilt am: 27. März 1925 192

Deutsches Postamt Leipzig 1

26

Arbeiter-Radio-Klub Deutschlands E. V. Berlin

Hörrundfunk (1): „Rundfunkgenehmigung" der Deutschen Reichspost von 1925 (Audion-Versuchserlaubnis). Der Teilnehmer war Mitglied im „Arbeiter-Radio-Klub e. V." (Stempel rechts)

Hörrundfunk (2): Aufnahmeraum der Berliner „Funkstunde A. G.", im Hintergrund das Kohlekörnermikrofon vor einer schallschluckenden Wanne. Der Raum ist mit schallabsorbierenden Vorhängen vollständig ausgekleidet

120 kW!) ließ die Popularität des neuen Mediums weiter steigen, so daß im Jahre 1928 bereits mehr als 2 Mill. Rundfunkhörer in Deutschland der „Unterhaltung in einem höheren Sinne" (Zitat BREDOW) „vom Mund zum Ohr auf dem Strahl elektrischer Kraft" (Werbeslogan NORAG, Nordische Rundfunk-A. G.) ihr Interesse entgegenbrachten. Die ersten Rundfunksendungen wurden lediglich auf Lang- und Mittelwellen ausgestrahlt. Wegen der anfänglichen technischen Schwierigkeiten, und weil ihre Bedeutung für Weitverbindungen zunächst nicht erkannt wurde, blieben die Kurzwellen noch ungenutzt. Dieser Wellenbereich wurde ab 1922 im wesentlichen von Funkamateuren erschlossen und erst ab Mitte der 20er Jahre auch vom Rundfunk und den kommerziellen Funkdiensten genutzt. Da

man in den Jahren der Naziherrschaft am Empfang ausländischer Sender durch die Bevölkerung (1936: 7 Mill. Rundfunkteilnehmer) nicht interessiert war, wurden vorwiegend einfache Empfänger für den Nahbereich und solche ohne Kurzwelle hergestellt. Während des zweiten Weltkriegs stand in Deutschland der Empfang ausländischer Sender unter schwerster Strafe. In dieser Zeit arbeiteten mehrere illegale Sender im Ausland, deren Programme von deutschen Antifaschisten zusammengestellt wurden. Dazu zählten der *Deutsche Freiheitssender 29,8* in der Nähe von Madrid (Januar 1937 – März 1939) und der *Deutsche Volkssender* in der UdSSR (ab 1941). Nach der Zerschlagung der Hitlerdiktatur begann der Rundfunk in Deutschland bereits am 13. Mai 1945 wieder zu senden (→ Rundfunk der DDR). Es folgte eine Phasse des Wiederaufbaus und der Erweiterung der Rundfunknetze im Nachkriegsdeutschland, wobei durchaus unterschiedliche Wege eingeschlagen wurden. Während in den westlichen Besatzungszonen und später in der BRD die Rundfunkstruktur im wesentlichen nach dem Vorbild westeuropäischer Länder aufgebaut wurde (z. B. der BBC in Großbritannien), geschah das in der sowjetischen Besatzungszone und später in der DDR in Form einer zentralen, staatlich geleiteten Organisation. Die Ultrakurzwellen wurden Ende der 40er, Anfang der 50er Jahre erschlossen und ermöglichten eine bisher nicht gekannte Übertragungsqualität. Damals tauchte der Terminus H. verstärkt auf, weil die Einführung des Fernsehrundfunks eine Differenzierung der klassischen Bezeichnung „Rundfunk" erforderlich machte. Der Stereorundfunk wurde in beiden deutschen Staaten Mitte der 60er Jahre eingeführt. s. Anhang 1

Hörrundfunkantenne: → Empfangsantenne

Hörrundfunkempfänger: → Rundfunkempfänger 2.

Hörsamkeit: Eignung eines Raums für bestimmte musikalische Darbietungen. Die H. wird vom Raumvolumen, den geometrischen Abmessungen und von Dauer sowie Verlauf des → Nachhalls bestimmt. Sie kann auf verschiedenen Zuhörerplätzen durchaus unterschiedlich sein. Die H. ist immer nur für eine bestimmte Gruppe von Darbietungen optimal, weil die historisch entstandenen Hörgewohnheiten bestimmte Räume mit entsprechenden Aufführungen in Verbindung bringen.

Hörschall: → Schall

Hörschwelle, *Reizschwelle,* auch untere Hörgrenze: untere Lautstärkegrenze, bei der ein durchschnittliches junges und gesundes Gehör gerade einen Schallreiz wahrnimmt. Die H. liegt bei einem Lautstärkepegel von $L_N = 4$ phon (nach veralteten Angaben 0 phon). Das entspricht bei 1000 Hz einem Schalldruck von $3 \cdot 10^{-5}$ Pa, einem Schalldruckpegel von 4 dB oder einer Schalleistung am Trommelfell von etwa $2{,}5 \cdot 10^{-16}$ W (!). Diese Angabe dokumentiert die überaus große Empfindlichkeit des Gehörs, die von keinem technischen Indikator auch nur annähernd erreicht wird.

Hörtest: 1. *(Audiometrie)* Ermittlung der individuellen Hörkurven eines Menschen mit einem speziellen Gerät *(Audiometer)* zur Überprüfung seines Hörvermögens. – **2.** *(Qualitätstest)* Von einer Hörgruppe speziell geschulter Fachleute vorgenommene, subjektive Einschätzung der Qualitätseigenschaften von HiFi-Geräten, vorwiegend von Lautsprecherboxen und Schallplattenabtastern. Mit objektiven Meßwerten lassen sich nicht alle Eigenschaften einer HiFi-Anlage vollständig beschreiben, da natürliche Klänge ungleich komplizierter aufgebaut sind, als die verwendeten Meßsignale. Das gilt besonders für Schallwandler, weniger für Tuner und Verstärker. Aus den subjektiven Attributen des H. ergeben sich daher ergänzende Aussagen über die Natürlichkeit der Schallwiedergabe unter praktischen Bedingungen.

Hinweis: Da auch Auffassungsunterschiede beim Zuhörer eine Rolle spielen können (z. B. harter oder weicher Klangeinsatz einer Box, kräftige oder schwache Baßwiedergabe), ist vor der Anschaffung eines Geräts der Spitzenklasse ein individueller H. anzuraten.

Allerdings muß beachtet werden, daß sich die Klangwirkung einer Lautsprecherbox nur zusammen mit dem benutzten Raum gerätetypisch entfalten kann. Die mit einem H. feststellbaren Unterschiede sind bei Geräten der unteren Preisklasse am größten, bei solchen der Spitzenklasse sind sie weniger ausgeprägt, liegen dann aber in den letzten Feinheiten der Klangreproduktion. Eine wichtige Form des H. ist der → *Hörvergleich.*

Hörvergleich, *A/B-Test:* subjektiver Vergleich zweier Tonkanäle oder Baugruppen durch abwechselndes Abhören der übertragenen Signale (→ Hörtest 2.). 1) *Anlage gegen Anlage:* Gegenüberstellung der Klangreproduktionseigenschaften verschiedener Wandlerausführungen oder -systeme (vorwiegend Lautsprecherboxen oder Schallplattenabtaster) oder ganzer Anlagen im Hörtest. Es ist zu beachten, daß die nicht getesteten Teile der verwendeten Anlage höchsten Qualitätsansprüchen genügen müssen. 2) *Kanal gegen Kanal:* Überprüfung der Kanalgleichheit bei gleichartig aufgebauten Tonkanälen (Stereoanlagen) im Hörtest. Es kommt dabei nicht auf die Qualität „an sich" an, auch einfache Anlagen können einem solchen H. unterzogen werden, sondern auf die Kanalunterschiede.

Hinweis: Im einfachsten Fall kann die Überblendung von Kanal zu Kanal mit dem Belanceeinsteller vorgenommen werden; besser ist hartes Umschalten. Werden die Boxen beim H. unmittelbar neben- oder übereinandergestellt, so schließt man die Raumeigenschaften beim Ergebnis aus. Stehen sie dagegen auf ihren richtigen Plätzen (im Abstand der Basisbreite), so werden die eventuell unterschiedlichen Raumeinflüsse mitberücksichtigt. Dieser H. ist demnach praxisnäher. Sollen 2 Lautsprecherboxen für Stereowiedergabe hinsichtlich völliger Klangübereinstimmung ausgesucht werden, sollten sie am gleichen Verstärkerausgang abwechselnd umgeschaltet werden.

HS-Impuls: → Horizontalsynchronimpuls

„Huckepack-HiFi": → HiFi-Videorecorder
HX: → Dolby HX
Hybridschaltkreis: → Schaltkreis, bei dem auf einer Trägerplatte Bauelemente und Leitungszüge aus leitenden und nichtleitenden Schichten gemeinsam hergestellt, und aktive Bauelemente (Dioden und Transistoren) als diskrete Einzelelemente oder integrierte Halbleiterschaltungen in hybridgerechter Minibauform zusätzlich eingesetzt sind. Die Schichten werden durch Aufdampfen (Dünnfilm-Technik) oder mehrfachen Siebdruck (Dickfilm-Technik) erzeugt. Bei H. sind Analog- und Digitalfunktionen mit hoher Schaltgeschwindigkeit in einem Schaltkreis kombinierbar, z. B. → Analog-Digital-Umsetzer. Werden mehrere → Chips mit integrierten Halbleiterschaltungen in einem H. eingesetzt, so spricht man von einem *Multichip-Hybridschaltkreis*.
Hybridtechnik: 1. Verfahren zur Herstellung von → Hybridschaltkreisen. – **2.** Gemischt zusammengesetzte Schaltung aus diskreten und Komplex-Bauelementen (→ Chipbauelement, → Schaltkreis, → Modul u. a.).
Hypernieren-Mikrofon: → Nierencharakteristik-Mikrofon
Hysteresefriktion: → Wickelkupplung

I

IBK-Tafel: von der **I**nternationalen **B**eleuchtungs**k**ommission (engl. International Commission of Illumination, ICI; franz. **C**ommision **I**nternationale de l'**E**clairage, CIE) eingeführte Farbtafel *(Normfarbtafel)*, in der die Kennzeichnung der einzelnen → Farbarten innerhalb eines rechtwinkligen x-y-Koordinatensystems erfolgt. Sie ermöglicht eine genaue Charakterisierung einzelner Farbarten und bildet damit eine Basis zur Verständigung bei der Auswahl von Farben für Dekorationen, Kostüme sowie Lichtquellen, → Filter usw. im → Farbfernsehen. In Abb. a) ist die Meßanordnung zur Aufstellung der I. dargestellt, die auf dem Vergleich von zu messendem Farbreiz mit einem aus den 3 Grundfarben (lt. IBK: R mit $\lambda = 700$ nm, G mit $\lambda = 546{,}1$ nm, B mit $\lambda = 435$ nm) nachgebildeten Farbreiz beruht. Die dabei ermittelten Blendenwerte r, g, b in den Lichtquellen ergeben in einer normierten Darstellung das normierte Farbdreieck im r-g-Diagramm (s. Abb. → Farbart). Durch eine zweckmäßige Koordinatentransformation (Rechenoperation) entsteht daraus die in Abb. b) dargestellte I. Das Dreieck (R)-(G)-(B) mit dem Weißpunkt (E) ist durch die lt. IBK festgelegten Grundfarben, die Basis der → additiven Farbmischung sind, bestimmt. Dem Dreieck (Re)-(Ge)-(Be) mit dem Weißpunkt (C) liegen demgegenüber die Strahlungswellenlängen der in den → Farbbildwiedergaberöhren angewendeten Leuchtstoffe zugrunde. → Farbvalenz, → Primärfarben (Abb. s. auch Farbanhang)

Hinweis: Neben der I. sind weitere Farbtafeln und -atlanten zur Erfassung und Beschreibung von Farbgrößen gebräuchlich. Ihr Nachteil besteht in der örtlich eingeschränkten Anwendung. Der Videoamateur kann sich gedanklich den Inhalt der I. für die Einstellung der Farbart seiner Aufnahme- und Wiedergabeeinrichtung zunutze machen. Z. B. ist das C-Weiß durch einen höheren Blauanteil gegenüber dem E-Weiß gekennzeichnet. Eine Umstimmung von C- nach E-Weiß bedeutet eine Reduzierung des Blauanteils gegenüber dem Rot- und Grünanteil, bzw. deren Erhöhung bei konstantem Blauanteil. Dies wird durch Verstärkungseinstellung in den Signalwegen für die einzelnen → Farbwertsignale erreicht.

IC: → integrierter Schaltkreis
Ideal Color-Taste: → optimales Bild
Identifikationsimpuls, kurz Id-Impuls: Impuls mit festgelegter Impulsdauer und -form zur Kennzeichnung eines bestimmten Übertragungszustands (Abb. a). Speziell beim → SECAM-Farbfernsehverfahren werden jeweils 9 Id-Impulse pro Halbbild im Zusammenhang mit den → Farbträgerfrequenzen innerhalb der vertikalen → Austastlücken (Zeile 7 bis 15 und 320 bis 328) des vollständigen Farbbildsignals als *Identifikationssignal* übertragen (Abb. b). In diesem Zusammenhang sind mit den übertragenen Id-Impulsen im SECAM-Farbbildsignal folgende Funktionen verbunden: a) Kennzeichnung des SECAM-Farbbildsignals gegenüber anderen → Bildsignalen, b) Öffnen des Farbkanals im → Farbdekoder bei der Übertragung von Farbfernsehsendungen, c) Gewährleistung einer synchronen Arbeitsweise zwischen → Farbkoder und Farbdekoder hinsichtlich der zeilensequentiellen Umschaltung zwischen dem → Farbdifferenzsignal Rot und Blau. Damit erfüllen die Id-Impulse im wesentlichen die gleichen Funktionen wie das → Farbsynchronsignal beim → PAL-Farbfernsehverfahren und → NTSC-Farbfernsehverfahren (→ Burst). Id-Impulse werden im SECAM-Farbkoder verkoppelt mit den Signalen des → Fernsehimpulsgebers erzeugt. Die in der Abb. c) dargestellte Signalform der Id-Impulse entsteht durch die Begrenzung, Modulation und den Einfluß der Preemphasis-Schaltungen im SECAM-Farbkoder. → Farbschaltphase, → Austastung, → Synchronisation, → Synchronsignal, Abb. → Bildsignal (Die beiden zum Stichwort gehörenden Abbildungen befinden sich auf den Seiten 280 und 281)

Hinweis: Treten beim SECAM-Farbfernsehempfang Störungen in der Form auf, daß die Farbe im Bild nicht zugeschaltet, häufig umgeschaltet wird oder zeitweilig ausfällt, deutet das hauptsächlich auf zu geringe Empfangsfeldstärken hin, in deren Folge die Id-Impulse ihre unter a) bis c) genannten Funktionen nicht erfüllen können. Dem ist durch verbesserte Antennenanlagen i. d. R. Abhilfe zu schaffen. Speziell für den Videoamateur besteht die Forderung, gleichzeitig nur solche SECAM-Farbsignale zu verarbeiten, deren Id-Impulse identisch sind. Eine Nichtbeachtung dieses Grundsatzes hat bildwirksame Störungen bei der Signalmischung zur Folge.

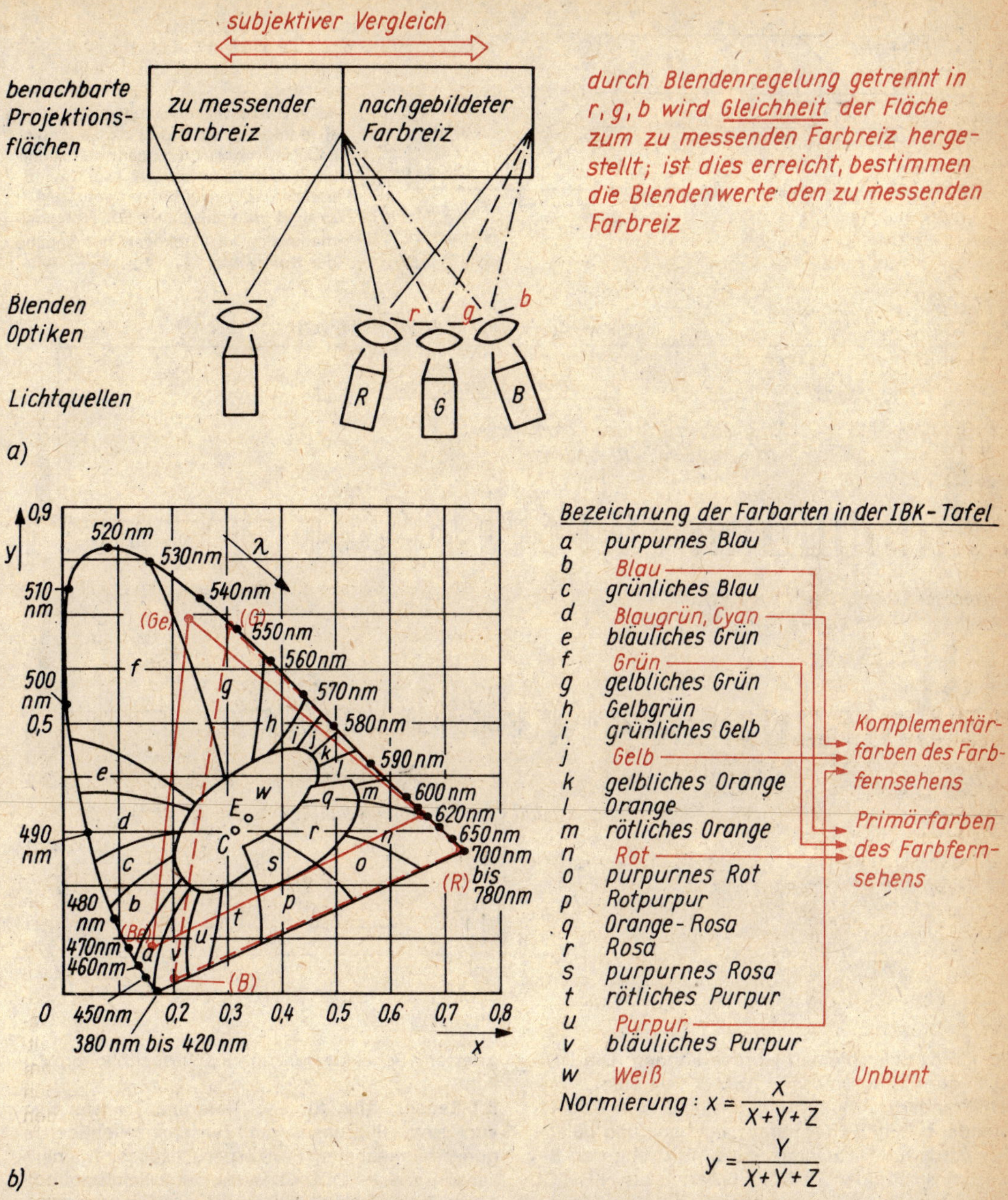

IBK-Tafel: a) Farbwertmessung nach dem Gleichheitsverfahren als Grundlage zur Aufstellung der IBK-Tafel, b) IBK-Tafel mit Bezeichnung der Farbarten (Angabe der Farbdreiecke für die IBK-Grundfarben R, G, B und die Empfängergrundfarben R_e, G_e, B_e)

IEC, Abk. für engl. **I**nternational **E**lectrotechnical **C**ommission, Internationale Elektrotechnische Kommission: internationale Standardisierungsorganisation für das Gebiet Elektrotechnik/Elektronik, gegründet 1904, Sitz Genf (Schweiz). Vorrangige Aufgabe der IEC ist die Förderung der Standardisierungsarbeit im internationalen Maßstab. Es werden IEC-Empfehlungen erarbeitet, die in die nationalen

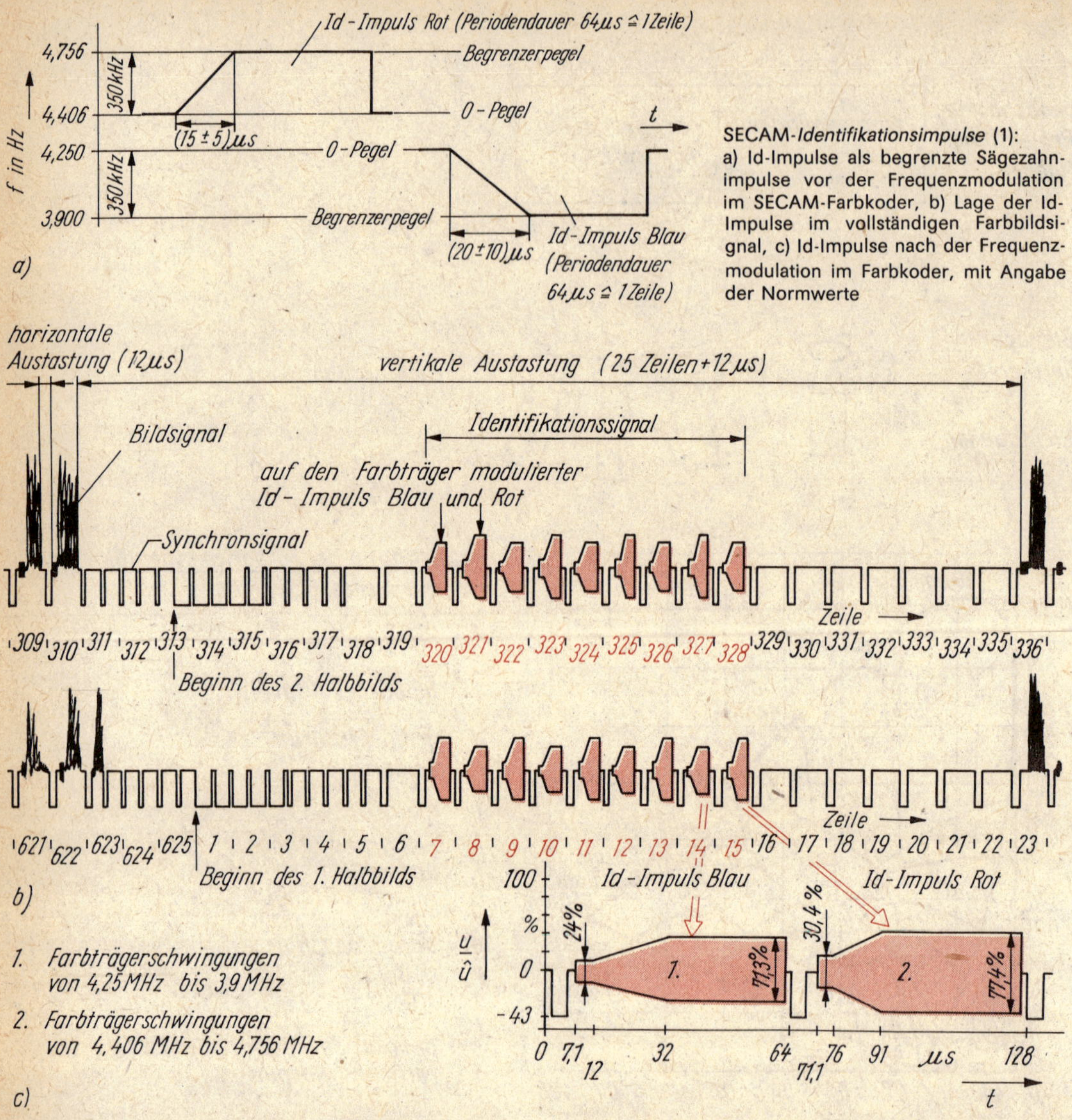

SECAM-*Identifikationsimpulse* (1): a) Id-Impulse als begrenzte Sägezahnimpulse vor der Frequenzmodulation im SECAM-Farbkoder, b) Lage der Id-Impulse im vollständigen Farbbildsignal, c) Id-Impulse nach der Frequenzmodulation im Farbkoder, mit Angabe der Normwerte

Standards übernommen werden können. Die DDR ist in der IEC durch das → ASMW vertreten.

IHF-Standard, Abk. für engl. **I**nstitute **H**igh **F**idelity-**Standard:** in den USA herausgegebene und gültige Standards für HiFi-Geräte mit z. T. strengeren Bewertungsmethoden und Grenzwerten als HiFi-TGL und -DIN.

Ikonoskop: → Bildaufnahmeröhre

I²L-Schaltkreis, (I²L oder IIL, Abk. für engl. **I**ntegrated **I**njection **L**ogic): → digitaler Schaltkreis mit ausschließlich bipolaren → Transistoren, die durch Stromzuführung über Diodenstrecken (Strominjektion) gesteuert werden. Deshalb enthält er keine passiven Bauelemente, und es wird eine große Packungsdichte möglich, die den Bau von großintegrierten Schaltkreisen in Bipolartechnik ermöglicht.

ILT-Sensor, Abk. für engl. **I**nter**l**ine **T**ransfer-**Sensor,** svw. Bildsensor mit Zwischenzeilenübertragung: flächenhafter Festkörperbildsensor (Kamerasensor, z. B. → CCD-Bildsensor) mit lichtempfindlichem Fototeil und lichtunempfindlichem Speicher- bzw. Ausleseteil. Foto- und Ausleseteil sind spaltenweise ineinander verschachtelt angeordnet. Die Bildinformation wird taktweise vom Fototeil in den Speicherteil übernommen und aus diesem zeilenweise über das Ausgangsregister ausgelesen. Der Auslesevorgang des Speicherteils gleicht dem von → FT-Sensoren. Für den Fototeil des I. steht im Vergleich zum FT-Sensor nur die Hälfte der Bildfläche

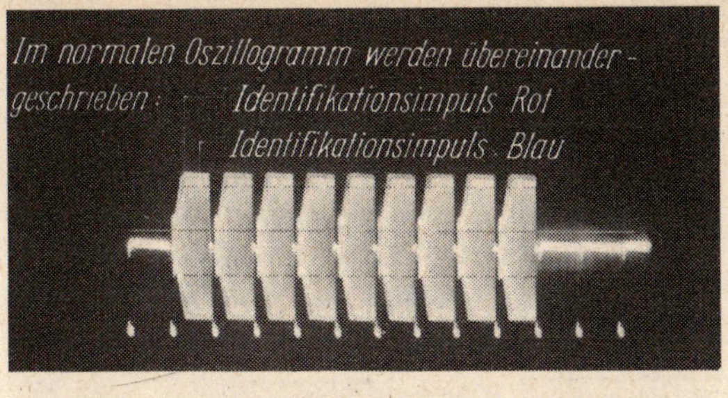

Identifikationsimpulse (2) (Oszillogramm, Zeitbasis 20 ms, getriggert)

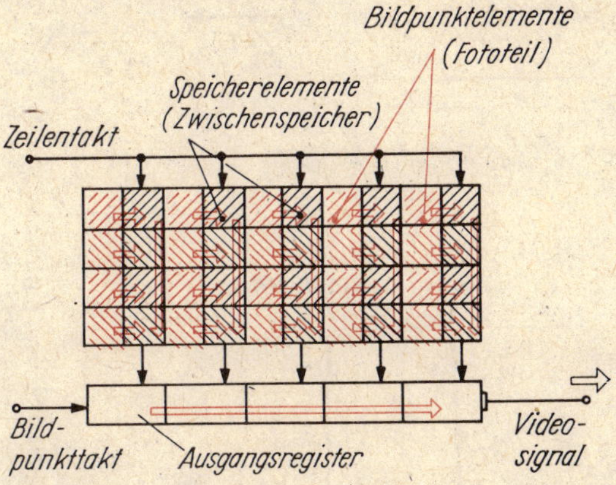

ILT-Sensor

zur Verfügung, was geringere Lichtempfindlichkeit bedeutet. → Festkörperbildsensor (Abb.)

Im-Kopf-Lokalisation: → Kopfhörerwiedergabe, → raumbezogene Stereofonie, → kopfbezogene Stereofonie.

Impedanz, *Scheinwiderstand:* frequenzabhängiger Widerstand, hauptsächlich von Ein- und Ausgängen elektronischer Geräte. I. entsteht, weil elektronische Schaltungen außer ohmschen Widerständen auch Spulen und Kondensatoren enthalten. Strom, Spannung und Phasenverschiebung zwischen beiden haben bei jeder Frequenz einen anderen Wert. Damit wird auch die I. als Quotient aus Spannung zu Strom frequenzabhängig. Die I. wird i. allg. bei einer festgelegten Frequenz angegeben.

Impedanzwandler: elektronische Baustufe, meistens mit Transistor, zur → Anpassung nicht zusammenpassender Ein- und Ausgangsscheinwiderstände bei der Zusammenschaltung von Baugruppen oder Geräten.

Implosionsschutz (engl. Implosion Protection): Maßnahme in Fernsehempfängern und Bildmonitoren zum Schutz vor einer → Bildröhrenimplosion. Durch den I. sollen Gefährdungen für Personen beim Umgang mit den Geräten und für die Geräte selbst ausgeschlossen bzw. stark verringert werden. Heute wird der I. hauptsächlich nach dem *Selbond-Verfahren* gewährleistet. Hierbei liegt ein metallisches Schutzband an der kritischen Schmelzzone „Kolben-Kolbenboden" fest um die Schirmwanne der Bildröhre. Dieses ist mit dem Glas verklebt. Es trägt gleichzeitig die Befestigungslaschen für die Bildröhre am Empfängergehäuse. Frühere Methoden des I. waren die Anwendung von splittersicheren Schutzscheiben vor oder eines Plastüberzugs über dem Bildröhrenschirm sowie auch die Anbringung eines Stahlrahmens um die kritische Stelle.

Impuls (lat. für Antrieb, Stoß): in der Elektronik kurzzeitiger Strom- und Spannungsstoß. I. können periodisch oder nichtperiodisch auftreten und durch unterschiedlichste geometrische Formen (z. B. Rechteck, Trapez, Dreieck, Treppe) gekennzeichnet sein. I. werden in Generatoren (Vibrator-, Sperrschwingerschaltungen u. a.) erzeugt. In der Fernsehtechnik sind für die → Gleichlaufsteuerung und → Austastung periodische Rechteckimpulsfolgen und für die → Ablenkung in Bildwandlereinrichtungen sägezahnförmige I.folgen von Bedeutung. Elektronische → Bildmustergeneratoren und Tricksignalgeneratoren in Bildmischeinrichtungen erzeugen die verschiedensten horizontal- und vertikalfrequenten I. In der Praxis gilt es, stets für eine weitestgehende Annäherung an die mathematisch exakte I.form Sorge zu tragen, da sonst sichtbare Fehler im Fernsehbild entstehen (Abb.). Z. B. verursachen zu lange und nicht richtig angepaßte Leitungswege eine zu geringe Flankensteilheit der I. Das kann zu → Synchronisationsfehlern, Auflösungsverlust im Fernsehbild usw. führen. Abb. S. 282

Impulsschall: einzeln oder in Serie auftretende Schallstöße, wie sie besonders bei rhythmusbetonten Klangstrukturen, knallartigen Geräuschen, aber auch bei Sprache auftreten. I. enthält viele Anteile von Schwingungen höherer Frequenz. Soll I. naturgetreu übertragen werden, so sind ein breiter Übertragungsbereich und geringe Phasenverschiebungen im Übertragungskanal, sowie kurze → Einschwingvorgänge und → Ausschwingvorgänge bei den Lautsprechern erforderlich. → TID, → phasenlineare Lautsprecherbox, → Gruppenlaufzeit

Indexröhre: → Farbbildwiedergaberöhre mit einem Elektronenstrahlsystem und senkrechter Streifenstruktur der Leuchtstoffe (Rot, Grün, Blau). Zwischen den Leuchtstoffstreifen sind als „Indexstreifen" *ultraviolettes* (UV) *Licht abgebende Streifen* (in der Abbildung zwischen je 2 Farbleuchtstoffstreifen) angeordnet. Trifft während der horizontalen Ablenkung der Elektronenstrahl solch einen „Indexstreifen", wird ein unsichtbarer UV-Lichtimpuls ins Bildröhreninnere abgegeben und dort von einem Fotovervielfacher aufgefangen. Der von diesem abgegebene Spannungsimpuls meldet die horizontale Position des Elektronenstrahls. Dieser Spannungsimpuls kann somit genutzt werden, um über einen

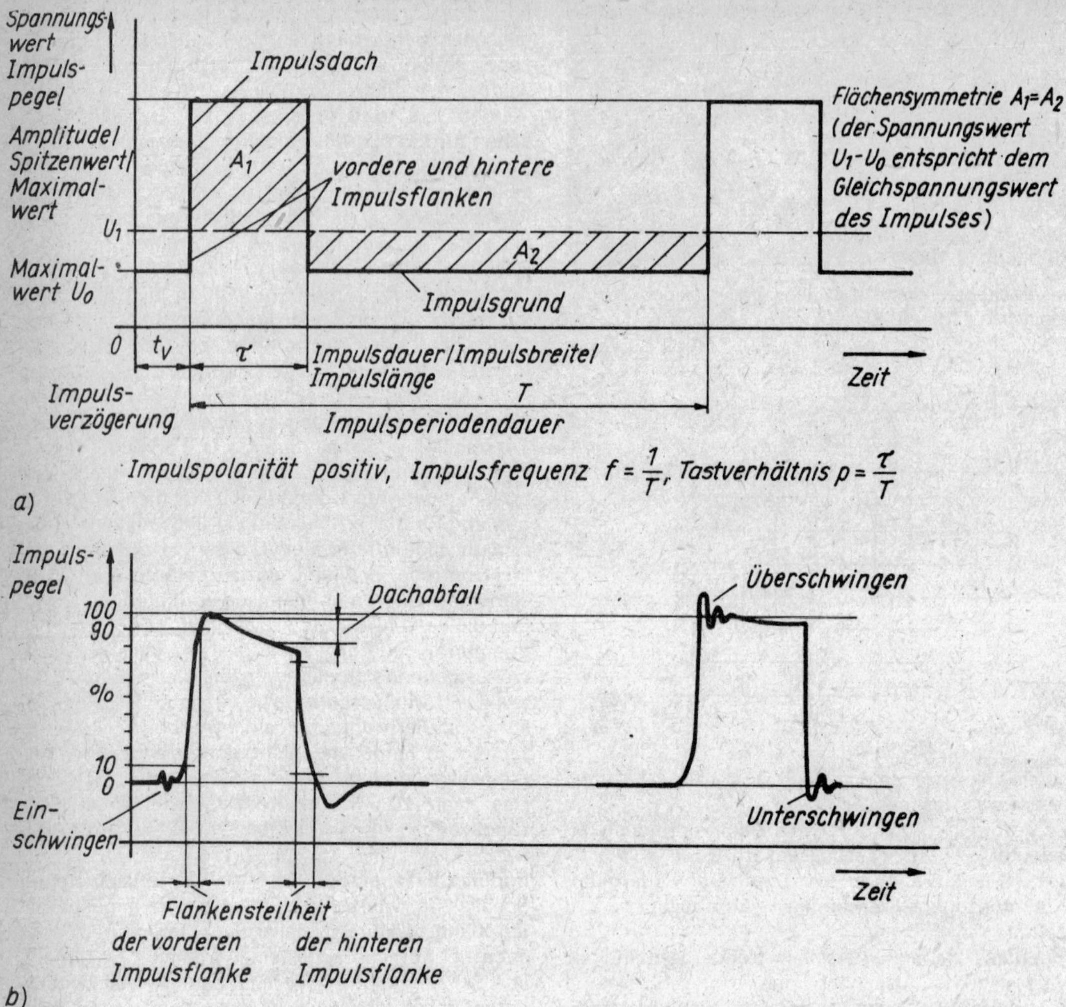

*Impuls*größen am a) mathematisch exakten und b) praktisch auftretenden Impuls

elektronischen Schalter das jeweils richtige Farbwertsignal an die Steuerelektrode für den Strahlstrom anzulegen. Bei I. können auf Grund des Wirkungsprinzips keine Farbreinheits- und Konvergenzfehler auftreten. Grenzen bestehen derzeit noch in der Fertigungstechnologie von I. mit großem Bildschirm. Demgegenüber finden kleine I. auf Grund ihres geringen Energiebedarfs in Farbportables und Videokamerasuchern Anwendung. → Einstrahlchromatron, → Bildwiedergaberöhre (Abb.)

Indikator: Anzeigeanordnung, meist mit Leuchtdiode, für einen Betriebszustand (Netzkontrolle, Stereoanzeige u. ä.) oder zur Signalisation, daß eine festgelegte Signalgröße oder ein sonstiger Betriebswert erreicht, bzw. über- oder unterschritten ist (Aussteuerungsindikator, Batteriespannungsanzeige, Unterspannungsanzeige usw.).

indirekte Synchronisation: praktisch bedeutsame Methode der → Synchronisation, vergleichbar mit dem Wirkungsablauf eines Regelkreises. Bei der i. S. wird von den zu synchronisierenden Schaltungen ausgangsseitig ein Signal abgenommen und mit dem synchronisierenden Signal bezüglich Phasen- bzw. Frequenzübereinstimmung verglichen (→ Synchronkomparator). Bei einer auftretenden Abweichung entsteht eine Regelspannung, die so lange auf das Objekt einwirkt, bis die geforderte Übereinstimmung hergestellt ist (→ Fangbereich, → Haltebereich). Schaltungen zur i. S. findet man z. B. in Fernsehgeräten (Synchronisation der Kippgeneratoren) oder in Synchronsteuereinrichtungen zur Verkopplung von → Fernsehimpulsgeneratoren. Der Vorteil der i. S. gegenüber einer direkten Synchronisation besteht darin, daß sich kurzzeitige Störun-

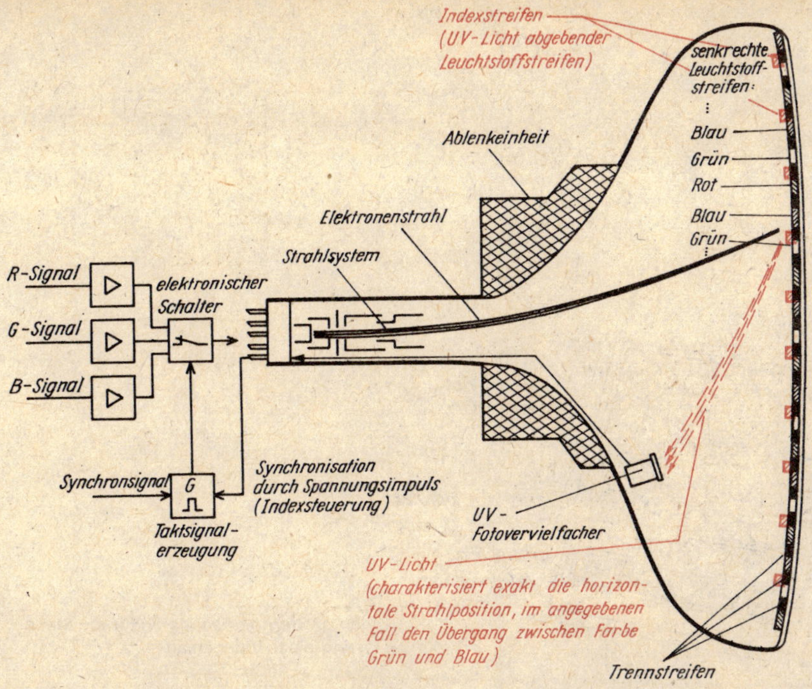

Stark vereinfacher Querschnitt durch eine *Indexröhre* mit Ansteuerschaltung

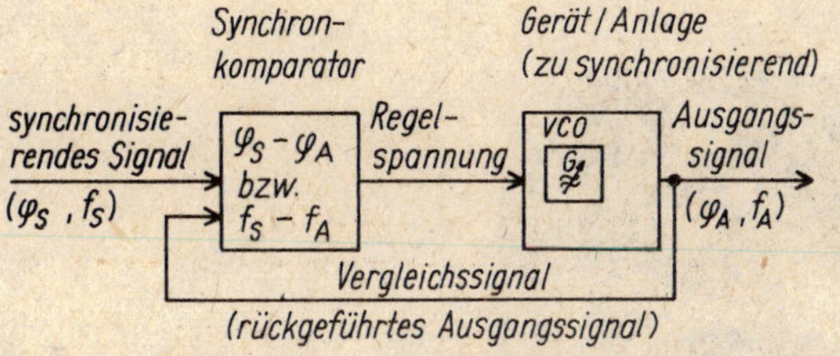

Methode der *indirekten Synchronisation*

gen im synchronisierenden Signal (Pegeländerungen, Einstrahlungen, Ausfälle u. a.) i. allg. nicht auf die Gleichlaufsteuerung auswirken. Abb.

Induktionskopf: → Magnettonkopf, → Videokopf

industrielles Fernsehen: → angewandtes Fernsehen

Information: Mitteilung über ein Ereignis, das für den Informationsempfänger neue Erkenntnisse bringt bzw. bei ihm eine zielgerichtete Reaktion auslöst. Jede I. bedeutet eine Nachricht, daher ist die I.übertragung Gegenstand der Nachrichtentechnik. Zum Austausch von I. muß ein Absender *(I.quelle)* über einen → Kanal mit einem Empfänger *(I.senke)* verbunden sein. Quelle und Senke können auch künstliche Systeme sein; in jedem Falle müssen aber die zur Übermittlung verwendeten Bezeichnungen gleich gedeutet werden, dürfen also nicht zu Mißverständnissen führen. Die wichtigsten I. der Unterhaltungselektronik sind Ton und Bild, außerdem werden noch Hilfs-I. übertragen. → Signal

Informationsträger: 1. I. w. S. Mittel zur Übertragung einer Information (→ Signal). – **2.** I. e. S. Medium zur Speicherung von Informationen (→ Magnettonband, → Videoband, → Schallplatte, → Bildplatte, → Digitalschallplatte).

Informationsträgerkartei: → Archivierung

Infrarot: Bezeichnung eines Teilgebiets aus dem Gesamtspektrum der elektromagnetischen Wellen (s. Abb. → Licht). Der I.bereich umfaßt etwa die Wellenlängen von 780 Nanometer ($780 \cdot 10^{-9}$ m) bis 34 Mikrometer ($34 \cdot 10^{-6}$ m). Da dieser Bereich unmittelbar dem Rotbereich des sichtbaren Lichts im Wellenspektrum benachbart ist und i. allg. den gleichen physikalischen Gesetzen wie das sichtbare Licht unterliegt, wird vielfach vom „infraroten Licht" gesprochen, obwohl es für den Menschen nicht sichtbar ist. I.licht kann in Gasen, Flüssigkeiten und Festkörpern auf Grund thermischer Bewegung ihrer Moleküle entstehen. Wird dieser Vorgang bewußt in Gang gesetzt und gesteuert, können I.strahler in Verbindung mit entsprechenden Empfängern zur Nachrichtenübertragung, Fernbedienung usw. eingesetzt werden. → Infrarotfernbedienung

Infrarotfernbedienung, auch *IR-Fernbedienung:* drahtlos arbeitende → Fernbedienung. Die I. erfolgt über pulskodemodulierte Infrarotsignale (→ Zeitmultiplex), die von Lumineszenzdioden am Bediengerät (Geber, Infrarotsender) erzeugt und ausgestrahlt werden. Diese Infrarotsignale werden am Signalempfänger mit Fotodioden aufgenommen und in Spannungen umgewandelt, die nach Verstärkung

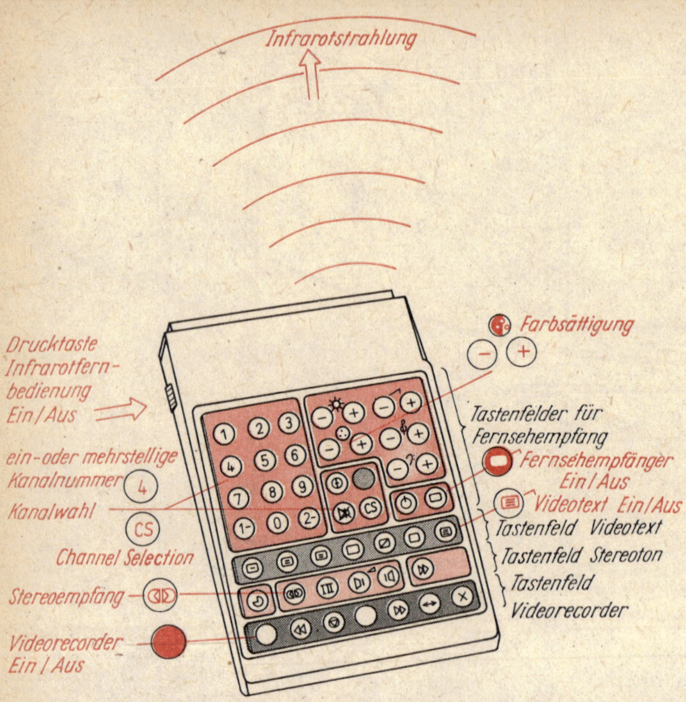

Infrarotfernbedienung (1) für die Steuerung einer Videoanlage

Infrarotfernbedienung (2)

und Formierung auf die entsprechenden Funktionseinheiten im zu steuernden Gerät einwirken. Damit gleicht die Struktur der I. (Sender-Strahlung-Empfänger) i. allg. der Ultraschallfernbedienung. Durch Verwendung von → Licht (→ Infrarot) als Informationsträger werden jedoch wesentliche Vorteile erreicht, die bestimmend für die dominierende Anwendung der I. in der Unterhaltungselektronik sind. Am Bediengerät werden durch Tastendruck die entsprechenden Steuerbefehle eingegeben (in der Abbildung sind einige Möglichketien aufgezeigt). Auf Grund der annähernden Trägheitslosigkeit der Lichtwellenmodulation und der hohen Frequenzlage der Infrarotstrahlung kann eine Vielzahl von Informationen in kürzester Zeit vom Infrarotsender zum -empfänger übertragen werden. Die vom Sender ausgehende Infrarotstrahlung breitet sich mit → Lichtgeschwindigkeit aus. Hierdurch können sich Reflexionen im Strahlungsbereich nicht störend auswirken, da die Laufzeitdifferenzen zwischen direkter und möglicherweise auf die Fotodiode fallender reflektierter Strahlung ohne Bedeutung sind. Demzufolge können sehr empfindliche Empfangsschaltungen und IR-Sender mit geringer Leistung benutzt werden. Außerdem kann der IR-Sender relativ weit vom Empfänger entfernt sein und ein „Zie-

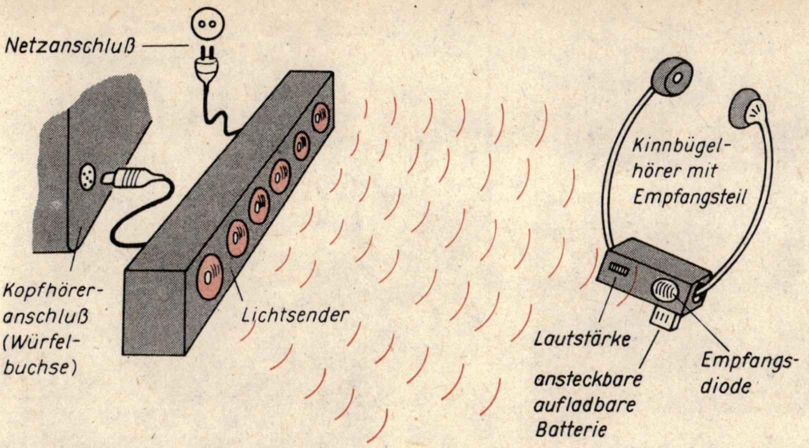

Anlage zur *Infrarot-Tonübertragung* zu einem Kopfhörer

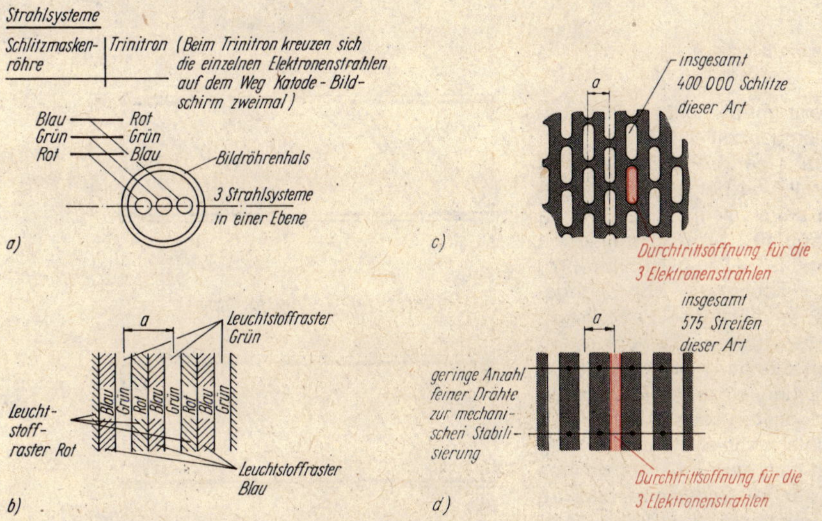

In-Line-Bildröhre (1) (der mittlere Abstand a der Streifen, Schlitze bzw. Durchtrittsöffnungen wird durch die Bildpunktzahl pro Zeile und Bildröhrengröße (horizontale Abmessung) bestimmt): a) In-Line-Anordnung der Strahlsysteme (vom Strahlsystem aus in Bildschirmrichtung gesehen), b) Streifenstruktur der drei Farbraster (vom Strahlsystem aus in Bildschirmrichtung gesehen), c) Schlitzmaske (Langlochmaske), d) Gittermaske (Streifenmaske, „Apertur Grill")

len" mit dem IR-Sender zum Empfänger ist im Normalfall (richtiger Betrachtungsabstand, freier Lichtweg) überflüssig. Im Signalempfänger werden die von der Fotodiode abgegebenen kodierten Signale über den Weg der Digital-Analog-Umsetzung in Steuerspannungen für die entsprechenden Funktionselemente im zu steuernden Gerät umgesetzt. Durch Einsatz von Signalspeichern kann eine Vielzahl von Aufgaben (Festeinstellungen, Standardfunktionen) durch die I. – auch im Zusammenwirken mit mikrorechnergesteuerten → Abstimmsystemen bzw. Programmwahleinrichtungen bei Audio- und Videogeräten – ständig wiederholbar erfüllt werden. Abb.

Infrarot-Tonübertragung: drahtlose Tonübertragung über helligkeitsmoduliertes Infrarotlicht. I. wird hauptsächlich zur Kopfhörerwiedergabe, z. B. des Fernsehtons, eingesetzt und bleibt bei herkömmlichen Heimanlagen auf einen geschlossenen Raum mit einer Grundfläche von ca. 30 m^2 beschränkt. Im Lichtsender, der an den üblichen Kopfhörerausgang angeschlossen werden kann, sind mehrere Gallium-Arsen-Dioden enthalten, die moduliertes Licht mit einer im unsichtbaren Bereich liegenden Wellenlänge von ca. 940 nm in den Raum strahlen. Im Empfänger wird es von einer → Pin-Diode mit vorgesetzter Linse aufgenommen und in ein elektrisches Signal umgewandelt. Die Energie zur Erzeugung des Schallsignals muß einer Batterie entnommen werden, die auch den im Kopfhörer eingebauten Empfangsteil versorgt. Anlagen zur I. werden in Mono und in Stereo hergestellt. Abb.

In-Line-Bildröhre (2):
a) mit Ablenkeinheit,
b) Schattenmaske einer In-Line-Bildröhre

In-Line-Bildröhre: Dreistrahl-Farbbildwiedergaberöhre, deren Strahlsysteme parallel in einer horizontalen Linie (engl. In Line) im Bildröhrenhals angeordnet sind. Generell sind bei I. die 3 Leuchtstoffraster (Rot, Grün, Blau) als senkrechte Streifen (Breite je nach Schirmgröße 0,1 bis 0,35 mm) innen auf dem Kolbenboden (s. Abb. → Bildröhre, → Schlitzmaskenröhre, → Lochmaskenröhre) angeordnet. Eine Trennung der einzelnen Leuchtstoffstreifen durch schwarz-mattierte Carbonstreifen entspricht dem heutigen Standard bei I. (→ Black-Strip-Technik). Damit jeder einzelne Elektronenstrahl nur die ihm zugeordneten Leuchtstoffstreifen trifft, muß vor der Leuchtschicht eine Ausblendung erfolgen. Hierzu benutzt man beim → *Trinitron eine Gittermaske* und bei der → *Schlitzmaskenröhre eine Schlitzmaske* (→ Schattenmaske). Beide Maskenformen zeichnen sich gegenüber der Lochmaske durch eine höhere → Transparenz aus, was insgesamt zu helleren und brillanteren Farbfernsehbildern bei gleichzeitig längerer Lebensdauer führt. Grenzen der erreichbaren Transparenz sind durch die erforderliche mechanische Stabilität der Masken – insbesondere bei großen Bildschirmen – gesetzt. Vorteilhaft wirkt sich die In-Line-Anordnung auf die erreichbare → Farbreinheit, → Konvergenz und Ausschaltung der horizontalen Erdmagnetfeldwirkung aus. I. werden heute in verschiedenen Varianten angeboten, z. B. → Präzisions-In-Line-Bildröhre, → Hi-Bri-Farbbildröhre. → Soft-Flash-Technik, → Selbstkonvergenz, → Bildröhre, → Farbbildröhre, → Schlitzmaskenröhre, → Trinitron (Abb. 1 S. 285)

Innenrille: → Schallplattenrille

Innenwiderstand: innerer Widerstand einer Spannungsquelle, der bei Stromfluß zu einer Verminderung der an den Anschlußklemmen wirkenden

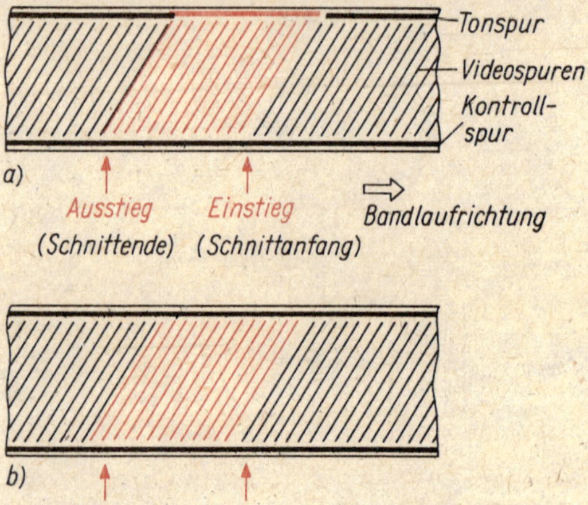

Insert-Schnitt: a) Einfügen von Bild und Ton, b) Einfügen von Bild, der Ton bleibt unverändert

Spannung führt. Bei chemischen Spannungsquellen steigt der I. während des Gebrauchs an und führt zu einer ständig fortschreitenden Verminderung der Betriebsspannung. Bei Wechselspannungsquellen, z. B. Signalausgängen, wird der I. meist → Ausgangsscheinwiderstand genannt.

Insert-Schnitt, Einfügungs-Schnitt: Schnittart des elektronischen Schnitts bei Videorecordern. Der I. ermöglicht, in eine bereits bestehende Aufzeichnung nachträglich einen Take elektronisch einzufügen. Dabei kann eine Szene (Bild und Ton), eine Bildfolge (nur Bild) oder ein neuer Ton eingefügt werden (Abb.). Beim I. bleibt stets die aufgezeichnete Kontrollspur erhalten, sie muß deshalb an den Schnittstellen einwandfrei sein. → Schnitt, elektronischer (Abb.)

Integrationsgrad: Kenngröße für die Komplexität in-

Integrierte Schaltkreise im Größenvergleich zu einem Streichholz

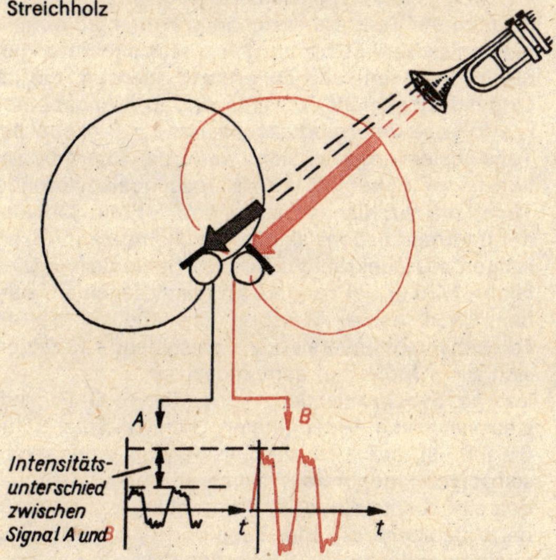

Entstehung der Pegelunterschiede zwischen den Stereosignalen auf Grund der Richtcharakteristiken eines Stereomikrofons

Integrationsgrad

Bezeichnung		Transistoren je Chip
SSI	(Abk. für engl. **S**mall **S**cale **I**ntegration, geringer Integrationsgrad)	10...100
MSI	(Abk. für engl. **M**edium **S**cale **I**ntegration, mittlerer Integrationsgrad)	100...1000
LSI	(Abk. für engl. **L**arge **S**cale **I**ntegration, hoher Integrationsgrad)	1000...10000
VLSI	(Abk. für engl. **V**ery **L**arge **S**cale **I**ntegration, sehr hoher Integrationsgrad)	mehr als 10000

tegrierter Schaltkreise, als Maß für die Anzahl der je →Chip (oder auch je Fläche) enthaltenen Transistoren oder Funktionszellen. Es gibt 4 I., deren Grenzen aber nicht einheitlich definiert sind. Tab.

integrierter Schaltkreis, Festkörperschaltkreis, svw. integrierte Schaltung, Abk. **IS** oder **IC** (für engl. **I**ntegrated **C**ircuit): → Schaltkreis, bei dem passive und aktive Bauelemente und die sie verbindenden Leitungsbahnen in einem gemeinsamen Fertigungsprozeß vorwiegend nach der Planartechnik (s. Planar-Transistor →Transistor) auf einem Siliziumplättchen (→Chip) hergestellt werden. Der Kontakt von den Anschlußflächen (Bondinseln) des Chips wird über Drahtbrücken zu den Gehäuseanschlüssen hergestellt. IS erfordern nur wenige externe Bauelemente. Die ersten IS wurden um 1958 entwickelt und waren ab 1960 im Handel. Im Laufe der Entwicklung ist die Anzahl der Bauelemente pro IS (→Integrationsgrad) ständig vergrößert worden. In allen Geräten der Unterhaltungselektronik werden heute hochintegrierte IS eingesetzt. I. w. S. gehören auch die →Hybridschaltkreise zu den IS. Abb.

intelligentes Hören, *Cocktailparty-Effekt:* Eigenschaft des beidohrigen (binauralen) Hörens, bei verschiedenen, gleichzeitig wahrgenommenen Schallereignissen das interessierende zu bevorzugen. Diese Konzentration kann sich z. B. auf ein Musikstück beziehen, auf einzelne Orchesterstimmen, einen bestimmten Gesprächspartner oder auch ein Störgeräusch. Das i. H. geht weitgehend verloren, wenn Schall monofon übertragen wurde.

Intensitätsstereofonie: Verfahren für → raumbezogene Stereofonie, bei dem für das Zustandekommen der Richtungsinformation hauptsächlich Intensitätsunterschiede zwischen den Stereosignalen (Schallpegelunterschiede an den Stereolautsprechern) ausgenutzt werden. Die I. entsteht bereits aufnahmeseitig durch eine bestimmte Mikrofonanordnung (Abb.), wiedergabeseitig bestehen keine Besonderheiten bei der → Stereo-Lautsprecheraufstellung. I. führt zu guter Lokalisierbarkeit der Schallquellen und zu ihrer gleichmäßigen Verteilung über die gesamte Abbildungsbreite. Das aus I. gewinnbare Monosignal erfüllt gut die Forderungen an → Kompatibilität, daher wird I. heute meistens bevorzugt. Bei der Aufnahme werden entweder akustisch getrennte Einzelmikrofone verwendet, deren Tonsignale man erst am Tonmischpult den beiden Stereokanälen zuordnet (→ Tonmischung, „Richtungsmischung"), oder man benutzt Stereo-Mikrofone, die die beiden Stereosignale direkt abgeben *(Koinzidenzmikrofon*verfahren). Abb.

Intercarrierbrummen, auch „Bild im Ton"-Störung: Tonstörung in → Fernsehempfängern, die nach dem → Differenzträgerfrequenzverfahren *(Intercarrierverfahren)* arbeiten. Die Ursache des I. liegt objektiv in der Methode der Differenzfrequenzbildung (DF-Bildung) als zweite Ton-ZF begründet. Die Amplitudenmodulation des Bildträgers verursacht eine Amplitudenänderung des DF-Signals. Da diese trotz Begrenzung des DF-Signals vor der Tonträgerdemodulation nicht völlig beseitigt werden kann, kommt es zu einem „Übersprechen" von Bildanteilen in den Tonkanal, d. h., dem NF-Tonsignal sind bildabhängige Schwankungen unterschiedlicher Frequenz (Brummen) überlagert. Da nach den physikalischen Gesetzmäßigkeiten die Amplitude des DF-Signals vom Signalanteil mit der geringsten Amplitude bestimmt wird, wirkt man dem I. durch eine starke pegelmäßige Absenkung des Tonträgers gegenüber dem Bildträger im Fernsehsender und -empfänger (→ Tontreppe) entgegen. Dennoch ist das I. nicht völlig auszuschließen. Es tritt in Fernsehverfahren, die die Negativmodulation des Bildträgers anwenden (CCIR-, OIRT-Norm), insbesondere bei Fernsehbildern mit hohem Weißanteil (HF-Fernsehsignalpegel am kleinsten) auf. →Fernsehnorm

Hinweis: Das I. kann nur durch Fernsehempfänger, die das → Paralleltonverfahren oder → Quasiparalleltonverfahren nutzen, völlig ausgeschlossen werden. Dieser Problematik sollte man sich bewußt sein, wenn man z. B. beabsichtigt, Tonsignalaufzeichnungen von Fernsehsendungen zu machen.

Intercarrierverfahren: → Differenzträgerfrequenzverfahren

Interferenz, *Überlagerung, Superposition:* Verstärkung oder Abschwächung der Amplituden beim Zusammentreffen mehrerer Wellen am gleichen Ort. Bei gleicher Wellenlänge und Phasenlage entsteht maximale Verstärkung (→ Phasenverschiebung). Größte Abschwächung ergibt sich bei einer Phasenverschiebung von 180°, Auslöschung, wenn zusätzlich die Amplituden von 2 Wellen gleich sind. I. ergibt sich bei Schallwellen ebenso, wie bei elektromagnetischen Wellen. Die → Richtcharakteristik von Schallwandlern, Antennen und Musikinstrumenten, sowie die Funktion → dichroitischer Spiegel, ist auf I. zurückzuführen. Beim Zusammentreffen von 2 Schwingungen unterschiedlicher Frequenz entsteht unter bestimmten Voraussetzungen → Schwebung.

Intermix: 1. *(Magnetbandgerät)* Umschaltmöglichkeit zwischen allen Betriebsarten ohne dazwischen die Stoptaste drücken zu müssen (z. B. direktes Umschalten aus Wiedergabe in schnellen Vorlauf). – **2.** *(Rundfunkempfänger)* Belegung der Programmtasten in beliebiger Reihenfolge mit Sendestationen aus verschiedenen Empfangsbereichen.

Intermodulationsfestigkeit, svw. Kreuzmodulationsfestigkeit: konstruktionsbedingte Sicherheit eines Rundfunk- oder Fernsehempfängers (auch Antennenverstärkers) gegen die Ausbildung unerwünschter Kombinationsfrequenzen (Intermodulation). Solche entstehen, weil immer gleichzeitig mehrere Sendefrequenzen an der HF-Vor- und Mischstufe des Geräts anliegen und sich an gekrümmten Kennlinien von Bauelementen gegenseitig modulieren (→ Kreuzmodulation) oder bei Übersteuerungen. Bei ungünstigen Frequenzpaarungen der Eingangssignale werden Kombinationsfrequenzen als sehr störendes, meist undefinierbares Geräusch im Nutzsignal hörbar oder auf dem Fernsehbild als → Moiré (oft fischgrätenartig) bzw. als → „Scheibenwischereffekt" sichtbar. Die I. wird vom Kennlinienverlauf der verwendeten Schaltelemente sowie von der Schaltungstechnik beeinflußt. Günstig sind Feldeffekttransistoren in der HF-Vor- und Mischstufe wegen ihres vorteilhaften, quadratischen Kennlinienverlaufs.

Hinweis: Bei Empfängern mit großer Empfindlichkeit, aber geringer I. können Intermodulationsstörungen durch ein vor den Antenneneingang geschaltetes Dämpfungsglied einfach aber wirkungsvoll vermindert werden.

Intermodulationsverzerrungen: nichtlineare Verzerrungen, die bei der Übertragung von Frequenzgemischen (z. B. Tonsignalen) durch gegenseitige Modulation der Teilfrequenzen an gekrümmten Kennlinien entstehen. Es bilden sich zusätzliche unharmonische Summen- und Differenzfrequenzen, die im Originalsignal nicht enthalten sind. Die Angabe der I. erfolgt als *Intermodulationsfaktor* in Prozent. Bei Tonsignalen ergeben sich, wenn der Intermodulationsfaktor höher als 1 % ist, besonders störende Töne, die zu Klangverzerrungen führen. Obwohl der Intermodulationsfaktor die nichtlinearen Verzerrungen aussagekräftiger beschreibt als der → Klirrfaktor, wird er bei Tongeräten relativ selten angegeben, weil seine Messung umständlich ist. In Fernsehantennenverstärkern entstehende I. zeigen sich als → Moiré auf dem Bildschirm.

interne Synchronisation: Form der → Gleichlaufsteuerung von Videogeräten. Kennzeichnend für die i. S. ist, daß sich die betreffenden Videogeräte selbst (von innen heraus) synchronisieren. Dafür bilden eingebaute eigene → Fernsehimpulsgeber (z. B. bei Videokameras) oder zugeführte Nachrichtensignale, aus denen die Synchroninformation gewonnen werden kann (z. B. bei Fernsehempfängern aus dem anliegenden Fernsehsignal), die Grundlage. Den Gegensatz zur i. S. bildet die → externe Synchronisation.

Interplexverfahren: punktsequentielles Verfahren mit Phasenmultiplex bei einem → Farbstreifenvidikon, das in Einröhren-Farbkameras zur Bildaufnahme verwendet wird. Beim I. ist die optische Kodierung so gewählt, daß bei der Signalerzeugung in der Bildaufnahmeröhre *(Interplexvidikon)* ein frequenzverkämmtes Multiplexsignal entsteht, aus dem durch eine entsprechende Schaltung eine Signaltrennung in Leuchtdichte- und 3 Farbwertsignale erfolgen kann. Das Farbstreifenfilter (Abb.) besteht aus 2 übereinanderliegenden Streifengruppen gleicher Streifenabstände. Die Farbstreifen sind abwechselnd weiß- und gelbdurchlässig (Blaustoppfilter) bzw. abwechselnd weiß- und cyandurchlässig (Rotstoppfilter). Das Rotstoppfilter weicht um 45°

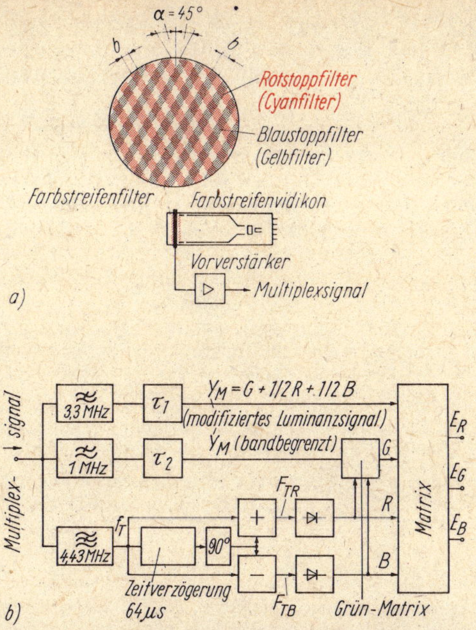

a) Filterstruktur des Farbstreifenvidikons beim *Interplexverfahren*, b) Signaltrennung mit Laufzeitdemodulator

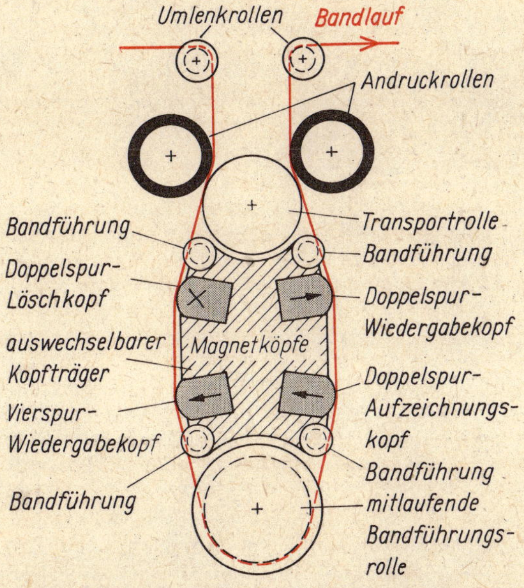

Isolated Loop-Bandführung mit auswechselbarem Kopfträger

nach links und das Blaustoppfilter um 45° nach rechts von der Senkrechten ab. Die Streifenbreite ist so gewählt, daß die Filter im Multiplexsignal eine Trägerfrequenzschwingung von 4,43 MHz bewirken. Diese ist mit dem Farbauszug Blau und Farbauszug Rot des aufgenommenen Bilds (entsprechend dem jeweiligen komplementären Verlauf der Stoppfilter-Spektralfunktionen; s. Abb. 1 → Spektraplexverfahren) doppelt moduliert. Das Multiplexsignal weist ein dem FBAS-PAL-Signal ähnliches Frequenzspektrum auf; die beiden Komponenten Rot und Blau des modulierten Farbträgers liegen in den Frequenzlücken (Viertelzeilenoffset) des Leuchtdichtesignalspektrums. Dadurch braucht die Auflösung beim I. nicht wie bei anderen Farbstreifenröhren begrenzt zu werden. Die Signaltrennung ist mit der Dekodierung eines PAL-Signals vergleichbar, sie kann am einfachsten mit Tiefpaß, Bandpaß und Laufzeitdemodulator oder durch sog. Kammfilter (volle Auflösung) erfolgen. Durch Matrizierung werden letztlich die 3 Farbwertsignale gewonnen. → Einröhrenkamera (Abb.)

Intervision: internationale Organisation für den Austausch von Fernsehprogrammen. Die I. wurde 1960 von der *OIRT* gegründet. Der I. gehören das Fernsehen der VR Bulgarien, ČSSR, DDR, VR Polen, SR Rumänien, UdSSR (mit einzelnen Stationen der Unionsrepubliken), VR Ungarn, der Mongolischen VR und Finnlands an (Stand Januar 1985). Die I. wird vom I.-Rat geleitet. Die ständige Arbeit der I. wird von den I.-Zentren für Programm und Technik mit Sitz in Prag koordiniert. Jede Fernsehanstalt, die die Statuten der I. anerkennt, kann Mitglied dieser Organisation als gleichberechtigter Partner werden. Die I. organisiert einen umfangreichen Programmaustausch zwischen den Mitgliedsstationen und mit anderen *Fernsehorganisationen* der Welt – darunter auch der → Eurovision.

Ionosphäre: → Wellenausbreitung

IPS, Abk. für engl. **I**nches **p**er **S**econd: Einheit der Bandgeschwindigkeit in Zoll je Sekunde (Umrechnung: 1 IPS = 2,54 cm/s).

IR-Diode: → Lumineszenzdiode

IR-Fernbedienung: Infrarotfernbedienung

IS: Abk. für → **I**ntegrierter **S**chaltkreis.

ISO, Abk. für engl. **I**nternational **O**rganization for **S**tandardization (Internationale Organisation für Standardisierung): internationaler Verband mit Sitz in Genf (Schweiz), in dem etwa 50 sozialistische und nichtsozialistische Staaten organisiert sind. Die ISO hat die Aufgabe, die Standardisierung im Weltmaßstab weiterzuentwickeln, um den Warenaustausch zwischen den Ländern zu erleichtern. Dazu werden laufend auf internationaler Ebene Forschungsergebnisse und Erfahrungen ausgetauscht, aus denen *ISO-Empfehlungen* (z. B. zu Anschlußwerten, Vorzugswerten bei Typenreihen, Passungen u. ä.) abgeleitet werden, die in die nationalen Standardwerke übernommen werden können.

isodynamischer Kopfhörer: → orthodynamischer Kopfhörer

Isolated Loop-Bandführung (engl., svw. isolierte Schleife) auch *Omega-Umschlingung:* bei Spulentonbandgeräten angewendete Führung des Bands an den Köpfen, wobei das die Köpfe umschlingende

Bandstück von 2 Andruckrollen an eine große Transportrolle angedrückt wird (Abb.). Es entsteht ein sehr inniger Band-Kopf-Kontakt, und Schwankungen des Bandzugs wirken sich weniger aus. In der Bandschleife lassen sich bequem mehrere Magnettonköpfe unterbringen, wobei der Kopfträger für eine andere Spuraufteilung leicht auszuwechseln ist. Abb.

ISO-7-bit-Kode: international einheitlicher Kode zur Umsetzung von alphanumerischen Zeichen, Ziffern, Symbolen in die Digitalform. Dabei stehen einheitlich 7 Bit pro Zeichen, Ziffer und Symbol zur Verfügung. Inhaltlich basiert der I. auf dem → ASCII-Kode; Abweichungen treten nur bei einigen Sonderzeichen auf. Die Bezeichnung des Kodes leitet sich von → ISO ab.

J

Jalousie-Effekt (engl. Venetian Blinds): Bildfehler, der sich durch stehende oder senkrecht wandernde waagerechte, dunkle, entsättigte oder falschfarbige Streifigkeit mit sichtbarer Zeilenstruktur bemerkbar macht, auf Fehlern im Farbdekoder beruht oder durch sog. Gleichkanalstörungen (Überlagerung des empfangenen Fernsehsignals mit hochfrequenten Störsignalen) hervorgerufen wird.

Japan-1-Buchse: → Hondabuchse

Japanklinke: → Klinkensteckverbinder

Japan-Standard 1; EIAJ-Standard 1: von der EIAJ (Abk. für Electric Industries Association of Japan) ausgearbeitete Norm für 1/2″-Videorecorder, die bis Mitte der 70er Jahre in fast allen japanischen Spulengeräten, aber z. B. auch in → Einspulenkassettensystemen angewendet wurde. Bei einem Kopfdurchmesser von 116 mm beträgt die Aufzeichnungsgeschwindigkeit 9,26 m/s. Abb.

„Jaulen": volkstümliche, aber treffende Bezeichnung für langsame Tonhöhenschwankungen. → Wow, → Bandlaufstörungen

Jecklinscheibe: nach ihrem Erfinder benannte scheibenförmige akustische Trennfläche, die gemeinsam mit 2 seitlich angeordenten Mikrofonen mit Kugelcharakteristik zur Stereoaufnahme verwendet wird. Das Aufnahmeverfahren mit J. wird auch als *OSS-Technik* (OSS Abk. für optimales Stereosignal) bezeichnet und soll gegenüber den herkömmlichen Aufnahmeverfahren eine bessere Abbildung des Klangkörpers und des Raumeindrucks ermöglichen. Obwohl das Verfahren der Kunstkopfaufnahme ähnlich ist, erlaubt es doch auch optimale Wiedergabe über Lautsprecher. Abb.

JFET, Abk. für engl. Junctions-Field-Effect-Transistor (Sperrschichtfeldeffekttransistor): → Transistor

JIS, Abk. für engl. Japanese Industrial Standard: japanischer Industriestandard, der auch Festlegungen für HiFi-Geräte enthält. Diese unterscheiden sich aber in den technischen Grenzwerten und den Meßmethoden gegenüber TGL 28660 und DIN 45500.

Jitter: → Bildstandschwankungen, → Zeilenjitter

Jogging: → Einzelbildweiterschaltung

JWM-Lautsprecher, MANGER-Schallwandler: nach seinem Erfinder J. W. Manger benannter elektrodynamischer Lautsprecher mit ebener, am Rande fest

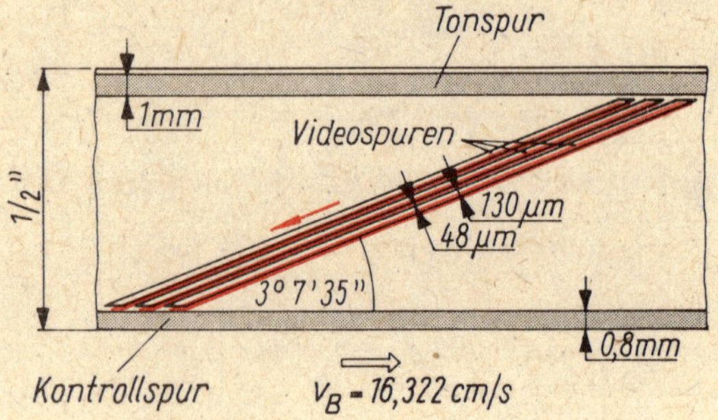

Spurbild *Japan-Standard 1*

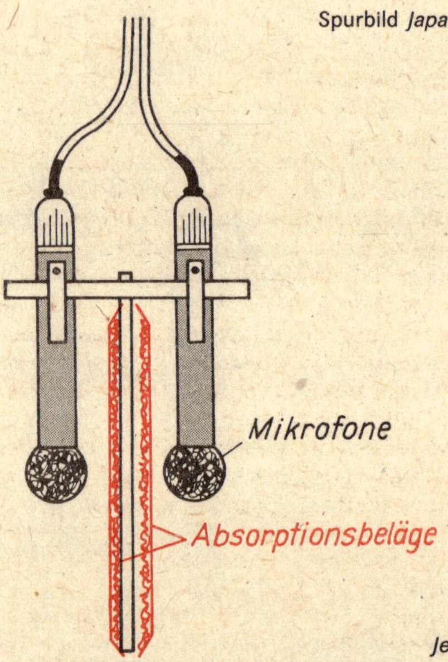

Jecklinscheibe

eingespannter Membran, die von der Schwingspule zu Biegeschwingungen angeregt wird. Die Membran hat einen Dreischichtaufbau: Eine innere Schicht besteht aus einem mechanisch wenig stabilen Kunststoff sehr hoher Dämpfung, die von 2 dünnen Kunststoffolien großer Stabilität (Elastizitätsmodul > 100 kg/mm²) eingeschlossen wird. Es ergibt sich eine hohe Temperaturstabilität und die Möglichkeit, relativ große Leistungen mit kleinen Membranen abzustrahlen. Weil die Membran gleichzeitig Zentrierung und abstrahlende Fläche bildet, kann durch Massereduzierung ein sehr günstiges Impulsverhalten erreicht werden (→ Ausschwingvorgang). Probleme ergeben sich bei der Baßabstrahlung.

K

Kabelfernsehen, Kabel-TV, *KTV* engl. Cable Television, Abk. *CATV*): an ein Leitungsnetz gebundene Übertragung von Fernseh- aber auch Ton-, Datensignalen usw. von einer → Kopfstation zu einer Großzahl von Teilnehmern. Mit der Entwicklung des Hör- und später des Fernsehrundfunks vollzog sich auch eine Veränderung des früher betriebenen Drahtfunks bis zu den heutigen Arten des K.: *a) Gemeinschaftsantennenanlage (GA/GAA):* Im terrestrischen Rundfunk oder Satellitenfunk mit einer komplexen Antennenanlage (Antennenverstärker, Normkonverter) empfangene Fernseh- oder Hörrundfunkprogramme werden über eine Zahl von Zwischen- und Hausanschlußverstärkern zu den Haushalten eines Hauses bis Wohnkomplexes über Kabel verteilt. *b) Groß-Gemeinschaftsantennenanlage (GGA):* GA mit erhöhter Anschlußzahl durch ein umfangreicheres Verstärker- und Leitungsnetz. *c) Kabelfernsehanlagen:* Vom Grundsatz her GGA zur Versorgung von Stadtvierteln oder ganzen Orten. Kabelfernsehanlagen bieten die perspektivische Möglichkeit für die viele Dienste umfassende „Breitband-Kommunikation" zwischen Teilnehmern und von diesen über die Kopfstation zu den Nachrichten-/Informationsquellen (Abb. siehe Seite 292). Während Kabelfernsehnetze auf der Basis von Koaxialleitungen hauptsächlich im → Frequenzmultiplex betrieben werden, ist beim Einsatz von Lichtwellenleitern (Glasfaserkabel) die Anwendung des → Zeitmultiplex (PCM) Bedingung. Dies macht dann auch den Zweiwegebetrieb effektiv möglich. Dabei bieten sich dann auch ringförmige Netzstrukturen zur Anwendung an (→ Bus). Für die Antennenanlage ist bei großer Teilnehmerzahl ein hoher Aufwand (Zahl, Größe, Höhe der Antennen) ökonomisch vertretbar. In der unmittelbar angeschlossenen *Kopfstation* erfolgen Signalverstärkung, Normwandlung, Frequenzumsetzung und Signalverteilung. Zu den Teilnehmeranschlüssen werden die Signale derzeit hautpsächlich noch im Frequenzbereich 47 MHz ... 300 MHz übertragen, da dieser auf dem Leitungsnetz einer geringeren Dämpfung unterliegt als darüberliegende. Dieser Bereich enthält neben den genormten Fernseh- und UKW-Hörrundfunkkanälen eine Zahl von *KTV-Sonderkanälen*, die bei der Frequenzumsetzung in der Kopfstation mit belegt werden, aber nur von K.tauglichen Fernseh- und Rundfunkgeräten direkt zu empfangen sind. Andernfalls wird die Teilnahme am K. durch zwischengeschaltete Konverter im Haus- bzw. Teilnehmeranschluß ermöglicht. Netze für das K. sind derzeit hauptsächlich auf der Basis von Koaxialleitungen mit Kupferadern aufgebaut. Zum Einsatz gelangende Glasfaserkabel werden den materialwirtschaftlichen Aufwand für solche Netze reduzieren und gleichzeitig zu einer weiteren Verbesserung der Signalqualität beitragen (Störabstand steigt, keine elektromagnetische Beeinflussung). Dennoch bleibt der finanzielle Aufwand gegenüber der drahtlosen Übertragung hoch. Entscheidungen für K. fallen hauptsächlich unter folgenden Aspekten: Sicherung eines qualitativ hochwertigen Rundfunkempfangs für die Bevölkerung – auch in den Gebieten, wo durch natürliche Hindernisse, Wohnungs- und Industriebau usw. „Funkschatten" existieren, die durch Hilfssender u. ä. nicht mit vertretbarem Aufwand voll versorgt werden können. Auch permanente Funkstörungen (z. B. durch Radareinstrahlung) können zur Entscheidung für das K. führen. Es spielen auch der große Materialaufwand für eine Vielzahl von Individualanlagen, die unschöne Beeinflussung der Städtebilder durch „Antennenwälder", die Beschädigung der Hausfassaden durch Antennenzuleitungen u. ä. eine Rolle. Zunehmend wird die Einführung von K. in Verbindung mit dem Satellitenfernsehen Gewicht erhalten. In kapitalistischen Industriestaaten ist das K. auch unter dem Aspekt der Kommerzialisierung des Rundfunks zu sehen, da das K. günstige Möglichkeiten zum Einsatz von Gebührenzählern bietet (zum Beispiel bei *Pay-Television:* Gebühren sind nach dem „Münzfernsprecher"-Prinzip vor dem Empfang zu entrichten). Führend im Betrieb von K.-Netzen sind neben Kanada (ca. 50 % aller städtischen Haushalte sind verkabelt), die USA und in Europa u. a. Belgien, England, Frankreich, Niederlande, Österreich und die Schweiz. In anderen Ländern laufen Großversuche und sind Projekte zum verstärkten Einsatz des K. in Vorbereitung (zum Beispiel BRD). In der DDR liegt der Schwerpunkt im K. auf der weiteren Errichtung und dem Betrieb von GA und GGA, wobei derzeit bereits annähernd jeder zweite städtische „Fernseh-Haushalt" an eine dieser Arten des K. angeschlossen ist. → Fernsehnorm, → Satellitenfunk, → Satellitenempfangsanlage, → Kopfstation, → Gemeinschaftsantennenanlage

Die Abbildung zum Stichwort befindet sich auf der Seite 292.

Kalottenmembran: → elektrodynamischer Lautsprecher

Kaltleiter, *PTC-Widerstand:* nichtlineares Bauelement (Widerstand) mit positivem Temperaturkoeffizient. Mit steigender Temperatur wird der Wert des → Widerstands größer, d. h., der K. leitet mit zunehmender Erwärmung immer schlechter. K. dienen zum Beispiel zur zeitabhängigen Stromreduzierung.

Kameraabgleich: vorbereitende Einstellungen einer Videokamera, damit die bestmögliche Bildqualität

Kabelfernsehen:
Mögliche Struktur einer Kabelfernsehanlage

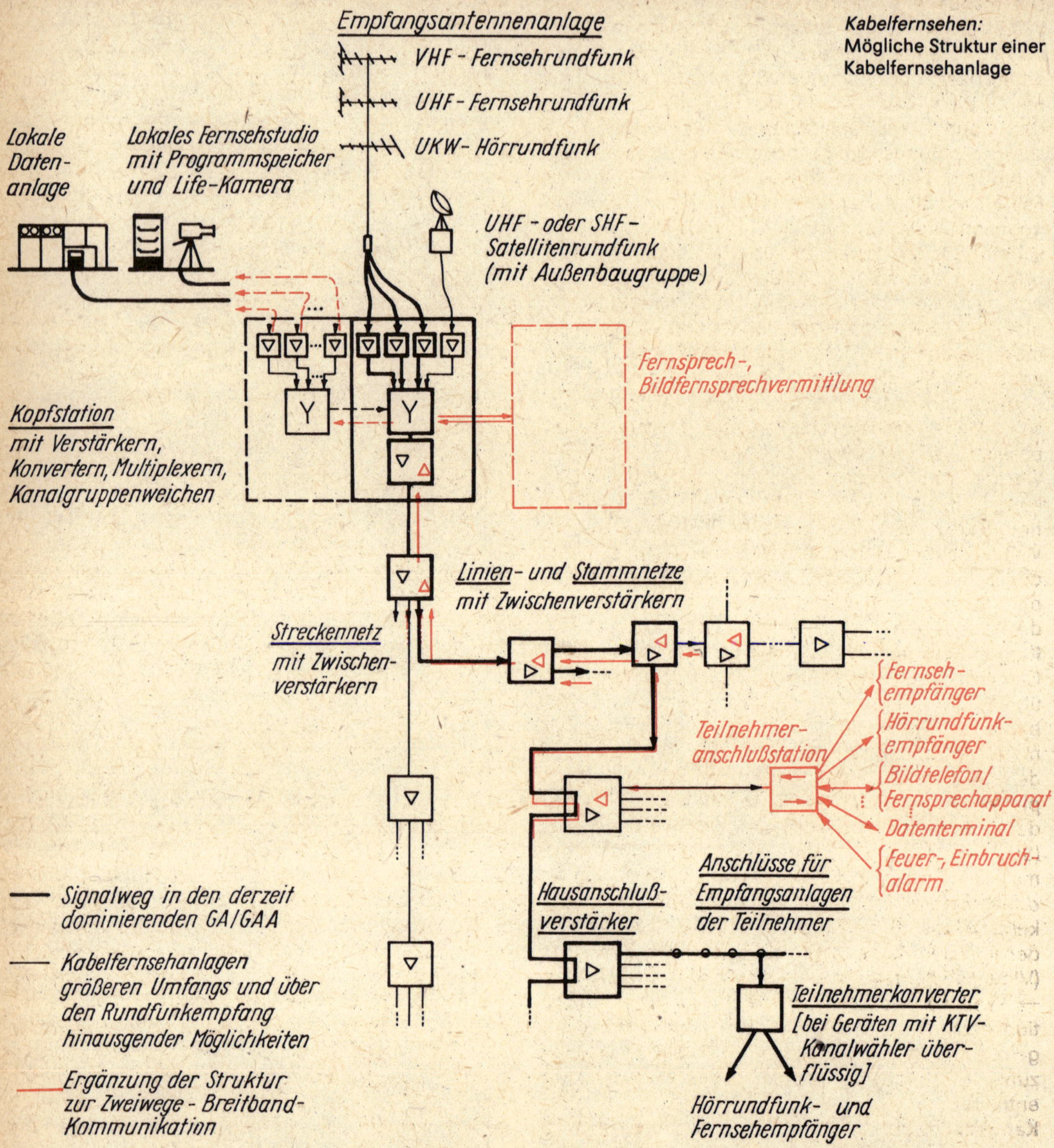

unter Berücksichtigung der gegebenen Aufnahmebedingungen erzielt wird. Zum K. gehören elektrische → Fokussierung, → Weißabgleich u. a. m. Die meisten Abgleicharbeiten sind beim Wechsel der Bildaufnahmeröhre notwendig, sie sind vorwiegend in Service-Werkstätten auszuführen. Auch vor jeder Verwendung der Kamera ist eine Überprüfung mit entsprechenden Testbildern wichtig, um optimale Aufnahmebedingungen zu schaffen (z. B. scharfe Bildränder).

Kameraadapter: Adapter zur Verbindung der Videokamera mit anderen Videogeräten, vor allem Videorecorder, Bildmonitor oder Fernsehempfänger. Am K. wird eingangsseitig das → Kamerakabel angeschlossen und ausgangsseitig sind Bild- und Tonsignale, bei eingebautem HF-Modulator auch ein Fernsehsignal eines bestimmten Fernsehkanals an separaten, allgemein üblichen Steckverbindern verfügbar. K. beinhalten meist auch ein Netzgerät zur Stromversorgung der Videokamera.

Kameraaussteuerung: von Hand oder automatisch gesteuerte Vorgänge bei Video- bzw. Fernsehkameras mit dem Ziel, den minimalen und maximalen Videosignalpegel innerhalb eines bestimmten Bereichs unabhängig von den Beleuchtungsverhältnissen der aufgenommenen Szene konstant zu halten.

Die manuelle K. erfolgt durch Schwarzwert- und Weißwertregelung, → Plattenspannungseinstellung bzw. → Blendeneinstellung an Hand einer Videopegelanzeige der erzeugten Signale. Bei Fernsehkameras dient dazu ein Pegeloszillograf und bei Video- und Reportagekameras eine Unter- und Überbelichtungsanzeige bzw. direkt ablesbare Belichtungsanzeige im Kamerasucher. Im einfachsten Fall erfolgt die K. nach der Helligkeit des wiedergegebenen Bilds. Komfortable Kameras mit elektronischem Sucher tasten im überbelichteten Bildbereich ein Zebramuster in das Sucherbild ein. Die *automatische K.* erfolgt durch Schwarzpegelautomatik (→ABL) und je nach verwendeter Bildaufnahmeröhre durch →Lichtwertautomatik bzw. →Blendenautomatik. Durch aufschraubbare oder in der Kamera vorhandene, einschaltbare *Graufilter* unterschiedlicher Transparenz kann der Aussteuerungsbereich nach größeren Lichtwerten hin verlagert werden. Mit in Stufen einschaltbarer Zusatzverstärkung (z. B. von +3 dB, +6 dB, +9 dB) kann die Empfindlichkeit von Farbkameras (Empfindlichkeits-Wahlschalter) vergrößert werden. Die K. wird dadurch nach niedrigen Lichtwerten hin verschoben. Nachteilig ist dabei, daß sich der Störabstand des Videosignals verschlechtert.

Kamerabetriebsgerät, Kamerakontrolleinheit (eng. Camera Control Unit, Abk. CCU): Gerät, das meist über das Kamerakabel oder drahtlos (Lichtleitkabel bzw. HF-Übertragung) mit der Fernsehstudiokamera verbunden ist. Das K. bildet zusammen mit dem Kamerakopf und dem Kamerakabel die komplette Kameraanlage. Das K. enthält alle zum Betrieb der Kamera notwendigen Hilfseinrichtungen (Stromversorgung, Impulsaufbereitung, Kommando- und Signalisationseinrichtungen) sowie *Videoverstärker* mit mehreren Baugruppen (Verstärkersatz) zur Signalaufbereitung und -bearbeitung der von dem Kamerakopf abgegebenen Bildsignale (Videokabelentzerrung, → Störsignalkompensation, → Weißwertregelung, Streulichtkorrektur, Gradationsentzerrung, → Austastung, → Schwarzwertregelung, → Aperturkorrektur, → Weißwertbegrenzung). In einigen K. ist auch der → Farbkoder mit enthalten.

Kamerabild: elektronisch von einer → Fernsehkamera oder → Videokamera aufgenommenes Bild, das meist einen größeren Bildausschnitt aufweist (Sucherbild) als das auf dem Fernsehempfänger wiedergegebene Bild.

Hinweis: Bei Bildaufnahme sollte stets das → Aktionsfeld bzw. das → Titelfeld des Fernsehbilds beachtet werden. Wenn nur ein optischer Sucher vorhanden ist oder der elektronische Kamerasucher keine entsprechende Markierung enthält, ist es angebracht, das K. bezüglich seiner Abgrenzung zum Rand hin öfters auf einem Fernsehgerät zu kontrollieren.

Kamerakabel: 1) Spezialkabel zur Verbindung einer *Fernsehkamera* (Kamerakopf) mit dem *Kamerabetriebsgerät.* Das K. besteht meistens aus einer oder mehreren HF-Kabeladern (Koaxialkabel), einer größeren Anzahl Steueradern (Ferneinstellung verschiedener Kameraparameter, z. B. Blende, Strahlstrom, Rastergröße auf der fotoempfindlichen Schicht der Bildaufnahmeröhre), mehreren Tonsignaladern (Programmton, Sprechverbindungen) und Adern für die Signalisation und Stromversorgung. Über die HF-Adern wird das Videosignal von der Kamera zum Videoverstärker und ein BAS-Signal zum Kamerasucher geführt. Bei modernen Studiokameras kann an Stelle des Mehrader-K. auch ein Doppelkoaxialkabel (Triaxkabel) oder Lichtleitkabel vorhanden sein. Hierbei werden alle Signale kodiert übertragen. (s. Abb. → Studiokamera) 2) Verbindungskabel zwischen *Videokamera* und dem dazugehörigen Videorecorder oder Kameraadapter. Dieses K. ist meist ein 10-, 12- oder 14-adriges Kabel für die Video- und Tonsignalübertragung zwischen beiden Geräten, für die Spannungsversorgung der Kamera und für Betriebsartensteuerung des Videorecorders von der Kamera aus.

Hinweis: K. nie stark biegen oder andersartig mechanisch belasten! Das K. sollte stets so gehalten und geführt werden, daß vor allem an den Steckverbindern keine zusätzliche Zugbelastung auftritt. Die Signalbelegung der Adern ist nicht genormt und wird von den Geräteherstellern unterschiedlich ausgeführt.

Kamerarecorder, *Videokamera-Videorecorder-Kombination:* tragbares Bildaufnahmegerät mit Aufzeichnungsteil. Ein K. ist eine Kombination aus Farbvideokamera und Videokassettenrecorder, wobei beide Teile eine in sich geschlossene Geräteeinheit, ein Kompaktgerät, oder eine lösbare *Gerätekombination* – ohne oder mit Verbindungsadapter (Schulterbrücke) – bilden. Bei Gerätekombinationen sind Kamera- und Recorderteil als Kompaktgeräte gebaut und lösbar auf einem Verbindungsadapter montiert, der äußerlich meist als Schulterbrücke bzw. -halter mit zentral angeordneten Bedienelementen für beide Teile ausgeführt ist. Beide Bestandteile sind daher auch separat zu verwenden. K. sind vor allem für die elektronische Berichterstattung der Fernsehanstalten und das Videografieren bestimmt. Im Kamerateil werden entweder 3 bzw. eine Bildaufnahmeröhre (Dreiröhrenkamera oder Einröhrenfarbkamera) mit einem Durchmesser von 2/3", 1/2" bzw. 1/3" oder 3 bzw. ein Kamerasensor (Festkörperkamera) zur Bildaufnahme verwendet. Der Kamerateil von K. entspricht dem der Videokameras (lichtstarkes Varioobjektiv, Makroeinstellung, motorische Brennweiten- und Blendeneinstellung, Blendenautomatik, einschaltbare Konversionsfilter, automatischer Weißabgleich, Empfindlichkeitswahlschalter). Neben optischen Suchern dominieren bei K. elektronische Sucher. Diese bilden gleichzeitig die Voraussetzung für eine Kontrollwiedergabe der Aufzeichnung im K. selbst (1,5"- oder 1"-Schwarz-Weiß-Bildwiedergaberöh-

Kamerarecorder (2): Gerätekombination (oben: Einzelgeräte mit Schulterbrücke, unten: zusammengesetzt)

Kamerarecorder (1): kompakter Kamerarecorder (Betamovie)

ren). Mit LED und/oder Bildschirmanzeige können alle wichtigen Betriebszustände des Kamera- und Recorderteils sowie der Batterieladung angezeigt werden.

Im Recorderteil wird das Bildsignal vom Kamerateil und das Tonsignal vom eingebauten, aufsteckbaren oder/und anschließbaren externen (Stereo-) Mikrofon(en) aufgezeichnet. In K. werden unabhängig vom spezifischen Anwendungsgebiet gleichermaßen kleine Videokassetten der z. Z. international gebräuchlichen Videorecordersysteme verwendet (Tab.). Demgegenüber unterscheiden sich die K. bezüglich technischer Parameter, Aufzeichnungsverfahren und technischer Möglichkeiten je nach vorgesehenem Anwendungsgebiet deutlich voneinander, was insbesondere auf die erreichbare Bildqualität aber auch die Handhabbarkeit (Einsatztechnologie, Gewicht usw.) wirkt. Der Wiedergabekanal des Recorderteils von K. – nicht bei allen K. vorhanden – ist meist sehr einfach ausgeführt und nur für eine erste Kontrollwiedergabe über den Suchermonitor oder einen extern anzuschließenden Bildmonitor bestimmt. Deshalb werden im K. aufgezeichnete Videokassetten in entsprechenden Wiedergabegeräten (Videorecorder, Videoplayer) abgespielt und bearbeitet (elektronisch geschnitten oder umgezeichnet). Die Stromversorgung (meist 12 V) erfolgt unterschiedlich, wahlweise von einem eigenen Akkumulator (angeflanscht, im Handgriff oder einem Akkuschacht), umschnallbarem Batteriegürtel, Autobatterie (evtl. mit einem zwischengeschalteten Autobatterie-Adapter) oder von einem Netzgerät. Die ersten kompakten K. wurden 1980 auf internationalen Messen vorgestellt. Ab 1983 wurden die K. *Betamovie* und *VHS-Videomovie* produziert. Erste serienreife 8 mm-Video-K. stammen aus dem Jahre 1984. → Videokamera, → Kameraaussteuerung, → Videorecorder, → Videokassette, → Video Rack, → Videosystem (Tab., Abb.)

Kamerarecorder (3): kompakte Videokamera

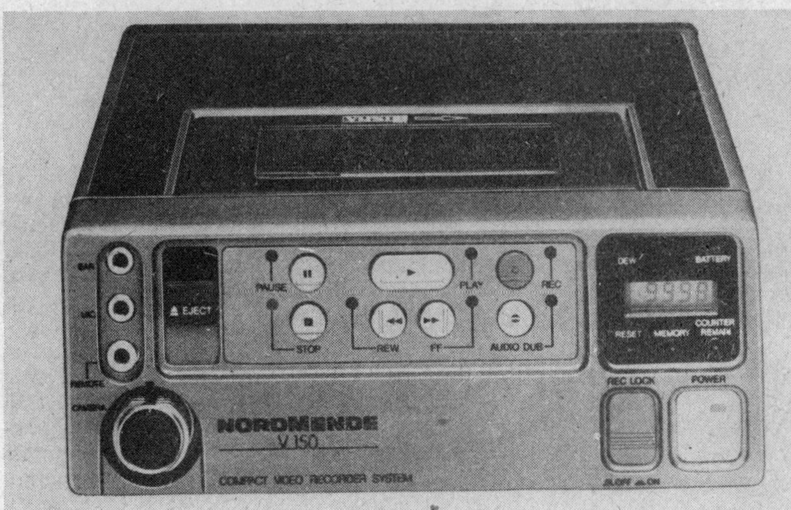

Kamerarecorder (4): kompakter Videorecorder

Wesentliche Unterschiede in Kennwerten für Kamerarecorder

Bezeichnung	Betamovie	VHS-Videomovie	VHS-C	8-mm-Video	Betacam	Hawkeye	Quatercam
Videokassette vom Videosystem	Betamax	VHS-C	VHS-C	8-mm-Video	Betamax	VHS	CVC
Bandtransportgeschwindigkeit in cm/s	1,873	2,339	2,339	2,0051	10,15	18,78	11,8
Maximale Spieldauer einer Kassette in min	215	30	30	90	20	20	20
Farbaufzeichnungsverfahren	Chroma-Konvertierung				Y/C-Verfahren	Chroma-Track	Lineplex
Kompaktgerät	ja	ja		ja			

Kamerastativ: dreibeiniges, zusammenlegbares Gestell, meist mit Mittelsäule für Video- bzw. Fernsehkameras. Oben am K. wird üblicherweise ein Schwenk-Neige-Kopf befestigt, auf dem die Kamera aufgeschraubt werden kann. Der Stativanschluß von Videokameras ist nicht einheitlich, häufig wird ein 2/8"- oder 3/4"-Gewindeanschluß verwendet. Für K. gibt es Stativwagen *(Dolly)*, womit die Kamera fahrbar wird. Ein K. ermöglicht ruhige, saubere horizontale und vertikale Schwenkbewegung der Kamera. Mit Feststellschrauben läßt sich die Kamera in jeder gewünschten Position fixieren. Abb.

Hinweis: Für Aufnahmen mit großer Objektivbrennweite (Teleaufnahmen) sollte stets ein K. verwendet werden, sonst werden die Bilder verwackelt. Beim Arbeiten mit K. sollte man stets sehr umsichtig vorgehen. Besonders einfache, leichte K. können mit der Videokamera umfallen und diese beschädigen.

Kamerastativ: Stative mit aufgeschraubten Videokameras

Kamerasucher: → Sucher

Kamerasynchronisation: → Gleichlaufsteuerung von elektronischen Fernseh- oder Videokameras. Um eine hohe zeitliche oder phasenmäßige Stabilität bei der Erzeugung von Bildsignalen (→ Zeilensprungverfahren) in einzelnen elektronischen Fernseh- oder Videokameras zu erreichen, wird der Abtastvorgang von einem → Fernsehimpulsgeber aus synchronisiert. Dabei werden für Studiokameras i. d. R. zentrale Fernsehimpulsgeber (→ externe Synchronisation) eingesetzt, während andere Kameras mit eingebauten Fernsehimpulsgebern (→ interne Synchronisation) arbeiten (Heimelektronik, semiprofessionelle Technik, Reportagetechnik). Wirken mehrere elektronische Fernseh- oder Videokameras parallel, werden diese extern synchronisiert. Um den Gleichlauf der Bildsignalerzeugung aller parallel betriebenen Kameras zu sichern, werden ihnen die Signale des gleichen Fernsehimpulsgebers zugeführt, oder es müssen die verschiedenen Fernsehimpulsgeber der Kameras untereinander synchronisiert werden. Letzteres ist für den parallelen Einsatz mehrerer Heimkameras zu beachten.

Kammfilter: elektronische Schaltung zur Trennung von 2 Signalen mit unterschiedlichen Frequenzspektren, die in einem gemeinsamen Nachrichtenkanal übertragen wurden oder durch Übersprechen vorhanden sind. Ihre *spezielle Wirkungsweise* geht von der frequenzmäßigen Verkämmung der zu trennenden Signale aus, wie sie z. B. für die nach PAL und NTSC kodierten → vollständigen (Farb)Bildsignale typisch ist (Abb. a). Die prinzipielle Wirkungsweise des K. ist am Beispiel der Signaltrennung in einem Farbdekoder in Abb. b veranschaulicht. Nach Verzögerung des Farbbildsignals um genau eine Zeilendauer erfolgt im ersten Weg eine Addition, im zweiten Weg eine Subtraktion von Eingangs- und verzögertem Signal. Infolge der ersten Addition heben sich die einzelnen Spektralanteile des Farbartsignals auf; es entsteht im Ergebnis das Leuchtdichtesignal mit doppelter Amplitude. Im zweiten Weg ist es umgekehrt. Die richtigen Amplitudenwerte entstehen problemlos durch Spannungsteilung. Die Signalverzögerung erfolgt mit einer hochfrequent arbeitenden Ultraschall-Verzögerungsleitung ($f_0 = 27$ MHz). Das erfordert die Einschaltung eines Amplitudenmodulators und eines -demodulators in den Signalweg. Da die Bildung des → Leuchtdichtesignals im K. aus verzögertem und unverzögertem Farbbildsignal bei schrägen und waagerechten Fernsehbildkonturen zu einem Auflösungsverlust führt, wird dem K. ein Vertikalaperturkorrektor nachgeschaltet. Die für PAL geltende Farbträgerfrequenz (ungeradzahliges Vielfaches von 1/4 der Horizontalfrequenz) erfordert eine Modifizierung des K. in der dargestellten Art (Abb. c). K. erweisen sich in Hinblick auf die Bildauflösung zur Auftrennung von FBAS-Signalen als sehr vorteilhaft. Die bei SECAM verwendete Frequenzmodulation verhindert den Einsatz von K. Ein weiteres spezielles Einsatzgebiet von K. bietet die → Chroma-Konvertierung. Hier dienen die K. der Beseitigung des Farbübersprechens zwischen benachbarten Video-

Kammfilter:
a) Linienspektrum eines quadraturmodulierten Farbbildsignals; die Signalanteile des Farbartsignals liegen mit festem Frequenzabstand exakt in den Lücken des Leuchtdichtesignalspektrums
b) Kammfilter mit einer Ultraschallverzögerungsleitung
c) Kammfilter als Teil des PAL-Dekoders

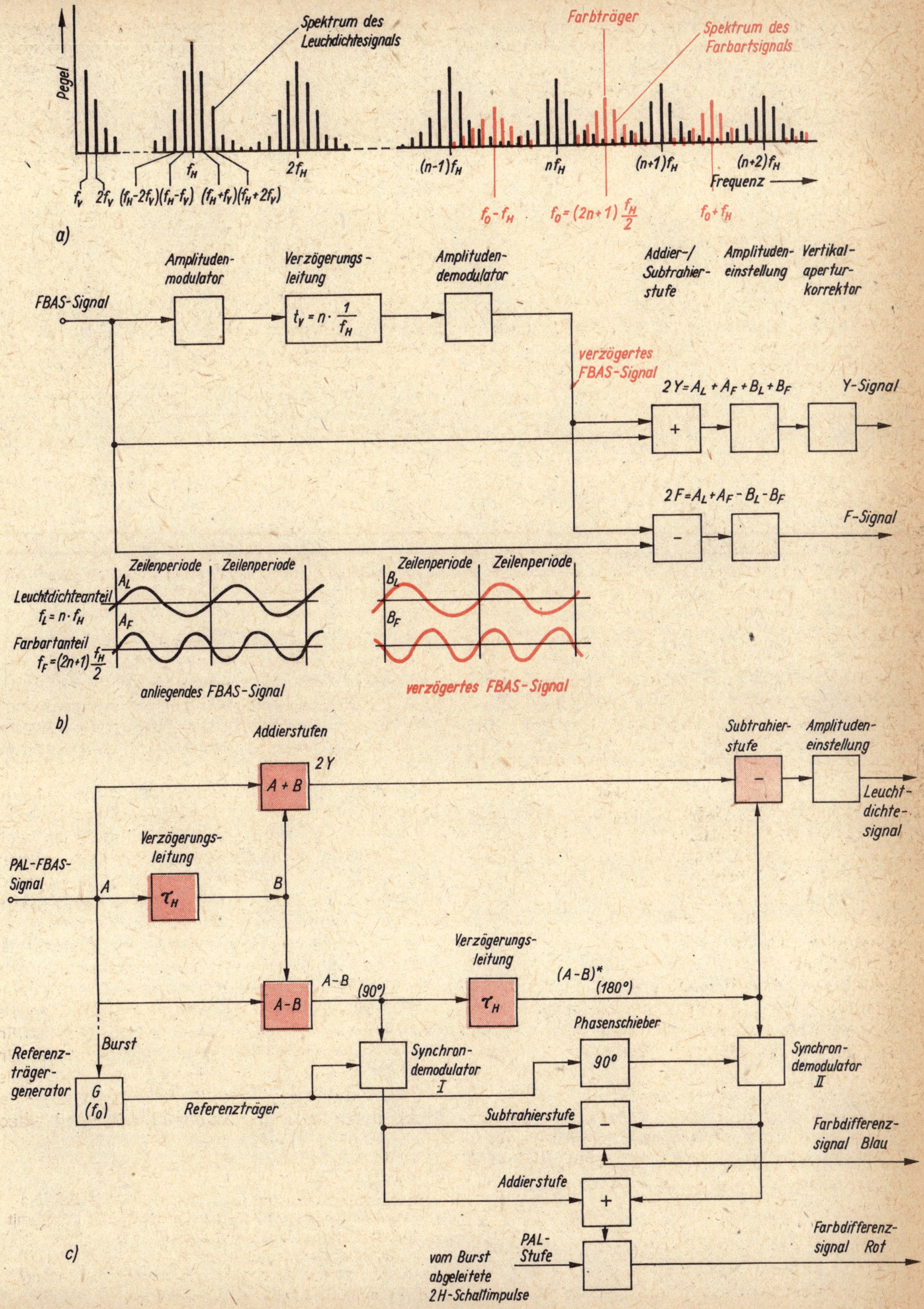

Pegel
Spektrum des Leuchdichtesignals
Farbträger
Spektrum des Farbartsignals
f_V $2f_V$ (f_H-2f_V) (f_H-f_V) (f_H+f_V) (f_H+2f_V)
f_H
$2f_H$
$(n-1)f_H$
nf_H
$(n+1)f_H$
$(n+2)f_H$
Frequenz
f_0-f_H
$f_0=(2n+1)\frac{f_H}{2}$
f_0+f_H
a)
Amplituden-modulator
Verzögerungs-leitung
Amplituden-demodulator
Addier-/Subtrahier-stufe
Amplituden-einstellung
Vertikal-apertur-korrektor
FBAS-Signal
$t_V=n\cdot\frac{1}{f_H}$
verzögertes FBAS-Signal
$2Y=A_L+A_F+B_L+B_F$
Y-Signal
+
$2F=A_L+A_F-B_L-B_F$
F-Signal
–
Zeilenperiode
Zeilenperiode
A_L
Leuchtdichteanteil $f_L=n\cdot f_H$
A_F
Farbartanteil $f_F=(2n+1)\frac{f_H}{2}$
anliegendes FBAS-Signal
B_L
B_F
verzögertes FBAS-Signal
b)
Addierstufen
2Y
A + B
Subtrahier-stufe
Amplituden-einstellung
Leucht-dichte-signal
Verzögerungs-leitung
PAL-FBAS-Signal
A
τ_H
B
A–B
A–B
(90°)
Verzögerungs-leitung
τ_H
$(A-B)^*$
(180°)
Phasenschieber
90°
Burst
Referenz-träger-generator
G
(f_0)
Referenzträger
Synchron-demodulator I
Synchron-demodulator II
Subtrahierstufe
Farbdifferenz-signal Blau
Addierstufe
+
PAL-Stufe
vom Burst abgeleitete 2H-Schaltimpulse
Farbdifferenz-signal Rot
c)

spuren. → NTSC-Farbfernsehverfahren, → PAL-Farbfernsehverfahren, → Bildsignale, → Farbträger, → Kerbfilter, → Aperturkorrektur (Abb.)

Kanal: 1. *(Informationsübertragung)* Übertragungsweg zur Übermittlung eines oder mehrerer → Signale. – **2.** *(HF-Übertragung)* Frequenzband innerhalb des Hochfrequenzbereichs, das die Lage einer bestimmten Rundfunk-Sendefrequenz einschließlich ihrer Seitenbänder fixiert. (UKW-K., Fernseh-K.). → Rundfunk-Frequenzbereiche, s. Anhang 5

Kanalantenne: → Vorzugsbereich

Kanalanzeige: Einrichtung an → Fernsehempfängern, die dem Zuschauer den eingestellten Fernsehkanal (Kanalnummer) anzeigt. Während im einfachsten Fall die K. gekoppelt mit den Abstimmelementen des Kanalwählers auf mechanischem Wege erfolgt (Nummernscheibe, Zeiger), arbeiten moderne Geräte mit einer LED-Anzeige oder auch mit einer zeitweisen Einblendung der Kanalnummer am Rand des Bildschirms. Letztere Form kommt insbesondere in Verbindung mit Fernbedienungen für Fernsehgeräte zum Einsatz.

Kanalgleichheit, Kanalbalance: → Pegeldifferenz, → Phasendifferenz, → Balance

Kanalgruppenantenne: → Vorzugsbereich

Kanalgruppenweiche: → Antennenweiche zum rückwirkungsfreien Zusammenschalten mehrerer Kanalgruppenantennen (→ Vorzugsbereich) unterschiedlicher Empfangskanäle bzw. Kanalgruppen.

Kanalkodierung: → Kodierung

Kanalselektivweiche: → Kanalweiche

Kanalsperre: Antennenfilter zum Absperren eines unerwünschten, störenden Fernseh- oder UKW-Kanals, z. B. des Ortssenders. Die K. wird in die Antennenzuleitung geschaltet, damit ein nachfolgender → Antennenverstärker oder der Empfängereingang nicht übersteuert wird.

Kanalverstärker: → Antennenverstärker

Kanalwähler: → Tuner

Kanalweiche, *Kanalselektivweiche:* Antennenweiche zum rückwirkungsfreien Zusammenschalten mehrerer Kanalantennen eines Bereichs. K. sind entweder auf bestimmte Empfangskanäle vom Hersteller fest eingestellt, dann müssen diese mit den Kanälen der anzuschließenden Kanalantennen übereinstimmen, oder sie können auf beliebige Kanäle im vorgesehenen Bereich vom Benutzer selbst abgestimmt werden. Abb.

Hinweis: Um die volle Wirksamkeit der K. zu gewährleisten, sind die vom Hersteller genannten Mindest-Kanalabstände unbedingt einzuhalten!

Kantenflimmern: an waagerechten Schwarz-Weiß-Übergängen infolge des Zeilenssprungverfahrens auftretende Flimmererscheinung. K. beruht auf den unterschiedlichen Zeilenlagen der beiden Halbbilder eines Fernsehbilds.

Kapazitätsdiode, *Varicap,* Abk. *C-Diode:* Halbleiterdiode (→ Diode), die als steuerbarer Kondensator verwendet wird. Die Sperrschicht der K. bildet das

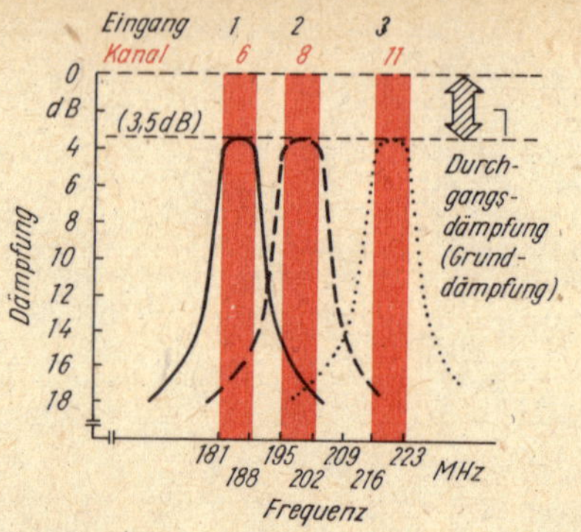

Beispiel für den Dämpfungsverlauf einer *Kanalweiche* im Bereich III

Dielektrikum – das n- und p-Gebiet die Beläge eines → Kondensators. Bei Zunahme der Sperrspannung wird die Sperrschicht breiter (→ pn-Übergang) und die Kapazität der Diode geringer. Die Kapazität einer K. kann von wenigen pF bis ca. 300 pF variiert werden. K. werden vor allem bei der → C-Dioden-Abstimmung verwendet.

kapazitive Bildplatte: scheibenförmiger Informationsträger aus Plastmaterial, bei dem meist beidseitig in einer spiralförmigen Spur oder Rille Bild- und Toninformationen in Form kleiner Vertiefungen als eine Art „Informationsprofil" gespeichert sind. Beim Abspielen wird dieses mit dem Bildplattenabtaster kapazitiv abgestastet und ausgewertet. → Selectavision 3., → VHD, → Bildplatte

Karaoke: → Voice Fader, → aktives HiFi-System

Kassette: → Magnetbandkassette, → Tonbandkassette, → Videokassette

Kassetten-Abspielgerät, umgangssprachlich „Kassettenspieler": Kassettentonbandgerät zur ausschließlichen Wiedergabe bespielter Kassetten. K. werden vorrangig für Pkw-Einbau und als → „Walkman" gebaut.

Kassettendeck (engl. *Tape Deck*): Kassettentonbandgerät ohne NF-Leistungsverstärker und Lautsprecher. Das K. wird vor allem als Komponente in einer → Anstellkombination oder eines → HiFi-Turms verwendet, läßt sich aber, wenn ein Lautstärkeeinsteller eingebaut ist, auch mit → Aktivboxen betreiben. Häufig ist ein Kopfhöreranschluß zur Kontrolle der Aufzeichnung oder für Wiedergabe vorgesehen.

Kassettenlaufwerk: → Tonbandgeräte-Laufwerk

Kassettenrecorder: → Kassettentonbandgerät, → Tonbandgerät, → Tonbandgeräte-Laufwerk, → Magnettonverfahren

Kassettentonbandgerät, *Kassettenrecorder* (engl. Cassette Recorder): vorwiegend in Heimtonanlagen oder eigenständig verwendetes → Tonbandgerät, bei dem der Magnetbandvorrat in einer auswechselbaren → Tonbandkassette untergebracht ist. Die überwiegende Anzahl der K. arbeitet mit Kompakt-

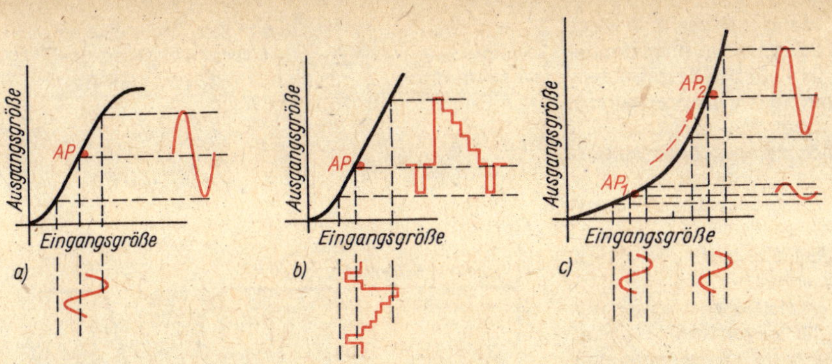

Kennlinie und Arbeitspunkt:
a) symmetrische Aussteuerung,
b) unsymmetrische Aussteuerung,
c) Regelkennlinie mit Verschiebung des Arbeitspunkts

kassetten. → Magnettonverfahren, → Tonbandgeräte-Laufwerk

Kassettenwechsler: Einrichtung an Magnetbandgeräten zum Magazinieren von 2 oder mehr Magnetbandkassetten und zum automatischen Wechseln dieser Kassetten. K. gibt es bei Audio- und Videogeräten.

Katalogisierung von Informationsträgern: → Archivierung

Katode: Elektrode, aus der Elektronen austreten. In Elektronenröhren wird die K. meist geheizt (Glühemission). → Elektronenemission

Kellfaktor: Verhältnis der maximal erreichbaren vertikalen zur maximal erreichbaren horizontalen Auflösung eines Fernsehbilds entsprechend des lt. Standard zur Bildsignalübertragung verfügbaren Frequenzbands. Der K. liegt wertmäßig bei 0,7. Durch ihn wird ausgedrückt, daß *a)* die Auflösung in vertikaler Richtung geringer ist als in horizontaler, *b)* die maximale vertikale Auflösung eines Fernsehbilds nur dann erreicht wird, wenn die Helligkeitssprünge sich genau mit der Zeilenstruktur decken, *c)* der subjektive Schärfeeindruck von einem Fernsehbild wesentlich von der Richtung mit der geringsten Auflösung bestimmt wird. Diese von KELL herausgearbeiteten Bedingungen bildeten mit die Grundlage zur Bestimmung der *oberen Frequenzbandgrenze* für die Bildsignalübertragung.

Kennband: dem Magnetband mechanisch ähnliches, farbiges, nicht magnetisierbares Band zur Kennzeichnung und zum Schutz von Magnetbandanfängen (*Vorspann-, Vorlauf-* oder *Startband*), Magnetbandenden *(Endband)* oder zur sichtbaren Trennung verschiedener Beiträge auf einem Bandwickel *(Trennband).* Folgende Farbzuordnungen sind üblich: *grün*: Startband für die Bandgeschwindigkeit 19,05 cm/s, *gelb*: Startband für die Bandgeschwindigkeit 9,53 cm/c, *violett*: Startband für die Bandgeschwindigkeit 4,78 cm/s, *rot*: Endband für alle Bandgeschwindigkeiten, *weiß*: Trennband.

Hinweis: K. am Anfang und am Ende des Magnetbands sollen etwa 2 ... 2,5 Wickellagen lang sein, Trennbänder etwa 30 cm.

Kennempfindlichkeit: Schallpegel, den ein Lautsprecher im Abstand von 1 m auf der Bezugsachse erzeugt, wenn ihm eine NF-Leistung von 1 Watt zugeführt wird. Bei der Ermittlung der K. wird nur der Frequenzbereich zwischen 250 Hz ... 4 kHz berücksichtigt.

Hinweis: Die K. erlaubt einen unmittelbaren Vergleich von Lautsprechern untereinander: Je größer die K., um so lauter tönt der Lautsprecher bei gleicher zugeführter NF-Leistung.

Kennfrequenz: → ARI-System, → Zweitonübertragung

Kennfrequenzfunk: → Rundfunk, bei dem zur Auswahl bestimmter Programminhalte oder Zusatzdienste zusätzliche, im Empfänger auswertbare Kennfrequenzen ausgestrahlt werden (→ ARI-System, → Zweitonübertragung).

Kennlinie: grafische Darstellung der gegenseitigen Abhängigkeit physikalischer Größen (Spannung, Strom, Magnetisierung, Helligkeit usw.) bei einem Bauelement, einer Baugruppe oder einem Gerät mit Hilfe eines Koordinatensystems. Mit Hilfe der K. wird i. allg. die Abhängigkeit einer Größe von einer anderen dargestellt, bei 3 abhängigen Größen muß die dritte schrittweise geändert werden (Parameter), und es entsteht eine Kurvenschar. Eine K. gibt Aufschluß über günstige *Arbeitsbereiche* für das betreffende Bauteil oder System, die durch den → *Arbeitspunkt* (AP) auf der K. festgelegt werden. Bei symmetrisch zur Mittellinie verlaufenden Signalen (z. B. Tonsignalen) liegt der AP auf der Mitte des annähernd geraden Teils der K. und fixiert auch den Mittelwert der Schwingung (Abb. a). Bei unsymmetrischen Signalen (z. B. Bildsignalen) bezieht sich der AP auf einen bestimmten Spannungswert, z. B. den Schwarz- oder den Synchronpegel des Bildsignals (Abb. b). Mit der Wahl des AP läßt sich das Betriebsverhalten der zugehörigen Stufe verändern. Bei *Regel-K.*, wie sie z. B. die Baustufen in Aussteuerungsautomatiken, Kompandern u. a. aufweisen, wird der AP zur Veränderung der Verstärkung verschoben (Abb. c). Abb.

Kennschalldruckpegel, kurz Kennschallpegel: Schallpegel, den ein Kopfhörer oder eine Lautsprecherbox unter bestimmten Meßbedingungen erzeugt, wenn eine vorgegebene NF-Leistung zugeführt wird. Diese beträgt bei HiFi-Kopfhörern je

Kapsel 1 mW bei 1000 Hz, dann soll der K. mindestens 94 dB betragen. Bei Lautsprechern ist der K. i. allg. der im Abstand von 1 m auf der Bezugsachse gemessene Schallpegel, wenn der Lautsprecher mit seiner → Nennbelastbarkeit betrieben wird.

Kennungsfrequenz: → ARI-System, → Zweitonübertragung

Keramik-Abtastsystem: → piezoelektrisches Abtastsystem

Keramik-Hochtöner (engl. Ceramic Tweeter): → piezoelektrischer Lautsprecher

Keramikkondensator: → Kondensator

Kerbfilter: elektronisches Netzwerk (grundlegend Reihenschwingkreis, Saugkreis) zur Unterdrückung eines speziellen Signalfrequenzspektrums in einem zur gleichzeitigen Übertragung mehrerer Signale genutzten Nachrichtenkanal. Die in der Abbildung dargestellte Übertragungsfunktion („Kerbe" im Amplituden-Frequenzspektrum) ermöglicht die Signaltrennung, so z. B. die Herauslösung des → Leuchtdichtesignals aus dem nach SECAM-kodierten → vollständigen (Farb)Bildsignal. Dabei muß der durch das K. im Übertragungsbereich verursachte Einschnitt so optimal eingestellt werden, daß im Absenkungsbereich liegende herauszulösende Signalanteile weitestgehend erhalten bleiben und gleichzeitig zu unterdrückende Signalanteile möglichst vollständig eliminiert werden (Gefahr des Übersprechens). → SECAM-Farbfernsehverfahren, → Bildsignale, → Kammfilter (Abb.)

Hinweis: K. werden bei der SECAM-Dekodierung im Y-Verstärker als „Farbträger- oder Farbsignalfalle" eingesetzt, da die angewendete Frequenzmodulation einen Einsatz von z. B. Kammfiltern verbietet. Ihre Wirkung führt zu einem Auflösungsverlust im Farbfernsehbild. Durch die wert- und schaltungstechnische Optimierung des SECAM-Farbfernsehverfahrens wird dieser Auflösungsverlust erst bei mehrmaliger Kodierung-Dekodierung im Fernsehbild sichtbar. Diesem Sachverhalt muß bei Fernseh- und Videoproduktionen Rechnung getragen werden – möglichst keine Normwandlung oder Transkodierung von SECAM nach PAL, NTSC; Vermeidung von wiederholter Bildmischung bereits gemischter SECAM-FBAS-Signale.

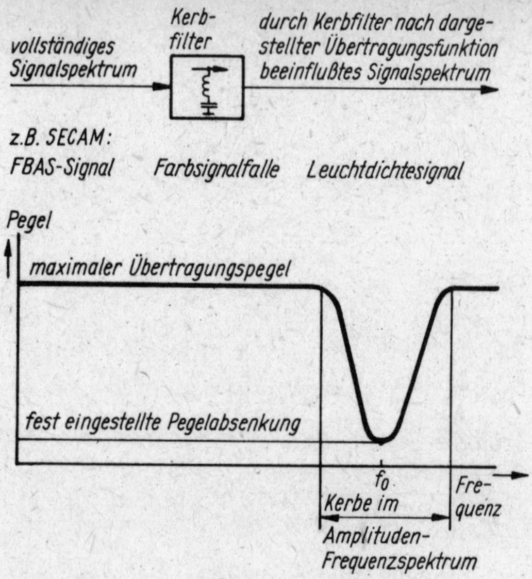

Wirkungsprinzip und Übertragungsfunktion eines *Kerbfilters*

Keulencharakteristik-Mikrofon: → Richtmikrofon

Kfz-Entstörung: Gesamtheit der Maßnahmen an der elektrischen Anlage eines Kfz, um Zünd- und andere Kontaktfunkenstörungen (z. B. von Lüfter-, Scheibenwischermotoren, Lichtmaschine, Regler) zu verhindern oder so abzuschwächen, daß sie keine Rundfunkempfangsanlagen mehr stören können. Der Aufwand bei der K. steigt mit wachsender Empfangsfrequenz und mit sinkendem Abstand zur gestörten Anlage. Unter *Fernentstörung* versteht man alle Maßnahmen, die eine Störwirkung auf fremde Empfangsanlagen verhindern; sie wird bereits serienmäßig bei der Kfz-Fertigung vorgenommen. Weil die Fernentstörung für den eigenen Autoempfänger nur in Ausnahmefällen ausreichend ist, sind weitere, kombinierte Maßnahmen der *Eigenentstörung (Nahentstörung)* des Kfz erforderlich. Diese umfassen im wesentlichen: *a)* Kontaktstörungen möglichst schon direkt an der Quelle gegen Masse abzuleiten. Das gelingt z. B. mit Hilfe von *Entstörkondensatoren* am Unterbrecher, an der Lichtmaschine und am Scheibenwischer- bzw. Lüftermotor, *b)* nicht zu vermeidende Kontaktstörungen an ihrer Ausbreitung durch die Luft zu hindern. Das gelingt u. a. durch *Abschirmung* von störenden Baugruppen, Leitungen und des Empfängers selbst. *c)* Störungen daran zu hindern, sich über Kabel auszubreiten. So sorgen z. B. *Entstörwiderstände* in den Zündleitungen dafür, daß der Funke an der Zündkerze keine Störschwingungen rückwärts in die Elektroanalge des Kfz sendet. *Entstördrosseln* in den Zuleitungen der Betriebsspannung zum Autoempfänger verhindern das Eindringen von Störungen über diesen Weg. → Funkstörungen

Hinweis: Für bestimmte Fahrzeugtypen sind *Entstörbausätze* im Handel, mit denen auch von einem versierten Laien eine Grundentstörung des Kfz vorgenommen werden kann. Eine vollständige K. auf allen Empfangsbereichen – vor allem aber für Fernsehempfang im fahrenden Pkw – setzt große fachliche Kenntnisse und Erfahrungen voraus und erfordert auch spezielle Entstörmittel und Meßgeräte. Bei einem älteren Kfz kann sich die K. durch lose oder korrodierte Masseverbindungen zwischen den Karosserieteilen bedeutend verschlechtern.

K-Impulse: → Koderkennimpulse

Kippstufe: → Ablenkstufe, → Horizontalkippgerät, → Vertikalkippgerät

Kissenentzerrung: schaltungstechnische Maßnahme zur Beseitigung der → Kissenverzeichnung. Bei → Schwarz-Weiß-Bildwiedergaberöhren wird die K. mit einem korrigierenden Ablenkfeld sowie mit Permanentmagneten an der → Ablenkeinheit

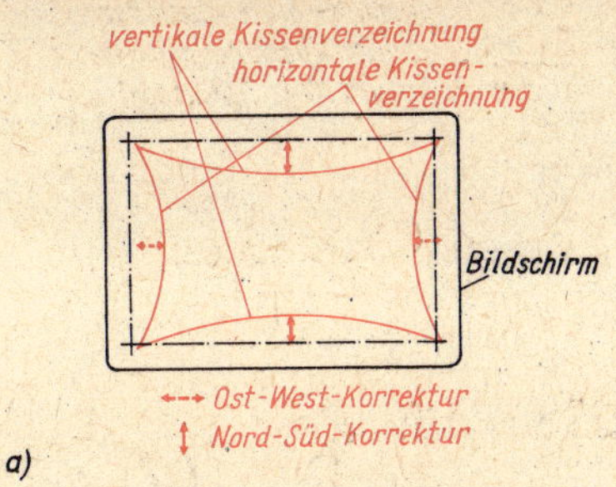

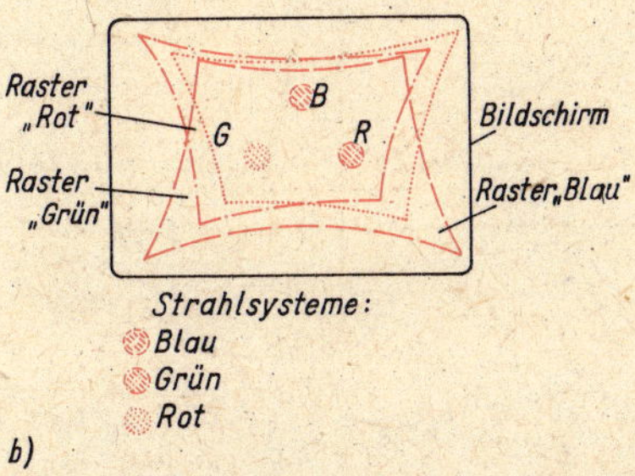

Einfache und komplexe *Kissenverzeichnung*: a) Kissenverzeichnung (übertrieben dargestellt für ein Strahlsystem), b) überlagerte Kissen- und Trapezverzeichnung bei einer Lochmaskenröhre (ohne Rasterkorrektur, in Strahlrichtung von den Katoden aus gesehen, übertrieben dargestellt)

vorgenommen. Diese Methode muß bei →Farbbildwiedergaberöhren mit mehreren Strahlsystemen durch andere Maßnahmen ersetzt werden, da sie zu unerwünschten → Farbreinheitsfehlern und → Konvergenzfehlern führen würde. → Ost-West-Korrektur, → Nord-Süd-Korrektur

Kissenfehler:→ Kissenverzeichnung

Kissenverzeichnung, auch *Kissenfehler* (engl. Pin Cushion Distortion): Geometriefehler im Fernsehbild, der eine nach innen gewölbte (konkave) Begrenzung der Bildfläche zur Folge hat. Das Entstehen der K. geht im wesentlichen auf 2 Ursachen zurück: Erstens ist objektiv keine Übereinstimmung der Wölbung der Bildflächen bei Bildwandlerröhren (sehr gering bis eben) mit der geometrischen Form der Kugelkappe zu erreichen, die vom Radius entsprechend des Abstands Strahlsystem – Bildfläche bestimmt wird (→ Bildwiedergaberöhren aus visuellen Gesichtspunkten mit möglichst ebenem Schirm; → Bildaufnahmeröhren aus technisch-optischen Gründen mit ebenen Speicherplatten). Zweitens können die Krümmungsradien der in den Bildwandlerröhren abgelenkten Elektronenstrahlen auf Grund technischer Grenzen der Ablenksysteme nicht exakt dem Verlauf der Bildschirmwölbung angepaßt werden. → Farbbildwiedergaberöhren mit mehreren Strahlsystemen verursachen hinsichtlich der K. zusätzliche Probleme, weil hier jedes Strahlsystem auf Grund seiner speziellen Lage zur Bildröhrenachse eine anders gelagerte K. hervorruft, die zusätzlich noch mit einem → Trapezfehler behaftet ist. Die K. nehmen mit der Größe des → Ablenkwinkels zu, jedoch können sie durch elektronische Schaltungen zur → Kissenentzerrung auf kaum wahrnehmbare Größen reduziert werden. → Ost-West-Korrektur, → Nord-Süd-Korrektur, Abb. → Ablenkwinkel (Abb.)

Klammerung: → Schwarzwerthaltung, → Klemmschaltung

Klang: 1. *(physikal.-akust.)* Hörschall, der aus einem *Grundton* bestimmter Frequenz und aus *Obertönen* (ganzzahlige Vielfache des Grundtons) besteht. – **2.** *(musikal.-akust.)* Gemisch aus verschiedenen K. nach 1. und Geräuschanteilen, die charakteristisch für die K.erzeuger sind, meistens mit melodischem Verlauf. Die *K.struktur* kann auf 3 verschiedene Arten beschrieben werden: K. als melodischer Ablauf mit Hilfe der musikalischen Skala (Notenschrift), K. als dynamischer Vorgang mit Hilfe der Schwingungsdarstellung (Oszillogramm) und K. in seiner harmonischen Zusammensetzung mit Hilfe seines → Frequenzspektrums. Jeder K. läßt sich in 3 aufeinanderfolgende Abschnitte einteilen. a) *Einschwingvorgang:* Nach Einsetzen der K.anregung baut sich der K. schnell auf. Dabei entstehen Geräusche, die für das entsprechende Musikinstrument charakteristisch sind (z. B. Luftwirbel an Zungen- und Lippenpfeifen der Orgel, Zupfgeräusche u. a.). Die Teiltöne des K. setzen nacheinander ein. Die Einschwingzeit (Attack Time) kann nur wenige Millisekunden betragen, das entspricht einem harten Klangeinsatz (gezupfte Saiten, Lippenpfeifen der Orgel), sie kann aber auch maximal 1 s andauern; der Klangeinsatz ist dann weich (gestrichene Saiten, große Orgelpfeifen). Beim Einschwingvorgang spielt die Art der Anregung und die gespielte Tonhöhe eine wichtige Rolle, sie kann auch beim gleichen Instrument zu verschiedenen K. führen (gestrichene oder gezupfte Saite). b) *quasistationärer Zustand:* Der K. hat seinen endgültigen Aufbau aus Grund- und Obertönen erreicht und behält ihn bei andauernder, gleichmäßiger Erregung bei. Die Obertöne sind zwar immer ganzzahlige Vielfache des Grundtons, sie haben aber je nach Instrument und Spielweise unterschiedliche Stärken. Die Obertöne geben dem Instrument seinen charakteristischen K. Bestimmte Frequenzgebiete der Obertöne treten im K. besonders charakteristisch hervor, sie werden als *Formanten* (auch *Formantgebiete)* bezeichnet. Zur Formantenbildung trägt bei Blasinstrumenten besonders das Mundstück bei, in Streichinstrumenten entstehen sie hauptsächlich durch Resonanzen im Korpus. Man unterscheidet *feststehende Formanten,* die ihre Lage auch bei unterschiedlicher Tonhöhe beibehalten und *gleitende (mitlaufende) Formanten,* deren Frequenzlage sich mit der gespielten Tonhöhe ändert. Auch im quasistationären Zustand des K. sind Geräuschanteile enthalten, die z. B. durch den Bogenstrich oder durch Luftwirbel entstehen und wesentlich zur K.bildung beitragen. Bei einigen Instrumenten verändern sich die Geräuschanteile mit wachsender Gebrauchsdauer (Oboe, Fagott). Schließlich spielen in der quasistationären Phase gewisse Schwankungen im K.aufbau eine Rolle. Sie rühren entweder objektiv vom Instrument selbst her (Mitschwingen nicht direkt erregten Saiten, vibrierende Teile) oder sind subjektiv vom Interpreten bedingt (ungleichmäßiger Bogenstrich, Fingerhaltung u. a.). Beim Zusammenspiel im Orchesterverband ergeben sich außerdem → Schwebungen, da immer eine geringfügige Verstimmung einzelner Instrumente auftritt. Alle diese Inkonstanzen verleihen den Naturinstrumenten ihre große Lebendigkeit im K.aufbau. Bei Musikinstrumenten, die gezupft oder anderweitig impulsartig angeregt werden, fehlt die quasistationäre Phase *(Perkussionsinstrumente)*. Der Einschwingvorgang geht unmittelbar in den Ausklingvorgang über (Abb. b). Bei wiederholter, schneller impulsförmiger Erregung, z. B. bei der Mandoline, spricht man von *repetierender Perkussion (Repeat Percussion)*. c) *Ausklingvorgang:* Die im Resonatorteil des Instruments gespeicherte Energie wird nach Ende der Anregung an das Schallfeld abgegeben, so daß der K. nicht abrupt aussetzt, sondern bis zur Ruhe ausklingt. Auch die Ausklingzeit *(Sustain Time)* kann, je nach Bedämpfung des Resonatorteils, kurz oder lang sein. Instrumente mit gezupften oder angeschlagenen Saiten klingen lange nach, die kürzesten Ausschwingzeiten haben Blasinstrumente. I. allg. werden die höheren Frequenzanteile des K. stärker bedämpft, so daß der Ausklingvorgang dunkler gefärbt ist. Er verläuft meist nicht abgeschlossen, da im Spiel bereits der folgende Ton einsetzt, bevor der vorhergehende verklungen ist. Der K.umfang von Schallquellen läßt sich nur ungenau angeben, da Grund- und Obertöne sowie mitklingende Geräusche eine Rolle spielen. Man unterscheidet zwischen *spielbarem Tonumfang,* der den Bereich der Grundtöne eines Instruments erfaßt und dem *klingenden Tonumfang,* der Obertöne und Geräusche einschließt. Aus Abbildung 2 geht hervor, daß der spiel-, bzw. singbare Tonumfang der meisten Instrumente und der Stimme relativ gering ist. Er kann daher auch mit einer AM-Übertragung voll erfaßt werden. Der klingende Tonumfang überstreicht alle Hörfrequenzen; er erfordert daher auch einen größeren Übertragungsbereich, wenn von der Brillanz des K. nichts verloren gehen soll (z. B. UKW-FM-Übertragung). Abb.

Klangblende, *Tonblende:* Einsteller oder Schalter zur Absenkung der Höhen im Tonsignal gegenüber einem linearen Verlauf.

Klangeinsteller, *Klangsteller,* veraltet Klangregler: Dreh- oder Schiebeeinsteller zur Einregulierung der Klangfarbe bei der Tonwiedergabe. K. sind normalerweise Potentiometer, die als Spannungsteiler auf das in mehrere Frequenzbereiche (Wege) aufge-

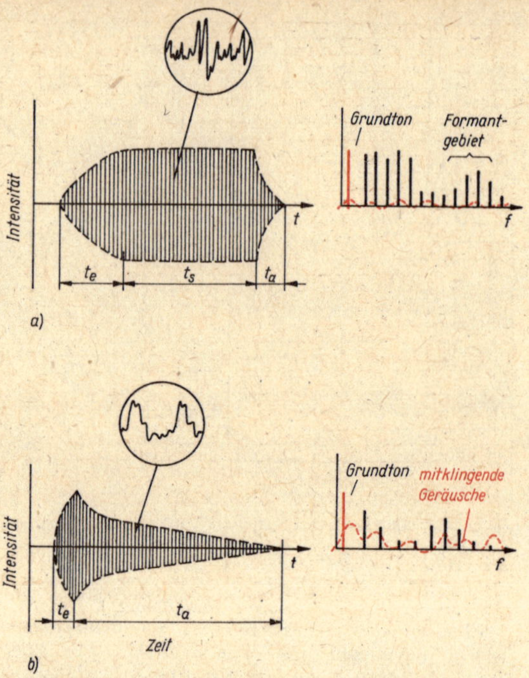

Klang (1): dynamische und spektrale Klangdarstellung für a) Oboe, b) Gitarre

teilte Tonsignal wirken. K. sind Bestandteile des NF-Verstärkers und beeinflussen nicht die Aufzeichnung auf Magnettonband. Bei Stereoverstärkern sind die K. der beiden Kanäle mechanisch starr gekoppelt. Normalerweise besteht der K. aus einem *Höhen-* und einem *Tiefeneinsteller.* Üblich ist eine Variationsbreite von ±20 dB bei Tiefen und Höhen gegenüber 1000Hz. Beide K. sollen eine Markierung an der Stelle haben, an der sich ein linearer Amplitudenfrequenzgang ergibt. Diese Kennzeichnung kann entfallen, wenn das Gerät eine → Lineartaste hat. Schaltungen oder selbständige Geräte mit mehr als 2 K. – üblich sind 5 ... 12 je Kanal – werden auch → *Equalizer* genannt. K. in elektronischen Heimgeräten können auch fernbedienbar sein. → Gleichspannungssteuerung, → Fernbedienung (Abb. S. 304)

Klangeinstellung: Einregulierung der als optimal empfundenen Klangfarbe bei der Schallwiedergabe mit Hilfe der → Klangeinsteller. Bei Musikwiedergabe über Heimanlagen ist davon auszugehen, daß die Schallreproduktion für einen natürlichen Klangeindruck dem Original entsprechend erfolgen soll. Da aber überwiegend leiser abgehört wird als es dem Original entspricht, ist eine zusätzliche Verstärkung der tiefen Frequenzanteile erforderlich (→ gehörrichtige Lautstärkeeinstellung). Werden in einem Raum verschiedene Frequenzbereiche unterschiedlich stark absorbiert, so kann es zu Klangver-

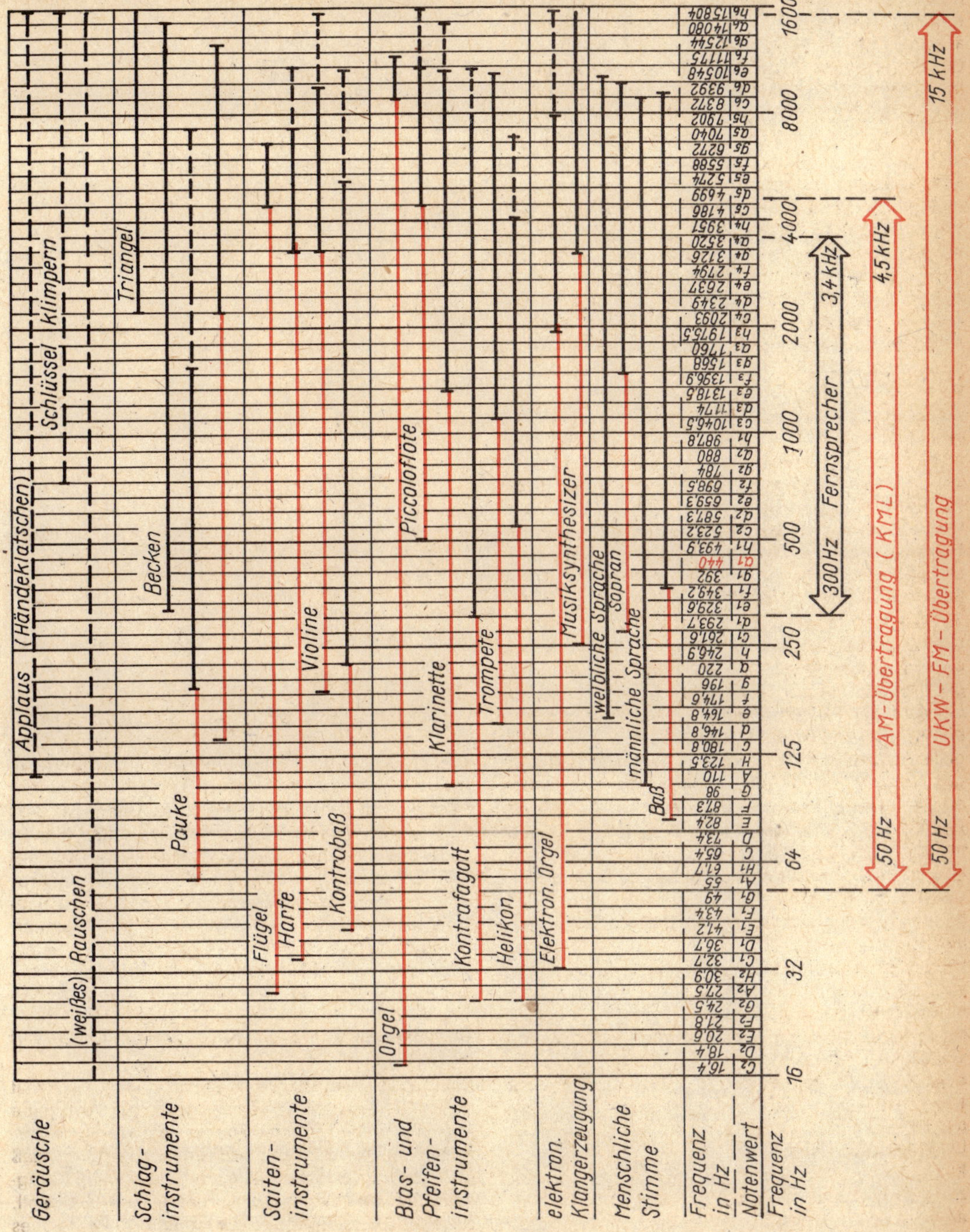

Klang (2): Tonumfang verschiedener Musikinstrumente und der menschlichen Stimme (rot: spiel- oder singbare Tonhöhe, schwarz: mitklingende Obertöne, gestrichelt: mitklingende Geräusche)

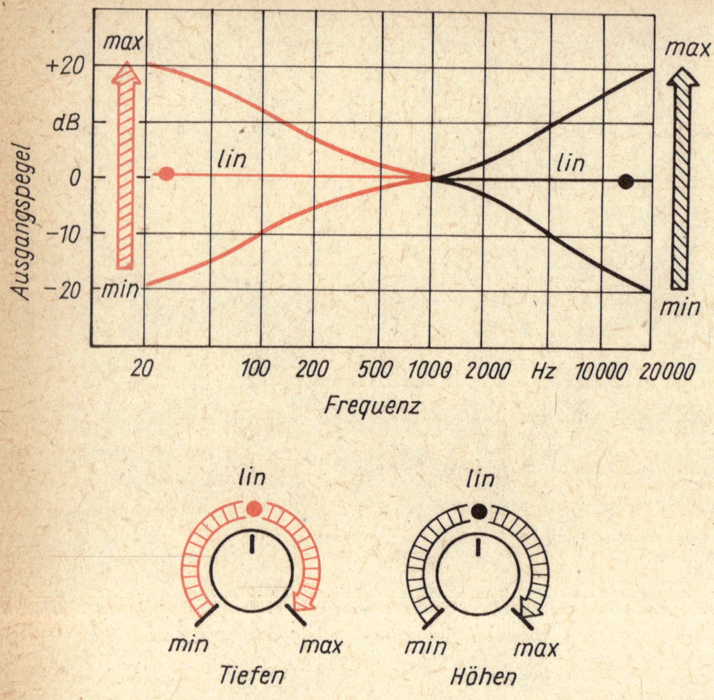

Typische Charakteristik von *Klangeinstellern*

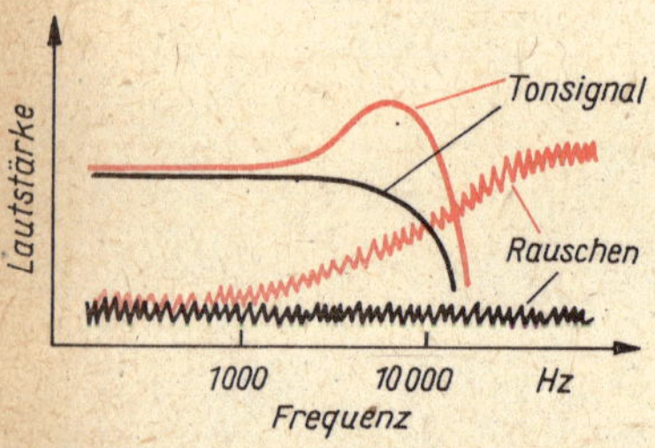

Klangeinstellung: Übertriebene Höhenanhebung bei einem einfachen Kassettengerät (schwarz: normal, rot: Klangverfälschungen und starkes Rauschen)

färbungen kommen, die mit Hilfe der K. in bestimmten Grenzen korrigiert werden können. Eine solche Korrektur ist allerdings nicht möglich, wenn unsymmetrisch absorbierende Räume bei der Stereowiedergabe zu unterschiedlicher Klangfärbung des Schalls vom rechten und linken Lautsprecher führen. In einem solchen Fall verwendet man → Equalizer. Die K. kann auch die Wiedergabe älterer, oder nach einer anderen Norm geschnittenen Schallplatten verbessern. Bei AM-Empfang lassen sich Pfeifstörungen vermindern oder übertrieben empfundene Bässe abschwächen. Abb.

Hinweis: Eine Verbesserung der Höhenwiedergabe bei einfachen Kassettengeräten mit eingeschränktem Übertragungsbereich (z. B. 50 Hz ... 10kHz) kann mit der K. nicht erreicht werden. Weil die Übertragungskurve hinter der oberen Grenzfrequenz steil abfällt, erzielt man lediglich übertriebene Präsenz der Mittenwiedergabe und verstärktes Rauschen (Abb.). Bei der K. wird häufig übertrieben: Höhen und Bässe werden überbetont eingestellt. Das richtige, aufnahmeseitig gewollte Klangbild, das sich auch zu einem Vergleich eignet, erhält man bei sehr lauter Kopfhörerwiedergabe und Klangeinstellern auf Mittelstellung.

Klangfarbe, auch Klangfärbung: Hörempfindung, nach der Schall verschiedener Schallquellen auch bei gleicher Tonhöhe, Lautstärke, Einfallsrichtung und Dauer voneinander unterschieden werden kann. Die K. kann nur subjektiv beschrieben werden; die Bezeichnungen sind nicht völlig eindeutig: dumpf, dunkel, hohl, näselnd, hell, strahlend, spitz, schrill usw.

Klangregister, Klangtasten: Tastenreihe an einem Rundfunkempfänger/NF-Verstärker zur Klangbeeinflussung durch wahlweises Einschalten von Filtern mit ausgewählten Amplitudenfrequenzgängen.

Hinweis: K. gelten als hörphysiologisch überholt, weil es charakteristische Klangbilder wie „Baß", „Orchester", „Sprache" oder „Jazz" nicht gibt.

Klangverfälschung, auch Klangverfärbung: unerwünschte Veränderung der Klangfarbe von Originalschall bei Aufnahme, Übertragung, Speicherung oder Wiedergabe, auch durch den Aufnahme- bzw. Wiedergaberaum selbst. → Amplitudenfrequenzgang, → Lautsprecherwiedergabe, → Schallreflexion, → Tonqualität, → Tonsignalmängel, → Kraftfahrzeugempfänger

Klangwaage: Kombination von Höhen- und Tiefeneinsteller in einem Bedienelement. K. können unterschiedlich auf den Amplitudenfrequenzgang wir-

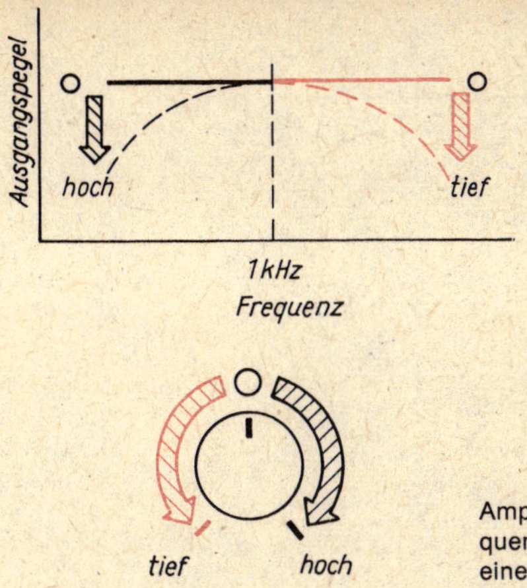

Amplitudenfrequenzgänge bei einer *Klangwaage*

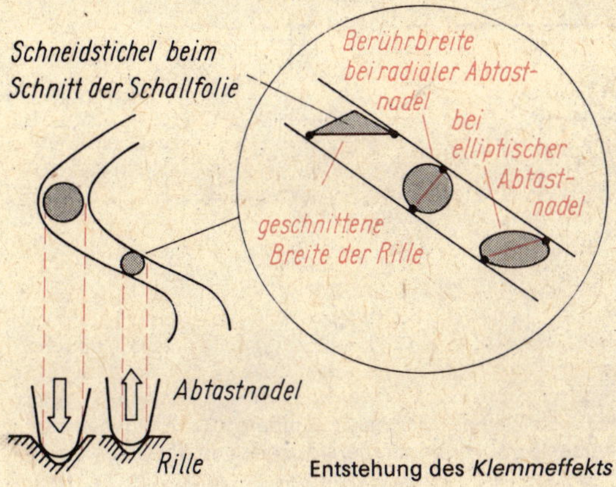

Entstehung des *Klemmeffekts*

ken, i. allg. wird in Mittelstellung ein linearer Verlauf erzielt. Beim Verstellen der K. werden in einer Richtung die Tiefen beeinflußt, in anderer Richtung die Höhen. Abb.

Klarzeichner: Schaltung zur →Bildschärfeverbesserung von Fernsehbildern. Als K. werden in →Fernsehempfängern u. a. spezielle ZF-Filter eingesetzt, mit denen impulsförmige Signale ohne nennenswerte Amplitudenabfälle und Impulsverbreiterungen übertragen werden können (→ Gruppenlaufzeit). Die ZF-Filter sind so bemessen, daß bei der Übertragung am Anfang und Ende des →Impulses ein *einmaliges Überschwingen* entsteht. Diese künstlich erzeugten Pegelerhöhungen im Bildsignal wirken sich bei der Bildwiedergabe als Betonung der Bildkonturen, als Verstärkung oder „Klarzeichnung der Kanten" im Fernsehbild aus. → Aperturkorrektur, → Crispening

Kleben von Magnettonbändern: →Cuttern, →Hinterklebeband

Klebeschiene, *Klebelehre:* Hilfseinrichtung mit flacher Nut in der Breite der zu klebenden Magnettonbänder (→Cuttern). K. ermöglichen das exakte Ausrichten der beiden zu verbindenden Magnetbandenden auf gerade Kanten. K. mit einem Schlitz für ein Messer oder eine Rasierklinge zum Schneiden ermöglichen sehr exakte Klebestellen.

Kleinstempfänger: Rundfunkempfänger mit sehr kleinen Gehäuseabmessungen, oft nur für Mittelwellen, aber auch für KML- oder UKW-Empfang. Der K. ist ein sehr leichtes und unauffälliges Empfangsgerät zur Information und Unterhaltung ohne große Ansprüche an die →Tonqualität. Bereits 1947 wurde ein K. in Form einer Armbanduhr gebaut. Heute werden K. als Taschenempfänger hergestellt oder in Kopfhörer, Brillenbügel, Armbanduhrengehäuse und tragbare Kleinstkassettenrecorder (→ „Walkman") eingebaut.

Klemmeffekt, Klemmverzerrungen, horizontale Spurverzerrungen: Erscheinung, daß eine Abtastnadel, vor allem mit rundem Querschnitt, die bei einer Schallplattenrille Seitenschrift abtastet, bei Auslenkungen mit kurzen Wellenlängen und großer Amplitude (kräftige Obertöne) infolge der enger werdenden wirksamen Rillenbreite nach oben herausgedrängt wird und somit zusätzlich vertikale Bewegungen ausführt (Abb.). Dadurch wird eine nicht vorhandene Tiefenschriftkomponente vorgetäuscht (→ Schriftart), und bei Stereoschallplatten entsteht erhöhtes Übersprechen zwischen den Kanälen. Außerdem bilden sich zusätzliche unerwünschte Obertöne, weil die Nadelspitze bei jedem Schwingungszug der Rille 2mal angehoben wird. Der K. nimmt mit sinkendem Rillendurchmesser zu. Eine elliptische → Abtastnadel vermindert ihn entscheidend. Abb.

„klemmende" Kassette:→ Bandlaufstörungen

Klemmschaltung, auch Clamping- oder Klammerschaltung: zur →Schwarzwerthaltung in der Videotechnik eingesetzte Transistor- oder Diodenschaltung. Die in der Abbildung dargestellten Schaltungsvarianten sichern, daß zu genau definierten Zeiten während der horizontalen →Austastung die dem Verstärker zugewandte Seite des Koppelkondensators auf eine Spannungsquelle mit genügend kleinem Innenwiderstand geschaltet wird. Dadurch kann in kürzester Zeit der Koppelkondensator auf den →Schwarzwert umgeladen werden – unabhängig davon, welche Restladung das Signal der vorangegangenen Zeile an ihm hinterlassen hat. Somit sichert die K. den Erhalt oder die Wiederherstellung des Schwarzwertes unabhängig von der →mittleren Bildhelligkeit der zu übertragenden Fernsehbilder. Die zeitliche Steuerung der K. wird durch mit dem → Synchronsignal fest verkoppelte horizontalfrequente *Klemmimpulse* gewährleistet. Außerhalb der zur Klammerung festgelegten Zeiten sperren die Klemmimpulse den Signalweg über die K., damit das Bildsignal während der aktiven Zeilendauer sowie der Übertragung von Synchron- und → Farbsynchronsignalen nicht verfälscht werden kann. Abb. S. 306

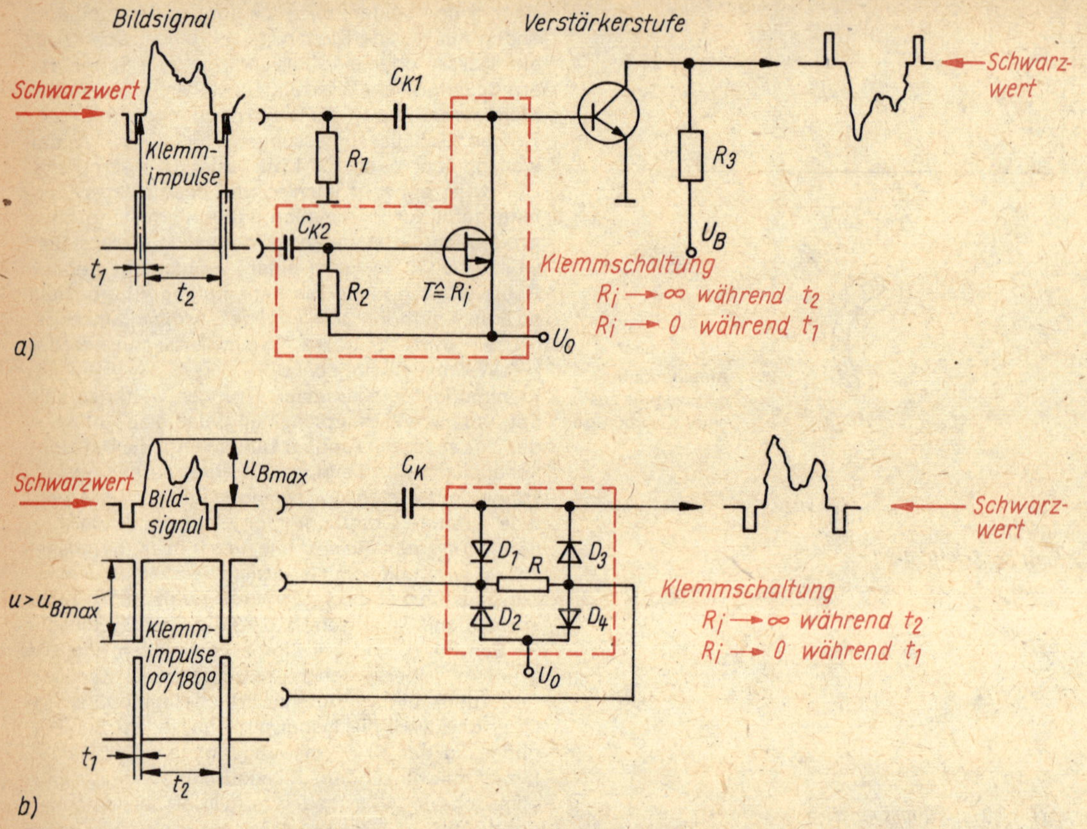

Klemmschaltungsarten: a) Klemmschaltung mit Feldeffekttransistor – für kleine Bildsignalamplituden (z. B. in Videoverstärkern), b) Vierdioden-Klemmschaltung – für große Bildsignalamplituden (z. B. vor der Steuerelektrode von Bildwiedergaberöhren)

klingende Glückwunschkarte: → tönende Glückwunschkarte

Klinkensteckverbinder: aus der Fernsprechvermittlungstechnik stammender Steckverbinder für Tonsignale. Der *Klinkenstecker (Klinkenstöpsel)* besteht aus einer axialsymmetrischen Aufreihung eines Kontaktkopfs und eines oder mehrerer ringförmiger Schaftkontakte. Die runde *Klinkenbuchse* enthält die Kontaktfedern. Sie ist z. T. mit Schaltkontakten ausgestattet, die beim Einstecken des Klinkensteckers öffnen und z. B. der Lautsprecherabschaltung dienen. Klinkenbuchsen werden als Einbau- und als Kupplungssteckdose (Kabelkupplung) hergestellt. Bei Heimtongeräten, speziell aus japanischer oder amerikanischer Produktion, wird die 2- oder 3polige *Große Japanklinke* (6,35 mm Durchmesser) als → Mikrofonstecker, die 3polige auch als → Kopfhörersteckverbinder verwendet. Außerdem sind 2- und 3polige Ausführungen nach IEC 130-8 mit 2,5 oder 3,5 mm Durchmesser *(„Minijack")* an Ohrhörern, Kleinkopfhörern z. T. auch an Monomikrofonen zu finden. K. sind besonders einfach zu handhaben, da die Verbindung „gestöpselt" werden kann, was auch bei schlechter Sicht möglich ist. Abb.

Hinweis: Beim Einstecken eines 2poligen Mikrofonklinkensteckers in eine 3polige Stereo-Klinkenbuchse erscheint das Signal nur im linken Kanal; der rechte wird gegen Masse kurzgeschlossen. Achtung: Der K. eines Mikrofons darf nicht in eine Kopfhörer-Klinkenbuchse gesteckt werden; es besteht die Gefahr der Zerstörung für das Mikrofon!

Klirren, Klirr: → nichtlineare Verzerrungen, → Klirrfaktor

Klirrfaktor k: Größe zur Beschreibung der → nichtlinearen Verzerrungen eines Signals als Verhältnis der unerwünscht entstandenen Teilschwingungen zum Gesamtsignal. Der K. wird in Prozent oder als *Klirrdämpfung* in Dezibel angegeben (→ Pegelmaß). Unter Teil-K. versteht man den K. einer bevorzugt auftretenden unerwünschten Teilschwingung (z. B. Teil-K. dritter Ordnung k_3 bei Magnettonbändern). K. äußert sich allgemein als rauhe, kratzige, verzerrte, auch klirrende Tonwiedergabe oder speziell in zischenden Tönen (→ „Spuckeffekt") bzw. „knurrigen" Bässen. Sehr hoher K. führt zu einer völlig

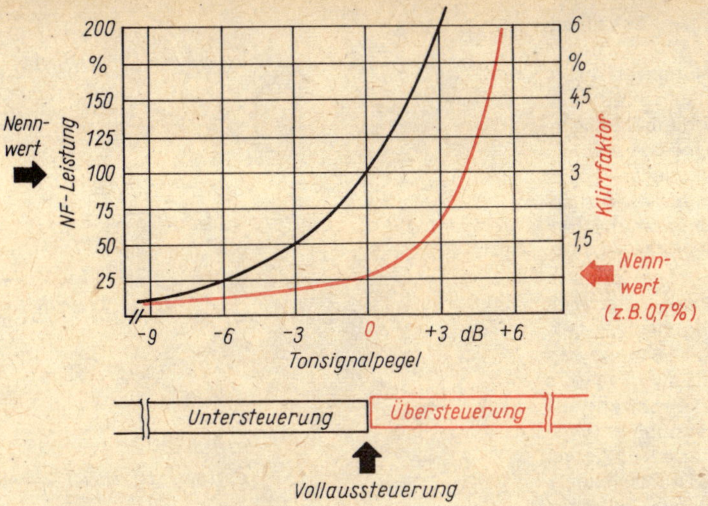

Zusammenhang zwischen Tonsignalpegel, NF-Leistung und *Klirrfaktor*

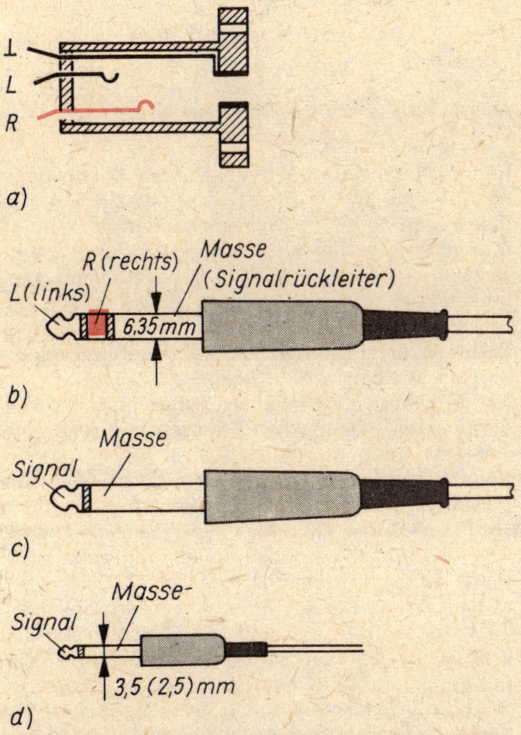

Klinkensteckverbinder – große Japanklinke: a) Klinkenbuchse, b) Klinkenstecker 3polig (Stereo), c) Klinkenstecker 2polig (Mono), d) 2poliger Klinkenstecker nach IEC 130–8

entstellten Tonreproduktion. Die Wahrnehmbarkeitsgrenze für den K. liegt bei Musik etwa bei 1 ... 2 %, bei Sprache um 5 %. Diese Werte werden von vielen modernen Geräten weit unterschritten, nur bei der Tonspeicherung (besonders auf Magnettonband) liegen sie oft noch im hörbaren Bereich (um 3 ... 5 %, → Bandfluß). Sehr viel kleinere Werte als 1 %, wie sie z. B. bei NF-Leistungsverstärkern häufig zu finden sind, könnte man als übertrieben ansehen, sie bieten jedoch eine günstige Reserve gegen Übersteuerung durch Pegelspitzen.

Hinweis: In einer Heimtonanlage bestimmt immer das Gerät mit dem höchsten K. maßgeblich den Gesamtwert für die Anlage. Das ist in den meisten Fällen der Lautsprecher. Spart man bei diesem an Kosten, so ist auch die Anschaffung eines sehr klirrarmen NF-Verstärkers unnütz.

Der K. beschreibt die Lästigkeit nichtlinearer Verzerrungen nicht besonders aussagefähig, da er immer nur bei einer Frequenz gemessen werden kann und daher nur Auskunft über die entstehenden harmonischen Teiltöne bei dieser Frequenz gibt. In der Praxis treten aber im Tonsignal sehr viele Frequenzen gleichzeitig auf, die zusätzliche, ebenso störende unharmonische Kombinationstöne erzeugen, wenn sie gekrümmte Kennlinien durchlaufen (→ Intermodulationsverzerrungen). Digital übertragene Tonsignale haben, allerdings abhängig von der Zahl der Quantisierungsstufen bei der A/D-Umsetzung, einen sehr geringen K. unterhalb der Wahrnehmbarkeitsgrenze. Abb.

KML, Abk. für **K**urz-, **M**ittel- und **L**angwellen: Sammelbezeichnung für die AM-Empfangsbereiche eines Rundfunkempfängers. → Kurzwelle, → Mittelwelle, → Langwelle

Knackstörungen, Knacken, Spratzen: kurzzeitige Störsignalspitzen. K. entstehen an schadhaften Kontaktstellen, wie Steckverbindungen, Schaltkontakten, oder in schadhaften Bauteilen. Sie können ihre Ursache auch in Funken an Lichtschaltern, anderen kontaktgebenden Bauteilen oder in Gewitterentladungen haben und hochfrequent auf die Empfangsantenne oder auf Verbindungsleitungen gelangen. Bei Schallplatten oder beim schnellen Umspulen von Magnetbändern entstehen K. infolge statischer Aufladungen des Informationsträgers. K. in Videosignalen (man spricht dann überwiegend von „Spratzern") werden als helle Lichtpunktblitze oder

Lichtlinien im Fernsehbild sichtbar. → Schallplattenpflege, → Funkstörungen

„Knüppelstereofonie“: Tonbearbeitungsverfahren, bei dem eine geeignete monofone Aufnahme, z. B. ein Dialog, am Tonmischpult so auf die beiden Stereokanäle verteilt wird, daß sich eine stereoähnliche Richtungsverteilung der Schallquellen ergibt (→ Pseudostereofonie). Die Bezeichnung K. wird abfällig auch für echte Stereoaufnahmen mit übertriebenem Rechts-Links-Effekt *(„Ping-Pong-Effekt“)* gebraucht.

Koaxialkabel, Koaxialleitung, umgangssprachlich *Koaxkabel:* zentralsymmetrisch aufgebaute, elektrisch aber unsymmetrisch wirkende Leitung, vorrangig zur Übertragung von Hochfrequenzenergie (Antennen- und Videosignale). Das K. besteht aus einem massiven *Innenleiter,* der von einer Voll- oder Hohlraumisolierung *(Dielektrikum)* umgeben ist. Der *Außenleiter* besteht z. B. aus Drahtschlauchgeflecht oder röhrenförmiger Metallfolie; er ist mit Masse und bei einer Antennenanlage über den Erdungsanschluß meistens auch mit dem Erdreich verbunden. Meist folgt noch eine nichtleitende Umhüllung aus PVC oder Polyethylen zum Schutz gegen Witterungseinflüsse. Dieser Aufbau macht das K. besonders unempfindlich gegen jegliche Störeinstrahlung. Seine Verlegung ist unkritisch und kann auch unter Putz oder in Metallrohren erfolgen. Für die übertragene Energie entsteht eine längenabhängige Dämpfung, die mit wachsender Frequenz ansteigt (z. B. für einen bestimmten Kabeltyp bei 5 MHz: 5 dB/100 m, bei 500 MHz: 20 dB/100 m). Die Dämpfung ist vom Kabeltyp und von der Alterung abhängig; je dicker ein K. ist, um so geringer wird die Dämpfung. Durch das konstruktiv gewählte Verhältnis von Dicke des Innenleiters zu Abstand zum Außenleiter wird der → Wellenwiderstand festgelegt. K. werden für Videosignale ausschließlich verwendet und sind auch der bevorzugte Kabeltyp in Empfangsantennenanlagen. Der Wellenwiderstand beträgt in beiden Fällen 75 Ω. Die höheren Anschaffungskosten von K. gegenüber anderen Kabelarten werden i. allg. durch die größere Sicherheit gegen Störeinstrahlung und die längere Lebensdauer mehr als wettgemacht. Abb.

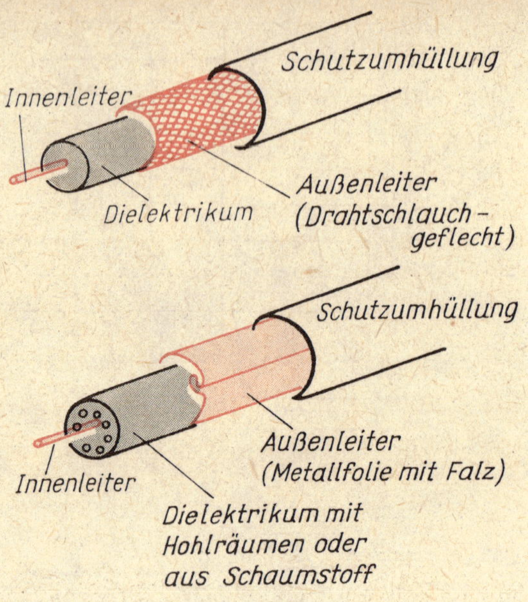

Aufbau verschiedener *Koaxialkabel*

Koaxiallautsprecher: radialsymmetrisch aufgebaute Lautsprecherkombination, bei der das Hochtonsystem vor der Membran des Tieftonsystems angeordnet ist. Der K. ist raumsparend; eine Zweiwegebox kann mit der Frontplattengröße der Tieftonmembran gebaut werden. Der K. hat auf Grund der etwa gleichlangen Schallwege von hohen und tiefen Tönen zum Zuhörer nur sehr geringe Phasenverzerrungen (naturgetreue Übertragung von Impulsschall) und eine gleichmäßige radialsymmetrische Schallbündelung.

Koaxkabel: → Koaxialkabel

Kode, Code: Vorschrift für die eindeutige Zuordnung zwischen 2 Mengen. K. werden benutzt, um Informationen von einer gegebenen Darstellungsform in eine andere, meist verschlüsselte Form zu übertragen. In der → Digitaltechnik erfolgt eine Informationsübermittlung und -verarbeitung grundsätzlich durch vereinbarte Zeichenzusammenstellungen von „0“ und „1“, z. B. → BCD-Kode, → ASCII-Kode. → Kodierung

Kodek, Codec: Kunstwort für eine Gerätekombination aus → **Ko**der und → **Dek**oder.

Koder, *Coder,* auch Kodierer: Baugruppe zur → Kodierung von elektrischen Signalen. → Farbkoder, → Stereokoder

Koderkennimpulse, *K-Impulse,* Burst-Einblendimpulse: Folge von Impulsen, die in Farbkodern dafür sorgt, daß der → Burst dem Bildsignal zur richtigen Zeit und für die richtige Dauer zugesetzt wird. (→ PAL-Farbfernsehverfahren, → NTSC-Farbfernsehverfahren). Die K. werden im → Fernsehimpulsgeber gemeinsam mit anderen Gleichlaufsignalen erzeugt. In Geräten mit eingebautem Fernsehimpulsgeber und Farbkoder (z. B. Videokameras) erfolgt die interne Versorgung. Demgegenüber werden K. in Fernsehstudiokomplexen den Bildquellen extern zugeführt. Für die K. sind folgende Normwerte (lt. CCIR-Norm) verbindlich: Folgefrequenz $f_H = 15\,625$ Hz, Periodendauer $T = 64\,\mu s \mathrel{\hat{=}} H$, Impulsdauer $\tau = 2{,}26\,\mu s$, Verzögerung zum → Horizontalsynchronimpuls $t_V = 5{,}6\,\mu s$.

Kodierung: Vorgang, bei dem eine Information aus gegebener Form in eine andere analoge (z. B. Farbkodierung bei den verschiedenen → Farbfernsehverfahren) oder digitale Darstellungsform entsprechend einer vereinbarten Vorschrift (→ Kode) in

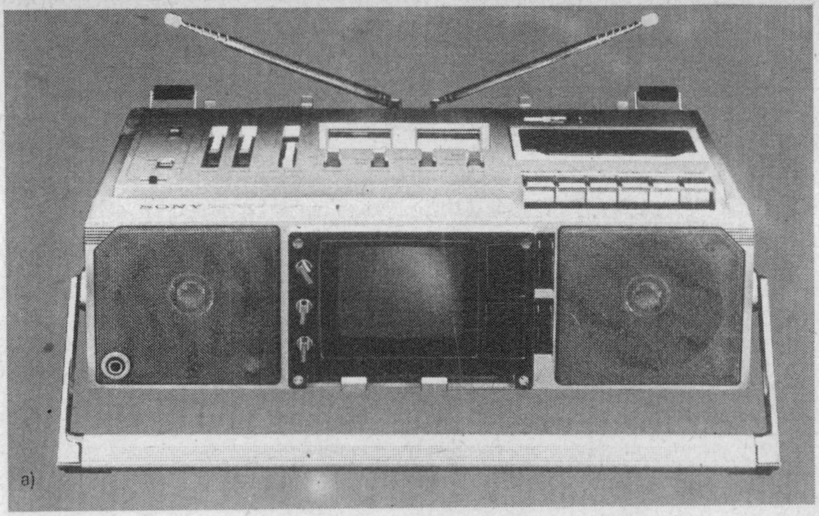

a)

Ausführungsformen von *Kofferfernsehgeräten* (Auswahl):
a) Kombination von Fernsehgerät und Stereo-Radiorecorder,
b) Farbportable
c) VHF-/UHF-Miniatur-Fernsehgerät

b)

c)

einem *Koder* umgesetzt wird. Bei digitaler K. unterscheidet man zwischen *Quellen-K.* und *Kanal-K.* Bei der Quellen-K. wird die Information einer analogen oder digitalen Signalquelle unter Weglassung nichtrelevanter Inhalte in eine digitale Form (→ digitales Signal) überführt, mit dem Ziel eine geringe → Bitrate zu erhalten. Eine wichtige Methode der Quellen-K. ist die → Pulskodemodulation. Aufgabe der Kanal-K. ist es, ein vorliegendes digitales Signal (zum Beispiel von der Pulskodemodulation) optimal an den jeweiligen Übertragungskanal anzupassen.

Kofferempfänger: → Reiseempfänger

Kofferfernsehgerät, auch *TV-Portable:* tragbarer → Fernsehempfänger. Die Größe und der Aufbau von K. gestatten den Transport und Betrieb des Geräts entsprechend der individuellen Wünsche und Bedürfnisse des Fernsehzuschauers in vielerlei Hinsicht (Zweitgerät, Nutzung im Haus, im Garten, beim Camping usw.). Typische Merkmale von K. sind: → Bildschirmdiagonalen mit 7 cm ... 40 cm, Netz- oder/und Batteriebetrieb, Betrieb mit Gehäuse-Aufbauantenne und externem Antennenanschluß. K. werden auch als Kombination mit Radiorecordern gebaut. (Stereo-TV-Portable). → Farbportable, → Betrachtungsabstand (Abb.)

Kohlemikrofon: → Mikrofon

Koinzidenzfehler: → Zeitversatz

HiFi-Stereo-*Kompaktanlage*

Koinzidenzmikrofon: → Stereomikrofon

Kolorierung: Einfärbung, i. d. R. eines Helligkeitsbilds. Die K. ist ein grundlegendes Element der kompatiblen → Farbfernsehverfahren. Durch das → Leuchtdichtesignal, das die gesamte Videobandbreite umfaßt, wird ein Schwarz-Weiß-Fernsehbild erzeugt. Dieses liefert mit der Leuchtdichteverteilung die Konturen im Farbfernsehbild und ist damit bestimmend für die → Bildschärfe. Bei der K. wird dem voll auflösenden Helligkeitsbild die → Farbart zugefügt. Das kann mit verminderter Auflösung erfolgen, ohne daß der Gesamtbildeindruck darunter leidet. In der Konsequenz können durch die K. die Signale, die Träger der Farbartinformation sind (→ Farbdifferenzsignal, → Farbartsignal), mit verminderter Bandbreite übertragen werden. Früher wurde die K. als Methode der nachträglichen Farbgebung für Schwarz-Weiß-Fotografien – durch „großflächiges Ausmalen" – angewandt. → Farbfernsehen, → Auflösung (s. auch Abb. Farbanhang), → Prinzip der konstanten Leuchtdichte

Kombidekoder: → Farbdekoder für verschieden kodierte → vollständige (Farb)Bildsignale. Ein K. ist unter weitestgehend mehrfacher Nutzung seiner einzelnen Funktionseinheiten in der Lage, die nach unterschiedlichen → Farbfernsehverfahren kodierten Farbbildsignale in die Grundsignalformen des Farbfernsehens (→ Farbwertsignale bzw. → Farbdifferenzsignale und → Leuchtdichtesignal) zurückzuführen. Dabei erfolgt die Umschaltung der verfahrensabhängigen Signalwege im K. i. d. R. automatisch, gesteuert vom jeweiligen → Farbsynchronsignal. → Mehrnormempfänger, → Systemumschaltung, → SECAM-PAL-Konverter, → PAL-SECAM-Adapter, → Transkoder

Kombikopf: kombinierter Magnetkopf für Aufzeichnung und Wiedergabe (→ Magnettonkopf, → Videokopf). Bei Tonbandgeräten wird der K. auch *Sprech-Hör-Kopf* genannt.

Kometenschweif: → Ausflammen

Kompaktanlage: Kombination von HiFi-Tongeräten in einem gemeinsamen Gehäuse. Eine K. umfaßt i. allg. Rundfunkempfänger, Plattenspieler, Kassettentonbandgerät und getrennt stehende (abgesetzte) Lautsprecherboxen. Verbindungsleitungen entfallen weitestgehend, bei Reparaturen muß das komplette Gerät in die Werkstatt. Abb.

Kompaktbox: → Lautsprecherbox

Kompaktkamera: Video- oder Fernsehkamera, bei der die vollständige, zu ihrer Funktion benötigte Elektronik (Videoverstärker zur Signalaufbereitung, → Farbkoder, Impulsteil u. a.; → Kamerabetriebsgerät) im Kameragehäuse selbst eingebaut ist. K. sind mit optischem oder eingebautem bzw. aufsteckbarem elektronischen Sucher ausgerüstet. → Handkamera, → Videokamera, → Fernsehkamera

Kompaktkassette (engl. Compact Cassette, Abk. CC): → Tonbandkassette

Kompaktselektion: Herauslösen einer gewünschten Frequenzgruppe oder eines Frequenzbands aus einem für die Nachrichtensignalübertragung genutzten umfassenderen Frequenzbereich. Dabei ist das Ziel die Weiterverarbeitung der durch K. gewonnenen Signale in entsprechenden Nachrichtengeräten (Demultiplexer, Wiedergabegeräte usw.) oder auch elektronischen Schaltungen bzw. Baugruppen (z. B. Bild-ZF-Verstärker im Fernsehempfänger). Aktuelle Beispiele für die Anwendung der K. bietet insbesondere der → Satellitenfunk. Hier erfolgt z. B. beim Einsatz von Nachrichtensatelliten als „kosmisches Fernamt", bei einer vorliegenden Berechtigung der jeweiligen Bodenstation,

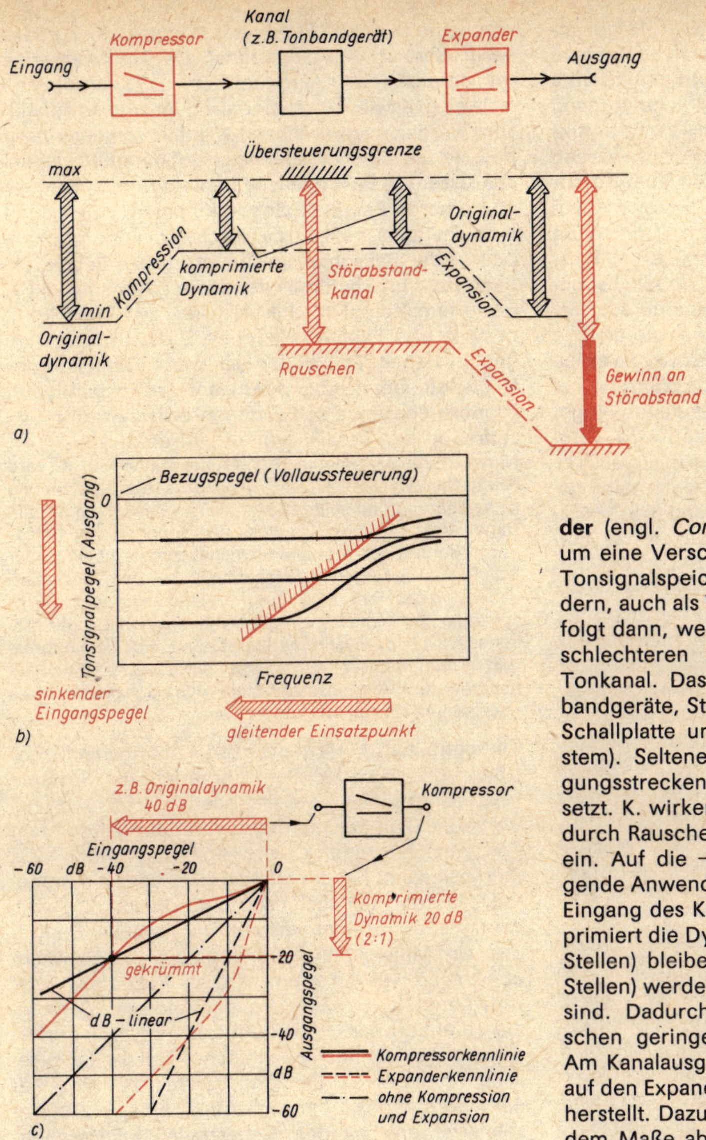

Kompander:
a) Störabstandsverbesserung im Kanal,
b) Kennlinien eines Sliding Band Kompanders,
c) verschiedene Kompandierungskennlinien (schwarz: dB-linear, rot: nichtlinear)

die Herauslösung eines Signalanteils aus einem multiplexen Summensignal. Auch die Umsetzung von ganzen Kanalgruppen aus den Frequenzbereichen des Satellitenfernsehens (4 ... 6 GHz, bzw. 11 ... 13 GHz) in die terrestrischen Rundfunkfrequenzbereiche, speziell die Bereiche III ... V des Fernsehrundfunks, ist als K. zu bezeichnen. → Fernsehnorm

Kompander, Kunstwort aus **Kom**pressor und Expan**der** (engl. *Compander*): elektronische Baugruppe, um eine Verschlechterung des → Störabstands bei Tonsignalspeicherung oder -übertragung zu verhindern, auch als Vorschaltgerät. Der Einsatz von K. erfolgt dann, wenn Abschnitte eines Tonkanals einen schlechteren Störabstand haben als der übrige Tonkanal. Das betrifft hauptsächlich Kassettentonbandgeräte, Studiotonbandgeräte bei Rundfunk und Schallplatte und die Schallplatte selbst (→ CX-System). Seltener werden K. bei Rundfunk-Übertragungsstrecken oder bei der HF-Übertragung eingesetzt. K. wirken am *Eingang und am Ausgang* eines durch Rauschen gestörten Tonkanals auf das Signal ein. Auf die → Dynamik bezogen ergibt sich folgende Anwendung des K.: Der Kompressor liegt am Eingang des Kanals (meist Tonbandgerät) und komprimiert die Dynamik des Signals. Hohe Pegel (laute Stellen) bleiben unbeeinflußt, geringe Pegel (leise Stellen) werden um so mehr verstärkt, je kleiner sie sind. Dadurch vergrößert sich der Abstand zwischen geringen Nutzsignalpegeln und Rauschen. Am Kanalausgang gelangt das komprimierte Signal auf den Expander, der die originale Dynamik wieder herstellt. Dazu werden die niedrigen Signalpegel in dem Maße abgeschwächt, wie sie im Kompressor verstärkt wurden. Weil das im Übertragungskanal zwischen Kompressor und Expander hinzugekommene Rauschen noch unterhalb der kleinsten Nutzsignalpegel liegt, wird es im Expander besonders stark vermindert. Man erzielt eine Verbesserung des Störabstands im Kanalabschnitt zwischen Kompressor und Expander, deren Größe (Gewinn) vom verwendeten K.-Typ abhängt (Abb. a). Bei sehr lauten Stellen wird zwar das im Kanal vorhandene Grundrauschen auch verstärkt wiedergegeben, jedoch wird es von den lauten Nutzsignalen übertönt (→ Verdeckungseffekt). Kompressor und Expander sind ihrer Funktion nach komplizierte Regelverstärker, bei denen die Verstärkung mit der Größe ihres

Eingangssignals geändert wird. Dieser Regelvorgang muß sehr schnell einsetzen, damit auch kurze Pegelspitzen im Signal ausgeregelt werden können und das Band nicht übersteuern. Der Regelvorgang muß aber relativ langsam abklingen, damit tieffrequente Schwingungszüge nicht verformt werden (rauhe Bässe). Das Regelverhalten von Kompressor und Expander muß in Größe und zeitlichem Verlauf der Verstärkungsänderungen exakt gegenläufig sein (Komplementärverhalten), damit das Signal nach dem Durchlaufen beider Geräte möglichst unverändert ist. Daher wird bei Heimbandgeräten für Kompression und Expansion fast immer die gleiche Baugruppe verwendet, bei der nur das Regelverhalten komplementär umgeschaltet wird. Während bei *Studio-K.* das Frequenzband in 4 Bereiche (Wege) aufgeteilt und jeder einzeln kompandiert wird – störende Nebenerscheingungen lassen sich so leichter eliminieren –, benutzt man in der Unterhaltungselektronik aus Kostengründen vorrangig einkanalige K. *(Einweg-K.),* die entweder das ganze Frequenzband kompandieren *(Breitband-K.)* oder (häufiger) nur den oberen Frequenzbereich (ab etwa 800 Hz) mit dem besonders störenden Rauschen. K., bei denen die Frequenzgrenze des Kompandereinsatzes pegelabhängig verschoben wird, heißen *Sliding Band-K.* (K. mit gleitender Bandbreite, Abb. b). Studio-K. sind die Typen Dolby A, telcom c 4 und eine spezielle Variante des → dbx. Zu den wichtigsten einkanaligen K. für Kassettengeräte zählen → Dolby B, → Dolby C, → High Com, → dbx, → ADRED und → ANRS.

Hinweis: Die einzelnen K.-Typen sind untereinander nur in Ausnahmefällen kompatibel, d. h., bei Benutzung unterschiedlicher Systeme bei Aufzeichnung und Wiedergabe können sich → Dynamikverzerrungen ergeben.

Man unterscheidet zwischen K. mit *db-linearer Kompandierungskennlinie* und solchen mit *gekrümmter Kennlinie* (Abb. c). Während bei linearer Kennlinie der Eingangspegel des K. und damit die Aussteuerung keine dominierende Rolle spielt, muß bei K. mit gekrümmter Kennlinie (z. B. alle Dolby-Systeme) auf besonders exakte Aussteuerung geachtet werden. Außerdem üben Abweichungen vom vorgeschriebenen Bandtyp einen negativen Einfluß aus (Dynamikverzerrungen). Der *Kompressionsgrad* eines K. gibt an, um welchen Faktor die Originaldynamik des Signals auf dem Band vermindert wird. Üblich sind Kompressionsgrade um 2. Besonders geringe Nebenerscheinungen weisen K. auf, die einen geringen Kompressionsgrad bei großem Eingangspegelbereich und eine dB-lineare Kompandierungskennlinie haben. In diesem Fall ergeben sich auch geringe Dynamikverzerrungen, wenn komprimierte Bänder einmal ohne Expander abgespielt werden. Beim Einsatz eines K. können eine Reihe störender Nebenerscheinungen auftreten: a) Abweichungen vom geradlinigen Amplitudenfrequenzgang im Kanal zwischen Kompressor und Expander erscheinen um den Faktor des Kompressionsgrades vergrößert im Ausgangssignal. Da Tonbandgeräte im Bereich tiefer Frequenzen z. T. erhebliche → Welligkeit des Amplitudenfrequenzgangs aufweisen, werden auch Breitband-K. meist so konstruiert, daß sie die tiefen Frequenzen unbeeinflußt passieren lassen. b) Bei ungünstig bemessenen K. kann es zu hörbaren Regelvorgängen kommen, es ergeben sich rhythmische Lautstärkeschwankungen („Pumpen") oder Rauschfahnen bei abruptem Pegelrückgang bzw. im Rhythmus der Bässe („Atmen"). c) Bei gestörtem Komplementärverhalten zwischen Kompressor und Expander können Dynamikverzerrungen entstehen. Das ist der Fall, wenn Tonband oder K. übersteuert werden oder wenn im Tonbandgerät größere Phasenverschiebungen zwischen den Einzelfrequenzen des Tonsignals auftreten. Abb.

Hinweis: Bei der Angabe technischer Daten von K. wird häufig der „Dynamikgewinn" genannt. Diese Bezeichnung ist irreführend und sollte besser durch „Gewinn an Störabstand" ersetzt werden. Ob dieser Gewinn tatsächlich einer Vergrößerung der Programmdynamik zugute kommt oder lediglich zu geringerem Störgeräusch bei der Tonwiedergabe führt, ist vom jeweiligen Verwendungszweck des K. abhängig. Schließlich kann der Dynamikgewinn sogar größer sein als der Zuwachs an Störabstand, weil bei unhörbarem Grundgeräusch der „Sicherheitsabstand" zwischen Rauschen und den leisesten Stellen des Schallereignisses noch verringert werden könnte.

Kompatibilität: Verträglichkeit unterschiedlicher Übertragungs- oder Speicherverfahren, Systeme bzw. Baugruppen untereinander. 1) *Hörrundfunk:* Verträglichkeit der monofonen mit der stereofonen Tonsignalübertragung. K. liegt vor, wenn aus Stereosignalen bei der Wiedergabe über ein monofones System ein technisch und künstlerisch vollwertiges Monosignal entsteht. Der umgekehrte Fall, daß ein Monosignal auch über ein Stereosystem übertragen werden kann, wird als *Rekompatibilität* bezeichnet. K. und Re-K. bei der Zweikanalstereofonie garantiert das → Pilottonverfahren. K. ist erforderlich, weil ein noch beachtlicher Teil der Bevölkerung monofone Empfangsgeräte betreibt. 2) *Fernsehrundfunk:* Verträglichkeit eines Farbfernsehverfahrens mit dem Schwarz-Weiß-Fernsehen. K. ermöglicht eine unbunte Wiedergabe von Farbfernsehsendungen auf Schwarz-Weiß-Fernsehempfängern sowie von Schwarz-Weiß-Fernsehsendungen auf Farbfernsehempfängern (letzteres *ebenfalls oft als Re-K.* bezeichnet).

Hinweis: Bei den verschiedenen Farbfernsehverfahren untereinander besteht keine K., so daß der Empfang unterschiedlicher Farbfernsehverfahren (z. B. PAL/SECAM) stets an den Einsatz der spezifischen → Farbdekoder gebunden ist.

Komponentenanlage, Komponentensystem: → Anstellkombination, → Portable, → Videorecorder, → Zweitonempfänger

Kondensator, unexakt auch Kapazität: passives elektrisches Bauelement, dessen charakteristische

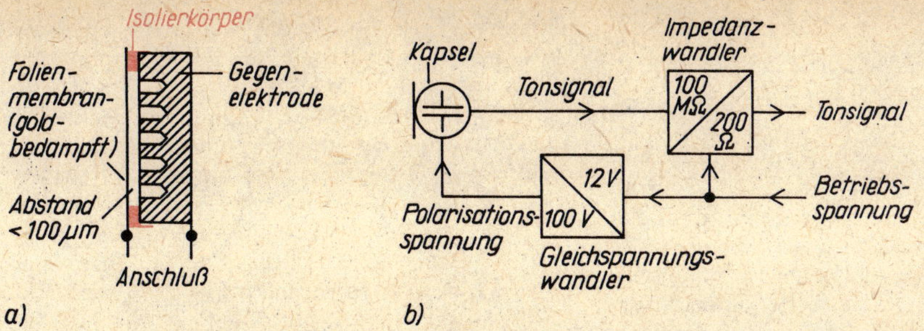

Kondensatormikrofon (1):
a) Aufbau einer Kondensatormikrofonkapsel,
b) komplettes Kondensatormikrofon in NF-Schaltung

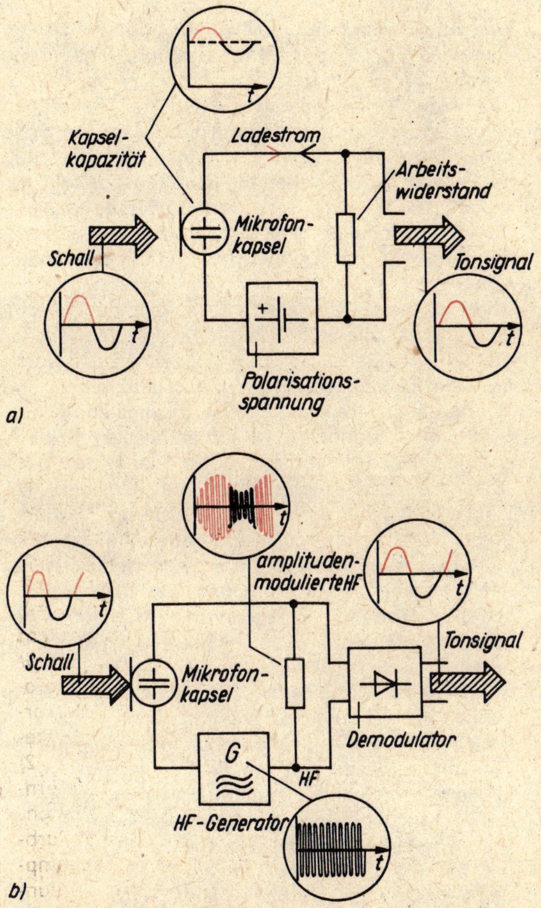

Funktionsprinzipien des *Kondensatormikrofons* (2): a) NF-Schaltung, b) HF-Schaltung

Größe die *Kapazität C* ist. K. bestehen aus 2 voneinander isolierten, flächenhaften Elektroden. Die Größe der Kapazität hängt von der Fläche und dem Abstand der Elektroden sowie vom verwendeten *Dielektrikum*, dem Stoff zwischen den Elektroden, ab. Je nach Material der Elektroden und der Dielektrika gibt es verschiedene Ausführungsformen: z. B. Folien-K., Papier-K., Metall-Papier-K. (MP-K.), → Elektrolytkondensator, Keramik-K. K. mit mechanisch veränderbarer Kapazität sind → *Drehkondensatoren* und → *Trimmer*. K. werden als Trenn-, Koppel- und Ladungsspeicherelement und als frequenzbestimmendes Element bes. in → Schwingkreisen und → Filtern gebraucht.

Kondensatormikrofon, elektrostatisches Mikrofon: hochwertiges Mikrofon mit elektrostatischem Wandlungsprinzip, hauptsächlich für professionelle Anwendungen. Beim K. ist eine wenige Tausendstelmillimeter dünne, metallisierte Folienmembran in geringem Abstand vor einer festen Gegenelektrode isoliert eingespannt. Membran und Gegenelektrode bilden einen → Kondensator, der beim Auftreffen von Schall im Schwingungsrhythmus seine Kapazität ändert. Zur Gewinnung des Tonsignals aus den Kapazitätsänderungen gibt es mehrere Prinzipien. Beim *NF-K.* wird eine etwa 60 ... 200 V große Gleichspannung *(Polarisationsspannung)* an die Elektroden angelegt (Abb. a). Die vom auftreffenden Schall bewirkten Kapazitätsänderungen verändern den Strom durch den Arbeitswiderstand im Takt der Schallschwingungen, und es entsteht das Tonsignal. Beim → *Elektretmikrofon* ist keine von außen anzulegende Polarisationsspannung erforderlich. Um dem NF-K. einen niederohmigen Ausgangsscheinwiderstand zu geben (üblich sind 200 Ω), ist ein transistorisierter → *Impedanzwandler* erforderlich, der Bestandteil des K. ist. Beim *HF-K.* gewinnt man in einem HF-Generator eine Hochfrequenzschwingung, die von den Kapazitätsschwankungen des K. amplitudenmoduliert wird (Abb. b). Nach anschließender Demodulation entsteht das Tonsignal. Mit dieser Schaltung läßt sich eine ausgezeichnete Tonqualität, vor allem geringes Rauschen erzielen, jedoch benötigt auch der HF-Generator eine Betriebsspannung. Diese bei allen K. erforderliche Betriebsspannung ist auch ihr Hauptnachteil. Vorteilhaft dagegen sind die relativ große Ausgangsspannung (ca. 8 ... 20 mV/Pa) und die sehr geringe Membranmasse, die das K. unempfindlich gegenüber Körperschall macht und die brillante Abbildung der Ein- und Ausschwingvorgänge aller Klangstrukturen sichert. K. lassen sich für alle Richtcharakteristiken herstellen, die bei Anwendung des Doppelmembranprinzips auch elektrisch umschaltbar sind. → Phantomspeisung, → Tonaderspeisung, → Niederspannungs-Kondensatormikrofon (Abb.)

„Konfettiregen“: → Bildrauschen

Kontaktöl: Flüssigkeit zum Reinigen und Korrosionsschutz von elektrischen Kontakten und zum Schmieren elektromechanischer Antriebsteile verschiedenartiger Schalter und Einsteller. K. entfernt hauptsächlich Schmutz-, Oxid- bzw. Sulfidschichten, die eine einwandfreie Kontaktgabe der Elemente verhindern, und gewährleistet einen längerfristigen Korrosionsschutz. Entsprechend der früher eingesetzten Schaltertechnik in Rundfunkgeräten, wird K. vielfach auch als „Wellenschalteröl“ bezeichnet. → Kontaktspray

Hinweis: Der Einsatz von K. erfordert i. d. R. einen Eingriff in das Gerät, der nur vom Fachmann unter Beachtung des Arbeits- und Gesundheitsschutzes durchzuführen ist. K. kann man beispielsweise einsetzen, wenn Lautstärkeeinsteller u. ä. bei der Betätigung ein Prasseln in der Tonwiedergabe verursachen oder wenn eine gewünschte Schaltfunktion erst nach mehrmaligem Betätigen des entsprechenden Schalters (z. B. Wellenbereichs-, Kanalumschalter) erreicht wird. Sind die in Frage kommenden Kontaktstellen bekannt, wird auf diese mit einem Holzspan, einer für medizinische Zwecke nicht mehr genutzten Injektionsspritze u. ä. eine geringe Menge K. aufgetragen. Nach kurzer Einwirkzeit kann durch mehrmaliges Betätigen des Kontakts (Drehen des Einstellers, Betätigen der Drucktaste usw.) eine „Selbstreinigung“ der entsprechenden Kontaktstellen erreicht werden. Bei starker Verschmutzung und guter Zugriffsmöglichkeit zur Kontaktstelle sollte der Vorgang mehrfach wiederholt und durch Einsatz weiterer Reinigungsmittel (Lappen, Fließpapier u. ä.) unterstützt werden. Die Wirkung von K. ist begrenzt. Führt der Einsatz nicht zum gewünschten Ziel, sind die betreffenden Schaltelemente zu ersetzen. Vom Einsatz größerer Mengen K. ist abzuraten, da durch die verbleibende Flüssigkeit Schmutz an der Kontaktstelle gebunden wird und außerdem abtropfendes K. unerwünschte chemische Reaktionen in der Umgebung des Kontaktelements verursachen kann. Im Gegensatz zum K. ist *Kontaktspray* günstiger anwendbar.

Kontaktspray: in Sprayform angebotenes Mittel zum Reinigen und Korrosionsschutz von elektrischen Kontakten und zum Schmieren elektromechanischer Antriebsteile verschiedenartiger Schalter und Einsteller. Mit Hilfe von K. werden hauptsächlich Schmutz-, Oxid- bzw. Sulfidschichten, die eine einwandfreie Kontaktgabe verhindern, gelöst und beseitigt sowie ein längeranhaltender Korrosionsschutz der Kontaktelemente gewährleistet.

Hinweis: Der Einsatz von K. erfordert i. d. R. einen Eingriff in das entsprechende Gerät, der nur vom Fachmann unter Beachtung des Arbeits- und Gesundheitsschutzes durchzuführen ist. Um die gewünschte Wirkung am richtigen Ort zu erzielen, ist das mitgelieferte Plasteröhrchen auf den Austritt der Sprayflasche aufzusetzen (nie wahllos, großflächig sprayen). K. gestattet, durch kleinste Öffnungen, zusätzlich angebrachte Bohrungen u. ä. auch in gekapselten Bauelementen die Kontaktstellen zu erreichen. Hierin und in der besseren Dosierbarkeit liegen die Vorteile des K. gegenüber dem → *Kontaktöl.* Ansonsten gelten die unter „Kontaktöl“ gegebenen Hinweise im übertragenen Sinn.

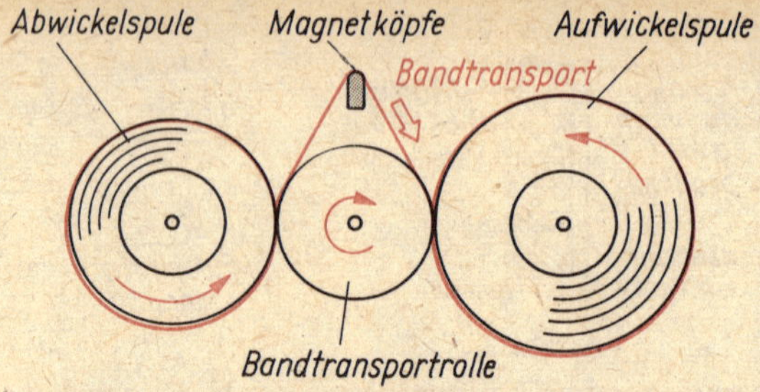

Bandverlauf beim *Kontaktwickelprinzip*

Kontaktwickelprinzip: in Magnetbandgeräten angewendetes Prinzip des Bandtransports. Eine große Bandtransportrolle befindet sich so zwischen Ab- und Aufwickelspule, daß die äußeren Bandlagen beider Wickel direkten Kontakt zur Transportrolle haben (Abb.). Die Wellen der Wickelspulen werden mit Federn ständig gegen die Bandtransportrolle gedrückt. Das K. wird vorzugsweise für hohe Bandtransportgeschwindigkeiten z. B. zur Bildaufzeichnung im → Längsspurverfahren (→ LVR) verwendet. Abb.

Kontrast (engl. Contrast): Verhältnis der Leuchtdichtewerte zweier beliebiger, in Bezug gesetzter Stellen eines Bilds. Um im → Fernsehen den durch das Übertragungsverfahren, die Bildaufnahme- und Wiedergaberöhren möglichen maximalen K. (ca. 1 : 50) voll auszunutzen, ist aufnahmeseitig eine Anpassung der Bildvorlage oder Szene bezüglich „Bildschwarz“ (Grundhelligkeit) und „Bildweiß“ (maximale Helligkeit) an die standardisierten → Videopegel vorzunehmen. Wiedergabeseitig ist über → Helligkeitseinstellung und → Kontrasteinstellung entsprechend der Raumhelligkeit das Optimum zwischen Bildkontrast, -helligkeit und → Gradation des Fernsehbilds anzustreben. → Kontrastregelung, automatische, → Farbkontrast

Kontrasteinstellung (engl. Contrast Control): Möglichkeit an → Fernsehempfängern oder → Bildkontrollempfängern, den → Kontrast entsprechend des Fernsehbildinhalts und der Raumhelligkeit optimal einzustellen. Schaltungstechnisch wirkt die K. als Verstärkungsänderung im Videosignalweg (i. d. R. Videoverstärker) der Geräte. Sie ist so konzipiert, daß bei richtiger Einstellung der → Grundhelligkeit des Fernsehbilds (s. Abb. → Helligkeitseinstellung) stets die Gesamtkennlinie der → Bildwiedergaberöhre – beginnend am → Sperrpunkt – ausgenutzt werden kann. → Kontrastregelung, automatische

Hinweis: K. und Helligkeitseinstellung sind über den Bildinhalt voneinander abhängig und beeinflussen die → Gradation des Fernsehbilds. Ihre optimale Einstellung kann, eine richtige → Fernsehempfängeraufstellung vorausgesetzt, während der Übertragung eines → Testbilds im → Fernsehrundfunk (→ Sendetestbild, → Farbbalken) erfolgen. Dabei ist durch wechselseitige Veränderung der K. und Helligkeitseinstellung das Fernsehbild so einzustellen, daß alle

Stufen des Graukeils (Grautreppe) im Sendetestbild, bzw. alle Stufen des Farbbalkens (→Farbtaste auf „aus" oder Einsteller Farbe auf „Linksanschlag") in annähernd gleichen Grauabstufungen zwischen Schwarz und Weiß sichtbar werden. Es empfiehlt sich, die Optimalstellung der entsprechenden Regler am Fernsehgerät danach zu kennzeichnen, da es teilweise vorübergehend erforderlich wird (starke Abweichung der Raumhelligkeit vom Normallicht, schlechte Gradation des übertragenen Fernsehbilds), beide Einstellungen zeitweise operativ zu korrigieren, um eine vertretbare Bildqualität zu erreichen.

Kontrastreglung, automatische (engl. Automatic Contrast Control, Abk. ACC): in Verbindung mit der → Raumlichtautomatik wirkende Regelschaltung, die einen optimalen → Kontrast des Fernsehbilds während des laufenden Fernsehprogramms gewährleistet. Voraussetzung für eine gut wirkende K. ist eine richtige →Kontrasteinstellung z. B. an Hand des → Sendetestbilds unter der Bedingung einer normalen Raumhelligkeit. →Fernsehempfängeraufstellung

Kontrollspur, *Synchronspur, Steuerspur, Regelspur:* **1.** I. w. S. Hilfssignalspur auf einem Informationsträger. – **2.** I. e. S. streifenförmige, magnetisierte Zone auf einem Videoband. Auf der K. wird eine Impulsfolge aufgezeichnet, die von den Vertikalsynchronimpulsen des Videosignals abgeleitet wird oder der Drehzahl des Kopfrads entspricht. Bei der Wiedergabe dient die K. als Träger des Bezugssignals (Referenz) für das → Servosystem, besonders des →Bandservos.

Kontursteller: andere Bezeichnung für →Klangeinsteller.

Konusmembran:→ elektrodynamischer Lautsprecher

Konvergenz (engl. Convergence): gegenseitige Annäherung, Deckung. Im →Farbfernsehen bedeutet K. den gleichzeitigen Durchgang der 3 von unterschiedlich angeordneten → Strahlsystemen ausgehenden Elektronenstrahlen einer → Lochmaskenröhre oder →In-Line-Bildröhre durch dasselbe Loch oder denselben Schlitz der Schattenmaske. Die K. muß unabhängig von der jeweiligen →Ablenkung der Elektronenstrahlen für jeden → Bildpunkt gewährleistet sein. Nur unter dieser Bedingung ist die →Farbdeckung der 3 →Farbauszüge des Farbfernsehbilds und damit eine hohe →Bildschärfe bei der Farbbildwiedergabe gesichert. Trotz hoher Präzision bei der Fertigung von →Farbbildwiedergaberöhren mit mehreren Strahlsystemen ist eine absolute K. nicht zu erreichen. Durch Fertigungstoleranzen, objektiv bedingte → Rasterverzeichnungen, technische Grenzen der Ablenkschaltungen treten → *Konvergenzfehler* auf, die durch verschiedene Maßnahmen der →Konvergenzeinstellung im Fernsehgerät auf ein Minimum reduziert werden. Grundsätzlich kann man davon ausgehen, daß In-Line-Bildröhren auf Grund ihrer Konstruktion eine wesentlich bessere K. gegenüber den Lochmaskenröhren aufweisen. Ein Vorzug von Einstrahlfarbbildröhren oder Bildschirmen ohne Strahlsystem ist, daß ihr Aufbau K.fehler prinzipiell ausschließt. →Selbstkonvergenz, →Ablenkung, →dynamische Konvergenzfehler, →statische Konvergenzfehler

Konvergenzeinstellung: Maßnahme zur Herstellung der statischen und dynamischen →Konvergenz bei → Farbbildwiedergaberöhren mit mehreren Strahlsystemen. *a) K. von →Lochmaskenröhren:* Mit Hilfe der Permanent-(Dauer-)Magnete auf der *Radialkonvergenzeinheit* (Abb. a) kann jeder einzelne Elektronenstrahl radial zur Bildröhrenachse verschoben werden. Der Permanentmagnet auf der *Lateralkonvergenzeinheit* (Träger des → Blaulagemagnets, Abb. b) ermöglicht darüber hinaus die Tangentialverschiebung des „blauen" Elektronenstrahls. Durch Veränderung der wirksamen magnetischen Feldstärke der einzelnen Permanentmagnete der Konvergenzeinheiten *(→ Mehrpoleinheit)* wird die statische Konvergenz eingestellt. Die Einstellung der dynamischen Konvergenz erfolgt durch horizontal- und vertikalfrequente Magnetfelder, die durch entsprechende Spulenpaare in den Konvergenzeinheiten erzeugt werden. Dazu werden diese Spulenpaare durch einzeln in ihrer Größe und Kurvenform (Sägezahn, Parabel) einstellbare Ströme durchflossen, die in separaten Schaltungen erzeugt werden.

Hinweis: Mit der statischen K. ist eine absolute →Farbdekkung in der Bildmitte zu erreichen. Einzelne Fernsehempfänger und Bildmonitore bieten die Möglichkeit, die statische Konvergenz durch Veränderung der Gleichstromgrößen für die Konvergenzeinheiten von der Gerätefront aus einzustellen. Dies erleichtert die K. wesentlich. Grundsätzlich sollte jede K. am Aufstellungsort des Wiedergabegeräts erfolgen. Hierbei wird nämlich die Anpassung an das am Aufstellungsort wirkende Erdmagnetfeld mit in die K. eingeschlossen. Durch eine gut eingestellte dynamische Konvergenz bei Farbfernsehempfängern werden auch in den Bildecken die geringsten Abweichungen zwischen den Einzelrastern erreicht (kleiner als 3 mm).

b) K. von → In-Line-Bildröhren: I. allg. wird in modernen Geräten die K. durch die → Selbstkonvergenz überflüssig. Wird eine K. angewendet, erfolgt sie ebenfalls über statische und dynamische magnetische Korrekturfelder. Diese werden als Mehrpolfelder ausgeführt. Für die statische K. werden Permanentringmagnete auf dem Bildröhrenhals eingesetzt, die Vierpol- und Sechspolfelder hervorrufen. Die dynamische K. wird wie bei den Lochmaskenröhren durch einstellbare horizontal- und vertikalfrequente Ströme, die bei Fluß durch entsprechende Spulenpaare magnetische Korrekturfelder hervorrufen, bewirkt. Die K. ist gegenüber den Lochmaskenröhren wesentlich einfacher, da sich die Korrekturmaßnahmen auf die Strahlsysteme Rot und Blau beschränken und eine vertikale Rasterkorrektur entfallen kann. →Konvergenz, →Ablenkung, →Konvergenzfehler →dynamische Konvergenzfehler, → statische Konvergenzfehler (Hinweis, Abb. S. 316; s. auch Farbanhang)

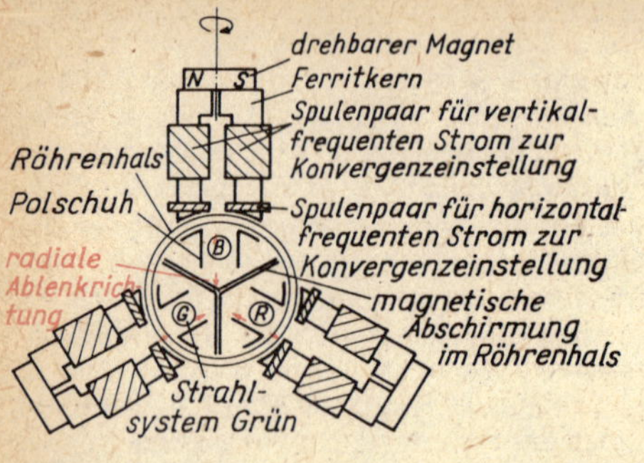

a) Radialkonvergenzeinheit

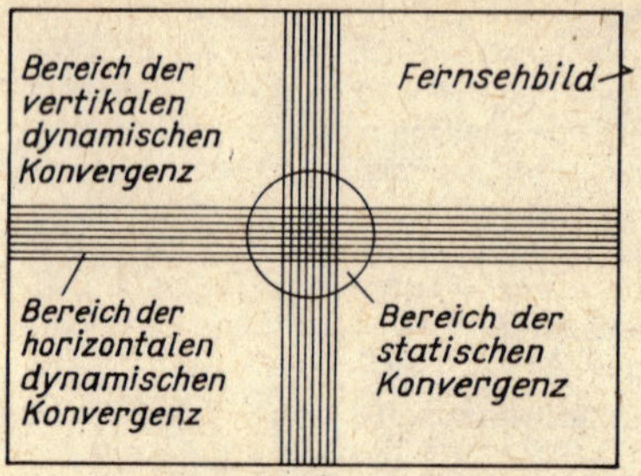

d) Bereiche der Konvergenzeinstellung im Fernsehbild

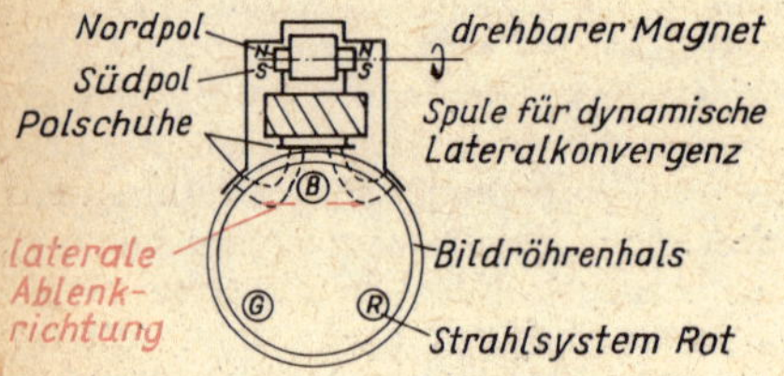

b) Lateralkonvergenzeinheit (Blaulage)

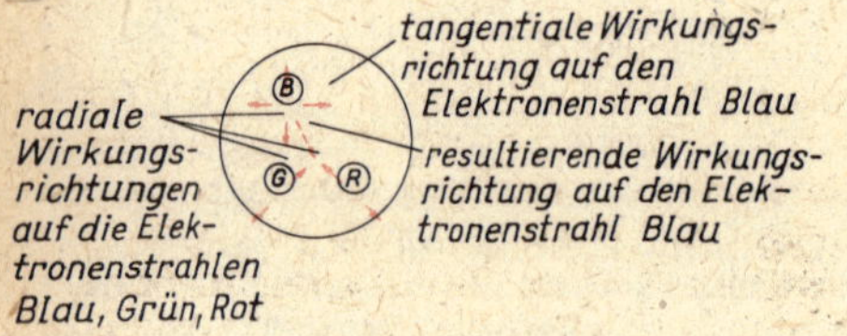

c) Wirkung von Radial- und Lateralkonvergenzeinstellung bei Lochmaskenröhren

Konvergenzeinstellung

Hinweis: Die K. erfordert hohe Fachkenntnis. Die Exaktheit der beim jeweiligen Fernsehempfänger eingestellten Konvergenz kann beim Empfang des →Sendetestbilds beurteilt werden. Eine K. bei Einstrahl-Farbbildröhren ist grundsätzlich überflüssig.

Konvergenzfehler: Deckungsfehler durch unterschiedliche →Rasterverzeichnungen der einzelnen →Farbauszüge im Farbfernsehbild. K. sind speziell dadurch gekennzeichnet, daß die Elektronenstrahlen der einzelnen Strahlsysteme einer →Lochmaskenröhre oder →In-Line-Röhre bei ihrer →Ablenkung zwar die farblich richtigen aber örtlich falschen →Luminophore auf dem Bildschirm treffen. K. sind objektiv durch die örtliche Trennung der einzelnen Strahlsysteme und die relativ ebenen Bildschirme bei großen →Ablenkwinkeln bedingt (→Trapezfehler, →Kissenverzeichnung, →Tonnenverzeichnung). Sie werden aber zusätzlich durch Fertigungstoleranzen der →Farbbildwiedergaberöhren, der →Ablenksysteme sowie fehlerhafte Ablenkströme für die vertikale und horizontale Ablenkung verstärkt. Nach ihrer Entstehungsart sind K. in →statische Konvergenzfehler und →dynamische Konvergenzfehler zu unterscheiden. Durch eine exakt vorgenommene →Konvergenzeinstellung können K. bei der Farbbildwiedergabe fast völlig eliminiert werden. Dieses Problem ist bei In-Line-Bildröhren mit →Selbstkonvergenz ausreichend gelöst. Es erfordert aber beim Einsatz von Lochmaskenröhren mit steigenden Anforderungen an die →Konvergenz des Farbfernsehbilds einen hohen Schaltungsaufwand. →Farbdeckung, →Farbreinheit, →Konvergenz, →Konvergenzeinstellung (Abb. s. auch Farbanhang)

Hinweis: K. führen zu einem Auflösungsverlust im Farbfernsehbild. Da mit zunehmender Distanz von der Bildschirmmitte die Korrektur von K. aufwendiger wird, müssen an den Bildrändern geringe K. zugelassen werden. Die zulässigen K. richten sich nach dem Verwendungszweck des Wiedergabegeräts (Farbfernsehheimempfänger, Kontrollmonitor, Präzisions-Bildmonitor). Beim Kauf eines Fernsehgeräts sollte man sich an Hand des wiedergegebenen →Sendetestbilds überzeugen, daß in der Bildmitte keine und am Bildschirmrand keine übermäßigen K. sichtbar sind. Dabei ist zur Beurteilung auf die senkrechten und waagerechten Bildeinteilungen im Testbild (Gitternetz) Bezug zu nehmen.

Konversionsfilter: Filter zur →Farbumstimmung einer →Farbkamera beim Wechsel der Lichtverhältnisse bezüglich der →Farbtemperatur. Beim Durchtritt von Licht durch ein K. werden abhängig vom gewählten Typ einzelne Anteile des Lichtspektrums unterdrückt. Damit kann eine Anpassung der Wellenspektren von Lichtarten unterschiedlicher Farbtemperatur – z. B. Halogenlicht (3 200 K) gegenüber Tageslicht (6 500 K) – in ihrer Wirkung auf die Bildaufnahmeröhren in den einzelnen Farbwertkanälen erreicht werden. K. stehen für die Farbumstimmung zwischen typischen Lichtarten zur Verfügung.

Hinweis: Eine Farbkamera sollte im Normalfall ohne K. be-

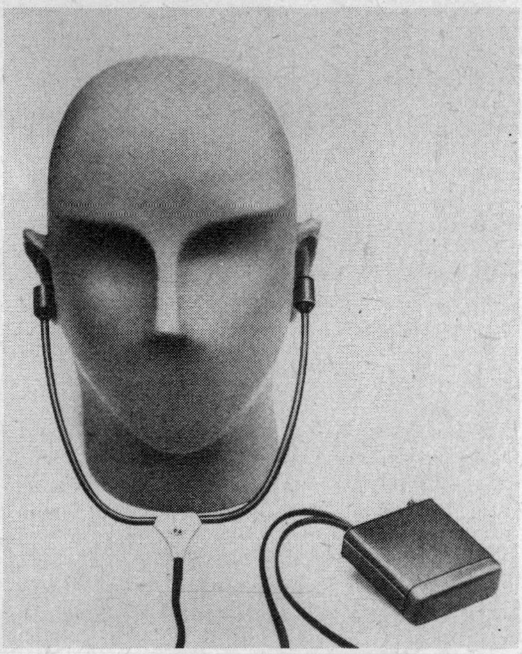

Kopfbezogene Stereofonie: Kopf-Stereomikrofon mit Elektretsystemen für Aufnahmen am menschlichen oder an einem künstlichen Kopf

trieben werden, da deren Einsatz mit einem Empfindlichkeitsverlust von etwa einer Blendenstufe verbunden ist.

Konverter: **1.** *(Elektronik)* Gerät oder Baugruppe zur Umwandlung eines Signals von einer Darstellungsform in eine andere oder zur Umsetzung eines Signals von einer Trägerfrequenz auf eine andere (→ Frequenzumsetzer). K. werden vielseitig in der Funksende- (z.B. → Füllsender) und -empfangstechnik, der Fernseh- und Videotechnik (z. B. → Chroma-Konvertierung) verwendet. → UHF-Konverter, → SECAM-PAL-Konverter – **2.** *(Optik)* Linsensystem zur Vergrößerung der Brennweite eines Objektivs. Der K. wird vor dem Objektiv oder zwischen diesem und der Kamera angeordnet.

Kopfabschliff: fortschreitender Verschleiß eines Magnetkopfs im Bereich des Kopfspiegels und Arbeitsspalts durch das Magnetband. Der K. begrenzt die Betriebsdauer eines Magnetkopfs, weil sich der Kopfspalt unzulässig verbreitert, wenn der Magnetkern durchschliffen ist. Während des K. verringert sich bei einem Tonkopf der Bedarf an → Vormagnetisierungsstrom, so daß sich der Arbeitspunkt und damit die Tonqualität verändern kann. Der K. wird durch die Oberflächenbeschaffenheit der Magnetschicht des Bands beeinflußt. Man ist daher bemüht, Bänder mit besonders glatter Oberfläche herzustellen. Bei einem → Langlebensdauerkopf wird der K. dadurch vermindert, daß besonders harte und abschliffeste Kerne verwendet werden.

kopfbezogene Stereofonie, kopfbezügliche Stereofonie, *Kunstkopfstereofonie* (engl. Dummy Head Stereo): 2kanaliges Stereofonieverfahren, bei dem zur Schallaufnahme meist ein Kunstkopf, zur Schallwiedergabe vorzugsweise Kopfhörer verwendet werden. Der Kunstkopf trägt an Stelle der Trommelfelle 2 kleine Mikrofone, die die Tonsignale für die beiden Stereokanäle liefern. Da k. S. nicht auf Summenlokalisation, sondern auf das → räumliche Hören zurückzuführen ist, muß der Kunstkopf sehr naturgetreu nachgebildet werden. Bei der k. S. wird der Zuhörer scheinbar an den Platz des Aufnahmeraums versetzt, an dem der Kunstkopf postiert ist. Die k. S. kann als „Gehörverlängerung" bis in den Ursprungsraum des Schallfelds hinein gedeutet werden, zumal jedes Ohr exakt die ihm zugedachten Schallanteile erhält und durch den Kopfhörer die raumakustischen Einflüsse des umgebenden Raums weitestgehend ausgeschaltet werden. Die k. S. ist in der Lage, auch Schalleinfallsrichtungen von oben und hinten, sowie die verschiedenen Entfernungen von der Schallquelle bis an den Kopf heran abzubilden. Es entfällt die *Im-Kopf-Lokalisation,* wie sie beim Abhören raumbezogener Stereodarbietungen mit Kopfhörern auftritt. Die Im-Kopf-Lokalisation läßt sich für spezielle gestalterische Effekte jedoch künstlich herbeiführen („suggerierte Gedanken"). Eine noch nicht voll geklärte und beseitigte Schwierigkeit besteht darin, daß bei der k. S. Schallquellen direkt von vorn oft nicht richtig lokalisiert werden können und im oder hinter dem Kopf abgebildet werden. Man vermutet die Ursachen bei der noch unvollkommenen Nachbildung des Kunstkopfs und bei wiedergabeseitigen Verfälschungen des Hörvorgangs durch die Kopfhörer selbst. Mit Hilfe eines *Kopf-Stereomikrofons* (Abb.), das an einem künstlichen, besser aber direkt am menschlichen Kopf eingehängt wird, sind ebenfalls Aufnahmen in k. S. möglich. Die Stereosignale können auf einem Stereo-Tonbandgerät gespeichert werden und führen bei einer späteren Kopfhörerwiedergabe, besonders wenn es sich um die gleiche Person wie bei der Aufnahme handelt, zu Hörereignissen mit sonst unerreichter Durchsichtigkeit und gutem Raumeindruck. Bei der Wiedergabe von k. S. über Lautsprecher ist keine klare Richtungslokalisation möglich, außerdem ergeben sich klangliche Verfälschungen und z. T. zu stark empfundener Nachhall. Als brauchbar haben sich dagegen Anordnungen mit 4 Lautsprechern erwiesen, die über eine spezielle Anpassungsschaltung betrieben werden. Jedoch stört die sehr kleine, nahezu punktförmige Stereohörfläche. → Biphonic (Abb.)

Kopfentmagnetisierung: → Entmagnetisierung 1., → ADMS

Kopfhörer: elektroakustischer Schallwandler, der unmittelbar an den Ohren angesetzt wird und die raumakustische Wirkung des umgebenden Raums ausschließt.

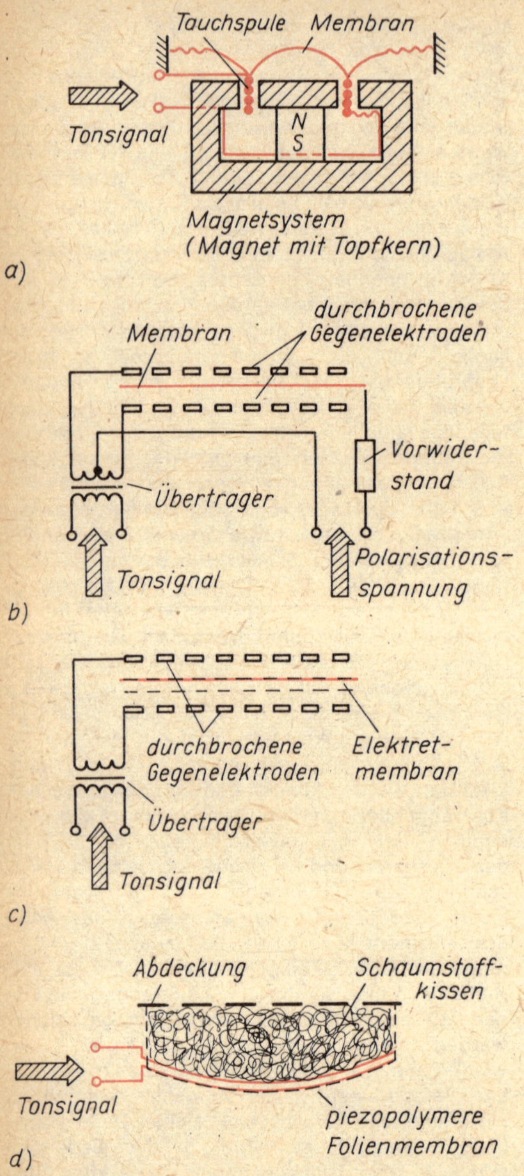

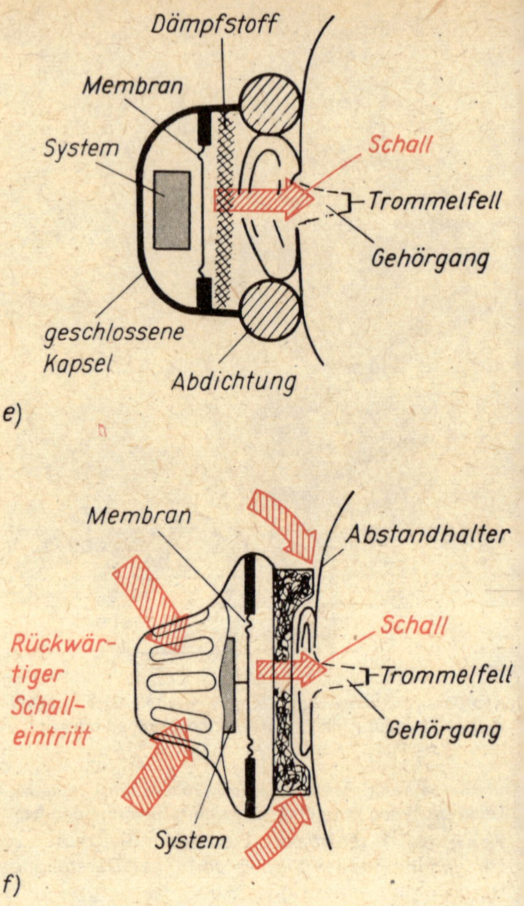

Kopfhörer (1): a) dynamisches System, b) elektrostatisches System mit Polarisationsspannung, c) elektrostatisches System mit Elektretmembran (unipolare Membran), d) piezopolymeres System, e) Prinzip des geschlossenen Kopfhörers und f) des offenen Kopfhörers

Geschichtliches: Die ersten K. entstanden mit der Erfindung des Telefons. Sie arbeiteten nach dem elektromagnetischen Prinzip: Eine steife Metallmembran wurde von einem Elektromagneten im Takt des Signals angezogen und abgestoßen. Solche K. wurden auch bei den frühen Rundfunkempfängern (Detektorempfängern) verwendet; aus ihnen entstanden die ersten Lautsprecher. Ein frühes Patent für einen dynamischen K. als Basis der heutigen modernen Systeme ist schon aus dem Jahre 1877 bekannt. Heute werden K. nach fast allen üblichen Wandlerprinzipien gefertigt. Seit der Entdeckung des piezoelektrischen Effekts an polymeren Folien im Jahre 1969 gewinnt auch der *piezoelektrische K.* wieder an Bedeutung. Perspektivisch können K. auch direkt mit digitalen Signalen angesteuert werden. K. nach dem elektromagnetischen Prinzip sind in der Unterhaltungselektronik veraltet und nur noch bei Ohrhörern zu finden. Die meisten K. arbeiten nach dem → elektrodynamischen Prinzip. Sie werden darum *dynamische K.* (auch *elektrodynamische K.)* genannt. Ihre Systeme sind mit kleinen Tauchspullautsprechern zu vergleichen (Abb. 1a). Eine Sonderform ist der → *orthody-*

Kopfhörer (3) mit eingebautem Stereoempfänger (links: zugehöriger Kleinkassettenrecorder für Kompaktkassetten und Batteriepack)

Kopfhörer (2): offener HiFi-Stereokopfhörer

namische K. Auch *elektrostatische K.* sind verbreitet. Bei ihnen ist eine sehr leichte Membran zwischen 2 schalldurchlässigen Gegenelektroden eingespannt, denen eine → Polarisationsspannung zugeführt werden muß (Abb. 1b). Diese kann entfallen, wenn Elektretmembranen verwendet werden (Abb. 1c). Elektrostatische K. haben den Vorteil, daß der Zuhörer die Empfindung völlig freier Ohren hat mit dem Gefühl, durch die K. „hindurchzuhören". Nachteilig ist, daß ein Vorschaltgerät mit Anpassungsübertrager benötigt wird. Außerdem kann die Membran bei sehr lauten Stellen an die Gegenelektrode anstoßen, was zu Überschlägen und damit verbundenen Knackgeräuschen führt. Ein noch wenig verbreiteter Typ ist der *piezopolymere K.*, der mit einer piezoelektrischen Folie als Membran ausgestattet ist (Abb. 1d). Da wenige Volt Signalspannung genügen, kann dieser K. direkt an den NF-Verstärker, z. B. parallel zum Lautsprecherausgang, angeschlossen werden. K. werden in verschiedenen Bauformen hergestellt, die die Trageweise und die Art der Schallabstrahlung betreffen. a) *Trageweise:* Man unterscheidet zwischen *Kopfbügelhörern, Kinnbügelhörern* und *Ohrhörern.* Während der Kopfbügelhörer – besonders bei ungünstiger Konstruktion und höherem Gewicht – nach längerem Tragen einen gewissen Druck auf die Schädeldecke und seitlich auf die Ohren spüren läßt, kann der Kinnbügelhörer direkt in die Ohren eingehängt werden (z. T. auch mit Brillenbügeln zu tragen). Bei geringem Gewicht stört er weniger als ein Kopfbügelhörer. b) *Art der Schallabstrahlung:* Generell wird zwischen *geschlossenem* und *offenem K.* unterschieden. Beim geschlossenen K. wird das Ohr gegenüber Schall von außen vollständig abgedichtet. Der K. umschließt die Ohrmuschel gänzlich. Die Kapseln sind z. T. weich ausgekleidet, um Resonanzen in den Hohlräumen zu vermeiden. Eine solche großflächige Abdichtung um das Ohr herum wird auch *circumaurale Ankopplung* genannt.

Hinweis: Geschlossene K. sind günstig bei lärmerfüllter Umgebung, jedoch verliert der Zuhöhrer weitestgehend den akustischen Kontakt zur Außenwelt. Wird die vollständige Abdichtung z. B. durch Brillenbügel oder Haare gestört, so verschlechtert sich die Baßwiedergabe.

Elektrostatischer *Kopfhörer* (4) mit Stromversorgungsgerät

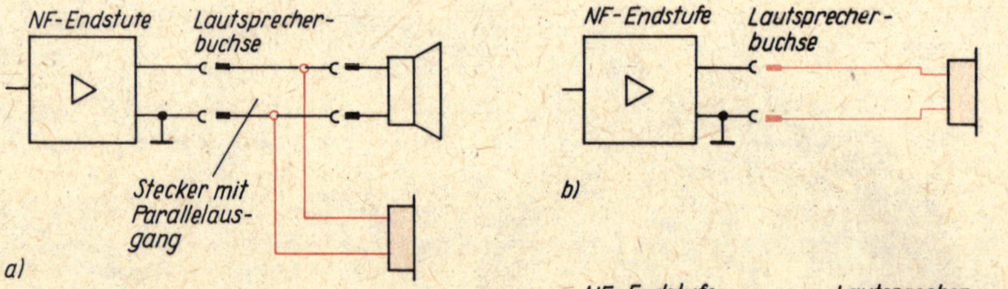

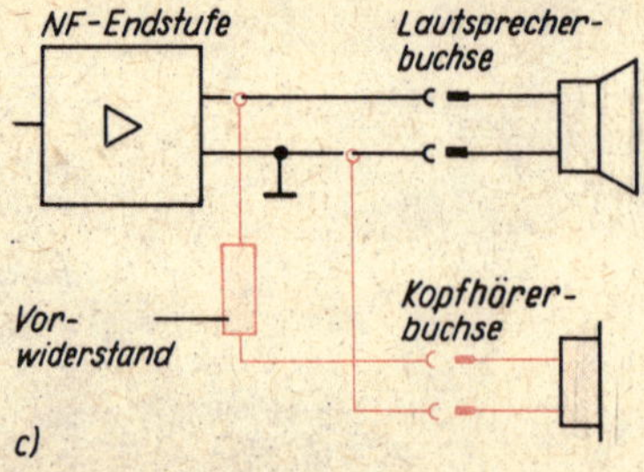

Kopfhöreranpassung – Möglichkeiten der Kopfhöreranschaltung:
a) Direktanschluß parallel zur Box,
b) leerlaufender Ausgang,
c) spezieller Kopfhörerausgang mit Vorwiderstand für mittelohmige Kopfhörer

Beim offenen K. ist sowohl der Raum vor, wie auch hinter der Membran nach außen hin schalldurchlässig. Diese K. liegen mit kleinem Polster flach am Ohr auf, was auch als *supraaurale Ankopplung* bezeichnet wird.

Hinweis: Offene K. vermitteln ein viel freieres Hörerlebnis; auch das akustische Umfeld wird wahrgenommen, der Zuhörer bleibt ansprechbar. Diese K. eignen sich daher auch für den Gebrauch im Pkw oder einen Einbau im Motorradschutzhelm (aber: → Kopfhörerwiedergabe!). Nachteilig ist beim offenen K., daß auch Schall nach außen dringt (vor allem höhere Frequenzanteile) und im Raum befindliche Personen sich belästigt fühlen können.

Eine ausreichende Tiefenwiedergabe muß beim offenen K. durch besondere Konstruktion der Hörkapseln, z. B. sehr weiche Membranen gesichert werden. Es gibt auch Übergangsformen zwischen offenem und geschlossenem K. Eine Art ist mit zusätzlichen, nur mechanisch, nicht aber elektrisch wirkenden Membranen (passive Membranen) ausgestattet. Sie schwingen erst oberhalb einer bestimmten Frequenz mit und werden für Schall durchlässig. Darunter bleiben sie in Ruhe, und der K. wirkt wie ein geschlossener mit dessen sehr guter Baßwiedergabe. Eine andere Übergangsform ist der *halboffene K.* Außengeräusche dringen gedämpft zum Ohr; es ergibt sich eine günstige Tiefenwiedergabe. Schließlich werden *zum Ohr hin geschlossene K.* hergestellt. Meist sind es elektrostatische Systeme, bei denen nur die Membranrückseite an die Umgebung angekoppelt ist. Praktisch wird durch die sehr leichte und dünne Folienmembran hindurchgehört. I. allg. werden K. mit 2 Systemen hergestellt, die bei Monowieder-

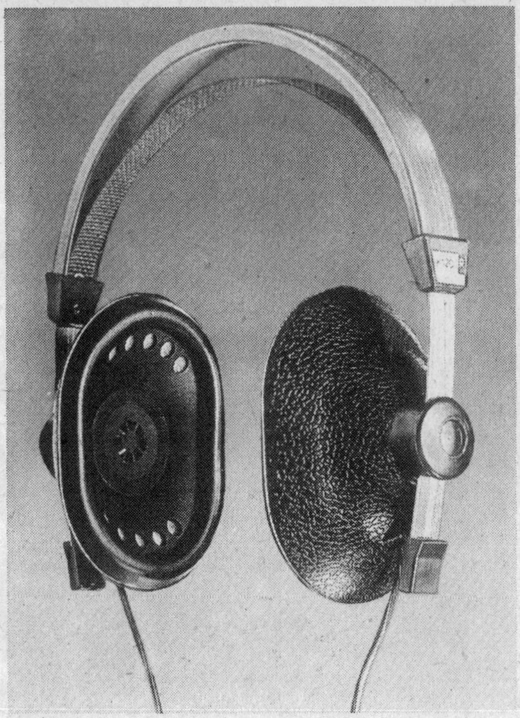

Geschlossener HiFi-Stereo*kopfhörer* (5)

Kopfhörer (6): Schnitt durch eine halboffene Kopfhörerkapsel mit elektrodynamischem System

gabe parallelgeschaltet sind, bei Stereo getrennt an den rechten und linken Kanal angeschaltet werden. Es ist eine gelbe Farbkennzeichnung des linken Systems und eine rote (z.T. grüne) des rechten üblich. Auch K. mit 4 eingebauten Systemen sind bekannt. Entweder handelt es sich um → Zweiwegkopfhörer oder um K. zur Wiedergabe von Quadrofonie. Teilweise sind in K. Einrichtungen eingebaut, die eine getrennte Veränderung der Lautstärke in beiden Kanälen erlauben und dann auch den Balanceeinsteller ersetzen können. An anderen K. können Korrekturen des Amplitudenfrequenzgangs vorgenommen werden, indem mechanisch der Abstand zwischen Ohr und System verändert wird oder die rückwärtige Schallankopplung an das Umfeld. Es gibt K. mit eingebauter Elektronik, z. B. mit Rundfunkempfänger, Infrarot-Tonempfänger, sogar mit kleinem Kassettenrecorder. K. mit einem zusätzlich angebrachten Mikrofon werden *Hör-Sprech-Garnitur* genannt. Sie haben bei der Arbeit am Tonmischpult, bei Diskotheken, Amateurfunkstationen oder Diktiergeräten Bedeutung. In Kenndatenblättern sind folgende Angaben üblich: Nennscheinwiderstand, → Übertragungsbereich, Wandlerprinzip, → Nennbelastbarkeit, → Betriebsleistung oder → Kennschalldruckpegel, Andrückkraft an den Ohren und Masse sowie die Art der Ankopplung an das Ohr. → Kopfhörersteckverbinder, → Kopfhöreranpassung, → Kopfhörerwiedergabe (Abb.)

Kopfhöreranpassung: Auswahl des → Nennscheinwiderstands eines Kopfhörers derart, daß er an einem vorgegebenen Kopfhörerausgang zwar mit genügender Lautstärke betrieben, aber nicht überlastet und damit zerstört werden kann.

Hinweis: Ein passender Kopfhörerstecker garantiert nicht automatisch die richtige K.!.

Die Nennscheinwiderstände von Kopfhörern liegen in dem breiten Wertebereich von ca. 8 ... 4000 Ω. Kopfhörer mit den Vorzugswerten 8/16/32 oder 60 Ω werden niederohmig genannt, solche mit 200/400 oder 600 Ω mittelohmig und Kopfhörer mit 1000/2000 oder 4000 Ω hochohmig. Man unterscheidet Direktanschluß parallel zum oder an Stelle des Lautsprechers (Abb. a, b) und Anschluß über einen Vorwiderstand bzw. Spannungsteiler bei speziellen Kopfhörerausgängen (Abb. c). Direktanschluß an Stelle des Lautsprechers ist nur möglich, wenn der Ausgang leerlauffest und gleichspannungsfrei ist. Moderne Transistorverstärker erfüllen diese Forderungen. Niederohmige Kopfhörer sind vorzugsweise für Tongeräte mit geringer Ausgangsleistung im Direktanschluß vorgesehen. Sie eignen sich jedoch nicht für Geräte mit höherer Ausgangsleistung im Direktanschluß, weil sie dann überlastet

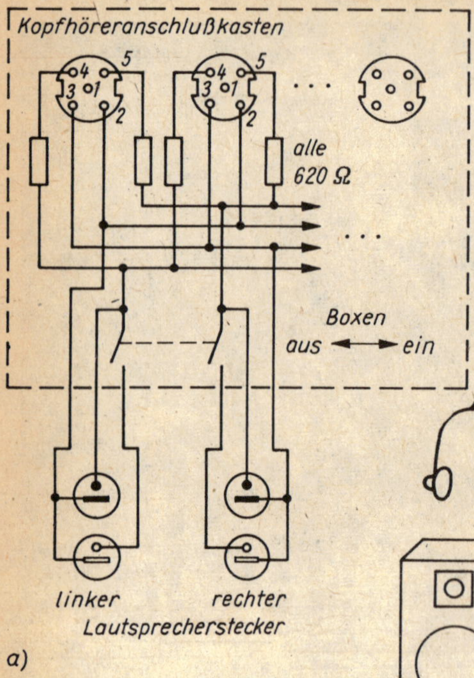

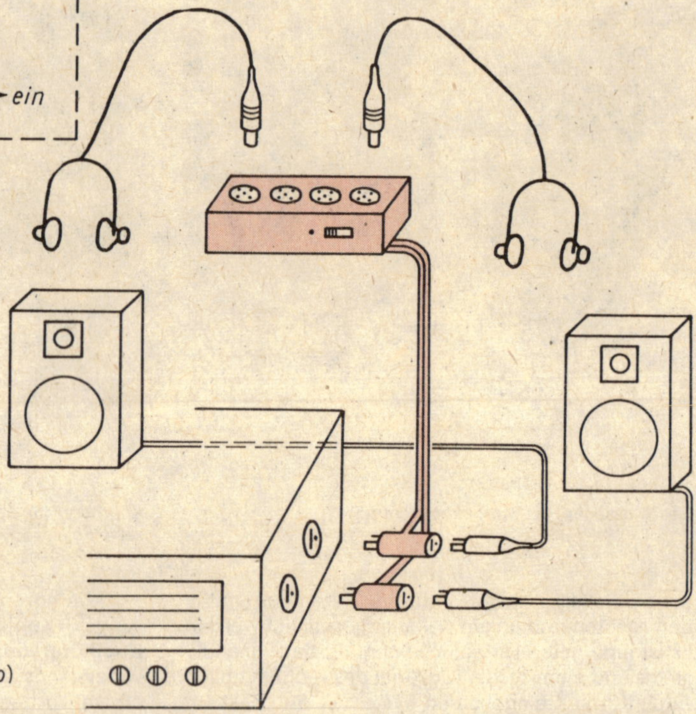

Kopfhörer-Mehrfachanschluß – Beispiel für einen Kopfhörerverteiler:
a) Schaltbild,
b) Verbindungsschema

werden können (Ausnahme: → orthodynamischer Kopfhöhrer). Mittel- und hochohmige Kopfhöhrer sind auch bei Direktanschluß weniger überlastungsgefährdet.

Hinweis: Je größer die Ausgangsleistung des NF-Verstärkers ist, um so hochohmiger muß auch der Kopfhörer sein (Richtwert: 50 Watt an 4 Ω erfordern einen Kopfhörer der Nennimpedanz von ca. 2000 Ω!). Bei hochohmigen Kopfhörern ergibt sich auch ein günstiger Störabstand, weil der Lautstärkeeinsteller weit geöffnet werden kann. Außerdem ist die problemlose Parallelschaltung mehrerer Kopfhörer möglich.

Spezielle Kopfhörerausgänge (z. B. Würfelbuchse, Japanklinkenbuchse) werden normalerweise über einen Spannungsteiler geschaltet. Sie ermöglichen den Anschluß von mittel- oder hochohmigen Kopfhörern. Vorteil ist, daß auch ein mittelohmiger Kopfhörer bei hoher Ausgangsleistung nicht überlastet werden kann.

Hinweis: Niederohmige Kopfhörer sind aber an solchen Ausgängen häufig zu leise, dann muß der Wert des Vorwiderstands verringert werden.

Nach einer IEC-Empfehlung ist international eine standardisierte 5-V-Anschlußtechnik für Kopfhörer vorgesehen. Das bedeutet, daß solche Kopfhörer an einem Tonsignal von 5 V (entspricht einer Ausgangsleistung des NF-Verstärkers von ca. 6 W an 4 Ω) einen Schallpegel von 104 dB abgeben und daß sie bei 10 V noch im Dauerbetrieb, ohne Schaden zu nehmen, arbeiten können. Mit dieser Technik ist ein Direktanschluß von Kopfhörern beliebigen Nennscheinwiderstands an NF-Verstärker bis zu 25 W problemlos möglich. Abb. S. 320

Kopfhöreranschluß: → Kopfhöreranpassung, → Kopfhörersteckverbinder

Kopfhörer-Mehrfachanschluß, Kopfhörerkette: gleichzeitiges Betreiben mehrerer Kopfhörer am gleichen Ausgang. Entweder sind dazu die Kopfhörer mit → Familiensteckern ausgerüstet, oder man verwendet einen Kopfhörerverteiler (Kopfhöreranschlußkasten). → Kopfhörersteckverbinder, → Kopfhöreranpassung (Abb.)

Kopfhörersteckverbinder: Kontaktbauelement zum

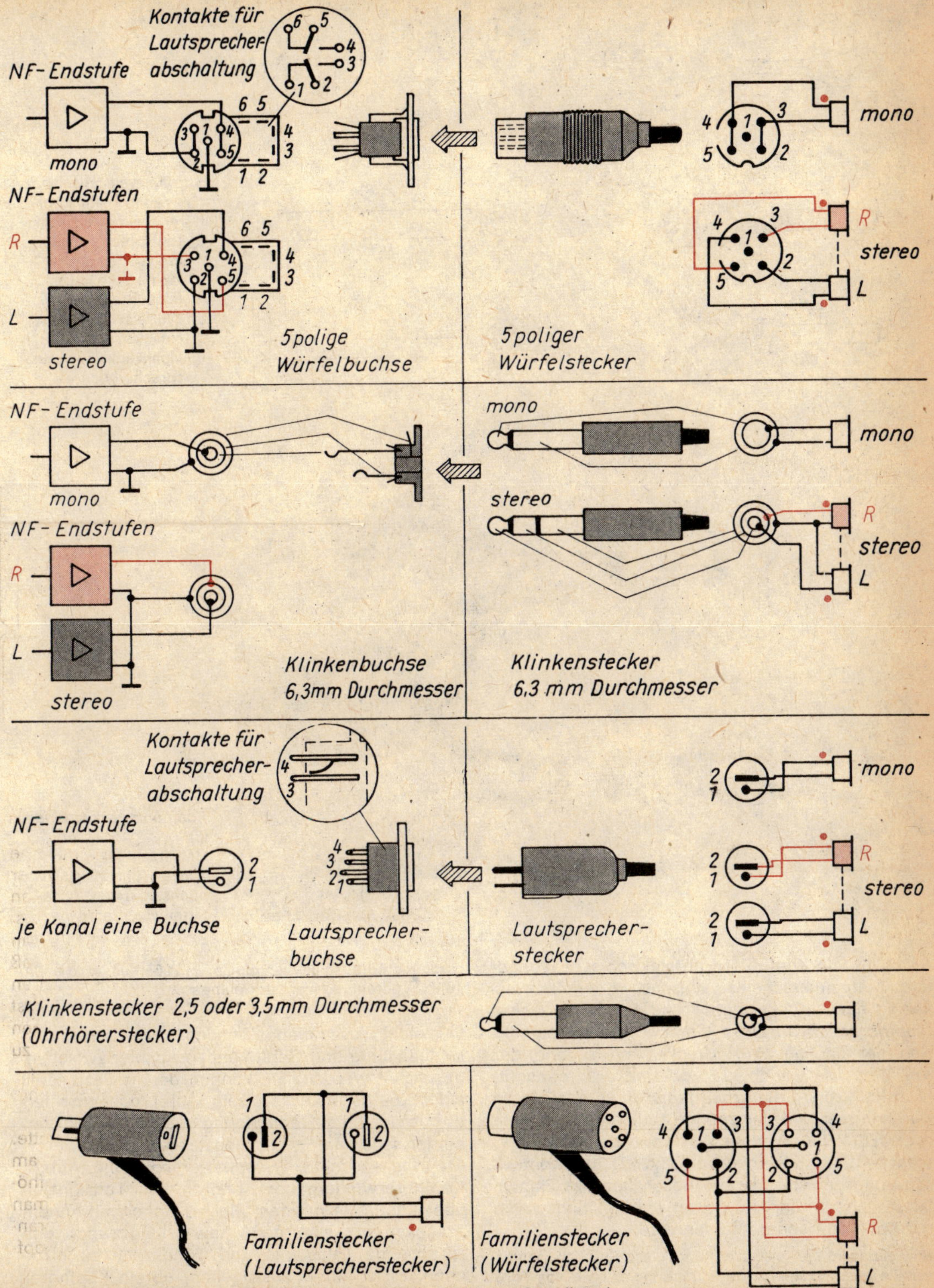

Wichtige *Kopfhörersteckverbinder* (1) (roter Punkt: gleichphasiger Signalleiter)

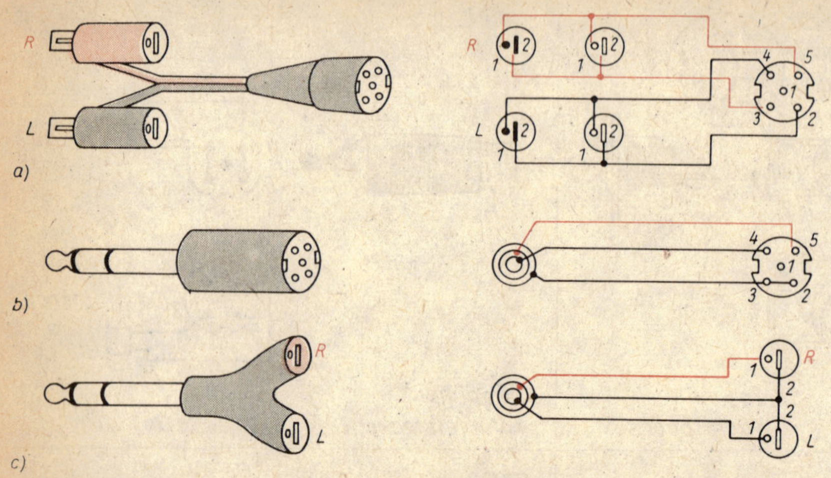

Kopfhörersteckverbinder (2) – Adapter für Kopfhörerstecker (Auswahl):
a) Lautsprecherstecker auf Würfelbuchse,
b) Japanklinke auf Würfelbuchse (auf den Würfelstecker direkt aufsteckbar),
c) Japanklinke auf Lautsprecherbuchsen

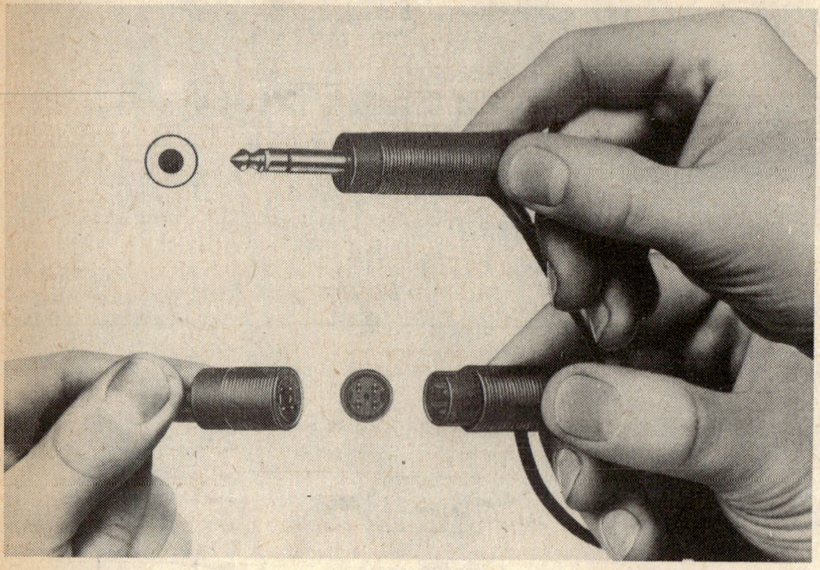

Kopfhörersteckverbinder (3): Universalstecker für Klinken- und Würfelbuchsen, unten: Adapterteil abgetrennt

Anschluß von Kopfhörern an elektronische Tongeräte. Man unterscheidet zwischen *Kopfhörerstekker* an der Anschlußschnur und *Kopfhörerbuchse (Kopfhörersteckdose)* im Gerät. Die häufigsten K. sind der 5polige *Würfelstecker* mit zugehöriger *Würfelbuchse*, auch *„Europastecker"* genannt, nach IEC 130-9A, die *große Japanklinke* mit 6,3 mm Durchmesser und der 2polige Lautsprecherstecker nach IEC 130-9. Weitere K. sind in der Abbildung enthalten. Kopfhörerbuchsen sind z. T. mit Kontaktsätzen ausgerüstet, die ein Abschalten des Einbaulautsprechers oder der Boxen ermöglichen, wenn der Kopfhörer angeschlossen wird.

Hinweis: Beim Würfelstecker hängt diese Abschaltung von der Einsteckrichtung in die zugehörige Buchse ab: Wird der Stecker so eingeführt, daß gleiche Kontaktbezifferung zusammentrifft, so bleiben die Boxen in Betrieb, wird er um 180 °C gedreht, so werden sie abgeschaltet.

Bei nicht zusammenpassenden K. zwischen Anschlußleitung und Gerät können Adapter zwischengeschaltet werden. Sie können bereits Bestandteil eines Kopfhörersteckers sein (Abb.), oder man fertigt sie sich unter Verwendung geeigneter Steckverbinder selbst an. → Familienstecker, → Kopfhörer-Mehrfachanschluß, → Kopfhöreranpassung (Abb.)

Kopfhörerwiedergabe: Abhören von Tonsignalen über Kopfhörer mit dem Ziel, in Einheit mit hohem Tragekomfort eine dem Anwendungszweck entsprechende Lautstärke und Tonqualität zu erreichen. Es ist davon auszugehen, ob ein Kopfhörer für Kontrollzwecke bei Tonaufnahmen oder -mi-

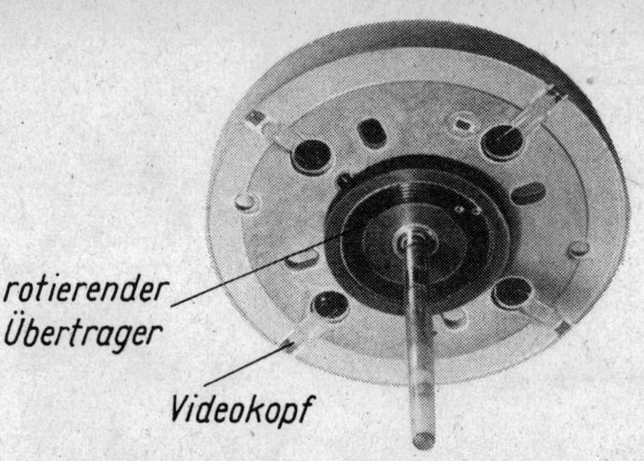

Kopfrad eines VCR-Videorecorders von unten gesehen

schungen, oder ob er zum HiFi-gerechten Hören von Musik verwendet werden soll. Der erzielbare Schallpegel ist nur ein Kriterium, weil die maximale Lautstärkebelastbarkeit des Menschen bei etwa 110 dB liegt.

Hinweis: Höhere Schallpegel um 130...140 dB, wie sie von einigen Fabrikaten mühelos erreicht werden, sind als übertrieben, auf Dauer sogar als schädlich anzusehen.

Bei der K. sind Abhörlautstärken zu erreichen, die bei Lautsprecherwiedergabe ohne Umweltbelästigung nicht möglich sind. Außerdem wird Umweltlärm ausgeschaltet. Bei Stereowiedergabe über Kopfhörer können die scheinbaren Schallquellen nur in einem kleinen Gebiet im oder hinter dem Kopf geortet werden *(Im-Kopf-Lokalisation, Inversion).* Verbesserung bringt der Einsatz eines → Binauralkonverters. Trotzdem kann man nicht von vollständiger Kompatibilität der K. bei raumbezogener Stereofonie sprechen, weil eine echte Richtungslokalisation in der vorderen Ebene nicht möglich ist und das Schallfeld jede Kopfdrehung mitmacht. Der K. besser angepaßt ist die → kopfbezogene Stereofonie. Bei der K. können Tonsignalmängel besonders kritisch wahrgenommen werden; hervorzuheben ist die verstärkte Hörbarkeit von Störgeräuschen, die darauf zurückzuführen ist, daß diese punktförmig an die Ohren gelangen und nicht vom Raumstörschall überdeckt sind (besonders bei geschlossenen Kopfhörern). Offene Kopfhörer lassen sich auch zur Abbildung der hinteren Ebene bei quadrofoner Wiedergabe einsetzen, wenn die rückwärtigen Boxen in einem Wohnraum aus irgendeinem Grund nicht aufgestellt werden können. Dabei ist die sonst unerwünschte Lokalisation der Schallquellen hinter dem Kopf sogar vorteilhaft. Die Abbildung vollständiger Quadrofoniesignale über Kopfhörer mit 4 Systemen hat sich nicht bewährt. Günstig ist die K. zum Abhören elektronisch erzeugter Musik – z. B. auch beim Üben – jedoch stört der fehlende Raumeindruck. Er läßt sich teilweise nachbilden, wenn ein Kopfhörer mit eingebautem Federhallgerät benutzt wird.

Hinweis: K. für den Führer eines Kraftfahrzeugs oder einen anderen aktiven Verkehrsteilnehmer ist abzulehnen, selbst wenn dafür keine speziellen Rechtsvorschriften bestehen. Zumindest muß durch die Konstruktion des Kopfhörers (bestimmte offene Systeme) und durch die gewählte Lautstärke gesichert sein, daß verkehrsbedingte Schallinformationen nicht überhört werden können. Dazu zählen besonders Hupsignale sowie Sondersignale von Einsatzkräften der Polizei, Feuerwehr, Schnellen Medizinischen Hilfe u. a. (→ „Walkman").

K. für Kontrollzwecke bedarf weder sehr großer Lautstärken, noch einer so hohen Tonqualität wie bei HiFi-Wiedergabe. Dafür hat eine nicht behindernde Trageweise des Kopfhörers den Vorrang. Es bewähren sich Kinnbügelhörer, bei geringen Ansprüchen auch dynamische Ohrhöhrer. Bei Tonaufnahmen mit Mikrofonen ist die Kontrolle über Kopfhörer besonders vorteilhaft: Man hört nur das originale Schallereignis, → akustische Rückkopplung wird sicher vermieden. → Biphonic, → Kopfhörer

Kopfrad, *Kopfscheibe:* rotierender Teil der Kopftrommel eines Videorecorders, der vom Kopfradmotor angetrieben wird. Je nach Ausstattung sind auf dem K. die Videoköpfe, Videospur-Löschköpfe und Tonköpfe montiert. Das Signal wird über Schleifringe oder rotierende Übertrager zugeführt. Am Außenrand des K. befinden sich Rillen oder Nuten, die bei Rotation zwischen Videoband und Kopftrommel ein dünnes Luftpolster erzeugen, wodurch die Bandreibung stark vermindert wird. → Kopfradservo (Abb.)

Kopfradantrieb: Gesamtheit der Antriebselemente, um das Kopfrad eines Videorecorders in Drehung zu versetzen. Die Steuerung erfolgt vom → Kopfradservo auf die erforderliche Drehzahl, sie ist bei den meisten Videosystemen 25 U/s (1500 U/min). Der K. erfolgt von einem gesteuerten Gleichstrommotor oder einem Wechselstrommotor, dessen Kraft mit Riemen auf die Kopfradwelle übertragen wird. Bei Verwendung eines Wechselstrommotors wird die Solldrehzahl mit Hilfe einer Wirbelstrombremse geregelt, die unmittelbar auf die Welle des Kopfrads wirkt und deren Bremskraft vom Kopfradservo beeinflußt wird. Beim sog. *Direktantrieb* sind Kopfrad und Welle eines gesteuerten Gleichstrommotors starr verbunden.

Kopfradservo, Kopfradregelkreis: Servosystem für den → Kopfradantrieb bei Videorecordern. Der K. gewährleistet konstante Rotation des Kopfrads (konstante Drehzahl), die bei Aufzeichnung (A) genau auf die Vertikalfrequenz des Videosignals synchronisiert wird. Dabei werden die Kopfradumdrehungen so geregelt, daß die Vertikalsynchronimpulse an genau definierten Stellen auf das Videoband aufgezeichnet werden. Bei den meisten Videosyste-

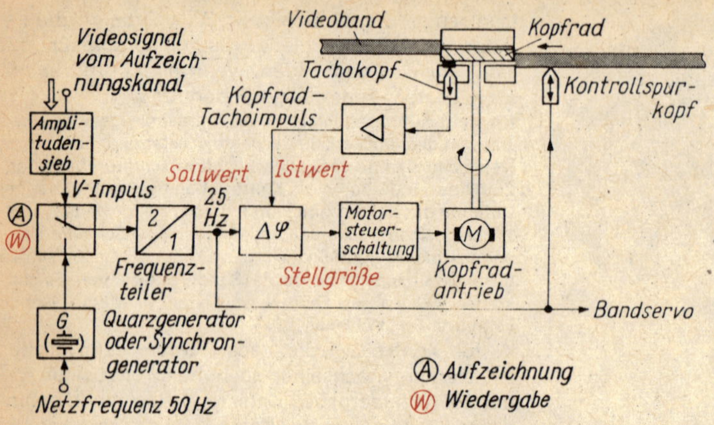

Kopfradservo eines Videorecorders

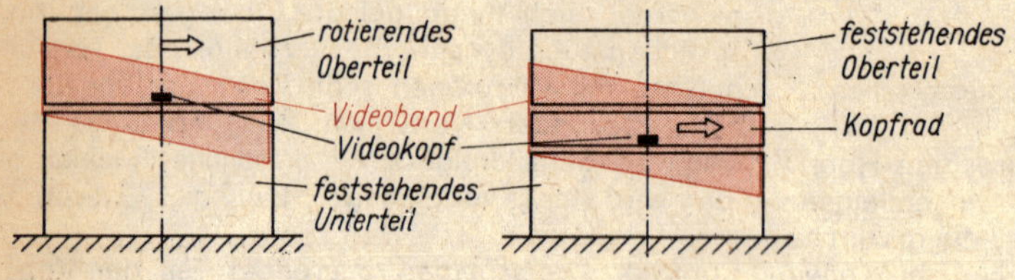

Ausführungsarten der *Kopftrommel* (1)

men wird ein Halbbild je Videospur aufgezeichnet, wobei üblicherweise der Halbbildwechsel jeweils mit dem Beginn einer neuen Videospur zusammenfällt. Der K. erhält dazu als Bezugswert V-Impulse (50 Hz) über ein Amplitudensieb aus dem aufzuzeichnenden Videosignal und als Istwert die Kopfrad-Tachoimpulse. Sie werden von einem →Tachokopf, Tachogenerator bzw. optoelektronisch, z. B. mit einer Gabellichtschranke, gewonnen und charakterisieren die momentane Drehzahl und Winkelposition des Kopfrads. Durch Phasenvergleich der durch 2 geteilten Vertikalfrequenz (Sollwert) und der Tachoimpulsfrequenz wird die Stellgröße gewonnen, mit der der Kopfradantrieb im gewünschten Sinn (Abbremsung bzw. Beschleunigung) geregelt wird. Bei Wiedergabe (W) dient die Netzfrequenz oder in modernen Geräten eine quarzgenaue Generatorfrequenz als Sollwert. In Geräten ohne → Bandservo (z. B. Betamax) – der K. ist dann besonders aufwendig ausgelegt – bildet das von der → Kontrollspur wiedergegebene Signal (25 Hz) den Sollwert. Das Kontrollspursignal synchronisiert dabei die Rotation des Kopfrads mit der Bandtransportgeschwindigkeit. → Servosystem, → Tachoimpuls (Abb.)

Kopfscheibe: → Kopfrad

Kopfspaltwinkel: → Azimutwinkel

Kopfspiegel: → Magnettonkopf, → Welligkeit 2.

Kopfstation: mit Verstärkern, Konvertern, Multiplexern und Kanalweichen ausgerüstete Station, in der von einer Allbereichs-Antennenanlage gelieferte Signale aufbereitet und in ein Kabelnetz eingespeist werden. In K. können darüber hinaus beliebig andere Nachrichtensignale (Daten, lokales Fernsehen, Bildungsfernsehen u. a.) eingespeist und Rückinformationen vom Teilnehmer aufgenommen werden. → Kabelfernsehen, → Satellitenempfangsanlage, → Gemeinschaftsantennenanlage

Kopftrommel, Videokopftrommel: zylinderförmiges Bandführungselement in Videorecordern zur Gewährleistung der Schrägspuraufzeichnung. Das Videoband umschlingt die K. Ω-, α- oder C-förmig. Der untere Teil ist feststehend oder über den Einfädelmechanismus fest mit dem Gerätechassis verbunden und meist mit einer Bandführung (→ Auflagekante) für die Bandunterkante versehen. Die *Videoköpfe* und ggf. auch die Videospur-Löschköpfe und Tonköpfe befinden sich auf dem rotierenden *Kopfrad*, das je nach Ausführung den oberen Teil der K. bildet (VCR, VHS, Video 2000) oder als schmale Scheibe zwischen unterem und oberem feststehenden Teil angeordnet ist (Betamax). Die letztgenannte Anordnung wird als *Sandwichtechnik* bezeichnet und ermöglicht einen sehr gleichmäßigen Bandzug an der K. → Kopfrad, → Videorecorderlaufwerk (Abb.)

Kopfumschaltung: → magnetische Bildaufzeichnung

Kopiereffekt: unerwünschte Übertragung einer Aufzeichnung von einer Lage Tonband innerhalb des Bandwickels auf die benachbarten Bandlagen, bzw. von einer Schallplattenrille auf die danebenliegenden. Bei Tonbändern entsteht der K. durch permanentmagnetische gegenseitige Beeinflussung der Bandlagen im Wickel. Er wird durch Wärme begünstigt. Der K. bei Schallplatten ist vor allem auf Verspannungen der Schallfolie beim galvanischen Abformen des „Vaters“ zurückzuführen (→ Schallplat-

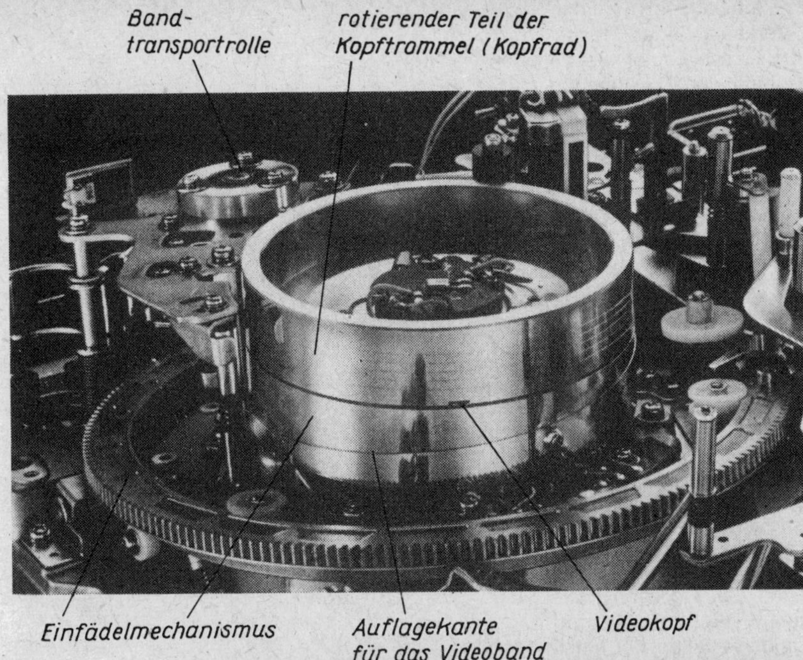

Kopftrommel (2) im Laufwerk eines U-Matic-Videorecorders

Kopftrommel (3) in Sandwichtechnik eines Betamax-Recorders

tenherstellung). Kopierte Störsignale werden als *Kopierechos* bezeichnet. Diese sind als *Vorechos* (in äußeren benachbarten Bandlagen oder Schallplattenrillen) besonders störend, weil sie den unvorbereiteten Zuhörer *vor* dem plötzlichen Einsatz einer Forte-Stelle der Musik überraschen. *Nachechos* stören weniger (in inneren benachbarten Bandlagen oder Schallplattenrillen). Sie treten besonders hinter abrupten Lautstärkeübergängen von laut auf leise auf, werden aber z. T. vom Nachhall überdeckt oder von dem auf große Lautstärke adaptierten Gehör nicht wahrgenommen. Das Maß für den K. ist die *Kopierdämpfung* als Differenz zwischen Nutzsignalpegel und Pegel des lautesten Kopierechos in Dezibel. Sie ist vom Bandtyp abhängig, geringfügig auch vom eingestellten → Vormagnetisierungsstrom. Günstigere Werte liegen über 56 dB.

Kopieren, Vervielfältigen: **1)** *i. w. S.* Anfertigen von Duplikaten (Kopien) von einer gegebenen Originalvorlage. In der Ton-, Video-, Fernseh- aber auch Filmtechnik werden Kopien von Originalaufzeichnungen (Magnetband, Film, Schallfolien) für Bearbeitungs-, Vorführungs-, Verkaufs- oder Sendezwecke angefertigt. Der Arbeit mit Kopien liegen Qualitätsgründe und wirtschaftliche Erwägungen zugrunde. Der Informationsträger der Kopien muß nicht vom selben Typ wie das Original sein (z. B. beim K. von einem Masterband höherer Bandgeschwindigkeit auf Kassettenbänder). Vor allem das industrielle K. wird z. T. mit erhöhter Bandgeschwindigkeit vorgenommen (→ Schnellkopieren), meist werden dabei auf speziellen *Kopieranlagen* gleichzeitig mehrere Kopien hergestellt. Einfaches K. auf Magnetband wird auch als → Umzeichnen bezeichnet. → Überspieleinheit → Doppellaufwerk-Recorder

Hinweis: Auch der Amateur sollte vom Anfertigen von Kopien zum Zwecke der Bearbeitung unbedingt Gebrauch machen, da der Bearbeitungsvorgang bei einer Eigenproduktion die unterschiedlichsten Gefährdungen für die oft einmalige oder nicht wiederholbare Originalaufzeichnung mit sich bringt. Das kostenlose K. nicht selbst gefertigter Vorlagen ist nur für den persönlichen Gebrauch der Kopie gestattet. Ansonsten sind unbedingt die Schutzrechte (z. B. Copyrightvermerk, Stationskennung) zu beachten!

– **2)** *(Schallinformationsträger)* „Übergreifen" von aufgezeichneten Signalen im Wickel von Magnettonbändern oder auf benachbarte Rillen bei einer Schallplatte (→ Kopiereffekt).

Körperfarbe: → Farbe eines Gegenstands (Körper, Objekt), der selbst nicht leuchtet bzw. der erst beim Bestrahlen mit → Licht sichtbar wird. Demzufolge ist die vom Menschen wahrgenommene K. immer von der spektralen Zusammensetzung des beleuchtenden Lichts und den spektralen Körpereigenschaften abhängig (Lichtdurchlässigkeit, d. h. Transmission und Zurückwerfen von Licht, d. h. Remission), die von der stofflichen Beschaffenheit des Körpers und den aufgetragenen Farbstoffen bestimmt werden.

Körperschallempfindlichkeit: unerwünschte Empfindlichkeit von Geräten oder Geräteteilen gegenüber Körperschall. Mikrofone und Abtastsysteme zeigen funktionsbedingt große K. Die K. wird durch schallgedämpfte Lagerung oder Aufhängung der zu schützenden Elemente verringert. Kondensatormikrofone haben auf Grund ihrer im Verhältnis zum Gehäuse sehr leichten Membranen eine sehr geringe K.

Korrekturlöschen: → Post Fading

Korund-Abtastnadel: → Abtastnadel

Kraftfahrzeugantenne, *Autoantenne:* → Empfangsantenne für den Kurz-, Mittel- und Langwellen-, meist auch den UKW-Bereich, die für die Montage an Kraftfahrzeugen vorgesehen ist. K. müssen unter stark wechselnden Empfangsbedingungen arbeiten, da sich während der Fahrt die Feldstärke an der Antenne durch Reflexionen, Mehrfachempfang, Abschattungen und Feldverzerrungen durch das Fahrzeug selbst ständig ändert. Man fordert für eine K. möglichst keine Richtwirkung, hohe Antennenenergie trotz kleiner Abmessungen und Unempfindlichkeit gegen Störstrahlung aus dem Kfz-Bordnetz (Zünd- und Kontaktstörungen). Auch der Montageort am Fahrzeug ist für die Erfüllung dieser Forderungen entscheidend. K. sollen so konstruiert sein, daß sie mögliche Unfallfolgen nicht verschlimmern und daß sie gegen mutwillige Beschädigung geschützt sind. Schließlich wird Unempfindlichkeit gegen klimatische Einflüsse und die chemischen Auftaumittel des Winterstraßendienstes gefordert. Als K. werden i. allg. Stabantennen verwendet, die im UKW-Bereich als abgestimmte Antennen arbeiten. Sie haben gegenüber $\lambda/4$ ($\lambda/2$) eine etwas vergrößerte Länge von ca. 1 m (2 m), wodurch der Einfluß der Kabelkapazität und die Anpassung an den Empfängereingang berücksichtigt wird. In den AM-Bereichen wirken diese Stäbe als unabgestimmte Antennen, da die Wellenlängen gegenüber der Stablänge wesentlich größer sind. Obwohl Stabantennen an Kfz meist nahezu vertikal stehen, ist doch ein Empfang der mit horizontaler Polarisation abstrahlenden UKW-Sender möglich, weil die Autokarosserie das Feld stark verzerrt und die Polarisationsebene der ankommenden Strahlung dreht. Die *Aufbauantenne* wird mit einer abschraubbaren Edelstahlrute, einem Teleskopstab oder einem korrosionsfesten Glasfiberstab mit eingelagertem Empfangsdraht bzw. überzogenem Metallgeflecht gebaut (Abb. a/b). *Teleskopantennen* lassen sich

Verschiedene *Kraftfahrzeugantennen:* a) Teleskop-Versenkantenne, b) Glasfiberrute, c) Seitenantenne mit Biegestück, d) Dach-Teleskopantenne, e) Frontscheibenantenne

entweder von Hand einschieben und ausziehen *(Versenkantenne)* oder mit Hilfe eines Motors betätigen *(→ Motorantenne)*. Solche einziehbaren K. sind gegen mutwillige Zerstörung, gegen Diebstahl oder gegen Beschädigung durch Pkw-Waschanlagen besonders gut geschützt. Während die meisten Aufbauantennen auf nahezu horizontalen Karosserieflächen montiert werden, lassen sich spezielle *Seitenantennen* an vertikalen Flächen, z. B. am Türholm anbringen (Abb. c). Aufbau- und Seitenantennen sind mit einem *Biegestück* aus weichem Metall ausgestattet, das eine Ausrichtung der K. auf den gewünschten Neigungswinkel gestattet. *Dachantennen* sind für die Montage auf dem Fahrzeugdach vorgesehen (Abb. d). Sie liefern gute Empfangsergebnisse, da sie relativ geringen Störstrahlungen ausgesetzt sind und durch die Karosserie weniger abgeschattet werden. Allerdings besteht Beschädigungsgefahr durch Pkw-Waschanlagen; Dachgepäckträger können den Empfang stark beeinträchtigen. Eine *Frontscheibenantenne* (Abb. e) ist eine auf der Innenseite der Frontscheibe ohne Sichtbehinderung angebrachte Antennenstruktur, ähnlich den Leiterzügen einer Heckscheibenheizung. Sie kann bereits bei der Scheibenherstellung aufgebracht oder auch nachträglich aufgeklebt werden. Frontscheibenantennen sind besonders gut gegen Witterungseinflüsse geschützt, meist arbeiten sie mit einem Antennenverstärker zusammen. K. werden normalerweise mit einer Kabellänge von ca. 1,30 m geliefert. Die Kapazität der Antenne mit Kabel von ca. 45...85 pF ist von Einfluß auf die Empfangseigenschaften und muß bei AM mit Hilfe eines Antennentrimmers im Autoradio auf die Eingangsschaltung abgeglichen werden. Eine Verlängerung des Antennenkabels – z. B. bei der Montage der K. im Fahrzeugheck – bringt besonders bei UKW-Empfang zusätzliche Verluste, die mit einem Antennenverstärker (Kabelverstärker) ausgeglichen werden können. Eine *elektronische K.* ist eine Kombination eines Antennenelements mit einem elektronischen Verstärker als konstruktive Einheit. Häufig werden 2kanalige Verstärker, getrennt für AM-Bereiche und UKW-Bereich, verwendet. Es können auch kürzere Antennenstäbe (ca. 30...40 cm) benutzt werden. Mit einer elektronischen K. lassen sich die Empfangsergebnisse besonders bei Fernempfang verbessern, jedoch ist eine sorgfältige → Kraftfahrzeugentstörung erforderlich, da Zündstörungen ebenfalls verstärkt werden. Bei starken Nahsendern besteht die Gefahr der Übersteuerung der HF-Vorstufe des Autoradios, so daß → Kreuzmodulation entstehen kann. Abb.

Kraftfahrzeugempfänger, *Autoradio,* Autosuper: fest in einem Kfz eingebauter und aus dem Kfz-Bordnetz betriebener Rundfunkempfänger, dessen Konstruktion auf die besonderen Bedingungen des Autobetriebs abgestimmt ist. Alle K. müssen gegenüber stationär betriebenen Empfängern unter erschwerten Bedingungen arbeiten: *a)* Das fahrende Kfz ist ständig wechselnder Feldstärke ausgesetzt, so daß eine hochwirksame automatische → Verstärkungsregelung und eine übersteuerungsfeste HF-Vorstufe erforderlich sind. *b)* Es lassen sich nur einfache Antennen verwenden, die besonders bei UKW-Empfang wenig Reserven bieten. Daher ist hohe → Empfindlichkeit des K. erwünscht. *c)* Der K. einschließlich Antenne befindet sich in einer von Zünd- und anderen Kontaktstörungen stark durchsetzten Zone. Das erfordert aufwendige Maßnahmen zur → Kfz-Entstörung, besonders auf UKW, und eine sorgfältige Abschirmung des ganzen K. *d)* Die Bordspannung des Kfz ändert sich je nach Ladezustand des Akkumulators in dem weiten Bereich von ca. 11,5 V...14,4 V (12-V-Anlage), so daß, um die Drift der Oszillatorfrequenz klein zu halten, eine sorgfältige Spannungsstabilisierung im K. erforderlich ist. *e)* K. müssen besonders rüttelsicher gebaut sein. Bei den → Abstimmsystemen dominiert daher, wenn nicht → C-Dioden-Abstimmung verwendet wird, die Variometerabstimmung. Bei K. sollte die Ausgangsleistung von ca. 3 W je Kanal nicht unterschritten werden. Obwohl mit K. hoher Ausgangsleistung (bis zu 50 W je Kanal sind üblich) sehr überzeugende Klangwirkungen erzielt werden können, so lassen die Abhörbedingungen im Kfz doch keine HiFi-Wiedergabe im Sinne „höchster Wiedergabetreue" zu. Zunächst herrscht im fahrenden Kfz ein zu hoher Lärmpegel (bis zu etwa 80 dB), der zur Gewährleistung eines erträglichen Störabstands mit Nutzschall nahe der Schmerzgrenze übertönt werden müßte. Das wiederum ist schon deshalb nicht zulässig, weil verkehrsbedingte Schallinformationen (z. B. Hup- oder Sondersignale) vom Fahrer überhört werden könnten. Aus diesem Grund verbietet sich für ihn auch → Kopfhörerwiedergabe. Die Sitzverteilung in einem Pkw ermöglicht bestenfalls für eine Person ein gleichmäßig verteiltes Stereoklangbild; alle anderen Fahrgäste empfinden einen der beiden Stereolautsprecher als zu laut. Schließlich kann es durch den recht kleinen Innenraum des Pkw und die stark reflektierenden, oft fast parallelen Fensterflächen zu kräftigen Eigenresonanzen im unteren und mittleren Frequenzbereich des Schalls kommen: Es entstehen Klangverfälschungen. Die Ausstattungsmerkmale von K. sind sehr unterschiedlich. Üblich sind bei einfachen Empfängern 2 Empfangsbereiche (meist LW/MW). Ist Kurzwelle vorgesehen, so wird meist nur das 49-m-Band mit → Bandspreizung verwendet. Dieses kann besonders bei Auslandsfahrten nützlich sein, weil damit ein guter Weitempfang für die Sendestationen des jeweiligen Heimatlands auf Kurzwelle bis zu einer Entfernung von nahezu 1 000 km möglich wird. Bei höherwertigen K. ist der UKW-Bereich vorhanden, der auch den Empfang von Verkehrsinformationen gestattet (→ ARI-System). UKW-Empfang ist auch im Kfz wenig anfällig gegen Störungen, wie sie z. B. von Oberleitungen der Straßenbahn, von einem Gewitter oder vorbeifahrenden Fahrzeugen ausgehen können. Stabile Empfangsverhältnisse bestehen aber nur bis zu einer Senderentfernung von etwa 50...60 km und auch nur dann, wenn kein bergiges Gelände durchfahren wird. Besonders in Ortschaften führen Überlagerungen von sich direkt ausbreitenden Wellen mit an Gebäuden reflektierten Anteilen zu stehenden Feldstärkewellen mit einem Minimum-Maximum-Abstand von ca. 1,5 m. Während der Fahrt kommt es dann bei ohnehin schwachem Empfang zu periodischen Rauscheinbrüchen, die besonders bei sehr langsamer Fahrt stören können. Dieser „Lattenzauneffekt" wird noch verstärkt, wenn der K. leicht verstimmt ist und nur von der → AFC korrigiert wird. Dann ändert sich zusätzlich die Frequenz des Oszillators im Takt der Feldstärkeschwankungen, und zum Rauschen kommen Verzerrungen hinzu.

Hinweis: Gelangt man bei einem zwangsweisen Halt in ein Feldstärkeloch, so setzt der Empfang auf UKW aus oder ist stark verrauscht. Meist genügen bereits wenige Zentimeter Weiterrollen, um wieder normalen Empfang zu erzielen.

Viele K. mit UKW gestatten auch Stereowiedergabe, wodurch sich das mögliche Empfangsgebiet abermals verkleinert. Hochwertige K. sind daher mit einer automatischen, gleitenden → Mono/Stereo-Umschaltung (ASL) versehen. *2-Normen-UKW-K.* erlauben den zusätzlichen Empfang des UKW-Bands nach OIRT-Norm (→ Ultrakurzwellen). Es gibt K. mit mehreren → Stationstasten sowie → Sendersuchlauf, der auch so geschaltet werden kann, daß er nur auf Verkehrswarnfunksender allgemein oder auf solche mit einer vorwählbaren Bereichskennung (A...F) anspricht. Besonders vorteilhaft ist die mikrorechnergesteuerte Frequenzsynthese. Der K. läßt sich dann quarzgenau und langzeitstabil abstimmen, ohne daß Bordspannungsschwankungen einen Einfluß haben. Der Mikrorechner kann für weitere Aufgaben zur Bedienungserleichterung genutzt werden (→ PCI-System, → MCC-System). Eine numerische Frequenz- oder Stationsanzeige ist gegenüber der ungenauen (weil meist zu kleinen) Zeigerskale von Vorteil. Zum besonderen Ausstattungskomfort von K. zählen → Störimpulsaustastung auf UKW (ASU) und die automatische Anpassung der Wiedergabelautstärke an unterschiedlich laute Fahrgeräusche (→ SALS). Teilweise wird der K. mit einem → Equalizer (5...8 Wege) ausgestattet. In vielen K. ist ein zusätzlicher Kassettenteil eingebaut, der meist nur Wiedergabe, bei einigen Ausführungen aber auch Aufzeichnungen vom Rundfunkteil oder einem Handmikrofon erlaubt. Teilweise werden → Kompander oder → Auto-Reverse-Laufwerke verwendet. K. werden fast ausschließlich für eine Kfz-Bordspannung von 12 V (üblicherweise Minuspol an Masse, z. T. umschaltbar auf Pluspol an Masse) hergestellt. Das Betreiben an einem 6-V-Bordnetz erfordert einen zusätzlichen Transverter (Gleichspannungswandler). Der Einbau der heute meist mit standardisierten Gehäuseabmessungen hergestellten K. (Vorzugsmaße: Höhe = 44 mm, Breite = 180 mm, Tiefe = 150 mm) geschieht entweder an der vorgesehenen Stelle im Armaturenbrett oder in einer stehenden bzw. hängenden Mittelkonsole. Wichtig ist, daß sich das Gerät im unmittelbaren Griffbereich des Fahrers befindet. Eine günstige Bedienung gestattet auch ein vom eigentlichen K. abgesetztes Steuerteil, das, z. T. schwenkbar, an der Lenksäule befestigt werden kann.

Geschichtliches: Die ersten K. wurden im Jahre 1930 von der Firma Motorola (USA) auf einem Kongreß der Radiohersteller vorgestellt. Bereits 2 Jahre später fertigte man auch in Deutschland bei der Firma Blaupunkt einen Typ, der anfänglich das Volumen von ca. 10 l hatte. Obwohl die Abmessungen bald verkleinert werden konnten, gelang der entscheidende Schritt in dieser Richtung erst nach Einführung der Transistoren. Das Volumen verringerte sich bis unter 1 l (später sogar mit eingebautem Kassettenteil). Es gelang, gegenüber herkömmlichen Geräten bis zu 90 % an Leistungsbedarf einzusparen. Die bis dahin verwendeten elektromechanischen Spannungswandler („Zerhacker"), die starke Störstrahlung erzeugten, konnten entfallen, weil i. d. R. bei Transistorschaltungen eine Versorgungsspannung von 12 V genügt. 1967 wurde in der BRD (Blaupunkt) das erste Stereo-Autoradio gebaut, Verkehrswarnfunkdekoder erschienen im Jahre 1974 nach Einführung des ARI-Systems. Der erste *sprechende K.* wurde 1981 vorgestellt. Bei ihm wird die gewählte Sendestation nicht nur angezeigt, sondern mit Hilfe eines Sprachsynthesizers auch angesagt. Eine gesprochene Information erhält der Fahrer auch dann, wenn kein Sender mit Verkehrsfunkkennung mehr zu empfangen ist. → Auto-Portable, → Autolautsprecher, → Kfz-Entstörung (Abb.)

Kreuzdipol: kreuzförmige Anordnung von 2 → Dipolantennen mit gemeinsamer Antennenzuleitung. K. werden hauptsächlich für UKW-Empfang aus beliebiger Richtung in Sendernähe verwendet.

Kreuzmodulation, *Intermodulation*, auch HF-Übersprechen: unerwünschte gegenseitige Beeinflussung von 2 Signalen im HF-Bereich durch Amplitudenmodulation. Die Bezeichnung K. wird besonders für die ungewollte Mischung einer Empfangsfrequenz mit der eines sehr starken benachbarten Senders verwendet. K. entsteht aber auch bei → Übersteuerung von HF-Stufen, vor allem in Antennenverstärkern oder HF-Vorstufen bzw. Mischstufen eines Empfängers. Das benachbarte Programm wird zusätzlich empfangen; es „schlägt durch". K. bei Fernsehempfang führt auch zur Abbildung eines zweiten, negativen Bilds auf dem Fernsehbildschirm, zu → Synchronisationsfehlern oder zum sogenannten → Scheibenwischereffekt. Gegen K. unempfindliche HF-Stufen müssen hohe Trennschärfe, aber geringe Verstärkung haben. Eine

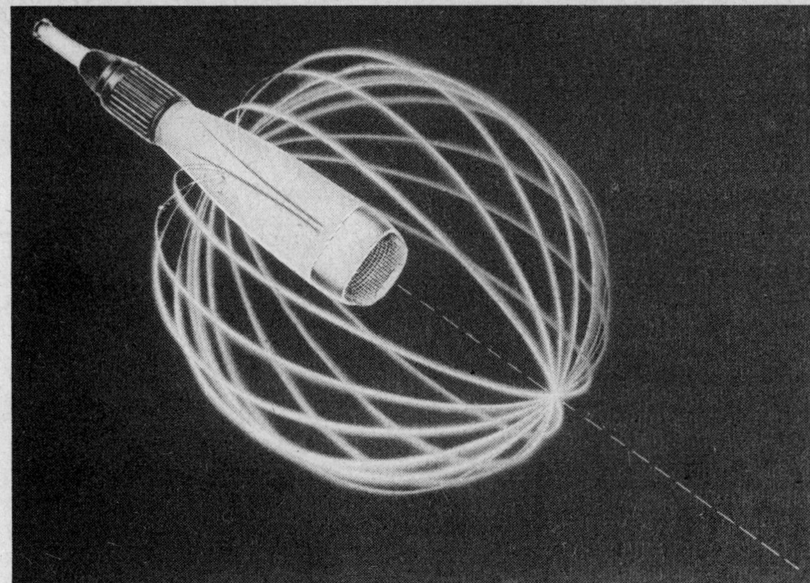

Kugelcharakteristik-Mikrofon: die Empfindlichkeit ist von allen Seiten gleich groß

nachträgliche Unterdrückung einmal entstandener K. ist nicht möglich. → Intermodulationsverzerrungen

Kristall-Abtastsystem: → piezoelektrisches Abtastsystem

KTV, Abk. für **K**abel-**T**ele**v**ision: → Kabelfernsehen

KTV-Sonderkanal, auch CATV-Kanal: in den → Rundfunkfrequenzbereichen ab Bereich I betriebener Kabelfernsehkanal, der i. d. R. nicht zur drahtlosen Fernseh- und Hörrundfunkübertragung genutzt wird. → Fernsehnorm, → Kabelfernsehen

Kugelcharakteristik-Mikrofon, kurz Kugelmikrofon: Mikrofon, das bei allen Schalleinfallsrichtungen gleich empfindlich ist. K. sollen nur dort verwendet werden, wo auch das diffuse Schallfeld eines Instruments (der „Raummitklang") oder die Umgebungsgeräusche mit aufgenommen werden sollen. Bei Tonaufnahmen in sehr halligen Räumen, bei starken Störgeräuschen oder bei Gefahr → akustischer Rückkopplung ist das K. nicht geeignet. Abb.

Kugellautsprecher: 1. Lautsprecher mit kugelförmigem Gehäuse, auch *Kugelbox* genannt (→ Lautsprecherbox). – **2.** Lautsprecher(gruppe) mit gleichmäßiger Schallabstrahlung nach allen Richtungen (→ Rundstrahler-Lautsprecher).

Kundendienst, *Service:* materielle oder nichtmaterielle Leistungen, die mit dem Verkauf oder der Reparatur von Waren zusammenhängen und von einem Verkäufer oder Werkstattverantwortlichen gegenüber dem Kunden erbracht werden. Ziele des K. sind Erleichterung der Kaufentscheidung, der Inbetriebnahme, Nutzung, Wartung und Reparatur von Geräten. Der K. ist nur z. T. kostenpflichtig. Träger des K. sind Hersteller, Handel und Reparaturwerkstätten. Der K. umfaßt Beratung, Vorführung, Lieferung und Übergabe, Reparaturannahme und -ausgabe sowie Verkauf oder Inzahlungnahme des älteren Geräts bei einem Neuerwerb.

Hinweis: Zur Verbesserung des K. sollte der Kunde mit einer klaren Vorstellung beim Warenerwerb aufwarten (z. B. Zielwunsch beim Heimgerät, präzise Fehlerbeschreibung im Fall einer Reparatur, Art, Umfang und Zeitpunkt der Lieferung).

Kunstkopfstereofonie: → kopfbezogene Stereofonie

künstlicher Nachhall: → Verhallung

Kunstlicht: i. allg. → Licht, das durch Lampen erzeugt wird. K. ist durch einen gegenüber dem Sonnenlicht („natürliches" Licht) eingegrenzten Wellenlängenbereich gekennzeichnet, in dem die spektralen Anteile des Lichts mit gleicher Energie auftreten. Diese Einschränkung ergibt sich aus den derzeitigen technischen Möglichkeiten zur Erzeugung von K. Eine genaue Charakteristik des K. erfolgt durch die → Farbtemperatur; z. B. für Glühlampen: 2850 K, Halogenlampen: 3200 K, Neonlampen: 4500 K usw. → Tageslicht, → Mischlicht, → Konversionsfilter, → Lichtquelle

Kunststoffmembran: Formmembran oder ebene Folienmembran aus speziellen Kunststoffen für Kopfhörer, Lautsprecher oder Mikrofone. Zu den K. zählen die Elektretmembranen (→ Elektret) und die → piezoelektrischen Polymere. Speziell für Lautsprecher wurden K. entwickelt, mit denen sich verbesserte Abstrahlbedingungen erreichen lassen: geringere Eigenschwingungen und bessere Hochtonabstrahlung durch große Steife, weniger Klangverzerrungen. Solche K. bestehen entweder aus einem Geflecht von Kohlefasern mit einem eingelagerten Spezialpolymer oder aus einer Verbindung eines Polymers mit kristallinem Graphit. Es wird ein sehr großes, besonders für Tieftonmembranen günstiges Elastizitätsmodul von über 100 kg/mm^2 erreicht. K. haben gegenüber Pappmembranen außerdem bessere Klimafestigkeit.

Kupplungssteckdose: → Steckverbinder

Kurzhubtaste: Tastenschalter mit kurzem Betätigungsweg. K. sind als nichtrastende → Tasten meist mit nur einem Kontakt (Schließer) ausgestattet. K. werden oft als *Tiptasten* bezeichnet.

Kurzschlußfestigkeit: Eigenschaft einer NF-Endstufe oder eines Netzteils, bei Kurzschluß des Ausgangs nicht beschädigt zu werden. → Überlastungsschutz

Kurzschlußstrommessung: Verfahren zur Überprüfung des Entladezustands, vorwiegend von Monozellen. Gegen Ende der Lebensdauer einer Zelle steigt ihr Innenwiderstand an, ohne daß die Klemmenspannung im unbelasteten Zustand wesentlich absinkt. Daher ist eine Spannungsmessung wenig sinnvoll, und eine direkte Strommessung zwischen den Anschlüssen verschafft einen besseren Überblick. Übliche Monozellen liefern im frischen Zustand bis zu etwa 6 A., unter 300 mA können sie als verbraucht gelten.

Hinweis: Bei Sekundärelementen und Lithium-Zellen darf eine K. wegen des sehr geringen Innenwiderstands nicht vorgenommen werden!

Kurzwellen, Abk. **KW:** Frequenzbereich zur Funkübertragung von 2,3...26,1 MHz. Für den Hörrundfunk werden u. a. das 49-, 41-, 31-, 25-, 19- und 16-m-Band benutzt (→ Rundfunk-Frequenzbereiche). Besonders im 49-m-Band arbeiten viele deutschsprachige Sendestationen. Die Modulationsart ist AM (→ Modulation); ein einheitlicher Kanalraster besteht noch nicht. Die NF-Bandbreite beträgt i. allg. 4,5 kHz. Die KW werden außerdem von zahlreichen kommerziellen Funkdiensten wie Wetterfunk, Seefunk u. a. in vielfältigen Modulationsarten benutzt, außerdem sind Amateurfunkbänder freigegeben. → Wellenausbreitung

Kurzwellenausbreitung: → Wellenausbreitung

Kurzwellenband: → Rundfunk-Frequenzbereiche

Kurzwellenempfänger: Rundfunkempfänger zum ausschließlichen Empfang von Funkdiensten (meist Hörrundfunk), die über Kurzwellen übertragen werden. Hochwertige Geräte für Reise und Sport sind z. B. mit hohem Bedienungskomfort ausgestattet und erbringen überdurchschnittliche Empfangsleistungen. → Bandbreiteneinstellung, → Kurzwellenlupe, → Bandspreizung, → digitale Frequenzanzeige, → Allwellenempfänger, → ANL

Kurzwellenlupe (engl. *Fine Tuning*, Feinabstimmung): Bedienungserleichterung zum exakten Abstimmen von Empfängern auf Kurzwelle. Weil die Sendestationen sehr eng beieinander liegen, ist eine Abstimmung – wenn nicht → Bandspreizung vorliegt – mitunter recht schwierig. Bei eingebauter K. wird die Empfangsfrequenz mit dem Abstimmknopf grob vorgewählt; die Feinabstimmung wird an einem gesonderten Knopf vorgenommen.

Kurzwellenspreizung: → Bandspreizung

KW: Abk. für → Kurzwellen.

L

Label (engl.): rundes Papieretikett in der Mitte einer Schallplatte mit Schallplattenmarke, Bestellnummer und Informationen über die auf der Platte gespeicherten Titel.

Lagerung von Informationsträgern: → Archivierung

Lampe: künstliche → Lichtquelle (Strahler), deren Charakteristikum allgemein die Umwandlung elektrischer Energie in Lichtenergie ist (i. d. R. über Zwischenenergieformen z. B. Glühlampen: Wärmeenergie, Leuchtstofflampen: Bewegungsenergie). Die Geschichte der L. reicht bis ins 19. Jahrhundert zurück (Glühlicht-Lampen) und ist im 20. Jahrhundert durch ständige Weiter- und Neuentwicklungen (Gasentladungs-, Halogenlampen usw.) gekennzeichnet. Die Entwicklung in den letzten Jahren konzentriert sich insbesondere auf die Erhöhung der Gebrauchseigenschaften wie: Lichtausbeute (→ Lichtstrom pro zugeführtem Watt elektrischer Leistung), Verbreiterung der Strahlungsspektren (→ Farbtemperatur), Lebensdauer usw. L.arten sind nach ihrem Wirkungsprinzip (Temperatur-, Kaltstrahler), nach den eingesetzten Materialien (z. B. Wolfram-Glühlampe, → Halogenlampe, Quecksilber-, Natriumdampf-, Xenonlampen), den Drücken im L.körper (Hoch-, Niederdruck-L.), der Bauform (Kolben: „Birne", Stab: Sofitte), der Kontaktverbindung (Gewinde-, Steckverbindung), der Leistungsaufnahme, der Strahlungsspektren (Warmlicht, Kaltlicht; besser nach → Farbtemperatur) u. v. a. zu unterscheiden. Diese Merkmale treten für jede einzelne L. komplex auf. L. werden zum Gebrauch stets in Verbindung mit → Leuchten eingesetzt. → Licht, → Mischlicht

Hinweis: Auf Grund ihrer verschiedenartigen Eigenschaften (im einzelnen hauptsächlich Leistung, Strahlungsspektrum, Lebensdauer, Regelbarkeit des Lichtstroms) finden differenziert bei Video- und Fernsehaufnahmen Glüh-, Halogen-, Xenon- und Leuchtstofflampen Anwendung.

Langdrahtantenne: vorwiegend für Lang-, Mittel- und Kurzwellenempfang verwendeter, in bestimmter Höhe über der Erdoberfläche isoliert aufgespannter langer Leiter. L. waren besonders in den Anfangsjahren des Rundfunks verbreitet. Sie sind heute fast ausnahmslos durch andere Antennenkonstruktionen ersetzt (→ Stabantenne, → Ferritantenne, → Kraftfahrzeugantenne).

Langlebensdauerkopf: Magnetkopf mit besonders hartem und abschliffestem Kernwerkstoff oder mit speziell bearbeitetem Kopfspiegel. Bei einem L. steigt die Grenznutzungsdauer gegenüber einem herkömmlichen Magnetkopf, z. B. aus Mu-Metall, etwa um den Faktor 3...10 an. L. mit noch längerer Standzeit werden auch als *Super-L.* (engl. *Super Longlife Head*) bezeichnet. Es gibt L. mit titanbeschichtetem und hochglanzpoliertem Kopfspiegel. Bei den Kernen werden Legierungen aus reinem Eisen, Silizium und Aluminium (z. B. das Material *FSX*) oder andere Speziallegierungen wie *Vacodur* oder *Alfenol* verwendet, die sich aber wegen ihrer extrem großen Härte und Sprödigkeit nur sehr schlecht verarbeiten lassen. Seitdem es gelungen ist, bei Köpfen mit *Ferritkern* das Ausbrechen der Kanten am Arbeitsspalt zu unterbinden, werden sie nicht nur mehr als Löschköpfe, sondern auch als Magnetton- und Videoköpfe verwendet. Ferrit, ein gesintertes ferromagnetisches Oxid hat außerdem den Vorteil, daß der Kern keinen Restmagnetismus zurückbehält. Eine → Entmagnetisierung ist daher unnötig. → Sendust-Magnetkopf

Langspielband: → Magnettonband, Tab.; → Laufdauer

Langspielplatte (engl. Longplayer, Abk. LP): → Schallplatte

Längsspurverfahren: Verfahren der magnetischen Signalaufzeichnung, bei dem sich die Magnetspuren in Längsrichtung des Magnetbands ausbilden. Meist wird mit feststehenden Aufzeichnungsköpfen gearbeitet, an denen das Magnetband mit konstanter Geschwindigkeit vorbeigeführt wird. Dabei ist die Aufzeichnungsgeschwindigkeit gleich der Bandgeschwindigkeit. Die Tonaufzeichnung auf Magnetton- bzw. Videoband oder Magnettonfilm erfolgt i. allg. im L. Für die Bildaufzeichnung mit feststehendem Videokopf (Einkopf-Videorecorder) muß die Bandtransportgeschwindigkeit wegen des großen Videofrequenzbereichs einige m/s betragen *(Hochgeschwindigkeitsverfahren).* Entsprechende Geräte sind dann sog. *Schnelläufer.* Die ersten Geräte zur → magnetischen Bildaufzeichnung arbeiteten mit Längsspuraufzeichnung. Auch einige Heimvideorecorder (z. B. → LVR) und die meisten magnetischen Datenspeicher basieren auf diesem Verfahren. (Abb.)

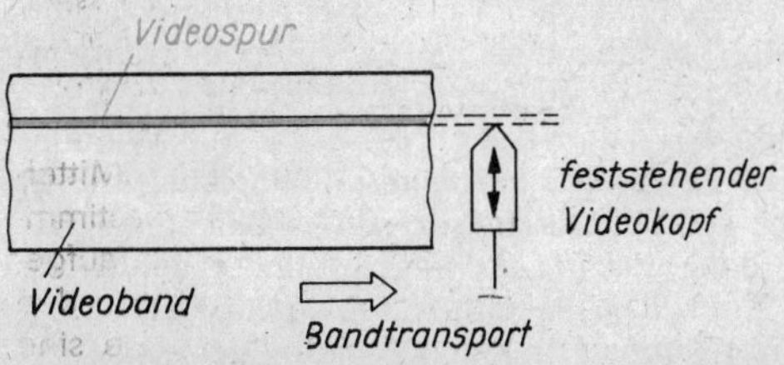

Videoaufzeichnung nach dem *Längsspurverfahren*

Längsstrahler: Antennenkonstruktion, bei der die größte mechanische Ausdehnung in Hauptempfangsrichtung liegt. L. sind die am meisten verbreiteten Empfangsantennen; ihr wichtigster Vertreter ist die → Yagi-Uda-Antenne.

Hinweis: Bei ungleichmäßiger Feldstärkeverteilung am Empfangsort, wie sie z. B. in der Nähe großer reflektierender Objekte oder in gebirgiger Gegend auftritt, kann der günstigste Montageort für einen L. durch Variieren des Antennenstandorts gefunden werden. Das gilt besonders für UHF-Antennen.

Langwellen, Abk. **LW:** Hörrundfunk-Frequenzbereich von 148,5...283,5 kHz (früher 150...285 kHz). Die Modulationsart ist AM (→ Modulation), der Kanalraster (Kanalbreite) beträgt 9 kHz. Es ist eine Bandbreite von 4,5 kHz übertragbar. → Wellenausbreitung

Lärm: Hörschall, der als lästig empfunden wird oder eine Tonaufnahme stört. L. kann zu einer Einschränkung des Wohlbefindens führen und, wenn er längere Zeit bestimmte Werte überschreitet, sogar zu Gesundheitsstörungen und Arbeitsunfähigkeit (Lärmschwerhörigkeit, Nervosität, Organstörungen). L. ist keiner bestimmten Schallform zuzuordnen. Auch Musik kann L. sein, wenn sie unerwünscht angehört werden muß oder in einen Tonaufnahmeraum dringt. Es gibt gesetzliche Bestimmungen über die Stärke von L., jedoch sind derartige Festlegungen immer problematisch, weil die tatsächlich auftretenden Lautstärken ohne Meßgeräte nicht nachgeprüft werden können und das Ausmaß der Störwirkung immer von der subjektiven Einstellung des sich gestört Fühlenden mitbestimmt wird.

Hinweis: Auch durchaus akzeptierter Schall hoher Lautstärke, der nicht eigentlich dem L. zuzurechnen ist, kann bei längerer und häufiger Einwirkung physische und psychische Schäden hinterlassen (z. B. in Diskotheken).

Laser, Abk. für engl. **L**ight **A**mplification by **S**timulated **E**mission of **R**adiation (Lichtverstärkung durch induzierte Strahlungsemission): Strahlungsquelle zur Erzeugung von monochromatischem, kohärentem Licht (Licht nur einer Wellenlänge, Schwingungsrichtung und Phasenlage). Ein L. besteht aus einem aktiven Material, einer Einrichtung zur Anregung des aktiven Materials und einem optischen Resonator. Je nach verwendetem aktivem Material, dem eigentlichen L.material, unterscheidet man Festkörper-, Flüssigkeits-, Gas- und Halbleiter-L. (→ Laserdiode). Durch Energiezufuhr werden Atome des L.materials angeregt, d. h. auf ein höheres Energieniveau gehoben, gewissermaßen „aufgepumpt". Beim Feststoff-L. erfolgt die Energiezufuhr von einer kräftigen Lichtquelle, z. B. Blitzlampen (optisches Pumpen). Gas-L., meist *Helium-Neon-L.* ähneln im Aufbau einer langgestreckten → Gasentladungsröhre. Beim Übergang angeregter Atome in ihren Grundzustand wird Energie in Form von Lichtstrahlung (Emission) frei. Eine erste spontane Emission bewirkt bei weiteren angeregten Atomen durch eine Art Resonanzeffekt wiederum Lichtstrahlung. Dies nennt man stimulierte oder induzierte Emission. Der eingeleitete Vorgang setzt sich vermehrt fort, da die Lichtwellen zwischen 2 Spiegelflächen im optischen Resonatur hin- und herlaufen und so immer wieder neue Atome zur Lichtemission zwingen (Abb.). Emittierte und auslösende Lichtstrahlung stimmen dabei in Frequenz und Phase überein, d. h., es erfolgt eine phasenrichtige Lichtverstärkung. Die Lichterzeugung schaukelt sich ähnlich wie bei einem Oszillator auf, vorausgesetzt, die Gesamtverstärkung der Strahlung ist größer als die unvermeidlichen Strahlungsverluste durch Absorption. Folglich stellt sich ein stationärer Zustand ein. Es entsteht eine fortdauernde kontinuierliche Lichtstrahlung, die an einem halbdurchlässigen Seitenspiegel des L. teilweise austreten kann *(Laserlicht)* L. haben ein breites Anwendungsgebiet erlangt, z. B. als → Lichtsender für die optische Nachrichtenübertragung mit → Lichtleitern, da sie mit breitbandigen Signalen modulierbar sind, oder zum Abtasten → optischer Bildplatten und Compact Discs (→ Compact Disc Digital Audio). Abb.

Laserabtastung: berührungsloses → Abtasten optisch gespeicherter Informationen mit Hilfe eines Laserstrahls. Die L. wird z. B. bei optischen Bildplatten, bei → Selectavision und in → CD-Plattenspielern angewendet.

Laserdiode, Abk. **LD**, svw. Halbleiterlaser, Injektionslaser: Laserlicht ausstrahlende → Lumineszenzdiode mit einem durch zusätzliche Schichten eng begrenzten pn-Übergang. Dieser Übergang bildet die aktive Anregungszone und durch entsprechenden Verlauf des optischen Brechungsindex in seiner Umgebung auch den optischen Resonator eines → Lasers. Die Anregungs- oder Pumpenergie wird vom Gleichstrom der stark in Durchlaßrichtung betriebenen LD geliefert. LD lassen sich leicht modulieren und werden deshalb bevorzugt als → Lichtsender bei der optischen Nachrichtenübertragung und zum Abtasten → optischer Bildplatten und Schallplatten (→ Compact Disc Digital Audio) eingesetzt. → Optoelektronik (Abb.)

Laser Disc: rillenlose optische Bildplatte, die beim Abspielen berührungslos mit einem Laserstrahl abgetastet wird (→ Laserabtastung). Die Bezeichnung L. wird von verschiedenen amerikanischen und japanischen Herstellerfirmen für ihre Bildplattensysteme verwendet. Zwischen einigen L. und → Laservision besteht praktisch Kompatibilität.

Laserlicht: → Laser

Laservision, Abk. **LV:** optisches Bildplattensystem zur Wiedergabe gespeicherter Bild- und Toninformationen, das von der Firma Philips (Niederlande) entwickelt und 1972 noch unter der Bezeichnung VLP erstmals bekannt wurde. Auf der *LV-Bildplatte* sind in einer spiralig von innen nach außen verlaufenden Spur Bild-, Ton- und Zusatzinformationen

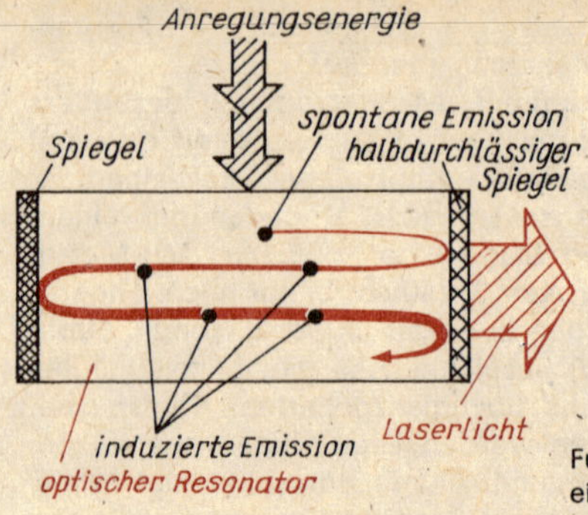

Funktionsprinzip eines *Lasers*

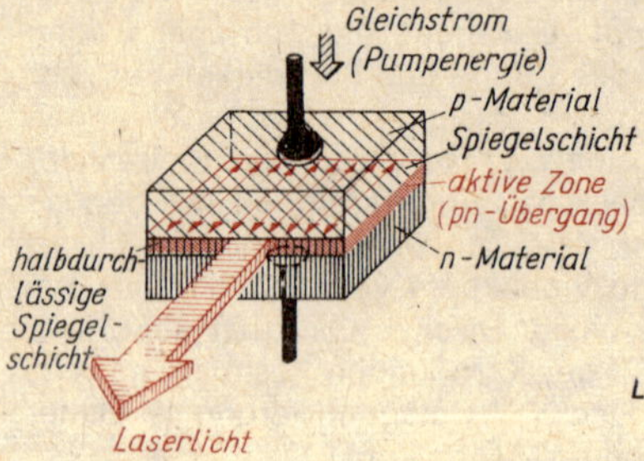

Laserdiode

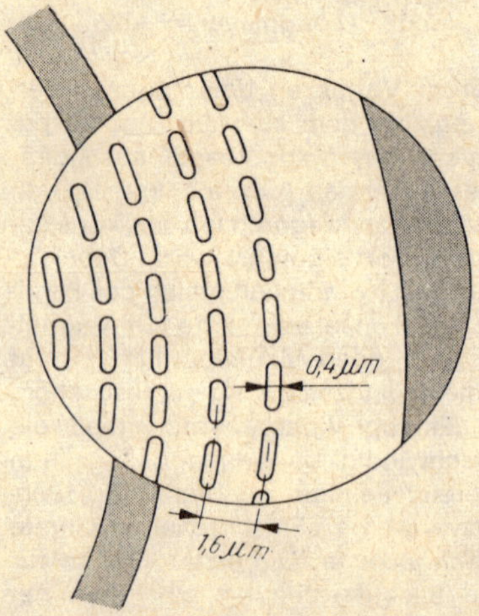

Laservision (1): Spurbild

als langlochförmige Vertiefungen (Pits) von 0,1 µm Tiefe und 0,4 µm Breite in einer verspiegelten Fläche eingeprägt. Abstand und Länge der Pits ändern sich in Abhängigkeit der gespeicherten Information (Abb. 1). Die nebeneinander verlaufenden Spurwindungen haben einen Spurabstand von 1,6 µm, damit entfallen auf 1 mm Plattenradius ca. 600 Windungen. Die beiderseits bespielte LV-Bildplatte (Abb. 2) besteht aus lichtdurchlässigem Plastikmaterial mit 20 cm oder 30 cm Durchmesser und einer Dicke von 2,7 mm. Die Schicht (verspiegelte Fläche) mit der Informationsspur liegt im Inneren der Platte und ist daher äußeren Störeinflüssen fast völlig entzo-

Kenndaten von Laservision

Material:	transparente PVC-Scheibe	
Plattentypen:	CAV, Active Play (Standardplatte) 1500 U/min	CLV, Long Play (Langspielplatte) innen: 1500 U/min, außen: 500 U/min
maximale Laufdauer:	2× 36 min	2 × 60 min
Spuren/mm:	600	600
Fernsehbilder pro Spurwindung:	1	1...3
Fernsehbilder pro Plattenseite:	54000	95000
Sonderfunktionswiedergabe:	ja	nein
Tonkanäle:	2 (Stereo oder Zweiton)	
Tonübertragungsbereich:	40 Hz...20 kHz	
Bildübertragungsbereich:	0 Hz...5 MHz	
Lebensdauer: Abtaster:	50000 und mehr Stunden	
Platte:	kein Verschleiß	

Die Angaben gelten für die Fernsehnorm nach CCIR.

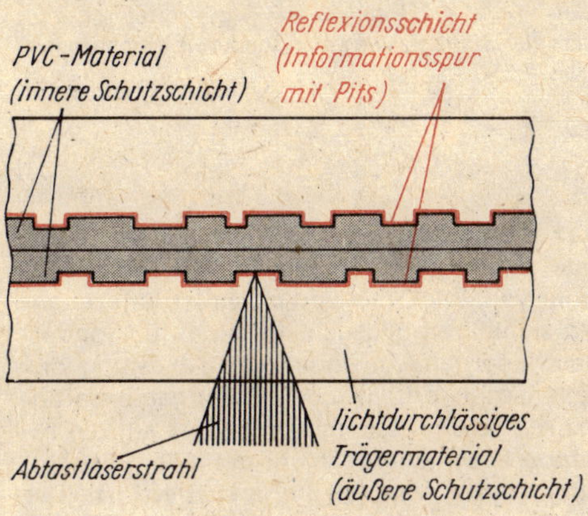

Laservision (2): Schnitt durch eine LV-Bildplatte

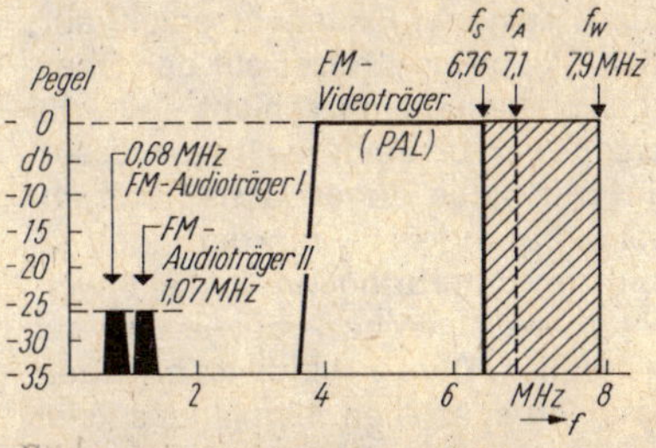

Laservision (3): Frequenzspektrum des Laservision-Multiplexsignals (f_S Synchronfrequenz, f_A Austastfrequenz, f_W Weißfrequenz)

gen. Das lichtdurchlässige Trägermaterial bildet beiderseits eine mehr als 1 mm dicke Schutzschicht. Dadurch ist eine LV-Bildplatte in der Handhabung sehr robust und gegen Beschädigungen und Verunreinigungen wesentlich unempfindlicher als herkömmliche Schallplatten. Alle gespeicherten Informationen sind durch eine entsprechende Signalaufbereitung (Abb. 3) – Frequenzmodulation

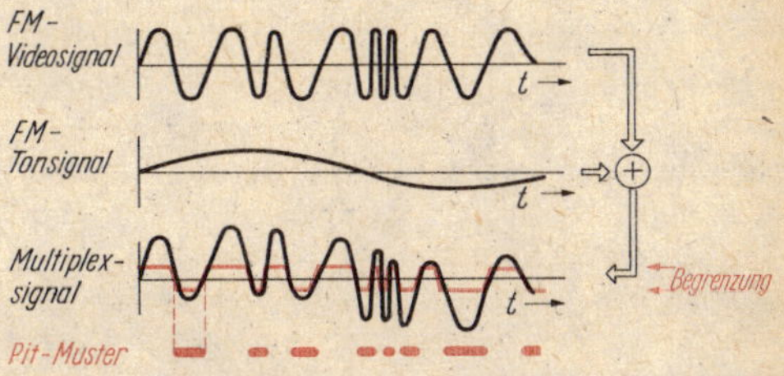

Laservision (4): Entstehung des digitalen Rechtecksignals, mit dem der Schneidlaser die Pits erzeugt

der Bild- und Tonsignale auf getrennten Trägerfrequenzen, Kodierungsverfahren und Addition der trägerfrequenten Bild- und Tonsignale mit anschließender Umsetzung in ein digitales Rechtecksignal durch symmetrische Begrenzung (Abb. 4) – den speziellen Kanaleigenschaften der LV angepaßt. Neben den Signalinformationen sind in den Pits weitere Informationen zu Test- und Anzeigezwecken (Titel-, Kapitel-, Zeit-, Bildnummeranzeige u. ä. auf einem Display des Abspielgeräts oder als Bildschirmanzeige) sowie zur wiedergabeseitigen automatischen Plattentyperkennung und z. B. für Bildstopp- und Bildwiederholsteuerung enthalten, und zwar in Leerzeilen der vertikalen Bildaustastlücke. Die LV-Bildplatte gibt es in 2 unterschiedlichen Ausführungen. Die *Standard-LV*, sie erhielt die Bezeichnung *„Active Play"* oder *CAV* (Abk. von engl. Constant Angular Velocity, svw. konstante Winkelgeschwindigkeit), wird mit konstanter Drehzahl von 1500 U/min (europäische Norm) und damit mit konstanter Winkelgeschwindigkeit wiedergegeben. Je Umdrehung ist ein Fernsehvollbild gespeichert, so daß sich die Vertikal- und Horizontalsynchronimpulse radial an den gleichen Stellen befinden (Abb. 5). Damit ist die Voraussetzung für Sonderfunktionswiedergabe (Standbild, Zeitlupe, Zeitraffer, Rückwärtswiedergabe, Einzelbildweiterschaltung) geschaffen (Abb. 6). Die Spieldauer beträgt maximal 2 × 26 min. Für längere Programme gibt es die *Langspiel-LV*, sie

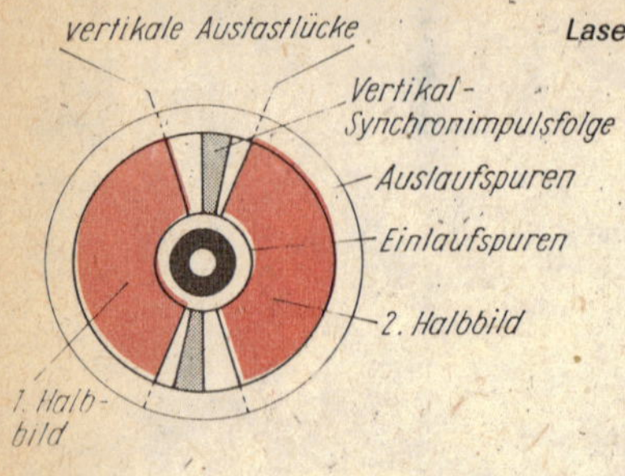

Laservision (5): Lage der Halbbilder auf einer CAV-Platte

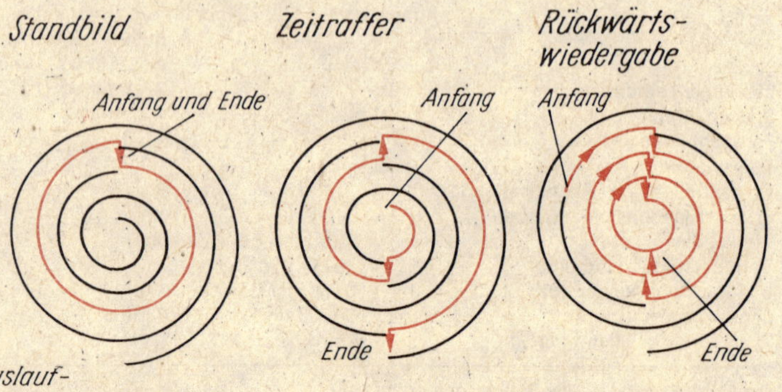

Laservision (6): Spurabtastung bei Sonderfunktionswiedergabe

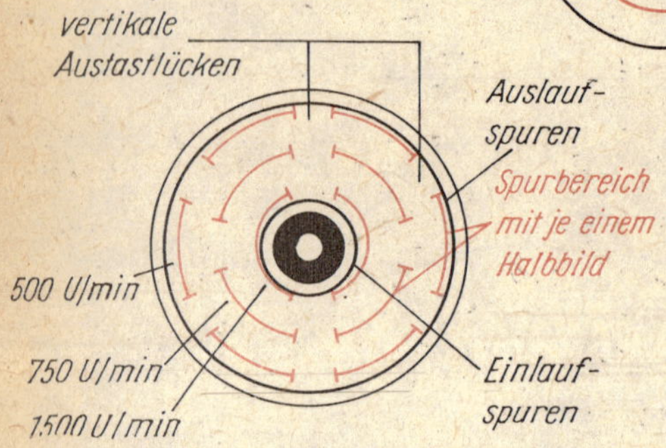

Laservision (7): Lage der Halbbilder auf einer CLV-Platte

Laservision (8): Laservision-Bildplatte und Wiedergabegerät (Toplader)

erhielt die Bezeichnung *„Long Play"* oder *CLV* (Abk. von engl. Constant Linear Velocity, svw. konstante Abtastgeschwindigkeit). Eine CLV wird mit konstanter Abtastgeschwindigkeit, d. h. mit variabler Winkelgeschwindigkeit und damit auch mit variabler Drehzahl – 1500 U/min am Innenradius bis 500 U/min am Plattenrand – wiedergegeben. Die einzelnen Fernsehbilder bzw. Halbbilder haben konstante Spurlänge (Abb. 7). Die CLV hat eine Spieldauer von 2 × 60 min und ist, außer für szenengenauen sichtbaren Bildsuchlauf, nicht für Sonderfunktionswiedergabe geeignet. Die Abtastung der Informationsspur erfolgt bei Wiedergabe berührungslos mit einem Laserlichtstrahl, der auf die reflektierende Informationsschicht mit einem Leuchtfleckdurchmesser von 0,9 µm fokussiert ist. Die optische Abtastung beruht auf dem Prinzip der Diffraktion (→ optische Bildplatte). Bei der Plattenabtastung tritt einesteils keinerlei Plattenverschleiß auf, anderseits können Staub und Kratzer auf der Oberfläche der durchsichtigen Schutzschicht keinerlei Signalbeeinflussung hervorrufen, weil der Laserstrahl beim Durchtritt durch diese Fläche noch unscharf ist. Da keine besonderen Anforderungen an eine staubgeschützte Unterbringung gestellt werden müssen, wird eine einfache Archivierung auf kleinstem Raum möglich. Die LV-Bildplatte erfordert zur Wiedergabe einen speziellen Bildplattenspieler (Abb. 8). Die erreichbare Bildqualität liegt deutlich über der von üblichen Videorecordern und entspricht der von über Fernsehsender ausgestrahlten Fernsehbildern. → SWS, → Bildplatte, → Bildplattenspieler (Tab., Abb.)

Lateralkonvergenzeinheit: → Konvergenzeinstellung

Laufdauer, *Spieldauer* t_l: Gesamtzeit für die vollständige Wiedergabe der auf einem Informationsträger (Magnetband, Schallplatte usw.) gespeicherten Ton- oder Bildaufzeichnungen. Die *maximale L.* t_{lmax} bezieht sich auf die *vollständige Ausnutzung* des Informationsträgers, wie sie bei Schallplatte

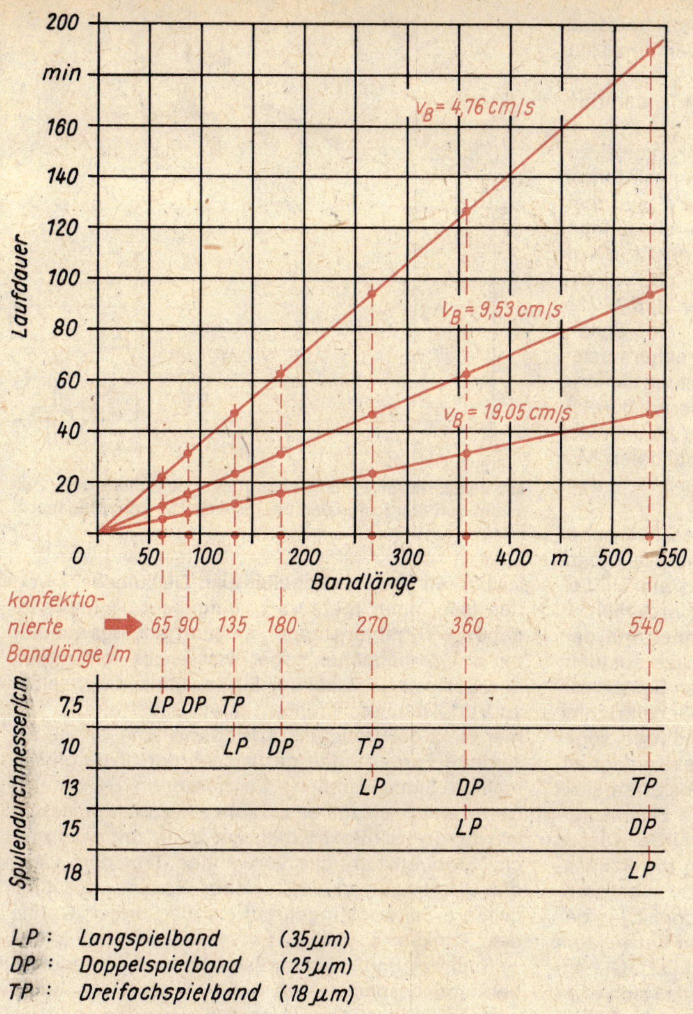

Zusammenhang zwischen Bandlänge und *Laufdauer* von Magnettonbändern (einmaliger Banddurchlauf), rot: konfektionierte Bandlängen auf Tonbandspulen

und Kassette meist nicht erreicht werden kann, weil die zu speichernden Titel eine vorgegebene Länge haben. Bei einer Schallplatte wird die maximale L. von den Durchmessern von Außen- und Innenrille, von der Rillenbreite (→ Schallplattenrille), dem Rillenabstand (→ pegelabhängige Rillensteuerung) und der Umdrehungszahl bestimmt. Bei Kassetten ist sie ausschließlich von der aufgespulten Bandlänge abhängig und wird durch eine Zahl angegeben (z. B. K 90: $t_{lmax} = 90$ min). Bei Spulenmagnetbändern ist die maximale L. von der *konfektionierten Bandlänge l* nach der Beziehung $t_{lmax} = l/v_B$ (v_B = Bandgeschwindigkeit) abhängig. Sie verlängert sich noch um den Faktor 2 bei Zweispur-Mono- und Vierspur-Stereo-Aufzeichnung bzw. um den Faktor 4 bei Vierspur-Mono-Aufzeichnung. Tab. → Schallplatte (Abb.)

Laufgeräusch, Betriebsgeräusch: unerwünschtes, von Schallplatten- oder Magnetbandlaufwerken direkt erzeugtes Geräusch. L. treten störend vor allem bei einfachen Antrieben, bei fehlender oder nach unsachgemäßer Wartung auf. Während mahlende, ratternde oder periodisch knackende L. vorwiegend von Lagern erzeugt werden – Knackgeräusche auch von Bandzählwerken –, deutet Quietschen auf einen zu losen oder fehlerhaft laufenden Antriebsriemen, ein rutschendes Gummizwischenrad oder auf Bandlängsschwingungen hin (→ Bandlaufstörungen). Quietschen ist häufig von → Tonhöhenschwankungen begleitet. Lüftergeräusche können durch Schmutzablagerungen an den Luftführungen oder den Lüfterflügeln anwachsen. Surrende L. entstehen vorwiegend bei Unwucht schnellaufender Antriebselemente, sie sind aber bei einigen Antriebsmotoren auch funktionsbedingt *(Nutengeräusch, Kollektorgeräusch).* → Rumpeln zählt nicht direkt zu den L., da es über die Abtastnadel ins Tonsignal gelangt und erst über den Lautsprecher hörbar wird.

Laufwerkssteuerung, elektronische: → Tonbandgeräte-Laufwerk

Laufzeitstereofonie: Verfahren für → raumbezogene Stereofonie, bei dem die Richtungsinformation vorwiegend durch Zeitunterschiede zwischen den Stereosignalen entsteht. L. wird bereits aufnahmeseitig gewonnen, indem man 2 normale Mikrofone mit bestimmtem Abstand voneinander vor der Schallquelle aufstellt (*distanzierte* oder *A/B-Mikrofone*). Wiedergabeseitig ergeben sich keine Besonderheiten bei der → Stereo-Lautsprecheraufstellung. L. ergibt eine relativ geringe Ortungsschärfe der Schallquellen, besonders im mittleren Bereich der Stereobasis, dafür aber eine gute Illusion der Räumlichkeit. Bei der Bildung des kompatiblen Monosignals können sich bei L. Probleme ergeben. Abb.

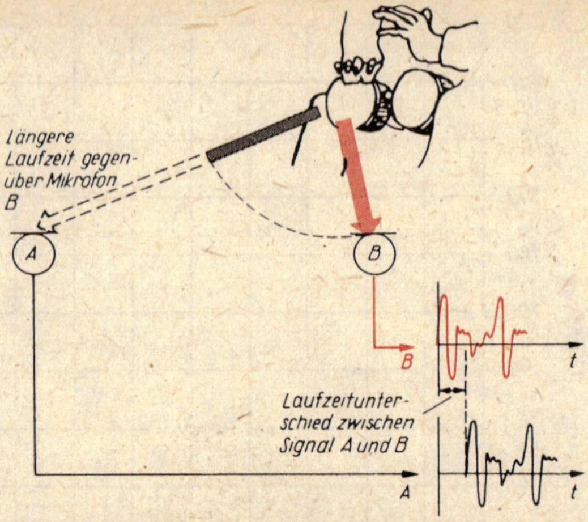

Laufzeitstereofonie: Entstehung der Zeitdifferenzen zwischen den Stereosignalen bei distanzierter Mikrofonanordnung

Lautsprecher, Schallsender: elektroakustischer Wandler zur Rückgewinnung des Schalls aus dem Tonsignal. Zum Betreiben eines L. ist ein NF-Leistungsverstärker (NF-Endverstärker) erforderlich.
Geschichtliches: Die ersten L. entstanden mit den Röhrenempfängern. Sie entwickelten sich aus dem elektromagnetischen Kopfhörer, dessen System zunächst nur vergrößert und mit einem Schalltrichter versehen wurde. Erst später entstand der sogenannte *Freischwinger*, ebenfalls ein elektromagnetischer L. Das Signal wurde einem polarisierten Elektromagneten zugeführt, wodurch eine Eisenzunge im Takt der Schwingungen bewegt wurde. Dieses auch Anker genannte Bauteil übertrug die Schwingungen schließlich auf eine Papp-Konusmembran. Der → *elektrodynamische L. (dynamischer L.)* in der noch heute üblichen Ausführung ist auf Entwicklungen der US-Amerikaner RICE und KELLOGG im Jahre 1924/1925 zurückzuführen. Er setzte sich etwa ab 1930 in den Rundfunkempfängern durch. Außerdem werden zur Abstrahlung mittlerer und hoher Frequenzen auch → *piezoelektrische Lautsprecher*, → *elektrostatische Lautsprecher* und → *Bändchenlautsprecher* verwendet. Der → *Plasmalautsprecher*, ein L. ohne Membran, befindet sich im Versuchsstadium.
L. werden nach dem abzustrahlenden Frequenzbereich in Tiefton-, Mittelton-, Hochton- und Breitbandlautsprecher eingeteilt. Sie werden entweder in ein elektronisches Heimgerät fest eingebaut (Einbau-L. bei Tonband- oder Fernsehgeräten u. a.), oder sie erhalten ein eigenes Gehäuse. Dann spricht man von → *Lautsprecherbox*, kurz *Box* oder *Gehäuselautsprecher*. Ein Gehäuse ist für Breitband- und Tiefton-L. eine funktionelle Notwendigkeit; dadurch wird die Baßabstrahlung erst möglich (→ akustischer Kurzschluß). Mittel- und Hochton-L. benötigen aus akustischen Gründen kein Gehäuse. Bei HiFi-Boxen oder Boxen mit sehr großer Nennbelastbarkeit (z. B. für Kapellen und Diskotheken) werden fast immer mehrere L. eingebaut (→ Mehrwegebox, → Strahlergruppe). L. sind Leistungswandler mit z. T. erheblicher träger Masse des schwingenden Systems, was bei der Signalumwandlung leicht zu Verfälschungen führen kann. Daher sind L. immer elektroakustische Präzisionssysteme, an die bestimmte Forderungen gestellt werden. Eine gleichmäßige Signalwandlung im gesamten Hörbereich ist mit einem einzelnen L. nicht zu erreichen, darum werden in HiFi-Boxen mehrere L. für unterschiedliche Frequenzbereiche verwendet. Trotzdem weist die Übertragungskurve solcher Boxen wesentlich größere Schwankungen auf als die übrigen Geräte des Tonkanals (Abb.). Es ist zu beachten, daß → Nachhall und → Raumresonanzen des Wiedergaberaums besonders bei tiefen Frequenzen einen entscheidenden, aber je nach Raumgröße und Ausstattung doch sehr verschiedenen Einfluß auf die Klangfärbung haben. Daher werden bei einigen hochwertigen HiFi-L. Einrichtungen zur Anpassung an die Raumeigenschaften vorgesehen. L. sollen den Schall nur in einen begrenzten Raumwinkel strahlen, der möglichst bei Höhen und Tiefen annähernd gleich sein soll. Das ist erforderlich, damit der Nachhall des Raums möglichst wenig angeregt wird (trockene Schallwiedergabe, gute Ortungsschärfe bei Stereo!) und damit der über Wandreflexionen zum Zuhörer gelangende Schall keine andere Klangfärbung hat als der Direktschall. Diese Forderungen sind aber nur recht unvollkommen zu erfüllen: Tiefe Frequenzen werden immer nahezu gleichmäßig nach allen Seiten abgestrahlt, nach den Höhen hin nimmt die Bündelung immer stärker zu. Bei Mehrwegeboxen, besonders mit Kalottenmembranen bei den Mittel- und Hochton-L. werden die Höhen in erwünschter Weise stärker zerstreut.

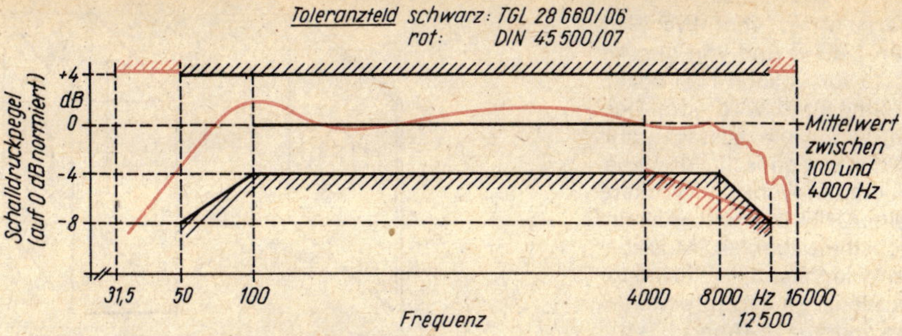

Lautsprecher (1): Toleranzfelder für den Amplitudenfrequenzgang von HiFi-Lautsprechern, mit Beispiel der Schallpegelkurve einer HiFi-Box

Lautsprecher (2) – historische Lautsprecherkonstruktionen:
a) Trichterlautsprecher (1924),
b) Konuslautsprecher (1925);
in beiden Fällen wurden die Membranen von vergrößerten magnetischen „Kopfhörersystemen" angetrieben,
c) Freischwingerlautsprecher mit Hufeisenmagnet (um 1930)

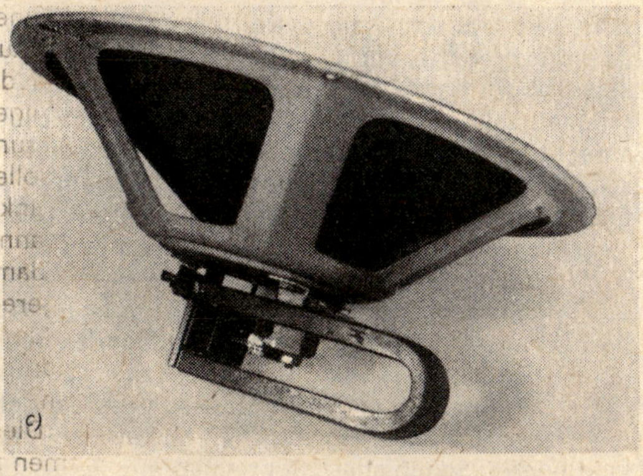

Wegen der großen schwingenden Massen von Membran und Tauchspule verfälschen elektrodynamische L. besonders bei starken Bässen mit großen Membranauslenkungen den Klang. Diese nichtlinearen Verzerrungen entstehen dadurch, daß die Tauchspule zeitweise die Zone homogener Feldlinienverteilung im Spalt verläßt oder durch Membranverbiegungen beim Schwingvorgang. Man ist bestrebt, durch lange Tauchspulen und steife Membranen mit hohem Elastizitätsmodul aus Spezialwerkstoffen diese Verzerrungen zu verringern. Eine selten angegebene, doch sehr wichtige Eigenschaft von L. ist ihr Ein- und Ausschwingverhalten (Impulsverhalten). Impulsförmige Signale werden z. T. erheblich verformt, weil die Membran durch ihre Trägheit der Anregung nicht in der erforderlichen Geschwindigkeit folgen kann. Weil aber die natürlichen Schallereignisse auch ihre charakteristischen Ein- und Ausschwingvorgänge haben (→ Klang 2.) und auch hörpsychologische Gesetzmäßigkeiten mitwirken, kann das Impulsverhalten von HiFi-L. den Erfordernissen in ausreichender Weise angepaßt werden. Eine Einschätzung erfolgt im → Hörtest. Der Wirkungsgrad eines L. gibt an, welcher prozentuale Anteil der zugeführten NF-Leistung in Schall umgewandelt wird. Er ist kein unbedingtes

Qualitätsmerkmal, sondern hängt vom Wandlerprinzip, von konstruktiven Details und von der Art des L.-Gehäuses ab. Werte für übliche HiFi-Boxen liegen um 2%. Der Wirkungsgrad wird vom Hersteller kaum angegeben, dafür die aussagekräftigere → Betriebsleistung, der → Kennschalldruckpegel oder die → Kennempfindlichkeit. Weitere Angaben im Datenblatt einer HiFi-Box sind → Nennbelastbarkeit und → Höchstbelastbarkeit (Musikbelastbarkeit), → Nennscheinwiderstand, → Klirrfaktor und → Nennresonanzfrequenz. → Lautsprecheranpassung, → Lautsprecherwiedergabe (Abb.)

Lautsprecheranpassung: Auswahl des → Nennscheinwiderstands eines oder mehrerer parallel angeschlossener Lautsprecher passend zum NF-Verstärkerausgang. Um maximale Ausgangsleistung bei optimal niedrigem Klirrfaktor zu garantieren, schreibt der Hersteller eines NF-Verstärkers einen bestimmten Wert für den anzuschließenden Lautsprecher vor, bei modernen Transistorverstärkern vorzugsweise 4 oder 8 Ω. Der Anschluß von Lautsprechern mit größerem Nennscheinwiderstand ist unkritisch, wenn der NF-Verstärker leerlauffest ist (bei modernen Geräten der Normalfall); allerdings sinkt die verfügbare Ausgangsleistung ab. Der geforderte Nennscheinwiderstand darf nicht unterschritten werden, weil sonst nicht kurzschlußfeste NF-Endstufen zerstört werden können. Das ist auch beim parallelen Anschluß von Zusatzlautsprechern zu beachten, weil der gesamte Nennscheinwiderstand kleiner als der jedes einzelnen Lautsprechers wird.

Hinweis: Der Gesamt-Nennscheinwiderstand von parallel oder in Reihe geschalteten Lautsprechern läßt sich mit ausreichender Näherung nach den bekannten Formeln für ohmsche Widerstände ermitteln, jedoch sollten auch die Nennbelastbarkeiten beachtet werden, damit einzelne Lautsprecher nicht überlastet werden. Der ohmsche Widerstand längerer Lautsprecheranschlußleitungen ist häufig nicht mehr vernachlässigbar. Er addiert sich zum Nennscheinwiderstand des Lautsprechers. Daher muß bei Verlängerungsleitungen auf entsprechend großen Leitungsquerschnitt geachtet werden, wenn nicht unvertretbare Leistungsverluste entstehen sollen. Lautsprecher ab 200 Watt sollen generell nicht mit Querschnitten unter 1,5 mm² angeschlossen werden.

Lautsprecheranschluß: → Lautsprecheranpassung, → Lautsprechersteckverbinder

Lautsprecheraufstellung: → Lautsprecherwiedergabe, → Stereo-Lautsprecheraufstellung, → Zweitonübertragung

Lautsprecherbelastbarkeit: → Nennbelastbarkeit, → Höchstbelastbarkeit

Lautsprecherbox, Gehäuselautsprecher, kurz Box: ein oder mehrere Lautsprecher in einem Gehäuse *(Schallführung)*, wobei das System mechanisch und elektrisch so abgestimmt ist, daß sich eine möglichst originalgetreue Signalumwandlung ergibt. Das Gehäuse ist funktionell für die Abstrahlung der Bässe wichtig, weil es den → akustischen Kurzschluß verhindert. Daher wird Volumen und Funktionsprinzip der L. ausschließlich mit dem Lautsprecher abgestimmt, der den Schall bei tiefen Frequenzen abstrahlt. Eine L. mit getrennten Lautsprechern für einzelne Frequenzbereiche des Hörschalls heißt → *Mehrwegebox*. Sie ist der am häufigsten gebaute Typ. Wichtige Bauarten sind *Regalbox* und *Standbox* mit Fuß; L. können aber auch angehängt werden. Die äußere Form kann sehr vielfältig gestaltet sein: kasten-, röhren-, pilz-, horn-, ampel- oder kugelförmig. In jedem Fall sollen die Gehäuseteile völlig starr sein, damit sie nicht mitschwingen können. Als Materialien eignen sich ein- oder mehrlagige Hölzer, z. T. mit Kunststoffeinlagerungen, Spanplatten, Spezialplaste, z. T. glasfaserverstärkt, sogar Piacryl oder Marmor wurden schon erfolgreich verwendet. Um → Raumresonanzen in der L. durch stehende Schallwellen zu vermeiden, wird von jeweils 2 gegenüberstehenden Innenwänden mindestens eine mit schallabsorbierendem Material verkleidet.

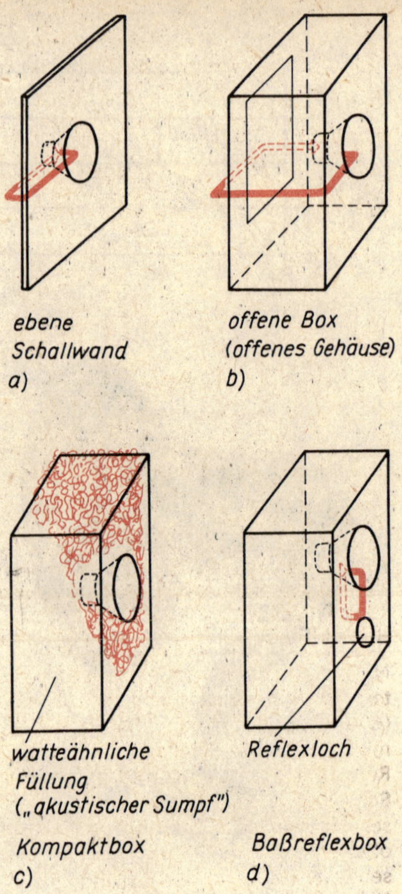

Lautsprecherbox: Verschiedene Schallführungen und Lautsprechergehäuse

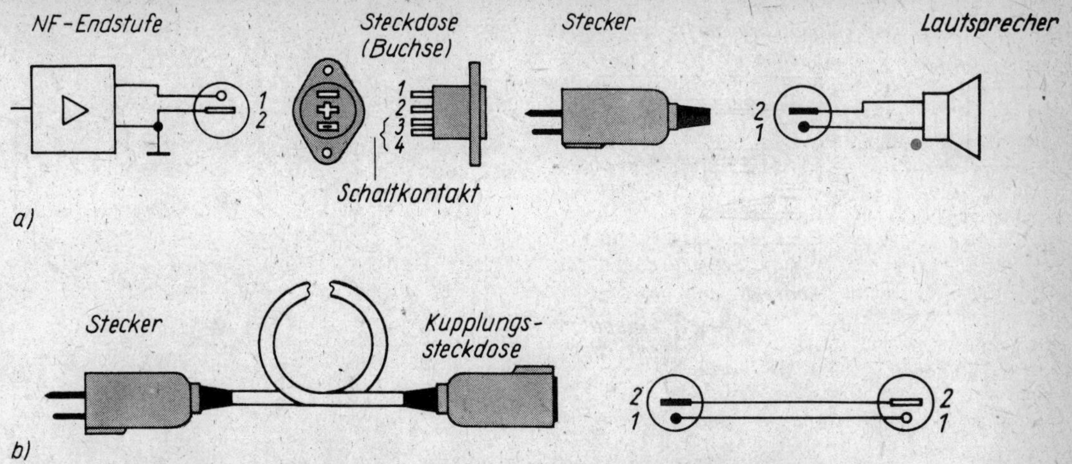

Lautsprechersteckverbinder (1): a) Stecker und Buchse mit Beschaltung, b) Verlängerungsleitung

Hinweis: Kugelboxen und kubische Gehäuse sind in dieser Hinsicht besonders ungünstig, da sie nur eine akustisch wirksame Abmessung haben. Dadurch können sich alle Raumresonanzen überlagern und besonders unangenehme Klangverfälschungen hervorbringen (stark hervortretende einzelne Töne).

Nach dem Funktionsprinzip werden folgende L. unterschieden, die sich aus der *ebenen Schallwand* (Abb. a) entwickelt haben: a) *offene Box* (Abb. b): L. mit zusätzlicher Schallaustrittsöffnung, z. B. auf der Rückseite. Sie ist prinzipiell eine zur Kiste gefaltete Schallwand, je größer der Schallumweg, um so besser wird der akustische Kurzschluß vermieden. Als offene Boxen wirken auch die Gehäuse von Fernseh- oder Tonbandgeräten. b) *Kompaktbox* (Abb. c): allseitig geschlossene L., die Vorder- und Rückseite des Lautsprechers vollständig voneinander trennt und so den akustischen Kurzschluß absolut vermeidet. Durch die Federwirkung der eingeschlossenen Luft wird die → Nennresonanzfrequenz des Lautsprechers heraufgesetzt, daher muß das Volumen der Kompaktbox auf den Speziallautsprecher mit sehr weicher Membraneinspannung abgestimmt sein. Der Innenraum wird durch eine lockere Füllung mit watteartigem Faserstoff *(akustischer Sumpf)* stark bedämpft, so daß Resonanzüberhöhungen des Lautsprechers klein bleiben und Raumresonanzen vermieden werden. Der Wirkungsgrad ist geringer als bei der offenen Box. c) *Baßreflexbox* (Abb. d): geschlossene L. mit einer zusätzlichen, tunnelartigen Schallaustrittsöffnung auf der Frontseite, die auf die Nennresonanzfrequenz des eingebauten (Tiefton-) Lautsprechers abgestimmt werden muß. Die Baßreflexbox wirkt wie ein Hohlraumresonator. Die Eigenresonanzstelle des Lautsprechers wird abgeflacht und verbreitert; der Wirkungsgrad steigt. → Lautsprecherwiedergabe, → Aktivbox, → akustische Laufzeitleitung (Abb.)

Hinweis: Allgemein gilt für L., daß sich mit wachsendem Volumen die Baßwiedergabe verbessern läßt, jedoch kann man durch spezielle Systeme auch mit sehr kleinen Boxen eine hochwertige Tieftonwiedergabe erreichen (→ Motional Feedback-System). L. werden mit oder ohne Frontverkleidung hergestellt. Wozu man sich entscheidet, ist letztendlich Geschmackssache. Die Sicherheit, daß keine Klangverfälschungen auftreten, ist allerdings bei der L. ohne Verkleidung geringfügig größer. L. für Stereowiedergabe müssen völlig gleich sein (→ Hörvergleich).

Lautsprecherendstufe: → NF-Endstufe

Lautsprecherimpedanz: → Nennscheinwiderstand

Lautsprecherkorb: 1. tragendes Konstruktionselement eines → elektrodynamischen Lautsprechers, an dem die äußere Membranzentrierung und das Magnetsystem befestigt sind. – **2.** ringförmige Anordnung mehrerer leicht nach unten geneigter Lautsprecher in einem gemeinsamen ampelförmigem Gehäuse zur Rundum-Abstrahlung von Schall.

Lautsprecherschutzschaltung, elektronische: → Überlastungsschutz

Lautsprechersteckverbinder: Kontaktbauelement zum Anschluß eines Lautsprechers an einen NF-Verstärker. Man unterscheidet *Lautsprecherstecker* an der Anschlußleitung und *Lautsprecherbuchse (-steckdose)* im Gerät mit dem NF-Verstärker. *Kupplungsbuchsen* werden für Verlängerungsleitungen benötigt. In modernen Geräten werden die gegen → Phasenvertauschung sicheren 2poligen L. nach IEC 130-9 verwendet. Bei den Lautsprecherbuchsen sind 3 Bauformen üblich: a) ohne Abschaltkontakt, b) mit genereller Betätigung des Abschaltkontakts und c) wahlweise mit oder ohne Betätigung des Abschaltkontakts, je nach Richtung der Steckereinführung (Abb.). Jeder Kanal eines Stereogeräts hat einen eigenen L., daher muß beim Anschluß der Boxen darauf geachtet werden, daß keine → Seitenvertauschung entsteht. Der mit ∘ oder + gekennzeichnete Lautsprecheranschluß muß immer mit Kontakt 1 des L. verbunden sein. Abb. 2 S. 342

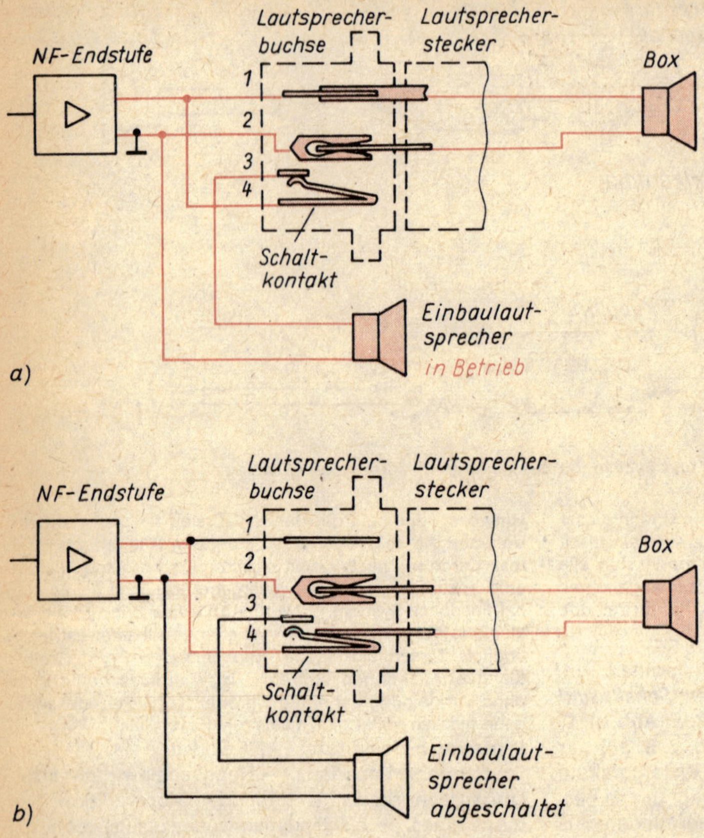

Lautsprechersteckverbinder (2) – Prinzip der Abschaltung des Einbaulautsprechers:
a) Einbaulautsprecher in Betrieb,
b) nach Drehen des Steckers um 180° abgeschaltet

Lautsprecherweiche: Filterbaugruppe der → Mehrwegebox zur Aufteilung der Tonsignale auf die Lautsprecher.

Lautsprecherwiedergabe: möglichst naturgetreue Reproduktion des Originalschalls am Ort des Zuhörers über Lautsprecherboxen. Die L. erfolgt in relativ kleinen Räumen (Wohnzimmer, Clubräume u. ä.) für einen kleinen Zuhörerkreis vorwiegend in → raumbezogener Stereofonie über 2 Boxen (→ Stereo-Lautsprecheraufstellung). Durch die enge Verknüpfung elektrisch-mechanischer, raumakustischer und hörphysiologischer Gesetzmäßigkeiten bei der L. ergeben sich mehrere Probleme bei der Kennzeichnung der Lautsprechereigenschaften. Diese können nicht bis in die letzten Feinheiten erfaßt und in Datenblättern niedergelegt werden. Eine ergänzende individuelle Beurteilung der Klangwirkung ermöglicht ein → Hörtest. Hochwertige Boxen sollen neutral („objektiv") klingen, d. h., sie sollen das originale Schallereignis nicht verwischen und ihm nichts hinzufügen. Es sollen weder die Höhen unnormal scharf klingen, noch die Bässe dumpf oder hart. Allerdings gestattet auch ein Hörtest in einem HiFi-Studio oder einem sonstigen Vorführraum noch keine endgültige Einschätzung, da bei L. erst im Zusammenhang mit dem endgültigen Wiedergaberaum das reale Klangbild entsteht. Dabei können Störeffekte, wie zu großer Nachhall oder → Raumresonanzen, aber auch Raumstörschall die L. negativ beeinflussen. Durch den Raum können sich Klangverfälschungen besonders bei tiefen Frequenzen ergeben, die auch vom Aufstellungsort der Boxen abhängen.

Hinweis: Infolge der ungerichteten Baßabstrahlung entsteht bei einem Lautsprecher eine Tiefenanhebung bis zu 3 dB, wenn er unmittelbar vor einer ebenen Fläche mit stärkerer Schallreflexion betrieben wird. Diese Anhebung beträgt bei Anordnung in einer Raumkante bereits 6 dB, in einer Zimmerecke bis zu 9 dB.

Frequenzabhängige Schallabsorption, z. B. ein Vorhang als Absorber für mittlere und höhere Frequenzen, kann auch zu Klangverfärbungen führen, die sich mitunter sogar von Ort zu Ort im Raum ändern können. Erstrebenswert ist daher die Angleichung der Lautsprecherboxen an die Raumeigenschaften mit Hilfe in den Boxen eingebauter Korrekturfilter oder → Equalizern in jedem Stereokanal. Die Wiedergabelautstärke ist von mehreren Faktoren abhängig. Zunächst ist davon auszugehen, daß jeweils die natürliche Lautstärke eines Schallereignisses

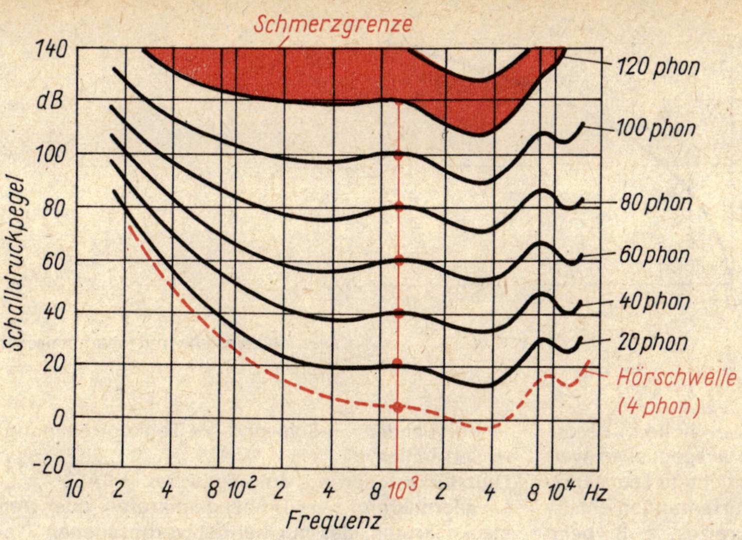

Kurven gleichen *Lautstärke*pegels („Ohrkurven")

Lautstärkepegel L_N charakteristischer Schallereignisse (annähernd Schalldruckpegel L bei Sprache und Musik)

Schallereignis	L_N in phon
Hörschwelle (ältere Hörtests)	0
(neu nach ISO-E: R 226/ R 454)	4
Sehr leises Flüstern	10
Uhrticken, sehr leise Wohnung, **Tonaufnahmeraum**	20
Normales Flüstern, Blätter im Wind	30
Ruhige Unterhaltung, **Störgeräusche in einem Konzertsaal**	40
Straßenlärm, **gedämpfte Tonwiedergabe („Zimmerlautstärke")**	50
Staubsauger, Büro, **normallaute Tonwiedergabe**	60
Großstadtlärm, **lauteres Sprechen,** laute Fabrikhalle	70
Sehr lautes Sprechen, **Lautstärke an einem Sprechermikrofon (ca. 30 cm vom Mund), Innengeräusche Pkw (maximal)**	80
Preßlufthammer, lautes Schreien, **sehr laute Tonwiedergabe**	90
Startendes Düsenflugzeug, **Orchester (tutti, ffff)**	110
Schmerzgrenze	120–140

hörpsychologisch auch die günstigste wäre. Das kann bei Musik einen Schalldruckpegel bis zu etwa 110 dB bedeuten. Derartige Lautstärken wird man aber nur in seltenen Fällen ohne Belästigung der Nachbarn und ohne bereits störendes Grundrauschen abhören können. Daher kann für HiFi-L. bereits ein Schallpegel von 90...96 dB als ausreichend angesehen werden. Ein Zusammenhang mit der erforderlichen Ausgangsleistung des NF-Verstärkers ist allerdings nicht allgemeingültig angebbar, da Wirkungsgrad des Lautsprechers, Nachhall und Größe des Raums sowie weitere Faktoren entscheidenden Einfluß haben.

Hinweis: Man rechnet mit einer NF-Leistung zwischen 1 und 5 Watt in jedem Stereokanal je 1 m² Grundfläche des Raums. Baßreflex- und offene Boxen sowie Räume mit geringerer Schallabsorption erfordern geringere NF-Leistung, Kompaktboxen und Räume mit vielen Polstermöbeln, Vorhängen und Teppichen dagegen eine höhere. Eine Verdopplung der NF-Leistung wird als mäßiger Lautstärkezuwachs empfunden, erst eine Verzehnfachung (!) der Leistung als etwa doppelt so laut. Für geringe Lautstärken genügt darum bereits weniger als 1 Watt Ausgangsleistung.

Lautsprecherwirkungsgrad: → Lautsprecher

Lautstärke: Hörempfindung für die Stärke von Schall. Das Gehör unterscheidet zwischen lautem und leisem Schall, der hauptsächlich von der Erregungsstärke des Schallfelds (dem *Lautstärkereiz*) abhängt. Ein Maß für die subjektive Lautstärkeempfindung ist der Lautstärkepegel L_N. Er wird mit der auf H. v. BARKHAUSEN zurückgehenden Bezeichnung *phon* gekennzeichnet. Der L.pegel wird mit Hilfe von → Hörtests ermittelt. Da bei der L. außer der Abhängigkeit von der Reizstärke auch eine große Frequenzabhängigkeit besteht, kann der L.pegel nicht gemessen werden. Seine Größe ist nur bei reinen Tönen den *Kurven gleichen L.pegels* (auch *Ohr-* oder *Hörkurven*) zu entnehmen (Abb.). Zur Beschreibung der Lautstärkeempfindung bei zusammengesetztem Schall sind diese nicht geeignet (z. B. bei Musik, Sprache, Geräusch). Aus den Kurven ist allerdings erkennbar, daß Schall bei der Lautsprecherwiedergabe – gleichmäßige Übertragung aller Frequenzanteile vorausgesetzt – nur dann natürlich klingen kann, wenn die Wiedergabe-L. mit der Original-L. etwa übereinstimmt. Wird das Schallereignis zu leise wiedergegeben (Normalfall), so muß die

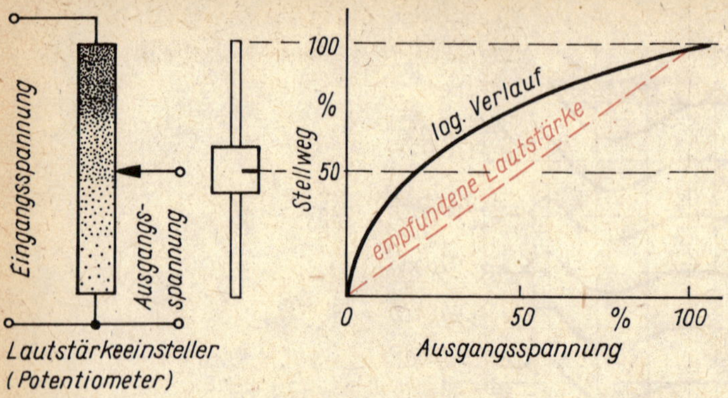

Lautstärkeeinsteller mit logarithmischer Kennlinie

geringere Ohrempfindlichkeit bei hohen, besonders aber bei tiefen Frequenzen ausgeglichen werden (→ Klangeinsteller, → gehörrichtige Lautstärkeeinstellung), damit keine Klangverfärbungen entstehen. Eine Verdopplung der L.reizes, z. B. beim gleichzeitigen Erklingen von 2 gleichen Schallquellen, führt nicht etwa zu einer Verdopplung der L.empfindung, sondern lediglich zu einer Zunahme um 3 phon, die bei mittleren L. gerade eben hörbar wird. Für eine Empfindung „doppelt so laut" sind dagegen 10 phon Zunahme erforderlich, was der Verzehnfachung (!) des L.reizes entspricht. Das hat praktische Bedeutung bei der Konzipierung der Lautsprecher- und NF-Verstärkerleistung bei HiFi-Anlagen: Eine Verzehnfachung der NF-Leistung ergibt erst eine doppelt so laut empfundene Tonwiedergabe (gleicher Lautsprecherwirkungsgrad vorausgesetzt). Die Schallereignisse Sprache, Musik und Geräusch kennzeichnet man mit dem → Schalldruckpegel. Die Übereinstimmung mit der L.empfindung (dem L.pegel) ist hinreichend genau. Tab. Abb.

Lautstärkeeinsteller, veraltet Lautstärkeregler: Dreh- oder Schiebeeinsteller zur manuellen Einstellung der gewünschten Lautstärke. L. sind i. allg. Potentiometer, die als Spannungsteiler auf das Tonsignal wirken. L. werden in großen Leistungsverstärkern mitunter als Rastschalter mit definierter dB-Abstufung ausgeführt. Bei Stereoverstärkern sind entweder beide L. mechanisch starr gekoppelt, oder getrennt einstellbar (vorwiegend bei Schiebeeinstellern). In diesem Fall läßt sich der Balanceeinsteller einsparen. Um die unterschiedliche Ohrempfindlichkeit für *Lautstärkeänderungen* bei leisem und lautem Schall zu berücksichtigen, werden Potentiometer mit positiv-logarithmischer Kennlinie verwendet (Abb.). L. lassen sich mit einer automatisch wirkenden Klangbeeinflussung kombinieren (→ gehörrichtige Lautstärkeeinstellung). Sie können auch fernbedienbar sein. → Gleichspannungssteuerung, → Fernbedienung (Abb.)

Lautstärkeschwankungen: → Pegelschwankungen, → Aussteuerungsautomatik, → Mikrofonaufnahme, → Kompander, → Schwund, → Tonkopfreinigung, → Spurfehler

Lautstärkesteuerung, automatische: → SALS

Lavaliermikrofon: → Umhängemikrofon oder Ansteckmikrofon, das nur bei der vorgesehenen Trageweise natürlich klingende Tonaufnahmen ermöglicht. Beim L. werden die hohen Frequenzen bewußt angehoben, um den Höhenabfall der Stimme durch seitliche Ansprechrichtung wieder auszugleichen. Außerdem muß eine Brustkorbresonanz bei etwa 700...800 Hz ausgeglichen werden (nur bei Umhängemikrofonen). In L. soll darum nicht direkt von vorn hineingesprochen werden. Durch besondere Konstruktion (Doppelgehäuse, spezielle Systemaufhängung) werden L. vor Körperschall geschützt. Daher treten Reibegeräusche an der Kleidung nicht in Erscheinung.

LCD: → Flüssigkristall-Anzeigebauelement

Leakproof-Zelle: durch Stahlmantel, Plastgehäuse o. ä. vor Auslaufen des ätzenden Elektrolyten geschützte chemische Spannungsquelle. Vor allem bei ungeschützten Leclancé-Elementen kann es am Ende der Nutzungsdauer zu Löchern im Zinkbecher der Katode kommen. Austretender Elektrolyt bildet dann eine Gefahr für die Bauelemente und Leiterzüge des Geräts.

Hinweis: Man sollte sich aber auch bei Verwendung von L. nicht auf vollkommene Sicherheit verlassen und verbrauchte Zellen sofort aus dem Gerät entfernen. Zellen mit Stahlmantel dürfen unter keinen Umständen regeneriert werden, da wegen Gasbildung Explosionsgefahr besteht.

LED: → Lumineszenzdiode

Leddikon: → Plumbikon

LED-Kette: → Leuchtdiodenband

LED-Zeile: → Leuchtdiodenband

Leistungsanpassung: → Anpassung

Leistungsaufnahme, Energieverbrauch: vorwiegend bei netzbetriebenen Geräten angegebene, je Zeiteinheit durchschnittlich aufgenommene Energie in Watt. Will man die L. eines batteriebetriebenen Geräts ermitteln, so ist die → Stromaufnahme mit der → Betriebsspannung zu multiplizieren.

Leistungsbandbreite (engl. Power Bandwidth): Fre-

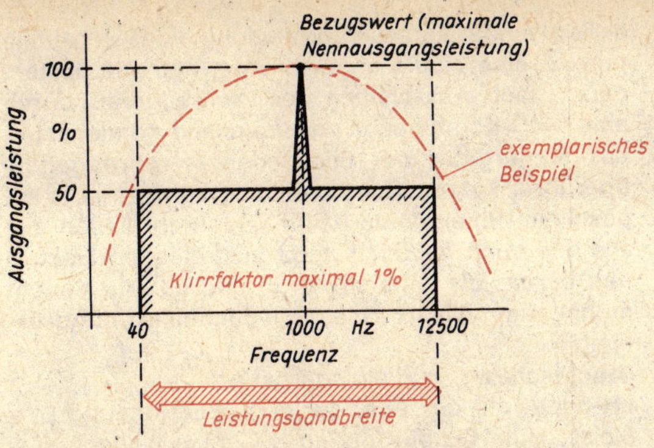

Leistungsbandbreite eines HiFi-Vollverstärkers (nach DIN 45500)

quenzbereich, in dem die Ausgangsleistung eines NF-Verstärkers bei einem vorgegebenen Höchstwert des Klirrfaktors nicht oder auf nicht weniger als 50 % (– 3 dB) des Werts bei 1 kHz absinken darf. Die Angabe der L. kann durch die des Übertragungsbereichs (→ Amplitudenfrequenzgang) nicht vollwertig ersetzt werden, weil dieser unabhängig von den Klangverzerrungen ermittelt wird. Die L. kann kleiner sein als der Übertragungsbereich, weil Klangverzerrungen bei sehr hohen Tönen weniger störend empfunden werden. Abb.

Leistungsverstärker: → NF-Verstärker

Leiterplatte: aus Isoliermaterial (Glasfasergewebe, Hartpapier oder Keramik) bestehende, ein- oder beidseitig mit Leiterzügen aus Kupferfolie versehene Platte. Die Struktur der Leiterzüge wird zur Verbindung der nachträglich eingelöteten Bauelemente durch Ätzen aus kupferkaschiertem Material erzeugt oder mit Siebdruck aufgebracht. L. bilden die Grundlage der → gedruckten Schaltung.

Leitungsentzerrer: den unerwünschten Übertragungseigenschaften von Nachrichtensignalleitungen bzw. -kabeln – insbesondere der Dämpfung und Gruppenlaufzeitveränderung – entgegenwirkender → Verstärker. L. sind hauptsächlich bei der Übertragung von Breitbandsignalen nötig, da die darin enthaltenen höherfrequenten Signalanteile bei der Übertragung auf Leitungen gegenüber den niederfrequenten stärker in ihren Werten beeinflußt werden (Verzerrung durch *Tiefpaßverhalten* von Leitungen). Dies würde zwangsläufig zu einer Informationsverfälschung am Ende des Übertragungswegs führen, wenn nicht durch L. mit ihrem den Leitungseigenschaften genau entgegengesetzten *Hochpaßverhalten* eine Entzerrung der Signalparameter erfolgte. Auswahl und Einsatz von L. setzen eine genaue Kenntnis der Übertragungsparameter der einzelnen Leitungen voraus. L. können am Eingang der Übertragungswege als Vorentzerrer, Vorverzerrer, aber auch am Ende der Leitungen zur Entzerrung eingesetzt werden. Ihre Wirkung ist auf

Leuchtdiodenband

die Leitungslänge abzustimmen. → Videokabelentzerrer, → Gruppenlaufzeit

Hinweis: L. können neben Schaltungen zur Erfüllung ihrer genannten Hauptfunktionen auch Schaltungen zur Beseitigung typischer, in einem Übertragungsabschnitt auftretender Störgrößen (z. B. → Brummen) beinhalten.

Leitungsverstärker: in → Gemeinschaftsantennenanlagen mit langen Teilnehmerleitungen verwendeter, breitbandiger → Antennenverstärker. Beim L. steigt im Gegensatz zum Nachfolgeverstärker (bei diesem ist die Verstärkung im Übertragungsbereich konstant) mit wachsender Frequenz auch die Verstärkung. Das ist erforderlich, um die mit wachsender Frequenz ebenfalls steigenden Dämpfungsverluste in den Antennenkabeln auszugleichen → Koaxialkabel, → Leitungsentzerrer

Leuchtdichte, *Luminanz* (engl. Luminance): physikalische Größe (Einheit Candela/Flächeneinheit), die wertmäßig die wahrnehmbare → Helligkeit einer strahlenden Fläche beschreibt.

Leuchtdichtesignal, *Luminanzsignal* (engl. Luminance Signal), kurz *Y-Signal* oder *E_Y-Signal*: in kompatiblen → Farbfernsehverfahren besondere Bezeichnung für das Bildsignal ohne Synchronsignal (BA-Signal). Das L. ist Träger der Leuchtdichteinformation einer Bildvorlage im → Farbfernsehen. Es umfaßt die gesamte Videobandbreite von 0 Hz...5 MHz und ist bestimmend für die erreichbare → Bildschärfe. Das L. kann entweder durch lichtelektrische Wandler (z. B. → Bildaufnahmeröhren) unmittelbar oder aus den → Farbwertsignalen durch → Matrizierung ($E_Y = 0{,}3\,E_R + 0{,}59\,E_G + 0{,}11\,E_B$) erzeugt werden. → Bildsignal, → Leuchtdichte, → Helligkeit

Hinweis: Die Kurzbezeichnung Y_0-, E_{Y_0}-Signal deutet auf ein L. ohne → Normaustastung hin.

Leuchtdiode: → Lumineszenzdiode

Leuchtdiodenband, *Lichtbandanzeige*, Lichtbalkenanzeige, *Bargraph*, Abk. *LED-Kette, LED-Zeile*: aus kettenartig aneinandergereihten Leuchtsegmenten bestehendes → Lichtemitter-Anzeigebauelement. Die linienförmig angeordneten Segmente sind in Reflektortechnik ausgeführte → Lumineszenzdioden, die einzeln angesteuert werden können. Je nach Ansteuerung ergibt sich ein länger werdender Lichtbalken (Streifenbetrieb) oder wandernder Leuchtfleck (Punktbetrieb). L. werden vor allem in Audiogeräten bes. als → Aussteuerungsmesser oder → Abstimmanzeige verwendet. Abb.

Leuchte: Vorrichtungen und Umbauten von künstlichen → Lichtquellen (Lampen). Ihre Hauptbestandteile sind Schirm, Fassung und Befestigungsteile.

Die wesentlichen Aufgaben von L. bestehen u. a. darin, den von der Lampe ausgehenden → Lichtstrom gezielt zu lenken, den Wirkungsgrad der Lichtquelle zu erhöhen, die → Farbtemperatur der Lichtstrahlung zu beeinflussen, aber auch den Schutz der Menschen vor der Betriebsspannung und vor den erhitzten Lichtquellen zu gewährleisten. Zwischen einzelnen L. ist nach Bauart (Hänge-, Stand-L. usw.), Einsatzgebiet (Außen-, Innen-L.), verwendetem Material (Glas, Metall) u. v. a. zu unterscheiden. Während z. B. an L. im Wohnbereich hauptsächlich funktionell-ästhetische Forderungen gestellt werden, dominieren in technischen Anwendungsbereichen i. d. R. die funktionellen Gesichtspunkte (z. B. Fernsehen: → Scheinwerfer, → Flächenleuchten usw.).

Leuchtfleck: nach Ausschalten eines Fernsehgeräts über eine kurze Zeitdauer noch sichtbarer heller Fleck in der Mitte der → Bildwiedergaberöhre. Das Entstehen eines L. geht auf vergleichbare Ursachen wie beim → Leuchtpunkt zurück. Der Unterschied besteht darin, daß auf Grund einer sich schnell abschwächenden Fokussierung der Elektronenstrahl von der Punktform zum L. divergiert. Dem Entstehen des L. wird durch die → Leuchtfleckunterdrükkung entgegenwirkt.

Hinweis: Das Auftreten eines L. ist, abhängig vom Schaltungskonzept der einzelnen Fernsehgeräte, normal (z. B. mit 110°-Bildwiedergaberöhre, → Hochspannungserzeugung mit Siliziumkaskade).

Leuchtfleckunterdrückung: Schaltungsmaßnahmen in Fernsehempfängern zur Vermeidung eines → Leuchtflecks. Die Wirkung der L. ist vergleichbar mit der → Leuchtpunktunterdrückung. → Leuchtpunkt

Leuchtpunkt: unerwünschter, in der Mitte der → Bildwiedergaberöhre nach Ausschalten des Fernsehgeräts noch längere Zeit sichtbarer heller Punkt, dessen Entstehen im Normalfall durch eine Schaltung zur → Leuchtpunktunterdrückung verhindert wird. Die Ursache für die Entstehung eines L. besteht darin, daß unmittelbar beim Ausschalten des Geräts die Ablenkungsleistung für den Elektronenstrahl zusammenbricht – demgegenüber aber der Strahlstrom nur langsam abklingt, da die noch heißen Katoden weiter emissionsfähig sind und sich die Anodenspannung der Bildröhre nur langsam abbaut. Eine weitere Ursache für das Entstehen eines L. kann in einer defekten Leuchtpunktunterdrükkung begründet sein. → Leuchtfleck

Hinweis: Bei einigen Fernsehempfängern tritt schaltungstechnisch bedingt kurzzeitig ein schwacher L. auf. Dies ist normal und hat keine negativen Folgen. Tritt jedoch ein starker L. auf, führt das auf Dauer zu einem Einbrennen in die Leuchtschicht der Bildwiedergaberöhre, da diese am Auftreffpunkt extrem belastet wird. Das Auftreten eines solchen L. sollte unbedingt Veranlassung zur Instandsetzung des Fernsehgeräts sein.

Leuchtpunktunterdrückung: Schaltungsmaßnahme in Fernsehgeräten zur Vermeidung eines → Leuchtpunkts. Eine häufig angewendete Methode besteht darin, nach Ausschalten des Fernsehgeräts durch eine RC-Kombination (Widerstand-Kondensator) das Steuergitter der Bildwiedergaberöhre gegenüber ihrer Katode über einen längeren Zeitraum auf positivem Potential zu halten. Dadurch fließen alle aus der *noch heißen Katode* austretenden Elektronen bereits als Gitterstrom ab und gelangen nicht mehr zum Bildschirm. → Leuchtfleckunterdrükkung

Leuchtschirm: → Bildwiedergaberöhre

LH-Band: mit der Abk. der engl. Bezeichnung Low Noise, High Output (geringes Geräusch, hoch aussteuerbar) gekennzeichnetes → Magnettonband mit Eisenoxid-Magnetit. L. haben geringeres Bandrauschen, eine bessere Höhenwiedergabe und eine größere Wiedergabespannung als herkömmliche Eisenoxid-Tonbänder ohne die Kennzeichnung LH. L. sind bereits so weit verbessert worden (z. B. *LH-Super*), daß sie bezüglich Übertragungsbereich und Störabstand eine Tonqualität liefern, die mit der von Chromdioxid-Tonbändern vergleichbar ist.

Licht: Teilgebiet aus dem Gesamtspektrum der elektromagnetischen Wellen. Dabei wird die Bezeichnung L. i. w. S. für einen relativ breiten Bereich des Spektrums gebraucht (Abb.), der weitestgehend den Gesetzen der Optik unterliegt. I. e. S. bezeichnet man mit L. jedoch den Teil des Spektrums, der vom Menschen wahrgenommen werden kann – das sichtbare Licht (Wellenlänge von etwa 380 nm...780 nm). → Infrarot, → UV-Licht, → Röntgenstrahlung, → Farbe (Abb. s. auch Farbanhang)

Lichtbandanzeige: → Leuchtdiodenband

Lichtbandbreite, Abk. **LBB:** Maß für die seitlichen Rillenauslenkungen bei einer Schallplatte. Trifft Licht schräg auf die Rillen, so wird bei senkrechter Betrachtung ein glänzender, radial zur Platte verlaufender Streifen sichtbar, dessen wechselnde Breite ein Maß für die Rillenamplitude und damit für die Wiedergabelautstärke an der betreffenden Stelle ist.

Hinweis: Die LBB kann zum Aufsuchen bestimmter Stellen auf der Schallplatte herangezogen werden, wenn man berücksichtigt, daß Stellen mit großer Breite des Lichtbands auch großen Lautstärken entsprechen und bei fehlendem Signal die LBB auf einen Punkt zusammenschrumpft. Abb.

Lichtemitter-Anzeigebauelement: Halbleiterbauelement, dessen Grundbausteine einzelne oder mehrere sichtbares Licht aussendende Dioden (LED-Chips) sind. Einzeldioden (→ Lumineszenzdiode) werden als „Signallämpchen und Anzeigelämpchen" zur Kennzeichnung von Schalt- oder Funktionszuständen in Schaltungen und Geräten verwendet. Diese Dioden gibt es in verschiedenen Formen, z. B. mit runden, rechteckigen, dreieckigen, quadratischen und pfeilförmigen Querschnittsprofilen. Mehrere LED-Chips werden in einem L.

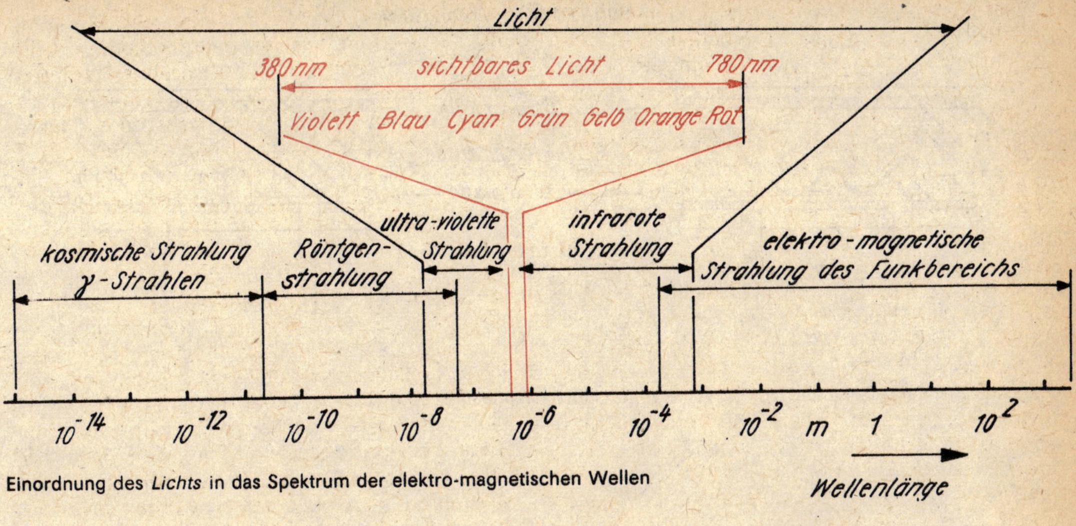

Einordnung des *Lichts* in das Spektrum der elektro-magnetischen Wellen

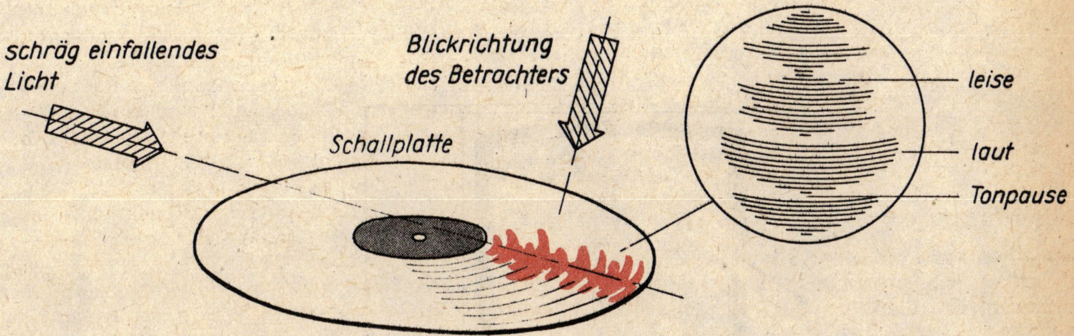

Die Breite des Lichtbands einer Schallplatte *(Lichtbandbreite)* ist der Lautstärke bei Wiedergabe der entsprechenden Rille äquivalent

Lichtemitter-Anzeigebauelement (1): 5 × 7-LED-Array (regelmäßige Anordnung – Array – von 35 LED)

für punktförmige (z. B. 5 × 7-Dioden-Array, Abb. 1), linienförmige (→ Leuchtdiodenband) und balkenförmige Anzeigezwecke eingesetzt. Ein gebräuchliches L. ist die ein- oder mehrstellige → 7-Segment-Anzeige, die neben den Ziffern (numerische Anzeige) auch einige Buchstaben wiedergeben kann. Anzeigen mit großen Segmenten (7 mm und größer) bestehen meist aus leuchtenden Segmenten, die dadurch gebildet werden, daß der punktförmig leuchtende LED-Chip optisch „gedehnt" wird (Stretched-Segment-Technik). Dazu ist der Lichtemitterchip in einem reflektierenden Hohlraum positioniert (*Reflektor-* oder *Lichtschachttechnik*). Das erzeugte Licht gelangt durch mehrfache Reflexion an den Innenwänden eines hohlen Reflektors (Abb. 2a) oder durch eine mit lichtstreuendem Epoxidharz ausgegossene Reflektorwanne (Abb. 2b) zur balkenförmigen Lichtaustrittsöffnung. Jedes Segment ist einzeln, je nach Innenschaltung anoden- oder katodenseitig, ansteuerbar. I. w. S. gehören zu den L. auch → Magisches Auge, → Ziffernanzeigeröhre,

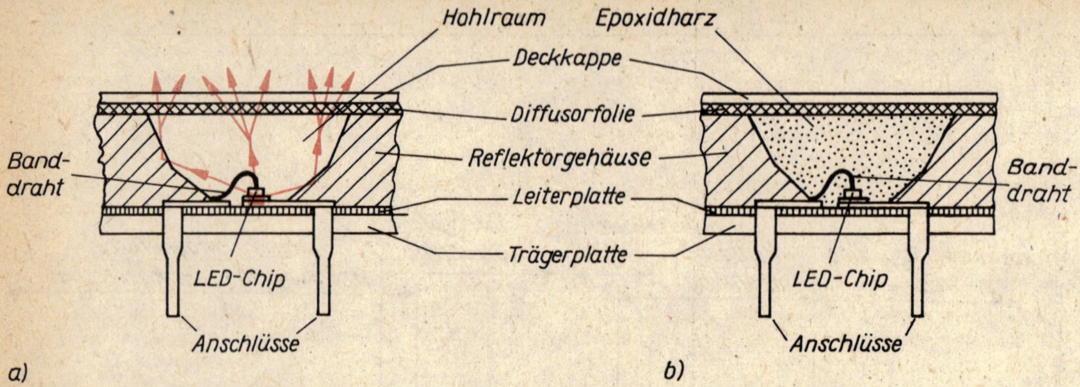

Lichtemitter-Anzeigebauelement (2): LED-Anzeige in Lichtschachttechnik

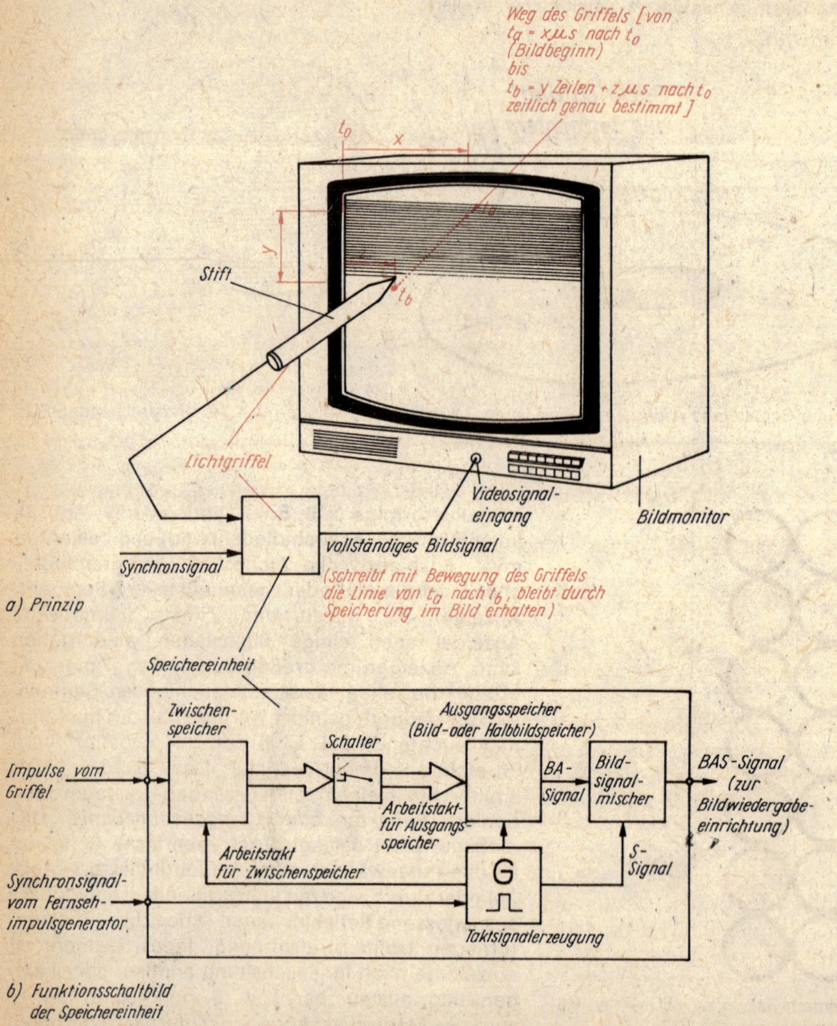

Lichtgriffel

→ Lumineszenzanzeige usw. Einzelne L. werden auch zu → Displays zusammengefaßt. Abb.

Lichtempfänger, svw. Licht- oder Fotodetektor, Fotosensor: optoelektronisches Bauelement, dessen elektrische Eigenschaften sich unter Einwirkung optischer Strahlung (sichtbarer oder Infrarot-Bereich) verändern. Zu den L. zählen Fotowiderstand, → Fotodiode, → Fototransistor u. a. L. wandeln optische Signale, d. h. informationstragende Lichtwellen, in elektrische Signale um.

Lichtfilter: → Filter 2.

Lichtgeschwindigkeit: Ausbreitungsgeschwindigkeit der elektromagnetischen Wellen – i. e. S. des → Lichts (s. Abb. → Licht) – in festen, flüssigen, gasförmigen Stoffen bzw. im Vakuum. Die höchste L. wird im Vakuum (gilt für Luft annähernd) mit ca. 300 000 km/s erreicht. Verfügt ein Medium über abweichende dielektrische und magnetische Eigenschaften gegenüber dem Vakuum, liegt die hierin erreichbare L. unter dem Wert.

Lichtgriffel: Gerät zur Erzeugung oder Veränderung von grafischen Bildschirminhalten. Namensbestimmendes Element des L. ist ein Stift *(Schreibgriffel, elektronischer Griffel)* mit einer lichtempfindlichen Spitze (Einsatz eines Fotodetektors), den man direkt auf dem Bildschirm aufsetzt und über diesen bewegt. Wird der jeweilige Aufsetzpunkt vom periodisch horizontal und vertikal abgelenkten Elektronenstrahl getroffen, wird ein zeitlich genau definierter Impuls vom Fotodetektor abgegeben und zwischengespeichert. Die im Zwischenspeicher enthaltenen Informationen werden in einen Ausgangsspeicher (Bild- oder Halbbildspeicher) übernommen, von dort als Bildsignal ausgelesen und zur Ansteuerung der Bildwiedergabeeinrichtung genutzt. Abhängig von der Verbindung „Zwischenspeicher-Ausgangsspeicher" können die Bewegungen des Griffels auf dem Bildschirm direkt verfolgt werden, durch „Überschreiben" mit dem Griffel Bildinhalte verändert oder das im Ausgangsspeicher abgespeicherte Bild von weiteren Griffelveränderungen unbeeinflußt bleiben, → Synchronisation, → Raster (Abb.)

Hinweis: Wird dem Bildsignalmischer ein Einfärbegerät und Farbkoder nachgeschaltet, können auch farbige Grafiken erzeugt werden.

Lichtleiter, *Lichtwellenleiter,* Lichtleitkabel: aus Plast- oder Glasfasern *(Glasfaserkabel)* bestehender kabelähnlicher Leiter zur von äußeren Einflüssen ungestörten Übertragung von informationstragenden Lichtwellen. L. werden aus extrem reinem Material und mit definiertem Verlauf des Brechungsindex (n) hergestellt. L. sind zusammen mit → Lichtsendern und → Lichtempfängern die Hauptkomponenten der optischen Nachrichtenübertragung, deren wesentlicher Vorteil eine große übertragbare Bandbreite ist und damit die Übertragung in digitaler Form (→ digitale Übertragung) erfolgen kann. Über Lichtstrahlen lassen sich wesentlich mehr Informationen transportieren als über herkömmliche Übertragungswege. → Optoelektronik

Lichtquelle: i. w. S. unmittelbarer Ausgangspunkt von → Licht (UV-, sichtbares, infrarotes Licht). Neben der Sonne (natürliche L.) existiert eine Vielzahl künstlicher L. (Lampen). Diese sind nach der Art der Lichterzeugung (z. B. Temperaturstrahler, Gasentladungslampen), der ausgesendeten Strahlungscharakteristik (→ Farbtemperatur, Halogenlicht, Kaltlicht, Tageslicht, Warmlicht), der für die Lichterzeugung unmittelbar eingesetzten Stoffe (Glühlampen z. B. Wolfram, Molybdän; Gasentladung z. B. Quecksilberdampf, Xenon, Neon), der Bauart (Hochdruck z. B. Quecksilberdampf-, Niederdruck z. B. Leuchtstofflampen), der Bauform (Kugel, Stab, mit Gewinde oder Steckanschluß), der elektrischen und Lichtleistung, der Anschlußwerte (Hochspannung, Netzspannung, Niederspannung) usw. zu unterscheiden. Für die Video- und Fernsehtechnik sind auf Grund ihrer spezifischen Eigenschaften insbesondere Glühlampen (in Scheinwerfern), Leuchtstofflampen (Grundausleuchtung), Halogenlampen (flächenhafte Ausleuchtung) von Bedeutung. → Kunstlicht, → Tageslicht, → Mischlicht

Lichtsender: optoelektronisches Bauelement, das durch elektrische Anregung Licht aussendet. L werden auch als Strahlungssender bezeichnet. Die wichtigsten L. sind → *Lumineszenzdioden* für Anzeigezwecke und *Laserdioden.* Beide Dioden werden bei optischer Signalübertragung zum Aussenden von informationstragenden Lichtwellen benötigt.

Lichtsignalisation: Verfahren zur gegenseitigen Verständigung bei Ton- und Bildaufnahmen über farbiges Licht, vorwiegend zwischen Mischpult und Mikrofon bzw. Kamera. Üblich ist gelbes oder weißes Licht als Achtungszeichen vom Mischpult oder als Bereitmeldung von Mikrofon oder Kamera aus geschaltet. Rotlicht wird vom Mischpult aus bei Mikrofon oder Kamera gesetzt, wenn diese eingeblendet sind.

Lichtsteuerröhre: → Elektronenstrahlröhre. In der L. wirkt ein Elektronenstrahl auf die optischen Eigenschaften eines Targets ein ⟨steuerbares Filter

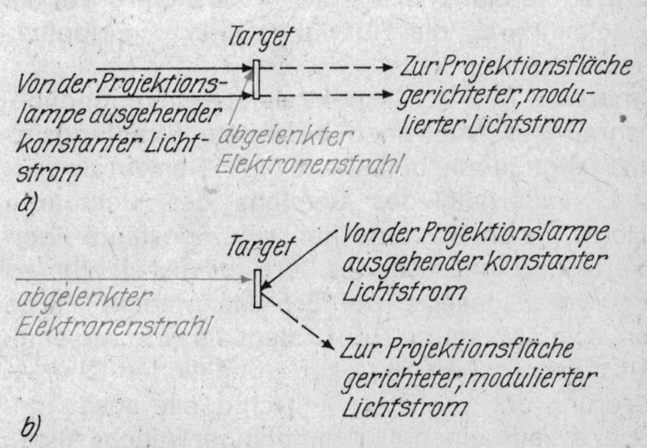

Funktionsprinzipien der *Lichtsteuerröhren:* a) Transmissionsprinzip, b) Reflexionsprinzip

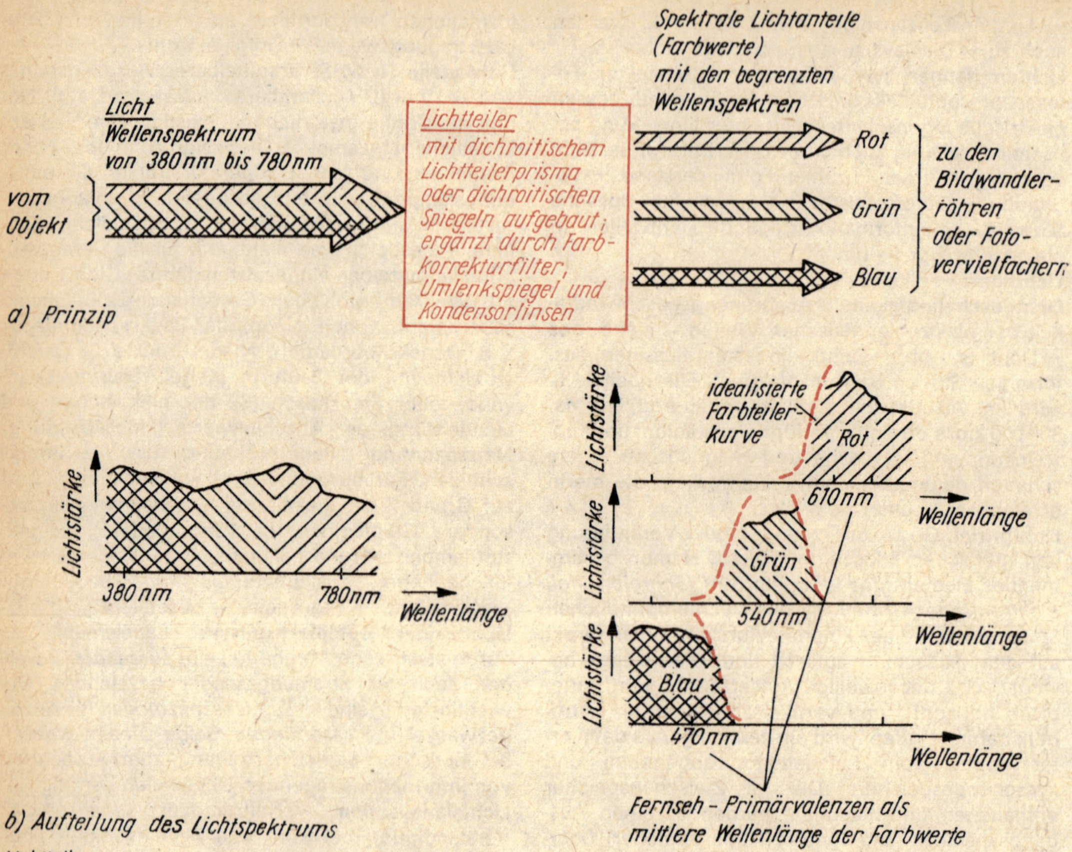

Lichtteiler

(→ Transparenz), steuerbarer Spiegel (Brechkraft), steuerbarer Kristall⟩. Dadurch kann ein von einer → Lampe ausgehender, ursächlich konstanter → Lichtstrom gesteuert werden. Die in Verbindung mit dem Elektronenstrahl der L. übertragbaren Informationen werden dabei annähernd trägheitslos auf den Lichtstrom übertragen. Bedeutung haben L. bei der → Fernsehprojektion. Bekannte Arten von L. sind u. a. die Eidophor-L., die → Tituslichtröhre, die Spiegelmatrix-L., die Flüssigkristall-L. → Eidophorverfahren (Abb.)

Lichtstrom: mit dem spektralen Hellempfindlichkeitsgrad des Menschen bewertete Strahlungsleistung, angegeben in Lumen (lm). Demzufolge ist der L. außerhalb des Bereichs des sichtbaren → Lichts gleich Null und hat, eine konstante Energieverteilung innerhalb des Bereichs des sichtbaren Lichts vorausgesetzt, bei 555 Nanometer (Farbe Grün) sein Maximum. Der L. dient als eine wesentliche fotometrische Größe zur einheitlichen Charakterisierung der von einer → Lichtquelle ausgehenden bzw. auf einen Lichtempfänger (auch Auge, Fotozelle, Bildaufnahmeröhre) einwirkenden Strahlungsleistung. Als Orientierung kann folgende Größenrelation angegeben werden: eine 100-Watt-Glühlampe erzeugt einen L. von ca. 1500 lm. → Farbe, → Beleuchtungsstärke, → Blende

Lichtteiler (engl. Light Splitter): optische Einrichtung in Video- und Farbfernsehkameras zur Aufteilung des einfallenden → Lichts auf die einzelnen in der Kamera enthaltenen Bildaufnahmeröhren. Da es zur Gewinnung der → Farbwertsignale erforderlich ist, das Gesamtspektrum des Lichts in die den Farbwerten Rot, Grün, Blau entsprechenden spektralen Lichtanteile aufzuspalten, wird vielfach statt L. die Bezeichnung *Farbteiler* genutzt (Abb.). In der Praxis werden L. als → Prismenteiler oder durch Einsatz → dichroitischer Spiegel aufgebaut. Im Lichtweg sind zur genauen Abgrenzung der Lichtanteile Korrekturfilter sowie Umlenkspiegel und Kondensorlinsen zur Führung der einzelnen Lichtstrahlen enthalten. Farbfilter werden zur Lichtteilung selbst i. d. R. nicht eingesetzt, da sie den Lichtstrom stark reduzieren. Eine Ausnahme bilden beispielsweise aber die Farbkamerasysteme mit teilbildsequentieller RGB-Signalaufbereitung, bei denen ein Filterrad vor einer Bildaufnahmeröhre rotiert. → Farbkamera, → Dreifarbentheorie (Hinweis S. 351, Abb.)

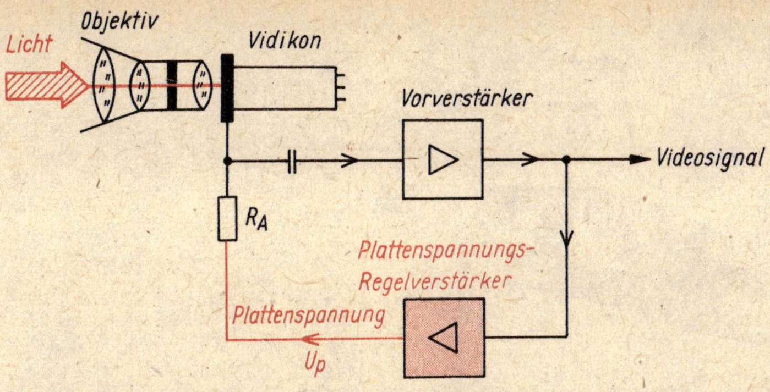

Funktionsprinzip der *Lichtwertautomatik*

Hinweis: Bedingt durch die im Farbfernsehen notwendige Lichtteilung sind i. allg. gegenüber dem Schwarz-Weiß-Fernsehen wesentlich höhere Beleuchtungsstärken erforderlich. L. sind optische Präzisionseinrichtungen. Sie dürfen nicht dejustiert oder in irgendeiner Form mechanisch beschädigt werden.

Lichtwellenleiter: → Lichtleiter

Lichtwertautomatik (engl. Automatic Light Compensation, Abk. *ALC*): automatische Plattenspannungseinstellung, die bei Videokameras mit → Vidikon als Bildaufnahmeröhre für eine Anpassung an wechselnde Beleuchtungsverhältnisse sorgt (automatische Kameraaussteuerung). Eine L. erleichtert die Bedienung der Kamera wesentlich (Abb.). Bei anderen Bildaufnahmeröhren erfolgt die Aussteuerung durch → Blendeneinstellung im Kameraobjektiv. Abb.

Hinweis: Ist ein Regelbereich für die L. angegeben, dann sagt dieser aus, welche maximale Beleuchtungsstärke bezogen auf die ebenfalls angegebene minimale Beleuchtungsstärke von der Kamera automatisch ausgeregelt wird, ohne daß das Vidikon übersteuert wird und damit die Durchzeichnung in hellen Bildstellen verloren geht. Beispiel: Regelbereich beträgt 1:1000, minimale Beleuchtungsstärke 30 lx. Von 30 lx bis zur maximalen Beleuchtungsstärke von 30000 lx regelt die L.

Lieben, Robert von: österreichischer Physiker (1878–1913), der maßgeblich an der Entwicklung der → Elektronenröhre beteiligt war. L. führte 1910 das Gitter für Verstärkungszwecke in die Elektronenröhre ein und baute die erste brauchbare Elektronenröhre (L.röhre).

Linearantrieb: → Direktantrieb

lineare Verzerrungen, *Amplitudenverzerrungen*, auch Dämpfungsverzerrungen: bei der Signalübertragung entstehende Bevorzugung oder Benachteiligung bestimmter Frequenzen oder Frequenzbereiche. L. V. treten auf, wenn Verstärkung oder Dämpfung nicht bei allen zu übertragenden Frequenzen gleich groß ist. Sie können grundsätzlich in allen Teilgeräten eines Übertragungskanals oder auf einem Informationsträger (Magnetband, Schallplatte) entstehen und äußern sich in Klangfarbenänderungen bei der Tonwiedergabe. Bei der videofrequenten Bildübertragung treten l. V. besonders in Leitungen auf. Die Folge ist ein Rückgang der Modulationstiefe hauptsächlich bei hohen Frequenzen; es entsteht → Bildunschärfe. Zu den l. V. im Bildkanal gehören auch bestimmte Impulsverzerrungen. Man kann l. V. als → Amplitudenfrequenzgang grafisch darstellen. Sie lassen sich mit Filtern künstlich erzeugen und mit Entzerrern auch eliminieren (→ Equalizer, → Magnettonentzerrung, → Leitungsentzerrer). Wichtig ist, daß die l. V. bezogen auf den gesamten Übertragungskanal gering bleiben; infolge ihrer Korrigierbarkeit sind sie an einzelnen Punkten eines Geräts oder Kanals auch in höherem Maße zulässig. L. V. sind mitunter auch nicht zu umgehen, oftmals werden sie zur Verbesserung des Störspannungsabstands sogar bewußt herbeigeführt (→ Preemphasis-Deemphasis, → Schneidcharakteristik). Bei der Wiedergabe von Schallereignissen werden l. V. ab etwa 2...3 dB hörbar. Für bestimmte Klangeffekte lassen sie sich auch künstlich erzeugen.

Lineartaste, Linearschalter (engl. Defeat-Taste): Bedienungselement zum Einschalten eines linearen Amplitudenfrequenzgangs unabhängig von der gewählten Klang- und Lautstärkeeinstellung. Eine L. setzt also Klangeinsteller und gehörrichtige Lautstärkeeinstellung außer Betrieb.

Hinweis: Die Lineartaste wird vorrangig bei sehr lauter Wiedergabe über Lautsprecher oder bei Kopfhörerbetrieb benutzt.

Linytron: → Schlitzmaskenröhre mit Trennstreifen zwischen den einzelnen Leuchtstoffstreifen. Das L. ist eine Entwicklung der japanischen Firma Toshiba. → Black-Strip-Technik

LIR-Verfahren; Abk. für **Line Reference-Verfahren:** Verfahren zur Zeitfehlerkorrektur in Videorecordern, die zur magnetischen Farbbildaufzeichnung die → *Chroma-Konvertierung* mit heruntergesetztem zeilenfrequenzverkoppelten Farbträger verwenden, so daß bei Wiedergabe die Zeilenfrequenz (Line) als Bezugssignal (Referenz) genutzt werden kann.

Lithium-Zelle: → Primärelement

Live-Produktion, Live-Sendung, Live-Übertragung: → Rundfunk, → Direktübertragung

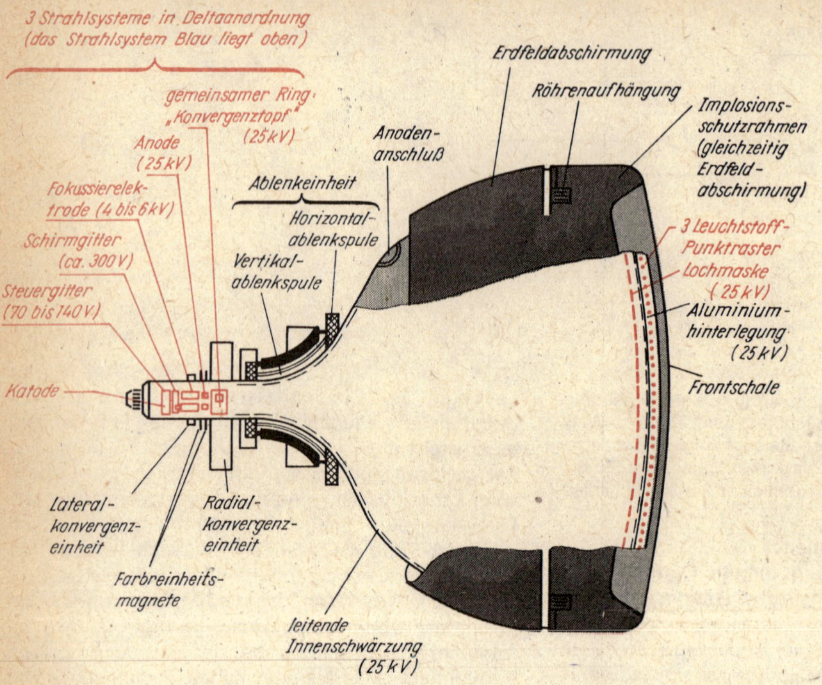

Vereinfachter Längsschnitt einer *Lochmaskenröhre* (1)

LMK: Abk. für die AM-Rundfunkbereiche Lang-, Mittel- und Kurzwellen.

LN-Band: mit der Abk. der engl. Bezeichnung Low Noise (niedriges Geräusch) gekennzeichnetes →Magnettonband mit Eisenoxid-Magnetit. L. haben geringeres Bandrauschen und liefern eine bessere Höhenwiedergabe als herkömmliche Eisenoxid-Tonbänder ohne die Kennzeichnung LN.

Lochmaskenröhre: →Farbbildwiedergaberöhre mit 3 getrennten → Strahlsystemen, einer *Lochmaske* und punktförmig auf dem Leuchtschirm angeordneten Leuchtstoffen (Rot, Grün, Blau). Die einzelnen Elektronenstrahlen werden durch getrennte Tetroden- (4-Elektroden)Systeme erzeugt, gesteuert, fokussiert und durch die Hochspannung in Richtung Bildschirm beschleunigt. Sie werden in einem Ablenkfeld gemeinsam horizontal und vertikal abgelenkt. Die Achsen der einzelnen Strahlsysteme gehen durch die Eckpunkte eines gleichschenkligen Dreiecks *(Delta-Anordnung)*, sind leicht gegen die Bildröhrenachse geneigt und schneiden sich in der Schirmnähe in einem Punkt. Auf dem weiteren Weg zum Bildschirm divergieren die Elektronenstrahlen soweit, daß sie auf den zugeordneten Leuchtstoffen auftreffen können. Die Fläche aller möglichen Schnittpunkte der abgelenkten Elektronenstrahlen müßte der Lage und dem Krümmungsverlauf der Lochmaske (geschwärztes Stahlblech, Dicke ca. 150 µm, Lochzahl bis 400000) entsprechen. Dies ist fertigungstechnisch nur annähernd zu gewährleisten. Es wirken sich unterschiedliche → Rasterverzeichnungen bedingt durch die getrennte Lage der Strahlsysteme, den „ebenen", d. h. von der Kalottenform abweichenden Bildschirm und die gewollt großen Ablenkwinkel, darüber hinaus aber auch Fertigungstoleranzen usw. aus. Deshalb müssen durch eine aufwendige → Konvergenzeinstellung die Strahlschnittpunkte der realen Lochmaske angepaßt werden. Die Lochmaske läßt die Elektronenstrahlen nur dann zur Leuchtschicht durch, wenn sie auf zugeordnete Leuchtstoffpunkte treffen können, andernfalls werden sie gegen den Leuchtschirm abgeschattet („Schattenmaskenröhre"). Anzahl und Lage der Löcher in der → Schattenmaske entsprechen der Anzahl und Lage der auf dem Leuchtschirm befindlichen *Farbtripel*. Die Farbtripel bestehen aus 3 Leuchtstoffpunkten, die bei Anregung in den Farben Rot, Grün, Blau leuchten (Abb. s. Farbanhang). Die Zahl der Farbtripel – pro Raster bis zu 400000 – ist bestimmend für die mit der L. erreichbare → Auflösung. L. wurden 1952 von der amerikanischen Firma RCA entwickelt. L. werden in unterschiedlichen Größen hergestellt (Bildschirmdiagonale bis über 60 cm, Ablenkwinkel bis 110 %). Ihr wesentlicher Vorteil ist die erreichbare hohe Bildschärfe. Dem stehen jedoch eine vergleichsweise geringere Bildschirmhelligkeit (Transparenz der Lochmaske durch Lochgröße-Maskenfläche-Verhältnis nur bis 16 %, ein Großteil der Elektronenstrahlenergie wird an der Lochmaske in Wärme umgesetzt), aufwendige Konvergenz- und Farbreinheitseinstellung (ca. 20 Einsteller sind zu betätigen),

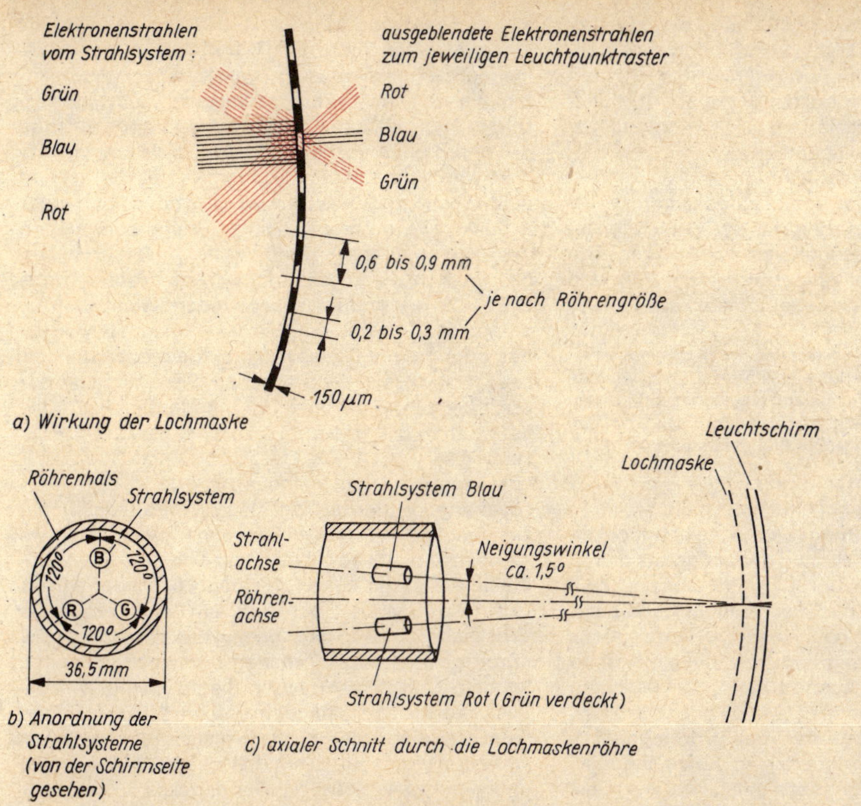

Wichtige Elemente der Lochmaskenröhre (2)

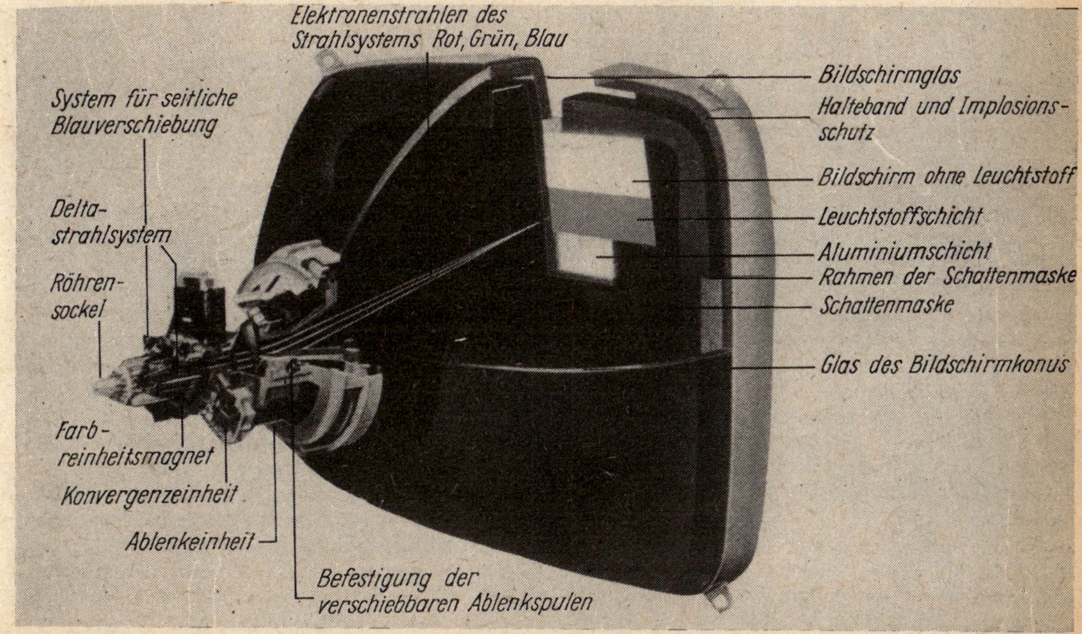

Lochmaskenröhre (3) mit Ablenk- und Konvergenzeinheit (Schnittmodell)

eine aufwendige Herstellungstechnologie (Herstellen und Einpassen der Lochmaske, mehrfache fotochemische Prozesse zum Auftragen der Leuchtstoffpunkte) und damit hohe Kosten gegenüber. → Bildröhre, → Entmagnetisierung, → Konvergenz, → Farbreinheit, → Blaulagemagnet, → In-Line-Bildröhre (Abb. s. auch Farbanhang)

Lock-Einstellung: bei einigen Videokameras vorhandene Möglichkeiten, den mit der → Blendenautomatik gefundenen Blendenwert festzuhalten. Die L. erfolgt meist am Aufnahmeobjektiv, in dem von der Markierung „A" (Blendenautomatik) auf „L" umgeschaltet wird.

Hinweis: die L. wird dann verwendet, wenn das interessierende Bilddetail unter- oder überbelichtet ist. Dazu wird zunächst diese Bildstelle formatfüllend abgebildet, auf „L" umgeschaltet und anschließend durch „Auszoomen" mit dem → Varioobjektiv das gewünschte Bild aufgenommen.

Logogramm: → Stationskennung

Löschdrossel: → Entmagnetisierungsspule

Löschfrequenzumschaltung: Umschaltmöglichkeit beim Löschgenerator eines Tonbandgeräts auf 2 oder mehrere verschiedene Löschfrequenzen. Zwischen den Oberwellen der Löschfrequenz und einer empfangenen Lang- oder Mittelwellenfrequenz kann es zu → Schwebung kommen, die als Pfeifton hörbar wird. Ähnlich können aus unerwünschten Resten des Stereo-Pilottons (19 kHz) oder der Hilfsträgerfrequenz (38 kHz) und der Vormagnetisierungsfrequenz (Löschfrequenz) im Aufzeichnungskopf Überlagerungsfrequenzen entstehen, die meist allerdings erst bei Wiedergabe hörbar werden. Durch die L. kann die Schwebung in den unhörbaren Bereich verschoben werden. Die Schaltung zur L. wird nicht ganz korrekt z. T. als *RIF* (Abk. für engl. *Radio Interference Filter*, Rundfunk-Interferenzfilter) bezeichnet. → Löschgenerator

Löschgenerator: Baugruppe eines Magnetbandgeräts zur Erzeugung einer sinusförmigen HF-Schwingung, die einem → Löschkopf zugeführt wird und der Entmagnetisierung (→ Löschung) des vorbeilaufenden Magnetbands dient. Dem L. wird außerdem meist auch der → Vormagnetisierungsstrom entnommen. Die Löschfrequenz liegt bei ca. 35...150 kHz, bei Heimbandgeräten meist bei 50...80 kHz. Höhere Frequenz ist i. allg. günstiger, um Schwebungen zu verhindern (→ Löschfrequenzumschaltung), erfordert aber wegen der größeren Verluste in den Löschköpfen auch einen kräftigeren L. Wegen der für verzerrungs- und rauscharme Aufzeichnung erforderlichen exakten Sinusform des Vormagnetisierungsstroms werden hochwertige L. meist in Gegentaktschaltung *(Gegentaktoszillator)* ausgeführt.

Löschkopf: Bauelement mit unmittelbarem Kontakt zum vorbeilaufenden Magnetband, um von diesem bereits vorhandene Aufzeichnungen zu entfernen. Bei einem *HF-L.* wird in nur leicht veränderter Form das gleiche Wandlersystem verwendet, wie bei einem → Magnettonkopf. Der Kern besteht aus einem Material mit großer Härte und geringen Ummagnetisierungsverlusten, meist einem Mangan-Zink-Ferrit. Der Arbeitsspalt hat eine Spaltweite zwischen 100...400 µm, damit jedes Magnetteilchen des Bands beim Vorbeilaufen mehrmals ummagnetisiert wird und das HF-Löschfeld tief in die Schicht eindringen kann. Häufig werden 2 oder noch mehr Arbeitsspalte unterschiedlicher Breite in den Kern des L. eingebracht *(Doppelspalt-L.)*. Dadurch verbessert sich die Löschwirkung, was besonders bei Chromdioxid- und Reineisenbändern wichtig ist. L., die lediglich aus einem Permanentmagneten bestehen oder die mit Gleichstrom betrieben werden, erzeugen starkes → Bandrauschen. Sie sind daher nur noch bei sehr einfachen Tonbandgeräten (z. B. Diktiergeräten) zu finden. → Löschgenerator, → Löschung

Löschsperre: → Aufzeichnungssperre

Löschung: Entfernen des Nutzsignals von einem Magnetband mit Hilfe eines magnetischen Felds. Im Normalfall wird vor jeder Aufzeichnung gelöscht, indem das Magnetband an einem Löschkopf vorbeiläuft. An dessen Spalt tritt ein hochfrequentes Wechselfeld aus *(HF-L.* oder *Wechselfeld-L.)*. Dadurch gelangt jedes Teilchen des vorbeilaufenden Bands zunächst mehrfach in die positive und negative magnetische Sättigung und wird anschließend beim Verlassen der Spaltzone ständig schwächerwerdend ummagnetisiert, bis es schließlich völlig entmagnetisiert ist (Abb.). Der dem Löschkopf zugeführte Hochfrequenzstrom wird in einem → Löschgenerator gewonnen. Eine L. durch Gleichfelder, wie sie z. B. mit einem Permanentmagneten oder mit einem von Gleichstrom durchflossenen Löschkopf erreicht werden kann, nennt man *Gleichfeld-* oder *Gleichstrom-L.* Da sie starkes Bandrauschen erzeugt, ist sie bestenfalls noch bei Diktiergeräten anzutreffen. Bei einem Magnetband werden immer nur die Spuren gelöscht, auf denen anschließend auch aufgezeichnet wird. Liegen sie unmittelbar nebeneinander, wie das bei dem Stereo-Spurpaar der Kompaktkassette der Fall ist, so wird nur ein Löschkopf verwendet, dessen Spalt beide Spuren gleichzeitig überstreicht. Bei einfachen Videorecordern wird über die gesamte Breite des Bands gelöscht. Bei → Schnittrecordern dagegen ist ein Löschkopf für jede Tonspur, für die Kontrollspur und für den Videospurbereich eingebaut. Eine Löschung einzelner Videospuren ist nur mit einem → rotierenden Löschkopf möglich und wird beim elektronischen Schnitt angewendet. Abb.

Lötverbindung: dauerhafte elektrische Verbindung von Leitern, mit Hilfe eines bei Temperaturen um 200 °C schmelzenden Lots.

Loudness-Schalter, *Loudness-Taste:* → gehörrichtige Lautstärkeeinstellung

Low Mass-Tragarm, kurz LM-Tragarm: Tragarm mit geringer effektiver (auf die Spitze der Abtastnadel-

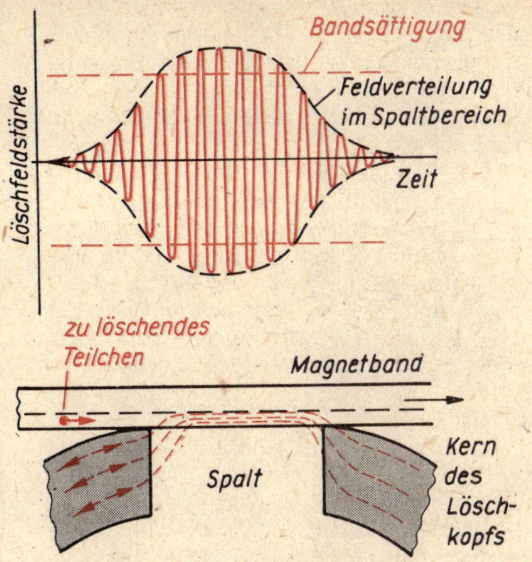

Löschung: jedes Magnetteilchen wird beim Vorbeilaufen am Spalt des Löschkopfs nacheinander im wechselnden Feld entmagnetisiert

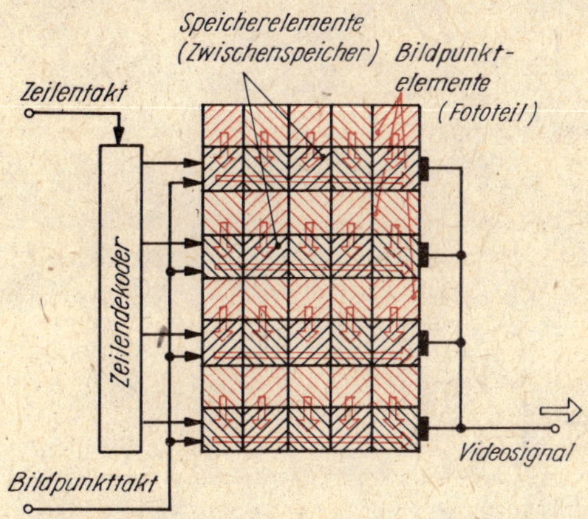

LT-Sensor

bezogener) Masse. L., besonders leichte werden auch *Ultra-L. (ULM-Tragarm)* genannt, haben gegenüber herkömmlichen Konstruktionen mit etwa 10...20 g nur eine Masse von ca. 5...8 g. Das zugehörige *Low Mass-Abtastsystem* wiegt nur etwa 2,5 g und hat eine sehr geringe → dynamische Nadelmasse. Als Vorteil des L. ergibt sich ein sehr geringes Massenträgheitsmoment, die → Tragarmresonanz läßt sich verringern und in einen günstigen Frequenzbereich legen. Es werden weit weniger mechanische Störungen (z. B. Rumpeln, Körperschall oder Stöße durch Höhenschlag von Schallplatten) auf das Abtastsystem übertragen.

LPVD, Abk. von engl. **L**ong **P**lay **V**ideo **D**isk (svw. Langspiel-Videoplatte): optisches Bildplattensystem, das vom Prinzip her alle Grundelemente des Systems → Laservision enthält. Das von der japanischen Firma Sony für das NTSC-Farbfernsehverfahren konzipierte LPVD arbeitet mit 2 konstanten Drehzahlen, entweder 900 U/min (Langspielplatte) oder 1800 U/min (Normalspielplatte), und einem Spurabstand von 1,3 µm. Auf der Langspielplatte sind 2 Fernsehbilder je Spurwindung gespeichert, was einer Spielzeit von 60 min je Plattenseite entspricht. Auf der Normalspielplatte ist ein Fernsehbild pro Spurwindung aufgezeichnet, sie ermöglicht 30 min Spielzeit je Plattenseite. Der Bildplattendurchmesser beträgt 30 cm und die -stärke 1,1 mm. Im Gegensatz zum Laservisions-Bildplattensystem ist bei LPVD mit beiden Plattentypen Sonderfunktionswiedergabe wie Standbild usw. möglich. → Bildplatte

LSDI-Flachbildschirm (LSDI Abk. für engl. **L**arge **S**cale **D**isplay **I**ntegration): → Flüssigkristallbildschirm mit einem großen Integrationsgrad der → Flüssigkristall-Anzeigebauelemente, → Flüssigkristall, → Flüssigkristall-Lichtröhre

LT-Sensor, Abk. für engl. **L**ine **T**ransfer-**S**ensor, svw. Bildsensor mit Zeilenübertragung: flächenhafter Festkörperbildsensor (Kamerasensor, z. B. → CCD-Bildsensor) mit lichtempfindlichem Fototeil und lichtunempfindlichem Speicher- bzw. Ausleseteil. Foto- und Speicherteil sind zeilenweise ineinander verschachtelt angeordnet. Im Fototeil erfolgt die licht-elektrische Umwandlung des aufgenommenen optischen Bilds in ein elektrisches Ladungsbild. Die Bildinformation (Ladungsbild) wird taktgesteuert vom Foto- in den Speicherteil übernommen. Die Speicherzeilen werden nacheinander auf den gemeinsamen Signalausgang geschaltet und dann bildpunktweise ausgelesen. → Festkörperbildsensor (Abb.)

Luminanz: → Leuchtdichte

Luminanzsignal: → Leuchtdichtesignal

Lumineszenz: Lichtstrahlung (kaltes Licht) eines Stoffs. Im Unterschied zur Temperaturstrahlung (z. B. bei Glühlampen) erfolgt die zur *Lichtemission* notwendige Anregung der Leuchtstoffe (z. B. eines Bildschirms) durch Elektronenbeschuß oder bei Halbleiterstrukturen (→ Leuchtdiode, → Lumineszenzdiode) durch starke elektrische Felder *(Elektrolumineszenz).*

Lumineszenzanzeige: aktive, d. h. bei elektrischer Anregung selbstleuchtende Anzeige. L. i. w. S. sind alle → Lichtemitter-Anzeigebauelemente. Eine L. i. e. S. ist ein aus einzelnen *Lumineszenzplatten* oder *-zellen* bestehendes Anzeigebauelement. Eine Lumineszenzplatte ist ein Halbleiterflächenstrahler mit einem kondensatorähnlichen Aufbau und wird deshalb auch *Leuchtkondensator* genannt. Zwischen 2 Elektroden, von denen die rückseitige reflektierend und die vorderseitige lichtdurchlässig ist, befindet sich eine Halbleiterschicht, z. B. Zinksulfid. Durch ein elektrisches Wechselfeld wird diese Anordnung zum Leuchten gebracht.

Lumineszenzdiode, Abk. **LED** für engl. **L**ight **E**mitting **D**iode (lichtemittierende Diode), umgangssprachlich *Leuchtdiode:* Halbleiterdiode mit stark in Durchlaßrichtung betriebenem → pn-Übergang. Die Lichtstrahlung entsteht durch Rekombination der vom Durchlaßstrom injizierten Überschußladungsträger. Die Intensität des Lichts ist von der Stärke des Durchlaßstroms abhängig. Die Wellenlänge und damit die Farbe des abgestrahlten Lichts ist vom Halbleitermaterial (z. B. Galliumarsenidphosphid, Galliumphosphid) abhängig. LED für den sichtbaren Lichtbereich gibt es für rot, gelb, orange und grün (für blau noch im Laborstadium). Die LED werden in vielfältiger Form für Anzeigezwecke genutzt (→ Lichtemitter-Anzeigebauelement). *IR-Dioden* sind LED, die Infrarotlicht (Wellenlängenbereich ca. 880...1 000 nm) aussenden. Sie werden zur optischen Signalübertragung als → Lichtsender eingesetzt. Den typischen Aufbau einer einfachen LED zeigt die Abbildung. Ein einzelner Dioden-Chip *(LED-Chip)* ist an einem Träger mit 2 Anschlüssen angegossen und durch Bonddrähte mit ihm verbunden. Das durchsichtige oder eingefärbte Epoxidharzgehäuse gibt mechanische Stabilität und gewährleistet eine gute optische Abstrahlung. Eine Sonderform der LED ist die → Laserdiode. → Dreifarbendiode (Abb.)

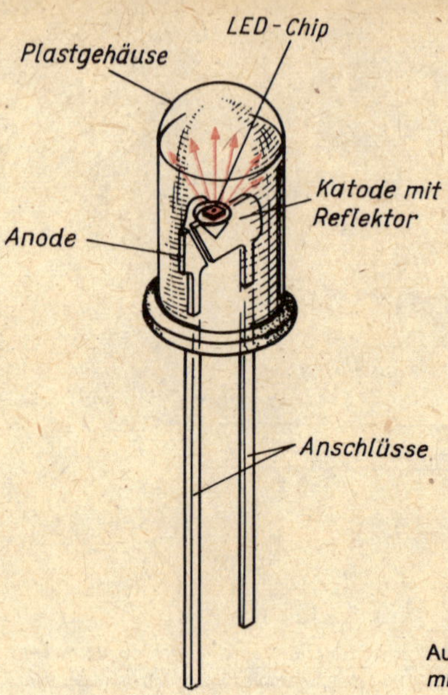

Aufbau einer *Lumineszenzdiode*

Luminophore: Leuchtstoffe einer → Bildwiedergaberöhre, auch Leuchtstoffpunkte oder Leuchtstoffstreifen (rot, grün, blau) einer → Farbbildwiedergaberöhre. Bei letztgenannten bilden jeweils 3 unterschiedliche, unmittelbar benachbarte L. ein *Farbtripel* bzw. *Farbtriplet.*

Lumisponder: elektronische Schaltung in Fernsehgeräten zur automatischen Anpassung von → Kontrast und → Farbsättigung im Fernsehbild an die jeweilige Raumhelligkeit. → Raumlichtautomatik

LV-Bildplatte: → Laservision

LVR, Abk. für **L**ongitudinal **V**ideo **R**ecording, svw. Videolängsspuraufzeichnung: Videokassettenrecordersystem, das von der Firma BASF (BRD) entwickelt und erstmals 1974 vorgestellt wurde. Die Bezeichnung LVR weist auf das von üblichen Videorecordern völlig abweichende → Längsspurverfahren mit feststehendem Videokopf hin. Die technischen Daten wurden im Verlauf der Entwicklung mehrmals verändert; nachfolgende Angaben gelten für Geräte ab 1979. Das 8 mm breite Videoband (Banddicke 8,5 µm) ist als Vorratswickel in der 114 × 17 × 106 mm großen Kassette untergebracht (→ *Einspulenkassettensystem).* Für den Bandtransport wird das sog. → Kontaktwickelprinzip (Abb. 1) angewandt. Man arbeitet mit 72 Längs-Videospuren, die jeweils 68 µm breit sind und durch ca. 30 µm breite Trennspuren voneinander getrennt sind. Ein Banddurchlauf, des mit 4 m/s laufenden Videobands (Schnelläufer), dauert 150 s. Danach wird in ca. 0,1 s die Laufrichtung umgekehrt und der Videokopf auf die Nachbarspur transportiert, so daß sich eine Spieldauer von 3 Stunden ergibt. 2 Tonsignale werden frequenzmoduliert auf 162 kHz bzw. 204 kHz zusammen mit dem aufbereiteten Videosignal auf der gleichen Spur aufgezeichnet. LVR verwendet ein Farbaufzeichnungsverfahren mit sequentieller Amplitudenmodulation (SAM) von 3 Farbdifferenzsignalen. → magnetische Bildaufzeichnung (Abb.)

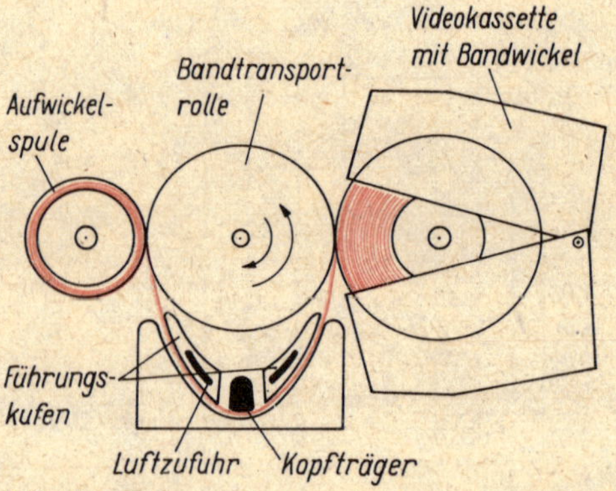

LVR (1): Bandantrieb

LW: Abk. für → Langwellen.

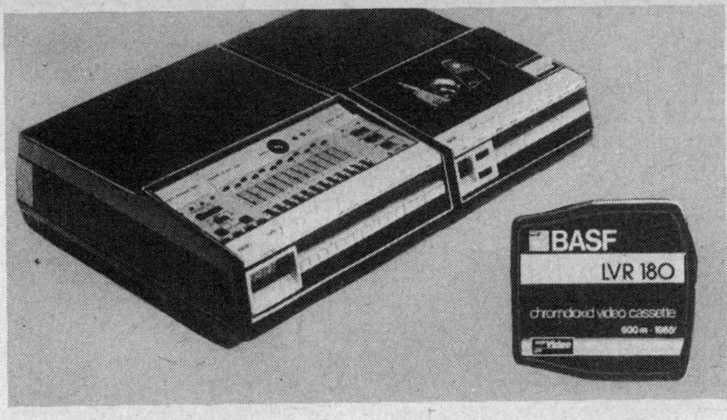

LVR (2): LVR-Gerät mit Kassette (BASF)

M

MAG: → TA-Eingang

Magisches Auge: spezielle Elektronenröhre, deren Elektronenstrom so gesteuert wird, daß ein kleiner, grünlich fluoreszierender Leuchtschirm (→ Elektronenstrahlröhre) abschnittsweise, fächerartig *(Magischer Fächer)* oder balkenförmig *(Magischer Strich)*, getroffen wird und entsprechend aufleuchtet. M. dienten früher als → Abstimmanzeige in röhrenbestückten Rundfunkempfängern oder als Aussteuerungsindikator (→ Aussteuerungsmesser) in Tonbandgeräten.

Magnavision: optisches Bildplattensystem, das auf dem System → Laservision beruht und für das NTSC-Farbfernsehverfahren ausgelegt ist. Die Drehzahl beträgt für die Standardplatte 1800 U/min und für die Langspielplatte radiusabhängig 1800 U/min bis 600 U/min. → Bildplatte

Magneta-Antenne: Empfangsantenne, bei der an Stelle eines Empfangsdipols zur Ankopplung an die elektrische Feldstärke unterhalb der Antennenstäbe eine Leitung zur magnetischen Auskopplung der Antennenspannung angeordnet ist. Die M. hat eine sehr geringe Bandbreite von nur 16...17 MHz und wird daher vorrangig als Kanalantenne (→ Vorzugsbereich) eingesetzt. Sie zeigt durch die Auskoppllungsleitung deutliche Resonanzwirkung, daher ergibt sich gute Selektion (Filterwirkung).

Magnetband: bandförmiger dünner Informationsträger mit magnetisierbarer Schicht, hauptsächlich zur Speicherung von Tonsignalen (→ Magnettonband), Bildsignalen (→ Videoband), Daten und Meßwerten.

Magnetbandbreite, Magnetbandhöhe: standardisierte Breite eines Magnetbands. Die M. der meisten Audio- und Videobänder leitet sich aus dem engl. Zoll ab (1″ = 25,4 mm). Tab.

Magnetbandgerät: → Tonbandgerät, → Videospeichergerät

Wichtige Magnetbandbreiten

Breite	Anwendungsbereich
2″ (50,8 mm) 1″ (25,4 mm)	Videoband für professionelle Geräte, Audioband für professionelle Mehrspurgeräte (bis zu 32 Spuren)
¾″ (19,05 mm)	Videoband für System U-Matic
½″ (12,7 mm)	Videoband für Systeme VCR, VCR-Longplay, SVR, VHS, Video 2000, Betamax, Japan-Standard 1, Audioband für professionelle Mehrspurgeräte
8 mm	Videoband für Systeme LVR und 8-mm-Video
¼″ (≈ 6,3 mm)	Audioband für alle herkömmlichen Spulentonbandgeräte, Elcaset, Cartridge, Videoband für System CVC
3,81 mm	Audioband für Kompaktkassette, Mikrokassette

Magnetbandkassette, Bandkassette, kurz *Kassette,* engl. *Cassette:* in seinen äußeren Abmessungen und Antriebspunkten standardisiertes, abgeschlossenes Vorratsgehäuse mit Magnetband *(Kassettensystem),* das einen Austausch auf verschiedenen Aufzeichnungs-, Bearbeitungs- und Wiedergabeeinrichtungen desselben Systems erlaubt. Eine M. umfaßt die *Kassettenschalen,* den *Bandvorrat* auf Bandwickeln und *Elemente zur Bandführung,* damit sich stabile Wickel herausbilden können. Mechanische Markierungen an der Schale, z. B. Aussparungen, Nasen, können elektrische Umschaltungen im Kassettenbandgerät auslösen (→ Bandsortenumschaltung, → Aufzeichnungssperre). Man unterscheidet *Wendekassetten* für 2 entgegengesetzte Bandlaufrichtungen und M. für nur eine Bandlaufrichtung. Solche müssen vor der Wiedergabe immer zurückgespult werden. Vorteile von M. gegenüber Spulenmagnetbändern sind: *a) vereinfachtes Einlegen,* kein Einfädeln der Bandanfänge in den Spulen, *b)* *eine Unterbrechung der Aufzeichnung oder Wiedergabe* ist an jeder beliebigen Bandstelle möglich, ohne daß zurückgespult zu werden braucht (Ausnahme: →Einspulenkassettensysteme), *c) geringere Beschädigungs- und Verschmutzungsgefahr* für die Bänder, *d) einfachere Archivierung, e)* leichtere *Programmierbarkeit* von automatischer Aufzeichnung, Wiedergabe und elektronischem Schnitt, *f) ununterbrochener* Betrieb auf einem → Auto-Reverse-Laufwerk sowie *g)* gute Eignung zum Vertrieb *industriell bespielter Bänder* (Musik- und Videokassetten). Dem stehen folgende Nachteile gegenüber: *a) konstanter Bandvorrat,* daher mehr oder weniger großer Verlust an Laufdauer durch unbenutztes Band am Ende des Wickels, *b) kaum mögliches mechanisches Cuttern, c)* z. T. *kompliziertere Mechanik* für Antrieb und automatisches Bandeinlegen (besonders bei Videokassetten), *d)* stärkere Neigung zu → *Bandlaufstörungen* und *e)* bei langsamlaufenden M. ist zur Erzielung der gewünschten Ton- oder Bildqualität *teureres Spezialband* erforderlich. →Tonbandkassette, →Videokassette, →Elcaset, →Cartridge

Magnetbandreiniger: →Tonbandreinigung

Magnetfeldstörempfindlichkeit, *Brummeinstreuempfindlichkeit:* unerwünschte Empfindlichkeit von dynamischen Mikrofonen, Abtastern und Magnetköpfen für → magnetische Einstreuung. Die M. wird durch geeignete Abschirmung des Wandlers oder durch Kompensationsspulen verringert. Letztere sind mit der Wandlerspule in Reihe geschaltet und werden im Störfeld so gedreht, daß sie eine um 180 °C phasenverschobene Störspannung erzeugen. Diese addiert sich zum Gesamtsignal, so daß sich die Störwirkungen aufheben.

Magnetfluid, *Magnetofluid:* magnetische Flüssigkeit bestimmter Viskosität als Aufschwemmung ferromagnetischer Teilchen sehr geringer Korngröße (≦0,01 µm) in einer speziellen Trägerflüssigkeit. Das M. wird in den Luftspalt des Magnetsystems von Mittel- und Hochtonlautsprechern eingebracht, wird dort vom Magnetfeld festgehalten und bringt folgende Vorteile: Es ist keine innere mechanische Zentrierung der Tauchspule mehr erforderlich, weil diese im M. schwimmt. Der Wirkungsgrad kann bis zum doppelten Wert gesteigert werden, weil der magnetische Widerstand im Spalt abnimmt. Es ergibt sich eine höhere Belastbarkeit des Lautsprechers wegen besserer Wärmeabführung sowie eine günstige mechanische Bedämpfung der Eigenresonanz.

magnetische Bildaufzeichnung, Abk. **MAZ:** Videospeicherverfahren, das auf örtlich verteilten magnetischen Zustandsänderungen in einer magnetisierbaren Schicht auf einem vorwiegend bandförmigen oder plattenförmigen Informationsträger beruht. Bei der MAZ handelt es sich um das gleiche physikalische Prinzip wie bei der magnetischen Tonaufzeichnung (→ Magnettonverfahren). Grundsätzlich wird bei beiden Verfahren die zeitabhängige Signalamplitude in eine örtlich verteilte Remanenz, d. h. eine nach der Aufzeichnung im Band verbleibende Magnetisierung umgewandelt. Zwischen Signalfrequenz f und aufgezeichneter Wellenlänge λ besteht über die Aufzeichnungsgeschwindigkeit v_A der Zusammenhang $\lambda = v_A/f$. Wegen der großen Frequenzbandbreite der Videosignale ist die Aufzeichnungsgeschwindigkeit (Relativgeschwindigkeit zwischen Magnetband und Videokopf) sehr groß. Sie beträgt je nach Verfahren und gewünschter Bildqualität zwischen 40 m/s = 144 km/h und 3 m/s. Diese hohe Geschwindigkeit wird durch 3 Verfahren erreicht. Beim *Längsspurverfahren* wird mit feststehendem Videomagnetkopf und einer Bandtransportgeschwindigkeit gearbeitet, die gleich der Aufzeichnungsgeschwindigkeit ist (Hochgeschwindigkeitsverfahren). Beim → *Querspurverfahren* und beim → *Schrägspurverfahren* wird mit quer bzw. schräg zur Bandtransportrichtung rotierenden Videoköpfen (→ Kopfrad) und geringerer Bandgeschwindigkeit gearbeitet, so daß die Bildinformation in nebeneinanderliegenden Quer- bzw. Schrägspuren aufgezeichnet wird. Liegen die Videospuren ohne Abstand (→ Trennspur) dicht beieinander *(Dichtspeichertechnik),* wird mit → *Azimut-Aufzeichnung* gearbeitet. Um die große Frequenzbandbreite von Videosignalen verarbeiten zu können, wird das Videosignal nach Frequenzmodulation trägerfrequent aufgezeichnet (Abb. 1). Für die Anwendung der Frequenzmodulation (FM-Aufzeichnung) gibt es folgende Gründe: a) Bei Aufzeichnung in der Originalfrequenzlage (0...5 MHz) würden der Gleichspannungsanteil (0 Hz) nicht und die tiefen Frequenzen durch den → Omegagang nur mit geringer nicht auswertbarer Signalamplitude wiedergegeben werden. Durch die Modulation auf eine Trägerfrequenz, die oberhalb der höchsten aufzuzeichnenden Videofrequenz liegt (Abb. 2), wird die relative Bandbreite (f_o/f_u) auf ein wiedergebbares Verhältnis verkleinert. b) Es entstehen Amplitudenschwankungen des Kopfsignals, die sich aus dem unvermeidlich schwankenden Band-Kopf-Kontakt ergeben; vor allem bei rotierenden Videoköpfen. Bei FM haben Amplitudenschwankungen keinen Einfluß; sie können durch Begrenzung unwirksam gemacht werden. Der Hubbereich des FM-Signals entspricht den Amplitudenwerten (Helligkeitsstufen) des Videosignals. Jedem Videosignalpegel wird eine Trägerfrequenz zugeordnet. Wichtig ist, daß der gesamte Hubbereich innerhalb der Videokopfkurve liegt. Normalerweise entstehen bei der FM sehr breite Seitenbänder, in denen die Nutzinformation enthalten ist. Bei MAZ lassen sich diese Seitenbänder weder aufzeichnen noch vollständig wiedergeben. Durch entsprechende Wahl des Modulationsindexes (Frequenzhub/Signalfrequenz) beschränkt man sich auf ein unteres und oberes Seitenband, wobei auch das obere Seitenband nur

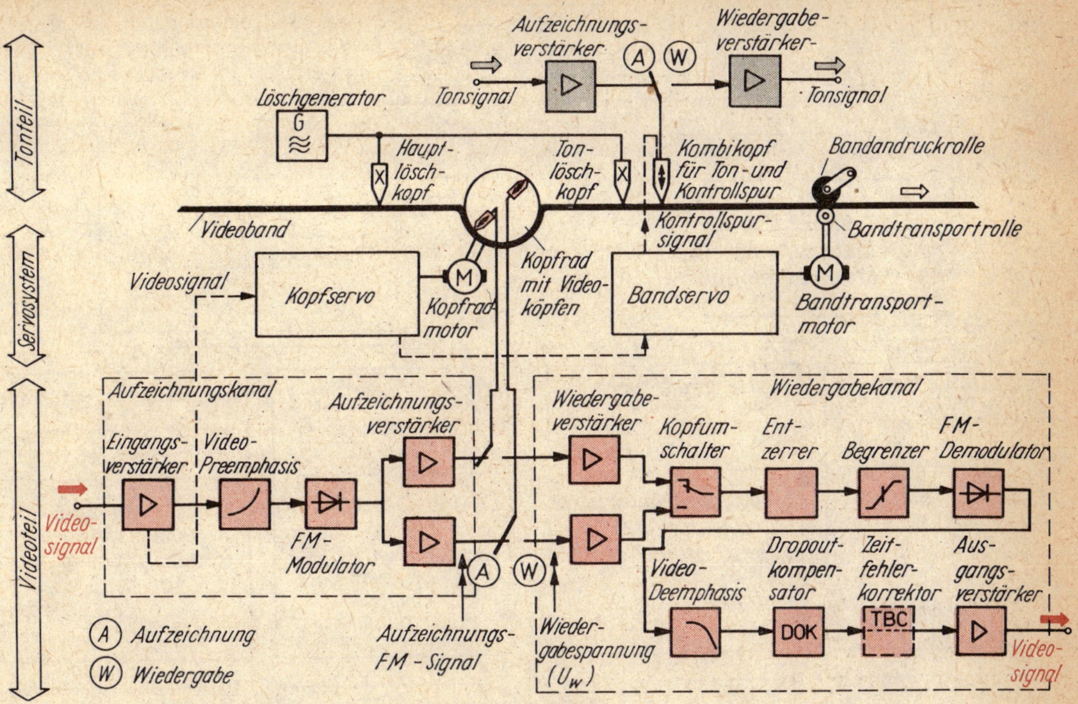

Blockschaltbild eines Geräts zur *magnetischen Bildaufzeichnung* (1)

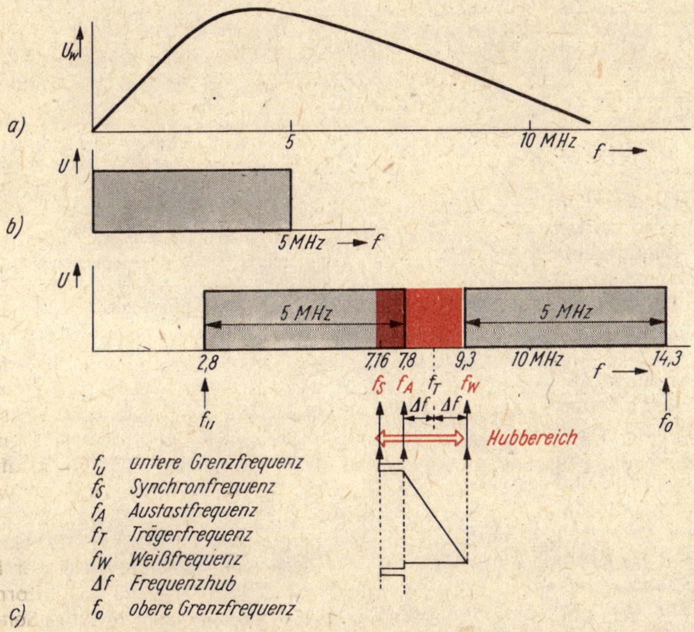

Frequenzbereiche bei der *magnetischen Bildaufzeichnung* (2):
a) Videokopfkurve,
b) Videosignal,
c) Zusammenhang FM-Aufzeichnungssignal und Videosignal

zum Teil innerhalb der Videokopfkurve liegt (Restseitenbandübertragung). Zur Verbesserung des Störabstands wird vor dem FM-Modulator eine Pegelanhebung der höherfrequenten Videosignalanteile (Preemphasis) vorgenommen, die durch eine entsprechende Deemphasis im Wiedergabekanal wieder ausgeglichen wird. Die FM-Bildaufzeichnung erfolgt ohne Vormagnetisierung, da die Nutzinformation in der Frequenzänderung und nicht in der Amplitude des Aufzeichnungssignals enthalten

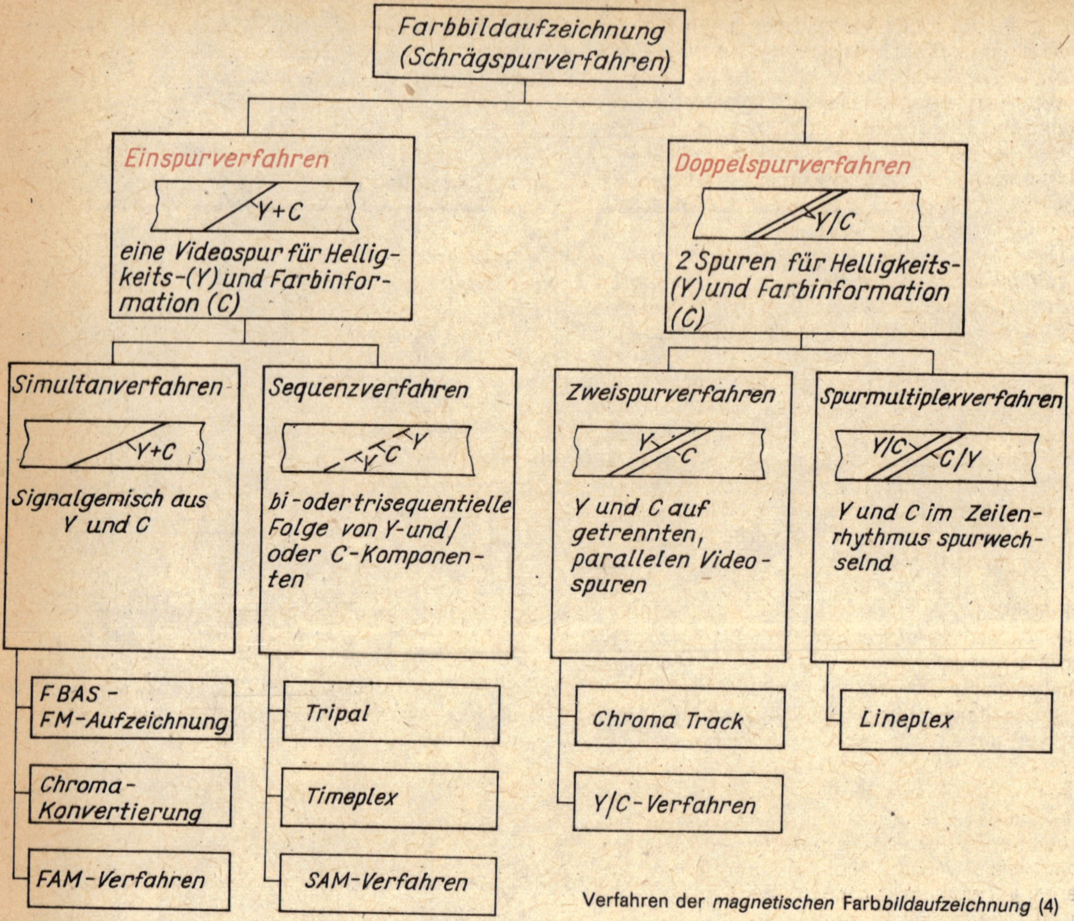

Verfahren der *magnetischen* Farbbildaufzeichnung (4)

ist. MAZ wird bei Videorecordern, Kamerarecordern und bei magnetischen Bildplatten und -karten (→ Mavicard) angewendet. Bei den Bandgeräten (Spulen- und Kassettengeräte) wird das von einem Vorratswickel ablaufende Videoband bei den Betriebsarten Aufzeichnung und Wiedergabe mit sehr gleichmäßiger Bandgeschwindigkeit an den Magnetköpfen vorbeigeführt und auf der Aufwickelspule wieder aufgespult. Auf diesem Weg passiert jede Bandstelle zuerst den Hauptlöschkopf, dann einen Videokopf, evtl. den Tonlöschkopf und schließlich den Mehrspurkopf für die Ton- und → Kontrollspur. Außer der üblicherweise angewendeten Tonaufzeichnung auf einer oder mehreren separaten Tonlängsspuren besteht auch die Möglichkeit der FM-Aufzeichnung und Tiefenmagnetisierung im Videospurbereich bzw. der digitalen Aufzeichnung im Zeit- oder Spurmultiplex mit der Videoinformation. Je nach Aufzeichnungsverfahren wird das Videoband am feststehenden Videokopf vorbei oder konkav bzw. α- oder Ω-förmig um die Kopftrommel mit den rotierenden Videoköpfen herum geführt. Vor jeder Speicherung wird das Videoband automatisch gelöscht (→ Löschung). **Aufzeichnungsvorgang** (ungenau auch „Aufnahme" oder „Bespielen"): Das im Aufzeichnungskanal zu einem aufzeichnungsfähigen FM-Signal aufbereitete Videosignal wird über rotierende Übertrager

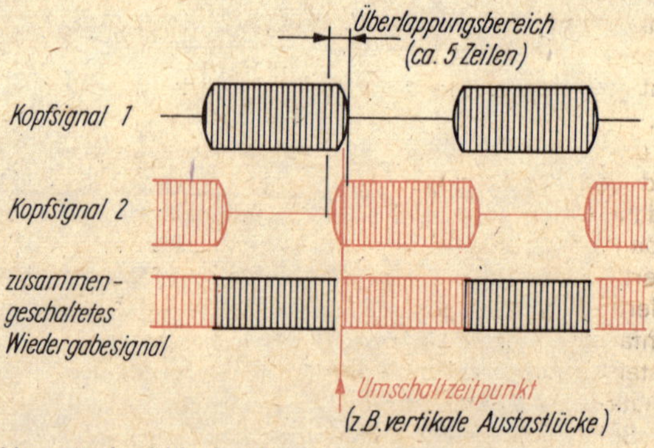

Magnetische Bildaufzeichnung (3): Kopfumschaltung

oder Schleifringe den Videoköpfen zugeführt. Am Arbeitsspalt des Kopfs mit augenblicklichem Bandkontakt treten die im Takt des Signals frequenzmäßig wechselnden magnetischen Feldlinien in die Magnetschicht des Videobands über. Nach Passieren der Videoköpfe ist eine bleibende örtliche Magnetisierung in der Magnetschicht entstanden. Bei mehreren Videoköpfen wird meist mit Aufzeichnungsüberlappung gearbeitet: Wenn ein Kopf am Ende einer Videospur angelangt ist, hat der nachfolgende Kopf schon mit der Aufzeichnung am Anfang der benachbarten Videospur begonnen. Nachfolgend werden die Kontroll- und Tonspuren am oberen und/oder unteren Bandrand in Bandlängsrichtung aufgezeichnet. Wiedergabevorgang (Wiedergabe, ungenau „Abspielen"): Die aufmagnetisierten Teilchen des Videobands bauen um sich herum kleine Magnetfelder auf, die aus der Bandschicht heraustreten (→ Bandfluß). Werden die Magnetfelder von einem Videokopf erfaßt, so durchströmen sie den Videokopfkern und induzieren in der Kopfspule eine Wiedergabespannung (u_w). Nur der gerade das Band berührende Videokopf liefert ein Signal (Abb. 3). Im *Wiedergabekanal* müssen die zeitlich nacheinander ankommenden Kopfsignale nach ihrer Verstärkung zu einem lückenlosen Wiedergabesignal zusammengeschaltet werden, wobei die Umschaltung genau in einer Austastlücke innerhalb des *Überlappungsbereichs* erfolgen muß. Für die *elektronische Kopfumschaltung* wird ein Kanalschalter oder ein schaltender Wiedergabekopfverstärker verwendet. Die Umschaltimpulse werden aus den Kopfradimpulsen abgeleitet, die die genaue Winkelposition (Phasenlage) des Kopfrads charakterisieren. Bei einfachen, ohne Überlappung arbeitenden Videorecordern erfolgt eine *„mechanische" Kopfumschaltung* in der Art, daß die Videoköpfe in Reihe geschaltet sind und die Kopftrommelumschlingung des Videobands so gewählt ist, daß nicht gleichzeitig alle Videoköpfe Bandkontakt haben. Eine geringe Störzone (ca. 3...7 Zeilen) ist dabei unvermeidlich, man legt sie an den unteren Rand des Fernsehbilds. Außer ihrer Verstärkung wird im Wiedergabekanal die sehr kleine Wiedergabespannung frequenzabhängig entzerrt und demoduliert. Das so wiedergegebene Videosignal ist mit Fehlern behaftet (→ Dropout, → Zeitfehler), die ebenfalls im Wiedergabekanal oder teilweise in separaten Geräten korrigiert werden (→ Dropoutkompensation, → Zeitfehlerausgleicher, → LIR-Verfahren). Bei Wiedergabe muß der Videokopf genau auf der Videospur laufen. Vor allem bei nach dem Quer- oder Schrägspurverfahren arbeitenden Geräten ist dazu eine hohe mechanische Präzision der Kopftrommel und des gesamten Laufwerks sowie eine recht aufwendige elektronische Steuerung (→ Servosystem) des Bandtransports (→ Bandservo) und der Kopfraddrehung (→ Kopfservo) erforderlich. Bei der magnetischen *Farbbildaufzeichnung* werden die Farben in Form elektrischer Signale gespeichert. Die FM-Aufzeichnung des kompletten Farbbildsignals *(FBAS-Aufzeichnung)* setzt eine verarbeitbare Videosignalbandbreite von mindestens 5...5,5 MHz für europäische Normen voraus. Diese wird nur von Studiogeräten (Fernsehbandgeräten) und einigen halbprofessionellen Videorecordern erreicht. Diese Bandbreite verlangt besonders bei PAL sehr gute Übertragungseigenschaften im Bereich des Farbträgers (4,43 MHz) sowie durch ein aufwendiges Servosystem sehr klein gehaltene Gleichlaufschwankungen (kleine Zeit- und Geschwindigkeitsfehler). Die Videosignalbandbreite der halbprofessionellen Geräte ist meist auf ca. 3...4 MHz und die der Heimvideorecorder auf 2,5...3,2 MHz begrenzt. Dies gilt prinzipiell auch für MAZ-Geräte, die Fernsehanstalten zur elektronischen Berichterstattung verwenden. Bei all diesen Geräten ist die Bildqualität trotz der Bandbegrenzung befriedigend bis gut, eine direkte FBAS-FM-Aufzeichnung ist jedoch nicht möglich, und die Farbaufzeichnung muß auf eine andere Art erfolgen. Abb. 4 gibt einen Überblick verschiedener Verfahren der magnetischen Farbbildaufzeichnung mit Schrägspuraufzeichnung. Eine verbreitete Methode ist die *Chroma-Konvertierung*, bei der der modulierte Farbträger auf eine niedrigere Frequenz umgesetzt wird.

Geschichtliches: Die erste magnetische Bildspeicherung wurden nach dem Längsspurverfahren ($v \approx 9$ m/s) von der amerikanischen Firma RCA verwirklicht und am 1. 12. 1953 der Öffentlichkeit vorgeführt. Die Grenzfrequenz betrug ca. 3,5 MHz, die Speicherzeit je Spule 4 min. Für Schwarz-Weiß wurden ¼" breite Bänder und für Farbe ½"-Bänder verwendet. Im Laufe der Entwicklung wurde die Transportgeschwindigkeit verringert, wodurch sich die Speicherzeit erhöhte. Der Durchbruch zu breiter Anwendung gelang der USA-Firma Ampex 1956 mit rotierenden Videoköpfen und Querspuraufzeichnung. Dieses sog. Ampexverfahren mit 2" breiten Videobändern wurde später zum internationalen Studio-MAZ-Standard. Bis heute arbeiten entsprechende MAZ-Anlagen bei den Fernsehanstalten in aller Welt. Die ersten Gedanken zur Schrägspuraufzeichnung stammen aus dem Jahre 1953. Das Schrägspurverfahren nach SCHÜLLER wurde erstmals 1959 von der japanischen Firma Toshiba in einem Videorecorder angewendet. In den nachfolgenden Jahren wurden in einzelnen Ländern verschiedene Spulenvideorecorder meistens mit Schrägspuraufzeichnung und mit unterschiedlicher Videobandhöhe, vor allem für den halbprofessionellen Bereich, entwickelt und gebaut. 1970 wurde der erste, auch für den Heimbereich bestimmte Videokassettenrecorder (VCR) von der niederländischen Firma Philips vorgestellt. Das VCR-System ist von einigen interessierten Ländern eine zeitlang als Videorecorder-Norm übernommen worden. Ebenfalls 1970 wurde das von der japanischen Firma Sony entwickelte ¾"-U-Matic-Kassettenrecordersystem vorgestellt. Die High-Band-Version dieses Systems wird heute weltweit von den Fernsehanstalten besonders für die elektronische Berichterstattung verwendet. 1974/75 wurden auf internationalen Messen Heimvideokassettenrecorder für ½"-Bänder der japanischen Systeme Betamax und VHS erstmals gezeigt. Bei Betamax wurde erstmals ohne Trennspur zwischen den Videospuren mit der sog. Azimut-Aufzeichnung gearbeitet. 1979 wurde mit dem Videorecordersystem Video 2000, einer Gemeinschaftsentwicklung der Firmen Philips (Niederlande) und Grundig (BRD), die MAZ-Entwicklung weitergeführt. Video 2000 verwendet als erstes System eine Wendekassette. Weitere Entwicklungen richten sich auf die Erhöhung der Speicherdichte durch Verwendung schmaler Bänder bei geringer Bandtransportgeschwindigkeit und vor allem auf die digitale magnetische Bildaufzeichnung. Die Entwicklung und Produktion von Videorecordern durch kapitalistische Firmen ist stark vom Konkurrenzkampf gekennzeichnet. Dies verhinderte u.a. eine internationale Systemabstimmung und einheitliche Normung, was viele Länder von einer Entscheidung für ein spezielles System – mit allen daraus resultierenden Konsequenzen – abhielt. Mit dem jüngsten System 8 mm-Video wurde erstmals eine in mehreren Ländern abgestimmte Normung für Videokassetten- bzw. Kamerarecorder vorgenommen. → Videorecorder (Abb.)

magnetische Bildplatte: platten-, karten- oder folienartiger Informationsträger aus magnetisierbarem oder unmagnetischem, mit einer Magnetschicht versehenem Material, bei dem Bild- und Toninformationen magnetisch in spiralförmigen, kreisrunden oder anders verlaufenden Spuren gespeichert sind bzw. aufgezeichnet werden können. Die verschiedenen Entwicklungen der m. B. haben sich bislang auf dem Gebiet der Unterhaltungselektronik als eigenständige Bildplatten-Systeme nicht durchsetzen können (→ MDR, → Mavicard). In → Videoeinzelbildkameras werden m. B. in Form kleiner Magnetfolien (Floppy Disk) erfolgreich verwendet. Seit vielen Jahren werden Magnetplatten in den Zeitlupenanlagen der Fernsehanstalten benutzt. → Bildplatte

magnetische Einstreuung: Einkopplung von Störspannung, hauptsächlich → Brummen über magnetische Felder. Besonders empfindlich sind unsymmetrische lange Mikrofonleitungen, dynamische oder elektromagnetische Schallplattenabtaster, dynamische Mikrofone und Tonköpfe.

Hinweis: Die m. E. hat ihre Ursache häufig in Netztransformatoren, daher kann bei → Anstellkombinationen eine veränderte Aufstellung der Einzelgeräte eine m. E. oft beseitigen oder wenigstens soweit vermindern, daß sie nicht mehr stört.

magnetisches Abtastystem → elektromagnetisches Abtastsystem

Magnettonband, *Tonband,* kurz *Band:* magnetisierbarer bandförmiger Informationsträger für Spulen- oder Kassettentonbandgeräte. M. mit einer *Breite* von 6,3 mm ≈ ¼" (exakt 6,25 ± 0,05 mm) werden hauptsächlich für Spulentonbandgeräte verwendet. M. mit der Breite von 3,81 mm werden in Kompakt- und Mikrokassetten benutzt. Die *Dicke* gebräuchlicher M. (Tab.) nimmt außer auf die Laufdauer eines bestimmten M.-Volumens auch Einfluß auf die Schmiegsamkeit und damit auf einen innigen Kontakt zwischen Band und Magnetkopf. I. allg. neigen sehr dünne Bänder etwas mehr zu → Bandlaufstörungen. M. bestehen aus einer *Trägerschicht* und einer oder 2 magnetisierbaren Schichten *(Magnetschichten).* Die aus Polyester (früher aus Azetylzellulose) bestehende Trägerschicht bestimmt vorrangig die mechanischen Eigenschaften des M. So werden vor allem hohe Zerreißfestigkeit und geringe Dehnung bei Zugbeanspruchung, geringe Längs- und Querkrümmung (Welligkeit, Drall), hohe Abriebfestigkeit und günstige Wickeleigenschaften (rauhe Rückseite) gefordert. Die Magnetschicht wird in einem Gießverfahren auf die Trägerschicht aufgebracht und besteht aus kleinsten magnetisierbaren Kristallen *(Magnetit)* in einem organischen Bindemittel *(Magnetlack).* Die Magnetschicht bestimmt die elektroakustischen Eigenschaften des M. Sie nimmt u. a. Einfluß auf die → Aussteuerbarkeit bei tiefen und hohen Frequenzen, auf die → Empfindlichkeit, das → Bandrauschen, die Löschbarkeit und den → Kopiereffekt. Die Magnetschicht soll möglichst glatt sein, um einen günstigen Kontakt zwischen Tonkopf und M. zu erzielen und um den Abrieb gering zu halten. Form, Größe, Material und Packungsdichte der Magnetteilchen in der Schicht bestimmen deren magnetische Eigenschaften und damit die Speicherqualität. Die ersten M. wurden 1928 von dem Dresdener Fritz PFLEUMER als Papierband mit einer Magnetschicht entwickelt. In den 30er Jahren entstanden die ersten Bänder mit einer Trägerschicht aus Azetylzellulose und einer Beschichtung von Eisen(III)oxid (γ-Fe_2O_3) mit kubischer Kristallform in einem Bindemittel, die sogenannten *Eisenoxidbänder.* In seit 1966 weiterentwickelter Form, z. B. mit länglichen oder nadelförmigen Eisenoxidkristallen (≦1 μm) in größerer Packungsdichte, werden sie noch heute gefertigt (→ LN-Band, → LH-Band, → HD-Magnettonband). Dabei werden die Kristalle bereits beim Beguß der Trägerschicht mit dem Magnetlack durch ein äußeres Magnetfeld in Bandlängsrichtung ausgerichtet *(Textur).* Eine Weiterentwicklung stellten Ende der 60er Jahre die → *Chromdioxid-Tonbänder* dar, bei denen ein sehr gleichmäßiger nadelförmiger CrO_2-Magnetit in der Schicht eingebettet ist. Diese Bänder ermöglichten durch Erweiterung des Übertragungsbereichs bei hohen Frequenzen und Verringerung des Bandrauschens erstmalig auch bei Kassettenrecordern HiFi-Qualität. Die seit 1973 gefertigten → *Zwei-*

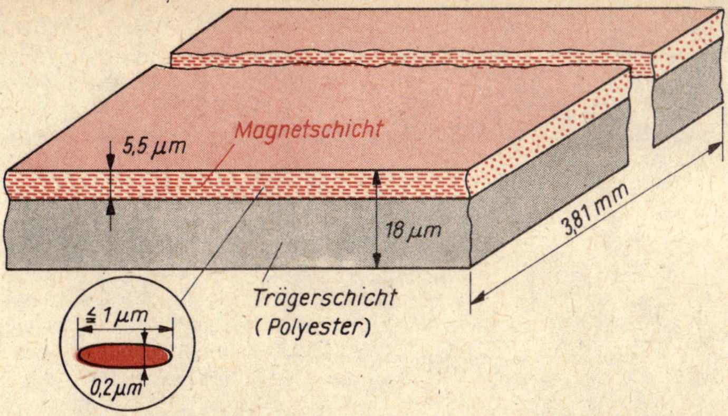

Aufbau eines *Magnettonbands* (Maße für Kassettenband, K 60)

Dicken von Magnettonbändern

Dicke/µm	*Bezeichnung*, Verwendung
50	*Standardband, Normalband*, nur für Studiotonbandgeräte und ältere Zweispur-Spulengeräte
35	*Langspielband* (*Long Play*, Abk. *LP*) für Spulengeräte
25	*Doppelspielband* (*Double Play*, Abk. *DP*) für Spulengeräte
18	*Dreifachspielband* (*Triple Play* Abk. *TP*) für Spulengeräte und Kassette K 60
12	*Vierfachspielband* (*Quadruple Play*, Abk. *QP*) für Kassette K 90
9	*Sechsfachspielband* (*Sextuple Play*, Abk. *XP*) für Kassette K 120

schichtbänder (Fe-Cr-Bänder) bestehen aus einer Magnetschicht mit Fe_2O_3-Magnetit und einer zweiten, darüberliegenden Schicht mit CrO_2-Kristallen. Diese Bänder erlauben gegenüber reinen CrO_2-Bändern eine weitere Verbesserung der Speicherqualität (bessere Aussteuerbarkeit bei tiefen Frequenzen). Bei *Reineisenbändern (Metallpigment-Bändern)* wird eine extrem dünne Magnetschicht aus schlanken und sehr kleinen Reineisennadeln (0,01...0,1 µm), die durch eine spezielle Umhüllung vor Oxydation geschützt werden müssen, auf das Trägermaterial aufgedampft. Die seit 1979 für die Heimelektronik gefertigten Reineisenbänder hatten einen frühen Vorgänger: bereits im Jahre 1934 stellte die Firma BASF sogenannte *Massebänder* her. Zu dieser Zeit ließen sich aber wegen der zu groben Körnigkeit und der zu geringen Packungsdichte des in die Trägerschicht eingebetteten Carbonyleisenpulvers noch keine überzeugenden Qualitätsmerkmale erreichen. Heutige Reineisenbänder lassen sehr geringe Bandgeschwindigkeiten (bis 1,2 cm/s) bei guter Tonqualität zu. Besonders Eisenoxid-Tonbänder weisen z. T. erhebliche Unterschiede in ihren akustischen Eigenschaften oder im Arbeitspunkt auf (→ Vormagnetisierungsstrom). Internationale Bestrebungen gehen daher in Richtung einer Vereinheitlichung der Arbeitspunktwahl (z. B. nach IEC-Norm-I), um beliebige Kassetten auf einem Kassettenrecorder ohne Qualitätsverluste verwenden zu können. → EE-Band, → Angrom (Tab., Abb.)

Hinweis: Vor allem Bänder ostasiatischer Herkunft (z. B. aus Japan) weisen z. T. einen höher liegenden Arbeitspunkt auf. Es ergeben sich bei Verwendung dieser Bänder auf Kassettenrecordern aus dem europäischen Raum erhöhte Klangverzerrungen und übertriebene Höhenwiedergabe. Eine servicemäßige Neueinstellung des Recorders behebt diesen Mangel.

Magnettonentzerrung: Gesamtheit der korrigierenden Maßnahmen beim Magnettonverfahren, um einen linearen →Amplitudenfrequenzgang „über alles" bei einem optimalen Kompromiß zwischen Störabstand und Klangverzerrungen zu erreichen. Beim Magnettonverfahren beeinflußt eine Reihe physikalischer Erscheinungen das Signal, so daß es vor allem zu einer Schwächung der hohen Töne bei Aufzeichnung und Wiedergabe kommt. Diese Verluste sind teilweise nur der Frequenz direkt proportional, meist aber auch der Bandgeschwindigkeit umgekehrt proportional *(wellenlängenabhängige Verluste)*. Sie sind also bei langsamlaufenden Tonbändern besonders groß. Ausschließlich von der Frequenz abhängig sind die *Wirbelstrom-* und *Ummagnetisierungsverluste* in den Tonköpfen, sie sind aber recht gering. Zusätzlich abhängig von der Bandgeschwindigkeit ist die *Bandflußdämpfung*, die dadurch zustande kommt, daß bei kürzer werdender Wellenlänge des aufgezeichneten Signals nicht mehr alle Feldlinien die magnetische Schicht des Tonbands verlassen können. Diese Erscheinung ist darauf zurückzuführen, daß sich die Magnetteilchen gegenseitig beeinflussen *(Selbstentmagnetisierungseffekt)* und daß bei größerer Dicke der magnetischen Schicht die weiter innen liegenden Teilchen nach außen weniger wirksam sind. Auch die sogenannte *Spaltdämpfung* ist ein wellenlängenabhängiger Verlust. Sie entsteht dadurch, daß der Spalt des Wiedergabekopfs nicht unendlich schmal gemacht werden kann. Er tastet daher die aus dem Band austretenden magnetischen Felder nicht

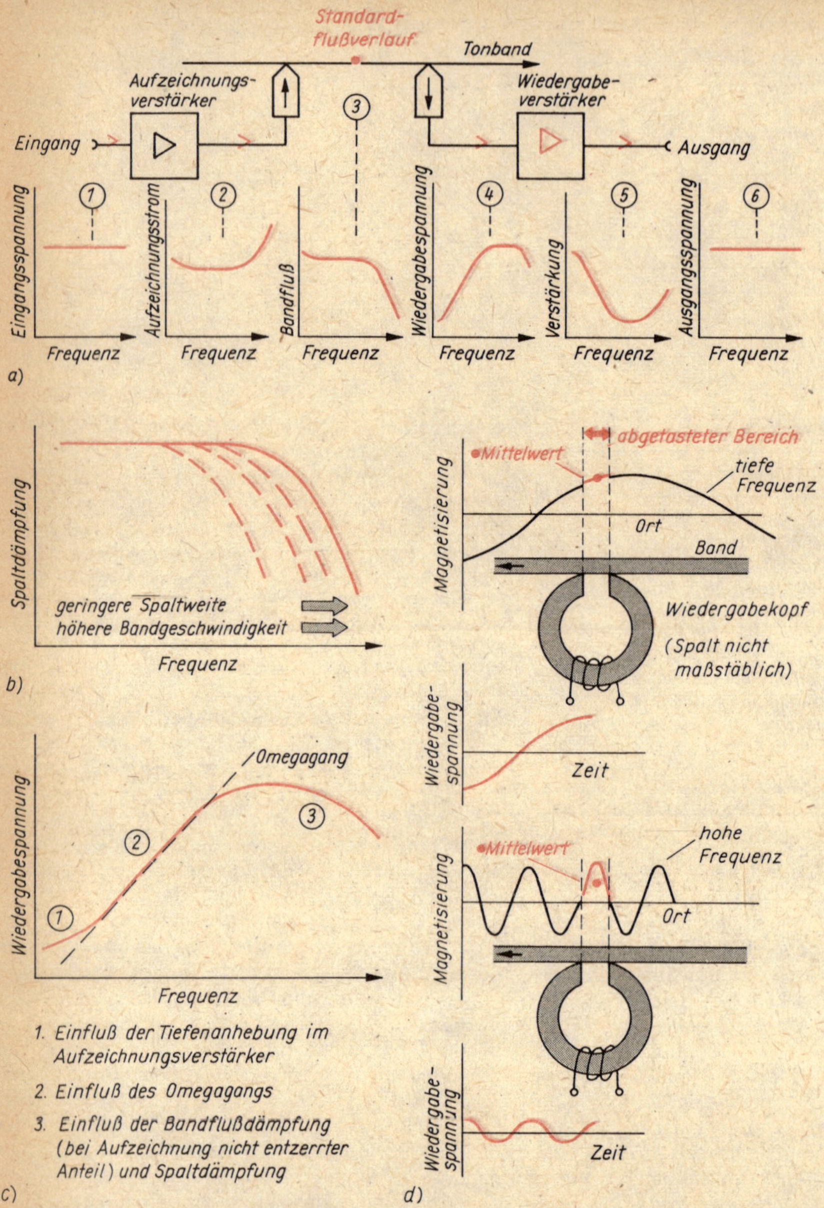

Magnettonentzerrung: a) Amplitudenfrequenzgänge an verschiedenen Stellen des Tonbandgeräts, b) Verlauf der Spaltdämpfung mit Einfluß von Spaltweite und Bandgeschwindigkeit, c) Signalspannung am Wiedergabekopf mit wichtigen Einflußgrößen, d) Entstehung der Spaltdämpfung (der Spalt mittelt über die Magnetisierung im abgetasteten Bereich)

punktförmig ab, sondern bildet den Mittelwert über einen Teil der Kurve in der Breite des Spalts (Abb. d). Beim Wiedergabekopf sind daher sehr schmale Spalte gefordert, besonders bei langsamlaufenden Tonbandgeräten (→ Taumelung). Ein Teil der Bandflußdämpfung wird bereits im Aufzeichnungsverstärker durch Anheben der Höhen ausgeglichen. Das ist ohne Übersteuerung des Bands möglich, weil die Obertöne bei den natürlichen Schallereignissen mit nur geringer Stärke vorkommen (→ Amplitudenstatistik). Der verbleibende Anteil der erforderlichen Höhenanhebung zum Ausgleich der Bandflußdämpfung wird im Wiedergabeverstärker vorgenommen. Dieser Anteil ist daher kleiner, als er ohne die Höhenanhebung im Aufzeichnungsverstärker wäre, und das → Bandrau-

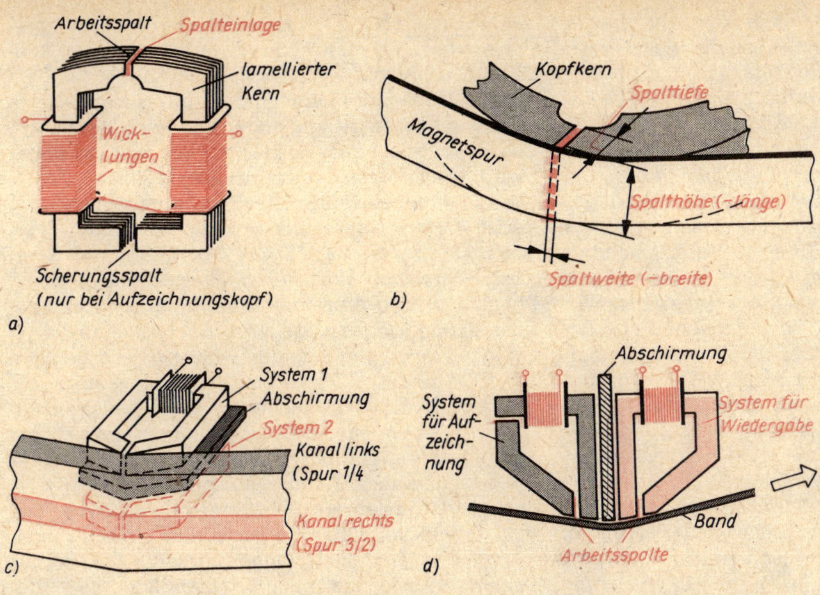

Magnettonkopf: a) prinzipieller Aufbau eines Induktionskopfs für Aufzeichnung, Wiedergabe oder Löschung, b) Arbeitsspalt eines Magnettonkopfs, c) Mehrspurkopf (Zweispurkopf für Vierspuraufzeichnung), d) Verbundkopf (Draufsicht)

schen wird daher nicht unnötig verstärkt. Die Höhenanhebung im Aufzeichnungsverstärker wird abhängig vom vorgesehenen Bandtyp und der Bandgeschwindigkeit bereits beim Hersteller so eingestellt, daß sich auf dem Tonband ein international standardisierter Amplitudenfrequenzgang des →Bandflusses ergibt (Abb. a, Pkt. 1...3). Das ist notwendig, damit bespielte Tonbänder auf verschiedenen Tonbandgeräten gleicher Bandgeschwindigkeit ausgetauscht werden können und dabei immer ein ausgewogenes Klangbild liefern. Der festgelegte Verlauf des Bandflusses sichert, daß bei der entsprechenden Bandgeschwindigkeit die Klangverzerrungen bei den Obertönen nicht zu groß werden. Weil die Tonsignale tieferer Frequenz bei der Wiedergabe benachteiligt werden (Abb. c), hebt man sie im Aufzeichnungsverstärker ebenfalls etwas an (ca. 6 dB bei 30 Hz). Infolge der Spaltdämpfung und anderer Verluste im Wiedergabekopf werden die Signale bei hohen Frequenzen weiter geschwächt. Hinzu kommt der →Omegagang durch den Induktionsvorgang im Wiedergabekopf, so daß sich schließlich an dessen Spule ein Signalverlauf nach Abb. d. einstellt. Die Korrektur dieses stark frequenzabhängigen Verhaltens wird im Wiedergabeverstärker durch eine zum Signalverlauf umgekehrt verlaufende Verstärkung vorgenommen (Abb. a, Pkt. 4...6). Auch die wiedergabeseitige M. muß der Bandgeschwindigkeit angepaßt werden. Das geschieht durch eine mit dem Geschwindigkeitsumschalter gekoppelte Schaltungsveränderung in den frequenzbeeinflussenden Baugruppen. Die M. bei Wiedergabe ist nicht vom Bandtyp abhängig, so daß grundsätzlich jedes auf einem beliebigen Tonbandgerät entsprechender Bandgeschwindigkeit aufgenommene Band wiedergegeben werden kann, ohne daß unzulässige Klangverfälschungen entstehen. Allerdings muß bei unterschiedlichen Bandsorten (z. B. Normal- und Chromdioxidband) das Bandgerät dieser Sorte angepaßt werden (→Bandsortenumschaltung). Zur Einstellung der M. verwenden die Herstellerfirmen und Fachwerkstätten sogenannte → *Bezugsbänder.* → SE (Abb.)

Magnettongerät: →Tonbandgerät

Magnettonkopf, *Tonkopf,* Audiomagnetkopf: Bauelement mit unmittelbarem Kontakt zum Magnettonband für die Umwandlung des elektrischen Tonsignals in ein entsprechendes magnetisches Wechselfeld *(Aufzeichnungskopf, Sprechkopf)* oder umgekehrt *(Wiedergabekopf, Hörkopf).* In fast allen Tonbandgeräten werden sogenannte Induktionsköpfe (Abb. a) verwendet, die sich im Aufbau des *elektromagnetischen Wandlersystems* (kurz *System*) kaum unterscheiden. Das gilt auch für Löschköpfe. Das System besteht aus einem ringförmigen oder eckigen Magnetkern aus einem Material mit sehr hoher magnetischer Leitfähigkeit (große Permeabilität). Es werden Nickel- und Aluminium-Eisen-Legierungen sowie Spezialwerkstoffe wie Mu-Metall oder Permalloy verwendet, in neuerer Zeit auch Werkstoffe mit besonders großer Härte (→ Langlebensdauerkopf). Um die Wirbelstromverluste klein zu halten, wird der Kern aus gegeneinander isolierten Blechplättchen von ca. 0,1...0,2 mm Dicke zusammengesetzt (Lamellierung). Der Kern trägt an seinem vorderen Teil, dem

Kopfspiegel, einen *Spalt* (*Arbeitsspalt*, Abb. b), der mit einem magnetisch schlecht leitenden, harten Material ausgefüllt ist (Berylliumkupfer, auch Glas oder Glimmer). Das ist erforderlich, damit sich der Spalt nicht mit Abrieb vom Band zusetzt, außerdem sollen beim Aufzeichnungsvorgang die Feldlinien aus dem Spalt herausgedrängt werden und die Magnetschicht des Bands durchlaufen. Beim Wiedergabekopf sollen sich die magnetischen Feldlinien nicht schon über den Spalt schließen, sondern durch den Kern laufen. Der Kern ist von einer Spule umschlossen. Sie besteht oft aus 2 symmetrisch angeordneten Teilen, damit sich → magnetische Einstreuungen weitestgehend gegeneinander kompensieren und kein Brummen erzeugen. Der Kopfspiegel ist geschliffen und poliert, damit enger Kontakt zwischen Band und Kopf entsteht. Länge und Form des Kopfspiegels beeinflussen geringfügig den Amplitudenfrequenzgang bei tiefen Frequenzen (→ Welligkeit 2.) Bei Aufzeichnungsköpfen wird die Spaltweite so bemessen, daß sie etwa der Dicke der Magnetschicht des Bands entspricht (ca. 5...10 µm). Dadurch wird eine günstige Durchmagnetisierung erreicht. Außerdem wird im Kern noch ein rückwärtiger Spalt *(Scherungsspalt)* eingebracht, der die magnetischen Eigenschaften im Kern auch bei schwankendem Band-Kopf-Kontakt und bei großer Dynamik des Signals konstant hält und eine permanente Aufmagnetisierung des Kerns wirksam verhindert (→ Bandrauschen). Bei Wiedergabeköpfen muß die Spaltweite sehr klein sein (ca. 1...3 µm), und der Spalt muß sehr gerade und scharfe Kanten haben. Das ist erforderlich, damit die Magnetisierung des Bands möglichst nur linienförmig abgetastet wird. Generell gilt, daß die Spaltweite immer kleiner sein muß als die kürzeste auf dem Magnetband gespeicherte Wellenlänge. Um die Spaltdämpfung (→ Magnettonentzerrung) bei hohen Signalfrequenzen in Grenzen zu halten, sind daher besonders bei sehr langsamlaufenden Kassettenrecordern Köpfe mit sehr schmalem Spalt wichtig (technologisch bedingte Grenze z. Z. etwa 0,5...0,8 µm). Ein M. für Aufzeichnung und Wiedergabe wird *Kombikopf (Sprech-Hör-Kopf)* genannt. Seine Eigenschaften sind auf den kritischeren Wiedergabevorgang optimiert (schmaler Arbeitsspalt, mehr Spulenwindungen, kein Scherungsspalt). Jeder M. enthält mindestens ein, meist jedoch mehrere Systeme. Diese sind entweder mit dem Spalt in einer Linie im Kopf eingebaut *(→ Mehrspurkopf)*, z. B. als Stereo-M. (Abb. c), oder mit paralleler Lage der Spalte (*Verbund-* oder *Doppelspalt-M.*, Abb. d). Alle Systeme im M. sind mit Kunstharz vergossen und mit einer geschlossenen Abschirmung aus Mu-Metall-Blech umgeben, aus der nur der Kopfspiegel hervorragt. Bei allen M. mit mehreren Systemen müssen diese sehr sorgfältig gegeneinander abgeschirmt sein, weil sie sonst wie ein kleiner Transformator wirken und die Signale sich gegenseitig beeinflussen. Es käme zu erhöhtem Spurübersprechen, bes. bei den höheren Frequenzen. → Sendust-Magnetkopf, → Verbundkopf (Abb.)

Magnettonspur: streifenförmige magnetisierte Zone auf einem Magnettonband, deren Breite von der Spalthöhe des Aufzeichnungskopfs bestimmt wird. Über die volle Breite des Bands sind bei Heimbandgeräten entweder 2 (→ Zweispuraufzeichnung) oder 4 (→ Vierspuraufzeichnung) M. parallel verteilt. Die Breite der M. wird *Spurhöhe* oder *Spurbreite* genannt. Weil der wiedergegebene Nutzsignalpegel sich proportional zur Spurhöhe verhält, das Bandrauschen dagegen proportional zu deren Wurzel, verringert sich der → Störabstand bei kleinerer Spurbreite. Bei ihrer Halbierung sinkt der Fremdspannungsabstand unter sonst gleichen Bedingungen um ca. 3 dB. Außerdem wirken sich bei geringerer Spurhöhe Bandführungsfehler und → Dropouts stärker aus. → Bandlaufstörungen

Magnettonverfahren: Schallspeicherverfahren, das auf örtlich verteilten magnetischen Zustandsänderungen entlang einer magnetisierbaren Schicht auf einem vorwiegend bandförmigen Tonträger beruht.

Geschichtliches: Bereits im Jahre 1888 hat Oberlin SMITH die magnetische Schallaufzeichnung beschrieben. Als eigentlicher Erfinder gilt jedoch der Däne Valdemar → POULSEN, der erste Speicherversuche im Jahre 1898 auf einem Stahldraht unternahm und 1900 sein Gerät *Telegraphon* auf der Pariser Weltausstellung zeigte. Weil eine elektronische Verstärkung der schwachen Tonsignale noch nicht möglich war, erlangte das Verfahren zunächst keine große Bedeutung. Bereits 1921 schlug NASARISCHWILY (UdSSR) vor, vernickelte Papierstreifen als Tonträger zu verwenden. Dem Dresdener Bunt- und Zigarettenpapierspezialisten Fritz PFLEUMER, der seit 1928 mit eisenpulverbeschichteten Papierbändern experimentierte, war es schließlich vergönnt, auf seinen „Lautschriftträger" ein Patent zu erwerben. Die bahnbrechende Entwicklungsarbeit am M. wurde von der deutschen Firma AEG geleistet, die auch 1932 das Patent PFLEUMERs erwarb und 1935 auf der 12. Berliner Funkausstellung das erste Tonbandgerät der Welt *(Magnetophon K 1)* ausstellte. Nachdem Eduard SCHÜLLER 1932 den Ringkernkopf entwickelt hatte, die Tonbandentwicklung Ende der 30er Jahre mit den *Eisenoxidbändern* auf Azetylzelluloseträger vorerst abgeschlossen war und nach einer Zufallsentdeckung im Jahre 1940 das HF-Vormagnetisierungsverfahren (→ Vormagnetisierungsstrom) eingeführt wurde, konnte nach Entwicklungsarbeiten von Dr. v. BRAUNMÜHL und Dr. WEBER ein Magnetophon geschaffen werden, das sich wegen seiner überragenden Tonqualität seit etwa 1941 endgültig in den deutschen Rundfunkstudios durchsetzen konnte (Bandgeschwindigkeit 76,2 cm/s!). Das erste hochwertige Amateurtonbandgerät – ebenfalls von AEG –, das *Magnetto-*

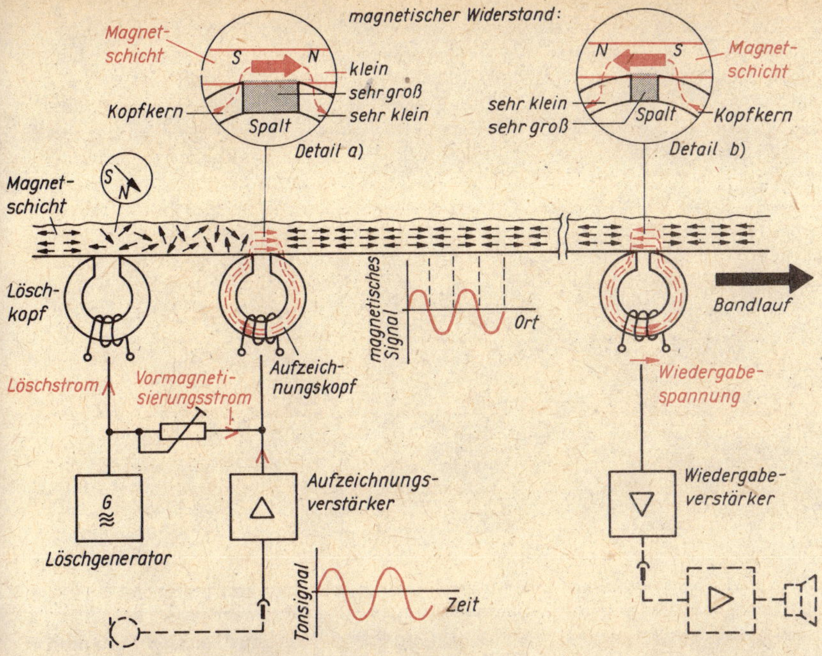

Magnettonverfahren (1): Prinzip von Löschung, Aufzeichnung und Wiedergabe

Magnettonverfahren (2): das „Telegraphon" Poulsens in zeitgenössischer Darstellung

phon KL 15, wurde ab 1951 verkauft. Die heute weltweit verbreitete *Kompaktkassette* (Philips) entstand 1963. Während bis heute fast ausnahmslos → analoge Signale gespeichert werden, gewinnt auch die → digitale Tonsignalspeicherung beim M. – vorerst in der professionellen Studiotechnik – zunehmend an Bedeutung.

Das M. wird bei Spulen- und Kassettentonbandgeräten, bei der Speicherung des Begleittons auf Videorecordern und beim Magnettonfilm angewendet. Ein bandförmiger, mit einer magnetisierbaren Schicht versehener Träger, der von einem Vorratswickel abläuft, wird mit sehr gleichmäßiger → Bandgeschwindigkeit an den Magnetköpfen vorbeigeführt und auf einem zweiten Wickel wieder aufgespult. Vor jeder Speicherung wird das Band automatisch gelöscht (→ Löschung). *a) Aufzeichnungsvorgang (Aufzeichnung,* auch *Aufnahme* oder *„Bespielen"):* Das verstärkte Tonsignal *(Aufzeichnungssignal)* wird einem Aufzeichnungskopf (→ Magnettonkopf) zugeführt. An seinem Arbeitsspalt treten die im Takt des Signals nach Stärke und Richtung wechselnden magnetischen Feldlinien in das vorbeilaufende Band über (Abb., Detail a). Sie erzeugen eine verbleibende örtliche Magnetisierung der Magnetteilchen in der Schicht. Hinter dem Aufzeichnungskopf entsteht gewissermaßen eine „mit dem Band fest verhaftete magnetische Intensitätswelle". Der Aufzeichnungsstrom durch den Aufzeichnungskopf darf einen bestimmten Maximalwert nicht überschreiten, damit die Magnetisierung des Bands nicht in die Sättigung gelangt und die Schwingungsspitzen nicht abgeflacht werden. Dadurch würden starke Klangverzerrungen entstehen. Außerdem wird dem Aufzeichnungskopf ein zusätzlicher → Vormagnetisierungsstrom zugeführt, der den gewählten Arbeitspunkt auf dem Tonband fixiert. *b) Wiedergabevorgang (Wiedergabe,* auch *„Abspielen"):* Die im Rhythmus des Tonsignals örtlich auf dem Band aufmagnetisierten Teilchen bauen um sich herum kleine Magnetfelder auf, die aus dem Band heraustreten (→ Bandfluß). Laufen sie am Wiedergabekopf vorbei, so durchströmen sie dessen Kern, weil dieser magnetisch wesentlich leitfähiger ist als Luft und der Arbeitsspalt des Kopfs (Abb., Detail b). Der magnetische Fluß im Kern schwankt demnach im Rhythmus der Magnetisierungswelle im vorbeilaufenden Band und induziert in der Kopfspule eine entsprechende Wechselspan-

Guglielmo Marconi (mit seiner Apparatur)

nung *(Wiedergabesignal)*. Weil diese sehr klein ist, besonders bei tiefen, aber auch bei sehr hohen Frequenzen (→ Magnettonentzerrung), muß sie im Wiedergabeverstärker verstärkt und frequenzabhängig korrigiert werden. Der gesamte Speichervorgang kann als Umsetzung der Tonsignalfrequenzen f in entsprechende Wellenlängen λ der magnetischen Wellen auf dem Band (Aufzeichnung) und als Rückverwandlung dieser Wellenlängen in Tonsignalfrequenzen aufgefaßt werden. Dabei entsteht über die Bandgeschwindigkeit v_B der Zusammenhang $\lambda = v_B/f$. Weil besonders die Speicherung kurzer Wellenlängen auf Schwierigkeiten stößt – die Magnetpartikel in der Schicht sind nicht unendlich klein –, lassen sich die höchsten Tonsignalfrequenzen vor allem bei sehr niedrigen Bandgeschwindigkeiten nur schwer aufzeichnen. Die Entwicklung neuer Tonbänder mit kleineren Magnetteilchen in größerer Packungsdichte brachte erst den Durchbruch zur HiFi-Qualität bei niedrigen Bandgeschwindigkeiten. Auch die weitere Entwicklung der Magnetbandtechnik muß vorrangig als eine Entwicklung der Tonbänder angesehen werden. → Tonbandgerät, → Tonbandgeräte-Laufwerk (Abb.)

Makroobjektiv: →Objektiv speziell für den Bereich der Nahaufnahmen (Makro), d. h. für Abbildungsmaßstäbe von 1:10 bis 10:1. Als M. kommen eigenständige M., normale Objektive mit Makrovorsatz oder Varioobjektive mit Makroeinstellmöglichkeit zum Einsatz.

Hinweis: M. gestatten Bildaufnahmen bei einem minimalen Aufnahmeabstand von nahezu 0 cm; so kann mit Hilfe von M. beispielsweise eine Briefmarke in 1 cm Abstand vor dem Objektiv bildfüllend aufgenommen werden. Dabei ist die geringe →Tiefenschärfe auf Grund des minimalen Aufnahmeabstands zu beachten. Beim Einsatz von M. sollten daher eine gute Ausleuchtung des Objekts und die Einstellung einer kleinen →Blende gewährleistet sein.

Marconi, Guglielmo: ital. Physiker und Funkpionier (25. 4. 1874–20. 7. 1937), der mit den von →HERTZ 1888 entdeckten elektromagnetischen Wellen experimentierte und durch seine phantasievollen Versuche den Grundstein zur drahtlosen Telegrafie in der Welt legen konnte. M. war nicht nur Experimentator, sondern auch kommerzieller Verwerter vieler eigener und fremder Erfindungen auf dem Gebiet der drahtlosen Telegrafie. Nach Vorversuchen in seiner Heimat gelang ihm 1897 an der englischen Küste der Empfang drahtlos übertragener Zeichen von einer 5 km entfernten Insel. Am 27. 3. 1898 schuf M. die erste Funkverbindung zwischen England und Frankreich, am 12. 12. 1901 wurde der Atlantik zwischen England und Neufundland über eine Entfernung von 3500 km mit Telegrafiezeichen überbrückt. 1909 erhielt M. den Nobelpreis für Physik. Seine Arbeiten und seine kommerziellen Interessen befruchteten in bedeutendem Maße die Entwicklung des Rundfunks in der Welt und den Bau von ersten Rundfunkempfängern, Funkpeilanlagen, Mikrowellen-Telefonstrecken und Radaranlagen. Abb.

Masse (engl. Ground, Abk. GND): Teile eines elektronischen Geräts, die als Bezugspunkt für alle Versorgungsspannungen und Signale gelten (0-V-Potential). M. ist das → Gerätechassis oder ein Teil davon. Die M. wirkt teilweise als Signalrückleiter und ist i. allg. mit einem Pol der Betriebsspannung verbunden, manchmal wird sie geerdet. Sie übernimmt die Funktion zusätzlicher Abschirmung.

Masterband, *Urband,* auch Mutterband: erstes Magnetband im Aufnahme- und Bearbeitungsprozeß, das den fertig bearbeiteten Ton- oder Bildbeitrag enthält. Vom M. können weitere Kopien durch

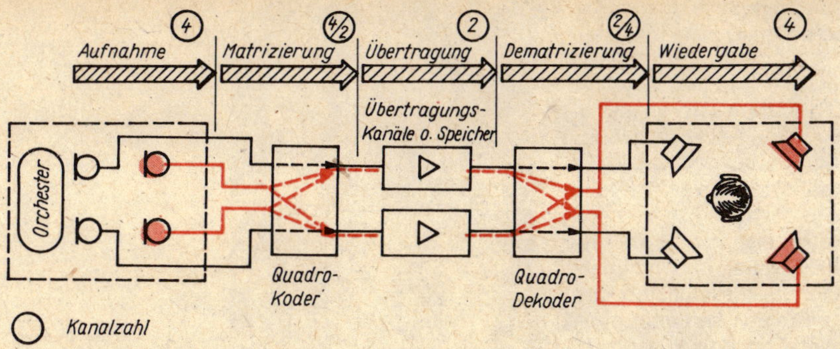

Die Übertragung erfolgt beim *Matrix-Quadrofonieverfahren* nur über 2 Kanäle

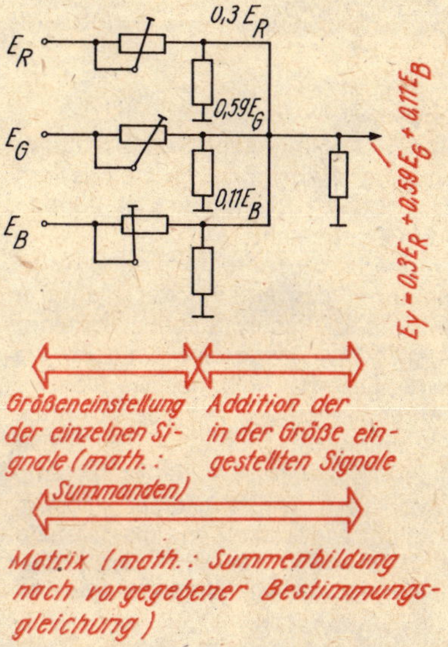

Widerstands*matrix* zur Bildung des Leuchtdichtesignals im Farbfernsehen (einfachste Schaltungsart einer Matrix)

→ Umzeichnen angefertigt werden, oder die Signale vom M. werden einer Schallplatten-Schneidapparatur zugeleitet. → Schallplattenherstellung, → Digital Master Recording

Master Shutoff (engl., Hauptabschaltung): gemeinsame Ein- und Ausschaltung der Netzspannung von Geräten einer elektronischen Anlage mit einem Bedienelement; Bedienungserleichterung.

Matrix: elektronische Schaltung, in der 2 oder mehrere Nachrichtensignale nach einer vorgegebenen Bestimmungsgleichung zu einem Gesamtsignal verbunden werden. Die Bezeichnung M. steht in Beziehung zu der in der *Matrizenrechnung* festgelegten Symbolik sowie den dazu bestehenden Rechenvorschriften. Typische Anwendungsbeispiele für eine M. finden wir innerhalb von → Kodern und → Dekodern bei der Bildung bzw. Rückwandlung von Summen- und Differenzsignalen (z. B. → Stereofonie: M- und S-Signal; → Farbfernsehen: Y- und Farbdifferenzsignale). Abb.

Matrix-Quadrofonieverfahren: Verfahren der → Quadrofonie, bei dem Übertragung oder Speicherung in nur 2 Kanälen erfolgt. Dazu werden die beiden Signale für die rückwärtigen Kanäle einer Quadrofonieanordnung in die beiden vorderen Signale eingeschachtelt (Matrizierung). Nach der Übertragung in 2 Kanälen erfolgt eine Rückwandlung (Dematrizierung), wobei wieder eine Trennung der 4 Signale erreicht wird. Vorteil des M. ist, daß die beiden durch Matrizierung gewonnenen Signale die gleiche Bandbreite wie normale Stereosignale haben (30 Hz...15 kHz), sich wie solche speichern und übertragen lassen und unter gewissen Einschränkungen auch mit diesen kompatibel sind. Bei Einführung einer HF-Übertragung des M. wären keine Änderungen an den UKW-Sendern erforderlich. Nachteilig ist beim M. die z. T. sehr schlechte Kanaltrennung (→ Übersprechen) sowie weitere Qualitätseinschränkungen, die aber auch vom verwendeten System abhängen. → SQ-System, → QS-System (Abb.)

Matrizierung: Summen- bzw. Differenzbildung von 2 oder mehreren Nachrichtensignalen zu einem Gesamtsignal innerhalb elektronischer Schaltungen. Umkehr der M. ist die Dematrizierung. Die M. ist begrifflich auf die Mathematik *(Matrizenrechnung)* zurückzuführen. → Matrix, → Koder, → Dekoder, → Stereo-Umsetzung

Mavica: → Videoeinzelbildkamera

Mavicard: mit magnetischer Bildkarte (Magnetkarte) arbeitendes Bildplattensystem für 10 min Wiedergabe und Eigenaufzeichnung von Farbprogrammen. Die Magnetkarte ist ca. 16 × 22 cm groß. Nach Einlegen der Bildkarte (mit → Caddy) in den Bildplattenspieler wird diese automatisch aus der Schutzhülle gezogen und um einen Zylinder gespannt. Mit einem rotierenden Videokopf wird anschließend die aufgespannte Magnetkarte abgetastet, wobei sich der Zylinder langsam vorwärts bewegt. Nach dem Abspielen bzw. der Aufzeichnung wird die Bildkarte in ihrem Caddy ausgegeben. → Bildkarte, → magnetische Bildplatte

Maxisingle: mit 45 U/min abzuspielende → Schallplatte mit 30 cm Durchmesser. Die M. hat eine für ihre Größe relativ kurze Laufdauer von normalerweise 3...8 min, maximal 15 min je Seite und wurde speziell für den etwas robusteren Einsatz in Diskotheken u. ä. entwickelt.

Maxwell, James Clerk: engl. Physiker (13.6.1831–5.11.1879), der u.a. die Existenz elektromagnetischer Wellen mathematisch-theoretisch erforschte und zu dem Schluß kam, daß auch das Licht zu dieser Wellenart gehört. Die von M. 1873 aufgestellten *M.schen Gleichungen* sind noch heute die mathematische Grundlage zur Beschreibung der Verknüpfung elektrischer und magnetischer Erscheinungen im Raum (Elektrodynamik und Wellenoptik). Seine Arbeiten regten den deutschen Physiker → HERTZ zu entsprechenden Experimenten mit elektromagnetischen Wellen an. Abb.

James Clerk Maxwell

MAZ: Abk. für → **m**agnetische Bild**a**uf**z**eichnung bzw. Kurzbezeichnung für Studio-Videorecorder, → Fernsehspeichergerät, → Videorecorder.

MC: Abk. für engl. **1.** Micro Cassette, → Mikrokassette, – **2.** MusiCassette, → Musikkassette, – **3.** Moving Coil, bewegte Spule, → elektrodynamisches Abtastsystem.

MCC-System, Abk. für engl. **M**icro **C**omputer **C**ontrol-**System:** mikrorechnergesteuertes Abstimmsystem für Autoradios, bei dem auf jeder von 6 Stationstasten bis zu 10 verschiedene UKW-Sender mit gleichem Programm gespeichert werden können. Der Mikrorechner überprüft ständig die Empfangsverhältnisse für die gespeicherten Sender und schaltet bei Bedarf auf einen besser zu empfangenden mit gleichem Programm um. Diese Umschaltung bleibt unhörbar. Damit ist der Hauptnachteil des UKW-Empfangs in einem Fahrzeug beseitigt: Bei schwankenden Empfangsverhältnissen oder wenn das Empfangsgebiet eines Senders verlassen wird, bleibt trotzdem in weiten Grenzen ein stabiler Empfang gesichert. Mit dem M. lassen sich außerdem noch 10 weitere Sender in den verschiedenen Empfangsbereichen speichern. → Kraftfahrzeugempfänger

MD, Abk. für **M**ini-**D**isk: → Digitalschallplatte

MDR, Abk. für engl. **M**agnetic **D**isk **R**ecord (svw. Magnetplatten-Speicher): magnetisches Bildplattensystem zur Aufzeichnung und Wiedergabe von Bild- und Toninformationen, das 1973 von dem Nürnberger RABE vorgestellt wurde. Die doppelseitig bespielbare magnetische Bildplatte rotiert im Bildplattenspieler mit 156 U/min und ermöglicht bei einem Durchmesser von 30 cm ca. 2 × 20 min Spieldauer. → magnetische Bildplatte

mechanische Bildplatte: scheibenförmiger Informationsträger aus PVC-Material, bei dem einseitig in einer spiralförmigen Rille durch mechanische Verformungen der Plastoberfläche (Tiefenschrift) Bild- und Toninformationen gespeichert sind. Die m. B. basiert auf der klassischen Schallplattentechnik. Beim Abspielen wird im Gegensatz zur Schallplatte das Prinzip der Druckabtastung angewendet. → TED, → Visc

Mehrbereichsantenne: → Vorzugsbereich

Mehrbereichstuner, Kombituner, *Allbereichstuner:* Baugruppe; kombinierte Abstimmeinheit eines Fernsehempfängers für den UHF- und den VHF-Bereich. → Rundfunk-Frequenzbereiche, → Tuner

Mehrbereichsverstärker: → Antennenverstärker

Mehrelementantenne: aus einem oder mehreren Empfangsdipolen, zusätzlichen Stäben, Reflektorwänden oder -gittern – insgesamt *Elemente* genannt – zusammengesetzte Antenne. Die Richtwirkung, der → Antennengewinn und das Vor-Rück-Verhältnis (→ Strahlungsdiagramm) wächst i. allg. mit der räumlichen Ausdehnung der M. In Empfangsrichtung vor dem Empfangsdipol angeordnete, elektrisch nicht angeschlossene (passive) Elemente heißen *Direktoren.* Sie sind stets etwas kürzer als der Empfangsdipol. Hinter diesem liegende Stäbe, Stab- oder Gitterwände werden als *Reflektoren* bezeichnet. Ihre Längen überschreiten die des Empfangsdipols. Meist werden mehrere Direktoren, aber nur ein Reflektor verwendet. Die Empfangsenergie wird von den Direktoren und dem Reflektor durch sog. „Strahlungskopplung" an den Empfangsdipol weitergeleitet und von diesem über die Antennenzuleitung dem Empfänger zugeführt. Antennengewinn, Richtwirkung und → Vorzugsbereich der M. kann durch Länge, Abstand und Anzahl der Elemente beeinflußt werden. Die verbreitetste M. zum Empfang der VHF- und UHF-Bereiche (UKW- und Fernsehempfang) ist die → Yagi-Uda-Antenne. → Querstrahler, → Längsstrahler, → Empfangsantenne

Mehrfachbild: 1. *(Bildgestaltung)* Fernsehbild, das durch Kombination von 2 oder mehr verschiedenen Bildern oder durch Vervielfachung eines Bilds entsteht. M. können außergewöhnliche visuelle Bildwirkungen erzeugen und die Bildgestaltung interessanter und aussagekräftiger machen. Sie werden besonders als Effekte in Unterhaltungsprogrammen, aber auch als bewußt eingesetztes dramaturgisches Mittel verwendet. M. sind → Trickbilder, die

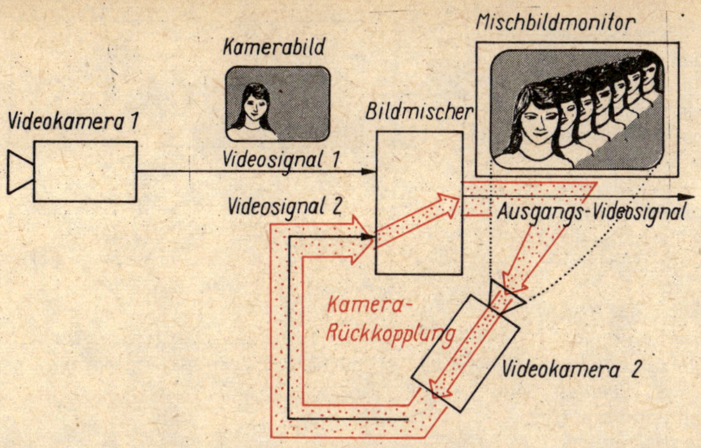

Erzeugung eines *Mehrfachbilds* durch Kamerarückkopplung

durch → Bildmischung oder bei der Bildaufnahme mit Videokameras durch optische Mittel (Vorsatzlinsen oder Vorsatzprismen) entstehen. Ein M. mit sehr eigentümlicher und reizvoller Bildwirkung entsteht optisch durch „Kamera-Rückkopplung". Mit Kamera 1 wird die Hauptszene aufgenommen. Das zweite Eingangsbild des Bildmischers liefert Kamera 2, die von einem Bildmonitor das Ausgangsbild des Mischers formatfüllend aufnimmt. Damit ist der Rückkopplungskreis geschlossen, und es entsteht das mehrfach sich wiederholende Bild. Die Wiederholungen sind in der Tiefe des M. gestaffelt. Je nach Brennweite des Aufnahmeobjektivs oder des Standpunkts der Kamera sind die Bildwiederholungen vergrößert oder verkleinert. Bei einem Kameraschwenk der Monitorkamera hat der Betrachter den Eindruck, als ob ein ganzer „Schweif" von gestaffelt nebeneinander oder hintereinander liegenden Bildwiederholungen um das Hauptbild mitschwenkt. Eine große Vielfalt verschiedenartiger M. sind durch die digitale Bildsignalbearbeitung möglich. → digitaler Videoeffekt, → Action Track, → Bild im Bild (Abb.) – **2.** *(Bildfehler)* → Geisterbild

Mehrmotorenantrieb: 1) *(Magnetbandlaufwerk)* Antriebsprinzip, bei dem der Bandtransport und das Wickeln des Bands mit getrennten Motoren erfolgt. Bei einem *Zweimotorenantrieb* übernimmt ein Antriebsmotor den Bandtransport, ein zweiter Motor (meist Gleichstrommotor) über Zwischenräder oder drehrichtungsabhängige Kupplungen den wechselseitigen Antrieb der beiden Bandwickel. Bei einem *Dreimotorenantrieb* wird jeder Bandwickel von einem eigenen Wickelmotor angetrieben. Zwischenräder und Kupplungen können dabei vollständig entfallen. Die Vorteile des M. bestehen darin, daß der Bandantrieb unabhängig von den wechselnden Wickelmomenten wird; z. B. wirken sich durch eine klemmende Kassette verursachte Störungen weit weniger auf den gleichmäßigen Bandtransport aus. Außerdem entfallen verschleißende und störanfällige mechanische Antriebselemente, und die Motoren lassen sich vorteilhaft elektronisch steuern. Die Wickelmotoren selbst erzeugen die beim Bandtransport erforderlichen Gegenkräfte zur Straffung des Bands und übernehmen Bremsfunktionen beim Stoppen des Bandlaufs. Bei *Viermotorenantrieben* sind 2 getrennte Antriebsmotoren für einen → Doppelcapstanantrieb oder in einem → Auto-Reverse-Laufwerk eingebaut. **2)** *(Automatikplattenspieler)* Antriebsprinzip, bei dem ein Motor den Plattenteller antreibt und je ein Motor die vertikalen und horizontalen Tragarmbewegungen steuert.

Mehrnormempfänger: → Fernsehempfänger für den Empfang von Fernsehsignalen unterschiedlicher → Fernsehnormen. Das betrifft hauptsächlich die Fernsehgrundnormen (z. B. Zeilen- und Bildfrequenz, Bild-Tonträgerabstand), aber auch die angewendeten → Farbfernsehverfahren. Die Umschaltung zwischen den unterschiedlichen Fernsehnormen kann im einfachsten Fall von Hand, bei fester Eingangskanalbelegung mit der Kanalumschaltung oder in hochwertigen Geräten elektronisch, abgeleitet von den Besonderheiten des Bildsignalaufbaus erfolgen. → PAL-SECAM-Adapter, → SECAM-PAL-Konverter, → Kombidekoder, → Systemumschaltung

Hinweis: Der Einsatz von M. ist insbesondere in grenznahen Gebieten von Vorteil, wo der Empfang der Fernsehsignale aus den Nachbarländern eine Erweiterung des Programmangebots bringt. Das trifft z. B. in den Grenzgebieten der DDR (CCIR-Norm) zur VR Polen und zur ČSSR (OIRT-Norm) zu.

Mehrpoleinheit: Anordnung von mehreren Magneten, die konstante oder wechselnde Kraftfelder erzeugen und die durch mehrfache, deutlich ausgeprägte Nord- und Südpole gekennzeichnet sind. Ausführungsformen von M. sind dicht beieinander angeordnete, gegeneinander verdrehbare Ringmagnete oder Mehrfachspulenpaare mit einem Aufbau, der eine spezielle Führung der einzelnen Magnetfelder sichert (Abb. → Konvergenzeinstellung).

Mehrspurkopf: Magnetkopf, in dem übereinander mehrere Wandlersysteme so eingebaut sind, daß ihre Arbeitsspalte eine gemeinsame Linie bilden. M. werden als → Magnettonköpfe und als Löschköpfe gebaut. Mit 2 Systemen haben M. hauptsächlich bei der Speicherung von Stereosignalen auf Kassette oder Spulentonbändern Bedeutung (→ Vierspuraufzeichnung). Bei → Auto-Reverse-Laufwerken werden im M. 4 Systeme benötigt. In M. für professionelle Vielspurgeräte sind bis zu 32 Systeme eingebaut. Abb. c → Magnettonkopf

Mehrwegebox: Lautsprecherbox, bei der das Tonsignal über Frequenzweichen in mehrere Frequenzbereiche (Wege) aufgeteilt und von verschiedenen Lautsprechern abgestrahlt wird. *Passive Weichen* teilen das Signal direkt vor den Lautsprechern auf, *aktive Weichen* bereits vor getrennten NF-Endstufen (→ Cross Over). Die Frequenz, bei der die Schallabstrahlung von einem Lautsprecher auf den anderen übergeht, wird *Übernahmefrequenz,* auch *Weichentrenn-* oder *-schnittfrequenz* genannt. Am häufigsten werden *Zweiwegeboxen* mit Tiefton- und Mittelhochtonlautsprecher oder *Dreiwegeboxen* mit Tief-, Mittel- und Hochtonlautsprecher gebaut. Die Anzahl der Lautsprecher kann größer sein als die Anzahl der Wege, da in einem Weg durchaus mehrere gleiche Lautsprecher zur Erhöhung der Lautstärke oder zur besseren Zerstreuung der Höhen arbeiten können. Die Übernahmefrequenzen richten sich nach den verwendeten Lautsprechern, der Bereich der größten Gehörempfindlichkeit um 2...3 kHz sollte aber vermieden werden. Üblich sind z. B. bei einer Zweiwegebox 1000...1600 Hz sowie bei einer Dreiwegebox 300...1000 Hz und 4000...8000 Hz. Die Lautsprecher sollen in der M. möglichst geringe Abstände voneinander haben, damit es nicht zu verstärkter Bündelung durch Interferenzen im Bereich der Übernahmefrequenzen und zum „Springen" der abgebildeten Schallquellen kommt, wenn abwechselnd Töne oberhalb und unterhalb der Übernahmefrequenz abgestrahlt werden. Aus diesem Grund werden hochwertige Zweiwegeboxen teilweise auch mit einem → Koaxiallautsprecher bestückt. Die Vorteile der M. sind ein ausgeglichener Amplitudenfrequenzgang, gleichmäßigere Bündelung – besonders bei Kalottenmembranen im Mittel- und Hochtonweg –, Vermeidung von → Dopplerverzerrungen und kürzere Ein- und Ausschwingvorgänge. Die Mittel- und Hochtonlautsprecher müssen so eingebaut sein, daß ihre Membranen nicht vom Tieftonlautsprecher beeinflußt werden können, sie sind daher nach hinten geschlossen oder werden in separate kleine Kammern gesetzt. → Lautsprecherbox, → Lautsprecher (Abb.)

Meißner, Alexander: deutscher Physiker und Funkpionier (14. 9. 1883–4. 1. 1958). M. entwickelte 1913 den nach ihm benannten *M.-Oszillator* als Grundschaltung aller Schwingungsgeneratoren, die mit

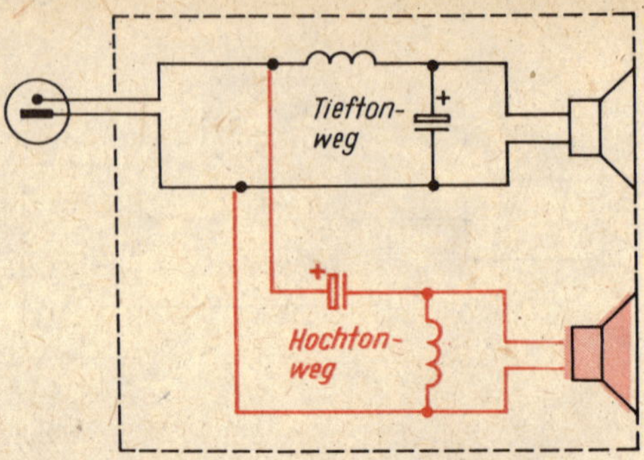

Mehrwegebox (1): Schaltung einer Zweiwegebox mit Frequenzweiche

Mehrwegebox (3): Dreiwegebox mit Kalottenmittel- und Hochtonlautsprecher (oben, links und rechts)

→ Rückkopplung arbeiten. Er baute den ersten mit Elektronenröhren ausgestatteten Rundfunksender.

Memory (engl., Gedächtnis, Erinnerung): **1.** I. w. S. Bezeichnung an einem Bedienelement, bei dessen Betätigung Betriebszustände und Einstellungen in einem elektronischen Speicher des betreffenden Geräts abgelegt werden (z. B. Festsendereinstellungen in einem Programmspeicher). – **2.** *(Magnetbandgerät),* auch *Zählernullschaltung, Nullstop,* M.-Stop: Einrichtung, bei der ein spezielles Bandzählwerk *(Nullkontakt-Bandzählwerk, M.-Counter)* zum Speichern einer beliebigen Bandstelle ausgenutzt wird. An der gewünschten Stelle des Bands wird der Bandzähler auf Null zurückgesetzt. Wird das

Mehrwegebox (2): Zweiwege-Baßreflexbox mit Kalottenhochtonlautsprecher (oben links)

Band später aus einer anderen Position beschleunigt zurück- oder vorgespult, so schließt nach Erreichen der Nullanzeige ein Kontakt im Bandzählwerk und schaltet den Bandlauf auf Wiedergabe um; oder das Band bleibt stehen, wenn zusätzlich die Pausentaste gedrückt wurde. Bei einigen Ausführungen wird das Gerät generell auf Halt geschaltet. Der Nachteil von M. ist, daß jeweils nur eine Bandstelle markiert werden kann.

Hinweis: M. ist besonders für Titelwiederholungen oder zum Text- oder Fremdsprachenerlernen nützlich. Dazu wird das Zählwerk am Anfang der interessierenden Stelle auf Null gesetzt. Zum Mitzeichnen von Rundfunksendungen stellt man den Bandzähler nach Schluß des zuletzt vollständig aufgezeichneten Titels auf Null. Eine nachfolgende Aufzeichnung kann dann an beliebiger Stelle unterbrochen und das Band wieder an die richtige Anfangsposition automatisch zurückgespult werden.

– **3.** *(Tonband)* Erscheinung, daß bei einem bereits gelöschten Band nach Einwirken des Vormagnetisierungsstroms bei einer Neuaufzeichnung wieder ein schwaches Signal der ursprünglichen Aufzeichnung hörbar wird. – **4.** *(Videorecorder)* Einrichtung mit gegenüber der einfachen Zählernullschaltung nach 2. erweiterten Möglichkeiten. a) *Zählerstandsspeicherung* ohne Nullsetzen des Bandzählwerks an einem beliebigen Szenenanfang. Nach Auslösen einer Laufwerksfunktion (Vor- oder Rücklauf) bleibt der Videorecorder automatisch nach Erreichen des gespeicherten Zählerstands stehen. b) *Direktadressierung (direkter Bandsuchlauf)* der gewünschten Bandstelle durch numerische Eingabe der Laufdauer (in Stunden und Minuten) oder der Bandlänge (in Metern und Zentimetern). Die Zählwerksadresse bleibt entweder bis zur Eingabe einer neuen Zieladresse oder auch nur bis zum Erreichen der eingegebenen Bandposition gespeichert.

Meßkassette: zur Überprüfung, Fehlerdiagnose und Einstellung von Kassettentonbandgeräten sowie anderen Komponenten einer Ton- oder Videoanlage geeignete Spezialkassette. M. gibt es zur Messung und Kalibrierung der Bandgeschwindigkeit, zur Kontrolle des Aufwickel- und Transport-Bandzugs und für weitere Spezialzwecke. Auch mit → Bezugsbändern bestückte Kassetten werden M. genannt.

Meßschallplatte: spezielle Schallplatte mit Signalen zur meßtechnischen Kontrolle und Einstellung des Plattenspielers und anderer Komponenten der Tonanlage. Mehrere M. bilden einen kompletten Satz mit Aufzeichnungen zur Überprüfung des Amplitudenfrequenzgangs, der Tonhöhenschwankungen, der maximalen Tonsignalspannung, des Kanalübersprechens und der Kanalbalance, der Klirr- und Intermodulationsverzerrungen, des Rumpel-Störspannungsabstands, zur Skatingkorrektur, Einstellung des Aufsetz- und Abhebepunkts und z. T. zur Einstellung der systemeignen Dekoder oder Expander (→ CX-System). M. werden vorrangig von Reparaturwerkstätten verwendet, da sie zusätzliche Meßmittel voraussetzen. → Testschallplatte

Metallband: → Reineisenband

Metallmembran: Lautsprechermembran aus metallischem Werkstoff, die sich durch große Steife und ein hohes Elastizitätsmodul auszeichnet. M. neigen nur wenig zu Partialschwingungen, sind klimaunempfindlich und ermöglichen gegenüber herkömmlichen Membranen eine verbesserte Hochtonwiedergabe. M. werden als Konusmembranen mit balgenartiger, sogenannter *Kräuselsicke* gefertigt. M. in Kalottenform bestehen aus Aluminium, Magnesium oder Titanium, neuerdings auch aus dem besonders vorteilhaften Beryllium. M. aus Aluminiumwaben in flacher Bauweise werden als → Wabenscheiben-Flachmembran bezeichnet.

Metallpulverband, Metallpigmentband: → Reineisenband

MFB: Abk. für engl. → **M**otional **F**eedback-System.

MF-Trinicon: → Trinicon

Micromixing, kurz Mic-Mix (engl., Mikrofonmischung): Einrichtung an Tongeräten, bestehend aus einem Mikrofonanschluß und einer Mischschaltung. M. ermöglicht das Einblenden des Mikrofonsignals (z. B. einer Ansage) in ein anderes Tonsignal (z. B. Musik).

Mihály, Denes von: ungarischer Ingenieur (7. 7. 1894–29. 9. 1953), dem 1919 in Budapest die ersten Fernsehversuche gelangen. M. gründete in Berlin die Telehor-Gesellschaft. Er baute als „Telehor" bezeichnete Fernsehgeräte, die ein Fernsehbild von 4 × 4 cm^2 mit der → Nipkow-Scheibe und Flächenglimmlampe erzeugten. Diese wurden auf der fünften Berliner Funkausstellung 1928 in Betrieb vorgeführt. 1933 schlug M. einen Spiegelkranz statt Nipkow-Scheibe zur Abtastung von Bildvorlagen vor, der dann vielfache Anwendung fand. Neben der Fernsehtechnik arbeitete M. auf dem Gebiet des Tonfilms.

Mikrocomputer: → Mikrorechner

Mikroelektronik: Teilgebiet der Elektronik, das sich mit der Physik und Technik der Bewegung und Steuerung von elektrischen Ladungsträgern in funktionsorientierten Anordnungen (→ Bauelemente) sowie deren Kombination zu Schaltungen (→ Baugruppen), Geräten und Anlagen befaßt. M. steht auch als Synonym für die gesamte moderne Elektronik, die durch eine bes. rasche Weiterentwicklung elektronischer Bauelemente, einen hohen → Integrationsgrad der Elemente und Funktionsgruppen, den Einsatz immer komplexerer → Schaltkreise (Halbleiterspeicher, Mikroprozessor, Mikrorechner usw.) und der sog. Schaltkreisperipherie (→ Sensoren) sowie durch zunehmende Bedeutung der → Software gekennzeichnet ist.

Mikrofon, svw. Schallempfänger, umgangssprachlich Mikro: elektromechanischer Wandler zur Umformung von Schall in ein Tonsignal. Das Grund-

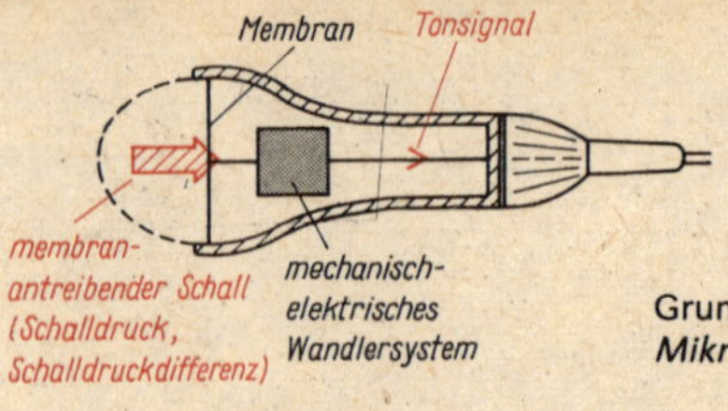

Grundprinzip eines *Mikrofons* (1)

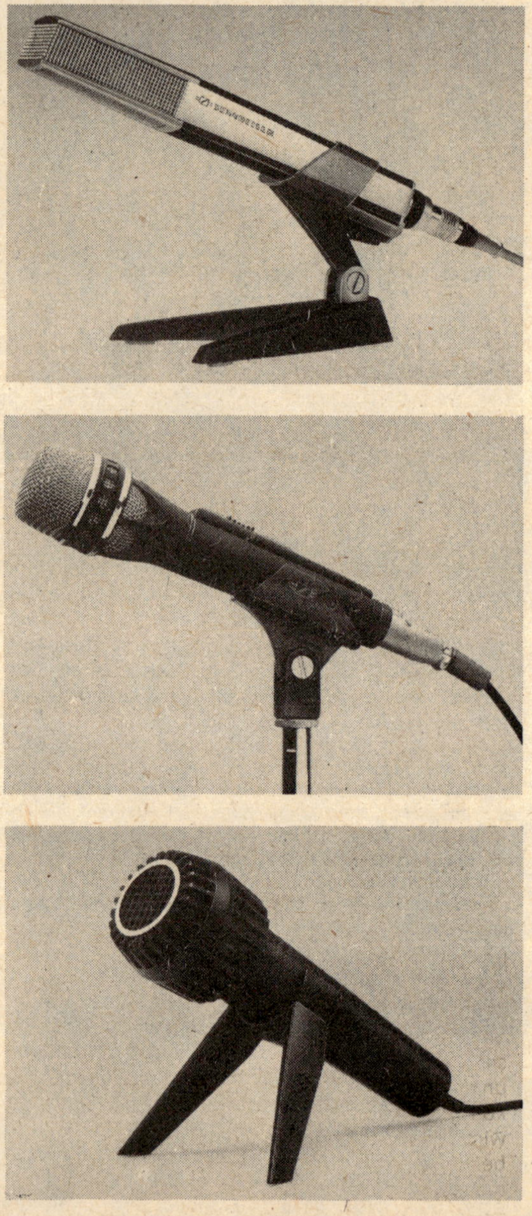

Studio-, Musiker- und Amateur*mikrofon* (2)

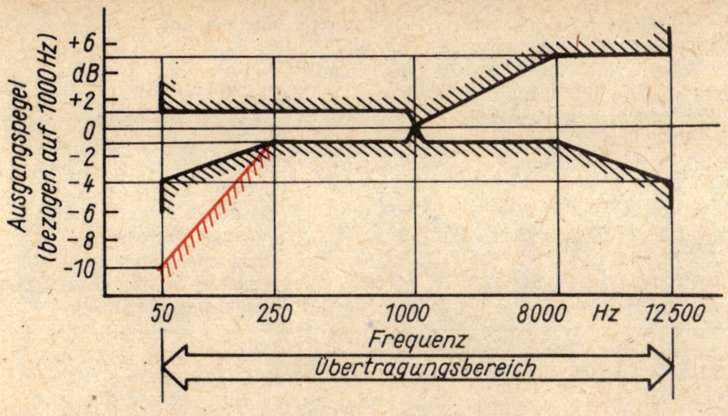

Toleranzfeld für die Übertragungskurve von HiFi-*Mikrofonen* (3)

prinzip ist bei allen M. gleich: Eine elastische Membran wird vom Schall zu Schwingungen angeregt und überträgt diese auf ein elektromechanisches Wandlersystem, an dessen Ausgang das Tonsignal abgenommen werden kann. M. lassen sich verschieden einteilen: a) *Nach der membranantreibenden Schallgröße* (akustische Arbeitsweise); hierbei wird unterschieden zwischen M., die für Schalldruck *(Druckempfänger)* und die für Schalldruckunterschiede (*Druckgradienten-* oder *Schnelleempfänger*) empfindlich sind. Der Unterschied ist konstruktionsbedingt und entscheidet über die Mikrofoncharakteristik. b) *Nach dem elektromechanischen Prinzip*; wobei das geeignetste M. für Amateure das → *dynamische Mikrofon* ist. Das besonders hochwertige, aber auch teure → *Kondensatormikrofon* wird vorwiegend in Musikstudios, aber auch von Musikern und anspruchsvollen Amateuren verwendet. Eine Abart, das → *Elektretmikrofon* hat infolge seiner günstigen Eigenschaften und seiner einfachen Handhabung breite Anwendung auch in der Heimelektronik gefunden. Weitere M.-Arten sind → *Bändchenmikrofon*, → *piezoelektrisches Mikrofon* (veraltet), *Kohle-M.* (nur in Fernsprechern) und *magnetisches M.* (Hörhilfen und einfache Miniatur-M.). c) *Nach dem Anwendungsbereich*; an *Studio-M.* werden die höchsten Anforderungen gestellt. Da es u. a. auf impulstreue Schallumwandlung ankommt und wegen des meist größeren Besprechungsabstands bei Filmaufnahmen und Fernsehspielen auch auf große Empfindlichkeit, werden vielfach Kondensator-M. eingesetzt, bei denen diese Eigenschaften besonders ausgeprägt sind. *Musiker-* oder *Kapellen-M.* erfüllen ebenfalls hohe und höchste Qualitätsansprüche, sie müssen aber robuster sein, leicht anzuschließen und außerdem sehr hohe Lautstärken verarbeiten können. Aus diesen, aber auch aus Kostengründen wird hier meistens mit dem dynamischen M. gearbeitet. *Sprecher-M.* sollen unauffällig sein und möglichst wenig behindern. Daher werden oft → *drahtlose Mikrofone* benutzt. *Amateur-* oder *Heim-M.* brauchen je nach Verwendungszweck entweder nur geringere Ansprüche zu befriedigen (Informationsaufnahmen, Diktate usw.), sie heißen dann *Diktier-* oder auch *Kommando-M.*, oder sie sollen höheren Anforderungen bei der Aufnahme von Musik oder künstlerischer Sprache genügen. Obwohl Amateur-M. insgesamt preiswerter sind, ergeben sich doch deutliche Unterschiede. Sollen hochwertige Musikaufnahmen gemacht werden, so empfiehlt sich ein *HiFi-M.*, das die angestrebte Tonqualität technisch ermöglicht. Der Einsatz von Richt-M. ist der professionellen Technik, dem Amateurfilm sowie dem Videografieren vorbehalten (→ *Richtmikrofon*, → *Zoom-Mikrofon*). An M. werden einige grundlegende Forderungen gestellt. Der Amplitudenfrequenzgang, auch Übertragungscharakteristik oder „Kurve des Übertragungsmaßes" genannt, soll möglichst geringe Schwankungen zeigen und frei von Resonanzüberhöhungen sein. Allerdings neigen Druckgradientenempfänger zu einer Überbetonung der tiefen Frequenzen bei geringen Besprechungsabständen (→ Nahbesprechungseffekt). M. sollen eine bestimmte, vom Verwendungszweck abhängige → Mikrofon-Charakteristik haben; außerdem ist eine große Ausgangsspannung erwünscht (→ Feld-Leerlauf-Übertragungsfaktor). M. sollen auch bei sehr lautem Schall keine Klangverzerrungen erzeugen (→ Grenzschalldruck). Um ein M. optimal an den nachfolgenden Verstärker anpassen zu können, muß sein Ausgangswiderstand bestimmten Forderungen genügen: Bei Amateur-M. ist er vorwiegend mittel- oder niederohmig (→ Mikrofonanpassung). Schließlich müssen M. unempfindlich gegen Körperschall und magnetische Störfelder sein, sie sollen nur geringe Störspannungen abgeben, um Tonaufnahmen mit großer Dynamik zu ermöglichen (→ Ersatzlautstärke).

Geschichtliches: Als Erfinder des M. gilt der US-Amerikaner Thomas Alva EDISON, der im Jahre 1876 das Kohlekörner-M. entwickelte. Verbesserungen gelangen im Jahre 1878 dem engl. Physiker David Edward HUGHES. Das Kohle-M., z. B. das Querstrom-M. von Philipp REIS, gehörte zu den ersten im Rundfunk verwendeten M. Das Kondensator-M.

Mikrofonanpassung

Mikrofon	Ausgangs-scheinwiderstand in kΩ	Ausgangsspannung bei 1 Pa in mV	Günstigster Abschlußwiderstand[1] in kΩ	Bemerkungen
niederohmig	≈ 0,2	0,8...3[2]	≈ 1	vorrangig Musiker- und Studiomikrofone, fast immer symmetrisch
mittelohmig	≈ 1,0	2...6	≈ 5	für transistorisierte Geräte, Amateurgeräte, meist unsymmetrisch
hochohmig	≈ 100	> 10	≈ 1000	für ältere Röhrengeräte, immer unsymmetrisch

[1] Richtwert! Herstellerangaben für Nennabschlußimpedanz beachten!
[2] Werte gelten für dynamische Mikrofone, bei Kondensatormikrofonen etwa 10fach höhere Ausgangsspannung.

wurde 1917 von E.C. WENTE erfunden und 1931 im deutschen Rundfunk eingeführt. Vorher, ab 1924, benutzte man bereits Bändchen-M. Dynamische M. verwendete man zunächst nur als Kommando-M., seit den 60er Jahren konnten Ausführungen hergestellt werden, die den hochwertigen Kondensator-M. in den meisten Eigenschaften ebenbürtig und z. T. überlegen sind (höherer Grenzschalldruck). Elektrete stellte EGUCHI bereits 1922 in Japan her. Eine industrielle Anwendung in M. wurde aber erst nach der Entwicklung der Polymere mit ihren ausgezeichneten Isoliereigenschaften möglich. Perspektivisch könnten auch Lichtleiter als Schallwandler Bedeutung erlangen. Ihr Brechungsindex kann unter bestimmten Bedingungen von Schall verändert werden, wodurch eine Modulation des übertragenen Lichtstrahls möglich wäre. In einem optischen Übertragungskanal könnten somit zusätzliche Wandlungsprozesse für das Signal entfallen. Abb.

Mikrofonanpassung: Anschluß eines Mikrofons an einen Mikrofoneingang (Verstärker, Tonbandgerät, Tonmischpult usw.) unter Beachtung der Widerstands- und Symmetrieverhältnisse. Mikrofone können hoch-, mittel- oder niederohmig sein, wobei die abgegebene Ausgangsspannung im gleichen Sinn abnimmt. Außerdem unterscheidet man zwischen → symmetrischem Anschluß und → unsymmetrischem Anschluß. Um die Tonsignalspannung nicht unnütz zu vermindern, soll der Abschlußwiderstand des Mikrofons (entspricht dem Eingangsscheinwiderstand der Mikrofonbuchse) mindestens 3...5mal so groß sein wie sein Ausgangsscheinwiderstand (Tab.). Die einfachsten M. zeigen Abb. a (mittel- bzw. hochohmig/unsymmetrisch) und Abb. b (niederohmig/symmetrisch). Niederohmige Mikrofone können zwar auch an mittel- oder sogar hochohmige Eingänge angeschlossen werden, dann aber reicht meist die Ausgangsspannung für Vollaussteuerung nicht mehr aus. Abhilfe schafft ein → Anpassungsüberträger mit geeignetem Übersetzungsverhältnis, der z. B. als → Schnurübertrager vor den Eingang geschaltet werden kann (Abb. c). Bei Verwendung eines solchen Übertragers ist zu beachten, daß die Ausgangsspannung des Mikrofons proportional mit dem Übersetzungsverhältnis ansteigt, der Ausgangswiderstand aber mit dem Quadrat des Übersetzungsverhältnisses. Manche Mikrofone haben auch einen eingebauten Übertrager und lassen sich zwischen nieder- und höherohmigem Ausgangsscheinwiderstand umschalten. Auch hochohmige Mikrofone können an niederohmige Eingänge angepaßt werden (Abb. d). Symmetrische Mikrofone lassen sich an unsymmetrische Eingänge anschließen, wenn die Masseverbindung der Signalader, wie in Abb. e dargestellt, vorgenommen wird. Diese Anschaltung wirkt insgesamt unsymmetrisch und ist brummempfindlicher. Besser ist das Zwischenschalten eines Symmetrierübertragers (Anpassungsübertrager 1:1) an der Eingangsbuchse. Diese Maßnahme vermindert die Brummgefahr und erlaubt längere Anschlußleitungen (Abb. f). Bei Anschluß eines unsymmetrischen Mikrofons an einen symmetrischen Eingang ist mikrofonseitig ein Symmetrieübertrager unbedingt erforderlich, sonst entsteht starkes handempfindliches Brummen (Abb. g). Bei Kapellenanlagen werden die günstigsten Ergebnisse mit niederohmig/symmetrischer M. erzielt (Abb. b/c), in der Heimelektronik kommt hauptsächlich mittelohmig/unsymmetrische M. zur Anwendung (Abb. a), bei längeren Anschlußleitungen auch niederohmig/symmetrische M. mit eingeschaltetem Schnurübertrager (Abb. c). Reicht die Ausgangsspannung trotz richtiger M. nicht zur Vollaussteuerung aus, so muß ein → Mikrofonverstärker verwendet werden. Ist die Ausgangsspannung dagegen zu groß und besteht Gefahr der Übersteuerung des Eingangs, so wird ein → Dämpfungsglied *(Mikrofonabschwächer)* in die Anschlußleitung geschaltet. → Mikrofonstecker (Tab., Abb.)

Hinweis: Bei Anschluß mehrerer symmetrischer Mikrofone an ein Tonmischpult ist darauf zu achten, daß keine → Phasenvertauschung der Anschlußadern besteht.

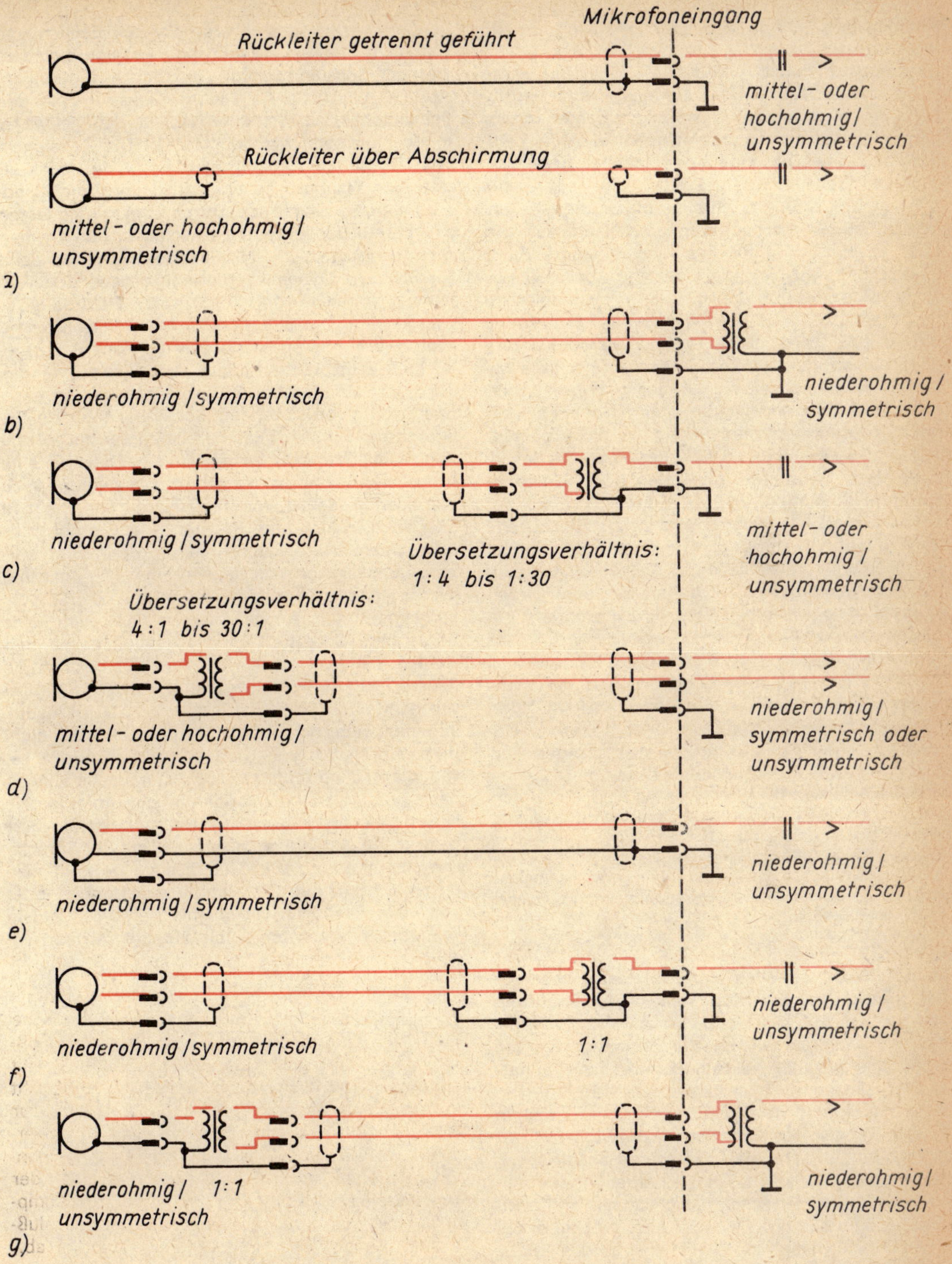

Anschlußvarianten bei Mikrofonen (Erläuterung unter *Mikrofonanpassung*)

Mikrofonanschluß: → Mikrofonanpassung, → Mikrofonstecker

Mikrofonaufnahme, *Tonaufnahme*: Schallaufnahme von Sprache, Musik oder Geräusch mit Mikrofonen. Bei M. muß grundsätzlich zwischen *Innen-* und *Außenaufnahmen* unterschieden werden. Während in Räumen besonders der Nachhall zu berücksichtigen ist, sind es im Freien überwiegend die Umweltgeräusche. Bei Amateuren kommen Außenaufnahmen fast nur bei Sprache und Geräusch vor, z. B. als Begleitton für Film und Videografie. Es kommt nicht auf besonders geringe Abstände zwischen Mikrofon und Schallquelle an, jedoch ist zu beachten, daß Schall mit wachsender Entfernung schnell leiser wird und die Umfeldgeräusche unproportional laut hervortreten. Außerdem setzt die Mikrofonempfindlichkeit der M. aus größerer Entfernung bald Grenzen. Man arbeitet daher mit stärker bündelnden Mikrofonen, wenn es nicht gelingt, z. B. ein Nierenmikrofon dicht genug an die Schallquelle heranzubringen, ohne den Bildeindruck zu stören (→ Richtmikrofon 2., → Zoom-Mikrofon). Bei M. von Sprache in Räumen wird i. allg. auf trockene Raumwirkung Wert gelegt; man ist daher immer an geringen Mikrofonabstand zur Schallquelle gebunden, um den → Nachhall gegenüber dem Direktschall abzuschwächen. Das gelingt besonders gut mit Nierenmikrofonen. Normalerweise wird in ein Mikrofon direkt von vorn hineingesprochen, weil bei allen anderen Ansprechrichtungen ein mehr oder weniger dumpfes Klangbild entsteht. Eine Überbetonung der Zischlaute oder polternde Geräusche bei geringen Besprechungsabständen werden durch einen → Windschutz beseitigt.

Hinweis: Besonders bei Mikrofonen mit Nieren- oder Achtercharakteristik ist ein konstanter Sprechabstand wichtig, weil bei diesen Arten Abstandsschwankungen neben dem Pegel auch die Klangfarbe verändern (→ Nahbesprechungseffekt). Schon aus diesem Grund sollte man bei gestalteten Sprachaufnahmen jedem Sprecher ein eigenes Mikrofon zuordnen. Bei M. von Sprache ist die Verwendung einer → Aussteuerungsautomatik günstig.

M. von Musik, vor allem in raumakustisch weniger geeigneten Räumen, setzt sehr große Erfahrung und hochwertige Mikrofone voraus. Weil der Nachhall bei Musikaufnahmen berücksichtigt werden muß, sind geringe Mikrofonabstände zur Schallquelle nicht immer günstig. Brauchbare M. lassen sich mit einem Nierenmikrofon machen, das in 2...3 m Höhe so vor einer Kapelle oder einem Chor in Position gebracht wird, daß es den Schall in seiner Gesamtheit erfaßt. Durch Variation des Abstands läßt sich der Anteil des Nachhalls im Tonsignal beeinflussen: Wachsender Abstand erhöht die Halligkeit. Günstig ist dabei der Einsatz eines → Hängemikrofons. Solistisch hervortretende Instrumente oder Stimmen benötigen eigene Mikrofone. Zumindest sollte ein Mikrofon an einem Auslegerstativ (→ Mikrofonhalterung) angebracht werden; es kann von mehreren Solisten benutzt und schnell in die jeweils günstige Position gebracht werden. Solistenmikrofone werden aus geringem Abstand beschallt. Da alle Musikinstrumente den Schall gebündelt abstrahlen, ist eine richtige Mikrofonposition sehr wichtig (Abb. 1). Die Tonsignale von Solistenmikrofonen werden häufig gefiltert, oder der Nahbesprechungseffekt wird zur Klangveränderung ausgenutzt. Durch Effektgeräte lassen sich bereits bei der M. die verschiedensten Klangeffekte erzielen, z. B. Hall, Ein- oder Mehrfachecho (→ Shatter), Dynamikkompression usw. Zur Aufnahme von elektronischer Orgel, Elektrogitarre, Musiksynthesizer u. a. benutzt man ein Solistenmikrofon, das man unmittelbar in die Nähe des zugehörigen Lautsprechers stellt. Man kann aber das Tonsignal auch elektrisch abzweigen und ist dann unabhängig von störendem Schall benachbarter Instrumente. Bei M. in Räumen ist immer mit störenden → Schallreflexionen zu rechnen. Daher ist eine Erprobung des Aufnahmestandorts anzuraten. Auch die Raumgröße ist von Bedeutung. Sprache läßt sich auch in kleineren Räumen relativ problemlos aufnehmen. Diese Räume müssen dann aber stärkere Schallabsorption aufweisen. Die meisten Wohnräume erfüllen diese Forderung. Bei Sprachaufnahmen für Amateurzwecke läßt sich eine brauchbare Sprecherkabine aus Wolldecken herrichten. Für hochwertige M. von Musik sollen die Räume nicht so trocken gewählt werden. Sie müssen dann auch möglichst größer als 200 m^3 (Raumvolumen) sein, damit die → Raumresonanzen nicht mehr stören. M. von Geräuschen sind nur in bestimmten Fällen lohnend. Viele Geräusche klingen nach einer M. fremd und unnatürlich. Umfeldgeräusche als Geräuschkulisse werden am besten in ihrer natürlichen Umgebung zusammen mit der Sprache aufgenommen. Spezielle Geräusche gewinnt man durch Mitzeichnen bei Rundfunksendungen oder von einer Geräuschschallplatte. Stereo-M. sind in → Intensitätsstereofonie mit Einpunktmikrofonen, aber auch in → Laufzeitstereofonie mit Zweipunkt-

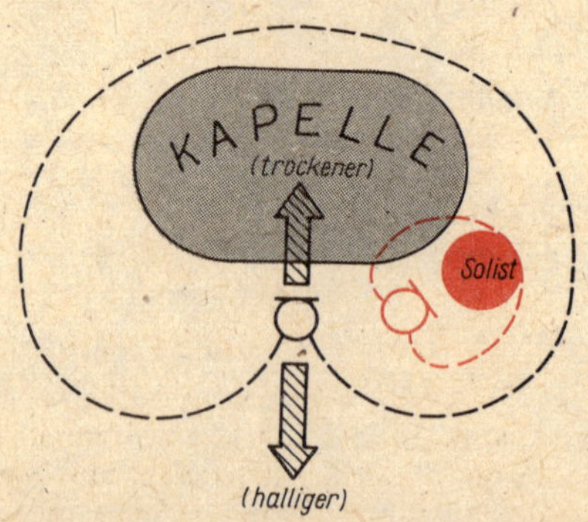

Mikrofonaufnahme (2): Positionen von Haupt- und Solistenmikrofon bei der Aufnahme von Chor und kleinen Kapellen

Mikrofonaufnahme (1): Mikrofonpositionen bei der Aufnahme von Solisten

mikrofonen möglich. Wegen der besseren Lokalisierungsschärfe und der günstigeren Kompatibilität des Monosignals werden Amateure überwiegend zum Einpunktmikrofon greifen (→ Stereomikrofon). M. in → kopfbezogener Stereofonie sind mit Kopf-Stereomikrofonen möglich. Ein besonderes Problem bei M. kann Lärm oder unerwünscht aufgenommener Schall eines benachbarten Instruments am Solistenmikrofon sein. Solche Situationen lassen sich wirkungsvoll durch Ausnutzung der Mikrofoncharakteristik lösen (→ Nierencharakteristik-Mikrofon, → Achtercharakteristik-Mikrofon, → Richtmikrofon). Befindet sich das Mikrofon im Schallfeld des Wiedergabelautsprechers, kann es zu → akustischer Rückkopplung kommen. Daher sollte die Mithörkontrolle bei einer M. über Kopfhörer erfolgen. Dadurch entsteht der zusätzliche Vorteil, daß nur das aufgenommene Signal und nicht auch der Originalton gehört wird. → Mikrofonanpassung, → Mikrofonstecker, → Tonmischung (Abb.)

Hinweis: Zur Funktionsprobe vor einer M. darf ein Mikrofon niemals angeblasen werden; durch die auftretenden hohen Drücke kann die Membran zerstört werden.

Mikrofoncharakteristik, Richtcharakteristik: typisches Übertragungsverhalten eines Mikrofons bei der Aufnahme von Schall aus verschiedenen Raumrichtungen. Die M. hängt vom Konstruktionsprinzip ab. Ein Mikrofon mit *Kugelcharakteristik* (Abb. 1a) zeigt kein Vorzugsverhalten, Schall wird aus allen Raumrichtungen gleichmäßig aufgenommen. Das wird erreicht, indem man durch eine geschlossene Gehäuseform das Mikrofon für den vollen Schalldruck emfindlich macht (Druckempfänger). Druck ist eine ungerichtete physikalische Größe, die auch um das Mikrofon herum wirken und die Membran auslenken kann. Macht man dagegen ein Mikrofon für Druckunterschiede empfindlich (Druckgradienten- oder Schnelleempfänger), so erzielt man *Achtercharakteristik* (Abb. 1b). Solche Mikrofone haben beidseitig offene Gehäuse; der Druckunterschied kann die Membran sowohl bei Beschallung von vorn als auch von hinten auslenken. Seitlich einwirkender Druck teilt sich zu gleichen Anteilen auf; an der Membran entsteht kein wirksamer Druckunterschied. Kombinierte Ausführungsformen, bei denen der hintere Schalleintritt mit akustisch wirksamen Dämpfungsmaterialien versehen wird, können z. B. so bemessen werden, daß der Druckunterschied an der Membran bei Beschallung von hinten nahezu Null wird. Solche Mikrofone haben *Nierencharakteristik* (Abb. 1c), sie nehmen den Schall von vorn am stärksten, von der Seite weniger und nur sehr schwach von hinten auf. Zwischen achter- und nierenförmiger M. gibt es Übergangsformen für spezielle Anwendungsgebiete. Ausgeprägt *keulenförmige M.* (Abb. 1d) haben → Richtmikrofone mit vorgesetztem rohrförmigem Richtelement. Kondensatormikrofone mit Doppelmembran lassen sich zwischen kugel-, nieren- und achterförmiger M. einschließlich einiger Zwischenformen elektrisch umschalten (Abb. 2). Solche Mikrofone mit fernsteuerbarer M. sind kostenaufwendig, jedoch universell einsetzbar. Die realen M. sind rotationssymmetrisch zur Hauptansprechrichtung des Mikrofons, sie werden in einem Richtdiagramm (s. Abb. → Richtcharakteristik) für verschiedene Frequenzen dargestellt. Von der angestrebten Idealform weicht die reale M. mehr oder weniger stark ab. Vor allem werden höhere Frequenzen i. allg. stärker gebündelt, so daß ein nicht von vorn angesprochenes Mikrofon immer dunkler klingt. Mikrofone mit Richtverhalten (alle M. außer Kugel) können dazu benutzt werden, erwünschten Schall von unerwünschtem zu trennen: Der Schall eines Solisten tritt gegenüber dem eines Nachbarinstruments, das Orchester gegenüber dem Raumschall stärker hervor. Störschall kann wirkungsvoll ausgeblendet werden. Einzelheiten dazu: → Kugelcharakteristik-Mikrofon, → Nierencharakteristik-Mikrofon, → Achtercharakteristik-Mikrofon, → Richtmikrofon, → akustische Rückkopplung. Abb.

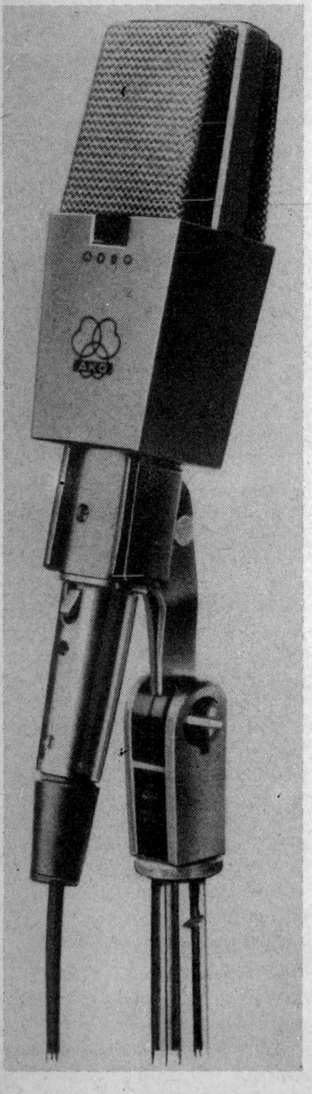

Mikrofoncharakteristik (2): Doppelmembran-Kondensatormikrofon mit umschaltbarer Richtcharakteristik

Mikrofonempfindlichkeit: → Feld-Leerlauf-Übertragungsfaktor

Mikrofonhalterung: Halteeinrichtung für ein Mikrofon, um ihm einen festen Platz im Schallfeld zuzuordnen. Man unterscheidet *Tischstative, Bodenstative* ohne oder mit Ausleger (auch *„Mikrofongal-*

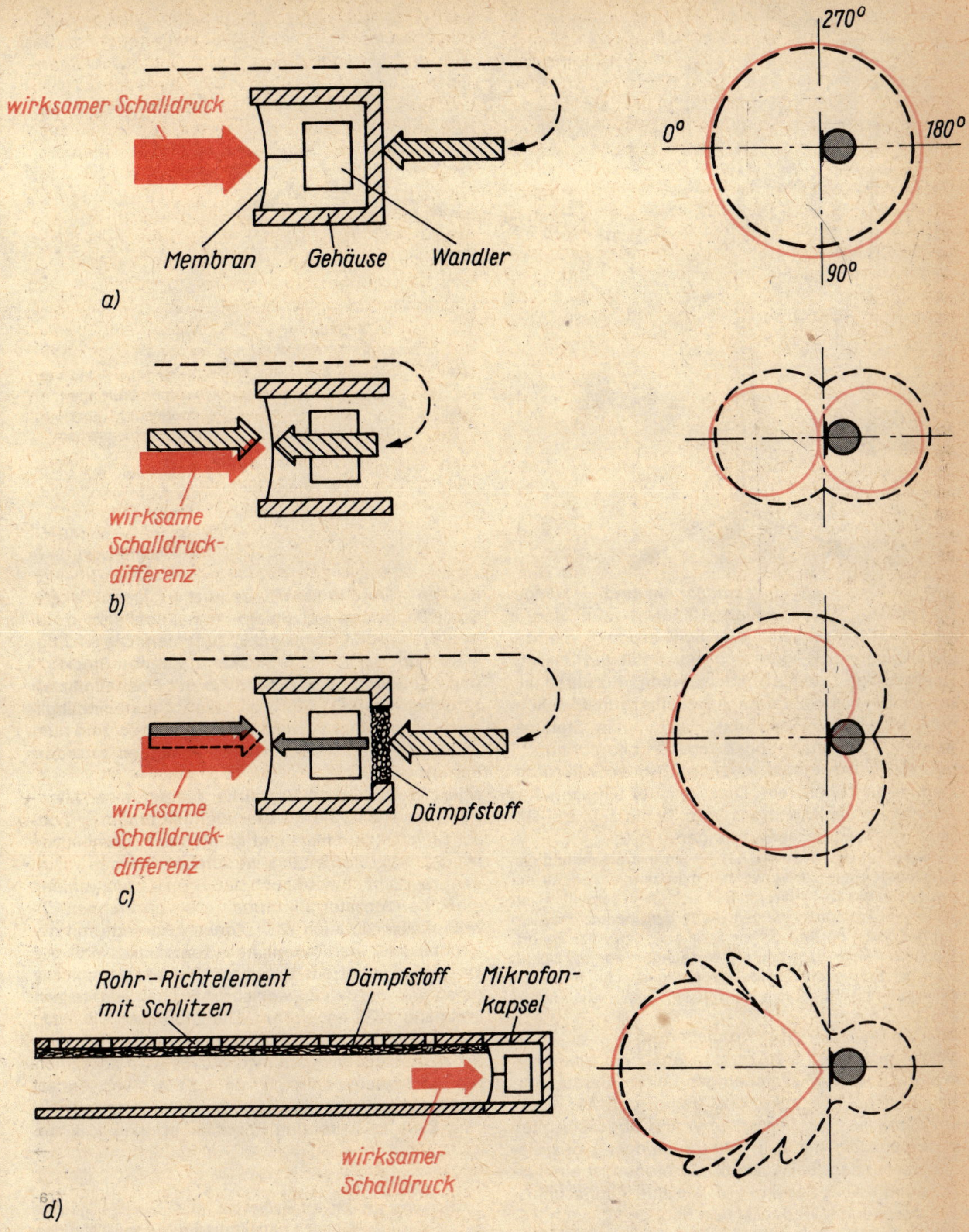

Mikrofoncharakteristik (1) – verschiedene Richtdiagramme von Mikrofonen: a) Kugelcharakteristik, b) Achtercharakteristik, c) Nierencharakteristik, d) Keulencharakteristik (rot: Idealverlauf, schwarz: realer Verlauf)

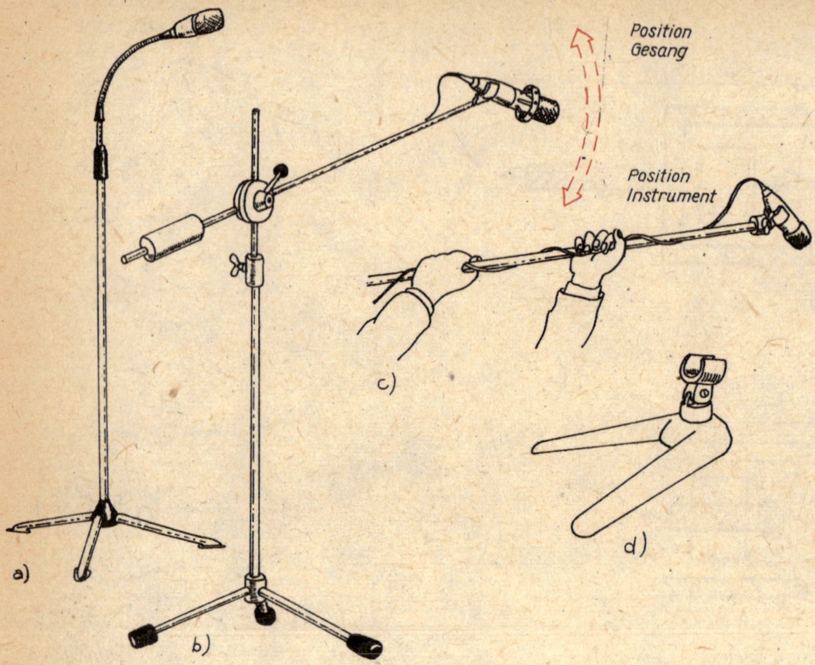

Verschiedene Arten von *Mikrofonhalterungen:*
a) Bodenstativ, ausziehbar mit biegsamem Hals,
b) Bodenstativ mit Ausleger („Galgen"),
c) Handangel,
d) Tischstativ mit Mikrofonklemme

gen", Mikrofonangel), Handangeln und → *Hängemikrofone.* Stative sollen standfest und darum möglichst schwer sein (tiefer Schwerpunkt), die Mechanik soll sich geräuscharm betätigen lassen. Hochwertige Stative haben einen Körperschallschutz für das Mikrofon. Ausziehbare Stative können mit einem biegsamen Hals, einem Stativgewinde (3/8" bei Studio- oder Kapellenmikrofonen, 1/4" bei Heimmikrofonen) oder mit einer Mikrofonklemme versehen sein. Diese erlaubt ein schnelles Abnehmen des Mikrofons vom Stativ, z. B. bei Gesang mit Ausdrucksbewegungen. Abb.

Hinweis: Für ein Mikrofon, das für ein Instrument und Gesang vorgesehen ist, verwendet man sehr vorteilhaft ein *Auslegerstativ.* Das Mikrofon läßt sich damit schnell in verschiedene Positionen bringen. Außerdem benutzt man ein solches Stativ bei Mangel an Stellfläche am Mikrofonort, z. B. an einem Schlagwerk. Mit Handangeln können Mikrofone bei spontanen Diskussionsbeiträgen schnell an den Ort des Redners gebracht werden.

Mikrofonstativ: → Mikrofonhalterung

Mikrofonstecker: Stecker zum Anschluß eines Mikrofons an den Mikrofoneingang eines Geräts. Studio- und Kapellenmikrofone tragen den M. direkt am Gehäuse, sie werden über ein abgeschirmtes Anschlußkabel mit dem Mikrofoneingang des Geräts verbunden. Bei Amateurmikrofonen ist ein ausreichend langes Kabel mit M. meist fest angeschlossen. Verwendet weden 3- und 5polige M. nach IEC 130-9 (umgangssprachlich „Diodenstecker"); für Schaltmikrofone auch 7- oder 8polig, seltener 6polig. Außerdem werden vor allem bei Import-Amateurmikrofonen auch Klinkenstecker mit 3,5 und 6,3 mm Durchmesser benutzt („Japanklinke"). Schließlich sind bei Studio- und Kapellenmikrofonen auch große Rundstecker zu finden. Die wichtigsten sind der → XLR-Stecker („Cannon-Stecker") und der 3polige Schraubstecker mit Flachkontakten („Tuchelstecker"). Weicht die Geräteeingangsbuchse von dem vorhandenen M. ab, so sind zum Anschluß Adapterstecker oder -leitungen erforderlich. Abb.

Mikrofonverstärker: Verstärker für zu kleine Mikrofon-Tonsignale. Sie werden auch mit einem → Trittschallfilter kombiniert und können z. T. unmittelbar in die Mikrofonleitung geschaltet werden. Umgangssprachlich wird auch der → *Impedanzwandler* eines Kondensatormikrofons als M. bezeichnet.

Mikrokassette, auch *MC*: Tonbandkassette mit gegenüber der herkömmlichen Kompaktkassette auf ca. 1/4 verkleinertem Volumen. Die M. stammt aus Japan und wurde von westeuropäischen Herstellern erstmalig 1982 angeboten. Die Laufdauer einer M. beträgt bei der Bandgeschwindigkeit von 2,4 cm/s bis zu 2mal 30 Minuten *(MC 60).* Es wird aber auch die Bandgeschwindigkeit von 1,2 cm/s verwendet. In der M. wird i. allg. Reineisenband benutzt. Die sehr klein zu bauenden Recorder erfüllen z. B. die

Beschaltung von *Mikrofonsteckern:* a) 3- oder 5polige Diodenstecker (bei 3poligen entfällt die Brücke zwischen den Kontakten 1 und 4), b) Klinkenstecker und Adapter auf 3- oder 5poligen Diodenstecker, c) große Rundstecker für professionelle und halbprofessionelle Mikrofone (roter Punkt: gleichphasige Signalleiter)

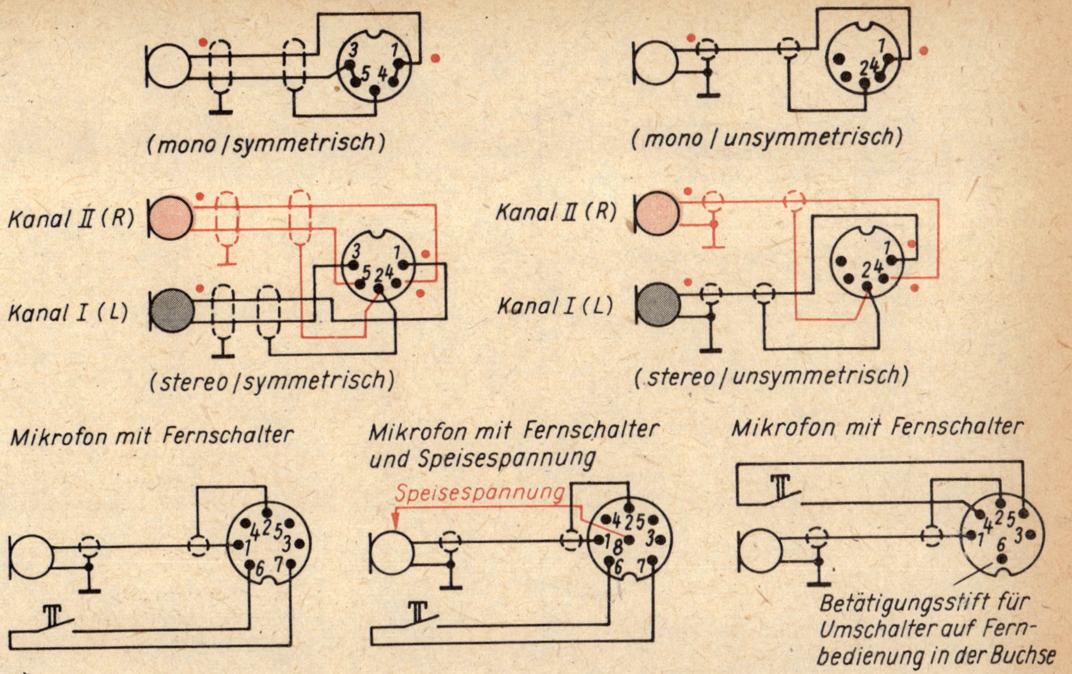
(mono / symmetrisch)
(mono / unsymmetrisch)
Kanal II (R)
Kanal I (L)
(stereo / symmetrisch)
Kanal II (R)
Kanal I (L)
(stereo / unsymmetrisch)
Mikrofon mit Fernschalter
Mikrofon mit Fernschalter und Speisespannung
Speisespannung
Mikrofon mit Fernschalter
Betätigungsstift für Umschalter auf Fernbedienung in der Buchse

a)

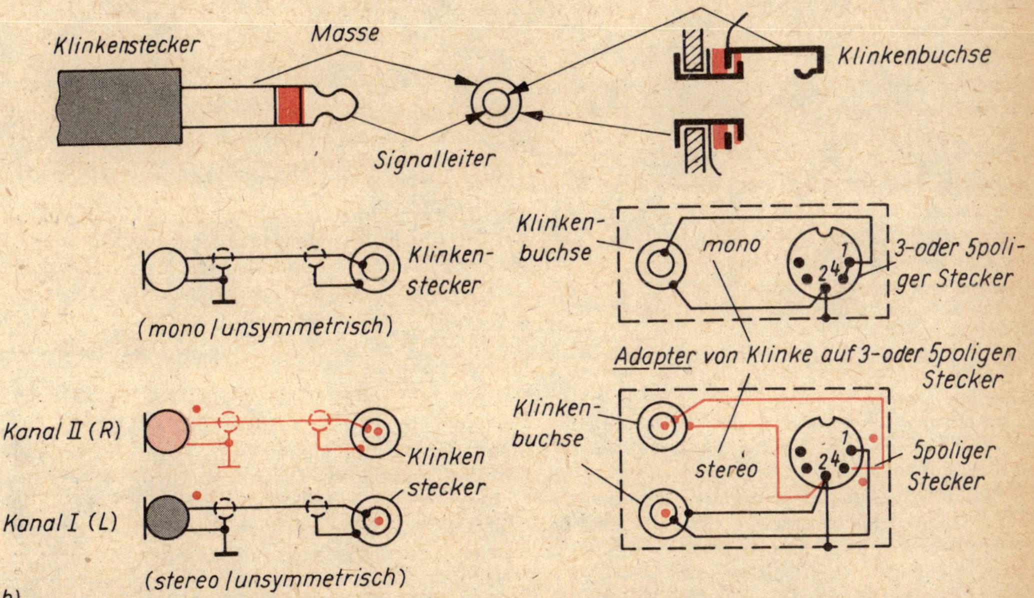
Klinkenstecker
Masse
Klinkenbuchse
Signalleiter
Klinken-stecker
(mono / unsymmetrisch)
Klinken-buchse
mono
3- oder 5poliger Stecker
Adapter von Klinke auf 3- oder 5poligen Stecker
Kanal II (R)
Klinken stecker
Kanal I (L)
(stereo / unsymmetrisch)
Klinken-buchse
stereo
5poliger Stecker

b)

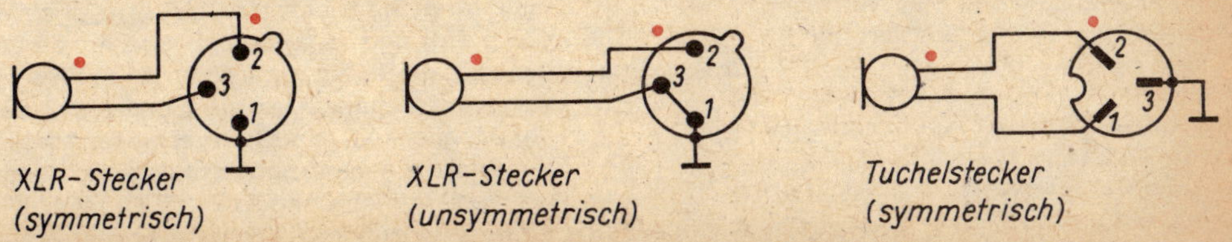
XLR-Stecker (symmetrisch)
XLR-Stecker (unsymmetrisch)
Tuchelstecker (symmetrisch)

c)

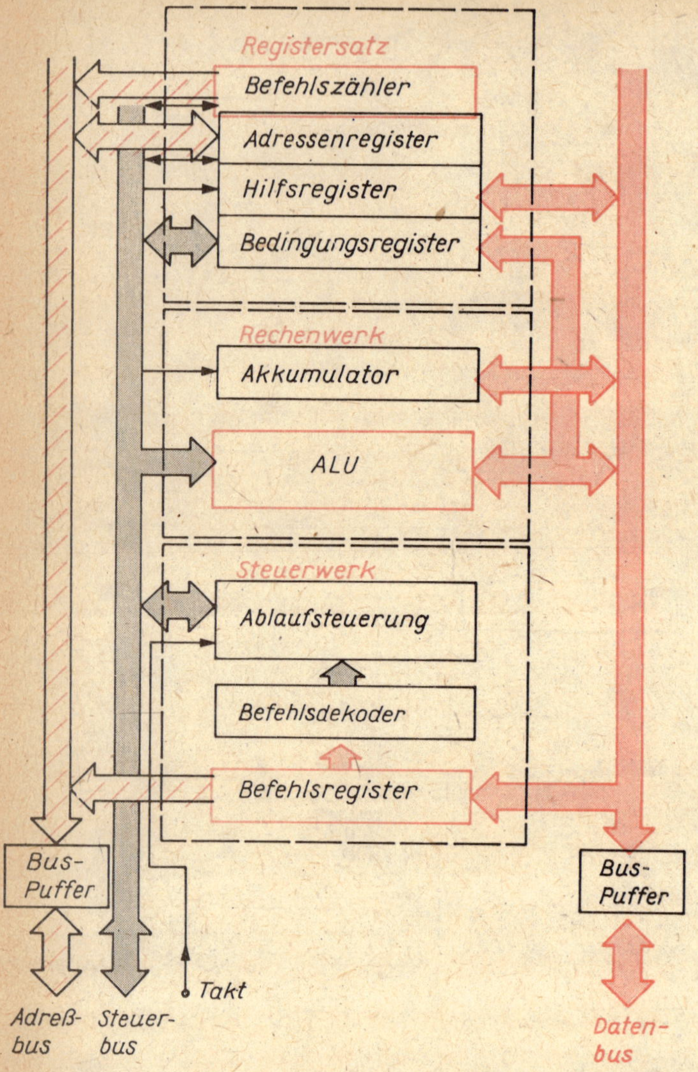

Mikroprozessor, vereinfacht

Qualitätskennwerte nach HiFi-Standard, ohne jedoch die Tonqualität der Geräte mit Kompaktkassetten zu erreichen.

Mikrokassettengerät: sehr kleines Kassettentonbandgerät für → Mikrokassetten. Bei Verwendung von → Reineisenband und einem vorhandenen → Kompander kann HiFi-Qualität erreicht werden. Die Bandgeschwindigkeit beträgt 2,4 cm/s (z. T. umschaltbar auf 1,2 cm/s). → „Walkman"

Mikroport: → drahtloses Mikrofon

Mikroprozessor, Abk. **MP:** hoch → integrierter Schaltkreis, der seiner Funktion nach der Zentralen Verarbeitungseinheit (Abk. ZVE oder CPU) einer Elektronischen Datenverarbeitungsanlage entspricht. Ein MP ist das Herzstück eines → Mikrorechners und teilweise mit dem Gehirn des Menschen vergleichbar. Er bekommt Informationen in einer ihm verständlichen Form (Folge von → Datenworten) zugeführt. Diese verarbeitet er entsprechend einer vorgegebenen Vorschrift, die man Befehlsfolge oder Programm nennt, und gibt die Ergebnisse wieder aus. Allein ist der MP nicht anwendungsfähig. Er braucht eine Verarbeitungsvorschrift, die in einem Programmspeicher stehen muß, meist ein Halbleiterspeicher, z. B. ein → ROM, sowie Ein- und Ausgabeeinheiten für den Informationsaustausch. Ein derartig ergänzter MP ist schon ein Mikrorechner. Der Vorzug des MP besteht in der Möglichkeit, ihn für verschiedenartige Anwendungsfälle frei zu programmieren und somit der jeweiligen Aufgabe anpassen zu können. Die Übereinstimmung in Funktionsprinzip und Aufgabenbe-

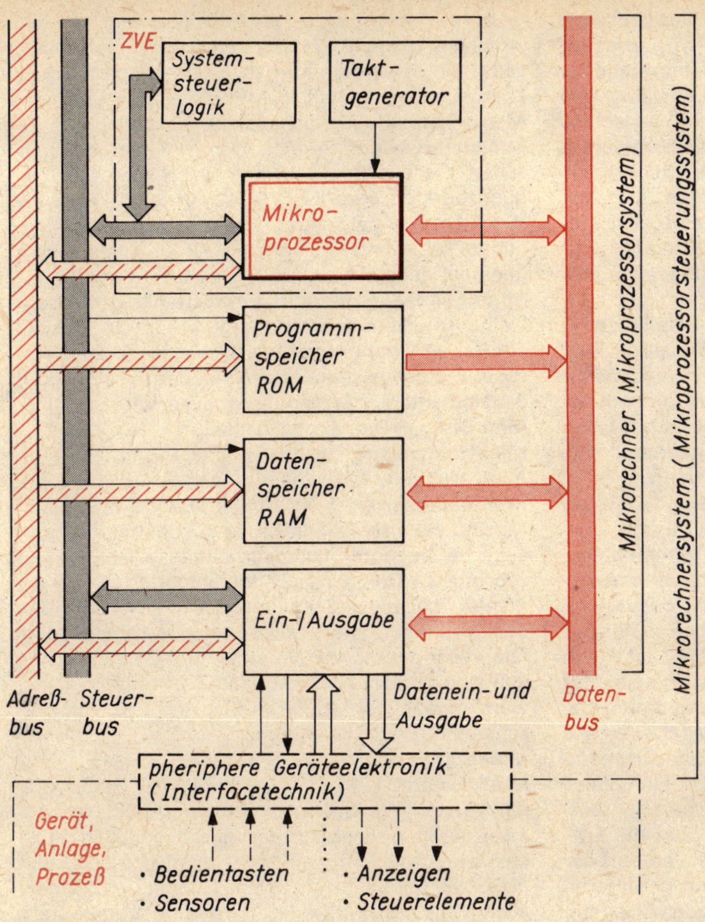

Grundstruktur eines *Mikrorechners*

reich (→ Mikrorechner) führt häufig zur Verwischung zwischen MP und Mikrorechnersystem. Die Abbildung zeigt die Funktionsblöcke des MP. Das *Rechenwerk* besteht aus der Arithmetik-Logik-Einheit (ALU) und dem *Akkumulator* zur Zwischenspeicherung eines Datenworts. Die ALU führt die eigentliche Informationsverarbeitung aus. Sie kann nur einfachste arithmetische Rechnungen und verschiedene logische Operationen (z. B. Vergleiche) erledigen. Andere Rechnungen oder größere Aufgaben müssen durch das Programm auf kleine, von der ALU zu verstehende, Schritte zurückgeführt sein. Das *Steuerwerk* registriert jeden vom Programmspeicher kommenden Befehl, interpretiert ihn (Befehlsdekoder) und steuert befehlsgerecht den internen Funktionsablauf des MP, hauptsächlich die durchzuführenden Operationen in der ALU. Der *Registersatz* besteht aus dem *Befehlszähler*, der die Adresse (eine Art Hausnummer, unter der Befehle zu finden sind) für den jeweils nachfolgend abzuarbeitenden Befehl liefert, sowie weiteren Daten- und Adressenregistern zur kurzzeitigen Zwischenspeicherung. MP gibt es für verschiedene Wortlängen (maximale Stellenzahl eines Datenworts, das das Rechenwerk in einem Schritt verarbeiten kann) von 4, 8, 16 oder 32 bit. Die Arbeitsweise der MP ist busorientiert, d. h., die einzelnen Funktionsblöcke verkehren miteinander und mit anderen äußeren Bausteinen über Sammelleitungsbündel, dem sog. Bus-System (→ Bus). Die ersten MP entstanden 1969 mit 4 Chips. 1971 wurden die ersten Ein-Chip-MP produziert. Sie leiteten eine neue Ära der Mikroelektronik und ihr Vordringen in viele gesellschaftliche Bereiche ein. Auch die Geräte der Unterhaltungselektronik haben davon profitiert. Dies drückt sich besonders in der Funktionssicherheit und der Bedienung der Geräte aus. Abb.

Mikrorechner, *Mikrocomputer*, Abk. **MR:** extrem miniaturisierter, aus wenigen integrierten Schaltkreisen zusammengesetzter Digitalrechner. Ein MR besteht wenigstens aus einem → *Mikroprozessor*, der zusammen mit einem Taktgenerator und einer Steuerlogik die zentrale Verarbeitungseinheit (ZVE) bildet, aus *Speichern* sowie *Ein- und Ausgabeein-*

heiten (E/A-Einheit). Die Verbindung aller Bausteine erfolgt über das *Bus-System*. Zusätzlich gibt es für jeden MR-Typ eine Vielzahl problemorientierter Hilfsbausteine, die den MR anpassungsfähig und leistungsfähig machen. MR sind klein, wirtschaftlich, benötigen wenig Energie und sind universell einsetzbar. Ohne *Programm* ist ein MR nicht funktionsfähig. Er muß für alle gewünschten Aufgaben und zu bearbeitenden Probleme eine entsprechende Lösungsvorschrift enthalten. Grundsätzlich kann ein MR die automatische Lösung aller Probleme übernehmen, für die ein Programm geschrieben werden kann und bei denen die beteiligten Informationen durch → digitale Signale darstellbar sind. Ein so ausgerichtetes System von → *Software* bildet zusammen mit der → Hardware ein MR-System. MR-Systeme werden seltener zur Lösung klassischer Rechenaufgaben, vielmehr zur automatischen digitalen Steuerung von Geräten, Anlagen und Prozessen eingesetzt. Sie bilden damit das wichtigste Mittel moderner Automatisierung, und deshalb nennt man sie in diesem Zusammenhang auch *Mikroprozessorsysteme* oder *Mikroprozessorsteuerung*. Durch die ZVE, d. h. durch den Mikroprozessor, wird das Programm schrittweise abgearbeitet, indem sie Befehl für Befehl aus dem *Programmspeicher* (→ ROM) holt, diesen dekodiert und die zur Operationsausführung bestimmten Daten aus dem → *Datenspeicher* (→ RAM) oder aus der E/A-Einheit abfordert. Die eigentliche Datenverarbeitung erfolgt in der Arithmetik-Logik-Einheit des Mikroprozessors. Das Ergebnis der Operationsausführung wird im RAM abgelegt oder über die E/A-Einheit ausgegeben. Über diese Einheit verkehrt der MR mit der „Außenwelt", d. h. mit den peripheren Geräten (den zu steuernden Geräten oder Anlagen). *Universal-MR-Systeme* verfügen über viele Kommunikationsmöglichkeiten zwischen Mensch und MR. Dazu sind Standard-Interfaceschaltkreise (Anpaßschaltungen) am Bus-System angeschlossen, die ihrerseits den direkten Anschluß von rechentechnisch üblichen *Periphergeräten*, z. B. Floppy Disk-Speicher (auch Magnetfolienspeicher oder Disketten-Speicher genannt), Datensichtgeräten (Bildschirmeinheit), alphanumerischer Tastatur, Lochbandlesern und -stanzern oder Druckern ermöglichen. *Einbaumikrorechner* sind in abgerüsteter Form, oftmals ohne oder nur mit geringer Kommunikationsmöglichkeit direkt in das zu steuernde Gerät eingebaut. Diese ökonomisch günstige Lösung wird bei den Geräten der Unterhaltungselektronik ausschließlich angewandt. Vor allem in → Videorecordern, Videocomputerspielen, digitalen Abstimmsystemen von Fernseh- und Rundfunkempfängern, Bild- und Audioplattenspielern sowie Kassettenrecordern der HiFi-Klasse werden MR zur Gerätesteuerung, Bedienungserleichterung, Voreinstellung bestimmter Betriebsarten (z. B. Einschaltzeitpunkt), automatischer Bandstellenfindung usw. eingesetzt. Für diese u. ä. Anwendungen werden zunehmend auch die sog. *Einchiprechner* eingesetzt, die in einem einzigen → integrierten Schaltkreis einen vollständigen MR enthalten. Abb.

Mikrorillenplatte: → Schallplatte

Millimeterwellen: Bereich der → elektromagnetischen Wellen von 1...10 mm. Der zugehörige Frequenzbereich wird EHF (Abk. für engl. **E**xtremly **H**igh **F**requency, extrem hohe Frequenzen) genannt. M. könnten besonders für → Satellitenfunk geeignet sein, da zur Übertragung nur relativ geringe Sendeenergie und zur Abstrahlung nur sehr kleine Antennen benötigt werden. Allerdings bringt die Beherrschung der M. heute z. T. noch technische Probleme durch das Erfordernis neuartiger Bauelemente zur Erzeugung und Verstärkung.

Mini-Disc: → Digitalschallplatte

Mini-Heimanlage: Ton-Heimanlage mit geringen Abmessungen, vorwiegend als *Mini-HiFi-Turm*, *Mini-Recorder* oder als *Mini-Komponentensystem*. M. sind etwa ab 1978 in Mode gekommen. Sie sind auch bei beengten Raumverhältnissen leicht unterzubringen. Der Einsatz hochintegrierter Bauelemente, moderner Schaltnetzteile (→ Netzteil) und der extrem gedrängte Aufbau erlauben eine erhebliche Verringerung von Volumen und Gewicht, ohne daß sich Bedienungskomfort und technische Kennwerte gegenüber größeren Geräten merklich verschlechtern müssen. Abb.

Minijack: → Klinkensteckverbinder

Minikassette: 1. *(Audio)* vorrangig bei Diktiergeräten verwendete Spezialkassette mit kleineren Abmessungen gegenüber der herkömmlichen Kompaktkassette. Nicht ganz einheitlich wird z. T. auch die → Mikrokassette als M. bezeichnet. – **2.** *(Video)* auch *Mini-Videokassette*; in den Videorecordern der Systeme Video 2000 und VHS zu verwendende Kleinkassette. M. sind kleiner als die Normalkassetten dieser Systeme und erlauben auch nur eine kürzere Laufdauer von 30...60 min. Die M. werden in einen Adapter eingesetzt, wodurch sie genau wie die Normalkassetten in allen Recordern des entsprechenden Systems arbeiten. Beim Einlegen der M. in den Adapter wird sie entriegelt und in der Mitte auseinandergezogen. Dadurch vergrößert sich der Abstand der Bandwickel auf den Abstand der Normalkassette. In Kamerarecordern und speziellen Klein-Videorecordern ist die M. ohne Adapter verwendbar.

minimaler Aufnahmeabstand: geringste, durch den Einsatz geeigneter → Objektive, erreichbare → Aufnahmeentfernung. Durch den Einsatz von → Makroobjektiven, aber auch den Einsatz von Makrovorsätzen vor solche → Varioobjekte, die nicht für Nahaufnahmen aufgebaut sind, erreicht man heute praktisch m. A. von annähernd 0 Meter.

Mischeinsteller: → Tonmischpult

Mischlicht: → Licht, das als „Summe" der Strahlung mehrerer → Lichtquellen mit unterschiedlicher

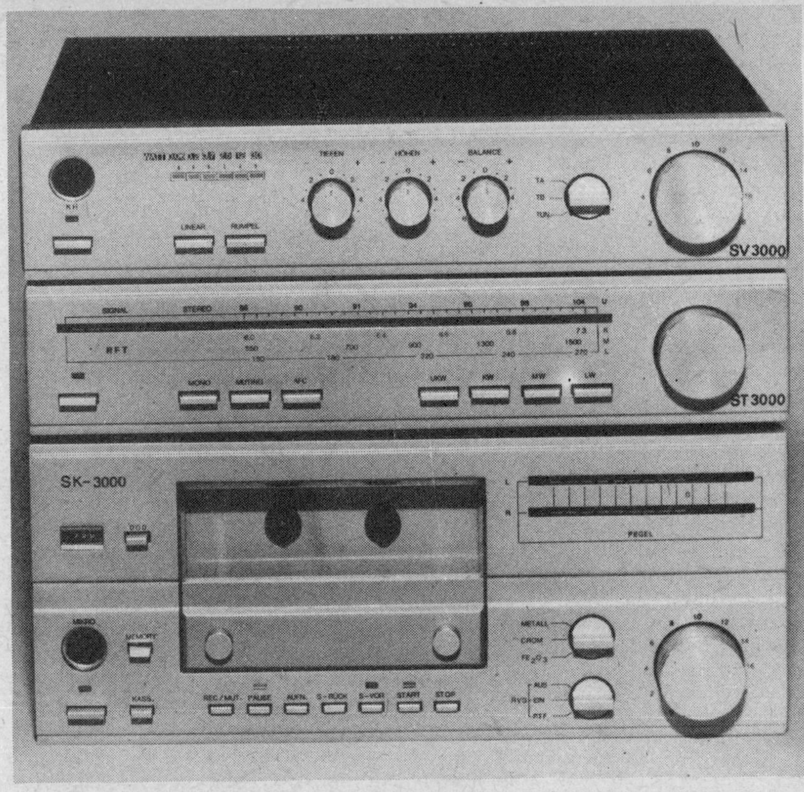

Mini-Heimanlage: Mini-HiFi-Turm, bestehend aus Tuner, NF-Verstärker und Kassettentonbandgerät (Breite: 30 cm!)

→ Farbtemperatur entsteht. Für Farbbildaufnahmen ist der Einsatz von M. nicht beliebig möglich, da jede einzelne Lichtquelle das Spektrum des M. und damit die → Farbart beeinflußt.

Hinweis: M. durch den Einsatz von Lichtquellen „annähernd gleicher" Farbtemperaturen (z. B. Glühlampen mit 2850 K und Halogenlampen mit 3200 K) ist für Farbbildaufnahmen anwendbar. Der wechselnde Einsatz von M. unterschiedlichster Spektren von → Einstellung zu Einstellung ist ohne neuen → Weißabgleich abzulehnen, da hierdurch unkorrigierbare Farbunterschiede entstehen.

Mischpult: → Tonmischpult, → Bildmischer

Mischsteller, veraltet „Mischregler": → Tonmischpult

Mischstufe: 1) I. w. S. Baugruppe zur → Frequenzmischung sowie → Frequenzüberlagerung (Amplitudenaddition mehrerer Schwingungen). – **2)** *(Superhet)* Baugruppe, um die Frequenz des → Oszillators f_o mit der Empfangsfrequenz f_e zu mischen. Die M. bildet die → ZF ($f_z = f_o - f_e$). In einfachen Empfängern, aber auch im Höchstfrequenzbereich wird oft die *selbstschwingende M.* bevorzugt, in der die Oszillatorfrequenz gleichzeitig auch erzeugt wird. → Intermodulationsfestigkeit

Mischung: → Tonmischung, → Bildmischung, → Frequenzmischung

MISFET, Abk. für engl. **M**etal-**I**solator-**S**emiconductor-**F**ield-**E**ffect-**T**ransistor (Metall-Isolator-Feldeffekttransistor): → Transistor

MIS-Schaltkreis: → MOS-Schaltkreis

Mithören: Kontrolle der Toninformation beim Aufzeichnen auf Magnettonband oder beim schnellen Umspulen in der Betriebsart → Cue oder → Review. Beim *M. vor Band* wird das Signal unmittelbar vor der Aufzeichnung abgehört, die Kontrolle einer ordnungsgemäßen Aufzeichnung ist damit nicht gegeben. Dieses M. ist über Lautsprecher im Tonbandgerät nur dann möglich, wenn die eingebaute NF-Endstufe bei Aufzeichnung nicht mit anderen Funktionen belegt ist (sie wird z. B. bei älteren Geräten als → Löschgenerator umgeschaltet). M. des bereits aufgezeichneten Signals während des Aufzeichnungsvorgangs *(→ Hinterbandkontrolle)* erfordert einen getrennten Aufzeichnungs- und Wiedergabekopf oder einen → Verbundkopf sowie separate Aufnahme- und Wiedergabeverstärker im Tonbandgerät. → Monitorschaltung

Mitkopplung: → Rückkopplung

„Mitschnitt": → Mitzeichnung

Mitsehkontrolle: → EE-Betrieb

Mitteltonlautsprecher, umgangssprachlich „Mitteltöner": Lautsprecher zum Abstrahlen von Hörschall im mittleren Frequenzbereich, je nach Typ zwischen etwa 200 Hz und maximal 10 kHz. Reicht die

Abstrahlung bis zur oberen Hörgrenze, so wird auch von *Mittel-Hochtonlautsprecher* gesprochen. M. sind vorrangig → elektrodynamische Lautsprecher mit Kalotten-, Konus- oder Planarmembran. Auch piezoelektrische oder elektrostatische Systeme werden verwendet.

Mittelwellen, Abk. **MW**: ältester Hörrundfunk-Frequenzbereich von 526,5...1606,5 kHz (früher 525...1605 kHz). Die Modulationsart ist AM (→ Modulation), der Kanalraster (entspricht der Kanalbreite) beträgt 9 kHz. Es ist eine NF-Bandbreite von 4,5 kHz übertragbar. → Wellenausbreitung

Mittenlokalisation: → Summenlokalisation

mittlere Bildhelligkeit: subjektiv empfundener Mittelwert über alle Helligkeitsabstufungen innerhalb eines Fernsehbilds. Demzufolge schwankt die m. B. mit einem sich verändernden Bildinhalt. Fernsehbilder mit vielen weißen Partien haben eine hohe, demgegenüber Fernsehbilder mit vielen dunklen Partien eine niedrige m. B. Die m. B. entspricht dem im → Bildsignal, das insgesamt den Frequenzbereich von 0...5 MHz umfaßt, enthaltenen Gleichspannungsanteil (f = 0 Hz).

Hinweis: Geht der im Bildsignal enthaltene Gleichspannungsanteil bei der Übertragung verloren, kann die Änderung der m. B. nicht der Änderung des aufgenommenen Bildinhalts folgen. Das Fernsehbild wird insgesamt zu dunkel. Dies ist z. B. bei Ausfall der → Klemmschaltung in einem Fernsehgerät der Fall. Eine Korrektur mit dem Helligkeitsregler löst dieses Problem nicht, weil man dann laufend nachstellen müßte. Es ist eine Service-Werkstatt zu konsultieren.

Mitzeichnung, veraltet *„Mitschnitt"*: Aufzeichnung eines Rundfunk- (Ton) oder Fernsehprogramms (Ton und Bild) auf Magnetband, auch *Programm-M.* genannt. Unter M. (exakt *Ton-M.* bzw. *Video-M.*) wird auch die Aufzeichnung von Veranstaltungen, Vorträgen, Gesprächen oder Telefonaten in Teilen oder voller Länge auf Magnetband unter Einsatz von Videokameras, Mikrofonen oder → Telefonadaptern verstanden, um z. B. eine spätere Auswertung vornehmen zu können. → Fernsehmitschnitt, → Videomitschnitt

Hinweis: Bei der Programm-M. ist zu beachten, daß für die gesendeten künstlerischen Werke ein Urheber- und Leistungsrechtsschutz besteht. Aus diesem Grund ist eine M. ohne Einverständnis des Rundfunks bzw. Fernsehens nur dann gestattet, wenn sie ausschließlich persönlichem oder beruflichem Interesse dient und die Aufzeichnung nicht öffentlich verwendet wird. Bei Ton- bzw. Video-M. ist generell das Einverständnis des Veranstalters, des Vortragenden bzw. des Gesprächspartners erforderlich; solche Aufnahmen dürfen also nicht heimlich gemacht werden.

Mix: engl. für (Ton)mischen. → Tonmischung, → Micromixing

M-Ladesystem: Einfädelmechanismus in Videorecordern, der durch Aufbau und Funktion nach dem Bandeinfädeln (Bandladen) einen M-förmigen Verlauf des Videobands um die Kopftrommel herbeiführt *(M-Umschlingung)*. Das M. wird bei den Vi-

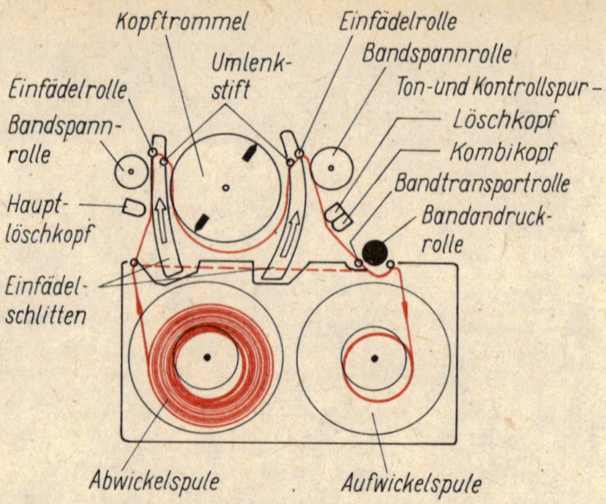

M-Ladesystem eines Videorecorders

deosystemen VHS und Video 2000 angewendet. Die Einfädelmechanik ist sehr kompakt aufbaubar und funktioniert auf engstem Raum. Dadurch ist das M. besonders gut für tragbare Videorecorder, Kamerarecorder und solche mit Minikassette geeignet. Die *M-Einfädelung* (Abb.) erfolgt mit E-Motor-getriebenen Einfädelschlitten, daran befestigten Umlenkstiften und Einfädelrollen. Die Einfädelschlitten ziehen das Videoband parallel aus der Kassette heraus *(Parallelladen)* und dann rechts und links um die Kopftrommel herum. Abb.

MM-System, Abk. für engl. **M**oving **M**agnet (bewegter Magnet): elektromagnetisches Wandlungsprinzip, vorwiegend für die Kennzeichnung des → elektromagnetischen Abtastsystems verwendet.

Modem: Bezeichnung für die Aufeinanderfolge von → Modulator und → Demodulator in der Nachrichtenübertragungstechnik. Beispiele für die Anwendung von M. bietet u. a. in der Fernmeldetechnik der → Frequenzmultiplex, in der Funktechnik die Verbindung Sender-Empfänger, in den → Farbfernsehverfahren die Kodierung-Dekodierung (→ Kodek), in den Videorecordern die Aufzeichnung-Wiedergabe. Da jedes M. die erreichbare Übertragungsqualität durch erforderliche Optimierungen der Signalgrößen (Pegel, Bandbreite usw.) beeinflußt, gilt die Forderung: Die Zahl der M. in einem Nachrichtenkanal ist auf die unbedingt notwendige Größe zu beschränken, um mögliche Signalverfälschungen minimal zu halten. In einzelnen Bereichen der Nachrichtentechnik wird die Bezeichnung M. auch für Geräteanschlußeinheiten (z. B. Baustein für Bildschirmtext) benutzt.

Modul: zu einer Baugruppe zusammengefaßte Schaltung, die eine Funktionseinheit elektronischer Geräte bildet. Der M. ist steckbar oder andersartig leicht auszuwechseln. Viele Geräte der Unterhal-

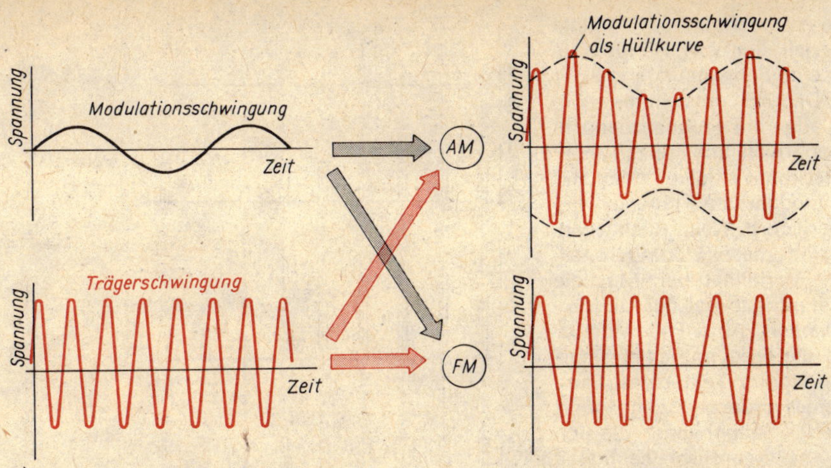

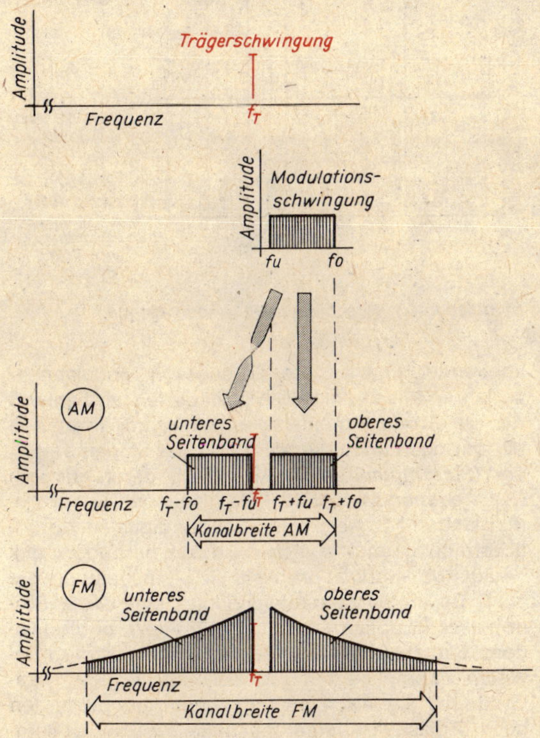

Modulation (1): Amplitudenmodulation (AM) und Frequenzmodulation (FM) als
a) Schwingungsdarstellung,
b) Frequenzspektrum

tungselektronik sind in M.bauweise (Baukastenprinzip) ausgeführt. Bei Auftreten eines Gerätefehlers wird der defekte M. gesucht (oft mit speziellen Fehlerdiagnoseprogrammen) und gegen einen neuen M. getauscht.

Modulation (von lat. modulare, beeinflussen): Veränderung einer (hochfrequenten) *Trägerschwingung* durch ein (niederfrequenteres) Signal, die *Modulationsschwingung.* Auch das Ergebnis, die modulierte Trägerfrequenz, wird als M. bezeichnet. Die wichtigsten Modulationsarten sind *Amplituden-* und *Frequenzmodulation* einer sinusförmigen Trägerschwingung, wie sie bei Rundfunkübertragung von Ton- und Bildsignalen angewendet werden. M. heißt in diesem Fall, einer Trägerfrequenz in einem → Rundfunk-Frequenzbereich, die sich drahtlos ausbreiten kann, ein Ton- oder Bildsignal aufzuprägen. Die Baugruppe im Sender, mit der die M. vorgenommen wird, heißt *Modulator,* die komplementäre Baugruppe im Empfänger zur Rückgewinnung des Signals *Demodulator. a) Amplitudenmodulation*; Abk. AM: Modulationsverfahren, bei dem die Größe (Amplitude) einer sinusförmigen Trägerschwingung im Takt des Ton-, Bild- oder sonstigen Signals proportional geändert wird. Nach der M. weist das Frequenzspektrum der Trägerschwingung sogenannte Seitenfrequenzen auf, die im Abstand der Signalfrequenz neben der Trägerfrequenz entstehen. Wenn in Ton- oder Bildsignalen sehr viele Frequenzen enthalten sind – und das ist der Normalfall – entstehen *Seitenbänder.* Das zu übertragende Hochfrequenzsignal besteht somit aus der Trägerfrequenz und den Frequenzen des oberen und unteren Seitenbands. Die Folge davon ist, daß eine HF-Kanalbreite benötigt wird, die der doppelten höchsten Signalfrequenz entspricht. Bei Kurz-, Mittel- und Langwellen, bei denen AM angewendet wird, ist eine Kanalbreite von 9 kHz festgelegt. Darum darf die höchste Tonsignalfrequenz nur 4,5 kHz betragen. Bei Bildsignalen, die ebenfalls in AM übertragen werden, benötigt man wegen Anwendung der → Restseitenbandübertragung nicht ganz die doppelte Bandbreite des Bildsignals von 2 × 5 MHz, sondern kommt mit geringeren HF-Kanalbreiten aus. AM entsteht, wenn Trägerfrequenz und Signal eine Baustufe mit gekrümmter Kennlinie durchlaufen. Ein Sonderfall der AM ist die Frequenzmischung, bei der eine Schwingung mit einer anderen moduliert wird. Dadurch entsteht die Möglichkeit, eine Frequenz oder ein Frequenzband in einen anderen Frequenzbereich umzusetzen (z. B. beim → Superhet). AM ist recht anfällig gegen HF-Störungen, die sich der modulierten Trägerschwingung als Störspitzen überlagern. Nach Rückgewinnung des Nutzsignals sind diese Störungen teilweise im Signal enthalten. Vorteilhaft bei AM ist die geringe erforderliche Kanalbreite bei der Übertragung. *b) Frequenzmodulation*, Abk. FM: Modulationsverfahren, bei dem die Frequenz einer sinusförmigen Trägerschwingung im Takt eines Ton-, Bild- oder sonstigen Signals proportional geändert wird. Auch bei FM entstehen Seitenbänder, die sich aber im Gegensatz zu AM theoretisch sehr weit oberhalb und unterhalb der Trägerfrequenz ausdehnen. Praktisch genügt allerdings die Begrenzung auf eine bestimmte Breite, so daß selbst für eine UKW-Stereoübertragung mit einer Basisbandbreite von 53 kHz (→ MPX-Signal) die festgelegte HF-Kanalbreite von 300 kHz völlig ausreicht. Eine Kenngröße der FM ist der Frequenzhub, der die maximale Frequenzänderung der Trägerfrequenz in Abhängigkeit von der Modulationsschwingung beschreibt. Er darf einen bestimmten Wert nicht überschreiten, weil sich sonst besonders starke Seitenbänder ausbilden und eine verzerrungsfreie Übertragung des Nutzsignals nicht mehr gewährleistet ist. Zur Erzeugung von FM benutzt man Schwingschaltungen, deren Frequenz sich durch das zu übertragende Signal verändern läßt *(Reaktanzschaltungen)*. FM kann unter bestimmten Bedingungen auch rein mechanisch entstehen (→ Frequenzintermodulation, → Tonhöhenschwankungen, → Dopplerverzerrungen). Gegen Störsignale ist FM wenig anfällig, weil die Information in der Frequenz der Trägerschwingung, nicht aber in deren Amplitude enthalten ist. Man kann die Trägeramplitude und damit auch die überlagerten Störspitzen vor der Rückgewinnung des Nutzsignals begrenzen und unwirksam machen. Von dieser Möglichkeit wird u. a. bei der → magnetischen Bildaufzeichnung Gebrauch gemacht, indem das frequenzmodulierte Bildsignal das Videoband bis in die Sättigung hinein aussteuert. Nachteilig bei FM ist die relativ große HF-Kanalbreite, die die Bandbreite des Nutzsignals erheblich übersteigt. Man verwendet FM daher vorrangig in den Höchstfrequenzbereichen des Rundfunks, in denen diese Kanalbreite auch zur Verfügung steht, z. B. beim UKW-Hörrundfunk und bei der Übertragung des Fernsehtons. *c) Phasenmodulation*, Abk. PM (exakt *Nullphasenmodulation*, Abk. NPM): Modulationsverfahren, bei dem der Phasenwinkel der Trägerschwingung durch das Signal proportional verändert wird. PM ist mit FM eng verwandt, wird jedoch für Rundfunkübertragung nicht

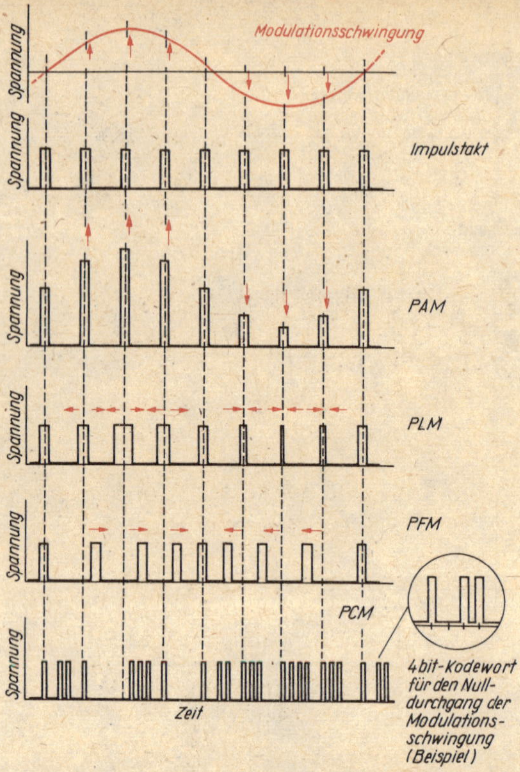

Modulation (2): verschiedene Pulsmodulationen

verwendet. Eine andere Gruppe von Modulationsverfahren bilden die *Puls-M.* Bei diesen wird entweder die Größe (Amplitude) einzelner Impulse einer periodischen Impulsserie im Takt des Signals verändert (*Pulsamplituden-M.*, Abk. PAM), deren Abstand (*Pulsfrequenz-M.*, Abk. PFM) oder deren Breite (Pulslängen-M., Abk. PLM). Bei der digitalen Signalübertragung und -speicherung hat besonders die → *Pulskodemodulation*, Abk. PCM, Bedeutung erlangt. Bei ihr wird darauf verzichtet, eine Größe des Impulses (Amplitude, Abstand, Breite) proportional dem Signalverlauf zu ändern, vielmehr wird in einem komplizierten Modulationsvorgang die Größe der Signalschwingung abgetastet und aus jedem Abtastwert eine charakteristische Impulsgruppe, ein *Kodewort*, gewonnen (→ Analog-Digital-Umsetzer). Dieses enthält in kodierter Form den Schwingungszustand des originalen Signals. Es gibt weitere Modulationsverfahren, bei denen z. B. die Trägerschwingung im Takt von Telegrafiezeichen unterbrochen wird, oder es werden 2 verschiedene Trägerfrequenzen wechselseitig im Morsetakt ausgesendet. → Einseitenbandverfahren, → Frequenzmischung (Abb.)

Hinweis: Die Bezeichnung „M"., auch „Ton-M." wird noch oft als Synonym für das → Tonsignal verwendet. Weil dies

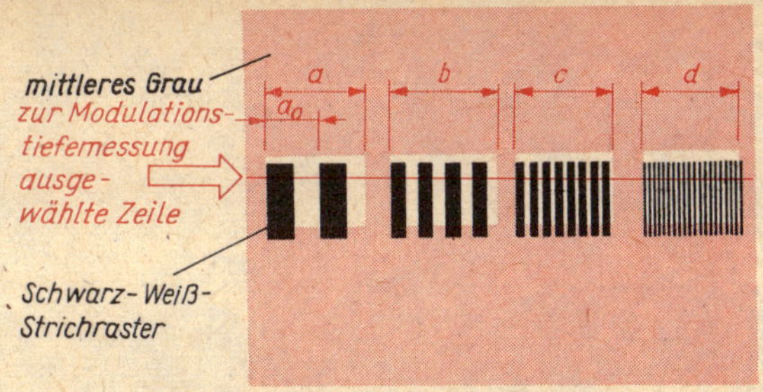

Bildvorlage mit Strichraster zur Bestimmung der Modulationstiefe

Rasterbreite in:

a : a_0
b : $a_0/2$
c : $a_0/4$
d : $a_0/8$

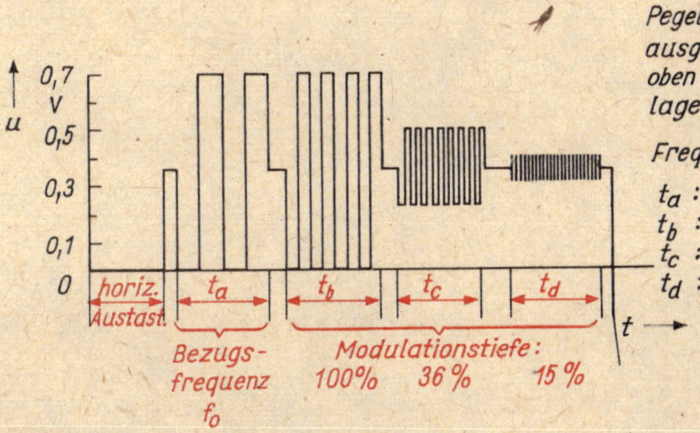

Pegeloszillogramm für eine ausgewählte Zeile der oben dargestellten Bildvorlage

Frequenzen in:

t_a : f_0
t_b : $2 f_0$
t_c : $4 f_0$
t_d : $8 f_0$

Bestimmung der *Modulationstiefe*

zu Irrtümern führen kann, sollte M. in diesem Sinn nicht gebraucht werden.

Modulationstiefe: relative bzw. auf den maximalen Bildsignalpegel bezogene Spannungsangabe für → Bildsignale, die Strichrastern im Fernsehbild entsprechen. I. d. R. benutzt man als Bezugsspannung das Bildsignal eines 0,5-MHz-Strichrasters und bezieht auf diesen Wert die Spannungen, die zu den 1-MHz-, 2-MHz-, 3-MHz-, 4,4-MHz- und 5-MHz-Strichrastern eines → Testbilds gehören. Die M. wird in Prozent angegeben, sie ist eine meßtechnische Größe zur Erfassung der → Auflösung. Eine hohe und über alle Signalfrequenzen gleichbleibende M. (max. 100 %) ist Ausdruck hoher Gerätequalität und guter Übertragungseigenschaften der Bildsignalwege sowie Voraussetzung ausgezeichneter → Bildschärfe. → Raster (Abb.)

Hinweis: Da in die M. u. a. auch die Qualität der Optik, der Bildaufnahmeröhren von Fernseh- und Videokameras und der magnetischen Bildaufzeichnungsanlagen eingehen, vermittelt ihr Wert eine komplexe Aussage über die Güte von Fernseh- und Videoanlagen. Zur Beurteilung der M. von Videoanlagen ist eine Strichraster-Bildvorlage (s. Abb. → Auflösung) notwendig, die unter Beachtung der o. g. Bedingungen leicht auf grafischem Wege selbst angefertigt werden kann.

Moiré: Bildfehler, bei dem Bildflächen, die im ungestörten Fernsehbild gleichmäßige Helligkeit haben, ein Web- oder Strickmuster ähnliches Störmuster aufweisen. Bei M. treten ungewollte örtliche Änderungen der Leuchtdichte und/oder Farbart auf. Dabei können regelmäßige helle oder dunkle Streifen, unterschiedlich in Breite, Abstand und Richtung, feststehend oder sich in verschiedenen Richtungen mit wechselnder Geschwindigkeit bewegend, dem Fernsehbild überlagert sein. Auch fischgrätenähnliche Muster sind möglich. M. wird durch Störfrequenzen hervorgerufen, die in den Bildsignalweg eindringen. Störfrequenzen bis 5 MHz sind als M. sichtbar. Die Art und Form des M. ist abhängig vom Verhältnis Störfrequenz zu Zeilenfrequenz. Wandernde waagerechte Balken, Streifen und Striche entstehen bei Störfrequenzen von 50...15 625 Hz, schräge oder senkrechte Balken und Streifen dagegen bei Frequenzen höher als 15 625 Hz. Sehr hohe Störfrequenzen rufen ein feinkörniges wanderndes Störmuster („Rippeln“) hervor. M. entsteht vor allem durch Funkstörung beim Fernsehempfang, indem hochfrequente Störwellen empfangen werden, die mit der Bildträgerfrequenz eine Schwebung (Differenzfrequenz) kleiner als 5 MHz erzeugen. Eine unmodulierte oder amplitudenmodulierte Störfrequenz bewirkt ein schräges oder senkrechtes Liniengitter. Frequenzmodulierte Störer erzeugen durchgehende, meist vertikal verlaufende Wellenlinien, etwa wie ein Fischgrätenmuster. M. kann auch von einem Fernsehsender mit anderem Programm als das empfangene herrühren, der entweder im gleichen Fernsehkanal oder in einem Nachbarkanal ausstrahlt, oder von HF-Generatoren sowie von Oberwellen aus nicht sauber abge-

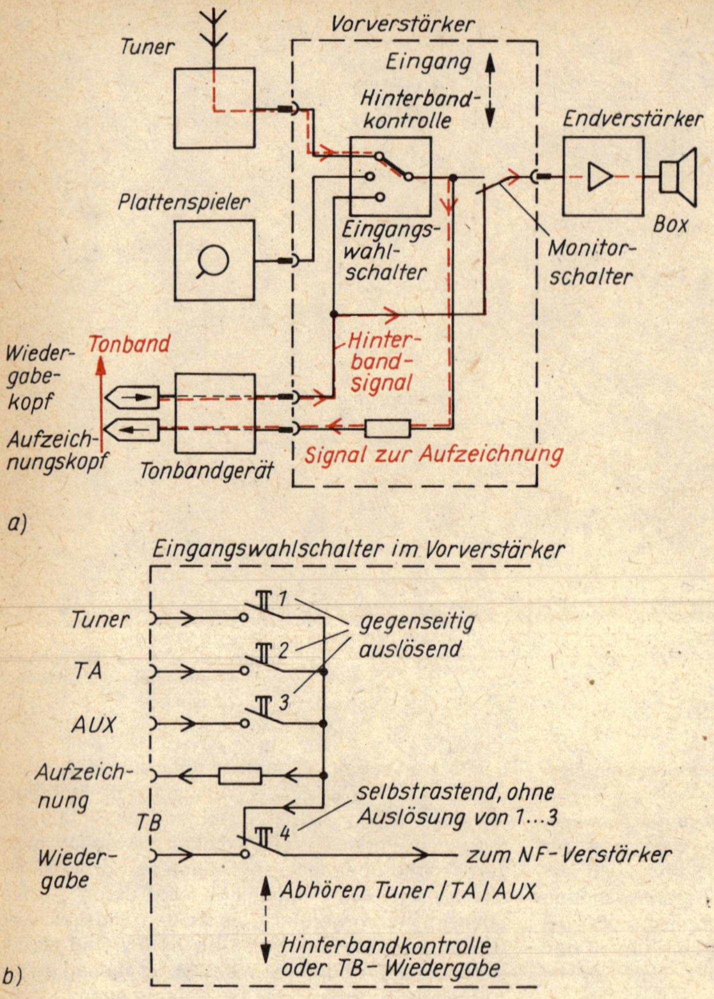

Monitorschaltung:
a) separater Monitorschalter,
b) rastende TB-Taste

schirmten oder defekten UKW-Hörrundfunk- oder Fernsehempfängern. Bei videofrequenter Bildübertragung ist die Ursache von M. häufig ungenügende oder defekte Abschirmung in Steckverbindern und Kabeln. Auch bei Wiedergabe magnetisch aufgezeichneter Beiträge kann M. auftreten. Abb. s. Farbanhang

monaurales Hören: einohriges Hören. M. H. wird oft fälschlich verwendet anstelle „monofones Hören" (Hören von monofon übertragenem Schall). Gegensatz von m. H.: binaurales Hören (zweiohriges Hören).

Monitor: → Bildkontrollempfänger

Monitorbuchse: Kontrollausgang an einem Tonbandgerät bzw. -eingang an einem NF-Verstärker zum Mithören während der Aufzeichnung. → Monitorschaltung

Monitorlautsprecher, *Kontrollautsprecher*: Lautsprecherbox für Kontrollzwecke, z. B. zum Mithören am Tonmischpult oder zum Zuspielen von Musik zur Orientierung eines Solisten auf der Bühne oder im Studio. Im Gegensatz zu HiFi-Boxen brauchen M. keine besonderen Qualitätsansprüche zu befriedigen, dafür ist eine stärkere Bündelung günstig.

Monitorschaltung, *Tape Monitor*: Einrichtung an einem NF-Verstärker, um eine → Hinterbandkontrolle bei einer Tonaufzeichnung vornehmen zu können. Durch einen *Monitorschalter* wird der Tonbandgeräteausgang (Kontakt 3 und 5 der TB-Buchse) oder eine spezielle *Monitorbuchse* unmittelbar auf den Endverstärker geschaltet. Das Hinterbandsignal vom Tonbandgerät wird von den Boxen wiedergegeben, ohne daß die Bandaufzeichnung von einer anderen Signalquelle unterbrochen werden muß. An Stelle eines speziellen Monitorschalters läßt sich auch die TB-Taste am Eingangswahlschalter des NF-Verstärkers verwenden, wenn diese einrastet, ohne die anderen Tasten des Ein-

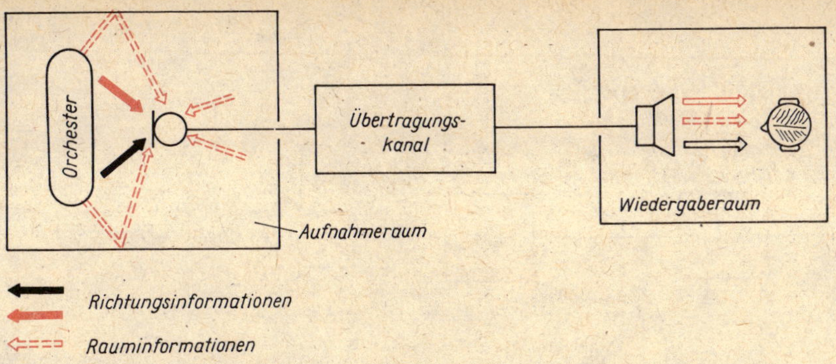

Bei *Monofonie* kann weder Richtungs- noch Raumeindruck übertragen werden

gangswahlschalters auszulösen. Zur Hinterbandkontrolle wird in diesem Fall die TB-Taste zusätzlich zum gewählten Eingang gedrückt. Abb.

Monofonie: einkanaliges Verfahren zur Aufnahme, Übertragung, Speicherung und Wiedergabe von Schall. M. bildet die Originalschallquelle – auch bei Verwendung mehrerer Lautsprecher – im Wiedergaberaum nur punktförmig oder flächenhaft verschwommen ab. Ein Richtungseindruck wird nicht, der Raumeindruck nur sehr eingeschränkt übertragen. Bei der M. ist es zwar aufnahmeseitig üblich, dem Signal verzögerte, verhallte und gefilterte Anteile sowie Teile des diffusen Schallfelds zuzumischen, man erreicht damit aber lediglich eine begrenzte Tiefenstaffelung des Klangbilds, ohne ihm die Durchsichtigkeit einer stereofonen Übertragung oder des natürlichen zweiohrigen Hörens geben zu können. → Stereofonie, → Raumton (Abb.)

Mono/Stereo-Umschaltung, automatische, engl. Abk. *ARC*: in Stereo-Rundfunkempfängern automatisch gesteuerte Umschaltung von Mono- auf Stereoempfang und umgekehrt. Die M. erfolgt bei genügend großer, für einwandfreien Stereoempfang ausreichender Antennenspannung im → Stereo-Dekoder *(Stereo-Ansprechschwelle)*. Sie wird von der Größe des → Pilottons gesteuert und ist bei hochwertigen Geräten einstellbar. Schaltungen mit gleitendem Mono-Stereo-Übergang (ASL) werden hauptsächlich bei Empfängern verwendet, die bei stark schwankenden Feldstärkeverhältnissen arbeiten sollen (Kfz-Empfänger). Bei diesen Schaltungen nimmt der Übersprechabstand von 0 dB (Mono) bis zu seinem Höchstwert (Stereo) bei wachsender Empfangsfeldstärke kontinuierlich zu. Auf Kosten der Abbildungsbreite des Klangbilds bleibt das Rauschen relativ konstant.

Monotaste: → Stereo-Mono-Taste

Monozelle: 1. I. w. S. *einzelne Zelle* einer chemischen Spannungsquelle beliebiger Bauform und Wirkungsweise. – **2.** I. e. S. elektrochemische *Rundzelle* der *Bauform R 20*, vorzugsweise als Leclanché-Element mit einer Klemmenspannung von 1,5 V im unbelasteten Zustand. I. allg. werden mehrere M. zur Betriebsspannungsversorgung für Recorder, Kofferempfänger u. ä. in Reihe geschaltet, um eine höhere Spannung zu erzielen. → Batteriebetrieb, → Betriebsspannung, → Primärelement

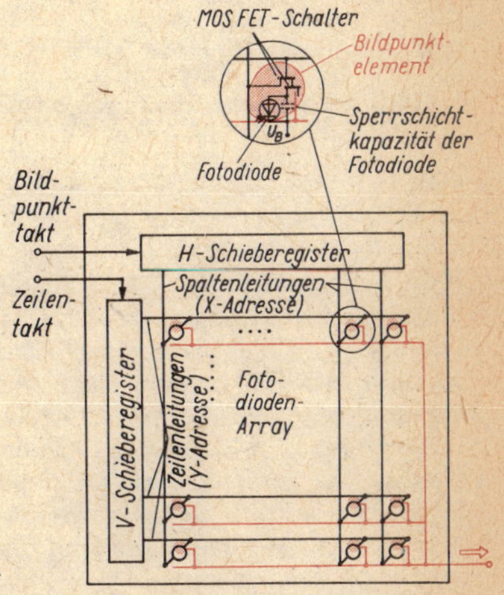

MOS-Bildsensor

MOS, Abk, für engl. **M**etal-**O**xide-**S**emiconductor (Metall-Oxid-Halbleiter): → Transistor (MOSFET), → MOS-Schaltkreis. Auch die als Bildaufnahme-Schaltkreise (→ CCD) verwendeten ladungsgekoppelten Schaltungen sind meist MOS-Strukturen.

MOS-Bildsensor: Festkörperbildsensor, bei dem Bauelemente mit MOS-Struktur (Metall-Oxid-Halbleiterstruktur) zur lichtelektrischen Umwandlung und/oder zum Auslesen der Bildinformation dienen. M. sind i. e. S. Festkörperbildsensoren, bei denen die einzelnen Lichtwandlerelemente aus Fotodioden bestehen, die das aufgenommene optische Bild in ein elektrisches Ladungsbild umwandeln und die über MOSFET-Schalter ausgelesen werden. Wobei das Auslesen direkt durch XY-Adressierung auf eine gemeinsame Bildausgangsleitung oder indirekt über einen Zwischenspeicher mit Ladungsverschiebeschaltung (→ CTD) durch taktgesteuerten Ladungstransport erfolgen kann. → Festkörperbildsensor (Abb.)

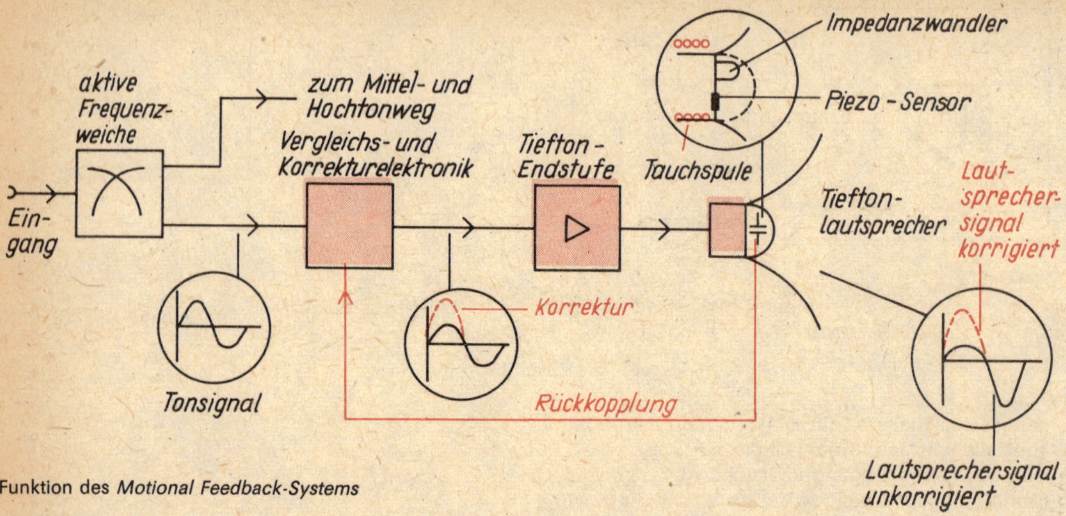

Funktion des *Motional Feedback-Systems*

MOSFET, Abk. für engl. **M**etal-**O**xide-**S**emiconductor-**F**ield-**E**ffect-**T**ransistor (Metall-Oxid-Feldeffekttransistor): →Transistor

MOS-Schaltkreis, svw. MIS-Schaltkreis: → integrierter Schaltkreis, der als aktive Bauelemente ausschließlich → Transistoren der Art MISFET, insbesondere MOSFET enthält. Nach dem Kanaltyp der verwendeten Feldeffekttransistoren werden diese Schaltkreise in p-M. bzw. n-M. unterschieden. M. werden fast ausschließlich für digitale Signale gefertigt. Sie sind die Schaltkreise mit dem höchsten herstellbaren → Integrationsgrad und daher besonders für Mikroprozessoren geeignet.

Motional Feedback-System, Abk. **MFB** (engl. für Bewegungsrückkopplung): Schaltungsprinzip für →Aktivboxen, bei dem die Membranbewegung des Tieftonlautsprechers durch einen Bewegungssensor abgetastet und über einen Rückkopplungskreis so korrigiert wird, daß sie mit dem Tonsignal weitestgehend übereinstimmt. Das bereits aus den 30er Jahren bekannte Prinzip wurde im Jahre 1973 von der Firma Philips (Niederlande) serienreif entwickelt und ermöglicht auch bei kleinvolumigen Boxen eine unverfälschte Baßwiedergabe bis herab zu einer unteren Grenzfrequenz um 30 Hz. Abb.

Motorantenne: 1. Kraftfahrzeugantenne, die mit Hilfe eines Motors ausgefahren und versenkt werden kann. Hat eine M. Endabschaltkontakte, so wird sie bei dafür eingerichteten Kfz-Empfängern beim Ein- und Ausschalten automatisch in die richtige Position gebracht *(Automatikantenne)*. M. ohne Endabschaltung werden getrennt über einen Schalter betätigt. Eine M. bietet besondere Sicherheit gegen mutwillige Beschädigung. – **2.** mit Hilfe eines Motors in verschiedene Empfangsrichtungen drehbare Empfangsantenne (→ Antennenrotor).

Motor Boating(-Effect) (engl., Motorbooteffekt), umgangssprachlich *„Blubbern"*: unerwünschte Erscheinung bei der Tonwiedergabe, vornehmlich bei Batteriegeräten. Bei verbrauchter Spannungsquelle steigt deren Innenwiderstand an, die Glättungskondensatoren werden nur langsam nachgeladen und geben ihre Ladung stoßweise an das Gerät ab. Die Schallwiedergabe schwankt mit einem Lautstärkerhythmus von etwa 1...5 Hz, wobei sich diese Frequenz z. T. mit der eingestellten Lautstärke verändert.

Motorregelschaltung: elektronische Schaltung, um einen Antriebsmotor auch bei wechselnder Belastung und schwankender Betriebsspannung auf der gewünschten Solldrehzahl zu halten. In einfachen Spulentonbandgeräten und Plattenspielern mit Wechselstrom-Asynchronmotoren erübrigt sich eine M., weil deren Drehzahl von der Netzfrequenz abhängt. Bei Gleichstrommotoren in einfachen Kassettenrecordern wird der Motorstrom so gesteuert, daß Spannungsschwankungen und z.T. wechselnde Belastung des Motors weitestgehend ausgeglichen werden. In hochwertigen Tonbandgeräten und Plattenspielern wird der Antriebsmotor elektronisch nach dem Tachoprinzip geregelt (→ Tachoregelung), wobei eine sehr genaue Istdrehzahl – z. T. quarzgenau – erzielt wird. In Videorecordern laufen sehr komplizierte Regelvorgänge ab, weil die Bandgeschwindigkeit mit der Kopfraddrehzahl und dem Synchronanteil des Bildsignals phasenstarr verknüpft werden muß. → Kopfradservo, → Kontrollspur

Moving Iron-Abtastsystem, kurz MI-Abtastsystem (MI, engl., bewegtes Eisen): →elektromagnetisches Abtastsystem, →Abtastsystem

MP: Abk. für →Mikroprozessor.

MPO: Abk. für engl. **M**usic **P**ower **O**utput. →Musikleistung

MPX-Filter, *Stereo-Seitenbandfilter*: bei einem Stereo-Rundfunkempfänger zwischen Demodulator

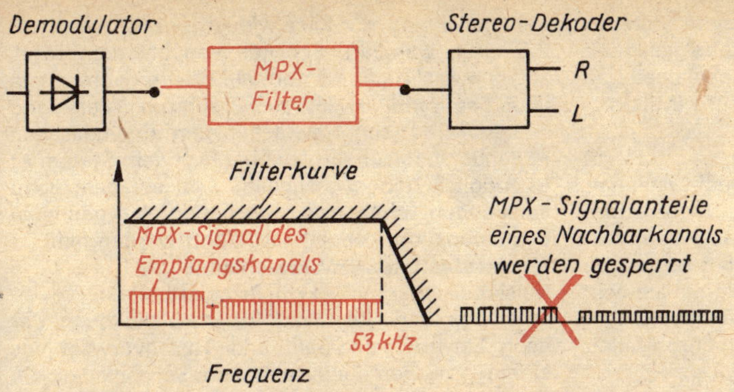

Ein *MPX-Filter* unterbindet störende Signalanteile aus Stereo-Nachbarkanälen

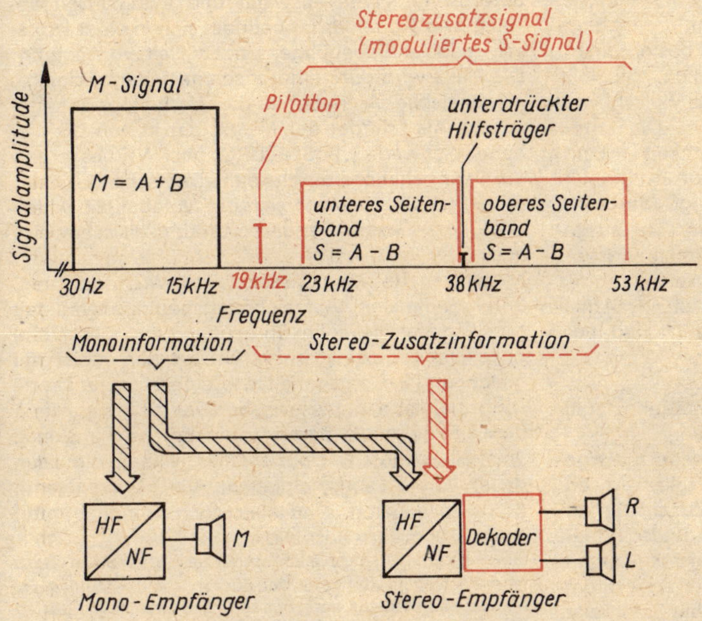

MPX-Signal und die im Mono- und Stereoempfänger verarbeiteten Anteile

und Stereo-Dekoder geschaltetes Filter zur Unterdrückung von Nachbarkanalstörungen beim Stereoempfang, die sich ansonsten durch gurgelnde und brodelnde Geräusche bemerkbar machen können. Solche Störungen treten besonders in Gebieten mit großer UKW-Senderdichte bei Multiplexdekodern auf. Mitunter wird der Terminus M. fälschlich für ein → Pilottonfilter verwendet. Abb.

MPX-Signal, Abk. für **Multiplexsignal: 1)** *I. w. S.* nach dem Verfahren von → Zeitmultiplex oder → Frequenzmultiplex gewonnenes Kombinationssignal, in dem mehrere, oft voneinander unabhängige Informationen enthalten sind. **2)** *(Stereofonie)* komplex zusammengesetztes Stereosignal, das auf UKW frequenzmoduliert übertragen wird. Das M. wird in einem Koder gewonnen und besteht aus dem → M-Signal sowie dem auf einem 38-kHz-Hilfsträger amplitudenmodulierten → S-Signal *(Stereo-Zusatzsignal)*. Der Hilfsträger wird nicht übertragen. Dafür wird im M. ein 19-kHz-Pilotton in der Lücke zwischen M- und Stereo-Zusatzsignal eingeschachtelt, aus dem im → Stereodekoder der 38-kHz-Hilfsträger zurückgewonnen werden kann. Grund für die Übertragung des Pilottons an Stelle der Hilfsträgerfrequenz ist die breitere Frequenzlücke bei 19 kHz, die ein leichteres Herausfiltern im Dekoder ermöglicht. → Pilottonverfahren (Abb.)

MR: Abk. für → Mikrorechner.

MRH, Abk. für engl. **M**agnetoresistive **H**ead: → Dünnfilm-Magnetkopf

M-Signal, Abk. für **Mitten signal**, *Summensignal*: unsymmetrisches Stereo-Signal, das den richtungsunabhängigen Teil der Information enthält. Bei vorhandener → Kompatibilität ist das M. mit dem Mono-Signal identisch. Das M. entsteht bei der elektrischen Zusammenschaltung des linken und rechten Stereo-Kanals (Kanal 1 und 2), wie es z. B. beim Drücken der Monotaste erfolgt. Das entspricht einer Addition der symmetrischen Stereosignale A + B = M. Ein M. führt bei Kanalgleichheit zur Abbildung einer punktförmigen Schallquelle direkt zwischen den beiden Lautsprechern (Mittenlokalisation).

M/S-Mikrofon: → Stereomikrofon

MSS: 1) *(Tontechnik)* Abk. für **M**usik**s**uch**s**ystem: in Kassettentonbandgeräten verwendetes System zum automatischen Auffinden von Signalpausen zwischen 2 aufeinanderfolgenden Titeln aus schnellem Vor- oder Rücklauf. Das MSS wirkt ähnlich wie → APSS. **2)** *(Videotechnik)* Abk. für **M**itnahme-**S**ynchron**s**teuerung: Verfahren zur → Synchronisation unabhängiger Bildquellen.

Multidioden-Silizium-Vidikon, *Multidioden-Vidikon; Ultrikon*, kurz Si-Vidikon: Bildaufnahmeröhre vom → Vidikon-Typ. Die → Speicherplatte besteht nicht, wie sonst bei Bildaufnahmeröhren üblich, aus einer homogenen Fläche, sondern aus einer Vielzahl winziger Siliziumdioden *(Silizium-Vidikon)*. Die Röhre hat eine extrem große Lichtempfindlichkeit (→ Empfindlichkeit), deren Maximum im Infrarotbereich (Abb. → Spektralempfindlichkeit) liegt. Sie zeigt kein → Einbrennen. Nachteilig ist ein sehr ausgeprägtes → Blooming und → Ausflammen. Das M. wird vorwiegend in Beobachtungsanlagen für Nachtüberwachung und in Industriefernsehanlagen, die hohen Temperaturen ausgesetzt sind, verwendet.

Multiplayback: → Playback

Multiplexsignal: → MPX-Signal, → Frequenzmultiplex, → Zeitmultiplex

Multivision: Erzeugung von Vielfachbildern als gestalterisches Element in der Video- und Fernsehtechnik. Bei der M. werden dem Zuschauer auf mehreren unmittelbar benachbarten Bildschirmen gleiche oder unterschiedliche Bildinformationen angeboten. Bei entsprechend aufeinander abgestimmtem Bildinhalt können dabei gewünschte Eindrücke, Sehempfindungen (Visionen) ausgelöst werden. Von großer Bedeutung für die Produktion von Videos oder Fernsehsendungen mit hohem Schauwert (hauptsächlich Unterhaltung) ist z. B. auch die flächenhafte Anordnung einer Zahl von Farbbildmonitoren *(Multivisionswand)* vor einer Fernsehkamera. Diese Anordnung bietet, wenn alle Farbmonitore eine gleiche, weitestgehend gesättigte Farbe wiedergeben, in Verbindung mit der *Chroma-Key-Technik* eines Bildmischers die Grundlage zur Anwendung des → Farbstanzens bei der Bildgestaltung. Vorteilhaft ist dabei, daß die „Farbfläche" elektronisch auf jede beliebige Farbe eingestellt werden kann und die Struktur eines „Vielfachbildschirms" aufweist. Dieser kann nach der Methode des Farbstanzens für den Fernsehzuschauer mit beliebig wechselnden Bildinhalten ausgefüllt werden. → Bildmischer, → Trickmischer

Music Scan: System zur automatischen → Bandstellenfindung bei Kassettentonbandgeräten, wobei jeder Titelanfang nur kurz wiedergegeben wird (ca. 2,5...10 s, wählbar). Schaltet man bei dem angespielten Titel nicht auf normale Wiedergabe um, so läuft das Band jeweils zum nächsten Titelanfang weiter. M. ist somit etwa mit dem automatischen → Sendersuchlauf vergleichbar. Mit dem System ist es möglich, einen gesuchten Titel auf dem Band aufzufinden, ohne daß zwischendurch irgendeine Bedienfunktion manuell ausgeführt werden muß.

Musikaufnahme: → Mikrofonaufnahme

Musikbelastbarkeit: → Höchstbelastbarkeit

Musikbox (engl. Juke Box): Plattenspielautomat, der nach Einwurf von Geld und Tastenvorwahl aus einem größeren Repertoire von Schallplatten die gewünschte Platte auswählt und automatisch abspielt. Der Plattenvorrat befindet sich in einer karussell- oder schiebebühnenartigen Haltevorrichtung. Die Platte wird durch motorisch gesteuerte, elektromechanische Antriebe in die Abspielposition gebracht. Als Erfinder der M. gilt der in den USA lebende Schwede J. P. SEEBURG; nach Verbesserung der Konstruktion durch den Deutschamerikaner R. WURLITZER breitete sich die M. ab 1932 in den USA, später auch in anderen Ländern massenweise aus.

Musikkassette, MusiCassette, Abk. *MC*: industriell unter optimalen Aufzeichnungsbedingungen mit Musik (teilweise auch Sprache oder Geräuschen) bespielte Kompaktkassette. M. werden meist mit gleichem Titel und Inhalt wie eine entsprechende Langspielplatte herausgegeben *(LP-M.)*, sie haben demzufolge auch deren Laufdauer von maximal 2mal 30 Minuten. *Doppel-LP-M.* haben die Laufdauer von 2 Langspielplatten. Alle M. werden in Stereo produziert, sind aber auch kompatibel auf Mono-Recordern abspielbar.

Hinweis: Eine M. kann auch erneut bespielt werden. Dazu sind die beiden Löcher an der Rückseite mit 2 dünnen Folienklebestreifen zu verschließen. Erworbene M. dürfen auch weiterverkauft werden, weil man davon ausgehen kann, daß die aus Urheberrecht und Leistungsschutzrechten resultierende Vergütung bereits beim Kauf entrichtet wurde. M. dürfen aber nicht ohne Einverständnis des Herstellers für Erwerbszwecke verwendet werden (z. B. Verkauf von Kopien, öffentliche Vorführung gegen Entgelt). Auch das unentgeltliche Kopieren ist nur für den persönlichen oder beruflichen (nichtöffentlichen) Gebrauch durch den Eigentümer oder einen Dritten gestattet (→ Umzeichnen).

Musikleistung (engl. Dynamic Power): Ausgangsleistung, die ein NF-Verstärker unter Einhaltung eines vorgegebenen Höchstklirrfaktors (Nennklirrfaktor) abgeben kann, wenn seine Betriebsspannung auf der Größe gehalten wird, die sie ohne Signal hat. Eine wesentlich höhere M. gegenüber der → Sinusleistung (üblich sind Werte von 120...200 %) bedeutet, daß das zugehörige → Netzteil die erforderliche Leistung auf Dauer nicht liefern kann, die Betriebsspannung also absinkt. Größere Unterschiede zwischen angegebener M. und Sinusleistung sind daher eher als negatives Qualitätskriterium zu werten. Die Angabe der M. hat insofern doch eine Berechtigung, als bei den meisten Musiksignalen – abhängig vom Charakter des Stücks – große Lautstärkespitzen nur kurz auftreten. Bei diesen kann dann dem NF-Verstärker kurzzeitig eine höhere, allerdings zahlenmäßig nicht zu definierende Ausgangsleistung entnommen werden, als sie der angegebenen Sinusleistung entspricht. *Music Power Output, Abk. MPO,* kennzeichnet eine M., die nach → EIA auf den Klirrfaktor von 5 % bezogen ist. Die M. sollte in den technischen Daten immer deutlich gekennzeichnet und nur zusätzlich zur Nennausgangsleistung (Sinusleistung) angegeben werden.

Muting-Schaltung (von engl. mute, lautlos): **1)** *(Rundfunkempfangsteil)* Rauschsperre, *Stillabstimmung*: Schaltung zur Unterdrückung des störenden Zwischensenderrauschens auf UKW während der Abstimmung. Weil die M. schwach einfallende Sender unterdrückt, kann sie meist mit einer Taste außer Betrieb gesetzt werden. **2)** *(NF-Verstärker)* Programm-Muting: Schaltung bei Eingangswahlschaltern, um Knack- und sonstige Umschaltgeräusche beim Wechsel der Programmquelle zu unterdrücken. **3)** *(Magnettonwiedergabe) Pausenrauschsperre*: vom Tonsignal gesteuerte Schaltung zur Unterdrückung des Bandrauschens, wenn bei Wiedergabe eine Pause im Nutzsignal entsteht. Bleibt das Signal eine bestimmte Zeit aus, so wird der Wiedergabeverstärker auf geringe Verstärkung gesteuert. **4)** *(Magnettonaufzeichnung)* Record Muting: mit einer Taste zu betätigende *Stummschaltung,* bei der das Aufzeichnungssignal knackfrei unterbrochen wird. Die M. wird besonders bei Recordern mit → Aussteuerungsautomatik eingebaut, um die zur automatischen → Bandstellenfindung (→ APSS) erforderliche Signalpause schaffen zu können. → Video-Muting

MW: Abk. für → **M**ittel**w**ellen.

N

NAAC, Abk. für **N**akamicki **A**uto **A**zimuth **C**orrection, svw. automatische Azimutkorrektur: Automatik zur Einstellung der Spaltlage des Wiedergabekopfs eines Kassettenrecorders. Dazu werden die höherfrequenten Tonsignalschwingungen am oberen und unteren Rand der Spur abgetastet und miteinander verglichen. Bei abweichender Phasenlage wird der Wiedergabekopf mit Hilfe eines kleinen Elektromotors in Sekundenschnelle in eine solche Position gebracht, bei der seine Spaltlage mit der Aufzeichnungslage auf dem Band übereinstimmt. NAAC korrigiert also auch, wenn die wiedergegebenen Bandaufzeichnungen mit einem Aufzeichnungskopf fehlerhafter Spaltlage gemacht wurden. → Taumelung

NAB, Kurzform von NARTB, Abk. für engl. National Association of Radio and Television Broadcasters: nationale Vereinigung für Hör- und Fernsehrundfunk (USA), deren Standards für HiFi-Geräte vorrangig in den USA und Japan gelten und gegenüber den Grenzwerten nach TGL 28660 und DIN 45500 allgemein geringere Ansprüche stellen. Die → Magnettonentzerrung nach NAB weicht nicht von der allgemein üblichen Entzerrung nach TGL und DIN für Heimtongeräte ab.

Nachausgleichimpulse, *Nachtrabanten*: Bestandteil des → Synchronsignals. N. folgen unmittelbar den Hauptimpulsen (→ Vertikalsynchronimpuls). Die N. tragen dazu bei, die Schaltung, die die Herauslösung der → Vertikalsynchronimpulse aus dem Synchronsignal bewirkt, kurzzeitig wieder in ihren Ausgangszustand zurückzuführen. Damit werden Fehlermöglichkeiten bei der Impulstrennung eingeschränkt. Aus der Lage der N. im S-Signal leitet sich auch die Bezeichnung Nachtrabant ab (s. Abb. → Vertikalsynchronimpuls). N. übernehmen während ihrer Übertragung die Funktion der → Horizontalsynchronimpulse, so daß diese in der entsprechenden Zeit entfallen können. Nach CCIR gelten folgende Normwerte:
Folgefrequenz $f = 31\,250\ Hz = 2\,f_H$, Periodendauer $T = 32\ \mu s \mathrel{\hat{=}} 0{,}5\ H$ (je 5 N. nach dem VS-Impuls), Impulsdauer $\tau = 2{,}35\ \mu s \mathrel{\hat{=}} 3{,}5\ \%$ von H.

Nachbarkanalselektion: Vermögen eines Rundfunkempfängers, das Signal eines im benachbarten Kanal arbeitenden Senders zu unterdrücken. Die N. ist hauptsächlich von der Qualität des ZF-Verstärkers (Bandbreite und Steilheit der Bandfilter-Durchlaßkurven) abhängig. Sie wird als Verhältnis des erwünschten Signals zum störenden Signal des Nachbarkanals am Empfängerausgang angegeben.

Nachblenden: → Post Fading

Nachgiebigkeit, Nadelweichheit: → Compliance

Nachhall, *Hall* (engl. *Reverberation*), umgangssprachlich Raummitklang: Nachklingen von Schall in einem Raum nach Ende der Schallanregung. N. wirkt nicht nur am Ende einer Schalldarbietung, vielmehr wird er durch Klang- und Laustärkeänderungen ständig neu angeregt und überlagert sich dem direkten Schall. N. besteht aus einer Vielzahl zeitlich dicht beieinanderliegender Schallreflexionen, deren Intensitäten mit der Zeit immer schwächer werden. Der N. soll bei einem akustisch günstigen Raum einen gleichmäßigen Verlauf haben (s. Abb. → Schallreflexion). N. erhöht die Lautstärke im Raum, die Deutlichkeit von Sprache leidet allerdings, wenn stärkere Reflexionen später als etwa 50 ms nach dem Direktschall eintreffen. Man ist daher bemüht, für Sprache solche Räume zu benutzen, die keinen sehr langen N. haben. Räume mit langandauernden N. heißen *„hallig"*, klingt der N. schnell ab, nennt man sie *„trocken"*. Um den N. auch messen und in Zahlen angeben zu können, wurde die *N.zeit* definiert. Sie ist die Zeit zwischen

Ende der Schallerregung bis zu dem Augenblick, an dem der Schalldruckpegel des N. um 60 dB abgesunken ist. Die N.zeit ist eine Meßgröße und entspricht nicht in jedem Fall auch der empfundenen *N.dauer*; oft versinkt der N. in den Störgeräuschen des Raums. Die N.zeit eines Raums bestimmt wesentlich seine Eignung für Musik- oder Sprachdarbietungen. Bei Musik (und bei deren Mikrofonaufnahme) gelten unterschiedliche, aber relativ lange N.zeiten. Sie hängen stark von den Hörgewohnheiten der Menschen, vom Charakter der Musik allgemein und von der Zeitepoche ihrer Entstehung ab. Außerdem spielt die Raumgröße eine Rolle: je größer der Raum, um so längere N.zeiten werden als besonders angenehm empfunden. Die längste N.zeit erfordert getragene Musik (Chöre, Oratorien, Kirchenmusik). Kürzere ist bei Opern und Operetten erwünscht, Sprechtheater und Popmusik verlangen die kürzeste N.zeit. Insgesamt reicht die Skala von mehreren Sekunden bis herab zu etwa 0,5 s. Diese Verhältnisse müssen auch bei der Tonübertragung beachtet werden. Wegen der sehr verschiedenen Werte für die geforderte N.zeit kommt nur eine aufnahmeseitige Beeinflussung in Frage. Für die Wiedergabe benutzt man dann einen „trockenen" Raum, um die N.zeit nicht nachträglich zu verlängern. Dieser Verfahrensweise kommt die durchschnittlich sehr kurze N.zeit von Wohnräumen entgegen (etwa 0,4...0,6 s). Die Korrektur der N.zeit erfolgt mit schalldämmenden Materialien im Raum selbst. Man vermindert die Schallreflexion, dadurch wird die N.zeit kürzer. Weiche Stoffe, wie Vorhänge, textile Wände, aber auch das Publikum selbst, absorbieren vorwiegend mittlere und hohe Frequenzanteile. Tiefe Frequenzen werden von ausgedehnten biegsamen Wandflächen – auch Fenstern – am besten absorbiert. Bei Konzertsälen und Tonaufnahmestudios sind die raumakustischen Maßnahmen sehr aufwendig. Jedoch sind Raumkorrekturen für Sprachaufnahmen schon mit relativ anspruchslosen Mitteln ausführbar (→ Mikrofonaufnahme). Der Anteil des N. in einer Tonaufnahme ist nicht allein von den Raumeigenschaften abhängig, er wird von der Mikrofonaufstellung wesentlich mitbestimmt. N. kann auch mit elektronischen Mitteln künstlich erzeugt und einer Tonaufnahme nachträglich zugemischt werden. Man spricht dann von → Verhallung.

Nachhallzeit: → Nachhall

Nachtrabant: → Nachausgleichsimpuls

Nachvertonung (engl. *Audio Dub*): bei Videorecordern bestehende Möglichkeit, den aufgezeichneten Originalton zu löschen und durch einen anderen zu ersetzen oder nach der Bildaufzeichnung eine separate Tonaufzeichnung vorzunehmen. Bei N. wird das aufgezeichnete Bild wiedergegeben.

Nachziehen: störende Bilderscheinung, die infolge der → Trägheit von Bildaufnahmeröhren entsteht. N. äußert sich darin, daß schnell bewegte Objekte unscharf wiedergegeben werden und „Fahnen" hinter sich herziehen. Das N. tritt beim Vidikon und einigen ähnlichen Röhrentypen besonders bei geringer Szenenbeleuchtung stark in Erscheinung.

Nadelreiniger, elektronischer: mit hoher Frequenz schwingendes kurzhaariges Bürstchen oder Plättchen zur einfachen Reinigung von Abtastnadeln.

Nadelschliff: → Abtastnadel

Nadelspringen, *Rillenüberspringen*: bei der Schallplattenabtastung auftretendes, unerwünschtes Übersetzen der Nadel über einen oder mehrere Rillenstege in eine andere Rille. Die Ursachen sind bei Schallplatte, Plattenspieler oder in Beeinträchtigungen von außen zu suchen, häufig überlagern sich mehrere Erscheinungen, von denen jede einzelne noch nicht zum N. führen würde. Folgende Ursachen erzeugen N.: *a) Herstellungsfehler* bei der Schallplatte, die vorwiegend darin bestehen, daß zu große Rillenauslenkungen eingeschnitten wurden, vor allem, wenn die Auslenkungen zweier benachbarter Rillen ungünstig zusammenstoßen und der verbleibende Steg zu schmal wird. Solche Fehler sind selten; die betroffene Schallplatte kann umgetauscht werden, *b) Rillenbeschädigung* durch hartes Aufsetzen der Nadel oder Kratzer, *c) schwergängiges horizontales Tragarmlager*, so daß auf die Nadel eine rückwirkende Seitenkraft ausgeübt wird und sie schließlich an der Rillenflanke hinaufgleitet. Solches N. wird durch Seitenschlag (Exzentrizität) der Schallplattenrille begünstigt, *d) schwergängiges vertikales Tragarmlager*, wodurch die Nadel bei Schallplatten mit Höhenschlag zeitweise den Rillenkontakt verliert, *e) zu geringe Auflagekraft*, so daß die → Rückstellkraft bei großen Rillenauslenkungen und Nadelbeschleunigungen größer wird als die Auflagekraft und die Nadel an der Rillenflanke hinaufgleitet, *f) beschädigte Abtastnadel, g) verhärtetes Nadelträgerlager* (durch Alterung), wodurch die → Compliance geringer wird und die vorgeschriebene Auflagekraft nicht mehr ausreicht, um die Nadel in der Rille zu halten, *h) Abstoßungskräfte* zwischen Platte und Gehäuse des Abtastsystems durch → elektrostatische Aufladung, besonders bei Systemen mit sehr geringer Auflagekraft, *i) schwergängige mechanische Endabschaltung*. Solches N. tritt immer am Ende einer Schallplatte auf, *k) schräge Plattenspieleraufstellung, l) Erschütterungen des Plattenspielers* durch Trittschall oder → akustische Rückkopplung von einer Lautsprecherbox, *m)* starke *Anregung der Tragarmresonanz* durch Rumpeln oder Körperschall im Zusammenhang mit großen Rillenauslenkungen bei sehr tiefen Tonsignalfrequenzen (starken Bässen).

Hinweis: N., dessen Ursache bei der Schallplatte selbst liegt (a und b), ist oft schon durch geringes Erhöhen der → Auflagekraft zu beseitigen, wertvolle Schallplatten sollten aber möglichst bald überspielt werden. Geräte- oder aufstellungsbedingte Ursachen sind wegen möglicher Folgeschäden an Platten und Nadel bald zu beseitigen (c ... m).

Nadelträger: → Abtastnadel, → Abtastsystem

Nadelverschleiß, Nadelabnutzung: durch Reibung in der Schallplattenrille fortschreitender Abschliff der Abtastnadel. Der N. wird durch zu hohe → Auflagekraft, durch Staub und Ablagerungen an der Nadel selbst gefördert und führt im fortgeschrittenen Stadium zu Klangverzerrungen, Benachteiligung der Obertöne und zu stärkerer Abnutzung der Schallplatte. Die *Betriebsdauer* einer Abtastnadel ist von vielen Faktoren abhängig, durchschnittlich kann mit ca. 100 Stunden bei einer Saphirnadel und mit etwa 1000 Stunden bei einer Diamantnadel gerechnet werden. Werkstätten und qualifizierte Verkaufseinrichtungen können den N. exakt mit einem Meßmikroskop ermitteln.

Hinweis: Eine grobe Überprüfung der Abtastnadel durch den Nutzer des Plattenspielers ist mit Hilfe einer → Testschallplatte möglich. Dabei werden 2 Aufzeichnungen des gleichen Stücks im äußeren bzw. inneren Rillenabschnitt miteinander auf hörbare Mängel hin verglichen. Weil in den inneren Rillen die Abtastung wegen der allgemein kürzeren Wellenlängen kritischer ist, tritt der N. hörbar in Erscheinung.

Nahbesprechungseffekt, *Naheffekt* (engl. Proximity Effect): Erscheinung, daß ein Druckgradientenmikrofon (Niere, Acht) bei geringem Besprechungsabstand unterhalb etwa 1...1,5 m die tiefen Frequenzen um so mehr überbetont, je geringer der Abstand wird. Daher werden bei einigen dieser Mikrofone feste oder schaltbare Tiefenabsenkungen (*Klang-* oder *Baßschalter*, auch *Baßabschwächer*) eingebaut.

Hinweis: Der N. wird von einigen Solisten bewußt zu einer sonoren Darbietung ihrer Stimme oder zu größerer Klangfülle ihres Instruments ausgenutzt. Beim Ausgleich des N. durch Baßabschwächer werden gleichzeitig tieffrequente Störschallanteile um den gleichen Betrag vermindert (Poltern, Trittschall usw.).

Nah-Fern-Buchse: Doppelbuchse für einen Antenneneingang am Empfänger. Während von der Fern-Buchse die Antennenspannung ungeschwächt zum Tunereingang gelangt, wird sie bei Benutzung der Nah-Buchse mit einem → Dämpfungsglied abgeschwächt, damit starke Ortssender den Tuner nicht übersteuern können.

Naßabspielung, Naßabtastung: Schallplattenwiedergabe nach Benetzung der Rillen mit einer speziellen Abtastflüssigkeit. Diese besteht i. allg. aus doppelt destilliertem Wasser mit einem Zusatz von 20...25 % reinem Alkohol (Ethanol). Als Vorteil der N. ergibt sich ein geringeres Grundgeräusch, weil Verunreinigungen aus der Rille gespült werden und statische Aufladungen nicht entstehen können. Die N. ist in Fachkreisen umstritten, weil sie eine irreversible Schädigung der Platte hervorruft. In der Abtastflüssigkeit lösen sich wasserlösliche Spurensubstanzen des Plattenmaterials (Salze), die bei der anschließenden Trocknung auskristallisieren und sich nur an bestimmten Molekülketten des Materials anlagern. Bei einer nachfolgenden normalen Trockenabtastung entstehen zusätzliche Knack- und Knistergeräusche, darum muß eine einmal naß abgespielte Platte immer wieder naß abgespielt werden. → Schallplattenpflege

Hinweis: Die N. ist vorteilhaft beim Überspielen bereits durch Staub geschädigter Platten anwendbar. Dabei soll der Benetzungsfilm so dünn wie möglich sein. Keinesfalls darf dem destillierten Wasser Spiritus (vergälltes Ethanol) zugesetzt werden.

NAWI-Membran: → elektrodynamischer Lautsprecher

NDCR, Abk. für engl. **N**oise **D**istortion **C**learance **R**ange, svw. Geräusch- und Verzerrungszulässigkeitsbereich: Meßgröße für HiFi-Geräte, die gleichzeitig Klangverzerrungen (Klirr- und Intermodulationsfaktor) sowie Rauschen erfaßt.

Nebenspurdämpfung: Maß dafür, um wieviel Dezibel gedämpft bei einem Magnetband Signale von einer benachbarten Spur auf die wiedergegebene Nutzspur gelangen *(Spurübersprechen)*. Die Bezeichnung N. wird auch allgemein für den Übersprechabstand der Stereokanäle auf einem beliebigen Informationsträger verwendet, z. B. bei Stereoschallplatten. → Übersprechen

Nennabschlußimpedanz: → Abschlußwiderstand

Nennausgangsleistung: → Ausgangsleistung, → Sinusleistung

Nennbelastbarkeit: NF-Leistung, die nach Angaben des Herstellers einem Lautsprecher oder Kopfhörer (je Kapsel) im Dauerbetrieb zugeführt werden darf, ohne daß er beschädigt wird. Die N. wird durch die mechanische und thermische Stabilität des Wandlers bestimmt. HiFi-Kopfhörer sollten eine N. von mindestens 100 mW haben. Dieser relativ hohe Wert sichert ab, daß der Kopfhörer bei Pegelspitzen im Tonsignal oder bei grober Fehlanpassung in bestimmtem Maße vor Zerstörung geschützt ist.

Nenndrehzahl: → Drehzahl

Nenneingangsspannung, auch Eingangsempfindlichkeit: niedrigste Tonsignalspannung an einem Eingang des NF-Verstärkers oder Tonbandgeräts, bei der noch Vollaussteuerung erreicht werden kann, wenn der Lautstärke- oder Aufnahmeeinsteller vollständig geöffnet ist.

Nennfluß: → Bandfluß

Nennflußabstand: Maß für die → Aussteuerbarkeit eines Tonbands bei tiefen Frequenzen.

Nennimpedanz: → Nennscheinwiderstand

Nennresonanzfrequenz, svw. Grundresonanzfrequenz: vom Hersteller angegebene, tiefste Eigenfrequenz eines Lautsprechers oder einer Box, die auf die mechanischen Eigenschaften des Lautsprechers einschließlich der mitschwingenden Luft zurückzuführen ist. Es entsteht eine verstärkte Abstrahlung des Signals bei den Frequenzen, die mit der N. zusammenfallen. Weil die N. bei Tieftonlautsprechern meist sehr niedrig liegt (unter 100 Hz), kann es zu übertriebener Baßwiedergabe einzelner tiefer Töne

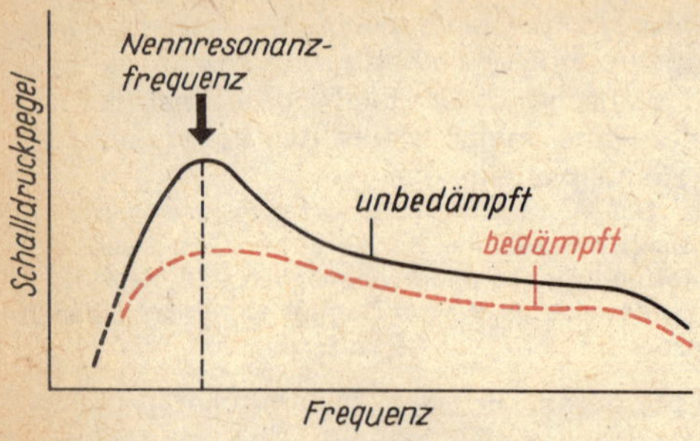

Nennresonanzfrequenz bei einem Lautsprecher

kommen. Man ist daher bemüht, die Membranschwingungen bei N. durch elektrische oder mechanische Bedämpfung zu schwächen oder schon konstruktiv die N. so tief zu legen, daß sich sogar der Übertragungsbereich nach tiefen Frequenzen hin erweitern läßt. Eine ausgeprägte Eigenfrequenz beeinflußt auch den Ausschwingvorgang des Lautsprechers, weil die Membran nach impulsförmigen Signaländerungen unerwünscht nachschwingt. Abb.

Nennschalldruckpegel, kurz Nennschallpegel: Schallpegel, den eine HiFi-Lautsprecherbox in einem bestimmten Abstand zum Hörer erzeugen kann, ohne daß ihre → Nennbelastbarkeit überschritten wird. Der N. garantiert demnach bei HiFi-Boxen eine bestimmte Mindestlautstärke. In 1 m Abstand ist der N. mit 96 dB festgelegt, das entspricht in 3 m Entfernung ca. 86 dB. Die erforderliche NF-Leistung zur Erzeugung des N. heißt → Betriebsleistung.

Nennscheinwiderstand, *Nennimpedanz*: **1.** *(Lautsprecher)* in Ohm angegebener Kennwert für einen Lautsprecher, der bei der → Lautsprecheranpassung an den NF-Verstärker Bedeutung hat. Der N. beträgt etwa das 1...1,2fache des niedrigsten Eingangsscheinwiderstands, gemessen oberhalb der → Nennresonanzfrequenz. Vorzugswerte für HiFi-Lautsprecher sind 4 Ω und 8 Ω. – **2.** *(Kopfhörer)* in Ohm angegebener Eingangsscheinwiderstand des Kopfhörers, vorzugsweise bei 1000 Hz. Vorzugswerte sind für niederohmige Kopfhörer 8/16/32/60 Ω, für mittelohmige 200/400/600 Ω und für hochohmige Kopfhörer 1000/2000/4000 Ω je Kapsel. → Kopfhöreranpassung

Netzbetrieb: Entnahme der für den Betrieb eines elektrischen Geräts erforderlichen Energie aus dem öffentlichen Energienetz oder aus einer Netzersatzanlage (z. B. auf Schiffen). N. erfordert ein → Netzteil.

Hinweis: N. sollte gegenüber Batteriebetrieb nach Möglichkeit der Vorzug gegeben werden, da er bis zu 500mal (!) kostengünstiger ist.

Netzgerät: → Netzteil

Netzgerätestecker; *Netzteilstecker:* → Gleichspannungsstecker

Netzgleichrichtung: → Netzteil

Netzsynchronisation: spezielle Form der → Synchronisation, durch die der Gleichlauf elektronischer Schaltungen zur Netzfrequenz hergestellt wird. Sie ermöglicht mit geringem Aufwand die Gleichlaufsteuerung vieler Geräte über das Stromversorgungsnetz. Da die Netzfrequenzen der einzelnen Landesnetze standardgemäß Toleranzen unterliegen, ist die erreichbare Stabilität bei der N. gering. Dadurch ist die N. in der modernen Videotechnik prinzipiell nicht anwendbar. Anwendungsbeispiel u. a.: „Weck"-Radios für geringe Qualitätsansprüche.

Netzteil, *Stromversorgungsteil:* Baugruppe oder eigenständiges Gerät zur Gewinnung der → Betriebsspannung(en) für ein elektronisches Gerät aus dem Energienetz. Man unterscheidet bei N. solche, die als Baugruppe in einem Gerät, auch Batteriegerät, fest eingebaut sind, und andere, *externe N. (Netzgerät, Netzadapter, Netzvorschaltgerät)* als Zusatzeinrichtung in eigenem Gehäuse für reine Batteriegeräte. Diese N. sind z. T. in Form eines Netzsteckers gebaut und werden über eine Leitung mit → Gleichspannungsstecker an das Batteriegerät angeschlossen. Ein Entfernen der Batterien ist nicht erforderlich, weil diese beim Einführen des Steckers abgeschaltet werden. Externe N. lassen sich z. T. auf verschiedene Betriebsspannungen umschalten, dann ist unbedingt darauf zu achten, daß die eingestellte Spannung mit der Betriebsspannung des Batteriegeräts übereinstimmt (Anzahl der Monozellen × 1,5 Volt). Man unterscheidet zwischen „harten" und „weichen" N. Gegenüber weichen N. sind harte N. aufwendiger, größer und teurer, dafür ist die Betriebsspannung nahezu unabhängig von der Stromentnahme. Bei Leistungsverstärkern unterscheiden sich dann die Werte von → Musikleistung und → Sinusleistung nur wenig (Qualitätskriterium!). Bei weichen N. kann es bei größeren Lautstärken und starker Baßwiedergabe zu pumpartigen Lautstärkeschwankungen kommen. Bei Stereo-NF-Verstärkern entsteht bei einem zu weichen N. dynamisches → Übersprechen. Das herkömmliche N. (Abb. a) enthält als erstes Bauteil einen → Netztransformator zur Umwandlung der Netzwechselspannung auf andere, meist niedrigere Spannungen; er übernimmt i. allg. auch die erforderliche → Netztrennung. Größe und Masse des Netztransformators steigen mit der Leistungsaufnahme des zugehörigen Geräts. Es folgt ein Gleichrichterteil zur Erzeugung der Gleichspannung, dem Bauelemente zur Glättung (Siebung) dieser Gleichspannung nachgeschaltet sind (→ Welligkeit 3.). Bei vielen N. schließen sich noch Baugruppen zur Konstanthaltung der Betriebsspannung an, man spricht dann von einem *Regel-N.* Diese Baugruppen reagieren auf Spannungs-, Belastungs- und Temperaturschwankungen. Moderne N. sind als sogenannte *Schalt-N.* (engl. Pulsed Power Supply, Abk. PPS)

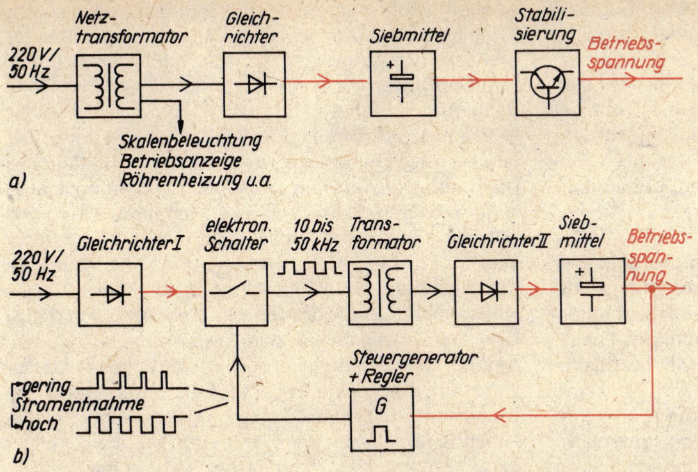

a) herkömmliches *Netzteil*
b) Schaltnetzteil

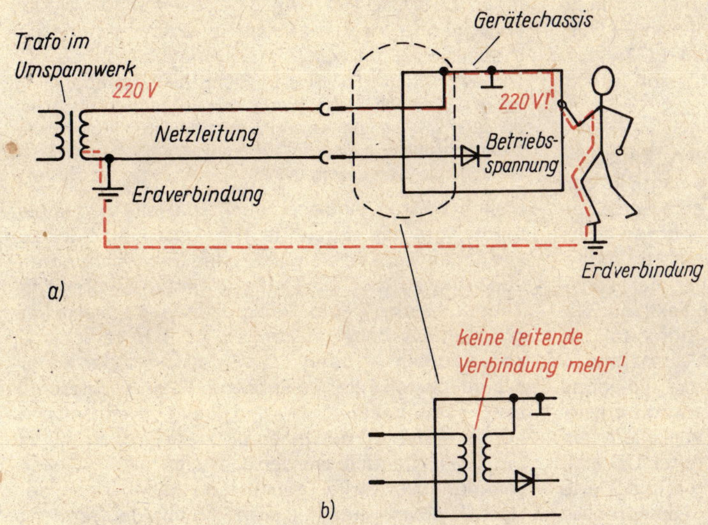

Durch Unterbrechung der leitenden Verbindung verhindert *Netztrennung* (b) eine Gefährdung des Menschen bei Berührung des Gerätechassis (a)

ausgeführt, bei denen zuerst die Gleichrichtung erfolgt (Abb. b). Danach wird die Gleichspannung in eine Rechteckspannung hoher Frequenz (10...50 kHz) umgewandelt. Dadurch können wesentlich kleinere Transformatoren und Glättungskondensatoren in den nachfolgenden Baugruppen verwendet werden. Das Schalt-N. hat außerdem einen sehr günstigen Wirkungsgrad bis zu 90 %; es ermöglicht eine erhebliche Material-, Gewichts- und Energieeinsparung. Schalt-N. sind außerdem kurzschlußfest, und beim Einschalten steigt die Betriebsspannung nicht plötzlich auf ihren Endwert, sondern allmählich *(Softanlauf)*. Das trägt zur Schonung aller elektronischen Baugruppen bei, Einschaltgeräusche werden vermieden. → Doppelnetzteil, → Hochspannungserzeugung (Abb.)

Netztransformator: → Transformator in → Netzteilen elektronischer Geräte, der die notwendigen Teilspannungen aus der Netzspannung erzeugt und z. T. gleichzeitig die galvanische Trennung vom Stromversorgungsnetz (keine direkte elektrische Leitungsverbindung) vornimmt.

Netztrennung: Schaltungsmaßnahme bei elektronischen Geräten zur Verhinderung direkt leitender Verbindungen zwischen Energienetz und Gerätechassis oder Chassis und anderen, der Berührung zugänglichen Teilen. N. schützt den Bedienenden vor gefährlichen Spannungen beim Berühren metallischer Geräteteile und ermöglicht das problemlose Zusammenschalten elektronischer Heimgeräte. Man erreicht N. i. allg. durch getrennte, voneinander isolierte Wicklungen im Netztransformator. Besteht bei Geräten keine N., z. B. bei Allstromgeräten, so muß bei der nachträglichen Schaffung von Anschlußstellen für Kopfhörer, Lautsprecher u. ä. für eine N. gesorgt werden. N. darf nicht mit der elektrischen Schutzmaßnahme *Schutztrennung* verwechselt werden, für die strengere elektrotechnische Bestimmungen bestehen. Abb.

9-kHz-Sperre: in einigen AM-Empfängern enthaltene schmalbandige Bandsperre (→ Filter), mit deren Hilfe das 9-kHz-Interferenzpfeifen unterdrückt werden kann, das sich beim unerwünschten Einstrahlen eines im Kanalraster liegenden, benachbarten Senders ergeben kann.

Newcosvicon: → Cosvicon

Newikon: Bildaufnahmeröhre, deren Aufbau und grundsätzliche Funktion dem → Vidikon entspricht. Als → Speicherplatte hat das N. eine Halbleiterschicht aus Zink-Selen oder Zink-Cadmium-Tellur, die genau wie beim → Plumbikon im Sättigungsbereich betrieben wird. Deshalb ist beim N. keine → Lichtwertautomatik zur Aussteuerung anwendbar, es muß mit → Blendensteuerung gearbeitet werden. Das N. hat etwa die gleichen Eigenschaften wie das → Chalnikon. Es ist jedoch nicht so lichtempfindlich und hat auch einen größeren → Dunkelstrom. Das → Blooming tritt kaum in Erscheinung. Die Spektralempfindlichkeit ist besonders im Infrarotbereich ausgeprägt.

NF: Abk. für → **N**ieder**f**requenz.

NF-Endstufe, Abk. für **N**ieder**f**requenz-**Endstufe,** *Lautsprecherendstufe*: Baugruppe in einem NF-Verstärker, in der die Ausgangsleistung zum Betreiben der Lautsprecher gewonnen wird. N. werden heute fast ausschließlich als *Gegentaktverstärker* aufgebaut, d. h., jede der beiden Halbwellen der Tonsignalschwingung wird in einem eigenen aktiven Bauelement, z. B. in einem Leistungstransistor verstärkt. Bei HiFi-NF-Verstärkern hat sich fast ausnahmslos die *eisenlose Endstufe* durchgesetzt, die ohne → Anpassungsübertrager arbeitet. Dadurch entstehen geringe Klangverfälschungen, vor allem ein günstiges Impulsverhalten und ein breiter Übertragungsbereich. Als N. werden vorrangig integrierte Schaltkreise verwendet, an die die Lautsprecher z. T. direkt (ohne Koppelkondensator) angeschlossen werden können. Bei NF-Verstärkern sehr hoher Ausgangsleistung sind auch heute noch vereinzelt Röhrenendstufen üblich. → NF-Verstärker

NF-Leistung: → Ausgangsleistung

NF-Verstärker, Abk. für **N**ieder**f**requenz**verstärker:** **1.** I. w. S. elektronische Baugruppe oder Gerät zur Verstärkung von Tonsignalspannungen. Eingangsspannung U_E und Ausgangsspannung U_A sind durch die *Verstärkung* miteinander verknüpft: $v = U_A/U_E$, meist wird aber das *Verstärkungsmaß (Verstärkungspegel)* in Dezibel angegeben (s. Tab. 1 → Pegelmaß). → Vorverstärker, → Entzerrervorverstärker, → Regelverstärker – **2.** I. e. S. Komponente der Heimtonanlage oder Baugruppe eines Heimgeräts zur Gewinnung der erforderlichen NF-Leistung zum Betreiben der Lautsprecher, auch *Leistungsverstärker* genannt. Jeder N. hat einen oder mehrere umschaltbare Eingänge zum Anschluß der Tonsignalquellen (Programmquellen), z. B. TB, TA, Mikrofon, Tuner, Fernsehton, AUX. Außerdem sind ein oder mehrere Ausgänge zum Anschluß der Lautsprecher und Kopfhörer vorhanden. Stereo-N. sind stets 2kanalig und haben häufig zusätzliche Ausgänge für → Pseudoquadrofonie. Zum N. gehören Klang-, Balance- und Lautstärkeeinsteller, deren Betätigung bei modernen Geräten in → Gleichspannungssteuerung erfolgen kann. Auf die Klangeinsteller wird mitunter zugunsten eines separaten → Equalizers verzichtet. Die Umschalteinrichtung zur Auswahl des gewünschten Eingangs kann als Tasten- oder Rastschalter, in modernen Geräten auch mit Tipp- bzw. Berührungstasten oder als Fernsteuerung ausgeführt sein. Damit werden kontaktlose elektronische Schalter gesteuert, die sich durch hohe Betriebssicherheit und völlige Knackfreiheit beim Umschalten auszeichnen. In einem N. können Aussteuerungsmesser oder Übersteuerungsanzeigen (engl. *Overload*), LED-Anzeigeketten für die aktuell abgegebene Ausgangsleistung oder Leistungsbegrenzer (engl. *Power Limiter*) eingebaut sein.

Hinweis: Wenn sich die Einrichtung zur Leistungsbegrenzung auf verschiedene Werte der Ausgangsleistung umschalten läßt, so können am N. auch Boxen mit geringerer Nennbelastbarkeit angeschlossen werden, ohne daß die Gefahr ihrer Zerstörung besteht.

Üblich sind an einem N. auch spezielle Bedienelemente, um das abgehörte Tonsignal von einer zusätzlichen Tonaufzeichnung oder Umzeichnung unabhängig zu machen (→ Back-Record, → Tape-to-Tape-Schaltung), um verschiedene Lautsprechergruppen anschalten zu können – z. B. in verschiedenen Räumen – oder zum Einschalten der unterschiedlichsten Filter (→ Subsonic-Filter, → Rauschfilter, → Rumpelfilter). N. sind i. allg. Wechselspannungsverstärker mit einer unteren Grenzfrequenz um 20 Hz, jedoch werden sie auch als → Gleichspannungsverstärker gebaut und haben dann den Vorteil eines sehr linearen Amplitudenfrequenzgangs bis hinunter zur Frequenz Null. Es entstehen nur sehr geringe → Phasenverschiebungen und dadurch nur äußerst geringe Impulsverzerrungen (z. B. bei plötzlichen Schallstößen). N. werden zur Erzielung möglichst geringer Klangverzerrungen mit starker negativer → Rückkopplung versehen. Seitdem jedoch erkannt wurde, daß dadurch zusätzliche Impulsverzerrungen entstehen (→ TID), sind einige Hersteller dazu übergegangen, die negativen Rückkopplungen auf Kosten eines etwas höheren Klirrfaktors stark einzuschränken oder überhaupt darauf zu verzichten. Bei Heimtonanlagen wird der N. teilweise in die Komponenten *Vorverstärker* (engl. *Preamplifier*) und *End-* oder *Leistungsverstärker* (engl. *Main Amplifier*) aufgespaltet. Bei einem *Vollverstärker* sind beide Teile in einem Gerät vereinigt. Während der Endverstärker im wesentlichen aus den Leistungsendstufen zur Versorgung der Lautsprecher besteht und ggf. mit einem Equalizer

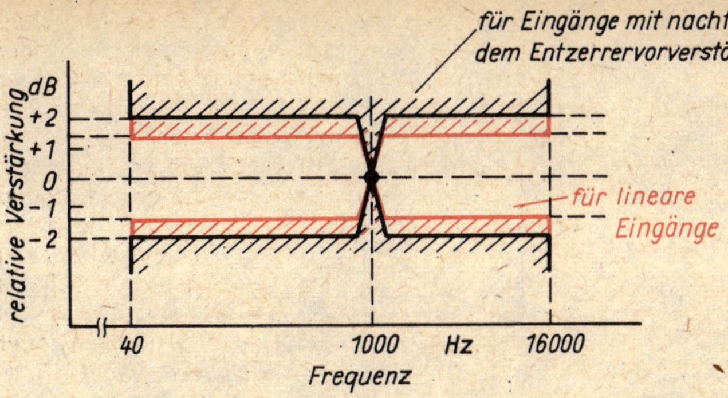

NF-Verstärker: Toleranzfeld des Amplitudenfrequenzgangs für einen HiFi-Verstärker

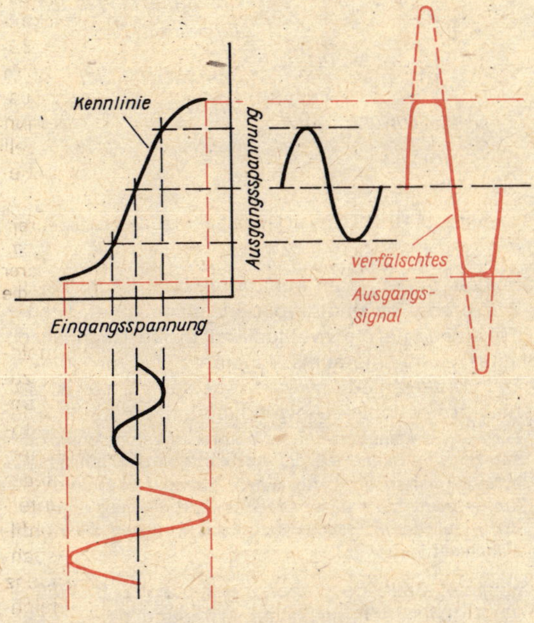

Entstehung von *nichtlinearen Verzerrungen* (1) bei Übersteuerung

kombiniert ist, sind im Vorverstärker alle Bedienelemente, die Eingänge und NF-Vorstufen, z. T. auch verschiedene Filter und der → Entzerrervorverstärker zusammengefaßt. Mit einem Vorverstärker lassen sich auch → Aktivboxen direkt betreiben. Von HiFi-Vollverstärkern wird eine Ausgangsleistung (Sinusleistung) von mindestens 10 Watt bei einem maximalen Klirrfaktor von 0,7 % (TGL), bzw. 1 % (DIN) gefordert. Der Übertragungsbereich soll mindestens von 40 Hz...16 kHz reichen (Abb.). Der Übersprechabstand muß zwischen den Stereokanälen bei 1 kHz mindestens 40 dB betragen, zwischen verschiedenen Eingängen mindestens 50 dB. Weitere wichtige Kenndaten für einen N. sind → Leistungsbandbreite, Fremd- und Geräuschspannunsabstand (→ Störabstand), → Nenneingangsspannung sowie → Eingangsscheinwiderstand aller Eingänge, → Ausgangsleistung und geforderter → Nennscheinwiderstand der anzuschließenden Lautsprecher. → NF-Endstufe (Abb.)

Hinweis: Die → Musikleistung eines N. darf nur zusätzlich zur Sinusleistung in den technischen Daten angegeben werden und ist als solche deutlich zu kennzeichnen!

nichtlineare Verzerrungen: unerwünschte Veränderung der Schwingungsform von Signalen, wenn diese Baustufen mit gekrümmten → Kennlinien durchlaufen. 1) *(bei Tonsignalen) Klirren, Klangverzerrungen*: Die n. V. können als zusätzliche Teilschwingungen gedeutet werden, die vorrangig in Magnettonbändern und NF-Endstufen, aber auch in Lautsprechern und Schallplattenabtastern entstehen. N. V. werden als rauhe Klangreproduktion wahrgenommen, die bis zu einer kratzenden, schnarrenden, zischelnden oder krächzenden Tonwiedergabe reicht. Die Entstehung von n. V. wird durch → Übersteuerung stark begünstigt. Einmal entstanden, lassen sich n. V. nicht wieder aus dem Signal beseitigen. Die Angabe der n. V. erfolgt als leicht zu messender → Klirrfaktor, seltener als Intermodulationsfaktor (→ Intermodulationsverzerrungen). 2) *(bei Farbwert- und Helligkeitssignalen) Gradationsverzerrungen*: N. V. entstehen vorrangig in Bildaufnahme- und -wiedergaberöhren. Stärkere Signalverformungen beeinträchtigen die Farb- bzw. Helligkeitsabstufungen im Fernsehbild: Es wirkt z. B. kalkig, oder die Schattenpartien sind nicht durchgezeichnet. Treten n. V. nur bei tiefen Signalfrequenzen auf, so werden die Farb- bzw. Helligkeitsproportionen ganzer Bildflächen verfälscht. N. V. bei höheren Signalfrequenzen bewirken eine Helligkeitsverfälschung von Bilddetails. Eine Korrektur von n. V. im Helligkeitssignal ist in bestimmten Grenzen elektronisch möglich. Die zu einem Fernsehbild gehörenden Farbwertsignale dürfen insbesondere nicht durch unterschiedliche n. V. in den Einzelkanälen verfälscht werden. → Gradation, → Gradationsfehler (Abb. 2 S. 404)

Niederfrequenz, Abk. **NF: 1.** l. w. S. *Frequenzbereich* von größer 0 Hz...20 kHz. – **2.** l. e. S. → *Tonsignal*, auch NF-Signal, Audiosignal: elektrisches Signal zur Übertragung von Schallinformationen.

Niederfrequenz-Endstufe: → NF-Endstufe

Niederfrequenzverstärker: → NF-Verstärker

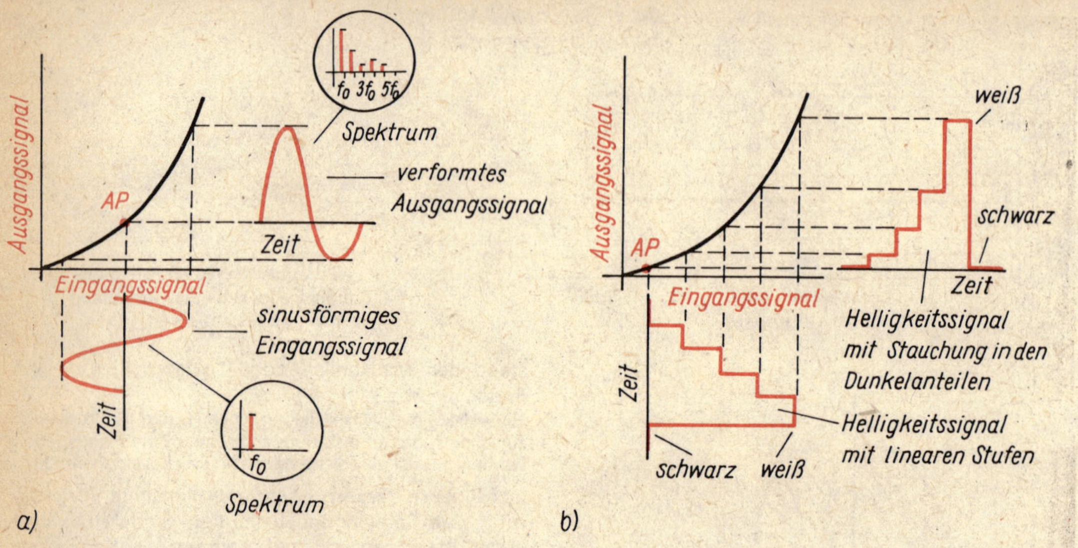

Nichtlineare Verzerrungen (2) an gekrümmten Kennlinien: a) Tonsignal, b) Helligkeitssignal (als Beispiel: Grautreppe)

Niederspannungs-Kondensatormikrofon: Kondensatormikrofon mit einem sehr geringen Elektrodenabstand und einer → Polarisationsspannung von ca. 6...12 V. Es eignet sich besonders zum Einbau in Kassettenrecorder, weil es gegen Körperschall verhältnismäßig unempfindlich ist. Das N. gibt allerdings gegenüber herkömmlichen → Kondensatormikrofonen nur etwa $\frac{1}{10}$ der Tonsignalspannung ab und erreicht auch sonst nicht deren gute Eigenschaften.

Nierencharakteristik-Mikrofon, *Cardioid-Mikrofon,* auch Nierenmikrofon, umgangssprachlich „Niere": Mikrofon mit einer bevorzugten Richtung des Schalleinfalls (vorn) und einer gegenüberliegenden Richtung minimaler Empfindlichkeit. N. werden dort verwendet, wo es auf maximale Ausblendung von lokalisierbarem (d. h. aus einer Richtung einfallendem) Störschall ankommt. Das N. wird dabei so aufgestellt, daß die Rückseite zum Störer, die Vorderseite zur Nutzschallquelle zeigt. Mit einem N. ist ein punkförmiger Störer am besten zu unterdrükken, wenn der Unterschied zwischen den Empfindlichkeiten des Mikrofons nach vorn und hinten möglichst groß ist. Diese Differenz wird als *Vor-Rück-Verhältnis (Vor-Rück-Dämpfung)* bezeichnet und erreicht bei hochwertigen N. Werte um 26 dB (etwa 200 : 1). Räumlich verteilter Störschall (Raumschall) ist mit dem N. nicht so gut auszublenden. Besteht eine solche Forderung, dann werden Übergangsformen zwischen N. und Achtercharakteristik- Mikrofon verwendet, deren Empfindlichkeit nach hinten zwar nicht so gering ist wie die eines N., dafür wird aber der insgesamt räumlich einfallende Schall gegenüber dem Nutzschall von vorn nur sehr wenig aufgenommen. Solche Mikrofone heißen *Supernieren-Mikrofone* und *Hypernieren-Mikrofone.* Sie sind besonders gut geeignet, bei der Tonaufnahme die eventuell zu große Nachhallzeit eines Aufnahmeraums scheinbar zu vermindern. Der Unterschied zwischen beiden Arten ist für nichtprofessionelle Anwendung unbedeutend. Abb.

Hinweis: Gegenüber einem Mikrofon mit Kugelcharakteristik kann bei einem N. der Abstand von der Schallquelle etwa 1,7mal so groß, bei einem Super-/Hypernieren-Mikrofon etwa 1,9/2mal so groß gewählt werden, ohne daß der Anteil des Raumschalls zu groß wird und die Durchsichtigkeit leidet.

Nipkow, Paul: deutscher Ingenieur (*22. 8. 1860 – †24. 8. 1940), der mit seiner Erfindung des „Elektrischen Teleskops" 1883 die Grundidee für unsere heutigen Fernsehverfahren hatte. Auf die umgangssprachlich als → Nipkowscheibe bezeichnete Erfindung („Phonisches Rad", „Spiralgelochte Bildzerlegungsscheibe") erteilte man ihm am 6. 1. 1884 das Deutsche Reichspatent Nr. 30105. Bis in die 30er Jahre unseres Jahrhunderts hatte die Nipkowscheibe aufnahme- und wiedergabeseitige Bedeutung, wurde aber dann auf Grund des hohen elektromechanischen Aufwands durch die neuen elektronischen Verfahren verdrängt. Weitere das Fernsehen betreffende Patente N. betrafen das Synchronlaufen der Fernsehsender und -empfänger durch Anschluß an das Lichtnetz (1924, Deutsches Reichspatent Nr. 498415) und die → Synchronisation von Fernsehgeräten, die in Netzen verschiedener Frequenz arbeiten (Deutsches Reichspatent Nr. 552675). Abb.

Nipkowscheibe: Scheibe mit spiralförmig angeordneten Löchern, die in den Anfängen des → Fernsehens bildaufnahmeseitig zur Bildabtastung und bild-

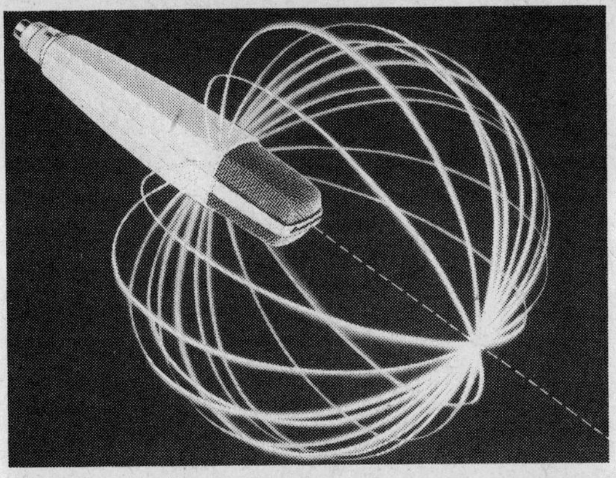

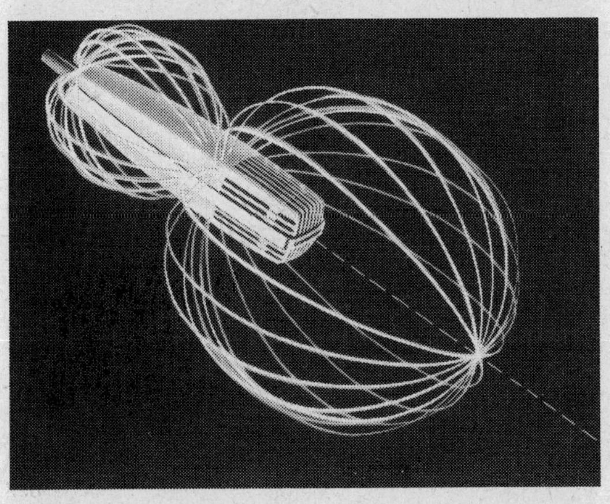

Nierencharakteristik-Mikrofon: „normale" Nierencharakteristik (Cardioide) zum günstigen Ausblenden von hinten einfallenden Störschalls, Supernieren-Charakteristik, die räumlich auftreffenden Störschall am besten unwirksam macht

Paul Nipkow

wiedergabeseitig zum Fernsehbildaufbau nach einem Zeilenverfahren auf elektromechanischer Grundlage diente. Dieses Prinzip hat heute ausschließlich historische Bedeutung. Die N. wurde nach ihrem Erfinder → NIPKOW benannt. Abb. S. 406

Nord-Süd-Korrektur: → Kissenentzerrung von Fernsehbildern in vertikaler Richtung (s. Abb. → Kissenverzeichnung). Die N. findet in → Farbfernsehempfängern Anwendung, die mit → Lochmaskenröhren ausgestattet sind. Bei Geräten mit → In-Line-Bildröhren kann die N. entfallen, da alle 3 Strahlsysteme in einer horizontalen Ebene liegen. Die N. beruht im wesentlichen darauf, daß der Vertikalablenkstrom mit einem parabelförmigen, horizontalfrequenten Korrekturstrom amplitudenmoduliert wird. Wie aus der Abbildung zu erkennen ist, entstehen dadurch auch am oberen und unteren Bildrand geradlinige Zeilenverläufe. Die Amplitudenmodulation des Vertikalablenkstroms kann schaltungstechnisch z. B. mit einem → Transduktor erfolgen. → Ost-West-Korrektur (Abb. S. 407)

Normalband: → Magnettonband mit 6,3 mm Breite und 50 µm Dicke, auch *Standardband* (→ Laufdauer) genannt. Die Bezeichnung N. wird auch für Tonbänder auf Eisenoxidbasis verwendet (z. B. Normalbandkassette).

Normalbetrachter: das Sehvermögen betreffende statistische Festlegungen. Die Merkmale des N. wurden durch Messungen an Tausenden von Personen ermittelt und als Mittelwerte international festgelegt. Dies betrifft die Hellempfindlichkeitskurve (→ Helligkeitssehen), die → Spektralempfindlichkeit u. v. a.

Normalrillenplatte: → Schallplatte

Normaustastung: → Austastung von → Bildsignalen mit dem → *Austastsignal* (→ Horizontalaustastimpuls, → Vertikalaustastimpuls, → Austastlücke, → Austastschulter). Die N. erfolgt vor dem Ausgang aller Bildsignalquellen (→ Videokamera, → Fernsehkamera usw.). Eine Regenerierung von Bildsignalen (z. B. bei Wiedergabe von Videokassetten, vor Abstrahlung durch Fernsehsender usw.) wird stets mit einer Wiederholung der N. verbunden, um exakte und von Störungen freie Austastlücken zu sichern. Abb. → Austastsignal

Normfarbtafel: → IBK-Tafel, → CIE-Farbdreieck

Normlichtart: zur international einheitlichen Farbartbestimmung vereinbarte und im nationalen Rahmen standardisierte Lichtart. Kenngröße der N. ist die → Farbtemperatur. Für das → Farbfernsehen sind folgende N. von besonderer Bedeutung (s. Abb. → Farbtemperatur): *a) N. A:* Licht der Wolfram-Glühlampe, z. B. für Beleuchtungszwecke (Farbtemperatur ca. 2 850 K). *b) N. E:* „Gleichenergie-Weiß", hier sind die 3 Farbwerte Rot, Grün, Blau identisch (Farbtemperatur ca. 5 800 K). *c) N. D:* „tageslichtähnliches Weiß" mit gegenüber C-Weiß erhöhtem Rotanteil (Farbtemperatur ca. 6 300 K). Nach neuesten Empfehlungen der → EBU bezieht man sich im Farbfernsehen auf die N. D_{65}. *d) N. C:* mittleres Tageslicht bei normaler Bewölkung (Farbtempe-

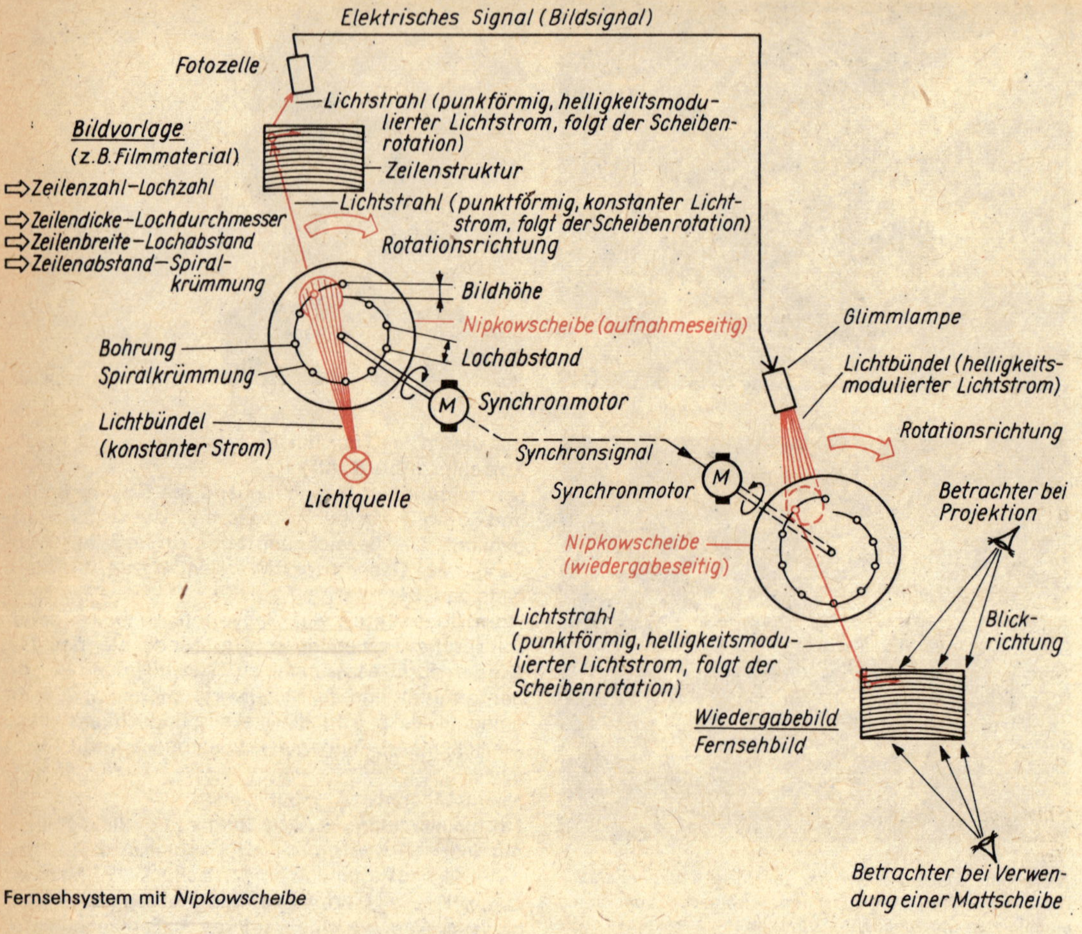

Fernsehsystem mit *Nipkowscheibe*

ratur ca. 6700 K). C-Weiß war lange Zeit im Farbfernsehen die Bezugsgröße für das Licht. Das Bestreben nach subjektiv besserer Farbbildempfindung und der Einsatz neuer Leuchtstoffe bei den Farbbildröhren führte i. allg. zum Übergang zur N. D. → Weißabgleich, → Kunstlicht

Hinweis: Die N. kommen in ihrer reinen Form (eine gewisse Ausnahme bildet die N. C) in der Natur nicht vor. Dieses Problem wird durch den Einsatz von künstlichen Lichtquellen bei Video- und Fernsehproduktionen noch verstärkt. Wesentlich ist jedoch, daß die einzelnen N. in der Kombination Lichtstrahler und Farbfilter mit ausreichender Genauigkeit erzeugt werden können. Beispiele dafür sind: das Licht der Wolfram-Glühlampen ergibt bei entsprechender Filterung die N. C; das Licht der Xenon-Lampen ergibt bei entsprechender Filterung die N. D_{65}. Das Wissen um dieses Probleme ist z. B. für solche Fälle wichtig, in denen eine im Freien begonnene Fernseh- bzw. Videoproduktion im Raum mit Kunstlicht weitergeführt werden soll.

Normwandler: technische Einrichtung zur Überführung von → Bildsignalen aus einer → Fernsehnorm in eine andere. N. verändern die zwischen den einzelnen Fernsehnormen unterschiedlichen Grundwerte (z. B. → Zeilenzahl, → Halbbildfrequenz, → Videopegel, → Videobandbreite) und die bei den → Farbfernsehverfahren verschiedenen Kodierungsarten (z. B. PAL: simultan-quadraturmoduliert, SECAM: sequentiell-frequenzmoduliert). Dazu beinhalten N. Empfangs- und Demodulationseinrichtungen (bei Wandlung von HF-Fernsehsignalen), → Farbdekoder und → Farbkoder (Wandlung zwischen Farbfernsehverfahren), → digitale Bildspeicher (Wandlung von Zeilenzahl und Halbbildfrequenz), ein umfangreiches System zur → Synchronisation (Verkopplung der Zeitwerte) sowie eine Vielzahl von Stufen zur Regenerierung der unterschiedlichen Signalparameter (→ Gradation usw.). Da die häufige Wiederholung von Demodulation und Modulation eines Signals dessen Qualität negativ beeinflußt, werden die Eingangssignale nur soweit wie unbedingt nötig bei der Normwandlung dekodiert. Günstige Bedingungen hierfür bestehen bei der Normwandlung zwischen quadraturmodulierten Farbfernsehverfahren. → Transkoder, → Synchronsignal, → Farbsynchronsignal (Abb.)

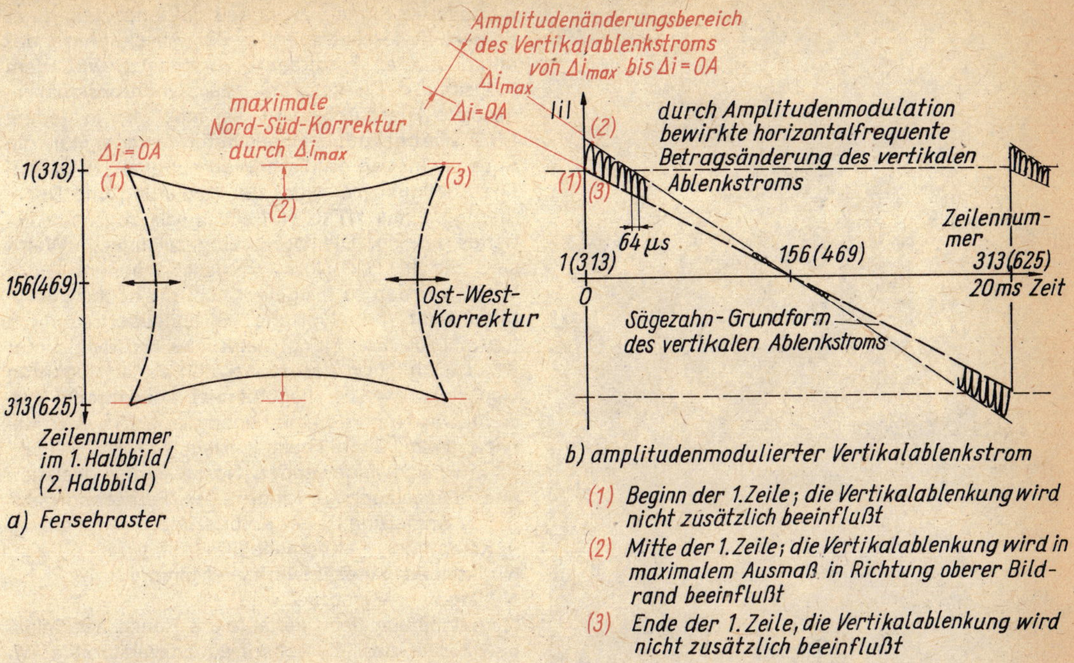

Nord-Süd-Korrektur

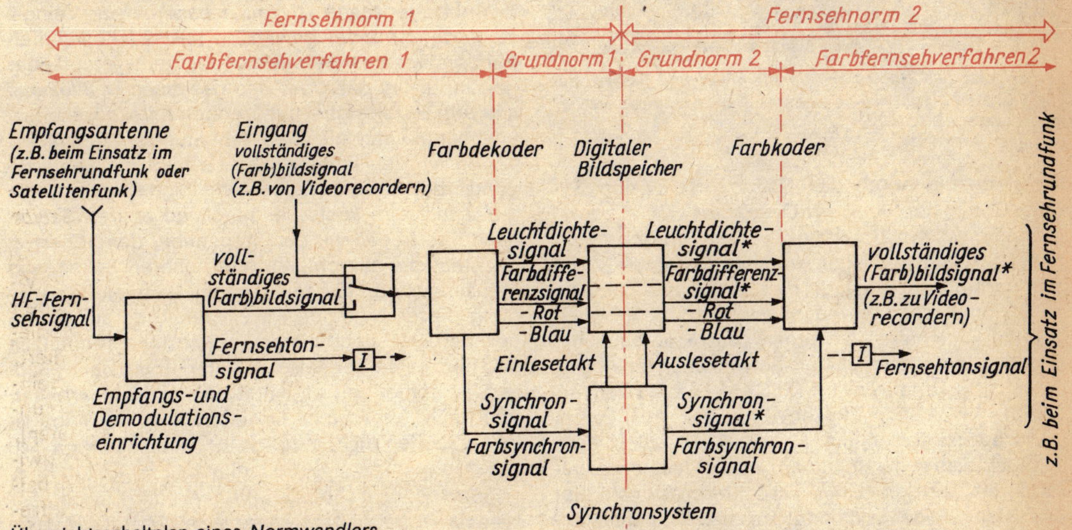

Übersichtsschaltplan eines *Normwandlers*

Hinweis: Die einfachste, aber qualitativ unbefriedigende Normwandlung ist durch die Fernsehbildwiedergabe in einer Fernsehnorm und Neuaufnahme nach einer zweiten Fernsehnorm vom Bildschirm mittels Videokamera zu erreichen; es entsteht Auflösungsverlust und die Synchronisation kann problematisch sein!

Nostalgie-Radio: Rundfunkempfänger, dessen Gehäuse nach historischer Vorlage gestaltet ist, jedoch mit moderner Schaltungstechnik, standardisierten Anschlußbuchsen und Empfangseigenschaften, die denen der heutigen Empfänger entsprechen. Abb. S. 408

NR-System, Dolby NR-System, Abk. für engl. **N**oise **R**eduction-**System** (Geräuschminderungssystem): → Dolby B, → Kompander

NTC-Widerstand: Abk. für engl. **N**egative **T**emperature **C**oefficient resistor. → Thermistor

NTSC-Farbfernsehverfahren: kompatibles → Farbfernsehverfahren, das nach mehrjähriger Zusammenarbeit von Konzernen der US-amerikanischen

Leistungsfähiges *Nostalgieradio* mit UKW und Mittelwelle (das Gehäuse ist ein Nachbau eines Philips-Empfängers der 30er Jahre)

Radioindustrie durch das **N**ational **T**elevision **S**ystem **C**ommittee – einem Organ der FCC (Federal Communications Comission) – zur Einführung in den USA vorgeschlagen und im Dezember 1953 zum verbindlichen Standard erklärt wurde. Die psychisch-physischen sowie physikalisch-technischen Grunderkenntnisse, auf denen das N. aufbaut, bilden die Basis aller später entwickelten analogen Farbfernsehverfahren (→ SECAM-Farbfernsehverfahren, → PAL-Farbfernsehverfahren). Aus den 3 → Farbwertsignalen (im Einzelfall zusätzlich dem →Leuchtdichtesignal), die ein Farbbildaufnahmegerät liefert, werden die → Farbdifferenzsignale *Rot und Blau* gebildet und bandbegrenzt. Eine anschließende → Quadraturmodulation ermöglicht, daß beide Farbdifferenzsignale gleichzeitig *(simultan)* einem →Farbträger aufgeprägt werden können. Damit wird der quadraturmodulierte Farbträger als → Farbartsignal (auch Farbsignal) zum Träger der Farbartinformation im →Farbfernsehen. Die mit der Quadraturmodulation verbundene Amplitudenänderung des Farbträgers ist dabei bestimmend für die Übertragung der →Farbsättigung, die Veränderung der Nullphase des Farbträgers für die Übertragung des →Farbtons. Da die →Demodulation quadraturmodulierter Signale zwingend die Zuführung eines Signals (Referenzträger) in der Absolutphase des unmodulierten Farbträgers voraussetzt, wird dem Farbsignal der →Burst als →Farbsynchronsignal zugesetzt. Hierdurch wird es möglich, in jedem NTSC-Farbdekoder einen Referenzträger für die Rückgewinnung der Farbdifferenzsignale zu bilden. Die Abbildung zeigt das der Kodierung und Dekodierung eines NTSC-Farbbildsignals zugrunde liegende Prinzip. Die farbig eingezeichneten Werte sind die lt. FCC-Norm vorgeschriebenen. Diese Werte wurden so festgelegt, daß die höchste Farbbildqualität für typische Farbbildübertragungen (normale Farbsättigung, natürliche Farbtöne) unter Berücksichtigung der Kapazitäten der verfügbaren Nachrichtenkanäle (Pegelbereich, Bandbreite) entsteht. Das N. wird heute neben den USA u.a. in Kanada, Japan, Chile, Ecuador, Haiti, Mexiko, Philippinen, Taiwan angewendet. Normwandler gestatten eine Umsetzung in andere → Fernsehnormen. → Matrizierung, → Kolorierung, → Farbart, →Kammfilter, →Kompatibilität (Abb.)

Nullkontakt-Bandzählwerk: →Memory 2.

Nullstop: →Memory 2.

Nyquistflanke: flach verlaufende Flanke der Selektionskurve des Zwischenfrequenzverstärkers im →Fernsehempfänger. Mit der N. wird ein →Amplitudenfrequenzgang *(Nyquistcharakteristik)* eingestellt, der trotz der gewählten Restseitenbandübertragung vom → Fernsehsender zum -empfänger gewährleistet, daß über den *gesamten* → *Bildkanal* alle zum → Bildsignal gehörenden Anteile frequenzunabhängig mit gleichen Amplitudenwerten übertragen werden können. Die N. hebt die Begünstigung der niederfrequenten Signalanteile, die gleichzeitig im Restseitenband und oberen Seitenband übertragen werden, gegenüber den höherfrequenten, die ausschließlich im oberen Seitenband enthalten sind, auf. Notwendig wird die Anwendung dieser Methode im Bildkanal, da auf Grund der bei 0 Hz beginnenden Videosignalfrequenzen und der realen Verläufe von Filterkurven der →Bildsender immer mit einem *Restseitenband* arbeiten muß, d. h., eine echte Einseitenbandmodulation ist im Fernsehen nicht möglich. →Modulation, →Zwischenfrequenz, → Seitenband, → Bildträger, →Fernsehnorm (Abb. S. 410)

Hinweis: Da bei einer Kanalbreite von 8 MHz (CCIR, Fernsehbereich IV/V) das Restseitenband mit 1,25 MHz übertragen wird, hat in diesem Fall die N. einen Umfang von 2,5 MHz (±1,25 MHz).

O

Oberton: →Klang 1., →Ton 2.

Objektiv, auch Optik: aus einer Kombination verschiedenartiger Linsen (Abb.) bestehende optische Einrichtung für die Abbildung eines Gegenstands.

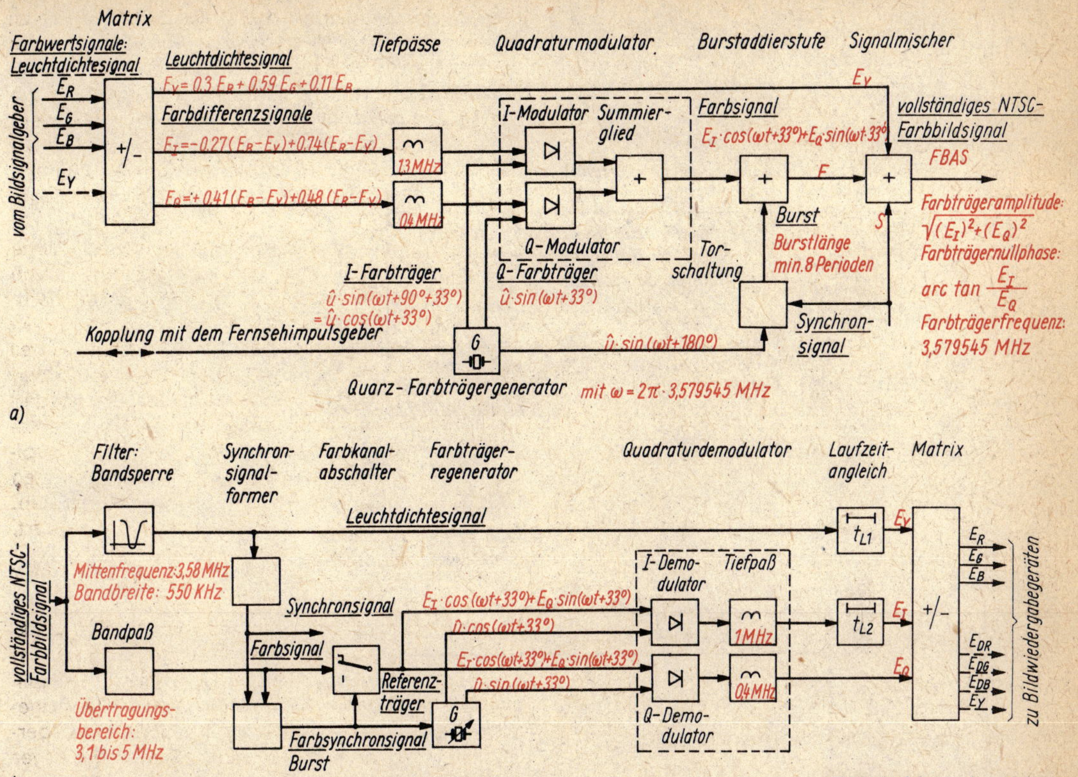

NTSC-Farbfernsehverfahren:
a) NTSC-Kodierung
b) NTSC-Dekodierung

Wesentliche technische Parameter für O. sind die → Brennweite, der Bildwinkel und der abbildbare Bildausschnitt (→ Aufnahmeentfernung, → Bildweite). Die Tabelle gibt überblicksmäßig für eine Video-Kameraoptik den Zusammenhang zwischen diesen Größen an. Entscheidende Qualitätskriterien für O. in der Video- und Fernsehaufnahmetechnik sind geringste Abbildungsfehler, eine hohe Farbgenauigkeit und hohe Lichtstärke bei gleichzeitig allseitiger Anpassungsfähigkeit an die unterschiedlichen Aufnahmebedingungen bezüglich Lichtverhältnisse, Aufnahmeentfernung, Bild- und Szenengestaltung usw. (Brennweitenveränderung, Blendeneinstellung). Da insbesondere die → Varioobjektive alle Anforderungen optimal in sich vereinigen, werden Video- und Farbfernsehkameras grundsätzlich mit dieser O.art ausgestattet. → Blende, → Objektivblende, → Lichtteiler, → Konversionsfilter (Tab., Abb. S. 411)

Objektivblende: Teil des → Objektivs einer Kamera, mit dem die Größe des durchgelassenen Lichtstroms eingestellt oder geregelt wird (→ Blendenzahl). O. für Video- und Fernsehkameras sind als *Irisblenden* – bezeichnet in Anlehnung an die Funktion und Wirkungsweise der Iris im menschlichen Auge – aufgebaut. Sie werden von Hand an einem Objektivring oder über einen Einstellmotor (Servosteuerung) bzw. bei Videokameras auch abhängig vom Verhältnis „einfallender zu für die Bildsignalerzeugung benötigter Lichtstrom" automatisch gesteuert. → Varioobjektiv

offene Box: → Lautsprecherbox

offener Kopfhörer: → Kopfhörer

Öffnungswinkel: → Strahlungsdiagramm

OFW-Filter: → akustisches Oberflächenwellenfilter

Ohr: → Gehör

Ohrhörer: Kopfhörersystem, das mit einem Bügel für die Halterung am Ohr versehen ist oder in den Gehörgang eingesteckt wird. Bügelhalterung ist hygienischer und vor allem dort anzuwenden, wo mehrere Personen den gleichen O. benutzen müssen. I. allg. arbeiten O. nach dem elektromagnetischen Prinzip. Bessere Klangqualität ermöglichen *dynamische O.* Sie werden zur Mithörkontrolle bei Tonband- und Diktiergeräten, zur Tonkontrolle bei Film- und Videoaufnahmen, aber auch zur Schallwiedergabe verwendet, wenn die Umgebung nicht belästigt werden soll (z. B. bei Kofferfernsehgeräten und -radios).

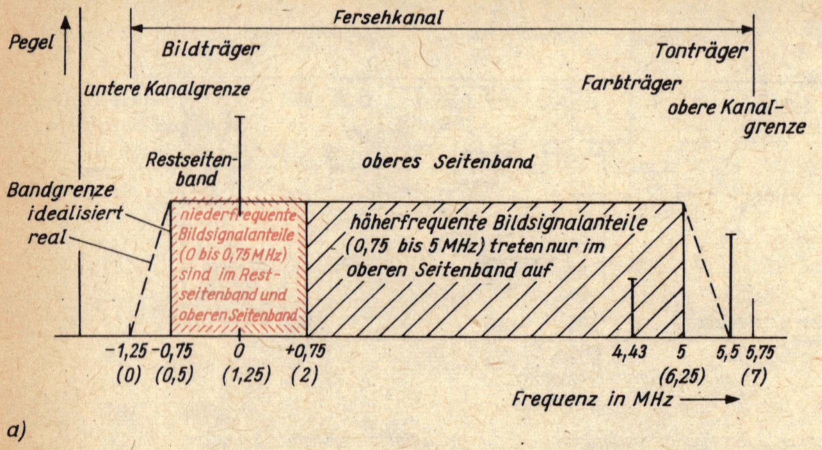

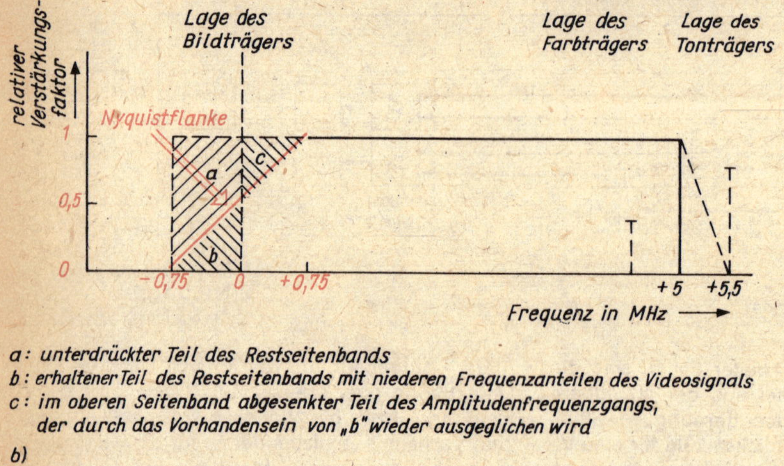

Bedeutung der *Nyquistflanke* im Bildkanal: a) Amplitudenspektrum des vom Fernsehsender abgestrahlten Fernsehsignals, b) Nyquistcharakteristik

Ohrkurven: Lautstärke

OIRT, Abk. für franz. **O**rganisation **I**nternationale de **R**adiodiffusion et de **T**élévision: Internationale Rundfunk- und Fernsehorganisation mit Sitz in Prag (ČSSR). In der OIRT sind die Staaten des sozialistischen Lagers, aber auch einige nichtsozialistische zusammengeschlossen. Die DDR ist in der OIRT durch die *Staatlichen Komitees für Rundfunk bzw. Fernsehen beim Ministerrat der DDR* vertreten. Ziele der OIRT sind die Zusammenarbeit der Mitgliedsländer untereinander und mit anderen Rundfunkorganisationen zur Förderung des Programmaustauschs und zur Abstimmung technischer und technologischer, den Hör- und Fernsehrundfunk betreffender Fragen. Seit 1960 besteht das Programmaustauschnetz → Intervision. → OIRT-Norm

OIRT-Norm: eine von derzeit 13 im Weltmaßstab geltenden → Fernsehnormen bzw. TV-Standards für die *Grundwerte* der Fernsehverfahren bzw. von 4 international bedeutenden Fernsehausstrahlungsnormen, die von der → OIRT ausgearbeitet wurde. Die Werte der O. (Normcode D für VHF oder K für UHF) für die wesentlichen Größen der Fernsehverfahren sind: → Zeilenzahl 625; → Halbbildfrequenz 50 Hz; Breite eines Fernsehkanals 8 MHz; → Bildträger-Tonträgerabstand 6,5 MHz; → Zwischenfrequenz (Bild) 38,9 MHz (D) bzw. 38 MHz (K); Leistungsverhältnis Bild – Tonträger 10:1 bis 5:1. Diese wesentlichen Werte gelten in den meisten sozialistischen Ländern (u. a. UdSSR, Polen, ČSSR, China) sowohl für den → Fernsehrundfunk als auch die Herstellung der Videogeräte. Sie schließen die Werte für die in diesen Ländern angewendeten Farbfernsehverfahren (Tab. → Fernsehnorm, Tab.

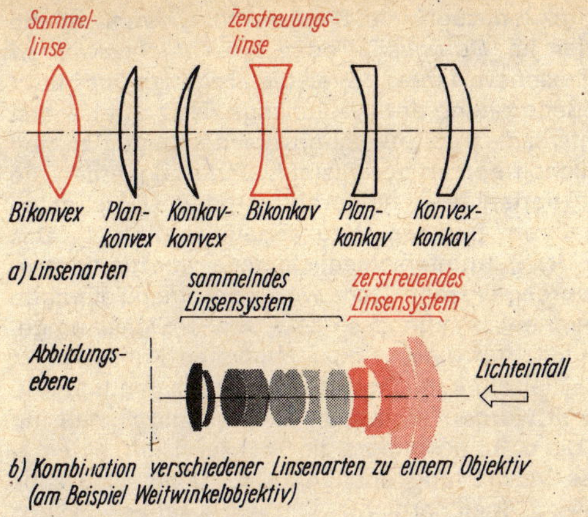

Aufbau eines *Objektivs* aus unterschiedlich wirkenden Linsenformen

Abhängigkeit zwischen Brennweite, Bildwinkel und erfaßbarem Bildausschnitt bei einer Videokamera-Optik

Brennweite (in mm)	Diagonaler Bildwinkel (in Grad)	Erfaßbarer Bildausschnitt, bezogen auf 10 m Aufnahmeentfernung (Größenangaben in m)
5,2	93,2	17,0 × 12,8
6,5	80,5	13,5 × 10,1
8,5	65,8	10,3 × 7,7
10	57,6	8,8 × 6,6
12,5	47,5	7,0 × 5,3
16	37,9	5,5 × 4,1
20	30,7	4,4 × 3,3
24	25,8	3,6 × 2,7
28	22,2	3,2 × 2,3
35	17,8	2,5 × 1,9
50	12,5	1,7 × 1,3
85	6,8	0,9 × 0,7
105	6,0	0,8 × 0,6
135	4,7	0,6 × 0,5
180	3,5	0,5 × 0,36
200	3,1	0,4 × 0,3
300	2,1	0,3 × 0,2
400	1,6	0,2 × 0,16
500	1,2	0,15 × 0,12

→ Farbfernsehnorm) mit ein. → CCIR-Norm, → Normwandler; → Bildträger, → Tonträger

Oktave: **1.** *(musikalisch)* Intervall von 12 Halbtonschritten, z. B. von Ton c_1 bis c_2. – **2.** *(physikal.-akust.)* Frequenzverhältnis von $f_2/f_1 = 2$.

Omegaantrieb: Antriebsprinzip für Magnetbandgeräte, bei dem das Band eine Transportrolle großen Durchmessers Ω-förmig umschlingt. Durch eine Plast- oder Gummibeschichtung und den großen Umschlingungswinkel wird ausreichende Reibung erzielt, so daß auf eine Andruckrolle verzichtet werden kann. Der O. erfordert genau gleiche → Bandzugkräfte vor und hinter der Transportrolle. Vorteilhaft ist der schonende Bandtransport, weil das Band

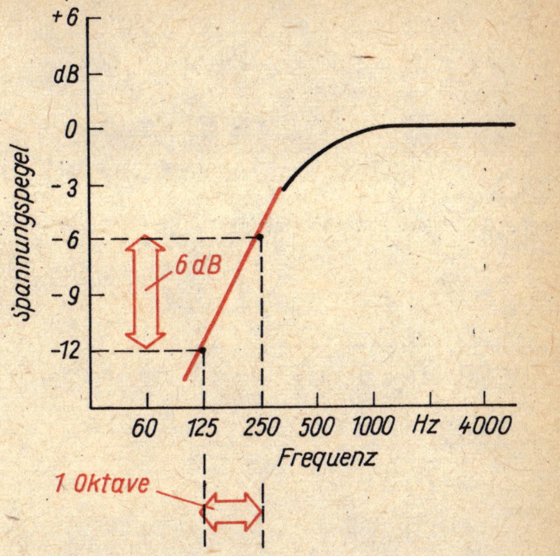

Omegagang am Beispiel der Flanke eines Hochpaßfilters

nicht durch eine Andruckrolle gewalzt und dadurch ausgedehnt wird.

Omegagang: linearer Kurvenabschnitt eines Frequenzgangs (Gerade), der mit 6 dB je Oktave steigt oder fällt (Oktave: Frequenzverhältnis $f_2/f_1 = 2$). Das entspricht z. B. bei einer frequenzabhängigen Signalspannung einer Verdopplung oder Halbierung, wenn sich die Frequenz im Verhältnis 1:2 ändert. Mit einem O. verlaufen die Kurven vieler Filter unterhalb bzw. oberhalb der Grenzfrequenz. Ein O. entsteht auch bei einem frequenzabhängigen Induktionsvorgang (z. B. im Magnetton-Wiedergabekopf oder einem magnetischen bzw. dynamischen Abtastsystem), weil die an der Spule induzierte Signalspannung der Änderungsgeschwindigkeit des Magnetfelds und damit der Signalfrequenz direkt proportional ist. Abb.

Omega-Umschlingung, Ω-Umschlingung: → Schrägspurverfahren

Operationsverstärker, Abk. **OPV:** universeller Verstärker, dessen Eigenschaften fast ausschließlich durch die Wahl der Rückkopplung bestimmt werden. Der OPV hat einen direkten (positiven), einen invertierenden (negativen) Eingang und einen Ausgang. Der Eingangswiderstand beträgt einige kΩ bis MΩ, der Ausgangswiderstand nur wenige Ω. Die Verstärkung ist sehr groß (mehrere 10000fach). Mit wenigen äußeren Bauelementen wird der OPV (integrierter Schaltkreis) dem jeweiligen Verwendungszweck angepaßt, z. B. invertierender Verstärker (Umkehrverstärker), aktives Filter, Differenz-, Integrier-, Differenzier- oder Summierverstärker.

OP-System: → Dreikanalstereofonie

optimaler Abhörplatz: → Stereo-Lautsprecheraufstellung, → Stereo-Hörfläche

optimales Bild: angepaßt an die Umgebungshelligkeit günstigste → Helligkeitseinstellung, → Kontrast-

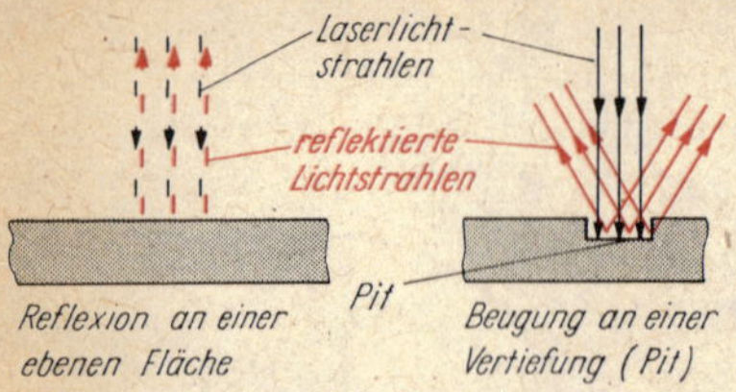

Optische Bildplatte (1): Laserabtastung

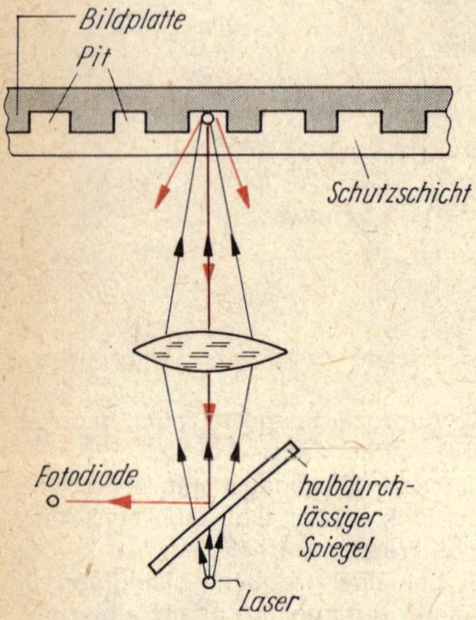

Prinzip der Abtastung einer *optischen Bildplatte* (2)

einstellung und Einstellung der → Farbsättigung eines Fernsehbilds. Die Einstellung des o. B. sollte nach dem → Sendetestbild erfolgen. Bei einzelnen Fernsehzuschauern ändern sich auf Grund der Sehgewohnheiten (Einschaltzeit des Geräts, Raumbeleuchtung) und → Fernsehempfängeraufstelllung die Einstellwerte für ein o. B. nur wenig. Dieser Sachverhalt kann bei fern- bzw. computerbedienbaren Fernsehgeräten ausgenutzt werden, indem die Einstellwerte für ein o. B. elektronisch gespeichert werden. Damit ist bei jedem Einschalten des Fernsehgeräts oder durch Bedienung einer speziellen Funktionstaste (z. B. *Ideal Color-Taste*) stets das o. B. erreichbar – unabhängig davon, wie die Momentanstellung der einzelnen Einsteller ist. → Raumlichtautomatik

Hinweis: Die Funktion „o. B." kann auch die Fernsehtonwiedergabe (Zimmerlautstärke, Klang) mit-einbeziehen.

optische Bildplatte: scheibenförmiger Informationsträger aus biegsamem oder starrem, transparentem bzw. lichtundurchlässigem Material, bei dem ein- oder beidseitig in einer spiralförmig verlaufenden Spur Bild- und Toninformation, in Form unterschiedlich langer Vertiefungen (Pits) kodiert, gespeichert sind. Die Abtastung der o. B. erfolgt berührungslos durch den Lichtstrahl einer Glühlampe oder durch → Laserabtastung. Dabei liegt das Prinzip der Beugung von Lichtwellen an einem Spalt (Diffraktion) zugrunde. Die Abtastung geschieht entweder im *Durchlicht-* oder im *Auflichtverfahren* (Reflexionsverfahren). Weil die Breite der Pits in der Größenordnung der Wellenlänge des auftreffenden Lichts liegt, treten Beugungserscheinungen an den seitlichen Kanten der Pits auf. Dadurch werden die reflektierten bzw. hindurchtretenden Lichtstrahlen von ihrem geraden Weg abgelenkt (Abb. 1). Das von der o. B unterschiedlich stark reflektierte bzw. hindurchgelassene Licht wird von einer Fotodiode in ein entsprechendes elektrisches Signal umgewandelt. Auf diesem oder ähnlichen Prinzipien ist eine Vielzahl o. B.-Systeme vorgeschlagen und entwickelt worden. Von allen Bildplattensystemen hat nur die o. B., besonders die → Laservision, eine gewisse Verbreitung erlangt. O. B. haben eine sehr große Speicherdichte (theoretischer Wert: 400 Gbit/Plattenseite); sie liegt damit weit über der anderer Plattenspeicher. Deshalb sind diese Platten besonders für die Speicherung digitaler Bild- und/oder Tonsignale geeignet (→ Compact Disc Digital Audio). Die Weiterentwicklung zielt in Richtung auf die löschbare o. B., mit der auch Eigenaufzeichnungen möglich werden, und auf einfache, preiswerte Vervielfältigungsverfahren, z. B. das Drucken von o. B. → Bildplatte (Abb.)

optischer Tiefpaß: optisches Bauelement zur Begrenzung der → Auflösung, das aus einer ca. 6 mm starken Glasplatte aus doppeltbrechendem Material (z. B. Kalkspat) besteht. → Farbstreifenvidikon.

Optodisc: einseitig bespielte optische Bildplatte mit einem Durchmesser von 35 cm und einer Laufdauer von 60 min. Die O. unterscheidet sich insbesondere durch ihre Herstellung (fotografische Methoden) und ihre Drehzahl von anderen Bildplatten. Die O. rotiert beim Abspielen radiusabhängig mit 60 U/min (innen) bis 20 U/min (außen). Die optische Abtastung der 0,6 mm breiten Informationsspur – auf ihr sind Helligkeits-, Farbart- und 2 Tonsignale gespeichert – erfolgt mit einer Glühlampe. → optische Bildplatte

Optoelektronik: aus der Verbindung von Mikroelektronik und Optik entstandener Zweig der Elektronik. O. umfaßt Prinzipien und Verfahren, die zur Erzeugung, Verarbeitung, Übertragung und Speicherung von Signalen durch Wechselwirkung von Licht und elektrischen Ladungsträgern in optischen, elektronischen und kombinierten (optoelektronischen) Bauelementen, Schaltungen, Geräten und Systemen dienen. Hauptkomponenten von Anordnungen der O. sind: → Lichtsender, Übertragungsweg (freier Raum oder lichtleitendes Medium, z. B. → Lichtleiter) und → Lichtempfänger. Optoelektronische Bauelemente sind Halbleiterbauelemente der verschiedensten Art und Aufbauform. Es gibt sie für vielfältige Einsatzmöglichkeiten. Bedeutende Vertreter der *Lichtsender* sind → *Lumineszenzdioden (LED)* für Anzeigezwecke sowie *Infrarotdioden* und → *Laser* für die optische Signalübertragung (z. B.

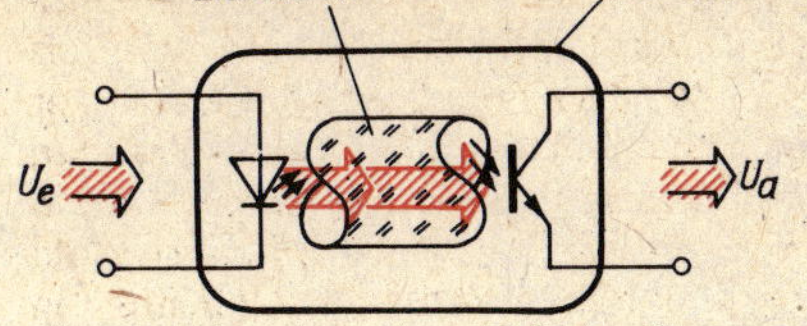

Prinzip eines *Optokopplers*

→ Infrarotfernbedienung). Durch die Anwendung in Taschenrechnern und Digitaluhren sind neben den LED auch die *Flüssigkristall-Bauelemente (LCD)* zur Zifferanzeige allgemein bekannt. Bei der optischen Signalspeicherung, z. B. optischer Plattenspeicher (→ optische Bildplatte, → Compact Disc Digital Audio) braucht man Laser oder → Laserdioden als Lichtsender und *Lichtempfänger* (sog. Fotodetektoren), z. B. → Fotodioden oder → Fototransistoren. Weitere wichtige Bauelemente der O. sind der → Optokoppler und die → Solarzelle. Die optische Daten- und Nachrichtenübertragung gewinnt immer mehr an Bedeutung, da sie eine störungsarme und sehr effektive Übertragung (große Informationsmenge je Zeiteinheit und Übertragungsweg) von Daten-, Bild- und Tonsignalen ermöglicht. Kennzeichen dieser Übertragungsart sind in Glasfasern geführte, von elektrischen Signalen modulierte Lichtwellen. Heute wird diese Technik in Fernsprechnetzen und anderen Kabelnetzen, z. B. Kabelfernsehen eingesetzt. Zukünftige Breitbandkommunkationssysteme werden auch auf der Basis der optischen Nachrichtentechnik arbeiten. Zur besseren Nutzung der vielseitigen Möglichkeiten der O. wird an der Entwicklung und Fertigung integrierter optischer Schaltungen *(integrierte Optik)* weltweit gearbeitet. O. i. w. S. umfaßt auch alle Einrichtungen zur Zeichen- bzw. Bildaufnahme und -wiedergabe.

Optokoppler, svw. Lichtkoppler: optoelektronisches Bauelement, das einen Lichtsender und einen Lichtempfänger enthält, die optisch über ein lichtleitendes Medium (z. B. Glas) gekoppelt sind. *Geschlossene O.* (Abb.) sind durch ein Gehäuse vor Fremdlicht abgeschirmt. Die vom Lichtsender, meist eine → Lumineszenzdiode, erzeugte Lichtstrahlung entspricht dem elektrischen Eingangssignal. Sie gelangt auf die lichtempfindliche Fläche des → Lichtempfängers und erzeugt an seinem Ausgang ein dem Eingangssignal (U_e) direkt proportionales Ausgangssignal (U_a). O. ermöglichen eine rückwirkungsfreie Signalübertragung mit vollständiger galvanischer Trennung zwischen Ein- und Ausgang. Optisch *offene O.* sind Sonderformen, die nicht für eine Signalübertragung gedacht sind. Sie werden als optoelektronische Sensoren zur Abfrage von Markierungen, zum Erkennen von Positionen und Bewegungszuständen verwendet. Derartige O. arbeiten nach dem Prinzip der Lichtschranke. Beim *Reflexkoppler* (Reflektor-Koppler) sind Lichtsender und -empfänger in einem stumpfen Winkel zueinander angeordnet und mit einer Fensteröffnung versehen. Erscheint ein reflektierendes Teil vor dem O., dann wird der Lichtstrahl auf den Lichtempfänger zurückgeworfen, und es entsteht ein Ausgangssignal. Reflexkoppler dienen z. B. zur automatischen → Bandendabschaltung oder zur Drehzahlmessung in Antriebssystemen von Videorecordern und Tonbandgeräten. *Gabelkoppler* (Gabellichtschranke) haben zwischen Lichtsender und -empfänger einen einige Millimeter breiten Spalt, in dem scheibenförmige Teile bewegt werden können. Abb.

OPV: Abk. für → Operationsverstärker.

Oracle: von der kommerziellen englischen Fernsehgesellschaft IBA (Abk. für Independent Broadcasting Authority) 1973 entwickeltes → Fernsehtextsystem. → Teletext

Orbit (engl., Planetenbahn; russ. Orbita, Bahn, Umlaufbahn): Positionsbezeichnung für sich nach bestimmten Gesetzmäßigkeiten bewegende Körper in einem festen Bezugssystem. Im übertragenen Sinne in der Raumfahrt- und Satellitentechnik genutzt, z. B. Orbitalstation (Raumstation), ORBITA (sowjetisches → Satellitensystem), → Orbitposition (Raumposition).

Orbitposition: Koordinatenangabe des Standorts eines Himmelskörpers. Speziell für die geostationären → Satelliten, die „fest" in ca. 36000 km Höhe über der Äquatorebene positioniert sind, reicht die Angabe der O. in Grad westlicher oder östlicher Länge zur eindeutigen Standortbestimmung aus. Durch die Genfer Weltfunk-Verwaltungskonferenz (→ WARC) wurden die O. der geostationären Satelliten für die Erdregionen 1 und 3 (außer amerikanischer Kontinent) festgelegt. Diese Festlegung berücksichtigt, daß die Zahl der Satellitenplätze über der Äquatorebene etwa 2000 nicht übersteigen kann und daß davon maximal 60 → Fernsehrundfunksatelliten sein können, daß der Abstand zwischen zwei Rundfunksatelliten mindestens 6° betragen soll und daß aus der O. die Aufgabe des Satelliten optimal erfüllt werden kann. Als Beispiel sollen die vorgesehenen O. der Fernsehrundfunksatelliten folgender Länder genannt sein: 1° westlicher Länge (ČSSR, DDR, Polen, Ungarn), 19° westlicher Länge (Belgien, BRD, Frankreich, Italien, Luxemburg, Niederlande, Österreich, Schweiz), 5° östlicher Länge (Dänemark, Finnland, Norwegen, Schweden). Auch für die Nachrichtensatelliten in → Satellitensystemen existieren feste O., z. B. für *Intersputnik* die O. 13,5° westlicher und 58° östlicher Länge für je einen geostationären Satellit vom Typ Raduga.

Originaldynamik: → Dynamik

orthodynamischer Kopfhörer, *isodynamischer Kopfhörer:* Sonderbauform des dynamischen Kopfhörers mit flacher, sehr weich eingespannter Mem-

Orthodynamisches Kopfhörersystem

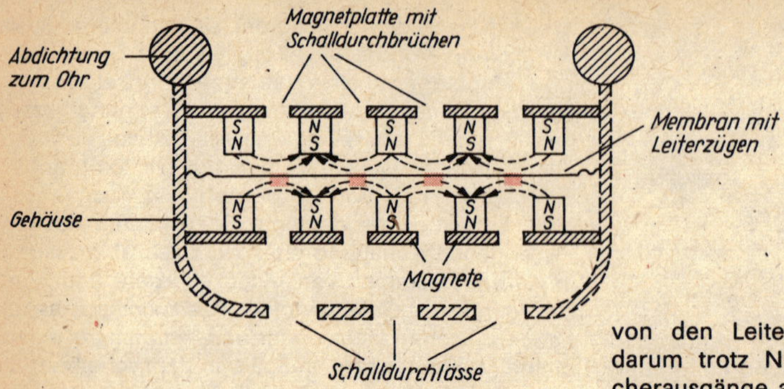

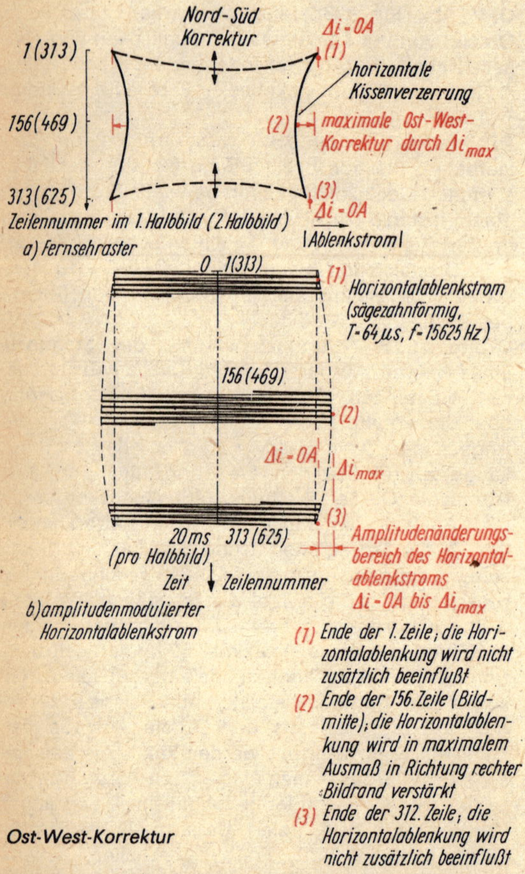

Ost-West-Korrektur

bran und darauf spiral- oder mäanderförmig aufgebrachten Leiterzügen (Spule). Die Magnete sind so gepolt, und der Feldlinienverlauf ist der Bewegungsrichtung der Leiterbahnen so angepaßt, daß bei Stromdurchgang eine gleichsinnige kolbenförmige Bewegung der Membran im Takt des Tonsignals entsteht. Das führt zu einem sehr ausgeglichenen Klangbild ohne Resonanzüberhöhungen und mit vernachlässigbaren Klangverzerrungen. Der o. K. ist wegen der günstigen Wärmeabstrahlung von den Leiterzügen hoch belastbar und kann darum trotz Niederohmigkeit direkt an Lautsprecherausgänge angeschlossen werden. Er weist gegenüber einem dynamischen Kopfhörer einen ungünstigeren Wirkungsgrad auf, benötigt daher für gleiche Lautstärke eine höhere NF-Leistung und hat eine größere Masse. Abb.

OSS-Technik, Abk. für **o**ptimale **S**tereo**s**ignal-**Technik:** → Jecklinscheibe

Ost-West-Korrektur: → Kissenentzerrung von Fernsehbildern in horizontaler Richtung (s. Abb. → Kissenverzeichnung). Die O. findet Anwendung in → Farbfernsehempfängern, die mit → Lochmaskenröhren oder → In-Line-Bildröhren ausgestattet sind. Sie beruht im wesentlichen darauf, daß der Horizontalablenkstrom parabelförmig mit dem Vertikalablenkstrom amplitudenmoduliert wird. Wie aus der Abbildung zu erkennen ist, werden dadurch auch die Zeilen in der Bildmitte bis zum Bildrand ausgeschrieben. Die Amplitudenmodulation des Horizontalablenkstroms kann schaltungstechnisch z. B. mit Hilfe eines → Transduktors oder durch Modulation der Betriebsspannung der → Zeilenendstufe erreicht werden. → Nord-Süd-Korrektur (Abb.)

Oszillator: 1) I. w. S. Baugruppe zur Erzeugung meist höherfrequenter elektrischer Schwingungen vorwiegend mit sinusförmigem Verlauf (→ Generator). **2)** *(Superhet)* Baugruppe zur Erzeugung der O.-Frequenz f_o (→ Mischstufe). Zur Auswahl der gewünschten Empfangsfrequenz aus der Vielzahl der von der Antenne gelieferten Frequenzen kann die O.-Frequenz durch → Abstimmung verändert werden. Sie liegt bei allen modernen Empfängern immer um den Wert der → ZF höher als die Empfangsfrequenz.

OTS, Abk. für **O**rbital-**T**est-**S**atellit: westeuropäischer Testsatellit für den Satellitendirektempfang. → Satellitenfunk

Ovallautsprecher: Breitband- oder Mittelhochtonlautsprecher mit ovalem Membranquerschnitt. Vorteilhaft ist beim O., daß er trotz schmalem Einbaumaß mit einer relativ großen Leistung gebaut werden kann (bis ca. 6 W). Wurde die richtige Einbaulage – großer Membrandurchmesser senkrecht – berücksichtigt, so ergibt sich eine breitere Schallabstrahlung bei hohen Frequenzen in der Horizontalen.

P

Paarigkeit: → Hörvergleich, → Stereomikrofon, → Zeilenpaarigkeit

PAL-Farbfernsehverfahren: kompatibles → Farbfernsehverfahren, das in den 50er Jahren von Prof. Dr. Walter → BRUCH mit dem Ziel einer qualitativen Verbesserung des US-amerikanischen → NTSC-Farbfernsehverfahrens entwickelt wurde, um bei Einführung des → Farbfernsehens in europäischen Ländern eine Alternative zu diesem bieten zu können. Dabei wurden alle wesentlichen Elemente des NTSC-Verfahrens (ein Farbträger, simultane Übertragung der Farbdifferenzsignale, Quadraturmodulation) beibehalten. Der Hauptunterschied ist in einer veränderten Modulations-Demodulationstechnik zu sehen. Durch sie gelang es, die durch Übertragungsfehler (speziell Phasenfehler) des quadraturmodulierten NTSC-Farbsignals bedingten Farbtonfehler im Fernsehbild wesentlich zu verringern. Die dazu angewandte Methode, die Farbträgerphase für die Dauer der Signalübertragung im Zeilenrhythmus wechseln zu lassen, bildete für das P. die Namensgrundlage (**P**hase **A**lternation **L**ine). Auf der im Frühjahr 1965 in Wien stattgefundenen Versammlung der Studiengruppe XI des Weltnachrichtenvereins (→ CCIR) gab die Bundesrepublik Deutschland mit anderen europäischen Ländern ihre Entscheidung für das P. als Fernsehstandard öffentlich bekannt. Diese Entscheidung beruhte auf umfangreichen experimentellen Arbeiten und Erprobungen der bekannten Verfahren unter verschiedenen praktischen Bedingungen zu Beginn der 60er Jahre. In Abb. a und b ist die Kodierung und Dekodierung von PAL-Farbbildsignalen veranschaulicht. Hierbei ist deutlich die Verwandtschaft zum NTSC-Verfahren zu erkennen. Die farbig eingetragenen Signalwerte entsprechen den lt. → Fernsehnorm für das → Standard-PAL festgelegten Größen. Es werden zunächst die → Farbdifferenzsignale $\langle E_U = 0{,}493\ (E_B - E_Y)$ und $E_V = 0{,}877\ (E_R - E_Y)\rangle$ matriziert und in der Bandbreite einheitlich auf maximal 1,3 MHz begrenzt. Die den Farbdifferenzsignalen zugeordneten Zahlenwerte sichern eine optimale Ausnutzung des Videopegelbereichs im Signalweg für die Übertragung von → Farben mit natürlich vorkommenden → Farbtönen und einer normalen → Farbsättigung. Es gilt die gleiche Gesetzmäßigkeit wie beim NTSC-Verfahren, daß die Amplitude des modulierten Farbsignals Träger der Farbsättigungsinformation und sein Nullphasenwinkel Träger der Farbtoninformation ist. Die Besonderheit bei der → Quadraturmodulation im P. besteht aber darin, daß der dem V-Modulator zugeführte Farbträger von Zeile zu Zeile um 180° in seiner Phasenlage umgeschaltet wird. Das hat einen Phasenwechsel im → Farbsignal zur Folge. Nimmt man einen gleichen Bildinhalt in aufeinanderfolgenden Zeilen an, führt der Phasenwechsel zu einer Spiegelung des Farbsignals um die U-Achse. Dieser Sachverhalt ist im Vektorbild des PAL-Farbsignals für das → Farbbalkentestbild zu erkennen. Tritt im Verlauf der PAL-Farbsignalübertragung, -speicherung usw. bis zum PAL-Dekoder ein *konstanter Phasenfehler* auf, so verändern sich die Nullphasenwinkel in allen aufeinanderfolgenden Zeilen um gleiche Beträge. Da die oben beschriebene zeilenweise Spiegelung des Farbsignals aus übertragungstechnischen Gründen bei der Modulation im PAL-Koder herbeigeführt wurde – also keinen Bezug zum Bildinhalt hat, muß sie im PAL-Dekoder wieder aufgehoben werden. Logisch kehrt sich bei der Rückspiegelung auch der Phasenfehler in seiner Richtung um und damit gleichzeitig die mit ihm verbundene Farbtonverfälschung im Fernsehbild. Künstlich wurde also ein von Zeile zu Zeile entgegengesetzter Farbtonfehler erzeugt, der sich im Normalfall gegeneinander aufhebt. Technisch erfolgt die Rückspiegelung durch einen Phasenwechsel des Referenzträgers für den V-Demodulator im Zeilenrhythmus um 180°. Dieser wird durch den → Burst synchronisiert, der speziell zu diesem Zweck in seiner Phase zwischen +135° (entspricht normaler V-Lage) und −135° (entspricht gespiegelter V-Lage) umgeschaltet wird. Das Prinzip ist für das P. allgemein gültig. In der Behandlung der Signale ab der Quadraturdemodulation unterscheiden sich einzelne Varianten des P. Im einfachsten Fall werden die phasenfehlerbehafteten Signale nach der Demodulation direkt im Fernsehbild wiedergegeben. Für den Betrachter bildet sich beim *Sehen* der Mittelwert über die zeilenweise entgegengesetzten Farbtonfehler. Diese Methode ist als *Simpel-PAL* (Einfach-PAL) bekannt. Sie hängt von vielen subjektiven Momenten ab und ist heute ohne praktische Bedeutung. Im *Delay-P.* (Verzögerungs-PAL) wird bei der Dekodierung jeweils das Signal der Vorzeile um eine Zeilendauer verzögert und mit dem gerade übertragenen durch Addition verbunden. Im Ergebnis dieser Addition und der anschließenden Demodulation heben sich die Phasenfehler der jeweils aufeinanderfolgenden Zeilen gegeneinander auf, es entsteht allerdings dabei ein geringer Amplitudenfehler. Der damit verbundene Farbsättigungsfehler ist im Bild viel weniger störend als jeglicher Farbtonfehler und kann daher in Kauf genommen werden. In einigen Farbdekodern wird sogar dieser Farbsättigungsfehler auf elektronischem Weg noch vermindert. Grenzen der Fehlerkorrektur sind objektiv durch den i. d. R. zwischen den Zeilen im Bild wechselnden Bildinhalt und den Absolutbetrag des zulässigen Phasenfehlers gesetzt, da die Addition der zeilenweise aufeinanderfolgenden Signale negativen Einfluß auf die → Auflösung im Farbbild hat. Die Festlegung der → Farbträgerfrequenz für das Standard-P. mit 4,43361875 MHz (das entspricht einem ungeradzahligen Vielfachen der halben Zeilenfrequenz plus 25 Hz) hat einen wesentlichen Vorteil. Da → Bildsignale generell ein Linien-

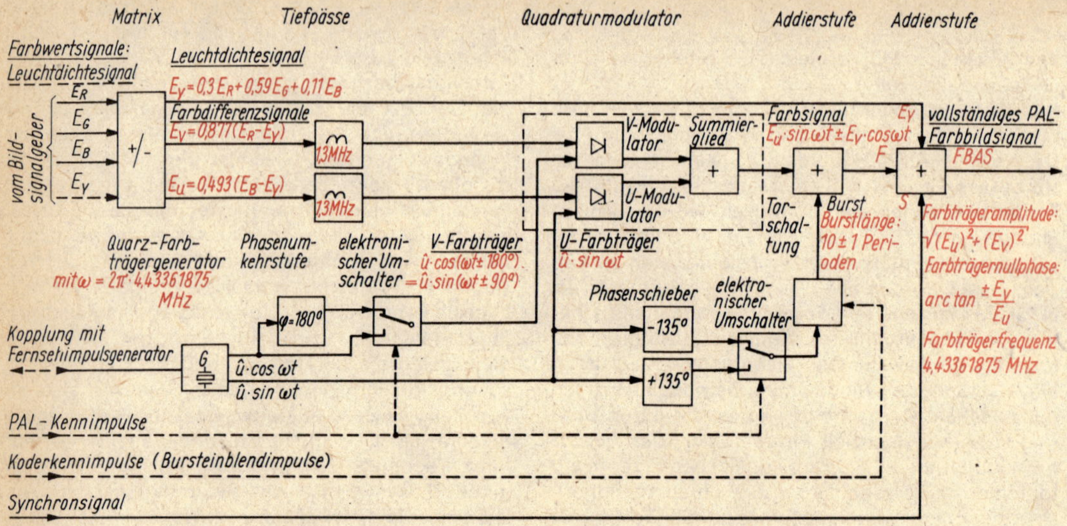

a)

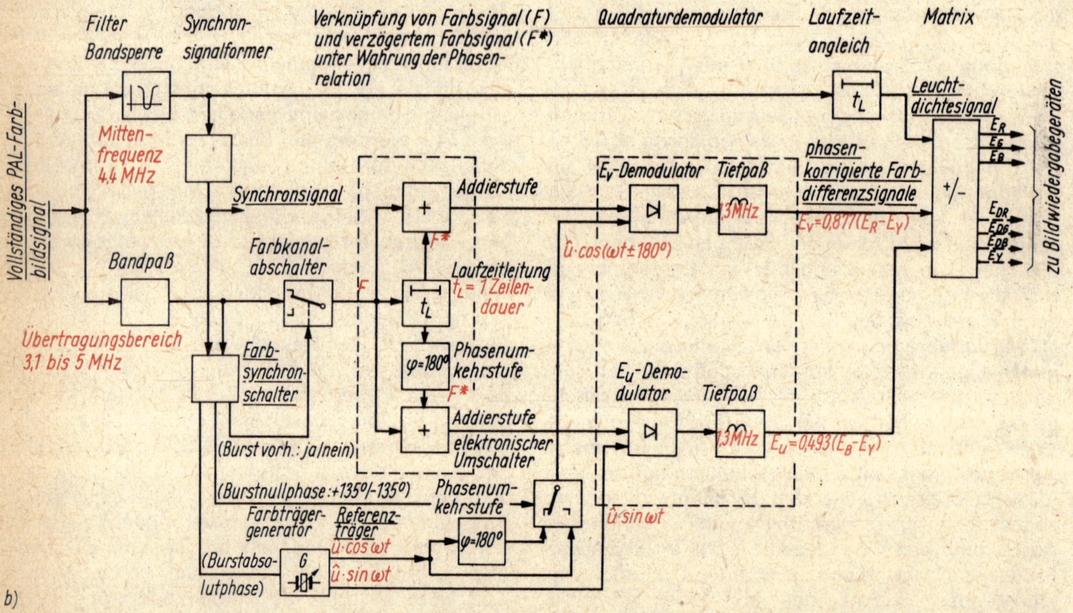

b)

Prinzip und Besonderheiten des *PAL-Farbfernsehverfahrens*:
a) Standard-PAL-Kodierung, b) Standard-PAL-Dekodierung, c) Vektorbild für das Standard-PAL-Farbsignal (den Werten (Amplitude, Nullphasenwinkel des Farbsignals) liegt das EBU-Farbbalkensignal mit 100 % Farbsättigung und 75 % Farbwertsignalamplitude zugrunde; die mit * gekennzeichneten Vektoren entsprechen den um die U-Achse gespiegelten Farbsignalen, dabei kehrt nur der Phasenwinkel sein Vorzeichen um), d) Veranschaulichung der Aufhebung eines möglichen übertragungsbedingten Farbtonfehlers im PAL-Farbfernsehverfahren am Beispiel der Farbe Purpur (① zur Farbe Purpur gehörendes Farbsignal (0,31; 60°), ② nach dem PAL-Farbfernsehverfahren im Koder jede 2. Zeile gespiegeltes Farbsignal (0,31; −60°), ③ durch Übertragungsfehler (Phasenfehler + $\Delta\varphi$ = konstant) beeinflußtes Farbsignal (0,31; 60° + $\Delta\varphi$) bzw. gespiegeltes Farbsignal* (0,31; −60° + $\Delta\varphi$), ④ nach dem PAL-Farbfernsehverfahren im Dekoder jede 2. Zeile rückgespiegeltes Farbsignal ③* (0,31; −(−60° + $\Delta\varphi$)) = (0,31; 60° − $\Delta\varphi$)
Der zeilenweise Phasenwechsel im PAL-Farbfernsehverfahren führt im Ergebnis zu einer Phasenumkehr übertragungsbedingter Phasenfehler in jeder 2. Zeile, wodurch Phasenfehler in aufeinanderfolgenden Zeilen gegeneinander aufgehoben werden können!

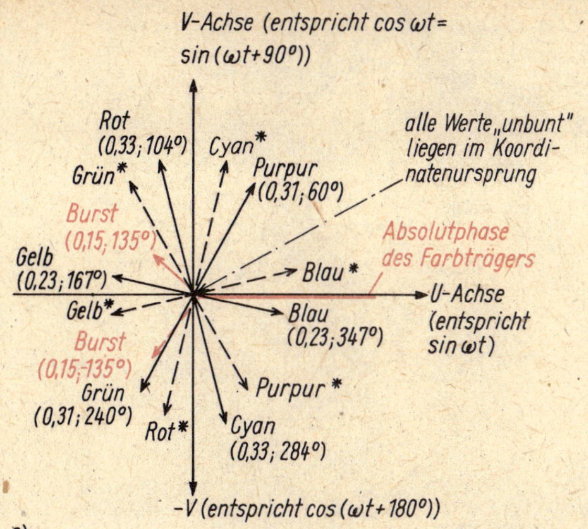

c)

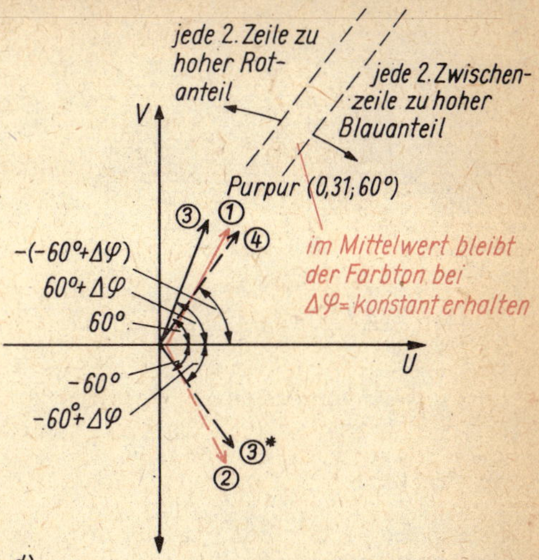

d)

Frequenzspektrum aufweisen, führt die Addition von Leuchtdichte- und Farbsignal zu einer Verkämmung (Verschachteln in den Lücken der Signalspektren) beider Signale. Dies kann vorteilhaft zur Signaltrennung mittels → Kammfilter genutzt werden. Ein weiterer Vorteil ist darin zu sehen, daß durch die gewählte Modulationsart (Produktbildung von Farbträger und Farbdifferenzsignal) das Farbsignal bei der Übertragung unbunter Bilder oder Bilddetails zu Null wird, da in diesem Fall die Farbdifferenzsignale Null sind. Günstig wirkt die als Ergebnis der Quadraturmodulation im Farbsignal auftretende Amplitudenmodulation, da hierdurch die Empfangsgrenzen im → Fernsehrundfunk fließend sind. Allerdings stellt die damit gleichzeitig verbundene Nullphasenwinkelmodulation sehr hohe Anforderungen an die Phasenstabilität der Videogeräte und Übertragungswege. Anwendung findet das P. neben der BRD u. a. in Algerien, Argentinien, Australien, Brasilien, Dänemark, Finnland, Großbritannien, Italien, Jugoslawien, Kuwait, Niederlande, Norwegen, Thailand, Türkei. → Standard-PAL, → PAL-M, → Matrizierung, → Kolorierung, → Farbart, → Kompatibilität, → Videopegel, → Synchronisation, → SECAM-PAL-Konverter, → Fernsehimpulsgenerator, → PAL-Kennimpulse, → Kammfilter, → Koderkennimpulse (Abb.)

PAL-Kennimpuls, *P-Impuls:* Farbschaltimpuls des → PAL-Farbfernsehverfahrens. P. steuern in → Kodern die zeilenweise Umschaltung der V-Farbsignalkomponente zwischen ±90° Phasenlage. P. werden im → Fernsehimpulsgeber gemeinsam mit anderen Gleichlaufsignalen erzeugt. In Geräten mit eingebautem Fernsehimpulsgeber und Koder (z. B. Videokamera) erfolgt eine interne Versorgung. Arbeiten mehrerer Videokameras parallel, sind diese zur Sicherung einheitlicher Schaltphasen impulsmäßig zu koppeln (→ externe Synchronisation). Das ist für eine weitere störfreie Bearbeitung der Farbbildsignale unerläßlich. Da dieses Problem in Fernsehstudiokomplexen generell besteht, werden hier P. zentral erzeugt und über Verstärker und Leitungen den Kodern der Bildquellen extern zugeführt. Sollen im Bearbeitungsprozeß PAL- und SECAM-kodierte Farbbildsignale zur Anwendung kommen, müssen außerdem Festlegungen bezüglich einheitlicher Schaltphasen beachtet werden. Die Information der P. wird über die *Phase* des → Burst zu den Dekodern in den PAL-Farbfernsehempfängern übertragen. Geht diese Information durch Übertragungsstörungen verloren, gibt der Farbfernsehempfänger die Komplementärfarben zum Originalbild wieder. Das Farbfernsehbild wird unbrauchbar! Für die P. sind folgende Normwerte verbindlich: Folgefrequenz $f = 7{,}8125\ \text{kHz} = f_H/2$, Periodendauer $T = 128\ \mu s \mathrel{\hat{=}} 2\ H$, Impulsdauer $\tau = 5\ \mu s$.

PAL-M: → PAL-Farbfernsehverfahren, dem die amerikanische FCC-Norm (von Federal Communications Commission, Normcode *M* lt. internationalen → Fernsehnormen) zugrunde liegt. P. findet speziell in Brasilien Anwendung. Es unterscheidet sich von → Standard-PAL neben den durch die TV-Grundnorm bestimmten Abweichungen (Zeilenzahl, Bildfrequenz usw.) speziell in der → Farbträgerfrequenz ($f_T = 3{,}57\,561\,149$ MHz), die etwa der des → NTSC-Farbfernsehverfahrens entspricht.

PAL-SECAM-Adapter: Nachrüstsatz für Farbfernsehgeräte des → PAL-Farbfernsehverfahrens. Der Einbau eines P. in ein solches Gerät gestattet auch den Empfang von SECAM-kodierten Farbfernsehsi-

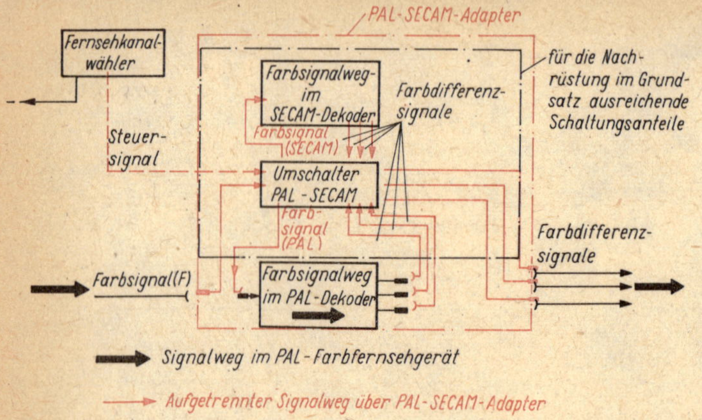

Übersichtsschaltplan des *PAL-SECAM-Adapters*

gnalen gleicher Grundnorm. Im angegebenen Übersichtsschaltplan erfolgt die Umschaltung PAL-SECAM mit der Fernsehkanaleinstellung. Sie kann jedoch auch automatisch durch die unterschiedlichen → Farbsynchronsignale ausgelöst werden. → SECAM-Farbfernsehverfahren, → SECAM-PAL-Konverter, → Fernsehnorm (Abb.)

Hinweis: Der Einsatz von P. ist vor allem in grenznahen Gebieten von Ländern mit unterschiedlichen Farbfernsehverfahren im Fernsehrundfunk anzutreffen. Bei abweichenden Fernsehgrundnormen ist die Schaltung des P. durch einen Standard-Konverter zu ergänzen.

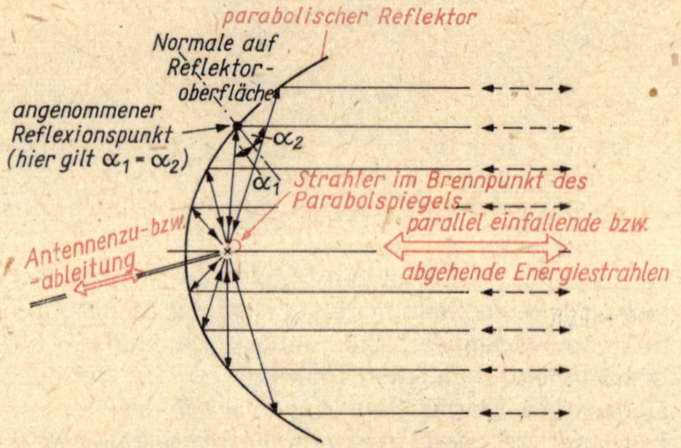

Aufbau und Wirkungsweise der *Parabolspiegelantenne*

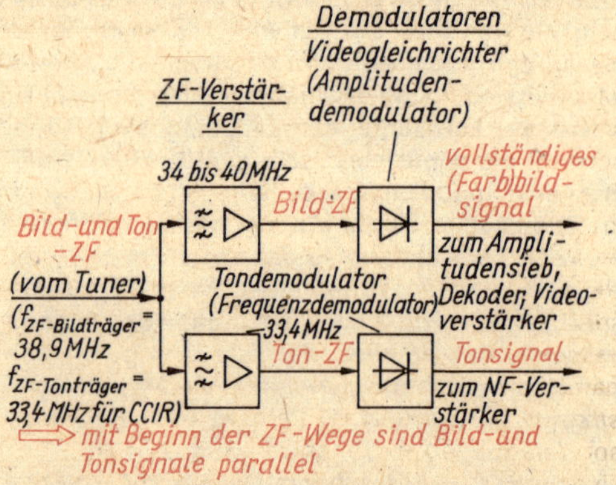

Prinzip des *Paralleltonverfahrens*

PAM: Abk. für **P**uls-**A**mplituden**m**odulation. → Modulation, → Digital-Analog-Umsetzer

Pan Scan-Verfahren (engl. für Schwenkabtastung): Abtastverfahren von Breitwandfilmen (z. B. Cinemascope), bei dem nicht die gesamte Bildbreite des Filmbilds, sondern durch horizontale Lageverschiebung nur der handlungswichtigste Bildausschnitt aufgenommen und wiedergegeben wird. Die Bildausschnittsfestlegung erfolgt vorprogrammiert szenenweise neu. Mit dem P. können schwarze Streifen an der Bildober- und -unterkante des Fernsehbilds, wie sie bei Abtastung der gesamten Filmbildbreite zwangsläufig entstehen, verkleinert oder ganz vermieden werden.

Parabolspiegelantenne: spezieller Antennentyp für die Bereiche der Höchstfrequenztechnik (UHF, SHF, EHF) mit *parabelförmiger Krümmung* und kreisförmiger Öffnung des *Antennenreflektors.* Dieser sichert durch eine scharfe Bündelung der von der Sendeantenne ausgehenden Sendeenergie oder eine hohe Konzentration der in die P. einfallenden Empfangsenergie einen sehr großen → Antennengewinn. Darüber hinaus sind ausgeprägte → Sende-Empfangskeulen und eine hohe Vor-Rück-Dämpfung wesentliche Kennzeichen der P. Unabhängig, ob P. in der Sende- oder Empfangstechnik eingesetzt werden, arbeiten im Brennpunkt der Antennenreflektoren als eigentliche Strahler: Dipole, Horn- oder Schlitzstrahler. Anwendungsgebiete der P. sind in der Funktechnik der → Richtfunk, der → Satellitenfunk, die Radar- und Funkmeßtechnik. Abb.

Hinweis: Der Reflektor der P. kann ganzmetallisch, als Polyesterschale mit Metallbeschichtung oder als Metallmaschengitter (Maschengröße kleiner ¼ der Wellenlänge) ausgeführt sein.

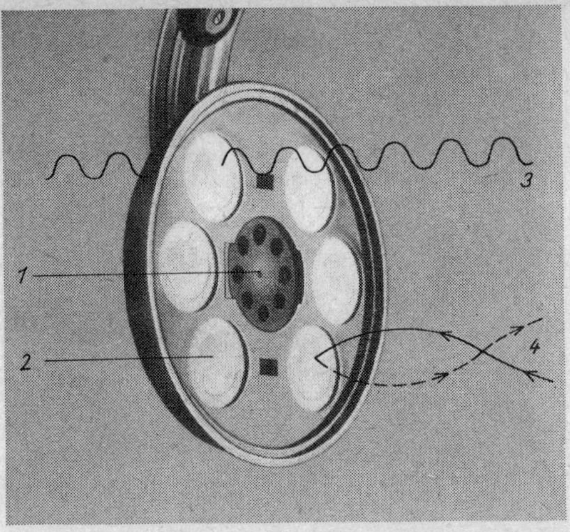

Kopfhörersystem mit *passiven Membranen*: (1) aktive Membran der elektrodynamischen Kopfhörerkapsel. Infolge der 6 Passivmembranen (2) wirkt das System für hohe Töne (3) als offener, für tiefe Töne (4) als geschlossener Kopfhörer

Paralleltonverfahren (engl. Separate Sound-System): Verfahren zur Gewinnung des zum Fernsehbild gehörenden Tonsignals im → Fernsehempfänger. Das Charakteristische des P. ist, daß bei der Umsetzung des empfangenen HF-Fernsehsignals eine *Bild-ZF* und eine *Ton-ZF* gebildet und in getrennten ZF-Verstärkern den jeweiligen Demodulatoren zugeführt werden (Abb.). Mit dem für das P. notwendigen höheren Schaltungsaufwand werden die dem → Differenzträgerfrequenzverfahren innewohnenden Qualitätsmängel prinzipiell ausgeschlossen. Allerdings treten dabei schaltungstechnische Probleme auf (u. a. Gewährleistung höchster Frequenzkonstanz des Oszillators im Eingangstuner, kritische Sendereinstellung, aufwendige Lösung der → AFC), so daß in der Praxis als Kompromiß das → Quasiparalleltonverfahren für höhere Qualitätsansprüche Anwendung findet. → Fernsehsender, → Fernsehnorm, → ZF (Abb.)

parasitäre Tieftonabstrahlung, *passive Tieftonabstrahlung:* Abstrahlung der Bässe bei einer Lautsprecherbox über eine weich eingespannte, → passive Membran, zusätzlich zum (aktiv angetriebenen) Tieftonlautsprecher. Dieser ist mit der Eigenresonanzfrequenz der passiven Membran so abgestimmt, daß sich eine günstige Baßwiedergabe mit Erweiterung nach tiefen Frequenzen hin ergibt.

Paroc-Nadel: → Abtastnadel mit parabolisch verrundeter Spitze.

Partialschwingungen, svw. Teilschwingungen: unkontrollierte Eigenschwingungen von Verstärkern oder Teilen einer Wandlermembran. → elektrodynamischer Lautsprecher, → Einschwingstreifen

Pasekon: → Chalnikon

passive Membran: nicht durch einen Schallwandler direkt angetriebene, jedoch durch die Schallwellen mitschwingende Zusatzmembran in einem Kopfhörer oder einer Lautsprecherbox. Abb.

passives Bauelement: → Bauelement

Paß-Technik: → Set-Technik

Pausenrauschsperre: → Muting-Schaltung 3)

Pausentaste, *Schnellstoptaste:* Bedienelement an einem Magnetbandgerät zum besonders schnellen und knackfreien Stoppen und Starten des Bandlaufs bei Aufzeichnung oder Wiedergabe. Beim Betätigen der P. wird die Andruckrolle von der Transportrolle etwas abgehoben und das Laufwerk gebremst, so daß das Band sofort stehenbleibt. Bei einigen Ausführungen wird zusätzlich die Kanalelektronik stumm geschaltet (→ Muting-Schaltung 3) und der Autostop außer Betrieb gesetzt. Alle anderen Laufwerks- und Signalfunktionen bleiben erhalten. So läßt sich z. B. die Aussteuerung der Aufzeichnung bei stehendem Band einstellen. Bei einigen Videorecordern kann bei gedrückter P. Standbildwiedergabe eingeschaltet werden.

Hinweis: Bei manchen Tonbandgeräten wird beim Betätigen der P. das Band zusätzlich von den Köpfen abgehoben. Diese Variante ist, ebenso wie die Stummschaltung des Wiedergabekanals bei Spulentonbandgeräten, ungünstig, wenn diese zum Cuttern verwendet werden sollen: Die zu cutternde Stelle kann nicht durch Drehen an den Spulen unter Mithörkontrolle ermittelt werden.

Pay TV-System (engl., Fernsehsystem mit (Sofort)gebührenentrichtung): Form des → Kabelfernsehens für Groß-Gemeinschaftsantennenanlagen und Breitband-Kommunikationsnetze. Das P. bietet die Möglichkeit, daß ständig neben den Fernseh-, Rundfunkprogrammen und Standarddiensten auch Sonderfernsehprogramme über das Kabelnetz für den einzelnen Teilnehmer angeboten werden. Diese sind vom Teilnehmer gegen Entrichtung von zusätzlichen Gebühren – abhängig vom gewählten Programm und der Einschaltdauer – über spezielle Teilnehmerkonverter mit der normalen Empfangsanlage ständig abrufbar. Vergleichbare Systeme sind auch unter anderen Bezeichnungen (z. B. *Play Cable*) bekannt. Diese Verfahren finden in kapitalistischen Ländern unter dem Gesichtspunkt der Kommerzialisierung des Fernsehens Anwendung. → Konverter

PCC, Abk. für engl. **Ph**ono **C**rosstalk **C**anceller: Baugruppe zur Verminderung des Übersprechens bei der Wiedergabe von Stereoschallplatten. Von einem Rechnerbaustein werden die Übersprechanteile in beiden Kanälen getrennt ermittelt. Durch gegenphasiges Hinzufügen entsprechender Signalanteile zu den Nutzsignalen X und Y werden die unerwünschten Übersprechkomponenten weitestgehend eliminiert.

PCI-System, Abk. für engl. **P**rogram **C**omparsion and **I**dentification-**System,** Programmvergleichs-

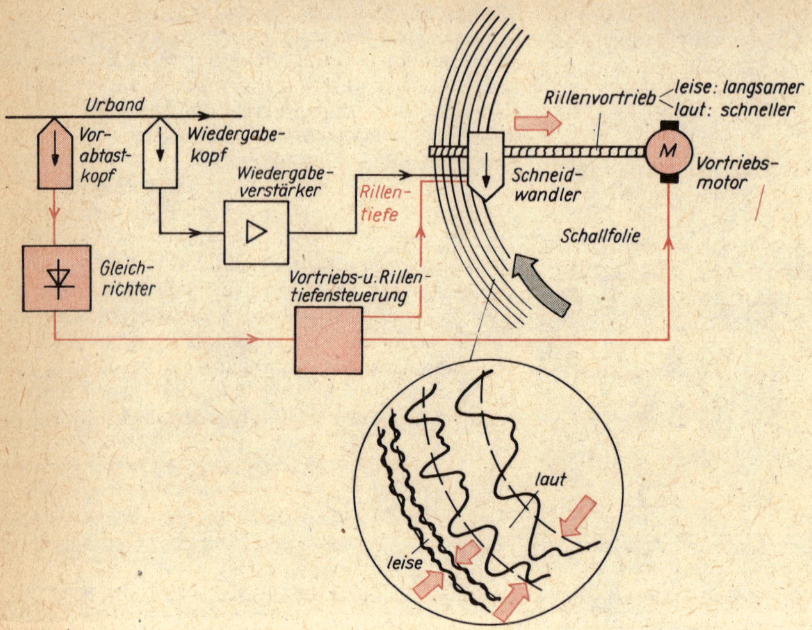

Prinzip der *pegelabhängigen Rillensteuerung*

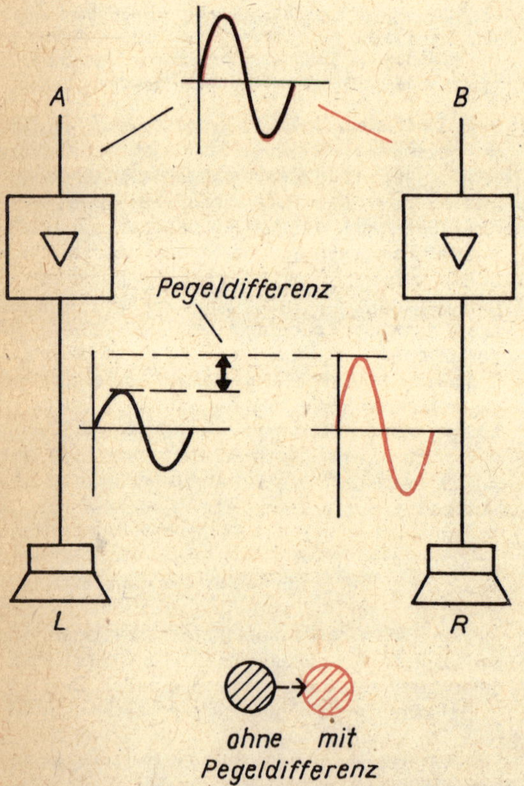

Bei *Pegeldifferenzen* empfindet der Hörer eine Verschiebung der Schallquelle zum Lautsprecher mit dem größeren Signal hin

und Erkennungssystem: mikrorechnergesteuertes Abstimmsystem für Autoradios, das nach Drücken einer „Best-Station"-Taste aus mehreren gespeicherten UKW-Sendestationen mit gleichem Programm die empfangsgünstigste auswählt, wenn der gerade empfangene Sender infolge von Feldstärkeschwankungen oder zu großer Entfernung nur schwach empfangen wird.

PCM: → Pulskodemodulation

PCM-Adapter: → digitale Tonsignalspeicherung

PCM-Audio-Adapter: → digitale Tonsignalspeicherung

PCM-Digitalrecorder: → digitale Tonsignalspeicherung

PCM-Schallplatte: → Digitalschallplatte

pegelabhängige Rillensteuerung, exakt pegel-, bzw. aussteuerungsabhängige Rillenvorschub- und -tiefensteuerung: Schneidverfahren für Schallplatten, bei dem die Rillenabstände, abhängig von der aktuell auftretenden Auslenkung (entsprechend der Lautstärke), möglichst gering gehalten werden. Bei leisen Stellen wird der Rillenabstand verringert und die Rille gleichzeitig nicht so tief geschnitten, bei lauten Stellen wird der Abstand und die Rillentiefe entsprechend vergrößert. Die Zahl der Rillen je mm liegt etwa zwischen 4 und 16 (durchschnittliche Rillendichte 10 Rillen/mm). Dadurch läßt sich die Laufdauer der Platte – allerdings abhängig von dem Dynamikverlauf der aufgezeichneten Stücke – um durchschnittlich 70 % vergrößern. Schon 1950 entwickelte Eduard RHEIN das *Füllschriftverfahren* zur Erhöhung der Laufdauer von Schallplatten, das bereits auf dem Gedanken der variablen Rillenabstände fußte. Zur p.R. wird das Signal des Urbands mit einem zusätzlichen Wiedergabekopf vorabgetastet, um es zur Steuerung der Schneidapparatur zu verwenden (Abb.). Die p.R. ist beim →Direktschnitt von Schallplatten nicht anwendbar. →Schallplattenherstellung (Abb.)

Pegeldifferenz: Unterschied der Pegel von 2 Signalen. Bei Stereosignalen sind unerwünschte P. auf Verstärkungsunterschiede zwischen den Stereokanälen zurückzuführen. Eine P. von etwa 1,5 dB kann bei Intensitätsstereofonie zum Auswandern der Mittenlokalisation führen, 6 dB bedeuten eine Verschiebung aus der Mitte nach halbrechts oder -links. P. in gleicher Größe bei allen Frequenzen des Tonsignals lassen sich mit dem Balanceeinsteller korrigieren. Sind die P. aber bei verschiedenen Frequenzen des Tonsignals unterschiedlich groß, so kann das zum Auswandern der Schallquellen abhängig von der gespielten Tonhöhe führen. Abb.

Hinweis: Obwohl sich eine größere P. zwischen den Stereokanälen eines Tonbandgeräts auch mit dem Balanceeinsteller eliminieren läßt, sollte das Gerät, vor allem wenn die P. bei der Aufzeichnung entsteht, möglichst bald instandgesetzt werden, da sie in einem der beiden Kanälen entweder zu erhöhten Verzerrungen oder zu geringem Störabstand führt. Die Ursache ist im Aufnahmekanal zu vermuten, wenn eine Musikkassette ohne P. wiedergegeben wird.

Pegelmaß: nach einer Rechenvorschrift gebildetes Maßsystem, hauptsächlich für elektrische, akustische und elektroakustische Signalgrößen sowie daraus abgeleitete Kennwerte für Geräte, Kanäle und Informationsträger. Das P. beruht auf folgenden Gedanken: *a)* Bildung des Verhältnisses aus der physikalischen Größe X zu einer Bezugsgröße X_o, *b)* Lo-

Wichtige Pegelmaße (Auswahl)

Pegel/dB	Kurzzeichen	Signalgröße X	Bezugsgröße X_0
1. absolute Pegel			
Spannungspegel, Tonsignalpegel, NF-Pegel	n	Tonsignalspannung	0,775 V
Antennenpegel[1]	n	HF-Antennenspannung (i. allg. an 75 Ω)	1 µV
Schalldruckpegel	L	Schalldruck	$2 \cdot 10^{-5}$ Pa
2. relative Pegel			
Verstärkungspegel, -maß (Spannungsverstärkung)	S	Nutzsignalspannung am Ausgang eines Geräts, Kanals oder einer Baugruppe	Nutzsignalspannung am Eingang eines Geräts, Kanals oder einer Baugruppe
Dämpfung, Dämpfungsmaß	A	Nutzsignalspannung am Eingang	Nutzsignalspannung am Ausgang
Übersprechdämpfung, -abstand	$A_ü$	Tonsignalspannung (i. allg. bei Vollaussteuerung)	aus einem störenden Kanal eingedrungene Signalspannung, am gleichen Punkt gemessen
Fremdspannungsabstand, unbewerteter Störabstand	A_{fr}	Tonsignalspannung (i. allg. bei Vollaussteuerung)	unbewertete Störspannung (Fremdspannung), am gleichen Punkt gemessen
Geräuschspannungsabstand, bewerteter Störabstand	A_{ger}	Tonsignalspannung (i. allg. bei Vollaussteuerung)	bewertete Störspannung (Geräuschspannung), am gleichen Punkt gemessen
Dynamik	D	Schalldruck oder Tonsignalspannung an der lautesten Stelle einer Schalldarbietung	Schalldruck (Tonsignalspannung) an der leisesten Stelle einer Schalldarbietung, bezogen auf den gleichen Ort im Schallfeld (auf den gleichen Punkt im Kanal)
Vor-Rück-Dämpfung	A_{VR}	Antennen- oder Mikrofonspannung bei Signaleinfall von vorn (Hauptempfangsrichtung)	Antennen- oder Mikrofonspannung bei Einfall eines gleichgroßen Signals von hinten (180°)
Aussteuerungsmesseranzeige[2]	Δn	momentane Tonsignalspannung am Meßpunkt	Tonsignalspannung bei Vollaussteuerung am gleichen Punkt
Amplitudenfrequenzgang (auf 0 dB normierte Darstellung)	Δn	Nutzsignalspannungen bei verschiedenen Frequenzen im Übertragungsbereich	Nutzsignalspannung bei Bezugsfrequenz am gleichen Punkt gemessen

[1] Einheit abweichend in dBµV [2] bei VU-Metern auch in VU

Nomogramme zur Bestimmung absoluter und relativer Pegel

Merkhilfen bei Pegelwerten

	Division		← | →	Multiplikation					Beispiel:
X/X_0	0,1	0,5	0,7[1)]	1	1,4	2	10	100	1000	40 = 10·2·2
zugehöriger Pegel in dB	−20	−6	−3[1)]	0	+3	+6	+20	+40	+60	32 = 20 + 6 + 6
	Subtraktion		← | →	Addition						

[1)] Grenzfrequenzbedingung bei Amplitudenfrequenzgängen

garithmierung dieses Verhältnisses nach der Vorschrift: Pegel $= 20 \lg X/X_0$. Zur Kenntlichmachung wird dem an sich dimensionslosen Zahlenwert die Einheit Dezibel (dB) nachgestellt. Abb.

Hinweis: Die angegebene Rechenvorschrift gilt in dieser Form nicht für die Bildung des P. aus Leistungsgrößen, wie z. B. Antennen-, NF-Ausgangs- oder Schalleistung, wie sie in der Unterhaltungselektronik weniger gebräuchlich ist.

Bezieht man einen Signalwert (Tonsignal- oder Antennenspannung, Schalldruck, Bandfluß) auf eine konstante, genormte Bezugsgröße, so spricht man vom *absoluten Pegel.* Er beschreibt die Größe des Signals lediglich mit anderen Zahlenwerten. Ein *relativer Pegel* wird dagegen immer aus einem Signalverhältnis gebildet, d. h., die Bezugsgröße X_0 kann ebenfalls veränderlich sein oder frei gewählt werden. Mit relativen Pegeln lassen sich somit auch Verstärkungen, Dämpfungen oder andere Gerätekennwerte darstellen, oder das Signal läßt sich gegenüber einem festgelegten Sollwert (z. B. Vollaussteuerung) beschreiben. Die Verwendung des besonders in der Elektroakustik verbreiteten P. bringt folgende Vorteile: *a)* Es ergeben sich einprägsame Zahlenwerte in einem übersichtlichen Zahlenbereich (Pegel über 100 dB sind sehr selten!). Der Wert „0 dB" der Pegelskale entsteht bei $X = X_0$. Pegel mit positiven Vorzeichen kennzeichnen Signalverhältnisse mit $X > X_0$, Pegel mit negativen Vorzeichen solche mit $X < X_0$. *b)* Die Werteabstufungen im P. entsprechen besser den hörphysiologischen Gegebenheiten, weil das Gehör Lautstärkeänderungen näherungsweise logarithmisch bewertet. So kann man grob davon ausgehen, daß ein 1-dB-Sprung bei lauten und leisen Schallereignissen gerade eben hörbar ist. *c)* Es entstehen Rechenvorteile, weil infolge der Logarithmierung bei der Bildung des P. eine Multiplikation/Division bei den Signalgrößen X, X_0 auf eine Addition/Subtraktion der zugehörigen Pegel hinausläuft (Tab. 2). Das erleichtert auch die Abschätzung der hörbaren Auswirkung, wenn sich Signale oder Signalverhältnisse ändern. Tab., Abb.

Hinweis: Die in der Videotechnik benutzte Bezeichnung *Bildsignal-* oder *Videopegel* bezeichnet ein prozentuales Verhältnis der Videosignalspannung zu einer Bezugsspannung $U_0 = 0{,}7$ V (seltener $U_0 = 1$ V). Sie ist daher im Sinne der oben gegebenen Definition kein P.

Pegelschwankungen, *Amplitudenschwankungen:* langsame oder schnelle ungewollte Veränderungen der Signalgröße, die bei Tonsignalen als Lautstärkeschwankungen oder Tonrauhigkeit hörbar werden, bei Bildsignalen als Schwankungen des Bildkontrasts wahrnehmbar sind. Langsame P. entstehen durch Verstärkungsänderungen, die vorwiegend auf thermische Einflüsse zurückzuführen sind. Unregelmäßige P. bei Tonsignalen können an verschmutzten Spalten von Tonköpfen oder bei welligen Magnetbändern entstehen. Es sind vorwiegend die am Rande liegenden Spuren betroffen, das ist bei Vierspuraufzeichnung immer der linke Stereokanal. Solche P. betreffen oft auch nur die höheren Töne. Zerknitterte Magnetbänder, zu geringer Bandzug, Störstellen in der magnetischen Schicht oder → Spurfehler können P. mit dem unterschiedlichsten Zeitverlauf erzeugen (→ Dropout, Tab. Position 7...9 → Bandlaufstörungen).

Pegelspitze (engl. Peak): kurzzeitig, impulsartig auftretender Höchstwert eines Signalpegels (z. B. beim Tonsignal). P. können leicht zu störenden Klangverzerrungen führen (→ „Spuckeffekt"), zumal sie von den meisten Aussteuerungsinstrumenten nicht angezeigt werden.

Pegeltaste: Bedienelement, bei dessen Betätigung die → Nenneingangsspannung des zugehörigen Tonsignaleingangs auf den 4...6fachen Wert (ca. 12...16 dB) erhöht wird. Dadurch können Tonsignalquellen mit höherer Ausgangsspannung angeschlossen werden; Übersteuerungen des Eingangs werden vermieden. Der Lautstärkeeinsteller arbeitet im günstigen oberen Bereich, er läßt sich feinfühlig betätigen. Eine vorhandene → gehörrichtige Lautstärkeeinstellung arbeitet ordnungsgemäß.

Peilantenne: drehbare Antenne mit starker Richtwirkung, hauptsächlich zur Ortung von HF-Störstrahlung. Im Mittel-, Lang- oder Kurzwellenbereich lassen sich *Rahmenantennen (Peilrahmen)* oder Ferritantennen verwenden, in den höheren Frequenzbereichen → Mehrelementantennen mit starker Richtwirkung. Abb. S. 424

Penetrationsröhre, auch Durchdringungsröhre: → Farbbildwiedergaberöhre mit einem Strahlsystem und schichtförmiger Anordnung der Leuchtstoffe (Rot, Grün, Blau). Die einzelnen Leuchtstoffe sind als homogene Schichten, getrennt durch jeweils eine neutrale, transparente Zwischenschicht auf

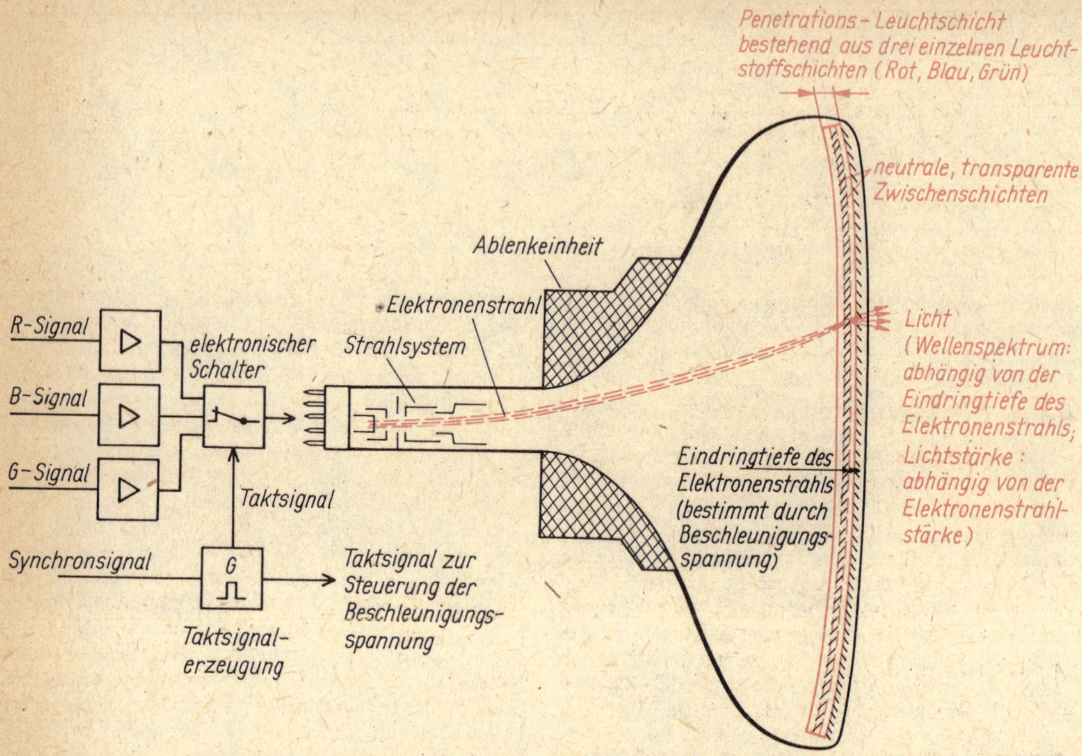

Stark vereinfachter Längsschnitt durch eine *Penetrationsröhre* mit Ansteuerschaltung

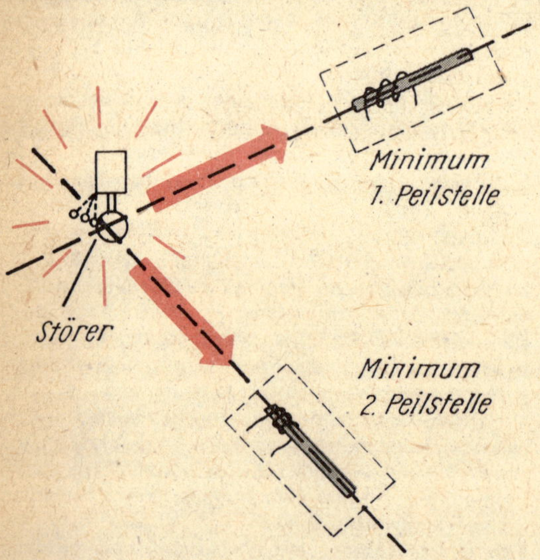

Peilantenne – Ermittlung eines Störers durch 2 Peilungen mit einer Ferritantenne: weist ihre Längsachse zum Störer, so wird das Störsignal minimal empfangen

dem Kolbenboden der Bildröhre aufgetragen. Die Elektronenstrahlröhre wird fortlaufend in kurzen Zeitintervallen nacheinander mit den → Farbwertsignalen gesteuert. Auf dem Weg zum Bildschirm wird der abgelenkte Elektronenstrahl synchron dazu unterschiedlich stark beschleunigt. Er dringt infolgedessen unterschiedlich tief in die Leuchtschicht ein. Damit können vom Prinzip her alle 3 Grundfarben an der gleichen Stelle, nur in unterschiedlicher Tiefe der Leuchtschicht erzeugt werden. Allerdings ist die Steuerung der Beschleunigungsspannung (Hochspannung) für das Penetrationsprinzip sehr aufwendig. Der Aufwand für die Steuerung der P. und die bisher erreichte eingeschränkte Bildwiedergabequalität verhinderten bislang einen breiteren Einsatz dieser Farbbildwiedergaberöhre im Fernsehen. → Bildwiedergaberöhren (Abb.)

Pentode: → Elektronenröhre

Peri-TV-Steckverbinder: → SCART-Steckverbinder

Pesenantrieb: → Riemenantrieb

Pfeifstörung: Tonstörung, die als pfeifendes, heulendes oder quietschendes Geräusch wahrgenommen wird. Eine P. kann im wesentlichen folgende Ursachen haben: a) *Überlagerung* von 2 Frequenzen, deren Abstand voneinander im Hörbereich

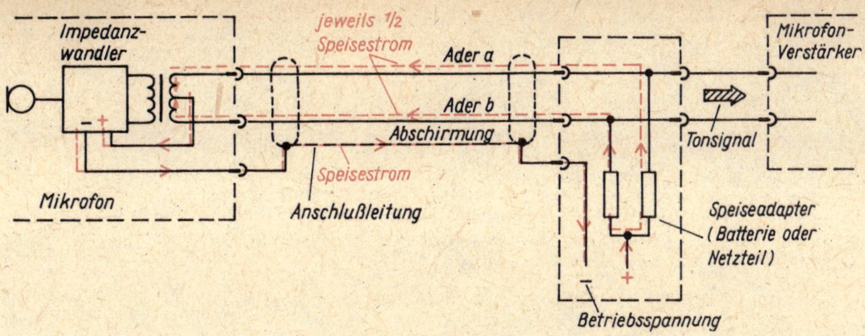

Phantomspeisung eines Kondensatormikrofons

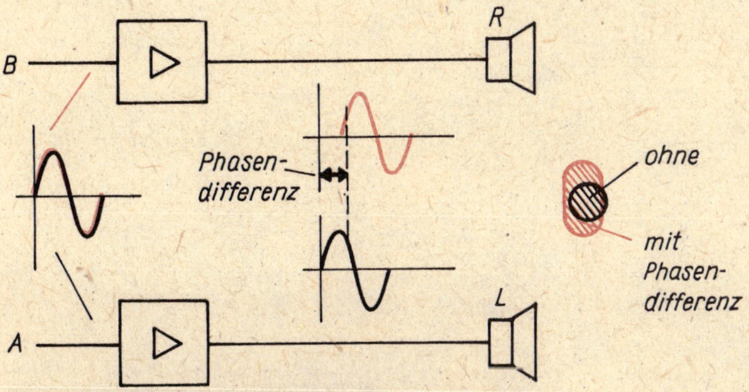

Übersteigt die *Phasendifferenz* etwa 30°, so wird die Schallquelle verschwommen abgebildet

Radiorecorder mit Tieftonlautsprecher im *Phantomkanal*

liegt, z. B. Stereo-Pilotfrequenz und HF-Vormagnetisierungsstrom eines Tonbandgeräts (→ Pilottonfilter), 2 benachbarte Sendefrequenzen oder Oszillatorfrequenz und Löschfrequenz in einem Radiorecorder (→ Löschfrequenzumschaltung). b) Unerwünschte *Selbsterregung* von Schwingungen innerhalb eines Geräts oder einer Gerätegruppe, z. B. → akustische Rückkopplung oder → „wilde Schwingung“. c) *Mechanisch angeregte Schwingungen* im Hörbereich, z. B. Längsschwingungen bei Tonbändern durch Reibung an den Tonköpfen und Bandführungen (Tab. Position 10 → Bandlaufstörungen).

Phantomkanal: zusätzlicher Ausgang eines Stereo-NF-Verstärkers zum Anschluß eines Baßlautsprechers, der in der Mitte der Stereobasis angeordnet wird. Das Signal wird durch → Stereo-Umsetzung aus den Stereosignalen des linken und rechten Kanals zusätzlich gebildet und über einen Tiefpaß geleitet. Die Verwendung eines P. ist eine Kompromißlösung, weil die Abbildungsbreite für tiefe Frequenzen zu Null wird. Abb.

Phantomspeisung: Versorgung, hauptsächlich von Kondensatormikrofonen, mit der erforderlichen Betriebsspannung, wobei der Speisestrom je zur Hälfte über die beiden Tonsignaladern ins Mikrofon fließt und über die Abschirmung der Anschlußleitung zurück. Diese braucht daher bei der P. nur 2adrig zu sein. Trotz angeschlossenem Speisegerät (Netzteil oder Batterieadapter) können auch dynamische Mikrofone an der Anschlußleitung betrieben werden. Bei P. kann es bei gealtertem oder beschädigtem Abschirmgeflecht zu Knisterstörungen kommen. → Tonaderspeisung (Abb.)

Phasendifferenz: i. allg. unbeabsichtigte Zeitverschiebung zwischen 2 Signalen, speziell zwischen Stereosignalen. Ungewollte P. entsteht in den Stereokanälen hauptsächlich bei der Tonsignalspeicherung. Übersteigt sie etwa 30°, das entspricht $\frac{1}{12}$ einer vollen Schwingung, dann verringert sich im

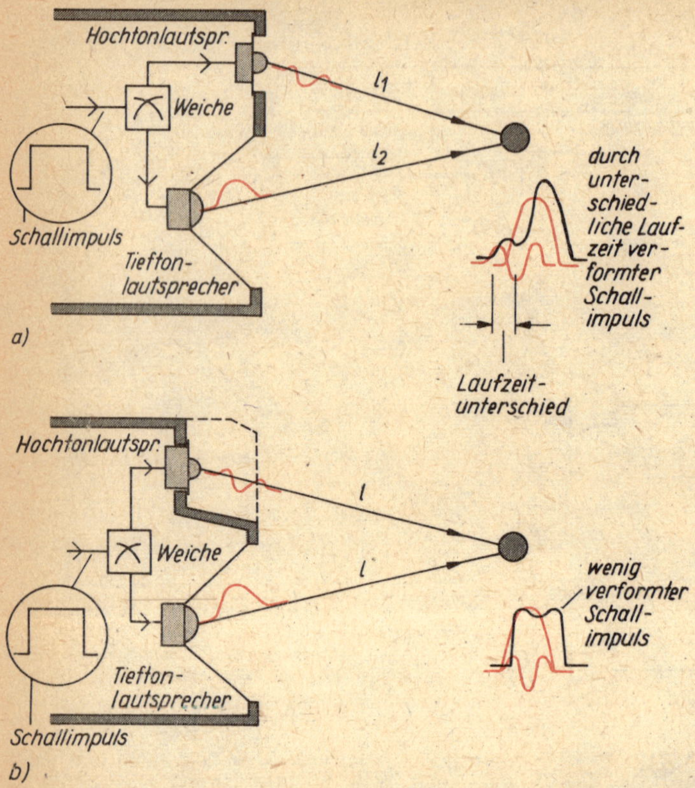

a) herkömmliche Mehrwegebox mit Impulsverzerrungen, b) *phasenlineare Lautsprecherbox* ohne Impulsverzerrungen

Stereoklangbild die Lokalisierungsschärfe. Unterhalb von 50 Hz und oberhalb etwa 5 kHz werden P. nicht mehr wahrgenommen. → Phasenverschiebung (Abb.)

phasenlineare Lautsprecherbox, phasenstarre Box: Mehrwegebox mit gleichen Schallweglängen von den Lautsprechern zum Zuhörer. Phasenverschiebungen im Luftschallweg werden vermieden, impulsförmiger Schall wird weniger verfälscht. Mittel- und Hochtonlautsprecher sind gegenüber dem Tieftonlautsprecher in der Box so weit zurückversetzt, daß sich die akustischen Zentren (in der Nähe der Tauchspulen) in einer Ebene befinden. Werden Lautsprecher mit Planarmembranen eingebaut, so werden diese in einer Ebene angeordet. P. L. benötigen Frequenzweichen, die keine Phasenverschiebungen erzeugen. Bei phasendrehenden Weichen ist auch die Verwendung sogenannter *Füllautsprecher* versucht worden, die nur Signale in der Nähe der Übernahmefrequenzen abstrahlen und somit den Phasengang verbessern. P. L. schneiden im Hörvergleich gegenüber herkömmlichen, ansonsten gleichwertigen Boxen i. allg. besser ab. Abb.

Phasenregelschleife: → PLL

Phasenverschiebung, svw. Phasenwinkel: zeitliche Verschiebung einer → Schwingung gegenüber einer anderen, mit gleicher Periodendauer T. Die P. wird häufig in ° (Grad) angegeben, dabei entspricht der Phasenwinkel von 360° einem vollen Schwingungsablauf, also der Periodendauer. Positive P. bedeutet Voreilung der betrachteten Schwingung, negative P. bedeutet Nacheilung. 2 Schwingungen gleicher Frequenz und Schwingungsrichtung sind *phasengleich* („in Phase"), wenn sie zum gleichen Zeitpunkt durch Null gehen. P. kann in einem Kanal auch zwischen dem Signal am Eingang und Ausgang auftreten. Ist sie bei verschiedenen Frequenzen unterschiedlich groß, dann ändert sich die Schwingungsform zwischen Eingangs- und Ausgangssignal (Abb.). Impulsschwingungen werden verformt; steile Anstiegs- und Rückflanken runden sich, werden verschliffen. Schwingungsverformungen infolge P. bei Tonsignalen werden i. allg. nicht vom Gehör wahrgenommen außer bei harten, impulsartigen Klangeinsätzen. P. können in den beiden Stereokanälen in unterschiedlicher Größe auftreten; dieser Unterschied heißt → Phasendifferenz. Überschreitet diese gewisse Werte, so verändert sich das Stereoklangbild. → Interferenz (Abb.)

Phasenvertauschung: unbeabsichtigte Vertauschung der 2 zusammengehörenden Signaladern eines Kanals. P. entstehen zumeist in einem Lautsprecher- oder Mikrofonsteckverbinder bei → symmetrischem Anschluß, wenn die Anschlußdrähte

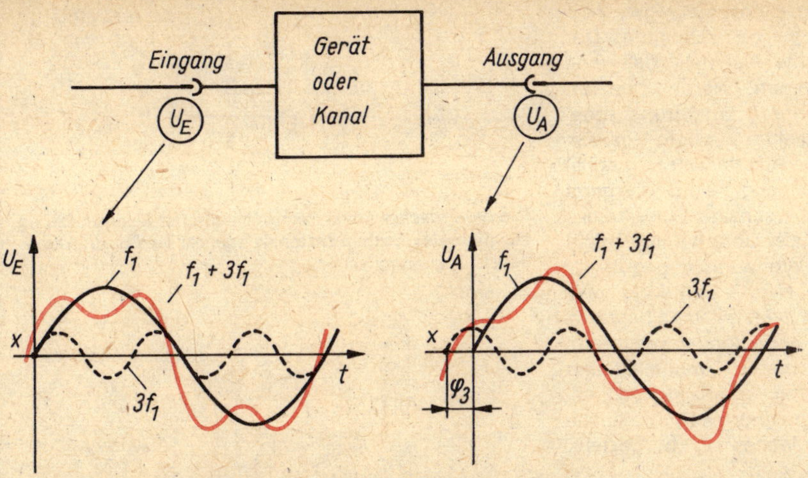

Unterschiedliche *Phasenverschiebung* verschiedener Frequenzanteile einer zusammengesetzten Schwingung bei ihrer Übertragung. Im Beispiel hat die aus Grundschwingung f_1 und zweiter Oberschwingung $3 \cdot f_1$ bestehende Gesamtschwingung am Geräteausgang eine andere Form (rot: Gesamtschwingung, schwarz: harmonische Teilschwingungen)

Das erste Baumuster des *Phonographen*

verwechselt werden. Die P. in einem Stereokanal führt dazu, daß sich die Membranen der beiden Stereolautsprecher gegensinnig bewegen. Zwar werden auch dann linke und rechte Schallquellen noch eindeutig abgebildet, jedoch ist keine Mittenlokalisation mehr möglich und nur verschwommene Halblinks-/Halbrechts-Erkennbarkeit. An Stelle von Mittenschallquellen entstehen diffuse, nicht mehr ortbare Schallfelder, z. T. auch außerhalb der Stereobasis. P. können zur Auslöschung bestimmter Frequenzbereiche des Signals führen.

Hinweis: Werden mehrere Mikrofone mit → symmetrischem Anschluß monofon gemischt, dann lassen sich P. der Adern in der Anschlußleitung durch gemeinsames Ansprechen der dicht beieinander stehenden Mikrofone erkennen. Bei einer P. in einer Mikrofonanschlußleitung klingt das Summensignal „dünn" und verzerrt.

phon: → Lautstärke
Phono-Eingang: → TA-Eingang
Phono-Entzerrer: → Entzerrervorverstärker
Phonograph (griech., Tonschreiber), auch „Sprechmaschine": von EDISON im Jahre 1877 entwickelte Apparatur zur mechanischen Aufzeichnung und Wiedergabe von Schall. Die Speicherung erfolgte auf einem walzenförmigen, mit Stanniol, später mit Hartwachs umgebenen Tonträger. Die Walzen wurden mit einer Handkurbel, ab 1889 von einem Elektromotor in Drehung gebracht. Eine Membran, vom Schall in Schwingungen versetzt, übertrug diese auf einen Schneidstichel, der sie wiederum in Tiefenschrift auf einer spiraligen Bahn in die Walze eingrub. Diese hatten einen Durchmesser von 2" (ca. 5 cm), ab 1900 von 4" und wurden mit 160 U/min angetrieben. Die Laufdauer, die anfänglich nur bescheidene 30 s betrug, erreichte 1908 bereits 4 min. Es ist nicht sicher, ob sich → EDISON bei seiner Erfindung auf Arbeiten des Deutschen Wilhelm Eduard WEBER (1830) und des Franzosen Léon SCOTT (1859) stützte, denen es gelungen war, Schallschwingungen auf berußtem Papier sichtbar zu machen. Tatsache ist, daß EDISON nach eigenen Angaben von Experimenten inspiriert wurde, die er bereits 1864/65 mit automatischen Telegraphieschreibern gemacht hatte. Ihm war dabei aufgefal-

len, daß die Morsezeichen bei beschleunigter Wiedergabe einen summenden Ton erzeugten. Der dem P. zunächst anhaftende Nachteil, daß jede Walze original aufgenommen werden mußte, konnte 1903 von EDISON durch Einführung sogenannter *Goldgußwalzen* beseitigt werden. Von diesen ließen sich beliebig viele Abspielwalzen mechanisch kopieren. Zunächst vorrangig als Diktiergerät gedacht, später zur Jahrmarktssensation degradiert, hielt der P. jedoch bald als Unterhaltungsmittel weltweiten Einzug in den Wohnungen begüterter privater Musikliebhaber. Nach Erfindung der →Schallplatte durch →BERLINER entstand bald harter Konkurrenzdruck. Trotz bedeutender Weiterentwicklung am P., die zu besserer Tonqualität und einfacherer Bedienung führten, unterlag er schließlich dem moderneren Speichermedium Schallplatte. 1929 wurden die letzten P. hergestellt. Abb.

Phosphoreszenz: durch *Nachleuchten* gekennzeichnete Form der Leuchtanregung von Stoffen (→ Lumineszenz). Die P. ist im Fernsehen bedeutsam für die → Bildwiedergaberöhren. Die von einem Elektronenstrahl kurzzeitig ausgelöste Lichtstrahlung eines „Punkts" auf dem Bildschirm klingt nur allmählich ab (Nachleuchtzeit: $t_N \approx 0{,}02$ bis 0,03 s). Hierdurch wird insbesondere dem → Flimmern entgegengewirkt. Eine P. höherer Nachleuchtzeit hätte unerwünschte Nachzieheffekte zur Folge. → Fluoreszenz

physiologische Lautstärkeeinstellung: → gehörrichtige Lautstärkeeinstellung

Pick Up: engl. für → Abtastsystem.

Picture Disk: → Bildplatte 1.

Picture Search: → Bildsuchlauf

piezoelektrischer Effekt: Eigenschaft bestimmter Kristalle (z. B. Seignettesalz, Quarz, Turmalin) und keramischer Oxide (z. B. Bariumtitanat, Bleititanzirkonat) bei mechanischer Beanspruchung wie Druck, Zug oder Biegung, mit Ladungsverschiebungen innerhalb des Kristallgitters zu reagieren. Bei geeignet geschnittenen Kristallen lassen sich an Oberflächenelektroden Spannungen abgreifen, die den mechanischen Bewegungen proportional sind. Der p. E. ist umkehrbar: Bei Anlegen von Spannungen an die Elektroden reagieren die Materialien mit proportionalen Dicken- oder Längenänderungen bzw. Biegungen. Der p. E. wurde bereits im Jahre 1817 von HAUG entdeckt und von den franz. Gebrüdern Paul und Pierre CURIE 1880 näher erforscht. Seit 1969 ist er auch an polymeren Folien bekannt (→ piezoelektrisches Polymer). Der p. E. wird in der Elektronik vorrangig bei elektroakustischen Wandlern, bei → Schwingquarzen und bei →akustischen Oberflächenwellenfiltern ausgenutzt. Abb.

piezoelektrischer Lautsprecher: Lautsprecher, der unter Ausnutzung des umgekehrten → piezoelektrischen Effekts arbeitet. Der p. L. mit einem Kristall-

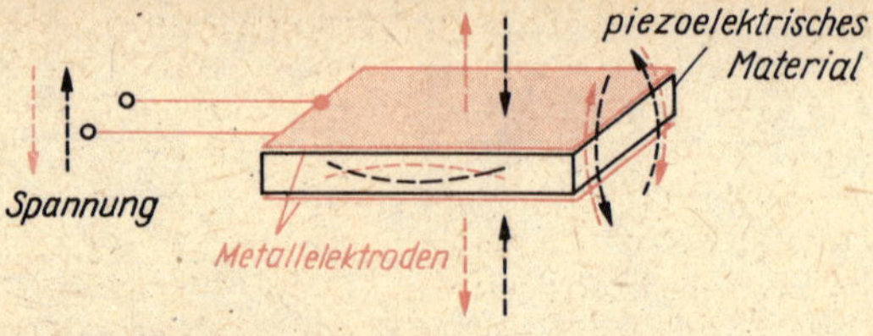

Piezoelektrischer Effekt: bei mechanischer Beanspruchung des piezoelektrischen Materials entsteht eine dazu proportionale Spannung

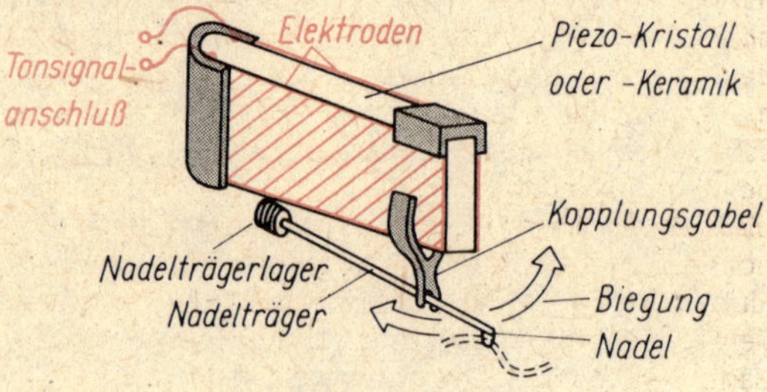

Aufbau eines *piezoelektrischen Abtastsystems.* Bei den heute üblichen Stereoausführungen sind 2 solcher Systeme V-förmig unter einem Winkel von je 45° zur Nadelachse angeordnet

plättchen als schallerzeugendem Element ist veraltet, jedoch werden Hochtonlautsprecher aus spezieller Keramik *(Keramik-Hochtöner)* gebaut. Es ist auch möglich, Hochtonlautsprecher mit einer zylinderförmigen Membran aus → piezoelektrischem Polymer herzustellen. Solche Lautsprecher strahlen den Schall rundum in einer horizontalen Ebene ab.

piezoelektrisches Abtastsystem: auf der Basis des → piezoelektrischen Effekts arbeitendes Abtastsystem für Schallplatten. Bei *Kristall-Abtastsystemen* wird ein streifenförmiges Plättchen aus Seignettesalz, seltener Quarz oder Turmalin durch die Abtastnadel auf Biegung beansprucht. Dadurch entsteht an den Oberflächenelektroden dieses Plättchens das Tonsignal. Kristallsysteme sind sehr empfindlich gegen höhere Temperatur und Luftfeuchte, sie verändern dann ihre Eigenschaften zum Nachteil für die Tonqualität. Kristall-Abtastsysteme werden darum heute wenig gefertigt und sind nur noch bei Plattenspielern der unteren Qualitätsklasse zu finden. Die neueren *Keramik-Abtastsysteme* mit einem Plättchen aus Bariumtitanat oder Bleizirkonat sind in ihren Eigenschaften stabil und werden auch bei Plattenspielern der mittleren Klasse verwendet. Alle p. A. erzeugen eine Tonsignalspannung, die den Rillenauslenkungen proportional ist. Da infolge der festgelegten → Schneidcharakteristik die Rillenauslenkung bei allen Hörfrequenzen ungefähr gleich groß ist, geben p. A. eine etwa frequenzlineare Spannung von ca. 0,5...1 V ab. Sie benötigen deshalb keine Entzerrervorverstärker. Alle p. A. haben eine relativ unnachgiebige Nadeleinspannung und bedürfen daher größerer Auflagekräfte von etwa 30...40 mN. Der Abschlußwiderstand muß hochohmig sein (≧470 kΩ), damit die Bässe nicht geschwächt wiedergegeben werden. Abb.

piezoelektrisches Mikrofon, *Kristallmikrofon:* Mikrofon mit Ausnutzung des →piezoelektrischen Effekts zur Schallumwandlung. Beim p. M. werden die Schallschwingungen auf eine Platte oder einen Biegestreifen aus Seignettesalz oder Piezokeramik übertragen, an dessen Oberflächenmetallisierungen das Tonsignal abgegriffen werden kann. Wegen seiner instabilen elektrischen Eigenschaften und seines sehr hohen Ausgangsscheinwiderstands wird das p. M. in seiner ursprünglichen Bauweise nicht mehr gefertigt, könnte jedoch durch →piezoelektrische Polymere wieder Bedeutung erlangen. →Doppelmembranmikrofon 2.

piezoelektrisches Polymer, *piezopolymere Folie:* hochpolymere synthetische Folie aus Polyvinyliden-Fluorid (PVF_2) mit piezoelektrischen Eigenschaften. Beide Folienseiten werden durch Aluminiumbedampfung leitend gemacht. Beim Einsatz von p. P. in Mikrofonen und Abtastsystemen wird der →piezoelektrische Effekt ausgenutzt, bei Lautsprechern und Kopfhörern seine Umkehrung. P. P. haben ausgezeichnete mechanische Eigenschaften und bilden Membran und Wandler zugleich. Bei Anlegen einer Tonsignalspannung führt die Folie dem Signal proportionale mechanische Längsschwingungen aus, die durch eine feste Randeinspannung und leichte Wölbung in Querschwingungen der Membranfläche umgewandelt und damit als Schall abgestrahlt werden können.

Piezo-Filter: mechanisches Filter, bei dem eine gewünschte frequenzabhängige Selektionswirkung durch Resonanzerscheinung schwingungsfähiger mechanischer Gebilde erreicht wird. Zur Umwandlung der elektrischen in mechanische Energie und umgekehrt wird bei P. der →piezoelektrische Effekt ausgenutzt. P. sind wesentlich verlustfreier als herkömmliche LC-Schwingkreise. →Filter, →Schwingkreis

piezopolymerer Kopfhörer, *piezoelektrischer Kopfhörer:* →Kopfhörer

Piezosummer, piezoelektrischer Signalgeber, umgangssprachlich „Piezopieper“: akustischer Signalgeber in elektronischen Geräten, dessen Funktionsprinzip auf dem →piezoelektrischen Effekt beruht. Trotz kleiner, vor allem sehr flacher Abmessungen, lassen sich mit P. auch bei niedrigen Signalspannungen hohe Schallpegel bei Frequenzen ab ca. 800 Hz erzeugen. Der Einsatz erfolgt als Alarmgeber (z. B. in elektronischen Weckuhren), zur Wiedergabe synthetischer Sprache oder Tonfolgen und auch als Hochtonlautsprecher.

Pilotton, *Stereo-Pilotsignal, Pilotfrequenz:* im →MPX-Signal enthaltene Frequenz von 19 kHz. Der P. ist im Stereodekoder des Empfängers zur Rückgewinnung der Hilfsträgerfrequenz von 38 kHz erforderlich, um die Stereosignale A und B aus dem MPX-Signal herauslösen zu können. Der P. dient außerdem zur Mono/Stereo-Umschaltung und zur Anzeige eines empfangenen Stereoprogramms. Auch der Kennfrequenzträger bei der →Zweitonübertragung im Fernsehen wird als P. bezeichnet.

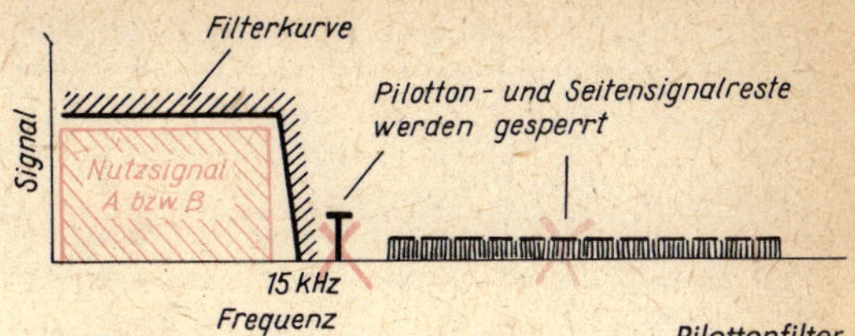

Pilottonfilter

Pilottonfilter, auch *Ultraschallfilter:* einem Stereo-Dekoder nachgeschaltetes Filter zur Unterdrückung von Resten des →Pilottons, z. T. auch des Stereo-Zusatzsignals (s. Abb. →MPX-Signal), um Pfeif- und Zwitscherstörungen bei Tonbandaufzeichnungen zu vermeiden. Diese entstehen durch Überlagerung (→ Schwebung) mit dem → Vormagnetisierungsstrom. P. sollen eine steile Rückflanke haben und bei 19 kHz eine hohe Dämpfung aufweisen. Abb.

Pilottonverfahren: mit der monofonen UKW-Übertragung kompatibles Verfahren zur hochfrequenten Übertragung von Stereosignalen. Beim P. wird in einem Stereo-Koder aus den Stereo-Signalen A/B ein sogenanntes →MPX-Signal gebildet. Dieses Signal, das gegenüber den Stereosignalen einen wesentlich größeren Frequenzbereich umfaßt (30 Hz...53 kHz), wird frequenzmoduliert in einem UKW-Kanal übertragen. Mono-Empfänger nutzen nur den im MPX-Signal enthaltenen Mono-Anteil. In Stereo-Empfängern wird das MPX-Signal einem Stereo-Dekoder zugeführt, der die ursprünglichen Stereo-Signale A/B zurückgewinnt. Das P. hat seinen Namen nach dem im MPX-Signal enthaltenen →Pilotton, der ein übereinstimmendes Arbeiten von Koder und Dekoder erst ermöglicht und außerdem zusätzliche Steuerfunktionen im Empfänger übernimmt.

PIL-Röhre: →Präzisions-In-Line-Bildröhre

P-Impuls: →PAL-Kennimpuls

pin: Anschlußstift oder -fahne, vor allem eines →Schaltkreises.

PIN-Diode: Halbleiterdiode (→Diode), bei der sich zwischen n- und p-Schicht eine eigenleitende Schicht (Intrinsic-Schicht oder I-Schicht bezeichnet) befindet, die weitgehend die Eigenschaften der in Durchlaßrichtung zu betreibenden P. bestimmt. Oberhalb 10 MHz zeigen P. keine typischen Gleichrichtereigenschaften mehr, sondern wirken wie ein gleichstromgesteuerter ohmscher Widerstand. P. werden u. a. als steuerbare Dämpfungsglieder in Fernsehempfängern und Antennenverstärkern sowie als →Lichtempfänger (PIN-Fotodiode) z. B. bei der →Infrarot-Tonübertragung verwendet.

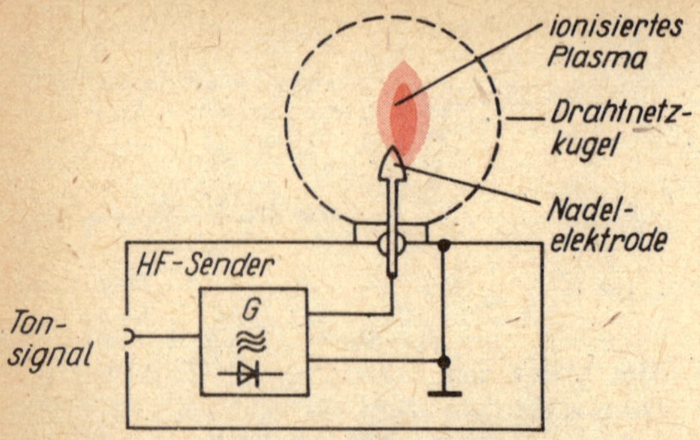

Prinzip eines *Plasmalautsprechers*

Pit: loch- oder rinnenförmige Vertiefung in der Informationsspur einer → Digitalschallplatte oder → Bildplatte (s. Abb. → Compact Disc Digital Audio).

Pixel (von engl. Picture Element): kleinstes *Bildelement* eines Fernsehbilds oder Displays. Abhängig von der Art der eingesetzten Bildwandler (aufnahmeseitig: Bildaufnahmeröhre oder Festkörperbildsensoren; wiedergabeseitig: Bildwiedergaberöhre, Plasma-Rasterschirm, Flüssigkristallbildschirm) ist zwischen P. unterschiedlicher Entstehungsart und Abmessung zu unterscheiden. Während z. B. bei kleinen flachen Bildschirmen für Portables ein Fernsehbild mit nur 210 Zeilen ca. 59000 P. umfaßt, wird ein Fernsehbild hoher Auflösung (625 Zeilen) von ca. 519000 P. gebildet. In diesem Fall sind P. und → Bildpunkt annähernd identisch. Teilweise wird P. auch synonym für Bildpunkt verwendet. → Elektronenstrahlröhre, → Flüssigkristall-Anzeigebauelement

Plasmalautsprecher, früher „Ionophon“: membranloser Lautsprecher, dessen Schallabstrahlung auf der Modulation eines ionisierten Plasmas mit einem Tonsignal beruht. An einer Nadelelektrode wird gegenüber einer kugelförmigen Drahtnetzumhüllung eine Hochspannung sehr hoher Frequenz angelegt (Megahertzbereich). An der Nadelspitze entsteht eine Koronaentladung, deren Hitzezone im Takt des zugeführten Tonsignals pulsiert und Druckwellen erzeugt. Da mechanisch schwingende Teile fehlen, entsteht ab mittleren Frequenzen um 3 kHz eine absolut signalgetreue Schallwandlung mit hohen Schallpegeln (Hochtonlautsprecher). Der P. kann auch mit digitalen Tonsignalen angesteuert werden. Abb.

Plastikeffekt, Bildplastik, Plastik: Bildfehler, bei dem die Bildkonturen besonders stark hervorgehoben sind. Der P. ist an Schwarz-Weiß-Sprüngen als Reliefbildung sichtbar. Der P. entsteht bei zu großen Amplituden (Amplitudenanhebung) der Bildsignalanteile mit hohen Frequenzen, durch Überschwingen und durch Abstimmfehler bei Fernsehempfängern.

Hinweis: Ein geringer P., durch leichtes Verstimmen des Empfängers hervorgerufen, kann den visuellen Bildschärfeeindruck erhöhen.

Plattenbesen: → Schallplattenpflege

Plattenspannungseinstellung: Einstellung der Speicherplattenspannung *(Target-Spannung)* bei → Bildaufnahmeröhren auf den betriebsmäßig notwendigen Wert. Während bei den meisten Bildaufnahmeröhren die P. auf einen festen Wert erfolgen muß, besteht beim → Vidikon die Möglichkeit, durch variable P. die Größe des Bildsignals in Abhängigkeit der Beleuchtungsverhältnisse auf Normwert einzustellen (Kameraaussteuerung). Dies kann manuell oder automatisch (→ Lichtwertautomatik) erfolgen.

Hinweis: Mit zunehmenden Werten der P. steigt auch der → Dunkelstrom. Dies kann dazu führen, daß Schwarz im Fernsehbild nicht mehr als Schwarz erscheint, sondern durch einen zu großen Dunkelstrom ins Grau verschoben wird.

Plattenspieler: → Schallplatten-Abspielgerät

Plattenspieleraufstellung: Standortwahl für einen Plattenspieler im Ensemble der Tongeräte, um eine möglichst ungestörte Tonwiedergabe zu erreichen. Die P. soll so vorgenommen werden, daß das Gerät auf fester, ebener Unterlage steht, vor Erschütterungen geschützt ist und daß der Plattenteller genau waagerecht steht (Hilfsmittel: Dosenlibelle oder Wasserwaage). Die unmittelbare Nähe der Lautsprecherboxen ist zu meiden, damit bei lauter Wiedergabe keine → akustische Rückkopplung entsteht. Bei Plattenspielern mit magnetischem oder dynamischem Abtastsystem kann → magnetische Einstreuung auftreten, die eine veränderte räumliche Anordnung der Komponenten der Tonanlage erforderlich macht.

Plattenteller: → Schallplatten-Abspielgerät

Playback (engl., Zurückspiel): Zuspielen einer Tonaufzeichnung, meist Musik, über Kopfhörer oder Lautsprecher zu einem oder mehreren Darstellern oder Solisten, um diesen dazu zeitlich passende (synchrone) Handlungen zu ermöglichen. Beim *Voll-P.,* auch als *Vorsynchronisation* bezeichnet, wird eine schon vorher aufgezeichnete, vollständige Tonaufnahme von den Akteuren lediglich durch synchrone Mundbewegungen (Gesang, Text), durch markiertes Instrumentenspiel oder Tanz begleitet (Abb. a). Beim *Teil-* oder *Halb-P.* wird nur die Begleitmusik zugespielt, und der Solist singt oder spielt wirklich (Abb. b). P. führt zu sehr guter Tonqualität, weil die Tonaufzeichnungen in akustisch günstigen Tonaufnahmestudios gemacht werden können. Es lassen sich Produktionskosten einsparen, und bei einer Bildaufnahme stören keine Aufnahmemikrofone. Viele Aufnahmen werden durch P. überhaupt erst möglich, z. B. ein Sänger mit Orchesterbegleitung aus einem fahrenden Boot. P. wird auch bei der Aufzeichnung von 2 oder mehreren Teilaufnahmen nacheinander auf parallelen Spuren eines Tonbands angewendet *(Synchronisation),* wobei schließlich alle Teilaufnahmen als vollständige Gesamtaufnahme wiedergebbar sein müssen. Beim *Duoplay,* das bei manchen Vierspur-Spu-

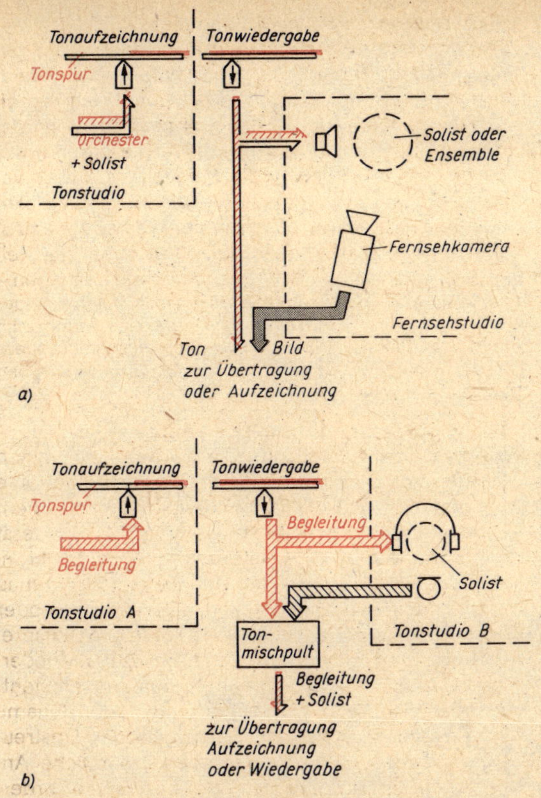

lentonbandgeräten möglich ist, werden 2 Teilaufnahmen nacheinander auf je einer gesonderten Spur aufgezeichnet. So entsteht z. B. zunächst die Aufzeichnung von Begleitmusik auf Spur 1 oder 4. Dieses Signal wird anschließend wiedergegeben und einem Solisten als Teil-P., allerdings über Kopfhörer, zugespielt. Beim gleichen Banddurchlauf wird die Stimme oder der Instrumentenpart des Solisten auf der Parallelspur 3 oder 2 synchron aufgezeichnet. Schließlich werden beide Spuren gemeinsam wiedergegeben und liefern das Gesamtsignal (Abb. c). Beim Duoplay ist vorteilhaft, daß beide Aufzeichnungen Originale sind; es werden keine qualitätsmindernden Umzeichnungen erforderlich. Beide Spuren lassen sich ggf. einzeln löschen und korrigieren. Beim *Multi-P.*, das ebenfalls bei einigen Vierspurgeräten möglich ist, wird eine bereits vorhandene Teilaufnahme von einer Spur eines Tonbands auf eine dazu parallele umgezeichnet *(Spurüberspielung)*. Dabei wird gleichzeitig eine weitere Teilaufnahme hinzugemischt (Abb. d). Auch beim Multi-P. wird die erste Teilaufnahme i. allg. als Teil-P. einem Solisten zugespielt. Sein Part bildet die zweite Teilaufnahme. Im Gegensatz zum Duoplay tritt aber für die erste Teilaufnahme durch den Umzeichnungsvorgang ein Qualitätsverlust auf. Das Multi-P. läßt sich mehrfach wiederholen, wobei abwechselnd von einer auf die andere, dazu parallele Spur umgezeichnet wird. So kann ein einzelner Solist z. B. nacheinander verschiedene Instrumente nach der gleichen Melodie spielen, oder es läßt sich ein mehrstimmiges Gesangsstück aufnehmen. Infolge des mehrfachen Umzeichnungsprozesses

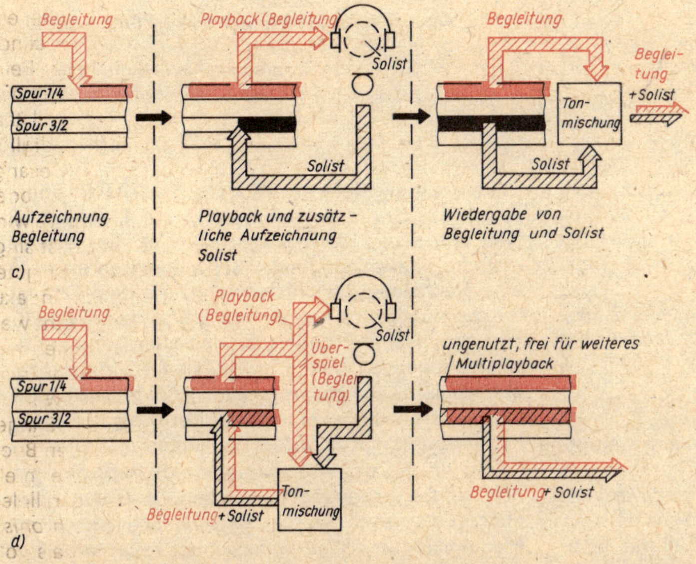

Verschiedene *Playback*verfahren: a) Vollplayback, b) Halbplayback, c) Duoplay, d) Multiplayback

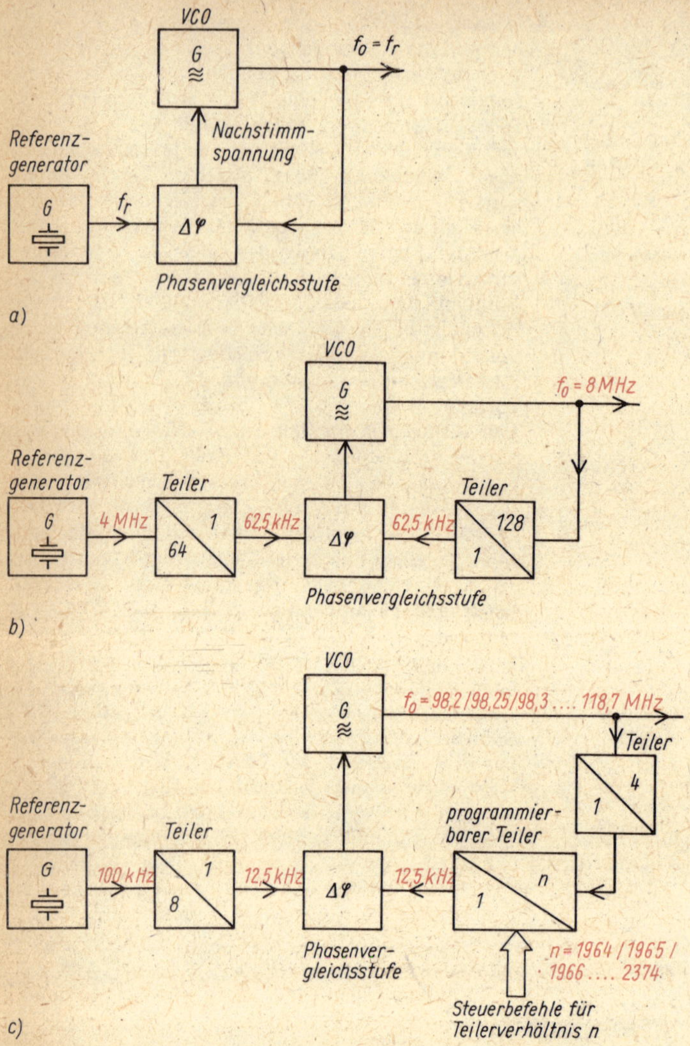

PLL – Phasenregelschleifen:
a) Grundprinzip,
b) mit Frequenzteilern (rot: Frequenzbeispiel),
c) mit programmierbarem Teiler für UKW-Oszillator (Frequenzraster 50 kHz)

tritt aber bald eine störende Qualitätseinbuße ein, die für die zuerst aufgezeichneten Teilaufnahmen besonders groß ist. Erfahrungsgemäß ist daher die Anzahl der Teilaufnahmen auf maximal 4...5 eingeschränkt. Abb.

Hinweis: Bei allen Verfahren mit Teil-P. sind offene Kopfhörer besonders günstig, damit der Solist seine eigene Stimme oder das gespielte Instrument in gewohnter Weise, zusätzlich zum Playbacksignal auch hört.

Play Cable: → Pay TV-System

PLL, Abk. für engl. **P**hase **L**ocked **L**oop, svw. „eingerastete" *Phasenregelschleife,* auch Phasenregelkreis (Abk. *PRK):* elektronische Schaltungsstruktur, mit deren Hilfe die variable Frequenz f_o eines *spannungsgesteuerten Oszillators* (→ *VCO*) mit einer (meist quarzgenauen) Festfrequenz *(Referenzfrequenz* f_r) laufend verglichen und so korrigiert wird, daß sie mit der Referenzfrequenz phasenstarr übereinstimmt. Der Vergleich von f_o und f_r erfolgt in einer *Phasenvergleichsstufe* (Abb. a). Bei abweichender Phasenlage beider Schwingungen entsteht eine Nachsteuer(gleich)spannung, die dem Oszillator zugeführt wird und dessen Frequenz korrigiert. Das erwünschte Ergebnis ist eine quarzgenaue Oszillatorfrequenz. Praktisch werden fast immer Frequenzteiler in die PLL geschaltet (Abb. b), um *a)* den Phasenvergleich bei einer niedrigeren als der Oszillatorfrequenz durchführen zu können und *b)* auch Oszillatorfrequenzen erzeugen zu können, die von der Referenzfrequenz abweichen, trotzdem aber quarzgenau sind. Durch Zwischenschalten eines Frequenzteilers mit veränderlichem Teilerverhältnis *(programmierbarer Teiler)* besteht die Möglichkeit, die Oszillatorfrequenz in vorgebbaren Stufen zu

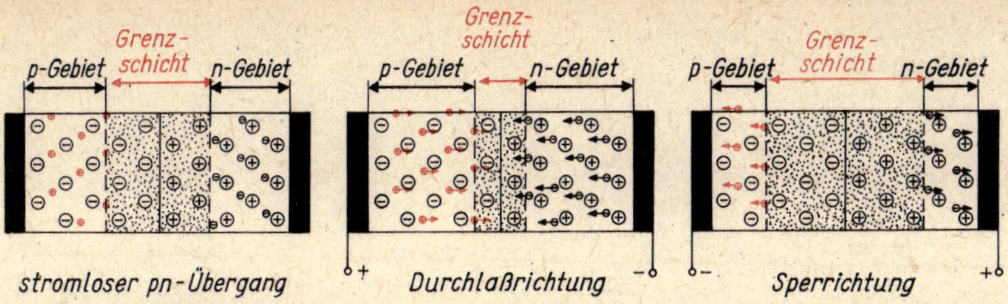

pn-Übergang

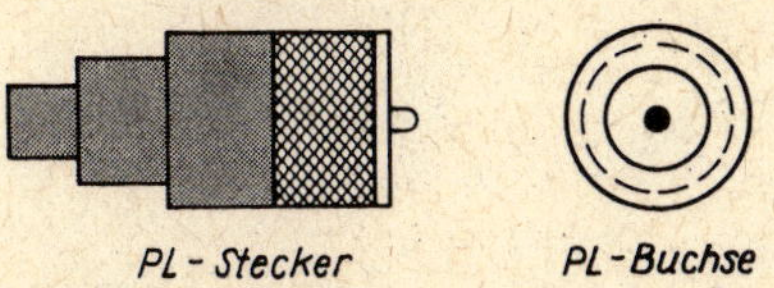

PL-Steckverbinder

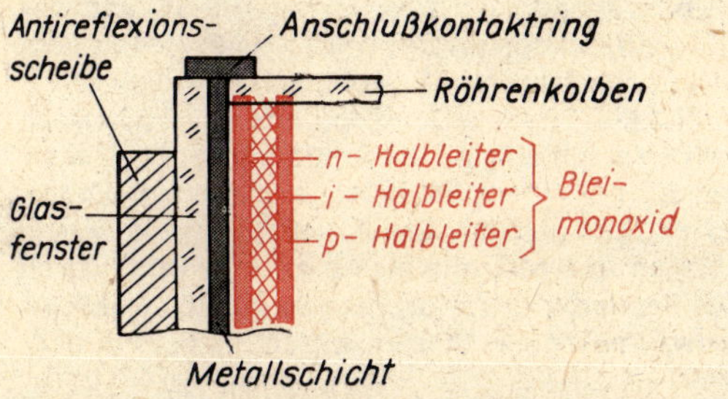

Struktur der Speicherplatte eines *Plumbikons*

verändern *(Frequenzraster)*. Davon wird z. B. in → Abstimmsystemen mit Frequenzsynthese Gebrauch gemacht. Die PLL wird u.a. auch bei Stereodekodern, Demodulatoren, zur Rückgewinnung der Farbträgerfrequenz aus dem Burst in PAL-Dekodern, bei tachogeregelten Plattenspieler- bzw. Tonbandlaufwerken und zur Klangerzeugung in Musiksynthesizern bzw. elektronischen Orgeln verwendet. Abb.

PL-Steckverbinder, PL-259, *UHF-Steckverbinder:* verschraubbarer Koaxialsteckverbinder für Hochfrequenzsignale (HF-Steckverbinder), der auch als Videosignalsteckverbinder benutzt wird. Abb.

Plumbikon, *Bleioxid-Vidikon, Leddikon:* eine dem → Vidikon verwandte → Bildaufnahmeröhre, bei der als lichtempfindliche Schicht (Speicherplatte) eine Halbleiterschicht aus Bleimonoxid verwendet wird. Diese Schicht besteht aus 3 Zonen (Abb.) mit unterschiedlichen Leitungsarten. Die Speicherplatte des P. hat die Funktion einer → PIN-Diode, die im Sättigungsgebiet der Sperrichtung (U_P ca. 35 V) betrieben wird. Die Eigenschaften der Röhre werden durch die besondere Struktur der Speicherplatte bestimmt: größere Lichtempfindlichkeit (→ Empfindlichkeit) als ein normales Vidikon, sehr kleiner temperaturunabhängiger → Dunkelstrom und großer Störabstand, der praktisch nur durch das Rauschen des Vorverstärkers begrenzt wird, sowie eine lineare Kennlinie, sehr geringe Schichtträgheit (→ Trägheit) und damit fast kein → Nachziehen, was saubere Bildaufnahmen von Bewegungsvorgängen auch bei ungünstigen Lichtverhältnissen ermöglicht, geringere Einbrenngefahr (→ Einbrennen) als beim Vidikon aber empfindlich gegenüber hohen Lichtintensitäten, was in der Umladeträgheit begründet ist und zum → Ausflammen und → Blooming führt. Das P. braucht eine feste → Plattenspannungseinstellung und ermöglicht daher keine → Lichtwertautomatik. Die Anpassung an wechselnde Objektbeleuchtung erfolgt durch → Blendensteuerung und/oder Verstärkungsregelung. Das P. ist wegen seiner günstigen Eigenschaften und → Spektralempfindlichkeit für die Verwendung in Farbkameras besonders gut geeignet. Wegen seines hohen Preises wird es aber nur in hochwertigen Videokameras verwendet. Das P. ist die Standardröhre fast aller professionellen Farbkameras. Es gibt P. als 30 mm-, 1″-, $^2/_3$″- und $^1/_2$″-Röhre. Abb.

PMPO, Abk. für engl. **P**eak **M**usik **P**ower **O**utput: Spitzenmusikleistung eines NF-Verstärkers. Die Angaben für die PMPO liegen z.T. erheblich über den Werten der entsprechenden → Sinusleistung. → Musikleistung, → Ausgangsleistung

pn-Übergang: Übergangsgebiet zwischen p- und n-leitenden Zonen in einem → Halbleiter, indem sich eine *Grenzschicht* (auch *Sperrschicht*), eine an freien Ladungsträgern verarmte Zone, ausbildet. Die Sperrschicht des stromlosen pn-Ü. kann als hochohmiger Widerstand bzw. als Dielektrikum eines → Kondensators gedeutet werden. Die wichtigste Eigenschaft des pn-Ü. ist die Ventilwirkung, d.h., der elektrische Strom wird nur in einer Richtung hindurchgelassen (Durchlaßrichtung) und in der anderen gesperrt (Sperrichtung). → Dioden, → Transistoren (Abb.)

Polarisation: Lage einer elektromagnetischen Welle im Raum. Unter *Polarisationsrichtung* wird vereinbarungsgemäß die Schwingungsrichtung der elektrischen → Feldstärke verstanden. Ist diese Richtung im Raum konstant, d.h., liegt sie in einer von Ausbreitungsrichtung und elektrischer Feldstärke aufgespannten Ebene (Abb.), so spricht man von *linearer P.* Liegt die Ebene waagerecht, so handelt es sich um *horizontale P.,* mit der die Wellen aller UKW- und der meisten Fernsehsender abgestrahlt

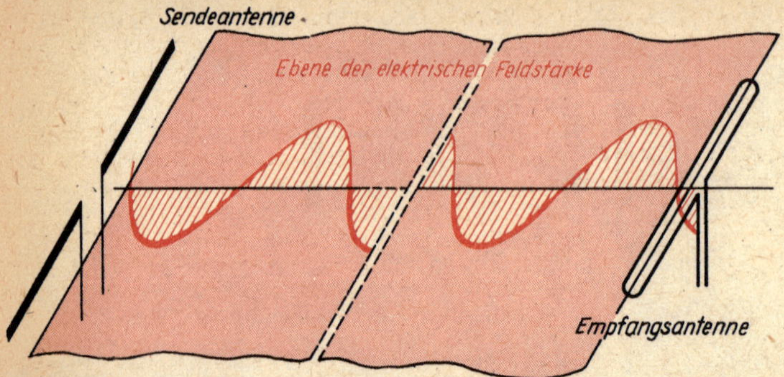

Polarisation: horizontal polarisierte Welle

werden. Bei *vertikaler P.* schwingt die elektrische Feldstärke senkrecht zur Erdoberfläche. Diese P. wird beim AM-Hörrundfunk und bei einigen Fernsehsendern in Gebirgsregionen angewendet. Die Lage einer Empfangsantenne muß der P. der aufzufangenden Welle entsprechen. Für Satellitenfunk hat auch die *zirkulare P.* Bedeutung, bei der sich die Polarisationsrichtung schraubenförmig in Ausbreitungsrichtung dreht. Abb.

Polarisationsfilter, auch Polfilter: Vorsatz für Video- und Fernsehkameras zur Reduzierung der Bildstörungen durch Lichtreflexionen an nichtmetallischen Oberflächen (z. B. blanke Möbel, Glas u. a.). Bei der Videoaufnahme wirkt auf die Bildwandlerröhre das vom aufzunehmenden Objekt insgesamt remittierte und das von einzelnen Bildelementen des Objekts ausgehende reflektierte Licht. Reflektiertes Licht wirkt i. allg. stärker, es würde zu störenden Detailaufhellungen im Fernsehbild kommen. Da aber reflektiertes Licht eine andere Polarisationsrichtung als das remittierte Licht hat, kann es durch ein P. weitestgehend unterdrückt werden. Dazu wird das auf die Kameraoptik aufgesetzte P. so weit gedreht, daß seine Polarisationsrichtung möglichst senkrecht zu der des reflektierten Lichts steht und dieses damit am Durchtritt gehindert wird. Demgegenüber kann das remittierte Licht zum großen Anteil das P. passieren.

Hinweis: Die Verwendung von P. erfordert einen Ausgleich für die Dämpfung des remittierten Lichts durch größere Öffnung der → Blende (Faktor 3 bis 4). Die höchste Wirkung wird bei einer Neigung der Kamera von 30° bis 40° gegen die spiegelnde Fläche erreicht. Die optimale Wirkung des P. ist subjektiv an der Bildqualität im Sucher der Fernsehkamera oder auf einem Bildmonitor zu erkennen.

Polarisationsspannung: Hilfsgleichspannung für elektrostatische Schallwandler. Die P. beträgt beim NF-Kondensatormikrofon etwa 60...200 V, beim elektrostatischen Lautsprecher bis zu mehreren Kilovolt und beim elektrostatischen Kopfhörer einige 100 V. Bei Wandlern mit einer Elektretfolie stammt die P. aus dem Elektreten.

Polarmodulationsverfahren: nach CCIR und OIRT standardisiertes Verfahren zur drahtlosen Stereo-HF-Übertragung, das z. B. in der UdSSR und der VR Bulgarien angewendet wird. Das P. ist mit dem → Pilottonverfahren nicht kompatibel.

Popeffekt, *Popstörung, Popp-Effekt, Plop-Effekt:* durch Verschlußlaute, hauptsächlich „p" oder Atemluft, bei einem Mikrofon entstehender Polter- oder → „Spuckeffekt". Der P. entsteht durch Druckwirbel an der Mikrofonmembran und kann durch einen Pop- oder → Windschutz vermieden werden.

Popow, Alexander Stepanowitsch: russ. Physiker

Alexander Stepanowitsch Popow

und Pionier der Funktechnik (16. 3. 1859 – 13. 1. 1906), der erstmalig 1895 bei Empfangsversuchen von elektromagnetischen Wellen (Gewitterentladungen) einen „Luftdraht" (Antenne) benutzte. P. übermittelte bei einer Vorführung seiner Apparaturen vor der Russischen Physikalisch-Chemischen Gesellschaft im Jahre 1896 aus einem 250 m entfernten Laborraum seine erste drahtlos übertragene Nachricht: in Morsebuchstaben die Worte HEINRICH HERTZ! Abb.

Popschutz: → Windschutz, → Popeffekt

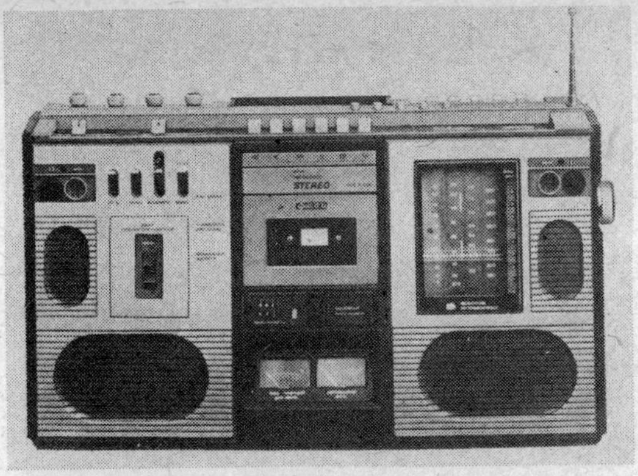

Stereo-Radiorecorder als *Portable* (1)

Komponenten-*Portable* (2)

Durch eine optimale Gestaltungsform und Größe für den Heim- und Freizeitbereich einsetzbares *Farbfernsehportable* (3)

Portable (engl., tragbares Gerät): tragbares Kassettengerät oder Empfänger. P. können HiFi-Qualität erreichen, vor allem, wenn sie mit hochwertigen Zusatzlautsprechern betrieben werden. Unter *P.-Komponenten-System* (Abb.) versteht man eine Tonanlage, deren Einzelgeräte sich mechanisch und elektrisch zu einem P. zusammensetzen lassen, die aber auch als Anstellkombination betrieben werden können. *Fernseh-P.* (→Kofferfernsehgerät) sind mit kleineren Bildröhren ausgestattet, können aber den Bedienungskomfort und annähernd die Bildqualität stationärer Fernsehgeräte erreichen. Abb.

Hinweis: Der Trend zu immer größeren P. führt zwar i. allg. zu besserer Ton- oder Bildqualität und zu größerem Bedienungskomfort, die Geräte werden aber auch unhandlicher und schwerer zu transportieren. Bei der Anschaffung eines P. sollte darum immer vom Verwendungszweck und den räumlichen Möglichkeiten ausgegangen werden.

Post Fading, Fade Edit (engl., svw. Nachlöschen, *Nachblenden, Korrektorlöschen*): nachträgliches weiches Herauslöschen unerwünschter Aufzeichnungsteile aus einem bespielten Tonband. P. wird angewendet, wenn bei einer Tonbandaufzeichnung z. B. unerwünschte Ansagen „über Titel" mit aufgezeichnet wurden oder wenn Musik am Bandende abrupt abbricht. Aus- und Einblendvorgang können mitgehört werden. Die P.-Einrichtung wird an einem zusätzlichen Einsteller von Hand – oder durch Drücken einer entsprechenden Taste automatisch – in Betriebsart Wiedergabe ausgelöst. Dabei wird ein Löschstrom, der sich von Null auf seinen Höchstwert im Blendrhythmus verändert (Ausblendung), oder umgekehrt (Einblendung), durch den Löschkopf geschickt. Das bereits aufgezeichnete Signal wird mit weichen Übergängen herausgelöscht. In der entstehenden Aufzeichnungslücke kann nachträglich eine eigene Ansage aufgezeichnet werden. Daß die geblendeten Teile des Titels dunkler klingen, weil der Löschstrom zunächst am stärksten auf die hohen Töne wirkt, stört i. allg. nur beim Einblendvorgang. Beim Ausblenden wird ein musikalischer Abklingvorgang vorgetäuscht, der auch bei natürlichen Klängen dunkler gefärbt ist (→Klang 2.). Abb. S. 436

Hinweis: Da P. auch bei herausgebrochener Löschsperre an der Kassette funktioniert, muß man sehr bedachtsam vorgehen, um keine wertvollen Aufnahmen unbeabsichtigt zu löschen. Einsatz- und Endpunkt der Korrekturlöschung kann man vorher unter probeweisem Abhören der Aufzeichnung an Hand der Anzeigen des Bandzählwerks festlegen. P. ist bei Gesangstiteln mitunter klangästhetisch unbefriedigend. In diesem Fall sollte man besser auf den Titel verzichten.

Potentiometer: →Einsteller, →Spannungsteiler

Poulsen, Valdemar: dänischer Physiker (23. 11. 1869 – 23. 7. 1942). P. erfand im Jahre 1898 das *Telegraphon,* ein Gerät, das die Speicherung von Schallinformationen (vornehmlich Telefongesprächen) auf einem dünnen Stahldraht ermöglichte. Dazu wurde dieser schnell an den Polen eines vom Tonsignal gespeisten Elektromagneten vorbeigeführt. P. gilt damit als Begründer des Magnettonverfahrens, wenn auch seine völlig verstärkerlose Anlage keine befriedigenden Ergebnisse brachte. Eine weitere Erfindung ist der nach ihm benannte P.-Sender (1903),

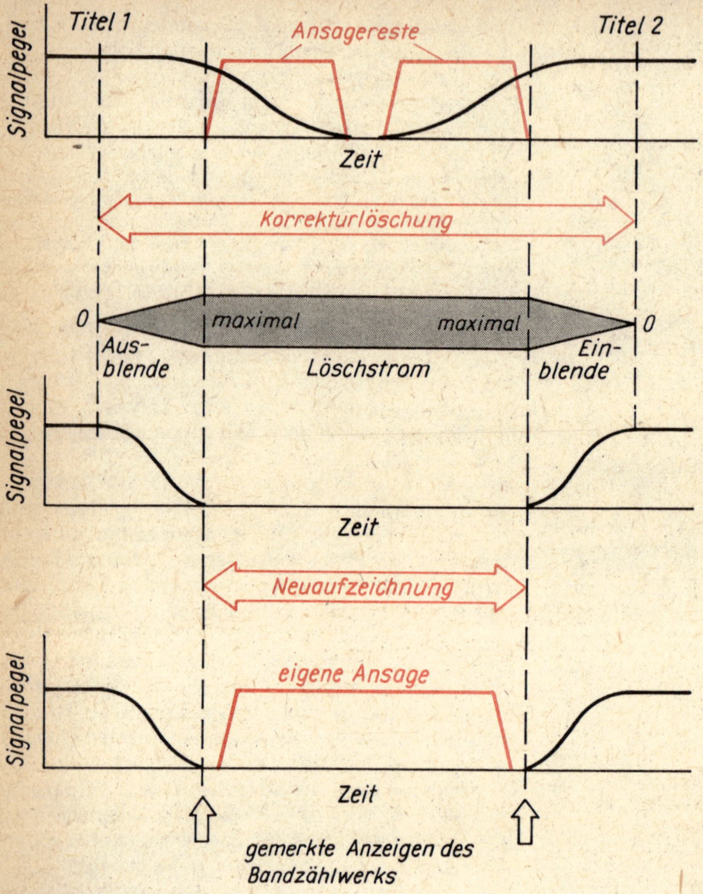

Wirkungsweise einer *Post-Fading*-Einrichtung: a) Titel mit Ansageresten, b) Titel nach der Korrekturlöschung, c) Titel mit nachträglich aufgezeichneter eigener Ansage

Valdemar Poulsen

bei dem elektromagnetische Wellen mit Hilfe eines Lichtbogens erzeugt wurden. Abb.

Power (eng., Kraft, Energie): Kennzeichnung für Netz- bzw. Betriebsspannung an einem elektrischen Gerät oder für die → Ausgangsleistung eines NF-Verstärkers. Die Bezeichnung P. wird umgangssprachlich auch im Sinne großer Lautstärke verwendet.

Power Booster, Auto-Booster: Zusatz-NF-Verstärker für Kraftfahrzeugempfänger zur Vergrößerung der verfügbaren NF-Leistung und damit zur Erhöhung der Lautstärke oder der Tonqualität. Die Einschaltung des P. erfolgt i. allg. gemeinsam mit dem Autoempfänger. Sie wird über den Automatikantennen-Steueranschluß vorgenommen.

Power Limiter (engl., Leistungsbegrenzer): → NF-Verstärker

präoperationeller Satellit: → Fernsehrundfunksatellit für die Dauer der Erprobungsphase des Satellitenfernsehens. P. S. sind i. d. R. durch eingeschränkte technische Möglichkeiten gegenüber dem endgültig angestrebten Ausbaustadium des Satellitendirektempfangs gekennzeichnet.

Präsenz-Schalter, *Präsenz-Taste:* Bedienelement, nach dessen Betätigung der Schall bei mittleren Frequenzlagen (etwa 1...3 kHz) etwas lauter abgestrahlt wird. Damit soll die Durchsichtigkeit bei bestimmten Klangbildern erhöht werden.

Prasselstörungen, *Knattern:* Störimpulsserie, die i. allg. durch hochfrequente Störer oder kurzzeitige Kontaktunterbrechungen in Signalverbindungen oder Bauelementen verursacht wird. Hochfrequente P. sind oft von Pegelschwankungen begleitet und lassen sich durch Herausziehen des Antennensteckers lokalisieren. Sie bedürfen der → Funk-Entstörung.

Hinweis: Steckverbinder, Leitungen oder Baugruppen als Quelle einer P. sind meistens erschütterungsempfindlich und können durch Beklopfen oder Rütteln des verdächtigen Teils häufig ermittelt werden. Auch defekte Abschirmgeflechte von Mikrofonleitungen können zu → Brummen oder zu P. führen.

Präzisions-In-Line-Bildröhre, kurze *PIL-Bildröhre:* → Schlitzmaskenröhre (Farbbildwiedergaberöhre) mit besonders aufgebautem Strahlsystem. Dieses enthält 3 Katoden zur Erzeugung und Steuerung der einzelnen Elektronenstrahlen. Die 3 Steuergitter (Wehneltzylinder) sind miteinander verbunden. Sie können demzufolge nicht zur Steuerung der Strahlstärke, aber z. B. zur gemeinsamen Austastung während der Strahlrückläufe genutzt werden. Die folgenden Gitter 2 und 3 sind für alle 3 Elektronenstrahlen gemeinsam. Damit werden alle 3 Strahlen einheitlich fokussiert („Einlinsensystem"). Durch diesen Aufbau des Strahlsystems kann der Durchmesser des Röhrenhalses (29,1 mm) gegenüber normalen Schlitzmaskenröhren verkleinert werden. Damit wird eine exaktere Strahlablenkung und Konvergenzeinstellung möglich. P. werden vielfach als selbstkonvergierende Systeme in → Set-Technik angeboten. → In-Line-Bildröhre, → Selbstkonvergenz

Precedence-Effekt, *Gesetz der ersten Wellenfront, HAAS-Effekt:* Eigenschaft des Gehörs, eine Schallquelle aus der Richtung wahrzunehmen, aus der ihr Direktschall eintrifft. Der P. hat Bedeutung, wenn weitere Schallanteile der gleichen Schallquelle über Raumreflexionen oder aus Zusatzlautsprechern etwas später beim Zuhörer eintreffen. Der P. beginnt bei einem Zeitunterschied der Schallanteile von ca. 1...3 ms (→ Summenlokalisation). Er endet etwa bei 50 ... 100 ms (→ Echo).

Preceiver: Kunstwort aus **Pre**amplifier (engl., Vorverstärker) und Re**ceiver** (engl., Empfänger), das eine Kombination aus diesen beiden Geräten bezeichnet. An einen P. können Aktivboxen direkt oder passive Lautsprecherboxen über einen NF-Endverstärker angeschlossen werden.

Preemphasis-Deemphasis: Schaltungskombination zur Verbesserung des → Störabstands bei der Übertragung oder Speicherung frequenzmodulierter Signale (→ Modulation). Unter Preemphasis *(Akzentuierung, „Vorverzerrung")* versteht man eine Amplitudenvergrößerung bei höheren Signalfrequenzen vor der Frequenzmodulation. Deemphasis *(Deakzentuierung, „Nachentzerrung")* ist die entsprechende Absenkung auf das ursprüngliche Maß nach der Demodulation. Mit Hilfe der P. ist es möglich, bei höheren Signalfrequenzen eine größere Energie in den Seitenbändern des modulierten HF-Signals zu übertragen; das bei der Übertragung oder Speicherung auftretende Rauschen verliert an Einfluß. Die P. wird u. a. bei der UKW-Übertragung angewendet, außerdem beim → SECAM-Farbfernsehverfahren (z. B. Videopreemphasis) für die Farbdifferenzsignale. Auch bei der magnetischen Bildaufzeichnung wird mit P. gearbeitet.

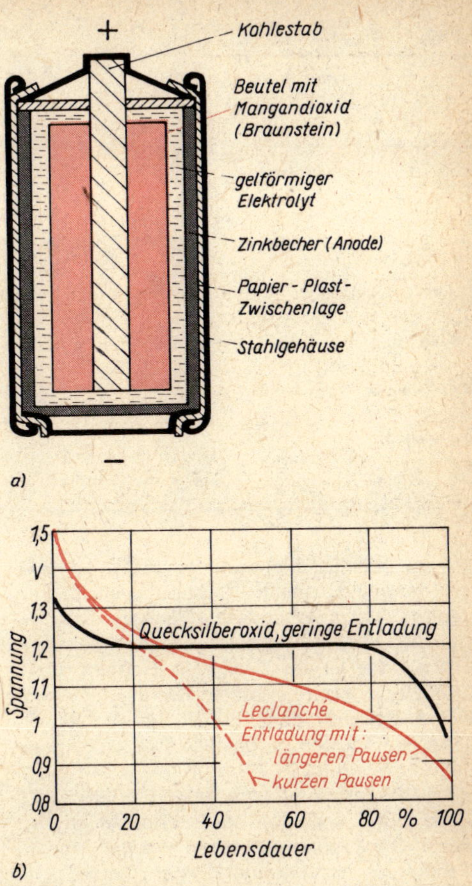

Primärelement:
a) Aufbau einer Leclancé-Zelle,
b) verschiedene Entladekurven

Preroll-Funktion: → Assemble-Schnitt

Prestel: → Bildschirmtext

Preview: → Vorschau

Primärelement, *Primärzelle,* auch galvanisches Element: auf chemischer Wirkung beruhende, nicht aufladbare elektrische Spannungsquelle. P. erzeugen die elektrische Energie aus einer chemischen Reaktion, in deren Verlauf die Elektrodenmaterialien (Katode: –, Anode: +) irreversibel umgewandelt werden. Je nach Elektrodenmaterial und Elektrolyt unterscheidet man verschiedene Arten von P.

Primärelemente

Zellentyp	Leerlaufspannung in V	Mittlere Energiedichte in Wh/dm³	Entladekurve	Besonderheiten
Leclanché („Kohle-Zink")	1,5	150	abfallend	preiswert, günstig bei unterbrochenem Betrieb, begrenzt lagerfähig, ungünstig bei niedriger Temperatur, als Rundzellen
Mangan-Alkali-Zink	1,5	250	abfallend	auch für höhere Entladeströme, höhere Batteriekapazität bei unterbrochenem Betrieb, gute Lagerfähigkeit, als Rund- und Knopfzellen
Quecksilberoxid-Zink	1,35	450	konstant	lange Lagerzeiten, Dauerbetrieb mit geringen Strömen, nur als Knopfzelle, hoher Preis
Silberoxid-Zink	1,6	450	konstant	
Lithium (mit verschiedenen Katoden)	2,4...3,9	500...900	konstant	Lager- und Entladezeit bis zu 10 Jahren bei geringen Dauerströmen, temperaturstabil bis −60 °C, hohe Spannung, Knopf- und Rundzellen, hoher Preis

mit unterschiedlicher Klemmenspannung, Lagerfähigkeit, Energieausbeute (→ Batteriekapazität) und voneinander abweichendem Entladeverhalten (Tab.). Häufigstes P. für batteriegespeiste elektronische Heimgeräte ist das *Leclanché-Element* (Braustein-Zink-Element mit neutralem Elektrolyten, auch „Kohle-Zink-Element" genannt). P. werden in verschiedenen Bauformen hergestellt. Die wichtigsten sind die Rundzellen R 20 *(„Monozelle")*, R 14 *(„Babyzelle")*, R 6 *(„Mignon-", „Gnom"* oder *„Penlitezelle")*, R 1 *(„Lady")* und R 03 *(„Micro")*. *Knopfzellen* verschiedener Gehäuseabmessungen werden vor allem in Kleinrechnern, Armbanduhren, Fotoapparaten u. ä. eingesetzt. Außerdem können P. in sehr flacher Ausführung (<0,8 mm) und beliebiger Flächenform hergestellt werden. Bauformen mit Reihenschaltung mehreren P. zur Spannungserhöhung werden als → Batterien bezeichnet. Tab., Abb.

Hinweis: Eine Regenerierung (Wiederaufladung) von P. wird von Herstellern und in einer IEC-Empfehlung abgelehnt, da infolge von Gasbildung Explosionsgefahr besteht. Das gilt besonders für alkalische Stahlmantelzellen und alle P. in Form von Knopfzellen.

Primärfarben (engl. Reference Stimulus): zur → additiven Farbmischung verwendete → Farben. Das sind allgemein Rot, Grün und Blau. Damit ist die Übereinstimmung zu den 3 getrennten Empfindungsbereichen für lang-, mittel- und kurzwelliges Licht gewährleistet, die dem Farbsehen beim Menschen zugrunde liegen. Technische Systeme zur Übertragung von Farbinformationen berücksichtigen diesen Sachverhalt. So übertragen auch alle kompatiblen → Farbfernsehverfahren die Farbwerte, die den P. Rot, Grün, Blau entsprechen. → Farbvalenz, → Farbwertsignal, → Farbfernsehen, → IBK-Tafel

Prinzip der konstanten Leuchtdichte: in den kompatiblen → Farbfernsehverfahren einzuhaltender Grundsatz, wonach die Leuchtdichteverteilung des Farbfernsehbilds nicht durch dessen → Kolorierung beeinflußt werden darf. Aus Gründen der → Kompatibilität werden einerseits Leuchtdichte- und Farbartinformation einer im → Farbfernsehen zu übertragenden Bildvorlage bei der Bildsignalerzeugung getrennt und als unterschiedliche Signale (→ Leuchtdichtesignal, → Farbartsignal) übertragen, andererseits werden beide Signale in einem einheitlichen Nachrichtenkanal zusammengefaßt. Um das P. trotz dieses scheinbaren Widerspruchs verwirklichen zu können, bedient man sich zur Übertragung der Farbartinformation speziell der → Farbdifferenzsignale. → Farbe, → Farbart, → Leuchtdichte

Prismenteiler: → Lichtteiler, in dem zur spektralen Auftrennung des einfallenden Lichts auf die einzelnen Farbwert-Wege mit dichroitischen Schichten versehene Prismen eingesetzt werden. Deren Eigenheit besteht darin, daß sie für Lichtstrahlen unterschiedlicher Wellenlänge und Auftreffrichtung verschiedene Durchlaß- bzw. Reflexionseigenschaften aufweisen, wodurch Teile des Lichts aus dem Lichtweg gezielt entnommen werden können, während der Rest ungehindert weitergelangt. Die Kombination verschiedener Einzelprismen gestattet eine annähernd dämpfungsfreie Lichtteilung, wie sie in der Abbildung schematisch dargestellt ist. Durch Farbfilter in den einzelnen Wegen sind die geforderten Farbvalenzen exakt einzustellen. Prismenteiler sind auf Grund ihrer kompakten Aufbaumöglichkeit dominierend in Video- und Farbfernsehkameras. Abb.

PRK: Abk. für Phasenregelkreis. → PLL

Produktionsrecorder: hochwertiger Audio- bzw. Videorecorder.

professionelle Technik, svw. *Studiotechnik:* Geräte und Anlagen der Audio- und Videotechnik mit höchsten Anforderungen an Zuverlässigkeit und Si-

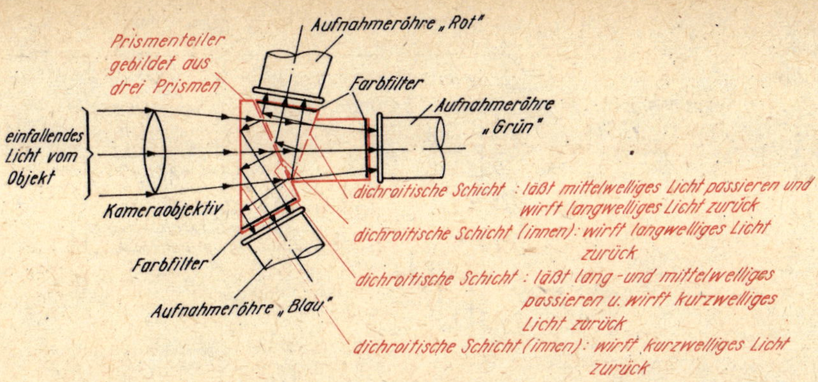

Prismenteiler mit dichroitischen Prismen

gnalqualität. Bei den vielfältigen und wiederholten Signalbearbeitungen, wie sie bei der p. T. auftreten, darf kein nennenswerter Qualitätsabfall eintreten. P. T. wird vor allem dort eingesetzt, wo die Basis höchster Ton- und Bildqualität für einen sehr großen Adressatenkreis gelegt wird, also in Hör- und Fernsehrundfunkstudios, bei der Schallplattenaufnahme und in Film- und Videoateliers.

Programm: 1. gestaltete Folge von Sendebeiträgen (Rundfunk- und Fernseh-P.) – **2.** (Rechner) in eine Folge elementarer Rechneranweisungen – *Befehlsfolge* – umgesetzte Be- und Verarbeitungsvorschrift. Das P. legt fest, was im → Mikrorechner mit den eingegebenen Daten (→ Datenwort) im einzelnen geschieht. → Software

Programmdirektwahl: Möglichkeit der unmittelbaren Anwahl eines Fernsehkanals über Fernbedienung, ohne vorher andere Kanäle nacheinander durchschalten zu müssen (Ringschaltung).

Programmdynamik: → Dynamik

Programmierung: 1. Herstellung der Programme (→ Software) für einen Rechner. – **2.** Eingabe von Daten zur automatischen Auslösung vorgewählter Betriebsarten von Geräten der Unterhaltungselektronik, z. B. Voreinstellung eines Weckradios, eines Videorecorders für das automatische Aufzeichnen einer gewünschten Fernsehsendung.

Hinweis: Diese P. ist meist mit dem Stellen einer → Schaltuhr verbunden. Vor jeder P. sollte die elektronische Uhr auf die aktuelle Tageszeit überprüft und bei Abweichung neu gestellt werden. Werden in Geräten die Schaltuhren von der 50 Hz Netzfrequenz gesteuert, ist zu beachten, daß eine schwankende Netzfrequenz größere Gangungenauigkeiten bewirkt. Deshalb muß in diesem Fall vor allem bei P. über mehrere Tagen oder gar Wochen im voraus die Ungenauigkeit mit berücksichtigt werden.

–**3.** Abstimmen eines Rundfunkempfängers auf die gewünschten Empfangskanäle oder -frequenzen und Speichern dieser Einstellung zum schnellen Wiederabruf. → Programmspeicher, → Stationstasten

Programmkennung: numerische Kennzeichnung von Programmart und/oder Programmbeitrag einer Rundfunkanstalt. Die Programmkennung der Fernsehanstalten kann digital verschlüsselt in Datenzeilen innerhalb der vertikalen Austastlücke übertragen werden. → Datenzeile, → VPS

Programm-Muting: → Muting-Schaltung 2)

Programmspeicher: 1. (Stationsspeicher, *Festsenderspeicher*) Einrichtung in einem Rundfunk- oder Fernsehempfänger, in der vorabgestimmte Sendestationen gespeichert und über Stationstasten oder eine Zehnertastatur wieder abgerufen werden können. Die Anzahl der *Speicherplätze* bestimmt die Höchstzahl der speicherbaren Stationen. Bei *mechanisch wirkenden P.* werden Schwingkreis-Abstimmelemente bei der Programmierung auf bestimmte Positionen eingestellt, die über Stationstasten wieder abgerufen werden können. *Elektronische P.* arbeiten entweder analog mit je einem Abstimmeinsteller für jeden Speicherplatz oder digital, indem in jedem Speicherplatz eines → RAM eine entsprechende, der Frequenz des abzuspeichernden Senders zugeordnete Binärzahl eingeschrieben wird (→ Abstimmsystem). – **2.** Halbleiterspeicher *(ROM)* für die → Software eines Mikrorechners.

Programmsuchsystem, automatisches: → APSS

Programmtasten: → Stationstasten

Projektionsfernsehempfänger: → Fernseh-Projektionsempfänger

Projektionsröhre: → Fernsehprojektion

Prüfschallplatte: → Testschallplatte

Prüfzeile: lt. Fernsehstandard in der Vertikalaustastlücke festgelegte → Zeile, die ein oder mehrere Prüfsignale zur Überwachung der Übertragungseinrichtungen vom Fernsehstudioausgang bis zum Fernsehempfänger während der laufenden Programmsendung enthält. I. d. R. werden pro → Halbbild 2 P. übertragen. Die zu den P. gehörenden Signale werden im Begriffsystem der → Bildsignale mit P-Signal bezeichnet. Die Abbildung zeigt die lt. → CCIR-Norm festgelegten Prüfzeilensignale (P-Signale). Die dazu gehörenden P. liegen entsprechend der Festlegung beim 1. Halbbild in den Zeilen 17 und 18 und im 2. Halbbild in den Zeilen 330 und

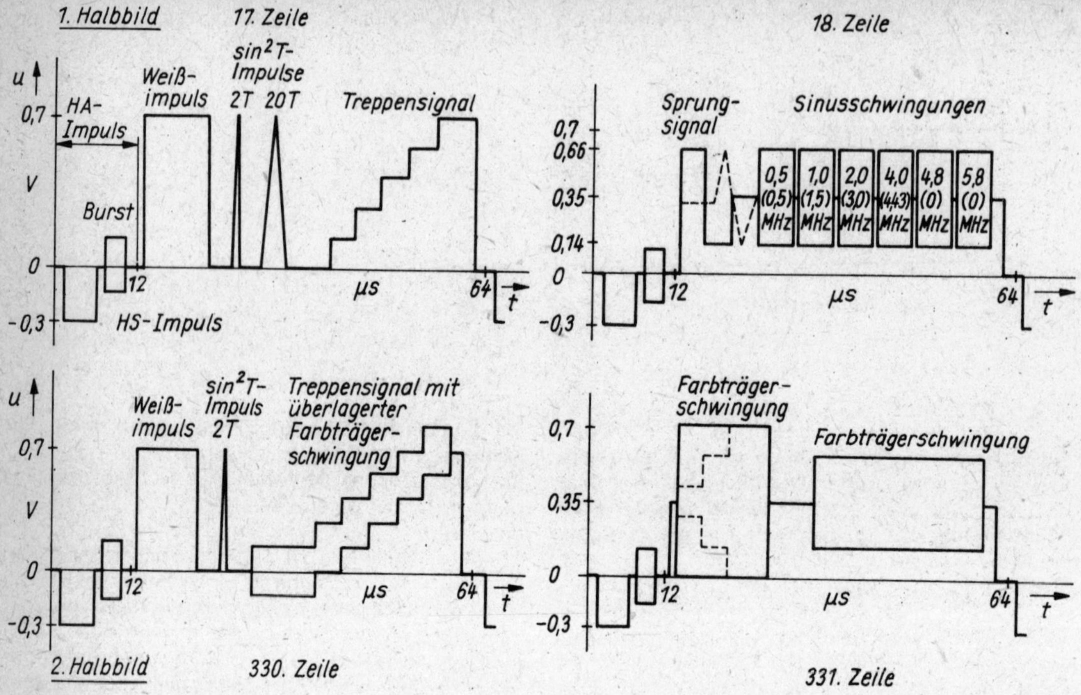

CCIR-*Prüfzeilen*signale

331 am *oberen Rand* des Fernsehbilds. → Austastlücke, → BASP-Signal (Abb.)

Hinweis: Die P. sind bei richtig eingestellter Bildhöhe des Fernsehbilds nicht zu sehen. Wird für den Fernsehzuschauer am oberen Bildrand ein schwarzer Streifen mit einigen „bildinhaltführenden" Zeilen (P.) sichtbar, muß die → Bildgeometrie bzw. → Bildgröße nach → Sendetestbild neu eingestellt werden.

Pseudobaß: von einem Lautsprecher unerwünscht erzeugter, subharmonischer Ton (die Hälfte der Originaltonhöhe), besonders bei tiefen Frequenzen. P. entstehen in der Folge von wechselseitiger Durchbiegung der Membran und führen zu Klangverfälschungen. Exponentialförmig gewölbte Lautsprechermembranen (NAWI-Membranen) vermindern die Gefahr von P.

Pseudoquadrofonie, umgangssprachlich „Quadro-Sound": Wiedergabeverfahren der (Zweikanal-) Stereofonie, bei dem aus den Stereosignalen A und B Pseudosignale gewonnen werden, die man über Zusatzlautsprecher im Raum abstrahlt. Bei der P. wird davon ausgeganen, daß sich – allerdings abhängig von der jeweiligen Stereoaufnahme – im → S-Signal viele Anteile des Raumschalls *(ambiente Informationen)* befinden. Weil das S-Signal im einfachsten Fall zwischen den Kontakten 1 der beiden Lautsprecherbuchsen eines Stereo-NF-Verstärkers abgenommen werden kann, findet man bei vielen, auch einfachsten Anlagen, diesen zusätzlichen P.-Anschluß. Aufwendigere Schaltungen (*Quadro-Adapter, Raumklangsimulatoren* u. ä.) arbeiten mit Netzwerken, in denen die Pseudosignale gewonnen und z. T. noch mit gefilterten Übersprechanteilen der anderen Kanäle versehen werden. Die Pseudosignale werden über Lautsprecher im hinteren Teil des Raums abgestrahlt und verbessern den räumlichen Eindruck bei der Wiedergabe. Nachteilig ist, daß sich ein angenehm empfundenes Gleichgewicht zwischen direktem Stereoschall von vorn und Raumschall nur für wenige Plätze auf der Stereo-Hörfläche einstellen läßt. Abb.

Pseudo-Stereofonie: 1. *(Tonbearbeitung)* Aufteilung eines monofonen Tonsignals auf mehrere Stereokanäle unter Einbeziehung bestimmter Signalbearbeitungen (Filtern, Verhallen, Verzögern, Richtungsbeeinflussung). Auf diese Weise lassen sich punktförmige Schallquellen zu flächenhaften Verteilungen aufspreizen (stereofone Geräuschkulisse) oder ältere monofone Tonaufnahmen klanglich verbessern und mit zwar unscharfen, aber doch stereoähnlichen Richtungsinformationen versehen *(Stereo-Transkription)*. – **2.** *(Tonwiedergabe)* Aufteilung des Tonsignals mittels elektrischer Weichen in verschiedene Frequenzbereiche, die getrennt aufgestellten Lautsprecherboxen zugeführt werden. Ziel ist die Erzeugung eines räumlich auseinandergezogenen Klangeindrucks, ohne daß echtes Richtungshören möglich wird (→ Raumton).

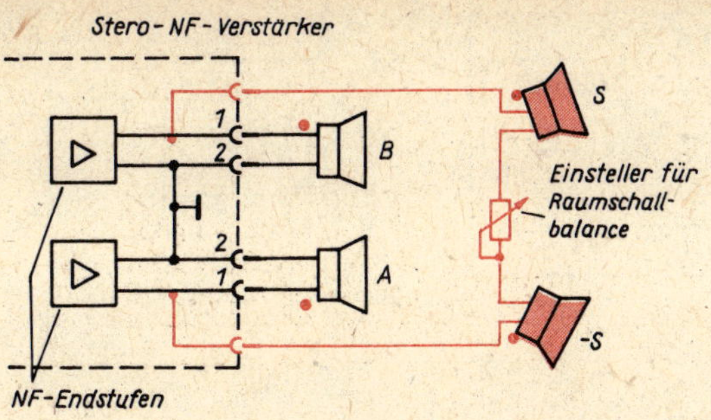

a)

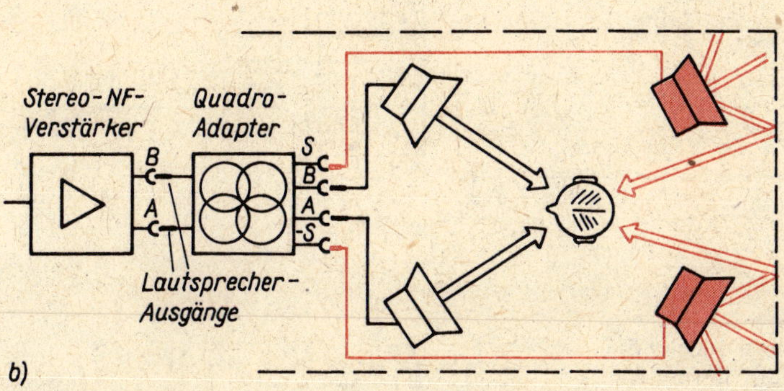

b)

Pseudoquadrofonie:
a) Prinzip,
b) Quadro-Adapter

Pseudovideoformat: → digitale Tonsignalspeicherung

Pseudovideosignal: → digitale Tonsignalspeicherung

PTC-Widerstand: Abk. für engl. **P**ositive **T**emperature **C**oefficent resistor. → Kaltleiter

Puck, *Zentrierstück,* Zentrieradapter: scheibenförmiges Anpaßstück zum Abspielen von Schallplatten mit großem Mittelloch (Singles). Auf manchen Plattentellern ist bereits ein P. federnd angebracht, der beim Auflegen einer Langspielplatte nach unten gedrückt wird.

Pulskodemodulation, engl. **P**ulse **C**ode **M**odulation, Abk. **PCM:** digitales Modulationsverfahren, bei dem das zu übertragende Signal in kodiert modulierte Impulsfolgen *(Kodeworte)* umgesetzt wird. PCM ist das wichtigste Verfahren für die Digitalisierung von Signalen und bildet die Grundlage der → digitalen Übertragung, Verarbeitung und Speicherung von Informationen. Die PCM erfolgt in mehreren Schritten (Abb.). Durch → Abtasten werden dem kontinuierlichen Eingangssignal Amplitudenproben (zeitdiskrete *Abtastwerte*) im Rhythmus der → Abtastfrequenz entnommen. Danach erfolgt die eigentliche *Analog-Digital-Umsetzung* durch → Quantisierung und → Kodierung. Bei der Quantisierung werden die Amplitudenwerte auf eine vorgesehene Anzahl eingeschränkt, d.h., es wird festgestellt, in welcher Amplitudenstufe ($s_0 \ldots s_x$) der Abtastwert liegt. Damit entsteht ein quantisiertes Signal mit wertdiskreten Amplitudenstufen. Durch die Kodierung wird jeder Amplitudenstufe ein Kodewort zugeordnet. Meist wird ein binärer → Kode, z. B. der → BCD-Kode oder ein ihm ähnlicher Kode verwendet, so daß das PCM-Ausgangssignal ein → digitales Signal ist. Die Bitanzahl (n) pro Kodewort ist abhängig von der zu verschlüsselnden Anzahl der Amplitudenstufen. Es gilt $s = 2^n$ bzw. $n = \text{ld}\, s$ (ld: Logarithmus zur Basis 2).

Kodewortlängen

Anzahl der Amplitudenstufen s	Kodewortlänge in bit n
8	3
16	4
32	5
128	7
256	8
512	9
4096	12
16384	14
65536	16

Die Quantisierungs- und Kodierschaltungen bilden oft eine untrennbare Einheit, die man als → *Analog-Digital-Umsetzer* bezeichnet. Meist stehen die zu einem Kodewort gehörenden Zeichen auf getrennten Ausgängen gleichzeitig (bitparallel) zur Verfügung. Dies ist für eine digitale Signalbearbeitung,

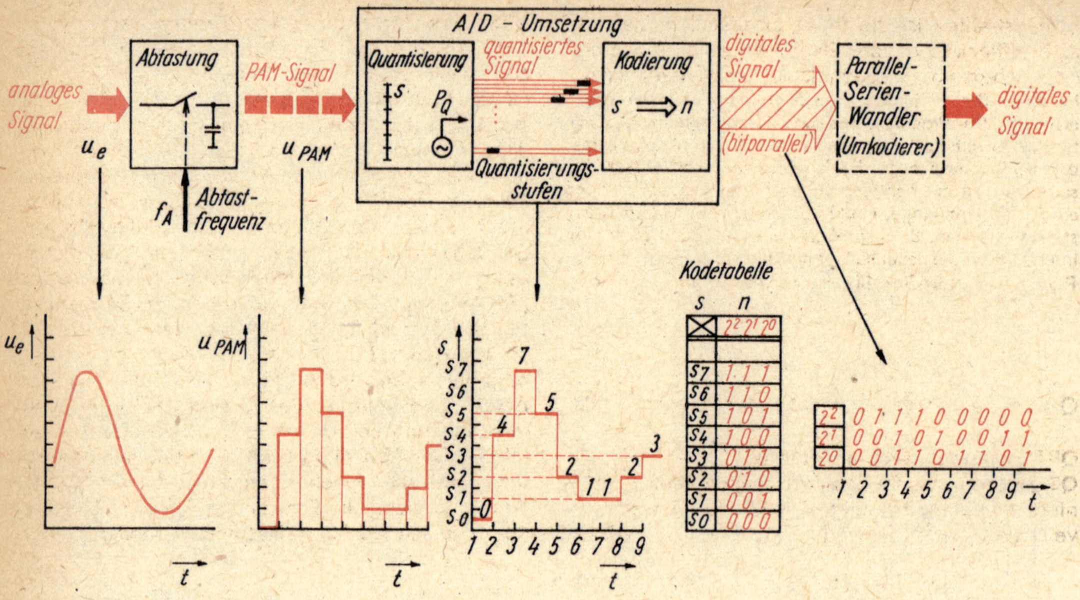

Prinzip der *Pulskodemodulation*

wie sie z. B. in → digitalen Bildspeichern oder → digitalen Verzögerungsgeräten erfolgt, besonders günstig. Aber für einkanalige Übertragung müssen die einzelnen Kodezeichen der Reihe nach in Form eines Impulstelegramms (Sendesignal) auf den Weg geschickt werden. Mit einem vierten Teilschritt, einer Parallel-Serien-Signalwandlung (z. B. mit einem → Schieberegister) wird das PCM-Sendesignal gebildet, wobei gleichzeitig zur optimalen Anpassung an den Übertragungsweg noch eine Kanalkodierung (→ Kodierung) vorgenommen wird. → Modulation, → digitale Speicherung, → digitale Tonsignalspeicherung, → digitale Übertragung (Tab., Abb.)

Punktlichtabtastung, *Flying Spot-Abtastung:* Bildaufnahmeverfahren für vorwiegend ebene Bildvorlagen. Bei der P. wird die aufzunehmende Bildvorlage mit Hilfe eines entsprechend dem → Zeilensprungverfahren bewegten Lichtpunkts abgetastet (Flying Spot svw. fliegender Lichtpunkt), der mit einer → *Abtaströhre* erzeugt wird. Die dabei entstehenden Leuchtdichteschwankungen (helligkeitsmodulierter Lichtstrahl) werden in einem Wandler (→ *Fotovervielfacher)* in ein entsprechendes Videosignal umgewandelt. Die P. war das erste elektronische Bildaufnahmeverfahren. Die erste funktionsfähige Anlage hat → ARDENNE entwickelt und gebaut (Abb. 2). Die P. wird vor allem in → Abtastern für transparente Bildvorlagen (→ Diaabtaster und → Filmabtaster) verwendet. Bei der Farbbild-P. treten grundsätzlich keine Farbdeckungsfehler auf, da nur ein einziger Abtastraster erzeugt werden muß. → Filmabtastung (Abb. s. auch Farbanhang)

Punktlichtabtastung: internationale Pressereaktion (The New York Times vom 16. 8. 1931) auf die erste elektronische Bildabtastung und Fernsehbildwiedergabe von M. von Ardenne

Punktschärfe: Konzentration des Auftreffflecks eines Elektronenstrahls auf der Speicherplatte bei → Bildaufnahmeröhren bzw. auf dem Bildschirm bei → Bildwiedergaberöhren auf Punktgröße. Durch eine exakte → Fokussierung der abgelenkten Elektronenstrahlen ist die P. so einzustellen, daß der Auftreffleck etwa der Bildpunktgröße entspricht. → Leuchtpunkt, → Leuchtfleck, → Schattenmaske

Hinweis: Die P. nimmt mit steigender Elektronenstrahlstärke ab. Der Videoamateur kann durch Szenenlichtgestaltung und richtige Blendeneinstellung bei der Bildaufnahme, der Fernsehzuschauer durch geeignetes Umlicht im Zusammenhang mit richtiger Kontrast-/Helligkeitseinstellung am Fernsehempfänger Einfluß auf die erforderlichen Strahlstärken nehmen. Er vergrößert damit die Bildschärfe und indirekt auch die Lebensdauer der Bildwandlereinrichtung.

Punkt-zu-Punkt-Satellit: → Verteilsatellit

Q

QPT: → Quasiparalleltonverfahren

QS-System, Abk. für **Quadrosonic:** veraltetes, heute nicht mehr angewendetes → Matrix-Quadrofonieverfahren.

QTS, Abk. für engl. **Q**uartz **T**uning-**S**ystem: nach dem Prinzip der Frequenzsynthese arbeitendes quarzgesteuertes → Abstimmsystem.

Quadraturmodulation: spezielle Art der → Modulation in Nachrichtenübertragungssystemen, die auf der Grundlage der → Analogtechnik arbeiten. Ihr besonderes Kennzeichen ist die gleichzeitige Beeinflussung der Trägersignalamplitude und -phase durch die zu übertragenden Nachrichtensignale. Das schafft die Möglichkeit, ein Trägersignal gleichzeitig mit 2 Nachrichtensignalen zu modulieren (Vorteil!), erfordert aber auch, daß zur empfängerseitigen Demodulation die Information über die Originalphasenlage (Nullphase) der Trägerschwingung mit übertragen wird (erhöhter Aufwand!). Typische Anwendungsbeispiele der Q. sind das → PAL-Farbfernsehverfahren und das → NTSC-Farbfernsehverfahren. Die Abbildung zeigt die Modulationsschaltung und die zugehörigen Zeigerbilder der Q. Daraus ist auch die Bezeichung Q., d. h. Nutzung von 2 zueinander 90° phasenverschobener Träger-

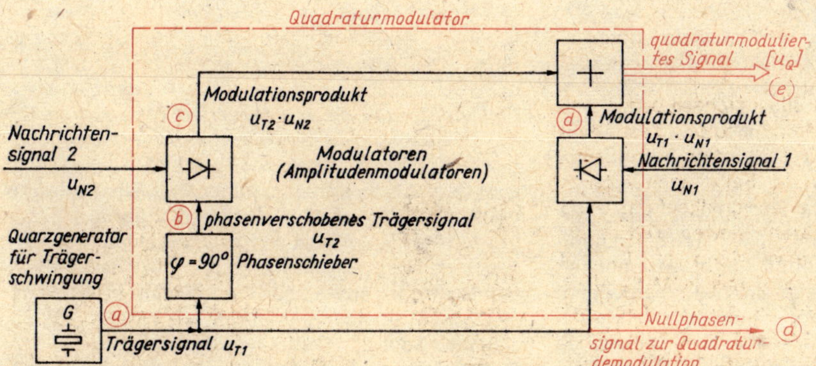

a) Übersichtsschaltplan

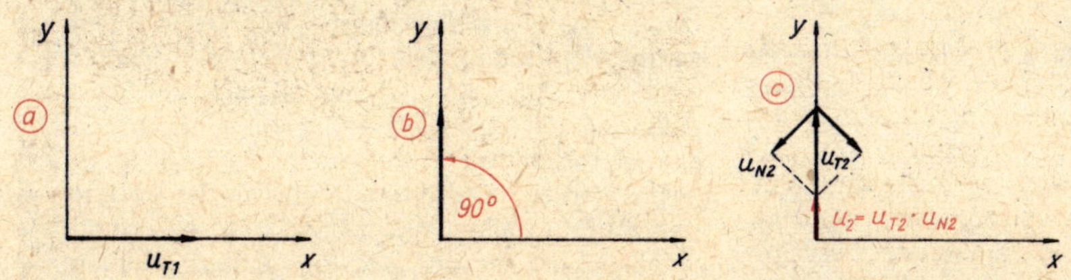

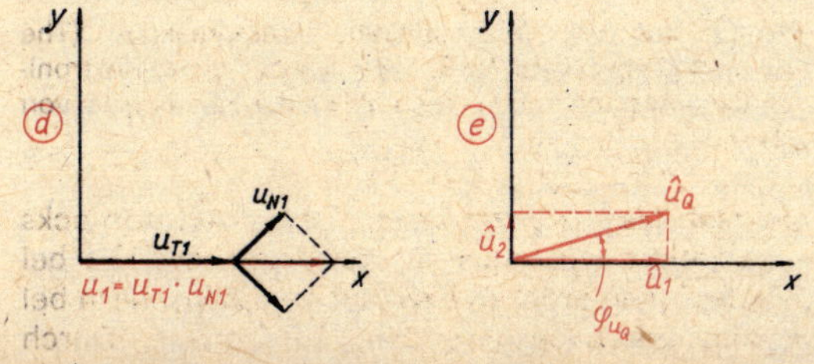

b) Darstellung mit Hilfe ruhender Zeiger

$$\hat{u}_Q = \sqrt{\hat{u}_1^2 + \hat{u}_2^2}$$

$$\varphi_{u_Q} = \arctan \frac{\hat{u}_2}{\hat{u}_1}$$

$$u_Q = \hat{u}_Q \cdot \sin(\omega_T t + \varphi_{u_Q})$$

c) Gleichung des quadraturmodulierten Signals

Quadraturmodulation

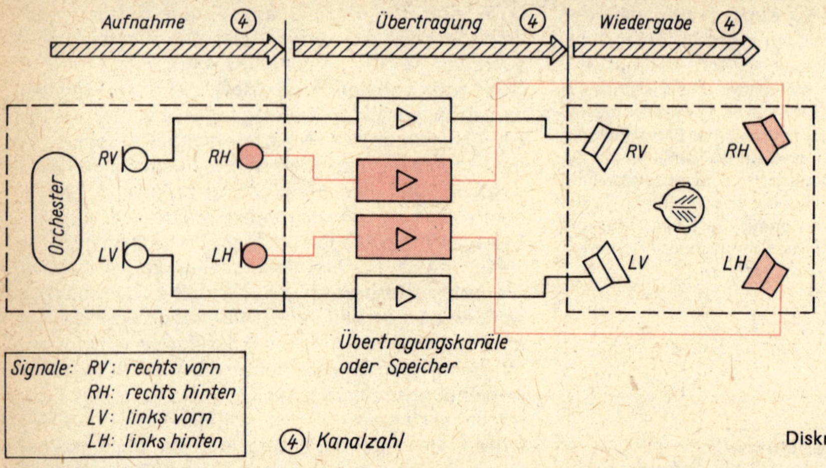

Diskretes *Quadrofonie*verfahren

schwingungen (in Quadratur stehend), abzuleiten. Abb.

quadrofone Schallplatte: Schallplatte zur Speicherung von Quadrofoniesignalen. Bei q. S. wird das → *CD-4-System* oder das → *SQ-System* angewendet. Beide Systeme erfordern einen besonderen systemeigenen Dekoder, die CD-4-Schallplatten können auf normalen Stereoplattenspielern stereofon wiedergegeben werden.

Quadrofonie, *Vierkanalstereofonie* (von lat. quattuor, vier und griech. phonos, Ton): Verfahren mit 4 Kanälen zur Aufnahme und Wiedergabe von Schallereignissen. Q. ermöglicht die Übertragung der Richtungsinformation und eines wesentlichen Teils des originalen → Raumeindrucks zum Zuhörer. Sie ist als Erweiterung der Zweikanalstereofonie durch 2 zusätzliche Kanäle für den Raumschall anzusehen. Mit der Q. ist es auch möglich, den Hörer mitten in den Ablauf eines akustischen Geschehens hineinzuversetzen, davon wird aber zumindest bei ernster Musik nicht Gebrauch gemacht, da sich der Zuhöhrer vor, aber nicht im Orchester befinden soll. Man unterscheidet bei der Q. 2 verschiedene Übertragungsverfahren, nämlich das *diskrete Q.-Verfahren* mit Übertragung oder Speicherung auf 4 getrennte Kanälen (→ CD-4-System) und das → *Matrix-Quadrofonie-Verfahren,* bei dem Übertragung oder Speicherung der 4 Signale in nur 2 Kanälen erfolgt.

Geschichtliches: Q. entstand nach Vorarbeiten von VERMEULEN im Jahre 1956 und ist als eine Variante der → Stereo-Ambiofonie anzusehen, die Anfang der 60er Jahre in der DDR nach Untersuchungen von Prof. L. KEIBS entwickelt worden ist. Erste Versuche für eine übertragungstechnisch kompatible Lösung unternahm 1967 der US-Amerikaner P. SCHEIBER. Er schuf die Grundlage für die Matrix-Verfahren und führte im Jahre 1969 die erste Schallplatte nach dem Matrix-Q.-Verfahren vor. Ein weiteres, technisch sehr kompliziertes Matrix-Verfahren nach Prof. D. H. COOPER (USA), das sich durch Hinzufügen weiterer Kanäle noch zu einem diskreten System ausbauen ließ, konnte sich in der Praxis nicht durchsetzen. Im September 1970 wurde die CD-4-Schallplatte von der Firma Victor Company of Japan (JVC) vorgestellt. Q. wurde bisher fast nur über Schallplatten verbreitet. Die Tendenz ist stark rückläufig, weil die entstehenden Mehrkosten für die 4 Wiedergabekanäle einschließlich des zugehörigen Dekoders in keinem adäquaten Verhältnis zum Qualitätsgewinn gegenüber Zweikanalstereofonie stehen. Obwohl Rundfunkempfänger für Q. gebaut und auch verkauft wurden, besteht keine internationale Normvereinbarung über die Ausstrahlung von Q.-Programmen und ist auch nicht in Aussicht. → Kopfhöhrerwiedergabe (Abb.)

„Quadro-Sound": → *Pseudoquadrofonie*

Quantisierung: Zerlegung einer kontinuierlichen Signalgröße in eine endliche Zahl diskreter Intervalle. Durch die Q. der Amplitude (Amplitudenquantisierung) entstehen diskrete Signale (Abb.). Der gesamte Amplitudenbereich wird in eine Anzahl von s gleichen Amplitudenstufen (Quantisierungsintervalle) mit der Stufenhöhe u_s zerlegt. Dabei werden alle Momentanwerte des analogen Eingangssignals (u_e), die in ein bestimmtes Intervall der vorgegebenen Stufung fallen, nur durch einen einzigen Wert repräsentiert. In der Abbildung sind 8 Quantisierungsintervalle gewählt, die durch ihre Mittelwerte mit der Stufennummer 0...7 gekennzeichnet sind. Die Q. hat eine nicht wieder rückgängig zu machende Signalverzerrung, die sog. *Quantisierungsverzerrung* zur Folge, die als Fehler in Form einer Amplitudendifferenz *(Quantisierungsfehler)* zwischen quantisiertem Signal (u_Q) und Eingangssignal (u_e) auftritt. Die Quantisierungsverzerrung hat die Eigenschaft, bei der Q. von Tonsignalen als Geräusch in Erscheinung zu treten. Man bezeichnet sie deshalb auch als *Quantisierungsgeräusch.* Durch Verkleinerung der Stufenhöhe Δu_s, was

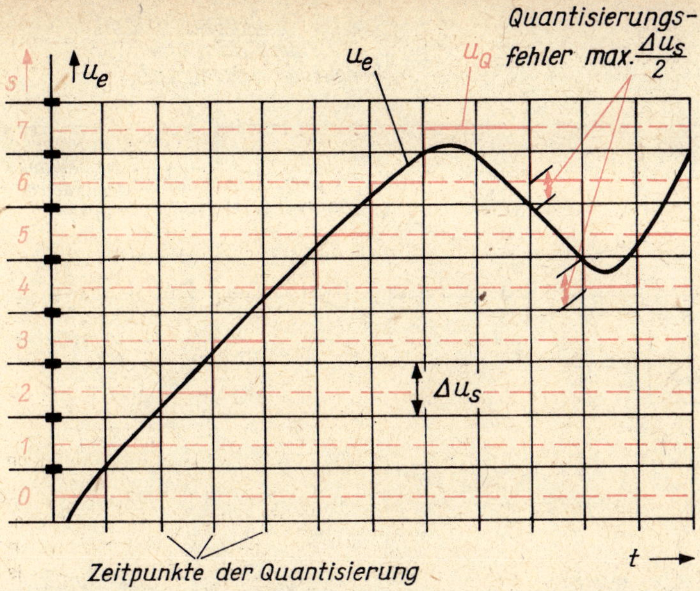

Amplituden*quantisierung*

Stufenzahl und Quantisierungsgeräuschabstand

Stufenzahl s	A_Q in dB
16	24
32	30,1
128	42,1
256	48,2
512	54,2
4096	72
16384	84
65536	96

gleichbedeutend mit zunehmender Stufenzahl s ist, sinkt das Quantisierungsgeräusch. Die Quantisierungsverzerrung ist nur von der Stufenzahl und nicht von der Größe der Eingangsspannung abhängig. Sie tritt in Signalpausen nicht auf. Das logarithmische Verhältnis von Signalleistung zur Leistung des Quantisierungsgeräuschs wird als Quantisierungsgeräuschabstand bezeichnet und in Dezibel angegeben. Die Tabelle gibt für ausgewählte Stufenzahlen s den erreichbaren Quantisierungsgeräuschabstand A_Q an.
Soll z. B. ein Signal mit 60 dB Störabstand übertragen werden, dann sind dafür mindestens 1024 Quantisierungsstufen erforderlich. Die Q. ist ein Teilschritt bei der → Digitalisierung von Signalen. Zur Digitalisierung von Bildsignalen wird eine *lineare Q.*, d. h. eine Amplitudenzerlegung in Intervalle mit gleicher Stufenhöhe, angewendet. Bei Tonsignalen wird zum Teil auch eine *nichtlineare Q.* vorgenommen (→ digitales Tonsignal). Für kleine Signalamplituden ist die Stufung feiner und mit steigender Amplitude gröber. Damit paßt sich die Quantisierungsverzerrung der Größe der Signalamplitude an, und man erzielt einen vom Aussteuerungsbereich weitgehend unabhängigen Quantisierungsgeräuschabstand.
Durch Q. der Zeit (*Zeit-Q.*, → Abtasten) ergeben sich diskontinuierliche Signale. → Pulskodemodulation (Tab., Abb.)
Quantisierungsfehler: → Quantisierung
Quantisierungsgeräusch: → Quantisierung
Quantisierungsverzerrung: → Quantisierung
Quartz controlled (engl, svw. quarzstabilisiert, quarzgenau): Stabilisierung einer sehr genau geforderten Frequenz mit Hilfe eines → Schwingquarzes, die als Steuernormal für Uhrzeit, Drehzahl, Hilfs-, Takt- bzw. Trägerschwingungen (→ Modulation) oder bei der Klangsynthese verwendet wird.
Quarz: → Schwingquarz
Quarzstabilisierung: → Schwingquarz
Quarzuhr: i. w. S. elektronisches Zeitnormal mit sehr hoher Genauigkeit. Der Zeittakt einer Q. wird durch Frequenzteilung von einer hochfrequenten Schwingung konstanter Frequenz abgeleitet. Er kann zur Steuerung vielfältigster technischer Prozesse oder zur Zeitanzeige (Q. i. e. S.) benutzt werden. Frequenzbestimmende Glieder der eingesetzten Schwingungserzeuger sind *Quarze* (→ Schwingquarz), die sich durch eine sehr hohe Eigen-Frequenzkonstanz der abgegebenen Schwingung auszeichnen. Durch weitere Schaltungsmaßnahmen (hauptsächlich Temperaturstabilisierung) wird die Genauigkeit von Q. noch erhöht. Bei Q. für hohe Ansprüche (Zeitnormale in Zeitzählern, Taktgebern u. ä.) erreicht man mittlere tägliche Gangschwankungen unter 10^{-4} s, was einem Fehler von 1 s in 30 Jahren entsprechen würde. In der Konsumgüterindustrie werden Q. für verschiedene Anspruchs-

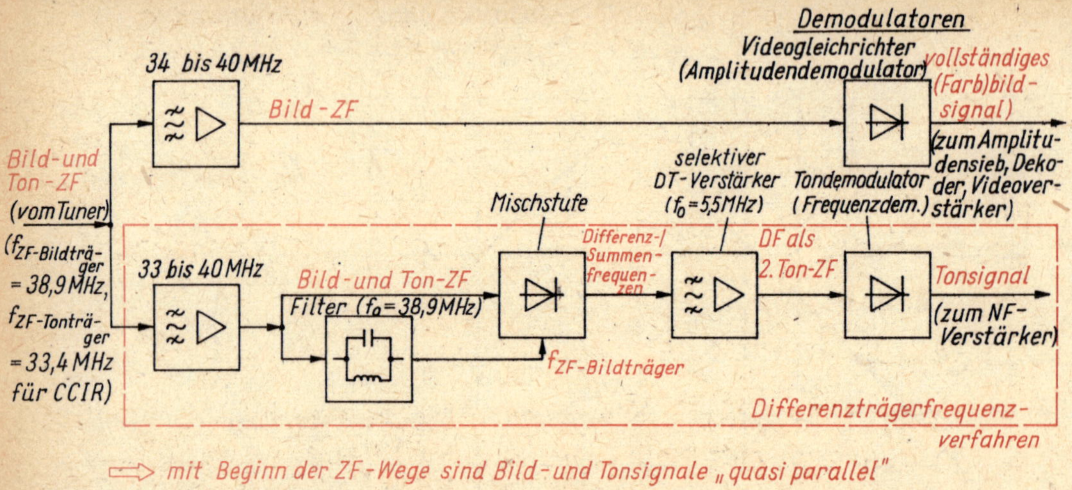

Prinzip des *Quasiparalleltonverfahrens*

ebenen und Aufgaben angeboten, z. B. als quarzgesteuerte Uhr mit Zeigeranzeige, als → Digitaluhr, als → Schaltuhr usw. Für diese Anwendungsfälle ist charakteristisch, daß die Entwicklung der Mikroelektronik zu einer ständigen Abnahme des Aufwands zum Bau bei gleichzeitiger Erhöhung der variablen Einsetzbarkeit von Q. führt.

Quasi-Hexafonie: Wiedergabeanordnung für → Quadrofonie mit insgesamt 6 Lautsprecherboxen, die mit Achsenwinkeln von 60° rund um den Zuhörerplatz angeordnet sind. Die vorderen und hinteren Lautsprecher erhalten die üblichen Quadrofonie-Signale, für die mittleren (seitlichen) Lautsprecher werden Pseudosignale aus den zugehörigen vorderen und hinteren Signalen gewonnen.

quasioptische Sicht: nicht durch geografische Hindernisse oder die Erdkrümmung unterbrochene, gerade Verbindungslinie zwischen einer Sende- und einer Empfangsantenne. Die q. S. entspricht der maximalen Senderreichweite für Mikrowellen in erdgebundenen (terrestrischen) Sendernetzen, also auch bei UKW- und Fernsehempfang. Sie beträgt z. B. im VHF-Bereich je nach Höhe der Antennen bis zu etwa 120 km. → Wellenausbreitung

Quasiparalleltonverfahren, Abk. **QPT:** Verfahren zur Gewinnung des zum Fernsehbild gehörenden Tonsignals im → Fernsehempfänger. Wie die Abbildung zeigt, werden beim QPT die wesentlichen Elemente des → Differenzträgerfrequenzverfahrens und → Paralleltonverfahrens so genutzt, daß die Vorteile dieser Verfahren (Differenzfrequenzverfahren: stabil gegenüber Frequenzänderungen; Paralleltonverfahren: kein Intercarrierbrummen, geringstes Übersprechen von Tonsignalen in das Fernsehbild) gegenüber ihren Grenzen und Mängeln voll zum Tragen kommen. → Fernsehsender, → Fernsehnorm, → Zwischenfrequenz (Abb.)

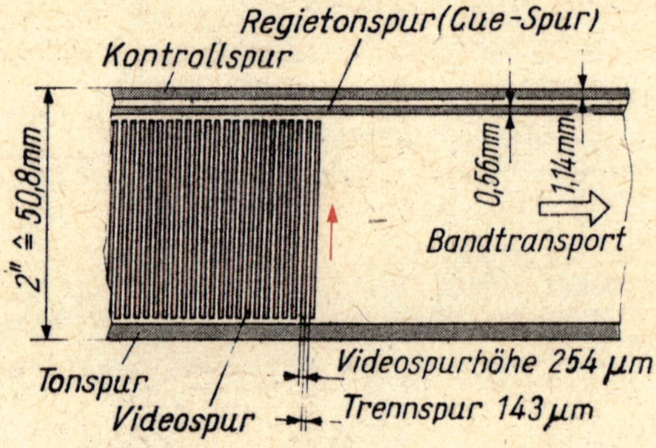

Spurbild beim *Querspurverfahren* (1)

Quellenkodierung: → Kodierung

Quellwiderstand: → Ausgangsscheinwiderstand

Querspurverfahren, Transversalrotationsverfahren: Verfahren der → magnetischen Bildaufzeichnung bei dem ein Kopfrad mit 4 Videoköpfen (Vierkopf-Videorecorder) im Winkel von 90° quer zur Bandtransportrichtung rotiert (Quadruplex-Verfahren). Das in ein FM-Signal (Aufzeichungssignal) umgewandelte Videosignal wird in nebeneinanderliegenden Querspuren aufgezeichnet (Abb. 1). Das 2" breite Videoband läuft mit konstanter Bandtransportgeschwindigkeit von 39,7 cm/s in einem konkav geformten Führungsschuh (Kopfschuh), der das Band durch Unterdruck ansaugt und so den entsprechenden Band-Kopf-Kontakt herstellt, am Kopfrad vorbei (Abb. 2). Das Kopfrad (Durchmesser 52,61 mm) rotiert mit 250 U/s und zeichnet pro Sekunde 1000 Videospuren. Jede Videospur enthält die Bildinformation von ca. 17,5 Zeilen, wobei von Spur zu Spur eine Überlappung von ca. 2 Zeilen entsteht. Bei Wiedergabe werden durchschnittlich

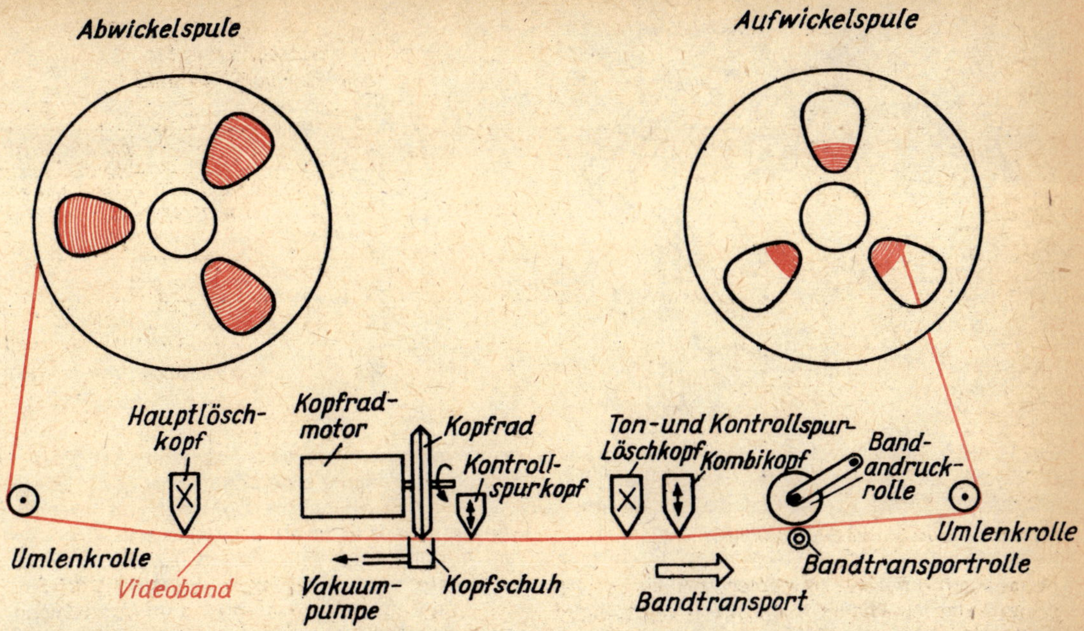

a)

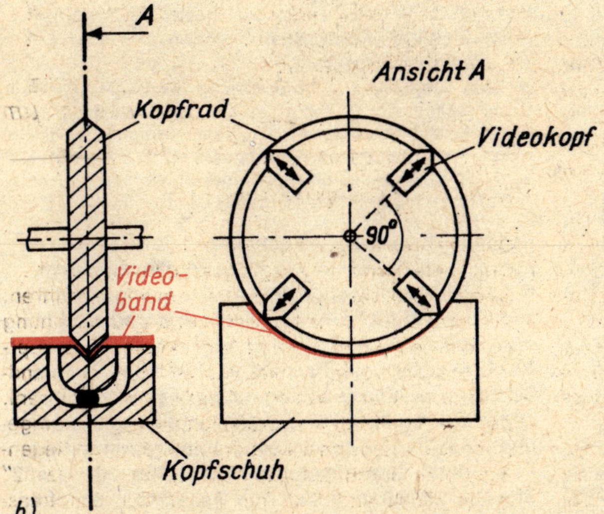

b)

Querspurverfahren (2):
a) Bandlaufwerk eines Querspur-Videorecorders,
b) Bandführung am Kopfrad

15,625 Zeilen von jeder Spur genutzt. Die Relativgeschwindigkeit zwischen Band und Videokopf (Aufzeichnungsgeschwindigkeit) beträgt 41,3 m/s. Das Q. wurde 1956 von der USA-Firma Ampex (deshalb auch *Ampex-Verfahren* genannt) vorgestellt und wird seitdem in Aufzeichnungsanlagen der Fernsehanstalten weltweit verwendet. Der Übertragungsfrequenzbereich des Aufzeichnungssignals beträgt für den sog. Low-Band-Standard fast 12 MHz (s. Abb. → magnetische Bildaufzeichnung). Abb.

Querstrahler: Antennenkonstruktion, bei der die größte mechanische Ausdehnung quer zur Hauptempfangsrichtung liegt. Die Energie wird dem Raum in der Antennenebene entnommen, daher sind Q. dort günstig, wo eine gleichmäßige Feldverteilung in dieser Ebene vorliegt. Das ist z. B. im fla-

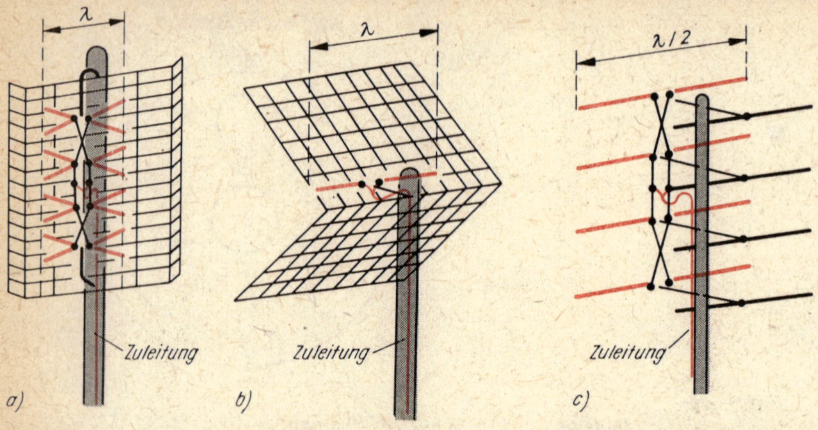

Verschiedene *Querstrahler:*
a) Gitterwandantenne (UHF),
b) Winkelreflektorantenne (UHF),
c) Antennenspalte (vorrangig VHF, Bereich III)

chen Gelände oder bei großer Antennenhöhe der Fall. Zu den Q. gehören die *Gitterwand-* oder *Flächenantenne* (Abb. a), die *Winkelreflektorenantenne* (Abb. b) und ggf. *Gruppenantennen* (Abb. c). Außer bei Gruppenantennen werden Q. wegen ihrer nur geringen Vorteile gegenüber → Längsstrahlern heute nur noch vereinzelt verwendet. Abb.

R

Radialkonvergenzeinheit: → Konvergenzeinstellung
Radio, Radioapparat: → Rundfunkempfänger 2.
Radiorecorder: kompakte tragbare Kombination aus

Moderner Stereo-*Radiorecorder* mit Digitaluhr

Rundfunkempfänger und Kassettenrecorder mit eingebauten Gehäuseantennen und Lautsprechern. R. werden mono- und stereotüchtig – auch als HiFi-Geräte – hergestellt. Sie gestatten i. allg. Netz- und Batteriebetrieb, jedoch kann der Batterieverbrauch bei leistungsstarken Stereogeräten, besonders bei Kassettenbetrieb, z. T. erheblich sein. Wegen des relativ geringen Lautsprecherabstands bei Stereogeräten wird häufig eine sogenannte Wide-Schaltung (→ Basisbreitensteuerung) eingebaut, oder die Lautsprecher können abgenommen und in größerem Abstand aufgestellt werden (s. Abb. → Portable). Meist sind bei einem R. zusätzliche NF-Eingänge, z. B. für Mikrofone oder zum Umzeichnen von Schallplatte oder Tonband vorgesehen und Ausgänge für Zusatzlautsprecher und Kopfhörer. Viele R. erreichen einen Schaltungskomfort wie stationäre Empfänger und Kassettengeräte, lassen sich i. allg. aber bequemer als diese bedienen. Besonders handlich für die Reise sind Mini-R. oder kleinere Mono-Ausführungen. → Portable, → „Walkman" (Abb.)

Hinweis: Eingebaute Mikrofone eignen sich vorrangig für Sprachaufnahmen. R. mit einer Ausgangsleistung ab ca. 4 W je Kanal befriedigen auch mittlere und hohe Qualitätsansprüche in Wohnräumen, besonders, wenn sie mit hochwertigen Zusatzlautsprechern betrieben werden und ein → Rauschminderungssystem eingebaut ist.

Radio-TV-Recorder: Mono- oder Stereo-Radiorecorder mit eingebautem Klein-Fernsehempfänger (z. B. Bildschirmdiagonale 14 cm). I. allg. besteht auch die Möglichkeit, den Fernsehton aufzuzeichnen. Abb.

RAM, Abk. für engl. **R**andom **A**ccess **M**emory (svw. Schreib-Lese-Speicher): digitaler → Halbleiterspeicher, der beliebig oft das Einschreiben, Löschen und auch die Entnahme einer Information ermöglicht. Nach dem Lesen bleibt die Information im Speicher erhalten. Jeder Speicherplatz (eine oder mehrere Speicherzellen) kann über seine Adresse (z. B. in → Synthesizer-Tunern) aufgerufen werden. Deshalb nennt man RAM auch Speicher mit wahlfreiem Zugriff. Die meisten RAM verlieren ihre Information nach Abschalten der Versorgungsspannung (flüchtiger Speicher). RAM werden in → Mikrorechnern, bei digitalen Gerätesteuerungen sowie zur Datenspeicherung bei der Übertragung und Bearbeitung von digitalen Signalen als Zwischen- und Wiederholspeicher usw. benötigt.

Stereoradiorecorder mit eingebautem Fernsehempfänger *(Radio-TV-Recorder)*

Range Extender: → Brennweitenverlängerer

Rasen: → Trennspur

Raster: allgemein Kennzeichnung für eine unveränderliche bzw. festgelegte Anordnung gleicher Objekte, z. B. geometrisch: → Lochmaskenröhre (Anordnung der Löcher auf der Maske), Lichttechnik (gitter- oder wabenförmige Schirme vor Leuchtstofflampen); zeitlich: Impulstechnik (Einordnung verschiedener Impulssignale in einen Zeitrahmen, → Zeitmulitplex); frequenzmäßig: Übertragungstechnik (Frequenzlage einzelner Kanäle, → Frequenzmultiplex) usw. In der Fernseh- und Videotechnik wird R. begrifflich für die Unterteilung des Fernsehbilds in → Zeilen, die im gleichen Abstand über das Bild verteilt sind und deren Abbildung sich in zeitlich gleicher Folge wiederholt, benutzt. Dabei kann ein Bild aus mehreren R. (z. B. Halbbildern) bestehen. Umgangssprachlich steht in diesem Zusammenhang R. auch für das Abtastschema oder die Struktur eines Fernsehbilds. Abb. → Zeilensprungverfahren

Rasterkorrektur: Summe der Maßnahmen zur Beseitigung von → Rasterverzeichnungen. Konkrete Formen der R. sind die → Kissenentzerrung (→ Ost-West-Korrektur, → Nord-Süd-Korrektur), die schaltungstechnischen Maßnahmen zur Beseitigung von → Tonnenverzeichnungen, → Trapezfehlern, Tangensfehlern, die Einstellung der → Farbreinheit und → Konvergenz. Je nach Fehler und Bildröhrentyp werden die die → Ablenkung bewirkenden Magnetfelder statisch oder dynamisch so beeinflußt, daß sich die jeweiligen Rasterverzeichnungen auf ein kaum wahrnehmbares Maß reduzieren.

Rasterverzeichnung: auch Rasterverzerrung: Gesamtheit der nichtlinearen, fehlerhaften Abweichungen vom → Raster eines Fernsehbilds. Typische R. im Fernsehen sind: → Tonnenverzeichnung, → Trapezfehler, → Kissenverzeichnung, → Konvergenzfehler. R. sind teilweise objektiv durch den Aufbau der Bildröhren und die in Abhängigkeit der momentanen Ablenkung des Elektronenstrahls unterschiedlichen Kraftwirkungen der ablenkenden Magnetfelder bedingt. Diese Art von R. wird durch eine entsprechende → Rasterkorrektur weitestgehend beseitigt. R. können aber auch durch eine fehlerhafte Kurvenform der Ablenkströme, durch Fremdfelder u. ä. verursacht werden. Hier muß zur Behebung der R. die Ursache beseitigt werden.

Ratio-Mitte-Anzeige: → Abstimmanzeige

Rauhigkeit: Maß für die Körnigkeit der Schichtoberfläche von Magnetbändern. Bei allen Bändern wird geringe R. angestrebt, um einen möglichst innigen Band-Kopf-Kontakt zu erreichen und den → Kopfabschliff klein zu halten. Die R. wird von der Feinheit des verwendeten Magnetits bestimmt und kann durch Walzen zwecks Glättens und Verdichtens der Schicht noch verringert werden. Bei Tonbändern vermindert sich mit sinkender R. auch das → Bandrauschen. Die R. von Videobändern muß besonders klein sein, damit möglichst wenige → Dropouts auftreten (→ Videoband).

Raumakustik: Untergebiet der Akustik, das die Erzielung guter Hör- und Aufnahmeverhältnisse mit Hilfe baulicher Maßnahmen in Räumen untersucht und beschreibt. → Mikrofonaufnahme, → Lautsprecherwiedergabe, → Schallreflexion, → Nachhall

raumbezogene Stereofonie, raumbezügliche Stereofonie: Stereofonieverfahren, bei dem die Schallwiedergabe über 2 oder mehr Lautsprecherboxen erfolgt. Dabei wird versucht, das originale Schallereignis möglichst naturgetreu im Wiedergaberaum des Zuhörers zu reproduzieren. Die r. S. ist nicht an 2 Kanäle gebunden; auch → Quadrofonie zählt dazu. Je mehr Kanäle man benutzt und je stärker man die raumakustischen Einflüsse bei der Wiedergabe zurückdrängen kann, um so besser gelingt die Abbildung des Originalschallfelds. Normalerweise beschränkt man sich auf 2 Kanäle *(Zweikanalstereofonie),* da erkannt wurde, daß eine Steigerung der Kanalzahl und damit des Kostenaufwands in keinem günstigen Verhältnis zum erzielbaren Qualitätszuwachs steht. Das Erkennen der Schallquellen bei der r. S. entsteht durch → Summenlokalisation, vorwiegend im Bereich der → Stereobasis. Ob vorwiegend Laufzeit- oder Intensitätsunterschiede zur Richtungserkennung beitragen, entscheidet ausschließlich das benutzte Aufnahmeverfahren, nicht die Wiedergabeanordnung. R. S. ist weitestgehend unabhängig von der Sitzposition und der Blickrichtung des Zuhörers im Wiedergaberaum. Bei der Kopfhörerwiedergabe von r. S. entsteht das Klangbild vorwiegend innerhalb des Kopfs (Im-Kopf-Lokalisation). → Laufzeitstereofonie, → Intensitätsstereofonie, → Stereo-Lautsprecheraufstellung

Raumbildfernsehen: → Stereofernsehen

Raumeindruck: Hörempfindung über das Zusam-

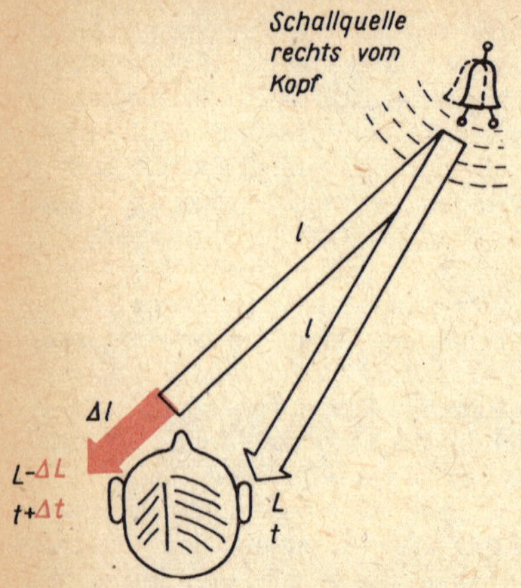

Räumliches Hören: Laufzeitunterschiede (Δt) und Schallpegeldifferenzen (ΔL) zwischen beiden Ohren sind die Basis des Richtungshörens in der horizontalen Ebene

menwirken von Schallquellen (z. B. Orchesterklangkörpern) mit ihrer räumlichen Umgebung. Der R. schafft beim Zuhörer eine Beziehung zwischen Größe des Raums und Ausdehnung der Schallquelle. Bei der Einschätzung des R. spielen die raumakustischen Verhältnisse im Zusammenhang mit der musikalischen Stilrichtung eine Rolle, durch die beim Zuhörer eine bestimmte Erwartungshaltung in bezug auf das Hörerlebnis entsteht. → Ambienz, → Schallreflexion, → Nachhall

räumliches Hören: Vermögen des → Gehörs, eine Schallquelle nach ihrer Lage im Raum zu erkennen. Beim r. H. muß nach *Richtungshören* in der horizontalen und vertikalen Ebene und nach *Entfernungshören* unterschieden werden. Das r. H. in der horizontalen Ebene ist auf Grund der paarigen Gehöranordnung möglich und wird in Auswertung der zwischen beiden Ohren auftretenden Laufzeit- und Lautstärkeunterschiede (Intensitätsunterschiede) des Schalls im Gehirn gebildet. Bei tiefen Frequenzen bis etwa 800 Hz sind es vorwiegend die Laufzeitunterschiede, die zur Richtungswahrnehmung beitragen, bei mittleren und hohen Frequenzen ab etwa 200 Hz die Lautstärkeunterschiede. In der vertikalen Ebene ist der Schall an beiden Ohren gleich, eine Erkennung der Richtung ist aber auf Grund von Klangfarbenunterschieden möglich, die ihre Ursache in der Form von Kopf und Ohrmuscheln haben. Die Ortungsmöglichkeit ist nach vorn und hinten am stärksten ausgeprägt, weniger nach oben, kaum nach unten. Die Entfernungswahrnehmung ist auch mit nur einem intakten Ohr möglich. Sie beruht auf unterschiedlicher Klangfärbung und Lautstärke von in der Nähe und entfernt erzeugtem Schall: Nahe Schallquellen klingen lauter und dunkler als weiter entfernte. Allerdings wird die Entfernungswahrnehmung bedeutend von dem Umstand unterstützt, daß die Schallquelle gleichzeitig auch gesehen wird. Die Lokalisationsschärfe ist in der Nähe am ausgeprägtesten; sie wird ab ca. 15 m sehr ungenau. Die Entstehung der Richtungsempfindung im Gehirn ist noch nicht völlig erforscht. Man vermutet einen unbewußten Vergleich mit erlernten, auf die Entfernung bezogenen Klangmustern, die im Gehirn gespeichert sind. Die einzelnen Komponenten des r. H. sind bei den verschiedenen Übertragungsverfahren unterschiedlich ausgeprägt (→ Monofonie, → Stereofonie, → Quadrofonie, → Pseudoquadrofonie, → Stereo-Ambiofonie). Abb.

Raumlichtautomatik: Schaltung in Fernsehempfängern, die die → Grundhelligkeit und den → Kontrast (einschließlich Farbkontrast) eines Fernsehbilds optimal an die jeweilige Raumhelligkeit anpaßt. Dementsprechend ist zwischen automatischer Helligkeitseinstellung (Automatic Brightness Control, Abk. ABC) und automatischer Helligkeits-, Kontrast- und Farbeinstellung (Automatic Brightness Contrast and Color Control, Abk. ABCC) zu unterscheiden.

Hinweis: Obwohl eine R. grundsätzliche Vorteile für den Fernsehempfang (z. B. zu unterschiedlichen Tageszeiten) bringt, schränkt sie aber Möglichkeiten zur individuellen Fernsehbildeinstellung (z. B. günstig bei Filmwiedergabe) ein. Sie sollte aus diesem Grund unbedingt abschaltbar sein.

Raumresonanzen: störende Lautstärkekonzentrationen und Abschwächungszonen in einem Raum, wenn bestimmte Frequenzanteile des sich ausbreitenden Schalls mit den Eigenfrequenzen des Raums zusammenfallen. R. entstehen auf Grund *stehender Schallwellen,* die sich zwischen 2 parallelen Wänden bei bestimmten Wellenlängen ausbilden können. Die Schallwelle läuft nach ihrer Reflexion an der Wand in sich selbst zurück und breitet sich nicht weiter aus. Es entstehen Wellenbäuche und -knoten, die an bestimmten Stellen des Raums stillstehen. Die *Eigenfrequenzen* des Raums sind von den Abständen der Raumwände abhängig. Sie liegen bei tiefen Frequenzen weit auseinander, bei hohen so dicht, daß sie nicht mehr stören. Die Lautstärkekonzentrationen bzw. -abschwächungen treten im Raum abwechselnd im Abstand einer Viertel Wellenlänge des anregenden Tons in Erscheinung.

Hinweis: Besonders die kleinen Räume sind bei Tonaufnahmen kritisch, weil deren tiefste Eigenfrequenz relativ hoch liegt. Bei Sprachaufnahmen ergibt sich eine dröhnende Überbetonung tieferer Frequenzanteile, die sich bei Kopfbewegungen des Sprechers bereits verändern kann. Räume für hochwertige Tonaufnahmen sollten darum nicht kleiner als etwa 200 m³ sein. Ihre Abmessungen Länge, Breite und Höhe sollten sich etwas voneinander unterscheiden. Eine wenigstens teilweise Auskleidung mit schallabsorbierenden Materialien (Vorhänge, Teppiche, Wandbehänge, Polstermöbel) vermindert die R. entscheidend.

Raumton, *Raumklang, 3D-Ton:* scheinbar räumliche Klangwirkung bei der Wiedergabe monofoner Schallereignisse (→ Monofonie). R. war besonders in den 50er Jahren beliebt. Mit Hilfe mehrerer, z. T. auch in verschiedenen Frequenzbereichen nach al-

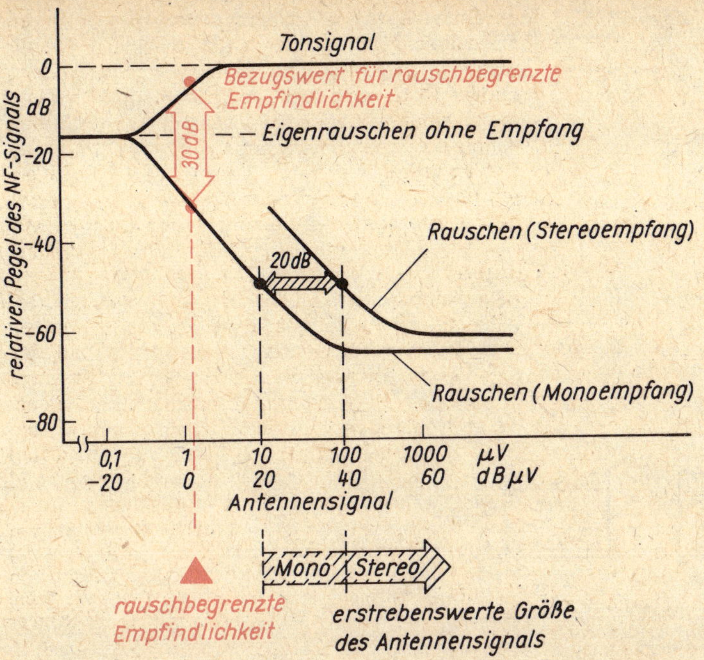

Rauschbegrenzte Empfindlichkeit: Nutzsignal und Rauschen in einem Rundfunkempfänger bei unterschiedlicher HF-Antennenspannung

len Seiten abstrahlender Lautsprecher wurde versucht, ein diffuses Schallfeld im Wiedergaberaum unter Ausnutzung der → Schallreflexion zu erzeugen. Es wurden Musiktruhen gebaut, bei denen man einen Schallanteil über eine ca. 16 m lange Röhre, aufgewunden an der Geräterückwand, schickte, ihn damit um ca. 50 ms verzögerte, um eine hallähnliche Wirkung zu erreichen. R. wird heute abgelehnt, da mit diesem Verfahren kein definiertes, auf den Ursprungsraum bezogenes räumliches Schallfeld zu erzielen ist. Bei modernen Fernsehempfängern mit → Quasiparalleltonverfahren (auch bei Stereotonwiedergabe) wird eine neuartige „R.-Schaltung" hauptsächlich dazu verwendet, bei Musikwiedergabe mit Hilfe mehrerer Lautsprecher einen insgesamt günstigeren Amplitudenfrequenzgang zu erzielen; gleichzeitig wird eine punktförmige Schallabstrahlung bei monofon übertragenen Musiksignalen vermieden.

Raumwelle: → Wellenausbreitung

rauschbegrenzte Empfindlichkeit: kleinster Wert des HF-Signals am Antenneneingang, bei dem ein Rundfunkempfänger ein Ausgangssignal mit festgelegtem Störabstand abgibt. Dazu wird nach TGL bei AM-Empfängern (Kurz-, Mittel- und Langwelle) ein Verhältnis zwischen Nutzsignal und Rauschen von 10 : 1 (20 dB) und bei FM-Empfängern (Ultrakurzwelle) von ca. 30 : 1 (30 dB) zugrunde gelegt. DIN sieht bei FM-Empfängern 20 : 1 (26 dB) vor. Die r. E. berücksichtigt das im Empfänger entstehende Eigenrauschen und macht verschiedene Typen insofern miteinander vergleichbar, wie sie weiter entfernte oder schwache Sender ohne störendes Rauschen empfangen können. Bestwerte der r. E. liegen bei FM-Empfängern unter 0,5 µV, bei AM-Empfängern um 30 µV, erfordern aber wegen der notwendigen hohen → Trennschärfe und → Intermodulationsfestigkeit einen hohen schaltungstechnischen Aufwand. Abb.

Hinweis: Bei verschiedenen UKW-Empfängern ist die r. E. in µV oder dBµV (→ Pegelmaß) angegeben und nur dann unmittelbar vergleichbar, wenn sie auf den gleichen Eingangswiderstand der Antennenbuchse bezogen ist. An einem 75-Ω-Koaxial-Eingang führt gegenüber einem symmetrischen 300-Ω-Eingang die halbe Antennenspannung zum gleichen Empfangsergebnis. So ist z. B. die Angabe „1 µV an 75 Ω" gleichwertig mit der Angabe „2 µV an 300 Ω". Angaben in pW oder dBpW sind dagegen in jedem Fall miteinander vergleichbar. Weil für genußvolles Hören ein Störabstand von 26 bzw. 30 dB noch zu niedrig ist, muß für unverrauschten Empfang die Antennenspannung immer größer sein als die r. E. Das gilt ganz besonders für Stereoempfang, der gegenüber Mono bei gleichem Störabstand eine etwa 10fach höhere Antennenspannung erfordert.

Rauschen: Störsignal mit sehr breitem, diskontinuierlichem Frequenzspektrum. Im *breitbandigen (weißen) R.* sind alle Frequenzen zwischen 0 Hz bis etwa 1 GHz gleichstark enthalten, schwanken aber nach einer Zufallsfunktion um einen Mittelwert. R. entsteht im wesentlichen durch ungleichmäßige Bewegung freier Elektronen in allen elektronischen Bauelementen, besonders in Transistoren, oder wegen ungleichmäßiger Magnetisierung und Größe der Magnetteilchen in Magnetbändern. Es wirkt sich

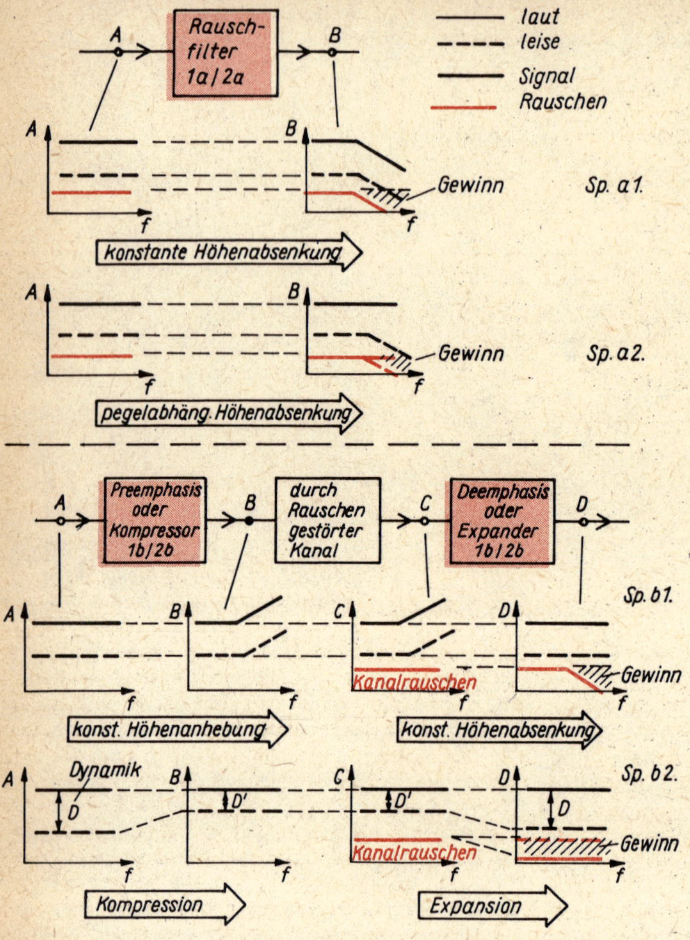

Wirkungsweise von *Rauschminderungsverfahren* auf das Signal und das Rauschen:
1a Rauschfilter, Höheneinsteller,
2a dynamisches Rauschfilter,
1b Preemphasis-Deemphasis, Magnettonentzerrung, Schallplatten-Entzerrung nach Schneidcharakteristik,
2b Kompandersysteme

besonders an den Stellen im Übertragungskanal aus, an denen die Nutzsignale noch sehr klein sind, also in Vorverstärkern für Ton- und Bildsignale. Das R. äußert sich bei der Tonwiedergabe als zischendes Störgeräusch, besonders an leisen Stellen oder in Pausen. Bei der Bildübertragung tritt R. als ungleichmäßig flimmerndes Flecken- oder Punktraster („Schneegestöber") in Erscheinung. → Rauschminderungsverfahren, → Bandrauschen, → Störabstand, → Bildrauschen, → rauschbegrenzte Empfindlichkeit

Rauschfilter, Nadelfilter, Hi-Filter (von engl. High-Filter, Höhenfilter), auch Scratchfilter: → Filter mit Tiefpaßverhalten mit einer z. T. umschaltbaren Grenzfrequenz von etwa 6...12 kHz. Das R. dient zur Verminderung des Nadelrauschens beim Abspielen älterer Schallplatten.

Hinweis: Bei modernen PVC-Schallplatten sind R. nicht erforderlich, sogar schädlich, weil sie die Obertöne des Nutzsignals ebenfalls unterdrücken.

Rauschminderungsverfahren, Rauschunterdrückung: elektronisches Verfahren, um eine Verschlechterung des → Störabstands bei Tonsignalspeicherung oder -übertragung zu verhindern oder um störendes Rauschen nachträglich zu verringern. Ein günstiger Störabstand bedeutet, daß das Störsignal (vorwiegend Rauschen) möglichst klein, das Nutzsignal dagegen möglichst groß ist. Die Grenze ergibt sich durch das physikalisch bedingte Mindestrauschen in einem Kanal (Elektronenbewegung, Bandrauschen u.a.). Auch das Nutzsignal kann nicht beliebig groß gemacht werden, weil es sonst zu Übersteuerungen mit Klangverzerrungen und erhöhtem → Übersprechen kommt. Einen mehr oder weniger befriedigenden Ausweg bilden die R., die in 4 Gruppen eingeteilt werden können (Tab.). Ein gutes R. soll bei fehlendem Tonsignal am wirksamsten sein, bei Vollaussteuerung unwirksam. Es soll das Originalsignal möglichst wenig verfälschen. Diese Forderungen erfüllen die R. nach 1.a (s. Tab.) am schlechtesten, nach 2.b am besten. Während sich die *offenen Systeme* nach 1.a und 2.a bei belie-

Rauschminderungsverfahren

	a Nur wiedergabeseitig wirkend (offene Systeme)	b Am Kanalein- und -ausgang wirkend (Komplementärsysteme)
1. vom Signal unabhängige Wirkung	Rauschfilter Höheneinsteller Klangblende	Preemphasis-Deemphasis Magnettonentzerrung Entzerrung von Schallplatten nach → Schneidcharakteristik
2. vom Signal abhängige Wirkung	dynamisches Rauschfilter	Kompander
Charakteristik	Klangverfärbungen in den höheren Frequenzlagen	geringe oder keine Klangverfärbungen

bigen, bereits verrauschten Tonsignalen anwenden lassen (Abb. a), verhindern die *Komplementärsysteme* nach 1.b und 2.b, daß ein relativ unverrauschtes Tonsignal in einem Kanal eine Verschlechterung des Störabstands erfährt. Dazu wird das Tonsignal am Kanaleingang in einer bestimmten Weise verändert, am Kanalausgang durch eine gegenläufige (komplementäre) Beeinflussung wieder in die ursprüngliche Form rückgewandelt (Abb. b). Eine Sonderstellung unter den R. nehmen Schaltungen ein, bei denen die Eigenschaften des Kanals durch das Tonsignal selbst so optimiert werden, daß eine den Umständen nach möglichst geringe Rauschbeeinfussung entsteht. Solche Verfahren wirken i. allg. vom *Kanaleingang* her (→ Dolby HX, → ATRS, → Video-Rauschunterdrückung). Tab., Abb.

Hinweis: Hochwertige R. erlangen besondere Bedeutung, wenn bei langsamlaufenden Tonbandgeräten (Kassette) HiFi-Qualität erzielt werden soll. Sie sind besonders nützlich bei der Aufzeichnung von Musik mit großer Dynamik.

Rauschunterdrückung: → Rauschminderungsverfahren, → Muting-Schaltung, → Kompander

Rebroadcasting: Zuführung von Hör- und Fernsehrundfunkprogrammen über → Satellitenfunk zu Kopfstationen in Kabelfernsehanlagen. → Fernsehsatellit, → Kabelfernsehen

Receiver: engl. für Empfänger. → Rundfunkempfänger, → Fernsehempfänger, → Farbfernsehempfänger

Record: → Schallplatte

Record Changer: → Schallplatten-Wechselautomat

Record Player: → Schallplatten-Abspielgerät

Record Selector: → Tape-to-Tape-Schaltung

Referenzband: → Vergleichsband, → Bezugsband

Referenzoszillator, auch Vergleichsoszillator: Schwingungserzeuger (Oszillator, Generator) mit einer festen Phasenbeziehung zu einem anderen Oszillator. Diese feste Phasenbeziehung wird durch ein spezielles Synchronsignal über eine Phasenvergleichsschaltung eingestellt und aufrechterhalten. R. werden generell in Nachrichtenübertragungssystemen eingesetzt, die Modulationsverfahren mit unterdrücktem Träger anwenden, aber auch auf anderen Gebieten. → Burst, → Quadraturmodulation, → Synchrondemodulator, → PAL-Farbfernsehverfahren, → NTSC-Farbfernsehverfahren

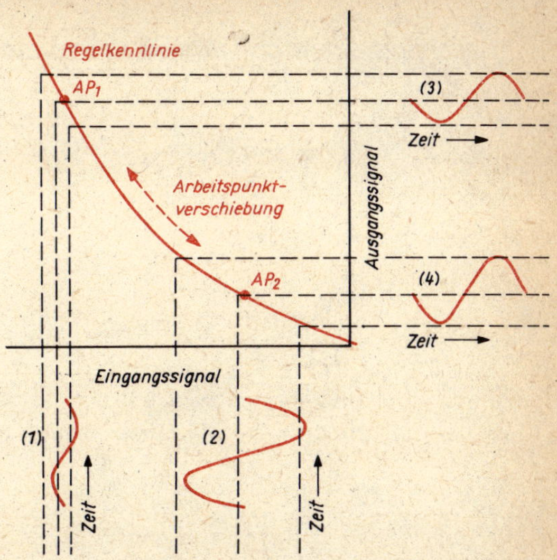

Prinzip der Regelung bei einem *Regelverstärker* (Kompression). Große Eingangssignale (2) führen gegenüber kleineren (1) nur zu einem geringfügigen Anstieg des Ausgangssignals (3), (4)

Reflektor: → Mehrelementantenne

Reflexion: → Empfangsantenne, → Schallreflexion, → Wellenausbreitung, → Antennenanpassung, → Antennenrotor

Regelnetzteil: → Netzteil

Regelspur: → Kontrollspur

Regelverstärker: elektronische Baugruppe, bei der sich die Verstärkung mit der Signalgröße ändert. Das wird erreicht, indem ein Teil des Ausgangssignals nach Gleichrichtung dazu benutzt wird, den → Arbeitspunkt auf der gekrümmten Kennlinie eines speziellen Bauelements *(Regelkennlinie)* zu verschieben (Abb.). R. bewirken immer eine Veränderung der → Dynamik des Signals. Wird die Verstärkung des R. bei kleiner werdendem Eingangssignal größer, so heißt er auch *Kompressor*, sinkt sie dagegen ab, so spricht man von einem *Expander.* Bleibt die Ausgangsspannung oberhalb einer bestimmten Eingangsspannung konstant, so handelt es sich um einen *Begrenzerverstärker.* Bei allen R. ist der zeitliche Ablauf, wie schnell die Verstärkungsänderungen dem Eingangssignal folgen, von großer Bedeutung. Während sich die Verstärkung

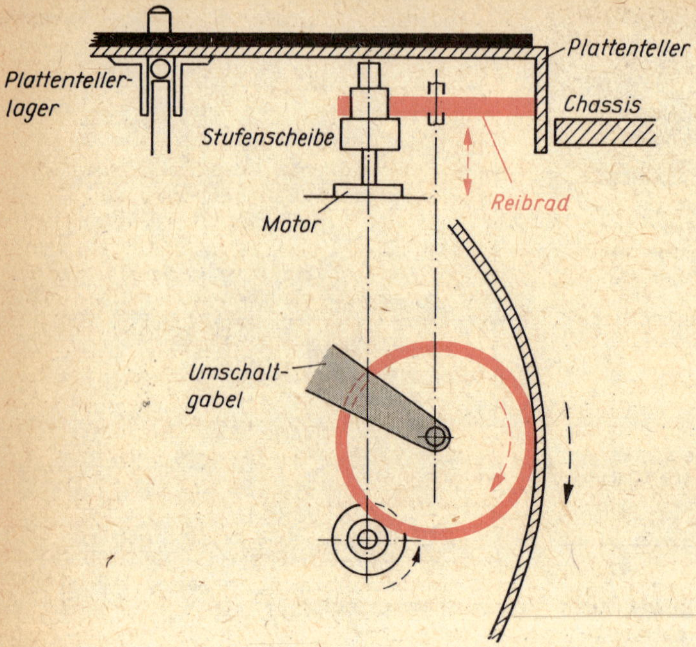

Prinzip des *Reibradantriebs*; eingeschaltet ist die mittlere von 3 möglichen Drehzahlen

bei wachsendem Eingangssignal schnell mitändern muß (*Einregel-* oder *Einschwingzeit*), sollen bei sinkendem Eingangssignal die Verstärkungsänderungen i. allg. langsamer verlaufen (*Ausregel-, Abkling-* oder *Wiederkehrzeit*). Das ist erforderlich, damit die Regelvorgänge unbemerkt bleiben. Auch in Antennenanlagen werden mitunter R. eingesetzt, die ab einer bestimmten eingangsseitigen Mindestsignalspannung eine konstante Signalspannung am Ausgang abgeben, wenn sich die Feldstärke an der Antenne ändert (Begrenzerverhalten). Abb.

Regenerierung: i. w. S. Wiederherstellung eines Grund- oder Urzustands; i. e. S. in der Nachrichtentechnik – Wiederherstellung der durch den Einfluß der Übertragungsmedien veränderten Signalparameter (Pegel, Amplituden-, Phasenfrequenzgang, Kurvenform usw.) entsprechend der für das jeweilige Signal gültigen Normwerte. Für die Signal-R. werden spezielle Verstärker eingesetzt, z. B. in der Übertragungstechnik → Leitungsentzerrer, → Videokabelentzerrer.

Regiepult: → Bildschnitt, → Bildmischer, → Tonmischpult

Reibradantrieb, *Friktionsantrieb:* vorwiegend für Plattenspielerlaufwerke verwendetes Antriebsprinzip, bei dem die Kraftübertragung vom Antriebsmotor zum Plattenteller über ein Gummizwischenrad *(Reibrad)* erfolgt. Dieses Rad paßt die schnelle Motordrehzahl der langsamen Plattentellerdrehzahl an und wirkt außerdem dämpfend, so daß die Motorvibrationen weniger stark auf den Plattenteller gelangen. Der R. erlaubt durch Umschwenken des Reibrads auf unterschiedliche Durchmesser der Motorantriebswelle (Stufenscheibe) eine einfache mechanische Drehzahlumschaltung, er neigt aber zu stärkerem → Rumpeln, zu → Schlupf und erhöhten → Gleichlaufschwankungen. Es werden i. allg. Wechselstrom-Asynchronmotoren verwendet, so daß die Drehzahl auch von der Netzfrequenz abhängig ist. Der R. ist veraltet und wird nur noch bei ganz einfachen Plattenspielern verwendet. Auch bei Spulentonbandgeräten wird er z. T. zur Geschwindigkeitsumschaltung eingesetzt. Abb.

Reineisenband, *Metallpulverband, Metallband,* Metallpigmentband: hochwertiges Magnetband mit einer sehr dünnen magnetisierbaren Schicht aus kleinsten, nadelförmigen Reineisenpartikeln (ca. 0,4 µm lang). Die Bandoberfläche wird durch eine extrem dünne Schutzschicht vor Oxidation geschützt. Das R. ermöglicht auch bei sehr geringen Bandgeschwindigkeiten einen großen Übertragungsbereich und einen günstigen Störabstand, so daß sogar bei Mikrokassetten-Recordern HiFi-Qualität erreicht werden kann. Außerdem entstehen geringere Klangverzerrungen. Die Magnettonentzerrung entspricht der von Chromdioxidband ($\tau = 70\,\mu s$). Das R. erfordert gegenüber Chromdioxidband allerdings einen 1,5...2fach höheren Lösch- und Vormagnetisierungsstrom. Weil das R. auch wesentlich höher ausgesteuert werden kann, sind spezielle Tonköpfe erforderlich, z. B. → Sendust-Magnetköpfe, da die Kerne herkömmlicher Tonköpfe bereits in die magnetische Sättigung gelangen würden. Eine Wiedergabe bereits bespielter

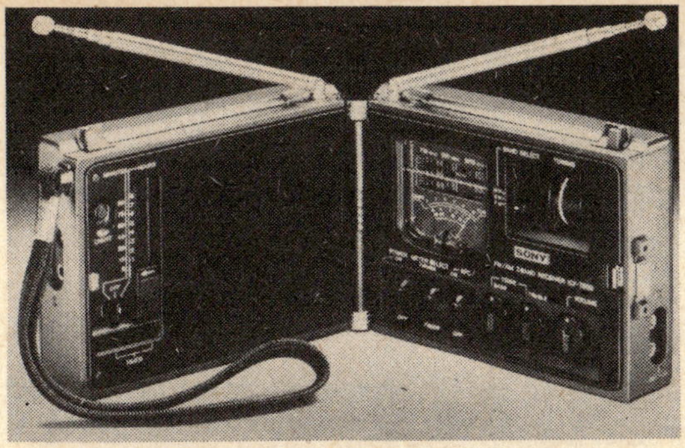

Origineller aufklappbarer *Reiseempfänger* (1)

Reiseempfänger (2): „Kofferempfänger" in des Wortes reinster Bedeutung: OWIN K 36 von 1936

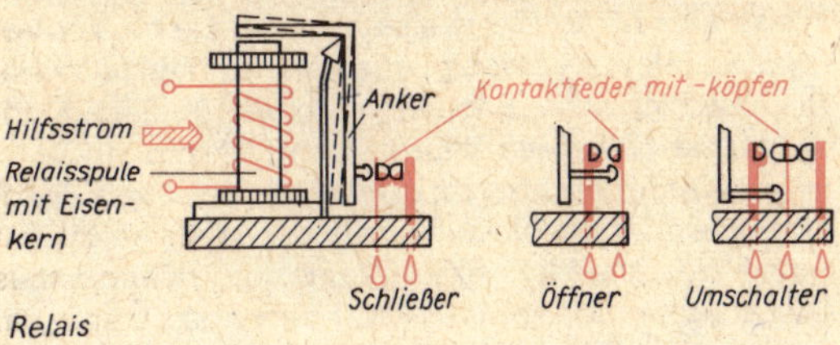

Relais

R. ist aber auch auf einem normalen Recorder in der Stellung CrO_2 möglich. Bei Kompaktkassetten rechtfertigt der mit R. erzielbare Qualitätsgewinn gegenüber Chromdioxidkassetten kaum seinen deutlich höheren Preis.

Reinigungsarm: → Schallplattenpflege

Reinigungsband (engl. (Head) Cleaning Tape): zur problemlosen Beseitigung von Ablagerungen (Abrieb und Staub) an Magnetköpfen und Bandführungen verwendbares Spezialband in einer Kassette *(Reinigungskassette)* oder auf Spule. Das R. hat durch seine harte Kornstruktur schleifende Wirkung. Die Anwendung erfolgt stets in der Betriebsart Wiedergabe mit *einmaligem* Durchlauf, bei Audiogeräten nach etwa 50...100 Betriebsstunden oder bei Bedarf, bei Videogeräten nach Angaben des Herstellers. R. sind etwa 10...20 mal verwendbar.

Hinweis: Da R. die Lebensdauer der Magnetköpfe z. T. erheblich verringern, sollten sie nicht unnötig häufig angewendet werden.

Reinigungskassette: → Reinigungsband

Reiseempfänger: Rundfunkempfänger, der leicht zu befördern ist und dabei aus Batterien betrieben werden kann. Der R. kann zusätzlich ein Netzteil enthalten. Man unterscheidet zwischen *Kofferempfänger* mit Tragevorrichtung (engl. *Portables Receiver,* tragbarer Empfänger) und *Taschenempfänger* (engl. *Pocket Receiver)* als besonders kleines, in der Tasche zu beförderndes Gerät. Abb.

Relais: elektrische Schalteinrichtung, die durch einen Hilfsstrom betätigt wird und einen oder mehrere Stromkreise mit Hilfe von Kontakten ein- (Schließer), um- (Wechsler) oder ausschalten (Öffner) kann. Abb.

Relaisstation: Zwischenstelle einer terrestrischen (erdnahen) oder kosmischen Richtfunkverbindung. Entsprechend ihrer Aufgabenstellung verfügen R. über Richtfunkempfangs- und -sendeanlagen. → Richtfunk, → Satellitenfunk, → Bodenstation

Reportagekamera: kleine, leichte, kompakt aufgebaute, mit vielen Automatiken ausgestattete und netzunabhängige Fernsehkamera, die für die elektronische Berichterstattung und für die elektronische Außenproduktion bestimmt ist. Abb. S. 456

Resistron: → Vidikon

Resonanzfrequenz: → Schwingkreis

Restseitenbandübertragung (engl. Vestigal Sideband Transmission): Übertragungsverfahren für amplitudenmodulierte Nachrichtensignale. Bei der R. wird durch ein → Filter mit genau festgelegter Übertragungscharakteristik ein Teil des unteren oder oberen Seitenbands des amplitudenmodulierten Signals unterdrückt. Die Methode der R. bietet sich an, da beide bei der Amplitudenmodulation entstehenden Seitenbänder die gleiche Information beinhalten. Die teilweise Unterdrückung eines Seitenbands ist demzufolge informationstechnisch vertretbar. Sie bringt den Vorteil, daß die erforderliche Bandbreite im Nachrichtenübertragungskanal wesentlich verringert werden kann. Wieviel von dem festgelegten Seitenband unterdrückt werden kann, hängt wesentlich von der Art des zu übertragenden Nachrichtensignals und der Güte der verfügbaren Restseitenbandfilter ab. Die Anwendung der R. bedingt den Einsatz entsprechend aufgebauter Nachrichtensignalempfänger. Ein wichtiges Anwendungsgebiet der R. ist die Übertragung des hochfrequenten Fernsehsignals im Fernsehrundfunk. → Fernsehnorm, → Nyquistflanke, → Fernsehsignal, → Modulation, → Einseitenbandverfahren

Reversing Switch, Revers (engl., Wendeschalter): Bedienelement, bei dessen Betätigung bei einem Stereo-Kassettenrecorder eine Seitenvertauschung der Lautsprechersignale erfolgt. Das ist erforder-

Reportagekamera

lich, um bei der Wiedergabe von Aufzeichnungen, die über die eingebauten Stereomikrofone gewonnen wurden, die richtige Seitenzuordnung herzustellen.

Review: Betriebsart bei einem dafür eingerichteten Audiokassetten- oder Videorecorder, die im informativen Mithören der Tonaufzeichnung oder in einer beschleunigten, aber erkennbaren Bildwiedergabe ohne Ton beim schnellen Rückspulen besteht. Dazu muß i. allg. die Wiedergabetaste und zusätzlich die Taste für schnellen Rücklauf gedrückt werden, die dann nicht einrastet. Wird sie wieder losgelassen, so läuft der Recorder in Wiedergabe sofort weiter. R. dient, wie auch die Betriebsart → Cue, zum schnellen Auffinden bestimmter Bandstellen, vorrangig zur Wiederholung eines Teils der Bandaufzeichnung.

RGB-Kamera: Farbkamera, die 3 Farbwertsignale (E_R, E_G und E_B) mit Hilfe einer Bildaufnahmeröhre (→ Einröhrenkamera) oder mit Hilfe von 3 Bildaufnahmeröhren (→ Dreiröhrenkamera) bzw. → Festkörperbildsensoren erzeugt. → Farbkamera

RGW-Standard, Abk. **ST-RGW:** von der Ständigen Kommission für Standardisierung (SKS) des *Rates für Gegenseitige Wirtschaftshilfe (RGW)* bestätigter internationaler → Standard. Der R. wird von allen RGW-Mitgliedsländern, wenn sie zugestimmt haben, im eigenen Land und in den Beziehungen dieser Länder untereinander verbindlich angewendet. R. werden ohne zusätzlichen Beschluß in das nationale Standardwerk übernommen. Vorstufe eines R. sind internationale Empfehlungen zur → Standardisierung, die vom RGW herausgegeben werden.

RIAA, Abk. für engl. **R**ecording **I**ndustrie **A**ssociation of **A**merica: Vereinigung der Schallplattenindustrie der USA.

Hinweis: Die nach RIAA festgelegten Werte für die → Magnettonentzerrung unterscheiden sich nicht von den gebräuchlichen Entzerrungen nach TGL und DIN. Die → Schneidcharakteristik für Schallplatten nach RIAA weicht oberhalb der Frequenz von 1 kHz gegenüber der in der DDR, BRD und vielen anderen Ländern gebräuchlichen Charakteristik nach IEC-Empfehlung 98 geringfügig ab. Bei der Wiedergabe von Schallplatten nach RIAA-Schneidcharakteristik kann mit dem Höheneinsteller korrigiert werden.

Richtcharakteristik: Kennzeichnung für die Eigenschaft eines Wandlers, elektromagnetische Wellen oder Schall aus verschiedenen Raumrichtungen unterschiedlich stark aufzunehmen oder in diese Richtungen abzustrahlen. Die R. von Mikrofonen wird → *Mikrofoncharakteristik* genannt, die von Lautsprechern *Abstrahlcharakteristik.* Die R. einer Antenne beschreiben ihre → *Strahlungsdiagramme.* Die R. ist bei Mikrofonen rotationssymmetrisch zur Bezugsachse, bei den meisten Lautsprecherboxen und Antennen ist sie unsymmetrisch. Eine ausgewählte Ebene der R., meistens die horizontale oder vertikale, heißt *Richtdiagramm.* Dieses wird in Polarkoordinaten dargestellt. Da bei vielen Wandlern die R. frequenzabhängig ist, werden im Richtdiagramm dann mehrere Kurven für ausgewählte Frequenzen dargestellt. Abb.

Richtdiagramm: → Richtcharakteristik

Richtfunk: Funkverbindung von Punkt zu Punkt. Damit gestattet der R. im Gegensatz zum → Rundfunk nur die *Signalübertragung innerhalb von Nachrichtennetzen.* R. wird z. B. als drahtlose Verbindung zur Übertragung von multiplexen Fernsprech-, Video-, Ton-, Telexsignalen usw. oder als Programmzubringer in Rundfunksendernetzen (→ Senderkette) angewendet. R. kann in Erdnähe (terrestri-

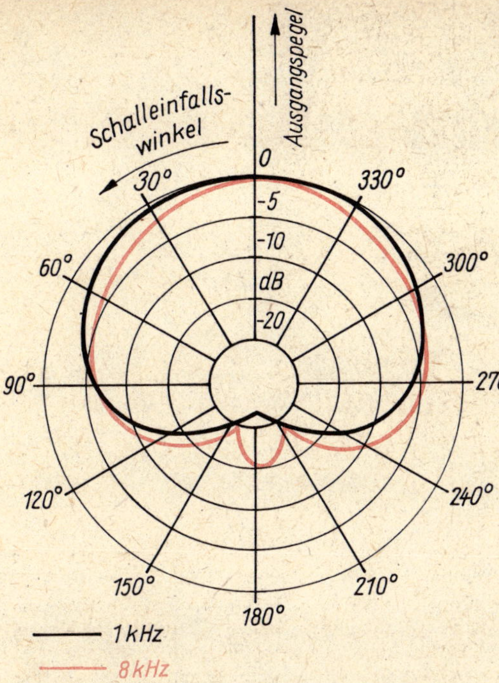

Richtdiagramme eines Nierencharakteristik-Mikrofons

scher R.) mit Hilfe stationärer oder mobiler R.anlagen und im → Satellitenfunk betrieben werden. R. wird überwiegend im Bereich der Höchstfrequenztechnik (speziell Dezi- und Zentimeterwellenbereich) durchgeführt. Dies gestattet die Übertragung sehr breitbandiger Nachrichtensignale. Allerdings wirken in diesen Bereichen bei der Ausbreitung der Funksignale (elektromagnetische Wellen als Informationsträger) bereits annähernd die Gesetze der Optik bezüglich Geradlinigkeit der Ausbreitung sowie Beugung, Brechung, Reflexion des von der Sendeantenne ausgehenden Energiestrahls (→ Sende-/Empfangskeule). Diese Tatsache macht eine R.verbindung überhaupt erst möglich: hohe Bündelung der in der R.sendeanlage erzeugten Energie mit Hilfe von → Parabolspiegelantennen; direkte, gerichtete Übertragung von einer R.sendeanlage zu einer R.empfangsanlage. Gleichzeitig resultieren aus den quasioptischen *Ausbreitungsbedingungen* aber auch die Grenzen einer R.verbindung hinsichtlich der Reichweite (bei terrestrischen R.verbindungen grundsätzlich begrenzt durch die Radiosichtweite – in den genannten Wellenbereichen ca. 50 km; eingeschränkt durch Hindernisse im Funkfeld zwischen R.sende- und R.empfangsanlage) und möglicher Störungen einer R.verbindung durch auftretende Grenzschichten in der Luft (Richtungsänderung des Energiestrahls durch Brechung beim Übergang), Flugobjekte (Beugung, Reflexion), Funkstörer usw. Wesentlich für den Aufbau einer R.verbindung sind die unter Nutzung natürlicher Gegebenheiten erreichten Antennenhöhen (Maste, Türme auf Bergen) und die Größe der Parabolantennen (→ Antennengewinn), die bestimmend für die Ausdehnung eines Funkfelds und die aufzuwendende Sendeenergie (terrestrischer R.: 0,1...10 Watt, kosmischer R.: bis 2000 Watt) sind (Abb.). Sollen bei terrestrischen R.verbindungen größere Entfernungen überbrückt werden, als die Radiosichtweite und Feldstärke es zulassen, sind mit Hilfe von Relaisstellen (→ Relaisstationen) entsprechend viele Funkfelder mit unterschiedlichen Betriebsfrequenzen hintereinanderzuschalten. Die einzelnen R.strecken bilden in ihrer Gesamtheit die nationalen und internationale R.netze. Erste R.verbindungen wurden bereits Mitte der 30er Jahre betrieben. Seit Beginn der 50er Jahre haben die Bedeutung und der Umfang des R. stetig zugenommen. Heute bestehen leistungsstarke R.netze, die z. B. eine gleichzeitige Übertragung von 10000 Fernsprechsignalen oder äquivalenter Breitbandsignale gestatten. → Frequenzmultiplex, → Zeitmultiplex (Abb. S. 458)

Hinweis: Formen des R., bei denen z. B. die Erscheinungen der Reflexion bewußt ausgenutzt werden, sind die unter den Bezeichnungen Radar, Funkortung, Funkmeßtechnik bekannten Verfahren.

Richtfunknetz: Struktur aller in einem Territorium existierenden stationären und mobilen → Richtfunkstrecken. Ein R. kann der nationalen und internationalen Übertragung von Breitband-Nachrichtensignalen mit unterschiedlichstem Informationsinhalt (Bild, Ton, Fernsprechen, Daten usw.) dienen. Große Bedeutung im Fernsehrundfunk hat das R. als „Programmzubringer" zwischen Fernsehstudios, Übertragungsorten und Fernsehsendern (s. Abb. → Senderkette). R. werden i. allg. unter Verantwortung der jeweiligen staatlichen Nachrichtenverwaltung betrieben. → Richtfunk

Richtfunkstrecke (engl. Radio Link): Gesamtheit aller zu einer Richtfunkverbindung notwendigen technischen Einrichtungen (stationäre oder mobile Sende- und Empfangsanlagen einschließlich der zugehörigen Antennen sowie Versorgungseinrichtungen). → Richtfunk, → Richtfunknetz

Richtkoppler: → Richtungskoppler

Richtmikrofon: 1. I. w. S. Mikrofon mit Richtung(en) bevorzugter Schallaufnahme (→ Nierencharakteristik-Mikrofon, → Achtercharakteristik-Mikrofon). – **2.** I. e. S. Mikrofon mit vorgesetztem Rohr-Richtelement, auch *Rohrrichtmikrofon*. R. werden bei Tonaufnahmen benötigt, bei denen es auf starke Ausblendung von Störschall bei geringer räumlicher Ausdehnung der Nutzschallquelle ankommt. Das ist vor allem bei begleitenden Tonaufnahmen für Film und Video der Fall, bei denen die Entfernungen der Schallquelle zum R. besonders bei totalen Bildeinstellungen sehr groß werden kann. Dann ist auch die allgemein höhere Mikrofonempfindlichkeit der

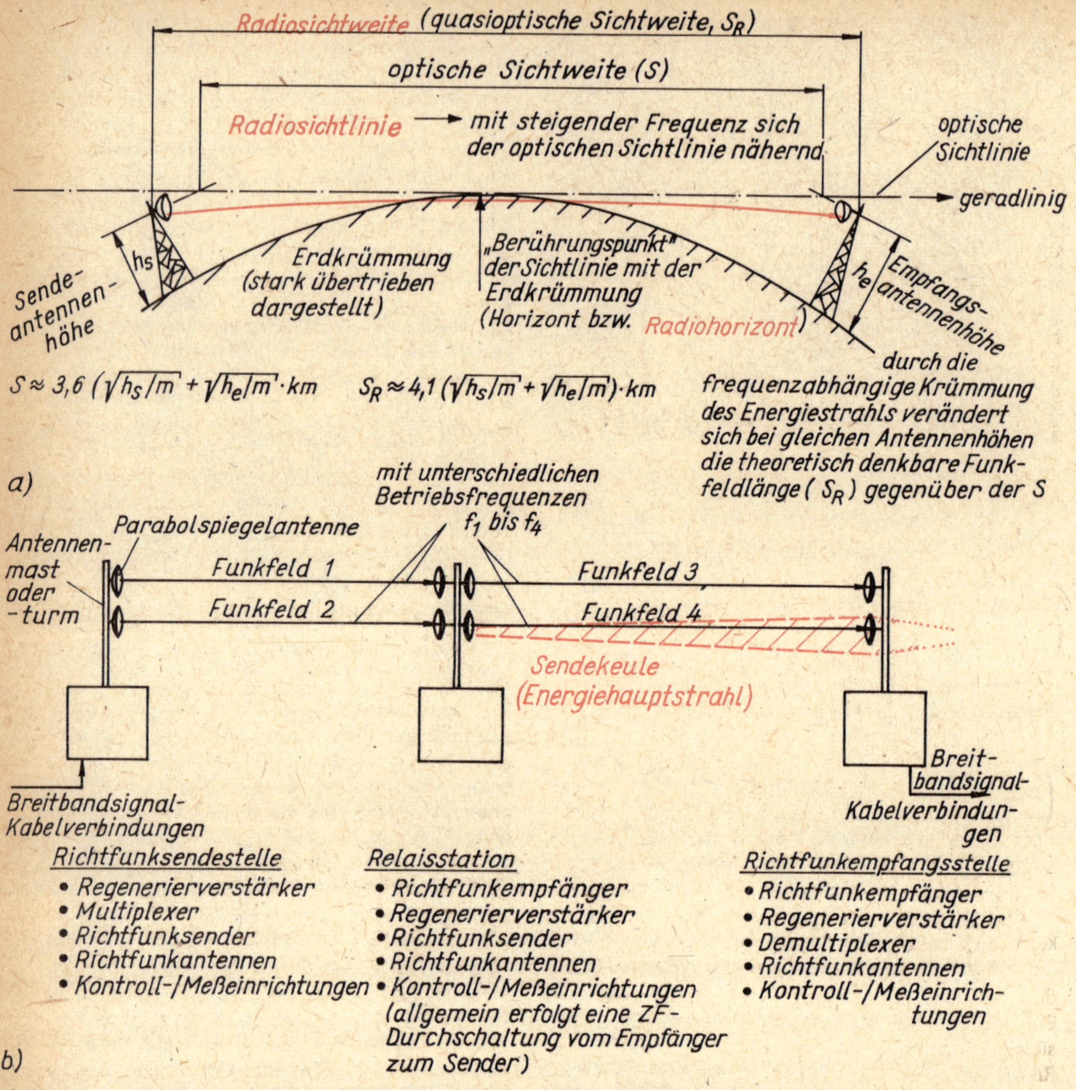

Richtfunk: a) durch die Ausbreitungsbedingungen gesetzte Grenzen einer terrestrischen Richtfunkverbindung, b) Richtfunkstrecke mit je zwei parallelbetriebenen und hintereinandergeschalteten Funkfeldern

Rohr-R. von Vorteil. Der Bündelungseffekt für den Schall entsteht bei Rohr-R. infolge von → Interferenz zweier Schallanteile. Ein Anteil trifft auf das vorn offene Richtelement, ein zweiter gelangt über seitliche Schlitze in das Rohr. Schall, der aus Richtung der Rohrachse einfällt, so daß beide Anteile das Rohrinnere gleichphasig erreichen, wird verstärkt. Bei seitlich einfallendem Schall gelangen beide Anteile phasenverschoben in das Rohrinnere und löschen sich mehr oder weniger stark aus. Rohr-R. geben gegenüber Mikrofonen ohne Richtelement eine etwa doppelt so große Tonsignalspannung ab. Abb.

Richtungshören: → räumliches Hören

Richtungskoppler, *Richtkoppler:* **1)** in den Anschlußdosen von Gemeinschaftsantennenanlagen eingebaute Baugruppe zur Abzweigung des Antennensignals zum Teilnehmer. Der R. verhindert, daß mögliche Störausstrahlung eines defekten Empfängers auf das Verteilernetz zurückwirkt und den Empfang der anderen Teilnehmer stört oder daß sich Fehlanpassung oder ein Kurzschluß hinter der Anschlußdose auf die übrige Anlage auswirken kann. **2)** Zubehörteil einer Antennenanlage zum Aufschalten von 2 Antennen auf ein gemeinsames Antennenkabel, wenn ein Sender stark und der an-

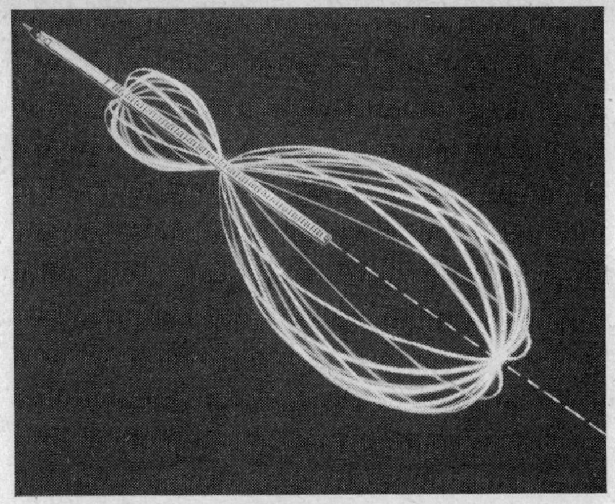

Keulenförmige Richtcharakteristik eines Rohr-*Richtmikrofons* (1)

Kamera mit *Richtmikrofon* (2)

dere nur schwach empfangen werden kann. An den Eingang für das schwächere Antennensignal läßt sich ein Vorverstärker anschließen.

Richtungsmischung: → Tonmischung

Riemenantrieb, *Pesenantrieb* (engl. *Belt Drive*): modernes Antriebsprinzip, vorwiegend für Plattenspielerlaufwerke, bei dem die Kraftübertragung vom Antriebsmotor zum Plattenteller über einen elastischen Flach- oder Rundriemen erfolgt (Abb. a). Infolge der günstigen mechanischen Filterwirkung des Riemens werden die Motorvibrationen vom Plattenteller weitestgehend ferngehalten, und der R. erzeugt nur sehr geringes → Rumpeln. R., bei denen der Riemen zur Drehzahlumschaltung auf unterschiedliche Stufungen der Motorachse mechanisch umgelegt wird, sind seltener zu finden, ebenso die Kombination des R. mit einem → Reibradantrieb. Meist wird ein Wechselstrom-Asynchronmotor von einem Steuergenerator gespeist, dessen Frequenz je nach gewünschter Drehzahl umgeschaltet wird. Die genaue Plattenteller-Drehzahl kann dann mit einer → Drehzahlfeinregulierung unter stroboskopischer Kontrolle eingestellt werden (Abb. b). Auch Gleichstrommotoren werden verwendet, die ebenso wie Wechselstrommotoren über eine → Tachoregelung so beeinflußt werden können, daß sich automatisch eine sehr genaue und stabile Plattentellerdrehzahl einstellt (Abb. c). Hochwertige R. sind auch bei Plattenspielern der HiFi-Klasse zu finden. Das Prinzip wird auch bei Tonbandgeräte-Laufwerken zum Antrieb der Transportrolle mit Schwungmasse angewendet. Abb. S. 460

Hinweis: Ein durch natürliche Alterung verhärteter oder gedehnter, auch ein verdrillt laufender Riemen kann zu → Gleichlaufschwankungen und zu → Schlupf führen. Bei den meisten Konstruktionen kann der Riemen selbst gewechselt werden. Oft läßt sich das Rutschen eines gedehnten, aber noch elastischen Riemens durch Nachspannen an der Motorbefestigung beseitigen.

RIF: Abk. für engl. **R**adio **I**nterference **F**ilter, → Löschfrequenzumschaltung.

Rillenüberspringen: → Nadelspringen

Ringdipol: zu einem Ring gebogener Schleifendipol (→ Dipolantenne). R. werden hauptsächlich für UKW-Empfang aus beliebiger Richtung in Sendernähe verwendet.

RMS: Abk. für **R**ausch**m**inderung**s**ystem; i. allg. ist ein → *Kompander* gemeint.

RMS-Power, Abk. für engl. **R**oot **M**ean **S**quare-**Power:** Effektivwert der Ausgangsleistung eines NF-Verstärkers, ermittelt nach dem → IHF-Standard. Die R. ist mit der Nennausgangsleistung eines HiFi-Verstärkers nach TGL oder DIN vergleichbar, jedoch nicht auf 1 kHz bezogen. → Ausgangsleistung

Röhre: → Elektronenröhre

Rohrtragarm: → Tragarm

Roll-Off-Filter: → Trittschallfilter

ROM, Abk. für engl. **R**ead **O**nly **M**emory (svw. nur Lesespeicher): digitaler → Halbleiterspeicher, dessen Speicherinhalt bei der Herstellung festgelegt wird und nicht veränderbar ist. Der ROM kann zerstörungsfrei gelesen werden, d. h., beim Auslesen bleibt die gespeicherte Information im Speicher zurück *(Festwertspeicher)*. Die am meisten verwendeten Festwertspeicher sind spezielle Ausführungen, die vom Anwender einmalig mit dem gewünschten Bitmuster versehen, d. h. programmiert werden (PROM: Programmable ROM). Programmierbare und unter bestimmten Umständen (z. B. mit UV-Licht) löschbare PROM heißen EPROM (Erasable PROM). ROM werden u. a. zur Programmspeicherung in → Mikrorechnern benötigt. Sie sind wesentliche Bestandteile von Programmkassetten für → Bildschirmspiele und von → Zeichengeneratoren, wie sie z. B. in → Fernsehtextdekodern enthalten sind.

Röntgenstrahlung: elektromagnetische Strahlung mit einem Wellenspektrum von etwa 66 bis

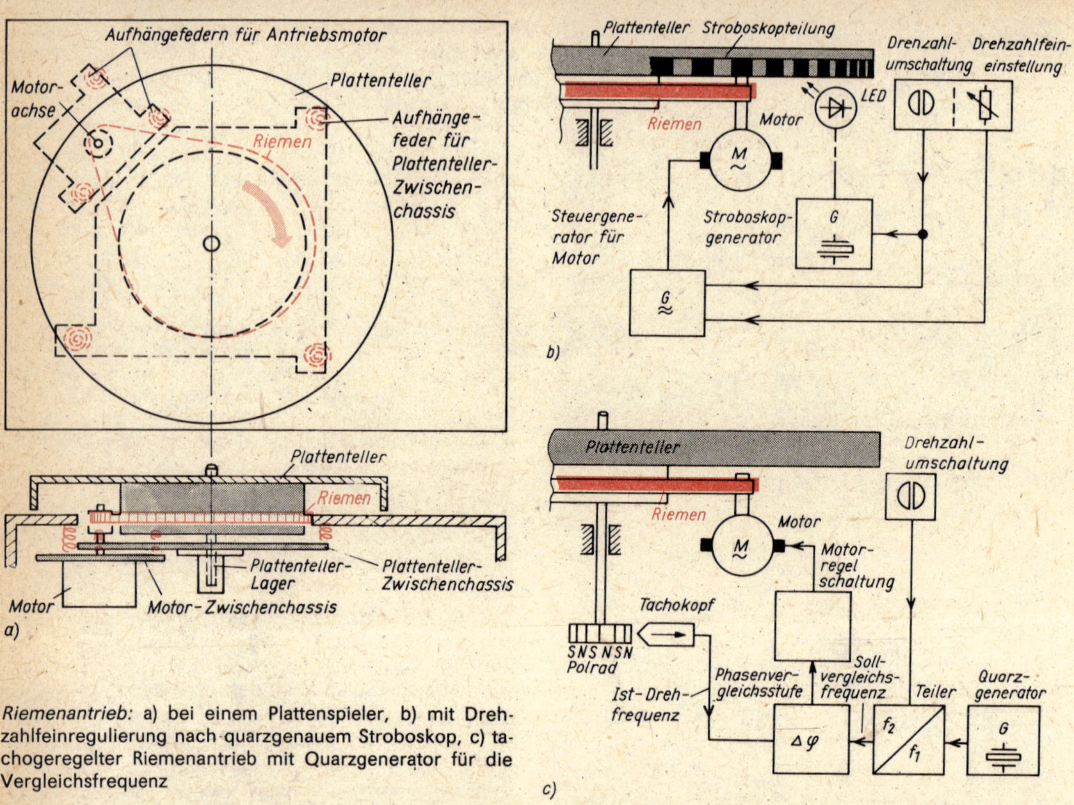

Riemenantrieb: a) bei einem Plattenspieler, b) mit Drehzahlfeinregulierung nach quarzgenauem Stroboskop, c) tachogeregelter Riemenantrieb mit Quarzgenerator für die Vergleichsfrequenz

0,016 Nanometer (10^{-9} m), d. h. *kurzwelliger* als das sichtbare und ultraviolette Licht. R. entsteht u. a. beim Aufprall von hochbeschleunigten Elektronen auf metallische Flächen. Damit ist auch jede → Bildwiedergaberöhre indirekt eine Quelle von R. Die Strahlung wurde nach dem Arzt Dr. RÖNTGEN benannt, der sie auf Grund ihrer hohen Durchdringungsfähigkeit zum Durchleuchten des menschlichen Körpers nutzte.

Hinweis: Die bei der elektrisch-optischen Wandlung in Bildwiedergaberöhren frei werdende geringe R. wird unmittelbar am Entstehungsort durch konstruktive Maßnahmen abgefangen, so daß daraus keine Gefährdung für den Fernsehzuschauer entstehen kann.

rotierender Löschkopf: auf dem → Kopfrad eines Videorecorders montierter Videospur-Löschkopf. → Kopftrommel, → Schnitt, elektronischer

Roto-Bilateral-Kopf: Magnettonkopf (Kombikopf) in Tonbandgeräten mit → Auto-Reverse-Laufwerk, der trotz einfacher Anzahl von Wandlersystemen (Mono: 1 System, Stereo: 2 Systeme) für beide Bandlaufrichtungen genutzt wird. Dazu dreht sich der R. bei Laufrichtungswechsel automatisch 180° um seine waagerechte Achse.

R-Signal: häufig verwendete Abk. für Farbwertsignal-Rot oder → E_R-Signal. → Farbwertsignal, Abb. → Farbauszug

RTS, Abk. für engl. **R**adio **T**uning **S**ystem: mikrorechnergesteuertes → Abstimmsystem mit Frequenzsynthese für AM/FM-Rundfunkempfänger.

Rückkopplung (engl. Feedback): Rückführung des Ausgangssignals einer Baustufe auf ihren Eingang. R. ohne Phasenverschiebung zwischen Ein- und rückgekoppeltem Ausgangssignal heißt *Mitkopplung (positive R.).* Sie führt zu höherer Verstärkung des Signals. Ab einer gewissen Stärke der R. tritt Selbsterregung ein, das Signal wird immer größer, bis die Schaltung schwingt. Mitkopplung wird daher zur Schwingungserzeugung bei Oszillatoren und Generatoren ausgenutzt, indem nur das Signal mit der erwünschten Frequenz rückgekoppelt wird.

Hinweis: Unerwünschte Mitkopplung in Verstärkern, z. B. durch defekte Bauelemente, kann zu Pfeifstörungen und zum „Zustopfen" von Verstärkerstufen führen („wilde Schwingungen").

R. mit einer Phasenverschiebung von einer halben Schwingung (180°) zwischen dem rückgekoppelten und dem Eingangssignal heißt *Gegenkopplung (negative R.).* Diese führt zwar zu einer Verminderung der Verstärkung des Signals, aber es ergeben sich auch bedeutende Vorteile. So kann der Amplitudenfrequenzgang linearisiert oder anderweitig verändert werden (z. B. bei der → Magnettonentzerrung).

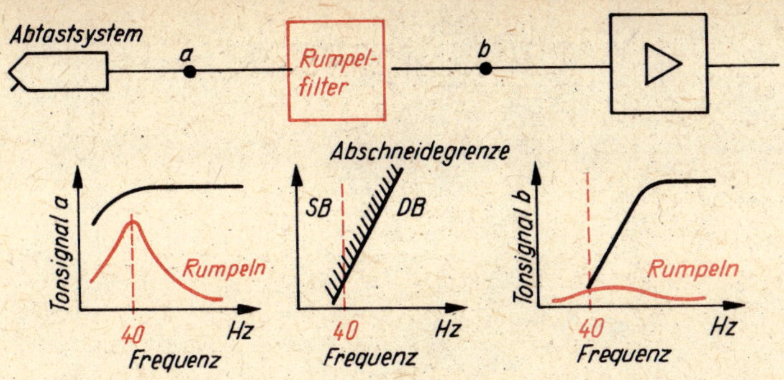

Wirkung des *Rumpelfilters* auf Rumpeln und Nutzsignal

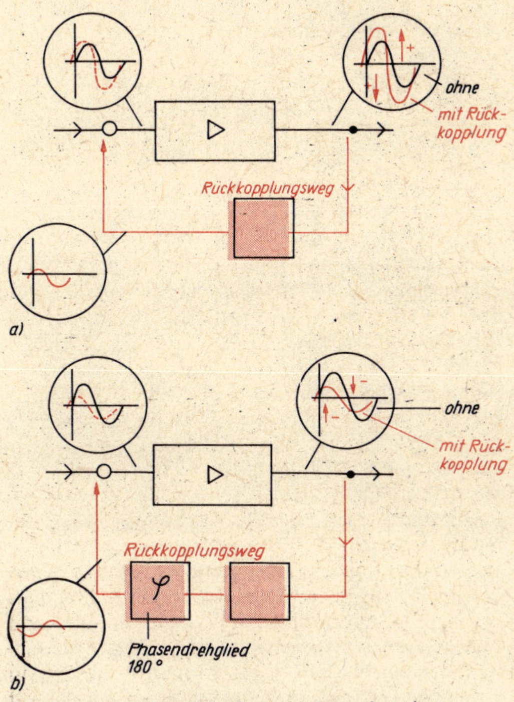

Rückkopplung: a) Mitkopplung, b) Gegenkopplung

Es lassen sich → nichtlineare Verzerrungen vermindern, oder eine Schaltung kann unabhängiger gegen thermische Einflüsse, Bauelementetoleranzen bzw. -alterung und schwankende Betriebsspannung dimensioniert werden. Abb.

Rücklaufdunkeltastung: aufnahme- und wiedergabeseitig in den Bildwandlerröhren durchgeführte Unterbrechung des Elektronenstrahls während der Dauer der → Zeilenrückläufe (horizontale Strahlrückläufe) und → Bildrückläufe (genauer Halbbildrückläufe, vertikale Strahlrückläufe). Ohne R. würden verschiedene → Bildpunkte sowohl vom Strahlhin- als auch vom Strahlrücklauf erfaßt. Diese Doppelabtastung würde sich störend im Fernsehbild als Aufhellung der betreffenden Stelle bemerkbar machen. Es träten horizontal oder vertikal örtlich konstant verlaufende helle Linien auf, die nicht zum Bildinhalt gehören. → Zeilensprungverfahren, → Austastung

Hinweis: Das Auftreten einer der Erscheinungen kann u. a. in einer zu hoch eingestellten Grundhelligkeit des Fernsehgeräts begründet liegen (unnötige Belastung oder auch Folge beginnender Alterungserscheinung der Bildwiedergaberöhre).

Rückprojektion: → Fernsehprojektion

Rückstellkraft: Kraft, die die Abtastnadel ihrer Auslenkung aus der Ruhelage entgegensetzt. Die *statische R.* tritt bei einfacher Verschiebung der Nadel aus ihrer ursprünglichen Lage auf, sie ist von der → Compliance des Abtastsystems abhängig. Die *dynamische R.* entsteht bei Nadelbewegung. Sie hängt außer von der Masse der Nadel auch von deren Beschleunigung ab, wenn sie den Rillenauslenkungen folgt. Die R. muß stets kleiner sein als die → Auflagekraft, damit die Nadel nicht an der 45°-Rillenflanke hinaufrutschen kann und Rillen überspringt.

Ruhegeräuschspannungsabstand: Verhältnis der Wiedergabespannung eines voll ausgesteuerten Tonbands zum Bandrauschen des betriebsmäßig gelöschten und vormagnetisierten Bands in Dezibel. Das → Bandrauschen wird dabei bewertet gemessen. Der R. wird auch als *Dynamik des Bands* bezeichnet. Er soll bei HiFi-Tonbandgeräten mindestens 56 dB betragen.

Rumpelfilter, Lo-Filter (von engl. Low-Filter, Tiefenfilter): Tonsignalfilter mit Hochpaßverhalten (→ Filter), das tiefe Rumpelstörfrequenzen bei der Schallplattenwiedergabe aus dem Nutzsignal herausfiltert. R. sind z. T. fester Bestandteil eines Entzerrerverstärkers. Abb.

Hinweis: Da R. auch die Nutzsignale im Baßbereich schwächen, ist einer sorgfältigen mechanischen Konstruktion des Plattenspielers und einem geeigneten Antriebsverfahren zur Beseitigung des Rumpelns der Vorzug zu geben.

Rumpeln: über das Abtastsystem eines Plattenspielers aufgenommene Lagergeräusche umlaufender Wellen bzw. Vibrationen schwingender Laufwerksteile, die vom Lautsprecher als polterndes, rumpelndes, schabendes oder ratterndes Störgeräusch ab-

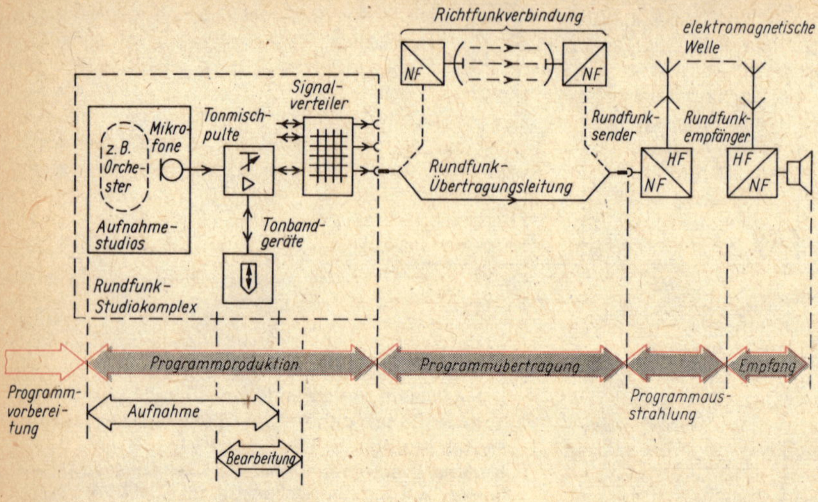

Technologische Prozesse bei der *Rundfunk*übertragung

Rumpel-Störspannungsabstände

	Rumpel-Fremdspannungsabstand	Rumpel-Geräuschspannungsabstand
Subjektiver Grenzwert	–	ca. 75 dB
Forderung für Plattenspieler nach HiFi-Standard (TGL/DIN)	≧ 35 dB	≧ 55 dB
Erreichbare Werte:		
Reibradantrieb	≧ 38 dB	≧ 60 dB
Riemenantrieb	≧ 42 dB	≧ 63 dB
Direktantrieb	≧ 50 dB	≧ 70 dB
Eigenrumpeln einer Schallplatte (Schnitt)	–	60...65 dB

gestrahlt werden. R. liegt in einem Frequenzbereich von Bruchteilen eines Hertz (Plattenteller-Drehfrequenz: 0,5...0,7 Hz) bis hin zu etwa 300 Hz. Typische periodische Rumpelfrequenzen entstehen außerdem bei etwa 3...4 Hz (Reibrad) und 25 oder 50 Hz (Motor). Rumpelfrequenzen von 100...200 Hz werden als besonders störend empfunden, aber auch unhörbares R. ist schädlich, weil es schwingfähige Teile des Plattenspielers zu hörbaren Resonanzschwingungen anregen kann (→Tragarmresonanz). Eine Verringerung des R. ist mit einem →Rumpelfilter möglich, wesentlich besser ist aber eine sorgfältige konstruktive Auslegung des Schallplattenlaufwerks. Moderne Antriebe neigen kaum noch zu störendem R. (→Rumpel-Störspannungsabstand). →Laufgeräusch

Hinweis: Störendes R. kann in manchen Fällen durch eine dünne Plattentellerauflage mit möglichst großer Körperschalldämmung (z. B. Schaumstofftuch) vermindert werden.

R. wird durch ein gealtertes, und damit verhärtetes Reibrad begünstigt. Starkes R. entsteht auch, wenn versehentlich die →Transportsicherung nicht entfernt wurde.

Rumpel-Störspannungsabstand, *Schütterspannungsabstand:* Störabstand zwischen Nutzsignal und Rumpeln bei einem Plattenspieler. Man unterscheidet zwischen *Rumpel-Fremdspannungsabstand* und dem über ein Bewertungsfilter gemessenen *Rumpel-Geräuschspannungsabstand* (→bewertete Messung, →Störabstand). Da im Rumpeln viele unhörbare Frequenzanteile enthalten sind, ist der Unterschied zwischen beiden Angaben relativ hoch (ca. 20 dB). Tab.

Rundfunk: Einrichtung, die sich mit der redaktionellen Zusammenstellung, der Aufnahme und überwiegend drahtlosen Übertragung von Ton- und Bildprogrammen beschäftigt, die für den unmittelbaren Empfang durch die Öffentlichkeit bestimmt sind. Aus entwicklungsgeschichtlich bedingter Gewohnheit wird auch heute noch vielfach R. nur auf den Ton bezogen. Exakt muß aber in → *Hörrundfunk (Hörfunk, Tonrundfunk)* und → *Fernsehrundfunk (Fernsehfunk,* umgangssprachlich *Fernsehen)* unterschieden werden. Hauptformen sind staatlicher und kommerzieller R., die in den einzelnen Ländern unterschiedlich auftreten (staatlich zentral geleitete, öffentlich-rechtliche oder private R.anstalten). In den sozialistischen Ländern ist der R. ein staatliches Instrument, das einen wichtigen Beitrag zur Verwirklichung der Politik der Partei der Arbeiterklasse zum Wohle des gesamten Volkes zu leisten hat. Wesentliche Aufgaben des Massenmediums R. sind hier die Befriedigung der Bevölkerungsbedürfnisse nach Informationen, Bildung und Unterhaltung. Das Massenmedium Presse wird vom R. an Schnelligkeit, Aktualität und Breitenwirksamkeit weit übertroffen, weil die Informationen sofort, ortsunabhängig und ohne stofflichen Zwischenträger zum Empfänger gelangen können. Allerdings ist der

Adressatenkreis nicht genau festlegbar; die Zuhörer selbst wählen das Programm nach ihren Wünschen und technischen Empfangsmöglichkeiten aus. Daraus ergibt sich die hohe Verantwortung bei der Programmgestaltung unter Berücksichtigung gesellschaftlicher Ziele und ethischer Aspekte. Eine gelungene Programmgestaltung ist dadurch gekennzeichnet, daß sich beim Zuhörer oder Zuschauer Empfangsbedürfnisse entwickeln und Empfangsgewohnheiten einstellen. Nach der künstlerischen und redaktionellen *Programmvorbereitung* vollzieht sich der Produktionsprozeß des R. im wesentlichen in 4 technologischen Stufen: *a) Programmproduktion* als *Live-* (engl., Leben; das produzierte Programm wird unmittelbar auch gesendet) oder *Vorproduktion* (mit Zwischenspeicherung auf Magnetband). Dazu zählen die *Programmaufnahme* in Studios oder als Außenproduktion und die *Programmbearbeitung* als technisch-künstlerische Prozesse, *b) Programmübertragung* über Leitungen oder →Richtfunknetze zu den Rundfunksendern, *c) Programmabstrahlung* mit Hilfe modulierter elektromagnetischer Wellen (→ Modulation, → Rundfunk-Frequenzbereiche) über das Rundfunksendernetz und *d)* → *Empfang* der Programme. Das Ziel des R. ist erreicht, wenn der Zuhörer bzw. Zuschauer die Information erhalten und geistig verarbeitet hat. Zusätzliche zwischenstaatliche Produktionsformen, die z. T. über →Satellitenfunk abgewickelt werden, sind *Programmtransit* (internationale Weiterleitung von Programmen) und der *Programmaustausch* zwischen den R.organisationen verschiedener Staaten (→Intervision, →Eurovision). →Rundfunk der DDR, →Fernsehen der DDR (Abb.)

Rundfunk der DDR: zentrale Institution des Hörrundfunks, die von einem *Staatlichen Komitee für Rundfunk beim Ministerrat der DDR* geleitet wird und sich vorrangig mit der redaktionellen Zusammenstellung und künstlerischen Umsetzung der Hörrundfunkprogramme befaßt (→ Rundfunk, →Hörrundfunk). Der R. hält engen Kontakt zum Zuhörer. Die technische Seite des Programmablaufs, die Übertragung und Ausstrahlung sowie der → Funk-Entstörungsdienst obliegen dem *Funkwesen der Deutschen Post.* Es besteht ein flächendeckendes Sendernetz in der DDR auf Mittel- und Ultrakurzwellen zur Versorgung der Bevölkerung mit 5 ständigen Rundfunkprogrammen: *Stimme der DDR, Berliner Rundfunk, Radio DDR 1, Radio DDR 2* und *Jugendradio DT 64.* Letzteres, das am 7. März 1986 neugegründete Jugendprogramm, ist u. a. aus dem anläßlich des Deutschlandtreffens der Jugend und Studenten im Jahre 1964 ins Leben gerufenen Programm *Jugendstudio DT 64* hervorgegangenen und wendet sich vor allem an die Jugend in der DDR. Zwölf Regionalprogramme informieren die Bevölkerung der DDR zusätzlich über territoriale Fragen in den Bezirken. Schließlich erreicht der R. viele interessierte Hörer des Auslands oder DDR-Urlauber über die Auslandsprogramme von *Radio Berlin International (RBI)* und das ebenfalls über Kurzwelle ausgestrahlte Programm Stimme der DDR.

Geschichtliches: Bereits 5 Tage nach der Zerschlagung der faschistischen Diktatur in Deutschland, wobei auch der „Reichsrundfunk“ zum Schweigen gebracht worden war, konnte – von deutschen Antifaschisten vorbereitet – am 13. Mai 1945 die erste Sendung eines neuen, eines demokratischen Rundfunks abgestrahlt werden. Diese historische Sendung, die aus einem notdürftig hergerichteten Raum direkt im Sender Berlin-Tegel kam, dauerte reichlich eine Stunde. Aber schon wenige Tage danach stabilisierte sich der Rundfunkbetrieb, obwohl er zunächst nur mit primitivsten Mitteln aufrechterhalten werden konnte. Der demokratische Rundfunk entwickelte sich rasch: Weitere Sender und Programme wurden nach und nach in Betrieb genommen, so daß schon im März 1947 die 2-Millionen-Grenze der Rundfunkteilnehmer wieder überschritten wurde. Unmittelbar nach Gründung der DDR am 7. Oktober 1949 übergab die sowjetische Militärverwaltung das gesamte Rundfunkwesen an die Regierung der DDR. Es folgte eine Phase des Mittelwellen-Großsenderbaus. Weil es jedoch wegen der mit starken Sendestationen überbelegten Mittelwellen und der nach dem Kopenhagener Wellenplan (1948) zu geringen Frequenzzuweisungen nicht möglich war, die DDR vollständig mit Programmen des Rundfunks zu versorgen, wurde die Entwicklung des UKW-Rundfunks vorangetrieben. Der erste UKW-Sender nahm 1950 einen Probebetrieb auf, der planmäßige Ausbau des UKW-Sendernetzes begann 1953 (s. Anhang 1). Im Jahre 1952 wurde das neuerbaute, nach modernsten Erkenntnissen projektierte Funkhaus in Berlin, Nalepastraße seiner Bestimmung übergeben. Ein regelmäßiges Stereo-Versuchsprogramm wurde am 15. September 1964 aufgenommen. Schon bald danach nahmen die Stereosendungen einen festen Platz in den Programmen des R. ein (ab 4. Oktober 1976 auch in Kunstkopfstereofonie).

Rundfunkempfänger: 1. I. w. S. Gerät zur Umwandlung modulierter HF-Schwingungen, die über elektromagnetische Wellen drahtlos übertragen wurden, in ein Ton- bzw. Bildsignal und zu dessen Wiedergabe als Schall bzw. Fernsehbild. – **2.** I. e. S. *Radio,* kurz Empfänger, engl. *Receiver,* volkstümlich *Radioapparat,* exakt *Hörrundfunkempfänger:* Gerät zum Empfang und zur Schallwiedergabe von Hörrundfunkprogrammen, die über elektromagnetische Wellen übertragen werden.

Geschichtliches: Die ersten R. nach Einführung des Rundfunks im Jahre 1923 in Deutschland waren *Detektorempfänger.* Sie bestanden lediglich aus einem auf die Empfangsfrequenz abstimmbaren Schwingkreis und einem Demodulator (HF-Gleichrichter) in Form eines Silizium-, Bleiglanz- oder Schwefelkies-

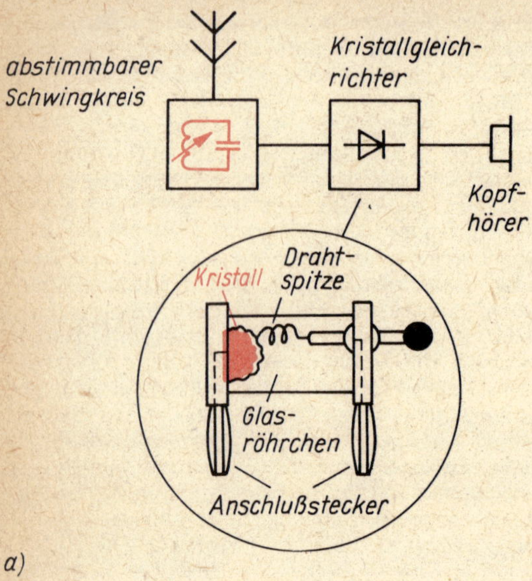

Kristalls, das von einem Metalldraht berührt wurde. Das Tonsignal wurde von einem Kopfhörer wiedergegeben (Abb. a). Weil die Energie aus dem HF-Signal selbst stammte, brauchten keine Batterien zur Stromversorgung verwendet zu werden. Detektorempfänger waren noch bis nach 1933 zu finden. Sie wurden allmählich von R. mit Verstärkerröhren abgelöst, mit denen auch Lautsprecherwiedergabe möglich wurde. Alle anfänglich gebauten R. waren *Geradeausempfänger*, d. h., die empfangene HF-Schwingung wurde nach ihrer Verstärkung direkt demoduliert. Zur Steigerung der Trennschärfe wurden in diesen R. meist mehrere abstimmbare Schwingkreise verwendet (ein Dreikreisempfänger hatte z. B. 3 abstimmbare Kreise, Abb. b). Weil aber jeder Kreis zunächst einzeln abgestimmt werden mußte, gestaltete sich die Bedienung der vielen Knöpfe z. T. recht schwierig. Darum wurden später die Abstimmelemente mechanisch gekoppelt, was jedoch besonders bei einer hohen Zahl von Kreisen oft zu Fehlern im Gleichlauf führte (→Abstimmung). Weil sich schließlich mit Geradeausempfängern

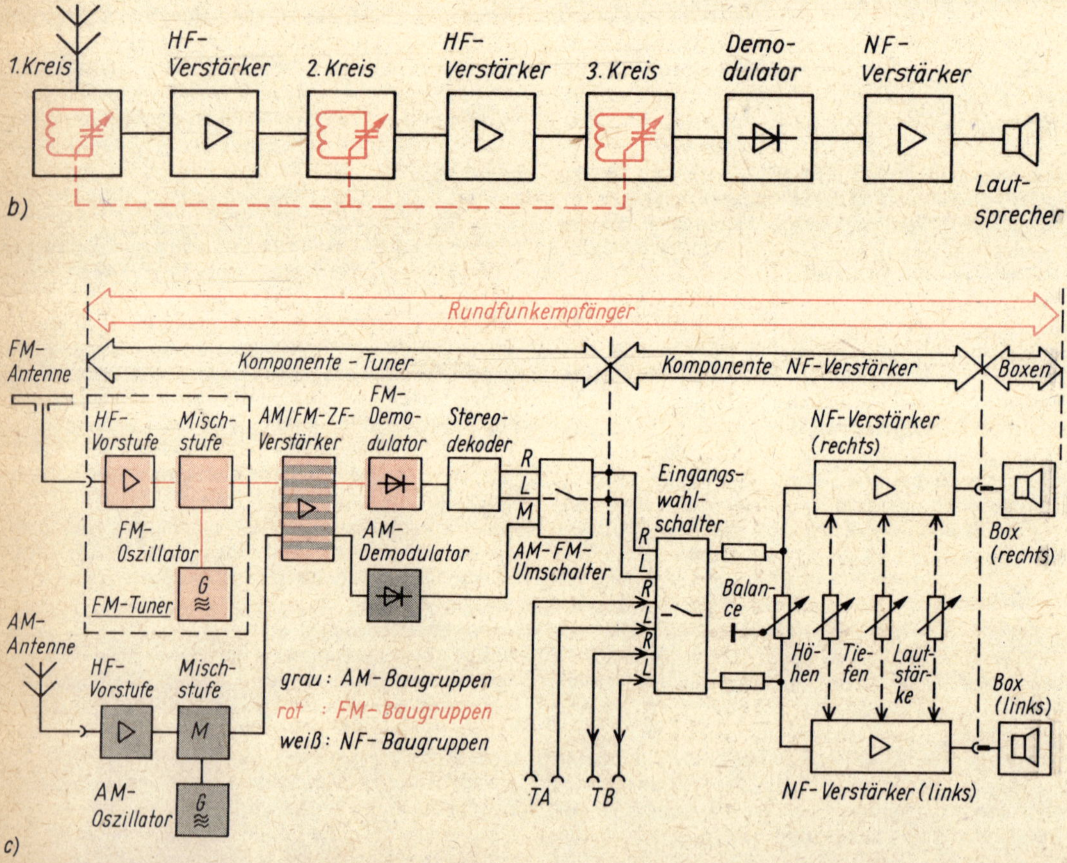

Rundfunkempfänger (1): a) Detektorempfänger mit Spulenabstimmung, b) Dreikreis-Geradeausempfänger (Drehko-Abstimmung), c) moderner AM/FM-Superhet (Stereo)

Empfindlichkeit und Trennschärfe nicht mehr genügend steigern ließen, wurden sie ab etwa 1930 immer mehr vom *Überlagerungsempfänger* (→ *Superhet)* verdrängt. Während der Naziherrschaft wurden trotzdem noch einfache Geradeausempfänger mit bewußt niedrig gehaltener Empfangsleistung hergestellt. Sie sollten den Empfang ausländischer Sender unmöglich machen. Tragbare R. gibt es etwa seit 1928; die ersten Autoempfänger wurden 1930 gebaut. Bei beiden Ausführungen war besonders die Betriebsspannungsversorgung kompliziert, weil R. mit Elektronenröhren mehrere unterschiedlich große Betriebsspannungen benötigten und einen hohen Energiebedarf hatten. Erst nach Einführung der Transistoren stellten diese Fragen kein Problem mehr dar. Eine Qualitätssteigerung der Tonwiedergabe – allerdings auch des Schaltungsaufwands – ergab sich bei R. um 1950 als der UKW-Bereich erschlossen worden war (s. Anhang 1). Nachdem ab 1963 in der BRD, ab 1964 in der DDR offizielle HF-Stereoübertragungen eingeführt worden waren, rüstete man die UKW-R. auch mit Stereodekodern und 2kanaligen NF-Verstärkern aus. Letztere wurden z. T. auch schon vorher, zur Stereo-Schallplattenwiedergabe, eingebaut. Das erste Stereo-Autoradio kam 1967 in den Handel. Durch neue Bauelemente und Schaltungen konnten die Empfindlichkeit und Trennschärfe, die naturgetreuere Klangreproduktion bei größerer Ausgangsleistung und der Bedienungskomfort moderner

Rundfunkempfänger (2) der 50er Jahre

Moderner *Rundfunkempfänger* (3) (Steuergerät ohne Boxen) mit Frequenzsynthese-Abstimmsystem

Rundfunkempfänger (4): Detektorempfänger (1926/27)

Rundfunkempfänger (5): Zweiröhren-Zweikreisempfänger „Schuchardt“ mit außenliegenden Koppelspulen (1928/29)

Rundfunkempfänger (6): Superhet „Burggraf BW 220“ (1934/35)

Empfänger bedeutend gesteigert werden. Gleichzeitig sank der Energiebedarf, was hauptsächlich tragbaren R. zugute kam. Heute werden in Spitzenempfängern für die unterschiedlichsten Bedienungs-, Anzeige- und Hilfsfunktionen digitale Schaltungsprinzipien verwendet. Das klassische Prinzip des Superhets ist aber bei allen R. erhalten geblieben.

Die meisten R. sind für den Empfang amplitudenmodulierter Signale (AM) auf Lang-, Mittel- und Kurzwellen und frequenzmodulierter Signale (FM) auf Ultrakurzwellen eingerichtet. Schaltungstechnisch werden nur der ZF- und der NF-Verstärker gemeinsam genutzt (Abb. c), alle anderen Baugruppen sind für AM und FM getrennt vorhanden. Man unterscheidet *Mono-R.* zum Empfang monofoner oder stereofoner Sendungen und deren ausschließlich monofoner Wiedergabe und *Stereo-R.*, die stereofon ausgestrahlte UKW-Sendungen auch stereofon wiedergeben können (→ Kompatibilität). Die → Mono/Stereo-Umschaltung erfolgt dabei automatisch, z. T. erst bei einer für rauschfreien Stereoempfang ausreichenden Antennenspannung. In modernen Heimtonanlagen wird der R. oft in die Komponenten → *Tuner* und → *NF-Verstärker* aufgeteilt. Ein R. ohne Lautsprecherboxen heißt *Steuergerät.* Jeder stationäre R. hat Anschlüsse für weitere Heimtongeräte, um z. B. Schallplattenwiedergabe oder Magnettonwiedergabe bzw. -aufzeichnung über den eingebauten NF-Verstärker zu ermöglichen. Moderne R. sind mit hohem Bedienungskomfort ausgestattet. Dazu zählen elektronische Skalen, Frequenz-, Stations- und Abstimmanzeigen ebenso wie Stationstasten, Sendersuchlauf, automatische Scharfabstimmung oder Fernbedienung aller Einstellfunktionen. Durch neuartige Abstimmsysteme, langzeitstabile Schaltungstechnik (z. B. spulenfreie Schaltungen) und zuverlässige Bauelemente wird ein stabiler, störungsfreier Betrieb und eine lange Lebensdauer erreicht. Es lassen sich viele Baugruppen eines R. ohne Schwierigkeiten in integrierten Schaltkreisen verwirklichen oder sogar als → Einchipschaltung herstellen. Das erlaubt eine ökonomische Fertigung und einen kompakten Aufbau. → Radiorecorder, → Reiseempfänger, → „Walkman“, → Preceiver, → Allwellenempfänger, → Abstim-

Rundfunk-Frequenzbereiche der Region 1 (CCIR-Norm)

Bezeichnung	Frequenzbereich in kHz	Wellenlängenbereich in m	Verkehrsart	Kanalraster in kHz
Langwellen (LW)	148,5...283,5	1058...2020	Hörrundfunk	9
Mittelwellen (MW)	526,5...1606,5	186,7...569,8	Hörrundfunk	9
Kurzwellen (KW)	in MHz	in m	Hörrundfunk	bisher nicht einheitlich
120-m-Band[1]	2,3...2,498	120,1...130,4		
89-m-Band[1]	3,2...3,4	88,24...93,75		
75-m-Band	3,95...4,0	75,00...75,95		
61-m-Band[1]	4,75...4,995	60,06...63,16		
59-m-Band[1]	5,005...5,06	59,29...59,94		
49-m-Band	5,95...6,2	48,39...50,42		
41-m-Band	7,1...7,3	41,10...42,25		
31-m-Band	9,5...9,9	30,30...31,58		
25-m-Band	11,65...12,05	24,90...25,75		
19-m-Band	15,1...15,6	19,23...19,87		
16-m-Band	17,55...17,9	16,76...17,09		
13-m-Band	21,45...21,75	13,79...13,99		
11-m-Band	25,6...26,1	11,49...11,72		
VHF	in MHz	in m		in MHz
Bereich I (Kanäle 2...4)	41...68	4,41...7,32	Fernsehen	7[2]
Bereich II (Kanäle 2...69)	87,5...108 (DDR: bis 104)	2,78...3,43 (2,88...3,43)	Hörrundfunk UKW-FM	0,3[3]
Bereich III (Kanäle 5...12)	174...230	1,30...1,72	Fernsehen	7
UHF	in MHz	in m		in MHz
Bereich IV/V (Kanäle 21...81[4])	470...960	0,313...0,638	Fernsehen	8
SHF	in GHz	in cm		in MHz
Bereich VI	11,7...12,76	2,35...2,56	Satellitenfunk	27

Anmerkungen:
[1] Tropenbänder
[2] Kanal 1 mit einer Kanalbreite von 6 MHz ist nicht belegt
[3] Abweichungen vom Kanalraster von ± 50 kHz oder ± 100 kHz bei einigen Sendefrequenzen
[4] Im Frequenzgebiet um 600 MHz werden 2 Kanäle und oberhalb von 790 MHz (ab Kanal 61) wird Bereich V noch von anderen Funkdiensten genutzt. In diesen Kanälen arbeiten z. Z. keine Fernsehsender

mung, → Abstimmanzeige, → Abstimmsystem, → AFC, → Trennschärfe, → rauschbegrenzte Empfindlichkeit, → Intermodulationsfestigkeit, → Nachbarkanalselektion, → Gleichkanalselektion, → Empfangsbereich (Abb.)

Rundfunk-Empfangsanlage: Anlage zum Empfang von Rundfunksendungen. Sie umfaßt die → Antennenanlage und den → Rundfunkempfänger einschließlich der Einrichtungen zur Ton- oder Bildwiedergabe sowie das Zubehör (z. B. Fernbedienung), → Rundfunkgebühr

Rundfunk-Frequenzbereiche, Rundfunkfrequenzen, auch Rundfunk-Wellenbereiche: Hoch- und Höchstfrequenzbereiche, die für die Ausstrahlung von Programmen des Hör- und Fernsehrundfunks verwendet werden. Die Aufteilung erfolgt nach internationalen Vereinbarungen. Um eine gegenseitige Störung der Sendestationen möglichst gering zu halten, werden den einzelnen Ländern genau festgelegte Frequenzen zugeteilt, und die Sendeleistung wird begrenzt. Weltweit gliedert sich die Frequenzverteilung in 3 Regionen: *Region 1:* Europa, Afrika und der asiatische Teil der UdSSR, *Region 2:* Nord-, Mittel- und Südamerika und das nordöstliche Pazifikgebiet, *Region 3:* Asien (außer UdSSR), Australien, Neuseeland und das übrige Pazifikgebiet. Grundlage der heute festgelegten R. und der Zuteilung der Sendekanäle für die einzelnen Länder sind der Europäische Rundfunkvertrag (Kopenhagener Wellenplan 1948), das Regionalabkommen für das europäische Rundfunkgebiet (Stockholmer Wellenplan 1961), die Lang- und Mittelwellenkonferenz 1975 (Genf) und die Weltfunkverwaltungskonferenz 1979 (WARC 79). Die R. werden unterschieden in *Bereiche, Bänder* innerhalb der Bereiche und in *Kanäle* für die einzelnen Sendestationen.

Hinweis: Mitunter werden, vor allem in der ausländischen Literatur, auch die Bereiche als „Bänder" bezeichnet.

Die Verteilung für Region 1 enthält die Tabelle. Der gleichmäßige Abstand jeweils benachbarter Kanal-Mittenfrequenzen wird *Kanalraster* genannt. Er stellt gleichzeitig die Bandbreite der Kanäle im zugehörigen R. dar. Der Kanalraster beträgt auf Mittel- und Langwellen einheitlich 9 kHz; international

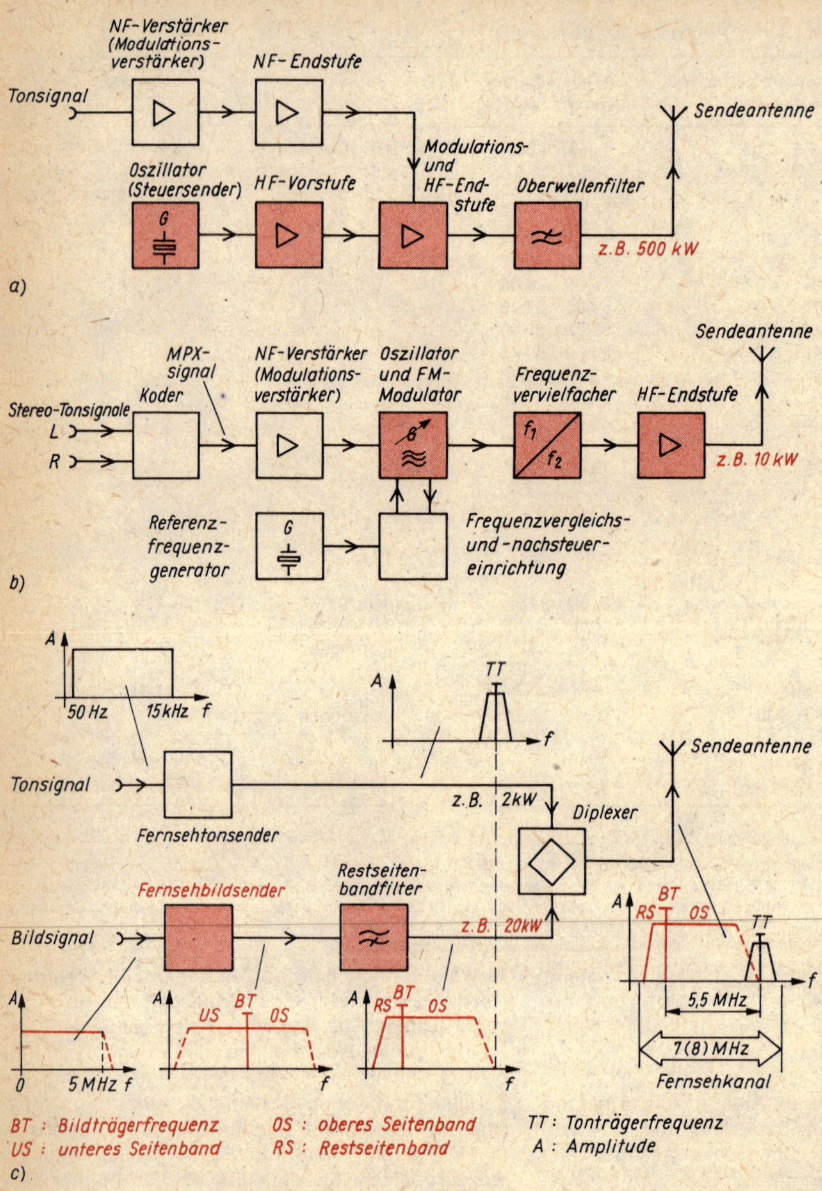

Rundfunksender –
Vereinfachte Blockschaltbilder von:
a) AM-Rundfunksender,
b) FM-Rundfunksender,
c) Fernsehsender

wird eine Verminderung auf 8 kHz angestrebt, um mehr Sendestationen unterbringen zu können. Die Kanalbreite auf UKW beträgt 300 kHz, jedoch sind bei verschiedenen Kanälen die Mittenfrequenzen gegenüber einem gedachten Kanalraster von 300 kHz um ±50 oder 100 kHz verschoben festgelegt. Damit kann eine gegenseitige Beeinflussung von Sendestationen vermindert werden, die weit entfernt voneinander liegen, aber im gleichen Kanal arbeiten. Diese Verschiebung hat Bedeutung für die Wahl des UKW-Frequenzrasters von Tunern, die nach dem Frequenzsyntheseverfahren abgestimmt werden. Dieser Raster wird mit 50 kHz oder sogar mit 25 kHz festgelegt. In den meisten Ländern der Region 1 wird für UKW der R. von 87,5…108 MHz nach CCIR verwendet. Eine Ausnahme machen verschiedene osteuropäische Staaten, die nach OIRT den R. von 65,5…73 MHz benutzen (→ Ultrakurzwellen). Die meisten Sendestationen der I. Programme – so auch im Fernsehen der DDR – arbeiten im VHF-Bereich I und III. Das ist historisch bedingt, weil diese tiefer liegenden Frequenzbänder zuerst technisch erschlossen werden konnten. Die Sender des II. bzw. weiterer Programme senden im UHF-Bereich IV/V. Zur Deckung von Versorgungslücken werden auch Sender und Frequenzumsetzer mit I. Programm auf UHF betrieben. Der SHF-Bereich ist für den → Satellitenfunk vorgesehen. Die Ausbreitung der elektromagnetischen Wellen in den verschiedenen R. ist charakteristischen Gesetzmäßigkeiten unterworfen (→ Wellenausbreitung); der Empfang auf verschiedenen R. bestimmt außerdem Ausmaß und Konstruktion der → Empfangsantenne. Tab.

Rundfunkgebühr: vom Rundfunkteilnehmer für den Empfang von Rundfunksendungen zu entrichtendes Entgelt, das zur Finanzierung der ausgestrahlten Programme und der sonstigen Leistungen des Funkwesen (z. B. Funk-Entstörung) mitverwendet wird.

Hinweis: Jede Rundfunk-Empfangsanlage ist vor ihrer Inbetriebnahme beim zuständigen Postamt anzumelden. Zuwiderhandlungen ziehen strafrechtliche Konsequenzen nach sich. Die R. wird bestimmten Personen (z. B. Alters- oder Invalidenrentnern, Schwerstbeschädigten) aus sozialen Gründen auf Antrag erlassen.

Rundfunksender: komplexe technische Anlage zur Erzeugung, → Modulation und Verstärkung hochfrequenter elektrischer Schwingungen und zu deren Abstrahlung als → elektromagnetische Welle über Sendeantennen. Die R. unterscheiden sich im wesentlichen nach der *Modulationsart* (AM oder FM), der *Sendefrequenz (Trägerfrequenz)* und der der Antenne zugeführten HF-Leistung *(Sendeleistung)*. Die Sendefrequenz wird mit einem → Schwingquarz exakt konstant gehalten. Allgemein vergrößert sich die Reichweite des R. mit steigender Sendeleistung. Ihre Vergrößerung über einen bestimmten Wert hinaus ist aber bei allen im Bereich I...IV/V arbeitenden R. wenig effektiv, weil die Reichweite von der → quasioptischen Sicht begrenzt wird. *Hör-R.* für die AM-Bereiche Mittel- und Langwelle werden mit Sendeleistungen von etwa 1 kW bis zu maximal 2 MW betrieben; bei Kurzwellen kommt man i. allg. mit geringeren Sendeleistungen aus (maximal 500 kW). *UKW-R.* erreichen Leistungen von 1 bis ca. 10 kW. Die Kanalbreite beträgt bei AM-R. 9 kHz, was einer NF-Übertragungsbandbreite von 4,5 kHz entspricht. Bei UKW-FM-R. werden in der Kanalbreite von 300 kHz NF-Signale bis zu 15 kHz übertragen (bei Stereosendungen bis 53 kHz, → MPX-Signal). Ein *Fernseh-R.* besteht aus einem *(Fernseh-)Tonsender* für das Ton- und aus einem *(Fernseh-)Bildsender* für das Bildsignal, deren Sendeleistungen sich bei der CCIR- und der OIRT-Norm wie 1:10 bis maximal 1:20 verhalten (Bildsender bis ca. 100 kW Sendeleistung). Der Bildsender arbeitet nach CCIR- und einigen anderen → Fernsehnormen mit Negativmodulation, d. h., der Synchronpegel liegt bei der größten HF-Trägeramplitude (100 %) und Weiß im Bild bei 10 % (→ Fernsehsignal). Die Trägerfrequenz des Tonsenders liegt gemäß CCIR-Norm um 5,5 MHz höher als die des Bildsenders *(Bild-Ton-Abstand)*. Während der Tonsender mit Tonsignalen bis zu 14 kHz frequenzmoduliert wird, wendet man beim Bildträger Amplitudenmodulation mit einer Bandbreite von 5 MHz für das Bildsignal an. Anschließend wird jedoch das untere Seitenband teilweise unterdrückt, um Kanalbreite einzusparen *(→ Restseitenbandübertragung)*. Die Modulationsanteile von Ton- und Bildsender werden anschließend in einem *Diplexer (Bild-Ton-Weiche)* zusammengeführt und der gemeinsamen Sendeantenne zugeleitet. → Rundfunk-Frequenzbereiche (Abb.)

Rundstrahler-Lautsprecher, *Kugelstrahler, Rundumstrahler:* Lautsprecher(gruppe) mit gleichmäßiger Schallabstrahlung nach allen Richtungen. R. enthalten meist mehrere Lautsprecher, verteilt auf die innere Oberfläche eines kugeligen oder halbkugeligen Gehäuses mit Standfuß oder als freihängende Box. Sie werden vorwiegend zur ungerichteten Abstrahlung der Höhen verwendet.

Rutschkupplung: → Wickelkupplung

(R-Y)-Signal: Kurzform für → Farbdifferenzsignal Rot. → Bildsignal

S

SALS, Abk. für **s**törgeräusch**a**bhängige **L**autstärke**s**teuerung: Schaltung in einem Autoradio, die die Wiedergabelautstärke automatisch an die im Pkw auftretenden Motor- und Fahrgeräusche angleicht. Zur Aufnahme des Lärmpegels dient ein körperschallgeschütztes Mikrofon, dessen Ausgangsspannung mit dem Nutztonsignal am Lautsprecher elektrisch verglichen wird. Es wird ein Steuersignal gewonnen, das die Verstärkung des NF-Verstärkers in der gewünschten Weise verändert. Abb. S. 470

Sampling Frequency: engl. für → Abtastfrequenz.

Saphir: → Abtastnadel

Saphir-Abtastnadel: → Abtastnadel

SAT 1: → Satellitenfernsehen in der BRD. S. wurde am 1. Januar 1985 offiziell für die Verbreitung von Fernsehprogrammen auf privater Grundlage im Satellitenfernsehen in Betrieb genommen. Es ist regional begrenzt über Groß-Gemeinschaftsantennenanlagen zu empfangen. → Kabelfernsehen, → Pay TV-System

Satellit (russ. Sputnik): allgemein Begleiter oder Trabant, in der Astronomie Nebenplanet, in der Raumfahrt künstlicher Erdtrabant. Der Start des ersten S. in der Welt „Sputnik 1" erfolgte am 4. Oktober 1957 durch die UdSSR. Heute stehen weltweit kosmische Forschungs-S., Wetter-S., Nachrichten-S. u. a. im Dienste der Menschheit. Zwischen den Staaten werden S. zum internationalen Nachrichtenaustausch und in einigen Ländern der Welt auch schon als Teil der nationalen Nachrichtennetze eingesetzt. Hiervon leitet sich die Bezeichnung Nachrichten- oder auch Fernmelde-S. ab. De-

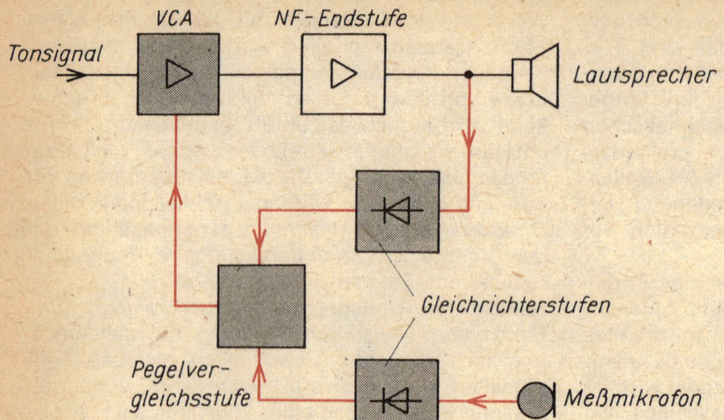

Prinzipschaltbild der störgeräuschabhängigen Lautstärkesteuerung *(SALS)*

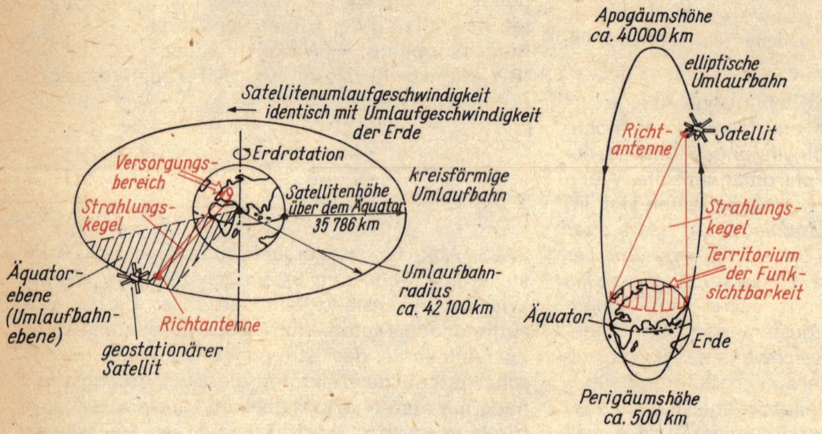

a) geostationärer Satellit *b) Satellit auf elliptischer Umlaufbahn*

Grundsätzliche Unterscheidung von *Satelliten*

ren Aufgabe ist die Multiplex-Übertragung von *breitbandigen Nachrichtensignalen* (z. B. mehrere hundert Telefonkanäle, zehn Fernsehprogramme und mehr) über weite Entfernungen oder die Direktversorgung eines großen Territoriums von einem zentralen kosmischen Punkt. Mit ihren Eigenschaften bieten S. eine zukunftsweisende Alternative zu den terrestrischen (erdnahen) Fernmeldenetzen. Ihr Einsatz wird jedoch von sehr vielen wirtschaftlichen, politischen, geographischen u. a. Aspekten bestimmt. Unabhängig vom Verwendungszweck ist grundlegend zwischen 2 Arten von S. zu unterscheiden (Abb.): a) *S. auf synchroner Umlaufbahn:* Ihre Umlaufzeit um die Erde ist bei kreisförmiger Umlaufbahn und einem Umlauf-Bahnradius von 42 100 km (d. h. ca. 36 000 km über der Erdoberfläche) mit der Rotationsdauer der Erde identisch (synchron). Stimmen dabei die Ebenen der Umlaufbahn und des Erdäquators überein, spricht man von *geostationären S.*, da unter Vernachlässigung von geringen Bahnstörungen ein solcher S. immer über dem gleichen Punkt des Äquators stationiert ist. Diese Art von S. ist von größter Bedeutung für den → Satellitenfunk. b) *S. auf elliptischer Umlaufbahn* (auch asynchrone, nichtstationäre S.): Die Umlaufbahn hat im erdnahen Bereich eine Entfernung (Perigäum) von ca. 500 km, im erdfernen Bereich (Apogäum) von ca. 40 000 km bezogen auf die Erdoberfläche. Bei geeigneter Ausrichtung der Bahn kann eine Funksichtbarkeit für ein Territorium über täglich fast 12 Stunden erreicht werden. Voraussetzung für die Nutzung dieser S. zur Nachrichtenübertragung ist die Nachführung der Empfangsantennen abhängig vom jeweiligen Satellitenstandort. Der entscheidende Vorteil dieser Art von S. besteht darin, daß auch äquatorferne Territorien funktechnisch erschließbar sind. Mehrere in zeitlichem Abstand auf der elliptischen Umlaufbahn befindliche S. bieten gleiche Möglichkeiten wie die geostationären S. Unabhängig von der Aufgabe und Art der S. müssen diese zeitweise in ihrer Flugbahn korrigiert und in ihrer Lage stabilisiert werden. Die Korrektur erfolgt über kleine am S. befindliche Triebwerke. Die Lagestabilisierung wird durch Rotations-

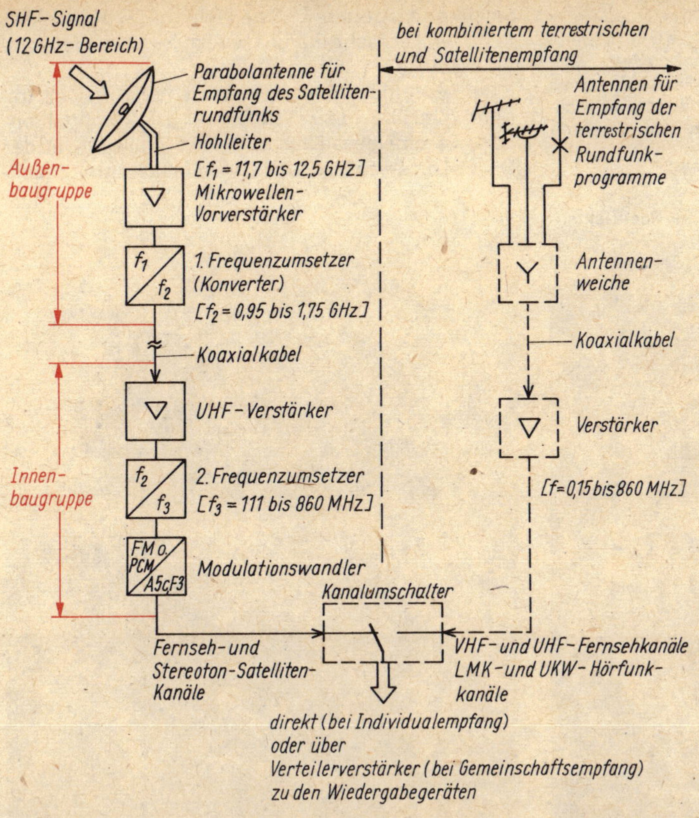

Mögliche Gliederung einer *Satellitenempfangsanlage*

bewegungen bewirkt. Um speziell bei Nachrichtensatelliten die gerichtete Funkverbindung und die günstigste Ausrichtung der Solarzellenträger („Sonnenpaddel“) zu gewährleisten, kommen bei diesen S. elektrisch angetriebene Drehmomentenerzeuger (Dralläder) im Körper des S. zur Anwendung. Sie kompensieren durch ihre Rotation um die S.achse magnetische und gravitatorische Krafteinwirkungen auf den S. im Kosmos, ohne die Position der am Satelliten außen montierten Elemente zu verändern. → Fernsehsatellit, → Fernsehrundfunksatellit, → Satellitensysteme, → Satellitenübertragung, → Satellitenfunk, → Satellitenkanal (Abb.)

Satellitendirektempfang: → Fernsehrundfunksatellit

Satellitenempfangsanlage: technische Einrichtung für die Aufnahme, Verstärkung und Frequenzumsetzung der von Nachrichtensatelliten empfangenen Signale. Allgemein hat sich für S. folgende Struktur herausgebildet: *a) Außenbaugruppe,* bestehend aus parabolförmiger Empfangsantenne, Mikrowellenempfänger zur Vorverstärkung und ersten Frequenzumsetzung des Eingangssignals aus dem SHF- in den UHF-Bereich (Konverter). *b) Innenbaugruppe:* Einrichtungen zur Verstärkung des UHF-Signals, zweiten Frequenzumsetzung in einen niederen Frequenzbereich und notwendigen Modulationsartenwandlung (Satellit: FM oder PCM, Fernsehnorm: A5c für Bild) entsprechend der nachgeschalteten Nachrichtengeräte; z. B. in → Bodenstationen für kosmische Nachrichtenweitverkehrssysteme durch Demultiplexer, Kanalverstärker usw. oder in S. für den Direktempfang durch die Kanalbelegung der Fernseh- und Hörrundfunkempfänger (Abb.). → Bodenstation, → Satellit, → Fernsehsatellit, → Fernsehrundfunksatellit, → Satellitenfunk, → Überschwappbereich (Abb.)

Hinweis: Die Errichtung einer S. ist in der DDR genehmigungspflichtig. S. für den Einzelempfang und kleine Gemeinschaftsanlagen werden bei Normalaufwand mit → Parabolantennen von ca. 90 cm Durchmesser arbeiten. Sie ermöglichen i. d. R. den Empfang des zur jeweiligen Region gehörenden → Fernsehrundfunksatelliten. Bei Großgemeinschaftsanlagen ist der Einsatz von Parabolantennen von 1,80 m Durchmesser und darüber zu erwarten. Dies gewährleistet eine hohe Stabilität des Empfangs. Gleichzeitig wird dabei mit erhöhtem Aufwand in den nachfolgenden Baugruppen auch der Empfang von Satellitenprogramm der Nachbarländer, die in der gleichen Orbitposition wie das eigene Land arbeiten, aber auf Grund der Strahlungsrichtung mit einer geringeren Feldstärke am Empfangsort einfallen, möglich. Der Empfang von Satellitensignalen aus einer anderen Orbitposition erfordert die Installation einer zweiten Empfangsantenne. Die für S. in

Mitteleuropa zutreffenden Antennen-Erhebungswinkel (→ Elevationswinkel) zwischen 20° und 30° für den Empfang geostationärer Fernsehrundfunksatelliten machen eine Dachmontage der Außenbaugruppe mit Parabolantennen i. d. R. überflüssig, wenn in südlicher/südwestlicher Richtung ein Sektor der freien optischen Sicht zum Satelliten gesichert ist.

Satellitenfernsehen: → Satellitenfunk, → Fernsehsatellit, → Fernsehrundfunksatellit, → Satellitenempfangsanlage

Satellitenfunk: drahtlose Nachrichtensignalübertragung mit Hilfe von → Satelliten (i. e. S. Nachrichten- oder Fernmeldesatelliten). Bereits heute findet der S. in den verschiedenen festen Funkdiensten (Nach-

Satellitenfunk (1) – international bedeutsame Nachrichtensatelliten:
a) Nachrichtensatellit „Telstar"

c) Nachrichtensatellit „Intelsat 4"

b) Nachrichtensatellit „Molnija"

richtenweitverkehr, Satellitenrundfunk, → Rebroadcasting), aber auch beweglichen Funkdiensten (Schiffs-, Flugzeugfunk, Rettungsdienste u. a.) breite Anwendung. Bis zu den technisch hochentwickelten Nachrichtensatelliten und umfangreichen → Satellitensystemen unserer Zeit ist ein historisch relativ kurzer Zeitraum vergangen. Als im Oktober 1945 der britische Wissenschaftspublizist A. C. CLARKE in der Fachzeitschrift „Wireless World" („Drahtlose Welt") Extra-Terrestrial Relays (außerirdische → Relaisstationen) für den zunehmenden Nachrichtenweitverkehr vorschlug, wurde dieser Vorschlag interessiert aufgenommen, aber es fehlte noch die technische Basis für eine Verwirklichung. Bereits am 18. 12. 1957 eröffneten sich mit dem Start des sowjetischen Satelliten Sputnik 1 – des ersten Satelliten in der Welt – völlig neue Perspektiven. Sputnik 1 sendete im Bereich 20...40 MHz Tonsignale zur Erde. Ihm folgte 1958 der amerikanische Satellit Score („Umlaufbahn"), der u. a. versuchsweise eine Nachricht von einem Tonband im Bereich 107...132 MHz zum Direktempfang ausstrahlte. Er kann als erster Vorläufer der Rundfunksatelliten gelten. Es begann die rasche Entwicklung von Nachrichtensatelliten auf elliptischer Umlaufbahn *(asynchrone Satelliten)*. Zuerst waren es passive Relaissatelliten, die einen zugespielten Energiestrahl unmittelbar zu einer Bodenstation reflektieren (z. B. Echo 1 A, USA 1960). Ihre übertragungstechnischen Möglichkeiten waren begrenzt. Die USA führten Versuche mit Satellitentypen „Courier", die UdSSR mit Satellitentypen der Kosmosserie durch. Telstar (USA 1962) gestattete als erster aktiver Nachrichtensatellit (Empfang-Signalverstärkung-Aussenden) eine feste Nachrichtenübertragung von 600 Fernsprechkanälen oder einem Fernsehkanal über den Atlantik. Ihm folgten in kurzer Folge weitere Satelliten, z. B. Early Bird (Früher Vogel, USA 1965), Molnija 1 (Blitz, UdSSR 1967). In den USA wurde die Organisation „Intelsat" gegründet, die ein → Satellitensystem mit Nachrichtensatelliten gleichen Namens (anfangs Intelsat 1) betrieb. Die UdSSR nahm den Betrieb des ersten regionalen Nachrichtensatellitensystems der Erde „Orbita" (1967) mit Molnija-Satelliten auf. Die mit den Satelliten auf elliptischer Umlaufbahn verbundenen Probleme (nur stundenweise nutzbar, notwendige Nachführung der Antennen) gaben Veranlassung, intensiv an der Entwicklung *geostationärer Satelliten* (→ Satellit) zu arbeiten. Als erste dieser Art kamen amerikanische Satelliten vom Typ „Syncom" (1963, Kapazität 2000 Fernsprechkanäle und mehrere Fernsehkanäle) zum Einsatz. Es folgten geostationäre Satelliten Kanadas (Anik), der UdSSR (Raduga, Ekran, Stationar) und Nachfolger des Typs Intelsat (gegenwärtig bis Intelsat V), die feste Aufgaben in regionalen oder überregionalen Satellitensystemen bis in die heutige Zeit erfüllen. Ausgangs der 70er Jahre waren bereits ca. 200 Nachrichtensatelliten im Einsatz, darunter viele Testsatelliten, mit denen sich verschiedene Länder auf die Nutzung des S. für die verschiedensten fernmeldetechnischen Aufgaben vorbereiten. Unabhängig vom konkreten Einsatz ist den S.verbindungen eines gemeinsam: Eine oder mehrere Erdefunkstellen strahlen zum Nachrichtensatelliten, die dort ankommenden Signale werden verstärkt und in einen anderen Frequenzbereich umgesetzt, nach abermaliger Verstärkung erfolgt die Abstrahlung zur Erde. Die Hauptformen des Satelliteneinsatzes sind: *a) Relaisstation* (Punkt-zu-Punkt-Verbindung): im einfachsten Betriebsfall als kosmische Richtfunkverbindung, in einer höheren Stufe als „kosmisches Fernmeldeamt". In letztgenannter Form strahlen viele Bodenfunkstellen frequenz- oder zeitsynchron ihre Signale zum Nachrichtensatelliten. Dieser bildet aus allen empfangenen Signalen ein frequenz- oder zeitmultiplexes Signal und strahlt es ab. Alle angeschlossenen Bodenstationen empfangen das komplexe Signal, entnehmen ihm im einzelnen aber nur den für die entsprechende Station bestimmte Signalanteil. *b) Rundfunksatelliten:* direkte Versorgung eines festgelegten Gebiets mit Fernseh- und Hörrundfunkprogrammen (→ Fernsehrundfunksatellit, Direktsatellit). Durch diese Form des S. wird es in den Anwenderländern mit einem ausgebauten terrestrischen Rundfunksendernetz möglich, die Zahl der angebotenen Programme in Ergänzung zu den bereits vorhandenen bedeutend zu erweitern oder beim Fehlen dieser Voraussetzungen den S. als Alternative zum fehlenden terrestrischen Netz zu nutzen. Da die Rundfunksatelliten, wie die Abb. 2 zeigt, in jedem Fall auch über den vorgesehenen Versorgungsbereich hinaus zu empfangen sind (→ Überschwappbereich), ist eine einheitliche Ausstrahlungsnorm sinnvoll (→ C-MAC-Verfahren). Der Fortschritt in der Funktechnik und auch Heimelektronik läßt digitale Übertragungsformen als Hauptform im S. erwarten. Über die Nutzung der verfügbaren Kanäle im Satellitenrundfunk gibt es international noch keine einheitlichen Auffassungen. In sozialistischen Ländern wird der Satellitenrundfunk ausschließlich den gesellschaftlichen Informations- und Unterhaltungsbedürfnissen Rechnung tragen. Ein hervorragendes Beispiel hierfür bietet die UdSSR mit ihrem System an Rundfunksatelliten. Demgegenüber geht man in den USA davon aus, Satellitenkanäle hauptsächlich für kommerziell orientierte Programmalternativen mit entsprechenden Gebührenverrechnungen anzubieten. Kapitalistische europäische Länder orientieren auf einen Ausbau des staatlichen Rundfunks, schließen aber einen Zugriff privater Medienträger zum Satellitenrundfunk nicht aus. Auch hier dominieren die kommerziellen Gesichtspunkte. Wichtig ist, daß sich die Unterzeichnerstaaten der WARC 77 zu einheitlichen Prinzipien des Satellitenrundfunks bekannt haben. Das schließt auch die Freiheit jedes Landes ein, die zugewiesenen → Satellitenkanäle nach eigenen Er-

Satellitenfunk (2): Strahlungsellipsen der geostationären Satelliten aus der Orbitposition 19° westlicher Länge
Angaben:
Land
(zugewiesene Satellitenkanäle)
zirkulare Polarisationsrichtung entsprechend WARC 77; Ellipsenkonturen umfassen die vorgegebenen Strahlungsflußdichten von minimal −103 dBW/m²

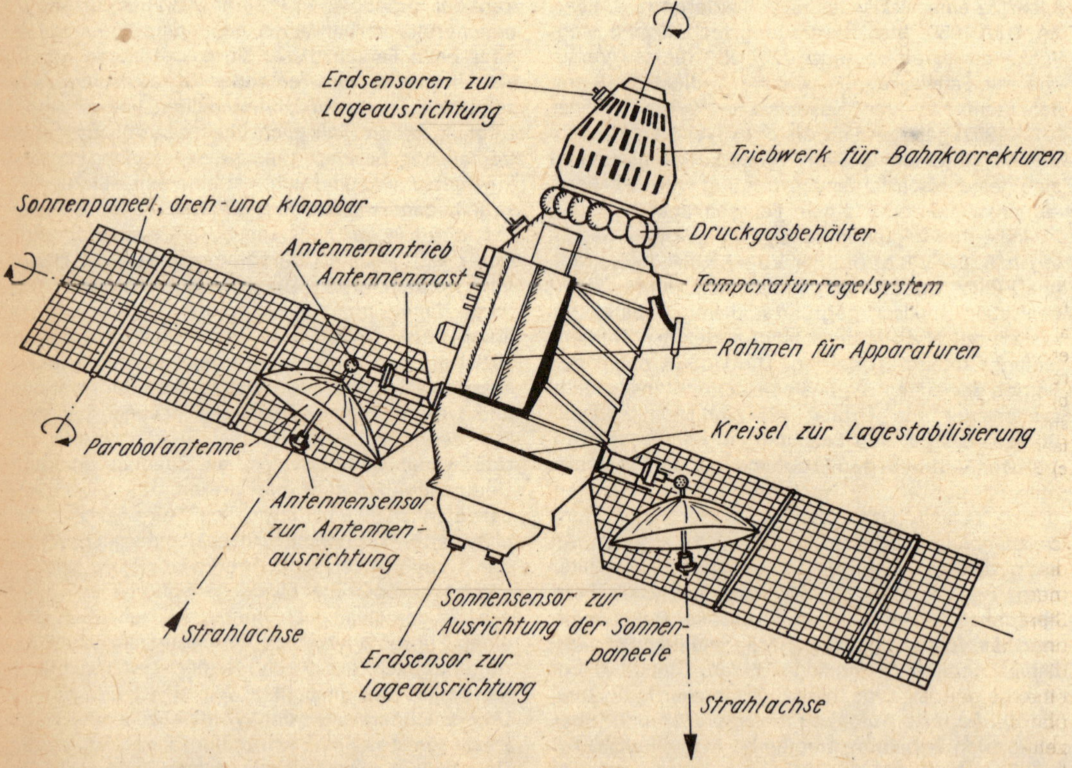

Satellitenfunk (3): Modelldarstellung eines aktiven Nachrichtensatelliten (Typ Molnija)

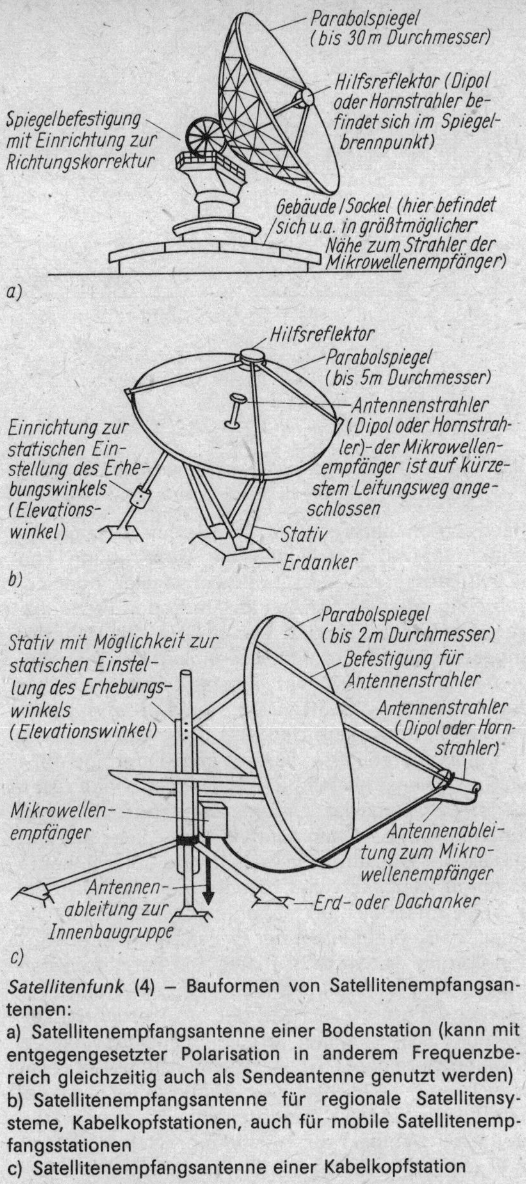

Satellitenfunk (4) – Bauformen von Satellitenempfangsantennen:
a) Satellitenempfangsantenne einer Bodenstation (kann mit entgegengesetzter Polarisation in anderem Frequenzbereich gleichzeitig auch als Sendeantenne genutzt werden)
b) Satellitenempfangsantenne für regionale Satellitensysteme, Kabelkopfstationen, auch für mobile Satellitenempfangsstationen
c) Satellitenempfangsantenne einer Kabelkopfstation

fordernissen zu nutzen. Derzeit sind 2 Varianten für die Übertragung von UKW-Hörrundfunkprogrammen in der Diskussion: Übertragung zusätzlicher Stereoprogramme zusammen mit dem Bildsignal und dem zugehörigen Stereofernsehtonsignal in den einzelnen Satellitenkanälen oder die Nutzung eines Satellitenkanals exklusiv für die Tonsignalübertragung (z. B. für 16 Stereoprogramme). Gleichzeitig sind internationale Vereinbarungen anzustreben, die einen Mißbrauch von Rundfunksatelliten für ideologische Zwecke ausschließen. Auch hier wies die UdSSR bereits 1972 mit ihrem Vorschlag einer „Konvention über Prinzipien der Nutzung künstlicher Erdsatelliten" einen beispielgebenden Weg. Unabhängig von der Funktion der Nachrichtensatelliten sind bei ihrem Einsatz folgende *Probleme* zu überwinden: Der Satellit muß raumfahrtgerecht (klein in Abmessungen und Gewicht, Außenelemente klappbar) und übertragungsgerecht (hohe Kanalzahl, große Sendeleistung) sein. Er muß die hohen Belastungen bei der Einnahme der → Orbitposition (mechanisch bei Raketenstart) und beim Betrieb (extreme Temperaturschwankungen durch den Wechsel Sonne/Schatten, Wirkung der UV-Strahlung auf Plastmaterial, Wirkung der Teilchenstrahlung auf Halbleiterbauelemente) verkraften. Die Orbitposition des Satelliten muß stabilisiert, notfalls korrigiert werden (exakte Ausrichtung der Sende- und Empfangsantennen zur Gewährleistung höchster Feldstärken, Richtung der Sonnenpaneele bzw. „Sonnenpaddel" auf die Sonne zum Erhalt höchster elektrischer Energie). Während der Satellit im Erdschatten zur Sonne steht (Eklipse) muß der S. i. d. R. unterbrochen werden, da die benötigte Energie nicht durch Akkumulatoren bereitgestellt werden kann. Die Lebensdauer ist aus wirtschaftlichen Erwägungen auf mindestens 7 Jahre ausgerichtet. Ein grundlegendes Problem im S. ist die Verstärkung höchstfrequenter Signale (GHz-Bereich) in Größenordnungen bis $1:10^{14}$. Es ist in den → Transpondern der Satelliten und den Empfängern der → Bodenstationen gleichermaßen zu bewältigen. Unabhängig von den im S. eingesetzten Satellitentypen hat sich in etwa eine *Grundstruktur,* wie Abb. 3 zeigt, herausgebildet. Sende- und Empfangsantennen sind i. d. R. Parabolantennen an ausfahrbaren Antennenmasten. Hauptkomplex sind die Transponder (heute üblich 12, angestrebt 24), hier erfolgt die eigentliche Signalbearbeitung. Einen weiteren Komplex bilden die Stromversorgung und die gesamte Steuerelektronik des Satelliten. Auf lange Sicht werden Satelliten sicher ihre Gesamtenergie über Solarzellen zugeführt bekommen (Größenordnungen: 2 kW elektrische Leistung erfordern ca. 20 000 rasierklingengroße Siliziumsonnenzellen, das führt zu Spannweiten der klapp- und drehbaren Sonnenpaddel von 15 m; die projektierten Fernsehrundfunksatelliten großer Leistung werden 45 m^2 Gesamtsolarzellenfläche und damit Spannweiten über 25 m erfordern). Während bislang der S. hauptsächlich im Bereich 4...6 GHz abgewickelt wurde, erfolgt derzeit der Übergang in den Bereich 11,7...12,76 GHz. Es ist abzusehen, daß mit fortschreitender Entwicklung auch Frequenzbereiche um 30 GHz für den S. erschlossen werden. Abb. 4 gibt einen Überblick über die je nach Verwendungszweck unterschiedlichen Bauformen von Empfangsantennen im S. → Satellit, → Fernsehsatellit, → Fernsehrundfunksatellit, → Satellitensysteme, → Bodenstation, → Satellitenempfangsanlage, → Sa-

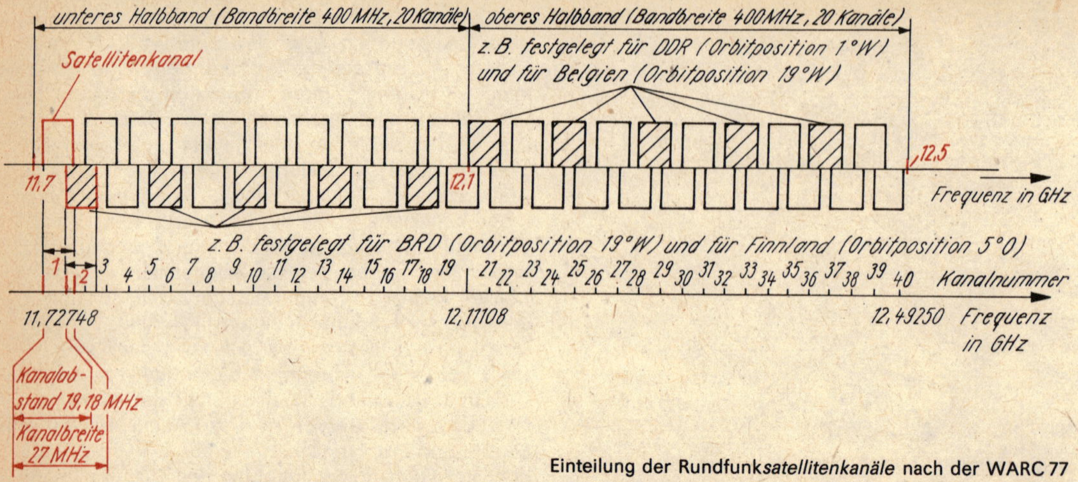

Einteilung der Rundfunk*satellitenkanäle* nach der WARC 77

tellitenkanal, → Rebroadcasting, → WARC, → Zeitmultiplex, → Frequenzmultiplex (Abb.)

Satellitenfunkantenne: → Satellitenfunk, → Parabolantenne

Satellitenkanal: → Frequenzbereich aus dem für die Satellitenübertragung genutzten Frequenzspektrum. Speziell für den Betrieb von → Fernsehrundfunksatelliten wurden auf der Genfer Weltfunk-Verwaltungskonferenz (→ WARC) Festlegungen für die im Bereich von 11,7...12,5 GHz einzurichtenden S. und ihre Nutzung getroffen. Dieses Frequenzspektrum wird in 40 S. von je 27 MHz Kanalbreite und einem Kanalabstand von je 19,18 MHz aufgeteilt (Abb.). Damit sich Nachbarkanäle nicht gegenseitig beeinflussen, arbeitet man mit wechselnder zirkularer → Polarisation der Energieausstrahlung. Einzelne Länder können über mehrere S. verfügen. Diese sind nicht benachbart, um eine gegenseitige Beeinflussung im Empfangsgebiet zu vermeiden. Gleiche Kanalnummern werden entsprechend der unterschiedlichen → Orbitpositionen einzelner Fernsehrundfunksatelliten mehrfach vergeben. Abb.

Satellitensystem: aus mehreren oder einzelnen Nachrichtensatelliten und den dazugehörenden → Bodenstationen bestehendes kosmisches Nachrichtennetz für den Nachrichtenweitverkehr oder die Direktversorgung eines Territoriums mit Hör- und Fernsehrundfunkprogrammen. Im S. finden Nachrichtensatelliten auf elliptischer Umlaufbahn (Asynchronsatelliten) oder auf geostationärer Umlaufbahn (Synchronsatelliten) Anwendung. Gegenwärtig existieren 2 weltumspannende S.: *a) Intelsat,* 1964 in den USA ins Leben gerufen (Name der Organisation und der eingesetzten Satellitentypen – anfangs Intelsat I, gegenwärtig Intelsat V). Intelsat wird nach kommerziellen Gesichtspunkten durch ein Konsortium geleitet. Bestimmend sind dabei entsprechend ihrer Aktienmehrheit US-amerikanische Nachrichtenkonzerne. Die derzeit eingesetzten Satelliten Intelsat V erlauben die Übertragung von 12000 Fernsprech- und 2 Fernsehkanälen oder anderer Signale gleicher Bandbreite in den Frequenzbereichen 4...6 GHz und 11...14 GHz. Die Zahl der angeschlossenen Erdefunkstellen liegt bei über 250. *b) Intersputnik,* 1971 von den sozialistischen Ländern Bulgarien, ČSSR, DDR, Kuba, Mongolische VR, Polen, Rumänien, UdSSR, Ungarn als Organisation gleichberechtigter Partner gegründet und 1974 als S. in Dienst gestellt. Seit dieser Zeit haben sich weitere Staaten der Organisation angeschlossen. Anfangs arbeitete Intersputnik mit → Satelliten auf elliptischer Umlaufbahn (Typ Molnija, „Blitz"), heute kommen Satelliten auf synchroner Umlaufbahn (z. B. Typ Raduga, „Regenbogen") zum Einsatz. Die Satelliten sind Eigentum der Organisation oder werden von ihr zeitweise gemietet. Die Bodenfunkstellen gehören den Teilnehmerstaaten, es erfolgt eine Verrechnung entsprechend der beanspruchten Leistungen. Die Satelliten arbeiten hauptsächlich im Frequenzbereich 4...6 GHz. Zur Nutzung von Fernsprech- und Fernsehkanälen stehen je 6 Frequenzbänder von 34 MHz Bandbreite im Frequenzmultiplex frei wählbar zur Verfügung. Neben diesen international bedeutsamen S. sind eine Reihe nationaler und regionaler S. zu nennen. Das erste dieser Art war das 1967 in der UdSSR in Dienst gestellte S. „Orbita" (von Orbit: Erdkreis) mit Nachrichtensatelliten des Typs Molnija auf elliptischer, seit 1975 auch auf geostationärer Umlaufbahn. Die Kapazität betrug anfangs mit Satelliten Molnija 1 60 Ferngespräche oder 1 Fernsehprogramm. Seit Anfang der 80er Jahre bietet Molnija 3 eine Kapazität für 10 Fernsehprogramme bzw. äquivalente Nachrichtensignale. Es sind auf dem Territorium der UdSSR über 80 Bodenstationen angeschlossen. Hierdurch wird es möglich, das zentrale Moskauer Fernsehprogramm, Rundfunkprogramme, Fernsprech- und Datensi-

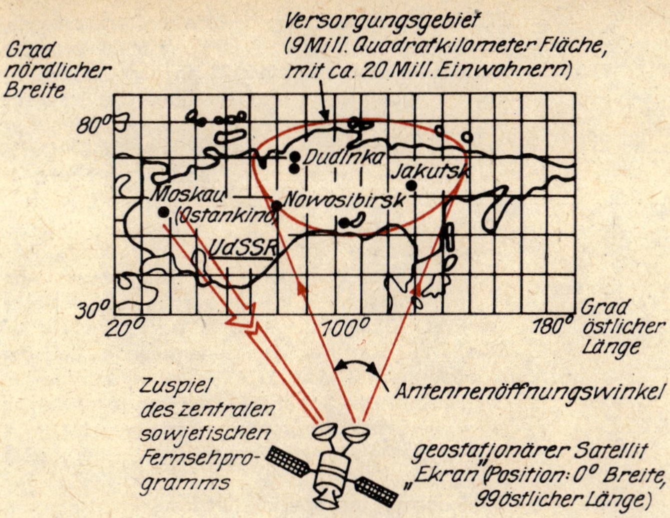

Funktion des geostationären Satelliten „Ekran"

gnale bis hin zu Texten für ferngesteuerten Zeitungsdruck in die entferntesten Landesteile zu übertragen. Die UdSSR betreibt noch weitere S., z. B. mit geostationären Satelliten vom Typ „Ekran" (Abb.). Der Einsatz unterschiedlicher S. ermöglicht es der UdSSR, die Direktversorgung aller Landesteile optimal zu sichern. Nationale S. arbeiten heute in vielen Ländern, z. B. Kanada: Telesat seit 1972, Indonesien: Palapa seit 1976. Die USA betreiben mehrere miteinander konkurrierende S. und kündigen für den Ausgang der 80er Jahre einen weiteren Ausbau auf diesem Gebiet an. S. werden heute auch in Japan, Algerien u. a. Ländern betrieben; es ist einzuschätzen, daß Ende der 80er Jahre weltweit ca. 30 regionale S. in Betrieb sein werden. Für die Einrichtung zukünftiger S. ist die „World Administrativ Radio Conference" (WARC 77) von grundlegender Bedeutung. Die Schlußakte dieser Rundfunksatelliten-Verwaltungskonferenz enthält die detaillierten Festlegungen für die Planung und Errichtung von europäischen S. in den nächsten Jahren. Neben diesen S. werden auf der Basis internationaler Vereinbarungen weitere S. mit spezifischen Aufgabenstellungen betrieben, z. B. das S. INMARSAT mit geostationären Satelliten zur Abwicklung des Schiffsfunks über den Weltmeeren oder die Satellitennot- und Suchsysteme KOSPAR (UdSSR), SARSAT (USA, Kanada, Frankreich). → Satellitenfunk, → WARC (Abb.)

Satellitenübertragung: drahtlose Nachrichtensignalübertragung in der Folge Erde-Nachrichtensatellit-Erde. Die S. erfolgt hauptsächlich in den Frequenzbereichen 4...7 GHz und 11...13 GHz; der Betrieb in höheren Frequenzbereichen, die z. B. schon heute für den „Aufwärtsbetrieb" (Erde-Nachrichtensatellit) von 17,3...18,16 GHz genutzt werden, wird angestrebt. Die Verwendung solch hoher Frequenzbereiche ermöglicht die Übertragung *sehr breitbandiger Nachrichtensignale* (z. B. für je 10 Fernsehkanäle, 10 000 Fernsprechkanäle bzw. äquivalente Stereoton-, Daten-, Telexsignale gleichzeitig oder in gegenseitiger Ergänzung). Am weitesten verbreitet ist bislang die S. im Nachrichtenweitverkehr. Aus der geostationären → Orbitposition können – eine entsprechende Sendeleistung vorausgesetzt – bis 5 000 km durch einen Nachrichtensatelliten überbrückt werden. Auf diese Weise werden eine Vielzahl von Funkfeldern terrestrischer Richtfunkverbindungen oder die in Kabelweitverkehrsverbindungen notwendigen Kabellängen und die hohe Repeater-(Zwischenverstärker-)Zahl kostengünstig ersetzt. Ein spezielles Gebiet der S. ist der Satellitendirektempfang (s. Abb. → Satellitensysteme) als eine Form des → Rundfunks. → Bodenstation, → Satellitenfunk, → Satellitensysteme, → Satellit, → Fernsehsatellit, → Fernsehrundfunksatellit, → Transponder, → Frequenzmultiplex, → Zeitmultiplex

Satikon: Bildaufnahmeröhre, deren Aufbau und grundsätzliche Funktion dem → Vidikon entspricht. Als → Speicherplatte hat das S. eine Halbleiterschicht aus Selen-Tellur oder Selen-Arsen-Tellur, die genau wie beim → Plumbikon im Sättigungsbereich betrieben wird. Die Eigenschaften des S. sind denen des Plumbikons fast identisch; bis auf minimal größere → Trägheit und → Modulationstiefe sowie etwas andere → Spektralempfindlichkeit. Das S. ist für Farbkameras sehr gut geeignet und wird auch in vielen Amateur-Videokameras eingesetzt. → Trinicon

Sättigung: Erscheinung, daß bei physikalischen Vorgängen kein Anstieg der Wirkung mehr eintritt, obwohl die Ursache noch zunimmt. Beispiele sind die *magnetische S.* bei Magnetbändern und in fer-

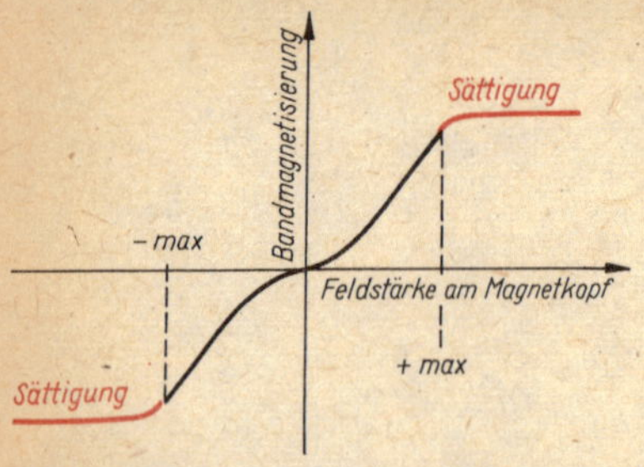

Magnetisierungskennlinie eines Tonbands mit *Sättigungs*bereichen

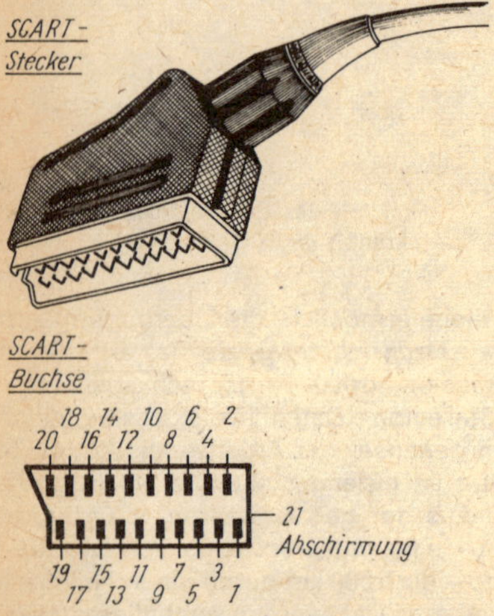

SCART-Steckverbinder (1 Audio-Ausgang 2 (R), 2 Audio-Eingang 2 (R), 3 Audio-Ausgang 1 (L), 4 Audio-Masse, 5 Blau-Masse, 6 Audio-Eingang 1 (L), 7 Blau-Signal, 8 Schaltspannung, 9 Grün-Masse, 10 Datenleitung 2, 11 Grün-Signal, 12 Datenleitung 1, 13 Rot-Masse, 14 Datenleitung-Masse, 15 Rot-Signal, 16 Austastsignal, 17 Video-Masse, 18 Austastsignal-Masse, 19 Video-Ausgang, 20 Video-Eingang, 21 Steckerabschirmung/Masse)

romagnetischen Kernen von Spulen und Transformatoren, wenn alle Teilchen vollständig magnetisiert sind oder die S. der Ausgangsspannung bei zu stark angesteuerten elektronischen Verstärkern. S. wird bei einer Kennlinie am Übergang in eine waagerechte Gerade erkannt (Abb.). Ein Arbeiten im Bereich der S. führt i. allg. zu starken Signalverformungen und damit zu → nichtlinearen Verzerrungen. Ausnahmen davon sind die Übertragung oder Speicherung frequenzmodulierter oder digitalisierter Signale. → Farbsättigung (Abb.)

SCA-Kanal, Abk. für engl. **S**ubsidiary **C**ommunication **A**uthorisation (svw. Hilfsnachrichten-Erlaubnis): bei der Stereo-HF-Übertragung zusätzlich benutzter Hilfskanal zur Übertragung von Musik in Warenhäuser u. ä. Dazu wird die obere Frequenzgrenze im → MPX-Signal erweitert, und die Zusatzsignale werden bei 67 kHz eingeschachtelt. Der S. hat nur in den USA Bedeutung.

SCART-Steckverbinder, *Peri-TV-Steckverbinder, Europa-Steckverbinder,* Euro-AV-Steckverbinder, *CENELEC-Steckverbinder:* 21-poliger Steckverbinder für Videogeräte untereinander und insbesondere für den optimalen Anschluß verschiedener peripherer Videogeräte an Fernsehempfänger. Der S. verfügt unter anderem über Audio-, Video-(FBAS-) und Farbwertsignal-Ein- und Ausgänge. S. wurden von dem französischen Fachverband für Unterhaltungselektronik (Syndicat des Constructeurs d'Appareils Radio Récepteurs et Téléviseurs, Abk. SCART) entwickelt und von der Normorganisation der EWG (CENELEC) genormt. Der S. besteht aus *SCART-Buchse* – am Fernsehempfänger und den Videogeräten – und *SCART-Stecker* am Verbindungskabel. Der S. hat 2 Reihen von je 10 Kontakten in versetzter Anordnung, der Kontakt 21 wird über die Metallabschirmung des S. hergestellt. (Abb.)

Schachcomputer: speziell für das Schachspiel programmierter Kleincomputer. Die Befehlseingabe erfolgt i. d. R. als Schachzug „von – nach" über eine Tastatur. Die Spielstandsanzeige wird mittels Bildschirm (Schachbretteinstellung, synthetisch erzeugte Schachfigurenbilder), einem speziellen „Schachbrett" mit Leuchtanzeige für die einzelnen Felder oder einem Anzeigedisplay vorgenommen. Wesentliches Element des S. ist der Mikroprozessorbaustein, in dem alle Befehle koordiniert werden sowie in Auswertung jedes Schachzugs durch Variantenvergleich der optimale Gegenzug ermittelt und ausgeführt wird. Hierzu bedarf es eines großen Speicherumfangs und ausgefeilten Rechnerprogramms. Als S. werden ausschließlich für diese Aufgabe entwickelte Kleincomputer, hauptsächlich aber durch spezielle Schach-Module ergänzte → Bildschirmspiele, → Videocomputerspiele und Heimcomputer genutzt. S. können zum Erlernen des Schachspiels, zur Erweiterung der vorhandenen Kenntnisse, insbesondere aber auch als „Spielgegner" genutzt werden. Entsprechend dieser Einsatzbreite lassen sich unterschiedliche Funktionen (mit/ohne Zeitlimit, „Denkprozeß" des S. wird angezeigt, Schachaufgaben, Problemanalysen usw.) und Schwierigkeitsgrade („Spielstärken") wählen. → Mikrorechner

Hinweis: Für einen qualitativ hochwertigen S. sind alle Möglichkeiten: Gewonnen-Remis-Verloren, gegeben.

Schall: mechanische → Schwingungen und Wellen in festen, flüssigen oder gasförmigen Stoffen. S. im Intensitäts- und Frequenzbereich des menschlichen Hörens (→ Hörbereich) wird als *Hör-S.* bezeichnet. Er liegt im Frequenzbereich von 16...20000 Hz. Unterhalb 16 Hz wird S. als *Infra-S.* bezeichnet. S. oberhalb von 20 kHz heißt *Ultra-S.* Je nach Ausbreitungsmedium spricht man von Luft-, Flüssigkeits- oder Körper-S. S. wird von einer → Schallquelle erzeugt, seine Ausbreitung ist immer an einen Stoff gebunden und erfolgt in Wellenform. Im gleichmä-

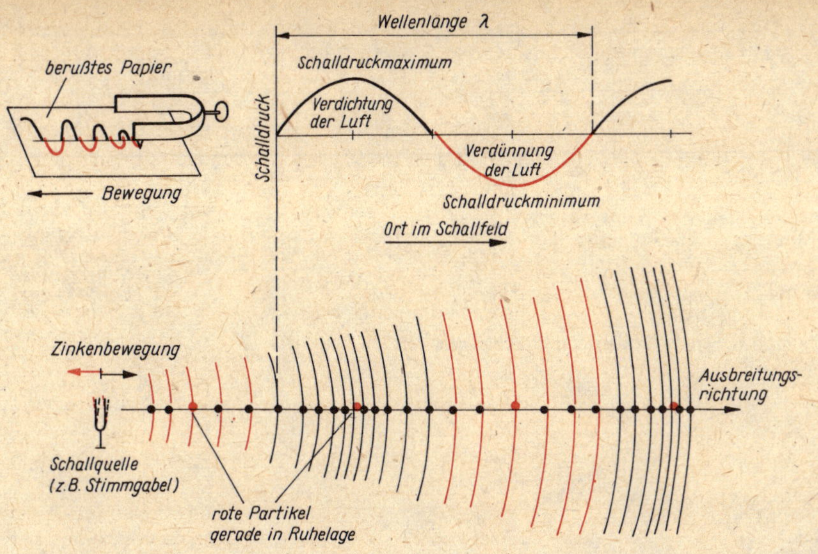

Ausbreitung von *Schall* als Dichtewelle in Luft

ßigen (homogenen und isotropen) Medium breitet sich S. geradlinig mit →Schallgeschwindigkeit aus. Die Fortleitung des S. erfolgt in Luft und in Flüssigkeiten als Längswelle (Abb.), in festen Körpern sind auch andere Wellenformen möglich. Die Teilchen des Mediums schwingen um ihre Ruhelage und stoßen sich gegenseitig an. Dabei wird Energie transportiert. Die entstehende S.wellenlänge in Luft hat für tiefste Hörfrequenzen Werte um 20 m, für höchste Hörfrequenzen um 20 mm. Das Raumgebiet, in dem S.wellen vorhanden sind, wird S.feld genannt. Erfolgt die S.ausbreitung in einem gleichmäßigen Stoff ohne Hindernisse oder Wände, z. B. in freier Luft, dann spricht man von *freiem S.feld.* Um die S.quelle herum ergibt sich eine kugelförmige Wellenverteilung, wenn ihre Abmessungen klein gegenüber der abgestrahlten Wellenlänge sind. Trifft der S. dagegen auf Hindernisse, z. B. Wände oder Gegenstände im Raum, so wird ein Teil von ihm vielfach reflektiert oder zerstreut; der Raum füllt sich gleichmäßig mit reflektiertem S., dessen Gesamtheit man als *diffuses S.feld* bezeichnet (→Schallreflexion, →Nachhall). Während im freien S.feld dem S., bezogen auf den Zuhörer, eine Richtung zuzuordnen ist, enthält das diffuse S.feld keine Richtungsinformationen; der S. fällt von allen Seiten ein. Trifft S. bei seiner Ausbreitung auf ein Hindernis, so wird es umlaufen, wenn die Abmessungen klein gegenüber der S.-Wellenlänge sind. Da aber in den S.ereignissen (z. B. Sprach- oder Musikdarbietungen) hohe sowie tiefe Frequenzanteile enthalten sind, ergeben sich auch stark unterschiedliche Wellenlängen. Das bedeutet, daß tieffrequente S.anteile um das Hindernis herumgebeugt werden (dieses umgehen), höherfrequente dagegen vom Hindernis reflektiert, also abgesperrt werden. Auf Grund dieses „S.schattens" für höhere Frequenzen wird hinter einem Hindernis der Klang dunkler. Auch um Ecken herum gelangen vorwiegend nur die tiefen Hörfrequenzen. Um S. quantitativ beschreiben zu können, sind geeignete Größen definiert worden. Zu den wichtigsten gehört der *S.-druck* p, gemessen in N/m² oder Pa (Pascal). Er läßt sich mit geeigneten Meßmikrofonen leicht im S.feld bestimmen. Physikalisch kann der S.druck als Verdichtungen und Verdünnungen des Mediums erklärt werden, die auf Grund der Teilchenbewegung beim Schwingvorgang entstehen (Abb.). Die S.energie wird mit Hilfe der *S.intensität* (auch *Intensität*) J erfaßt. Sie stellt die eine bestimmte Fläche durchströmende akustische Leistung dar und wird in W/m² gemessen. Höherer S.druck und größere Intensität bedeuten, daß das S.feld stärker angeregt ist (größere zugeführte Energie, z. B. Lautsprecherleistung), was letztendlich auch zu größerer Lautstärkeempfindung führt. Den Zusammenhang zwischen S.druck und Intensität vermittelt das Nomogramm bei → Schalldruckpegel. S. ist bei natürlichen S.quellen immer ein Gemisch aus Tönen verschiedener Frequenzen und Intensität, deren Zusammensetzung sich zeitlich ständig ändert. Daher entstehen komplizierte Schallformen (→ Ton, → Klang, → Geräusch). Abb.

Schallbündelung: 1. *(Lautsprecher)* Physikalisch bedingte Eigenschaft, Schall räumlich, aber bevorzugt in Richtung der Bezugsachse abzustrahlen. S. entsteht infolge von Interferenz, wenn die abgestrahlten Wellenlängen kleiner werden als die Membranabmessungen. S. nimmt daher mit steigender Frequenz zu und ist bei Lautsprechern mit großem Membrandurchmesser i. allg. stärker ausgeprägt. Frequenzabhängige S. ist sehr unerwünscht und wird durch konstruktive Maßnahmen, z.B. Kalottensysteme oder spezielle Schallführungen, vermin-

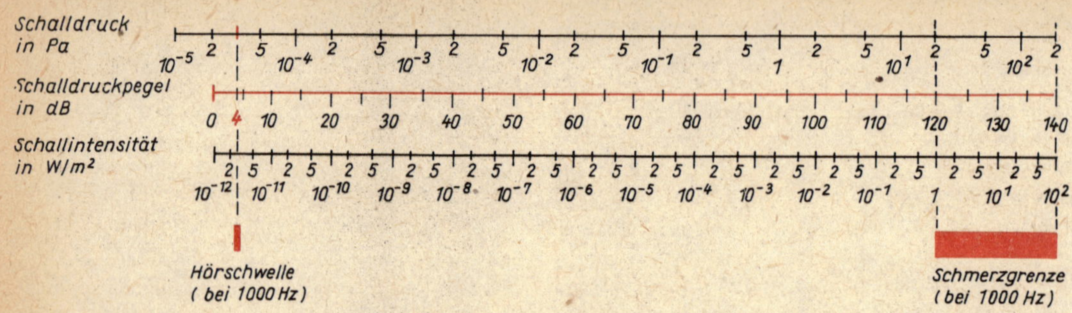

Zusammenhang zwischen Schalldruck, *Schalldruckpegel* und Schallintensität

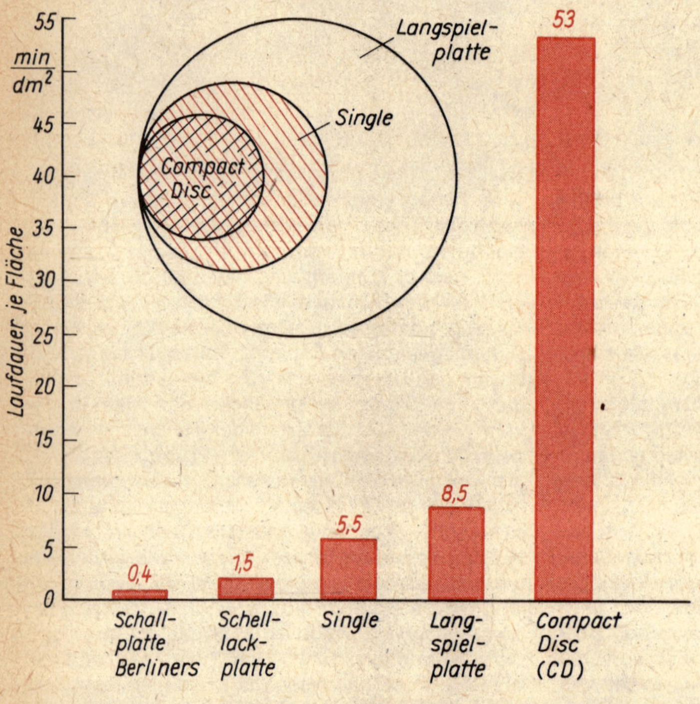

Entwicklung der Speicherdichte auf *Schallplatten*

dert. – **2.** *(Mikrofon)* Konstruktiv festgelegte Eigenschaft, Schall aus bestimmten Richtungen bevorzugt aufzunehmen (→ Mikrofoncharakteristik). – **3.** *(natürliche Schallquellen)* Von Aufbau, Art der Klangerzeugung und Lautstärke abhängige Schallabstrahlung in bevorzugte Richtungen und Bereiche, die bei der Mikrofonaufstellung für Tonaufnahmen berücksichtigt werden muß. Abb. → Mikrofonaufnahme

Schalldruckpegel, kurz Schallpegel (engl. Sound Pressure Level, Abk. SPL): logarithmiertes Verhältnis des Schalldrucks zu einem Bezugswert (→ Pegelmaß). Der S. wird häufig an Stelle des Schalldrucks verwendet, um dessen sehr großen Wertebereich zwischen Hörschwelle und Schmerzgrenze besser erfassen zu können. Außerdem ist der S. günstiger dem etwa logarithmischen Lautstärkeempfinden des Gehörs angepaßt. Der S. eignet sich trotz der Frequenzabhängigkeit des Gehörs bei Sprache und Musik recht gut zur Beschreibung der Lautstärkeempfindung, weil bei diesen Schallereignissen die Frequenzanteile hoher Intensität auch in dem Bereich liegen, bei dem das Gehör seine größte Empfindlichkeit hat und nähererungsweise frequenzlinear arbeitet (etwa zwischen 500...5 000 Hz). Bei Geräuschen, aber auch bei moderner elektronischer Effektmusik können sich erhebliche Abweichungen zwischen S. und empfundener Lautstärke ergeben. Abb.

Schallfeld-Effektor: elektronisches Zusatzgerät zur Verbesserung der räumlichen Schallwirkung in Kraftfahrzeugen bei Rundfunk- oder Kassettenwie-

Wichtige Kennwerte von Schallplatten

Kennwert		Einheit	Langspielplatte	Single	Normalrillenplatte (veraltet)
Nenndrehzahl		U/min	33	45	78
Solldrehzahl		U/min	33⅓	45,11	77,92
Nenndurchmesser		mm	300	175	250 (300)
Mittellochdurchmesser		mm	7,24	38,2	7,24
Rillendurchmesser	– größter	mm	292,6	168	(nicht einheitlich)
	– kleinster	mm	106,4	98,4	
Rillenbreite	– Mono	µm	55	55	120
	– Stereo	µm	≧ 46	≧ 46	–
Rillendichte		1/mm	4…16 (durchschnittl. 10)		3,5…4
Laufdauer je Seite,	maximal	min	27	7	3,5 (5,5)
Kennzeichnung	– Mono		M 33	M 45	N 78
	– Stereo		(ST)(33)	(ST)(45)	–

dergabe. Es entsteht eine Vergrößerung der Stereo-Abbildungsbreite, ähnlich wie bei der Stereo-Wide-Schaltung (→ Basisbreitensteuerung).

Schallgeschwindigkeit c: Ausbreitungsgeschwindigkeit des Schalls in einem Medium. Die S. ist im gleichmäßigen Medium bei gleichbleibender Temperatur konstant und beträgt in Luft bei 20 °C: c = 342 m/s. In Flüssigkeiten und Festkörpern ist sie erheblich größer. Infolge dieses kleinen Werts der S. in Luft ergeben sich bei Entfernungen über 30 m von einer Schallquelle bereits störende Unterschiede zwischen Hör- und Sehwahrnehmung.

Schallplatte (engl. *Disk*, Scheibe, auch *Record*): von → BERLINER im Jahre 1887 erfundene flache Scheibe mit einer ebenen Rillenspirale, in der Schallinformationen als mechanische Wellenzüge eingeprägt sind.

Geschichtliches: Die Schallplatte BERLINERS bestand aus einer Zinkplatte mit Wachsschicht, in der die Rille in Seitenschrift (→ Schriftart) eingeschnitten wurde. Nach Behandlung der Zinkplatte mit Chromsäure zum Einätzen der Schrift konnten Kopien aus Hartgummi, später aus Schellack hergestellt werden. Von dieser mit 70 U/min abzuspielenden, anfänglich nur 1 Minute laufenden 17-cm-Platte wurden bereits 1900 2,5 Millionen Stück verkauft. 1901 entstand die erste 25-cm-Schellackplatte, 1902 eine mit 30 cm Durchmesser. Bereits ab 1903 wurden auch synchron zu Kinofilmen laufende S. zur Tonwiedergabe eingesetzt (erstmalig von Oskar MESSTER im Apollotheater Berlin). In den Folgejahren entwickelte sich ein Nebeneinander verschiedener S.-Systeme, es gab von innen nach außen verlaufende Rillen, Tiefenschrift, Drehzahlen von 90…100 U/min (PATHÉ, Frankreich) und die unterschiedlichsten Rillenprofile. Im Jahre 1904 wurden auf der Leipziger Frühjahrsmesse von der Firma ODEON erstmalig beidseitig bespielte S. gezeigt. S. dieser Jahre konservierten nicht nur berühmte Orchester, Musiker und Sänger, sie informierten in sogenannten „Ton-" oder „Hörgemälden", häufig heroisch verbrämt, emotional überzogen und z. T. entstellend über Ereignisse der Weltgeschichte, z. B. über Natur- oder Kriegsereignisse. Mit Einführung des elektrischen Schneideverfahrens im Jahre 1925 konnte ein gewaltiger Qualitätssprung erzielt werden, die Spieldauer stieg auf 5 Minuten, die Umdrehungsgeschwindigkeit wurde mit 78 U/min genormt. Am 17. 9. 1931 wurde die erste *Langspielplatte* mit 33⅓ U/min von der Firma RCA-Victor (USA) vorgestellt. Sie konnte sich allerdings erst nach der Entwicklung einer neuen Kunststoffpreßmasse ab 1948 durchsetzen. Langspielplatten werden noch heute mit einem Durchmesser von 30 cm hergestellt und laufen 25…30 Minuten. Die ersten *Singles* mit 45 U/min, von der gleichen Firma 1948 angeboten, gingen wieder auf das Ursprungsmaß der S. von 17 cm zurück. Sie erschienen 1952 in den westeuropäischen S.-Geschäften, in der DDR 1956. Ab 1957 wurde die Produktion von Schellackplatten in Europa schrittweise eingestellt. Obwohl die erste brauchbare Stereo-S. nach einem Patent von A. D. BLUMLEIN aus dem Jahre 1931 bereits 1935 von der US-Firma BELL-Telephone Company vorgestellt wurde, erschienen Stereo-S. erstmalig 1956 im Verkauf. In der DDR wurde die Produktion von Stereo-S. im Jahre 1962 aufgenommen; seit 1971 werden alle S. in Stereoschrift geschnitten. Weitere z. T. wesentliche Verbesserungen bei S. bestehen im → CX-System und auch in der Anwendung anderer Kompanderverfahren (→ dbx), im → Direktschnitt, in der digitalen Urbandproduktion (→ Digital Master Recording) und dem Schnitt direkt in Metall (→ DMM). Seit dem Serienanlauf der → Compact Disc Digital Audio im Jahre 1983 ist der herkömmlichen S. jedoch ein Konkurrent erwach-

Schallplatten-Abspielgerät (1): „Kaffeemühlengrammophon" von E. Berliner

Modernes *Schallplatten-Abspielgerät* (2)

sen, der eine bedeutend gesteigerte Tonqualität mit geringeren Abmessungen und absoluter Verschleißfreiheit verbindet, für dessen Wiedergabe jedoch spezielle Abspielgeräte (→ CD-Plattenspieler) erforderlich sind. Eine vollständige Verdrängung der herkömmlichen S. ist in den nächsten Jahren jedoch nicht zu erwarten.

S. werden heute fast ausschließlich als *Mikrorillenplatten (Schmalrillenplatten)* in Stereoschrift hergestellt. Man unterscheidet *Langspielplatte* (LP) mit 30 cm Durchmesser (früher auch 25 cm) für eine Drehzahl von 33 ⅓ U/min und *Singles* mit 17,5 cm Durchmesser, großem Mittelloch für eine Drehzahl von 45 U/min (s. Tab.). Außerdem werden noch einige Sonderformen, z. B. → *Maxisingles* hergestellt. Die moderne S. besteht aus einem Kunststoff auf der Basis von Polyvinylchlorid und Polyvinylazetat ohne Kornstruktur, der im Laufe der S.-Entwicklung mehrfach verbessert werden konnte. Nur als Effekt zu betrachten sind S. aus farbiger Preßmasse, mit eingedruckten Abbildungen und äußeren Begrenzungen, die von der Kreisform abweichen (→ Bildplatte 1). *Schellackplatten (Normalrillenplatten)* für 78 U/min sind noch bei vielen Sammlern und Liebhabern zu finden, so daß auch heute noch verschiedene Plattenspieler zum Abtasten dieser Platten eingerichtet sind oder umgerüstet werden können. Die Unterschiede liegen in der Plattentellerdrehzahl und in einer speziellen → Abtastnadel. Die in eine S. eingeschnittenen Wellenlängen sind auch bei gleicher Frequenz nicht in jeder Rille gleich groß. Das hängt damit zusammen, daß die S. mit konstanter Drehzahl angetrieben wird. Dadurch nimmt die Relativgeschwindigkeit zwischen Nadel und Rille mit sinkendem Rillendurchmesser ab (bei Langspielplatten etwa im Verhältnis 2,5:1). Daher lassen sich die geringsten Klangverzerrungen und -verfälschungen im Bereich der Außenrillen erreichen, und Nadelverschleiß macht sich zuerst im Bereich der inneren Rillen bemerkbar. Moderne S. werden mit einem Übertragungsbereich von 20 Hz...20 kHz geschnitten, die Tonhöhenschwankungen liegen unter 0,08 %. Es läßt sich ein Störabstand über 60 dB auch ohne besondere Maßnahmen erzielen. → Schriftart, → Schallplattenrille, → Wulstrandplatte, → Schallplattenherstellung, → Schallplattenpflege (Tab., Abb.)

Schallplatten-Abspielgerät, *Plattenspieler, Fonogerät* (engl. *Record Player*): aus mechanischen und elektrischen Baugruppen bestehendes Tongerät zur Abtastung und z. T. Wiedergabe der auf einer Schallplatte befindlichen Tonaufzeichnungen.

Geschichtliches: Das erste S. von 1887, im Volksmund „Kaffeemühlengrammophon" genannt, war ein von → BERLINER entwickeltes, handkurbelbe-

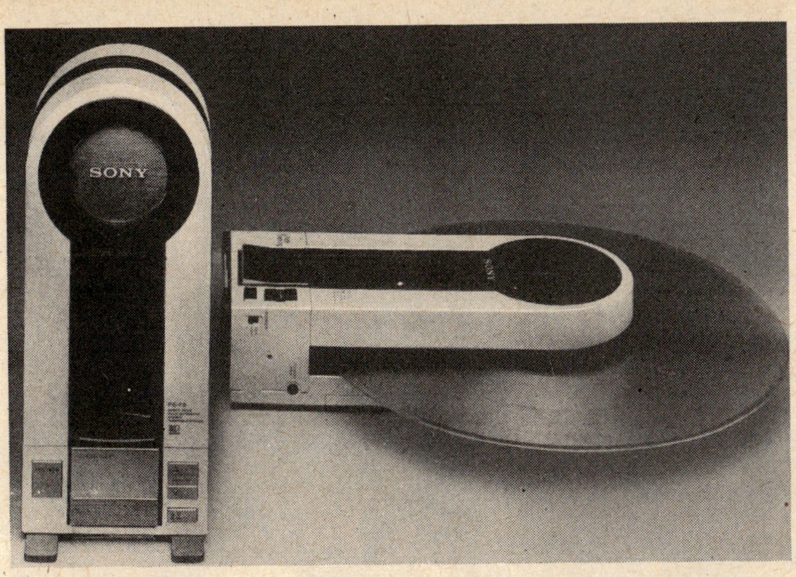

Schallplatten-Abspielgerät (3): hochwertiger transportabler HiFi-Plattenspieler in eigenwilliger Zangenform, der in beliebiger Gebrauchslage funktioniert

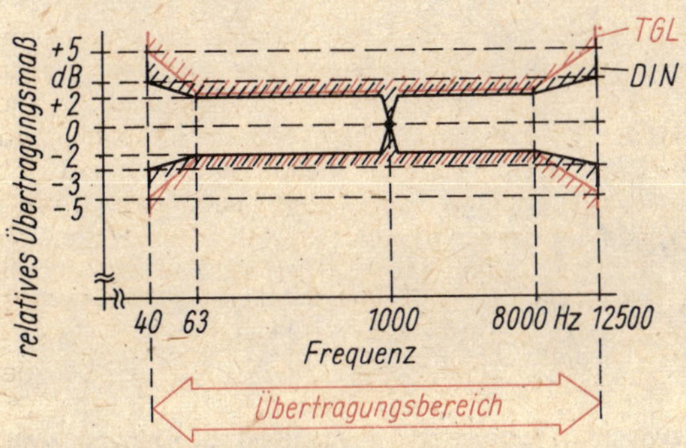

Schallplatten-Abspielgerät (4): Toleranzfeld des Amplitudenfrequenzgangs von HiFi-Plattenspielern

triebenes Gerät. Die Abtastung und Wiedergabe geschah rein mechanisch über eine metallische Abtastnadel, die auf eine elastische Membran wirkte *(Schalldose)*. Zur Schallverstärkung wurde ein großer Trichter aufgesetzt. Federmotoren mit Fliehkraftregler wurden erst ab 1896 eingebaut, später wurden sie von Elektromotoren abgelöst. Es gab auch Spezialkonstruktionen (ULTRAPHON), die mit 2 gekoppelten Schalldosen eine echoähnliche Schallreproduktion ermöglichten. Ende der 20er Jahre entstanden die ersten elektromagnetischen, später die piezoelektrischen Abtastsysteme, und der Schall konnte über Lautsprecher wiedergegeben werden. Die auswechselbaren Metallnadeln wurden gegen 1935 von Saphir- und Diamantnadeln abgelöst. Der drehzahlumschaltbare Reibradantrieb wurde nach der Entwicklung der Langspielplatte eingeführt. Viele Detailverbesserungen am Tragarm und seiner Steuerung, modernere Antriebe, wie Riemen- und Direktantrieb, sowie Fortschritte in der Steuer- und Kanalelektronik sind weitere Meilensteine in der Entwicklung der S. Moderne S. sind mechanische Präzisionsgeräte und mikroelektronische Wunderwerke: Integrierte Schaltkreise steuern die Tragarmbewegungen vollautomatisch, ermöglichen Titelsuche und -wiederholungen, steuern und kontrollieren quarzgenau die Konstanz der Drehzahl und verbessern den Störabstand.

Das S. besteht aus dem *Schallplattenlaufwerk (Antriebsaggregat)* mit *Plattenteller*, dem → *Tragarm* mit → *Abtastsystem*, weiteren *Baugruppen zur Tragarmsteuerung* und *Endabschaltung* sowie (nicht bei allen Geräten) aus der *Kanalelektronik*, bestehend aus → *Entzerrervorverstärker, Dekoder für Quadrosignale* (→ CD-4-System) oder speziellem *Expander* (→ CX-System). Als ergänzende Systeme können Einrichtungen zur → Stroboskopeinstellung der Drehzahl, Reinigungsarme und NF-Verstärker einschließlich Lautsprecher vorhanden sein. Bei den Schallplattenlaufwerken haben sich in hochwertigen Geräten → Riemenantrieb und → *Direktantrieb* durchgesetzt, der → *Reibradantrieb* ist nur noch selten zu finden. Die Antriebe lassen sich i.allg. auf die Nenndrehzahlen 33 und 45 U/min, z. T. auch auf 78 U/min (für Schellackplatten) und 16 U/min (heute sinnlos) umschalten. Wichtig ist die hohe Drehzahlgenauigkeit und -konstanz des Antriebs. Bei HiFi-S. dürfen die Gleichlaufschwankungen ±0,15 % (TGL) bzw. ±0,2 % (DIN) nicht überschreiten. Bei Spitzengeräten wird die Drehzahl von einem Quarz gesteuert oder kontrolliert. Auch schwere und sorgfältig ausgewuchtete Plattenteller tragen zu geringen Gleichlaufschwankungen bei. Als Tragarme werden vorrangig Rohrtragarme oder → Tangentialtragarme verwendet, das Abtastsystem (heute nur noch Stereo-Abtaster) mit standardisierten Abmessungen

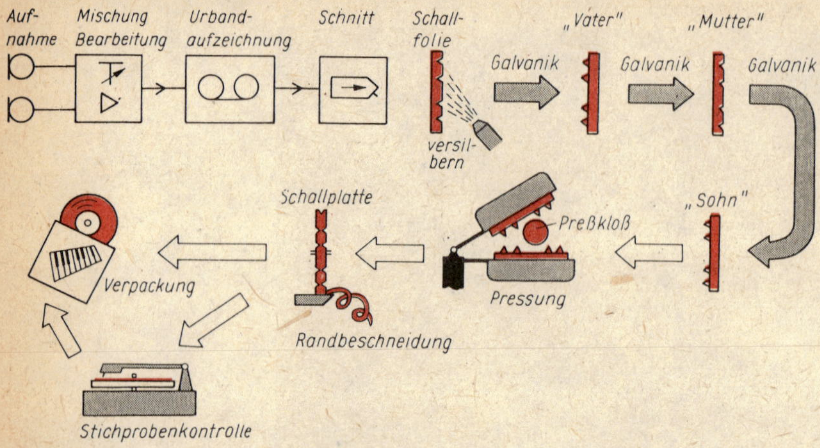

Schallplattenherstellung (1): Werdegang einer Schallplatte

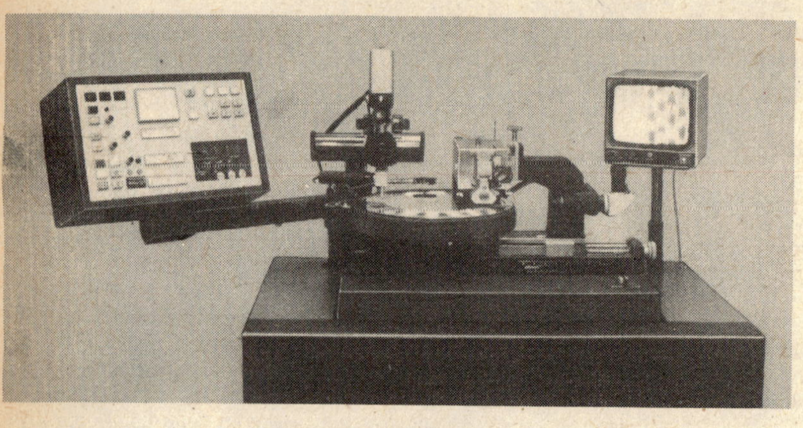

Schallplattenherstellung (2): Schallplatten-Schneideanlage für Metallschnitt (DMM-Technologie)

(½-Zoll-Befestigung) ist auswechselbar. Es kommen bei hochwertigen S. vorwiegend → elektrodynamische Abtastsysteme bzw. → elektromagnetische Abtastsysteme zum Einsatz. Von → piezoelektrischen Abtastsystemen können nicht immer die Qualitätsansprüche befriedigt werden. Die Forderungen an HiFi-S. sind in TGL 28660/03 und DIN 45500/Bl. 3 niedergelegt, sie werden von vielen S. z. T. weit übertroffen. Die wichtigsten Angaben in den Kenndatenblättern von S. beziehen sich auf Nenndrehzahl, Drehzahlabweichung und Gleichlaufschwankungen, auf die erforderliche Auflagekraft, den Übertragungsbereich (Abb.), den → Rumpel-Störspannungsabstand und die Übersprechdämpfung sowie auf die Kanalgleichheit der Stereokanäle. → Senkrechtplattenspieler, → Automatik-Plattenspieler, → CD-Plattenspieler, → Schallplatten-Wechselautomat, → Plattenspieleraufstellung, → Turntable (Abb.)

Schallplattenherstellung: Herstellungsprozeß von der Tonaufnahme im Schallplattenstudio bis zur fertigen Schallplatte. Nach der technischen und künstlerischen Bearbeitung der Mikrofonaufnahme werden die Tonsignale auf einem Magnettonband zwischengespeichert (→ Masterband). Danach wird das Signal der *Schallplatten-Schneidapparatur (Plattenschneidemaschine)* zugeführt. Ein tangential zur entstehenden Rille zwangsgeführter Schneidwandler mit geheiztem Schneidestichel gräbt die Rille in eine sogenannte *Schallfolie*, die aus einer Aluminiumplatte mit einer 0,2...0,3 mm dicken Azetatlackschicht besteht. Der ausgehobene Span wird abgesaugt. Durch Spritzversilbern wird die fertig geschnittene Schallfolie elektrisch leitend gemacht und anschließend galvanisch vernickelt oder verkupfert. Nach Abtrennung der Metallschicht (dem *Galvano*) von der Schallfolie steht das *Original* (auch „Vater" genannt) als Negativ mit erhaben herausstehender Rillenspirale zur Verfügung. Um mehr Preßmatrizen zu gewinnen, werden in weiteren galvanischen Prozessen zunächst 10...20 *„Mütter"* und von diesen wiederum je 10...20 *„Söhne"* als eigentliche Preßmatrizen gewonnen. Während des Fertigungsprozesses werden die Rillen der Galvanos auf Fehler oder Staubeinschlüsse hin kontrolliert. Alle galvanischen und sonstigen Prozesse erfordern höchste Sauberkeit und Staubfreiheit. In der meist automatisch arbeitenden *Schallplattenpresse* sind in

Schallplattenherstellung (3): Preßautomatenstraße für Langspielplatten

der oberen und unteren Preßbacke je ein Sohn eingespannt. Nach Einlegen der Etiketten und des vorgewärmten Preßkloßes, einer thermoplastischen Kunststoffmasse auf der Basis von PVC/PVAC, erfolgt der Preßvorgang unter hohem Druck und Wärmezuführung. Nach einem mehrere Sekunden dauernden Kühlvorgang, während dem der Schallplattenrohling in der Presse verbleibt, wird der Plattenrand beschnitten und die fertige Schallplatte verpackt. Von einem Satz Preßmatrizen (2 Söhnen) können etwa 1 000 Schallplatten abgeformt werden, so daß 2 der ursprünglichen Schallfolien mindestens 100 000 Schallplatten liefern. Bei hohen Stückzahlen können Schallplatten auch in einem Spritzverfahren hergestellt werden. Die Herstellung der → *Compact Disc Digital Audio (Abk. CD)* weicht z. T. von der herkömmlicher Platten ab. Zunächst wird ein Urband gefertigt, das die vollständige, fertig bearbeitete Tonaufnahme als PCM-Signal sowie zusätzliche digital kodierte Informationen für Kontrollzwecke und zur späteren Titelanzeige trägt *(digitales CD-Masterband).* Beim Schneidprozeß des *CD-Masters* („Urplatte", vergleichbar mit der Schallfolie) werden die Informationen des Urbands nach ihrer Umwandlung in ein charakteristisches, für die CD geeignetes PCM-Format gemeinsam mit Synchronisations- und Fehlerkorrekturinformationen (Kanalkodierung) der CD-Schneideinrichtung zugeführt. Als Grundkörper des CD-Masters dient eine hochglanzpolierte Glasplatte mit einer ca. 0,1 µm dicken lichtempfindlichen Schicht. In diese wird beim Schneidvorgang von einem mit dem Digitalsignal modulierten Hochleistungslaser das Muster der Digitalinformation *(Pits)* spiralförmig von innen nach außen eingeschrieben. Nach einem fotochemischen Entwicklungsprozeß, bei dem die Vertiefungen der Pits entstehen, wird der fertige CD-Master versilbert. Die Herstellung der Preßwerkzeuge über die Folge Vater-Mutter-Sohn (letzterer als Preßmatritze), wie auch der eigentliche Preß- oder Spritzvorgang, ähneln dem technologischen Verfahren bei der herkömmlichen Schallplattenherstellung. Der aus einem durchsichtigen Plastwerkstoff bestehende CD-Preßling trägt jedoch nur auf einer Plattenseite Informationen. Diese Seite wird mit einem hauchdünnen, reflektierenden Aluminiumbelag verspiegelt und anschließend mit einer Lackschutzschicht überzogen. Auf deren Oberfläche wird das Schallplattenetikett aufgedruckt. → Direktschnitt, → Digital Master Recording, → pegelabhängige Rillensteuerung, → DMM, → Schneidcharakteristik, → vertikaler Spurfehlerwinkel (Abb.)

Schallplattenkassette: Behälter zur Lagerung von Schallplatten, → Archivierung.

Schallplattenlaufwerk, *Antriebsaggregat:* Teil des → Schallplatten-Abspielgeräts, der die Schallplatte mit konstanter Drehzahl antreibt. Das S. besteht i. allg. aus *Antriebsmotor, Elementen zur Kraftübertragung* und *Drehzahlumschaltung,* dem *Plattenteller* und der z. T. zugehörigen *Steuerelektronik.* Je nach Art der Kraftübertragung wird zwischen → *Reibradantrieb* und → *Riemenantrieb* unterschieden. Motor und Plattenteller können aber auch starr miteinander verbunden sein oder eine Einheit bilden (→ *Direktantrieb).* In diesem Fall wird die Drehzahl immer elektronisch kontrolliert und umgeschaltet. → Geschwindigkeitsumschaltung, → Turntable

Schallplattenpflege: Gesamtheit der Maßnahmen durch den Nutzer von Schallplatten, um deren Qualität zu erhalten und eine möglichst ungestörte Abspielung zu gewährleisten. Die S. umfaßt im wesentlichen 2 Problemkreise: die *Staubentfernung* und die *Neutralisierung* → *elektrostatischer Aufladungen.* Dafür wurde eine Vielzahl von Möglichkeiten entwickelt, die aber unterschiedlich wirksam

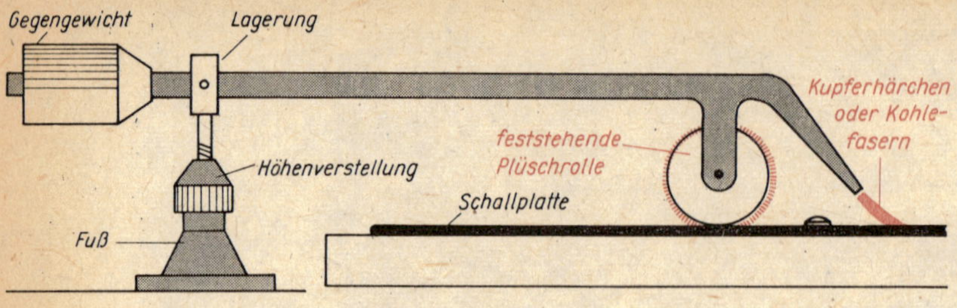

a)

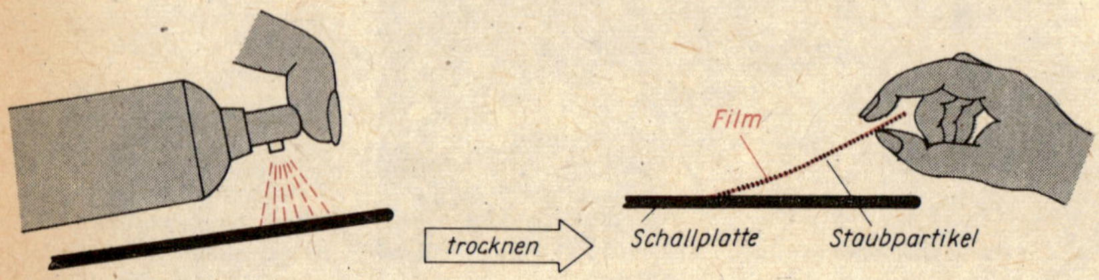

b)

Schallplattenpflege: a) Reinigungsarm, b) Anwendung des Reinigungsfilms bei Schallplatten

sind und verschieden großen Bedienungsaufwand erfordern. Staub führt beim Abspielen der Platte zu Knack- und Knistergeräuschen sowie zu erhöhtem Nadelverschleiß. Die elektrostatischen Aufladungen, die ebenfalls zu Knackstörungen führen, begünstigen außerdem die Ansammlung von Staub, so daß wirksame Maßnahmen zur Staubentfernung immer mit der Ableitung dieser Aufladungen kombiniert sein müssen. Da merkliche elektrostatische Aufladungen nur bei relativen Luftfeuchtewerten unter 60 % auftreten, besteht die wirksamste Gegenmaßnahme in der Befeuchtung der Raumluft, z. B. mit einem Zimmerspringbrunnen oder Verdunstern an den Heizkörpern. Sehr verbreitet zur Staubentfernung sind die sogenannten *Plattenbesen (Record Brush)*, die teils trocken, teils angefeuchtet mit vielen Millionen feinster Härchen den Staub aus der Rille kehren. Sie bestehen aus einer Rolle oder Walze aus Plüsch, Samt oder Carbonfiberhaaren (Kohlefasern) und werden teils manuell als Roller, Wischer o. ä., teils motorisch gedreht über die Platte geführt. Häufig sind sie Bestandteil eines *Reinigungsarms*, der am Rand des Plattenspielers aufgestellt oder fest montiert wird und der ebenso wie der Tragarm mit der abgetasteten Rille mitläuft (Abb. a). Kleine Pinsel aus Kupferdrähtchen oder Kohlefasern nehmen die elektrostatischen Ladungen auf und führen sie über eine elektrisch leitende Verbindung nach Masse ab. Solche mitlaufenden Reinigungsarme gibt es auch mit einem Behälter für eine Antistaticflüssigkeit zur → Naßabspielung der Schallplatten. *Staubroller (Rolling Cleaner)* nutzen die Haftwirkung spezieller klebriger Kunststoffe aus, um den Staub zu binden und ihn aus der Rille zu entfernen. Günstiger sind Ausführungen, die den Staub nur aus der Rille fegen und auf eine separate Kleberolle leiten; die Rille kommt mit dem Klebemittel nicht in Berührung. Ähnlich wirkt auch der *Reinigungsfilm (Discofilm, Record Film)*, der als gallertartige Masse auf die Platte gestrichen oder gesprüht wird und der sich nach seiner Austrocknung zusammen mit den Staubteilchen als Film abziehen läßt (Abb. b). Statische Aufladungen lassen sich auch durch Ionisierung der Luft über der Platte entfernen. Durch spezielle Vorrichtungen wird ein ionisierendes Hochspannungsfeld erzeugt, oder die Platte wird mit einem piezoelektrisch wirkenden Stab (Piezo-Stab) oder einer *Piezo-Pistole* entladen. → *Antistatictücher* sind nur dann vorteilhaft zu verwenden, wenn sie ihre Wirkung noch nicht verloren haben. Ansonsten wird lediglich der anhaftende Staub noch tiefer in die Rille gedrückt. Mit einem Antistatictuch wird die Platte nach der Entnahme aus der Hülle und auch nach der Abspielung in Rillenrichtung umwischt. *Antistaticsprays (Antistatica)* sind nicht immer günstig, da bei manchen Produkten Rückstände oder Feuchtigkeit auf der Platte zurückbleiben, die zusammen mit dem Staub eine schleifpastenartige Schicht bilden oder die Rillen verkleben. Compact Discs (→ Compact Disc Digital Audio) benötigen keine besondere Pflege; es genügt das Entfernen des lose anhaftenden Staubs. Abb.

Hinweis: Stark verschmutzte Schallplatten (z. B. durch klebrige Flüssigkeiten wie Likör, Limonade) lassen sich auch waschen. Zur Vorwäsche benutzt man Leitungswasser, das durch ein Netzmittel (Geschirrspüler, Ethanol) entspannt wurde. Auch spezielle Reinigungszusätze werden hergestellt. Die Platte darf in diesem Bad nur geschwenkt oder leicht mit Watte oder einem fusselfreien Tuch in Rillenrichtung abgewischt werden. Hartnäckiger Schmutz kann auch mit einem weichen Pinsel entfernt werden. Anschließend muß die Platte gründlich in destilliertem Wasser gespült werden. Die Trocknung geschieht unter Staubabschluß, z. B. in einer großen Fotoschale bei ebener Lagerung auf

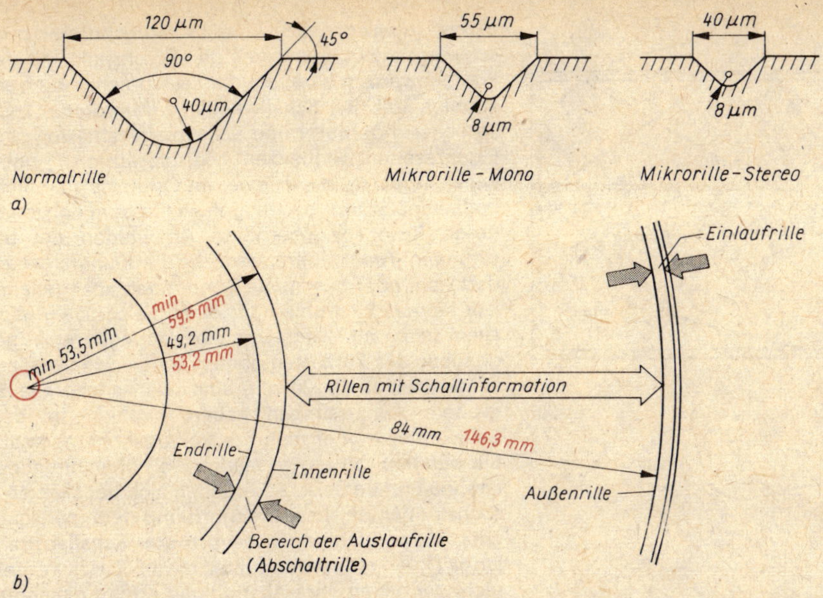

Schallplattenrille:
a) Abmessungen der Rillenprofile,
b) Lage der wichtigsten Rillenbereiche bei Single (schwarz) und Langspielplatte (rot)

kleinen Distanzstücken am Rand und in der Plattenmitte. Die Schallplatten neigen nach dieser Prozedur i. allg. zu etwas stärkeren Knisterstörungen, die sich durch Naßabspielung mildern oder beseitigen lassen. Eine durch Wärmewirkung oder unsachgemäße Lagerung verwellte Schallplatte kann wieder plan werden, wenn man sie einige Zeit in einem wärmeren Raum (ca. 30 °C) zwischen 2 ebene, genügend große Glasplatten legt und die obere etwas beschwert. Grundsätzlich gilt, daß Schallplatten, um sie vor Staub zu schützen, immer in ihren Hüllen aufbewahrt werden sollen. Die Rillenzone darf nicht mit den Fingern berührt werden, da bereits geringe Fettspuren oder Feuchtigkeit den Abspielvorgang beeinträchtigen können oder zu einer Staubschmiere führen. Beim Abspielen ist der Deckel des Plattenspielers immer zu schließen.

Schallplattenrille, kurz Rille: i. allg. von außen nach innen auf einer Schallplatte verlaufende, ebene, spiralförmige Keilnut als Träger der Schallinformation und zum Führen der Abtastnadel. Der Querschnitt durch eine S. ohne Signal wird *Rillenprofil* genannt. Die *Rillenflanken* stehen im Winkel von 90° aufeinander und bilden mit der Schallplattenoberfläche einen Winkel von 45° (Abb. a). Die Rillenflanken werden von der Abtastnadel etwa in der Mitte punktförmig berührt. Bei Stereoschallplatten ist in die äußere (randnähere) Flanke der rechte, in die innere Flanke der linke Kanal eingeschnitten (→ Schriftart). Stereorillen werden etwas schmaler geschnitten als Monorillen, da infolge der auftretenden Tiefenkomponente die Breite der Rille etwas schwankt. Je nach Lage der S. auf der Schallplatte unterscheidet man *Einlaufrille, Außenrille, Innenrille, Auslaufrille (Abschaltrille)* und *Endrille* (Abb. b). Die Einlaufrille mit etwas größerer Steigung trägt noch kein Signal. Sie dient dem Aufsetzen der Nadel und wird meist etwas tiefer geschnitten, damit diese besser einspuren kann (→ Aufsetzpunkt). Außen- und Innenrille begrenzen den Teil der Rillenspirale, der die Schallinformationen trägt. Die Innenrille geht mit ein paar Windungen größerer Steigung (Auslaufrille) in die Endrille über. Dieser Abschnitt wird i. allg. zur Abschaltung des Antriebs mit Abheben des Tragarms benutzt (→ Abhebepunkt). Abb.

Schallplattenschatulle: Behälter zur Lagerung von Schallplatten, → Archivierung.

Schallplatten-Wechselautomat, Plattenwechsler (engl. *Record Changer*): Plattenspieler zum vollautomatischen Abspielen eines Schallplattenstapels (maximal 10 Stück). S. wurden gebaut, um bei Schallplatten kürzerer Spieldauer (Schellackplatten und Singles) das zeitraubende ständige Neuauflegen zu umgehen. Die Schallplatten befinden sich i. allg. in einem Stapel über dem Plattenteller. Sie werden nach automatischer Rückführung des Tragarms in seine Ruheposition nacheinander auf den Plattenteller abgeworfen. Das große Mittelloch bei Singles ist darauf zurückzuführen, daß die US-Firma RCA Victor Division bei ihrem – passend zu ihren Singles entwickelten – Zehnfachplattenspieler die Möglichkeit nutzte, die Abwurfautomatik platzsparend in einer dickeren Mittelsäule unterzubringen (1949). I. allg. wird bei S. nur eine Seite der Platte abgespielt. Es wurden aber auch Geräte gebaut, die beide Plattenseiten entweder in horizontaler oder in vertikaler Lage nacheinander abspielen konnten. → Musikbox

Schallplattenwiedergabe: → Schallplattenpflege, → Naßabspielung, → Plattenspieleraufstellung, → Rumpeln, → Schriftart, → Schneidcharakteristik

Schallquelle: schwingendes Gebilde, das Schall-

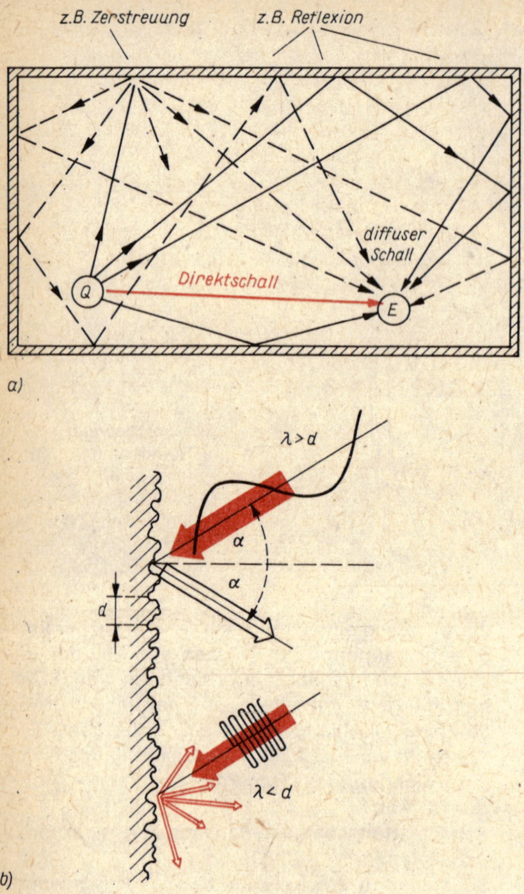

Schallreflex (1): a) Entstehung des diffusen Schallfelds im Raum, b) Reflexion und Zerstreuung an einer strukturierten Wand in Abhängigkeit von der auftreffenden Wellenlänge

energie an das umgebende Medium abgibt. Jeder S. – auch Lautsprecher – muß mindestens die Energie zugeführt werden, die sie als Schallenergie wieder abstrahlen soll (daher steigt der Batterieverbrauch tragbarer Geräte bei großen Laustärken). S. können freie oder erzwungene Schwingungen ausführen. Von *freien Schwingungen* spricht man dann, wenn bei gleichmäßiger (Streichen, Anblasen) oder impulsförmiger Energiezufuhr (Schlagen, Zupfen) die S. einen für sie charakteristischen Ton erzeugt, dessen Frequenz von Masse und Elastizität des schwingenden Teiles abhängt (z. B. Geigensaite, Paukenfell, Glocke). Große Masse und Elastizität bedeuten, daß ein tiefer Ton entsteht, kleine dagegen rufen einen höheren Ton hervor. Die jeweils erzeugte Frequenz wird als *Eigenresonanzfrequenz* bezeichnet. *Erzwungene Schwingungen* nennt man solche, mit denen ein mechanisches Gebilde schwingt, wenn es bereits mit der Schwingfrequenz angeregt wird. Eine Lautsprechermembran schwingt erzwungen, weil die Tauchspule mit der Frequenz erregt wird, die der Lautsprecher auch abstrahlen soll. Bei Schallwandlern (Mikrofone, Lautsprecher, Kopfhörer und Schallplattenabtaster) sind Eigenresonanzfrequenzen grundsätzlich unerwünscht, da sie zusätzliche, im Originalsignal nicht enthaltene Störtöne erzeugen. Außerdem entstehen durch Resonanz überhöhte Amplituden bei bestimmten Tonsignalfrequenzen; die Klangfarbe ändert sich, oder bestimmte Töne treten unangenehm laut hervor. S. strahlen nur dann gleichmäßig nach allen Seiten ab, wenn ihre Abmessungen klein gegenüber der kürzesten abgestrahlten Schallwellenlänge (kleiner als 20 mm) sind. Da nahezu alle S. größere Abmessungen haben, strahlen sie den Schall in eine oder mehrere Vorzugsrichtungen ab. Sie bündeln ihn um so stärker, je höher die abgestrahlte Frequenz ist. So ergeben sich bei allen Musikinstrumenten, Lautsprechern und dem menschlichen Mund Richtungen bevorzugter Schallabstrahlung. Tiefe Frequenzen (unter etwa 500 Hz) werden nicht gebündelt; ihre Abstrahlung erfolgt gleichmäßig nach allen Seiten.

Schallreflexion: Eigenschaft von Wänden oder Gegenständen, auftreffenden Schall gerichtet oder zerstreuend zurückzuwerfen. Man unterscheidet *spiegelnde S.* und *diffuse S. (Schallzerstreuung).* Spiegelnde S. tritt an glatten Wänden auf, bei tieffrequenten Schallanteilen auch an grobstrukturierten. Zerstreuung ergibt sich an rauhen Wänden vorwiegend im Bereich der höheren und höchsten Frequenzen. Entscheidend ist in jedem Fall das Verhältnis der durchschnittlichen Strukturabmessungen zur auftreffenden Schallwellenlänge. Da Schall in Räumen mehrfach zwischen den Wänden hin und her läuft, baut sich schließlich das diffuse Schallfeld (der „Raumschall") auf, dem keinerlei Richtung mehr zuzuordnen ist. Im Idealfall ist es dann an jeder Stelle eines Raums gleich laut. Zuerst trifft bei einem Zuhörer der Schall auf direktem Wege von der Schallquelle ein, unterschiedlich später erst und abgeschwächt der reflektierte (Abb. 1a). Zunächst kommen einige einzelne S. an *(Anfangsreflexionen).* Ist ihr Zeitunterschied zum Direktschall sehr kurz, so können sie zu störenden Klangverfärbungen führen (auch bei Mikrofonaufnahmen). Danach verdichtet sich die zeitliche Folge der S. sehr rasch; die Intensitäten werden ständig schwächer. Die Summe aller S. bildet den → Nachhall. S. erhöhen die Laustärke im Raum und vermitteln dem Zuhörer den → *Raumeindruck.* S. können aber auch zu Störungen bei der gleichmäßigen Schallverteilung in einem Raum führen. So erzeugen kräftige S., die später als etwa 50...100 ms nach dem Direktschall eintreffen, beim Zuhörer ein störendes → Echo. Ein stotterndes und ratterndes Mehrfachecho, auch *Flatterecho* genannt, entsteht oft in langen Räumen mit parallelen, stark reflektierenden

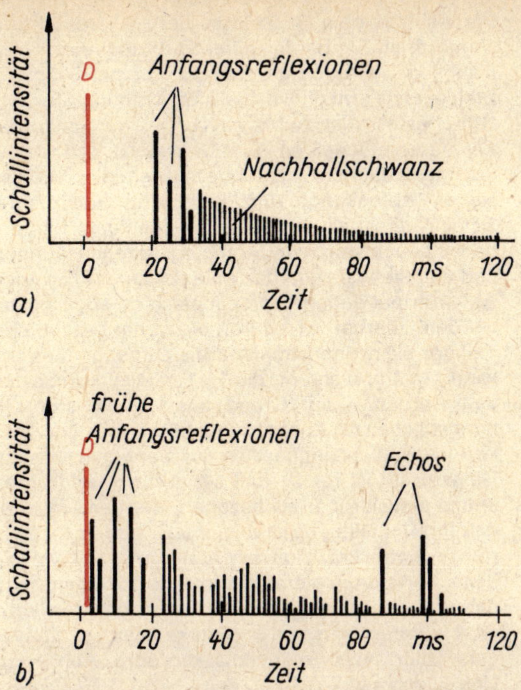

Schallreflexion (2): Darstellung der einzelnen Reflexionen in einem Raum am Ort des Zuhörers (rot: Direktschall): a) günstiger Raum (gleichmäßiger Nachhallverlauf), b) ungünstiger Raum (ungleichmäßiger Nachhallverlauf, frühe Anfangsreflexionen, Echos)

Wänden. Flatterechos können erkannt werden, wenn man in dem betreffenden Raum in die Hände klatscht. Infolge spiegelnder S. zwischen 2 parallelen Wänden können sich *stehende Schallwellen* aufbauen, die zu Konzentrationspunkten der Schallenergie oder zu Abschwächungspunkten im Raum führen können (→ Raumresonanzen). Weil bei der spiegelnden S. das Reflexionsgesetz und damit auch die Hohlspiegelgesetze Gültigkeit haben, ergeben sich vor konkav gekrümmten Wänden und unter Kuppeln häufig „Schallbrennpunkte", die bei Konzerten oder Mikrofonaufnahmen stören können. Konvex gekrümmte Flächen zerstreuen den Schall immer, sie bilden keine Gefahr. Abb.

Schallspeicherverfahren: Gesamtheit der gebräuchlichen Verfahren zur Aufzeichnung und Wiedergabe von Schallinformationen. Zu den klassischen S. gehören das → *Magnettonverfahren* (POULSEN, 1898), das *Nadeltonverfahren* (EDISON, 1877), das noch heute bei der herkömmlichen Schallplatte zu finden ist und das für die Unterhaltungselektronik uninteressante *Lichttonverfahren* bei Kinefilmen (VOGT, MASOLLE, ENGL, 1922). Die modernsten S. arbeiten mit Digitalaufzeichnung und Laser- bzw. kapazitiver Abtastung (→ digitale Tonsignalspeicherung, → Digitalschallplatte, → Compact Disc Digital Audio).

Schallwand: → akustischer Kurzschluß, → Lautsprecherbox

Schallwandler: Sammelbezeichnung für alle elektroakustischen Wandler, also *Schallsender* (Lautsprecher, Kopfhörer) und *Schallempfänger* (Mikrofone). Zu den S. gehören i. w. S. auch die Schallplattenabtaster als mechanisch-elektrische Wandler. Die Unterscheidung der S. erfolgt nach dem Prinzip der elektromechanischen Umwandlung in die Hauptarten *elektrodynamische, elektromagnetische, piezoelektrische* und *elektrostatische (kapazitive) S.*

Schaltband, Schaltfolie: metallisiertes, elektrisch leitfähiges Band, das in ein Magnetband ein- oder auf ein Magnetband aufgeklebt wird und automatische Schaltungen vornimmt (z. B. Bandendabschaltung).

Schaltbuchse: Buchse mit zusätzlichen Schaltkontakten, die beim Einführen des Steckers betätigt werden. S. werden z. B. bei Kopfhörer- und Zusatzlautsprecherausgängen verwendet, um die Lautsprecherboxen oder den Einbaulautsprecher abschaltbar zu machen. Beim Einführen des Netzsteckers in batteriebetriebene Geräte wird über den Kontakt die Batteriespannung abgeschaltet. Auch Mikrofoneingänge werden z. T. mit S. versehen. Sie dienen einerseits der Lautsprecherabschaltung, um → akustische Rückkopplung zu vermeiden, andererseits bei Mikrofonen mit Fernschalter zur Umschaltung des Tonbandgeräts auf Fernstart. Die Kontakte werden bei der 7poligen Mikrofonbuchse durch einen verlängerten Schutzkragen am Mikrofonstekker, vom 6poligen → Mikrofonstecker durch Stift 6 betätigt. → Lautsprechersteckverbinder

Schalter: Bauelement oder Baugruppe zum Schließen, Öffnen oder Umschalten von Stromkreisen. S. werden manuell, mechanisch oder magnetisch betätigt. Die den Stromkreis verbindenden Teile eines S. heißen Kontakte. S. können auch kontaktlos arbeiten, sie unterliegen dann keinem Verschleiß. → Sensortaste, → Hall-Element, → Taste, → Relais

Schaltkreis: komplexes Bauelement, das als bauliche Einheit eine oder mehrere → Baugruppen zur Verarbeitung digitaler und/oder analoger Signale enthält. Der S. besteht aus einer Vielzahl einzelner, nicht austauschbarer und nicht reparierbarer Bauelemente, die miteinander durch Leiterbahnen verbunden sind. Die S.-Gehäuse haben unterschiedliche Formen, die aus Metall, Plaste oder Keramik bestehen. Je nach Herstellungsverfahren werden die S. in Schicht-S. (auch Film-S. genannt), → Hybridschaltkreis und Festkörper-S. (→ integrierter Schaltkreis) unterschieden. Abb. S. 490

Schaltkurzzeichen: Blocksymbol zur zeichnerischen Darstellung von Bauelementen, → Baugruppen oder Geräten in → Blockschaltbildern und → Stromlaufplänen. Mit S. wird das funktionelle Zusammenwirken von Bauelementen, Baugruppen und elektronischen Geräten dargestellt. In der Elektronik

Schaltkreise (1 Mikroprozessor, 2 EPROM, 3 Zähler/Zeitgeber, 4 PAL-Dekoder, 5 1 W-NF-Verstärker)

verwendet man i. allg. rechteckige Kästchen (Blöcke), in die entsprechende Symbole oder Buchstaben eingetragen sind. s. Anhang 3

Schaltmikrofon, *Diktiermikrofon*: Mikrofon mit eingebautem Schalter zum Starten und Stoppen des aufzeichnenden Tonbandgeräts (→ Diktiergerät), meist nur für Sprachaufnahmen minderer Qualität geeignet. Das Schaltsignal wird über einen zusätzlichen Kontakt im → Mikrofonstecker geführt, seltener über einen getrennten Steckverbinder.

Schaltnetzteil (engl. Pulsed Power Supply): → Netzteil

Schaltuhr: einstell- bzw. programmierbarer, mit einem Uhrwerk gekoppelter → Zeitschalter *(Timer)*. S. können mechanisch oder elektronisch (→ Quarzuhr) gesteuert werden. S. verfügen i. d. R. neben der Anzeige der Normalzeit über die Möglichkeit, verschiedenartige „Uhrenprogramme" anzuzeigen (z. B. eingestellte Start-Stoppzeit, Zeitdifferenz seit Programmstart bzw. bis -ende, Monat, Wochentag, Datum usw.). Die Basis hierfür bietet die Ausführung der S. als → *Digitaluhr*. S. werden in der Unterhaltungselektronik (z. B. in Weck-Radios/Radioweckern, in → Videorecordern zur Steuerung der automatischen Programmaufzeichnung usw.) und darüber hinaus in vielen anderen Bereichen (Fototechnik: Belichtungsuhr, Beleuchtungstechnik: Steuerung von Lampenkreisen usw.) eingesetzt.

Schaltzeichen: Symbol zur zeichnerischen Darstellung von elektrischen → Bauelementen. Mit S. wird die Art des Bauelements, dessen Eigenschaften und Wirkungsweise sinnbildlich dargestellt (siehe Anhang 3).

Scharfabstimmung, automatische: → AFC

Schärfentiefe: → Tiefenschärfe

Schattenmaske: dünne, mit kleinsten Öffnungen für den Elektronenstrahldurchtritt versehene Stahlmaske in → Lochmaskenröhren und → In-Line-Bildröhren. Die S. ist zwischen den Elektronenstrahlsystemen und dem Bildschirm der → Farbbildröhre angeordnet. Sie hat für jedes Farbtripel (Rot, Grün, Blau) – das entspricht in der Summe der Bildpunktzahl eines Fernsehbilds – eine Öffnung. Je nach Öffnungsform ist zwischen *Loch- und Schlitzmasken* zu unterscheiden. Eine S. bewirkt, daß die aus unterschiedlichen Richtungen (Lage der Strahlsysteme, Ablenkung) zum Bildschirm kommenden 3 Elektronenstrahlen jeweils nur den ihnen zugeordneten Leuchtstoff zur Strahlung anregen können, und daß sie während der Ablenkung von Farbtripel zu Farbtripel gegen den Leuchtschirm abgeschattet werden. Hierbei wird durch die S. ein beachtlicher Teil der Elektronenstrahlenergie aufgenommen und kann nicht in Lichtenergie (→ Helligkeit) umgewandelt werden – auf Grund des Verhältnisses Öffnungsfläche zu Abschattungsfläche bei Lochmasken wesentlich ungünstiger als bei Schlitzmasken. Gemeinsam ist für S., daß sie in die → Bildröhrenentmagnetisierung einbezogen werden. müssen, daß ihre Herstellung und Montage in den Farbbildröhren hohe Präzision erfordert, und daß vorhandene Fertigungstoleranzen durch Schaltungsmaßnahmen im Einsatzgerät der Farbbildröhren korrigiert werden müssen. → Farbreinheit, → Konvergenzfehler, Abb. → Lochmaskenröhre, Abb. → In-Line-Bildröhre

Scheibenwischereffekt: durch Kreuzmodulation eines fremden Fernsehsignals (Störer) mit dem Nutzsignal hervorgerufene Bildstörung. Das Fremdbild ruft ein Störmuster hervor, dessen Sichtbarkeit davon abhängt, ob beide Bilder zueinander synchron sind oder nicht. Da meist keine Synchronität vorliegt, läuft das Störbild nach rechts oder links durch das Fernsehbild.

Scheinwerfer: i. w. S. → Leuchte, die die gesamte von einer künstlichen → Lichtquelle (Lampe) abgegebene Lichtstrahlung bündelt und in einer Richtung konzentriert abstrahlt. Dazu verfügt jeder S. als wesentliches Element über einen parabolisch gekrümmten Spiegel (Reflektor), in dessen Brennpunkt der Strahler angeordnet ist. Darüber hinaus können S. mit mechanischen Einrichtungen zur Strahlausrichtung (stufenlose Fokussierung, Flügeltore, Vorsätze), optischen Einrichtungen zur Lichtgestaltung (Vorsatzlinsen, Filter usw.) und weiteren Zusatzelementen ausgerüstet sein. Die Größe der S. richtet sich i. d. R. nach der Leistung der eingesetzten Lampen. → Spotscheinwerfer, → Ausleuchtung, → Flächenleuchten

Hinweis: S. sind mit Schutzscheiben, teilweise auch mit Fangeinrichtungen aus Draht ausgerüstet. Diese sind unbedingt zu verwenden (Gefahr des Explodierens beim Durchbrennen der Lampe). Beim Umgang mit S. sind darüber hinaus weitere Grundregeln zu beachten: kein unnötiges Ein- und Ausschalten (Lebensdauer der Lampe sinkt), kein Transport des „heißen" Scheinwerfers (Verbrennungsgefahr; Gefahr, daß Glühfaden in Temperaturstrahlern zerreißt).

Scheinwiderstand: → Impedanz

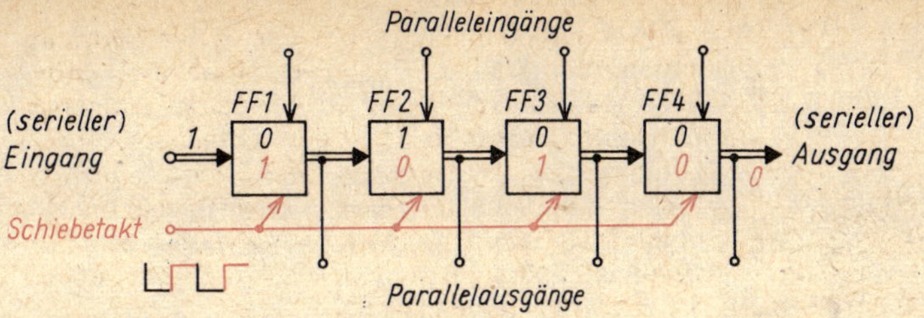

Funktion eines *Schieberegisters*

Schellackplatte: → Schallplatte, → Berliner

Schichtlage: Lage der magnetisierbaren Schicht eines Magnetbands innerhalb des Bandwickels. Die S. richtet sich nach der Anordnung der Magnetköpfe auf dem Laufwerk. Man unterscheidet bezogen auf den Bandwickel *S.-außen* und *S.-innen*. Beide S. sind bei Magnettonbändern untereinander voll kompatibel, lediglich muß das Band bei Wechsel der S. unter Schränkung um 180° umgespult werden. Wird das unterlassen, so ist nur eine völlig unverständliche, sehr dumpf klingende Wiedergabe möglich. S.-außen ist hörpsychologisch etwas vorteilhafter, weil Vorechos bei der Wiedergabe geringer hervortreten als Nachechos (→ Kopiereffekt). Kassettentonbänder sind mit S.-außen gewickelt.

Schiebeeinsteller, *Flachbahnsteller*, veraltet Schieberegler: Einsteller, der durch geradlinig schiebende Bewegung an einem Schiebegriff betätigt wird. Der S. ist mechanisch und gegen Staub empfindlicher als ein → Dreheinsteller und benötigt mehr Raum. Knister- und Spratzgeräusche lassen sich häufig durch mehrmaliges Hin- und Herschieben wieder beseitigen. Vorteilhaft wird der S. als Aufnahme- oder Mischeinsteller verwendet, da er eine kontinuierliche Betätigung über den gesamten Stellbereich zuläßt und die Einstellung durch die Lage des Bediengriffs leicht zu überschauen ist.

Schieberegister: Informationsspeicher (→ Halbleiterspeicher) mit kettenförmiger Anordnung von Speicherzellen. Für digitale Signale bilden → Flip-Flop (FF) die Speicherzellen. In einem S. können Informationen mit Taktimpulsen um jeweils eine Speicherzelle verschoben werden. Universelle S. haben Ein- und Ausgänge an jeder Speicherzelle. Damit ist die Serien-Parallel- und die Parallel-Serien-Wandlung von Datensignalen möglich, wie es z. B. bei Fernbedienung, digitalen Abstimmsystemen und vor allem bei der digitalen Signalübertragung (Bildschirmtext usw.) notwendig ist. Abb.

Schlauchleitung: → Flachbandkabel

Schleifendipol: → Dipolantenne

„Schlenkerempfindlichkeit“: Anfälligkeit eines Tonbandgeräts gegen Bewegungen, wie sie in einem Pkw oder beim Tragen auftreten. S. äußert sich in → Tonhöhenschwankungen (Wow), die auf Grund unregelmäßiger Relativbewegungen zwischen Gerätechassis und Schwungmasse des Antriebs entstehen. Durch ein → Anti Rolling-System, wie es z. B. in tragbaren Kassettenrecordern oder solchen für Pkw-Einbau angewendet wird, kann die S. stark vermindert werden.

Schlitzmaskenröhre: → Farbbildwiedergaberöhre mit 3 getrennten → Strahlsystemen, einer *Schlitzmaske* und streifenförmig auf dem Leuchtschirm angeordneten Leuchtstoffen (Rot, Grün, Blau). Die Strahlsysteme zur Erzeugung und Steuerung der einzelnen Elektronenstrahlen liegen parallel nebeneinander in einer horizontalen Ebene. Je nach Aufbau des Strahlsystems ist dabei zwischen In-Line-Schlitzmaskenröhre (alle Elektroden der 3 Strahlsysteme sind getrennt) und Präzisions-In-Line-Schlitzmaskenröhre (es wird mit einem Strahlsystem gearbeitet, das über 3 getrennte Katoden, ansonsten aber miteinander elektrisch verbundene oder gemeinsame Steuerelektroden verfügt) zu unterscheiden. Nach der Fokussierung werden die 3 Elektronenstrahlen gemeinsam so abgelenkt, daß sich ihre Strahlachsen in der Ebene der Schlitzmaske schneiden. Um Abweichungen zwischen der Wölbung der Schlitzmaske (sphärisch gewölbt, geschwärztes Stahlblech – Dicke ca. 150 µm, Schlitzzahl bis 400000) und dem Krümmungsverlauf des Ablenkradius auszugleichen (→ Ablenkwinkel, → Rasterverzeichnung), muß eine → Konvergenzeinstellung erfolgen. Diese ist jedoch relativ einfach, da alle 3 Strahlsysteme in einer Ebene liegen. Mit Hilfe der Schlitzmaske werden die einzelnen Elektronenstrahlen frei zur Leuchtschicht durchgelassen, wenn sie auf den zugeordneten Leuchtstoffstreifen treffen können. Andernfalls werden sie ausgeblendet bzw. gegen den Leuchtschirm abgeschattet („Schattenmaskenröhre“). Die Anzahl und Lage der Schlitze in der → Schattenmaske entspricht der Anzahl der auf dem Bildschirm zu erzeugenden → Bildpunkte. Der Leuchtschirm bei der S. besteht aus drei Streifenrastern mit senkrecht verlaufenden Leuchtstoffstreifen. Er ist ebenfalls wie die Maske sphärisch gewölbt. Prinzipiell können bei S. keine vertikalen „Landefehler“ der einzelnen Elektronenstrahlen auftreten. Die Entwicklung der S. erfolgte durch die amerikanische Firma RCA (1966). Heute existieren S. in den unterschiedlichsten Größen (maximale Bilddiagonale 84 cm, Ablenkwinkel bis 110°). Wesentliche Vorteile der S. z. B. gegenüber den → Lochmaskenröhren sind u. a.: keine vertikalen → Farbreinheitsfehler, keine → Nord-Süd-Korrektur erforderlich, einfache Konvergenzeinheit und -einstellung (2 bis maximal 7 Einsteller), höhere

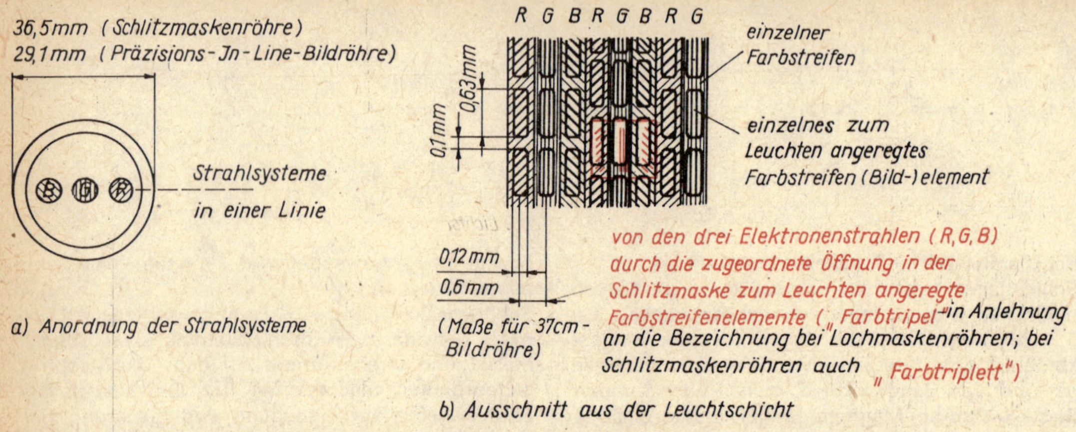

Wesentliche Elemente der *Schlitzmaskenröhre* (1) (Blickrichtung vom Bildschirm zum Strahlsystem)

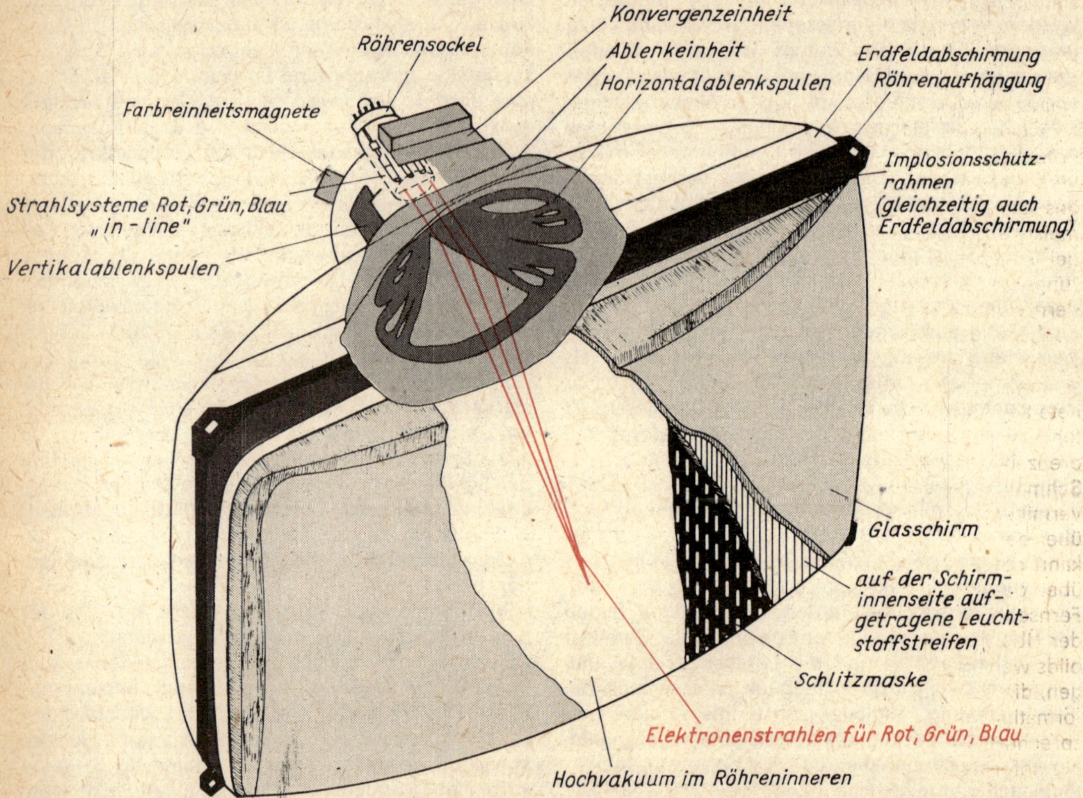

Vereinfachter Frontschnitt einer *In-Line-Schlitzmaskenröhre* (2)

Lichtausbeute durch „Langlöcher“ und damit hellere Farbbilder bei geringem Strahlstrom (führt i. d. R. zu längerer Lebensdauer!), gute Bildschärfe. Auf Grund des Bildröhrenaufbaus vereinfacht sich die Herstellungstechnologie gegenüber den Lochmaskenröhren. → Bildröhre, → Entmagnetisierung, → Konvergenz, → Farbreinheit, → Trinitron, → In-Line-Bildröhre, → Präzisions-In-Line-Bildröhre, → Selbstkonvergenz (Abb. s. auch Farbanhang)

Schlupf: 1) *(mechanischer Antrieb, allgemein)* unerwünschter Unterschied der Bewegungsgeschwindigkeit reibungsgekoppelter Elemente eines Antriebs an der Berührungsstelle (z. B. bei Riemenantrieb oder Reibradantrieb). Starr gekoppelte An-

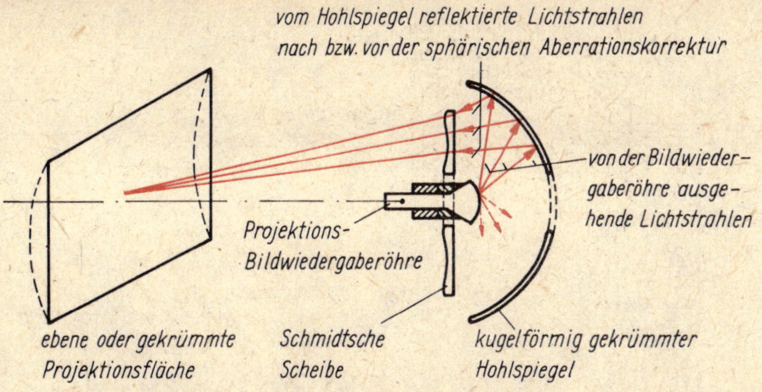

Projektionsanordnung mit *Schmidt-Optik*

triebselemente (z. B. Zahnräder, Direktantriebe) oder Antriebe mit → Tachoregelung arbeiten schlupffrei. Unzulässig großer S. kann z. B. bei Plattenspielerantrieben zu → Drehzahlabweichungen des Plattentellers und damit zu → Tonhöhenverschiebungen führen. **2)** *(Magnetbandantrieb)* Abweichung der Bandgeschwindigkeit von der Geschwindigkeit am Umfang der Antriebswelle (in Prozent), auch als *Band-S.* bezeichnet. Allgemein verändert sich der S. zwischen Anfang und Ende des Bandwickels. Diese Änderungen sind aber meist so gering und verlaufen so langsam, daß sie bei Tonbandgeräten zu keiner hörbaren Veränderung der Tonhöhe führen (→ Drift). Bei Videorecordern würde der S. zwischen Antriebswelle und Videoband dazu führen, daß die Spalte der Videoköpfe bei Wiedergabe nicht immer exakt die schrägliegenden Videospuren treffen. Durch geeignete Regelsysteme muß daher eine starre Verknüpfung zwischen Bandgeschwindigkeit und Kopfraddrehzahl geschaffen werden.

Schmalbandfernsehen: Fernsehverfahren mit stark verminderter Bandbreite der → Bildsignale gegenüber der → Fernsehnorm des Fernsehrundfunks. S. kann auf 2 Methoden beruhen: *a) SSTV:* Gegenüber der Fernsehnorm langsamere Abtastung des Fernsehbilds. *b) Differenzbildübertragung:* Nach der Übertragung des ersten vollständigen Fernsehbilds werden jeweils nur die Informationen übertragen, die der *Bildinhaltsänderung* („Differenz" im Informationsgehalt aufeinanderfolgender Bilder) entsprechen. Da im Normalfall sich nicht gleichzeitig die Informationsinhalte aller → Bildpunkte eines Bilds ändern, kann zur Übertragung ein relativ schmalbandiges Bildsignal genutzt werden (Bandbreite unter 1,5 MHz). Diese Methode setzt die Bildung digitaler Bildsignale und den Einsatz von Zwischenspeichern zum Vergleich der aufeinanderfolgenden Bilder voraus. Eine praktische Möglichkeit für die Differenzbildübertragung wird durch die DPCM (Delta-PCM, Differenz-Puls-Code-Modulation) geschaffen. Den beiden Methoden sind Grenzen für die Übertragbarkeit schneller Bewegungsabläufe und die erreichbare Bildauflösung gesetzt. → SSTV, → Modulation, → Timeplex, → Tripal, → Videobandbreite

Schmerzgrenze: obere Grenze, bei der ein durchschnittliches, junges und gesundes Gehör auf einen Laustärkereiz mit Schmerzempfindung reagiert. Dabei schützt sich das Gehör gegen noch lauteren Schall mit einer Reaktion der Gehörknöchelchen im Mittelohr, indem der direkte Schallfluß zwischen Trommelfell und Innenohr gedämpft oder unterbrochen wird. Die S. liegt bei einem Laustärkepegel von etwa 120...140 phon. Das entspricht bei 1000 Hz einem Schalldruck von 20...200 Pa, einem Schalldruckpegel von 120...140 dB oder einer Schalleistung am Trommelfell von ca. 0,1...1 mW.

Schmidt-Optik: spezielle Spiegeloptik für die Projektion von Fernsehbildern. Die S. besteht aus einem Hohlspiegel, dessen Krümmung dem Verlauf einer Kugeloberfläche entspricht und dessen Durchmesser wesentlich größer als der der Projektions-Bildwiedergaberöhre ist (Abb.). Typische Kennzeichen der S. sind: hohe Lichtstärke, Öffnungsverhältnisse von 1:0,75. Zur Korrektur der sphärischen Aberration ist im Strahlengang der Projektionsanordnung eine besonders geformte Linse aus Kunstharz (*Schmidtsche Scheibe:* für Randstrahlen als Zerstreuungslinse, für achsnahe Strahlen als Sammellinse wirkend) angeordnet. → Fernsehprojektion (Abb.)

Schnauzbarteffekt: Bildfehler, der sich durch wellenförmige Verzerrungen, vor allem horizontaler Linien am oberen und unteren Bildrand bemerkbar macht. S. gehört zu den → Geometrieverzerrungen und → Ablenkfehlern.

„Schnee": → Bildrauschen

Schneidcharakteristik, Schneidkennlinie: standardisierte Amplitudenbewertung des aufgezeichneten Signals bei einer Schallplatte, um die Rillenauslenkung den Abtastbedingungen und der statistischen Verteilung der Frequenzanteile im natürlichen Schall optimal anzupassen. Ohne eine solche Maßnahme würden die Rillenauslenkungen bei steigender Frequenz immer kleiner werden und bei der Wiedergabe würde das Grundgeräusch unpropor-

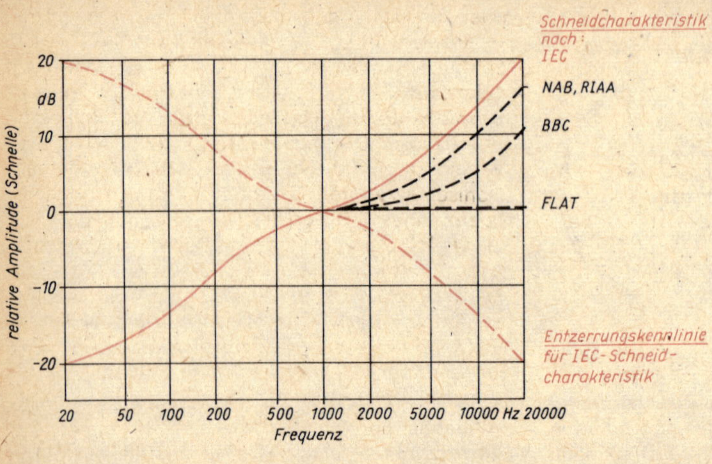

Schallplatten-*Schneidcharakteristiken* nach verschiedenen Normen und gebräuchliche Entzerrungskennlinie gemäß IEC-Schneidcharakteristik

tional stark hervortreten (besonders Knistern und Knacken). Daher werden beim Schnitt der Schallplatte die Signalamplituden mit wachsender Frequenz immer mehr vergrößert. Für alle in der DDR, der BRD und in den meisten anderen Ländern hergestellten Schallplatten gilt die S. nach IEC-Empfehlung 98 (Abb.), die bei allen Hörfrequenzen zu etwa gleichgroßen Rillenauslenkungen führt. Tastet man allerdings eine Schallplatte mit einem dynamischen oder magnetischen Abtastsystem ab, so muß ein → Entzerrervorverstärker mit einem der S. gegenläufigen Amplitudenfrequenzgang nachgeschaltet werden *(Entzerrungskennlinie)*, um wieder ein ausgewogenes Klangbild zu erhalten. Die S. wurde im Laufe der Schallplattenentwicklung mehrfach geändert, von verschiedenen Herstellern wurden z. T. unterschiedliche S. angewendet. Das hat Bedeutung beim Abspielen alter Schellackplatten mit 78 U/min. Abb.

Hinweis: Da auch z. T. vom heutigen Standpunkt abweichende Klangauffassungen bei der Schallplattenproduktion eine Rolle spielten, empfiehlt sich bei solchen Platten eine Korrektur des Klangbilds mit → Klangeinstellern oder → Equalizern. Bei ausländischen Schallplattenherstellern werden z. T. auch heute abweichende S. verwendet (z. B. nach NAB, RIAA, BBC oder FLAT, s. Abb.), die oberhalb von 1 kHz bis zu 20 dB untereinander und von der S. nach IEC abweichen können. Daher werden in manchen professionellen Schallplatten-Abspielgeräten umschaltbare S.-Entzerrer eingebaut.

Schneiden: 1) *(Audio)* mechanisches S. → Cuttern, 2) *(Video)* elektronisches S. → Schnitt, elektronischer.

Schnelläufer: → Längsspurverfahren

Schnellheizkatode: spezielle Bauform der Katoden von → Bildwiedergaberöhren, die extrem kurze Anheizzeiten bis zur Emittierung des Strahlstroms in voller Höhe gewährleisten. → Sofortbild

Hinweis: Alle modernen Bildwiedergaberöhren sind mit S. ausgerüstet.

Schnellkopieren, engl. High Speed Dubbing: Vervielfältigung von Magnetbandaufzeichnungen mit erhöhter Bandgeschwindigkeit auf dafür vorgesehenen industriellen Schnellkopieranlagen. Auch manche → Doppellaufwerk-Recorder lassen S. (meist mit doppelter Bandgeschwindigkeit) zu.

Hinweis: Ein S. durch Überspielen einer Bandaufzeichnung mit Hilfe von 2 Tonbandgeräten, die man auf eine höhere Bandgeschwindigkeit schaltet, als sie dem Original entspricht, ist nicht zu empfehlen. Weil die → Magnettonentzerrung nicht stimmt, ergeben sich bei der Kopie starke Klangverfälschungen!

Schnellstoptaste: → Pausentaste

Schnitt, elektronischer: elektronisches Schneiden (engl. Electronic Editing): vor allem bei Videorecordern bestehende Möglichkeit des lückenlosen *Anfügens* (*Assemble*-Schnitt) oder Einfügens (*Insert*-Schnitt) einer Neuaufzeichnung ohne mechanische Bearbeitung des Videobands. Videobänder können i. allg. nicht, wie es beim Filmschnitt oder beim → Cuttern von Tonbändern üblich ist, auseinandergeschnitten und in der gewünschten Reihenfolge zusammengeklebt werden. Der e. S. ist deshalb die wichtigste *Montagemöglichkeit* bei Videoproduktionen, um Takes in der gewünschten Reihenfolge zusammenzufügen. Für den e. S. werden üblicherweise 2 Videorecorder, ein abspielender (Slave-) und ein aufzeichnender (Master-) Recorder, verwendet (Abb. a). Auf dem aufzeichnenden Recorder erfolgt das takeweise Zusammenfügen durch Umzeichnen von dem abspielenden Videorecorder. Nur der Master-Videorecorder muß für den e. S. ausgerüstet sein. An Stelle des abspielenden Recorders können auch andere Bild- und Tonsignalquellen verwendet werden, z. B. Videokamera, Bildplattenspieler oder der im Masterrecorder eingebaute Fernsehempfangsteil. Beim e. S. gibt es die Möglichkeiten, Bild und Ton gemeinsam, nur Bild oder nur Ton (→ Nachvertonung) zu schneiden. Der Bildschnitt wird dabei als → harter Schnitt ausgeführt. Dies gilt meist auch für den Tonschnitt. Zur Schnittausführung muß der Masterrecorder an der vorgesehenen Schnittstelle von Wiedergabe auf Auf-

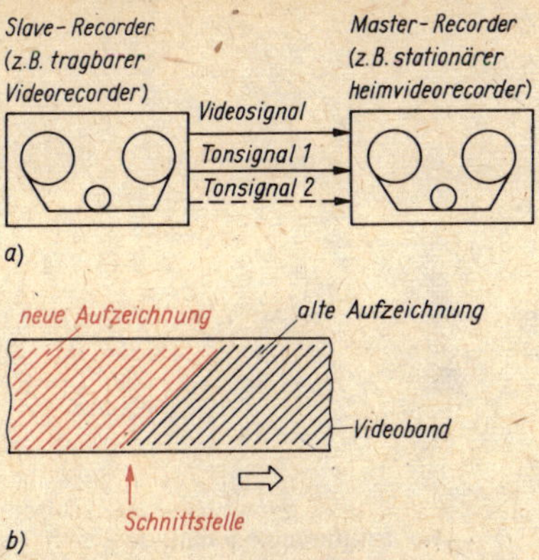

a) Gerätekombination für den *elektronischen Schnitt*
b) Schnitt auf einem Videoband

zeichnung umgeschaltet werden (Abb. b). Für einen nahtlosen, störungsfreien Übergang an der Schnittstelle ist es notwendig, daß die Wiedergabe-Aufzeichnungs-Umschaltung in der vertikalen Austastlücke des Videosignals während eines Videospurwechsels erfolgt. Diese bildgenaue Umschaltung kann nur automatisch von einer elektronisch gesteuerten *Schnitteinrichtung (Schnittsteuerelektronik)* ausgeführt werden. Außerdem ist für störungsfreien e. S. eine Angleichung der H- und halbbildgenauen V-Synchronisationsphase (2V-Verkopplung), bei Farbaufzeichnungen zusätzlich der Farbschaltphase (4V-Verkopplung) und bei PAL der Farbträgernullphase (8V-Verkopplung) zwischen dem zu schneidenden Videoeingangssignal und dem Wiedergabe-Videosignal vom Band notwendig. Dazu sind ein besonders ausgelegtes Servosystem, vor allem ein aufwendiger Bandservo, sowie komplizierte Synchronisationsschaltungen notwendig. Nur bei hochwertigen *Schnittrecordern* werden alle diese Bedingungen erfüllt. Heimvideorecorder sind allgemein nur mit einer relativ einfachen Schnitteinrichtung und einfachem → Bandservo ausgestattet, so daß an den Schnittstellen Halbbildfehler, größere Zeitfehler und sogar mehr oder weniger sichtbare Bildstörungen (Bildrauschen, Farbrauschen, Synchronisationsstörungen) auftreten können. Störungen und die Qualität von Schnittstellen sind erst nach dem e. S. bei einer Kontrollwiedergabe erkennbar. Schnittstörungen wirken sich besonders dann aus, wenn das geschnittene Videoband umgezeichnet werden soll. Voraussetzung für einen sauberen e. S. ist die optimale Einstellung des → Spurlageeinstellers auf das vor der Schnittstelle aufgezeichnete Signal. Schnittrecorder haben zur Löschung der einzelnen Videospuren zusätzlich auf dem Kopfrad montierte Video-Löschköpfe (rotierende Löschköpfe). Bei den meisten Heimvideorecordern wird die Löschung den Videoköpfen selbst überlassen bzw. beim Assemble-Schnitt von einem feststehenden Löschkopf über die gesamte Videobandhöhe vorgenommen. → Insert-Schnitt, → Assemble-Schnitt, → Cue-Schnitt, → Take (Abb.)

Schnittart: → Insert-Schnitt, → Assemble-Schnitt

Schnittkantenmodulation: Gestaltungsmittel bei der → Trickmischung von Fernsehbildern. Durch die S. verändern sich die horizontalen Kanten einer elektronisch erzeugten Trickfigur im Rhythmus der Frequenz eines NF-Signals. Die S. erfolgt durch ein niederfrequentes Signal aus einem NF-Generator oder durch ein Tonsignal.

Schnittmarkierung: → Cue-Schnitt, → Cue-Marke

Schnittrecorder: → Schnitt, elektronischer

Schnurübertrager: → Anpassungsübertrager für Mikrofone, der direkt in die Mikrofonanschlußleitung geschaltet werden kann. S. werden je nach Verwendungszweck mit einem Übersetzungsverhältnis bis zu 1:30 gefertigt und sind i. allg. in beiden Richtungen zu betreiben. Einige Ausführungen lassen sich → symmetrischen Anschlüssen und → unsymmetrischen Anschlüssen anpassen und im Übersetzungsverhältnis umschalten.

Schockabsorber: mechanische Dämpfungseinrichtung an hochwertigen Schallplattenlaufwerken oder Tragarmen, um Körperschall, vorrangig Erschütterungen durch Herumlaufen oder → akustische Rückkopplung von den Boxen, vom Abtastsystem fernzuhalten oder um → Tragarmresonanzen zu vermindern.

Schottkydiode: → Diode, bei der anstelle eines pn-Übergangs ein Metall-Halbleiterkontakt als Sperrschicht wirkt. Bei der S. tritt im Gegensatz zu Dioden mit pn-Übergang keine Trägheit, d. h. Schaltverzögerung bei Umpolung der Stromrichtung auf. Daher ist die S. für die Signalgleichrichtung im Höchstfrequenzbereich geeignet.

Schrägrotationsverfahren: → Schrägspurverfahren

Schrägspurverfahren, *Schrägrotationsverfahren, Helical Scan-Verfahren* (von griechisch Helios, svw. schrägverlaufende Sonnenbahn): Verfahren der → magnetischen Bildaufzeichnung, bei dem die Videospuren schräg zur Bandlängsrichtung verlaufen. Das Videoband bewegt sich spiralförmig um eine zylindrische Kopftrommel mit rotierendem Kopfrad. Durch den stetigen Bandtransport liegen die Videospuren in genau vorgegebener Lage parallel zueinander (Abb. 1). Der Spur(neigungs)winkel beträgt zwischen 2° und 14°. Das S. wird in großer

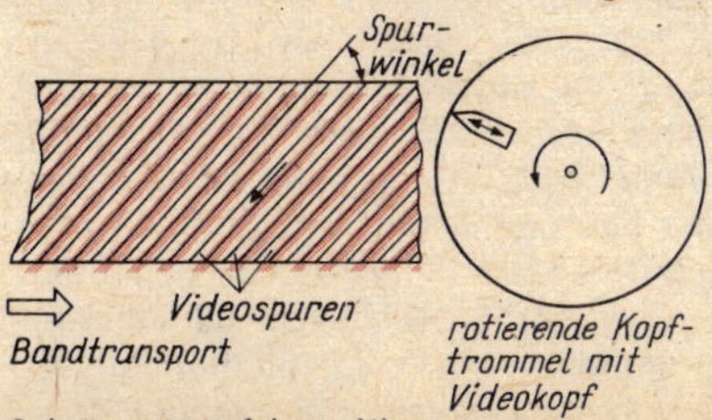

Schrägspurverfahren (1)

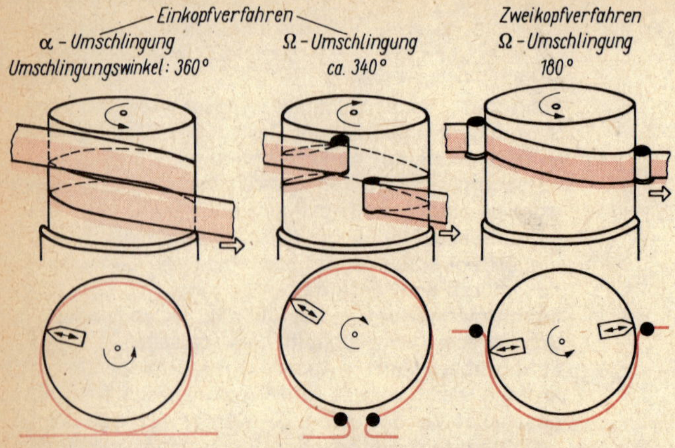

Kopftrommelumschlingung beim *Schrägspurverfahren* (2)

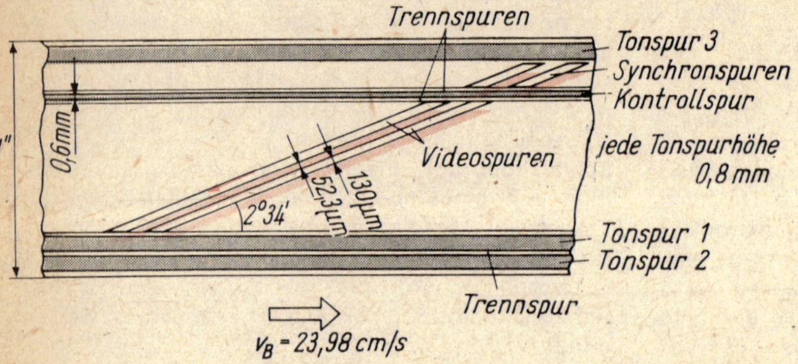

Schrägspurverfahren (3): Spurbild; C-Format

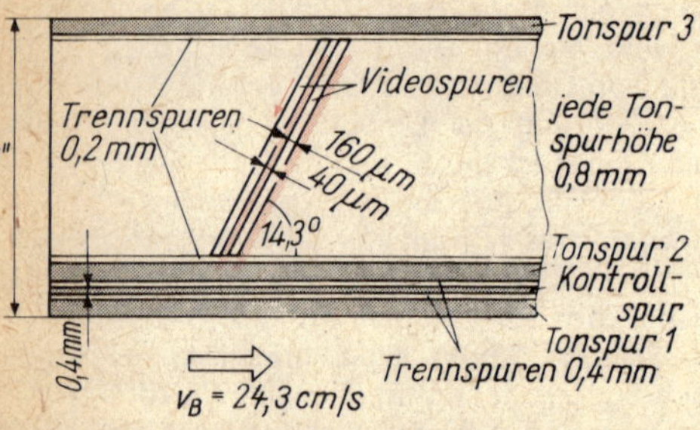

Schrägspurverfahren (4): Spurbild; B-Format

Vielfalt bei fast allen Videorecordern angewendet. Man unterscheidet nach der Anzahl der Videoköpfe (*Ein-, Zwei-, Drei-, Vier-* und *Fünfkopf-Videorecorder*), nach der Art der Kopftrommelumschlingung *(α- oder Ω-Umschlingung)* und dem Umschlingungswinkel des Videobands um die Kopftrommel (z. B. 360°, 340°, 220°, 180°). Das S. wird bei 1", ¾", ½", ⅓" (8 mm) und ¼" Bandhöhe angewendet. Erfolgt die Farbbildaufzeichnung nach dem Doppelspurverfahren (s. Abb. 4 → magnetische Bildaufzeichnung), dann verdoppelt sich auch die Anzahl der Videoköpfe (z. B. 4-Kopf-Videorecorder) bei den einzelnen Versionen des S. Die α-Umschlingung wird wegen der komplizierten Bandeinfädelung fast ausschließlich bei Spulenrecordern verwendet. Die Ω-Umschlingung ist für Kassettenrecorder besonders gut geeignet, wird aber auch in Spulengeräten angewendet. Während das *Einkopfverfahren* hauptsächlich bei hochwertigen Spulen-Videorecordern (5 MHz Auflösung) zu finden ist, arbeiten die meisten Videokassettenrecorder nach dem *Zweikopfverfahren* (Abb. 2). Hierbei gibt es auch die Möglichkeit, mit einem zusätzlichen Hilfsvideokopf (3- bzw. 5-Kopf-Videorecorder) Störstreifen bei Sonderfunktionswiedergabe (Standbild, Zeitlupe) zu vermeiden. Durch Erweitern von 2 bzw. 3 auf 4 bzw. 5 Videoköpfe kann die Spieldauer bei gleichem Bandverbrauch, halbierter Bandtransportgeschwindigkeit und halbierter Videospurbreite verdoppelt werden (z. B. 4-Kopf-VHS-Recorder). 2 Köpfe arbeiten bei Normalgeschwindigkeit und die 2 zusätzlichen Videoköpfe ausschließlich bei halbierter Geschwindigkeit. Auch in den Fernsehanstalten werden heute hauptsächlich Aufzeichnungsanlagen nach dem S. (Schrägspur-MAZ) mit 1" breiten Bändern und vor allem für die Berichterstattung mit ¾"-Bändern (U-Matic) verwendet. Für 1"-Geräte existieren derzeit international 2 verschiedene bedeutsame Normen: der C-Standard nach dem Einkopfverfahren (Abb. 3) und der B-Standard nach dem Zweikopfverfahren (Abb. 4). Beim S. wird ein Fernsehhalbbild (312,5 Zeilen) auf einer Videospur gespeichert *(Field-Verfahren)*. Eine Ausnahme bil-

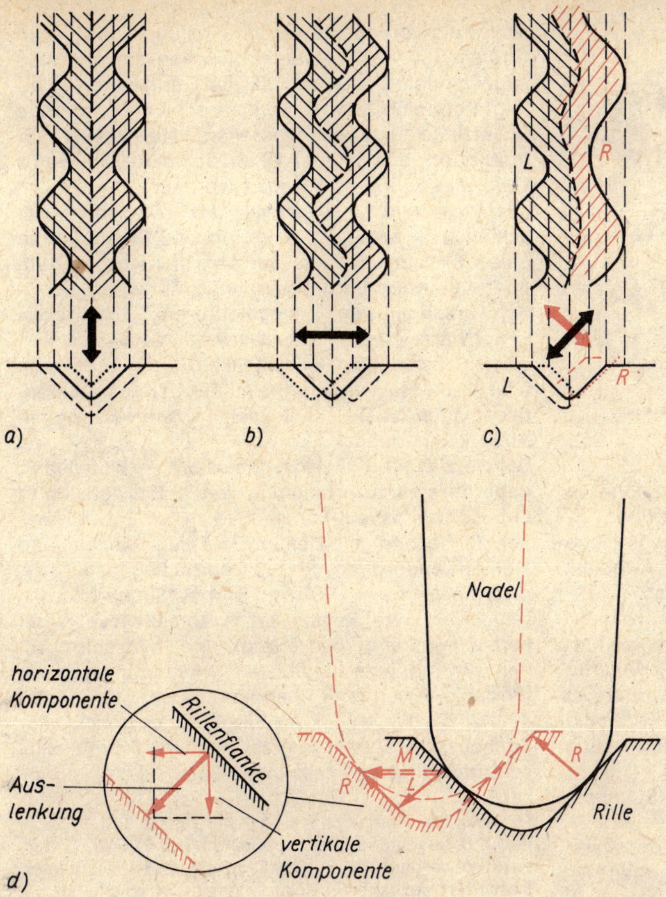

Verschiedene *Schriftarten* bei Schallplatten:
a) Tiefenschrift,
b) Seitenschrift,
c) Flankenschrift;
d) Phasenlage der Auslenkungen bei einem reinen Mitten- oder Monosignal (L = R). Es entsteht keine Tiefenkomponente der Schrift (S = L − R = 0)

det der B-Standard, hier werden 6 Videospuren für ein Halbbild benötigt *(Segment-Field-Verfahren).* → Videosysteme, → Dichtspeichertechnik (Abb.)

Schreibgriffel: → Lichtgriffel

Schriftart: Kennzeichnung der Schwingungsrichtung der längs einer Schallplattenrille eingeschnittenen Schallinformation. Die Rille trägt in ihren horizontalen und vertikalen Auslenkungen die Signale in starrer Wellenform. Es werden unterschieden: *Tiefenschrift* (Abb. a), *Seitenschrift* (Abb. b) und *Flankenschrift* (*Stereoschrift, Zweikomponentenschrift, 45°-Schrift*, Abb. c). Reine Tiefenschrift wird nicht mehr verwendet. Während bei der Seitenschrift, in der Monoschallplatten geschnitten wurden, nur eine horizontale Komponente der Auslenkung auftritt, ergibt sich bei der Flankenschrift eine horizontale und eine vertikale Komponente, denen die Abtastnadel folgen muß. Dabei trägt die äußere (randnähere) Rillenflanke das rechte Stereosignal (R), die innere das linke (L). Die Phasenlage dieser Signale ist so gewählt worden, daß sich beim Summensignal (M = L + R) Seitenschrift, beim Differenzsignal (S = L − R) dagegen Tiefenschrift ergibt. Dadurch ist Stereo- und Monoaufzeichnung miteinander kompatibel. Abb.

Hinweis: Trotzdem sollen Stereoschallplatten nicht mit einem (heute nicht mehr gebräuchlichem) Mono-Abtastsystem wiedergegeben werden, weil die Nadel in vertikaler Richtung nicht nachgeben kann und dadurch Nadel und Schallplatte stark beansprucht werden. Außerdem treten Klangverzerrungen auf. Der umgekehrte Fall, das Abtasten von Monoschallplatten mit einem Stereo-Abtastsystem, ist dagegen bedenkenlos möglich und liefert kompatible Monowiedergabe.

Schröter, Fritz, Prof. Dr. phil. Dr.-Ing: deutscher Physiker (28. 12. 1886–11. 10. 1973), der als Fernsehpionier die Entwicklung der elektronischen Fernsehtechnik besonders in den 20er Jahren mitbestimmte. Umfangreiche Untersuchungen und Experimente führten zur Umstellung der → Braunschen Röhre als Bildempfänger (1928 bis 1930) und der Entwicklung des Zeilensprungverfahrens (1930). Durch zahlreiche Erfindungen trug S. zur Entwicklung der Bildempfänger-, Bildspeicherröhre und der Fernsehübertragungstechnik insgesamt bei. Seiner Erkenntnis über die Wirtschaftlichkeit der Fernsehübertragung folgend, arbeiten heute die drahtlosen

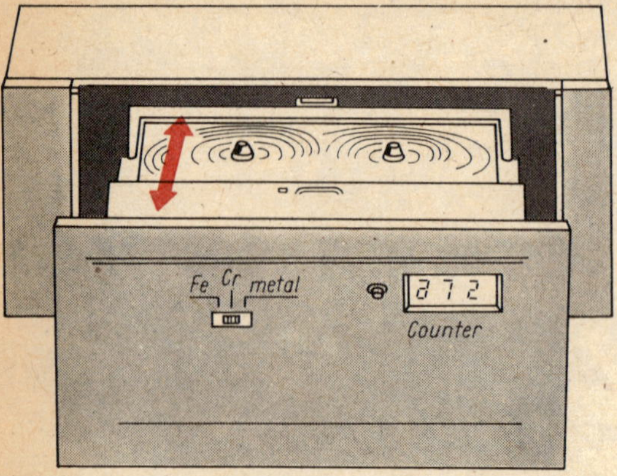

Schubladenlaufwerk, geöffnet

Fernsehübertragungssysteme allgemein im höheren Frequenzbereich (Ultrakurzwellen und darüber). S. hat die Fernsehtechnik auf eine wissenschaftliche Grundlage gestellt, worin wohl sein Hauptverdienst auch noch für die heutige Zeit zu sehen ist.

Schubladenlaufwerk, auch *Sliding Recorder-System*: Kassettenlaufwerk, dessen waagerechtes Kassettenfach z. B. auf Tastendruck schubladenartig heraus- oder hineingleitet. Betrieb des Recorders ist i. allg. in beiden Positionen möglich. S. schützen die Kassetten gut vor Staub, laufen leise und lassen sich sehr flach herstellen. Abb.

Schütterspannungsabstand: → Rumpel-Störspannungsabstand

Schutzfunkenstrecke: Einrichtung zum Schutz von Schaltungen, in denen → Hochspannungen erzeugt, übertragen und verarbeitet werden (z. B. Fernsehempfänger) oder von außen ungewollt einwirken können (z. B. Antennenanlagen). Bei einer S. stehen sich 2 blanke Leiter in einem festen Abstand gegenüber. Dieser wird so gewählt, daß bei dem im Normalfall bestehenden Potentialunterschied zwischen ihnen die S. nicht leitend ist, bei Überspannungen jedoch kurzzeitig über einen „Lichtbogen" leitend wird. Der Nutzen von S. besteht u. a. darin, daß an einzelnen Schaltungspunkten unerwünscht auftretende Hochspannungen nach Masse oder daß Überspannungen vor dem Ansprechen der Sicherungen an Punkten abgeleitet werden, wo sie keine Zerstörungen anrichten können. → Hochspannungsüberschlag.

Hinweis: S. findet man z. B. in Fernsehgeräten zwischen den einzelnen Gittern, Katoden und der Heizung der Bildröhre und Masse. Sie werden bei einem Überschlag der Anodenhochspannung leitend und schützen so die ihnen vorgelagerten Schaltungsstufen vor Überspannungen.

Schutzisolierung: Schutzmaßnahme gegen gefährliche Berührungsspannungen bei netzbetriebenen elektrischen Geräten. S. wird durch isolierende Umhüllung des ganzen der Berührung zugänglichen Gerätekörpers oder durch dessen vollständige Isolierung von den netzspannungsführenden Teilen erreicht. S. wird bei elektronischen Heimgeräten angewendet. Der Anschluß von Geräten mit S. erfolgt über eine 2adrige Geräteanschlußleitung ohne Schutzleiter mit angegossenem Netzstecker. S. muß durch das Symbol ⧈ an sichtbarer Stelle des Gehäuses kenntlich gemacht werden.

„Schwanenhals", *biegsamer Hals*: flexibles Anschlußstück zwischen Mikrofon und Stativ. Durch einen S. kann die Lage der Mikrofoneinsprechöffnung verändert und optimal angepaßt werden.

Schwarzabhebung: Pegeldifferenz zwischen → Schwarzwert und → Austastwert im ausgetasteten bzw. vollständigen Bildsignal. Die S. kann von 0 %...2 % des → Videosignalpegels betragen. Bei Videoanlagen ist sie i. d. R. gleich 0 %. → Bildsignal, Abb. → Videopegel

Schwarz-Weiß-Bildwiedergaberöhre: → Bildwiedergaberöhre zur Umwandlung von → Bildsignalen in ein Schwarz-Weiß-Fernsehbild. Die Entwicklung von S. begann mit kleinen → Ablenkwinkeln und kleinen Bildgrößen (→ Bildschirmdiagonale). Typisch sind heute 90° (z. B. bei Sucherbildröhren), in der Regel 110° Ablenkwinkel (bei Fernsehempfängerbildröhren) und Bildschirmgrößen für die verschiedensten Anwendungsgebiete (Portable, Tischgerät, Standgerät); z. B. 16, 23, 32, 43, 47, 53, 59, 61, 67 cm Bildschirmdiagonale. Für Sucher von Videokameras werden S. mit Bildschirmdiagonalen teilweise unter 5 cm eingesetzt.

Hinweis: Die Typen der S. sind in der DDR lt. TGL bezeichnet. Z. B. bedeutet die Kurzbezeichnung „B 61 G 2": B: Bildwiedergaberöhre, 61: Schirmdiagonale, G: gemischt (elektrostatisch fokussiert, elektromagnetisch abgelenkt), 2: laufende Entwicklungsnummer.

Schwarz-Weiß-Fernsehen: → Fernsehen, das ausschließlich der Übertragung der in Bildern enthaltenen Helligkeitsinformation dient. Im S. wird die Leuchtdichteverteilung eines Bilds in ein → Bildsignal umgewandelt. Dieses steuert nach Bearbeitung und Übertragung die Stärke des Elektronenstrahls einer → Schwarz-Weiß-Bildwiedergaberöhre in einem → Fernsehempfänger oder → Bildkontrollempfänger. Davon abhängig wird die Leuchtschicht der Bildwiedergaberöhre zu einer Strahlung angeregt. Die im Bildsignal enthaltenen Frequenzanteile sind bestimmend für die Hell-Dunkel-Verteilung benachbarter Bildpunkte auf dem Bildschirm. Nur unter der Voraussetzung, daß die Bildwiedergabe dem gleichen zeitlichen und geometrischen Ablauf wie die Bildsignalerzeugung folgt, ist eine fehlerfreie Fernsehübertragung möglich. Hierzu erfolgt die → Synchronisation in den Bildsignalquellen und -wiedergabegeräten. Das S. erreichte in der Mitte der 60er Jahre unseres Jahrhunderts einen technisch hohen Entwicklungsstand und eine weltweite Verbreitung. Die grundlegenden Einschränkungen des S. gegenüber dem natürlichen Sehen (fehlende

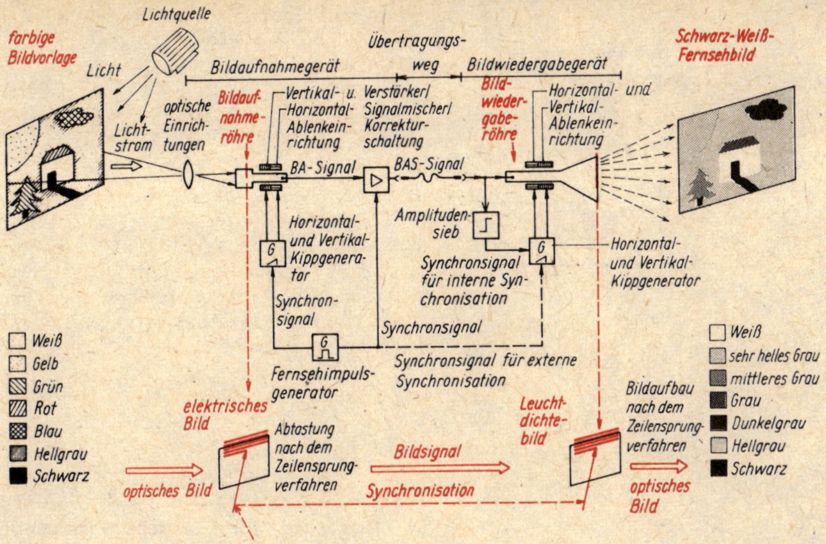

Schwarz-Weiß-Fernsehverfahren

Farbigkeit, fehlender Raumeindruck, begrenzte → Auflösung) weckten das Bedürfnis nach neuen Arten des Fernsehens. Mit der Entwicklung des → Farbfernsehens, des → Stereofernsehens und des → Hochzeilenfernsehens wurde diesen Einschränkungen begegnet (letztgenannte 2 Arten sind im Fernsehrundfunk noch ohne Bedeutung). Auf Grund des hohen Verbreitungsgrads des S. müssen neue Fernsehverfahren zum S. kompatibel sein. Deshalb können Schwarz-Weiß-Fernsehgeräte auch über den Zeitraum der Einführung qualitativ besserer Fernsehverfahren hinaus genutzt werden, ohne jedoch die dem neuen Verfahren innewohnenden Qualitätsverbesserungen zu reproduzieren. In der Abbildung ist die Übertragung einer Bildvorlage mit farbigen Bildanteilen im S. qualitativ dargestellt. Aus der Abbildung wird ersichtlich, daß für das S. prinzipiell ein *Bildsignalweg* ausreichend ist, der aus Effektivitätsgründen gleichzeitig für die Übertragung der Gleichlaufinformation mit genutzt wird. Die im Fernsehbild wiedergegebenen Grauwerte entsprechen in ihrer Größe und Verteilung der in der Bildvorlage enthaltenen Helligkeitsabstufung, die in den einzelnen Farbübergängen eingeschlossen ist. → Farbe, → Helligkeit, → Dreifarbentheorie, → Synchronisation, → Fernsehnorm, → Zeilensprungverfahren, Abb. → Bildsignale (Abb.)

Hinweis: Wenn im Originalbild ein Farbübergang (Farbe-Farbe, Farbe-Grauwert) nicht gleichzeitig mit einem deutlichen Leuchtdichteunterschied verbunden ist, kann im Schwarz-Weiß-Fernsehbild dieser Übergang durch das Nebeneinander gleicher Grauwerte verlorengehen. Eine farbige Bildvorlage, die bei unmittelbarer Betrachtung kontrastreich wirkt, kann bei der Aufnahme mit Schwarz-Weiß-Fernsehtechnik ihre gute Bildwirkung völlig oder teilweise einbüßen!

Schwarzwert: Minimalwert des Bildsignals ohne Austastung. Der S. entspricht der niedrigsten in einer Szene oder Bildvorlage auftretenden Bildhelligkeit bzw. dem niedrigsten auf die Bildaufnahmeröhre fallenden Lichtstrom. Die exakte Einstellung des S. bei Fernseh- und Videokameras entsprechend des geringsten Lichtstroms hat in zweierlei Hinsicht bildwirksame Bedeutung: *a)* optimale Ausnutzung des verfügbaren Videosignalpegelbereichs entsprechend des zu verarbeitenden Kontrastumfangs. *b)* Ein falsch eingestellter S. führt zu → Gradationsfehlern (→ Gradation) in den dunklen Bildpartien. Videokameras verfügen zur exakten Einstellung des S. über eine sogenannte S.-Automatik. → Bildsignal, → Grundhelligkeit, → Schwarzabhebung, Abb. → Videopegel

Schwarzwerthaltung (engl. Black Level Clamping), auch *Klammerung, Clamping, Klemmung*: durch eine → Klemmschaltung während eines Zeitabschnitts der → Austastung (i. allg. hintere Schwarzschulter) bewirkte Festhaltung oder Wiederherstellung des zum → Bildsignal gehörenden → Schwarzwerts bzw. → Austastwerts. Die S. ist im Bildkanal wiederholt notwendig, da ohne S. die Übertragung des unsymmetrischen Bildsignals über kapazitiv gekoppelte Verstärkerstufen zu einer Schwankung des Schwarz- bzw. Austastwerts in Abhängigkeit der → mittleren Bildhelligkeit führt. Im Bildkanal auftretende Verbrummungen des Bildsignals werden durch die Wirkung der S. mit beseitigt. → Videopegel (Abb.)

Schwarzwertregelung: automatische Einstellung des → Schwarzwerts durch Regelschaltungen. Eine S. kann bei der Bildaufnahme erfolgen. Hier wird abhängig von den jeweils „dunkelsten Stellen“ in

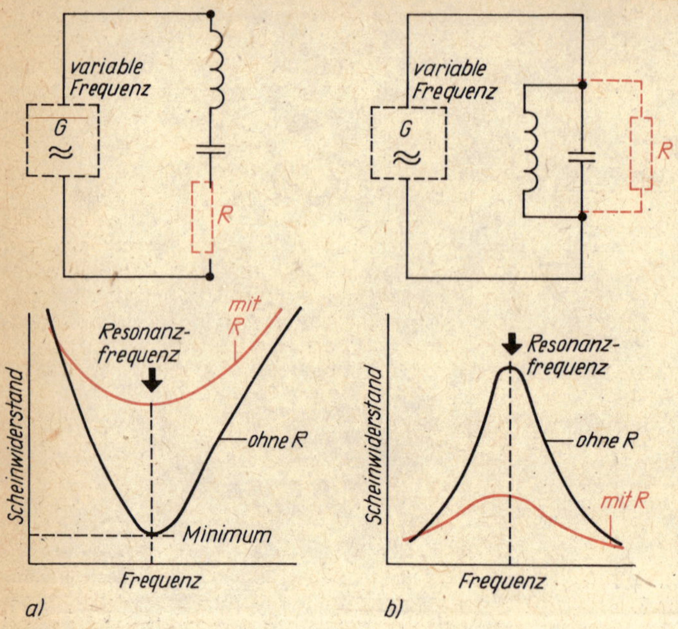

Schwingkreis – Aufbau und Verlauf des Scheinwiderstands in Abhängigkeit von der Frequenz: a) Reihenschwingkreis, b) Parallelschwingkreis

einer Bildvorlage elektronisch eine Anpassung an den festgelegten Bezugswert im → Bildsignal (Schwarzwert, Schwarzpegel) vorgenommen. Während der Bildsignalübertragung bleibt im Normalfall der Schwarzwert durch den Einsatz von → Klemmschaltungen stets erhalten. Durch die Übertragung der → Farbsynchronsignale sowie durch Störsignale auf der hinteren Schwarzschulter infolge der Signalaufzeichnung oder langer Übertragungswege kann eine Schwarzwertänderung entstehen, die durch Klemmschaltungen nicht zu beseitigen ist. Dem wird durch eine → Austastung des Bildsignals vor der Klammerung begegnet. Für diese Austastung wird ein in der Regelschaltung speziell gebildetes Austastsignal – im einfachsten Fall die Klemmimpulse selbst – genutzt. Dabei muß beachtet werden, daß durch diese Maßnahme nur Störsignale, aber keine notwendigen Bestandteile des Bildsignals beseitigt werden. → Videopegel, → Blendenautomatik

Schwebung: Überlagerung von 2 Schwingungen (f_1 und f_2), deren Differenzfrequenz $\Delta f = |f_1 - f_2|$ im Hörbereich liegt. Überlagern sich 2 dicht beieinanderliegende Hörfrequenzen ($\Delta f \leq 16$ Hz), so schwankt die Lautstärke des wahrgenommenen Tons mit der Differenzfrequenz. Auch 2 einzeln unhörbare, z. B. HF-Schwingungen von Rundfunksendern, deren Differenzfrequenz Δf im Hörbereich liegt, können in einem Empfänger Pfeiftöne erzeugen („Interferenzpfeifen").

Schwingkreis, *Schwingungskreis*, Resonanzkreis: Schaltungsanordnung, bestehend aus Spule und Kondensator, ggf. einem ohmschen Widerstand, die bei Energiezufuhr elektromagnetische Schwingungen einer charakteristischen Frequenz (Resonanzfrequenz) erzeugen kann. Diese liegt um so höher, je kleiner die Werte der Induktivität (Spule) und der Kapazität (Kondensator) sind. Je nach Schaltung unterscheidet man *Serien-S. (Saugkreis)* und *Parallel-S. (Sperrkreis)*, die an einer Wechselspannung veränderlicher Frequenz unterschiedliches Verhalten zeigen. Während der Serien-S. bei Resonanzfrequenz einen besonders geringen Scheinwiderstand hat, zeigt der Parallel-S. an dieser Stelle ein Maximum. Die *Güte* eines S. ist ein Maß dafür, wie kräftig diese Resonanzstelle ausgeprägt und wie schmal sie ist (Resonanzschärfe). Die Güte hängt von der Qualität der Spule und des Kondensators ab; sie kann durch Hinzuschalten eines ohmschen Widerstands künstlich verringert werden (Abb.). Das typische Frequenzverhalten von S. wird bei der Empfängerabstimmung (Frequenzselektion), in ZF-Verstärkern, Schwingschaltungen (Oszillatoren) und bei verschiedenen Filtern und Frequenzweichen ausgenutzt. Im Höchstfrequenzbereich entarten S. zu leitungs-, rohr- oder kammerartigen Gebilden. Spule und Kondensator sind nicht mehr getrennt zu erkennen. Die Eigenschaften von S., wie Resonanz und Frequenzverhalten, lassen sich auch an mechanischen Gebilden nachweisen. An Stelle von Spule und Kondensator treten dann schwingfähige mechanische Bauteile mit ihren Eigenschaften wie Masse und Elastizität. Treffen elektrisch und mechanisch schwingungsfähige Gebilde zusammen – das ist z. B. bei den Schallwandlern der Fall –, dann ergeben sich komplizierte mehrfache, z. T. schwer

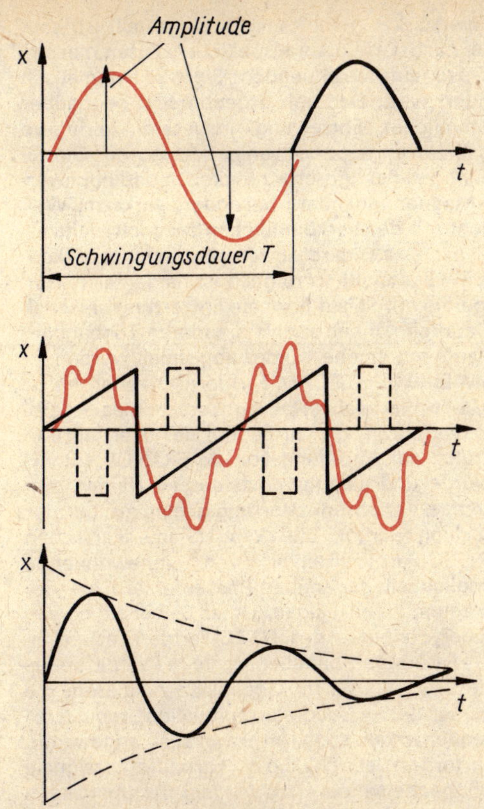

a) Harmonische sinusförmige *Schwingung,*
b) verschiedene Schwingungsformen (— Sägezahnschwingung, --- Impulsschwingung, rot: obertonreiche Schwingung, z. B. Tonsignal),
c) gedämpfte Schwingung

überschau- und beherrschbare Resonanzerscheinungen. Abb.

Schwingquarz, kurz *Quarz,* auch Steuerquarz: aus Quarzkristall bestehender Körper, der bei elektrischer Anregung mechanische Schwingungen ausführen kann; mechanischer → Schwingkreis sehr hoher Frequenzkonstanz und Güte. Beim S. wird der umgekehrte → piezoelektrische Effekt ausgenutzt. S., die bereits 1922 von CADY zur Stabilisierung der Sendefrequenz benutzt wurden, bestanden zu dieser Zeit aus natürlicher Kieselsäure (SiO_2), später aus Turmalin; seit etwa 1956 werden S. künstlich gezüchtet. Sie werden in bestimmter Richtungsorientierung aus dem Kristallgitter herausgesägt und lassen sich je nach Gestalt, Größe und mechanischer Schwingungsrichtung mit Frequenzen von ca. 500 Hz bis maximal 300 MHz betreiben. Wesentlich für hohe Frequenzkonstanz ist eine gleichbleibende Umgebungstemperatur. S. für besonders hohe Ansprüche werden daher in Thermostaten betrieben (z. B. quarzstabilisierte Sendefrequenz). Ohne Temperaturregelung läßt sich im Bereich zwischen $-25\,°C$ und $+80\,°C$ eine Frequenzgenauigkeit von etwa 0,004 % erreichen, was für die meisten Anwendungen in der Heimelektronik genügt. Da auch Luftdruck und -feuchte einen Einfluß haben, werden S. i. allg. in einem stabil verschweißten Gehäuse in einer Schutzgasfüllung oder im Vakuum betrieben. Die Schwingfrequenz hängt ausschließlich von den mechanischen Eigenschaften ab, liegt also nach der Herstellung fest. Lediglich eine geringfügige Veränderung mit Hilfe eines in Reihe geschalteten „Ziehkondensators" ist möglich. Die Angabe der Frequenzgenauigkeit erfolgt als größtmögliche Abweichung von der Nennfrequenz; z. B. bedeutet $\pm 5 \cdot 10^{-6}$ bei einem 10-MHz-S. eine Toleranz von ± 50 Hz.

Hinweis: Die Angabe in ppm (Abk. für engl. parts per millions) ist gleichzusetzen mit dem Faktor 10^{-6}.

Die wichtigsten Anwendungsfälle für S. sind Oszillatoren mit sehr hoher Frequenzgenauigkeit und -konstanz, z. B. in Frequenzsynthese-Tunern, zur Erzeugung der Farbträgerfrequenz in NTSC- und PAL-Dekodern, zur drehzahlgenauen Steuerung von Plattenspieler- und Magnetbandlaufwerken und in Quarzuhren. Mit S. lassen sich auch Filter mit sehr steilen Flanken, hauptsächlich Bandfilter, aufbauen, daher spricht man bei einer solchen Anwendung auch von *Filterquarzen.*

Schwingung: zeitlich periodische Änderungen einer physikalischen Größe x um ihren Mittelwert. Eine S. wird beschrieben durch *Amplitude (S.weite, Spitzenwert),* als maximale Auslenkung vom Mittelwert, durch *S.dauer (Periode),* als Zeitdauer für einen vollständigen S.ablauf, und durch *Phasenlage (Phase),* als Verschiebung der S. gegenüber einem festgelegten Zeitpunkt (→ Phasenverschiebung, auch Nullphasenverschiebung). Die Anzahl der S. je Sekunde wird als → Frequenz bezeichnet. S. mit sinusförmigem Verlauf werden *harmonische S.* genannt. Kompliziertere S.formen sind immer aus einer Vielzahl harmonischer S. *(Teil-S.)* zusammengesetzt. *Gedämpfte S.* haben zeitlich abnehmende Amplituden. Wichtige S.arten sind *Schall-S.,* als Gemisch vieler reiner Töne (→ Klang) oder Ultraschall-S. (Schwingquarze), *elektrische S.,* die in → Oszillatoren oder → Tongeneratoren erzeugt werden oder als komplizierte S.formen aus Hörschall (→ Tonsignal) oder einer Bildvorlage (→ Bildsignal) entstehen. Abb.

Schwingungskreis: → Schwingkreis

Schwund (engl. Fading): Empfangsschwankungen, vorrangig auf dem Mittel- und Kurzwellenbereich, die in Abständen von Sekundenbruchteilen bis hin zu einer Stunde auftreten können *(Langzeitschwund).* S. kann bis zum Totalausfall des Empfangs führen *(Black Out).* Er ist vorrangig darauf zurückzuführen, daß Wellen vom gleichen Sender auf unterschiedlichen Wegen zum Empfänger gelangen

(z. B. Raum- und Bodenwelle) und wegen verschieden langer Laufzeiten Phasenunterschiede am Empfangsort aufweisen. Diese können zu gegenseitiger Verstärkung der Wellen, aber auch zu Schwächung und Auslöschung führen. S. kann sich – vor allem im Kurzwellenbereich – z. T. nur auf ein sehr schmales Frequenzband beziehen *(selektiver S.)*, u. U. nur auf eines der beiden Seitenbänder (→ Modulation). Das führt zu starken Verzerrungen des empfangenen Signals.

Schwundregelung: veraltet für → Verstärkungsregelung, automatische

Scrambler: Zusatzgerät zum Verschlüsseln von Nachrichtensignalen während der Übertragung. S. werden z. B. in → Kopfstationen des kommerziellen → Kabelfernsehens eingesetzt, so daß ein Empfang beim Teilnehmer erst nach Entschlüsseln in einem *Descrambler* möglich wird. Dieser kann in der Teilnehmerstation mit einem Lesegerät für Kennkarten (Berechtigung zum Empfang spezieller Nachrichten) oder Münzzählern (Sofort-Gebührenentrichtung) gekoppelt werden.

Scrape Flutter (engl., svw. kratzendes Flattern): sehr schnelle → Tonhöhenschwankungen oberhalb einer Schwankungsfrequenz von etwa 100 Hz. S. wird als kratziges, nur gemeinsam mit einem Schallereignis auftretendes Geräusch bei der Magnetton-Wiedergabe empfunden. S. kann durch Bandlängsschwingungen entstehen, zu denen ein Tonband durch Reibung an Bandführungen und Magnetköpfen bei zu großem Bandzug oder Bandandruck angeregt wird.

Scratchfilter: Tiefpaßfilter zur Unterdrückung von Kratzen und Rauschen bei der Wiedergabe älterer Schallplatten. → Rauschfilter

Scratching: hauptsächlich von Disjockeys praktizierte Drehzahlmanipulation während des Abspielens einer Schallplatte. Um bestimmte Stellen eines Titels der Popmusik besonders hervorzuheben oder um Effekte zu erzielen, wird der Plattenteller von Hand abgebremst, hin- und herbewegt oder beschleunigt.

Hinweis: Das auch in Fachkreisen umstrittene S. sollte bei Heimtonanlagen unbedingt unterbleiben, weil Abtastnadel, Platte und Antrieb stark beschädigt werden können. Außerdem wird durch ein wiedergabeseitiges „kreatives" Eingreifen der Charakter des Musikstücks in einer vom Komponisten oder Interpreten nicht beabsichtigten Weise entstellt.

SCT-Element, Abk. von engl. **S**urface **C**ontrolled **T**ransistor (svw. oberflächengesteuerter Transistor): bipolarer → Transistor in Epitaxieplanarbauform. Mit einer zusätzlichen Torelektrode kann der Ladungsträgerfluß im S. ähnlich wie bei MOSFETs verändert und damit auch die Stromverstärkung variiert werden. S. werden als Speicherelemente verwendet.

SE, Abk. für **S**peziale**n**tzerrung: → Magnettonentzerrung, bei der die Höhenanhebung im Aufzeichnungsverstärker nicht konstant eingestellt ist, sonder je nach Größe und spektraler Zusammensetzung des aufzuzeichnenden Signals automatisch verändert wird. Dadurch ergeben sich gegenüber herkömmlicher Entzerrung insgesamt geringere Klangverzerrungen und weniger Rauschen. Die SE ist bei hohen Bandgeschwindigkeiten und hochwertigen Magnettonbändern besonders wirksam. Weil sie nicht mit der herkömmlichen Magnettonentzerrung nach standardisierter Entzerrungszeitkonstante (→ Bandfluß) verträglich ist, lassen sich Tonbandgeräte mit SE auf normale Entzerrung umschalten. Dadurch können auch auf anderen Tonbandgeräten aufgenommene Bänder abgespielt werden.

SECAM-Effekt: → SECAM-Farbfernsehverfahren

SECAM-Farbfernsehverfahren: kompatibles → Farbfernsehverfahren, das zu Beginn der 50er Jahre in Frankreich auf Anregung von de FRANCE entwikkelt wurde und anfangs auch dessen Namen trug (de France-Verfahren). Vorrangig ging es bei der Entwicklung darum, die dem US-amerikanischen → NTSC-Farbfernsehverfahren innewohnende Empfindlichkeit gegenüber Phasenfehlern bei der Übertragung zu beseitigen. Unter Beibehaltung wesentlicher Elemente des NTSC-Farbfernsehverfahrens (→ Farbträger, bandbegrenzte → Farbdifferenzsignale usw.) wurde im Gegensatz zu diesem die gegenüber der → Quadraturmodulation „robustere" → Frequenzmodulation im Farbkanal angewandt. Dies erfordert jedoch, die → Farbdifferenzsignale zeitlich nacheinander *(sequentiell)* zu übertragen und empfangsseitig die Gleichzeitigkeit durch zeilenweise Speicherung (mémoire) wieder herzustellen. Diese für die Kodierung bestimmende Methode bildete dann auch die Basis für die Bezeichnung S. (franz. **S**équentiel **E**n **C**ouleur **A**vec **M**émoire; kurz: séquentiel à mémoire). Das 1957 der Öffentlichkeit vorgestellte S. bildete mit dem später entwickelten → PAL-Farbfernsehverfahren die Alternative zum NTSC-Verfahren bei der Einführung des → Farbfernsehens in den verschiedenen Ländern Westeuropas. In Vorbereitung darauf wurde 1962 von der Europäischen Rundfunkunion (→ EBU) eine Expertengruppe (Ad-Hoc Group on Colour Television) mit der Untersuchung und Erprobung der bekannten Farbfernsehverfahren beauftragt. Die vorgelegten Ergebnisse veranlaßten viele Länder, das S. zum nationalen Standard zu wählen. Heute ist das S. neben Frankreich u. a. in den Staaten UdSSR, DDR, Ägypten, Albanien, Elfenbeinküste, Irak, Libyen, Marokko, ČSSR, Bulgarien, Zypern verbreitet. Die Abbildungen veranschaulichen die dem S. zugrunde liegenden technischen Besonderheiten. Die in den Abbildungen farbig eingetragenen Signalwerte entsprechen der international einheitlichen → Fernsehnorm für SECAM. Die farbig hervorgehobenen Funktionseinheiten in den Übersichtsplänen sind für das Verständnis des Übertragungsprinzips bestimmend. Sie bilden den Gegenstand der weiteren

Erläuterungen. Alle nicht besonders erwähnten Stufen sind entweder im allgemeinen Zusammenhang mit der → Frequenzmodulation (Preemphasis, Deemphasis, Frequenzhub-, Amplitudenbegrenzer) oder mit der Einstellung optimaler Übertragungsbedingungen für das Farbbildsignal zu sehen (Farbträgerverkoppler, Phasenschalter, Frequenzgangkorrektur im Leuchtdichtesignal). Eingangs des → Farbkoders erfolgt die → Matrizierung. Die den Farbdifferenzsignalen zugeordneten Zahlenwerte sichern für die natürlichen Farben eine volle Ausnutzung des Bildsignalwegs (pegel- und frequenzmäßig). Bereits nach der Matrizierung werden dem Signal die → Identifikationsimpulse zugeführt, so daß sie mit den Farbdifferenzsignalen den gesamten Signalweg durchlaufen müssen. Mit dem im Zeilenrhythmus, synchronisiert durch die → 2H-Impulse des S., arbeitenden elektronischen Umschalter wird die *sequentielle* Signalfolge (D_R, D_B, D_R, ...) erzeugt. Diese wird in einem Frequenzmodulator einem → *Farbträger* aufgeprägt. Die Besonderheit im standardisierten S. besteht dabei darin, daß mit dem Wechsel des modulierten Farbdifferenzsignals auch jeweils die Farbträgerfrequenz umgeschaltet wird. Daraus und aus der festen Verkopplung der Farbträgerruhefrequenzen mit dem → Fernsehimpulsgeber ergibt sich eine hohe Stabilität für die Übertragung unbunter Fernsehbilder oder Bilddetails. Nach der Farbsignalaustastung (→ Farbträgeraustastung) wird am Ausgang des Farbkoders durch Addition des Farbsignals zum laufzeitangepaßten → Leuchtdichtesignal und → Synchronsignal das vollständige Farbbildsignal (→ vollständiges Bildsignal) erzeugt. Dieses muß nach Speicherung, Übertragung usw. vor der Bildwiedergabe, teilweise auch vor einer Bearbeitung wieder dekodiert werden. Hierzu erfolgt mittels Bandsperre und -paß eine Aufteilung in Leuchtdichte- und Farbsignal. Dem nach HF-Deemphasis und Farbkanalabschalter folgenden elektronischen Umschalter wird im ersten Weg das unmittelbar übertragene, im zweiten Weg das um eine volle Zeilendauer verzögerte („gespeicherte") Farbsignal zugeführt. Durch seine vom → Synchronsignal gesteuerte zeilenperiodische Umschaltung sorgt dieser Schalter dafür, daß aus der sequentiellen Eingangssignalfolge im weiteren Signalweg unter Verwendung der verzögerten Farbsignale eine simultane Signalfolge wird. Abb. c) veranschaulicht das dabei angewendete Prinzip über den gesamten Signalweg (Koder-Dekoder). Der Ordnung des Farbsignals schließt sich die Frequenzdemodulation an. Dabei erfüllt der auf der hinteren Schwarzschulter übertragene unmodulierte Farbträger eine wichtige Funktion als Potential zur Klammerung der demodulierten Farbdifferenzsignale. Für den Fall einer verstimmten Demodulatorkennlinie kann durch Klammerung auf den demodulierten Farbträger zur Zeit der hinteren Schwarzschulter eine fehlerhafte → Kolorierung im Farbbild vermieden werden. Die nach der Demodulation wiedergewonnenen Identifikationsimpulse signalisieren, ob die elektronischen Umschalter im Koder und Dekoder synchron arbeiten. Eine Asynchronität führt zur Vertauschung der Farbdifferenzsignale im Dekoder. Mit der halbbildweisen Übertragung der Identifikationsimpulse wird diese festgestellt und durch einmalig zusätzliches Umschalten im Dekoder beseitigt. Das Vorhandensein der Identifikationsimpulse während der vertikalen Austastung sichert gleichzeitig das Öffnen des Farbkanals für jeweils ein Halbbild. Den Abschluß der Dekodierung bildet die Matrizierung der Farbwertsignale aus dem laufzeitangepaßten Leuchtdichtesignal und den Farbdifferenzsignalen. In Abb. d) sind an Hand des standardisierten → Farbbalkentestbilds die wesentlichen Signalgrößen für das S. veranschaulicht. Der Abbildung liegt das Oszillografenbild des SECAMSKOP, dem spezifischen Meßgerät des S. zugrunde. → Farbsynchronsignal, → Austastung, → Farbart, → Kompatibilität, → Videopegel, → Synchronisation, → Kammfilter, → Fernsehimpulsgenerator (Abb. S. 504/505)

Hinweis: Bei der Bildaufnahme im S. sind unbedingt feinstrukturierte, intensive Hell-Dunkelübergänge in den Bildvorlagen zu vermeiden. Die in ihrer Folge entstehenden hohen Leuchtdichtekomponenten im Frequenzbereich des Farbsignals sprechen in den Farbkanal über und können bei der Farbbildwiedergabe ein stark störendes „Farbfeuern" an den Helligkeitsübergängen im Bild verursachen *(SECAM-Feuer, SECAM-Effekt)*. Obwohl durch die Schaltungstechnik und Festlegung der Normwerte im S. dieser Effekt schon weitestgehend beseitigt ist, kann durch bewußte Auswahl der Bildvorlagen (keine feine Streifenstruktur, Brokatstoffe u. ä.) und Vermeidung unüberlegter „Kamerafahrten" ein Weiteres dagegen getan werden. Gleichfalls sollten übertriebene Farbartsprünge an senkrechten Kanten in der Bildvorlage vermieden werden. Infolge des Wirkens von Videopreemphasis und Frequenzhubbegrenzer entsteht eine Signalbeschneidung, die sich in unsauberen Farbartübertragungen im Farbfernsehbild auswirken kann. Das einzuhaltende Maß in der Farbartgestaltung wird durch die in der Natur vorkommenden Farben bestimmt. Wesentliche Vorteile bietet das S. insbesondere auf dem Gebiet der Bildsignalaufzeichnung und der -übertragung, da mit der angewendeten Frequenzmodulation in bestimmten Grenzen eine Unempfindlichkeit gegen Pegelschwankungen und damit eine hohe Stabilität der Farbbildübertragung gegeben ist.

SECAM-PAL-Konverter: Baustein zum Nachrüsten von PAL-Farbfernsehempfängern für den Empfang von SECAM-kodierten Farbfernsehsignalen gleicher Grundnorm. Wie die Abbildung zeigt, wird dem S. aus dem Videokanal des Empfängers das SECAM-FBAS-Signal zugeführt. Dieser wandelt es in ein dem → PAL-Farbfernsehverfahren entsprechendes Hilfssignal um, das vor der Synchrondemodulation dem PAL-Empfängerdekoder wieder zugeführt wird. Schaltungstechnisch nutzt man dazu weitestgehend alle bereits im Farbfernsehgerät vorhandenen Baustufen (z. B. Referenzträgergenerator des

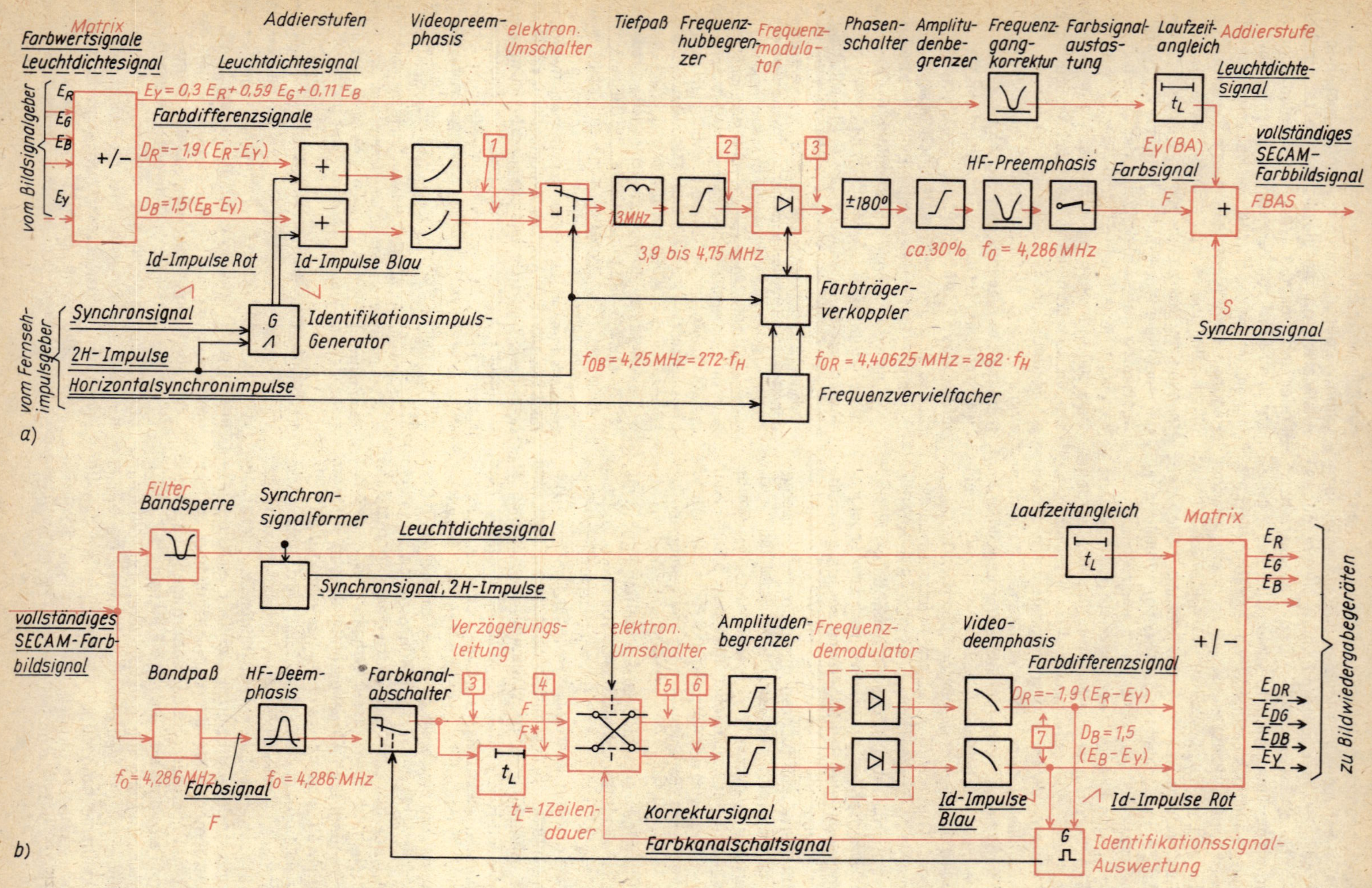
Matrix
Farbwertsignale
Leuchtdichtesignal
vom Bildsignalgeber
+/−
Addierstufen
Leuchtdichtesignal
$E_Y = 0{,}3\,E_R + 0{,}59\,E_G + 0{,}11\,E_B$
Farbdifferenzsignale
$D_R = -1{,}9\,(E_R - E_Y)$
$D_B = 1{,}5\,(E_B - E_Y)$
Id-Impulse Rot
Id-Impulse Blau
Videopreemphasis
elektron. Umschalter
Tiefpaß
1,3 MHz
Frequenzhubbegrenzer
Frequenzmodulator
Phasenschalter
±180°
Amplitudenbegrenzer
Frequenzgangkorrektur
Farbsignalaustastung
Laufzeitangleich
Addierstufe
Leuchtdichtesignal
E_Y (BA)
Farbsignal
HF-Preemphasis
vollständiges SECAM-Farbbildsignal
FBAS
3,9 bis 4,75 MHz
ca. 30 %
$f_0 = 4{,}286$ MHz
Farbträgerverkoppler
S
Synchronsignal
vom Fernsehimpulsgeber
Synchronsignal
2H-Impulse
Horizontalsynchronimpulse
Identifikationsimpulsgenerator
$f_{0B} = 4{,}25$ MHz $= 272 \cdot f_H$
$f_{0R} = 4{,}40625$ MHz $= 282 \cdot f_H$
Frequenzvervielfacher
a)
Filter Bandsperre
Synchronsignalformer
Leuchtdichtesignal
Synchronsignal, 2H-Impulse
Laufzeitangleich
Matrix
E_R E_G E_B
zu Bildwiedergabegeräten
vollständiges SECAM-Farbbildsignal
Bandpaß
HF-Deemphasis
Farbkanalabschalter
Verzögerungsleitung
elektron. Umschalter
Amplitudenbegrenzer
Frequenzdemodulator
Videodeemphasis
Farbdifferenzsignal
$D_R = -1{,}9\,(E_R - E_Y)$
$D_B = 1{,}5\,(E_B - E_Y)$
E_{DR} E_{DG} E_{DB} E_Y
$f_0 = 4{,}286$ MHz
Farbsignal F
t_L = 1 Zeilendauer
Korrektursignal
Farbkanalschaltsignal
Id-Impulse Blau
Id-Impulse Rot
Identifikationssignal-Auswertung
b)

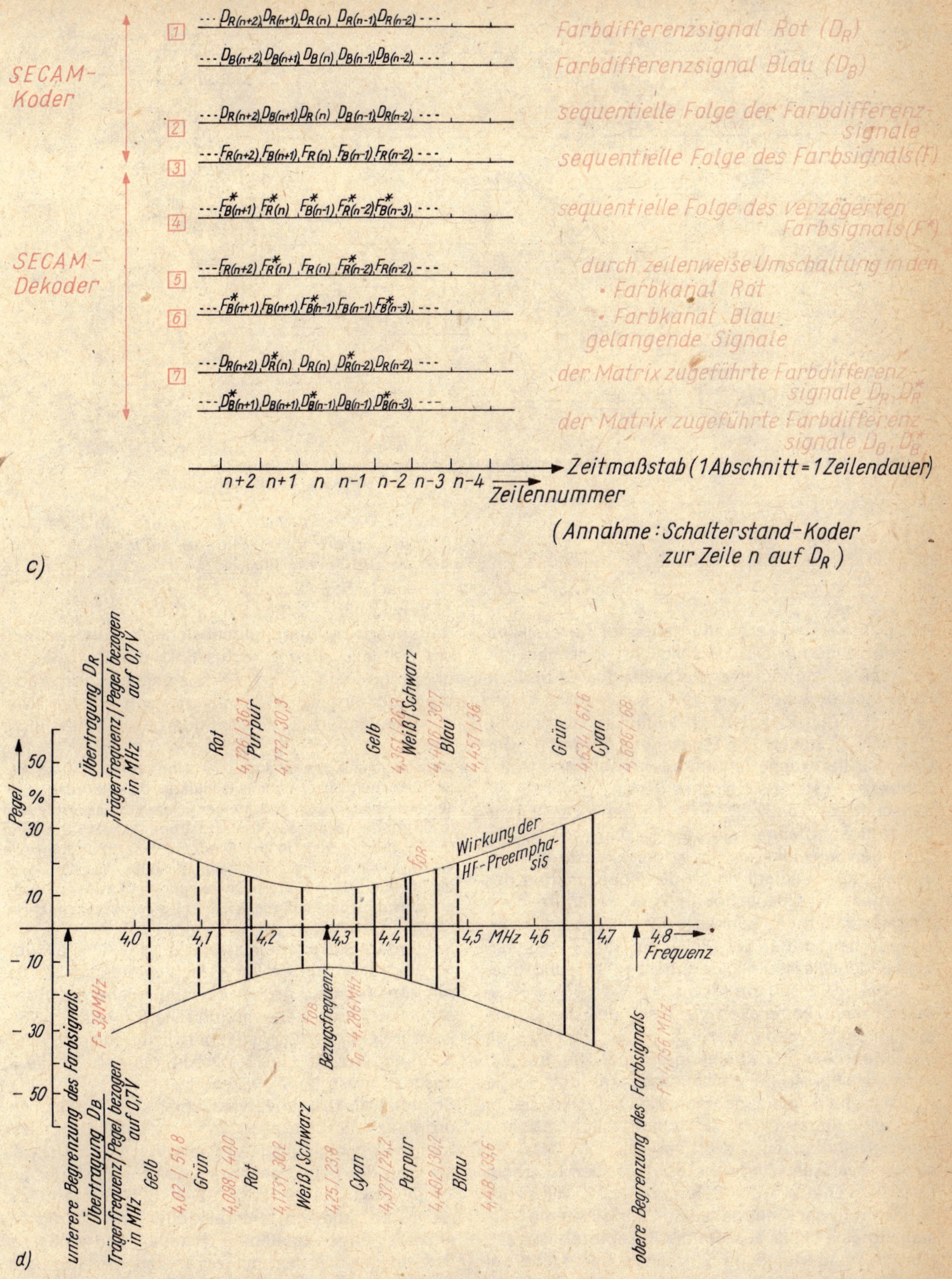

Prinzip und Besonderheiten des *SECAM-Farbfernsehverfahrens:* a) SECAM-Kodierung, b) SECAM-Dekodierung, c) Bildung und Aufhebung der sequentiellen Signalfolge, d) Amplitudenfrequenzspektrum für das SECAM-Farbsignal

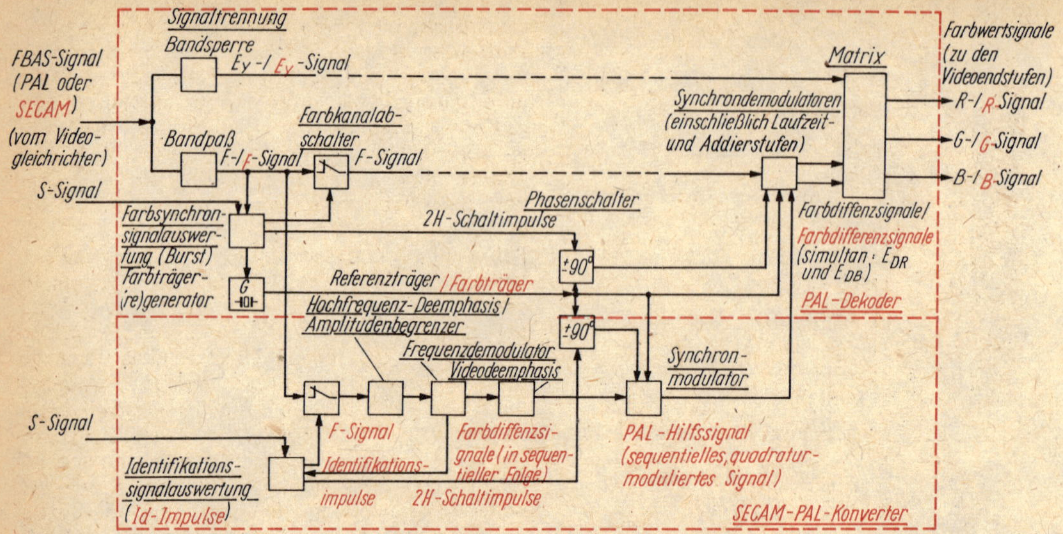

SECAM-PAL-Konverter (die Funktionen des PAL-Dekoders sind stark vereinfacht dargestellt)

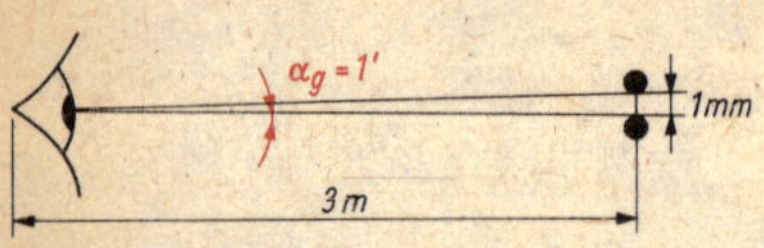

Sehschärfe

PAL-Dekoders als Farbträgergenerator für die Hilfssignalerzeugung). Die Umschaltung zwischen den unterschiedlich kodierten Fernsehsignalen und die Farbsynchronisation werden automatisch vom → Burst (PAL) oder den → Identifikationsimpulsen (SECAM) gesteuert. → Fernsehempfänger, → SECAM-Farbfernsehverfahren, → Fernsehnorm (Abb.)

Sehbasis: → stereoskopisches Sehen

Sehschärfe: Fähigkeit, dicht benachbarte Punkte getrennt wahrnehmen zu können. Ein Maß für die S. ist der Sehwinkel α_g. Er ist der kleinste Winkel, unter dem – bedingt durch die Eigenschaften des Sehorgans – 2 benachbarte Punkte gerade noch aufgelöst werden können. Für Helligkeitsunterschiede beträgt der Sehwinkel ca. 1′ (1/60°). Für farbige Bilddetails ist die S. geringer. → Farbauflösung, → Auge, → Bildschärfe (Abb.)

Sehvorgang: komplexer Vorgang, der das Sehen ermöglicht. Als *Sehen* bezeichnet man die Fähigkeit des Menschen, Erscheinungen und Dinge nach Form, Helligkeit (→ Helligkeitssehen) und Farbe (→ Farbsehen) wahrzunehmen. Das auf die Rezeptoren des → Auges fallende Licht führt zu chemischen Stoffumwandlungen, die impulsartige Nervenströme auslösen. Diese werden von der Netzhaut über Nervenfasern des Sehnervs (ca. 1 Mill.) zum Sehzentrum des Gehirns geleitet und lösen die Vorstellung eines Bilds aus. Da die Rezeptoren kurzzeitig aufeinanderfolgende Einzellichtreize nicht getrennt wahrnehmen können, verschmelzen sie zu einem Gesamteindruck (→ Verschmelzungsfrequenz). Diese Trägheit des S. nutzt die Film- und Fernsehtechnik aus. → Flimmerfreiheit

Seitenband: → Modulation

Seitenschrift: → Schriftart

Seitensignal: → S-Signal 1.

Seitenvertauschung: unbeabsichtigte Vertauschung der Seitenzuordnung rechts/links bei einer Stereoübertragung. S. führt zu spiegelbildlicher Abbildung der originalen Schallverteilung bei der Wiedergabe, andere Qualitätsminderungen treten nicht ein.

Hinweis: Häufigste Ursache ist eine Verwechslung der Lautsprecherstecker beim Anschluß an den NF-Verstärker, seltener sind Beschaltungsfehler in den Steckverbindern (z. B. Verwechslung der Kontakte 1 und 4 bzw. 3 und 5 im Diodenstecker oder in der Diodenbuchse). Zur Kontrolle verwendet man eine Testschallplatte oder -kassette, oder man achtet bei einer Stereoübertragung mit klassischer Orchesterbesetzung auf die Violinen; sie müssen links im Klangbild erscheinen.

Sekundärelektronenemission: durch Aufprall von → Elektronen mit großer Geschwindigkeit und damit entsprechend großer Bewegungsenergie verursachte → Elektronenemission. Die S. wird in → Sekundärelektronenvervielfachern zur Stromverstärkung angewandt. Eine Elektrode, die bes. für die S. beschaffen ist, heißt → Dynode.

Sekundärelektronenvervielfacher, Abk. **SEV:** Anordnung innerhalb einer Elektronenstrahlröhre zur frequenzunabhängigen Verstärkung durch Vervielfachung der Elektronenanzahl auf der Basis der Sekundärelektronenemission. Der SEV besteht aus mehreren räumlich hintereinander und schräg zueinander angeordneten → Dynoden und einer vor der letzten Dynode angeordneten netzförmigen Anode zur Auskopplung des Elektronenstroms. s. Abb. → Fotovervielfacher, → Superorthikon

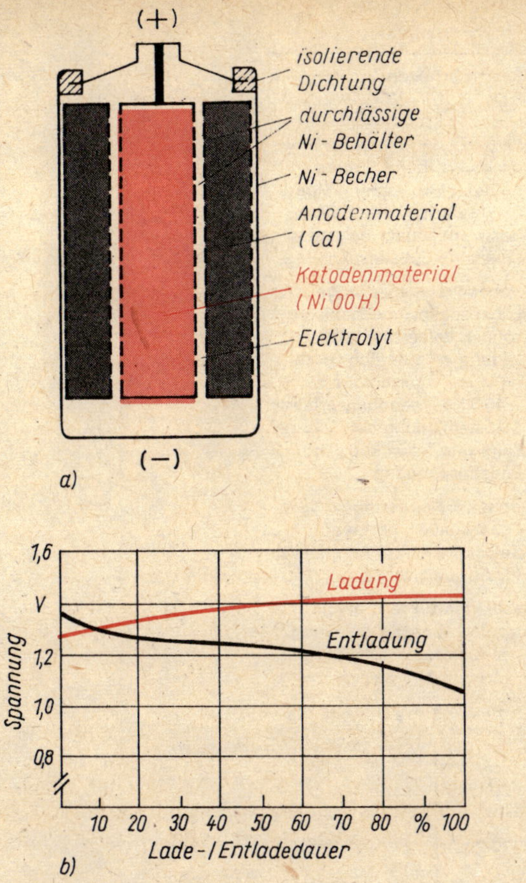

Sekundärelement – Gasdichte Nickel-Kadmium-Rundzelle: a) vereinfachter Aufbau, b) Lade- und Entladekurve

Sekundärelement, *Akkumulator, Sammler,* kurz Akku: auf chemischer Wirkung beruhende, wiederaufladbare elektrische Spannungsquelle. Beim S. laufen bei Ladung und Entladung reversible chemische Vorgänge ab, bei denen sich das Elektrodenmaterial und der Elektrolyt verändern. Die Anzahl der Lade-/Entladezyklen ist je nach Typ und Lade-/Entlademethode sehr verschieden. Wichtigste S. sind der Blei-Akkumulator in offener Bauform als Kfz-Batterie und der Nickel-Kadmium-Akkumulator (auch als *„Stahlakku"* oder *NC-Sammler* bezeichnet). Beide Arten werden auch in gasdichter Ausführung als Rundzelle (→ Primärelement), der NC-Sammler auch als Knopfzelle gefertigt. Bei diesen Ausführungen sind bestimmte Ladebedingungen einzuhalten, um Gasbildung sicher zu vermeiden (keine Überladung, keine zu hohen Ladeströme). Sicherheitshalber ist bei Rundzellen ein Ventil vorgesehen. Bei Benutzung von S. an Stelle von Primärelementen in einem Batteriegerät muß entweder eine Lademöglichkeit im Gerät enthalten sein, oder es muß eine geeignete externe Ladevorrichtung zur Verfügung stehen. Der Ladestrom für Normalladung beträgt i. allg. 10 % des Zahlenwerts der →Batteriekapazität. Blei-Akkumulatoren sind im Gegensatz zu NC-Sammlern empfindlich gegen Lagerung im entladenen Zustand und gegen unvollständige oder zu lange Ladung. Es bilden sich an den Elektroden Bleisulfatkristalle, die den Akkumulator unbrauchbar machen. Tab. (S. 508), Abb.

Selbondimplosionsschutz: → Implosionsschutz

Selbstkonvergenz: Erreichen der →Konvergenz im gesamten Fernsehbild ohne zusätzliche Magnetfelder zur → Konvergenzeinstellung. Die S. wird bei → In-Line-Bildröhren (3 Strahlsysteme in einer Ebene, Schlitzmaske, streifenförmige → Luminophore) in Verbindung mit einem *selbstkonvergierenden Ablenksystem* (Verwendung eines „tonnenförmig" entzerrten Vertikalablenkfelds und „kissenförmig" entzerrten Horizontalablenkfelds) erreicht. Bei →Präzisions-In-Line-Bildröhren (PIL-Röhren) bilden Bildröhre und Ablenksystem ein exakt aufeinander abgestimmtes System *(selbstkonvergierendes System)*, das jegliche Konvergenzeinstellung überflüssig macht. Trotz S. muß mit geringen, i. allg. zu vernachlässigenden → Konvergenzfehlern gerechnet werden. Diese sind i. d. R. auf Fertigungstoleranzen bei der Bildröhrenherstellung zurückzuführen. Auf Grund der Delta-Anordnung der Strahlsysteme bei → Lochmaskenröhren ist bei diesen praktisch keine S. möglich. Dieser Röhrentyp macht eine umfangreiche Konvergenzstellung erforderlich. →Ablenkung, →statische Konvergenzfehler, →Farbreinheit

Selectavision: 1. *(Videospeicherverfahren)* auch *VPS* (Abk. für engl. Video Playback System): holografisches Aufzeichnungsverfahren für Farb- und Schwarz-Weiß-Bildinformationen, das die einzelnen Bildsignalkomponenten als Hologramme in Reliefstruktur auf einem Vinylfilmband speichert. Zur Wiedergabe ist ein Laser, ein Bildaufnehmer und ein spezieller Dekoder erforderlich. Äußerst kompliziert ist die Herstellung des Masterfilms zur Vervielfältigung der Vinylbänder. Dieses Verfahren (von der amerikanischen Firma RCA vorgestellt) erlangte keine Marktreife. – **2.** *(Videorecorder)* Videokassettenrecordersystem zur Aufzeichnung und Wiedergabe von Bild- und Toninformationen. Es wurde von der gleichen Firma entwickelt und kam 1973 auf den Markt. – **3.** *(Bildplatte)* auch *CED* (Abk. für engl. Capacitance Electronic Disc): kapazitive Bildplatte aus leitendem PVC-Material mit spiralförmig verlaufender Rille, in der Bild- und Toninformationen in Form von querliegenden Vertiefungen (Pits) gespeichert sind (Abb.). Beim Abspielen gleitet der Abtaster mit Metallelektrode – sie stellt die eine Elektrode eines Kondensators dar – rillengeführt über den Rillenboden mit dem reliefartigen „Informationsprofil". Die S.-Platte bildet die andere Elektrode des Kondensators. Das eingeprägte Informa-

Sekundärelemente

Zellentyp	Leerlauf-spannung in V	Lade-/Entladezyklen	Mittlere Energiedichte in Wh/dm³	Besonderheiten
Blei	≈ 2,0	500...1500	80	preiswert, hohe Ströme entnehmbar, regelmäßige Ladung erforderlich, hohe Selbstentladung, nahezu konstante Entladespannung
Nickel-Kadmium	≈ 1,35	≦ 3000	50	hoher Preis, aber lange Lebensdauer, mechanisch robust, keine regelmäßige Ladung erforderlich, auch entladen lagerfähig, bis −40 °C verwendbar, erhöhte Selbstentladung bei längerer Lagerung, etwa konstante Entladespannung
Silberoxid-Zink	1,6	ca. 50	100...250	hoher Preis, geringe Lebensdauer, geringe Selbstentladung, Knopfzellen für Spezialzwecke
Silberoxid-Kadmium	1,35	600	100...180	sehr hoher Preis, dafür große Lebensdauer, Einsatz wie Silberoxid-Zink-Zelle

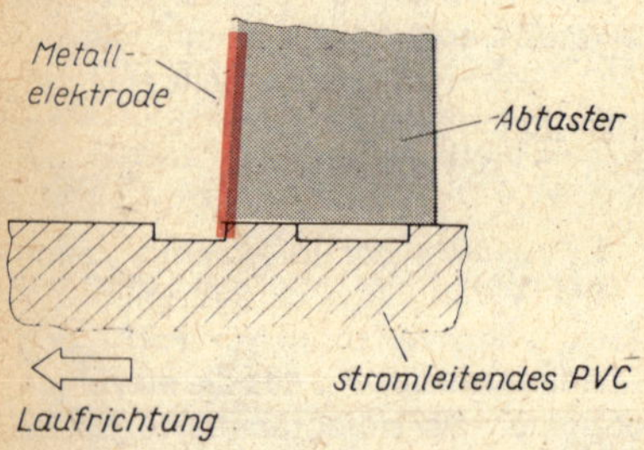

Selectavision: Schnitt durch kapazitive Bildplatte und Abtaster

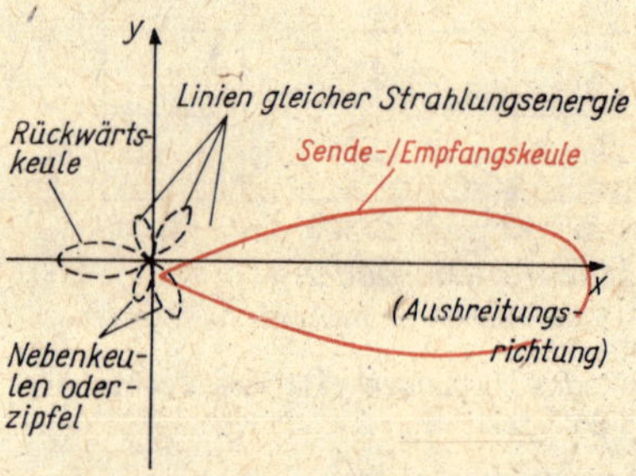

Sende-/Empfangskeule: Darstellung der Richtcharakteristik von scharf bündelnden Antennen im Richtdiagramm

tionsmuster als Dielektrikum bewirkt beim Drehen der Platte Kapazitätsänderungen. Diese werden durch Abtasten registriert und in ein elektrisches Signal umgewandelt. Durch weitere Signalbearbeitung, Dekodierung und Demodulation werden die analogen Bild- und Tonsignale gewonnen. Die Bildplatte (ursprünglich *RCA-Bildplatte* genannt) hat einen Durchmesser von 30 cm, sie ist 2seitig bespielt. Die Spielzeit ist von anfänglich 30 min auf 60 min je Plattenseite gesteigert worden. Die Drehzahl beträgt für die europäische PAL-Norm 375 U/min und für das NTSC-Farbfernsehverfahren 450 U/min, was jeweils 4 Fernsehbildern pro Umdrehung entspricht. → kapazitive Bildplatte (Abb.)

Selektivität: → Trennschärfe

semiprofessionelle Technik: → halbprofessionelle Technik

Sendebereich: → Versorgungsgebiet

Sende-/Empfangskeule: in die gewünschte Ausbreitungsrichtung weisender Teil des Richt- oder Strahlungsdiagramms von Sende- bzw. Empfangsantennen mit ausgesprochener Richtwirkung. Das Richt- oder Strahlungsdiagramm einer Antenne entspricht der normierten grafischen Darstellung der Strahlungsintensität einer Antenne im Raum (Kugelkoordinaten) oder in der Ebene (Zylinderkoordinaten; Abb.). Auf Grund des für alle Richtantennen typischen keulenförmigen Verlaufs der Kurven *gleicher Strahlungsintensität* im Raum findet die Bezeichnung S. in der Praxis des → Richtfunks und → Satellitenfunks vielfache Anwendung. Die Ausprägung der S. ist ein Ausdruck für die vorhandene Richtwirkung. Ihr Verhältnis zu den Neben- und Rückwärtskeulen entspricht dem Maß für die Unterdrückung von Nebenwirkungen, die Senden und Empfangen beeinflussen können (Energieverlust,

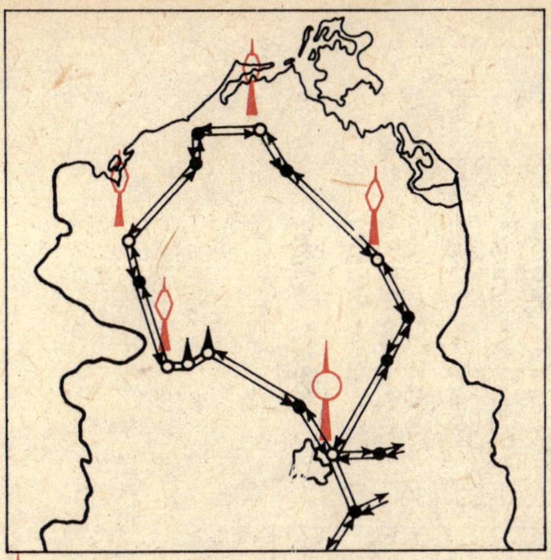

Senderkette:
Versorgung eines Landesteils mit Rundfunkprogrammen

Mehrwegeempfang, Reflexion). → Parabolspiegelantenne (Abb.)

Senderkennung: → ARI-System

Senderkette: Struktur oder Teil eines nationalen Netzes von terrestrischen Fernsehrundfunk- und UKW-Hörrundfunksendern *(Hauptsender)*. Im einzelnen können solche Sender auf Grund der begrenzten Energieausbreitung in den → Rundfunk-Frequenzbereichen, Band I bis V nur Territorien von je 100 bis 150 km im Umkreis versorgen. Die Anordnung aller zur Versorgung eines Landes oder -teils notwendigen Fernsehrundfunk- und UKW-Hörrundfunksender in stern- oder ringförmiger Struktur ermöglicht eine optimale Betriebsweise (Zubringen der auszustrahlenden Programme, Abgrenzen der Versorgungsbereiche usw.) im Rundfunk. Sie führt, wie die Abbildung zeigt, zu einer kettenförmigen Aneinanderreihung der einzelnen Sender, einbegriffen der als Programmzubringer wirkenden Richtfunkstellen. Neben den zur Versorgung eines Territoriums eingesetzten Hauptsendern einer S. sind zur Schließung von Versorgungslükken noch eine Großzahl von Fernsehkleinsendern, -füllsendern, -umlenkanlagen und -umsetzerstationen in Betrieb. → Fernsehnorm, → Fernsehrundfunkübertragung (Abb.)

Senderreichweite, kurz Reichweite: maximale Entfernung vom Standort eines Rundfunksenders, über die das abgestrahlte Programm unter normalen Ausbreitungsbedingungen *sicher* empfangen werden kann. Die S. ist von der Sendeleistung, der Modulationsart (→ Modulation), vom Funkwetter (→ Wellenausbreitung) und vom Wellenbereich abhängig. Mit besonderen Empfangsantennen und bei günstigen Ausbreitungsbedingungen ist Empfang auch weit über die S. hinaus möglich. → Überreichweite, → Empfangsantenne

Senderschnellwahlaggregat: Baustufe in HF-Eingangsstufen von Rundfunk- und Fernsehempfängern, die in kurzer Zeit die Anwahl eines gewünschten Senders gewährleistet. Voraussetzung für den Einsatz von S. ist, daß der Empfänger über eine elektronische Abstimmung des → Tuners (z. B. mit Kapazitätsdioden) und einen voreinstellbaren Senderspeicher verfügt. Die Bedienung des S. kann über Drucktasten, Berührungstasten, Fernbedienung u. a. erfolgen. Vielfach ist die Funktion des S. mit einer → AFC verknüpft, damit stets die Senderscharfeinstellung gesichert ist.

Sendersuchlauf, kurz Suchlauf (engl. Auto Search (Tuning)): auf Tastendruck ausgelöstes, automatisches Durchstimmen eines Rundfunk- oder Fernsehempfängers, das selbsttätig wieder gestoppt wird, wenn der nächstfolgende empfangswürdige Sender gefunden und optimal abgestimmt ist. Teilweise läßt sich die Richtung des S. wählen. Beim *automatischen S.* (Abk. *ASL*) wird erneut selbsttätig gestartet, wenn man sich während einer kurzen Wartezeit (3...5 s) nicht für den angebotenen Sender entscheidet. Bei Fernsehempfängern durchläuft der S. nacheinander die Kanäle 2...69, wobei eine automatische Umschaltung an den Bereichsgrenzen erfolgt. Zusätzlich wird z. T. vor dem Stop geprüft, ob bei einem aufgefundenen Sender die V-Synchronimpulse in richtiger Polarität und im richtigen Zeitmaß vorhanden sind. Damit wird ein Stop bei Sendern vermieden, die in einer abweichenden Fernsehnorm strahlen. *„Intelligenter S."* spricht nur auf Sender an, denen ein spezielles Kriterium zuzuordnen ist, z. B. Stereopilotton, Verkehrsfunk-Kennfrequenz, Mindestfeldstärke am Empfangsort. In früheren Empfängern mit mechanischem → Abstimmsystem wurde der S. von einem Elektromotor gesteuert, der die Abstimm-Drehkondensatoren oder → Variometer langsam verstellte *(Motor-S.)*. Bei den modernen elektronischen Abstimmsystemen werden entweder kontinuierlich sinkende oder steigende Abstimmspannungen (Sägezahnspannungen) verwendet, oder die Oszillatorfrequenz wird durch eine digitale Steuerung schrittweise verändert. Der Stop-Befehl wird bei fast allen Systemen aus dem Nulldurchgang der Richtspannung abgeleitet (→ AFC). S. ist bei stationär betriebenen Fernsehempfängern von keinem großen Nutzen, weil allgemein die Anzahl der vorhandenen Stationstasten für die am Ort zu empfangenden Sendestationen ausreicht. → AFC

Senderwahl: → Abstimmung

Sendetestbild: gesendetes → Universaltestbild (→ Testbild, → Farbtestbild) im Fernsehrundfunk. Es

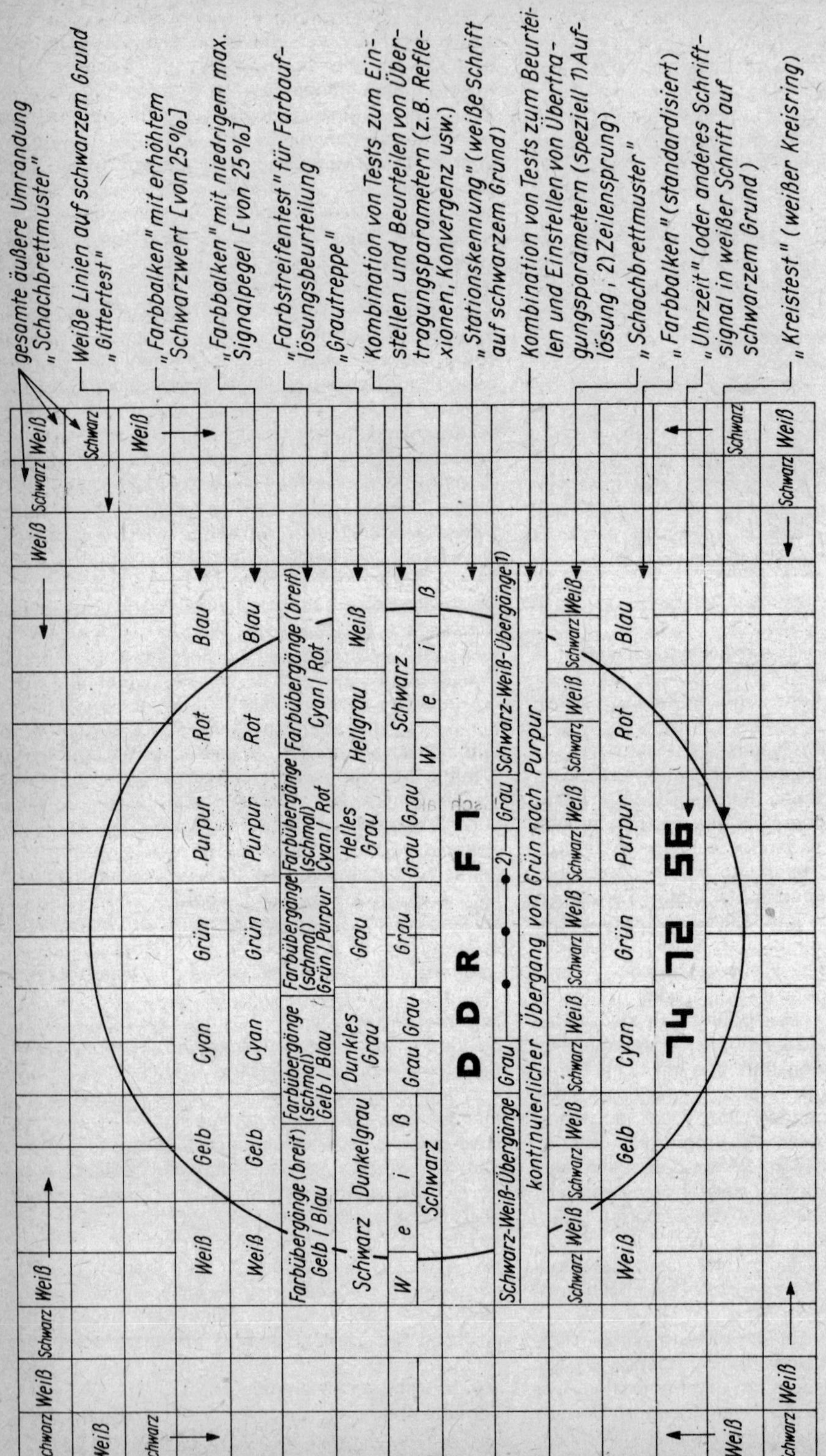

Sendetestbild des DDR-Fernsehens

ist für den Service an Fernsehempfangsanlagen, für die Beurteilung der Qualität von Fernsehgeräten und bezüglich deren Grundeinstellung durch den Fernsehzuschauer sehr nützlich. Z. B. sollte jeder Käufer eines Fernsehgeräts bei der Geräteauswahl auch die optisch exakte Wiedergabe des S. kontrollieren (Sichtbarkeit des gesamten S., gerader Verlauf der horizontalen und vertikalen Linien, unverzerrte Kreisform, exakte → Konvergenz auf dem gesamten Bildschirm, keine Farbfleckigkeit im Weiß, gute Abstufung der Grauwerte, hohe Auflösung der Schwarz-Weiß-Übergänge, saubere Farbübergänge, naturgetreue Farben im Farbbalken unabhängig vom Signalpegel usw.). Bei einem derart ausgewählten Fernsehgerät kann aus der Wiedergabe des S. in der Wohnung auf die Qualität der Antennenanlage (Größe der Antennenspannung für unterschiedliche Sender, Reflexionsfreiheit usw.) geschlossen werden. Die Einstellung der Helligkeits-, Kontrast- und Farbeinsteller am Fernsehgerät sollte nach dem S. so erfolgen, daß ein brilliantes Farbfernsehbild bei niedrigster Belastung für die Bildwiedergaberöhre gesichert wird. Da S. über den gesamten Bildsignalweg übertragen werden, enthalten sie auch Anteile, die für den Fernsehzuschauer uninteressant sind, aber eine komplexe Beurteilung wesentlicher Übertragungseigenschaften durch den Fachmann ermöglichen. Entsprechend den Unterschieden der → Farbfernsehverfahren gibt es spezielle S. für PAL und SECAM. Unterschiede resultieren auch aus den Aufgaben, die einzelne Sendeanstalten mit ihren S. verbinden. Abb. s. auch Farbanhang

Sendust-Magnetkopf: Magnetkopf mit einem Kern aus dem Material Sendust (Sen-Staub, nach dem Fundort *Sen* in Japan, 1932). Sendust ist eine natürliche Legierung aus Eisen, Silizium und Aluminium mit magnetischen Eigenschaften, wie sie gerade für Tonköpfe bei Verwendung von → Reineisenband besonders günstig sind. Das Material läßt sich aber wegen seiner übergroßen Härte und Sprödigkeit, die etwa der von Ferrit entspricht, nur sehr schwer verarbeiten. Erst mit modernen Fertigungsverfahren, wie dem Vakuum-Schleuderguß, gelang die Herstellung von Magnetton- und Videoköpfen aus reinem Sendust. Sie haben eine fast unbegrenzte Lebensdauer *(Super Longlife Head)*.

Senkrechtschallplattenspieler, *Vertikalplattenspieler*: Schallplatten-Abspielgerät mit Plattenteller in vertikaler Gebrauchslage. Vorteilhaft ist die raumsparende Unterbringung in schmalen Regalen. Der S. ist außerdem wenig empfindlich gegen von außen einwirkende Vibrationen. S. müssen Vorrichtungen zur Plattenarretierung auf dem Plattenteller haben; es müssen spezielle Tragarmkonstruktionen (meist → Tangentialtragarme) verwendet werden. Z. T. sind 2 Abtastsysteme eingebaut, um Vorder- und Rückseite der Platte ohne Unterbrechung abspielen zu können. Beim S. sind die meisten Funktionen, z. T. auch das Auflegen der Platte, automatisiert. Einige Geräte sind mit Wiederhol- und Titelsuchautomatiken ausgestattet.

Sensor: Bauelement oder Baugruppe zum Wandeln einer nichtelektrischen physikalischen oder chemischen Umweltgröße in ein die Größe abbildendes elektrisches Ausgangssignal, das von der nachfolgenden Elektronik verarbeitet werden kann. S. dienen zur Informationsgewinnung über die Umwelt oder den Zustand von Prozeßabläufen, so daß sie auch als Meßwertaufnehmer, Meßfühler, Meßgrößenumformer oder kurz als *Aufnehmer, Fühler* oder *Wandler* bezeichnet werden. S. sind damit die „Sinnesorgane" der Mikroelektronik. Ein S. besteht aus dem eigentlichen S.-Element *(Elementar-S.)*, das eine ausgeprägte Empfindlichkeit gegenüber einer bestimmten Umweltgröße aufweist und der *Signalverarbeitungselektronik* (S.-Elektronik) zur Umformung, Umsetzung und Anpassung, damit sein Ausgangssignal einer weiteren Informationsverarbeitung zugänglich ist. Im S.-Element werden je nach der zu erfassenden Umwelt- oder Zustandgröße (mechanisch, räumlich, thermisch, optisch, magnetisch, akustisch u. a.) unterschiedliche physikalische Effekte ausgenutzt. S. sind Bindeglieder zwischen Umwelt und Systemen der Informationsverarbeitung, insbesondere → Mikrorechnern. *Passive S.* brauchen eine elektrische Versorgungsspannung. Ihre Wirkung beruht auf Widerstands-, Kapazitäts- oder Induktivitätsänderung in Abhängigkeit verschiedener physikalischer Größen. *Aktive S.* benötigen keine Versorgungsspannung, sie erzeugen eine elektrische Ladung, Spannung oder einen Strom vor allem durch Ausnutzen des Piezo-, Hall- oder Fotoeffekts. Breites Einsatzfeld haben optoelektrische S. (*Foto-S.*, → Lichtempfänger) vor allem für die Überwachung von Funktionszuständen für Positions- und Drehzahlmessung erlangt. In der Unterhaltungselektronik werden S. bes. in Laufwerken und mikrorechnergesteuerten Geräten gebraucht.

Ausführungsformen von *Sensortasten* mit Ansteuerelektronik

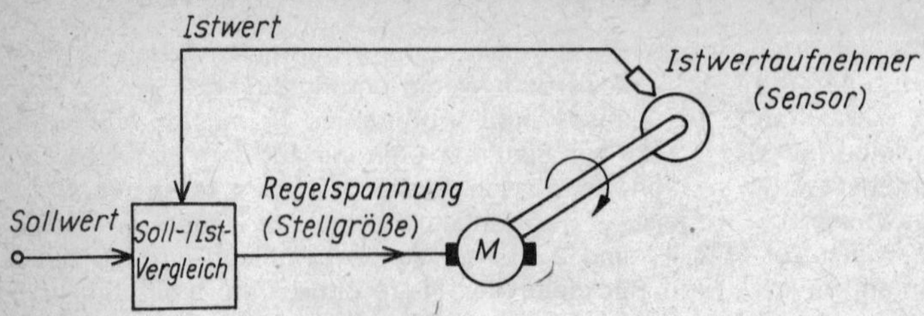

Servosystem

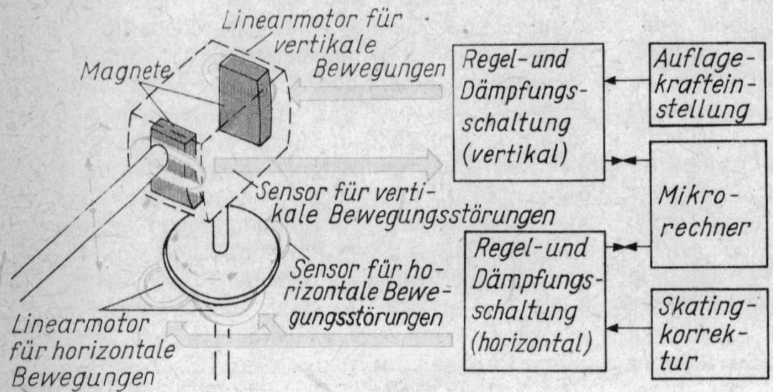

Aufbau und Funktionsschema des *Servo-Tonarms*

Sensortaste, umgangssprachlich *Berührungstaste*: Schalter (Schließer), dessen Funktion bei bloßer Berührung der Kontaktfläche mit einem Finger ausgelöst wird. Bei S. wird der Hautwiderstand der Fingerkuppe oder das elektrische Leitvermögen des menschlichen Körpers gegen Erde ausgenutzt. Abb. S. 511

Hinweis: Der über den Körper fließende Strom ist nicht spürbar und absolut ungefährlich. S. werden z. B. zur Kanalwahl in Fernseh- und UKW-Rundfunkempfängern verwendet.

Servicestab: → Tonkopfreinigung

Serviceunterlagen: einem Gerät beigegebenes schriftliches und bildliches Zubehör. Die S. umfassen die → Bedienungsanleitung einschließlich der technischen Daten, die Garantieunterlagen, den Stromlaufplan und ein Verzeichnis autorisierter Werkstätten.

Hinweis: Beim Erwerb der Ware sollte immer auf Vollständigkeit der S. geachtet werden. Garantieunterlagen müssen ausgefüllt sein (Verkaufsdatum bzw. Datum der Inbetriebnahme, Stempel, Signatur). Auf den Stromlaufplan ist besonders bei Importgeräten Wert zu legen; er erleichtert eine eventuelle spätere Reparatur.

Servoelektronik: → Servosystem

Servosystem: automatisches Regelsystem, das mit Hilfe einer entsprechenden Elektronik *(Servoelektronik)* den Vergleich eines Istwerts mit dem vorgegebenen Sollwert vornimmt und der Differenz entsprechend die Steuerelemente nachstellt. Das Regelprinzip der S. für rotierende Antriebe *(Antriebs- und Regelsystem)* ist meist die → Tachoregelung. In Videorecordern sind üblicherweise 2 S. vorhanden: → Bandservo und → Kopfradservo. Daneben gibt es zusätzliche S. für konstanten Bandzug und für dynamische Spurhaltung (→ dynamisches Spurfolgesystem). Abb.

Servo-Tonarm: Tragarm für Plattenspieler, der mit 2 Hilfsantrieben (Linearmotoren) elektronisch so gesteuert wird, daß auf die Nadel einwirkende horizontale oder vertikale Störkräfte weitestgehend ausgeglichen werden. Dadurch bleibt die → Auflagekraft auch bei verwellten Schallplatten konstant, exzentrisch verlaufende Rillen infolge eines außermittig sitzenden Mittellochs führen zu keinen zusätzlichen, auf die Rillenflanken wirkenden Nadelkräften. Die Klangverzerrungen bleiben gering. Gleichzeitig erfolgt die → Skatingkorrektur. Auch von außen einwirkende Vibrationen im Infraschallbereich (→ Rumpeln, → Trittschall) werden größtenteils eliminiert, so daß auch die → Tragarmresonanz weniger stark angeregt wird. → Biotracer (Abb.)

Set-Technik, auch *Paß-Technik*: → Bildröhre mit aufgeklebtem Ablenkjoch. In diesem Fall besteht bereits vom Hersteller her eine exakte Abstimmung zwischen Bildröhre und Ablenksystem. Die S. findet vielfach bei → In-Line-Bildröhren Anwendung.

SEV: → Sekundärelektronenvervielfacher

SFET, Abk. für **S**perrschicht-**Feld**effekt**t**ransistor: → Transistor

Shatter (engl., svw. Mehrfachecho): bei Tonbandgeräten mit örtlich getrennt angeordnetem Aufzeichnungs- und Wiedergabekopf erzeugbarer elektronischer Klangeffekt. Zur Erzeugung von S. wird bereits während der Aufzeichnung ein einstellbarer Anteil des wiedergegebenen (und um die Zeit des Bandlaufs zwischen beiden Köpfen verzögerten) Signals zum Aufzeichnungskopf zurückgeführt.

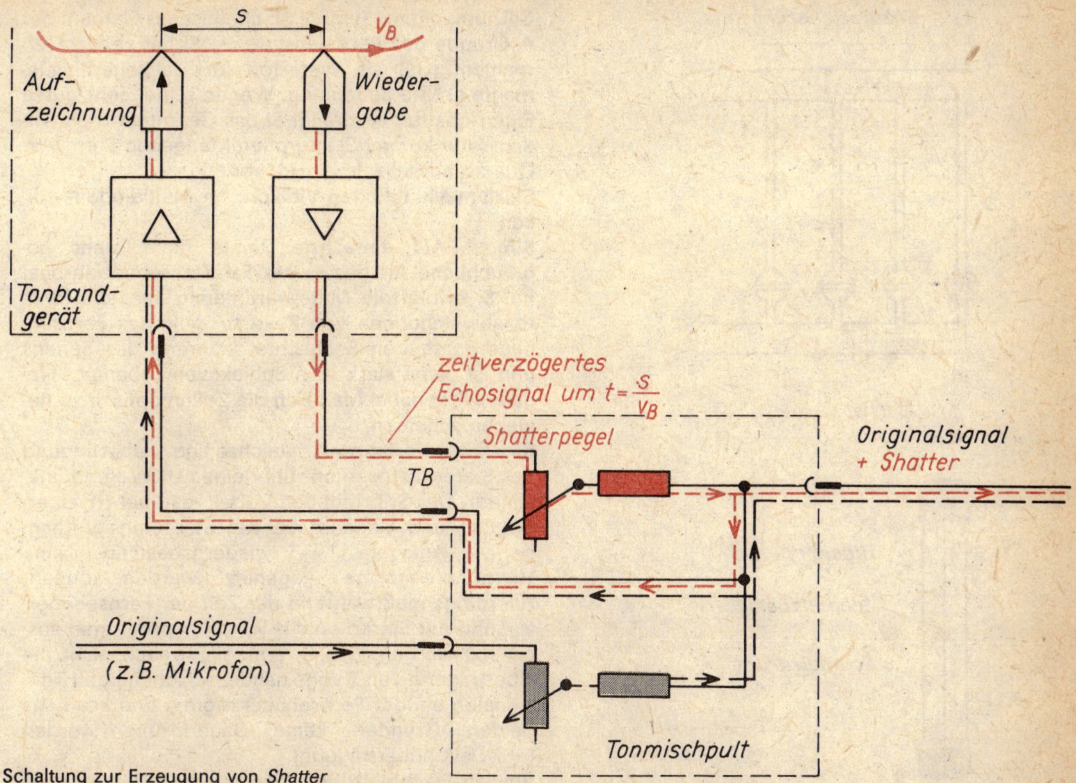

Schaltung zur Erzeugung von *Shatter*

Dadurch wird dieses Echosignal erneut aufgezeichnet, gelangt wiederum verzögert zum Wiedergabekopf, wird nochmals aufgezeichnet und so fort, so daß sich je nach Größe des rückgeführten Anteils eine hallige bis staccatoähnliche Klangwirkung ergibt. Abb.

SHF, Abk. für engl. **S**uper **H**igh **F**requency: → Wellenbereich

Shibata-Nadel: multiradial geschliffene → Abtastnadel für Schallplattenabtaster.

Shockley, William: britischer Physiker (geb. 13. 2. 1910), der 1948 den Flächentransistor erfand (USA-Patent Nr. 2569347 vom 26. 6. 1948) und 1952 den Unipolar-Feldeffekttransistor beschrieb. 1956 erhielt S. zusammen mit → BARDEEN und → BRATTAIN den Nobelpreis. Die 3 Physiker gelten als die Väter des Transistors.

Shuttle Search: → Bildsuchlauf

Sicherung: Bauelement zum Schutz eines elektrischen Geräts oder einer Leitung vor Überstrom, der zu Beschädigung, Zerstörung oder Brand führen kann. Bei einer S. führt die Stromwärme zum Durchschmelzen eines Leiters definierten Querschnitts, wenn der Strom eine bestimmte Zeit den *Nennstrom* der S. überschreitet. Elektronische Heimgeräte werden i. allg. durch auswechselbare *Fein-S.* mit schneller Ansprechzeit („flinke S.") oder durch Leiterzüge geringer Breite auf der gedruckten Schaltung geschützt (Abb.). → Thermosicherung (Abb. S. 514)

Hinweis: Beim Ersatz durchgebrannter Sicherungen ist der vorgeschriebene Nennstrom genau einzuhalten.

7-Segment-Anzeige: aus 7 einzeln ansteuerbaren Segmenten bestehendes Anzeigebauelement. Mit 7 Segmenten können alle Ziffern von 0 bis 9 und zahlreiche Buchstaben gebildet werden. Die 7-S. dient vorwiegend zur Ziffernanzeige, wie sie von Taschenrechnern und Digitaluhren allgemein bekannt ist. In digital- oder mikrorechnergesteuerten Geräten ist sie universelle Anzeigemethode, z. B. für Zeitanzeige, Kanal- und Abstimmanzeige sowie für visuelle Funktionskontrolle und Zustandsanzeige. 7-S. gibt es als → Lichtemitter-Anzeigebauelement oder als → Flüssigkristall-Anzeigebauelement. Es gibt aber auch Anzeigen mit mehr als 7 Segmenten, z. B. 16-Segment-Anzeigen. Abb. S. 514

Signal: Träger einer → Information in einem → Übertragungskanal. Die wichtigsten S. sind elektrische, magnetische, elektromagnetische, mechanische oder optische Schwingungen oder Wellen. Die Information wird als Änderungen von Amplitude, Frequenz oder Phase übertragen. Die wichtigsten elektrischen S.arten sind → Tonsignal und → Bildsignal. Hilfs-S. dienen zur Steuerung und Um-

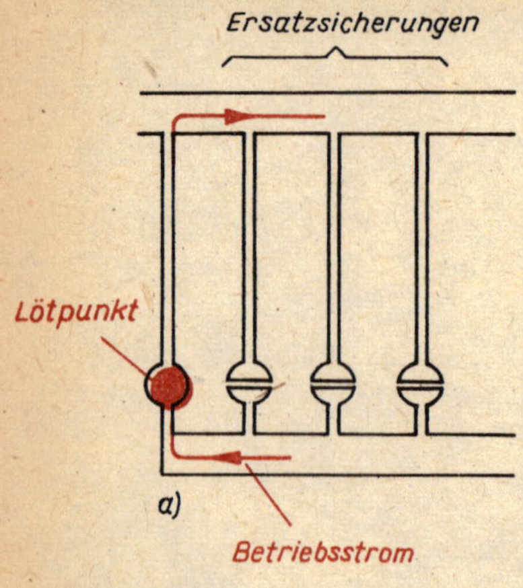

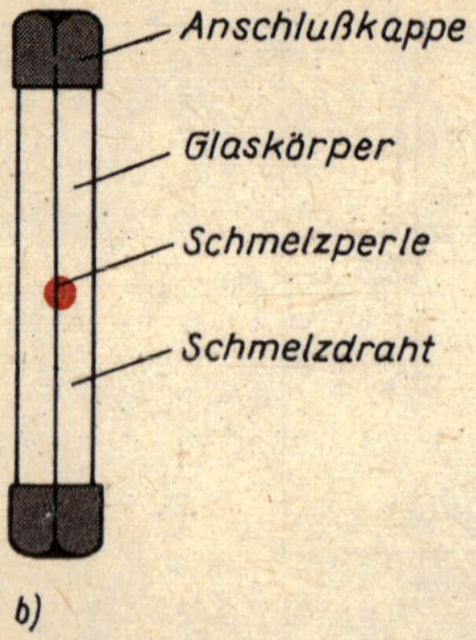

a) *Sicherungs*struktur auf einer gedruckten Schaltung
b) Feinsicherung

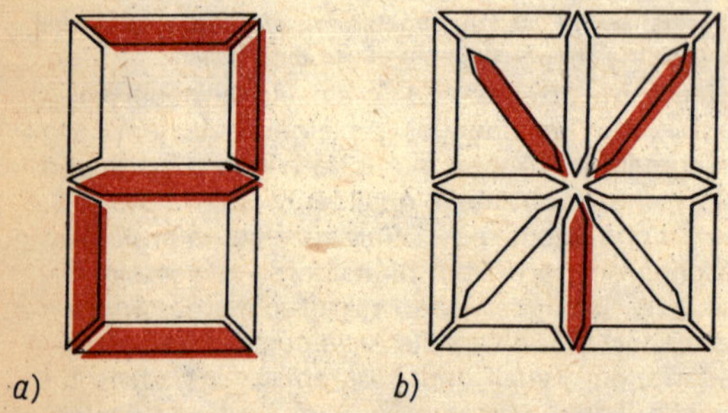

Anordnung von Segmentanzeigen: a) *7-Segment-Anzeige,* b) 16-Segment-Anzeige

schaltung von Baugruppen (Pilotton, Synchronimpulse, Kennfrequenz u. a.).

Signal-Rausch-Abstand: → Störabstand, → rauschbegrenzte Empfindlichkeit, → Bildsignal-Störabstand

Signet: → Stationskennung

Silberoxid-Zink-Zelle: → Primärelement, → Sekundärelement

Silizium, chem. Symbol **Si:** chemisches Element der 4. Gruppe des Periodensystems. Si hat neben Germanium (Ge) als Werkstoff für Halbleiterbauelemente größte Bedeutung. Wegen seiner sehr guten Eigenschaften verdrängt Si das Ge immer mehr. In der Natur kommt Si in großen Mengen in Form von Quarzsand (Siliziumdioxid) vor.

Silizium-Multidioden-Vidikon: → Multidioden-Vidikon

Simpel-PAL: einfachste, heute nicht mehr gebräuchliche Art des → PAL-Farbfernsehverfahrens. Bei S. erfolgt die Mittelwertbildung über die Farbtonabweichungen von Zeile zu Zeile des Fernsehbilds durch den Beobachter während des Sehens und ist damit stark vom Subjektiven abhängig. Negativ wirkt dabei, daß sich die Zeilen optisch zu bewegen scheinen.

Simulcast-Verfahren: gleichzeitige Übertragung des Stereo-Fernsehtons über einen UKW-Rundfunksender. Das S. bringt den Vorteil, daß bei HF-Übertragung und Wiedergabe des Stereotons vorhandene Anlagen – wiedergabeseitig eine Heim-Stereoanlage – genutzt werden können. Allerdings muß während der Zeit der Fernsehübertragung mit Stereoton das Rundfunkprogramm ausgesetzt werden. Das S. ermöglicht auch nicht die Übertragung von 2 voneinander unabhängigen Tonsignalen bei der Fernsehübertragung und kann aus beiden Gründen keine Dauerlösung werden (→ Zweitonübertragung).

Sinclair-Flachbildröhre: flache → Bildwiedergaberöhre mit seitlich angeordnetem → Strahlsystem. Die → Ablenkung des Elektronenstrahls erfolgt bei diesem Röhrentyp in horizontaler und vertikaler Richtung elektrostatisch. Zur Bildentzerrung in vertikaler Richtung wird eine Fresnel-Linse eingesetzt. Der Leuchtstoff ist bei der S. auf dem Boden der Röhrenwanne aufgetragen; die Frontseite ist mit durchsichtigen Elektroden zur Aufnahme der Sekundärelektronen versehen. → Flachbildschirm, → FD-Röhre

Single: → Schallplatte

Sinusleistung, exakt Sinusdauertonleistung: Ausgangsleistung, die ein NF-Verstärker bei einem Sinussignal abgeben kann. Die S. bei 1000 Hz und einem vorgegebenen Höchstklirrfaktor wird *Nennausgangsleistung* genannt. → Musikleistung

Skale: → Stationsanzeige, → Skalenantrieb, → Abstimmsystem, → Drehspulmeßinstrument

Skalenantrieb: meist mittels Seilzug wirkende Einrichtung zur Übertragung der Bewegung des Abstimmknopfs auf den Zeiger der mechanischen Stationsanzeige (Skale) und die Abstimmelemente der Schwingkreise. *Skalenseile* bestehen meist aus geflochtenen und vorgereckten Textil- oder Dederonfasern, weil gedrillte oder Vollseile zu Schlupf, rukkender Zeigerbewegung oder mehrdeutiger Anzeige je nach Drehrichtung (Hysterese) führen können. Hinweis S. 515

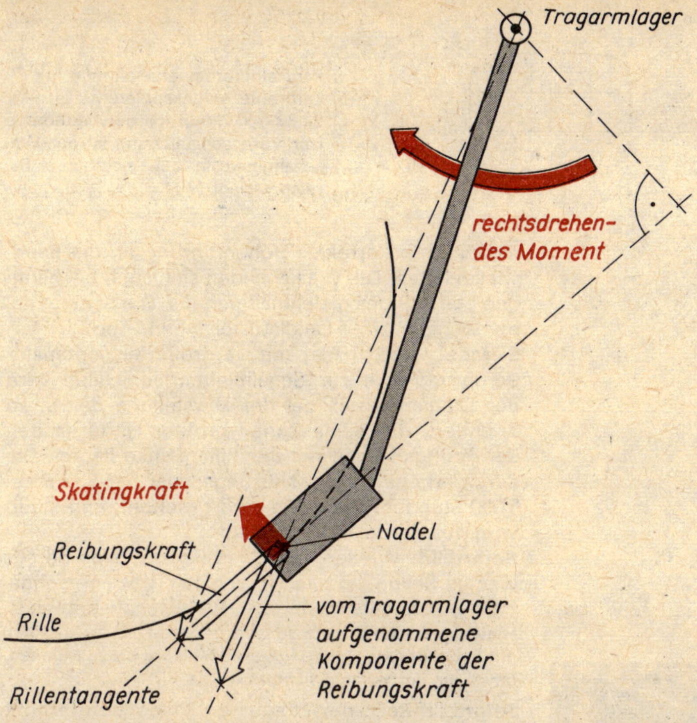

Skatingkorrektur:
Entstehung der Skatingkraft

Hinweis: Bei Riß des Skalenseils in einem komplizierten S. ist eine Eigeninstandsetzung meist nur dann erfolgversprechend, wenn es gelingt, den Verlauf des alten Seils vor dem Entfernen zu skizzieren. Das Ersatzseil ist nach dem Muster des alten vor dem Einziehen auf Länge zu schneiden und mit den erforderlichen Endschlaufen zu versehen. Durch Verschieben des Zeigers auf dem Seil vor seiner endgültigen Fixierung kann die Anzeige an Hand einer bekannten Sendestation wieder justiert werden, oder man verwendet – falls vorhanden – eine Skalenendmarkierung.

Skatingkorrektur, ungenau *Driftkompensation*: Kompensation der von der Abtastnadel auf die innere Rillenflanke ausgeübten Kraft *(Skatingkraft)* bei abgewinkeltem Tragarm. Die Skatingkraft entsteht infolge der in Rillenrichtung wirkenden Reibungskraft der Nadel in der Rille. Sie geht seitlich am Tragarmlager vorbei und bewirkt ein rechtsdrehendes Moment auf den Tragarm (Abb.). Die Skatingkraft ist hauptsächlich von der → Auflagekraft, geringfügig auch vom abgetasteten Rillenradius abhängig. Sie führt zu erhöhter Beanspruchung der inneren Rillenflanke. Es entstehen – besonders bei Stereoschallplatten – Klangverzerrungen und unterschiedliche Signalstärken im rechten und linken Stereokanal. Die S. wird durch eine an geeigneter Stelle am Tragarm angreifende Gegenkraft vorgenommen, die von einer Feder, einem Gewicht an einem Faden oder auch von einem magnetischen Feld erzeugt wird. → Servo-Tonarm (Abb.)

Hinweis: Die S. ist bei hochwertigen Plattenspielern abhängig von der Auflagekraft einstellbar. Eine Neueinstellung an der entsprechenden Vorrichtung ist nach Einsetzen eines neuen Abtastsystems mit veränderter Auflagekraft erforderlich. Zur besonders genauen Einregulierung der S. dient eine Meßschallplatte ohne Rillen. Die S. ist dann exakt vollzogen, wenn die Abtastnadel – auf die laufende Meßschallplatte bei mittlerem Durchmesser aufgesetzt – weder zum Plattenmittelpunkt noch zum Rand hin auswandert.

Skew (engl., svw. Schrägverzerrung): Geometrieverzerrung von Fernsehbildern, die sich durch schrägen Verlauf vertikaler Linien bemerkbar macht. In Bildaufnahme- und Bildwiedergabegeräten entsteht S. über die gesamte Bildhöhe *(Parallelogrammverzeichnung)*, wenn die magnetischen Achsen der Ablenkspulen nicht senkrecht aufeinander stehen (Abb.). Fehlerhafter Bandzug bei Videorecordern bewirkt im Bereich nach der Kopfumschaltung S. Er kann durch manuelle Justierung des Bandzugeinstellers (häufig als S.-Regler bezeichnet) behoben werden. Abb. S. 516

Slaby, Adolf, Prof. Dr.: deutscher Physiker und Funkpionier (18. 4. 1849–6. 4. 1913). Angeregt von MARCONI experimentierte S. in Berlin und bei Potsdam ab 1897 gemeinsam mit → ARCO mit elektromagnetischen Wellen und schuf die erste Funkverbindung in Deutschland. Bereits 1899 gelang die Überbrückung einer Entfernung von ca. 50 km zwischen dem Hamburger Hafen und dem Feuerschiff „Elbe I". Abb. S. 516

Sleep-Timer (engl., svw. Einschlaf-Zeitwähler): Einrichtung an einem Rundfunkempfänger, die ihn nach einer bestimmten, vorwählbaren Zeit abschal-

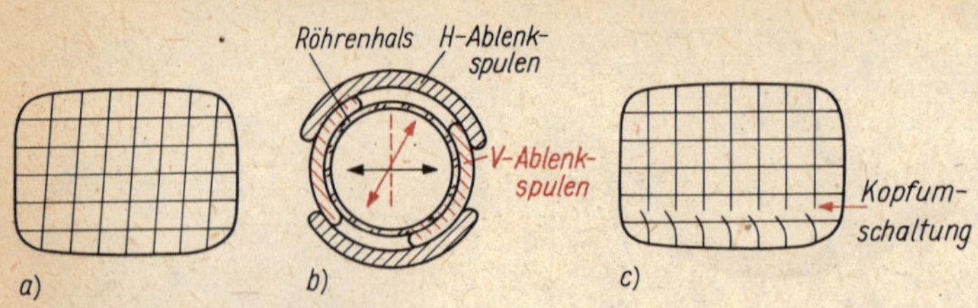

Skew:
a) Parallelogrammverzeichnung
b) verdrehte Ablenkspulen
c) Skew bei Videorecorderwiedergabe (zur Veranschaulichung ist der Umschaltpunkt in den sichtbaren Bereich verlegt)

Adolf Slaby

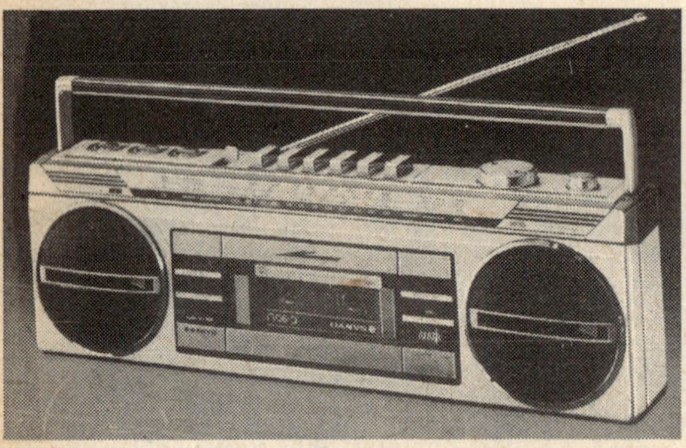

Stereo-Radiorecorder in *Slim Line* (1)

tet. *Mechanische S.* sind vor allem bei Radiorecordern leicht einzubauen (nur ein zusätzlicher Schalter). Es wird eine mitlaufende Kassette (ohne Wiedergabefunktion) dazu benutzt, um über die Bandendabschaltung auch das Rundfunkteil mit abzuschalten. *Elektronische S.* arbeiten mit einer elektronischen Zeitverzögerungsschaltung oder mit einer auch auf die Ausschaltzeit programmierbaren Weckuhr (→ Uhrenradio).

Sliding Recorder-System: → Schubladenlaufwerk

Slim Line (engl., schlanke Linie): sehr schlanke und flache Bauform von elektronischen Heimgeräten. Abb.

Slow Motion: → Zeitlupe

SM-Kassette (SM Abk. für **S**pezial**m**echanik, engl. **S**pecial **M**echanism): Kompaktkassette mit zusätzlichen Bandführungselementen in Form von 2 beweglich gelagerten Kunststoffarmen mit Nut, die das Band in korrekter Höhenführung an die Bandwickel leiten. Die Wickel bilden sich auch bei häufigen Starts/Stops gleichmäßiger aus. Die S. neigt daher weniger zu → Bandlaufstörungen. Abb.

S-Nadel: Abtastnadel mit vergrößerter, optimaler Berührungslinie zur Schallplattenrille. Dabei wird der Diamantkristall bei der Herstellung der S. so orientiert, daß seine Zonen größter Härte an den Berührungsflächen mit der Rillenflanke liegen. Dadurch erhöht sich die Nutzungsdauer der S. auf ca. 5000 Stunden. Die Platte wird geschont, und Staub wird aus der Rille geschoben.

Sofortbild: Wiedergabe eines Fernsehbilds bereits wenige Sekunden nach Einschalten des Fernsehgeräts. → Schnellheizkatode, → Bereitschaftsbetrieb

Hinweis: Im Gegensatz zu den heutigen Fernsehgeräten mit S. benötigten Geräte früherer Baujahre bis zu Minuten, bevor ein Fernsehbild sichtbar wurde.

Sofortbild-Recorder: tragbarer Videorecorder mit eingebautem Schwarz-Weiß- oder Farbbildmonitor kleiner Bildschirmdiagonale (z. B. 12 cm), der sofort nach der Aufzeichnung eine Kontrollwiedergabe unmittelbar ermöglicht. Er ist auf Grund dieser Eigenschaft für Reportagezwecke u. ä. geeignet.

Soft Edge (engl., weiche Schnittkante), svw. *Weichzeichnung* oder *Schnittkantenverwaschung*: elektronisches Gestaltungsmittel bei der → Trickmischung von Fernsehbildern. Die ansonsten scharfen Ränder einer Trickfigur werden durch S. „aufgeweicht" und sind vom Betrachter nur verwaschen oder gar nicht erkennbar. Der Weichheitsgrad, mit anderen Worten die Breite der Weichzeichnung, ist mittig von der Schnittkante nach beiden Richtungen gleichzeitig einstellbar. Mit S. kann der künstlerische Bildeindruck von Trickschnitten und -blenden verändert werden. Abb. s. Farbanhang

Soft Eject (engl., weicher Auswurf): gedämpftes und geräuscharmes Öffnen des Kassenttenfachs bei Drücken der Auswurftaste.

Soft-Flash-Technik: bei → Farbbildwiedergaberöhren angewendete Technik zur Verringerung der Auswirkung von Hochspannungsüberschlägen. Obwohl auch in normalen Bildwiedergaberöhren durch konstruktive Maßnahmen (Polieren der Teile des Strahlsystems, „Härten" der hochspannungsführenden Bildröhrenteile durch absichtlich herbeigeführte Hochspannungsüberschläge bei der Bildröhrenproduktion u. a.) Hochspannungsüberschläge selten sind, können diese nie völlig ausgeschlossen werden. Durch die S. werden die

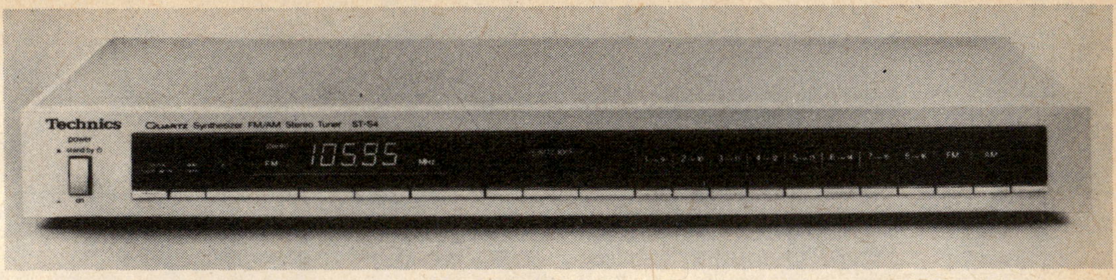

Digitaltuner in extremer *Slim Line* (2)

SM-Kassette, geöffnet

bei eventuell auftretenden Hochspannungsüberschlägen fließenden Überschlagströme so stark gedämpft (soft flash, d. h. „weicher Blitz"), daß ihre Wirkung auf die Funktion des Fernsehgeräts (einzelne Baugruppen, Fernsehbild) i. allg. zu vernachlässigen ist. Die S. beruht darauf, daß der Flächenwiderstand des leitenden Innenbelags der Bildwiedergaberöhren durch Einsatz spezieller Materialien und Technologien erheblich erhöht wird.

Soft Linie (engl., weiche Linie): Bauform von Gehäusen, die sich durch weiche Rundungen und Fehlen scharfer Ecken und Kanten auszeichnet.

Software: 1. Sammelbezeichnung für alle Programme, die zum Betrieb eines Rechners erforderlich sind (Betriebsprogramm) oder vom Anwender für eine spezielle Problemlösung aufgestellt wurden (Anwenderprogramme). – **2.** Video-S.: industriell bespielte → Videokassetten (Programmkassetten), i. w. S. auch → Bildplatten und Kassetten für → Bildschirmspiele. Sinngemäß gilt das gleiche für Audio.

Solarzelle: flächenhaftes Halbleiterelement zur direkten Umwandlung von Sonnenlicht in elektrische Energie. Durch Zusammenschalten mehrerer S. erhält man eine *Sonnenbatterie*, die eine höhere Energieausbeute ermöglicht. Wegen der für akzeptable Energieabgabe erforderlichen großen Oberfläche, begünstigt durch einen relativ geringen Wirkungsgrad von durchschnittlich 10 %, maximal 26 %, und

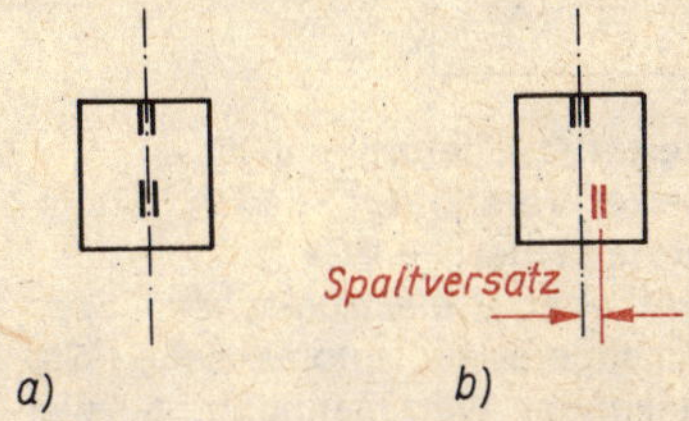

Stereotonkopf:
a) ohne und
b) mit *Spaltversatz*

wegen der starken Spannungsschwankungen bei unterschiedlicher Lichteinstrahlung sind S. zur Erzeugung der Betriebsspannung für elektronische Heimgeräte bisher nur in Ausnahmefällen verwendet worden (z. B. tragbare Kopfhörerempfänger). Häufiger werden S. zum Nachladen von Knopfzellen (z. B. in Quarzuhren) und zur Stromversorgung von Taschenrechnern benutzt.

„Sound" (engl., Ton, Laut): besonders von der jüngeren Generation häufig verwendetes Synonym für musikalisch künstlerische Ausdrucksweise, besondere Instrumentenspieltechnik von Solisten oder einem ganzen Orchester oder für die technische Perfektion einer Tonaufnahme, auch im Sinne von → Tonqualität.

Sound Processor: → aktives HiFi-System

Space Sound: elektronisch manipulierte Klangreproduktion bei der Stereowiedergabe, die zur scheinbaren Vergrößerung der Stereo-Abbildungsbreite und zur Verbesserung des räumlichen Klangeindrucks führt. Vom Zuhörer werden Klanganteile außerhalb der von den Boxen begrenzten Stereobasis wahrgenommen (→ Basisbreitensteuerung).

Spaltdämpfung: → Magnettonentzerrung

Spalteinstellung: → Taumelung, → Spurfehler

Spaltneigungswinkel: → Azimutwinkel

Spalttiefe: → Magnettonkopf

Spaltversatz: unerwünschter seitlicher Versatz zwischen den Arbeitsspalten eines Stereo-Tonkopfs, so daß sie nicht mehr in einer Linie liegen. Bei der Wiedergabe von Musikkassetten oder von Bändern, die auf einem anderen Gerät bespielt wurden, entstehen Phasenfehler, die sich in unzureichender Ortungsschärfe der Stereoschallquellen zeigen können. Geringfügiger S. kann bei der Taumelung des Tonkopfs und der Einmessung des Wiedergabeverstärkers korrigiert werden. Abb.

Spannungsanpassung: → Anpassung

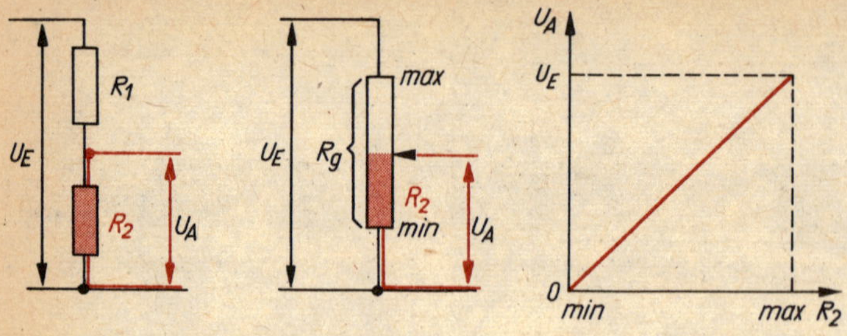

$$U_A = U_E \frac{R_2}{R_1 + R_2} = U_E \frac{R_2}{R_g}$$

Fester und veränderlicher *Spannungsteiler* (Potentiometer) mit unbelastetem Ausgang

spannungsgesteuerter Oszillator: → VCO
spannungsgesteuerter Verstärker: → VCA
spannungsgesteuertes Filter: → VCF
Spannungskonstanthalter, *elektronischer Spannungsregler*: Vorschaltgerät zur automatischen Stabilisierung schwankender Netzspannung. S. werden besonders bei Fernsehempfängern in Gebieten benötigt, in denen häufig stärkere Unter-, aber auch Überspannungen auftreten (ab ca. ± 10 %). Unterspannungen führen bei manchen Fernsehgeräten u. a. zu einer verminderten Beheizung der Bildröhrenkatode(n) und dadurch zu z. T. erheblich verkürzter Lebensdauer.
Hinweis: Moderne Fernsehempfänger sind mit eingebauten elektronischen Regelschaltungen – auch für die Bildröhrenheizung – ausgestattet, so daß ein Einsatz von S. allgemein überflüssig ist.

Spannungssynthese: → Abstimmsystem
Spannungsteiler: Reihenschaltung von 2 ohmschen Widerständen zum Herabsetzen einer Spannung. S. sind sowohl für Gleich- als auch für Wechselspannungen verwendbar, also auch für Signale. Bei Benutzung von einstellbaren Widerständen *(Potentiometer)* lassen sich S. aufbauen, deren Ausgangsspannung kontinuierlich zwischen 0 V und der Eingangsspannung des S. verändert werden kann. Die meisten Einsteller an elektronischen Heimgeräten arbeiten nach diesem Prinzip. Abb.
Hinweis: Zum Vermindern von Betriebsspannungen für elektronische Geräte (z. B. der Kfz-Bordspannung von 12 V auf die Betriebsspannung von 7,5 V) sind S. ungeeignet, weil erhebliche Energieverluste auftreten und die Ausgangsspannung des S. mit der Stromaufnahme des angeschlossenen Geräts schwankt.

Spannungsverstärker: → Verstärker, → NF-Verstärker, → Vorverstärker
Spannungswahlschalter: Schalteinrichtung an einem elektrischen Gerät zur Anpassung an unterschiedliche Netzwechselspannungen. Da heute in Haushalts-Energienetzen fast ausschließlich mit 220 V gearbeitet wird, ist der S. nahezu bedeutungslos geworden.
Spatial Sound: → Basisbreitensteuerung
Speech Control: → Spracherkennungssystem
Speicherdichte: auf einem Informationsträger speicherbare Informationsmenge. Bei der *linearen S. (auch Längs-S.* oder *Aufzeichnungsdichte)* wird die Informationsmenge (z. B. des Ton- oder Bildsignals) auf die Länge der dafür benötigten Spur (meist Magnetspur) bezogen. Bei der *Flächen-S.* erfolgt dieser Bezug auf die Informationsträgerfläche, bei der *Volumen-S.* auf das Informationsträgervolumen.
Speicherplatte: 1. *(allgemein)* plattenförmiges Speichermedium zum Abspeichern und/oder Ausgeben von Informationen. → Schallplatte, → Bildplatte – **2.** *(Bildaufnahme)* isolierende oder halbleitende Schicht, auch Speicherschicht oder *Target* genannt, innerhalb einer → Bildaufnahmeröhre, auf deren Oberfläche ein elektrisches Ladungsbild erzeugt und für eine Vollbilddauer gespeichert wird.
Spektral-Analysator (engl. Spectrum Analyzer): in einem NF-Verstärker oder Tonbandgerät eingebaute, technisch aufwendige Einrichtung zur Anzeige der einzelnen Frequenzanteile im Tonsignal. Der S. trennt die im Signal enthaltenen Frequenzen über Filter und bringt die zugehörigen Signalpegel auf einer Leuchtdiodenmatrix zur Anzeige (Abb.). Der S. ist also ein Aussteuerungsmesser, der Aufschluß über die zeitabhängige spektrale Zusammensetzung des Tonsignals gibt. So läßt sich z. B. die Wirkung der Klangeinstellung auf das Signal erkennen. S., die als Aussteuerungsmesser in Tonbandgeräten eingebaut werden, nennt man auch *Spektral-Spitzenwertanzeiger.* Mit ihrer Hilfe kann die Aussteuerung des Tonbands so vorgenommen werden, daß bei keiner Frequenz eine Übersteuerung des Bands auftritt. Abb.
Spektralempfindlichkeit: wellenlängenabhängige Lichtempfindlichkeit von Bildaufnahmeröhren. Die S. wird von der chemischen Zusammensetzung der lichtempfindlichen Schicht (→ Fotokatode bzw. → Speicherplatte) bestimmt. In der Abbildung ist die S. für einige Halbleiter-Bildaufnahmeröhren dargestellt. Wichtig für die Bildaufnahme ist die S. im gesamten sichtbaren Bereich (vgl. V(λ)-Kurve Abb. → Helligkeitssehen). Abb.
Spektralfarbe: auf der Lichtstrahlung (physikalische

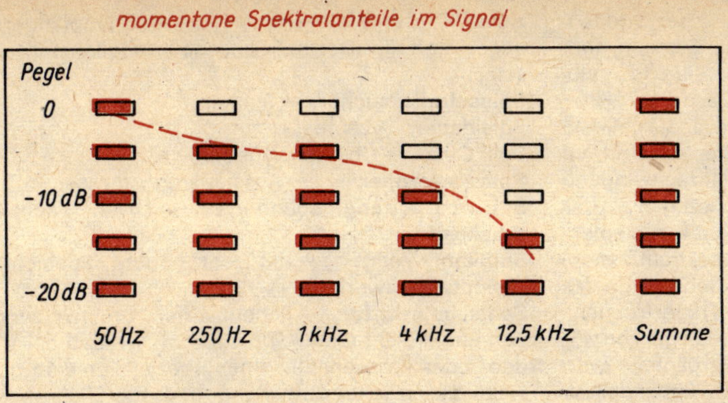

LED-Anzeigefeld eines *Spektral-Analysators*

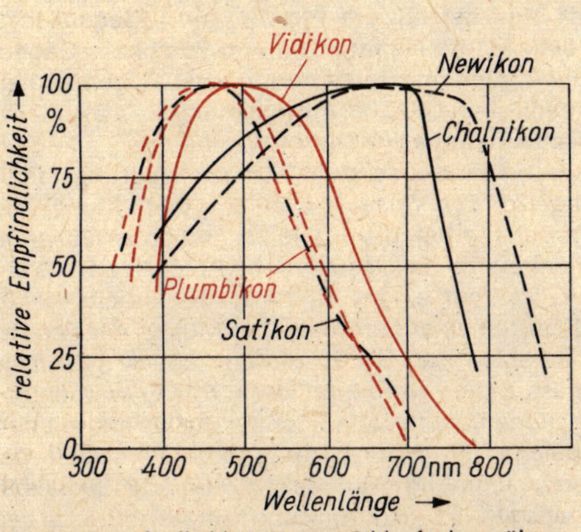

Spektralempfindlichkeit einiger Bildaufnahmeröhren

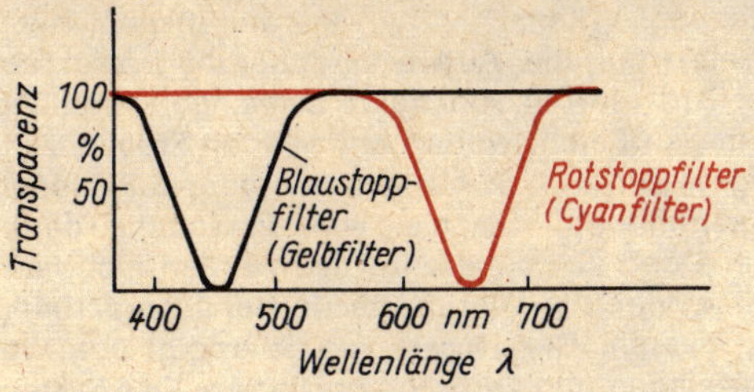

Spektraplexverfahren (1): Filterspektralfunktion

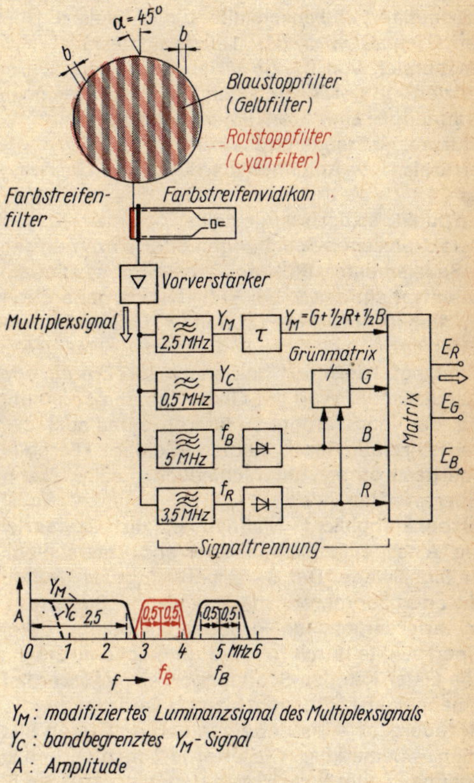

Funktionsprinzip des *Spektraplexverfahrens* (2)

Größe) einer einzelnen Wellenlänge oder eines schmalen Wellenbereichs aus dem Spektrum des sichtbaren Lichts von 380...780 nm beruhende Empfindung einer → Farbe. S. können durch Lichtteilung an → Prismenteilern, → Filtern, Spiegeln oder durch Lichtquellen schmalster Strahlungsspektren erzeugt werden. Umgangssprachlich werden die S. vielfach mit den am Prisma bei Einfall von Sonnenlicht erzeugten S.-Bereiche Violett, Blau, Grün, Gelb, Orange, Rot bezeichnet. Neben den S. sind für das → Farbfernsehen insbesondere die Mischfarben von Bedeutung. → Farbton, → additives Farbmischen, → subtraktives Farbmischen (Abb. s. Farbanhang)

Spektraplexverfahren: punktsequentielles Verfahren mit Frequenzmultiplex bei einem → Farbstreifenvidikon, das in Ein- und Zweiröhren-Farbkameras zur Bildaufnahme verwendet wird. Beim S. ist die optische Kodierung so gewählt, daß bei der Signalerzeugung in der Aufnahmeröhre *(Spektraplexvidikon)* ein Multiplexsignal mit unterschiedlichen Trägerfrequenzen entsteht, aus dem durch eine entsprechende Schaltung eine Signaltrennung in Leuchtdichte- und 3 Farbwertsignale erfolgen kann. Das Farbstreifenfilter (Abb. 2) besteht aus 2 übereinander liegenden Streifengruppen gleicher Streifenabstände, von denen das senkrechte Filter in horizontaler Richtung abwecheland weiß- und gelbdurchlässig (blaustoppend), das schräge Filter dagegen abwechselnd weiß- und cyandurchlässig (rotstoppend) ist. Das Blaustoppfilter bewirkt im Multiplexsignal eine Trägerfrequenzschwingung von $f_B = 5$ MHz, die mit dem Farbauszug Blau des aufgenommenen Bilds (entspricht dem komplementären Verlauf der Blaustoppfilter-Spektralfunktion) amplitudenmoduliert ist. Durch die Schräglage des Rotstoppfilters verkleinert sich die Trägerfrequenz um den Faktor $\cos\alpha$. Für eine Schräglage von 45° gilt: $f_R = f_B \cos 45° = 3{,}5$ MHz. Die Farbanteile werden aus dem Multiplexsignal durch 2 Bandpässe herausgefiltert und anschließend demoduliert. Über einen Tiefpaß wird das Leuchtdichtesignal (Frequenzbereich von 0...2,5 MHz) ausgefiltert. Durch Matrizierung werden letztlich die Farbwertsignale gewonnen. → Einröhrenkamera (Abb.)

Spektrum: → Frequenzspektrum

Sperrkreis: → Antennensperrkreis, → Schwingkreis

Sperrpunkt: statisch eingestellter Stromwert „Null" bei elektronischen Schaltungen oder einzelnen aktiven Bauelementen (Röhren, Transistoren, Dioden). Z. B. entspricht der S. bei → Bildwiedergaberöhren dem Punkt auf ihrer Kennlinie, bei dem der → Strahlstrom gleich „Null" ist (Abb. → Helligkeitseinstellung). Hierfür ist bei jeder Bildröhre ein spezieller statischer Wert der Gitter-Katoden-Spannung nötig, der von Bildröhre zu Bildröhre und auch zwischen einzelnen Strahlsystemen in einer → Farbbildwiedergaberöhre unterschiedlich sein kann. → Sperrpunktabgleich

Sperrpunktabgleich: Maßnahme zur Gewährleistung eines einheitlichen Sperrens unterschiedlicher Signalwege. Der S. ist unbedingt für → Farbbildwiedergaberöhren mit mehreren Strahlsystemen erforderlich, da produktionsbedingt deren → Sperrpunkte durch geringe unterschiedliche statische Gitter-Katoden-Spannungen erreicht werden. Ein mangelhafter S. macht sich als Farbstich bei der Bildwiedergabe – besonders in den dunkleren Bildpartien – bemerkbar. Die erforderlichen Differenzspannungen zum S. zwischen den einzelnen Strahlsystemen bleiben bei einer → Helligkeitseinstellung erhalten.

Sperrschicht-FET: → Transistor

Spiegelfrequenz: Frequenz, die im doppelten Abstand der Zwischenfrequenz oberhalb der Empfangsfrequenz liegt, auf die ein Empfänger abgestimmt ist. Arbeitet auf der S. ein Sender, so kann es zu Doppelempfang, bei geringfügiger Frequenzabweichung auch zu Interferenzpfeifen oder im Fernsehbild zu Streifenbildung kommen (→ Moiré). Durch hohe Trennschärfe der HF-Vorstufen bei einem Superhet ist man bestrebt, den Einfluß der S. gering zu halten und eine hohe *S.-Dämpfung* zu erzielen. Dieser Wert wird z. T. bei den Empfängern angegeben (in Dezibel) und soll möglichst groß sein.

Spiegelreflexsucher: → Sucher

Spieldauer: → Laufdauer

Spill Over: → Überschwappbereich

Spitzenwertmesser: → Aussteuerungsmesser

SPL: Abk. für engl. **S**ound **P**ressure **L**evel. → Schalldruckpegel

Spotlight (engl., Punkt-Licht, auch Spotlicht): → Spotscheinwerfer

Spotscheinwerfer: → Scheinwerfer zur Erzeugung von Punkt-Licht (engl. *Spotlight*). S. werden bei Video- oder Fernsehaufnahmen speziell für eine gezielte zusätzliche Aufhellung und für „Führungslicht" in der Szene sowie für „Gegenlicht", „Effektlicht" im Hintergrund von Personen, Gegenständen, die von der Kamera frontal aufgenommen werden, eingesetzt. → Ausleuchtung

Sprachaufnahme: → Mikrofonaufnahme

Spracherkennungssystem, Sprachsteuerung (engl. *Voice Control, Speech Control*): Einrichtung, die gesprochene Befehle analysiert und entsprechende Bedienbefehle für elektronische Anlagen daraus ableitet. Das mit einem Mikrorechner arbeitende S. speichert in einer Lernphase die Muster der benutzten Befehlsworte, die zu diesem Zweck mehrmals vorgesprochen werden müssen. Später werden gesprochene Befehle vom Rechner analysiert, mit den gespeicherten Wortmustern verglichen, und bei Übereinstimmung wird der vereinbarte Bedienbefehl ausgeführt. Elektronische Geräte mit S. arbeiten also „auf Zuruf" (z. B. „lauter", „leiser", „Aufzeichnung", „Kanal ...", „Tragarm senken" usw.). Die elektronische Auswertung beruht i. allg. auf einer Analyse der spektralen zeitlichen Verteilung der in den Befehlsworten enthaltenen Frequenzen. I. allg. lassen sich S. nur auf eine oder 2 Personen programmieren; Befehle von Personen, deren Stimme dem S. „unbekannt" ist, werden nicht ausgeführt, weil die Wortmuster in der Klangfärbung nicht passen. Der Einsatz von S. erfolgt u. a. bei HiFi-Anlagen und Fernsehempfängern. Das System kann besonders für Behinderte und Menschen, die bei komplizierten technischen Bedienvorgängen hilflos sind, eine wertvolle Hilfe sein. → synthetische Sprache

Sprechkopf: umgangssprachlich für einen → Magnettonkopf für Aufzeichnung.

„Spuckeffekt", svw. „zischende" Höhen: explosionsartig zischende Wiedergabe einzelner hoher oder sehr lauter Töne nach einer Bandaufzeichnung oder Tonsignalübertragung. Der S. ist ein prinzipiell kurzzeitig auftretender → Klirrfaktor. Er ist auf Begrenzung einzelner Pegelspitzen zurückzuführen. Im wesentlichen treten 2 Erscheinungen auf: a) *Übersteuerung* von Anlagen oder Übertragungsstrecken durch hohe Pegelspitzen, besonders bei Sprache. b) *Übersteuerung nur der hohen Fre-*

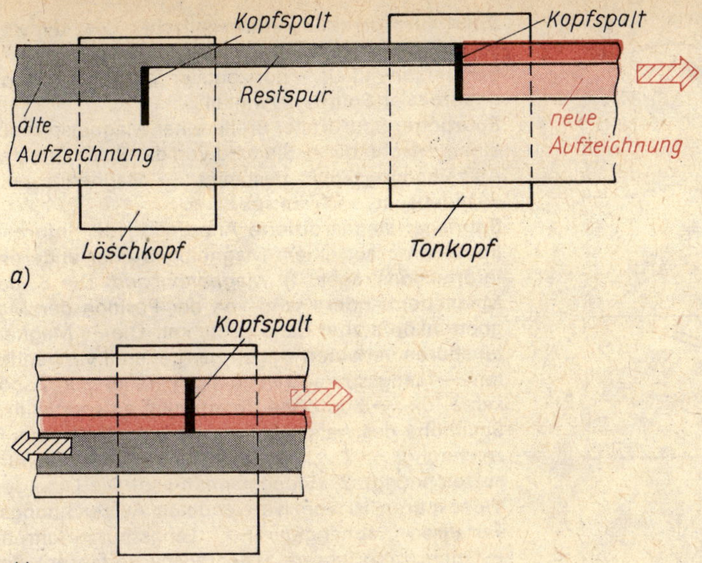

Spurfehler (1):
a) Spurfehler bei falsch justiertem Löschkopf,
b) Abtastung der Rückspur bei falscher Lage des Kombikopfs (zu tief)

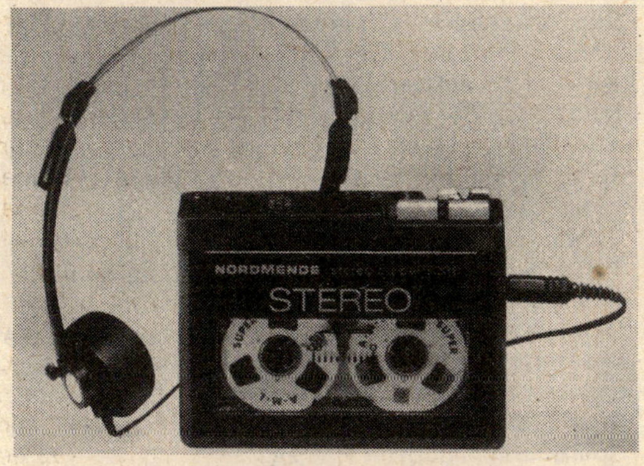

„Walkman" mit eingelegter *Spulenkassette*

quenzanteile bei Tonbandaufnahme infolge zu kräftiger Anhebung in Verbindung mit schlechter Qualität des benutzten Magnettonbands. Auch falsch eingestellter → Vormagnetisierungsstrom kann den S. begünstigen. Auch der → Pop-Effekt bei Mikrofonen wird mitunter als S. bezeichnet.

Spule: 1. Passives Bauelement, dessen charakteristische Kenngröße die *Induktivität* L ist. Eine S. besteht aus mehreren parallelen Drahtwindungen, die gegeneinander isoliert sind. Die Ausführungsform wird vom Verwendungszweck und Frequenzbereich bestimmt. Der Wechselstromwiderstand (→ Impedanz) der S. nimmt mit steigender Frequenz zu. S. gibt es ohne und mit Kern zur Veränderung der Induktivität. S. werden z. B. in Verbindung mit → Kondensatoren in → Schwingkreisen, → Bandfiltern oder zum Übertragen (→ Übertrager) bestimmter Frequenzbereiche gebraucht. → Drossel – **2.** Wickelkörper für Magnetband. → Tonbandspule

Spulenkassette: Kompaktkassette mit 2 kleinen Aluminium-Vollflanschspulen an Stelle der sonst üblichen freitragenden und von einer Gleitfolie geführten Wickel. Die mit einem durchsichtigen Gehäuse versehene S. wird hauptsächlich wegen ihres professionell wirkenden Designs verwendet („Profi-Look"). Abb.

Spulentonbandgerät (engl. Reel-to-Reel Recorder): vorwiegend in halbprofessionellen und Heimtonanlagen verwendetes → Tonbandgerät, bei dem der Magnetbandvorrat auf abnehmbaren → Tonbandspulen aufgewickelt ist. → Tonbandgeräte-Laufwerk

Spurbild, Spurschema: Ordnung der Informationen auf einem Informationsträger, z. B. Magnetband.

Spurfehler, *Spurlagefehler* (engl. Tracking Error): Abweichung des Spalts von Lösch-, Aufzeichnungs- oder Wiedergabekopf von der → Spurlage auf dem Magnetband. 1) *(Audio) Statische S.* führen zu einer konstanten Abweichung von der vorgesehenen Spur. Sie entstehen hauptsächlich infolge falscher mechanischer Position eines oder mehrerer Magnetköpfe, z. B. durch falsche Höhenjustierung oder äußere Gewalteinwirkung bei unsachgemäßer Reinigung. Stimmt die gelöschte Spur nicht mit der vom Aufzeichnungskopf geschriebenen Spur überein, so bleiben Reste der alten Bandaufzeichnung bei einer Neuaufzeichnung auf der Spur erhalten (Abb. 1a). Bei Wiedergabe sind Fremdsignale hörbar. Ein S. beim Kombikopf führt zu erhöhtem Übersprechen zwischen benachbarten Spuren. Im Extremfall werden Teile dieser Spuren mit abgetastet (Abb. 1b), und das störende Signal wird rückwärts

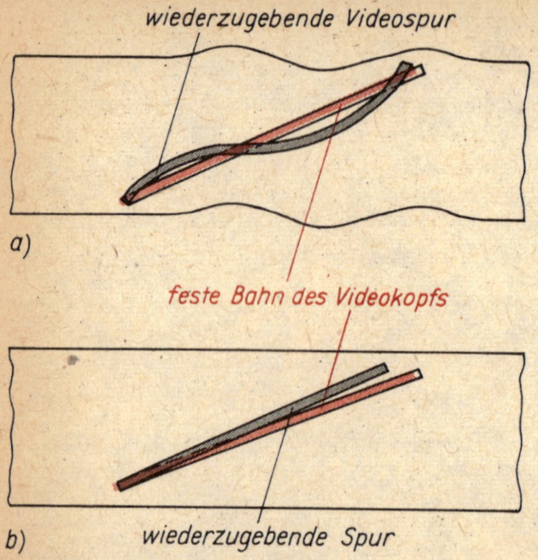

Spurfehler (2) – Video-Spurfehler:
a) Spurfehler durch Banddeformation,
b) Spurfehler bei Sonderfunktionswiedergabe (Standbild)

hörbar. Bei getrenntem Aufzeichnungs- und Wiedergabekopf (Tri-Tracer) verringert sich außerdem der Pegel des Wiedergabesignals. *Dynamische S.* entstehen vorrangig durch *Bandführungsfehler* (Bandlaufstörungen). Die Auswirkungen gleichen etwa denen von statischen S., jedoch treten sie nur kurzzeitig (z. B. nach dem Bandstart) oder periodisch schwankend auf. Infolge schiefen Laufs des Bands am Kopfspalt kann das wiedergegebene Schallereignis außerdem abwechselnd dumpfer und heller klingen. 2) *(Video)* S. führen zu Zeitfehlern (Abb. → Zeitfehler), erhöhtem Übersprechen oder sogar zu Synchronisationsausfall und damit zu verrauschten Fernsehbildern, Störstreifen, → Zeilenjitter u. a. Bildstörungen. Die Ursachen von S. sind vielfältiger Art; z. B. Bandführungsfehler am Videokopfrad, Schmutzablagerungen an der Auflagekante und an Bandführungselementen, Rotationstoleranzen des Kopfrads, falscher Bandzug, Banddeformation (Abb. 2a) schon geringster Art (mit bloßem Auge nicht sichtbar), Temperatur- und Feuchtigkeitseinflüsse auf Videoband und/oder Kopftrommel. S. entstehen hauptsächlich bei Wiedergabe fremder, d. h. auf anderen Videorecordern aufgezeichnete Bänder, bei Sonderfunktionswiedergabe wie Standbild (Abb. 2b), Zeitlupe, Zeitraffer und vor allem bei Bildsuchlauf, da sich der Videospurwinkel infolge der veränderten Bandtransportgeschwindigkeit ändert. (Abb.)

Hinweis: S. bei Normalgeschwindigkeitswiedergabe können mit dem → Spurlageeinsteller ausgeglichen werden. Verschiedene Videorecorder haben für Zeitraffer- und Zeitlupenwiedergabe einen separaten Spurlageeinsteller. Bei Geräten mit → dynamischem Spurfolgesystem werden S. automatisch ausgeglichen.

Spurfehlerkorrektur, automatische: → dynamisches Spurfolgesystem

Spurfehlerwinkel: → horizontaler Spurfehlerwinkel, → vertikaler Spurfehlerwinkel

Spurhöhe, Spurbreite: Breite einer Magnetspur auf einem Magnetband. Sie wird von der Spalthöhe des Aufzeichnungskopfs bestimmt. → Magnettonspur, → Videospur, → Trennspur

Spurlage: standardisierte Anordnung der Informationsspuren auf einem Magnetband oder anderem Informationsträger. 1) *(Magnettonband)* Die S. bei Magnettonbändern wird von der Position der Magnettonköpfe zum Band bestimmt. Die → Magnettonspuren verlaufen wegen der generell verwendeten → Längsspuraufzeichnung parallel zur Bandkante; die → Spurhöhe (Spurbreite) entspricht der Spalthöhe des Aufzeichnungskopfs (→ Vollspuraufzeichnung, → Zweispuraufzeichnung, → Vierspuraufzeichnung). 2) *(Videomagnetband)* Die Lage der Videospuren ist vom verwendeten Aufzeichnungsverfahren abhängig (→ Längsspurverfahren, → Querspurverfahren, → Schrägspurverfahren). Bei den beiden letzten Verfahren ergibt sich die S. aus der Bandumschlingung der Kopftrommel, der Rotation des Kopfrads und dem stetigen Videobandtransport. Damit bei Aufzeichnung die vorbestimmte S. entsteht, wird der Kopfradantrieb und meist auch der Bandtransport von je einem → Servosystem geregelt. Der Videospurwinkel zur Bandkante ist bei den verschiedenen → Videosystemen unterschiedlich. → Spurbild

Spurlageeinsteller, *Trackingeinsteller*: in Videorecordern vorhandener Einsteller, mit dem Spurlagefehler auf Minimum gebracht werden. Der S. wirkt im → Bandservo des Recorders. Mit ihm wird die Bandgeschwindigkeit so verändert, daß die Videospuren optimal abgetastet werden. → Spurlage

Spurlagefehler: → Spurfehler

Spurüberspielung: → Playback

Spurübersprechen: → Nebenspurdämpfung, → Übersprechen, → Magnettonkopf

Spurverzerrungen, *Abtastverzerrungen*: Gesamtheit der in Folge der Nadelabmessungen und des Rillenverlaufs entstehenden Klangverzerrungen beim Abtasten von Schallplatten. → Klemmeffekt, → vertikale Spurverzerrungen

Spurwahlschalter: Bedienelement zum Einschalten der gewünschten Mono-Spur bei Vierspur-Spulentonbandgeräten, z. T. auch zur Umschaltung auf Sonderbetriebsarten, wie Duo- oder Multiplay (→ Playback). Bei Stereo-Vierspurgeräten ist der S. meist mit der Umschaltung von Stereo (2 Spuren in Bandlaufrichtung) auf Mono (eine wählbare von 2 Spuren in Bandlaufrichtung) kombiniert.

SQ-System, Abk. für **S**tereo **Q**uadrofonic-**System,** auch CBS-System: → Matrix-Quadrofonieverfahren, hauptsächlich für Schallplatten. Der besondere Vorteil des S. liegt im sehr geringen Übersprechen zwischen den vor dem Hörer befindlichen vorderen

Kanälen, was sich günstig bei der kompatiblen Wiedergabe über eine normale Stereoanlage auswirkt. Allerdings ergibt sich eine ungünstigere Wiedergabe der hinteren, also der räumlichen Signalanteile des quadrofonen Klangbilds. Das S. ist sehr anfällig gegen → Phasendifferenzen in den Kanälen und führt auch zur Verformung impulsartiger Schalleinsätze. Die sehr schlechte Kanaltrennung (großes Übersprechen) in den hinteren Kanälen läßt sich durch spezielle Schaltungen *(Logic Decoder)*, allerdings zu ungunsten des Übersprechens in den vorderen Kanälen, verbessern. Beim S. ergibt sich ein sehr geringer Spielraum für den Hörort; er ist nahezu punktförmig.

Square Planar Tube, Abk. SPT: → Farbbildwiedergaberöhre

Square Tube, Abk. ST: → Farbbildwiedergaberöhre

SSB-System, Abk. für engl. **S**ingle **S**ide **B**and-**System:** → Einseitenbandverfahren

S-Signal: 1. *(Stereofonie) Differenzsignal*, auch Seitensignal: unsymmetrisches Stereo-Signal, das die richtungsabhängigen Informationen (Seiteninformationen) enthält.

Hinweis: Das S. ist zur Wiedergabe allein nicht brauchbar, wird aber zusätzlich zu den Stereo-Signalen für rechts und links bei der → Pseudoquadrofonie verwendet. Dazu kann es aus der Differenz der beiden symmetrischen Stereo-Signale A − B = S gewonnen werden; im einfachsten Fall wird es zwischen den beiden Kontakten 1 der Lautsprecherbuchsen eines Stereo-NF-Verstärkers abgegriffen und ein oder 2 Zusatzlautsprechern zugeführt (Abb. → Pseudoquadrofonie).

– **2.** *(Fernsehtechnik)* → Synchronsignal.

SSTV, Abk. für engl. **S**low **S**can **T**ele**v**ision (Fernsehen mit langsamer Abtastung): Form des → Schmalbandfernsehens. Beim SSTV wird mit einer langsamen Abtastung des Fernsehbilds gearbeitet (Kennwerte z. B.: 14000 Bildpunkte pro Bild, → Raster bestehend aus 120 senkrechten Zeilen, Zeilenfrequenz 16,6 Hz, Bildfrequenz 0,14 Hz). Demzufolge können mit dem SSTV nur Bilder mit geringer Auflösung und sehr langsamen Bewegungsabläufen übertragen werden. Das SSTV ist besonders für das → Amateurfernsehen, in Grenzen auch für das → angewandte Fernsehen geeignet. → Fernsehnorm, → FSTV, → HDTV

Stabantenne: aus einem stabförmigen, gegenüber der Umgebung isoliert angebrachten Leiter bestehende Empfangsantenne. In → Gemeinschaftsantennenanlagen werden vertikal gestellte S. mit einer Länge von 2...3 m benutzt (auch *Vertikalantennen* genannt), die den Empfang von Nah- und stärkeren Fernsendern der AM-Bereiche ermöglichen. Es handelt sich dabei um unabgestimmte S., weil sie mechanisch kürzer sind als die Wellenlängen λ der aufgefangenen Strahlung. Größere Längen würden zwar den Fernempfang am Tage verbessern, in den Abend- und Nachtstunden jedoch zu Doppelempfang und anderen Störungen führen. Wird eine S. auf einer leitenden Fläche angeordnet, die gewissermaßen als „Spiegel" wirkt (z. B. eine Autokarosserie), und wird ihre Stablänge auf die Wellenlänge der empfangenen Strahlung abgestimmt, so hat sie die gleiche Wirkung wie eine → Dipolantenne doppelter Länge (z. B. wirkt eine λ/4-lange S. wie ein Halbwellendipol). Solche *abgestimmten S.* werden u. a. in tragbaren Rundfunk- und Fernsehempfängern, vorrangig bei den VHF-Bereichen I...III benutzt. Eine solche aus mehreren ineinanderschiebbaren Rohrstücken bestehende S. heißt *Teleskopantenne.* In Kraftfahrzeugen ermöglichen abgestimmte S. UKW-Empfang, zusätzlich aber auch AM-Empfang, bei dem sie als unabgestimmte S. wirken.

Hinweis: Abgestimmte S. müssen in tragbaren Empfängern zum Empfang der Sender mit üblicherweise horizontaler → Polarisation waagerecht gestellt werden. Durch Verändern der ausgezogenen Länge und Schwenken des Stabs in der horizontalen Ebene lassen sich meistens Empfangsverbesserungen erzielen. Es lassen sich oft auch Nachbarkanalstörungen unterdrücken, z. B. wenn bei UKW-Stereoempfang „gurgelnde" und „brodelnde" Geräusche auftreten. Bei Kurzwellenempfang kann „Verlängerung" der S. mit einem Draht Verbesserungen bringen.

Standard, international z. T. Norm: einheitlich anzuwendende, optimale Lösung für die Beschaffenheit von Arbeitsmitteln, -gegenständen und Konsumgütern sowie in bezug auf Herstellungs- und Prüfverfahren und für eine einheitliche technische Terminologie. Man unterscheidet *nationale S.* (→ TGL, → DIN, → GOST, → JIS), *internationale S.* (→ *RGW-Standard)* und *Empfehlungen* (z. B IEC-Empfehlung, OIRT-Empfehlung usw.), die ein Land zu einem geeigneten Zeitpunkt zur Förderung der internationalen Standardisierung übernehmen kann. Die staatlichen S. in der DDR werden vom → ASMW inhaltlich abgestimmt und für verbindlich erklärt. S. haben auch für die Unterhaltungselektronik große Bedeutung, da sie für Anschluß- und Qualitätskennwerte der Geräte sowie für technische Verfahren eine nationale und in steigendem Maße auch internationale Vereinheitlichung sichern.

Standardband, *Normalband*: Tab. → Magnettonband, → Laufdauer

Standardflußverlauf, standardisierter Bandfluß: → Bandfluß

Standardisierung: Gesamtheit der Maßnahmen für das planmäßige Ausarbeiten, Durchsetzen, Kontrollieren und Überarbeiten von → Standards entsprechend den dafür geltenden Regeln. Bei der S. wird von richtungs- und zukunftsweisenden Aufgabenstellungen unter Berücksichtigung der realen Gegebenheiten ausgegangen. Ziele der S. mit Bedeutung auch für die Unterhaltungselektronik sind die Sicherung eines bestimmten Qualitätsniveaus der Erzeugnisse (→ HiFi), die Gewährleistung der Kopplungsfähigkeit und Austauschbarkeit von Baugruppen und Geräten – besonders auch im internationalen Maßstab – und die Einschränkung einer unnötigen Ty-

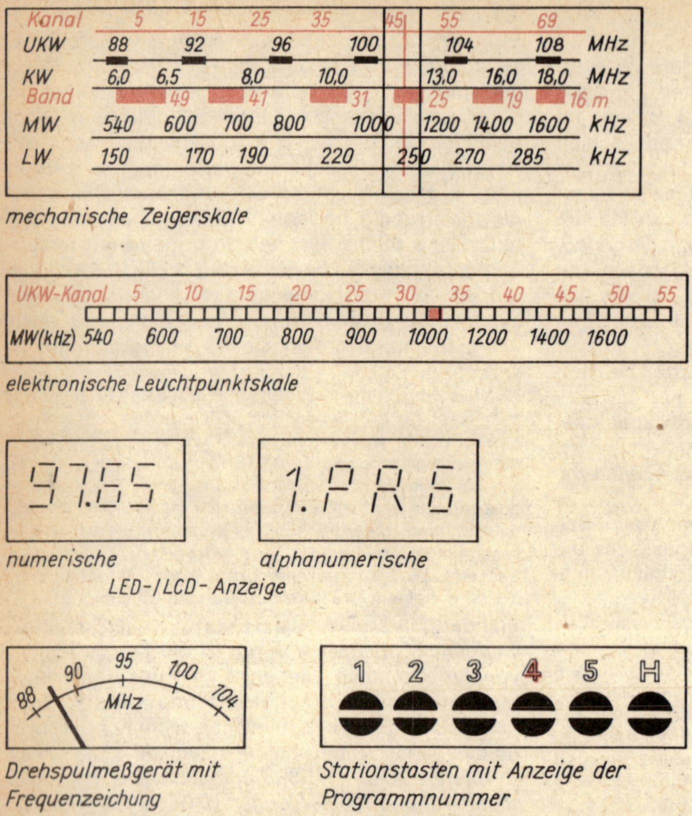

Verschiedene Varianten der *Stationsanzeige*

penvielfalt. S. ist besonders wirkungsvoll, wenn sie komplex betrieben wird.

Standard-Konverter: Normumsetzer, Normwandler. S. finden in der Nachrichtentechnik in vielfältiger Form Anwendung, z. B. als → PAL-SECAM-Adapter oder → SECAM-PAL-Konverter in der herkömmlichen Fernsehempfangstechnik, als Frequenz- (Umsetzung aus dem Frequenzbereich des → Satellitenfunks in die Frequenzbereiche des Fernseh- und UKW-Hörrundfunks) und Modulationsartenkonverter (Umsetzung der Frequenz- bzw. Puls-Code-Modulation des Satellitenfunks in die Restseitenbandmodulation des Fernsehrundfunks und Frequenzmodulation des UKW-Hörrundfunks). → Fernsehnorm, → Satellitenempfangsanlage

Standard-PAL: → PAL-Farbfernsehverfahren, dem die → CCIR-Norm (Normcode B und G lt. der internationalen → Fernsehnormen) zugrunde liegt. S. ist in vielen europäischen Ländern (u.a. BRD, Finnland, Italien, Island, Österreich), aber auch asiatischen und afrikanischen Ländern, die das PAL-Farbfernsehverfahren anwenden, die Grundlage im → Fernsehrundfunk. → PAL-M

Standbildwiedergabe, Stehbildwiedergabe (engl. *Still Picture* oder *Stop Motion*): Sonderfunktionswiedergabe bei Videorecordern und Bildplattenspielern, bei der ein Standbild wiedergegeben wird. Durch S. wird die normalerweise vorhandene Bewegung im Bild festgehalten, gewissermaßen „eingefroren". Für S. wird bei Videorecordern der Bandtransport und bei Bildplatten die radiale Abtasterbewegung angehalten, die Kopfrad- bzw. Bildplattendrehzahlen bleiben unverändert wie bei normaler Wiedergabe, wodurch ständig die gleiche Videospur (ein Fernsehhalbbild) bzw. Spurwindung der Bildplatte (meist ein Fernsehvollbild) abgetastet wird. Da bei S. das Videoband erheblich beansprucht wird, ist in Videorecordern meist eine zeitliche Begrenzung (einige Sekunden bis Minuten) eingebaut. Genau wie bei → Zeitlupenwiedergabe können auch bei S. → Spurfehler mit entsprechenden Auswirkungen auftreten. Bei optischen Bildplatten ist keine Zeitbegrenzung notwendig.

Stand-by-Betrieb: → Bereitschaftsbetrieb

Standgerät: → Fernsehempfänger, dessen Standort durch eine spezielle Gehäusebauform oder die Verbindung des Gehäuses mit einem Gerätefuß im Gegensatz zum → Tischgerät nicht an ein Wohnraummöbel gebunden ist. Ansonsten sind S. mit → Tischgeräten weitestgehend identisch. → Kofferfernsehgerät

Startzeit: Zeitspanne vom Starten eines Magnetbandgeräts bis zu dem Augenblick, in dem die Bandgeschwindigkeit ihren angegebenen Wert erreicht hat, bei Videorecordern bis zur Wiedergabe eines synchronisierten, d. h. nicht mehr zerfallenen Bilds. Kurze S. bei Tonbandgeräten verringern das sogenannte *Anjaulen* bei knappem Start am Titelanfang.

Statikon: → Vidikon

Stationsanzeige: mechanische oder elektronische Anzeigeeinrichtung für Frequenz, Wellenlänge, Kanal oder Stations(kurz)zeichen des empfangenen Senders in einem Rundfunk- oder Fernsehempfänger. Es werden mechanische Zeigerskalen, elektronische Skalen mit Leuchtpunkt oder -band (LED-Kette), numerische bzw. alphanumerische LED-/LCD-Anzeigen oder Ziffernanzeigeröhren, bei Stationstasten z. T. auch in Empfangsfrequenzen geeichte Drehspulinstrumente oder jeder Taste zugeordnete Indikatoren (Leuchtpunkt, Ziffer) verwendet. Bei Fernsehempfängern ist auch → Bildschirmanzeige möglich. → Abstimmsystem, → digitale Frequenzanzeige (Abb.)

Stationskennung: Kennzeichen einer Fernseh- oder Hörrundfunkanstalt durch optische und/oder akustische Stationszeichen (z. B. Fernsehbild mit optischen Kennzeichen bzw. Abk. der Fernsehanstalt, Erkennungsmelodie). Im Fernsehen kann die S. auch digital verschlüsselt in einer → Datenzeile ständig übertragen werden. Sie ist auch durch das *Signet* bzw. *Logogramm* gegeben, das unregelmäßig während des laufenden Programms von den Fernsehanstalten zum Schutz gegen Raubkopien ins Bild eingeblendet wird. Eine verschlüsselte S. bzw. Senderkennung wird in Ländern, die → Verkehrswarnfunk praktizieren, von Hörrundfunksendern abgestrahlt.

Stationstasten, *Programmtasten,* Festsendertasten: Gruppe meist gleichartiger Bedienelemente eines Rundfunk- oder Fernsehempfängers (auch auf dem Fernbedienteil), mit denen vorabgestimmte Sendestationen unmittelbar eingeschaltet werden können; Bedienungserleichterung. Mit einer zusätzlichen Taste der Gruppe kann auf Handabstimmung umgeschaltet werden. Es gibt aber auch Rundfunkempfänger, bei denen diese Umschaltung automatisch beim Berühren des Abstimmknopfs erfolgt *(automatische UKW-Umschaltung).* In modernen Empfängern werden Tip- oder Sensortasten verwendet. Bei Rundfunkempfängern werden S. vorwiegend im UKW-Bereich benutzt. Günstig ist, wenn die Zahl der S. mindestens ebenso groß ist wie die Zahl der am Ort zu empfangenden Programme. Autoradios sind z. T. noch mit rein mechanisch wirkenden S. ausgestattet, mit denen die Abstimmvariometer in voreingestellte Positionen bewegt werden. S. lassen sich bei einigen Rundfunkempfängern (besonders Autoradios) auch mehrfach belegen, z. B. mit je 1 Sender aus UKW, LW, MW. → Abstimmsystem, → Take-Over-Programmierung, → Programmspeicher

statische Konvergenzfehler: in der Bildmitte der → Farbbildwiedergaberöhren auftretende → Konvergenzfehler. S. K. können mit Hilfe magnetischer Gleichfelder (Permanentmagnete, von Gleichstrom durchflossene Spulen) korrigiert werden. → dynamische Konvergenzfehler, → Konvergenz, → Konvergenzeinstellung, → Blaulagemagnet

Steckdose: → Steckverbinder

Stecker: → Steckverbinder

Steckverbinder: steckbares Kontaktbauelement zum Herstellen ein- oder mehrpoliger lösbarer elektrischer Verbindungen. Man unterscheidet S. zum Verbinden von Baugruppen, Bauelementen untereinander und mit der Verdrahtung innerhalb eines Geräts (meist mit vielpoligen *Feder-* und *Messer-* bzw. *Stiftleisten* oder *Bauelementefassungen,* (Abb. a) und S. für die äußeren Anschlußstellen am Gerät zur Zuführung oder Abnahme von Signalen, Versorgungs- und Steuerspannungen. Die Hauptbauformen sind *Flach-S.* (Abb. b) und *Rund-S.* (Abb. c). S. werden unterschieden in Stecker mit Kontaktstiften oder Ringkontakten und *Steckdose (Buchse)* mit den hinter entsprechenden Öffnungen liegenden Kontaktfedern oder -hülsen. Buchsen werden als *Einbau-, Aufbau-* oder *Kupplungssteckdose (Kabelkupplung)* gefertigt, letztere besonders für → Verlängerungsleitungen. *Einbaustecker* (Abb. d) kommen i. allg. nur bei Netzanschlüssen, bei Studio- oder Kapellenmikrofonen und z. T. als Koaxialstecker bei Antennenanschlüssen vor. Stekker werden in gerader und in abgewinkelter Bauform *(Winkelstecker)* gefertigt. Eine Buchse mit eingeschobenem Stecker wird *Steckverbindung* genannt. S. für gefährliche Spannungen (z. B. Netzspannung) werden immer so angeschlossen, daß die Buchse auf der Seite der Spannungsquelle liegt (Berührungsschutz!). Die Kontaktstellen der S. müssen einen möglichst geringen Übergangswiderstand aufweisen und langzeitstabil gegen Abnutzung, Korrosion und thermische Belastung sein. Der Aufbau der S. richtet sich nach der zu übertragenden Frequenz, der anliegenden Spannung und dem fließenden Strom. Für Hochfrequenz- und Videosignale werden meist *koaxiale S.* eingesetzt. Diese sind axialsymmetrisch aufgebaut und bestehen aus einem Mittelkontakt für das Signal und einem kragenförmigen Außenkontakt (Masse, gleichzeitig Abschirmung und Signalrückleiter, Abb. e). Koaxiale S. werden z. T. auch verschraubt. Zu den koaxialen S. zählen → BNC-Steckverbinder, → Cinch-Steckverbinder und die unsymmetrischen → Antennensteckverbinder. S. für niederfrequente, vor allem niederpegelige Signale müssen ebenfalls mit einer metallischen Abschirmung versehen sein, die z. T. als Signalrückleiter wirkt und an Masse liegt. Zu den S. für Tonsignale zählen die → Diodensteckverbinder, die → Klinkensteckverbinder, die → Cinch-Steckverbinder und Sonderbauformen, die als → Lautsprechersteckverbinder und → Kopf-

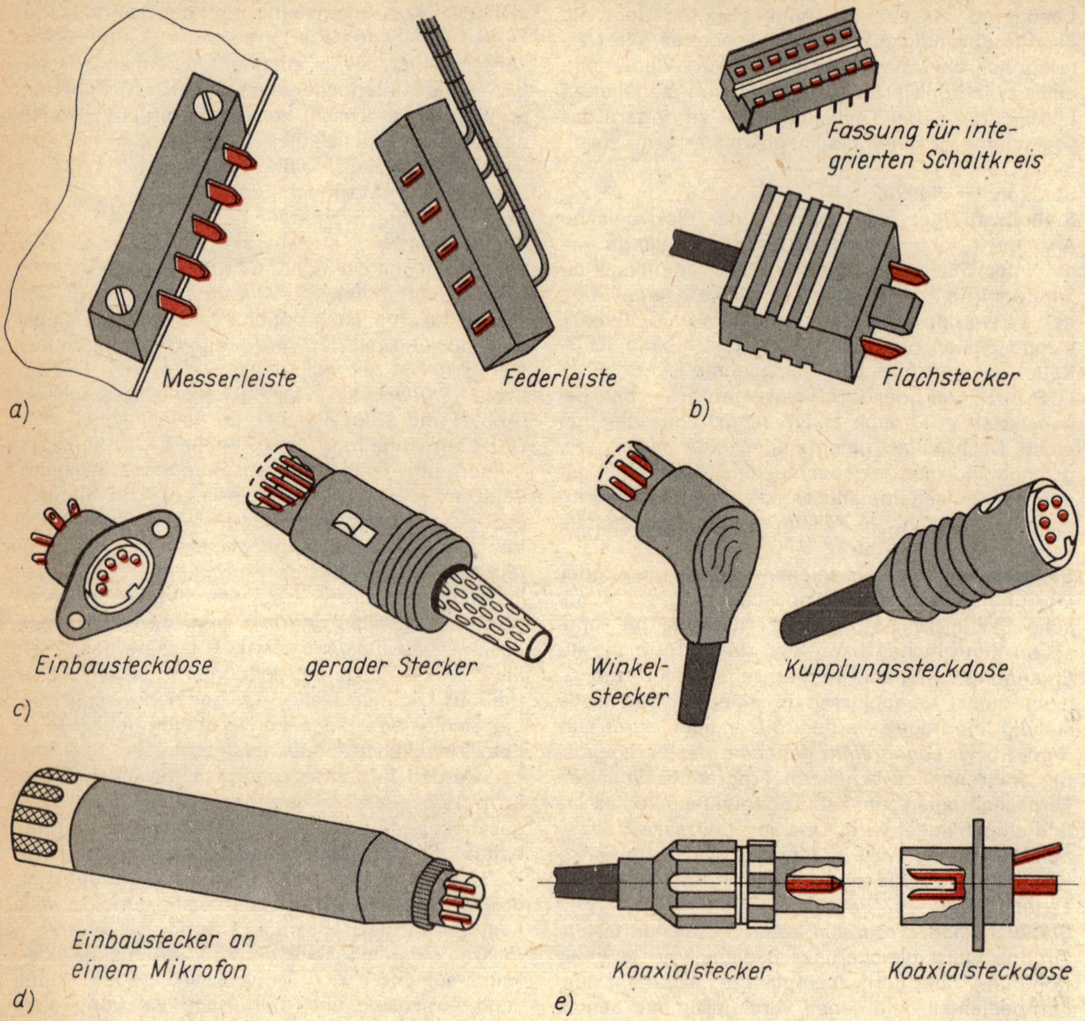

Verschiedene *Steckverbinder*: a) innere Steckverbinder, b) Flachstecker (Antenne), c, d) Rundsteckverbinder, e) Koaxialsteckverbinder

hörersteckverbinder verwendet werden. Zusätzlich können S. mit Schaltkontakten (→ Schaltbuchse) und mechanischen Führungs- oder Verriegelungselementen (Arretierungsklinken, Verschraubungen u. ä.) versehen sein. → XLR-Stecker, → Mikrofonstecker, → Familienstecker, → Videosteckverbinder (Abb.)

Hinweis: Beim Lösen von Steckverbindungen ist immer am S. niemals an der Leitung anzufassen, weil diese trotz eingebauter Zugentlastung aus dem S. herausgerissen werden kann!

Stegleitung: → Flachbandkabel

Stehbildkamera: → Videoeinzelbildkamera

Stelltransformator, veraltet Regeltransformator, Stromregler: manuell zu betätigendes Vorschaltgerät zum Einstellen der vorgeschriebenen Netzspannung für ein elektronisches Gerät. Der S. hat eine Anzeigeeinrichtung zur Signalisation der richtigen Einstellung (Licht- oder Instrumentenanzeige). Die Anwendung des S. erfolgt analog dem → Spannungskonstanthalter.

Hinweis: Ein Stelltransformator garantiert keine → Netztrennung.

Stereo-Abtastsystem: → Abtastsystem

Stereo-Ambiofonie, kurz Ambiofonie: mehrkanaliges Übertragungsverfahren, bei dem, außer der Richtungsabbildung einer Schallquelle, angestrebt wird, auch ihr räumliches Schallfeld durch zusätzliche Mikrofone bei der Aufnahme zu erfassen und im Wiedergaberaum zu reproduzieren. S. stellt im

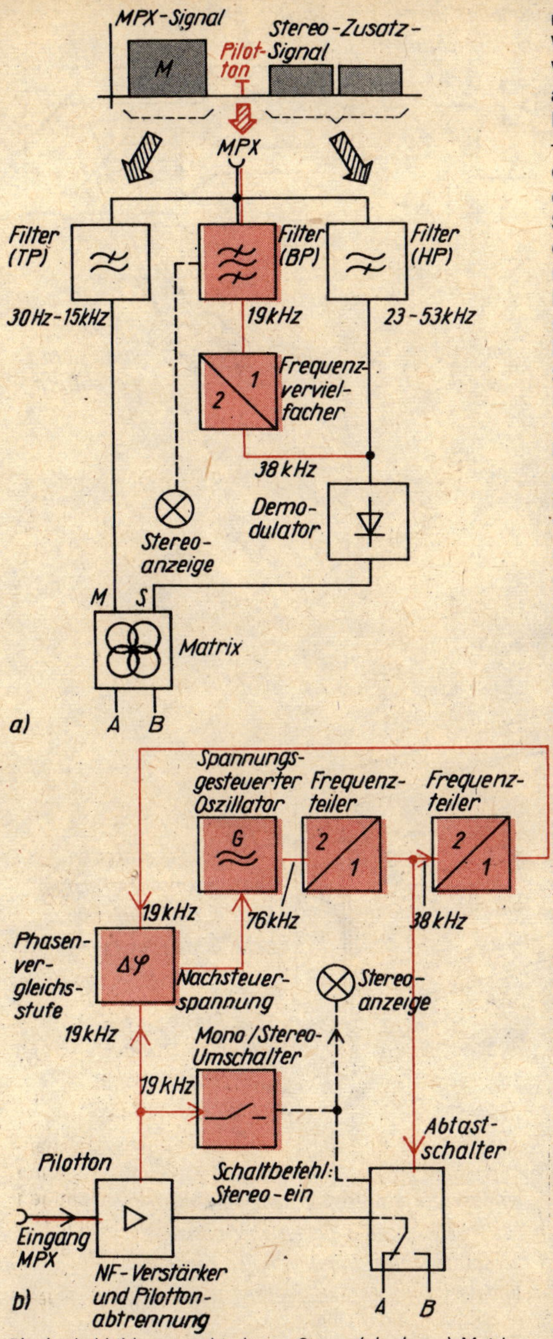

Blockschaltbilder verschiedener *Stereodekoder*: a) Matrixdekoder, b) PLL-Zeitmultiplexdekoder

Prinzip Zweikanalstereofonie (→ Stereofonie) mit 2 zusätzlichen Raumschallsignalen dar. Werden diese 4 Signale über getrennte Kanäle übertragen, so spricht man von → Quadrofonie. Andererseits ist es möglich, die 2 zusätzlichen Signale in geeigneter Weise den Stereosignalen A und B zuzumischen. Werden diese Raumschallsignale wiedergabeseitig abgetrennt und 2 zusätzlichen Lautsprechern im Rücken des Zuhörers zugeführt, so erhält man → Pseudoquadrofonie. Erfolgt diese Abtrennung jedoch nicht, so wird die → Ambienz auch bei üblicher Stereowiedergabe verbessert.

Stereo-An-und-Umschalteinrichtung: Zusatzgerät, das den → Kopfhörer-Mehrfachanschluß an die Stereo-Lautsprecherausgänge eines Heimtongeräts erlaubt, wobei die gleichzeitig angeschlossenen Stereoboxen entweder ein- oder abgeschaltet werden können.

Stereoanzeige, *Stereoindikator*: Leuchtdiode oder Lampe im Stereo-Rundfunkempfänger, die eine stereofone Sendung anzeigt. Das Lichtsignal erscheint bei vorhandenem → Pilotton. Eine andere Variante der S. wertet das Differenzsignal (→ S-Signal) der beiden Stereokanäle aus, das bei Monosignalen den Wert 0 hat. Eine derartige Schaltung funktioniert bei allen Stereo-Signalquellen, also auch bei Tonband oder Schallplatte.

Stereobalance, *Balance*: Zustand bei einem Stereo-Übertragungssystem, daß Mittenschallquellen auch in der Mitte der → Stereobasis abgebildet werden; exakte Mittenlokalisation. S. bedeutet, vorausgesetzt der Wiedergaberaum ist symmetrisch gedämpft, daß keine Verstärkungsdifferenz zwischen den Stereokanälen vorhanden ist.

Hinweis: Zur Einstellung der S. wird ein Monosignal wiedergegeben (Mono-Taste gedrückt) und der Balanceeinsteller so eingestellt, daß ein Zuhörer auf dem optimalen Abhörplatz den Schall aus der Mitte zwischen den beiden Stereoboxen wahrnimmt. Eine Einstellung auf gleichmäßige Schallverteilung, wie sie bei Stereowiedergabe vorgenommen wird, ist nicht so genau.

Stereobasis: gedachte Verbindungslinie zwischen den beiden Stereolautsprechern oder zwischen den 2 Stereomikrofonen bei Aufnahmen in → Laufzeitstereofonie. → Basisbreite

Stereo-Dekoder: Baugruppe des Stereo-Rundfunkempfängers zur Rückgewinnung der Stereo-Signale A/B (links/rechts) aus dem → MPX-Signal. S. arbeiten nach verschiedenen Prinzipien. Im *Matrix-S.* (Abb. a) werden die Signalanteile des MPX-Signals durch Filter getrennt. Nach Demodulation des S-Anteils lassen sich die Stereo-Signale A/B durch → Stereo-Umsetzung in einer Matrix zurückgewinnen. Dieser Typ ist wenig empfindlich gegen Störungen aus benachbarten HF-Kanälen. Im *Zeitmultiplex-S.* (auch *Multiplex-S.* oder *Abtast-S.*) werden die Signalanteile A und B des MPX-Signals im Takt der 38-kHz-Hilfsträgerfrequenz an die entsprechenden Stereo-Kanäle geschaltet. Moderne Geräte dieses Typs arbeiten mit einer Phasenregelschleife (→ PLL). Dabei ist vorteilhaft, daß im S. keine Spulen benötigt werden, die u. U. im Laufe der Zeit ihre Eigenschaften verändern und damit die Qualitäts-

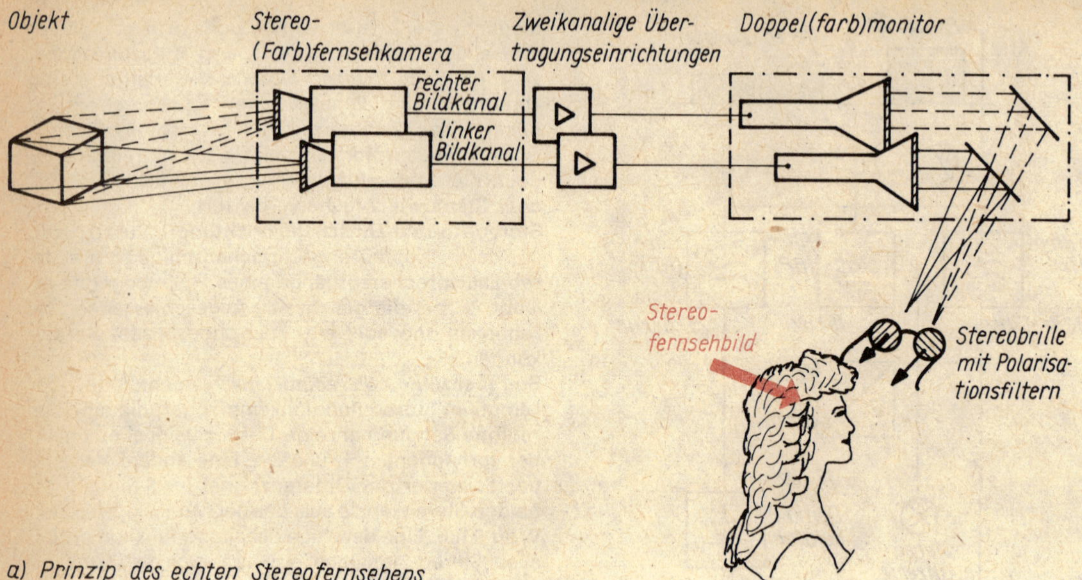

a) Prinzip des echten Stereofernsehens

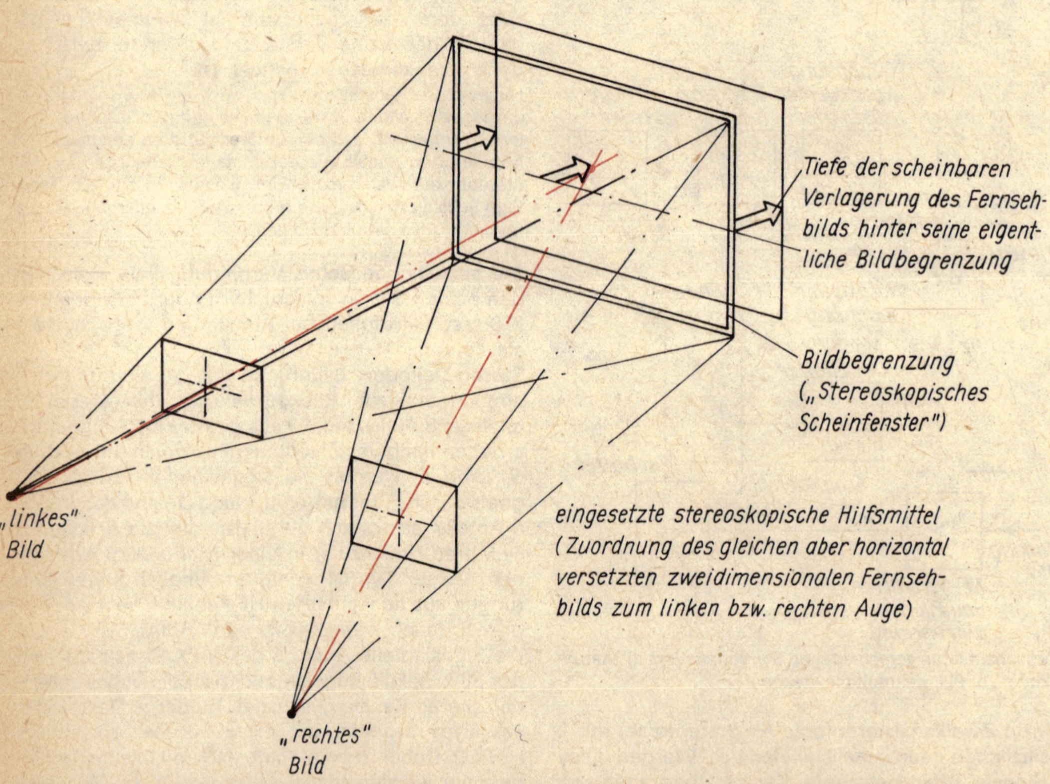

b) Grundlage der pseudostereoskopischen Bildwiedergabe

Stereofernsehen

merkmale des S. negativ beeinflussen könnten. Der bei einem S. getriebene Schaltungsaufwand entscheidet darüber, wie gering Klangverzerrungen und Übersprechen bei den Stereosignalen werden. → Stereoanzeige, → Mono/Stereo-Umschaltung, automatische (Abb.)

Stereoeindruck; *stereofone Auflösung*: akustische Wahrnehmung des Zuhörers bei der Stereowiedergabe, die darin besteht, die scheinbaren Schallquellen örtlich zu erkennen und zu verfolgen. Zum S. tragen auch die Abbildungsbreite (→ Basisbreite), der Eindruck einer ausgewogenen Verteilung der Schallquellen, auch der Mittenschallquellen, auf der → Stereobasis bei (stereofones Gleichgewicht) und das Empfinden, daß diese Schallquellen nicht verschwommen abgebildet werden (Lokalisierungsschärfe). → Summenlokalisation

Stereofernsehen, auch *3D-Fernsehen* (von dreidimensional), *Raumbildfernsehen*: Art des → Fernsehens, die die Übertragung eines räumlichen Bildeindrucks einschließt. Je nach angewendetem Verfahren können im S. unbunte oder farbige räumliche (stereoskopische) Fernsehbilder übertragen werden. Das S. beruht grundsätzlich darauf, daß den beiden Augen des Fernsehzuschauers perspektivlich unterschiedliche Teilbilder („Halbbilder" – Bezeichnung hier nicht im Sinne des Zeilensprungverfahrens gebraucht) des zu übertragenden Objekts zugeführt werden. Im Verlauf des weiteren Sehvorgangs beim Menschen entsteht daraus im Gehirn der Eindruck eines in sich geschlossenen räumlichen Fernsehbilds. *a) echtes S.*: Hierunter ist derzeit nur das Polarisationsverfahren mit einer 2kanaligen Bildübertragung einzuordnen. Dabei wird das zu übertragende Objekt von einer Stereo-Fernsehkamera aufgenommen (*Ein-Kamera-Verfahren*: Fernsehkamera mit Stereoobjektiv („zweiäugiges" Objektiv) oder *Zwei-Kamera-Verfahren*: Aufnahme des Objekts durch 2 Fernsehkameras mit Objektiven im „Augenabstand" [real nur annähernd zu erreichen]). Die beiden erzeugten Bildsignale werden in getrennten Kanälen oder bei Anwendung eines Multiplexverfahrens in einem Kanal zur Bildwiedergabeeinrichtung übertragen. Die Bildwiedergabe kann durch 2 getrennte Fernsehempfänger oder einen Doppelmonitor erfolgen, die mit Polarisationsfiltern vor den Bildschirmen ausgerüstet sind und deren Bilder durch halbdurchlässige Spiegel optisch vereinigt werden. Auch die Verwendung einer doppelten Fernsehprojektionseinheit mit Polarisationsfiltern und einer „Silberprojektionswand" ist für die Zusammenführung der stereoskopischen Halbbilder anwendbar. In beiden Fällen muß der Fernsehzuschauer das Bild durch eine Polarisationsbrille („Stereobrille") betrachten. Diese Art des S. ist zu den derzeitigen Fernsehverfahren nicht kompatibel. Eine weitere Möglichkeit zur Übertragung von echten Raumbildern im Fernsehen ist in ferner Zukunft auch durch die *Holografie* gegeben. *b) pseudo- oder auch quasistereoskopische Fernsehübertragung*: Diese beruht allgemein darauf, daß ein normales zweidimensionales Fernsehbild durch Anwendung stereoskopischer Mittel scheinbar hinter seine Bildbegrenzung *(stereoskopisches Scheinfenster)* verlagert wird, wodurch der Eindruck einer dritten Dimension beim Fernsehzuschauer entsteht. Das klassische Verfahren hierzu ist das → Anaglyphenverfahren. Da seine Möglichkeiten unter dem heutigen Anforderungsniveau liegen (keine → Kompatibilität zu den Fernsehverfahren, keine Farbbildübertragung möglich, Tragen der → Anaglyphenbrille stellt Belastung des Fernsehzuschauers dar), hat es in der Praxis keine Bedeutung erlangt. Eine andere Form des Pseudo-S. beruht darauf, daß ein Fernsehbild doppelt in seiner Bildbegrenzung mit geringem horizontalen Versatz (ca. 4 % der Bildbreite) und unterschiedlich polarisiert wiedergegeben wird (2 Fernsehempfänger oder ein Doppelmonitor mit vorgesetzten halbdurchlässigen Spiegeln zur Bildzusammenführung, bzw. 2 Fernsehprojektoren mit gemeinsamer Projektionsfläche). Der horizontale Versatz wird durch einmal direkte und zum anderen verzögerte Wiedergabe des gleichen Bildsignals erreicht; beim Projektionsverfahren kann der Versatz auch durch Abweichung der Konvergenzeinstellung zwischen beiden Projektoren erreicht werden. Die Zuordnung der beiden pseudostereoskopischen Teilbilder zu den Augen wird durch die Polarisationsfilter in der „Stereobrille" (Polarisationsbrille) gesichert. Mit dieser Methode ist eine stereoskopische Farbbildwiedergabe guter Qualität möglich. Von entscheidendem Vorteil dabei ist, daß aufnahmeseitig und übertragungstechnisch keine zusätzlichen Einrich-

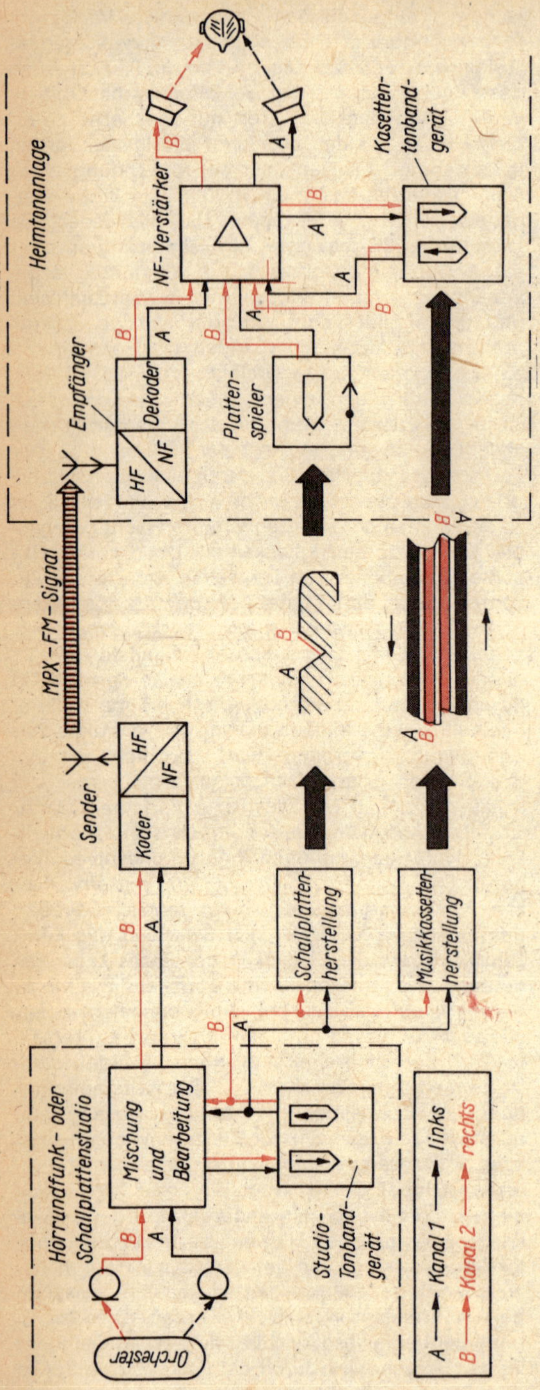

Stereofonie (2): verschiedene Übertragungswege zwischen Aufnahme und Wiedergabe

tungen gegenüber den bekannten Fernsehverfahren entstehen. Allerdings ist empfängerseitig ein merklicher zusätzlicher Aufwand erforderlich. International wird auf verschiedenen Wegen versucht, Pseudo-S. zu ermöglichen. Hierzu sind u. a. die *Nacheinander-Sequenzübertragung* stereoskopischer Teilbilder, ein österreichisch-amerikanisches *3D-Verfahren ohne Brille* (Nutzung eines „Pumpeffekts" im Fernsehbild), das *Abdy-Fernsehverfahren* von Saba/Nordmende zu rechnen. Verschiedene Hersteller bieten für ihre Fernsehgeräte bereits Zusatzelektroniken an, die eine synthetische Teilung des Fernsehbilds in 2 pseudostereoskopische Halbbilder vornehmen, die auf dem normalen Bildschirm wiedergegeben werden können. Die Methoden des Pseudo-S. sind durch unterschiedlich starke Qualitätsverluste gegenüber dem normalen Fernsehen charakterisiert (Flimmern und Rucken im Bild bei der Nacheinander-Sequenzübertragung, „Zappelbilder" durch Pumpeffekt usw.). Außerdem bringen sie eine erhöhte psychisch-physische Belastung der Sehorgane des Fernsehzuschauers mit sich, da der normale Sehvorgang gezielt umgangen wird. Mit Einführung des Hochzeilenfernsehens (→ HDTV) werden auch für ein qualitativ ansprechendes und kompatibles S. wesentlich günstigere Bedingungen entstehen, als die gegenwärtigen Fernsehnormen es ermöglichen. → Holografie (Abb.)

Stereo-Fernsehton: → Simulcast-Verfahren, → Zweitonübertragung

Stereofonie, Stereophonie: Verfahren zur mehrkanaligen Schallaufnahme, Übertragung, Speicherung und Wiedergabe. S. führt gegenüber der → Monofonie zu einer zusätzlichen Abbildung der Richtung; der Zuhörer nimmt die Schallquellen örtlich differenziert wahr. Außerdem ermöglicht S. eine gute → Durchsichtigkeit und einen besseren → Raumeindruck. Schließlich können Bewegungsabläufe bei Hörszenen oder Musik übertragen werden; auch eine elektronische Nachbildung ist möglich. Der Raumeindruck verbessert sich mit der Anzahl der verwendeten Kanäle, aus ökonomischen Gründen begrenzt man sie fast immer auf 2. Spricht man von S., dann ist i. allg. *Zweikanalstereofonie* (auch *Bifonie*) gemeint.

Geschichtliches: Erstmalig wurde am 11. August 1881 aus Anlaß der „Ersten Internationalen Elektrotechnischen Ausstellung" ein Tonsignal 2kanalig aus der Großen Oper in Paris zu mehreren, weiter entfernten Ausstellungsräumen übertragen und über Kopfhörer wiedergegeben. Dieser Versuch wurde von dem Ungar Tivádar PUSKÁS technisch geleitet und von dem französischen Ingenieur Clement ADER beschrieben. Weitere Stereoübertragungen sind aus den Jahren 1912 (Berliner Opernhaus), 1924 (Berlin) und 1925 (München und Hamburg) bekannt. Sie brachten keine bahnbrechenden technischen Lösungen. Erste Erfolge für

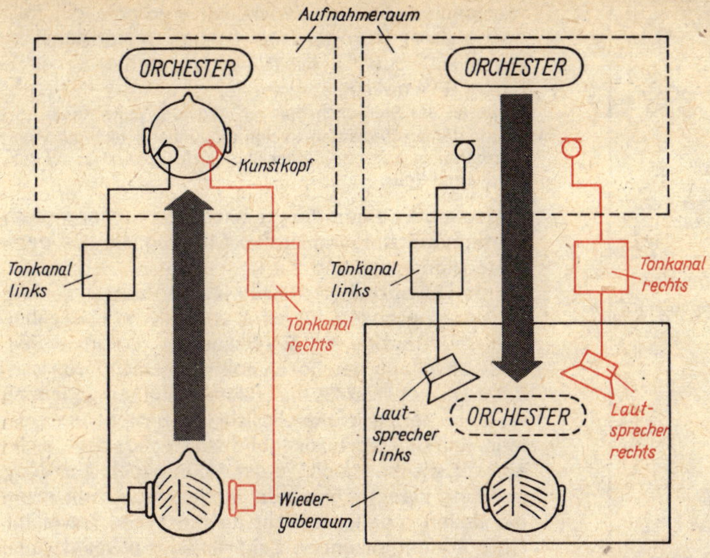

Kopfbezogene und raumbezogene *Stereofonie* (1)

eine kompatible Stereo-Rundfunkübertragung zeigten sich 1948 in den USA, nachdem es ARMSTRONG gelungen war, Rundfunksender für 2 Programme zu bauen. In den Folgejahren entstanden über 20 Vorschläge für HF-Übertragungsverfahren. Auch Versuche nach der 2-Sender-Methode wurden unternommen (ab 1950: Großbritannien, Niederlande, Westberlin). Bereits im April 1961 erhielt das *Pilottonverfahren* die staatliche Zulassung von der Bundesnachrichtenbehörde FCC in den USA. Es wurde im Jahre 1966 von CCIR und OIRT international standardisiert und zur Anwendung empfohlen. Die offizielle Einführung der Rundfunkstereofonie erfolgte in der BRD im Jahre 1963, in der DDR am 15. September 1964, nachdem bereits ab 1960 Vorversuche im Funkhaus Berlin durchgeführt worden waren. Kopfbezogene S. geht auf das Jahr 1930 zurück, in dem erstmalig die Firma BELL Telephone in Chikago (USA) das sogenannte „Dummy Head Stereo" vorführte. Nach vielen Experimenten, bei denen dieses Verfahren immer wieder wegen der anhaftenden Nachteile verworfen wurde, sind seit Mitte der 70er Jahre – nachdem es gelungen war, brauchbare Kunstköpfe zu entwickeln – in der DDR und BRD Experimentalsendungen in Kunstkopfstereofonie aufgenommen worden. Stereoschallplatten mit der heute üblichen Flankenschrift konnten sich ab 1958 weltweit durchsetzen. Sie gehen auf ein Patent des Engländers A. D. BLUMLEIN aus dem Jahre 1931 zurück. Die Übertragung eines stereofonen Fernsehtons wird seit 1969 in der DDR nach dem sogenannten → Simulcast-Verfahren erprobt. Die Eröffnung der offiziellen Stereotonübertragung im Fernsehen der BRD (Zweitonübertragung) erfolgte am 13. September 1981 anläßlich der Internationalen Funkausstellung in Westberlin.

Bei der S. wird zwischen 2 grundsätzlichen Verfahren unterschieden: → *raumbezogene Stereofonie* über Lautsprecher, wobei das Originalschallfeld im Wiedergaberaum reproduziert werden soll, und → *kopfbezogene Stereofonie* mit vorwiegend Kopfhörerwiedergabe, die den Zuhörer quasi in den Ursprungsraum des Schalls versetzt. Die raumbezogene S. gliedert sich je nach Aufnahmeverfahren in → Intensitätsstereofonie oder → *Laufzeitstereofonie*. Die Stereo-HF-Übertragung (beide Stereokanäle in einem UKW-Kanal) erfolgt heute international vorrangig nach dem → *Pilottonverfahren*, in einigen Ländern auch nach dem *Polarmodulationsverfahren*. Beide sind mit der monofonen UKW-Übertragung verträglich. S.-Sendungen können auch von Monoempfängern wiedergegeben werden, ohne daß die Klangreproduktion schlechter als bei der Wiedergabe einer Monosendung ist (→ Kompatibilität). Stereoübertragung auf Mittelwellen, wie sie z. B. in den USA untersucht wird, hat im europäischen Raum bisher keine Bedeutung erlangt. Auf Magnettonband werden Stereosignale auf getrennten Spuren gespeichert, auf Schallplatte in den beiden Flanken einer Rille (Flankenschrift). Die digitale Speicherung von Stereosignalen erfolgt nicht in getrennten Kanälen; die Signale werden kammartig ineinander verschachtelt und in ein PCM-Signal umgewandelt. Dieses kann auf einer → Digitalschallplatte oder auf Magnetband gespeichert werden (→ digitale Tonsignalspeicherung). → Stereomikrofon, → Stereosignal, → Stereo-Ambiofonie, → Dreikanalstereofonie, → Stereokanäle, → Quadrofonie (Abb.)

Stereo-HF-Übertragung: → Pilottonverfahren, → Polarmodulationsverfahren, → Zweitonübertragung

Stereo-Hörfläche, *Stereo-Hörzone*: gedachte Fläche in einem Raum mit → Stereo-Lautsprecherauf-

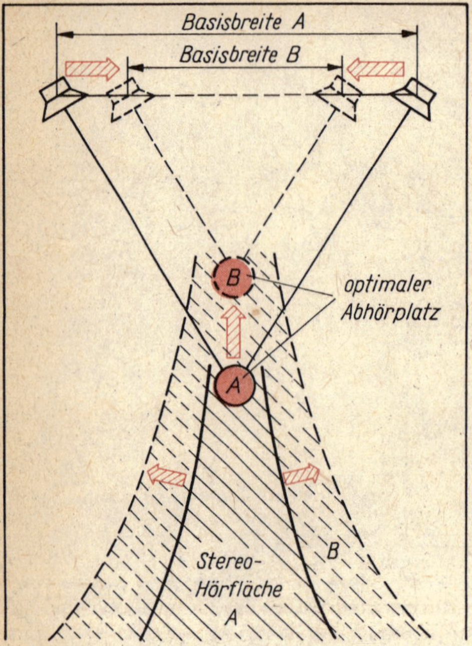

Die Basisbreite beeinflußt die Ausdehnung der *Stereo-Hörfläche* und den Ort des optimalen Abhörplatzes

stellung, innerhalb der sich für Zuhörer eine ausreichende Mittenlokalisation (→ Summenlokalisation) ergibt (Abb.). Die Ausdehnung der S. wird außer von der → Basisbreite entscheidend von der Schallbündelung der Boxen und von der gewählten Abstrahlrichtung beeinflußt. Starke Bündelung ergibt eine schmale S, aber hohe Lokalisierungsschärfe; genaues Ausrichten der Systemachsen zum Zuhörer hin ist dann besonders wichtig. Lautsprecher mit geringer Bündelung erzeugen mehr Reflexionen an den Raumwänden, die Lokalisierungsschärfe sinkt, aber die S. wird breiter. Ähnliche Verhältnisse entstehen, wenn man die Boxen nach außen schwenkt, also gegen die Raumwände strahlen läßt. Die besten Zuhörerplätze befinden sich auf der Symmetrieachse der S. Für seitlich davon sitzende Zuhörer verschiebt sich die Schallquelle zum näheren Lautsprecher hin. Diese Erscheinung kann mit einem Balanceeinsteller (z. B. für den Fahrersitz im Pkw bei Stereowiedergabe) nicht völlig befriedigend korrigiert werden, weil nur die Pegelunterschiede, nicht aber die auch vorhandenen Laufzeitunterschiede beeinflußbar sind. Abb.

Stereo-Kanaldifferenzanzeige: Anzeigeeinrichtung, bei der auf einer LED-Kette – von einem mittleren Nullpunkt ausgehend – die jeweils höhere Aussteuerung eines Stereokanals gegenüber dem anderen angezeigt wird. Vorteilhaft ist, daß der jeweilige akustische Schwerpunkt, rechts oder links zugeordnet, sofort an der Anzeige erkannt wird.

Stereokanäle: Tonkanäle zur Übertragung von Stereosignalen. Bei der Zweikanalstereofonie gilt folgende Zuordnung: *Kanal 1* (auch „linker Kanal"): Signal A (X oder L), *Kanal 2* (auch „rechter Kanal"): Signal B (Y oder R).

Hinweis: Bei Stereoschallplatten liegt der linke Kanal immer in der zur Plattenmitte zeigenden Rillenflanke, auf Vierspurbändern (Kassetten- oder Standardband) immer auf der randnahen Spur.

Stereokoder: einem Rundfunksender zugeordnetes Gerät zur Erzeugung des → MPX-Signals aus den Stereosignalen A und B.

Stereo-Lautsprecheraufstellung: Anordnung der Lautsprecherboxen für eine optimale Wiedergabe von raumbezogener (Zweikanal-)Stereofonie. Bei der Aufstellung der Boxen soll ein Abstand von ca. 2,5...4 m (etwa 2/3 der Raumbreite) eingehalten werden. Bei zu großer Basisbreite besteht die Gefahr, daß das Stereoklangbild auseinanderfällt, sich ein „akustisches Loch" in der Mitte bildet. Zur Vermeidung klangverfärbender Reflexionen stellt man die Boxen möglichst dicht an die Wand, etwa in Ohrhöhe der sitzenden Zuhörer oder etwas darunter. Regalboxen werden mit der Vorderfläche bündig mit anderen Möbelteilen angeordnet. Keinesfalls dürfen sie in kasten- oder nischenförmige Regalgruppen ganz nach hinten eingeschoben werden, weil sich in diesem Fall sehr störende → Raumresonanzen bilden (dröhnende Baßwiedergabe). Die Anordnung der Boxen und die Lage des günstigsten Zuhörerplatzes *(optimaler Abhörplatz)* zeigt die Abbildung. Außer dieser Stelle ergeben sich weitere Zuhörerplätze mit brauchbarer Stereo-Lokalisation (→ Stereo-Hörfläche). Zur Stereowiedergabe sind symmetrische Räume am günstigsten. Es sollte darauf geachtet werden, daß stark schallabsorbierende Gegenstände (Polstermöbel, Vorhänge, Wandteppiche, aber auch Fenster!) etwa symmetrisch zur Stereo-Hörfläche im Raum verteilt sind. Bei unvermeidbarer, stark einseitiger Schallabsorption (der betreffende Lautsprecher wird dann zu leise empfunden) kann eine Korrektur mit dem Balanceeinsteller vorgenommen werden. Häufig tritt aber zusätzlich eine starke Frequenzabhängigkeit auf, die im betroffenen Kanal bedingt mit einem → Equalizer korrigiert werden kann. Abb.

Stereo-Matrix: → Stereo-Umsetzung

Stereomikrofon: Mikrofonpaar, bei dem die Eigenschaften der beiden Einzelsysteme aufeinander abgestimmt sind. Bei *Koinzidenzmikrofonen* (auch *Einpunkt-S.*, engl. *One Point Stereo Mic*) für → Intensitätsstereofonie sind 2 Systeme unmittelbar über- oder nebeneinander angeordnet. Haben beide gleiche akustische Eigenschaften und Richtcharakteristik (Niere oder Acht), dann werden sie *X/Y-Mikrofon* genannt und liefern die Stereosignale A (links) und B (rechts). Haben sie verschiedene Richtcharakteristiken (z. B. Kombination Niere/Acht), so heißen sie *M/S-Mikrofon* und geben unsymmetrische → Stereosignale ab. M/S-Mikrofone sind nur in der

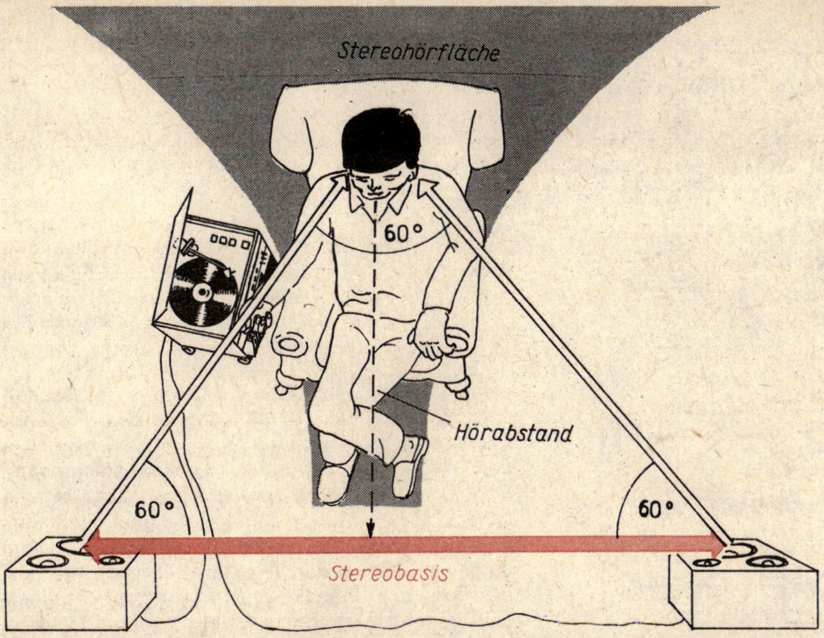

Stereo-Lautsprecheraufstellung: Lautsprecherboxen und Zuhörer sollen bei Wiedergabe von raumbezogener Zweikanalstereofonie ein gleichseitiges Dreieck markieren

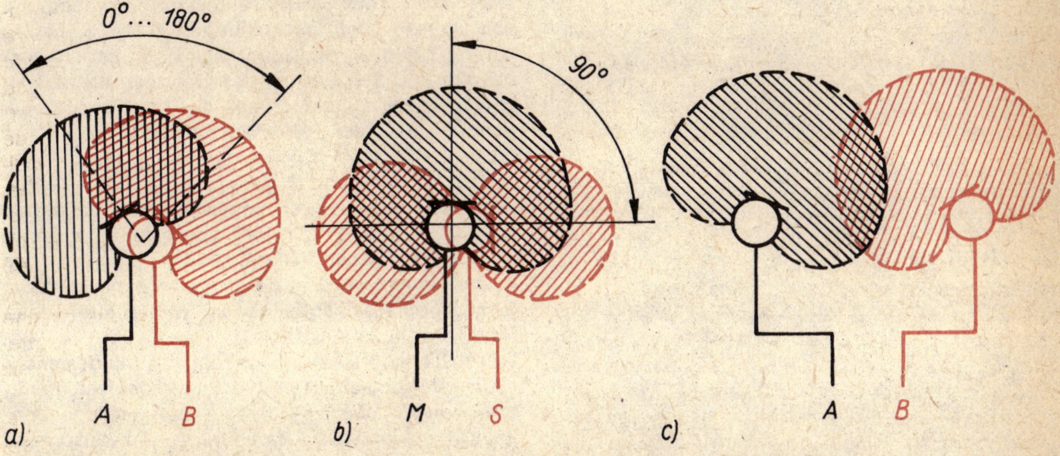

Stereomikrofone (1): a) X/Y-Koinzidenzmikrofon, b) M/S-Koinzidenzmikrofon, c) A/B-Mikrofon

professionellen Tonstudiotechnik üblich. *A/B-Mikrofone* (auch *Zweipunkt-S.*, engl. *Two Point Stereo Mic*) sind ebenfalls in ihren Eigenschaften einschließlich der Richtcharakteristiken gleich, werden aber in bestimmtem Abstand voneinander aufgestellt und liefern die Stereosignale A und B in → Laufzeitstereofonie. Abb. 2 S. 534

Stereo-Mono-Taste, auch Monotaste: Umschalteinrichtung an einem Stereogerät, meist Empfänger oder NF-Verstärker, mit der beide Stereokanäle elektrisch miteinander verbunden werden können. Dadurch entsteht infolge Addition der Stereosignale A/B ein kompatibles Monosignal in beiden Kanälen; bei richtiger Balanceeinstellung kommt der Schall aus der Mitte zwischen beiden Lautsprechern. Einige S. schalten zusätzlich den → Stereo-Dekoder ab, damit Störungen bei der Dekodierung im Fall unzureichender Stereo-Empfangsverhältnisse vermieden werden, z. B. Rauschen oder häufiges automatisches Umschalten, falls die Empfangs-

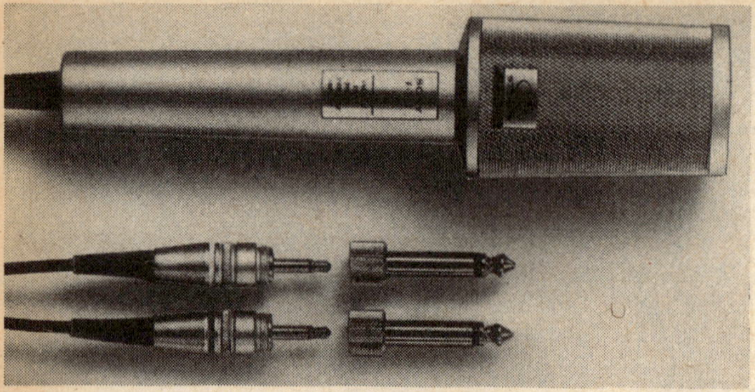

Einpunkt-*Stereomikrofon* (2) mit Klinkensteckern (Minijack 3,5 mm mit Adaptern auf Große Japanklinke 6,3 mm)

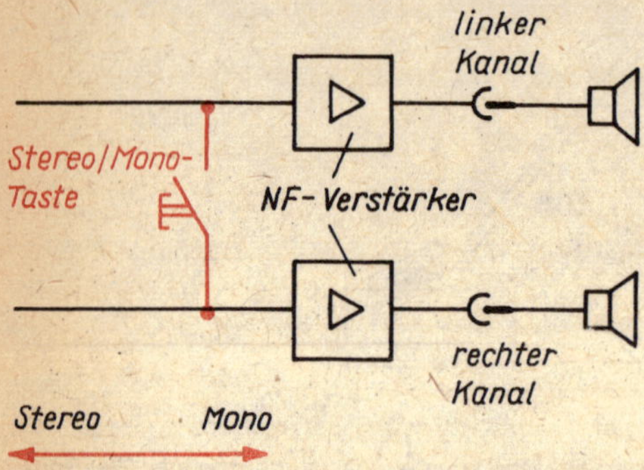

Eine *Stereo/Mono-Taste* verbindet beide Stereokanäle

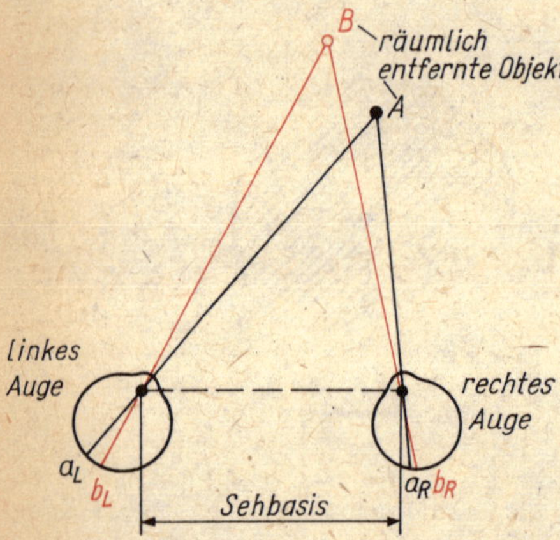

Stereoskopisches Sehen

feldstärke gerade an der Umschaltschwelle Mono/Stereo liegt. Abb.

Stereo-Schallplatte: → Schallplatte

Stereoschrift: → Schriftart

Stereo-Seitenbandfilter: → MPX-Filter

Stereosignal: Signal in einem Stereokanal, das zusammen mit dem zugehörigen zweiten S. die notwendigen Informationen zur Erzeugung eines stereofonen Schallereignisses enthält. Üblicherweise werden in Heimanlagen *symmetrische S.* verwendet, die *A/B-* oder auch *X/Y-Signale* (anschaulicher auch *L/R-Signale*) genannt werden. Folgende Zuordnung, vom Zuhörer aus betrachtet, gilt bei der Wiedergabe: A (X oder L): linker Lautsprecher, B (Y oder R): rechter Lautsprecher. *Unsymmetrische S.* sind → M-Signal und → S-Signal. Symmetrische und unsymmetrische S. können ineinander umgewandelt werden (→ Stereo-Umsetzung). Unsymmetrische Signale sind wesentlich empfindlicher gegen Übertragungsfehler (Pegel- und Phasendifferenzen). Sie werden daher nur in Ausnahmefällen benutzt, z. B. bei der Stereo-HF-Übertragung aus Gründen der → Kompatibilität mit der Mono-Übertragung.

stereoskopisches Sehen: räumliche Wahrnehmung von Objekten und Erscheinungen. Das s. S. beruht auf der Fähigkeit des Sehorgans (→ Auge, Nervenbahnen und Sehzentrum des Gehirns), die räumliche Lage von Objekten nach der Lage ihrer Abbildungen auf der Netzhaut beider Augen zu bestimmen. Dabei spielen die vom Menschen im Verlauf seines Lebens gesammelten Erfahrungen, sein Gedächtnis usw. eine entscheidende Rolle. Das s. S. läßt sich auch künstlich hervorrufen, z. B. mit Hilfe von 2 ebenen Bildern, die von 2 Punkten aus aufgenommen wurden, die so weit wie die *Sehbasis* (ca. 65 mm) auseinander liegen. → Stereofernsehen (Abb.)

Stereo-Tonkopf: Magnettonkopf mit mindestens 2 gleichen Wandlersystemen zur Stereoaufzeichnung bzw. -wiedergabe. → Mehrspurkopf, → Magnettonkopf, → Vierspuraufzeichnung, → Zweispuraufzeichnung

Stereo-Transkription: → Pseudo-Stereofonie

Stereo-TV-Tuner: → Zweitonempfänger

Stereo-Umsetzung: Bildung der unsymmetrischen → Stereo-Signale M (Summen- oder Mittensignal) und S (Differenz- oder Seitensignal) aus den symmetrischen Stereo-Signalen A (links) und B (rechts) oder umgekehrt. Vereinfacht gilt folgende Zuordnung: $M = A + B$; $S = A - B$; $A = M + S$; $B = M - S$. Die Baugruppe zur S. heißt Stereo-Umsetzer oder Stereo-Matrix.

Stereo Wide-Schaltung: → Basisbreitensteuerung

Sterneffektfilter, auch Gitterfilter: Vorsatz für Video- und Fernsehkameras zur Erzeugung wirkungsvoller Bildeffekte. Grundlage des S. ist eine mit kreuzartig eingravierten feinsten Rillen versehene Glasscheibe. Hierdurch kommt es beim Lichtdurchtritt zu einer vielfachen Brechung der Lichtstrahlung. In deren Folge entstehen im Fernsehbild sternengleich einzelne Konzentrationspunkte des Lichts, von denen Strahlen über das gesamte Bild ausgehen. → Vorsatzlinsen

Steuergerät (engl. Receiver, Empfänger): Rundfunkempfänger, bestehend aus Empfangsteil und NF-Verstärker mit Eingängen für weitere Programmquellen (TA, TB, Mikrofon u. a.), der mit getrennt aufzustellenden Boxen betrieben wird.

Steuerspur: → Kontrollspur

Stillabstimmung: → Muting-Schaltung 1)

Still Picture: → Standbildwiedergabe

Stop Motion: → Standbildwiedergabe

Stoptaste, Halttaste: Bedienelement an einem Magnetbandgerät zum Stoppen des Bandtransports einschließlich Abschaltung der Kanalelektronik. Beim Betätigen der S. springen alle mechanisch rastenden Bedientasten außer der → Pausentaste in ihre Grundposition, Kassettenrecorder ohne separaten Netzschalter werden vollständig abgeschaltet, bei Spulentonbandgeräten läuft der Antriebsmotor jedoch meist weiter. Bei Videorecordern mit Standbildwiedergabe hat die S. die gleiche Funktion wie die → Pausentaste. Meist wird sie darum mit Pause/Stop gekennzeichnet.

Störabstand, Störspannungsabstand, Störspannungsdynamik, svw. *Signal-Rausch-Abstand,* kurz Rauschabstand (engl. Signal-to-Noise Ratio): Verhältnis des Nutzsignals zum Störsignal, das als reine Verhältniszahl oder häufiger als → Pegelmaß in Dezibel angegeben wird. Bei unbewerteten → Störspannungen heißt der S. *Fremdspannungsabstand (unbewerteter S.),* bei Bezug auf die Geräuschspannung nennt man ihn *Geräuschspannungsabstand (bewerteter S.).* Zahlenangaben für den Geräuschspannungsabstand sind etwas größer und bezüglich der tatsächlichen Lästigkeit der Störwirkung aussagekräftiger. Da Störsignale ebenso wie Nutzsignale im Übertragungskanal verstärkt oder gedämpft werden, kann sich der S. im Laufe der Übertragung nur verschlechtern, bestenfalls kann er gleichbleiben. Eine Ausnahme entsteht jedoch beim Einsatz von Rauschfiltern, die die höherfrequenten Störspannungen eliminieren. Letztendlich bestimmt in einer Übertragungskette das Gerät mit dem geringsten S. maßgeblich das Gesamtverhalten des Kanals. Besonders kritisch sind Stellen, an denen sehr kleine Nutzsignale verarbeitet werden, z. B. Vorverstärker für Ton- und Bildsignale. Bei der Tonübertragung ist ein großer S. besonders wichtig, damit die Störsignale (besonders das Rauschen) auch bei leisen Stellen oder in Tonpausen unhörbar bleiben. Ein großer S. erlaubt außerdem die Übertragung einer größeren → Dynamik. Erreichbare Werte für den S. liegen bei analoger Tonsignalübertragung um etwa 60 dB. Eine wesentliche Verbesserung des S. ist bei der → digitalen Übertragung und Speicherung möglich, weil der S. nicht mehr von den in einen Kanal gelangten Störsignalen bestimmt wird (→ digitales Tonsignal). → rauschbegrenzte Empfindlichkeit, → Bildsignal-Störabstand

Störaustastung, *Störimpulsaustastung*: bei UKW-Rundfunkempfängern verwendete Schaltung, die Störimpulse auf Grund ihres breiten Frequenzspektrums von mehreren 100 kHz erkennt und das Nutzsignal kurzzeitig während der Dauer des Störimpulses unterbricht. Bei einer mit *ASU* (Abk. für *automatische Störunterdrückung*) bezeichneten Schaltung für UKW-Autoradios wird das Tonsignal beim Auftreten von Zünd- oder anderen Funkenstörungen aus dem eigenen oder aus fremden Fahrzeugen für die Dauer von ca. 30 µs unterbrochen. Während dieser Zeit sorgt eine Speicherschaltung dafür, daß das Nutzsignal nicht auf Null zurückgeht und daß der 19-kHz-Pilotton erhalten bleibt. Mit dieser Schaltung, die auch nachgerüstet werden kann, läßt sich auch der Aufwand an Entstörmitteln für einen Pkw senken.

Störimpulsaustastung: → Störaustastung

Störmuster: unerwünschtes Bildmuster, das sich einem Fernsehbild überlagert. → Moiré, → Scheibenwischereffekt

Störsignal: in einen Übertragungskanal unerwünscht eingedrungenes oder in diesem entstandenes Signal, das das zu übertragende Nutzsignal beeinträchtigt und bei der Wiedergabe eine hör- oder sichtbare Qualitätsminderung bei Ton oder/und Bild hervorruft. → Rauschen, → Brummen, → Übersprechen, → Funkstörung, → Störspannung, → Störabstand, → wilde Schwingung

Störsignalkompensation: 1. *(allgemein)* Ausgleich von Störsignalen durch geeignete Maßnahmen. – **2.** *(Video)* Baugruppe einer Video- oder Fernsehkamera zur Beseitigung von Störsignalen, die von → Bildaufnahmeröhren, z. B. → Vidikon, verursacht werden. Störsignale sind Bildsignalkomponenten, die nicht vom optischen Eingangssignal (Szenenbild) herrühren, sondern durch Unzulänglichkeiten der Aufnahmeröhren hervorgerufen werden und sich besonders zum Bildrand hin als Verdunklung oder Aufhellung des Bilds bemerkbar machen. Die S. erfolgt durch Steuerung der Verstärkung des Videoverstärkers mit elektronisch erzeugten Kompensationssignalen, die zum Störsignal gegenläufigen Verlauf haben.

Hinweis: Mit der S. können nicht alle störenden Signalanteile beseitigt werden. Beispielsweise sind Flecken der Speicherplatte oder Bildrauschen nicht mit den einfachen Mitteln der S. kompensierbar.

Störspannung: störende Signalanteile, die von außen in einen Übertragungskanal gelangen (Einstreuung) oder in diesem selbst entstehen. Die wichtig-

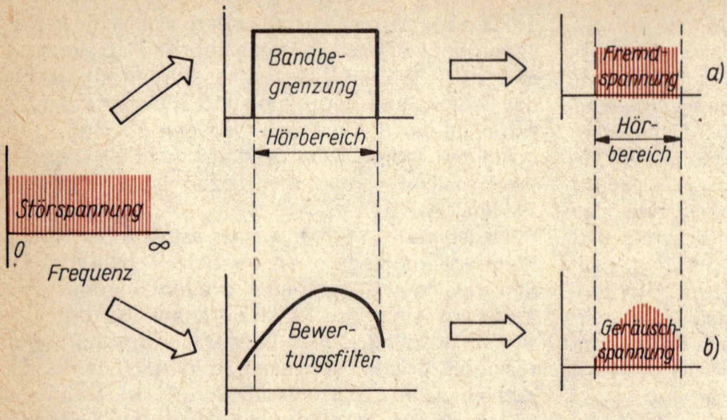

a) Unbewertete und b) bewertete Messung der *Störspannung* bei Tonkanälen

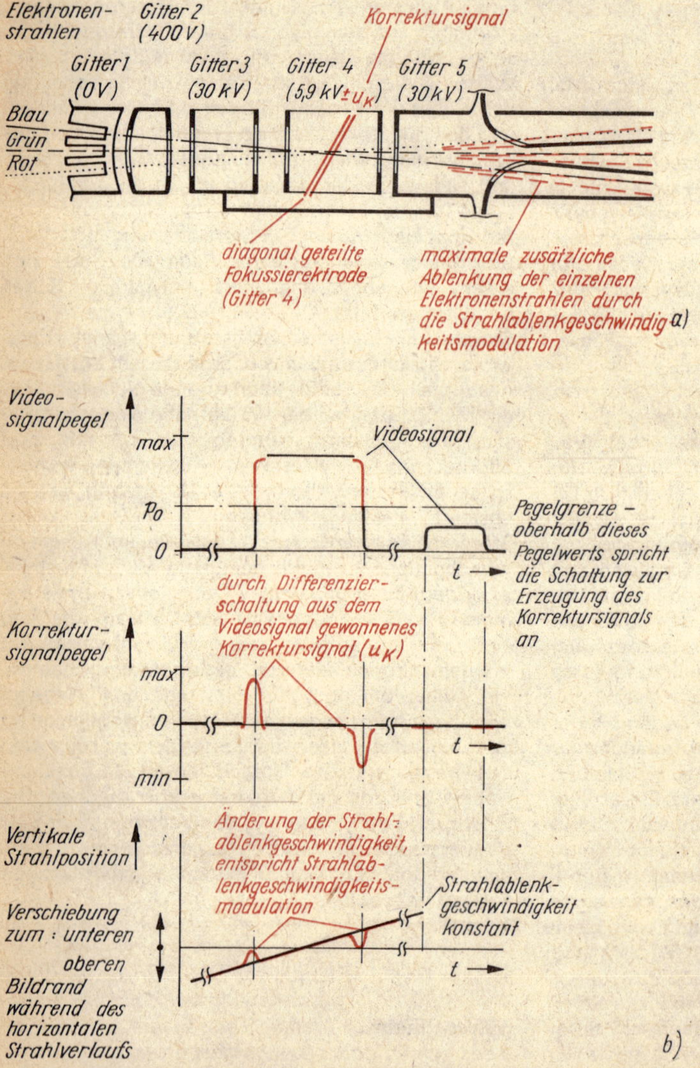

a) Schnittdarstellung des Strahlsystems einer Trinitron-Bildröhre mit *Strahlablenkgeschwindigkeitsmodulation*,
b) Wirkung der Strahlablenkgeschwindigkeitsmodulation

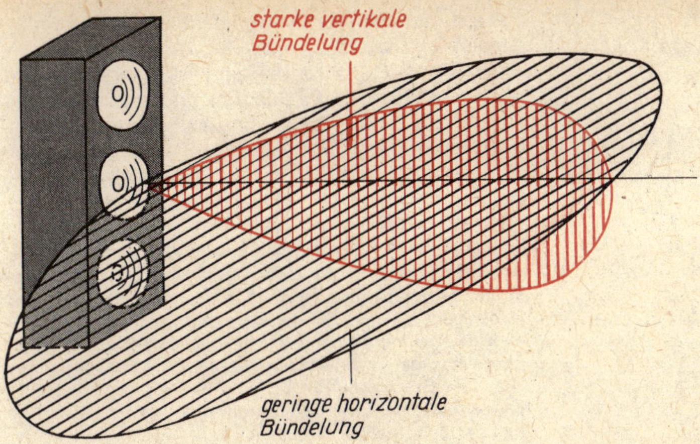

Diskusartige Schallbündelung einer *Strahlergruppe*

sten S., die sich mit heutigen technischen Mitteln nicht völlig unterbinden lassen, sind → Rauschen und → Brummen. Die Gesamtheit der S. nennt man *Fremdspannungen (unbewertete S.).* Die Messung der S. in einem Übertragungskanal erfolgt mit einer Begrenzung auf die Bandbreite des Kanals. Bei der Tonwiedergabe werden S. je nach Frequenzlage unterschiedlich störend empfunden. Darum bewertet man sie oft nach dem Grad ihrer Lästigkeit mit einem Filter, das die Frequenzempfindlichkeit des Gehörs in Näherung nachbildet (Abb.). So ermittelte S. heißen *Geräuschspannungen (bewertete S.).* Die absolute Zahlengröße von S. sagt wenig über die tatsächliche Störwirkung aus, weil das Nutzsignal verschieden groß sein kann und damit die S. mehr oder weniger verdeckt. Darum wird in der Praxis besser der → Störabstand angegeben. Abb.

Störstreifen: unerwünschte schmale, oft perlenschnurartige oder breite Streifen, die sich einem Fernsehbild störend überlagern. Senkrechte S. entstehen meist durch → wilde Schwingungen *(→ Einschwingstreifen). Horizontale Streifen* und Striche über die gesamte Bildbreite entstehen meist durch → Funkstörung, z. B. von ungenügend entstörten Zündanlagen von Kfz, von elektrischen Haushaltgeräten oder Modelleisenbahnen. Auch Hochspannungsüberschläge bewirken waagerechte S. Starke pfeilartige waagerecht oder senkrecht pendelnde S. werden oft von wilden Schwingungen in Antennenanlagen verursacht. S. ergeben sich auch durch Gleichkanalstörungen (→ Jalousie-Effekt). Bei Sonderfunktionswiedergabe (z. B. Bildsuchlauf) treten bei verschiedenen Videorecordertypen grundsätzlich S. auf. → Moiré

Störunterdrückung: → AM-Unterdrückung, → Störaustastung

Strahlablenkgeschwindigkeitsmodulation: Maßnahme zur Verbesserung der → Bildschärfe des Fernsehbilds – insbesondere bei großen Bildwiedergaberöhren. Mit zunehmender → Bildhöhe einer Bildwiedergaberöhre nimmt bei konstanter Zeilenzahl der Zwischenzeilenabstand objektiv zu. Der damit verbundene Wechsel hell-dunkel (schmale Zeile mit Bildinformation – relativ breiter, dunkler Zwischenzeilenabstand) führt zu einer subjektiv empfundenen Auflösungsminderung des Fernsehbilds in vertikaler Richtung. Dieser wird durch die S. entgegengewirkt. Wie die Abbildung zeigt, wird aus dem Videosignal ab einem bestimmten Pegelwert ein Korrektursignal abgeleitet und der Fokussierspannung überlagert. Dabei ergibt sich eine Veränderung des Elektronenstrahlverlaufs während der Horizontalablenkung. Diese Änderung (Modulation) wirkt sich, wie aus Abb. b (unten) erkennbar ist, als geringe zusätzliche vertikale Ablenkung des Elektronenstrahls aus, ohne daß die Fokussierung aufgehoben wird. Durch die S. wird eine Betonung der vertikalen Bildkonturen und damit ein Schärfegewinn erreicht. Voraussetzung für die S. ist eine zusätzliche Schaltung im Bildmonitor bzw. Fernsehempfänger zur Ableitung des Korrektursignals und eine diagonal geteilte Fokussierelektrode in der Bildwiedergaberöhre. Die S. kann für Schwarz-Weiß- und Farbbilder angewendet werden. → Auflösung, → Ablenkung, → Zeilensprungverfahren, → Trinitron (Abb.)

Strahlergruppe, auch Leistungsstrahler: Lautsprecherbox hoher Nennbelastbarkeit mit mehreren Lautsprechern, z. T. in Spezialbauweise. S. werden entweder mit mehreren gleichen Lautsprechern zur Steigerung der Leistung ausgerüstet oder als → Mehrwegebox mit mehreren Lautsprechern in jedem Weg gebaut. Auch S. zur ausschließlichen Tieftonwiedergabe mit aufgesetzten oder separat betriebenen Boxen oder Druckkammerlautsprechern für Mittel- und Hochtonwiedergabe sind üblich. Die häufigste Bauform der S. ist die *Tonsäule* (auch *Schallzeile* oder *„Lautsprecherturm"*), bei der sich alle gleichen Lautsprecher senkrecht übereinander auf einer Linie befinden. Dadurch erreicht man Schallbündelung in Form einer horizontal lie-

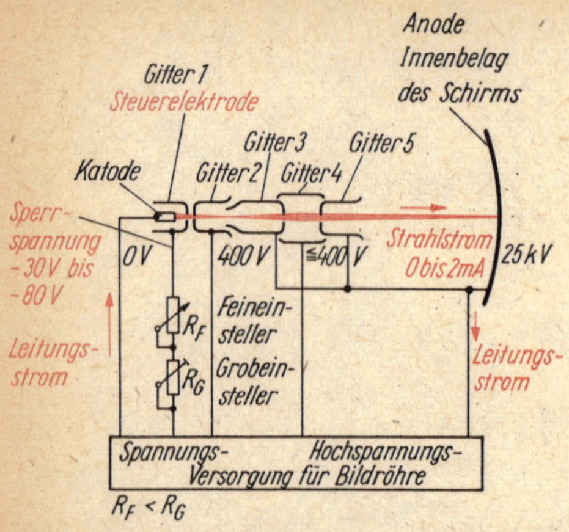

Prinzip der *Strahlstromeinstellung* bei einer Bildwiedergaberöhre (angegebene Spannungswerte tragen Orientierungscharakter)

genden, diskusartigen Scheibe, die eine gezielte Beschallung eines bevorzugten Gebiets ermöglicht. Außerdem erhöht sich der Wirkungsgrad der S. Abb.

Strahlstrom (engl. Beam Current), auch Elektronenstrahlstärke: Äquivalent des sich bei → Elektronenstrahlröhren (z. B. → Bildaufnahmeröhren, → Bildwiedergaberöhren) von der Katode zur Anode als Elektronenstrahl fortsetzenden Leitungsstroms (s. Abb. → Strahlstromeinstellung). Die Einheit des S. ist das Ampere, reale S.-Größen liegen im Bereich von Milli-Ampere. → Strahlsystem, → Braunsche Röhre

Strahlstrombegrenzung: Schaltungsmaßnahme zum Schutz von → Elektronenstrahlröhren und Schaltungen zur → Hochspannungserzeugung vor Überlastung durch zu hohe → Strahlströme; insbesondere bei Bildwiedergaberöhren durch „Weiß-Spitzen" im Bildsignal bedingt. → Strahlstromeinstellung

Hinweis: Eine statische S. besteht bereits mit der Festlegung eines maximalen Strahlstroms durch einen für den Gerätenutzer *nicht zugänglichen Grobeinsteller.* In diesem Fall kann der Strahlstrom nur mit dem Feineinsteller in einem begrenzten, zulässigen Arbeitsbereich variiert werden, z. B. beim Schwarz-Weiß-Fernsehempfänger mit dem Helligkeitseinsteller. Darüber hinaus werden in Farbfernsehempfängern, um die hochwertigen Hochspannungsquellen und Leuchtschichten der Farbbildröhren vor Überlastungen zu schützen, elektronische S. eingesetzt, die bei zu hohen Strahlstromwerten auf den Leuchtdichteverstärker vor der Dematrizierung dämpfend einwirken. Andere elektronische S.-Schaltungen (z. B. in Fernsehkameras) lassen einen Strahlstromfluß überhaupt erst bei erreichter Betriebsbereitschaft des Geräts zu und unterbrechen diesen bei Überschreitung eines festgelegten Grenzwerts sofort (Sicherungsprinzip).

Strahlstromeinstellung: Festlegen eines *statischen Werts* für den → Strahlstrom in → Elektronenstrahlröhren durch Anlegen einer Spannung an der Steuerelektrode des → Strahlsystems. Geräte mit Elektronenstrahlröhren haben i. allg. einen „Grobeinsteller" für den Strahlstrom *(interne Voreinstellung)* und einen bedienungsseitig zugänglichen „Feinregler", der eine begrenzte Veränderung der S. zuläßt. Die Abbildung zeigt dies in stark vereinfachter Form für eine Bildwiedergaberöhre. → Strahlstrombegrenzung (Abb.)

Hinweis: Da die Lebensdauer einer Elektronenstrahlröhre wesentlich durch die langzeitig wirkende Stärke des Strahlstroms bestimmt wird, ist die S. so vorzunehmen, daß mit *minimalem Strahlstrom* der gewünschte Effekt (z. B. bei → Bildaufnahmeröhren – vollständige Umladung der Speicherplatte; bei → Bildwiedergaberöhren – Einstellung der richtigen Grundhelligkeit für eine gradationsrichtige Bildwiedergabe; bei Oszillografenröhren – optimale Sichtbarkeit des Schirmbilds) erreicht wird.

Strahlstromstabilisierung: Schaltungsmaßnahme in der Hochspannungsversorgung von Geräten, die mit → Elektronenstrahlröhren arbeiten. Durch die S. wird in jedem Zeitmoment die Bereitstellung der für den Betrieb der Elektronenstrahlröhre erforderlichen Strahlstromstärke voll gewährleistet. Die Notwendigkeit zur S. besteht in Bildaufnahmegeräten, weil hier die Strahlstromstärke in den → Bildaufnahmeröhren direkt auf die Bildsignalerzeugung Einfluß hat. Sie ist insbesondere in Fernsehempfängern notwendig, weil hier abhängig von der Bildsignalgröße eine hohe Änderungsgeschwindigkeit zwischen minimalen und maximalen Strahlstromwerten in der Bildröhre und dadurch eine starke Laständerung für die Hochspannungsstufe auftritt. In der modernen Halbleiterschaltungstechnik kann die S. durch Regelschaltungen günstig gelöst werden.

Strahlsystem: in → Braunschen Röhren (→ Elektronenstrahlröhre) verwendete Anordnung von Elektroden zur Erzeugung, Steuerung, Ausrichtung und Aufnahme des Elektronenstrahls. Die Abbildung gibt einen Überblick über den grundlegenden Aufbau der Trioden-, Tetroden- und Pentoden-S. für Bildröhren. Grundsätzlich kann man den Aufbau und die Funktionsweise von S. für → Bildaufnahmeröhren und → Bildwiedergaberöhren miteinander vergleichen, muß allerdings den spezifischen Besonderheiten dabei Rechnung tragen, z. B.: → Superorthikon mit zusätzlicher Bremselektrode, Feldnetz und Sekundärelektronenvervielfacher; Dreistrahl-Farbbildröhren mit 3 Katoden und Steuerelektroden usw. Allgemeingültig für alle S. ist: Ausgangspunkt des → Strahlstroms ist die beheizte Glühkatode. Die Strahlstromeinstellung und -steuerung erfolgt durch das Spannungspotential zwischen Katode und Gitter 1 *(Wehneltzylinder).* Die Gitter wirken auf Grund der zwischen ihnen herrschenden unterschiedlichen Spannungspotentiale insgesamt als „elektrostatisches Linsensystem". Die an der Anode liegende Hochspannung ist bestimmend für die Beschleunigung, die die Elektronen

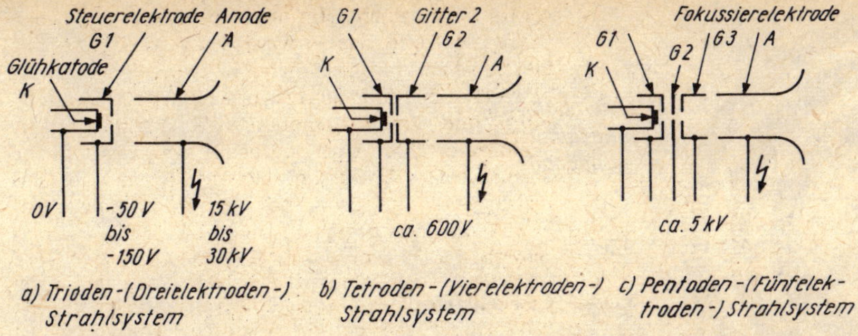

Strahlsysteme (1) von Bildwiedergaberöhren

nach Austritt aus der Katode erhalten. → Superorthikon, → Vidikon, → Schwarz-Weiß-Bildwiedergaberöhre, → Farbbildwiedergaberöhre (Abb.)

Strahlungsdiagramm, Strahlungscharakteristik: Größe der HF-Antennenspannung oder -leistung in Abhängigkeit von der Richtung des einfallenden Senders bezogen auf die *Hauptempfangsrichtung,* dargestellt in einem Polarkoordinatensystem (→ Richtcharakteristik). Da sich bei den meisten Antennen bei Einfallswinkeln in der horizontalen Ebene („rundum" einfallende Wellen verschiedener Sendestationen sowie Reflexionen) andere Verhältnisse ergeben als bei Einfallswinkeln in der vertikalen Ebene (Bodenreflexionen oder aus der Atmosphäre einfallende Störstrahlung), muß man auch zwischen *horizontalem* und *vertikalem S.* unterscheiden. Günstiger ist allerdings eine Unterscheidung nach einem S. in der Ebene des elektrischen Felds (→ elektromagnetische Welle), auch *E-Diagramm* genannt, und einem S. in der Ebene des magnetischen Felds, auch *H-Diagramm.* Das E-Diagramm liegt immer in einer von der Richtung der Element-Stäbe der Antenne und der Hauptempfangsrichtung gebildeten Ebene, also bei horizontalpolarisierten Antennen waagerecht, das H-Diagramm steht dazu senkrecht (Abb. b). Aus dem S. einer Antenne kann ihr *Öffnungswinkel* entnommen werden (Abb. a). Er gibt einen gegenüber der Hauptempfangsrichtung symmetrisch liegenden Bereich an, aus dem auch noch Sender empfangen werden können, ohne daß die Antennenspannung wesentlich absinkt (exakt um 3 dB, das entspricht 70 % der Antennenspannung in Hauptempfangsrichtung). Auch bei den Öffnungswinkeln unterscheidet man einen horizontalen und einen vertikalen. Aus dem Öffnungswinkel ist u. a. zu erkennen, wie genau man eine Empfangsantenne auf die gewünschte Sendestation ausrichten muß. Unter *Vor(wärts)-Rück(wärts)-Verhältnis* einer Empfangsantenne versteht man das Verhältnis der Antennenspannungen einer von vorn und von hinten auf die Antenne auftreffenden elektromagnetischen Strahlung gleicher Stärke. Die *Vor-Rück-Dämpfung* ist das logarithmierte Vor-Rück-Verhältnis in Dezibel (→ Pegelmaß). Sie gibt Aufschluß darüber, in welchem Maße von hinten auf die Antenne treffende,

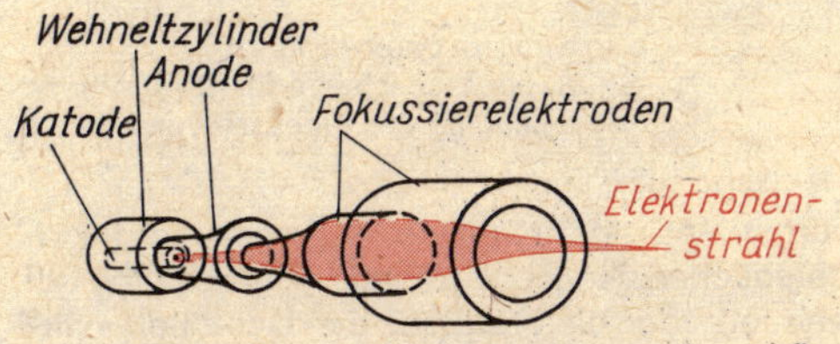

Strahlsystem (2) einer Bildröhre (schematischer Aufbau)

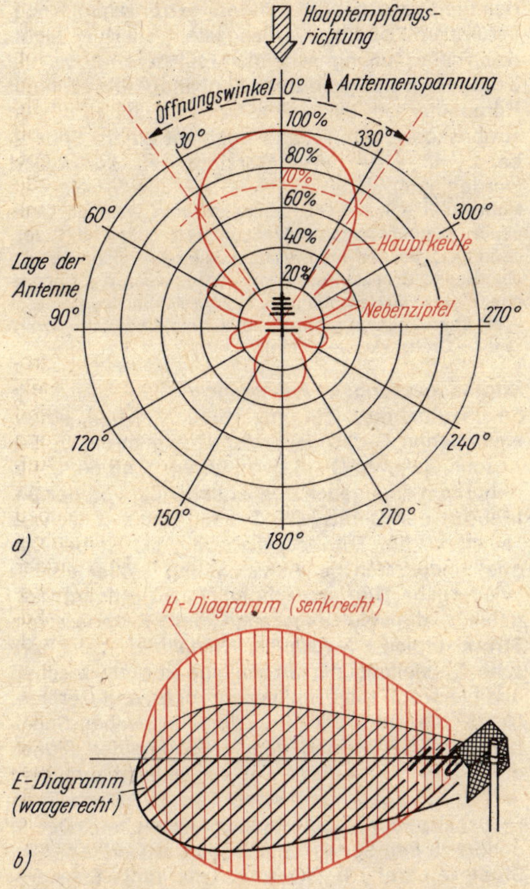

a) *Strahlungsdiagramm* einer Empfangsantenne (E-Diagramm)
b) H- und E-Diagramm einer Empfangsantenne

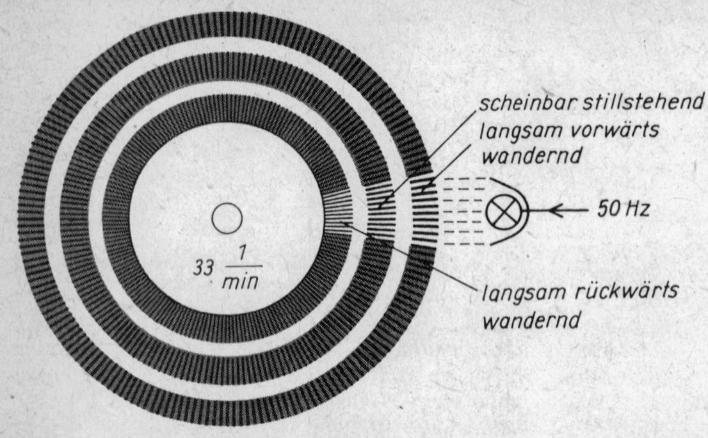

Stroboskopeinstellung:
Stroboskopscheibe für 33 1/min, Beleuchtung mit Wechselstrom, 50 Hz

unerwünschte Strahlung unterdrückt wird. Während zur Ermittlung des Vor-Rück-Verhältnisses nach TGL die Antennenspannungen bei Strahlungseinfall unter 0° (Hauptempfangsrichtung) und 180° ins Verhältnis gesetzt werden, definiert DIN für den rückwärtigen Strahlungseinfall einen Mittelwert der Antennenspannungen im Winkelbereich zwischen 90° und 270°. Dadurch werden die im rückseitigen Teil des S. häufig vorhandenen „Nebenzipfel" mitberücksichtigt. Abb.

Streifenfiltervidikon: → Farbstreifenvidikon

Streulicht: unerwünschte Lichterscheinung, die vor allem durch Reflexion an Glas-Luft-Übergängen, Staubpartikelchen und optischen Oberflächen hervorgerufen wird. S. stört Bildaufnahmegeräte und Bildwiedergaberöhren; es bewirkt Kontrastminderung. Dunkle und stark gesättigte Farben werden verfälscht. → Streulichtkorrektur, → Polarisationsfilter

Streulichtkorrektur: optische und/oder elektrische Maßnahmen zur Kompensation von Streulicht bzw. der von Streulicht hervorgerufenen Bildsignalverfälschung. Die optische S. ist vielgestaltig und grundsätzlich auf die Vermeidung oder Verminderung von Streulicht durch reflexionsarmen Strahlengang des Lichts gerichtet (z. B. Grauglasfrontscheiben bei Abtast- und Bildwiedergaberöhren oder Antireflexionsscheiben bei Bildaufnahmeröhren). Die elektronische S. wird in hochwertigen Bildaufnahmegeräten mit speziellen Korrekturschaltungen vorgenommen, die vom streulichtbehafteten Bildsignal ein Gleichsignal subtrahieren, das proportional zum Mittelwert des unkorrigierten Bildsignals ist.

Stroboskopeinstellung: Einstellung der Drehzahl, vorrangig bei Plattentellern, mit Hilfe einer auflegbaren Stroboskopscheibe (Abb.) oder einer am Plattentellerrand aufgebrachten stroboskopischen Teilung. Bei Beleuchtung dieser Teilung, deren Zahl von Hell-Dunkel-Feldern sich nach der Drehzahl richtet, mit einer von Wechselspannung gespeisten Lichtquelle wird eine scheinbar stillstehende oder langsam wandernde Hell-Dunkel-Zone erkennbar. Es werden entweder mehrere Teilungen für die unterschiedlichen Nenndrehzahlen von Schallplatten verwendet, oder die Frequenz der Lichtquelle wird gemeinsam mit der Drehzahl umgeschaltet. Die richtige Drehzahl wird mit der → Drehzahlfeinregulierung am Plattenspieler eingestellt; sie ist erreicht, wenn die Teilung scheinbar stillsteht. Auch die Bandgeschwindigkeit eines Tonbandgeräts kann mit Hilfe einer an der Schwungmasse angebrachten stroboskopischen Teilung oder mit einem Spezialband mit Hell-Dunkel-Markierungen kontrolliert werden. Abb.

Hinweis: Eine S. kann nur dann exakt sein, wenn die Lichtquelle mit hochkonstanter Frequenz betrieben wird (Quarzgenerator). Bei Speisung aus dem 50-Hz-Energienetz ist die eingestellte Drehzahl nur dann genau, wenn die Netzfrequenz exakt 50 Hz beträgt. Jede Abweichung von diesem Wert überträgt sich proportional auf die eingestellte Drehzahl (→ Drehzahlabweichung).

Stromanpassung: → Anpassung

Stromaufnahme, „Stromverbrauch": bei einem elektrischen Gerät fließender Gesamtstrom in der Anschlußleitung. Die S. wird vorwiegend bei Batteriegeräten angegeben. Sie ist abhängig von der Betriebsart des Geräts. Die S. steigt mit wachsender Lautstärke bei Tonwiedergabe an, sie ist bei Magnetbandgeräten bei Aufzeichnung größer als bei Wiedergabe. Die durchschnittliche S. bestimmt maßgeblich die Nutzungsdauer des Batteriesatzes.

Stromlaufplan, *Schaltplan, Schaltbild:* zeichnerische Darstellung der Stromwege von elektrischen und elektronischen Funktionsgruppen und Geräten. Der S. dient der Erklärung der elektrischen Schaltung des Geräts und dem Erkennen des Signaldurchlaufs. Er enthält alle → Bauelemente und → Baugruppen in symbolischer Darstellung (→ Schaltzeichen und → Schaltkurzzeichen). Der S. gehört zu den Serviceunterlagen der Geräte.

Studiokamera: **1)** (Qualitätskriterium) Schwarz-Weiß- oder Farbfernsehkamera, die höchste Qualitätsansprüche erfüllt und vorwiegend für den professionellen Einsatz oder auch für gehobene

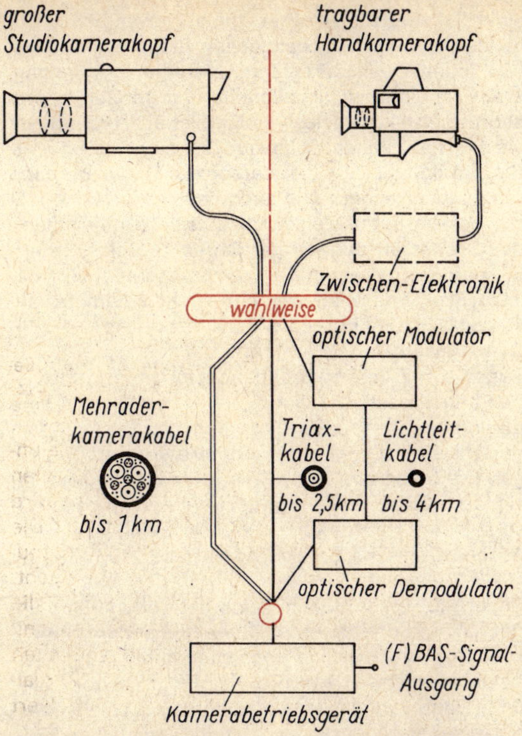

Studiokamera: Betriebsvarianten einer Fernsehkameraanlage

Ansprüche des halbprofessionellen Bereichs bestimmt ist. **2)** (Aufbaukriterium) komplette Fernsehkameraanlage, die aus Kamerakopf (großer Studiokamerakopf oder kleine tragbare Handkamera), Kamerabetriebsgerät und dem beide Teile verbindenden Kamerakabel (evtl. auch Triax- oder Lichtleitkabel) besteht. → Fernsehkamera, → Farbkamera, → Kamerakabel (Abb.)

Studiotechnik: → professionelle Technik

Stummschaltung: → Muting-Schaltung 4), → Tragarmlift

Stylus: stichelartige Abtastnadel für Bildplatten mit mechanischer oder kapazitiver Abtastung. Der S. ist Bestandteil des Abtastsystems und stellt beim Abspielen den Kontakt zur Bildplatte her.

Subsonic-Filter: vorrangig hinter Plattenspielereingängen von NF-Verstärkern zwischengeschaltetes steilflankiges Filter, um Signalanteile unterhalb des Hörbereichs, wie sie z. B. durch tieffrequente Tragarmresonanzen oder Aufsetzstöße entstehen, von den Lautsprecherboxen fernzuhalten. S. haben Hochpaßverhalten mit einer Grenzfrequenz unter 20 Hz und schützen die Tieftonlautsprecher vor mechanischer Überbeanspruchung.

subtraktive Farbmischung: *physikalisch-technischer* Vorgang zur Beeinflussung der wellenlängenabhängigen Energieverteilung einer Lichtstrahlung. Bei der s. F. wird einer Lichtstrahlung in Abhängigkeit von den Eigenschaften der Stoffe, auf die das Licht fällt und zurückgeworfen wird oder durch die sie hindurchtritt, wellenlängenabhängig ein Teil ihrer Energie entzogen. Die in ihrer wellenlängenabhängigen Energieverteilung beeinflußte Lichtstrahlung löst beim Betrachter eine gegenüber der Originalstrahlung veränderte Farbwahrnehmung aus (→ Sehvorgang, → Dreifarbentheorie). Durch die s. F. wird die *Lichtenergie* in jedem Fall betragsmäßig kleiner und damit auch die Helligkeitsempfindung beim Betrachter. Hieraus leitet sich die Bezeichnung der subtraktiven im Gegensatz zur → additiven Farbmischung ab. Typische Anwendungsfälle für die s. F. sind das Auftragen von „Farbstoffen" auf verschiedenste stoffliche Träger (Malen), das Mischen von Malfarben, das Filtern von Licht (farbiges Glas, Sonnenbrillen), die Herstellung von Spiegeln für bestimmte Farbbereiche (→ dichroitischer Spiegel), die Anordnung verschiedener Schichten bei Farbfilmen usw. Alle diese Beispiele sind im Fernsehen und bei Videoproduktionen im Bereich von der Lichtquelle bis zur Bildsignalerzeugung, also im technisch-optischen und künstlerisch gestaltenden Bereich von Bedeutung. Durch die Auswahl der zur s. F. verwendeten „Farb"-Stoffe hinsichtlich ihrer wellenlängenabhängigen Absorptions- bzw. Remissions- und Reflexionseigenschaften kann der der Lichtstrahlung entzogene Energieanteil genau festgelegt werden. Als Beispiele sind u. a. allgemein bekannt: die Mischung von Malfarben, deren Remissionseigenschaften im mittel- und langwelligen Lichtbereich liegen (Gelb), mit solchen, die ausschließlich kurzwelliges Licht remittieren, führt zum Grün; die s. F. von Farbstoffen der 3 Grundfarben (Rot, Grün, Blau) hat Schwarz zur Folge. → Farbe, → Farbsehen

Subwoofer: engl. für Tiefbaßlautsprecher. → Tieftonlautsprecher

Sucher: Einrichtung einer Film-, Foto-, Fernseh- oder Videokamera, die der Bildausschnittswahl, Motivbeurteilung und Scharfeinstellung des aufzunehmenden Objekts dient. Bei Fernseh- und den meisten Videokameras werden eingebaute oder aufsteckbare *elektronische S.* verwendet. Diese sind vom Prinzip kleine, meist Schwarz-Weiß-Bildmonitore. Die elektronischen S. der Videokameras für den nichtprofessionellen Gebrauch haben eine Bildschirmdiagonale von 1" oder 1,5" (38 mm) und einen Ablenkwinkel von 50°. Teilweise werden bei Videokameras auch *optische S.*, sog. *TTL-S.* (Abk. von engl. Through The Lens, svw. Durchblicksucher, *Spiegelreflexsucher*), verwendet, die ihr Bild durch das Kameraobjektiv erhalten. Optische S. und kleine elektronische S. sind häufig mit einstellbarem Dioptrieausgleich ausgestattet (wichtig für Brillenträger!).

Hinweis: Der S. ist das wichtigste Bildkontrollgerät für den Kameramann, deshalb ist ein elektronischer S. meist die

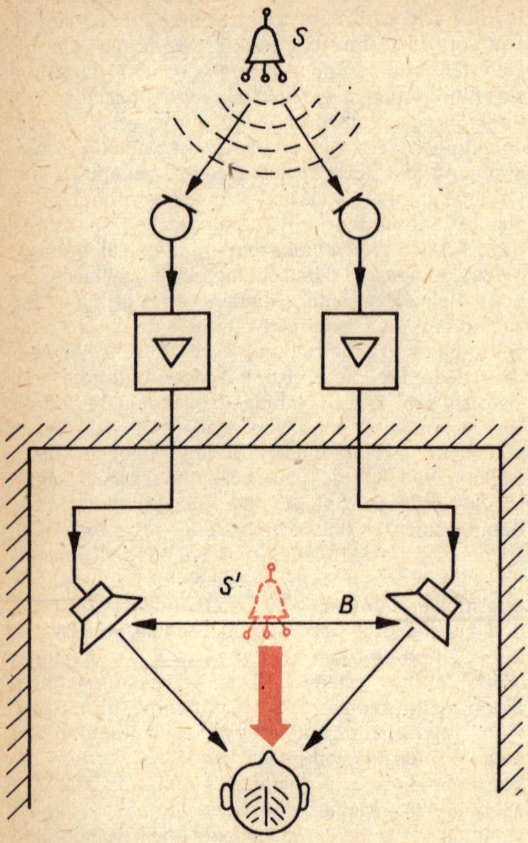

Summenlokalisation: Mittenlokalisation einer scheinbaren Schallquelle S'

bessere Variante. Im S. werden bei Videokameras und Reportagekameras durch entsprechende Bildschirmeinblendungen (grafische oder alphanumerische Zeichen) und/ oder LED-Anzeigen bestimmte Betriebszustände der Kamera und eines angeschlossenen Videorecorders (Batteriespannung, Aufzeichnung, Über- oder Unterbelichtung, Weißabgleich usw.) angezeigt. Aufsteckbare S. können oft über ein einige Meter langes Verlängerungskabel abgesetzt von der Kamera betrieben werden.

Summeneinsteller, veraltet „Summenregler": → Tonmischpult

Summenlokalisation: Vermögen des Gehörs, bei der Schallwiedergabe über 2 in der Basisbreite B aufgestellte Lautsprecher unter bestimmten Bedingungen nur eine *scheinbare (fiktive) Schallquelle* wahrzunehmen. Haben beide Lautsprecher gleichen Abstand vom Zuhörer und sind ihre Signale gleichlaut und phasengleich (→ Phasenverschiebung), dann wird die Schallquelle scheinbar aus der Mitte kommend wahrgenommen *(Mittenlokalisation)*. Ist einer der beiden Lautsprecher lauter oder näher am Zuhörer, so verschiebt sich die scheinbare Schallquelle in Richtung dieses Lautsprechers. S. ist grundsätzlich vom räumlichen Hören nur einer Schallquelle zu unterscheiden, weil beim Vorhandensein von 2 Schallquellen jedes Ohr Anteile von jeder Quelle empfängt und die Empfindung einer scheinbaren Schallquelle erst im Gehirn entsteht. S. ist kein selbstverständlicher Vorgang, da sie bei natürlichen Schallquellen nicht vorkommt. Sie ermöglicht erst die stereofone Tonwiedergabe über Lautsprecher. Wie auch das → räumliche Hören, ist die S. auf Zeit- und Lautstärkeunterschiede des Schalls an den beiden Ohren zurückzuführen. S. wird durch einen Laufzeitunterschied von ca. 1 ... 3 ms begrenzt, das entspricht einem Schallwegunterschied von etwa 0,35 ... 1 m. Abb.

Summensignal: → M-Signal

Super D: Zweiweg-Breitbandkompander, vorwiegend für Kassettentonbandgeräte. Der S. weist eine dB-lineare Kompandierungskennlinie (→ Kompander) mit einem konstanten Kompressionsgrad von 2 auf. Die tiefen und hohen Frequenzanteile des Tonsignals werden in getrennten Wegen kompandiert, so daß sich Rauschfahnen wirkungsvoll vermeiden lassen. Der Gewinn an Störabstand kann bis zu 40 dB (!) betragen.

Superhet, ursprünglich Superheterodyne-Empfänger (lat. und griech., svw. „über eine andere Kraft"), kurz Super, *Überlagerungsempfänger*: Rundfunkempfänger, bei dem die Empfangsfrequenz vor ihrer Hauptverstärkung und Demodulation zunächst mit einer veränderlichen Hilfsfrequenz *(Oszillatorfrequenz)* gemischt wird. Die entstehende Differenzfrequenz aus Oszillatorfrequenz f_o und Empfangsfrequenz f_e heißt *Zwischenfrequenz (→ ZF)* $f_z = f_o - f_e$. In ihr sind die ursprünglichen Seitenbänder des HF-Eingangssignals wieder vollständig enthalten (→ Modulation). Die ZF hat bei allen Empfangsfrequenzen einen konstanten Wert und läßt sich vor ihrer Demodulation besonders wirksam verstärken und auf die Bandbreite der Seitenbänder begrenzen. Trotzdem beim S. nur wenige Kreise abgestimmt zu werden brauchen (i. allg. 2 ... 3), ergibt sich hohe Empfindlichkeit und Trennschärfe. Das bedeutet, daß mit einem S. auch der Empfang schwacher oder weit entfernter Sendestationen möglich ist und die Störungen gering bleiben. Das Prinzip des S. wurde im Jahre 1918 fast gleichzeitig von dem US-Amerikaner ARMSTRONG und dem Deutschen SCHOTTKY entwickelt. Es konnte sich aber erst ab etwa 1934 bei den Rundfunkempfängern in Deutschland umfassend durchsetzen. Das S.-Prinzip wird heute in allen Rundfunk- und Fernsehempfängern benutzt und kann in besonders hochwertigen Empfängern auch mehrfach angewendet werden (z. B. *Doppelsuper*). → Frequenzmischung, → Rundfunkempfänger 2. (Abb.)

Supernieren-Mikrofon: → Nierencharakteristik-Mikrofon

Superorthikon, Image-Orthikon: speichernde Bildaufnahmeröhre, die aus getrennter → Speicherplatte und → Fotokatode besteht. Die helligkeitsab-

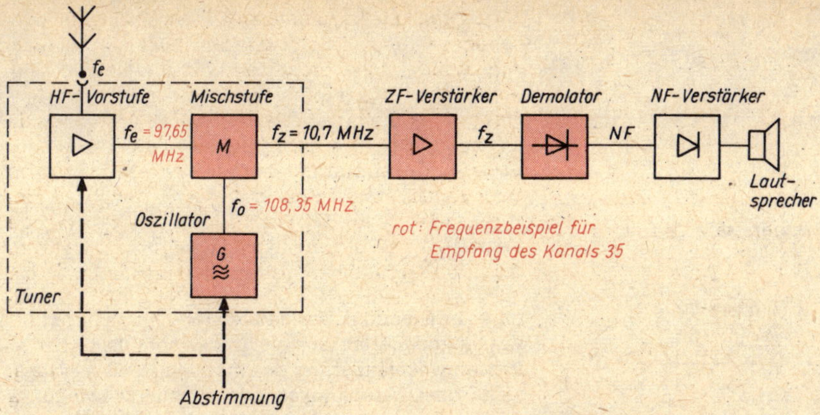

Wichtige Baugruppen des *Superhets*

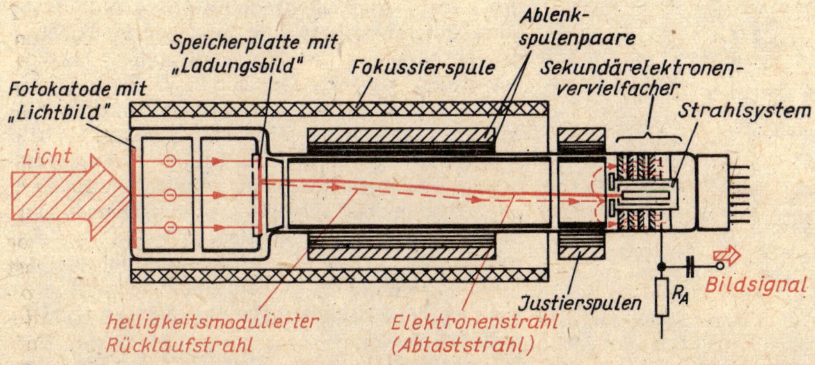

Superorthikon

hängige Elektronenemission der Fotokatode wird auf der Speicherplatte elektronenoptisch abgebildet und ruft dort ein elektrisches Ladungsbild hervor. Die Bildzerlegung nach dem Zeilensprungverfahren erfolgt durch Abtasten mit einem feingebündelten Elektronenstrahl von der Rückseite her. Das Bildsignal wird dem von der Speicherplatte zurückkehrenden Elektronenstrom, der über einen Sekundärelektronen-Vervielfacher verstärkt ist (→ Fotovervielfacher), entnommen. → Bildaufnahmeröhre (Abb.)

SVR, Abk. für **S**uper **V**ideo **R**ecorder: Videokassettenrecordersystem, das von der Firma Grundig 1978 als Systemvariante des VCR-Systems entwikkelt wurde und vor allem auf dem VCR-LP-System basiert. Die verwendete Videokassette ist grundsätzlich die gleiche wie bei VCR, aber mit einer speziellen Kennung versehen. Das Aufzeichnungsverfahren entspricht dem VCR-LP-System, die Bandtransportgeschwindigkeit ist jedoch auf 3,95 cm/s herabgesetzt und die Videospurhöhe auf 51 µm vermindert. Beim SVR-System wird mit „überbreiten" Videoköpfen (Videokopfhöhe 70 µm) gearbeitet. Hierdurch entsteht bei Wiedergabe Abtastüberlappung von 2 Videospuren mit dem Vorteil, daß bei kleinen Spurfehlern der Videoköpfe dennoch die jeweilige Videospur voll abgetastet wird. Übersprechen wird durch → Azimut-Aufzeichnung und durch Umschaltung der Phasenlage des Farbträgers in jeder zweiten Videospur bei Aufzeichnung unterdrückt. Bei Wiedergabe wird das Übersprechen des Farbsignals mit → Kammfiltern (→ Betamax) kompensiert. → VCR, → VCR-LP, → magnetische Bildaufzeichnung, → Schrägspurverfahren, → Videokassette, → Videosystem, → Chroma-Konvertierung

SWS, Abk. von engl. **S**till Picture **w**ith **S**ound (svw. Standbild mit Ton): Betriebsart von Bildplattenspielern, die mit Bildplatten konstanter Drehzahl arbeiten und bei denen z. B. in jeder zehnten Spur nur Bildinformation gespeichert ist, während die dazwischenliegenden Spuren an Stelle der Bildinformation zeitkomprimierte Tonsignale enthalten. Bei der Abtastung werden die Tonsignale der „Nur-Tonspuren" – bei gleichzeitigem → Video-Muting – in einen Zwischenspeicher eingelesen. Bei der Standbildwiedergabe (z. B. von der zehnten Spur) wird das Tonsignal aus dem Zwischenspeicher im Echtzeitmaßstab (gegenüber dem Einlesen zeitgedehnt) ausgelesen und wiedergegeben. Dies kann je nach vorgesehener Tonqualität (HiFi- bis Fernsprechqualität) bzw. Stereo- oder Monowiedergabe zwischen 8 … 40 s dauern.

Symmetrierglied, svw. Symmetrierübertrager: Baugruppe zum Übergang von → symmetrischem An-

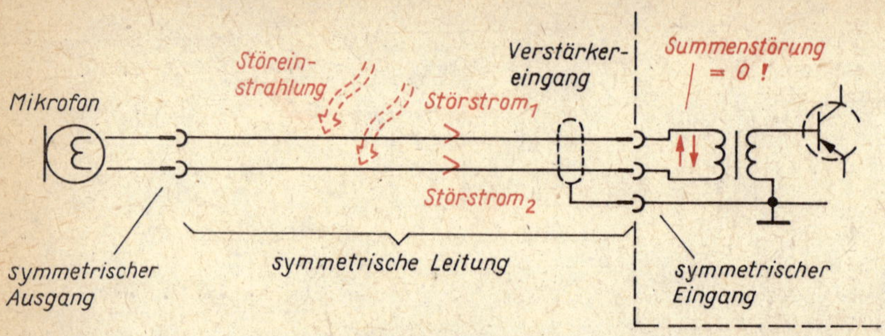

Symmetrischer Anschluß eines Mikrofons an einen Verstärker

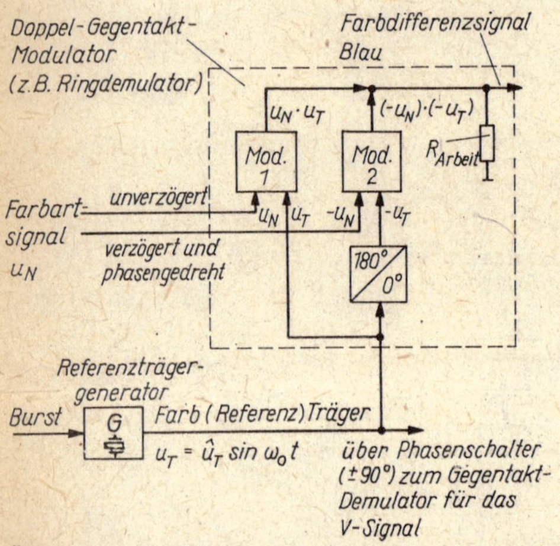

Übersichtsschaltplan eines *Synchrondemodulators* am Beispiel der Gewinnung des Farbdifferenzsignals Blau im PAL-Dekoder

schluß auf → unsymmetrischen Anschluß oder umgekehrt. S. werden angewendet, wenn unsymmetrisch geschaltete Mikrofone an symmetrische Mikrofoneingänge angeschlossen werden sollen oder auch im umgekehrten Fall (→ Mikrofonanpassung). Außerdem dienen S. zur → Antennenanpassung beim Übergang von symmetrischen Abschnitten der → Antennenzuleitung auf unsymmetrische und umgekehrt.

symmetrischer Anschluß: Signalverbindung zwischen elektronischen Geräten oder Anlagen, bei der beide Signaladern gleichwertig gegenüber Masse sind. Bei s. A. müssen je Signal 2 Adern vorhanden sein, eine ggf. vorhandene Abschirmung wirkt nicht als Signalrückleiter. Ein s. A. ist wenig empfindlich gegen einwirkende Störstrahlung, da solche immer auf beide Adern gelangt und sich am symmetrischen Geräteeingang gegenphasig aufhebt. Der s. A. ist bei Mikrofonen und Antennen anzutreffen. → Mikrofonanpassung, → Antennenanpassung (Abb.)

Synchrondemodulator: elektronische Schaltung (Demodulator), bei der zwischen dem Demodulationsvorgang und der bei der Modulation verwendeten hochfrequenten Trägerschwingung eine *feste Phasenbeziehung* besteht. S. eignen sich insbesondere zur Demodulation amplituden- und nullphasenwinkelmodulierter Signale (Inbeziehungsetzen der Phasenwinkeländerung des modulierten Signals zur Null- oder Absolutphase der Trägerschwingung) und zur Demodulation von Signalen, die mit unterdrücktem Träger übertragen wurden (Zuführung eines Referenzträgers zum modulierten Signal in der Absolutphase der Trägerschwingung als Voraussetzung der Demodulation). Schaltungstechnisch eignen sich Ringmodulatoren für einen Einsatz als S. Die in der Abbildung veranschaulichte Funktionsweise entspricht im Grundsatz der → Quadraturmodulation. Bekannte Anwendungsgebiete der S. sind in der Nachrichtentechnik die quadraturmodulierten Farbfernsehverfahren (→ PAL-Farbfernsehverfahren, → NTSC-Farbfernsehverfahren), die → Videogleichrichter in Fernsehempfängern, aber auch die Trägerfrequenz-Weitverkehrssysteme (TF-Systeme). Abb.

Synchronisation, auch *Gleichlaufsteuerung*: Herstellen der zeitlichen Übereinstimmung von Abläufen verschiedener zusammenhängender Vorgänge. Die S. ist auf den Gleichlauf von elektronischen Schaltungen, die richtige Einordnung von elektrischen Signalen in einen vorgegebenen zeitlichen Rahmen, die zeitlich exakte Steuerung von Teilprozessen u. a. gerichtet. Die Notwendigkeit der S. entsteht i. allg. immer dann, wenn ein technologischer Prozeß aus Gründen der Rationalität, Effektivität und Qualitätssicherung in zeitlich und örtlich getrennt ablaufende Arbeitsschritte unterteilt werden muß, ohne daß deren feste zeitliche Kopplung verlorengehen darf. Im Fernsehen wird die Bezeichnung S. in unterschiedlichen Zusammenhängen gebraucht. *1) S. zur Gewährleistung der grundlegenden Übereinstimmung bzw. Zuordnung von Bild- und Toninformation.* Für den Fernsehzuschauer oder Betrachter eines Videos muß zu jeder Zeit der Eindruck einer echten Zusammengehörigkeit von Bild- und Toninformation gesichert sein. *a) S. fremdsprachiger Produktionen*: Zur Herstellung einer deutschsprachigen Fassung von fremdsprachigen Produktionen werden von Synchronsprechern im Gleichlauf zu den Lippenbewegungen der im Original handelnden Personen die übersetzten Dialoge gesprochen. Um die „Lippensynchronität" zu erreichen, verwendet man meistens sinngemäße und keine wörtlichen Übersetzungen. Die gesamte Synchronfassung entsteht aus kleinen Abschnitten von Sekunden- bis Minutendauer (Takes), die abschließend zusammengefügt sowie mit Musik und Geräuschen gemischt werden. Eine Synchronfassung wird analog zur → Nachvertonung von Bildaufnahmen (Dubbing, Audio Dub) hergestellt. Die ursprünglich aus der Kinofilmtechnik in den Fernsehrundfunk übernommene Technologie der S. kann auch für den gut ausgerüsteten Amateur interessant sein. Als wesentliche technische Voraussetzung dafür gilt das Vorhandensein von Videorecorder und Bildmonitor sowie einer kompletten Tonaufnahmetechnik (Mikrofon, Kassettenrecorder, Mischpult). *b) S. von Geräten zur Bildsignal- und Tonsignalaufnahme bzw. -wiedergabe*: Werden Fernsehbild und -ton getrennt aufgenommen oder liegen diese bei der Wiedergabe gespeichert auf verschiedenen Trägermaterialien vor, müssen die einzelnen Aufnahme- bzw. Wiedergabegeräte zur Gewährleistung der S. auf elektronischem Wege durch Impulse verkoppelt werden. Da der Videoamateur i. d. R. Bild- und Tonsignal mit dem Videorecorder aufzeichnet, steht für ihn diese spezielle Form der S. nicht als Problem; sie ist Bestandteil des Fernsehrundfunks, wo zeitliche Differenzen zwischen Fernsehbild und -ton (Asynchronitäten) infolge technischer Defekte an Filmabtastern oder eines Filmrisses in der Fernsehanstalt auftreten können. Diese Asynchronitäten sind Auswirkungen des zeitweilig aufgehobenen bzw. gestörten Gleichlaufs zwischen Bild- und Tonsignalwiedergabe. *2) S. im Bildsignalweg*: Eine Bildvorlage wird nach einem festen zeitlichen und geometrischen Ablauf bei der Bildsignalerzeugung abgetastet (→ Zeilensprungverfahren). Das entstehende Bildsignal entspricht in seiner zeitlichen Folge diesem Ablauf. Nur unter der Bedingung, daß die Umwandlung des Bildsignals in ein Fernsehbild dem gleichen zeitlichen Ablauf folgt, ist eine Übereinstimmung zwischen Bildvorlage und Fernsehbild zu erwarten. Die S. von Bildsignalerzeugung und -wiedergabe sichert die Übereinstimmung aller sich entsprechender → Bildpunkte der Bildvorlage und des zugehörigen Fernsehbilds hinsichtlich ihrer geometrischen Lage und ihres Informationsgehalts. Sie darf an keiner Stelle des Bildsignalwegs, d. h. bei der Erzeugung, Bearbeitung, Übertragung und Wiedergabe des Bildsignals, gestört werden (→ Synchronisationsfehler). Da die S. durch Impulse möglich ist, werden diese in Fernsehimpulsgeneratoren erzeugt und den betreffenden elektronischen Schaltungen von außen (extern) oder in Verbindung mit dem Bildsignal (intern) zugeführt. Entsprechend ihrer Verwendung bezeichnet man diese Impulse als Synchron-, Gleichlauf- oder Taktimpulse. Es existieren für die S. beim Zeilensprungverfahren → Horizontalsynchronimpulse und → Vertikalsynchronimpulse sowie verschiedene Hilfsimpulse. Schaltungstechnisch wirken diese Impulse auf die Horizontal- bzw. Vertikalkippschaltungen in den Ablenkstufen der Bildwandler. Für die → Farbfernsehverfahren sind weitere Impulse erforderlich, die eine synchrone Arbeitsweise der → Farbkoder und → Farbdekoder sichern. In diesem Zusammenhang gewährleistet die S. die richtige Übertragung der → Farbart jedes Bildpunkts. Abhängig vom Farbfernsehverfahren unterscheiden sich die angewandten Farbsynchronimpulse. Unabhängig davon, wo ein Gerät betrieben und wann es eingeschaltet wird, erreicht man durch die S. innerhalb einer kurzen, für den Zuschauer nicht wahrnehmbaren Zeitspanne den vollen Gleichlauf zwischen Bildsignalaufnahme und -wiedergabe. *a) S. der Bildsignalquellen*: Arbeiten Fernseh- bzw. Videokameras, Diaabtaster usw. unabhängig voneinander, erfolgt die S. zur Gewährleistung einer hohen zeitlichen Stabilität der Bildsignalerzeugung. Sind mehrere Bildsignalquellen an der Produktion einer Fernsehsendung oder von Videos beteiligt, müssen diese zusätzlich untereinander synchronisiert werden. Das erfolgt über die elektronische Verkopplung der Fernsehimpulsgeber, gleich, ob sie als separate Geräte (Fernsehstudio) oder als Schaltungen in Videogeräten (Heimelektronik, semiprofessionelle Technik, Reportagetechnik) arbeiten. In der Synchronität von Bildsignalen besteht die Grundvoraussetzung, um Fernsehbilder elektronisch mischen zu können. Das gilt unabhängig von der Herkunft der einzelnen Bildsignale. Schaltungen zur → Synchronsteuerung und digitale Synchronisatoren ermöglichen heutzutage die Mischung von Signalen unterschiedlichster Bildsignalquellen. Normalerweise geben Bildsignalquellen komplette Bildsignale ab, d. h. Bildsignale einschließlich der Impulse zur S. Damit kann im weiteren Bildsignalweg immer von der → internen Synchronisation ausgegangen werden. *b) S. der Fernsehempfänger*: Zu → Fernsehempfängern gelangt auf drahtlosem Weg das komplette Bildsignal. Daraus werden die horizontalen und vertikalen Gleichlaufimpulse sowie die Farbsynchronsignale abgeleitet. Diese bewirken die S. der jeweiligen Kippschaltungen und Farbdekoder im Empfänger bezogen auf die Bildsignalquelle. Für eine exakte S. der Fernsehempfänger sind bei intakten Geräten eine ausreichende Empfangsfeldstärke (abhängig von der Entfernung Sender und Empfänger sowie Qualität der Antennenanlage) und das Vermeiden jeglicher Fremdstörer im Nahbereich (defekte elektrische Maschinen u. a.) vorauszusetzen. *3) S. auf speziellen Gebieten der Fernsehtechnik: a) Digitales Fernsehen:* Die → Digitalisierung ist heute im Fernsehen noch nicht durchgängig über den gesamten Bildkanal möglich. Dementsprechend müssen einzelnen digitalen Geräten und Übertragungsabschnitten Umsetzer vor- und nachgeschaltet werden. Diese müssen in ihrer Arbeitsweise bezogen auf den gültigen Fernsehstandard synchronisiert werden. Zukünftige voll digitalisierte Fernsehübertragungen arbeiten mit einem einheitlichen Takt, so daß auch hier das Erfordernis nach S. an den verschiedenen Übertragungsabschnitten besteht. *b)* → *Satellitenfernsehen:* Die Bezeichnung S. bezieht sich hier auf geostationäre Satelliten (auf synchroner Umlaufbahn zur Erdrotation) und das Nachführen der Antennen von Bodenfunkstellen für Satelliten auf elliptischer Umlaufbahn.

synchronisationsbegrenzte Empfindlichkeit: kleinstmöglicher Wert eines Fernseh-Eingangssignals von Fernsehempfängern, Videotunern und Videorecordern mit HF-Empfangsteil, der noch eine einwandfreie → Synchronisation ermöglicht. Die Angaben erfolgen in dBμV oder dBpW. → Empfindlichkeit

Synchronisationsfehler: jegliche Störung in der → Synchronisation. Das → Zeilensprungverfahren erfordert zwingend den Gleichlauf von Bildaufnahme- und Wiedergabevorgang. Ist dieser durch S. gestört, wirkt sich das unmittelbar im Fernsehbild als Bildstörung aus. Ein Fehler in der Synchronisation der Halbbildwechsel führt zu einem in vertikaler Richtung durchlaufenden, d. h. nach oben oder unten rollendem Bild. Fehler in der Synchronisation der Zeilenwechsel führen zu sich horizontal verschiebenden Bildern bis zur Streifenbildung. Beide Fehler sind für sich schon stark störend. Treffen sie zusammen, überlagern sich die Bildbewegungen, und der Bildinhalt wird in der Regel völlig unkenntlich. Aus der Bildstörung durch S. kann der Betrachter auf folgende Ursachen schließen: defekte Schaltungen im Fernsehgerät (→ interne Synchronisation, Verstärker), zu geringe Größe der synchronisierenden Signale (Antennenanlage unzureichend), Einwirkungen von Fremdstörquellen (Radar, defekte elektrische Maschinen) u. a. m. Ursachen für S. bei der Erzeugung und Bearbeitung von Bildsignalen können ausgeschlossen werden, da im Fernsehrundfunk bis zum Sender das Signal einer stetigen Qualitätskontrolle unterliegt.

Synchronisiergenerator: → Fernsehimpulsgenerator

Synchronkomparator: elektronische Schaltung zur Ermittlung der Phasen- bzw. Frequenzabweichung zwischen elektronischen Signalen (i. d. R. ist ein Gleichlaufsignal dabei). In Abhängigkeit von der vorliegenden Abweichung wird vom S. ein Signal (Strom bzw. Spannung) geliefert. Dieses wirkt über entsprechende Stellglieder (spannungsgesteuerte Oszillatoren, Drehzahlregelschaltungen u. a.) so lange auf einzelne Geräte und Anlagen, bis deren Gleichlauf zum synchronisierenden Signal hergestellt ist. Damit sind S. eine wesentliche Voraussetzung für die → indirekte Synchronisation.

Synchronsignal, *S-Signal*: beim Fernsehen zur Gleichlaufsteuerung der Horizontal- und Vertikal-Kippgeräte notwendiges Signal. Darüber hinaus bildet es den Bezug für die elektronische Erzeugung verschiedenster → Bildsignale. Entsprechend seinem Anwendungszweck enthält das S. → *Horizontalsynchronimpulse* und → *Vertikalsynchronimpulse.* Das S. wird im → Fernsehimpulsgeber erzeugt und vom Fernsehsender mit dem → vollständigen Bildsignal ausgestrahlt. Abb. → Vertikalsynchronimpuls und → Austastsignal

Synchronsignalgenerator: → Fernsehimpulsgenerator

Synchronspur: → Kontrollspur

Synchronsteuerung: Maßnahme in der Fernsehtechnik, um eine phasen- und frequenzmäßige Kopplung mehrerer → Fernsehimpulsgeneratoren herzustellen oder aufrechtzuerhalten. Diese Kopplung ist unabdingbare Voraussetzung, um Bildsignale, die von unterschiedlichen Fernsehimpulsgeneratoren synchronisiert sind, mischen zu können. Für den Videoamateur ist die S. immer dann nötig, wenn er mehrere → Videokameras mit internem Fernsehimpulsgenerator parallel betreiben oder wenn er in seiner Anlage z. B. selbstproduzierte Bildsignale mit gesendeten mischen will. Die einzelnen Anlagen bieten unterschiedliche Voraussetzungen zur Verkopplung über → Synchronsignal und → Farbsynchronsignal. Im Fernsehrundfunk finden 4 Formen der S. Anwendung (a) und b) sind auch für den Videoamateur von Bedeutung): a) *Zentrale S. (ZSS):* Ein zentraler Fernsehimpulsgenerator (Hauptgerät) steuert mehrere zugeordnete. b) *Mitnahme-S. (MSS):* Ein Fernsehimpulsgeber wird vom Synchron- und Farbsynchronsignal eines fremden Bildsignals gesteuert (mitgenommen). c) *Digitale S. (DSS):* Form der ZSS. Die Besonderheit besteht darin, daß die Steuerinformation mittels einer Datenzeile (digital) im vollständigen Bildsignal bzw. Fernsehsignal übertragen wird. d) *Hochstabile S. (HSS):* Die eingesetzten Fernsehimpulsgeneratoren verfügen über eine solche Phasenkonstanz (hochstabil), daß eine einmal hergestellte Synchronität über einzelne Produktionsabschnitte erhalten bleibt.

Synchronwert: Spannungswert oder Pegel des → vollständigen Bildsignals während der Zeitdauer des Synchronsignals. Der S. ist vom Bildinhalt unabhängig. Bezugsgröße für den S. können der → Austastwert oder der Gesamtsignalpegel sein.

Sync-Processor: integrierte Schaltung, die in der Fernsehtechnik zur Auftrennung des → vollständigen Bildsignals (Eingangssignal) in den Bildsignalanteil und in die zur → Gleichlaufsteuerung notwendigen Impulse eingesetzt wird. Über den S. wird einerseits der Bildkanal (Farbdekoder, Videoverstärker) angesteuert. Andererseits werden die Synchronsignale zur → Gleichlaufsteuerung von horizontal- und vertikalfrequent arbeitenden Schaltungen bereitgestellt. Als Ausgangssignale treten das vollständige Bildsignal, das Synchronsignal, die Horizontal- und Vertikalsynchronimpulse auf. Dementsprechend enthält der S. neben Verstärker- und Signalkorrekturstufen (Rausch-, Störimpulsunterdrükkung) als Hauptelemente das → Amplitudensieb (Gewinnung des → Synchronsignals) und Impulstrennstufen (Trennung des Synchronsignals in → Horizontalsynchronimpulse und → Vertikalsynchronimpulse mit anschließender Formierung und Verstärkung). I. allg. sind in den Impulswegen → Synchronkomparatoren enthalten, die eine → indirekte Synchronisation der nachfolgenden Schaltungen erlauben. Je nach S.-Typ können weitere Funktionen in der integrierten Schaltung enthalten sein.

Sync-Restorer (engl., Synchron(signal)-Restaurator, -Formierer u. ä.): elektronische Schaltung oder selbständiges Gerät zur Regenerierung bzw. Angleichung der zu → vollständigen (Farb)Bildsignalen gehörenden → Synchronsignale. S. werden in Videoanlagen zum elektronischen Ausgleich von Signalfehlern eingesetzt, um z. B. eine störungsfreie Umzeichnung der Videosignale von Videorecorder zu Videorecorder oder die Mischung von Kamera-Bildsignalen mit Videorecorder-Bildsignalen zu gewährleisten. Der Einsatz von S. ermöglicht das störungsfreie Kopieren und Mischen von Bildsignalen unterschiedlichster Signalquellen.

Synthesizer-Tuner, *Digitaltuner*: Abstimmeinheit (→ Tuner) in einem Rundfunk- oder Fernsehempfänger, bei der die Abstimmung digital gesteuert nach dem Verfahren der Spannungs- oder Frequenzsynthese erfolgt. → Abstimmsystem

synthetische Bilder: mit Hilfe der Computertechnik erzeugte Fernsehbilder. → Bildschirmspiel, → Videocomputerspiel, → Fernsehgrafik

synthetische Sprache: von einem Mikrorechner künstlich erzeugte Sprache, die herkömmliche Anzeigeanordnungen in elektronischen Geräten ergänzen oder ersetzen kann. Mit s. S. können Betriebszustände angesagt werden, oder ein Mikrorechner kann mit dem Bedienenden in Dialog treten (→ Spracherkennungssystem). Die Laute der s. S. werden einzeln aus bestimmten Schwingungen (z. B. Rauschsignalen, Treppenimpulsen) oder aus gespeicherten Sprachelementen erzeugt und vom Rechner sinnvoll zu verständlichen Worten und Sätzen zusammengefügt. International werden integrierte Schaltkreise für s. S. mit einem Vokabular bis zu mehreren 100 Wörtern gefertigt, wobei der gewünschte Wortschatz in beliebiger Sprache bereits beim Hersteller einprogrammiert wird. Die Anwendung s. S. erfolgt u. a. in Autoradios, HiFi-Anlagen, bei Bildschirmspielen, Schachcomputern sowie Weckuhren. Besondere Vorteile bieten elektronische Geräte mit s. S. technisch ungeübten und blinden Menschen.

Systemerneuerung: Maßnahme zur Regenerierung von → Bildwiedergaberöhren. Eine S. beinhaltet folgende Arbeitsschritte: *a)* Aufheben des Vakuums – ohne daß es zur → Bildröhrenimplosion kommt, *b)* Auftrennen des Röhrenhalses, Entfernen des Strahlsystems und Ersatz durch ein neues, *c)* Verschweißen des Röhrenhalses und neue Evakuierung der Bildröhre. Die S. geht davon aus, daß die Katoden der Strahlsysteme gegenüber den anderen Röhrenteilen einem erhöhten Verschleiß unterliegen – ihr Wechsel also eine lange Weiterverwendung der Röhre insgesamt ermöglicht.

Hinweis: Regenerierte Bildröhren erreichen die gleichen Parameter wie neue und sind vergleichsweise wesentlich billiger. Das Angebot zum Einsatz im Fernsehgerät bei einem notwendigen Bildröhrenwechsel sollte deshalb von jedem Fernsehservicekunden angenommen werden. Im internationalen Maßstab werden Schwarz-Weiß- und Farbbildwiedergaberöhren regeneriert.

Systemgüte: logarithmiertes Verhältnis des Antennengewinns zu den Rauschzahlen, die bestimmend für ein Empfangssystem sind, unter wertmäßiger Berücksichtigung der „inneren" Verluste dieses Systems. Die S. wird insbesondere zur Charakterisierung der Qualität von Satellitenempfangsanlagen angegeben (für leistungsfähige Anlagen werden S. über 20 dB/K gefordert). → Gütefaktor

Systemumschaltung: Umschaltung der → Farbdekoder in → Farbfernsehempfängern, die für unterschiedliche → Farbfernsehverfahren ausgelegt sind. Die Bezeichnung S. leitet sich von der umgangssprachlich statt Farbfernsehverfahren benutzten Bezeichnung „Farbfernsehsystem" ab. Die S. wird i. d. R. automatisch durch die unterschiedlichen → Farbsynchronsignale der einzelnen Farbfernsehverfahren gesteuert. Voraussetzung für die S. ist die Verwendung von → Kombidekodern oder auch → SECAM-PAL-Konvertern, → PAL-SECAM-Adaptern usw. im jeweiligen Fernsehgerät.

Hinweis: Fernsehgeräte, die eine S. beinhalten, sind i. d. R. auf Grund des höheren Schaltungsaufwands teurer als Einnormempfänger gleichen Grundtyps.

T

Tachoimpuls: mit Hilfe eines Sensors, z. B. einem → Tachokopf oder Tachogenerator, gewonnene Impulsfolge, deren Frequenz in einem festen Verhältnis zur Drehzahl und deren Phasenlage in direkter Beziehung zur Winkelposition eines rotierenden Antriebselements steht. → Tachoregelung, → Kopfradservo, → Bandservo

Tachokopf: Sensor, häufig Magnetkopf, zur Gewinnung einer Größe, die von der Drehzahl eines Antriebselements, meist der Schwungmasse eines Magnetbandlaufwerks, dem Plattenteller eines Schallplatten-Abspielgeräts oder dem Kopfrad eines Videorecorders abhängig ist. Im T. kann z. B. durch ein permanentmagnetisches Zahnrad mit wechselnder Polfolge eine Spannung induziert werden, deren Frequenz in einem festen Verhältnis zur Drehzahl steht. Mit gleicher Funktion werden auch kleine, starr an das Antriebselement angekoppelte Tacho-

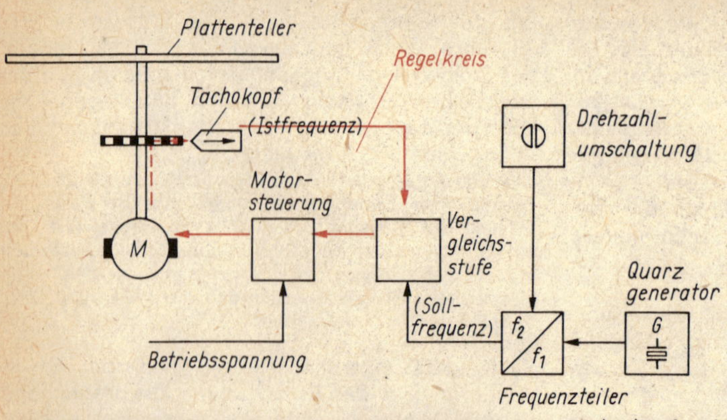

Tachoregelung am Beispiel eines Plattenspielers

HiFi-Plattenspieler mit *Tangentialtragarm*

generatoren verwendet, die eine drehzahlproportionale Frequenz abgeben. → Tachoregelung

Tachoregelung: Regelungsprinzip bei Antrieben von Magnetbandgeräten oder Plattenspielern. Die T. besteht darin, daß die Istdrehzahl der Transportrolle, eines Plattentellers oder eines Kopfrads von einem → Tachokopf oder Tachogenerator in eine proportionale *Istfrequenz (Tachofrequenz)* umgewandelt und mit einer hochkonstanten *Sollfrequenz* verglichen wird. Aus diesem Vergleich wird eine Nachsteuerspannung gewonnen, die den Antriebsmotor so beeinflußt, daß die Tachofrequenz und damit die Istdrehzahl gleich der Solldrehzahl wird. Einfache Geräte benutzen die Netzfrequenz als Sollfrequenz. Durch entsprechende Wahl der Sollfrequenz, die in einem internen Generator häufig quarzgenau gewonnen wird, kann die gewünschte Antriebsdrehzahl sehr genau bereitgestellt werden. Sie ist nur von der Größe der Sollfrequenz abhängig und bleibt auch bei wechselnder Belastung des Antriebs oder Schwankungen der Betriebsspannung in weiten Grenzen konstant. Bei einer T. läßt sich die Antriebsdrehzahl außerdem durch Veränderung der Sollfrequenz variieren. Davon wird u. a. bei der Drehzahlumschaltung bei Plattenspielern Gebrauch gemacht, indem die Sollfrequenz durch entsprechende Frequenzteiler verändert wird. Die Tachofrequenz kann auch mit einer Gabellichtschranke oder mit Hilfe eines Hall-Elements (bei sehr langsam drehenden Wellen auch mit einem Reed-Schalter) gewonnen werden,die von einem auf der Welle mitdrehenden Permanentmagneten beeinflußt werden. → Servosystem (Abb.)

TA-Eingang, TA-Eingagsbuchse, *Phono-Eingang*: Anschluß für einen Plattenspieler am Rundfunkempfänger, NF-Verstärker, Tonbandgerät oder Mischpult. Ein *linearer T.* ist für Plattenspieler mit piezoelektrischem Abtastsystem oder mit eingebautem → Entzerrervorverstärker vorgesehen. Dieser Eingang ist hochohmig (für piezoelektrische Abtaster: ≧ 470 kΩ, bei HiFi-Geräten ≧ 1 MΩ, für Plattenspieler mit Entzerrervorverstärker ≧ 220 kΩ) und hochpegelig (Eingangsspannungsbereich: 0,2...2 V). Ein *entzerrter T.* wird für den Anschluß für Plattenspieler mit magnetischem Abtastsystem ohne Entzerrervorverstärker verwendet. Er ist mittelohmig (47 kΩ ± 20 %) und niederpegelig (Eingangsspannungsbereich: 5...20 mV). Abb. b → Diodensteckverbinder

Tageslicht: i. e. S. Sonnenlicht unter den verschiedenen Bedingungen der Tageszeit, Witterung, Bewölkung. In Ergänzung zu dem von Sonne ausgehenden „natürlichen" T. kann heute auch durch Lampen spezifischer Strahlungscharakteristik „künstliches" T. erzeugt werden. T. ist physikalisch durch einen breiten Wellenlängenbereich gekennzeichnet, in dem annähernd alle spektralen Anteile des → Lichts mit gleicher Energie auftreten. Die zum T. gehörende → Farbtemperatur beträgt bei „mittlerem" T. (Normlichtart C, bedeckter Himmel) 6700 K; sie kann bei dunstigem Himmel Werte um 10000 K und bei klarem blauen Himmel bis 25000 K erreichen (Erhöhung des kurzwelligen Lichtanteils). → Mischlicht, → Konversionsfilter, → Kunstlicht

Take: zeitlich und/oder inhaltlich begrenzte szenische Abfolge von Bild und Ton (Einzelszene).

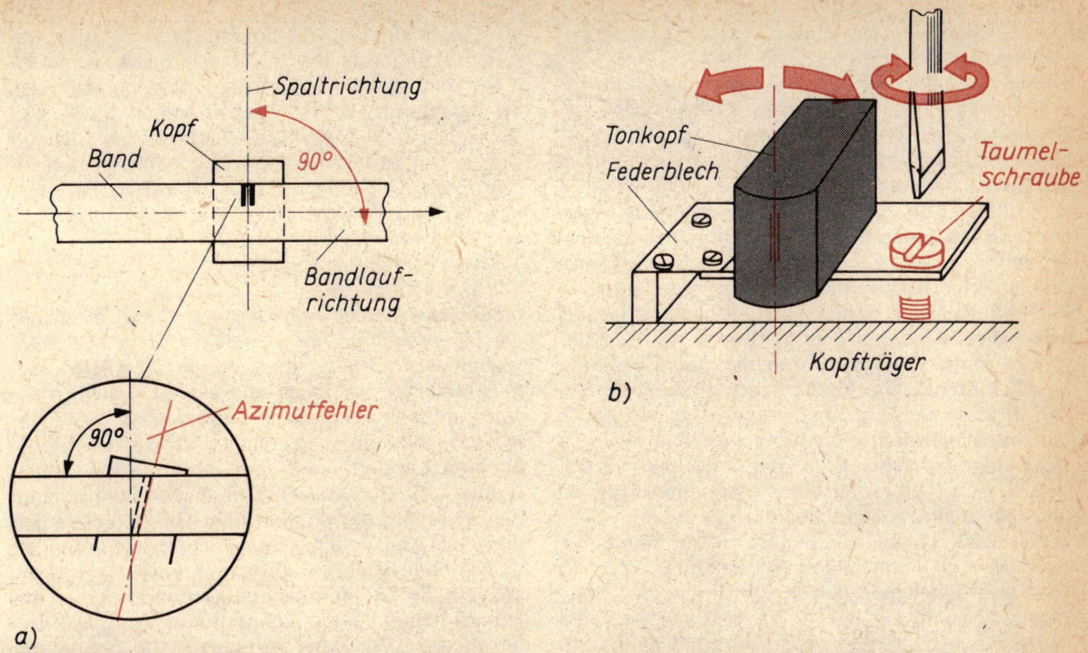

Taumelung: a) 90°-Bezugswinkel zwischen Arbeitsspalt und Bandlaufrichtung, b) Taumeleinrichtung

Take-Over-Programmierung: Verfahren zur einfachen Belegung der Stationstasten an einem Rundfunkempfänger mit den gewünschten Sendestationen; Bedienungserleichterung. Durch Drücken der zu belegenden → Stationstaste und einer zusätzlichen *Take-Over-Taste* wird die gerade empfangene und auf der Hauptskale oder numerisch angezeigte Sendefrequenz in den Programmspeicher übernommen und kann jederzeit wieder durch Drücken der Stationstaste abgerufen werden.
Taktgeber: → Fernsehimpulsgenerator
Tandemkassette: Magnetbandkassette, bei der Auf- und Abwickelspule konzentrisch übereinander angeordnet sind. Eine einheitliche T. wird für die Videosysteme → VCR, → VCR-LP und → SVR verwendet.
Tangentialtragarm: Tragarm, bei dem die Abtastnadel in radialer Richtung vom Plattenrand zur Plattenmitte geführt wird, also die Nadelträgerachse bei jedem Rillendurchmesser exakt in Richtung der Rillentangente zeigt. Dadurch tritt kein → horizontaler Spurfehlerwinkel auf; eine → Skatingkorrektur ist nicht erforderlich. Die Führung des T. erfordert einen besonders reibungsarmen Gleitschlitten, der T. wird darauf z.T. motorisch bewegt. Die Regelung dieser Bewegung kann z. B. über ein fotoelektrisches Sensorsystem erfolgen, das dafür sorgt, daß sich die Abtastnadel immer direkt in der Mitte des Rillenprofils befindet. Hochwertige T. einschließlich des Regelsystems sind teurer als Drehtragarme, ermöglichen aber eine ausgezeichnete Tonqualität. Bei besonderen Vorkehrungen zu ihrer Auswuchtung und Ausbalancierung ist der Plattenspieler mit T. auch in schräger oder vertikaler Lage zu betreiben. → Biotracer (Abb.)
Tantal-Elektrolytkondensator: → Elektrolytkondensator
Tape Deck: → Kassettendeck
Tape Monitor: → Monitorschaltung
Tape Selector: → Bandsortenumschaltung
Tape-to-Tape-Schaltung (engl. für von Band zu Band), auch *Record Selector:* Einrichtung an NF-Verstärkern in Ton-Heimanlagen, die ein unmittelbares Umzeichnen von einem Tonbandgerät oder einem Plattenspieler auf ein anderes Tonbandgerät erlaubt, unabhängig davon, welche Signalquelle gerade über die Lautsprecher wiedergegeben wird (z. B. das Rundfunkprogramm). Bei einigen Ausführungen der T. kann während des Umzeichnens sogar der NF-Verstärker abgeschaltet sein.
Target (engl., svw. Treffplatte): → Speicherplatte
Target-Spannung: → Plattenspannungseinstellung
Taschenempfänger: → Reiseempfänger
Tastatur: Kombination mehrerer Tasten zu einem kompletten Bauteil. T. sind Bedientableaus, z. B. für Fernbediengeräte, Mikrorechner oder Bildschirmspiele.
Taste, Taster, Tastenschalter: Schalter, bei dem durch Drücken auf einen isolierten Bedienteil Kontakte betätigt oder Dauermagnete einem → Hall-Element angenähert werden. Rastende T. behalten den Schaltzustand nach dem Loslassen bei. Nichtrastende T. verbinden oder trennen einen Stromkreis

nur so lange, wie die T. gedrückt ist. → Schalter, → Sensortaste, → Kurzhubtaste

Hinweis: T. sollten stets gefühlvoll und ohne Kraftaufwand betätigt werden, um Beschädigungen zu vermeiden.

Taststufe: elektronische Schaltung, in der ein Signalfluß zeitweilig unterbrochen wird oder einem Signalweg in festgelegten Zeitgrenzen Signalanteile entnommen bzw. zusätzliche Signale zugeführt werden. Die Steuerung der T. erfolgt durch zeitlich exakt definierte Tastimpulse. T. finden u. a. in → Fernsehempfängern für die → getastete Regelung Anwendung. Hier besteht ihre Aufgabe darin, aus dem → vollständigen (Farb)Bildsignal zur Zeit der → Horizontalsynchronimpulse die Regelspannung für die automatische Verstärkungsregelung im HF- und ZF-Weg des Fernsehempfängers abzuleiten.

Tauchspulmikrofon: → dynamisches Mikrofon

Taumelung, Azimuteinstellung, *Spalteinstellung*: mechanische Justierung eines Magnettonkopfs, so daß sein Spalt das Band linienförmig exakt im Winkel von 90° gegenüber der Bandlaufrichtung berührt (Abb. a). Ein möglicher Winkelfehler zwischen Spalt und seiner geforderten 90°-Lage wird *Azimutfehler* genannt. Um die T. zu ermöglichen, sind Aufzeichnungs-, Wiedergabe-, Verbund- und Kombiköpfe auf eine kleine einstellbare Wippe, die *Taumeleinrichtung* gesetzt (Abb. b). Wichtig ist, daß die Spaltlage von Aufzeichnung und Wiedergabe exakt übereinstimmt. Abweichungen davon wirken wie ein zu breiter Arbeitsspalt am Wiedergabekopf und führen zu einem Verlust der hohen Töne (→ Magnettonentzerrung, Spaltdämpfung). Bei einem Kombikopf oder Verbundkopf kann ein solcher Fehler nicht auftreten. Ein Azimutfehler wirkt sich in diesem Fall nur bei Wiedergabe von industriell, oder auf anderen Tonbandgeräten bespielten Bändern in der gleichen Art aus. Darum müssen auch diese Köpfe getaumelt werden. Ein Azimutfehler vermindert die Höhenwiedergabe um so mehr, je kleiner die Bandgeschwindigkeit, je enger der Spalt und je breiter die Magnetspur ist. Zur T. werden → Bezugsbänder oder Testkassetten verwendet. Bei manchen Tonbandgeräten kann die T. vom Nutzer selbst mit Hilfe eines eingebauten Signalgenerators vorgenommen werden oder erfolgt automatisch (→ NAAC). Abb.

TB-Anschluß, TB-Anschlußbuchse, *„Diodenanschluß"*: Anschluß an einem NF-Verstärker, Rundfunkempfänger, Tonmischpult oder Fernsehempfänger für ein Tonbandgerät. Bei einem T. werden die Tonsignale für Aufzeichnung und Wiedergabe über einen gemeinsamen Steckverbinder geführt. T. in Fernsehgeräten sind i. allg. nur mit dem *Ausgang für Aufzeichnung* beschaltet. Am T. lassen sich auch Plattenspieler mit piezoelektrischem Abtastsystem oder mit eingebautem → Entzerrervorverstärker anschließen. Der *Ausgang für Aufzeichnung* (s. Abb. a → Diodensteckverbinder) ist hochohmig (≧ 150 kΩ) und muß eine Ausgangsspannung abgeben können, die zur → Vollaussteuerung des angeschlossenen Tonbandgeräts ausreicht (i. allg. um 0,5...1 mV je kΩ Eingangswiderstand des Tonbandgeräts, der ≧ 47 kΩ betragen muß). Das Tonsignal für Aufzeichnung wird von der Stellung des Lautstärke-, Balance- und Klangeinstellers nicht beeinflußt. Der Eingang für Wiedergabe ist ebenfalls hochohmig (≧ 220 kΩ) und hochpegelig (Eingangsspannungsbereich: 0,2...2 V).

TBC: → Zeitfehlerausgleicher

TDM: → Zeitmultiplex

technische Daten: Angaben des Herstellers über die Eigenschaften eines Geräts in Form von Meßwerten, Betriebsbereichen und verbalen Aussagen. T. D. sollen verständlich und eindeutig sein, Meßwerte müssen nach einem standardisierten Verfahren ermittelt worden sein (in der DDR nach TGL; in anderen Ländern nach den dort gültigen Standards – z. B. UdSSR: GOST). T. D. beziehen sich auf die Leistungsfähigkeit, den Anschluß, die Bauweise oder auf besondere Bedienungserleichterungen und können auch auf Konstruktionsdetails hinweisen (z. B. DOLBY-Kompander, Mehrmotorenantrieb, Dreiwegebox). T. D. können nur dann als Vergleichswerte für verschiedene Geräte herangezogen werden, wenn sie nach dem gleichen Verfahren ermittelt worden sind (→ Datenvergleich). T. D. können nicht alle Eigenschaften eines Geräts beschreiben; oft ist eine ergänzende subjektive Einschätzung erforderlich (→ Hörtest).

Hinweis: Die nachgewiesene Nichteinhaltung von t. D. trotz sachgemäßer Verwendung des Geräts innerhalb der Garantiefrist ist ein Reklamationsgrund.

technisches Fernsehen: → angewandtes Fernsehen

TED: 1. Abk. für engl. **T**elevision **D**isk (svw. Fernsehplatte): Bildplatte aus flexibler PVC-Folie, die entscheidender Bestandteil des mechanischen TED-Bildplattensystems ist und bei der einseitig mit mechanischen Mitteln Bild- und Tonsignale eingeprägt sind (Tiefenschrift). Die Speicherung, Vervielfältigung und Wiedergabeabtastung sind ähnlich wie bei Schallplatten. Wegen der größeren Frequenzbandbreite von Bildsignalen wird die sog. mechanische Dichtspeichertechnik angewendet, d. h., die Plattenrille ist extrem schmal (ca. 3,5 µm), wodurch bis zu 280 Rillen pro mm Plattenbreite untergebracht werden können. Für die Farbbildspeicherung wird das Farbkodierverfahren → Tripal mit bei 2,5 MHz bandbegrenztem Helligkeitssignal verwendet. Das Tripal-Bildsignal und ein oder 2 Tonsignale sind auf getrennten Trägerfrequenzen frequenzmoduliert und als Multiplexsignal in Tiefenschrift in der Rille eingeprägt. Die Bildplatte befindet sich in einer Schutzhülle (→ Caddy), aus der sie zum Abspielen im Bildplattenspieler automatisch entnommen und in die sie anschließend wieder zurückgegeben wird. Die Drehzahl der TED beträgt 1500 U/min (europäische Norm). Sie rotiert über

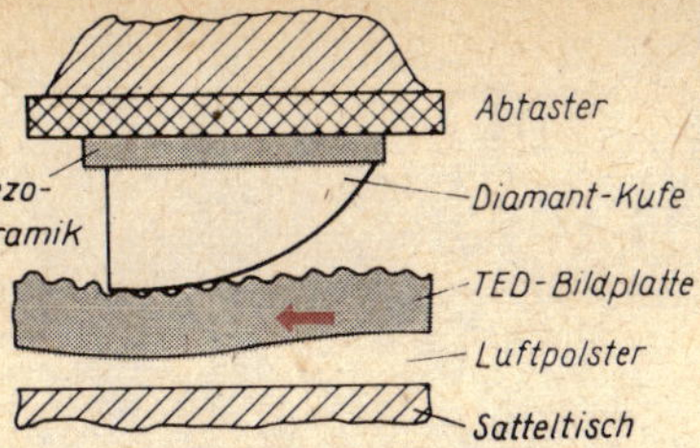

TED (1): Abtastung der TED-Bildplatte

TED (2): flexible TED-Bildplatte ohne Schutzhülle

einem ortsfesten Satteltisch mit konzentrischen Lüftungsschlitzen. Dadurch bildet sich zwischen beiden ein ca. 10 µm starkes Luftpolster. Zur Wiedergabe wird das Prinzip der Druckabtastung angewendet (Abb. 1). Der kufenförmige Diamant-Abtaster drückt die dünne Bildplattenfolie auf dem Luftpolster nach unten. Dabei werden die Erhebungen der Tiefenschrift über mehrere Wellenlängen zusammengedrückt und kehren an der scharfen Kante der Rückseite des Abtasters durch die plötzliche Entlastung in ihre Originallage zurück. Die dabei auftretenden Kräfte werden von der Diamantkufe aufgenommen und auf eine als mechanisch-elektrischer Wandler wirkende Piezokeramik übertragen, die die wechselnden Drücke in elektrische Spannungen umsetzt. Nach Verstärkung, Demodulation und entsprechende Signalaufbereitung sind die gespeicherten Bild- und Tonsignale verfügbar. Der Abtaster wird durch Zwangsvorschub über die Platte transportiert. Die Plattenrille selbst übernimmt nur die Feinführung. Da pro Umdrehung ein Fernsehbild gespeichert ist, ergibt sich bei abgeschaltetem Vorschub eine standbildartige Szenenwiederholung, wobei der Abtaster für mehrere Plattenumdrehungen in der Rille läuft, bevor er wieder auf seine Ausgangsposition zurückspringt usw. Die Spieldauer einer Platte von 21 cm Durchmesser beträgt ca. 10 min. Die TED war die erste für den Heimsektor entwickelte Bildplatte. Sie wurde von

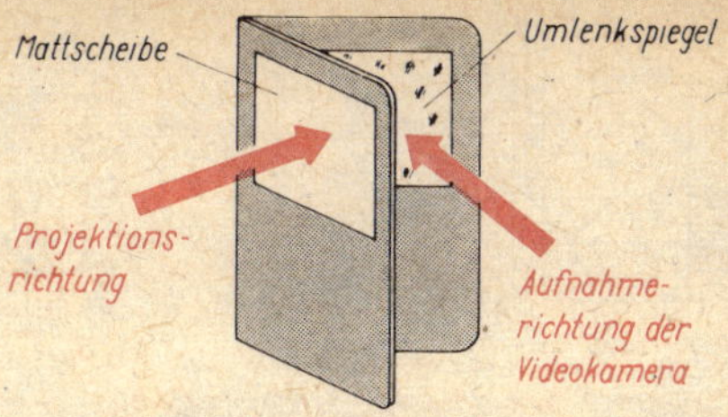

Einfacher, zusammenklappbarer *Telecine Adapter* (1) („Klappspiegel")

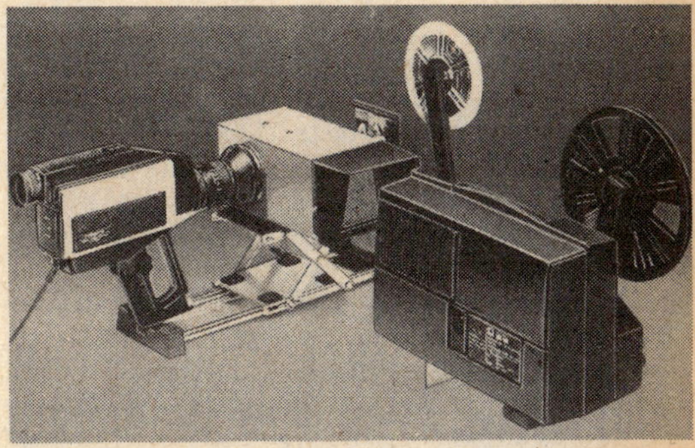

Telecine Adapter (2) mit Projektor und Videokamera

der Firma Telefunken (BRD) entwickelt und 1970 erstmals vorgestellt, 1975 in den Handel gebracht, später wieder zurückgezogen und danach nur noch für bracheninterne Informations- und Weiterbildungszwecke genutzt. Abb. – **2.** Abk. für **Tele-Dia**log: System zur telefonischen Direkterfassung und computergestützten -auswertung der Zuschauermeinungen zu einzelnen Programmbeiträgen (vorrangig für Unterhaltungssendungen) der BRD-Fernsehanstalten. Vergleichbare Methoden werden unter anderen Bezeichnungen international vielseitig für das Fernsehen genutzt. Sie beruhen allgemein auf der Alternativentscheidung (ja/nein oder Auswahl) einer repräsentativen Zuschauerzahl zu einzelnen Programmbeiträgen.

Telecine Adapter, Telecine Konverter, Film-Überspiel-Einrichtung: optischer Adapter zur Film- bzw. Diaabtastung mit einer Videokamera. Der T. wird im Strahlengang zwischen einem normalen Dia- oder Filmprojektor und der Videokamera angeordnet (Abb. 1). Das optische Bild wird vom Projektor auf die Mattscheibe projiziert, und es entsteht ein Zwischenbild. Über eine hinter der Mattscheibe angeordnete Fresnellinse (stufenförmige Sammellinse in Flachbauweise) und einen Umlenkspiegel wird das Zwischenbild seitenrichtig vom Kameraobjektiv aufgenommen. Ein kastenförmiger T. (Abb. 2) arbeitet nach dem gleichen Prinzip. Vorteilhaft ist bei diesem Adapter die direkte Ankopplung des Kameraobjektivs und die vollständig abgedunkelte Fresnellinsen-Spiegelanordnung. Die meisten T. dieser Bauart gestatten nach Umstellung eines schwenkba-

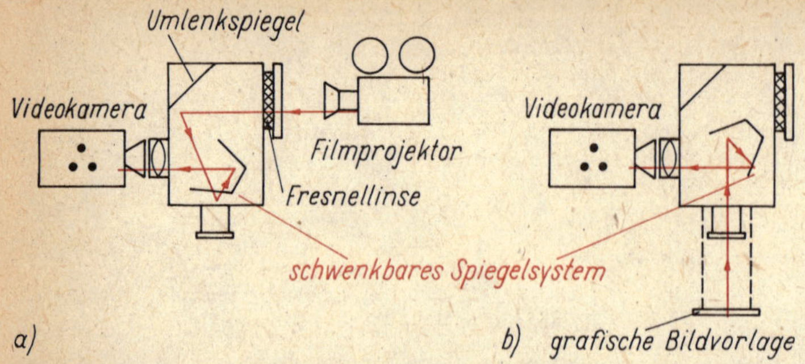

Telecine Adapter (3) mit Schwenkspiegel: a) Filmabtastung, b) Bildaufnahme von grafischer Vorlage

ren Spiegelsystems (Abb. 3b) die Bildaufnahme von beleuchteten Titel- oder anderen Bildvorlagen. Es gibt auch optische Konverter für Filmeinspielung von Projektoren, deren Ausgangsobjektiv direkt mit der Videokamera ohne Kameraobjektiv verbunden wird. T-förmig ausgeführte optische *Konverter* gestatten gleichzeitig zusätzlich zur Aufnahme des bewegten Filmbilds auch die Aufnahme einer ruhenden Bildvorlage (Titel usw.) und damit das optische Mischen beider Bilder. Abb.

Teleflipper: → Bildschirmspiel, dessen Bildgestaltung und Spielinhalt in Anlehnung an die elektromechanischen Spielautomaten für die verschiedenartigsten Geschicklichkeitsspiele („Flipper") gewählt wurde. → synthetische Bilder

Telefonadapter: Zusatzgerät, um Telefongespräche auf Tonband mitzeichnen oder über einen Zusatzlautsprecher mit Verstärker hörbar machen zu können. Der T. besteht aus einer Induktionsspule in einem nicht ferromagnetischen Gehäuse, die das magnetische Feld des im Fernsprechapparat eingebauten Tonsignalübertragers aufnimmt. Der T. wird an günstiger Stelle außen am Gehäuse des Fernsprechapparats angebracht (ohne Eingriff in die Schaltung).

Hinweis: T. dürfen zur Mitzeichnung von Gesprächen nur mit Einverständnis des Telefonpartners verwendet werden!

Telekommunikation (svw. Fernmeldeverkehr): Aussendung, Übertragung und Empfang von Nachrichten jeder Art (Nachrichtenübermittlung, Nachrichtenverkehr) – Schrift- und Grafikzeichen, Töne, Bilder, Daten – in Form elektrischer oder optischer Signale über drahtlose (Funk), drahtgebundene oder optische Übertragungswege und -einrichtungen. Bei T. unterscheidet man zwischen *Verteildiensten*, 2seitig gerichteten *Vermittlungsdiensten* (dialogfähige Systeme) und Abrufdiensten. T. i. e. S. ist die Gesamtheit neuer Formen der T., insbesondere *Textkommunikationsdienste* (elektronische Textübertragungssysteme). Einen Überblick über Textkommunikationssysteme, die bestehende Übertragungswege (Fernsehkanal und Fernsprechnetz) nutzen und abrufbare *Informationsdienste* darstellen, gibt Tabelle 2. Sie ist ein Spiegelbild der uneinheitlichen Terminologie, wobei unterschiedliche Bezeichnungen teilweise verbindlich festgelegt oder empfohlen sind, umgangssprachlich einfach gebraucht werden und oft für das gleiche technische System stehen. Tab.

Teleskopantenne: ausziehbare → Stabantenne.

Telespiel: → Bildschirmspiel

Teletex: s. Tab. 1 → Telekommunikation.

Teletext: 1. I. w. S. Gesamtheit aller Textkommunikationssysteme. → Telekommunikation – **2.** I. e. S. Bezeichnung für das einheitliche britische Fernsehtextsystem, das 1975 aus den Systemen → Ceefax und → Oracle entwickelt wurde und nach Versuchssendungen offiziell 1977 eingeführt wurde. International wird T. zur genaueren Systemkennzeichnung meist mit *UK-T.* bezeichnet. Die Fernsehgesellschaft BBC sendet T. unter dem Programmnamen Ceefax. → Fernsehtextsystem

Television: → Fernsehen

Testbild: nach spezifischen Gesichtspunkten aufgebautes Fernsehbild mit unveränderlichem, aufgabengebundenem Bildinhalt. Ein T. dient zur rationellen Kontrolle sowie zur genauen Beurteilung und Einstellung (Test) des Signalverhaltens der Fernsehübertragungskanäle. Das bezieht sich sowohl auf einzelne Kanalabschnitte (Schaltungen, Geräte, Anlagen, Verbindungswege) als auch auf den Gesamtkanal (Bildquelle bis -wiedergabeeinrichtung). Aufbau und Inhalt von T. werden *a)* vom *Umfang* der zu beurteilenden *Bildparameter* und vom *Einsatzgebiet* bestimmt. T. sind so zu gestalten, daß wesentliche Bildparameter und die dominierenden Einflußmöglichkeiten auf diese beim Test erfaßt werden können. Entsprechend existieren T. zur Beurteilung einzelner Bildparameter (z. B. → Gittertestbild für Konvergenztest) oder mehrerer Bildparameter (z. B. → Universaltestbild, schließt Konvergenztest u. a. ein). T. finden innerhalb von Bildstudioanlagen (z. B. Kameratestbild) und über den gesamten Nachrichtenkanal (→ Sendetestbild) Anwendung. Ein weiteres Kriterium ist *b)* die *Auswertbarkeit* der T. Da der Mensch die Beurteilung der T. vornimmt, sind deren Aufbau und Inhalt so zu gestalten, daß alle Details erkennbar sind und Abweichungen von den Sollwerten sofort auffallen bzw. leicht erfaßt werden können. Dazu macht man sich das spezielle Empfindungsvermögen des Menschen für Abwei-

Telekommunikation

	Verteildienst	Vermittlungsdienst	Abrufdienst
Schmalbanddienste	Hörrundfunk	Fernsprechen Fernschreiben (Telex) Bürofernschreiben (Teletex) Fernkopieren, (Faksimile, Bildtelegrafie, Telefax, Bürofax) Textfax (Text und Faksimile) Datenübertragung (Datel, Datex)	Bildschirmtext Fernsehtextsystem Fernsprech-Einzelbild
Breitbanddienste	Fernsehrundfunk Kabelfernsehen Satellitenfernsehen	Bildfernsprechen	Video-Einzelbild Bewegtbildabruf Pay-TV Kabeltext Satellitentext

Textkommunikationssysteme

Staat	Quelle der Bezeichnung	Bezeichnung		
		allgemein	nach Übertragungswegen	
			Fernsehkanal	Fernsprechnetz
international	CCIR		Teletext Broadcast Videography	
	CCITT/CEPT	Videotex	Broadcast Videotex	Interactive Videotex
BRD	DIN	Bildschirmtext	Fernsehtext (früher Teletext)	Leitungstext
	DBP			Bildschirmtext
	ARD/ZDF	Videotext		
GB (UK)		Teletext	Broadcast Teletext UK-Teletext Teletext	Interactive Teletext
	BBC		Ceefax	
	IBA		Oracle	
	Post Office			Viewdata (früher Prestel)
	CCETT	Antiope	Antiope-Didon	Antiope-Télétel Antiope-Titan

chungen von geometrischen Formen, wie Kreis oder rechtwinkligem Gitternetz, gegenüber Erscheinungen an ausgewählten Farbübergängen u. a. zunutze. Somit haben die T. lt. a) einer objektiven Komponente – Bildsignalgrößen – und lt. b) einer subjektiven Komponente – Auswertbarkeit durch den Betrachter – zu entsprechen. (Abb. einzelner spezieller Testbilder: → Gittertestbild, → Farbtestbild, → Sendetestbild und → Farbbalken). T. beruhen auf besonders bezeichneten Bildsignalen – den *Testbildsignalen*. Für deren Erzeugung und Übertragung gelten grundsätzlich die gleichen Bedingungen wie für andere Bildsignale. Sie entstehen entweder bei der lichtelektrischen Wandlung grafischer Vorlagen *(Testtafeln)* in elektronischen Fernsehkameras, bei der lichtelektrischen Wandlung transparenter Vorlagen *(Testdia, Testfilm)* in Dia- bzw. Filmabtastanlagen oder mit elektronischen Testbildgeneratoren; letzteres dominiert. Da alle → Videospeichergeräte Testbildsignale aufzeichnen können, treten sie beim Wiedergabevorgang auch als Quelle von T. auf. Da zu jedem T. ein Bildsignal gehört, kann die Beurteilung des Testbilds in jedem Fall durch eine meßtechnische Erfassung der Signalparameter ergänzt werden. Je nach Aufgabenstellung und vorhandenen Bedingungen können somit T. zum Gegenstand von Kontrolle, Test und Messung im Bildübertragungskanal werden, wobei für diese Messung i. e. S. spezielle Meßsignale zum Einsatz kommen. → Prüfzeile

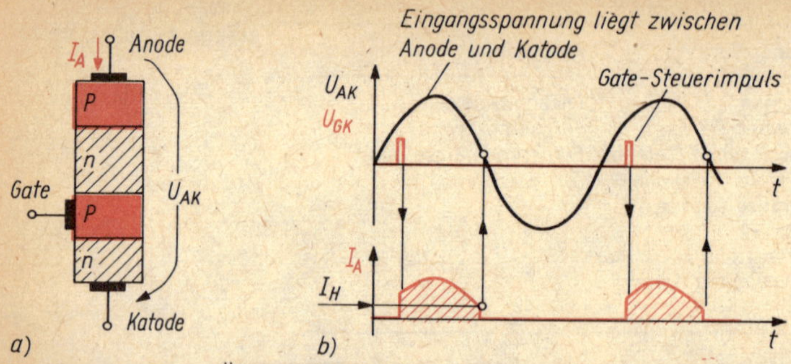

Thyristor:
a) Zonenfolge, b) Funktionsprinzip

Testkassette: zur Überprüfung, aber i. allg. nicht zur Einstellung von Kassettengeräten oder anderen Komponenten einer Ton- oder Videoanlage geeignete Spezialkassette.. Auch Kassetten mit gekürzten → Bezugsbändern (z. B. nur zur → Taumelung des Kassettenkopfs) werden als T. bezeichnet. → Meßkassette

Testschallplatte, *Prüfschallplatte:* Spezialschallplatte zum Überprüfen und Einstellen des Plattenspielers und anderer Komponenten der HiFi-Anlage (z. B. Lautsprechertest). Je nach Fabrikat kann die T. Aufzeichnungen zur Kontrolle der Stereo-Kanalzuordnung, der Kanalgleichheit, von Phasenvertauschung, des Übersprechens, des Ruhegeräuschs (Rille ohne Aufzeichnung) und der Nadelabnutzung enthalten. Aufnahmen verschiedener Musikgenres in besonders perfekter Tonqualität erlauben das Erkennen von Schwachstellen in der Anlage oder ermöglichen einen Vergleich verschiedener Tongeräte und -anlagen untereinander (→ Hörtest, → Hörvergleich).

Textur: → Magnettonband

TGL: früher Abk. für **T**echnische Normen, **G**ütevorschriften und **L**ieferbedingungen, heute Symbol (TGL) für die staatlichen, vom → ASMW für verbindlich erklärten DDR-Standards und die vom Leiter eines Betriebs oder Kombinats bestätigten Fachbereichsstandards. T. werden laufend überarbeitet und der neuesten technischen Entwicklung und Perspektive angepaßt; jeweils die letzte Ausgabe ist ab Verbindlichkeitsdatum anzuwenden. → Standard, → HiFi

Hinweis: Vielfach erfolgt eine inhaltliche Abstimmung der TGL mit internationalen Standards, insbesondere zwischen den Ländern des Rates für Gegenseitige Wirtschaftshilfe.

Thermistor, *Heißleiter, NTC-Widerstand:* nichtlineares Bauelement mit einem temperaturabhängigen → Widerstand als bestimmende Größe. Mit steigender Temperatur wird der Widerstandswert kleiner (negativer Temperaturkoeffizient), d. h., je wärmer der T. wird, desto besser leitet er den elektrischen Strom. T. dienen z. B. zur Temperaturkompensation und -messung, Arbeitspunktstabilisierung oder Einschaltstrombegrenzung.

Thermosicherung, *thermische Sicherung:* Schutzeinrichtung gegen zu große Erwärmung speziell bei Endstufentransistoren, Netztransformatoren oder Gleichrichterdioden. Bei Halbleiterbauelementen kann bei Überlastung, z. B. durch Kurzschluß oder übergroße Leistungsentnahme (übertriebene Lautstärken), ein irreversibler Wärmedurchbruch entstehen, der eine Zerstörung des Bauelements bedeutet. Transformatoren können sich bis zum Brüchigwerden der Isolation erhitzen, was Kurzschluß, gefährliche Berührungsspannung am Gerät oder sogar Brand zur Folge haben kann. T. bestehen entweder aus einer bei definierter Temperatur abschmelzenden Lötstelle an dem zu schützenden Bauteil aus einem speziellen, niedrigschmelzenden Metall (z. B. WOODsches Metall, Schmelzpunkt 60°), die den Betriebsstrom bei Erreichen der kritischen Temperatur unterbricht (auch *Rücklötsicherung*), oder es werden Thermosensoren verwendet, die beim Überschreiten der Betriebstemperatur die Betriebsspannung zeitweilig abschalten *(thermische Schutzschaltung).* Bei einigen Geräten wird ein geräuscharm laufender Kühlventilator *kurzzeitig* zugeschaltet.

Thyristor: steuerbares Halbleiterbauelement mit Vierschichtstruktur (pnpn). T. wirken wie steuerbare → Dioden. Die Steuerelektrode (Gate) ist an der inneren p-Schicht angeschlossen. Ein positiver Steuerimpuls „zündet" den gesperrten T., und er wird stromdurchlässig. Dieser Strom fließt auch ohne Steuerspannung weiter. Zum „Löschen" des T. muß der Anodenstrom (I_A) unter einen Mindestwert (Haltestrom) absinken. T. werden vorzugsweise als steuerbare Leistungsgleichrichter z. B. in Lichtorgeln, Lichtstellern, → Schaltnetzteilen und Ablenkschaltungen von Fernsehempfängern verwendet. Abb.

TID, auch TIM: Abk. für engl. **T**ransient **I**ntermodulation **D**istortion (svw. Laufzeit-Intermodulatonsverzerrungen); Impulsverzerrungen bei HiFi-Verstärkern, die auf die Laufzeit des Signals in starken Gegenkopplungen zurückzuführen sind. Das zum Eingang des Verstärkers rückgekoppelte Signal erscheint dort zeitverzögert gegenüber dem ursprünglichen Eingangssignal und führt zu Schwingungsverformungen bei impulsartigen Siganländerungen: harte Klangeinsätze klingen verwaschen. Bisher gibt es kein einheitliches Meßverfahren für TID.

Tiefeneinsteller, *Baßeinsteller:* → Klangeinsteller

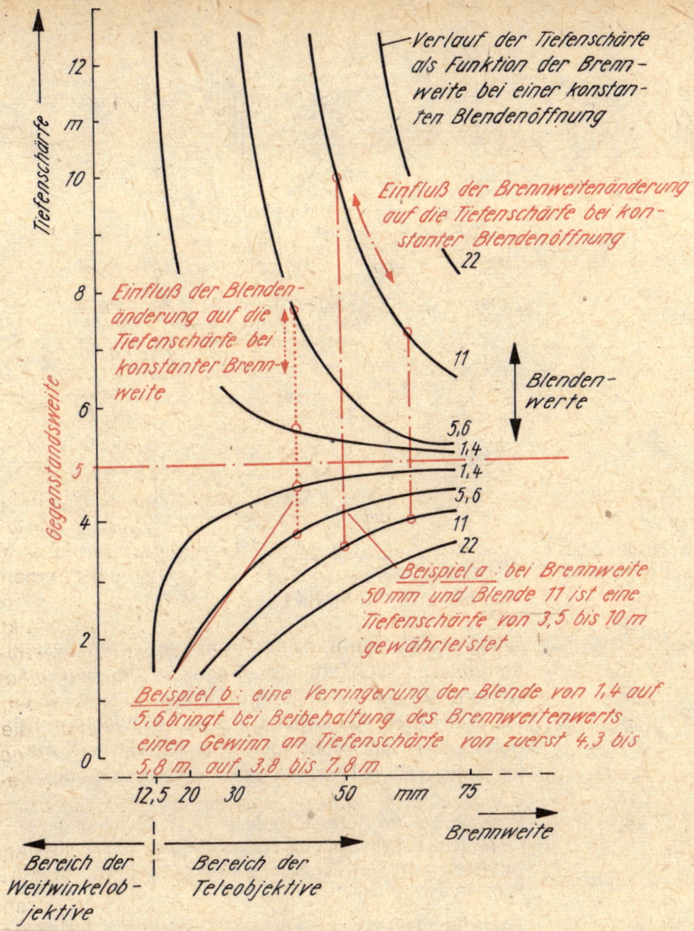

Abhängigkeit der *Tiefenschärfe* von Brennweite und Blendenzahl

zur Beeinflussung der tiefen Frequenzen im Tonsignal.

Tiefenmagnetisierung: → HiFi-Videorecorder

Tiefenmultiplex: → HiFi-Videorecorder

Tiefenschärfe, auch *Schärfentiefe:* Bezeichnung für den Bereich vor und hinter einem Gegenstand, der bei der Aufnahme mit einem → Objektiv neben dem Gegenstand selbst noch genügend scharf in der Bildebene abgebildet wird (→ Zerstreuungskreis). Die T. ist von der Entfernung Gegenstand – Hauptebene des Objektivs (Gegenstandsweite), der eingestellten → Blende und der → Brennweite des Objektivs abhängig. Abb.

Hinweis: Die T. ist grundlegend von der eingestellten Aufnahmeentfernung abhängig. Sie kann durch Verkleinern der Brennweite eines Objektivs erhöht werden (Teleobjektive bilden nur einen kleinen, Weitwinkelobjektive vergleichsweise einen großen Entfernungsbereich scharf ab). Auch durch Verkleinern der Blende kann die T. erhöht werden. Dieser Gewinn muß jedoch durch Erhöhung der Beleuchtungsstärke in der Szene oder durch eine höhere Bildsignalverstärkung bei Fernseh- und Videokameras (Rauschen steigt!) erkauft werden.

Tiefenschrift: → Schriftart

Tiefpaß: → Filter

Tieftonlautsprecher, *Baßlautsprecher,* umgangssprachlich „Tieftöner" (engl. Woofer): Lautsprecher mit großflächiger Membran und tiefliegender → Nennresonanzfrequenz, hauptsächlich zum Abstrahlen der Bässe. Der Frequenzbereich beginnt je nach Typ bei etwa 30...80 Hz und endet bei ca. 1...3 kHz. T. für sehr niedrige Frequenzen von ca. 16...200 Hz, meist teure Spezialausführungen, werden auch *Tiefbaßlautsprecher* (engl. Subwoofer) genannt. T. sind ausschließlich → elektrodynamische Lautsprecher, z. T. mit Spezialmembranen und Kühlkörpern zur Wärmeableitung. Abb. S. 556

Timeplex: serielles Farbkodierverfahren für die magnetische Farbbildaufzeichnung in einzelnen Videorecordern und für die Farbbildübertragung in Schmalbandkanälen. Beim T. wird eine zeilenserielle Übertragung mit komprimierten → Farbdifferenzsignalen in der horizontalen Austastlücke angewendet. Die Farbdifferenzsignale sind bei den üblichen Farbfernsehverfahren um den Faktor 5 ge-

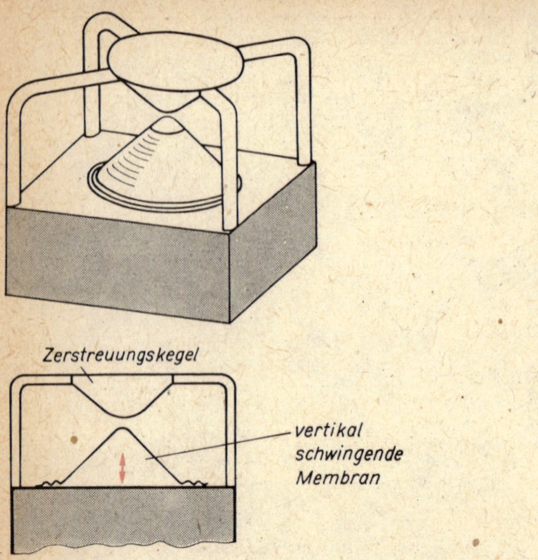

Tieftonlautsprecher: Tiefbaßlautsprecher in spezieller Bauform mit innen angetriebener Membran und feststehendem Zerstreuungskegel (20 Hz...200 Hz)

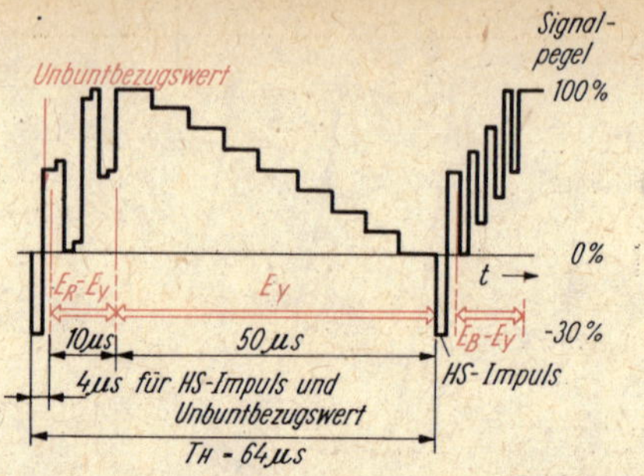

Timeplex (2): BASC-Signal (für ca 80 µs dargestellt)

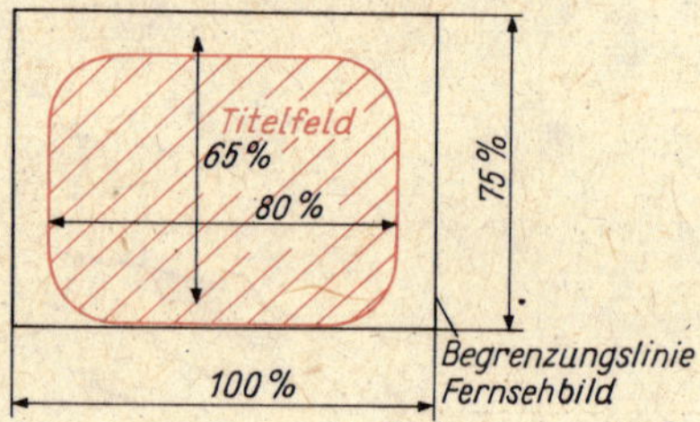

Titelfeld eines Fernsehbilds $\frac{\text{Breite}}{\text{Höhe}} = \frac{4}{3} = \frac{100\%}{75\%}$

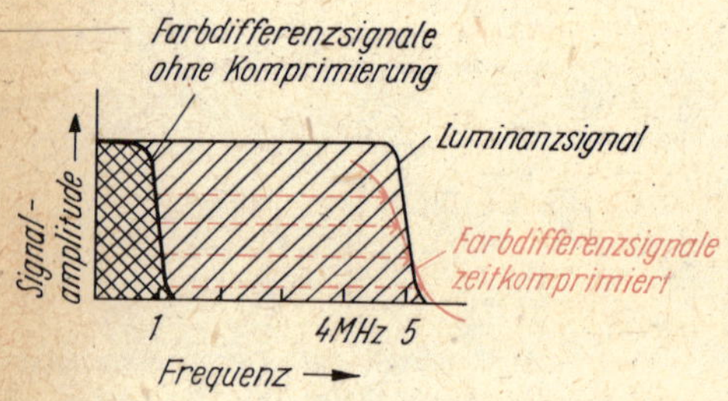

Timeplex (1): Frequenzbereich beim Timeplexverfahren

genüber dem → Leuchtdichtesignal (Luminanzsignal) bandbreitenreduziert (ca. 1 MHz). Ohne Qualitätsverlust können die Farbdifferenzsignale um den gleichen Faktor 5 zeitlich komprimiert werden. Mit Hilfe von CCD-Ketten werden die zeilenseriellen Farbdifferenzsignale ($E_R - E_Y$) und ($E_B - E_Y$) von jeweils 52 µs auf 10 µs zeitlich zusammengedrückt. Nach der Kompression weisen sie die gleiche Bandbreite wie das Leuchtdichtesignal auf (Abb. 1) und werden diesem auf der verbreiterten hinteren Schwarzschulter zugemischt. Das Luminanzsignal wird auf 50 µs verkürzt. Die Abb. 2 zeigt ein T.-Signal (BASC-Signal). Zur magnetischen Speicherung wird das komplette BASC-Signal frequenzmoduliert aufgezeichnet. Vorteilhaft bei T. ist, daß Interferenzstörungen zwischen Chrominanz- und Luminanzsignal nicht auftreten. → 8 mm-Video, → Farbfernsehverfahren (Abb.)

Timer: → Schaltuhr

Tiptaste: → Kurzhubtaste

Tischgerät: → Fernsehempfänger, der auf Grund seiner Größe und seines Aufbaus einen festen Standplatz (Tisch, Ständer, Regal, in der Schrankwand usw.) zur Aufstellung erfordert. T. sind i. d. R. mit Bildröhren ausgerüstet, deren → Bildschirmdiagonale über 50 cm beträgt. → Standgerät, → Kofferfernsehgerät, → Farbportable, → Betrachtungsabstand

Hinweis: Bei der Aufstellung eines T. ist unbedingt die erforderliche Luftzirkulation zu gewährleisten. Das gilt insbesondere für größere T., die einen Platz in Schrankwänden, Regalen usw. erhalten.

Titelfeld: Teil des → Fernsehbilds, der auf einem Fernsehempfänger auch noch bei gewissen Abweichungen von einer ordnungsgemäßen Einstellung (zu große Ablenkamplitude) wiedergegeben wird. Alle für das Verständnis unerläßlichen Bildteile (Titel, Untertitel, Schrifteinblendungen u. a. visuelle Informationen) müssen innerhalb des T. positioniert werden. → Aktionsfeld (Abb.)

Tituslichtröhre, auch Titusröhre: Elektronenstrahlröhre, die im Zusammenhang mit einer lichtstarken Projektionslichtquelle zur Fernsehprojektion eingesetzt werden kann. Das von der Projektionslampe (z. B. Xenonlampe) ausgehende Licht wird über einen Polarisator zu einem Kristall in der T. geleitet. An diesem Kristall – hier auch als Target bezeichnet – liegt das Bildsignal an. Trifft der von der Katode ausgehende abgelenkte Elektronenstrahl den Kristall, laden sich die Auftreffpunkte entsprechend der momentan anliegenden Bildsignalspannung kurzzeitig unterschiedlich stark auf. Die momentane örtliche Aufladung bewirkt eine Veränderung der Lichtstärke des Projektionslichts (Lichtmodulation). Dieser Vorgang beruht auf dem sogenannten *Pok-*

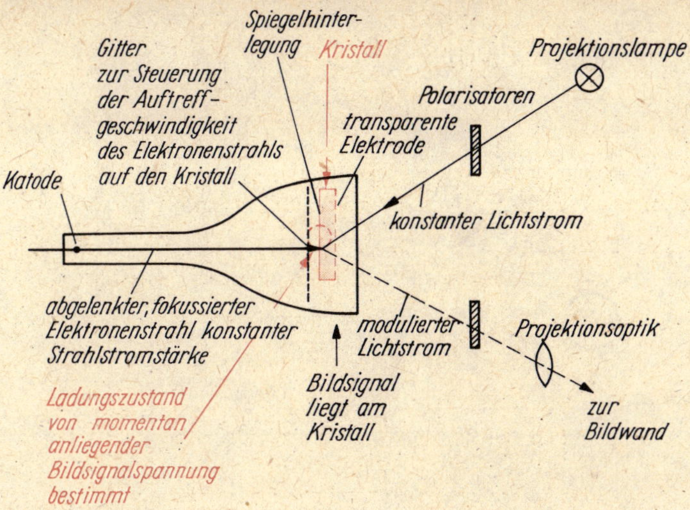

• Funktionsweise der *Tituslichtröhre*

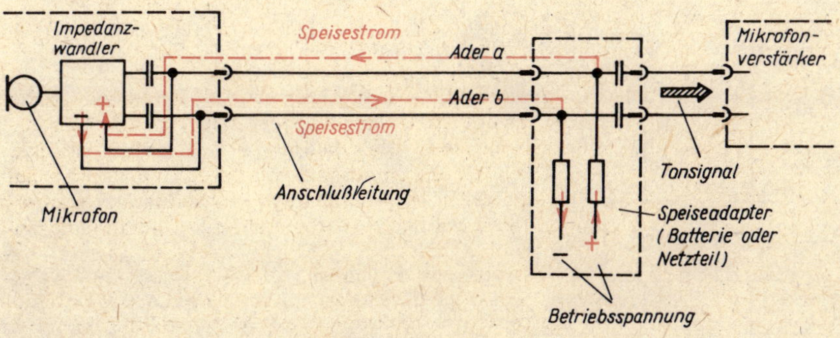

Tonaderspeisung eines Kondensatormikrofons

kelseffekt (longitudinaler elektro-optischer Effekt in einkristallinen Blättchen). Das modulierte Projektionslicht wird vom Kristall reflektiert und über einen zweiten Polarisator, sowie geeignete Projektionsoptiken zur →Bildwand geleitet. Für die Projektion von Farbfernsehbildern müssen 3 von den →Farbwertsignalen gesteuerte T. mit entsprechend vorgesetzten →dichroitischen Spiegeln eingesetzt werden. Abb.

Toleranzkanal: →Amplitudenfrequenzgang

Ton: 1. *(physikal.-akust.)* Hörschall mit harmonischem (sinusförmigem) Schwingungsverlauf, zur besseren Unterscheidbarkeit auch als *reiner Ton* bezeichnet. Reine T. kommen in der Natur praktisch nicht vor und können auch mit technischen Mitteln nur angenähert erzeugt werden (Tongeneratoren). – **2.** *(musikal.-akust.)* Gemisch aus *Grundton* (tonhöhebestimmend), harmonisch mitklingenden *Obertönen* (ganzzahlige Vielfache des Grundtons) und Geräuschanteilen, die für eine Schallquelle charakteristisch sind; Schall mit bestimmter →Tonhöhe. Grundton und einzelne Obertöne werden auch als *Teiltöne (Partialtöne)* bezeichnet.

Hinweis: Weil die Bezeichnung T. (auch →Klang, →Geräusch) in verschiedenen Begriffsfamilien gebraucht wird, kann es leicht zu Verwechslungen kommen. Sie wird selbst in elektroakustischen Bezeichnungen nicht immer konsequent verwendet (Tongenerator: reiner T./Tonsignal: musikalischer Ton). Im Zweifelsfall muß man am physikalischen Sachverhalt überdenken, was gemeint sein kann.

Tonabnehmer: 1. *(Musikinstrument)* mechanisch-elektrischer Wandler für Schwingungen von Instrumentensaiten (z. B. Elektrogitarre) in ein Tonsignal, um dieses über einen Lautsprecher hörbar zu machen oder es zur Weiterverarbeitung einem →Tonmischpult zuzuführen. – **2.** *(Plattenspieler)* umgangssprachliche Bezeichnung für das →Abtastsystem.

Tonaderspeisung: Versorgung, hauptsächlich von Kondensatormikrofonen, mit der erforderlichen Betriebsspannung über die symmetrischen Tonsignaladern. Die T. bringt den Vorteil, daß die Mikrofonleitung nur 2adrig zu sein braucht. An Mikrofonleitungen mit T. dürfen keine dynamischen Mikrofone angeschlossen werden, weil sie zerstört werden können. T. erfordert besonders gute Glättung der Betriebsspannung, weil Brummanteile direkt an den Mikrofonverstärker gelangen. In der Mikrofonleitung dürfen die Adern nicht vertauscht werden. →Phantomspeisung (Abb.)

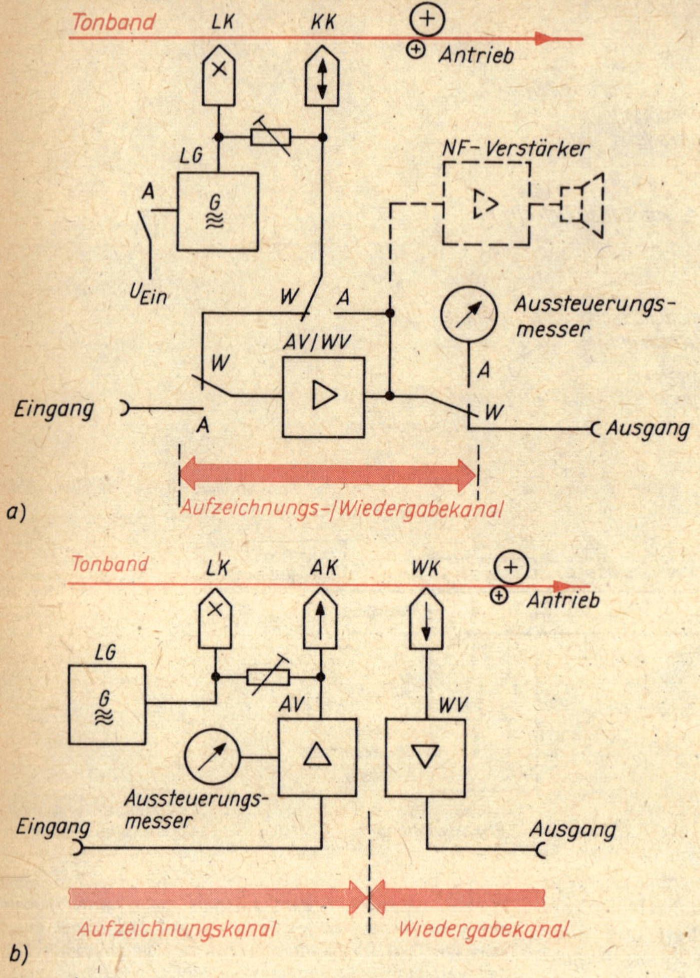

Legende:

LK	Löschkopf	LG	Löschgenerator
AK	Aufzeichnungskopf	AV	Aufzeichnungsverstärker
WK	Wiedergabekopf	WV	Wiedergabeverstärker
KK	Kombikopf	A	Aufzeichnung
		W	Wiedergabe

Tonbandgerät (1): Kanalelektronik eines Tonbandgeräts, vereinfacht;
a) Gerät mit Kombikopf,
b) Gerät mit getrenntem Aufzeichnungs- und Wiedergabekopf oder Verbundkopf

Tonarm: → Tragarm

Tonaufnahme: **1.** Umwandlung von Schall in ein elektrisches Tonsignal mit Mikrofonen, → Mikrofonaufnahme. – **2.** Umgangssprachlich für die Aufzeichnung von Tonsignalen auf Magnetband, → Magnettonverfahren.

Tonband: → Magnettonband

Tonbandgerät, *Magnettongerät* (engl. Tape Recorder): Gerät, bestehend aus mechanischen und elektronischen Baugruppen zum Aufzeichnen von Tonsignalen auf Magnettonband und deren Wiedergabe. *Spulen-T.* (engl. *Reel-to-Reel Recorder*) arbeiten mit abnehmbaren Tonbandspulen, *Kassetten-T.* (engl. *Cassette Recorder*) mit auswechselbaren → Tonbandkassetten. Außerdem werden von professionellen Anwendern *Studio-T.* mit freitragenden Tonbandwickeln auf einem Wickelkern (Bobby) verwendet. Die Hauptunterschiede liegen in der Ausführung des Laufwerks mit der zugehörigen Steuerung, der Bandgeschwindigkeit und der Anzahl der Magnettonspuren. Die Bedeutung der Spulen-T. geht in Heimtonanlagen zugunsten der Kassettenrecorder stark zurück und verlagert sich immer mehr zu besonders qualitätsbewußten und halbprofessionellen Anwendern. Weil es diesen hauptsächlich auf die bessere Speicherqualität bei größerer Qualitätsreserve und die günstigeren Bearbeitungsmöglichkeiten der Bänder ankommt, domi-

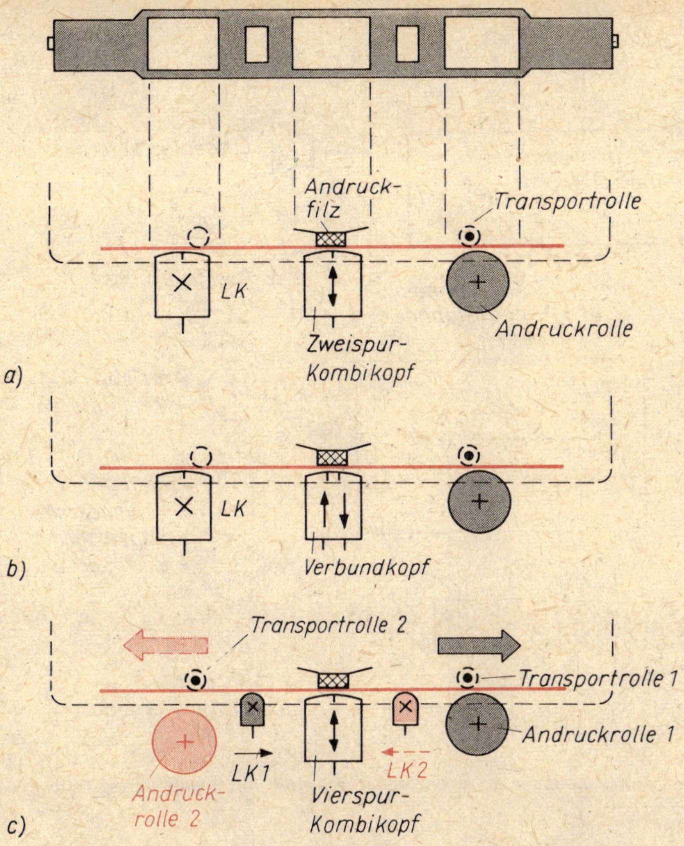

Tonbandgerät (2):
Anordnung der Köpfe und der Bandantrieb bei Kassetten-Tonbandgeräten;
a) Gerät mit Kombikopf,
b) Gerät mit Verbundkopf,
c) Auto-Reverse-Laufwerk

nieren Spulen-T. mit → Zweispuraufzeichnung (Stereo-Doppelspur), großen Spulen und hohem Bedienungskomfort. Aber auch viele Geräte mit → Vierspuraufzeichnung sind noch in Betrieb, die z. T. auch → Playback ermöglichen. Spulen-T. werden auch für Senkrechtbetrieb gebaut. Vorteilhaft ist dabei das leichtere Bandeinlegen, die raumsparende Unterbringung in schmalen Regalen und der besser zu beobachtende Bandlauf. Kassetten-T. sind kleiner, leichter und i. allg. einfacher zu handhaben als Spulen-T. Beide Arten werden als HiFi-T. gebaut, so daß sie – eine entsprechende Bandsorte vorausgesetzt – den HiFi-Standard erfüllen. Während Kassetten-T. nur mit einer Bandgeschwindigkeit (Kompaktkassette: $v_B = 4{,}76$ cm/s) arbeiten, sind bei Spulen-T. meist mehrere Geschwindigkeiten vorgesehen. Bei neueren Geräten sind vorrangig die Kombinationen 19,05/9,53 cm/s, seltener auch 4,75 und 2,38 cm/s, bei Spitzengeräten auch 38,1/19,05 cm/s anzutreffen. Kassetten-T. werden sowohl für Zweispuraufzeichnung (Mono), als auch für Vierspuraufzeichnung (Stereo) gebaut. Stationäre Geräte werden vorwiegend aus dem Netz betrieben. Kassetten-Abspielgeräte für den Pkw-Einbau oder tragbare Geräte arbeiten mit Batterien, letztere sind meist mit einem zusätzlichen Netzteil ausgerüstet (→ Radiorecorder, → „Walkman"). Bei Spulen-, wie auch bei Kassetten-T. der Spitzenklasse entspricht der Bedienungskomfort meist dem professioneller Geräte. Die wichtigsten Baugruppen eines T. sind das → *Tonbandgeräte-Laufwerk* mit der zugehörigen mechanischen, elektromechanischen oder elektronischen Steuerung *(Steuerelektronik)*, die Magnetköpfe und die *Kanalelektronik (Signalelektronik)*. Zu dieser zählen die → Aufzeichnungsverstärker und → Wiedergabeverstärker sowie der → Löschgenerator, der auch zur Erzeugung des → Vormagnetisierungsstrom dient. Außerdem werden die oft vorhandenen Baugruppen eines → Kompanders, Pausenrauschsperren (→ Muting-Schaltung 3), 4)), die → Aussteuerungsmesser und → Aussteuerungsautomatiken, sowie die nur z. T. vorhandenen NF-Verstärker zur Kanalelektronik gezählt. Die größere Zahl aller T. ist heute stereotüchtig und darum 2kanalig aufgebaut. Bei den meisten Kassetten-T. wird je Kanal nur ein Verstärker benutzt, der zwischen Aufzeichnung und Wiedergabe umgeschaltet wird, und ein gemeinsamer Magnettonkopf (Kombikopf). Bei hochwertigen Spulen-T., immer öfter auch bei Kassettengeräten, sind dage-

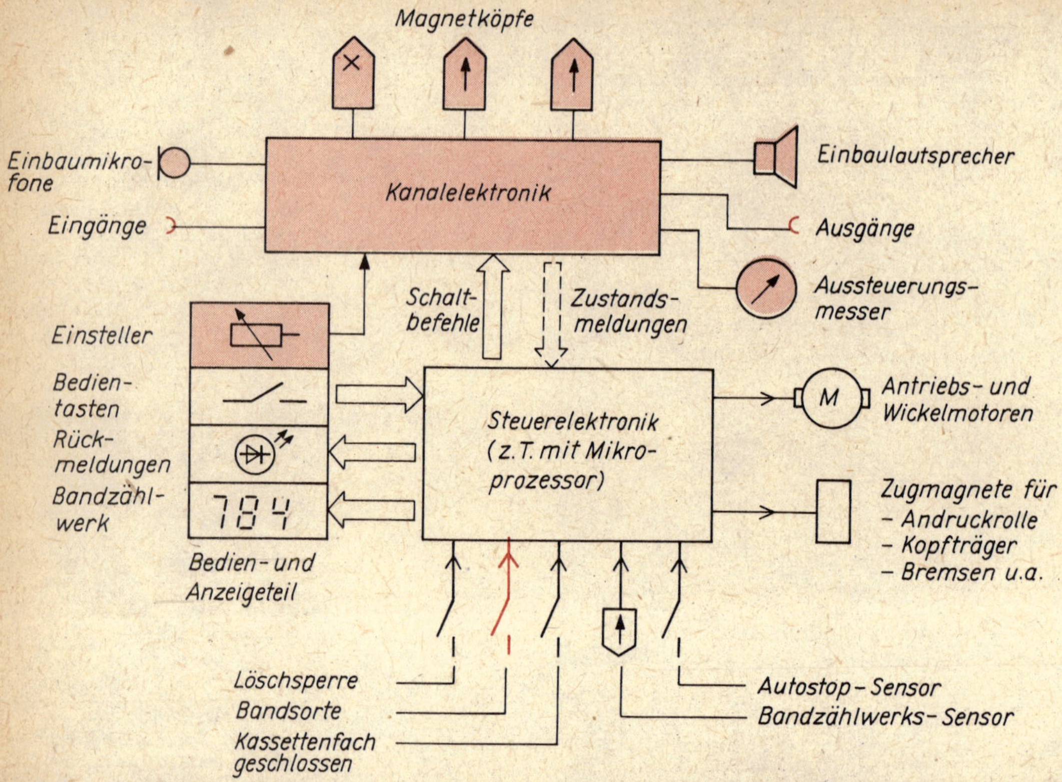

Tonbandgerät (3): Zusammenwirken der wichtigsten Baugruppen bei einem modernen, elektronisch gesteuerten Tonbandgerät

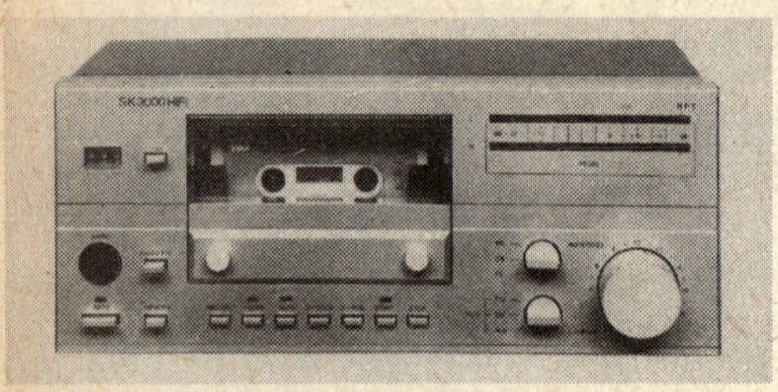

Tonbandgerät (4): Kassettentonbandgerät

gen getrennte Aufzeichnungs- und Wiedergabekanäle zu finden. Solche Geräte sind entweder mit je einem Aufzeichnungs- und Wiedergabekopf (→Tri-Tracer), oder mit einem → Verbundkopf ausgerüstet. Die Köpfe lassen sich dabei optimal auslegen, und auch →Hinterbandkontrolle wird möglich. Bei vielen Kassetten-T. ist ein sogenanntes →Auto-Reverse-Laufwerk eingebaut, das den Bandtransport in beiden Laufrichtungen ermöglicht, ohne die Kassette umlegen zu müssen. Während das T.-Laufwerk hauptsächlich für einen gleichmäßigen Bandtransport an den Köpfen, sowie für das Wickeln der Bänder zu sorgen hat, übernimmt die Kanalelektronik die →Löschung des Bands vor jeder Aufzeichnung sowie die qualitätsgerechte Aufbereitung der Tonsignale bei Aufzeichnung und Wiedergabe (→ Magnettonverfahren, → Magnettonentzerrung). Immer stärker setzt sich bei T. die Logik- bzw. Mikrorechnersteuerung und der Mehrmotorenantrieb durch. Die mechanischen Baugruppen werden zurückgedrängt, die technischen Möglichkeiten erweitert und der Bedienungskomfort erhöht. Hohe Zuverlässigkeit, lange Lebensdauer und Wartungsarmut zeichnen derart gesteuerte Laufwerke aus. Die wichtigsten Forderungen an HiFi-T. nach TGL 28660/04 und DIN 45500/Bl. 4, die immer im Zusammenhang mit den vorgesehenen →Magnettonbändern gelten, sind ein Übertragungsbereich von 40 Hz…12,5 kHz „über alles" (Abb. c →Amplitudenfrequenzgang), ein Fremdspannungsabstand von ≧ 48 dB (TGL) bzw. ≧ 46 dB (DIN) und ein Teil-Klirrfaktor von $k_3 \leqq 3\,\%$ (→ Klirrfaktor). Die Abweichungen von der Soll-Bandgeschwindigkeit dürfen nicht größer sein als ± 1,5 %, die Gleichlaufschwankungen müssen unter 0,2 % liegen. Spitzen-T. erreichen Werte unter 0,05 % und einen wesentlich breiteren Übertragungsbereich bei hohen Frequenzen. Mit einem eingebauten Kompander werden auch die vorgegebenen Werte des Störabstands z. T. erheblich überschritten. Abb. S. 558 bis S. 562

Tonbandgerät (5):
Spulentonbandgerät, auch für Senkrechtbetrieb

Tonbandgerät (6):
tragbares professionelles Spulentonbandgerät, z. B. als Reportergerät beim Rundfunk

Tonbandgeräte-Laufwerk, *Tonband-Laufwerk,* Transportwerk: Gesamtheit der Antriebs-, Bandführungs- und Bedienelemente einschließlich der Steuerung bei einem Tonbandgerät, die für den Bandtransport erforderlich sind. Weil die Magnetköpfe den ordnungsgemäßen Bandlauf entscheidend mitbeeinflussen, muß man sie, was den Bandantrieb betrifft, zum T. hinzurechnen. Bei einem T. werden 4 grundlegende *Laufwerksfunktionen (Betriebsarten)* unterschieden (Abb. 1). *a) Bandtransport bei Aufzeichnung oder Wiedergabe:* Das Band wird von einer mit gleichmäßiger Drehzahl rotieren-

Tonbandgerät (7): erstes Heim-Tonbandgerät der DDR: das BG 19 aus dem Jahre 1952

den *Transportrolle* mit konstanter → Bandgeschwindigkeit bewegt. Die hierzu erforderliche Reibung wird dadurch erzielt, daß das Band von einer frei mitlaufenden *Gummiandruckrolle* gegen die Transportrolle gedrückt wird. Das Band spult sich dabei von einem leicht gebremsten Bandwickel *(Rückwickel)* ab und wird nach Passieren der Köpfe und der Tranportrolle auf dem *Vorwickel* wieder aufgespult. Bei der Kanalelektronik (→ Tonbandgerät) ist der Aufzeichnungskanal einschließlich des Löschgenerators oder/und der Wiedergabekanal eingeschaltet. *b) Schneller Rücklauf (Rückspulen):* Der Rückwickel wird angetrieben, die Andruckrolle ist abgeschwenkt und das Band von den Köpfen abgehoben. Damit sich ein stabiler Rückwickel bilden kann, wird der Vorwickel leicht gebremst. Die Kanalelektronik ist i. allg. außer Betrieb. *c) Schneller Vorlauf (Vorspulen):* Der Antrieb erfolgt wie unter b), nur wird der Vorwickel angetrieben. *d) Halt (Stop):* Das Band steht still und ist von den Köpfen abgehoben. Beide Wickel werden durch mechanische Reibungsbremsen oder elektronisch gebremst. Die Kanalelektronik ist außer Betrieb. Zusätzliche Laufwerksfunktionen sind *Pause* (→ Pausentaste) und die Betriebsarten → *Cue* und → *Review.* Bei den T. muß zwischen Spulen- und Kassettenlaufwerken unterschieden werden. Bei Spulenlaufwerken werden die → Tonbandspulen auf die aus dem Gerät ragenden Wickelachsen mit Dreizack aufgesteckt und z. T. verriegelt. Dann wird das Band in die Laufzone an den Köpfen und zwischen Transport- und Andruckrolle eingelegt. Bei Aufzeichnung und Wiedergabe wird es automatisch an die Köpfe herangeführt und durch → Bandführungen sicher geleitet. Bei Kassettenlaufwerken wird die Kassette in ein Kassettenfach eingelegt und dabei – oder beim Schließen desselben – über Wickelachsen, die Transportrolle und 2 Führungsstifte geschoben, die die genaue Lage der Kassette zur Transportrolle und den Köpfen fixieren. Bei Aufzeichnung und Wiedergabe werden die Köpfe und die Andruckrolle mit Hilfe eines schlittenförmigen Kopfträgers in die Kassettenöffnungen hineingeführt. Die Bandführung wird hauptsächlich von der Kassette selbst übernommen. Das führt bei einfachen Geräten und minderwertigen Kassettenausführungen zu erhöhter Gefahr von → Bandlaufstörungen. Zur Verbesserung des Kontakts zwischen Band und Tonkopf wird bei vielen Spulenlaufwerken das Band mit einem federnd angebrachten Filzklötzchen *(Andruckfilz)* oder einem Andruckband bei Aufzeichnung und Wiedergabe gegen den Tonkopf gedrückt. Bei Kompaktkassetten ist dieser Andruckfilz Bestandteil der Kassette. Einfache Tonbandgeräte werden bei allen Laufwerksfunktionen von nur einem Motor angetrieben (Abb. 2a). Der Antrieb der Schwungmasse mit Transportrolle erfolgt dabei i. allg. über einen Riemen oder/und Gummireibräder. Dabei läßt sich bei Spulentonbandgeräten über eine Stufenscheibe auch die Bandgeschwindigkeit umschalten (→ Reibradantrieb). Die Wickel werden durch Zwischenräder bzw. Riemen über → Wickelkupplungen angetrieben. Die mechanischen Lösungen sind sehr vielfältig. Die Steuerung der Antriebselemente, die Betätigung der Laufwerksbremsen, der Andruckrolle und des Kopfträgerschlittens geschieht von den Bedientasten aus vorwiegend über Zugstangen, Hebel und Schieber. Teilweise werden auch Zugmagnete verwendet. Die vielen mechanisch bewegten Teile sind recht störanfällig, verschleißen schnell (z. B. Bremsklötzchen, Kupplungsbeläge) und bedürfen darum regelmäßiger Wartung. Immer stärker setzt sich daher bei T. die *elektronische Laufwerkssteuerung* mit → Mehrmotorenantrieb und *Solenoidtechnik* (Kraftmagnete) durch. Die Befehlsverarbeitung erfolgt dabei digital

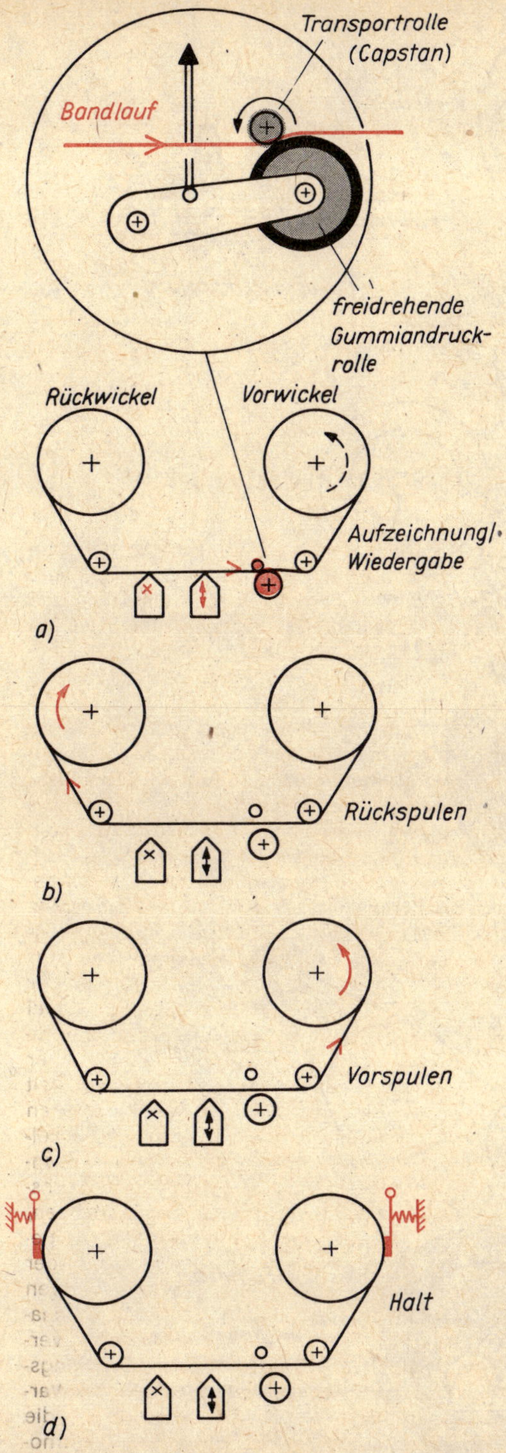

Tonbandgeräte-Laufwerk (1): Betriebsarten eines Laufwerks

in Logikschaltungen, die aus digitalen Schaltkreisen zusammengesetzt sind, neuerdings immer mehr auch mit Hilfe von Mikrorechnern. Bei Spulentonbandgeräten mit elektronischer Steuerung wird auch die Bandgeschwindigkeit einschließlich der →Magnettonentzerrung elektronisch umgeschaltet. Bei elektronisch gesteuerten Dreimotorenlaufwerken für Kassetten werden i. allg. 3 Zugmagnete verwendet, um die Laufwerksfunktionen zu steuern. Der *Hauptmagnet* bringt den Kopfträger und die Andruckrolle bei Aufzeichnung und Wiedergabe in Arbeitsstellung. Mit dem *Cue-Magneten* werden die Pausenfunktion und die Betriebsarten Cue und Review gesteuert; dazu hebt er die Andruckrolle geringfügig ab. Ein dritter Magnet dient dem Kassettenauswurf. Alle anderen Funktionen, wie z. B. schnelles Umspulen oder Bremsen, werden über die Betriebsspannung der Motoren gesteuert. Weil alle Magnete an den Stellen angeordnet sind, an denen die Kräfte unmittelbar angreifen sollen, entfallen Gestänge und Übersetzungshebel, und die mechanischen Teile werden auf ein Minimum reduziert. Elektronische Steuerungen lassen auch echte Rückmeldungen von Laufwerksfunktionen zu. Z. B. leuchtet der Indikator für Aufzeichnung erst dann auf, wenn der Löschgenerator voll betriebsfähig ist und die Bandgeschwindigkeit ihren Sollwert erreicht hat. Durch verschiedene Sensoren, die z. B. das geschlossene Kassettenfach, eine ausgebrochene Löschsperre, das Bandende, Bandriß oder sonstige Bandlaufstörungen an Rechner oder Schaltlogik signalisieren, können Kontrollfunktionen verwirklicht werden, und eine Fehlbedienung des Geräts ist fast ausgeschlossen. Das wird auch dadurch mit gesichert, daß eine Elektroniksteuerung die eingegebenen Bedienbefehle in der richtigen Reihenfolge abarbeitet. Wird z. B. der Befehl „Wiedergabe" während des schnellen Umspulens eingegeben, so wird er zunächst gespeichert, das Laufwerk automatisch auf Halt geschaltet, und erst nach Bandstillstand wird die Wiedergabe gestartet. Elektronische Laufwerkssteuerungen erlauben die Verwendung von Tip- oder Sensortasten; das Laufwerk kann drahtlos, oder über ein Kabel in allen Funktionen fernbedient oder von einer Zeitschaltuhr zu programmierbaren Zeiten gestartet werden. Auch die Umschaltung der Kanalelektronik, z. B. bei Aufzeichnung und Wiedergabe, Stummschaltung des Signals während des Betriebsartenwechsels und die Einschaltung von Kompandern, Filtern u. ä. übernimmt die Elektronik. Beim Abschalten des Geräts bleiben bei Verwendung eines Mikrorechners die gewählten Funktionen gespeichert und sind bei Wiederinbetriebnahme sofort präsent. Titelsuchautomatiken und automatische Arbeitspunkteinstellung (→ ATRS) lassen sich leicht verwirklichen, ebenso wie automatisches Nullsetzen des elektronischen Bandzählwerks am Bandanfang. Kassettenlaufwerke werden immer häufiger unter Zusam-

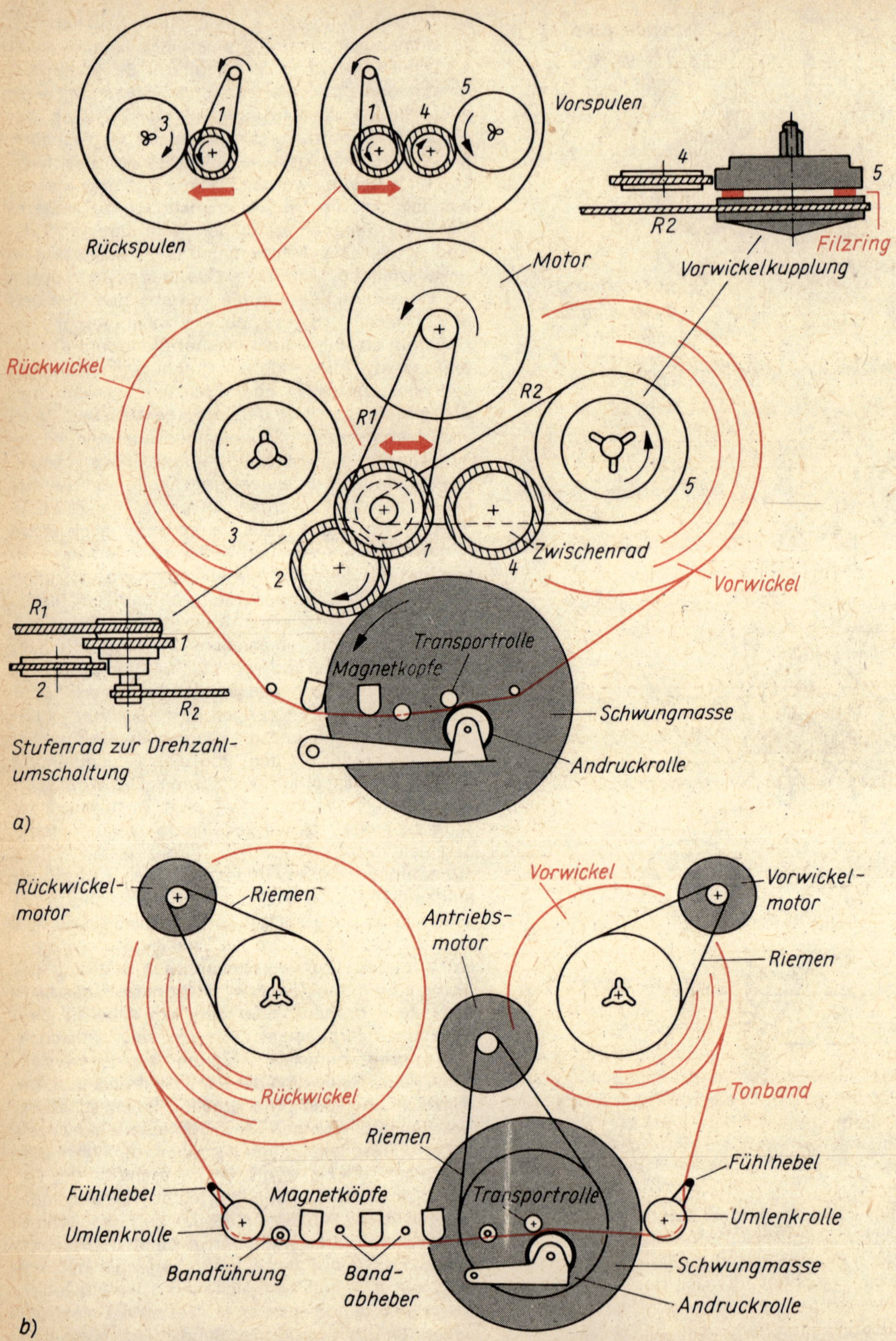

Tonbandgeräte-Laufwerk (2): a) Einmotorenlaufwerk, b) Dreimotorenlaufwerk

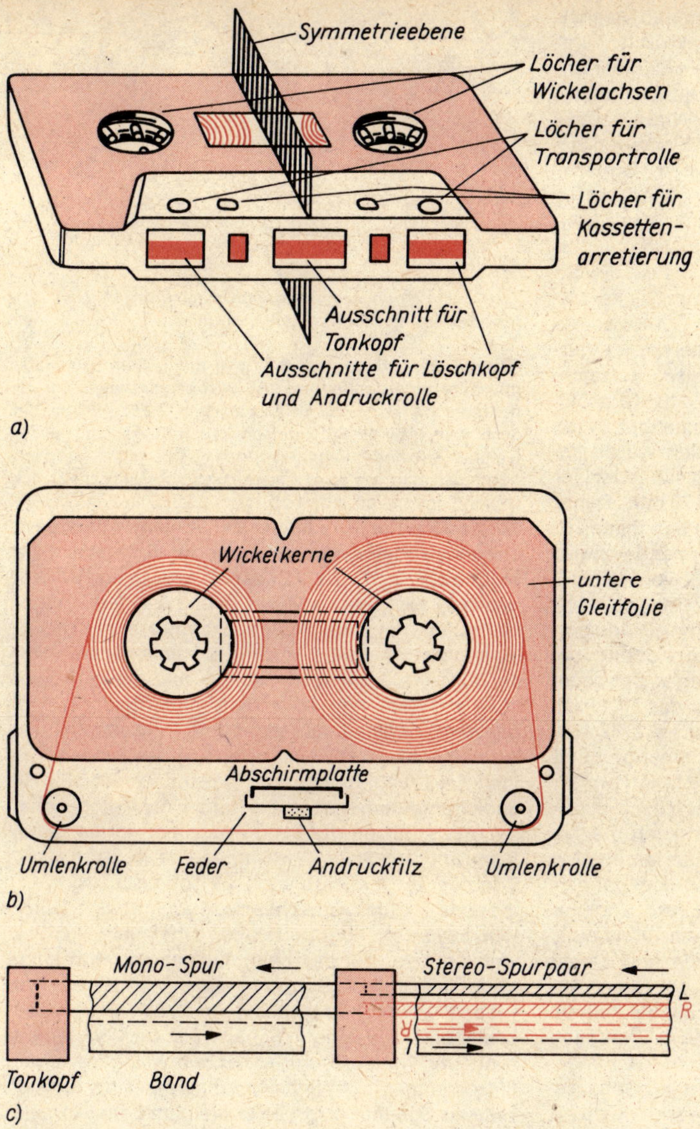

Tonbandkassette:
a) symmetrischer Aufbau einer Kompaktkassette,
b) Inneres einer Kompaktkassette,
c) wegen der gewählten Spurlage sind Kompaktkassetten bei Mono- und Stereoaufzeichnung kompatibel (Blick auf die Spuren)

menfassung der Zugmagnete und Motoren mit dem Chassis als mechanische Kompakteinheit aufgebaut *(integrierte Mechanik)*. Dabei werden z. T. spezielle Plastwerkstoffe verwendet. Das erlaubt eine rationelle Fertigung bei funktionsgerechter Gestaltung und ergibt gute Langzeitstabilität. Das Laufwerk arbeitet geräuschärmer und wird leichter. → DLL, → Auto-Reverse-Laufwerk, → Magnettonverfahren, → Doppelcapstanantrieb, → Capstanantrieb, → Antriebsmotor, → Motorregelschaltung, → Isolated Loop-Bandführung, → Omegaantrieb, → Bandzugkraft, → Bandendabschaltung, automatische, → Bandstellenfindung, automatische (Abb.)

Tonbandkassette, *Audiokassette,* kurz *Kassette* (engl. *Cassette*): Vorratsgehäuse mit standardisierten Abmessungen und Bandantriebspunkten und einem auf Wickelkernen aufgespultem Magnettonbandvorrat. Die international weitaus größte Verbreitung hat die im Jahre 1963 von der Firma Philips entwickelte *Kompaktkassette* mit 3,81 mm breitem Tonband und der einheitlichen Bandgeschwindigkeit von 4,76 cm/s gefunden. Sie ist eine Wendekassette und wird in den Konfektionierungen *K 60 (C 60), K 90 (C 90)* und *K 120 (C 120)*, bei Verwendung als → Demonstrationskassette oder für Spezialzwecke auch mit kürzerer Laufdauer hergestellt (Zahl: maximale Laufdauer in Minuten). Das Gehäuse der Kompaktkassette enthält Öffnungen zum

Antrieb des Bands, für das Einschieben der Magnetköpfe und auf der Rückseite für elektrische Umschaltungen des Kassettenrecorders (→ Bandsortenumschaltung, → Aufzeichnungssperre). Sie enthält außer den beiden Bandwickeln auf Wickelkernen mit sternförmigen Achslöchern die Elemente zur gleichmäßigen Bandführung (Gleitfolien, Umlenkröllchen, Spezialmechaniken und den Andruckfilz zur Erzeugung eines definierten Band-Kopf-Kontakts). Der *Kassettentyp* nach der kennzeichnenden Beschriftung bezieht sich vor allem auf das verwendete → Magnettonband, seltener auf spezielle mechanische Ausführungsformen (→ SM-Kassette). Durch die gewählte Spurlage (bei Stereo: → Vierspuraufzeichnung, bei Mono: → Zweispuraufzeichnung) sind Stereo- und Mono-bespielte Kompaktkassetten bei gleicher Laufdauer kompatibel. Auch die Speicherung von 4 Quadrosignalen wurde bereits verwirklicht, dabei beträgt die Breite jeder der insgesamt 8 Spuren aber nur noch 0,25 mm. Daher mußten infolge unvermeidlichen Bandflatterns, durch Spurfehler und geringen Störabstand von der Speicherqualität Abstriche gemacht werden. Bei Stereospeicherung auf Kompaktkassetten mit Chromdioxidband oder hochwertigen Produkten auf Eisenoxidbasis ist HiFi-Qualität erreichbar; bei der K 120-Kassette bedarf es dazu wegen der sonst zu geringen Dicke der Magnetschicht des Einsatzes von Reineisenband. Man unterscheidet zwischen *Leerbandkassetten* für eigene Aufzeichnungen und den industriell bespielten → *Musikkassetten*. T. konnten im Laufe der Entwicklung elektrisch durch Einsatz neuer Magnetbandsorten und auch mechanisch erheblich verbessert werden. So lassen sich durch zusätzliche Bandführungen mit sogenannter *Skew-Einstellung* (engl., Schräglauf-Einstellung) zur Erzielung eines flatterfreien, geraden Bandlaufs, durch vergrößerte Bandführungsrollen und einem auf einer Rollenfeder gelagerten, breiteren Andruckfilz wesentlich verbesserte Bandlaufeigenschaften erreichen. Durch Einsatz von Gleitfolien mit reibungsarmen Noppenprofil im Zusammenhang mit besonders präzise gefertigten Gehäuseschalen *(High Precision Mechanism)* werden gleichmäßigere Bandwickel und ein leichter Bandlauf erzielt. Der internationale Trend bei der T.-Entwicklung geht in Richtung kleinerer Kassetten mit niedrigerer Bandgeschwindigkeit (v_B = 2,4/1,2 cm/s), wie z. B. bei der → *Mikrokassette*. → Magnetbandkassette, → Elcaset, → Cartridge, → Endlosband-Kassette (Abb.)

Tonband-Laufwerk: → Tonbandgeräte-Laufwerk

Tonbandreinigung: Säuberung von Magnettonbändern, um sie von anhaftendem Schmutz, Staub und Abrieb zu befreien. Kassettentonbänder können und brauchen i. allg. nicht gereinigt zu werden. Eine von Zeit zu Zeit vorgenommene T. vermindert Ablagerungen an Bandführungselementen, Magnettonköpfen und Transportrolle. Abb.

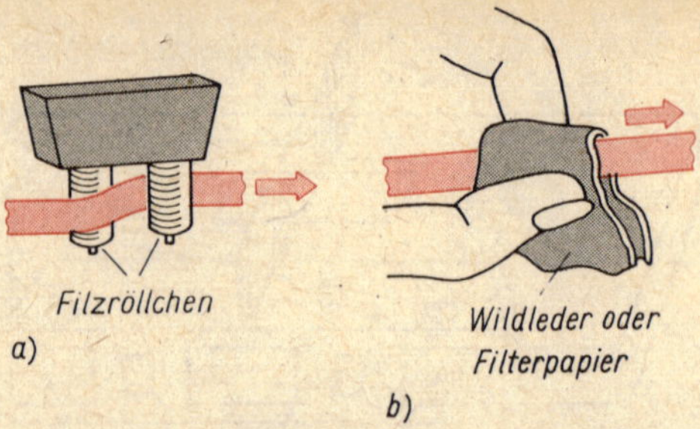

Tonbandreinigung: a) Magnetbandreiniger, b) provisorische Reinigung von Magnetbändern

Hinweis: Am einfachsten läßt sich die T. beim Umspulen mit Hilfe eines gabelförmigen *Magnetbandreinigers* vornehmen, bei dem das Band zwischen 2 Filzröllchen hindurchläuft (Abb.a). Provisorisch ist die T. auch mit einem weichen Wildlederläppchen oder mit Filterpapier möglich, durch das man das Band *trocken* und ohne größere Druckanwendlung laufen läßt (Abb. b).

Tonbandspule, kurz Spule: bei Spulentonbandgeräten verwendeter Wickelkörper für 6,3 mm breites Magnettonband. Die T. besteht aus einem Wickelkern mit dem Durchmesser d_i und 2 tellerförmigen Flanschen mit dem Außendurchmesser d_a (Abb.). Man unterscheidet zwischen *Speichenspulen*, bei der ein ringförmiger Flansch durch (meist) 3 Speichen mit dem Wickelkern verbunden ist und *Vollflanschspulen* mit flächenhaften Flanschen. Diese können zur besseren Beobachtung des Bandwickels mehrere Öffnungen haben. Sie sind formstabiler als Speicherspulen, haben bessere Wickeleigenschaften und schützen das Band wirksamer vor Beschädigung und vor Staub. → Laufdauer (Tab., Abb.)

Tonblende: → Klangblende, → Tonmischung

tönende Glückwunschkarte, *klingende Glückwunschkarte*: doppelseitige, gefaltete Glückwunschkarte, bei der beim Aufklappen eine kurze Melodie ertönt. T. G., die in einzelnen Ländern vertrieben werden, enthalten eine flache Baugruppe, bestehend aus einem Schaltkreis zur Synthetisierung der Melodie aus einfachen Klängen, einem Piezosummer zur Schallerzeugung, einer Knopfzelle als Spannungsquelle und einem Schaltkontakt, der bei jedem Aufklappen der Karte geschlossen wird und die Melodie neu startet. Abb.

Tongenerator: → Generator

Tonhöhe: Hörempfindung beim Erklingen eines Tons entsprechend seinem Notenwert oder der zugehörigen Frequenz. Die Frequenz 440 Hz entspricht dem *Norm-Stimmton* a_1 *(Kammerton a)* als Bezugswert der musikalischen Skala (international festgelegt: London 1939). Jeder Notenwert entspricht einer zugehörigen Frequenz (s. Abb. → Klang). Die Beschreibung der T. erfolgt mit subjektiven Begriffen, z. B. hoch, tief.

Tonhöhenschwankungen, Frequenzschwankungen (engl. Wow and Flutter): periodische oder nichtperiodische Änderungen der ursprünglichen Tonhöhe

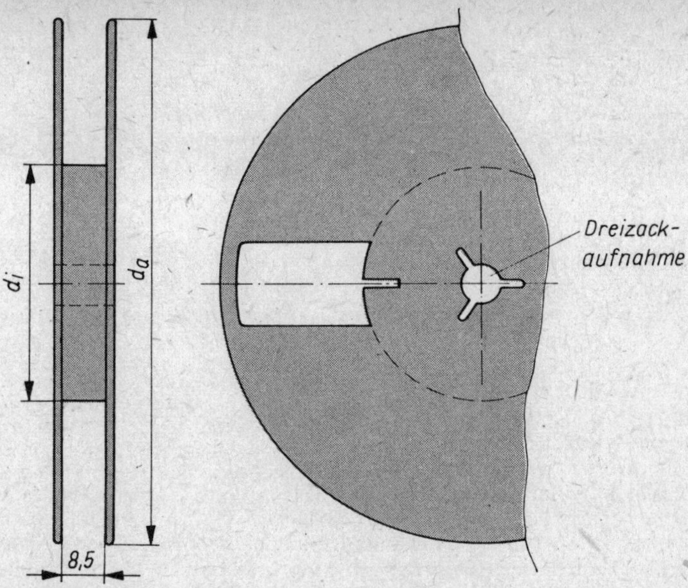

Tonbandspule:
Vollflanschspule (Maße s. Tabelle)

Tonbandspulen

Nennwert	7,5	10	13	15	18	22	25	27
Istdurchmesser d_a/mm	75	102	127	147	178	220	250	266
Kerndurchmesser d_i/mm	45	45	45	50	60	90	100	114

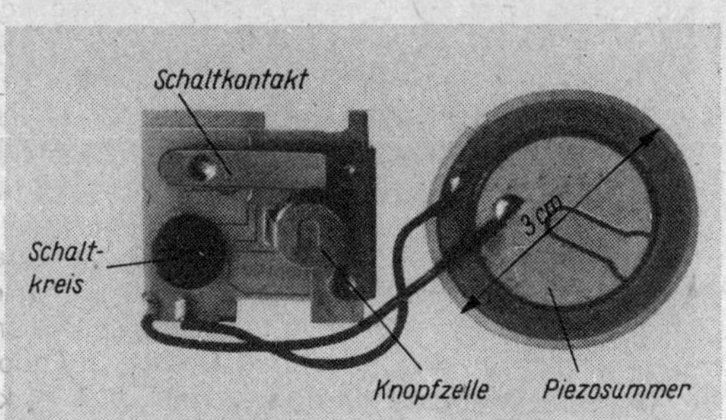

Elektronische Baugruppe in einer *tönenden Glückwunschkarte*

bei der Wiedergabe gespeicherter Schallsignale. T. entstehen infolge von Schwankungen der Bandgeschwindigkeit bei Aufzeichnung und/oder Wiedergabe (→ Bandlaufstörungen). Bei der Schallplattenwiedergabe haben T. ihre Ursache in Schwankungen der Drehzahl des Plattentellers oder in einem exzentrisch eingebrachten bzw. zu großem Mittelloch in der Schallplatte. Auch bei völlig intakten, hochwertigen Geräten lassen sich T. nicht gänzlich vermeiden, jedoch werden die zulässigen Höchstwerte von modernen Laufwerkskonzeptionen (vor allem bei Plattenspielern) z. T. erheblich unterschritten. Sie liegen dann unter der Wahrnehmbarkeitsgrenze. T. lassen sich prinzipiell als Frequenzmodulation des Tonsignals einordnen, dabei unterscheidet man je nach Schwankungsfrequenz verschiedene Gruppen: a) *langsame T. (→ Wow)* mit einer Schwankungsfrequenz zwischen 0,1...10 Hz, b) *schnelle T. (→ Flutter)* mit Schwankungsfrequenzen zwischen 10...100 Hz und c) *sehr schnelle T. (→ Scrape Flutter)* mit Schwankungsfrequenzen über 100 Hz. Besonders empfindlich reagiert das Gehör auf T. mit einem Rhythmus von 4 Hz, vor allem, wenn sie bei Tonlagen um 4000 Hz auftreten. Außerdem ist die Störwirkung noch von der Lautstärke und dem zeitlichen Verlauf der T. abhängig. Aus diesem Grund werden T. meist bewertet (in Prozent) angegeben: Bei ihrer Messung wird das Maß der Lästigkeit in einem Schwankungsbereich von 0,2 ... 300 Hz durch ein Filter nachgebildet; die Meßfrequenz beträgt 3150 Hz. Die Wahrnehmbarkeitsgrenze für T. liegt bei einem geschulten Gehör bei ca. 0,1 %, durchschnittlich bei etwa 0,2 ... 0,3 %. Ab etwa 0,6 % werden T. abhängig vom Charakter der Musik störend empfunden. Am meisten betroffen sind Musikinstrumente mit starrer Tonhöhe, z. B. Klavier. Hinweis S. 568

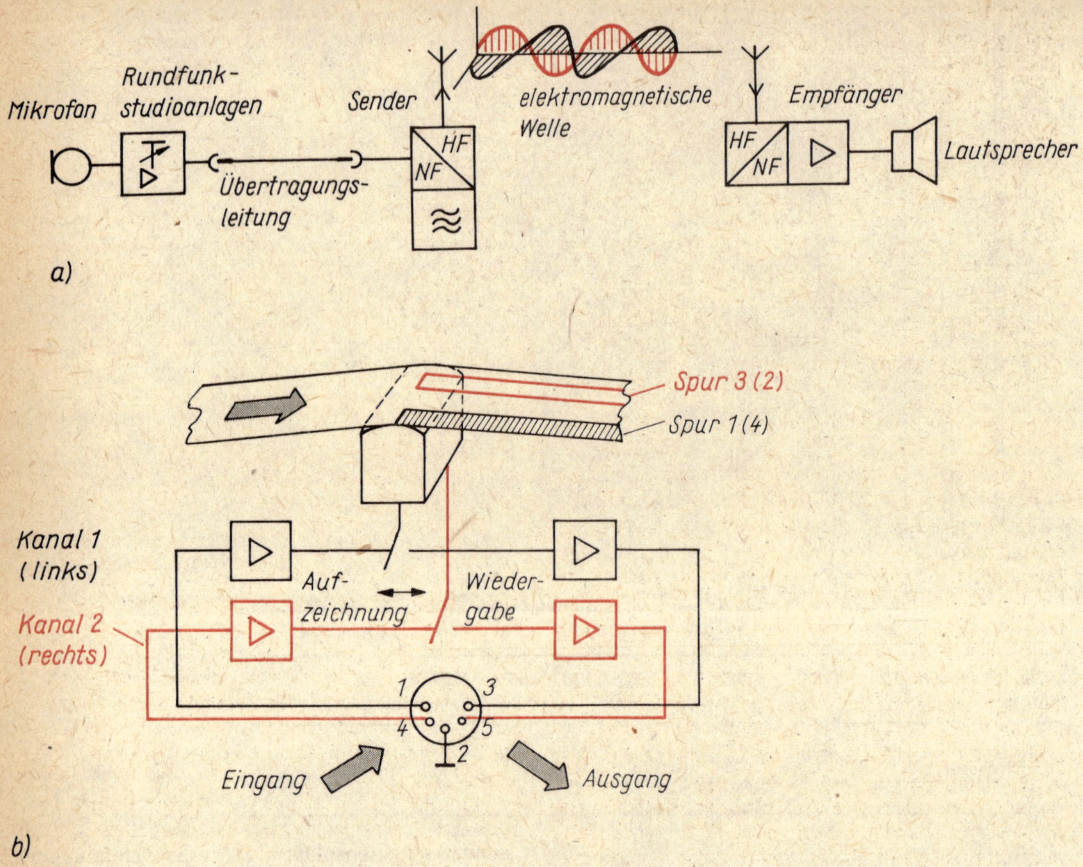

Tonkanäle: a) einkanalige Rundfunkübertragung, b) zweikanaliges Tonbandgerät

Hinweis: Klavierstücke eignen sich daher auch besonders gut für einen Hörtest zur Beurteilung eines Geräts bezüglich seiner T. In Magnetbandaufzeichnungen entstandene T. sind nachträglich nicht korrigierbar, man muß ihre Entstehung unterbinden (Tab. Pos. 1 ... 4 → Bandlaufstörungen), → Gleichlaufschwankungen

Tonhöhenverschiebung, *Frequenzverschiebung*: gleichmäßige Veränderung der originalen Tonhöhe bei der Wiedergabe gespeicherter Tonsignale. T. entsteht, wenn sich der Tonträger bei Aufnahme und Wiedergabe gegenüber dem Wandler mit unterschiedlicher Geschwindigkeit bewegt. T. haben für alle Frequenzen prozentual gleiche Größe, sie führen daher nicht zu einer Veränderung der harmonischen Klangzusammensetzung, wohl aber zu Tempi, die schneller oder langsamer empfunden werden. Eine Wahrnehmbarkeitsgrenze für T. läßt sich nur schwer angeben. Sie hängt außer von der musikalischen Gehörschulung auch noch davon ab, ob dem Zuhörer das Musikstück bekannt ist. Während von einem ausgeprägten musikalischen Gehör bereits T. unter 1 % wahrgenommen werden (Musiker), erkennen unkritische Zuhörer T. bei bestimmten, nicht bekannten Musikstücken (z. B. Orgelmusik) selbst dann nicht, wenn sie über 30 % (!) liegen. Durchschnittlich dürfte die Erkennbarkeitsgrenze zwischen 2 % und 3 % liegen. T. werden als → Geschwindigkeitsabweichungen (vor allem bei Magnetbandgeräten) oder als → Drehzahlabweichungen (bei Plattenspielern) in Prozent vom Sollwert angegeben. T. lassen sich durch Drehzahlregulierung auch nachträglich eliminieren.

Tonkanal, Tonübertragungskanal: Übertragungsweg für → Tonsignale. Der T. beginnt am Mikrofon oder, bezogen auf ein einzelnes Gerät, an dessen NF-Eingangsbuchse oder am Eingang einer für die Tonübertragung bestimmten Baustufe (z. B. Tonteil eines Fernsehempfängers). Der T. endet am Lautsprecher oder Kopfhörer, bzw. an einer Ausgangsbuchse am Tongerät. Für Monosignale wird ein T., für Stereosignale werden 2 benötigt, die in ihren elektrischen Eigenschaften möglichst genau übereinstimmen müssen. Eine Reduzierung der notwendigen Kanalzahl zur Übertragung ist streckenweise durch geeignete Verschachtelung der Signale möglich (→ Zeitmultiplex, → Frequenzmultiplex). Davon

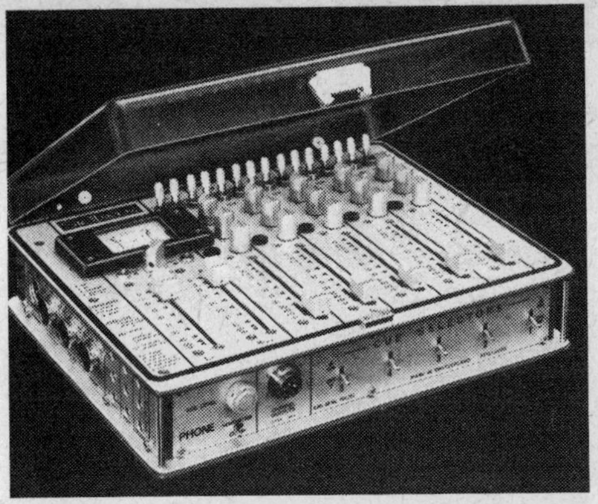

Tragbares professionelles *Tonmischpult* (1) für 5 Eingänge

wird u. a. bei der Stereo-HF-Übertragung (→ MPX-Signal), beim → Matrix-Quadrofonieverfahren und bei der → digitalen Tonsignalspeicherung Gebrauch gemacht. Abb.

Tonkopf: 1. *(Magnettongerät)* Sammelbezeichnung für Aufzeichnungs-, Wiedergabe-, Kombi- und Verbundköpfe zur Magnettonspeicherung (→ Magnettonkopf). – **2.** *(Plattenspieler)* vorderer Teil des Tragarms *(Systemhalterung)* mit Abtastsystem.

Tonkopfreinigung: Beseitigung von Ablagerungen (Bandabrieb, Schmutz) am Kopfspiegel bzw. Arbeitsspalt eines Magnettonkopfs. Eine regelmäßige T. ist sehr wichtig, weil Ablagerungen zu mangelhafter Wiedergabe der Obertöne, zu Stottern oder allgemein zu Lautstärkeschwankungen führen und auch die Tonbänder zerkratzen können. Eine problemlose T. kann mit → *Reinigungsbändern* oder *-kassetten* vorgenommen werden. Günstiger, weil schonender, ist aber ein vorsichtiges Entfernen der Ablagerungen, indem man den Kopfspiegel mit einem fusselfreien Läppchen, einem Wattebausch oder einem Stab mit Filzauflage abwischt, die man mit einem geeigneten Lösungsmittel leicht angefeuchtet hat. Solch ein Stab, der an seinem anderen Ende einen kleinen Spiegel zur Betrachtung des Kopfspiegels trägt, wird auch als *Servicestab bezeichnet.*

Hinweis: Geeignete Lösungsmittel sind reiner Alkohol oder Spiritus. Auch Wundbenzin läßt sich verwenden, es darf aber nicht mit der Gummiandruckrolle in Berührung kommen. Das Läppchen wird nur leicht angefeuchtet, und der Tonkopf wird so lange *ohne Druckanwendung* gereinigt, bis sich am Läppchen keine braunen Spuren mehr zeigen. Auch der Löschkopf, die Transportrolle und die Bandführungen müssen von Zeit zu Zeit gereinigt werden. Kassettenköpfe werden in vielen Fällen zugänglicher, wenn man ohne eingelegte Kassette die Wiedergabetaste drückt. Die T. wird nach jeweils 30 ... 50 Betriebsstunden vorgenommen oder bei Bedarf, wenn dumpfe oder stotterige Wiedergabe auftritt. Zur T. dürfen keine metallischen Werkzeuge zu Hilfe genommen werden!

Tonmischpult, kurz Mischpult, Mischer (engl. Mixer): Einrichtung zum Blenden, Mischen und Aussteuern mehrerer Tonsignalquellen. T. werden nach *Anzahl der Toneingänge* und *Anzahl der Kanäle* unterschieden. Beim Heim-T. genügt für Mono i. allg. ein Kanal, für Stereo genügen 2 Kanäle. Die Anzahl der Eingänge richtet sich nach der Zahl der zu verarbeitenden Tonsignalquellen. Die Eingänge müssen auf die von den Signalquellen abgegebenen Ausgangsspannungen und auf ihren Ausgangsscheinwiderstand abgestimmt sein (→ Anpassung). Es werden für Plattenspieler je nach Abtastsystem, für Tonbandgeräte, mittel- oder niederohmige Mikrofone, Tuner usw. spezielle Eingänge verwendet, denen z. T. Vorverstärker im T. nachgeschaltet sind. Die diesen Eingängen zugeordneten Einsteller werden *Pegelsteller* oder *Misch(ein)steller,* veraltet auch „Regler“ genannt. Für jeden Eingang ist bei einem einkanaligen (Mono) T. ein Pegelsteller vorgesehen. Bei 2kanaligen (Stereo) T. sind 2 Einsteller eingebaut, die entweder mechanisch miteinander gekoppelt sind oder sich getrennt bedienen lassen. Getrennt zu bedienende Pegelsteller sind vorteilhafter, weil z. B. Mikrofoneingänge auf jedem Kanal mit einem Monomikrofon belegt werden können. Außerdem lassen sich einfache Richtungsmischungen ausführen (→ Tonmischung) und Balanceunterschiede ausgleichen. Bei halbprofessionellen T. läßt sich die Empfindlichkeit aller oder nur einiger Eingänge umschalten, außerdem sind in den Eingängen z. T. Mikrofonfilter, Klangeinsteller oder Aussteuerungsautomatiken vorgesehen. Nach den Mischeinstellern wird das Gesamtsignal, auch *Mischprodukt* oder *Summensignal* genannt, einem *Summeneinsteller* zugeführt. Mit ihm kann der Ausgangspegel des T. eingestellt oder das Gesamtsignal aus- oder eingeblendet werden. Bei einigen T. folgen hinter dem Summeneinsteller noch Aussteuerungsmesser in jedem Kanal. Außerdem können T. mit einer Einrichtung zum *Vorabhören* ausgestattet sein. Darunter versteht man eine Schalteinrichtung, mit der man die Eingangssignale des T. getrennt auf einen zusätzlichen Ausgang – meist für Kopfhörer – schalten kann. Dadurch ist es möglich, die angeschlossenen Programmquellen auch bei geschlossenem Mischeinsteller zu überwachen (z. B. Aufsuchen von Titeln auf Tonband oder Schallplatte, Ansprechkontrolle eines Mikrofons). *Passive T.* sind einfache Schaltungsanordnungen ohne verstärkende Baugruppen für geringe Ansprüche (Abb. 2a). Diese Ausführung ist aber, bezogen auf die Signale, nicht völlig rückwirkungsfrei. Darunter ist zu verstehen, daß beim Verändern des Pegels einer Signalquelle mit dem zugehörigen Mischeinsteller sich auch die Pegel der anderen Signalquellen unerwünscht etwas ändern. Bei *aktiven T.* werden die Mischeinsteller mit zusätzlichen Verstärkerstufen entkoppelt, so daß sich die Tonsignale rückwirkungsfrei einstellen lassen (Abb. 2b). Einfachere T. werden von Tonamateuren zur Herstellung gestalte-

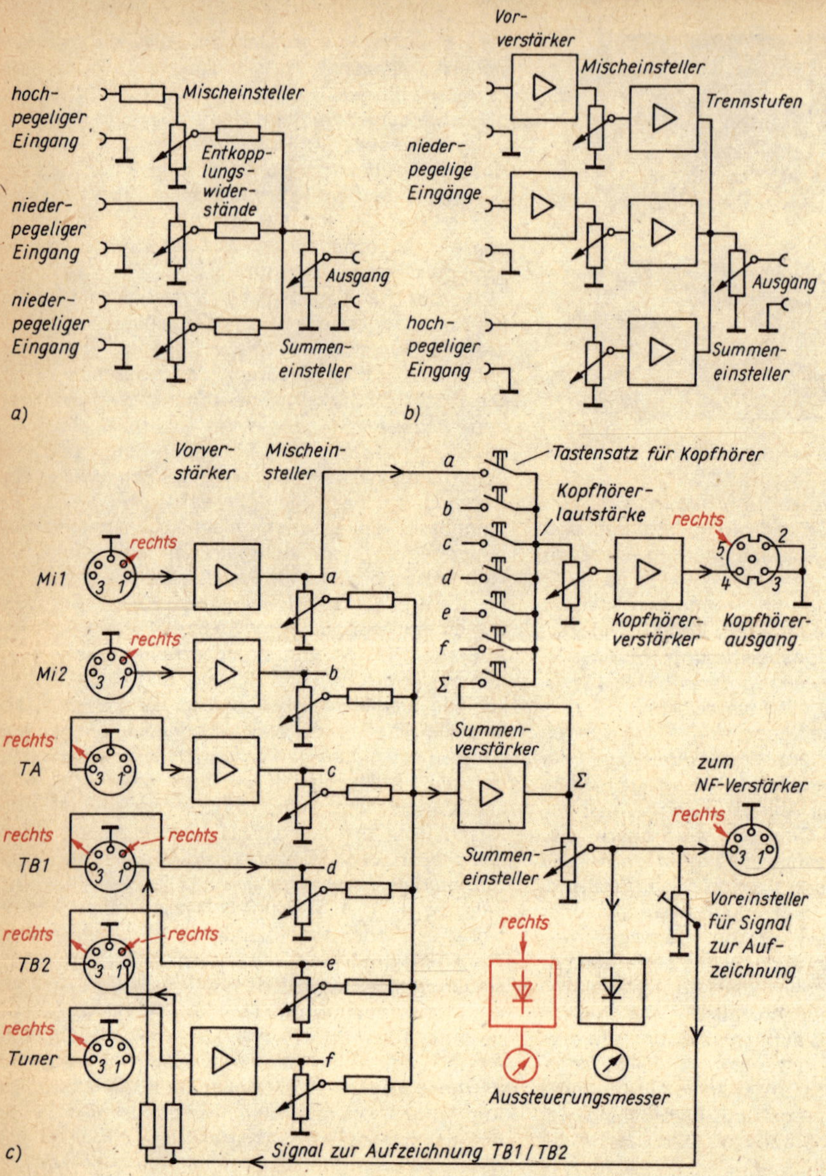

Prinzipschaltbild von *Tonmischpulten* (2):
a) passives Tonmischpult mit 3 Eingängen,
b) aktives Tonmischpult mit 3 Eingängen,
c) anspruchsvolles Tonmischpult mit 6 Eingängen, Kopfhörerausgang und Aussteuerungsmessern (Stereo)

ter Tonaufnahmen, z. B. bei der Film- oder Videovertonung, zur Aufnahme anspruchsvollerer Musikprogramme mit Ansagen oder für eigene Hörspielszenen verwendet. Halbprofessionelle T. werden vorrangig bei Kapellen, Diskotheken und in Betriebsfunk-, Theater- oder Zugfunkanlagen eingesetzt. Professionelle T. mit sehr vielen Eingängen, Kanälen und Bearbeitungsmöglichkeiten für die Tonsignale sind hauptsächlich in Rundfunk-, Film- oder Schallplattenstudios zu finden. Abb.

Hinweis: Ein häufiger Fehler beim Einsatz von T. ist der Anschluß von Signalquellen mit zu großem oder zu kleinem Pegel. Während zu geringer Signalpegel unkritischer ist – der Fehler wird sofort erkannt, weil sich keine Vollaussteuerung mehr erreichen läßt –, kann es bei zu großen Signalpegeln zu einer Übersteuerung des betreffenden Eingangs kommen (Vorverstärker im T.). Obwohl auch dann der Aussteuerungsmesser normale Aussteuerung signalisiert, ergeben sich z. T. starke Klangverzerrungen. Vorsicht ist immer dann geboten, wenn der zu diesem Eingang gehörende Mischeinsteller ganz am Anfang seines Stellwegs steht (gleiches gilt sinngemäß auch für den Anschluß von Signalquellen an Tonbandgeräte). Sind für die Eingänge am T. *Voreinsteller* vorgesehen, dann können zu große Signalpegel damit verringert werden. Voreinsteller sind immer so einzuregulieren, daß bei nahezu voll geöffnetem Mischeinsteller Vollaussteuerung erreicht wird.

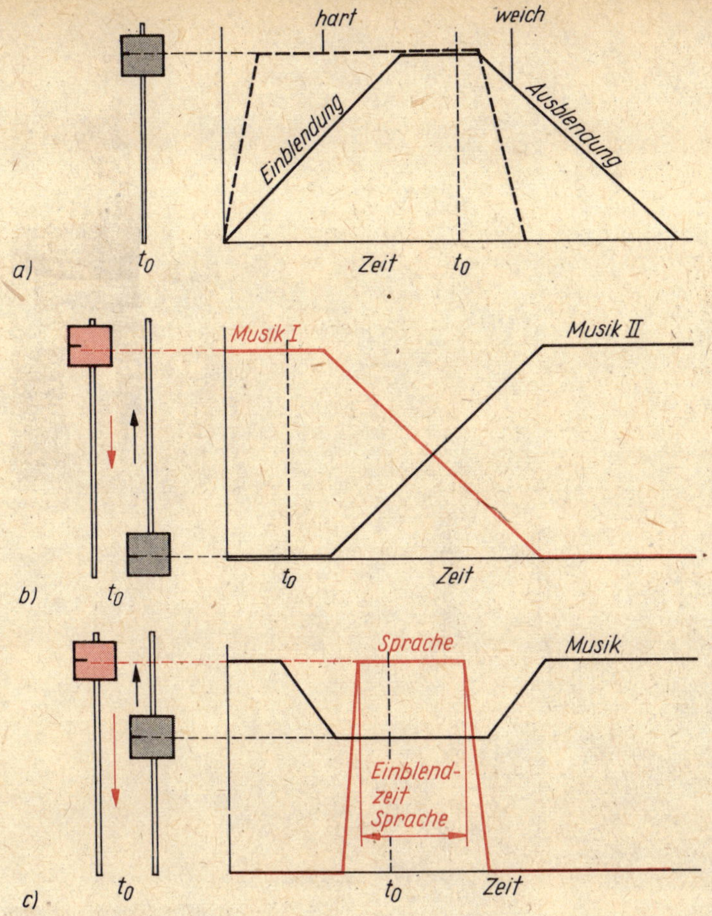

Tonmischung (1) – verschiedene Blendvorgänge:
a) harte und weiche Ein- und Ausblendung von Tonsignalen,
b) Umblendvorgang,
c) Mischblende für Sprache und Musik

Tonmischung, umgangssprachlich Mix: Zusammenfassung mehrerer Tonsignale in Übereinstimmung technischer und gestalterischer Aspekte mit dem Ziel, ein möglichst natürliches, oder auch mit Effekten versehenes Klangbild zu erzeugen, bzw. einen vorgesehenen Programmablauf zusammenzustellen. Die T. erfolgt an einem → Tonmischpult oder mit den Mischeinstellern an einem Tonbandgerät oder NF-Verstärker. Bei der T. werden die einzelnen Tonsignale in einem bestimmten, veränderbaren Pegelverhältnis (entspricht dem Lautstärkeverhältnis) elektrisch zusammengeführt. Es ist nicht notwendig, daß die zu mischenden Signale verschiedenen Signalquellen entstammen, vielmehr ist es auch üblich, Original- und Hallanteil des gleichen Signals zu mischen oder – besonders in der Orchester- und Musikgruppentechnik – das in verschiedenen Kanälen unterschiedlich bearbeitete (verzerrte, gefilterte, tremolierte, verhallte oder verzögerte) Signal desselben Instruments am Tonmischpult zusammenzufassen, um neue, effektvolle Klangstrukturen zu erhalten. Eine T. bedarf immer der Abhörkontrolle des Summensignals, außerdem sollte auf eine Aussteuerungskontrolle nicht verzichtet werden, um Übersteuerungen der nachfolgenden Anlage zu vermeiden. Aussteuerungskorrekturen bei sonst ausgewogenem Klangbild werden mit dem Summeneinsteller am Tonmischpult vorgenommen. Das klangliche Ergebnis einer T. ist immer subjektiv geprägt und von den Kenntnissen, Fertigkeiten und vom persönlichen Geschmack des Bedienenden eines Tonmischpults abhängig. Wichtige Voraussetzung der T. ist das *Blenden:* manuelles Verstellen des entsprechenden Mischeinstellers mit dem Ziel, das zugehörige Tonsignal in bestimmtem Zeitablauf von einem Anfangswert auf einen Endwert an- oder abschwellen zu lassen. Beim *Einblenden* wächst der Tonsignalpegel von einem niedrigen Anfangswert (häufig Null) bis zu seinem Endwert (meist Vollaussteuerung) kontinuierlich an, beim *Ausblenden* findet der umgekehrte Vorgang statt (Abb. a). Blenden können sehr schnell ausgeführt werden (kürzer als 1 s), man spricht dann von *harten Blenden,* sie können auch sehr langsam vorgenommen werden (bis zu 5 s), dann heißen sie *weiche Blenden.* Das Signal einer Tonquelle allmählich

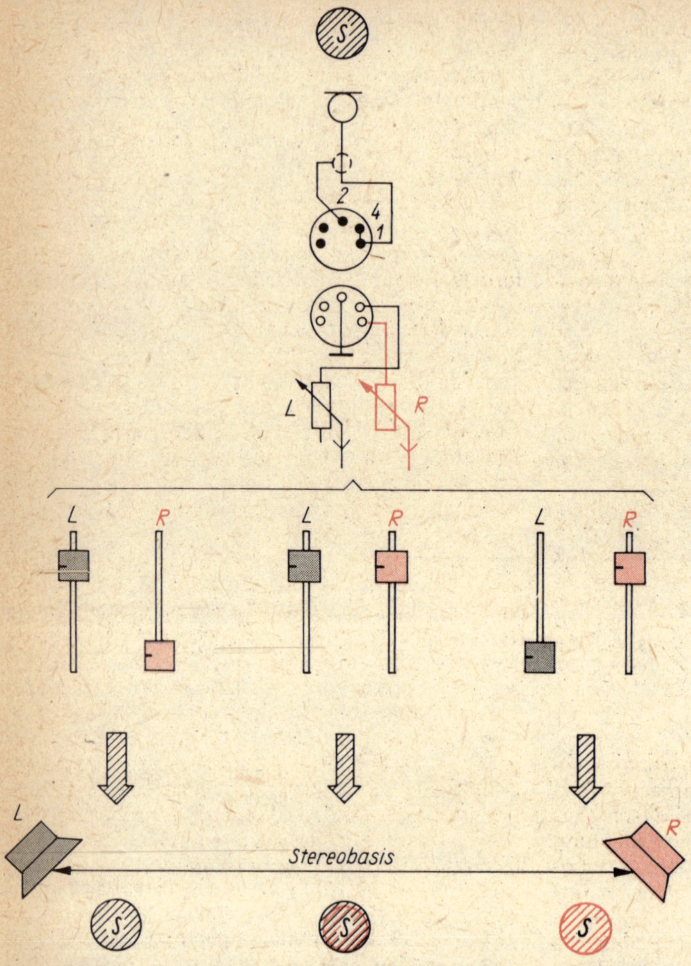

Tonmischung (2):
einfache Richtungsmischung am 2kanaligen Tonmischpult

abklingen zu lassen, während das einer zweiten langsam an Stärke zunimmt, heißt *Überblenden* (Abb. b). Eine Kombination aus Blende und Mischung wird als *Mischblende* bezeichnet (Abb. c). Die T. ist häufig mit der Notwendigkeit der Aussteuerung von Signalquellen verbunden, die im Pegel stärker schwanken (z. B. Mikrofone).

Hinweis: Bei der Vorbereitung und Durchführung einer T. sind technische und gestalterische Aspekte zu beachten: a) *technische Aspekte:* Die am Tonmischpult angeschlossenen Signalquellen sollen einen solch hohen Pegel liefern, daß bei fast aufgezogenen Mischeinstellern Vollaussteuerung erreicht wird. Dadurch erhält man lange Stellwege, die die Feinfühligkeit beim Blenden erhöhen. Bei einigen Tonmischpulten sind zur Pegelanpassung Voreinsteller vorgesehen. Die Stellung des Schiebegriffs am Mischeinsteller, die gerade zu Vollaussteuerung führt, sollte markiert werden, um Übersteuerungen durch die Teilsignale zu vermeiden. Werden mehrere Musikquellen am Tonmischpult angeschlossen, so soll sich die Klangfarbe der einzelnen Signale nicht zu stark unterscheiden (Ausnahme: gewollte Filterung, um bestimmte Effekte zu erzielen). Liefert eine Signalquelle, das gilt besonders für Mikrofone, bei der T. gerade keinen Beitrag, so wird der zugehörige Mischeinsteller geschlossen, um den Störabstand nicht zu verschlechtern. b) *gestalterische Aspekte:* Sprache, ernste Musik und beliebige Musik mit Gesangstext darf nur in Ausnahmefällen, z. B. bei gestalterischer Funktion, geblendet werden. Harte Blenden bei Musik wirken zügig, die Handlung vorantreibend, weiche Blenden feierlich, oder am Ende eines Beitrags steigern sie die „verklingende" Wirkung. Hintergrundmusik muß sorgfältig, zur Handlung eines Textes passend, ausgesucht werden. Sie wird an geeigneter Stelle ein- oder ausgeblendet, jedoch möglichst nicht bei Gesang. Sprache muß sich von Hintergrundmusik in der Lautstärke deutlich abheben, wenn sie nicht unverständlich werden soll. Beim Zumischen von Geräuschen müssen diese gegenüber Sprache gedämpft werden, weil sie sonst u. U. parodierend-komisch wirken können. Bei ernster Musik, oder wenn sich 2 Musiktitel im Rhythmus besonders stark unterscheiden, sind dazwischen längere Pausen erforderlich, bei Schlagermusik können die einzelnen Stücke im Extremfall sogar ineinander überblendet werden. Folgt Sprechtext und Musik in einem Beitrag unmittelbar aufeinander, so muß Lautstärkeausgewogenheit herrschen. Diese kann nicht immer am Aussteuerungsmesser kontrolliert werden (→ Aussteuerungsmesser). I. allg.

muß Musik gegenüber Sprache etwas untersteuert, oder Sprache gegenüber Musik etwas übersteuert werden (etwa 6 dB bezogen auf die Pegelspitzen).

T. von Stereosignalen erfordert ein 2kanaliges Tonmischpult. Der einfachste Fall für Amateure ist der, daß ein Solist oder Sprecher einem bereits vorhandenen Stereosignal, z. B. Musik von Tonband oder Schallplatte, zugemischt werden soll. Dann ist es günstig, den Solisten mit einem Monomikrofon aufzunehmen und das Signal einer Seite des Stereoklangbilds zuzuordnen. Die Beschaltung des Mikrofonsteckers richtet sich danach, welche Seite gewünscht wird. Die beliebige Einordnung einer Tonquelle auf der Stereobasis wird als *Richtungsmischung* bezeichnet. Sie wird vorrangig bei Stereotonproduktionen in Rundfunk-, Fernseh- und Schallplattenstudios angewendet. → Mikrofonanpassung, → Eingangsspannung, → Phasenvertauschung, → Aussteuerung, → Lichtsignalisation (Abb.)

Hinweis: Richtungsmischung kann auch bei kleinen Stereo-Tonmischpulten für den Heimgebrauch ermöglicht werden, wenn es getrennt zu betätigende Mischeinsteller für die Mikrofone des rechten und linken Kanals hat. Es wird ein Monomikrofon verwendet, in dessen → Mikrofonstecker die Kontakte für den rechten und linken Kanal verbunden werden müssen. Durch unterschiedlich weites Aufziehen der beiden Einsteller läßt sich die Mikrofonquelle am gewünschten Ort der Stereobasis abbilden (Abb. d).

Tonmotor: → Antriebsmotor

Tonnenverzeichnung (engl. Barrel Distortion): Geometriefehler im Fernsehbild, der eine nach außen gewölbte (konvexe) Begrenzung der Bildfläche zur Folge hat. Entsprechend der Wölbungsrichtung wird zwischen horizontaler und vertikaler T. unterschieden. → Ablenkung, → Rasterkorrektur, → Trapezfehler, → Kissenverzeichnung

Tonqualität: Gesamtheit der objektiv meßbaren und subjektiv empfundenen Gütemerkmale nach erfolgter Tonübertragung. Nach heutiger Auffassung soll das reproduzierte Klangereignis dem Original so weit wie möglich entsprechen. T. schließt darum die natürliche Klangreproduktion nach Tonhöhe und Klangfarbe ebenso ein, wie die Übertragung des Richtungs- und Raumeindrucks, eine bestimmte Dynamik, Lautstärke und die Freiheit von Nebengeräuschen. Daher wird die T. bei Aufnahme, Übertragung und Wiedergabe der Signale mitbestimmt, sie ist also nicht allein an die technische Vollkommenheit der Geräte gebunden. Man sollte daher besser die Bezeichnung T. anstelle von → HiFi benutzen, wenn man die Gesamtheit der Tonübertragung meint und nicht nur an die Übertragungsqualität der technischen Geräte denkt. „Absolute T." ist mit den heutigen technischen Mitteln nicht erreichbar, die größten Einschränkungen ergeben sich durch unvollkommene Abbildung des Raumeindrucks, durch Dynamikeinengung und Nebengeräusche; letztere besonders nach einer Speicherung. Bei der → digitalen Tonsignalspeicherung auf Magnetband oder Platte lassen sich die Nebengeräusche nahezu vollständig eliminieren, die Dynamik kann vergrößert werden. Eine durchgreifende Lösung zur Übertragung des originalen Raumeindrucks ist zur Zeit nicht in Sicht.

Tonsäule: → Strahlergruppe mit Anordnung mehrerer gleicher Lautsprecher senkrecht übereinander auf einer Linie in einem gemeinsamen Gehäuse.

Tonsignal, *Audiosignal,* svw. NF-Signal: Signal, das eine natürlich oder künstlich entstandene Schallinformation trägt. T. sind dem Schwingungsverlauf des Schalls proportionale elektrische, magnetische oder andere physikalische Größen und sind daher ebenso kompliziert aufgebaut wie die Schwingungen von Klängen. Sie liegen im Frequenzbereich des Hörschalls von 16 Hz...20 kHz. Dieser Bereich wird bei der → Tonsignalübertragung mehr oder weniger stark eingeengt. Die Größe elektrischer T. wird als Effektivwert der Spannung *(Tonsignalspannung)* oder als *Tonsignalpegel* in Dezibel angegeben (→ Pegelmaß). Als elektrische *Tonsignalquellen* kommen vor allem Mikrofone, Schallplattenabtaster, Magnetton-Wiedergabeköpfe oder elektronische bzw. elektromechanische Musikinstrumente in Betracht. Die Tonsignalspannung kann je nach Stelle im Tonkanal nur wenige Millivolt betragen (magnetischer oder dynamischer Abtaster, Magnettonkopf, Mikrofon), sie kann einige 100 mV groß sein (Mischpulteingänge, Magnettongeräte-Ausgang, AUX-Buchse, piezoelektrischer Abtaster, DOLBY-Kompander, Kopfhörer) oder auch mehrere Volt (Lautsprecher). T. werden unterschieden in *Sprachsignale* als schnell wechselnde Folge von Anteilen mit großer und geringer Spannung und in *Musiksignale* mit meist ausgeglichenerem Verlauf und breitem Frequenzspektrum (die dynamischen Unterschiede können an einem Aussteuerungsmesser beobachtet werden). *Geräuschsignale* haben ein breites Spektrum mit z. T. höherer Spannung bei den hohen Frequenzanteilen. Das gilt auch für die synthetisierten Klänge elektronischer Musikinstrumente. In einen Übertragungskanal eingedrungene Störsignale zählen nicht zum T., sondern als schädliche Beeinflussung desselben.

Hinweis: Die häufig für T. verwendete Bezeichnung „Modulation" oder „Tonmodulation" ist irreführend und sollte darum vermieden werden.

Tonsignalmängel: wiedergabeseitig hörbare Qualitätsminderung des Tonsignals. Tonsignale sind im Tonkanal vielfältigen Störbeeinflussungen ausgesetzt, die zu Signalverfälschungen führen. Da sich T. im Laufe des Tonkanals summieren, muß man an jedes einzelne Gerät einer Übertragungskette besonders strenge Anforderungen stellen. T. können in 3 Gruppen eingeteilt werden: a) *Amplitudenänderungen:* Zu diesen zählen die → *linearen Verzerrungen,* die als Folge ungleichmäßiger Übertragung der einzelnen Frequenzanteile des Signals entstehen und zu Klangfarbenänderungen führen.

→ *Nichtlineare Verzerrungen* bedeuten eine Veränderung der Kurvenform des Signals. Sie werden von zusätzlich bei der Übertragung entstehenden Frequenzen hervorrgerufen und als Klangverzerrungen hörbar. *Amplituden-* oder → *Pegelschwankungen* werden als Lautstärkeschwankungen oder als schwirrende Tonwiedergabe wahrgenommen. Totale Amplitudenschwankungen bis zum Wert 0 heißen *Aussetzer.* b) *Zusätzliche Geräusche:* → *Störspannungen* gelangen vorwiegend als → *Rauschen* oder → *Brummen* in den Tonkanal. Überlagern sich Tonsignalanteile aus fremden Kanälen einem Tonsignal, so nennt man das → *Übersprechen.* Weitere Störungen in dieser Gruppe sind → *Knackstörungen,* → *Prasselstörungen* und → *Pfeifstörungen.* c) *Änderungen im Zeitmaßstab:* Eine konstante Verlängerung oder Verkürzung der Periodendauer des Tonsignals bezeichnet man als → *Tonhöhenverschiebung.* Bei der Wiedergabe ändert sich die Tonhöhe und die Zeitdauer für das Schallereignis. Periodisch oder ungleichmäßig verlaufende Änderungen der Tonhöhe heißen → *Tonhöhenschwankungen.* Sie werden sehr störend als jaulende oder vibrierende Schallwiedergabe empfunden. → *Phasenverschiebungen* einzelner Frequenzen des Tonsignals gegeneinander werden vom Gehör nicht erkannt, außer bei harten, impulsartigen Schallstößen. Bei Stereosignalen auftretende Phasenverschiebungen zwischen den beiden Kanälen können zu verschwommener Abbildung oder zum Auswandern der scheinbaren Schallquelle bei der Wiedergabe führen (→ Phasendifferenzen).

Tonsignalsteckverbinder: äußerer Steckverbinder für Tonsignalanschlüsse an Audio- und Videogeräten. → Mikrofonstecker, → Diodensteckverbinder, → Kopfhörersteckverbinder, → Lautsprechersteckverbinder, → Cinch-Steckverbinder, → Klinkensteckverbinder, → XLR-Stecker, → Familienstecker

Tonsignalübertragung, Tonübertragung: Transport einer Schallinformation in einem → Tonkanal mit Hilfe von → Tonsignalen. Obwohl sich der normale Hörbereich von ca. 16 Hz...20 kHz erstreckt, genügt i. allg. eine Übertragung des Frequenzbereichs zwischen 50 Hz...15 kHz, ohne daß von den meisten Menschen eine Klangveränderung wahrgenommen wird. Zur verständlichen Übertragung von Sprache reichen sogar 300 Hz...3,4 kHz aus (Telefon). Zur T. ist ein Tonkanal entsprechender Bandbreite erforderlich. Wird diese unzulässig verringert, so kommt es zu hörbaren Klangverfärbungen. Das ist z. B. bei der AM-Übertragung mit nur 4,5 kHz NF-Bandbreite der Fall oder bei der Tonspeicherung auf einfachen Kassettengeräten, deren obere Frequenzgrenze bei 8...10 kHz liegt. Wird ein Tonsignal vor der T. frequenzmoduliert, dann wird eine wesentlich größere HF-Bandbreite zur T. benötigt, bei der UKW-FM-Übertragung z. B. 300 kHz. Ähnliches gilt für die → digitale Übertragung (→ di-

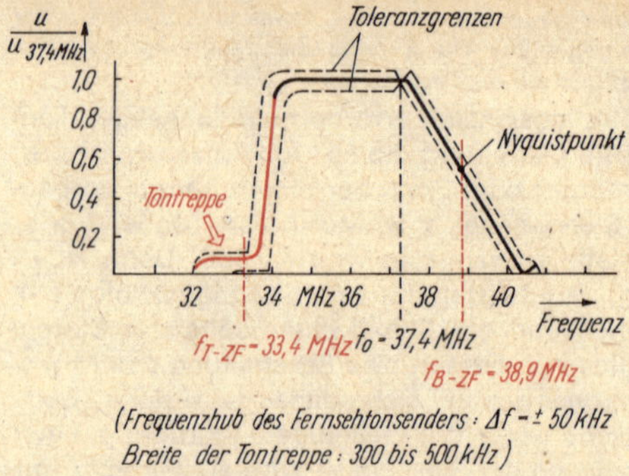

Tontreppe: Selektionskurve des Zwischenfrequenzverstärkers eines Fernsehempfängers mit DF-Teil

gitales Tonsignal). Dafür ergibt sich eine wesentlich geringere Störbeeinflussung; der Störabstand, und damit auch die → Dynamik, kann vergrößert werden. Normalerweise erfolgt die T. heute noch überwiegend analog, ebenso die Speicherung. Die Verwendung digitaler Signale beginnt sich aber in der Unterhaltungselektronik vereinzelt durchzusetzen (→ digitale Tonsignalspeicherung). Auch die T. vom Rundfunkstudio zum Sender und die Tonspeicherung in Rundfunk- und Schallplattenstudios geschieht z. T. bereits digital, erfordert dann aber spezielle Anlagen und Übertragungsstrecken mit wesentlich größerer Bandbreite. Eine durchgängige digitale Signalverarbeitung innerhalb größerer Rundfunkstudios ist in kommender Zeit in Sicht, jedoch wird eine HF-Übertragung digitaler Signale über die Sendernetze direkt zum Rundfunkempfänger vorläufig nicht in Frage kommen. Dafür müßten völlig neue Empfangsgeräte geschaffen werden, weil die vorhandenen Rundfunkempfänger digitale Signale nicht verarbeiten können und somit wertlos würden.

Tonstreifen: Bildfehler, der sich durch dicke, vom Fernsehton abhängige Streifen auswirkt. T. entstehen durch Verstimmung, Fehlabgleich oder andersartige Defekte in einem Fernsehempfänger.

Tonträger: 1. → *(Signalspeicherung)* Medium zur Speicherung von Tonsignalen (→ Magnettonband, → Schallplatte). – **2.** *(Fernsehübertragung)* Hochfrequenzschwingung (Trägerfrequenz), auf die der zugehörige Ton zum Fernsehbild moduliert wird (→ Fernsehnorm).

Tontreppe (engl. Sound Carrier Attenuation): Übertragungsbereich in der Zwischenfrequenz-Selektionskurve eines → Fernsehempfängers, in dem das → Differenzträgerfrequenzverfahren angewendet wird. Wie die Abbildung zeigt, ist die T. durch einen konstanten Dämpfungswert um die Tonträger-Zwischenfrequenz ($f_{T\text{-}ZF}$ = 33,4 MHz) und einen steilen Flankenanstieg zum Bildzwischenfrequenzbereich gekennzeichnet. Die gegenüber dem Bild-

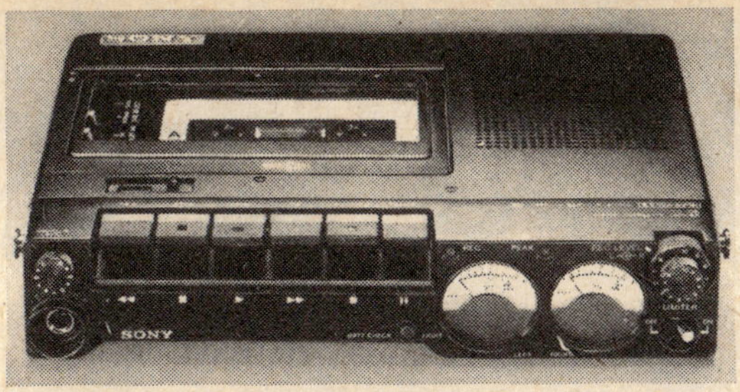

HiFi-Kassettenportable als *Toplader*

zwischenfrequenzbereich deutliche Absenkung des Tonzwischenfrequenzbereichs (ca. 10:1) ist notwendig, um beim Differenzträgerfrequenzverfahren das → Intercarrierbrummen und die Gefahr des Übersprechens von Tonsignalanteilen in den Bildkanal (→ Eigentonträgersperre) gering zu halten. Abb.

Tonwelle: → Transportrolle

Toplader (engl. Toploader): Kassettengerät, dessen Kassettenfach sich auf der Oberseite des Geräts befindet. Die Unterbringung eines T. in flachen Regalfächern kann Probleme bringen, da zum Einsetzen und Entnehmen der Kassetten zusätzlicher Raum nach oben benötigt wird, bei einem Videorecorder etwa 20 cm! Abb.

TPSS, Abk. für engl. **T**ape **P**rogramme **S**earch-**S**ystem: Einrichtung zur automatischen → Bandstellenfindung bei einem Kassettenrecorder nach dem Prinzip der Pausenauswertung zwischen 2 Aufzeichnungen. Mit dem TPSS können bis zu 3 Titel im schnellen Vor- oder Rücklauf übersprungen werden, wenn zwischen den Titeln Pausen von mindestens 4 s Länge vorgesehen wurden.

Trackability: Kurzform für engl. **Track**ing **Ability,** → Abtastfähigkeit.

Trackingeinsteller: → Spurlageeinsteller

Tracking Simulator: → vertikaler Spurfehlerwinkel, → Frequenzintermodulation, → vertikale Spurverzerrungen

Tragarm, *Tonarm*: Halte- und Führungsvorrichtung für das Schallplatten-Abtastsystem. Der T. übernimmt außerdem meist Steuerfunktionen für das Schallplattenlaufwerk, z. B. dessen Abschaltung am

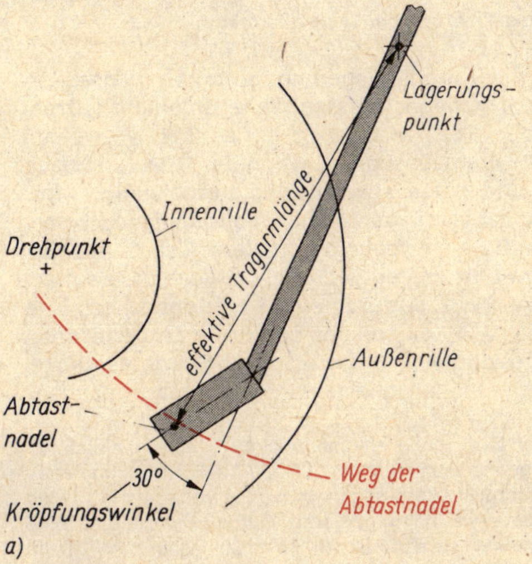

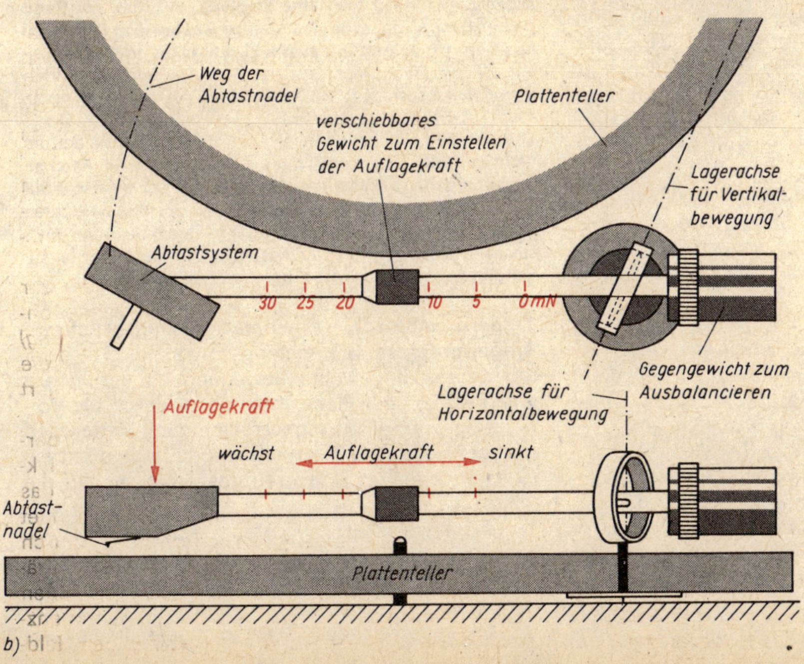

Tragarm (1):
a) Tragarmgeometrie,
b) Rohrtragarm mit Gewicht zur Einstellung der Auflagekraft

Tragarm (2): Drehtragarm mit Gegengewicht zur Einstellung der Auflagekraft und mit Skatingkorrektur

Rillenende. Seine Bewegung über die Plattenoberfläche erfolgt i. allg. selbständig, weil die Abtastnadel der Rille folgt. Dabei soll der eigentliche Abtastvorgang möglichst wenig beeinflußt werden. Die Bewegung des T. zum → Aufsetzpunkt bzw. seine Rückführung vom → Abhebepunkt zur Ruhestellung erfolgt entweder von Hand oder auch automatisch (→ Automatik-Plattenspieler). Das Aufsetzen und Abheben der Nadel besorgt ein → Tragarmlift. Der *Dreh-T.* ist an einem Ende über eine in 2 Richtungen wirkende Lagerung so mit dem Plattenspielerchassis verbunden, daß eine vertikale Hebebewegung des Abtastsystems und eine horizontale Schwenkbewegung über die Platte möglich ist. Beide Lager müssen ohne Spiel und sehr leichtgängig sein, damit keine Klangverzerrungen, keine Kanalungleichheiten bei Stereo und kein Nadelspringen entsteht. Häufig wird eine spitzengelagerte Kardanaufhängung verwendet, die mit sehr geringer Lagerreibung hergestellt werden kann und kleine → Auflagekräfte bis herunter zu 5 mN erlaubt. Bei Dreh-T. muß durch Konstruktion und Anordnung eine optimale *T.-Geometrie* geschaffen werden. Ziel dabei ist, den → horizontalen Spurfehlerwinkel möglichst klein zu halten. Die T.-Geometrie (Abb. a) muß die Kröpfung des T.-Kopfs mit Abtastsystem ebenso berücksichtigen, wie die *effektive Länge* des T. von seinem Lagerpunkt bis zur Nadelspitze, den größten und kleinsten abzutastenden Rillendurchmesser und den Lagerpunkt relativ zum Plattenmittelpunkt. Dreh-T. werden vorrangig als *Rohrtragarme* mit verschiebbarem Gegengewicht gebaut, das zur Ausbalancierung des T. dient und z. T. der Einstellung der Auflagekraft. Unter einem *statisch* oder *vollständig ausbalanciertem T.* versteht man eine Konstruktion, bei der der Massenschwerpunkt in den Schnittpunkt der horizontalen und vertikalen Lagerachse gelegt wurde. Dadurch greifen von außen wirkende Stöße direkt in diesem Punkt an und wirken sich am Ort der Nadel weniger aus. Hält man außerdem die Masse des T. möglichst klein *(→ Low Mass-Tragarm)* und verlegt ihren Hauptanteil (z. B. das Gegengewicht) möglichst dicht an die Lagerung, so erhält man außerdem ein geringes Massenträgheitsmoment („Drehmasse“). Das wirkt sich u. a. bei verwellten Schallplatten günstig aus, wenn der T. laufend nach oben und unten abwechselnd beschleunigt wird. Die Auflagekraft kann beim vollständig ausbalancierten T. nicht mehr durch Verschieben des Gegengewichts erzeugt werden, sondern muß auf andere Weise, z. B. durch eine Feder entstehen. Eine hochwertige Konstruktion ist der → *Tangentialtragarm,* bei dem kein → horizontaler Spurfehlerwinkel auftritt. → Skatingkorrektur, → Tragarmresonanz (Abb.)

Hinweis: Die Trägheitsmomente eines T. einschließlich seiner Lagerreibung werden z. T. durch kurios anmutende Tests überprüft. Beim sogenannten *Zigarettentest* wird eine Zigarette etwa beim mittleren Durchmesser unter eine Platte gelegt, so daß starker Höhenschlag entsteht. Beim *McProud-Test* legt man eine Single so auf, daß der Rand des großen Mittellochs den kleinen Zapfen des Plattentellers berührt; es entsteht starke Exzentrizität. In beiden Fällen soll die Nadel nicht aus der Rille der sich drehenden Schallplatte springen. Der praktische Wert solcher robusten Test ist stark anzuzweifeln, weil derart große Quer- und Höhenbeschleunigungen am T. im Normalbetrieb nicht auftreten. Beim Mißlingen können große Schäden an Nadel und Platte entstehen. Besser ist es, bei Verdacht auf ein schwergängiges Lager, den T. in der waagerechten Schwebe auszubalancieren und ihn einem leichten Luftstrom auszusetzen (z. B. schwaches Anblasen). Ein leichtgängiger T. muß sich dann bereits bewegen.

Tragarmautomatik: → Automatik-Plattenspieler

Tragarmbremse: Einrichtung an einem Tragarm, um dessen ungewollte Bewegung zu verhindern wenn er, von der Platte abgehoben, durch die Vorrichtung zur → Skatingkorrektur zum Plattenrand gezogen wird. Die T. ermöglicht außerdem ein exaktes senkrechtes Aufsetzen des Tragarms auf die Platte.

Tragarmlift, Aufsetzvorrichtung: Absenk- und Abhebevorrichtung für den Tragarm eines Plattenspielers, um ein möglichst weiches Aufsetzen und Abheben der Nadel bei jedem beliebigen Rillendurchmesser zu erreichen. T. für manuelle Bedienung

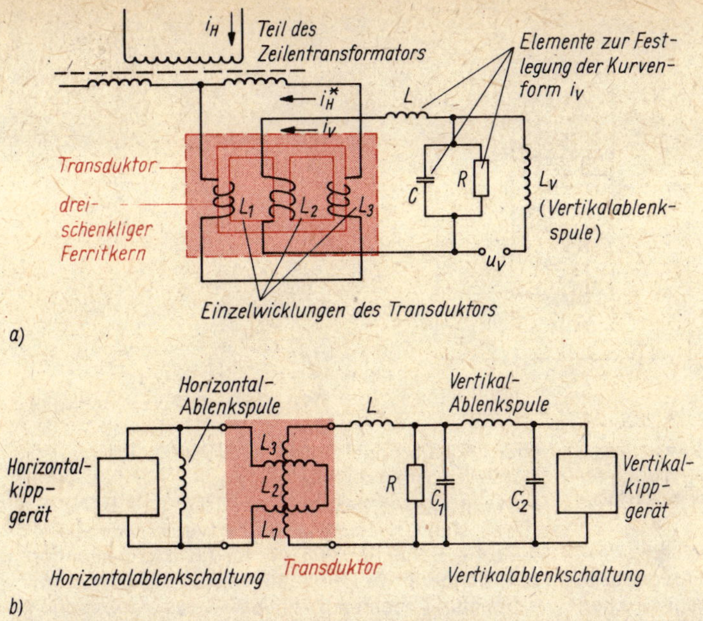

Transduktor:
a) Stromlaufplan,
b) Übersichtsschaltplan

arbeiten meist mit einem Hitzdraht oder durch Silikonöl gebremst, früher auch nur mit einem mechanischen Hebelsystem. Bei → Automatik-Plattenspielern erfolgt der Antrieb meist motorisch. Mit dem T. ist häufig eine Stummschaltung gekoppelt, die nur dann ein Tonsignal an den Ausgang des Plattenspielers gelangen läßt, wenn sie sich die Nadel in der Rille befindet. Diese Schaltungen arbeiten meist verzögert, so daß der Aufsetzknack und das Rillengeräusch in der Einlaufrille unterdrückt werden.

Tragarmresonanz, „Schüttelresonanz": Eigenresonanzfrequenz eines Tragarms, die infolge seiner effektiven (auf die Abtastnadel bezogenen) Masse und der Nadelweichheit (→ Compliance) des Abtastsystems entsteht. Beide Größen zusammen bilden ein mechanisch schwingfähiges System mit sehr niedriger Resonanzfrequenz. Konstruktiv ist man bemüht, die T. möglichst in den Bereich zwischen 10 ... 16 Hz zu legen, damit sie einesteils vom tieffrequenten → Rumpeln, von sonstigen Erschütterungen oder den vertikalen Stößen verwellter Schallplatten nicht mehr, andererseits aber noch nicht von den tiefsten Tonsignalfrequenzen angeregt wird. Zur Unterdrückung der T. können mechanische „Antiresonatoren" eingebaut sein: Eine Teilmasse ist im Gegengewicht des Tragarms elastisch angekoppelt, deren Resonanz sich der T. gegenphasig überlagert. Diese Systeme sind z. T. einstellbar *(Tuning-Antiresonator).* Weitere T. können im Bereich zwischen etwa 50 ... 500 Hz infolge der Masse und Elastizität des Tragarms selbst entstehen.

Tragarmwaage: Meßgerät zum Bestimmen der Auflagekraft einer Abtastnadel. Es werden Federkraftmesser oder kleine Balkenwaagen mit in mN oder p (veraltet) geeichter Skale verwendet. Es gilt die Umrechnung: 1 p ≈ 10 mN.

Trägerfrequenz, HF-Trägerfrequenz, kurz Träger: Frequenz der Hochfrequenzschwingung, die durch ein Ton-, Bild- oder sonstiges Signal moduliert wird. → Modulation, → Farbträger, → Bildträger

Trägheit: 1. *(allgemein)* ungewollte Verzögerung von Vorgängen und Funktionsabläufen. – **2.** *(Video)* Merkmal von → Bildaufnahmeröhren. Zeitliche Verzögerung bei Aufbau, Veränderung und Auswertung (Abtasten) des elektrischen Ladungsbilds auf der → Speicherplatte gegenüber dem aufgenommenen optischen Bild. Die T. macht sich besonders bei der Aufnahme bewegter Objekte vor dunklem Hintergrund oder Umfeld in der Unschärfe von Kanten, im → Nachziehen und ähnlichen Effekten bemerkbar. Die T. ist besonders bei Halbleiterbildaufnahmeröhren und bei den einzelnen Typen unterschiedlich stark ausgeprägt. Für die T. gibt es 2 Ursachen, einmal die Fotoleitungs- oder *Schicht-T.* und die *Umlade-T.* Die Schicht-T. resultiert daraus, daß sich die Leitfähigkeit der Speicherschicht vor allem beim → Vidikon nicht plötzlich mit einer Helligkeitsänderung ändert. Die Umlade-T. ist z. B. beim → Plumbikon ausgeprägt und beruht darauf, daß für den Abbau eines stark positiven Potentials (entspricht einer sehr hellen Bildstelle vor dunklem Umfeld) mehrere Abtastperioden des Elektronenstrahls notwendig sind. Dies hat zur Folge, daß eine gewisse Zeit lang auch dann noch ein sog. Nachsignal entsteht, wenngleich die helle Fläche in der Szene nicht mehr vorhanden ist. → Ausflammen

Hinweis: Die T. wird bei Bildaufnahmeröhren in Prozent

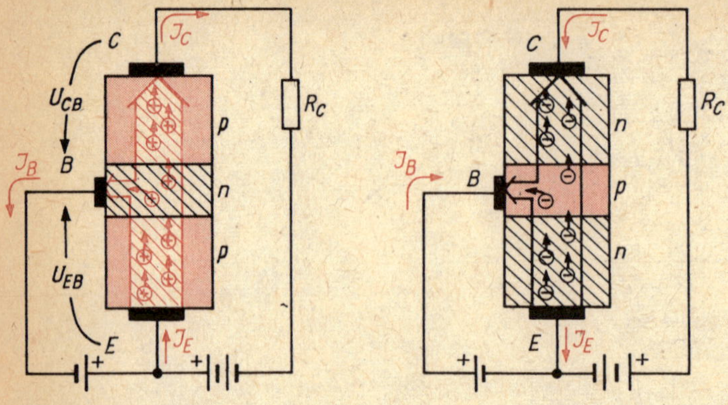

a) pnp-Transistor b) npn-Transistor

Transistor (1) – Bipolartransistor

angegeben. Die Angabe bezieht sich auf die Größe des Nachsignals, das nach einer bestimmten Zeit (meist 4 Abtastperioden, also 80 ms) nach ausgeschalteter Beleuchtung noch entsteht.

Transduktor: Spulenanordnung auf einem dreischenkligen Ferritkern mit nichtlinearer Magnetisierungskennlinie. Ein T. dient der magnetischen Kopplung unterschiedlicher Stromkreise durch *induktive Übertragung.* Die abgebildete Anordnung führt zu einer gegenseitigen Modulation des Horizontal- und Vertikalablenkstroms in Farbfernsehgeräten, in deren Folge die unterschiedlichen → Kissenverzeichnungen der Einzelraster (rot, grün, blau) bei → Lochmaskenröhren weitestgehend ausgeglichen werden können. → Ablenkfehler (Abb. S. 577)

Transformator: Übertragungsglied mit meist 4 Anschlüssen (Vierpol), das 2 oder mehrere Stromkreise mittels Magnetfeld zusammenkoppelt. Der T. besteht aus mindestens 2 Spulenwicklungen und einem gemeinsamen Kern zur Verstärkung der Kopplung. Der Stromkreis über die Eingangsspule wird *Primärseite,* der über die Ausgangsspule *Sekundärseite* genannt. T., bei denen ein Teil Wicklung gleichzeitig der Primär- und Sekundärseite angehört, heißen Spar- oder Auto-T. T. für Tonsignale werden als → *Übertrager* (auch → Anpassungsübertrager) und die für die Netzspannung als → *Netztransformator* bezeichnet. → Zeilentransformator

Transistor: aktives Halbleiterbauelement mit meist 3 Elektroden. Der T. wird vorwiegend zur Verstärkung elektrischer Signale und als Schalter verwendet. Er besteht aus einem mit den Elektroden kontaktiertem Halbleiterplättchen, das von einem schützenden Metall- oder Plastgehäuse umgeben ist. Der T. ist das wichtigste elektronische Bauelement. Er verdrängte die → Elektronenröhre fast völlig aus den Geräten der Unterhaltungselektronik. Der T. hat gegenüber der Elektronenröhre mindestens 5 hervorragende Eigenschaften: keine Heizung, kleine Betriebsspannung, kleines Volumen, lange Lebensdauer, geringer Preis. Im Verlauf der Entwicklung des T. ist eine Vielzahl unterschiedlicher Ausführungsformen mit verschiedenartiger Herstellungstechnologie entstanden. Für fast jeden Anwendungszweck gibt es spezielle T.: z. B. NF-T.; HF-T.; UHF-T.; Leistungs-T. für verschiedene Frequenzbereiche; Schalt-T.; T. für Ablenkschaltungen u. a. Sonderanwendungen (→ Fototransistor). Komplementär-T. heißen T. für paarweise Verwendung in Vor- und Leistungsendstufen, bes. in der NF-Technik. Entsprechend der Funktionsweise und der Halbleiterstruktur unterscheidet man zwischen bipolaren T. und unipolaren T. Beim *Bipolar-T.* sind beide Ladungsträgerarten eines → Halbleiters an der Stromleitung beteiligt. Beim *Unipolar-T.* wird die Stromleitung von jeweils nur einer Ladungsträgerart (Elektronen oder Löcher) übernommen. Wichtigster Typ des Unipolar-T. ist der *Feldeffekttransistor.*

Der *Bipolar-T.* (Abb. 1) besteht aus 3 Halbleiterzonen unterschiedlicher Leitungsart mit 2 → pn-Übergängen. Je nach Zonenfolge gibt es den pnp-T. und den npn-T. Aus technologischen Gründen werden meist pnp-T. aus Germanium (Ge-T.) und npn-T. aus Silizium (Si-T.) hergestellt. Die pn-Übergänge liegen sehr dicht beieinander. Eine der äußeren Halbleiterschichten und damit auch die entsprechende Elektrode wird mit Emitter (E) und die andere mit Kollektor (C) bezeichnet. Die dazwischenliegende Schicht heißt Basis (B). Im normalen Betrieb wird der Basis-Kollektor-pn-Übergang des T. in Sperrichtung (U_{CB}) gepolt, d. h., die Grenzschicht ist hochohmig (→ pn-Übergang), und im Kollektorkreis kann nur ein sehr kleiner Reststrom fließen. Wird an den Emitter-Basis-pn-Übergang eine Spannung (U_{EB}) in Flußrichtung angelegt, dann wird diese Grenzschicht niederohmig und Ladungsträger (bei npn: Elektronen und bei pnp: Löcher) werden vom Emitter in die entgegengesetzt geladene Basiszone „emittiert“ (Ladungsträgerinjektion). Schon bei kleinen Werten von U_{EB} fließt ein kräftiger Emitterstrom (I_E). Da die Basis sehr dünn ist, durchwandern die Ladungsträger bis auf einen geringen Teil (Basisstrom) die Basiszone, geraten in

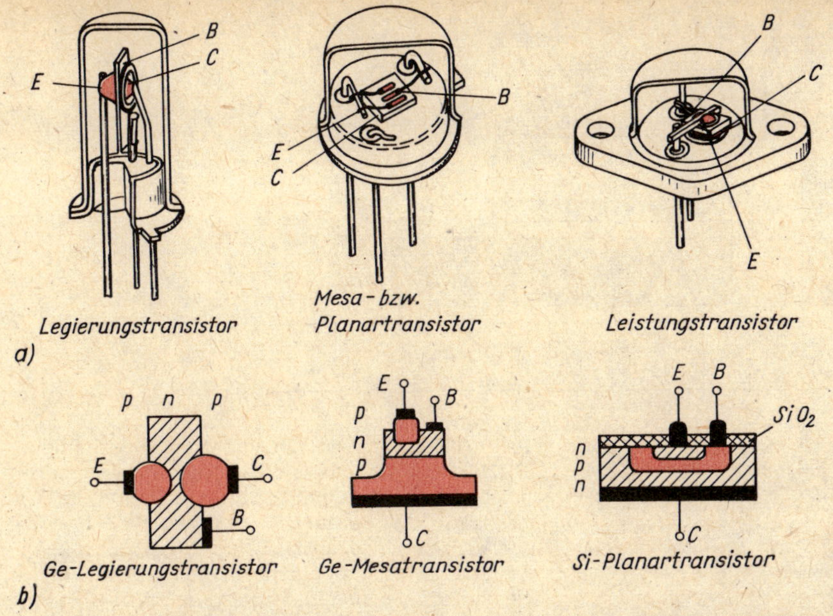

Transistor (2) – Bipolartransistor:
a) Transistorbauformen,
b) Transistorstruktur

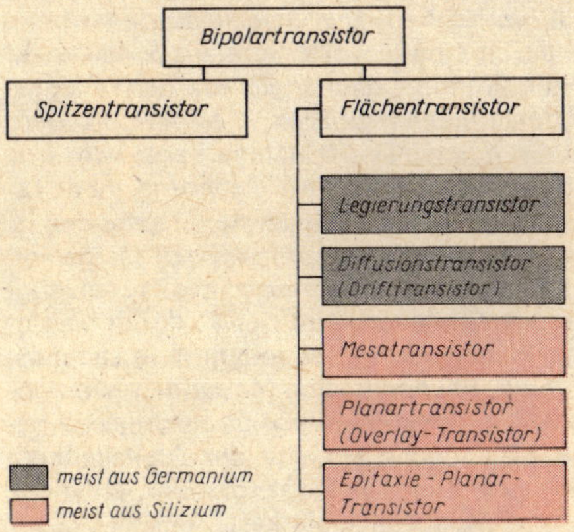

Transistor (3): Übersicht der Bipolartransistoren

das elektrische Feld des Basis-Kollektor-Übergangs und werden vom Kollektoranschluß gesammelt. Damit steigt der ursprünglich sehr kleine Kollektorstrom auf einen vielfach größeren, fast auf den Wert des Emitterstroms, an. Bipolar-T. haben relativ kleine Ein- und Ausgangswiderstände. Die Ausführungs- oder Bauform ist von der Herstellungstechnologie der T. abhängig.
Der *Spitzen-T.* war wenig zuverlässig und sehr instabil. Heute ist er nur noch von historischem Interesse. Der erste *Flächen-T.* war ein *Legierungs-T.* In einem n-leitenden Halbleiterplättchen sind 2 Indiumperlen (p-leitend) einlegiert. Die dazwischenliegende schmale n-Zone bildet die Basis. Derartige T. werden vorwiegend im NF-Gebiet verwendet. Beim *Mesa-T.* bilden Emitter und Basis eine tafelbergähnliche Erhebung (mesa: spanisch für Tafel), die aus dem Halbleitergrundmaterial (Substrat) herausgeätzt ist. Die Mesa-T. und Drift-T. sind bes. im UHF-Gebiet nutzbar. Den *Planar-T.* kann man als einen in das Substrat versenkten Mesa-T. verstehen, so daß die Oberfläche „plan" ist. Sie wird von einer Siliziumoxidschicht bedeckt, die vor Umwelteinflüssen schützt. Derartige T. sind sehr klein *(Miniplast-T.)* und haben eine große Zuverlässigkeit. Die pn-Übergänge des Planar-Epitaxie-T. werden in einer Epitaxieschicht erzeugt, die mit dem Halbleiter verwachsen ist (epitaktisch bedeutet gerichtetes Aufwachsen). Diese T. weisen bes. günstige elektrische Kennwerte auf und werden universell verwendet.
Das Prinzip des *Feldeffekt-T.* (Abk.: FET) beruht auf der Änderung der elektrischen Leitfähigkeit durch ein auf die stromführende Halbleiterbahn *(Kanal)* einwirkendes elektrisches Feld. Der FET wird deshalb auch als elektronisch steuerbarer Halbleiterwiderstand aufgefaßt. Die kontaktierten Elektroden des Kanals werden mit S (Source, Quelle) und D (Drain, Senke, Abfluß) bezeichnet. Je nach Ladungsträgerart kann der Kanal n- oder p-leitend (→ Halbleiter) sein. Die Steuerspannung wird an die Steuerelektrode G (Gate, Tor) angelegt. Sie bewirkt entweder eine Änderung des Kanalquerschnitts oder der Ladungsträgermenge im Kanal. Dementsprechend gibt es 2 grundsätzlich verschiedene FET-Arten: *Sperrschicht-FET* (Abk.: SFET), bei denen in Sperrichtung betriebene pn-Übergänge die Trennung zwischen Kanal und Gate bilden und *FET mit isolierter Steuerelektrode* (Abk.: IGFET von engl. *I*nsulated *G*ate-*FET*), bei denen eine Isolier-

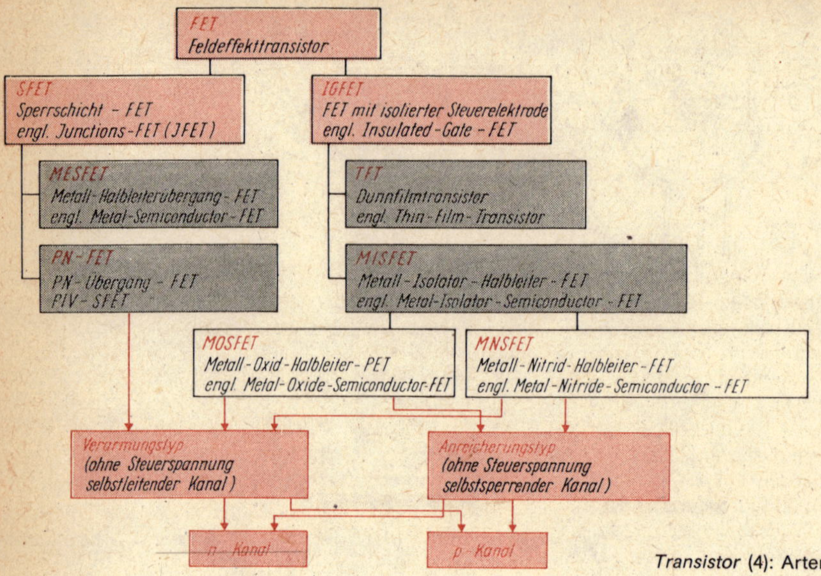

Transistor (4): Arten von Feldeffekttransistoren

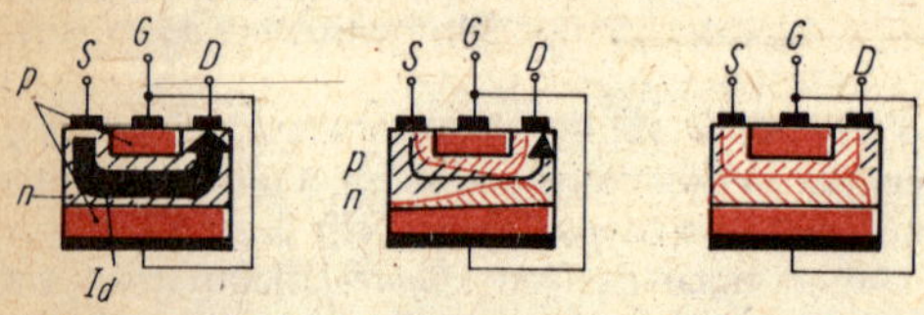

SFET n-Kanal-Typ

Transistor (5): Sperrschichtfeldeffekt-Transistor (mit steigender Gate-Steuerspannung wird der Kanal abgeschnürt, I_D wird schwächer und schließlich zu Null)

schicht Kanal und Gate trennen. Die FET haben einen sehr großen Eingangswiderstand. Sie sind im Gegensatz zu Bipolar-T. spannungsgesteuerte und damit auch leistungslos steuerbare T. Somit ist der FET das Halbleiteranalogon zur Elektronenröhre. Der SFET ist selbstleitend, d.h., im Kanal fließt auch ohne angelegte Gatesteuerspannung ein relativ großer Strom zwischen Drain und Source, wenn diese mit einer äußeren Spannungsquelle verbunden sind, die entsprechend des Kanal-Typs gepolt ist. Die Stärke des Drainstroms (I_D) ist von der Leitfähigkeit des Kanals abhängig. Seine Breite und damit auch seine Leitfähigkeit werden von den beiden Gate-Gebieten und der angelegten Steuerspannung bestimmt. Je nach Größe der Gatespannung dehnen sich die Raumladungszonen infolge des „Feldeffekts" in den Kanal hinein aus und schnüren die Strombahn mehr oder weniger stark ab. Der Drainstrom schwankt somit im Rhythmus der Steuerspannung. Von den IGFET haben die MOSFET die größte praktische Bedeutung. Sie sind relativ leicht herstellbar und sehr klein. Sie bilden u. a. die Grundlage für →integrierte Schaltkreise mit großen Packungsdichten. Im Grundsubstrat (n-oder p-leitend) sind 2 Gebiete mit großer Ladungsträgerdichte, aber entgegengesetzter Leitungsart (Source und Drain) vorhanden. Die Gateelektrode ist beim MOSFET durch eine Isolierschicht aus Siliziumoxid vom Kanal getrennt. Unabhängig von der Leitungsart (n- oder p-Kanal) gibt es 2 MOSFET-Typen: *a) Anreicherungstyp:* Der leitfähige Kanal wird erst beim Betrieb des T. durch Anreicherung freier Ladungsträger gebildet. Ohne Gatesteuerspannung ist er selbstsperrend. *b) Verarmungstyp:* Der leitfähige Kanal wird bei der Herstellung des T. erzeugt (selbstleitend). Gesteuert wird der T. durch Verringerung der Kanalleitfähigkeit, indem freie Ladungsträger infolge Rekombination gebunden werden. SFET werden fast ausschließlich in der Analogtechnik, MOSFET dagegen auch in der Digitaltechnik angewandt. Vor allem in Eingangsstufen (z. B. bei → Tunern, → Mikrofonverstärkern, → Videokameras) werden FET wegen ihrer Rauscharmut zur Verstärkung eingesetzt.

Geschichtliches: Ende 1947 entdeckten W. SHOCKLEY, W. BRATTAIN und J. BARDEEN bei Versuchen an Halbleiterdioden den T.effekt (Spitzen-T.). Diese aufsehenerregende Erfindung leitete ein neues Zeitalter der Elektronik ein. Am 26.6. 1948 wurde der T. in den USA unter der Nr. 2524035 patentiert. Es setzte eine rasche Entwicklung immer neuer Bipolar-T.formen und -typen ein. Ständig wurden Fortschritte in der Herstellungstechnologie erreicht. 1951 wurden die ersten Flächen-T. und 1953 die Drift-T. hergestellt. Ab 1954 wurde Silizium als neuer Werkstoff verwendet, vorher war es ausschließlich Germanium. Weiterentwicklungen konzentrierten sich ab 1956 vorrangig aus Silizium-Typen und -Technologien, nachdem 1955 mit dem Mesa-T. die Entwicklung der Germanium-T. einen

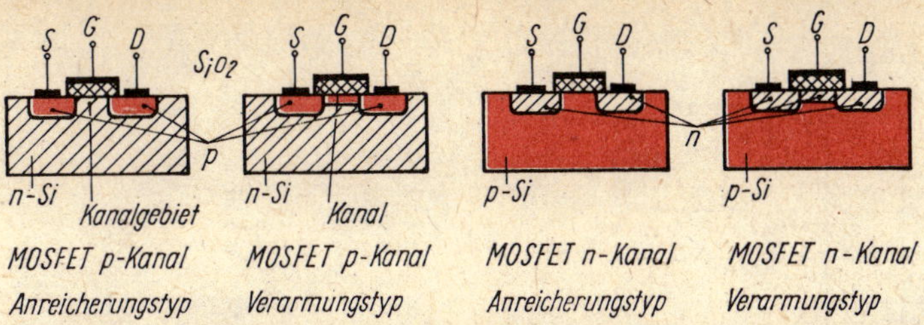

Transistor (6): MOSFET-Typen

gewissen Abschluß erreicht hatte. Im Jahre 1958 entwickelt J. HOERNI die Silizium-Planartechnologie, die ab 1960 industriell eingeführt wurde. Ab 1963 begann die Entwicklung von MOSFET in Planartechnik. Es waren die ersten FET verfügbar. Dennoch ist der Gedanke des FET wesentlich älter als die Bipolar-T. 1925 bekam J. E. LILIENFELD ein Patent über ein Steuerelement, bei dem ein Strom zwischen 2 Anschlußzonen durch ein drittes Potential gesteuert werden kann. 1930 wurde von SOMMERFELD der Feldeffekt vorhergesagt. 1935 meldete er ein Patent für ein entsprechendes Bauelement an, das 1939 erteilt wurde. H. WELKER meldete 1945 ein Patent über ein Feldeffekt-Element an. Auch SHOCKLEY beschrieb schon 1952 den FET ausführlich, aber die Bedingungen für die Herstellung waren noch nicht reif. In der DDR wurde mit Bildung des VEB Halbleiterwerks Frankfurt/Oder und später des Kombinats Mikroelektronik eine umfassende industrielle Basis zur Herstellung modernster Halbleiterbauelemente – einschließlich T. – geschaffen. Abb.

„Transistorsound", *„Transistorklang"*: umgangssprachlich für bestimmte hörbare Klangverzerrungen, die sich bei stark gegengekoppelten Transistorverstärkern ergeben. → TID

Transkoder: Wandler von einer Kodeart in eine andere, z. B. PAL-SECAM-T. → Kode, → Koder

Transparenz: Durchsichtigkeit eines Objekts. Transparente Objekte haben auch für die Videotechnik in vielerlei Hinsicht Bedeutung, z. B. Filmbilder, Diapositive, Farbfilter usw. Zur exakten mathematischen Beschreibung der transparenten Eigenschaften eines Objekts, d. h., wie das hindurchtretende Licht in seiner Stärke und spektralen Zusammensetzung beeinflußt wird, dient die Transmissionsfunktion τ (λ). Diese wird wesentlich durch die Art und Zusammensetzung der beim Objektaufbau verwendeten Stoffe bestimmt (z. B.: $\tau_{\text{Glas}} \approx 1$ für 380...780 nm).

Transponder: aktiver Gerätekomplex in Nachrichtensatelliten zur Erfüllung der Relaisfunktion (Empfangen – Regenerieren – frequenzmäßig Umsetzen – Senden). Moderne Nachrichtensatelliten verfügen über bis zu 24 T. Die Bezeichung T. leitet sich von engl. *Trans*mitter und Res*ponder* (Sende- und Antwortgerät) ab. → Fernsehsatellit, → Satellitenfunk

Transportgeschwindigkeit: → Bandgeschwindigkeit

Transportrolle, Antriebswelle, Capstan: geschliffene, polierte und z. T. oberflächenveredelte Stahlwelle zum unmittelbaren Transport des Magnetbands bei Aufzeichnung und Wiedergabe. Die T. wird vom Antriebsmotor direkt oder indirekt in Drehung versetzt. Die notwendige Reibung zum Band wird durch eine → Andruckrolle erreicht. Bei Tonbandgeräten ist die Bezeichnung *Tonwelle* oder *Tonrolle* noch stärker verbreitet. Abb. a → Tonbandgeräte-Laufwerk

Transportsicherung: Vorrichtung an einem Plattenspieler, um die mechanische Dämpfungseinrichtung für Körperschall zwischen Gehäuse und Chassis beim Transport außer Betrieb zu setzen. Die T. ist nach Aufstellung des Plattenspielers zu entfernen. → Schockabsorber

Transversalrotationsverfahren: → Querspurverfahren

Transverter, *Gleichspannungswandler, DC/DC-Wandler*: Gerät oder Baugruppe zur elektronischen Umformung einer niedrigen in eine höhere Gleichspannung oder umgekehrt. T. werden z. B. verwendet, wenn ein 12-V-Autoempfänger an einem 6-V-Kfz-Bordnetz betrieben werden soll oder wenn in einem elektronischen Gerät höhere Spannungen als die Batteriespannung benötigt werden.

Trapezfehler, auch Trapezverzeichnung (engl. Trapezium Distortion): Geometriefehler im Fernsehbild, der eine trapezförmige Begrenzung der Bildfläche zur Folge hat. T. werden von Elektronenstrahlsystemen verursacht, die konzentrisch im Hals von → Bildwiedergaberöhren liegen und gegen deren Mittelachse geneigt sind. Damit entstehen vom Grundsatz her bei jeder → Farbbildwiedergaberöhre mit mehreren Strahlsystemen T. Das Entstehen von T. wird durch exakten mechanischen Aufbau der Bildwandlerröhren, durch Verwendung symmetrischer Ablenkfelder weitestgehend eingeschränkt. Noch verbleibende T. werden durch entsprechende Schaltungen zur *Trapezentzerrung* (Überlagerung der Ablenkströme mit Strömen spezieller Kurvenform) beseitigt. Bei Farbbildwiedergaberöhren erfolgt dies im Zusammenhang mit der Beseitigung von Kissenfehlern. → Ablenkung, → Rasterkorrektur, → Tonnenverzeichnung, → Kissenverzeichnung

TRD, Abk. für engl. **T**uning **R**emote **D**igital: Bez. eines digitalen fernbedienbaren Abstimm- und Bedienungssystems für Fernsehempfänger.

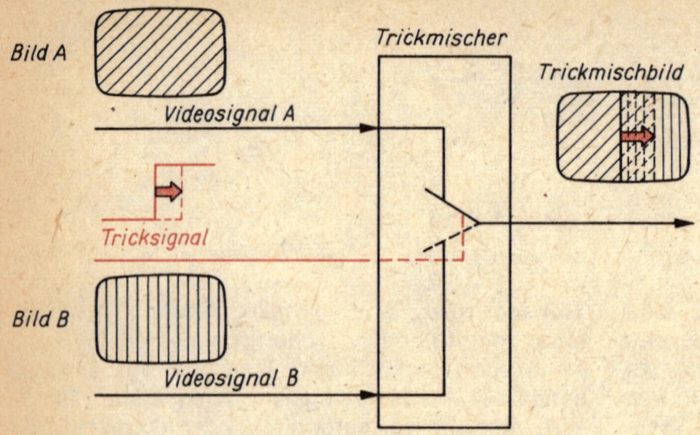

Funktionsprinzip eines *Trickmischers*

Trennband: →Kennband

Trennschärfe, *Selektivität*: Vermögen eines Rundfunkempfängers, ein störendes Signal auf einer benachbarten Sendefrequenz vom empfangenen Nutzsignal zu trennen bzw. zu unterdrücken. Nur bei gleichzeitig hoher Trennschärfe kann große Empfindlichkeit eines Rundfunkempfängers voll ausgenutzt werden, ohne daß Störungen durch andere Sender auftreten. Sehr hohe T. bedeutet meist aber auch eine Verminderung der Tonqualität: bei AM-Empfängern wird der Klang noch dunkler, bei FM-Empfängern steigen die Verzerrungen. →Nachbarkanalselektion

Trennspur, *Rasen*: unmagnetisierte Zone auf einem Magnetband zwischen benachbarten Spuren. Die Breite der T. wird *Spurlücke* genannt. Bei Heim-Videorecordern wird meist ohne T. zwischen den Videospuren gearbeitet. Bei der Tonsignalspeicherung ist eine breitere T. günstig, weil dann bei tiefen Signalfrequenzen geringeres Übersprechen von Spur zu Spur auftritt. Auch für das Übersprechen bei höheren Signalfrequenzen, das zwischen den Wandlern eines Mehrspurkopfs infolge magnetischer Kopplung auftritt, ist breitere T. vorteilhaft: Die Wandler liegen im Kopf weiter auseinander. Bei der Speicherung von Stereosignalen auf benachbarten Spuren (z. B. auf Kompaktkassetten) kann die T. relativ schmal sein, weil bei Stereosignalen das Übersprechen nicht so streng zu bewerten ist. Die relativ schmale T. bei →Vierspuraufzeichnung kann allerdings bei Bandführungs- oder →Spurfehlern zu einem inversen Übersprechen führen (Signale aus benachbarten Spuren werden rückwärts hörbar). →Zweispuraufzeichnung

Triac, svw. Zweiwegthyristor (Kunstwort aus engl. **Tri**ode **A**lternating **C**urrent Switch): steuerbares Halbleiterbauelement aus 2 parallelen, aber entgegengesetzt orientierten Thyristor-Strukturen. Mit dem T. können im Gegensatz zum → Thyristor Ströme in beiden Richtungen geschaltet werden. Der T. wird für gleiche Zwecke wie der Thyristor verwendet.

Trickbild: effektvoll gestaltetes Fernsehbild, das durch besondere Maßnahmen bei der Bildaufnahme und/oder bei der Bildsignalbearbeitung entsteht. Bei der Bildaufnahme werden T. mit verschiedenen optischen und mechanischen Hilfsmitteln vor dem Objektiv der Fernseh- bzw. Videokamera erzeugt.

Hinweis: Ein Kaleidoskopvorsatz bewirkt eine ornamentartige *Bildvervielfachung*. Bes. reizvolle T. ergeben sich durch → Vorsatzlinsen mit verschiedenem Schliff *(Tricklinse)*. Mit Vorsatzlinsen, die einen Mehrfach-Prismaschliff haben, erscheint das Aufnahmemotiv mehrfach ineinander oder versetzt neben- bzw. untereinander.

Vielfältige Möglichkeiten bietet die elektronische Beeinflussung (gezielte Bearbeitung) der Videosignale. Die T. entstehen hierbei gewissermaßen hinter der Kamera. Zu den videotechnischen Möglichkeiten gehören vor allem die Trickmischung (→Bildmischung) mit ihren verschiedenen Stanzverfahren und →Farbtrickgeneratoren zur *Bildverfremdung* und *Farbeffektgestaltung*. Attraktive und verblüffende T. werden auf digitalem Wege erzeugt (→digitaler Videoeffekt). Abb. s. Farbanhang

Hinweis: Die optischen Hilfsmittel sind durch den Kameramann einfach zu handhaben. Die elektronischen Mittel für den digitalen Videoeffekt sind kompliziert und teuer. Die Fernsehanstalten sind mit solchen Mitteln umfassend ausgerüstet.

Trickmischer: Gerät oder Baugruppe eines → Bildmischers für die Trickmischung von Videosignalen. Einfache T. sind im Prinzip von einem *Tricksignal* gesteuerte elektronische Umschalter. Die Umschaltung durch das impulsförmige Tricksignal bewirkt, daß jeweils nur ein Signal von den beiden zu mischenden Videosignalen zum Ausgang des T. gelangt. Die Form der Trickfigur im Ausgangsbild wird allein von der Form des Tricksignals bestimmt. Bei zeitlicher Verschiebung des Pegelsprungs im Tricksignal (s. Abb.) verschiebt sich auch die Trickfigurenkante (Schnittkante) im Ausgangsbild. Tricksignale werden in einem →Effektgenerator erzeugt oder für das elektronische Stanzen – eine beson-

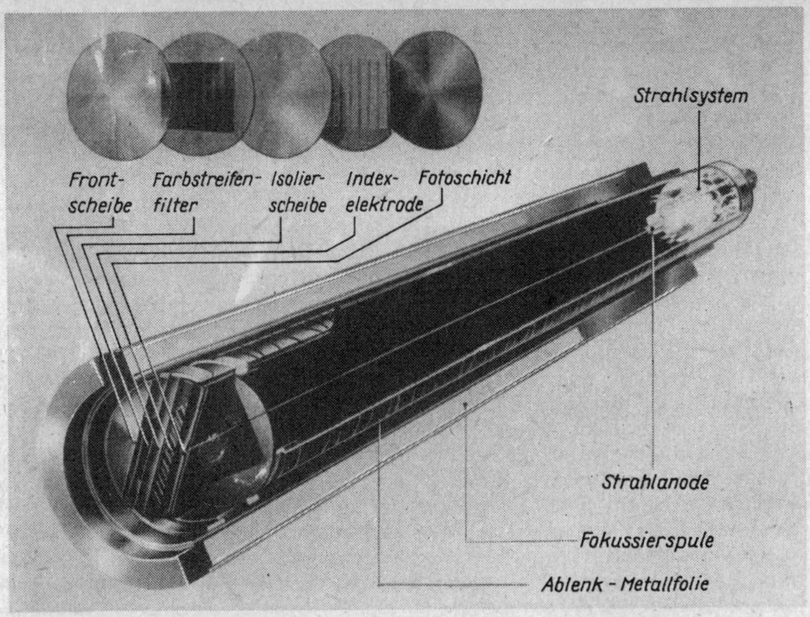

Trinicon

dere Art der Trickmischung – aus Videosignalen abgeleitet. → Bildmischung (Abb.)

Trickmischung, *Effektmischung*: Verfahren zur elektronischen Erzeugung effektvoller, insbesondere verfremdeter Klang- bzw. Bilddarstellung durch Mischung und Bearbeitung von Ton- bzw. Videosignalen. T. ist i. e. S. eine eigenständige Bildmischart. → Bildmischung, → Bildverfremdung, → Tonmischung

Tricolor-Vidikon: → Dreielektrodenröhre

Trifonie: → Dreikanalstereofonie

Trimmer: → Kondensator mit mechanisch veränderbarem Kapazitätswert. T. haben nur einen kleinen Variationsbereich. Sie werden dort verwendet, wo nur selten eine Kapazitätsänderung notwendig ist (Abgleich), z. B. zur → Antennenanpassung bei Kraftfahrzeugempfängern.

Trinicon: Farbstreifenvidikon, das nach dem Punktsequenzverfahren (→ Einröhrenkamera) arbeitet und mit einer 2geteilten Signalelektrode (Indexelektrode) ausgestattet ist. Die Abb. zeigt den grundsätzlichen Aufbau. Der Farbstreifenfilter besteht aus abwechselnd roten, grünen und blauen vertikal angeordneten Farbstreifen. Die Indexelektrode besteht aus 2 gegeneinander isolierten kammartigen Streifenanordnungen, die ineinander verschachtelt sind. Ein Farbstreifentrio ist jeweils 2 getrennten Indexstreifen zugeordnet (Abb. s. Farbanhang). Die Indexstreifen erhalten eine feste Plattenspannung (U_p) und jeder Indexkamm, von Zeile zu Zeile wechselnd, zusätzlich eine Teilspannung mit positiver bzw. negativer Polarität überlagert. Dadurch haben 2 benachbarte Indexstreifen eine kleine Spannungsdifferenz, die im Ausgangssignal des T. neben dem Nutzsignal (Helligkeits- und Farbträgersignal) als zusätzliches Signal (Indexsignal) auftritt. Es kennzeichnet den Beginn eines Farbstreifentrios und dient zur Signaltrennung wie ein Farbsynchronsignal. Durch die zeilenweise Polaritätsumschaltung ändert sich auch die Phasenlage des Indexsignals von Zeile zu Zeile um 180°. Es liegen ähnliche Verhältnisse wie beim PAL-Farbfernsehverfahren vor, so daß die Signaltrennung in trägerfrequente Farbdifferenzsignale wie bei der PAL-Dekodierung erfolgen kann. Die Farbträgerfrequenz ist abhängig von der Farbstreifenbreite (Abb. s. Farbanhang). Bei der für nichtprofessionelle elektronische Kameras bestimmten *Standardversion* des T. ist die Trägerfrequenz ca. 4,7 MHz und bei der hochauflösenden Version, dem *High Band T.* (Abk. *HBST,* das S deutet auf die Verwendung der Halbleiterschicht des → Satikons hin) über 6 MHz. Beim T. erfolgt die Fokussierung des Abtaststrahls elektromagnetisch und die Ablenkung, abweichend von den meisten Bildaufnahmeröhren, elektrostatisch. Dazu trägt die Innenseite des Röhrenkolbens eine besonders strukturierte Metallfolie, an die die H- und V-Ablenkspannungen angelegt werden. Die Bezeichnung *MF-T.* (Abk. für Mix Field, svw. Mischfeld aus elektrischem und magnetischem Feld) deutet auf die beschriebene Besonderheit des T. hin. → Farbkamera, → Einröhrenkamera, → Farbstreifenvidikon (Abb.)

Trinitron, auch *Gittermaskenröhre*: → Farbbildwiedergaberöhre mit einem Dreistrahlsystem, einer *Gittermaske* (auch Streifenmaske, „Aperture Grill“) und streifenförmig auf dem Leuchtschirm angeordneten Leuchtstoffen (Rot, Gün, Blau). Seinem Aufbau nach gehört das T. zur Gruppe der → In-Line-

Bildröhren. Damit gelten alle typischen Merkmale dieses Röhrentyps auch beim T. Spezielle Besonderheiten des T. sind: zylindrische Wölbung des Bildschirms mit senkrechter Achse; Verwendung des Dreistrahlsystems (→ Präzisions-In-Line-Bildröhre); Verwendung der Streifenmaske (hohe Transparenz); zweifache Überschneidung der Elektronenstrahlen auf ihrem Weg von den Katoden zum Bildschirm (führt bei gleicher Farbstreifenanordnung wie bei der Schlitzmaskenröhre zu einer Seitenvertauschung der Strahlsysteme Rot und Blau). Die Grenzen des T. sind in der gewissen mechanischen Instabilität der Gittermaske zu sehen – insbesondere bei großen Bildschirmen. T.-Bildröhren sind eine Entwicklung der japanischen Firma Sony, die sie auch in hoher Stückzahl in der Praxis einsetzt. T. finden mit Bildröhrengrößen von 15 ... 82 cm Bildschirmdiagonale (Ablenkwinkel 90° und 114°, große Bildröhren mit → Strahlablenkgeschwindigkeitsmodulation) Anwendung. → Black-Strip-Technik, → Lochmaskenröhre, → Bildröhre, → Konvergenz, → Farbreinheit, → Entmagnetisierung, → Schlitzmaskenröhre

Hinweis: Für den Aufbau der Gittermaske ist eine relativ massive Rahmenkonstruktion erforderlich. Dadurch erhöht sich das Gewicht des T. im Vergleich zu anderen Farbbildröhren.

Triode: → Elektronenröhre

Tripal: serielles Farbkodierverfahren für die magnetische Farbbildaufzeichnung in (Heim-)Videorecordern und für die Farbbildübertragung. 3 schmalbandige (0...0,5 MHz) Farbsignale (Farbwert- oder Farbdifferenzsignale) werden zeilensequentiell nacheinander und simultan mit dem Helligkeitssignal (0,5...5 MHz) aufgezeichnet bzw. übertragen. Bei Wiedergabe wird das serielle Signal mit Hilfe von 2 Zeilenverzögerungsleitungen in simultane Helligkeits- und 3 Farbsignale zurückgewandelt. → magnetische Bildaufzeichnung

Tripleband: Dreifachspielband mit der Dicke von 18 µm. → Magnettonband

Tri-Tracer (engl.): Tonbandgerät mit 3 getrennten Köpfen zur Löschung, Aufzeichnung und Wiedergabe. T. erlauben eine → Hinterbandkontrolle während der Aufzeichnung. → Tonbandgerät

Trittschall: tieffrequenter Schall, z. T. unterhalb des Hörbereichs, der durch Tritt- oder Poltergeräusche und sonstige Erschütterungen entsteht. Er pflanzt sich vorrangig als Körperschall fort. Der T. muß von Mikrofonen ferngehalten werden, da er die Aufnahme hörbar beeinträchtigen, aber auch den Mikrofonverstärker übersteuern kann. Gelangt T. auf einen Plattenspieler, so kann die Nadel die Rillen überspringen und beschädigen. Er wird daher bei hochwertigen Geräten bedämpft. → Trittschallfilter, → Mikrofonhalterung, → Schockabsorber

Trittschallfilter (engl. *Roll-Off-Filter*): Mikrofonfilter zur Absenkung tiefster Frequenzen meist unter 100 Hz (→ Trittschall). T. sind Hochpässe mit steilen Flanken und z. T. veränderbarer Grenzfrequenz. Sie sind im Mikrofon eingebaut oder werden als Zusatzgerät in die Mikrofonleitung geschaltet. Da sie auch den Schall unterhalb des Hörbereichs absperren (Infraschall), verhindern sie die Übersteuerung des Mikrofonverstärkers durch Erschütterungen.

Tuner: 1) auch *Abstimmeinheit:* in einem Rundfunk- oder Fernsehempfänger eingebaute kompakte Baugruppe, die alle HF-Stufen zur Vorverstärkung und → Abstimmung umfaßt. Dem T. werden die HF-Signale von der Empfangsantenne zugeführt, an seinem Ausgang ist der → ZF-Verstärker angeschlossen. In Rundfunkempfängern werden nur für den FM-Bereich sogenannte *UKW-T. (FM-T.)* verwendet. Bei Fernsehempfängern unterscheidet man je nach Empfangsbereich in *UHF-* und *VHF-T.* In fast allen modernen Fernsehgeräten werden T. für beide Bereiche, sogenannte *Mehrbereichs-, Kombi-* oder *Allbereichs-T.* mit → C-Dioden-Abstimmung verwendet. T. in Fernsehempfängern werden auch als *Kanalwähler* bezeichnet. Früher wurden als VHF-T. meist *Trommelkanalwähler* benutzt, in denen die Schwingkreisspulen für die einzelnen VHF-Kanäle auf Spulensegmenten trommelförmig angeordnet waren. Sie wurden an die entsprechenden Kontakte des T. geschaltet, indem die Trommel mittels Kanalwählerknopf gedreht wurde und einrastete *(Kanalschalter)*. Die Feinabstimmung erfolgte über einen kleinen variablen Schwingkreiskondensator an einem gesonderten Abstimmknopf. Bei UHF-, UKW- und allen Mehrbereichs-T. sind alle Frequenzen der Empfangsbereiche kontinuierlich einstellbar *(durchstimmbarer T.)* oder liegen in einem vorgegebenen Frequenzraster im Kanalabstand (→ Abstimmsystem, Frequenzsynthesetuner). **2)** Rundfunkempfangsteil, das alle HF-Baugruppen eines Rundfunkempfängers einschließlich ZF-Verstärker, die Demodulatoren sowie den Stereodekoder umfaßt und die Stereosignale zum Betreiben eines → NF-Verstärkers mit Boxen abgibt; Komponente einer Stereoanlage. **3)** Fernsehempfangsteil, das ein Bildsignal und ein oder 2 Tonsignale abgibt (→ *Video-Tuner*). → Rundfunkempfänger, → Fernsehempfänger

Tuner Pack: an Stelle einer Tonbandkassette einsetzbares und über Steckkontakte elektrisch integriertes Rundfunkempfangsteil, so daß ein dafür vorgesehenes (tragbares) Kassettentonbandgerät als Rundfunkempfänger benutzt werden kann. Abb.

Tunneldiode, *Backward-Diode,* Esaki-Diode: Halbleiterdiode mit schmaler Grenzschicht. Die T. wird im Bereich des Tunnelstroms (Durchlaßbereich mit abfallendem Kennlinienast) betrieben. Mit ihr ist eine rauscharme Verstärkung und Schwingungserzeugung im GHz-Bereich möglich.

Turnover-Abtastsystem: Schallplattenabtaster, bei dem wahlweise eine Abtastnadel für Mikrorillen oder für Normalrillen mechanisch in die Arbeitslage geschwenkt werden kann.

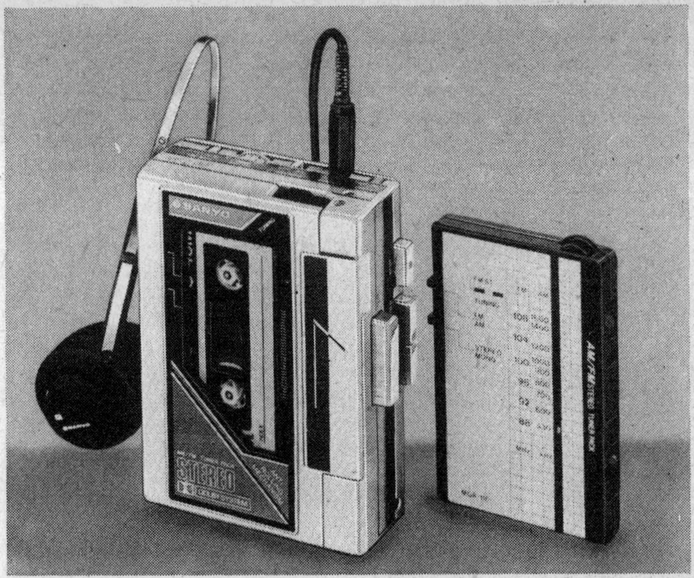

„Walkman" mit einsetzbarem AM/FM-Empfangsteil *(Tuner Pack)*

Turntable (engl., Drehtisch, Plattenteller): Antriebsaggregat mit schwerem Plattenteller in einem Gehäuse, um eine Schallplatte in Drehung zu versetzen. Der Tragarm mit Abtastsystem ist getrennt vom T. montiert. T. sind umständlicher zu handhaben als herkömmliche Plattenspieler, ermöglichen aber sehr hohe Tonqualität, weil der Tragarm keinerlei Steuerfunktionen übernehmen muß. T. sind vorrangig als professionelle Geräte, sehr selten in der Heimelektronik zu finden.

TV-Buchse: Kurzbezeichnung für Fernseh- (engl. Television) Buchse, allgemein Bezeichnung der Ein- oder Ausgangsbuchsen für Fernsehsignale (i. e. S. HF-Fernsehsignale) verschiedenster Videogeräte. → Bildsignal, → AV

TV-Portable: → Kofferfernsehgerät

TV-Stab: → Halbleitergleichrichter für die → Hochspannungserzeugung in Fernsehempfängern. Der T. besteht aus einzelnen Selenplättchen mit einigen Millimetern Durchmesser und ca. 0,2 mm Stärke oder Silizium-Dioden, die in einem Isolierrohr aufgereiht (ähnlich einem Tablettenröhrchen) und damit elektrisch in Reihe geschaltet sind.

U

Überbasis: → Basisbreite, → Basisbreitensteuerung

Überblendadapter, Überblendautomatik: Baugruppe für einen Kassettenrecorder mit Aussteuerungsautomatik, die automatische Einblendung eines Zusatzsignals (z. B. Sprechtext) in die laufende Tonaufzeichnung ermöglicht, ohne daß ein Tonmischpult erforderlich ist. Die laufende Tonaufzeichnung wird dabei je nach Lautstärke des Zusatzsignals etwas abgeschwächt; am Schluß blendet die Aussteuerungsautomatik wieder bis auf Vollaussteuerung ein.

Überblendeinsteller, Umblendeinsteller: **1.** *(Tonmischung)* Doppelpotentiometer zur Überblendung von einer Tonsignalquelle auf eine andere bzw. zur Mischung 2er Signale mit Hilfe nur eines Einstellknopfs. – **2.** *(Kfz-Empfänger)* Einsteller zum Verändern des Lautstärkegleichgewichts zwischen den vorderen und hinteren Sitzplätzen im Pkw. Dabei werden vordere und rückwärtige Lautsprecher mit veränderbaren Signalstärken angesteuert. Abb. S. 586

Überlagerungsempfänger: → Superhet

Überlagerungsstörung: → Interferenz, → Schwebung, → Schwund, → Moiré, → Geisterbild

Überlappungsbereich: → magnetische Bildaufzeichnung, → VCR

Überlastungsschutz: 1. *(Lautsprecherbox)* elektronische Schutzschaltung, die vor dem Überschreiten der Höchstbelastbarkeit eines Lautsprechersystems die zugeführte Leistung begrenzt, seltener die Ansteuerung unterbricht. Meist wirkt der Ü. nur auf die besonders gefährdeten Hochtonsysteme; bei einigen Schaltungen wird das bevorstehende Ansprechen des Ü. signalisiert. – **2.** *(NF-Endstufe)* Schaltungsmaßnahme, um einen NF-Verstärker kurzschlußfest oder übersteuerungssicher zu machen. Der Ü. kann bei Fehlanpassung bzw. Kurzschluß des Lautsprecherausgangs, bei Fehlern in der Stromversorgung oder bei zu großen Tonsignal-Eingangspegeln wirksam werden. Hauptsächlich werden die teuren Endstufentransistoren oder -schaltkreise vor Zerstörung durch elektrische oder thermische Überlastung geschützt. Andere Schal-

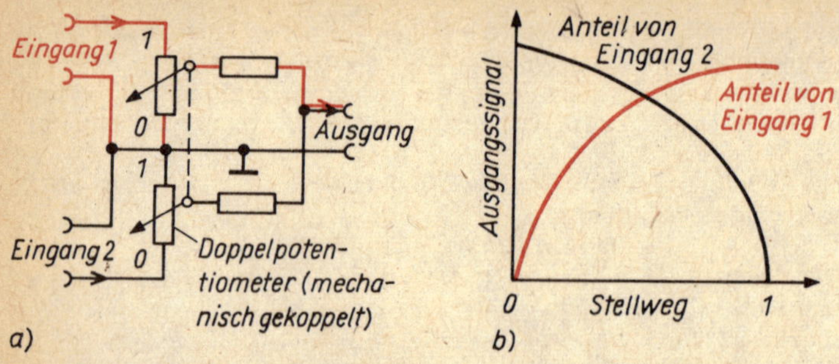

Überblendeinsteller:
a) Schaltung,
b) Signalverlauf am Ausgang

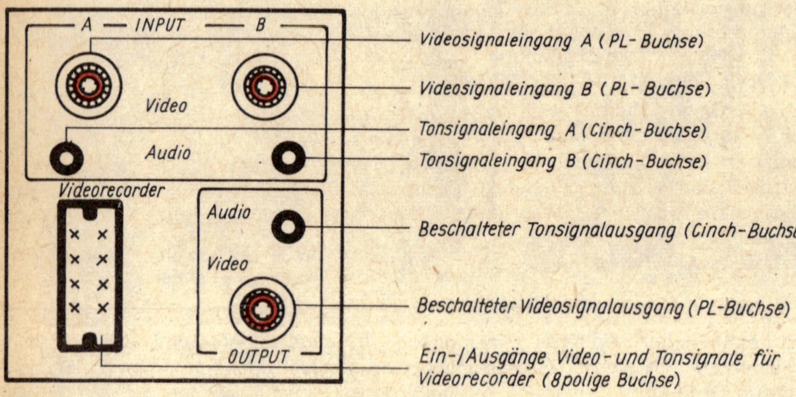

Überspieleinheit: Anschlußfeld eines Videomonitors (Beispiel)

tungsvarianten vermeiden, daß an den Lautsprecherausgängen gefährliche Gleichspannungen auftreten, die den Lautsprecher zerstören können. Abb.

Überreichweite: Ausbreitung von Funkwellen unter besonderen Bedingungen über die → Senderreichweite hinaus. Ü. entstehen bei besonderen meteorologischen Bedingungen, z. B. starken Luftdruck- oder Feuchtegegensätzen, bei Nebel ober besonderen Zuständen der Ionosphäre (→ Wellenausbreitung). Ü. ergibt sich durch Beugung, Reflexion und Streuung der Wellen an Grenz- oder ionisierten Schichten. Durch Ü. wird der Empfang weit entfernter, sonst nicht zu empfangender Sendestationen möglich, weit häufiger sind jedoch Störungen durch ferne Sender, die auf der gleichen oder annähernd gleichen Frequenz arbeiten wie die gewählte Sendestation. Bei Tonempfang enstehen Pfeifstörungen, → Kreuzmodulation oder Mehrfachempfang, bei Fernsehempfang treten Doppelbilder auf, die z. T. gegenseitig versetzt sind und von denen das schwächere durchläuft. Auch Streifenmuster können entstehen (→ Moiré).

Überschwappbereich (engl. Spill Over): Gebiet, in dem sich die international vereinbarten Strahlungsellipsen von 2 (s. Abb. → Ausleuchtungsgebiet) oder mehreren Fernsehrundfunksatelliten (s. Abb. → Satellitenfunk) überdecken. Damit durch die Ü. keine Störungen im Satellitenempfang entstehen, wurden für benachbarte Versorgungsbereiche unterschiedliche → Satellitenkanäle und Polarisationsrichtungen der elektromagnetischen Wellen festgelegt. → Satellitenfunk, → WARC

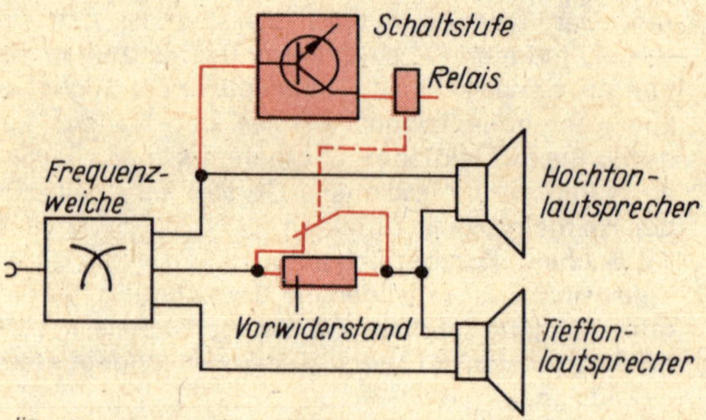

Überlastungsschutz: elektronische Schutzschaltung in einer Lautsprecherbox

Hinweis: Ein Überschwappen entsteht auch dadurch, daß die Empfangsenergie außerhalb der vereinbarten Strahlungsellipsen nicht gleich Null ist.

Überspannungsableiter: Bauelement mit 2 in geringem Abstand voneinander angeordneten Elektroden, von denen i. allg. eine mit Erde oder Masse, die andere mit dem gegen Überspannung zu schützenden Teil verbunden ist. In Luft kann zwischen 2 metallischen Spitzen mit einer Überschlagsspannung von ca. 1000 V/mm gerechnet werden. Als *Grobschutz* bezeichnet man einen Ü. mit höchstens 30 mm Überschlagsweite (das entspricht ≦ 30 kV), ein *Feinschutz* darf eine Ansprechspannung von höchstens 1000 V haben. Ü. werden vor allem zum Schutz vor atmosphärisch bedingten Überspannungen bei Teilen einer Antennenanlage verwendet, die aus Gründen ihrer Funktion nicht unmittelbar an eine → Erdungsanlage angeschlossen werden können. Auch in Fernsehempfängern werden Ü., hier meist als → *Schutzfunkenstrecke* bezeichnet, zum Schutz der Bauelemente, besonders der Bildröhrenelektroden gegen Hochspannungsüberschläge eingebaut.

Überspieleinheit: Gerät, mit dem die für das → Umzeichnen (Kopieren von aufgezeichneten Video- oder Fernsehprogrammen durch den Einsatz von mindestens 2 Videorecordern) erforderlichen Ton- und Videosignalverbindungen hergestellt werden können. Die Verbindungen zwischen Ü. und anzuschließenden Geräten werden durch Kabel hergestellt. Dabei kommt der Ü. die Funktion zu, die richtigen Signalführungen von den Geräteausgängen zu den gewünschten -eingängen herzustellen, die richtigen Pegel- und Anpassungsverhältnisse zwischen den Signalwegen zu gewährleisten, Möglichkeiten für den Übergang zwischen Steckverbindern unterschiedlicher Norm zu schaffen usw. Hochwertige Ü. bieten die Möglichkeit, die Signale in den einzelnen Wegen ohne deren Auftrennung zu kontrollieren oder in ihren Werten zu korrigieren. Im einfachsten Fall können die an einem Videomonitor vorhandenen Signalein- und -ausgänge als Ü. zum Umzeichnen genutzt werden. → Video-Überspielverstärker (Tab., Abb.)

Überspielen: → Umzeichnen

Überspielkabel: Anschlußleitung zum direkten Verbinden von 2 Tonbandgeräten beim → Umzeichnen. Bei der Verwendung eines Ü. kann es zu Übersteuerungen des Eingangs kommen; es ist dann zusätzlich ein → Dämpfungsglied einzuschalten. Ü. werden heute kaum noch benutzt, da moderne Tonbandgeräte zum Umzeichnen meist auch mit einem Diodenkabel verbunden werden können (s. Abb. a und b → Anschlußleitung).

Überspielkupplung: Zwischenstück, bestehend aus 2 Diodenbuchsen, mit dessen Hilfe sich 2 Diodenkabel zu einem → Überspielkabel oder 2 Überspielkabel zu einem längeren zusammenstecken lassen. Abb. S. 588

Beispiele für den verschiedenartigen Einsatz einer Überspieleinheit unter Nutzung der Anschlußmöglichkeiten eines Videomonitors

Anwendungsfall/Belegung	INPUT A	INPUT B	OUTPUT	Videorecorder	Betrieb als
1	Videokamera **1**	Videokamera **2**	–	–	Kontrollmonitor umschaltbar
2	Videokamera **1**	Videorecorder **1**	–		Kontrollmonitor während der Aufzeichnung
3	Videokamera **1**	Videorecorder **1**	Videorecorder **2**	–	Bildmischung von Videokamera und Videorecorder **1**, Aufzeichnung Videorecorder **2**
4	Videokamera **1**	Videokamera **2**	Videorecorder **1**	Videorecorder **2**	Bildmischung mit **2** Videokameras und Videorecorder **2**, Aufzeichnung mit Videorecorder **1**
5	–	–	–	Videorecorder **1**	Wiedergabe von Videokassetten
6	–	–	Videorecorder **1**	Videorecorder **2**	**Überspiel von Videorecorder 2 auf Videorecorder 1 mit Kontrollmöglichkeit**
7	Videotuner		–	–	Fernsehempfänger
8	Videotuner		Videorecorder	–	Empfang und Aufzeichnung öffentlicher Fernsehprogramme

Überspielkupplung

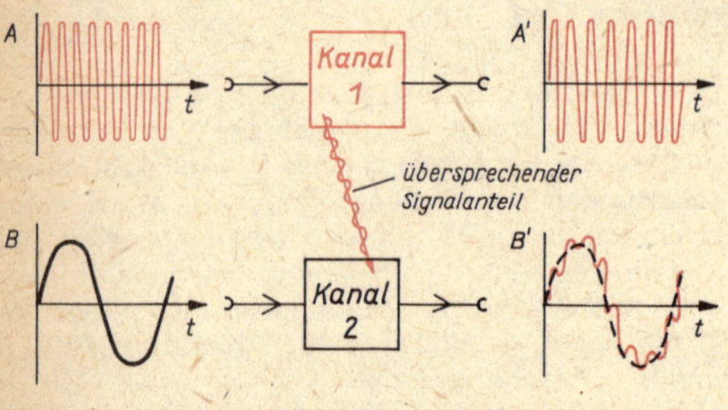

Übersprechen von Kanal 1 in Kanal 2

Übersprechen, *Nebensprechen*: Erscheinung, daß Signale eines Übertragungskanals unbeabsichtigt in einen anderen gelangen. Ü. ist stark von der Frequenz abhängig. Es wird als *Übersprechdämpfung* oder *-abstand* in Dezibel angegeben (→ Pegelmaß). Ü. ist in Stereokanälen nicht so streng zu bewerten als in voneinander unabhängigen Kanälen, weil beide Stereosignale von der gleichen Schallquelle stammen. Erst bei Werten unter 30 dB führt Ü. zu einer Einengung der Abbildungsbreite. Wird aber im störenden Kanal ein völlig anderes Signal als im Nutzkanal übertragen, so werden bei leisen Stellen oder in Tonpausen völlig fremde Schallereignisse hörbar. Daher muß in diesem Fall mindestens eine Übersprechdämpfung von 60 dB (bei 1000 Hz) gefordert werden. Das gilt bei HiFi-Tonbandgeräten auch für das Ü. aus benachbarten, unabhängigen Spuren. Als dynamisches Ü. (engl. *Dynamic Crosstalks)* bezeichnet man die Erscheinung, daß ein lautes Signal in nur einem Stereokanal die Betriebsspannung des gemeinsamen Netzteils so belastet – sie wird im Takt des Pegels größer und kleiner –, daß das Signal des anderen Kanals im gleichen Maß in der Lautstärke schwankt. Ü. bei Farbsignalen heißt *Farbübersprechen,* bei modulierten Signalen *(HF-Ü.)* wird Ü. auch → Kreuzmodulation genannt. Bei der digitalen Übertragung und Speicherung von Signalen wirkt sich Ü. in weiten Grenzen nicht aus. → Trennspur, → Mehrspurkopf, → Abtastsystem, → Spurfehler (Abb.)

Übersteuerung: Betreiben einer Baugruppe oder eines Geräts mit Signalen, deren Größe (Amplitude, Pegel, Leistung) eine für das Gerät vorgegebene Grenze *(Übersteuerungs- oder Aussteuerungsgrenze)* überschreitet. Ü. von HF-Verstärkern führt zu → Kreuzmodulation. Bei Tonsignalen steigt bei Ü. der Klirrfaktor an, dagegen verbessert sich der Störabstand (etwa um den Wert der Pegelüberhöhung). Bei NF-Leistungsverstärkern kann Ü. außerdem zu einer thermischen Überlastung der Endstufen und damit zu deren Zerstörung führen. → Vollaussteuerung, → Untersteuerung

Hinweis: Es ist zu beachten, daß eine Ü. von nur 3 dB bei einem Leistungsverstärker bereits zu einer Zunahme der Ausgangsleistung bis zu 100 % führen kann (s. Abb. → Klirrfaktor).

Übertrager: → Transformator für die Übertragung von Ton-, Video- oder HF-Signalen. Mit Ü. wird die Anpassung zwischen verschiedenen Geräten oder Baugruppen und z. T. eine galvanische Trennung (keine direkte elektrische Leitungsverbindung) von Stromkreisen bewirkt.

Übertragungsbereich: → Amplitudenfrequenzgang

Übertragungsfaktor, auch Wandlerempfindlichkeit: hauptsächlich bei Wandlern angegebener Quotient aus Ausgangsgröße zu Eingangsgröße. Die Angabe erfolgt als Kennwert bei einer Bezugsfrequenz. Bei Mikrofonen wird der → Feld-Leerlauf-Übertragungsfaktor angegeben. Bei Schallplattenabtastern wird das Verhältnis von Tonsignalspannung zu anregender Schnelle (effektive Geschwindigkeit der Nadelauslenkungen) gebildet. Bei Lautsprechern ist der Ü. der Quotient aus Schalldruck in bestimmter Entfernung auf der Bezugsachse zur Tonsignalspannung an der Tauchspule.

Übertragungskanal: Verlauf eines Informationswegs vom Kanaleingang (Quelle) bis zum Kanalausgang (Senke). Der Ü. wird von den Geräten, Baugruppen, Leitungen, Magnetbandspuren oder Schallplattenrillen, bzw. vom HF-Weg der elektromagnetischen Welle gebildet, die von einem Ton-, Bild- oder Hilfssignal durchlaufen werden (→ Signal). Da alle verfügbaren Ü. immer nur für einen bestimmten Frequenzbereich geeignet sind und außerdem Störsignale auftreten, werden die Nutzsignale häufig nicht in ihrer ursprünglichen Form übertragen, sondern sie werden den Kanaleigenschaften durch → Modulation oder → Kodierung angepaßt. Auf diese Weise können auch mehrere Signale in einem Ü. übertragen werden, wenn man sie in geeigneter Form verschachtelt (→ Zeitmultiplex, → Frequenzmultiplex). Wird innerhalb eines Ü. ein Signal in mehrere Frequenzbänder aufgeteilt, so spricht man auch von *Wegen* (Mehrwegebox, Equalizer u. a.).

Übertragungsverfahren: → Monofonie, → Stereofonie, → Quadrofonie, → Stereo-Ambiofonie, → Dreikanalstereofonie, → Eidophonie, → Fernsehen, → Farbfernsehen

Übertragungswagen, kurz *Ü-Wagen*: mobile Produktionseinheit für den → Hörrundfunk (Ton-Ü.) und → Fernsehrundfunk (→ Fernsehübertragungs-

2 *Uhrenradios* mit digitaler Anzeige

wagen). Ein Ü. beinhaltet die für die Programmproduktion und -übertragung außerhalb der festen Studiokomplexe erforderlichen ton- und videotechnischen Anlagen.

UDAR, Abk. für engl. **U**ni**d**irectional **A**uto **R**everse: System zum automatischen Wenden der Kassette in Kassettentonbandgeräten am Bandende. Bei gleichbleibender Bandlaufrichtung im Gerät und unveränderter Position der Magnetköpfe ist damit Aufzeichnung und Wiedergabe auf beiden Kassettenseiten möglich, ohne daß die Kassette von Hand umgedreht werden muß. Die Kassette wird selbstätig von den Wickeldornen abgehoben, von einem Getriebemechanismus gewendet und wieder auf die Dorne geschoben. Vorteilhaft ist, daß herkömmliche Lösch- und (Stereo-)Tonköpfe verwendet werden können und auch die Notwendigkeit von 2 Antriebs- und Andruckrollen (wie beim herkömmlichen →Auto-Reserve-Laufwerk) entfällt. Azimutfehler werden weitestgehend vermieden.

UER: Abk. für **U**nion der **E**uropäischen **R**undfunkanstalten, →EBU.

UHF, Abk. für engl. **U**ltra **H**igh **F**requency, ultrahohe Frequenzen: Frequenzbereich von 300 MHz...3 GHz, der außer von kommerziellen Funkdiensten hauptsächlich für Fernsehübertragungen genutzt wird. Der UHF-Bereich wurde allgemein in den 60er Jahren für den Fensehrundfunk erschlossen und vorrangig für die zu dieser Zeit in Betrieb genommenen neuen Fernsehprogramme genutzt, z. B. DDR-Fernsehen: II. Programm ab 1969. →Rundfunk-Frequenzbereiche, →Wellenbereich

UHF-Antenne: →Empfangsantenne für die UHF-Bereiche IV/V.

UHF-Konverter: Frequenzumsetzer für die Fernsehkanäle des UHF-Bereichs in einen nicht belegten Fernsehkanal des VHF-Bereichs. U. existieren als eigenständige Geräte oder als Nachrüstbaueinheiten für Fernsehempfänger, die ursprünglich nicht für den Empfang des UHF-Bereichs vorgesehen waren. →UHF, →VHF, →Konverter, →Fernsehnorm

Hinweis: Für moderne →Fernsehempfänger werden keine U. benötigt, da sie über je einen UHF- und VHF-Tuner, bzw. Allbereichstuner verfügen, wodurch die Kanalumsetzung überflüssig wird.

UHF-Sperrfilter: Antennenfilter zur Unterdrückung

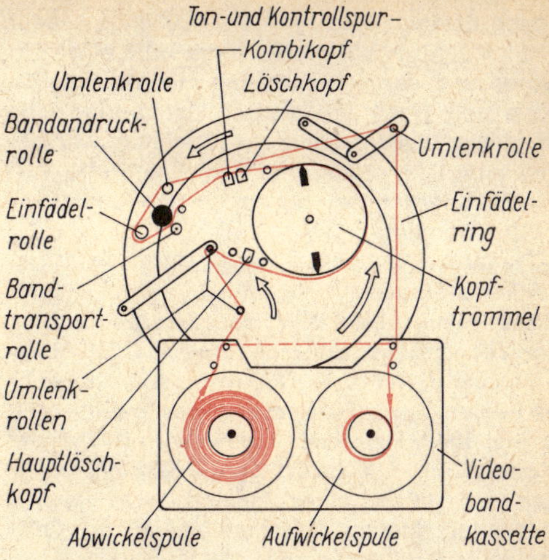

U-Ladesystem

eines stark einfallenden, störenden Senders im UHF-Bereich. Das U. wird vor einem Antennenverstärker, bzw. dem Antenneneingang des Fernsehempfängers in die Antennenleitung geschaltet, um →Kreuzmodulation zu verhindern.

UHF-Steckverbinder: →PL-Steckverbinder, →Antennensteckverbinder

UHF-Tuner: Baugruppe, Abstimmeinheit eines Fernsehempfängers zum Empfang des UHF-Bereichs. In den Jahren kurz nach der Erschließung des UHF-Bereichs wurden Fernsehempfänger, die noch keinen U. hatten, häufig mit einem Konverter (→Frequenzumsetzer 1.) betrieben, der die UHF-Antennensignale vor der Einspeisung in den Antenneneingang zunächst in den VHF-Bereich umsetzte. →Rundfunk-Frequenzbereiche, →Tuner

Uhrenradio (engl. Musik Clock), auch „Weckradio": Rundfunkempfänger mit eingebauter Schaltuhr, auf der eine oder mehrere Weckzeiten vorgewählt werden können und die auch die Abschaltung des Geräts nach einer einstellbaren Zeit übernimmt. U. werden auch mit eingebautem Sprachsynthesizer hergestellt, der auf Abruf die Uhrzeit ansagt oder zur vorgesehenen Zeit mit gesprochenem Wort weckt. Abb.

Uhrenschaltkreis:→Digitaluhr

UKW: Abk. für →**U**ltra**k**urz**w**ellen.

UKW-Empfänger: →FM-Empfänger

UKW-Tuner, *FM-Tuner*: Baugruppe, Abstimmeinheit eines Rundfunkempfängers für den Empfang von →Ultrakurzwellen. →Tuner

U-Ladesystem: Einfädelmechanismus in Videorecordern, der durch Aufbau und Funktion nach dem Bandeinfädeln (Bandladen) einen U-förmigen Verlauf *(U-Umschlingung)* des Videobands um die Kopftrommel herbeiführt. Das U. wurde erstmals von der japanischen Firma Sony in ihren U-Matic-Videorecordern praktiziert. Es wird bei den Videosystemen Betamax und Video 2000 angewendet. Die *U-Einfädelung* (Abb.) erfolgt mit Hilfe eines Einfädelrings und daran befestigten Hebeln mit Umlenkrolle und Einfädelrolle. Der Einfädelring wird durch einen Elektromotor in Drehung versetzt *(Drehladen)*. Der relativ hohe mechanische Aufwand gewährleistet geringe, auf das Videoband wirkende Zugmomente. Abb.

ULM-Tragarm (ULM Abk. für engl. Ultra Low Mass): → Low Mass-Tragarm

Ultrakurzwellen, Abk. **UKW:** dem Hörrundfunk erschlossener Frequenzbereich, nach CCIR-Norm *VHF, Bereich II* von 87,5...100 MHz, seit 1982 auch für die Region 1 (u.a. Europa) erweitert bis 108 MHz (DDR bis 104 MHz). Die Modulationsart ist FM (→ Modulation). Auf UKW werden üblicherweise die Kanäle 2...69 mit einer Kanalbreite von jeweils 300 kHz unterschieden. In verschiedenen, der OIRT angeschlossenen Staaten ist für UKW ein Frequenzbereich von 65,5...73 MHz festgelegt. Zu diesen Staaten gehören: UdSSR, VR Bulgarien, SR Rumänien, Ungarische VR, z.T. ČSSR und VR Polen. Daher ist mit Empfängern, deren Empfangsbereich nach CCIR 87,5...108 MHz beträgt, in diesen Staaten kein UKW-Landessender zu empfangen. UKW wurden in der BRD 1949, ein Jahr später auch in der DDR dem Hörrundfunk erschlossen und ermöglichen auf Grund der gewählten Modulationsart FM und der festgelegten Kanalbreite von 300 kHz einen besonders störungsfreien Empfang von Mono- und Stereosendungen mit einem NF-Übertragungsbereich bis 15 kHz. → Wellenausbreitung, → Hörrundfunk

Ultraschall: Schallschwingungen und -wellen oberhalb des menschlichen Hörbereichs. Der U.bereich beginnt bei etwa 20 kHz und reicht bei rundfunktechnischer Anwendung bis ca. 40 MHz. Die Schallwellen in diesem Bereich unterliegen weitestgehend den gleichen physikalischen Gesetzmäßigkeiten wie der Hörschall. U. wird technisch für Fernsteuereinrichtungen oder Fernbedienungen, teilweise auch für Sprechgeräte auf kurzer Distanz, für Filter und Verzögerungsleitungen genutzt. → Ultraschallfernbedienung, → Ultraschallfilter, → Ultraschallverzögerungsleitung

Ultraschallfernbedienung: drahtlos arbeitende → Fernbedienung. Wie in der Abbildung schematisch dargestellt, besteht die U. aus Bedieneinheit (Geber, Fernbedienungsteil) und Empfänger. Mit Tasten werden die Steuerbefehle (z.B. Einschalten, Kanalwahl, Helligkeit, Kontrast, Farbsättigung, Lautstärke, Klang) vom Nutzer in die Bedieneinheit eingegeben und dort zur → Modulation eines Ultraschallsenders kleiner Leistung genutzt. Die vom Ultraschallsender ausgehenden Schallwellen werden im Empfänger von einem Kondensatormikrofon aufgenommen. Die Steuerbefehle werden verstärkt, demoduliert und den entsprechenden Baustufen bzw. Funktionseinheiten des zu steuernden Geräts

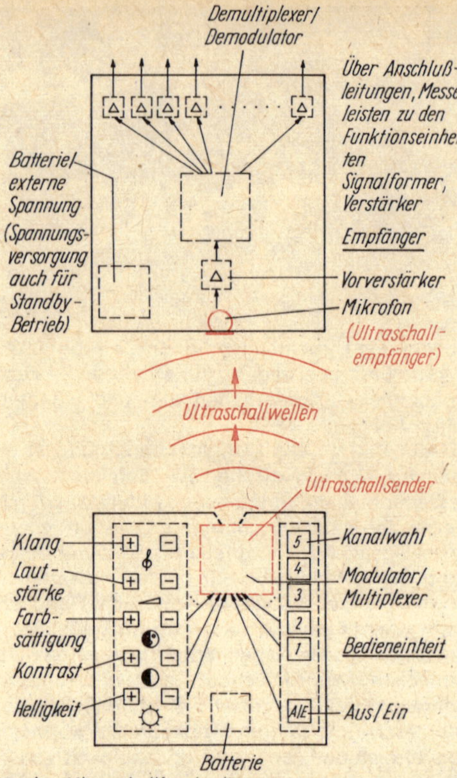

Prinzip der *Ultraschallfernbedienung*

(z. B. Netzschalter, Senderschnellwahlaggregat, Tonstufen) zugeführt. Die Unterscheidung der Steuerbefehle wird durch eine feste, i.d.R. systemspezifische Signalkennung während der Übertragung von der Bedieneinheit zum Empfänger gewährleistet. → Ultraschall, → Infrarotfernbedienung (Abb.)

Hinweis: Der Ultraschallempfänger ist i.d.R. an der Frontseite des zu steuernden Gerätes untergebracht. Bei der Handhabung der U. ist auf einen freien Schallweg vom Sender zum Empfänger zu achten. Es gilt auch zu beachten, daß die U. auf Grund der relativ niedrigen Ausbreitungsgeschwindigkeit der Schallwellen relativ störempfindlich ist (Auswirkung von Schallreflexionen, „Echos", die sich dem Direktschall überlagern können).

Ultraschallfilter: frequenzselektive Anordnungen (→ Filter), die mit Ultraschall in Festkörpern arbeiten. Zu den U. zählen → Piezofilter, → akustisches Oberflächenwellenfilter u. a. Teilweise wird auch das → Pilottonfilter in Stereoanlagen als U. bezeichnet.

Ultraschallverzögerungsleitung: mit Ultraschallwellen arbeitende → Verzögerungsleitung. In Farbfernsehempfängern dient eine U. aus Glas zur Verzögerung der Chrominanzsignale um 64 µs (bei PAL 63,943 µs). Die ersten U. hatten die Form quadratischer Stäbe und eine Länge von 160 mm. Diese

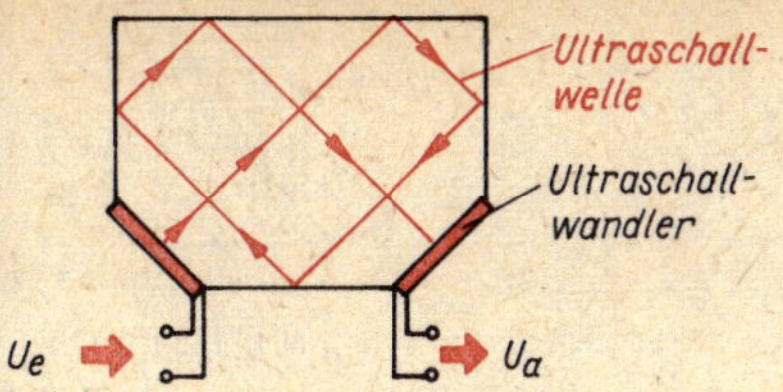

Ultraschallverzögerungsleitung

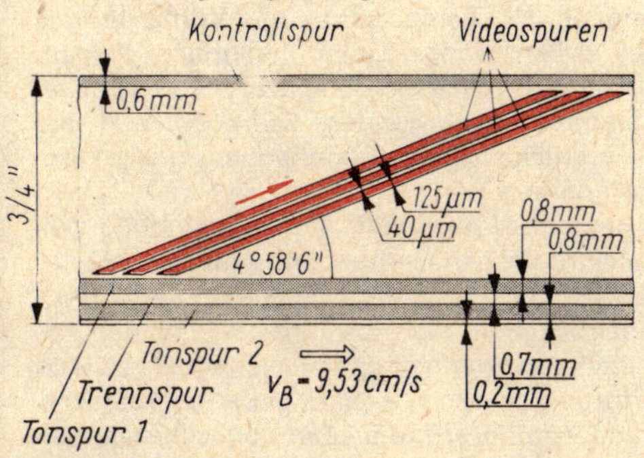

Spurbild *U-Matic*

Länge ergibt sich aus der notwendigen Verzögerungszeit und der Schallausbreitungsgeschwindigkeit in Glas (2600 m/s). Moderne Ausführungen (Abb.) bestehen aus einer ca. 1 mm dicken Glasplatte mit angeschrägten Ecken, an denen je ein *Ultrasschallwandler* für das Ein- und Ausgangssignal angebracht ist. Durch mehrmalige Reflexion des Ultraschalls an den Stirnflächen ist die U. z. B. nur noch 35 mm × 45 mm groß. Abb.

Ultrikon: → Multidioden-Siliziumvidikon

U-Matic: von der japanischen Firma Sony entwikkeltes Videokassettenrecordersystem mit 3/4″ breitem Videoband. U. ist ein *Zweikopfverfahren* und arbeitet mit *Schrägspuraufzeichnung.* Die Bezeichnung U. deutet auf das automatische Bandeinfädeln mit → U-Ladesystem hin. Es gibt 2 Kassettentypen: Standard- und Mini-Kassette (Abb. → Videokassette) und 2 Aufzeichnungsstandards (Low- und High-Band-Version), die sich in der Videofrequenzbandbreite, dem Farbträger (f_C, bei der → Chroma-Konvertierung) und anderen technischen Parametern (z. B. Kopfspaltweite) unterscheiden. → magnetische Bildaufzeichnung, → Schrägspurverfahren, → Videokassette, → Videosystem (Abb.)

Umhängemikrofon: Mikrofon, daß um den Hals hängend getragen wird. → Lavaliermikrofon

Umladeträgheit: → Trägheit

Umrandung: elektronisches Bildgestaltungsmittel bei Trickschnitten und Trickblenden zur visuellen Betonung der Trickfigurenkanten. Durch die U. wird die Trennlinie zwischen den 2 Teilbildern eines Trickmischbilds deutlich hervorgehoben. Die Art und Breite der U. ist verschiedenartig einstellbar. → Bildmischung (Abb. S. 592)

Hinweis: Nur Trickmischer mit zusätzlichem Umrandungsgenerator ermöglichen diese Kantengestaltung der Trickfigur. Farbig gesäumte Kanten entstehen durch zusätzliche Einfärbung der U. Die U. wird vorzugsweise beim Schrifteinstanzen verwendet. Damit heben sich die Schriftzeichen besonders gut vom Untergrundbild ab.

umschaltbare Mikrofoncharakteristik: → Mikrofoncharakteristik

Umsetzer: → Konverter, → Fernsehumsetzer, → Analog-Digital-Umsetzer, → Digital-Analog-Umsetzer, → Frequenzumsetzer

Umspulen, Umwickeln: Transport des Magnetbands mit erhöhter Geschwindigkeit von einem Bandwickel auf den anderen. Man unterscheidet *Vorspulen (schneller Vorlauf)* in Richtung des normalen Bandtransports und *Rückspulen (schneller Rücklauf)* in entgegengesetzter Richtung. Während des U. ist das Band von den Magnetköpfen abgehoben. Die Möglichkeit, zwischen Vor- und Rückspulen unmittelbar umschalten zu können, z. T. mit variabler Umspulgeschwindigkeit, wird *Rangieren* genannt. Die *Umspulzeit* gibt an, wie lange ein Transportwerk benötigt, einen Magnetbandvorrat definierter Länge oder eine Kassette vorgegebener Laufdauer vollständig umzuwickeln. → Cue, → Review

Umzeichnen, umgangssprachlich *Überspielen*, Umspielen (engl. *Dubbing*): Wiedergabe des Ton- bzw. Bildsignals von einem Informationsträger (Schall- oder Bildplatte, Magnetband, Film) bei gleichzeitiger Aufzeichnung auf einem Magnetband, um eine Kopie zu erhalten oder um während des U. das Signal bearbeiten zu können (Blenden, Mischen, Filtern u. ä.). U. ist immer mit einem Qualitätsverlust verbunden (Dropouts, höhere Verzerrungen, stärkeres Rauschen, Klangverfälschungen oder Verminderung an Bildauflösung). Die Qualitätseinbuße ist besonders groß, wenn sich die Qualitätsklassen der beim U. beteiligten Speichergeräte stark unterscheiden. Das U. kann über eine direkte Verbindung von Gerät zu Gerät erfolgen, es gibt aber besonders beim Ton-U. Schaltungen, die den NF-Verstärker mit einbeziehen (→ Tape-to-Tape-Schaltung, → Back Record). Wenn möglich, sollte beim U. immer eine → Hinterbandkontrolle vorgenommen werden (→ Monitorschaltung).

Hinweis: Zum U. vorgesehene Aufzeichnungen sollten möglichst hohe Qualität aufweisen. In jedem Fall ist es beim U. von einem anderen Magnetband günstig, wenn das Original auf dem wiedergebenden Gerät aufgezeichnet worden ist und die Kopie auf dem Gerät aufgezeichnet wird, auf dem sie später auch wiedergegeben werden soll. Spurlage-, Taumel- und Amplitudenfehler werden so am geringsten wirksam. Beim U. von industriell bespielten Informationsträgern (Schall- und Bildplatten, Musik- und Videokassetten, Filmen) ist zu beachten, daß für die darauf befindlichen künstlerischen Werke i. allg. ein Urheber- und Leistungsrechtsschutz besteht. Aus diesem Grund ist ein kostenloses U. ohne Einverständnis des Herstellers nur dann gestattet, wenn es ausschließlich persönlichem oder beruflichem Interesse dient und die Kopien nicht getauscht, verkauft oder öffentlich verwendet werden.

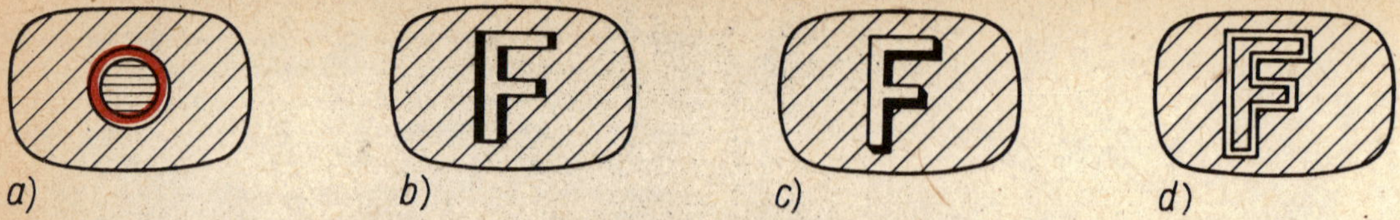

*Umrandungs*beispiele: a) Standardtrick mit eingefärbter Umrandung, b) Inserttrick mit Saum vorn und hinten, c) Inserttrick mit Schlagschatten, d) Inserttrick mit Außenkontur

unbewertete Messung: Meßverfahren, bei dem eine Störgröße ohne Bevorzugung eines bestimmten Frequenzbereichs ermittelt wird. Es erfolgt lediglich eine Begrenzung auf die Bandbreite der übertragenen Signale. Technische Daten, die durch u. M. gewonnen werden, geben zwar keine vollständige Aussage über die subjektiv empfundene Störwirkung, erleichern jedoch die Vergleichbarkeit (→ Störspannung, → Rumpel-Störspannungsabstand, → Störabstand).

Unijunctionstransistor, Abk. **UJT:** transistorähnliches Halbleiterbauelement mit nur einem → pn-Übergang. UJT verfügen über einen Emitter und 2 Basisanschlüsse (Doppelbasistransistor), aber keinen Kollektor. Sie sind als elektronische Schalter einsetzbar.

Unipolartransistor: → Transistor

Unitorque-Motor: Antriebsmotor in sehr flacher Bauweise mit konstantem Drehmoment für Plattenspieler mit Direktantrieb und Kassettentonbandgeräte. Der U. läßt sich quarzgenau auf Solldrehzahl regeln.

Universaltestbild: → Testbild, das für verschiedene Funktionen einsetzbar ist. Typische Vertreter für ein U. sind → Farbtestbilder für das PAL- bzw. SECAM-Farbfernsehverfahren. Demnach ist auch das jeweils zur Ausstrahlung kommende → Sendetestbild als U. einzuordnen. U. sollten den nachfolgenden Forderungen bezüglich Verwendung, Aufgabe, Zielstellung der einzelnen Tests gerecht werden (s. Abb. → Farbtestbild, → Sendetestbild). Die in Klammern zugesetzten Signale bilden die häufigsten Grundlagen für den jeweiligen Test: Einstellen der Bildgröße, -lage und des Bildseitenverhältnisses (Gittertestsignal), Beurteilung der Bildgeometrie (Kreissignale), Einstellen der statischen und dynamischen Konvergenz (Gittertestsignal), Einstellen der Schwarz- und Weißwerte (Gleichspannungen bzw. Impulse mit größerer Zeitdauer), Einstellen von Helligkeit, Kontrast und Gradation (Treppensignal), Einstellen von Farbton und Farbsättigung bzw. Farbkontrast (Farbbalkensignal), Beurteilung von Laufzeitfehlern (im Leuchtdichtekanal: $\sin^2$T-Impulse, im Farbkanal: Farbbalkensignal), Beurteilen der Auflösung und Bildschärfe ($\sin^2$T-Impulse, Frequenzmarken bzw. Multiburstsignal), Feststellen von Fahnenziehen (Rechteckimpuls für horizontale Schwarz-Weiß-Sprünge), Ermitteln von Geisterbildern und Reflexionen (Signale, die scharfe horizontale Bildübergänge verursachen, wie z. B. Kreissignal, Schriftsignal, $\sin^2$T-Impulse u. a.), Kontrolle des richtigen Zeilensprungs (Linien-Punktraster-Signal), Beurteilung der richtigen Arbeitsweise von Übertragungsgliedern – insbesondere Farbkoder und -dekoder (Farbbalkensignal, Regenbogensignal, Farbstreifensignal u. a.).

unsymmetrischer Anschluß: Signalverbindung zwischen elektronischen Geräten und Anlagen, bei der eine der beiden Signaladern an Masse liegt. Wird als Signalrückleiter das Abschirmgeflecht der Anschlußleitung verwendet, dann ist je Signal nur eine Ader erforderlich. Ein u. A. darf, außer bei Lautsprechern und Kopfhörern, nur über abgeschirmte Leitungen erfolgen. Besonders Mikrofonkabel mit u. A. dürfen nicht zu lang sein, da eingekoppelte Störspannung – vor allem Brummen – voll am Mikrofoneingang wirksam wird. Außer bei symmetrischen Mikrofonen ist u. A. bei nahezu allen Verbindungsleitungen zwischen Audio- und Videogeräten, häufig auch bei Antennen, zu finden. → Mikrofonanpassung, → Antennenanpassung (Abb.)

Unterhaltungselektronik: Untergebiet der Konsumgüterelektronik, das sich mit elektronischen Audio- und Videogeräten, vor allem Rundfunk- und Fernsehempfängern, Aufnahme- und Wiedergabeeinrichtungen, Magnetbandgeräten, Plattenspielern, Verstärkeranlagen und Zubehör, vorwiegend für den nichtkommerziellen Gebrauch befaßt.

Unterhaltungsrundfunk: → Hörrundfunk

Unterspannungsanzeige: bei batteriebetriebenen Kassettentonbandgeräten angewendete Anzeigemethode zu geringer Betriebsspannung. U. vermeidet vor allem bei der Aufzeichnung, daß ein unzulässiges Absinken der Betriebsspannung unbemerkt bleibt und zu Gleichlaufschwankungen infolge unzureichender Regelung des Antriebsmotors führt.

Untersteuerung: Betreiben eines Geräts mit Signalpegeln unterhalb der → Vollaussteuerung. Dabei verschlechtert sich der Störabstand um die Pegeldifferenz gegenüber Vollaussteuerung, der Klirrfaktor verringert sich.

Untertitel: bildbegleitende Schrifteinblendung am unteren Bildrand. U. werden im Fernsehen vor allem bei fremdsprachigen Beiträgen gesendet. Mit → Fernsehtextsystemen hat der Zuschauer bei bestimmten Sendungen selbst die Möglichkeit, U. ins Fernsehbild einzublenden. → Einblendung

UpM: Abk. für Umdrehungen pro Minute, auch U/min als Zähleinheit für die → Drehzahl. Als ge-

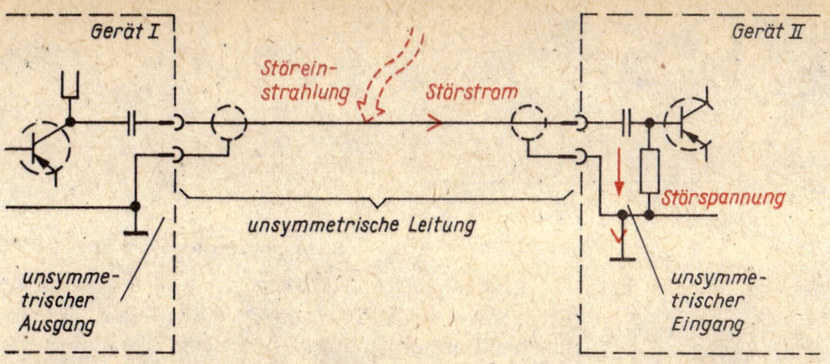

Unsymmetrischer Anschluß: unsymmetrische Verbindung zwischen 2 Heimgeräten

setzliche Einheit der Drehzahl ist nur 1/min oder 1/s korrekt.

Urband: → Masterband

UV-Licht, kurz für ultraviolettes Licht: Teilbereich aus dem Gesamtspektrum der elektromagnetischen Wellen (s. Abb. → Licht). Der UV-Bereich umfaßt etwa die Wellenlängen von 14 Nanometer (14 nm) bis 380 Nanometer (380 nm); er schließt sich damit in Richtung kürzerer Wellenlängen unmittelbar an das Violett im Bereich des sichtbaren Lichts an. U. ist für Menschen nicht sichtbar. Natürliche Quelle von U. ist die Sonne. In technischen Einrichtungen wird es bei Lichtbogenentladungen (Quecksilberdampfanlagen, „Höhensonnen" u. a.), bei Elektronenbeschuß von Metallen (z. B. Bildschirm, Lochmasken von Bildröhren) usw. erzeugt. Das U. kann sowohl bewußt angewendet werden (UV-Lichtquellen, Röntgentechnik) als auch durch spezielle Filter gezielt unterdrückt werden (Sonnenbrille, Bildröhre usw.). → Infrarot, → Licht

Ü-Wagen: → Übertragungswagen

V

V: abgeleitet von vertikal; im Fernsehen zur Kennzeichnung halbbildperiodischer Vorgänge und Größen (z. B. V-Ablenkung, V-Frequenz) sowie direkt als Zeitwertangabe (1 V = 20 ms) angewendet. → Zeilensprungverfahren

VA-Impuls: → Vertikalaustastimpuls

Van-den-Hul-Schliff: spezieller Schliff einer Abtastnadel, der nach einer Idee des Niederländers A. J. van den HUL, abgeleitet aus der Form des Schneidstichel beim Schallfolienschnitt, auf einem Computer optimiert wurde. Die zungenförmige flache Nadel ist an ihrer Spitze zwischen Vorder- und Rückseite nur etwa 3,5 µm dick und kann daher auch kürzesten Wellenlängen in der Rille ohne Abtastverzerrungen folgen (meßtechnisch ermittelte Frequenzgrenze: 85 kHz). Nadeln mit V. sind gegenüber anderen elliptisch oder parabolisch geschliffenen Spezialnadeln merklich teurer, ihr Vorteil wird aber nur bei wenigen Musikaufnahmen im Hörtest deutlich. → Abtastnadel

Varicap: → Kapazitätsdiode

Variometerabstimmung: → Abstimmsystem

Varioobjektiv, auch *Zoomobjektiv* oder *„Gummilinse"*: → Objektiv mit kontinuierlich veränderbarer → Brennweite. Ein V. muß neben der Grundforderung, einen möglichst großen Brennweitenbereich ohne optische Verzerrungen zu umfassen, weitere Bedingungen erfüllen: Konstanz der Abbildungsebene (→ Bildweite) und des durchgelassenen Lichtstroms (→ Blendenzahl), keine Reflexionen und Streulicht im optischen System, keine Beeinflussung des Wellenspektrums des Lichts bei Veränderung der Zoomstellung. Hochwertige V. beinhalten Makroeinrichtungen und Brennweitenverlängerer. Ein V. kann bis ca. 30, in ihrer Wirkung exakt aufeinander abgestimmte, Linsen umfassen. Die Funktionselemente eines V. (Schärfe/Fokus, Brennweite/Zoom, Blende/Iris, Brennweitenverlängerer/range extender) können manuell, hauptsächlich aber über Servosteuerung betätigt werden. Einzelne V. sind für automatische Blenden- und Schärfeeinstellung ausgelegt. → Tiefenschärfe, → Vorsatzlinsen, → Konversionsfilter

Hinweis: Video- und Fernsehkameras für Farbbildaufnahmen sind prinzipiell mit V. ausgerüstet, da jede Optik das Wellenspektrum des Lichts unterschiedlich beeinflußt. Dies schließt den Einsatz von Wechselobjektiven am Objektivrevolver prinzipiell aus und ist auch beim Wechsel von V. zu beachten. Bei V. mit extrem großen Brennweitenbereich (1:30 für Fernsehkameras) ist zu beachten, daß mit zunehmender Brennweite (f) die → Modulationstiefe (m) kontinuierlich abnimmt (hochwertige V.: bei 5 MHz m von 90 % bei f = 20 mm bis 60 % bei f = 600 mm). Diese Problematik steht bei optisch ausgereiften V. für Videokameras nicht (Brennweitenbereiche 1:6, z. B. f von 12,5 bis 75 mm („Sechsfach-Zoom") oder 1:3, z. B. f von 15 bis 45 mm). V. sind an ihrer Typenangabe (z. B. F 1,4/11–70 mm) zu erkennen, wobei die erste Zahl die Lichtstärke und der Zahlenbereich die Größe der Brennweitenänderung angibt. Der Einsatz von V. ermöglicht durch die mit der Brennweitenänderung verbundene kontinuierliche Bildausschnittänderung eine „Kamerafahrt" trotz festem Kamerastandort vorzutäuschen. Es bleibt aber beim Vortäuschen, da die Perspektive der Bildaufnahme im Gegensatz zur echten Kamerafahrt gleichbleibt. Demzufolge gilt es, die V. zur Bildgestaltung nicht wahl- und planlos, sondern bewußt einzusetzen.

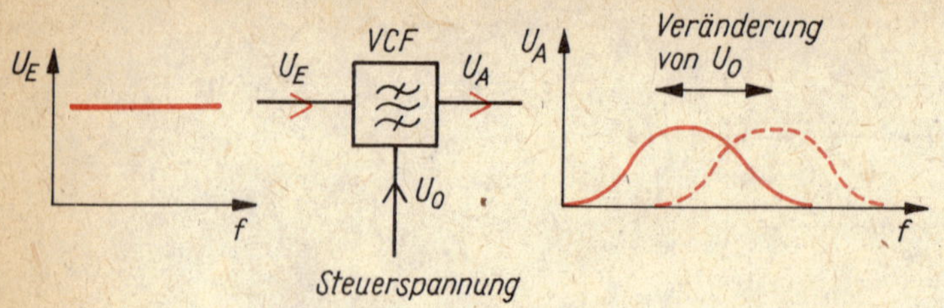

Spannungsgesteuertes Filter *(VCF)*

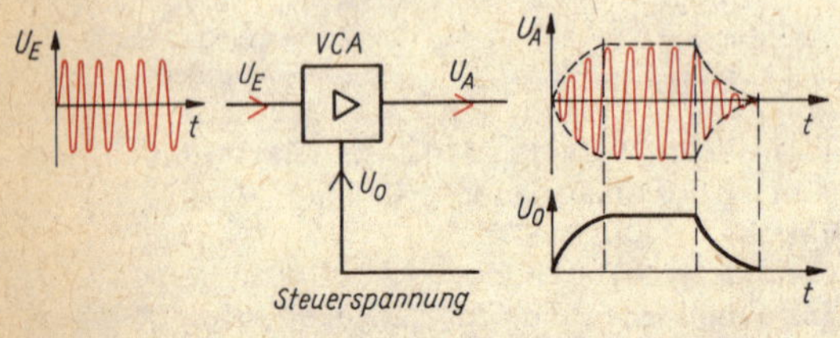

Klangformung mit einem spannungsgesteuerten Verstärker *(VCA)*

Varispeech, Abk. für engl. **Variable Speech** Control (Abk. *VSC*), svw. veränderbare Sprache: mit Digitalspeichern arbeitendes Sprachbeeinflussungssystem zur wiedergabeseitigen Zeitdehnung und -raffung von Tonbandaufzeichnungen, ohne daß sich gleichzeitig auch die Tonhöhe ändert. V. ist besonders geeignet, um bei guter Verständlichkeit bestimmte Textpassagen schnell auffinden zu können (bis ca. 2,5mal schneller). Für Diktatzwecke oder beim Anfertigen von Notizen ist auch bis zu 50 % langsamere Wiedergabe möglich.

Varistor, *VDR-Widerstand*: nichtlineares Bauelement (Widerstand). Der ohmsche →Widerstand des V. nimmt mit zunehmender Spannung ab und umgekehrt. V. werden vor allem in Schutzschaltungen zur Unterdrückung von Spannungsspitzen verwendet.

VAT: Abk. für **v**ariable **A**usblend**t**echnik. → Blendautomatik

VCA, Abk. für engl. **V**oltage **C**ontrolled **A**mplifier, *spannungsgesteuerter Verstärker*: Verstärker(stufe), dessen Signalverstärkung sich mit Hilfe einer von außen zugeführten, variablen Gleichspannung verändern läßt. So arbeiten z. B. *elektronische Potentiometer* nach dem Prinzip des VCA (→ Gleichspannungssteuerung), wodurch erst die Voraussetzung einer drahtlosen Fernbedienbarkeit von Analogfunktionen wie Lautstärke, Klang, Kontrast, Helligkeit u. a. geschaffen ist. Auch alle regelbaren Verstärkerstufen in → Regelverstärkern, → Kompandern und bei der automatischen →Verstärkungsregelung sind der Funktion nach VCA. In Musiksynthesizern und elektronischen Orgeln werden VCA zur Klangformung verwendet (Modellierung der Klanghüllkurven zur Nachbildung von Ein- und Ausschwingzeiten, Tremoli u. a.). Abb.

VCC: →Videokompaktkassette

VCF, Abk. für engl. **V**oltage **C**ontrolled **F**ilter, *spannungsgesteuertes Filter*: elektrisches Filter, dessen Durchlaßbereich sich mit Hilfe einer von außen zugeführten, variablen Gleichspannung verschieben läßt. Das Prinzip des VCF findet sich z. B. bei den Schwingkreisen der →HF-Vorstufe, wenn →C-Dioden-Abstimmung verwendet wird. In elektronischen Orgeln und Musiksynthesizern wird das VCF zur Klangbeeinflussung verwendet (Erzeugung von Formanten, Formantglissandi, Wah-Wah-Effekte). Abb.

VCO, Abk. für engl. **V**oltage **C**ontrolled **O**scillator, *spannungsgesteuerter Oszillator*: mit Hilfe einer von außen zugeführten Gleichspannung in seiner Schwingfrequenz veränderlicher Oszillator. Alle Oszillatoren mit → C-Dioden-Abstimmung arbeiten nach diesem Prinzip (→Abstimmsystem). In modernen Schaltungen wird der VCO meist in Verbindung mit einer Phasenregelschleife verwendet (→PLL). Weitere Anwendungen finden sich u. a. bei der Klangerzeugung und -formung in elektronischen Orgeln und Musiksynthesizern (z. B. für Vibrato). Abb.

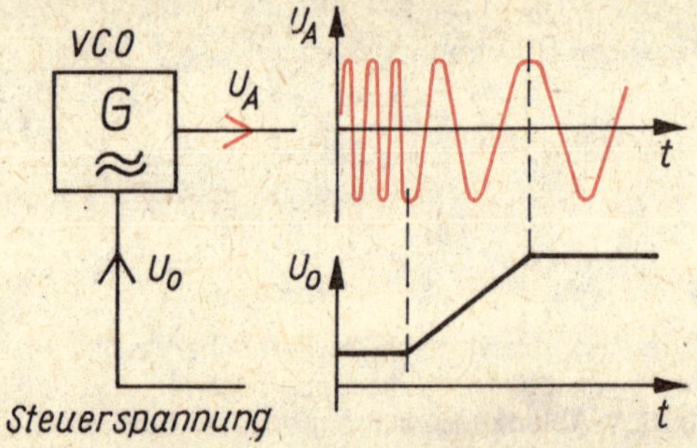

Spannungsgesteuerter Oszillator *(VCO)*

VCR; VCR-Standard, Europa-Standard 1: von der niederländischen Firma Philips entwickeltes Videokassettenrecordersystem mit 1/2″ breitem Videoband. Bei VCR wird die Schrägspuraufzeichnung nach dem Zweikopfverfahren angewendet. Die Videokassette (Kurzbezeichnung VC) ist eine → Tandemkassette. Durch den → Einfädelmechanismus wird das Band aus der Kassette gezogen und C-förmig *(C-Umschlingung)* um die Kopftrommel gezogen (Abb. 1, 2). Für den Ton gibt es beim VCR-Standard-System 2 Tonspuren, die an den Bandkanten liegen (Abb. 3). Bei VCR wird ohne *Überlappungsbereich* gearbeitet. Erst nach dem Ende einer Video-

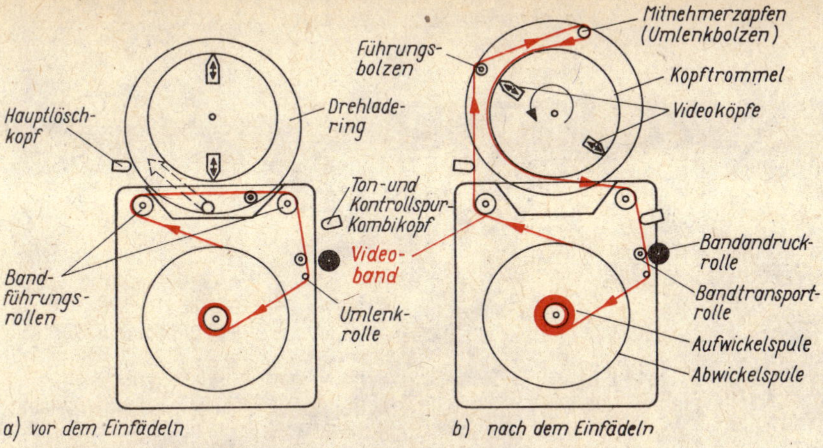

VCR (1): Bandführung beim VCR-System

VCR (2): Bandführung im eingefädelten Zustand

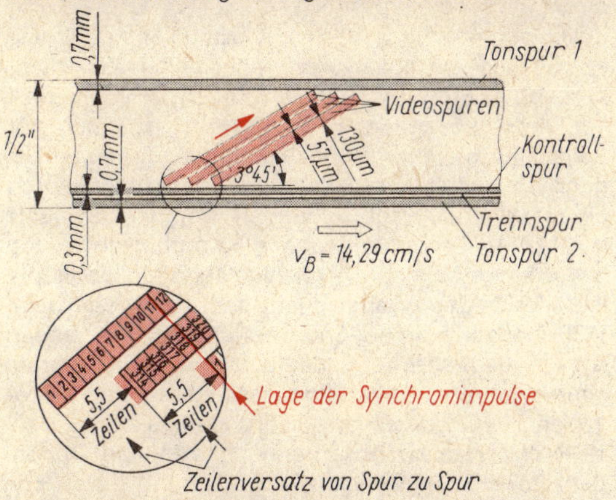

VCR (3): Spurbild und Zeilenversatz beim VCR-System

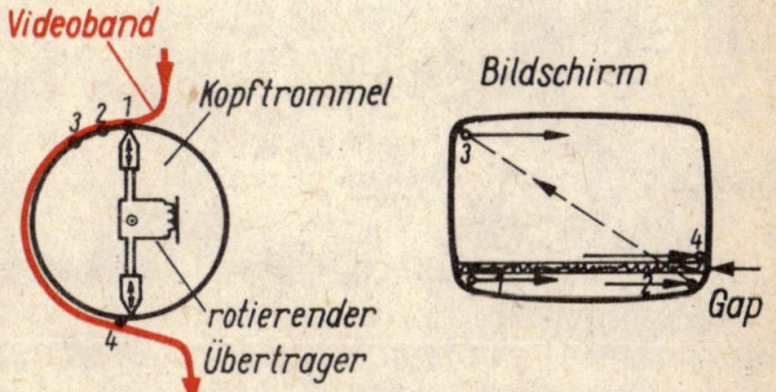

VCR (4): Zusammenhang von „mechanischer Kopfumschaltung" und sich dadurch ergebende Störzone

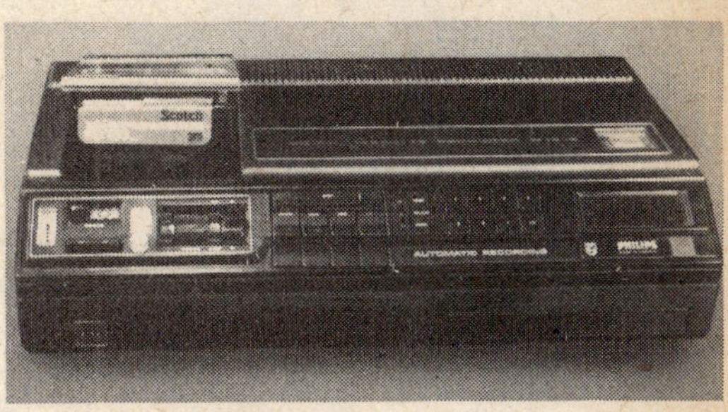

VCR (6): VCR-Videorecorder

spur wird mit der Aufzeichnung der nächsten begonnen, so daß keine Signalüberlappung auf den Videospuren entsteht. Wiedergabeseitig werden die Kopfsignale ohne aufwendige Elektronik mit sog. „mechanischer Kopfumschaltung" (→ magnetische Bildaufzeichnung) durch Serienschaltung der Videoköpfe zusammengefügt. Dabei entsteht am Übergang von einem zum anderen Videokopf eine geringe rißartige Störzone (Gap). Diese liegt ca. 4...12 Zeilen vor dem Vertikalsynchronimpuls, also vor dem unteren Bildrand (Abb. 4). Zum VCR-Standard gibt es 2 weiterentwickelte Systemvarianten: → VCR-LP und → SVR. Die Laufwerke (Abb. 5) der verschiedenen Varianten sind weitgehend gleich aufgebaut. → Schrägspurverfahrenn, → Videokassette, → Videosystem, → Chroma-Konvertierung (Abb. 5 S. 596)

VCR-LP, Abk. für **V**ideo **C**assetten **R**ecorder-**L**ong **P**lay: Videokassettenrecordersystem mit langer Spieldauer, das als Systemvariante eine Weiterentwicklung des VCR-Standards ist (1977). Die Videokassette (LVC) und Bandführung sind mit der Standardversion (→ VCR) identisch, nicht aber das Auf-

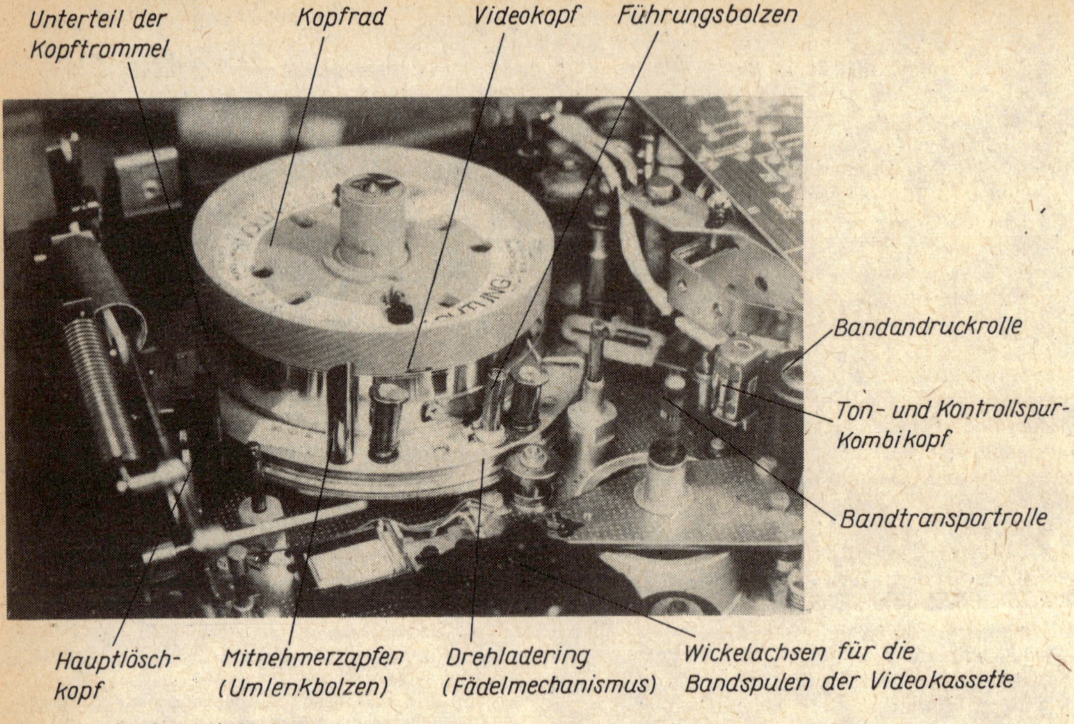

VCR (5): Laufwerk eines VCR-Geräts

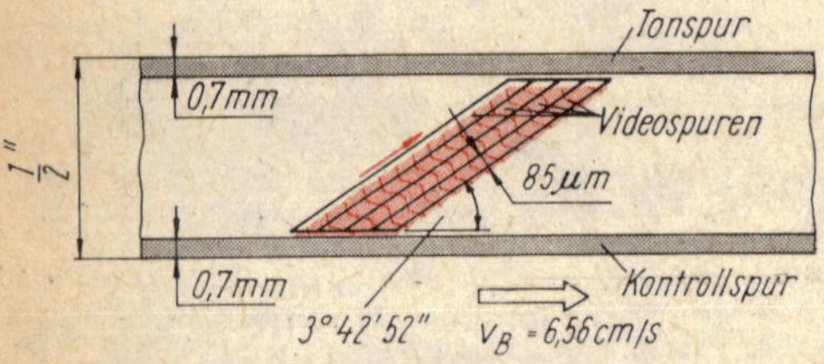

Spurbild *VCR-LP* (1)

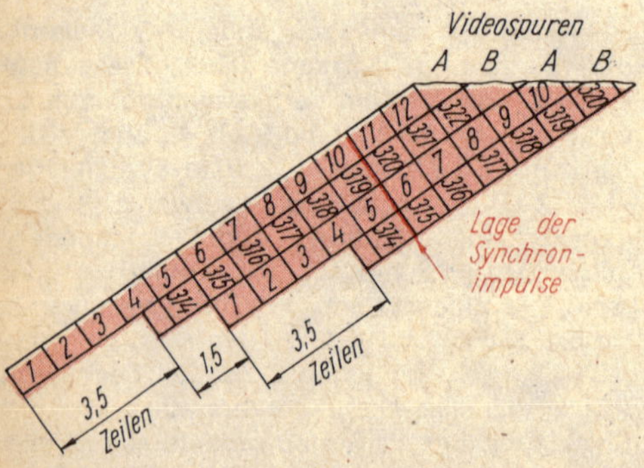

VCR-LP (2): von Spur zu Spur wechselnder Zeilenversatz beim VCR-LP-System

zeichnungsverfahren, so daß die beiden Varianten zueinander nicht kompatibel und bespielte Bänder nicht austauschbar sind. Aus dem Spurbild (Abb. 1) geht hervor, daß die Videospuren ohne Trennspur direkt nebeneinander liegen. Zur Unterdrückung des Übersprechens wird → Azimut-Aufzeichnung (± 15°) und ein spurweise wechselnder Zeilenversatz angewendet (Abb. 2). Der Zeilenversatz (einmal 1,5, dann 3,5 Zeilen) ist so gewählt, daß sich nur Zeilen mit gleicher Farbschaltphase gegenüber liegen. Der Zeilenversatz wird konstruktiv durch einen von 180° abweichenden Kopfwinkelversatz (179° 25′ 45″) erreicht, wobei die Kopfumschlingung etwas kleiner als der Winkelversatz der Videoköpfe ist. Dies bedeutet aber auch, daß genau wie beim VCR-Standard keine Spurüberlappung vorhanden ist. → magnetische Bildaufzeichnung, → Schrägspurverfahren, → Videokassette, → Videosystem, → Chroma-Konvertierung (Abb.)

VDR-Widerstand: Abk. von engl. **V**oltage **D**ependent **R**esistor. → Varistor

Verbundkopf, *Doppelspalt-Tonkopf*, ungenau Zweikopfsystem: Magnettonkopf, in dem je ein Wandlersystem für Aufzeichnung und für Wiedergabe konstruktiv vereinigt sind. Ein V. wirkt wie 2 getrennte Köpfe, erlaubt also auch → Hinterbandkontrolle. Er beansprucht aber weniger Raum als 2 getrennte Köpfe und ist darum auch in Kassettentonbandgeräten anzutreffen. Die parallele Ausrichtung der Arbeitsspalte wird bereits bei der Herstellung vorgenommen, so daß ein Azimutfehler zwischen Aufzeichnung und Wiedergabe nicht entstehen kann (→ Taumelung). Beide Systeme können in ihren Eigenschaften optimal auf den Wandlungsprozeß abgestimmt werden (Spaltweite, Scherungsspalt, Spulenwicklung, Kernwerkstoff). Bei Stereo-V. sind insgesamt 4 Wandlersysteme zusammengefaßt. Abb. d → Magnettonkopf

Verdeckungseffekt, *Verdeckung*: Eigenschaft des Gehörs, einen schwächeren, aber über der Hörschwelle liegenden Ton dann nicht wahrzunehmen, wenn gleichzeitig ein lauterer erklingt. Der V. ist besonders ausgeprägt bei Tönen mit dicht beieinanderliegender Frequenz und bei großer Lautstärke des verdeckenden Tons. Höhere Töne werden stärker verdeckt als tiefe. Der V. führt dazu, daß bei der Schallwiedergabe an lauten Stellen der Musik die Störgeräusche (z. B. Rauschen) verdeckt werden, also nicht in Erscheinung treten. Er beeinflußt aber bei zu lauter Wiedergabe auch die Klangfarbe, weil die höheren Frequenzanteile des Klangs dann stärker verdeckt werden, als bei der natürlich lauten Schallempfindung. Die Tiefen treten also stärker hervor. Der V. wird bei den meisten → Rauschminderungsverfahren ausgenutzt.

Vergleichsband, *Referenzband*: Magnettonband einer bestimmten Bandsorte und Charge, das als Vergleichsnormal bei der Festlegung und Angabe wichtiger elektroakustischer Eigenschaften der unterschiedlichen Bandtypen, sowie zur Einmessung des Aufzeichnungskanals von Tonbandgeräten verwendet wird (→ Bezugsband, → Magnettonentzerrung). Ein Exemplar des V. ist jeweils bei den Standardisierungsämtern hinterlegt.

Verhallung: Erzeugung von → Nachhall mit künstlichen Mitteln. Die V. wird i. allg. bereits bei der Tonaufnahme angewendet, wenn die Mikrofonaufnahmen nicht in einem Raum mit optimaler → Nachhallzeit gemacht werden können oder zur Erzeugung besonderer Klangeffekte (V. bei Instrumenten(gruppen), Solisten, Chören oder zur Verfremdung von Stimmen oder Geräuschen bei Hörspielszenen). Es werden im wesentlichen 4 Verfahren unterschieden, mit denen sich unterschiedliche Natürlichkeit der V. ergibt: *a) Hallraum* (Abb. a): Das Originalsignal wird einem speziellen Raum mit starkem → Nachhall zugeführt. Der entstehende Hall gelangt auf ein Mikrofon und wird dem Originalsignal anteilig zugemischt. Die V. klingt relativ natürlich, ist aber auf die stationäre Tonaufnahme beschränkt. *b) Hallplatte (Nachhallfolie,* Abb. b): der zu verhallende Anteil wird über einen elektroakustischen Geber einer metallischen Platte oder eingespannten metallisierten Folie zugeführt. Durch Reflexionen am Rand bei verschieden langen Schallwegen entstehen verzögerte Schallanteile mit unterschiedlich langer Laufzeit im Material, die mit einem Wandler wieder abgenommen und dem Originalsignal anteilig zugemischt werden. Weil bei der Hallplatte Eigenresonanzen nicht völlig vermieden werden können, klingt das verhallte Signal weniger natürlich und wird zumindest vom Fachmann als solches erkannt. *c) Federhallgerät* (*Hallfeder, Hallspirale, „Echomatratze"*, Abb. c): An Stelle einer Platte werden eine oder mehrere gespannte Spiralfedern verwendet. Die V. entsteht ebenfalls durch unterschiedlich lange Schallaufzeit in Verbindung mit mehrfachen Reflexionen an den Federenden. Nur bei sehr hochwertigen Ausführungen bleibt vom Normalhörer unbemerkt, daß der Nachhall künstlich erzeugt wurde. *d) vollelektronische Hallgeräte*: Solche Geräte verhallen das Tonsignal in analoger (Eimerkettenschaltungen) oder digitaler Form (Schiebekettenregister). Sie lassen eine große Vielfalt in der klanglichen Wirkung des Nachhalls zu und sind auch zur Erzeugung elektronischer Ein- oder Mehrfachechos geeignet. Ein Spezialgerät ist der sogenannte → Acoustic Dimension Compiler, der zur Verbesserung des → Raumeindrucks bei der Stereowiedergabe verwendet wird. Ansonsten besteht in Heimtonanlagen normalerweise keine Notwendigkeit zur V. Zur Eigenproduktion von Tonaufnahmen (z. B. bei Film- oder Videovertonung) sind bei Amateuren, wie auch bei den meisten Musikgruppen, lediglich Federhallgeräte vertreten. → Shatter (Abb. S. 598)

Hinweise: Zur amateurmäßigen V. lassen sich geflieste, nicht zu kleine Räume provisorisch als Hallraum verwenden (z. B. Badezimmer).

Verkehrswarnfunk, Verkehrsfunk: drahtlose Informationsübertragung zur direkten Lenkung des Verkehrsflusses auf öffentlichen Straßen. Ziel des V. ist es, den Autofahrern aktuelle Informationen über die Verkehrslage, z. B. über Stauungen, extreme Witterungen und Straßenbeschaffenheit, Umleitungen u. ä. zu vermitteln und günstige Ausweichrouten zu empfehlen. V. wird in einzelnen Ländern als spezieller Dienst angewendet. Andere Länder – so auch die DDR – nutzen das Rundfunkprogramm, um Kraftfahrer mit aktuellen Verkehrsinformationen vertraut zu machen (im Anschluß an Nachrichtensendungen, zu Verkehrsspitzenzeiten durch spezielle Programme). Der Versuchsbetrieb mit direktem V. wurde in der DDR 1983 aufgenommen. V.-Systeme, die zur Übermittlung der Meldungen die vorhandenen Hörrundfunksender nutzen, sind ökonomisch und schnell einzuführen. Allerdings eignen sich dazu i. allg. nur die UKW-Sender mit ihrer eingeschränkten Reichweite, weil man sie dadurch besser dem Gebiet zuordnen kann, für die die V.durchsagen bestimmt sind. Ein V.-System, das auf dieser Basis arbeitet, ist das *ARI-System* (Abk. für *Autofahrer-Rundfunk-Information*). Dabei werden Sender mit V.durchsagen, die Dauer der Durchsage selbst und die Verkehrsbereiche, für die diese Durchsagen gelten, durch zusätzlich gesendete Kennfrequenzen markiert. Diese wertet ein im Autoradio eingebauter V.dekoder aus und nimmt im

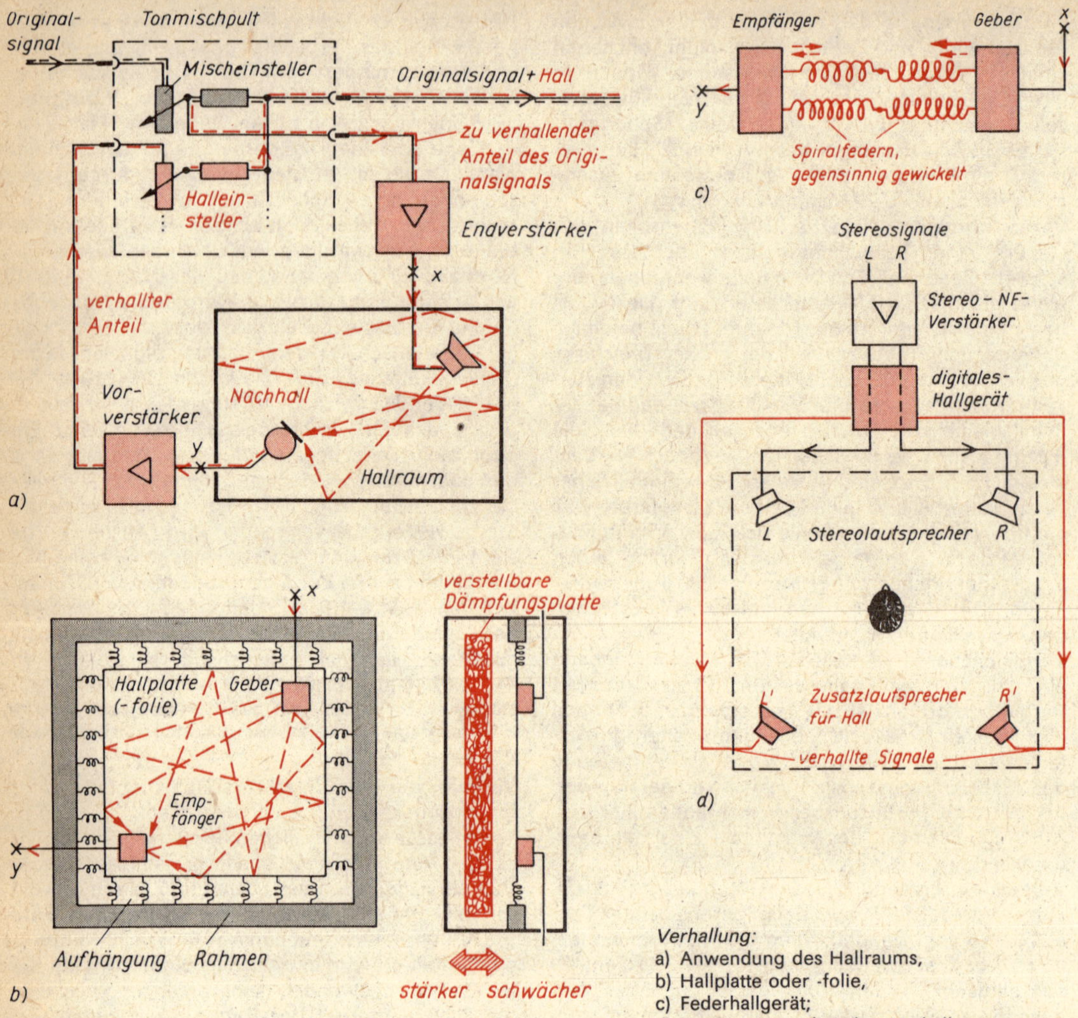

Verhallung:
a) Anwendung des Hallraums,
b) Hallplatte oder -folie,
c) Federhallgerät;
d) Einsatz eines digitalen Verhallungsgeräts zur Verbesserung des Raumeindrucks bei Stereofonie

Empfänger entsprechende Umschaltungen vor. Das ARI-System wurde in der BRD im Jahre 1974 eingeführt. Es ist auch in anderen westeuropäischen Staaten verbreitet. In einem Großversuch wurde in den Jahren 1978–1981 in der BRD ein weiteres System erprobt. Es wird mit *ALI* bezeichnet (Abk. für *Autofahrer-Leit- und Informationssystem*, auch *elektronischer Verkehrslotse für Autofahrer*, Abk. *EVA*) und soll später eingeführt werden. Es handelt sich dabei um ein Verkehrs-Zielführungssystem, das den Verkehrsstrom erfaßt und den Autofahrer individuell über eine optimale Streckenführung zum Ziel leitet. Dazu ist ein automatischer gegenseitiger Informationsaustausch zwischen einem im Fahrzeug installierten Bordgerät mit Ein- und Ausgabeeinheit und einer oder mehreren Verkehrsleitstellen erforderlich. Dieser Austausch erfolgt in kürzester Zeit über digital kodierte Datentelegramme immer dann, wenn das Fahrzeug eine von den in bestimmten Abständen in der Fahrbahn eingelassenen Induktionsschleifen überfährt. Der günstigste Weg zum Zielort – das Ziel muß der Fahrer am Bordgerät eingeben – wird von Parametern wie Staus, Verkehrsdichte, kürzeste Streckenführung, Straßenbeschaffenheit, Sperrungen u. a. abgeleitet und in der Verkehrsleitstelle von einem Rechner bestimmt. Auf dem Bordgerät werden dem Fahrer Informationen über die Streckenführung, die günstigste Fahrgeschwindigkeit, über witterungsbedingte Gefahren, den günstigsten ARI-Sender und die Entfernung zur nächsten Tankstelle angezeigt. Weil zum Aufbau des ALI-Systems ein engmaschiges Netz von Fahrbahnsensoren zur Standortbestimmung der Fahrzeuge und mehrere aufwendige Verkehrsleitzentren aufgebaut werden müssen, ist mit sehr hohen Investitionskosten zu rechnen. Mit einer Einführung in der BRD ist kaum vor den 90er Jahren zu rechnen. Bessere Aussichten, weil insgesamt kostengünstiger, hat das sogenannte *ALI-X* (X: „iks" für „in kleinen Schritten"), das zunächst mit dem Aufbau eines grobmaschigeren Informationsnetzes beginnen würde. Der feinmaschige Ausbau auf den endgültigen Stand könnte dann im Laufe der Zeit vorgenommen werden. → ARI-System

Verkehrswarnfunkdekoder: → ARI-System

Verlängerungsleitung: Kabel mit Stecker und gleichartiger Kupplungssteckdose zum Verlängern von Anschlußleitungen. V. dürfen, besonders bei niederpegeligen oder hochohmigen → Eingängen, nicht beliebig lang gemacht werden, sonst besteht u. a. die Gefahr von Brummeinstreuung (bei mittel- oder hochohmigen Mikrofonen, Plattenspielern, Tonbandgeräten und Tunern). Bei V. für Lautsprecheranschluß ist auf ausreichenden Leiterquerschnitt zu achten, damit keine größeren Leistungsverluste entstehen. V. für Antennenanschluß führen bei größeren Längen zu steigenden Dämpfungsverlusten und damit zu einer verringerten Empfangsqualität (→ Antennenverstärker). Bei Kopfhörern ist die Länge der V. i. allg. unkritisch, ebenso bei niederohmigen Mikrofonen mit → symmetrischem Anschluß, doch benötigen letztere ein geschirmtes Kabel. (s. Abb. d bis g → Anschlußleitung).

Hinweis: Bei Reparatur oder Eigenherstellung von V. ist darauf zu achten, daß keine Adern vertauscht werden. Außer → Seitenvertauschung der Stereokanäle kann sonst u. a. auch eine → Phasenvertauschung bei symmetrischen Mikrofonen, bei Lautsprechern oder Kopfhörern entstehen.

Verschmelzungsfrequenz: Frequenzgrenze, oberhalb der eine Folge von Lichtreizen wegen der Trägheit des → Sehvorgangs nicht mehr einzeln wahrgenommen wird. Die V. beträgt beim Menschen ca. 16 Hz. Lichtreize von Einzelbildfolgen ab 16 Hz verschmelzen zu einem Gesamteindruck. Bei einer Folgefrequenz wenig über der V. ist die Bildempfindung von → Flimmern überlagert. Die V., bei der kein Flimmern mehr auftritt, wird umgangssprachlich als *Flimmerfrequenz* bezeichnet.

Versorgungsgebiet, auch *Sendebereich*: Territorium im Umkreis eines Rundfunksenders, in dem bei normalen Ausbreitungsbedingungen für Funkwellen mit sicherem, weitestgehend störungsfreiem Empfang des abgestrahlten Programms gerechnet werden kann. Ziel der Sendernetzplanung eines Landes ist es, das Sendernetz so dicht zu legen und die Senderstandorte so auszuwählen, daß eine flächendeckende Versorgung des Staatsterritoriums mit allen vorhandenen Rundfunkprogrammen möglich ist. Die V. können bei zerklüfteten Gegenden (Gebirgen) in den VHF- und UHF-Bereichen sehr unregelmäßig sein. Diese Gebiete werden darum oft mit zusätzlichen Hilfssendern versorgt. → Wellenausbreitung, → Frequenzumsetzer, → Fernsehrundfunksatellit, → Senderkette

Verstärker (engl. Amplifier): elektronische Baugruppe oder Gerät zur Verstärkung elektrischer Signale. Kleinste Einheit ist die *V.stufe* (kurz *Stufe*), bestehend aus einem aktiven Bauelement (z. B. Transistor) in Kombination mit ohmschen Widerständen, Kondensatoren, Spulen u. a. Ein V. besteht aber i. allg. aus mehreren Stufen. Man unterscheidet *Spannungs-*, *Strom-* und *Leistungs-V.*, je nachdem, ob Signalspannung oder -strom vergrößert, oder Leistung zur Verfügung gestellt werden soll (z. B. zum Betreiben von Lautsprechern, Ablenkspulen von Fernsehbildröhren o. ä.). Eine andere Einteilung geht von dem zu verstärkenden Frequenzband aus: *Breitband-V.* verstärken einen Frequenzbereich, der groß gegenüber seiner mittleren Frequenz ist. Dazu gehören u. a. → NF-Verstärker und → Videoverstärker. Ist der zu verstärkende Frequenzbereich nur klein gegenüber seiner mittleren Frequenz, so spricht man von einem *Schmalband-* oder *Selektiv-V.* Dazu zählen u. a. der → ZF-Verstärker und verschiedene → Antennenverstärker. Schließlich wird je nach zu verstärkendem Frequenzbereich in → *Gleichspannungsverstärker*, → *NF-Verstärker* und *HF-Verstärker* unterschieden. I. allg. ist bei einem V. das Verhältnis von Ausgangs- zu Eingangsgröße – die *Verstärkung* – konstant. Ändert sie sich in Abhängigkeit von der Signalgröße, so spricht man von einem → *Regelverstärker.* Läßt sich die Verstärkung mit einer Gleichspannung von außen verändern, dann handelt es sich um einen *spannungsgesteuerten V. (→ VCA).* Für sehr kleine Signale werden *Vor-V.* verwendet, bei ganz besonders geringer Spannung heißen sie auch *Vor-Vor-V.* Wichtige Kennwerte eines V. sind sein → Amplitudenfrequenzgang, sein → Eingangsscheinwiderstand und → Ausgangsscheinwiderstand, → Ausgangsspannung bzw. Verstärkung, → Störabstand, → nichtlineare Verzerrungen und bei Leistungsverstärkern die → Ausgangsleistung. → Entzerrervorverstärker, → Operationsverstärker

verstärkungsbegrenzte Empfindlichkeit: kleinstes HF-Signal am Antenneneingang eines Rundfunkempfängers, bei dem dieser noch eine vorgegebene Ausgangsleistung abgeben kann (Hörrundfunkempfänger: 50 mW). Weil die v. E. lediglich die Gesamtverstärkung des Empfängers charakterisiert, sein Eigenrauschen jedoch unberücksichtigt läßt, erlaubt die Angabe bei einem speziellen Gerät kaum einen Rückschluß auf dessen Empfangsqualitäten. Die v. E. wird darum nur noch selten angegeben. → rauschbegrenzte Empfindlichkeit

Verstärkungsregelung, automatische, Abk. **AVR,** (engl. Automatic Gain Control, Abk. *AGC*), veraltet (bei Rundfunkempfängern) *Schwundregelung*: Schal-

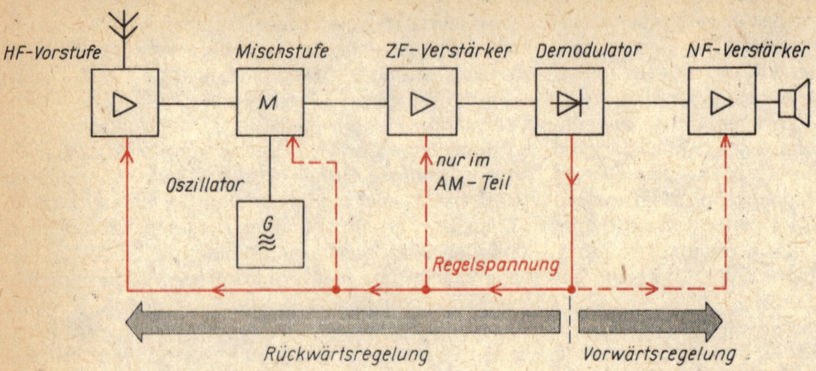

Die *automatische Verstärkungsregelung* kann auf verschiedene Baugruppen im Rundfunkempfänger wirken

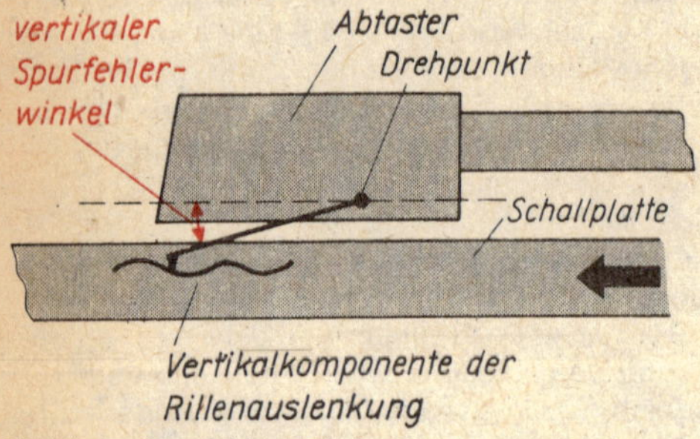

Vertikaler Spurfehlerwinkel

tung in einem Rundfunk- oder Fernsehempfänger, um die Verstärkung automatisch in Abhängigkeit von der Feldstärke des empfangenen Senders zu verändern. Dadurch ist es möglich, bei schwachen und starken Empfangssignalen von verschiedenen Sendern auf Lang-, Mittel- oder Kurzwellen annähernd die gleiche Wiedergabelautstärke zu erreichen, bzw. bei Fernsehempfängern zusätzlich gleichen Bildkontrast. Auch Lautstärke- und Kontrastschwankungen bei sich ändernder Empfangsfeldstärke (→ Schwund) werden vermieden. Die AVR verhindert außerdem die Übersteuerung der HF-Vorstufe des Empfängers durch stark einfallende Sender. Die Regelung erfolgt mit Hilfe einer Regel(gleich)spannung, die im Demodulator oder in einem speziellen Regelspannungsgleichrichter aus der → ZF gewonnen wird und die den Arbeitspunkt auf der gekrümmten Kennlinie spezieller Transistoren verschiebt. Dadurch verändert sich deren Verstärkung. Die AVR wirkt entweder nur auf eine oder mehrere HF-Verstärkerstufen des Empfängers (HF-Vorstufe, ZF-Verstärker, seltener Mischstufe) oder zusätzlich auch auf den NF-Verstärker (Abb.). Bei UKW-Empfängern wird der ZF-Verstärker i. allg. nicht geregelt, weil eine Amplitudenbegrenzung des frequenzmodulierten Signals sogar erwünscht ist (→ AM-Unterdrückung). Bei Fernsehempfängern wird die Regelspannung nur während der Dauer der Synchronimpulse mit ihrem konstanten Pegel gewonnen *(getastete Regelung)*. Dadurch ist der Regelvorgang unabhängig vom Bildinhalt, und Störimpulse beeinflussen die Regelung nur dann, wenn sie mit den Synchronimpulsen zusammentreffen. Speziell für die AVR der Farbverstärker bieten sich zur Ableitung der Regelspannung die Farbsynchronsignale (→ Burst bei PAL, unmodulierter Farbträger und → Identifikationsimpulse bei SECAM) auf Grund ihrer zeitlich und pegelmäßig exakt definierten Größen an. Das Grundprinzip der AVR wird auch bei der → Aussteuerungsautomatik angewendet. Abb.

Verstimmung: 1) I. w. S. unerwünschte Abweichung der Resonanzfrequenz eines → Schwingkreises von dem richtigen Wert oder gewollte gegenseitige Verschiebung der Resonanzfrequenzen mehrerer gekoppelter Kreise, um die → Bandbreite zu vergrößern. **2)** *(Superhet)* svw. Fehlabstimmung, → Abstimmung.

Verteilsatellit, auch *Punkt-zu-Punkt-Satellit*: → Satellit (i. e. S. Nachrichtensatellit, → Fernsehsatellit) zum Austausch von Nachrichtensignalen zwischen 2 → Bodenstationen. → Satellitenfunk, → Satellitensystem

Vertikalablenkung: senkrecht verlaufende → Ablenkung des Elektronenstrahls in Bildwandlerröhren. → Ablenkeinheit, → Vertikalkippgerät, → Horizontalablenkung

Hinweis: Da Anfang und Ende der Halbbilder bzw. Bilder mit einer Abtastperiode in vertikaler Richtung verbunden sind, tritt häufig statt „vertikal" die Bezeichnung „Bild" in entsprechenden Wortverbindungen (Bildablenkung, -kipp, -synchronisation usw.) auf.

Vertikalaustastimpuls, *VA-Impuls*: Bestandteil des → Austastsignals, dessen Aufgabe die halbbildgebundene → Normaustastung des Bildsignals ist. Nach CCIR gelten für V. folgende Normwerte: Folgefrequenz $f_v = 50$ Hz, Periodendauer $T = 20$ ms ≙ V, Impulsdauer $\tau = 25$ Zeilen + 12 µs (entspricht der Dauer der vertikalen → Austastlücke), Vorlaufzeit gegenüber Halbbildwechsel $t_{vor} = 2{,}5$ Zeilen. Abb. → Austastsignal

Vertikal-Endstufe: → Bildendstufe

vertikaler Spurfehlerwinkel, vertikaler Abtastwinkel: funktionsbedingter Winkel zwischen Nadelträgerachse und Schallplattenoberfläche bei einem Abtastsystem; in Ruhestellung der Nadel ca.

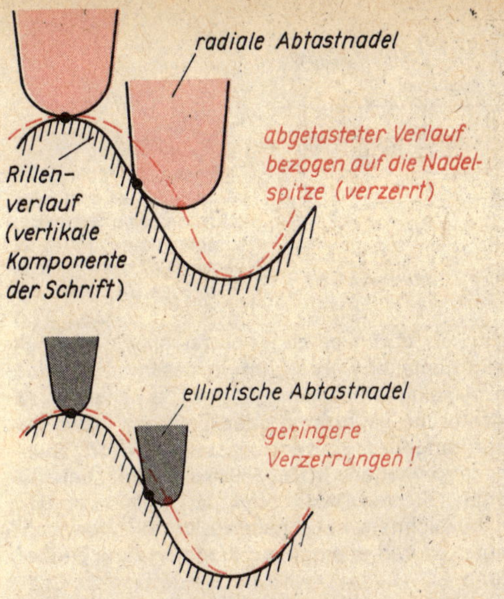

Entstehung der *vertikalen Spurverzerrungen* und ihre Verminderung durch elliptische Abtastnadeln

15°...20°. Beim Abtasten der Vertikalkomponente der Rillenauslenkungen einer Schallplatte (→ Schriftart) verändert sich die Größe des v. S. laufend. Die Nadelspitze vollzieht daher eine etwas andere Bewegung, als sie dem Rillenverlauf entspricht. Aus diesem Grund ist der v. S. eine Quelle von Klangverzerrungen (→ Frequenzintermodulation). Diese können aber teilweise bereits beim Schallplattenschnitt mit Hilfe eines *Tracking Simulators* (engl., svw. Spurführungs-Simulator) eliminiert werden. Der Rille wird eine zusätzliche Verformung aufgeprägt, die der bei der Abtastung zu erwartenden Verfälschung gerade gegenläufig ist. Abb.

vertikale Spurverzerrungen: Verzerrungen der Kurvenform des Signals, die beim Abtasten der vertikalen Komponente der Schallplattenschrift (→ Schriftart) bei Stereoschallplatten durch die Abtastnadel entstehen. Besonders Nadeln mit rundem Querschnitt können bei hohen Frequenzen (kurzen Wellenlängen) und großen Rillenauslenkungen nicht exakt der Rillenform folgen (Abb.), es entstehen Klangverzerrungen. Diese nehmen mit sinkendem Rillendurchmesser zu. Die v. S. können bereits beim Schneiden der Schallplatte mit einem sogenannten *Tracking Simulator* in gewissen Grenzen kompensiert werden. Auch eine elliptische → Abtastnadel vermindert die v. S. Abb.

Vertikalfrequenz f_v: → Halbbildfrequenz

Vertikalimpuls, *V-Impuls*: Synchronimpuls im Fernsehen. Eine Folge von V. sichert den Gleichlauf vertikalfrequent arbeitender Schaltungen in der Fernsehtechnik. Das Einsatzgebiet der V. ist im wesentlichen auf die → externe Synchronisation von Geräten und Anlagen innerhalb eines Fernsehstudiokomplexes begrenzt. V. werden im → Fernsehimpulsgeber erzeugt und über Verstärker und Leitungen verteilt.

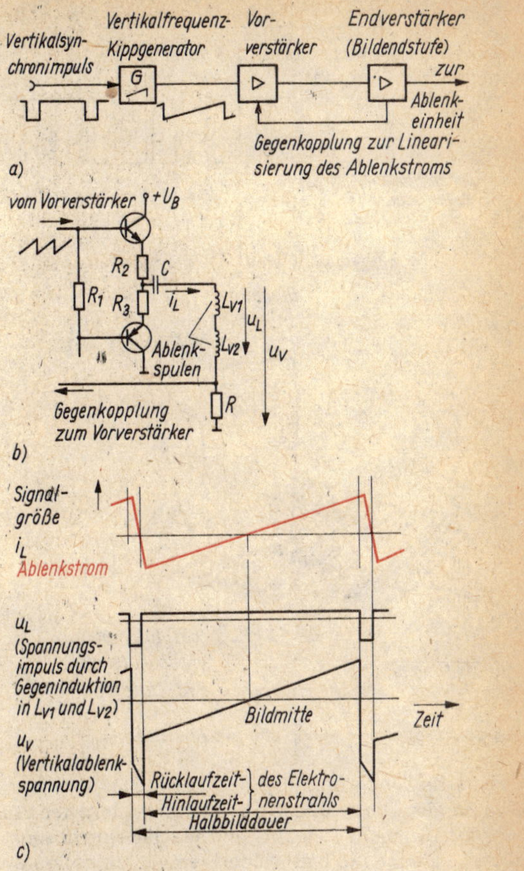

Vertikalkippgerät: a) Übersichtsschaltplan, b) vereinfachtes Wechselstromersatzschaltbild der Vertikalendstufe, c) Strom- und Spannungsverläufe in der Vertikalendstufe

Vertikalkippgerät (engl. Field Deflection Stage, Field Sweep Stage): Schaltungsanordnung zur Erzeugung, Verstärkung und Anpassung des für die vertikale → Ablenkung des Elektronenstrahls in → Bildaufnahmeröhren und → Bildwiedergaberöhren erforderlichen Ablenkstroms. Die Einhaltung der normgerechten Kippfrequenz wird von Vertikalsynchronimpulsen gesteuert. → Ablenkstufe, → Synchronsignal, → Ablenkspule (Abb.)

Vertikallinearität: → Bildlinearität

Vertikalplattenspieler: → Senkrechtplattenspieler

Vertikalsynchronimpuls, *VS-Impuls*: Bestandteil des → Synchronsignals. V. sorgen für die Synchronisation vertikalfrequent arbeitender Schaltungen. Sie sichern beispielsweise den Gleichlauf der Vertikalkippstufen in Videokameras und Fernsehempfängern. Die in diesen Geräten vorhandenen Impulstrennstufen lösen die V. aus dem Synchronsignal

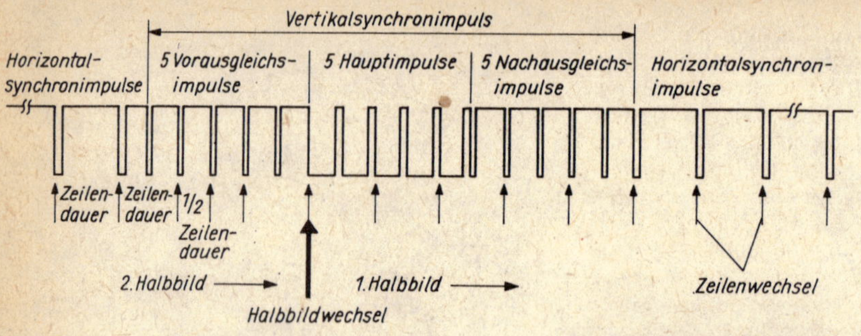

Vertikalsynchronimpuls: Ausschnitt aus dem Synchronsignalverlauf in der Umgebung des Halbbildwechsels 2. zum 1. Halbbild (Ende eines Vollbilds)

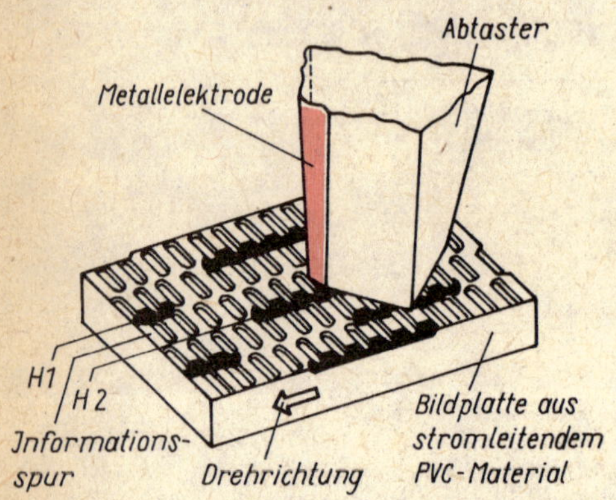

Ausschnitt einer *VHD*-Bildplatte mit Abtaster

(→externe Synchronisation, →interne Synchronisation) heraus. Die Abbildung zeigt den Aufbau der V. aus Vorausgleichs-, Haupt- und Nachausgleichsimpulsen. Dieser Aufbau sichert sowohl eine gute Trennbarkeit der V. aus dem Synchronsignal (→ Vorausgleichsimpulse, → Nachausgleichsimpulse) als auch die Weiterführung der Horizontalsynchronisation durch die Einschnitte im V. Hierdurch kann die Übertragung der → Horizontalsynchronimpulse während der Dauer der V. im Synchronsignal entfallen. Zu beachten ist die unterschiedliche Lage der Vertikalsynchronisation, bezogen auf den Zeilenwechsel (beim Übergang 1. zum 2. Halbbild in der Zeilenmitte, beim Übergang 2. zum 1. Halbbild identisch mit Zeilenwechsel). Diese Verschiebung ist Voraussetzung für das Zeilensprungverfahren. Nach CCIR gelten für V. folgende Normwerte: Folgefrequenz $f_v = 50$ Hz, Periodendauer $T = 20$ ms $= V'$, Impulsdauer $\tau = 480\ \mu s \mathrel{\widehat{=}} 7{,}5$ H, unterteilt in 5 Hauptimpulse mit $T = 32\ \mu s$, $\tau = 27{,}3\ \mu s$ und je 5 Vor- bzw. Nachausgleichimpulse mit $T = 32\ \mu s$, $\tau = 2{,}35\ \mu s$.

Vervielfältigung: → Umzeichnen, → Schallplattenherstellung, → Phonograph

Verzerrer: 1. Elektronische Baugruppe in einem Übertragungskanal zur Anpassung des Signals an die Kanaleigenschaften. Die Signalamplituden werden frequenzabhängig unterschiedlich beeinflußt. Dieser Vorgang muß an einer nachfolgenden Stelle des Kanals durch einen → Entzerrer wieder rückgängig gemacht werden, um insgesamt einen linearen Amplitudenfrequenzgang zu erhalten. – **2.** Elektronische Baugruppe oder Gerät zur gewollten Verformung des Schwingungsverlaufs von Tonsignalen, vorwiegend in der Musikelektronik bei elektrischen Gitarren, auch *Effekt-V., Fuzz, Fuzz Booster* bezeichnet. Es ergeben sich obertonreiche Klangstrukturen, die ggf. zur Klangformung gefiltert werden.

Verzerrung: 1. *(Audio)* Hörbare Klangveränderungen bei Abweichen der Schwingungsform vom Original (→ lineare Verzerrungen, → nichtlineare Verzerrungen, → Dynamikverzerrungen, → Dopplerverzerrungen). – **2.** *(Video)* Sichtbare Veränderungen des Fernsehbilds gegenüber dem Originalbild (→ Bildfehler), hauptsächlich ungleichmäßige Längenänderungen in der Bildschirmebene (→ Bildlinearitätsfehler).

Verzögerungsleitung: Laufzeitglied zur Verzögerung elektrischer Signale. V. nutzen die endliche Laufzeit von Signalen durch Leitungen, Bauelementeanordnungen (z. B. Luminanz-V. in Farbfernsehempfängern) oder verschiedene geeignete Medien (z. B. Glas) aus. → Ultraschallverzögerungsleitung

VF: → Videofrequenz

VF-Dekoder: Abk. für Verkehrswarnfunkdekoder, → ARI-System.

VF-Eingang: allgemeine Bezeichnung der Eingänge von Videogeräten, über die ihnen → Bildsignale im Videofrequenz-(VF-)Bereich zugeführt werden. → VF-Signal, → Videofrequenz

V-Frequenz: → Vertikalfrequenz

VF-Signal, Abk. für engl. **V**ideo **F**requency **Signal**: allgemeingültige Bezeichnung für → Bildsignale, die *innerhalb* des *Videofrequenzbands* liegen. Nach der in der Abb. 2 bei → Bildsignal dargestellten Einteilung steht gleichbedeutend für V. auch die Bezeichnung → Videosignal. Die teilweise verwendete Bezeichnung „Bildmodulation" (BM) leitet sich daraus ab, daß das V. auf einen höherfrequenten Träger moduliert wird. Diese Bezeichnung ist jedoch aus fachlicher Sicht unexakt und daher abzulehnen. → Videofrequenz, → CCIR-Norm, → OIRT-Norm

VHD, Abk. von engl. **V**ideo **H**igh **D**ensity **D**isc (svw. Videoplatte hoher [Speicher]dichte): von der japanischen Firma JVC entwickeltes Bildplattensystem, das mit rillenloser kapazitiver Bildplatte arbeitet. Die 2seitig bespielte VHD-Bildplatte besteht aus stromleitendem PVC-Material und hat einen Durchmesser von 26 cm oder 30 cm. Auf einer Hauptspurwindung, d. h. pro Umdrehung, sind 2 Fernsehbilder gespeichert. Damit ergibt sich für die Standard-PAL-Fernsehnorm (25 Bilder/s) eine konstante Plattendrehzahl von 750 U/min und für das NTSC-Farbfernsehverfahren 900 U/min. Die Spielzeit beträgt 60 min pro Plattenseite. Zu beiden Seiten der Hauptspur mit den Bild- und Toninformationen liegen Hilfsspuren (H_1 und H_2) mit Hilfsinformationen für das Servosystem zur Spurnachführung des Abtasters. Über elektromotorische Stellglieder sorgt das Servosystem für die Quer- und Längsbewegung des Abtasters und gewährleistet automatische Spurhaltung auch bei Sonderfunktionswiedergabe (Standbild, Zeitlupe usw.). Zum Schutz vor Fingerabdrükken, Staub, Kratzen usw. befindet sich die VHD-Bildplatte in einer Schutzhülle. Mit dieser wird die Bildplatte in den Bildplattenspieler eingeführt, wo sie automatisch entnommen, abgespielt und anschließend wieder in die Hülle zurückbefördert wird. Die kapazitive Abtastung beruht auf der Kapazitätsänderung zwischen Metallelektrode des Abtasters und der Bildplatte, die durch die informationstragenden Lochspuren hervorgerufen werden. Dabei bildet der Abtaster eine Elektrode des Kondensators und die Bildplatte die andere. Die Kapazitätsänderungen (in der Größenordnung von 10^{-4} pF) werden z. B. mit einem Schwingkreis in ein entsprechendes elektrisches Signal umgewandelt, aus dem durch weitere Signalbearbeitung, Signaltrennung und Demodulation die analogen Bild- und Tonsignale gewonnen werden. VHD ist für 3 digitale Tonkanäle und eine Vielzahl digital kodierter Zusatzinformationen (Abschnittnumerierung, Zeitinformation usw.) ausgelegt. Mit einem VHD-Bildplattenspieler lassen sich auch kapazitive Digitalschallplatten (→ AHD) wiedergeben. VHD, zugehöriger Bildplattenspieler und AHD sind Komponenten eines einheitlichen Systems. → Bildplatte 2., → kapazitive Bildplatte, → Bildplattenspieler (Abb.)

VHF, Abk. für engl. **V**ery **H**igh **F**requency, sehr hohe Frequenz: Frequenzbereich von 30 ... 300 MHz, der vorrangig für Rundfunkübertragung genutzt wird. Über VHF werden die UKW-Hörrundfunkprogramme nach CCIR- und OIRT-Norm (→ Ultrakurzwellen) und die I. Programme des Fernsehens der DDR und der BRD ausgestrahlt. → Rundfunk-Frequenzbereiche, → Wellenbereich

VHF-Antenne: Empfangsantenne für den VHF-Bereich I, II oder III.

VHF-Tuner: Baugruppe, Abstimmeinheit eines Fernsehempfängers zum Empfang des VHF-Bereichs. → Rundfunk-Frequenzbereiche, → Tuner

VHS, Abk. für **V**ideo **H**ome **S**ystem: von der japanischen Firma JVC entwickeltes Videokassettenrecordersystem mit ½" breitem Videoband. Bei VHS wird

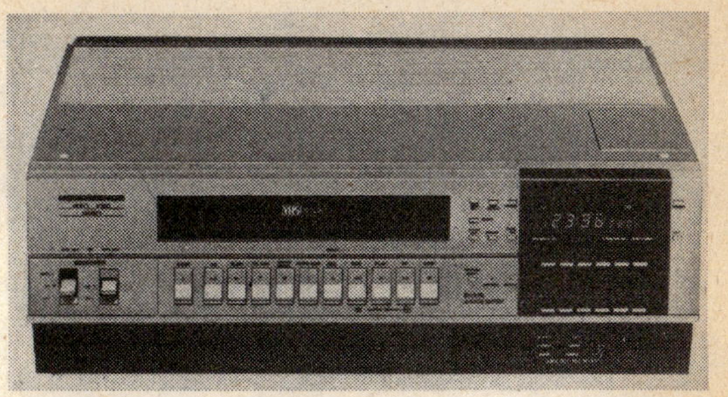

VHS (5): VHS-Videorecorder (Frontlader)

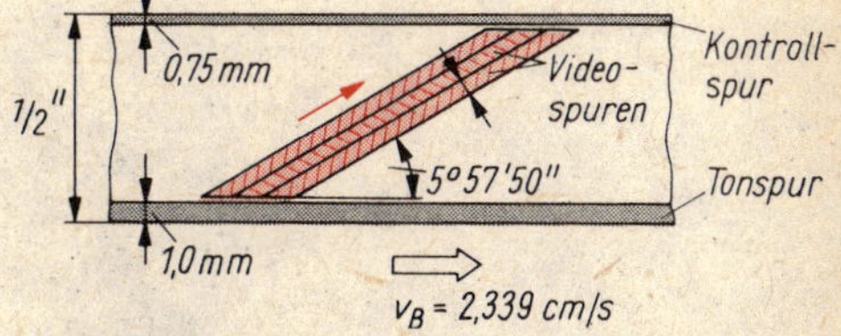

VHS (1): Spurbild beim VHS-System

Schrägspuraufzeichnung nach dem Zweikopfverfahren angewendet. Die Videospuren (Abb. 1) liegen ohne Trennspur dicht beieinander (→ Dichtspeichertechnik). Außer der Normalkassette (Abb. 2) gibt es eine → *Minikassette* für 30 min Spieldauer. Sie ist für kompakte, tragbare Videorecorder des *VHS-C-Formats* bestimmt und kleiner als ⅓ der normalen VHS-Kassette. Mit einem Kassettenadapter (Abb. 3) ist die Minikassette in jedem normalen VHS-Gerät verwendbar. Zur Unterdrückung des Übersprechens der dicht benachbarten Videospuren wird → Azimut-Aufzeichnung angewendet. Um Farbübersprechen kompensieren zu können, wird bei Aufzeichnung in jedem zweiten Halbbild – und damit in jeder zweiten Videospur – die Farbschaltphase des heruntergesetzten Farbträgers (→ Chroma-Konvertierung) um 90° phasenverschoben. Damit wechseln im wiedergegebenen Signal von Zeile zu Zeile die Übersprech-Störanteile von den Nachbarspuren ihre Phasenlage und das Farbsignal kann mit einem → Kammfilter übersprechfrei gewonnen werden. Die normale Bandtransportgeschwindigkeit (*Standard Play*, Abk. SP) beträgt 2,339 cm/s, und mit einer Normalkassette sind damit maximal 4 Stunden Spieldauer erreichbar. Maximal 8 Stunden Spieldauer bietet die *Long Play-Version* (Abk. LP) mit halbierter Bandtransportgeschwindigkeit von 1,17 cm/s und verminderter Videospurhöhe. SP- und LP-Aufzeichnungen sind zueinander nicht kompatibel. Abb. 4 zeigt die Kopftrommel eines Vierkopfvideorecorders, er ermöglicht wahlweise SP- oder LP-Aufzeichnung/Wiedergabe, wobei jeweils für eine Bandgeschwindigkeit nur ein Videokopfpaar genutzt wird. → Videokassette, → Videosystem, → Schrägspurverfahren,

VHS (2):
VHS-Normalkassette (Bandseite)

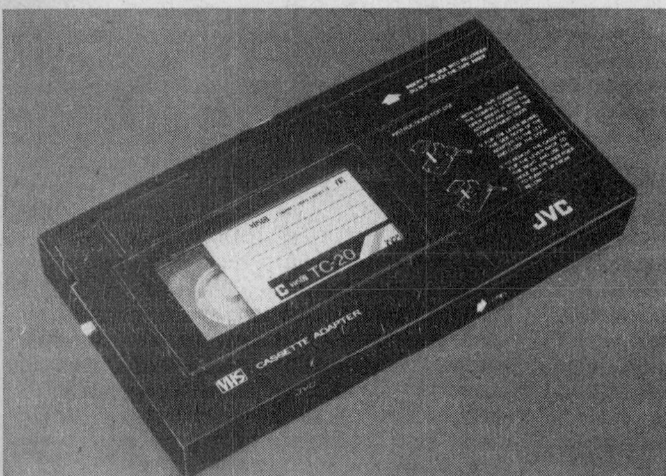

VHS (3):
Kassettenadapter mit Mini-VHS-Kassette

VHS (4): Kopftrommel eines VHS-Videorecorders mit 4 Videoköpfen

→ M-Ladesystem, → magnetische Bildaufzeichnung, → HiFi-Videorecorder (Abb.)

VHS-Videomovie: Tab. → Kamerarecorder

Video (von lat. vidēre, sehen): i. w. S. auf das Bild bezogen. I. e. S. ist ein „V." *(Video Clip)* populäre Unterhaltungsmusik in Verbindung mit adäquater Visualisierung, d. h. angemessener bildlicher Darstellung, wobei hauptsächlich videotechnische Gestaltungs- und Produktionsmittel benutzt werden. → Videografieren

Videoaufnahme: i. e. S. → Bildaufnahme mit einer Videokamera. → Videografieren, → Videoproduktion

Videoband, Videomagnetband: magnetisierbarer bandförmiger Informationsträger für Spulen- oder Kassettenvideobandgeräte. Der Aufbau, die Herstellung und die allgemeinen Eigenschaften entsprechen denen von Tonbändern. Je nach verwendetem Aufzeichnungsverfahren und Recordersystem werden V. mit einer → Magnetbandbreite von 2"...¼" benutzt. Das Material der Magnetschicht (Magnetit) bestimmt maßgeblich die erzielbare Ton- und Bildqualität. Neben Eisen(III)oxid- wird vorwiegend Chromdioxid-(→ Chromdioxid-Tonband), ko-

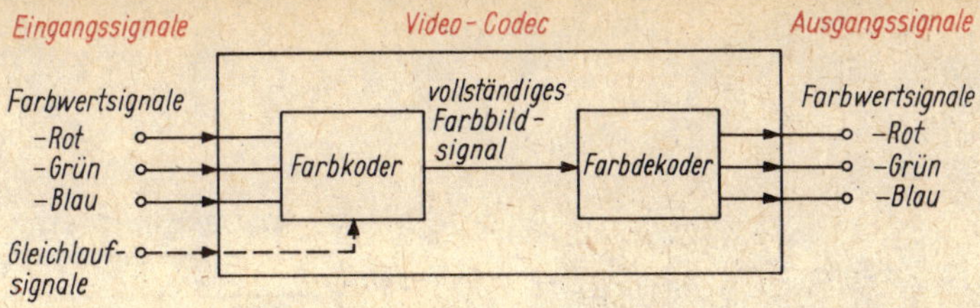

Beispiel für ein *Video-Codec*

baltdotiertes Eisenoxid- und zunehmend Reineisenpulver- und Metallschicht-Band verwendet. Die Qualität der V., insbesondere die Dropouthäufigkeit, ist sehr stark von der Homogenität der Magnetit-Schicht und von der → Rauhigkeit abhängig. Sogenannte *HG-Bänder* (Abk. von engl. High Grade, svw. hohe Qualität) und *Super HG-Bänder* weisen gegenüber Standardbändern besonders geringes Bildrauschen und eine sehr geringe Anzahl von → Dropouts je Zeiteinheit auf. Es handelt sich um aus der laufenden Produktion besonders ausgesuchte Bänder bzw. bei den Super HG-Bändern in Sonderanfertigung hergestellte V. Die Dicke eines V. (35 ... 6 µm) hat Einfluß auf die Schmiegsamkeit und damit auf den innigen Kontakt zwischen Band und Videokopf, aber auch auf die Verformbarkeit bei Zugbeanspruchung und auf die Zerreißfestigkeit. Gute Formstabilität der V. wird durch Vorrekken erreicht, wegen der hohen Relativgeschwindigkeit zwischen Videokopf und V. muß die Oberfläche extrem glatt und besonders gleitfähig sein und auch eine hohe Abriebfestigkeit aufweisen. Dazu wird die Magnetschicht (Schichtdicke ca. 4 µm) bei der Bandherstellung besonders verdichtet und die Oberfläche vergütet, d. h. mit einer *Schutzschicht* versehen. Die Beschaffenheit der Schutzschicht bestimmt maßgeblich die Standbildfestigkeit der V. Eine Rückseitenschicht – meist aus Titandioxid – gewährleistet gute Lagenhaftung und Wickelfähigkeit. Staub und Fingerabdrücke sind die größten Feinde der V., sie stören den innigen Band-Kopf-Kontakt und rufen unweigerlich Dropouts hervor. V. sind staubfrei und die Spulen stehend zu lagern. Günstigste Lagerbedingungen sind: Temperatur 20 °C und relative Luftfeuchtigkeit 50 %. Bei Lagerung und Transport dürfen die V. keinen permanenten oder wechselnden Magnetfeldern ausgesetzt werden. → Videokassette

Videobandbreite, auch Videofrequenzband (engl. Video Frequency Range): Frequenzspektrum von f_{min} bis f_{max}, das lt. → Fernsehnorm für die Aufnahme, Bearbeitung, Aufzeichnung und Übertragung von → Bildsignalen zur Verfügung steht. Ursächlich wird die V. durch die Aufnahme von Bildvorlagen im → Fernsehen bestimmt (kein Helligkeitswechsel im Bild entspricht $f_{min} = 0$ Hz, je ein Helligkeitswechsel von → Bildpunkt zu Bildpunkt entspricht der maximalen Videosignalfrequenz). Um höchsten Ansprüchen hinsichtlich der → Auflösung von Fernsehbildern zu genügen, wären V. von über 10 MHz erforderlich. Da dies die realen technischen Möglichkeiten überschreitet, werden in den einzelnen Fernsehverfahren Kompromisse zwischen verfügbarer V. und Bildqualität geschlossen. Die Fernsehsysteme, die mit einer Zeilenzahl von 625 arbeiten, bieten derzeit den günstigsten Kompromiß mit $f_{max} = 5$ MHz (CCIR-Norm) bzw. $f_{max} = 6$ MHz (OIRT-Norm).

Videobandgerät: → Videorecorder

Videocenter: komplexe Anordnung verschiedenartiger Videogeräte im → angewandten Fernsehen, international auch im Heimbereich.

Video Clip: → Video

Video-Codec: Bezeichnung für die Folge Koder – Dekoder (engl. *Co*der – *Dec*oder) im Signalweg der Videotechnik. Ideal wäre, wenn Eingangs- und Ausgangsgrößen eines V. identisch sind. Diese Bedingung ist praktisch nur annähernd zu verwirklichen. Der Grad der Identität ist Maßstab für die Übertragungsqualität eines V. Abb.

Hinweis: In Nachrichtengeräten werden heute bereits V. als integrierte Bausteine (z. B. MAA 2100, integrierte Video-Wandler bei der Digivision) eingesetzt.

Videocomputerspiel, auch Videospiel-Computer: Kleincomputer in Verbindung mit einem Videomonitor oder Fernsehempfänger für eine Vielzahl von Einsatzmöglichkeiten. V. arbeiten nach dem Grundprinzip der → Bildschirmspiele (s. Abb. → Bildschirmspiel). Der eingesetzte → Mikrorechner verfügt über eine sehr hohe Speicherkapazität und Arbeitsgeschwindigkeit. Er ist i. d. R. gemeinsam mit einer umfangreichen Tastatur (Multi-Sensor-Tastatur) in einem Kommandopult integriert und bildet den Zentralrechner des V. Durch den wahlweisen Einsatz von Videospielkassetten (V. wird Bildschirmspiel) oder zusätzlicher Mikrorechnerbausteine ist das V. universell einsetzbar. Zusätzliche Mikrorechnerbausteine in Form aufsteckbarer Module können für spezielle Aufgabengebiete programmiert sein: z. B. Schach-Modul: V. wird → Schachcomputer; Computer-Adapter: V. wird Heimcomputer; Musik-Modul: V. wird Musik-Synthesizer.

Videodemodulator: Schaltung zur Rückführung eines → Bildsignals, das aus übertragungstechnischen Gründen einem hochfrequenten Träger aufgeprägt ist, aus der Hochfrequenzlage in das Videofrequenzband (0 Hz ... 5 MHz). V. finden u. a. in → Fernsehempfängern (Amplitudendemodulator, hier auch als → Videogleichrichter bezeichnet), in → Farbdekodern (z. B. → Synchrondemodulator für

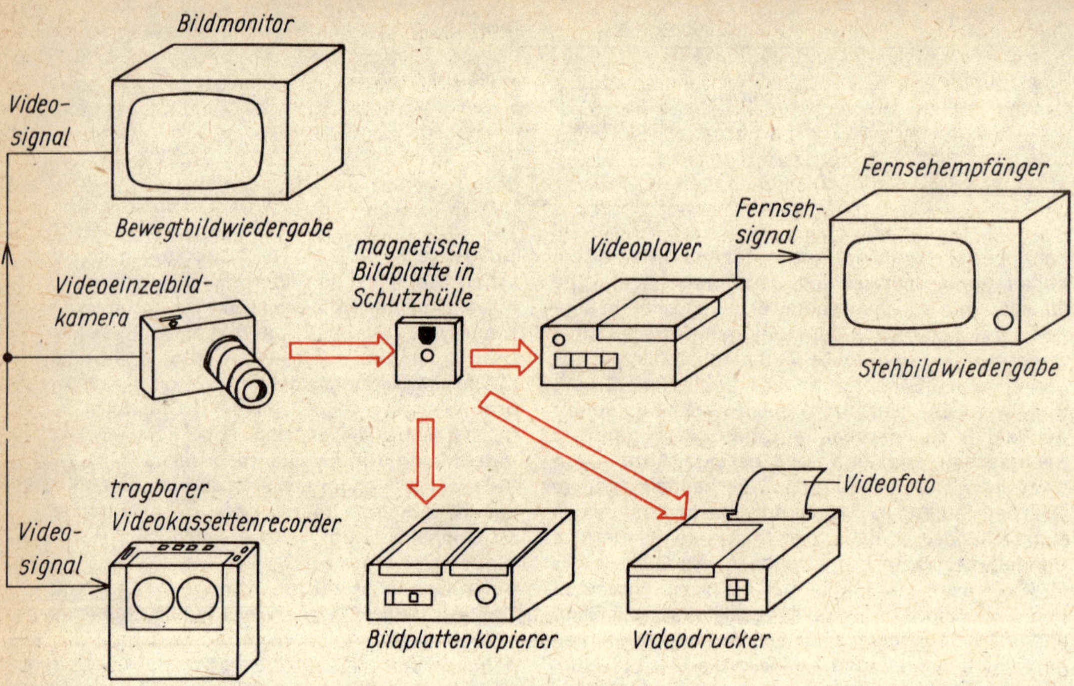

Nutzungsmöglichkeiten und Zubehör einer *Videoeinzelbildkamera* (2)

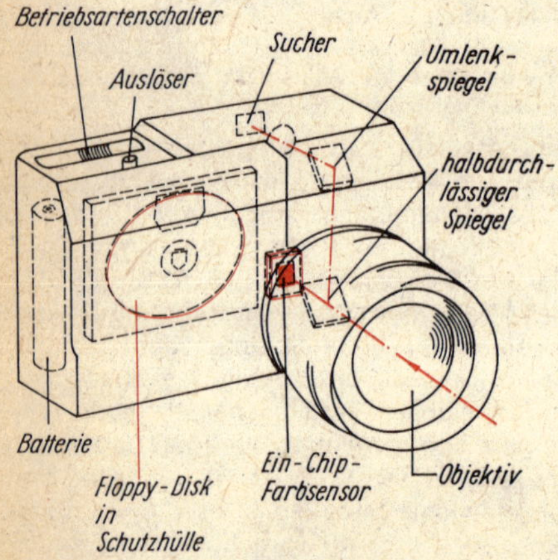

Aufbau einer *Videoeinzelbildkamera* (1)

das → PAL-Farbfernsehverfahren, Frequenzdemodulator für das → SECAM-Farbfernsehverfahren) und im Wiedergabeweg von Anlagen zur → magnetischen Bildaufzeichnung (Frequenzdemodulator) Anwendung.

Video Disk: → Bildplatte 2.

Videoeinzelbildkamera, *Video-Stehbildkamera*: in der Größe und dem äußeren Aussehen einer herkömmlichen Kleinbildspiegelreflexkamera gleichende Videokamera mit eingebautem Aufzeichnungsteil für Einzelbilder (Stehbilder). Von dem auswechselbaren Festobjektiv gelangt das aufzunehmende Bild durch einen feststehenden halbdurchlässigen Spiegel einmal zum Festkörperbildsensor und zum anderen zum optischen (TTL-)Sucher (Abb. 1). Die Signale des Ein-Chip-Farbsensors werden nach entsprechender Aufbereitung löschbar auf einer kleinen flexiblen magnetischen Bildplatte (Floppy Disk) aufgezeichnet. Auf dieser Floppy Disk (ca. 50 mm Durchmesser) – sie befindet sich in einer Schutzhülle, in der sie bei Aufzeichnung pneumatisch gelagert rotiert – können bis zu 50 Farbfernsehbilder magnetisch auf ringförmigen Spuren (je Bild eine Spur) aufgezeichnet werden. Die V. stellt gewissermaßen einen vollelektronischen Fotoapparat dar. Wie mit einem Fotoapparat Stehbilder fotografiert werden, so werden diese mit der V. videografiert. Während für die Fotografie fotochemische Bearbeitungsprozesse notwendig sind, genügt für eine *Videografie* das Abspielen der Floppy Disk in einem speziellen Wiedergabegerät (Videoplayer mit Standbildwiedergabe und Einzelbildweiterschaltung) oder für ein *Videofoto* auf Papier ein Videodrucker (Videograph). Die V. verfügt über einen videofrequenten Bildsignalausgang, so daß ein Bildmonitor zur direkten Bewegtbildwiedergabe oder ein Videorecorder zum Aufzeichnen anschließbar sind (Abb. 2). Neben dem Grundsystem sind Zusatzausrüstungen z. B. zur Floppy-Vervielfältigung und Bildfernübertragung einsetzbar. Die erste V. war die von der japanischen Firma Sony entwickelte, 1981 erstmals gezeigte *Mavica*. → magnetische Bildplatte, → Festkörperbildsensor (Abb.)

Videoendstufe: allgemein die Ausgangsstufe in einem → Videoverstärker. I. e. S. wird die Bezeichnung für die Verstärker in → Fernsehempfängern benutzt, deren Ausgangssignale direkt der Aussteuerung der Bildwiedergaberöhren dienen. Diese müssen eine sehr hohe Verstärkung des → Bildsignals (Schwarz-Weiß-Fernsehen auf ca. 60 V, Farbfernsehen auf ca. 100 V) gewährleisten. Generell muß dabei eine hohe Linearität des Amplitudenfrequenzgangs gewährleistet sein. Für → Farbfernsehempfänger ist darüber hinaus eine weitestgehende Identität der Verstärkungswerte der 3 V. über den gesamten Übertragungsbereich zu fordern. Abb. → Fernsehempfänger, Abb. → Farbfernsehempfänger

Videofrequenz, Abk. **VF:** jede Frequenz innerhalb des *Videofrequenzbands*, das als Frequenzspektrum bei der Bildsignalerzeugung entsteht. Die niedrigste VF ist 0 Hz, die höchste VF beträgt je nach → Fernsehnorm mehrere MHz (lt. CCIR-Norm: 5 MHz/ OIRT-Norm: 6 MHz). → Videobandbreite

Videogleichrichter, auch *Bildgleichrichter*: Schaltung zur Rückgewinnung des → vollständigen Bildsignals aus dem Zwischenfrequenzsignal (ZF-Signal) im → Fernsehempfänger (s. Abb. → Fernsehempfänger). Der V. ist unmittelbar dem ZF-Verstärker nachgeschaltet. Da das Bildsignal amplitudenmoduliert übertragen wird (gilt für CCIR- und OIRT-Norm), kann vom Grundsatz her jeder Amplitudendemodulator als V. eingesetzt werden. Unter Beachtung der Besonderheiten für das Schwarz-Weiß- und Farbfernsehen sowie der dem Empfänger zugrunde liegenden Schaltung (→ Paralleltonverfahren, → Quasiparalleltonverfahren, → Intercarrierverfahren) weichen die Schaltungen der V. voneinander ab: *a) Spitzenwertgleichrichter* (Hüllkurvendemodulatoren) sind beim Intercarrierverfahren nur für Schwarz-Weiß-Fernsehempfänger, bei getrennter Bild-Ton-ZF-Übertragung auch für Farbfernsehempfänger im Bildkanal anwendbar. *b)* → *Synchrondemodulatoren* werden als moderne Schaltungsvariante heute in vielen Fernsehempfängern eingesetzt. Die zur Synchrondemodulation erforderliche Referenzschwingung wird aus dem Bild-ZF-Träger abgeleitet. Unabhängig vom gewählten Tonübertragungsverfahren entsteht bei dieser Schaltungsvariante am Ausgang des V. nur das FBAS-Signal. → Videodemodulator

Videografie: → Videoeinzelbildkamera, → Videografieren

Videografieren: elektronische Aufnahme und Aufzeichnung von bewegten *(Videomovie)* bzw. ruhenden Bildern *(Videografie)* mit einem → Kamerarecorder, → Videokamera und Videorecorder oder einer → Videoeinzelbildkamera. Die Bezeichnung ist in Anlehnung an „Fotografieren" – d. h. Lichtbildaufnahme mit Fotoapparat – geprägt worden. Das V. bietet mehr Möglichkeiten als das Fotografieren (Wegfall jeglichen Entwicklungsvorgangs, elektronisches Sucherbild ist mit Aufnahme identisch, elektronische Bildmischung, Löschbarkeit des Speichermaterials, direkte elektronische Schrifteinblendung an dafür vorbereiteten Videokameras usw.). Das V. ermöglicht gleichzeitig aber auch veränderte Produktionsweisen (→ Videoproduktion) und fordert neue Formen der Bildgestaltung (Bewegung im Bild ist kennzeichnend für ansprechendes V.!).

Videokabelentzerrer: speziell für die Kompensation von Amplituden- und Gruppenlaufzeitfehlern in → Videosignalen, die durch eine Übertragung auf längeren Kabelverbindungen verursacht werden, eingesetzter → Leitungsentzerrer. V. sind in ihrer Wirkung auf die typischen in der Fernsehtechnik eingesetzten → Koaxialkabel abgestimmt. Zur Erfüllung der Funktion enthalten V. u. a. einen gegengekoppelten Verstärkerzweig, dessen frequenzabhängiges Gegenkopplungsnetzwerk kabellängenabhängig in Stufen, entsprechend der auszugleichenden Übertragungsfehler, umschaltbar ist. Durch eine eingebaute → Klemmschaltung können bei der Übertragung entstandene Verbrummungen beseitigt werden. → Gruppenlaufzeit

Hinweis: Durch Kabel verbundene Videogeräte beinhalten die dafür notwendigen V. als integrierten Bestandteil. Beim Aufbau von Videoanlagen mit variablen Kabelverbindungen ist ein Ausgleich der Kabellängen durch Einstellung am V. erforderlich.

Videokamera: Bildaufnahmegerät zur Umwandlung der Helligkeits- und Farbwerte einer Szene oder einer beliebigen anderen Bildvorlage in elektrische Bildsignale; kleine, technisch weniger aufwendige, leicht handhabbare Fernsehkamera. Grundsätzlich zu unterscheiden ist zwischen *Schwarz-Weiß-V.*, die nur die Helligkeitswerte des aufzunehmenden Bilds in ein Bildsignal (BAS-Signal) umwandelt und *Farb-V.* (engl. Color Video Camera), die zusätzlich noch die → Farbart überträgt. V. sind meist kompakt aufgebaute → Handkameras, die alle erforderlichen Baugruppen für Bild- und Tonaufnahmen enthalten (Abb. 1). Mit dem Kameraobjektiv, meist ein → Varioobjektiv mit elektromotorischer Blenden- und Brennweiteneinstellung, wird die aufzunehmende Szene optisch scharf auf der Fotoschicht des Bildwandlers abgebildet. Mit einem eventuell vorhandenen Filterrad können Neutralgraufilter und → Konversionsfilter zur Anpassung an die Aufnahmebeleuchtung in den optischen Strahlengang gebracht werden. Das Kameraobjektiv ist fest eingebaut oder auswechselbar in der Objektivfassung der Kamera eingeschraubt. Beim Wechseln ist zu berücksichtigen, daß das Objektivgewinde mit dem in der Kamera und auch das → Auflagemaß sowie die elektrischen Anschlußbedingungen übereinstimmen. Bei vielen V. wird das sog. → C-Gewinde verwendet. Die Varioobjektive haben je nach Typ ein Brennweitenverhältnis von 1:3 bis 1:10, womit eine Brennweitenänderung von z. B. 12 mm auf 36 mm bzw. auf 120 mm möglich ist. Mit aufschraubbaren

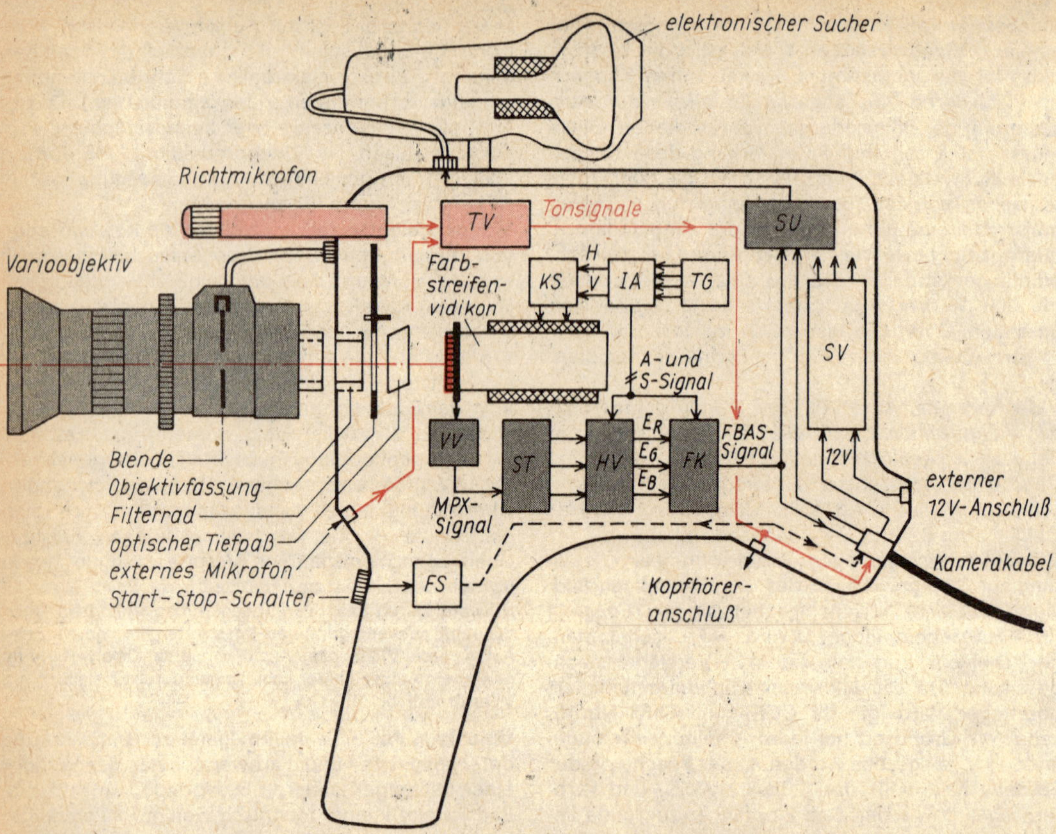

Videokamera (1): grundsätzlicher Aufbau einer Farbvideokamera (TV Tonverstärker, SU Suchersignalumschaltung, KS Kippgeräte/Ablenkstufen, IA Impulsaufbereitung, TG Taktgeber, VV Vorverstärker, ST Signaltrennung, HV Hauptverstärker (Videosignalbearbeitung), FK Farbkoder, FS Fernbedienung/Signalisation, SV Stromversorgung)

optischen Konvertern kann der Brennweitenbereich verkürzt (Weitwinkel-Konverter) oder verlängert (Tele-Konverter) werden. Viele Varioobjektive haben eine Makroeinstellung für Großaufnahmen und extreme Nahaufnahmen mit Aufnahmeentfernungen von wenigen Millimetern, teilweise sogar bis zur Objektivoberfläche. Bei großer Brennweite, also bei Teleeinstellung, sollte stets ein → Kamerastativ oder eine Schulterstütze verwendet werden, um ruhige, nicht verwackelte Bilder zu bekommen. Auf die Kameraobjektive können verschiedenartige optische Filter zur → Farbumstimmung oder für Trickaufnahmen (z. B. → Sterneffektfilter) aufgesteckt oder aufgeschraubt werden.

Vorwiegend werden als Bildwandler → Bildaufnahmeröhren vom Vidikontyp mit einem Durchmesser von 1″, ⅔″ oder ½″ oder Festkörperbildsensoren verwendet. Bei den röhrenbestückten Farb-V. gibt es neben → Dreiröhrenkameras hauptsächlich → Einröhrenkameras mit → Farbstreifenvidikons. Im Vorverstärker, der z. B. mit Feldeffekttransistoren besonders rauscharm aufgebaut ist, wird die Bildsignalspannung des Bildwandlers erstmals verstärkt. Bei den meisten Farb-V. werden solche Farbstreifenvidikons verwendet, die ein Multiplexsignal (MPX-Signal) abgeben, in dem Helligkeits- und verschlüsselt Farbinformation enthalten sind. Bei der *Signaltrennung* werden aus dem Multiplexsignal die einzelnen Farbsignalanteile gewonnen. Die nachfolgende *Signalbearbeitung* (Normaustastung, Gradationsentzerrung, Aperturkorrektur, Schwarz- und Weißwertregelung, Farbanpassung, Weißwertbegrenzung) erfolgt im *Videoverstärker* auf getrennten parallelen Wegen. Aus den einzelnen Farbwertsignalen (E_R, E_G und E_B) und dem Helligkeitssignal E_Y wird im *Farbkoder* das vollständige Ausgangs-Farbbildsignal (FBAS-Signal) nach dem PAL- oder SECAM-Verfahren (→ Farbfernsehverfahren) erzeugt. V. werden üblicherweise videofrequent an einen Videorecorder oder einen Bildmonitor angeschlossen. Für Fernsehgeräte und Recorder, die nur einen Antenneneingang haben, müssen das (F)BAS-Signal und das Tonsignal mit einem Modulator in ein Fernsehsignal (HF-Signal in einem bestimmten

Videokamera (2) mit elektronischem Sucher und auswechselbaren Einzelobjektiven

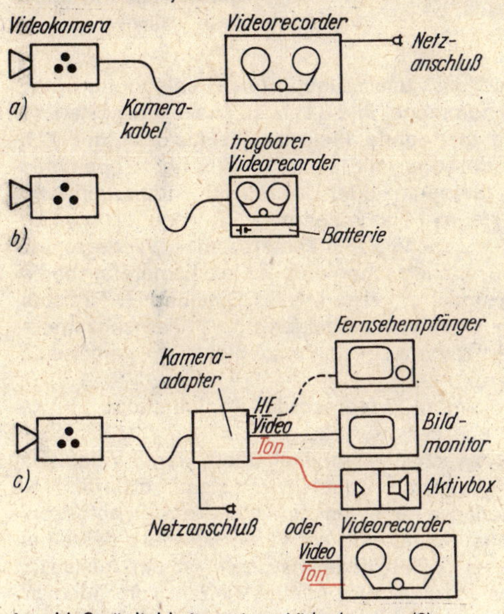

Anschlußmöglichkeiten einer *Videokamera* (3)

Fernsehkanal) umgesetzt werden. Da V. meist keinen zusätzlichen HF-Ausgang haben, muß ein entsprechender Kameraadapter verwendet werden. Alle zur Bildsignalerzeugung und -bearbeitung notwendigen Impulse werden vom *Taktgeber* (→ Fernsehimpulsgenerator) erzeugt und mit nachfolgender Impulsaufbereitung den → Horizontalkippgeräten und → Vertikalkippgeräten, dem Videoverstärker und dem → Farbkoder zugeführt. Neben der → internen Synchronisation mit eingebautem Taktgeber, über die alle V. verfügen, gibt es auch V. mit Umschaltung auf → externe Synchronisation. Dies ist dann notwendig, wenn 2 oder mehr Kamerasignale gemeinsam in einem → Bildmischer weiterverarbeitet werden sollen. Bildausschnittswahl und die

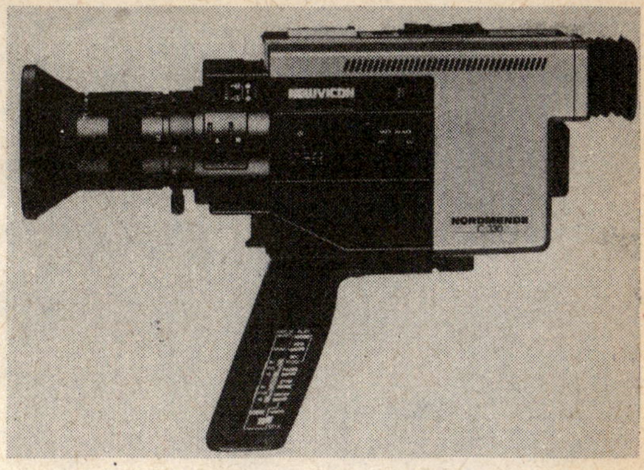

Videokamera (4) mit Videorecorderfernbedienung am Handgriff

manuelle optische Schärfeeinstellung des aufzunehmenden Bilds erfolgt an Hand des Bilds im → Sucher. Neben optischen Suchern werden hauptsächlich elektronische Sucher (Abb. 2) verwendet. Diese erhalten das (F)BAS-Signal der V., oder zur Kontrolle der Bildaufzeichnung das von einem Videorecorder wiedergegebene Signal. Die Tonaufnahme erfolgt mit einem → Richtmikrofon, das im Kameragehäuse frontseitig fest eingebaut oder teleskopartig herausziehbar bzw. am Gehäuse montierbar ist (Abb. 6). Im Tonverstärker erfolgt die Verstärkung des Mikrofonsignals und die automatische → Aussteuerung (→ Aussteuerungsautomatik). Zur Tonkontrolle sind Kopfhörer oder Ohrhörer anschließbar, teilweise ist auch ein kleiner Lautsprecher eingebaut. Das Kameramikrofon ist bei einigen V. als → Zoom-Mikrofon ausgeführt. Bei Synchronzoom-Mikrofonen wird parallel zur Brennweitenänderung auch die Richtcharakteristik verändert. Nicht in allen Aufnahmefällen (z. B. Teleaufnahmen mit langer Brennweite) ist die Richtcharakteristik und die Empfindlichkeit der eingebauten Mikrofone ausreichend, um den bildrelevanten Ton und nicht nur die Umweltgeräusche aufzunehmen. An V. ist häufig auch ein zweites, externes Mikrofon oder ein Stereomikrofon anschließbar. Mit einem Mischsteller können dann 2 Tonsignale gemischt werden. V. werden über das anschraubbare oder fest angeschlossene → Kamerakabel mit anderen Geräten verbunden (Abb. 3). Sie sind für den unmittelbaren Anschluß an einen tragbaren oder stationär betriebenen Videorecorder ausgeführt und gestatten deren Fernbedienung (Aufnahme-Start/Stop-Taste und eventuell weitere Funktionen). Die Recorderfernbedientasten sind bei V. meist im Handgriff eingebaut (Abb. 4 und 5). Die Spannungsversorgung (meist 12 V Gleichspannung) erfolgt extern vom Videorecorder oder Kameraadapter, bzw. über eine Spannungsbuchse von einem sog. Batteriegürtel oder externem Akkumulator, z. B. eines Autos. Die Signalbelegung der Steckverbinder (meist 10- oder

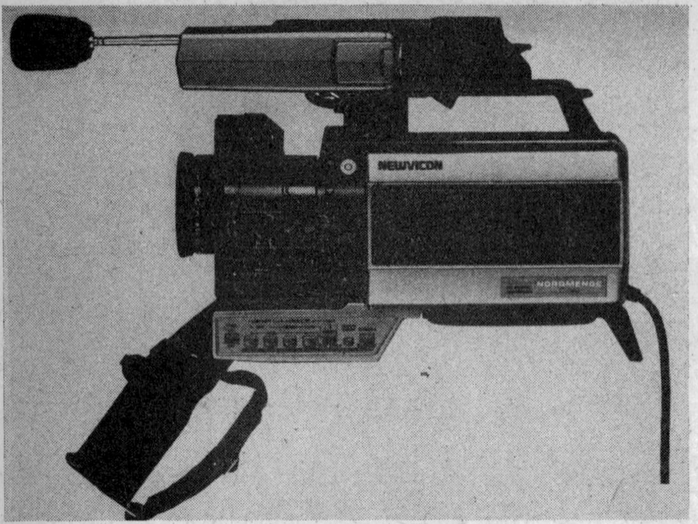

Videokamera (6) mit aufgestecktem elektronischen Sucher und Mikrofon sowie eingebautem Titelgenerator, der vom Tastenfeld aus bedienbar ist

Videokamera (5) mit automatischer Bildschärfeeinstellung (Auto Focus) und Videorecorderfernbedienung

14-polig) sind international nicht einheitlich, so daß eine V. nur an die für sie bestimmten Videorecorder oder Kameraadapter angeschlossen werden kann. Mit einem Kameraadapter, der getrennte Bild- und Tonsignalausgänge, eventuell auch einen Fernsehsignalausgang (HF-Ausgang) mit üblichen Steckverbindern hat, können meist ohne weitere Adapterkabel Videogeräte angeschlossen werden. Der Bedienungskomfort und die technische Ausstattung von V. ist recht unterschiedlich. Moderne V. haben verschiedene Automatiken oder Mikrocomputersteuerung für Abgleich und Aussteuerung (→ Weißabgleich, → Blendenautomatik, → Lichtwertautomatik, → ABC, → Auto-Focus [Abb. 5] usw.). Als Zusatzausstattung gibt es bei V. z. B. Bild- und Tonmischstufen zur programmierbaren Auf- oder Abblendung von Bild und/oder Ton, Schriftgeneratoren zur elektronischen Titelerzeugung und Einblendung in das aufgenommene Bild (Abb. 6), schaltuhrgesteuerte Aufnahmen ohne (Selbstauslösefunktion mit Zeitvorgabe) und mit alphanumerischer Zeiteinblendung (Stoppuhr- oder Datumseinblendung) oder Positiv/Negativ-Bildumkehrung. Zu V. gehört mannigfaltiges Zubehör, z. B. Kamerastative, Wetterschutzhüllen, Tragetaschen und -koffer, Kamerafernbedienung und Vorsatzgeräte für Dia- und → Filmabtastung. → Video-Titelgerät, → Fernsehkamera, → Farbkamera, → Kameraabgleich, → Kameraaussteuerung (Abb.)

Videokamera-Videorecorder-Kombination: → Kamerarecorder

Videokassette, Videobandkassette (engl. Video Cassette): in seinen Abmessungen standardisiertes Vorratsgehäuse mit einem auf Wickelkernen aufgespultem Videoband. Nur auf Videorecordern desselben Systems *(Videokassettensystem)* ist ein Austausch von V. möglich. Es gibt eine Vielzahl von Videokassettensystemen mit Videomagnetband in Breiten von 2″, 1″, ¾″ (U-Matic), ½″ (VHS, Betamax, Video 2000, LVR, VCR, Japan-Standard 1), 8 mm (8 mm-Video, LVR) und ¼″ (CVC). Eine V. umfaßt die Kassettenschalen, den Bandvorrat und zum Schutz des empfindlichen Videobands fast immer eine Abdeckklappe, die beim Einschieben der Kassette in das Gerät automatisch entriegelt und geöffnet wird und sich beim Herausnehmen automatisch schließt. Mechanische oder optische Markierungen an der Schale, z. B. Aussparungen, Nasen, Plasteschieber, Kodierpunkte, können elektrische Umschaltungen im Videorecorder auslösen (→ Bandsortenumschaltung, → Aufzeichnungssperre) oder ein Warnsignal auslösen, wenn der Bandvorrat für eine programmierte Aufzeichnung zu kurz ist. Eine V. enthält einen (Cartridge, → Einspulenkassettensy-

Videokassetten

System	Kassettenbezeichnung	Abmessungen in mm (Breite × Höhe × Tiefe)	Bandhöhe	Konfektionierung[1]	Maximale Bandlänge in m	Banddicke in µm
VCR	VC (Videokassette)	126 × 41 × 145	1/2"	VC 30 VC 45 VC 60	514	15
VCR-LP	LVC (Longplay Videokassette)	126 × 41 × 145	1/2"	LVC 30 LVC 60 LVC 120 LVC 150 LVC 180	720	15...17
SVR	SVC (Super Videokassette)	126 × 41 × 145	1/2"	SVC 1[2] SVC 2 SVC 3 SVC 4 SVC 5	720	16
Betamax	L	156 × 25 × 96	1/2"	L 250[3] (65) L 500 (130) L 750 (195) L 830 (215)	220	17...20
VHS	Normal-Videokassette E	188 × 25 × 104	1/2"	E 30 E 60 E 90 E 120 E 180 E 240	253	20
	Mini-Videokassette EC	108 × 20 × 73	1/2"	EC 30		
Video 2000	Normal-Videokassette VCC (Video Compact Kassette)	183 × 25 × 95	1/2"	VCC 60 VCC 120 VCC 180 VCC 240 VCC 300 VCC 360 VCC 420 VCC 480	352	14...16,5
	Mini-Videokassette VMC (Video Mini Kassette) oder VBC (Video Baby Kassette)	108 × 20 × 72	1/2"	VMC 60 VMC 120 VBC 60 VBC 120		14...16,5
CVC	VE	106 × 12 × 68	1/4"	VE 30 VE 45 VE 60 VE 120	162	ca. 12
U-Matic	Normal-Videokassette KCA	221 × 32 × 140	3/4"	KCA 10 KCA 20 KCA 30 KCA 60	350	24,5...27
	Mini-U-Matic KCS	186 × 32 × 123	3/4"	KCS 10 KCS 20	117	24,5...27
LVR (BASF)	LVR	114 × 17 × 106	8 mm	LVR 180	600	8,5
LVR (Toshiba)		140 × 25 × 130	1/2"	60 120	100	ca. 10
8 mm-Video		95 × 15 × 62,5	8 mm	60	72	10...13

Bemerkungen:
1) Zahl gibt die max. Laufdauer in Minuten an, bezieht sich auf die Standardversion und gilt für die europäische 625-Zeilen-Norm
2) Laufdauer in Stunden
3) Zahl gibt die Bandlänge in ft an, Klammerwerte Laufdauer

Videokassetten (oben von links 2× U-Matic, VHS, Betamax; vorn VCR)

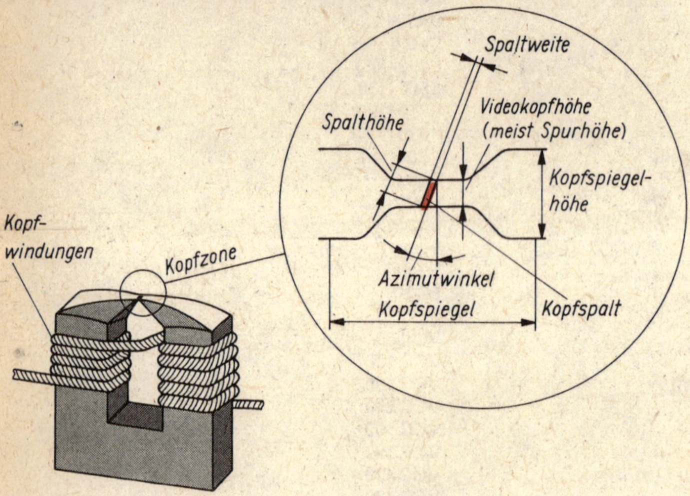

Aufbau eines *Videokopfs*

stem) oder meistens 2 Bandwickel auf Wickelkernen mit vorwiegend sternförmigen Achslöchern und Bandarretierungen, die Schlaufenbildung des Bands verhindern, sowie teilweise Bandführungselemente (Umlenkrollen). Die beiden Bandwickel sind bei den meisten Systemen nebeneinander oder übereinander angeordnet *(Tandemkassette)*. Das Gehäuse der V. enthält Öffnungen, damit das Band mit Führungsrollen und -stiften vom → Einfädelmechanismus aus der Kassette herausgezogen und um die *Kopftrommel* geschlungen werden kann. Die VCR-V. hat zusätzliche Öffnungen für den Bandantrieb und zum Anschwenken des Ton- und Kontrollspurkopfs an das Band. Die V. sind außer bei Video 2000, hier wird eine → Wendekassette verwendet, nur für eine Bandlaufrichtung ausgelegt. V. sind mechanisch gegen falsches Einlegen geschützt. Für einige Kassettensysteme gibt es sog. Baby-V. oder → Minikassetten für transportable Geräte. Solche V. können mit Hilfe von Adaptern auf Heimgeräten abgespielt werden. Die Beschriftung einer V. kennzeichnet das jeweilige Videokassettensystem, für das sie bestimmt ist, die Konfektionierung (Zahl: maximale Spieldauer in Minuten, seltener in Stunden oder Bandlänge in Meter oder Foot; Umrechnung: 1 ft = 30,48 cm) und das verwendete → Videoband. → Magnetbandkassette, → Adapter, → Videokompaktkassette (Tab., Abb.)

Hinweis: V. sind zum Schutz vor Verschmutzungen nach Gebrauch stets in ihre Behälter (Archivbox) zurückzulegen und nur stehend zu lagern, damit sich die Bandwickellagen nicht gegeneinander verschieben. Selten benutzte V. sind gelegentlich einmal vor- und zurückzuspulen, sie bleiben dadurch leichtgängig. Transportierte oder gelagerte V. müssen vor ihrer Verwendung die normale Umgebungstemperatur und Luftfeuchtigkeit annehmen können, dies kann je nach konkreter Situation einige Stunden beanspruchen.

Videokassettenrecorder: → Videorecorder

Videokompaktkassette, Abk. **VCC** für engl. **Video Compact Cassette: 1.** I. e. S. Bezeichnung für die Standard-Videokassette des Systems „Video 2000". Bei ihr handelt es sich um eine → Wendekassette. – **2.** I. w. S. sind alle gebräuchlichen Videokassetten V. → Videokassette, → Video 2000

Videokopf, Videomagnetkopf: Bauelement mit unmittelbarem Kontakt zum Videoband zur Umwandlung des zu einem elektrischen Aufzeichnungssignal (trägerfrequentes Signal, FM-Signal) aufbereite-

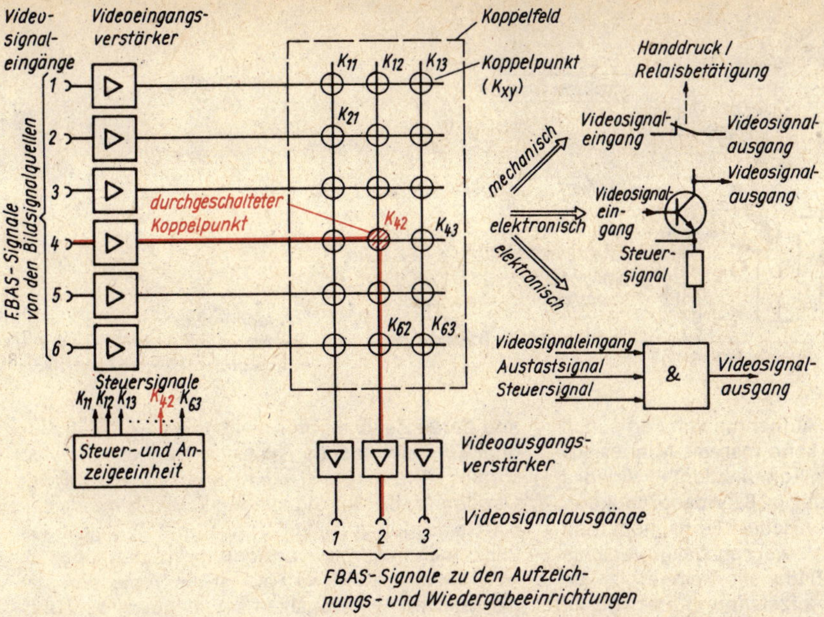

Beispiel einer *Videokreuzschiene* 6/3 (nur ein Weg belegt)

ten Videosignals und ggf. weiterer Signale (Pilot-, DTF-, FM-Tonsignale) in ein magnetisches Wechselfeld und umgekehrt. Der V. ist meist ein Kombikopf für Aufzeichnung, Wiedergabe und teilweise auch Löschung. In fast allen Videorecordern werden Induktionsköpfe verwendet, die sich im grundsätzlichen Aufbau des Wandlersystems und in ihrer Wirkungsweise kaum von den → Magnettonköpfen unterscheiden (Abb.). Als Kernmaterial werden Spezialferrite oder Sendustlegierungen mit besonders großer Härte (→ Langlebensdauerkopf) verwendet. Die Standzeit (Lebensdauer) von V. beträgt üblicherweise 500...2000 Stunden. Je nach Aufzeichnungsverfahren und Format beträgt die Spaltweite 2...0,28 µm und die Spalthöhe 250...22 µm. Der Kopfspiegel wird meist zur Erhöhung der Standzeit mit einem harten, nichtmagnetischen Stoff versiegelt. → Kopfrad, → Kopftrommel, → Videokopfreinigung (Abb.)

Videokopfreinigung: Beseitigung von Ablagerungen (Bandabrieb, Schmutz) am Kopfspiegel bzw. Arbeitsspalt eines Videokopfs. Bei den rotierenden Videoköpfen tritt bei Verwendung von Chromdioxidbändern ein gewisser Selbstreinigungseffekt auf. Dennoch kann eine V. notwendig werden, da Kopfverunreinigungen vielfältige Bildstörungen, z. B. Bildrauschen und auch Bandbeschädigungen (irreversible Kratzer), hervorrufen. Die V. kann mit speziellen Reinigungsbändern (Reinigungskassetten) oder mit Spiritus und Lederläppchen erfolgen. Videokopfschonende Reinigung ermöglichen besonders Naßreinigungskassetten durch flüssigkeitsgetränktes Chamoislederband. Die Anwendung der Reinigungskassette ist unproblematisch, die manuelle V. dagegen aufwendiger und nicht ungefährlich. Die Videoköpfe sind hochempfindlich, schon geringste mechanische Beanspruchung in vertikaler Richtung kann zum Abbrechen der Kopfspitze führen. Bei manueller V. ist äußerste Vorsicht geboten!

Videokreuzschiene, auch *Videoumschalter*: Schalteinrichtung, mit deren Hilfe eine Anzahl ankommender Videosignalwege (a) nach freier Wahl auf eine Anzahl abgehender Videosignalwege (b) verteilt werden kann. Dabei können a und b je nach Gerätesystem beliebige Werte annehmen (Abb.: a = 6, b = 3). Durch entsprechende Blockierungen ist gesichert, daß gleichzeitig nicht mehrere ankommende → Videosignale auf einen abgehenden Weg geschaltet werden können. Als Koppelpunkte in V. können im einfachsten Fall mechanische Kontakte eingesetzt werden. I. allg. finden heute jedoch elektronische Koppelpunkte Anwendung, die eine qualitätsgerechte Kommutierung (Herstellen von Signalverbindungen, Verteilung) der breitbandigen Videosignale (Erhalt der Pegelwerte, kein Abfall im Amplitudenfrequenzgang, konstante → Gruppenlaufzeit, Vermeiden von „Bildsprüngen" durch Umschalten in der vertikalen Austastlücke) und gleichzeitig einen hohen Bedienungskomfort (Schnelligkeit, Fernbedienbarkeit, programmierbare Steuerung, Anzeige der Signalverbindungen, Blockierung einzelner Signalwege usw.) gewährleisten. Durch parallelen Einsatz und das Hintereinanderschalten von einzelnen kleineren V. können höhere Ein- bzw. Ausgangsbelegungen des gebildeten Systems erreicht werden. Abb.

Videomitschnitt, auch Videoaufzeichnung: magnetische Video- oder Bildsignalaufzeichnung im An-

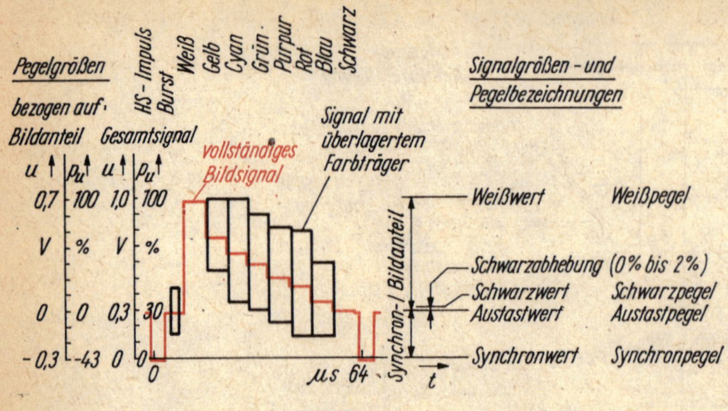

Videopegel dargestellt am vollständigen Farbbildsignal (PAL) des standardisierten Farbbalkens

schluß an die elektrische Aufnahme von Fernsehbildern. Dementsprechend kann man als Mindestausstattung für einen V. die Kombination → Videokamera und → Videorecorder (z. B. Videoproduktion, Videoüberwachung, technisches Fernsehen) nennen. Bei professionellen V. werden i. allg. verschiedenartige elektronische Bildquellen eingesetzt, deren Bildsignale vor der Aufzeichnung elektronisch gemischt werden. Beim V. werden i. d. R. die zum Bildinhalt gehörenden Tonsignale parallel mit aufgezeichnet. → Fernsehmitschnitt, → Mitzeichnung

Videomovie (engl., svw. Videofilm): mit der Videotechnik (Videokamera und Videorecorder bzw. Kamerarecorder) aufgenommene Bildfolge. V. ist auch eine Systembezeichnung für → Kamerarecorder. → Videografieren

Video-Muting: in Ausgangsverstärkern verschiedener Videogeräte enthaltene, automatisch wirkende Schaltung (meist Kurzschließen nach Masse) zum Unterdrücken von → Bildrauschen bei fehlendem Videosignal.

Videopegel: Oberbegriff für die in der Fernseh- und Videotechnik festgelegten Pegelwerte bzw. spezifischen Bildsignal-Spannungswerte. Von besonderer Bedeutung ist unter den V. der *Videosignalpegel,* d. h. der lt. Standard bzw. Geräte- und Anlagencharakteristik festgelegte Signalwert für das vollständige Bild- bzw. Farbbildsignal. Die Abbildung gibt über die typischen Pegelwerte und die damit im Zusammenhang stehenden Pegelbezeichnungen einen Überblick. In der Praxis findet man als Bezugsgrößen für die relativen Pegelangaben die Spannungswerte 1 V (Spitze-Spitze-Spannung des vollständigen Bild- bzw. Farbbildsignals) oder 0,7 V (Maximalspannungswert des Bildanteils im vollständigen Bild- bzw. Farbbildsignal). → Bildsignal, → Austastung, → Synchronisation, → Farbbalken (Abb.)

Videopegelanzeige: *a)* oszillografische Darstellung der → Videopegel. Zur V. eignen sich insbesondere Videopegeloszillografen, deren Spannungsmeßbereich dem Videosignalpegel (i. d. R. Spitze-Spitze-Wert der Bildsignalspannung u_{ss} = 1 V) angepaßt ist und deren Zeitbasis umschaltbar der → Zeilendauer oder → Halbbilddauer bzw. deren Vielfachen entspricht. Allerdings ist auch jeder andere Service-Oszillograf, der für Signale von 0 Hz bis mindestens 5 MHz ausgelegt ist, zur V. geeignet. Professionelle Bildaufnahmegeräte verfügen prinzipiell über die Möglichkeit der V. Im Foto ist die V. für den standardisierten → Farbbalken bei eingestellter Zeitbasis t = 1,2 · 64 µs (Horizontal-, H-Oszillogramm) abgebildet. Typisch für die V. ist auch die Zeitbasis t = 20 ms (Vertikal-, V-Oszillogramm). *b)* Signalisation, ob der Videosignalpegel dem Normwert entspricht; im einfachsten Fall durch Leuchtdioden oder spezielle Einblendungen im Sucher einer Videokamera. Andere Möglichkeiten bieten Zeigerinstrumente, z. B. bei Videorecordern. Diese Arten der V. sind als Orientierung bei der Arbeit mit Videogeräten aufzufassen, sie gestatten keine exakte Bestimmung der auftretenden Pegelwerte. Abb. s. auch → Videopegel

Videoplatte: → Bildplatte 2.

Video-Pointer: → Videozeiger

Videoproduktion: thematisch geplante Aufnahme und Aufzeichnung von Bild- und zugehörigen Toninformationen mit → Videotechnik. Im einfachsten Fall kann eine V. mit einem → Kamerarecorder oder im einzelnen mittels → Videokamera, → Mikrofon und angeschlossenem → Videorecorder sowie Wiedergabeeinrichtungen zur Kontrolle von Bild und Ton erfolgen. Jeder V. sollte ein inhaltlich-künstlerisches und technisches Konzept – bei größerem Umfang ein → Drehbuch – zugrunde gelegt werden. → Videografieren

Video Rack: 8 mm-Video-Wiedergabegerät ohne eigenes Laufwerk für Videokassetten. V. verwenden das Laufwerk des systemgebundenen → Kamerarecorders, das komplett in das V. eingelegt und dabei automatisch mit Wiedergabekanal, Netzgerät u. a. verbunden wird.

Video-Rauschunterdrückung: elektronische Schaltung im Videokanal zur Verbesserung des Signal-Rauschabstands in Bildsignalen. Im dargestellten Beispiel werden zuerst die dem Bildsignal überlagerten Rauschsignalanteile vom Bildsignal getrennt. Nach Differentiation, Phasendrehung und Beseitigung der Impulsspitzen in einem parallelen Signalweg steht das „reine", um 180° phasengedrehte Rauschsignal zur Verfügung. Seine Addition zum Originalsignal führt zur teilweisen Beseitigung des im Videokanal unerwünscht vorhandenen Rauschsignals. Die Wirkung der V. ist von einem exakten Abgleich der Schaltung abhängig, da andernfalls durch Über- oder Unterkompensation störende Rauschanteile im Videokanal erhalten bleiben. → Rauschen, → Rauschminderungsverfahren (Abb. S. 616)

Videorecorder; Videomagnetbandgerät, *Videobandgerät*: Videospeichergerät, bestehend aus mechanischen und elektronischen Baugruppen zum Aufzeichnen von Videosignalen und zugehörigen Tonsignalen auf Videomagnetband und deren Wiedergabe. *Kassetten-V.* (engl. Video Cassette Recorder) arbeiten mit → Videokassetten, *Spulen-V.* mit Videobandspulen. Die Bedeutung der Spulen-V. liegt im halbprofessionellen Bereich und im Studio-

a)
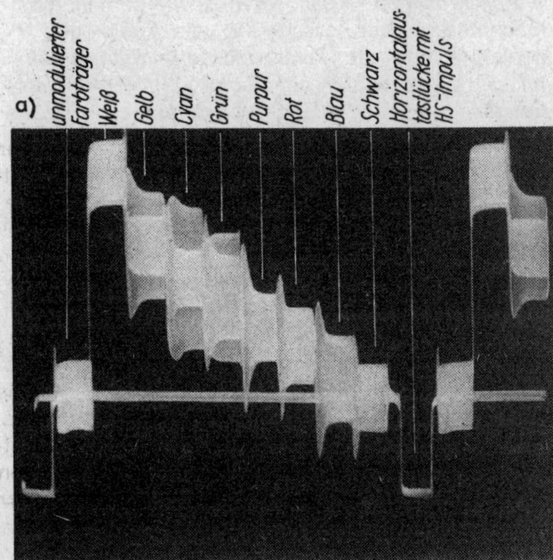

b)
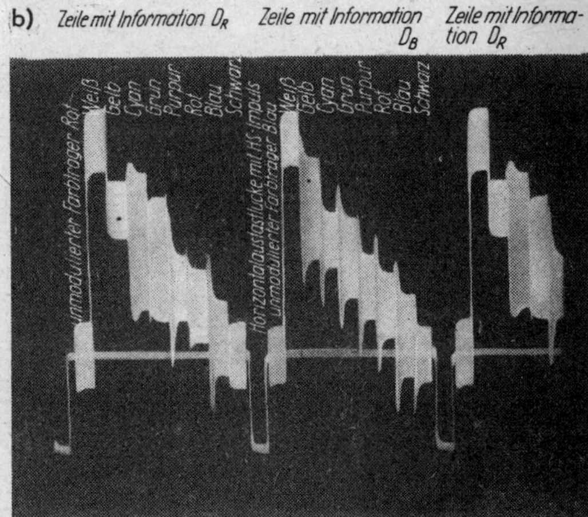

Videopegelanzeige des standardisierten Farbbalkensignals für das SECAM-Farbfernsehverfahren: a) Zeitbasis 1 H, b) Zeitbasis 2 H, c) Zeitbasis 20 ms

c)
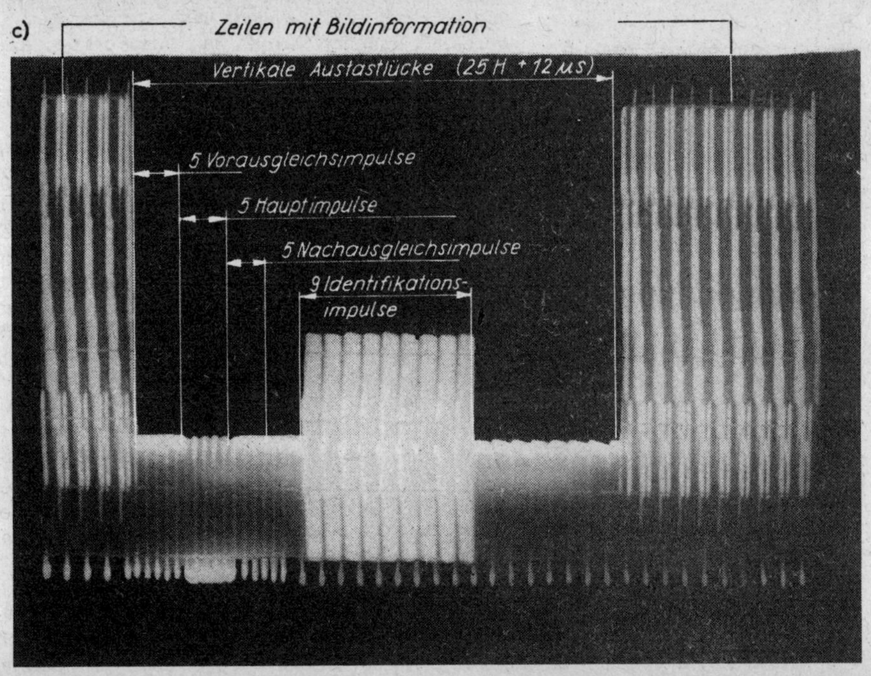

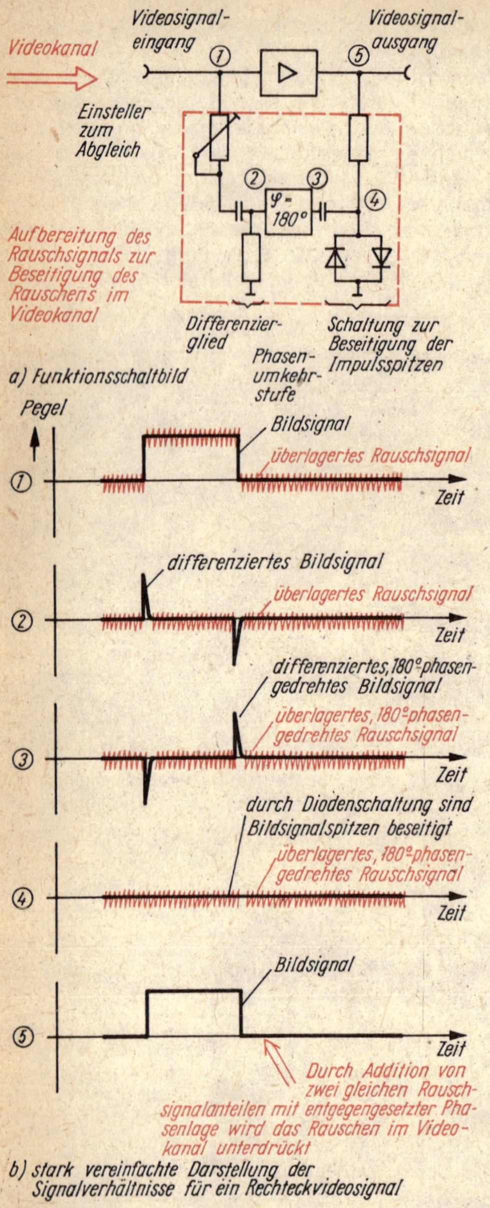

Video-Rauschunterdrückung

betrieb (Studio-V., → Fernsehspeichergerät). Dominierend bei V. für den nichtprofessionellen Bereich sind Kassetten-V. verschiedener → Videosysteme, sie sind kleiner, leichter und i. allg. einfacher zu handhaben als Spulengeräte. Die Hauptunterschiede bei V. liegen im Verfahren der → magnetischen Bildaufzeichnung (→ Querspurverfahren, → Längsspurverfahren oder → Schrägspurverfahren), dem Verfahren der Farbbildaufzeichnung (s. Abb. 4 → magnetische Bildaufzeichnung), der Bandhöhe (Bandbreite) des Videobands (2″...¼″), der Bandgeschwindigkeit (400 cm/s...1,2 cm/s), der erzielbaren Bildauflösung, der Anzahl und Anordnung der Tonspuren und in der Ausführung des Laufwerks mit der dazugehörigen Steuerung. Nach der erzielbaren Auflösung unterscheidet man: Studio-V. (5...5,5 MHz), halbprofessionelle V. (3...4 MHz) und *Heim-V.* (2,5...3 MHz). Die wichtigsten Baugruppen eines V. sind → *Videorecorderlaufwerk* mit der zugehörigen elektromechanischen und elektronischen Steuerung (→ Servosystem, → *Kopfradservo*, → *Bandservo*) sowie dem Einfädelmechanismus bei Kassetten-V., die Audio- und Videoköpfe und die *Kanalelektronik (Signalelektronik)*. Zu dieser zählen der *Audioteil* mit → Aufzeichnungs- und Wiedergabeverstärker sowie → Löschgenerator, der auch zur Erzeugung des Vormagnetisierungsstroms für die Tonsignalaufzeichnung dient, und der *Videoteil* mit Aufzeichnungs- und Wiedergabekanal. Außerdem werden die oft vorhandenen Baugruppen eines → Kompanders, Pausenrauschsperren (→ Muting-Schaltung, → Video-Muting), → Aussteuerungsautomatiken für Audio und Video und die Schnittsteuerelektronik für den elektronischen Schnitt zur Kanalelektronik gezählt. Viele V. sind heute stereotüchtig und darum im Tonteil 2kanalig aufgebaut. Für die Tonspuren und die → Kontrollspur wird ein gemeinsamer Magnetkopf (Mehrspurkopf) für Aufzeichnung und Wiedergabe (Kombikopf) verwendet. Die Videoköpfe sind ebenfalls Kombiköpfe und üblicherweise auf einem rotierenden → Kopfrad montiert. Bei Aufzeichnung wird eine „Mitsehkontrolle" durch den sog. → EE-Betrieb ermöglicht. Während das V.-Laufwerk hauptsächlich für den Bandtransport und die Kopfraddrehung sowie für das Wickeln des Videobands zu sorgen hat, übernimmt die Kanalelektronik die → Löschung des Videobands vor der Aufzeichnung sowie die qualitätsgerechte Aufbereitung der Ton- und Videosignale bei Aufzeichnung und Wiedergabe, wobei die Tonsignale im Tonteil (→ Magnettonverfahren, → Magnettonentzerrung) und die Videosignale im Videoteil bearbeitet werden. Der Aufbau des Videoteils ist bei *Farb-V.* (Abb. 1) wesentlich aufwendiger als bei *Schwarz-Weiß-V.* Während in Studio- und halbprofessionellen V. das vollständige FBAS-Signal frequenzmoduliert (als FM-Signal) aufgezeichnet wird, muß in Heim-V. wegen der begrenzten Frequenzbandbreite ein anderes Verfahren der Farbbildaufzeichnung angewendet werden (→ magnetische Bildaufzeichnung). Das BAS-Signal (0...3 MHz) wird frequenzmoduliert (Y-FM-Signal) und das Farbsignal hauptsächlich durch → Chroma-Konvertierung auf eine niedrigere Farbträgerfrequenz (< 1 MHz) heruntergesetzt (C-Signal, s. Abb. 2 → Chroma-Konvertierung) aufgezeichnet. Im Aufzeichnungskanal, er besteht aus Luminanz- und Chrominanzkanal, werden BAS- (Luminanz) und F-Signal (Chrominanz) getrennt zu auf-

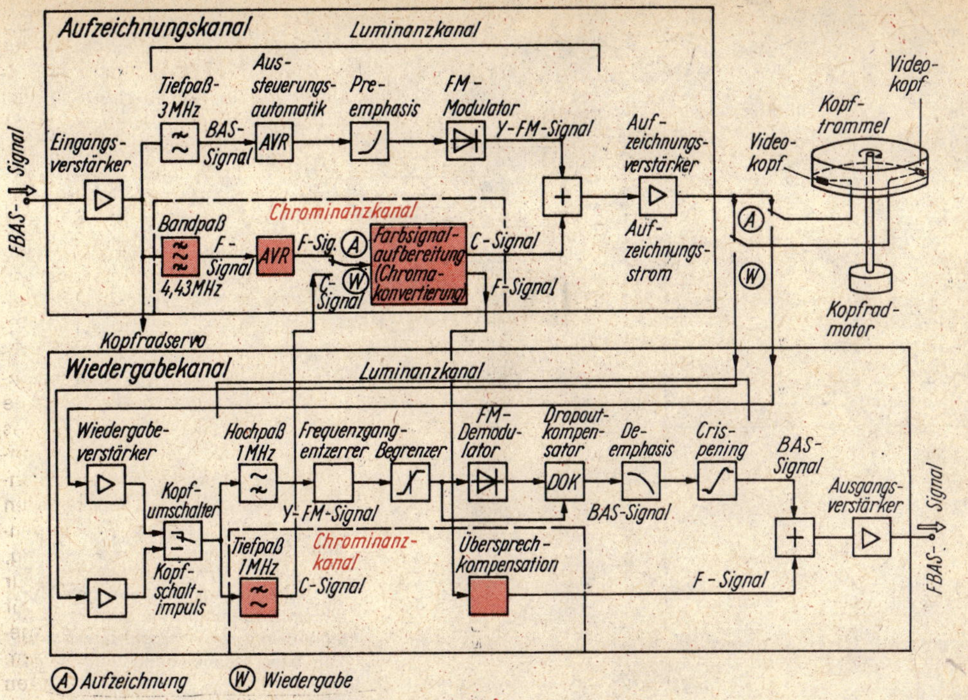

Videorecorder (1): Videoteil eines Farbvideorecorders

zeichnungsfähigen Signalen aufbereitet, erneut zusammengefaßt und im Aufzeichnungsverstärker in einen Aufzeichnungsstrom umgesetzt. Im Wiedergabekanal wird die Signalbearbeitung in umgekehrter Reihenfolge vorgenommen, so daß am Ausgang wieder ein vollständiges FBAS-Signal entsteht, wobei durch zusätzliche Maßnahmen Signalstörungen und -fehler kompensiert werden. Dazu gehören → Dropoutkompensator, Kompensation von → Zeitfehlern (→ LIR-Verfahren) und Übersprechen im Farbsignal (→ Betamax) u. a. m. Die meisten V. sind für verschiedenartige Sonderfunktionswiedergabe (Multifunktionswiedergabe) ausgestattet: → Standbildwiedergabe, → Zeitlupenwiedergabe, → Zeitraffer, → Einzelbildweiterschaltung und → Bildsuchlauf. *Stationäre Heim-V.* sind i. allg. zur direkten Aufzeichnung von Fernsehprogrammen mit einem kompletten Fernsehempfangsteil ausgestattet (Abb. 2). Die Kombination Fernsehempfänger und V. erlaubt: a) die parallele Aufzeichnung des laufenden Fernsehprogramms, b) die Aufzeichnung einer Sendung, während auf dem Fernsehempfänger ein anderes Programm läuft, c) unabhängig vom Fernsehempfänger vorprogrammierte zeitgesteuerte oder durch eine Programmkennung (→ VPS) gesteuerte Aufzeichnung. Zur Erleichterung der Empfängerabstimmung auf den V.-Antennenausgang ist häufig ein einfacher Testgenerator im V. eingebaut.
V. können nur die Fernsehnormen und Farbfernsehverfahren empfangen und aufzeichnen, für die sie ausgelegt sind. Bei *Mehrnormgeräten* erfolgt eine entsprechende automatische Umschaltung des Fernsehempfangs- und/oder des Videoteils (Abb. 3). Mit eingebautem Timer (Zeitgeber) können Aufzeichnungstermine vorprogrammiert werden (Aufzeichnungstag, Startzeit, Stopzeit, Fernsehkanal bzw. -programm). Die Vorprogrammierung kann wahlweise und kombiniert für viele Tage im voraus, für mehrere verschiedene Aufzeichnungstermine, für täglich (Everyday) und wöchentlich (Everyweek) sich wiederholende Termine erfolgen. Die Aufzeichnungsdaten werden in einem RAM gespeichert und bleiben auch bei Netzausfall für mehrere Tage oder Wochen erhalten, wobei meist die interne Uhr mit Hilfe einer Pufferbatterie weiterläuft. Mit einem Eingangswahlschalter kann zwischen Fernsehempfang/-aufzeichnung und separatem Tonsignal-(NF-)Eingang bzw. Videosignal-(VF-)Eingang umgeschaltet werden. Neben separaten NF- und VF-Eingängen bzw. -Ausgängen gibt es auch einen kombinierten Bild/Ton-Ein- und Ausgang (→ AV-Buchse, → SCART-Steckverbinder). Bei verschiedenen Geräten wird über diese kombinierte Steckverbindung eine Schaltspannung vom V. zur automatischen Umschaltung des Fernsehempfängers (Empfang/Recorderwiedergabe) übertragen. Das Fernsehgerät ist dabei nicht mehr unabhängig vom V. betreibbar.

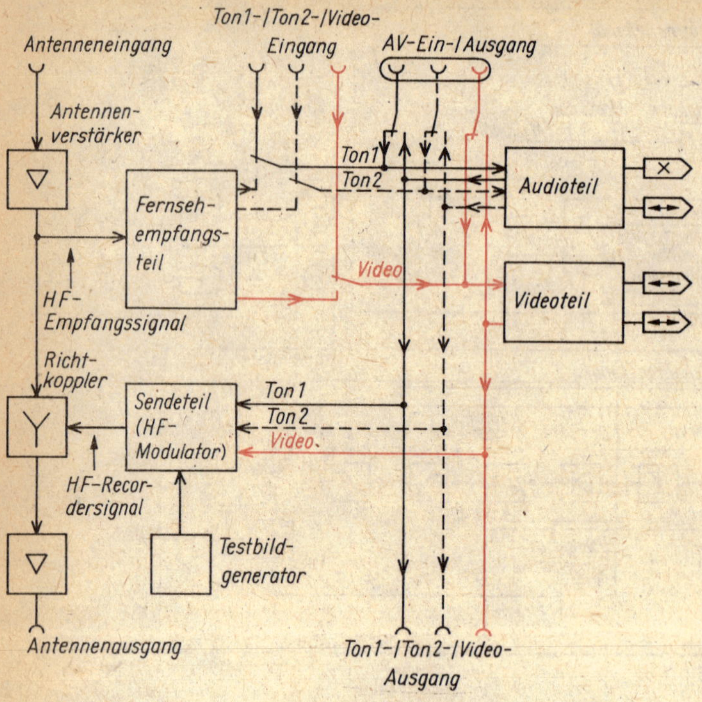

Videorecorder (2): stationärer Heimvideorecorder mit Fernsehempfangs- und Sendeteil und mit Umschaltmöglichkeit zwischen Antenneneingang (Fernsehsignal) und Ton- bzw. Videoeingang

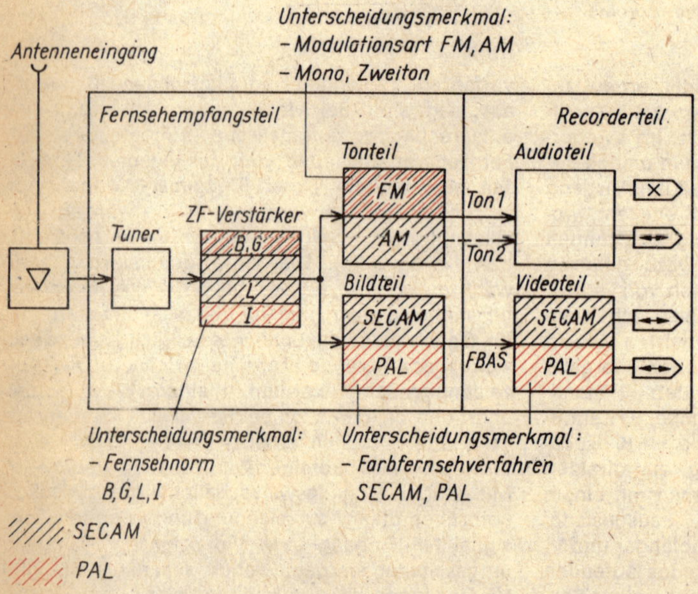

Videorecorder (3): Baugruppen in einem Mehrnormvideorecorder, die entsprechend des verwendeten Farbfernsehverfahrens und der Fernsehnorm umgeschaltet werden müssen

Stationäre Heim-V. mit Videokassetten gibt es als → Frontlader oder als → Toplader. Sie sind oft fernbedienbar (Draht- oder Infrarotfernbedienung). *Tragbare V.* (Abb. 4) sind vorzugsweise Kassettengeräte *(Videokassettenrecorder, Kassetten-V.)* und haben meist kein Fernsehempfangsteil; sie arbeiten mit Akkumulatoren zur Betriebsspannungsversorgung. Diese V. gibt es für Normal- oder → Minikassette verschiedener → Videosysteme. Hauptsächlich sind diese Geräte für die direkte Zusammenarbeit mit einer Videokamera bestimmt, um Bild und Ton von dieser aufzuzeichnen (→ Videografieren).

Aus tragbarem V. und einem zugehörigen → Videotuner (Fernsehempfangsteil) entsteht eine *Komponentenanlage*, die die gleichen Funktionen wie ein

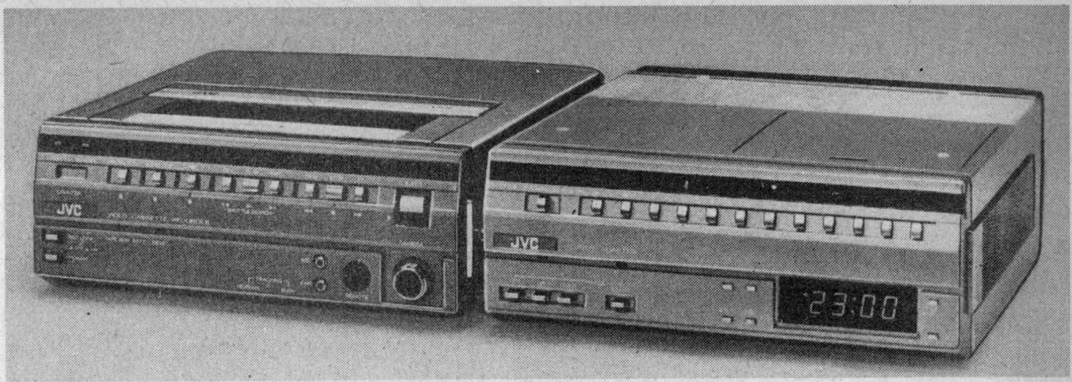

Videorecorder (5): Komponentenanlage aus tragbarem Videorecorder und Videotuner

Tragbarer Videorecorder (4)

stationärer Heim-V. erfüllt (Abb. 5). Die Stromversorgung erfolgt dabei vom Netzteil des Videotuners. Immer stärker setzt sich bei V. Mikrorechnersteuerung der gesamten Funktionsabläufe durch. Die technischen Möglichkeiten werden erweitert, der Bedienungskomfort erhöht, Lebensdauer und Zuverlässigkeit nehmen zu. → Sofortbild-Recorder, → HiFi-Videorecorder, → Kamerarecorder (Abb.)

Videorecorderlaufwerk, Videorecordertransportwerk: Gesamtheit der Antriebs-, Bandführungs- und Bedienelemente einschließlich der → Servosysteme bei einem Videorecorder. Bei Videokassettenrecorderlaufwerken zählt auch der → Einfädelmechanismus für das Videoband dazu. Ein V. hat 4 grundlegende Laufwerkfunktionen *(Betriebsarten)*, die denen von Tonbandgeräten entsprechen (→ Tonbandgeräte-Laufwerk): a) Aufzeichnung und Wiedergabe mit normalem Bandtransport, b) Schneller Rücklauf (Rückspulen), c) Schneller Vorlauf (Vorspulen) und d) Halt (Stop). Zusätzliche Laufwerkfunktionen für Sonderfunktionswiedergabe (Spezialeffektwiedergabe) sind: e) Standbildwiedergabe (Pause, Still), f) Zeitrafferwiedergabe, g) Zielsuchlauf (→ Bandstellenfindung, automatische), h) Zeitlupenwiedergabe, i) Einzelbildweiterschaltung und j) Bildsuchlauf, wobei g) bis j) vorwärts und rückwärts möglich sind. Außer bei b), c) und g) muß das Videoband um die Kopftrommel geschlungen eingefädelt bleiben. Die elektronische Laufwerksteuerung, meist mit Hilfe von Mikrorechnern, und → Mehrmotorenantrieb ist allgemein üblich. Bei Fünfmotorenlaufwerken treibt je ein Motor das Kopfrad, die Bandtransportrolle, die Aufwickelspule, die Abwickelspule sowie den Lademechanismus *(Fädel-* oder *Lademotor)* für das Einfädeln des Videobands an. V. werden häufig unter Zusammenfassung der Kopftrommel, der Einfädelmechanik und der Motoren mit einem Druckguß-Chassis als mechanische Kompakteinheit aufgebaut. → Kopfradantrieb, → Capstanantrieb, → Antriebsmotor, → Kopfservo, → Bandservo, → M-Ladesystem, → U-Ladesystem, → Bandendabschaltung, automatische, → Auto-Reverse-Laufwerk, → Videorecorder, → magnetische Bildaufzeichnung (Abb. S. 620)

Video-Schriftgenerator (engl. Video Typewriter): Videogerät zur synthetischen Schriftsignalerzeugung. V. beinhalten neben einer Steuereinheit (Mikrorechner, Mikrocomputer) eine Vielzahl einzelner Funktionsgeneratoren (Rechteck-, Sägezahn-, Parabelform usw.), deren Ausgangssignale zum → Bildsignal verknüpft werden. Abhängig von der Art der Verknüpfung entstehen Zeichen, Buchstaben und ganze Schriftzüge im Fernsehbild. Die Steuerung erfolgt über eine Tastatur, i. d. R. unter Verwendung von Zwischenspeichern für die Steuerbefehle und Arbeitsspeichern für den Aufruf des jeweiligen Generators. Dabei ist es möglich, die Schriftform,

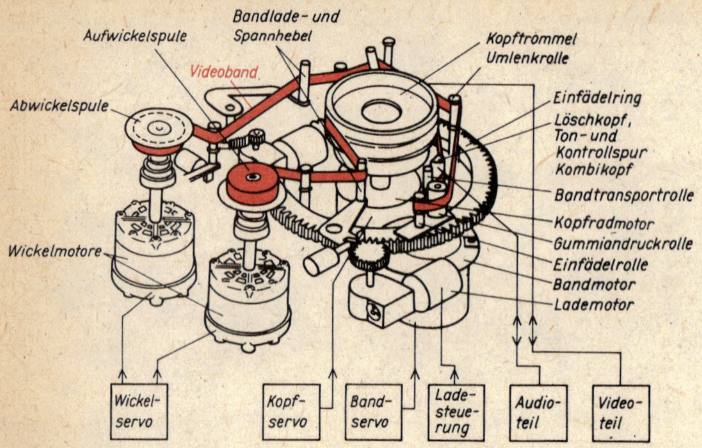

Aufbau eines *Videorecorderlaufwerks* (Fünfmotorenlaufwerk)

-größe, -stärke sowie den Zeichen- und Wortabstand zu variieren. Durch entsprechende Zusatzeinrichtungen kann die Schrift beliebig eingefärbt, mit Konturen versehen, sich im Bild bewegend oder spiegelbildlich wiedergegeben, gespeichert werden usw. Wie bei jeder elektronischen Bildquelle ist auch beim V. eine → Synchronisation erforderlich. → Zeichengenerator, → Character Rounding

Videosignal: allgemeingültige Bezeichnung für → Bildsignale, die *innerhalb des Videofrequenzbands* liegen. Entsprechend des Vollkommenheitsgrads des V. in den Stufen von seiner unmittelbaren Erzeugung (Bildsignal ohne Austastung) bis zur endgültigen Form (→ vollständiges Bildsignal), werden die einzelnen Zustandsformen nach ihren typischen Merkmalen besonders bezeichnet. Die charakteristischen Werte der V. sind in den einschlägigen → Fernsehnormen festgelegt. → VF-Signal, → Videofrequenz, → Videopegel, Abb. → Bildsignale

Videosignalpegel: → Videopegel

Videosoftware: fertige Programme für Videospiele, -computer, → Bildschirmspiele usw. V. ist teilweise in den Geräten fest einprogrammiert, kann aber z. B. auch durch entsprechende Kassetten oder Disketten variabel eingegeben werden. In sprachlicher Anlehnung an die elektronische Datenverarbeitung schließt die Bezeichnung V. auch mit Fernsehprogrammen bespielte Videobänder ein. → Software

Videospeichergerät, Abk. **VSG:** Gerät zum Aufzeichnen und Wiedergeben der Information eines Videosignals (Fernsehbild) und zugeordneter Informationen (Fernsehton). Die wichtigsten VSG sind die magnetischen Aufzeichnungsanlagen der Fernsehanstalten und die unterschiedlichen → Videorecorder, bei denen die Speicherung auf Videoband erfolgt. → Videospeicherverfahren, → magnetische Bildaufzeichnung, → Fernsehspeichergerät

Videospeicherverfahren: Verfahren zur Aufzeichnung und Wiedergabe von Bildinformationen. V. sind meist audiovisuelle Verfahren, da sowohl Video-, als auch Tonsignale gespeichert werden können. Als klassisches V. gilt die *magnetische Bildaufzeichnung* auf Magnetband, -karte oder -trommel. Außerdem gibt es → Bildplatten verschiedener Systeme, die mit mechanischer, kapazitiver, optischer bzw. Laser-Abtastung arbeiten. Weitere V. sind → *EVR* (Elektronische Bildspeicherung auf Film) und → holografische Bildaufzeichnung auf Kunststoff-Filmen. Modernste V. arbeiten mit Digitalaufzeichnung.

Videospiel: → Bildschirmspiel

Videospur: streifenförmige, magnetisierte Zone auf einem Videoband, deren Breite im wesentlichen von der Breite der Videokopfzone (etwa Spalthöhe) bestimmt wird. Die V. werden entweder längs (→ Längsspurverfahren), quer (→ Querspurverfahren) oder schräg (→ Schrägspurverfahren) zur Bandlängsrichtung aufgezeichnet. Die Breite der V. wird *Spurhöhe* oder *Spurbreite* genannt, sie beträgt je nach Aufzeichnungsformat bzw. Videorecordersystem zwischen 254 ... 17 µm.

Videosteckverbinder: Kontaktbauelemente (Stekker, Buchsen, Kontaktleisten, Kupplungen) zur ein- oder mehrpoligen elektrischen und mechanischen Verbindung von Gerätebaugruppen und Kabeln der Videotechnik. Auf Grund der Breitbandigkeit der zu übertragenden → Bildsignale werden für V. i. allg. Koaxialbauformen (mit abgeschirmten Kontaktstellen) angewendet. Im internationalen Maßstab sind als V. am weitesten → *BNC-Steckverbinder,* → *PL-Steckverbinder* sowie → *Cinch-Steckverbinder* verbreitet. I. w. S. müssen auch die für die Audio-Vision (→ AV) verwendeten kombinierten Steckverbinder zu den V. gerechnet werden (Abb. → AV-Buchse).

Video-Stehbildkamera: → Videoeinzelbildkamera

Videosystem, svw. Videorecordersystem: Gesamtheit aller technisch wichtigen Merkmale eines *Videorecorders* (elektrische und mechanische Systemparameter) und des zugehörigen *Videobands.* Beim Videokassettenrecordersystem kommen die

Systemparameter von Videokassettenrecordern[1)]

Videosystem	VCR	VCR-LP	SVR	Betamax	VHS	Video 2000	U-Matic	8 mm-Video
Bandhöhe	1/2"	1/2"	1/2"	1/2"	1/2"	1/2"	3/4"	8 mm
Bandtransportgeschwindigkeit in cm/s	14,29	6,56	3,95	1,873	2,339	2,44	9,53	2,0051
Aufzeichnungsgeschwindigkeit in m/s	8,1	8,18	8,2	5,83	4,84	5,08	8,54	3,1
Videospurhöhe in µm	130	85	51	32,8	49	22,6	52,3	34,4
Video-Trennspur in µm	57	–	–	–	–	–	85	–
Videospurwinkel[2)]	3°45'	3°42'52"	3°42'52"	5°	5°57'50"	2°38'51"	4°58'06"	4°54'59"
Videokopf-Spaltweite in µm	0,6	0,6	0,6	0,6	0,3	0,28	0,5	
Videokopfanzahl	2	2	2	2	2	2	2	2
Kopftrommeldurchmesser in mm	105	105	105	74,5	62	65	110	40
Azimutwinkel	–	± 15°	± 15°	± 7°	± 6°	± 15°	–	± 10°
Auflösung (Y) in MHz	2,7/3	3/3,2	3	3/3,2	3	3	3	3
Audiospurhöhe[3)] in mm	0,7	0,7	0,7	1,05	1,0	0,65	1,05	0,5
Audiofrequenzbereich[4)] in Hz	80...12500	50...12500	80...12500	50...9000	70...8000	40...10000	50...15000[5)]	
Bandverbrauch in m/h	515	236	142	67	84	87[6)]	343	72
max. Laufdauer in h (Standardversion)	1,3	3	4	3,3	4	2 × 4	1	1
max. Laufdauer in h (Langspielrecorder)					8	2 × 8		

1) die Daten gelten für die europäische 625-Zeilen-Norm und beziehen sich auf die Standardversion
2) gilt für normalen Bandtransport
3) bei Zweiton- bzw. Stereoausführung ist die jeweilige Spurhöhe weniger als die Hälfte des angegebenen Werts
4) bei – 6 dB; für HiFi-Videorecorder gilt allgemein 20 Hz...20 kHz
5) unterschiedlich für verschiedene Tonaufzeichnungsverfahren (→ 8 mm-Video)
6) Wendekassette, d. h. doppelte Bandausnutzung

geometrischen Abmessungen der *Video(band)kassette* hinzu. Es gibt bislang keine einheitliche Videorecordernorm, dies beruht u. a. auf den seit Jahrzehnten bestehenden unterschiedlichen Fernsehsystemen und Farbfernsehverfahren. Die nebeneinander existierenden unterschiedlichen V. sind zueinander nicht kompatibel. In der Tabelle sind V. gegenübergestellt. → Videokassette, → Chroma-Konvertierung, → CVC, → LVR, → VLS, → Japan-Standard 1 (Tab.)

Videotechnik: → Fernsehtechnik *ohne hochfrequente Übertragung* von → Bildsignalen und Fernsehtonsignalen. Vielfach wird die Bezeichnung V. auch synonym für die Geräte der → Heimvideotechnik angewendet. → Bildsignal, → Videosignal

Videotex: s. Tab. 2 → Telekommunikation

Videotext, Fernsehtext, Abk. **VT** oder **VTX:** Bezeichnung für das in der BRD und anderen Ländern auf der Grundlage von Teletext angewandte → Fernsehtextsystem. VT wurde in der BRD 1977 erstmals öffentlich vorgeführt, vom 1. 6. 1980 bis 31. 12. 1984 als Feldversuch und ab 1. 1. 1985 als ständiger Informationsdienst der Fernsehanstalten eingeführt. Anfänglich wurden die VT-Datenzeilen in den Zeilen 20 und 21 des ersten Halbbilds sowie 333 und 334 des zweiten Halbbilds eingetastet. Ab 1984 werden zusätzlich je Halbbild 2 weitere Zeilen (13, 14 und 326, 327) verwendet. Das VT-System (Teletext) ist ein zeichenplatzorientiertes und zeilengebundenes Verfahren. Jede Textseite enthält 24 Reihen (Textzeilen) mit je 40 Zeichenplätzen für Text- oder Grafikzeichen (Abb. 1). Die Information je einer Textreihe wird in einer VT-Datenzeile übertragen. Die Übermittlungszeit einer Textseite dauert 0,12 s bei 4 VT-Datenzeilen pro Halbbild. Ein VT-Magazin mit 100 Seiten wird in 12 s übertragen. Die Basisversion hat einen Zeichenvorrat von 96 alphanumerischen Zeichen (Groß- und Kleinbuchstaben, Satz- und Sonderzeichen) sowie 64 grafische Symbole (Abb. 2). Die 32 Steuerzeichen (Spalte 0 und 1) dienen der Farbsteuerung, bestimmten Anzeigemodi und der Umschaltung zwischen Schriftzeichen und Grafik bzw. weiteren Zeichen- und Grafiksätzen. In der ersten Textreihe einer VT-Seite, der sog. *Kopfzeile*, sind nur 32 Zeichen darstellbar, die anderen Datenworte enthalten Seitennummer, Datum, Uhrzeit und die ganze Seite betreffende Steuerbefehle für den VT-Dekoder des Empfängers (z. B. Untertite-

Bit 4	3	2	1	Zeile	Spalte 0 (Bit 7,6,5 = 0 0 0)	1 (0 0 1)	2 (0 1 0)	2a (0 1 0)	3 (0 1 1)	3a (0 1 1)	4 (1 0 0)	5 (1 0 1)	6 (1 1 0)	6a (1 1 0)	7 (1 1 1)	7a (1 1 1)
0	0	0	0	0	NUL	DLE			0		§	P	•		p	
0	0	0	1	1	alphanum. rot	graf. Zeichen rot	!		1		A	Q	a		q	
0	0	1	0	2	alphanum. grün	graf. Zeichen grün	"		2		B	R	b		r	
0	0	1	1	3	alphanum. gelb	graf. Zeichen gelb	#		3		C	S	c		s	
0	1	0	0	4	alphanum. blau	graf. Zeichen blau	$		4		D	T	d		t	
0	1	0	1	5	alphanum. magenta	graf. Zeichen magenta	%		5		E	U	e		u	
0	1	1	0	6	alphanum. cyan	graf. Zeichen cyan	&		6		F	V	f		v	
0	1	1	1	7	alphanum. weiß	graf. Zeichen weiß	'		7		G	W	g		w	
1	0	0	0	8	Blinken	verdeckte Anzeige	(		8		H	X	h		x	
1	0	0	1	9	Daueranzeige	zusammenhängende Zeichen	)		9		I	Y	i		y	
1	0	1	0	10	Umfeld Ende	getrennte Zeichen	*		:		J	Z	j		z	
1	0	1	1	11	Umfeld Beginn	ESC	+		;		K	Ä	k		ä	
1	1	0	0	12	normale Zeichenhöhe	schwarzer Hintergrund	,		<		L	Ö	l		ö	
1	1	0	1	13	doppelte Zeichenhöhe	neuer Hintergrund	–		=		M	Ü	m		ü	
1	1	1	0	14	SO	Zeichen-Halten	.		>		N	^	n		ß	
1	1	1	1	15	S1	Zeichen-Freigabe	/		?		O	_	o		■	

Videotext (3): Kodetabelle für deutschsprachige Schriftzeichen und Grafik

lung, außerzyklische Seitenübertragung, Seitenlöschung, Seitenerneuerung, Umblättersequenz, Alphabetumschaltung wie engl., deutsch, kyrillisch). In den der Kopf-Datenzeile folgenden VT-Datenzeilen werden die Informationen der 23 anderen Textreihen der gleichen Tafel übertragen. Abb.

Videotextdekoder: → Fernsehtextsytem, → Fernsehtextdekoder

Video-Timer (engl., Zeitschalter): i. e. S. in der → Videotechnik die elektronischen → Schaltuhren zur automatischen Programmsteuerung von → Videorecordern.

Video-Titelgerät, Titler: Hilfsmittel ohne *(Titelkartenhalter)* oder mit Bewegungsmechanik *(Klapptitelgerät, Titelwalze)* zum Halten und/oder Bewegen (Klapp- bzw. Rolltitel) von grafischen Bildvorlagen, insbesondere Titelvorlagen. Auch bestimmte → *Telecine Adapter* sind als V. geeignet. Abb.

Videotuner, Fernsehempfangsteil: Gerät, das alle HF-Baugruppen eines Fernsehempfängers ein-

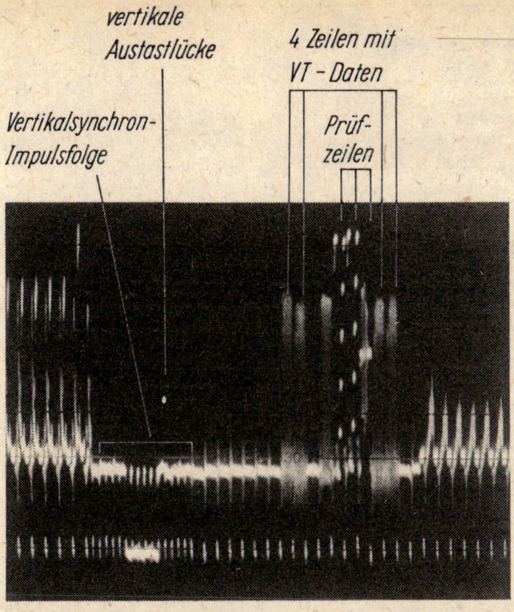

Videotext (1): FBAS-Signal mit Daten- und Prüfzeilen im Bereich des Halbbildwechsels

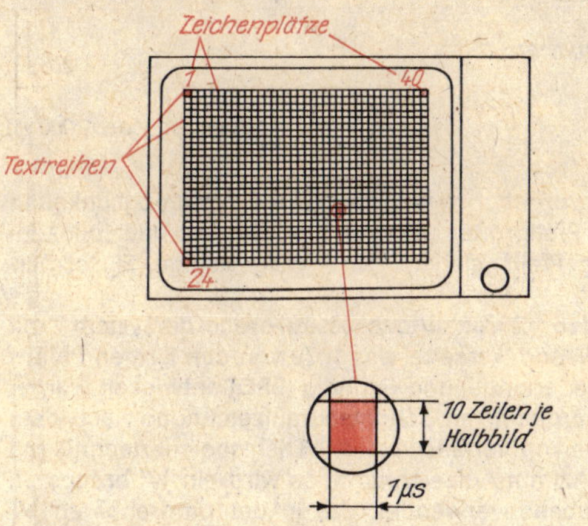

Videotext (2): Darstellungsformat

schließlich des → Demodulators umfaßt. Der V. erhält HF-Signale von einer Fernsehantenne und gibt ein Bildsignal (FBAS-Signal) sowie ein oder 2 Tonsignale ab (z. B. als → Zweitonempfänger). V. sind hauptsächlich zur Aufzeichnung von Fernsehsendungen mit tragbaren Videorecordern ohne eigenes Empfangsteil bestimmt. Beide Geräte sind Bestandteil einer Komponentenanlage (Abb. 6 → Videorecorder) und ermöglichen die selben Funktionen wie ein stationärer Heimvideorecorder (→ Videorecorder). Für automatische vorprogrammierte Aufzeichnung kann der V. mit einer Schaltuhr ausgestattet sein *(Tuner/Timer)*. Dabei erfolgt meist die Stromversorgung des Recorders vom V. aus. Manche V. haben zusätzlich eine Ladevorrichtung für die Akkumulatoren der tragbaren Videorecorder. V. sind auch zur Ansteuerung eines → Bildmonitors und einer (Stereo-)-Tonanlage geeignet; sie sind wesentliche Bestandteile von → Ballempfängern.

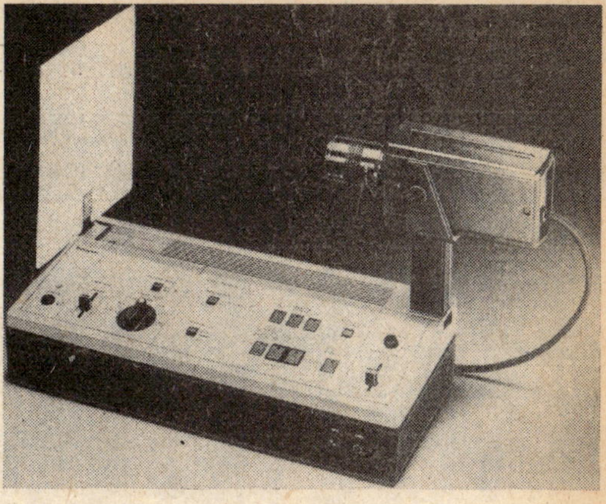

Video-Titelgerät auf Videobildmischer montiert

Video-Überspielverstärker: beim → *Umzeichnen* von Videosignalen im Bildsingalweg eingeschalteter Videoverstärker. V. kommen i. allg. in Überspieleinheiten zum Einsatz. Die spezielle Aufgabe des V. ist die Widerstands- und Pegelanpassung zwischen dem ankommenden und den abgehenden Bildsignalwegen. Ist die Überspieleinheit für eine gleichzeitige Umzeichnung auf mehrere Videorecorder ausgelegt, verfügt der V. über mehrere, sich gegenseitig nicht beeinflussende Ausgänge.

Videoverstärker (engl. Video Signal Amplifier): allgemeine Bezeichnung für alle im → Bildkanal eingesetzten Verstärker. Typische Kennzeichen für V. sind: Breitbandverstärker mit hoher Konstanz des Amplitudenfrequenzgangs und der → Gruppenlaufzeit (→ Videobandbreite, Besonderheit: → Klemmschaltung, Ausnahme: → Videokabelentzerrer), → Anpassung der Ein- und Ausgangswiderstände an die vor- und nachgeschalteten Einrichtungen. Der Verstärkungsfaktor v richtet sich nach dem Einsatzort des jeweiligen V., z. B. $v \gg 1$ in Vorverstärkern der Bildaufnahmegeräte und Endverstärkern der Bildwiedergabegeräte, $v = 1$ in Signalmischern, Videoverteilern usw.

Videoverteiler (engl. Video Signal Distribution Amplifier): spezieller → Videoverstärker mit einem Signaleingang und mehreren, weitestgehend voneinander unabhängigen Signalausgängen zur rückwirkungsfreien Verteilung eines → Videosignals. Entsprechend dieser Aufgabenstellung sind V. schaltungstechnisch i. allg. so aufgebaut, daß einem Verstärkereingangsteil je ein separater Ausgangsverstärker für jeden abgehenden Signalweg folgt. Verwendet man einen Ausgangsverstärker für mehrere abgehende Signalwege gemeinsam, müssen

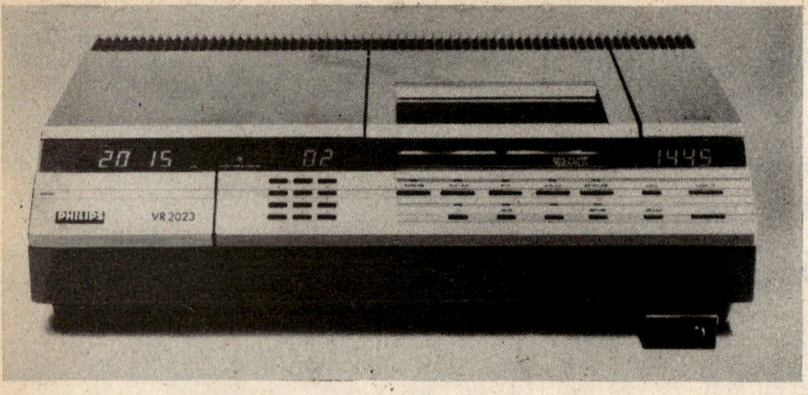

Video 2000 (6): Videorecorder

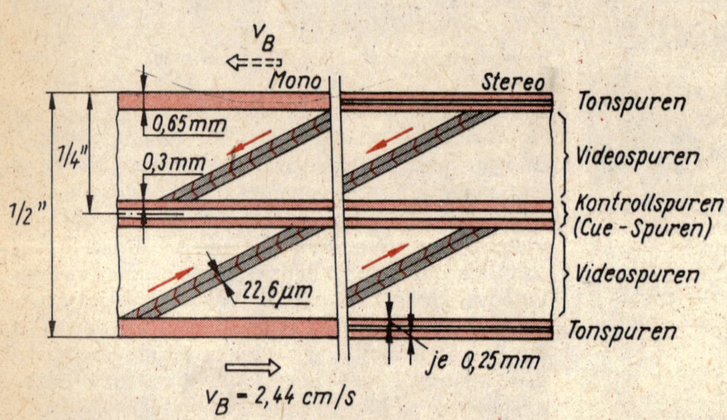

Spurbild *Video 2000* (1)

Video 2000 (2) VCC-Kassette (Normalkassette)

diese durch ein Widerstandsnetzwerk entkoppelt werden. Der Verstärkungsfaktor von V. beträgt 1.

Videozeiger (engl. *Video Pointer*): Videogerät zur Steuerung der elektronischen Einblendung eines Pfeilsymbols (Zeigers) in ein Fernsehbild. Der V. wird in den Bildsignalweg zwischen Bildsignalquelle (Videokamera, Videorecorder) und Bildmonitor eingeschaltet. Dabei wird die Synchronität von regulärem Bildsignal und „Pfeilsignal" sowie die Mischung beider Signale gewährleistet. Durch den Einsatz eines V. können wichtige Bilddetails markiert oder hervorgehoben werden. Die Einstellmöglichkeiten für Pfeilgröße, -lage, -richtung, -farbe und „blinkender Pfeil" sichern eine vielgestaltige Einsetzbarkeit.

Video 2000: Videokassettenrecordersystem mit →Wendekassette, das 1979 von den Firmen Philips (Niederlande) und Grundig (BRD) entwickelt wurde. V. arbeitet mit Schrägspuraufzeichnung nach dem Zweikopfverfahren und →Dichtspeichertechnik mit →Azimut-Aufzeichnung. Es wird ein ½" breites Videoband verwendet, das in der umdrehbaren *Video-Compact-Cassette (VCC)* auf 2 nebeneinanderliegenden Spulen untergebracht ist. Zum ersten Mal in der Videotechnik ist das Videomagnetband in 2 Spurbereiche (Abb. 1) von jeweils ¼" unterteilt und ermöglicht eine Verdopplung der Laufdauer. Die normale Bandtransportgeschwindigkeit beträgt 2,44 cm/s, und mit einer Normalkassette sind damit maximal 2 × 4 Stunden erreichbar (Standard-Version). Maximal 2 × 8 Stunden bietet die Long Play- oder Langspiel-Version mit halbierter Bandtransportgeschwindigkeit von 1,22 cm/s und verminderter Videospurhöhe. Normal- und Langspiel-Version sind zueinander nicht kompatibel. Vierkopfvideorecorder ermöglichen wahlweise die optimale Aufzeichnung/Wiedergabe mit einer der beiden Versionen, wobei jeweils für eine Bandtransportge-

Video 2000 (3): Zeilenversatz der Videospuren

Video 2000 (4): Videokopf auf PXE-Element

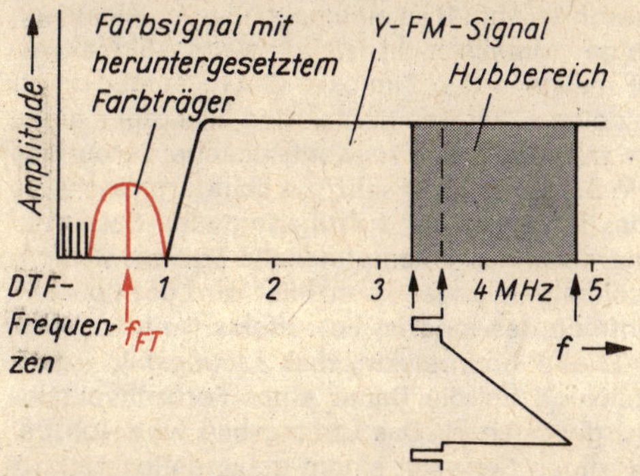

Video 2000 (5): Aufzeichnungssignal

schwindigkeit nur ein Videokopfpaar genutzt wird. Recorder mit → Auto-Reverse-Laufwerk erreichen eine ununterbrochene Spieldauer von 8 bzw. 16 Stunden. Für jeden Spurbereich ist die Tonspur 0,65 mm breit (Mono). Für Stereo- oder Zweitonaufzeichnung wird der Audiospurbereich auf jeweils 2 × 0,25 mm geteilt. Außer der Normalkassette (Abb. 2) gibt es eine *Minikassette (VMC)* für 2 × 60 min Spieldauer. Sie ist für kompakte tragbare Videorecorder des Systems *Mini Video 2000* bestimmt. Mit einer Adapterkassette ist die Miniversion in jedem normalen Videorecorder Video 2000 verwendbar. Beide Kassetten sind so beschaffen, daß in den Recordern mit → U-Ladesystem oder mit dem kleiner aufbaubaren → M-Ladesystem gearbeitet werden kann. Nach dem Einfädeln des Videobands in das Gerät umschlingt es die Kopftrommel mit 186°. Dadurch ergibt sich ein Überlappungsbereich der Videospurinhalte von ca. 5 Zeilen. Eine wiedergabeseitige elektronische Kopfumschaltung (→ magnetische Bildaufzeichnung) ohne Störzone wird möglich. Zum Unterdrücken des Farbübersprechens der direkt nebeneinanderliegenden Videospuren wird mit konstantem Zeilenversatz von 1,5 Zeilen (Abb. 3) und für jeweils 4 Zeilen mit positiv oder negativ geschalteter Phase (→ Farbschaltphase) des heruntergesetzten Farbträgers (→ Chroma-Konvertierung), er beträgt 625 kHz, aufgezeichnet. Bei Wiedergabe wird das Farbsignal so zurückgeschaltet, daß alle Zeilen der jeweils abgetasteten Videospur gleiche Phasenlage haben, und durch Verwendung eines Kammfilters (→ Betamax) löschen sich die Übersprechstörungen gegenseitig aus. Dem Farbsignal haften keine Störsignale mehr an. Die Videoköpfe sind bei V. nicht starr auf dem Kopfrad montiert, sondern auf einer Zunge aus piezokeramischem Material (PXE-Element) befestigt (Abb. 4). Durch diese Besonderheit gegenüber den meisten anderen Videorecordersystemen sind die Videoköpfe durch Anlegen einer Steuerspannung an die PXE-Elemente in ihrer Position senkrecht zur Videospur verstellbar. Diese Nachsteuermöglichkeit bietet stets eine optimale Spurabtastung und damit auch störungsfreie Bildwiedergabe bei Zeitlupe, Standbild und Zeitraffer. Die erforderliche Steuerspannung wird elektronisch mit Hilfe zusätzlicher Pilotfrequenzen, den sog. DTF-Frequenzen (→ dynamisches Spurfolgesystem) erreicht, die dem Aufzeichnungssignal (Farbsignal mit heruntergesetztem Farbträger und Luminanz-FM-Signal) beigefügt sind (Abb. 5). → Videokassette, → Videosystem, → Schrägspurverfahren, → Minikassette, → HiFi-Videorecorder (Abb.)

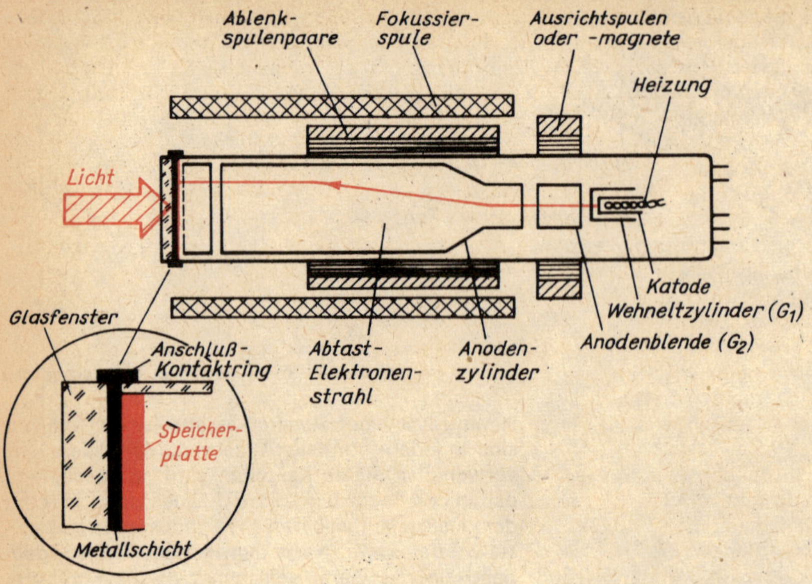

Aufbau des *Vidikons* (1) (Längsschnitt)

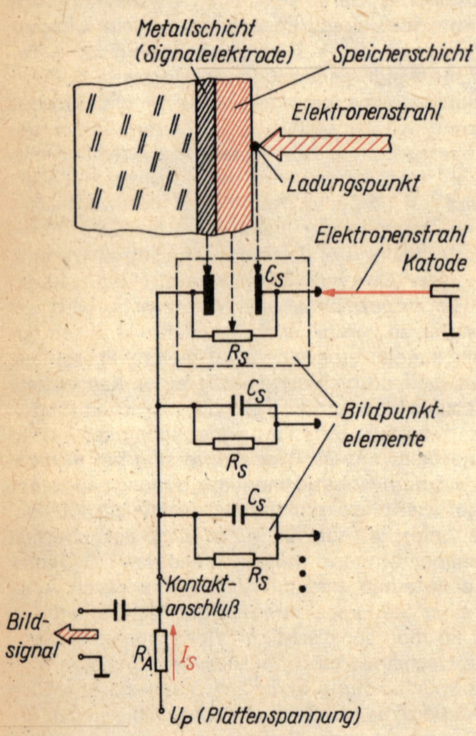

Funktionsprinzip des *Vidikons* (2)

Vidikon, *Endikon, Resistron, Statikon*: Bildaufnahmeröhre einfachen Aufbaus, bei der eine homogene, meist aus Antimontrisulfid (Sb_2S_3) bestehende Halbleiterschicht als lichtempfindliche Schicht (Fotoschicht), die zugleich auch Speicherschicht ist, verwendet wird. Das V. ist die älteste und gleichzeitig der Grundtyp aller Halbleiterbildaufnahmeröhren. Sie alle tragen einen eigenen Namen (z. B. → Plumbikon, → Satikon) und unterscheiden sich vor allem in der chemischen Zusammensetzung des Speicherschichtmaterials und damit in ihren spezifischen Eigenschaften. Die Röhren werden in Schwarz-Weiß- und in Farbvideokameras zur direkten Bildaufnahme von bewegten Szenen, aber auch in → Abtastern für Filme verwendet. Auf der Innenseite der Frontglasplatte der zylindrischen Bildaufnahmeröhre (Abb. 1) ist eine hauchdünne, elektrisch leitfähige Metallschicht (*Signalplatte,* Signalelektrode) meistens aus Zinnoxid (SnO_2) aufgedampft, die mit einem äußeren Kontaktring bzw. bei einigen Typen mit einer kleinen Kontaktfläche verbunden ist. Die Signalplatte ist sehr gut lichtdurchlässig, so daß das Licht von der aufzunehmenden Szene auf die angrenzende lichtempfindliche *Speicherschicht* (Fotoschicht) gelangen kann. Hier wird das optische Bild infolge des inneren Fotoeffekts (→ fotoelektrischer Effekt) in ein elektrisches *Ladungsbild* umgewandelt und für die Dauer eines Fernsehvollbilds (40 ms) gespeichert. Das Ladungsbild wird von der rückwärtigen Seite mit einem gebündelten Elektronenstrahl, der im → Strahlsystem erzeugt wird, horizontal entlang einer Zeile und vertikal untereinander – Zeile für Zeile – abgetastet, wodurch das elektrische Bildsignal entsteht. Jeden Punkt der Speicherplatte kann man sich als kleinen Speicherkondensator (C_S) mit parallelgeschaltetem lichtabhängigen Fotowiderstand (R_S) vorstellen (Abb. 2). Die Signalplatte ist gemeinsame Elektrode aller Speicherkondensatoren. Der Abtaststrahl lädt bei seinem Weg alle C_S der Speicherplatte auf der Abtastseite nacheinander auf annähernd Katodenpotential auf. In den Pausen zwischen 2 Abtastmomenten, das ist fast eine Vollbilddauer von 40 ms, entlädt sich jeder Kondensator über seinen Fotowiderstand, dessen Widerstandswert von der jeweils einwirkenden (Punkt-)Helligkeit abhängig ist. Große Helligkeit bedeutet kleiner Widerstandswert von R_S und damit starke Entladung von C_S, während geringe Helligkeit nur kleine Entladung bewirkt. Durch die Entladung der Speicherkondensatoren kann sich an jedem Punkt der Speicherplatte, abhängig von der Helligkeitsverteilung im aufgenommenen Bild, ein verschieden großes Potential bilden. Beim erneuten Abtasten lädt der Elektronenstrahl den Speicherkondensator wieder auf, wodurch sich im äußeren Stromkreis ein entsprechend großer Stromstoß ergibt. Die beim Abtasten aller Bildpunkte entstehende Folge von Stromstößen bildet den *Signalstrom* I_S. Am Arbeitswiderstand der Röhre (R_A) wird das elektrische Bildsignal über einen Koppelkondensator ausgekoppelt. Damit ein normgerechtes Bildsignal entsteht, erfolgt die Ablenkung des Elektronenstrahls nach dem → Zeilensprungverfahren. Die meisten Bildaufnahmeröhren arbeiten mit magnetischer Ablenkung (Abb. 1), obwohl es auch solche mit elektrostatischer Ablenkung gibt (→ Trinicon). Das magnetische Ablenkfeld wird von 2 um 90° gegeneinander verdrehten, den Röhrenzylinder umfassenden *Ablenkspulenpaaren* erzeugt, die von sägezahnförmigen Strömen aus Ablenkstufen gespeist werden. Damit der Abtaststrahl während des Rückspringens auf den Beginn der nachfolgenden Zeile nicht auf die Speicherplatte auftrifft (wodurch schwarze Linien im Bild entstehen würden), erfolgt im V. eine *Voraustastung*. Dazu wird der Elektronenstrahl durch einen negativen Spannungsimpuls am Wehneltzylinder (Steuerelektrode) oder durch einen positiven Impuls an der Katode (Katodenaustastung) kurzzeitig unterdrückt. Der Durchmesser des abtastenden Elektronenstrahls bestimmt die mit dem V. erzielbare → Auflösung. Für optimale Auflösung muß der Strahl zu einem kleinen Punkt gebündelt auf der Speicherplatte landen. Erreicht wird dies durch eine elektrische Anodenblende (Anodenzylinder) und zusätzliche magnetische → Fokussierung mit einer *Fokussierspule*. Das *Feldnetz*, ein Metallmaschengitter hoher Durchlässigkeit, ist entweder mit dem Anodenzylinder leitend verbunden oder bei den meisten V. getrennt herausgeführt. Es erzeugt eine hohe, gleichmäßige elektrische Feldstärke vor der Speicherplatte und damit eine starke Abbremsung des Elektronenstrahls auf eine Geschwindigkeit von fast Null und gleiche Landebedingungen des Strahls auf ihrer gesamten Fläche. Eine weitere Voraussetzung für geringste *Landefehler* und damit für ein gleichmäßiges Bildsignal ist das senkrechte Eintreten aller Strahlelektronen in das Ablenkfeld. Diese Aufgabe wird von Ausrichtspulen oder -magneten übernommen, die vor dem Wirkungsraum der Ablenkspulen angebracht sind. Trotz dieser Maßnahmen treten bei allen Bildaufnahmeröhren Störsignale auf. Das sind zusätzliche Signale, die die Bildsignalamplitude verfälschen. Sie können additiv oder multiplikativ dem Bildsignal überlagert sein. Sie treten genau wie → Geometrieverzerrungen besonders am Rande des Bilds auf und werden durch → Störsignalkompensation in der Kameraelektronik ausgeglichen. Die Größe der Bildsignalspannung ist von der Helligkeit des aufgenommenen Bilds abhängig und wird andererseits von der eingestellten Plattenspannung U_P bestimmt. Mit zunehmender Signalplattenspannung wird das Bildsignal auch bei gleichbleibender Beleuchtungsstärke größer. Dies bedeutet eine Zunahme der Empfindlichkeit des V. Beim V. ist es möglich, mit einer manuellen oder automatischen Plattenspannungseinstellung eine Anpassung an wechselnde Beleuchtungsverhältnisse zu erreichen (→ Lichtwertautomatik). Mit steigender Spannung U_P nimmt aber auch der → Dunkelstrom und die vor allen Dingen beim V. besonders nachteilig in Erscheinung tretende → Trägheit stark zu. Dies führt zur Anhebung und damit zur Verfälschung der Schwarzwerte im Bild und zum → Nachziehen schnell bewegter Gegenstände im Bild. Ein weiterer Nachteil des V. ist die große Gefahr des → Einbrennens bei hoher Lichtintensität. → Farbstreifenvidikon, → Multidioden-Silizium-Vidikon (Abb.)

Hinweis: V. liefern gute Fernsehbilder, wenn für ausreichend gute Beleuchtung der aufzunehmenden Szene gesorgt wird. Um Zerstörungen des V. besonders bei hoher Lichtintensität vorzubeugen, sind die Hinweise gegen das → Einbrennen zu beachten.

Vierfachverteiler: → Antennenverteiler
Vierkanalübertragung: → Quadrofonie
Vierröhrenkamera: → Farbkamera
Vierspuraufzeichnung, ungenau *Viertelspuraufzeichnung*: Aufzeichnung von 4 parallelen Spuren auf Magnettonband. Bei *Stereo-V.* liegen jeweils 2 zusammengehörige Spuren in gleicher Richtung, die anderen 2 dazu entgegengesetzt *(2 Stereo-Spurpaare)*. Bei der Kompaktkassette liegen die Stereospuren unmittelbar nebeneinander auf einer Bandhälfte (Abb. a). Sie können auch von einem Mono-Kassettentonkopf abgetastet werden und liefern dann ein kompatibles Monosignal. Bei V. auf 6,3 mm breitem Spulentonband liegt das Stereospurpaar einer Bandlaufrichtung versetzt zwischen dem der anderen Richtung (Abb. b). Bei jeder Stereo-V. wird das Band in doppelter Länge ausgenutzt. *Mono-V.* (Abb. c) ist nur bei Spulentonbändern üblich. Dabei wird das Band in 4facher Länge ausgenutzt. Bei Mono-V. sind eine Reihe interessanter Spezial-Aufnahmetechniken möglich (→ Playback). → Magnettonspur, → Cuttern (Abb. S. 628)
Viertelspuraufzeichnung: → Vierspuraufzeichnung
4-4-4-Technik: Tonübertragungsverfahren, das nach der Anzahl der Kanäle bei Aufnahme – Über-

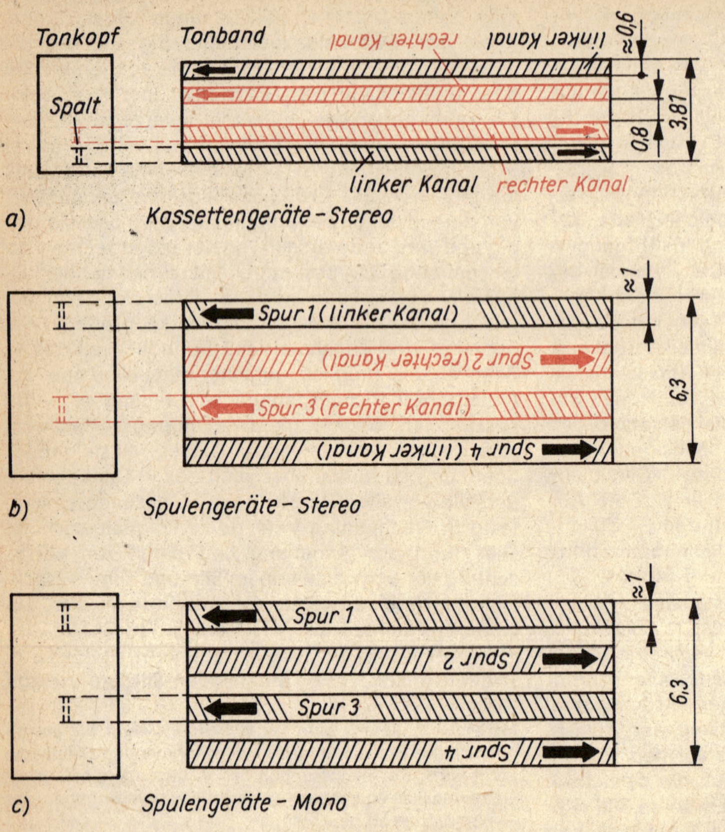

Spurlagen bei der *Vierspuraufzeichnung* (auf die Schichtseite des Bands gesehen)

tragung – Wiedergabe charakterisiert wird; diskretes Quadrofonieverfahren. →Cartridge, →CD-4-System

4-2-4-Technik: Tonübertragungsverfahren, charakterisiert nach der Anzahl der Kanäle bei Aufnahme – Übertragung – Wiedergabe; → Matrix-Quadrofonieverfahren, bei denen mit Hilfe von Kodierung nach der Aufnahme und Dekodierung vor der Wiedergabe eine 2kanalige Übertragung der 4 Tonsignale ermöglicht wird. →SQ-Verfahren, →QS-Verfahren

Viewdata: →Bildschirmtext

V-Impuls: →Vertikalimpuls

virtueller Ton, Residualton: bei der Lautsprecherwiedergabe zwar nicht abgestrahlter, aber doch empfundener Ton unterhalb des Übertragungsbereichs (meist tiefer als 50 Hz). Diese Erscheinung ist auf das sogenannte *Residuumhören* zurückzuführen, eine Eigenschaft des Gehörs, einen Grundton scheinbar auch dann wahrzunehmen, wenn er nicht selbst, aber mindestens sein erster und zweiter Oberton abgestrahlt werden. V.T. täuschen bei kleineren Lautsprechern, z. B. in Kofferradios, mitunter eine brauchbare Baßwiedergabe vor.

Visc: mechanisches Bildplattensystem auf PCM-Basis, bei dem die Bild- und Toninformationen in einer Rille auf jeder Plattenseite gespeichert sind. Die Abtastung erfolgt mechanisch mit einem Diamant-Stylus, ähnlich wie bei →TED 1. V. ermöglicht je nach Rillenbreite 2 × 30 min oder 2 × 60 min Laufdauer. →Pulskodemodulation

Visible Search: →Bildsuchlauf

VLP, Abk. von engl. **V**ideo **L**ong **P**lay (Videolangspielplatte): ältere Bezeichnung für →Laservision.

VLS, Abk. für **V**ideo **L**iliput **S**ystem: ein Videokassettenrecordersystem mit ½″ breitem Videoband. Bei VLS wird die Schrägspuraufzeichnung nach dem Einkopfverfahren (α-Umschlingung) angewendet. Die Videokassette ist eine → Tandemkassette. Die Bandtransportgeschwindigkeit beträgt 4,5 cm/s, die Videospurhöhe 50 µm, die Aufzeichnungsgeschwindigkeit 8,2 m/s und die Spieldauer einer Videokassette 4 Stunden.

VMC, Abk. für **V**ideo **M**ini **C**assette: Bezeichnung der Minikassette des Videokassettensystems Video 2000. Auch andere Videosysteme wenden teilweise Minikassetten an, z. B. VHS-C (Minikassettensystem von VHS). →Videokassette, →Minikassette, →Adapter

VMOS-Feldeffekttransistor: MOSFET (→Transistor) mit vertikal angeordneter Schichtstruktur. Der Strom im V. fließt senkrecht zur Halbleiteroberfläche und nicht wie bei einfachen MOSFET parallel zur Oberfläche. Dadurch ist ein wesentlich kürzerer Kanal und eine entsprechend erhöhte Leitfähigkeit vorhanden. Der V. ermöglicht große Leistungen bei hoher Strom- und Spannungsfestigkeit, hat einen großen Eingangswiderstand und ein lineares Übertragungsverhalten.

Voice Control: → Spracherkennungssystem

Voice Fader (engl., svw. „Stimmenlöscher"): Einrichtung in einem → aktiven HiFi-System, um die Mittenanteile in einem Stereo-Klangbild auf elektronischem Wege auslöschen zu können. Der V. wird z. B. dazu verwendet, um die in der Mitte der Stereobasis angeordnete Stimme eines Solisten aus dem Klangbild zu entfernen und durch eine selbst mit Mikrofon aufgenommene zu ersetzen. Dieses Verfahren wird auch als *Karaoke* (von japanisch „kara", leer und „oke", Orchester; svw. „Orchester allein") bezeichnet. Das Ergebnis dieser Manipulation ist abhängig von der Signalverteilung in der Ursprungsaufnahme. Vor allem wenn die Solistenstimme nicht genau in der Mitte plaziert ist (nicht dem Mittensignal entspricht), bleiben Reste davon als störendes Übersprechen erhalten.

Vollaussteuerung: Betreiben eines Geräts mit dem vorgesehenen Nutzsignalpegel. V. ist für Tonbandgeräte und NF-Verstärker definiert und bezieht sich auf einen bestimmten Klirrfaktor (Nennwert bei HiFi-Tonbandgeräten: $k_3 \leqq 3\,\%$, bei HiFi-Vollverstärkern: $k \leqq 0{,}7\,\%$ (TGL) bzw. 1 % (DIN)) sowie auf den angegebenen Störabstand. V. stellt für beide Werte einen optimalen Kompromiß dar. Bei V. zeigt ein Aussteuerungsmesser 0 dB oder 100 % an.

Vollbildfrequenz: → Bildfrequenz

Vollspuraufzeichnung: Aufzeichnung, bei der die Magnettonspur über die volle Breite des Tonbands reicht. Das Band ist daher nur in einer Richtung zu benutzen und muß vor jeder Wiedergabe zurückgespult werden. V. wird bei Heimbandgeräten sehr selten verwendet. → Magnettonspur

vollständiges Bildsignal (engl. Picture Signal Composite): → Bildsignal, das alle zur Erzeugung eines Fernsehbilds notwendigen Informationen enthält. Das v. B. wird in einem stufenweisen Prozeß von der unmittelbaren Signalerzeugung (Bildsignale ohne Austastung) über die → Austastung, → Kodierung und Addition des → Synchronsignals (S-Signal) zum ausgetasteten Bildsignal (BA-Signal), bzw. Farbbildsignal (FBA-Signal) erzeugt. Es steht am Ausgang der einzelnen Bildsignalgeberanlagen (z. B. → Videokameras) zur weiteren Bearbeitung, Aufzeichnung und Übertragung zur Verfügung. Dabei ist zwischen dem v. B. im → Schwarz-Weiß-Fernsehen – bezeichnet als *BAS-Signal* – und im → Farbfernsehen – bezeichnet als *FBAS-Signal* (vollständiges Farbbildsignal) – zu unterscheiden. Für beide legen die → Fernsehnormen die speziellen Signalparameter detailliert fest. → VF-Signal, → Videosignal, → Bildsignalpegel, Abb. → Bildsignal

Vorabhören: → Tonmischpult

Vorausgleichsimpulse, *Vortrabanten*: Impulse, die den durch das → Zeilensprungverfahren gegebenen vertikalen Zeilenversatz der beiden Halbbilder so ausgleichen, daß die Impulstrennung des → Synchronsignals erleichtert wird. V. schaffen für die Schaltungen, die die Separation der Vertikalsynchronimpulse aus dem → Synchronsignal bewirken, günstige Startbedingungen. Entsprechend sind die V. den Hauptimpulsen im Synchronsignal unmittelbar vorgelagert. Daraus leitet sich auch die Bezeichnung Vortrabant ab (s. Abb. → Vertikalsynchronimpuls). V. übernehmen während ihrer Übertragung die Funktion der → Horizontalsynchronimpulse, so daß diese in der entsprechenden Zeit entfallen können. Nach CCIR gelten für die V. folgende Normwerte: Folgefrequenz $f = 31\,250$ Hz $= 2\,f_H$, Periodendauer $T = 32\,\mu s = 0{,}5$ H (je 5 V. vor dem Halbbildwechsel), Impulsdauer $\tau = 2{,}35\,\mu s = 3{,}5\,\%$ von H.

Voraustastung: erste und einfache Form der → Austastung von → Bildsignalen *innerhalb von Bildsignalquellen* (→ Videokamera, → Fernsehkamera). Die V. ergibt sich i. d. R. durch Unterbrechung des Elektronenstrahls in der → Bildaufnahmeröhre zur Zeit der Zeilen- und Halbbildrückläufe beim Abtastvorgang zur Bildsignalerzeugung. Das begünstigt die Arbeitsweise der Bildwandler, führt aber nicht zur geforderten Exaktheit der Austastung von Bildsignalen. Deshalb ist die V. zeitlich kürzer als die → Normaustastung, unterliegt weniger strengen Forderungen und wird vor dem Ausgang der Bildsignalquelle durch eine Normaustastung ersetzt. → Zeilensprungverfahren, → Vidikon

Voreinsteller: nicht ständig zu betätigender Einsteller zur Festlegung des optimalen Stellbereichs für ein → Bedienungselement. → Tonmischpult

Vormagnetisierungsstrom (engl. Bias Current): dem Aufzeichnungskopf eines Tonbandgeräts zusätzlich zum Nutzsignal zugeführter Strom, um einen linearen Zusammenhang zwischen aufzuzeichnendem Signal und seiner magnetischen Abbildung auf dem Band zu erreichen. Es wird fast immer ein sinusförmiger HF-Strom *(HF-Vormagnetisierung)* verwendet, weil ein auch möglicher Gleichstrom *(Gleichstromvormagnetisierung)* zu starkem → Bandrauschen führt. Der V. verschiebt das Nutzsignal in den geradlinigen Bereich der Magnetisierungskennlinie eines Tonbands. Nur dadurch sind Aufzeichnungen ohne unzulässige Verformung der Kurvenform des aufgezeichneten Signals möglich (Abb.). Der V. wird meist aus dem Löschstrom abgezweigt (→ Löschgenerator) und muß sehr genau eingestellt sein. Seine Größe hat u. a. Einfluß auf die Speicherung der hohen Frequenzen (→ Höhenempfindlichkeit), auf das → Bandrauschen, die Klangverzerrungen und den → Kopiereffekt. Geringer V. begünstigt die Höhenaufzeichnung, bringt aber bei tieferen Frequenzen erhöhte Signalverzerrungen und eine geringere Signalspannung bei der Wieder-

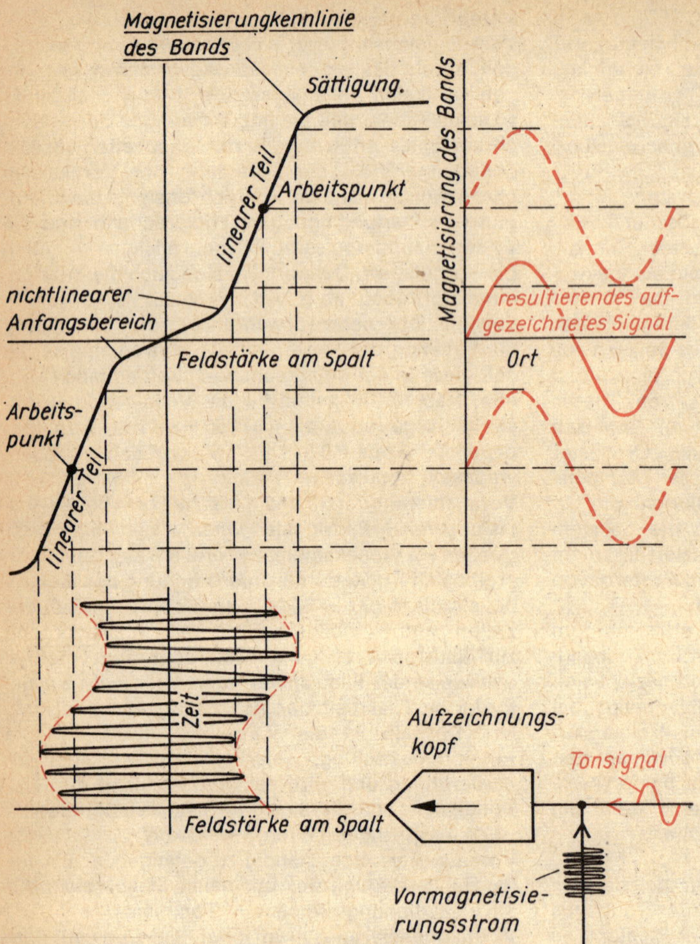

Vormagnetisierungsstrom (1) – Prinzip der HF-Vormagnetisierung bei der Tonaufzeichnung:
Der Vormagnetisierungsstrom „hebt" das Tonsignal in den magnetischen Arbeitspunkt des Tonbands

gabe. Außerdem erhöht sich das Bandrauschen. Bei höher eingestelltem V. kehren sich diese Erscheinungen weitestgehend um. Es läßt sich keine Einstellung des V. finden, bei der alle qualitätsbestimmenden Kennwerte optimal günstige Werte annehmen. Die V.-Einstellung ist also immer ein Kompromiß und besonders kritisch bei niedrigen Bandgeschwindigkeiten (Kassettentonbandgeräte). Die Größe des V. bestimmt, ob ein Tonband in seinem günstigsten Arbeitspunkt betrieben wird. Bei Umstellung auf einen anderen Bandtyp kann eine Neueinstellung des V. vorteilhaft sein. Abb.

Hinweis: Weil die Lage des Arbeitspunkts bei verschiedenen Bandtypen (besonders bei Fe_2O_3-Band) durchaus unterschiedlich sein kann, der V. aber normalerweise werksseitig beim Tonbandgerät fest eingestellt wird, sollte, um optimale Aufzeichnungsqualität zu erzielen, der empfohlene Bandtyp auch verwendet werden. Zur Anpassung an die verschiedenen Arbeitspunkte der Bandsorten kann bei den meisten Kassetten- und bei einigen Spulentonbandgeräten der V. automatisch oder von Hand umgeschaltet werden (→ Bandsortenumschaltung).

Vor-Rück-Dämpfung: → Strahlungsdiagramm, → Nierencharakteristik-Mikrofon

Vorsatzlinse: optisches Hilfsmittel zur Veränderung der → Brennweite eines → Objektivs oder zur effektvollen Bildgestaltung bei der Bildsignalaufnahme mit einer Video- oder Fernsehkamera. V. für die Objektive der Videokameras existieren in vielfältigen Varianten. Die Brennweite normal geschliffener V. (s. Linsenformen, Abb. → Objektiv) führt in Verbindung mit der Brennweite des Objektivs zu einer Verringerung der Brennweite der Gesamtoptik. Hierdurch können kleinere Aufnahmeentfernungen gegenüber der Optik ohne V. erreicht werden. V. mit speziellem Schliff haben wirkungsvolle Bildeffekte auf dem Bildschirm zur Folge, z. B.: *Fünffach-Facettenschliff* – aufgenommenes Objekt erscheint fünfmal im Bild mit unterschiedlicher Konturenabgrenzung zu benachbarten Bilddetails; *Center-Focus-Schliff* – nur die Bilddetails im Bildzentrum werden scharf abgebildet; *Sechsfach-Parallel-Linse* – der Inhalt der Bildmitte wird sechsfach nebeneinan-

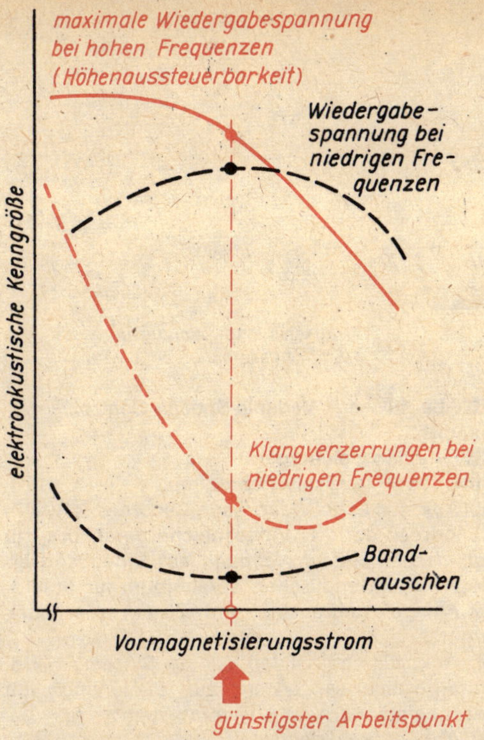

Vormagnetisierungsstrom (2): Einfluß des Vormagnetisierungsstroms auf die elektroakustischen Kenngrößen eines Tonbands

der abgebildet; *Regenbogen-Linse* – durch die dichte Gravur feinster Linien in dieser V. wird das Licht jeder bei der Aufnahme direkt erfaßten Lichtquelle mehrfach spektral zerlegt, was zu einem dichtem spektralen Strahlenkranz um die aufgenommenen Objekte führt; *Split-Linse* – da diese V. nur die eine Hälfte des Objektivs bedeckt, können mit ihrer Hilfe Elemente des Nah- und Fernbereichs im Fernsehbild gleichzeitig scharf abgebildet werden; *Mehrfach-Stern-Linse* – der Inhalt der Bildmitte wird mehrfach zum Originalbild strahlenförmig von der Bildmitte ausgehend abgebildet usw. Neben den genannten V. existieren weitere Arten. Durch Verdrehen der V. auf der Kameraoptik, die Kombination verschiedener V. untereinander und mit *Vorsatzfiltern* läßt sich die Möglichkeit der Bildeffekte noch wesentlich steigern. → Zerstreuungskreis, → Weichzeichnerfilter, → Sterneffektfilter, → Polarisationsfilter

Hinweis: Neben den mit V. erreichbaren Bildeffekten bietet die moderne Elektronik (Computer-Grafik, Grafik-Trickgeneratoren, digitale und analoge Bildmischung) eine Vielfalt wirkungsvoller Gestaltungselemente. Diese bilden das Schwergewicht im Fernsehrundfunk. Allen Formen der Bildgestaltung ist gemein, daß sie zweckmäßig, überlegt und sparsam bei der Produktion von Videos und Fernsehsendungen eingesetzt werden sollten.

Vorschau (engl. Preview): Bildvorschau zur technischen und künstlerischen Beurteilung der an einem Bildmischpult anliegenden Fernsehbilder. Zur gleichzeitigen V. der Eingangsbilder ist jedem Mischeingang des → Bildmischers ein eigener Bildmonitor (Vorschaumonitor) zugeordnet. Eine wahlweise Aufschaltung von Eingangs- oder Mischsignalen auf einen Bildmonitor (Wahlbild) ist bei einigen Bildmischern durch eine zusätzliche → Videokreuzschiene möglich.

Vorspannband: → Kennband

Vortrabanten: → Vorausgleichsimpulse

Vorverstärker (engl. Preamplifier): **1)** I. w. S. elektronische Baugruppe zum Verstärken sehr kleiner elektrischer Signalspannungen; Spannungsverstärker. V. müssen besonders rauscharm sein, um den → Störabstand nicht zu verschlechtern. Zu den V. gehören u. a. der Mikrofonverstärker und einige Typen von → Antennenverstärkern. V., die gleichzeitig eine Korrektur eines vorverzerrten Amplitudenfrequenzgangs vornehmen – z. B. hinter einem dynamischen oder magnetischen Schallplattenabtastsystem – werden → *Entzerrungsvorverstärker* genannt. Sollen besonders kleine Signalspannungen verstärkt werden, so spricht man auch von einem *Vor-V.* (engl. *Headamplifier*). **2)** *(Heimtonanlage)* Komponente einer HiFi-Anlage (→ NF-Verstärker).

Vorwahlabstimmung (engl. Key Tuning): Festabstimmung eines Rundfunk- oder Fernsehempfängers auf mehrere Sendestationen und deren unmittelbare Einschaltung über → Stationstasten oder eine Zehnertastatur; Bedienungserleichterung. → Abstimmsystem

Vorzugsbereich: Frequenzbereich, für dessen Empfang eine Antenne vorrangig bemessen ist (daneben ist auch noch Empfang im angegebenen *Arbeitsbereich* möglich). *Schmalband-* oder *Kanalantennen* erlauben nur den Empfang eines Kanals. Mit *Kanalgruppenantennen* können wenige benachbarte Kanäle eines Bereichs empfangen werden. *Bereichs-* oder *Breitbandantennen* sind für den Empfang aller Kanäle eines VHF- oder UHF-Bereichs konstruiert. Eine *Mehrbereichsantenne* ist eine *Kombinationsantenne* für mehrere Bereiche, sie ist aber nur anwendbar, wenn die zu empfangenden Sender der unterschiedlichen Bereiche aus gleicher Richtung empfangen werden können. *Superbreitbandantennen* erlauben den Empfang in einem Gesamtbereich, z. B. des Bereichs IV/V, Kanäle 21...60, mit dem physikalisch bedingten Gewinnverlauf. → Rundfunk-Frequenzbereiche (Abb. S. 632)

Hinweis: Beim Kauf einer Antenne ist darauf zu achten, daß der angegebene V. den frequenzhöchsten Kanal der gewünschten Sendestationen einschließt, weil am oberen Ende des V. der → Antennengewinn i. allg. sofort steil abfällt.

VPS: 1. Abk. für **V**ideo **P**rogramm **S**ystem: im Fernsehrundfunk einzelner Länder angewendetes digita-

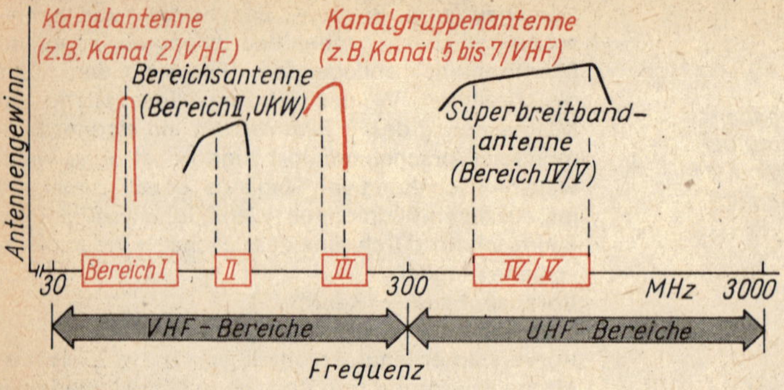

Verschiedene *Vorzugsbereiche* von Empfangsantennen

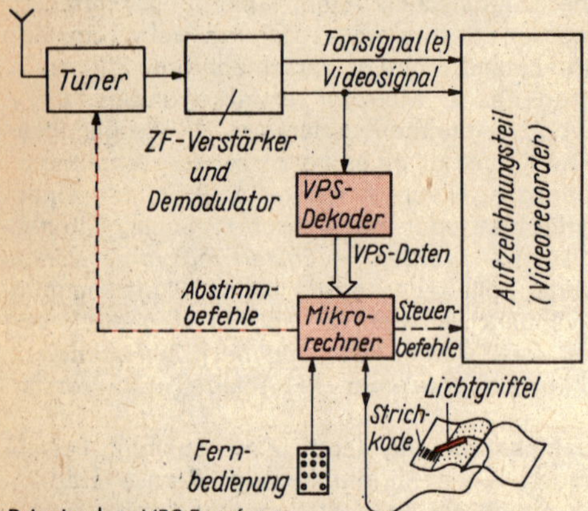

Prinzip des *VPS*-Empfangs

les Fernsehkennungssystem, bei dem senderseitig die Stations- und Programmkennung verschlüsselt als digitale Kenndaten in einer zur Bildübertragung nicht benötigten Zeile der vertikalen Austastlücke (→ Datenzeile) dem analogen Videosignal zugemischt werden. VPS dient unter anderem zur automatischen Empfängersteuerung und zur automatisch geschalteten Aufzeichnung gewünschter Programme mit Videorecordern. Die Kennung enthält in mehreren Datenworten Datum, Zeitangabe, Land, Stationskennung (Programmquelle) und Programm- bzw. Sendungsnummer. Empfangsseitig werden die VPS-Datenworte in einem speziellen Dekoder aus dem Videosignal herausgelöst, entschlüsselt und meist in Zusammenarbeit mit einem Mikrorechner verarbeitet. Dieser vergleicht die auf den verschiedenen Fernsehempfangskanälen eintreffenden Daten mit den vorher vom Benutzer eingegebenen Programmwünschen und löst bei Übereinstimmung die notwendigen Schaltvorgänge aus (z. B. Aufzeichnungsstart und -ende am Videorecorder). Die Vorprogrammierung der Benutzerwünsche erfolgt durch numerische Eingabe einer mehrstelligen Zahl oder mit Hilfe entsprechender Strichkodes in Programmzeitschriften, die optisch mit einem Lichtgriffel abgenommen werden. Abb. – **2.** → Selectavision 1.

VSC, Abk. für engl. **V**ariable **S**peech **C**ontrol: → Varispeech

VSG: → Videospeichergerät

VS-Impuls: → Vertikalsynchronimpuls

VTR, Abk. für engl. **V**ideo **T**ape **R**ecorder (svw. Videobandrecorder): **1.** Videospeichergerät, das mit *magnetischer Bildaufzeichnung* auf Videoband arbeitet. – **2.** im englischen Sprachraum für Studio-MAZ-Anlagen gebraucht. → MAZ, → Fernsehspeichergerät

VTS, Abk. für engl. **V**ideo **T**uning **S**ystem: mikrorechnergesteuertes System zur Bedienung von Fernsehempfängern. → Abstimmsystem

VTX: Abk. für → Videotext.

VU-Meter; Mittelwertmesser: → Aussteuerungsmesser

W

Wabenscheiben-Flachmembran: ebene Lautsprechermembran mit wabenförmiger Hohlstruktur (Abb.). Gegenüber der herkömmlichen Papier-Konusmembran hat die W. eine wesentlich größere Steife und führt nahezu perfekte kolbenförmige Bewegungen beim Schwingvorgang aus. Es entstehen weder Deformationen, noch unkontrollierte Teilschwingungen einzelner Membranzonen; der Übertragungsbereich kann beträchtlich erweitert werden. Das Antriebsprinzip wird auch *Präzisions-Kolbenbewegung* (engl. Accurate Pistonic Motion, Abk. *APM*) genannt. Die W. läßt sich sowohl bei Tiefton-, als auch bei Mittel- und Hochtonlautsprechern verwenden, so daß das Prinzip der → phasenlinearen Lautsprecherbox mit allen Lautsprechermembranen in einer vertikalen Ebene leicht verwirklicht werden kann. Abb.

„Walkman" (engl., Spaziergänger, Wanderer), auch Sportster: leichtes Kleinstkassettengerät für Kopf- oder Ohrhörerwiedergabe, das beim Wandern oder bei sonstiger Freizeitbeschäftigung betrieben werden kann und eine Belästigung der Umwelt ausschließt. Die kleinsten Modelle sind kaum größer

Aufbau der *Wabenscheiben-Flachmembran*

„Walkman" (1): tragbarer Kleinkassettenrecorder mit Stereo-Empfänger (AM/FM) für Kompaktkassetten

als eine Kompaktkassette und wiegen unter 300 g. W. sind meist mit einem →Anti Rolling-System ausgerüstet, auch → Auto-Reverse-Laufwerke werden verwendet. Sie werden für Kompakt- und für Mikrokassetten gebaut und können zusätzlich einen →Kleinstempfänger enthalten, von dem bei einigen Modellen auch (Stereo-)Aufzeichnungen möglich sind. Die Kopfhörerzuleitung wird z. T. als Antenne benutzt. Bei einigen W. läßt sich ein Rundfunkempfangsteil *(Tuner Pack)* an Stelle der Kassette einschieben. Schließlich gibt es Fabrikate, bei denen der eigentliche W. in einen größeren Radiorecorder eingesetzt werden kann; dann ist auch vollwertige Lautsprecherwiedergabe möglich. Abb.

Hinweis: Die Benutzung eines W. von einem aktiven Teilnehmer am Straßenverkehr ist strikt abzulehnen, weil eine fast vollständige Abkopplung von den verkehrsbedingten Schallinformationen erfolgt. Benutzte bei einem Verkehrsunfall eine der beteiligten Personen einen W., so kann das Schuldfindung und Strafzumessung erheblich beeinflussen.

WARC: von **W**orld **A**dministrative **R**adio **C**onference, Weltfunk-Verwaltungskonferenz. Die *WARC 77* (kurz *Genfer Satellitenkonferenz*) fand

„Walkman" (2):
Stereo-Radiorecorder mit einsetzbarem „Walkman" für Mikrokassetten

vom 10. 1. 77 bis 13. 2. 77 in Genf statt. Mit ihrem Schlußdokument wurden wesentliche Leitgedanken für den Satellitenrundfunk international anerkannt: *a)* das gleiche Recht aller Länder, die den Funkdiensten für den Weltraumfunkverkehr zugewiesenen Frequenzen zu nutzen und geostationäre Satelliten für diese Funkdienste zu betreiben; *b)* das verfügbare Funkfrequenzspektrum und die → Orbitpositionen geostationärer Satelliten sind begrenzt und deshalb auf effektivste Weise zu nutzen. Es wurden für die Regionen 1 und 3 (Afrika, Asien, Australien, Europa, Teile des pazifischen Raums) die grundlegenden Nenngrößen für den Betrieb von → Fernsehrundfunksatelliten festgelegt: Orbitpositionen, Nennfrequenzen der Satellitenkanäle, Kanalzuweisung für die einzelnen Länder, Sendeleistung, → Polarisation der Ausstrahlung, Richtung der Abstrahlung (bestimmend für Versorgungsgebiet). Die Vereinbarungen traten am 1. 1. 1979 für die kommenden 15 Jahre in Kraft und sind die Planungsgrundlage für zukünftige → Satellitensysteme. → Satellitenfunk, Tab. → Fernsehrundfunksatellit, Abb. → Satellitenkanal

Hinweis: WARC finden turnusmäßig zu verschiedenen Problemkreisen des Funkwesens statt. Die DDR ist im Rahmen der WARC aktiv an der Erarbeitung der entsprechenden Abschlußdokumente beteiligt.

„Watchman": Firmenbezeichnung für einen Taschen-Fernsehempfänger kleinster Abmessungen. Der W. ist mit einer flachen Bildröhre (Bilddiagonale z. B. 5 cm) ausgerüstet, wodurch eine Gerätegröße von z. B. nur 4 cm × 14 cm × 17 cm erreicht wird. Den W. kann man umgangssprachlich als „→ Walkman mit Bild" bezeichnen.

Weichentrennfrequenz, *Weichenschnittfrequenz*: → Mehrwegebox

Weichzeichner-Filter, auch „Soft Focus Filter": Vorsatz für → Objektive der Film-, Video- und Fernsehkameras. In eine dünne Glasscheibe sind mehrere konzentrische Ringe eingeschliffen. Befestigt man diese Scheibe vor dem Objektiv, wird sie nur von einem Teil des eintretenden Lichts ungehindert passiert, während die anderen Teile mehrfach gebrochen und damit zerstreut werden. Bei der Bildaufnahme zeichnen die unbeeinflußten Lichtstrahlen ein scharfes Bild, das durch das zerstreute Licht von einem „zarten Schimmer" (weiche Schärfe, Soft-Focus) umgeben ist. Dies kann gezielt zur effektvollen Bildgestaltung genutzt werden. → Vorsatzlinse

Hinweis: Werden W., die in unterschiedlichen Stärken existieren, bei kleinem Blendendurchmesser angewendet, kommt der gewünschte Effekt nicht zustande.

Weißabgleich (engl. White Balance): Einstellung bei Farbbildaufnahme- und -wiedergabegeräten mit dem Ziel, bei hellem Bild unverfälschtes, unbuntes, nichtverfärbtes Weiß (Weißpunkt C bzw. D_{65}, → Normlichtart) zu erreichen. Durch den W. werden Bildaufnahmegeräte auf die Farbtemperatur (Lichtfärbung) der gerade herrschenden Aufnahmelichtverhältnisse eingestellt. Mit Verstärkungseinstellern werden die einzelnen Farbwertsignale auf gleiche Signalamplitude gebracht, wobei das aufgenommene Bild eine weiße Fläche enthalten muß.
Mit dem W. werden bei Farbbildwiedergabegeräten die unterschiedlichen Wirkungsgrade der 3 Farbkanäle (z. B. der Leuchtstoffe einer Farbbildwiedergaberöhre) ausgeglichen. Dabei werden die ansteuernden Signale so eingestellt, daß sich die 3 Grundfarben bei mittlerer bis maximaler Helligkeit zu reinem Weiß ergänzen. Korrespondierend mit dem W. ist der Schwarzabgleich (→ Grauabgleich).

Hinweis: Der W. wird bei Farbfernsehempfängern vom Hersteller vorgenommen. Bei fehlerhaftem W. entsteht Farbstich, der besonders deutlich in einem unbunten Bild zu erkennen ist.

Weißwert: Maximalwert der Bildsignalspannung. Der W. entspricht der größten in einer Szene oder Bildvorlage auftretenden Bildhelligkeit bzw. dem höchsten auf die Bildaufnahmeröhre fallenden Lichtstrom. Die exakte Einstellung des W. bei Fernseh- und Videokameras entsprechend dem *größten Lichtstrom* hat in zweierlei Hinsicht bildwirksame Bedeutung: *a)* Optimale Ausnutzung des verfügbaren Videosignalpegelbereichs entsprechend des zu verarbeitenden Kontrastumfangs. *b)* Bei zu niedrig eingestelltem W. sprechen bei hohen Lichtströmen die → Weißwertbegrenzer im Bildkanal an, es kommt zu → Gradationsfehlern (→ Gradation) im hellen Bildbereich. Fernseh- und Videokameras verfügen zur exakten Einstellung des W. über eine sogenannte W.-Automatik. → Bildsignal, Abb. → Videopegel

Weißwertbegrenzer: elektronische Schaltung zur Begrenzung der Bildsignalspannung auf den festgelegten → Weißwert. W. sind in den Bildaufnahmegeräten nach den Schaltungen zur → Weißwertregelung bzw. -einstellung enthalten, um Überpegel infolge kurzzeitig auftretender übergroßer Lichtströme (Spitzenlichter), die zur Übersteuerung von Übertragungs-, Aufzeichnungs- und Wiedergabegeräten führen würden, zu verhindern. Man findet sie auch an weiteren Stellen im Bildsignalweg, i. d. R. immer als Nachfolgeschaltung zu einer Weißwertregelung. Abb. → Videopegel

Hinweis: Wird die Einstellung des Weißwerts nicht bezogen auf die hellsten Bildanteile vorgenommen, spricht der W. bereits in Bereichen hoher Lichtströme an, ohne daß eine *echte Übersteuerung* durch Spitzenlichter vorliegt. Die Weißwerte werden gestaucht, im Fernsehbild treten in den hellen Bildpartien → Gradationsfehler auf. Bei Videoeinrichtungen mit Weißwertautomatiken sind solche Fehler deutlicher Hinweis auf eine fehlerhaft arbeitende Weißwertregelung.

Weißwertregelung: Verstärkungsregelung für → Bildsignale: 1) Bei der Bildsignalerzeugung dient die W. der automatischen Angleichung des → Weißwerts an sich verändernde Helligkeitsverhältnisse im aufzunehmenden Objekt (z. B. bei Sze-

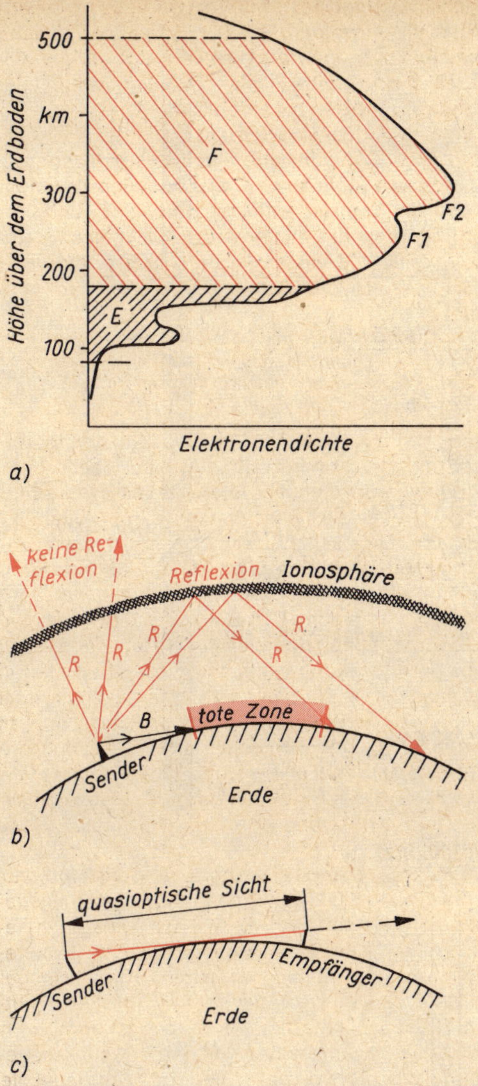

Wellenausbreitung: a) Lage der reflektierenden Schichten und Elektronendichte in der Ionosphäre (E, F, F1, F2: Ionosphäreschichten mit unterschiedlicher Elektronendichte, Stabilität sowie tages- und jahreszeitlichen Schwankungen), b) Kurzwellenausbreitung (R: Raumwelle, B: Bodenwelle), c) Wellenausbreitung im VHF- und UHF-Bereich

nen- oder Bildwechsel, Veränderung der Beleuchtungsverhältnisse usw.). Eine W. gleicht den Weißwert des erzeugten Bildsignals dem jeweils maximalen Lichstrom, der auf die Bildaufnahmeröhren fällt, an. 2) Im Signalweg nach den Bildwandlereinrichtungen werden durch die W. Pegelschwankungen infolge sich ändernder Übertragungs- oder Aufzeichnungsverhältnisse ausgeglichen. Da die elektronischen Schaltungen zur W. sehr kurzzeitige Änderungen des Weißwerts (z. B. infolge von Spitzenlichtern bei der Bildsignalerzeugung) nicht ausregeln können, arbeiten sie meist mit einem nachgeschalteten → Weißwertbegrenzer. Hierdurch werden Übersteuerungen im Signalweg verhindert. Abb. → Videopegel

Weitempfang, Fernempfang: Empfang von Rundfunkprogrammen außerhalb der → Senderreichweite. W. erzielt man durch besonders leistungsfähige Antennenanlagen (großer → Antennengewinn, hohe Maste) und besonders empfindliche Empfangsgeräte. → Wellenausbreitung, → Überreichweite

Wellenausbreitung, kurz Ausbreitung: Verhalten der elektromagnetischen Wellen, speziell der Funkwellen, bei ihrer Ausbreitung im Raum. Die W. ist stark von der Wellenlänge, also auch von der Frequenz, abhängig; je kürzer die Wellenlänge, um so mehr ähnelt auch die W. von Funkwellen der von Licht. Bei der W. unterscheidet man zwischen *Bodenwelle* und *Raumwelle*. Die Bodenwelle ist der Teil der Strahlung, der sich längs des Erdbodens ausbreitet, von der Leitfähigkeit des Bodens beeinflußt wird und z. T. durch Beugung der Erdkrümmung folgt. Sie ist besonders bei langwelliger Strahlung für die W. bestimmend. Die Raumwelle ist der Anteil, der unter einem solchen Winkel vom Sender abgestrahlt wird, daß die Erdoberfläche keinen Einfluß mehr hat und die Welle auf diese primär auch nicht auftrifft. Man unterscheidet bei einem Sender zwischen *Nahfeld*, in dem fast ausschließlich die Bodenwelle empfangen wird und dem *Fernfeld*, in dem der Empfang von reflektierten Raumwellen dominiert. Diese Reflexionen entstehen an den oberen Schichten der Atmosphäre (Ionosphäre) in einer Höhe von ca. 80...500 km über der Erdoberfläche. Die Ionosphäre besteht aus verschiedenen Schichten ionisierter Teilchen und Elektronen, deren Dichte unterschiedlich groß ist und außerdem tages- und jahreszeitlich schwankt. Diese Schichten haben differenzierte Reflexionseigenschaften für die verschiedenen Wellenbereiche; besonders wichtig für die Kurzwellenausbreitung zwischen 2...20 MHz ist die sogenannte F2-Schicht (Abb.). Die Konzentration der Ionen und Elektronen wird stark von Sonnenaktivitäten, kosmischer Einstrahlung und Meteoritenfall beeinflußt, so daß ein Empfang über die reflektierte Raumwelle erheblichen Schwankungen unterworfen ist, die noch dazu in den einzelnen Wellenbereichen unterschiedlich stark auftreten. Die Gesamtheit der sich ändernden Bedingungen zur W. wird *Funkwetter* genannt. *a) Langwellen:* Die W. erfolgt fast ausschließlich über die Bodenwelle, die bei diesen niedrigen Frequenzen von der Leitfähigkeit des Bodens kaum gedämpft wird. Daher ist stabiler Empfang ohne → Schwund über Entfernungen bis zu 150...500 km möglich, bei besonders leistungsstarken Sendern auch erheblich weiter *b) Mittelwellen:* Am Tage er-

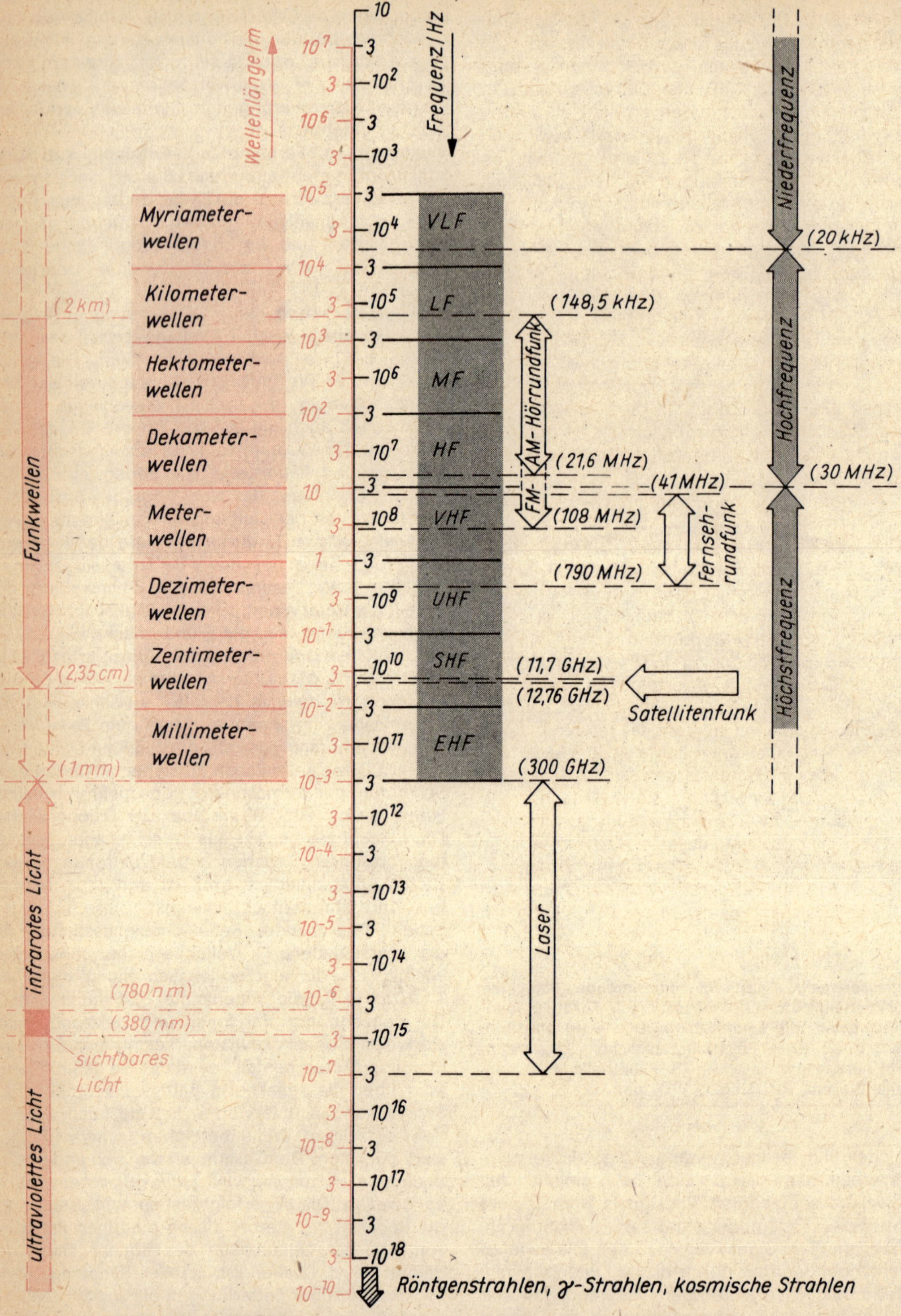

Wellenbereich: Wellenlängen- und Frequenzbereiche der elektromagnetischen Wellen folgt die W. hauptsächlich über die Bodenwelle, weil die Raumwelle in der Stratosphäre fast gänzlich absorbiert wird. Es werden je nach Senderleistung Entfernungen von ca. 200...max. 500 km erreicht. In den Abend- und Nachtstunden erreicht die Raumwelle jedoch die E-Schicht der Ionosphäre, wird an dieser reflektiert und kann bis zu Entfernungen von mehreren 1 000 km empfangen werden. Das führt zu verbessertem Mittelwellenempfang weit entfernter Sender, häufiger aber zu Überlagerungsstörungen. Dieser Erscheinung begegnet man teilweise durch Reduzierung der Sendeleistung in den Abend- und Nachtstunden. Außerdem entsteht Schwund durch Überlagerung der Raum- und Bodenwelle im Übergangsgebiet. *c) Kurzwellen:* Die Bodenwelle erreicht nur eine Entfernung von ca. 30 km (19-m-Band) bis ca. 100 km (49-m-Band). Danach folgt eine „tote Zone", in der kein oder nur sehr schwacher Empfang möglich ist. In größerer Entfernung gelangt dann die reflektierte Raumwelle wieder auf die Erde, so daß ein relativ stabiler Empfang – allerdings mit Einschränkungen, wenn sich die Ionosphäre verändert – bis zu mehreren 1 000 km möglich ist (Abb. b). Auch bei Kurzwellen verstärkt sich der Empfang in den Abend- und Nachtstunden, jedoch tritt dann besonders starker Schwund auf. Bei Mehrfachreflexionen zwischen Ionosphäre und Erdboden können Kurzwellen um den ganzen Erdball laufen. *d) VHF- und UHF-Bereiche (einschl. UKW):* Die W. erfolgt fast ausschließlich in direkter Strahlung vom Sender zum Empfänger und nähert sich mit steigender Frequenz immer stärker der von Licht (geradlinige Ausbreitung, Reflexion an glatten Hindernissen, Bündelung, Abschattungen). Daher wird die Reichweite je nach Höhe der Sende- und Empfangsantenne durch die Erdkrümmung bestimmt, da eine Abschattung der Wellen auftritt (Abb. c). Die erreichbaren Entfernungen liegen je nach Senderstärke, Frequenzbereich und Bündelung der Wellen bei ca. 40...120 km, in Ausnahmefällen mit erheblichem Antennenaufwand oder in besonders günstiger Empfangslage bis zu 200 km. Besonders starke Abschattungen treten an unregelmäßigen geografischen Profilen auf, so daß senderabgewandte Gebirgsregionen oder schluchtenartige Täler oft mit zusätzlichen Sendern (→ Frequenzumsetzer) versorgt werden müssen. Mikrowellenverbindungen über Raumwellen, die in neuerer Zeit an Bedeutung zunehmen, bleiben den kommerziellen Funkdiensten vorbehalten (Troposphärenfunk). Mit Nachrichtensatelliten ist eine Übertragung über sehr große Entfernungen möglich, weil Signale mit Frequenzen ab ca. 50 MHz nicht mehr an der Ionosphäre reflektiert werden und somit Mikrowellen diese ungedämpft durchdringen. Abb.

Wellenbereich, *Wellenlängenbereich*: Einteilung für → elektromagnetische Wellen, die einen Bereich von Wellenlängen mit charakteristischen Eigenschaften kennzeichnet (→ Wellenausbreitung). W. und Frequenzbereich hängen über die Ausbreitungsgeschwindigkeit der elektromagnetischen Wellen (Lichtgeschwindigkeit: $v = 3 \cdot 10^8$ m/s) zusammen (→ Wellenlänge). Die W. von Funkwellen sind in der Tabelle dargestellt. → Rundfunk-Frequenzbereiche (Tab., Abb.)

Wellenlänge λ: kürzester Abstand zwischen 2 Punkten gleichen Schwingungszustandes bei einer Schall- oder elektromagnetischen Welle; Länge eines vollständigen Wellenzugs. Allgemein gilt $\lambda = v/f$ (v Ausbreitungsgeschwindigkeit der Welle, f Frequenz). Auch bei Signalspeicherung auf magnetischem oder mechanischem Medium spricht man von W. Dann ist damit die Strecke auf dem Informationsträger gemeint, die das aufgezeichnete Signal für eine vollständige Schwingung der zugehörigen Signalfrequenz einnimmt. In diesem Fall ist für v die Relativgeschwindigkeit zwischen Wandler und Informationsträger zu setzen.

Wellenschalter, Empfangsbereichsschalter: in einem Rundfunkempfänger eingebauter Schalter zur wahlweisen Einschaltung der vorgesehenen → Empfangsbereiche. Heute werden vorrangig Tastenschalter *(Bereichstasten)*, früher wurden meist Drehschalter verwendet.

Wellenwiderstand: von Frequenz und Leitungslänge unabhängige Kenngröße einer Leitung, deren Länge gegenüber der Wellenlänge der transportierten Energie nicht mehr zu vernachlässigen ist. Daher hat der W. besondere Bedeutung bei Antennen-

Wellenbereiche für Funkwellen

Bezeichnung	Wellenlänge	Abk.	Frequenzbereich (engl.)
Myriameterwellen	10 km...100 km	VLF	Very Low Frequency
Kilometerwellen	1 km...10 km	LF	Low Frequency
Hektometerwellen	100 m...1 km	MF	Median Frequency
Dekameterwellen	10 m...100 m	HF[1]	High Frequency
Meterwellen	1 m...10 m	VHF	Very High Frequency
Dezimeterwellen	10 cm...1 m	UHF	Ultra High Frequency
Zentimeterwellen	1 cm...10 cm	SHF	Super High Frequency
Millimeterwellen	1 mm...10 mm	EHF	Extremly High Frequency

[1] nicht identisch mit Bezeichnung → Hochfrequenz, Abk. HF

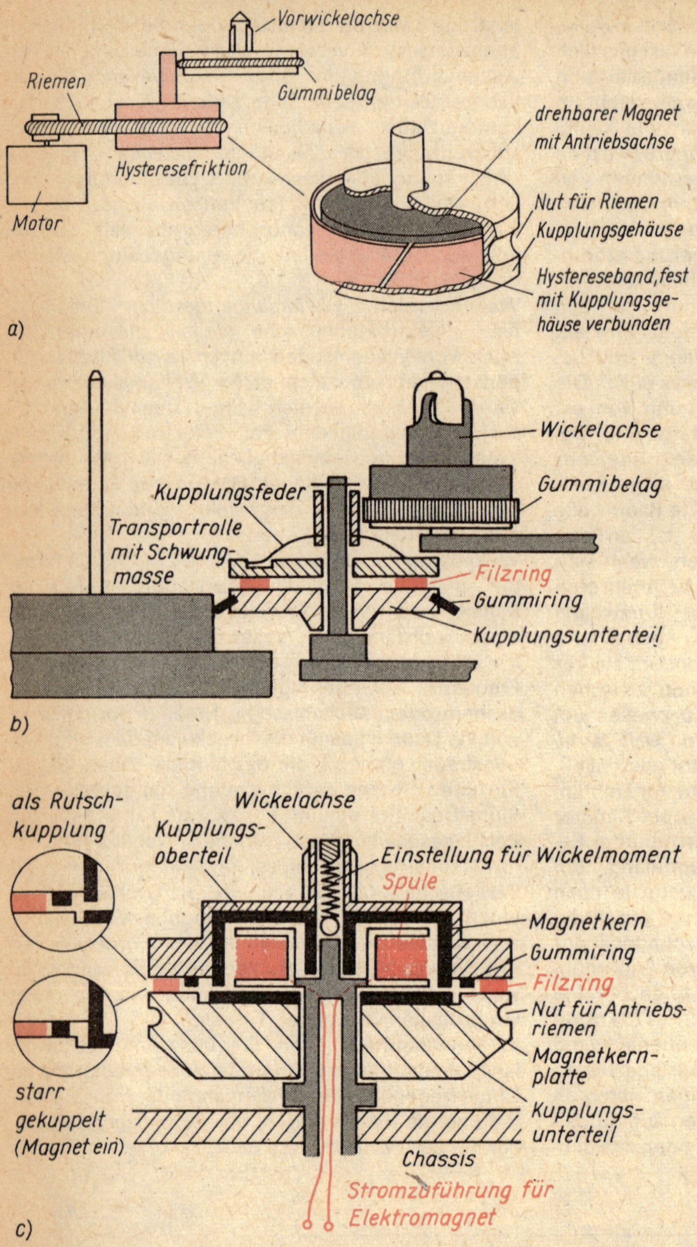

Verschiedene *Wickelkupplungen*:
a) magnetische Wickelkupplung (Hysteresefriktion),
b) Rutschkupplung,
c) mit Hilfe eines Elektromagneten starr kuppelbare, gewichtsabhängige Rutschkupplung

und Videoleitungen. Für eine ungestörte Energieübertragung auf einer solchen Leitung muß sie an ihrem Anfang und am Ende mit dem Wert des W. abgeschlossen werden. Geschieht das nicht, so entstehen Energieverluste und Reflexionen an den Leitungsenden, die sich z. B. im Fernsehbild als Mehrfachkonturen oder plastische Bildkanten darstellen können. Der W. beträgt in der Empfangsantennentechnik bei →Koaxialkabeln üblicherweise 75 Ω und bei symmetrischen Antennenkabeln 240 Ω oder 300 Ω.

Welligkeit: 1. Wellige Verformung des Magnettonbands, die sich zuerst an den Rändern bemerkbar macht. W. beeinflußt den Kontakt zwischen Tonband und Magnettonkopf und führt somit zu → Pegelschwankungen bei Aufzeichnung und Wiedergabe. – **2.** Die tiefen Frequenzen betreffende Unregelmäßigkeit des Amplitudenfrequenzgangs im Wiedergabekanal von Tonbandgeräten (bis zu ±3 dB), die auf die vom Band berührte Zone des Magnettonkopfs (Kopfspiegel) zurückzuführen ist. – **3.** Verhältnis der Brummspannung (Effektivwert der restlichen Wechselspannung, die nach Gleichrichtung und Glättung in der Betriebsspannung verbleibt) zur Betriebs(gleich)spannung. → Netzteil

Wendekassette: symmetrisch aufgebaute, umkehrbare Magnetbandkassette für 2 entgegengesetzte Bandlaufrichtungen. Die Spuren sind so aufgeteilt, daß in einer Bandlaufrichtung nur die Hälfte der Magnetbandhöhe ausgenutzt wird. Fast alle gebräuchlichen Audiokassetten und die Videokassette des Systems Video 2000 sind W.

Wickelkupplung: Baugruppe eines Magnetbandlaufwerks, um die sich ändernde Drehzahl des Bandwickels der konstanten Drehzahl des Antriebs anzupassen, z. T. auch um eine möglichst konstante → Bandzugkraft zu erzielen. Bei der *magnetischen W. (Hysteresefriktion)* wird ein mehrpoliger, rotationssymmetrischer Permanentmagnet von einem umlaufenden, im Kupplungsgehäuse fest verankerten Stahlband über das Magnetfeld mitgedreht und treibt seinerseits den Bandwickel an (Abb. a). Das übertragene Drehmoment ist konstant. Die magnetische W. ist verschleißarm, läuft fast geräuschfrei, und das übertragene Drehmoment läßt sich sehr genau dosieren; es verändert sich im Laufe der Zeit nicht. Mechanische *Rutschkupplungen* (Abb. b) arbeiten mit einem angetriebenen Kupplungsunterteil, das das freidrehende Oberteil mit dem Bandwickel über einen Reibbelag (meist einen Filzring) durch Reibung mitdreht. Der Kupplungsdruck wird durch den Bandwickel selbst, oder – und das gilt besonders für Laufwerke in Senkrechtbetrieb – durch Federkraft erzeugt. In einer mechanischen W. ist häufig noch eine zusätzliche *Stoßkupplung* mit stärkerem Reibungsmoment eingebaut, die größere Bandzugkräfte, wie sie z. B. beim Bremsen entstehen, abfangen soll. Manche Rutschkupplungen können durch Erregung eines eingebauten Elektromagneten mit Gleichstrom starr gekuppelt werden, z. B. für schnelles Umspulen (Abb. c). Rutschkupplungen verändern im Laufe der Zeit durch Verschleiß, durch Ölspuren oder sonstige Verschmutzung ihre Eigenschaften und bedürfen daher der Wartung. Sie laufen lauter als magnetische W.; das Drehmoment kann bei taumelndem oder exzentrischem Lauf mit der Drehzahl schwanken (Gefahr von Tonhöhenschwankungen, → Wow). Abb.

Wickelmotor: ausschließlich zum Wickeln des Magnetbands in einem Laufwerk benutzter Motor. In Heimbandgeräten werden meist Gleichstrommotoren verwendet, deren Drehmoment leicht geregelt werden kann. → Mehrmotorenantrieb, → Tonbandgeräte-Laufwerk, → Videorecorderlaufwerk

Wickelverbindung: dauerhafte, elektrisch gut leitende Verbindung zwischen einem kantigen Kontaktstift und einem Anschlußdraht. Unter Zugspannung wird Draht um den Kontaktstift gewickelt, wobei er durch den entstehenden Druck an den Kanten kalt verschweißt. Abb.

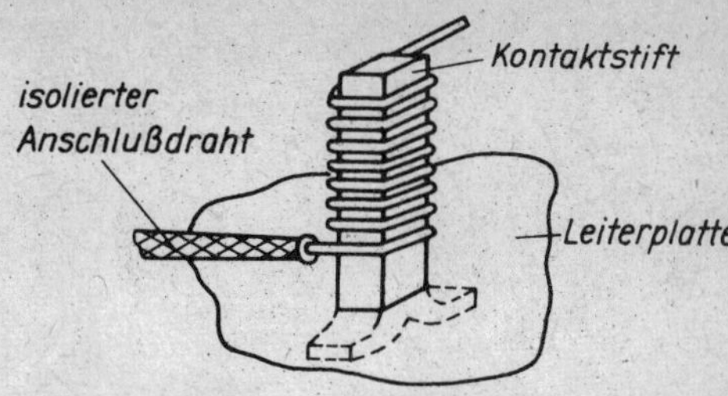

Wickelverbindung

Wide (engl., ausgedehnt, weit): → Basisbreitensteuerung

Widerstand: 1. Physikalische Größe eines Stoffs oder Bauelements. W. begrenzen bei angelegter elektrischer Spannung die Stärke des fließenden Stroms auf einen endlichen Wert. Die Größe des W. hängt vor allem vom Material (spezifischer W.) und von der Temperatur (Temperaturkoeffizient) ab. Bei elektrischen Leitern nimmt der W. mit der Temperatur zu, bei Heißleitern und Halbleitern ab. Der Widerstandswert R., d. h. der *ohmsche W.* (auch *Gleichstromwiderstand*), ist der Quotient aus Spannung U und Strom I (Ohmsches Gesetz). Der so definierte frequenzunabhängige W. (Wirkwiderstand) wandelt zugeführte elektrische Energie in Wärme um. → Impedanz (Wechselstromwiderstand). – **2.** Bauelement, das durch seinen Widerstandswert gekennzeichnet ist. Ändert sich der Strom proportional mit der angelegten Spannung, dann spricht man von linearen W. Lineare W. gibt es als Schicht- oder Draht-W. Neben W. mit festem Wert *(Festwiderstand)* sind W. mit einstellbarem Wert (→ Einsteller) verfügbar. Bei nichtlinearen W. besteht keine lineare Abhängigkeit zwischen Spannung und Strom. Zu den nichtlinearen W. gehören → Thermistoren, bei denen Temperaturabhängigkeit besonders ausgeprägt ist, und → Varistoren.

Widerstandsanpassung: → Anpassung

Wiedergabe: → Lautsprecherwiedergabe, → Kopfhörerwiedergabe, → Magnettonverfahren, → Videospeichergerät, → Fernsehprojektor

Wiedergabekopf: Magnetkopf zur Wiedergabe von Magnetbandaufzeichnungen. → Magnettonkopf, → Videokopf

Wiedergabeverstärker: Baugruppe eines Magnetbandgeräts, um das vom Wiedergabekopf abgegebene schwache Signal zu verstärken. Beim Tonbandgerät gibt der W. das frequenzlineare Tonsignal mit ausreichender Spannung ab (→ Magnettonverfahren, → Magnettonentzerrung). Bei Videorecordern folgt dem W. noch der Demodulator, an dessen Ausgang erst das Bildsignal entsteht (→ magnetische Bildaufzeichnung).

„wilde Schwingung“: infolge eines Bauelemente-

Windschutz:
verschiedene Mikrofonkappen (links und rechts: Popschutz aus offenporigem Kunststoffschaum, Mitte: Windschutzkorb aus glasfaserverstärktem Polyester)

oder Beschaltungsfehlers in einem elektronischen Gerät durch Mitkopplung entstehende elektrische Eigenschwingung (→ Rückkopplung). W. S. entstehen z. B., wenn der Ausgang eines elektronischen Geräts versehentlich mit einem seiner Eingänge verbunden wird. Liegen w. S. im hörbaren Frequenzbereich, so werden sie bei Heimtongeräten als Pfeifton hörbar. Liegen sie darüber, so können sie zur Übersteuerung des Geräts führen und erzeugen Klangverzerrungen bis zum völligen „Zustopfen". Auf Fernsehbildschirmen werden w. S. als regelmäßige Streifen- oder Punktmuster, z. T. auch als waagerechte pfeilförmige Streifen mit zerfallenem Bildinhalt sichtbar, die bei Fernsehempfängern auch nach dem Herausziehen des Antennensteckers nicht verschwinden.

Windschutz, *Winschutzkorb,* auch Popschutz: aus offenporigem Kunststoffschaum oder glasfaserverstärktem Polyester gefertigte Mikrofonkappe zur Verhinderung von Windgeräuschen (Poltern) oder von → Popeffekten. Die Störgeräusche lassen sich mit einem W. um 20...25 dB ohne Klangbeeinflussung vermindern. Bei sehr geringem Besprechungsabstand schützt ein W. das Mikrofon vor schädlicher Feuchtigkeit. Abb.

Wipe: engl. Bezeichnung für die Trickmischung von Fernsehbildern. → Bildmischung

Wow, umgangssprachlich „Jaulen", „Tonziehen": langsame → Tonhöhenschwankungen mit einer Schwankungsfrequenz von 0,1...10 Hz, die als jaulende oder vibrierende Tonänderungen hörbar werden. W. entsteht durch außermittig liegendes oder zu großes Mittelloch bei Schallplatten, Rutschen der Schallplatte auf dem Plattenteller, durch Bewegen eines Magnettongeräts um die Drehachse der Schwungmasse (→ „Schlenkerempfindlichkeit"), durch behinderten Lauf des Tonbands oder zu geringe Friktion des Bandantriebs bzw. Mängeln bei der Kraftübertragung im Antriebssystem selbst. Als *Wow and Flutter* bezeichnet man die Gesamtheit der Tonhöhenschwankungen.

WRMS, Abk. für engl. **W**eighted **R**oot **M**ean **S**quare, bewerteter Effektivwert: nach dem → IHF-Standard durch → bewertete Messung ermittelte Kenndaten eines HiFi-Geräts.

Wulstrandplatte: Schallplatte, bei der nur der äußere Rand und das Mittelteil mit Etikett die vorgeschriebene Dicke von ca. 2 mm haben. Der Teil mit den Rillen darf bis zu 0,76 mm dünner sein. Bei W. wird eine Material- und Gewichtseinsparung bis zu etwa 30 % erzielt.

Wunschbildautomatik: Einrichtung in → Fernsehempfängern, die trotz wechselnder Betriebsbedingungen eine annähernd gleiche Bildwiedergabe, die den Wünschen des Fernsehzuschauers entspricht, gewährleistet. Die der W. zugrunde liegenden Betriebswerte (Helligkeit, Kontrast, Farbart) können vom Fernsehzuschauer nach subjektivem Ermessen als Richtwerte für die W. eingestellt werden. Stimmen diese Werte mit den optimal durch ein Fernsehverfahren erreichbaren Betriebswerten überein, spricht man i. allg. vom „Idealbild". → Raumlichtautomatik, → Digivision

Würfelstecker: 5poliger → Kopfhörersteckverbinder.

X

XLR-Stecker, auch „Cannon-Stecker": 3- oder 5poliger geschirmter Stecker für Tonsignale; vorrangig für Mikrofonanschluß an professionelle und halbprofessionelle Geräte. Der X. ist international nach IEC 268-14 B standardisiert. Durch eine mechanische Verriegelung ist er sehr rüttelsicher und darum besonders für mobile Anlagen (Kapellentechnik) geeignet. Abb.

XTAL: → TA-Eingang

X/Y-Mikrofon: → Stereomikrofon

X/Y-Signale: → Stereosignal

Y

Yagi-Uda-Antenne, kurz Yagi-Antenne: nach den japanischen Professoren H. YAGI und S. UDA benannte → Mehrelementeantenne, bei der mehrere Direktoren, ein Empfangsdipol und ein Reflektor

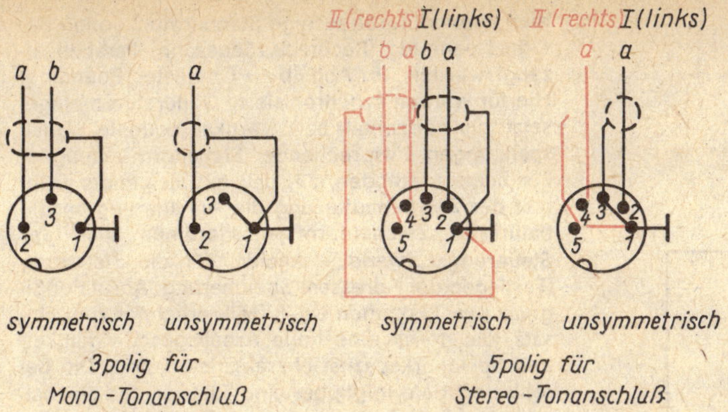

Beschaltung der *XLR-Steckverbinder*

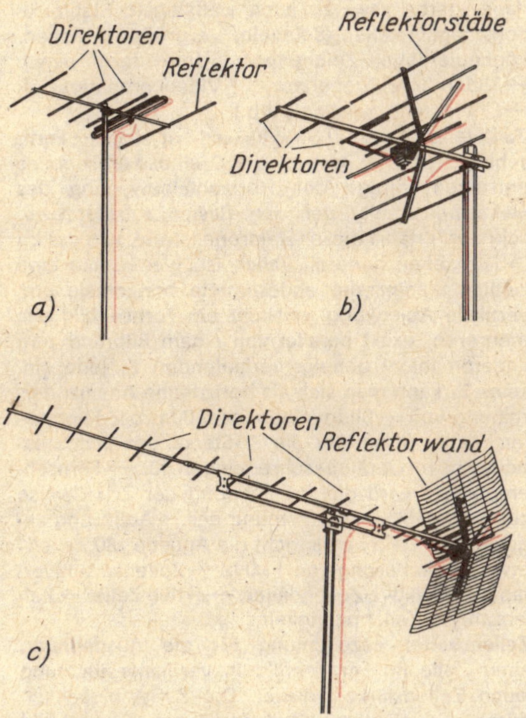

Verschiedene *Yagi-Uda-Antennen* (rot: Empfangsdipol mit Antennenkabel): a) 7-Element-Yagi-Uda-Antenne für VHF, Bereich III, b) Yagi-Uda-Antenne mit Stabreflektorwand für UHF, c) Yagi-Uda-Antenne mit Gitterwandreflektor und sehr starker Richtwirkung für UHF

(Stab, Stabfläche oder Gitterwand) in Empfangsrichtung aufgereiht sind. Der → Antennengewinn, das → Strahlungsdiagramm und der → Vorzugsbereich können durch Anzahl, Länge und Abstand der Elemente untereinander leicht beeinflußt werden, so daß die Y. an nahezu alle Empfangsbedingungen konstruktiv anpaßbar ist. Abb.

Y-Signal: Kurzbezeichnung für → Leuchtdichtesignal.

Z

Zählernullschaltung: → Memory 2.

ZDF, Abk. für **Z**weites **D**eutsches **F**ernsehen: überregionale Fernsehanstalt der BRD mit Sitz in Mainz. Ihr obliegt die Produktion und Abstrahlung des 2. Programms des Fernsehrundfunks der BRD. Das ZDF ist zentral strukturiert. Für die Fernsehprogrammübertragung nutzt das ZDF die technischen Einrichtungen der Bundespost.

Z-Diode, früher auch *Zenerdiode:* in Sperrichtung betriebene Halbleiterdiode (→ Diode) zur Stabilisierung von Spannungen, Begrenzung von Impulsspitzen, als Vergleichsspannungsquelle oder Überlastungsschutz. Bei Überschreiten eines kritischen Werts der Sperrspannung, der *Zenerspannung* *(U_Z)*, wird die Z. durchlässig (Durchbruchbereich), und der Strom steigt stark an. Daher muß der Zenerstrom (I_Z) auf den zulässigen Maximalwert begrenzt werden. Z. gibt es für unterschiedliche Zenerspannungen.

Zehnfachplattenspieler: → Schallplatten-Wechselautomat

Zeichengenerator: Videogerät zur synthetischen Bildsignalerzeugung, mit dessen Hilfe Zeichen, Symbole, Ziffern und Buchstaben auf dem Bildschirm abgebildet werden können. Technisch werden für Z. 2 grundlegende Methoden angewendet: *a) Punkt-Raster-Methode:* Die einzelnen Zeichen werden abhängig von der gewünschten Größe und Lage im Fernsehbild durch eine Vielzahl adressierbarer, gleichgroßer Bildelemente (Quadrate oder Rechtecke) gebildet (s. Abb. a → Character Rounding). Hierfür muß im → Bildsignal eine entsprechende Folge von Rechteckimpulsen enthalten sein. *b) Segmentmethode:* Jedes einzelne Zeichen wird abhängig von der gewünschten Größe und Lage im Fernsehbild in einzelne, gleichgroße, adressierbare Segmente zerlegt. Die dabei im Fernsehbild für jedes Segment auftretenden Linienfor-

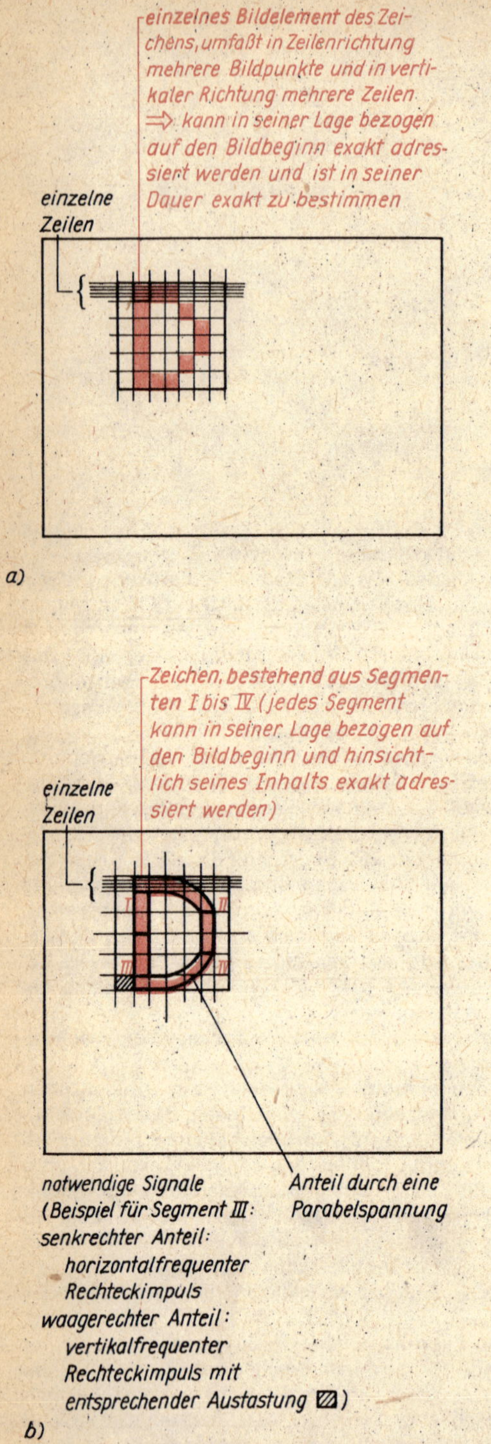

Vom *Zeichengenerator* erzeugte Buchstaben: a) Punkt-Raster-Methode, b) Segmentmethode

men können durch wenige Standardfunktionen der Signalspannung (Rechteck, Sägezahn, Parabel) erzeugt werden. (s. Abb. b → Character Rounding) Hierfür werden synchronisierte Generatoren eingesetzt, die horizontal- bzw. vertikalfrequente Signalspannungen entsprechender Signalform erzeugen. Für beide Methoden gilt, daß mit steigender Feinheit der Zeichenaufteilung die Annäherung an die natürliche Zeichenform – allerdings auch der Steuerungsaufwand – wächst. Für die Steuerung (Festlegen der Adressen, Speicherung, Abruf der Signale usw.) kommen i. d. R. Mikrorechner zum Einsatz, die durch eine hohe Arbeitsgeschwindigkeit und Speicherkapazität charakterisiert sind. Die Befehlseingabe erfolgt über eine Tastatur. Sie beinhaltet sowohl die Bestimmung der Zeichenart, -größe, -lage, -farbe usw. als auch vielfältigste Manipulationsmöglichkeiten (Spiegeln, Vergrößern, Kippen, kontinuierlicher Zeichenlauf, „Umblättern" usw.). → Video-Schriftgenerator, → Videocomputerspiel, → Character Rounding (Abb.)

Zeile (engl. Line): *a)* Strukturelement eines → Fernsehbilds, bzw. → Rasters. Die Z. eines Fernsehbilds entstehen infolge der Horizontalbewegung des Elektronenstrahls, der den Raster abtastet bzw. schreibt. Erfährt dieser Elektronenstrahl, wie das im → Fernsehen generell üblich ist, gleichzeitig eine zeitlich aufeinander abgestimmte horizontale und vertikale Ablenkung, entsteht ein Fernsehbild aus mehreren, exakt parallel von einem Bildrand zum anderen leicht geneigt verlaufenden Z. Jede einzelne Z. kann man sich als horizontale Aneinanderreihung von → Bildpunkten (ca. 800 pro Z.) vorstellen, dabei entspricht die Z.-Stärke der Bildpunkthöhe. b) In Gerätebeschreibungen für → Fernsehempfänger wird die Bezeichnung der Z. teilweise zur wertmäßigen Bestimmung der → Auflösung angewendet. Dabei entspricht die Angabe „80 Zeilen" etwa der Auflösung von 1 MHz. → Zeilensprungverfahren, → aktive Zeilendauer, → aktive Zeile, → Zeilenzahl, → Zeilenpaarigkeit

Zeilenbreite: Bezeichnung für die Ausdehnung einer Zeile im Fernsehbild in vertikaler Richtung (auch Zeilenstärke, -dicke). Die Z. ist ursächlich durch die sichtbare Zeilenzahl pro Fernsehbild (→ Fernsehnorm), abhängig von der Größe des Bildschirms (Bildhöhe), vorbestimmt. Direkten Einfluß auf die Z. haben die Größe des → Strahlstroms und dessen → Fokussierung in der Bildwandlerröhre. Für die Fernsehbildschirme ist zwischen der Z. und den *Zeilenabständen* ein optimales Verhältnis in der Form konstruktiv gesichert, daß bei richtig gewähltem → Betrachtungsabstand die Zeilenstruktur des Fernsehbilds nicht oder kaum mehr wahrgenommen werden kann.

Zeilendauer: Zeitraum von Beginn einer → Zeile bis zum Beginn der nächsten. Die Z. umfaßt die Spanne zwischen den Vorderflanken zweier aufeinanderfolgender → Horizontalsynchronimpulse, sie beträgt lt. → CCIR-Norm $T_H = 64\,\mu s$. → aktive Zeilendauer, → Zeilenfrequenz, Abb. → Zeilensprungverfahren

Zeilenendstufe, auch *Horizontal-Endstufe* (engl. Line Sweep Output Stage): elektronische Baustufe in Bildmonitoren oder Fernsehempfängern. In der Z. wird die für die horizontale → Ablenkung des Elektronenstrahls in den Bildwiedergaberöhren erforderliche Leistungsverstärkung der vom Horizontalfrequenzgenerator gelieferten Kippspannung erreicht. Gleichzeitig wird die Erzeugung einer Reihe wichtiger Versorgungsspannungen, die vom Ausgangsübertrager der Z. abgenommen werden, gewährleistet (u. a. Hochspannung, Schirmgitterspannung, Strahlstrombegrenzung für Bildröhre). → Bildendstufe, → Horizontalkippgerät, → Zeilentrafo

Zeilenfang: Herstellen des Gleichlaufs (Synchronität) zwischen den in den → Zeilengeneratoren der → Horizontalkippgeräte von Bildwandlereinrichtungen erzeugten Schwingungen ($f_H = 15\,625$ Hz) und den zugeführten → Horizontalsynchronimpulsen. Ist der Gleichlauf gestört oder fehlt er gänzlich, „läuft" das im Bildmonitor oder Fernsehempfänger wiedergegebene Fernsehbild zeitweilig oder ständig in Zeilenrichtung. Erst bei erreichter Synchronität kommt es zum gewünschten horizontal gerichteten Stillstand des Bilds: Das Bild wird über Zeile „gefangen". Der Z. wird nach Einschalten eines Videogeräts ab dem Moment, wo ihm Horizontalsynchronimpulse zugeführt werden, durch eine → Zeilenfangautomatik in Bruchteilen einer Sekunde – und damit für den Fernsehzuschauer unsichtbar – gewährleistet. → Synchronisation, → Synchronsignal

Hinweis: Z. und → Bildfang sind getrennte Vorgänge, aber gemeinsame Voraussetzungen für einen störungsfreien Fernsehempfang.

Zeilenfangautomatik: Regelschaltung in → Horizontalkippgeräten einer Bildwandlereinrichtung, die ab dem Moment des Anliegens von Horizontalsynchronimpulsen den ansonsten frei schwingenden → Zeilengenerator in den Gleichlauf zwingt und diesen dann aufrechterhält. Alle Fernsehempfangsgeräte unserer Zeit sind mit einer Z. ausgerüstet. → Zeilenfang, → Synchronisation, → Haltebereich

Hinweis: Die Z. arbeitet so schnell, daß z. B. beim Fernsehempfänger mit dem Moment des Umschaltens zwischen einzelnen Fernsehkanälen sofort ein „stehendes" Fernsehbild für den Zuschauer sichtbar wird, obwohl die Umschaltung auch mit einer Veränderung der Synchronisation verbunden ist.

Zeilenflimmern, auch Zwischenzeilenflimmern: störende Erscheinung in Fernsehbildern beim → Zeilensprungverfahren. Es tritt infolge von deutlichen Helligkeitsunterschieden in aufeinanderfolgenden Zeilen auf. Beim Zeilensprungverfahren werden benachbarte Zeilen zeitlich nicht direkt aufeinanderfolgend, sondern im zeitlichen Abstand der Halbbilddauer abgetastet bzw. geschrieben. Dadurch bedingt, kann bei Helligkeitsunterschieden von Zeile zu Zeile größer 3 % ein → Flimmern des Fernsehbilds, auch örtlich begrenzt auf einzelne Zeilenpaare im Fernsehbild, auftreten. Die Gefahr dafür nimmt mit steigender Zeitdifferenz des Schreibens benachbarter Zeilen zu. Die lt. → CCIR-Norm festgelegte → Halbbilddauer von T = 20 ms schafft optimale Bedingungen zur Vermeidung des Z. Z. kann durch bewußte Gestaltung der Bildvorlagen und den Einsatz technischer Mittel weitestgehend verhindert werden. → Flimmerfreiheit, Abb. → Zeilensprungverfahren

zeilenfreies Bild: Fernsehbild ohne bzw. mit stark reduzierter Zeilenstruktur. In den gegenwärtig bedeutsamen Fernsehverfahren wird das → Zeilensprungverfahren angewendet. Dieses ist grundlegend mit den Mängeln des → Zeilenflimmerns und des Treppeneffekts („stufenweiser" Verlauf einer schrägen Schnittkante im Fernsehbild bei kleinem Schnittwinkel zur Zeilenstruktur) behaftet. Mit wachsender Bildschirmgröße werden diese Mängel sowie allgemein die dunklen Zwischenräume von Zeile zu Zeile des Fernsehbilds für den Zuschauer deutlich sichtbar. Die damit verbundene Störung kann durch technische Maßnahmen vermindert werden: *a)* durch ellipsenförmige Verformung der Bildpunkte durch konstruktive Veränderung des elektronenoptischen Systems der → Bildwiedergaberöhren (Verkleinern der Zeilenabstände); *b)* durch hochfrequente Wobbelung des vertikalen Ablenkstroms (Verwischen der Zeilenabstände); *c)* durch Vorsetzen einer durchsichtigen Kunstharzscheibe, die über eine Rillenstruktur in der Zwischenzeilenlage verfügt (eine optische Brechung der von den einzelnen Zeilen ausgehenden Lichtreize verwischt die Zeilenabstände). Durch diese Maßnahmen wird eine *quasizeilenfreie Bildwiedergabe* erreicht. Der wirkungsvollste Schritt in Richtung z. B. wird mit Einführung des → Hochzeilenfernsehens erfolgen. Ein echtes z. B. ist jedoch erst bei Ablösung des → Zeilensprungverfahrens durch andere Formen der Fernsehbildübertragung und durch eine neue Generation von Bildaufnahme- und Wiedergabewandlern zu erreichen.

Zeilenfrequenz: Zahl der pro Sekunde abgetasteten bzw. übertragenen → Zeilen eines Fernsehbilds. Sie beträgt für die → CCIR-Norm $f_H = 15\,625$ Hz. Abb. → Zeilensprungverfahren

Zeilengenerator, auch Horizontal-Frequenzgenerator (engl. Line Frequency Generator): Funktionseinheit im → Horizontalkippgerät bzw. der Horizontalablenkstufe von Bildwandlereinrichtungen. Z. werden von den → Horizontalsynchronimpulsen synchronisiert und geben nach entsprechender Formierung ihre Signale an die → Zeilenendstufe ab. → Zeilensynchronisation, → Zeilenfang

Hinweis: Fällt die Synchronisation des Z. aus, kommt es zu starken Bildstörungen.

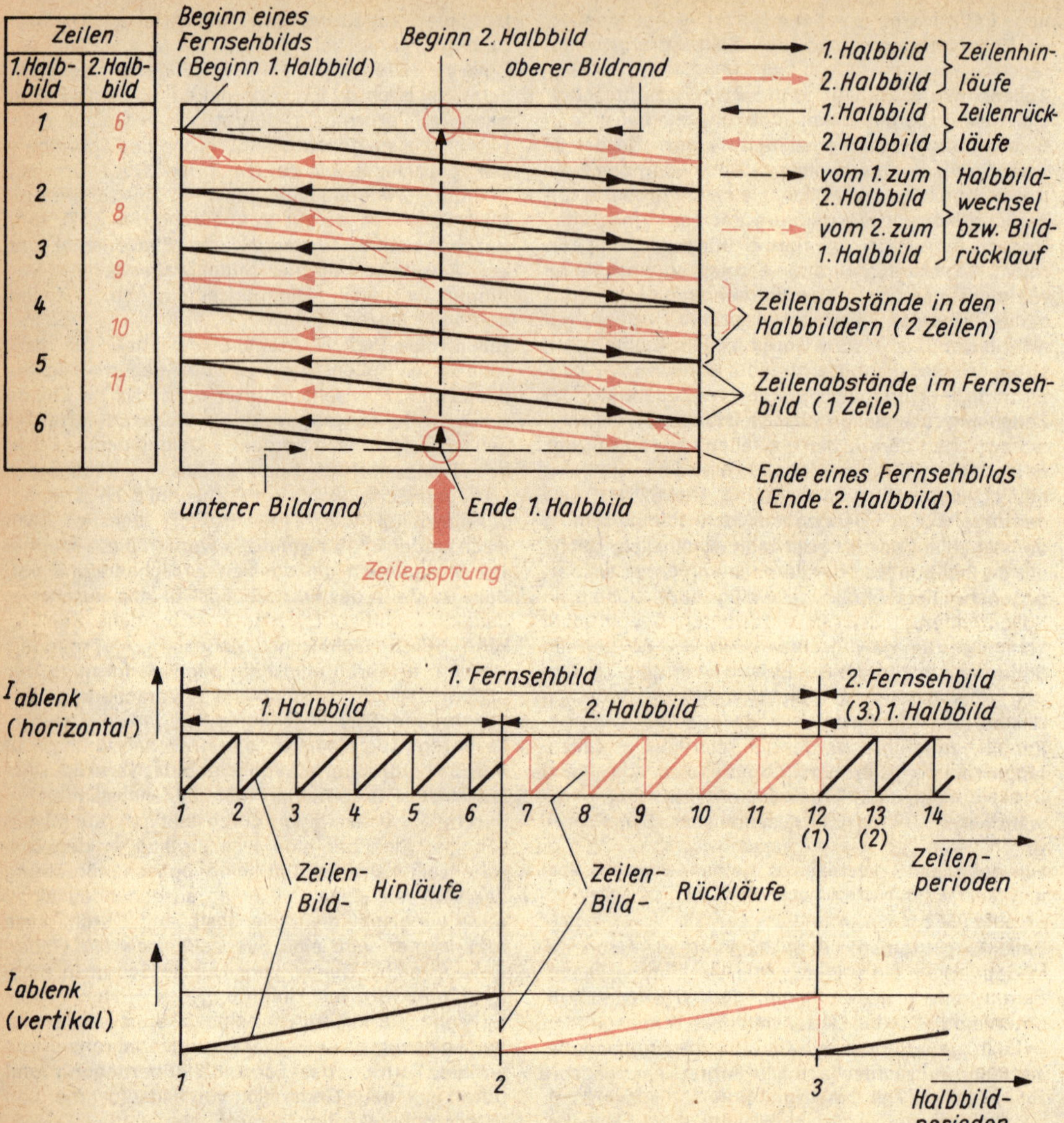

Zeilensprungverfahren

Zeilenjitter: unerwünschte Zittern eines Fernsehbilds (Jitter) oder einzelner Zeilen in horizontaler Richtung. → Zeitfehler, → Spurfehler

Zeilenpaarigkeit (engl. Line Pairing): Bildfehler, der durch den unterschiedlichen Abstand der Zeilen eines Fernsehbilds voneinander zur Wirkung kommt. Die Z. entsteht infolge einer fehlerhaften Lage der → Halbbilder in vertikaler Richtung zueinander und ist technisch auf Frequenzfehler im → Vertikalkippgerät (bedingt durch → Synchronisationsfehler) zurückzuführen. Das Extrem der Z. ist die Deckung der Halbbilder. Im Fernsehbild fällt die Z. durch eine unnatürliche Zeilenstruktur (Bildung verstärkter horizontaler Linien: hell-dunkel-hell) auf. Mit Hilfe des → Sendetestbilds kann dieser Fehler exakt festgestellt werden. → Raster, Abb. → Zeilensprungverfahren

Hinweis: Z. ist nur durch eine Service-Werkstatt zu beheben.

Zeilenrücklauf: Weg oder auch zeitlicher Verlauf, den Elektronenstrahlen bei der Bildsignalwandlung in Bildaufnahme- vom linken zum rechten Bildrand oder Bildwiedergaberöhren *vom rechten zum linken Bildrand* nehmen. Der Z. tritt immer im Zusammenhang mit einem Zeilenwechsel (s. Abb. → Zeilensprungverfahren) auf. Bei Bildsignalwandlern, die ohne Anwendung von Elektronenstrahlen arbeiten, wird die Bezeichnung des Z. im übertragenen Sinn gebraucht. → Rücklaufdunkeltastung

Zeilensprungverfahren: effektive und technisch einfache Methode der elektronischen Bildabtastung im → Fernsehen nach dem → Halbbildverfahren. Das Z. gewährleistet ohne erhöhten Übertragungsaufwand eine hohe → Flimmerfreiheit der Fernsehbilder, wozu das Z. die notwendigen Voraussetzungen schafft. Es beruht darauf, daß bei einem ersten zeilenweisen Abtasten jedes einzelnen Fernsehbilds immer eine Zeile des Gesamtzeilenrasters übersprungen wird. Es entsteht dabei ein 1. → Halbbild mit 50 % der Zeilenzahl des Fernsehbilds. Die fehlenden *Zwischenzeilen* für das Gesamtbild werden in einem anschließenden zweiten Abtastvorgang durch das 2. Halbbild ergänzt. Hieraus resultiert die häufig verwendete Bezeichnung *Zwischenzeilenverfahren.* Für das Z. wird prinzipiell eine *ungerade Zeilenzahl* für das Fernsehbild gewählt. Wie die Abbildung zeigt, erfolgt dadurch der Übergang vom 1. zum 2. Halbbild und somit der *Sprung innerhalb einer Zeile* vom unteren zum oberen Bildrand genau in der *Zeilenmitte.* Unabhängig von der absoluten Größe der Zeilenzahl – eine ungerade Zeilenzahl vorausgesetzt – wird die letzte Zeile des 1. Halbbilds in der Mitte ihres Verlaufs abgebrochen und nach dem *Zeilensprung* am oberen Bildrand als Beginn des 2. Halbbilds vollendet. Beachtet man die vertikale Neigung jedes Zeilenverlaufs vom linken zum rechten Bildrand, die 2 Zeilenabstände umfaßt, so führt der Zeilensprung zwangsläufig dazu, daß sich beide Halbbilder genau ineinanderfügen müssen. Technisch wird dieses Problem allein durch ein aufeinander abgestimmtes Verhältnis von → Zeilenfrequenz zu → Halbbildfrequenz und die exakte → Gleichlaufsteuerung der für den Abtastvorgang notwendigen → Kippschaltungen gelöst. Treten hierbei Fehler auf, erfolgt z. B. der Zeilensprung zeitlich bzw. örtlich versetzt zur Zeilenmitte, verschieben sich die Halbbilder in ihrer Lage zueinander. Es tritt → Zeilenpaarigkeit, im Extremfall Halbbilddeckung auf. In der Abbildung ist die Methode des Z. für ein elfzeiliges Fernsehbild veranschaulicht. Das Z. wurde bereits 1930 durch → SCHRÖTER für das Fernsehen entwickelt. Ging es damals darum, in einem Fernsehbild mit 12,5 Bildern pro Sekunde das Flimmern zu senken, so kann man bei den heutigen Standards von weitgehend flimmerfreien Bildern sprechen. Das Z. hat sich bis heute vollauf bewährt. Der in der Abbildung dargestellte Zeilenraster entsteht bei der Ablenkung eines Elektronenstrahls in einer Bildwiedergaberöhre i. d. R. mittels magnetischer Felder, die durch Ablenkströme erzeugt werden. Auf den Elektronenstrahl wirken demzufolge gleichzeitig eine horizontal- und eine vertikalablenkende Kraft ein, die als Gesamtkraftwirkung den dargestellten Verlauf bewirken. Abb.

Hinweis: Der Inhalt der Abbildung ist für den Fernsehzuschauer auf seinem Bildschirm nicht bzw. nur bedingt zu erkennen. Die Gründe hierfür liegen in der Dichte der Zeilen, die bei richtigem Betrachtungsabstand nicht als einzelne aufzulösen sind, und in der → Austastung, wodurch die Rückläufe dunkelgesteuert werden.

Zeilensynchronisation: Gleichlaufsteuerung des → Zeilengenerators durch die → Horizontalsynchronimpulse. → Horizontalkippgerät, → Synchronisation

Hinweis: Ein Ausfall der Z. bei der Bildaufnahme oder -wiedergabe führt zu einem horizontal laufenden und in letzter Konsequenz in Streifen zerfallenden Bildinhalt. Der Bildinhalt ist nicht mehr zu erkennen.

Zeilentrafo, Zeilentransformator: Ausgangstransformator in der Endstufe des → Horizontalkippgeräts. Wesentliche Funktionen des Z. sind: Anpassung des Scheinwiderstands der Horizontalablenkspulen an den Innenwiderstand der Horizontalendstufe (kann bei *niederohmigen Ablenkspulen* entfallen) und Transformieren des Zeilenrücklaufimpulses auf den für die → Hochspannungserzeugung notwendigen Wert. Darüber hinaus können an Z. weitere Spannungen (z. B. zur Hochspannungs-, Zeilenfrequenzregelung und für die → getastete Regelung) abgenommen werden (s. Abb. a → Hochspannungserzeugung). Entsprechend der Funktionen verfügt ein Z. über mehrere Sekundärwicklungen. Bei einem Aufbau als Spartransformator sind entsprechend mehrere Abgriffe notwendig. Um → Hochspannungsüberschläge zwischen den einzelnen Wickeln des Z. und nach außen zu verhindern, ist die Hochspannungsspule des Z. besonders isoliert.

Hinweis: Der Z. ist mit weiteren Teilen der Horizontalendstufe von einem metallischen „Hochspannungskäfig" umgeben, um eine Störstrahlung sowie Hochspannungsüberschläge nach außen zu verhindern und einen Berührungsschutz bei Reparaturen im Gerät zu gewährleisten.

Zeilenzahl (engl. Number of Lines): lt. → Fernsehnorm für ein Fernsehsystem festgelegte Anzahl der Zeilen, die zu einem vollständigen → Fernsehbild gehören. Die Z. steht in direktem Zusammenhang mit der erreichbaren → Auflösung für ein Fernsehbild in *vertikaler Richtung* und bestimmt über die Bandbreite der zu übertragenen → Bildsignale wesentlich den technischen Aufwand der Bildsignalübertragung. Hieraus folgt der notwendige Kompromiß zwischen Bildqualität und Aufwand in den Fernsehsystemen, der bei 625 Zeilen sein Optimum hat. Er wird mit den hochauflösenden Fernsehbildern zugunsten der Bildqualität entschieden. → Hochzeilenfernsehen

Hinweis: Den zwischen Sehschärfe des Zuschauers, Zeilenzahl und Betrachtungsabstand vom Fernsehzuschauer zum Bildschirm bestehenden unmittelbaren Zusammenhang sollte man möglichst bereits beim Kauf und Aufstellen

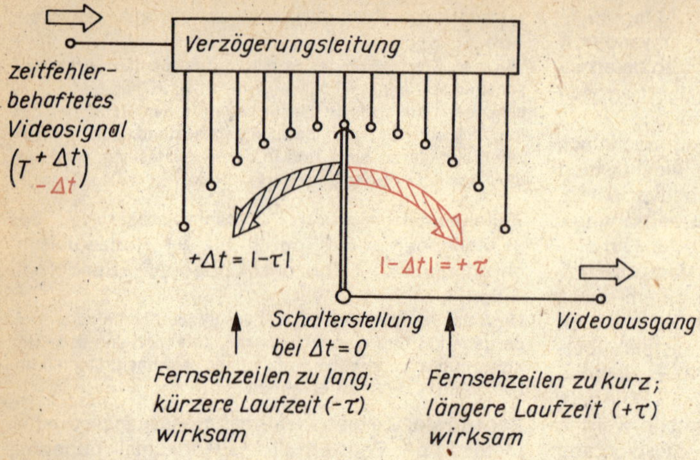

Zeitfehlerausgleicher: Prinzip der Zeitfehlerkorrektur

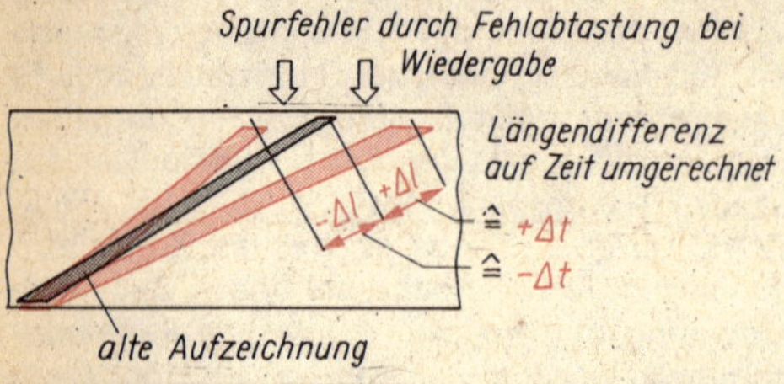

Zusammenhang von *Zeitfehler* und Spurfehler

eines Fernsehgeräts berücksichtigen. *Optimale Bedingungen* liegen vor, wenn die Zeilen des Fernsehbilds nicht mehr einzeln wahrnehmbar sind und gleichzeitig der Blickwinkel des Zuschauers nicht zuviel vom Umfeld des Fernsehbilds erfaßt. Als allgemeiner Richtwert sollte bei einer Z. von 625 der Betrachtungsabstand das 4...7fache der *Bildhöhe* betragen. Dieser Bedingung muß die Raumgröße und -einrichtung entsprechen.

Zeitfehler (engl. Timing Error): bei Wiedergabe gespeicherter Videosignale auftretende zeitliche Schwankungen. Z. treten trotz größter mechanischer Präzision der Laufwerke und präziser Servosysteme vor allem bei Videorecordern auf, insbesondere bei solchen, die nach dem → Schrägspurverfahren arbeiten. Je länger die einzelne Videospur ist, um so größer ist der Z. Ursache von Z. sind Fehlabtastungen verschiedener Art; dazu gehören Gleichlauffehler, Rotationstoleranzen des Kopfrads, → Spurfehler u. a. m. Z. sind mit Zeitfehlerausgleichern korrigierbar. In Heimvideorecordern erfolgt diese sehr aufwendige Korrektur nicht. Z. wirken sich besonders am Umschaltpunkt der Videoköpfe aus und verursachen im wiedergegebenen Bild → Skew. Die Auswirkungen des Z. auf das wiedergegebene Farbsignal können vor allem bei PAL-Signalen nicht unkorrigiert bleiben. Eine entsprechende Kompensation erfolgt durch das → LIR-Verfahren. Abb.

Zeitfehlerausgleicher, Zeitbasiskorrektor, Abk. **TBC** für engl. **T**ime **B**ase **C**orrector: Einrichtung zur Korrektur von zeitfehlerbehafteten Videosignalen, die im wesentlichen aus einer Verzögerungseinrichtung besteht. Analoge TBC haben eine steuerbare oder in Schritten schaltbare Verzögerungsleitung, deren wirksame Verzögerungszeit von der Größe des zu korrigierenden → Zeitfehlers bestimmt wird (Abb.). Zur Korrektur großer Zeitfehler werden digitale TBC (DTBC) notwendig. TBC sind im Wiedergabekanal jedes Studio-Videorecorders ein-, oder als separates Gerät aufgebaut. Abb.

Zeitlupe (engl. Slow Motion): durch Vergrößern der Bildaufnahmegeschwindigkeit (Filmzeitlupe) oder durch Verlangsamung der Wiedergabegeschwindigkeit (Fernsehzeitlupe) erreichbare Zeitdehnung, um schnelle oder im Normalfall unerkennbare Bewegungsabläufe genauer betrachten zu können. → Zeitlupenwiedergabe

Zeitlupenwiedergabe: bei Videorecordern und Bildplattenspielern mögliche, zeitgedehnte Wiedergabe aufgezeichneter Bildfolgen. Da die Bildfolgefrequenz bei Aufzeichnung und Wiedergabe gleich sein muß und unveränderbar durch die jeweilige Fernsehnorm festliegt, erfolgt Z. durch mehrfache Wiederholung gespeicherter Fernseh- oder Fernsehhalbbilder (ruhigerer Bildeindruck). Je öfter jedes gespeicherte Bild wiederholt wird, um so langsamer ist die Bewegungsfolge bis hin zum Standbild. Der Grad der Zeitdehnung kann in den Geräten einstellbar oder fest vorgegeben sein. Da bei Z. in Videorecordern die Bandtransportgeschwindigkeit entsprechend verringert wird, kommt es zwangsläufig zu → Spurfehlern, so daß im wiedergegebenen Bild mehr oder weniger starke Störstreifen entstehen würden. Je nach Gerätekonzept sorgt man für eine störzonenfreie, gute Z. durch einen separaten → Spurlageeinsteller, ein → dynamisches Spurfolgesystem oder einen zusätzlichen Hilfsvideokopf (→ Schrägspurverfahren). → Standbildwiedergabe

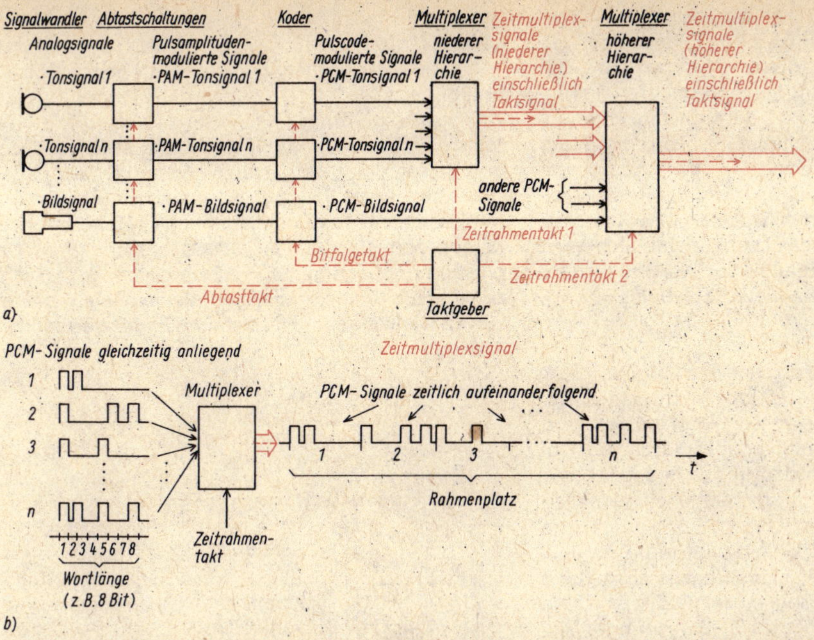

Zeitmultiplex

Zeitmultiplex (engl. Time Division Multiplex, Abk. TDM): zeitlich aufeinanderfolgende Einordnung mehrerer Nachrichtensignale in einen Übertragungskanal. Bei Anwendung des Z. in der Übertragungstechnik nutzt man hauptsächlich die → Pulscodemodulation (PCM) oder vergleichbare Modulationsverfahren mit einheitlich festgelegtem Zeittakt und Zeitrahmen. Z. setzt die Verfügbarkeit über breitbandige Übertragungskanäle voraus. Der wesentliche Vorteil des Z. besteht in der hohen Auslastbarkeit einzelner Übertragungskanäle bei ausgezeichneter Übertragungsqualität. Während man solche Verfahren, wie die Übertragung von Tonsignalen in den Austastlücken des Bildsignals (Sound in Sync) als Vorstufe des Z. im Fernsehen bezeichnen kann, sind in den verschiedenartigen Fernmeldenetzen der Nachrichtenverwaltungen heute Z.-Systeme (PCM 24 bis 480 usw.) bereits Realität. Zukünftig zu erwartende integrierte digitale Nachrichtennetze zur gleichzeitigen Übertragung von Fernsprech-, Rundfunk-, Fernseh-, Datensignalen u.a. werden generell nach dem Z. arbeiten. Die Abbildung zeigt in stark vereinfachter Form die Entstehung des Z. Die Auflösung erfolgt gegenläufig unter Einsatz von Demultiplexern, PCM-Dekodern und Digital-Analog-Umsetzern. Abb.

Zeitraffer: durch Verkleinerung der Bildaufnahmegeschwindigkeit (aus der Filmtechnik bekannt, elektronisch mit spezieller Aufnahme- und Aufzeichnungstechnik möglich) oder durch Vergrößern der Bildwiedergabegeschwindigkeit erreichbare Verkürzung des Wiedergabe-Zeitablaufs natürlicher Ereignisse und Bewegungsvorgänge. Eine störungsfreie *Zeitrafferwiedergabe (Fast Motion)* wird bei Videorecordern mit doppelter oder mehrfacher Normalgeschwindigkeit und bei Bildplattenspielern mit frei wählbarer Geschwindigkeit möglich. In diesen Fällen wird das Videoband bzw. der Abtaster schneller als normal transportiert, die Kopfrad- bzw. Bildplattendrehzahl bleibt unverändert.

Zeitschalter (engl. Timer, Clock-Timer): Einrichtung zur zeitabhängigen Steuerung von elektrischen Stromkreisen. Über die primär von Z. gesteuerten Stromkreise kann direkt oder indirekt eine zeitlich festgelegte Einwirkung auf die verschiedenartigsten Größen erfolgen (z. B. Ein-/Ausschalten der Netzspannung, eines Alarmsignals usw.; Entnahme einer Probe aus einem Signalfluß o. ä.; Umschalten eines Signalwegs u. v. a.). Arten der Z. sind: *Zeitrelais* (einfachster Fall), → *Schaltuhren* (in der Unterhaltungselektronik am häufigsten angewendete Art) und *elektronische Schaltkreise mit Zeitverhalten* (Torschaltungen, Zählschaltungen u. ä.).

Hinweis: In der Heimelektronik wird die Bezeichnung *Timer* i. e. S. für Schaltuhr verwendet.

Zeitversatz: zeitliche Verschiebung einer Größe oder eines Vorgangs zu einem Bezugszeitwert. Ein Z. kann für Signale durch unterschiedliche Aufnahmeverfahren, Übrtragungsweglängen, Vielzahl der Bearbeitungsstufen usw. entstehen. Ein Z. kann aber auch aus technologischen Gründen (z. B. Z. zwischen Produktion und Ausstrahlung einer Rundfunksendung) oder individuellen Wünschen (z. B. Anhören/Ansehen einer original aufgezeichneten

Rundfunksendung zum selbst bestimmten Zeitpunkt) resultieren. Dabei ist zu beachten, daß vielfach ein Z. unbedingt verhindert werden muß, um damit verbundene Störungen zu vermeiden (Forderung nach Synchronität von Bildsignalen untereinander, zeitliche Übereinstimmung von Bild- und Toninformation im → Fernsehen, Verhindern von Geisterbildern im Fernsehbild usw.). Ein Z. zwischen zusammengehörigen Signalen bzw. Informationen (z. B. Kolorierung des Leuchtdichtebilds) wird als *Koinzidenzfehler* bezeichnet. → Farbfernsehen, → Synchronisation, → Phasenverschiebung

Zenerdiode: → Z-Diode

Zentrierstück: → Puck

Zerstreuungskreis: in bezug auf das Original großflächigere Abbildung von „Bildpunkten" eines Objekts in der → Bildebene eines → Objektivs. Wird ein räumliches Objekt (Bildvorlage) durch ein Objektiv aufgenommen, werden in der Bildebene nur die Punkte, die genau in der Gegenstandsebene (mittlere Entfernung vom Objekt zur Hauptebene des Objektivs) liegen, wirklich punktförmig abgebildet. Punkte vor oder hinter der Gegenstandsebene erfahren bei der Abbildung in der Bildebene eine flächenhafte Erweiterung zum Z. Bei geringer Abweichung kann der Z. noch als „scharfer Bildpunkt" betrachtet werden. → Tiefenschärfe, → Brennweite

ZF, Abk. für *Zwischenfrequenz:* durch → Frequenzmischung einer modulierten HF-Schwingung f_e mit einer zusätzlichen (Oszillator-)Frequenz f_o gewonnene konstante Frequenz (einschließlich der zu f_e gehörenden Seitenbänder, → Modulation). Die ZF wird durch den Wert $f_z = |f_o - f_e|$ gekennzeichnet. In jedem → Superhet wird die Empfangsfrequenz vor ihrer endgültigen Verstärkung und Demodulation auf eine ZF umgesetzt. Diese beträgt im FM-Teil eines Rundfunkempfängers $f_z = 10{,}7$ MHz und im AM-Teil um $f_z = 455$ kHZ. In Fernsehempfängern unterscheidet man 2 ZF-Ebenen: In der ersten ZF-Ebene beträgt die *Bild-ZF* $f_z = 38{,}9$ MHz und die *Ton-ZF* $f_z = 33{,}4$ MHz. In der zweiten ZF-Ebene (auch *DF*) wird nur noch die Toninformation verarbeitet, wobei der Wert $f_z = 5{,}5$ MHz beträgt. → ZF-Verstärker

ZF-Verstärker: Baugruppe zur Verstärkung der in einer Mischstufe gebildeten → ZF vor ihrer Demodulation; meist mehrstufiger, hochverstärkender HF-Verstärker mit definierter Bandbreite. Um in einem → Superhet eine hohe Trennschärfe zu erreichen, muß der Durchlaßbereich (→ Filter) des Z. auf den Bereich der ZF einschließlich ihrer Seitenbänder begrenzt werden (→ Modulation). Das wird z. B. durch mehrere, fest abgestimmte und in ihrer Resonanzfrequenz etwas gegeneinander versetzte, miteinander gekoppelte Schwingkreise erreicht. Heute verwendet man vorrangig mechanische Filter mit steilen Flanken und definiertem, gleichmäßigem Durchlaßbereich (→ akustisches Oberflächenwellenfilter, → Piezofilter). Bei AM-Rundfunk- und Fernsehempfängern wird der Z. in die automatische → Verstärkungsregelung mit einbezogen. → Bandbreiteneinstellung

Ziffernanzeigeröhre: → Gasentladungsröhre mit mehreren, dicht hintereinander aufgereihten Katoden, deren Form den anzuzeigenden Ziffern (0...9) oder Zeichen (z. B. +, −, %) entspricht. Z. arbeiten im Bereich der Glimmentladung. Die eingeschaltete Katode bedeckt sich mit Glimmlicht und zeigt die entsprechende Ziffer an. Z. werden z. B. zur Anzeige in digitalen Meßgeräten, Rechenanlagen oder zur Kanalanzeige im Fernsehempfänger verwendet. Abb.

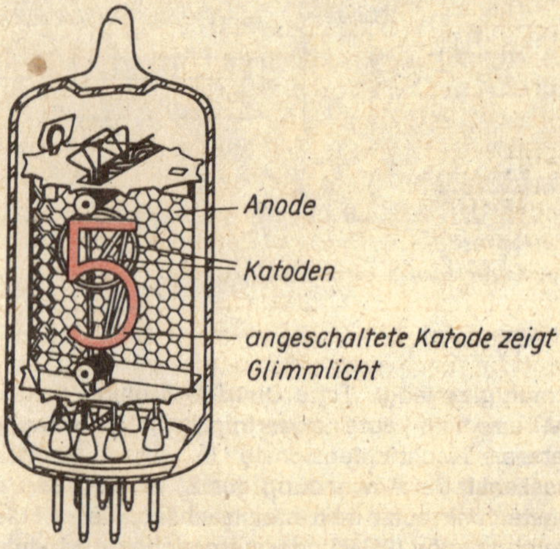

Ziffernanzeigeröhre

Zigarettenanzündersteckser: → Gleichspannungsstecker

Zimmerantenne: in einem Wohnraum aufgestellte, behelfsmäßige Antenne zum Empfang von Rundfunk- oder Fernsehsendern bis ca. 20 km Entfernung. Bei einer Z. werden Kompromisse zwischen Größe, Form und erzielbarer Antennenleistung geschlossen. Häufig ist ein Antennenverstärker eingebaut, dessen Verstärkung nicht zu hoch sein darf, damit starke Ortssender nicht zu einer Übersteuerung des Empfängers führen.

Hinweis: Der Standort für eine Z. ist zu erproben, weil durch die Raumwände und Einrichtungsgegenstände immer mit beträchtlichen Feldverzerrungen zu rechnen ist und außerdem Reflexionen auftreten können. Durch umherlaufende Personen kann der Empfang gestört werden. Wegen der Abschirmwirkung der Armierungen in Stahlbetonbauten ist in solchen Gebäuden eine Z. kaum geeignet.

Zimmerlautstärke: veraltet für eine Wiedergabelautstärke, wie sie sich mit einer NF-Endstufe von 50 mW maximal erzeugen läßt. Obwohl die Bezeichnung verschwommen ist, wird sie noch heute vielfach als Synonym für eine Wiedergabelautstärke verwendet, die eine nachbarliche Lärmbelästigung sicher ausschließt.

Zoom, elektronischer: →digitaler Bildspeicher

Zoom-Mikrofon: Richtmikrofon mit kontinuierlich veränderbarer Schallbündelung. Das Z. läßt sich mit der Zoom-Optik einer Amateurfilm- oder -videokamera koppeln. Im Z. sind mehrere Einzelmikrofonsysteme mit Nierencharakteristik vereinigt, deren Ausgangssignale in einem bestimmten Verhältnis gemischt werden. Je nach Anteil der einzelnen Systeme ändert sich die Richtwirkung des Z. Damit gelingt eine günstige Anpassung des Tons an die zugehörige Bildeinstellung, z. B. zunehmende Umfeldgeräusche bei einer „Zoom-Fahrt" aus der Naheinstellung in die Totale.

Zoomobjektiv: →Varioobjektiv

ZPS, Abk. für **z**eitunabhängige **P**rogramm-**S**peicherung bzw. für **z**usätzliche **P**rogramme in **S**endepausen: ältere Bezeichnung für →VPS.

Zugriffszeit: 1. I. w. S. Zeit zwischen der Anforderung (dem Abruf) eines Speicherplatzes und dem Erreichen der dort gespeicherten Information. – **2.** *(Ton- und Bildspeicherung)* Zeit vom Wunsch nach einem auf Platte oder Magnetband gespeicherten Beitrag bis zu dem Augenblick, wo er zur Wiedergabe bereit ist. Die Z. ist bei einer Platte i. allg. kürzer als bei einem Magnetband, weil der Abtaster sofort an beliebiger Stelle eingesetzt werden kann, das Band aber erst zur gewünschten Stelle gespult werden muß.

Zusatzlautsprecher: Lautsprecher, der parallel zu einer Lautsprecherbox oder zusätzlich zu bzw. an Stelle von einem →Einbaulautsprecher angeschlossen wird. Der Z. soll weitere Räume mit Schall versorgen, die Wiedergabequalität verbessern oder die Lautstärke erhöhen.

Hinweis: Beim Anschließen von Z. ist die →Lautsprecheranpassung zu beachten, weil sonst die Endstufen des NF-Verstärkers zerstört werden können.

Zuverlässigkeit: Wahrscheinlichkeit, daß ein Bauelement, ein elektronisches Gerät oder allgemein ein technisches System unter bestimmter Beanspruchung eine vorgegebene Zeit ohne Störungen oder Ausfall funktioniert, statistisches Maß. Mit der Z. wird die Nützlichkeit eines technischen Produkts ab seiner Inbetriebnahme beschrieben. Vorrangiges Ziel jeder Geräteentwicklung, Projektierung und Konstruktion ist die Steigerung der Z., wie sie bei elektronischen Heimgeräten u. a. durch Ablösung komplizierter mechanischer Steuerungen und elektromechanischer Schalter von vollelektronischen Steuersystemen, durch wartungsarme Antriebe, Einsatz spulenfreier Schaltungen (keine Alterung!), Schaltungstechnik mit geringem Eigenleistungsverbrauch „(Kalttechnik") und verschleißfesten Bauelementen (z. B. Langlebensdauerköpfen) erreicht wird. Diesem Anliegen tragen die durch Hersteller in der DDR produzierten und angebotenen neuen Geräte und Anlagen der Heimelektronik allseitig Rechnung. Durch vorbeugende Wartung kann die Z. weitestgehend erhalten werden.

Zweifachverteiler: →Antennenverteiler

2H-Impuls: → Farbschaltimpuls des SECAM-Farbfernsehverfahrens. 2H-I. steuern in →Farbkodern die zeilenweise Umschaltung zwischen den →Farbdifferenzsignalen Rot und Blau, um deren sequentielle Übertragung zu bewirken. 2H-I. werden im →Fernsehimpulsgenerator gemeinsam mit anderen Gleichlaufsignalen erzeugt. In Geräten mit eingebautem Fernsehimpulsgenerator und Farbkoder (z. B. Videokamera) erfolgt eine interne Versorgung. Arbeiten mehrere Videokameras parallel, sind diese zur Sicherung einheitlicher Schaltphasen impulsmäßig zu koppeln (externe Synchronisation). Das ist für eine weitere störfreie Bearbeitung der einzelnen Farbbildsignale unerläßlich. Da dieses Problem in Fernsehstudiokomplexen grundsätzlich besteht, werden hier 2H-I. zentral erzeugt und über Verstärker und Leitungen den Farbkodern der Bildquellen extern zugeführt. Sollen im Bearbeitungsprozeß SECAM- und PAL-kodierte Farbbildsignale zur Anwendung kommen, müssen außerdem Festlegungen für einheitliche Schaltphasen beachtet werden. Die Information des 2H-I. wird über die →Identifikationsimpulse zu allen Farbdekodern übertragen. Geht diese Information durch Übertragungsfehler verloren, gibt der Farbfernsehempfänger die Komplementärfarben zum Originalbild wieder. Das Farbfernsehbild wird unbrauchbar. Folgende Normwerte gelten: Folgefrequenz $f = 7812{,}5\ \text{Hz} = f_H/2$, Periodendauer $T = 128\ \mu s \triangleq 2H$, Impulsdauer $\tau = 64\ \mu s \triangleq H$.

Zweikanalstereofonie: →Stereofonie

Zweimotorenantrieb: →Mehrmotorenantrieb

Zweiröhrenkamera: Farbkamera mit 2 Bildaufnahmeröhren, wobei mit einer die Helligkeitswerte und mit der anderen Aufnahmeröhre die Farbwerte einer aufzunehmenden Szene in entsprechende elektrische Videosignale umgewandelt werden. Die

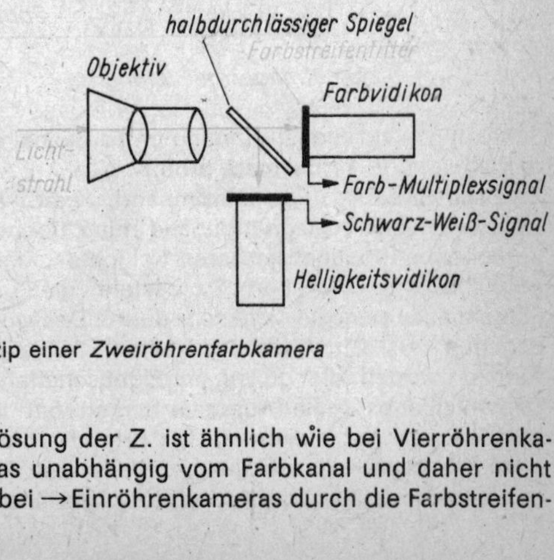

Prinzip einer *Zweiröhrenfarbkamera*

Auflösung der Z. ist ähnlich wie bei Vierröhrenkameras unabhängig vom Farbkanal und daher nicht wie bei →Einröhrenkameras durch die Farbstreifenfilterstruktur der Farbbildaufnahmeröhre (→ Farbstreifenvidikon) bestimmt. Den prinzipiellen Aufbau der Z. zeigt die Abbildung. Mit einem halbdurchlässigen Spiegel erfolgt die Lichtteilung auf Helligkeits- und Farbvidikon. Z. gibt es in verschiedenen Ausführungsformen. Je nachdem, welche Signale von den 2 Aufnahmeröhren erzeugt werden, unterscheidet man: Y/RGB-, Y/RB- und G/RB-Z. Die Signalaufbereitung zu normgerechten Videosignalen E_Y, E_R, E_G und E_B ist mit der von Einröhrenkameras vergleichbar. Nur wenige Farbvideokameras werden als Z. aufgebaut, da einerseits Farbdeckungsprobleme auftreten und andererseits aufwendige Schaltungen zur Signaltrennung im Farbkanal erforderlich sind. → Farbkamera (Abb.)

Zweischichtband, Ferrochromband, *Fe-Cr-Band*, „Sandwichband“: Magnettonband mit 2 übereinanderliegenden magnetisierbaren Schichten. Bei den etwa 1973 entwickelten Z. besteht die untere Schicht aus Eisenoxid-, die sehr dünne Deckschicht dagegen aus Chromdioxidkristallen. Mit diesem Aufbau werden die günstigen Eigenschaften des Eisenoxidbands (gute Aussteuerbarkeit bei tiefen Frequenzen) mit denen des Chromdioxidbands kombiniert (günstige Höhenaussteuerbarkeit, geringes Bandrauschen). Z. erfordern eine spezielle elektrische Einstellung des Kassettenrecorders. Der → Vormagnetisierungsstrom entspricht dabei etwa dem für ein Eisenoxidband, die → Magnettonentzerrung ($\tau = 70\,\mu s$) wird auf die CrO_2-Schicht abgestimmt (→ Bandsortenumschaltung). Z. sind relativ teuer und bringen gegenüber CrO_2-Bändern im Hörtest nur geringe Vorteile. Sie werden darum heute nur noch selten verwendet.

Zweispuraufzeichnung, ungenau *Halbspuraufzeichnung:* Aufzeichnung von 2 parallelen Spuren auf Magnettonband. Liegen diese Spuren in gleicher Richtung und werden sie gleichzeitig aufgezeichnet (z. B. als Stereo-Spurpaar), so spricht man auch von *Doppelspuraufzeichnung (Stereo-Halbspur,* Abb. a). Sie wird hauptsächlich bei professionellen und halbprofessionellen Tonbandgeräten angewendet. Die Aufzeichnungsrichtungen beider Spuren können aber auch entgegengesetzten Verlauf haben. Davon wurde bei (älteren) Mono-Spulentonbandgeräten Gebrauch gemacht, bei denen beide Spuren nacheinander aufgezeichnet wurden (Abb. b). Solche antiparallelen Spuren werden außerdem bei der Kompaktkassette für Mono-Aufzeichnung verwendet (Abb. c). Diese Aufzeichnungsart ist bei der Kompaktkassette mit Stereo-Aufzeichnung verträglich. Vorteilhaft bei der Z. mit antiparallelen Spuren ist,

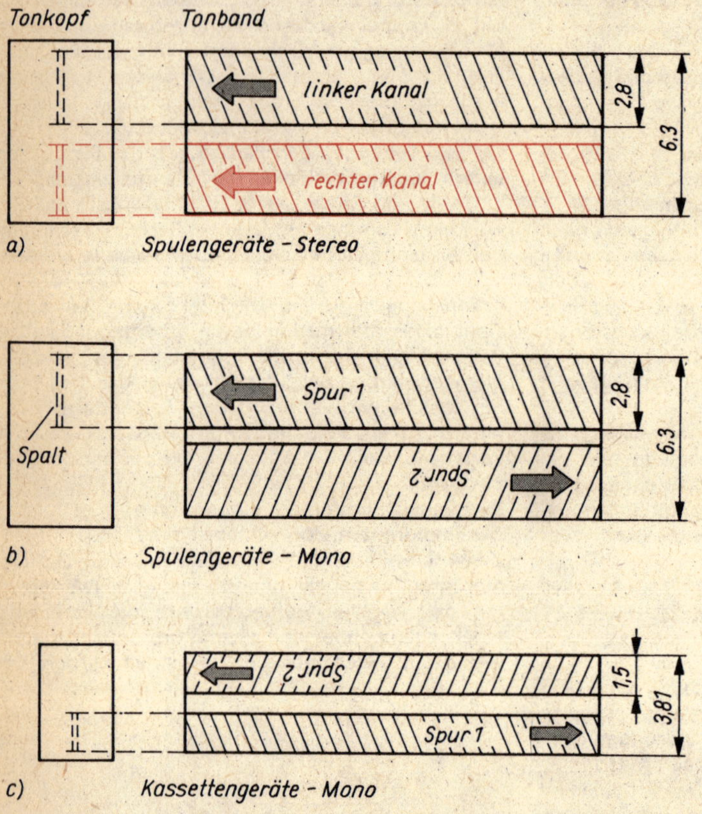

Spurlage bei der *Zweispuraufzeichnung* (auf die Schichtseite des Bands gesehen)

daß das Tonband in doppelter Länge ausgenutzt werden kann. → Magnettonspur (Abb.)

Zweitondekoder: → Zweitonübertragung, → Zweitonempfänger

Zweitonempfänger, Zweikanalfernsehempfänger, svw. Stereo-Fernsehempfänger: Fernsehempfänger, der gegenüber einem herkömmlichen Empfänger mit Mono-Fernsehton durch Zuatzeinrichtungen zur → *Zweitonübertragung* geeignet ist. Allgemein verfügt ein Z. über einen *Zweitondekoder* und 2 gleiche Tonkanäle (NF-Verstärker), so daß je nach programmabhängiger Betriebsart entweder Mono- oder Stereo-Fernsehton, bzw. wahlweise Ton 1 oder 2 bei Zweitonbetrieb wiedergegeben werden können. Ist ein Kopfhöreranschluß vorhanden, können bei Zweitonbetrieb auch beide übertragenen Informationen ohne gegenseitige Störung der Zuhörer abgehört werden. Anzeigeeinrichtungen für die Betriebsarten (Mono, Stereo, Zweiton), Wahlschalter für Ton 1 oder 2 bei Zweitonbetrieb, Mono/Stereo-Umschalter, gestatten einen universellen Einsatz der Z. Die Anwendung des → Quasiparalleltonverfahrens in Z. ist Voraussetzung für eine hohe Tonqualität. International sind die Verfahren der → Zweitonübertragung noch nicht einheitlich genormt, und die bei Beibehaltung der derzeitigen Standards im Fernsehrundfunk erreichbare Erweiterung (z. B. Tonqualität bei Stereo im Fernsehen) bringt nur bedingt einen Gewinn gegenüber dem jetzigen Stand. Das sind u. a. Gründe, daß im Fernsehrundfunk der DDR diese Übertragungsform noch nicht zur Anwendung kommt und demzufolge durch die Fernsehgerätehersteller für die DDR keine Z. angeboten werden. Firmen kapitalistischer Länder ignorieren dies und versuchen ihre Systeme zur Norm zu erheben. Das hat beispielsweise in der BRD zur Einführung des *2-Träger-FM-Verfahrens* geführt. Die Abb. zeigt den NF-Teil eines Z., der nach diesem Verfahren arbeitet. Im Zweitondekoder werden auf der Basis der übertragenen Kennfrequenzen die NF-Signale sinnvoll auf die beiden Wiedergabekanäle geschaltet, außerdem müssen bei Stereobetrieb die Signale L und R aus den übertragenen Signalen M und 2R durch Stereoumsetzung in einer Stereomatrix zurückgewonnen werden. Außer einem kompletten Z. mit 2 NF-Verstärkern und Lautsprecherboxen sind auch andere Varianten möglich: Nutzung einer bereits vorhandenen Stereoanlage, Komplettierung eines herkömmlichen Fernsehempfängers mit einem *Stereo-TV-Tuner (Zweitonempfangsteil),* Aufspaltung der Anlage in mehrere Komponenten (z. B. *Videoempfangsteil (Videotuner)* und *FBAS-Bildmonitor).* → Dreikanalstereofonie, → Basisbreitensteuerung (Abb.)

Zweitonübertragung: hochfrequente Übertragung von 2 voneinander unabhängigen *(Zweitonbetrieb)* oder abhängigen Tonsignalen *(Stereobetrieb)* zu einem zugehörigen Fernsehbild. Während bei Stereobetrieb lediglich eine qualitative Vervollkommnung der Fernsehtonwiedergabe gegenüber dem herkömmlichen Mono-Fernsehton erzielt wird (Richtungsauflösung, größere Durchsichtigkeit, besserer Raumeindruck), ergeben sich durch den Zweitonbetrieb neue Nutzungsmöglichkeiten im Fernsehen. Dazu zählen 2sprachige Übertragungen von Filmen, Reportagen, bis hin zum vollständigen 2sprachigen Programm oder die Übertragung verschiedener Informationen für unterschiedliche Adressaten zum gleichen Programm: Von den denkbaren Verfahren der Z. haben z. Z. nur wenige Aussicht auf eine internationale Standardisierung, weil entweder die notwendige Kanalgleichheit für Stereobetrieb, der geforderte Übersprechabstand bei Zweitonbetrieb (≧ 60 dB) oder die Verträglichkeit mit der bestehenden Mono-Fernsehtonübertra-

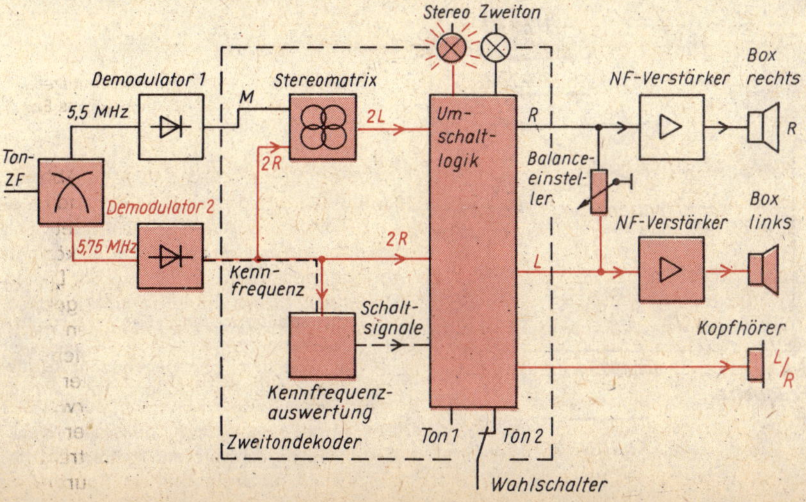

Niederfrequenzteil eines *Zweitonempfängers* (rot: Erweiterungen gegenüber Mono), dargestellte Betriebsart: Stereo

gung nicht gewährleistet werden kann. Z. T. sind auch die sender- oder empfängerseitigen Kosten zu hoch. 3 grundsätzlich verschiedene Verfahren wurden in den letzten Jahren bekannt, in einzelnen Ländern erprobt bzw. sind bereits national eingeführt worden. a) Das *FM-FM-Multiplexverfahren* wurde 1978 in Japan probeweise eingeführt. Es ist mit dem → Pilottonverfahren für UKW-Stereo-Übertragung im Hörrundfunk vergleichbar. Die Monoinformation (M-Signal) oder das Tonsignal 1 bei Zweitonbetrieb wird wie üblich im Frequenzbereich 50 Hz...14 kHz übertragen. Mit dem Stereo-Seitensignal (S-Signal), bzw. mit dem Tonsignal 2 bei Zweitonbetrieb wird ein Hilfsträger von 31,5 kHz frequenzmoduliert. Außerdem wird noch ein zweiter Hilfsträger *(Kennungsfrequenzträger)* von 55,125 kHz übertragen und bei Zweiton- oder Stereobetrieb mit verschiedenen *Kenn(ungs)frequenzen* moduliert (Zweiton: 922,5 Hz, Stereo: 982,5 Hz). Diese bewirken im Empfänger die Umschaltung des Dekoders auf die jeweilige Betriebsart. Die 3 Signalanteile M-Signal, moduliertes S-Signal und Kennung werden zu einem Multiplexsignal zusammengefaßt und dem herkömmlichen Tonträger des Fernsehsenders in FM aufmoduliert (→ Modulation). Im Empfänger ist ein zusätzlicher *Zweitondekoder* erforderlich, der die einzelnen im Multiplexsignal enthaltenen Signalanteile (rechtes und linkes Stereosignal bzw. Ton 1 und 2) wieder trennt. Mit dem FM-FM-Multiplexverfahren läßt sich ausreichende Kanalgleichheit und ein brauchbarer Übersprechabstand von ca. 50 dB bei Zweitonbetrieb erreichen. b) Bei *PCM-Z.* (z. Z. experimentell untersucht) wird aus Gründen der Kompatibilität das Monosignal oder Ton 1 bei Zweitonbetrieb wie üblich über den Fernsehtonsender übertragen. Das Stereo-Seitensignal (S-Signal) bzw. Ton 2 wird in ein PCM-Signal umgesetzt (→ Pulskodemodulation) und kann dann z. B. in die Zeilensynchronimpulse des Fernsehsignals eingeschachtelt werden. Bessere Ergebnisse hinsichtlich der Kanalgleichheit wären zu erzielen, wenn die Signale L und R bei Stereo, bzw. Ton 1 und 2 bei Zweitonbetrieb zusätzlich in PCM übertragen werden könnten. Dann allerdings sind noch

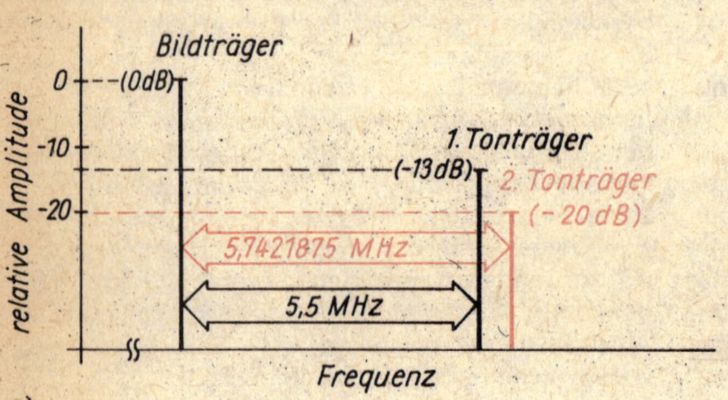

a)

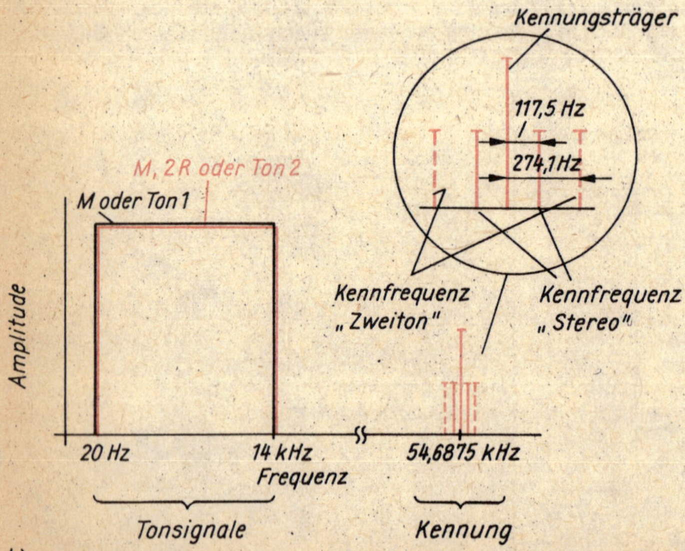

b)

Zweitonübertragung (1) – 2-Träger-FM-Verfahren:
a) Lage der Tonträgerfrequenz relativ zur Bildträgerfrequenz (rot: zweiter Tonkanal),
b) übertragene Ton- und Kennungssignale (schwarz: auf Tonträger 1, rot: auf Tonträger 2)

mehr Zeichen im Synchronimpuls unterzubringen. Die Anwendung der PCM nach dieser oder einer anderen Z. sichert auf Grund der Eigenschaften dieser Modulationsart eine gute Tonqualität. c) Das *2-Träger-FM-Verfahren* wird in der BRD seit 1981 angewendet. Bei diesem Verfahren wird die Monoinformation (M-Signal) oder der Ton 1 bei Zweitonbetrieb in herkömmlicher Weise auf den in 5,5 MHz Abstand vom Bildträger liegenden Tonträger frequenzmoduliert. Dadurch ist das Verfahren kompatibel. Zusätzlich wird ein zweiter Tonträger im Abstand von etwa 5,74 MHz vom Bildträger abgestrahlt (Abb. a). Auf diesen wird bei Stereobetrieb das Signal rechts (2R) oder bei Zweitonbetrieb der Ton 2 frequenzmoduliert. Die Übertragung von 2R an Stelle des üblicherweise benutzten S-Signals sichert bei diesem Verfahren gleiche Störabstände bei den empfängerseitig zurückgewonnenen Stereosignalen L und R. Auf dem zweiten Tonträger wird außerdem noch ein *Kennungsträger* mit der Frequenz von etwa 54,7 kHz übertragen, auf dem unterschiedliche *Kenn(ungs)frequenzen* zur empfangsseitigen Umschaltung des Dekoders auf die jeweilige Betriebsart amplitudenmoduliert werden (bei Zweiton: 274,1 Hz, bei Stereo: 117,5 Hz, bei Mono: keine). Auch bei diesem Verfahren ist im Fernsehempfänger ein entsprechender Zweitondekoder erforderlich, in dem neben der Umschaltung auf die Betriebsarten Mono, Stereo oder Zweiton auch die Stereosignale L und R aus dem M- und 2R-Signal zurückgewonnen werden. Zur Übertragung und Verarbeitung des zweiten Tonträgers sind im Zwischenfrequenzteil des Fernsehempfängers zusätzliche Baugruppen und außerdem ein zweiter Tondemodulator erforderlich. Das 2-Träger-FM-Verfahren ermöglicht bei ausreichender Kanalgleichheit einen Übersprechabstand von 60 dB bei Zweitonbetrieb. → Simulcast-Verfahren, → Zweitonempfänger (Abb.)

2-Träger-FM-Verfahren: → Zweitonübertragung, → Zweitonempfänger

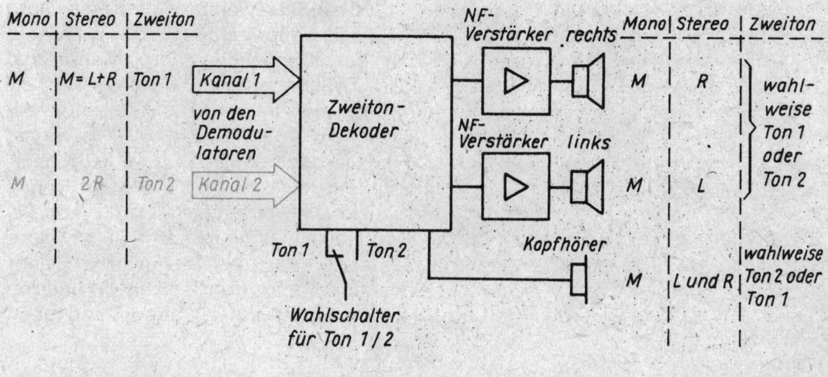

Zweitonübertragung (2): Signale vor und hinter dem Zweitondekoder beim 2-Träger-FM-Verfahren

Zweiwegebox: Lautsprecher mit 2 Frequenzbereichen. → Mehrwegebox

Zweiwegkopfhörer: Kopfhörer mit 2 verschiedenen Wandlersystemen je Hörkapsel. Üblich ist die Kombination eines dynamischen Systems für die tiefen Frequenzen mit einem elektrostatischen für die hohen Frequenzen. Man erzielt einen sehr ausgeglichenen Amplitudenfrequenzgang in einem breiten Übertragungsbereich (16 Hz...25 kHz). Ein Vorschaltgerät für das elektrostatische System kann entfallen, weil der nur bei hohen Frequenzen wirksame Anpassungsübertrager so klein gebaut werden kann, daß er im Z. Platz findet. Es werden auch Z. mit 2 elektrostatischen Systemen gebaut; diese benötigen allerdings ein Vorschaltgerät. → Kopfhörer (Abb.)

Zweiwegmikrofon: dynamisches Mikrofon mit je einem getrennten Mikrofonsystem für hohe und tiefe Frequenzen. Das Z. hat eine *frequenzunabhängige* Nierencharakteristik mit optimaler Form, d. h., es kann von allen Seiten beschallt werden, ohne daß sich gegenüber der Beschallung von vorn ein dunkleres Klangbild ergibt. Außerdem läßt sich beim Z. der → Nahbesprechungseffekt vermeiden.

2-2-4-Technik: Tonübertragungsverfahren, charakterisiert nach der Anzahl der Kanäle bei Aufnahme – Übertragung – Wiedergabe. → Pseudoquadrofonie

2-2-2-Technik: Tonübertragungsverfahren, das nach der Anzahl der Kanäle bei Aufnahme – Übertragung – Wiedergabe charakterisiert wird; Zweikanalstereofonie. → Stereofonie

Zwischenfrequenz: → ZF

Zwischenzeilenlage: vertikale örtliche Anordnung der Halbbilder in Fernsehsystemen, die nach dem → Zeilensprungverfahren arbeiten. Wird ein Fernsehbild aus 2 → Halbbildern aufgebaut, so liegen die Zeilen des 2. Halbbilds genau zwischen denen des 1. Halbbilds. Beide Halbbilder sind untereinander verkämmt, sie nehmen zueinander eine Z. ein.

*Zweiwegkopfhörer*kapsel in Explosionsstellung

Zworykin vor einigen von ihm entwickelten Bildaufnahmeröhren (rechts oben das erste Ikonoskop von 1923)

Ein optisch gut wirkender → Raster setzt voraus, daß die Z. mit der Abstandsmitte der Zeilen eines Halbbilds identisch ist. → Zeilenpaarigkeit, Abb. → Zeilensprungverfahren

Zwischenzeilenverfahren: → Zeilensprungverfahren

Zworykin, Wladimir Kosma: russischer Physiker (30. 7. 1889–29. 7. 1982), der 1919 in die USA ging und maßgeblich an der Entwicklung des elektronischen Fernsehens beteiligt war. Er entwickelte aus der Braunschen Elektronenstrahlröhre die erste Bildaufnahmeröhre, sein Ikonoskop. Am 29. 12. 1923 hatte Z. darauf ein grundlegendes Patent (US-Patent Nr. 683337) angemeldet. 1932 waren seine bahnbrechenden Arbeiten für ein rein elektronisches Fernsehsystem abgeschlossen. Durch Einführung des Speicherprinzips bei der elektronischen Bildaufnahme hat er mit dem Ikonoskop die Basis aller heutigen Bildaufnahmeröhren geschaffen. Abb.

Verzeichnis der Anhänge

1876 Der US-Amerikaner T. A. EDISON entwickelt das Kohlekörnermikrofon in einem geschlossenen Stromkreis, das im Jahre 1878 vom Engländer D. E. HUGHES verbessert wird

1877 Der US-Amerikaner T. A. EDISON erfindet den Phonographen, für den ihm am 19. Februar 1878 ein Patent erteilt wird

1881 Erste Stereoübertragung der Welt aus der Großen Pariser Oper über eine verstärkerlose Telefonanlage (T. PUSKÁS und C. ADER)

1883 Der deutsche Student der Naturwissenschaften P. NIPKOW hat mit seiner Erfindung der „spiralförmig gelochten Scheibe zur punktförmigen Zerlegung eines Bilds" (später als Nipkowscheibe bezeichnet) die Generalidee für das Fernsehen. Am 6. Januar 1884 beantragt er für seine Erfindung („Electrisches Teleskop") das Patent, das ihm am 15. Januar 1885 vom Kaiserlichen Patentamt in Berlin unter der Nummer 30105 zuerkannt wird. Das Patent verfällt 1886, weil NIPKOW es auf Grund fehlender finanzieller Mittel nicht erneuern kann. In den 80er Jahren arbeiten international viele Wissenschaftler an der Entwicklung des Fernsehens, u. a. in Lissabon de PAIVA, in London SUTTON, BIDWELL, in Paris le BLANC, BRILLOUIN, SELENCQ, DUSSAUD, in Straßburg BRAUN

1887 Der Deutschamerikaner E. BERLINER erfindet die Schallplatte und ein dafür geeignetes Abspielgerät. Er erhält für das Verfahren am 8. November 1887 in Deutschland ein Patent

1888 Dem deutschen Physiker H. HERTZ gelingt der experimentelle Nachweis der von MAXWELL im Jahre 1873 theoretisch vorausgesagten elektromagnetischen Wellen

1896 Der russische Physiker A. S. POPOW überbrückt eine Entfernung von 250 m mit drahtlos gesendeten Telegrafiezeichen

1897 Die deutschen Funkpioniere A. SLABY und G. v. ARCO führen in Berlin erfolgreiche Versuche mit drahtloser Telegrafie durch

1897 F. BRAUN stellt die Katodenstrahl-Oszillographenröhre als ein „Verfahren zur Demonstration und zum Studium des zeitlichen Verlaufs variabler Ströme" vor

1898 Der italienische Physiker G. MARCONI stellt die erste telegrafische Funkverbindung zwischen England und Frankreich her

1898 Der dänische Physiker V. POULSEN erhält auf sein mit magnetischer Signalspeicherung arbeitendes Gerät „Telegraphon" ein Patent

1901 Am 12. Dezember gelingt MARCONI die erste Funkverbindung über den Atlantik

1902 Am 12. Juni meldet Otto von BRONK ein Patent für das Fernsehen farbiger Bilder (DRP Nr. 155528) an. Es wird zur Grundidee der später in den USA entwickelten Farbfernsehverfahren auf elektromechanischer Basis

1904 Auf der Leipziger Frühjahrsmesse zeigt die Firma Odeon erstmalig Schallplatten, die auf beiden Seiten bespielt sind

1904 Am 15. Juli gelingt am Physikalischen Institut der Technischen Hochschule Graz eine drahtlose Musikübertragung über kurze Entfernungen

1906 Von FESSENDEN werden erfolgreiche Versuche zur drahtlosen Übertragung von Sprache und Musik unternommen

1906 Am 8. Juni gelingt erstmalig Max DIECKMANN in Straßburg die Verwendung der Braunschen Röhre zur Wiedergabe von Bildern, die nach dem Nipkowverfahren aufgenommen wurden. In den Jahren bis zum ersten Weltkrieg wird international an der Entwicklung des Fernsehens gearbeitet, u. a. in Budapest durch v. MIHÁLY, in London durch SWINTON, in Paris durch ARMENGAUD, RIGNOUX, FOURNIER, in St. Petersburg durch ROSING, ZWORYKIN

1907 Von einem Segelboot auf dem Eriesee (USA) wird am 15. Juli Telefonie (eine Sprachreportage) zu einer 7 km entfernten Empfangsstation drahtlos übertragen

1909 Der Amerikaner H. GERNSBACK verwendet erstmalig in einem Zeitungsartikel öffentlich die Bezeichnung „Television"

1918 Der Deutsche SCHOTTKY und der US-Amerikaner ARMSTRONG entwickeln fast gleichzeitig das Superhet-Prinzip, das sich ab etwa 1934 bei deutschen Rundfunkempfängern umfassend durchsetzt

1919 Beginn planmäßiger Vorversuche und Vorführungen zur Einführung des Unterhaltungsrundfunks in Deutschland

1919 D. v. MIHÁLY überträgt auf Leitungen am 7. Juli in Budapest mit dem von ihm entwickelten „Telehor" einfache Schattenbilder in Bewegung über eine Distanz von ca. 5 km

1920/22 Beginn des regulären Rundfunkbetriebs in mehreren Ländern, darunter die RSFSR, Frankreich, Großbritannien, die USA und die Niederlande

1923 Am 29. Oktober beginnt offiziell der Unterhaltungsrundfunk in Deutschland. Die erste Sendung der „Radio-Stunde A.G." wird mit einem 250-Watt-Sender vom Voxhaus Berlin auf Welle 400 abgestrahlt

1923 Am 29. Dezember meldet in den USA W. ZWORYKIN ein elektronisches Fernsehsystem zum Patent an (Nr. 683337). Es beinhaltet die grundlegende Erfindung des Ikonoskops. In vielen Ländern wird in den frühen 20er Jahren intensiv an der weiteren Entwicklung des Fernsehens gearbeitet. Besonders treten dabei die Deutschen A. KAROLUS, M. DIECKMANN und F. SCHRÖTER, der Schotte J. L. BAIRD, der Ungar D. v. MIHÁLY, die Amerikaner C. F. JENKINS und P. T. FARNSWORTH, der Österreicher F. AIGNER hervor

1924 Gründung des „Arbeiter-Radio-Klub e. V." in Deutschland

1925 Einführung des elektrischen Schnitts bei der Schallplatte

1925 Erstmalig wird am technisch-physikalischen Institut der Universität Jena ein Ultrakurzwellensender für Experimentalzwecke in Betrieb genommen (Wellenlänge 3 m, Sendeleistung 100 W).

1925 Der Physikprofessor A. KAROLUS baut eine mechanisch-optische Fernseh-Apparatur und J. L. BAIRD gelingt in London am 2. Oktober als erstem die Fernsehübertragung eines menschlichen Gesichts. Es ist das Gesicht des Laufburschen William Taynton, der damit als erster im Fernsehen übertragener Mensch gelten kann

1928 Der Deutsche F. PFLEUMER entwickelt Papiertonbänder, aus denen in den 30er Jahren die Folienbänder mit Eisenoxidschicht hervorgehen

1928 Innerhalb der 5. Großen Deutschen Rundfunk-Ausstellung (Berlin vom 31. August bis 9. September)

führt D. v. MIHÁLY öffentlich Fernsehbilder (Format 4 cm × 4 cm, 900 Bildpunkte) vor. Professor A. KAROLUS demonstriert öffentlich die Abtastung von Filmbildern mit einem Mechau-Projektor und vorgesetzter Vierfach-Spirallochscheibe (Nipkowprinzip). Dabei werden eine Bildgröße von 8 cm × 10 cm und 96 Zeilen pro Bild erreicht. Während in Europa intensiv an der Entwicklung des Fernsehsystems gearbeitet wird, stehen in den USA spektakuläre Anwendungsformen des neuen Mediums Fernsehen im Mittelpunkt (22. August: erste live-Übertragung vom demokratischen Parteikonvent, 11. September: erstes Fernsehspiel)

1929 In der Nacht vom 8. zum 9. März führt die Deutsche Reichspost die erste drahtlose Fernsehsendung in Berlin durch (Sender in Berlin-Witzleben, Empfänger in verschiedenen Berliner Stadtteilen). Weitere Sendungen folgen. Am 20. Juli wird die erste deutsche Fernsehnorm festgelegt (Bildbreite–Bildhöheverhältnis von 4:3, Zeilenzahl 30, Bildfrequenz 12,5 Hz)

1930 Erste Vorführungen von Kunstkopfstereofonie der Firma Bell Telephone Company (USA)

1930 Die ersten Autoradios werden in den USA von der Firma Motorola vorgestellt

1930 Die BBC überträgt im Rahmen ihrer Fernsehversuchssendungen nach dem BAIRD-System am 14. Juli die erste Fernsehspielhandlung nach einer literarischen Vorlage PIRANDELLOS („Der Mann mit einer Blume im Mund"; Einakter inszeniert in vier Szenen)

1930 Der Schotte BAIRD zeigt in London (28. Juli) und Berlin (18. Oktober) eine Fernsehbild-Großprojektion mit 21 000 Glühlampen (angeordnet in 30 Zeilen auf einer Fläche von 60 cm × 1,8 m)

1930 F. SCHRÖTER meldet am 27. September das „Verfahren zur Abtastung von Fernsehbildern" zum Patent an (DRP 574 805). Es ist die Entdeckung des Zeilensprungverfahrens

1930 Im Laboratorium Berlin-Lichterfelde gelingt M. v. ARDENNE am 14. Dezember die erste vollelektronische Fernsehbildübertragung. Ein Fernsehbild mit verschiedenen Grauwerten wird als Raster von 100 Zeilen bei 20 Bildwechseln pro Sekunde übertragen. Diese Entwicklung ist als Wendepunkt in der Entwicklung des Fernsehens von den bislang elektromechanischen Verfahren zu den heute noch angewendeten Fernsehverfahren zu werten

1931 Der Engländer A. D. BLUMLEIN erhält ein Patent für eine Stereoschallplatte mit 45°-Flankenschrift

1931 Vom Sender Döberitz werden am 30. Januar Fernsehversuche auf Kurzwelle aufgenommen. Dabei kommt die im Januar festgelegte neue Fernsehnorm (48 Zeilen, 25 Bilder pro Sekunde) zum Tragen. Nach anfänglich nur Bildübertragungen beginnen im Mai Fernsehbild- und Tonübertragungen. Am 15. Juni beginnt eine tägliche Tonfilmübertragung im Fernsehen in der Zeit von 9.30 Uhr bis 11.30 Uhr. Schrittweise werden Versuche zur Übertragung im UKW-Bereich eingeleitet

1931 Am 21. November erhält ZWORYKIN das Patent (Nr. 576 485) für den „Bildspeicherrohr-Abtaster" (Ikonoskop)

1931 Am 17. September wird in der US-Firma RCA-Victor die erste Langspielplatte mit 33⅓ U/min vorgestellt, die sich aber auf dem Markt nicht durchsetzen kann

1932 Auf der 9. Großen Deutschen Funkausstellung (ab 19. August) wird der erste Fernsehempfänger mit Braunscher Röhre vorgestellt (für 90 Zeilen). Er bildet die zukunftsweisende Alternative zu den bis dahin üblichen Empfangsgeräten mit Nipkowscheibe oder Spiegelrad (z. B. „Televisor", 1930 von BAIRD gebaut)

1934 In Deutschland verlagert sich die Fernsehübertragung schwerpunktmäßig in den UKW-Bereich. Das begünstigt den Übergang zu wesentlich höheren Zeilenzahlen bei der Bildabtastung. Infolgedessen wird eine neue Fernsehnorm festgelegt: 180 Zeilen, 25 Bildwechsel pro Sekunde (früher – 1928: 30 Zeilen, 1932: 90 Zeilen; später – 1936: 375 Zeilen, Zeilensprungverfahren, 1938: 441 Zeilen, 1950: 625 Zeilen)

1935 Die Firma AEG stellt auf der 12. Berliner Funkausstellung die ersten serienreifen Tonbandgeräte der Welt aus (Typ Magnetophon K 1)

1935 Die erste brauchbare Stereoschallplatte wird von der Bell Telephone Company (USA) vorgestellt, sie erlangt aber erst Ende der 50er Jahre weltweite Bedeutung

1935 Nach längerem Versuchsbetrieb (seit Juni 34 an drei Abenden pro Woche) beginnt am 22. März in Berlin der erste regelmäßige Fernseh-Programmdienst der Welt, zunächst mit Programmen an drei Wochentagen – aber ab Mai bereits täglich. Der Empfang ist in der ersten Zeit nur in öffentlichen Fernsehstellen für das Publikum möglich. Die erste öffentliche Fernsehstelle für jeweils ca. 30 Personen wird am 9. April im Postmuseum (Berlin, Mauerstraße/Leipziger Straße) eröffnet. Ihr folgen auf Grund des großen Interesses bald weitere in verschiedenen Berliner Stadtteilen. Als weitere ständige Fernsehdienste der Welt nehmen die BBC am 2. November 1936 in London (im wöchentlichen Wechsel 240 Zeilen elektromechanisches BAIRD-System und 405 Zeilen elektronisches EMI-MARCONI-System) und der französische Rundfunk im März 1938 vom Pariser Eiffelturm (445 Zeilen) öffentliche Fernsehrundfunkübertragungen auf

1936 Vom 1. bis 16. August erfolgen ständige Übertragungen von den Olympischen Sommerspielen in Berlin. Zur Bildaufnahme werden stationäre und mobile Fernsehanlagen (elektronische und elektromechanische Bildwandler) eingesetzt. Für den Empfang stehen insgesamt 27 öffentliche Fernsehstuben zur Verfügung

1940 Bedeutende Verbesserungen des Magnettonverfahrens, z. B. die Einführung des von BRAUNMÜHL und WEBER entdeckten Verfahrens der HF-Vormagnetisierung, schaffen die Voraussetzung dafür, daß sich Tonbandgeräte endgültig im Rundfunk durchsetzen

1940 Im August stellt die US-amerikanische Firma Columbia Broadcasting System (C. B. S.) ein Farbfernsehverfahren mit elektromechanischer Farbteilung vor. Versuchssendungen im Farbfernsehen werden von C. B. S. am 28. Mai 1941 in den USA aufgenommen

1945 Am 13. Mai beginnt nach der Zerschlagung des „Großdeutschen Reichs" der Rundfunk im Nachkriegsdeutschland wieder zu senden

1948 C. B. S. bringt die Langspielplatte mit 33⅓ U/min und einer neuen Vinyl-Preßmasse auf den Markt

1948 Die Firma RCA (USA) entwickelt die Single-Schallplatte mit 45 U/min und wieder dem ursprünglichen Schallplattendurchmesser von 7″ (ca. 178 mm), die ab 1952 auch in den europäischen Geschäften erscheint

1948 Eine technische Studienkommission der UER unter Vorsitz des Schweizers W. GERBER berät über eine für das europäische Fernsehen einzuführende Zeilenzahl. Im Ergebnis der Beratungen (1948/1950) wird als Kompromiß zwischen Bildqualität und technischem Aufwand die Zeilenzahl 625 bei 25 Bildern pro Sekunde vorgeschlagen (Gerber-Norm), der sich die meisten europäischen Länder 1951 anschließen. In vielen europäischen Ländern werden Vorbereitungen zur Wiedereinführung des öffentlichen Fernsehens getroffen

1949 Beginn des UKW-Rundfunks in der BRD mit den Sendern München (28. Februar) und Hannover (1. März)

1950 E. RHEIN entwickelt das Füllschriftverfahren für Schallplatten

1950 Beginn des UKW-Rundfunks in der DDR mit dem Sender Berlin-Mauerstraße, der am 1. November den Probebetrieb aufnimmt. Der UKW-Sender Brokken wird im Mai 1951 in Betrieb genommen, der systematische Ausbau des UKW-Sendernetzes beginnt 1953. Bereits Ende 1954 werden weite Teile der DDR über 11 UKW-Sender versorgt

1951 Erste Heimtonbandgeräte erscheinen im Handel

1951 Am 1. August werden erste Sendeversuche mit Fernsehbild- und -tonsignalen in der DDR vom Rundfunk- und Fernsehtechnischen Institut unternommen

1951 Im September beginnt in den USA die Ausstrahlung von Farbfernsehprogrammen durch die C. B. S.

1952 In der DDR beginnen am 4. Juni die Probesendungen des Fernsehens für die öffentliche Programmtätigkeit zunächst mit täglich 1- bis 1½stündigen Sendungen ab 20 Uhr (darunter bereits Versuche mit Wort- und Fotonachrichten unter dem Titel „Aktuelle Kamera"). Planmäßig erfolgt seit 1. Januar 1951 im Sachsenwerk Radeberg die Produktion der Fernsehempfänger T2 „Leningrad" (ca. 40000 Geräte pro Jahr), die zunächst in gesellschaftlichen Einrichtungen aufgestellt und ab 16. November 1952 öffentlich verkauft werden

1952 RCA (USA) stellt als Farbbildwiedergaberöhre die „Lochmaskenröhre" vor

1952 Das Fernsehen nimmt in der DDR am 21. Dezember seine öffentliche Programmtätigkeit auf, es folgen tägliche Versuchssendungen. Im Jahresdurchschnitt bis 1955 sendet das Fernsehen ca. 15 Stunden pro Woche. Als das DDR-Fernsehen die Ausstrahlung des regulären Programms am 3. Januar 1956 beginnt (vorübergehendes Sendezeichen „Deutscher Fernsehfunk"), sind in der Republik bereits 13600 Fernsehempfänger angemeldet (1954 23000, Dezember 1956 bereits 70600)

1953 RCA (USA) führt die von ihr entwickelte Anlage zur magnetischen Bildspeicherung nach dem Längsspurverfahren am 1. Dezember öffentlich vor. Sie demonstriert damit als erste Firma in der Welt Videotape für Farb- und Schwarz-Weiß-Fernsehbilder

1953 Am 17. Dezember bestätigt die FCC die öffentliche Einführung des NTSC-Farbfernsehverfahrens in den USA. Dieses Verfahren wird später in Amerika und Japan bestimmend, während in Europa die Entwicklung des PAL-Farbfernsehverfahrens (BRD) und SECAM-Farbfernsehverfahrens (Frankreich) eingeleitet und bis Anfang der 60er Jahre abgeschlossen wird

1954 Das sowjetische Fernsehen beginnt mit der Ausstrahlung von Farbfernsehversuchssendungen

1954 Die Eurovision wird gegründet. Sie wirkt im Rahmen des Europäischen Rundfunkvereins als internationale Organisation für den Austausch von Rundfunkprogrammen sowie die Koordination von Programmvorhaben

1954 In der BRD wird am 1. November offiziell mit dem Fernsehgemeinschaftsprogramm der ARD begonnen. Damit wird eine längere Etappe der Einführung des Fernsehens in der BRD, die mit dem Fernsehversuchsbetrieb des NWDR (ab 27. November 1950 dreimal wöchentlich) begann und über einen schrittweisen Ausbau des Fernsehens (Programmangebot, -dauer, Sendeanstalten usw.) führte, abgeschlossen

1956 Die Firma Ampex (USA) entwickelt einen Videorecorder mit rotierenden Videoköpfen und Querspuraufzeichnung. Dieses sogenannte Ampexverfahren mit 2″ breiten Videobändern brachte den Durchbruch zu breiter Anwendung der magnetischen Bildspeicherung, es wurde später zum internationalen Fernsehstudio-MAZ-Standard

1957/58 Die ersten Stereo-Langspielplatten verschiedener Hersteller (in Flankenschrift, nach dem Patent BLUMLEINS von 1931) erscheinen auf dem internationalen Markt

1959 In Japan wird von Toshiba erstmals das Schrägspurverfahren in einem Videorecorder verwirklicht

1960 Die Fernsehorganisation der OIRT (Intervision) nimmt am 30. Januar ihre Tätigkeit auf. Sie vereinigt zunächst die Fernsehstationen der DDR, der ČSSR, der VR Polen und der Ungarischen VR. Weitere Fernsehstationen schließen sich in den kommenden Jahren an

1961 In der BRD wird am 1. Juni ein provisorisches „Zweites Programm" der Rundfunkanstalten eröffnet. Es arbeitet bis zum 31. März 1963. Am 1. April 1963 nimmt das ZDF als eigenständige Fernsehanstalt der BRD in Mainz seine offiziellen Programmübertragungen auf

1962 Die Herstellung der Stereoschallplatten wird in der DDR aufgenommen

1962 Am 3. Oktober beginnt das Ostseestudio Rostock des DDR-Fernsehens seine Programmtätigkeit. In dieser Zeit sind in der DDR bereits annähernd 1,9 Mill. Fernsehempfänger angemeldet. Die wöchentliche Sendezeit des Fernsehens beträgt in der DDR ca. 66 Stunden im Jahresdurchschnitt

1962 Über den am 10. Juli auf eine Umlaufbahn gebrachten amerikanischen Nachrichtensatelliten „Telstar" wird am 23. Juli erstmals eine live-Sendung aus den USA in das Netz der Eurovision übertragen

1963 Einführung der Rundfunkstereofonie in der BRD

1963 Die Firma Philips (Niederlande) führt die Kompaktkassette ein

1964 Am 15. September wird in der DDR der offizielle Stereo-Rundfunkbetrieb aufgenommen

1964 Für Übertragungen der Intervision wird am 5. November die längste terrestrische Fernsehweitverbindung (Kabel: Moskau–Prag–Berlin) in Betrieb genommen

1965 Der Amerikaner R. M. DOLBY entwickelt den Dolby-Stretcher. Nach diesem Prinzip werden in den

Dolby-Laboratories (England) die ersten serienreifen Kompander für Studiozwecke (Dolby A) und Heimtonbandgeräte (Dolby B) gebaut. Das System wird über Lizenzen weltweit verbreitet

1965 Verbesserungen an den Eisenoxid-Tonbändern (LN-Typen) ermöglichen auch bei Heimtonbandgeräten HiFi-Qualität. Die auch höher aussteuerbaren LH-Bänder erscheinen 1967

1965 Das DDR-Fernsehen übernimmt erstmals über Satellit (Molnija 1) eine Fernsehsendung aus der UdSSR (Direktübertragung am 1. Mai aus Wladiwostok)

1966 Das Stereo-Pilottonverfahren wird international von CCIR und OIRT standardisiert

1966 Von RCA (USA) werden Schlitzmaskenröhren auf den Markt gebracht

1967 Am 25. August beginnt in der BRD das ZDF mit der Ausstrahlung von Farbfernsehsendungen

1969 In der DDR wird am 3. Oktober aus Anlaß des 20. Jahrestages der Republik das 2. Programm des Fernsehens eröffnet. Es ist mit dem Beginn regelmäßiger Farbfernsehsendungen verbunden

1969 Als Gemeinschaftsproduktion des DDR-Fernsehens mit Radio DDR und dem Rundfunk- und Fernsehtechnischen Zentralamt der Deutschen Post wird in der DDR die erste Fernsehsendung mit Stereoton in Europa ausgestrahlt (29. November: „Bunt sind schon die Wälder"; im Simulcast-Verfahren)

1970 Das Chromdioxid-Tonband erscheint im Handel

1970 Von der Firma Philips (Niederlande) wird der erste, auch für den Heimsektor bestimmte Videokassettenrecorder (VCR) vorgestellt und 1972 am Markt eingeführt

1970 Die erste für den Heimsektor nutzbare Bildplatte (TED) wird von der Firma Telefunken (BRD) vorgestellt

1972 Im 1. Programm des DDR-Fernsehens beginnen am 26. August Farbfernsehübertragungen. Nach einer experimentellen Phase erfolgt ab Jahreswechsel der regelmäßige Farbfernsehbetrieb im 1. Programm. Zu dieser Zeit sendet das DDR-Fernsehen pro Woche im Jahresmittel 121 Stunden, darunter ca. 23 Stunden in Farbe. Die Zahl der angemeldeten Fernsehgeräte in der DDR beträgt etwa 4,82 Mill.

1973 Beginn von Versuchssendungen in Kunstkopfstereofonie über einen Westberliner Sender

1974 Einführung des ARI-Verkehrswarnfunksystems in der BRD

1976 Ab 4. Oktober werden Sendungen in Kunstkopfstereofonie regelmäßig im Rundfunk der DDR ausgestrahlt

1976 Im Februar erfolgt in der DDR die Inbetriebnahme einer Intersputnik-Bodenfunkstelle der Deutschen Post. Die Übertragungen erfolgen anfangs mit Satelliten auf asynchroner Umlaufbahn – später mit geostationären Satelliten

1979 Entwicklung der Reineisentonbänder

1980 Die ersten kompakten Kamerarecorder werden der Öffentlichkeit vorgestellt

1981 Am 13. September wird die Zweitonübertragung im Fernsehen für Westberlin und die BRD auf der Internationalen Funkausstellung in Westberlin eröffnet

1983 Im März erscheint die Compact Disc auf dem internationalen Markt

1983 Beginn des Probebetriebs mit aktuellen Verkehrsinformationen in den DDR-Rundfunkprogrammen

1984 Die ersten serienreifen 8 mm-Videokamerarecorder kommen auf den Markt

1984 Am 1. Dezember nehmen ORF, SRG und ZDF das System „3 Sat" für das Satellitenfernsehen in Betrieb. Hiermit werden in Westeuropa neue Wege im Fernsehrundfunk beschritten, die z. B. in der UdSSR, den USA, Kanada, Indonesien schon wesentlich früher eingeschlagen wurden

1985 Über den Satelliten ECS nimmt am 1. Januar das private Satellitenfernsehen „Sat 1" in der BRD den Betrieb auf. Gleiche Entwicklungen vollziehen sich parallel in anderen westeuropäischen Ländern. Damit und mit der parallelen breiten Einführung des privaten Kabelfernsehens wird ein weiterer Schritt vollzogen, die Medien noch unmittelbarer den Interessen des Kapitals unterzuordnen

A

accessories Zubehör
access time Zugriffzeit
acoustic energy Schallenergie
acoustic radiator Schallstrahler, Strahlergruppe
acoustics Akustik
AC-voltage selector Spannungswähler
adjustable einstellbar
adjustment Abgleich, Eichung
aerial Antenne
aerial gain Antennengewinn
alignment Abgleich
all-wave aerial Allwellenantenne
alternating current, AC Wechselstrom
amperage Stromstärke
amplification Verstärkung
amplifier Verstärker
amplitude frequency characteristic Amplitudenfrequenzgang
amplitude limiter Amplitudenbegrenzer
amplitude response Amplitudenfrequenzgang
antenna Antenne
artificial head Kunstkopf
assembly Baugruppe, Baueinheit, Montage
attack time Ansprechzeit, Einregelzeit, Einschwingzeit
attenuation Dämpfung
attenuator Dämpfungsglied
audible sound Hörschall
audio carrier Tonträger (Modulation)
audio frequency Tonfrequenz
audio tape Magnettonband
automatic frequency control, AFC automatische Frequenzregelung
automatic gain control, AGC automatische Verstärkungsregelung
automatic phase control, APC automatische Phasenkorrektur
automatic transmitter finder automatischer Sendersuchlauf
automatic tuning automatische Scharfabstimmung
automatic volume control, AVC automatische Lautstärkeeinstellung
aux(iliary) Hilfs..., Reserve...
azimut adjustment Taumelung, Spalteinstellung

B

background Hintergrund
background control Kontrasteinstellung
background noise Grundrauschen
balance Balance
balance control Balanceeinstellung
balanced amplifier Gegentaktverstärker
band Frequenzband
band-pass filter Bandpaß
band suppressor Bandsperre
band switch Wellenschalter
bandwidth Bandbreite
bargraph (display) Leuchtbalken-, Leuchtband(anzeige)
bass control Tiefeneinstellung
battery Batterie
battery operation Batteriebetrieb
beam antenna Richtantenne
beat frequency Schwebungsfrequenz
bias frequency Vormagnetisierungsfrequenz
biasing current Vormagnetisierungsstrom
bias level Vormagnetisierungspegel
binary digit Binärzeichen, Bit
bipolar zweipolig
black level Schwarzpegel
blanking Austastung
block diagram Blockschaltbild, Übersichtsschaltbild
booster Zusatz..., Hilfs...
booster amplifier Zusatzverstärker
box Kiste, Kasten, Lautsprecherbox
braking Bremsung
break contact Ruhekontakt
brigthness control Helligkeitseinstellung
broadcasting Rundfunk
button Knopf, Druckknopf, Drucktaste
buttonswitch Druckknopfschalter
bypass Nebenschluß

C

cable Kabel, Leitung, telegrafieren
calibration Eichung, Abgleich
camera control unit, CCU Fernsehkamera-Betriebsgerät
camera power unit, CPU Kamera-Stromversorgungsteil
camera tube Bildaufnahmeröhre
capacitance diode Kapazitätsdiode, Varicap
capacitor Kondensator
capstan Bandtransportrolle
capstan motor Antriebsmotor (Magnetbandgerät)
capstan servo Antriebsmotor-Regelschaltung
car antenna Autoantenne
carrier frequency Trägerfrequenz (Modulation)
cartridge Kassette, Endlosbandkassette
cathode-ray tube Bildröhre, Oszilloskopröhre
channel Kanal (Tonkanal, Bildkanal)
channel selector Kanalwähler
channel separation Kanaltrennung
characteristic curve Kennlinie
characteristic oscillation Eigenschwingung
check Kontrolle, kontrollieren
choke Drosselspule
chromaticity Farbart
chrominance signal Farbsignal, Farbartsignal
circuit Schaltung, Stromkreis, Schaltkreis
circuit board Leiterplatte
clamping Klammerung, Schwarzwerthaltung
cleaning Reinigung
clear, to löschen, reinigen, zurückstellen (Bandzählwerk auf „0")
clipper Begrenzer, Abschneidestufe
clock generator Taktgenerator, Taktgeber
clock rate Taktfrequenz
closed-loop geschlossene Regelschleife, Rückführung
closed loop control Regelung
close range Nahbereich
coarse adjustment Voreinstellung, Grobeinstellung
coil Spule
colour Farbe
colour bar Farbbalken
colour code Farbkode
colour corrected farbkorrigiert
colour picture Farbbild

colour television Farbfernsehen
colour triangle Farbdreieck
comb-filter Kammfilter
communication satellite Nachrichtensatellit
compatibility Verträglichkeit, Kompatibilität
component part Bauteil, Teilgerät
composite (colour) video signal, CCVS vollständiges (Farb)Bildsignal, (F)BAS
condenser Kondensator
condenser mic(rophone) Kondensatormikrofon
connector Steckverbinder, Verbindungsschraube
connector pin Anschlußstift, Steckkontakt
contact Kontakt, Schaltschütz
continous variable stufenlos veränderbar
contrast Kontrast
control Steuerung, Einstellung, Bedienung
control equipment Steuerlogik
control key Bedienungstaste
controller Bedienungselement, Einsteller, Regler
copying kopieren, vervielfältigen
copyright Vervielfältigungsrecht, Urheberrecht
crest value Spitzenwert
crosstalk Übersprechen
crosstalk suppression Übersprechdämpfung, Nebensprechunterdrückung
crystal Kristall, Quarz
crystal(-controlled) oscillator Quarzoszillator
cue (Orientierungs-)Marke
current Strom (elektrisch)
cursor Schiebeschalter, Schiebekontakt, Blinker, Leuchtmarke, Zeiger (Meßinstrument)
cut schneiden, Schnitt
cut off abschneiden, trennen
cut-off frequency Grenzfrequenz

D

damping Dämpfung
damping element Dämpfungsglied
decay time Abkling-, Ausschwingzeit
de-energize, to abschalten
deflection Ablenkung
deflection coil Ablenkspule
degaussing coil Entmagnetisierungsspule
degenerative feedback Gegenkopplung
delay line Verzögerungsleitung
detune, to verstimmen
deviation Ablenkung, Hub (Modulation)
device Bauelement, Gerät
dial Skale, Skalenscheibe
dial light Skalenbeleuchtung
dichroming swich Farbschalter
digital clock Digitaluhr
digital computer Digitalrechner
digital recording Digitalaufzeichnung
digital timer digitaler Bandzähler
direct current, DC Gleichstrom
directional aerial Richtantenne
directional diagram Richtdiagramm
directional response pattern Richtcharakteristik
direct reading direktanzeigend
disc, disk Scheibe, Platte, Schallplatte
discrimination Trennschärfe
display unit Anzeigegerät, Datensichtgerät
distortion Verzerrung
distortion factor Klirrfaktor
disturbance Störung
divider Teiler, Frequenzteiler
dome tweeter Kalotten-Hochtonlautsprecher
double-sideband transmission Zweiseitenbandübertragung
doublet Dipol (Antenne)
driver Treiberverstärker
driving-point impedance Eingangswiderstand
dropout Aussetzer, Signalausfall
drum Trommel, Kopfrad
drum head Videokopf
dummy head Kunstkopf
durability Lebensdauer
dynamic crosstalks dynamisches Übersprechen
dynamic range Dynamik(bereich)

E

earth Erde, Masse
earthed geerdet
eddy current Wirbelstrom
edit, to schneiden
efficiency Wirkungsgrad
eject Auswurf, auswerfen
electron beam Elektronenstrahl
electronic editing elektronischer Schnitt
electronic lens Elektronenlinse
electronic timer elektronischer Zähler, -Zeitschalter
electronic valve Elektronenröhre
empty reel Leerspule
encode, to kodieren
endless tape loop Endlosbandschleife
end-of-tape sensor Bandendabschalter
energize, to einschalten
energizing coil Erregerspule
equalization Entzerrung, Korrektur
equipment Ausrüstung, Vorrichtung
erase, to löschen (Magnetbandtechnik)
erase frequency Löschfrequenz
erasing Löschung
erasing head Löschkopf
error Fehler
exact tuning Exaktabstimmung
excess noise Rauschen
expander Dynamikdehner, Expander
extension lead Verlängerungsleitung
extern speaker Außenlautsprecher

F

fading Schwund (elektromagnetische Welle)
fading control Schwundregelung
fast forward schneller Vorlauf
feedback Rückführung, Rückkopplung, Gegenkopplung
feedrate Bandgeschwindigkeit, Transportgeschwindigkeit
female connector Steckdose, Kupplung
ferrite aerial Ferritantenne
ferrite erase head Ferritlöschkopf
ferrite-rod antenna Ferritantenne

field Feld, Fernsehhalbbild
field strength Feldstärke
final stage Endstufe
fine setting Feineinstellung
fixed frequency oscillator Festfrequenzoszillator
flexible lead Geräteanschlußleitung
flicker, to flimmern
floppy disk Diskette, flexible Magnetspeicherplatte
flying spot scanner Lichtpunktabtaster
focus(ing) voltage Schärfespannung, Fokussierspannung
forward Vorlauf (Magnetbandgerät)
forwind vorspulen
four-track recording Vierspuraufzeichnung
frame Rahmen, Fernsehvollbild
frame connector Steckerleiste
frame of picture Bildausschnitt
framing Bildeinstellung
frequency Frequenz
frequency control Frequenzeinstellung, Frequenzregelung
frequency division multiplex Frequenzmultiplex
frequency range Frequenzbereich
frequency response Frequenzgang
frequency spectrum Frequenzspektrum
front panel Frontplatte
full-track recording Vollspuraufzeichnung
functional diagram Prinzipschaltbild
function key Funktionstaste
function switch Betriebsartenschalter
fuse Sicherung

G

gain Verstärkung, Gewinn (Antenne)
gain control Verstärkungsregelung
gap length Spaltbreite
gap loss Spaltverlust
ghost picture Geisterbild
glow-discharge tube Glimmröhre, Glimmlampe
grade Güteklasse
grid Raster, Gitter
groove (Schallplatten-)Rille
ground(ing) Masse, Erde
grounded geerdet
ground wave Bodenwelle
guard band Rasen, Trennspur, Spurabstand
gun Strahlsystem (Bildaufnahme- oder -wiedergaberöhre)

H

harmonic distortion Klirrfaktor
harmonic oscillation Oberschwingung
head Magnet(Kopf)
head assembly Kopfhörer
head gap Kopfspalt, auch Band-Kopf-Abstand
headphone Kopfhörer
headshell Systemhalter
headshield Magnetkopf-Abschirmkappe, Magnetkopfklappe
helical scanning Spiralabtastung (Platte)
high frequency, HF Hochfrequenz, auch Kurzwelle
high-pass filter Hochpaß
high voltage Hochspannung
hiss Zischen, Rauschen
hum Brummen

I

image Bild, Abbildung
image converter Bildwandler
image distortion Bildverzerrung, Bildverzeichnung
image frequency Spiegelfrequenz
image tube Bildröhre
inches per second Zoll pro Sekunde (Bandgeschwindigkeit)
indicating instrument Anzeigeinstrument
indicator Anzeiger, Indikator
indoor aerial Zimmerantenne
inductor coil Drosselspule
in-line in Reihe geschaltet
input Eingang, Eingangsgröße
input level Eingangspegel
instructions for service Serviceanleitung
interference Überlagerung, Störung
interference-free entstört
interfering frequency Störfrequenz
intermediate frequency Zwischenfrequenz
inverse feedback Gegenkopplung
inverter Umkehrverstärker (Phasendrehung)
ion trap Ionenfalle
isolating transformer Trenntransformator

J

jack Klinke, Buchse, Steckdose
jitter Zittern, Bildzittern, Signalschwankung

K

key tasten, Taste, Schlüssel
keyboard Tastatur, Tastenreihe
key-tuning Vorwahlabstimmung, Stationstastenabstimmung

L

lead Leiter (elektrisch)
lead wire Zuleitungsdraht
leak proof auslaufgeschützt, lecksicher
left channel linker (Stereo-)Kanal
level Pegel
level control Pegel-, Aussteuerungs-, Lautstärkeeinstellung
level indication Aussteuerungsanzeige
level meter Aussteuerungsmesser, Pegelmesser
LF amplifier NF-Verstärker
light Licht, Beleuchtung
light conductor Lichtleiter, Lichtleitkabel
light emitter diode, LED Leuchtdiode
limiter Begrenzer

limit value Grenzwert (einer phys. Größe)
line Linie, Zeile, Leitung
line scanning Zeilenabtastung
line suppression Zeilenunterdrückung
line-voltage selector Spannungswahlschalter
liquid crystal display, LCD Flüssigkeitskristallanzeige
loading Einfädeln (Magnetband), (Auf-)Laden
lockout, to ausblenden
long wave, LW Langwelle
loop Schleife, Regelkreis, Schleifenantenne
loss Dämpfung, Verlust
loudness Lautstärke
loudness control Lautstärkeeinstellung
loudness-level Lautstärkepegel (akustisches Maß)
loudspeaker Lautsprecher
low frequency, LF Niederfrequenz, tiefe Frequenzen
low-mass geringe Masse
low-pass filter Tiefpaß
luminance Leuchtdichte
luminous spot Leuchtfleck
luxmeter Belichtungsmesser

M

magnetic brake Magnetbremse
magnetic coating Magnetschicht (Magnetband)
magnetic core Magnetkern
magnetic head Magnetkopf
magnetic head gap Kopfspalt, Arbeitsspalt
magnetic tape Magnetband
magnetic tape cassette Magnetbandkassette
magnetic tape recorder Magnetbandgerät
main lobe Hauptkeule (Richtdiagramm)
mains Energienetz, Stromversorgungsnetz
mains operated netzbetrieben
mains supply lead Netzanschlußleitung
maintenance Wartung
male connector Stecker
malfunction Störung, Ausfall
manual von Hand bedient, von Hand betrieben
manual tuning Handabstimmung
masking Verdeckung, Abschattung
master (tape) Urband, Mutterband
match, to anpassen
matching resistor Anpassungswiderstand
maximum level Vollaussteuerung
measuring range Meßbereich
medium wave, MW Mittelwelle
memory Speicher, Speicherfunktion
meter Meßinstrument, Zähler
mic(rophone) Mikrofon
microprocessing unit Mikroprozessor
midrange speaker Mitteltonlautsprecher
minor lobe Nebenkeule (Richtdiagramm)
mismatch Fehlanpassung
mixer Mischpult, Mischer, Modulator
mixing amplifier Mischverstärker
mode of operation Betriebsart
modulation noise Modulationsrauschen
module Baustein, Funktionseinheit
monitor Kontrollgerät, Überwachungsgerät, Kontrollprogramm, Überwachungsprogramm, auch überwachen
monophonics Monofonie
movement Meßwerk
moving coil bewegte (drehbare, verschiebbare) Spule
moving magnet bewegter (drehbarer, verschiebbarer) Magnet
multi-channel Mehrkanal...
multi-track recording Mehrspuraufzeichnung, Vielspuraufzeichnung

N

natural frequency Eigenfrequenz
natural oscillation Eigenschwingung
natural resonance Eigenresonanz
negative feedback Gegenkopplung
network Netzwerk, Schaltung
neutral Rückleiter, Nulleiter
noise Geräusch, Rauschen, Lärm
noise limiter Störbegrenzer
noise reduction Rauschminderung
noisy verrauscht

O

omnidirectional characteristic Rundstrahlcharakteristik, Kugelcharakteristik
one-point stereo mic Einpunkt-Stereomikrofon
open-loop control Steuerung
operating conditions Betriebsbedingungen
operating indication Betriebsanzeige
operating key Betätigungstaste
operating level Vollaussteuerung, Betriebspegel
operating mode Betriebsart
operating point Arbeitspunkt
operating temperature Betriebstemperatur
operating voltage Betriebsspannung
operation Bedienungsweise, Wirkungsweise, Arbeitsweise
optical coupler Optokoppler
optical fibre cable Lichtleiter, -leitkabel
oscillation Schwingung
oscillation frequency Schwingungsfrequenz
oscillatory circuit Schwingkreis
output Ausgang, Ausgangsgröße
output level Ausgangspegel, Wiedergabepegel
output power Ausgangsleistung
overall gain Gesamtverstärkung
overlap Überlappung
overshoot Überschwingen
oxide shedding Bandabrieb, Schichtabrieb

P

panel Frontplatte, Schaltplatte, Bedientafel
pause-button Pausentaste, Stoptaste
peak limiter Spitzenbegrenzer
peak value Spitzenwert
permittance Kapazität
persistence Nachleuchten (Bildschirm)
perturbation Störung
phase angle Phasenwinkel
phase error Phasenfehler

phase reversal Phasenumkehr, -vertauschung
phase shift Phasenverschiebung
phone Laut, z. T. auch für Ton
phones Kopfhörer (Kurzform)
pick-up head Abtastkopf
pick-up tube Bildaufnahmeröhre
picture Bild, Abbildung
picture element Bildelement
picture signal Bildsignal
picture tube Bildwiedergaberöhre
piezoelectric pick-up piezoelektrisches Abtastsystem
pilot lamp Signallampe, Kontrollampe
pin Anschlußstift
pinch roller Andruckrolle
pin connection Anschlußbelegung
pitch of tone Tonhöhe
plant Anlage
play „Wiedergabe" (Speichergerät)
plug Stecker, Stöpsel
plug-in module Steckbaustein
pocket receiver Taschenempfänger
pointer Zeiger
polarity change Polaritätswechsel
positive feedback Mitkopplung
power amplifier Leistungsverstärker
power consumption Leistungsaufnahme
power demand Leistungsbedarf
power frequency Netzfrequenz
power input Leistungsaufnahme
power supply stabilizer Spannungskonstanthalter
power supply system Stromversorgungsteil, Netzteil
power switch Netzschalter
power unit Netzteil, Netzgerät, Stromversorgungsteil
preamplifier Vorverstärker
preset vorwählen, voreinstellen
pressure roller (Gummi-)Andruckrolle
print-through (effect) Kopiereffekt
production series Baureihe
protected geschützt
pulse Impuls
pulsed power supply Schaltnetzteil
push drücken
push-button Drucktaste

Q

quench löschen (Magnetbandtechnik)

R

rack Gestell, Turm, Gerätegruppe
radio Funk, Radio
radio channel Funkkanal, Sendekanal
radio frequency, RF Hochfrequenz, Funkfrequenz
radio interference Funkstörung
ramp signal Sägezahnsignal
range adjustment Bereichseinstellung, Bereichswahl
range selector Bereichswahlschalter
ratings Nenndaten
reactor coil Drosselspule
read head Wiedergabekopf
reading Anzeige, Anzeigewert
real time Echtzeit
rear panel Geräterückwand
receiving aerial Empfangsantenne
receiving channel Empfangskanal (Funkkanal)
receptacle Buchse, Steckdose
rechargeable wiederaufladbar
record, to aufzeichnen, aufnehmen
recorder Aufzeichnungsgerät (Magnetband)
recording Aufzeichnung, aufzeichnend
recording head Aufzeichnungskopf
record level Aufzeichnungspegel
rectifier Gleichrichter
reel Spule, Bandspule
reel, to aufwickeln
reference level Bezugspegel, Vergleichspegel
reference white Bezugsweiß
reflector aerial Spiegelantenne, Parabolantenne
regenerative feedback Rückkopplung
rejection circuit Sperrkreis
relay Relais
reliability Zuverlässigkeit
remote control Fernbedienung, Fernsteuerung
replacement part Ersatzteil
replay amplifier Wiedergabeverstärker
reproduce, to wiedergeben
reproducing head Wiedergabekopf
reproduction Wiedergabe, Kopie
reset, to zurücksetzen, auf Null stellen
resistance Widerstand (phys. Größe)
resistor Widerstand (Bauelement)
resolving power Auflösung(svermögen)
resonance frequency Resonanzfrequenz
resonance network Schwingkreis
retrace Strahlrücklauf
retune, to nachstimmen
reverberation Nachhall
rewind rückspulen, umspulen
rewind time Umspulzeit
right channel rechter (Stereo-)Kanal
ripple Welligkeit
rod antenna Stabantenne
room acoustics Raumakustik
rotary switch Drehschalter

S

sample, to abfragen, abtasten
sampling frequency Abtastfrequenz
saturation Sättigung
scale Skala, Skale
scanner Abtaster
scanning spot Abtastfleck, Abtastleuchtpunkt
screen Bildschirm, Leuchtschirm, Abschirmung
screening Abschirmung
search suchen, Suchlauf
semiconductor Halbleiter
selectivity Trennschärfe
selector (switch) Wähler, Wahlschalter
sensing element Sensor, Taster, Fühler
sensitivity Empfindlichkeit
separation Abtrennung, Trennung
servo Hilfs..., Regelung, Regelkreis
set, to einstellen, setzen
set timer Zählwerk-Einsteller, -Nulltaste

shadow mask tube Schattenmaskenröhre
sharpness Schärfe
shield abschirmen, Abschirmung
shielded line abgeschirmte Leitung
shift register Schieberegister
short circuit Kurzschluß
short circuit proof kurzschlußfest
short wave, SW Kurzwelle
short-wave range Kurzwellenbereich
shut off/on aus-/einschalten
signal delay Signalverzögerung
signal-to-noise-ratio Störabstand, Signal-Rausch-Verhältnis
silicon Silizium
single-sideband transmission Einseitenbandübertragung
skew Schräglauf (Magnetband)
sleep timer Schlaf-Zeitwähler
sliding band gleitende Bandbreite/Bandgrenze
slip Schlupf
slow motion Zeitlupe
solenoid Spule, Elektromagnet, Zugmagnet
sound channel Tonkanal
sound pressure level, SPL Schall(druck)pegel (akust. Maß)
sound source Schallquelle
sound track Tonspur (Magnetband)
sound transmission Tonübertragung
source Quelle, Schallquelle
span Bereich
spare part Ersatzteil
speaker Lautsprecher (Kurzform)
speaker box Lautsprecherbox, Gehäuselautsprecher
specifications technische Daten
speech frequency Sprachfrequenz
speed Bandgeschwindigkeit, Drehzahl
speed irregularities Gleichlaufschwankungen
spooling motor Wickelmotor
spot Fleck, Lichtfleck, Leuchtfleck
stage Stufe, Verstärkerstufe
stand-by Bereitschaft
starting time Startzeit, Hochlaufzeit
station selector Stationswähler, Stationswahlschalter
stereophonics Stereofonie, Stereo
stereo track Stereospur
still picture Standbild
stop Halt
stopping time Stoppzeit
storage Speicherung
store Speicher, speichern
subcarrier frequency Hilfsträgerfrequenz (Modulation)
superheterodyne receiver Überlagerungsempfänger, Super(het)
supply reel (spool) Abwickelspule
surface wave Oberflächenwelle (akust.)
sustain time Abklingzeit, Ausschwingzeit
sweep amplifier Kippverstärker
sweep time Ablenkzeit
switch Schalter, Umschalter
switchable umschaltbar
synchronizer Synchronisator
synthesizer Synthetisierer

T

tab Aufzeichnungssperre (Kassette)
tacho head Tachokopf, Geschwindigkeitssensor
take-up spool Aufwickelspule
tape Band, Magnetband
tape counter Bandzählwerk
tape flux level Bandfluß(stärke)
tape guide Bandführung
tape lock system Bandregelsystem, Bandzugregelung
tape noise Bandrauschen
tape reel Bandspule
tape run Bandabrieb
tape slip Bandschlupf
tape speed Bandgeschwindigkeit
tape tension Bandzug
tape timer Bandzählwerk
tape-to-tape recording Überspielen, Umzeichnen
tape transport control Laufwerkssteuerung
technical standard technischer Standard, Norm
television Fernsehen
television frame Fernsehbild(schirm)
television standard Fernsehnorm
television tube Fernsehbildröhre
television transmission Fernsehübertragung
tension Spannung, Straffheit (mechan.)
terminal Anschluß, Klemme, Datenausgabe, Datenanzeige, Datenstation
terminating resistor Abschlußwiderstand
test jack Prüfbuchse
thin-film magnetic head Dünnschichtmagnetkopf
three-gun tube Dreistrahlröhre
timbre Klangfarbe
time base Zeitbasis
time-base generator Zeitablenkgenerator
time delay Zeitverzögerung
time division multiplex Zeitmultiplex
timer Zeitschalter, -geber
toggle switch Kippschalter
tone Ton, Klang
tone control Klangeinstellung
track Spur, Magnetspur
tracking ability, trackability Abtastfähigkeit (Schallplatte)
track width Spurbreite, Spurhöhe
transducer Wandler, Umformer
transient response time Einschwingzeit
transit-time effect Laufzeiteffekt
transmission channel Übertragungskanal
transmission range Übertragungsbereich
transmit, to senden, ausstrahlen, übertragen
transmitter Sender
transmitting aerial Sendeantenne
transverter Umrichter, Gleichspannungswandler
treble control Höheneinstellung (Klangfarbe)
trouble Störung, Fehler
tube Elektronenröhre
tunable abstimmbar
tune, to abstimmen, abgleichen
tuning indication Abstimmanzeige
turn off, to abschalten
turn on, to einschalten
twist Drehung, Verdrehung
twisted pair verdrillte Doppelleitung
two-track recording Zweispuraufzeichnung, Doppelspuraufzeichnung

U

unbalanced unsymmetrisch
unipolar einpolig
unit Baugruppe, Bauteil, Maßeinheit
unweighted unbewertet (Meßgröße)

V

valve Elektronenröhre
variable frequency oscillator abstimmbarer Oszillator
variable speed veränderbare Geschwindigkeit
vibration amplitude Schwingamplitude
video amplifier Videoverstärker, Bildverstärker
viewing angle Betrachtungswinkel
visible speech sichtbar gemachte Sprache
visual indication Sichtanzeige
voice coder, vocoder Sprachsynthetisierer
volume Lautstärke
volume control Lautstärkeeinstellung
volume meter Mittelwertaussteuerungsmesser, VU-Meter
voltage Spannung (elektrische Größe)
voltage amplifier Spannungsverstärker
voltage controller Spannungseinsteller, Spannungswähler
voltage divider Spannungsteiler

W

wafer Halbleiterscheibe
wattage elektrische Leistung
wave Welle
waveform Wellenform, Schwingungsform
wavelength Wellenlänge
weatherproof klimageschützt
weighted bewertet (Meßgröße)
wide(ning) Verbreiterung
wide-band antenna Breitbandantenne
wire (Kabel-)Ader, schalten, verdrahten
wireless drahtlos, Funk...
wiring diagram Schaltplan, Stromlaufplan
wiring harness Kabelbaum
writing head Aufzeichnungskopf, Schreibkopf

X

Xtal oscillator Quarzoszillator (Kurzform)

Y

yoke Ablenkspule, Strahlablenkmagnet

Z

zero potential Nullpotential, Masse
zoom lens Variooptik, Transfokator

1. Allgemeine Kennzeichen und Funktionssymbole

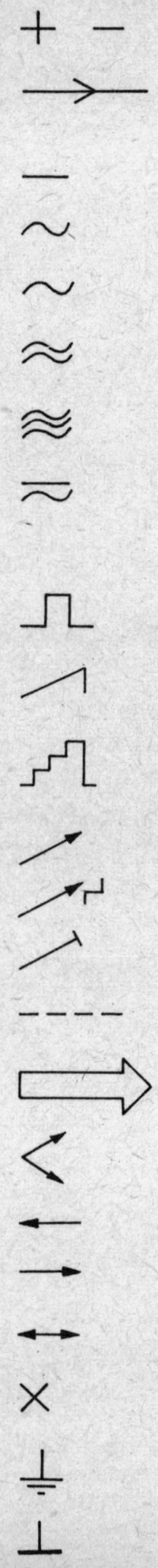

Polarität positiv/negativ

Übertragungsrichtung von Strom-, Signal- oder Energiefluß

Gleichspannung, Gleichstrom

Wechselspannung, Wechselstrom, allgemein

– mit niedriger Frequenz (z.B. Netzfrequenz)

– mit mittlerer Frequenz (NF-Bereich)

– mit hoher Frequenz (Hoch- und Höchstfrequenzbereich)

Gleich- oder Wechselstrom

Impulsformen

– Rechteckimpuls

– Sägezahnimpuls

– Treppenimpuls

Verstellbarkeit, allgemein

Verstellbarkeit in Stufen

abgleichbar

Abschirmung, allgemein

Steuersammelleitung, Datenbus, Richtung des Prozesses

stereofon

aufzeichnen (Pfeil zum Informationsträger)

wiedergeben (Pfeil vom Informationsträger)

aufzeichnen und wiedergeben

löschen

Erdanschluß, Erde

Masseanschluß, Masse

2. Leitungen, Bauelemente

Leiter, Leitung, allgemein

koaxiale Leitung

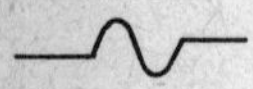
flexible Leitung

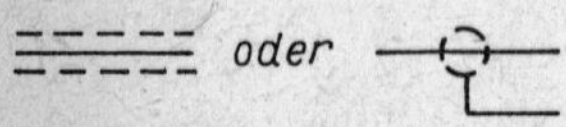

abgeschirmte Leitung

Leitungskreuzung

– ohne leitende Verbindung

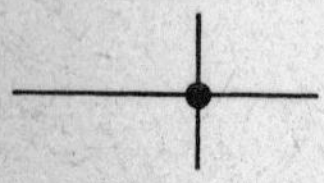
– mit leitender Verbindung

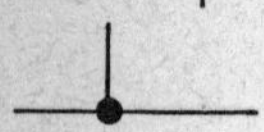
Leitungsabzweig

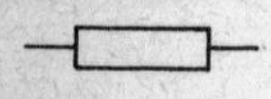
Widerstand, allgemein

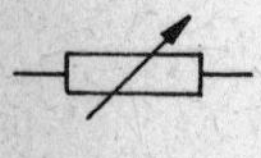
Widerstand, verstellbar (Potentiometer)

Sicherung, allgemein

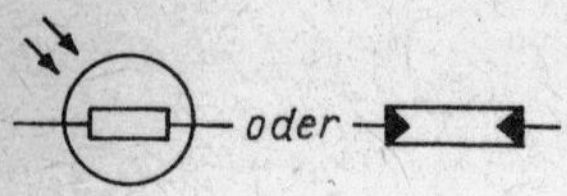

Fotowiderstand

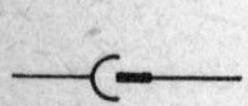
Steckverbindung, allgemein (Buchse/Stecker)

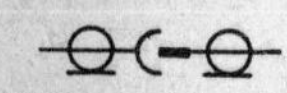
Koaxialsteckverbindung (Buchse/Stecker)

1)
Kondensator, allgemein

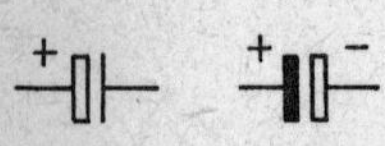

1)
Elektrolytkondensator, gepolt

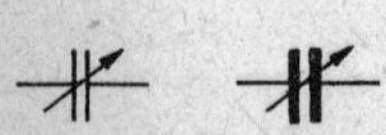
1)
Kondensator, verstellbar

1)
Spule, allgemein

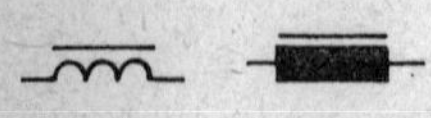
1)
Spule mit ferromagnetischem Kern

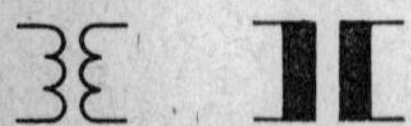
1)
Transformator, Übertrager, allgemein

1) Symbol veraltet

Transformator, Übertrager mit ferromagnetischem Kern

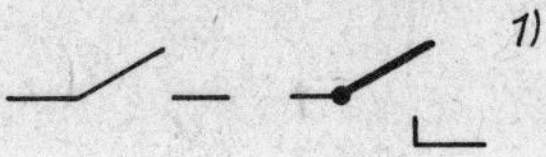

Schalter, Schaltkontakt (Schließer)

Schalter, Schaltkontakt (Öffner)

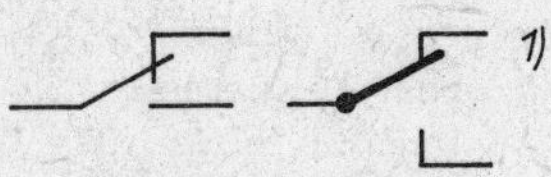

Schalter, Schaltkontakt (Wechsler, Umschalter)

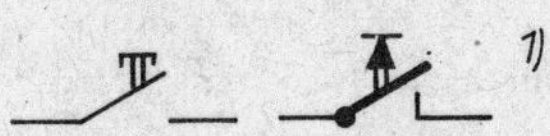

Taste, Tastenschalter, selbsttätig rückkehrend

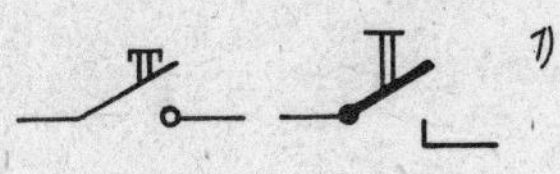

Taste, Tastenschalter, rastend

Mehrfachumschalter (z. B. 3polig)

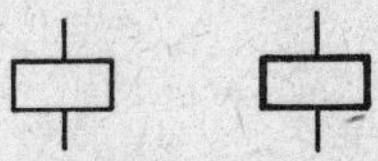

Magnetspule, allgemein, Kraftmagnet

Lampe, allgemein

Klingel, Wecker, Summer

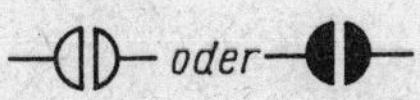

Sensortaste

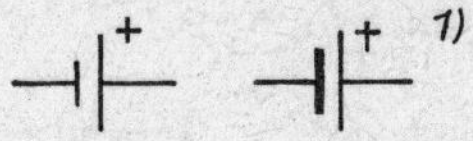

Galvanisches Element (Primär- oder Sekundärelement)

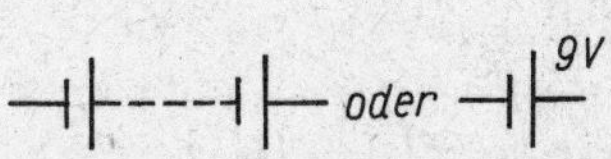

Batterie, bestehend aus galvanischen Elementen (mit Angabe der Nennspannung, z. B. 9 V)

Dioden

– Diode, allgemein (A: Anode, K: Katode)

– Fotodiode

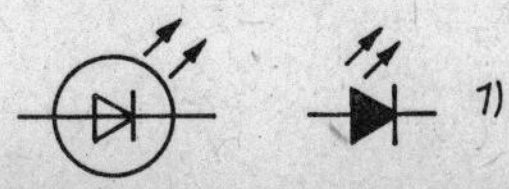

– Lumineszenzdiode, Leuchtdiode (LED)

1) Symbol veraltet

– Kapazitätsdiode (Varicap)

– Z-Diode (früher Zenerdiode genannt)

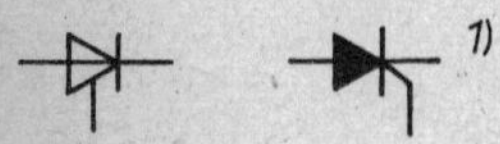

– Thyristor, allgemein

Transistoren

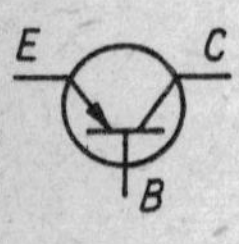

– pnp-Transistor (E: Emitter, B: Basis, C: Kollektor, Anschlußbezeichnungen können entfallen)

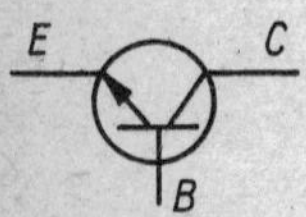

– npn-Transistor

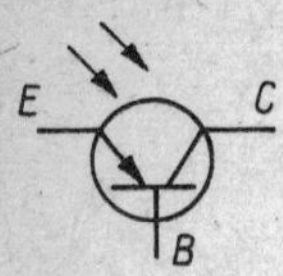

– Fototransistor

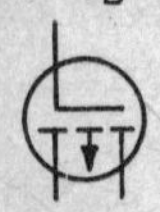

– Feldeffekttransistor (FET), p-Kanal-Anreicherungstyp

– Feldeffekttransistor (FET), n-Kanal-Anreicherungstyp

– Feldeffekttransistor (FET), p-Kanal-Verarmungstyp

– Feldeffekttransistor (FET), n-Kanal-Verarmungstyp

– Sperrschicht-Feldeffekttransistor (SFET), n-Kanal (G: Gate (Tor), S: Source (Quelle), D: Drain (Senke))

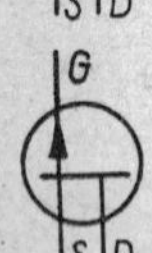

– Sperrschicht-Feldeffekttransistor (SFET), p-Kanal

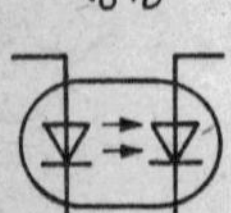

Optokoppler (Diodenoptron)

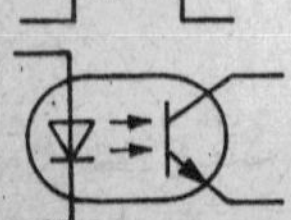

Optokoppler (Transistoroptron)

---

1) Symbol veraltet

Elektronenröhren

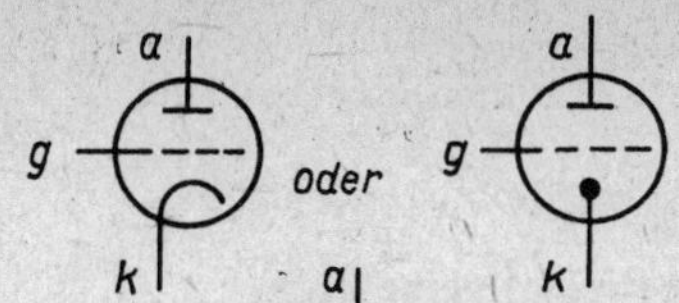

– Triode, indirekt geheizt, Heizfaden nicht dargestellt (a: Anode, g: Gitter, k: Katode)

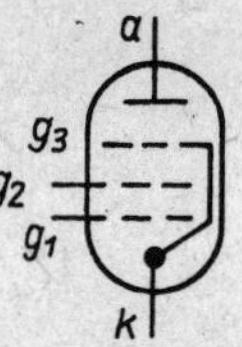

– Pentode (g_1: Steuergitter, g_2: Schirmgitter, g_3: Bremsgitter, mit Katode verbunden)

– Glimmlampe, Glimmröhre

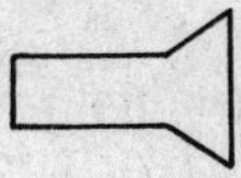

– Kolben einer Fernsehempfangsröhre (Bildröhre) oder Projektionsröhre

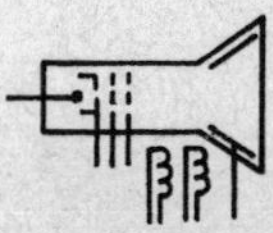

– Schwarzweiß-Bildwiedergaberöhre mit elektromagnetischer Ablenkung

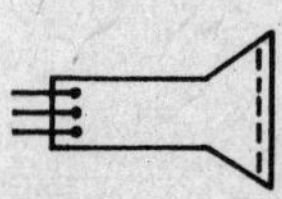

– Farbbildwiedergaberöhre (vereinfacht)

Wandler

 1)

– Aufzeichnungs- oder Wiedergabekopf, allgemein

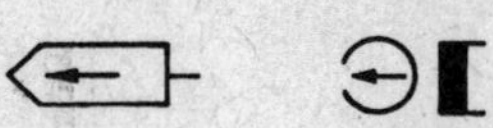 1)

– Aufzeichnungskopf

 1)

– Wiedergabekopf

 1)

– Aufzeichnungs- und Wiedergabekopf, Kombikopf, Verbundkopf

 1)

– Löschkopf

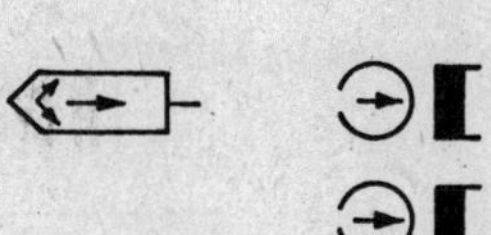 1)

– Stereowiedergabekopf

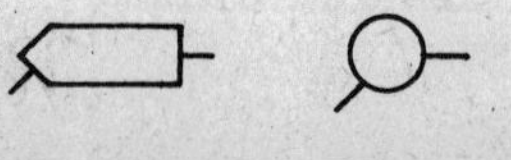 1)

– mechanischer Wiedergabekopf, Schallplattenabtaster

---

1) Symbol veraltet

1)
– Lautsprecher, auch für Lautsprecherbox

1)
– Kopfhörer, Ohrhörer, allgemein

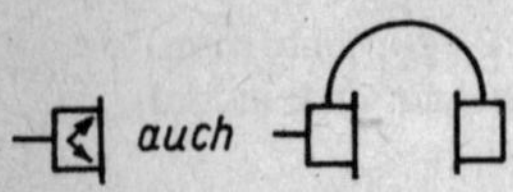

– Stereokopfhörer

1)
– Mikrofon, allgemein

– Stereomikrofon

Quarz, piezoelektrischer Kristall

Antennen

– allgemein

1)
– Sendeantenne

1)
– Empfangsantenne

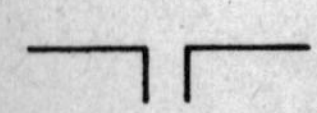
– symmetrischer Dipol

– Schleifendipol

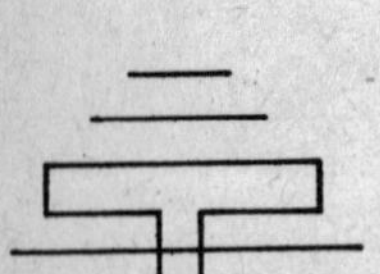
– Schleifendipol mit 2 Direktoren und einem Reflektor

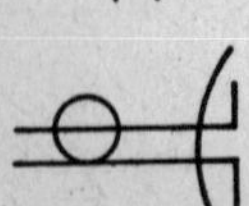
– Antenne mit gebogenem Reflektor (Parabolantenne) und symmetrischem Dipol

1) Symbol veraltet

Motor, allgemein

7-Segmentanzeige

16-Segmentanzeige

anzeigendes Meßinstrument, allgemein

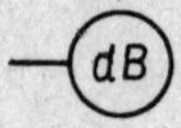

Aussteuerungsmesser

3. Symbole für Funktionsgruppen, Baugruppen und Geräte

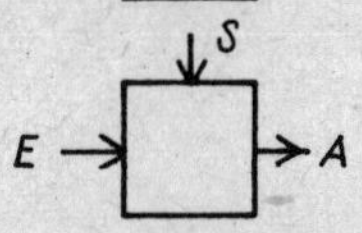

Bauteil, -stein, -gruppe, Anlagenteil, Gerät, allgemein. Es können Schaltzeichen, Funktionssymbole, Bezeichnungen oder Abkürzungen in oder an das Symbol geschrieben werden. (E: Eingang, A: Ausgang, S: Steuer- oder Adresseingang)

z.B.

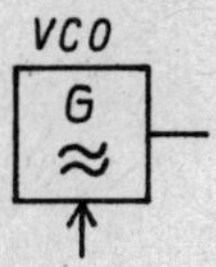

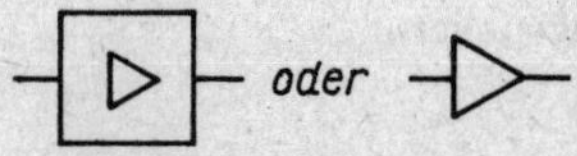

Verstärker, allgemein

Anpassungsglied

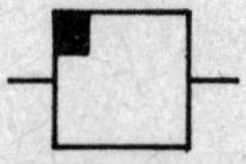

Speicher

Filter, Paß, Sperre, allgemein

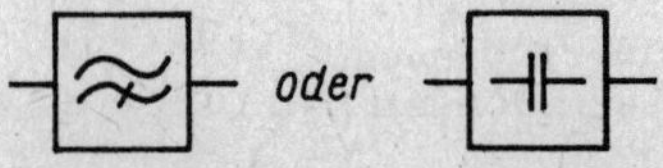

Hochpaß(filter), HP

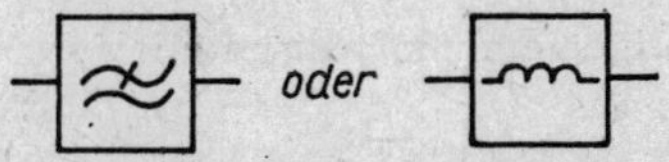

Tiefpaß(filter), TP

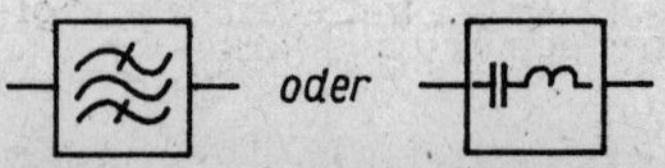

Bandpaß(filter), BP

 *oder* 

Bandsperre, BS

Antennenweiche

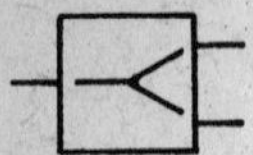

Empfängerweiche

Phasenschieber, allgemein; phasendrehendes Glied

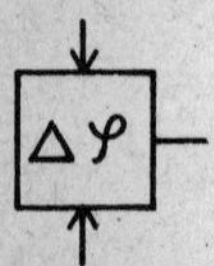

Phasenvergleichsstufe

Quarzfilter, Piezofilter

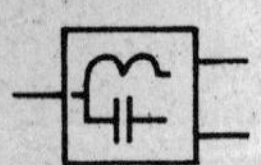 *oder* 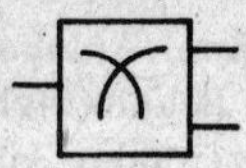

Frequenzweiche (z. B. Lautsprecherweiche)

<u>Generatoren, Schwingungserzeuger</u>

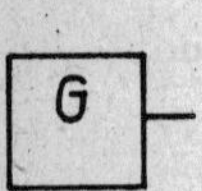

– allgemein

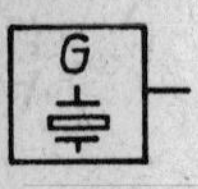

– quarzstabilisiert

 *oder* 

– NF-Generator, Tongenerator

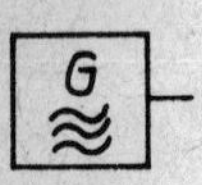 *oder* 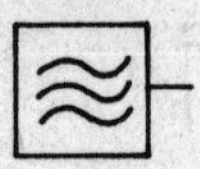

– HF-Generator, Oszillator

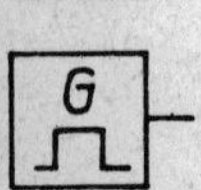

– zur Erzeugung von Rechteckimpulsen

– zur Erzeugung von Sägezahnimpulsen

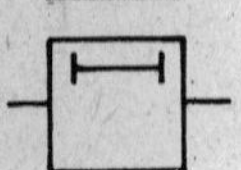

Verzögerungsstruktur, allgemein

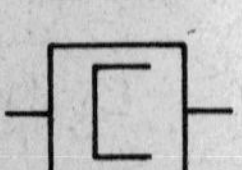

Dämpfungsglied, allgemein, Spannungsteiler

Pegelsteller, Baugruppe zur Lautstärkeeinstellung

Gleichrichter, Modulator, Mischstufe, Demodulator, Diskriminator

Spannungs-Strom-Wandler

Impulsformer

Gleich-Wechselspannungs-Umformer

Frequenzumsetzer

z.B. 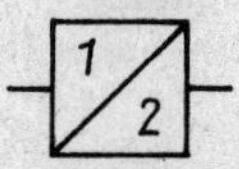
– Frequenzvervielfacher 1 : 2

z.B. 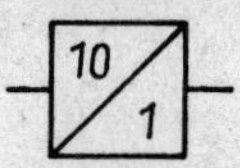
– Frequenzteiler 10 : 1

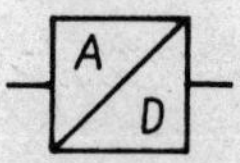 oder 
– Analog-Digital-Umsetzer

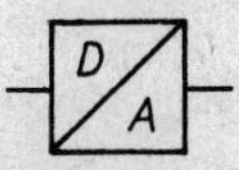 oder 
Digital-Analog-Umsetzer

Begrenzer (Maximalwert)

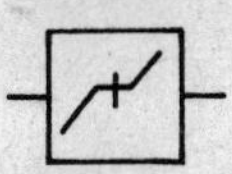
Begrenzer (Minimalwert)

DOLBY-Kompander

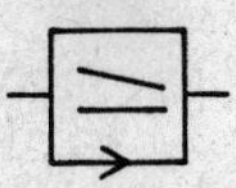
Kompressor, Dynamikpresser

Expander, Dynamikdehner

Matrix, Stereomatrix, Stereoumsetzer

 oder 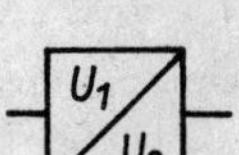  1)
Netzteil, Netzgerät

z.B. 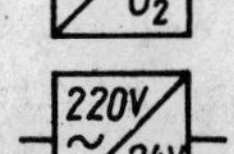
– z.B. für 220-V-Wechselspannung auf 24-V-Gleichspannung

1) Symbol veraltet

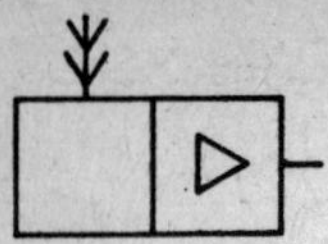 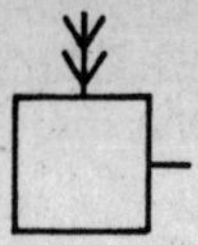

Rundfunkempfänger mit/ohne NF-Endstufe

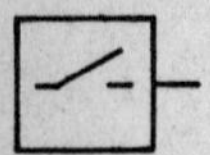

Tastensatz, Fernbedienteil mit Leitung, Schaltteil, elektronischer Schalter

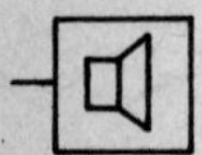

Lautsprecherbox, Strahlergruppe (Tonsäule), Monitorlautsprecher

Aktivbox

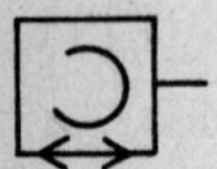

Aufzeichnungs- und Wiedergabeeinrichtung, die Magnetspuren verwendet; Magnetbandgerät, allgemein

  1)

Magnettonbandgerät, allgemein

Videorecorder, allgemein

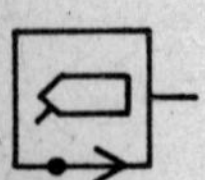 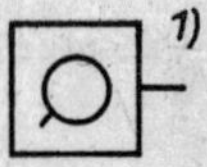 1)

Wiedergabeeinrichtung mit mechanischem Kopf (Schallplatten-Abspielgerät)

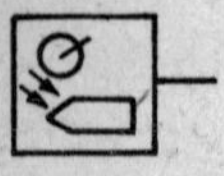

Wiedergabeeinrichtung mit Lichtkopf, Plattentyp (z. B. Digitalplattenspieler mit Laserabtastung)

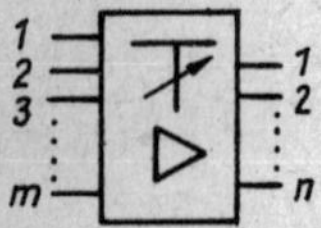

Mischpult, allgemein mit m-Eingängen und n-Ausgängen

 *oder* 

Bildmonitor

Fernsehempfänger

Fernsehkamera, Videokamera

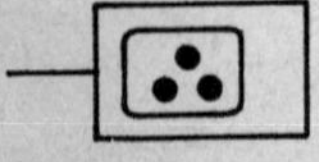

Farbbildmonitor

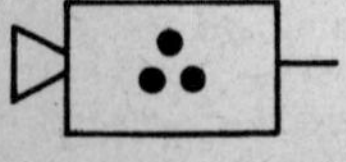

Farbfernsehkamera, Farbvideokamera

---

1) Symbol veraltet

Symbole	Bezeichnungen	Erläuterung
○ ▀	Aus, OFF	Schalter in Stellung: Aus
⊙ ⦶ ▀ |•	Ein, ON	Schalter in Stellung: Ein
= ⎓	DC	Gleichstrom
∼	AC	Wechselstrom
≈	HF, RF	Hochfrequenz
	IN (-PUT), LINE IN	Eingang
	OUT (-PUT), LINE OUT	Ausgang
≈ ♪	AUDIO	Ton betreffend
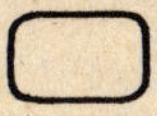	VIDEO	Bild betreffend
Ⓐ	AUT, AUTO	Automatik
Ⓜ	MAN, MANU, MANUAL, manuell	Handbedienung, manuell
⏻	STANDBY	Bereitschaftsbetrieb (Gerät kann fernbedient werden).
!	ATTENTION!	Vorsicht
	HIGH VOLTAGE	gefährliche Spannung (Hochspannung)
∼ 220 V/50 Hz	AC INPUT	Netzspannungsanschluß

Symbole	Bezeichnungen	Erläuterung
+ −		positiver/negativer Batterieanschluß, auch für schneller/langsamer
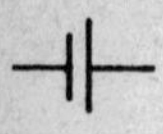	BAT, BATTERY	Fremdspannungsquelle, Batterie
	REMOTE	Fernbedienung
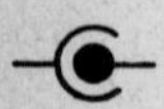		Doppeleinstellknopf
	RF, TV, ANTENNA	Antenne, allgemein
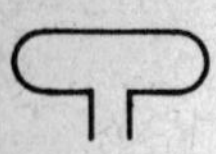	RF, TV, ANTENNA	Dipolantenne
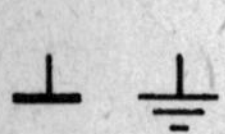	GND	Masse, Erde
▽	MONO	monofon
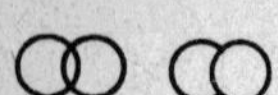	STEREO (PHONICS)	stereofon
	QUADRO (PHONICS)	quadrofon
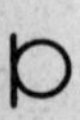	MIC	Mikrofon
	STEREO-MIC	Stereomikrofon
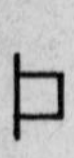	EAR (PHONE)	Ohrhörerbuchse
	EAR, EARPHONE	Kopfhörer

Symbole	Bezeichnungen	Erläuterung
	HEAD (PHONE)	Stereokopfhörer
	SPEAKER, LOUDSPEAKER	Lautsprecher
		Sprache/Musik-Taste
	BASS, Bässe, Tiefen	Basseinsteller
	TREBLE, Höhen, Diskant	Höheneinsteller
	DOLBY (-NR)	Dolby
	BALANCE	Stereobalance
	VOLUME	Lautstärke
	S/W, B/W	Schwarz/Weiß
	COLOUR, Farbe	Farbe (Farbkontrast)
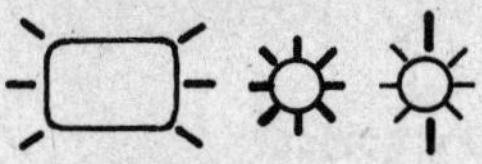	BRIGHT, BRIGHTNESS	Helligkeit
	CONTRAST	Kontrast
	COLOUR	Farbkontrast (Farbe)
		Tageslicht
		Neonlicht

Symbole	Bezeichnungen	Erläuterung
	IRIS	Blende
	LENSCAP	geschlossene Blende
	V-HOLD	Vertikalsynchronisation (Bildfang)
	H-HOLD	Horizontalsynchronisation (Zeilenfang)
	HUE	Farbton
		Kunstlicht
	LIFT, UP	Heben, Abheben
	DOWN	Senken, Absenken
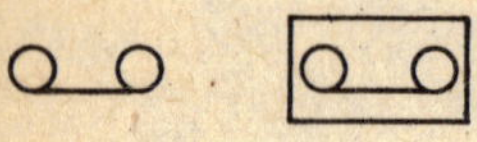	TB, REC	Tonbandgerät
	TA, PICK UP	Tonabnehmer, Plattenspielerbuchse
	STOP	Halt
	FF, FFWD, WIND, F FORWARD	schneller Vorlauf
	REW, REWIND, FB	schneller Rücklauf
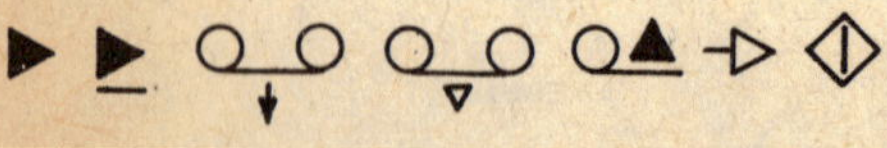	PLAY, START, FWD	Wiedergabe mit Normalgeschwindigkeit
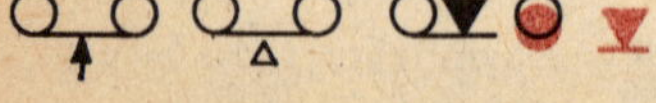	REC, RECORD	Aufzeichnung

Symbole	Bezeichnungen	Erläuterung
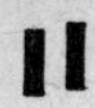	STILL, PAUSE	Pausentaste
	EJECT	Kassettenfachbetätigung
	(PICTURE-) SEARCH	(Bild-) Suchlauf, vorwärts
	(PICTURE-) SEARCH	(Bild-) Suchlauf, rückwärts
	AUDIO DUB	Nachvertonung
	FR ADV	Einzelbildweiterschaltung
	SLOW	Zeitlupe
x2	FAST	Zeitraffer
	PRE ROLL	Rückroll-Funktion
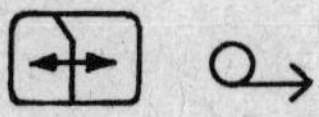	SKEW	Bandzugeinsteller
	TRACKING	Spurlageeinsteller

1. Hörrundfunk LMK

Sender	Programm	Frequenz in kHz	Regionalprogramm
1.1. Langwelle			
Oranienburg	St. d. DDR	177	–
1.2. Mittelwellen			
Berlin*	DDR 1	1359	–
Berlin	BR	693	–
Berlin	St. d. DDR	1170	–
Bernburg	BR	1431	–
Burg	St. d. DDR	783	–
Burg*	BR	657	–
Burg	DDR 1	1044	–
Burg*	St. d. DDR	1575	–
Dresden	DDR 1	1044	–
Dresden	BR	1431	–
Greifswald	DDR 1	531	–
Güstrow	DT 64	1602	–
Hoyerswerda	BR	999	–
Karl-Marx-Stadt	BR	1341	–
Keula	BR	1170	–
Klingenthal	DDR 1	1377	–
Leipzig	DDR 1	531	–
Leipzig	BR	729	–
Neubrandenburg	BR	657	–
Neubrandenburg	DDR 1	558	–
Plauen	BR	1170	–
Potsdam	DDR 1	603	Potsdam
Putbus	DDR 1	729	–
Reichenbach	BR	657	–
Rostock	DDR 1	558	–
Schwerin	DDR 1	576	–
Schwerin	BR	999	–
Seelow	DDR 1	1341	–
Wachenbrunn	St. d. DDR	882	–
Wachenbrunn	BR	1431	–
Wachenbrunn	DDR 1	1044	–
Weida	BR	1431	–
Weimar	BR	999	–
1.3. Kurzwelle	St. d. DDR	6115	–

2. Hörrundfunk Ultrakurzwellen

Sender	Programm	ꝏ	Kanal	Frequenz in MHz	Regionalprogramm
Berlin I	St. d. DDR	+	35	97,65	–
Berlin II	BR	+	15	91,4	–
Berlin III	DDR 1	+	29	95,7	–
Berlin IV	DDR 2	+	42	99,7	Frankfurt/O.
Berlin V	DT 64	+	20	93,1	Potsdam
Brocken I	St. d. DDR	+	35	97,4	–
Brocken II	BR	+	15	91,5	–
Brocken III	DDR 1	+	7	89,0	–
Brocken IV	DDR 2	+	25	94,6	Halle/Magdebg.
Brocken V	DT 64	–	48	101,4	–

Sender	Programm	∞	Kanal	Frequenz in MHz	Regionalprogramm
Cottbus II	BR	–	27	95,1	–
Cottbus III	DDR 1	–	13	90,8	–
Cottbus IV	DDR 2	+	39	98,6	Cottbus
Calau II	BR	–	27	95,1	–
Dequede I	St. d. DDR	+	33	96,9	–
Dequede II	BR	+	40	98,9	–
Dequede III	DDR 1	+	8	89,4	–
Dequede IV	DDR 2	+	26	94,9	Halle/Magdebg.
Dequede V	DT 64	–	47	101,0	–
Dresden I	St. d. DDR	+	34	97,25	–
Dresden II	BR	+	10	90,1	–
Dresden III	DDR 1	+	28	95,4	–
Dresden IV	DDR 2	+	17	92,25	Dresden
Dresden V	DT 64	+	31	96,2	–
Frankfurt/O. IV	DDR 2	–	33	96,8	Frankfurt/O.
Helpterberg I	St. d. DDR	+	34	97,15	–
Helpterberg II	BR	+	40	99,1	–
Helpterberg III	DDR 1	+	30	96,0	–
Helpterberg IV	DDR 2	+	12	90,5	Neubrandenburg
Inselsberg I	St. d. DDR	+	34	97,15	–
Inselsberg II	BR	+	11	90,2	–
Inselsberg III	DDR 1	+	3	87,9	–
Inselsberg IV	DDR 2	+	18	92,5	Weimar
Inselsberg V	DT 64	–	51	102,2	Weimar
Karl-Marx-Stadt I	St. d. DDR	+	33	97,0	–
Karl-Marx-Stadt II	BR	+	9	89,8	–
Karl-Marx-Stadt III	DDR 1	+	2	87,7	–
Karl-Marx-Stadt IV	DDR 2	+	19	92,8	Karl-Marx-Stadt
Karl-Marx-Stadt V	DT 64	+	43	100,0	–
Leipzig I	St. d. DDR	+	32	96,6	–
Leipzig II	BR	+	11	90,4	–
Leipzig III	DDR 1	+	5	88,4	–
Leipzig IV	DDR 2	+	23	93,9	Leipzig
Leipzig V	DT 64	+	38	98,5	Leipzig
Löbau IV	DDR 2	+	37	98,2	Dresden
Löbau V	DT 64	–	16	91,8	–
Marlow I	St. d. DDR	+	32	96,65	–
Marlow II	BR	+	22	93,5	–
Marlow III	DDR 1	+	4	88,2	–
Marlow IV	DDR 2	+	13	91,0	Rostock
Marlow V	DT 64	–	28	95,55	Rostock
Putbus V	–	–	5	88,6	Rostock
Putbus VI	DT 64	–	15	91,5	–
Schwerin I	St. d. DDR	+	28	95,3	–
Schwerin II	BR	+	38	98,5	–
Schwerin III	DDR 1	+	7	89,2	–
Schwerin IV	DDR 2	+	19	92,8	Schwerin
Schwerin V	DT 64	–	5	88,5	Rostock
Schwerin VI	DT 64	+	48	101,3	Schwerin
Sonneberg I	St. d. DDR	+	24	94,2	–
Sonneberg II	BR	+	16	91,7	–
Sonneberg V	DT 64	–	52	102,7	Weimar

Sender	Programm	⚭	Kanal	Frequenz in MHz	Regionalprogramm
Suhl III	DDR 1	+	5	88,6	–
Suhl IV	DDR 2	+	22	93,7	Weimar
Weida IV	DDR 2	–	36	97,8	Weimar

Legende: ⚭ + Abstrahlung von Stereoprogrammen
St. d. DDR Stimme der DDR
BR Berliner Rundfunk
DDR 1 Radio DDR 1. Programm
DDR 2 Radio DDR 2. Programm
DT 64 Jugendradio DT 64
✗ nur bestimmte Sendezeiten

3. Fernsehrundfunk

Sender	Progr.	Bereich	Kanal	Frequenz in MHz (Bildträger)	Polarisation
Berlin	1.	III	5	175,25	h
Berlin	2.	IV	27	519,25	h
Brocken	1.	III	6	182,25	h
Brocken	2.	IV	34	575,25	h
Cottbus	1.	I	4	62,25	h
Dequede	1.	III	12	224,25	v
Dequede	2.	IV	31	551,25	h
Dresden	1.	III	10	210,25	v
Dresden	2.	IV	29	535,25	h
Helpterberg	1.	IV	37	599,25	h
Helpterberg	2.	IV	22	479,25	h
Inselsberg	1.	III	5	175,25	h
Inselsberg	2.	IV	31	551,25	h
Karl-Marx-Stadt	1.	III	8	196,25	h
Karl-Marx-Stadt	2.	IV	32	559,25	h
Leipzig	1.	III	9	203,25	v
Leipzig	2.	IV	22	479,25	h
Löbau	1.	IV	27	519,25	h
Löbau	2.	IV	39	615,25	h
Marlow	1.	III	8	196,25	h
Marlow	2.	IV	24	495,25	v
Schwerin	1.	III	11	217,25	h
Schwerin	2.	IV	29	535,25	h
Sonneberg	1.	III	12	224,25	h
Sonneberg	2.	IV	33	567,25	h

Legende: h horizontal polarisiert
v vertikal polarisiert

Bücher

ACKERMANN, O.: Fernsehen in Farben. – Leipzig, 1980

BAHR, H.: Alles über Video. – Hamburg, 1981

BLAESE, U.: Magnetische Schallspeichertechnik. – amateurreihe electronica; Bd. 219/220, – Berlin, 1984

BROCKHAUS ABC ELEKTRONIK. – Leipzig, 1978

BRYAN, G. S.: Edison, der Mann und sein Werk. – Leipzig

CONRAD, W.: BI-Taschenlexikon Elektronik – Funktechnik. – Leipzig, 1983

DICKREITER, M.: Handbuch der Tonstudiotechnik. – München, New York, London, Paris, 1979

ECKERT, G.: Das Fernsehen in den Ländern Westeuropas. – Gütersloh, 1965

ECKERT, G.: Von Nipkow bis Telstar. – Niehus, 1964

ELEKTROTECHNIK ELEKTRONIK. – Berlin, 1981

DIE ENTWICKLUNG DES FERNSEHENS DER DDR/ Staatliches Komitee für Fernsehen beim Ministerrat der DDR. – Berlin, 1977

FAHRY, D.; PALME, K.: Video Technik. Handbuch 1 und 2. – München, Wien, 1980

FELLBAUM, G.; LOOS, W.: Kleines HiFi-ABC. – München, 1981

FELLER, K.-H.; WARG, L.: Elektronische Heimgeräte. – Leipzig, 1983

FINKE, K.-H.: Fernsehempfänger. – Berlin, 1985

FINKE, K.-H.: Fono- und Tonbandgeräte. – Berlin, 1983

GÖBEL, R.: Wissensspeicher Größen, Einheiten. – Berlin, 1984

GROSSE, G.: Von der Edisonwalze zur Stereoplatte. – Berlin, 1981

HEMPEL, M.: Der braune Kanal. – Berlin, 1969

KINNE, E.: Farbfernsehen für den Praktiker. – Heidelberg, 1967

KNOBLOCH, W.: Service an Farbfernsehempfängern. – Berlin [West], 1970

KŘEČAN, Z.: Der große Bildatlas Ton und Bild. – Prag, 1979

LEONHARDT, E.: Grundlagen der Digitaltechnik. – Berlin, 1977

MANZ, F.: Filmen mit der Videokamera. – Würzburg, 1982

MANZ, F.: Videorecorder-Technik. – Würzburg, 1979

MÄUSL, R.: Fernsehtechnik. – München, 1981

MAYER, N.: Technik des Farbfernsehens. – Berlin [West], 1967

MEHNERT, H.: Die Farbe in Film und Fernsehen. – Leipzig, 1974

MEHNERT, H.: Filmfotografie Fernsehfilmfotografie. – Leipzig , 1971

NACHRICHTENELEKTRONIK. – Berlin, 1976

NIJSEN, C. G.: Moderne Tonbandgeräte-Technik. – Philips Fachbücher. – Hamburg, 1978

PITSCH, H.: Lehrbuch der Funkempfangstechnik. – Leipzig, 1959

RINT, C.: Handbuch für Hochfrequenz- und Elektro-Techniker Bd. 1...5. – München/Heidelberg, 1978...1981

ROTHE, G.; SPINDLER, E.: Antennenpraxis. – Berlin, 1972

RUMPF, K.-H.: Bauelemente der Elektronik. – Berlin, 1985

RUMPF, K.-H.; PULVERS, M.: Transistor-Elektronik. – Berlin, 1984

RUNDFUNK-, FERNSEH-, TONSPEICHER-TECHNIK. – Berlin, 1983

RUNDFUNKJAHRBUCH 1931. – Berlin

SCHLESIER, H.: SECAM-Farbfernsehempfang. – Berlin, 1972

SCHOLZ, C.: Handbuch der Magnetspeichertechnik. – Berlin, 1979

SCHWARZ, W.; MEYER, G.; ECKHARDT, D.: Mikrorechner. – Berlin, 1980

SPINDLER, E.: Rundfunkempfang im Auto. – Berlin, 1983

STANCIŬ, N.: Fernsehen Theoretische Grundlagen. – Berlin, 1972

TASCHENBUCH AKUSTIK. Teil 1 und 2. – Berlin, 1984

transpress LEXIKON RAUMFAHRT. – Berlin, 1980

WACKER, K. E.: Fernsehtechnik von A–Z. – München, 1953

WEBERS, J.: Bild und Ton synchron. – München, 1976

WEIHER, S. v.: Männer der Funktechnik. – Berlin [West], Offenbach, 1983

Zeitschriften

Bild und Ton. – Leipzig

Die Deutsche Post. – Berlin

Fernseh- und Kinotechnik. – Berlin [West], Heidelberg

Funkschau. – München

Funktechnik. – Heidelberg

Nachrichten-Elektronik. – Heidelberg

Nachrichtentechnische Zeitschrift. – Verband Deutscher Elektrotechniker, Offenbach

radio fernsehen elektronik. – Berlin

Rundfunktechnische Mitteilungen. – Hamburg

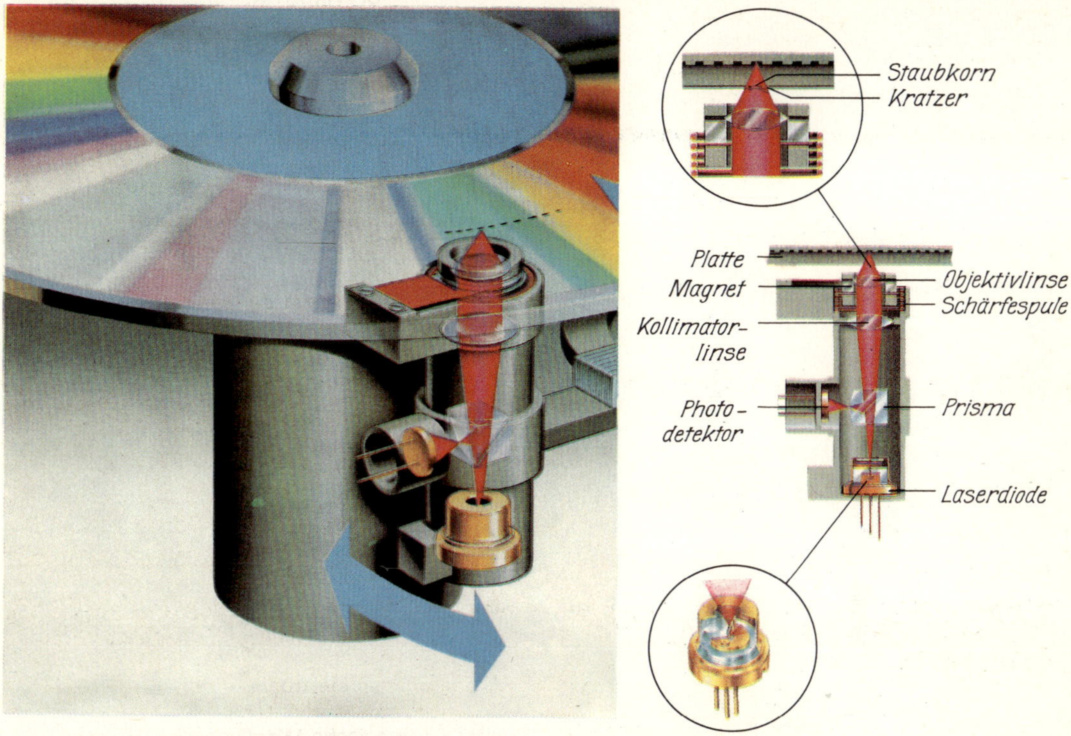

Prinzip der Laserabtastung einer Compact Disc auf einem CD-Plattenspieler

Industrielle Schnellkopieranlage für Kompaktkassetten (7 Kopien von einer Masterkassette)

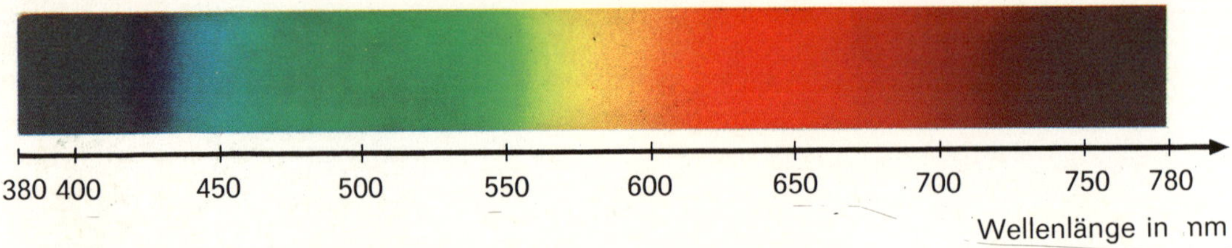

Farbspektrum in Beziehung zur Wellenlänge der elektromagnetischen Wellen im Bereich des sichtbaren Lichts

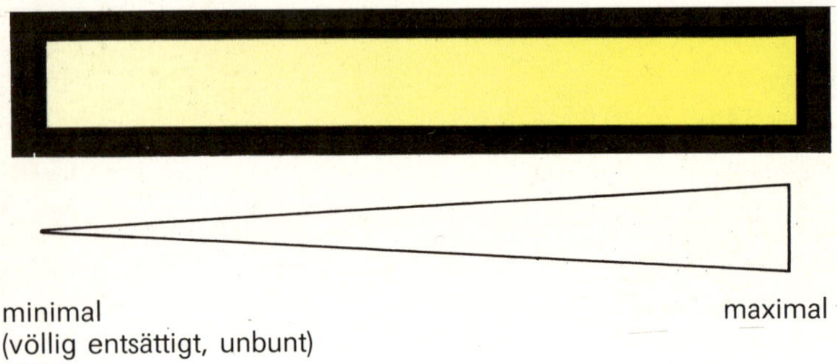

Variation der Farbsättigung bei gleichbleibendem Farbton

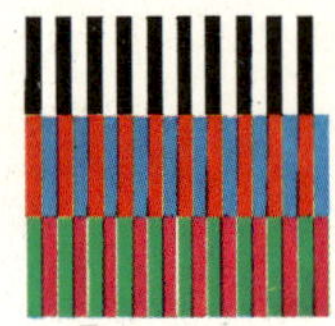

Auflösungsstrichraster (aus ca. 2,5 m Entfernung betrachtet – im Gegensatz zum Schwarz-Weiß-Raster ist der farbige Raster durch das verminderte Farbauflösungsvermögen des Menschen nicht mehr deutlich sichtbar)

Farbmischen: a) Additive Farbmischung b) Subtraktive Farbmischung

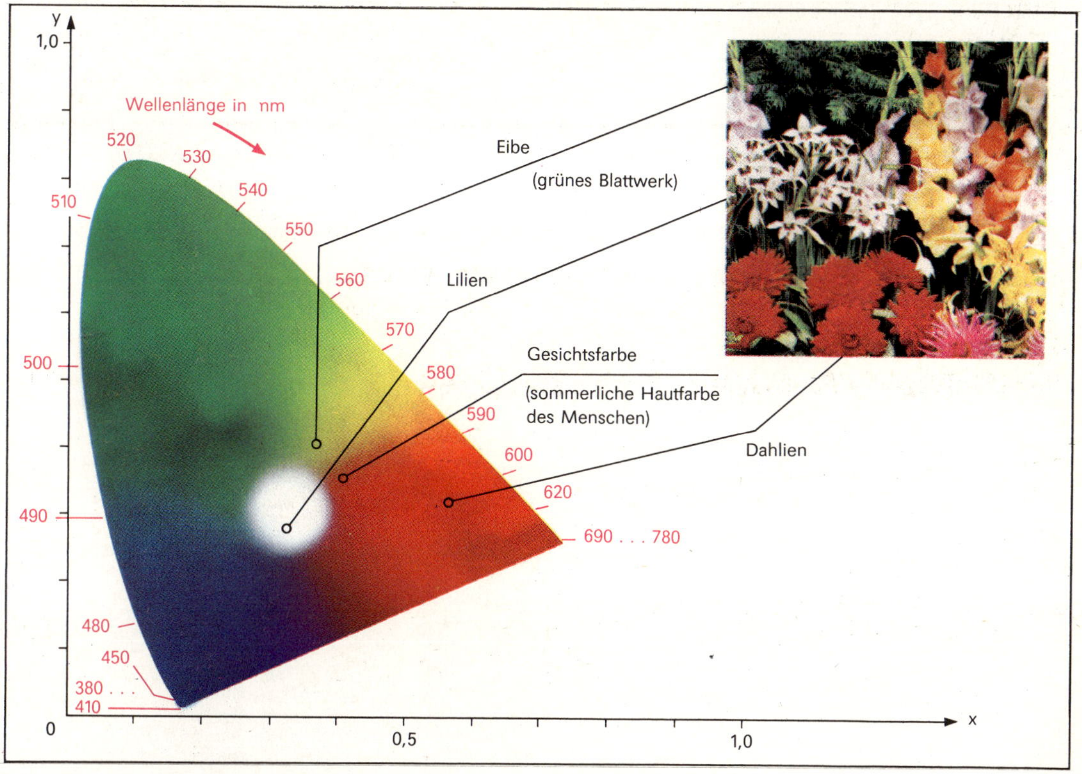

IBK-Farbtafel mit ausgewählten Beispielen zur Farbartbestimmung

Farbtonkreis mit Angabe der Primär- und Komplementärfarben des Farbfernsehens

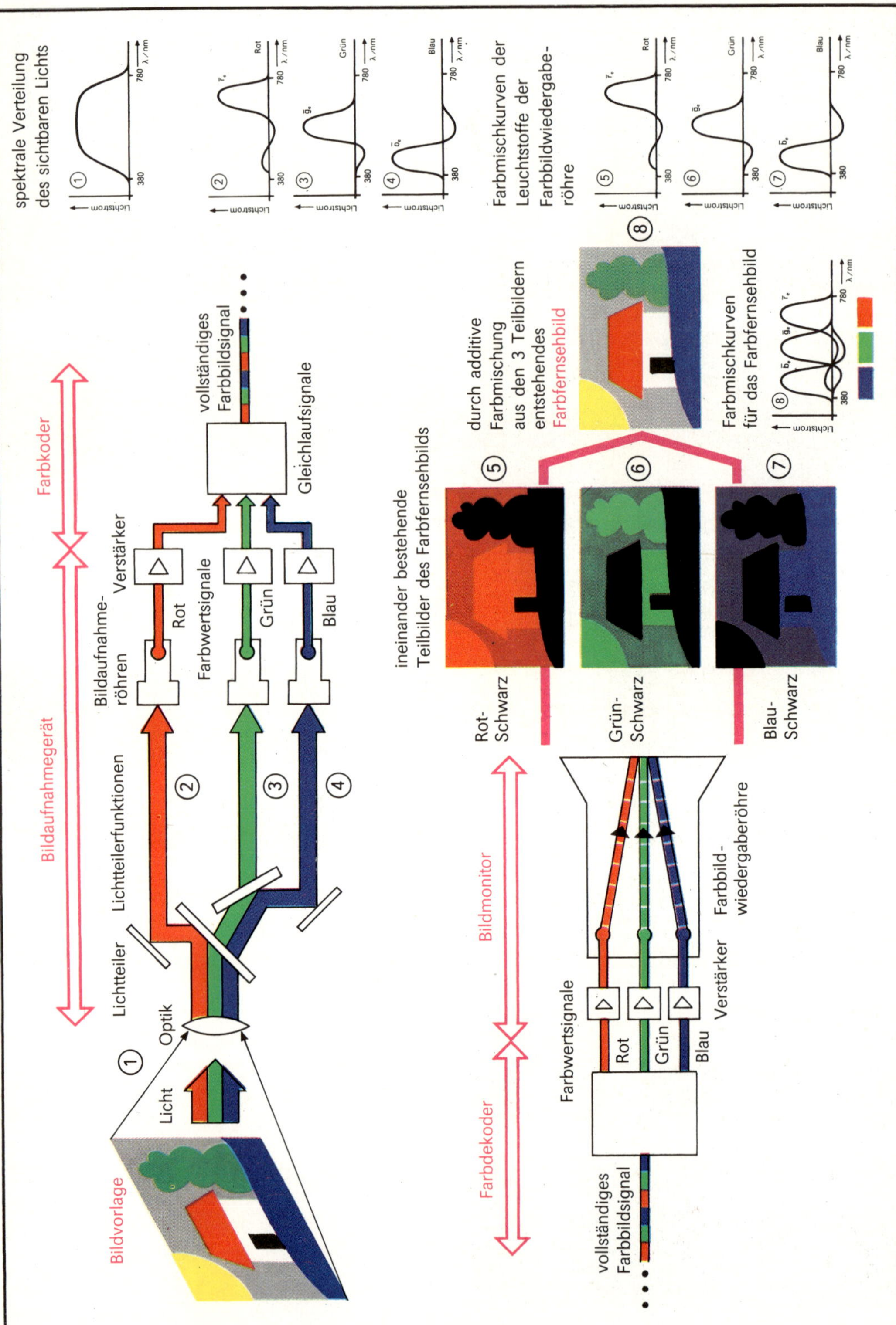

Prinzip der Übertragung von Farbfernsehbildern durch aufnahmeseitige Bildung von Farbauszügen und Nutzung der additiven Farbmischung bei der Bildwiedergabe

a)

b)

c)

d)

e)

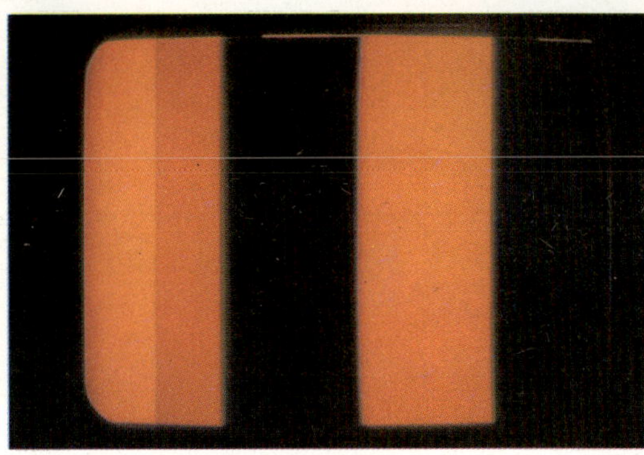

f)

g)

Im Fernsehrundfunk ausgestrahlter Farbbalken (SECAM-Farbfernsehverfahren):
a) bei hoch eingestelltem Farbkontrast am Farbfernsehempfänger
b) bei normal eingestelltem Farbkontrast am Farbfernsehempfänger
c) bei gering eingestelltem Farbkontrast am Farbfernsehempfänger
d) Leuchtdichte- oder Schwarz-Weiß-Fernsehbild des Farbbalkens
e) Farbauszug Grün des Farbbalkens
f) Farbauszug Rot des Farbbalkens
g) Farbauszug Blau des Farbbalkens

a)

b)

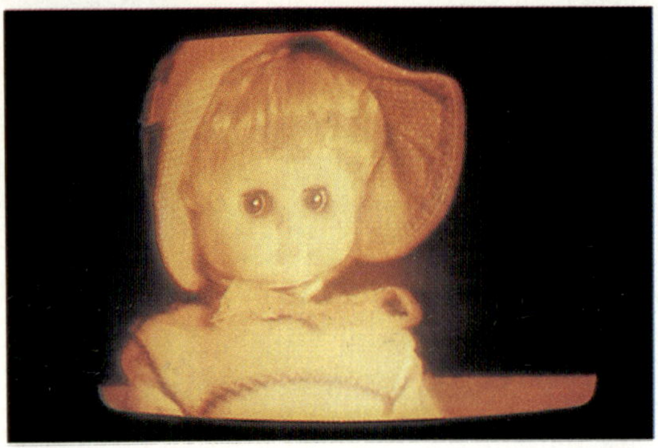

c)

d)

e)

Farbfernsehbild mit zugehörigem Schwarz-Weiß-Fernsehbild und Farbauszügen:
a) vollständiges Farbfernsehbild
b) Schwarz-Weiß-Fernsehbild oder auch Leuchtdichteauszug
c) Farbauszug Rot
d) Farbauszug Grün
e) Farbauszug Blau

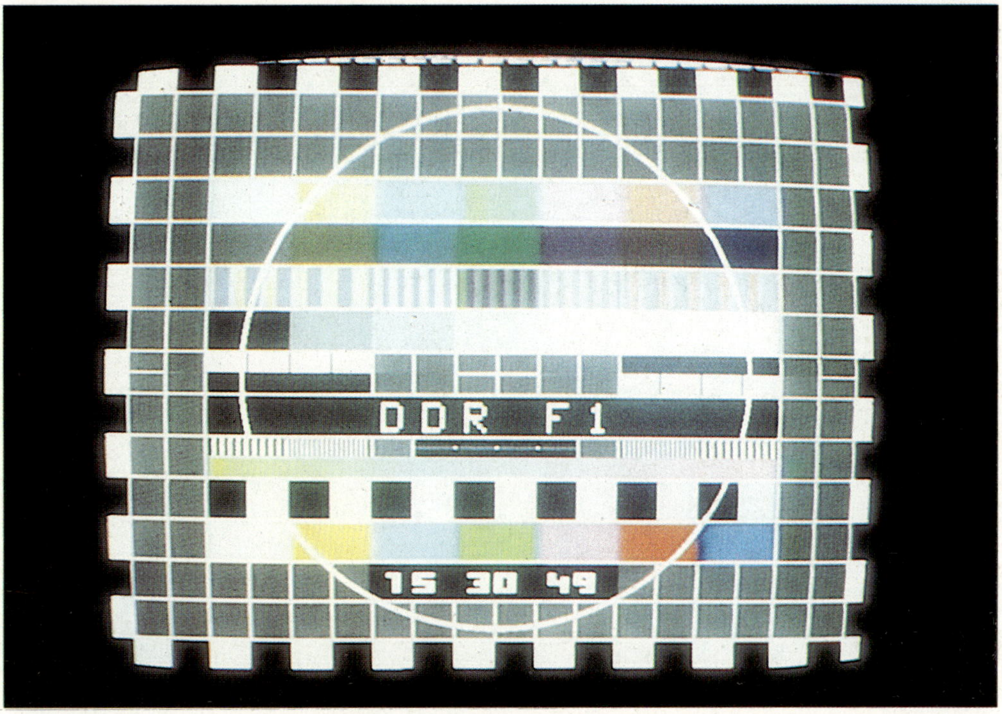

Sendetestbild des Fernsehens der DDR (SECAM-Farbfernsehverfahren)

FuBK-Testbild

a)

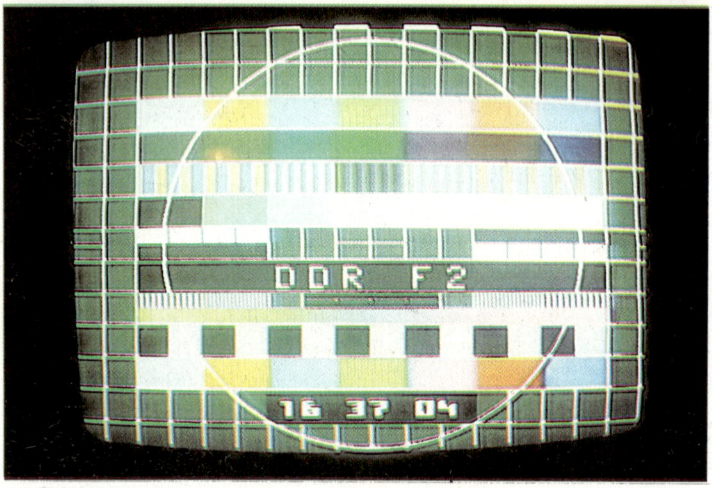

b)

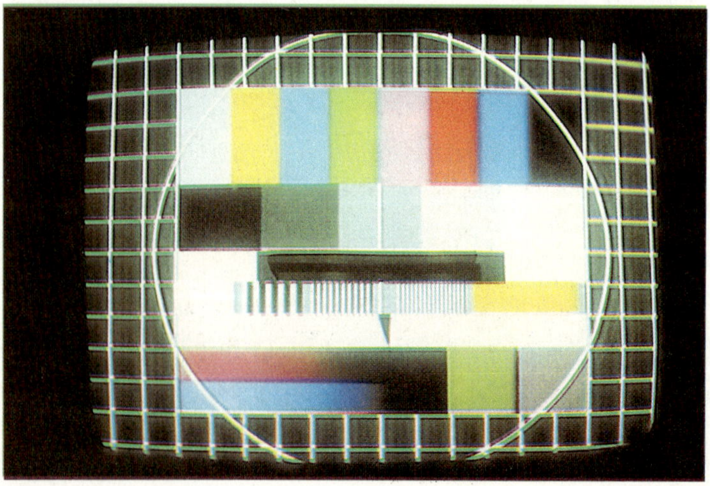

c)

Beurteilung eines Fernsehbilds:
a) Einstellen von Helligkeit und Kontrast mit dem Sendetestbild (Schwarz-Weiß-Bildwiedergabe)
b) Falsch eingestellte Farbart
c) Fehlerhafte Bildgeometrie

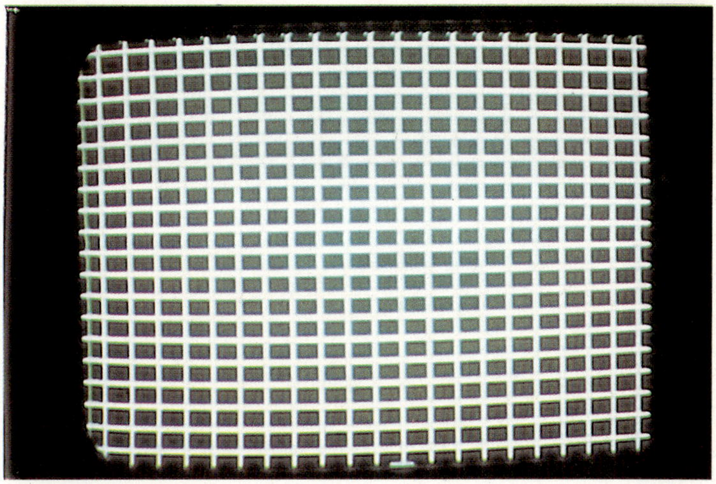

Konvergenzeinstellung:
Richtig eingestellte Konvergenz

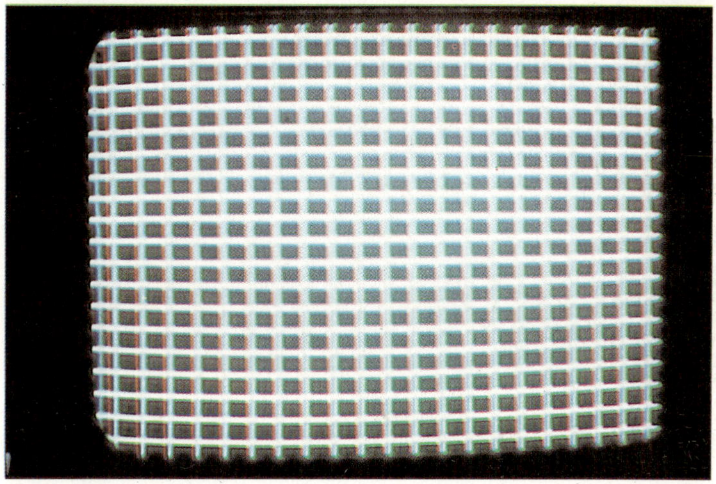

Auswirkung von Konvergenzfehlern auf dem Bildschirm

Vergrößerte Darstellung des Konvergenzfehlers auf dem Bildschirm

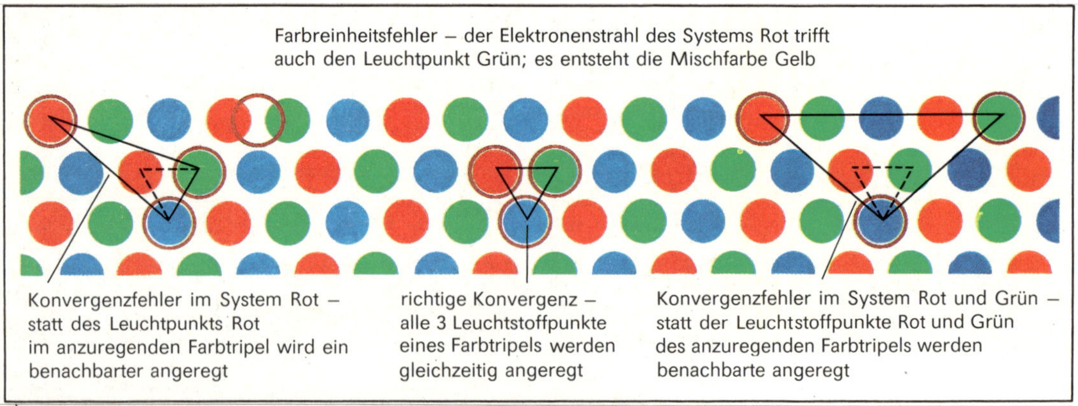

a)

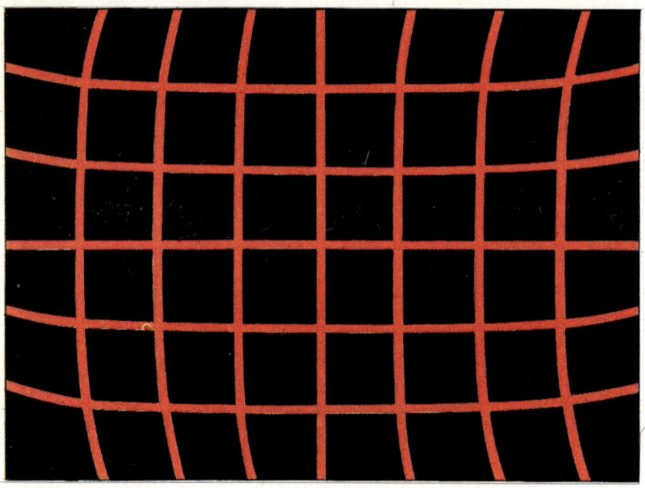
b)

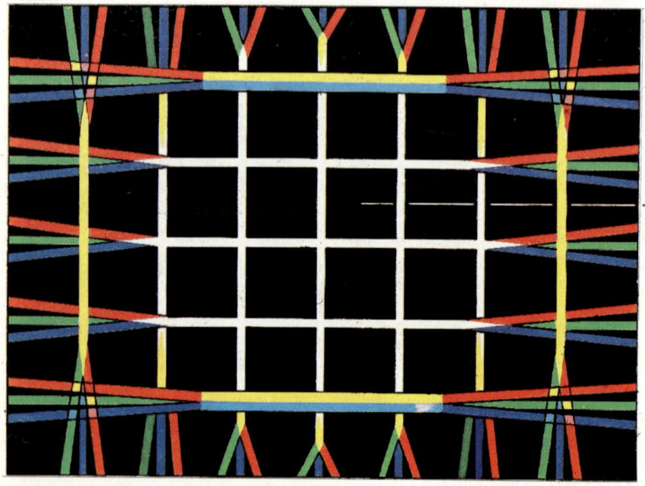

c)

Konvergenz- und Farbreinheitsfehler:
a) Entstehung (die Farbtripel sind in Strahlrichtung von der Katode aus dargestellt)
b) Konvergenzfehler im Farbauszug „Rot“ eines Gitterbilds „Schwarz-Weiß“
c) Konvergenzfehler im Farbfernsehbild für ein Gitterbild „Schwarz-Weiß“ (übertrieben dargestellt)

a)

b)

c)

Farbreinheit:
a) Rotfläche zur Beurteilung der Farbreinheit
b) starke Farbreinheitsfehler
c) Farbstichigkeit des Fernsehbilds durch Farbreinheitsfehler hervorgerufen

Moiré

a)

b)

c)

d)

Farbstich:
a) fehlerfreies Kamerabild
b) Farbstich durch falschen Weißabgleich
c) entsättigtes Fernsehbild
d) Farbsättigung zu groß

Farbsäume

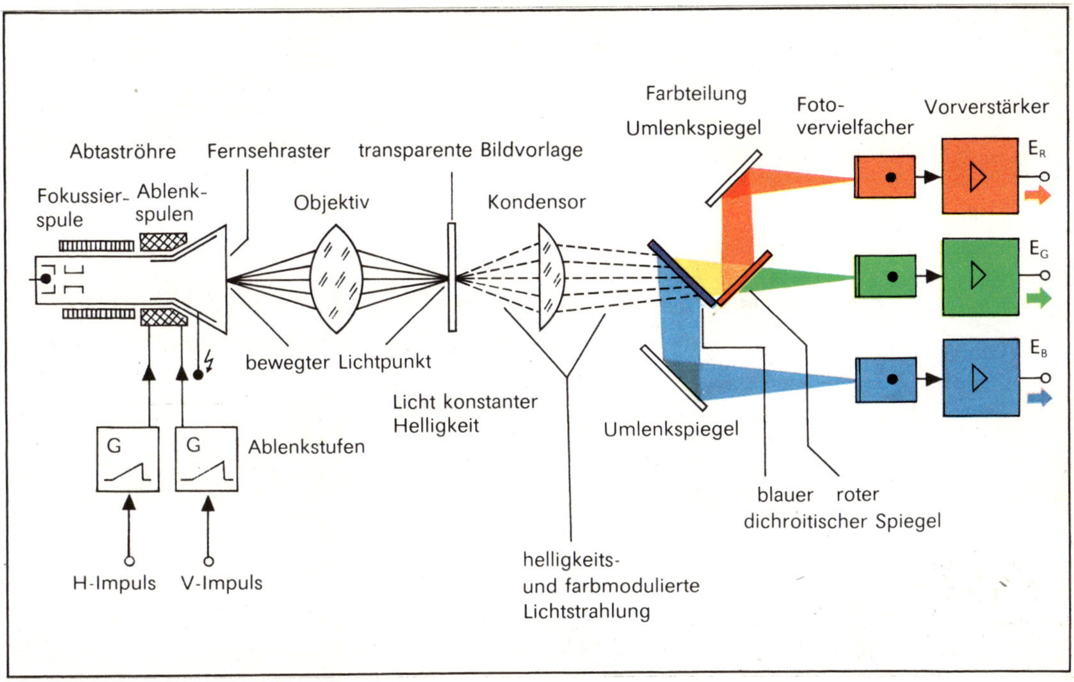

Punktlichtabtastung für Farbbildaufnahme

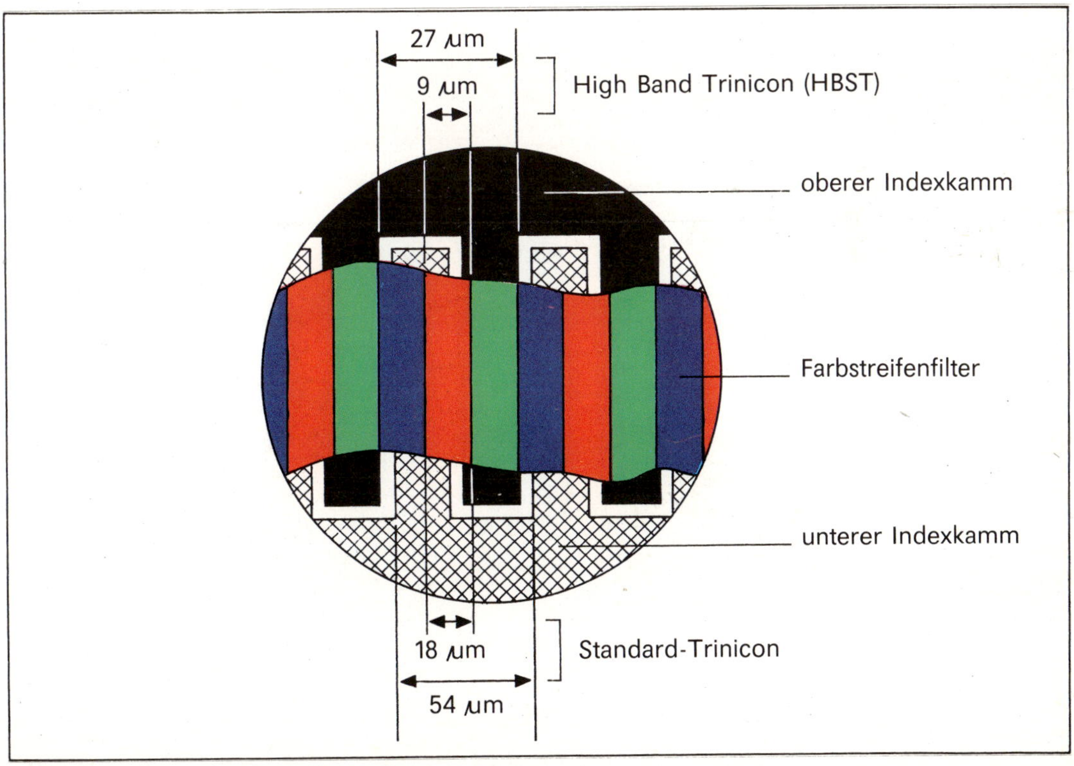

Zuordnung von Farbstreifenfilter und Indexelektrode beim Trinicon

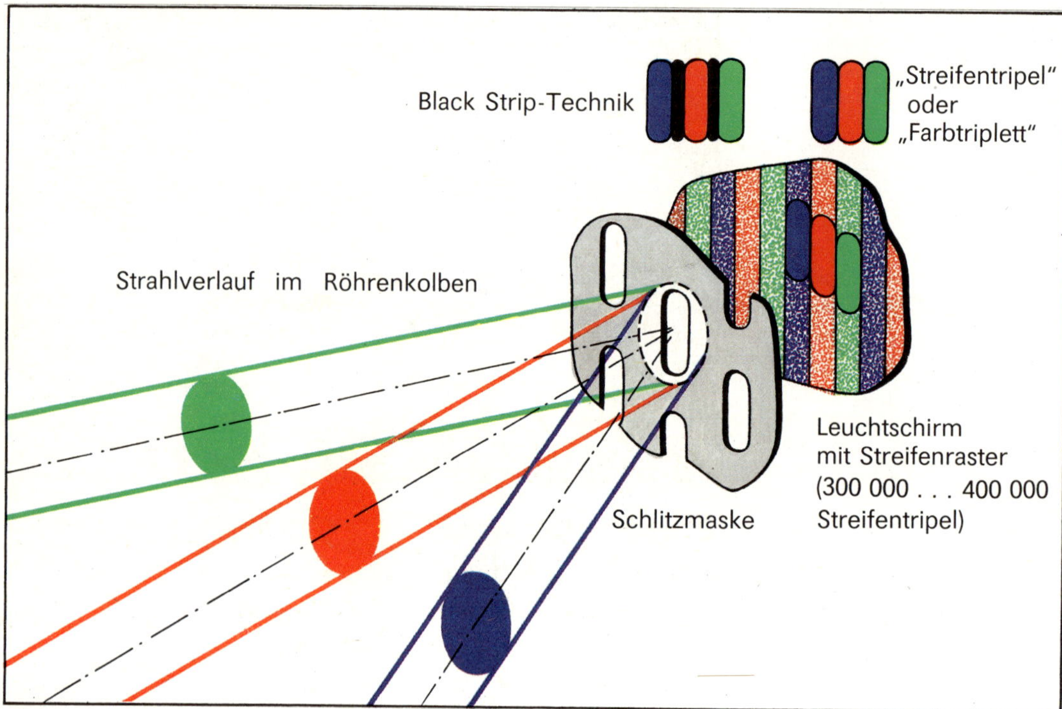

Farbbilderzeugung mit Schlitzmaskenröhre

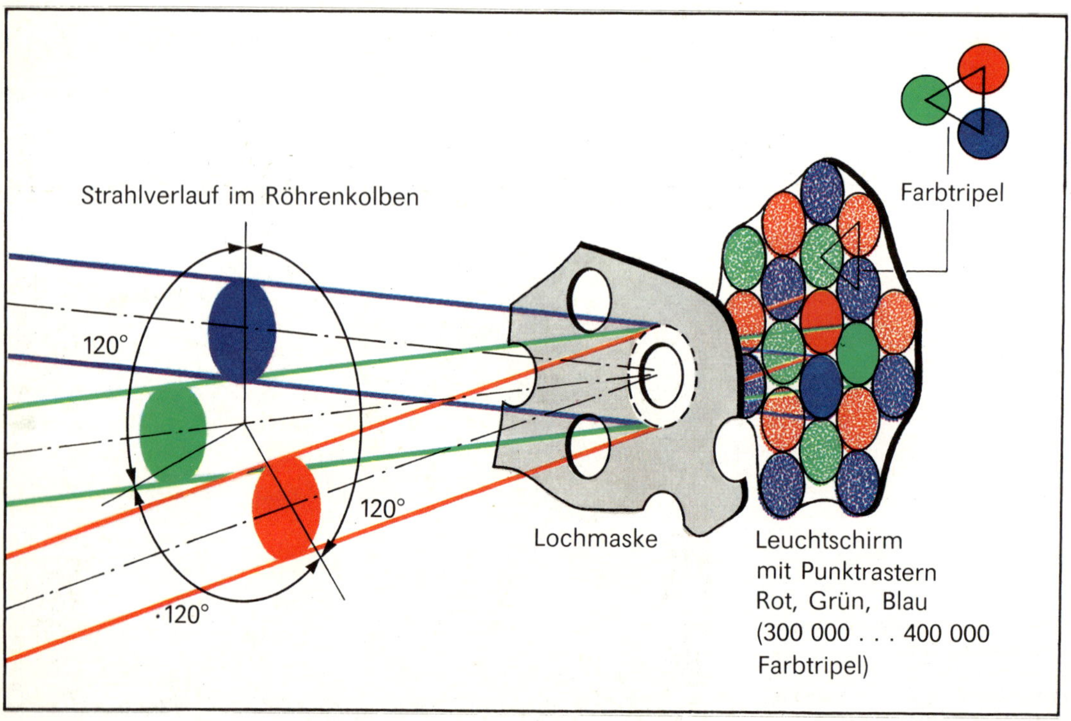

Farbbilderzeugung mit Lochmaskenröhre

a)

b)

c)

Farbstanzen:
a) Vordergrund-Kamerabild mit grüner Austastfläche
b) Hintergrundbild
c) Kombinationsbild von a) und b) durch Farbstanzen erzeugt

Kreisformtrick mit Weichzeichnung der Schnittkanten

Trickmischbild, Kreisformtrick

Durch Kamerarückkopplung erzeugtes Mehrfachbild

Mit Hilfe eines Farbtrickgenerators aus einem Kamerabild erzeugtes Trickbild

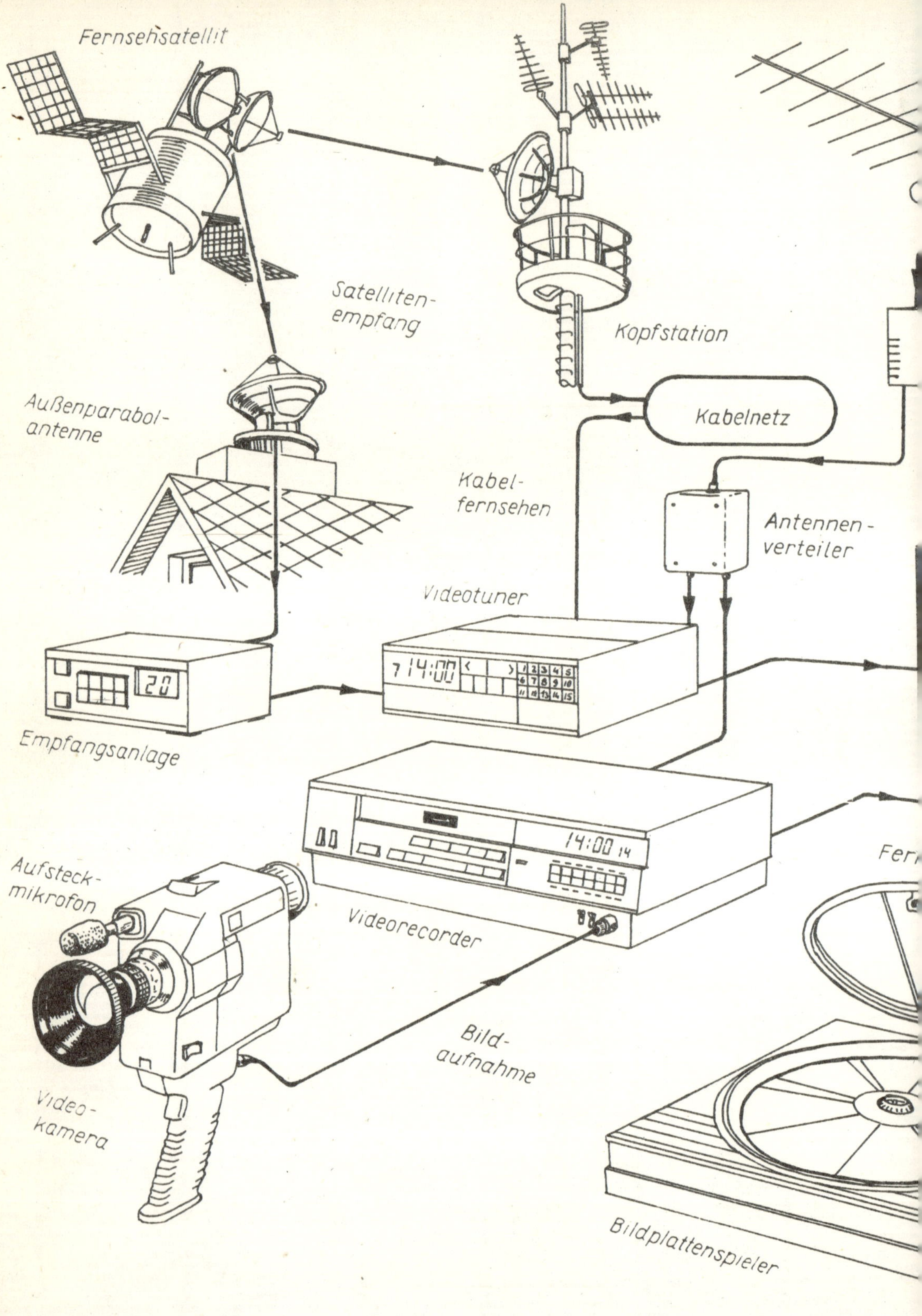

Fernsehsatellit
Satelliten-
empfang
Kopfstation
Außenparabol-
antenne
Kabelnetz
Kabel-
fernsehen
Antennen-
verteiler
Videotuner
7 14:00
20
Empfangsanlage
14:00 14
Aufsteck-
mikrofon
Videorecorder
Bild-
aufnahme
Video-
kamera
Bildplattenspieler